U0369033

汽车先进技术译丛　汽车技术经典手册

胡克汽车空气动力学手册

（原书第 6 版）

［德］托马斯·许茨（Thomas Schütz）主编
谢志华　沈乃和　戴　薇　梁忠雄　何　星　姜　雷　译

中国汽车工程学会汽车空气动力学分会　组审
周江彬　姜祖啸　张世博　吴海波　审

机 械 工 业 出 版 社

本书是在胡克教授任主编的第5版《汽车空气动力学》一书基础上进行的改版，因胡克教授年龄原因，更换了主编，为对胡克教授表示敬意，特将其名字列入第6版书名中。本书全面描述了汽车空气动力学各方面的最新技术发展情况，包括车辆空气动力学及设计，流体机理，油耗、功率及车辆稳定性，乘用车、跑车及赛车、商用车、摩托车、安全头盔的空气动力学，气动声学，暖风与空调技术，风洞技术，测量与测试技术，数字模拟技术。本书适合车身造型工程师、设计师、技术人员阅读使用，也可供车辆工程专业师生参考使用。

Translation from the German language edition:
Hucho – Aerodynamik des Automobils: Strömungsmechanik, Wärmetechnik, Fahrdynamik, Komfort (6., vollst. überarb. u. erw. Aufl.)
edited by Thomas Schütz

图书在版编目(CIP)数据

胡克汽车空气动力学手册：原书第6版/(德)托马斯·许茨主编；谢志华等译. —北京：机械工业出版社，2023.11
（汽车先进技术译丛. 汽车技术经典手册）
ISBN 978-7-111-73773-5

Ⅰ. ①胡… Ⅱ. ①托…②谢… Ⅲ. ①汽车－空气动力学－手册 Ⅳ. ①U461.1－62

中国国家版本馆CIP数据核字（2023）第164617号

机械工业出版社（北京市百万庄大街22号 邮政编码100037）
策划编辑：孙 鹏　　责任编辑：孙 鹏
责任校对：张晓蓉 徐 霆　　封面设计：鞠 杨
责任印制：单爱军
北京虎彩文化传播有限公司印刷
2024年1月第1版第1次印刷
184mm×260mm · 56.25印张 · 46插页 · 1548千字
标准书号：ISBN 978-7-111-73773-5
定价：499.00元

电话服务
客服电话：010－88361066
010－88379833
010－68326294

网络服务
机 工 官 网：www.cmpbook.com
机 工 官 博：weibo.com/cmp1952
金 书 网：www.golden－book.com
机工教育服务网：www.cmpedu.com

前　言

空气动力学特性对于新型汽车来说，具有越来越重要的意义，因为汽车的许多举足轻重的品质是由空气动力学所决定的。与此同时，在燃料供应日益捉襟见肘、人们愈趋热烈地追求更具竞争力的电驱动方式的今天，汽车的能耗（亦即燃料消耗），是人们关心的焦点所在。持续上涨的燃料价格、对于污染物排放越来越严格的法律规定，以及对于汽车工业高企的消费目标，这些情况早已为人们所熟知，现在更是得到人们毫无保留的认可。不过，这绝非仅仅涉及降低空气阻力，尽管降低空气阻力这一任务常常是首当其冲的。更进一步地讲，对于污染物的排放和像最高速度这样的行驶性能来说，空气阻力同样有着决定性的影响。但是，用 C_D 值所表示的空气阻力系数并非问题的全部；汽车空气动力学的其他一些目标参数，对于汽车的功能而言也并非无足轻重，如升力的分配、侧风稳定性以及直行保持都影响着它的行驶特性，尤其影响着它的横向动力学性能。风噪、车身污染，乃至发动机、变速器和制动系统的冷却，都与汽车的绕流和过流特性密切相关。

即使撇开运动赛车不论，汽车的外形，也并非是以就此外形应该兑现所期望的空气动力学特性为原则来确定的。这和以飞机为例的情形不是一回事，飞机的设计以预先设定的升力目标为准。恰恰相反，汽车的外形是根据功能和生态的观点，以及首先是按照美学的要求来开发的。此时，造型被赋予突出的意义。通过造型设计，技术性的要求以与时代协调、与时尚同步的直观形态得到呈现。话说回来，汽车外形的变化具有时尚的特性，造型设计也因此必须不断地寻求新颖的表达方式。对于汽车空气动力学来说，这意味着以下两点：

● 汽车的空气动力学特性通常体现为由它的外形所产生的结果，而不是确定这种外形所依据的理由。

● 造型设计的目标，并不是某种如同民航飞机所体现的从空气动力学的角度来看完美到极致的形状。空气动力学总是必须与前卫的外形进行对话；在此过程中，空气动力学又必然反作用于造型设计。

按照空气动力学的说法，汽车是一种“钝体”。它的绕流以流动的分离为典型特征。而且与飞机和涡轮机的情形不同，更类似于轮船，汽车的流场不能被划分成一个个单独的、相互之间的联系不大、至少是在初始阶段可以独自予以优化的区块。这种钝体必须总是作为一个整体来对待。这一点，正是使得系统性地贯彻汽车空气动力学的理念异常困难的关键所在。汽车空气动力学工程师在解决问题时，总是依赖于经验性方法，尽管此时他能够动用风洞，能够借助于计算流体力学，或者能够利用二者之间的相互作用。为了铺平通向系统性经验的道路，本书的重点在于：

● 展开对汽车空气动力学物理基础的讨论。

● 基于大都与产品有关的浩如烟海的试验结果，推导出尽可能普遍适用的流体力学关系。

- 最后，阐述将这些零散的结果汇总成一个有意义的整体的策略。

和先前的5版一样，本书对乘用车和商用车的空气动力学，创纪录用车、运动车和跑车的空气动力学以及摩托车的空气动力学等内容都进行了全方位的介绍。此外还加上了安全头盔；它的空气动力学，与整车有着一致的功能要求，只是空间极其狭小。除了绕流，还介绍了汽车的过流，这里最重要的是发动机的冷却问题。由于汽车的绕流和过流紧密地联系在一起，必须对此进行模拟研究。此外，对于二者在风洞内的研究，如同在计算机上一样，采用相同的方法。不过，这些介绍并不仅仅局限于比较狭隘的空气动力学，而是包含它影响所及的或者是它所服务的相邻领域。

尽管数值空气动力学取得了长足的进步，汽车研发过程中在风洞内的试验分析，仍然是空气动力学工程师们无可替代的工作组成部分，本书将对这一方面做详细介绍。风洞是其中的重点所在。风洞的特性，必须与其自身在模拟分析方面的局限性联系起来考察。只有能够对这些不足之处加以量化，才能对风洞内获得的试验结果进行正确评价。同时，本书还将对那些涉及广泛的试验范围而发展起来的测量技术加以介绍。

本书对数值空气动力学将做深入的讨论，尽管它还有一些不足之处。归功于计算能力的不断增长最近一段时间，数值空气动力学同样也取得了进步，这使得数值方法（CFD）在此期间成为汽车研发过程中一个固定的组成部分。其目标是，用数值方法（同样也依赖经验）来优化外形，不仅借助紧随其后的试验来对数值模拟进行校验，而且使计算结果更加精细、准确。

本书适用于工业领域、科研和教育界、技术监督协会和管理部门的汽车工程师，同样适用于大学生。汽车方面的技术人员如设计师、试验工程师和计算工程师，与来自其他领域的空气动力学工作者一样，也将能从本书中受益良多。本书同样面向设计人员、专业新闻从业人员，以及汽车驾驶人员。

本书各个章节的安排，做到各自单独可读，不以深厚的空气动力学知识为前提；相应的基础理论，则在本书开头的专门章节内做了介绍。即使书中某些地方有所重叠，也并无坏处；这样的重复，更多的是为了建立起各章节内的内容之间的联系，同时服务于复习并深化与章节有关的知识。

在选择参考文献时，本书并非采取了无原则的完整性（即数据库）方法，而是注重关键性论文的引用；从这些论文中，读者能够对所涉及的问题做深入的了解。本书的参考文献，采用了课题交织而且顺序连贯的编排结构。这会使得查阅不仅迅速，而且极具效率。本书还对参数名称的一致性给予了特别重视。公式符号和其他标识在所有章节中都做了一致性处理，只有极少数的例外。

前任主编沃尔夫·海恩里希·胡克博士（Dr. Wolf - Heinrich Hucho），和根据海恩里希·哈恩博士（Dr. Heinrich Hahn）的提议在埃森市的技术之家组织了编写一个课程所用教程的几位共同作者，奠定了本书的基础。本书的第1版于1981年发行；这一版被翻译成俄语和波兰语。此后，这本书的内容不断更新和扩展，以英文的《道路交通工具空气动力学》（*Aerodynamics of Road Vehicles*）和德文的《汽车空气动力学》（*Aerodynamik des Automobils*）交替发行了4个版本。当前的这个以德语出版发行的第6版，是在一位新的主编的统领下完成的；相对于前5版，这一版进行了范围非常广泛的修订。这些修订是必不可少的，尤其是数值空气动力学和风洞技术方面的进步。正是在这些进步的基础上，置身于开发和研究工作中的汽车空气动力学工程师们，与以往相比，能够更加真实地模拟、分析、理解汽车周围的流体力学过程。由于涉及二氧化碳和有害物质排放、赛车运动中的新型控制装置，以及不断地得到深入优化的商用车和摩托车方面更为严格的立法，这次修订和更新也是十分必要的。

得到上一版几位作者的友情许可，本书的几个章节部分地承接了上一版的相应内容。非常感谢卢德格尔·吕尔曼博士（Dr. Ludger Lührmann）、居厄德·R. 阿梅德博士（Dr. Syed R. Ahmed）、哥尔古恩·A. 内加蒂（Dr. Görgün A. Necati）和威格伯特·科尔先生（Wigbert Kohl）所提供的数值模拟结果和测量技术资料。本书的主编还特别感谢沃尔夫·海恩里希·胡克博士的信任，感谢他将一个集数十年心血、已经打造成广为人知而且备受尊敬的标准的成功著作转交给了一个新手，感谢他由此而赋予这本著作将在至此所取得的成就的基础上继续向前推进的机会。为了保持与前几个版本的紧密联系，第6版的书名扩展成《胡克汽车空气动力学手册》。此外，这个新的版本还得益于沃尔夫·海恩里希·胡克博士的丰富经历，这些经历就体现在第1章的历史性概述之中。

托马斯·许茨

目　录

符　号　表

符号	说明	单位
A_A	出口面积	[m^2]
A_B	底板面积	[m^2]
A_C	汇流器横截面面积	[m^2]
A_E	入口面积	[m^2]
$A_{geschlossen}$	固定壁面的横截面面积	[m^2]
A_H	赫姆霍兹谐振器的孔口面积	[m^2]
A_K	散热器冷却面面积	[m^2]
$A_{Lüfter}$	风机过流面积	[m^2]
A_M	双联－汽车迎风面积	[m^2]
A_N	风洞喷管横截面面积	[m^2]
A_{offen}	开槽式试验段的横截面面积	[m^2]
A_P	驻室横截面面积	[m^2]
A_R	面积比	[－]
A_{Ref}	参考面积	[m^2]
A_S	前室/喷管入口横截面面积	[m^2]
A_{SEP}	近尾流横截面面积	[m^2]
A_x	迎风面积	[m^2]
$A_{x,A}$	天线迎风面积	[m^2]
$A_{x,K}$	散热器迎风面积	[m^2]
$A_{x,S}$	车外后视镜的迎风面积	[m^2]
$A_{x,S}$	扰流器的迎风面积	[m^2]
A_z	z 向的投影面积	[m^2]
a	加速度	[m/s^2]
a	距离	[m]
a_q	横向加速度	[m/s^2]
b	宽度	[m]
b	比燃料消耗，比能耗	[g/kW·h]
b_N	喷管口宽度	[m]
b_S	路段比燃料消耗，单位距离能耗	[L/100km]
C	气体分子运动理论中的碰撞算子	[s^2/m^6]
$C_{i,j}$	应力张量（描述分解涡与未分解涡之间的相互作用引起的应力）	[$kg/(m\cdot s^2)$]
c	声速	[m/s]
c	常数	[－]

c	粒子速度（气体分子运动理论）	[m/s]
c_A	升力系数	[–]
$c_{A,h}$	后轴（或后桥）升力系数	[–]
$c_{A,v}$	前轴（或前桥）升力系数	[–]
c_{DES}	分离涡模拟方法中的经验常数	[–]
c_F	污染系数	[–]
c_f	摩擦力系数	[–]
c_μ	经验常数	[–]
$c_{M,G}$	横摆力矩系数	[–]
$c_{M,N}$	俯仰力矩系数	[–]
$c_{M,R}$	横向转矩系数，滚动力矩系数	[–]
c_p	等压比热	[kJ/(kg·K)]
c_p	压力系数（通用）	[–]
$c_{p,A}$	出口压力系数	[–]
$c_{p,C}$	校正压力系数	[–]
$c_{p,K}$	冷却液比热	[kJ/(kg·K)]
$c_{p,m}$	实测压力系数	[–]
$c_{p,stat}$	静压系数	[–]
$c_{p,tot}$	总压系数	[–]
$c_{p,Q}$	吸入参数	[–]
c_S	侧向力系数，分力系数	[–]
$c_{S,h}$	后轴（或后桥）侧向作用力系数	[–]
$c_{S,v}$	前轴（或前桥）侧向作用力系数	[–]
c_T	切向作用力系数	[–]
c_u	速度系数	[–]
$c_{V,K}$	冷风流量系数	[–]
C_D	风阻系数	[–]
$C_{D,0}$	断面阻力，翼型阻力	[–]
$C_{D,c}$	矫正阻力系数	[–]
$C_{D,i}$	诱导阻力系数	[–]
$C_{D,m}$	测量阻力系数	[–]
c_x，c_y，c_z	对无量纲风力的局部贡献率	[–]
D	阻尼系数，衰耗系数	[–]
D	直径	[m]
d	距离	[m]
d	直径	[m]
d_a	外径	[m]
$dc/d\beta$	静态偏角（或滑动角）梯度	[1/°]
d_{hyd}	水力直径	[m]
d_i	内径	[m]
d_N	直径	[m]

e	离地间隙	[m]
e_{sp}	重心到侧向力作用点的距离	[m]
F	示例性数学函数	[-]
F	（一般的）力	[kg·m/s²]
F_A	升力	[kg·m/s²]
$F_{A,h}$	后轴（或后桥）升力	[kg·m/s²]
$F_{A,v}$	前轴（或前桥）升力	[kg·m/s²]
F_B	制动力和加速力	[kg·m/s²]
$F_{B,H}$	后轮支承面上的制动力	[kg·m/s²]
$F_{B,V}$	前轮支承面上的制动力	[kg·m/s²]
F_D	压力	[kg·m/s²]
F_F	离心力	[kg·m/s²]
F_G	汽车重量	[kg·m/s²]
F_H	坡度阻力	[kg·m/s²]
F_K	位置系数	[-]
F_{mech}	机械阻力	[kg·m/s²]
F_N	法向力	[kg·m/s²]
$F_{N,Ges}$	车轮总负载，总桥荷	[kg·m/s²]
$F_{N,HA}$	后轴（或后桥）轮边载荷	[kg·m/s²]
$F_{N,VA}$	前轴（或前桥）轮边载荷	[kg·m/s²]
F_q	横向力	[kg·m/s²]
F_R	摩擦力	[kg·m/s²]
F_R	滚动阻力	[kg·m/s²]
F_S	侧向力，分力	[kg·m/s²]
$F_{S,h}$	后轴（或后桥）侧向力	[kg·m/s²]
$F_{S,v}$	前轴（或前桥）侧向力	[kg·m/s²]
$F_{S,F}$	侧向牵引力	[kg·m/s²]
F_T	切向力（总是沿汽车的纵向）	[kg·m/s²]
F_{Vent}	排风（阻）力	[kg·m/s²]
F_W	风的阻力，空气阻力	[kg·m/s²]
$F_{W,D}$	风阻力的压力所致部分	[kg·m/s²]
$F_{W,K}$	车身的摩擦力部分	[kg·m/s²]
$F_{W,R}$	风阻力的摩擦力所致部分	[kg·m/s²]
$F_{W,Rad}$	车轮上的风阻力	[kg·m/s²]
F_Z	拉力	[kg·m/s²]
f	流场的量	
f	频率	[1/s]
f	速度分布函数	[s³/m⁶]
f	断面曲率	[m]
f_E	边棱音回馈频率	[1/s]

f_{HR}	赫姆霍兹谐振器固有频率	[1/s]
f_m	调制频率	[1/s]
f_n	空间模式的固有频率	[1/s]
f_R	风洞管道固有频率	[1/s]
f_o	频率上限	[1/s]
f_u	频率下限	[1/s]
f_W	过路涡的固有频率	[1/s]
G	格劳尔系数	[–]
G_r	格拉晓夫数	[–]
g	重力加速度	[m/s^2]
$H(f)$	阶跃函数	[–]
$H_{a,G}(f)$	空气动力学的横摆力矩传递函数	[1/°]
$H_{a,S}(f)$	空气动力学的侧向力矩传递函数	[1/°]
h	高度	[m]
h_D	扩压器高度	[m]
$h_{N,g}$	喷管高度（经镜像的）	[m]
h_p	顶篷高度	[m]
I	强度	[kg/s^3]
I	惯性矩	[$kg \cdot m^2$]
I_i	湍度（湍流强度）	[–]
I_n	空间方向 n 上的声强	[kg/s^3]
i	复数 $\sqrt{-1}$	[–]
K	耦合系数	[–]
K_p	驻室与喷管截面积之比	[–]
K_n	努森数	[–]
K_{WK}	冷风通风效率特征值	[–]
k	导热系数	[$kg/K \cdot s^3$]
k	长径比	[–]
k	比湍性动能	[m^2/s^3]
k_N	喷管系数	[–]
k_p	驻室系数	[–]
L	长度	[m]
L	声压级	[–]
L_i	紊流特征长度，积分长度	[m]
$L_{i,j}$	应力张量（表征由弥散涡的相互作用引起的应力）	[$kg/(m \cdot s^2)$]
L_p	声能级	[–]
l	长度	[m]
l_0	轴距	[m]
l_1	车间距	[m]
l_2	车头与拖挂车间间距	[m]
l_A	力的作用点与轴间中点的距离	[m]

l_D	扩压器长度	[m]
l_H	从后车窗上缘算起的车尾长度	[m]
l_K	行李舱的长度	[m]
l_K	冷却器的厚度	[m]
$l_{Kü}$	联轴器长度，耦合器跨度	[m]
l_R	管长	[m]
l_R	谐振器颈长	[m]
l_{ref}	参考长度	[m]
l_S	后窗玻璃的长度	[m]
l_{TS}	试验段长度	[m]
M	转矩（通用）	[kg·m²/s²]
M_a	马赫数	[-]
M_G	横摆力矩	[kg·m²/s²]
M_N	俯仰力矩	[kg·m²/s²]
m	质量（通用）	[kg]
m	调制度，调制系数	[-]
m_E	边棱音模式的阶数	[-]
$\dot{m}_F$	冷却液流量	[kg/s]
$\dot{m}_K$	冷风流量	[kg/s]
m_F	汽车质量	[kg/s]
m_{LR}	叶片谐振波的阶次数	[-]
m_R	空间模式的阶数	[-]
m_{rad}	径向调制数	[-]
m_U	环向调制数	[-]
m_x，m_y，m_z	空间模式轴向分量的阶数	[-]
N	坡度，常用%	[-]
N_u	努塞尔数	[-]
n	表面法向矢量	[m]
n_{LS}	工作（或转子）叶片数	[-]
n_K	校正系数	[-]
n_S	导流（或定子）叶片数	[-]
n_x，n_y，n_z	表面法向矢量的分量	[m]
P	功率（通用）	[W]，[kW]
P_A	汽车起动（或传动）功率	[W]，[kW]
P_e	佩克莱特数	[-]
$P_{Lüfter}$	风扇功率	[kg·m²/s³]
P_r	普朗特数	[-]
p	压力（通用）	[kg/(m·s²)]
p'	压力波动	[kg/(m·s²)]
p_{LL}	增压空气压力	[kg/(m·s²)]
$p_{LL,E}$	增压空气入口压力	[kg/(m·s²)]

p_N	喷管管端压力	[kg/(m·s²)]
p_P	驻室压力	[kg/(m·s²)]
p_S	喷管前室压力	[kg/(m·s²)]
p_{stat}	静压力	[kg/(m·s²)]
p_{tot}	总压力	[kg/(m·s²)]
$p_{Verlust}$	压力损失	[kg/(m·s²)]
p_∞	未受扰动来流的压力，大气压力	[kg/(m·s²)]
Q	热量	[kg·m²/s²]
Q	（体积）流量	[m³/s]
$\dot{Q}$	热流量	[kg·m²/s³]
$\dot{Q}_{KL}$	进入冷风的热流量	[kg·m²/s³]
$\dot{Q}_{KM}$	进入冷却液的热流量	[kg·m²/s³]
$\dot{Q}_M$	发动机的散热	[kg·m²/s³]
q	动压	[kg/(m·s²)]
$\dot{q}$	比热流	[kg/s³]
$\dot{q}_\alpha$	与对流有关的比热流	[kg/s³]
$\dot{q}_h$	与内能有关的比热流	[kg/s³]
$\dot{q}_\varepsilon$	与辐射有关的比热流	[kg/s³]
$\dot{q}_\lambda$	与热传导有关的比热流	[kg/s³]
q_∞	未受扰动来流的动压	[kg/(m·s²)]
R	半径	[m]
R	摩擦力	[kg·m/s²]
R	特殊气体常数	[m²/(K·s²)]
R	流动阻力	[l/m²]
R_{con}	对流热比率	[–]
Re	雷诺数	[–]
$R_{i,j}$	应力张量（表征由非弥散涡的相互作用引起的应力）	[kg/(m·s²)]
R_L	空气的特殊气体常数	[m²/(K·s²)]
r	半径（通用）	[m]
r_1	汽车前脸－翼子板的过渡半径	[m]
r_2	汽车前脸－前机舱盖的过渡半径	[m]
r_3	汽车前脸－底板的过渡半径	[m]
r_4	A 柱半径	[m]
r_5	风窗玻璃曲面半径（$x-y$ 面）	[m]
r_C	C 柱半径	[m]
r_D	车顶－边窗过渡半径	[m]
r_D	喷管等效半径	[m]
r_K	曲线半径，转弯半径	[m]
r_K	汇流器（或整流器）的等效半径	[m]

r_S	车顶－斜背过渡半径	[m]
S	包络面积	[m^2]
$S_{i,j}$	应力张量（通用）	[$kg/(m \cdot s^2)$]
$S_{i,j}$ (f)	汽车功率密度谱	
$S_{i,j}$ (f)	互功率密度谱	
S_r	斯特劳哈尔数	[－]
s	线段长（一维坐标）	[m]
T	温度（通用）	[K]
T_u	湍度，紊流强度	[－]
T'	温度波动，温度变化	[K]
T_A	出口温度	[K]
T_E	入口温度	[K]
T_F	流体的温度（例如冷却液）	[K]
T_{Fb}	冷却液的沸点	[K]
$T_{i,j}$	莱特希尔张量的分量	[K]
T_L	空气的温度	[K]
$T_{LL,A}$	增压空气出口温度	[K]
$T_{LL,E}$	增压空气入口温度	[K]
T_x，T_y，T_z	x、y 和 z 方向的湍度分量	[K]
T_W	壁面温度	[K]
T_∞	未受扰动来流温度，大气温度	[K]
t	时间（通用）	[s]
t_R	谐振器等效颈长	[m]
U	周长	[m]
U	电压	[V]
U_N	喷管周长	[m]
u，v，w	坐标轴方向的速度，速度的三个轴向分量	[m/s]
u'，v'，w'	坐标轴方向的速度波动	[m/s]
$\overline{u}$，$\overline{v}$，$\overline{w}$	平均速度分量（雷诺平均的纳维－斯托克斯方法）	[m/s]
$\overline{u}$，$\overline{v}$，$\overline{w}$	过滤的速度分量（大涡模拟方法）	[m/s]
u_∞，v_∞	来流速度	[m/s]
u_G	大气边界层上界气流速度	[m/s]
u_m	平均速度	[m/s]
u_R	初始平均速度	[m/s]
V	体积流量	[m^3]
V_F	汽车体积	[m^3]
$\dot{V}_K$	冷风流量	[m^3/s]
V_T	尾涡（区）体积	[m^3]
v	速度（通用）	[m/s]
v_A	出口速度	[m/s]
v_B	观察者的速度	[－]

v_F	行驶速度，车速	[m/s]
v_i，v_j，v_k	坐标轴方向的速度分量	[m/s]
v_K	冷却器的过流速度	[m/s]
v_{max}	最高速度	[m/s]
$v_{n,i}$，$v_{n,j}$，$v_{n,k}$	表面法向速度的分量	[m/s]
v_S	抽吸速度，吸入速度	[m/s]
v_W	风速	[m/s]
w_{kmax}	最高过速	[m/s]
x，y，z	直角坐标	[m]
x_H	后悬长度	[m]
x_i，x_j，x_k	下标形式表示的直角坐标	[m]
x_R	再附着区长度	[m]
x_S	扰流器的 x 坐标	[m]
z	制动力与车重之比	[-]
z_G	大气边界层上界	[m]
z_S	扰流器的 z 坐标	[m]
α	迎角，来流偏角	[°]
α	冷风出口角度	[°]
α	机舱盖倾角	[°]
α	粗糙度指数	[-]
α	车轮偏角，倾角（通用）	[°]
α	仰角，倾角	[°]
α	欠松弛系数	[-]
α	导热系数	[kg/(K · s³)]
α_H	后桥车轮倾角，后桥轮胎滑移角	[°]
α_S	吸收度，吸收系数	[-]
α_V	前桥车轮倾角，前桥轮胎滑移角	[°]
β	倾斜角或滑动角，迎角或进风角	[°]
β_{pbp}	热膨胀系数	[1/K]
χ	导出热比率	[-]
χ	重心位置与轴距之比 h/l	[-]
$\chi_{a,G}(f)$	横摆力矩的气动导纳	[-]
$\chi_{a,S}(f)$	侧向作用力的气动导纳	[-]
Δ	差值，差分	[-]
Δ	拉普拉斯算子	[-]
Δ	网格宽度，网格尺寸	[m]
$\Delta c_{A,h,K}$	由冷却风流引起的后轴升力变化	[-]
$\Delta c_{A,v,K}$	由冷却风流引起的前轴升力变化	[-]
$\Delta C_{D,K}$	冷却风阻力系数	[-]
$\Delta C_{D,K0}$	冷却器的风阻	[-]
Δp_M	由机械能引起的压力升高	[kg/(m · s²)]

Δp_V，$\Delta p_{Verlust}$	压力损失	[kg/(m·s²)]
δ	边界层厚度	[m]
δ	风窗倾角	[°]
$\delta(f)$	狄拉克函数	[-]
δ_1	排流厚度，阻滞厚度	[m]
δ_2	动量损失厚度	[m]
$\delta_{i,j}$	克罗内克尔记号，克氏记号	[-]
δ_L	转向角	[°]
ε	耗散速率	[m]
ε	发射系数，辐射系数	[-]
ε	无量纲干涉速度	[-]
ε	风窗与发动机舱盖之间的夹角	[°]
ε_{aero}	气动有效性	[-]
ε_C	汇流器对汽车的干涉速度	[-]
ε_D	对喷管的干涉速度	[-]
ε_{DP}	双极子干涉速度	[-]
ε_K	汇流器上的干涉速度	[-]
ε_N	喷管对汽车的干涉速度	[-]
ε_S	阻滞效应的干涉速度	[-]
ε_W	远端死水的干涉速度	[-]
ε_{TD}	死水阻塞比	[-]
φ	风向角，来流角度	[°]
φ	（复数的）实部	[-]
φ_S	无向量势场	[-]
Γ	环量	[m²/s]
γ	侧窗倾角	[°]
γ	（两边的）夹角	[°]
$\gamma^2(f)$	相干函数	[-]
γ_D	扩压器张角	[°]
η	效率	[-]
η，ζ，ς	位置坐标	[m]
η_ρ	密度恢复系数	[-]
φ	风（流）量系数	[-]
φ	后窗倾角	[°]
φ	圆筒或者椭圆的圆心角/弧长	[°]
φ	摩托车必要的倾斜角度	[°]
$\varphi(x_0)$	声电位的复振幅	
ν	有效角度	[°]
$\varphi_{i,i}(t)$	校正系数	
φ_{krit}	后窗临界倾角	[°]
φ_{MR}	摩托车的实际倾斜角度	[°]
$\varkappa$	绝热指数	[-]

$\varkappa$	冯·卡曼常数	[-]
$\varkappa$	喷管的面积收缩率	[-]
Λ	边长比	[-]
Λ	试验段无量纲长度	[-]
λ	分子热运动的自由程	[m]
λ	圆管摩擦系数	[-]
λ	导热系数	[W·m/(s^3·K)]
λ	波长	[m]
λ	示例性数学标量函数	[-]
λ_F	形状系数	[-]
μ	动力黏度	[kg/(m·s)]
μ_q	横向摩擦系数	[-]
μ_R	滚动阻力系数	[-]
ν	运动黏度	[m^2/s]
ρ	密度	[kg/m^3]
ρ_K	燃料密度	[kg/l]
ρ_L	空气密度	[kg/m^3]
ρ_{LL}	增压空气密度	[kg/m^3]
σ	正应力	[kg/(m·s^2)]
σ	标准误差	[-]
σ^2	方差，离散性	[-]
σ_S	斯特凡 - 玻尔兹曼常数	[kg/(s^3·K^4)]
τ	剪应力	[kg/(m·s^2)]
τ	时间延迟	[s]
$\tau_{i,j}$	剪应力张量分量	[m^2/s^2]
τ_W	壁面上的剪应力	[kg/(m·s^2)]
ς	壁面粗糙度系数	[-]
Ω	涡量	[m/s]
Ω	汇流器与喷管横截面面积之比	[-]
Ω_{LR}	叶片通过频率	[1/s]
$\Omega_x, \Omega_y, \Omega_z$	涡矢分量	[m/s]
ω	频率	[1/s]
ω	格子 - 玻尔兹曼方法中的松弛参数	[1/s]
ω_{aero}	空气动力学平衡	[-]
ω_{stat}	静态平衡	[-]
Ψ	压力系数	[-]
Ψ	(复数的)虚部	[-]
Ψ	侧偏角,横摆偏角	[°]
ξ	雅科夫斯基映射函数	[m]
ξ_K	冷却器损失系数	[-]
∇	梯度	[-]

第1章 绪 论

Wolf - Heinrich Hucho
谢志华 译

1.1 汽车空气动力学的任务

1.1.1 目标参数

汽车的重要特性受空气动力学的影响。受影响最大的是动力性能：油耗和与之相对应的排放。最高速度自然也会受到影响，尽管其重要性至少在广告宣传中已经退居次要地位，却仍然一如既往地为买车人所津津乐道。但是，动力性能并非代表一切。那么汽车空气动力学究竟会影响什么，图 1.1 给出了一个梗概性说明。

图 1.1　汽车空气动力学的任务图谱（图片来源：大众汽车公司）

直行惯性，侧风稳定性，诸如乘员舱内的风噪、供暖、通风和空气调节等涉及的舒适性，外观，车身的表面除污，发动机、传动系统和制动系统的冷却，单个部件如发动机舱盖板和车门上的作用力，所有这些对于汽车来说至关重要的特性，都与汽车的内外流场有着密切的关系。

如果人们把视线从运动赛车上移开，那么汽车的外形就不会从一开始就这么来确定，即借助这样的外形来实现所期望的空气动力学特性，比如飞机的情形就是这样。飞机的设计理念，是在尽可能小的风阻下产生预先设定的升力。相反，汽车的形状是按照功能性、经济性，而且首先是按照美学的要求而发展起来的。前面列出的那些空气动力学的目标参数必须用尽可能不引人注目的措施来实现。

在这种情况下，造型便被赋予了举足轻重的意义。造型的任务是基于技术的现状给出一种符合时代特征且与整个社会的生活感受协调一致、引人入胜的汽车外形。造型师必须永无止境地寻找新颖的表达方式；与此同时，他又被众多的约束条件所束缚。这些约束条件有些甚至是相互矛盾的：同一系列车型的品牌相似性和差异性，连续性和前瞻性。

有鉴于此，就汽车空气动力学而言，得出如下两点结论：

- 汽车的空气动力学性能通常首先是由其形状所决定的结果，而不是这一形状的理由。
- 造型的目标可能不是最终的那种形状，比如由现代民航飞机所体现出来的那样。一方面，汽车空气动力学开发基于各种新造型；另一方面，汽车空气动力学也会影响造型设计。

1.1.2 汽车空气动力学表述方法

汽车的行驶与一系列空气流动过程联系在一起，这些空气流动过程可以分成三类，亦即：

- 整车外流场；
- 车身，发动机舱以及乘员舱的内流场；
- 成套组件内的流动。

上述提到的前两个流动域是耦合在一起的。比如，发动机舱的空气流动与汽车外流场直接相关联，而发动机舱的内流场又同时正好反作用于汽车外流场。两个域必须以其相互作用的方式来进行观察；二者都是汽车空气动力学的研究对象。与此相反，发动机和变速器内部的空气流动过程则与另外两个流动域是完全分开的；它们之间的相互联系仅仅建立在行驶动力学基础之上。它们不会纳入空气动力学的范畴，因此在这里也不会涉及。

从空气动力学专家们的观点来看，汽车属于钝体。汽车的边长之比，也就是它的宽度（或者高度）与其长度的比值不大。汽车以某个与其高度相比很小的离地间隙运动。汽车的形状各种各样，如图1.2所示的那样，极其复杂。汽车的外流场具有三维特征，边界层的空气流动完全是湍态的。典型的情况是不计其数的空气分离现象。如图1.3（见彩插）所示意性表达的那样，按照空气分离的运动学特征，把它们分为两种类型：如果分离的出口位于沿着主要垂直于当地的流动展开的一条线或者棱边（图1.3a），则这一分离会导致形成一个尾涡区。在尾涡区内，空气流动是非稳态的，亦即杂乱无章的，而且通常会存在适度的负压。这种类型的分离出现在钝性的车尾。在一定条件下，空气在分离之后又会重新附着，同时形成一个分离泡。当风窗玻璃太竖直时，会形成这样的空气流动。相反，如果空气流动是沿着一条倾斜的线，或者棱边分离（图1.3b），则会卷成一个“锥形涡卷”，并形成一个向下游一直保持稳定的纵涡，一直到它最终消散。这一纵涡在它附近的截面上诱导出一个高的负压。在乘用车上，这种类型的分离会在倾斜的C柱上形成，不过同样也会在A柱上形成。很长一段时间，这种类型的空气流动分离，那种锥形涡卷的形成，在汽车空气动力学中不被理解，有时甚至完全被忽视。

两种形式的空气分离，即死水和纵涡，会互相干涉。它们是引起大部分风阻的直接原因。它们的结构形状构成了风洞试验以及数值模拟中研发工作的绝大部分内容。与之伴随而来的，还有在部分开放空间的空气流动，围绕多个物体的空气流动，围绕旋转车轮的空气流动和管道内的空气流动。

图1.2　汽车外形的多样性（鉴于这样的外形，不同类型汽车的空气动力学问题必须区别对待）

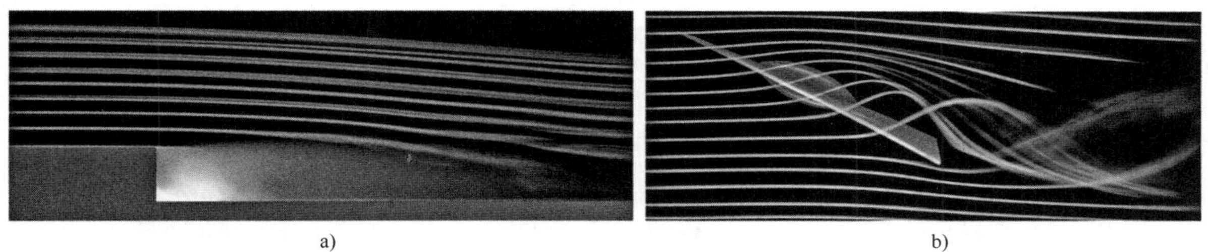

a)　　　　b)

图1.3　两种类型的流动分离现象（图片来源：Sönke Hucho）

a）位于一条垂直于当地流动方向的棱边上　b）位于一条倾斜于当地流动方向展开的棱边上

汽车空气动力学专家的任务，就是用适当的方法有效地构造这些复杂的流场。在这种相互交织的情况下如何理解“有效”，在这篇绪论里只做简要的勾勒；它是这本书的主题，会在单独各个章节内做详细介绍。

汽车外流究竟有多么复杂，可以在风洞内和计算机屏幕上一目了然地观察。如图1.4（见彩插）中的烟流提供了汽车在风洞内的一个例子。在纵向中截面上导入的烟流㊀（图1.4a），显示出当汽车在静风条件下行驶时对称来流流线的走向。在棱边寻一个小的圆角，空气流动会继续贴合外形。在那些流线彼此之间靠得很密的地方，流速高，形成负压区；产生升力。特别是车顶后缘处的流动分离。在汽车尾部形成了一个大面积的死水㊁区。这一现象，在图1.4中没有表示出来；在风洞内，向车后的分离流添加烟雾的办法，能够使尾涡区可见。烟雾会充满整个尾涡区，一直到发生分离的地方。

建构局部的流场花费非常多的精力：必须使空气这样来围绕汽车流动，即车窗玻璃和车灯免于污染，不会有水珠模糊了车外后视镜中的视线，不会出现令人厌烦的风噪声，刮水器不会被抬起，以及发动机的油底壳和制动系统能够可靠地予以冷却。

㊀　实际上是烟雾，和舞台上和迪斯科舞厅使用的烟雾一样。

㊁　死水在下文中表示（时间平均意义上）具有回旋流动的封闭区域。尾流称为下游方向由死水形成的流动。分离泡代表了一种特殊形式的死水。在分离泡出现的情形，分离流在物体上重新附着。对此情形，参见Schlichting和Gersten（2006）。

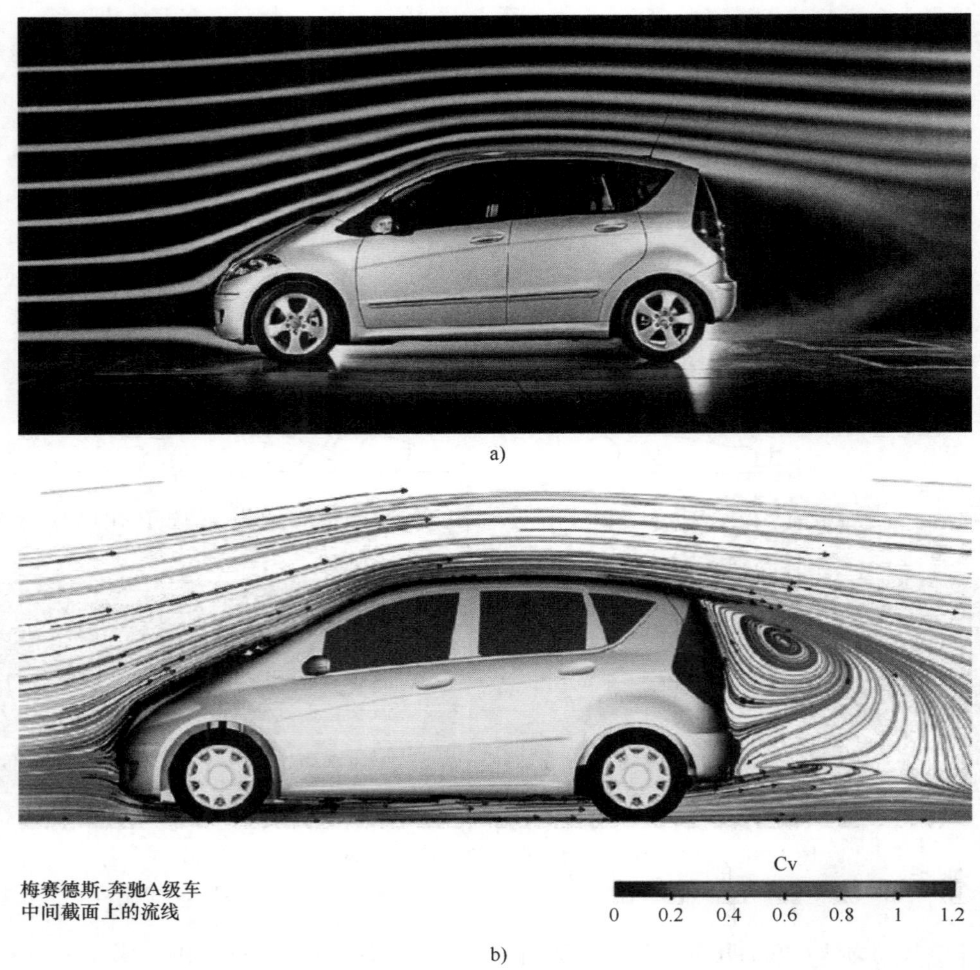

图 1.4　汽车外流动的可视化处理（图片来源：戴姆勒集团）

a）风洞中采用烟雾　b）数值计算

汽车车身的内流场必须这样来设计：发动机在任何工作条件下的热损失都被带走，油冷器、增压空气和再循环废气以及空调系统冷凝器的放热也同样如此。在乘员舱内，内流场必须能够满足换气的需求。在这里同时需要注意的是温度场：在发动机舱内，必须使空气流动让辅助装置不会变得太热；在乘员舱内，空气流动令驾驶员和乘员感到舒适。在这里，优先按照“凉头部、暖腿脚”的原则进行分层对待。

综上已经简单地勾勒出空气动力学对汽车的结构有着怎样的影响：不仅影响汽车的外形，从而影响造型设计，而且影响汽车的内部空间和许许多多结构上的细节。这使得空气动力学专家们必须经常性地认真分析那些由造型、设计和试验人员所提出的问题。只有当他正确地理解了这些来自其他学科的问题，他才能够着手解决它们；也只有这样，他才能够使空气动力学在汽车制造中发挥应有的作用。同样重要的是，空气动力学专家们认为，他们的专业在汽车上有着另一种定位，比如说不同于其在飞行器上的定位；这个定位——如同前面已经提到的那样——不是由设计所能确定的[㊀]。

㊀ 正是汽车空气动力学的这种多学科交叉特性赋予这一工作领域以独特的魅力。

1.1.3 相邻专业领域

对应于汽车空气动力学，在应用流体力学的其他领域——全都是“钝体”——存在一系列相似性，尤其是就涉及的任务、边界条件和如何处理边界条件的方法来看。对它们的（简要）介绍，应该会提醒汽车空气动力学专家们关注这些相邻专业领域[一]。

汽车与轨道车辆存在着最为紧密的亲缘关系：汽车周围的流场和轨道车辆周围的流场是非常近似的。它们之间一个十分重要的区别在于，轨道车辆通过多节车厢的连接形成一个列车，出现一个相对于它的宽度和高度来说很长的物体。其结果是，列车尾部的空气边界层非常之厚。轨道车辆空气动力学的重要研发目标是：

- 两列车交会时、进入隧道时和驶过车站时的压力峰值（“激波”，也称为“锥形激波”）要低；
- 低风阻；
- 降低风噪声；
- 控制侧风的影响；
- 为冷却和空调目的确定内部和外部的流动。

现代高速列车比绝大多数汽车的行驶速度都更快。以车的前端为例说明在外形设计时，上述研发目标是如何由此而发生变化的。首先，在旅游大巴车上，决定性的判别条件是“低风阻”。这是一项以相对而言小的前缘半径就能满足的要求。相反，在列车上的目标则是激波的极小化。这导致行驶越快的列车，车头的形状必须越是细长。造成困难的还有：“牵引机车”车头和车尾的形状是一样的。就其本身来说，逆向行驶的车头，也就是车尾，应该按照低阻力这个判据来构型。这样一来，车头似乎很可能由形状来决定了。但是直到现在，就作者的了解而言，还没有这么做。

与建筑结构空气动力学的关联也是不胜枚举。从流体力学的视角观察，有如下相似性：

- 绝大多数的建筑物都是钝体；
- 它们的外流场以流动分离为显著特征；
- 地面的影响和地面边界层具有重要的意义；
- 在多个建筑物之间存在相互影响。

在研发过程中，可比性目标是：

- 确定作为一个整体的建筑物上的作用力；
- 计算作用在建筑物顶部、正面、窗户和天线这些部分上的风力；
- 近地面的流场对行人保护，同样也对行驶车辆保护的影响；
- 为空气调节和供暖确定外流场和内流场方案。

气动弹性过程[二]是建筑物空气动力学的一个特殊现象。如果在汽车制造技术中强化轻型结构的使用，则气动弹性过程在这里也会变得非常具有现实意义。像车顶、前盖和车门这样特别轻、面积大而且稍微有些凸起的部件，可能受外流场刺激而发生振动，敞篷汽车的车顶也可能会这样。

就轮船以及轮船的水上部分来说也存在相似性，因为这些部件同样是钝体。空气流动的分离发生在倾斜的边缘上。研发目标是低的风阻力。汽车空气动力学专家们有时也采用造船工程师们的试验技术。汽车在水槽甚至是牵引槽中的试验就是这样进行的。

㊀ 这些专业领域在 Hucho（2011）中给予归纳和总结。

㊁ Ruscheweyh（1982）对此做了介绍，又见 Försching（1974）。

在进行内流场设计时，汽车工程师也会考虑那些在任何别的地方已经被证明是行之有效的解决方案。正是这样，在拟定发动机冷却基础方案时，飞机机油冷却器——所谓喷嘴式冷却器的研发成果才得到了应用。汽车乘员舱的空气调节因其空间狭窄而成为一个特别棘手的难题。面对生理学的严格要求，同样能够借鉴室内空调的知识，如同解决单个流动技术性问题，例如为封闭管道、风量分配器和出风口确定几何尺寸时，就是这样（借鉴了室内空调的知识）。

最后，在试验技术、测量技术和数值模拟方法方面，有着与提到的这些相邻学科广泛的一致性。

1.2 汽车空气动力学的发展

1.2.1 传承与发展

首先：对汽车空气动力学随着时间而演进——亦即其历史——的某种详尽论述，据作者所知还并不存在。如果人们希望获得关于汽车空气动力学进展的一张完整图像，就不得不追溯一件一件出版物㊀，即那些或者讲述了一个个发明者的故事，或者试图给出一个——尤其是从国家的角度来看的——发展脉络的出版物。

利用本节，作者试图从令人眼花缭乱的众多“空气动力学构想”中仅仅挑出那些想到而且至少是在样机上得以实现的构想，来介绍那条向着比较低的风阻演进的红色脉络。而且是从两个方面：什么是以空气动力学的视角来看真正新的东西，其中又有哪些是已经证明在系列化生产中可以实现的。可以看出两种从根本上互相区别的发展途径。第一个途径，简示于图1.5（见彩插），总在重复性地从空气动力学的思想开始，而且塑造了这一思想。在这个基础上，除了国外的老旧车辆之外，出现了最初的华贵轿车，例如 Citroen DS19 和 NSU Ro 80——那些说起来并不适宜于做类型系列化推广、不能进一步开发的单件品。按照另一种途径（图1.6，见彩插），空气动力学专家们对造型设计进行分析，鉴别出流体力学的薄弱环节，然后以尽可能不引人注目的措施一步一步地解决这些薄弱环节。在实际过程中，两种途径究竟表现如何，将在后面的章节借助实例予以介绍。

1.2.2 超前于时代

汽车制造技术只是极其犹豫地接受了空气动力学；二者的融合，是在经过了许多次徒劳无益的尝试后才完成的。因为在交通技术的相邻学科，如船舶制造和飞机制造中，与流体力学的共同发展从一开始就被证明是硕果累累的，所以这种情况就更是令人诧异了。也许船舶和飞机设计师们更容易理解空气动力学。他们能够向自然的蓝本看齐，向游鱼和飞鸟这些他们看到了明显的形状特征的范例看齐。这些范例不仅完完全全是符合空气动力学的，还是自然的。于是就能够有的放矢地进行论证了。对汽车来说，则缺乏这样一个（自然的）参照物。于是，同时也是汽车设计师的汽车造型师们，便首先在借鉴船舶制造技术和飞机制造技术中进行着尝试。但是，在船舶和飞机制造中有意义的东西，并非一定会在汽车制造技术中也奏效。只有当造型师们认识到了这一点，而且从这些误导性的范例中解脱了出来，空气动力学也才在汽车上找到了突破。

空气动力学在汽车上一而再再而三地出现失败的另一个原因可以在这里找到，即那些最初的做法过分地超前于空气动力学所在的那个时代了。在当时状况不佳的道路上，那些动力配备相

㊀ 不做区分，应该提到的有：Koenig-Fachsenfeld（1951，1936），Bröhl（1978），Kieselbach（1982，1983），Metternich 伯爵（1985），Mutoh（1985），Barreau 和 Boutin（2008），Barnard（2001），Vivarelli（2009）。

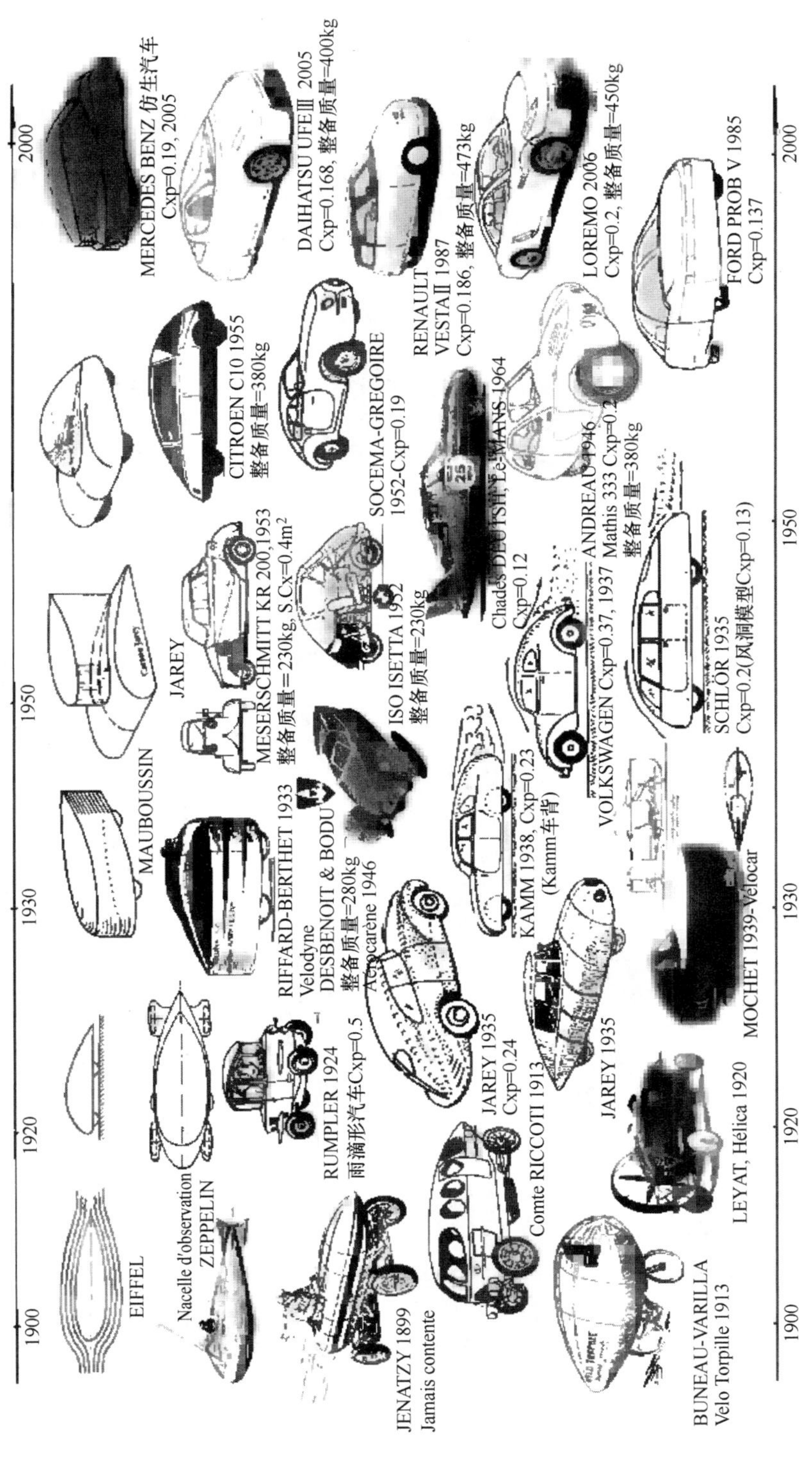

图 1.5　汽车空气动力学发展的“历史图版”，根据 Barreau 和 Boutin（2008）（原图中 Comte RICOTTI 误标为 Comte RiCCOTI——译者注）

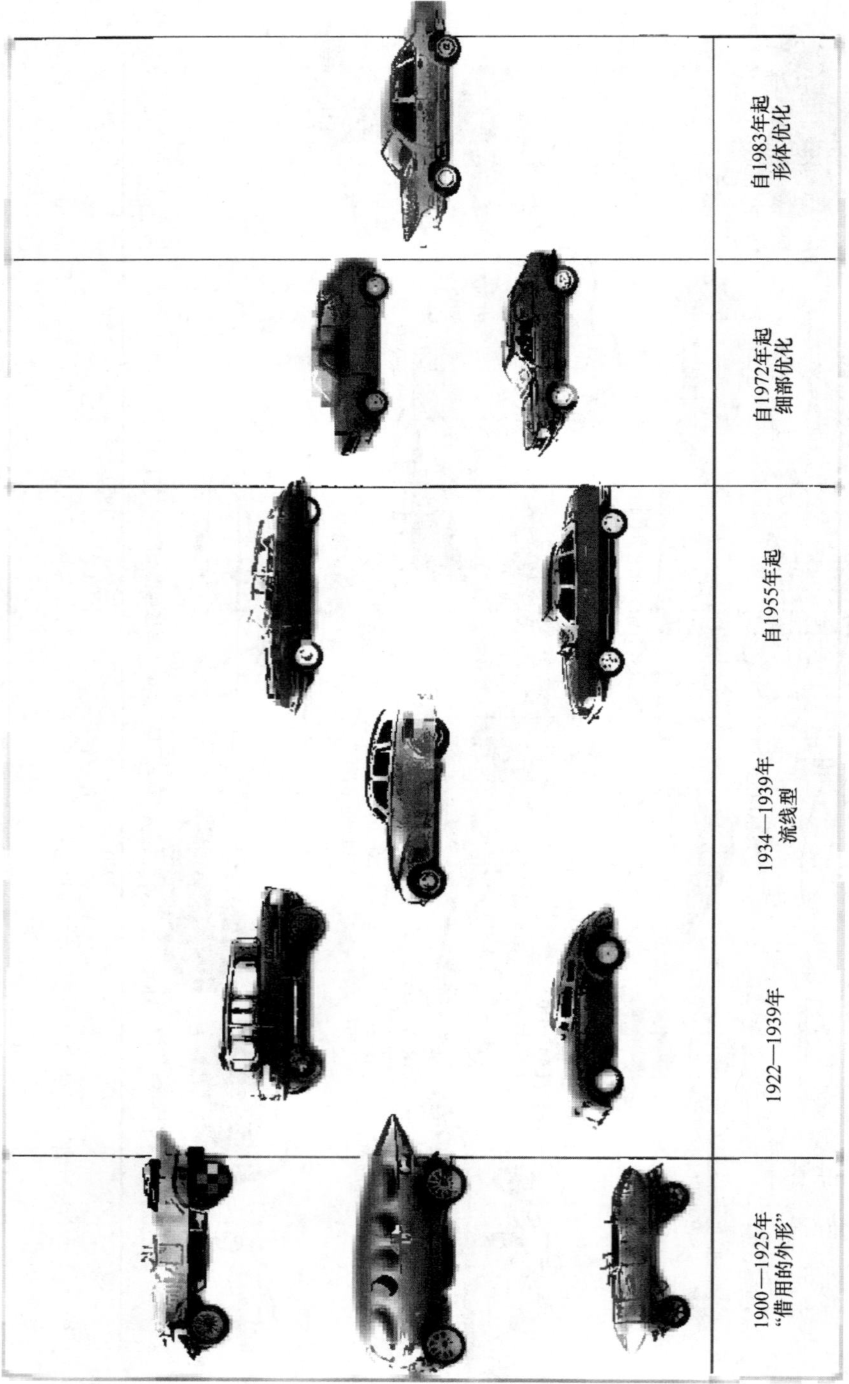

图 1.6　空气动力学发展的统一进程，依据 Hucho（2005）

对而言尚差的汽车只能慢吞吞地行驶，并不比马车快多少。流线型、顺风型的车身在那时看起来必然荒唐至极。因为，对车内乘员免于风吹雨淋和灰尘的保护，采用人们熟悉的马车式结构就能做到了。但是，当鉴于生态保护的原因早就急切地需要充分利用空气动力学优势的时候，有利于流动的外形或许适合异想天开的怪人这个偏见，却依然一直大行其道。

1.2.3 控制参数 C_D

汽车空气动力学的历史应该根据特征参数 C_D（的变化）来叙述。这一参数一直居于人们关注的焦点位置，有时候堪称这一专业的代名词。已经强调指出，由此涉及的只是问题的一部分。

正如第2章将详细论述的那样，风阻 F_d——所有产生的气动力和气动力矩的分量与行驶速度 v_F 的平方成正比：

$$F_d \sim v_F^2 \tag{1.1}$$

中级乘用车在速度 $v_F = 100\text{km/h}$ 时的风阻已经占总行驶阻力的75%～80%。通过降低风阻，汽车的动力经济性会得到决定性的提升。因此，降低风阻这一目标一如既往地位居汽车空气动力学的中心位置。如果说过去降低风阻的动因在于提高汽车的最高速度，那么今天这样做的目的则是降低能耗，与此相关联的则是减少二氧化碳的排放。如果将阻力公式（1.1）完整地写出来，就是

$$F_W = C_D A_x \frac{\rho}{2} v_F^2 \tag{1.2}$$

式中，C_D 是无量纲的阻力系数；A_x 是如图1.7中定义的汽车在行驶方向上的投影面积，ρ 是汽车周围空气的密度。第2.4.1节会给出空气密度的值。

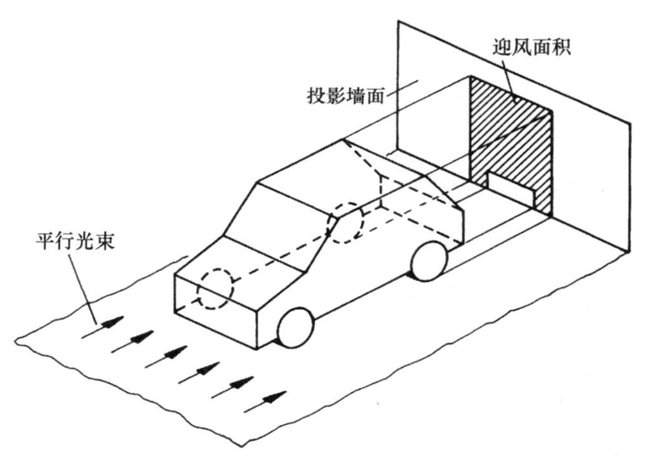

图1.7 汽车迎风面积（正投影面积）的定义

汽车的风阻一方面由其车身尺寸来确定，这个尺寸本身恰好由它的迎风面积 A_x 来表达[⊖]；另一方面，风阻取决于汽车的形状，而汽车的空气动力学性能通过 C_D 值来衡量。一般来说，汽车的大小尺寸——由此也决定了迎风面积 A_x——在开发任务书中做了规定。所以，降低风阻最终归结到 C_D 值和车的形状对该值的影响上。

1.2.4 为乘用车寻找外形

有关空气动力学在汽车制造中发挥的作用这一问题，图1.6中的看板给出了一个梗概；这张看板仅限于乘用车。根据这张看板，汽车制造技术的发展可以分为四个阶段；当然，正如图1.6所示，这四个阶段既不能在时间上也不能从内容上明确地相互割裂开来。对此的观察仅仅限于流体力学方面：何时揭示了何种现象？它们什么时候变成了技术解决方案？在此过程中，那些所经历的弯路也不应该被忽视；在这些弯路上，有一点变得尤其清楚，为了在汽车上应用空气动力学，什么东西才是不可或缺的。

⊖ Hucho（2011）讨论过，对于某些类型的汽车，例如载货汽车，（体积）$^{2/3}$ 更适宜作为参考尺寸；不过，这个参考尺寸没有能够被采用。

图1.6中以“借用的形状”和“流线型”为名所标识的前两段被深深地打上了一些个人的烙印，与这些人的名字联系在一起。后来，空气动力学发展的主力转移到了汽车公司，与汽车公司的产品开发融合在了一起。现在，当提到空气动力学现象时，不再凸显一个个发明者的名字，而是汽车的类型标识和汽车的名称。

在出版物中，只要给出数值（居于中心位置的也是C_D值），这些数值便尤其值得批判性地予以评价。这绝不仅仅是指对于那些来自老的文献资料的数值。只要是利用缩比模型来测量的，缩比模型的使用也是今天的一种普遍现象，因为模型规则并不总是得到严格遵守，测得的结果便因此而经常只是有保留地具有可比性。而经常可能的情况是文献中的老数据用新数据来替换。在此过程中特别有刺激性的，是采用原模原样的“老爷车”在大型风洞中进行测试。可以拿Tatra 87作为例子，如图1.8所示。该车以1∶5的模型在柏林阿德勒斯霍夫的德国航空航天试验局（DVL）进行了试验；在此基础上，Koenig - Fachsenfeld（1936）于1941年发布了结果$C_D=0.244$。根据最高速度和发动机功率，同时计算得出$C_D=0.31$。后来以原型车在大众汽车公司的大型环境风洞中进行测量，得到的结果为$C_D=0.36$。

图1.8　1937年生产的Tatra 87（设计师Ledwinka）在大众汽车公司的大型环境风洞内，$C_D=0.36$（图片来源：大众汽车公司，展品陈列于慕尼黑的德意志博物馆交通技术中心）

1.2.5　“借鉴的”外形

在最初尝试按照空气动力学的观点来打造汽车时，车身设计师们是以船舶制造和飞机制造中已经证明是行之有效的形状为准绳的。他们几乎不假思索地从那里借鉴，于是出现了轮子上的鱼雷和飞艇。毫无疑问，这些车有着与它们同时期马车形状的竞争对象低得多的风阻。但是，它们在流体力学方面绝不是像它们所拥有的线条所诱使人们期望的那样完美。比如说，如果一个旋转体紧靠地面，那么围绕着它的流动便失去了轴对称性，这一点就一直被忽略。其结果是，这时候的阻力急剧升高。此外，气体的流动还受到悬挂着的底盘——在某些情况下还有驾驶员——的阻碍。

按照流体力学理论设计的最老的汽车是那辆创造纪录的电驱动汽车；Camile Jenatzy用这辆车第一个超越了100km/h的速度界限[⊖]。如图1.9中所见，以其$\lambda=l/d\approx4$的长细比（长度l与直径d之比），这辆汽车的结构只是有着有利于空气流动的外形。悬挂着的车轮和并未“集成在一起的”驾驶员则可能将旋转体的良好特性完全摧毁。但是，Jenatzy的这辆创纪录汽车可以被看作是所有双座赛车的鼻祖，尽管这辆车的车体仍然置于车轮的上方，而不是位于车轮之间。

图1.10显示一辆飞艇形的汽车。Ricotti伯爵于1913年派人制造了这辆汽车。这辆车长度与

⊖ 这一事件曾经被多次报道，例如见Frankenberg和Matteucci（1973）。

图1.9 Jenatzy的创纪录车。他于1899年4月29日用这辆车实现了105.9km/h的最高速度
(图片来源：法国汽车制造商联合会。该车的一件复制品在柏林技术博物馆展出)

直径之比 $l/d=3$，其形状比Jenatzy那辆车要丰满得多；乘员也因此不再暴露于车外。

图1.10 Ricotti伯爵于1913年制造的一辆飞艇形汽车，装在阿尔法－罗密欧底盘上，最高速度为139km/h。该车的复制品在米兰Arese的阿尔法－罗密欧博物馆展出

还有一些设计已为人们所熟知，比如Oskar Bergmann[㊀]于1911年就有的设计。在这些设计中，轮子在很大程度上被车身所包裹。1912年的一项意大利专利按照空气动力学原理对底盘进行了改造，其最初的形式四个轮子按菱形布置，前后各有一个轮子在中轴线上，另外两个轮子位于两边[㊁]。这样能够使车体具有相对来说比较薄的直立外形。如果汽车空气动力学仅仅只是涉及尽可能地降低轮子上的风阻，那么采用这种方法的汽车研发工作也许很快就达到了目的。即使是没有公开这类汽车的测量结果，它们也会以其有利的 C_D 值而著称。

所谓“船形车尾”是与Jenatzy和Ricotti的选择相反的汽车外形。这种车尾装点着如图1.11b所示的1913年“奥迪－亚平宁冠军”，但从空气动力学的角度来看，它完全不起作用。由于气流在尖锐的车体前端和孤立的远光灯以及翼子板处分离，通过车尾的内收也不能使其再附着于车尾，从而对此处压力的升高产生影响。尽管如此，“船形车尾”多用于运动型车辆，以

㊀ 见Koenig－Fachsenfeld（1951）。

㊁ 见Vivarelli（2009）。

a)

b)

图1.11　船形车尾（照片来自本书作者）

a）奥迪1912，陈列于茨维考的奥迪博物馆　b）奥迪1913年“奥迪－亚平宁冠军”，陈列于慕尼黑的德意志博物馆

赋予这类车动态的外观。因此，船形尾是表明空气动力学理论如何被错误利用的一个典型例子。这种车尾时不时还在误用，以便搞出在某种格调上与众不同的东西来。以20世纪五六十年代美式宽敞的轿车上令人痴迷的尾翼为标志，这股不正之风达到了它的顶点。

1.2.6　流线型

如果说到此为止汽车空气动力学是以数不清的，更准确地说，基于直觉的尝试为标志的，那么第一次世界大战之后它开始了实实在在的发展。汽车空气动力学得到来自三个方面的鼎力相助，或者说推动：

1）对行驶阻力逐一进行分析，Riedler早在1911年就已经做过这种分析了。通过这样的分析，人们对于追求尽可能低的风阻获得了一个理性的基础。

2）Ludwig Prandtl和Gustave Eiffel建立了风阻的物理学基础。这一基础也同时被应用到汽车上㊀。但是在很长一段时间内，汽车制造者们还是很难从牛顿为流动阻力提出的“碰撞理论”中解脱出来。

3）第一次世界大战之后，飞机制造在德国被禁止。在寻找新的工作领域的过程中，一些航空工程师转向了汽车行业，有的则去了其他一些飞机制造没有受到限制的国家。这些工程师试图将他们在飞机制造领域积累的知识移植到汽车制造中去。在很多地方同时诞生了所谓的“流线型汽车”。

在这个移植过程中经历了怎样的演变路径，概略性地显示在图1.12中。各种各样的设计思

㊀　Aston（1911）的论文对此给出了一个实例。

路具有一个共同出发点，就是具有相对来说比较大的长径比 λ 的对称机翼形剖面。剖面的深度 l 对应于飞机的长度 l，剖面的厚度 d 对应于飞机的宽度 b。

Rumpler㊀从这个外形剖面（大翼展）上裁出一截，将它旋转90°后，让它的外形在顶部和底部按照空气流动的三维特征进行匹配。他给这一形体配备了独立的圆盘式车轮；为了利用呈尖角向后延伸的车尾空间，他把发动机放在那里㊁。这样做成的高级轿车（也有一辆敞篷车和一辆大空间形式的轿车）如图1.13所示。在这里没有给出的俯视图上，人们能够看到一个十分厚实而且对称的机翼剖面形状。

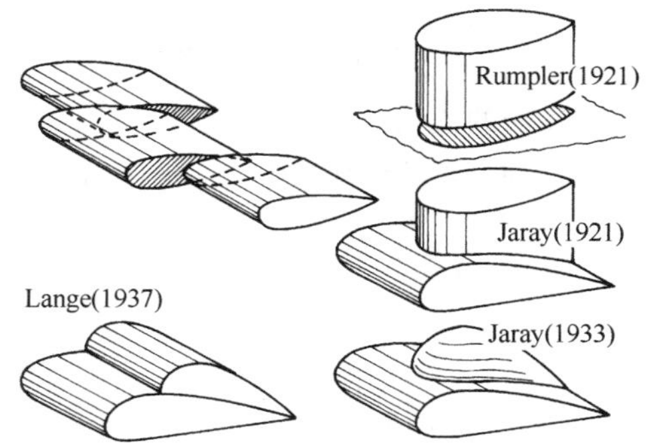

图1.12 流线型汽车外形由飞机机翼剖面演变而来的示意性表达

图1.13 Rumpler的“雨滴形”汽车，摄于大众汽车公司的风洞内；展品陈列于慕尼黑的德意志博物馆；长车身的雨滴形汽车陈列于柏林技术博物馆（$C_D=0.28$；$A_x=2.57\text{m}^2$）

Rumpler于1922年对比例尺为1:7.5的“雨滴形”汽车模型进行了试验㊂。与他所命名为“正常形状”的一辆汽车相比，“雨滴形”汽车的空气阻力低大约三分之一。对于Rumpler来说，这无论如何都不仅仅只是涉及 C_D 值，人们可以从它的广告宣传中看得出来。以形如图1.14的宣传画来看，其表达出的期望是，通过实现“清爽”的外流场，汽车只卷起非常少的尘土。按照今天的话来说，也许是“极其环境友好的”。1979年，大众汽车公司对一辆Rumpler汽车原型车所做的测试表明，该车的风阻系数 $C_D=0.28$（迎风面积 $A_x=2.57\text{m}^2$，与同时代汽车的大概 3.0m^2 相比是小的）。量产汽车如此之低的 C_D 值，只是在几十年之后才实现，即1968年制造的欧宝Omega。

在由Rumpler为“雨滴形汽车”创办的工厂里，Rumpler进行了这种汽车的生产㊃。但是他

㊀ Edmund Rumpler，因其战争期间大获成功的飞机（Rumpler－Taube，“伦普勒之鸽”）而赢得了声望和财富，自1919年起研制了一系列汽车；他给这些汽车起名为“雨滴形汽车”。当时人们相信，下落的雨滴具有流体力学意义上最理想的形状。这是一个至今依然广泛流传的谬误。

㊁ Heller（1921），Eppinger（1921），Rumpler本人（1924）和Metternich伯爵（1985）都对此给予了详细的介绍。

㊂ 试验在哥廷根的空气动力学试验研究所（AVA）进行。对底板的表达按照反射原理完成：第二个模型倒挂在第一个模型的下方。试验记录中只给出了 $C_D \times A_x$ 的值（在那里称为风阻面积 f_W）而不是模型的迎风面积。

㊃ Metternich伯爵（1985）和Kubisch（1985）对此做了报道。

没有成功，因为这些汽车找不到买家。Rumpler一而再再而三地宣称大众不能接受那个怪模怪样的“雨滴形”，然而与此同时被忽略的是，Rumpler的汽车上尽是不完善的新鲜玩意，其中之一就是他发明的摆动轴。由于试验不充分，导致雨滴形汽车存在严重的质量缺陷；这些缺陷就足以阻碍了他的汽车获得成功。

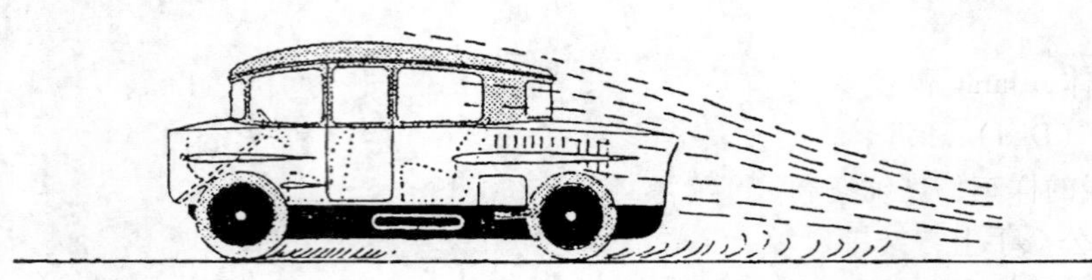

图1.14　由Rumpler绘制的宣传画：“雨滴形汽车”扬起很少尘土（1921）

大约与Rumpler在同一个时间，Jaray开始了一项以“流线型汽车”为目标的研制工作[㊀]。1922年，在Jaray以《流线型汽车——一种新的汽车车身形式》为题发表的论文（Jaray 1922）中，他提出了这一概念。这篇论文介绍的分析图1.15所示的近地面处完整体[㊁]外流场的方法，后来被证明具有方向引领作用。

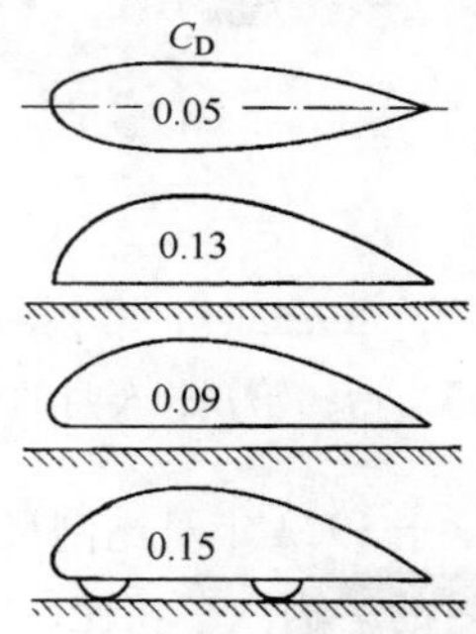

图1.15　由自由飞翔的旋转体向近地面的半车身的演变（测量：Klemperer，1922）

Wolfgang Klemperer在位于弗里德里希港的Zepplin伯爵风洞中进行了Jaray的试验。他选择一个纺锤形的旋转体开始他的测试。旋转体的长径比$\lambda = l/d = 5$，大约是当时普通汽车长径比的两倍。旋转体在高出地面很多的自由飞行过程中，得出其阻力系数是$C_D = 0.045$。然后，Klemperer让这只纺锤形旋转体一步步地靠近地面。其结果是，随着向地面的靠近，阻力开始逐渐增大；但是当达到汽车常见的最小离地间隙时，阻力陡然增大。同时，他还观察到，纺锤形旋转体的外流场在接近地面时失去了本身的旋转对称特性，而且在它上侧的下游处形成了明显的空气流动分离。Klemperer顺理成章地把这个分离看成是纺锤形旋转体接近地面时阻力升高的原因。

但是，在离地间隙为零的极限情况下，空气流动又重新恢复其旋转对称特性：通过向地面上的镜像，又形成了完整的旋转体。Klemperer将这个旋转体真实的一半（Jaray称之为“半车身”）根据空间需要匹配到汽车上；他所采取的方式是用一个长方形框架来代替这个半圆形的框架，

㊀　Jaray的作品由Bröhl（1978）流传了下来。

㊁　相对于半车身的全车身。——译者注

并且将长方形框架的上边整圆。

如果将这个半车身提升到汽车所需要的离地间隙，其阻力又会重新升高。其原因是在半车身下侧的尖锐前缘处发生的流动分离，Klemperer 通过对前缘做圆滑处理，将阻力降下来；结果是 $C_D=0.09$。由于车轮的加入—轮罩处没有掏空—阻力系数上升到 $C_D=0.15$。这个值虽然是悬空的纺锤阻力系数的三倍之高，但是与那个时代的汽车普遍具有的 $C_D=0.55\sim0.65$ 相比，这个值还是非常优秀的，以至于它鼓舞着 Jaray 依据那个半车身去推导出实际的汽车外形。

Jaray 已经知道，半车身的阻力首先来自于车身后面的流动分离。于是，他着手寻找能够使得流动过程中车身上的压力尽可能地继续回升，使流动不发生分离，从而保持低阻力的形状。他把半车身分为两层，试图通过这个办法来迫使流动的压力在比较小的长度上升高。他发明了一种“组合形体”。如图 1.12 中右边所简化表示的那样，他按照第一种方法把来自两个剖面段的形体组合在一起，将一个水平的剖面段平放，并将另一个竖向的剖面段竖放在它的上面。遗憾的是，空气流动究竟在多大程度上按照 Jaray 构思的模型进行从来没有得到检验。人们还是对此提出了质疑，因为随着压力的升高，在两个剖面段的交汇处形成的拐角边界层，尤其受分离的威胁㊀。

通过组合形体，Jaray 仍然实现了相对于同一时期的轿车来说减半的风阻。这使得像奥迪（Audi）、迪克西（Dixi）和雷（Ley）这样的汽车制造商们大受鼓舞，于 1922 年和 1923 年推出了带有 Jaray 流线的样车；克莱斯勒也于 1928 年紧随其后。但是，这些车（奥迪汽车如图 1.16 所示）没有到达公众手上，结果也没有进入批量生产。不过，这些追随 Jaray 的流线构形理念、出自不同制造商之手的汽车看起来非常相似，对此，当时的人们并没有什么抱怨。

图 1.16　Jaray 车形的首批乘用车之一，奥迪 K14 型，50hp，1923 年由 Gläser 在德累斯顿制造（图片来源：R. J. F. Kieselbach 档案馆）

于 20 世纪 30 年代初期在德国兴起的高速公路建设，重新鼓舞了流线型汽车这一思路。Jaray 修改了他的计划：他采用如图 1.12 中右下方所示的一个半旋转体作为基础剖面段的上层部分。这给汽车一种更加讨人喜欢的运动型外观。不过从空气动力学的角度而言，这样也并不总是像人们所期望的那样完美，这一点在图 1.17 所示的宝马 328 上表现得很清楚。尽管空气流动一直

㊀ C. Schmid（1938）的草图。这些在他亲自做了风洞试验观测后绘制而成的草图，指出了车尾处发生的分离。

是附着的，这辆古董汽车也只是得到 $C_D=0.44$ 的结果。对此，估计车尾处的流动分离也有一些影响，就像人们从汽车前端巨大的开口处能够推测出的大流量冷却风所造成的影响一样。但是，与同时期典型的量产汽车（如图 1.18 中所示的奔驰汽车，测得对应于迎风面积 $A_x=2.53\text{m}^2$ 时 $C_D=0.66$）相比，Jaray 的流线型设计对于空气动力学所意味着的进步还是清晰可辨的。当然，向后延伸的长车尾问题采用这种组合外形也仍然没有得到解决。

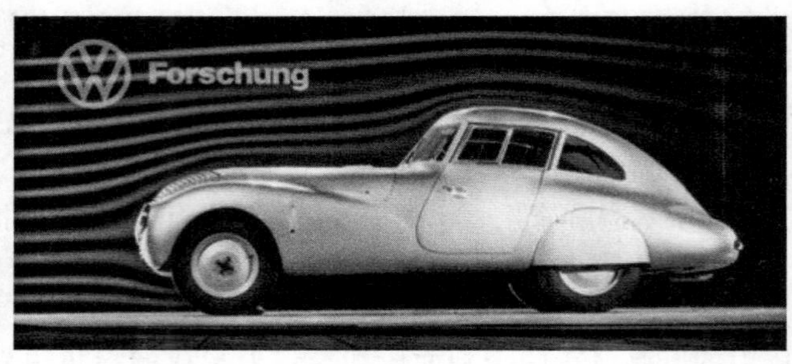

图 1.17　宝马 328，1938 年由 Wendler 制造（样品存列于德意志博物馆，图片摄于大众汽车公司的风洞）

图 1.18　生产于 1928 年、型号“斯图加特”的戴姆勒 - 奔驰汽车；图片摄于戴姆勒汽车公司位于 Untertürkheim（斯图加特）的风洞内（$C_D=0.66$；$A_x=2.53\text{m}^2$）

20 世纪 30 年代，从车身设计师分化出来并奠定了自有职业头衔的造型师（Stilist）们[⊖]，开始按照自己的风格来解决问题。他们毫不犹豫地切掉了那个“长尾巴”，使得车尾变得更陡。由此出现了似 Jaray 外型。按照这一方案生产了大量的汽车，如图 1.19 所示。由费迪南德 · 保时捷（Ferdinand Porsche）为大众汽车公司开发的“甲壳虫”就属于这种车型。这种车型以其相对来说风阻高为主要特征。但是，这一点并没有妨碍美国人称之为“快背”。这里以“快背”相称的这一车型的高阻力算得上是一个谜。如图 1.20 所示，流过车顶的气体在整个斜面、一直到下缘处确实是保持附着的，因此阻力本来应该是低的。这个谜直到很晚才被解开：1974 年在研发大众高尔夫 I 型的时候。对这一点，后面还会进一步探讨。

但是，有一辆按照 Jaray 流线设计的汽车大受欢迎，就是由 Hans Ledwinka 设计，已经在图 1.8 中介绍过的 Tatra 87。这辆车 1936 年进入量产，一直生产到 1950 年。该车的长高比 $l/h=2.9$，与按照 Jaray 流线构型的典型汽车相比虽然不太细长，但是却比普遍采用 $l/h=2.3$ 的同时期汽车要苗条得多。在给定的长度范围内，通过让座舱充分前移和将发动机后置的办法，Tatra

⊖ 造型师（Designer）这个名称后来才流行开来；英语中的 Designer 有多重意思，也指设计师。

林肯，风神V12，1926

沃尔沃，PV544，1955

欧宝，船长，1938

大众，1600TL，1969

图1.19 几种按照似Jaray车型制造的汽车（$C_D = 0.66$；$A_x = 2.53\text{m}^2$）

87上实现了那种相对而言平缓地向后端收紧的倾斜后背。这是一种与当时的流行趋势背道而驰的构形（即以尽可能伸展的发动机舱来展示强劲）。Jaray的组合构型在Tatra 87上是否“起作用”了，也就是说，车尾部分的外流场是否确实没有发生分离，而且车尾发动机的进风口对流动产生了怎样的影响，这些问题从来没有被仔细研究过，借助图1.8所示的烟雾摄影也无法确定。在公共汽车上使用Jaray构型的建议没有得到响应（Koenig－Fachsenfeld等人，1936），由于为此必须将汽车加长，这一点没有被接受。

从机翼的外形剖面推导出轿车的外形这一思路，Pierre Mauboussin（1933）也进行了研究㊀。他设计出图1.21中绘制的形状，Chenard和Walker做出了这辆车的车身。“西北风”（Mistral）这个名字就应该是强调了它的空气动力学理念。在俯视图上，人们看到的外廓图形收于一个带有尖锐垂直后缘的尾翼。尾翼很大，与Tatra 87的尾翼不同，可以预期这一尾翼对于侧风稳定性具有明显的贡献。后轮用一个水平的凸出部分所覆盖。这样，在车尾便出现与Jaray的组合车形相似的交切。正因为这样，该车具有一个共同的缺陷，即车尾部分只能提供很少的（可用）空间。

另外一个将来自飞行技术的知识尽可能直接地应用于汽车的尝试，是由Jean Andreau（1946）在他的汽车“Mathis－Andreau 333”上进行的：3个轮子，3个乘员，3L油行驶100km。其独特的设计见图1.22；计划制造的是具有大尾翼的一个后续版本（SIA，1935）。Matthieu Bar-

㊀ 他也出身于航空工程领域。

图 1.20　具有似 Jaray 车尾的 Adler 汽车上的丝线，照片拍摄于行驶试验。照片来自 Koenig－Fachsenfeld 男爵（1951）

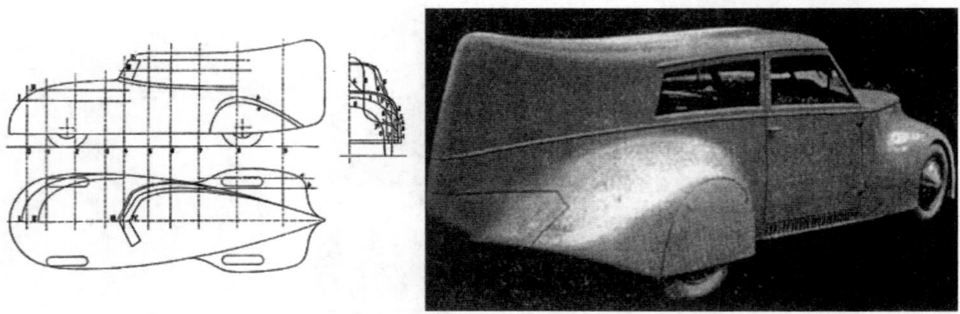

图 1.21　Mauboussin（1933）、Chenard 和 Walker 按照空气动力学原理制作的“西北风”轻便汽车外廓图形

reau 和 Laurent Boutin（2008）对此做了报道，同样也报道了 Panard（“Dynavia”，1948）、雷诺（“Vesta”，1987）、雪铁龙（“Eco”，2000）、大众（“Concept 1”，2002）和大发（“UFE Ⅱ，Ⅲ”，2005）的设计思路。

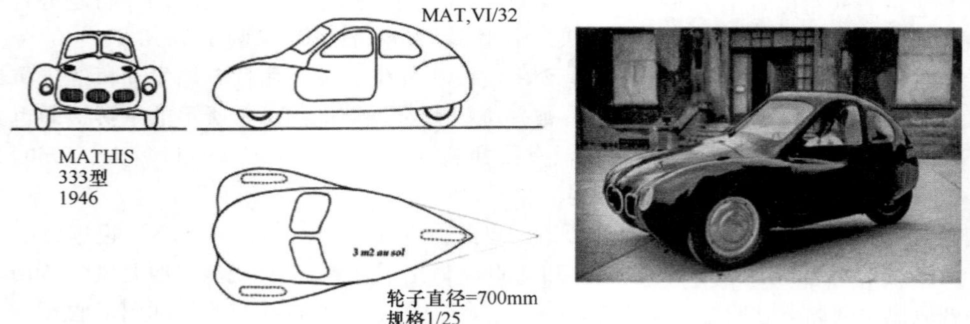

图 1.22　Mathis－Andreau 333 型三轮汽车（绘图和照片），资料来自 M. Barreau 档案馆

依照飞机空气动力学理论，A. Lange（1937）也开发出一种低阻力的汽车车型；该车型简示于图 1.12 的左下方。他在一个水平放置的断面上同样水平地放上第二个断面，而且第二个断面从风窗处开始，在飞机的后缘处与它下面的断面收拢到一起。给侧面的边角整圆之后，产生了图 1.23a所显示的模型㊀。据称它拥有的极佳风阻系数 $C_D=0.14$，后来能够被粗略地证明。大众

㊀　作为朗日汽车（lange－Wagen）载入汽车历史，尽管从来没有据此制造出一辆可以行驶的汽车。

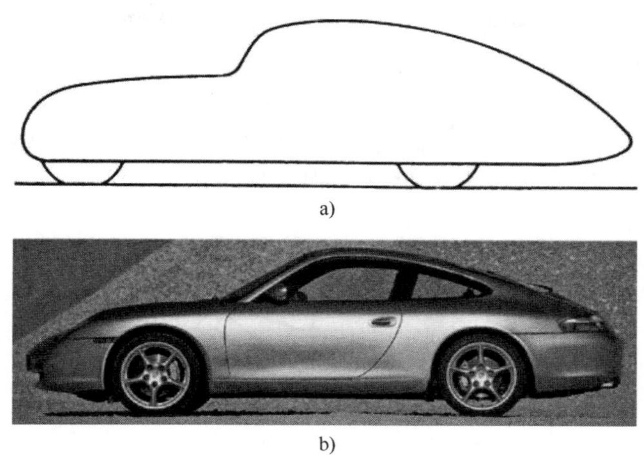

a)

b)

图1.23 a）Lange车型的剪影，$C_D=0.14$ b）保时捷911（2004），$C_D=0.28$，$A_x=2.0m^2$，照片来自保时捷汽车公司

汽车公司以1:5的比例仿制的一个模型，测得$C_D=0.16$。不过，这个模型造得非常光滑，没有诸如行驶系统、轮罩或者车窗凹陷这样的细节。Lange车型被证明具有与Jaray和Klemperer推导出的半车身（图1.15）几乎相当水平的风阻特性。但是，Lange车型的车尾很长，只能在车的尾部和中间布置发动机来提供动力。比如在保时捷的911系列上，见图1.23b，Lange车型至今仍然还“活着”。

虽然将来自飞机制造的形体应用于汽车的途径各不相同，却总是犯着同样的错误：Rumpler、Jaray、Maoboussin、Andreau和Lange，他们都采用了在航空工程中逐渐发展成形的“断面”：前端浑圆，最大厚度大约位于纵深的一半位置，后面以尖端收尾。他们将这一方案尽可能原封不动地移植到了汽车上。而汽车制造技术方面的一些要求，例如发动机的布置、座舱的构造，他们则令其服从于空气动力学的需要。他们以Klemperer测得的“理想值”$C_D=0.15$为导向，试图尽可能地逼近它。当汽车以$C_D=0.55\sim0.65$驶上马路的时候，$C_D=0.30$这个20世纪80年代初期才在量产汽车上得以实现的风阻系数值，一度被当作努力实现的目标。很显然，这些早期的空气动力学专家们完全没有想到，以不那么激进的方式一步一步地去降低非常高的风阻。于是导致了这样不幸的两极分化，“普通的”汽车，空气动力学性能差强人意，相反，给那些按“空气动力学”打造的汽车赋予了使人感到颇为陌生的形状，其结果则是造成了不为市场所接受的技术方面的限制㊀。

1.2.7 开创性的参数研究

当汽车技术人员本身接纳了空气动力学时，这一鸿沟才被逾越。这些几乎同时发生在两所学府：在美国由Walter E. Lay㊁执掌，在德国由Wunibald Kamm㊂领衔。

Lay（1933）作为第一人开展了系统性的参数变化研究工作。1933年，他把研究结果发表在他著名的论文《采用正确的流线型后，每加仑50英里可能吗?》中；摘录于该论文中的一段内

㊀ Lichtenstein和Engler（1992）指出，“流线”在许多其他技术领域和日用品行业也是很时髦的。

㊁ 密歇根大学教授。

㊂ 斯图加特工业大学教授和当地的汽车工程和车辆发动机研究所（FKFS）所长。他的传记由Potthoff和Schmid（2012）撰写。

容集中显示于图1.24。一个具有乘用车主要尺寸的普通汽车模型的前端和后背部分被一步一步地修改。测量揭示出在车的前端和后背之间强有力的相互影响。例如，按照测量结果，只有当外流粘附于前端流过时，有利于空气流动的车尾才会充分起作用。在讨论“船形车尾”时已经指出了这一点。例如，一方面如果设置太陡的风窗阻挡了空气流动，就会导致阻力急剧升高的结果；另一方面，如果物体的阻力因为空气流动在其尾部的分离已经很高了，那么风窗玻璃的倾角对阻力的影响就不那么突出了。

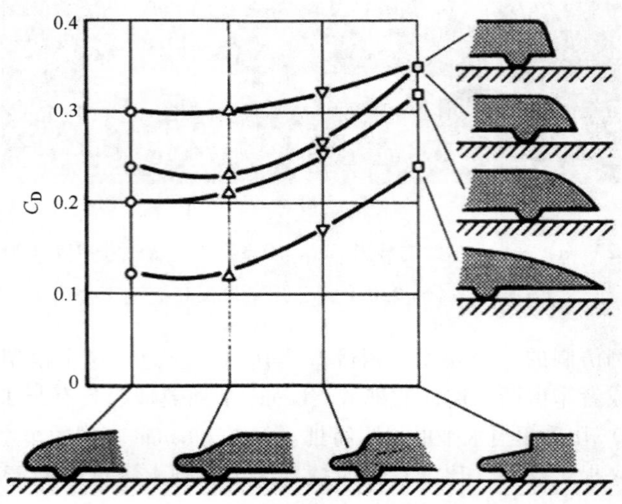

图1.24　由W. E. Lay（1933）在一个可变普通汽车模型上获得的试验结果

遗憾的是，在一些重要细节上，Lay的模型与真正的汽车有出入。比如说，Lay的模型侧面和底板完全是平的，所有的棱角都是尖的。在棱角处，流动分流和漩涡起卷肯定会掩盖，至少是改变了其他形体细节对阻力的影响。因此，Lay的试验结果不具有一般性；这带来的后果是这些试验结果在实践中一直被忽视。

1.3　从马车到汽车

1.3.1　冲压成形

空气动力学专家们追求尽可能低的风阻的努力，得到一项来自于非空气动力学领域技术进步的支持：从马车到汽车的质变，见Eckermann（2015）和图1.25。在车身的设计模仿马车制造期间，汽车车体是放在一个支承框架上的。框架的上面是一个以布料、木片或者铁皮覆盖的木头架子。最受欢迎的是平整面，或者稍微有些圆筒形的弯曲面；至少是从空气动力学的角度来看，过渡之处主要还是有棱有角的；采用上下车踏板和弧形的翼子板；照明灯是孤立的。

这一传统的技术被以钢板（个别的也以铝板）做成的承载式车身所取代。板片的冲压成形允许空间上的弯曲变形；尤其是适宜于大的曲率半径。于是，有棱有角的箱体变成了具有圆滑过渡的光滑体，在一定程度上自然更有利于空气流动。在本身属于车体前段的一部分，而且承担了商标标识功能的进气格栅后面竖立的冷却器消失了，这也是有利于气流通过的。翼子板和后来的前照灯集成在了一起，对空气动力学特性也是有好处的。只是在有几种汽车上的上下车踏板，还在很长一段时间内让人联想到马车；不过，它们并不阻碍气流的流动。

a)

b)

图 1.25 从马车向汽车的质变（照片来源：Barker 和 Harding（1992））
a）1932 年的菲亚特 Barilla b）自 1938 年起的菲亚特 500

1.3.2 浮桥（平底船）式车身

当汽车生产在第二次世界大战之后重新兴起时，首先出现的是战前的车型。美国的汽车比欧洲的汽车领先一代，因为在那里，民用型乘用车的研制比起欧洲大概要晚两年才“冻结”。美国人以浮桥（平底船）式车身为汽车制造树立了新的标杆。具有流线型翼子板的似 Jaray 车型向浮桥（平底船）式车身的突变是通过两步实现的：

- 在下垂的车尾装上行李舱，于是出现了阶背式车尾，由此造成的车身变得更长在美国被乐意接受；
- 翼子板和前照灯被集成到车身上，而且踏板也被取消了。

这样，乘用车被划分成三个部分已经从其轮廓上变得清晰可见了，形状由功能所决定：每一个单独部分分别用于发动机、驾驶员和乘员以及行李物品。“三厢车”的组成单元简示如图 1.26a所示；图 1.26b 中可以看到一辆典型的浮桥式的汽车：福特的 1949 年版“林肯大陆”汽车。早在 1946 年，Kayser－Frazer 就已经推出了首批这种结构类型的乘用轿车；图 1.27 显示了这一由 Howard Darrin 设计的汽车和另外一些浮桥式的汽车。

相对于在第 1.2.6 节中曾经介绍过的那些汽车来说，平整的板件，集成式的前照灯和翼子板合适的导边，弯曲而倾斜的前风窗，这些都可以优化车身周围的流场，平均风阻系数 C_D从 0.55 下降到 0.45，几乎下降了 20%。与此同时，迎风面积也变得更小了，以至于总体上来说风阻得到了大幅度降低。和向钢制冲压件车身过渡时已经发生的情形一样，在这一阶段，发展的驱动力来自于制造技术和造型设计，而不是空气动力学。

风阻系数维持在 0.45 这个水平持续了二十年。人们普遍认为，只有具有 20 世纪 30 年代的

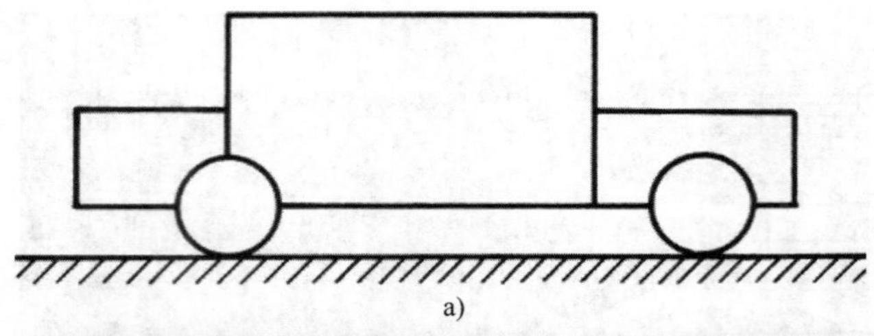

a)

b)

图 1.26　三厢车的结构（照片来源：福特汽车公司）

a）结构简图　b）福特的 1949 年版“林肯大陆”

哈诺玛格，“粗面包”，1924

凯瑟－弗雷泽，1947
由Howard Darrin设计

宝沃，汉莎，1949

梅赛德斯－奔驰，1953

图 1.27　欧洲和美国的浮桥式车身结构的汽车图片

流线型车型才能获得较低的风阻系数，而这些造型，如所有人所知，并不被市场所接受。那些仍然冒险尝试着采用流线型以图从不景气的状况中挣脱出来的汽车制造者们的命运，使得他们本来保守的态度更加小心翼翼：潘哈德（Panhard）不得不放弃了；在很长一段时间内，执空气动

	模型-年号	A_x/m^2	C_D
DS 19	1956	2.14	0.38
GS	1970	1.77	0.37
CX 2000	1974	1.96	0.40
BX	1982	1.89	0.33~0.34

图 1.28 雪铁龙汽车公司的流线型乘用车（1956—1982）

力学之牛耳的雪铁龙（Citroen）（参见图 1.28），也丧失了企业经营的独立自主性。但是，两个公司的失败是否必须单独由“潘哈德 Dyna”“雪铁龙 DS19”和“雪铁龙 GS”一意孤行的外形来承担责任，其答案就和 Rumpler 因雨滴形汽车所遭遇的滑铁卢一样。雪铁龙试图摆脱困境，逆流而上：DS 19 就是一辆形状凸显了空气动力学特征的汽车（图 1.29）。随着流畅线条的设计思路从总体上开始贯彻实施，雪铁龙在低调地接受符合空气动力学造型的 CX 之后推出了有棱有角的“BX”。足以令人惊叹的是，这辆车的 $C_D=0.33$，明显地优于 $C_D=0.38$ 的流线型“DS 19”。

a) 1956年的DS 19

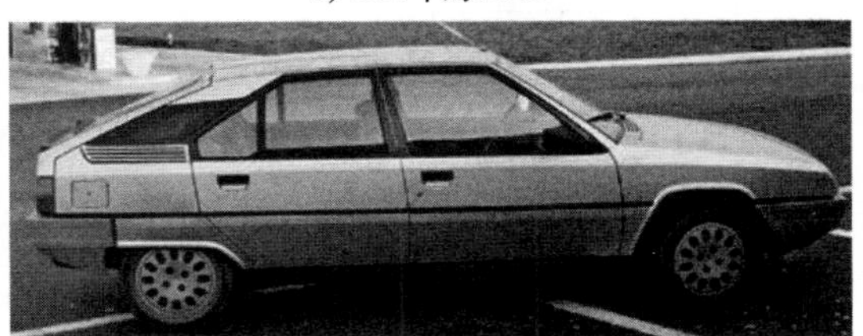

b) 1982年的BX

图 1.29 雪铁龙汽车公司的 DS 19 和 BX（图片来源：R. J. F. Kieselbach 档案馆）

NSU 公司[㊀]也以其如图 1.30 所示的 Ro 80，冒险进行着摆脱索然无味的浮桥式车身车型的努力。该车的高车尾预示了下一代的楔形车型。这一引领未来的汽车没有取得市场上的成功，原因肯定不能归咎于空气动力学[㊁]。

图 1.30 NSU 公司的 Ro 80，1956 年版；$C_D=0.38$；$A_x=1.99m^2$（图片来源：大众汽车公司）

㊀ NSU 为德国城市内卡苏姆（Neckarsulm）的简写，现为奥迪汽车公司发动机研发和汽车生产基地。——译者注

㊁ 原因更多的是由于汪克尔发动机（密封）的问题。

1.3.3 单厢车身

流线型车一而再再而三的失败，并没有阻止住一众工程师们产生一些广为流传的想法。如果流线型车的风阻系数最佳值达到了 $C_D \approx 0.30$，那么 Klemperer 用半车身的 $C_D = 0.15$ 所指出的大部分潜力还没有充分发挥出来。采用单厢车身应该能让这一潜力展露无遗。如同已经在汽车空气动力学的初期阶段采用“借鉴的”车型（参见第1.2.5节）试验过的那样，人们以此想法为起点重新出发了。

于是，Aurel Persu（1922）设计了一种汽车；他试着让车的形状“与具有最小风阻的理想半车身相吻合”（引自 Persu）；而半车身是他从 Jaray 和 Klemperer 发表的论文中获知的。为了充分地利用那个新潮的车尾内的狭窄空间，他把发动机也装在了那里，如图1.31a中可见。为着尽快而且低成本地造出一辆可以行驶的试验样车，Persu 大量采用当时现成的零件，做成了如图1.31b所显示的那辆试验用车㊀。但是，这样的一件样品，他既不能证明其实用性，也无法展示所追求的理想的车的形状所具有的美感；而且，其测量结果也没有流传下来。

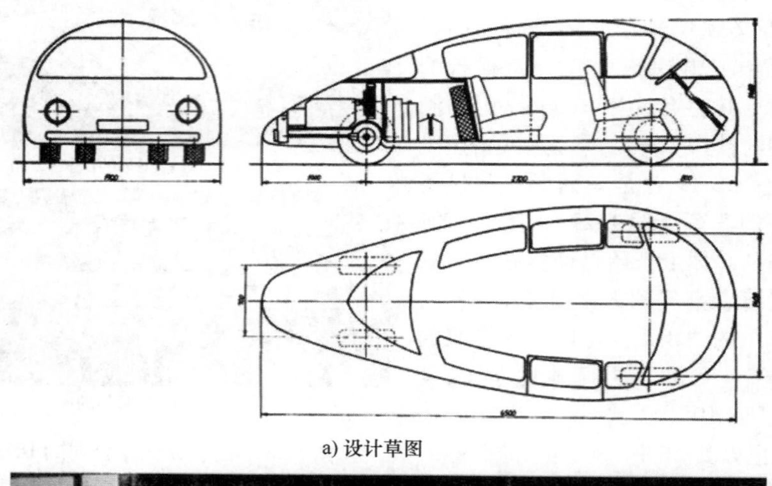

a) 设计草图

b) 试验样车

图1.31 Aurel Persu 的单厢车（1922年）（草图和图片来源：R. J. F. Kieselbach 档案馆）

㊀ 这件试验样机是一个例子，表明在汽车技术领域，人们最好不要这样来证明某个主意：难看的东西是卖不出去的，尤其是在预研阶段。在布加勒斯特技术博物馆里，这辆汽车现在应该还能看到。

此后自1930年起，一些美国汽车工程师都在忙于单厢车概念⊖。其结果汇总在图1.32中。为了能够对采用具有不同外形特征和不同比例尺的模型所获得的结果进行评价，分别加入了由同一研究者一起测量的同时代汽车模型。对所有的单厢车模型都测出了风阻系数值。相较于同时代的乘用车来说，这些值只有它们风阻系数的大约三分之一。唯有Lay在研究中采用的模型，有着对于汽车来说太长的车尾，才得到了更低的风阻系数。

当然，并非仅有工程师们在做着这些车型概念的试验。首先，造型师们已经在单厢车体上看到了他们车型的最终解决方案。在美国，有Norman Geddes（1931）和建筑师Buckminster Fuller（1933）；在法国，是Emile Claveau（1925）和André Dubbonet（1935）。他们循着Marco Ricotti侯爵的样车建造单厢的特殊车身。尤其引起轰动的，是Fuller⊜一共制造了三个版本的由后轮转向的三轮汽车“Dymaxion”。图1.33显示的是该车1933年1号版本的照片。

作者 年份 比例	优化的“半车身”车形	对比汽车
W.T.Fishleigh 1931 M 1:4	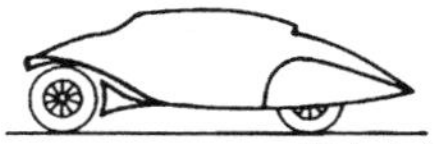 阻力之比1:2.6	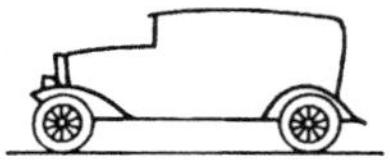
R.H.Heald 1933 M 1:15	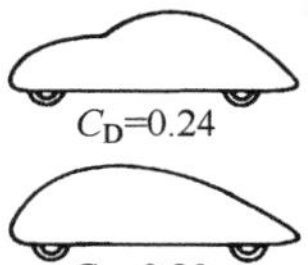 C_D=0.24 C_D=0.20	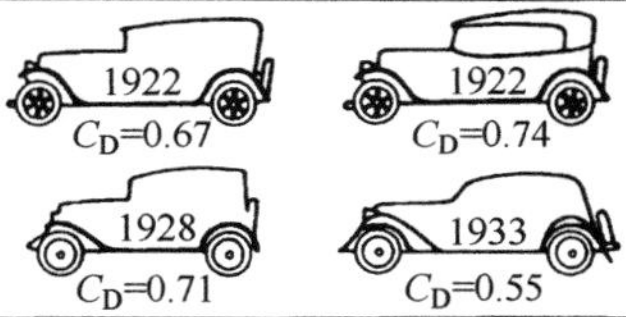 1922 C_D=0.67　1922 C_D=0.74 1928 C_D=0.71　1933 C_D=0.55
W.E. Lay 1933 M 1:8	 C_D=0.30　0.24　0.20　0.13	 C_D=0.61
E.G.Reid 1935	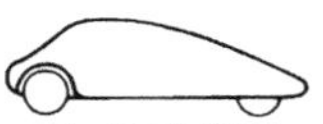 C_D=0.15~0.20	 C_D=0.61

图1.32　20世纪30年代美国的单厢车模型

这些车形的绝大多数或多或少地来源于直觉，根本就没有哪一个“见到过”风洞。相反，哥廷根空气动力学试验研究所（AVA）研发的单厢试验汽车的线条是从有利于空气流动的剖面形状中推导出来的，如图1.12中左下方所见。不过，对Lange车的外流场分析表明，该车的外流场情况远不如设定的那样理想。流动分离首先出现在向翼子板过渡的车前部两侧和风窗玻璃的格栅周围。通过“封闭的”形状，这些不利的影响应该得到解决。Schlör（1938）把图1.34a所示由两个哥廷根翼型构成的模型的纵向中间截面组合在一起；这两个翼型都有着优异的低风阻系数：$C_D=0.125$。他从一个半旋转体着手开发出了横向的外形轮廓。在汽车的中部，他使得车体的形状向具有圆整的上部纵向轮廓的长方形逼近，以期获得尽可能宽敞的内舱。

有关这一车型的风阻系数显示于图1.35。图中汇总了对于三种尺寸的Schlör车进行的测量。其中的1:5模型和大模型测量涉及的是原始的AVA；1:4模型是大众汽车公司的一个仿制模型。图中给出了C_D值与相对于车体高度无量纲化的离地间隙之间的关系。在大离地间隙的情况下，这种半车身的风阻系数甚至优于用来推导出半车身的剖面轮廓的风阻系数。这并非不可思议，因为在相同厚度的情况下，三维物体的绕流速度比二维截面的绕流速度要低。

⊖ 见Fishleigh（1931），Heald（1933），Lay（1933）和Reid（1935）。

⊜ Krause和Lichtenstein（1999）介绍过Buckminster Fuller的汽车。

图 1.33　Buckminster Fuller 的“Dymaxion”1 号
（图片来源：J. Krause 和 C. Lichtenstein，1999）

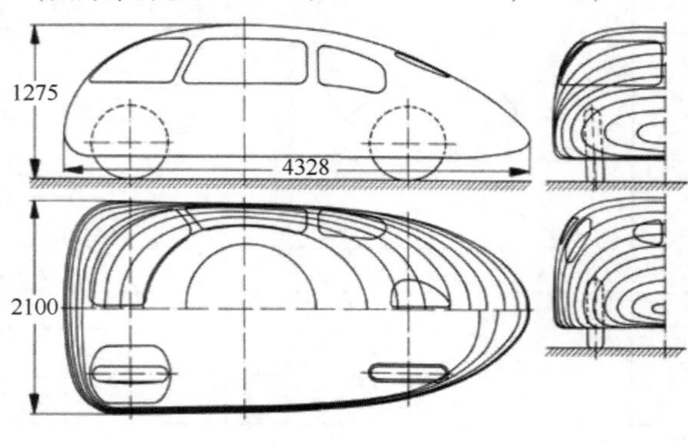

a)

b)

图 1.34　Schlör 汽车（1938）（图片来源：德国航空和航天档案馆）
a）车身平面图　b）置于大型风洞内、可以行驶的试验样机（哥廷根空气动力学试验研究所风洞：椭圆形喷管，7m × 4.5m）

越是靠近路面，C_D值越大。汽车底板的“粗糙度”导致风阻系数进一步升高。来自风洞的值 $C_D=0.186$，得到在汉诺威工业大学（TH Hannover）进行的滑行试验结果 $C_D=0.189$ 所证实。不过，在赞许这一出色的风阻系数的同时，必须注意到 Schlör 车的迎风面积之大（$A_x=2.54\mathrm{m}^2$），非同一般。这个迎风面积是由其本身的宽度为 2.10m 所造成的。而这个宽度又是必要的，以便使完全罩封的前轮具有充分的转向旋转空间；也就是说，这一大的迎风面积是由设计理念所决定的。对有关行驶试验，Hansen 和 Schlör（1943）撰写了报告。

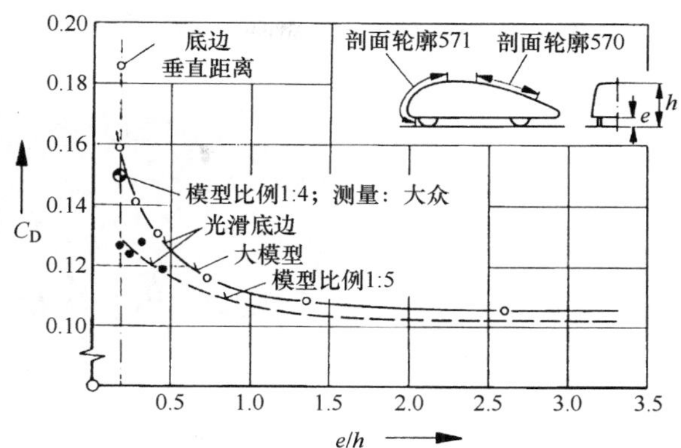

图 1.35　在不同的 Schlör 长车模型上测得的风阻系数 C_D值

单厢车只是在很少几个小众车型上得到应用。曾经用于双座小型汽车，如当时宝马的“Isetta”和现在戴姆勒的“Smart”。然后，偶尔也会有大空间的单厢轿车，比如福特的“Pontiac Transport”㊀（MY 1993）和大众的“Sharan”（第一代）。但是，这些车归类到小型巴士更贴切一些。

1.4　车尾类型

1.4.1　Kamm 型

Jaray 的组合车型没有解决“长车尾”问题；而且，这种车型究竟是否起作用，亦即它是否能够像希望的那样使得车尾的压力有某种程度的提高，甚至一点都不清楚。直到 20 世纪 30 年代中期，Kamm 和他的合作者们才研制出一种具有低风阻的钝（形）体车尾。这种车尾的形状和作用可以用图 1.36 来说明：从具有最大展宽的主骨架开始，汽车的外廓平缓内收，以至于气流一直保持紧贴车身。这样，就使得车顶压力不断升高，如图 1.36 中照片下方的曲线所简示。就在空气流动即将与车体轮廓分离之前，车体被垂直切割。这样产生了一种直背，在其后面形成一个尾涡区。通过车顶和两侧的向内收缩，使得钝形的截面积小（虚线），造成的压力恢复，使得尾涡处的负压没那么明显。尾部截面减小和负压降低这两个因素结合在一起，导致了低的风阻。这种形式的车尾在文献资料中是作为 Kamm 型车尾来论述的。

Kamm 让人按照这一想法做成了四辆试验车。第一辆车 K1 具有完全平滑的外表面，前轮和后轮全部覆盖，造型上非常前卫。在图 1.37 中，以该车 1:5 的模型与传统造型的戴姆勒 - 奔驰 W158㊁试验样车进行了对比。烟流照片清晰地显示出两种车在外流场方面的区别。流动几乎在 W158 的整个表面上都发生分离，只有车顶是个例外；而在 K1 上，外流场一直是附着在车身上的。这一明显的区别也对应地体现在空气阻力上：W158 $C_D=0.51$，在 K1 上测得 $C_D=0.21$，测量中，两种车型都没有考虑发动机舱冷却进风（发动机舱阻力）。

K1 车的尾部外伸仍然非常明显；K2 车则与此不同，具有饱满得多的 Kamm 车尾，见图 1.36a。从试验烟流可以看到，沿车顶外廓的空气流动一直延续到车体被垂直切割之处。但是，在大众汽车公司的大型风洞内进行的测量结果，并不能够证实 Kamm 所宣称的 C_D值。滑行试验

㊀ 实为通用汽车的“Pontiac Trans Sport”。——译者注

㊁ 该车与 1945 年以后还在生产的量产车 DB 170 V 相似。

得出的值 $C_D=0.21$，在大众汽车公司的风洞中 $C_D=0.37$。与同时期的汽车相比，这个结果依然是非常出色的。

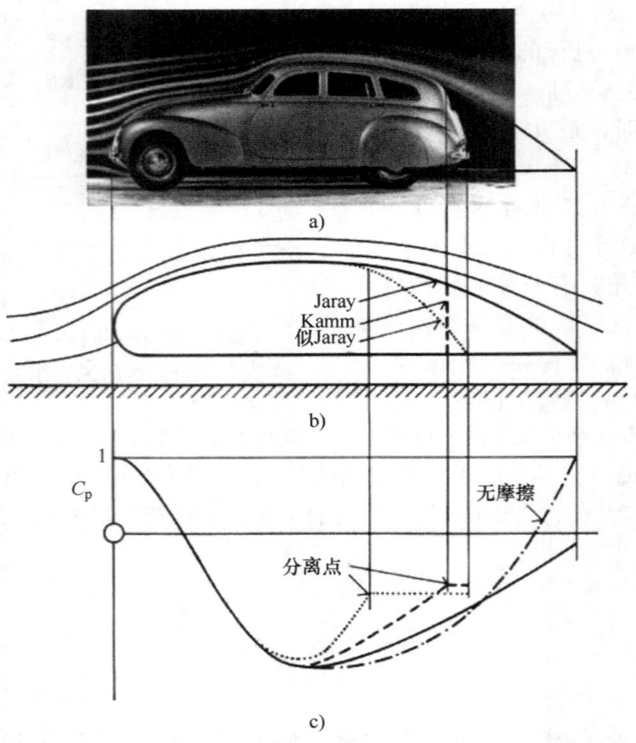

图 1.36　Kamm 车尾的作用，与 Jaray 车尾和似 Jaray 车尾示意性的比较（照片来源：大众汽车公司）

a）Kamm 汽车在大众汽车公司风洞内的情形　b）纵向中间截面轮廓线图　c）对应的压力变化曲线

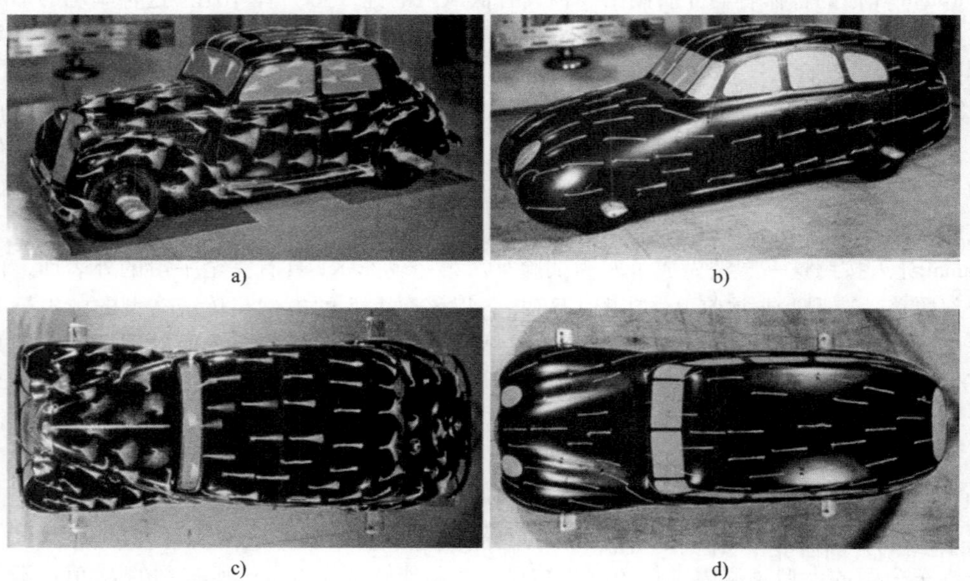

图 1.37　Kamm 汽车 K1 的外流场（图 b，图 d）与同时期奔驰汽车 W158（图 a，图 c）的对比，模型比例 M1∶5（照片来源：FKFS）

相对于“流线”型车尾，Kamm车尾的优势从图1.38来看十分明显。准确地按Jaray构形的“阿德勒王牌”[⊖]比K2要长很多。似Jaray汽车，例如沃尔沃455，虽然也能做到和Kamm车尾的汽车一样（更短）的长度，但是，车尾会非常陡，以至于会得到非常高的风阻系数 $C_D \approx 0.55$。Tatra 87型则不是这样。在Tatra 87上面，乘员舱布置在很靠前的地方，这样就给予了Jaray车尾以足够的长度。但是它的代价，则是前面的机顶盖变短了。这是一种不为公众所喜爱的车形，因为它只能容纳功率很低的发动机。这一结局无论如何都不适合于Tatra，原因是Tatra后置了一台八缸发动机。

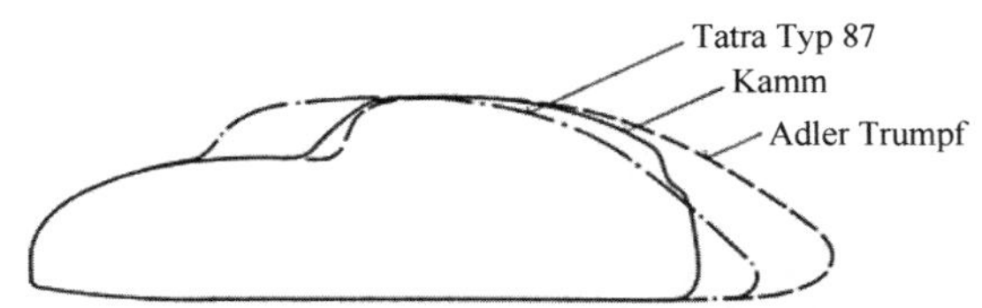

图1.38　Kamm汽车车尾与Tatra Typ87（尾翼没有标出）和具有似Jaray构形的Adler王牌试验样车车尾的比较

一种独特的车尾型式出自于菲亚特：一种Jaray组合形体与Kamm车尾的结合体。图1.39显示的就是这一结果：菲亚特的508 C 1000英里耐力赛车（Mille Miglia），带有一个相对于系列车型经过改造的后车厢。在这台试验样车上，Jaray在垂直截面上的尖锐尾部（见图1.12）由Kamm式的钝体尾部替代。据知，其量产车的风阻系数为 $C_D = 0.35$，而根据C. Vivarelli（2009）的研究，对于具有Jaray－Kamm型车尾的样车，其风阻系数是 $C_D = 0.23$。

图1.39　菲亚特508 C Mille Miglia（MM），Jaray车型与Kamm车尾的一个一次性结合体（照片来自Curyio Vevarelli的友情提供，2009）

斯图加特人和哥廷根人的研究成果的合成品即一种具有Kamm车尾的Lange汽车或者Schlör汽车，并没有出现。1939年，随着民用汽车生产的停止，也终结了让已经在空气动力学研究中取得的成果应用于量产汽车的可能性。

1.4.2 快背型

对车尾型式的研究于20世纪70年代重新兴起。其发端，更准确地说，来自对大众Golf Ⅰ型汽车进行风洞试验时一次纯属偶然的发现。此后，很多地方都对尾部倾斜的棱柱体进行了研究，继而迅速在汽车上展开了系统性的研究。对此，在第4章会做详细的介绍。在此之前，图1.40

⊖ “Adler Trumpf”：一种由法兰克福的汽车制造商Adler于1932年3月推出的小型家用汽车。——译者注给出了一项研究成果。

图1.40a显示的是Adler试验车的照片，其中烟流有规律的走向，说明了存在于车尾斜面上的空气流动是附着性的。对此，已经确知，从这一观察到的现象并不能得出低风阻的结论。如果更仔细地观察，会发现位于侧面的烟流和位于车顶斜面上的烟流沿着C柱汇合到一起。这就表明，空气流动沿C柱线与车身分离并卷成一个锥形纸袋似的涡，如同图1.40所示的那样（见图1.3b）。这一流动形式与那种绕小展弦比[⊖]机翼的空气流动的相似性很令人惊讶。这两个相向旋转的涡卷将流过车顶的气流向下扯，使之在那里附着，并因此诱导出一个阻力，该阻力的大小与车尾斜面的倾角 φ 有关。

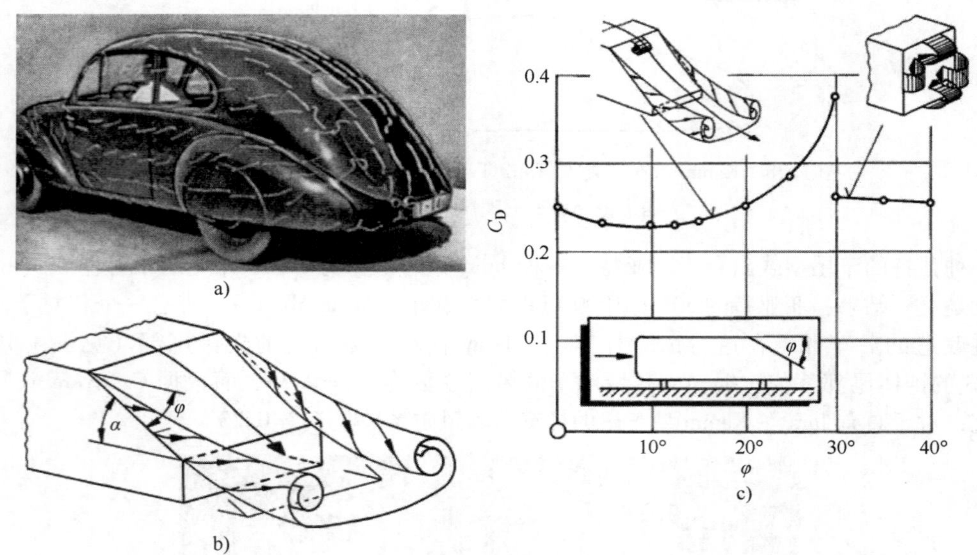

图1.40 车尾斜面上的流动

a）和b）与具有小展弦比机翼上流动的比较（Hucho） c）斜面倾角 φ 对 C_D 值的影响（Ahmed，1984）

车尾斜面的倾角 φ 是如何影响阻力的，可以从图1.40c上看出。图中显示了 C_D 值与倾角 φ 的关系。如果从 $\varphi=0$ 的直背型车尾开始，则在小倾角条件下，阻力随倾角的增大而减小。当 $\varphi=10°$ 左右，阻力越过一个平缓的最小值之后，随着倾角 φ 的增大，也会升高；一开始是平缓地升高，而后急剧增大；在 $\varphi=30°$ 左右，阻力陡然下降。其原因是：由于随着倾角 φ 的增大，背压升高，在C柱周围卷起的边涡消散。于是，形成那种对直背型车尾来说非常典型的“尾涡区”，如图1.40c曲线图中右上所示；而且诱导阻力趋于零。许多具有“快背”的汽车，其倾角 φ 介于25°~40°之间，亦即位于风阻系数特别高的区间。有鉴如此，围绕快背型汽车阻力高的谜团便解开了。现在的快背型汽车，倾角 $\varphi\approx15°$，因此是有利于流动的，而且它的长度似乎不仅不会妨碍任何人，更多的则是赋予它以时髦和美感。

1.4.3 阶背型

围绕阶背的空气流动形态比快背复杂得多。一般来说，斜置的后窗就像一个具有大展弦比的机翼。在这种机翼上，众所周知的是其边涡明显地变弱，而且不会延伸作用到机翼的中部。车顶后缘上分离的空气流动，会随外形特征的不同而有所区别地重新附着在行李舱盖上，在行李

⊖ 也用边长比来表示。

舱的垂直收尾处形成一个尾涡区。

Carr（1983）试图对阶背型汽车的 C_D值与图 1.41a 中右边定义的两个角度 φ 和 φ_e 的相关性进行系统性整理，但没有取得成功。其实，必须如同图 1.41b 中的曲线图所显示的那样针对具体的情形对图 1.41a 上右边所示意的几何参数进行逐一的确定（Buchheim 等，1983，1981）。

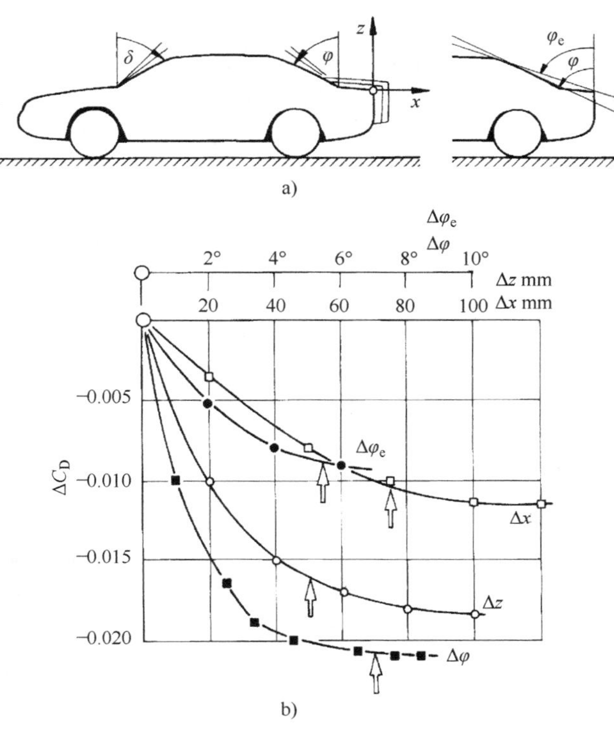

图 1.41 阶背的几何特征

a）按照 Carr（1974）的提法，用两个角度参数 φ 和 φ_e来定义阶背的几何特征 b）对奥迪 100 Ⅲ上三个几何参数（后窗倾角 γ，行李舱的高度 z 和长度 x）的确定方法；参照物是前一车型；箭头表示造型设计在多大程度上能够按照空气动力学的要求进行（Buchheim，1983）

1.4.4 直背型

采用直背型车尾后，汽车的运输能力会增大。按照最新的方式，这种车尾可以将汽车结构的后部垂直切去，然后让车顶水平地向后延伸到切割处而获得。如果人们认为更低的风阻系数具有更高的优先权，然后使车顶和侧面向内收缩，结果就会趋向于 Kamm 型车尾。让车后盖以 $30° < \varphi < 90°$的角度倾斜，风动阻力不会降低，但是汽车会获得更为吸引人的外观；有些人把这种车背叫作“运动型”车背。

1.5 方向稳定性

很快，汽车上的空气动力学研究也向斜向来流方面扩展开来，以确定汽车在侧风条件下如何保持正常行驶。Klemperer（1922）在他为 Jaray 所做的试验测量中就已经注意到，当他把试验模型斜置于风洞内，以至于模型好像是“偏斜着”受到来流的作用时，空气的阻力随着偏角 β 的增大而升高。他还进一步注意到，如果模型的形状是有利于风流流动的，则这一阻力的升高比起棱角分明的模型来明显地小得多；在开始试验采用很大的偏航角时，竟然出现相反的情况，致使阻力降低；并由此出现一个驱动分量："汽车车身的反应就像是一个艰难地航行于风中的帆船的风帆那样"（Klemperer）。不过。这一海滨帆船手们运用的特性，在正常的乘用车上是不会被采用的。正如还将进一步讨论的那样，这种大偏航角只会在非常低的行驶速度时出现，而此时风阻的影响本来就不起什么作用。

随着行驶速度不断提高，汽车在侧风条件下的方向稳定性越来越重要。Heald（1933）曾经报道，由侧向风流引起的侧向作用力在侧风偏航角20°的范围内都是线性升高的；值得注意的是，他并没有提到与此同时出现的（使汽车发生横向转动的）横摆力矩。该力矩的意义由Mauboussin（1933）展示给世人，而且，他还按照这一逻辑采用一个大型的尾翼来保持他的"西北风"（Mistral）的稳定性（见图1.21）。

Kamm（1933）得出结论："处于气流中的汽车，它的外形越是有利于获得小的风阻，则其稳定特性越差"。作为一种补救措施，他和他的学生们研制出了尾翼。正如Sawatzki（1941）所介绍，由图1.42可见，K1车上就配置了两个"缝翼"（Spaltflossen）[㊀]。采用这种"缝翼"，能够使得令汽车偏转的横摆力矩向中性甚至略微反方向变化。得益于K1车的车顶外廓逐渐下垂，尾翼可以这样来定尺寸，即缝翼既不会增大车的长度，也不会增大车的宽度。它也没有阻挡透过尾窗的视线，因此其对于交通的实用性得到了证实。

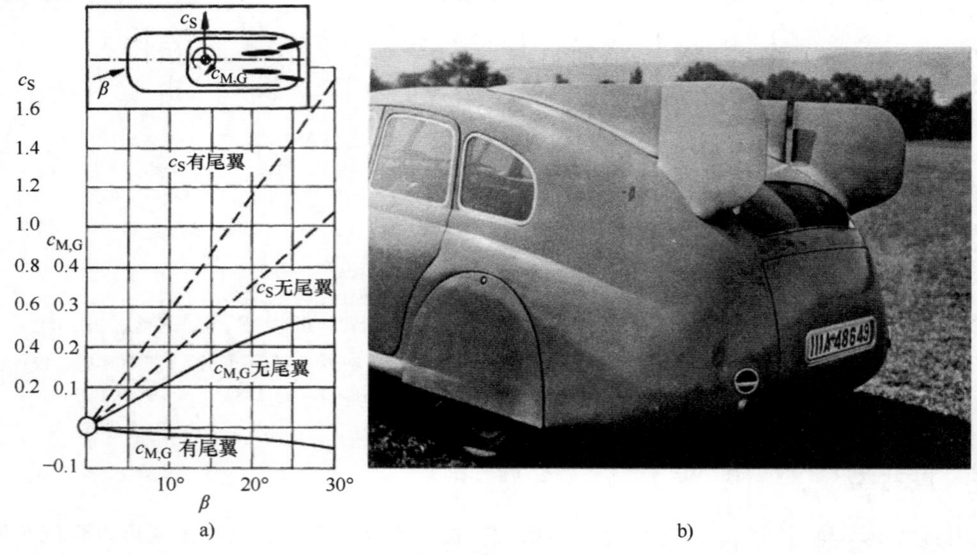

图1.42　尾翼的行车稳定性作用

a）尾翼对横摆力矩系数$c_{M,G}$和侧向力系数c_S的影响随偏航角β变化的曲线，据Koenig－Fachsenfeld（1951）　b）配置一对缝翼的Kamm汽车

配备了尾翼的第一种量产汽车是Tatra 77，即图1.8中所示的Tatra 87的前身。后者的小尾翼虽然降低了横摆力矩，但是它还是太小，不足以使横摆力矩的方向发生改变。能够改变横摆力矩作用方向的尾翼，以前（现在也仍然）从美学的角度来说是难以实现的。不过，这并没有妨碍美学家们以某种改变了的形式将尾翼当作装饰手段来使用：在20世纪50年代的美国大型轿车上。大型而且因此而真正起作用的尾翼仅仅在创纪录汽车[㊁]，也在摩托车上，得到了应用。

㊀ 又见Koenig－Fachsenfeld（1951）。

㊁ 常常是一次性使用、以创纪录为目的的汽车。——译者注

升力对于保持汽车行驶方向的影响很早就为人们所了解。所以，Fritz von Opel 从 1928 年起就和 Max Valier 一起研制的火箭车就在两侧配置了侧翼，以便提高下压力，参见引自 Schneider（1987）的图 1.43。侧翼为正拱弧形；为了仍然产生负方向的升力（下压力），侧翼是反向安装的。现在，用来获得高下压力的翼片被应用在无数的运动赛车上；它们作为扰流器，有的甚至是可动的，在运动型乘用车上得到应用，也作为加装配件。

图 1.43 Opel 的火箭车 RAK 2（1928），在侧面装了两个翅膀。
坐在驾驶位上的人就是 Fritz von Opel（车厂宣传图片）

不过，汽车对侧风究竟有多么敏感这个问题，仅仅以 Opel 具有的汽车空气动力学方面的知识还是回答不了的，而是必须将行驶力学作为一个整体来进行考察：重心所在的位置、惯性矩、车桥运动学、轮胎等，都要包括在内；而且首先是驾驶员也必须放在一起来考虑。长期以来，驾驶员和汽车组成的系统特性只是在一定的时间范围内给予了评价。曾经在“固定控制”状态，也就是在没有驾驶员干预的情况下，试图排除驾驶员的影响，从而将汽车的“侧风敏感性”特性隔离开来，并进行量化处理。

Wallentowitz（1978）和 Wagner（2003b）的研究则表明，正是驾驶员对于侧风中汽车的表现有着持续的影响。所以，无论是在行驶试验中，还是借助于数值模型或者在模拟器内，总是首先在一定的频率范围内对驾驶员和汽车的构成系统进行考察。在此需要注意的是，风的强度和方向由于其阵发性总是在不断地变化。风的自然阵发性与在一个和汽车一起移动的参考系内的某种表面上的随机性叠加在一起；而这种随机性的形成则是由于对应于所经之处的地形、植物和建筑物，风的强度和方向也在不断发生变化。如果说这个问题在过去的很长一段时间内只是得到很少的关注，那么充分利用汽车的轻量化，情况也许会发生变化。

侧风带来的危险性也能够通过道路上的防护措施来降低；高速公路上的隔音墙就很管用。但是，这类防护设施中的间隙可能是十分危险的，防护设施的突然终止处也是同样危险。

1.6 商用车

只是在 20 世纪 30 年代初期，高速公路的兴建为一部分货物和人员的运输从铁路转移到公路上创造了条件，空气动力学才在商用车的设计中得到关注。公共汽车和载货汽车最初不过是加长了的乘用车。当人们开始着手将它们打造得风阻更低时，理所当然地会对其采取如同乘用车上相同的空气动力学措施：首先采用了 Jaray 的流线，后来也采用了 Kamm 车尾。

最初由 Gaubschaft[㊀] 推出的“有轨电车”，使公共汽车在形式上脱离了乘用车。发动机安装在

㊀ 即 Gaubschaft 汽车制造厂，1904 年由 Fritz Gaubschaft 创建，位于柏林的 Rixdorf，现在是 Neukölln 区——译者注

“底板以下”或者车尾可以容纳更多的乘客。单独的机舱盖取消了；而如图1.44所示，机舱盖被一个充分圆整的车头部分所取代。这种形状简直就是“按直觉”来设计的，比某种不可或缺的“最佳”车头还要圆滑很多。按照Pawlowski（1930）的测量结果见图1.45，公共汽车的车头只需要比较小的圆弧半径，以满足低风阻所需要的前提条件。Pawlowski的研究在很长一段时间内被汽车技术领域所忽视，处境相同的，是已经由他所确立的“最佳”边角圆弧半径与雷诺数的相关性。在进行小比例模型试验时，这种相关性也是成立的。

图1.44 Gaubschaft的“有轨电车”（1936），装在Büssing汽车的底盘上（Büssing即Büssing股份公司，1903年由Heinrich Büssing创建于德国布伦瑞克，1970年被曼恩（MAN）所收购——译者注）（照片来源：R. J. F. Kieselbach档案馆）

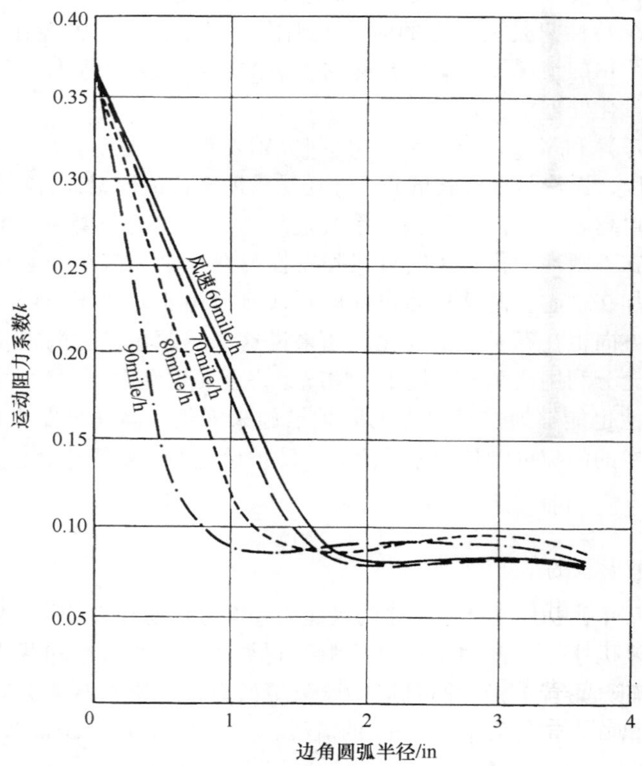

图1.45 行驶速度和雷诺数对“最佳”圆弧半径的影响（复制图片来自于Pawlowski的原件，1930）$k=C_D/2$

Kamm 型车尾本来是为公共汽车所设计的，如图 1.46 所示，它使得公共汽车上确实增加了一排座位。但是，这一车尾接下来的应用，同时要求车体两侧内收。于是，额外增加的两个座位又会失去。直到今天，侧面内收在公共汽车制造中仍然没有被接受。

空气动力学在商用车上应用的里程碑，当属 Möller（1950）为大众汽车公司的首个载货汽车所设计的车头形状。相对于最初计划的有棱有角的方案，如图 1.47 所示，得到的阻力降低是如此具有戏剧性，以至于谁都不能视而不见；尽管由此带来了制造成本的上升，这种圆形的车头还是在量产车上采用了。大众的载货汽车由此而成为汽车空气动力学有用性的最好例证。多年来这一类型载货汽车独特的市场地位，强有力地驳斥了“空气动力学的市场很糟糕”这一论调。另外，为了证明车体外形、流动形式与风阻之间的相互作用，Schlichting 在他著名的《边界层理论》一书（Schlichting 和 Gersten，2006）中引用了这个例子，这样，Schlichting 使汽车空气动力学也赢得了科学界的关注。

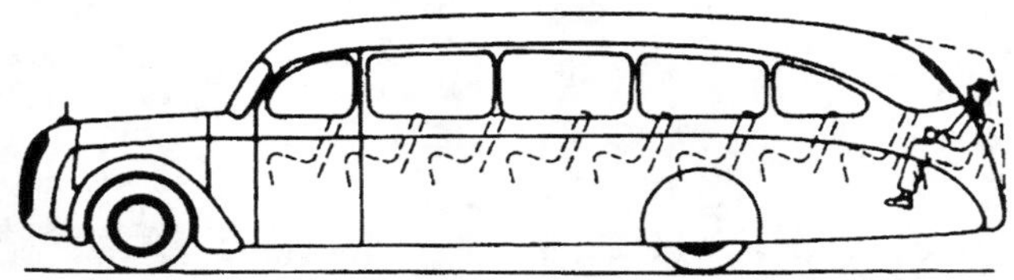

图 1.46　公共汽车车尾型式的对比：实线是“似 Jaray 车尾”，虚线是 Kamm 车尾（Koenig－Fachsenfeld，1936）

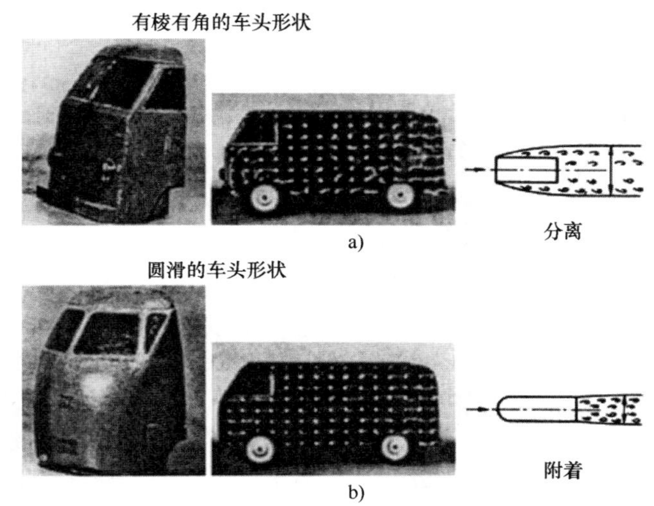

图 1.47　首批大众载货汽车车头形状的演变过程（E. Möller，1951）

但是，在设计这种形状的车头时，没有考虑到 Pawlowski 所获得的认识；首个大众载货汽车的车头被圆整得很厉害，超出了为避免车头处的气流分离所需要的圆整处理。直到在给大众轻型载货汽车进行造型设计时，Pawlowski 的认识才得到坚决的贯彻实施㊀。图 1.48 中对原型车进行阻力测量和烟流演示，总结结果可以清晰地表明：为了阻止车头边缘处的气流分离，车头的圆角半径可以有多小。自此以后，公共汽车和载货汽车（Lkw）边角处圆弧半径的“优化”，便成

㊀ 由于这种轻型载货汽车的研发时间很长，于 1969 年在一个 1∶4 的模型上取得的试验结果长期未被公开，见 Hucho 和 Emmelmann（1971）。

为共同认可的实践。

中型和重型载货汽车通常由两部分车体所构成，见图 1.2。汽车厂商仅仅制造由动力系统和驾驶室所组成的底盘部分，载货拖挂车以及各种各样大小类型的其他构成要素——集装箱、货厢、储料罐和油罐，来自不同的供货商。Götz（1977）对两部分车体的相互作用进行了研究。他的研究建立在 Sherwood（1953）于 20 世纪 50 年代在美国马里兰大学进行的试验测量基础之上。测量结果表明，在从驾驶室的顶部到载货区（现在是集装箱）之间，通过一种圆弧形的过渡（“车顶整流罩”），可以降低风阻[⊖]。由于驾驶室和后挂车之间的相对运动，这一过渡在结构上不太容易设计和整合。

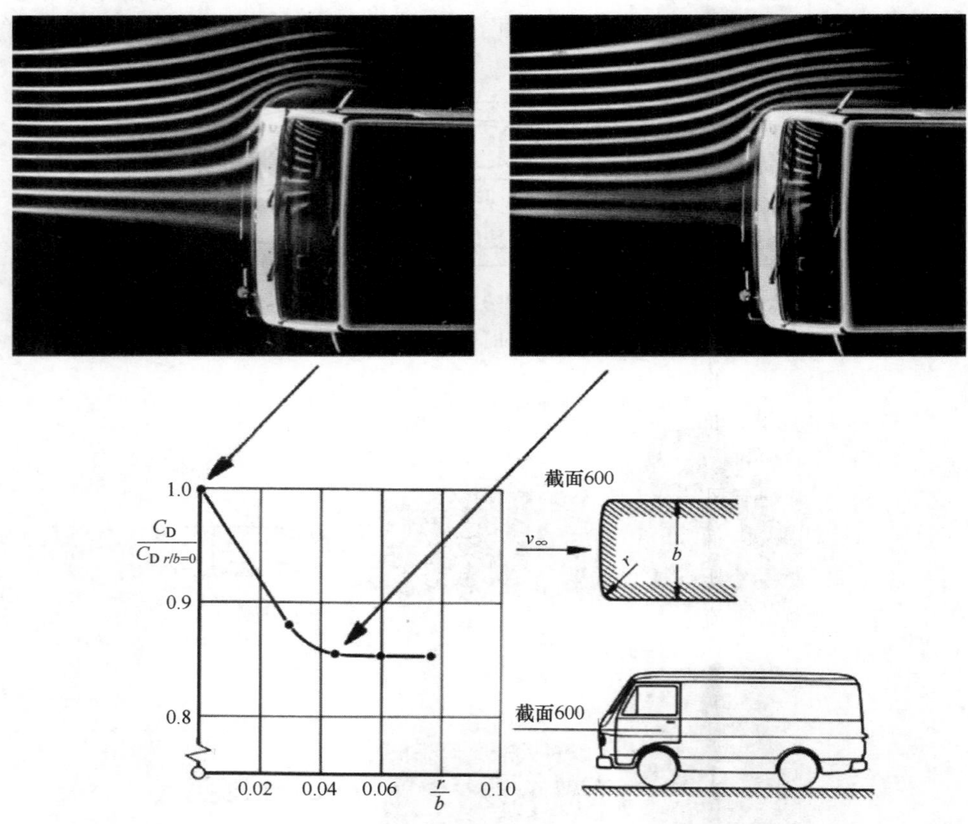

图 1.48　圆角半径对大众汽车公司轻型运输车（LT）的外流场以及阻力的影响
（照片和测量结果来源：大众汽车公司）

不过，后来很快就发现：采用一个绕流翼板能够达到相同的效果。图 1.49 清楚地表明，这个翼板是如何让气流越过驾驶室和集装箱之间的空间的。重要的是，气流切向流过集装箱的上方。这种翼板很容易加装，也方便匹配，极大地促进了它的广泛应用。Frey（1933）用导流板在一个钝形物体上取得的结果，本来是已经能够推动这一认知的，但是当时的重型载货汽车的设计师们显然对此并不清楚。

⊖ 1962 年，美国的 Rudkin 和 Wily 公司率先带着一种称为重载汽车整流翼板的“气盾”（“Airshield”）出现在市场上。Saunders 声称自己发明了“驾驶室扰流器”，直到 1966 年才获得他的授权专利。

图1.49 半拖挂牵引车驾驶室顶部的扰流翼板（图片来源：曼恩汽车公司）

1.7 摩托车和头盔

空气动力学对于摩托车的作用发现得很晚。虽然说整流罩对创行驶纪录上的作用是显而易见的，但是它在实际应用方面的缺点同样很明显。另外，有整流罩的车辆对于侧风极其敏感。Schlichting（1953）和 Scholz（1951，1953）在为 NSG 公司准备一次创行驶纪录的过程中，对一个 1∶5 的摩托车模型开展了风洞试验。在此过程中，他们对整流罩与侧风敏感性之间的关系进行了研究。图 1.50 说明通过一种“鱼形”的全覆盖，摩托车的行驶特性得到改善。不过，这需要一个很长的尾翅，以便将摩托车的侧风敏感性降低到摩托车手能够控制的程度。通过运动赛车的示范作用，部分覆盖的整流罩也逐渐地在路面行驶车辆上得到应用。

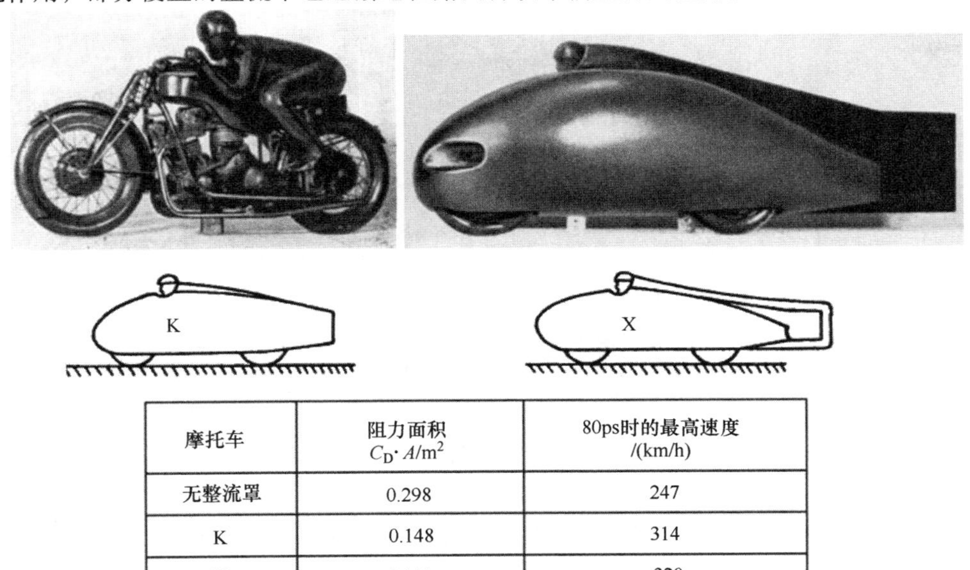

摩托车	阻力面积 $C_D \cdot A/m^2$	80ps时的最高速度 /(km/h)
无整流罩	0.298	247
K	0.148	314
X	0.140	320

图1.50 全覆盖对摩托车行驶特性的影响（Schlichting，1953）

头盔也成为摩托车空气动力学开发的研究对象。这里涉及的问题是

- 通过头盔传递到摩托车手头上的力和力矩；
- 头盔内的环境；
- 气动声学问题；
- 与行驶车辆（摩托车或者赛车）之间的相互作用。

针对上面的问题，在研发过程中具有帮助作用的是相对来说小型的风洞。不过，这些风洞应该按照高速度和极低声压级的要求来设计。

1.8 内流

1.8.1 发动机舱

乘用车研发过程中的两个趋势将空气动力学专家们的注意力引向穿过发动机舱的空气流动：发动机和散热器；它们最初是暴露在外面的，接着“消失”在一个散热器罩壳下面，而且发动机的功率在不断提高。在用一个比例为1∶10的模型进行试验时，Kemperer已经注意到了通过散热器和发动机舱时的空气流动。他确认，这一流动导致了额外的阻力。Kamm和他的同事对冷风通道（入口、散热器、风扇、发动机舱、出口）内的流动以及它与汽车的外流场之间的相互作用，进行了非常详细的研究[⊖]。Fiedler和Kamm（1940）指出了如何才能保持低附加风阻的途径。后来，人们试着将研发战斗机油冷器时获得的经验转移到了汽车上。

一开始，像Betz用沉降阻力来表示附加阻力$\Delta C_{D,K}$就够了。过流速度v_K可以用Taylor公式（1948）来估计。如图1.51所示，Taylor公式通过测量得到了很好的验证。除了散热器，还出现了其他热交换器：空调设备的冷凝器、油冷器和中冷器等。这种情况和这些热交换器的入流由于其他零部件的影响而不再均匀的这一事实，需要区别对待；Emmenthal和Hucho（1974）提供了

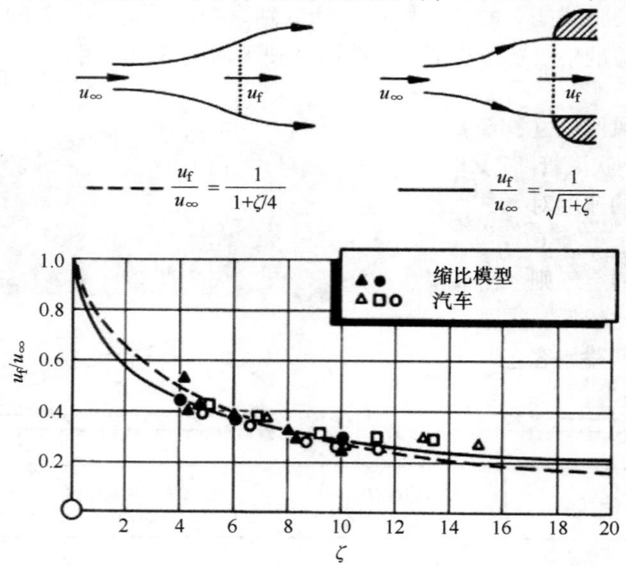

图1.51 冷风速度与冷风管道的压力损失系数ζ_K之间的关系（理论：泰勒，1974；沉降阻力：Betz）

⊖ 见Schmitt（1940）和Echert（1940）。

相应的分析方法；这些后来在一个核心部分为一维的数值方法中记录了下来。在此期间，发动机舱内的三维流动也能够进行仿真计算了。

1.8.2 乘员舱

Kamm 的学校也对乘员舱内的通风进行了讨论。当时，讨论的重点是通过乘员舱的风量与汽车周围的外流场之间的相互影响。乘员舱的通风同时也成为供热的一部分，因此与之共同得到开发研究。刚开始时，乘员舱内的供风纯粹是由阻滞效应——要么借助车头的一个管道，要么是借助一个连接滤水格栅的通道——来实现的；通过泄漏进行强排风。可以摆动的三角形车窗提供了帮助。接着装上了风机；首先是轴流式风机，然后是鼓筒转子离心式风机。强排风首先是由高负压区域的孔道来实现的，例如C柱附近；后来，在处于环境气压条件下的区域也同样采取了强制供风，如同新鲜风的进入。这样，乘员舱内的空气流动在很大程度上与行驶速度没有关系[㊀]。

从气候生理学的角度来看，众所周知，可以通过速度非常低的均匀风流来降低人体所感受到的空气温度，当然这是在一定范围内。不同的实验者获得的结果如图 1.52 所示。这些结果虽然全都不一样，但是从趋势来看还是一致的。

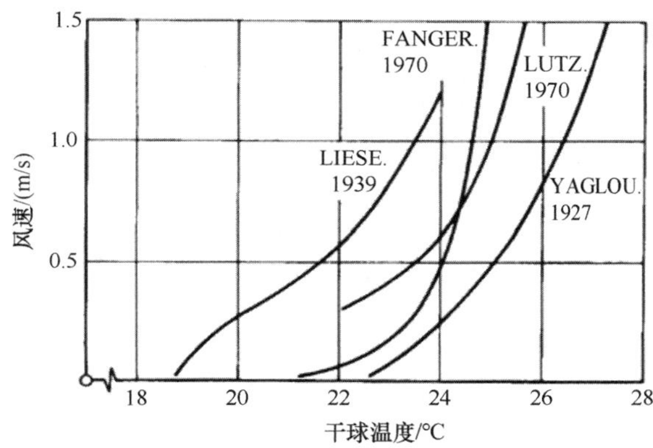

图 1.52 以风速和空气温度之间的关系表示的同等舒适性曲线（来源：Temming 和 Hucho，1979）

空气按照混合通风原理（Mixing Ventilation，MV）注入乘员舱。使用最初从航空工程移植过来的可调节出风口（“吹风管嘴”）时，可以相对而言比较高，但是不能长时间忍受，且能够立即减小或者改变方向的速度对乘员直接送风。当时，在航空工程领域发展出一种替代性方法：置换法（“座舱置换式通风”，CDV）[㊁]。新鲜风从上方或者下方以较低的流速（$< 0.1\mathrm{m/s}$）大面积地送入座舱；被置换的空气则从出风口的对面抽出。人们估计这一方案有一系列的优点：舒适性得到提升，制造成本比较低，重量轻而且（在飞机上）降低能量消耗。座舱置换式通风应该同样能够在公共汽车和铁路旅客车厢内得到应用。

1.9 开发策略

1.9.1 细部优化

20 世纪 60 年代初期，空气动力学专家们从观念上摈弃了塑造完美无缺的空气动力学形体这

㊀ Großmann（2010）介绍了乘用车空调的物理原理及其在实际中的应用。

㊁ 见 Bosbach 等人（2012）。

一想象；这些形体以空气动力学的方式在造型上无法实现。雪铁龙的 Citroen DS 和 NSU 的 Ro 80 属于例外。不过，空气动力学专家们发现了一个全新的方法：他们详细地分析了围绕汽车的空气流动，如图 1.53 所示的那样。图中显示，大量基本形状的优化有利于空气流动并且经常只是些很小的形状变化，小到不触及造型设计。人们能够采用这种方法做得多好，大众汽车公司的 Golf Ⅰ 是一个例子。该车的造型模型以其 $C_D=0.51$ 穿越了阿尔卑斯山，当时大众的甲壳虫风阻系数为 $C_D=0.49$；而作为量产汽车，Golf I 离开风洞时测得的风阻值是 $C_D=0.41$，对此，造型师没有提出异议[⊖]。

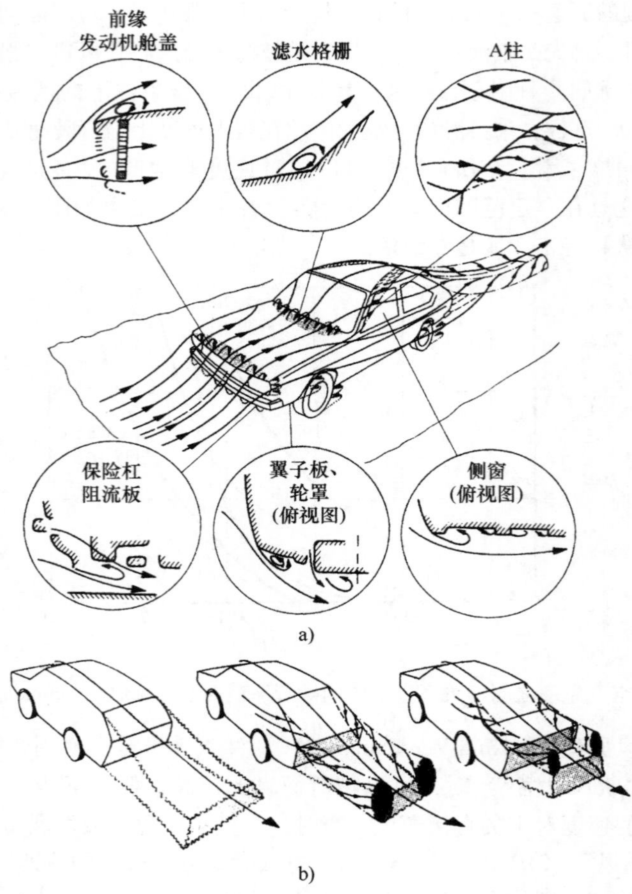

图 1.53　汽车外流的细部观察示意图

a）车前部　b）直背、快背和阶背

图 1.54 提供了一种对称之为“细部优化”方法的详细观察。不影响造型设计，通过对 5 处外形细节进行修改（截面显示在左边），C_D值总体上能够降低 21%。不过应该指出的是，在此过程中，人们还是“付出”了一定的代价。如果人们不理会所谓的“不得更改造型”这一要求，C_D值在这种情况下甚至能够总共降低 33%。

按照这一优化策略究竟能够使阻力降低多少，当然取决于模型的初始形状。如果初始模型的 C_D值相对而言比较低，那么通过“优化”能够获得的成果就比较少。在图 1.55 所示的例子中，就可以看到这种情形；图中集中表达了一辆运动型车的优化重点。这个例子仅仅能够实现

⊖ Janssen 和 Hucho（1975）。

13% 的优化。

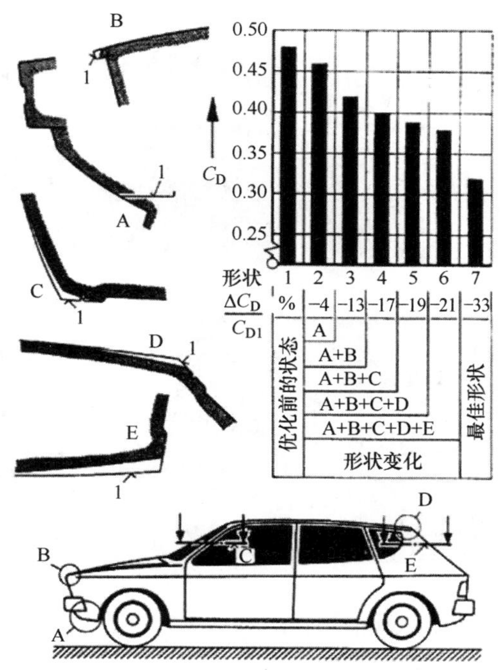

图 1.54 一辆直背型轿车的“细部优化”；图中显示的是对标识细节部位优化所获得的最佳值，省略了达到各个最佳值的（经常是无以数计的）中间步骤

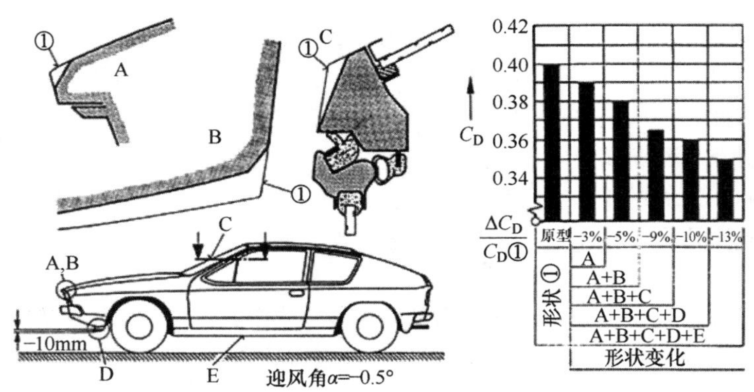

图 1.55 一辆运动型轿车的细部优化过程

从利用图 1.56 来完成的比较中，可以看出细部优化所具有的成果：由造型师完成的大众 Scirocco I 模型（见图 1.56b），有着非常高的阻力系数 $C_D=0.50$，与同时期的竞争车型相比也是非常高的。经过细部优化之后，阻力系数降至 $C_D=0.41$。这个系数值，在当时只有具有明显流线型的汽车达到了，例如欧宝 GT（图 1.56a），一款强调运动感的同级别汽车。

但是，细部优化很快就达到其极限；对于细部优化来说，$C_D<0.40$ 是难以想象的。其“责任”在于“不得更改造型”这一约束条件。20 世纪 70 年代受到追捧的“硬造型”不容许做比较大的改变。不过，随着这些在细节优化上的逐步推进，空气动力学成为汽车研发过程中的一个固定的组成部分；它使得与造型的具体对话成为可能。与此同时，也为下一个大幅度的跨越奠定了基础。

对于那些低风阻并不十分重要的汽车来说，例如皮卡货车，与细部优化相对应的约束条件尽可能地不干预造型设计一直都是起作用的。

a)

b)

图 1.56 两辆具有相同 C_D值的运动型轿车的比较（车厂照片）

a）欧宝 GT，1969 年版，$C_D=0.41$，$A_x=1.51m^2$ b）大众 Scirocco I，1974 年版，$C_D=0.41$，$A_x=1.73m^2$

1.9.2 形体优化

在经历了 1973/1974 年冬天的第一次能源危机之后，能量的消耗成为汽车研发过程中人们关注的焦点。于是，设计师和造型师们变得更加自觉，比以往任何时候都更加坚定地开发利用空气动力学的潜力。对此，一些空气动力学专家做好了充分的准备。事情很明显：在“不得更改造型”这一约束条件下，细部优化方法马上就走到了终点，这些空气动力学专家已经开始了直接与 Jaray 和 Klemperer 所做的工作相关联的研究。他们走上了一条有可能开发出早在 1922 年就被 Jaray 和 Klemperer 所揭示的风阻潜力的道路。这导致了图 1.6 中所显示的第四个阶段——“形体优化”。

在形体优化过程中，首先开发出低阻力的“基本形体”。不过与之前的研发阶段不同，此时只是许可那些和当前的系列产品具有相同主尺寸从而允许新式布局的形体。从这些基本形体出发，在与细部优化相同的许许多多步骤中，导出造型师们作为工作基础的车体形状。

低风阻基本形体的开发，始于一个自由飞行的旋转体。当人们让这个旋转体接近地面时，正如 Jaray 和 Kemperer 观察到的那样（参见图 1.15），它的风阻升高。对此，有两个起决定作用的几何参数：旋转体的拱曲度和厚度。在近地面处，旋转体的绕流失去了旋转对称性。在背离地面一侧，即上方，出现如图 1.57a 所示意的分离，就好像旋转体发生了拱曲，而且阻力升高。与此同时，旋转体的有效丰度也升高，见图 1.57b。如果继续使其离地间隙接近零，则旋转体与地面之间的空气流动完全被封死，旋转体的有效丰度达到与离地间隙为无限大时的两倍。确确实实，当类似于汽车的基本形体靠近地面时，如果不随距离的变化而对形体加以改变的话，阻力就会升高。

丰度，或者其倒数值长径比 $\lambda=l/d$ 本身，对阻力具有重要影响。这一点在由 Hoerner（1965）给出的图 1.58a 上表现得很明显。图 1.58 上显示出 C_D值与长径比之间的关系。从 $\lambda=1$

的球体开始，只要压阻的降低高于摩擦阻力的上升，总阻力就会随着长径比的增大而持续降低。当 $\lambda=3$ 时，阻力达到最低值。如果长径比在此基础上继续升高，摩擦阻力也会更急剧地增大；其结果是阻力再次升高。大多数乘用车的长径比 $\lambda\approx1.5$，位于图 1.58 中最小阻力值的左边；亦即长径比继续增大，而阻力仍然在下降之处。

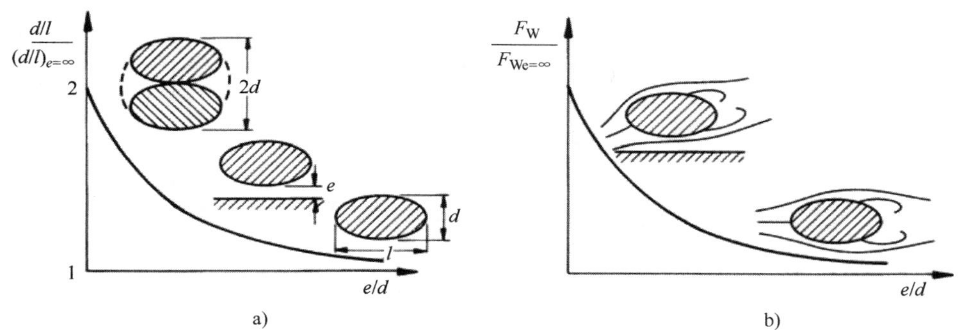

图 1.57 接近地面的丰满物体，示意性表达

a）流动失去了旋转对称性，阻力上升 b）有效丰度也随之升高

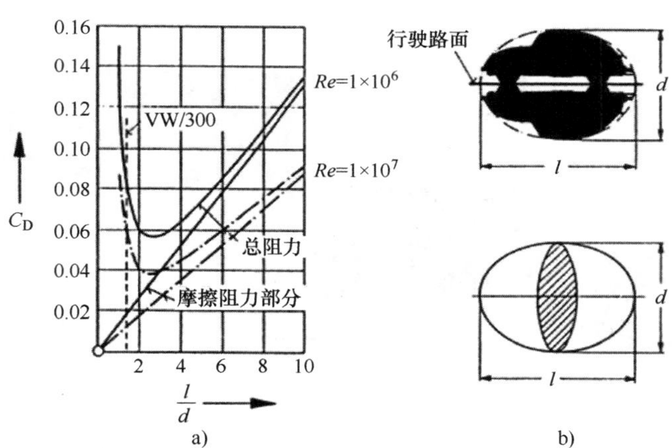

图 1.58 旋转体的阻力与长径比 $\lambda=l/d$ 的关系

对于“普通的”汽车来说，长径比和离地间隙是预先给定的。因此，有利于空气流动的基本形体的开发，必须专注于通过补偿有效的拱曲影响来抑制近地面阻力的上升。这样还有一个额外的好处，即由此会减小基本形体后部的升力。Morelli 等人（1976）介绍了这种方法[⊖]。

从图 1.59 所汇总的近地面基本形体数据可以得出结论，在常见的长和高之比大约为 $l/d=3$（镜像时：$\lambda=1.5$）的条件下，C_D值的下限位于 $C_D=0.07\sim0.09$ 之间；这包含在 Klemperer 的测量结果范围内，见图 1.15。装上轮罩后，阻力升高近一倍：$0.14<C_D<0.16$。于是必然得出结论：如果需要继续减小乘用车的阻力，就必须在形体开发的过程中把车轮的绕流和车轮的周边环境也考虑在内。

外形由这样的基本形体所导出的第一辆乘用车，是大众汽车公司的 2000 版汽车（用于科研汽车）。这一研发工作的各个关键阶段综合显示于图 1.60，不计其数的中间步骤，真正的优化过程，在图中省略了。优化工作起始于比例尺为 1:4 的模型。相对于 $C_D=0.160$ 的基本形体，具有

⊖ 在此，他们应用了细长形体理论（“slender body theory”）。

基本形体	l/h	C_D	说明	作者
	4.0	0.05	自由飞行	Hoerner(1965)
	4.0	0.15	包含轮子	Klemperer(1923)
l h	3.0	0.16	包含轮子	Hucho和Jansen(1972)
	3.1	0.07	无车轮	Fioravanti等(1976)
		0.18	有车轮	
	3.9	0.05	无车轮	Morelli等(1976)
		0.09		Buchheim等(1981)

图 1.59　不包含和包含车轮的各种基本形体的风阻系数

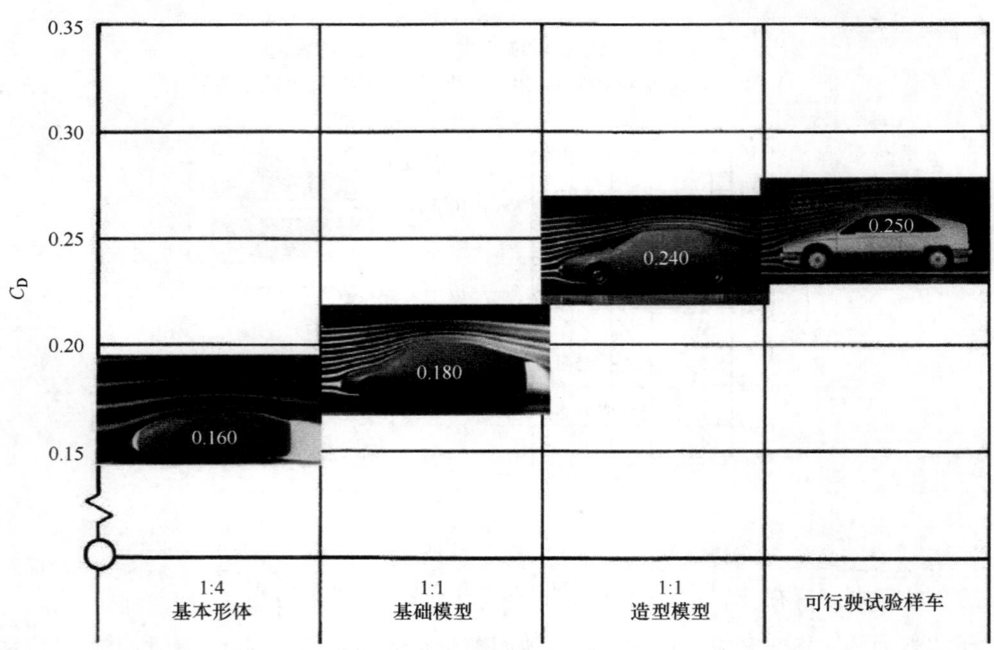

图 1.60　大众汽车公司新车研发中的形体优化过程（数据和图片来自大众汽车公司）

典型快背型车尾的基础模型 C_D = 0.160。通过对造型上所期望的各尺寸比例关系一步一步地加工，以及随着向包含了发动机舱进气的实际车底的过渡，C_D值上升到了 0.240。在对全部细节部分进行了精雕细琢并优化之后，可以行驶的试验样车的风阻系数值最终测定为 C_D = 0.29。

按照同一流程，还开发了奥迪 100 Ⅲ，这是一款阶背型汽车。该车量产型的风阻系数为C_D = 0.30，其照片示于图 1.61a。该车的风阻系数值当时堪称“世界冠军”，此后被一系列新的研发成果所赶超。按照现时的观点，并且与后继车型（如 2011 年版的奥迪 A6，图 1.61b）相比较，这个世界冠军的外形仍然非常“拘谨”，几乎称得上棱角分明；完全看不出外形是经过精细优化的。

以针对细节部位和针对整个外形的这两类优化，空气动力学专家原则上提供了两种策略，以便获得非常低的风阻；这一点示意于图 1.62。他可以通过对于给定设计的外形细微部分的优

a)

b)

图 1.61 形体优化结果

a）“世界冠军”奥迪 100 Ⅲ（Buchheim 等人，1983a）（$C_D=0.30$，$A_X=2.05m^2$）与其后继版本

b）奥迪 A6（2011 年版，$C_D=0.26$，$A_X=2.32m^2$）的比较

化，或者通过从一种低风阻的基本形体中导出汽车外形的方式，来接近自己的目标。第一种途径是在风洞和计算机上的不断探索，寻找方案。在这个过程中，只有当来自于造型的设计草案已经具备非常有利的 C_D 值，“不得更改造型”所设定的条条框框才能够得到遵守。

第二种途径，形体优化，不需要在每一个新模型上重复进行。这种手段更多的是首先用来测算空气动力学的潜力，而且总是在开发出采用了不常见外形的新颖方案时会重新使用。因此，形体优化堪称一种预开发手段。

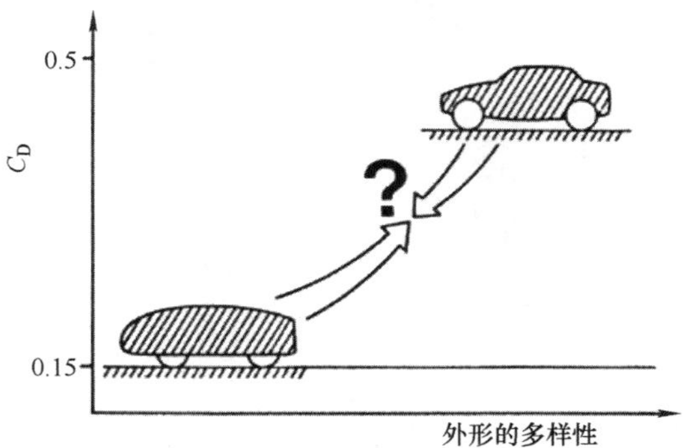

图 1.62 低风阻外形开发的两种可替代性途径（示意性表达）

1.9.3 极限值

采用前面简单介绍的方法，人们在降低风阻系数的道路上究竟取得了多大的成功，图 1.63（见彩插）做了总结。图中按照时间顺序给出了乘用车 C_D 值的变化；列出了几种具有典型意义的汽车。从图上可以看到，空气动力学是如何一点一点地被植入造型设计之中的。起初，气动阻力的降低比起技术上曾经可以实现的要慢一些；什么是曾经可能做到的，雪铁龙 DS 19 和 NSU 的

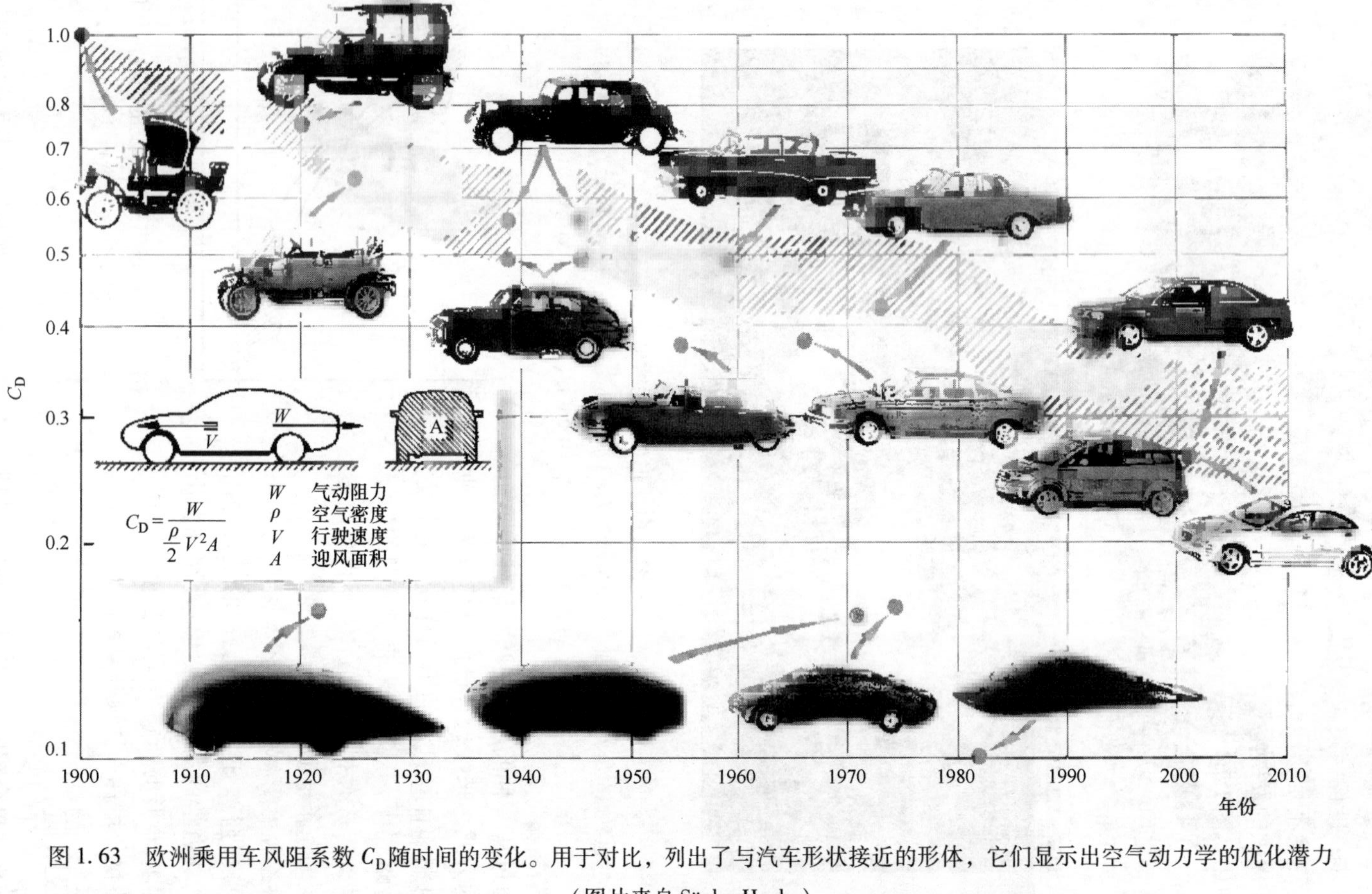

图1.63　欧洲乘用车风阻系数 C_D 随时间的变化。用于对比，列出了与汽车形状接近的形体，它们显示出空气动力学的优化潜力

（图片来自 Sönke Hucho）

Ro 80 做出了证明。直到 1973/1974 年冬天发生的石油危机所强化了降低能源消耗的压力，才使得汽车制造者们认识到，比以前更加有效地运用空气动力学，这一点是绕不过去的。但是，在这种情况下兴起的更低风阻系数 C_D的潮流很快就又消退了。总的来看，大约 20 年以来，只是取得了有限的进步；就像一条渐近线，最小值是 $C_D \approx 0.25$。

但是，这绝不是物理上的极限。在图 1.63 列出的那些黑色的模型，揭示出物理学还能够为空气动力学提供的发展空间。这一发展空间是早就为人们所熟知的，而且一而再再而三地在试验样车上使用。图 1.64 显示了一个新近推出的试验样车，大众汽车公司的 1L 油汽车 XL1。它是如何实现 $C_D = 0.186$ 的，Repmann（2012）给予了介绍；使这一样车成为可以投放市场的产品的努力正在进行之中。从它的侧影可以明显地看出，顶篷在车的前面早早地就开始了；摒弃了长长的前车身，与 Tatra 87 类似（图 1.8）。这使得能够选择如图 1.40 所示的接近最低风阻系数的平缓的后倾角。

图 1.64 大众的 1L 油汽车 XL1（2011）；$C_D = 0.186$，$A_X = 1.50\mathrm{m}^2$（数据和图片来自大众汽车公司）

“极限值策略”描绘了能够充分利用上述研发空间的途径。这一策略的基本思想是，对每一个细节部位和每一个区域计算出能够达到的阻力值，而根本不考虑技术上是否能够实现。在接下来的过程中才会去开发技术上的可行手段，只要有需要则不计成本，以便尽可能地趋近这一极限。这当然并不是什么崭新的东西。新颖之处在于按照结果提出的要求，而面对如此要求必须实施这个策略。

借助一个几乎称得上是传统的例子，也许能够说明极限值策略是如何运作的。为此观察图 1.65，该图总结了大众汽车的 Golf I 型本来棱角分明的前车的优化发展过程㊀。一个用硬质泡沫材料手工制作成形的前端部分，略呈圆形，致使分离肯定不会发生；这种形状的前端揭示出其具有 $\Delta C_D = 0.050$ 的潜力。去掉这个前端部分之后，在接下来的一系列步骤中，对发动机舱盖板（M1 到 M3）和翼子板（K1 到 K3）的前缘修圆；采用 M3 +K3 的搭配，使得采用前车部分时表现出的潜在阻力有可能降低 90%。汽车底板、前轮的来流、车尾和 A 柱㊁是进一步实施极限值策略的重点所在。

就前端部分的设计来说还要提醒一下：许多造型师一直都在采用“理想的前端形状”。现在，大多数乘用车的前端做得越来越圆，超过了优化本身的需要。这种“过度”优化的优点在于，它使得绕过前端的边界层更具有能量，从而抑制住向下游越来越明显的压力上升，而不会发

㊀ 作者感谢 Carr（1963）对这一方法所提的建议。

㊁ Hucho（2009）对此给出了一个更详细的说明。

生分离。这有助于背压的升高，因而降低阻力。

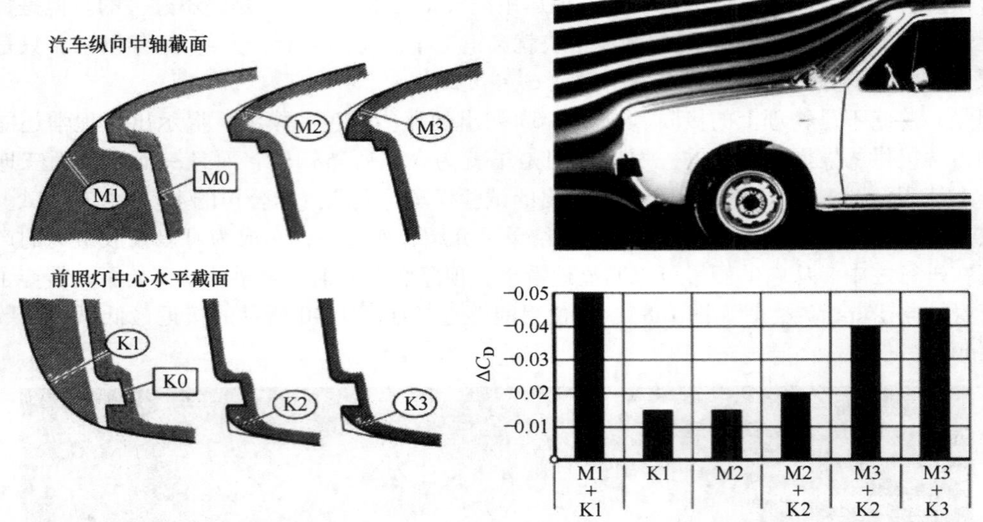

图 1.65　应用极限值策略的典型事例：Golf I 的开发（Janssen 和 Hucho，1975）

1.10　造型与空气动力学

由空气动力学专家们提出的修改外形的建议，只有得到造型师的认可，才会在汽车的研发中发挥作用。置身于汽车制造领域的空气动力学专家必须面对这一现实。越是设身处地于造型师的世界，就越是会在造型师那里找到可以推心置腹的对象㊀。与此同时，空气动力学专家不应该误入希望自己来“搞”造型的歧途之中。造型设计是一门塑造形状的艺术；仅仅拥有这门艺术的知识，还远不能让一个人成为艺术家。

a)

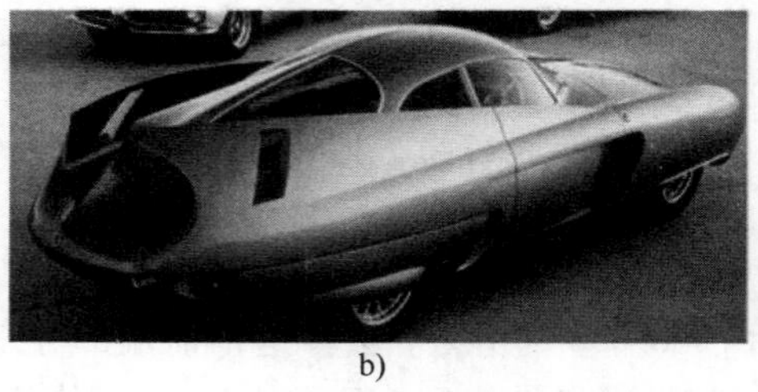

b)

图 1.66　造型设计师们的空气动力学尝试

a）Le Corbusier 的最小汽车（1936），图片来自 MIT Press

b）Nuccio Bertone 的 Alfa Romeo BAT 5 概念车 I 号（1953），图片来自 Bertone

但是，造型师们也不应该低估了技术的作用。图 1.66 中的两个例子表明，如果造型师抵制不住尝试技术的诱惑，会得到什么样的结果。图 1.66a 中的模型是 Le Corbusier（即法国建筑师勒·柯布西耶——译者注）的一项设计，以尖锐棱边装饰着一个似 Jaray 车背。在这样的一个样车上，可以预料具有强烈的向内旋转、引发很高阻力的纵涡。该元素又出现在雪铁龙的 2CV（“鸭子”）上。图 1.66b 所示的 Bertone 的试验样机，也由于卷起的车身加强了这一纵涡，从而使气动阻力（风阻）升高。

㊀ 对此，下列文献提供很不错的信息：Kieselbach（1998），v. Mende（1979），Silk 等人（1984），Lamm 和 Holls（1996）以及 Seeger（2012）。

造型设计和空气动力学并不能代表一切，它们还必须接受社会层面和技术层面的检验。如何检验呢？Schmidt（2013）和Hucho（2013）给出了说明。造型设计给技术实现提供了一个外形。如果这个外形代表了一切，人们就能够——如同图1.67a所深刻揭示的那样——轻而易举地实现目标了。但是，这时候的定义还太肤浅。造型设计过程的结果应该是美观的，魅力无限的。但是，让人感觉美观的吸引力如此巨大，以至于能够将唤起的兴趣导向购买的东西，这就是品位。众所周知，品位具有非常大的个体差异："一个人不看好的东西，另一个人却可能喜欢"（Fritz Reuter）。造型师必须习惯这一点，必须鼓起勇气，不要希望同时去满足所有的人。"每个人都喜欢的宝贝"是不存在的（Kapitza，1992）。另一方面则潜藏着这样的危险，人们逾越造型的界限去搞外形设计（图1.67b）。恰恰相反！按照F. A. Porsche的观点，一个"在外形上和谐的产品不需要加以装饰。产品的品位应该能够纯粹借助形状来提升"。问题是，对于数量巨大的产品类型来说，可能的外形变化是否足以区分各自的特色。

a) b)

图1.67 戴姆勒SL级家族的两个成员（测量值和图片来自戴姆勒汽车公司）

a）最老的W194，1951/52年版，$C_D=0.376$，$A_X=1.78m^2$ b）最新款的R231，2012年版，$C_D=0.27$，$A_X=2.12m^2$

空气动力学专家必须接受：造型是汽车研发过程中难度非常之高的部分；这不仅是从造型师的主动性作为来看，还是从观赏性评价来看，都是如此。完全不同类型的可以度量的，或者仅仅只能凭借感觉来把握的判别要素，都必须同时表达出来，并且相互对照权衡。尽管受到来自四面八方的使造型平庸化的约束条件的掣肘，造型师还是应该拿出他的原创作品来。在这个过程中，他面临一系列的挑战：

- 必须在某个品牌的各个车系之间，例如对A级、B级和C级，加以区分，划清每个级别之间的明确界限；与此同时，凸显出与某个同一品牌的从属关系。
- 造型设计应该是富有创意的，但是同时也非无源之水；在新款式面前，上一个款式不应该看起来太老旧了。
- 在完全不同的车型中，如普通乘用车、高级轿车、运动型车、运动休旅车（SUV），必须能够一眼就能辨认出其品牌。

造型应该是既相互联系又相互区别的。造型还应该前瞻性地把握未来8~10年的趋势。因为汽车的生产周期——趋势上是在下降——大约是6年，还要再加上3~4年的研发时间。另外，造型在研发开始时就已经确定了，而且至少要考虑到一半的时间会用于款式的修改完善。

无论如何，造型师的工作都不仅仅是与空气动力学打交道。有哪些参与到研发过程中的方面会影响到造型师的创造性活动，图1.68列出了制造、安全、总布置、法规。这张图同时也表明，造型设计与空气动力学之间的矛盾非常明显。造型并非仅仅通过外形传递出信息——图中所列举的多重图形工具都为它所用，而空气动力学所能利用的只有外形。

在很长一段时间，空气动力学专家和造型师之间都难以相处。他们之间的关系深深地打上了彼此误解的烙印，直到今天，这种误解也没有完全消除。作为一门独立的学科，汽车造型设计也才刚刚逐渐地成熟起来。和造马车一样，造型设计最初只是结构设计的一部分。后来，在向承载式车身过渡过程中，结构的开发和制造任务由汽车生产商自己来完成。有一些设计人员和绘图人员变身为造型设计师。他们中的绝大多数是汽车公司研发工作的成员，有些成为独立设计师（有设计工作室）。

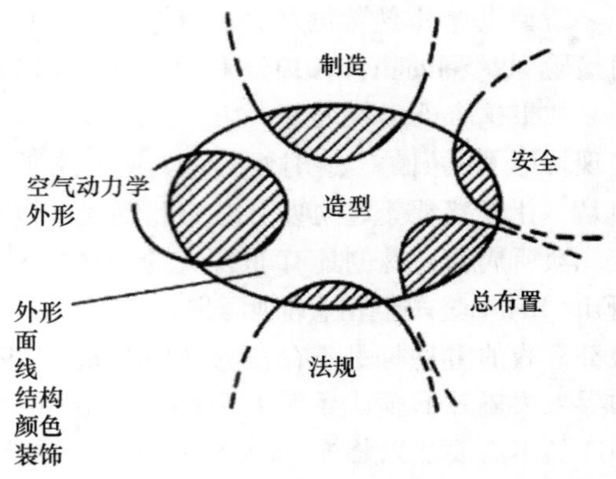

图 1.68　对造型设计的要求。外形是造型与空气动力学之间的交汇点

与此相反，随着航空技术的迅速崛起，空气动力学已经成长为一门成熟的学科。但是，在汽车工程领域，空气动力学一开始并未受到严肃认真的对待，充其量也只是被当作一个修饰性的工具，例如流线。人们常常感觉到它碍手碍脚——也不是没有一点道理。原因就在于，就汽车制造技术的特殊需要和造型的特定诉求而言，空气动力学专家们表现出对于前者极少而对于后者则完全缺乏的理解。另外，过去是现在也依然如此的是他们的职业教育背景类型各异：造型师的职业教育更像是攻读艺术，而空气动力学专家的职业教育是以机械制造、汽车制造或者飞机制造中的工程师名义完成的。

造型和空气动力学之间、艺术和物理学之间的紧张状态，到汽车生产商自身也掌握了空气动力学时才开始得以缓解。一方面，空气动力学专家作为研究和开发活动中的合作者，也变成了汽车制造者；在与造型师们的日常接触过程中，他们对于造型师们之关切的理解在提高。另一方面，造型师们越来越多地接受了空气动力学塑形的特性。尽管有所保留，这一特性在多大程度上得以贯彻落实，仅仅从空气动力学创造性成果的风阻变化趋势中就能够在一定程度上看出端倪：以前，从造型工作室驶向风洞的模型，最佳状况是 $C_D \approx 0.45$；现在，这样的模型一般都达到 $C_D \approx 0.30$。造型师们必须为此做好心理准备：预定的 C_D要求越是严酷，他们的活动余地就越是拘束。对此，图 1.64 所示的大众 XL1 可以作为例子。

图 1.63 中可以看到的 C_D值停滞现象最近有了进展。如果看一看有关系列车型空气动力学发展过程的出版物[⊖]，可以看出，在 $C_D = 0.25$ 附近的风阻系数值，仅仅通过大量的单一优化措施便可以实现。这些单一措施本身只是带来了有限的改进；因此结论是显而易见的，即“细部优化”和“形体优化”非常了不起。按照极限值策略去做，还有可能取得更大的进步。此后，空气动力学必须像第 1.9.3 节所介绍的那样提交风阻极低的外形；造型的任务则因此而变成让这样的外形成为具有吸引力的汽车外形。

1.11　开发工具

1.11.1　风洞

过去很长一段时间内，汽车空气动力学的研发工作几乎全都是在风洞内上演的。首先是在为航空技术的发展而建造的风洞内。通常是采用映射在车轮支承面上的缩小模型来模拟路面。行驶试验的目的曾经——当然现在也依然——首先是确认（车辆的空气动力学特性）。

当飞机风洞足够大时，人们也用它来试验实际尺寸的模型和可以行驶的汽车。这不仅是因

⊖ 见 Dietz（2000）以及 Dietz 等人（1999）。

为流动形态与雷诺数的相关性，而且首先是因为造型师们更乐意采用“全尺寸”模型来开展工作。随着时间的推移，为汽车技术发展的特殊要求建造了越来越多的风洞。Kamm 于 1938 年在斯图加特 Untertürkheim 建成的大型风洞堪称一个里程碑。

发动机冷却和空调这些工作领域加入了进来。大众汽车公司于 1968 年投入使用的大型环境风洞，综合考虑上述需求而设计；W. Mörchen（1968）对此给予了介绍。其他的制造商选择分隔开的风洞设施来进行空气动力学和热力学试验，而不是“一体化”的解决方案；在这方面，菲亚特汽车公司走在了前面（Antonucci 等人，1977）。空气动力学风洞接下来的一项专业化是气动声学；在这方面，宝马汽车公司于 1987 年用 Janssen 设计的 11m^2 声学风洞，竖立了一座里程碑；有关这一风洞的继续发展，Ulrich（2011）做了报道。

风阻越低，汽车与道路之间相对运动或者车轮转动的复现/模拟就越是重要。在 FKFS，从 20 世纪 60 年代末就由 Potthoff 为 1:5 模型风洞所采用的（静止）车轮之间的传动带，开发出用于 1:1 模型风洞的（车轮旋转）“五带”系统，见 Potthoff 等人（2004）。宾尼法利纳公司的 Cogotti（2007）将这一系统扩展成了 T 形带；在这种移动带系统中，前轮前面每一边的地面也跟随移动带一起运动。现在，称为“单一滚动路面”的移动带已经投入使用；它们延伸至试验段的整个宽度，长度延伸至整个试验段。Petz 和 Charwat（2012）已经报告了第一批试验结果。

1.11.2 评价方法

在对乘用车进行的试验中所观察到的几何参数与风洞阻力之间的相互关系，以及一系列参数试验研究的结果，可以简要地总结归类，如图 1.69 所示。图中，在列表的左边两栏，简单描绘和命名车身上待修改的几何参数参数细节，比如“圆整”“内收”或者“拱曲”。右边一列则

措施	几何尺寸	效果
圆整	r_E b,h	C_D/C_{D0} 1; r_E/b, r_E/h
拉伸 拱曲	b r_Z; h r_D	C_D/C_{D0} 1; r_Z/b, r_D/h
内收	b y_B	C_D/C_{D0} 1; y_B/b
倾角	φ; φ	C_D/C_{D0} 1; φ
倾角	α	C_D/C_{D0} 1; α
升高	h z_K	C_D/C_{D0} 1; z_K/h

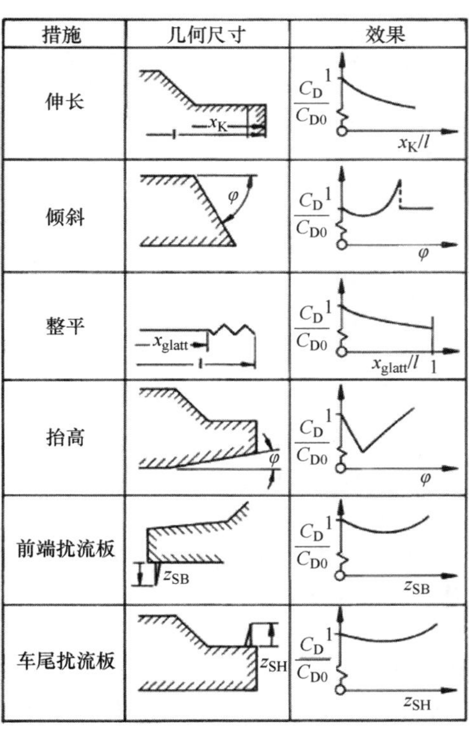

图 1.69 单一细部形状变化与风阻系数间的相互关系示意图

表示，每一个几何参数的变化对阻力具有怎样的影响。图中起初并没有考虑到各个参数之间的相互影响。人们也许可以把图中列出的这12种改进措施称为基本的措施。还有衍生的措施——大概50~100个，它们使得非常简明地表现出来的外形与阻力变化之间的相互关系变得“令人难以分辨”。

依据经验获得的这些相互关系能够通过数学函数来逼近，并且利用它们从描述汽车外形的几何数据中推算出汽车的阻力。开发这类称为“测价”的方法的动机是，直到进入20世纪60年代都还无法预知，是否有朝一日能够准确地计算汽车的外流，从而能够做出有关空气力和空气力矩，尤其是气动阻力（风阻）的报告。此时，人们追求着三个几乎具有同样重要性的目标：更好的结果、更快的研发进度和最后更低的研发成本。

在上面提到的经验性函数关系还没有显性地为人们所熟知之前，R. G. S. White（1967）总结出了第一个用于对外形细节的空气动力学特性进行量化评价的方法。White从测量实践中推导出了他的“评价方法”；到这一方法推导出来时，他已经在MIRA的风洞内对118辆可行驶汽车进行了试验。

如图1.70a所示，他将汽车划分为 $i=9$ 个区块。每个区块对于风阻的贡献用点数 P_i 来评价；有利于流动的细部外形得到一个负的点值。特别有碍流动的单元，例如A柱上的卷边突起，则使用附加的点值来处理。冷风的流动不在考虑范围内。由点数 P_i 的总和得到的 C_D 值如下：

$$C_D = a\sum_{i=1}^{9} P_i \tag{1.3}$$

式中，系数 a 根据经验算得。这个线性关系式（1.3），与对应于这种方法所报告的误差 ±7%一起，示于图中右边（图1.70b）。

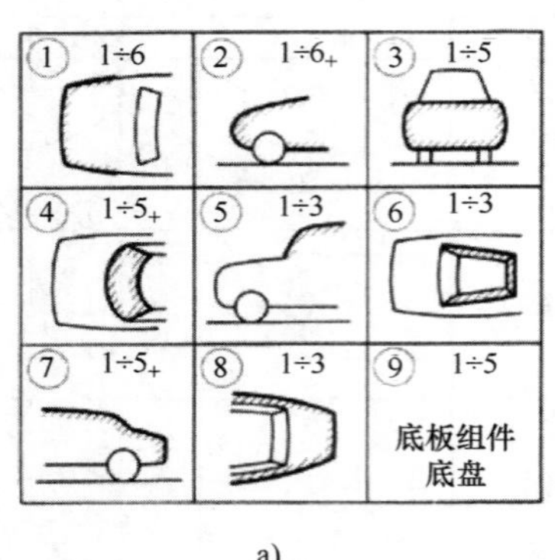

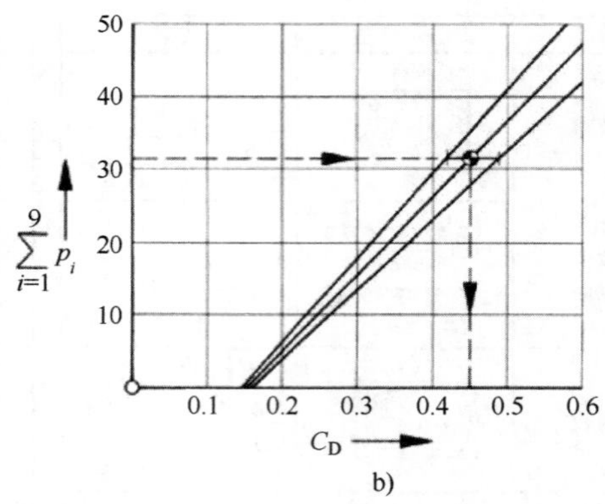

图1.70 MIRA的第一个评价方法，评价车身单一部位对于风阻的影响（R. G. S. White，1967）

当时的流行汽车的风阻系数值位于 $0.3<C_D<0.6$ 的范围内；为在这一类的汽车中进行区分，这一方法非常管用。采用点数进行评价，又通过附加的外形细部及其结构列表使评价简化，建立在丰富经验的基础上，无论如何都带有主观性。即使是在实践中从来没有用于估计试验样机的 C_D 值，通过甄别关键性区位外流场，这种方法，还是给造型师以提示：如果希望打造低风阻的汽车，应该从哪里着手。

相对于这一方法，Carr（1987）提出了一种大幅度简化的方法。从图1.71所给出的总共52个角度、半径和面积参数中，按照他的方法计算出这些参数的风阻系数份额，然后将它们一起代入 C_D 值的计算式。该评价方法所采用的算法，基于类似于图1.69中简化表示的经验函数：

$$C_D = \sum_i C_{D,ti}\rho_i \tag{1.4}$$

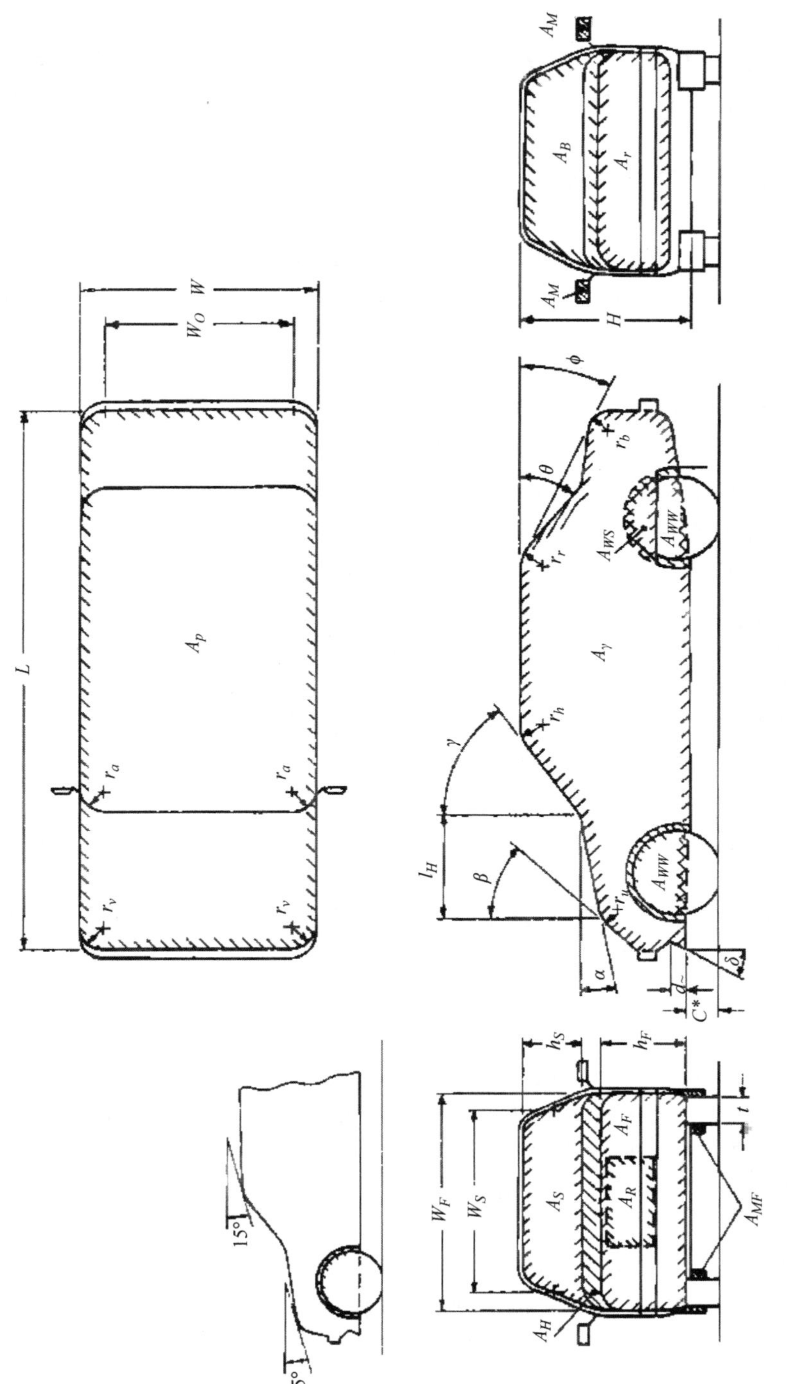

图 1.71　MIRA 的第二种风阻计算方法（据 G. W. Carr，1987）

$$C_{D,ti} = \sum K_j \rho_1 \tag{1.5}$$

式中，$C_{D,ti}$表示所观测到的部分风阻系数；ρ_i是用来表示描述相应的几何参数的向量；K_j是经验常数。

这个算法被归纳为以下7个分隔开的阻力构成要素：前车部、后车部、摩擦、车底部、车轮和轮罩、附件和冷风。对20种常见的乘用车所做的评价结果与风洞测量结果相比较，最大误差是 ±5%。

与最早的White计算方法相对照，Carr的新方法有着全然客观性的优点。它所需要的度量依据总是从当前的数据记录中提取，或者是从当前的数据记录中计算出来。采用这一方法，为每一个汽车设计草图给出C_D值报告，能够对每一项修改措施，例如车尾（见图1.41）立即做出评价。Morén（2007）对计算多项式的系数做了重新匹配，使得这一方法在C_D值的预告方面效果大为改善，而且给它配备了一个对于使用者来说非常友好的界面。

不过，在使用这一计算方法时，有两项保留需要注意：第一，各个分区之间的相互影响，和同一分区内各个参数之间的相互作用一样，都很少考虑。该方法就是在这种前提下建立起来的，它也许正因为如此是非线性的。第二项争议更为明显，因为这一原则性的事实，即这种方法只能评价至此已经为人们所熟悉、已经找到通往那些经验公式的途径的东西。使用这种方法，无法对原创性的建议做出评判。为了避免这种情况在不清楚这种方法的局限性时仍然发生，应该在将它集成到CAD系统中去的时候，对其适用范围做准确的界定。根据Carr的说法，试图将这种方法扩展到空气力和空气力矩的其他分量时，没有成功。

Calkins等人（1998）进一步发展了这种“新的MIRA评价方法”。按照新的评价方法，总阻力由来自总共13个分区（MIRA的老方法是7个分区）的部分阻力累加而成。经验常数不具有普遍适用性，亦即不能对所有类型的乘用车一视同仁地使用；而是将汽车分成了三种风格和六种类型；三种风格即一厢、二厢和三厢车身的汽车；六种类型即轿车、轿跑车、面包车、微型面包车、变型车和运动休旅车。

这种新的评价方法只是考虑了当前的汽车。最终，由于车尾导致了气动阻力（风阻）中的最大份额，因此对其采取了六种类型的区分。经过这样的细化处理之后，按照Calkins等人的方法计算得到的风阻系数，与风洞中的测量值相比较，误差达到 ±5%。因此，这种方法的不确定性，与对比例尺为1∶4的模型测量所得结果的不确定性大致相当。

1.11.3 传统方法

随着数值方法自20世纪60年代开始向汽车工程技术的各个专业领域的挺进，空气动力学专家们感受到了必须加入这一趋势的压力。在这个时间节点上，由于求解按照纳维和斯托克斯名字命名的完整运动方程是不可想象的，人们很自然地采用那些为航空空气动力学而发展并且经受了实践检验的方法。在这些方法的基础上，可以为汽车推导出如图1.72所简略地表示的计算模型。

围绕物体的流场被划分成四个区域。按照这样的划分，第一个区域是无摩擦的流动；对于三维的物体来说，已经存在Hess和Smith（1967）的面元计算方法。这种方法也成功地应用到汽车上。关于它的一个著名的案例，是ICE I型高速列车的车头形状。该车头是这样设计的，即当它与另一列高速列车相遇、在驶过一个车站或者驶入一个隧洞的时候，不会出现太强的“压力冲击”（“锥形激波”）。车头是这样来构型的：流体贴附着它流过；这也符合汽车上的情况，如果它们按照低空气阻力来设计的话。因此，在对空间①进行计算时，可以忽略很小的摩擦力的影响；对此，P. A. Mackrodt等人（1980）做了报道。对于赛车，面元法也被证明是行之有效的，尤其是在设计前端和尾部配置活动板的车翼时。为了对此进行优化，J. Katz 和 L. Dykstra（1989）能够以理想流动假设计算出升力和诱导风阻；摩擦力的影响在所有的变型计算中近似保持不变。最后，面元法还用来对风洞试验结果进行全局性或者局部性的校正，正如 D. Steinbach（1993）所做的那样。

图 1.72 中，物体近壁面处的有黏动区域②，用积分量来描述：位移和动量厚度、摩擦系数都可以用一种边界层方法来计算。只要无黏流动和有黏流动之间的相互作用不明显，就不需要进行迭代计算。在那些相互作用明显而必须进行迭代计算的地方，物体因为边界层带来的有效增厚，通过加在物体表面的分布源来表示。这种做法的优点在于，不必在每一个迭代步骤上重新计算系数矩阵。但是，在那些会出现流动分离的地方，则必须排除对于弱相互作用的限制。三维边界层，尤其是边界层分离的计算，是与不确定性联系在一起的。分离边界层可能的重新附着，就完全不在把握范围内。

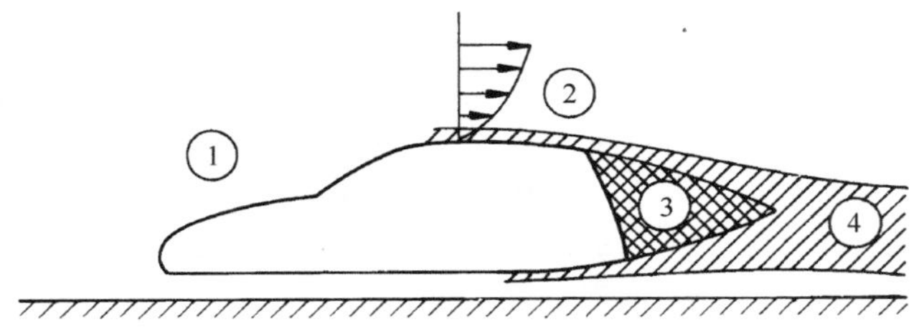

图 1.72 “传统的”流场划分

①—势流区 ②—边界层流区 ③—近尾涡区 ④—远尾涡区

就车尾的流动区域来说，必须代替库塔流出条件，对近尾涡区③，或许还必须给远尾涡区④建模。直到 Dilgen（1995）才实现了对近尾涡区的建模，而且是在采用近尾涡区的通用压力分布才实现的。在开发出一种逆面元法之后，他从 Roshko（1993）的结果中推导出了这个通用压力分布。Papenfuß 和 Dilgen（1993）借助图 1.73 发布了一个例子。计算获得的压力分布与测量结果高度吻合，而且尤其是在底部。在测量过程中采用了弹射座椅，很遗憾不可能测量风力。为了在快背车尾处形成涡流，Ramm 和 Hummel 准备了一个模型。直到今天，快背车尾与模拟的近尾涡区之间的相互作用依然无法计算。

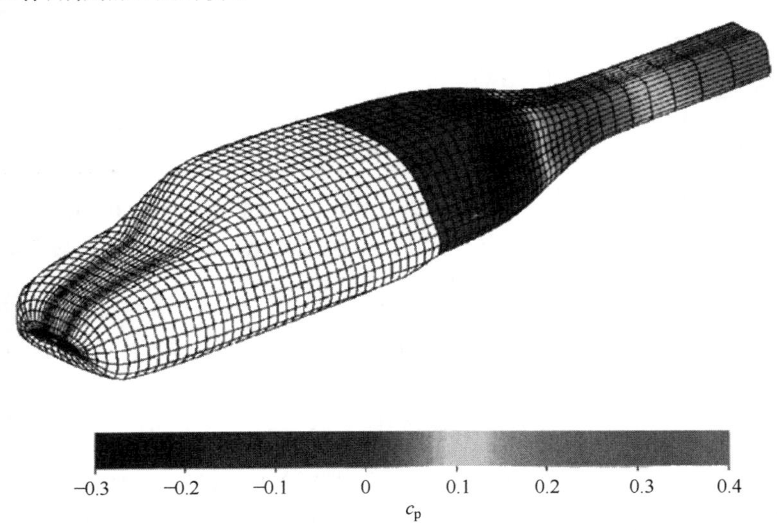

图 1.73 按 Dilgen（1995）的模型计算得到的近尾涡区形状（Papenfuß，1993），刻度尺表示压力系数 c_p

这里简单介绍的“传统”方法一直都只是偶然被提到，而从未得到人们持续的关注，尽管有其数值上相对来说简单的优点：表面附着的计算网络，代数形式的方程系统。20 世纪 90 年代中期，这种方法被舍弃。

1.11.4 整体性方法

集成的整体性方法，最初是为解决工程领域的流体力学问题而开发，并为此投入商业化应用的。例如，核能技术方面的问题，至少是内流问题；对于这样的问题，本来就不存在用于划分流场的传统方法。

但是严格说来，整体性方法在汽车研发中的应用可谓姗姗来迟。在此过程中的几个重要步骤在此有必要简单提一提；第 14 章数值方法，将专门对目前正在使用的整体性求解开发方法做详尽介绍。

Hirt 和 Ramshaw（1978）最先发表了有关一个半拖挂牵引车普通（棱角尖锐）模型的绕流问题的研究成果。他们利用有限差分法，在一个具有 12540 个体网格的半模型上求得了全纳维 - 斯托克斯方程的层流解。为了保证数值方法的稳定性，他们必须人为地提高运动黏度；由此得到的雷诺数 $Re_1=10^3$ 对于汽车来说是太低了。尽管如此，他们的求解结果仍然显示，围绕这一类分段式车体的重要流动结构——在垂直于局部流动方向的尖锐棱边处的流动分离，分离流重新附着，伴随回流和尾流的近尾涡区——得以重现。

数值空气动力学（CFD）进入工程实际应用的重要一步，是 D. B. Spalding 随着 CHAM 有限公司（CHAM Ltd.）于 1969 年的创建所迈出的。在就职于伦敦帝国理工学院时所完成的科学研究成果的基础上，Spalding 和他的学生们一起率先开发出针对特定问题的 CFD 程序，得出紊流的雷诺平均纳维 - 斯托克斯方程（RANS）的特解。为了使方程系统封闭，为湍流黏度建立了一个二方程模型，即 $k-\varepsilon$ 湍流模型。近边界处的流动用对数壁面定律来描述。空间网格有限微元体是结构化的，没有变形扭曲。随着“PHOENICS”程序的开发，第一个通用程序问世，该程序于 1981 年投放市场，并同时在汽车工业领域得到应用㊀。

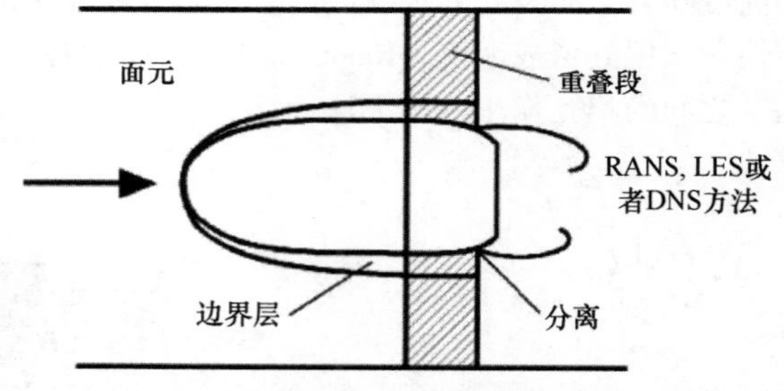

图 1.74　为程序 PHOENICS 所做的计算域划分。前段采用面元+边界层，后段采用 RANS 法

为了限制数值处理方面的成本，首先将汽车周围的流场划分为三段，见图 1.74［来源：Rawnsley 和 Glynn（1985）］。对于前端部分，计算势流和边界层。只有在估计不会出现无旋流动的地方，也就是在后段和汽车的尾部，才求解 RANS 方程。图 1.75 显示的结果来自 Greaves（1987），是采用具有 10^4 个微元体的半模型算得的。纵向中心截面上的压力分布就趋势而言得到很好的再现；比较大的误差出现在尾流中和车尾，亦即在流动分离有望重新附着的区域。阻力计算结果非常准确，升力则有所欠缺。不久之后，就不需要对流场进行划分了，见 Rawnsley 和 Runchal（1986）。因此，20 世纪 80 年代中期就已经证明，可以应用 RANS 来模拟汽车绕流中的一些重要现象，虽然最初更多的是定性的考虑㊁。

只有在非结构化网格（图 1.76）得到应用和计算机功能得以不断提升之后，RANS 程序才成

㊀ 在高度赞扬 Spalding 所做贡献的同时，Runchal（2008）对程序的开发过程做了详细介绍。

㊁ 但是，就本文作者看来，“原始”版本的 PHOENICS 作为汽车制造中的开发工具投放市场的尝试事与愿违。只有 15 年之后，CFD 仿真程序才接近了作为开发工具的目标。

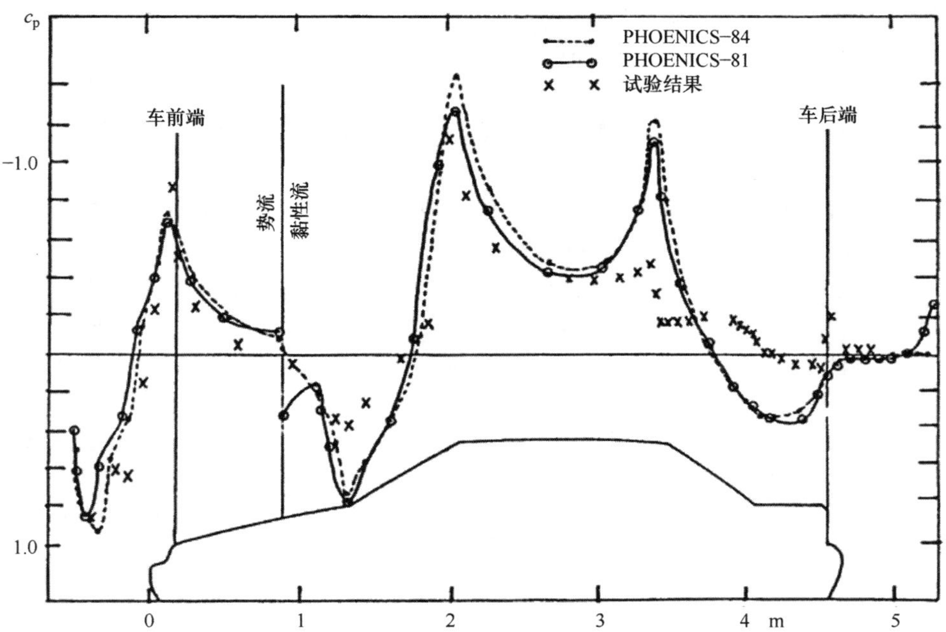

图 1.75 使用 RANS 程序 PHOENICS 计算阶背型乘用车压力分布的例子。计算域的划分按照图 1.74 进行

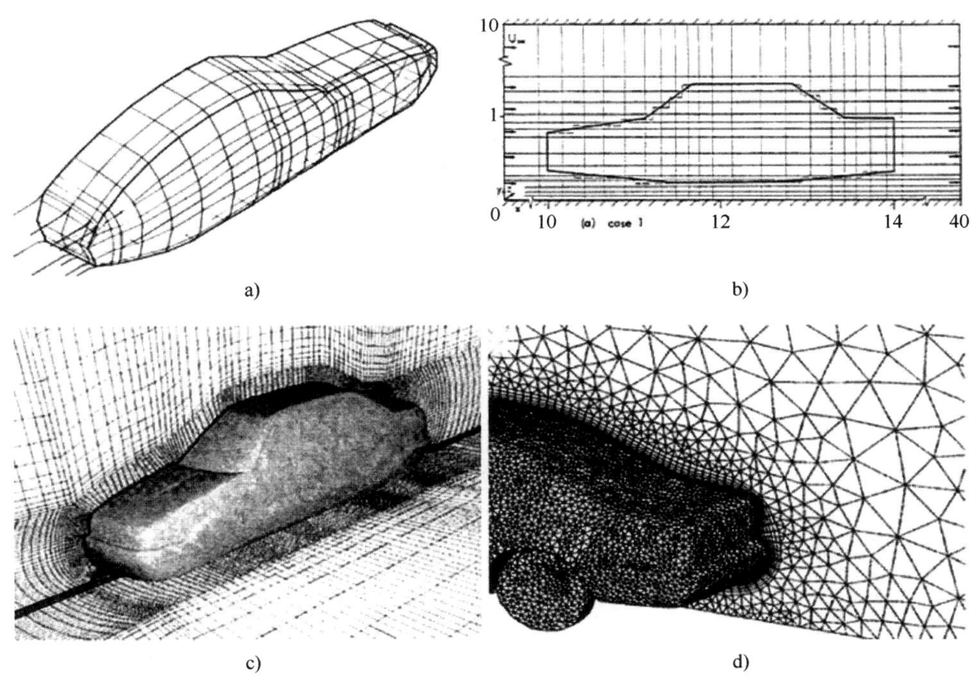

a) b) c) d)

图 1.76 网格类型

a）面元网格，保时捷 924（Summa、Maskew，1983） b）直角坐标网格（迪卡尔网格）（Demuren、Rodi，1982）
c）车体匹配的结构化网格，大众帕萨特（Hupertz，1998） d）非结构化网格（Khandia，2000）

为汽车开发中的有用工具：1983 年，Creare 发布了 FLUENT*（现在属于 ANSYS）；1987 年接着由 D. Gosman 推出了 STAR CD*（现在属于 adapco㊀）。EXA 的程序 PowerFLOW*，则选择一种与上述程序完全不同的思路。这一程序基于格子 - 波尔兹曼方法；这种方法把流体作为非连续体来处理。更像是类似于气体动力学理论一样，把流体看作由离散的粒子组成。流体的动态特性用静态工具来求解。

以沃尔沃汽车公司为例，Sebben（2005）详细地介绍了 CFD 是如何闯入汽车空气动力学研发之中的。20 世纪 80 年代末，沃尔沃汽车公司的人们就已经开始使用 RANS 方法了；1991 年组建了一个 CFD 工作组。第一次的三维仿真是在一个非常简单的普通汽车模型上进行的。计算域由 10^5 个体网格来离散；网格生成、求解以及结果分析，花费了大约四个月的时间。直到 1993 年，一轮计算流程的时间缩减到 6 个星期。1996 年实现了突破：自此之后，CFD 就在沃尔沃汽车公司的全部造型设计中得到应用。2000 年，计算结果与测量值比较的差别达到 $\Delta C_D = \pm 0.015$。其他汽车制造商公布的误差为 $\Delta C_D = \pm 0.005$，并且完全放弃了用缩小的模型进行的试验。目前计算所用的整车模型达到 5000 万个体网格。

㊀ 本文翻译期间，STAR CD 已经更名为 STAR - CCM + 重新写的代码，替代了 starcd，尤其汽车行业，并且属于德国的 SIEMENS 集团。——译者注

第 2 章　空气动力学物理基础

Andreas Dillmann
谢志华　译

2.1　流体力学基本方程

2.1.1　守恒定律

流体力学的物理基础，即是牛顿力学原理（Budó，1987）在一个假想的从流体中切下来的体积元上的应用；该体积元在任意时间都保持同一流体质量，而且其外形尺寸能够被选择得任意地小，而此时流体物质的分子结构不会表现出来（连续体假设）。流体积元质量 Δm 不随时间发生变化这一要求，提供了一个简单的关系式

$$\frac{\mathrm{d}(\Delta m)}{\mathrm{d}t} = 0 \tag{2.1}$$

而牛顿第二定律表明，质量与加速度 $\mathrm{d}\boldsymbol{v}/\mathrm{d}t$ 的乘积，等于流体积元上作用力 $\boldsymbol{F}$ 的总和：

$$\boldsymbol{F} = \Delta m \frac{\mathrm{d}\,\boldsymbol{v}}{\mathrm{d}t} \tag{2.2}$$

在流体力学中，关系式（2.1）和式（2.2）也称为质量和动量守恒定理；在传统的空气动力学中，两个关系式已经足以完整地描述流动的状态。在此基础上，如果热动力学的影响也起作用，则除了质量和动量守恒之外，还会出现热动力学第一定理形式的能量守恒。不过，能量守恒在这里还不会予以讨论。

2.1.2　流场的运动学和动力学

2.1.2.1　连续介质力学的基本概念

按照连续介质力学的观点，如果在通过直角坐标系（x，y，z）所描述的空间任意点上的速度向量$\boldsymbol{v} = (u, v, w)$ 以及压力 p 和密度 ρ 在任意时刻已知，这也就是说，这些物理量首先不是作为单一流体积元的特性，而是作为场的特性来看待的，那么流动介质的运动状态就已经被完整地描述（Budó，1987）。推导守恒定理的表达式（2.1）和式（2.2），需要回顾力、质量和相应的场量随时间的变化这些概念。

当给定流体积元的体积 ΔV 时，借助密度场，可以立即得出流体积元的质量 Δm

$$\Delta m = \rho \Delta V \tag{2.3}$$

式中，密度 ρ 在经典空气动力学中一般可以假定为常数，因为在多数情况下，所涉及的流动速度明显低于声速。于是，密度所起的作用是一个材料常数；关于空气的密度与压力和温度的相关性的数值性说明见第 2.4.1 小节。

人们把作用在流体积元上的力分为本质上不同的两类。所谓体积力是从外部作用于流体的，

与流体的质量 Δm 成正比，通过预先给定的加速度向量 g 来确定。最简单的体积力例子是重力，它导致静水压力梯度的出现；不过，重力的作用效果（静水浮力）在空气动力学中大多数情况下不具有重要意义，因此通常忽略不计。与此相反，所谓面力，即由相邻的流体颗粒作用在被考察的流元上的力，则具有基础性的作用。面力与受力面积成正比，通过力学的应力（场）来确定；该应力又被分解为垂直于作用面的正应力 $\tau_{i,i}$ 和与该面相切的剪应力 $\tau_{i,j}$。这里，第一个下标标记面的法向，而第二个下标标记所产生的力的方向。如果在面的法向正向（负向）上由应力所生成的作用力正好也指向正的（负的）坐标方向（参见图2.1），那么该应力的符号为正。在无摩擦的流体中，只存在作为无方向正应力的压力 p（$\tau_{x,x}=\tau_{y,y}=\tau_{z,z}=-p$）；而在有摩擦的流体中，不仅存在正应力，同样也会出现剪应力。剪应力通过本构方程与速度场相关联。

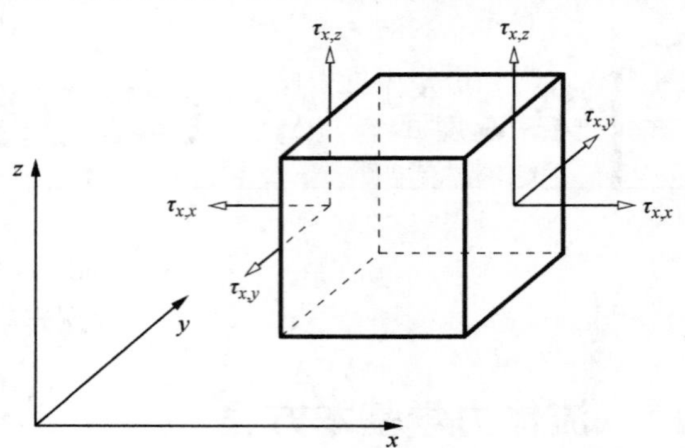

图2.1 以作用在 x 为定值的面上的正应力和剪应力为例表示的应力符号约定。箭头指向由应力所产生的力的方向

通过流体积元上力和力矩的平衡可以一般性地表明，给定表面法向的 3×3 应力矩阵通过线性映射，以一种简明的方式给出了一个力矢。此时如果交换下标，剪应力是成对地等值的：

$$\tau_{i,j}=\tau_{j,i} \tag{2.4}$$

于是，应力矩阵在数学上是一个二阶对称张量，也被称为应力张量（Budó，1987）。

描述任意流动参量 f 对于一个通过它的场 $f(x,y,z,t)$ 运动的流体积元来说随时间的变化，具有特殊的意义。首先，全微分给出当 x，y，z 和 t 发生微小变化时 f 的变化 $\mathrm{d}f$：

$$\mathrm{d}f=\frac{\partial f}{\partial t}\mathrm{d}t+\frac{\partial f}{\partial x}\mathrm{d}x+\frac{\partial f}{\partial y}\mathrm{d}y+\frac{\partial f}{\partial z}\mathrm{d}z \tag{2.5}$$

据此，可以立即得到对沿着任意轨迹 $(x(t),y(t),z(t))$ 移动的观察者来说 f 随时间的变化：

$$\frac{\mathrm{d}f}{\mathrm{d}t}=\frac{\partial f}{\partial t}+\dot{x}\frac{\partial f}{\partial x}+\dot{y}\frac{\partial f}{\partial y}+\dot{z}\frac{\partial f}{\partial z} \tag{2.6}$$

式中，等号右边的第一项描述 f 的本地时间变化，这一变化也可以被一个位置固定的观察者所观察到。式中等号右边其余的部分是这样得来的：观察者以速度 $\boldsymbol{v}_{\mathrm{B}}=(\dot{x},\dot{y},\dot{z})$ 通过这个空间上的非均匀场，于是它们也被称作是对流时间变化。对于观察者与流元一起运动这一特殊情况，现在不是采用任意可选速度 $\boldsymbol{v}_{\mathrm{B}}$，而是在任何位置都使用本地速度 $\boldsymbol{v}=(u,v,w)$。于是得到所谓的物质导数（substantielle Ableitung）

$$\frac{\mathrm{d}f}{\mathrm{d}t}:=\frac{\partial f}{\partial t}+u\frac{\partial f}{\partial x}+v\frac{\partial f}{\partial y}+w\frac{\partial f}{\partial z} \tag{2.7}$$

以及在运用梯度 $\nabla f=(\partial f/\partial x,\partial f/\partial y,\partial f/\partial z)$ 之后，得到

$$\frac{\mathrm{d}f}{\mathrm{d}t}=\frac{\partial f}{\partial t}+\boldsymbol{v}\cdot\nabla f \tag{2.8}$$

式中，符号 d/dt 表示：与方程（2.6）不同，方程（2.7）和（2.8）涉及的是和流体积元固定时（流动参量）随时间的变化这种特殊情形。正如从式（2.8）可以看到的那样，如果运动是在相切于 f 的等值线上进行，任意一点上 f 的梯度都垂直于该等值线，则在空间非均匀场中的对流部分消失。

2.1.2.2 速度场运动学

一般而言，流动流体积元的运动与刚体的运动不同，而是会在运动的过程中改变自身的几

何形状。在这里，形状的变化由发生运动的速度场来确定。守恒定律的推导需要知道各个变形分量；它们可以按照后面的赫尔姆霍尔茨法进行分解（Budó，1987）。

此外，人们考察流场中两个相邻的点 P 和 P'之间的相对速度 $\Delta\boldsymbol{v} = (\Delta u, \Delta v, \Delta w)$，为此假定它们之间的空间距离 $\Delta\boldsymbol{r} = (\Delta x, \Delta y, \Delta y)$ 很小（图 2.2）。如果人们通过下标来标记速度分量 u, v, w 对空间坐标的偏导，那么，对应于某一确定的时间 t 的速度差 $\Delta\boldsymbol{v}$，可以表示为一个 3 × 3 矩阵与距离向量 $\Delta\boldsymbol{r}$ 的乘积（Budó，1987）：

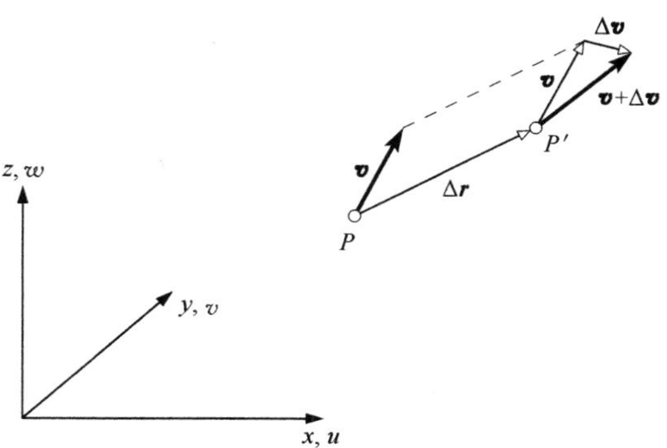

图 2.2　空间中的点 P 和相邻点 P'的速度向量

$$\Delta\boldsymbol{v} = \begin{pmatrix}\Delta u\\ \Delta v\\ \Delta w\end{pmatrix} = \begin{pmatrix}u_x\Delta x + u_y\Delta y + u_z\Delta z\\ v_x\Delta x + v_y\Delta y + v_z\Delta z\\ w_x\Delta x + w_y\Delta y + w_z\Delta z\end{pmatrix} = \begin{pmatrix}u_x & u_y & u_z\\ v_x & v_y & v_z\\ w_x & w_y & w_z\end{pmatrix}\cdot\begin{pmatrix}\Delta x\\ \Delta y\\ \Delta z\end{pmatrix} \tag{2.9}$$

式中，速度导数矩阵给每一个距离向量配置了相应的速度向量，从而表示为一个张量。因为每个张量 A 都可以按照式

$$A = \frac{1}{2}(A + A^{\mathrm{T}}) + \frac{1}{2}(A - A^{\mathrm{T}}) \tag{2.10}$$

通过与它的转置[㊀]矩阵的相加或者相减而分解为一个对称的部分和一个非对称的部分，而且非对称张量与向量的点积总是可以写成向量的叉积，于是应用速度场的旋度 $\nabla\times\boldsymbol{v}$，由式（2.10）得到分解结果

$$\Delta\boldsymbol{v} = \frac{1}{2}\begin{pmatrix}2u_x & u_y + v_x & u_z + w_x\\ v_x + u_y & 2v_y & v_z + w_y\\ w_x + u_z & w_y + y_z & 2w_z\end{pmatrix}\Delta\boldsymbol{r} + \frac{1}{2}(\nabla\times\boldsymbol{v})\times\Delta\boldsymbol{r} \tag{2.11}$$

其中的第二部分对应于以角速度

$$\boldsymbol{\omega} = \frac{1}{2}\nabla\times\boldsymbol{v} \tag{2.12}$$

围绕点 P 的一个纯粹的刚体旋转运动，而第一项则只是描述流体积元的形状变化（Budó，1987）。

变形张量的各个元素很容易从几何上加以说明。作为例子，图 2.3 表示的是在 $x-y$ 平面上，一个初始边长为 Δx 和 Δy 的矩形在无限小的时间段 $\mathrm{d}t$ 内的变形。当 x 方向的 u 分量的梯度$\partial u/\partial x$ 和 y 方向的 v 分量的梯度$\partial v/\partial y$ 为正时，矩形的棱边保持平行，而边长则对应于当前的速度差$\partial u/\partial x\cdot\Delta x$ 和$\partial v/\partial y\cdot\Delta y$ 而增大（图 2.3a）。于是，单位时间内的相对长度增加量为

$$\frac{1}{\Delta x}\frac{\mathrm{d}(\Delta x)}{\mathrm{d}t} = \frac{\partial u}{\partial x}, \frac{1}{\Delta y}\frac{\mathrm{d}(\Delta y)}{\mathrm{d}t} = \frac{\partial v}{\partial y} \tag{2.13}$$

式中使用实质性时间变化符号，以便清楚地表明，式（2.13）与某个运动的流元联系在一起。因此，变形张量中主对角线上的元素表征了流元边长的相对时间变化。

相应地，当 y 方向上 u 分量的梯度$\partial u/\partial y$ 和 x 方向上 v 分量的梯度$\partial v/\partial x$ 为正时，四边形的角点会由于速度差$\partial u/\partial y\cdot\Delta y$ 和$\partial v/\partial x\cdot\Delta x$ 而发生位移，以至于原来的矩形变形为平行四边形

㊀　转置张量 A^{T} 由张量 A 的行与列的交换而得。

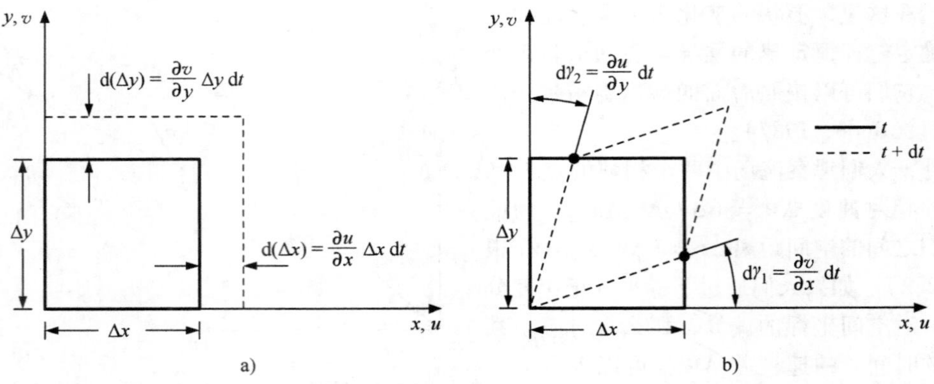

图 2.3　$x-y$ 平面上的四边形在速度梯度影响下的变形

（图 2.3b）。此时，本来为 90°的棱边夹角随时间发生的变化，现在由两个夹角的变化$\frac{d\gamma_1}{dt}$和$\frac{d\gamma_2}{dt}$之和给定为

$$\frac{d\gamma}{dt}=\frac{\partial u}{\partial \gamma}+\frac{\partial v}{\partial x} \tag{2.14}$$

这也就是说，变形张量的非主对角线上的元素表示流体元随时间的剪切变形率。

2.1.2.3　流线、流面和流管

在质点力学理论中，质点的迹线——其上任意一点的切线与该点的速度矢量重合——是描述质点运动的一个重要的方法。在流体力学理论中，迹线的这一作用为流线所取代；同样，流线在空间中的每一点的切线上，即当地的流动速度方向不过与迹线不同，人们想象此时时间是固定不变的，也就是说，人们在一定程度上是观察速度场的瞬时结果（图 2.4a）。这样，流线只是在稳态流动中与流动粒子的实际轨迹重合，因而能够通过在固定点加入颜料或者烟雾的办法使之可见。流动过程的流线图给出流场运动学的一幅明确概况，能够用来对压力场和速度场做出定性的推断（参见第 2.2.1 节）。

流面是三维的一般化处理，由通过一条空间曲线 C、而与 C 只有不多于一个共同点的所有流线所构成（图 2.4b）。如果这一空间曲线是封闭的，就会形成一个流管（图 2.4c）；在流管上，只有额面（即迎向流动的面）上有流体流过，而按照定义，由流线所形成的侧表面是没有流体穿过的。在流线理论中，流管具有重要的作用（第 2.1.8 节和第 2.3.7.1 节）。

2.1.3　连续性方程

方程（2.2）所表达的质量守恒原理，要求流体积元的质量 $\Delta m=\rho\Delta V$ 在流场中的运动过程中保持不变。在密度为常数的不可压缩流体情况下，这一要求等同于体积不变这一条件

$$\frac{d(\Delta V)}{dt}=0 \tag{2.15}$$

对于立方体形的微元体，$\Delta V=\Delta x\cdot\Delta y\cdot\Delta z$，人们运用乘积法则，通过基本时间导数计算（Grosche 和 Zeidler，1996）

$$\frac{1}{\Delta V}\frac{d(\Delta V)}{dt}=\frac{1}{\Delta x}\frac{d(\Delta x)}{dt}+\frac{1}{\Delta y}\frac{d(\Delta z)}{dt} \tag{2.16}$$

亦即，立方体体积的相对变化恰好等于立方体边长的相对变化之和；这里的边长相对变化由前面章节所述的变形张量主对角线元素给出。因此，作为速度矢量的散度得到 ΔV 的相对变化：

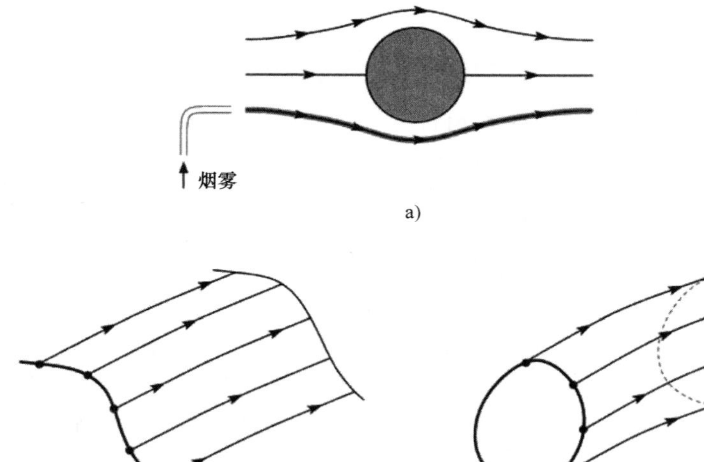

图 2.4　a）流线、b）流面和 c）流管的定义

$$\frac{1}{\Delta V}\frac{\mathrm{d}(\Delta V)}{\mathrm{d}t}=\frac{\partial u}{\partial x}+\frac{\partial v}{\partial y}\frac{\partial w}{\partial z}=\nabla\cdot\boldsymbol{v} \tag{2.17}$$

并且质量守恒条件简化为不可压缩连续性方程

$$\nabla\cdot\boldsymbol{v}=0 \tag{2.18}$$

按照这一条件，速度场必须是一个无散度的矢量场。

2.1.4　欧拉方程

在无摩擦流体中，对流体积元的唯一作用力是压力；它总是垂直作用于受力表面上，而且与受力面的空间取向无关。按照牛顿第二定理公式（2.2），质量与加速度的乘积等于施加于流体积元上压力的合力。如果首先仅仅考察运动方程中的 x 分量，则依图 2.5 得到

$$\rho\Delta x\Delta y\Delta z\cdot\frac{\mathrm{d}u}{\mathrm{d}t}=p(x)\cdot\Delta y\Delta z-\left[p(x)+\frac{\partial p}{\partial x}\Delta x\right]\cdot\Delta y\Delta z \tag{2.19}$$

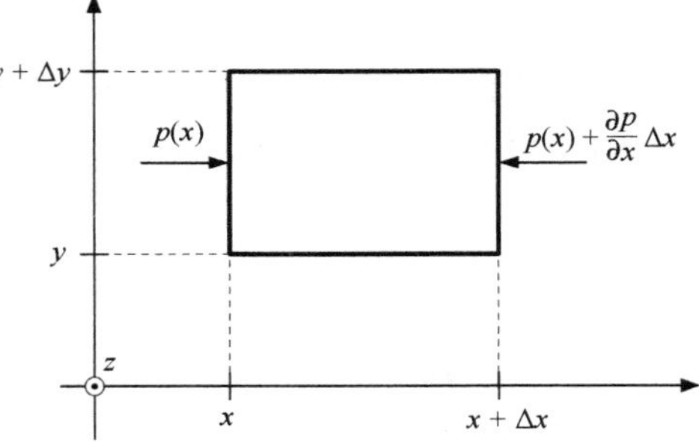

图 2.5　流体积元上 x 方向的作用力

式中等号右边的前两项相互抵消，因而如果 x 方向的压力 p 是变化的，则只有一个使流体积元加速的力出现。利用物质导数的定义式（2.8），可以在除以流体积元的质量 $\Delta m=\rho\Delta x\Delta y\Delta z$ 之后，从方程（2.19）得到这一简单结果

$$\frac{\partial u}{\partial t}+\boldsymbol{v}\cdot\nabla u=-\frac{1}{\rho}\frac{\partial p}{\partial x} \tag{2.20}$$

考察 y 和 z 方向，得到将式中 u 由 v 或者 w 替换、$\partial u/\partial x$ 由 $\partial v/\partial y$ 或者 $\partial w/\partial z$ 替换的类似结果。人们将这些结果以向量的形式汇总在一起，就得到无摩擦流体的欧拉运动方程：

$$\frac{\partial\boldsymbol{v}}{\partial t}+(\boldsymbol{v}\cdot\nabla)\boldsymbol{v}=-\frac{1}{\rho}\nabla p \tag{2.21}$$

式中的算子

$$(\boldsymbol{v}\cdot\nabla):=u\frac{\partial}{\partial x}+v\frac{\partial}{\partial y}+w\frac{\partial}{\partial z} \tag{2.22}$$

以分量的形式应用于 v。利用著名的向量分析恒等式（Grosche 和 Zeidler，1996）

$$\nabla(\boldsymbol{a}\cdot\boldsymbol{b})=(\boldsymbol{b}\cdot\nabla)\boldsymbol{a}+(\boldsymbol{a}\cdot\nabla)\boldsymbol{b}+\boldsymbol{a}\times(\nabla\times\boldsymbol{b})+\boldsymbol{b}\times(\nabla\times\boldsymbol{a}) \tag{2.23}$$

令 $\boldsymbol{a}=\boldsymbol{b}=\boldsymbol{v}$，将方程（2.21）变形为所谓的第二向量形式的欧拉方程（Wieghardt，2006）：

$$\frac{\partial v}{\partial t}=\nabla\left(\frac{v^2}{2}\right)-v\times(\nabla\times v)=-\frac{1}{\rho}\nabla p \tag{2.24}$$

最终得到对于理论研究来说非常有用的表达式。

连续性方程（2.18）和欧拉方程（2.21）以及（2.24）一起，提供了一个对于四个未知量 $v=(u,v,w)$ 和 p 的四个偏微分方程组，因此足以从数学上完整地描述不可压缩的无摩擦流体的流动。由于该方程系统仅仅只含有一阶空间导数，在流动域的边界上只能满足一个边界条件；比如说，对于边界面来说，要求在无穿流的表面上 v 的法向分量为零，就是由于这一原因。

2.1.5 伯努利方程

从质点力学理论中已经知道，牛顿运动方程（2.2）沿保守力场（例如重力场）中的一条迹线的积分得到能量定理；按照这一定理，在整个运动过程中，动能和势能之和始终保持不变（Budó，1987）。如果限定为稳态不可压缩流动的情形，于是也可以通过欧拉方程沿一条流线——其上每一点的向量线元 dr 都与当地的速度矢量重合（图2.6）——的积分得到一个类似的关系式。将第二向量形式的稳态欧拉方程点乘 d$\boldsymbol{r}$

$$\nabla\left(\frac{\boldsymbol{v}^2}{2}\right)\cdot d\boldsymbol{r}-[\boldsymbol{v}\times(\nabla\times\boldsymbol{v})]\cdot d\boldsymbol{r}=-\frac{1}{\rho}\nabla p\cdot d\boldsymbol{r} \tag{2.25}$$

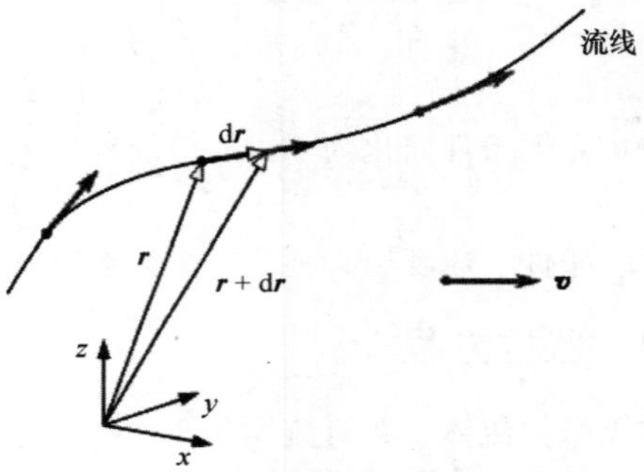

图2.6　欧拉方程沿流线的积分示意图

于是方程左边的第二项点积消失，因为两个向量 $\boldsymbol{v}$ 和 $\nabla\times\boldsymbol{v}$ 的叉积总是垂直于由这两个向量所展开的平面，因而总是正交于速度向量 $\boldsymbol{v}$。由于恒等性（Grosche 和 Zeidler，1996）

$$\nabla f\cdot d\boldsymbol{r}=\frac{\partial f}{\partial x}dx+\frac{\partial f}{\partial y}dy+\frac{\partial f}{\partial z}dz=df \tag{2.26}$$

剩下的两项可以对线元积分，从而得到所谓的伯努利方程

$$p+\frac{\rho}{2}\boldsymbol{v}^2=\text{const.} \tag{2.27}$$

式中，p 和 $\rho/2v^2$ 也常常被称为静压和动压。按照上式，其在无摩擦的稳态流动中沿一条流线的总和是恒定的。一般情况下，积分常数，也称为总压，会从一条流线到另一条流线有所不同。按照这个方程，流动的加速总是对应于（静）压力的下降，而与此相反的流动减速，总是引起（静）压力的升高。正如人们从公式的构成中能够立即看出的那样，这一简单、对于工程实践非常重要的关系，实际上对应于力学的能量守恒定理；在这里，压力 p 代替了势能的角色。

2.1.6 势论方程

在无摩擦、不可压缩流动的情形，虽然连续性方程（2.18）和欧拉方程（2.21）原则上足以完整地确定流场，但是由于这些方程的部分非线性，尚不存在简单的求解方法。不过，借助一个简单的运动学附加假设，与此（非线性）相联系的求解难度会大幅度地降低。

正如人们利用一个球形的流体积元很就能容易地搞清楚的，在无摩擦的流动中作为唯一的力起作用的压力并不能够改变流动粒子的角动量，因为它总是垂直作用于球面上，因而其合力总是作用于流体积元的重心。于是，对于理想无摩擦流体的每一个从静止状态开始的运动，在空间任意点的流体积元的角速度［方程（2.12）］消失；也就是说，速度场必须满足无旋条件：

$$\nabla \times \boldsymbol{v} = 0 \tag{2.28}$$

由此立即得到表达式

$$\boldsymbol{v} = \nabla \Phi \tag{2.29}$$

因为任何无旋向量场$\boldsymbol{v}$总是具有一个标量势 Φ_S 现在将方程（2.29）代入不可压缩流动的连续性方程 $\nabla \cdot \boldsymbol{v} = 0$，由于 $\nabla \cdot \nabla \Phi_S = \Delta \Phi_S$，于是可以立即得到对于速度势的拉普拉斯方程

$$\Delta \Phi = 0 \tag{2.30}$$

而当无旋条件代入第二向量形式的稳态欧拉方程

$$\nabla\left(\frac{v^2}{2}\right) - \boldsymbol{v} \times (\nabla \times \boldsymbol{v}) = -\frac{1}{\rho} \nabla p \tag{2.31}$$

时，由于第二项消失，又得到伯努利方程（2.27）。不过与一般情形时不同，此时对所有流线来说积分常数是相同的。在典型空气动力学应用中，距离扰流物体无限远处的流动状态 u_∞ 和 p_∞ 通常被视为是恒定的，因此伯努利方程（2.27）可写为

$$p + \frac{\rho}{2} v^2 = p_\infty + \frac{\rho}{2} u_\infty^2 \tag{2.32}$$

在引入无量纲的压力系数 c_p 之后，它也可以写成这样易于记忆的形式

$$c_p := \frac{p - p_\infty}{\frac{\rho}{2} u_\infty^2} = 1 - \frac{v^2}{u_\infty^2} \tag{2.33}$$

这样一来，一个给定的流动问题的求解，便在很大程度取决于拉普拉斯方程（2.30）的解。拉普拉斯方程的特性在数学上是非常清楚的，对此存在大量的求解解法（Grosche 和 Zeidler，1996）。如果计算得到了属于当前问题的速度势 Φ_S，则从方程（2.29）和（2.32）以及（2.33）中立即得到速度和压力；由此，全部流动变量便成为已知的了。

2.1.7 纳维－斯托克斯方程

尽管理想化的无摩擦流体模型已经在许多情况下给出了可供实际应用的结果，然而真实的流动总是有摩擦的。因此，为了掌握空气动力学中具有重要作用的摩擦所带来的影响，欧拉运动方程必须相应地增加一项。

有摩擦流体的标志是：流体积元以剪切变形来回应阻力。在气体中，这个阻力是由相邻的流体积元之间分子的不断交换所产生的。分子的不断交换缘于分子的热运动，而且导致运动比较慢的流体积元被相邻的运动较快的流体积元所加速；相反，运动较快的流体积元受到较慢流体积元的阻滞作用。在固定壁面上，从统计平均值来看，分子具有壁面的速度，因此宏观的流体积元就好像粘附于壁面上。

如果把有摩擦的流体放入两个平行的平板之间高度为 h 的缝隙内，两平板中下面的平板静止不动，而让上面的平板以恒定的速度 u_0 运动（图 2.7），则会出现一个线性的速度剖面；在这个剖面内，流体积元以恒定的剪切率

$$\frac{d\gamma}{dt}=\frac{u_0}{h}=\frac{du}{dy} \tag{2.34}$$

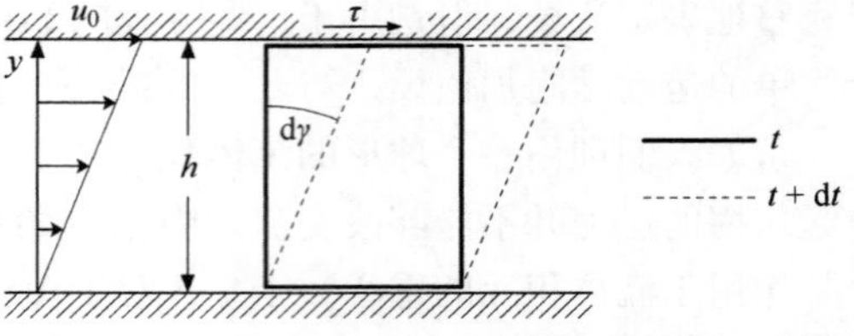

图 2.7　在两个平行平板间缝隙内流体积元的变形

发生变形。对于许多重要的工程流体来说，例如水、空气和机油，在引起变形所必需的剪应力 τ 和剪切率 $d\gamma/dt$ 之间，存在也被称之为牛顿剪应力定理的线性关系㊀：

$$\tau=\mu\frac{d\gamma}{dt}=\mu\frac{du}{dy} \tag{2.35}$$

式中，动力黏度 μ 是一个明显只是与温度有关的纯粹材料参数。因为气体中分子之间动量交换的强度随着温度的升高而增强，黏度也随之增大。此时，对于绝大多数气体来说近似符合关系式㊁ $\mu\sim\sqrt{T}$。有关空气动力黏度的说明见第 2.4.1 节。

现在，为了使牛顿剪应力定理向三维推广，很显然，假定应力张量 $\tau_{i,k}$ 与变形张量（式 2.11）成正比，张量的元素正好对应于空间流元的剪切率㊂

$$\begin{pmatrix}\tau_{x,x} & \tau_{x,y} & \tau_{x,z}\\ \tau_{y,x} & \tau_{y,y} & \tau_{y,z}\\ \tau_{z,x} & \tau_{z,y} & \tau_{z,z}\end{pmatrix}=\mu\begin{pmatrix}2u_x & u_y+v_x & u_z+w_x\\ v_x+u_y & 2v_y & v_z+w_y\\ w_x+u_z & w_y+v_z & 2w_z\end{pmatrix} \tag{2.36}$$

式中的下标对应速度分量的空间偏导数部分（例如 $u_x=\partial u/\partial x$）。

简单地检验一下，该一般公式便正好给出特殊情形 $u=u(y)$，$v=w=0$ 时的牛顿剪应力定理，式（2.35）。

于是，现在能够很容易地通过流体积元上的力的平衡，来确定用于补充欧拉方程所必需的摩擦力 $\boldsymbol{R}$。根据图 2.8，人们得到 x 方向的分量 $\boldsymbol{R}_x$：

$$\begin{aligned}\boldsymbol{R}_x=&-\tau_{x,y}\Delta y\Delta z+\left(\tau_{x,y}+\frac{\partial\tau_{x,x}}{\partial x}\Delta x\right)\Delta y\Delta z\\ &-\tau_{y,x}\Delta x\Delta z+\left(\tau_{y,x}+\frac{\partial\tau_{y,x}}{\partial y}\Delta y\right)\Delta x\Delta z\\ &-\tau_{z,x}\Delta x\Delta y+\left(\tau_{z,x}+\frac{\partial\tau_{z,x}}{\partial z}\Delta z\right)\Delta x\Delta y\end{aligned} \tag{2.37}$$

以及在消去相互抵消的项之后简化为

$$\boldsymbol{R}_x=\left(\frac{\partial\tau_{x,x}}{\partial x}+\frac{\partial\tau_{y,x}}{\partial y}+\frac{\partial\tau_{z,x}}{\partial z}\right)\Delta x\Delta y\Delta z \tag{2.38}$$

将应力张量式（2.36）中相对应的元素代入上式，首先得到

$$\boldsymbol{R}_x=\mu\left[\left(\frac{\partial^2u}{\partial x^2}+\frac{\partial^2u}{\partial y^2}+\frac{\partial^2u}{\partial z^2}\right)+\frac{\partial}{\partial x}\left(\frac{\partial u}{\partial x}+\frac{\partial v}{\partial y}+\frac{\partial w}{\partial z}\right)\right]\Delta x\Delta y\Delta z \tag{2.39}$$

式中第二项，针对不可压缩流体，因为与连续性方程（2.18）一致而为 0。于是，在除以 $\Delta m=\rho\Delta V$ 之后，得到所求的单位质量摩擦力，以补充欧拉方程中的 x 分量，方程式（2.21）可写为

$$\frac{\partial u}{\partial t}+\boldsymbol{v}\cdot\nabla\boldsymbol{u}=-\frac{1}{\rho}\frac{\partial p}{\partial x}+\frac{\mu}{\rho}\left(\frac{\partial^2u}{\partial x^2}+\frac{\partial^2u}{\partial y^2}+\frac{\partial^2u}{\partial z^2}\right) \tag{2.40}$$

㊀ 在剪应力和剪切率之间服从式（2.35）的线性关系的流体，也称为牛顿流体。

㊁ 液体与气体不同，其特性主要由分子间力所决定。当温度升高时，由于分子间的联结变得越来越松散，黏度会下降。

㊂ 服从 $u_i=\partial u/\partial i$。

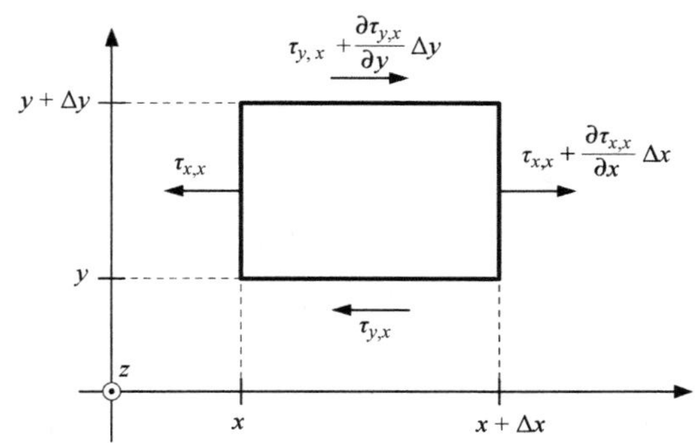

图 2.8　在 x 方向上作用于流体积元的摩擦力。为清楚起见，$\tau_{z,x}$ 没有标示出来

用 v 和 w 代替 u，得到给出摩擦力的 y 和 z 方向分量的类似表达式。运用拉普拉斯算子

$$\Delta := \frac{\partial^2}{\partial x^2}+\frac{\partial^2}{\partial y^2}+\frac{\partial^2}{\partial z^2} \tag{2.41}$$

和引入运动黏度

$$v = \frac{\mu}{\rho} \tag{2.42}$$

之后，最终得到向量形式的纳维－斯托克斯方程：

$$\frac{\partial v}{\partial t}+(\boldsymbol{v}\cdot\nabla)\boldsymbol{v} = -\frac{1}{\rho}+v\Delta\boldsymbol{v} \tag{2.43}$$

它就是所寻求的不可压缩、有摩擦介质的运动方程。

由于纳维－斯托克斯方程是空间二阶导数的，因此现在在流动域的边界上需要满足两个边界条件。这完全符合边界黏着条件，以至于当前除了（必须）满足壁面法向的速度分量为 0 的要求之外，还（必须）额外地符合切向分量为 0 这一要求。

2.1.8　守恒定理的积分形式

在前面的章节建立的质量和动量守恒定理，是为无限小的流体积元所推导的，因而总是表示流体所充满的空间内任意点上这些物理量的局部的平衡。但是对于许许多多的应用场合来说，平衡固定空间内过流控制体——其边界或多或少地能为使用者任意确定——的质量和动量守恒的全局性公式更为有利。这样的平衡方程可以借助高斯积分公式、通过对连续性方程和欧拉方程或者是纳维－斯托克斯方程的体积积分而获得。

2.1.8.1　高斯积分公式

高斯积分公式可以使体积 V 上的空间积分向这个空间 V 的封闭边界面 S 的面积分转换；表面面元向量 d$\boldsymbol{S}$ 指向外表面的法向，其大小则等于面元的面积 $|\mathrm{d}\boldsymbol{S}| = \mathrm{d}S$（图 2.9）。运用 ∇符号，得到如下简单的运算表达方式：

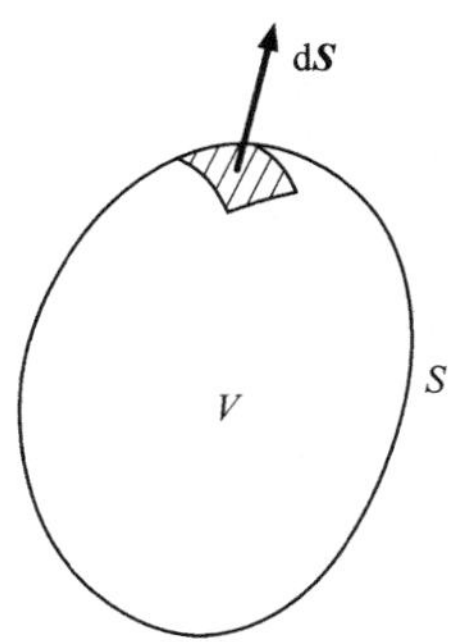

图 2.9　由表面 S 所包围的体积 V 上的面元向量 d$\boldsymbol{S}$。向量 d$\boldsymbol{S}$ 指向当地面元的法向，其大小等于阴影部分的面积

$$\int_V \mathrm{d}V\,\nabla = \int_S \mathrm{d}\boldsymbol{S} \tag{2.44}$$

该式可以这样来理解，即所有在体积分中位于 ∇符号右边的符号，在面积分中必须出现在 dS 的右边。积分体及其面积不仅可以是运动的，也可以是空间固定不动的。下面的表述，一直是以后者为前提的。

2.1.8.2 连续性方程的积分形式

如果将高斯积分公式应用于散度 $\nabla\cdot\boldsymbol{v}$ 的体积积分，则马上得到：

$$\int_V \nabla\cdot\boldsymbol{v}\,\mathrm{d}V = \int_S v\cdot\mathrm{d}\boldsymbol{S} \tag{2.45}$$

式中，点积 $\boldsymbol{v}\cdot\mathrm{d}\boldsymbol{S}$ 正是面积 d$\boldsymbol{S}$ 与面的法向速度分量的乘积，因而对应于通过面元的微分流量。如果流动是指向外法线方向的，则该微分流量的符号为正；否则，该微分流量的符号为负。因此，积分形式的不可压缩流动连续性方程具有简单的形式

$$\int_S \boldsymbol{v}\cdot\mathrm{d}\boldsymbol{S} = 0 \tag{2.46}$$

并且说明，任意时刻通过控制体表面的全部微分流量和必须为零。

2.1.8.3 无摩擦流动的流线理论

对于简单的流管这一特殊情况，流体在它的两个端面 A_1 和 A_2 上分别以恒定的速度 v_1 和 v_2 垂直流过时，式（2.46）立即给出著名的一维形式连续性方程 $v_1A_1 = v_2A_2$，或者

$$v\cdot A = \text{常数} \tag{2.47}$$

按照此式，流管任意一处的体积流量必须保持不变。和伯努利方程

$$p + \frac{\rho}{2}v^2 = \text{常数} \tag{2.48}$$

一起，人们获得了处理一维无摩擦流动过程的一个简便工具。该工具在流体力学中也称为流线理论，它在定性解释流线图时具有重要作用（见第 2.2.1 节）。通过加入相应的补充项，该式还能扩展为有摩擦流体流动的连续性方程（第 2.3.7.1 节）。

2.1.8.4 无摩擦流动的动量定理

在质点系统力学理论中，重心原理非常重要（Budó，1987）。这一原理建立在针对质点集运动方程之和的基础上；这些质点不仅受到外力的作用，而且受到遵循“作用力等于反作用力”（“actio gleich reactio”）原理的质点间相互作用力的影响（例如引力），也就是说，这些作用力总是成对地出现并且大小相等的。因此，它们在求和时为 0，人们得到总质量的运动方程；这个总质量，仅仅处在外力作用下，并且这些外力就好像作用在系统的质心一样。

流体力学中，与重心原理相对应的是所谓的动量定理；人们通过对流体运动方程在一个空间固定的控制体上的积分而获得该定理。对稳定流动的情形，人们会得到动量平衡；对此，只需要知道控制体表面上的流动信息，而内部的流动过程不起任何作用。

如果首先限制在无摩擦流体范围内，于是任务是利用高斯积分公式，将稍作变化的稳态流动欧拉方程式（2.21）的体积分

$$\int_V \rho(\boldsymbol{v}\cdot\nabla)\,\boldsymbol{v}\,\mathrm{d}V + \int_V \nabla p\mathrm{d}V = 0 \tag{2.49}$$

转变成面积分。方程（2.44）可以立即应用于方程（2.49）中的第二项；运用著名的恒等式（Budó 和 Zeidler，1996）

$$\nabla(\lambda\boldsymbol{v}) = \boldsymbol{v}\cdot\nabla\lambda + \lambda\nabla\cdot\boldsymbol{v} \tag{2.50}$$

（式中的 λ 表示一个任意的标量函数），通过应用方程（2.44）的分量形式，可以对第一项进行变形；第二项则在当前设定条件下由于满足连续性方程 $\nabla\cdot v = 0$ 而为 0。进而，人们得到无摩擦不可压缩流体稳态流动的动量定理是

$$\int_S \boldsymbol{v}(\rho \boldsymbol{v} \cdot \mathrm{d}\boldsymbol{S}) + \int_S p\mathrm{d}\boldsymbol{S} = 0 \tag{2.51}$$

其所表达的意义在物理上很容易解释。正如根据图 2.10 所能马上看出的那样，式中的第二项对应于作用在表面面元 d$\boldsymbol{S}$ 上的压力 $-p\mathrm{d}\boldsymbol{S}$ 的和，而第一项则是通过 d$\boldsymbol{S}$ 的（标量）流量 $\mathrm{d}m = \rho v \cdot \mathrm{d}\boldsymbol{S}$ 与当地（向量）速度$\boldsymbol{v}$的乘积，因此表示的是通过 d$\boldsymbol{S}$ 的动量（流量）。如果把后面的这部分在形式上解释为“冲力”，那么冲量定理内容就可以简单地表述为：表面上的冲力和压力之和必须保持平衡，与此同时，两个力总是指向控制体的内部。

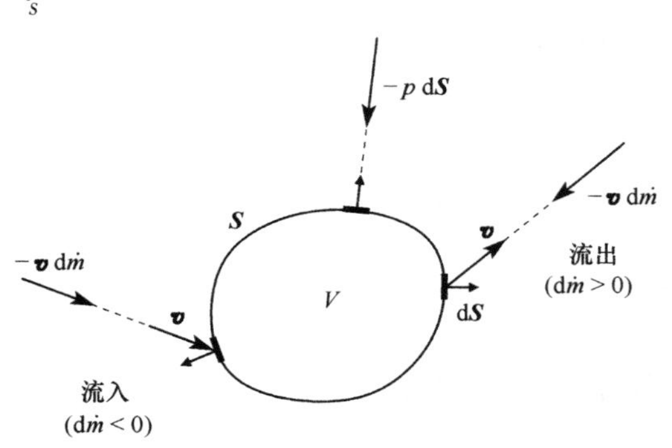

图 2.10　控制体积 V 的表面 S 上压力和冲力的方向

作为简单的应用，可以观察经过一个弯管 90 °转向的流动（图 2.11）。流体以恒定的速度 v_1 和 v_2、不变的压力 p_1 和 p_2 垂直地流过弯管的两个端面 A_1 和 A_2。两个端面上出现的压力和冲力 $(p_1 + \rho v_1^2)A_1$ 和 $(p_2 + \rho v_2^2)A_2$，与由弯管管壁作用于流体不会穿过的控制体的外表面 M 而且正好等于负的反作用力 R 的压力 $F_M = \int_M p\mathrm{d}\boldsymbol{S}$ 处于平衡之中。该反作用力由液体作用在弯管管壁上。

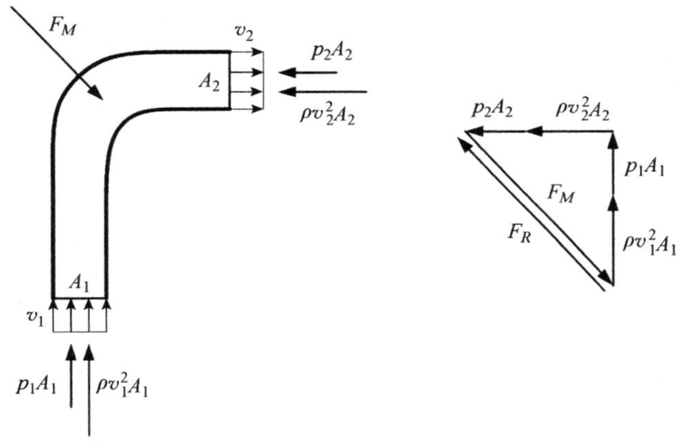

图 2.11　动量定理在 90 °过流弯管上的应用

2.1.8.5　有摩擦流动的动量定理

无摩擦流动的冲量定理的扩展，形式上需要对纳维 – 斯托克斯方程中与 Δv 成正比的摩擦力项的体积积分。如果将高斯积分公式应用于 x 分量 Δu，于是得到

$$\int_V \Delta u \mathrm{d}V = \int_V \nabla \cdot \nabla u \mathrm{d}V = \int_S \nabla u \cdot \mathrm{d}S \tag{2.52}$$

这说明，要确定式（2.52）的积分，必须已知控制体表面上的速度梯度。与仅仅只是需要用到压力值和速度值的无摩擦冲量定理式（2.51）不同，这一积分常常具有一定的难度。可以采取将控制面尽可能远地选在不存在明显的速度梯度的流动区域内的办法，来避开这一问题。这样，无摩擦形式的冲量定理式（2.51）就能够应用于那里的分表面上了。相反，在固定壁面上，乘积 $\mu \nabla u \cdot \mathrm{d}S$ 即当地的边界剪应力作用在面元上的摩擦力，所以这个积分表示的就是壁面上的总摩擦阻力。

作为最基本的例子，我们借助动量定理来考察有摩擦流动中物体上的作用力。按照图 2.12，

控制面 S 这样来选取，即分表面 S_2 包含在考察物体的外表面内，因此流动是不穿过它的；而另一个分表面 S_1 则从摩擦作用效果微不足道的足够远处包含被考察的物体。于是，冲量定理给出

$$\int_{S_1} \boldsymbol{v}(\rho \boldsymbol{v} \cdot \mathrm{d}\boldsymbol{S}) + \int_{S_1} p\mathrm{d}\boldsymbol{S} - \boldsymbol{F}_{\mathrm{D},S_1} - \boldsymbol{F}_{\mathrm{R},S_2} = 0 \tag{2.53}$$

式中前两项表示作用在 S_1 上的（负的）冲力和压力，而后两项则分别对应于压力和摩擦力，简单来说，这两个力是由物体的表面 S_2 作用于流体的。按照“作用力等于反作用力”的原理，因为后两项之和正好与流体作用于物体的总力 $\boldsymbol{F}$ 大小相等而且反向，所以得到这一简单结果

$$\boldsymbol{F} = -\int_{S_1} \boldsymbol{v}(\rho \boldsymbol{v} \cdot \mathrm{d}\boldsymbol{S}) - \int_{S_1} p\mathrm{d}\boldsymbol{S} \tag{2.54}$$

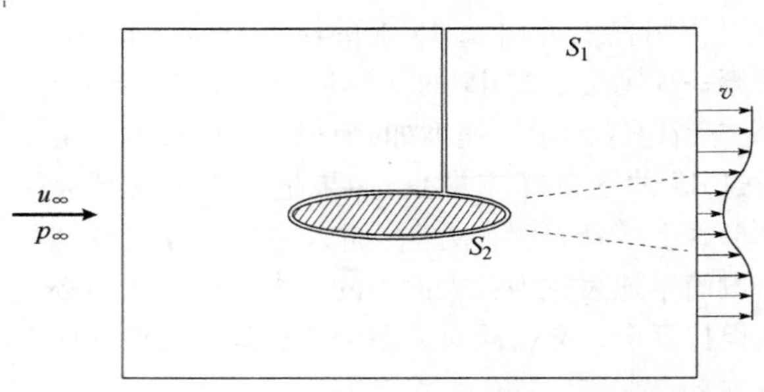

图 2.12　用于确定绕流物体上作用力的控制面

依据该式，作用在所考察的物体上的力，可以仅仅凭借比如通过风洞测量已经获得的分表面 S_1 上的压力值和速度值便能计算出来。通常情况下，人们知道来流中的这些值，所以，大多数情况下只需要在尾流内测量就足够了。这一基于式（2.54）的原理，实际上在实践中得到应用，以此分析风洞试验中汽车所受的阻力等（第4.3.2节）。

2.2　无摩擦流体动力学

即使真实的流动总是有摩擦而且是三维的，下文详细讨论的平面势流理论仍然是空气动力学的重要基础，因为它能够对许许多多的基本现象进行极其简明的数学描述（Wieghardt，2006），就流线图的“阅读”训练而言，不失为一个了不起的辅助工具。除此之外，本章的重点还在于对分离层特性的理解。这种分离层的特性能够用涡动力学方法进行描述，并且在关于钝体的空气动力学中扮演着极其重要的作用（Hucho，2011a）。

2.2.1　关于流线图的解释

在第 2.1.2.3 节引入的流线，不仅是在诸如推导伯努利方程时得到应用的一个非常重要的理论性概念，而且是空气动力学工作者们用来对流动进行可视化处理、帮助理解流动的物理特性的一个经典辅助工具。这里的典型流线图大多包含许多条流线；根据流线所在的位置和几何形态，借助连续性方程和伯努利方程，能够得出有关流动的压力场和速度场的重要结论。如果所考察的流线图位于一个平面内，对于流线图的解释就会非常简单，以至于流动问题被近似地解释成二维形式的㊀。

例如，两条相邻的流线可以理解成平面流管，流管在流动方向上收窄总是意味着流动的加速，从而导致压力的下降；而与此相反，沿流动方向的流管扩张则总是意味着流动变缓，进而引起压力的上升。这样，从流线之间距离的变化，就能够立即得出有关压力和速度沿（流动）纵向的梯度的结论（图 2.13a，见彩插）。

流线的曲率，通过沿该曲线的当地曲率圆（Grosche 和 Zeidler，1996）的变化半径来描述（图 2.13b，见彩插）；人们利用它来解释垂直于流线的压力和速度的横向梯度。也就是说，流元

㊀　沿汽车纵向或中间截面上的流动就是这样的例子，如图 4.91 所示。

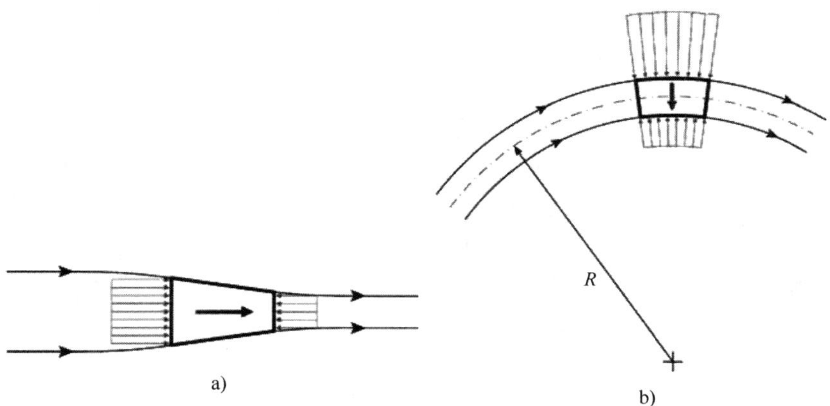

图 2.13　a）流管变窄时沿纵向和 b）弯曲流管上沿横向压力梯度的变化所引起的流元上的作用力。红色箭头表示流元端面上的压力分布，蓝色箭头则总是示意每一种情况下合成压力的方向

在弯曲的流道上运动，只有当此时出现的指向向外的离心力与一个大小相等而方向相反的向心力保持平衡时，才有可能在无摩擦的流动中，该向心力唯有通过压力来产生。因此，与弯曲的流线垂直，压力梯度这样来调整，即压降指向“流线的内侧”，由此出现的是一个向心的合成压力。曲率半径 R 越小，指向外的离心力越大，则此时的压力梯度越大。

概括起来可以确立几个简单的规则；借助在第 2.2.2 节给出的流线图，可以很方便地证验这些规则：

1）当流线收敛时，流动加速，并且压力下降。

2）当流线发散时，流动减速，并且压力上升。

3）流线弯曲时，离心方向的压力升高。

4）在平行直流线的垂直方向（$R\to\infty$），不存在压力的变化。

5）如果流线上有一个拐点（$R\to 0$），而它同时又并非是驻点（$v=0$），则压力和速度在此处取无限值（$p=-\infty$，$|v|=+\infty$）。

2.2.2　平面流动模型

2.2.2.1　复函数的应用

求解平面拉普拉斯方程

$$\frac{\partial^2 F}{\partial x^2}+\frac{\partial^2 F}{\partial y^2}=0 \tag{2.55}$$

的一种巧妙而普遍适用的方法，有赖于复函数的应用，前提条件只是该复函数必须是可微的（所谓解析函数）。如果运用链式法则对一个任意的复函数

$$F(z)=F(x+iy)=\Phi(x,y)+i\psi(x,y) \tag{2.56}$$

求对 x 和 y 的导数，

$$\frac{\partial F}{\partial x}=\frac{\partial F}{\partial z}\frac{\partial z}{\partial x}=F'(z),\frac{\partial F}{\partial y}=\frac{\partial F}{\partial z}\frac{\partial z}{\partial y}=iF'(z) \tag{2.57}$$

则通过对两个导数式系数的比较可以得出结论：它们的实部 $\Phi(x,y)$ 和虚部 $\psi(x,y)$ 之间并非不相关，而是必须满足柯西－黎曼微分方程（Cauchy－Niemann’sche Differentialgleichungen）：

$$\frac{\partial \Phi}{\partial x}=\frac{\partial \psi}{\partial y},\quad \frac{\partial \Phi}{\partial y}=-\frac{\partial \psi}{\partial x} \tag{2.58}$$

由此出发再次对 x 和 y 进行微分，则会立即得出结论：任意解析函数的实部和虚部都是拉普拉斯方程的解。除此之外，根据式（2.58）很容易证明，两个梯度函数 $\nabla\Phi$ 和 $\nabla\psi$ 的点积结果总是为零，所以势线 Φ = 常数和势线 ψ = 常数形成一个正交的网络。如果人们把实部 Φ 理解为流动的速度势，因为 $v=\nabla\Phi$ 总是与 Φ 相切，势线 ψ = 常数就表示相应的流线（参见图2.14）。于是，通过式（2.57）和式（2.58），函数 $F(z)$ 对复变量的一阶导数给出共轭的复流速 $\bar{v}$：

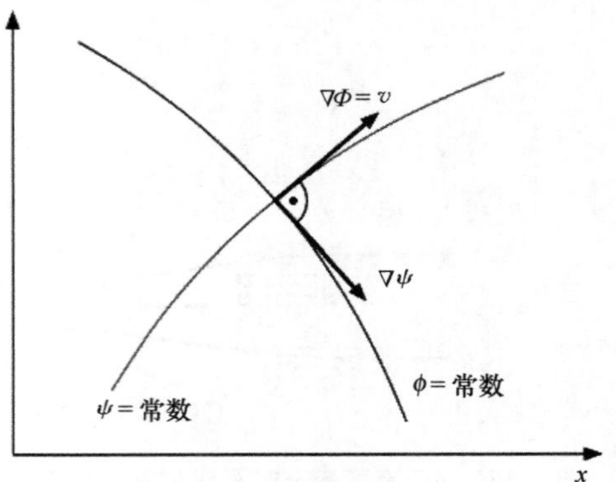

图2.14 势线 Φ = 常数和势线 ψ = 常数的正交特性

$$F'(z)=\frac{\partial F}{\partial x}=\frac{\partial\Phi}{\partial x}+i\frac{\partial\psi}{\partial x}=\frac{\partial\Phi}{\partial x}-i\frac{\partial\Phi}{\partial y}=u-iv=\bar{v} \tag{2.59}$$

因此，在给定复流动函数 $F(z)$ 的条件下，对流线形态和流速的确定，归结为对复函数的基本运算。最后，当速度为已知时，通过伯努利方程式（2.32）来确定压力。

获取复流动函数的一个重要辅助工具是所谓的保角映射。这种方法利用一个复映射函数 $\zeta(y)$，将在 z 平面上已知流动中的每一点清楚地映射到 ζ 平面上，以致从 z 平面上已知的流动出发，在 ζ 平面上出现一个发生几何变换的新流动。由于通过保角映射，形式上出现了流动函数 $F(\zeta)$，利用链式法则，得到 ζ 平面上的共轭复流速 $\bar{v}$ 为（Grosche 和 Zeidler，1996）

$$\bar{v}=F'(\zeta)=\frac{\mathrm{d}F}{\mathrm{d}z}\frac{\mathrm{d}z}{\mathrm{d}\zeta}=\frac{F'(z)}{\zeta'(z)} \tag{2.60}$$

由此式出发，又可以按照通常的步骤通过伯努利方程来确定压力。根据黎曼映射定理（Grosche 和 Zeidler，1996），由于对任一单联通域，总是存在一个将该联通域映射到圆面上的保角映射，因此反过来，任意形状（物体）的绕流，原则上都能够从圆筒的绕流中获得，只要相应的映射函数是已知的。对于许多具有工程意义的外形，都可以从参考文献中找到这样的映射函数（Betz，1948）。

2.2.2.2 基元流

运用复函数，人们立即得到平面拉普拉斯方程不计其数的可能解，在这里，无摩擦流的一些基本特性也已经可以通过基本解来进行讨论了。下文介绍的几种解，也会作为后面通过线性叠加和保角映射获得更复杂流动形态模型的基础。

2.2.2.2.1 平行流

最简单而又不同寻常的例子是线性函数

$$F(z)=cz \tag{2.61}$$

它所表示的，是一种具有恒定速度 $\bar{v}=F'(z)=c$ 的均匀平行流。对于实常数 $c=u_\infty$ 这一特殊情形，流动平行于 x 轴，沿坐标轴的正向进行，并且具有水平流线 ψ = 常数（图2.15）。这种简单的流函数在表达绕流物体的来流方面具有非常实际的意义。

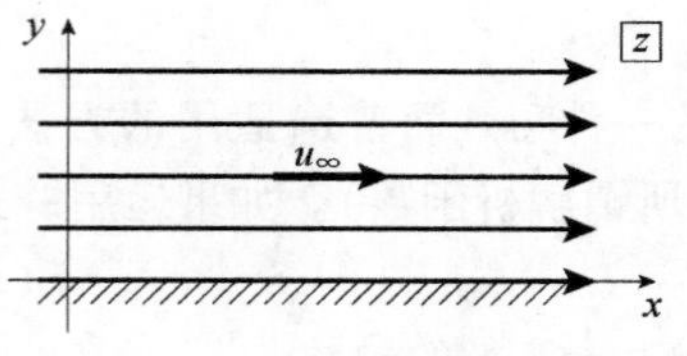

图2.15 平面平行流动

2.2.2.2.2 滞流

如果把 x 轴理解为（沿）壁面的流线，那么带有正实常数 c 的二次函数

$$F(z)=\frac{c}{2}z^2 \tag{2.62}$$

就描述了朝向平板的流动；由于 $\bar{v} = F'(z) = cz$，这一流动在原点处有一个驻点（$v=0$）（图 2.16）。由于经过平板的转向，在具有最大压力值 p_S 的驻点周围形成了一个环形的等压场；该压力场由借助伯努利方程（2.27）得到的速度场得到

$$p = p_S - \frac{\rho}{2}c^2(x^2 + y^2) \tag{2.63}$$

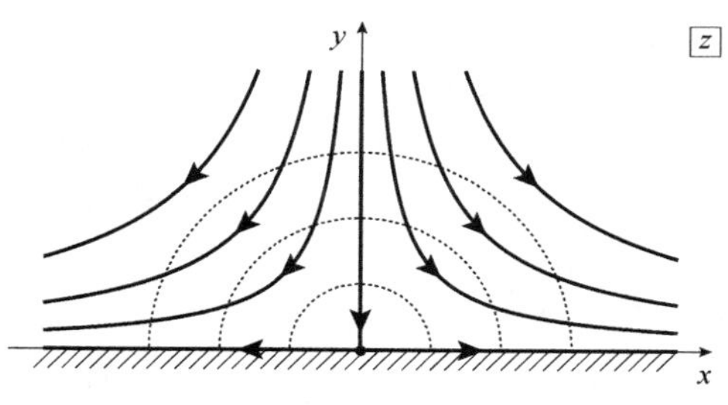

图 2.16　平面滞流

（滞流的）流线 ψ = 常数是等边双曲线，同时，沿 y 轴展开、在驻点处向左和向右分叉的滞流流线显示了一种极限状态。这个简单的例子，非常直观地说明了第 2.2.1 节中建立的关于压力场和流线形态之间相互关系的规则。

2.2.2.2.3　锐边流

对于理解最基本的物理流动来说，另一个重要情形是流函数

$$F(z) = \frac{3}{2}cz^{2/3} \tag{2.64}$$

对应于实数 c，该流函数描述一种围绕突出尖锐边缘的流动（图 2.17）。该函数给出的，也是双曲线形的流线和圆形的等压场；同时，由于 $z=0$ 时壁面上流线的曲率半径为零，有压力 $p = -\infty$ 和速度 $|v| = +\infty$。这样的解在物理上当然是不真实的。在实际流动中，因为壁面上的流线并非沿着壁面的轮廓所给定的形状展开，而是沿直线继续向前，与此同时，在继续向前流动的流体和边缘后面静止的流体之间形成一个分界面[㊀]，从而避免了上述的奇异性。此时，分界面是不稳定的，随涡的形成会很快破坏。这个被称为流动分离的过程，在空气动力学中扮演着根本性的角色。在第 2.2.3.3 和第 2.3.3 节中，对此会做更详细的讨论。

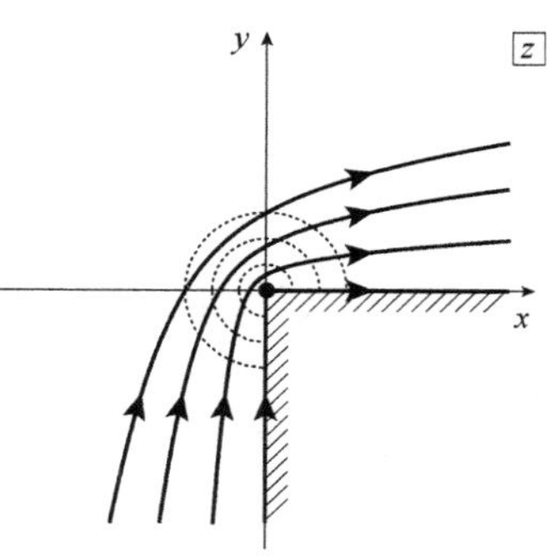

图 2.17　平面锐边流

2.2.2.2.4　源和涡

在原点 $z=0$ 处具有奇异性的复对数函数

$$F(z) = c\ln z \tag{2.65}$$

对于借助下一节所介绍的叠加方法来产生物体的绕流来说，具有特殊的意义。选择实常数 c，则函数

$$F(z) = \frac{Q}{2\pi}\ln z \tag{2.66}$$

表示在原点处流出一个流量 Q 的质量源（$Q>0$）或者流入一个流量 Q 的质量汇（$Q<0$）。此时的流动纯粹沿径向展开，速度则与到源的距离成反比（图 2.18a）。相应地得到围绕原点 $z=0$ 的圆形等压场；在原点处，由于流量始终保持不变，无散度条件 $\nabla \cdot v = 0$ 显然被破坏，而且有 $|v| + \infty$，$p \to -\infty$。如果反过来选取 c 为纯虚常数，则

$$F(z) = \frac{\Gamma}{2\pi i}\ln z \tag{2.67}$$

㊀ 在液体绕锐边流动的过程中，也可能出现低于蒸气压的压力，由此会在局部区域产生气泡。这一过程在工程上称为气蚀。

表示的是一种左旋（$\Gamma>0$）或者右旋（$\Gamma<0$）的势涡；在这种势涡中，流体粒子在圆形的流线上围绕中心 $z=0$ 运动；在此旋转中心，无旋性 $\nabla\times v=0$ 不成立（图2.18b）。因为在这种情况下的纯粹方位角[㊀]定向速度（即切向速度——译者注）与到涡旋中心的距离成反比，等压面仍然是围绕原点的圆形；在原点处，出现与源流相同的奇异压力值和速度值。

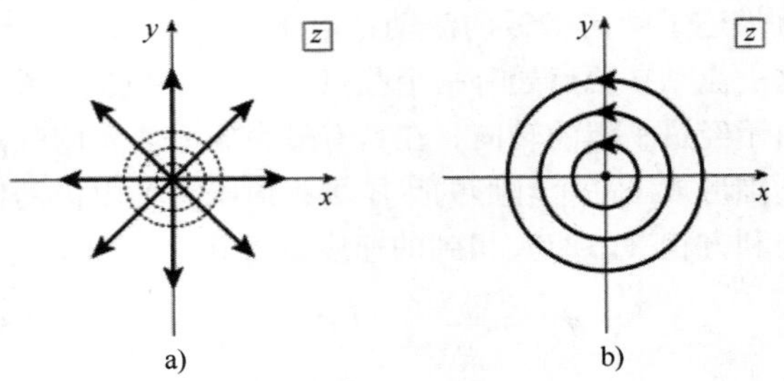

图2.18　平面源流和平面涡流

2.2.2.3　绕物体的流动

由于拉普拉斯方程的线性，可以通过已知解的叠加来获得全新的解。这一所谓的叠加法以其突出的直观性著称，并且与保角映射方法结合起来使用非常有效，用于在一些简单解的基础上获得对于绕简单物体流动的基础性物理意义的理解。除平行流外，源/汇流以及势涡的特解尤其表现为最基本的解；从这些解出发，可以方便地将物体的绕流搭建出来。

2.2.2.3.1　半体绕流

这一流动最简单的例子是 x 方向的平行流 u_∞ 和原点处强度为 Q 的源的叠加。相应的复流动函数

$$F(z) = u_\infty z + \frac{Q}{2\pi}\ln z \tag{2.68}$$

立即给出图2.19（见彩插）所示的流场图。图中，从源流出的内流将平行来流的流线分开，同时，分叉的滞流线 $\psi=0$ 将内流和外流分开。如果把这些流线看成是固定壁面，那么内流可以直接通过一个固体来代替，而无须在外流图上做任何修改，便可以得到绕半无限体的流动。借助对于 $x\to\infty$ 处简单的流量平衡，将端部的直径 D 与源的强度 Q 和来流速度 u_∞ 联系起来：

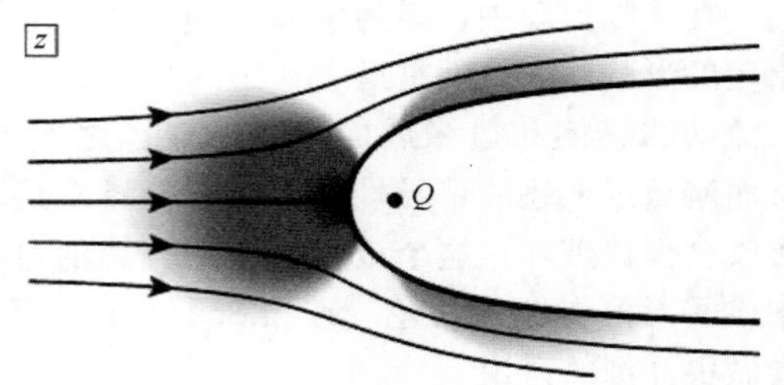

图2.19　围绕平面半体的流场

$$Q = u_\infty D \tag{2.69}$$

而驻点在 x 轴上的位置 x_S，则根据条件 $u(x,y=0)=0$ 确定为

$$x_S = -\frac{Q}{2\pi u_\infty} \tag{2.70}$$

由于（绕流）物体前端流线的相互挤压，在它的前面出现一个超压的区域（红色）；随着流线的延伸，这一超压区域由物体侧面的一个欠压区（蓝色）所跟随。在欠压区内，流线朝向物体弯曲。这个简单的例子，非常直观地说明了由绕流物体的排挤作用所引起的典型物理效果。

2.2.2.3.2　接近地面的半体绕流

借助所谓镜像方法，还可以方便地模拟地面对于半体绕流的影响。这种影响对于汽车空气动力学来说非常重要。为此，人们在一个位于（$x=0$，$y=h$）的源上加入第二个强度相等的源（$x=0$，$y=-h$），使得在作为对称线的 x 轴上，两个源的垂向速度相互抵消。于是，复流动函数

$$F(z) = u_\infty z + \frac{Q}{2\pi}\ln(z-ih) + \frac{Q}{2\pi}\ln(z+ih) \tag{2.71}$$

㊀　速度不存在径向分量，而是只有一个圆周方向的分量。

立即给出图 2.20（见彩插）所示的流场。相对于半体悬空时的情形，由于镜像源的作用，流线图和压力分布发生了明显变化；特别是由于附加的感应速度，物体周围出现明显低得多的压力；与此同时，在压力的扰动几乎增大一倍的近地面处，这一效果尤其突出。通过对地面压力分布进行积分，可以借助动量定理［式（2.51）］方便地计算汽车上的作用力；总体来说，人们得到的是指向向下的下沉力

$$F_A = \frac{\rho}{4}\frac{Q^2}{\pi}\frac{1}{h} \tag{2.72}$$

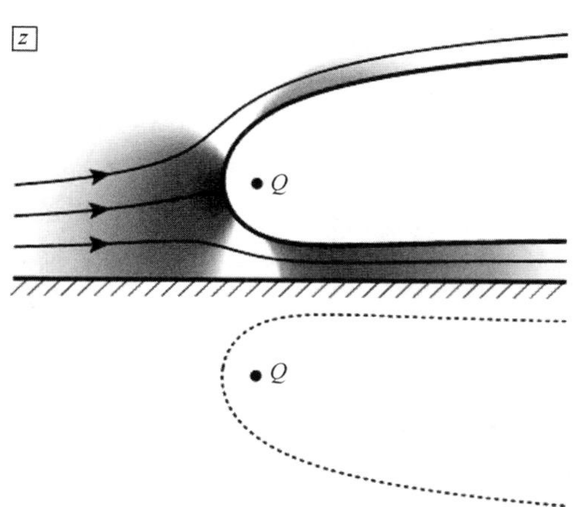

图 2.20　接近地面的围绕平面半体的流场（应用镜像法）

这也就是说，随着离地间隙越来越小，由于地面和汽车底板之间喷嘴状变窄的气道内的负压越来越高，汽车受到的吸引力会越来越大。这种按照同名的喷管命名的“文杜里现象”，与通常情况下随车型而异的相应升力的作用相反，以致总体而言，其结果不仅可能是升力，也可能是下沉力（Hucho，2011a）。

2.2.2.3.3　绕圆筒的流动和达朗贝尔悖论

显而易见，借助叠加方法，也很容易造出全封闭的物体，方法是在一个位于 $z=0$ 的源 Q 的后方下游，在 $z=l$ 处放一个等强度的汇 $-Q$。它重新吸收从源中释放的全部质量：

$$F(z) = u_\infty z + \frac{Q}{2\pi}\ln z - \frac{Q}{2\pi}\ln(z-l) \tag{2.73}$$

现在，如果让公式（2.73）中源－汇对之间的距离 l 趋于零，而所谓的偶极矩 $M = Q \cdot l$ 在极限情况 $l \to 0$ 保持为有限，于是可以得到半径为 $r = \sqrt{M/2\pi u_\infty}$ 的圆筒的流动函数为

$$F(z) = u_\infty\left(z + \frac{r^2}{z}\right) \tag{2.74}$$

式中的第二项，是在极限过渡状态下来自式（2.73）中的两个对数项。因为它在一定程度上把源和汇统合在一个点上，所以也称为偶极子流。由式（2.74）所得出的流场如图 2.21（见彩插）所示；圆筒周围的速度分布和压力分布具有如下简单的函数形式

$$|\boldsymbol{v}| = 2u_\infty \sin\varphi \tag{2.75}$$

和

$$c_p = 1 - 4\sin^2\varphi \tag{2.76}$$

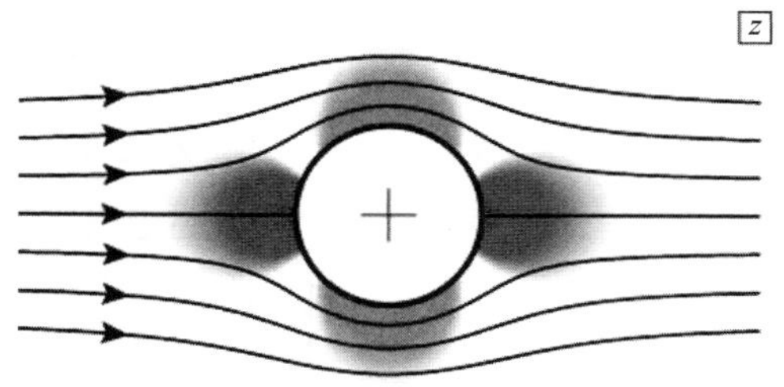

图 2.21　圆筒周围的流场

可以看出，在圆筒圆周上，$\varphi = 90°$ 处的本地速度是来流速度的两倍，正因为如此，导致了此处明显的负压。绕圆筒流动的显著实际意义即在于，它是借助保角映射方法来为许多重要的流动情形建模的原始基础。

正如人们从图 2.21 上能够马上看出的那样，对于圆筒来说，得到的是一种全对称的流线图；进而，压力的分布对于 x 轴和 y 轴也是完全对称的，它在整个圆筒表面上的积分得到的值等于零。所以，圆筒并不受到任何力的作用。这种初看起来令人奇怪的事情——按照其发现者的名字也被命名为“达朗贝尔悖论”，经过仔细观察分析，是完全可信的，因为在无摩擦的流动中，不存在可以看成是等效于克服阻力而做功的消耗能量的机理。于是，可以完全一般性地指出，达朗

贝尔悖论对于处于平面或者空间流动中的任意物体都是适用的，只要流动是无摩擦、进而也是无旋的（Wieghardt，2006）。对于工程实践来说，其结果是，人们能够通过尽可能地使流动过程成为势流的方法（第2.3.5.4节），来降低压力在物体上总阻力的分量。

2.2.2.3.4　椭圆筒的纵向来流

通过保角映射来得到结果的一个简单例子，是绕椭圆筒的流动；这种流动可以从圆筒绕流方程（2.74）得到，方法是利用雅科夫斯基映射函数（Joukowskische Abbildungsfunktion）

$$\zeta = z + \frac{a^2}{z} \tag{2.77}$$

其中 $a \leqslant R$，把 z 平面上的每一点都向 ζ 平面投影（图2.22，见彩插）。在将圆筒方程 $z = Re^{i\varphi}$ 代入式（2.77）之后，马上得到它的外廓为

$$\zeta = R\left(1 + \frac{a^2}{R^2}\right)\cos\varphi + iR\left(1 - \frac{a^2}{R^2}\right)\sin\varphi \tag{2.78}$$

和相应的椭圆轴长比为

$$k = \frac{1 - \dfrac{a^2}{R^2}}{1 + \dfrac{a^2}{R^2}} \tag{2.79}$$

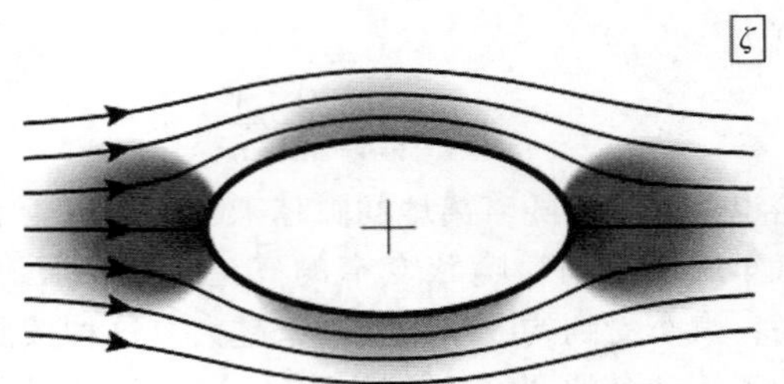

图2.22　绕椭圆筒的流场

图2.23显示针对不同的轴长比 k 计算出的椭圆筒表面的速度分布 v_k。人们发现，随着轴长比的增大，其最大过速

$$v_{k\max} = (1 + k)u_\infty \tag{2.80}$$

一再降低；而与此同时，速度分布和相应的压力分布在椭圆筒表面的大范围内是相等的。由于压力分布的对称性，无摩擦流动中的椭圆筒也不受任何合力的作用。但是，在有摩擦流动中则表现为，相对于圆形的外廓，扁平的椭圆筒由于更为平缓的压力分布而具有明显的优势，因为它不易出现流动分离（第2.3.3节）。

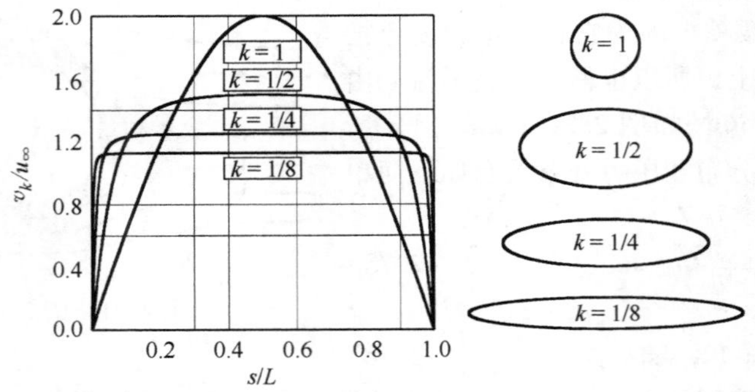

图2.23　不同轴长比的椭圆外廓上的速度分布（s：弧长，L：半周长）

2.2.2.3.5　椭圆筒的斜向来流

在圆筒绕流的复流动函数式（2.74）中，用 $ze^{-i\varphi}$ 代替复变量 z—这相当于沿逆时针方向做角度 α 的坐标旋转，也可以实现来流迎角为 α 的椭圆筒绕流这种情形。图2.24（见彩插）表示 $\alpha = 20°$ 的来流的椭圆筒绕流情形；这种椭圆筒可以被理解为汽车受侧风影响时的一个简单模型。从流线的形态和压力的分布马上可以看出，虽然没有出现侧压合力，但是仍然出现了一个右旋转

矩，它试图调整物体，使之与来流方向垂直。因此，那些通过充分地逼近势流的流线形态而达到尽可能地有利于流动的汽车形状，或许趋向于具有更高的侧风敏感性（Hucho，2011a）。

2.2.2.3.6　翼型剖面

除扭转力矩之外，斜向来流时还会出现横向的作用力，例如，当通过加上一个导流缘，使得流动的特性发生这样的变化：即在绕流物体周围形成环流时。这种情况最简单的例子，是对称翼型剖面上作为尖锐的分界线所形成的后缘。这种尖锐的后缘避免在此处出现绕流，同时使气流无畸变、光滑地流走（图 2.25，见彩插）。根据势流理论，这种流动可以通过圆筒的保角映射来模拟；圆筒的中心不在原点，而是位于 x 轴上的$x_0 = -(R-a)$ 处。此时，圆筒的流动函数必须与一个右旋的势涡叠加在一起，以便正确地设定尾部驻点的位置（Wieghardt，2006）：

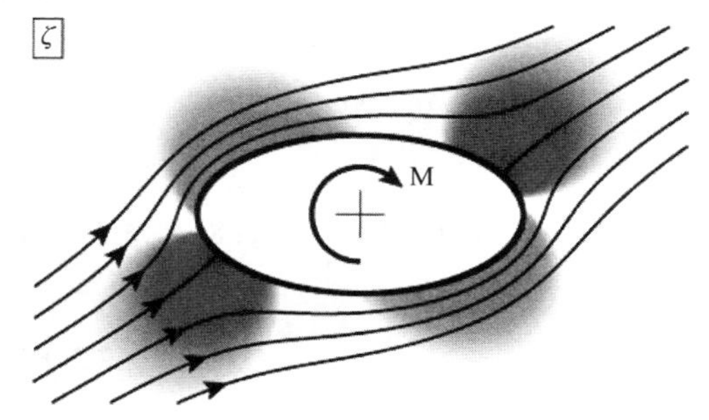

图 2.24　斜向来流椭圆筒的流场

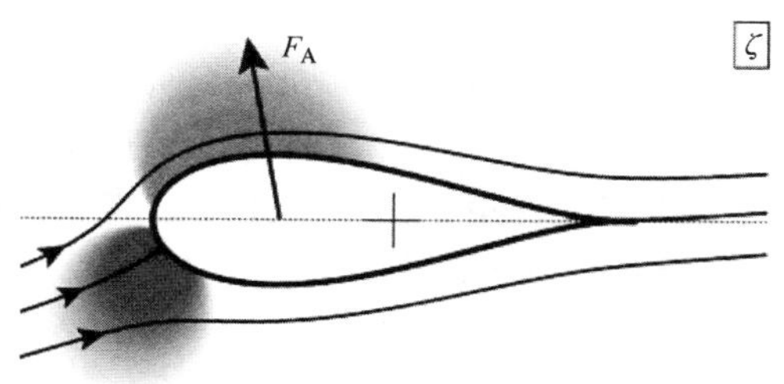

图 2.25　围绕对称翼型剖面的流场

$$F(z) = u_\infty\left(z + \frac{R^2}{z}\right) + \frac{\Gamma}{2\pi i}\ln z \tag{2.81}$$

式中

$$\Gamma = -4\pi R u_\infty \sin\alpha \tag{2.82}$$

因此，不仅在圆筒上，而且在翼型剖面上出现垂直于来流的升力

$$F_A = -\rho u_\infty \Gamma = +\rho u_\infty^2 4\pi R \sin\alpha \tag{2.83}$$

在小迎角情况下，该升力随来流角 α 的增大而线性升高。

这个例子说明，在绕流物体后缘上相对而言细微的变化，可能产生对于气动力的巨大影响。它也借此提示，当航空技术中被证明是有效的形状被无保留地移植到汽车上来时，可能会出现哪些问题。比如说，Rumpler 的雨滴形汽车就是这种情况（参见图 1.13）。

当来流角为零时，如果引起环流的导流缘与某种非对称性的体形联系在一起，则也可能出现升力。这种情况的一个简单例子是底边相对平坦而上边明显拱曲的拱形翼。显而易见的是，在第 1.4 节中讨论过的 Jaray 车形，可能正是在这一点上出现了严重的问题。

2.2.3　涡流

前一节讨论的物体的绕流，总的来说是以完全没有流动分离，亦即壁面上的流线在其整个长度上都符合由物体的轮廓所确定的走向为标志的。但是实际上，这只是在体形非常细长时才在一定程度上符合的。所谓钝体的情形则与此相反，它的绕流在很大程度上被分离过程和与之相伴的涡的形成所左右。因此，涡旋系统的动力学成为从物理学意义上理解钝体空气动力学的关键所在（Hucho，2011a）。

2.2.3.1　涡线模型

涡流是以其流场并非完全无旋为标志的。因为压力不能改变流体粒子的角动量，流动中的有旋区域必然是由摩擦力所引起的。如果这些有旋区域在空间上是有限的，而大部分的流动域一致满足存在速度势的条件，那么，这样的流动可以用势流理论来描述。

这种涡流最简单的例子是第2.2.2.2.4节所介绍的势涡。在势涡中心以外，无旋性总是满足的，在势涡中心以内，无旋性本身不成立。势涡的三维推广是涡线。在涡线上，有旋的域限定在一条空间曲线上（图2.26）。与有电流通过的导线的磁场完全类似，涡线在它的周围也会感应出一个速度场，该速度场可以按照源于电动力学的著名的毕奥－萨伐尔定律（Biot－Savart'sches Gesetz）来计算（Wieghardt，2006）：

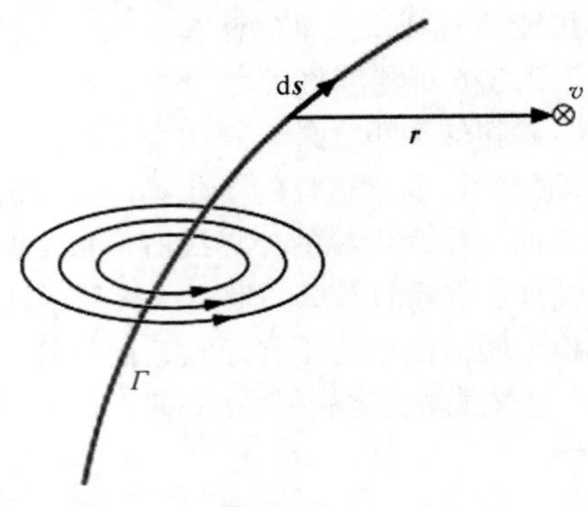

图2.26　三维涡线

$$\boldsymbol{v} = \frac{\Gamma}{4\pi}\oint\frac{\mathrm{d}\boldsymbol{s}\times\boldsymbol{r}}{|\boldsymbol{r}|^3} \tag{2.84}$$

式中，Γ表示涡线的环量；$\mathrm{d}\boldsymbol{s}$是线元矢量；$\boldsymbol{r}$是线元矢量$\mathrm{d}\boldsymbol{s}$到需要确定$\mathrm{d}\boldsymbol{s}$对于速度$\boldsymbol{v}$的贡献的观测点的距离。此时，需要在整个涡线上展开线积分。对于无限长、直涡线这种特殊情况，式（2.84）正好给出平面势涡的速度场，其大小为

$$|\boldsymbol{v}| = \frac{\Gamma}{2\pi a} \tag{2.85}$$

其中a给出观测点到涡线的垂直距离。按照赫姆霍兹涡旋定理（Helmholzsche Wirbelsätze），流体内的涡线不会消失，在时间和空间上具有恒定的环量，而且总是由相同的流体粒子所构成（Wieghardt，2006）。

2.2.3.2　涡感应

如果多个涡线存在于流体中，那么单一涡线的运动，由于本身没有质量而完全通过其他涡所感应的速度来决定。感应速度叠加在一起，不会相互影响（Wieghardt，2006）。作为最简单的例子，人们考察两个无限长平行涡线Γ_1和Γ_2的运动。在任意与自身的转轴垂直的平面上，该涡线都如同两个平面势涡（也称点涡，见图2.27——译者注）。于是，每个势涡都在对方所在的位置感应出一个与两个涡的连线垂直的速度［式（2.85）］，因此两个势涡之间的距离保持不变（图2.27）。此后，两势涡引出围绕点S的等角速度圆周运动；而在点S上，两涡线的感应速度相互抵消为零。当两涡线转向相同时，点S位于两势涡之间的连线上。当两涡线的转向相反时，点S则位于连线之外；对于特殊情形$\Gamma_1=-\Gamma_2$，S位于无穷远处，以致两势涡做纯粹的平动。

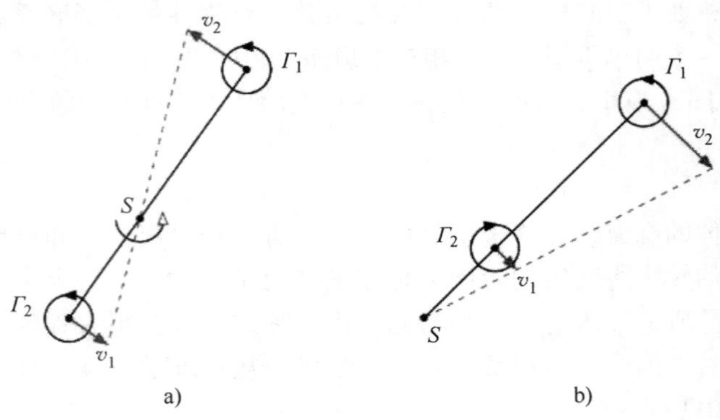

图2.27　两平面点涡在相互感应影响下的运动

a）转向相同　b）转向相反

在并非无分离的绕流物体空气动力学中，流动速度发生剧烈变化的分界面的动力学特性具有重要作用。这种分界面可以用所谓涡链来建模。涡链服从涡感应原理，因而为理解分界面的动力学特性和理解大尺度涡旋结构生成机理提供了一个简单模型。如果把图 2.28 中所示的许多相同的平行涡线排列成一个等间距的链条，就会随着涡旋密度的升高，越来越出现一个平行的流动。在涡链的上方，平行流流向向右；而在涡链的下方，平行流流向向左。现在，如果让单位长度上的涡数趋向无限大，与此同时保持单位长度上的总涡旋强度不变，于是，间断的涡链就会过渡为一个连续的涡层。该涡层将一个指向向右的均质平行流与一个指向向左的均质平行流分隔开，以致在整个涡层上，出现一个不稳定的速度突变 Δu。因为人们总是把这个不稳定的流动与一个任意速度的均质平行流叠加在一起，所以实际上，涡层或者涡链就是一种分界面模型。

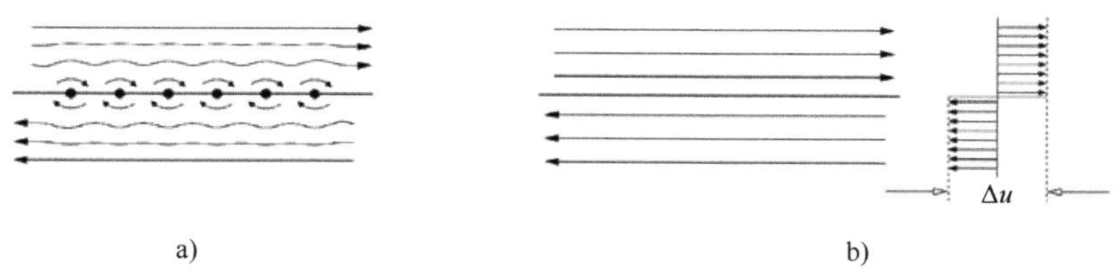

图 2.28　具有速度突变的分界面模型

a）不连续的单涡链　b）连续的涡层

2.2.3.3　分界面的动力学特性

如果首先把一个等强度、等间距分布涡的无限长线性涡链看成是一种无限伸展分界面模型，那么每个任意指定涡的邻涡，都会在这个指定的单涡上总是成对地诱导出强度相等但是方向相反的速度，以致涡链在总体上保持平衡状态（图 2.29a）。但是，对于细微的波形扰动来说，涡链的这种平衡状态都是不稳定的。现在，感应速度导致涡在波纹线下降段的积聚（图 2.29b）。由于涡间的距离减小，在相互之间感应作用的影响下，它们彼此环绕的旋转速度越来越快，以致涡链最终卷成一个间歇性的螺旋结构。与此同时，随着彼此之间越来越靠近，积聚起来的涡总是会越来越趋向于融合成一个单涡（图 2.29c）。纵向分界面显示的正是这样的动态特性；而比如说由于尖锐边缘过流时的流动分离，就形成了这样的分离面。

因横向速度突变而形成分界面的一个例子，是一个具有有限展宽机翼的涡旋系统。这个涡旋系统是由沿机翼（前后）两端的上方和下方的压力平衡所引起的（图 2.30）。在机翼的下方，流线在此处所形成的过压作用下向左和向右分开，而机翼上方的流线则因欠压而靠拢。于是，在机翼的后缘处，在过压一侧出现与机翼的中心面对称、朝向机翼两端的横向速度分量；但是在欠压一侧，也相应地存在一个指向机翼中间的速度分量。这样在垂直于机翼轴线的每一个平面上形成的分界面，都可以理解成有限长度的涡链。由于涡链两端的涡只会感应方向向上的速度分量，这些位于两端的涡，收卷为两个有力的边涡。边涡也称为涡袋，在来流稳定的条件下，其形状不会随时间发生变化。同时，由这样的静态涡所感应的向下的速度，将改变机翼上表面的压力分布，致使产生一个所谓的“诱导”阻力（Schlichtung 和 Truckenbrodt，1969）。该阻力是飞机总阻力的一个重要组成部分。

正如 Küchemann 和 Weber（Küchemann 和 Weber，1965）所指出的那样，假如通过与分界面垂直的速度分量的叠加，平面内分界面的紊态收卷过程变成一个稳定的过程；而在这个过程中，第三个空间维度在一定程度上扮演着时间的角色。那么在这种情况下，这类稳定的涡旋结构总会出现。于是，一旦流体倾斜流过一个凸缘，以致速度分量与凸缘边平行，人们总是能够观察到静态的边涡。飞机空气动力学中得到充分研究的一个这样的例子，是所谓的三角翼（图 2.31a）。

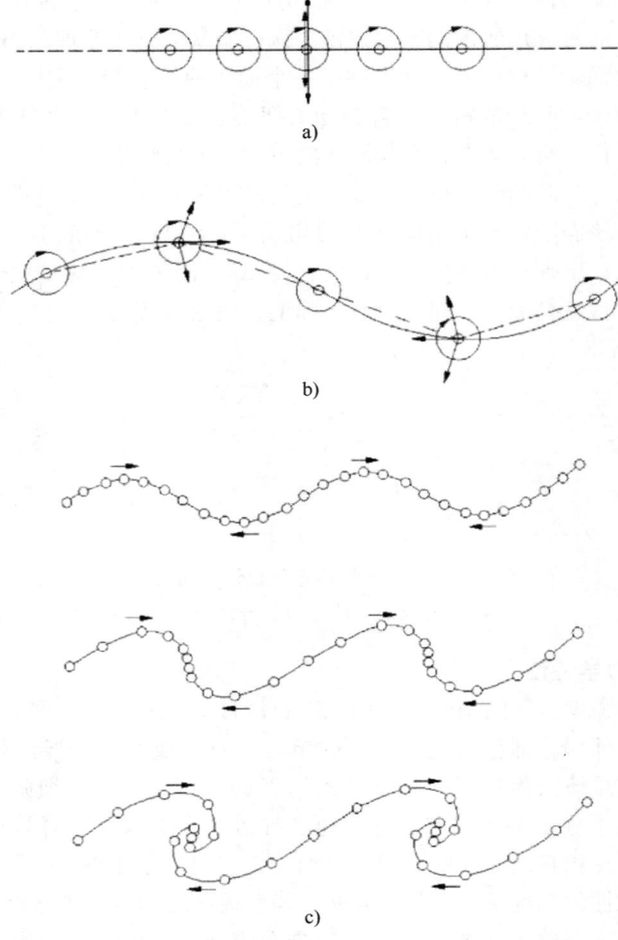

图 2.29　由环量相同的等间距分布单涡所构成的涡链的动态特性示意图

a）线性涡链，不稳定的平衡状态　b）波形涡链，不稳定　c）波形涡链卷成规则的螺旋结构

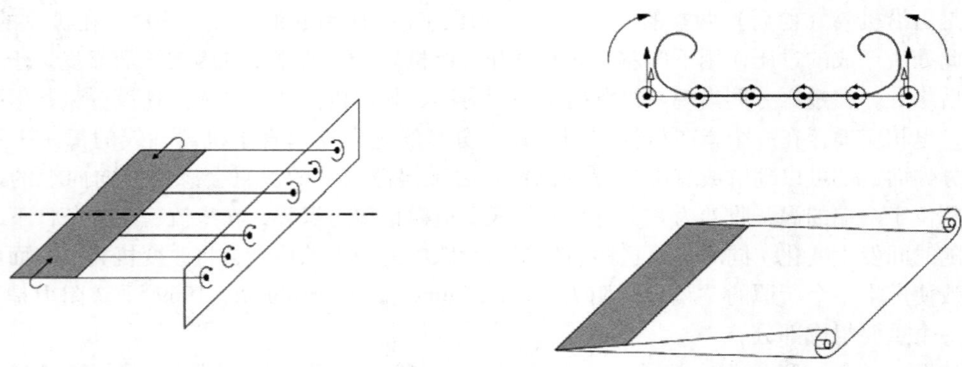

图 2.30　有限翼展机翼上由横向分界层的收卷而形成涡袋的示意图

在大迎角条件下，由于前端的流动分离，在三角翼的上边形成两个强有力的静态边涡；直到迎角为30°，这两个边涡一直都保持稳定。当迎角更大时，涡旋结构变得不稳定了。人们把这一现象也称为“涡破裂”（Hummel，1978）。

稳态的边涡会因为漩涡中心的强负压而释放出可观的作用力效果。该力对作用在物体上的总力具有决定性的贡献。图 2.31a 显示飞机三角翼截面上的压力分布。在图中的三角翼上，人们可以清楚地看到两个由边涡所引起的抽吸卷边。在很大的迎角范围内，该抽吸卷边对机翼的升力有着决定性的贡献。

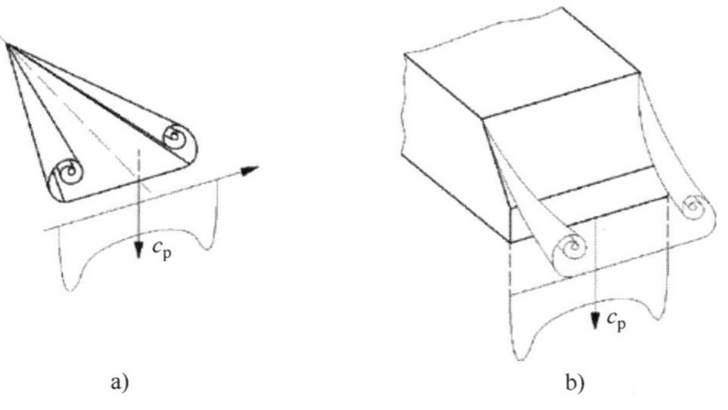

图 2.31　由静态边涡引起的负压峰值

a）在飞机三角翼上　b）在汽车快背上

如同在汽车的快背绕流（图 2.31b）中会出现边涡的情形一样（第 4.5.1.2.2 节和第 4.5.1.3 节），汽车的空气动力学特性也受到静态边涡的很大影响。就像人们在汽车尾流的压力分布中所看到的那样，此时也出现强有力的抽吸卷边。它对于汽车阻力的平衡有着负面的影响（Hucho，2011a）。

2.3　有摩擦流体动力学

2.3.1　雷诺数

原则上，空气动力学的任务是以此为特征的，即具有典型尺寸 L（例如长度）的物体，由速度为 u_∞ 的来流流过。这里，处于不可压缩流动中的流体，通过密度 ρ 和运动黏度 ν 就足以给予定性（图 2.32）。因此很容易理解，通过采用 L、u_∞、L/u_∞ 和滞流压力 $\rho u_\infty^2/2$ 来标定空间坐标、速度、时间和压力，则利用这些参数，就能够给纳维 - 斯托克斯方程降维。如果用星号来标记无量纲的量，代入纳维 - 斯托克斯后首先得到：

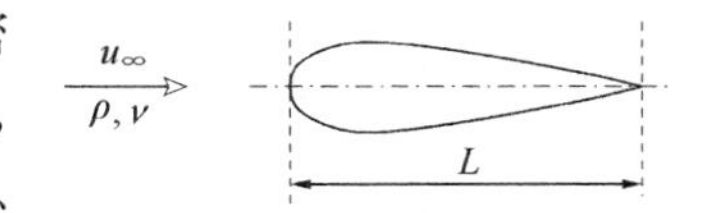

图 2.32　物体的来流

$$\frac{u_\infty}{L/u_\infty}\frac{\mathrm{d}\boldsymbol{\nu}^*}{\mathrm{d}t^*} = -\frac{1}{p}\frac{\frac{1}{2}\rho u_\infty^2}{L}\nabla^* p^* + \nu\frac{u_\infty}{L^2}\Delta^*\boldsymbol{\nu}^* \tag{2.86}$$

用 L/u_∞^2 乘以上式（的两边）后，得到无因次形式的纳维 - 斯托克斯方程

$$\frac{\mathrm{d}\boldsymbol{\nu}^*}{\mathrm{d}t^*} = -\frac{1}{2}\nabla^* p^* + \frac{1}{Re}\Delta^*\boldsymbol{\nu}^* \tag{2.87}$$

其中无因次参数

$$Re = \frac{u_\infty^2/L}{\nu u_\infty/L^2} = \frac{u_\infty L}{\nu} \tag{2.88}$$

称为雷诺数，物理上表征惯性项（u_∞^2/L）和摩擦项（$\nu u_\infty/L^2$）之间的量级关系。在空气动力学领域，由于空气的运动黏度 ν 很低（20℃时 $\nu_L = 1.5\times10^{-5}\,\mathrm{m^2/s}$），人们常常（求解）在非常高的雷诺数范围内（$Re = 10^8 \sim 10^{15}$）。此时，惯性项具有决定性的作用[㊀]。

因为雷诺数是无量纲的纳维 - 斯托克斯方程（2.87）中唯一的参数，由此计算出的积分量，例如绕流物体的阻力 F_W，仅仅只是 Re 的函数。于是，这些量本身必然也拥有以同样的标定系数

㊀ 例如，对汽车（$L=5\mathrm{m}$）来说，行驶速度为 $u_\infty=200\mathrm{km/h}$ 时得到的雷诺数是 $Re=2\times10^7$。

为基础的无量纲表达式。很容易看出，比如人们可以借助动压和面积来使阻力 F_W 去量纲化。此时，人们习惯上不是就近选用因子 L^2，而是选用绕流物体的迎风面积㊀ A_S。对于给定的物体来说，迎风面积 A_S 与 L^2 之间存在某种确定的数量关系。因此，这样定义的阻力系数 C_D 就只是取决于雷诺数：

$$C_D := \frac{F_W}{\frac{\rho}{2}u_\infty^2 A_S} = f(Re) \tag{2.89}$$

这也就是说，对于所有的来流速度 u_∞、（各种不同物体的）长度 L，以及物性参数 ρ 和 ν，C_D 值恰好落在一条独特而通用、对每个物体都具有典型性的曲线上。

这种无量纲量之间的相互关系，也可以在不熟悉纳维－斯托克斯方程的情况下，直接借助量纲分析来获得（第4.1节）。它是对按照比例尺标定的模型进行试验的关键所在。如果由于结构尺寸方面或者经费方面的原因，不可能做原型试验，则常常会使用这种模型。此时，人们只是必须按照式（2.89）注意到，模型试验的雷诺数必须与原型试验时的雷诺数相等（或者至少充分接近），然后借助 C_D 值，将在比例尺模型上测得的阻力值不做进一步处理而换算成原型的阻力。

在此过程中，为了调定经过校正的雷诺数，存在多种可能性。例如，人们可以给缩小尺寸的模型（缩小 L）相应地提高来流速度 u_∞；不过，必须同时给高速度条件下出现的压缩性效应设置一个限值。另一种可能性是降低黏度 ν，为此要么使用其他的流动介质（例如符合条件 $\nu_{水}/\nu_{空气} \approx 1/15$ 的水），要么充分利用空气的动力黏度与压力以及温度的相关性。在低温和高压风洞内，人们就是利用了后面的这种可能性。

2.3.2 普朗特边界层概念

与欧拉方程相反，纳维－斯托克斯方程的解析解法难以企及，而且直到今天也只有为数不多的定解为人们所熟悉（Wieghardt，2006）。考虑到对于空气动力学问题来说雷诺数通常很高，因而无量纲纳维－斯托克斯方程（2.87）中与之相联系的系数 $1/Re$ 取值微不足道，于是很自然地提出了这样的问题，对于极端情况 $Re \to \infty$，是否存在简化处理可能性，而此时并不完全忽视摩擦效果。

已知的纳维－斯托克斯方程最早的精确解之一，是突然起动的无限平板问题。在 $t=0$ 时刻，它的速度瞬间达到 $-u_\infty$（图2.33）。随之出现的速度剖面曲线（Wieghardt，2006）

$$u(y,t) = u_\infty\left[\operatorname{erf}\left(\frac{y}{2\sqrt{\nu t}}\right) - 1\right] \tag{2.90}$$

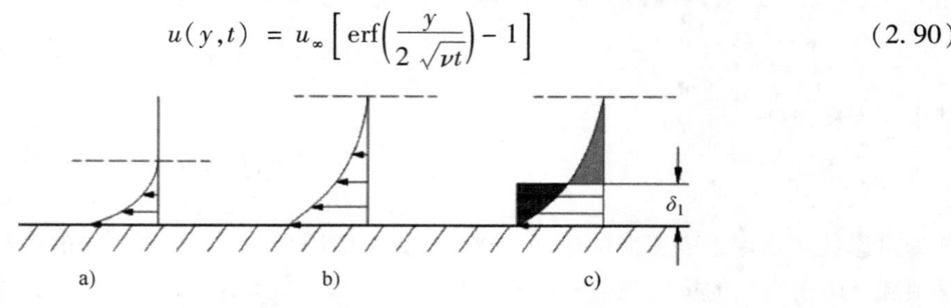

图2.33 突然起动的无限平板的速度剖面图

a）起动之后极短时间 b）起动之后稍后的时刻 c）定义阻滞厚度的等效剖面

㊀ 迎风面积 A_S 是一个面的面积。当物体的外廓沿流动方向向位于物体后方、垂直于流动方向而设立的墙面做平行投影时，便产生了这个面（参见图2.7）。对于汽车，投影应用于 x 方向（$A_S = A_x$）。

在 $y=0$ 处取平板的速度，而对于 $y\to\infty$ 则单调地减小为 0。式中的 $\mathrm{erf}(x)$ 表示高斯误差积分函数（Grosch 和 Zeidler，1996）。此时，受摩擦影响的流体层的厚度与 $\sqrt{\nu t}$ 成正比增大。这个人们按照普朗特的提法也称为边界层的摩擦影响层的厚度，本身并不能从这一定解中得到明确的定义。不过很显然，这个所谓的阻滞厚度可以这样来定义，即由平板所诱导的总流量 $\int_0^\infty u\mathrm{d}y$ 正好等于以 δ_1 增厚的板的假想流量 $-u_\infty\cdot\delta_1$ [⊖]：

$$\delta_1 = -\int_0^\infty \frac{u}{u_\infty}\mathrm{d}y \tag{2.91}$$

代入由式（2.90）所表示的速度剖面，人们得到突然起动的无限平板的阻滞厚度为

$$\delta_1 = \frac{2}{\sqrt{\pi}}\sqrt{\nu t} = 1.128\sqrt{\nu t} \tag{2.92}$$

如果设想将无限宽平板变成长度为 L 的非常薄的有限平板，就会在某个确定的位置 x，得到对应于此处的摩擦“影响时间” $t = x/u_\infty$ 的边界层厚度。这一时间，相当于在此之前平板的前缘通过位置 x 所用的时间（图 2.34）。如果忽略 x 方向出现的（速度）梯度，在不考虑式（2.92）中没有意义的数字系数的条件下、用 x/u_∞ 代替其中的时间 t 之后，人们就能够得到对于阻滞厚度的初步估计值为

$$\delta_1(x) \approx \sqrt{\frac{\nu x}{u_\infty}} \tag{2.93}$$

由此得到，边界层厚度随移动长度 x 的平方根增大。

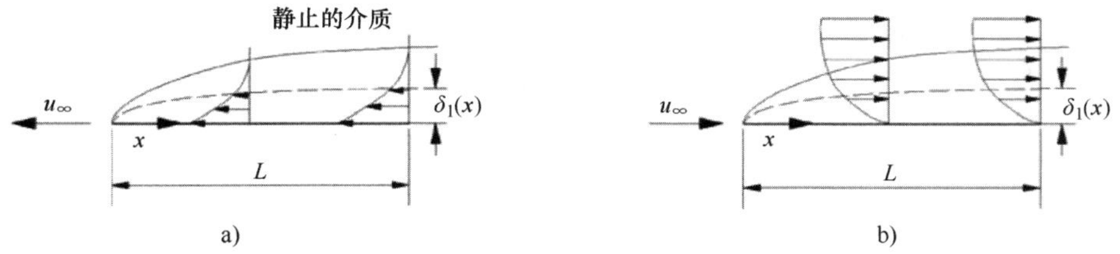

图 2.34　在静止的介质中拖动时，有限长度薄板上的边界层

a）在静止坐标系内　b）在与平板固定的坐标系内

借助公式（2.93），可以很方便地估算出平板末端 $x=L$ 处与雷诺数相关的相对阻滞厚度量级。如果令

$$\varepsilon := \frac{\delta_1(L)}{L} \approx \sqrt{\frac{\nu}{u_\infty L}} = \frac{1}{\sqrt{Re}} \tag{2.94}$$

则对于 $Re=10^4$，得到的阻滞厚度只有 $\varepsilon=1\%$，即平板长度的百分之一。就典型的空气动力学应用而言，实际上可以假定边界层非常之薄——在如此薄的边界层内上演着剧烈的摩擦过程。

这一确认直接导致了普朗特的边界层概念模型（图 2.35）。按照这一模型，边界层就像一层薄膜一样围绕着绕流的物体。在边界层之外，流动实际上表现得就像没有摩擦一样，于是可以在忽略边界层厚度的条件下按照势流理论来进行计算。这样处理与纳维 - 斯托克斯方程并不矛盾，其理由是，由于所涉及的微分算子的线性特性，对于所有势流（$\nu=\nabla\Phi$ 而 $\nabla\Phi=0$）的情形，摩

⊖　边界层理论中还使用其他的边界层厚度定义。这些定义所涉及的不是等效流量，而是动量流量（“动量损失厚度”）或者动能流量（“能量损失厚度”）。更进一步的解释见 Schlichtung（1965）以及 Schlichtung 和 Gersten（2006）。

擦项 Δv 无一例外地消失了。

这一薄边界层本身也可能发展成平面板流，一种从外部以绕流物体的外廓所决定的压力和速度分布为特征的板流。由于这两个量通过伯努利方程相互耦合在一起，于是，有摩擦流动的计算被分解成确定绕流物体表面的势流速度 $u_{pot}(x)$，以及随后在预先给定$y \to \infty$ 处的这个势流速度分布条件下平板流计算。这是一种对原问题具有决定性意义的简化。

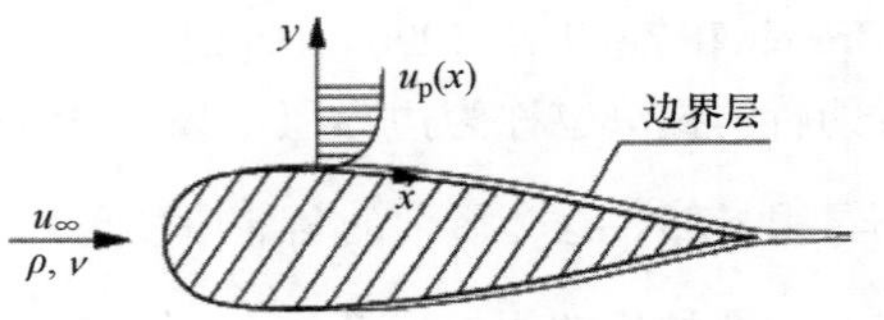

图 2.35　普朗特边界层概念模型

此外，在边界层内，假定 $\varepsilon \ll 1$，则纳维 - 斯托克斯方程［式（2.43）］还可以继续简化。对于二维稳态流动这种最为重要的情形，人们得到作为唯一剩余部分的所谓边界层方程（Schlichting，1965；Schlichting 和 Gersten，2006）：

$$u\frac{\partial u}{\partial x} + v\frac{\partial u}{\partial y} = u_{pot}\frac{du_{pot}}{dx} + \nu\frac{\partial^2 u}{\partial y^2} \tag{2.95}$$

这一方程与连续性方程 $\partial u/\partial x + \partial v/\partial y = 0$ 一起，构成了一个用于求解 u 和 v 的两耦合偏微分方程系统。如果希望计算出与利用公式（2.95）得到的速度剖面 $u(x,y)$ 相对应的阻滞厚度 δ_1，则必须注意到，该方程系统是在与平板固定的参照系中推导出来的，因此在仅仅对于运动的平板适用的公式（2.91）中，必须用 $u_\infty - u$ 替换速度 $-u$：

$$\delta_1 = \int_0^\infty \left(1 - \frac{u}{u_\infty}\right)dy \tag{2.96}$$

对于 $u = u_\infty =$ 常数 的平板，Blasius 首先计算出方程（2.95）的解（Schlichting，1965）。这个解涉及的是那些为数不多的情形之一。在这样的情形下，有摩擦流动中物体的阻力能够以封闭的形式进行计算（见第 2.3.5.1 节）。如果将算得的速度剖面代入式（2.96），则会得到平板边界层的阻滞厚度是

$$\delta_1 = 1.721\sqrt{\frac{\nu x}{u_\infty}} \tag{2.97}$$

除了数字系数以外，这个结果与公式（2.93）的估计是一致的；因而，作为公式（2.95）推导前提的量级估计公式（2.94）也得到事后验证。

2.3.3　边界层的分离

利用边界层概念对有摩擦流动进行分析的前提条件，是边界层总是像一层薄膜一样粘附在绕流物体上，与它周围的势流不存在相互影响。但是，这一条件只是符合像薄机翼那样的细长物体，或者旋转体。在这样的场合，相应方法的应用取得了巨大的成功。对相较于长度，其厚度不能看作很小的所谓钝体来说，在边界层和（边界层以外的）势流之间出现明显的相互作用。这种相互作用称为流动的分离。尽管在这种情况下不再能够采用边界层模型进行流动计算，这一方法仍然具有极大的实用价值，因为它构成了认识和理解所出现的物理现象的基础。

如果不是用平板，而是用一个圆筒作为钝体模型来做一个新的推演试验，观察它的突然运动，那么人们注意到，由于它从静止的状态开始运动，首先会出现服从势流理论的压力分布［式（2.76）］。这一压力分布是以后部的压力急剧升高为特征的（图 2.36）。由于开始时压力下降是主导性的，一个圆筒壁面附近的液体粒子首先从前部的驻点 A 开始被加速，在压力具有最小值的 B 点达到两倍的来流速度，以便由于紧随其后的压力上升而减速，及至在后面的驻点 C 重新回归静止状态。由于动能和势能的总和在运动过程中始终保持不变，（液体粒子的）这个运动

过程类似于从静止状态出发滚入低洼处的球体的无摩擦运动。在最低处，球体达到其最大速度，在洼地的彼岸又重新回归速度为零。

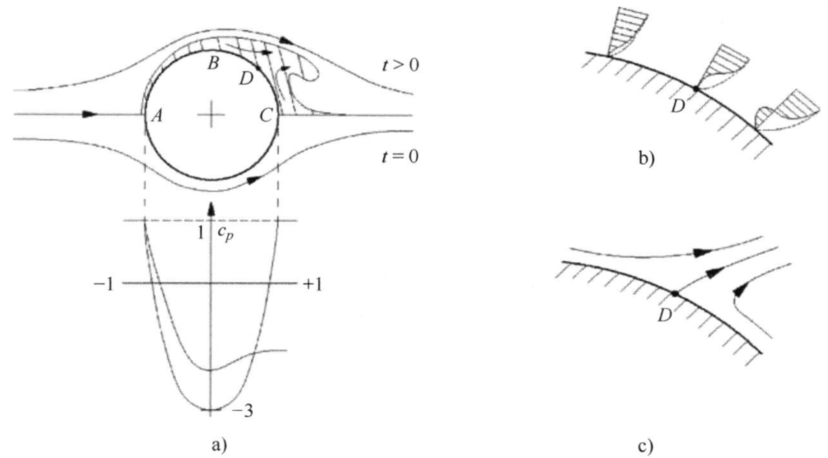

图 2.36　突然起动的圆筒的流动分离

a）流场和压力分布随时间的变化　b）圆筒近壁面的速度剖面图　c）在分离点 D 处近壁面的流线图

但是，由于突然运动后所形成的边界层，液体粒子的能量因为摩擦作用而不断地被带走，以致在 A 点和 B 点之间所获得的动能，不足以克服 B 点和 C 点之间的压力上升而到达后面的驻点。流体粒子更可能在某个中间点 D 停下来；甚至在 D 点之后开始回流。这样，D 点成为一个驻点，在这一点上被滞阻的边界层物质被送入外流，而外流越来越被绕流物体（即圆筒）所向外挤开。由于流动路径的变化，压力分布失去了它开始时的对称性。在绕流物体的后侧，流动不再能够实现按照势流理论确定的压力分布；到最终的稳定状态，绕流物体后面的区域为被阻滞的流体（“死水”）所充满。在这一区域内，通常以负压为主。总体而言，未能恢复的压力导致出现明显的压阻。在外流和死水之间，形成一个分离面。按照第 2.2.3.3 节所介绍的理论，分离面卷起形成涡旋，涡旋又随着绕流物体后面的流动一起漂走。在此过程中，由于负压的出现，尾涡区的扩展是有限度的；它终止于绕流物体后方的下游，与环绕它的流体相混合，然后进入绕流物体的所谓尾流区。

尽管边界层在一开始时限制在一个小的流动区域内，由于这种分离机制，它对全局性的流动结构都有重要影响。由此而造成的压阻，尽管随尾涡区大小而变化，但是总会远远高于摩擦阻力，以致钝体的阻力系数一般比迎风面积相等的细长物体的阻力系数高出 1 ~ 2 个数量级。

此时可能适用于这样的经验法则，即流动的分离，总是发生在按照势流理论有可能出现急剧的压力升高的近壁面处。因为在势流理论中，物体的外廓同时也是流线，所以有分离危险的区域，经常是利用第 2.2.1 节建立的规则就可以基于物体的形状而定量地确定了。

于是举例来说就马上就变得一目了然了：为什么在一个具有尖锐边缘的物体的绕流情形——在边缘的后面，流动本来必须克服理论上无限陡的压力梯度才能开始——即使是在最低速度条件下，流动分离现象也会立即出现（图 2.37a）。正如第 4.5.1.1 节中给出的例子所证明的那样，给绕流的尖锐边缘稍微修圆，就能够避免这一分离现象。这对于（降低）绕流物体的阻力常常具有正面的效果。不过，当附着的流动可能不利的时候，人们也可以以所谓导流凸缘的形式，有目的地利用这种效果，以便迫使流动发生分离。这样的最简单例子是机翼。在机翼上，如果没有尖锐后缘处的流动分离，就可能不会出现产生升力的环流（见第 2.2.2.3.6 节）。

当物体没有尖锐凸缘时，流动分离的位置主要由物体的形状所决定。此时，细长的物体，其按势流理论确定的一直到后滞点的压力升高很迟才出现，因此明显地优于更为丰满的形体。作为例子，图2.37b显示两个具有不同细长比的椭圆。在粗壮的椭圆上，流动在最大厚度之后不远处已经分流了，但是在细长的椭圆那里，流动一直保持附着。由于细长物体的尾涡区相较于粗壮物体要小得多，于是，由于流动分离而缺失的压力回升对于阻力的影响，相较于后者来说明显地要小。如图2.25所示的水滴形机翼剖面，其优点更为明显。该机翼通过其后缘的尖锐延展，使得尾部的尾涡区进一步减小。正因为如此，人们利用这种类型的形体，能够实现迄今为止最低的（气动）阻力系数（见第2.3.5.4节）。

如果来流的压力沿着壁面升高，则分离也会在滞流区内出现（图2.37c）。在一个竖立于地面的圆筒形障碍物的情形，形成的驻点涡作为所谓的马蹄涡继续向两侧延伸，像衣领一样围绕着绕流物体。这和赫姆霍兹的涡旋定理是一致的，按照该定理，涡线不会简单地终止于流体的内部（Wieghardt，2006）。在汽车上也会出现这种马蹄涡，比如在立起的附件周围（例如车外后视镜）。又比如在整流罩内，在那里，扁平的发动机舱盖向更为陡立的风窗过渡（见第4.5.1.1节）。

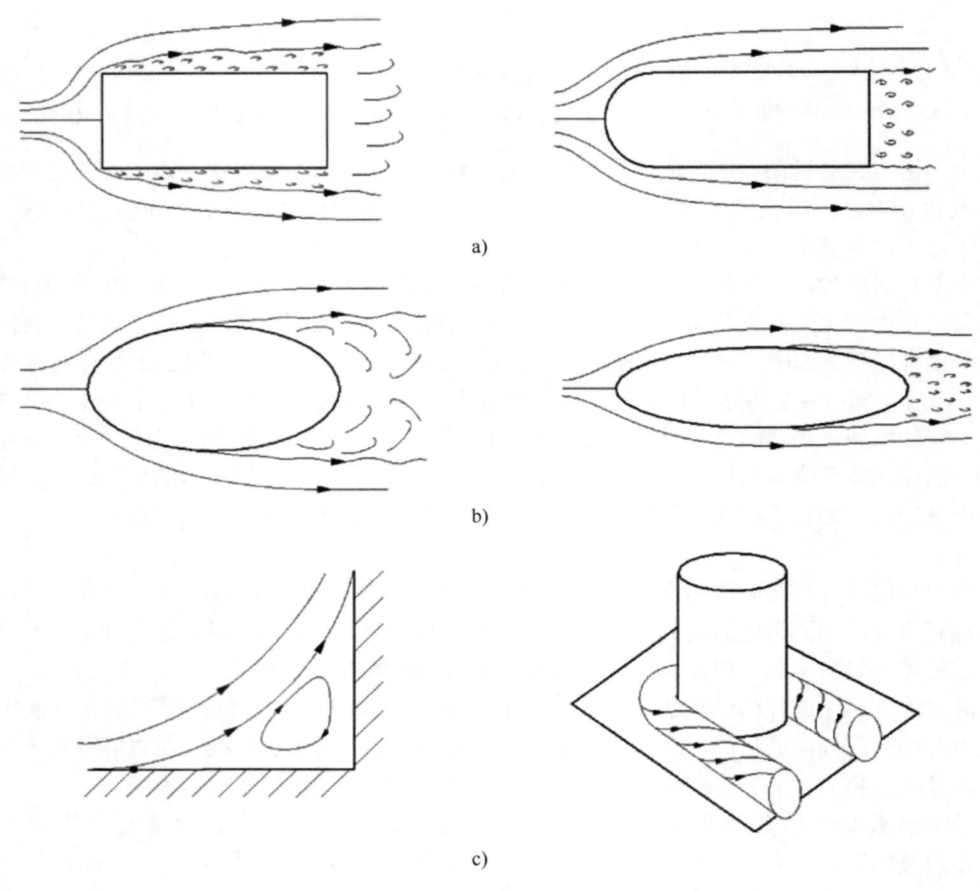

图2.37　流动分离现象

a）在尖锐凸缘处　b）在钝体周围　c）在壁面上竖立的物体的滞流区内

2.3.4　边界层湍流

湍流的意思是流动从一种以层流为特征的有序过流稳定状态向一种无序的不稳定状态的过

渡；在不稳定流动状态，全部流动参量都被赋予了高频率、杂乱无章的振动。这种振动导致了不稳定的、涡旋式的随机运动。尽管原则上纳维－斯托克斯方程也描述了这一流动形式，其对于工程紊流问题的直接数值解，直到今天仍然超出了即使是功能强大的计算机的处理能力。正是因为如此，人们必须动用一些经验型的湍流模型。

历史上的系统性研究，促成了许许多多重要的湍流定理的建立。其最古老的例子，是首先由雷诺在一个横截面积为 $A = \pi D^2/4$ 的圆筒形管道内研究的湍流。圆管的恒定过流流量是 $\dot{V}$（图 2.38a）。做出雷诺数与管子直径 D 和按流量平均的速度 $u_m = V/A$ 的关系图，人们发现实验中的所谓临界雷诺数（Schlichting，1965）

$$Re_{\text{krit}} \approx 2300 \tag{2.98}$$

当处于临界雷诺数时，管流从（稳定）层流状态翻转为湍流状态。图 2.38b 显示一条进行随地速度 u 测量时获得的典型时间信号曲线。该速度由一个不随时间变化的平均速度部分 $\bar{u}$ 和一个随机的速度部分 u' 所组成。由它们的 RMS 值（即时间均值——译者注），可以定义无量纲的湍流度

$$Tu = \frac{\sqrt{\overline{(u')^2}}}{\bar{u}} \tag{2.99}$$

湍流度给出了速度的平均变化幅度与速度均值之间的比例关系。由于湍态的速度波动发生在所有的三个空间方向上，导致垂直于管道轴向剧烈的混合运动。这就使得横截面上的平均速度分布趋于均匀。人们得到的不是管道层流的抛物线形速度剖面，而是一个丰满得多的剖面。在直到 $Re = 10^5$ 的中等雷诺数范围内，这个剖面可以用以 y 作为到壁面距离的指数定理

$$\bar{u}(y) = \bar{u}_{\max}\left(\frac{y}{D/2}\right)^{1/7} \tag{2.100}$$

来描述（Schlichting，1965）[㊀]。与层流相比较，壁面上的速度梯度更高，这引起壁面的剪应力更高，也说明湍态过流管道内的压力损失更高。除此之外人们确认，在高雷诺数的情况下，湍流对于管壁的粗糙度更为敏感；与光滑的管壁相比较，粗糙的管壁明显地提高了压力损失。相反，层流（压力损失）完全不会受到壁面粗糙度的影响。

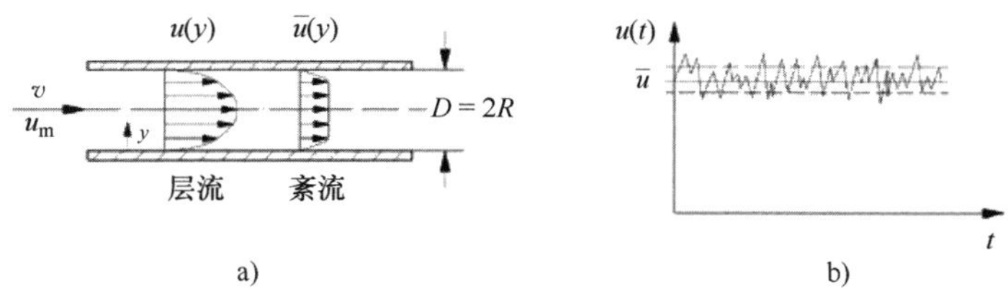

图 2.38　湍态的管流

a）几何形状和速度剖面　b）在随地速度测量中得到的典型时间信号曲线

在某种程度上，也可以把边界层理解为流道，所以在这里也对这一现象进行考察就不足为奇了。不过，与管流的情况不同，此时的雷诺数并不保持恒定，而是由于边界层的厚度随着流过的长度不断增大而升高。可以利用这种类似特性来对管流和边界层流进行对比。但是，由于管流中心的速度恒定，这一比较仅仅限于不存在压力梯度的边界层。如果用阻滞厚度 δ_1 来表示局部的雷诺数，则由式（2.97）得到

$$Re_{\delta_1} = \frac{u_\infty \delta_1}{v} = 1.721\sqrt{\frac{u_\infty x}{v}} = 1.721\sqrt{Re_x} \tag{2.101}$$

㊀ 对更高雷诺数的管流来说，半经验的指数壁面定律是一种更为准确的近似。该壁面定律建立在理论推导的基础之上，因而具有普遍适用性。

如果令 Re_{δ_1} 等于管径为 $R=D/2$ 时的雷诺数 $Re_R=Re_D/2$，则利用上式，可以建立与管流的直接关系。据此，边界层流动中的层流－湍流转换必须总是在恒定的雷诺数

$$Re_{x,\text{krit}}=\left(\frac{Re_{\delta_1,\text{krit}}}{1.721}\right)^2\triangleq\left(\frac{Re_{R,\text{krit}}}{1.721}\right)^2=\left(\frac{1150}{1.721}\right)^2=4.5\times10^5 \tag{2.102}$$

下发生。通过试验，人们观察到的这种转换发生在（Schlichting，1965）

$$Re_{x,\text{krit}}=5\times10^5 \tag{2.103}$$

鉴于（所对应的）几何条件完全不同，这一结果很好的一致性是令人吃惊的。事实上，这两种湍态的流动形式表现出如此程度的相似性，以至于人们可以将管流中测得的压力损失系数直接换算成纵向来流平板的摩擦系数（参见 Schlichting，1965；Schlichting 和 Gersten，2006）。

图 2.39a 示意性地给出了带有层流－湍流转换的平板边界层基本结构。从平板的前端开始，边界层的流动开始时是层流性的。但是，随着边界层厚度的增大，边界层的流动变得对于扰动越来越不稳定。此时，不稳定的开始与由无摩擦的外流施加在边界层上的压力梯度 $\partial p/\partial x$ 有关。在边界层流动由层流状态转换成湍流状态之后，边界层厚度迅速增大；由于湍流动能的交换，在剖面上的速度均匀化。不过，在紧邻壁面处，不会发生湍态的横向波动；会留下一个黏性底层，其中，黏性力占主导地位。由此，在管流中所观察到的湍流与壁面粗糙度的依赖关系，也可以找到解释：如果凹凸不平，可以想象通过砂粒来实现，不超出黏性底层，则湍态的边界层并不受其影响；相反，一旦凹凸不平突出出来（超出了黏性底层），那么，粗糙表面便可能与湍流相互作用，显著地影响湍态外流的结构。

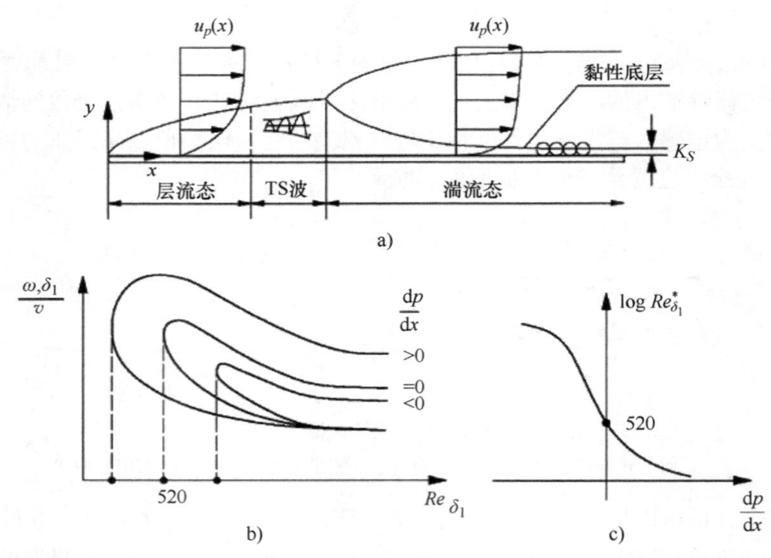

图 2.39　有压力梯度的平板流边界层

a）示意性结构　b）层流稳定曲线图　c）中性雷诺数示意性曲线

图 2.39b 所示的曲线粗略地表示了在压力升高、等压和压力下降条件下层流边界层的稳定性与雷诺数 Re_{δ_1} 的相关性。其中，稳定性曲线界定出边界层流在小扰动条件下失稳的区间。例如，这种小扰动可以通过一个频率为 ω 的谐振条带加入边界层内。正如人们认识到的那样，对于每一种压力梯度，都存在一个称为中性点（Indifferenzpunkt）的雷诺数 $Re^*_{\delta_1}$。从这一点开始，边界层趋于不稳，以至于随机的扰动会激励成所谓的 Tollmien－Schlichting 波（TS 波）。在经过短距离的向下游移动之后，该波引起稳态边界层流向湍流的转换（Schlichting，1965；Schlichting 和

Gersten，2006）。

在纵向来流、没有压力梯度（$\partial p/\partial x = 0$）的平板流情形，中性雷诺数位于 $Re_{\delta_1}^* = 520$。按照式（2.102），这个数值对应于 $Re_x^* = 9\times10^4$。与$Re_{x,\mathrm{krit}}^* = 5\times10^5$的差异对应于那一段形成的 TS 波被激励成湍态的行程。当压力稳定降低（$\partial p/\partial x < 0$），中性点向下游移动，非稳定区域变窄，以致加速的边界层总是比等压的边界层更持久地稳定（图 2.39c）。但是，如果边界层逆升高着的压力（$\partial p/\partial x > 0$）流动，那么中性点向上游移动，不稳定区域迅速扩大。所以比起等压的边界层来，变得缓慢的边界层更不稳定，以致在压力不断升高的区域内，总是必须估计到（稳态的边界层）有可能向湍态转变。

但是，边界层是否在平板的整个长度 L 上根本就是不稳定的，取决于对于 $x < L$，是否达到了中性雷诺数 $Re_{\delta_1}^*$ 或者 Re_x^*。利用式（2.101），可以给出对于 Re_{δ_1} 与以平板长度建立的雷诺数 Re_L 之间关联性的近似估计

$$Re_{\delta_1} = 1.721\sqrt{Re_x} = 1.721\sqrt{Re_L}\cdot\sqrt{\frac{x}{L}} \tag{2.104}$$

这也就是说，当雷诺数 Re_L 足够小时，Re_{δ_1} 不超过中性极限，不会发生边界层流态的变化；而随着 Re_L 的升高，中性点（的极限值）总是会更早地达到，因而与转换点一起向平板前缘方向移动。

因此，由边界层的外流施加于边界层的压力梯度不仅控制着流动的分离过程，也控制着边界层从层流向湍流状的转变。此时有三种可能的情况：

1）在低雷诺数的情形，层流边界层的分离点通常远远先于中性点，亦即，边界层的流动以层流分离。涡旋总是在分离的边界层中出现，但是不会出现在物体的表面。

2）当雷诺数足够高时，层流的分离点远位于中性点之后，边界层流动在层流分离之前向湍流转变。由于湍流的速度剖面更为饱满，湍流边界层比在层流时具有更高的动能，因而能够逆着压力梯度的不断升高而运动。湍流的分离显然更晚才发生，所以表面压力分布更好地接近势流的理想状态，也就是压阻下降。取决于物体的外形，这一效果可能超过摩擦阻力的升高，以致总阻力由于涡旋的作用而明显下降。这种例如会在圆球（第 2.3.5.3 节）上出现的边界层湍流的正面特性，在工程上进行低阻力物体的造型时被充分利用（第 2.3.5.4 节）。

3）如果层流分离点和中性点非常接近，则可能在层流分离之后紧接着出现流动的再次湍态附着；这就是人们所说的所谓分离泡（图 2.40）。例如，这种情况出现在航模飞机或者滑翔机的剖面中。在这里，人们通过有目的地利用造涡器，试图来避免分离泡的出现。一种类似的情形出现在尖锐边缘的绕流中。在那里，由于压力梯度很高，分离和涡旋同时发生，其结果是同样会导致湍流的再附着。

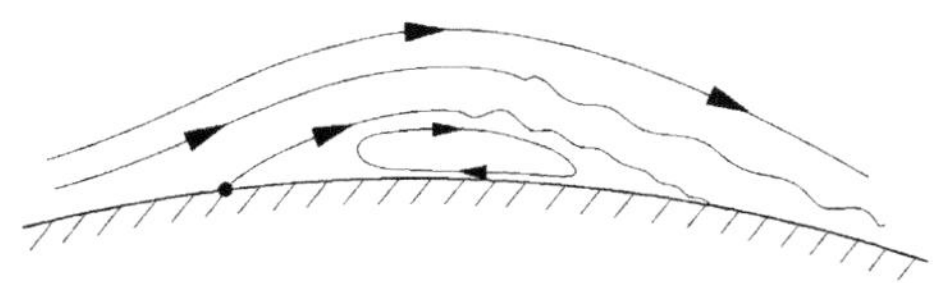

图 2.40　由层流的分离形成的分离泡和湍流的再附着

2.3.5　简单物体的阻力

2.3.5.1　纵向来流的平板

纵向来流平板是物体具有纯摩擦阻力的一种最简单的情况，因而具有对于细长物体来说典型的阻力特性（图 2.41）。平板是一种历史最为悠久的物体，在层流情况下，可以利用普朗特的边界层模型，对其阻力进行理论计算（Schlichting，1965；Schlichting 和 Gersten，2006）。首先由 Blasius 进行的计算给出了阻力系数 c_f的简单表达式

$$c_f = \frac{1.328}{\sqrt{Re}} \tag{2.105}$$

式中，Re_L称为基于平板长度L的雷诺数；习惯上，用湿面积作为标准化的面积，于是单面和双面浸湿的板，得到的阻力系数是相等的[㊀]。在对式（2.97）进行简单的变形之后，阻滞厚度δ_1可以写成下面的形式：

$$\frac{\delta_1}{L} = 1.721Re^{-\frac{1}{2}}\left(\frac{x}{L}\right)^{\frac{1}{2}} \tag{2.106}$$

对于迄今为止还无法进行理论计算的全湍流的流动，一直都存在着已经提到过的、在管流和板流之间进行换算的可能性。在Blasius得出的计算圆筒形管的压力损失系数经验关系式（参见第2.3.7.5.1节）的基础上，普朗特给出了一个计算阻力系数c_f的简单公式（Schlichting，1965）

$$c_f = \frac{0.074}{Re^{1/5}} \tag{2.107}$$

从基于同一关系式的速度公式（2.100）中，可以推导出类似于式（2.106）、计算阻滞厚度的公式（Schlichting，1965）

$$\frac{\delta_1}{L} = 0.046Re^{-\frac{1}{5}}\left(\frac{x}{L}\right)^{\frac{4}{5}} \tag{2.108}$$

按照该式，因为动能的横向交换增强，湍流的边界层比层流时更迅速地增厚。直到$Re \approx 5 \times 10^7$，公式（2.107）和公式（2.108）的计算结果都和测量值非常一致。这对于绝大多数的应用来说，已经足够了[㊁]。正如从图2.41中可以看出的那样，由于涡旋升高了壁面上的剪应力，按式（2.107）得到的湍流c_f值明显地高于按照式（2.105）计算得到的层流c_f值。

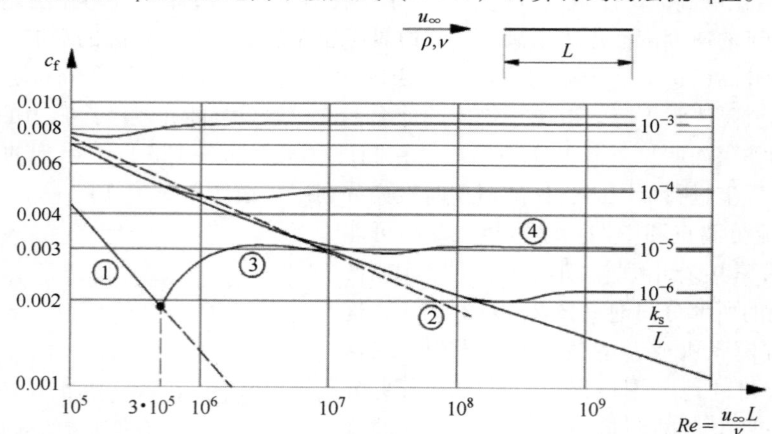

图2.41　纵向来流平板的阻力系数c_f。曲线①：全层流边界层，式（2.105）；曲线②：全湍流边界层，式（2.107）；曲线③：具有层流初始段的湍流边界层，式（2.109）；曲线④：按式（2.111）计算的粗糙度曲线的渐进值。据Schlichting（1965）

除此之外，普朗特还给出了一个确定c_f值过渡区间的公式。当平板的过流只是部分地呈现为湍流时，该式计算层流边界层的起始段长度。对于确定的（层流－湍流）转换雷诺数$Re_{x,krit} = 5 \times 10^5$，有下面的简单关系式

㊀　为了与通常的习惯用法做明显的区别，这里不用C_D，而是用c_f（f代表摩擦“friction”）。

㊁　对于适用于更高雷诺数范围的更准确的公式，见Schlichting和Gersten（2006）。

$$c_f = \frac{0.074}{Re^{1/5}} - \frac{1700}{Re} \tag{2.109}$$

在雷诺数从 $Re = 5 \times 10^5$ 到 $Re = 10^7$ 的范围内，该式的值与试验结果有很好的一致性。如果和许多工程应用的情形一样，来流已经呈湍流，则转换雷诺数变得更低。

另外，图 2.41 还针对相对颗粒尺寸 k_S/L 给出了不同砂粗糙度时的（阻力系数）曲线。当毛刺的突起从随着 Re 的增大不断变薄的黏性底层突出出来时，该曲线就会偏离光滑平板的阻力系数曲线，并且迅速地汇入一条水平线。阻力系数与雷诺数的不相关性表明：在充分发展的粗糙流极限情况下，压阻是由粗糙因素引起的，而当压阻存在时，黏性便不再起作用。引人注目的是，只要雷诺数与相对粗糙度的乘积接近 10^2，曲线总是会从光滑向不光滑过渡（即图 2.41 中的实斜线—译者注）。因此，人们可以将经验判据

$$Re \cdot \frac{k_S}{L} = \frac{u_\infty k_S}{v} \leqslant 100 \tag{2.110}$$

作为正好还不会显现出粗糙度影响的水力光滑平板的判别条件。按照这个条件，相对粗糙度与雷诺数之积不应该超过 100（Schlichting，1965）。当 $Re = 10^7$，平板长为 5m 时，得到的允许最大毛刺高度为 $k_S = 0.05\text{mm}$，这在技术上是完全可以做到的。对于粗糙度曲线上与雷诺数不相关的区域，由 Kármán 给出了一个确定阻力系数的简单公式（Schlichting，1965）

$$c_f = \left(1.89 - 1.82\log\frac{k_S}{L}\right)^{-2.5} \tag{2.111}$$

式中，在与砂粗糙度不同、更确切地说是表示一种统计学上的尺寸分布的工程粗糙度的情况下，必须使用合适的 k_S 平均值。

纵向来流平板的阻力特性给人以深刻的印象。它表明，摩擦阻力的机理在这类基础性的物体那里已经是多么复杂。压力梯度的附加影响将以球形体（第 2.3.5.3 节）和流线体（第 2.3.5.4 节）为例进行讨论。

2.3.5.2　横向来流的平板

如果把纵向来流的平板转动 90°，就得到横向来流的平板，由此也得到作为钝体模型的、具有纯粹压阻物体的一种最简单的情形。这个简易的例子清楚地给出了这一问题的答案：一个物体是可以被看作细长还是归为粗钝，不仅仅取决于它的形状，而且也与它的来流方向有关。

图 2.42 所示为一个圆形板的阻力系数变化曲线；图上显示的与纵向来流平板的情况不同，湍流或者粗糙度的影响并不重要（Hoerner，1965）。当雷诺数还很小时，曲线首先下行。由于分离点的位置是固定的，此后曲线很快归于极限值 $C_{D,\infty} = 1.11$，而且在高雷诺数时一直保持该值不变，以至于一直到工程上并不重要的蠕流（$Re \to 0$）的情形，摩擦阻力系数都用一个唯一值来表示。这一极其简单的特性，典型地对应于许多具有给定的分离缘和明显的尾涡区的钝体。大量这类物体的相应极值 $C_{D,\infty}$ 已经在手册中列成了表（例如 Hoerner，1965）。许多同样也可以看成是钝体的汽车形状也表现出具有可比性的阻力特性（参见第 4.7 节）。

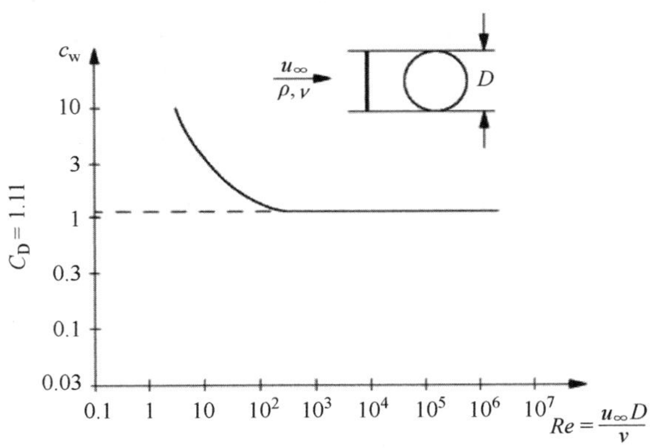

图 2.42　横向来流圆片的阻力系数。据 Hoerner，1965

高阻力系数说明在板后面的尾涡区内一定存在着明显的负压。不过，按照 Hucho（2011a）的观点，该负压在流动方向上不是恒定的，在板后不远处达到其最大值，然后向下游方向、在尾涡区向尾流的过渡处单调地降低为零。

根据表2.1，长方形板（边长为 a、b）的 $C_{D,\infty}$ 值随边长比 a/b 的增大而升高；极限情况 $a/b\rightarrow\infty$（平板）下，该值达到 $C_{D,\infty}=2.0$。这属于能够达到的最高阻力系数值（Hoerner，1965）。

表2.1 长方形板（边长比 a/b）的阻力系数 $C_{D,\infty}$，据 Hoerner，1965

a/b	1	2	4	10	∞
$C_{D,\infty}$	1.10	1.15	1.19	1.29	2.01

其原因是，随着边长比的增大，尾涡区通过平板边缘的供风变得越来越差；这使得尾涡区的负压越来越高。这种效果在工程上得到应用，例如汽车上的前阻流板。一方面，阻流板利用自身的阻流作用减少进入凹凸不平的车底的有效入流流量，从而降低车底的阻力；同时，借助其后巨大的反向负压，在前桥上产生一个下沉力（第4.5.3.1节）。

2.3.5.3 球体的绕流

以自身的直径作为唯一长度尺寸所定义的球体，是钝体的一个最基本的例子。在它上面，分离和涡受压力控制呈现出交替变化，而它对物体阻力的影响具有示范性性意义。当雷诺数很低时，阻力系数曲线（图2.43a）一开始服从斯托克斯对于蠕流的解析解。它具有简单的无量纲形式：

$$C_D=\frac{24}{Re} \tag{2.112}$$

雷诺数超过 $Re=1$，出现层流分离，此时的分离点首先位于球体的后方，而且随着雷诺数的升高，分离点向赤道（即前后两半球的分界周长处—译者注）移动，最终落在靠近赤道前方一点。如果到达这种状态，则 C_D 值暂时不会继续变化。因此，圆球在这一（雷诺数）范围内的阻力系数曲线，从量上来看类似于圆盘的阻力系数曲线；但是，由于分离点的移动，曲线向水平形式的过渡进展得要慢得多（Hoerner，1965）。

在临界雷诺数—对于光滑的球体，外流充分无涡时为 $Re_{krit}\approx3\times10^5$—的情况下，发生跳跃式的变化。边界层流在可能发生层流分离之前从层流转向湍流。由于富含能量的湍流边界层能够承受更大的压力上升，湍流分离点几乎向后移动达40°，以至于图2.43b中显示的表面压力分布明显发生了变化。现在，这里的表面压力分布非常接近势流的变化曲线。在球体后面的压力回升比层流时要高得多，以致负压程度明显下降。C_D 值从0.47跳落为0.09。这相当于阻力降低超过

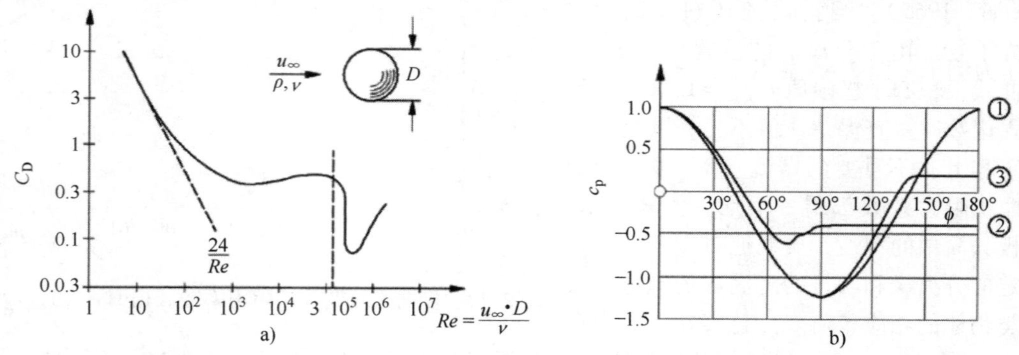

图2.43 a）球体在临界雷诺数 $Re_{krit}\approx3\times10^5$ 时的阻力系数 C_D 和 b）球体表面压力分布

曲线①：势流；曲线②：下临界雷诺数 $Re=1.6\times10^5$；曲线③：超临界雷诺数 $Re_{krit}\approx1.1\times10^6$。据 Hoerner，1965

80%，表明摩擦阻力的升高在很大程度上由压阻降低所抵消。当雷诺数继续增大时，阻力再次缓慢上升，因为此时的湍流分离点向赤道方向移动。

正如普朗特通过在球体的赤道前放置一个细金属丝圈（“绊脚丝”）的试验所证实的那样，可以通过有目的地干扰边界层，使阻力下降向更低的雷诺数推移（Hucho，2011a）。通过表面上分布式的粗糙处理，也能获得同样的效果。不过，在缓慢入流的平板的情形，这种粗糙处理会引起超临界（雷诺数）区域的阻力明显升高（图 2.44a）。表面上的分布式凹陷（“小坑”），也同样非常有效；例如，这种凹陷在高尔夫球上就得到应用。在典型的雷诺数为 1.5×10^5 时，按照图 2.44b，阻力下降大约 50%。

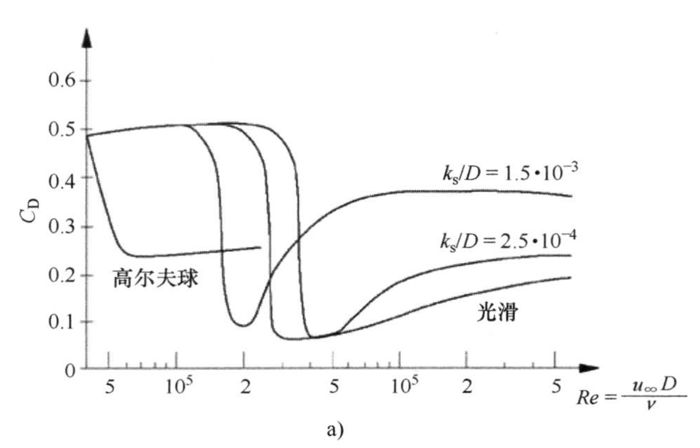

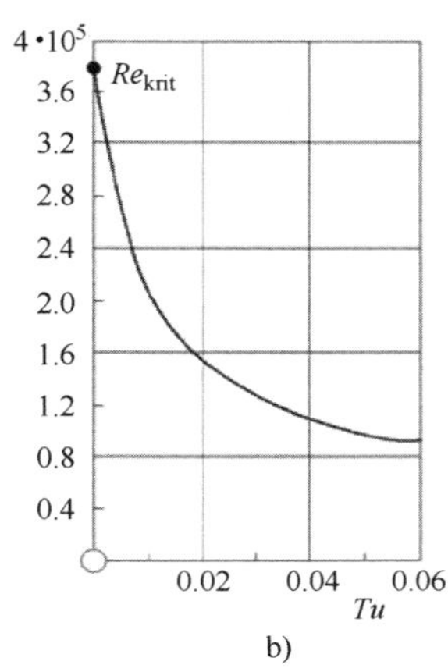

图 2.44　粗糙度和涡旋对临界雷诺数的影响

a）砂糙表面和高尔夫球的 C_D 曲线　b）临界雷诺数与外流湍度 Tu 的相关性。据 Hucho，2011a

来流中存在的涡，也会使临界雷诺数前移。如图 2.44b 所示，无涡时（例如静止的空气中的自由飞行），得到的临界雷诺数是 $Re_{krit}=3.8\times10^5$；该值随着湍度的增大而减小；当湍度为 $Tu=0.5$ 时，临界雷诺数已经降低到 $Re_{krit}=1.0\times10^5$（Hucho，2011a）。临界雷诺数 Re_{krit} 对于湍度 Tu 的这种突出的敏感性，在风洞中被用于来流湍度的测量。

2.3.5.4　流线体

就所谓流线体来说，其造型完全按照空气动力学的观点来进行，使得流线尽可能地顺从理想势流的流线展开，以致在理想情况下，该物体只有摩擦阻力。在流线体上，边界层效应通过造型来掌控，以避免分离，而且涡旋仅仅只是在具有正面效果也就是在物体的尾部压力上升的地方产生。

作为例子，图 2.45 显示了这样的一种物体，以及它按照势流理论计算和试验测量得到的压力分布（据 Schlichting，1965）。该物体有一个倒圆角的前端，它能使边界层均匀加速，以便边界层在开始时一直保持层流状态。它的最粗处是这样设计的：以明显的压力最小值开始，压力一开始急剧上升。这里的压力变化具有这样的特点，即边界层湍流最迟在此处积极有效地生成，以避免层流分离或者是分离泡的形成。此后向着物体的尾部，压力缓慢、持续稳定地升高。而此时的湍流边界层能够不费力地克服这种压力的升高。这样，分离和尾涡区的形成直到物体的尾端才发生。在尾端，由于压力恢复不足而出现的轻微死水负压，得不到有效的作用面，以致该物体几乎没有压阻。采用这种方式，能实现非常低的 C_D 值。根据 Schlichting 和 Truckenbrodt（1969），翼型剖面的该 C_D 值可以利用下面这个简单经验的公式

$$C_D = 2c_f\left(1+2.5\cdot\frac{d}{l}\right) \tag{2.113}$$

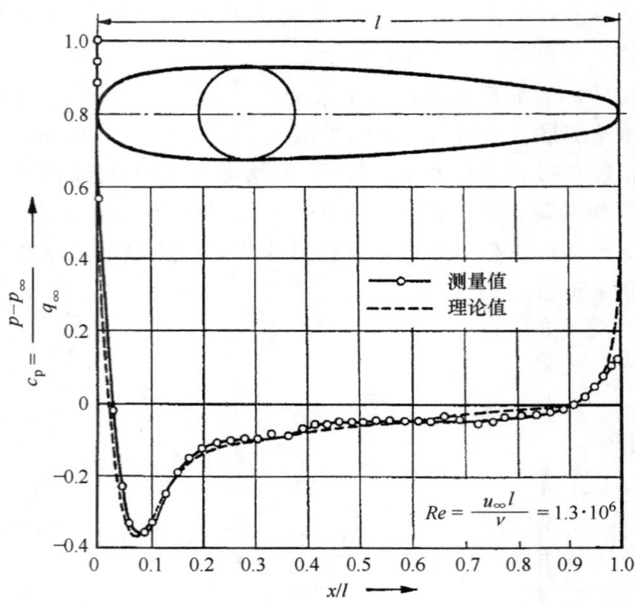

图 2. 45　一种流线体表面的实测和理论压力分布。据 Schlichting 和 Truckenbrodt，1969

来估计。Hoerner 则给出了以下公式来估计细长旋转体的 C_D 值：

$$C_D = 2c_f\left[3\frac{d}{l} + 4.5\left(\frac{d}{l}\right)^{\frac{1}{2}}\right] \tag{2.114}$$

式中，d/l 是物体的厚度或者直径与长度之比；c_f 是纵向来流平板的湍流摩擦系数，见式（2. 107）。因此，与钝体相比较，可以实现的阻力系数事实上是非常低的。比如说，对于图 2. 45 所示的 $d/l = 0.2$ 的旋转体，当 $Re = 10^7$ 时，由式（2. 114）计算得到的 C_D 值为 0. 05。该值与一个迎风面积小于该旋转体的迎风面积的二十分之一的圆盘的 C_D 值相当。

除此之外，人们还可以通过将最粗处尽可能地向后移动，从而也使最小压力处尽可能地后移，达到使层流的起始段长度最大化（所谓层流断面）的目的。不过，这有一个限度，因为当物体的后段因为太粗而压力急剧上升，以致湍流边界层不能克服它时，会出现边界层分离。在（旋转体后段尺寸）太细和太粗之间，存在一个最佳值，它必须通过合适的设计手段来发现。通过这样的方法能够实现怎样的压力系数，图 2. 46 中和一个具有相同阻力系数的圆筒一起显示的层流断面例子 NACA 634 - 021 给予了说明（Schlichting 和 Gersten，2006）。于是，厚度 $D = 20\text{cm}$ 的滑翔机机翼断面的阻力与一根直径只有 1. 2mm 的钢丝的阻力相等。

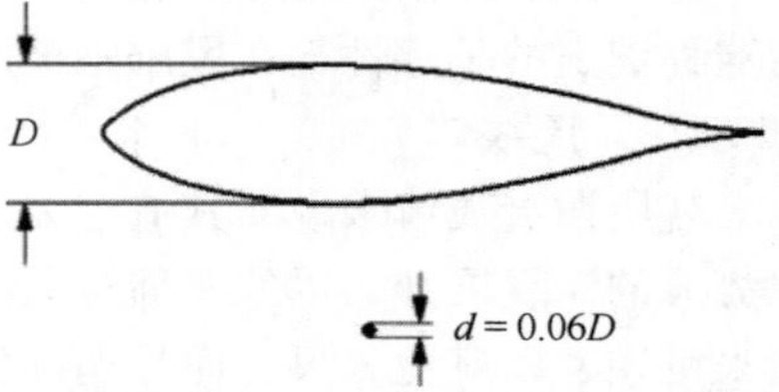

图 2. 46　层流断面 NACA 634 - 021 与同等阻力圆柱体的尺寸比较。据 Schlichting 和 Gersten，2006

在飞机制造中，空气动力学是那种绝大多数其他方面的要求都必须臣服的“至尊规条”；在其他的应用领域就不是这样了，诸如汽车制造中。在这里，有无数个技术类型的或者非技术类型的补充条件。它们常常凌驾于空气动力学的要求之上，进而使得理想化流线形体的实现成为不可能。因此，绝大多数汽车的形状是有着明显高阻力系数的钝体。即使是在这样的情况下，正如第 4. 5 节所详细介绍的那样，一些在流线体上获得的物理知识，仍然能够在有目的的外形和细节优化中得到应用。

2.3.6 多体系统

如果多个物体处于同一流动过程中，它们的压力场和速度场便可能相互作用，以致各个物体的阻力因为它们之间的相互作用而受到正面或者负面的影响。在汽车空气动力学过程中，这样的影响会出现在例如存在地面效应、在车身上添加附件时或者在车队式行进和超车过程中。另外一个例子是汽车和地面之间的相互作用。人们利用所谓干涉阻力来把握这种相互作用

$$\Delta F_W = F_{W_{1+2}} - (F_{W_1} + F_{W_2}) \tag{2.115}$$

它表示系统总阻力 $F_{W_{1+2}}$ 与受自由来流作用的各个物体的阻力 F_{W_1}、F_{W_2} 之差。由相互作用的类型所决定，干涉阻力可能是正的、负的或者为零。这里，细长物体和钝体的反应相差很大，这一点应该通过一些基本的例子来给予说明。有关这一主题的大量介绍可参见 Hoerner（1965）和Hucho（2011a）。

2.3.6.1 并行的流线体

如果把两个流线体并排放在一起（图 2.47），所形成的流动过程可以看作地面效应的简单模型，因为这一位置关系是镜像原理的一种实验性实施（第 2.2.2.3.2 节）。它也近似地说明了在超车过程中，当两辆汽车并排行驶时，车与车之间的相互作用。

如果两物体侧面间彼此的距离很大，那么它们之间没有影响，它们各自的阻力与物体单独时的阻力相同。随着它们之间越来越靠近，阻力升高；当两物体相接触时，阻力达到最大值。因此，这种情况下的干涉阻力［式（2.115）］总是正的。阻力增加的一个非常重要的原因在于，一方面，随着两物体相互之间的距离越来越小，其间的流动不断加速，作用在相对的两侧的负压随之不断升高。这不仅因为文杜里效应造成两物体间的相互吸引（第 2.2.2.3.2 节），而且使得尾部的压力上升更陡，进而使流动发生分离。另一方面，随着两个物体不断靠近，它们表现得越来像一个具有两倍直径的单个物体，在两物体相邻侧面的尾部，压力急剧升高，以致使得这里也发生分离。这个例子很清楚地说明，人们不可能简单地将航空工程中被证明行之有效的形状“放到轮子上”来就能够获得有利的汽车外形（参见第 1.2 节）。但是，将物体的底面整平，人们还是能够明显地改善这种状况。

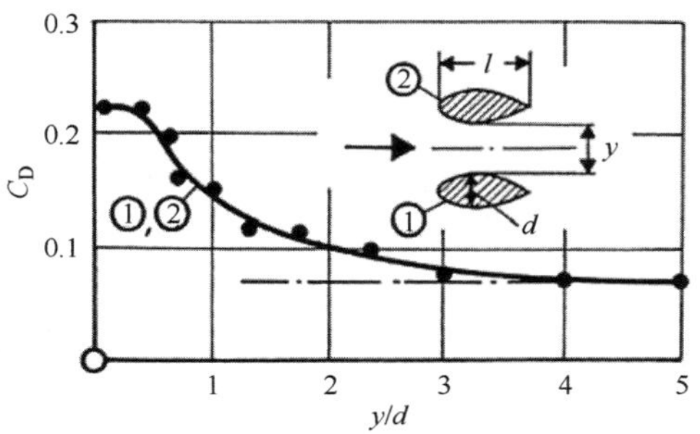

图 2.47 并排的细长物体的阻力系数。据 Hoerner，1965（$Re = 4 \times 10^5$，细长比 $d/l = 1/3$，单个横截面的阻力系数为 $C_D = 0.07$）

2.3.6.2 前后相邻的流线体

如果把两个流线体摆放成一个跟随另一个的形式（图 2.48），那么当二者相距很远时，相互之间也没有影响。这也就是说，两个流线体的阻力系数是相同的，就等于各自在自由风流中的阻力系数。随着二者的距离逐渐减小，前方流线体的阻力回落，因为此时它处于后方流线体滞流区的影响之中。当二者的距离很小时，前面流线体的阻力甚至出现负值，亦即它会受到后面流线体的推动。不过，由于后面的流线体所带来的影响，前面流线体上尾部的压力上升变得更为剧烈，以

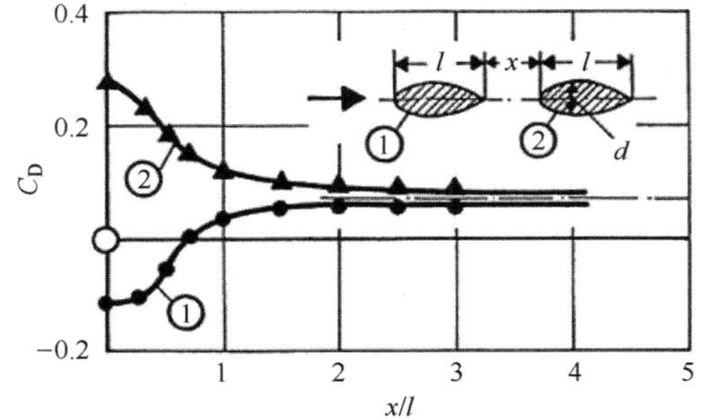

图 2.48 前后跟随的细长物体的阻力系数。Hoerner（1965）（$Re = 4 \times 10^5$，细长比 $d/l = 1/3$，单个横截面的阻力系数为 $C_D = 0.07$）

致流动会分离。流动的分离会削弱（后面流线体的滞流区）对于前面流线体的有利效果。

与此同时，后面流线体的阻力上升，因为它的边界层受到前面流线体的尾流的影响。其原因是它的边界层接受了（来自于前面流线体的）能量微弱、已经被减速的流体，进而变得对于分离更为敏感。就像在图2.48中看到的那样，后面流线体阻力的上升近似地等于前方流线体阻力的下降。这样，由式（2.115）得到的这种位置关系时的干涉阻力近似为零。

2.3.6.3 前后相邻的钝体

与细长的流线体相比较，钝体之间的相互作用要复杂得多，因为除了影响到压力场和尾流之外，还有尾涡区的影响。图2.49a表示两个具有相同直径的圆盘处于前后跟随位置时的阻力变化曲线。当后面的圆盘与在它前面的圆盘相距甚远时，前面的圆盘几乎完全不受后面圆盘靠近时影响；而后面的圆盘此时已经位于前面圆盘的尾涡区内，所以它的有效来流速度降低，进而其阻力也降低（“避风效果”）。随着二者相互继续靠近，后面的圆盘最终跌入前面圆盘的死水负压场内（参见第2.3.5.1节）。该负压场在后面圆盘的前端作用的负压，变得比作用在它后侧的负压还要大，以致它的阻力变成负值。与流线体的表现完全相反，在这里，后面的圆盘会被前面的圆盘所拖拽；在此过程中，前面的圆盘几乎感受不到任何影响。当两圆盘进一步时靠近时，这种效果又会消失，直至它们最终贴在一起时，后面圆盘的阻力归于零。对于所有不同的前后距离来说，整个前后跟随的位置关系的干涉阻力按照式（2.115）计算都是负值。

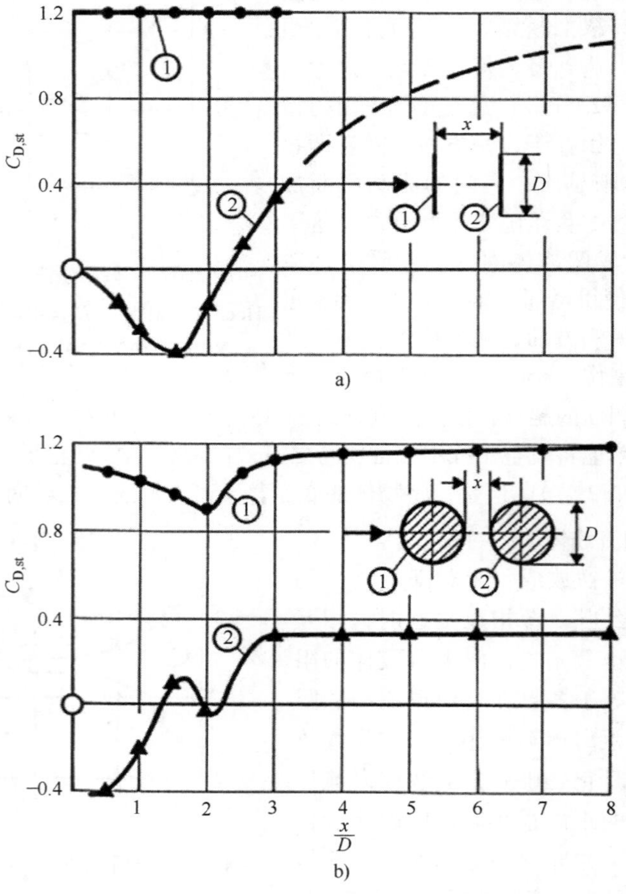

图2.49 前后跟随的钝体的阻力系数。据Hoerner，1965

a）圆盘 b）圆柱体

两个前后跟随的圆柱体的绕流情形，与两圆盘的绕流特征相似（图 2.49b）。在此处讨论的亚临界流动的情形，还有尾涡区的造涡作用和与此紧密联系在一起的对于层流 - 湍流转换的影响。当二者相距比较远时，后面的圆柱体已经位于前面圆柱体湍态的尾流之中，因此后面圆柱体的边界层同样是湍态的；但是，前面圆柱体的边界层仍然保持为层流。除此之外，与两圆盘的情形不同，当两圆柱体的距离很近、后面的圆柱体从前面圆柱体的尾流区已经进入它的尾涡区时，前后两物体之间就会发生一定程度的相互作用。此时，和两个流线体的情况类似，由于后面钝体的滞流区作用，使得前面钝体的阻力减小了。

2.3.7　过流的管系

2.3.7.1　有摩擦和能量输入的流线理论

和通常需要做多维处理的绕流问题不同，在研究过流的管路系统时，人们往往只是采用准一维的研究方法就可以了。在这些管系中，经常是把构造复杂的流道看成是流管，用流线理论来处理。为此的前提条件是：所有垂直于主流方向的流动参量的变化都可以忽略不计，这样，在流管内的每一条流线上，都可以看成是具有在流管截面上平均的相同流速。

在流管内的流动中，在无摩擦的外流和边界层之间一般不可能出现分界面；摩擦过程更多地遍布于整个流管内部。因此，在第 2.1.8.3 节中介绍的无摩擦流线理论，对于处理实际工程问题完全不适用了。该理论必须就处理由摩擦引起的流动损失的相应项和处理通过流体机械（通常是像泵、鼓风机、压缩机这样的做功机械）输入机械能的相应项进行补充。

因为进入过流元件的流量 $\dot{V} = v \cdot A$ 同样又必须离开它，所以当横截面给定时，流出和流入的速度通过连续性方程来确定。这也就是说，能量的输入和释出不会以速度变化（动能）而是以压力变化（势能）的形式表现出来。所以很明显，表征了无摩擦流动的能量原理的伯努利方程［式（2.48）］，必须增加相应的压力项。如果以 Δp_M 表示因机械能的输入而引起的压力变化、以 Δp_V 表示因摩擦损失引起的压力变化，那么，对于流入截面为 1 和流出截面为 2 的流管（见图 2.50a），伯努利方程扩展成为

$$\frac{\rho}{2}v_1^2 + p_1 + \Delta p_M = \frac{\rho}{2}v_2^2 + p_2 + \Delta p_V \tag{2.116}$$

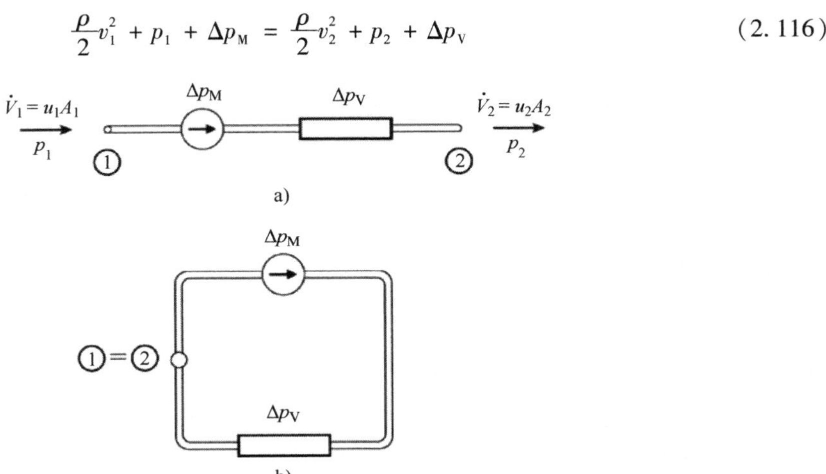

图 2.50　包含了由摩擦引起的压力损失 Δp_V 和由能量输入带来的压力增加 Δp_M 的流线

a）开式流段　b）闭式流环

而连续性方程保持不变，仍然是

$$\dot{V}_1 = v_1A_1 = v_2A_2 = \dot{V}_2 \tag{2.117}$$

汽车上由一台鼓风机驱动的通风系统是线性流段的一个简单例子。当风流流过空调系统和汽车（座舱）时，出现总压损失 Δp_V。它由许多串联或者并联的单个压损单元所组成。对此适用的规则将在第 2. 3. 7. 4 节中介绍。

这类的管段也可能组合成极其复杂的网络，从而在某种意义上是扩展的流线理论的基础。如果起点 1 和终点 2 重合，则形成一种特殊的情况。于是，呈现为一种闭合的流环。对于这种流环，公式（2. 116）变成这一简单的形式：$\Delta p_M = \Delta p_V$。也就是说，通过流体机械输入的能量，正好等于因为摩擦所引起的能量损失（图 2. 50b）。这样的一个简单例子，是水冷式内燃机的闭式冷却循环。

2. 3. 7. 2 过流元件的压损

根据第 2. 3. 1 节介绍的雷诺相似定理，过流的元件、甚至是在一套完整的设备中，摩擦所造成的压损仅仅取决于雷诺数，因此必须能够借助滞流压力 $\rho v^2/2$ 来进行标定，以便包含适当的参考速度 v 和仅仅与雷诺数有关的压力损失系数 $\xi(Re)$ 的无量纲表达式

$$\frac{\Delta p_V}{\frac{\rho}{2}v^2} = \xi(Re) \tag{2.118}$$

起作用。许多标准元件的 ξ 值在有关的手册（Hoerner，1965；Czichos 和 Hennecke，2007）中列表可查，或者也会由这些元件的制造商提供。这里尤其感到方便的是，在大多数情况下，ξ 值与雷诺数无关，因此（如同钝体 C_D 值的情形）给出元件唯一的特征标号就足够了。基础性设备构造元件的压损系数近似值将在第 2. 3. 7. 5 节介绍。

对于某些研究工作来说，适宜于找到压力损失与流量的相关性，总结出流动阻力中与元件相关联的参数。利用式 $\dot{V} = v \cdot A$，人们由公式（2. 118）得到

$$\Delta p_V = \frac{\rho}{2}R\dot{V}^2 \tag{2.119}$$

其中

$$R = \frac{\xi(Re)}{A^2} \tag{2.120}$$

如果把元件上的压力差看成是电阻上的电压降，那么该式就具有了与欧姆定理类似的结构。于是，流量对应于电流，不过，这里存在的是压力差 Δp_V 与流量 $\dot{V}$ 的二次方相关性。

2. 3. 7. 3 设备的特征曲线和工况点

如果工程实践中整个设备的流动阻力 R_{ges}，以及流线上截面 1 和 2 的状态是已知的，则此时的典型性任务，绝大多数情况下是计算所需要的工作压力 $\Delta p_M(\dot{V})$。对 Δp_M 解方程（2. 116），于是考虑到式（2. 119）后得到

$$\Delta p_M = (p_2 - p_1) + \frac{p}{2}(v_2^2 - v_1^2) + \frac{\rho}{2}R_{ges}\dot{V}^2 \tag{2.121}$$

而且，如果 R_{ges} 与雷诺数无关，就得到一条抛物线型的设备特征曲线 $\Delta p_M(\dot{V})$。从图 2. 51a 可以看出，当流动损失增大时（例如通过控制元件所操纵的节流），该曲线的斜率会升高；而其起点，则是对应于封闭流环这一特例的曲线图的原点。

流体机械制造商提供流体机械的特征曲线 $\Delta p_M(n, \dot{V})$。该特征曲线给出在流体机械上建立的、与流量和转速 n 相关的压力 Δp_M。此时，根据机械制造方式的不同，人们把两类基本的特征曲线区别开来（Czichos 和 Hennecke，2007）。在不可压缩流体情况下，所谓容积式流体机械（例如活塞泵、齿轮泵、隔膜泵）提供一个由工作容积和转速所具体地确定的流量（图 2. 51b）。当流动的（压力）损失升高时，在压力急剧上升条件下，流量被迫维持不变，以致在节流过于猛

烈的情况下，设备甚至有可能发生破坏。对于所谓的流体机械（例如风扇、空气压缩机、离心泵）来说，输入的能量是由旋转叶轮传递给流体的。对应于恒定的转速，这些流体机械的特征曲线是开口向下的抛物线形（图 2. 51c）。当流动的（压力）损失升高时，压力上升，流量下降。当充分节流时，流量 $\dot{V}$ 可以降低为零；与此同时，压力则与容积式流体机械的情形不同，保持为有限的值。

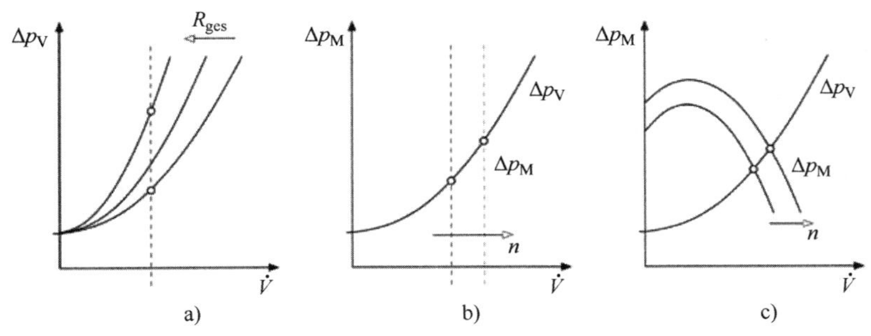

图 2. 51　设备和流体机械的特性曲线

a）与流动阻力相关的各种设备特性曲线　b）与容积式流体机械特性曲线　c）流体机械特性曲线

设备的特性曲线与流体机械特性曲线的交点，就是所谓设备的工况点。工况点必须这样选择，即保证任何时刻的流量，而且设备内任何地方出现的压力都低于结构所决定的安全上限。在考虑到与结构和工况相关的效率 $\eta < 1$ 的基础上，流体机械所提供的功率 p_M确定为

$$p_M = \frac{1}{\eta}\Delta p_M \dot{V} \tag{2.122}$$

同样，它也由制造商以特征曲线的形式提供。

2. 3. 7. 4　压损单元的串联和并联

一般来说，一个过流的系统并非只是含有唯一一个流动阻力元件，而是类似于电路，可能包含压阻元件的串联和并联。对应的相互关系，可以借助公式（2. 120）所定义的流动阻力方便地推导出来。

当流动阻力元件顺序排列时（图 2. 52a)，压损相加，而所有的结构元件由同样大小的流量流过。据此，由公式

$$\begin{aligned}\Delta p_V &= \Delta p_{V_1} + \Delta p_{V_2}\\ &= R_1\frac{\rho}{2}\dot{V}^2 + R_2\frac{\rho}{2}\dot{V}^2\\ &= R_{ges}\frac{\rho}{2}\dot{V}^2\end{aligned} \tag{2.123}$$

人们得到串联时的总阻力为

$$R_{ges} = R_1 + R_2 \tag{2.124}$$

这与电阻的串联相对应。

当两个流动阻力元件并行排列时（图 2. 52b)，两流动阻力元件上存在相同的压力损失，而流量 $\dot{V}$ 分解为两个分流量 $\dot{V}_1^2$ 和 $\dot{V}_2^2$ 。由等式

$$\begin{aligned}\dot{V} &= \dot{V}_1 + \dot{V}_2\\ &= \sqrt{\frac{2}{\rho}\frac{\Delta p_V}{R_1}} + \sqrt{\frac{2}{\rho}\frac{\Delta p_V}{R_1}}\end{aligned}$$

$$= \sqrt{\frac{2}{\rho}\frac{\Delta p_{\mathrm{V}}}{R_{\mathrm{ges}}}} \tag{2.125}$$

给出并联时的总压阻为

$$\frac{1}{\sqrt{R_{\mathrm{ges}}}} = \frac{1}{\sqrt{R_1}} + \frac{1}{\sqrt{R_2}} \tag{2.126}$$

它与对应电阻计算公式的区别在于平方根号。在这里，平方根号的出现是由“电压”和“电流”之间的平方相关性所致。

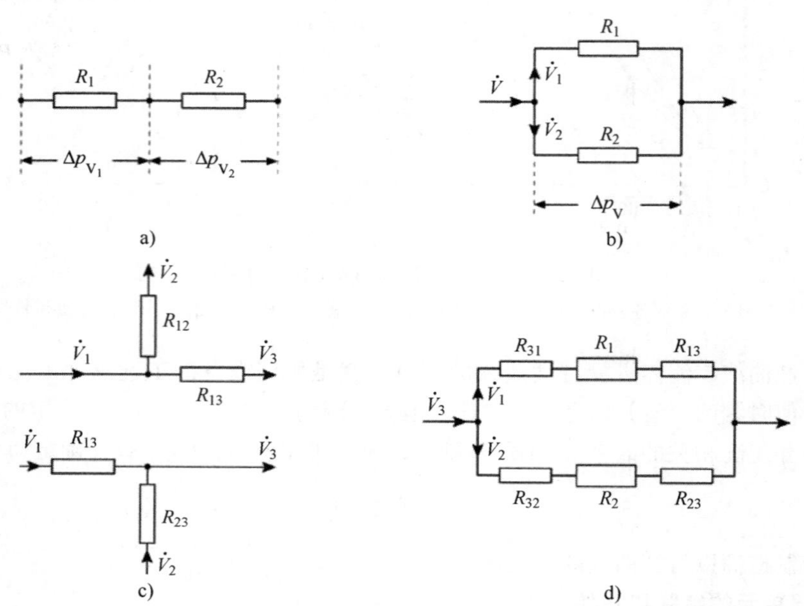

图 2.52　压损元件的等效连接图

a）串联　b）并联，无压损分支　c）分支压损　d）并联，有压损分支

与电流的情形不同，当流体在流动过程中遇到分流和合流时，同样也会出现压力损失。此时，每一处分流都承受一部分压损。正因为如此，在等效图（图2.52c）中，从流路 $\dot{V}_i$ 向流路 $\dot{V}_j$ 过渡时出现的阻力 R_{ij}，必须添加到相应的支流（路）上。于是，并联流动的等效连接图在经过适当的调整之后，成为如图2.52d所示的形式。因此，并联的总阻力，通过串联和并联公式的组合应用来计算。不过，需要同时注意分支压阻的流量相关性（第2.3.7.5.5节），所以计算必须迭代式进行。

2.3.7.5　设备元件的压损系数

在过流元件中出现压力损失的原因，可以简单地以造成绕流物体阻力相同的物理机制来解释：壁面上的摩擦、分离和涡旋。因此，以下章节的重点，更多的是说明这些压力损失的机理，而不是给出那些不仅仅与雷诺数有关，而且与诸如组件的几何尺寸、壁面的性态等许多细节有关的准确压力损失系数。而且一般来说，对每个单一的组件，这些系数都必须经由费时费力的试验来测定。因此，普遍性地适用的系数，仅仅只是在简单的几何参数条件下才有可能，例如圆筒形圆管或者卡诺扩散器（Carnot - Diffusor）。有鉴如此，下文所给出的压损系数，在多数情况下只能够用作进行比较性评价或者近似计算的基础。它们不能代替生产商或者有关参数表给出的更为准确的数值。

2.3.7.5.1　直线流动的压力损失

早在第 2.3.4 节中，已经就平板流和筒形圆管中流动的类似性进行了讨论。此时的这个圆管可以在几何上理解成卷成圆筒的平板。在管的入口段形成了一个边界层。在经过一定长度的入口段之后，边界层在管的中部连成一片，以致从此处开始，管截面在一定程度上由边界层所填充。于是，人们称之为充分发展的管流，在这种管流中，一直到压力线性下降，流动方向不会出现变化。因此，无量纲的压力损失系数必然与管长 L 和管径 D 之比成比例：

$$\xi = \lambda\left(Re, \frac{k}{D}\right) \cdot \frac{L}{D} \tag{2.127}$$

式中，$\lambda(Re)$ 是所谓管阻数。它与管壁剪应力 τ_W 成正比，因此它在量上与雷诺数 Re 和壁面粗糙度 k/D 的相关性，类似于平板边界层的摩擦系数 c_f。此时，管流的雷诺数

$$Re = \frac{u_m D}{v} \tag{2.128}$$

通常是用由流量 $\dot{V}$ 和过流截面面积 $A = \pi D^2/4$ 算得的平均流速 u_m

$$u_m = \frac{\dot{V}}{A} \tag{2.129}$$

来计算。

图 2.53 显示源于 Schlichting（1965）、由 Nikuradse 经过实验得到的砂糙管（砂粒直径 k_S）的（雷诺数与阻力数之间的）相互关系。$\lambda\left(Re, \frac{k}{D}\right)$ 在层流范围内（$Re<2300$），表达了纳维 - 斯托克斯方程的精确解的哈根 - 泊肃叶定理是适用的（Schlichting，1965）。它具有简单的无量纲形式

$$\lambda = \frac{64}{Re} \tag{2.130}$$

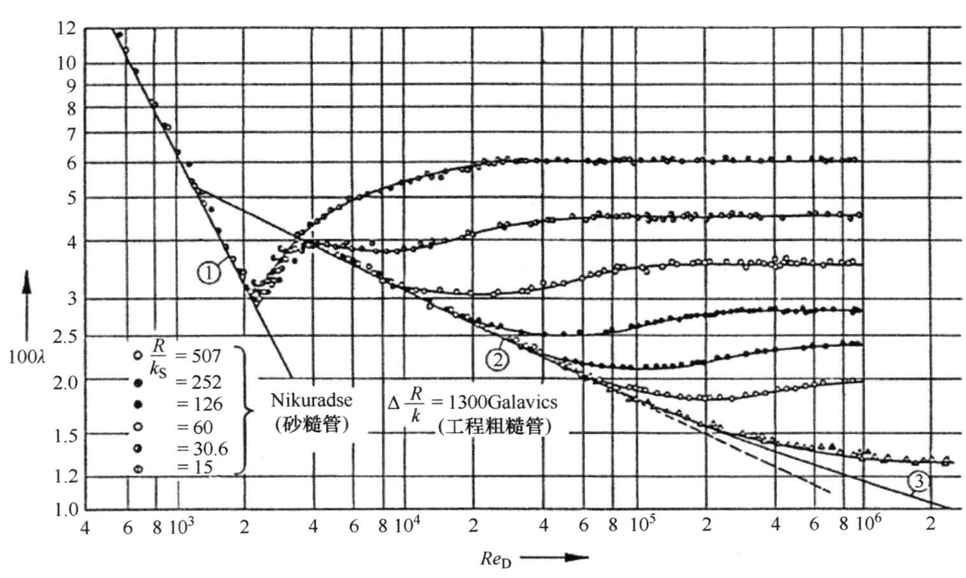

图 2.53　砂糙管的阻力数曲线图

曲线①：层流，式（2.130）；曲线②：按照 Blasius 的经验关系（Schlichting，1965）；
曲线③：按照式（2.131）的光滑管阻力。工程粗糙圆管的阻力数同样按式（2.131）计算

此时，阻力数与粗糙度无关，圆管表现为水力光滑。在湍流范围内（$Re>2300$），可以看出，砂

糙管的阻力数曲线在过渡区有一个拐点，而且在经过一个最小值之后汇入一条水平线。但是，由Galavics在工程粗糙的圆管上所获得的测量值，则是一条没有拐点的单调下降曲线。根据Eck（1961），这是因为，在砂糙度的情形，所有的粗糙元都具有相等的大小，从而当雷诺数升高时，它们同时从变薄的黏性底层突出出来；但是，在粗糙元具有统计学分布的工程粗糙度情形，首先只有很少的毛刺被湍性绕流所包围，而更小的粗糙元随后才逐渐显露出来。因为很多的工程应用正好处在这一范围内，根据Eck（1961），可以建议，湍流时的管阻数不是从图2.53中取得，而是按照一个由Colebrook所给出的公式进行计算。该公式是特别针对工程粗糙度所推导出来的，涵盖了光滑圆管和粗糙圆管的整个湍流雷诺数范围[⊖]：

$$\frac{1}{\sqrt{\lambda}} = -2\log\left(\frac{2.51}{Re\sqrt{\lambda}} + 0.27\frac{k}{D}\right) \tag{2.131}$$

在这里，对于粗糙度k/D，使用为大量工程上的重要表面列表的中值。根据这些列表，新管的典型粗糙度中值介于0到0.05之间。当受到严重污染时，则会升高到0.2，甚至更高（Eck，1961）。

在第2.3.4节已经提到的湍流对于几何问题明显的不敏感性，通过这一事实重新得到证明，即如果不是使用管径d，而是使用所谓的水力直径（即湿周—译者注）

$$D_h = \frac{4A}{L} \tag{2.132}$$

式中，A表示过流截面面积；L表示过流截面的周长。那么，Colebrook公式（2.131）不需要做任何变化，也能够应用于非圆形截面的管道（Eck，1961）。按照此式，对圆形截面得到$D_h = D$，而对于边长为a的正方形截面，就是$D_h = a$。

2.3.7.5.2　弯管的损失

在弯管中流动方向的变化，总是和（能量）损失联系在一起。转弯时，由于流线弯曲，出现了垂直于流动方向的压力梯度，以致与弯管入口处相比较，弯管外侧的压力变高，而弯管内侧的压力变低（图2.54a）。于是，壁面附近的压力升高导致流动的分离。在弯管的外侧，分离发生在进入拐弯处；在弯管的内侧，分离则发生在离开拐弯处。与此同时，拐弯时出现的离心力使得管道轴线附近快速的流体粒子向外偏转，而壁面附近慢速的流体粒子，则在压力梯度的影响下向内流动。这样，便出现了一个垂直于主流的环状二次流。该二次流因为分离效果进一步从主流中获得能量。能量损失总和再次体现在压力损失系数ξ中。

图2.54b显示了圆弧形弯管和肘形管的代表性压力损失系数值（Becker和Piltz，1995）。可以看出，流动的方向性变化越大，弯管的转弯半径越小，拐弯所造成的压力损失就越高。很显然，最高压力损失发生在长方形截面的肘管上。在肘管上，不仅分离效应，而且二次流效应都最为明显。

通过在适当的位置安装导流片，不仅有效地抑制流动分离，而且有效地阻止二次流，能够明显地降低肘管的压力损失（Zierep和Bühler，2010）。这一方法，例如在风洞的拐角处，得到应用。在那里，人们一方面努力地寻求节省的建造方式，另一方面又希望避免与大量能量消耗相联系的弯道损失。通过安装单个导流叶片，就已经能够将气流拐弯时的压力损失几乎减少一半（图2.54c），而安装一种适当横截面的叶栅，甚至能够使压力损失减少超出90%。除此之外，通过抑制二次流，风洞气流的质量也会得到明显的改善。

⊖ 这一隐式的λ计算公式是迭代式应用的。方法是：在公式的右边代入一个初始值，然后用每次的计算结果来重复这一过程几次。通常，这个简单方法收敛很快。

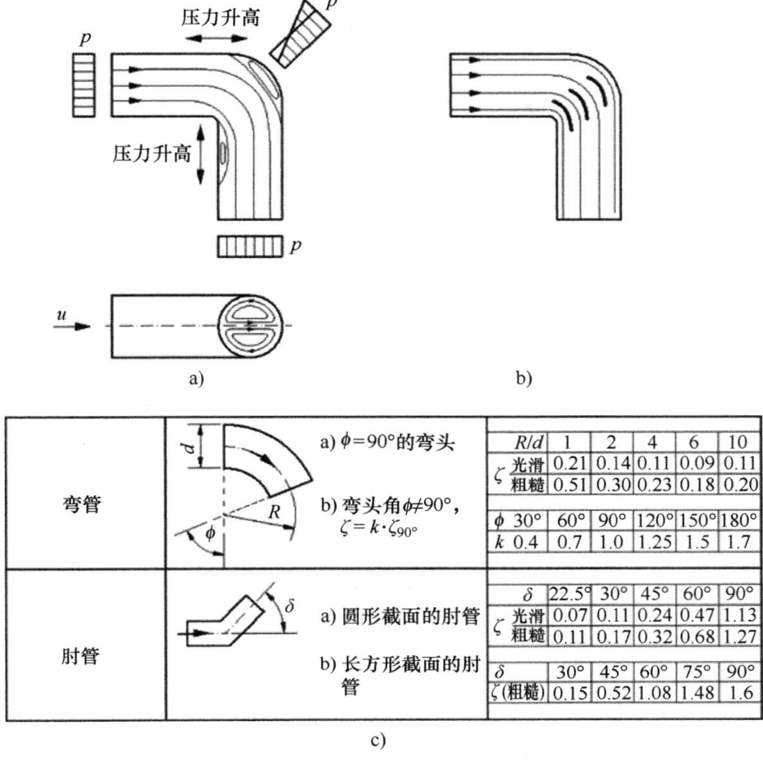

R/d	1	2	4	6	10
ζ 光滑	0.21	0.14	0.11	0.09	0.11
ζ 粗糙	0.51	0.30	0.23	0.18	0.20

ϕ	30°	60°	90°	120°	150°	180°
k	0.4	0.7	1.0	1.25	1.5	1.7

δ	22.5°	30°	45°	60°	90°
ζ 光滑	0.07	0.11	0.24	0.47	1.13
ζ 粗糙	0.11	0.17	0.32	0.68	1.27

δ	30°	45°	60°	75°	90°
ζ(粗糙)	0.15	0.52	1.08	1.48	1.6

图 2.54　弯管道的流动损失

a）弯管内的分离现象　b）弯管和肘管的压力损失（据 Becker 和 Piltz，1995）

c）使用导流片降低弯管道损失（据 Zierep 和 Bühler，2010）

2.3.7.5.3　变截面损失

截面增大　因为流动方向上的截面增大，流速降低，进而压力升高。这一类人们称之为扩散器的组件，总是严重地受到流动分离的威胁；即使是在很小的张角时，也会出现明显的压力损失。图 2.55a 给出了锥形扩散器与直径比 D_2/D_1 和由结构长度所决定的张角 φ 相关的典型压损系数 ζ 值（Becker 和 Piltz，1995）。人们看到，当张角从 4°增大到 10°时，损失已经增加一倍；如果继续增大到 12°，损失甚至接近原来的 4 倍。

截面积突然增大、$\varphi=90°$ 这一极端情形被称为卡诺扩散器（图 2.55b）。由于连续性条件所决定的流动变缓，扩散器同样会得到压力回升；不过由于流动的分离，同时出现很高的（能量）损失。借助动量定理（参见第 2.1.8.5 节），在忽略壁面摩擦的条件下，可以计算出理论压力损失系数为（Becker，1993）：

$$\zeta = \left(1 - \frac{A_1}{A_2}\right)^2 \tag{2.133}$$

对于小的截面面积变化来说，损失尚可以接受；当截面面积之比 A_1/A_2 减小，损失则会急剧上升。$A_2 \to \infty$ 时，压力损失系数达到最大，为 $\zeta=1$。这一特殊情况对应着壁面上射流的自由出流。在这种出流中，总的动能没有完全转换为压力的回升，而是弥散于周围的介质之中。

截面减小　当一个喷口的截面连续地减小时，流动加速，压力沿流动方向降低。因此，不存在流动分离的危险，不会出现压力损失（例外是有摩擦损失）。但是，这并不适用于截面突然收窄的情形。此时，由于截面突变前的阻滞，以及流过尖锐边缘时，会引起与截面积之比 A_2/A_1

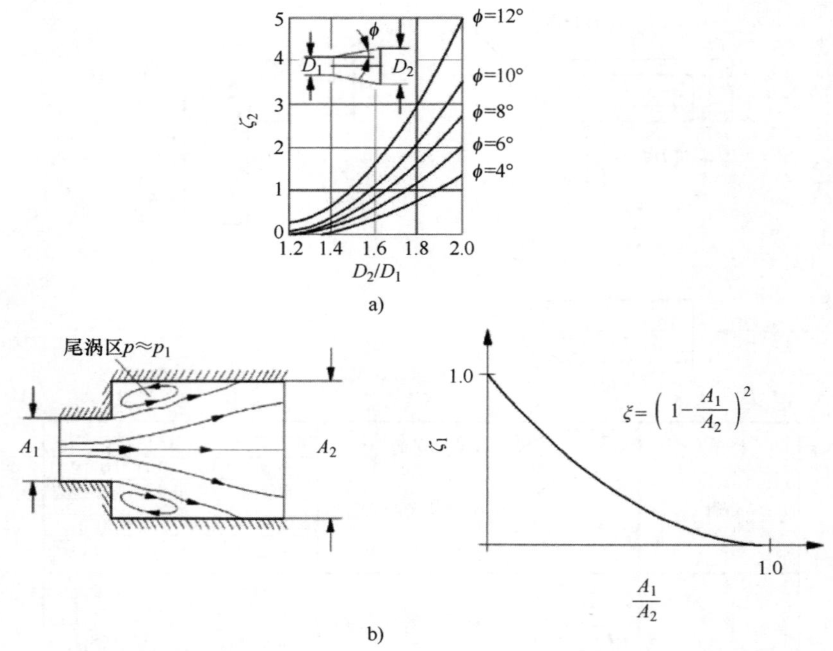

图 2.55　截面增大时的压力损失系数。据 Becker 和 Piltz，1995

a）截面逐渐增大（锥形扩散器）　b）非渐近式截面增大（卡诺扩散器）

相关的压力损失（图 2.56）。在这里，特殊情况 $A_1 \rightarrow \infty$ 相当于流入一个压力损失系数 $\zeta = 0.5$ 的具有尖锐边缘的入口。通过入口处的简单倒角，就已经能够将压力损失系数降低到 $\zeta = 0.2$，经过认真仔细的圆角化处理，还能将压力损失系数降低到 $\zeta \approx 0$（Becker 和 Piltz，1995）。

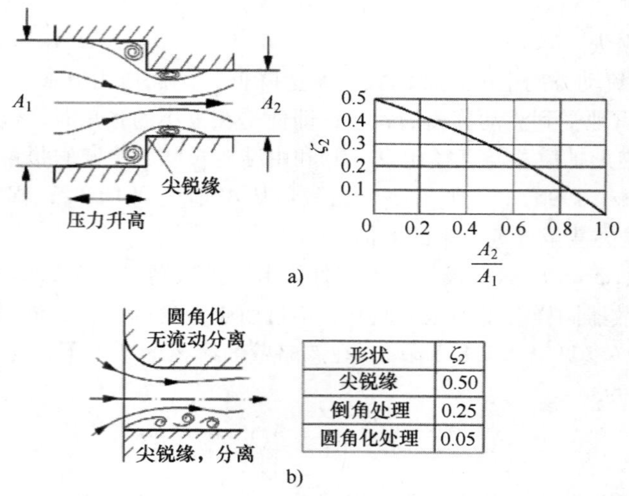

形状	ζ_2
尖锐缘	0.50
倒角处理	0.25
圆角化处理	0.05

图 2.56　截面非渐近式减小时的压力损失系数（据 Becker 和 Piltz，1995）

a）有限的截面面积之比　b）在 $A_1/A_2 \rightarrow 0$ 的极限情况下

2.3.7.5.4　附件和控制器件的损失

活门、滑阀和节流阀这样的附件，被用来调节、设定或者计量流道内的过流量。它们是障碍物，其绕流经常会导致分离现象的出现（图 2.57）。例如，滑阀或者节流阀前的拥堵，会导致这些流动障碍物前的流动分离。在通过截面变窄处之后随之而来的压力上升，不仅在这里提到的附件处，也在不会造成近壁面的堵塞效果的节流阀的情况下，造成带来压力损失的分离现象。此外，附件上只要是有尖锐棱边之处，就会出现流动分离。

尤其是在调节装置近乎关闭的状态，所造成的压力损失非常明显。如果没有设计上的特殊处理，调节装置的特性通常是非线性的（图 2.57）。

2.3.7.5.5　分流和合流损失

流动的流体在分流和合流时，产生复杂的分离现象和湍态的混合过程，在这些过程中，单一支流之间相互交换着能量。由于这些过程的进行与每个支流的参数紧密相关联，于是这里同样也适用与之相联系的损失系数 ζ_{ij}。如图 2.58 所示，这里的 ζ 也可以是负值，这也就是说，对于相应的支流来说，分叉点的作用就像是一个流体机械（喷射泵）。当两股液流以与被汇入的支流呈 90° 的夹角汇合在一起，而该支流明显地小于通过的主流时，这一作用尤为明显（Eck，1961）。

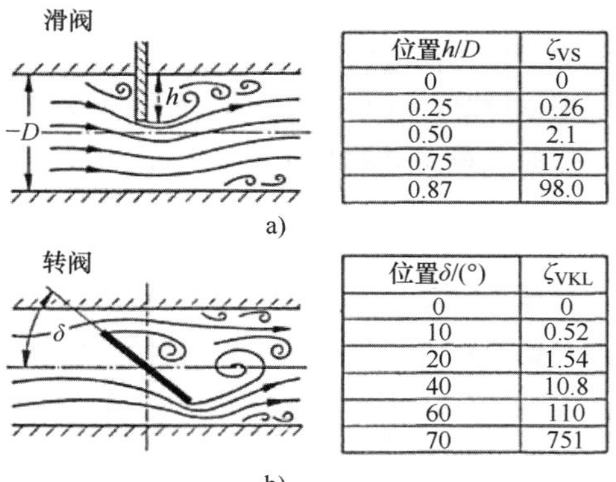

位置h/D	ζ_{VS}
0	0
0.25	0.26
0.50	2.1
0.75	17.0
0.87	98.0

位置δ/(°)	ζ_{VKL}
0	0
10	0.52
20	1.54
40	10.8
60	110
70	751

图 2.57　控制和调节器件带来的压力损失

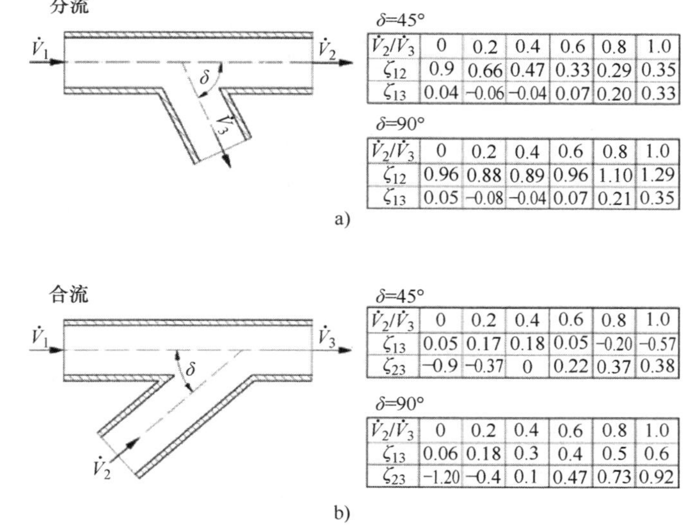

分流 $\delta=45°$

$\dot V_2/\dot V_3$	0	0.2	0.4	0.6	0.8	1.0
ζ_{12}	0.9	0.66	0.47	0.33	0.29	0.35
ζ_{13}	0.04	−0.06	−0.04	0.07	0.20	0.33

分流 $\delta=90°$

$\dot V_2/\dot V_3$	0	0.2	0.4	0.6	0.8	1.0
ζ_{12}	0.96	0.88	0.89	0.96	1.10	1.29
ζ_{13}	0.05	−0.08	−0.04	0.07	0.21	0.35

合流 $\delta=45°$

$\dot V_2/\dot V_3$	0	0.2	0.4	0.6	0.8	1.0
ζ_{13}	0.05	0.17	0.18	0.05	−0.20	−0.57
ζ_{23}	−0.9	−0.37	0	0.22	0.37	0.38

合流 $\delta=90°$

$\dot V_2/\dot V_3$	0	0.2	0.4	0.6	0.8	1.0
ζ_{13}	0.06	0.18	0.3	0.4	0.5	0.6
ζ_{23}	−1.20	−0.4	0.1	0.47	0.73	0.92

图 2.58　相同截面面积的管流中分叉所造成的流动损失。据 Eck，1961

a）分流　b）合流

2.4　附录

2.4.1　空气的密度和黏度

不考虑空气的湿度，则其密度与压力和温度相关，由理想气体方程

$$\rho_L = \frac{p}{R_L T} \tag{2.134}$$

计算。式中，

$$R_L = 287.0\frac{\mathrm{J}}{\mathrm{kgK}} \tag{2.135}$$

是空气的通用气体常数（物理学 – Hütte，1971）。图 2.59a 显示按照此式计算的在不同的大气压力条件下作为温度的函数的空气密度；其中，标准大气压力 $p = 101325\mathrm{Pa}$ 时的曲线被突出显示。

根据萨瑟兰模型（Sutherland – Modell），空气作为理想气体时的动态黏度，仅仅与温度有关，按照关系式（物理学 – Hütte，1971）

$$\mu_L(T) = \mu_{0L}\left(\frac{T}{T_0}\right)^{\frac{3}{2}}\frac{T_0 + T_S}{T + T_S} \tag{2.136}$$

进行计算。其中，$T_0 = 273.15\mathrm{K}$，$\mu_{0L} = 1.717\times10^5\mathrm{N\cdot s/m^2}$，称为参考状态；$T_S$是称为萨瑟兰温度的材料参数，对于空气，$T_S = 123.6\mathrm{K}$。

实际工作中更频繁地使用的是运动黏度 ν，根据定义

$$\nu = \frac{\mu}{p} \tag{2.137}$$

是压力和可以从式（2.134）和式（2.136）中计算得到的温度的函数。图 2.59b 给出了在不同大气压力条件下作为温度的函数、按上式计算得出的空气运动黏度值。其中，标准大气压力 $p = 101325\mathrm{Pa}$ 时的曲线被突出显示。

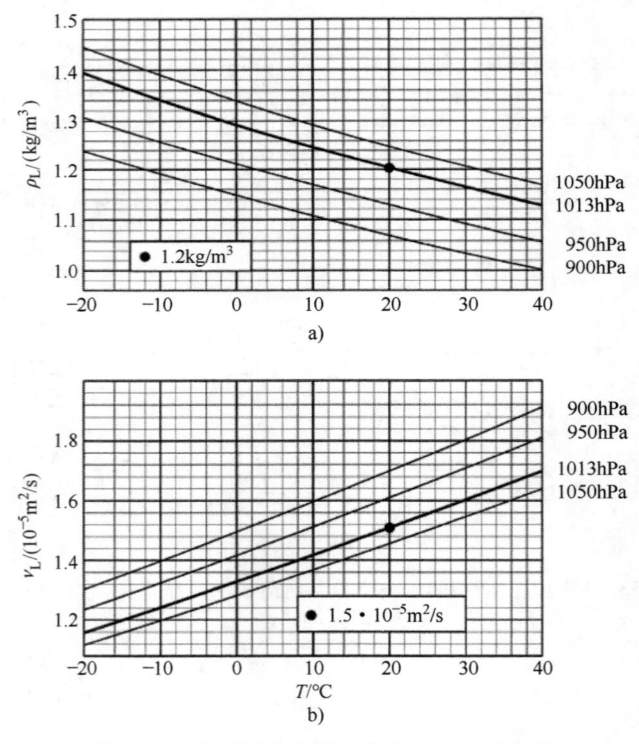

图 2.59　在不同大气压力条件下空气的密度

a）与运动黏度的关系曲线　b）与温度的关系曲线

2.4.2　压缩性的影响

在不可压缩空气动力学的应用中，人们常常面对这一问题，当给定的来流速度 u_∞ 变为某一特定值 u，估计压缩性所带来的空气的密度变化。尤其是在驻点，当然也在那些由于物体的阻滞

作用而出现超高速度的地方，速度的变化也在 u_∞ 的同一量级。

基础气体动力学（物理学 - Hütte，1971）给出了人们所熟知的、可压缩介质在沿一条流线的等熵状态变化中密度变化计算公式：

$$\frac{\rho}{\rho_0}=\left(1-\frac{\kappa-1}{2}Ma^2\right)^{-\frac{1}{\kappa-1}}=1+\frac{1}{2}Ma^2+O(Ma^4) \tag{2.138}$$

式中，马赫数 $Ma=u/c$ 描述了当地流速与当地声速

$$c=\sqrt{\kappa R_L T} \tag{2.139}$$

的关系。绝热指数 κ 仅仅取决于分子的自由度，对于像空气这样的双原子气体，其值取 $\kappa=1.4$。这里，静止密度 ρ_0 并不等于来流的密度 ρ_∞，而是等于驻点（$Ma=0$）的密度。对于汽车空气动力学中出现的绝大多数情况 $Ma\ll 1$，人们可以近似地采用式（2.138）的二次方近似值，而不是使用这一精确的关系式。

然而，式（2.138）并不特别适宜于快速地估计压缩性效果，因为如果不做补充性计算，一般来说，不仅静止密度 ρ_0，而且按照等熵关系（Zierep 和 Bühler，2910）

$$\frac{T}{T_0}=\left(\frac{\rho}{\rho_0}\right)^{\kappa-1} \tag{2.140}$$

同样随密度的变化而变化的当地声速 c，都是未知的。但是，如果将速度 u 代入与来流声速 c_∞ 的比例关系中，则借助公式（2.138）~式（2.140）易于表明，一直到更高阶的项，该参数的平方就等于马赫数的平方：

$$\left(\frac{u}{c_\infty}\right)^2=\left(\frac{u}{c}\right)^2\left(\frac{c}{c_0}\right)^2\left(\frac{c_0}{c_\infty}\right)^2=Ma^2+O(Ma^4) \tag{2.141}$$

于是，利用式（2.138）的近似平方值，得到与速度 u 相关的密度变化 $\Delta\rho$ 的一个非常简单关系式

$$\frac{\Delta\rho(u)}{\rho_\infty}=\frac{\rho}{\rho_0}\frac{\rho_0}{\rho_\infty}-1=-\frac{1}{2}\frac{u^2-u_\infty^2}{c_\infty^2} \tag{2.142}$$

应用此式，可以不需要大的计算花费而估计密度的变化。为了使得该式的实际应用更为简便，在图 2.60 中显示出利用公式（2.139）计算出来的、与温度相关联的空气中的声速。

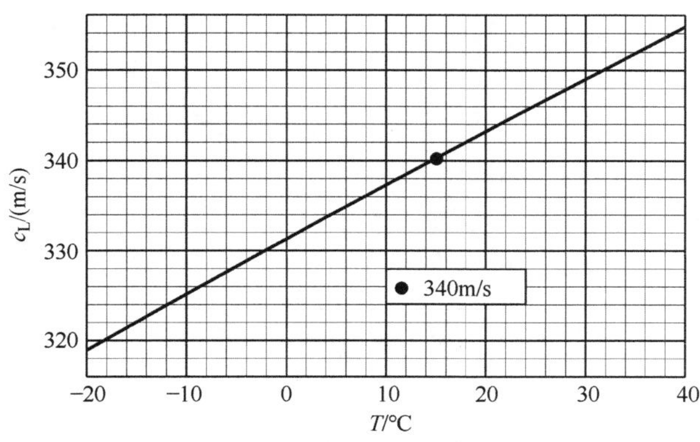

图 2.60　空气中的声速 c_L 与温度的关系

举例：一个圆筒的来流，其速度为 $u_\infty=50\text{m/s}$，温度为 $T_\infty=300\text{K}$，而且在圆筒的最粗处流速升高到 $u=2u_\infty=100\text{m/s}$［参见式（2.142）］。当声速 $c_\infty=347\text{m/s}$ 时，由式（2.142）得到驻点处（$u=0$）的密度升高 1.0 %；而在最高速度位置，密度下降 −3.1 %。因此，流场内可以预料的最大密度差为 4.1 %。

第3章　能耗和行驶性能

Teddy Woll[1]
沈乃和　译

3.1　空气阻力所占的比重

空气阻力在行车阻力中所占的比重和车速有很大关系。低速时空气阻力几乎可以忽略不计。在车速超过大约60km/h时，空气阻力所占的比重就超过了车轮的滚动阻力。在高速公路上正常行驶时，空气阻力成为行车阻力的决定性因素。这时空气阻力不仅对油耗，而且对车辆在高速时的性能（详见3.2节和3.3节）有很大的影响。发动机功率的增大提高了车的性能，因而进一步降低空气阻力的主要目的是减少油耗。多年来，德国乘用车的平均油耗不断下降[2]，而发动机的功率和车的自重则不断增加（见图3.1）。

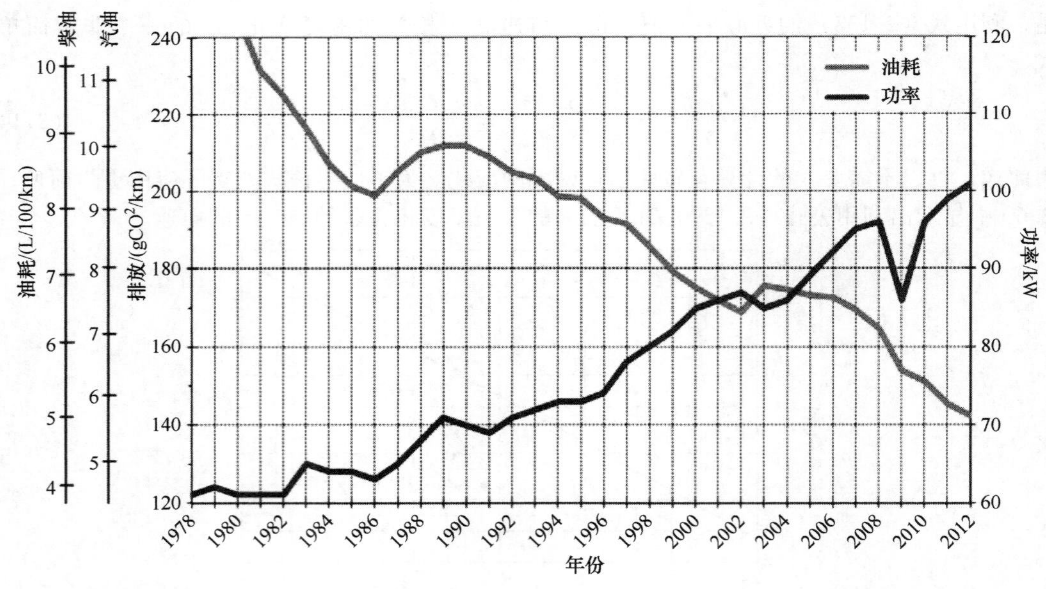

图3.1　德国生产的乘用车的平均油耗和发动机功率的变化（来源：VDA 2003和2012）

自重增加的原因有，对安全性和舒适性的追求，对不同的车采用相同的零件和平台以降低

[1] Teddy Woll，工学博士，在德国Sindelfingen的戴姆勒公司工作。

[2] 20世纪80年代末，由于采用了催化剂和“石油危机”结束，平均油耗有所增加（同时发动机的功率也大幅增加）。2009年的下降是由于政府补贴引发的换车潮。

成本[注]，采用功率更大的发动机，以及近年来采用的混合动力。虽然很多车型的自重增加不多（见图3.2a），有些车型则在六次换代之后自重几乎增加了一倍。自重增加的另一个原因是车变大了，尤其是变高了，如大大小小的厢式车、SUV和跨界车等。不过，这个几十年来的趋势正在改变，最近有些新车型又比上一代轻了。

迎风面积的增长趋势也相似（见图3.2b），其增长原因也差不多。如舒适性（头和手臂的伸展空间，尤其是后排的空间），安全性（尤其是侧撞的安全性），以及轻量化等。因为用轻量化材料（如铝合金）制造的承重结构（梁和柱等等）往往需要更大的截面。

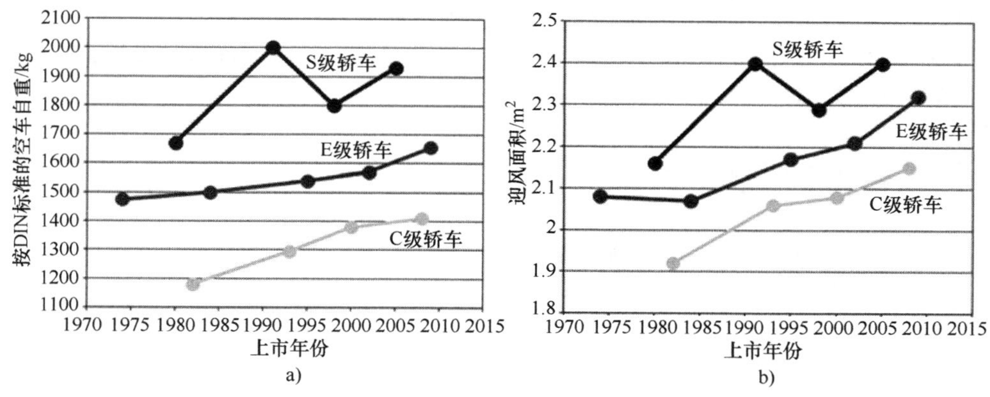

图3.2　a）奔驰轿车的重量和b）迎风面积的变化

有些汽车公司通过大幅度降低阻力系数 C_D 值，成功地弥补了迎风面积增大所带来的问题。例如，图3.2b中迎风面积增加最多的C级车，其 C_D 值从0.34降到0.30，又再降到0.26，使其阻力面积 $C_D \times A_x$ 在同期从0.65m²降到了0.54m²。

图3.3中 C_D 曲线的走向是一条渐进线。这说明，把 C_D 值降下来会越来越困难。这是因为：

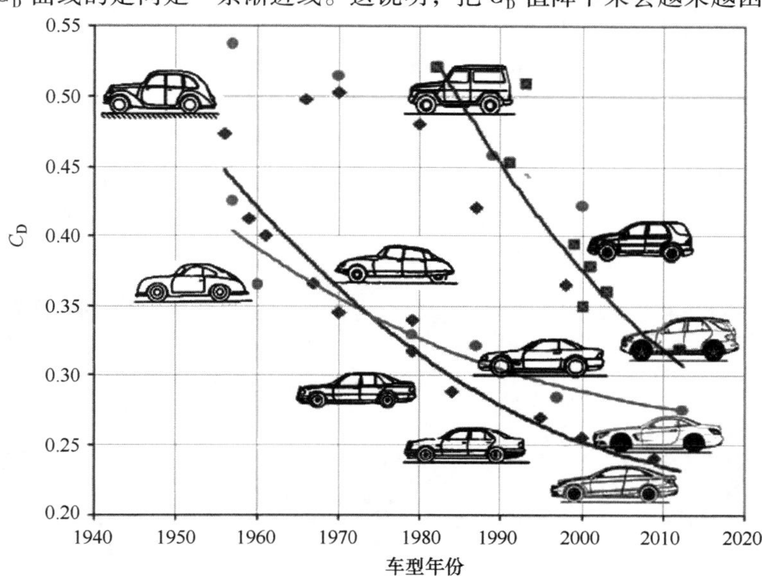

图3.3　各类主要车型的空气阻力变化趋势

[注] 对不同的车采用相同的零件和平台必须按最重的车进行设计，这使较轻的车和发动机功率较小的车的自重增加。

• 降低空气阻力的措施和对车的其他需求有冲突，比如车厢和后座宽度、车顶高度、更大车轮等。

• 自重的增加需要功率更大的发动机，从而需要更多的空气来冷却发动机，以及更宽的轮胎，轮胎直径增大不少，断面降低。

• 继续改进车底板和冷却所需空气的流道的可能性已经不多了。这将在3.7节中详细解释。

降低空气阻力只是图3.1中展示的每年平均油耗下降2%的部分原因。主要的原因是发动机和变速器的改进，以及通过改进轮胎而降低的车轮滚动阻力。

欧盟的目标是，到2020年把车的平均能耗降低到95gCO_2/km（参见图3.1，在3.8节中将详细解释）。这需要在降低能耗方面继续做很多工作。继续降低空气阻力将起到或者能够起到哪些作用，将在下文中仔细分析。

3.2 行驶阻力的理论

车辆在直行时受到四种外力的影响：

- 车轮的滚动阻力 F_R。
- 空气阻力 F_W。
- 斜坡力 F_H。
- 加速力 F_B。

滚动阻力和空气阻力造成的消耗是不可逆转的，但消耗的斜坡力和加速力原则上是可以逆转的。也就是说，在爬坡和加速时获得的势能和动能可以在混合动力车和电动车上部分地被回收。随着车辆的电动化，降低滚动阻力和空气阻力的重要性将会上升。

3.2.1 滚动阻力

滚动阻力主要由轮胎在滚动时变形损耗功引起，变形主要包括轮胎接触面和侧面的压缩和弯曲（约占80%～95%）。变形损失的大小取决于变形的幅度（车轮的负荷，轮胎内的气压等）和变形的频率（车速）。其次是轮胎和地面间的摩擦损失（约占5%）。另外，轮胎壁面的振动也会产生阻力与这部分阻力在高速行驶时所占的比重会上升。除此之外，车轴的几何形状（为了提高行驶稳定性采取的措施），车轮轴承及制动的摩擦也产生一部分阻力。还有，车轮转动时产生的气旋阻力可以占到15%，这部分阻力理论上应该属于空气阻力，但在测量滚动阻力时很难把这部分阻力分离出来（见图3.4）。

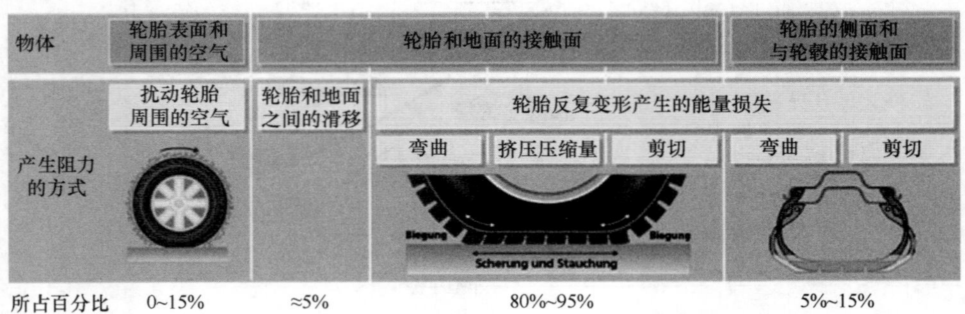

图3.4 决定滚动阻力的因素（来源：Leister，2009；Heißing 和 Ersoy，2007）

滚动阻力 F_R 和质量及驱动力的关系可用下式表达（单位是N）：

$$F_R = \mu_R \cdot \left(m_F g - c_A A_x \frac{\rho_L}{2} v^2\right) \tag{3.1}$$

式中，μ_R是滚动阻力系数；m_F是车的质量（kg）；g 是重力加速度（9.81m/s²）；c_A是升力系数。其他符号和式（3.2）相同。一般来说，车辆每根车轴的负荷不同，所以每根车轴的滚动阻力最好分别计算。由于车的前轴和后轴的升力系数一般也不同，速度增减也不同，分别计算就更有必要了（参见3.3节）。

滚动阻力系数并非常数，而是与负荷，轮胎内压力和温度相关，并且随着车速的提高而增大。增大的幅度和轮胎的构造有关。Y级的轮胎（最高允许车速300km/h）和W级的轮胎㊀（最高允许车速270km/h）的周边有加强筋，这在高速时可以减小轮胎的变形，从而减少滚动阻力系数的增大。但它们在较低车速时的滚动阻力系数比H级的轮胎（最高允许车速210km/h）和V级的轮胎（最高允许车速240km/h）要大一些（见图3.5）。

通过采用新型的橡胶（如硅橡胶）和新型的增强纤维（如克维拉，又译功夫龙），滚动阻力可以在未来降到0.7%以下。而且不影响轮胎的其他性能，例如使用里程、制动距离、附着力、侧向稳定性等。

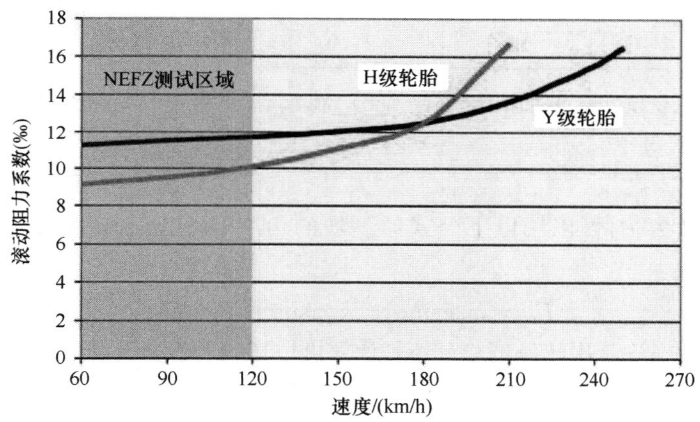

图3.5 不同轮胎的滚动阻力和速度的关系（来源：米其林，2005）

3.2.2 空气阻力

车辆的空气阻力主要产生于车辆前后的压力差（所谓的压阻，占80%以上），其次是车辆表面的摩擦阻力（小于10%）以及流过散热器、发动机舱和客舱的那部分空气的动量和摩擦损失产生的阻力（约10%）。这三部分阻力的和就是空气阻力（单位是N），它可以用无量纲系数 C_D 通过以下公式计算：

$$F_W = C_D A_x \frac{\rho_L}{2} v^2 \tag{3.2}$$

式中，A_x 是迎风面积（m²）；v 是速度（m/s）；空气密度 ρ_L 不是常数，而是与温度及压力相关，而这又受气候及高度的影响（参见图3.6a）：

$$\rho_L = 1.293 \frac{273}{T + 273} \frac{p}{1013} \left(\frac{\text{kg}}{\text{m}^3}\right) \tag{3.3}$$

式中，T 是温度（℃）；p 是空气的压力（mbar，1mbar = 100Pa）。

㊀ 轮胎的级别表示其允许的最高车速，由轮胎侧面标记的最后一个字母表示。在车辆的行驶证上有该车的最高车速（$v_{max,\ zul}$），选轮胎时要把车的最高车速再加上（$v_{max,\ zul} \times 0.01 + 6.5$）km/h 以保证安全。

在实际情况下，即使车速不变，迎面气流的速度也不是常数，因为它还受到自然风和周围其他车辆产生的人为风速的影响。所以迎面气流速度是车速和风速的矢量和。一般来说，侧风引起的阻力上升较小。这是因为，一方面小角度的侧风对 C_D 值的影响很小，另一方面其风速相对于车速来说也很小。例如，新的奔驰 B 级车（见图3.6b）在迎风斜角小于2.5°时，其对 C_D 值的影响是测不出来的。在角度为5°时，C_D 值会增加5%或8%，具体取决于偏向哪一侧。只有在角度更大时 C_D 值才会明显上升，但这种情况实际上很少遇到，参见4.2.4节。

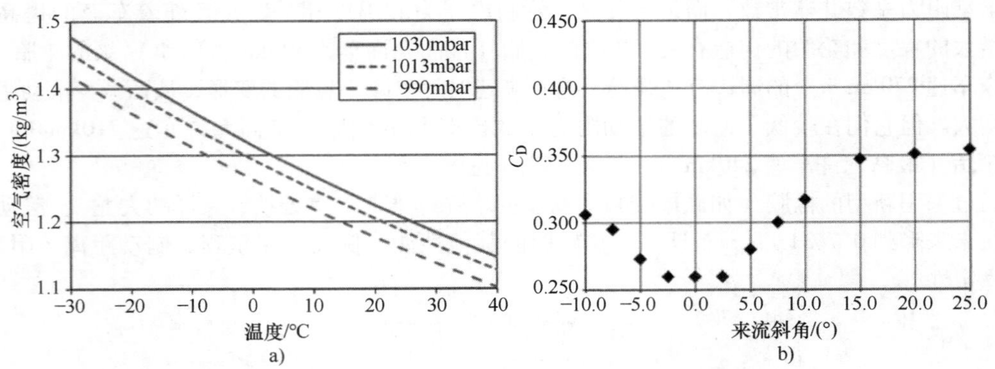

图3.6 a）空气密度和温度及压力的关系和 b）奔驰新型 B 级车的 C_D 值[㊀]和迎风斜角的关系

3.2.3 斜坡力

上下坡时的斜坡力 F_H 可以用以下公式通过坡的角度 α（°）或者坡度 N（用百分比表示，100% =45°）计算：

$$F_H = m_F g\sin\alpha = m_F g\sin(\arctan N) \tag{3.4}$$

在计算能耗时，不论是用转鼓试验台还是计算机仿真，目前都没有考虑坡度的影响。只有在某些特殊的实际路测，比如 AMS 路测（黑森林北部路测，参见3.5.7节）才给予考虑。在山区，也包括丘陵地区（如德国南部）和上下坡多的市内交通（如德国的斯图加特，见图3.7），车辆存储的势能对能耗有显著的影响。尤其是混动和电动车，因为它们能够在下坡时将势能转换成

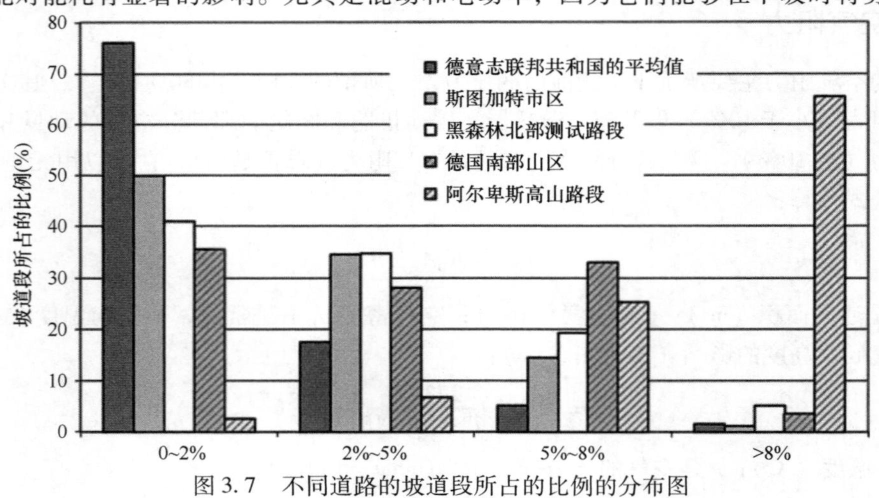

图3.7 不同道路的坡道段所占的比例的分布图

㊀ 在有迎风斜角的情况下，阻力系数用切向系数 C_T 表示（参见第4.2.4节）。特例是 C_T（0°）$=C_D$。

电能，这一影响不应被忽略。

3.2.4 加速力

经过加速，车辆储存了动能。这不仅仅是整车移动的动能，还包括车上所有在旋转的部件（车轮、车轴、飞轮、齿轮，以及发动机里的各个旋转部件）的转动动能。加速力 F_B（单位 N）可以近似地通过下式计算：

$$F_B = \left(m_F + \frac{J_R + i^2 J_M}{r_{stat} r_{dyn}}\right)\frac{dv}{dt} = m_{res}\frac{dv}{dt} \tag{3.5}$$

式中，J 为惯性动量矩（R 表示轮胎，M 表示发动机）（kg m^2/s^2）；i 为发动机和车轮的传动比；r 为轮胎的半径（stat 表示静态，dyn 表示动态）（m）。旋转部件的质量惯性动量矩的影响明显，考虑质量惯性动量矩后车辆的总质量 m_{res} 可以比车辆本身的质量大 30%。具体增幅与挂的档位（档位越低越明显）和旋转部件（发动机和轮胎等）的大小和质量相关。

3.2.5 行驶总阻力

总阻力 F_{Ges}（N）为各单项阻力的和：

$$F_{Ges} = F_R + F_W + F_H + F_B = \mu_R m_F g + C_D A_x \frac{\rho_L}{2} v^2 + m_F g \sin(\arctan N) + m_{res}\frac{dv}{dt} \tag{3.6}$$

行驶所需的总功率（W）是总阻力和行驶速度的乘积：

$$P_{Ges} = F_{Ges} v = (F_R + F_W + F_H + F_B)v \tag{3.7}$$

3.2.6 举例

现在举个例子来说明上几节中表述的各种力。一辆车的实际数据如下：

在匀速（$dv/dt = 0$）条件下，图 3.8 用两条曲线显示了恒定滚动阻力及空气阻力和车速的关系。作为比较，图中还显示了恒定加速度为 $1m/s^2$ 时（0—100km/h 需要 27.8s）以及坡度为 5% 时所需要的力。通过这些曲线可以知道：

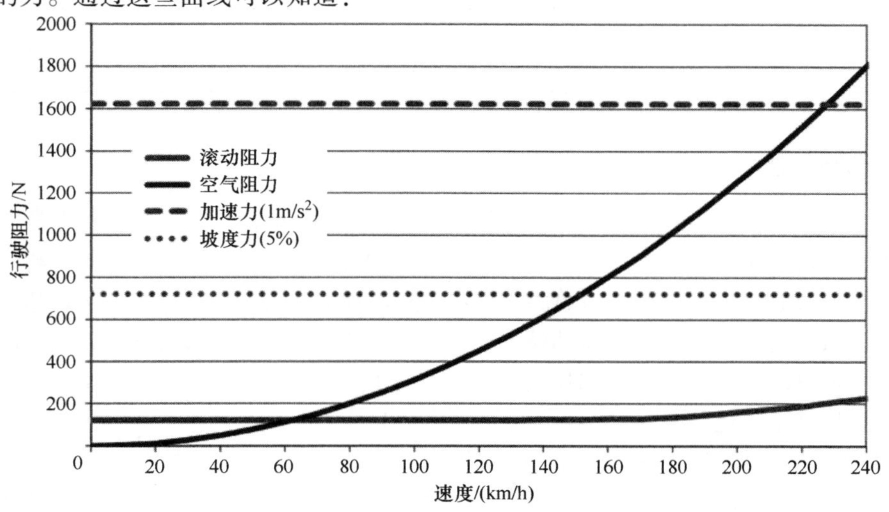

图 3.8 奔驰 B 级车的空气阻力、滚动阻力、加速力，以及坡度力和车速的关系

- 对这辆车来说，车速超过大约 60km/h 时，空气阻力将大于滚动阻力。
- 在 190km/h 高速行驶时，空气阻力大约是 60km/h 时的 10 倍。
- 5% 的坡度所产生的阻力和车速为 150km/h 时的空气阻力大致相同。
- 加速度为 $1m/s^2$ 时所需的力和车速为 230km/h 时的空气阻力大致相同。

3.3 行驶性能

3.3.1 加速性能和加速弹性

加速性能是指行驶试验时把车从一个车速提高到另一个车速所需的时间，其中包括换档。加速弹性也是这样定义，但不能换档。加速性能一般是给出从 0 到 100km/h 所需要的时间，而加速弹性一般是给出在最高档或次高档时从 60 到 100km/h 或 80 到 120km/h 所需要的时间（参数参见表 3.1）。

在一定的车速和坡度下，可用于加速的富余牵引力可从牵引力图（见图 3.9）读取或者用公式（3.8）计算。富余牵引力由车轮的牵引力 F_Z 减去各项阻力得出：

$$F_{Res} = F_Z - (F_R + F_W + F_H) \tag{3.8}$$

将 F_{Res} 代入公式（3.5）可以得出瞬时加速度

$$a = \frac{F_Z - (F_R + F_W + F_H)}{m_{res}} \tag{3.9}$$

再通过积分可得出在时间段 t 的速度增量：

$$v\left(\frac{km}{h}\right) = 3.6\int_0^t a dt \tag{3.10}$$

牵引力可通过驱动功率乘以驱动效率再除以车速近似算出：

$$F_Z = \frac{\eta P_A}{v_F} \tag{3.11}$$

表 3.1 奔驰 B 级车的技术参数

$m_F = 1500kg$	$C_D = 0.26$
$u_R = 0.0085$（根据图 3.5，将随着速度的增大而增加）	$A_x = 2.42m^2$

3.3.2 爬坡性能

如图 3.9 所示，爬坡性能主要取决于所在的档位，也就是车轮的动力矩。在 1 档时，从力矩曲线可以看出，最大爬坡性能高于起步爬坡性能，而在示例中最大爬坡性能又受到轮胎摩擦力的限制。在高档位时，由发动机的力矩曲线决定的爬坡性能非常重要，因为这可以避免驾驶人在高速公路爬坡时（德国有些高速公路的坡度达到 7%）必须换到低档的情况。因此，即使是用了力矩强大的柴油发动机，设计的变速比也比在平路上所需要的低一些。这样做也提高了加速性能，但也明显增加了能耗。

图 3.10 显示车速随时间的变化，虚线是 5 档时的加速弹性，实线是全负荷的加速性能，其中包含了换档时的加速间隙。在这方面，手动档取决于驾驶人，自动档取决于逻辑算法和切换模式。

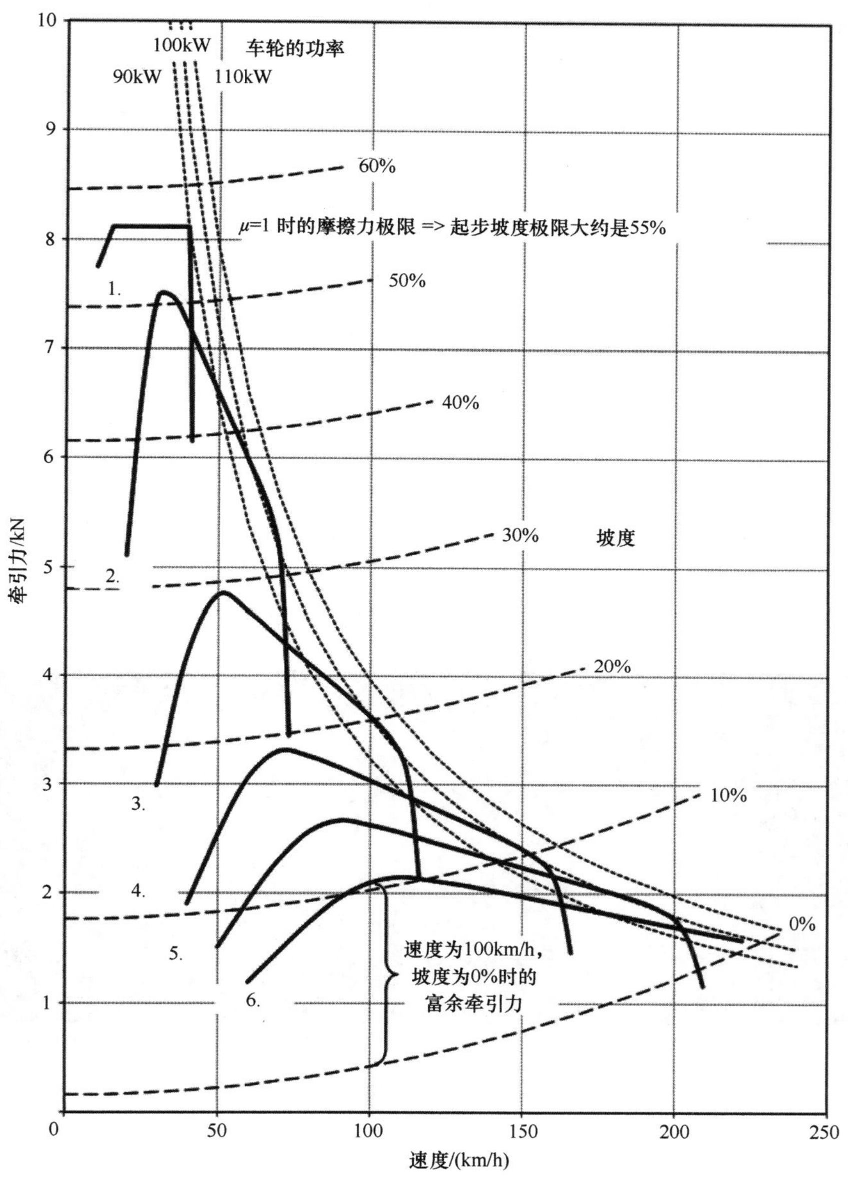

图 3.9　典型的牵引力图

3.3.3　最高车速

在最高车速时，牵引力等于各种阻力之和（见图 3.11）。如果滚动阻力系数不变，坡度为零，由公式（3.1）、公式（3.2）和公式（3.6）可以得出下式（Grün，2011）：

$$\frac{\eta P_{\max}}{v_{\max}} = C_{\mathrm{D}}A_{\mathrm{x}}\frac{\rho_{\mathrm{L}}}{2}v_{\max}^2 + \mu_{\mathrm{R,v}}\left(m_{\mathrm{F,v}}g - c_{\mathrm{A,v}}A_{\mathrm{x}}\frac{\rho_{\mathrm{L}}}{2}v_{\max}^2\right)$$

$$+\mu_{\mathrm{R,h}}\left(m_{\mathrm{F,h}}g - c_{\mathrm{A,h}}A_{\mathrm{x}}\cdot\frac{\rho_{\mathrm{L}}}{2}v_{\max}^2\right) \tag{3.12}$$

公式右边第一项是空气阻力，第二项是前轮的滚动阻力，第三项是后轮的滚动阻力。上式可

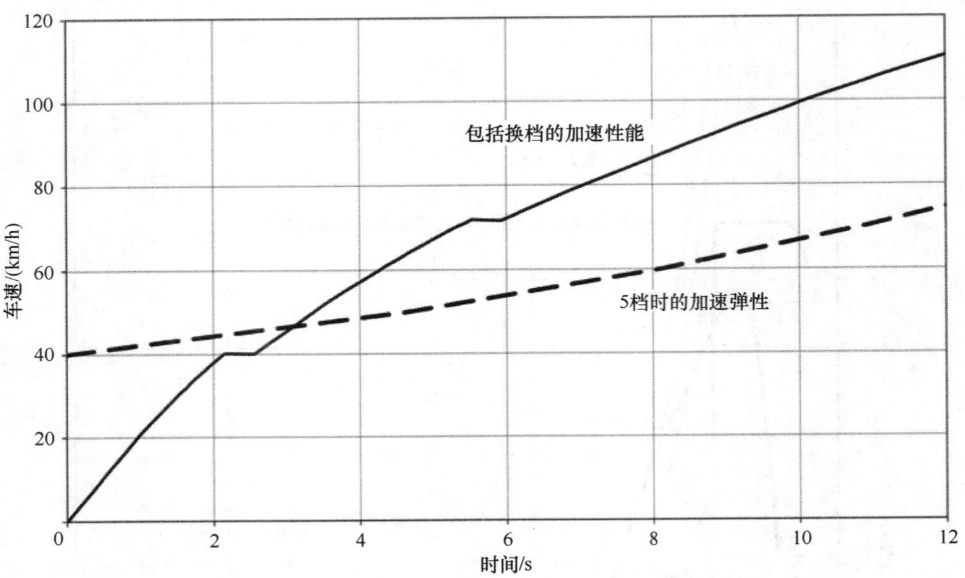

图 3. 10　加速性能和 5 档时的加速弹性

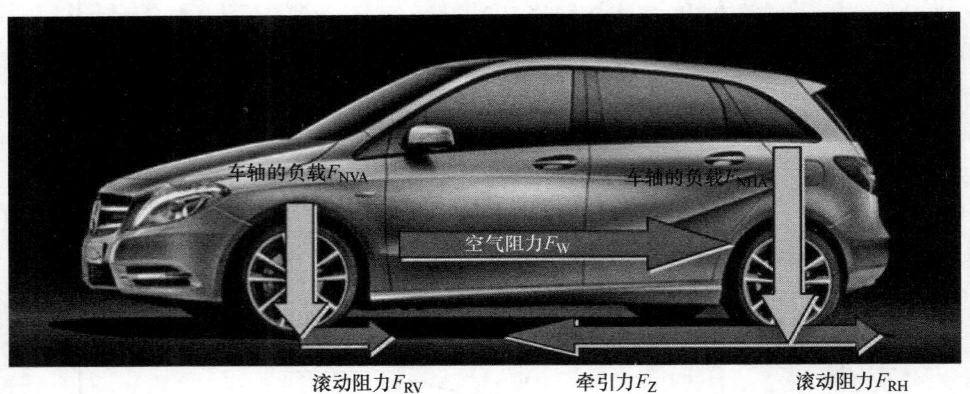

图 3. 11　高速行驶时车辆所受到的各种力

以写成以速度为变量的多项式：

$$\frac{\eta P_{max}}{v_{max}} = A_x \frac{\rho_L}{2}(C_D - c_{A,v}\mu_{R,v} - c_{A,h}\mu_{R,h})v_{max}^2 + gm_{F,v}\mu_{R,v} + gm_{F,h}\mu_{R,h} \tag{3.13}$$

公式（3. 13）可以写成 v_{max} 的三次方程：

$$0 = v_{max}^3 + a_1 v_{max} + a_0 \tag{3.14}$$

式中，

$$a_1 = \frac{gm_{F,v}\mu_{R,v} + gm_{F,h}\mu_{R,h}}{A_x \frac{\rho_L}{2}(C_D - c_{A,v}\mu_{R,v} - c_{A,h}\mu_{R,h})}$$

$$a_0 = \frac{-\eta P_{max}}{A_x \frac{\rho_L}{2}(C_D - c_{A,v}\mu_{R,v} - c_{A,h}\mu_{R,h})}$$

该三次方程 v_{max} 的实数解［前提 $(a_0/2)^2 + (a_1/3)^3 > 0$ 满足的条件下］为

$$v_{max} = \sqrt[3]{-\frac{a_0}{2} + \sqrt{\left(\frac{a_0}{2}\right)^2 + \left(\frac{a_1}{3}\right)^3}} + \sqrt[3]{-\frac{a_0}{2} - \sqrt{\left(\frac{a_0}{2}\right)^2 + \left(\frac{a_1}{3}\right)^3}} \tag{3.15}$$

如果不考虑滚动阻力（$\mu_R = 0$）和坡度（$\alpha = 0$），上式可以简化为

$$v_{max} = \sqrt[3]{\frac{2\eta P_{max}}{\rho_L C_D A_x}} \tag{3.16}$$

如果有一张牵引力图（见图3.9）可用，最高速度可以简单地在最高档的牵引力曲线和无坡度时的功率双曲线的相交点找到。下面的表3.2列出了3.2.6节中的这辆车的各项行驶性能和能耗。

表3.2　奔驰 B180 CDI 的行驶性能和油耗

基本数据		油耗	
自重	1630kg	市内	8.5L/100km
$C_D A_x$	0.27×2.21m²	EUDC 循环	4.8L/100km
功率（当转速为4200r/min 时）	110	NEFZ 循环	6.1L/100km
转矩（当转速为2000r/min 时）	340	匀速 90km/h	4.3L/100km
行驶性能		匀速 120km/h	5.6L/100km
加速时间 0—100km/h	10.1s	匀速 150km/h	7.4L/100km
1km 路程加速时间	31.6s	匀速 180km/h	9.7L/100km
弹性加速时间 60—120km/h 5 档	14.7s	匀速 210km/h	13.5L/100km
弹性加速时间 80—120km/h 5/6 档	9.5/13.0s	循环（实测）	5.6L/100km
最高车速	216km/h	循环（实测）	6.0L/100km

对表3.2用的那辆车，如果假定其驱动效率为90%，空气密度为1.3kg/m³（见图3.6），根据公式（3.16）可以算出其最高车速为201km/h。可见即使不考虑滚动阻力，最高车速 v_{max} 也可以较准确地估算出来。如果知道车的最高速度和功率，并且车的升力可以忽略不计，可以按照下式［根据公式（3.13）导出］估算出在最大车速时的滚动阻力系数：

$$\mu_R = \frac{\dfrac{\eta P_{max}}{v_{max}} - C_D A_x \dfrac{\rho_L}{2}}{m_F g} \tag{3.17}$$

根据表3.2的数据可以算出其滚动阻力系数为0.0155，这和图3.5中读出的数值非常符合。

由于发动机的功率越来越大（见图3.1），同时实际空气阻力不断减小，大部分在德国行驶的汽车的最高速度超过200km/h。但同时街道越来越拥挤，限速越来越低（见表3.3）。因而最高车速的意义在不断减弱。但对于跑车和一部分开车的人来说，这依然是车的性能的一个重要标志。

3.4　能耗

在前面已经说过，减小空气阻力的主要目的是降低能耗。下面4节将详细说明能耗的计算和测定、各种能耗的行驶测试循环、能耗的影响因素和由此导出的降低能耗的方式，以及目前越来越严格的有关能耗的法规。

表 3.3　各国对车速的限定

欧洲（km/h）	市内	郊外	高速公路
挪威	50	80/90	90/100
瑞典，芬兰，丹麦	50	80/90	110，120，130
英国	48	96	112
俄罗斯	60	90	110
瑞士，匈牙利，爱尔兰，塞尔维亚	50	80/100	120
比利时，希腊，西班牙，葡萄牙	50	90	120
法国，克罗地亚，荷兰，罗马尼亚	50	90/100	130
意大利，土耳其，卢森堡，斯洛伐克，捷克	50	90	130
保加利亚，波兰	50	90	140
德国，奥地利	50	100	∞，130
亚洲和大洋洲（km/h）	市内	郊外	高速公路
日本	40	50	80
中国	—	80	120
印度	—	80	100
澳大利亚和新西兰	50	100	120
美国（一部分州，mile/h）	其他路段	市内高速	高速路
肯塔基州、马里兰州、马萨诸塞州、纽约州	55	65	65
堪萨斯州、路易斯安那州、田纳西州	65	70	70
科罗拉多州、蒙大拿州、内布拉斯加州、犹他州	55	65	75
新墨西哥州、北达科他州、南达科他州	55	75	80

注：1mile/h≈1.6km/h。

3.4.1　油耗的计算方法

计算油耗时首先要建立一个包含车辆的动力性能的仿真模型。模型可以采用数学中的点质量模型，再加上在第3.2.5节中根据点质量模型导出的阻力公式（3.6）。为了得到克服阻力所需的牵引力，还需要一个驱动系统的详细模型，如图3.12所示。

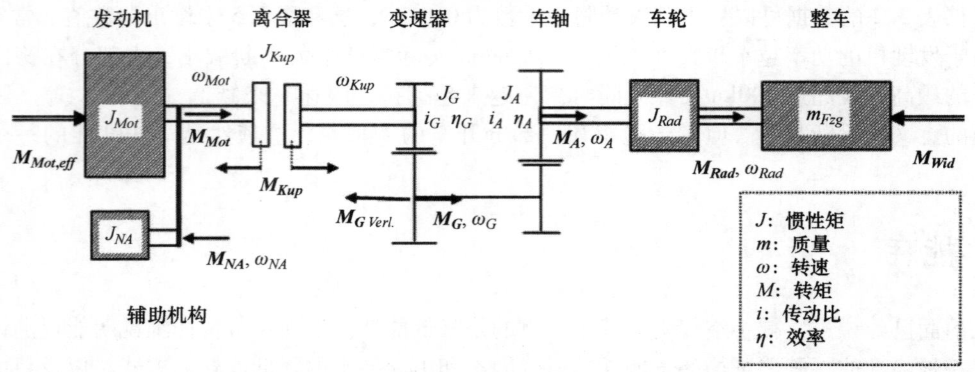

图 3.12　手动换档的驱动系统的部件及其仿真模型的示意图（Nizzola，2000）

进行计算时还需要一个行驶状况的模型。这个模型不仅要包含车速状况，还需要换档规律，其他耗能设备的数量和功率，有的还包括上下坡的情况。在欧洲，这些模型一般根据 NEFZ 行驶测试循环建立，因为 NEFZ 已经给出了包括换档点在内的全部信息。其具体内容将在第 3.5.2 节中说明。

根据以上这些信息，可以用不同的方法进行油耗计算。一种方法是基于能量流和其中各个环节在测试循环中的平均效率（例如，变速器的效率是 85%）或者平均功率损失（例如，其他耗能设备会“吃掉”6% 的驱动功率）。这种方法的缺点是，效率和功率损失在某些测试循环中变化很大，因而需要准确取值。Sovran 和 Dwight（2003）是用这种方法计算的。这种方法的优点是可以看出哪个环节的效率特低及其原因。

另一种计算方法是所谓的负荷集合㊀法，见图 3.13。这种方法不那么直观，但用得较广泛，也较准确，而且很多商业软件都采用这种计算方法。其步骤为：

- 将行驶状态分解为小的、准静态的时间步长。
- 对每个时间步长计算车轮所需的功率，然后根据图 3.13 由惯性力矩（如果有加速度的话）、效率和驱动系统的损失力矩（例如变速器的损失力矩）算出所需的发动机功率和转速。
- 根据发动机的特性曲线（见第 3.6.2 节）可以算出这一时间步长的能耗。
- 将所有的时间步长相加就可以算出整个测试循环（例如 NEFZ 测试循环）的能耗并转换成用 L/100km 表示的油耗。

这个准静态的计算方法是假定规定的行驶速度可以准确实现，而且每个时间的实际速度与规定的速度相符。这个假设在没有很大的速度变化的情况下是允许采用的。但如果速度变化很大，就必须考虑滑移（例如离合器、液力变矩器，以及轮胎和道路之间）的计算。总的来说，这种准静态的计算方法是计算量和结果准确度之间的一个很好的妥协。

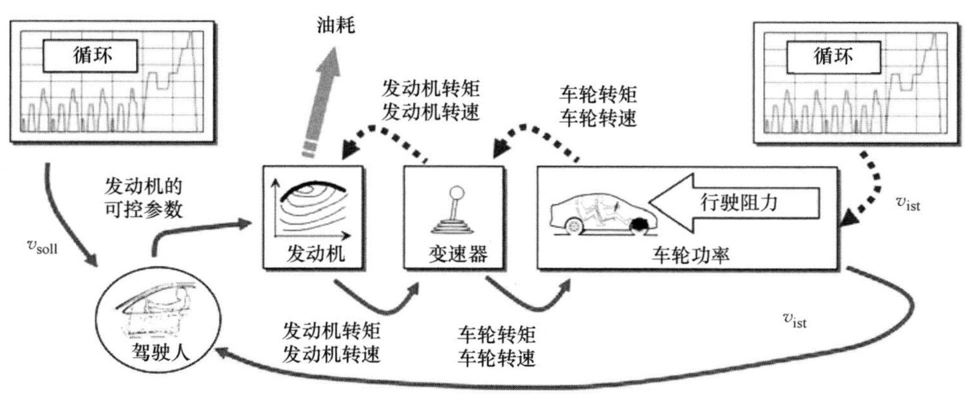

图 3.13　准静态（虚线）和动态（实线）的能耗计算法（Nizzola，2000）

v_{soll}—期望车速　v_{ist}—实际车速

在动态仿真计算时，还需要加上一个驾驶人模型作为补充，如图 3.13 所示。驾驶人模型的功能相当于一个控制器，它把给定的速度转换成发动机所需的力矩的信号。其计算过程就是前面的准静态计算的逆运算。这种算法需要既耗时又耗计算机（容量）的迭代计算，但计算结果能够准确描述高度动态的过程。

㊀ 一个负荷集合是指在一个测试循环中由发动机转矩和转速组成的数据对所构成的集合。

3.4.2 耗油量的测量以及它与二氧化碳排放量和能耗的转换关系

耗油量的测量，除了用于支持耗油量的计算，主要目的是取得认证。认证是获得卖车和行车许可的必要步骤，也是车辆数据表中的必填项目。同时也是计算车队油耗（参见第3.8节）的基础数据。测量时在转鼓试验台上行驶一个指定的测试循环（参见第3.5节）。同时将排放的废气收集在一个气球里并对废气进行分析，所测得的有害物质必须低于相关的排放等级（见表3.4）规定的上限。

表3.4 欧洲的排放上限（冷起动后NEFZ测试循环的排放值）。**HC是碳氢化合物，CO是一氧化碳，NO_x是氮氧化物，PM是颗粒物，P是颗粒数量，VE是挥发物**

车的重量<2500kg		适用车辆	HC /(g/km)	CO /(g/km)	NO_x /(g/km)	HC + NO_x /(g/km)	PM /(g/km)	P /(L/km)	VE /(g/测试)
汽油发动机，包括混动	欧4标准	新车 1.1.2005	0.1	1.0	0.08	—	—	—	2.0
		所有车辆 1.1.2006							
	欧5标准	新车 1.9.2009	0.1	0.68	0.06	—	0.005	—	2.0
		所有车辆 1.1.2011							
	欧6标准	新车 1.9.2014	0.1	0.68	0.06	—	0.0045	—	2.0
		所有车辆 1.9.2015							
柴油发动机，包括混动	欧4标准	新车 1.1.2005	—	0.5	0.25	0.30	0.025	—	—
		所有车辆 1.1.2006							
	欧5标准	新车 1.9.2009	—	0.5	0.18	0.23	0.005	6×10^{11}	—
		所有车辆 1.1.2011							
	欧6标准	新车 1.9.2014	—	0.5	0.08	0.17	0.0045	6×10^{11}	—
		所有车辆 1.9.2015							

燃油的消耗量b_S（L/100km）可根据排放量算出。对汽油是

$$b_S = 0.118 \times \frac{0.848HC + 0.429CO + 0.273CO_2}{\rho_K} \tag{3.18}$$

对柴油是

$$b_S = 0.116\frac{0.861HC + 0.429CO + 0.273CO_2}{\rho_K} \qquad (3.19)$$

式中，ρ_K是燃油的密度（g/mL）；HC，CO 和 CO_2的单位是 g/km。每 1km CO_2的排放量可以用下面的方法直接与每 100km 的油耗进行换算：

- 每 100km 消耗 1L 汽油相当于每 1km 排放 23.4g 二氧化碳。
- 每 100km 消耗 1L 柴油相当于每 1km 排放 26.5g 二氧化碳。

汽油和柴油的差别来自其碳元素含量不同，从而它们所含的能量也不同：

- 1L 汽油含有的能量是 8.967kW · h。
- 1L 柴油含有的能量是 9.943kW · h。

这也解释了为什么柴油车比汽油车省油（以每 100km 耗油量计算）。而且一般来说，柴油车比汽油车的省油率还高于其所含的能量（高 11%），因为柴油发动机的效率也比汽油发动机高。

由于上述油耗的测量方法是在转鼓试验台上进行的，因而它只考虑了转动质量（见第 3.2.4 节），而没有考虑平移质量和空气阻力。这些数据一般通过滑行试验获得，然后转换成参数输入到转鼓试验台上。滑行试验是先把车加速到一定的速度（比如 140km/h），然后让车无动力滑行，并重复进行多次。根据测得的减速曲线，应用统计学的方法就可以得到各个单项阻力（参见第 3.2 节）。为了简化起见，车的质量被（粗略地）划分成多个惯性质量级（见第 3.6.5 节和表 3.5）。

表 3.5　欧洲、日本和美国的惯性质量级：SM = 对应的惯性质量（试验台的输入参数）；**BZ = 车辆的参考质量。在欧盟，车辆的参考质量是空车质量加上 90% 满的燃油量再加上 100kg**（驾驶人和负载）。**在美国，车辆的参考质量是可行驶的车辆的质量加上 136kg**（参见表 3.4）

欧盟（NEFZ 循环）/kg	车辆的惯性质量级 SM/kg	日本（10 – 15 模式循环）/kg	车辆的惯性质量级 SM/kg	美国（FTP75 循环）/kg	车辆的惯性质量级 SM/kg	车辆的参考质量 BZ/kg	车辆的惯性质量级 SM/kg
BZ≤480	455	BZ≤562	500	BZ≤480	450	1670 < BZ≤1730	1700
480 < BZ≤540	510	562 < BZ≤687	625	480 < BZ≤540	510	1730 < BZ≤1790	1760
540 < BZ≤595	570	687 < BZ≤812	750	540 < BZ≤600	570	1790 < BZ≤1870	1810
595 < BZ≤650	625	812 < BZ≤937	875	600 < BZ≤650	620	1870 < BZ≤1980	1930
650 < BZ≤710	680	937 < BZ≤1125	1000	650 < BZ≤710	680	1980 < BZ≤2100	2040
710 < BZ≤765	740	1125 < BZ≤1375	1350	710 < BZ≤770	740	2100 < BZ≤2210	2150
765 < BZ≤850	800	1375 < BZ≤1625	1500	770 < BZ≤820	800	2210 < BZ≤2320	2270
850 < BZ≤965	910	1625 < BZ≤1875	1750	820 < BZ≤880	850	2320 < BZ≤2440	2380
965 < BZ≤1080	1020	1875 < BZ≤2125	2000	880 < BZ≤940	910	2440 < BZ≤2610	2490
1080 < BZ≤1190	1130	2125 < BZ≤2375	2250	940 < BZ≤990	960	2610 < BZ≤2830	2720
1190 < BZ≤1305	1250	2375 < BZ≤2625	2500	990 < BZ≤1050	1020	2830 < BZ	2950
1305 < BZ≤1420	1360	2625 < BZ≤2875	2750	1050 < BZ≤1110	1080		
1420 < BZ≤1530	1470	2875 < BZ≤3250	3000	1110 < BZ≤1160	1130		
1530 < BZ≤1640	1590	以下每 500kg 一级		1160 < BZ≤1220	1190		
1640 < BZ≤1760	1700			1220 < BZ≤1280	1250		
1760 < BZ≤1870	1810			1280 < BZ≤1330	1300		

（续）

欧盟（NEFZ 循环）/kg	车辆的惯性质量级 SM/kg	日本（10－15 模式循环）/kg	车辆的惯性质量级 SM/kg	美国（FTP75 循环）/kg	车辆的惯性质量级 SM/kg	车辆的参考质量 BZ/kg	车辆的惯性质量级 SM/kg
1870 < BZ≤1980	1930			1330 < BZ≤1390	1360		
1980 < BZ≤2100	2040			1390 < BZ≤1450	1420		
2100 < BZ≤2210	2150			1450 < BZ≤1500	1470		
2210 < BZ≤2380	2270			1500 < BZ≤1560	1530		
2380 < BZ≤2610	2270			1560 < BZ≤1620	1590		
2610 < BZ	2270			1620 < BZ≤1670	1640		

3.5 车辆的测试循环

从上面章节可以看出，除了车辆本身的参数，行驶方式也对油耗有很大的影响。测试循环的目的就是反映驾驶人的行驶方式。这不仅使买车人有了一个比较油耗的基准，也能够帮助造车的工程师做出正确的决定。但前提是，测试循环与买车客户的行驶方式要基本相符。下面读者可以看到，这是一个大问题。

原则上，测试循环可以分为人工循环和通过收集实际行驶方式获得的实际循环两类。然而，真正的实际循环有很高的动态特性和坡度，因而在转鼓试验台上无法准确复制，所以很难作为比较的基础。

3.5.1 车辆测试循环的历史

直到 1978 年，在德国用于测试油耗的循环是比较简单的 DIN70020 标准：油耗在恒定的，相当于75%的最高车速（不超过 110km/h）的状态下测定，测得的值再加上 10% 的动态消耗。这样测得的油耗比实际值低很多。从 1978 年到 1996 年，欧洲采用了所谓的三合一[㊀]油耗，它由 3 个部分组成。即1/3 是欧共体市内循环（见图3.14 中的ECE），1/3 是匀速 90km/h，另 1/3 是匀速 120km/h 时油耗的总和。但这种方法也受到批评，因为这样测得的油耗还是比实际值低得多。其原因是：

- 匀速 90km/h（城市外道路）和匀速 120km/h（高速公路）没有考虑真实情况下会显著增加油耗的动态效应。
- 各取 1/3 只是一个粗略的近似。

在 1996 年，三合一法被所谓的新欧洲行驶循环（NEFZ）取代了。

3.5.2 新欧洲行驶循环（NEFZ）

新欧洲行驶循环（NEFZ）大约耗时 20min，行驶 11km。NEFZ 从三合一法中采纳了欧共体市内循环（ECE），再加上欧共体市外行驶循环（EUDC）构成（见图3.14）。

车辆在到试验台上进行 NEFZ 测试之前，要至少有 8h 维持在 20℃的预处理。测试过程中，空调和其他耗电附件[㊁]一律关闭，发电机维持在最低工作状态。

㊀ 其实法律只规定了 3 个单独循环的油耗测试方法。由此导出的三合一法是非官方的计算方法。

㊁ 维持发动机和车辆正常工作所必需的电器除外，如发动机控制电路、仪表板，以及其他的控制器和传感器等。

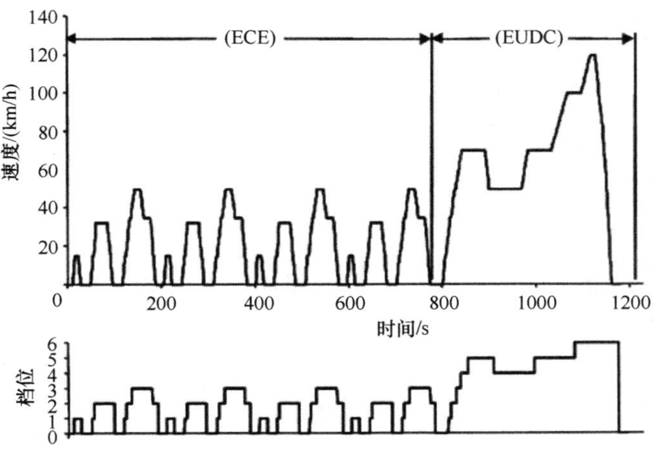

图 3.14　新欧洲行驶循环 NEFZ

和三合一法相比，NEFZ 和实际油耗的差别变小了。其主要原因是，发动机空转时间大幅度增加（占测试时间的 24%），低效率的慢速行驶占了很大比例，而且几乎忽略了高速公路的行驶段。NEFZ 的平均车速仅为 33.6km/h。而按照德国官方标准，市内的平均车速为 15km/h（与 ECE 大致相符），城市外道路平均为 60km/h（与 EUDC 大致相符），高速公路平均为 100km/h㊀。

NEFZ 的低车速对主要是高速行驶时才表现出来的要影响主导油耗的车辆特征是不公平的。尤其是空气阻力，也包含变速器的高转速比等特征，在用 NEFZ 循环测试时只有 10s 时间的车速达到 120km/h，从而几乎不起作用。其后果是，一些客户会从这样测得的油耗值得到错误的印象，从而在购车时做出不符合他们需求的错误决定。另一方面，汽车的研发工程师在设计速度高于 NEFZ 循环的车时，也可能做出错误的决定。目前正在讨论中的 WLTP（见第 3.5.6 节）将会更多地考虑到这个事实。

3.5.3　适用于混合动力车的 NEFZ

插电式混合动力车㊁的能耗测定是由欧共体标准 R101 规定的：车辆应按 NEFZ 测试两遍，第一遍测试前将电池充满电，第二遍测试前将电池放光。如果电机足够强大，可以达到 NEFZ 规定的车速和加速度，电池也足以完成 NEFZ 规定的 11km 行程。那么，插电式混合动力车的第一个循环是 0 排放和 0 能耗，因为在这个规定中没有考虑生产电能时所产生的排放和能耗。

按这种方法得出的总能耗可用下式计算：

$$b_S = \frac{b_{S,1}s_e + b_{S,2}s_{av}}{s_e + s_{av}} \tag{3.20}$$

式中，$b_{S,1}$是电池充满时的油耗；$b_{S,2}$是电池放光时的油耗；s_e是只用电池时的最大行程；s_{av}是假定的两次充电之间的行程 25km。如果插电式混合动力车只用电池时的最大行程达到了 25km，而且电机的动力也能够满足 NEFZ 的要求，那么这辆车的油耗就是内燃机油耗的一半。如果只用电池时的最大行程超过 25km，油耗就更低。这就解释了为什么插电式混合动力车的油耗非常低（例如宝马的 Vision Efficiency Dynamics、丰田的 Prius Plug－In、奥迪的 A1 eTron 和大众的 XL1 等）。

㊀ 在高速公路上车辆较少的国家（比如在高速公路要收费的国家），高速公路上的平均车速更高，尽管这些国家的高速公路是限速的。

㊁ 插电式混合动力车可以通过内置的充电器直接从电网充电，所以当行程不远时相当于电动车。

3.5.4 美国的测试循环

直至2010年，美国采用如图3.15所示的美国组合循环来测定油耗。

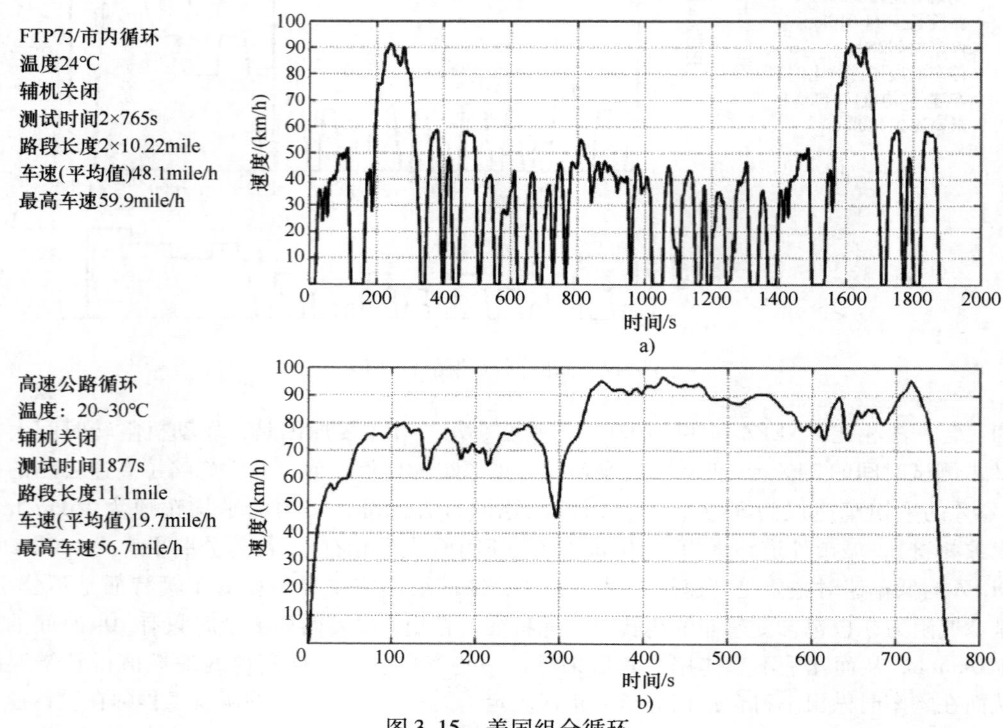

图3.15　美国组合循环

a）市内循环　b）高速公路循环

这个循环由55%的市内循环和45%的高速公路循环组成。市内循环的平均车速是32km/h，最高车速是91km/h。高速公路循环的平均车速是77km/h，最高车速是96km/h。它不像NEFZ那么“刻意”，而是根据实测数据构成，看来和美国的行驶状况比较符合。

2011年起，美国组合循环又增加了3个循环，构成了所谓的5循环组合，如图3.16所示。

新增加的是：图3.16a所示的较快的高速公路循环，最高车速为80mile/h（US06）。图3.16b所示的热循环，空气温度为35℃，同时要打开空调（SC03）。图3.16c所示的冷循环，空气温度为－6.7℃，同时要打开暖气（ColdCO）。5个循环依次进行，在5个循环之间，尤其是对那两个极端温度的循环，车辆要经过12h使温度稳定下来。

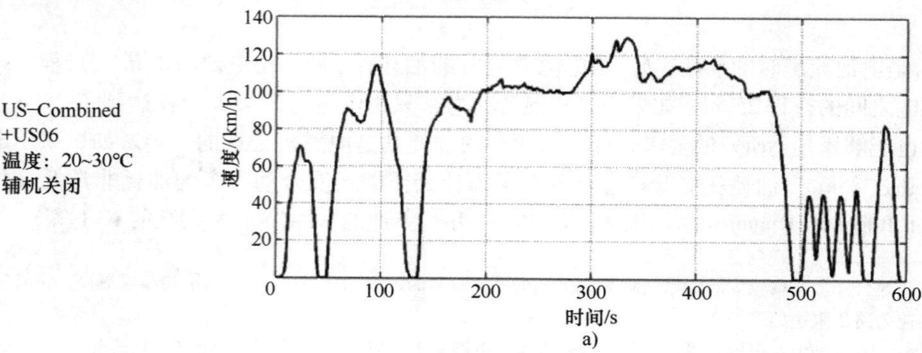

图3.16　新的美国5循环组合

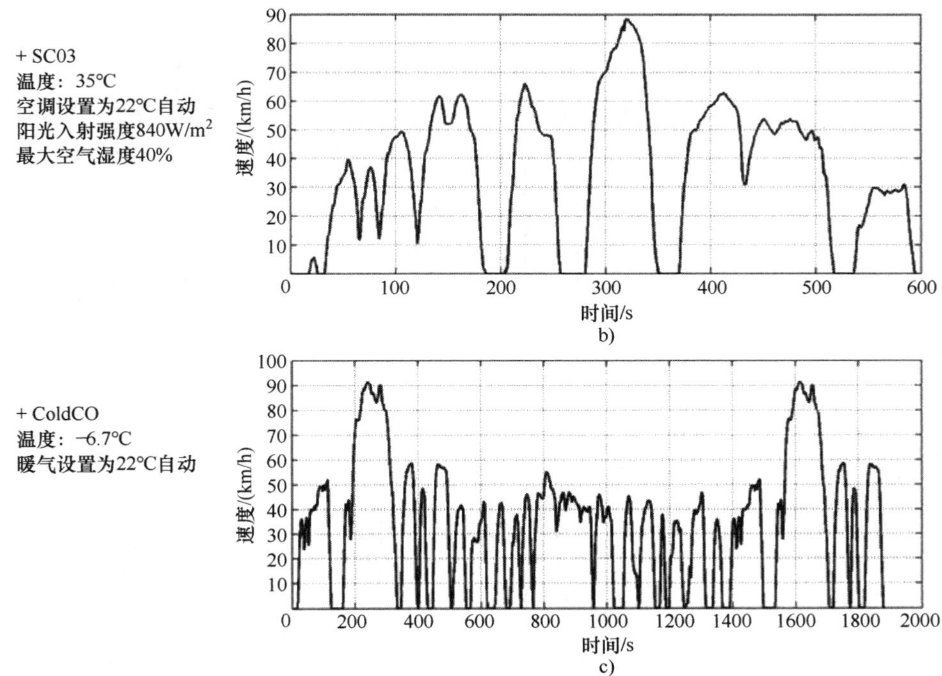

图 3.16 新的美国 5 循环组合（续）

3.5.5 亚洲的测试循环

日本目前还在使用“10－15 模式循环”（见图 3.17a）。它的平均车速是 22.7km/h，最高车速是 70km/h，因而是所有各种循环中车速最慢的。从 2013 年 3 月 1 日起，将改用 JC08 循环。它是根据实际行驶状况导出的，最高车速是目前日本允许的最高车速 80km/h（见图 3.17b）。

中国目前使用 NEFZ 循环。估计将来不会采用 WLTP 循环，而是采用中国自己开发的循环。印度测量油耗时采用根据 NEFZ 为基础修改而成的“修订版印度行驶循环”（MIDC），其耗油量用 km/L 表示。

3.5.6 WLTP 世界轻型车辆测试规程

近年来，各方正在努力建立一个世界通用的、符合实际情况的测试循环，其名称是 WLTP（世界轻型车辆测试规程）。它目前已经出台了第 5 版，虽然基本达成一致，但还没有最后通过。规划的启用时间是 2017 年。它由四个循环部分组成：市内、市外、快速路和高速公路（见图 3.18）。类似于美国的测试循环和日本的新 JC08 循环，它是基于实际行驶状况导出的，包含多个高加速度段，其高速度段也比 NEFZ 多。这使空气阻力的重要性相对于 NEFZ 提高了大约1/3（见第 3.5.2 节）。

3.5.7 实际循环

通过以上介绍的各种循环可以看出，没有一种循环是最优的，因为世界各地的车辆使用状况很不一样。每个国家，甚至每个车主都有各自的使用状况。所以在德国，不仅每一家汽车公司都有它自己的，往往是严格保密的测试循环，而且那些汽车领域的专业杂志，比如 *AutoBild*（汽

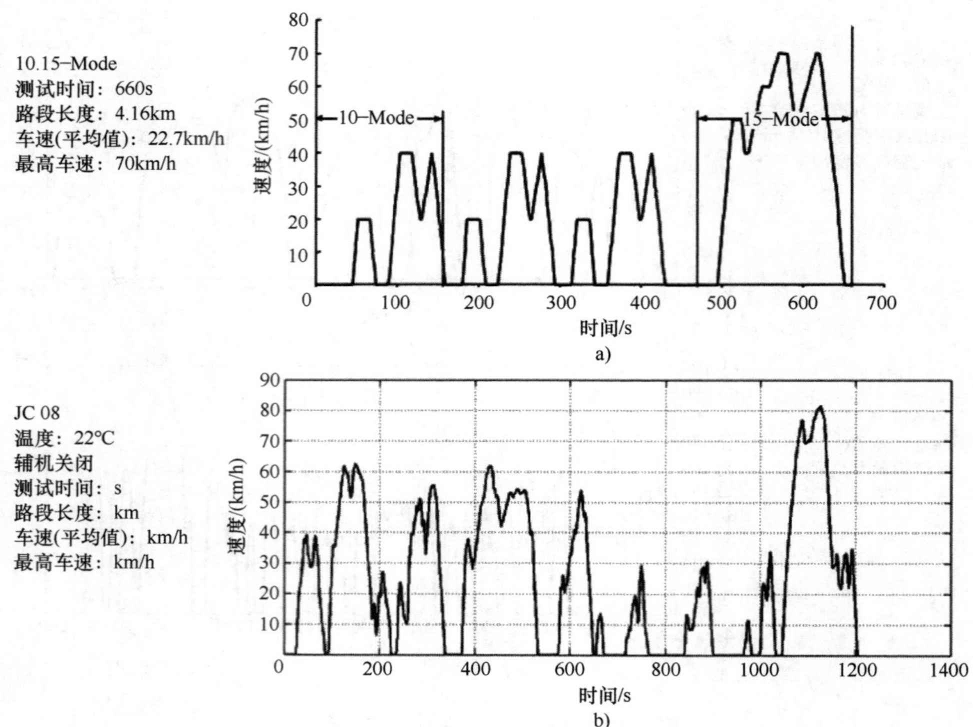

图 3.17 日本的测试循环

a）目前使用的 10－15 模式循环 b）新的 JC08 循环

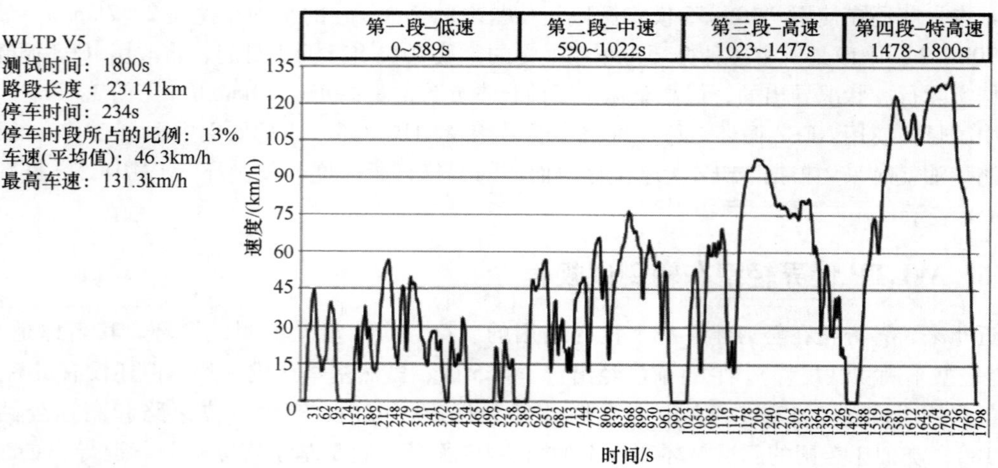

图 3.18 WLTP 世界轻型车辆测试规程（UNECE 2012）

车画报），*Auto Motor Sport*（汽车和赛车）和 *MOT* 杂志等，都各自开发了自己的测试循环（见表 3.2）。

有一种取得实际循环数据的解决方案是，让汽车公司把各类车型的实际行驶数据搜集起来，这样研发汽车时就能够根据客户的实际需要来考虑。但因为这会侵犯客户的隐私，目前还没有这样的数据。

3.6 降低能耗的途径

这一节将阐述的内容是，车的哪些特征会以哪种形式影响能耗。以及在车的研发过程中，哪些方面特别值得重视，以降低车的能耗。

3.6.1 能流图

让我们先用第 3.2.6 节提到的那辆车为例，分析一下按 NEFZ 行驶时的能量流（见图 3.19）。由于其负荷相对来说较低，这辆车的直喷式汽油发动机在按 NEFZ 行驶时的平均效率只有 28%。在最佳工作点上（见第 3.2.6 节），现代汽油发动机的效率大概是 36%，现代柴油发动机的效率已经达到 40%。发动机空转导致 5% 的能量损失（这是起停系统可以节省能量的上限）。燃油中 67% 能量以摩擦热、冷却液的热量（这部分热量在冬天可以供暖）和废气热量的形式损失。燃料能量中的 28% 成为曲轴的机械能，机械能中有 10%（也就是总能量的 3%）被辅机消耗，另外还有 10% 被传动系统（变速器、万向节等）损耗。曲轴上 80% 的机械能，或者说 22% 的燃料总能量最后作为机械能传到了车轮上。这部分机械能中几乎有一半（45% 或者说 10% 的燃料总能量）被用于加速，30%（或者说 6.7% 的燃料总能量）被用于克服空气阻力（尽管其平均速度很低，只有 33.6km/h），1/4（或者说 5.6% 的燃料总能量）到达车轮的机械能被轮胎转换成了热能（见第 3.2.1 节和图 3.19）。

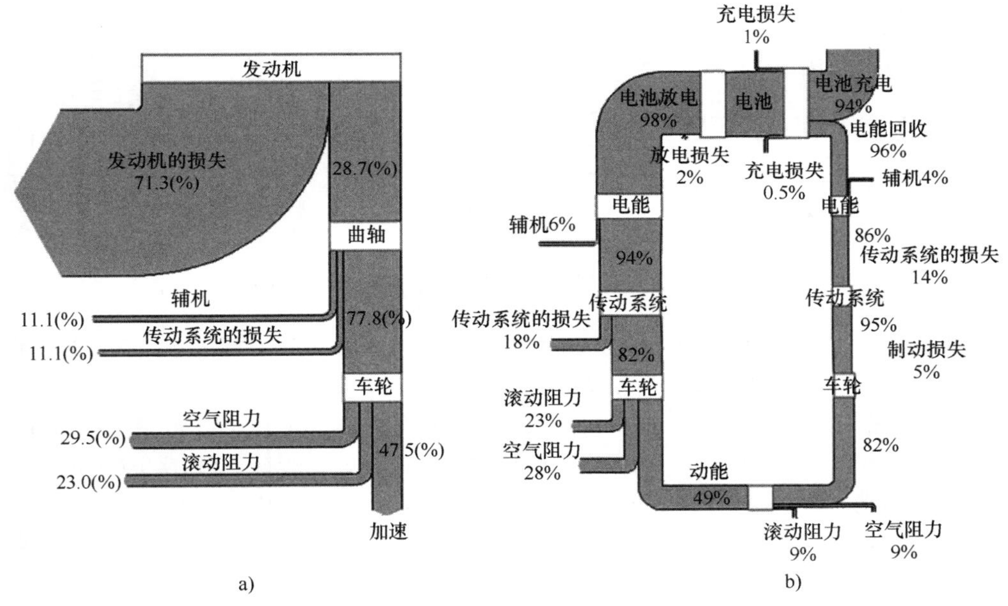

图 3.19 NEFZ 的能流图

a）内燃机动力的车 b）纯电动汽车

电动车的能流图（见图 3.19b）看上去完全不同。电机的平均效率高达 94%。其驱动系统的损失虽然大于内燃机，但它的辅机损失较少。由于电动车的重量大（主要是因为电池重量大），差不多 50% 的机械能被用于加速。然而，几乎 1/3 的加速能量可以在减速时被回收并充入电池。空气阻力和滚动阻力则无法回收（见第 3.2 节）。

我们可以看到，NEFZ 对两种驱动系统的空气阻力所占的比重都偏低。如果循环中的车速提高，空气阻力所占的比重会迅速上升。在高速公路上，尽管滚动阻力也增加了，空气阻力所占的比重能达到90%（见第3.2.6节）。

3.6.2 发动机的效率和特性图

从图3.19a可以看出，尽管100多年来已经做了很多优化工作，内燃机[㊀]仍然具有最大的降低能耗的潜力。图3.20（所谓的贝壳图，见彩插）展示了发动机的转速（横轴）、转矩或平均压力（纵轴）单位油耗的关系。这图看起来像是画了等高线的地图，这些等效率线把图分成了不同效率的区域。图上同时还有最大转矩线（红色）和等功率双曲线（蓝色，间距10kW）。在图上可以看到一块相对来说很小的峰值区域，这说明，对汽油机和柴油机来说，只在一个很小的工作区间才能达到最低油耗或者说最高效率。现代汽油发动机的最低油耗大约是240g/(kW·h)，而现代柴油发动机已经低于200g/(kW·h)。这个油耗值可以通过下式换算成效率：

$$\eta(\%)=\frac{100}{\text{油耗}\left(\frac{\text{kg}}{\text{kW}\cdot\text{h}}\right)\times\text{燃料的热值}\left(\frac{\text{kW}\cdot\text{h}}{\text{kg}}\right)} \tag{3.21}$$

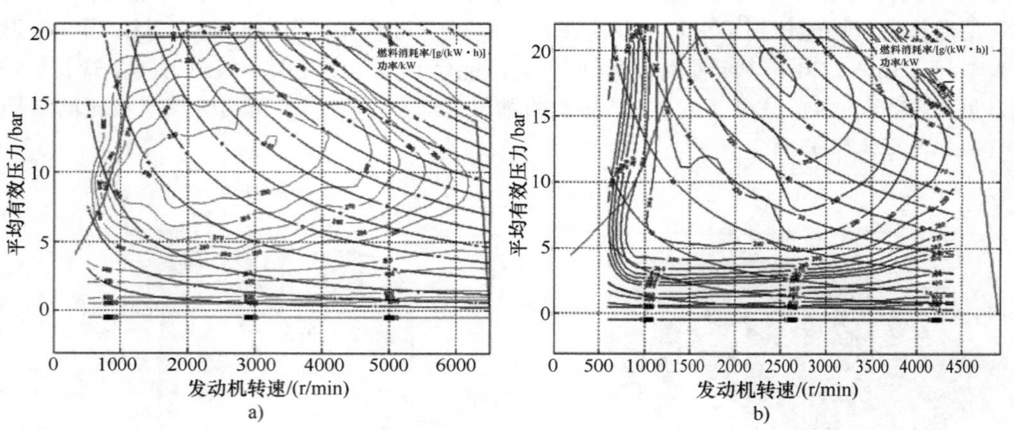

图3.20 现代a）汽油发动机和b）柴油发动机的能耗特性图（贝壳图）

把柴油的热值（11.8kW·h/kg）或汽油的热值（11.5kW·h/kg）代入上式，可算出现代汽油发动机的最高效率为36%，而柴油发动机的最高效率为42%。

柴油发动机的最高效率点处于高负荷（大约在80%~85%的最大转矩或最大平均压力处）和相对低转速（2000~2500r/min）的区域，而汽油发动机则处于较低负荷（60%~65%的最大转矩）和较高转速（3000~3500r/min）的区域。现代对油耗进行过优化的发动机的特征是，在低转速低负荷时就能达到最高效率的90%左右，这样就能使发动机在NEFZ和正常行驶时降低油耗（见图3.20）。

因此，发动机的研发工作者一直在努力提高发动机在低转速时的转矩和低平均压力时的效率。他们采取的措施有：燃油直喷、减小排量和缸内增压等。低速下转矩大的发动机可以增大变速比（见第3.6.4节），从而增加载荷并减少油耗。

从图3.20还可以看出，高转速全负荷行驶时的油耗一定很高。这一方面是因为行驶阻力很大，另一方面是因为发动机本身的油耗在高功率高转速时也急剧上升。柴油机在全负荷时的油

㊀ 内燃机属于热力发动机，因而根据卡诺定理 $\eta=1-(T_v/T_A)$（T_V—内燃机温度，T_A—排气温度），它的效率上限为60%。目前大型船用柴油机的效率可以达到50%。

耗上升［大约240g/(kW·h)，比最佳点高大约20%］比汽油机［大约300g/(kW·h)］，比最佳点高大约40%］要低一些。所以柴油车在高速公路上快速行驶时的油耗比汽油车要低得多。

3.6.3 辅机

辅机首先是指维持发动机运行所需的辅助系统，它们包括：机油泵、水泵、燃油泵、燃油喷射装置、点火装置、发动机电控装置，以及降低发动机温度所需的电动鼓风机等（见图3.21）。其次还包括提高舒适性的系统，比如转向伺服系统、空调系统等[㊀]。

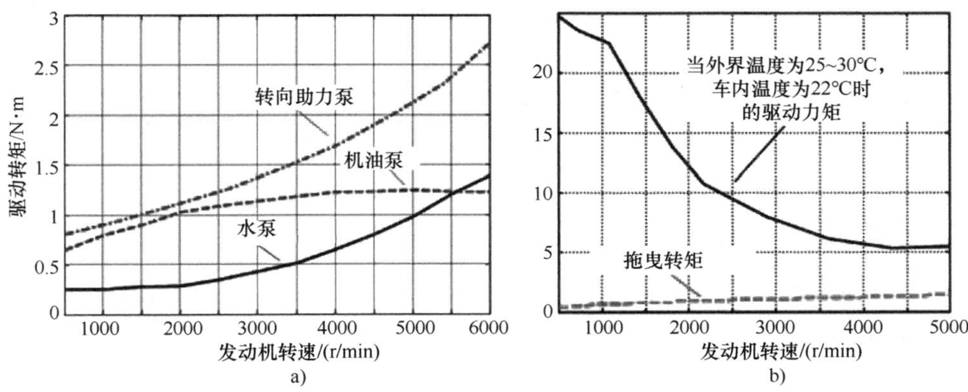

图3.21 a）机油泵，水泵和转向伺服泵，以及b）空调装置所需的驱动力矩和发动机转速的关系

近年来，许多过去由发动机通过带传动的系统已经改为电驱动，以减少油耗。例如，电动水泵和电动转向伺服系统，由于电控可以按需驱动，从而效率明显提高。例如，对转向伺服系统来说，液压泵驱动的油耗为大约0.2L/100km，而电驱[㊁]的可以减少到大约0.1L/100km。

辅机中能耗最大的是空调系统，但在NEFZ中没有被考虑。实际上在很多车辆上，空调系统不仅是在夏季使用，其他季节也被用来去湿。在不同的车内外温度条件下，空调系统的能耗有时低到几乎可以忽略不计，有时则高达每100km好几升油。然而在高速公路上，高效和调整适当的空调系统的能耗，比打开车窗导致的空气阻力上升而增加的能耗要低。隔热玻璃、更好绝热的车身和更高效的空调装置（比如二氧化碳空调装置）将使空调系统的能耗在近期进一步下降。这对电动车来说尤其重要。因为电动车不仅是高温时要用空调，低温时因为没有发动机的废热，也要用空调系统采暖。高效的空调系统可以在高温和低温情况下显著提高电动车的续驶里程。

车上的电器，包括与行车安全有关的车灯，刮水器，以及镜面，喷水孔，后玻璃的加热装置，提高舒适性的座椅加热、通风系统，电暖气，电动座椅调整装置等，都由车上的发电机供电。该发电机的效率[㊂]相对来说较低，每100W的电功率的油耗在某些行驶状况下可达0.1L/100km（或产生2.5g/km二氧化碳）。

现代发电机管理系统可以减低发动机的负荷和油耗。它让发电机在制动时用多余的动能发电并向电池充电，就像电动车那样。电池储存的电就可以在车辆加速或正常行驶时使用。

㊀ 转向助力泵是始终直接和发动机连在一起的，空调压缩机则可以通过电磁离合器和发动机分离。

㊁ 电驱转向伺服系统，既所谓的EPAS（Electric Power Assisted Steering）系统，在轻型车辆上已经被广泛采用。因为它重量轻，而且对NEFZ和弯道不多的路来说能耗较低。对重型车辆则由于车上的12V电源而不能应用。随着48V电源或混合动力车的推广，重型车上也会逐步采用电驱转向伺服系统的。

㊂ 随着发电机的功率和效率的提高，车上电器的能耗将会随之降低。

除此之外，应当对大功率并且持续使用的电器进行能耗优化。比如，卤素灯所耗的功率大约为120W，氙气灯所耗的功率大约为100W（同时亮度明显增加），而高效率的LED灯所耗的功率大约只有10W。所以自从2011年德国规定白天开车也要开灯以后，白天开的车灯几乎全都是LED灯。

3.6.4 传动系统

从发动机到车轮的传动系统由变速器、万向接头轴和车桥组成。车桥包含差速器、分动器和半轴。对于纵向放置的发动机，无论是前轮还是后轮驱动，传动过程中还要把方向转90°，这也会导致5%的损失，参见表3.6。

表3.6 不同传动方式的总效率

变速器	η	驱动轴	η
手动变速器/ASG/DSG	92% ~97%	后轴驱动	91% ~96%
带液力变矩器的自动变速器	90% ~95%	前轴驱动	93% ~98%

传动效率的重要性和发动机的效率相当，也就是说每个百分点的优化影响都直接影响到油耗。表3.6展示了不同传动方式的总效率。

在传动总效率的仿真计算过程中，要对每个档位考虑随转速变化的损失力矩，每个档位的效率介于96% ~99%之间，参见图3.22。

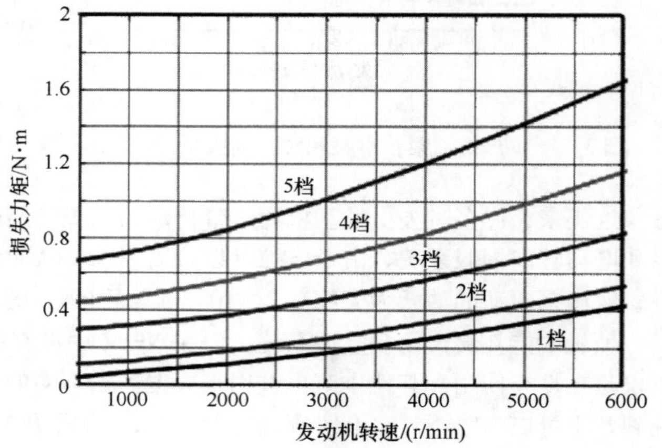

图3.22 不同档位的损失力矩

对油耗来说，除了变速过程本身的效率，变速器的档数[一]和变速范围也很重要。档数是越多越好，因为这样能使发动机在不同的车速和负荷下在最佳点附近工作（见图3.22）。变速范围是指第一档和最高档的差别。第一档是为起动和爬坡考虑的，而最高档是为高速时降低油耗考虑的。最高档的变速比越大，高速时就越省油。把变速比增大10%可以把油耗降低大约3% ~4%。但对手动档来说，还要在省油的同时考虑爬坡能力。否则只要有一点点坡度就要换档也挺烦人的。对自动档来说就无所谓了，参见第3.3.2节。

从油耗来看，最好的是自动切换档位的变速系统，比如ASG[二]和DCT[三]。与自动档[四]和CVT[五]相比，它们没有液力变矩器的损失。自动档在“经济模式”下可以很省油，它在较低车速时就切换到更高的档位，从而使发动机在大负荷高效率的状态下运行，见图3.20。对手动档和处于手动模式的自动档，在进行NEFZ测试时允许采用换档提示，即驾驶人根据仪表板上显示的建议

㊀ 手动档过去一般为4档，现在是5档或6档。自动档过去一般是3档，现在是5~7档。

㊁ ASG的离合器和换档的操作都由电动机完成，操作舒适，但牵引力有中断。

㊂ DCT（Dual Clutch Transmission）和自动档不同，它没有液力变矩器，而是由两个离合器来传递转矩。换档时，一个分离的同时，另一个接合。

㊃ 现在有些自动档已经采用液力变矩中间离合器来减少液力变矩器的损失。

㊄ CVT（Continuous Variable Transmission）是通过一系列的椎体变速传动。虽然无级可调传动比，但动力损失较大。

换档。有换档提示的车允许在测试时偏离 NEFZ 的换档规定（见图 3.12），从而使车的油耗明显降低。在实际驾驶时，只要驾驶人遵循提示换档，也能明显降低油耗。

CVT 的效率虽然低，但它的无级变速功能可以部分地补偿这一缺点。因为无级变速可以让发动机始终在最佳油耗线上㊀工作。但是，发动机在这些工况下产生的噪声会使驾驶人感觉不好，因此 CVT 受到的批评很多。

3.6.5　车的重量

在 NEFZ 中，由于车速变化较大，车的重量是对油耗影响最大的因素。这可以通过所谓的敏感度分析来显示，见图 3.23。重量的敏感度为 0.3，这表示，如果车的重量减少 1%，那么车在按 NEFZ 测试时的油耗会减少 0.3%。如果车辆匀速行驶，那么重量的敏感度会显著降低，而空气阻力的敏感度会大大上升，参见第 3.6.7 节。这个油耗敏感度只对某一种车型以及它配备的某一种发动机有效，因为空气阻力和滚动阻力的关系与车型有关，而且不同的发动机也对敏感度有很大的影响。在用 NEFZ 测试油耗时应当注意到，车的重量变化对油耗的影响是不连续的。这是由于车的重量被分成许多等级（见表 3.5），只有在车的重量达到下一个等级时，NEFZ 所规定的油耗才变化，而且一下子就变化 0.2L/100km。

在车的方案确定以后，要把车的重量降低一个等级往往很昂贵㊁。所以一般是把钱花在对其他方面㊂进行改进，这也是因为车的重量对车辆的许多功能，如功率、动态特性、碰撞安全性、强度等，是十分重要的。

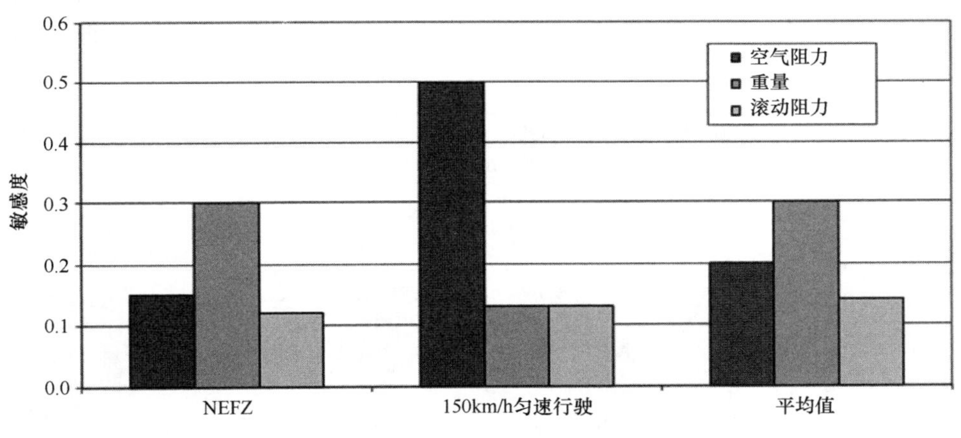

图 3.23　不同循环中与油耗相关的车辆参数的敏感度

3.6.6　滚动阻力

滚动阻力虽然相对于其他阻力来说较小（见图 3.8），但它在车辆的行驶过程中是无时不在的。由于它的敏感度在不同的循环中基本相同（见图 3.23），降低滚动阻力总是可以降低油耗。尤其在采用节油方式行驶时，因为空气阻力在避免高速行驶时较低，而加速损失在避免频繁加

㊀ 在图 3.20 中把不同转速下的油耗最低的“效率峰值”连成的线。

㊁ 为了降低成本，车型都已经平台化，从而大量采用相同的零部件。每个车型的零部件很多不是专门为这个车型开发的。其后果是，很多部件，如底盘、车轴等，要按照平台中最重、最快（这一般也是配备最大功率的发动机）的车型来设计开发，这导致了平台中的其他车型过重。如果一定要减轻重量，往往只能改变材料（比如以铝代钢），这也是很贵的。

㊂ 如发动机、辅机、轮胎、空气阻力等，详见第 3.7 节。

速和制动时也很低，降低滚动阻力的重要性显著增大。

对滚动阻力进行过优化的轮胎的阻力系数可以比一般轮胎降低15%（见图3.5），这可以使按NEFZ测试的油耗降低大约2%。提高轮胎的气压直到允许的极限[⊖]，也能达到类似的省油效果。把气压提高1bar（1bar=0.1MPa），可以把滚动阻力降低15%~20%。但气压的提高会降低车的舒适性（比如滚动噪声和平稳性）。

3.6.7 空气阻力

和滚动阻力不同，空气阻力只在速度达到一定值时才对油耗有重大影响。这个值一般大致定为空气阻力超过滚动阻力时的速度，参见第3.2.6节。对小型、轻型车来说，这个车速在市内就可以达到。比如Smart City - Coupe和大众的Up！这两款车，这个车速大约是48km/h。对较大、较重的轿车这个车速大约是70km/h。这个对速度的相关性也和测试循环有很大的关系，见图3.23。

图3.24展示了奔驰B级车（2005年上市）在2011年换代降低的油耗。最初车的风阻系数为$C_D=0.30$，改型后风阻系数降为$C_D=0.26$（降低13.5%），加节能技术包的甚至可以降为$C_D=0.24$（降低20%）。这使新型车仅仅通过降低空气阻力就可以在以180km/h匀速行驶时降低油耗1.5L/100km。图3.24中的两个（小的）菱形是按NEFZ测试时的省油量（分别为0.13L/100km和0.19L/100km），由于NEFZ的平均车速很低（33.6km/h，见第3.7节），所以省油量也就很少。尽管如此，这一省油量还是和通过降低车的重量所能够达到的省油量在同一个数量级，参见第3.7节。而车速一旦达到140km/h以上，它的省油量就在实际上不可能通过减轻重量来达到了。

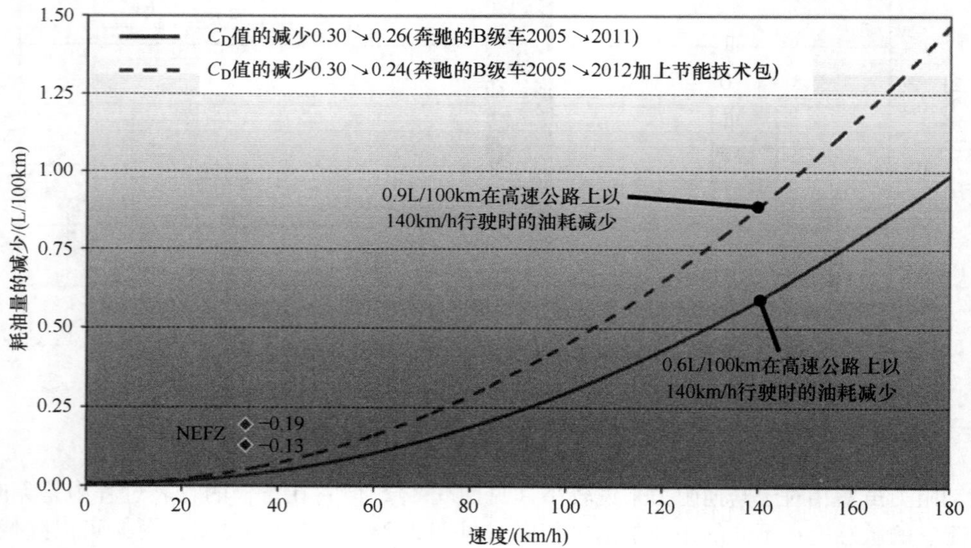

图3.24 通过降低空气阻力来减少油耗的例子，新型和旧型的奔驰B180CDI的对比

⊖ 每个轮胎都在侧面注明了它的最大工作压力，一般用kPa表示，比如350kPa相当于3.5bar。在实际使用时的轮胎压力远低于最大压力，因为压力过高会影响舒适性，尤其是路面上有横向的接缝或沟的时候。压力大的好处是，抓地力大（对制动和起步都有利），磨损小，尤其是省油。如果觉得省油很重要，轮胎的压力可以提高很多。

除了降低油耗，减小空气阻力还可以提高车辆的纵向动力性能。比如，上面的例子（风阻系数由 $C_D=0.30$ 降为 $C_D=0.26$）可以把最高车速提高 10km/h，同时还能提高加速度和加速弹性，尤其是在高车速的状态下。

3.7　降低空气阻力的方法

这一节一方面粗略地介绍一下降低空气阻力的各种措施（见第4章），另一方面介绍几种方法来和3.6节中提到的各种降低油耗的方法进行比较。

3.7.1　继续降低阻力的可能性

在前面已经说过，现在各种车型中空气阻力最小的车，已经把绝大多数费用不高的方法都用上了。除了非常重要的、对空气动力学有利的车身这一基本方法，还包括以下这些方法：

- 与车身最佳匹配的车尾，这包括车尾的高度、侧面的收缩度、设定的流场脱离线和有效的车尾扩散器。
- 经过优化的车头导流板，这也要考虑到侧面流向车轮的气流和其他凹凸部分的气流。
- 车头部分要密封，发动机舱的盖子和车灯周围都要用密封条。进入发动机舱的冷却空气入口周边也要封闭，从而让冷却空气得到高效的使用。
- 在车的底部加上表面尽可能平滑的罩盖。
- 通过在轮罩上加装导流板来优化气流，详见 Höfer（2011）和 Wäschle（2012）。
- 优化A柱和C柱、外后视镜和其他外侧部件的气流。

目前最好的品牌还采取了比上述几点更进一步的措施，但这些措施的费用要高很多：

- 在冷却空气的进口加装可控的开合板，根据对冷却空气的需求控制进气量。按不同的车型可以把 C_D 值降低 0.005～0.02，这取决于冷却空气所占的比例。
- 把整个车的底部都加上罩盖，包括车轴、排气装置和传动轴。这不仅昂贵，而且可能导致排气系统散热困难。这个措施可以使 C_D 值降低 0.005～0.015。
- 根据车速改变车的（底部离地距离的）高度。如果不是由于舒适性或动力学的原因已经采用，这一措施将非常昂贵。车的底部离地距离每降低 10mm，可以使 C_D 值降低 0.004。
- 把有些部件，比如车尾导流板和尾翼，做成可自动调节的。做起来很复杂，而且昂贵。

除此之外，还有一些措施需要改变车的尺寸，而且从目前的审美观点来看不太容易被接受：

- 加长车头并做成尖的，以改善车前部空气的绕流。
- 增大A柱的圆度，降低台阶并改善A柱侧面的流动，以减少A柱引起的涡流。
- 把车顶做成拱形的，并把车顶的最高点尽可能前移。
- 减小车尾的宽度和高度，并减小后轮的轮距，同时增加车尾长度。
- 采用按空气动力学优化过的窄车轮和轮胎，这对各种车型都有明显的效果（见 Wittmeier 等，2012）。

3.7.2　重量当量

对改善空气动力学性能的评价方法之一是重量当量。这就是把通过降低 C_D 值而降低的油耗当作是重量的减小而引起的（表3.7）。

表3.7 当空气阻力系数 C_D 减小0.010时不同测试循环下的重量当量

测试循环	$\Delta C_D = -0.010$	$\Delta m_F = -100\text{kg}$	重量当量/kg
	油耗的变化/(L/100km)		
市内	0.01	0.18	6
EUDC	0.04	0.12	33
NEFZ	0.03	0.15	20
匀速，90km/h	0.05	0.06	83
匀速，120km/h	0.09	0.07	129
匀速，150km/h	0.15	0.07	214

从表中可以看到，在NEFZ下的重量当量就很可观了，在匀速行驶时重量当量可以达到很高的值。不过这里只考虑了对油耗的影响。实际上，在重量变化很大时，还会由于惯性力的变化引起其他效应，从而需要改变变速比等。在极端情况下甚至需要改换发动机，这就更复杂了。

3.7.3 按回报率考虑的方法

在产品判决时，把相对来说比较昂贵的空气动力学措施和其他降低油耗的措施进行比较时，需要有个比较精确的方法。这里介绍的按回报率考虑的方法，不仅可以对各种措施进行公平的比较，而且可以显示客户需要多少个月或者多少年才能通过降低的油耗得到回报。

把所有需要比较的降低油耗的措施用两个数字表示，一个是按NEFZ的省油量，另一个是增加的造车费用。然后把这些措施都放到一张双对数坐标图上，如图3.25（见彩插）所示。图中灰色的斜线表示不同的回报里程数，从15000km到120000km不等。该图所做的假定是油价为1欧元/L，年利息是5%。位于第一条斜线左上方的措施，在按NEFZ行驶不到15000km后就能得到全部回报。如果不是按NEFZ，而是经常高速行驶，那些降低空气阻力的措施就可以比图上所示的更快地得到回报。

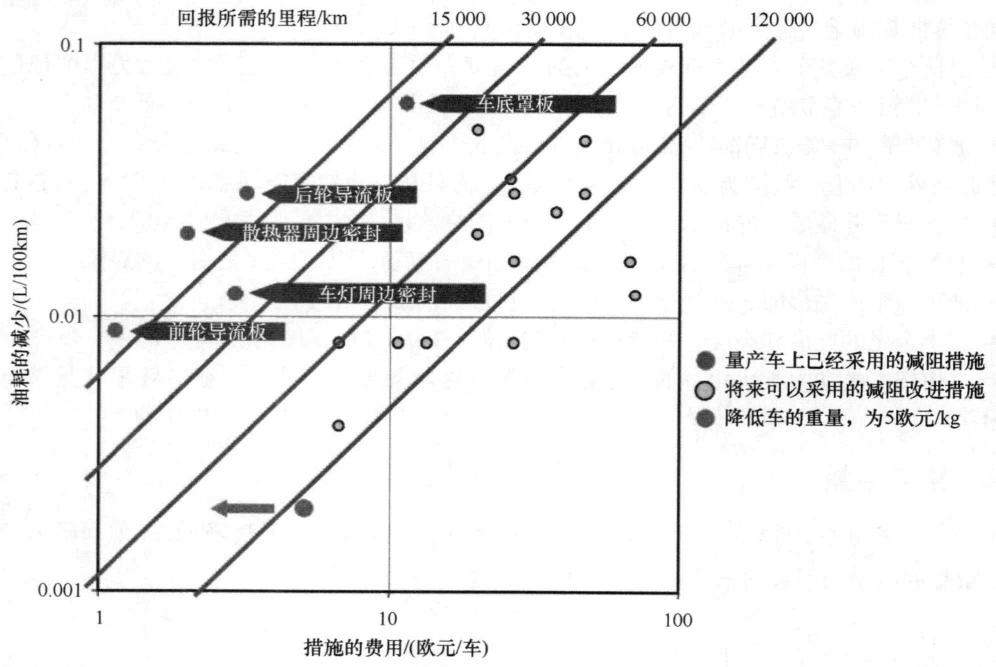

图3.25 不同降低油耗的措施的回报率

图中绿色点是目前已经采用的措施，这些措施都能让客户在两年之内得到回报。橙色的点是花 5 欧元来降低 1kg 重量，这个措施和已经采用的降低空气阻力的措施来比相当昂贵，要行驶 120000km 以上才能得到全部回报。但降低车的重量除了降低油耗还有其他正面的“附带作用”，比如车的加速性能、碰撞性能，疲劳强度等。这些优点也是可以用钱来表示的，从而也能提高措施的回报率。考虑了这些优点后就可以把这个点向左移动，也就是缩短了回报所需的里程。这一方法也适用于许多改善空气动力学性能的措施。比如加上车底部的罩板不仅可以降低 C_D 值，还能防止车底零部件被污损，进而导致锈蚀，另外还能改善声学性能。黄色的点显示了许多将来可以采取的措施，它们按今天的油价车价比还不能足够快地得到回报，比如在 3.7.1 小节中提到的一些措施。

3.8　关于油耗的法规和证书

第一部关于排放和油耗的法规出自美国。为了应对 1973 年的石油危机，美国国会在 1975 年通过了“能源政策和保护法案”，其主要目的是减少美国对石油进口的依赖。公司平均油耗（CAFE，也就是所谓的美国车队油耗）要在 10 年内降到 27.5mile/USgal（相当于 8.5L/100km），也就是几乎降低一半。为了达到这个 CAFE 的目标值，美国国家公路交通安全管理局在 1978 年制定了所谓的油老虎税，对耗油量大的“油老虎”增加了购置税，参见第 3.8.3 节。1990 年，加利福尼亚州空气资源委员会（CARB）发布了“清洁空气法案”，要求到 1998 年至少有 2%，到 2003 年至少有 10% 的新车是零排放的车。这个法案迫使世界各国的汽车公司开发零排放车（比如通用汽车公司开发了 EV1），但后来这个法案无法实施，就失效了。

除了降低单车油耗（尤其是成本）的具体措施，降低全球各种车辆的总油耗也越来越重要。尽管交通能耗（二氧化碳排放也一样）在总能耗中的比例只占 25%（欧洲 20%，美国 40%），但交通能耗的增长率最高，所以应该特别引起重视。1992 年在里约热内卢召开了第一次环保大会，1997 年在京都召开了第一届世界气候峰会[㊀]，尤其是 2007 年 IPCC[㊁]发布的第四版气候变暖报告又一次明确指出人类的行为导致气候变暖，这些都引起世界各国制定了能耗法规。下面列举几个重要的法规。

3.8.1　欧盟的法规

在京都世界气候峰会之前，欧洲议会就要求到 2005 年把私人汽车的平均油耗降到 5L/100km（相当于 120g CO_2/km）。因为这个值无法实现，欧洲汽车制造协会 ACEA[㊂]制定了一个在“分担”[㊃]基础上的自愿目标：所有在欧洲获得许可证的汽车的平均油耗，要在 1986 年的 7.7L/100km

㊀ 工业化国家在会上决定，把它们的温室气体排放在 2008—2012 年间平均减少 5.2%，以达到 1990 年的水平。被列为温室气体的有 6 种，分别是二氧化碳（CO_2）、甲烷（CH_4）、笑气（N_2O）、氢氟烃（HFC）、氯氟烃（CFC）和六氟化硫（SF_6）。各国的目标有所不同，日本是降 6%，美国是降 7%，欧盟是平均降 8%，但每个欧盟国家也不同，例如德国承诺降 21%。

㊁ IPCC（Intergovernmental Panel on Climate Change）是超越国家的关于气候变化的组织，1988 年 11 月由联合国环境规划署（UNEP）和世界气象组织（WMO）共同发起，目的是把科学研究的结果总结后提供给各国政府。它的第一个报告发布于 1990 年。2007 年，这个组织和美国前副总统戈尔一起获得了诺贝尔和平奖。

㊂ ACEA（Association des Constructeurs Européens d' Automobiles）即欧洲汽车制造业协会，成立于 1991 年，总部在布鲁塞尔（http：//www.acea.be/）。1995 年 ACEA 在东京开设了办事处，2004 年在北京开设了办事处。

㊃ 汽车制造业要共同分担降低油耗的责任。一方面，制造小型、省油的车的公司要比生产大型车的公司达到更严的目标（例如 125g CO_2/km），而生产大型车的公司（它们有更大的潜力，而且它们的客户也更富有，因而往往更愿意为昂贵的省油技术付出）要使车队的油耗下降的比例更高，例如下降 30%。

（相当于186g CO_2/km）的基础上，到2008年时降低25%，达到5.8L/100km（相当于140g CO_2/km）。这个目标值和实际达到的154g CO_2/km（在德国是165gCO_2/km）有差距，所以欧洲议会在2009年4月23日发布了“制定新乘用车排放标准的规定”。其中不仅包含了到2015年必须达到130g CO_2/km的硬指标，而且还具体规定了阶段性的指标：从2012年开始，每家汽车公司的新车必须有一定的百分比达到平均130g CO_2/km的指标，2012年是65%，2013年是75%，2014年是80%，2015年是100%。如果不能达到这个指标，那么从2012年起到2018年，将对超过的平均二氧化碳排放克数对每辆售出的车罚款，具体是：

- 超过的第一克罚5欧元。
- 超过的第二克罚15欧元。
- 超过的第三克罚25欧元。

这就是说，如果车队的平均二氧化碳排放超过指标3g，那么每辆车就要罚45欧元。如果超过指标3g以上，那么从第四克开始，每克要罚95欧元。从2018年开始，超过的第一克就要罚95欧元。

2020年的目标也已经制定：95g CO_2/km，比2015年要低27%。2013年，根据2009年以来的实现情况对2020年的目标再进行一次讨论。

除了欧盟的法规，一些国家还采用税务手段来降低油耗平均值。例如，法国，荷兰、比利时、卢森堡三国，奥地利和英国都对公务和公司用车制定了相当严厉的以二氧化碳排放量为基础的税法（参见 Mercedes - Benz，2008）。

3.8.2 欧盟的二氧化碳标注

为了支持车队油耗的法规，欧盟在1999年12月13日通过了“欧洲议会关于上市新车需向消费者提供耗油量和二氧化碳排放量的规定 1999/94/EG”（见 http：//eur - lex. europa. eu/LexUriServ/LexUriServ. do？uri = CONSLEG：1999L0094：20081211：DE：PDF 2012）。

从2004年11月起，汽车销售时必须标注其油耗和二氧化碳排放量。从2011年12月1日起，在德国销售的汽车还必须标注该车的在这类车中的能效级评价和鉴定（类似于家用电器的能效级），具体见“乘用车能耗标注规定（Pkw - EnVKV）”（http：//www. gesetze - im - internet. de/pkwenvkv/BJNR103700004. html 2012）。这个标注类似于大多数欧洲国家采用的能效标注，以便于购车人在做决定时考虑车的环保性。车被分为8个能效级，从A+（能效很高，至少好于二氧化碳排放参照值37%）到G（能效很低，差于二氧化碳排放参照值17%以上），见图3.26。由于在计算二氧化碳排放参照值时考虑了车的重量，油耗高的大车的能效级往往优于油耗低的小车（总体来说更省油），所以这一规定受到环保组织和一些汽车协会的严厉批评。

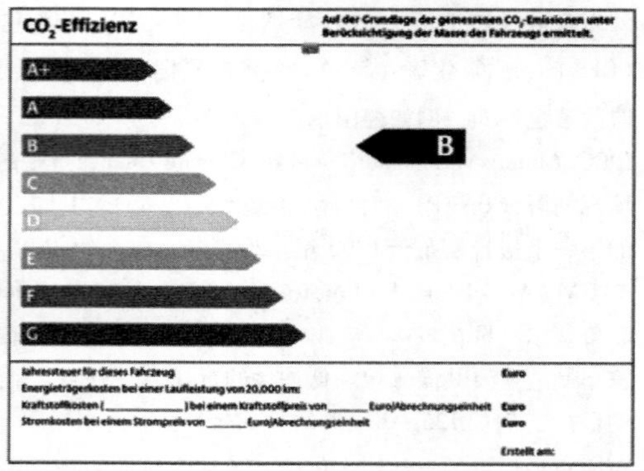

图3.26 德国的二氧化碳标注

3.8.3　美国的法规

布什政府拒绝推广加利福尼亚和美国另外 13 个州实行的更严的耗油量标准，因而把“能源政策和保护法案”中对 1985 年的车制定的车队油耗目标 27.5mile/USgal（相当于 8.6L/100km）延长使用到 2009 年。2009 年 3 月，奥巴马政府决定降低这一标准，并于 2009 年 5 月宣布，采取加利福尼亚州的提议，到 2016 年把乘用车的油耗降低到 34mile/USgal（相当于每 6.7L/100km）。这一标准比原标准降低了大约 30%。2012 年 8 月 28 日，NHTSA 发布了一个更严的标准，即 CAFE和温室气体规定，它适用于 2012—2025 年的车型。

2025 年以后，新的乘用车的油耗要降为 2012 年的一半，也就是平均 54.5mile/USgal（相当于 4.3L/100km，或 109g CO_2/km）。这相当于乘用车的油耗每年减少 5%，所以需要做出很大的努力，参见第 3.1 节。对所谓的“轻卡”，在美国很受喜爱的 SUV 和皮卡都属于轻卡，标准要松一些，它们从 2016 年起油耗只需每年降低 3.5%（见图 3.27）。

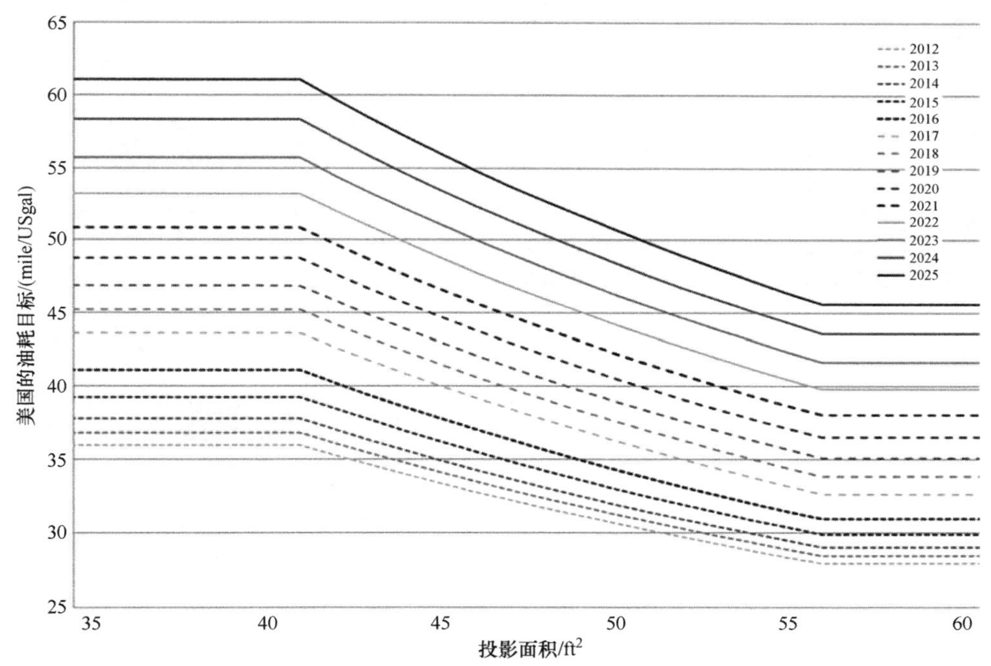

图 3.27　美国对 2012—2025 年的车型的 CAFE 规定

从 1991 年起实行的油老虎税继续有效。买车时需缴纳 1000（低于 22.5mile/USgal 或高于 10.5L/100km）~7700 美元（低于 12.5mile/USgal 或高于 18.8L/100km）的附加税。但这笔钱一般是售车方代交了。在 EPA 的网站上可以查到每年的油老虎税（见 EPA，2012），在 NHTSA 的网站上有每年的 CAFE 罚金总数，从 1983 年起，美国国库已经收了将近 10 亿美元。

3.8.4　美国的二氧化碳标注

二氧化碳值是所谓的“蒙罗内标注[㊀]”的组成部分，从 2008 年起，所有新车在出售时必须标

㊀ 以美国参议员麦克·蒙罗内（Mike Monroney）命名，他在 1958 年发起了“汽车信息公布法案”并获得通过，见 http：//www.epa.gov/carlabel/basicinformation.htm。

注。2013年，这个标注被重新定义，参见US EPA（2013）、DOE（2013）和图3.28。它除了包含估计的每年的油费和在5年中和所有新车的平均值相比的油费差值，还包含了和能效及环保相关的参数：

- 在市区，高速公路和组合的油耗，按FTP 75以mile/USgal表示。
- 和所有新车相比的燃油效率。
- 油耗（燃油效率的倒数）。
- 和所有新车相比，以燃油效率和温室气体排放为准则的评分。
- 每英里二氧化碳排放的克数。
- 有害气体排放的环保指标。

2013年版的新标注允许汽车公司在2012年就自愿采用。

图3.28　美国汽车必须有的标注

a）内燃机车　b）插电式混动车　c）电动车

油耗和温室气体排放的评分（1分最差，10分最佳）列在表3.8中。图3.28中的例子(26mile/USgal或9L/100km）是7分。标注中的二氧化碳值（上述例子中是347g/mile或216g/km）和油耗是按US－5循环计算的，见图3.16。

美国的EPA将每年对下一年的车型的评分重新规定。规定的具体方法见Angeletti等(2003)。

表3.8　按油耗和温室气体排放计算的评分

评分	油耗/(mile/USgal)	gCO_2/mile	评分	油耗/(mile/USgal)	gCO_2/mile
10	38＋	0～236	5	19～21	413～479
9	31～37	237～290	4	17～18	480～538
8	27～30	291～334	3	15～16	539～612
7	23～26	335～394	2	13～14	613～710
6	22	395～412	1	0～12	711＋

3.8.5　亚洲的法规

中国是亚洲最早制定油耗法规的国家之一。2012 年已经出台了第三阶段的和车的重量相关的油耗指标，参见表 3.9。这个指标规定了油耗上限，即如果车的油耗超过规定的指标，车就不允许出售。

表 3.9　2012 年起中国的油耗指标极限值（第三阶段）

空车重量/kg	油耗指标	
	手动档/(L/100km)	自动档/(L/100km)
$0 < m \leqslant 750$	5. 2	5. 6
$750 < m \leqslant 865$	5. 5	5. 9
$865 < m \leqslant 980$	5. 8	6. 2
$980 < m \leqslant 1090$	6. 1	6. 5
$1090 < m \leqslant 1205$	6. 5	6. 8
$1205 < m \leqslant 1320$	6. 9	7. 2
$1302 < m \leqslant 1430$	7. 3	7. 6
$1430 < m \leqslant 1540$	7. 7	8. 0
$1540 < m \leqslant 1660$	8. 1	8. 4
$1660 < m \leqslant 1770$	8. 5	8. 8
$1770 < m \leqslant 1180$	8. 9	9. 2
$1880 < m \leqslant 2000$	9. 3	9. 6
$2000 < m \leqslant 2110$	9. 7	10. 1
$2110 < m \leqslant 2280$	10. 1	10. 6
$2280 < m \leqslant 2510$	10. 8	11. 2
$2510 < m < \infty$	11. 5	11. 9

第 4 章　空气作用力对乘用车的影响

Thomas Schütz，Lothar Krüger，Manfred Lentzen

姜雷　译

第 3 章已经表明，空气阻力对乘用车的动力性的影响是非常大的。因此有必要在新开发的乘用车设计说明书中确定一个 C_D值，并确保实现。而不是像我们以前长期习惯的那样"要达到一个尽可能低的 C_D，并且造型是可以接受的"。另外车辆的升力可以减轻车轴的负担，但也因此会影响了轮胎与路面之间的动力传输。所以也同样需要设立一个必不可少的相关于车轴的升力目标值。

为了理解气动阻力现象，首先我们对图 4. 1 中一些相同长细比的物体进行比较分析。这些物体的高度 h（或直径 d）与它的长度 l 的比率相同。乘用车对应 $h/l \approx 0.3$（$0.15 < C_D < 0.5$），这个值介于旋转体（$C_D \approx 0.05$）与沿着入流方向有棱角的长方体（$C_D \approx 0.9$）之间。

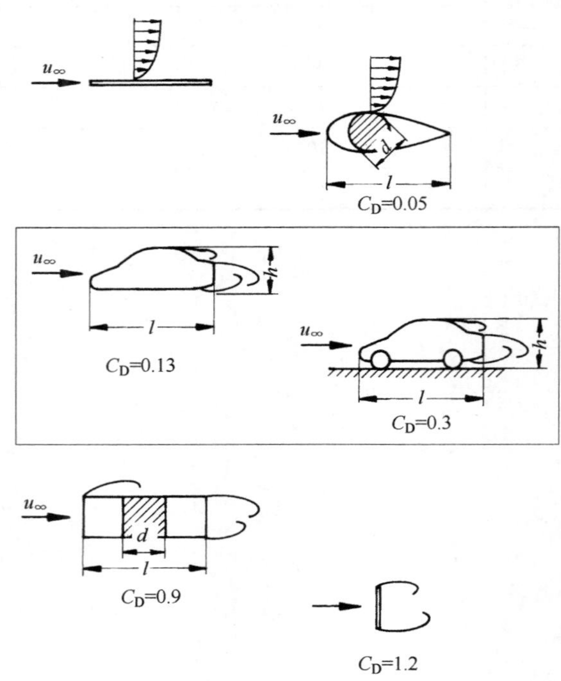

图 4. 1　乘用车的风阻系数与有相同丰满度 h/l 的其他绕流物体的比较

C_D—风阻系数　U_∞—入流速度

具有相同长细比 $d/l \approx 0.3$ 的旋转体的阻力主要是来自表面摩擦也就是摩擦阻力，如同在顺着入流的平板上出现的那种摩擦阻力一样。而这种形式的阻力在理论上已经被很透彻地研究过了。在第 2.3 节中已经罗列出的与摩擦阻力的基本参数，由此可以相对可靠地计算出旋转体的阻力。流场可以被简化拆分为无摩擦外部流场和近壁区流场，后者也就是黏性起作用的边界层。外部流场可以比较容易地通过势能理论来进行描述，然后其为边界层的计算提供压力值。我们既可以用来自实验的且适用广泛的壁面剪切应力定律，来确定湍流边界层的发展，也可使用边界层方程。

与旋转体相反，沿着流动方向比较长的长方体的阻力系数 $C_D \approx 0.9$ 几乎完全是压差阻力的贡献，其根源在于流体分离和耗散损失。体现压差阻力的极端情况是横在入流方向上的平板。但是即使对于这种几何上很简单的平板，其阻力也只能通过复杂的流动模拟来计算。这是由于复杂的流动的分离和再附着，以及很强的对外部流场的反作用。

图 4.1 中有一个没有轮子的乘用车外壳，假定其有光滑的下底部且不跟地面相连，其比较近似一个旋转体。因为流体附着在其大部分的表面上，仅仅在车尾部分流体出现了分离。进一步减小空气阻力的方法则主要是将车辆后尾部延伸成液滴状来减少尾涡区域。

另一个图是有轮子的乘用车，那里是真实的车底部和基本上按照现实情况来给定的地面、在这种情况下阻力显著增加，主要是由于分离区里出现的流动损失。现在的乘用车仍然近似为长方体，为了减少阻力，我们做了很大努力把车身按照流体技术从长方体改向修长的旋转体的方向设计。与长方体相比，现在的汽车阻力系数 C_D 也已经低了很多，但是定性地来说，乘用车周围的流动仍非常类似于长方体，其绕流明显地以分离为特征并且其阻力主要由压差阻力构成。然而，分离的位置通常不再像长方体那样仅发生在尖锐边缘处。在旋转体倾斜的轮廓上就能产生纵向涡流，由此引发了复杂的压力场，并与尾涡区域互相影响。

乘用车相对于它们的中心平面（$x-z$ 平面）几乎是对称的（我们后面称 $x-z$ 平面为对称面）。而顶部和底部形状完全不同。这种形状使乘用车在平行于 x 轴入流的作用下，只受到很小的侧向力，但垂直方向受力很显著。对于所有的 Coupè 车型和当下的三厢轿车都可用两个 Clark－Y－翼型组合来近似其轮廓（见图 4.2）。其在仰角 $\alpha=0°$ 时产生升力，并在趋近地面时升力增加（Beese1982）。这是由于沿着凸起的上翼面，附面流被加速并在上下表面间产生了压力差。除了在尾涡区域，跑车的绕流状态都跟翼型的绕流相似。基本情况并没有改变。对直背的乘用车，如多用途和紧凑型乘用车，可以产生向下的压力，这是因为车尾部分的上表面拱形不是那么明显。我们甚至可以用翻转的翼型来近似地描述它。

升力增加，可导致在转弯和制动时发生危险，还会使行驶动力性受损。显著的向下压力是行驶动力方面所期望的，但同时也意味着车桥部件将面临更大的负担，轮胎磨损和滚动阻力也会相应地增加。

对汽车在流体中受的作用力可以用下面三种不同的方法来估算：

1）在风洞中对按比例缩小的（或原始尺寸的）模型进行实验。

2）求完整运动方程的数值解；用数值方法求解流体动力方程。

3）按照几何形状与阻力之间的对应关系用经验评估[㊀]。

方法的选择必须遵循在实验及排错中高效的原则，开发者积累的经验越多，这个过程完成得越快。本章关于空气动力和力矩的目标是：

1）解释气动阻力和升力产生的原因。

2）列举几何形状细节与力的作用效果之间的联系。并尝试把在许多具体乘用车发展过程中，由风洞实验中得出的大量的气动效果，尽可能地归纳为一般性的结论。

㊀ 英文中为“rating”。

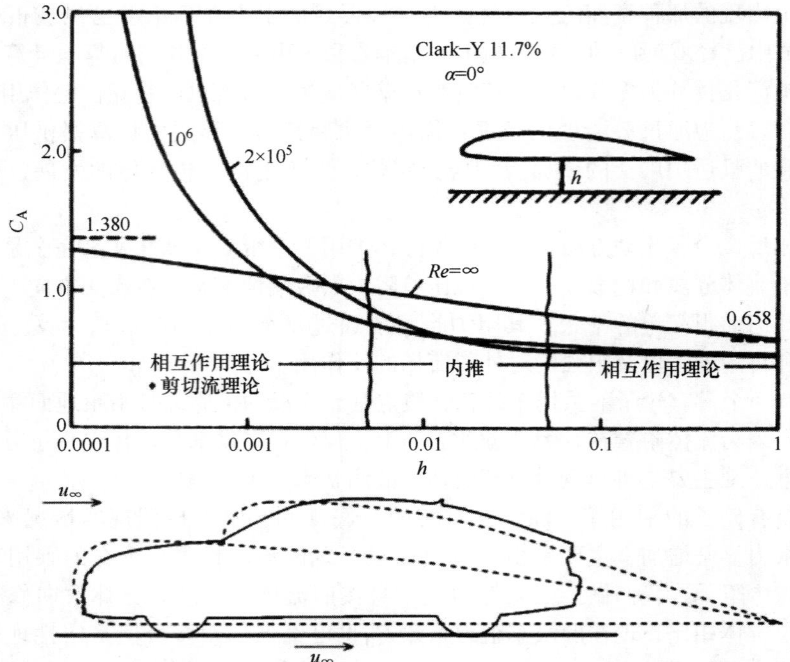

图 4.2　依赖于汽车与地面间隙 h 的 Clark - Y - 翼型升力系数 C_A（上图）和双门跑车的轮廓与 Clark - Y - 翼型的比较（下图）

3）解释这些气动效果背后的物理过程，并整理出具体的适用情况。这些通常要建立在一个令人满意的定性分析基础上，不过，在需要得出定量结果的时候，仍然要注意这些结论，其在很大程度上跟物理过程的类型相关联，因此不能不加思索地普遍使用。

4.1 空气作用力及其系数

由于挤压和压力不可逆地转换成周围介质动能的过程，一个绕流体（包括汽车）会受到力的作用。这些力的作用可以用力的绝对值或无量纲参数来描述。由压力和剪切应力合成的空气作用力作用在车辆的某一个点上。在不同的汽车上这个点的位置也会不同。因此，在描述空气力和力矩时，通常使用固定的坐标系，其原点位于路面上，且在由四个车轮的地面接触点所连接成的矩形的重心处（见图 4.3a）。

在不考虑侧风的一般流动条件下，汽车受到相对于参照点 O 等效的三个作用力及三个作用力矩，即阻力 F_W、升力 F_A和侧向力 F_S，以及侧向力矩 M_R（或振摆力矩）、俯仰力矩 M_N（或倾斜力矩）和横摆力矩 M_G。借助于轴距的几何尺寸 l_0，升力和侧向力以及俯仰力矩和横摆力矩可以分解为在车轮支承面上前轴和后轴上相关的作用力（$F_{A,v}$，$F_{A,h}$，$F_{S,v}$，$F_{S,h}$）。车轮支承面里的作用力之间的关系如图 4.3 所示，按下列公式计算：

$$F_A = F_{A,v} + F_{A,h} \tag{4.1}$$

$$F_S = F_{S,v} + F_{S,h} \tag{4.2}$$

$$M_N = (F_{A,v} - F_{A,h})\frac{l_0}{2} \tag{4.3}$$

以及

$$M_G = (F_{S,v} - F_{S,h})\frac{l_0}{2} \tag{4.4}$$

在图 4.3b 中，俯仰力矩 M_N 以及前后轴升力 $F_{A,v}$ 和 $F_{A,h}$ 由两部分组成，一部分使用纯升力 F_A（在这里是 $F_{A,1}$ 和 $F_{A,2}$）以及其在 x 轴上作用点的位置来表示，而另一部分使用纯阻力 F_W（在这里是 $F_{W,1}$ 和 $F_{W,2}$）以及其在 z 轴上作用点的位置来表示。

整个俯仰力矩 M_N 由两个分量 $M_{N,W}$ 和 $M_{N,A}$ 的和组成，并按下列公式计算：

$$M_{N,W} = F_W h_W \tag{4.5}$$

其中

$$F_{W,1} = -F_{W,2} = \frac{M_{N,W}}{l_0} \tag{4.6}$$

$$M_{N,A} = -F_A l_A \tag{4.7}$$

$$F_{A,1} = F_A - F_{A,2} = \frac{F_A l_0 + 2M_{N,A}}{2l_0} \tag{4.8}$$

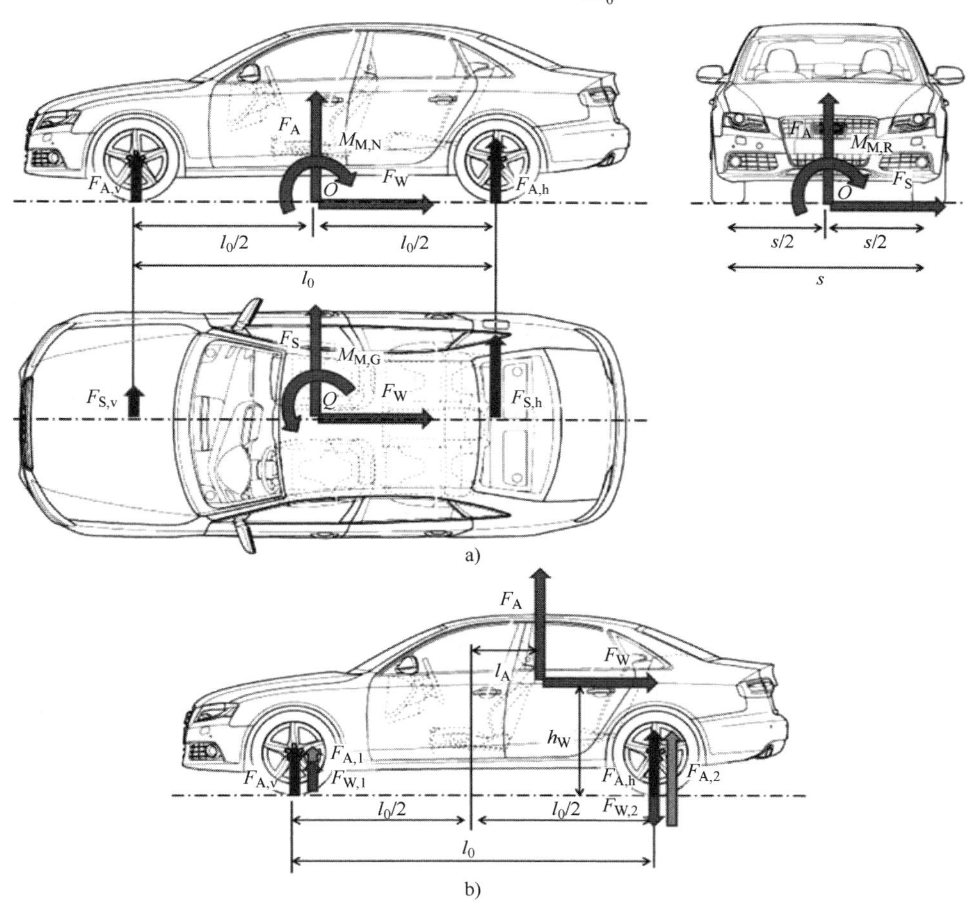

图 4.3　机动车辆上的作用力和作用力矩以及车轮支承面里的升力和侧力示意图

空气动力学界将空气阻力定义为物体受力在流动方向的分力，车辆空气动力学中的这个概念取自航空学中由 Otto Liliental㊀给出的定义。当来流为倾斜，流动即偏航角㊁$\beta \neq 0°$时，我们会把车辆纵向上的力和从来流方向上的力中分解出来。并将在后文引入切向力 F_T 的概念（比较图 4.14）。在偏航角 $\beta = 0°$的情况下，$F_T = F_W$。

㊀ 例如在《鸟的飞行作为飞行艺术的基础》的书中。

㊁ 采用了飞机空气动力学中“偏航角”一词。没有使用“入流角度”，是因为有与攻角混淆的风险。

实验证明，在亚声速（即低于声速）的情况下，作用于物体上的空气作用力矢量以及分量大小正比于流动介质的密度（空气密度为ρ_L），正比于入流速度的平方，以及正比于物体长度。空气阻力通过任意表面大小来标识，通常选择物体纵向上正投影为A_x。由此可确定作用于物体的空气作用力为

$$F_{Luft} = cA_x \frac{\rho_L}{2} v_\infty^2 \tag{4.9}$$

进一步可以确定该比例常数c，其完全取决于物体的形状。如所有球体（或圆柱体，或其他的物体），其具有相同的比例常数，而不依赖于物体的尺寸。力的矢量随着与形状相关的系数的变更而变化。当力的作用点不在某个坐标轴上时，绕这个轴的空气作用力矩也有类似的关系。另外需要添加一个参照长度，其可以任意选择定义。通常选择车辆的轴距l_0作为参照长度，力矩则可以按下式进行计算：

$$M_{Luft} = c_M A_x l_0 \frac{\rho_L}{2} v_\infty^2 \tag{4.10}$$

出现在力和力矩中的$1/2\rho v_\infty^2$项被称为滞止压力或未受扰动的入流中的动压，这样力和力矩可以通过用滞止压力来表达。一个物体的绕流在驻点被分开。因为在驻点处$v_\infty=0$，这里伯努力方程如下：

$$p_{tot,S} = p_\infty + \frac{\rho_L}{2} v_\infty^2 \tag{4.11}$$

由此得到在驻点的压力是整个流动中能出现的最大的压力。

在空气动力学中，通常不是使用有量纲的力、力矩和压力，而是使用与速度无关的无量纲系数。这些系数是物体形状表征参数。例如在一个风洞中测定空气阻力，在交流时往往使用上面提及的比例系数，或者更确切地说，用计算出的C_D值来研究力的一个分量“阻力”。空气阻力系数C_D和升力系数c_A相对应地可以表达为

$$C_D = \frac{F_W}{\frac{\rho_L}{2} v_\infty^2 A_x},\ c_A = \frac{F_A}{\frac{\rho_L}{2} v_\infty^2 A_x} \text{及} c_S = \frac{F_S}{\frac{\rho_L}{2} v_\infty^2 A_x}, \tag{4.12}$$

力矩系数相应地表达为

$$c_{M,R} = \frac{M_R}{\frac{\rho_L}{2} v_\infty^2 A_x l_0},\quad c_{M,N} = \frac{M_N}{\frac{\rho_L}{2} v_\infty^2 A_x l_0} \text{及} c_{M,G} = \frac{M_G}{\frac{\rho_L}{2} v_\infty^2 A_x l_0} \tag{4.13}$$

车辆轮廓上的压力分布则由压力系数c_p表示：

$$c_p = \frac{p_S - p_\infty}{\frac{\rho_L}{2} v_\infty^2} \tag{4.14}$$

在驻点处，$c_p=1$。对于处在有摩擦的绕流中的乘用车来说，在一般情况下，$-2<c_p<1$。从压力分布（见图4.4）可以看出，乘用车上侧的压力远低于底部的压力。这也就是乘用车升力的来源。

如果假设流动是无摩擦的，则会出现两个，即在汽车头部和尾部后边缘。假设流动有摩擦时，由于流体分离，第二个驻点消失了。在这里应该说明的是，在无摩擦流场中把压力在x方向的分量加在一起时，会得出阻力$F_W=0$的结果。这就是d’Alembert悖论，即在不可压缩的、无摩擦的亚声速流中没有阻力。在现实中，阻力的出现是显而易见的。其现象无法从无摩擦流动理论的角度解释。

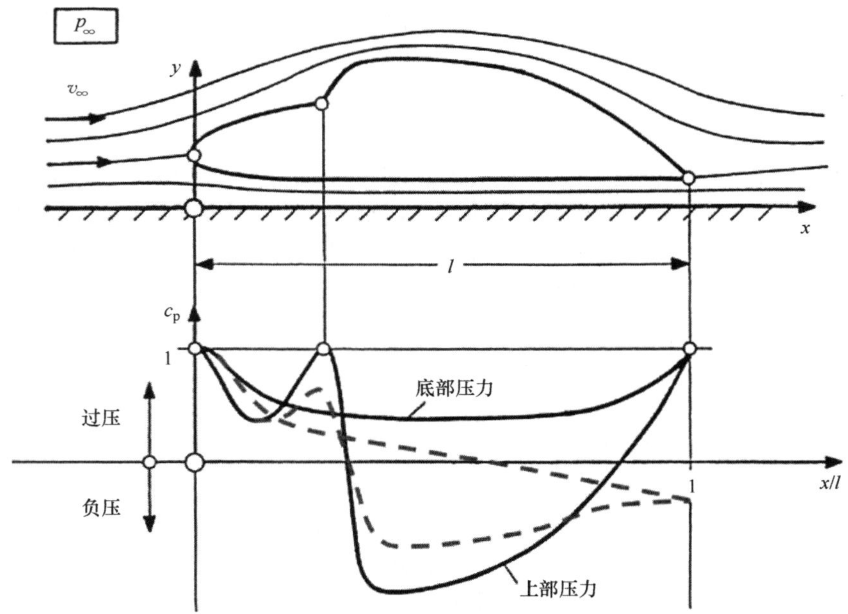

图 4.4　围绕一个车辆形体的绕流及压力分布，源自 Hummel

在空气动力学从业人员的惯用语中，对应无量纲系数 C_D、c_A、c_p等系数 0.001 的变化，称为一个“点”的改变。因此，如果说 C_D 改变了 12 个点，这就意味着 $\Delta C_D = 0.012$。

Buckingham 理论：因为空气作用力和力矩与 ρ、v，以及处于流体中的物体的形状及大小成一定比例，在已有知识的基础上，进行思想实验，通过现象学方法，引入了空气动力学系数 C_D、c_A、c_p等概念。这些系数也可通过与相似性理论相关的 Buckingham 定理（Buckingham，1914），从理论上推导得出。

这意味着由 n 个影响变量、m 个基本量纲确定的物理过程可以通过 $n-m$ 个无量纲系数的简化形式来描述。如一根线连接的机械摆锤的摆动就是一个简单的例子。当然，摆锤振荡由复杂的数学微分精确描述，然而其相关参数可以用 Buckingham 定理来确定（见图 4.5）。

相似性研究/Buchingham理论

- 如果相关的相似系数一致，并有几何相似和运动相似，则流动系统相似
- 当任一物理现象通过n个物理量来表示，且这些物理量中含有m种基本量纲时，则能得到$(n-m)$个相似系数
- 机械方面例子：摆锤
  - 物理量：m, l, t, g
  - 基本量纲：长度(m), 质量(kg), 时间(s)
  - 得一个无量纲相似系数Π_1
  - 摆动系数对所有的摆锤是一样的
- 空气动力学方面例子：空气阻力
  - 物理量：$F_{Luft}, V_\infty, l, \rho, \nu$
  - 基本量纲：长度(m), 质量(kg), 时间(s)
  - 得两个无量纲相似系数Π_1和Π_2
  - 在几何相似和运动相似的流动系统中C_D和Re相同

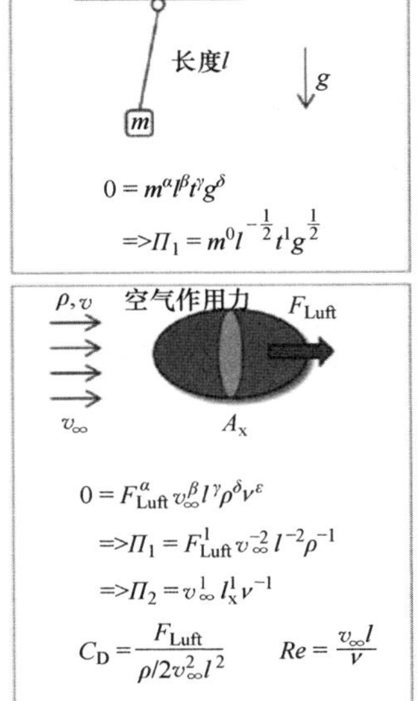

长度l
g
m
$0 = m^\alpha l^\beta t^\gamma g^\delta$
$\Rightarrow \Pi_1 = m^0 l^{-\frac{1}{2}} t^1 g^{\frac{1}{2}}$
ρ, v
空气作用力
F_{Luft}
v_∞
A_x
$0 = F_{Luft}^\alpha v_\infty^\beta l^\gamma \rho^\delta \nu^\varepsilon$
$\Rightarrow \Pi_1 = F_{Luft}^1 v_\infty^{-2} l^{-2} \rho^{-1}$
$\Rightarrow \Pi_2 = v_\infty^1 l_x^1 \nu^{-1}$
$C_D = \frac{F_{Luft}}{\rho/2 v_\infty^2 l^2}$
$Re = \frac{v_\infty l}{\nu}$

图 4.5　用摆锤振荡器的例子来说明 Buckingham 理论

空气动力学系数也可以用同样的方式来确定。尽管这牵扯到非常复杂的偏微分方程（见第14章），但还是能看出某些与钟锤摆动的类似。流体作用于物体上的空气动力学过程与流速 v_∞、物体大小（由特征长度 l 表示），以及一些材质常数，如空气密度 ρ_L 和黏度 ν 有关。作用力 F_{Luft} 可由空气压力 p 的函数来得出，通常用相对压力 $p-p_\infty$ 来表示。

如上所述，这里有5个物理量，以及3个基本量纲，它们被标识为长度（m）、质量（kg）和时间（s）。根据 Buckingham 定理，得到两个无量纲相似系数，即 Π_1 为 C_D 值，Π_2 为雷诺数。如果把上述的压力差也算一个物理量的话，则获得第三个无量纲相似系数 Π_3 为 c_p 值。也可找到引入的系数间理论上的联系。还可以进一步考虑其他物理量的影响，例如空气的温度、热导性、声速和表面的粗糙度。这将引出更多的特征值，它们与前边已经找到的特征值相关联，但可以证明在汽车流场的研究中这些特征值影响很弱。

4.2 乘用车的流场现象

近几年对流体作用于车辆的研究取得了长足进展。这主要是因为对流动的研究不再局限于汽车车身（例如某一根线和某一个面）上，而是延伸到整个周围空间。如图1.4所示，在那里提前看到了一个环绕汽车流场的非常生动的画面。正如我们已经提到过的，车辆绕流近似于一个钝体的绕流。其特征一方面是在很大范围内的附面流动，从而导致了剪切应力的传递；另一方面是在车辆后部和底部，因出现大量的分离流动而导致压力损失。最后，图1.53显示了在乘用车上分离流动的一些典型的位置，以及在3种经典车型（阶背型、快背型、直背型）的不同。那里概述的所有分离可以归纳成具有二维或三维特征的两种不同机制：

1）带有拟二维旋涡的分离尾涡区[㊀]，随着汽车一起“行驶”，它的分离线和涡旋轴皆垂直于来流方向。

2）三维、强耗能的涡流，其涡旋轴会或多或少地与来流方向相同。

除了有流体分离过程，环绕乘用车的流动特征还在于，导入了一部分入流穿过车辆用于冷却。依据不同的车辆装备，气流进入发动机舱后，通过复杂的热交换器以及动力总成，大多从发动机舱排入车底。这个过程可以用在化简管道中包括附加压力损失的流动来初步近似描述。

影响绕流的另一方面是环境因素。当车辆在街道上行驶时，大部分自然界的风相对于汽车纵向中心截面部分通常是不对称的。根据后边第5章所述，风具有边界层的特点，并且经常是阵风。这两种现象在车辆空气动力学中也越来越被重视，但其对空气作用力的贡献只起着次要的作用。

总之，我们将在下面讨论如何区分4种流动现象。图4.6（见彩插）提供了一个概述。

4.2.1 死水现象

如果空气在垂直于来流方向的边界处分离，则可以分3种不同形式，如图4.7所示。形成的死水则是下列中的一个：

a）无周期性的。

b）周期性的。

c）环形及螺旋形的。

㊀ “死水”一词由 Helmholtz（1868）和 Kirchhoff（1869）创造。在他们的死水模型中，尾涡区域基本上是静止的。到了后来，发现情况并非如此，但是死水的说法却保留了下来。

a) 拟2D涡旋运动

b) 3D涡旋运动

c) 穿流

d) 环境影响

图 4.6　在乘用车上的流动现象

4.2.1.1　无周期性的死水现象

作为无周期性死水的一个例子，图 4.8 考虑一个后向台阶流动。在点 S（不一定具有尖锐的边缘），边界层流在物体的轮廓上分离并过渡到剪切层。其将在点 R 再附着。这里封闭了一个在内部环流的尾涡区。

通过与几乎无摩擦的外部流动混合，剪切层如线①所示变宽。实线②是时间平均的流线，封闭了以回流为特征的死水。虚线③是向前流动与回流之间的边界。在从 R 点开始的下游，再次形成了边界层流。松弛长度（流动从分离到重新达到平衡的距离）相当大，大约有 25 个台阶的高度（在 R 处，$x=0$）的长度。

根据 Prandtl 论述，流体满足以下条件时，出现（二维）流体分离：

$$\frac{\partial p}{\partial x} > 0 \tag{4.15}$$

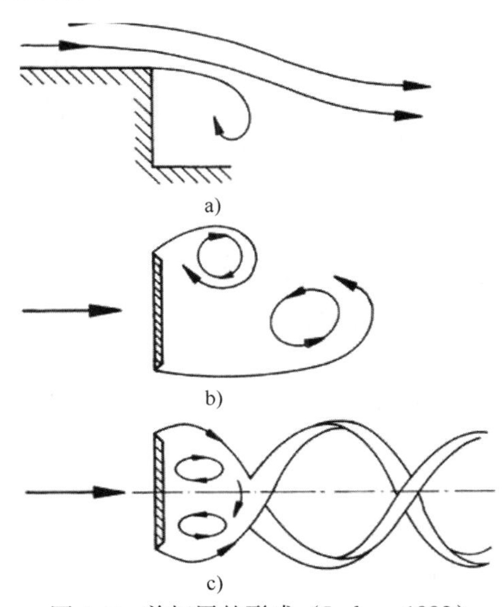

图 4.7　剪切层的形成（Leder，1992）

a）单边的，无周期性的　b）双边的，周期性的　c）旋转对称的

$$\left(\frac{\partial u}{\partial y}\right)_{y=0} = 0 \tag{4.16}$$

$$\tau_W = 0 \tag{4.17}$$

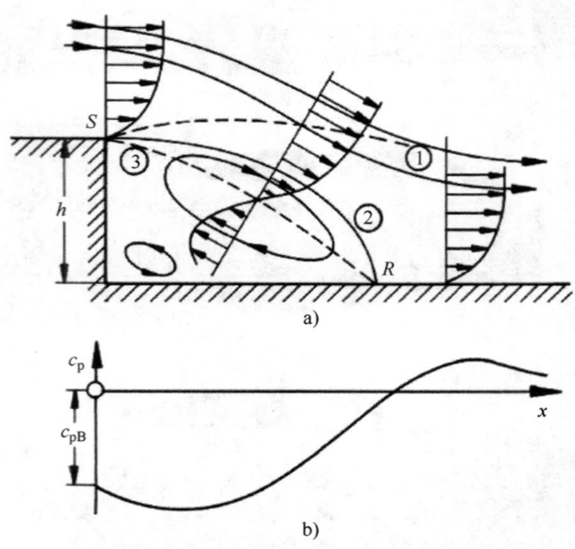

图 4.8　后向台阶流动原理图

a）在尾涡区中形成剪切流层和环流　b）尾涡区中相应的静压力曲线

在一个分离点 S 处，流动方向上的压力梯度为正，也就是说，边界层的流动对抗压力的上升，以至于边界层的速度分布在趋于 S 点处后成一个垂直的切线，以及壁剪切应力等于零。如果现在标注的 S 点，但如图 4.8a 所展现的那样，有一个锋利的边缘，那么条件式（4.15）~式（4.17）不再适用。这时压力梯度可能是任何值，包括负值。速度分布是“正常”丰满的边界层轮廓，壁剪切应力不为零。对于这种流体分离方式，Leder（1992）建议提出了“脱落”一词，在这里也推荐使用这一词。因为术语“脱落”跟口语相似，所以人们也更愿使用它。

在台阶后边出现的压力分布，如图 4.8b 所示，是这种死水的典型特征；如前边所述，其普遍具有的特性已经被用来制定尾涡区域的理论模型。从背压出发，压力平缓地达到最小值，然后上升，最后与周围的压力相均衡。

伴有非周期性死水的流体分离可以发生在乘用车的所有“主要”的边缘上，以及车顶的后边缘上，尤其是对阶背车尾。

4.2.1.2　周期性的死水现象

图 4.9 描述了周期性的死水现象。其二维形状向后逐渐变尖；在上侧涡流形状逐渐变弧，相反，在下侧流动一开始就出现内缩，最后快速结束。

在上边流动从 S_O点分离，在下边流动从 S_U点脱落。在 S_O和 S_U的下游，边界层流过渡为自由剪切层。它们在一个自由的驻点 R 点相遇，相互重叠进而围起了尾涡区。在这里形成两个相对方向旋转的涡，涡旋可能是交替的、周期性的，就像卡门涡街一样。R 点右边的尾迹在下游逐渐扩大并趋于平衡。

周期性的分离也会发生在汽车的杆状天线上。在如公共汽车、集装箱车以及乘用车等直背车辆的后部，出现的分离不是周期性的，而是随机性的。进一步的详细资料可在后边的第 4.2.1.4 节找到。

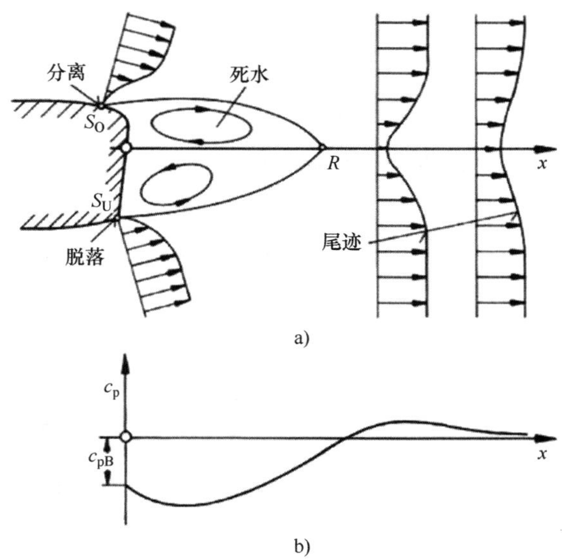

图 4.9　在二维物体背部两边的分离或脱落示意图

a）流场　b）在 x 轴上的压力分布

若在死水中嵌入一块平行于 x 轴的平板，就可以把周期性死水转化为非周期性的。其将阻止两个旋涡间的交叉交换；进而车后背部的压力升高，阻力下降。

到现在为止，我们讨论的二维的流动形式在实际中是三维变化的。一方面，在整个的横向边缘上，剪切层不是同时而是在一段时间内相继形成的，另一方面，剪切层构成的流动循环会发生三维变形。

对伴有横向涡旋的分离还需做下面一些补充：如果在一个有限宽度的物体上发生垂直于流动方向的分离，形成含有横涡的分离泡，于是就会提出这样的问题：在分离泡边缘处，且包含在横涡中的速度环量哪里去了。根据 Helmholtz 涡旋定理，涡旋在任意位置都不会终结。这意味着，位于分离泡边缘处的横向涡旋在流动方向上发生了弯曲，从而作为纵涡向无穷远处延伸，并与其他的纵向和横向涡旋发生相互作用。例如，在汽车的尾流中，就要考虑到这种涡旋。

4.2.1.3　环形和螺旋形涡旋

当流体中所考虑的物体被理想化地扩展到第三个维度上时，带横向涡旋的分离也发生在旋转对称的轮廓上。一些简单的例子如圆盘或圆锥的尾迹。如图 4.7c 所示，从时间平均的角度上看，出现环形涡流，并由此引起（可能旋转的）自由涡流，且以螺旋形状“游走”到下游。即使是那些准旋转对称的几何体，从时间平均的角度上看，也可以有这种形式的分离。例如，车外的后视镜和已经提到过的直背车辆（见图 4.23）。

4.2.1.4　非定常过程

通过流场形式、压力和速度，一直到现在用在时间平均下研究的方法，“分离”现象被看作是一个定常的过程。但这绝非现实情况。

前文提到的卡门涡街形成于横置于来流的圆柱后方，它描述了分离中的非定常现象。与圆柱体相关的无量纲卡门涡街频率及 Strouhal 数 Sr 都依赖于雷诺数。怎样依赖在这里就不去具体探究了。

$$Sr = \frac{fh}{u_\infty} \tag{4.18}$$

卡门涡街也出现在以尖角结尾的（二维）物体的后边；例如沿着入流方向的厚板（具有圆滑前缘）和楔形件，以及横向于入流方向的具有锋利边缘的薄板（Leder，1992）这个特殊例子。在这些物体后边，旋涡交替离开，Strouhal 数不依赖于雷诺数，因为流动总是在其尖锐的后缘处脱落。

不仅在周期性的情况下而且在非周期性的情况下，死水中的流动都是非定常的，测量到的波动速度值 $\sqrt{u'^2}/u$ 甚至能达到50%。Duell 和 George（1999）对图4.10 所描述的物体进行研究，发现三维情况也是如此。这是一个沿着入流方向的、头部被倒圆过的棱柱体，其位于一起移动的一块地板附近。

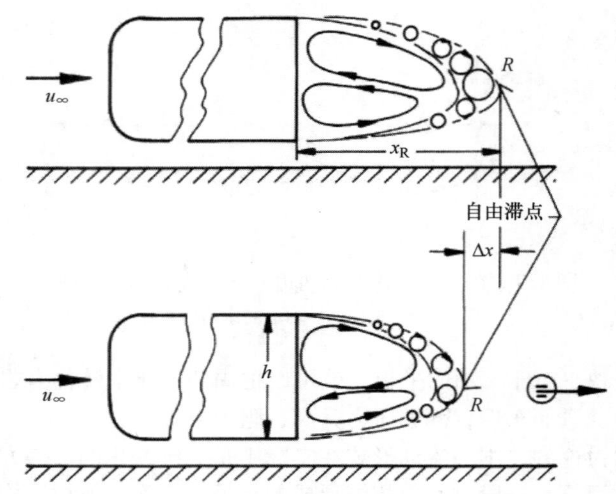

图4.10　在一个沿着入流方向的棱柱体背部，在泵激振动时形成的环形涡流示意图（Duell 和 George，1999）

在死水的截面中及在时间的平均下，可以看到两个反向旋涡形成了一个大的环形旋涡。另外，在环形剪切层内形成了很多小的旋涡，它们从环绕物体的后缘处生成。其无量纲的生成频率为 $Sr=1.157$，并通过吸收来自外部的流体而在流动方向上不断生长；它的频率伴随这个过程下降。在自由驻点 R 处，所有剪切层相遇，周期性的涡流从剪切层里脱离并转入到尾流中。每次在涡流在 R 点向右侧离开剪切层时，自由停滞点 R 的位置会向左跳跃一个 Δx：这时死水中的压力开始上升，然后将剪切层涡流释放处向右推回到原来的位置，之后再次开始新的循环。由此死水产生了一个以频率 f 把涡流排出剪切层的泵激振动。从 Duell 和 George 的背压谱测量里得到相应的 Strouhal 数 $Sr=0.069$。

如果对以上频率转换到一个实际的车辆（$h=1.5\mathrm{m}$，$u_\infty=100\mathrm{km/h}$）上去，则得到频率 $f\approx 1.3\mathrm{Hz}$。这个频率接近于大多数车辆的固有频率，车身的阻力也会以这个频率振荡。

在钝体后面的死水中，当一个流动的截面瞬间快照与其时间的平均值相比较时，流动的非定常性也就显现出来了；这项工作是由 Khaligh 等人（2001）做的。使用“粒子图像测速”（PIV）拍摄的截面瞬间快照如图4.11a 所示，这里截面与地面平行。从那里所示的速度矢量的场中，计算出局部旋转量，并以等值线的形式表示出来。可以很好地看到旋转在剪切层里的聚集，以及离散旋涡的周期性。图4.11b 再现了从矢量场计算得到的当前流线走向。作为对比，图4.11c显示了由200 个 PIV 图像形成的时间平均流线图像。涡旋区域被很清楚地描绘了出来。目前尚不清楚为什么相对于 $y=0$ 是不对称的。

对背压的谱分析表明，在这个例子中的死水以无量纲频率 $Sr=0.07$ 振动［上值引自文献 Beauvais（1967）］。这些振动对阶背车尾的意义将在后边的 4.5.1.3 节中讨论。

如果在棱柱体的背部加上（绕一周）栏板，那么涡旋会向下游延伸，如图 4.11d 所示。泵激振动的幅度减小，背压增加，车身阻力减小。当栏板的深度 $t=0.5h$（高度）时，阻力可下降 20%。

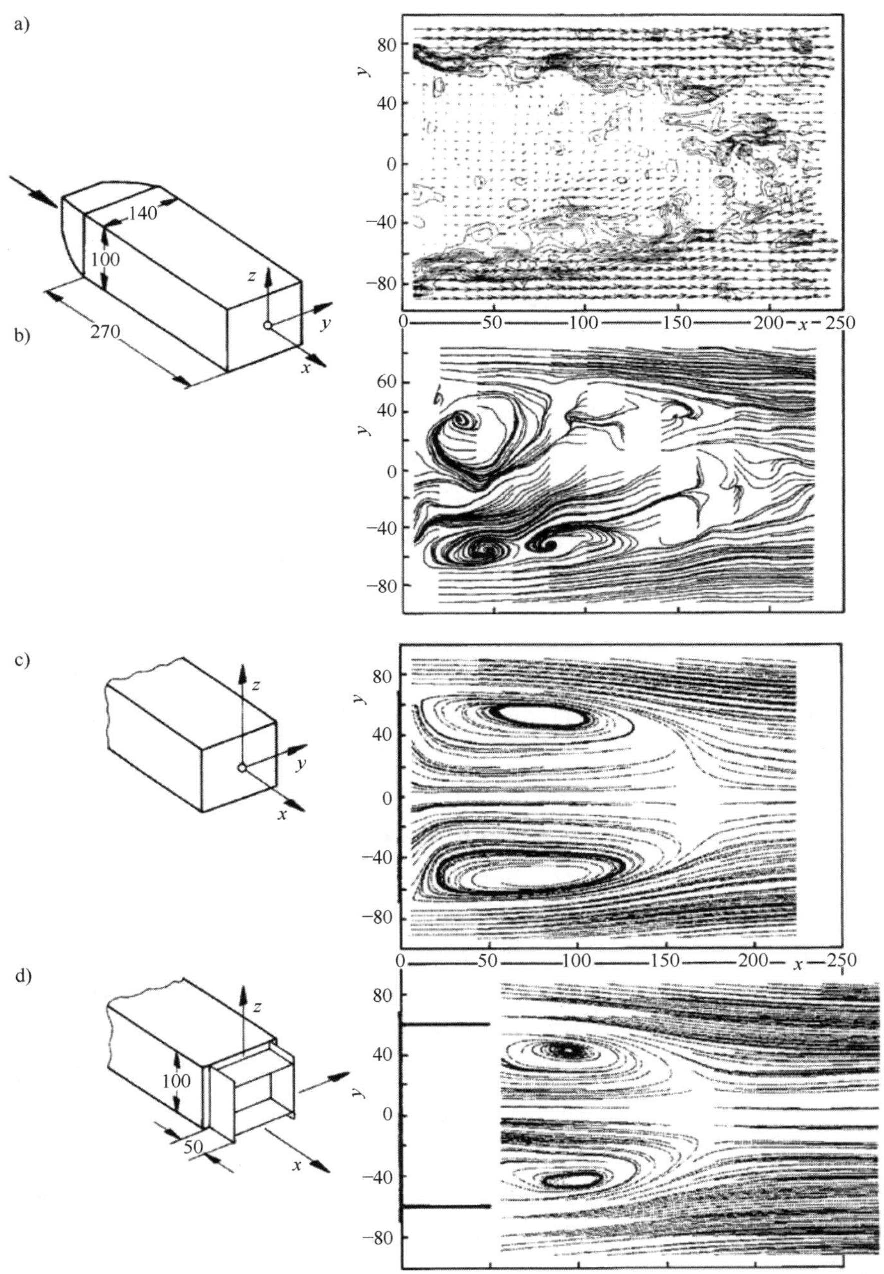

图 4.11　根据 Khalighi 等人（2001）用 PIV 法测量的在纵向入流的棱柱体后边的流场

a）速度矢量和等旋线的截面瞬间快照　b）流线图

c）棱柱体后边的时间平均流场　d）加上栏板的棱柱体后边的时间平均流场

4.2.2 纵向涡流

如已经在图1.3所示的，绕流在倾斜的边缘处也会发生分离。来自两个方向且彼此流动方向相对剪切层流动在边缘处分离并卷起拖线涡。其往往易在A柱和C柱处形成，见图4.12。这些旋涡的轴线明显地沿纵向延伸。可以推测，其环流强度取决于几何形状的状况，并主要取决于流体与物体分离处（边缘）的线条倾斜度。

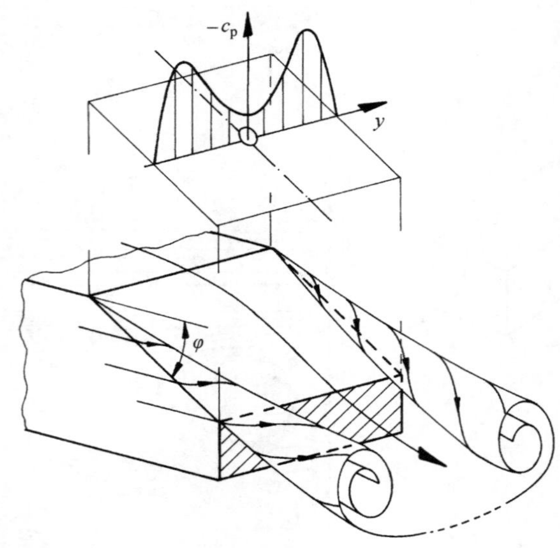

图4.12　剪切层流动在边缘处卷起一对纵向涡旋以及斜面上压力曲线的示意图

这些纵向涡旋在它们附近的表面上产生高的负压，并具有明显的峰值，图4.12所示压力分布。它们的高速旋转在汽车前窗会导致大的噪声，而后斜背上的高负压增加了阻力和后轴上的升力。

这种涡旋的形态是在细长的机翼上被首先观察到的。在那里，当角度φ超过一定值时，会爆发出涡流，并且分离出横向涡流，此现象在车辆上也被观察到。在4.5.1.3.2节将重新回到这个问题上。

在垂直和倾斜的边缘上发生的两种形式的分离，出现在车辆的不同位置上，并在那里相互作用。对单个车辆的形状，特别是尾部形状，将更详细地加以讨论。

人们通过测量得到紧靠斜背车后背的一个x平面上的速度场瞬间快照，例如，用PIV法去测量，将不会得到一个如图4.12所示的有序场。相反会出现一个如图4.13a所示的混乱场图片。在这无序的结构中，可以识别出相对反转的旋涡。然而在不同时刻，会出现不同的情况。涡旋不断地改变自己的状况。能否从其推导出一些和谐成分，就像在列车头上倒车时所能够观察到的路况那样，是一点也不知道的。

（这里）只有在整理出10个瞬间快照的平均值之后，两个熟悉的纵向涡旋图像才出现在图4.13b中，这与图4.12是一致的。图片上两个涡不完全对称是由于十次快照并不足以得到与时间无关的平均值。

4.2.3 穿流

动力系统冷却及乘员舱空调是通过复杂的冷却循环实现的。冷却介质通过在发动机舱的热

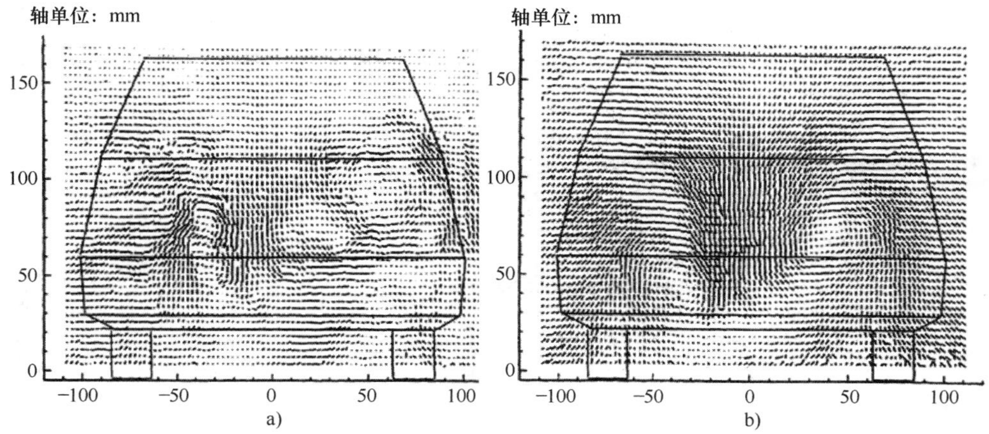

图 4.13　Bearman（1997）用 PIV 法得到的斜背后面的一个 x = 常数的速度平面场

a）瞬间快照　b）10 张瞬间快照的平均值

交换器中的空气流动，将热量释放到环境中。为了有效地将热量传递到环境中，则需有尽可能高的空气流量穿过热交换器。为此，环境中部分空气被分流到发动机舱内，在流过热交换器后，重新排放到环境中。

发动机舱的穿流主要是要实现与一些表面的摩擦，这些表面包括发动机舱壁、热交换器的精细毛细管的表面，以及很多其他部件的表面。沿着流线，这些摩擦效果造成了明显的压力损失。因此把管道流动模型作为简单的替代模型来使用是很方便的。在直径为 d 的长度为 l 的管道穿流中的压力损失遵循关系

$$\Delta p = \lambda \frac{1}{d} \frac{\rho}{2} v_{\infty}^{2} \tag{4.19}$$

其中根据 Prandtl 在完全湍流中得到管道摩擦系数 λ 近似为

$$\frac{1}{\sqrt{\lambda}} = 2.03 \times \lg(Re\sqrt{\lambda}) - 0.8 \tag{4.20}$$

具有周长为 U 面积为 A 的非圆形管的水动力管径为

$$d_{\mathrm{h}} = \frac{4A}{U} \tag{4.21}$$

因此，压力损失主要取决于管的长度和直径，以及穿流速度。其图形关系的总结可参见管道摩擦图表[㊀]的文献。对于大雷诺数，管道摩擦系数 λ 大致与 $Re^{-0.25}$ 成比例，压力损失与 $v^{1.75}$ 成正比：

$$\Delta p \sim \frac{l}{d^{1.25}} \rho v^{0.25} v^{1.75} \tag{4.22}$$

发动机舱穿流的传输设计理念是，增大冷却空气的质量流量（更快地通过散热器），细化散热器管孔并增大散热器，以及增加发动机舱的堵塞率（其中上述两项都意味着取更小的水动力学直径），这些会伴随着更大的压降。

4.2.4　环境影响

如图 4.14 所示，行驶速度 v_{∞} 和自然界的风速 v_{Wind} 的合成，得到一个入流速度矢量 v_{res}，后者与来流方向构成滑动角 β。一般来讲，这个角度可以是任意值。如果主要考虑的是乘用车的阻

㊀　管道摩擦图表也被称为 Moody 图表，是以美国工程师 Lewis Ferry Moody 的名字命名的。

力，那么只需要注意小的滑动角度。在车辆行驶速度很快时（只有这时阻力才担当起一定角色，并且与消耗量相关），角度β的时间平均值是小值。再者，偏航角β较小时对空气阻力增加的贡献通常是不大的。因此，侧风对阻力的影响往往被完全忽略。但这并非没有迹象表明，有关商用车辆的这种简化不是没有疑虑的。

风力等级(Beaufort风级)	名称	风速/(km/h)
0	无风	0~1
1	软风	2~5
2	轻风	6~11
3	微风	12~19
4	和风	20~28
5	清风	29~38
6	强风	39~49
7	劲风	50~61
8	大风	62~74
9	烈风	75~88
10	狂风	89~102
11	暴风	103~117
12	飓风	≥117

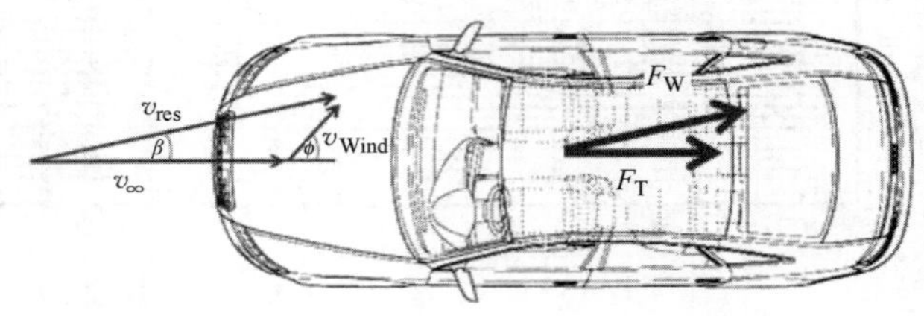

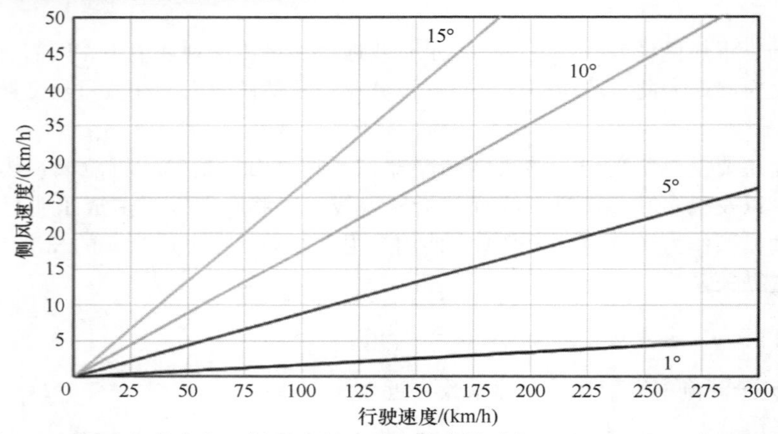

图4.14　滑动角的定义，侧风和行驶速度构成滑动角，基于Beaufort标度的侧风强度分类

图4.15给出了一些例子，可以看出，所有车辆的切向力系数随偏航角度而增加。Utz（1982）的评论指出，当达到一定的行驶速度时，其阻力作用变得非常明显时，测量到大滑动角度的机会是很少的。当滑动角$\beta>5°$后，阻力系数将随着滑动角的增加而增加，如图4.15b所示，这通常是有规律的。

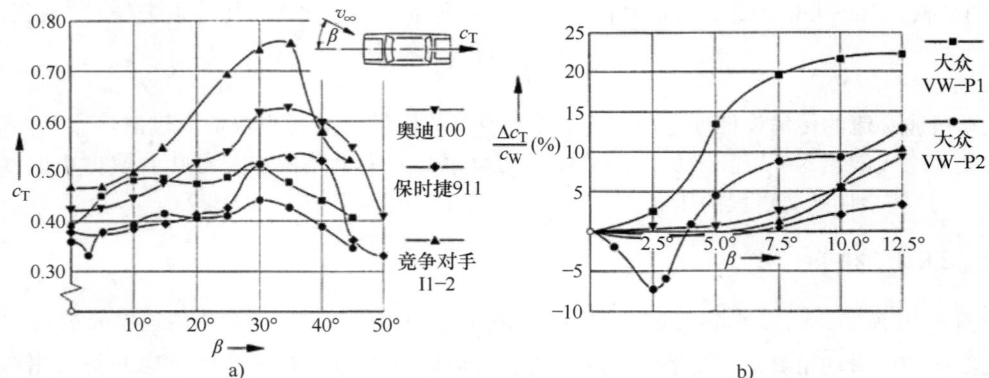

图4.15　切向力系数c_T随滑动角β的增加。这里只考虑小滑动角度（Janssen和Hucho，1973）

a）绝对的值　b）相对的值

上边对于所考虑的滑动角度的限制，不可误导我们忽视大偏航角度对其他空气动力学系数的影响。如在行驶稳定性方面（其将在第 5 章加以讨论），短时间的大偏航角情况也不容忽视。

最重要的是强阵风会导致升力显著的变化，从而导致危险的行驶状态。对斜背式车辆，在无侧风时车尾后缘表现为稳定地分离流动，在小于 5°的滑动角度的侧风影响下，会突然出现流向后窗的附加流动。与此相关联，后桥的升力增加可能会在驾驶时导致致命的后果（见第 5 章）。

在无偏航角行驶时侧向力几乎为 0，有偏航角的情况下，即使速度很低，侧向力也会急剧上升。由于在侧风强劲，行驶速度低的条件下，自然会产生较大的偏航角度。侧向力施加到两根车轴上，通常会在前后车轴上产生不均匀的分布，从而导致横摆力矩。驾驶员会立即通过车辆方向改变感受到。

4.2.5　雷诺数的影响

在 4.1 节附录中的 Buckingham 定理表明，除了 c 系数（通常为 C_D 和 c_A），雷诺数也描述了车辆周围绕流的物理环境。无量纲系数 C_D 作为空气阻力的表述本身并不意味着其与来流速度无关。Buckingham 定理更多的是说，通过无量纲系数来减少互相依赖物理量的数量。由于实际流动的雷诺数是常被选取的特征参数之一（这些特征参数在很大程度上取决于来流流速），由 Buckigham 定理则能确定一个函数的且非常数的联系。图 4.16 显示了 C_D和 c_A与f（Re） 相关的曲线。

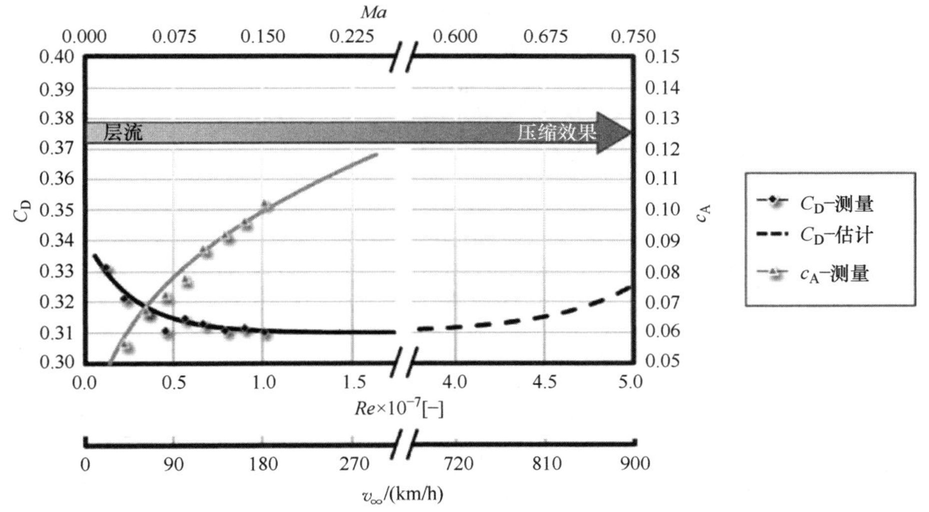

图 4.16　C_D 随 Re 的变化

事实上非常明显的是，可以确定 C_D 值在大范围的雷诺数上是恒定的。顺便提一下，这也是各种汽车工业风洞在大约 150km/h 左右的不同速度下运行的原因之一。有趣的是在雷诺数很低或非常高的范区间，可以明显地观察到 C_D值依赖于速度的变化。在低风速条件下，车辆表面的边界层尚未完全发展为紊流；因此分离不同。这会影响车辆表面的压力和剪应力分布，并导致力效应的改变。

当接近声速时，流体不能仍被认为是不可压缩的。这种压缩效应如压力波的形成和局部流速超出声速，使得 C_D 值从 $Ma=0.7$ 左右时开始迅速增加，到声速（$Ma=1$）时阻力已经是亚声速阻力的数倍（见图 9.20）。

4.3 空气阻力组成分析

下面将展示一些在分析空气阻力时的研究方式。首先，把总阻力分解为压差和摩擦部分。然后概述 Cogotti 的 Micro – Drag 方法，最后把空气阻力按照形状阻力、诱导阻力、冷却气流阻力、部件表面摩擦阻力和干扰阻力几部分进行分析。

4.3.1 压差阻力和摩擦阻力

空气阻力可以通过表面压力和剪切应力值的总和确定。它们也被称为压力分量（由流动分离和升力诱导而引起）和摩擦分量（由剪切应力引起）。通过对比真实黏稠流动与理想且无摩擦的流动，可以很好地理解空气阻力的形成。阻力是这两种流动模式之间的唯一差异，在无摩擦流动中，阻力等于零。用第 14 章描述的数值方法，可以计算环绕基础物体甚至是复杂车辆的流动，并可以对真实流动和理想流动的场景进行比较。

对于钝头体，如圆柱体（图 4.17）或球，在物体形状延展最大处压力急剧增大，导致流动出现分离。物体上压力分布是不对称的，因此产生一个大的压差阻力。

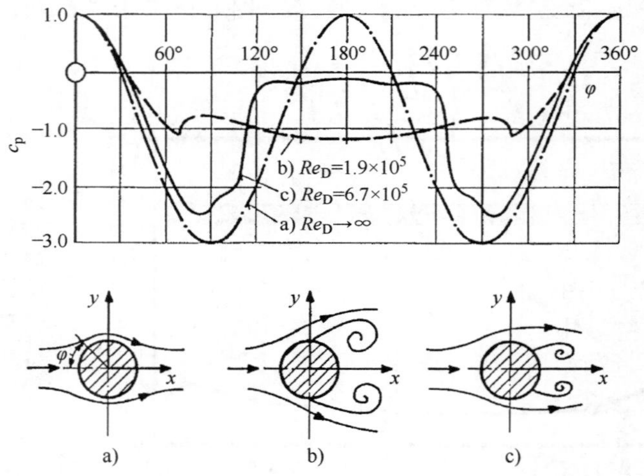

图 4.17 在不同雷诺数下圆柱体上的压力分布和流线

在圆柱体前侧，图 4.17b 和 c 中的压力分布实际上很大程度相似于理想的无摩擦流动。在圆柱体背面，由于流体的分离，产生了相当大的负压。因此相对于 y 轴的压力分布出现了不对称。把压力分布在流动方向上分解出来的力的分量相加，则产生压差阻力。

对车辆的前部和后部有相似的发现：前部在理想流场下和实际流场下压力分布基本相同（假设前部没有分离的情况下），后部有相当大的差异。这些使得压力的积分不等于零。如上所述，在理想流体和实际流体中压力的不同导致了压差阻力，而不是如某些推测的那样源于正面的“驻流区域”上的压力。

在绕流中，通过边界层中的速度梯度和每个点处分子的黏性，剪切应力从流动介质传递到物体的壁面。其在流动方向上力分量的合力（见第 2.3 节），即摩擦阻力。

如果没有流动分离，则摩擦力构成流线型物体总阻力的主要部分。在薄板的情况下，板的两侧都有源自纯摩擦的阻力。图 4.18 中呈现出阻力系数 C_D 与雷诺数 Re 之间的关系，雷诺数 Re 由平板长度算出。

需注意的是，平板流动在前部是层流边界层，在后部的边界层是湍流，从前后两部分可以得到中间的过渡曲线。在湍流边界层中的摩擦阻力远大于在层流中的摩擦阻力。这是由于湍流中的速度梯度要大得多。图 4.18 也显示了壁面表面粗糙度会进一步增加摩擦阻力。这时的阻力系数与雷诺数无关。通常，对于车辆来说，可以认为压差阻力占 80% ~90%，而翼形的阻力中摩擦阻力占大约 95%。

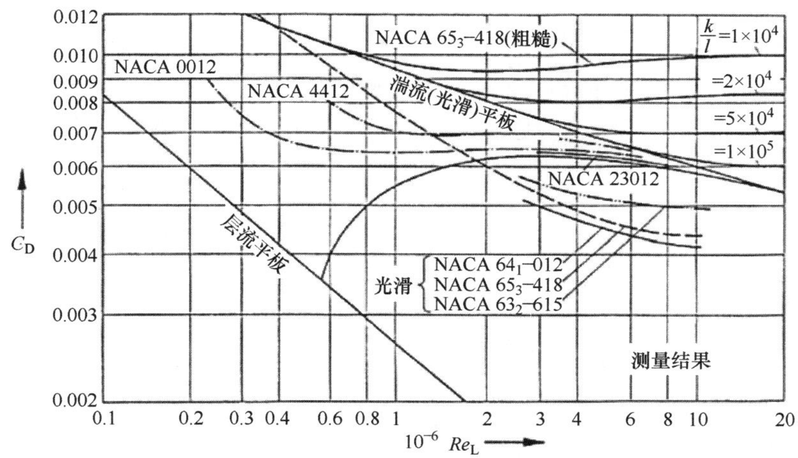

图 4.18　依赖于雷诺数的平板和翼型轮廓的阻力系数（Schlichting 和 Gersten，2006）

把两个部分加起来就得到物体在绕流里的总阻力。它包括所有阻力分量，特别是由可能出现的边界涡旋而诱导出的阻力分量。还需特别强调的是，在把机翼理论的术语转用到汽车上时，对“诱导阻力”一词总有些误解。其将在下一节详加解释。

经常听人说，汽车的摩擦阻力很小。当把 $C_D=0.5$ 认为是一个常见值时，这可能是正确的。这个流行的 C_D 值是否也适用于汽车，可以依据图 4.19 的 CFD 结果进行评估。因为可以计算每个表面元素上的压力和剪应力，流体数值模拟可以把摩擦力和压力分开。

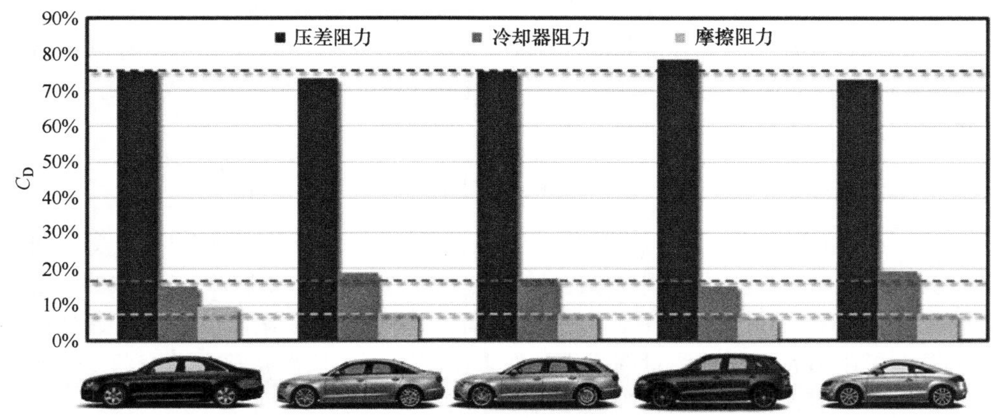

图 4.19　CFD 分析中将不同车体形式的总空气阻力分解成压差阻力、冷却器阻力和摩擦阻力

上述摩擦部分的大小在很大程度上取决于热交换器的自身阻力的归属，要看其是归属于压力部分，还是归属于摩擦阻力部分（应注意的是，散热器阻力≠冷却气流阻力!）。如果将其添加到压力部分中，则摩擦部分的值只占大约 8%。这种划拨是合理的，因为发动机舱内的散热器

（类似于管道口盖子）应被视为额外的压力损失。因此，CFD模拟中的冷却器并不是按照实际零件结构处力，而是用多孔介质来模拟压力损失。然而这种压力损失是来自空气穿过散热器翅片之间的毛细管时的摩擦，而按照定义这应该是摩擦效应。由此产生的车辆纵向压力梯度也可能忽略不计，因为这些翅片并不垂直于x方向。如果将散热器的阻力划拨给摩擦部分，那么摩擦阻力在总阻力中所占的比例就可增加至大约25%，因此这个值已不算小了。

4.3.2 微元阻力

根据图4.20所示的控制体积C边界上的压力和速度分布，借助动量定律可以推导出车辆上有效的空气作用力和力矩，当然特别是阻力。Cogotti（1987，1989，1990）为此开发了一种测量方法，并已实现了自动化，可以在外形的开发过程中使用。

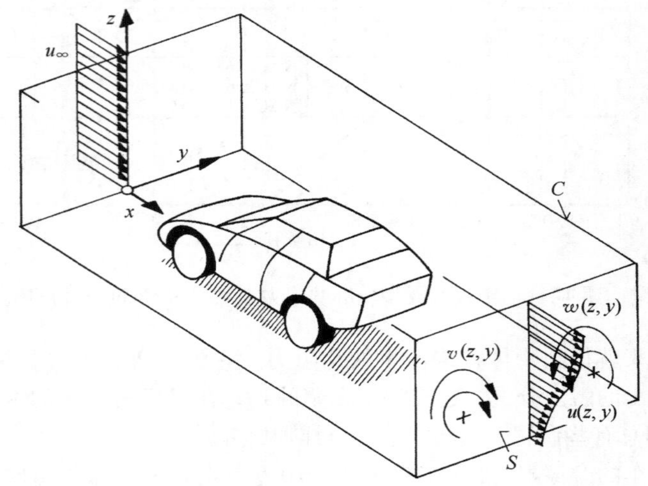

图4.20 应用公式（4.23）模拟在控制体积C中的车辆

使用将在第13.3节中介绍的14孔探头，可在S平面上逐点测量速度矢量和总压，原则上可以任意选择S平面的位置。尽管相对来说是很大的花费，因为一个完整的尾迹测量需要大约0.5h的试验时间，但这种方法被越来越多地用于阻力分析。根据Cogotti（1987）的成果，由动量定律得总阻力为

$$C_D A_x = \int_S (1 - c_{p,tot})\,dS - \int_S \left(1 - \frac{u}{u_\infty}\right)^2 dS + \int_S \left[\left(\frac{v}{u_\infty}\right)^2 + \left(\frac{w}{u_\infty}\right)^2\right] dS \tag{4.23}$$

式中，u、v和w是局部速度矢量，$c_{p,tot}$是总压系数，其定义类似于公式（4.14）。如果将这样确定的阻力与称重的阻力进行比较，那么就会发现一个系统性错误，因为测量区域的固定地面会使得边界层中的动量（以及其摩擦阻力）受到损失，其会影响平面S上测量数据；根据公式（4.23）测量的阻力大于称重测量的阻力。如果控制平面S拉得非常靠近车辆，例如距离为0.5m，当用压力差测量时，针对平面S上很小的速度，测量会有额外的误差。公式（4.23）中的积分总和，被Cogotti称为“微元阻力”，即局部的阻力。其在控制面S上的分布可使我们推导得出阻力形成的位置，以及三个平面中的涡旋分布。涡旋Ω由速度矢量的分量计算

$$\Omega = \begin{pmatrix}\Omega_x \\ \Omega_y \\ \Omega_z\end{pmatrix},\text{其中 } \Omega_x = \frac{1}{2}\left(\frac{\partial w}{\partial y} - \frac{\partial v}{\partial z}\right),\ \Omega_y = \frac{1}{2}\left(\frac{\partial u}{\partial z} - \frac{\partial w}{\partial x}\right),\ \Omega_z = \frac{1}{2}\left(\frac{\partial v}{\partial x} - \frac{\partial u}{\partial y}\right) \tag{4.24}$$

在图 4.21（见彩插）中，对两辆车在 $z-y$ 平面的微元阻力、速度和总压力进行比较。涡旋也可以进行相似的比较；但对在这里描述的两个汽车来讲，它是微不足道的。CNR 车辆（图 4.21a）具有较低的阻力，为 $C_D=0.19$，而多用途乘用车（图 4.21b）具有较高的阻力，为 $C_D=0.34$。

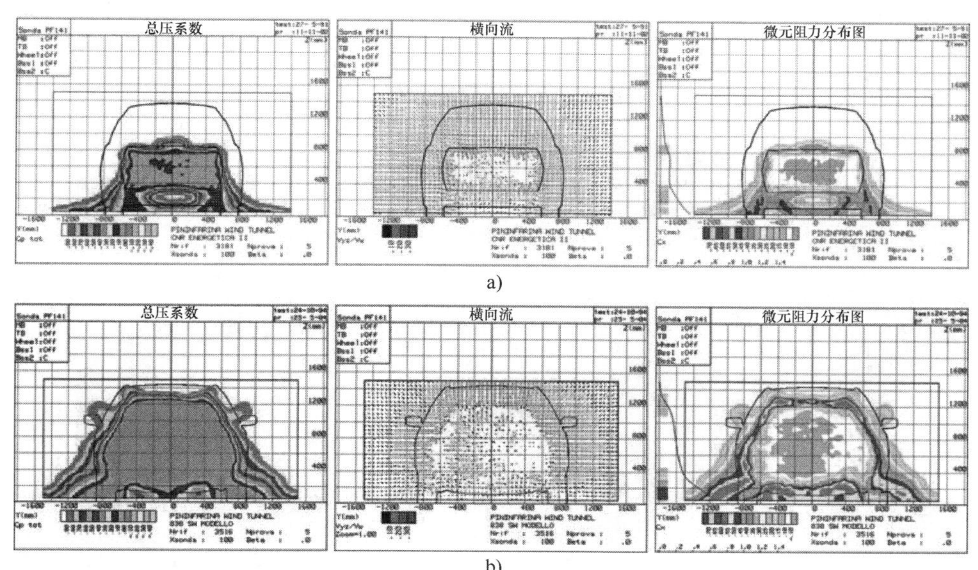

图 4.21 “微元阻力”，车辆后部平面 S（$z-y$ 平面，$x=0.5\mathrm{m}$）上的速度矢量和总压力（Cogotti 2004）

a）CNR 乘用车（$C_D=0.19$） b）直背乘用车（$C_D=0.34$）

4.3.3 零部件的空气动力学影响分析

下面将描述更重要的并且对开发工程师来说也是更常用的空气阻力的详细划分。即依据形状阻力、诱导阻力、冷却气流阻力、粗糙度阻力和干涉阻力来进行划分。图 4.22 显示了总阻力分割为单项的阻力，并将在第 4.5 节讨论它们的影响。

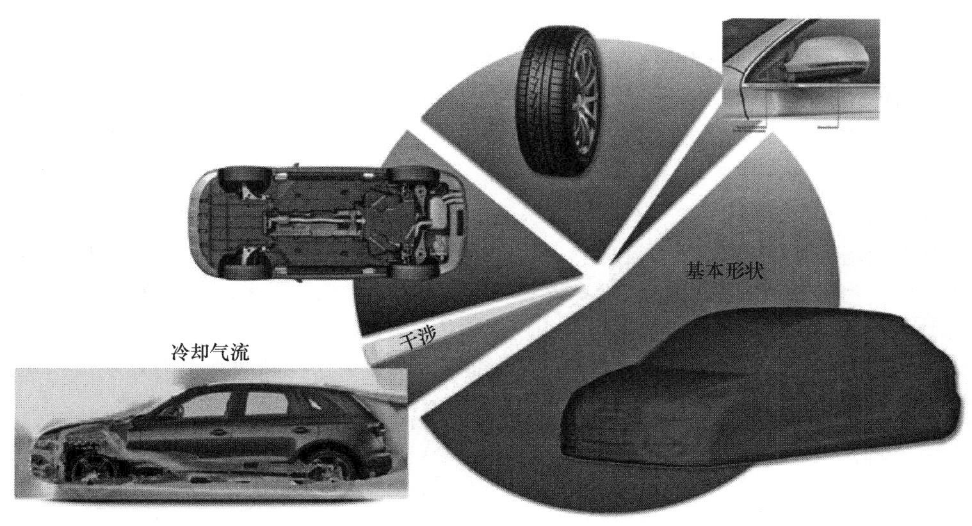

图 4.22 基本形状阻力、冷却气流阻力、粗糙度阻力和干涉阻力在空气阻力中的百分比

4.3.3.1 基本形状阻力和诱导阻力

首先对车辆的最基本的形状加以简化，其由没有车轮和不考虑冷却气流影响的车辆外表面构成，并进一步假设其具有被填满的轮腔和平滑的车身底部。这相当于一个靠近地面的飞行体，其绕流在大部分区域是附面流，只在后尾区域和在A柱区域有第4.2节中提到的分离现象。在图4.23（见彩插）中，根据总压力的等值面可得，A柱上的纵向旋涡和车辆后面的环形涡流是主要损失源。进一步的流动损失发生在车辆前方边界层；在那里，由于细微的几何细节也可使流体分离，但后边很快就转变回到了附面流。

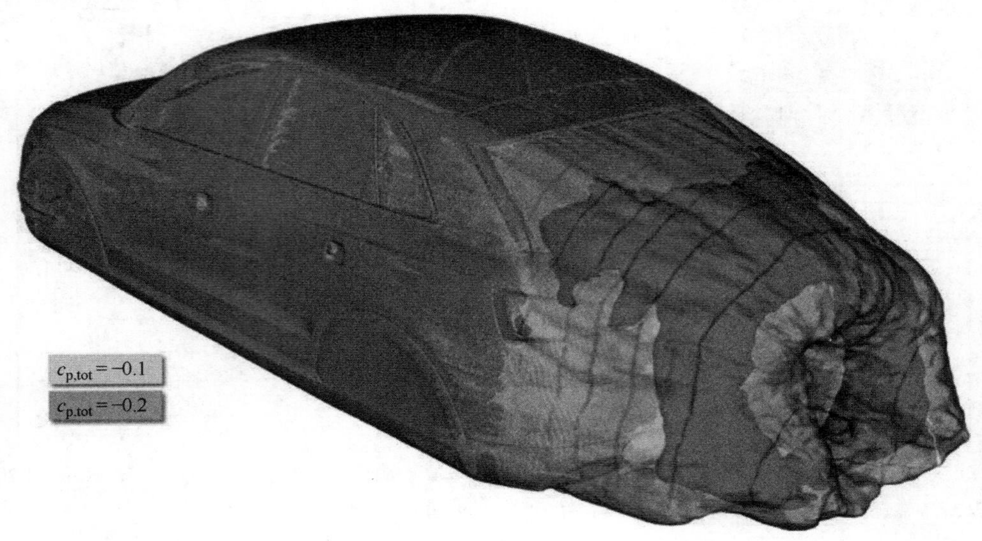

图4.23 通过总压系数 $c_{p,tot}=-0.1$ 和 $c_{p,tot}=-0.2$ 的等值面，显示直背车体的损失区域

相对于这种类似车辆的近地面的飞行体，比较一些有着相同高度和宽度，并尽可能有相同长度简单的几何形体，很快就可以清楚地看到车身的基本形状是否已经是很好的流线型。图4.24（见彩插）中的概述显示，直背车辆状的飞行体 C_D 值约为0.17，已经比抛射体和湍流球体好一些了。阶背状的飞行体甚至达到大约0.13的值（未画出）。

在不同攻角情况下，直背式车身车顶尾翼处的流体分离线车底至后裙部分的流场变化也基本一致。只要这些流体分离线不移动，接近地面的直背飞行体的表现就像一个翼型一样，这一过程会伴随升力的明显变化。车体围绕横轴旋转一个角度，引起阻力成比例增加以及升力成平方的增加。如图4.25（见彩插）的总结所示，在升力极线附近，除了正负迎角，近壁速度也作为流体分离线的一个指标，还有总压等值面 $c_{p,tot}=1$（译者注：图4.25右边框外的两图是等值面）。在这里可以看出，在迎角为正时，车身纵向涡流出现在车辆的后部，这提供了额外的升力。与翼型相比，升力的增加是由于A柱涡旋的存在。这些涡旋不随着迎角的调整而明显地改变它们的强度，并且显然很少与后部的纵向涡旋向混合。平缓的风窗玻璃和更加圆滑的A柱造型，可以避免A柱涡流的出现。在这种情况下，升力阻力关系曲线与翼型的曲线类似。

基于翼型的理论，总阻力应该由形状阻力（最佳状态，$C_{D,0}$）和诱导阻力相加而构成：

$$C_{D,总} = C_{D,0} + C_{D,i} \tag{4.25}$$

对于诱导阻力来说，由翼型理论得到有关形状的关系式

$$c_{W,i} \sim c_A^2 \frac{A_z}{b^2} \tag{4.26}$$

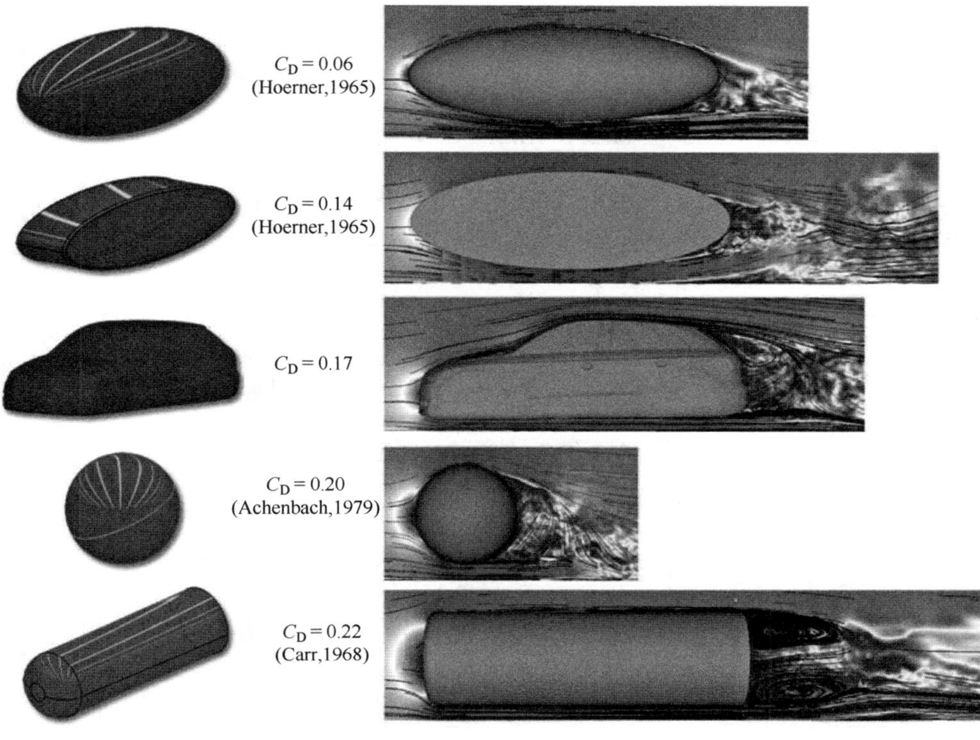

图 4.24　具有相同雷诺数和丰满度的一些简单几何形状的直背体，对绕流和阻力系数进行比较

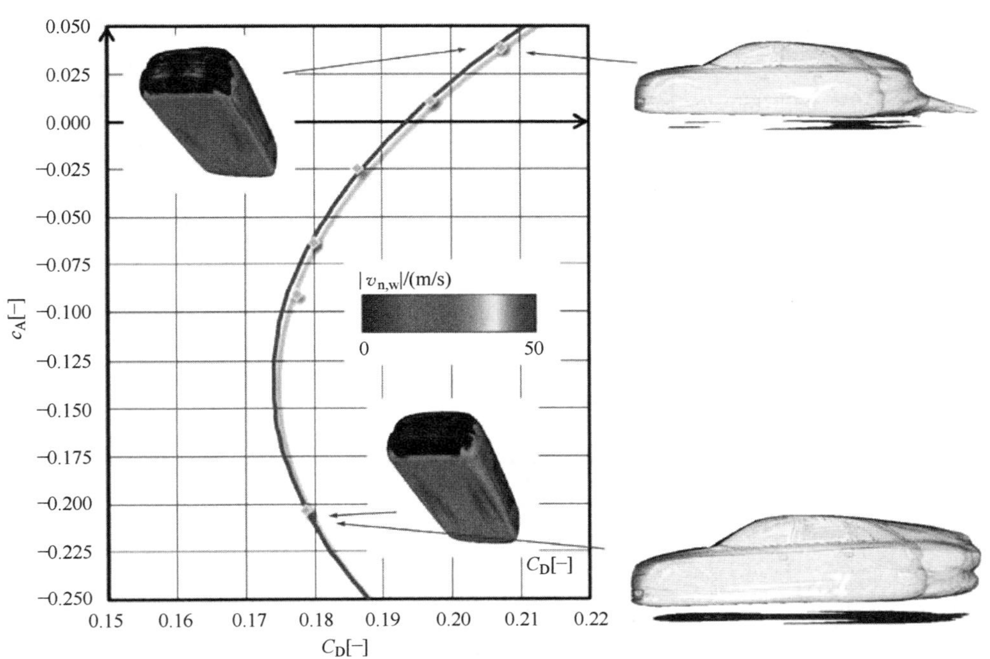

图 4.25　靠近地面的直背的飞行体的阻力和升力对其迎角的依赖

式中，b 为宽度，A_z为车身在 z 方向的投影面积。A_z和 b^2 的商表示边长比。如果把其用图形绘制

出来，可得一个 Lilienthal 极线图。

在现实中，车辆周围的流动总是与升力和诱导阻力相关。如果不采取任何特别的措施，其通常是正的，即有向上的升力。由此得到跟行驶的速度相关联的车轮负载的减少。升力对驾驶特性的不利后果，将在第5章阐明，并将在第9章讲解在这方面可以获得负力，在赛车中被称为“下压力”。

如果将升力与阻力的数据加以整理可以得到一条趋势线，这条趋势线近似为极线。图4.26显示了当时60辆量产车辆的升力和阻力数值对（截至2012年）。直背汽车的后边有一个很大的尾涡区，其空气阻力增加且与升力无关，因此相对于一个可比较的基数来说，它们的阻力系数产生的极线向下修正了35个点。所绘制的最佳极线适配显示，在后桥升力约为0.06时，阻力达最小值，但给 $c_{A,h}$ 值即使是一个较小的扰动，阻力值也会明显增加。在大部分情况下A柱涡旋和前轴升力，对总升力的影响保持不变，因此选择后轴升力，可以更清晰的表示它们间的关系。

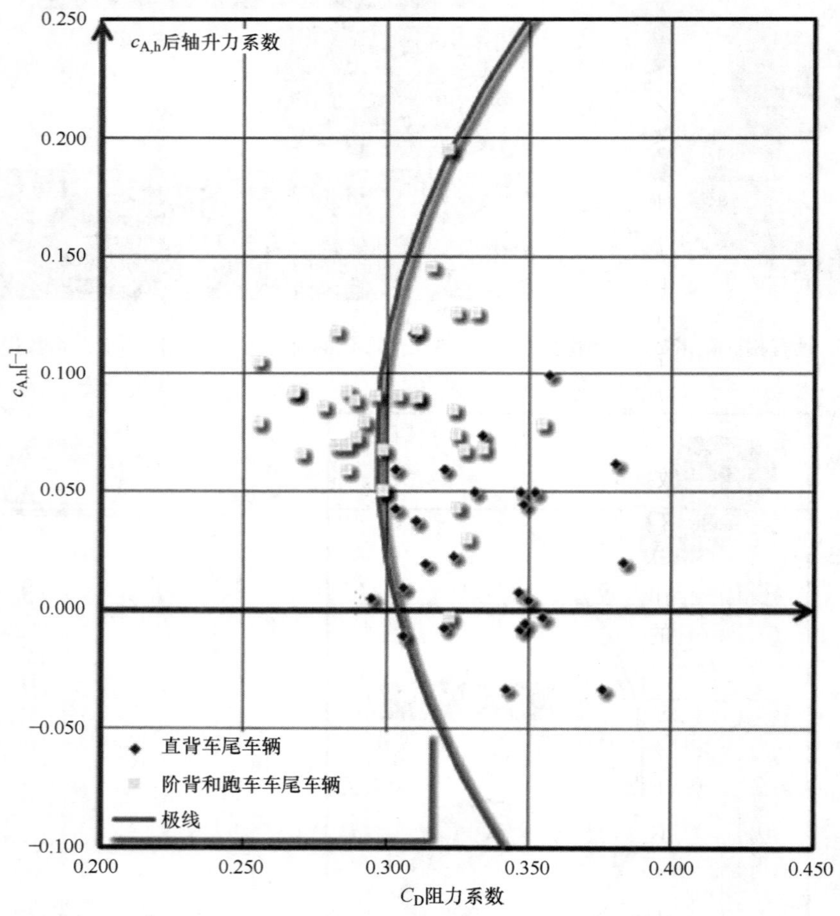

图4.26　不同系列生产车辆的升力和阻力数值，来源于Audi的空气噪声风洞

为了便于理解，图4.27（见彩插）显示了具有流线型尾部的车身上的高能纵向涡流。与翼型相比，阻力最小化的迁移可以通过车轮和由其产生的纵向涡流来解释。车轮上的整个涡流系统将在第4.3.3.3节中更详细地讨论。A柱涡流与C柱涡流在车辆后部以某种程度或多或少地相互混合，同时车轮的纵向旋涡在地面附近向后游动，但没有迹象表明其与A柱及C柱涡流间产生相互作用。基础车身后面产生的涡流强度可以通过某些措施来改变，如加上后扰流板等。如何

对车轮纵向涡旋施加影响尚未见报道，但主要有这样的措施，就是设置非常靠近道路的且合适的固定部件，这些部件会限制离地间隙和斜面角度。其缺点是涡旋仍然保持升力的效果，以及在最小的阻力的情况下，优化过的并带车轮的车身总是具有升力。

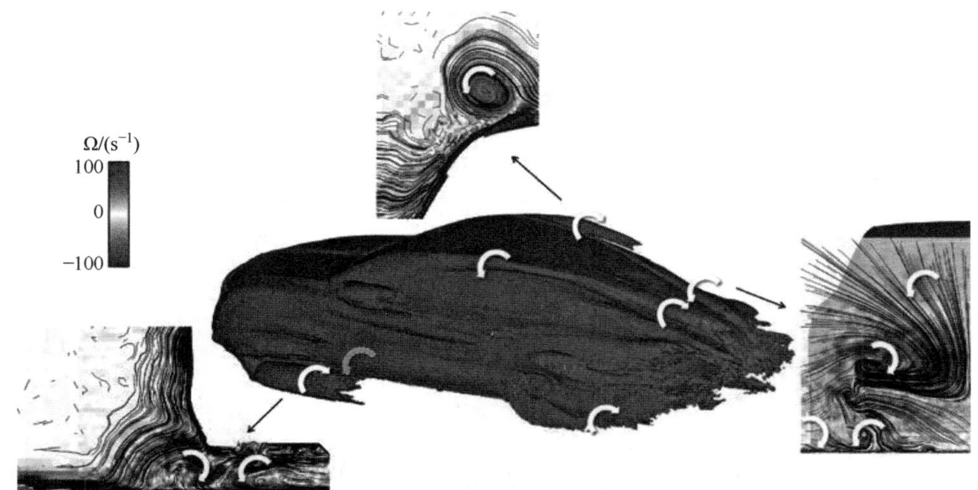

图 4. 27　通过等值面 $c_{p,tot}=0$ 来显示的具有流线型尾部的车身上的高能量纵向涡流

用后翼就可以影响纵向涡旋和诱导阻力，而不会明显增加形状阻力。Wickern 等人给出了有关的研究报告（2005）。图 4. 28 显示了在两辆不同尾型的汽车上，于尾部安装上具有不同倾角的翼型时，获得的阻力和升力与倾角之间的关系。增加升力/下压力也会导致阻力的增加，如以前所述，在具有轻微的升力时可得最佳的解决方案。

在一些量产的车辆中，如 Audi A7 和 Porsche 911，配备了一个可延伸的后扰流板，因此显著减少了升力，并减小了阻力。

图 4. 29 中收集了一些数据，展现了升力和阻力也可能会以相反趋势变化的情况；其数据是在一台 VW 1600（1975 年版）车上测得的，该车成为风洞对标的校准模型。在这个模型里，可以通过附加部件而彼此不相关地去改变阻力和升力。造型 A 和 B 的阻力近似，造型 B 的升力小于造型 A 的一半。除了较高的 C_D，可类似地得出造型 C 和 D 之间的比较结果。如果最后把造型 D 和 A 比较，那么 C_D 和 c_A 的相反变化就很明显了。公式（4. 25）因此不适用。这里通过实例展示的相反趋势也反映在值对（C_D，c_A）很强的下移散布上，如图 4. 26 所示。

为了描绘类似图 4. 26 的结果，与方程（4. 25）类似地将压差阻力划分成与升力相关和不相关的部分并进行反复尝试。然而，以上努力并没有成功，不能如方程（4. 26）一样找到一个通用的比例因子。如图 4. 26 所示，一些车辆的 C_D，c_A 值大大偏离了图中的抛物线，用方程（4. 25）甚至不能粗略估计依赖升力的阻力。

这并不令人惊讶，只有在方程（4. 25）中的两种阻力互相不影响时，诱导阻力的计算才是可能的。这个互不影响的前提只适用于大长宽比的机翼，而对汽车不适合。用翼型理论术语的来说，汽车的长宽比太小了。

对这样的形状（也可以是细长的机翼），阻力作用产生的边缘涡流和中间部分的绕流之间的相互作用是非常明显的。图 4. 6 显示了相互作用有多强，并清楚地显示了两个边缘涡流靠的有多近。它们影响了整个车宽（气流跨度）上的流动，也影响了轮廓阻力。由于体积很大的死水（钝体的典型特征）的反作用，所以必须考虑到边缘涡流的形成和进程。虽然阻力可依据方程（4. 25）在形式上进行划分，但根据方程（4. 26）计算涡流诱导阻力是不可能的。

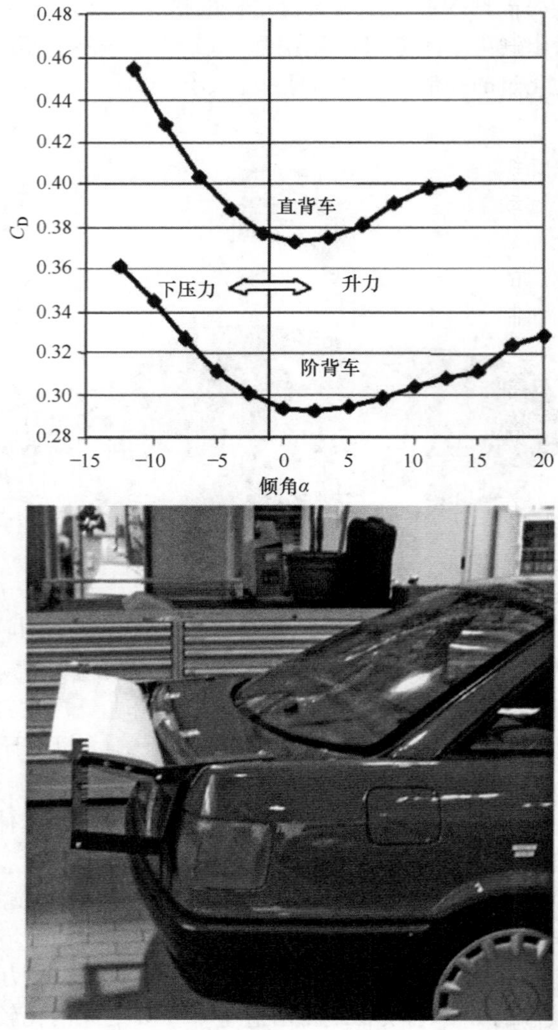

图 4.28　在不同尾部形状和可变后翼的两辆车上，升力和阻力系数与倾角之间的关系

	C_D	c_A
A  初始车型	0.34	0.38
B  后扰流板	0.33	0.18
C  边扰流板	0.38	0.48
D  前扰流板	0.38	0.29

图 4.29　在乘用车模型上由于不同附加部件产生的阻力和升力系数的值对（C_D，c_A）（Hucho，1998）

还应该注意的是，改变形状阻力和冷却气流阻力几乎总是影响到升力及诱导阻力。因此，在第 4.5 节中，诱导阻力的影响并没有单独计算，相反，基本形状阻力和冷却气流阻力通过升力对阻力产生的影响来给出诱导阻力。

4.3.3.2　冷却气流阻力

一辆乘用车里有多根交织着的流体管道，相关的有：冷却液散热器、冷凝器、机油冷却器和增压空气冷却器，以及向制动器供应的冷却空气和向发动机供应的燃烧用空气。还需引导新鲜空气通过乘员舱，并流经加热换热器和蒸发器。一部分“管子”被设计成封闭的管道，例如冷却空气就流过位于发动机舱的热交换器中的封闭的管道。空气也可以在无引导的情况下，自己在车辆里穿过流动，如流向制动器。从空气动力学的角度来看，所有这些流体管道都是“恼人的”，因为它们与损耗相关，这又反映在空气阻力的增加上。

冷却气流阻力（或称内部阻力）包括穿过发动机室的流动阻力部分，以及向制动器和传动装置等提供冷却空气的阻力部分。冷却气流阻力系数 $\Delta C_{\mathrm{D,K}}$ 被定义为

$$\Delta C_{\mathrm{D,K}} = c_{\mathrm{W,durchströmt}} - c_{\mathrm{W,Mock-up}} \tag{4.27}$$

在街道上行驶的乘用车一般在 $0 \leqslant \Delta C_{\mathrm{D,K}} \leqslant 0.04$ 的范围，平均起来约为总阻力的 5% ~ 10%。作为参考，关闭所有穿流开口后得到的车辆阻力，即所谓的“Mock - up”阻力，也就是样机阻力。

冷却气流阻力由四部分决定，即

- 散热器格栅及其周围的流入损失。
- 散热器穿流和发动机舱穿流的压力损失。
- 流动出口处的冲击损失和动量损失。
- 与车辆绕流的相互作用，特别是与前轮的相互作用。

冷却系统的基本要求是：在车辆的所有可能的运行状况下，发动机的部件都能被充分冷却。在采用传统的液体冷却时，必须首先确保冷却液不被加热到沸点以上。在这些条件下，才可以再去减小冷却气流的阻力。围绕燃烧室的部件的最高温度通常要适应发动机最大的功率，其出现在车辆的最高速度的范围里。冷却系统的其他临界情况是：满载的车辆缓慢爬坡，拖车行驶和车辆全负荷行驶后怠速。虽然发动机燃烧室周围的部件在这些工作点上没有达到高温，但是为了防止冷却液过热，必须检查散热器和风扇的配合情况。在车辆相应的工作范围中，即使是在最高环境温度的一些极端工作点上，相关的部件也必须得到安全的保障。

散热器穿流不均匀会影响散热器的换热效率。热交换量伴随着穿流流量的增加而增大，但不是线性增大的，其增大的趋势是递减的，平均意义上来说，在高穿流时的热交换将是低效率的，见图 4.30。

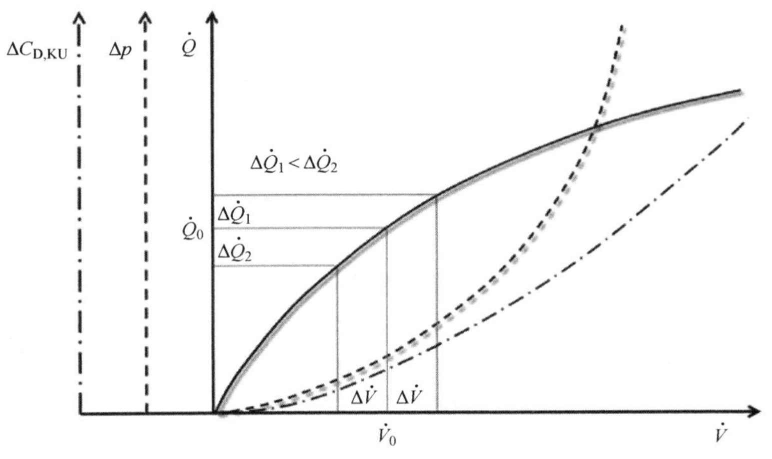

图 4.30　散热 $\dot{Q}$、压力损失、散热器流量与散热器阻力的关系示意图

车辆散热器内的流量可能因运行场合不同而有很大差异。需要注意的是，通过散热器的回流对热交换具有负面影响，其能导致散热器有效表面的减小，以及在进气口处的新鲜冷却空气被加热了。图 4.31（见彩插）揭示了穿过一个静止的乘用车和一个移动乘用车的流动。并显示了不同行驶状态下散热器中穿流的流动速度。

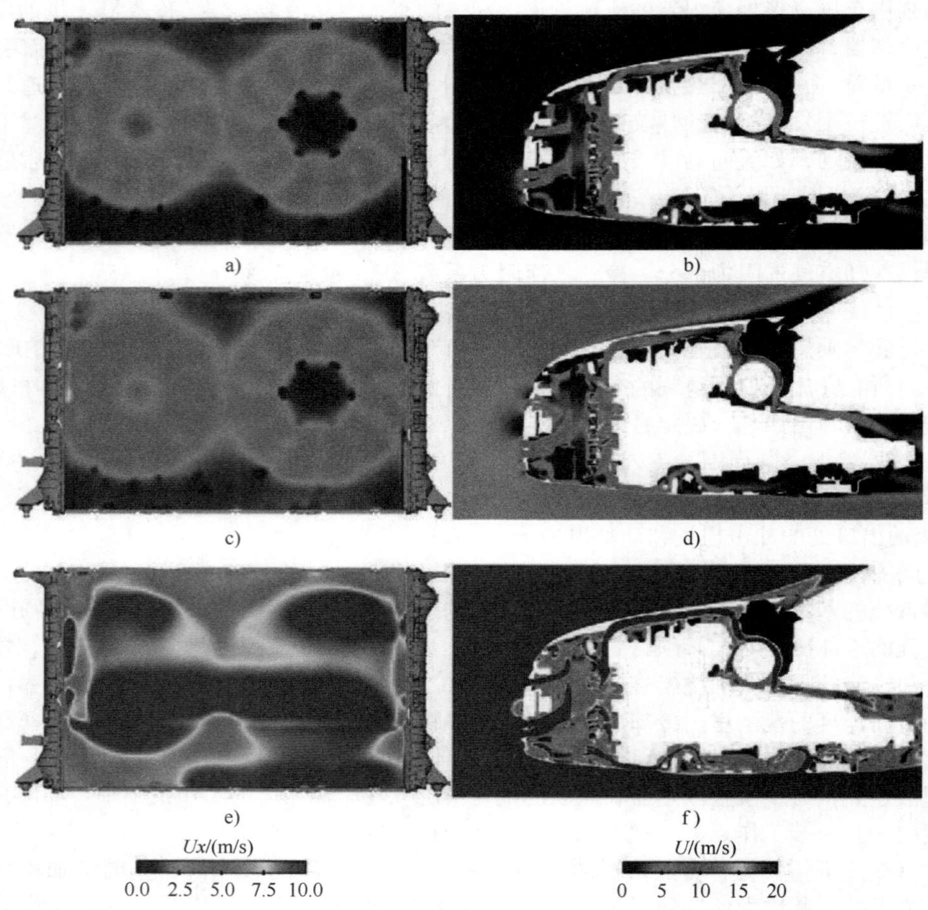

图 4.31 奥迪 A4 在不同运行场合，在 y 轴中间截面（b、d、f）和冷却剂散热器截面（a、c、e）的气流速度场：在静止状态（a、b）；30km/h 及风扇运行（c，d）；最大速度 v_{max}，以及没有风扇（e、f）

由风扇驱动的穿流，应尽可能达到独立于行驶速度。在高速运行状态，通过散热器穿流的速度通常是入流速度的 20% ~25%。

上述冷却气流阻力的第一个起因是在冷空气进入管道口，即在第 2.3.7 节所述的“经典”进气损失。与锋利的边缘相比，流线型通道可以使进气损失减少为原来的 1/10。所以根据空气动力学的观点仔细设计进气口和格栅会有很大收益。

冷却气流阻力的第二个原因是散热器和发动机室内其他部件造成的压力损失。安装散热器的周围环境是不利于流动的。安装空间被横梁，发动机和一些辅助设备确定并限制。散热器的流入和流出受到阻碍，导致额外的压力损失。图 4.32 定性地描述了发动机室内流动过程和静压。

可以由下式用流管来模拟穿流通过散热器的压力损失

$$\Delta p_K = \xi_K \frac{\rho}{2} v_K^2 \tag{4.28}$$

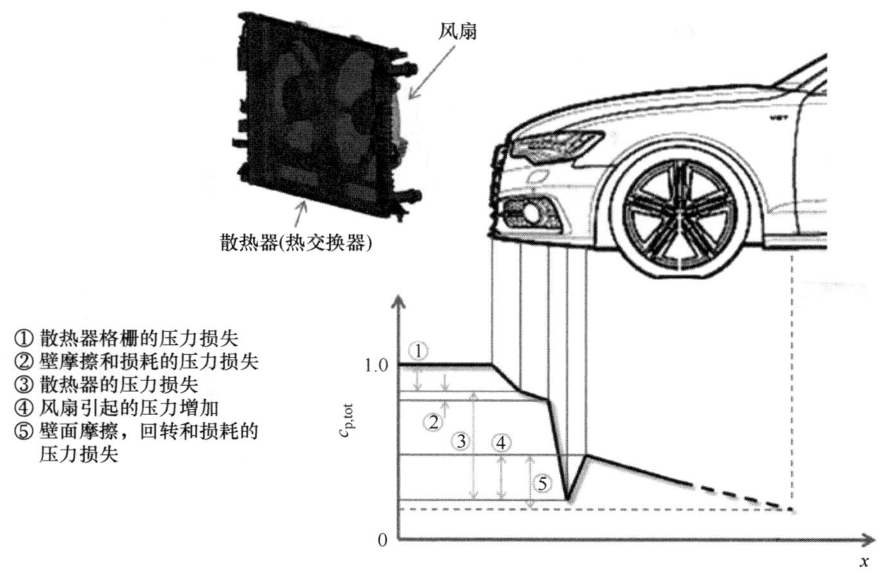

图 4.32　乘用车冷却气流和冷却系统中的压力曲线

压力损失系数 ξ_K 可以通过散热片的管道摩擦系数 λ_{Rohr}、散热器厚度 l_K 和散热片的水动力管道直径来确定，借助于对已有散热器的测量可以得出以下关系：

$$\xi_K = \lambda_{Rohr} \frac{l_K}{d_{lamelle}} \approx c \cdot v_K^{-0.5} \frac{l_K}{d_{lamelle}} \tag{4.29}$$

如果假定不存在与绕流间的相互作用，则可以根据上边这个压力损失系数来估算冷却气流阻力（Soja 和 Wiedemann，1987），其对应于散热器阻力为

$$\Delta C_{D,Kü} = \xi_K \left(\frac{v_K}{v_\infty}\right)^3 \frac{A_K}{A_x} \sim v_K^{2.5} \tag{4.30}$$

散热器的压力损失系数 ξ_K 和与之相适应的穿流的流速 v_K 取决于散热器的几何和结构特性，比如厚度、管间距和翅片密度以及入流情况。更厚更密的散热器增加了热交换面积。但是，压力损失系数增加了，穿流量降低了。正如前面已经提到的那样，让我们回过头来再看一下图 4.30，那里伴随着穿流量的增加，热传导的增速表现为递减行为。具有更高充填密度的散热器使得阻力倾向于减小，但是必须考虑到，在风扇运行的模式下，使用密集充填的散热器会需要更高的风扇功率，因此需要更多的能量。

冷却气流阻力的第三个原因是流动出口处的冲量和动量损失。当车辆外流和车辆内流的压力系数 c_p 在气流出口处相同，在出口处切向流入行驶方向时，阻力则会很小。图 4.33 显示了一些可能的出口形式及它们对气流阻力的影响。

冷却气流阻力的第四个原因，涉及与车辆绕流间的相互作用，其是由于车体周围流动的变化引起的。这对于车辆前部尤为重要；如果前部的设计按照空气动力学是不太有利的，则可以通过调整得出一些“负的阻力”，以或多或少地避免流体分离，从而减小绕流产生的阻力。如果像如今大部分的汽车那样，车辆前部已经设计为流线型的，那么上面提到的“收益”就不会再发生了。Kuthada 通过研究发现，车辆后部也会出现流动结构的变化。现仅用前轮的例子来说明与绕流间的相互作用。图 4.34（见彩插）可视化地显示了前轮绕流的尾迹。

在轮拱中排出的一部分来自发动机舱的冷却气流，封闭入口情况下气流的流量和角度都较小，从而气流入口打开的情况下有更大的车轮气流尾迹，并产生更大的阻力。因此，应按空气动

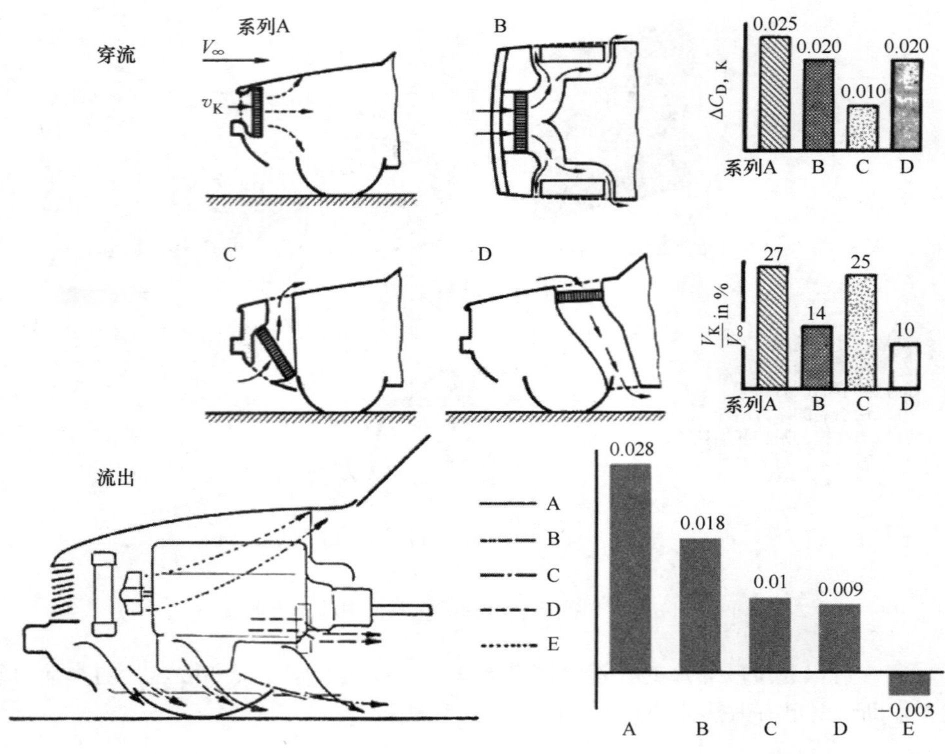

图 4.33　发动机舱内可行的冷却空气流动导向解决方案（Buchheim 等，1981）

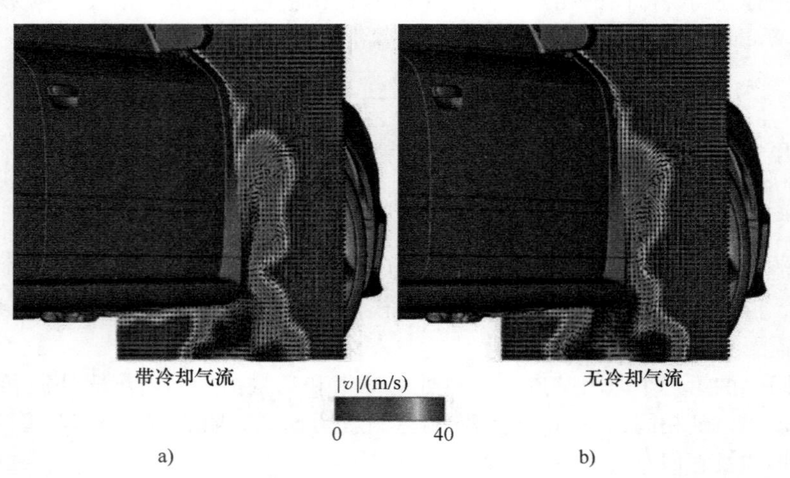

图 4.34　前轮尾流的速度分布

a）带冷却气流　b）无冷却气流

力学去研究周围的流动，例如考虑绕流的自我改善，特别是优化那些功能性的空气供应。

为了更好地理解导致冷却气流阻力的非常复杂的原因，需要列出冷却管道的一些关于动量和能量的基本公式[㊀]。假定被引导的冷却气流穿过车辆限定的入口截面和出口截面，则在这个气

㊀ Wiedemann（1986）详细推导了这种联系。

流管道上截出的控制体积内可以应用动量定律。图 4.35 描述了一个车辆的冷却气流出口位于底部的例子。通过图 4.35 得出的力和第 4.1 节的 C_D 和 c_p 的定义，可以得到以下冷却气流的阻力系数：

$$\Delta C_{D,K} = 2\frac{A_K}{A_x}\frac{v_K}{v_\infty}\left(1 - \frac{v_A}{v_\infty}\cos\alpha\right) - c_{p,A}\frac{A_K}{A_x}\cos\alpha \tag{4.31}$$

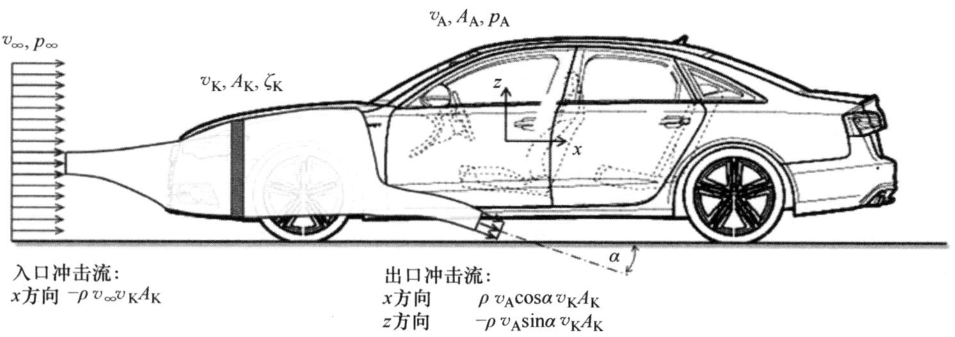

阻力的变化：$\Delta F_W = \rho v_K A_K(v_\infty - v_A\cos\alpha) - (p_A - p_\infty)A_A\cos\alpha$

升力的变化：$\Delta F_A = -\rho v_K A_K v_A \sin\alpha - (p_A - p_\infty)A_A\cos\alpha$

图 4.35　Wiedemann（1986）所述的，完全被引导的冷却气流通过车辆的动量定律

该估计适用于控制体积边界处的压力不会因冷却气流而改变的情况。出口处的压力系数 $c_{p,A}$ 由外部绕流决定。在冷却气流阻力的计算中，方程（4.31）中的第二项在这里将忽略掉，因为在即使没有流量的情况下，也可以通过它来算出一个力，其应归属到基本形状的阻力里。

出口速度可以通过伯努利方程确定（见第 2.1.5 节），然后通过推导给出冷却气流的阻力，如下面的表达式

$$\Delta C_{D,K} = 2\frac{A_A}{A_x}\sqrt{\frac{1-c_{p,A}}{1+\zeta_K\left(\frac{A_A}{A_K}\right)^2}}\left(1 - \sqrt{\frac{1-c_{p,A}}{1+\zeta_K\left(\frac{A_A}{A_K}\right)^2}}\cos\alpha\right),\quad \frac{v_A}{v_\infty} = \sqrt{\frac{1-c_{p,A}}{1+\zeta_K\left(\frac{A_A}{A_K}\right)^2}} \tag{4.32}$$

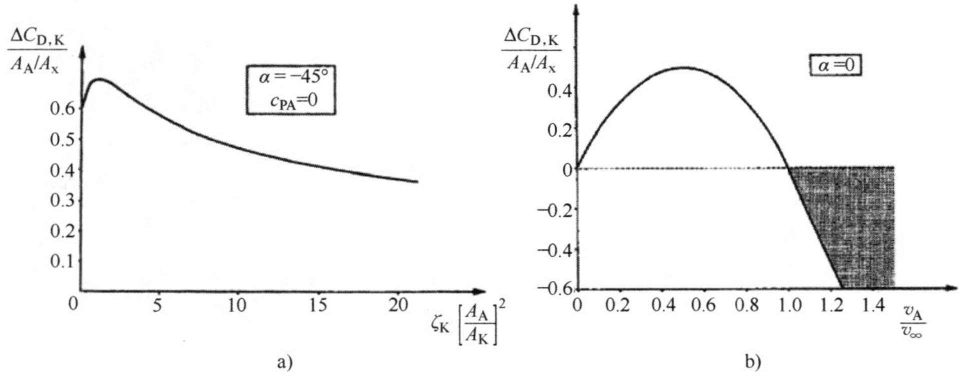

a)　　　　b)

图 4.36　冷却气流引导系统的参数与冷却气流阻力之间的关系（Soy 和 Wiedemann，1987）

冷却气流的出口角度偏离 0°的任何变化都会导致额外的动量损失，并因此导致更大的冷却气流阻力。出口面积 A_A 的减小导致阻力的减小。图 4.36a 显示了与出口面积比率 A_A/A_x 有关的空气阻力，其是扩展压力损失系数 $\zeta_K(A_A/A_K)^2$ 的函数。应该注意的是，对于底板没有特别处理过

的乘用车，通常其出口角度被设定为 $\alpha = -45°$。

图4.36a所描绘的曲线可以分为两部分：第一部分中，阻力单调增加，并在扩展压力损失系数为1时，达到最大值。曲线的这部分对应于几乎是无摩擦的流动，其中压力损失的增加导致出口处气流在行进方向上的动量减少，并因此导致阻力增加。最大值后边的第二部分则是由摩擦主导的流动，在这里较大的压降导致较小的体积流量，并且阻力逐渐减弱。对于更大的扩展压力损失系数，对应更小的阻力，直到趋近于零。这种情况对应于扩展压力损失系数在无限大时的封闭发动机舱入口模型，其将阻绝冷却气流的流动。

根据无量纲出口速度的变化，在出口角度 $\alpha = 0°$ 时，图4.36b描述了空气阻力与出口面积比率的曲线。在曲线的第一部分，阻力是增加的。在这里冷却气流流量的增加，导致阻力的增加。在超过阻力的最大值后，冷却气流体积流量的进一步增加，将致使阻力减小。相应于所考虑的情况，在理论上甚至有可能产生负的冷却空气阻力。可以通过减小出口处的压力系数 $c_{p,A}$ 或减小扩展压力损失系数来影响出口速度。在实际情况中，对其中一个参数的改变会对其他参数产生影响。这反过来又会影响系统里所有效应的总和，并显示为积极或消极的影响。因此，出口横截面的减小通常会导致系统的压降增加，同时致使体积流量降低。若选择其他的散热器来降低压力损失，必须认真考虑其散热性能。散热性能又受到散热器上的压力损失和速度分布的影响。

因此，可以通过尽最大可能地按水平方向导出冷却空气，以及通过尽可能少的体积流动来降低阻力，但必须检查上边这些措施在热力学方面的可行性。让入口足够大，以避免进气冲量损失，而出口应该尽量小，以提高气流在行进方向上的动量强度。然而出口横截面的减小对冷却流动的影响很小。如有可能，排气口应位于车辆后部或车辆侧面。最后，散热器表面 A_K 应尽可能地大一些。总而言之，冷却气流管道的设计和尺寸应尽可能地避免出现损耗。为此，必须避免泄漏，并通过使用特殊的翻盖结构来防止回流。按照需求供应冷却气流和智能风扇策略是非常有意义的。

UNICAR从1981年就开始使用早期的智能冷却气流管道，见图4.37。冷却气流的排放经过特别的优化。在车辆侧面的翼子板区域以及车辆的后部都有排出口，以确保利用最大的动量。

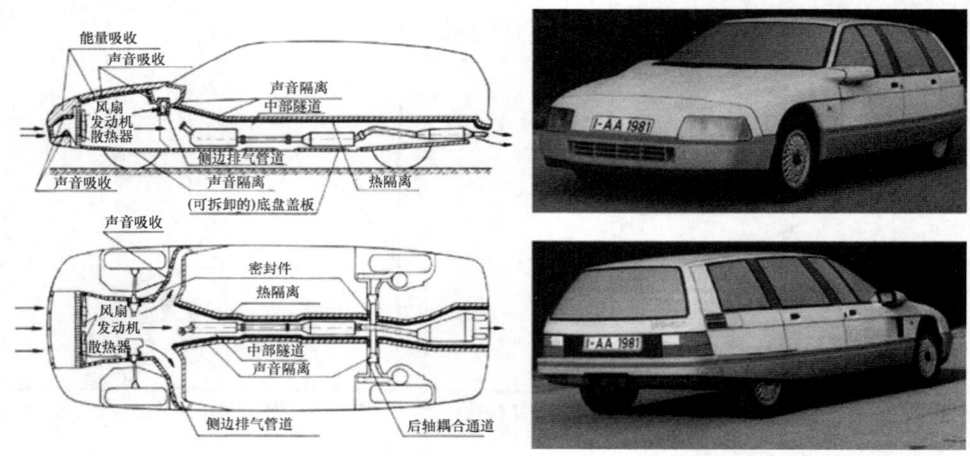

图4.37　1981年高校工作联盟供研究用的乘用车样品“UNICAR”（Potthoff，1982）

最后，在图4.38中总结了按上述研究而得到的一些冷却空气阻力的数值。这里选择的是汽车的迎风面而不是散热器的端面，作为比较用的参考面。正如所看到的，车辆之间有着显著的不同，其数值分布在0.006～0.038的范围中。一方面，这些差异来自不同的尾部形状，以及来自一些诱导阻力所产生的相互作用，这里的诱导阻力依赖于车体基本形状。另一方面，按不同的原因对冷却气流阻力的个别优化也自然会对阻力值产生影响，例如针对散热器格栅的入口特性的优化、针对散热器处的压力损失的优化、针对通常在底盘气流出口出现的损失的优化等。

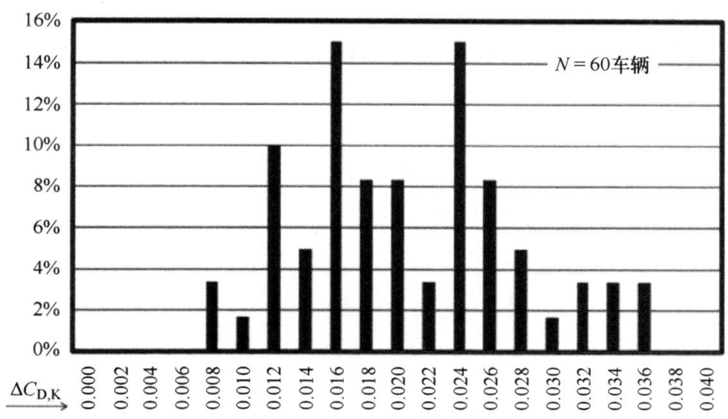

图4.38　Audi空气声学风洞对来自不同制造商的60辆汽车所测量的冷却气流阻力谱

4.3.3.3　零部件的粗糙度阻力

粗糙度阻力在这里被理解为：在理想的入流条件下零部件和表面细节的内在阻力。首先是底板组件，包括排气系统、油箱、车轮悬架和轮子，以及外壳的附件，例如镜子、天线、辅助灯、门把手、行李架、玻璃刮水器、扰流板、翼形轮拱和窗户凹部。

例如，外后视镜的固有阻力约为 C_D 的4%～10%，所以一对外后视镜所产生的阻力大约是车辆空气总阻力的4%。在没有使人察觉到的情况下，大多数提到的外壳上其他的附件现在都已经被整合到外层蒙皮中，并仅仅是空气总阻力的一小部分，只有非永久性的组件如带行李箱的车顶行李架有着值得重视的且挺大的阻力。一个车顶行李架将总阻力提高了大约10%，而一个带滑雪箱的行李架则将阻力增加了大约40%。

尽管“可见”的附件影响很有限，但可再回过头来看一下第4.3.3.1节，回忆在那里讨论过的车轮对诱导阻力部分的重要性。当然，车轮通常意味着更多的形状阻力和更多的诱导阻力，但它们与车身相比还是很小的，由于具有粗糙表面的轮胎胎纹、没有嵌入车身、来自车体边缘的斜向来流，使车轮成为对流动不那么有利的扰流体。另外，车辆的前端肯定会挤压空气（在车辆中间截面的垂直方向上挤压，在侧边区域的两侧方向挤压），车轮处的来流则是斜向的。所有这些因素使得在车轮后面形成了一个复杂的涡流系统，对此Wäschle进行了很详细的研究，如图4.39所示。

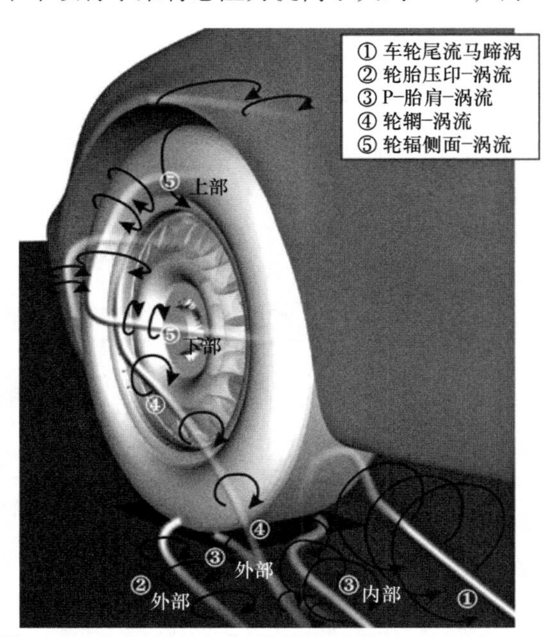

图4.39　前轮旋转时后面的涡旋系统（Wäschle，2006）

车轮的压力和剪应力分布受局部流动拓扑结构影响。如同任何在流体里边的物体一样，在车轮表面上的总和亦可得到三个力和三个力矩分量。假设（无外倾和无内倾的）车轮的旋转轴线精准地位于横向上，即 y 轴方向上，则由风洞天平直接评测阻力、升力和侧向力以及偏转力矩和摆振力矩，并加入到“整车”系统中。然而，在有内部天平的风洞中，车轮的俯仰力矩，即围绕 y 轴的力矩，却没有被包括进来[⊖]。后边将在第13章再回到这个话题上来。

空气扰动力矩的评估值是可以在有内部天平和辊式试验台的风洞里得到。Tesch（2012）的测量结果显示，随着行驶速度的增加，空气扰动力矩 M_V 按二次曲线上升。由于其对于行驶时车轮的旋转运动肯定具有制动作用，因此（如等式（4.33）规定的）扩展空气阻力系数 C_D^* 是有意义的。其右边第二项是由空气扰动力矩被滞压、车辆迎风面积和动态的车轮半径标准化的值，然后右边第一项是不受空气扰动力矩影响的测量值：

$$C_D^* = C_D + \frac{\sum_{i=1}^{4} M_{V,i}}{\frac{\rho}{2} v_\infty^2 A_x r_{dyn}} \tag{4.33}$$

因此，在没有考虑到空气扰动力矩的情况下对车轮空气动力学的优化，可能会出现 C_D 值减小，而扩展空气阻力系数 C_D^* 增加的情况。

为了弄清楚通风效果与空气扰动力矩的区别，应该再提一下：空气扰动力矩是通风效果的其中一种。第二种效应是已经提到的在横向方向上的流动偏转，当车毂的“通风”越强，偏转的质量流量越大，因此车辆纵向上的动量损失也越大。与第一种效应不同，第二种效应的测量并不使用风洞中的天平。

较旧的车辆的底盘非常崎岖不平，在多个位置上形成流动阻塞和分离（参见图4.40，见彩插）。这一方面导致了车辆底部很大的流动损耗。另一方面，粗糙的车身底部也导致车辆前端的滞点向上移动，使得更多的空气从车辆上方流过。特别是斜背车在后斜坡上的溢流，会导致尾部升力增加（参见第2.1.8节的动量定律），同时也会导致诱导阻力增加。从这些事实可以看出，车身底部组件的阻力是车辆及其结构特有的，按照空气动力学的思想，车身底部的结构应该设计成有利于流动的且罩在车体表面的外罩。

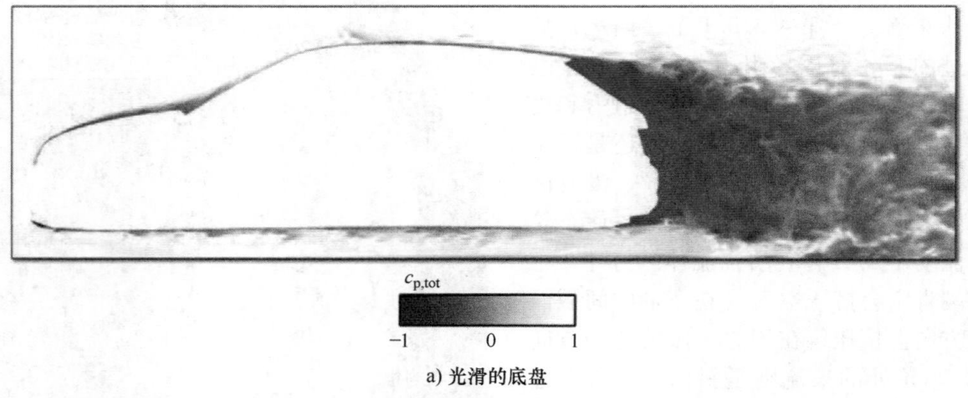

a) 光滑的底盘

图4.40　在粗糙的底盘 b）和光滑的底盘 a）的车辆 y 轴中间截面上，以总压力系数 $c_{p,tot}$ 表示的汽车绕流能量损失

⊖ 另外如车轮的滚动阻力。其是由轮胎－路面接触区域中车轮中心平面的不对称表面压力造成的。在这一方面可参见 Gerresheim 的文章（1974）。

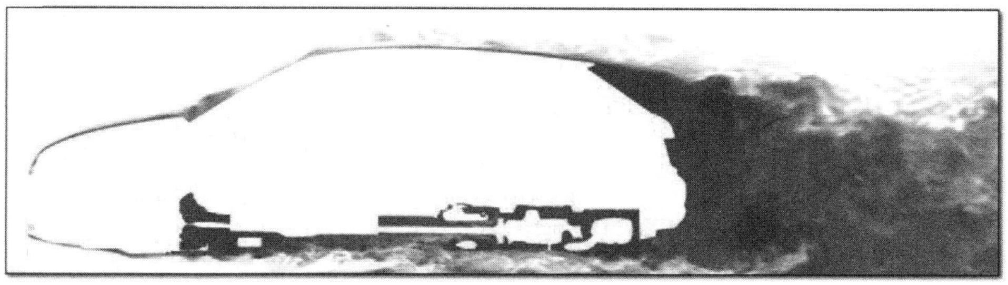

b) 粗糙的底盘

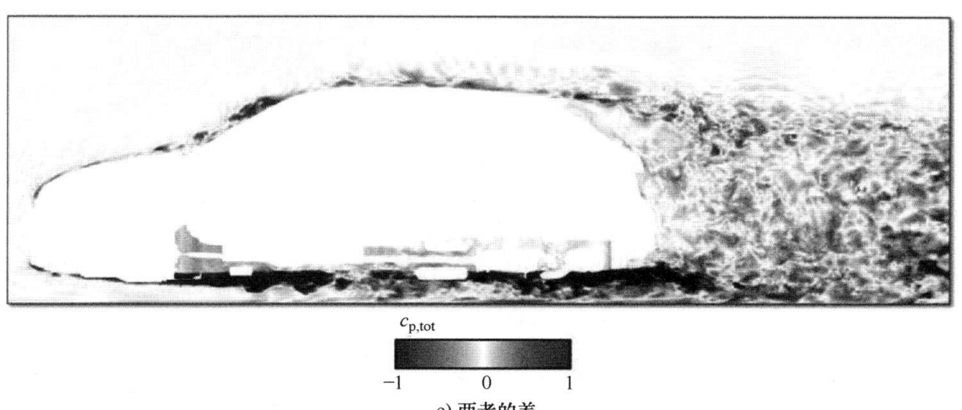

c) 两者的差

图 4.40　在粗糙的底盘 b）和光滑的底盘 a）的车辆 y 轴中间截面上，以总压力系数 $c_{p,tot}$ 表示的汽车绕流能量损失（续）

4.3.3.4　干涉阻力

只把车辆的基本形状、附件、车轮、镜子等的各个阻力加起来以求得总阻力是不够的。还必须考虑车体和附件间的相互影响（干扰），其使得在车体周围的流动形态发生变化。干涉阻力包括第 4.3.3.3 节中提到的附件对车体和车体对这些附件所施加的影响。典型的例子是车体与后扰流板之间或者牵引车与半挂车之间的相互作用。

干涉阻力既可以是正的，也可以是负的。正的干涉阻力来自于两个相邻的物体，例如车体和外部的后视镜。这最初应该在来流方向上形成对称。在没有车身的情况下，来流将均匀地且以很小的、有利的 C_D 经过外侧后视镜，而实际上由于车身的存在和影响，导致更高的流速和由于压力增加而带来的更大的分离风险。在车体上，滞点向外后视镜的方向转移，绕流流动不对称，因而分离风险更高，参见图 4.41。一个补救办法是相对于来流构造一个不对称的后视镜外盒。

负干涉阻力是由两个前后接连排列的物体互相接近而产生的。每个物体后面都有一个流速减小的空间（即尾流）。对应于该区域流速的降低，位于该区域中的物体会遇到较小的阻力。通过前后接连排列相同或不同的物体，由其压差阻力，可以得出负干涉阻力。在图 4.42 所示的例子中，在 $\Delta x/d<6$ 时，两个接连排列的圆形板的总阻力小于两个板在未受干扰的来流中的阻力总和。对于 $\Delta x/d<2$ 的情况，总阻力甚至比单个平板所受的阻力小。

当车体具有某些特殊附件，使诱导阻力降低，这时也会出现较大的负的干扰阻力。车尾扰流板的例子将在后面讨论，但在这里已经先于第 4.5.1.3.4 节提及了 Audi TT 可延伸的后扰流板。当然，单独的扰流器，特别是由于后边的流动分离，具有相当大的自身阻力，通过该扰流器沿着车身向下的流动，也即所谓的下降气流，可以在车辆纵向上重新排齐。结果是，C 柱涡流的涡度

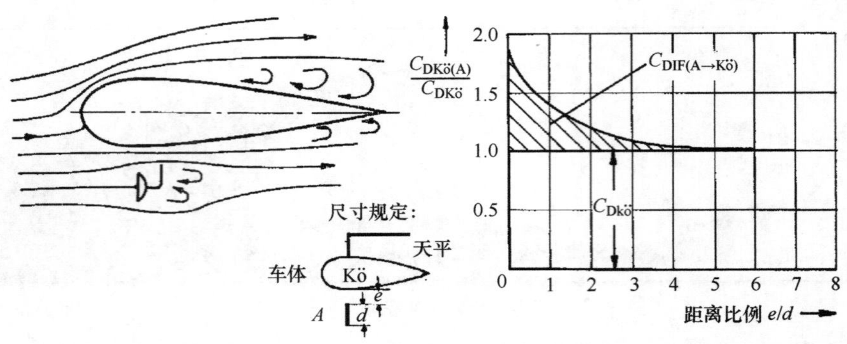

图 4.41　基于车体（Kö 及 $c_{WKö}$）和外后视镜（A 及 $c_{WKö(A)}$），对正的干涉阻力的注解（Wiedemann，2008）

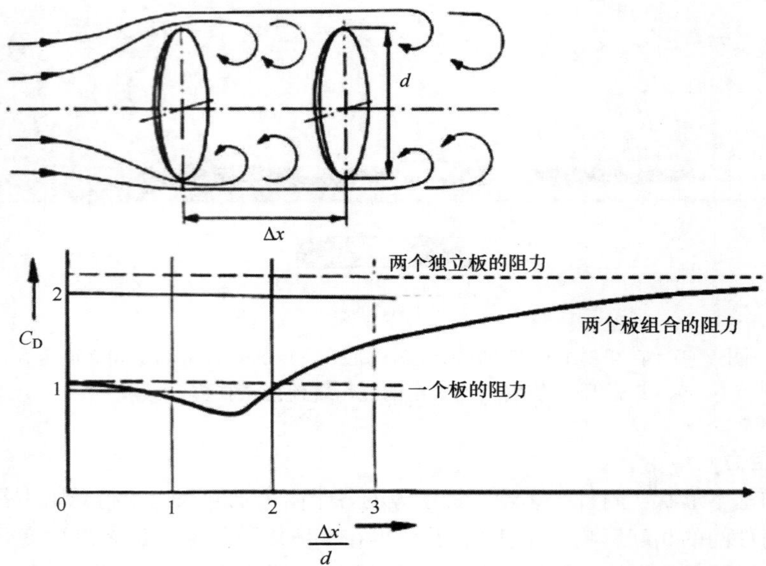

图 4.42　根据两个圆形板的布置来诠释负的干涉阻力（Dubs，1987）

明显减小，从而可以弥补甚至胜过扰流翼片自身的阻力损失。

4.4　空气作用力和空气作用力矩的其他组成部分

把升力、侧向力、俯仰力矩、横摆力矩和滚转力矩，像对阻力所做的那样，在它们出现的位置上也进行分拆处理是不太常见的。因此，下一节比以往的任何章节都要短得多。尽管如此，这里还是从基础上解释一下这些空气总作用力分量的生成。

4.4.1　升力和俯仰力矩

在第5章里将详细解释，总升力和由俯仰力矩产生的前后升力差对行驶方向的稳定性起着决定性的影响。在图4.43中，展示了其是怎样依赖于车辆基本形状的：在车前端位置较高的滞点会导致前部较大的升力；在车尾的流动分离的位置越低，会导致后部升力增大。需要注意的是具有较低的前端滞点位置和较高的后端流动分离位置这样一个组合。它产生了一个非常有益的且正确的俯仰力矩。

即使在滑动角 $\beta\neq0$ 的情况下，也常常需要评估升力和俯仰力矩。与气流阻力相反（只有在高速行驶时，这里的推断才有意义，这时滑动角度很小，在这些情况下 C_D 变化是很小的），即使在小的滑动角度下，升力值也可以有明显改变。图 4.44 显示了升力和俯仰力矩的典型走向。当来流角 β 增加时，升力系数以高于线性比例的速度增加，但俯仰力矩几乎不变。由此车轴升力大致按相同的方式得到增加。

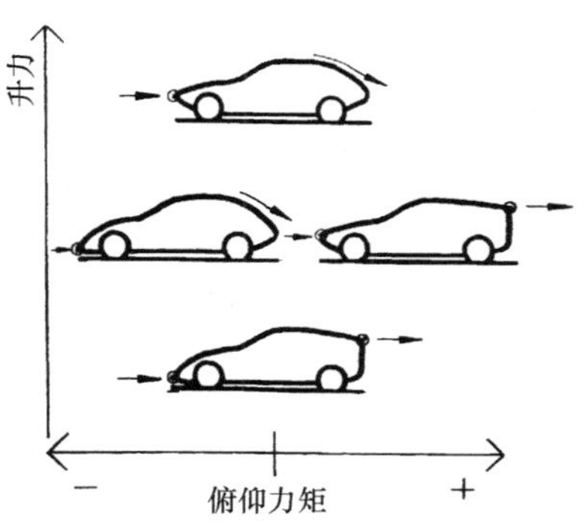

图 4.43　滞点位置和车尾流动分离的高度对俯仰力矩和升力的影响

当车尾形状比较“敏感”和偏转角较小时，从车顶到车尾窗玻璃的圆形过渡区域可能会导致不受欢迎的流动突变。其可使得曲线的走向发生变化，特别明显的是随着 β 增加而减小的俯仰力矩曲线。第 4.5.1.3 节将讨论有哪些措施可以加以补救。

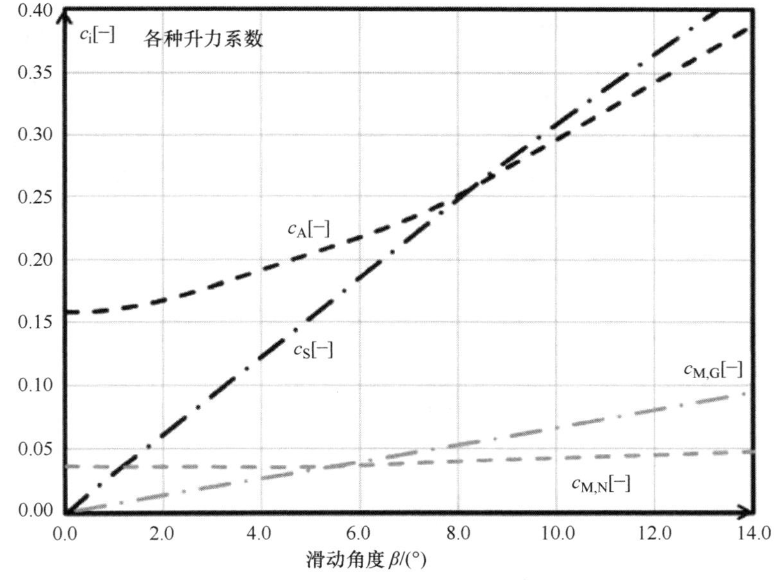

图 4.44　升力系数 c_A、俯仰力矩系数 $c_{M,K}$、侧向力系数 c_S 和偏转力矩系数 $c_{M,G}$ 作为滑动角度 β 的函数

正如会影响空气阻力一样（参见第 4.3.3.2 节），冷却用气流也会改变总升力以及与车轴相关的升力分量，进而改变俯仰力矩。由于冷却空气前端通常向下流走，其会很典型地增加前轴升力。冷却气流也因此增加车辆下方的质量流量，在通过车尾扩散器时，这部分流量又被向上方传送；同时也因为该部分空气质量在车顶溢流中的“缺失”而导致了较低的尾部升力（参见动量定律）。经验表明，在冷却空气传输的过程中，后轴升力减少了，大约是前轴升力变化的一半。前轴的升力和后轴的升力合在一起可引起车轴上力矩的符号变化。这种情况在图 4.45 中概要地显示出，并且俯仰力矩是从负值变到正值。

4.4.2　横向力和横摆力矩

横向力和横摆力矩也会影响行驶性能。在直来流、车辆相对 y_0 面几乎对称的理想情况下，由车辆绕流产生的横向力或横摆力矩为零，这也是相对于滑动角度变化的一个值。对于各种各

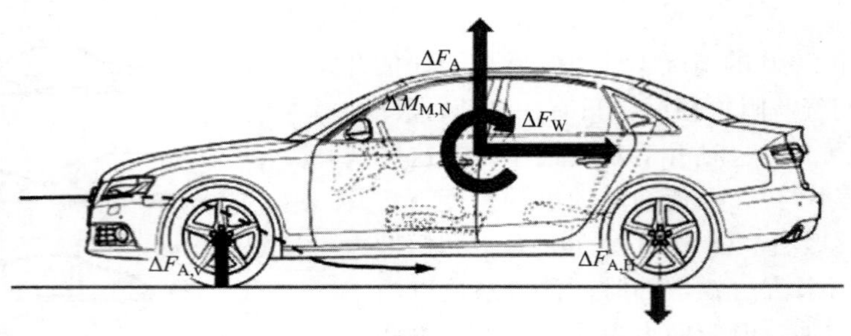

图4.45　冷却气流对升力 F_A 和俯仰力矩 $M_{M,N}$ 的影响

样的汽车形状，以及在滑动角度 β 小于等于 20°的范围内，横摆力矩大致是线性增加的（参见图4.44和图4.96）。因为只有在速度较低的情况下才会出现较大的滑动角度，而且受力很小（正比于 v_∞^2），因此在实际行驶不考虑较大的滑动角度。综上所述，在滑移角 $\beta=20°$ 的测量值可以很好地作为判断横向力和横摆力矩的变化的参考。

从图4.46a的图中可以看出，在斜向来流中，由前端和尾部的附面流动引起了横摆力矩，其随着滑动角度的增加而急剧增加。横摆力矩的变化除以滑动角度的变化的商是正的，也即横摆力矩改变了行驶方向；从空气动力学的角度上来看，这时车辆的行驶方向是不稳定。如果车尾的流动出现分离，则不稳定性会降低（图4.46b）。添上一个大尾鳍，可让尾部的侧面力增加，因此会产生一个空气动力学上稳定的横摆力矩（图4.46c）。要使车辆适合交通，这个措施的可行性是受限制的，所以它常被用于（汽车和摩托车的）破纪录的车辆。

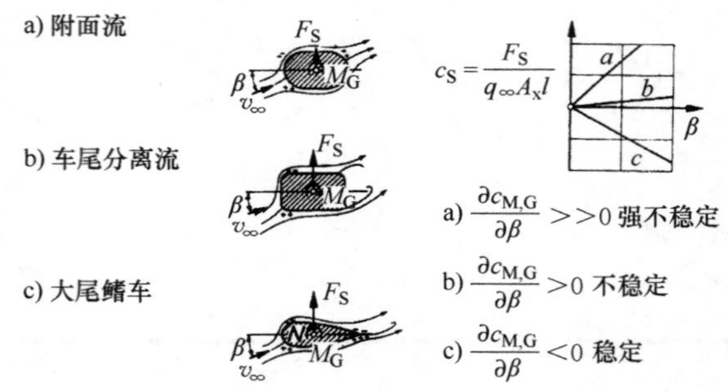

图4.46　侧风时气体动力学上的方向稳定性（Schlichting，1953）

由图4.47得知，特别是箱形车（如快速运输车和公交车），其前端的形状对横摆力矩有着明显的影响。只有前端完全是尖棱角的形状（图内标记为1）时，才能在一个狭窄的滑动角度范围内得到气动上的稳定。具有倒圆过的前端边缘的车辆，其（在运行时）可获得低的空气阻力，但在空气动力学上是不稳定的。

通过车头边缘的构造，可以有针对性地来影响横摆力矩。根据Hucho（1983）的研究表明，在给定的滑动角度，可通过控制流动的分离，来中断横摆力矩的线性增加，从而把横摆力矩“换档”到一个更平坦的增加区域上去。然而相应的阻力也会突然增加，如图4.48所示。这个临界角大于在正常行驶中所出现的大部分滑动角度，因此上述的阻力增加对燃料消耗并没有显著影响。通过哪些个别细节的改变，可以降低主流乘用车的横摆力矩，图4.49就此总结了一些实例。

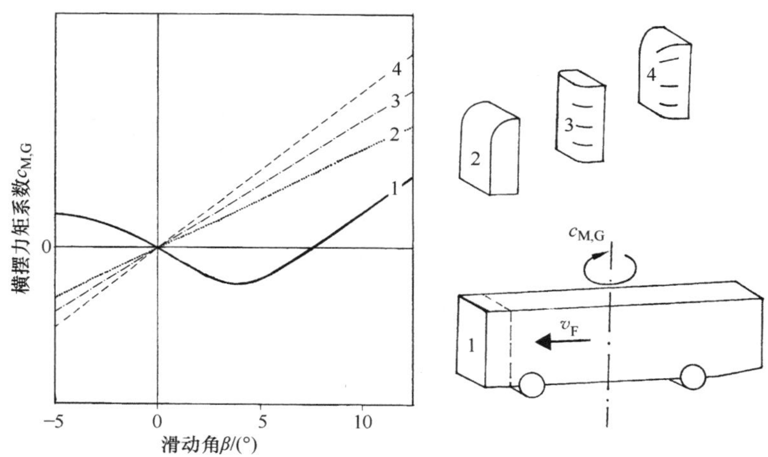

图 4.47　在斜向来流中，车头形状对横摆力矩的影响

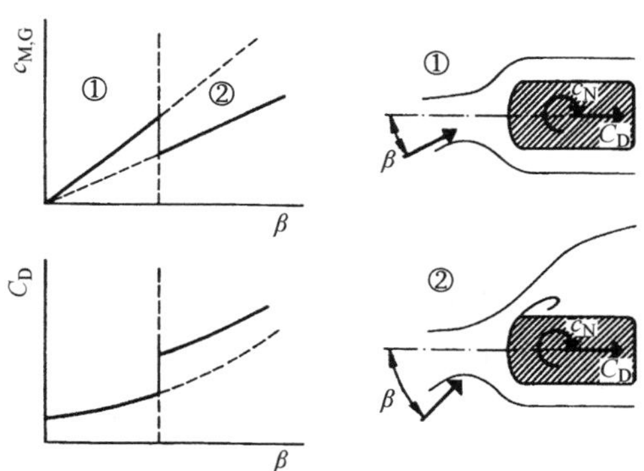

图 4.48　控制流动分离对横摆力矩的影响

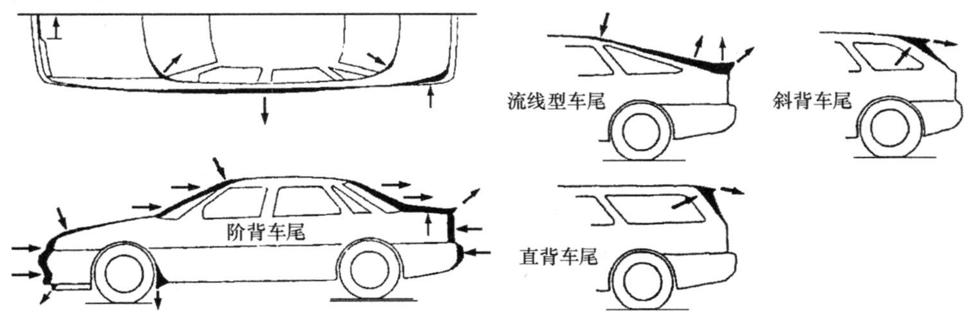

图 4.49　改变形状用以减少横摆力矩（Howell，1993）

4.4.3　滚转力矩

在理想无偏角的来流中，不会出现滚转力矩。其将随着滑动角 β 的增加而增加；基于三种经典尾部形式的曲线范例被汇编到图 4.50 中。由于 $c_{M,R}$（β）在一个给定角度的范围内是近似线性的曲线，因此在滑动角 $\beta=20°$处滚转力矩系数就足以用于对不同的车体形状进行评估。

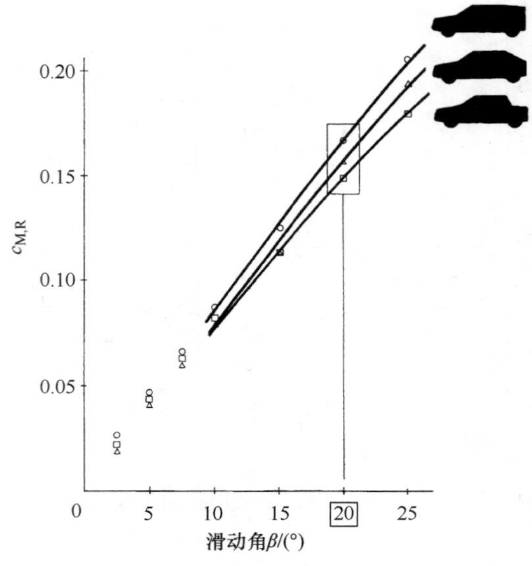

图 4.50　在斜向来流时，基于不同基本形状的滚转力矩曲线

4.5　空气作用力的影响

由于项目开发在时间上的压力，在所需精度范围内，通常不会允许去详细探讨流动的细节。然而下面给出的大多数例子源自于项目开发，而不是来自研究项目。部分阻力的描述就是基于在车辆开发工作中气动工程师的实用主义。他们在流动中检测到“缺陷处”，例如分离等，并试图通过修改几何的形状来消除它们，从而使流动趋近理想化。虽然用天平测量阻力和其他分量是为了对现象进行评估，但它并没有涉及“在现场”的物理过程。对此，可使用简单的介质，例如，用烟雾探头等，实验者最好尽力取得一个粗略的图像。比较“前前后后”所得出的结果，可以用来解释正在研究和修改的（几何）细节所产生的一些阻力分量；干扰效果，也即对流动采取一个措施后可能会影响到其他地方的现象，当然不会从上边这些措施辨认出来。

在这里应该超越这种来自于实践的且很有影响的实用主义，因为部分阻力不仅源于几何变化，也源于相关性。更重要的是，至少应该尝试着去直观和定性地解释它们。对无摩擦流动和有摩擦流动之间的比较，以及对车辆周围流场的研究成果，在这里都是非常有用的。自从 20 世纪 90 年代初以来，尤其是后者已经取得了很大的进展，流动观测不再局限于车体的表面，而是可以通过特殊的测量技术和 CFD 技术扩展到整个车体周围空间。

对于车辆的气动优化，基本上与下面的三点有关：外表面结构和组件对气动阻力有影响，并会影响到力的其他分量以及力矩的分量；应特别注意使得车身结构沿着汽车是平稳过渡的；一旦外形设计完成了，那么空气动力特性也就基本上确定好了。后边只有通过对车身细节的优化和附件的研发才能改善空气阻力。

在下面的小节里，将详细描述采取哪一些措施来影响空气作用力；这里将按第 4.3 节所列的阻力分量进行排序，并延伸至升力、侧向力和横摆力矩：

- 对基本形状（车辆前端、驾驶舱、车尾）的措施。
- 冷却气流变化的影响。
- 对附件（车身底盘、车轮、后视镜等）的措施。

● 干涉的影响。

一部分关于空气阻力改进的措施已经概括在图 4.51 中。

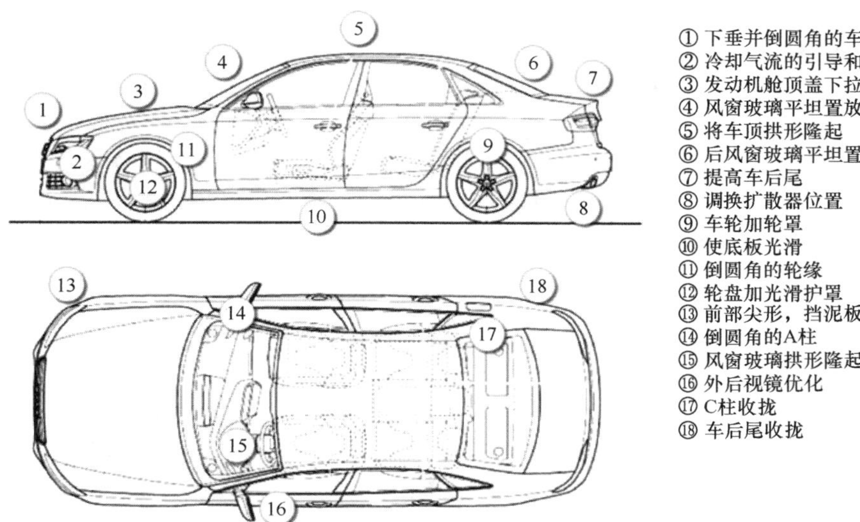

图 4.51　在空气动力学方面有影响的轮廓变化

4.5.1　基本形状的影响

在以下小节里针对车辆的外罩表皮以及基本形状，将主要讨论它们的比例和形状细节所产生的影响。可以这样想象，流体的流向是从车辆的前端，经过车顶和乘员舱（=内舱）到车尾。在图 4.52 中提供了一个概览。

图 4.52　在车辆前部、车顶、侧面轮廓和尾部位置空气作用力的产生

此外，干扰的表现在有些场合是不清楚的，因为干扰的一部分，即某措施引起下游发生的事情可以被捕捉到；而对前方的反馈作用，即引起上游发生的事情则是捕捉不到的。为此，干扰这个话题将编排到第 4.5.4 节中再次加以研究。

4.5.1.1 车前端

首先讨论在没有冷却气流穿过时的情况，这时的车前端形状可以用一个长方体来作为第一阶近似，参见图4.53。绕流在垂直于流动的前端表面上产生了一个滞点。由于长方体下方靠近道路，从其下至道路的范围形成一个超压区域，所以空气更倾于向上方和两侧方向流动。与自由飞行的同一个长方体相比，滞点相应地向下“游移”。在向车顶和侧面之间的过渡处，流动非常强烈地转换方向。如果没有特别的预防措施，那里的流动将出现分离，并可能在下游重新附着上。在这种情况下，形成分离泡，其中剪切层将分离区域与外部流动分开。涡旋在分离泡内部旋转，与图4.10所示的死水类似，其轴线多是横向于入流方向，并平行于长方体边缘，也是从这边缘处开始剪切层脱落（出现横向涡旋）。

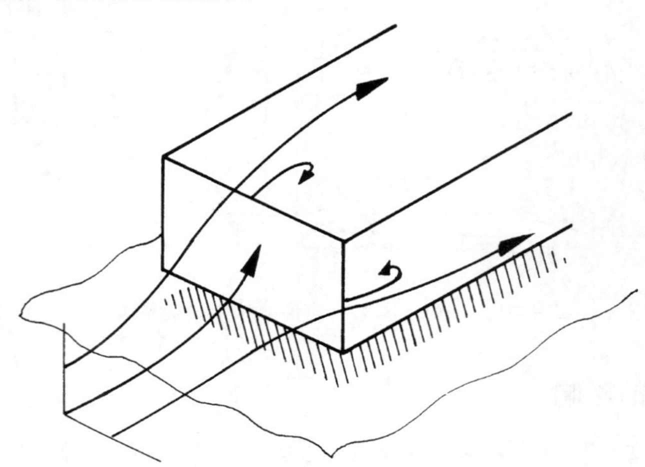

图4.53 长方体被用作最简单的汽车前部模型

在长方体边缘区域中，这种分离导致了其压力分布与无摩擦流动中的压力分布不同。在无摩擦的情况下，肯定会保持附面的流动，且由于强烈的流动偏转使得发动机舱盖部和侧表面的前边缘处形成负压峰值。这个“抽吸尖峰”在真实的流动中则要弱得多，正如图4.54中在一个纵向的中间截面上和一个水平截面上[⊖]所示的那样。由于这种压力分布，导致第一个“直接”的阻力是由于这里出现的压力差所造成的，其更进一步影响了下游处车尾的背压。

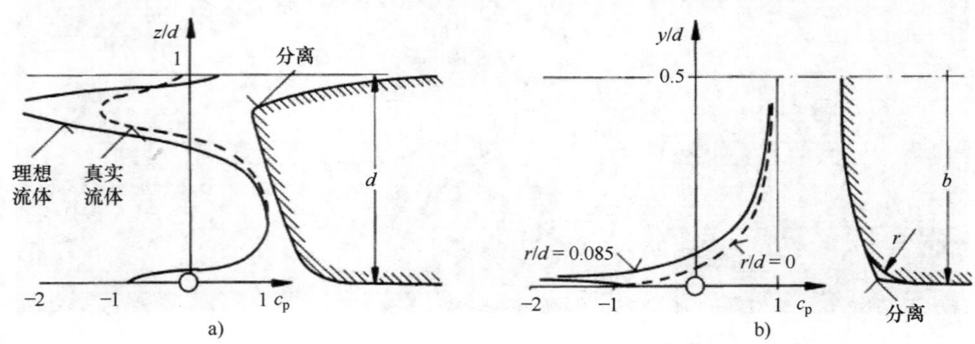

图4.54 理想流体与真实流体在车前端处压力分布的比较

a）在纵向的中心截面上 b）在水平截面上

⊖ 在无摩擦流动中，以及在尖锐棱边（$r=0$）周围，绕流中有 $c_p=-\infty$。

把从长方体获得的知识应用到实际车辆上，并在任何情况下都应避免车前端出现分离现象。汽车前部周围的绕流受到将在下一段所述细节的明显影响，另外也受到冷却气流开口的影响。图 4. 55（见彩插）显示了汽车前端的压力分布和一些流线。对此应该指出的是，这种表述自身并无法说明车前部对阻力贡献的量值。因为一方面由于分离引起的压力变化也会影响整个车辆的下游；另一方面，无摩擦流动的压力分布对于这样的分析来说应该是已知的，但大多数情况下并非如此。

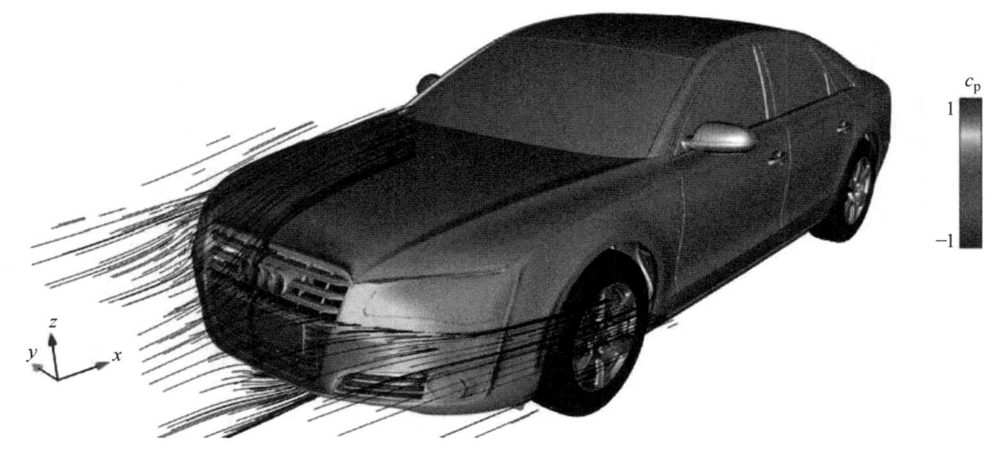

图 4. 55　Audi A6 车前部的压力分布和流线

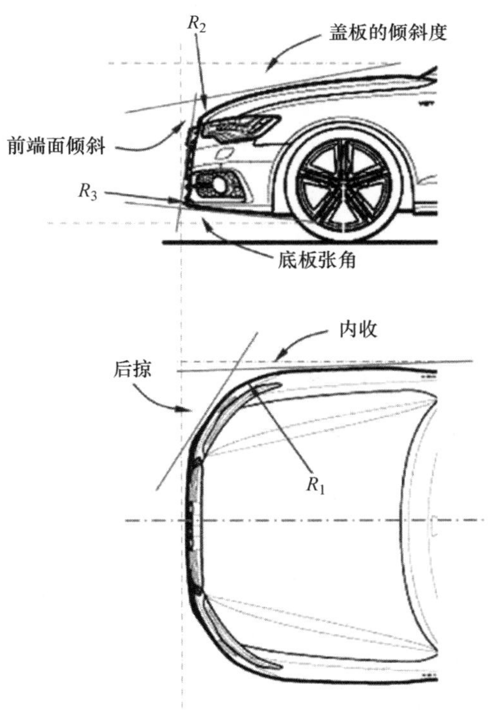

图 4. 56　描述汽车前端的重要几何参数

棱角形的车前端不再是乘用车的选择，并且出于美学和行人保护的原因，许多几何细节会偏离长方体形状的。在图 4. 56 中探讨了哪一个参数是决定性的。在纵向的中间截面里看，它们主要是发动机舱罩盖的倾斜，格栅表面的倾斜以及从发动机舱罩到车身底部这部分过渡区域的半径。在平面图中，添加了后掠、内收和一个过渡半径。由经验实现各个参数之间的协调一致。当然，必须考虑前端的保险杠缓冲器以及冷却气流的进口，通常是通过多个进口来保障冷却气流。

对于图 4. 56 中标记的一些参数，即边缘半径、发动机舱盖板的倾斜度和格栅表面的斜率，已经获得了一些系统性的成果。当然，“倒圆”在具体实行上往往是模糊不清的，但对这里所讨论的资料来说是适合的。

4. 5. 1. 1. 1　边缘的半径

对于边缘的半径和阻力之间的关系，可以从文献中得到一些重要的结果；这些在图 4. 57 中被综合列了出来。如果引导流动的前缘半径逐渐增大，则相关物体的阻力首先会迅速下降。在半径超过一个定值以后，阻力开始保持不变。这时分离就不再发生了，真实的流动已经接近于理想的、无摩擦的流动。对实际应用中的车辆来说，这就意味着：其只需要相对较小的倒圆，就可以避免在有棱角的车前端上产生分离，从而使其对阻力的贡献达到最小化。在当代大多数乘用车中，车头过度地被倒圆了，远比“最优化”的方案所要求的多。在其他地方，如车尾，到目前为止尚未公开发布关于其他的减阻潜力到底发展到了什么地步。

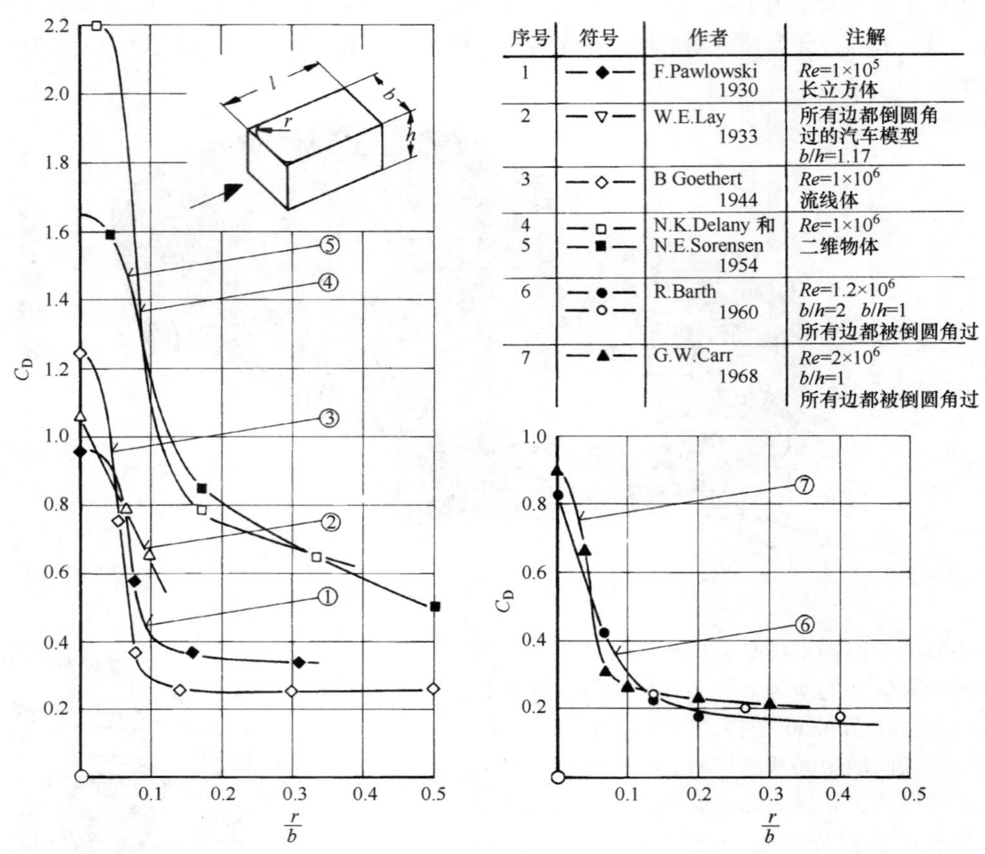

图 4.57　长方体边缘的半径对阻力系数 C_D 值的影响，源于 Hucho（1972）收集的文献

将图 4.57 中的数值应用到汽车上时，应注意这些数值只对直角形的“拐角”是成立的，而车辆前部的旋转角一般都是钝角和锐角的。因此，在某个特定情况下，有没有流动分离，相应的半径必须用试验来测定。还需注意它对雷诺数的依赖，依赖关系将在第 13 章中被详细论证。

在具体的开发项目中，研发时间紧迫，所以不会一次只改变一个上述参数来考虑，而是同时改变几个形状细节。

图 4.58 显示了一个较旧的例子：其并不能胜过那些经过“优化”的车前端形状；这里更多的是去展示不同变化的可能性，以及其对阻力的影响。把 1 指定的车前端型式与不同的变体2～7进行比较。在几何形状变化相对较小的情况下，汽车前部的流动可以显著改善，阻力亦可显著降低。更进一步，这个例子还表明，通常会有多种变体可以达到同一个阻力 C_D 的目标值。

对此，在图 4.59 中汇编了一个系统的开发过程，其总结了 VW Golf I 车头的发展。根据 Carr（1963）的建议，首先在初步试验中，去确定 Golf 车前部的哪些阻力是有可能减少的。为此，他准备好一个外壳，对其只从纯空气动力学的概念上考虑，而不顾及其在风格上或功能上的要求。如图 4.59b和 d 所示，它被分成两部分来解释，以便于将盖板和挡泥板的过渡区域的半径的影响区分开。

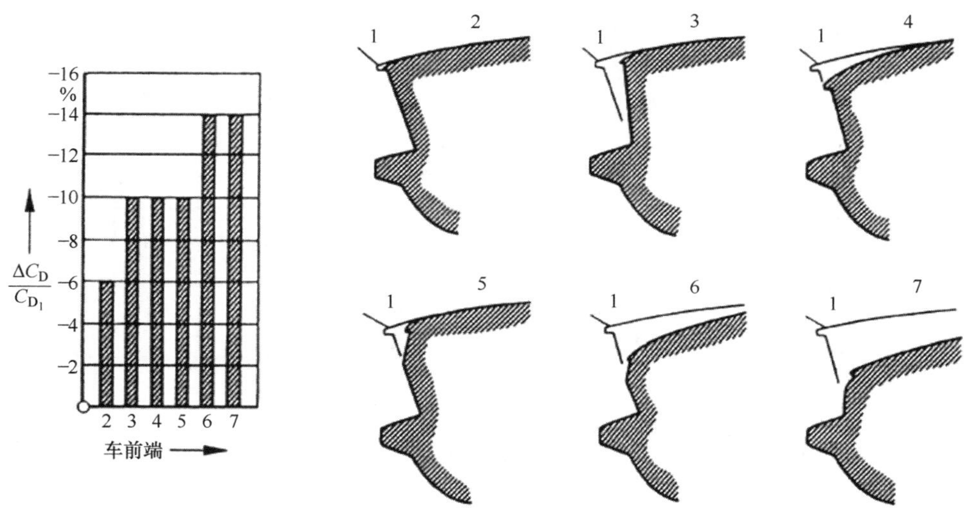

图 4.58　通过前端形状从最小到较小的变化来看其对阻力系数 C_D 值影响（Hucho and Janssen，1972）

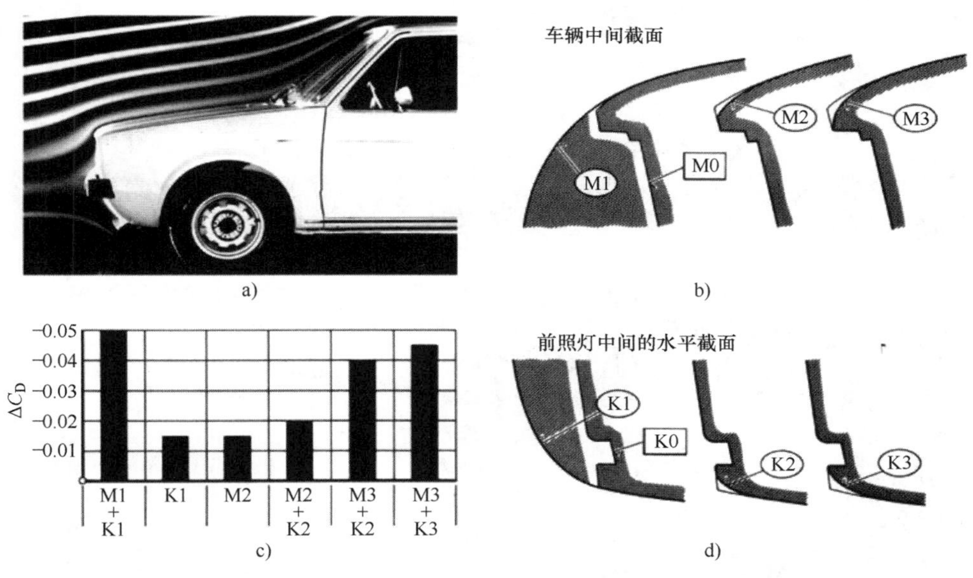

图 4.59　VW Golf I，一个“优化”车前部的例子（Janssen and Hucho，1975）

在这个例子中，汽车前端额外的附件显示了阻力有 $\Delta C_D = 0.05$ 改进的潜力，如图 4.59c 中的梁 M1 + K1 所示。随着过渡半径的逐渐扩大，对没有前端附件的车辆，M3 + K3 的组合几乎用尽了改善的可能。尽管还有相当尖锐的边缘，但在 VW Golf I 的车头却没有分离的绕流，像图 4.59a的烟雾流线照片所示的那样。

也可以不把边缘加以倒圆处理，而是通过构成倒棱，使得流动不出现分离来改善边缘周围的流动。图 4.60 中就提供了这种例子。用这两个措施可得几乎相同的值，倒圆和倒棱都可以如加在前端的额外附件那样来减小阻力。如图 4.61 中的烟雾流线图所示，使用倒棱，也可以完全避免原来在尖锐边缘上有可能出现的分离现象。

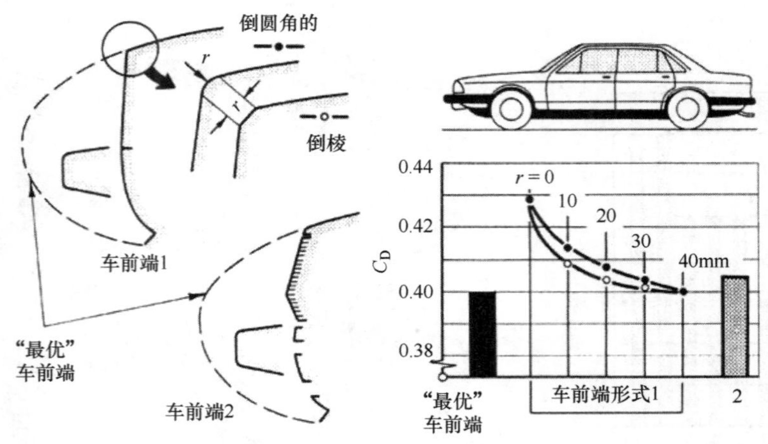

图 4.60　通过对发动机舱盖板的前缘进行逐步倒圆或倒棱来减小 C_D 值

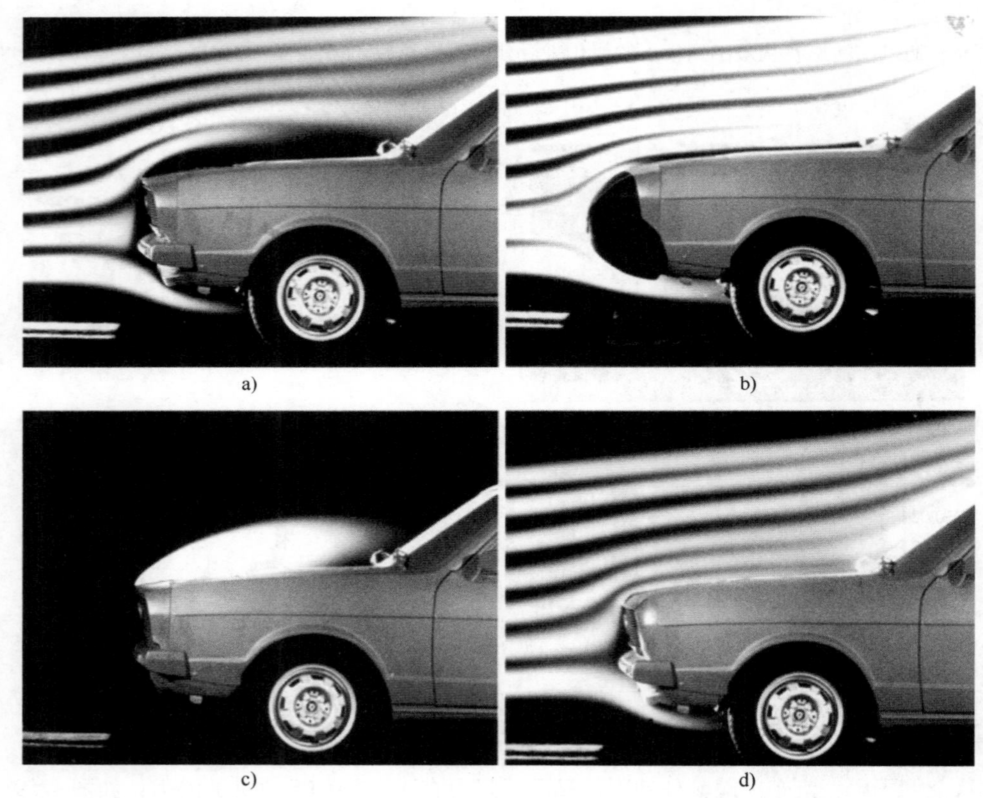

图 4.61　车型生产年份为 1977 年的 VW - Passat 周围的流动

a）设计方案中有尖锐的发动机舱盖边缘　b）加上“理想”的前端附件

c）在这个边缘有强烈分离　d）在（优化过的）倒棱前缘上附面流

对此，可以采取一些不起眼的措施，如注意在图 4.62 中所做的改进。原本通过改变在前端附加的额外附件来改善 C_D 值，在这里是可以通过协调发动机舱盖板半径和格栅位置来开发。

在图 4.56 中，掠角也被列为形状参数。其也会对空气阻力产生影响，图 4.63 通过对 Δx 的

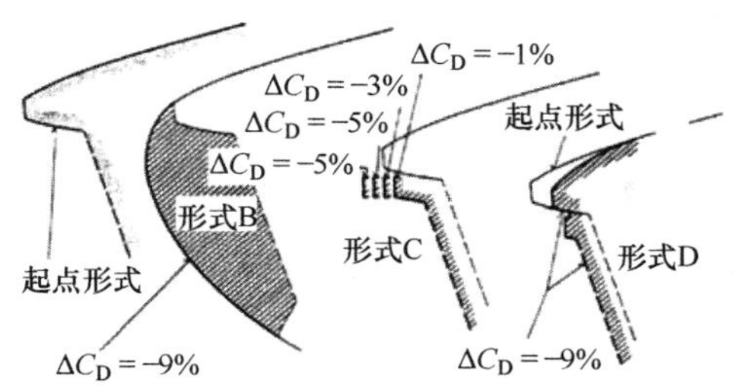

图 4.62　通过“微调”在发动机舱盖板和格栅上的前缘来降低阻力

延伸进行量化，描述了前挡板的隆起。一个强烈凸起的冠状前挡板，主要是为了更好地引导流动流向前轮，并减少在那里出现的分离区域。这可使得阻力的降低达到 $C_D=0.005$ 的范围。随着隆起的进一步扩大直至到一个直角过渡状态，这时开始出现分离的倾向，因此在经过 C_D 最小值后，阻力开始增加。

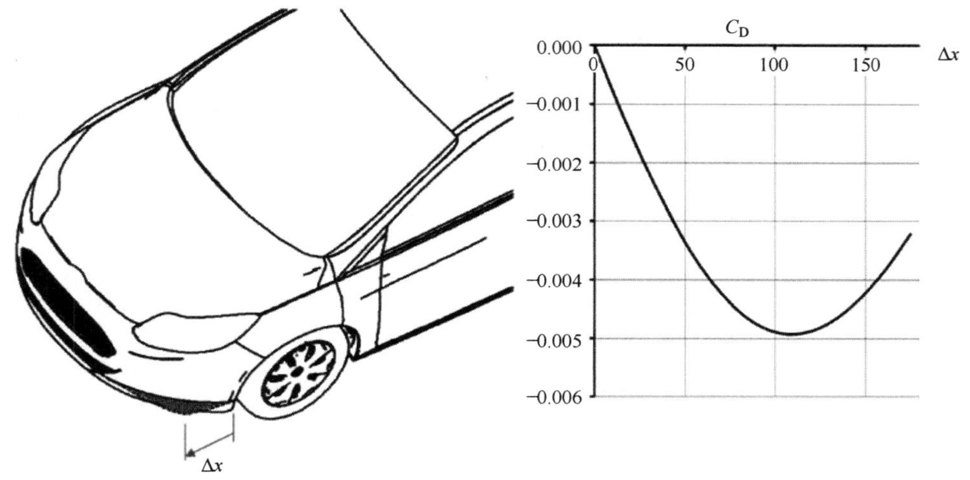

图 4.63　保险杠罩板的后掠对阻力 C_D 值的影响

为了仔细观察个别的形状特征对升力和俯仰力矩的影响，首先研究倒圆过的轮廓在这些方面的效果，参见图 4.64a。图里用尖棱的边角表达了常见类型的车辆模型，标有数字处表示那里的横向边缘经过了倒圆处理。

可以观察到，在经倒圆处理后升力系数有升高的趋势，下边解释了这个现象：在横向于流动方向而伸展的边缘上，倒圆处理避免了在这些边缘处出现分离，并且使得流经汽车的流体速度增加。这减少了表面上的静态压力；相应地升力增大。值得注意的是在车前端部分的下边缘③处的倒圆的效果。在底部区域由于更多的来流造成滞流，并在道路与车辆下侧之间形成压力，导致前部升力和整体升力急剧增加。

如图 4.64b 所示，各种横向伸展的边缘构造对横摆力矩也有影响。在车前部包括发动机盖板和侧面上的倒圆会导致前端背风侧的负压增加，从而增加横摆力矩。相反，在盖板前部的侧边缘和 A 柱上的倒圆导致了前端侧向力和横摆力矩的减小。

模型的结果是对完全平滑的底部测量得到的，这偏离了真实汽车的情况。对配置了真实底板的车辆，车前部下缘③的倒圆会增加车辆的横摆力矩、升力和阻力。相反的，较低的前扰流器则会减小车辆的横摆力矩。见图 4.65c。

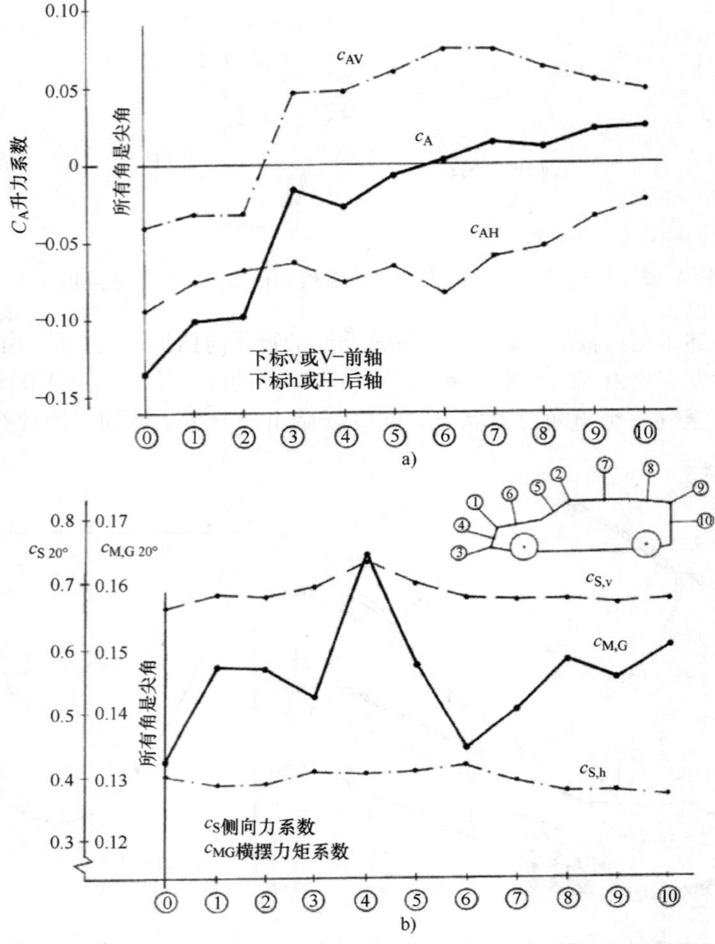

图 4.64　倒圆的边缘对升力和侧向力以及俯仰力矩、横摆力矩的影响

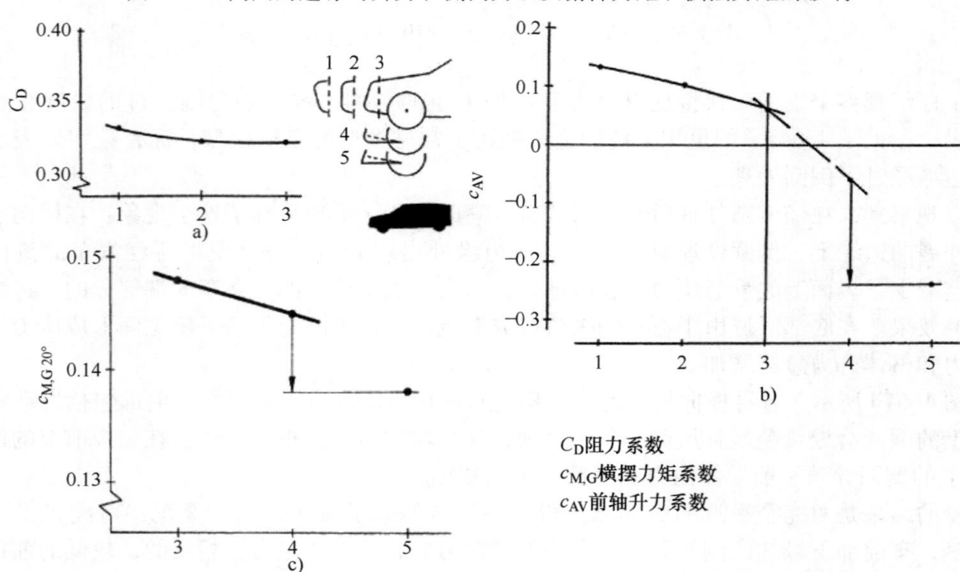

图 4.65　通过改变车辆前端下部的边缘和前端挡板倾角而引起的阻力、前轴升力、和横摆力矩的变化（Gilhaus 和 Renner，1986）

4.5.1.1.2　驻点的位置

按照车辆底部的状况，比如是平滑的还是非常凹凸不平的，则相应的有或多或少的空气进入到汽车下方，这对空气阻力有决定性的影响。由于连续性的原因，大量空气进入车辆与道路限制的空间，并在那里被强迫以高速流动。一个粗糙的底盘罩会导致很高的损失，由此招致了很大的空气阻力。驻点决定来流分开处的位置，其会受到格栅表面的倾斜和前扰流器的形状的影响。

作为图 4.59 前端的额外附件的一个变种，这里对图 4.66a 所示的轮廓接着进行研究。由此证实：只要围绕车前端的流动没有发生分离，可以用完全不同的形状来达到几乎相同的阻力系数。正如 Buchheim 等人从一系列实验（1981）得出的那样，当滞点在尽可能低的位置时，有略微的优势，这些结果被包括在图 4.66b 中。这些发现可能是来自于一项研究，其是针对一个底盘粗糙的车辆，相关于滞点的移动方面。

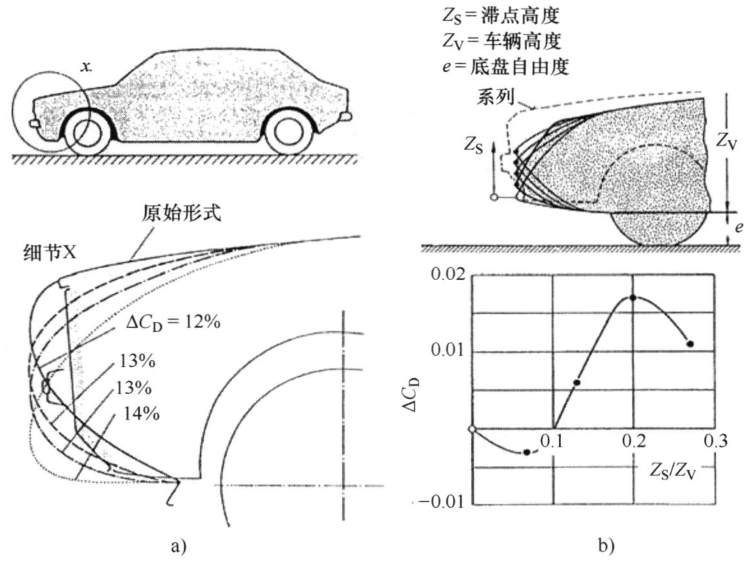

图 4.66　对车前端按照不同且很好的倒圆改进，C_D 值发生的变化

a）源自 Hucho 等人（1976）　b）源自 Buchheim 等人（1981）

Gilhaus 和 Renner 研究了前端挡板（即格栅表面）倾角对阻力的影响，并归结为图 4.65a。“车头”被拉出得越低，滞点就越向下移动，从而能够到达底板区域的空气就更少，前面已经提到了这种情况对空气阻力的影响。倾角对阻力的影响一般很弱，可以在模型车头设置很大半径。

当然，把来流向汽车上部和底部的流量分配也会影响到升力，如图 4.65b 所示。减少车辆底部的流量，则能相应地减少升力（参见动量定理）。典型的例子是向后掠的车头部分和一个在原车基础上继续向下伸展的前扰流板。这些认知明显地在当代汽车的车头形状上留下了烙印。

Howell（1993）就单个的形状参数变化对侧风的敏感性影响进行了研究。图 4.67 显示了沿着车辆总长，施加到车辆上的局部横向力，其是把测量到的压力分布进行分段积分后得出的。可以明显看得到 A 柱和前照灯区域对横摆力矩的贡献。同样，也可以识别出车辆尾部的稳定作用（对比图 4.96）。

4.5.1.1.3　发动机盖板的倾斜

很多文献中对以角度 α 倾斜的盖板已经进行了深入的研究。它们对阻力的影响可参见图 4.68b，这里显示了饱和的特征；在达到一个适度的倾斜角度后，阻力就再也不会下降了。

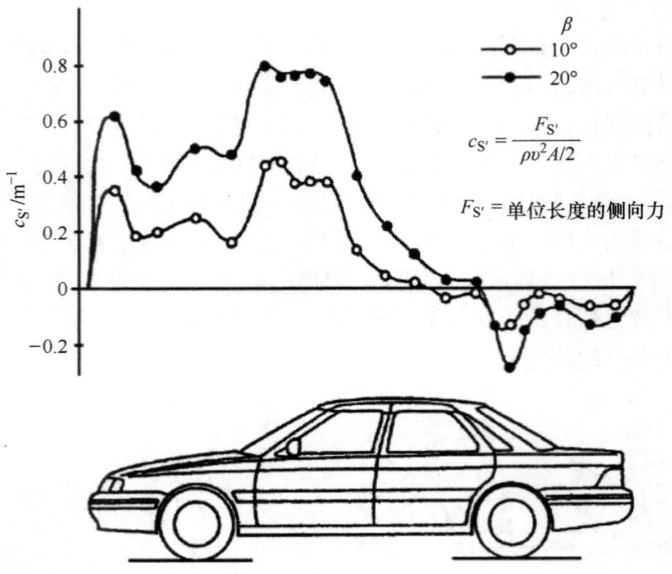

图4.67　Rover 800 的侧向力分布（Howell，1993）

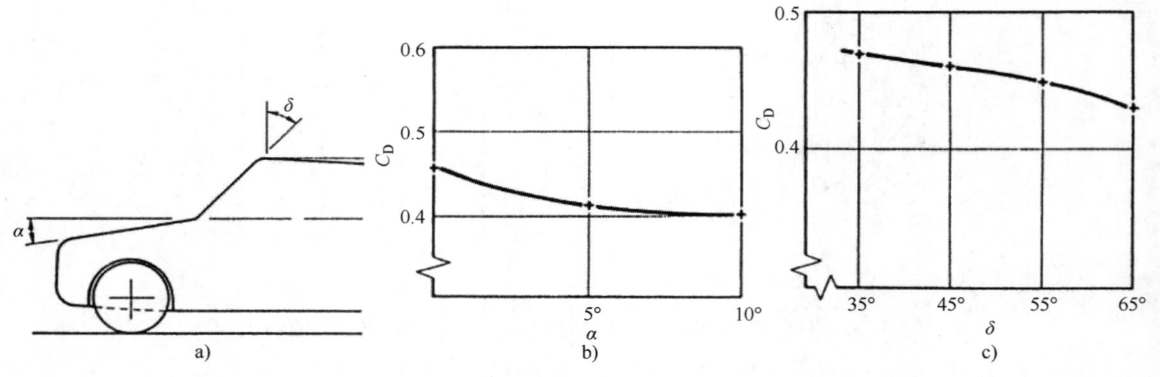

图4.68　通过以下方式来减小阻力 C_D 值：b）改变发动机盖板的倾斜角度 α；c）改变风窗玻璃的倾斜角度 δ（Carr，1968）

在真实发动机盖板并有倒圆的前缘特征线上，就提供了一个干涉效应的例子。当边缘半径足够大时，可以把盖板设计得更加倾斜，从而使得流动被更好地引导到其他区域（例如在导流处以及风窗玻璃到车顶的过渡处），进而在下游能够克服较强的压力增加，并进一步向后推延分离的发生。反之，如果流动在发动机盖板前缘处出现分离，则发动机盖板倾斜角度的变化对阻力的影响就很小了。

4.5.1.2　驾驶室和侧面区域

风窗玻璃周围的流动也可以用一个简单的模型来近似：如图4.69所示的一个倾斜立面的台阶。分离可能发生在三个地方，即：

- 在导流区域，即发动机盖板和风窗玻璃之间的凹面过渡部分。
- 从风窗玻璃到车顶的过渡部分。
- 在A柱上。

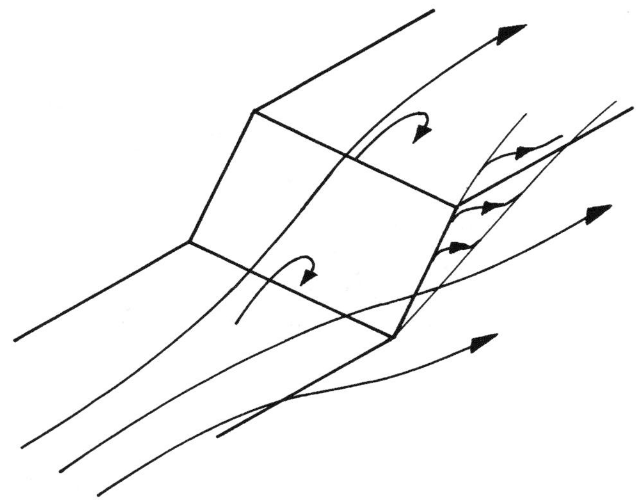

图 4.69　在风窗玻璃和 A 柱上的流动示意图

前面两个提到的分离导致了横向的涡旋，而在 A 柱上的形成了纵向的涡旋。

在导流处分离的流体再次附着在玻璃上并形成闭合的分离泡。在该区域中旋转的横向涡旋从侧面逸出，在被转向后，成为纵向涡旋流向后部。大多数情况下，沿着分离区域的环量不是恒定的，并会沿着两侧方向减小，并在这里像在翼型上一样分解成分布宽广的纵向旋涡，然后通过风窗玻璃引导流出。在导流区域，即使局部分离对阻力没有什么显著的贡献，但由于在分离区域中紊流产生的噪声可以通过散热器和加热系统进入车辆的内部，所以仍然是不受欢迎的。

当从风窗玻璃到车顶的过渡区域出现分离时，则形成了一个封闭的分离区域。在当代的乘用车上，车顶前缘分离的气流不再附着到车顶表面上的现象，已经不太可能再发生了。在今天的绝大多数车型中，这种过渡区域被很好地施以倒圆，所以在那里可以稳妥地来避免分离。

气流侧向流经 A 柱时，在每个 A 柱处卷起锥形旋涡。它们有很高的圆周速度，并在涡旋中心处有很高的负压，除了影响空气作用力之外，它们还导致在车门上分离的增加，并因此导致前侧窗处（即乘客耳朵所在的位置）的风噪声。在车顶部，它们被转向并作为纵向旋流被引导到后边。在有雨雪覆盖的车顶上可以很好地追寻到它们的踪迹。

4.5.1.2.1　风窗玻璃

在图 4.70 中强调了影响流动模式的一些主要参数，其描述了风窗玻璃的几何形状和周围环境。它们除了已经提到的风窗玻璃的倾斜之外，还有其横向拱形结构，转入到 A 柱中的半径，以及车顶和风窗玻璃连接处的半径。这里对其中两个参数进行更详细的研究：风窗玻璃的倾斜和转入到 A 柱时的半径。

导流区域中分离区域的大小由玻璃的倾斜角 δ 确定，但更确切地说应是由玻璃与发动机舱盖板的夹角 ε 确定。图 4.71 中，描述了基于一个拟二维模型，在非拱形玻璃上对这些量的测定（Scibor Rylski，1984）。发动机舱盖上的分离位置 S 和玻璃上的再附着位置 R 由倾角 δ 关联起来。当玻璃变陡时，发动机舱盖上的分离位置 S 向前移动，玻璃上再附着的位置 R 向上移动。然而，从这些结果中推断不出更多的趋势了，因为流动在车辆的这个区域上具有三维特征。以现今玻璃通常的倾斜度，可以使得在导流区域上几乎没有分离。更进一步，分离区域出现的地方，也是供车辆内部通风换气而提取新鲜空气的地方，随着此处空气被抽走，此区域也随之缩小。在风窗玻璃上，针对那些用刮水器刮下的水，分离区域对排水也具有相当的益处，特别是当刮水器的下部反转点位于分离区域内时。

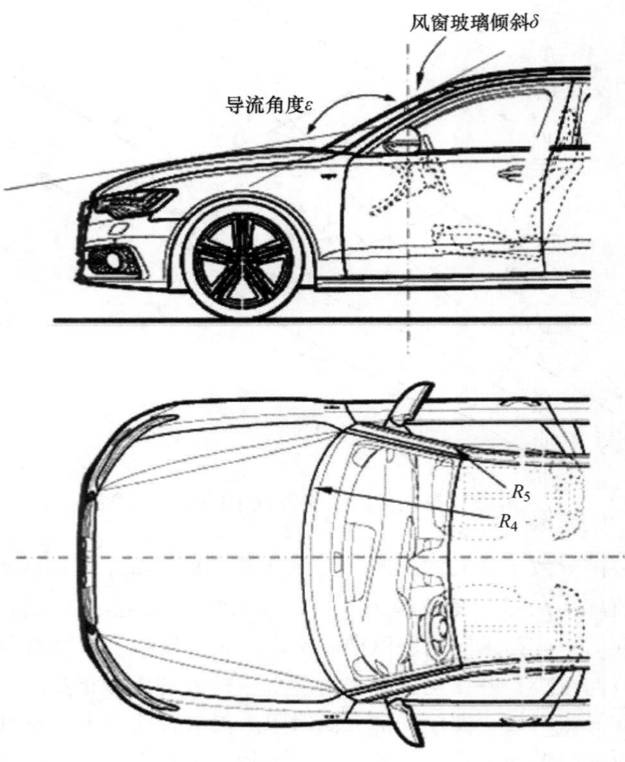

图 4.70　描述风窗玻璃的基本几何参数

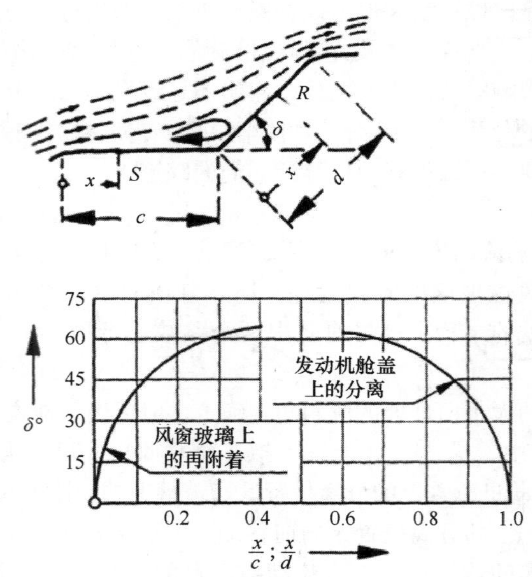

图 4.71　在拟二维模型的研究中，导流区域前面的分离位置 S 和在风窗玻璃上的再附着位置 R，作为风窗玻璃的倾斜角 δ 的函数（Scibor Rylski，1984）

风窗玻璃的倾斜角度对阻力有影响。随着倾角的增加，阻力呈下降趋势，但不如通常认为的那么剧烈。这些呈现在图 4.72 和图 4.79d（针对参数的研究结果），以及已经看过的图 4.68c 中。函数 C_D（δ）显示出渐近特征。当角度大于 60°以后，在减少阻力方面几乎没有明显的优势了。

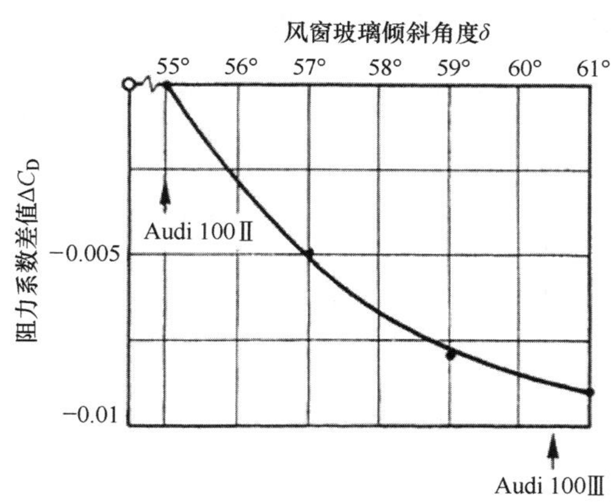

图 4.72　风窗玻璃的倾斜角度 δ 对乘用车 C_D 值的影响（Buchheim 等，1983）

图 4.73 表明，由两辆乘用车在纵向截面的中心处绘制的压力分布，其分布结果很接近，风窗玻璃的倾斜度对阻力的影响是间接的，并具有干涉特征。在向车顶过渡处（即靠近孔 20 的地方）倾斜度更大的风窗玻璃导致了较弱的负压峰值。由此正压梯度变得不太陡峭了；它能通过动量损失较小的边界层来实现，这反过来又可能使下游得到更大的压力恢复。

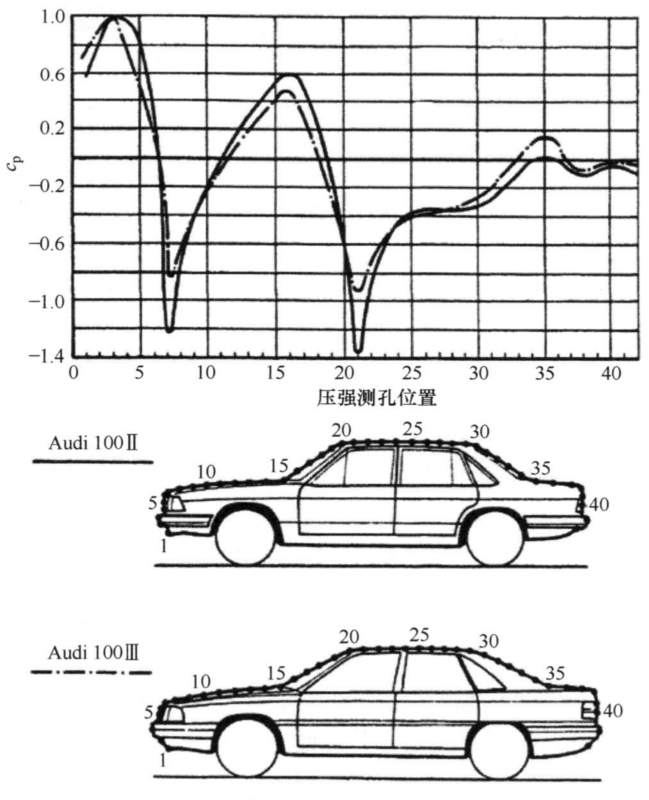

图 4.73　两辆乘用车纵向中间截面的压力分布：Audi 100 Ⅱ（C_D = 0.42）和 Audi 100 Ⅲ（C_D = 0.30）（Buchheim 等，1983）

风窗玻璃倾斜也影响了升力，倾斜大的前风窗玻璃导致较低的升力。然而，对于今天常见的且“适用更快速度”的风窗玻璃，倾斜角度仅引起很小的差异。有关偏转力矩的关系如图 4.74 所示，其与实际车辆的经验值非常吻合。一个降低了的导流盖罩，加上更倾斜的风窗玻璃，使前侧部受到的力（尽管程度较小地）减少，从而减小了横摆力矩。

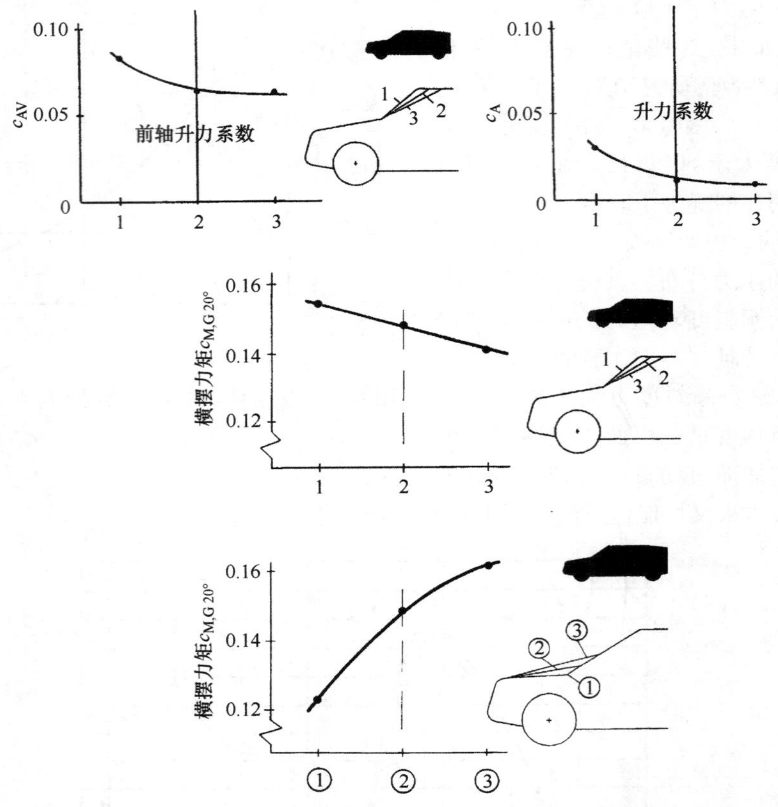

图 4.74　导流盖罩（发动机舱盖）的高度和风窗玻璃的倾斜对升力值和横摆力矩的影响

4.5.1.2.2　A 柱

前风窗玻璃越倾斜，被挤压到 A 柱处的空气就越少，从而在那里卷起的涡旋里所消耗的能量也就越少。这有利于下游压力的恢复。如图 4.75 所示，A 柱上施以较好的倒圆会进一步支持这些效应。由于设计上的需要，A 柱需适应其他要求，例如低风噪声和侧窗避水，这将在第 6 章和第 8 章中加以补充。

通过观看 CNR/PF 研究用车在 Pininfarina 风洞中的流动录像（见图 4.76），可以知晓，在一个好的倒圆 A 柱与横向的拱形风窗玻璃的连接上，可以完全不出现流动分离。有很长一段时间，人们避免将风窗玻璃侧向凸起；但是留在记忆中的 20 世纪 60 年代流行的全景弯曲玻璃还在继续发挥着影响。

减少 A 柱涡旋是早期空气动力学发展的一个重点。从前面提到的 Jaray 型式（参见图 1.16）开始，绕流就已经可以没有分离了，其因为有大的 A 柱半径。近来人们重新深入研究那些强烈弯曲的风窗玻璃。在 2001 年 IAA 展出 Volvo 的安全车辆 SCC 样车上，其风窗玻璃以一个大半径由切向转入侧窗。宽而倒圆的 A 柱由栅格结构组成，能够保证所需的透见度和足够的强度。与常规结构相比，阻力系数下降了 0.009。其他相关的例子有 SAAB 9X（2001），Skoda Roomster（2003），Renault Espace（2010），CityEI（1987）和 Lamborghini concept S（2005）。除了最后两个，这些车辆可以在图 4.77 中看到。遗憾的是，对后边这些车辆，没有看到相应的 A 柱形状 C_D 效应的介绍。

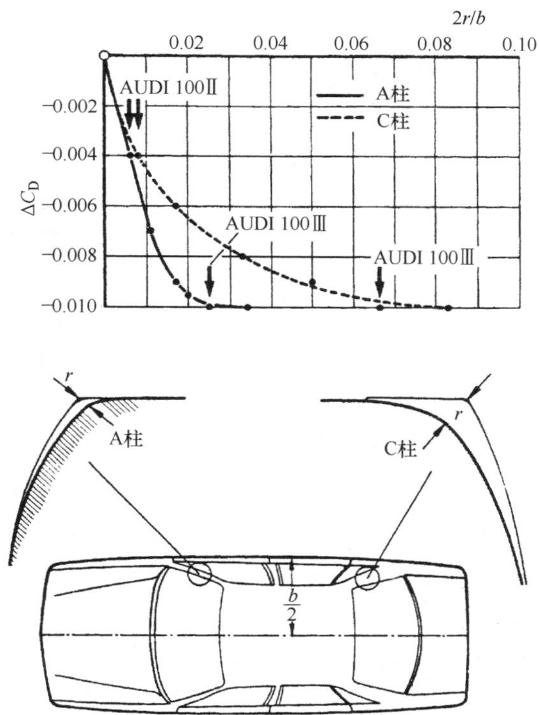

图 4.75　A 柱和 C 柱的倒圆对阻力的影响（Buchheim 等，1983）

图 4.76　在 Pininfarina 的研究用车 CNR/PF 的流动录像

a)

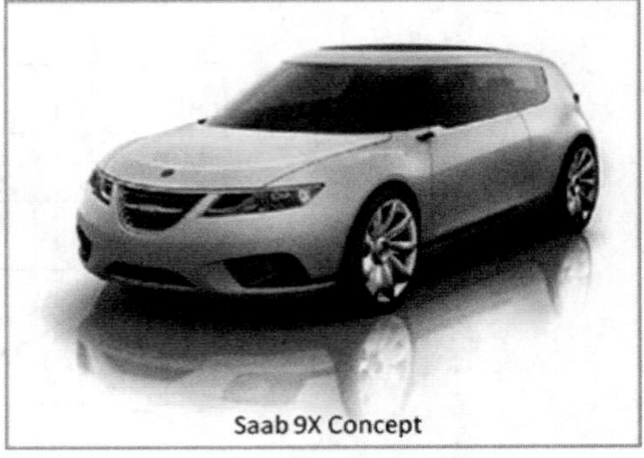

b)

c)

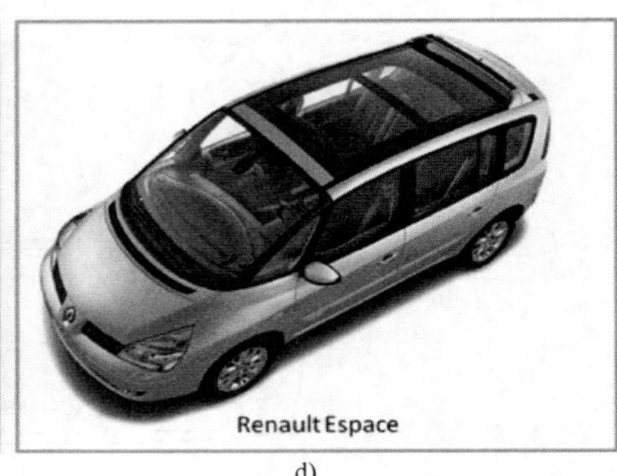

d)

图 4.77　一些经倒圆处理过 A 柱的样车

a）Volvo Safety Car Concept（2001）　b）SAAB 9X（2001）　c）Skoda Roomster（2003）　d）Renault Espace（2010）

Saab 乘员舱前缘的形状像飞机的驾驶舱。强烈倾斜的玻璃和因其具有大的半径可以期待 A 柱周围是附面流动。Skoda Roomster 显示风窗玻璃和侧窗之间没有皱褶，但在量产的版本中，这种车并没有遵循这个想法。CityEI 于 1987 年作为带有流线型驾驶室的单座型节能车辆推出。一个亮点是环绕型的风窗玻璃。最后，样车设计典范 Lamborghini concept S 是一款双座运动型敞篷跑车，其独立式的风窗玻璃以完全没有皱褶且以无边无缘的方式切入到侧窗中。

目前仍未完成对风窗玻璃周围流动的全面研究；在这里用图 4.78 来展示一下。只有在 $\delta=90°$，也即与边缘垂直的情况下，A 柱周围的流动被透彻地讨论了。尚未解决的是，在什么样的倾角 δ 下，开始出现从“垂直于边缘的流动”到“倾斜于边缘的流动”的模式过渡，其将如何发展取决于 A 柱的半径 r，以及每个几何参数对阻力系数 C_D 值的影响，像图 4.78c 所推测的那样。

4.5.1.2.3　车顶

通过沿车顶所形成的纵向拱起，也可以减小汽车的阻力系数，参见图 4.79a。当从前风窗玻璃到车顶的过渡部分，以及从车顶到后窗玻璃的过渡部分具有非常大的曲率半径时，拱顶的形状是有利于流动的。拱形的最高点应尽可能向前部移动。由此邻近的压力变得平缓增加，负压峰值被降低，因而邻近的压力梯度变得更平坦并且流动不易分离。在图 4.80 中所示的 Audi A2 即提供了这样的一个例子。随着拱顶的越加弯曲而导致阻力的增加的事实，可以通过诱导阻力的增加来解释。这种车顶促使更多的空气流向底部，从而在车后部产生升力，并增加阻力。

为了使前后窗玻璃不太昂贵，它们应尽可能被做成圆柱形，必要时做成圆锥形的一部分。这意味着车顶的拱形必须沿切向过渡并切入前后窗玻璃（并且没有弯曲突变以避免负压峰值!）。

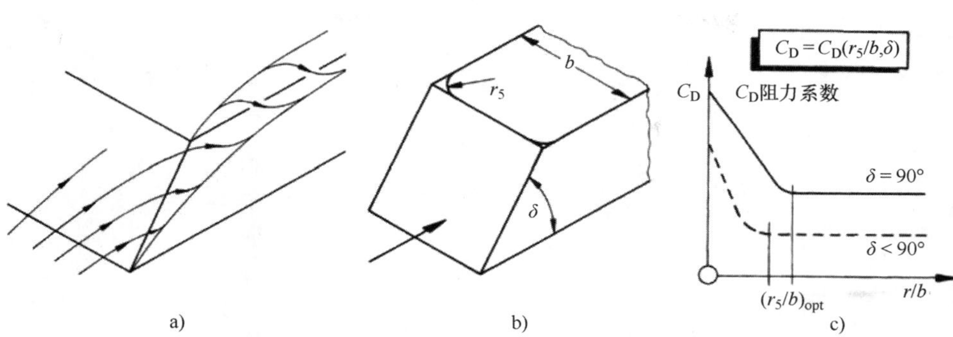

图4.78 A柱周围的流动

a）流线和A柱涡旋示意图 b）重要的几何参数 c）推测的A柱倒圆角和风窗玻璃倾角的影响

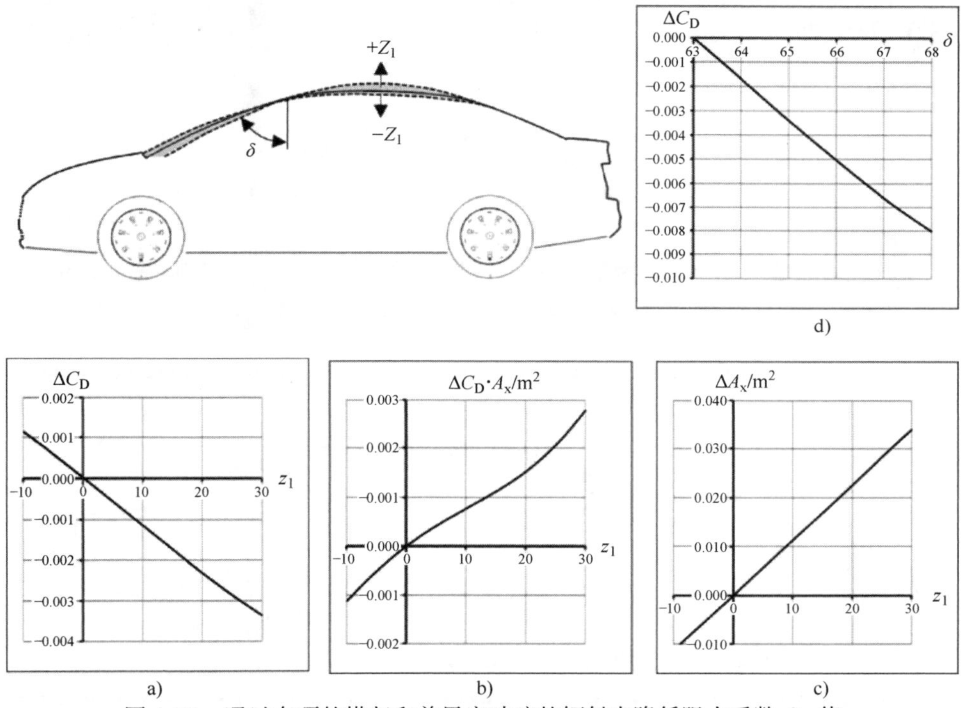

图4.79 通过车顶的拱起和前风窗玻璃的倾斜来降低阻力系数 C_D 值

拱形尽可能用金属板片制作，而不是用玻璃。进一步需要注意的是，确保车辆拱顶前部的迎风面积保持恒定，否则尽管阻力系数 C_D 的值下降，但绝对阻力（$\Delta C_D \cdot A_x$）仍可能会增加，如图4.79b和c所示。

如今弯曲的拱形车顶在风格上成为典范。这类车辆因此具有类似于双门跑车的那种外观。图4.81中的设计图样被用来作为对比的例子。车厢末端的位置尽可能地向后方移置，以便让车厢内后座位处的头顶高度不太受限。这里也要注意，不要因此把行李舱的盖子设计得太短。

4.5.1.2.4 侧面

在设计布局时，一般汽车车身的初始形态是矩形。通过拉拽，让鼓胀起来的侧面更好地适应这些被排挤的气流。把从车头到车侧面的过渡角度加以钝化处理，并使得向后部缩入的过渡更平缓，这样可使得流动不容易出现分离。类似于车顶拱曲时阻力减小的情况，在这里，也是仅仅

图 4.80　Audi A2 在 2003 年的车型

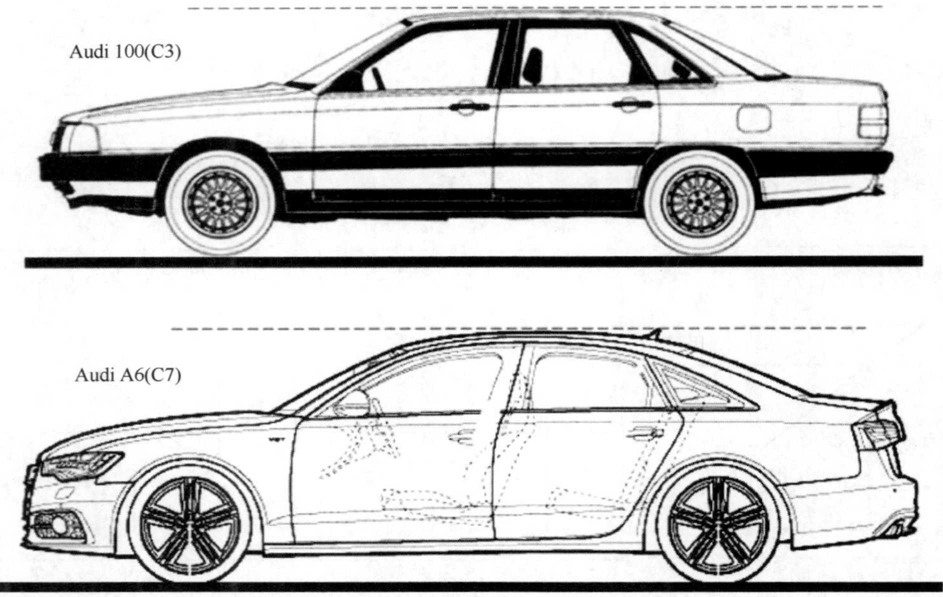

图 4.81　以 Audi 100/A6 为例，从挺直的车顶到拱形的车顶的一个发展过程

当 C_D 值的减小比迎风面积的增加更快些时，阻力才可能减小。在 Audi 100 Ⅲ中，这样的拉拽富有成果，如图 4.82a 所示：C_D 值下降得比迎风面积增加得更快些，因此阻力面积 $C_D \cdot A_x$ 随着隆起的表面增加而减小。但这更确切地说是一个特例。通常侧面部件的拉拽，仅在迎风面积保持不变时，才会导致阻力下降，见图 4.82b。

在第 4.4.2 节中，已经提及了车辆前方的侧向分离对横摆力矩的重要性。Sumitani 和 Yamada（1990）通过在车前部的背风处排出空气来控制流动分离，从而降低了横摆力矩。这些气流是从停滞点附近的管道引导到侧面开口处的。因为背风面的开口处存在负压，而在迎风面存在超压，气流将通过“自我”调节实现在车辆上的恰当的流动。由这股气流所影响的分离流动，导致局部抽吸尖峰的降低，并且得出较小的横摆力矩。除了相关的流型图片外，图 4.83 还显示了被称

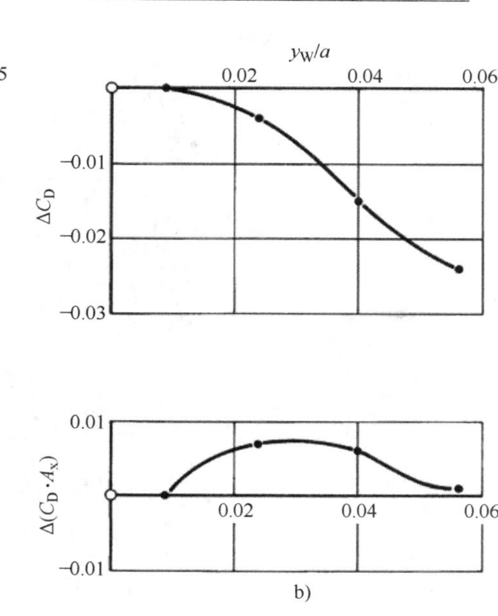

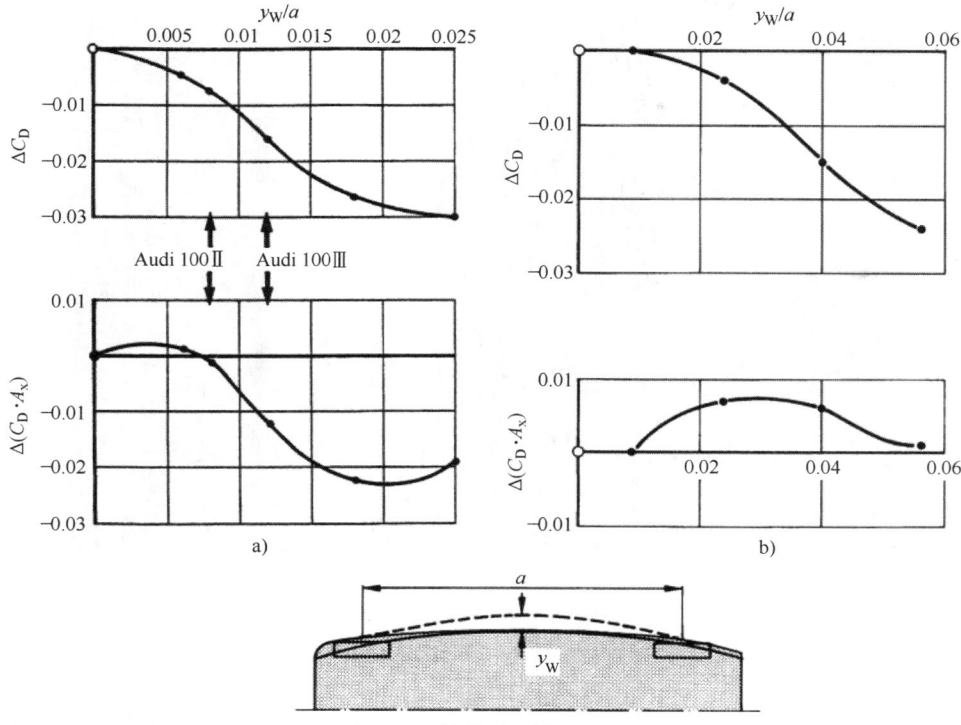

图 4.82　拉拽对阻力的影响

a）型号为 Audi 100 Ⅱ和Ⅲ（Buchheim 等，1983）　b）大众的研究车 2000（Buchheim 等，1981）

（在 a 和 b 中缩放比例不同）

为“Aeroslit®”的设计对横摆力矩系数影响，其中横摆力矩系数依赖于滑动角。（在前保险杠中）开口的间隙宽度是不同的；宽的间隙对应于低的横摆力矩。

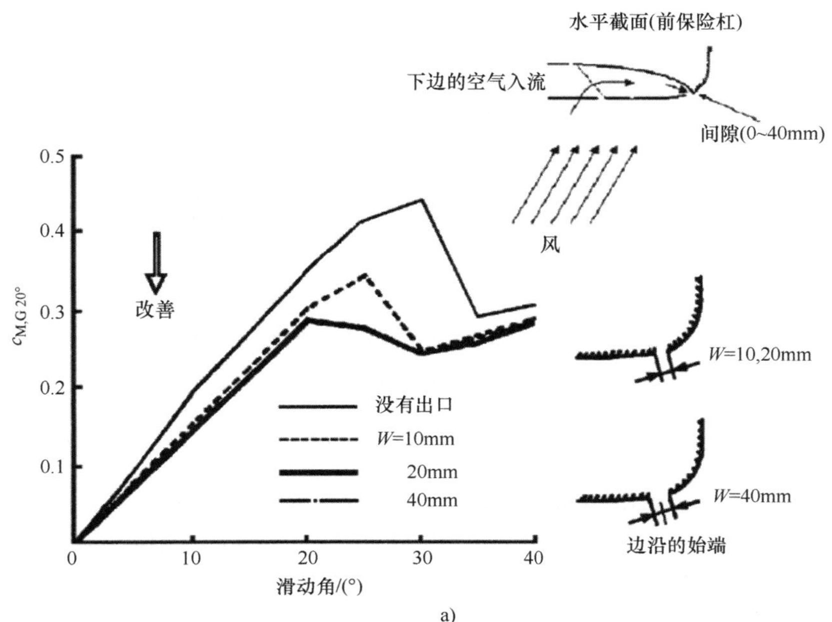

图 4.83　通过适当的空气导流来减少横摆力矩（源自 Sumitani 和 Yamada，1990）

a）出口宽度的影响

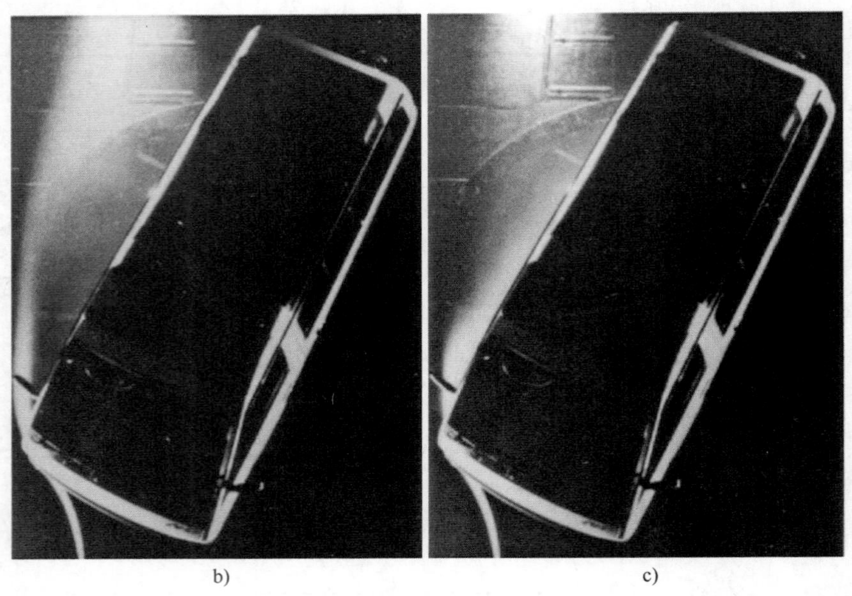

图 4. 83　通过适当的空气导流来减少横摆力矩（源自 Sumitani 和 Yamada，1990）（续）

b）有 Aeroslit®的偏转角度为 30°的流动　c）没有 Aeroslit®的偏转角度为 30°的流动

另外，针对车辆的侧面，Howell（1993）研究了弧形拱起结构及其对横摆力矩的影响。从图 4. 84可以看出，车辆侧面最大弧形拱起轮廓引发了最小的横摆力矩系数，参见弧形拱起 10。这种效果主要是由于后翼子板区域的速度增加，引起压力降低，从而导致横摆力矩的减小。

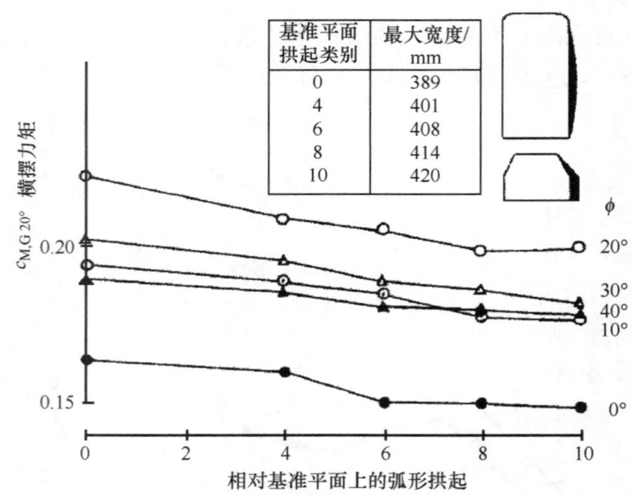

基准平面拱起类别	最大宽度/mm
0	389
4	401
6	408
8	414
10	420

图 4. 84　基准平面弧形拱起对横摆力矩的影响（Howell，1993）

总的来说，功能上和风格上的允许范围以及法律规定限制了横向拉拽。轴距和轮距应尽可能大，即轮子应该尽可能地位于靠近底平面“四个角”处。另外，它们应该尽可能地被车体所环绕，因此车体好捕捉起那些被车轮卷起的水渍。最后，由于风格上的原因，车辆不能显得太窄。围绕汽车侧壁的流动还受到三个细节的干扰：

- 车轮，以及车轮挡泥板处的开口。

- 附件，如外后视镜和门把手。
- 侧窗的凹洼处。

车轮和外后视镜的影响将在第 4.5.3 节中探讨。对于门把手，只要其和局部流动的方向一致，就不会有多大的损失了。

相对于基本形状，可以在车轮前后边上添加侧表面。它们的造型对阻力将产生影响。图 4.85显示了门槛罩板高度（从车门外表面的凹槽处到车轮开口处）以及位于后轮处的后保险杠的形状与 C_D 值的相关性。突出的车轮挡泥板会导致 C_D 值恶化，而相对车身基准平面上的弧形拱起会降低 C_D 值。车轮后方形成了一个尾涡区域，其尽可能地用后保险杠来填充。但若大幅缩入的话则会导致阻力恶化。

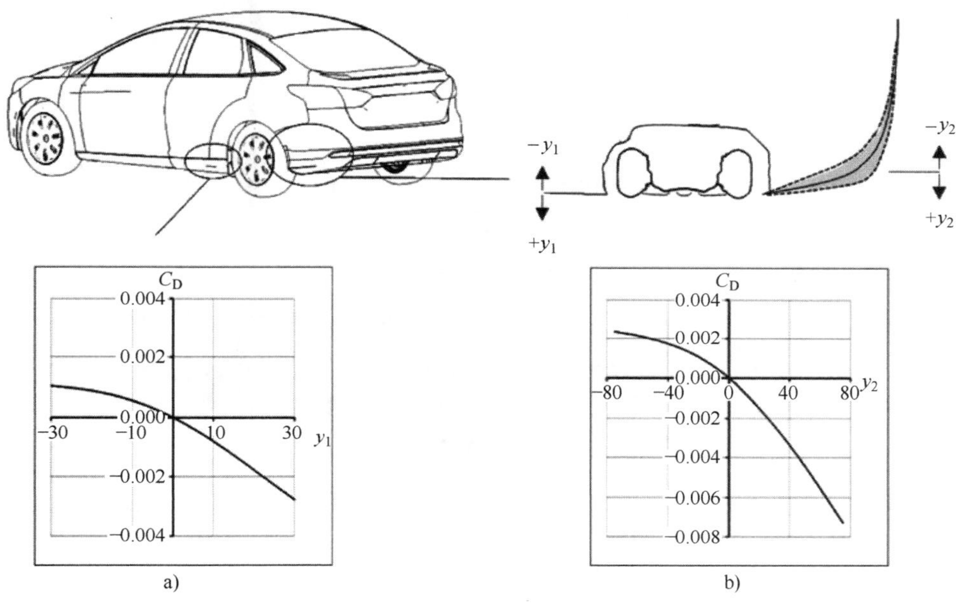

图 4.85 挡泥板结构对阻力系数的影响

很久以前，在航空技术中就已经知晓，安装在横向于流动的凸肩和凹陷会增加阻力（参见 Hoerner，1965；Wieghardt，1953）。在那里获得的研究结果也可转用于汽车行业，参见图 4.86。图中展示出了侧窗玻璃的凹入深度 t 对阻力的影响。玻璃深度的起点是 $t=15$mm。当 $t\to0$ 时，阻力处于下降态势。造型设计师们经常致力于的并在运动型双座车中常常使用的无框门，在这里具有优势。图 4.87 显示了这样一个例子。

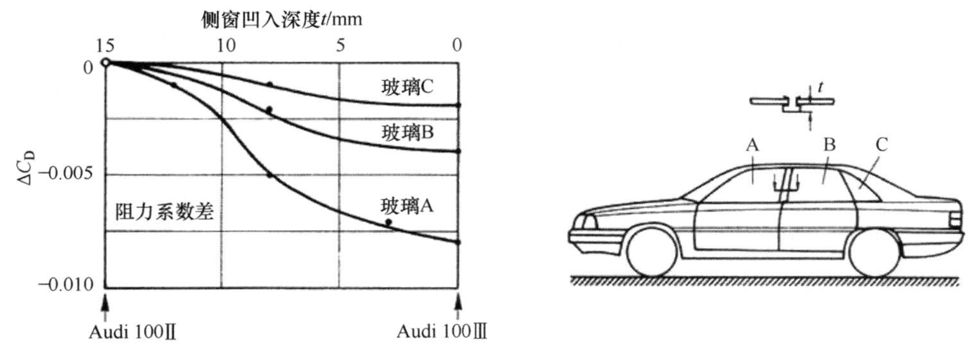

图 4.86 通过侧窗的对齐拼平来减小阻力（Buchheim 等，1983）

图4.87　（成型的）Audi A7与设计草图的比较，Audi A7带有无框车门，草图具有完全平滑的玻璃表面

正如预期的那样，向后方的拼平对齐的成效下降。其也是几乎无法应用的，因为这种设计需对所有的玻璃进行同样的处理。接下来你可以看到（如果单独针对其阻力的话）并不是绝对需要将窗玻璃拼平对齐：最后5mm对阻力几乎没有任何影响。

现代的乘用车具有强烈倾斜的侧窗玻璃。原则上讲，这可以更好地减小空气阻力，正如在图4.88b中看到的那样。然而这会显著改变车辆后部的流动拓扑结构。因此，如果侧窗以明显的角度倾斜，可以避免在后窗倾角超过30°时空气阻力出现的跳跃性减小，具体请参阅第4.5.1.3.2节和图4.103。然而根据图4.88c，其倾斜对横摆力矩没有明显的影响。随着侧窗玻璃倾斜角度的增加，总侧向力减小，以及滚转力矩显著减小。

严格来说，后柱（C柱或D柱）也属于驾驶舱。由于空气作用力依赖于C柱的形状以及与之相连的车辆尾部形状，为此这些作用力将在后面的章节里跟车辆后尾部一起进行讨论。

4.5.1.3　车辆尾部

汽车尾部的气体流动对作用在乘用车上的空气作用力的分量影响很大。在第1.2节关于车辆空气动力学发展历史的讨论中，就早已经指出，乘用车后部无法实现类似于翼型轮廓的平稳流动，因为它太长了。更多的是出现各种形式的分离，正如第4.2节所述那样。

车尾部形状，相应于图4.89所示的参数，将在下面的章节中进行描述和讨论。主要的尺寸有，给定宽度b，后窗的宽高比$\Lambda = b/l_S$及其倾斜度φ，还有行李舱的长度l_K和高度h_K。行李舱的盖子通常也是微微倾斜的。另外有侧面收敛角δ，车顶部半径r_D和在C柱上的半径r_C。所有乘用车的高宽比大约相同，为$h/b \approx 1$。尽管限定在狭窄的范围内，侧窗的倾斜度γ也设定为可变化的，其已经在4.5.1.2.4节中讨论过。

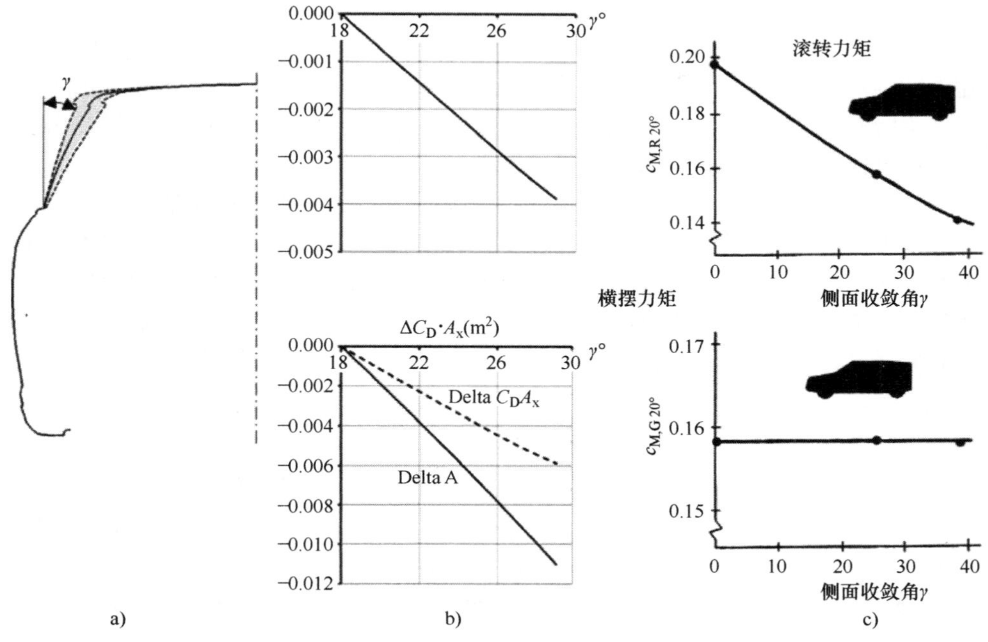

图4.88 倾斜侧窗对阻力的影响b）和对横摆和滚转力矩的影响c）

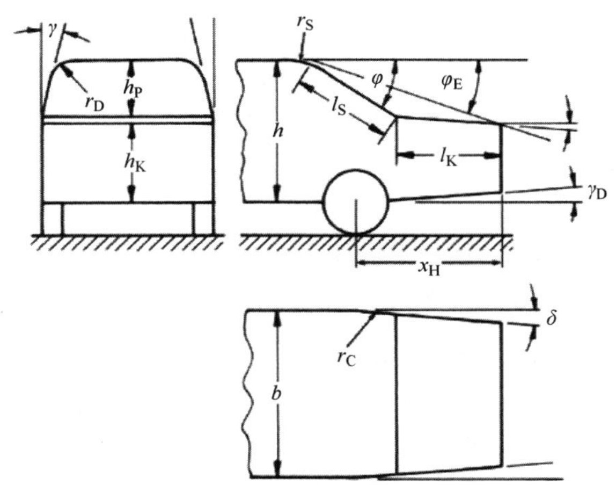

图4.89 车辆尾部的重要几何参数

在直背车车尾的情况下，不再考虑行李舱盖的长度 l_K，这时后窗玻璃的倾斜度明显大于30°。车背基面不需要是垂直的。其上部一般是倾斜的，并以一个大半径弧度连接到车顶，这是以内部空间为代价的。

快背车尾的倾斜表面以小于30°的倾斜角度向下延伸，有些延伸直至后保险杠，但多数延伸至高度为 h_K 的后挡板处（空气动力学称之为：基础背部），其或多或少是有些垂直的。这里同样略去了行李舱盖的长度。对于快背车的后背部高度 h_K，有 $0 \leqslant h_K/h \leqslant 1$。根据设计，这产生了长的斜坡和短的基础背部，即 $h_K/h \approx 0$ 的典型的“快背车”，反之亦然，具有短的斜坡和高的基础背部，这时 $h_K/h \approx 1$，形成一个直背车尾的形状。

阶背型的车尾需由所有的参数来描述，其几何形状是最复杂的。

4.5.1.3.1　三种经典的车尾类型

在下文中，将更详细地研究三个“经典”的尾部形状。流动模型是由观测导出的。一方面，其基于尾迹的测量；另一方面，其对作用力及压力分布测量（尽管在较小范围）进行分析。这里永远只考虑时间的平均值。最后可以知道，通过哪种形状的改变，流动可以这样或那样地影响到尾部，从而可使得后轴上的阻力和升力尽可能小。

在过去的岁月里，在图4.90中上面的一行所勾画出的三个后部的形状都已经得以实施，它们中的每一个都已在4.2节中讨论过，并将在本节中的车尾特征流动中进行深度描述。过去有一个误解的是：只有其中一种车尾类型，即所谓的快背车车尾，受到空气动力学的影响。直背车尾和阶背车尾这两个类型是由车厢发展而来。这阶背车尾又源自直背车尾，是由后部扣上的行李舱向车内收缩而成。

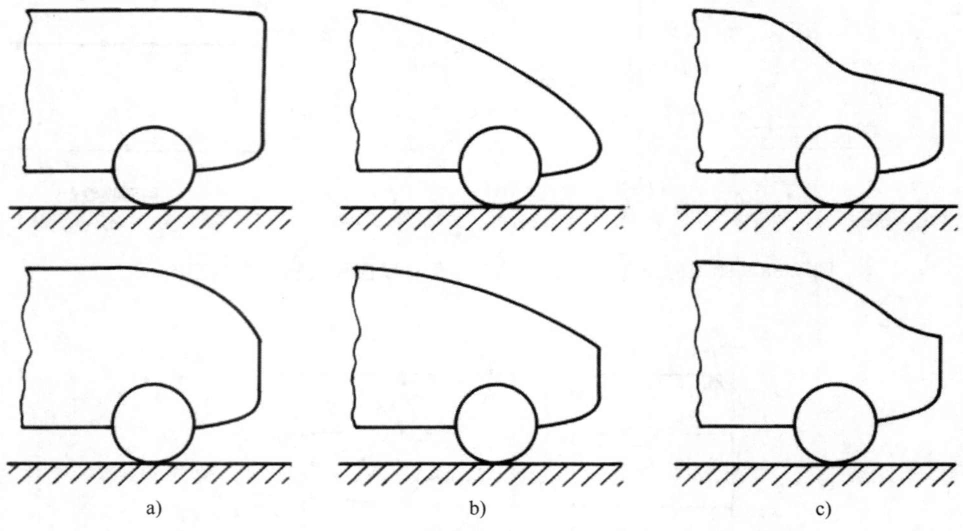

图4.90　乘用车的三个“经典”造型的尾部形状和其内部空间

a）直背尾部　b）快背尾部　c）阶背尾部

车尾的这三种形状给车型设计者一个相对较大的设计自由度，但是流动的拓扑结构已经从一个尾流变化到了另一个尾流。由图4.90下部的图形来简略表示更多的自由度。直背尾部在纵向的中央截面上通常装备倾斜的后窗玻璃，以使多用途乘用车看起来更具运动性，而不是看起来像货车。快背车可以通过连接一个较高的基础背部，从而吸收些直背车的特征。这样可以实现具有平坦倾斜角度的尾部。如前一节所述，当车顶被拉向后方时，阶背车尾就转换成了短尾。这种类型可以归属为有一个短尾巴的快背车尾。

相对于三种不同类型的车尾，已在第4.3.3.1节中对其后部的流场进行了分析，它们之间的关系用下边的图片再总结如下。在图4.91中研究了在对称平面（$y=0$）上的死水，其与已经出现在图1.53中的描绘类似。与直背车尾相比（图4.91a），快背车尾及阶背车尾后边出现了完全不同的流场。值得注意的是，后两者只形成了少量的尾涡区域，尾流流向大部分是向下的，特别是在快背车上。但是在阶背车尾处，空气相对地接近于水平流动。由此，快背车尾上会产生浮力，并产生额外的诱导阻力，在阶背车尾上也会有较弱的相应现象。对所有三种类型的车尾，都可以看到两个相反旋转的旋涡，并如图4.21（译者注：原文为图4.23）的截面图所示，从而形成了环形涡流。

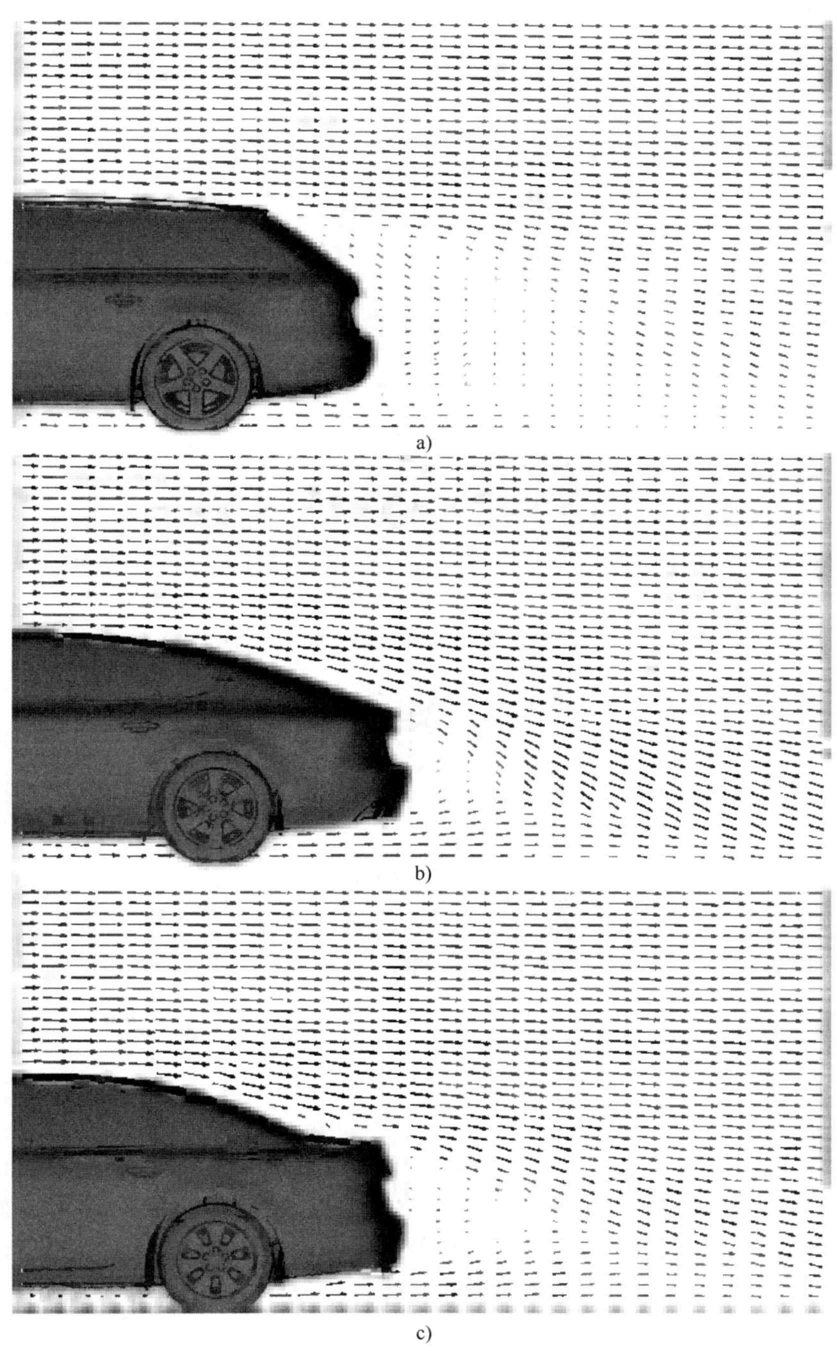

a)

b)

c)

图 4.91　三个“经典”的车尾类型在其纵向的中间截面上的流动

图 4.92 提取了垂直于 x 轴方向上的流动图像，在这里只展示了几个 x 为常数的平面中的（沿着 x 坐标轴方向看过去的）右半部分。在直背尾后，只有一个小的且位置很高的逆时针旋涡出现，即 A 柱旋涡。之前得到的尾流几乎是水平方向的认识是基于在车后部没有引起纵涡运动的事实。也如图 4.27 所示，快背车影像显示出强烈的顺时针旋转的纵向涡旋。若把其与车辆另

外半部（没有画出的左半部分）上的效果合在一起，它们导致了空气流过车顶并向下方的强烈迁移。像快背尾部那样，阶背尾部的速度场也显示了一个顺时针方向旋转的涡旋，但很明显的，其在阶背尾部后方显得较弱。可得出旋转运动在离基础背部较远处快速衰减的结论。

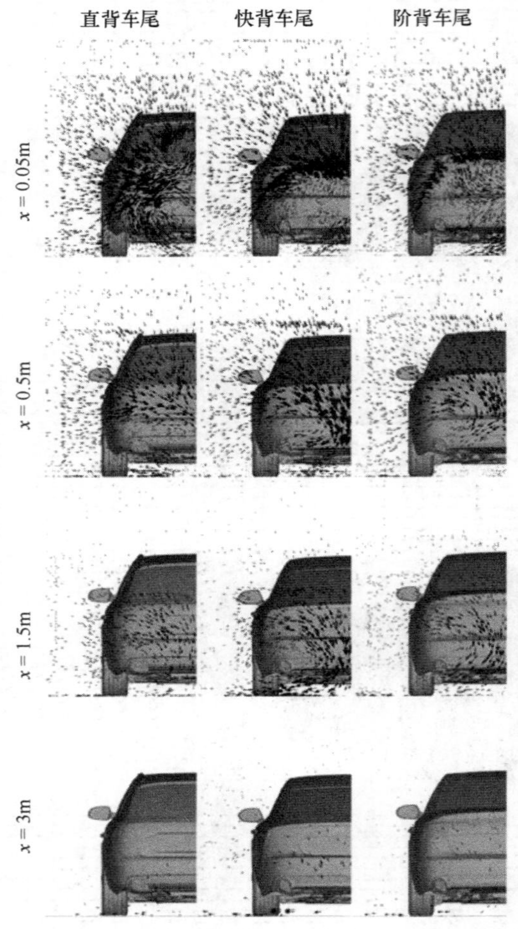

图 4.92　在三个尾部形状（直背，快背，阶背）后边 x = 常数的截面上的流场

对各种模式的车尾，在考虑时间平均的情况下，从前面提到的两个图中可以概括得出，车尾后面的死水中各空间点上的流动。图 4.93a 就勾勒出直背车尾后的死水轮廓。它被剪切层所包围，剪切层在下游的厚度增加。由一些不连续的、可能是环形的旋涡集结成了它们的环流，其结构在向后流动中越来越厚。在 $y=0$ 平面标记出的两个反向旋转的涡旋汇成大环旋涡[⊖]（比较图 4.23）。这些环形旋涡（在时间平均后）是确实出现的，其也可以借助 CFD 来证明，如在图 4.23所看到的那样。

对流场做时间平均可以极大地简化直背车尾部的描述。回想一下，在图 4.10 中已经研究了在尾涡区的泵振动（$Sr=0.07$），但其尚未在车辆上观察到。然而在雨水潮湿的道路上，若人们驾驶后面带有箱形结构（例如运货箱）的汽车，就可以观察到，旋涡不会在所有四个边缘上同时形成。更确切地说，它们是按照下边列出的形式随机形成的，它们是以 hh' 和 vv' 的顺序形式，

⊖ 以前在死水中的流动是用另一种样子来描述的，比如在本书早期的版本中描述的那样。那里假定在死水中形成两个反向旋转的旋涡，其环流作为自由涡流向后面“流走”，从而形成两个马蹄形涡流。

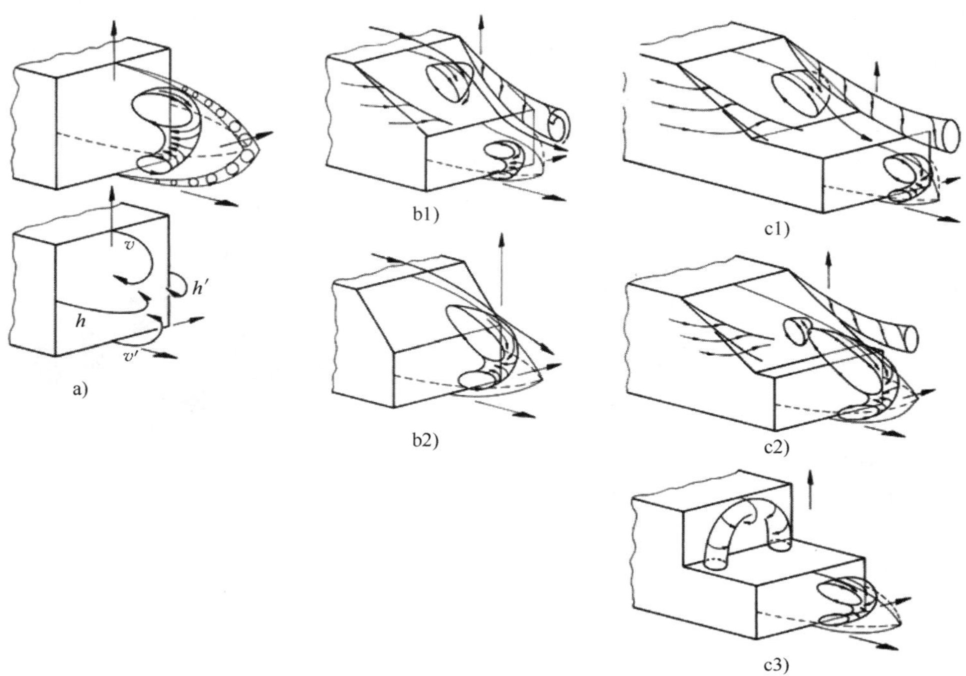

图4.93　绕流、分离和死水

a）在直背车后端　b1）在 $\varphi<\varphi_{krit}$ 的快背车后端　b2）在 $\varphi>\varphi_{krit}$ 的快背车后端

c1）带有“标准”几何形状的阶背车后端的（平坦的后窗，长行李舱盖）

c2）短尾车的后端　c3）后窗玻璃垂直的阶背车尾后端

以及以 hv 和 $h'v'$ 的“交叉”形式，参见图4.93a。在尾涡区负压占主导地位，其在纵向上的典型走向已在图4.9示出。车体尾部的压力仅略高于在尾涡区观察到的最低的压力。

图4.93b显示了快背车在时间平均后的流型图。在这里可以看到两种完全不同的流型，相对来说，上边图中的倾斜角度较小（$\varphi<\varphi_{krit}$），下边图中的倾斜角度较大（$\varphi>\varphi_{krit}$）。前者描述了一个“正统的”快背车尾流动。如果从车顶到斜坡的过渡区域具有较大半径时，那么将不会有分离出现在那里。否则，如图中所述，将形成分离区域，并随着倾角 φ 的增加而增长。可能的话，一对边缘旋涡不仅拉低流过车顶的流动，还会压缩车尾基础背部后面的尾涡区域。

对于阶背车尾，如图4.93c所示，勾画出了三种拓扑结构概图。图4.93c1显示了最常见的阶背车尾类型。它的特点是倾斜相对比较大的后窗玻璃和长长的行李舱。像倾斜的车尾一样，从倾斜的C柱那里开始，就出现一对纵向旋涡，其看起来在向行李舱盖方向伸展。然而，由于阶背车尾的后窗玻璃相比于快背车尾的后窗玻璃具有较大的高宽比，$\Lambda=B/L_S>1$（快背车尾有 $\Lambda\approx1$），在纵向的中间截面上，相对于快背车尾而言，阶背车尾的这对涡流诱导出较弱的下降气流。因此，与相对平坦的后窗玻璃进行比较，估计车顶后缘处会出现分离。该流动是否在行李舱盖处再成附面流，取决于玻璃的倾斜度、行李舱盖的高度和长度，以及其在后缘处的形状（倒圆，扰流器等）。在另一方面，从车顶到后窗玻璃的过渡越“轻柔”，在车顶后端部的分离也许就会越少。

Gilhome等人（2001）的实验研究已经表明，在阶背车尾顶篷后缘处的分离流动，绕过后窗玻璃上边的分离区域，向侧边流去，并且形成了与C柱旋涡反向旋转的一对涡流。图4.94（见彩插）a显示了时间平均后的流动，上面提到的涡对在图中称为“流向涡”。图4.94b和图4.95

描述了时间相关的一些过程。在上述分离区域的下端形成一个旋涡，Gilhome 称之为“发夹涡”，其按某种间隔规律从死水中分离出并向后漂移。类似于钝型基础背部后面的死水，如图 4.10 所示那样，流体周期性地从分离区域排出；分离区域像“泵”一样运行。

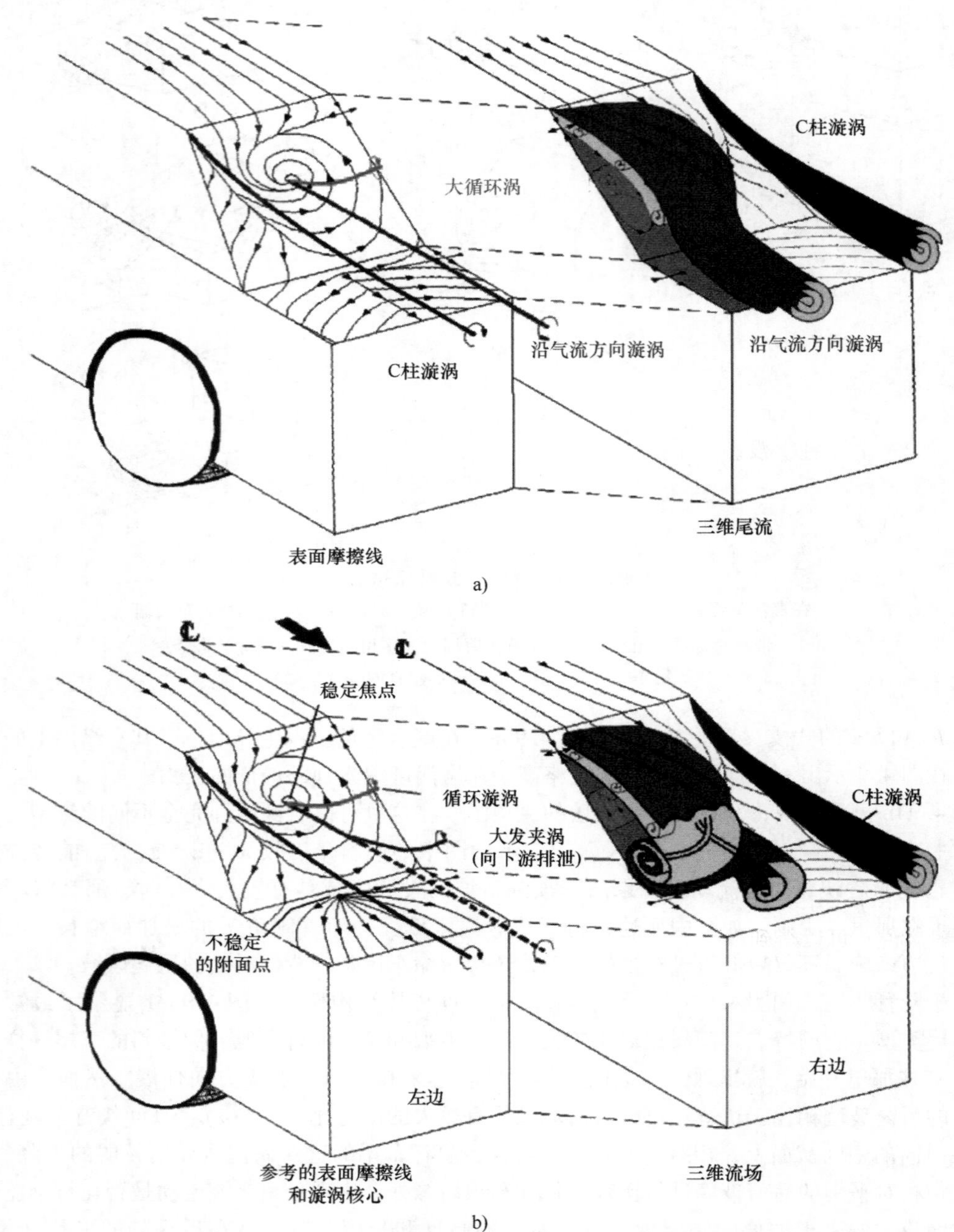

图 4.94　在阶背车尾流动的形态结构（Gilhome 等人，2001）

a）流动时均结果　b）瞬态流动

在这种泵的频谱里出现了两个无量纲的频率，它们是 $Sr_1=0.11$ 和 $Sr_2=0.42$。其中 x_R 是从分离的位置（即车顶的后缘）开始，到行李舱盖上重新附着点的距离，也就是重新附着的长度。在 $u_\infty=30\text{m/s}$ 和 $x_R=1.0\text{m}$ 时 $f_1=3.3\text{Hz}$ 和 $f_2=12.6\text{Hz}$。

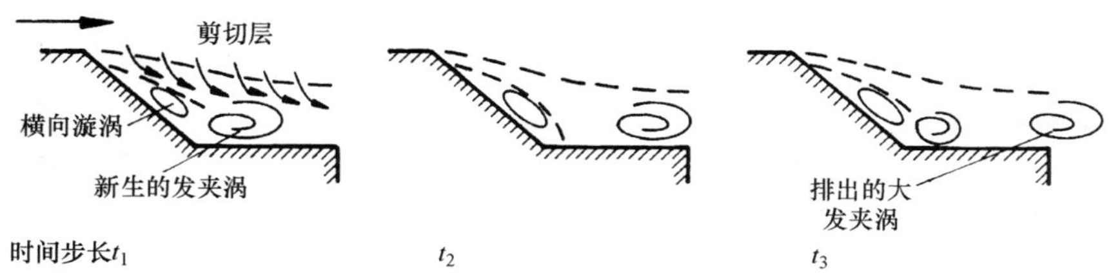

图 4.95　在阶背车尾的分离区域周期性发生的流体（Gilhome 等人，2001；Gilhome，2002）

第一个频率是后桥附近的固有频率，可能与行驶动力有关。与在第 4.2.1 节中研究的直背车尾的泵不同，在与行李舱盖相接的尾部台阶上的压力，“遇到”一个水平面，并导致后桥上的升力出现振荡。

图 4.93c2 中概述了短尾车后端的拓扑结构。这里同样在倾斜的 C 柱末端形成了纵向的涡旋对。但在车顶后部边缘处分离流将不再附面到行李舱的盖子上。可以想象的是，在车尾的分离区域内，环形旋涡上部的旋转跟位于台阶上的分离区域的旋转流动是逆向的。

最后，图 4.93c3 描述了后窗玻璃是（几乎）垂直的阶背车尾，这是一种在美国常常见到的车尾形状。这里 C 柱上没有形成纵向涡旋对。取而代之的是，在陡峭直立的后窗后面形成了一个弓形的旋涡，这可以从 Sakamoto 和 Arie（1983）对坐落在地上且横向于流动方向的平板的研究中推断出来。在这种结构形式中，当平板的宽度 b 与高度 h_p 的比率大于 1 时，会出现弧形涡流，在图里就是这样的例子（$b/h_p \approx 3$）[㊀]。与其他阶梯状后尾的类型一样，一个环形旋涡在基础背部后面旋转。

从前面对流动形态的描述中可以得出，对于阶背车尾，阻力的产生涉及两个机制，即横向和纵向涡旋的分离。前者发生在基础背部和后窗玻璃处，如果它们是非常陡峭倾斜的话。在与其相关的死水中，相对较低的压力在那里占主导地位。在 C 柱上形成纵向旋涡，在后窗玻璃上产生强负压，从而将那些来自车顶上方的气流向下拽。

尾部表面上的压力，即所谓的基础背压，对阻力起决定性作用。如果设法减少它们，那么有两个出发点：或者减少基础背部面积，或者提高这些表面上的压力。这两项措施可以采用完全不同的路径来解决，其将在第 4.5.1.3.2 节和下边描述。

对于一个车型系列如前边提及的三种尾部类型，图 4.96 提供了相应空气动力系数的走向概览。一般来说，可以得到以下结论，在驾驶稳定性方面，直背车比快背车和阶背车的形状更有利：

- 三种类型的空气阻力差异相对较小。在斜向来流时，相对于快背车尾和阶背车尾及其变形，直背车尾形状的阻力增加得更陡峭些。
- 直背式车尾形状产生的升力比阶背式和快背式车尾要小得多。快背式车尾具有最高的升力。一般来说，所有车尾形状的升力都随着滑动角度的增加而增加。对于快背式车尾来说增加量最小，对于直背式车尾来说增加得最快。在非常大的滑动角度范围内，$\beta > 20°$（未有图示），各车尾形状间的升力差异很小。
- 在整个滑动角度范围内，测量得到的横向力大致依据滑动角度的变化而成比例地上升。阶背式和快背式车尾的值大致相同。直背式车尾的横向力增加得更加陡峭些。
- 阶背式和快背式车尾及变体的横摆力矩也随滑动角度成比例地增加。直背式车尾横摆力

㊀ 对于 $b/h_p < 0.8$，旋涡则从侧边离开。弧形旋涡的概念也符合 Jenkins（2000）发表的一幅阶背车尾的绘画图片。在那里用 H5 标识的结构可能是弓形旋涡的印记。

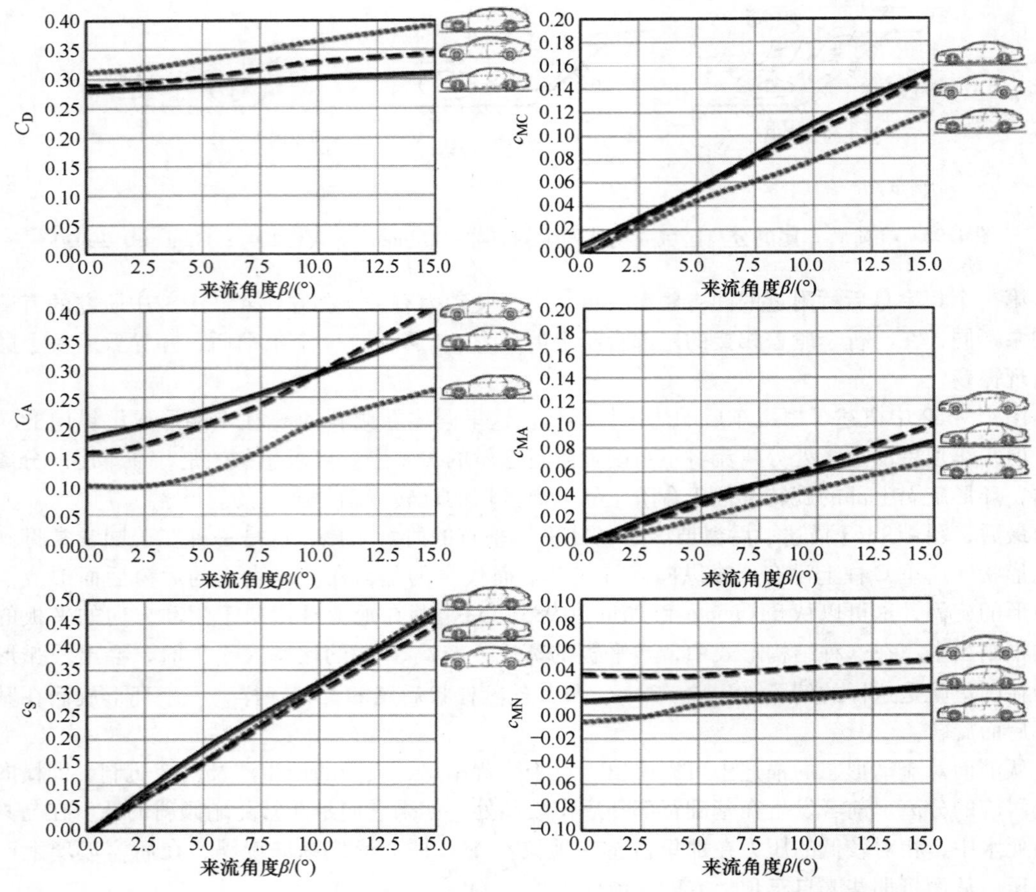

图4.96　对直背车、快背车和阶背车的车型系列车辆空气动力学特性的比较

矩的增加比较起来则相对较小。

- 随着来流流向的倾斜度增加，滚动力矩几乎呈线性增加。直背式车尾的滚动力矩略低于阶背式和斜背式车尾。
- 三个车尾类型的俯仰力矩系数都近似常数，并一直保持到滑动角到达大约15°处。直背式车尾引起的俯仰力矩最小，而快背式车尾形状的绝对值最大。随着滑动角度的增加，斜背式和阶背式车尾的俯仰力矩减小。所有三种类型的俯仰力矩从滑动角度20°开始具有大致相同的值。

4.5.1.3.2　后窗玻璃的倾斜

前边的图4.89定义了后窗玻璃的角度。可以看出，一个直背式车尾和一个快背式车尾的不同可以通过后窗的角度来区别，$\varphi=0°$或者$\varphi=90°$是直背式车尾。上边两个角度之间的其他所有角度则表示快背式车尾，这里假设行李舱与后窗玻璃是对接的。进一步，若在那里是附面的流动，则命名其为流线型车尾，若在那里是流动分离，则命名其为陡峭式车尾。在图4.93中对直背式车尾、快背式车尾和阶背式车尾的三种尾流已经进行了解释。对于陡峭的斜度，$\varphi>\varphi_{krit}$，展现出直背式车尾的尾流。在$\varphi<\varphi_{krit}$的角度时，出现快背式车尾的尾流，在拓扑结构$\varphi\to 0$时再次接近直背式车尾的尾流。因此，出现了两个问题：

- 流动在$\varphi=\varphi_{krit}$时是什么样子。
- 在直背式尾流和快背式尾流的角度范围内空气动力学特征值与什么有关。

快背式车尾上的阻力源自在4.3节中描述的机理。首先，从倾斜的C柱后边缘发展出的一对纵向涡旋在斜面上诱导出高负压，其类似于具有小长宽比的机翼。其次，通过在车顶后缘分离产生了阻力，并在后边再附面，并在这个过程中形成了包含横向涡旋的分离区域。第三，类似于直背式车尾，也在基础背部的周边边缘处发生分离，并且形成了包含环形涡流的尾涡区域。纵向和横向的两种类型的涡旋之间会相互干扰。

然而，仍不清楚上述三种现象间的相互作用，尤其是不知道快背式车尾上的斜边是如何影响尾涡区形成的。因为在这些倾斜的边缘上，涡旋卷曲跟高度是不相干的，根据Williamson（1996）的观点，这可能导致从那里流出的横向涡旋分解成大量纵向涡旋，然后瓦解。它可能根本不会形成环形涡流。这个讨论很明显地表明，快背式车尾后边的涡流结构的图像仍然不完整，在4.2.1.4节中提到的与时间相关的过程也知之甚少。必须注意，在以下研究中，首先是在简单而且基础的物体上进行的，这样就不会有其他的（A柱，尾流）涡流来“干扰”其形态。

首先，在Golf I的开发期间及后期，人们深入研究了后窗玻璃倾角对车尾流动的影响，参见图4.97a。Golf样车模型的后端非常陡，其$\varphi=45°$。从图1.40中的流动记录可以看出，流动在车顶后缘处分离，针对1:1模型的阻力系数为$C_D=0.40$。逐渐减小倾角会导致在$\varphi=30°$时的阻力

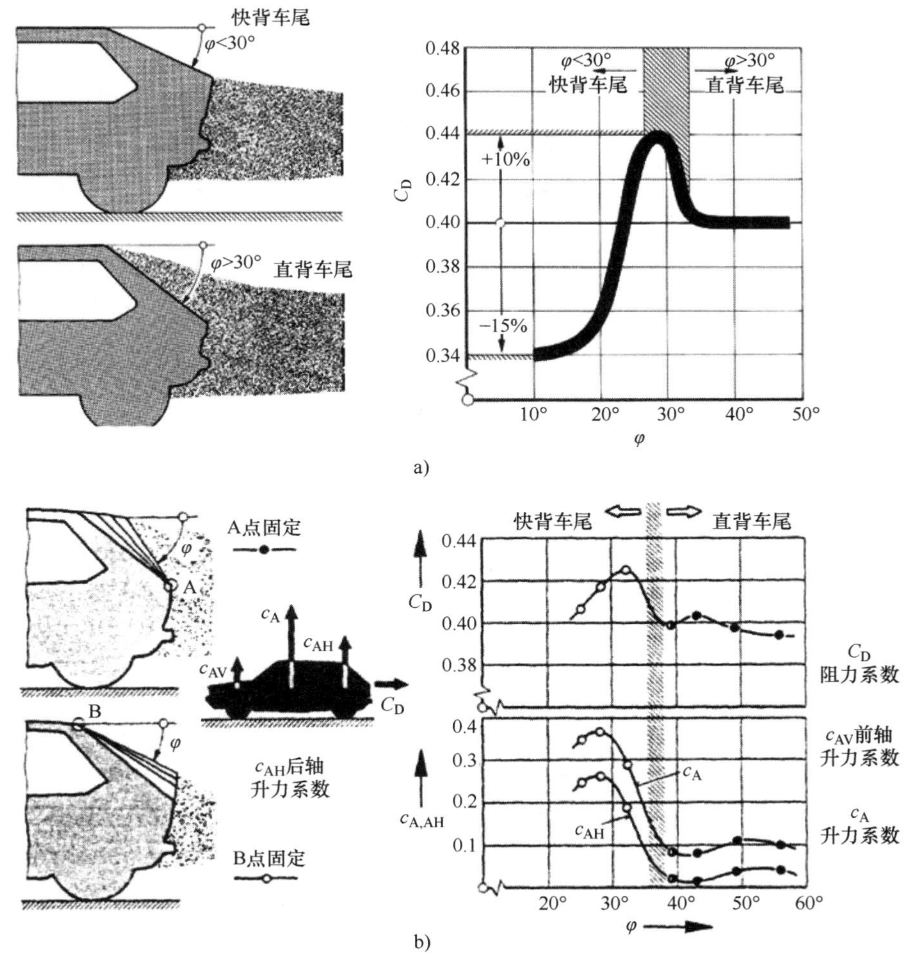

图4.97　车尾斜坡的倾角φ对VW Golf I a）和VW Polo I b）的阻力、升力和流动过程的影响（Janssen和Hucho，1975）

跳跃式增加了10%。流体分离处从车顶后缘转移到了后窗斜坡的下缘。通过烟雾探头，可以在斜坡的两侧识别出两个强烈的向内旋转的边缘涡流。如果倾斜角度进一步减小，则阻力再次稳定下降，涡流变弱。在$\varphi=15°$时，阻力达到最小值。最后，当角度更小时，源于直背车尾的流动形状会重新显现。在$28°<\varphi<32°$的角度范围内，可观察到一个双稳状态：分离可能发生在车顶后端的上部或后窗斜坡的底部。

如在图4.97b中看到的那样，在VW Polo I的开发中也得出了相同的关系。由该模型上测得的升力证实了下边的叙述：升力的变化与阻力的变化是同步的，是由于斜向流向后边的涡对的形式，导致了升力的变化。合乎逻辑的是，这些讨论仅对后轴有效。

在知道了这个“Golf效应”之后，也就开始了对快背式车尾的流动加以详细的研究。开始的研究是用一个简单的几何物体，即一个沿着流动方向上的圆柱体，其头部经过了倒圆处理，并假设其处在没有地面影响的自由流动中。这样只有车尾的倾角φ是变化的，由此可以只观察其角度的影响，而尽量隔绝其他变量的影响。所得结果总结于图4.98中。引人注目的是，针对倾斜角度φ，C_D值一直陡峭上升，但突然终止于$\varphi=50°$处；在更大的角度上，C_D突然下降，并几乎不再与φ相关。升力显示了类似的行为，它也在$\varphi=50°$时陡然下降。

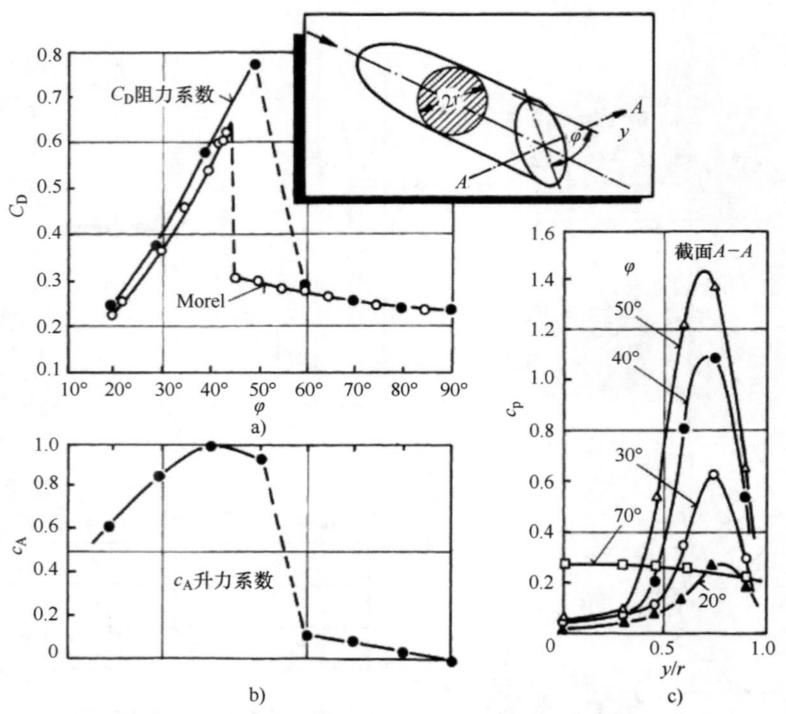

图4.98 在不受干扰的流动中，沿着流动方向（头部倒圆过）的圆柱体，其“临界”的倾角φ_{krit}；由Morel（1978）和Stuart和Jones提出，并被Bearman（1979）引用

a）阻力系数 b）升力系数 c）横截面$A-A$中的压力分布

用烟雾和涡流探头来观察流动，通过测量斜坡上的压力分布（见图4.98c）以及对照小长宽比的机翼理论，可以得出以下解释：当在$\varphi=20°$时，相对于宽度y/r，在横截面$A-A$上绘出的压力系数c_p表明，抽吸峰值位于横截面的侧边附近。这些显而易见的是由一对边缘涡旋引起的，其是从两个尖锐的侧边上卷绕起来的。随着倾角φ的增加，这些抽吸峰值也随之增加，并且对应的涡流强度也增加。在越过临界倾角后，这些涡旋很清楚地再次消失了。然后它形成了尾涡区

域，包含在其中的涡旋大多是横向的。这种行为与直背尾流相当。斜坡上的静压几乎是常数。

对于靠近地面的沿着流动方向的棱柱体而言，情况相当类似。由图 4.99a 得知，其临界角已经迁移到了 $\varphi=30°$。这正是 Jansen 和 Hucho（1975）在 Golf I 上所观测到的值。图 4.99b 中的压力曲线显示了两种典型的流动形态：当形成带有横向涡旋的尾涡区域时，出现了很高的静压值，其在横截面上几乎是常量。如果在车尾斜坡的侧边上卷起纵向涡旋，那么众所周知的负压峰值则出现在侧边附近，并且其平均值也是一个很大的负压。

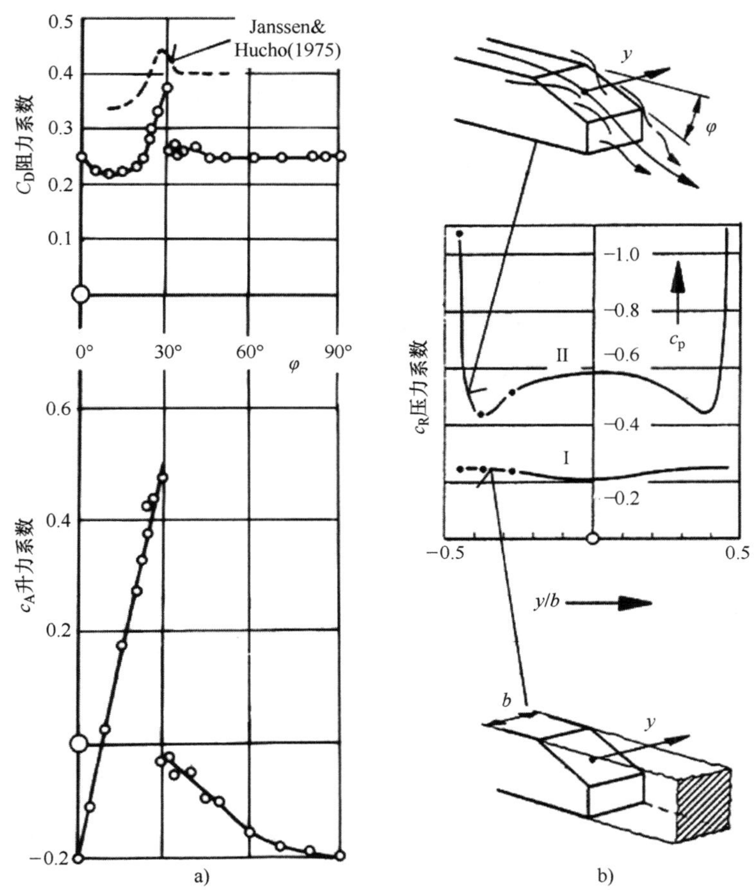

图 4.99　车尾斜坡的倾斜角 φ 对棱柱体绕流的影响，棱柱体沿着来流方向且靠近地面；源于 Morel（1978 年）。对比原始出版物的内容，这里的角度 $\varphi=90°-\alpha$

a）阻力系数和升力系数　b）车尾斜坡上的压力分布和流型的草图

Ahmed 和 Baumert（1979）记录下了车尾斜坡倾角 φ 是如何影响边缘处旋涡的形成；他们的结果展示在图 4.100a ~ d 中。在 x = 常数的平面图中显示了在不同倾斜角 φ 下的速度矢量场及相关的 C_D 值。当倾斜角度 $\varphi=5°$时，会出现像直背车尾那样类似的图像：从其中可以识别出一个相对位置较高的逆时针旋转的涡旋对，其可能起源于 A 柱。当倾斜度增加时，形成了一个随之趋强的旋涡，但其处于较低的位置且顺时针旋转。如果 φ 越过在 $\varphi=30°$附近的某一个值后，则会分裂出很多这种涡旋，并再次出现直背车尾的流动形状，以上结论并未展示在此图中。

图 4.100e 中绘制了随倾斜角 φ 变化的 C_D 曲线，其与刚提到的图相呼应。在一直到大约 $\varphi=5°$时展示的是直背车尾式的流动；阻力随着车尾倾斜度的增加而下降，在经过 $\varphi\approx15°$时在达到

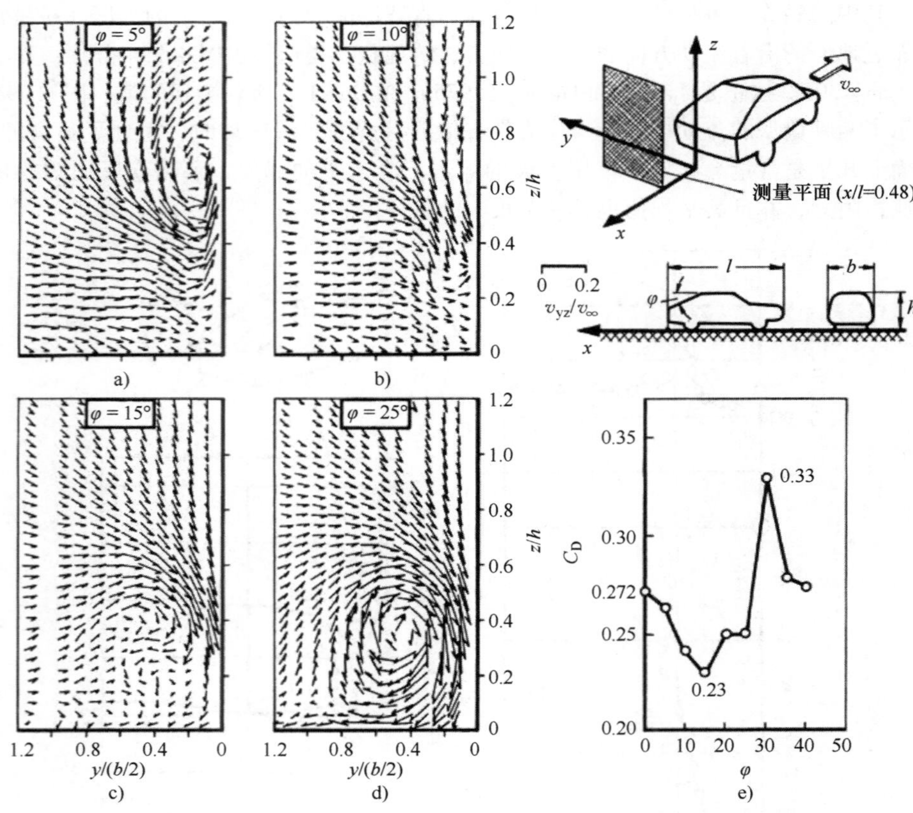

图 4. 100　车尾斜坡的倾斜角度对快背车尾周围流动的影响；源于 Ahmed（1984）

a）~ d）在 x = 常数的平面中的速度矢量场　e）函数 C_D（φ）的曲线

最小值后，然后又开始了急剧上升。在 $\varphi = 30°$ 的角度时形成最强尾涡，这时阻力也达到最大值。这也解释了对许多“快背型车尾”（即伪 Jaray 形式）以前无法解释的强阻力现象，其在第 1. 4 节中已经提到过。那些车尾倾角接近于 $\varphi \approx 30°$，其也是当时设计师很长一段时间喜欢应用的角度。现在的四门豪华轿车几乎不再选择 $\varphi \approx 30°$；如所勾勒出的轮廓那样，车辆更像是五门的多用途轿车。然而这些还需看内部空间的设计而定，在 $\varphi > 30°$ 会更好些。与此相对的是，$\varphi \approx 15°$ 时具有最小的阻力值，适用于各种赛车和跑车。

在图 4. 27 中纵向旋涡产生的阻力几乎完全是压力阻力。其由 Bearman 等人（1983，1982）给出了证明，他们通过采用 Maskell（1973）的理论将旋涡诱导的阻力从总阻力中区分出来。结果如图 4. 101 所示；图中有阻力分量和旋涡的环量，并随倾角 φ 变化。可以看出，对应于倾斜角 φ 的增加，总阻力的增长基本上是源于旋涡诱导的部分；“剩余的”压力阻力[㊀]大致为常数。从图 4. 101还可以看出，用天平测得的阻力与从尾迹计算出的阻力是完全一致的。

描述快背车尾的几何形状的另一个参数是车尾斜面部分的长度 l_H。根据 Buchheim 等人（1981）在图 4. 102中获得的测量值，得出尾部越长，则阻力达到最小时的倾角 φ 就越大。定性上来讲，这与翼形理论是一致的。随着 l_H 的增加，车尾斜坡的长宽比 Λ 变得越来越小，与此相应地，仅在过大的倾角 φ 时会爆发大量的旋涡。Buchheim 等人指出，如果斜坡的侧边（即 C 柱）被倒圆，则此效应就不明显了。

㊀　这被翼形理论称为“形状阻力”。

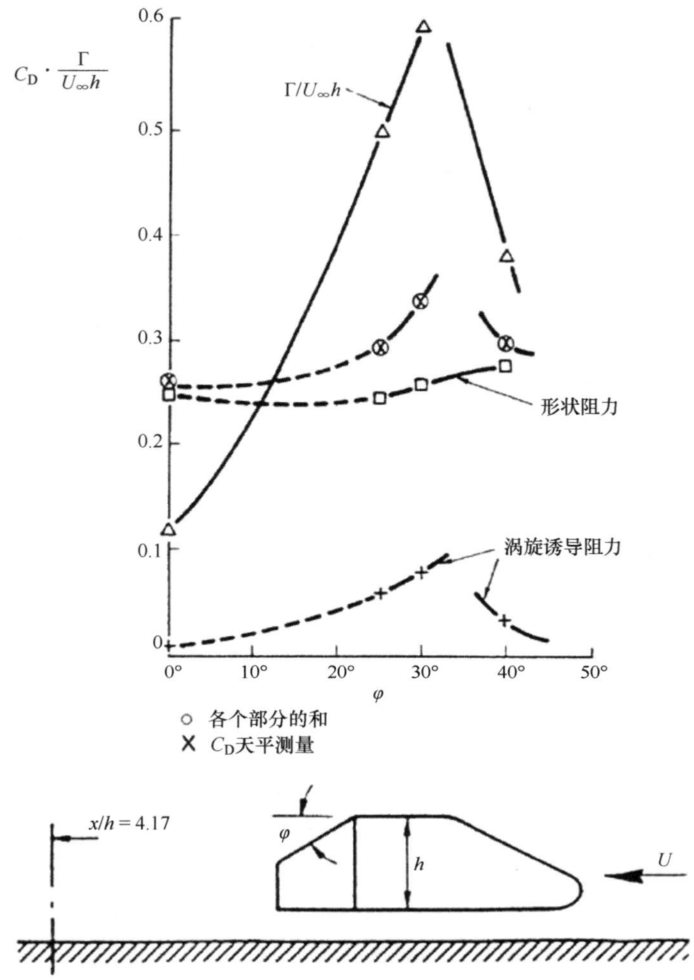

图 4.101　作为倾角 φ 函数的环量、总阻力、涡流引起的阻力和“形状”阻力（Bearman，1984）

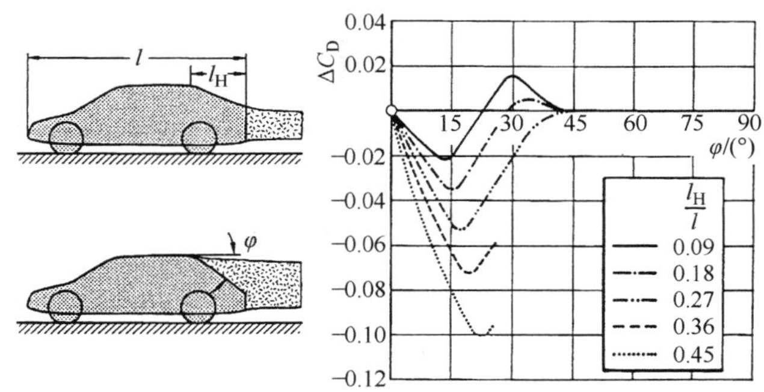

图 4.102　几何参数，如倾角 φ 和长度比 l_H/l 对阻力的影响（Buchheim 等，1981）

不幸的是，在几何上简单的物体中发现的内在联系因受到其他形状参数的影响而变得模糊不清。因此希望由图 4.103 中描绘的函数来加以强调。从车顶到斜坡的过渡区域的半径 r_S、C 柱的半径 r_C，以及驾驶室侧向倾斜的角度 γ：上述这些形状参数都会影响流动，如图 4.103b 所示，

并能完全改变函数 $C_D = C_D(\varphi)$ “有着显著特征”的走向。Howell（1998）提供了如图4.103a 中的测量结果。通过驾驶室侧边倾斜，临界角 φ_{krit} 也随之从 30°变换为更大的角度，并且当超过这个角度时，阻力不再会暴跌那么剧烈。在这里也显示了后柱倒圆带来的效果（参见 4.5.1.3.3 节），即由此使得最大的阻力值发生的位置，移向更陡峭的倾斜角度（图中的虚点画线）。

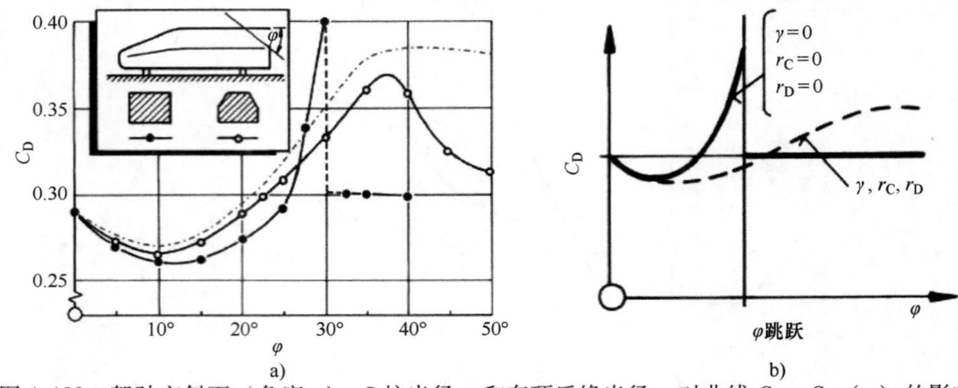

图 4.103　驾驶室斜面（角度 γ）、C 柱半径 r_C 和车顶后缘半径 r_D 对曲线 $C_D = C_D(\varphi)$ 的影响

a）源于 Howell（1998）　b）示意图

对于阶背车，为了描述尾部倾斜度，Carr（1983）使用了两个参数，即尾部窗玻璃的倾角 φ 和所“想象”的尾部倾斜的“有效”角度 φ_E。按照这些角度整理所测得的 C_D 值，就得出了如图 4.104所示的结果。

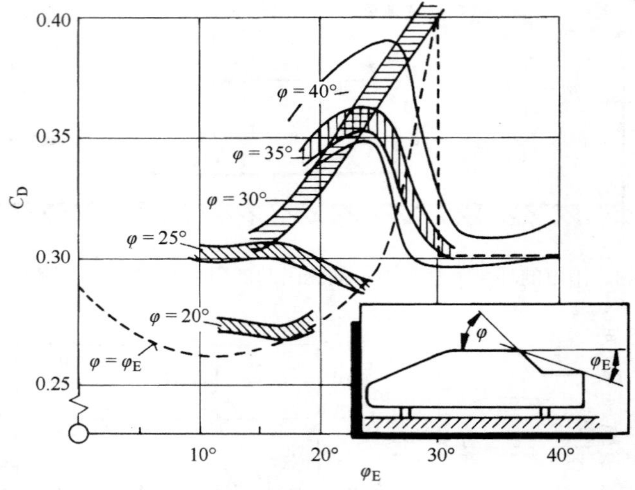

图 4.104　根据 Carr（1983）的建议，Howell（1998）按照角度 φ 和 φ_E 测量并整理的阶背式乘用车的 C_D 值

在 $\varphi = \varphi_E$ 时形成了快背，对其测量得到的值用虚线标注。如果 φ 仅略小于 φ_E，则其阻力与快背相应的值相比几乎没有什么不同，只有两个角度之间的差别比较大时，C_D 才会具有显著差异。遗憾的是，只是在很有限的范围内对 C_D 的值依据两个角度进行了整理[㊀]。这必须归因于这样的事实（同样也适用于阶背），即有更多的几何参数出现，例如，C 柱倒圆的半径和车顶末端倒圆的半径，并且出现各种分离影响以及它们之间的相互作用。它们的影响使得无法总结出普遍有效的设计规则。相反，必须按经验根据“试错法”来完成阶背几何形状的确定。

㊀ Nouzawa 等人（1990）公布的测量值不能整合到这个图里。

如在图 4. 43 和图 4. 44 中已经解释的那样，尾部倾角的差异对升力尤其对后桥升力有着强烈的影响，可参考图 4. 105。随着尾部高度的增加和后窗玻璃的趋平，后桥的升力减小，因此整体升力减小。这种影响可以这样来解释：随着尾部上方的流线向下弯曲的强度减小，流线更加趋向于水平方向。因此，车辆上方的静压升高，升力减小。

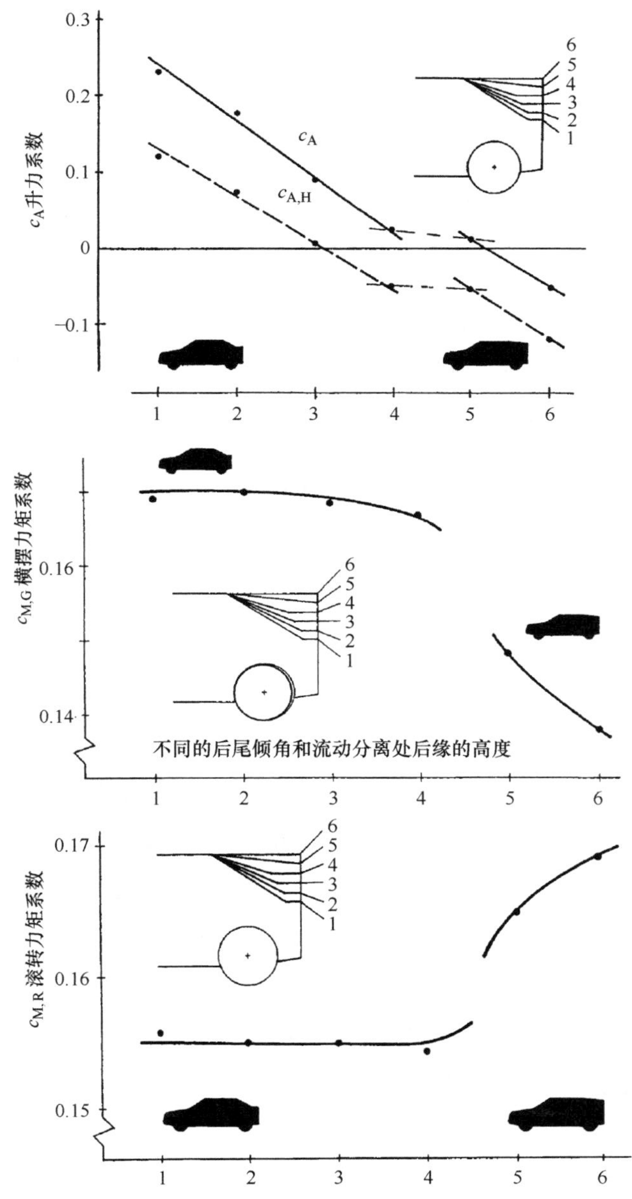

图 4. 105　后尾倾角和后部流动分离边缘的高度对升力、横摆力矩以及滚转力矩的影响

此外，从图中得知，随着尾部流体分离位置的增高，横摆力矩有略微减小的趋势。这里表明阶背车尾形状具有最大的横摆力矩，直背车尾形状具有最小的横摆力矩。由于所有三个模型都具有相同的车头形状，因此前侧的作用力几乎相等，相对于总横向力，横摆力矩曲线的变化是相反的。值得注意的是，横向力的相对较小的变化引起横摆力矩明显的差异。只有过渡到非常明显

的直背车尾形状，横摆力矩才会显著减小。

直背车尾具有最大的滚转力矩，阶背车尾则具有相应的最小值。与横摆力矩相比，变化趋势是相反的。随着横向作用力的增加，滚转力矩也增加。然而，对于各种各样的尾部形状，滚转力矩只有相对较小的差异；尾部延长也不会导致值得注意的变化。关于后尾倾角和后部流动分离边缘处的高度也有类似的结论。在趋向于直背车尾形状时，滚转力矩才开始增大。

总之，需注意的是，在后窗倾斜接近 φ_{crit} 的情况下，流动应该通过增大倾斜角度或通过使用辅助工具来强制实现直背尾流。哪些辅助工具是适合的，将于第 4.5.1.3.4 节中指明。在快背车尾的情况下，可以在不改变后窗的倾斜度的情况下，而是通过使用后扰流板来减小 C_D 和 $c_{A,h}$。

4.5.1.3.3 从侧表面到后尾表面的过渡

对第 4.5.1.2 节仍需加以补充的是，后柱的形状对阻力具有哪些影响。图 4.75 已经显示了对于阶背车尾在阻力方面的改进。不能确定这种正面的效应是由于什么原因造成的。一种可能是使车尾成为类似船尾形状的半径，其导致了车尾压力恢复。也可能是随着 C 柱倒圆角的增加，从 C 柱出发的纵向旋涡变得更弱，从而引起较小的压力阻力。因为后座处需要足够的肩部和头部的侧向空间以及尽可能小的后视死角，所以 C 柱的缩入受到结构的限制。这些分析估计能够转用到快背车尾上，因为在车尾斜坡上也有附面流动。但对此并没有获得相应的测量值来支持。

对于直背车尾，当车后尾玻璃的角度明显大于 30°时，具有大半径的后柱也能导致快背车尾式的流动。这已经在图 4.103 中显露出来了，作者通过对图 4.106 中后尾坡度为 45°的简单长方形物体的研究，对此给以证实。

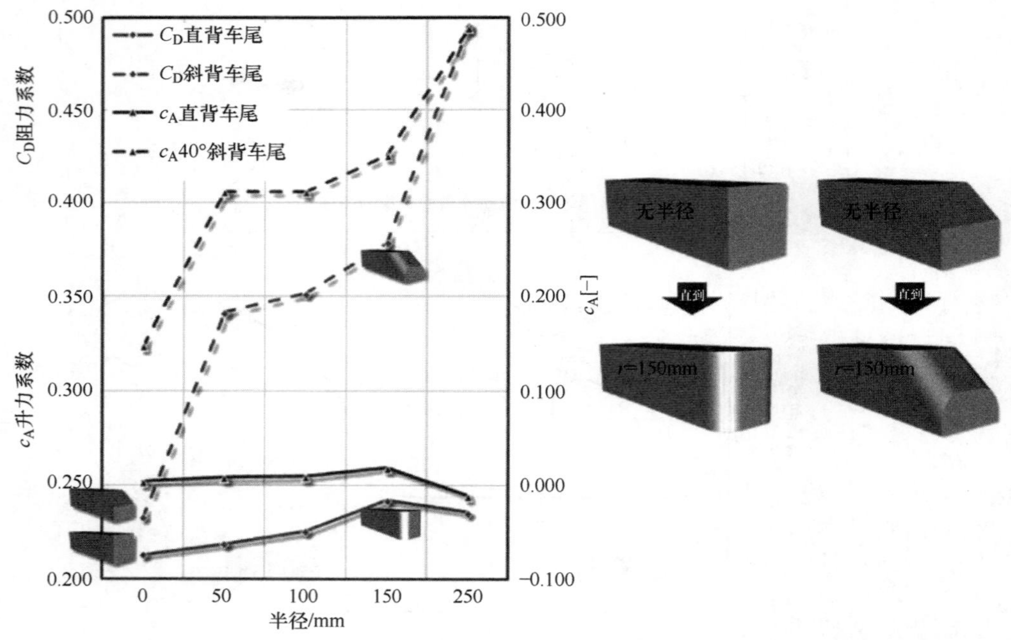

图 4.106 后柱半径对基础形体的阻力和升力的影响

结果表明，当半径很小时，随着半径的增大，车身阻力和升力也会明显增加，虽然在选定的车尾斜坡上期望会出现直背车尾流动，并且可以通过较长的附面流动来减少尾涡区域，以此期望减小阻力。对作用力比例之间的分析可以用来解释观察的结果：

在从侧边到尾部斜面的边缘过渡位置，流动在这个边缘处出现分离。反之，随着半径的增大，侧面流沿曲面部分继续流动，导致压力下降（见第 2.3.3 节），这也会对死水产生影响。在

图 4.107中，由垂直于表面的压力和侧面流动的惯性的共同作用下，流动方向指向下方和内部。显然，随着半径的增大，其对图 4.106 中的车身的影响变得越来越强，以至于明显影响到车顶流动，并由纵向涡流使得流动向下偏转。尽管取得了减少尾涡区域的积极效果，但这也导致了诱导阻力和升力的增加。流动具有快背车尾的特点，在车顶流动到尾部斜坡上可能会出现不完全或不稳定的附面流。

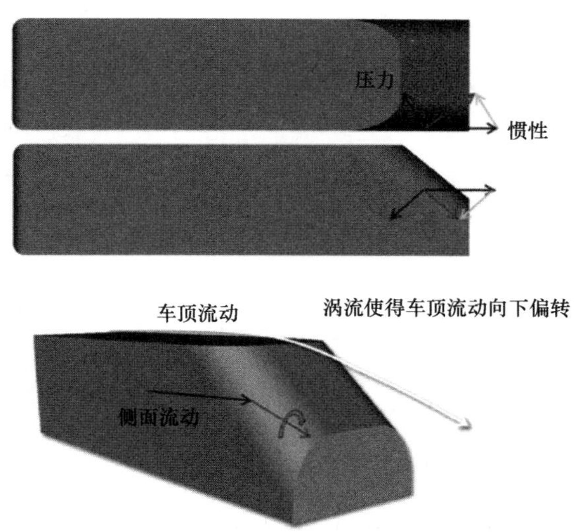

图 4.107　作用于倒圆处理过的后柱上的力以及纵向涡流的形成

同样地，对所有三种尾部形态，在横向于流动的边缘上，也期待出现（有可能是较弱形式的）拟二维的分离。在 4.2.1.4 节中，已经讨论了这种分离形式的瞬时性。考虑一个车辆尾部的水平截面，其是由两个垂直的边缘并夹以较大半径的倒圆构成的区域，在瞬态过程中，如图 4.108所示，分离点的位置会出现来回地摆动。对应于这些点的不同位置，分离区域附近的压力分布也略有不同，由此导致了空气作用力的各分量值的波动。若已知在其中的一个位置上出现低的阻力，并在此位置上安装分离棱边，那么分离点的位置将不再随时间而变化，而且会持久地获得低的阻力值。

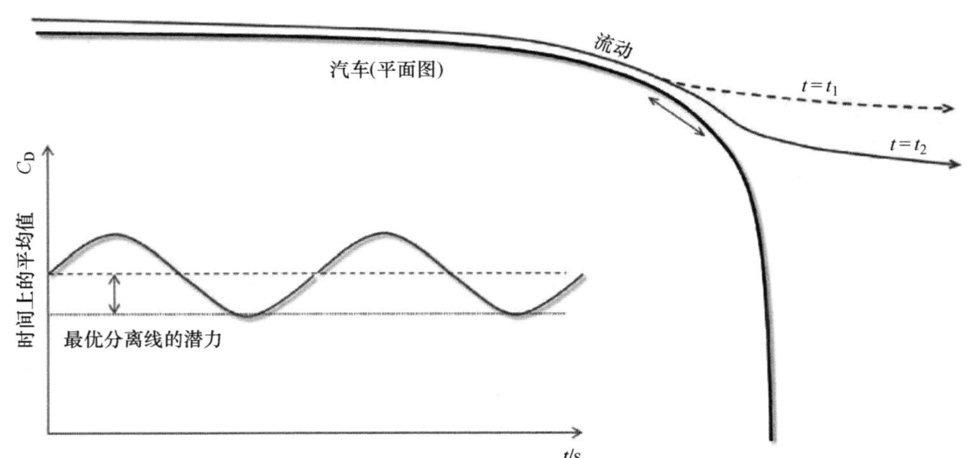

图 4.108　在垂直的车身边缘以大半径的倒圆形成的截面中，车辆尾部分离点位置相对于时间的变化以及对空气阻力的影响

升力也会受后柱半径的影响，特别是对车辆尾部的升力。与车辆A相比，图4.109中的车辆B在从车顶到后窗玻璃的过渡区域中没有安装分离流动的棱边。两者在C柱区域中的轮廓是类似的，并都有分离流动的棱边。车辆B除了升力的分布显然不对称之外，还显示了后部的升力有跳跃性的变化。这个例子清楚地表明，由于“敏感的”尾部形状和小的偏转角度，可能会引发意想不到的流动突变，这是因为流动突然又重新附面到后窗玻璃上而引起的。

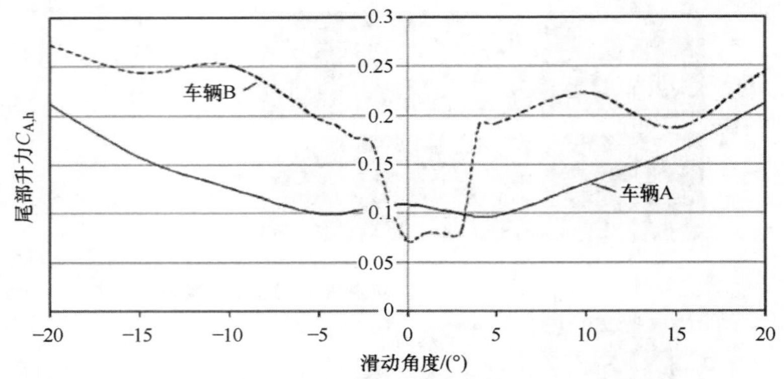

图4.109　随滑动角度变化的两辆汽车的后轴升力系数，车辆A车尾有分离流动的棱边，车辆B车尾无分离流动的棱边

图4.110显示了Howell（1993）的研究结果，他在滑动角度为15°处查明了横摆力矩系数与后尾倾角的依赖关系。另外，C柱的半径和后座头顶空间的倒圆参数也是变化的。在所有的后尾倾角中，没有倒圆处理过的模型具有最小的横摆力矩系数。若仅仅是看后座头顶部空间的倒圆角变化，则在后尾倾角一直到30°时，显示出横摆力矩都不会变差；而在C柱处加以小的倒圆角时，横摆力矩会随着后尾倾角显著增大。主要原因是后部侧面作用力的降低。而较大的C柱倒圆不再能引起横摆力矩系数明显的变化。

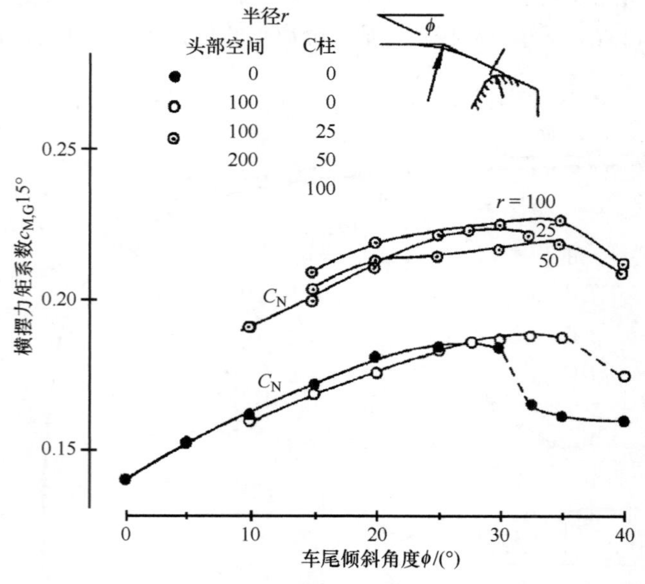

图4.110　后部头顶空间和C柱的倒角对横摆力矩的影响，源自Howell（1993）

由图 4. 96 可以得出，若减少后尾部的侧向投影表面面积，就可减小后部的侧向力，从而增加横摆力矩。但是，这种关系并不适用于强倒圆角形的尾部形状。在平面视图中的大圆角和强烈的拱形后窗玻璃，比侧向投影表面面积的差异能更大地影响横摆力矩。即使 C 柱上小的倒圆角通常也会导致横摆力矩的增加。在斜背车型中，这种效应最为明显。另一方面，斜背车上 C 柱的倒圆引起空气阻力的大幅降低。这导致了在车辆造型研发中目标之间的冲突。

对于造型的研发，最重要的是要集中精力去减小涡流引起的阻力。更重要的是，同样的措施也会使得后轴上的升力减小了。对已给定的形状，使用一些附加的部件也可以达到类似的结果，其将在下边的第 4. 5. 1. 3. 4 节里给出进一步解释。

4. 5. 1. 3. 4　流体分离边缘和后尾扰流板

前边的章节里讨论了后窗玻璃倾斜度和过渡部分的形状，得出的结论是，必须无条件地调整后窗玻璃上部棱边处的流动，使其稳定地进行分离并且使其出现直背尾流动形式，特别是对后窗倾斜度大于大约 30°的情况。更进一步的是，在位于从侧面到后基础背面过渡部分的后尾斜坡的下方处，要争取达到受控的分离。为此，可以采取下边的措施。

在图 4. 111 中可了解一些旨在减小斜尾阻力的附件。其是由 Bearman（1979）发表的。它们形成一定倾角 φ 的袋状边缘旋涡，人们通过在基础背部边缘处有接近高负压峰值而知道它们是存在的，可以用两种不同的方式对其进行干扰：

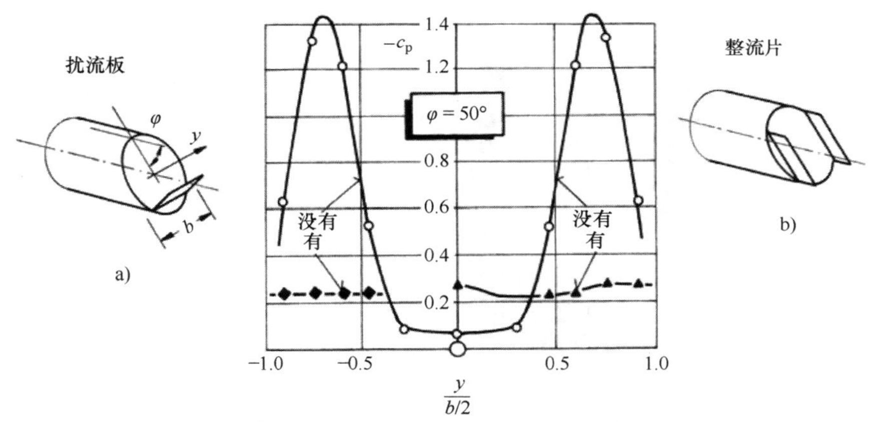

图 4. 111　降低斜背车阻力的附件（Bearman，1979）

一种方式是将板片连接到斜坡上，并使其向上偏转，见图 4. 111a。由此在斜坡上的流动压力㊀增加，防止了纵向涡流的形成㊁。结果是斜坡上的压力增加后，在斜坡表面上的值大致为常数。这样也减小了后轴上的阻力和升力。另一种方式是通过搭置矩形板，如略图 4. 111b 中显示的那样，也可以实现同样的效果。这些被称为“整流片”的部件会干扰从两侧边缘产生的剪切层，使得它们不能卷成纵向旋涡。因此能保持很高的背压。整流片可以建造成可伸展出来的形式或可折叠的形式。

在实践中，这些想法必须转换为与造型款式相协调的形式，像前边部分所述的激进措施常常与优雅的线条不相容。图 4. 112（见彩插）显示了一些可能的设计，以确保在所有过渡区域表面上的流动分离是有针对性的。Audi Q3 中使用了三种措施：车顶扰流板、侧扰流板和集成到尾

㊀　注意图中的轴上尺度为“$-c_p$”！

㊁　有时会使用术语“爆发”，但这里应极尽可能地加以避免。

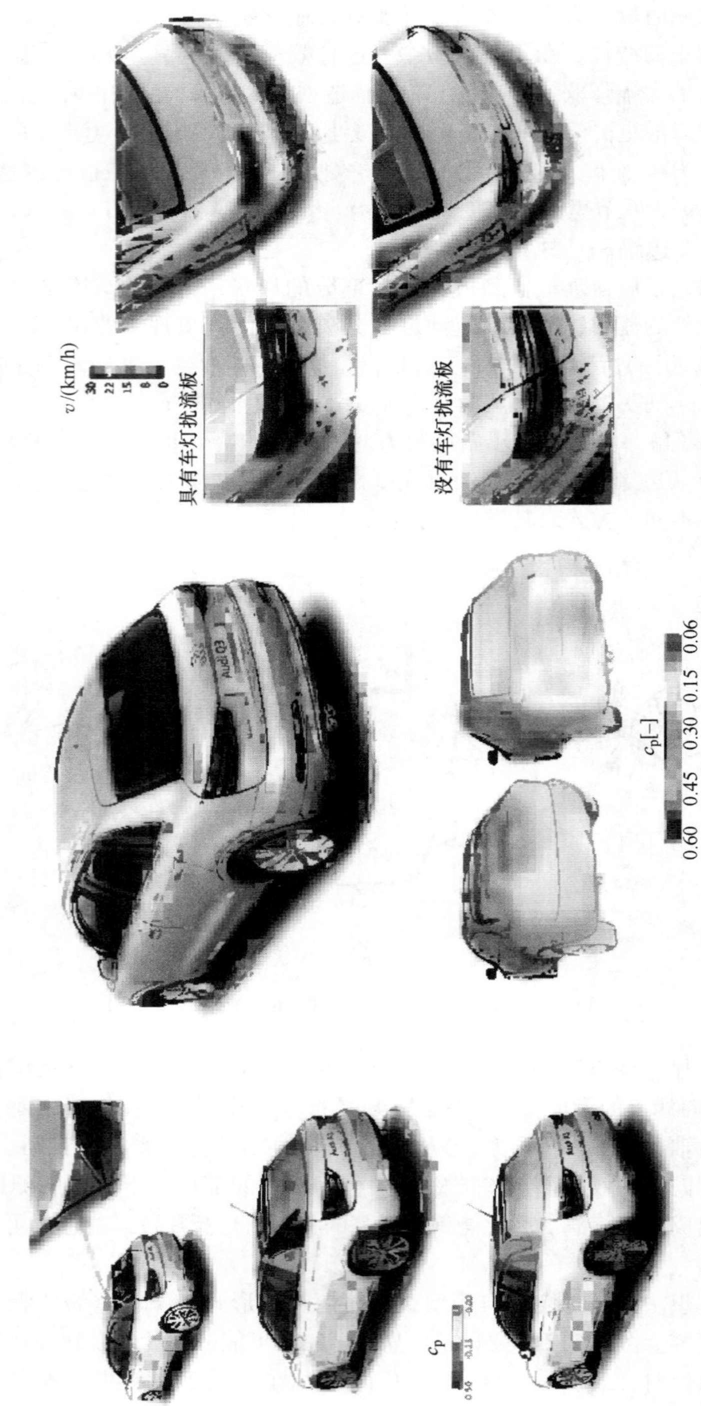

图 4.112　在实际系列生产的车辆上，流体分离在汽车后窗玻璃处的优化可能性

灯的流动分离棱边，据报道 C_D值累计改善了 $\Delta C_D \approx 0.1$。此外，图片还显示了扰流唇对 Audi A1 的后尾背压的影响（Schrefl 等人，2010）。使用附加部件后，后尾背压显著增加，然而通过扰流唇使得阻力降低的精确数值尚未见报道。

扰流唇有助于缓和从车顶扰流板到 D 柱的拐角区域的流动情况，同时侧扰流板可看作是侧壁的延伸。由此在车辆后部可以产生更强的压力回归。由于这个原因，侧扰流板的潜力比扰流唇稍大。据 Schütz（2010）报道，对已经在批量生产中的车辆进一步改进的潜力有可能达到 5 ~ 7 个 C_D点。

正如前面的章节所述，直背车尾具有临界的后尾倾斜角度，通过延长车顶，从而确保由此产生的直背车尾流动更多地回跃至后窗玻璃。如果把此延长作为单独的组件来描述，则应使用术语车顶扰流板，从而与后尾扰流板在概念上加以甄别。后尾扰流板则被定义为在快背车尾或阶背车尾上的车辆部件，其位于后尾斜坡的末端或行李舱盖的后边缘处。车顶扰流板可确保直背车尾流动，而后尾扰流板的任务是下冲气流并由此减少诱导阻力和尾部升力。

Hupertz（2011）提供了一个 Ford Focus 例子，其对于一个大约 30°较水平的后窗玻璃，说明了直背车尾的车顶扰流板的影响。车辆没有车顶扰流板时，附面流动出现在后车窗上，随之而来的是已经反复提到的阻力和升力变得更加糟糕。相反，在具有车顶扰流板时，出现稳定的直背车尾的流动形式。

车顶扰流板的另一个作用是随着它长度的增加，车顶也得到延长。如果持续延长它的船形弧线长度，在后缘处就会获得更大的压力回归，这样阻力和后端升力都会出现下降，参见图 4.113。此外，还可以通过后缘高度非常小的变化，来实现阻力和升力虽不显眼但却有效的优化[㊀]。如果后缘被设计成小的尾巴，则升力会下降，反之，如果相比车顶扰流板而言实行更强的缩入，则升力会增大。由此可以去影响诱导阻力分量，具体情形请参见第 4.3.3.1 节。从图 4.113可以看出，针对两种形状参数，都存在着最佳值，所以阻力可以最小化。

车顶扰流板可以由后尾金属盖板加以深冲制作，或是单独的部件，其大多由塑料制成。前者制成的扰流板成本更低，但其在尺寸和形状上只有很少的选择余地。也因为造型设计师们偏爱较长的扰流板，所以目前在大多数直背车上都可以看到由塑料制成的车顶扰流板。

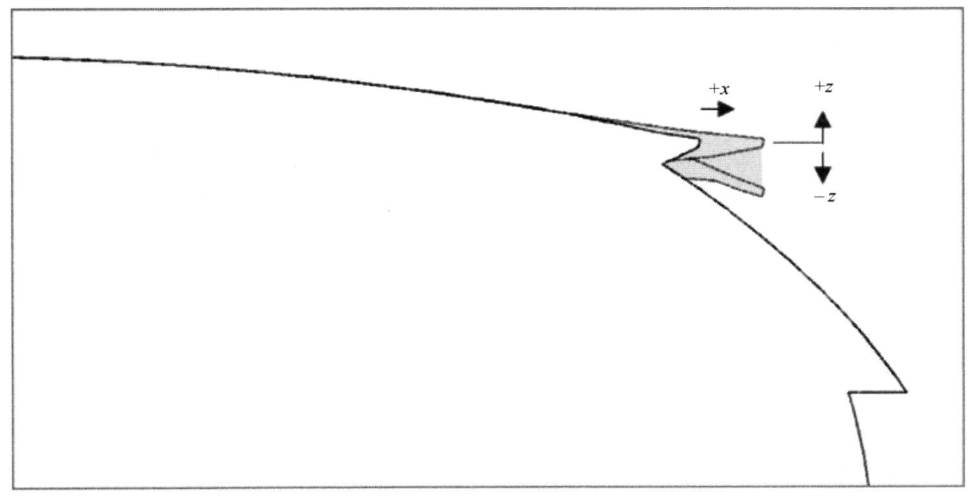

图 4.113　车顶扰流板长度及平均倾斜度对具有倾斜后窗的直背车的阻力和升力的影响

㊀ 这种举动也被称之为“气动调整”。

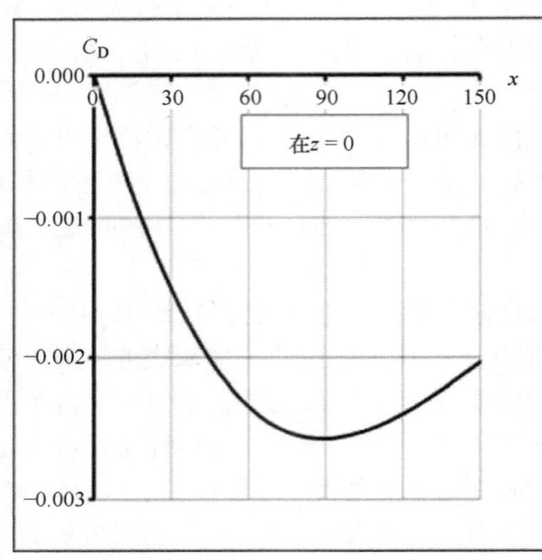

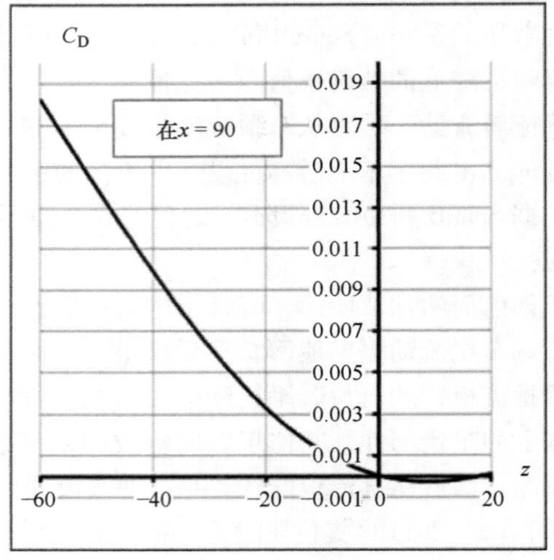

图 4.113　车顶扰流板长度及平均倾斜度对具有倾斜后窗的直背车的阻力和升力的影响（续）

旨在减小直背车辆阻力的更多附件被汇编在图 4.114 中。其从属的旋涡系统已经展示在图 4.93中了。

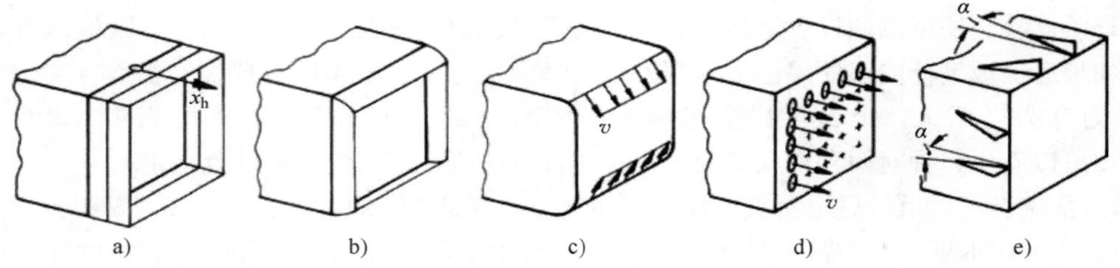

图 4.114　降低直背车辆阻力的附件

在图 4.114a 中提议了一个通过后车厢向后敞开式的车尾延长，其已经在图 4.12 中介绍过了。通过把基础背面附近的死水中的旋涡移开，使得在那里只诱发出更小的负压。这一措施主要适用于公共汽车和货车。针对箱形结构的车辆，其围栏的实验测试将在第 10 章详加说明。其导致阻力明显下降。但该措施还没有被采纳到成系列的生产中。

乍看之下，人们可能会认为在图 4.114b 中所示的设备也是围栏，其源自 Morelli（2000）。但这是不正确的；Morelli 提出的向内弯曲的板片是另外一种功能：环形涡流出现后被收拢的板片封关住了；与板片一起，它会产生稳定且向内的流动，其类似于在翼形剖面上装入的活动板片上的“尖点”。结果是死水变小，基础背部的压力增加，进而阻力下降。

图 4.114c 中的建议出自 Geropp（1991）。来自上部和下部的平面射流在行李舱的倒圆角上成为附面流动[㊀]。在这种情况下，外部流动向后收束，使得基础背部上的压力增加。Eberz（2001）在风洞里的模型实验结果表明，考虑到这个泵气效应所带来的功效，此措施给 C_D 值带来积极的影响。

㊀　这就是所谓的 Coanda 效应。

图 4.114d 显示了从整个平面送风的提议，许多作者宣称对其拥有发明权利（参见 Bearman，1967；Sykes，1969）。依此措施吹动空气的动量非常小，以至于动量本身并不会显著降低其阻力，但可以将基础背部的旋涡推到如图 4.114a 措施下那样的情况，从而诱导出较小的负压[㊀]。

Morelli（2000，2002）组合了图 4.114b 和 4.114d 中的措施，并证实了它们对 FIAT Punto 55 衍生的原型车的影响。仅仅通过图 4.114b 中在尾部收拢的环形板片，就使得阻力减少了大约 18%，其很好地拼接在尾部外表面，并伸出了大约 5% 的车长。再加入后轮来推动气流进入围栏的空间，阻力又下降了 2%。

图 4.114e 的形状由 Young（1972）提出，并在二维物体上得到验证。按一个小的角度 α 来交替置放较小三角翼的半部，产生由其出发的纵向旋涡，并用来破坏钝尾部后缘的剪切层，从而在基础背部阻碍相关旋涡结构的形成。结果是基部上的压力增加。

与车顶扰流板相比，后尾扰流板安装在后车厢盖板的末端。它必须以个性化设计来适应不同车辆后部的形状。经过许多年的演化，四门豪华轿车阶背车尾的方形阶梯状已经演变成了平缓的弧形过渡。特别是平整的车顶也已被改造成弧状拱形面，并且无凸缘地逐渐转向到后窗玻璃上。某些车型的这种车顶形状与行李舱盖有很大倒圆角的后缘组合在一起。

后尾扰流板有两种常见的类型：缘板状和翼状。缘板状后尾扰流板或者是附加上的塑料零件，或者是其形状直接从车身的金属板中由冲拉产生。前者尽可能地由柔软的塑料泡沫制成，以在撞到行人或骑自行车的人时尽量降低所受到的伤害。翼状的后尾扰流板通常需要另外安装到汽车上。

在后尾扰流板的发展中，注意力也是首先聚焦在阻力上，当然人们也越来越多地开始关注减小后桥的升力。减少尾部污垢的翼形主要用于直背车和公共汽车上。这一点将在第 6 章和第 10 章中深入探讨。

对于快背车尾，Ohtani 等人（1972）将后尾扰流板的效果与机翼上拱形襟翼的功能相比较，如图 4.115a 所示；在那里按照到扰流板的距离以无量纲形式来描绘平板上部的静态压力（c_p 值）。如人们看到的，针对襟翼模仿的扰流板，通过其偏转，使得平板上部的压力升高。

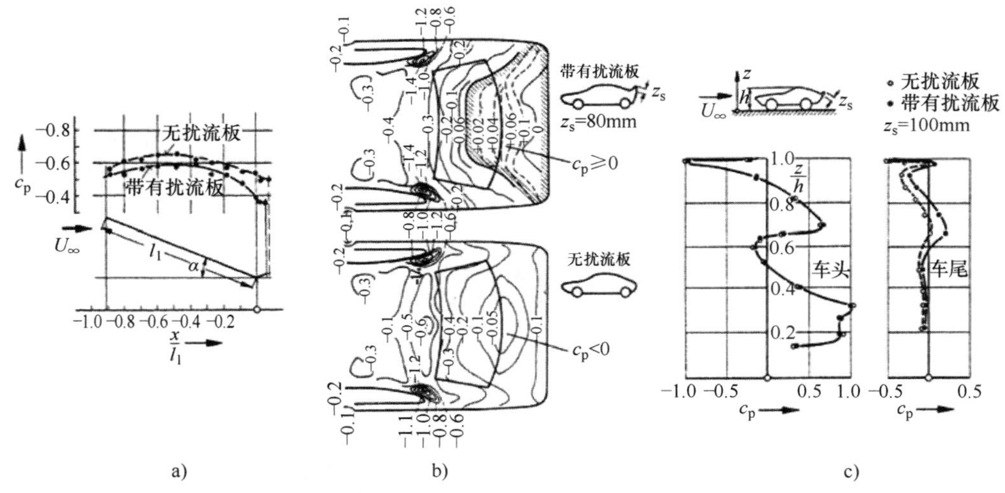

图 4.115　快背车尾上的后尾扰流板的功能，被称为“拱形襟翼”（a）；随着从 C 柱出发的旋涡消失，后尾斜坡上的静压增加了（b，c）（源自 Ohtani 等，1972）

㊀ 参见 Howell 等人（2003）的工作，在那里发现，产生送气气流的功率超过了由于较低的阻力而获得的功率增益。

出现在图4.115b中，在双门跑车后尾斜坡上的等压线似乎又证实了上述的模拟。安装了扰流板后，位于扰流板前方的车尾斜坡上的静态压力明显高于没有扰流板时的情况。在中间的截面上，如图4.115c所示，按照车身高度z/h来描绘压力系数c_p，明显可以看到阻力减小了。当车辆后部的压力因扰流板而提升时，其前部的压力不受影响。在x方向和z方向对发生了变化的压力分布进行积分，得到降低了的阻力和升力系数。

然而，仔细观察后尾斜坡上的压力分布后，就可以发现该扰流板是以完全另外的原理影响的：在没有扰流板时，在车辆上等压线的走向表明，已经形成了从C柱出发并且众所周知的旋涡对。它很明显地使得在侧边边缘附近有大的负压[⊖]。而扰流板则导致涡流消失，从而在后尾斜坡上产生更高的静压。

在阶背车尾处的后尾扰流板也会致使其上游的静压增加。这可以在图4.116中清楚地看到。但由于行李舱的盖子只是稍微倾斜的，所以在这个例子中只降低了很少的阻力。相反地，其显著降低了后轴上的升力，并且扰流板越高，升力就被降低得越多。在阶背车尾上，后尾扰流板的作用直接源自于图4.116a所示的压力分布。令人惊讶的是，在安装于车辆上部的扰流板的影响下，车辆底部的压力也发生很大变化。

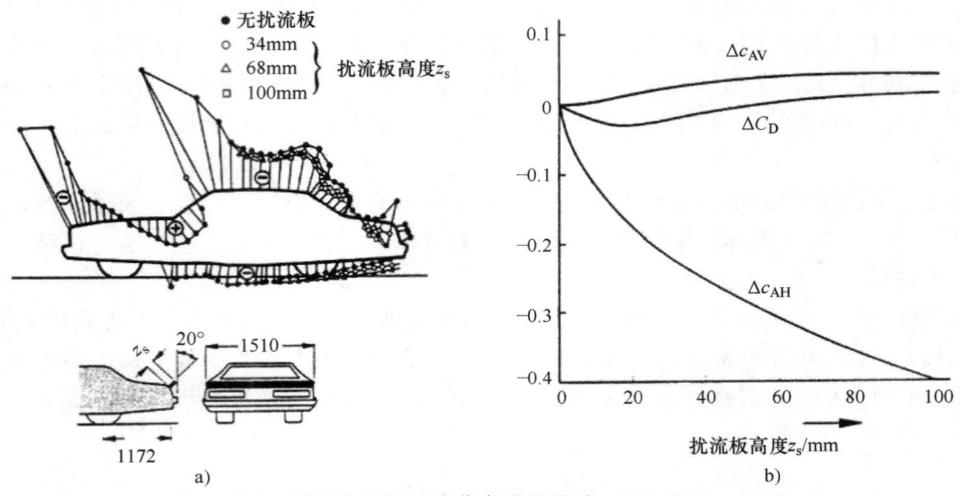

图4.116　后尾扰流板对阶背车尾的影响（Schenkel，1977）

另外需补充的是图4.117应该就足以证明，可以用完全不同扰流板的形状和布置期待达到一个比较理想的比值$\Delta C_D/\Delta c_A$。事实证明，设计师可以有足够的自由发挥的空间来设计这样一个扰流器的形状。

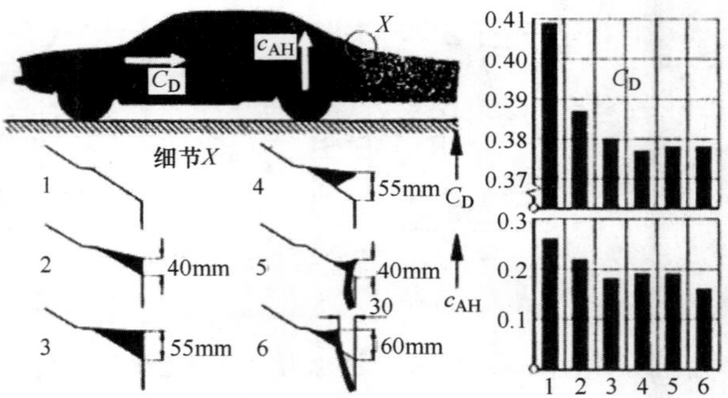

图4.117　快背车尾后尾扰流板的一些可能的设计方案（Janssen和Hucho，1975）

⊖ Ohtani等人在1972年研究发现了这种纵向旋涡的出现。当时这在车辆空气动力学中是未知的，但在飞机空气动力学中是已知的。

对运动型车辆，如赛车那样，人们有时会接受这样的设计，即只有在后轴升力显著降低时，阻力才会稍微有些增加。图 4. 118 展示了一个特别引人注目的例子。虽然（1）和（1 +2）的结构对阻力有利，但只减小了很少的升力，在方案（3）和（4）中，升力急剧减小，同时阻力的增加必须被人们接受才行。

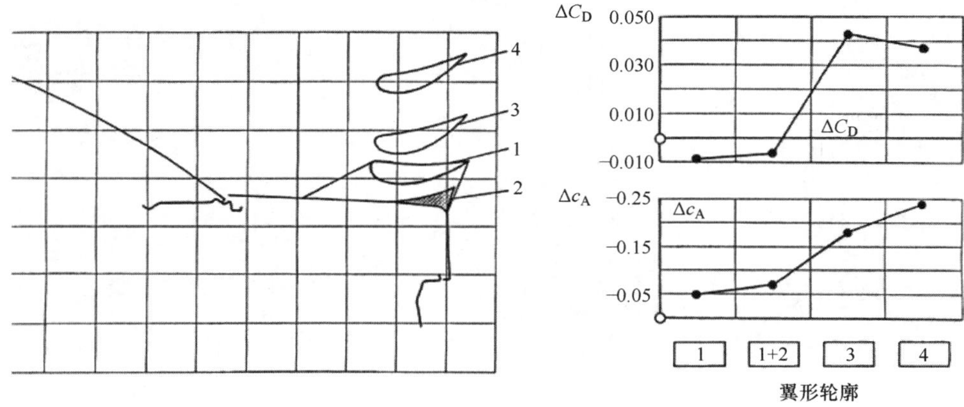

图 4. 118　一个面向比赛的轿车系列的后翼轮廓（Deutenbach 1988）

若后扰流板太有损于外观或后视范围，也可以把其设计成为可伸缩的。大部分情况下它只在高速行驶时才起作用，并改善了阻力和与行驶动力学相关的后轴升力。这可追溯回到图 4. 111 中 Bearman 的想法。一个例子是图 4. 119 中显示的 Audi TT2。

后扰流板的功能也可以通过一个简便的行李舱盖设计来实现。这将在第 4. 5. 1. 3. 6 节中探讨。

给一个平板状的扰流板装备上正弦波曲面，即如图 4. 120 所见，其阻力随着波纹深度 s 的增加而减小。这是因为曲面破坏了扰流板宽度与分离间的耦合性，并因此破坏了剪切层的形成；这也增加了处在扰流板后面的尾涡区域的压力。更进一步，当在平整的扰流板上加带有竖直方向的曲面时，不论其是正弦状的还是像锯条那样有尖角状的，也可以期望得到类似前述的效果。

图 4. 119　Audi TT2 上可伸缩的后尾扰流板及对后尾部流线的影响

图 4.119 Audi TT2 上可伸缩的后尾扰流板及对后尾部流线的影响（续）

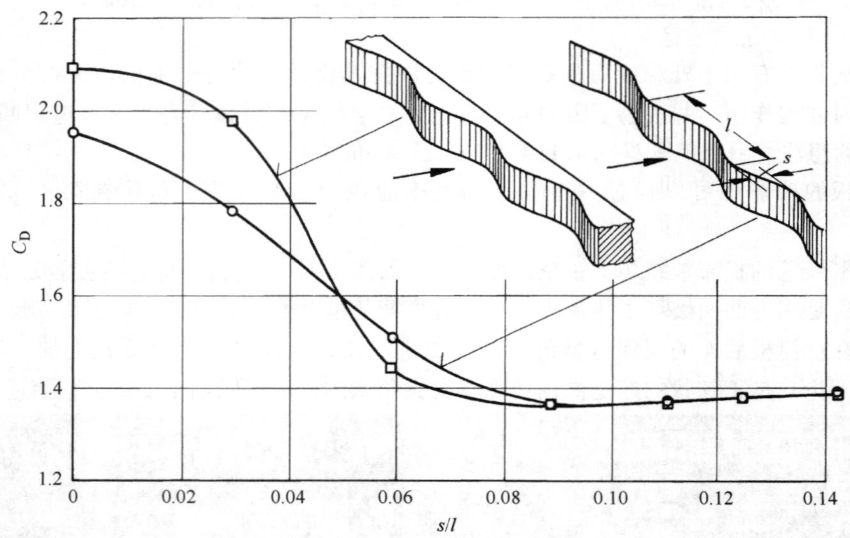

图 4.120 横在来流方向上的矩形条，其曲面使得 C_D值减小（Bearman 和 Owen，1998）

4.5.1.3.5 后尾缩进

从车身侧面、车顶和车身底部向后部的收缩，即增加图 4.89 中的角度 φ、δ、γ_D，从而减小了车身基面面积。这也被称之为“使具船尾形状”的措施。它也可以应用于其他两种形式的尾部形状，即快背车尾和阶背车尾。它们的极限值决定了车尾的结构指标。一方面，为了提供大的装载宽度和高度，应尽可能地增加直背车尾的宽和高，但另一方面，着眼于流体力学方面的考虑也会加上一些限制。在很强收缩的情况下，在基础背面的前面就已经出现分离。有效基础背面面积将比其实际的几何面积要大，并且那里起统治作用的压力下降了。只有流动在向后尾基础背面过渡处发生分离，收缩为船尾形状才会有效果。如图 1.11 所示的“经典”船尾型的后尾的图片，并没有提到刚刚所述的前提条件。

船尾形（收缩）的研究最初是在简单的物体上进行的。对一个逐渐变细的旋转体，图 4.121 显示了其阻力是如何减小的。这里的一个最优锥角 22°只是一个参考值；确切的最优值会依赖于在这以前的流动历史。如果把物体沿锥形体加长，则阻力在开始时急剧下降，但到了后边，进一步的延伸几乎不起什么作用了。如果把物体钝形截断，这是一种被称为“使具鸭嘴形的尾部”措施，则不会使阻力恶化，这也是对 Kamm（1934）的想法的肯定。

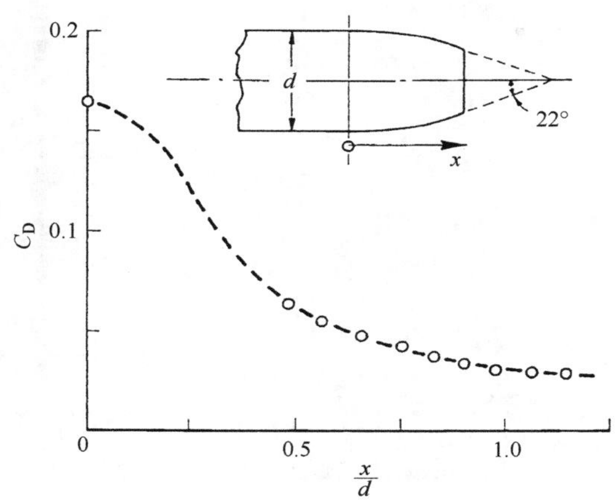

图 4.121 “船尾形状”降低了阻力，这在旋转体上得到了验证（Mair，1978）

Liebold 等人（1979）把这些知识使用到为破纪录而建造的汽车上，并在图 4.122a 中总结了他们的结果。这里显示了典型的饱和特征。对这种面向非道路交通的车辆，长度的选择则更加自由；尾巴可以一直延伸到尖顶为止。而对批量生产的轿车，必须在给定的总长度内安排缩入。它总是给内部空间的设计带来负担，因此缩入不是很受设计师们的喜爱。至于车体侧边回缩后，阻力可以降低到多大幅度，图 4.122b 相应地给出了一个两门跑车的例子。图 4.122c 中的烟气照片显示了在阶背车尾处，沿着逐渐变尖的轮廓，流动能被确切地追踪到多远。所有三个例子的共同之处是给定缩入角度为 10°，比较在图 4.121 中给出的旋转体“最优”角度，这里的角度仅为“最优”角度的大约一半的大小。

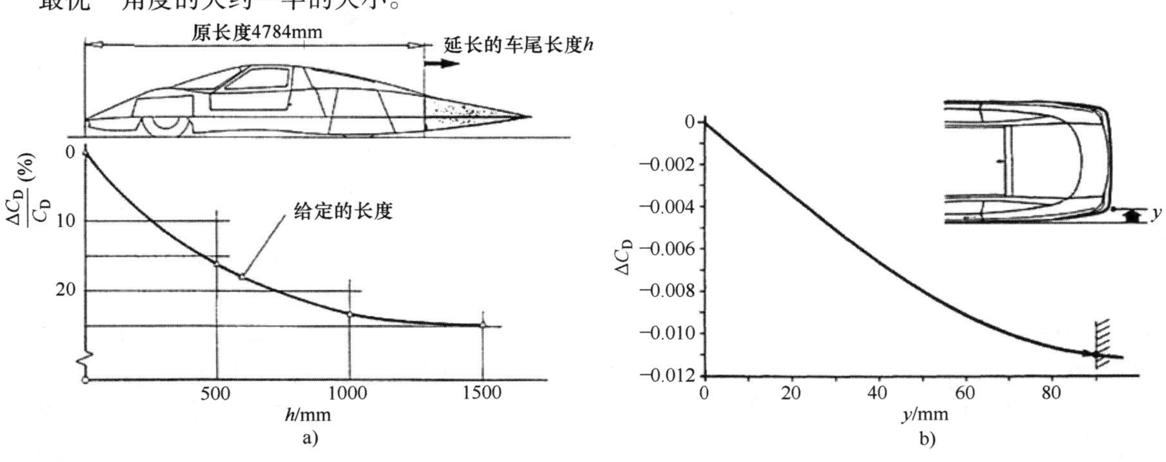

图 4.122 “使具船尾形状”

a）应用于 Daimler – Benz C111 的为破纪录而建造的汽车上（Liebold 等人，1979）

b）在 Opel Calibra Coupé 的水平截面上“使具船尾形状”（Emmelmann 等人，1990）

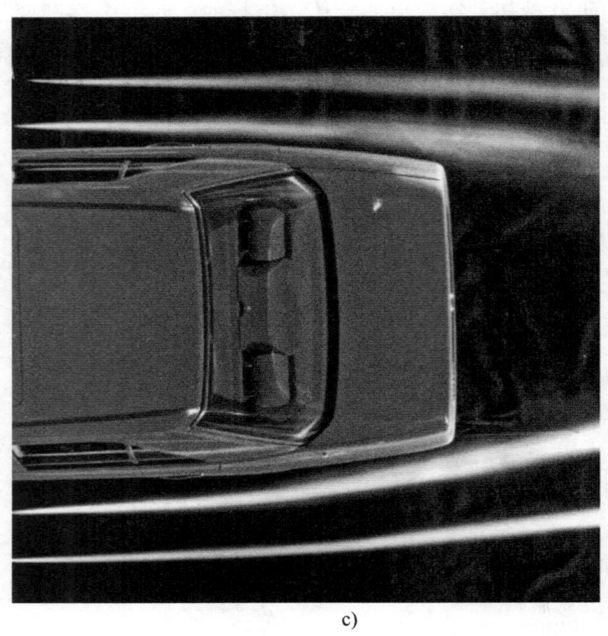

c)

图 4.122 “使具船尾形状”（续）
c）在 Mercedes－Benz 190 上（Daimler 股份公司）

如图 4.123 所示，一个非常有效的缩入就是在直背车上把后车顶向下拉。由此内部容积和后部装载高度将变小；这种约束也使得紧凑型车辆不是特别被买账。但是这个例子也显示了缩入的极限在哪里。如果角度 φ 增加超过 10°，则阻力再次增加，这是由于随着角度增加，逐渐形成在第 4.5.1.3.2 节中讨论的纵向旋涡。

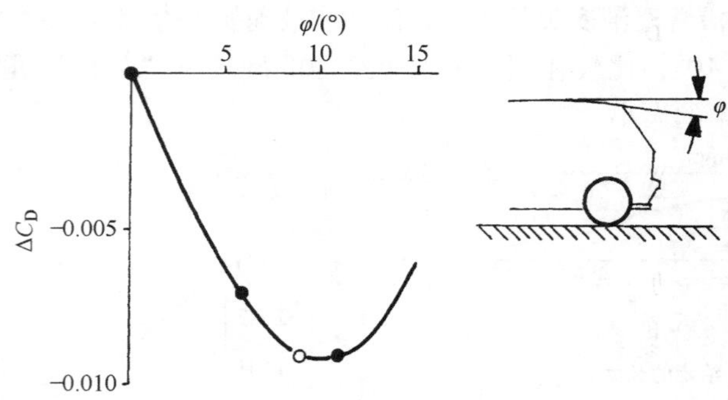

图 4.123 FIAT Uno 展示了通过下拉车顶后边的部分来降低阻力（Maioli，1983）

同样在第四个边界表面（即车辆的底面）上，也已经成功地实现了缩进，其被标记为扩散器而被人们所熟悉。其将和车辆底盘设计一起进行讨论，并还将在第 9 章中专门进行讨论。

即使对快背形式的车尾，也可以在汽车尾部侧面使用缩进，也可以在尾部底盘使用缩进。缩进对阻力有什么影响，可由图 4.124 知晓，针对后倾角为 $\varphi=25°$ 的棱柱体。底盘的拉高（后尾扩散器）和侧面的拉入（船尾形）会导致阻力的显著降低；最重要的是，涡流引起的阻力部分降了下来。

“缩成船尾形状”的效果有时可以通过非常小的改动来实现；这源自图 4.125，也即来自对

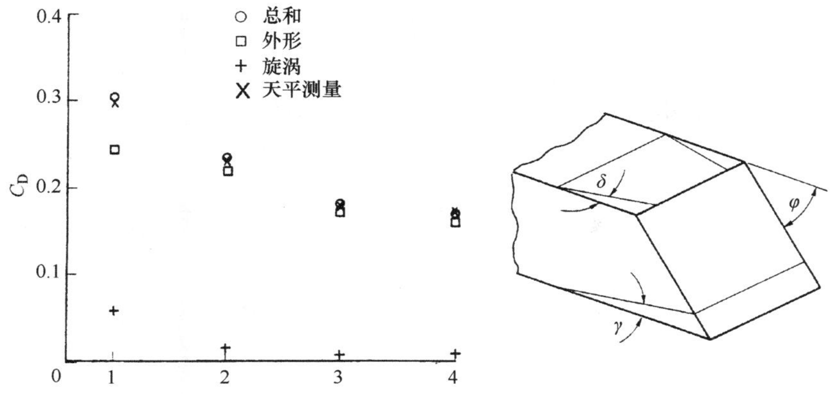

图4.124 源于 Bearman 和 Davis（1983），一个快背车尾的一般性模型呈船尾形状的变化：（1）$\varphi=25°$；（2）$\varphi=25°$，底盘提升 $\gamma=10°$；（3）如（2）的措施，另加侧向缩入 $\delta=10°$；（4）像（3）一样的措施，另加从车顶到斜坡有一个倒棱角的过渡

VW Golf I 的开发。车顶末端的倒圆角和 C 柱的延伸量 a 都使得阻力系数减小了9%。但为什么这两种效应没有叠加呢，没有解释。

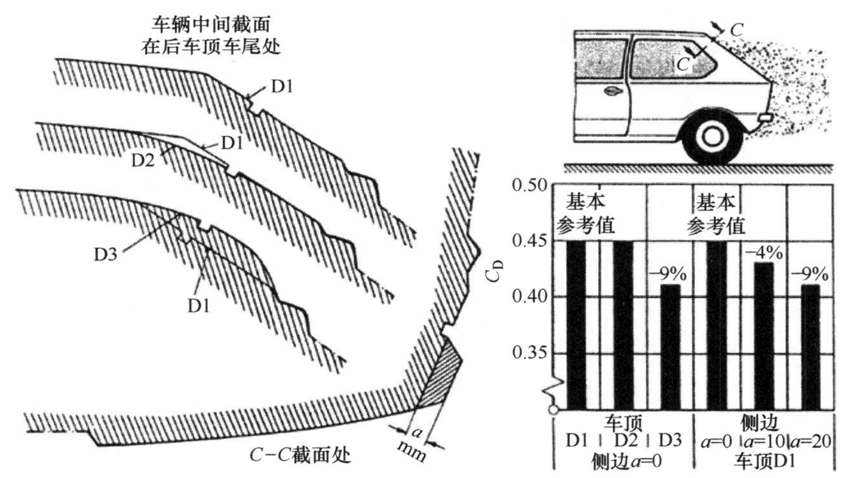

图4.125 通过改动，使车尾呈船尾形状的细节，标D字母的表示在车顶处的改动，带 a 的表示在C柱处的改动（Janssen 和 Hucho，1975）

4.5.1.3.6 行李舱盖

如果车尾以大半径 r_D 的圆弧与车顶相接，则建议用尾部高度 h_K 作为影响参数，而不是用倾角 φ，如图4.126所示。随着 h_K 的变化，阻力会经过一个最小值，而其位置又取决于C柱的构造。然而，对尾部斜坡影响的认知难以转用到具有强倒圆的尾部形状，这是因为分离线的位置不再像尖锐边缘那样是预先给出的。

图4.127所示的车辆可以作为展示对参数相关性的例子。其是对下列的参数进行了分析：后窗玻璃的倾斜角度（图4.127a），行李舱盖的长度（图4.127b），从车顶到后窗玻璃的过渡（图4.127c），行李舱盖的高度（图4.127d），以及行李舱盖板后缘的z位置。从图4.127a、c、d和e中，可隐约感觉到阻力系数的最优值。图里边的现象可以由诱导阻力的减小来解释，其在短的、低矮的和陡的尾部那里由升力引起。通过上述措施把流动定向到水平方向上，从而减小了升力，

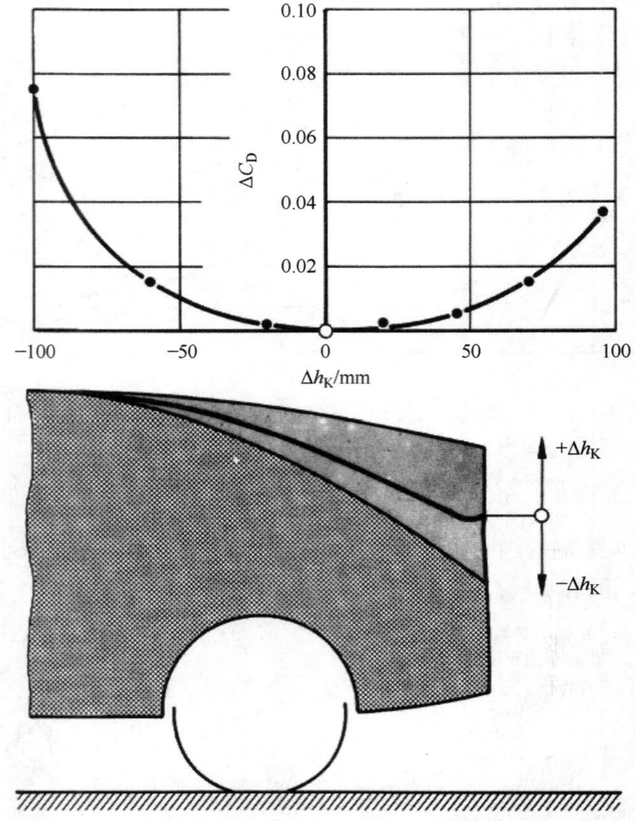

图4.126　在圆弧形车顶末端的乘用车上，高度h_K对阻力的影响（Buchheim等，1979）

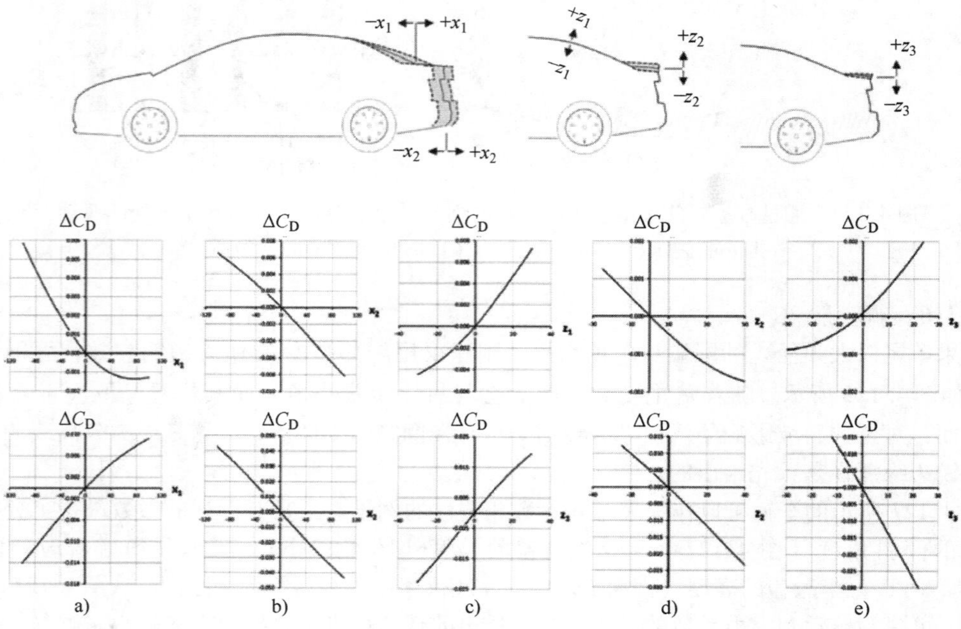

图4.127　关于后窗玻璃倾斜的三个几何参数，以及行李舱和其后尾边缘的位置、高度和长度的调整

进而也减小了阻力。如果升力下降太多，反而会重新产生诱导阻力。在图 4. 127b 这个案例中，阻力下降，其还与行李舱盖长度的变化几乎成线性变化，后尾的升力也是这样。有趣的是，一个更高和更长的行李舱降低了 C_D 和 $c_{A,h}$ 值，这是一个乐见的优点，因为行李舱的容量也增大了，这也是销售人员乐意宣传的。另一个例子是 Opel Calibra 后尾行李舱盖的高度对阻力的影响，参见图 4. 128。

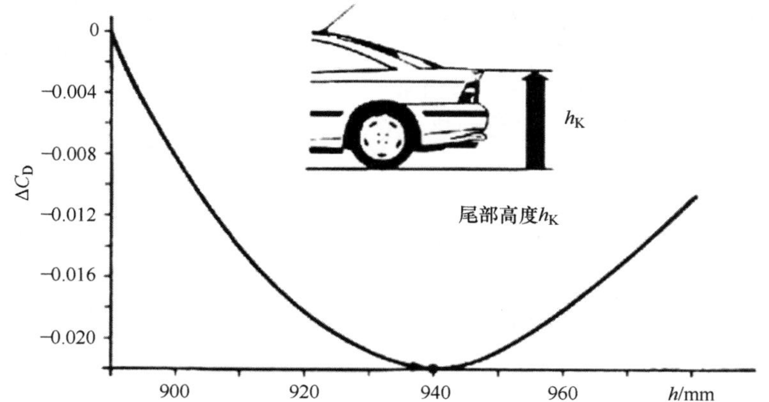

图 4. 128　行李舱盖的高度对 Opel Calibra 阻力系数的影响（Emmelmann 等人，1990）

尾部延长会减小升力和阻力，但增加了横摆力矩；这可由图 4. 129 得知。需强调的是，在后尾部区域较大的侧向投影面积在这里没有导致后部侧向力的增加。可能因行李舱延伸形成了一个较大的迎风低压区。

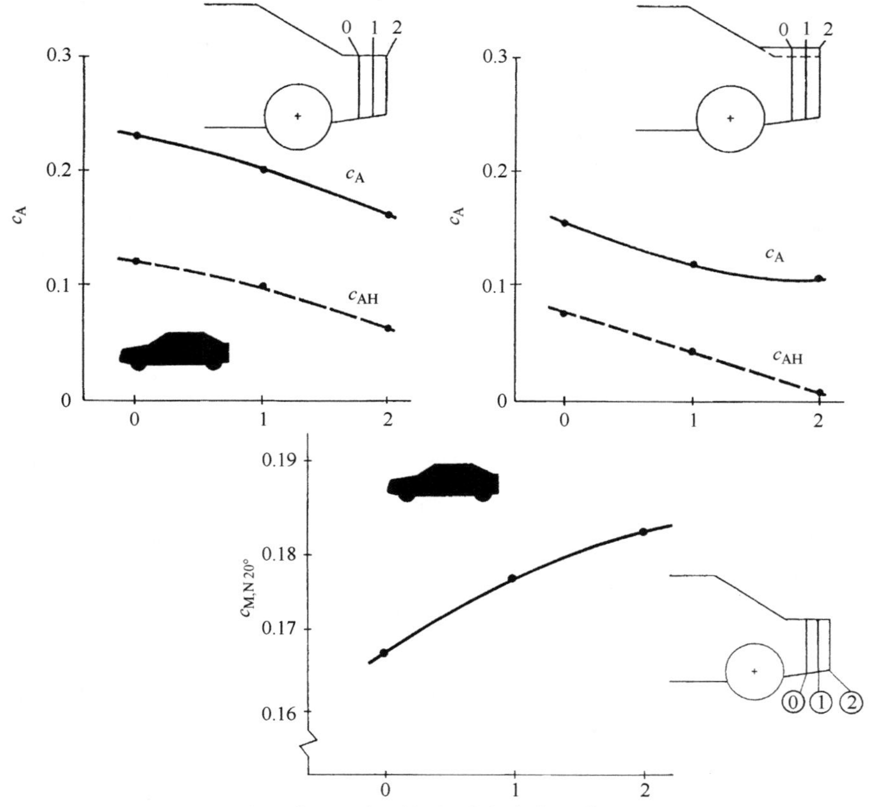

图 4. 129　由于车尾延长引起的升力变化和横摆力矩的上升

4.5.1.4 系统化分类

本小节前面已介绍过乘用车几何结构和空气作用力之间的相互关系以及一系列相关参数研究的结果，下边也如同在图1.69～图1.71做的那样，从概念上总结一下。在两个并列排放的、形式上相同的表格中，在左栏目中给出所采取的措施，例如“倒圆”“拉扯”或“拱起”。在中间栏目中勾勒出几何形状的轮廓是什么样子的，在右边栏目中则展示这些几何形状的变化对空气作用力的分量有哪些影响。忽略个别参数之间的干扰。那里总共列出了12项措施；可以称它们为最基本的措施。除此之外，还有大约50～100个次要的措施，其中的一部分措施使形状和阻力变化之间一些看似简单的联系“变得模糊不清了”。

图1.69中所示的几乎都可以归结为函数

$$\frac{C_D}{C_{D,0}} = f(\Delta G_{几何形状}) \tag{4.34}$$

这里用 $C_{D,0}$ 表示对几何形状施加修改之前的阻力，可进一步归结为四种类型的函数，它们在图4.130中画出，它们是“饱和”“渐近”“最小值”和“跳跃”的函数。在这种情况下，所讨论的几何细节由向量 r_i 来描述，其具有大小合适的分量，如这里车长 l 是无量纲的[⊖]：

$$\rho_i = \frac{r_i}{l} \tag{4.35}$$

只有冷却空气阻力不能归到这些方案的分类中去。

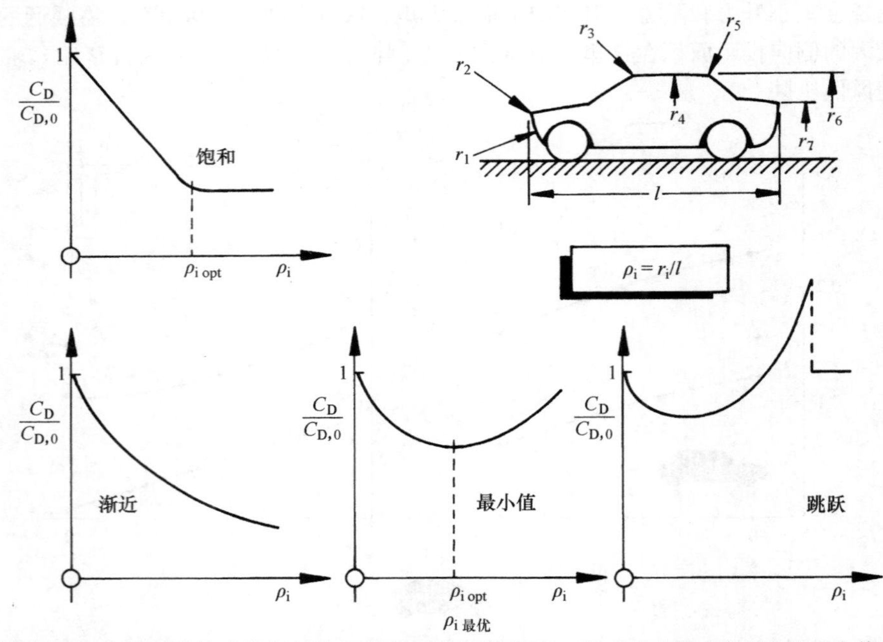

图4.130 在图1.69中所展示的功能归结为四种典型的函数类型，即“饱和”“渐近”“最小值”和“跳跃”

对于所提及的四种函数的类型，在下边的示例中给出：

- “饱和”现象出现在横向于流动方向的边缘上；一个范例是针对图1.47所示的箱型车的车头。
- “渐近”功能类型主要观察那些有倾斜角度或缩入角度的地方；为此在图4.86和图4.127中给出了相应的例子，它们涉及角度、缩入和长度大小的确定。

⊖ 车宽 b 也是合适的参考量值。

- 只要有两个相反的影响出现，就会产生一个“最小值”；一个典型的例子是行李舱盖板的高度，在4.5.1.3.6节中已有描述。
- 当流体的特征随着几何体的修改而改变时，会发生“跳跃”现象。在直尾汽车（VW Golf I）的开发中，通过对后尾斜坡的倾斜角度 φ 在一个很大的范围内的研究，发现了跳跃现象。例子在第4.5.1.3.2节已经介绍过。

应该说明的是，这里所讨论的大多数现象都依赖于雷诺数。等到了第13章时，针对缩小了的模型的实验，再重新回到与雷诺数间关联的话题上。有来自MIRA的评审程序，但因现代技术装备起来的风洞和进化良好的CFD程序，也因为开发人员的丰富经验，最终没有看到大型制造商在使用那些评审过程。

4.5.2 冷却空气的影响

在第4.3.3.2节里已经探讨了冷却空气对机动车空气动力学的影响。现在开始描述那些可以改变冷却空气影响的措施。再回忆一下冷却空气阻力产生的原因，这将在下面进入这个话题：

- 在散热器冷却格栅及其周围的流入损失。
- 流动穿过散热器和发动机舱时的压力损失。
- 流动在出口处冲量和动量的损失。
- 车辆绕流的相互作用。

如图4.131所示，由上述损失导致总的阻力出现了差异。如Kuthada（2006）所建议的那样，现代数值流动模拟提供了对其分析的可能性。在图4.136和图4.140中，依据计算出的流体形态，能直观地判断出损失源，为此也应参阅下边章节的内容。

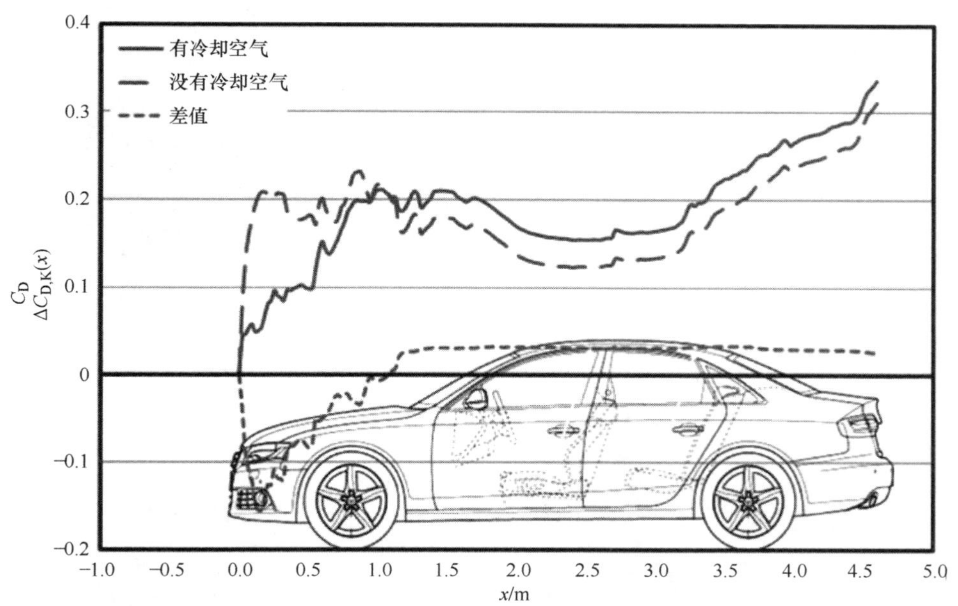

图4.131 在有冷却空气和在没有冷却空气的情况下，车辆纵轴上阻力 $C_D(x)$ 的演化

4.5.2.1 来流损失

如果在发动机舱冷却空气的入口处发生流动分离，并因此引起能量耗散损失，从而导致了来流损失。冷却空气穿过散热器格栅进入发动机舱内部，并继续向热交换器的方向流动。在设计上，冷却格栅的特征确立了车辆的“面部”形象，并且有很多不同的冷却格栅构建方式。

尽管如此，冷却格栅还是有下边的共同性：在事故防护方面的法律中，规定了对设计方面的约束，特别是界定了保险杠横梁的高度。通常规定保险杠被车牌及车牌托座所覆盖，所以保险杠位置至少是被隐含指定的。此外，冷却格栅必须具有保护功能，例如应使得散热器避免遭受较大石块的打击，为此进气口被分成许多小的开口。此外，在设计上有纵向和横向的支架，这也进一步加强了冷却格栅的稳定性能。

由于车辆的挤压效应，流动必须绕过车辆，向上方流动和横向流动。滞点通常位于车牌号码板的区域，冷却格栅支撑和它与牌照底座相邻的边缘斜着朝向来流。在所述的这些位置上都可能发生分离。图4.132（见彩插）展示了示意图和实际车辆的照片，在车辆前部格栅的y中心截面处，图4.132a、b展示了有流动分离的情况，图4.132c、d则没有分离。在该示意图中清楚地描述了，可通过入口的倒圆来避免牌照底座处的流动分离，通过实际格栅的截图，这里显示了流动方向上的纵向翅板是有利的。对于实际车辆，在相同的空气质流下，通过优化格栅（例如，通过缩小格栅口），得到$\Delta C_D=-0.002$的空气阻力改善，这时空气质流穿过量$\Delta\dot{m}=32.9\%$。把格栅翅片定向在流动方向上以减少流动损失，Skoda Superb就是这样的一个例子，参见图4.132e、f。

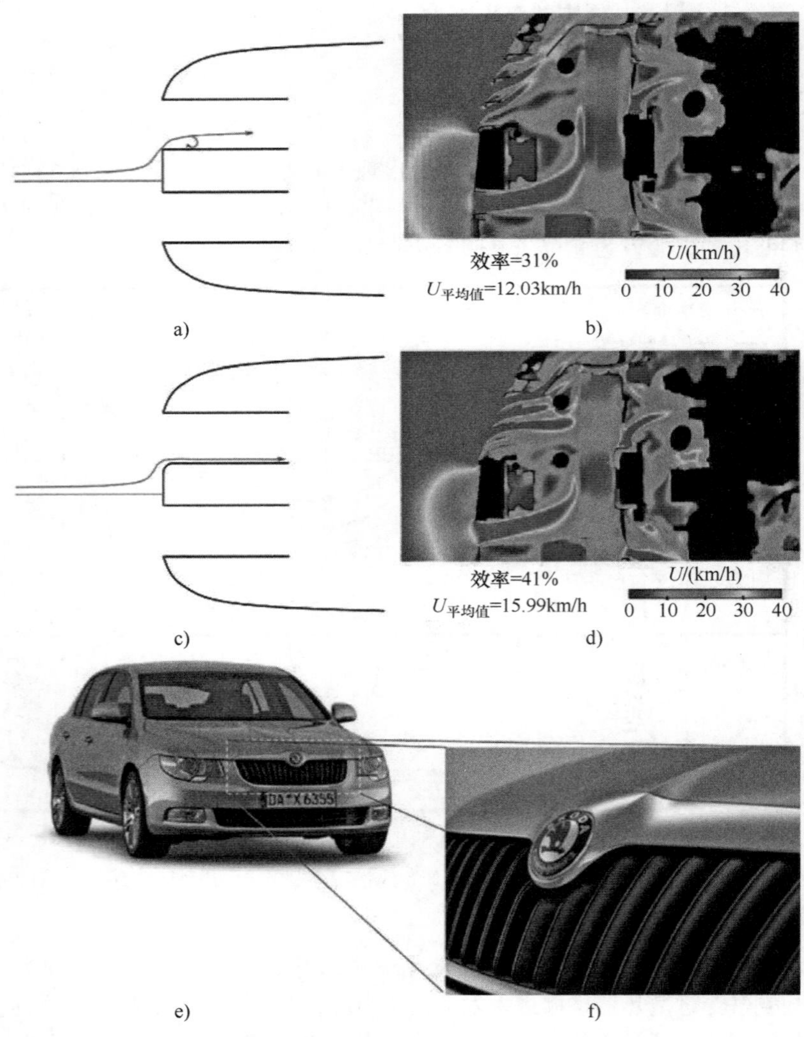

图4.132　冷却格栅的来流损失：高损耗来流（a、b），低损耗来流（c、d）
a)、c）为图解　b)、d）在真实车辆上　e)、f）为Skoda Superb的散热器冷却格栅

4.5.2.2　流动穿过散热器和发动机舱时的压力损失

从格栅开始，经过发动机舱，直到重新出来到在车辆外，在这一连串的旅途里，冷却空气明显地丧失了能量。造成这种情况的原因是，经过障碍物的绕流出现了流动分离，从而导致涡流，并因此消耗能量。此外，流动在穿过热交换器及其毛细管时产生摩擦，其表现为压降。当需要更多的冷却空气来实现“散热”功能时，这些效果就更加明显。这意味着散热器布置得越低效，可用的冷却空气在运用中的漏损量就越多，损失就越大。

第 4.3.3.2 节研究的结果表明，一方面随着冷却空气质流的增加，冷却空气的阻力增加。另一方面，流向热交换器的供冷却用的空气在传输中泄漏，因此增加了进入发动机舱的空气流量，这也导致冷却空气阻力的增加。可在格栅和散热器之间的空间用密封件来弥补，甚至可在此区域使用完全封闭的空气风道。在 2011 年，Audi 推出了 Q3（Schütz 和 Hühnergarth，2011），其为此区域设计了一种所谓的散热器密封件，参见图 4.133。

图 4.133　Audi Q3 散热器的密封件，以减少流入散热器时的泄漏损失

当给散热器施以最大可能的压降时，其工作效率会特别高。这可以通过将冷却空气入口设在驻点区域（此处 $c_p=1$），并且冷却空气出口设在低压区域实现。在有障碍物的周围，这样的流动会对分离也更具有抵抗力。串联安排的换热器应置于车辆的中间。这样布置的两个设计可以在图 4.134a 中看到。

在挂牌照区域的地方，冷却空气通过格栅被分开，然后依次通过紧凑安装的多个热交换器，它们被用于冷却发动机、空调（如有可能的话）和增压空气。然而，空气分流到侧面区域、发动机舱盖处或底盘后，效率较低。这里展示的进气口压力明显较低，需扩大冷却空气风道和进口处表面的尺寸，并且在冷却空气的分岔处经常会出现流动分离。

对发动机舱内压力损失来说，决定其大小（的其中一个因素）是换热器本身。根据公式（4.30），换热器中的压力损失可由散热器中的穿流速度粗略计算，但幂次为 1.5。而且，散热器越深，压力损失越大。纯粹从连续性考虑而肯定会得到的是，加大的散热器表面和更薄的散热器可使冷却空气阻力降低。但是，在整车设计中仅按照这种考虑是不够的。更重要的是，在保证固定所需的换热量下，什么样的散热器尺寸对空气动力学是最有利的。在考虑热交换器中有相同翅片密度的情况下，得到压力损失效率为

$$P_{\Delta p}=\Delta p\cdot A_{\mathrm{K}}\cdot v_{\mathrm{K}}=c\cdot v_{\mathrm{K}}^{-0.5}\frac{l_{\mathrm{K}}}{d_{\mathrm{lamelle}}}\frac{\rho}{2}v_{\mathrm{K}}^{2}\cdot A_{\mathrm{K}}v_{\mathrm{K}}=c_{\mathrm{K}}l_{\mathrm{K}}v_{\mathrm{K}}^{2.5}\cdot A_{\mathrm{K}},\text{其中 } c_{\mathrm{K}}=c\cdot\frac{\rho}{2d_{\mathrm{lamelle}}}\quad(4.36)$$

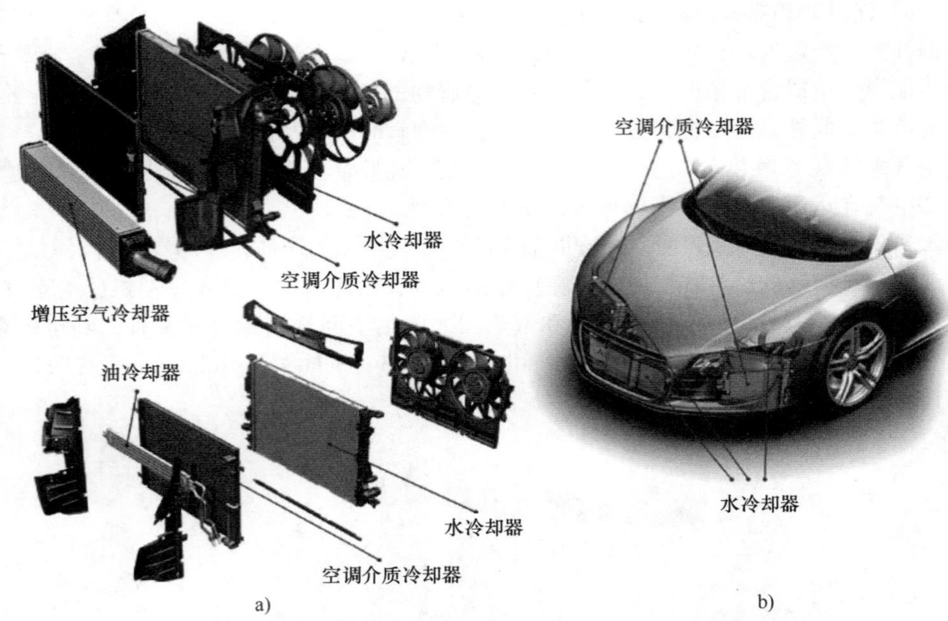

图 4.134　汽车前部换热器的不同（设计）布置

连续性方程为

$$A_K \cdot v_K = A \cdot v \tag{4.37}$$

以及两个散热器 K 和 K_0 相同的传热特性

$$v_K^{0.8} \cdot A_K \cdot l_K^{0.9} = v_{K,0}^{0.8} \cdot A_{K,0} \cdot l_{K,0}^{0.9} \tag{4.38}$$

在恒定的热传递下，压力损失效率的表达式为⊖：

$$P_{\Delta p} = c_K \cdot l_{K,0} \cdot v_{K,0}^{2.5} \cdot A_{K,0}^{(2.722)} \cdot \frac{1}{A_K^{(1.722)}} \sim A_K^{-1.722} \tag{4.39}$$

压力损失效率大致反比于散热器的表面积，幂次为 1.722，从而证实了上述公式的假设。在相同的传热条件下，当散热器表面积增大时，压力损失下降，由此相关的散热器阻力也下降。在图 4.135 中可以看到在恒定传热的边界条件下随散热器表面积变化的压力损失曲线的变化，以及相应散热器质量曲线的变化。

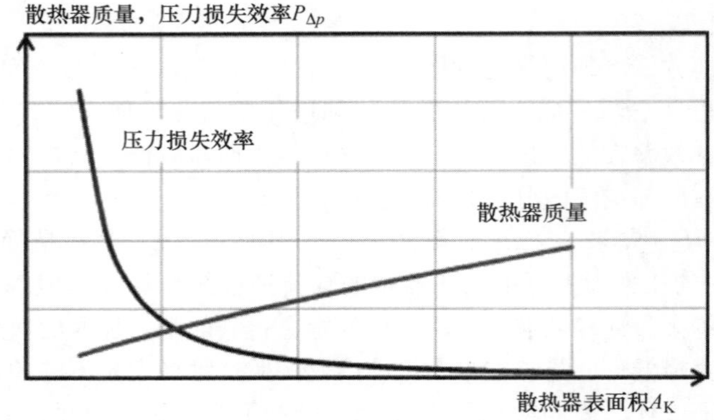

图 4.135　在相同传热的前提下，散热器压力损失效率和散热器质量与散热器表面积的关系

⊖ 假设随着散热器厚度 $l_K^{0.9}$ 的增加，热传递也增加，其可以被理解为是第一阶近似，并可以从图 7.23 中推导出来。

最后必须提到的是，在散热器后边有很多但大多无法测量的流动损失，其是由具有分离的流动绕过发动机舱内的其他部件引起的。它们对整个冷却空气阻力的贡献尚未详细研究，因此针对发动机舱内部的部件，还没有按空气动力学进行成型设计的建议。图 4.136（见彩插）显示了在某一时刻摄取的发动机室内流动中的许多小尺度涡流结构。

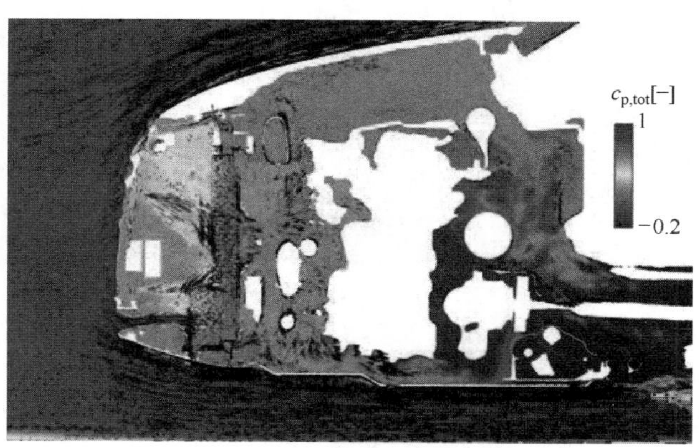

图 4.136 发动机舱内的瞬时总压力系数和速度矢量场

4.5.2.3 冷却空气出口的冲量损失和动量损失

在第 4.3.3 节中，在车辆的后尾部，动量定律被用于解释那里的流动偏转现象。在这里也可以对冷却空气做出类似的研究。根据动量定律，如果每一部分气流都沿水平方向从车内流出，则会对空气阻力有改进。这也适用于冷却空气。其通常出现在车身底部或轮拱的绕流中。在传动轴区域内的轮拱处，流出是横向的；而从车身底部的流出几乎是垂直的。这两个过程与车辆纵向上的动量损失相关联，并导致空气阻力的增加。此外，底盘处垂直方向的流出也意味着前轴升力的增加。

如果在离开冷却用空气的风道之前，能够把冷却空气的流向调到车辆的纵向方向上，则有可能改善空气阻力。为此，在传动轴和车轮悬架区域内的轮拱应该尽可能地遮护起来。另一方面，从发动机舱流出的冷却用空气，在底盘处由长的前部罩壳引导着偏转到水平方向，然后才进入到底部的流动中去。在图 4.137 中展示了针对 Audi Q3 的冷却空气的调向。通过上边这些措施，加上图 4.133 中散热器周围的密封件，车辆的冷却空气阻力改善仅为 $\Delta C_{D,K}=0.009$，详情可参见 Schütz 和 Hühnergarth（2011）的工作，尽管这里还采用了大的散热器面积。把流动沿纵向重新定向的另一个影响是减小了（前轴）升力。

如果巧妙地运用排出的冷却空气，就可以减少一定数额的阻力。对 Ford 的 Probe V 的研究是很著名的，这是一项对可驾驶的样车的研究，其空气阻力极低且只有 $C_D=0.14$！在这辆车里，散热器排列在左后方和右后方。冷却空气通过位于两个后翼子板的开口处进入，流经散热器并从后挡板处流出；它由此到达了尾涡区，并导致了在后尾背压的增加。研究用车 UNICAR 也取得了同样的效果，可参见 Potthoff（1982）的文献。在这种情况下，冷却空气的主要部分通过管道引导到后部并以水平方向排放到尾涡区域中。另外一个较小部分的冷却空气从前轮后边朝向车门的方向水平流出。图 4.138 中展示了样车 UNICAR 和 Ford Probe。

在今天的概念汽车中，像 UNICAR 这种自成一体的风道样式并没有受到欢迎，主要是其损害了外壳形象。如已经提到的那样，在传统的冷却空气路径中，根据动量分析，底盘区域的外流，会导致前轴升力的增加和后轴升力的减小。升力组态的这种变化会对空气阻力产生额外的影响，这依赖于具体车辆的升力值，像图 4.139 中对具有可调后扰流板的汽车所解释的那样。

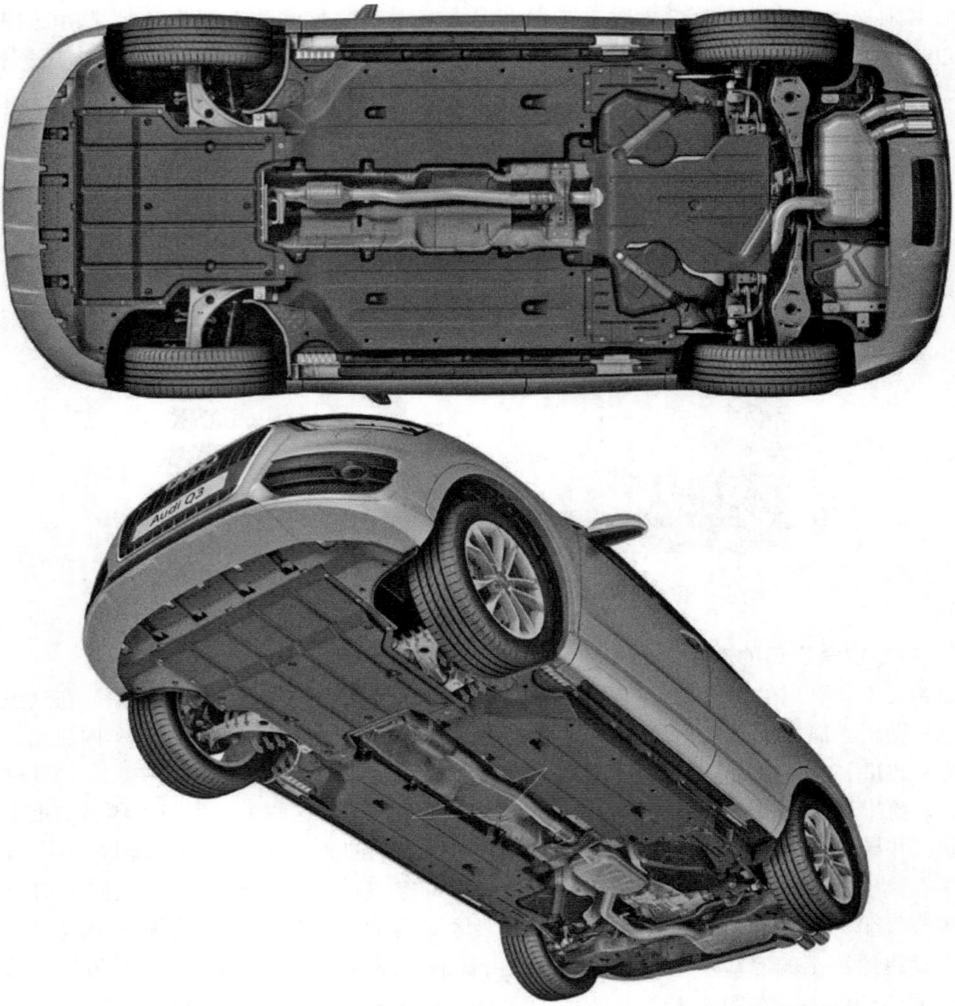

图4.137　Audi Q3 的车身底部，其前部采用大面积的罩壳，把排出的冷却空气调整到水平方向上（Schütz 和 Hühnergarth，2011）

图4.138　Ford Probe Concept S 和 UNICAR 的前后视图（Appel 等人，1982）

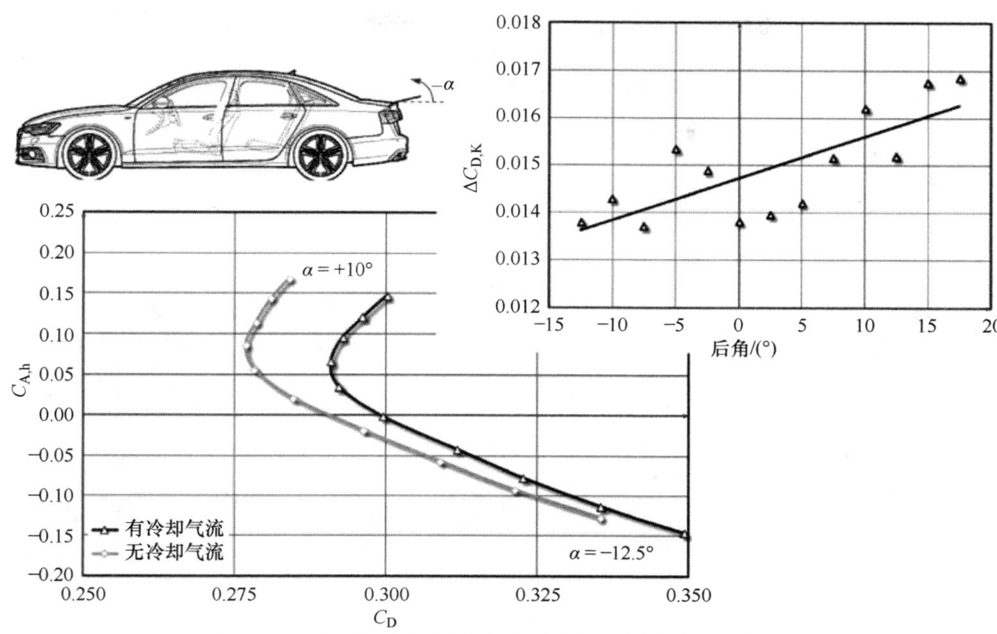

图4.139　对四门豪华轿车和直尾车的不同风冷阻力的注解

对于C_D和c_A的值对，在图4.26中，显示了近似得到的抛物极曲线。阶背车尾式车辆的C_D和c_A值倾向位于该抛物极曲线山峰上边的区域，直背车尾则更可能以较低的c_A值位于山峰的下边。在两种车尾形状中，从没有冷却空气的配置开始，到冷却空气也被考虑，除了C_D增加之外，由于发动机舱内的湍流和压力损失，在极曲线上出现了偏移现象。对阶背车尾，这导致了冷却空气增量的加强，但对直背车尾是减弱的。这也就解释了，在一个相同系列的汽车中，为什么直背车尾的衍生形式，通常比阶背车尾的衍生形式，具有更低的冷却空气增量。根据经验数据，可以近似地估计两个这样的衍生形式的影响为$\Delta C_{D,K}\approx 0.000\sim 0.006$，参见表4.1。

表4.1　直背车尾和阶背车尾的冷却空气阻力比较，在这里车辆前端完全相同，车尾则源于不同的车型系列和制造商

汽车类型	阶背车尾 $\Delta C_{D,K}$	直背车尾 $\Delta C_{D,K}$	差 $\Delta C_{D,K}$
BMW 3系	0.024	0.018	0.006
Mercedes C级	0.019	0.020	-0.001
Audi A6	0.017	0.014	0.003
Ford Focus	0.010（0.011快背车尾）	0.007	0.003

4.5.2.4　冷却空气和周围流动的相互作用

现在还剩下第四个阻力分量，其源于穿流与周围流动之间的干扰。干扰主要发生在冷却空气出口处，但偶尔也会出现在入口处。冷却空气大部分向下流出，并被送到车辆下方。在这里的流出不是纵向的，如将在4.5.3.3节中进一步阐明的那样，而是向着车外边的。图4.140（见彩插）b显示，流出去的冷却空气加剧了这种干扰的影响。由此，车轮（特别前轮）是斜向对着来流的，并根据Wiedemann（1996）的结果，阻力显著增加。可以通过Porsche（1986年7月26日）一个获得专利的设计，避免阻力增加，甚至转化成为一个小优点。依照此专利，冷却空气在紧靠前轮的前方处排出，从而在来流中遮护轮子，否则来流将以相对高的速度撞击车轮。最近针对当前的3系车型，BMW展示的“空气帘”也有着相似的效果，其可以在图4.141（见彩插）中看到。另一种减小车轮来流角度可能的方法在于轮拱到发动机舱的密封。

a)

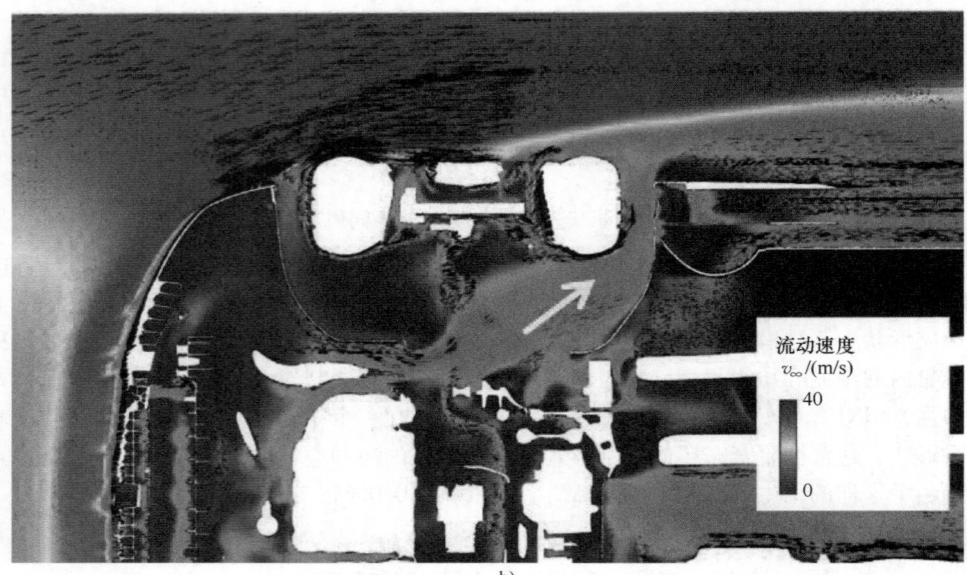

b)

图 4.140　冷却空气在流出时的走向

a）流到车身底部　b）流到轮拱处

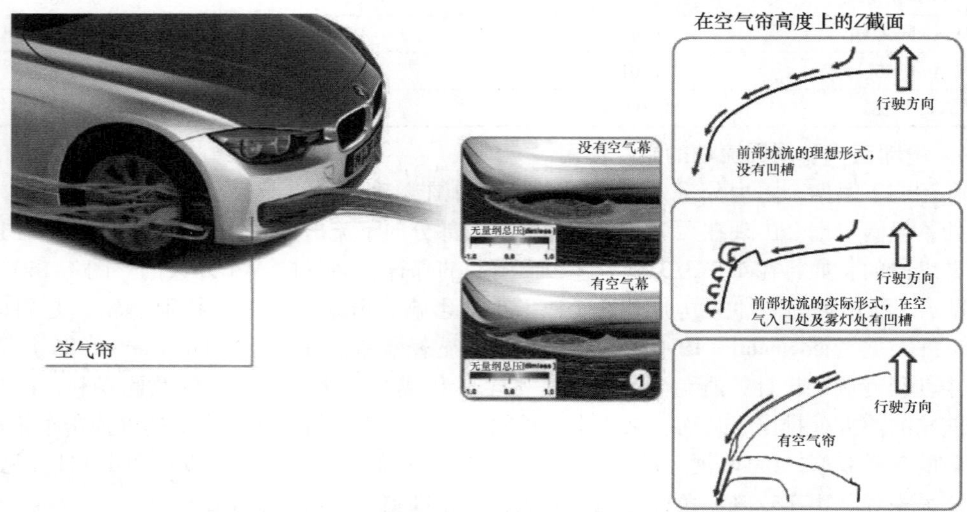

图 4.141　BMW 3 系列上的“空气帘”，空气在前轮前方排出，以减少前轮的斜向来流

即使只有很少量的气流排出，也会对阻力产生不利的影响，并且在出口处附近可能注意不到。在图 4. 140a 中展示了一个例子，其中在前轴区域中排出的冷却空气导致在底盘下流动的边界层变厚，并且后边的流动走向也显示出，在扩散器（未画出）处很早就出现了分离。然而，被引导并（沿底盘，译者注）切向排放的冷却空气避免了这些影响，并因此改善了冷却空气阻力。

然而在某些情况下，会出现负的冷却空气阻力，其可以通过绕流和穿流间的相互作用来解释。当发动机舱的穿流受到阻碍，由于压力比发生了改变（对比有穿流的情况），可能在发动机舱罩或者车头下边缘处发生分离。如果这种分离是非常显著的，这可以过度抵消没有冷却空气时的正面效果，比起有冷却空气的情况，在没有冷却空气的情况下的总阻力更差。另一个负干扰效应的例子是已经提到的 UNICAR。在那个例子里，冷却空气被引入尾部的死水中，并在那里增加了车尾基础背面的压力，这些又致使阻力的减小（Potthoff，1982）。

4. 5. 2. 5　主动系统

通常是基于车辆生产线中功率最高的发动机对冷却空气的需求，来安排生产有效的冷却空气入口尺寸。这经常导致在发动机功率较弱且冷却空气需求较少的车辆被提供了过多的冷却空气。从空气动力学角度来看，这些（额外的且）并不必要的冷却空气意味着气冷阻力的增加，也就是导致了燃料消耗的增加，这实际上是可以避免的。应注意的是，人们在前几代车辆就已经尝试过了，通过安装盖板来缩小冷却空气的开口（即所谓的“遮盖”），以适应低功率发动机对冷却空气较低的需求。

对现代的车辆，人们逐渐转向到以这样的方式来处理，即按当前实时的需求来调整冷却空气开口以及冷却空气体积流量。活瓣调节冷却空气其实并不是新的发明。例如，车型 Wartburg 311 900 就有一个可调节的散热器百叶窗。鉴于现在总是被要求不断地去减小空气阻力，空气动力开发部门受到的压力就非常大，以至于冷却空气活瓣再次被启用。在一些行驶状态下，不需要或者只需要一小部分空气流进冷却格栅，就可实现冷却和空调功能。这里给出一些如下的例子：

- 冷起动后的预热阶段（发动机冷却）。
- 冬天在寒冷的外部环境下的空调使用（空气调节）。
- 在平原上的恒速行驶（发动机冷却）。

除了较小的冷却空气阻力、较低的燃料消耗，以及由此而减少的二氧化碳排放之外，活瓣系统还有其他的优点，如在室外低温时，使发动机或机油（黏度变化）以及驾驶室内部（源于冷却液温度）更快地加热起来。这样的冷却空气质流控制装置，在不同的制造商处具有不同的名称（Ford：格栅百叶窗；大众集团：可控冷却空气进气端；BMW：空气活瓣控制装置；Mercedes：冷却空气百叶窗，等等），并且以不同方式实施。图 4. 142 给出了一个概述。

这些是一些众所周知的系统，它们在散热器冷却格栅上（图 4. 142a），在散热器前面（图 4. 142b），或在风扇模块中（图 4. 142c），去关闭冷却空气的通道。在散热器冷却格栅和冷却空气百叶窗之间使用直到 100% 密封风道是对冷却风量控制最理想的情况。在上述措施下，将没有空气会进入发动机舱，前边谈及的阻力源完全被消除。剩下的就只有（或许会出现的）负面干扰效应的影响，具体可参见上边的第 4. 5. 2. 4 节。

然而在技术上是难以实现绝对密封的，因此可以预期，几乎总是会有冷却空气在运行中泄漏。泄漏的质量流量对应于除了通过散热器格栅而剩下的质量来流量，并且冷却空气百叶窗越是向下游置放，泄漏的质量流量就越大。另外，一个很向后置放的系统可能会对周围的流动产生负面影响。一个例子就是出现在图 4. 143 中的情况。冷却空气从牌照下边流入发动机舱并再从上方离开。其结果是在发动机舱罩前缘处发生分离，这里由于百叶窗而使得对 C_D 的改善减少了。

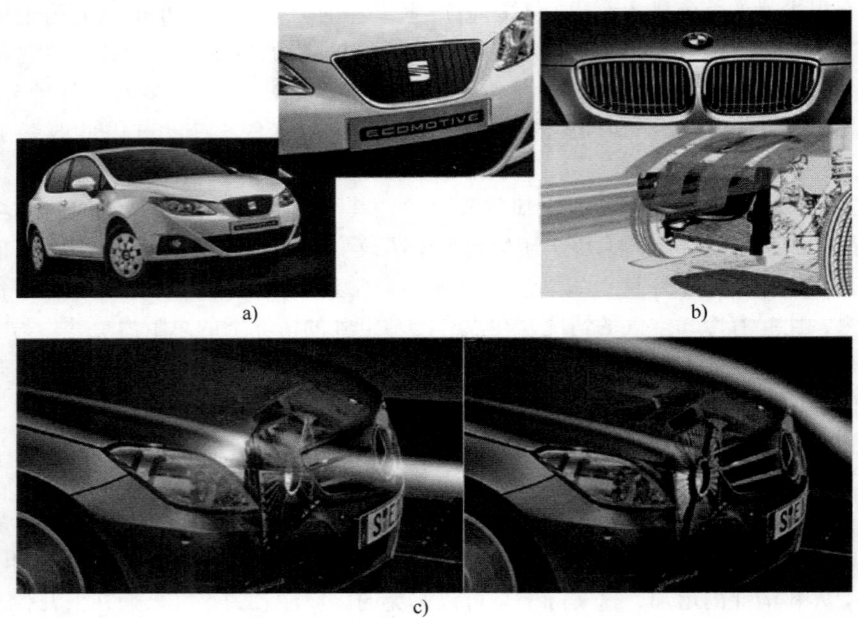

a)

b)

c)

图 4. 142　控制冷却风量的不同系统

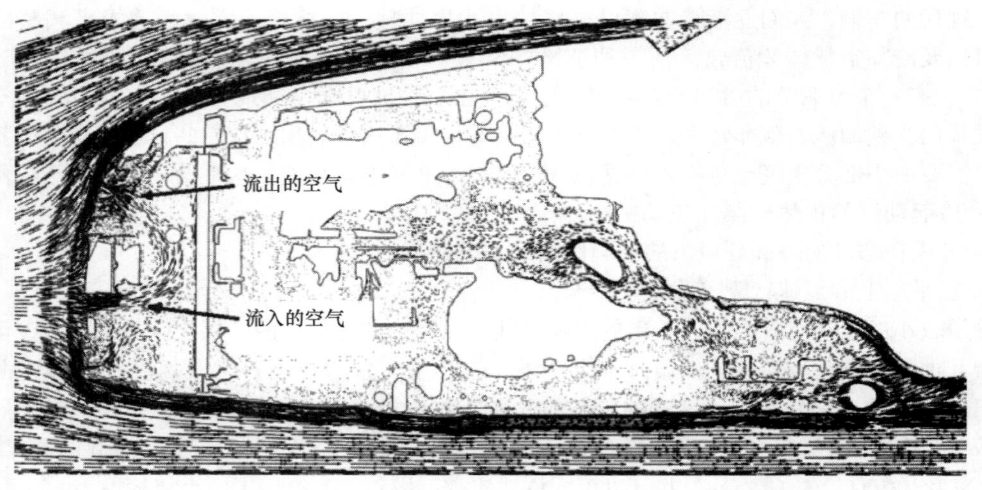

图 4. 143　在一个使用风扇的主动系统里，出现在发动机舱内散热器组件前方的回流

因此，冷却空气百叶窗要争取安置在散热器冷却格栅中。但这样会不利于其车辆的伤害类型分类及对行人的保护。置放在下游处的系统不仅降低了对 C_D 的优化，在发动机舱内部还有压力明显增加的缺点。

与安装位置相比，冷却空气开口活瓣板的尺寸更受关注，因为它对冷却空气阻力的影响更大（见图 4. 144a，见彩插）。冷却空气的开口通常分成上部和下部两部分，并且其可以通过活瓣系统完全或部分关闭。在设计活瓣系统时，还需进一步研究百叶窗翅片是否完全或分阶段地开放冷却空气开口。除了打开程度之外，也要研究翅片的旋转方向，其影响了气流在散热器表面上的分布。图 4. 144b 显示了流动如何根据百叶窗的旋转方向而变化。在使用百叶窗时，为了尽可能地节省燃料，则有必要在尽可能长的时间里保持百叶窗关闭，这当然依赖于发动机的负荷条件和其对冷却空气的要求。在此背景下，比起单级控制，百叶窗的多级控制更受欢迎。与“数字”（0/1 式，译者注）控制相比，有效冷却空气开口的多级控制更精确地适应冷却空气的需求，并通过翅片从关闭状态逐级开放到完全打开的状态。从图中可以看出，作为打开角度的函数，阻力曲线不是线性的。而是在开启角度达到 60°之前时，冷却空气阻力的增加几乎是线性的，在其之后曲线趋平。

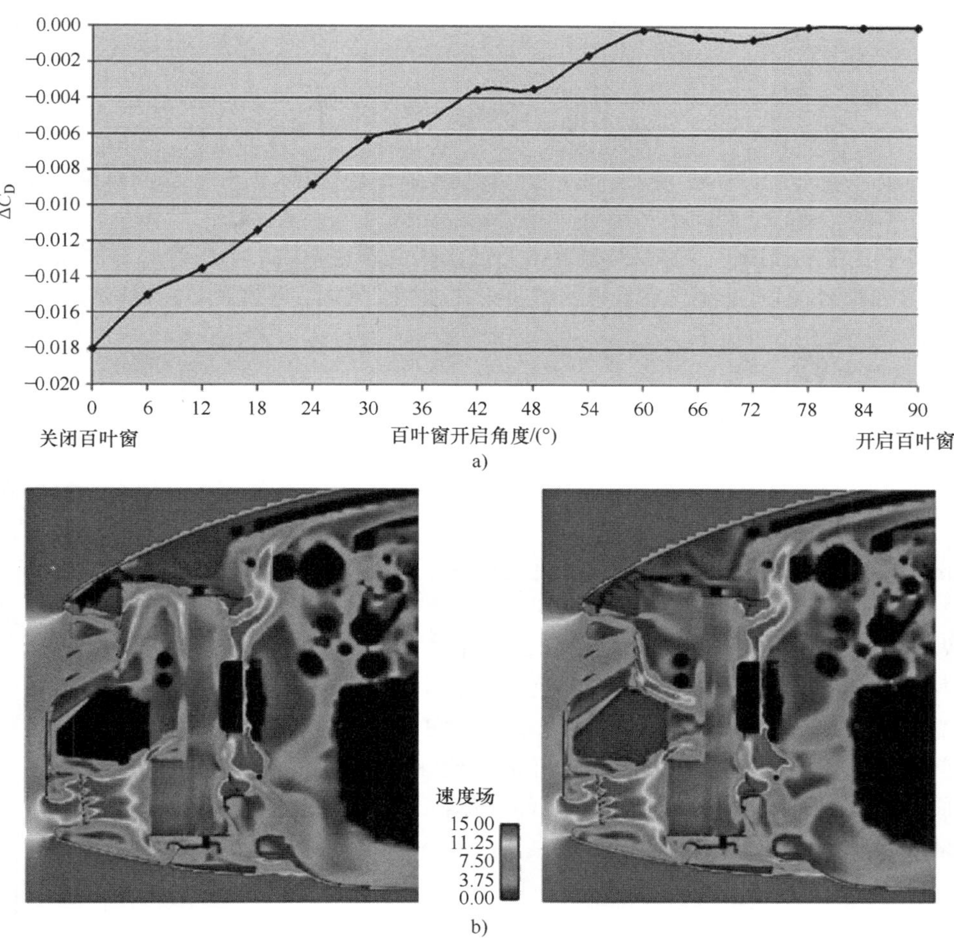

图 4.144　冷却空气百叶窗在使用时，C_D 值随开启角度变化的减小量（a）和活瓣开启方向对冷却气流的影响（b）

在第 4.4.1 节和 4.5.2.3 节中已经展示了，阻止发动机舱的穿流也会对车轴升力产生明显的影响。在通常的冷却空气风道中，冷却空气出口通向底部，若关闭冷却空气通道，则前车轴升力下降，后车轴升力增加。由此车辆的空气动力平衡恶化。在开发风冷空气流量控制系统时，必须对车桥升力和其导致的对行驶动力学的影响进行仔细监控。如有可能，在与行驶动力相关的高速范围里，检查冷却空气百叶窗采取什么样的开放姿态，以便调整升力值。

4.5.3　附件

附件的粗糙度阻力在第 4.3.3.3 节中作为阻力的一部分已经定义过了，通过对光滑的汽车基本车身的细节化，以此把阻力添加到实际车身上。这些细节尤其是涉及车底组件、车轮、后视镜、天线、车顶的纵梁和把手。

在很长一段时间，空气动力学专家几乎没有关注过汽车下面（底盘与道路之间，车轮周围和车拱内）的流动情况，尽管底部带有较大的空腔，有棱角的传动轴和被截断的金属板，这里崎岖的表面呈现出很高的阻力。后来的研究结果还表明，如上所述的车辆底部还是空气噪声的来源。但在功能上和构造上的要求在很长一段时间内占据主导地位，在那时空气动力学需要做的就很少。前扰流板至少可以缓和问题，但不能完全消除问题。同样，车轮和轮拱并不是按照空气动力学标准来设计的。

当乘用车的 C_D 值在接近 $C_D \approx 0.30$ 时，车辆底部的阻力就走进我们的视野。过去在这里几乎没有涉及，因而更具有吸引力。很快就会发现，为了优化车辆下方的流动，需要比以往更精确地描绘在道路上主要的流动情况。同样的，无论是在实验中还是在计算中，如同对轮子旋转运动的处理一样，车辆与道路之间的相对运动也需要描绘出来。

虽然外后视镜、天线、门把手和车顶纵梁在整体上显然不如车身底盘的部件和车轮那么重要（参见图4.22），但对这些“能看得到的”附件施以空气动力学优化依然面临着挑战，因为它们总是与式样造型是有冲突的。

4.5.3.1 车身底盘的组件

经大量简化后，底盘可以认为是一个非常粗糙的板面。与光滑的平板比较（图4.18）可知，摩擦阻力随着粗糙度的增加而增大。遗憾的是，这些知识只能定性地应用于车辆上，因为底盘的技术细节不能归属于“沙粒粗糙度”或“技术”粗糙度，而后两者可按流体力学的教科书进行处理。

Carr（1965年）已经指出，完全光滑的底面是如何受益的，如今在越来越多的投资推动下，使得越来越接近这个理想状态。我们也不能因此而减少冷却空气的流动和各个机组的冷却。与Carr的做法类似，Howell（1998）把底面逐步地并按不同的顺序进行平滑处理，其结果如图4.145所示。在这项研究中，通过底部板面的平滑可以把阻力降低 $\Delta C_D = 0.035$。在这里，车前部底盘板面的平滑比车后部底盘板面的平滑获益更多。原因是，在底盘下方，由于粗糙度引起了在车前部的分离流动，其不能或很少在车后部能够再形成附面流。在后一种情况下（车后部底盘板面的平滑，译者注），直到车辆的尾部没有取得值得称赞的压力回归，因此也就没有出现重大的减阻。

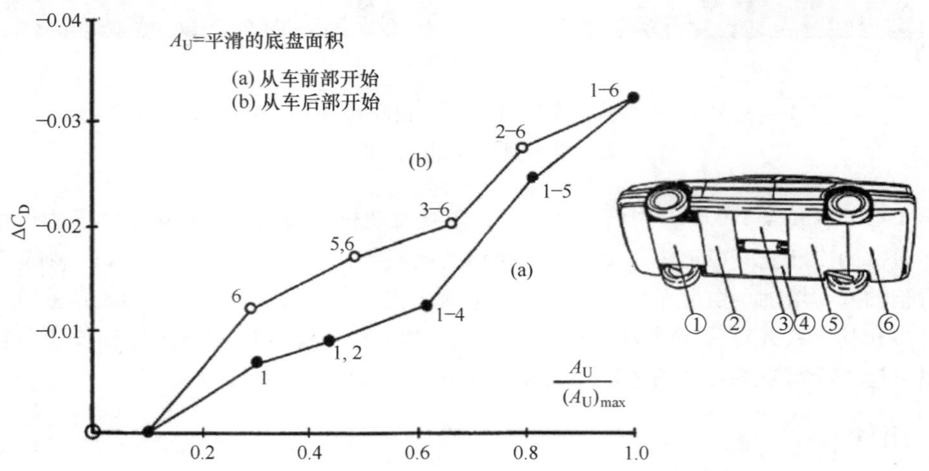

图4.145 通过逐渐“平滑”底盘板面来降低阻力（Howell，1998）

通常，通过添加附件实现底面的平滑。这样做的缺点是增加了额外的成本和重量。其缺点可以通过它们带来的益处来冲销，如它们也可以用来防腐蚀或降噪。然而个别的能看得到的部件，如消声器、油箱和备胎槽的底面，若按适合流动的规则来构建它们，则不需要多余的附件。Audi A8 的示例将用来展示，怎样可以在附件的帮助下使得底部变得有利于流动。如在图 4.146 中所见，由此可以得到其阻力值 $\Delta C_D = -0.033$ 的改善。

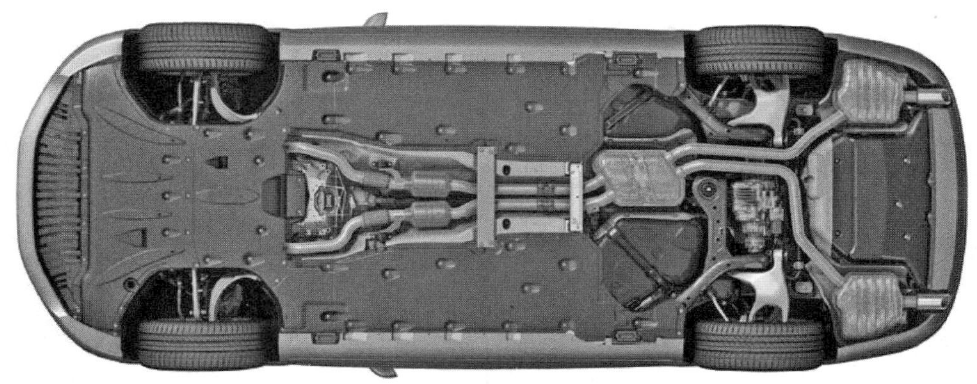

图 4.146　Audi A8 底盘的外罩（Zörner 等人，2010）

这个看似简单的解决方案实际上是多个独立步骤组合的结果，如图 4.147（见彩插）中所示为 Audi A2 所做的那样。首先与未经处理的底盘相比，得到完美平滑底盘的优势是：$\Delta C_D = 0.050$。通过总共 28 个单独的措施组合，可以实现仅仅不到上述的一半，即 $\Delta C_D = 0.024$。尽管如此，为实现宣称的 3L/100km 的油耗目标，人们不能错过这些措施。此外，Audi A2 的目标值 $C_D = 0.25$ 必须无条件地满足。

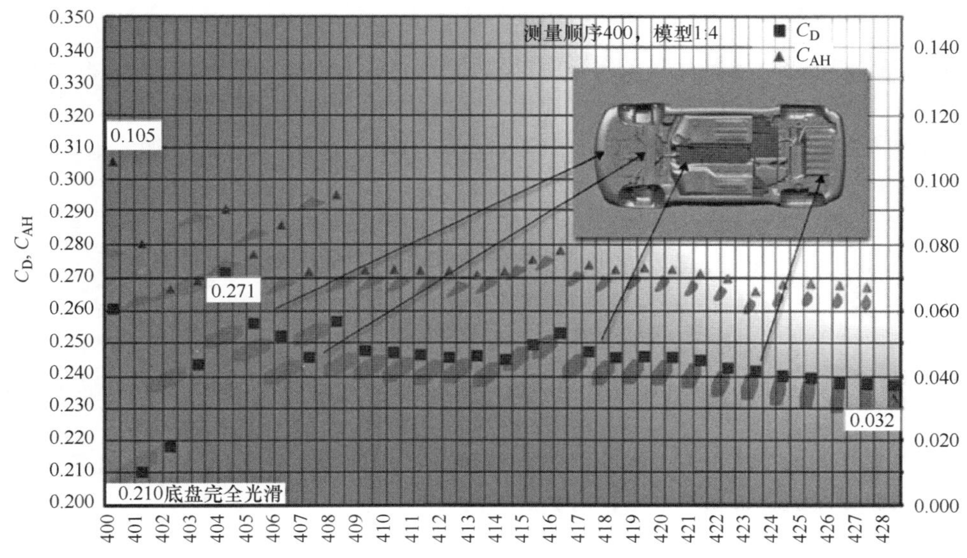

图 4.147　Audi A2 底盘板面的开发（Dietz，2000）

车尾扩散器是影响车辆下方流动的一个有效措施，其是底盘和道路之间通道的一种扩展。通过它可以降低后轴上的阻力和升力。不受干扰的来流是保障扩散器有效性的先决条件。这些只能通过平滑的底板组件来实现，而不能通过扰流板来实现。从图 4.148 中的草图可以看出，在给定离地间隙的情况下，有两个参数必须相互协调，它们是扩散器角度 γ_D 和扩散器长度 l_D。Potthoff（1982）给出了例子 UNICAR，也见图 4.148。与短扩散器相比，依此例可知长扩散器更高效，并以比短扩散器更小的角度来实现相同的减阻。如何设计这种扩散器，将在跑车和赛车的背景下，在第 9 章中加以描述。

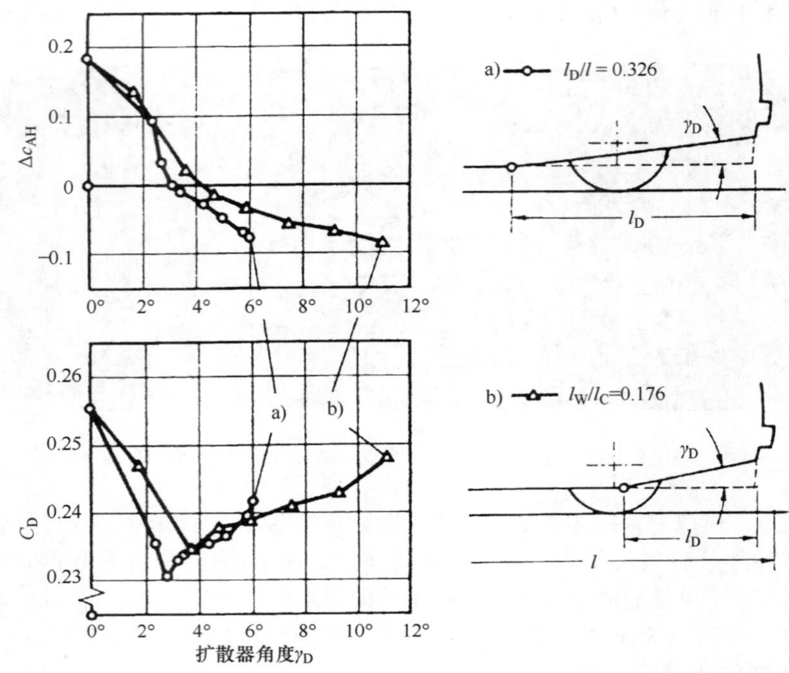

图 4.148　在研究用车 UNICAR 上，Potthoff（1982）通过后部扩散器来降低后轴的阻力和升力

虽然粗糙的底部对空气阻力的负面影响已经在很长时间里为人所知，但如今生产的许多车辆仍然具有相当凹凸不平的结构。其中的原因是多方面的，主要的有配件的高成本以及驱动和排气系统领域的热量堆积。除前面段落中描述的光滑表面外，设在强的阻力源之前的扰流器[㊀]也可以带来成效。这些阻力来源（及扰流板方案）如下：

- 凹凸不平整个车底盘→车前部扰流板。
- 底盘平面上大的间隙→安装在风道支撑和横梁上的前置扰流板。
- 车轮→车轮扰流板。
- 车桥零件→固定到油箱上的或车底盘罩板上的或金属板部件上的前置扰流板。
- 朝扩散器方向的流动→固定到保险杠罩上的或备胎槽上的或后消声器上的尾部下边缘处的扰流板。

车前部扰流板增加了在垂直方向上的针对流动的作用面积，并因此使车辆前部驻点的位置向下移动，从而更多的空气通过上方，而不是车辆下方。因此，可以观察到车前部扰流板的三种效果：

- 粗糙底盘的阻力减小，平滑底盘的阻力变差。
- 前桥上的升力减小。
- 冷却空气体积流量增加。

㊀ 扰流板源于英文单词干扰器；其通过干扰流动过程以获得积极的效果。

根据任务的要求不同，重点的设置也将不同。在过去最初讨论的重点是阻力，现在，特别是对高速汽车，关注点很快地转向了升力。考虑到驾驶性能，必须注意前后轴之间的升力分配。冷却空气体积流量的增加最初被看作是一种副作用；现在当动力更强大时，可以非常有针对性地来使用它。

车前部扰流板的减阻效果基于这样的事实，即车辆下边的流速由于驻点移位而减小。并由此使得阻力值减小，在这里的车辆阻力是由于凹凸不平的底盘组件产生的。然而与其目地相违背的是，扰流板本身也产生了阻力。这种自身阻力随着扰流板高度的增加而显著增加，尤其是对光滑的车身底部，从而当扰流板的高度大于某个值之后，总阻力开始变差。

底盘和扰流板合起来的总阻力由底盘阻力 $F_{W,B}$ 和扰流板阻力 $F_{W,S}$ 叠加而成，它们可以通过图 4.149 中描绘的模型来解释。

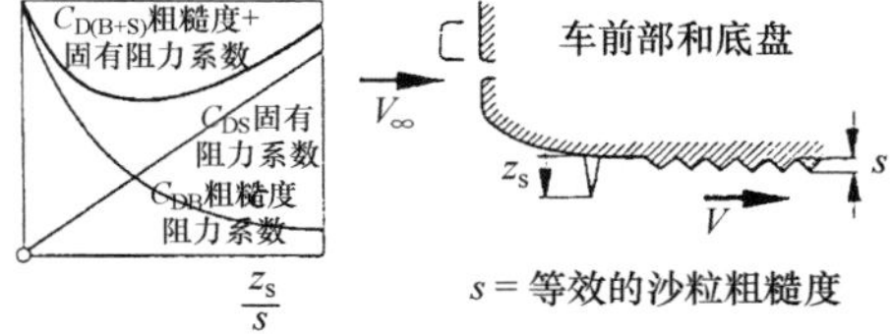

图 4.149　车前部扰流板的功能示意图

底盘组件的阻力应该可被替换成摩擦阻力，这里的摩擦阻力取决于摩擦系数 c_f、车辆下方的平均速度和地面“被覆盖”的表面积 A_B。则有以下关系：

$$F_{W,B} = \frac{\rho}{2}\bar{u}^2 c_f A_B \tag{4.40}$$

随着扰流板高度的变化，地面面积 A_B保持不变，平均流速$\bar{u}$则与行驶速度 u_∞ 成正比，并且是扰流板高度 z_s的函数。上边所述这些关系可以定性地给出：随着扰流板高度 z_s的增加，平均速度下降，车辆下方的流动被扰流板所“阻塞”。对于非常粗糙的板片，摩擦系数 c_f与雷诺数无关（参见第 2.3 节），用作底盘的话则它是一个常数。

扰流板本身可以被看作是一个与气流垂直的、单面且固定的板片。它的阻力系数是 $C_{D,S} \approx 1.6$，并有：

$$F_{W,S} \approx 1.6\frac{\rho}{2}u_\infty^2 A_{x,S} \tag{4.41}$$

扰流板的迎风面积A_S与扰流板高度 z_s成正比，扰流板的阻力系数值与其高度无关。因此，扰流板自身的阻力随着扰流板高度 z_s增加而线性增加。

图 4.149 中粗的曲线就是两个阻力部分的总和。因此存在着最佳的扰流板高度 $z_{s,opt}$能使阻力达到最小值。当扰流板高度开始增加时，相比扰流板压差阻力的增加，底盘的摩擦阻力下降得更快。然后后边是当底盘的阻力几乎没有下降时，扰流板的阻力则是继续增加。最后在扰流板升到非常高的位置时，底盘阻力加上扰流板阻力的总和甚至大于在没有扰流板时的底盘阻力。在底盘光滑的情况下重复扰流板高度的增加过程，这时则底盘阻力没有或仅有轻微的改善，而扰流板自身阻力的增加从一开始就占据了主导地位。

上述定性的研究得到了许多测量数据的支持。图 4.150 即是这样一个例子。对应于扰流器所在的三个不同的高度，在纵向中心截面上测得的压力分布也为前轴上的升力减小给出了解释：流动在扰流器上分离，由此在扰流器的后面形成了负压占优势的尾涡区域。负压会随着扰流板高度的增加而增加，并扩展到车前端的下侧，成为一个较大的区域。与阻力不同，升力呈渐近性地下降，因而不会达到最小值。因为更重要的是前桥具有小的升力，所以扰流器的高度可以在很大程度上超过阻力最小值所在的高度。

图 4.150 中的压力分布也解释了，为什么扰流板能使得通过散热器的体积流量增加了：是因为驱动它的压差增大了。这里观察到后轴的升力也一起增加，其可能是基于下面的事实：由于扰流板的作用，一些空气不再能够向车辆下方流动，而是绕向车辆上方，并在那里增加了负压。在发动机舱盖板上，这种压力下降得很明显，在车辆的后部，它就弱多了。

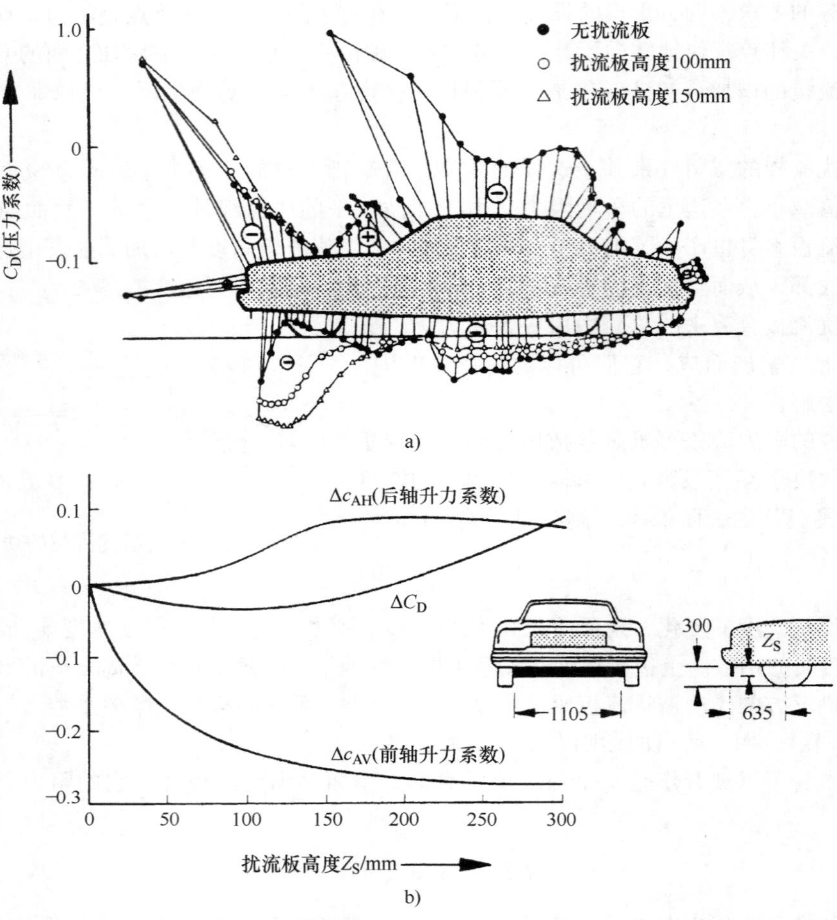

图4.150　车前部扰流板对乘用车的影响（Schenkel，1977）（参见图4.144）

a）纵向中心截面上的压力分布　b）前轴和后轴的阻力和升力

水平安装的车前部扰流板，也称为导流板或车前部扰流平板，主要用于竞赛的车辆（参见第9章）。这种特殊形式的前扰流板的主要任务是要显著地减小前轴升力。

扰流板的高度、后移和迎角必须通过实验验证来适合不同的车辆。还要注意确保前倾斜角。Buchheim 等人（1985）发表了关于扰流板位置和高度的参数对阻力和升力影响的研究，见图4.151。底盘离地距离 e 及离地间隙 h_S 被选为独立的自变量，用来取代扰流板高度 z_S。可以看出，阻力减小的最大值仅略微依赖于扰流板的后移距离 x_S，但前轴的升力明显依赖 x_S，其减少了 $\Delta c_{A,V}$。

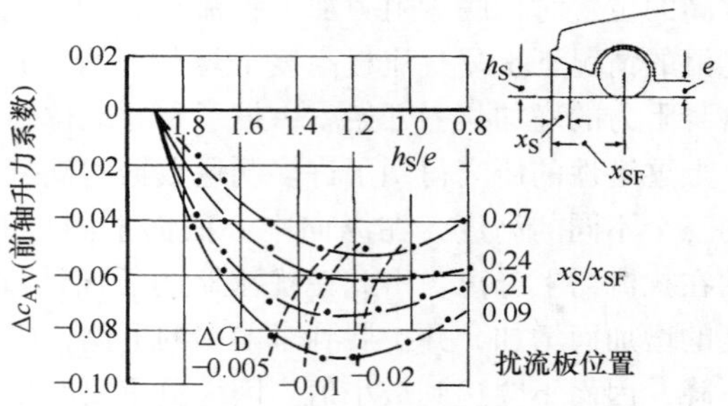

图4.151　前部扰流板的设计草图（Buchheim 等，1985）

相应于不同的扰流板后移位置，最佳的扰流板高度也会不同。但尚未总结出一个普遍有效的趋势。倾斜安置的扰流板只给阻力带来非常小的改进，但这种措施可更有效地降低前轴的升力（未在图中表示出，参见 Janssen 和 Hucho，1973）。

过去系列生产的前扰流板的高度与车辆的宽度之比大致为常数。在 Opel Calibra 的开发过程中，Emmelmann 等人（1990）证明，对前扰流板还有改进的余地。通过切除部分位于车辆中部的扰流板，如图 4. 152a 所示，阻力可以进一步降低。通过提高在车轮前边扰流板的高度可再进一步地减少阻力，此举使得只有部分前轮被遮蔽，见图 4. 152b。而后续的研究，使得在大量的汽车上，如今只有很小的扰流板被用在紧接着车轮前面的位置，其被称为“车轮扰流板”。车轮扰流板有时也会被安置在后轮的前方。

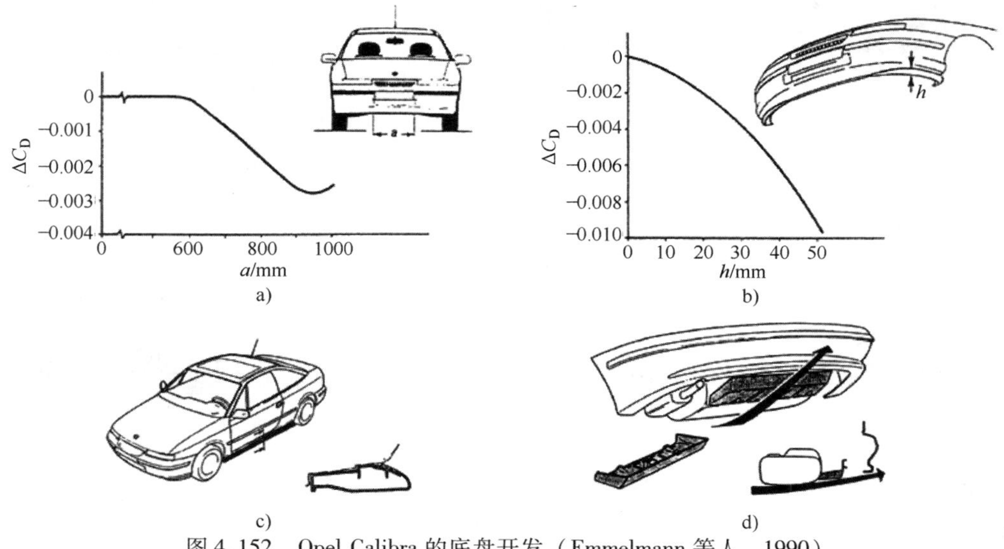

图 4. 152 Opel Calibra 的底盘开发（Emmelmann 等人，1990）

a）在车前部扰流板的凹陷部 b）前轮的屏蔽 c）通过向下拉拽门槛来引导流动 d）安装后部扩散器

车轮扰流板具有横向于来流的简单的二维板形状，其改善了车轮的来流和绕流，从而优化了阻力，然而在车轮扰流板前部的流动中也出现了很大的压力增加。通过车轮扰流板的一种三维形状的外壳，可以避免在车轮前方的冲击波，从而进一步降低阻力。在这种情况下，应该注意前轮前方的离地间隙及与“路边石条的间隙”。

如图 4. 152c 所示，通过拉下门槛可以进一步增强扰流板的影响，乍一看这一事实可能会令人费解。一种可能的解释是，下拉可以防止底部的流动侧向逸出，从而减小车轮的滑动角度 β。最后，扰流板中间部分的剪裁有助于放慢在底盘尾部的扩散器中的流动，其对阻力和后部升力有积极影响（图 4. 152d）。

在车身底部的其他位置上也可以考虑使用扰流板，为此图 4. 153 中就以 Audi A4 为例给出了一个概览。在这里，除了前后轮的扰流板之外，有一个扰流板安装在车底前部外罩的末端，另有两个扰流板安装在脚踏板处。它们在原理上与车前部扰流板的作用方式对应一致，并导致流动局部减速，从而屏蔽底部平面中缝隙较大的区域。该车辆车身底部所有扰流板的总计效果为 $\Delta C_D = -0.017$。

对于直背车尾多用途车辆，使用了另外一个扰流板，即所谓的备胎槽扰流板。与前边所述不同的是，其效果是源于诱导阻力的减小，在直背车辆的后轴上，由此通常得到零升力或下压力。通过这个扰流板，在扩散器中的流动在备胎槽末端向下偏转，产生轻微的升力，并且可达到对应于第 4. 3. 3. 1 节中的最佳效果。图 4. 153b 中显示的 Audi A1，就配备了这样的扰流板。

在任何情况下都不应忽视扰流板可能出现的负面影响。对其应该用些特殊的措施进行补偿。如底盘防护罩会降低油箱和制动器的冷却性能。可以在扰流板上设置适当的开口，把气流引导流向目标，对冷却性能进行补救。

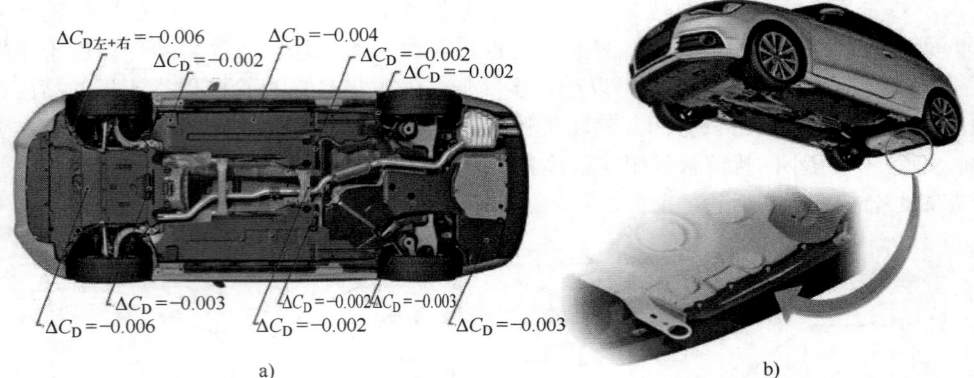

图 4. 153　a）Audi A4 的底盘和 b）Audi A1 备胎槽的扰流板

4. 5. 3. 2　离地间隙和车辆姿态

图 4. 154 中定义了车辆相对于参考系统的姿态。先前迎角 α 给定为零值的设置被改变了。以前是为了结构造型而确定姿态，现今则是为了油耗量而规定车辆姿态。与 EADE 负载类似（参见第 4. 7. 3 节），前排两个座椅的每一个载重量为 75kg，后排每一个座椅的载重量也为 75kg。

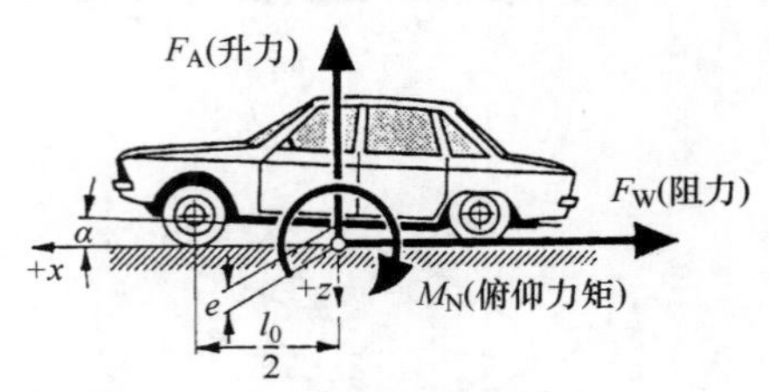

图 4. 154　车辆上的空气作用力、车辆姿态的定义

迎角对乘用车的阻力和升力的影响如图 4. 155a所示。在这些测量过程中，在轴距中心处测得的离地间隙 e 保持不变。对于所有车辆，伴随着迎角的增加，升力和阻力几乎按同样的比例增加：迎角增

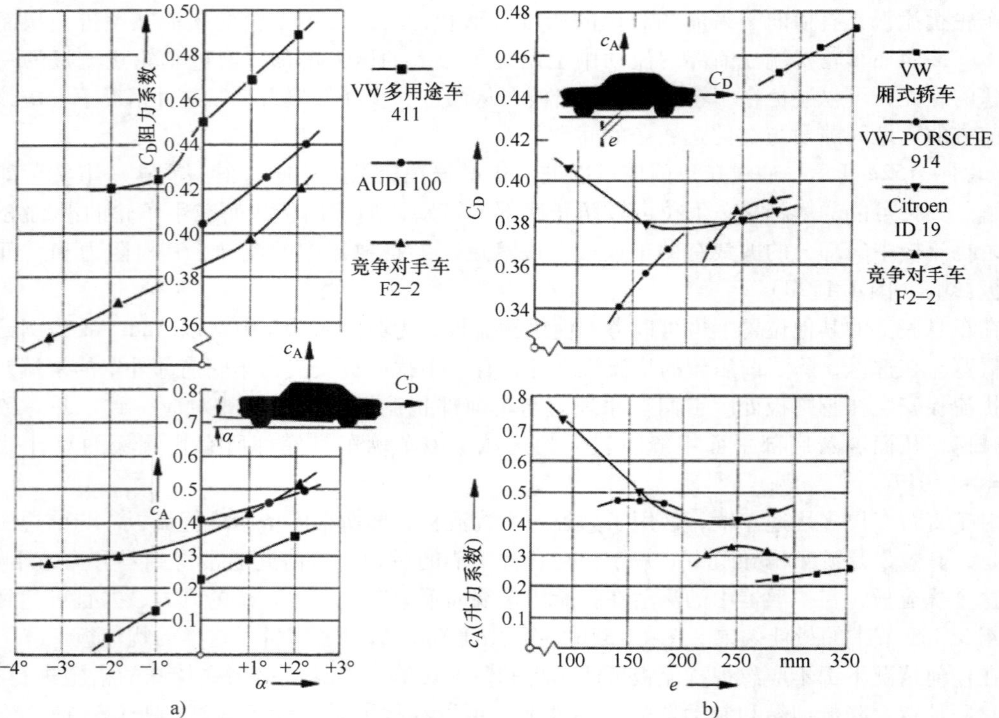

图 4. 155　一组（旧式的）乘用车和厢式车的阻力和升力与车辆姿态间的函数关系（Janssen 和 Hucho，1973）

a）迎角 α 的影响　b）离地间隙 e 的影响

加1°对应着阻力增加2%。来自Janssen的建议是，在建造车辆时利用这种效应，而对车身相对底盘组件呈轻微负角度的姿态，可通过轮廓线条来遮掩。最终，这个提议被隐含地整合到楔形形状之中。

离地间隙e对升力和阻力的影响如图4.155b所示。对“正常”的车辆，即被结构所限而具有粗糙底盘平面的那些车辆，当其接近地面时阻力减小。Citroen DS 19则装备了光滑的车身底盘，但是它具有与粗糙底盘相反的倾向，即随着离地间隙的减小，阻力反而增加，就像流线型物体那样（参见图1.57）。这个阻力的增大是因为：随着离地间隙的减小而导致汽车有效厚度的增加，如图1.58所示。这种厚度效果对粗糙底盘的车辆影响是相反的，即当车辆与道路之间的流动受阻时，底面的阻力减小。

越野车根据其使用目的而配备了更大的离地间隙。传统汽车的离地间隙遵循所谓的意大利机动车道规定[⊖]。为了充分利用越野车的挂车负载许可和欧洲现有的税赋优势，在指定的负载（3×75kg）下，必须至少维持200mm的离地间隙。要实现SUV（运动型多功能车）越野许可，这意味着比标准高度至少再高80mm的高度，这又与阻力和升力增加是相关联的。相对于行驶高度的变化Δe（以mm为单位），图4.156显示了Audi Q7的空气阻力面积（$\Delta C_D \cdot A_x$）的变化。其也证实了图4.155的发现。可以看到，曲线几乎确定是线性走向的。

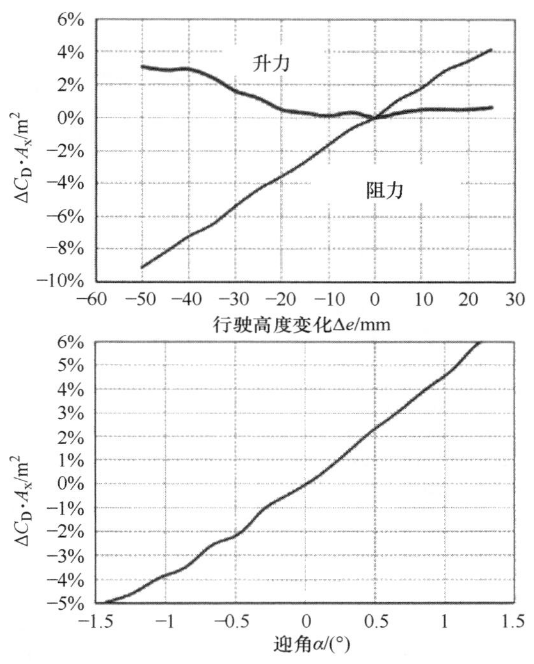

图4.156 在加以EADE负载的情况下，Audi Q7的空气阻力$\Delta C_D \cdot A_x$和升力$\Delta c_A \cdot A_x$的百分比变化，它们依赖于行驶高度Δe和迎角α的变化

因此，奥迪Q7配备了空气弹簧悬架，其在$v=120$km/h时，可使车辆高度降低$\Delta e \approx 30$mm。此举可改善大约5%的空气阻力。在迎风面积不变的情况下，则该措施对应于C_D的改善潜力为$\Delta C_D = 0.020$。但必须考虑到车辆的降低导致车轮向轮拱中的移动，并因此对风格式样产生影响。然而，正在驾驶的客户并不会在意到这一点，所以可以认为这一点并不是关键的。但仍然需要明确注解这个措施对于驾驶动态的影响。

在车辆的日常使用中，离地间隙和迎角总是伴随着负载而变化。汽车行李舱几乎没有例外地位于车后部，在装载过程中迎角增加，离地间隙减小。因为这两种影响通常是相反的，所以其诱发的阻力在总体上增加很小。

4.5.3.3 车轮和轮罩

车轮和轮罩区域的流动是车辆绕流、轮缘穿流以及轮罩里流动的叠加。流向车轮的流动源自斜向来流，车轮周围的流动又受到车轮旋转的影响。所有这些导致了一个非常复杂的流体拓扑结构并带有非常多的旋涡，如图4.39和图4.27所示。

车轮和轮罩对乘用车的空气动力学阻力具有重大影响。最近的研究表明，车轮和轮罩占据了高达25%的阻力份额（参见图4.22），而对于车身底部极其平滑的车辆，其阻力份额可能会更高。因此，对未来一代汽车的空气动力学发展来说，车轮和轮罩的优化是具有极大优化潜力的

⊖ 在意大利对所有允许上路的车辆，直到几年前，法律上规定必须在满载时满足120mm的离地间隙。

地方。

作为初步近似，车轮周围的绕流可以看成类似于圆柱体周围的绕流，其宽度与直径之比 $b/d<0.5$，非常小。其阻力取决于雷诺数（参见2.3.5.4节），这点类似于大跨度的圆柱体。作为乘用车的一个参考，在速度 $u>30\text{m/s}$ 时，相应地 $Re_{\text{d. Rod}} \geqslant 1\times10^{6}$，可以认为，这时已经超过了临界雷诺数。对于非常快速的车辆，其雷诺数甚至会处在一个跨临界的范围。

4.5.3.3.1 轮胎

车轮的形状基本上由轮胎确定，后者在横截面上看是一钝体。横断面比为轮胎高度 h 比宽度 b，其越小，钝体的特性就越明显；这正是乘用车轮胎随着时间推移而发展的方向，如图4.157所示。

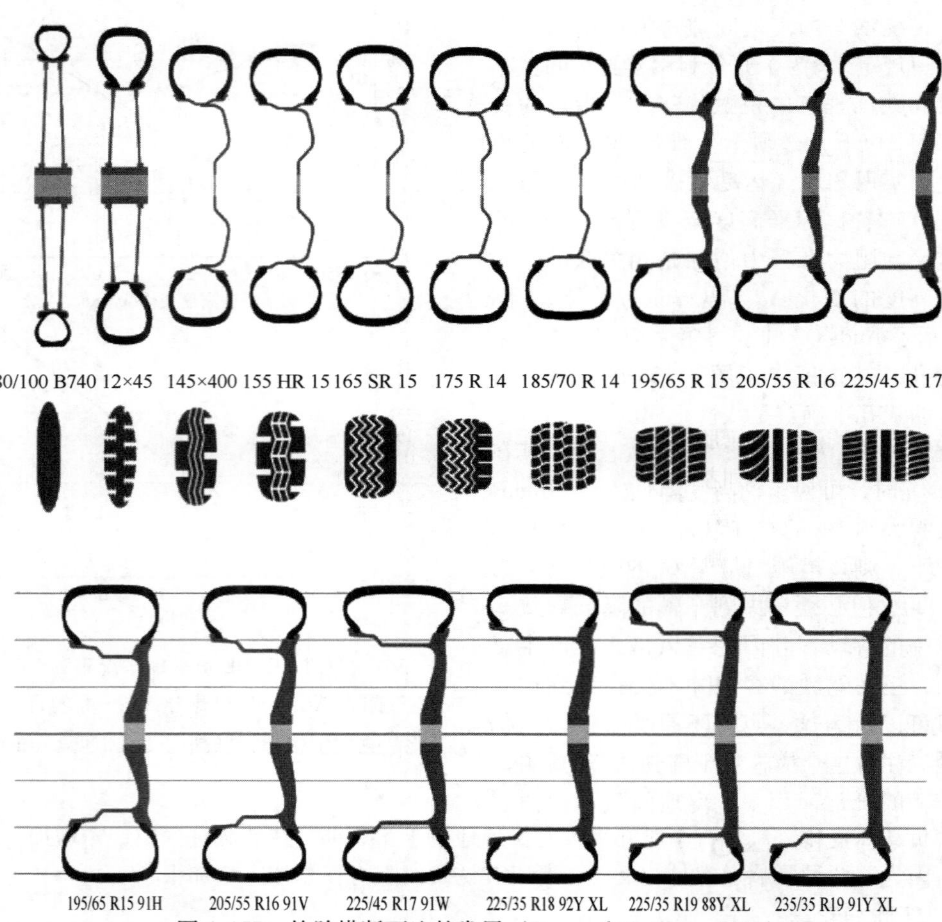

图4.157　轮胎横断面比的发展（Braess 和 Seiffert，2003）

轮胎宽度是影响空气阻力的重要因素。根据轮胎的类型和流向轮胎的来流状况，可以假设每5mm轮胎宽度约有3个阻力点[⊖]，这里的宽度不是名义宽度，而是真实宽度。在欧洲，ETRTO（欧洲轮胎和轮辋技术组织）的标准规定了轮胎度量，其允许每个轮胎尺寸有较宽的误差范围。因此，可能会发现标有相同类型和相同尺寸的轮胎看起来却明显不同，最糟糕的情况是表现在空气阻力的增加。

⊖ 在迎风面积不变的情况下。

Wittmeier 等人（2012）最近详细研究和介绍了轮胎的其他几何参数及其对气动阻力的影响。除了轮胎的宽度之外，轮胎的胎肩半径也是一个重要的几何参数，其与轮胎侧壁的形状一起显著地影响了在轮胎周围的流动以及车轮的阻力。

图 4. 158（见彩插）显示了不同顶级制造商（尺寸为 205/55 R16）夏季轮胎的对比，以及它们对 C_D 值的影响，其中纵坐标表示针对阻力参考值的差值。参考值是由每一个车辆的所有轮胎测量结果的中值来确定的，由此这些结果可以在车辆间相互比较，否则参考值可能会受到轮胎异常值的强烈影响。

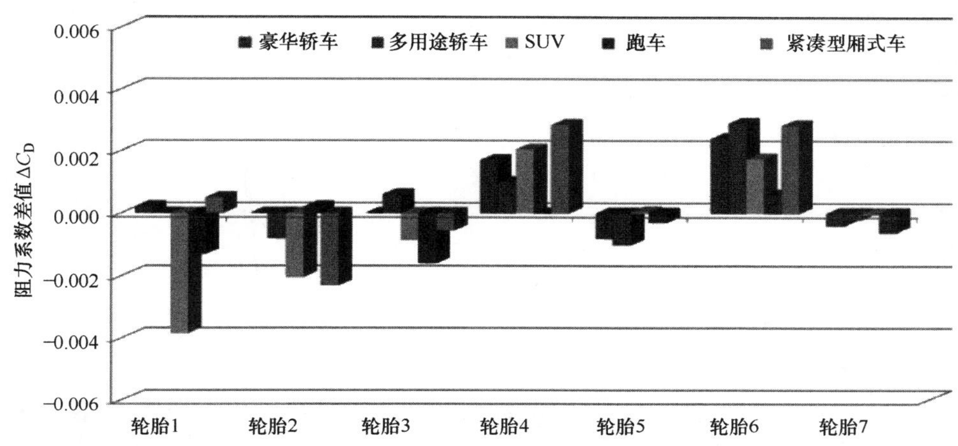

图 4. 158 基准测试结果：使用不同轮胎的不同车辆的阻力系数（Wittmeier 等人，2012）

一般来说，被测试的轮胎之间的差异并不是特别的大，在空气动力学特性方面，那些知名制造商的目前生产的轮胎系列都处于类似水平（$\Delta C_{D,min,max} \approx 0.006$）。

尽管如此，从空气动力学关注的角度来看，还是有一些小的几何差异。相对其他轮胎，轮胎 4 和 6 显示出有显著的且可测量到的较大阻力。仔细观察轮胎几何形状可以发现，与所有其他轮胎不同，尤其在轮胎 4 轮胎肩部附近，具有突出的圆周边缘（参见图 4. 159，见彩插，区域①）。轮胎 6 具有最大宽度，且是这些轮胎中唯一配备轮辋保护边缘（区域②）的。轮胎 4 在胎肩区域中的圆周凸缘以及轮胎 6 的轮辋保护凸缘都会导致流动分离并增加了空气阻力。即使在轮胎侧壁上的注解文字也对轮胎的阻力有影响，对此 Wittmeier 等人（2012）通过他们的工作给出了证明。

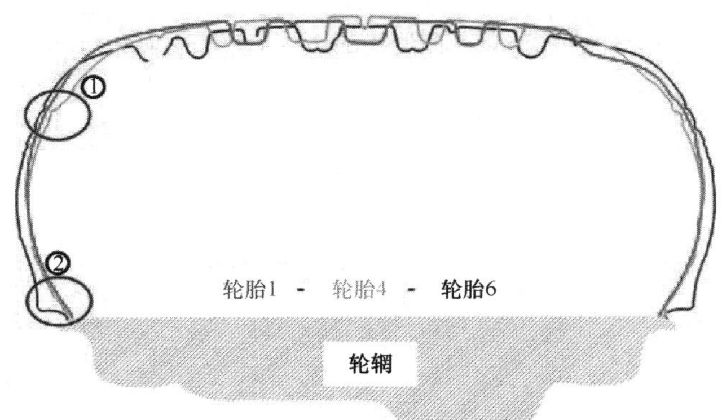

图 4. 159 不同系列轮胎的截面图，在肩部区域①的差异，和在轮胎向轮辋过渡的区域②的差异（Wittmeier 等人，2012）

4.5.3.3.2　流动拓扑

以下章节将描述车轮上的非常复杂的流动结构，以及与之相关的作用机制。首先在来流不受干扰的情况下，从一个静止的车轮和一个旋转的车轮开始，来逐步解释流动拓扑。再进一步，在考虑有轮罩的情况下，来研究静止车轮和旋转车轮的流动拓扑结构。可以预见，静止车轮出现的流动状况将与旋转车轮出现的流动状况是完全不同的。尽管静止车轮的流动与实际的流动存在差异，但仍对其结构加以讨论，这也是因为在风洞里没有地面移动的模拟，也就没有车轮旋转，其目前也仍然用于空气动力学方面的开发（参见第13章）。

以下各节对流动结构的解释，主要源于 Wäschle（2006）的研究结果。这里获得的结论多是基于 CFD 模拟的结果，并通过 LDA（激光多普勒风速风向测定法，译者注）测量和附加的油膜图像加以证实。为了清楚起见，讨论总是局限于对每一个流动都非常重要的旋涡结构。

一个静止的车轮

作为第一步，首先在不移动的地面上，考虑被隔离且不受其他扰动的车轮周围的流动。这种布置对应于常规风洞试验中车轮周围的流动状况，其中既不考虑车轮转动，也不考虑风洞与车辆底板之间的相对运动。相关的涡旋结构如图4.160a 所示。

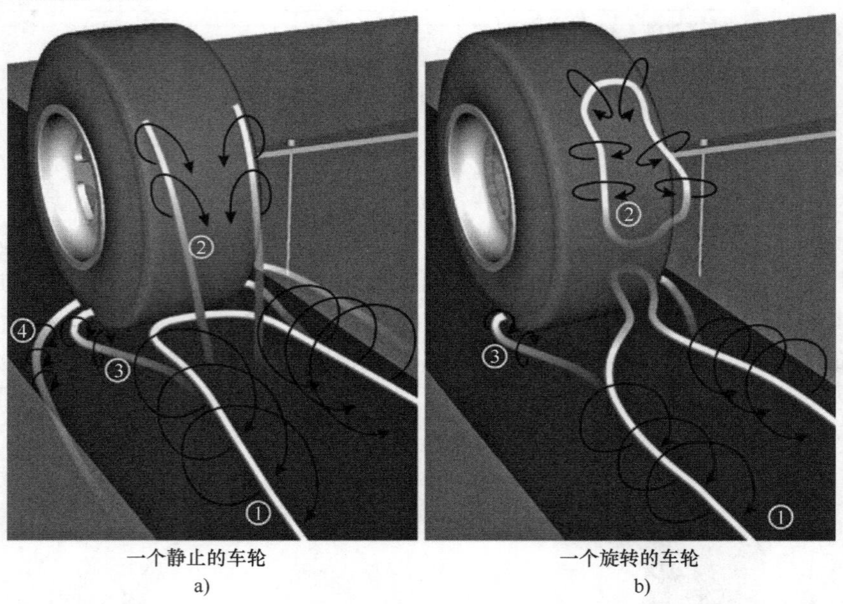

图4.160　位于静止的车轮（a）和旋转的车轮（b）后面的旋涡系统（Wäschle，2006）

由于地面的加入，车轮的顶部和底部之间会形成一个不对称的流动。在车轮的前部，地面上的边界层出现分离，结果形成了马蹄涡并围绕着车轮，其类似于位于地面上的一个流动障碍物周围的绕流。这个涡流对应于图4.160a 并被称为滞点马蹄涡④，相对较弱，其在车轮后面的较高处几乎已经完全消散了。

当车轮静止时，尾部区域的纵向旋涡辫基本上是相向旋转且向内旋入的，其出现在车轮后面且在低于车轮半个高度的区域里。这个旋涡对被称为车轮尾流 - 马蹄涡①，其由辫状旋涡通过近地面的回流给轮胎的尾涡区域供流（也见图4.160a，见彩插）。它对轮胎产生了诱导阻力、诱导阻力会出现在每个有限的、有升力的物体上。

图4.161b（见彩插）显示了静止车轮后（译者注：来流的流动方向上）$x=150$mm 处尾迹的 LDA 测量结果。图中所示的矢量表示横向流动的过程，借助此图可以清楚地识别出前述的车轮尾流－马蹄涡。所示的速度分量 c_v 被定义为速度分量 v（x 分量）与来流速度 u_∞ 的比值。蓝色的区域表示出现回流。

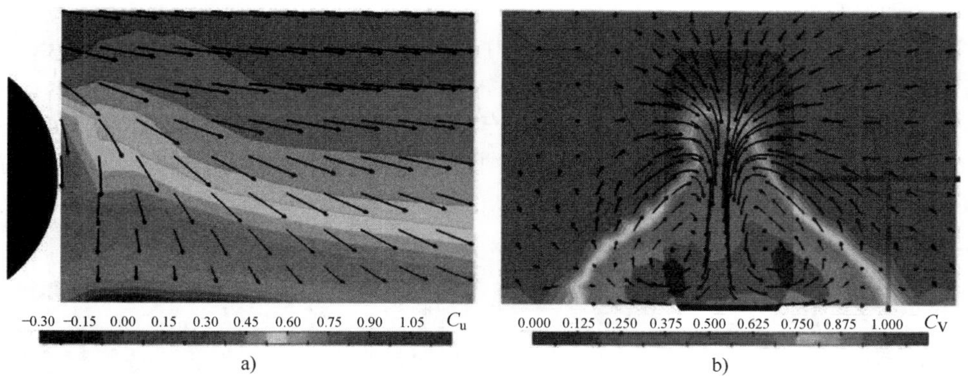

图4.161　静止的单个车轮后面的速度场（$y=0$mm 和 $x=150$mm 处的平面）（Wäschle 等人，2004）

车轮尾流－马蹄涡里边强大且向内旋转的旋涡辫子，会在静止轮胎后边胎面的上方形成强有力的下沉气流场，并如图4.161a 所示。轮胎胎面上部的流动加速，这导致车轮上侧的高负压，并因此车轮获得很高的升力值。

在车轮后面的上半部分中形成了另一个涡流对，其类似于出现在车辆上的 C 柱涡流。该流动从轮胎胎肩的后侧分离并且朝着车轮中心截面的方向旋转。这个被称为 C 形肩旋涡②（见图4.160a）的旋涡对，促使气流下沉，并防止流动从轮胎胎面上过早分离。下沉气流场像被（向着轮胎面中间旋转的）C 形肩旋涡束紧了一样，这可以在油膜图像上清晰地看到，见图4.162。根据最近的研究结果，C 形肩旋涡对的两个旋涡中心受到很强的车轮尾流－马蹄涡的影响，因而它们向地面偏去。

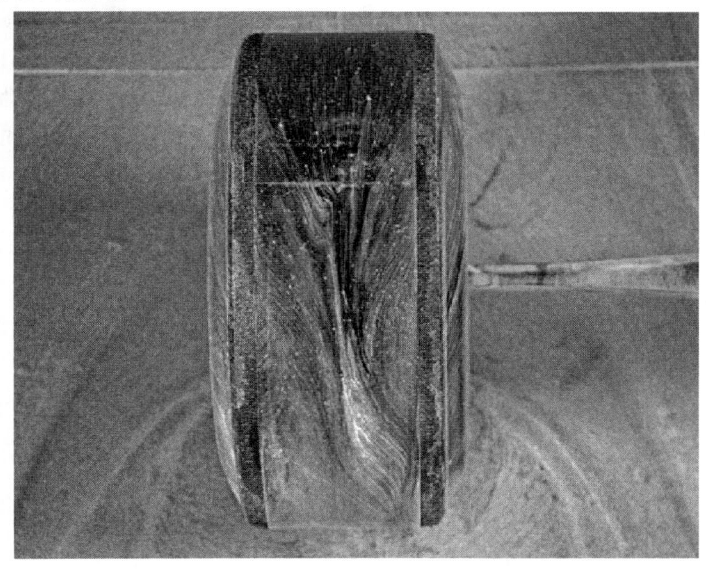

图4.162　被隔离出来的静止车轮上面的油膜图像（Wäschle，2006）

与轮胎绕流有关的另一个旋涡对是所谓的轮胎压印旋涡。在因轮胎负载变形而形成的支承区域（称为轮胎压印处）中，由轮胎前部胎肩处的流动分离而产生了轮胎压印旋涡③（见图4.160a）。由于轮胎支承区域前的胎肩处具有很高的抽吸峰值，所以在地面附近且向着车轮后边流动的空气，经过紧邻的分离区域，在轮胎压印处的侧边区域出现向前输运的趋势，这种趋势与没受扰动的流动合在一起则形成了轮胎压印旋涡对。

一个转动的车轮

在下面的研究中，车轮的旋转也被考虑在内。由此这种设置涉及了与道路间的联系，其环境与方程式赛车的来流环境相当。

车轮尾流－马蹄涡①的情况类似于静止车轮的情况，其支配了整个车轮的尾流（见图4.160b），而且转动车轮纵向旋涡的涡流强度减小，其升力也明显较低。这也可通过比较静止和转动的车轮后面在 $x=150\mathrm{mm}$ 处的速度场来加以论证。转动车轮的横向流动结构明显弱化了，参见图4.163b（见彩插）。

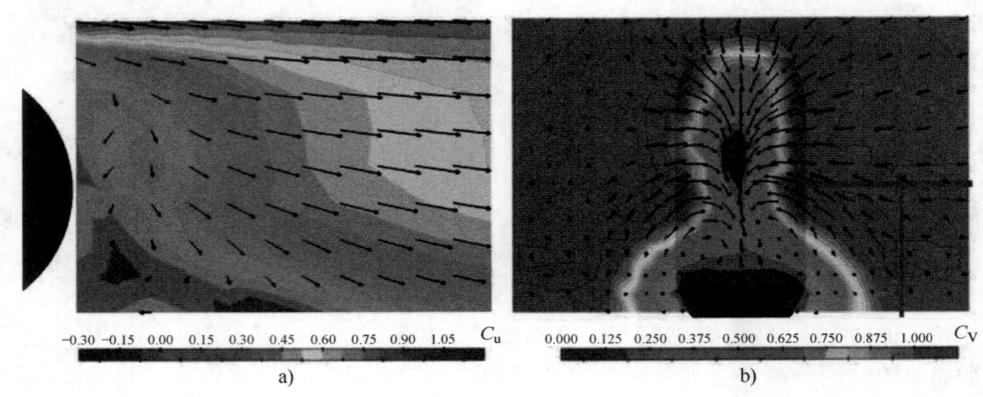

图4.163　单个旋转车轮后面的速度场（$y=0\mathrm{mm}$ 和 $x=150\mathrm{mm}$ 处的截面）（Wäschle 等人，2004）

在车轮转动时，在轮胎胎面上的流动发生了根本性的改变。由于黏性的作用，车轮尾流的空气在轮胎上部由后向前传送，并与主流动方向相反。与此同时，富含能量的空气被输送到车轮尾流的下部区域，其结果是在车轮后面的背压增大。车轮后面较高的背压导致旋转车轮阻力的降低（见表4.2）。上述两个由车轮旋转引发的流动现象，阻碍了在车轮静止时出现的下沉气流及其在轮胎胎面的附面流的状况（比较图4.161）。取而代之的是，流动在轮胎胎面上分离，并与车轮后半圆胎肩部的分离流动合在一起，在车轮后面的上半部分，构成了闭合的尾流旋涡②（参见图4.160b）。这个分离区域阻碍了车轮上边的流动加速。相比于静止的车轮这导致明显较高的压力，并连带导致较小的升力，从而有助小减小诱导阻力，参见表4.2。

与静止的车轮相比，由于车轮旋转导致轮胎压印旋涡（见图4.160b③）损失了强度。由于黏性附着条件，在轮胎压印区域的空气被向后输送，这阻碍了（在车轮静止时所描述的那种）从车轮侧边的回流。当车轮旋转时，位于车轮前方地面附近的边界层不发生分离，其结果是不会形成滞点－马蹄涡。

如上所述，升力和阻力随着车轮的旋转而减小。Wäschle 和 Wiedemann（2002）在表4.2中总结综述了被隔离出来的静止和旋转的车轮结果。由于旋转而导致阻力变小，其约为静止时的10%；另一方面，升力显著变化。

表 4.2　车轮转动对隔离出来的车轮在阻力和升力方面上的影响

车　　轮	阻　　力	升　　力
静止	$C_D \approx 0.50$	$c_A \approx 0.30$
旋转	$\Delta C_D \approx -0.05$	$\Delta c_A \approx -0.20$

轮罩中的静止车轮

在这里将针对轮罩中的静止车轮，解释环绕其流动的拓扑结构，在图 4.164 中的流动展示出了其流动结构。

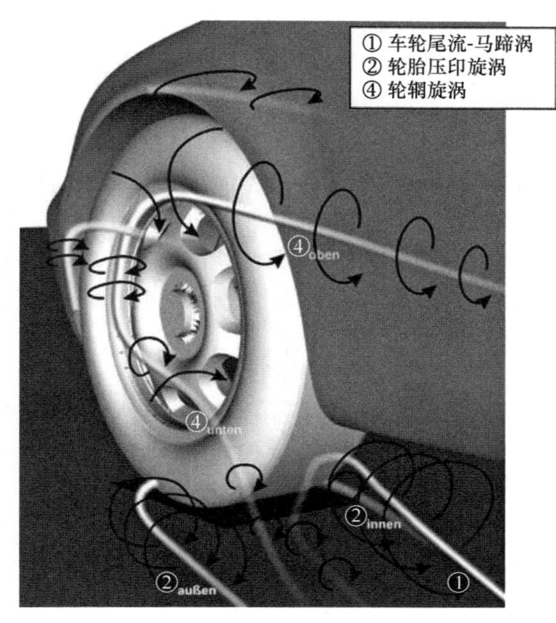

图 4.164　在静止前轮后面的旋涡系统（Wäschle，2006）

相对于前述的、位于不受干扰的流动中的车轮，把车轮置在轮罩中后，车轮周围的流动从根本上发生了改变。在轮子上部的轮胎面和胎肩得到了轮罩的屏蔽，因此不再直接对着来流。在被隔离出的单个静止的轮胎那里，因上部来流在不受干扰的情况下而出现的分离机制，在这里已经不起作用了。

由于车辆前部的挤气效应，车轮下部出现了斜向来流。这个流向前轮的来流移位导致了滞流点朝内侧胎肩方向的移位。移位角的大小以及滞流点的位移，取决于车辆前部的形状，但特别是取决于前悬的尺寸。影响移位角的另一个因素是从发动机舱逸出的冷却空气。滞点移向内侧胎肩的结果是，流动发生较小偏转，出现较低的局部压力梯度，以及出现较小的分离区域，并导致了一个弱小的内侧轮胎压印旋涡②。在车轮的外侧，流动状况相应地变差。流动很早就从外侧胎肩的支承区域分离。与无扰来流中的静止前轮相比，出现了一个相当突出的外侧轮胎压印旋涡。

车轮尾流 - 马蹄涡①仍主导了位于轮罩里的静止车轮的尾流；在被隔离出来的单个车轮的情况下所具有的对称的马蹄涡，在这里由于斜向来流而变得不再对称。靠内侧的旋涡辫的强度明显增加，而靠外侧的车轮尾流 - 马蹄涡仍然很弱，并离前轮不远处就消失了。

在前轮的外侧，更准确地说，在前轮的轮辋凸缘上产生了另一个旋涡。流过车轮侧面的气流在车轮侧面的尖点处分离，然后滚动流入轮辋，并紧接着形成了马蹄铁形的，即所谓的轮辋旋涡

④。上部旋涡辫沿着轮辋凸缘流动，其主要由轮胎胎面和轮罩之间的空气供给的。当车轮静止时，几乎整个轮罩可实现完全通风。位于车轮下部的旋涡辫在轮毂和轮辋开口之间流动，且越过轮胎侧壁向下游延伸。轮辋凸缘的几何形状和穿过轮辋开口的流动状况影响着轮辋涡流的流动。

轮罩中的旋转车轮

最后，考虑在轮罩中围绕旋转的前轮的流动，这与在道路上行驶的汽车所面临的流动状况是相当的。所产生的旋涡结构已经展示在图4.39中了。

旋转车轮下部的流动结构类似于静止车轮的流动结构。车轮旋转的结果是，车轮尾流-马蹄涡①的内侧旋涡辫以及内侧轮胎压印旋涡的强度减弱了，再由于地面移动带来的动量的加入，使得几乎察觉不到内部的轮胎压印旋涡②。因为斜向来流，车轮外侧的流动状况变差；然而，与静止的车轮相比，由于车轮旋转带来的动量，在轮胎支承面侧边且在地面附近的分离区域被减小了。

在旋转车轮外侧近地区域中，由于轮胎压印旋涡相对较小，无扰流动可到达车轮后部，其在轮胎胎肩后边分离。这个旋涡被Wäschle称为P肩型涡旋③，其中“P”代表“pes”（拉丁文中为“脚”的意思），在这里表示轮子的下半部分。对应于外侧的且逆时针旋转的P肩型涡旋，也有内侧的P肩型涡旋，其旋转方向为顺时针方向。无扰的、高能的、斜向来流环绕在胎内侧后边的胎肩部周围，然后流动在胎肩部分离；与外侧的P肩型涡旋相比，在内侧产生了显然更强的涡流。

在轮罩遮挡的旋转前轮处还形成了轮辋旋涡④。但是与静止的车轮相比，在车轮旋转时并没有出现车轮上部的轮辋旋涡。在车轮的上部，胎面上的边界层逆着主流方向输运，导致轮胎侧壁产生无扰回流。而轮辋边缘已经处于回流区域，因此不会形成车轮上部的轮辋旋涡。

在前轮旋转时，通过所谓的侧面旋涡⑤阻止车轮上部轮辋旋涡辫的形成。马蹄形侧面涡流是车轮旋转的结果。侧面涡流的上部旋涡辫是实现轮罩通风方式的一部分。

为了完整起见，应该说明的是，上述在轮罩里关于静止和旋转轮胎的结果，是对车辆模型按照1:4的比例简化后研究得出的。

已经得到的有关于流动结构的结果可以应用到实际的车辆上去，并且得到的结果被证实跟在模型上的是基本一致的，但由于流动的复杂性，目前的结果仅适用于四门的豪华轿车，并且只能在一些限制条件下才能应用到其他基本形式的车辆上。

4.5.3.3.3　车轮转动对整个车辆的影响

以下部分揭示了旋转的车轮对车辆周围总流动的影响。由于车轮转动，在后轮后边的损失区域减小了，车辆的尾迹也减小了。后车轮处较小的尾流改善了在车辆后尾侧向缩入处的来流。由于车轮旋转，车辆尾部的背压增加，这表现为车辆的气动阻力明显较低。车轮旋转还使得车身底部流动趋于改善，结果是在车辆下方流速增大和静压降低。由此导致整个车辆的升力降低。

图4.165显示了车轮旋转对车身以及前后轮的阻力和升力系数的影响。可以清楚地看到，由于车轮绕流与车体绕流之间的相互作用，对车身“整体”的影响最大，其次是对前后轮的局部影响。这对阻力以及升力系数都是成立的。

4.5.3.3.4　轮辋

如上所述，轮子很大部分的阻力是由于轮胎的不利于流动的形状引起的。除了本章开头已经讨论过的、可对轮胎采取的措施之外，还可以通过在轮辋上施加一些措施来影响阻力。

减小阻力的最简单方法是使用平滑的轮辋罩，通过关闭轮辋开口来实现轮辋优化。然而该措施对制动系统的部件具有不利影响，这是由于流向制动盘和制动钳的冷却空气气流被减少或甚至被阻止，参见Schütz（2009）。此外，设计师们也不愿看到全平面的轮辋覆盖物，因为使用

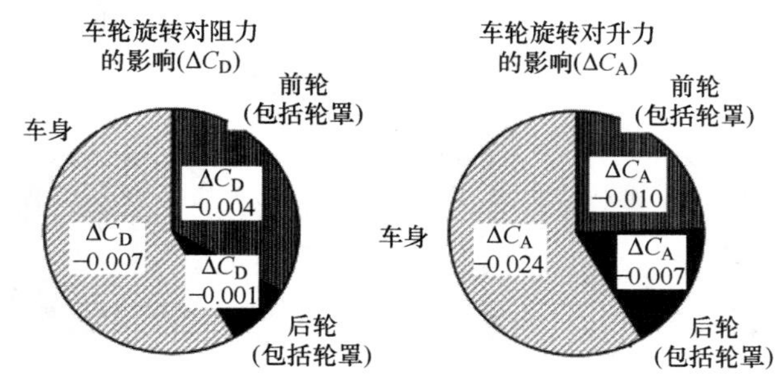

图 4.165　车轮旋转对真实车辆的车身及局部阻力和升力系数的影响（Wäschle，2006）

不同的轮辋设计可使汽车差异化，并增强车辆的视觉效果。

另一种减小阻力的方法是优化轮辋本身的几何形状，而不是如使用轮毂盖那样，去限制设计师们的自由风格。轮辋外部形状和轮辋通风行为的差异被认为是不同车轮具有不同阻力的主要原因。

在这里应该再回过头来看一下第 4.3.3.3 节。一方面，车轮区域中的通风特性引起流动在横向上的偏转，并由此导致了 x 方向上的动量损失以及可测得到的阻力增加。另一方面，轮辋转动也会引起流动的旋转。与上述流动相关联的、阻碍轮辋转动的空气扰动力矩增加了燃料消耗，但其在具有外部天平的风洞中经常是测量不到的。可替代的方法是，它可以在辊式试验台上评估，然后转换到 C_D 值。这导致了在第 4.3.3.3 节中引入了 C_D^* 值。

Volvo 最近引入了轮辋减阻附件（Landströmet 等人，2011 年）。在这项研究框架里边，大量不同几何形状的轮辋在风洞中进行了测试。同时，对轮辋的形状参数做了调查和测量，并对这些参数与风洞的结果，用统计方法将它们合在一起进行评估。上述过程的目标是：借助于回归模型来对轮辋进行空气动力学评估，这个评估可以仅基于不同的形状参数来完成。最初的结果显示，测量值与回归模型预测值吻合得很好，然而对三维形状非常突出的轮辋，由于很多可能的形状参数，使得该方法目前受到了限制。除了轮辋罩等之外，在这个研究中较为重要的轮辋形状参数还有轮辐的轮廓、轮辐的半径，以及轮辐到轮辋边缘的偏移。

图 4.166（见彩插）显示了不同的轮辋几何形状对尾部背压和空气阻力的影响，该阻力作为评估 C_D 值变化的参考标量（见造型 19）。尽管与作为参考的轮辋造型那样，造型 17 和 27 也都是五孔轮辋，但是由于不同的轮辋设计，它们可以实现高达 10 个点的改进，当用平坦的表面覆盖轮盘时，甚至可以实现 18 个点的阻力改进。

基于这些结果，就可以认识到在轮辋上实行的局部优化措施与车辆尾部的相互作用。尽管平面的轮辋罩能导致车辆阻力显著降低，但在这里，由于尾部背压的增加得到了仅仅微小的基础背压阻力的改善。此外，最高尾部背压的测量值（请参见“造型”17）与最低阻力的测量值（请参阅“造型”24）是不在一个“造型”里边的。

较早轮辋阻力的优化是按轮辋空气扰动力矩的减少来寻找的。在辊式试验台上的研究表明，在相同的轮胎上装备了不同几何形状的轮辋，它们需要不同大小的力来驱动，其根源在于不同的空气扰动力矩。如以前研究的结果所示，轮辐的轮廓是一个具有重要影响的参数。轮辋几何形状的影响如图 4.167 所示。然而，这里并没有提及轮辋优化的效果。

轮辋优化措施的效果，无论是使用简单的轮盘罩盖还是对轮辋自身几何形状进行的优化，都很大程度上取决于车轮的来流状况。当在胎肩处环绕有流线型的流动时，可以减小阻力。

与完全遮盖的轮辋相比，图 4.168（见彩插）显示了具有五孔轮辋的流动模拟结果，且这些轮辋具有不同的胎肩形状。在轮胎胎肩为圆形的情况下，简单的轮辋罩对流场具有显著影响，相

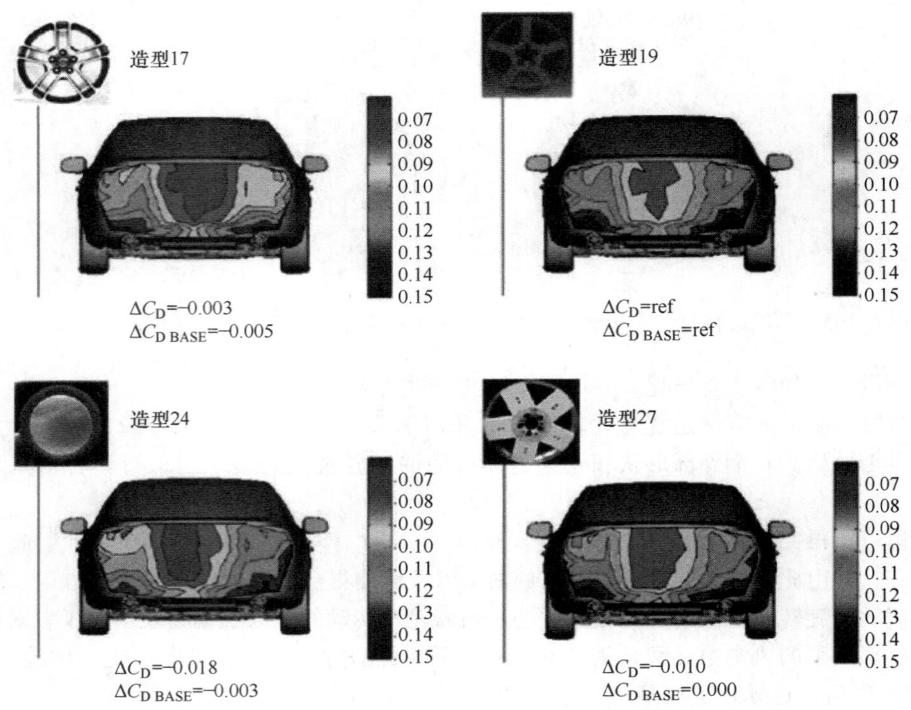

图 4.166　对不同轮辋几何形状，测量的背压（Landström 等人，2011）

C_D—阻力系数　$C_{D,BASE}$—基础背面阻力系数

反的是，当胎肩具有棱角时，有轮辋罩和无轮辋罩的轮胎流场仅具有非常细微的差别。对空气阻力来说也是这样。当轮辋被遮盖时，圆形胎肩将空气阻力系数改善了 0.004，但对有棱角的胎肩，轮辋罩并不会改变空气阻力。

由于车辆前端的挤气效应，前轮的斜向来流使前轮外侧的胎肩“突出”了对流动的作用，并与棱角型的轮胎胎肩组合在一起导致胎肩处的流动分离。结果使得轮辋处于流动的分离区域，并且轮辋几何形状不再具有很大的空气动力学影响。

4.5.3.3.5　轮拱

最后讨论车轮拱的几何形状及其对车轮的空气动力学影响。轮拱的大小、体积，以及车轮在轮拱中的位置主要是由悬架、转向和轮胎布局确定的，从而得出了车轮的自由运动间隙。空气动力学方面的作用是次要的，因为特别是在重载和上防滑链时，车轮的自由运动也必须得到保证。

按照 Cogotti（1983）的研究，轮拱的体积不应多于其绝对必要的体积。图 4.169 所示的结果表明，在相同的车轮尺寸下，阻力和升力随着轮拱容积（V_H）的增加而增加。这个描述适用于在轮拱里静止的和旋转的车轮，并且旋转车轮的阻力增加了很多。

在轮拱的前部，空气从前边缘的来流参见图 4.170a（见彩插），形成一个向上的流动②。另一部分来流则是排出发动机舱的冷却空气，其穿过发动机舱到轮拱的开口而进入轮拱。此外，车身底部的一部分空气流经轮胎内侧壁，并从下方流入轮拱的后部，参见图 4.170b（见彩插）。相比于静止车轮的情形，旋转车轮在轮胎压印的内侧很少有分离流动，因而这部分从轮拱后面流入的质量流明显小了许多。在轮拱中的空气附着在车轮胎面上向前流动，然后它与从前部流入轮拱的空气一起，沿轮拱上部缝隙朝两侧排出。轮拱里的空气流进流出，其引起车辆周围的流动扰动，从而影响了（轮拱附近）局部流动以及整个车辆的流动。

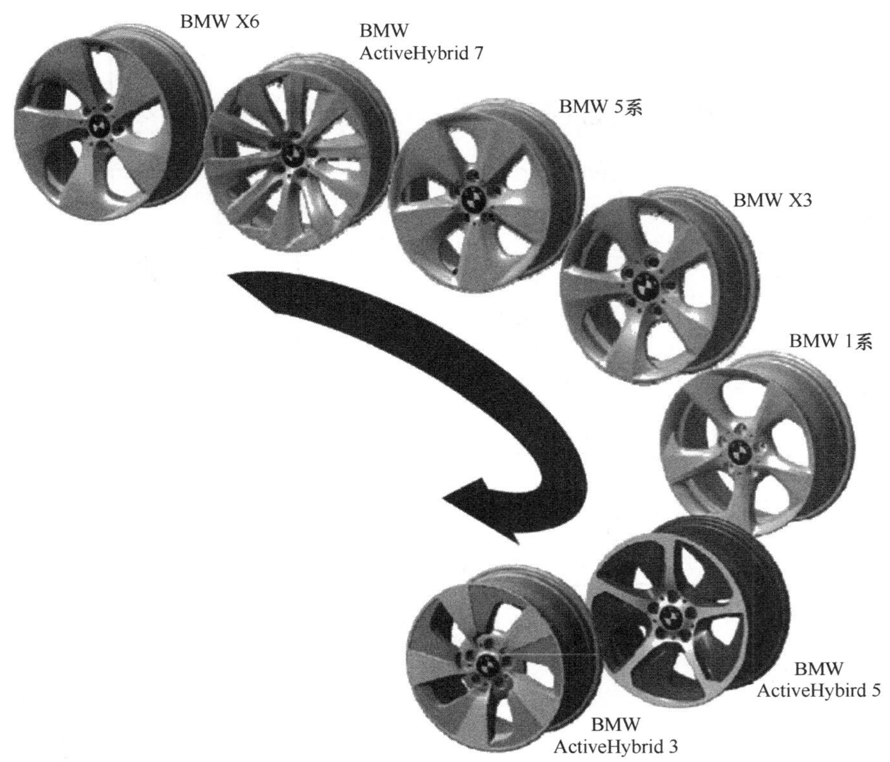

图 4.167　BMW 的气动轮辋（Tesch 和 Modlinger，2012）

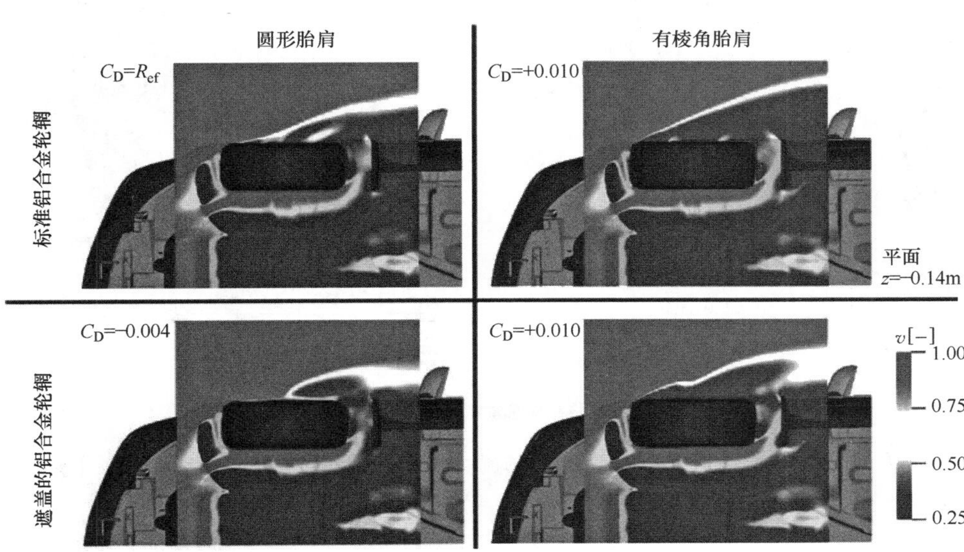

图 4.168　相对于不同轮辋和不同轮胎肩部的变型，围绕轮胎的绕流（Wittmeier 等人，2012）

C_D—阻力系数　R_{ef}—参考值

车轮扰流板可用于改善前轮周围的流动（亦可参见底盘组件）。通过前缘它们减少了进入轮拱的空气量，并且也影响了轮拱的通风。图 4.171（见彩插）显示了在带有车轮扰流板以及没有

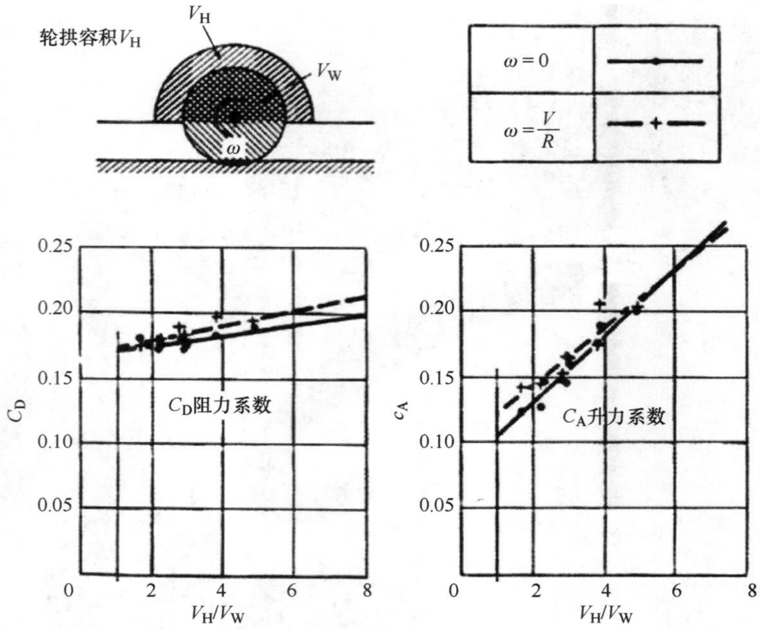

图 4.169　轮拱容积（V_H）与车轮体积（V_W）之比对阻力和升力的影响（Cogotti，1983）

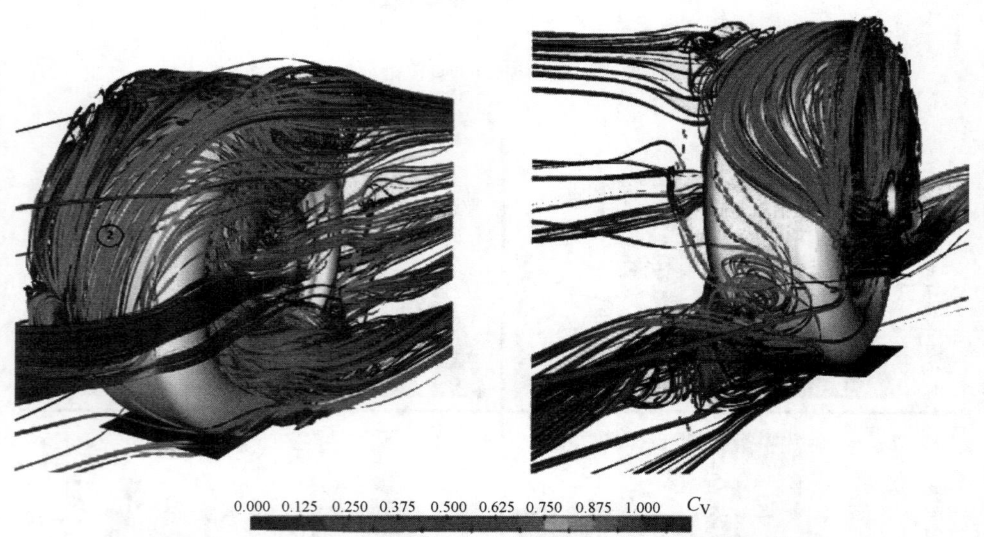

图 4.170　旋转的左前轮在 1:4 车辆模型上的流动结构，在两图的显示上，都屏蔽掉了轮拱和车体的几何形状（Wäschle，2006）

a）从前方看车轮外侧的视图　b）从后方看车轮内侧的视图

车轮扰流板时，前轮周围总压分布的比较。车轮扰流板对轮拱通风的影响清晰可见。

在一些车辆中，可以看到在前轮拱的壳体上垂直安置了细长的开槽，其位于前轮的前侧部，来自车前部或发动机舱的空气可从这里流出。从这里流出的空气，稳定了剪切流动，这个剪切流动位于轮拱里边的湍流和车前端没有被扰动的流动之间，由此也降低了空气动力中的总阻力。

优化车辆的另一种方法是覆盖后轮开口。盖住后轮开口可防止后轮拱处的流动分离，并且

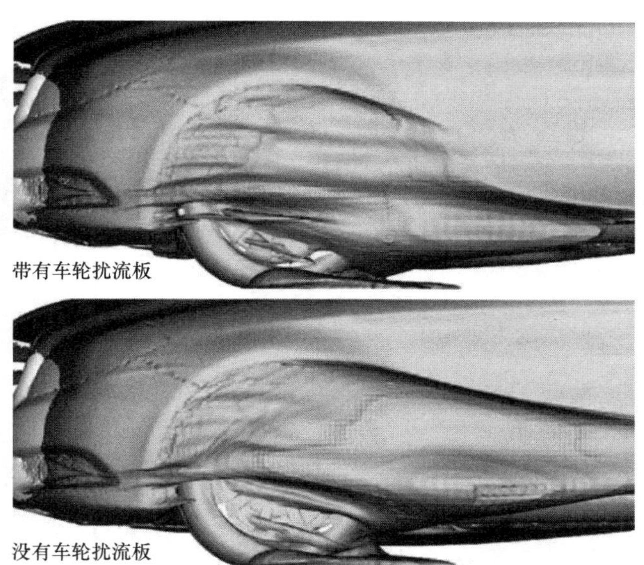

图 4.171　在带有车轮扰流板和没有车轮扰流板时，前轮周围总压分布的比较（Wäschle，2006）

增加了船尾形的效果，这可参见第 4.5.1.3.5 节的内容。这一措施，是在研究相关于未来 C_D 目标值的背景下，于最近提出的，其揭示了可达 10 个点的优化潜力。尽管具有相对较大的潜力，但目前很少有车辆在使用后轮开口的遮盖。基于进一步减少二氧化碳排放量和提高车辆能源效率的压力，期望这一措施将再一次应用。后轮开口遮盖不仅可以改善车辆的空气阻力，而且还可以喷洒水，这意味着在潮湿的道路上驾驶时，对跟在后边人来说有更高的可见度。

4.5.3.4　外侧后视镜

车外侧后视镜在车辆中是不可缺少的配件，在不久的将来也是必须装备的配件，以确保有全方位的视野。尽管近年来越来越多的已经发表的研究成果中，要用细长的和流线型的相机系统来取代镜子。然而，在大规模生产的成熟水平上，在客户接受程度和许可方面上，目前这种系统离进入市场还有一段距离。

外侧后视镜的空气动力学性能、与视镜的尺寸、视镜的形状以及与车身的连接方式相关。越野车辆因需要足够大的全方位视野，以及由于法定的标准，其外侧后视镜比其他的乘用车更大。接栏杆后视镜和接三角后视镜与车体之间的连接方式是不同的（见图 4.172 的上部）。

一般来说，外侧后视镜按比例具有相对大的阻力值。用对汽车 C_D 量值的贡献对后视镜加以估计，我们可以说当 $C_D = 0.5$ 时即是良好形状的后视镜。那些具有 $C_D = 1.2$ 的尖锐边缘且圆形的后视镜已经不再流行了。

如果用车辆总迎风面积作参考算出 C_D 量值，则这个阻力系数在 $C_D = 0.004 \sim 0.010$ 的范围内。如果安装两个外后视镜，则两者对 C_D 值的贡献为 0.008 ~ 0.020，即大约为总阻力的 5%。需注意的是，单个外侧后视镜在无扰流动中的阻力和已经安装在车辆上的状态下阻力是不相同的，两者的干涉效应也是不相同的。其主要原因是由于车辆的挤压效应导致流动在外侧后视镜处的局部速度超高。在后边的第 4.5.4.1 节的图 4.179 中可以找到对此现象的解释。

车身的设计已经在很大程度上确定了后视镜形状，毕竟需要将后视镜加入到车辆的全貌里去，另外还必须考虑法律方面的要求，空气声学方面的措施（第 8 章），以及减少污染的措施（第 6.3 节）。可以设计出各种不同形状的后视镜，图 4.172 中的下部显示了一个概览，其是由 Schütz（2010）概括总结的。包括 Audi TT①和 VW Touareg Ⅱ②的接栏杆后视镜以及 Audi Q7③

图 4.172 接栏杆后视镜和接三角后视镜在不同的车辆上（图上部），以及不同的侧后视镜设计（图下部）（Schütz，2010）

和 A8④的接三角后视镜。在满足视镜尺寸法规的情况下，可以通过参数变化来估计其在空气动力学方面的潜力。此外还要考虑视镜连接的影响。用上述方式 Schütz 证实了，通过使用栏杆外侧后视镜和其形状在空气动力学方面的优化，在 Audi Q7 外侧后视镜上减少空气阻力的实际优化潜力为 $\Delta C_D = -0.004 \sim -0.008$。

通过哪一种形状变化可以明确地减小外侧后视镜的阻力，可以在 Hoerner（1965）的工作中找到些启示，图 4.173 是按照其陈述绘制的。在前端处安置上半圆筒式的钝体，可以减小车辆的（负）背压和阻力，另外也可以通过在流动方向上加长车身的办法来完成。从图 4.173 中结果应该注意到，研究是在二维的模型上进行的。对于三维镜壳体，阻力随长度的增加而减小的趋势大大趋缓。此外，前边第 4.3.3.1 节中提到的降低背部阻力的措施也可以类似地应用到外侧后视镜的外壳上。

外侧后视镜有一条长而宽的尾流，它会干扰在侧窗玻璃上的流动以及从 A 柱发出的涡流。

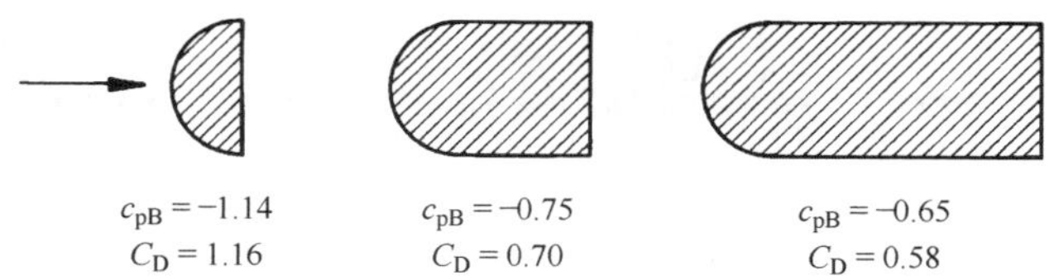

图4.173 降低后视镜 C_D 值的可能性（Hoerner，1965）

C_D—阻力系数 c_{pB}—前端压力系数

如将在第8章更详细解释的，它们对内部噪声的贡献是重要的。图4.174（见彩插）显示了较差的视镜和低阻力视镜的流动拓扑结构。

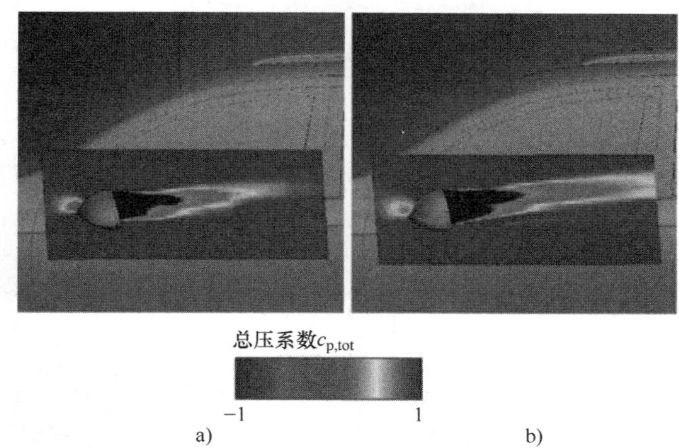

图4.174 在垂直截面上，围绕视镜的流动：a）有利的 C_D 和b）不太有利的 C_D

4.5.3.5 其他附件

一般来说，门把手、车顶纵梁和天线也具有较高的 C_D 值。然而它们的迎风面积与车辆相比则很小，所以它们的阻力所占份额也很小。对它们在风噪声方面上的关注超过了对它们在阻力方面上的关注。天线的份额可以用类似于第4.5.3.4节的办法进行估算。圆柱对来流，且在来流为亚临界（$Re<105$）时，其 C_D 值为 $C_D\approx1.2$，其迎风面积少于车辆迎风面积的千分之一，则天线阻力为：

$$F_{W,A} < \frac{\rho}{2}u_\infty^2 \times 1.2 \times \frac{1}{1000}A_x \tag{4.42}$$

转换为车辆迎风面积，得到天线的阻力系数最大值为一个点的值。天线的阻力实际上非常小。对纵梁和门把手的模拟估计可得到与上述相似的结果。

相比之下，较大的车顶行李架、滑雪板箱、在车顶上载运的自行车、冲浪板，以及特殊车辆安装在车顶上的信号系统等类似的东西，空气阻力则相当大。使用滑雪板固定架时，阻力可能会增加三分之一；车顶上的自行车使 C_D 值（相对于车辆的迎风面积 A_x）增加约60%。越来越多的车顶箱被设计为流线型，以限制由其带来的油耗的增加。为避免浪费燃料，车顶行李架应在不需要时拆卸下来。图4.175显示了不同滑雪板托架对阻力的影响。

车顶行李架和车顶箱的阻力增加的原因如图4.176（见彩插）所示，并令人印象深刻。车顶行李架具有宽广的尾流并与之相应的耗散损失，车顶箱上有同样的效果，只是大小不一样。与没有车顶结构的车辆相比，在上述情况下，阻力增加了约33%，但升力值几乎没有改变。

车顶载荷也会影响行驶的稳定性，原因有二：首先，车辆的重心向上方移动，一般也会同时向后方移动；其次，其空气动力学特性也发生了显著变化。与后者相关的一些例子如图4.177所

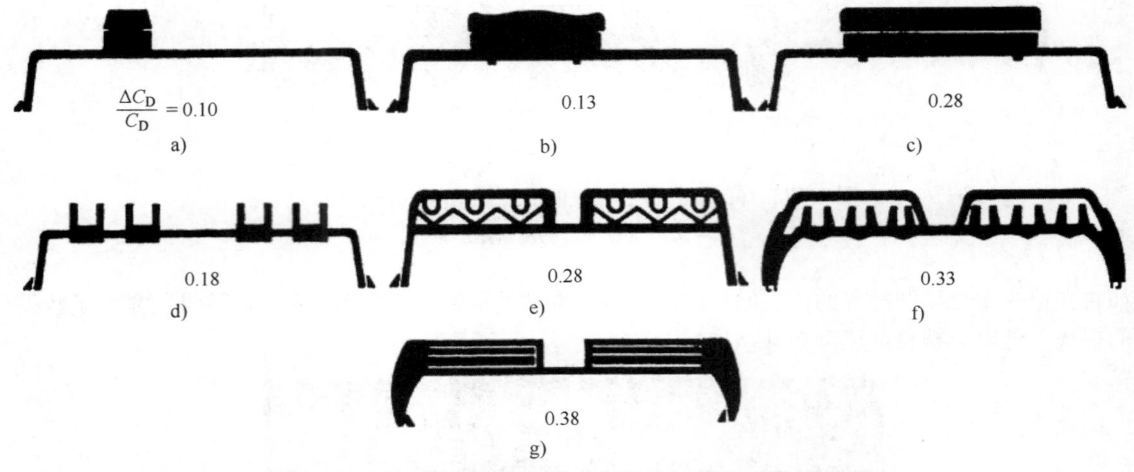

图4.175　滑雪板托架增加了空气阻力（作者不详，1982）

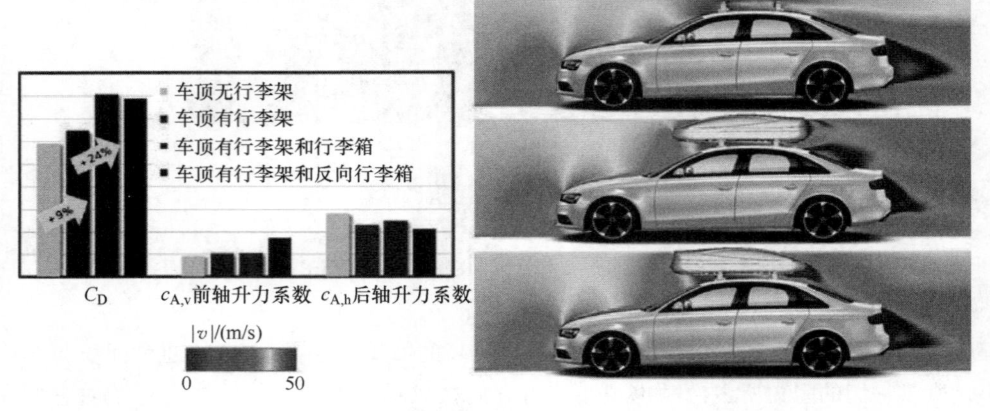

图4.176　车顶上边带有构件的车辆，其周围的流速以及对作用力系数的影响

示。由于产生了相对较大的额外阻力，因此出现了前轴卸载和后轴有较大加载的趋势。被扰动的且越过车顶的流动改变了升力；升力可以减小，但也可能会增加（Riehle，2000）。

车顶载荷	前轴升力系数$c_{A,v}$	后轴升力系数$c_{A,h}$	偏转力矩系数$c_{M,G}$	俯仰力矩系数$c_{M,N\ 20°}$	滚转力矩系数$c_{M,R\ 20°}$
基本车辆(1)	0.09	0.19	0.66	0.17	0.13
行李架(2)	0.10	0.12	0.74	0.16	0.16
滑雪板(3)	0.08	0.13	0.76	0.15	0.15
冲浪板(4)	0.10	0.13	0.77	0.16	0.16
滑雪板箱(5)	0.10	0.15	0.92	0.15	0.23
小船(6)	0.24	−0.03	1.12	0.17	0.37
自行车(7)	0.19	0.03	1.00	0.12	0.32

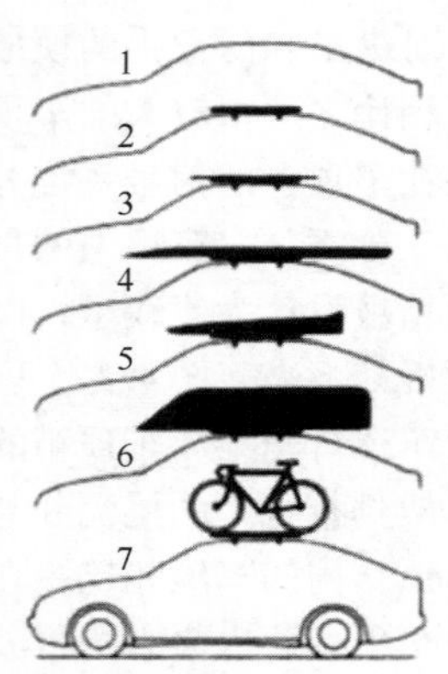

图4.177　由于不同的车顶载荷导致的空气动力学特性的变化

在斜向来流的影响下，车顶载荷导致了侧向力的增加和滚动力矩的增加。相对作用于车轮的侧偏力，随着风的作用点向上移动，空气作用力以很大的杠杆作用来施加影响。因此，比起侧向空气作用力增加的情况，滚动力矩的增加要多得多。

通常车顶载荷本身不会增加偏转力矩。无载荷时整个车顶区域位于车辆侧向力的作用点（即压力施加点）的后边。而在车顶上增加物体后，使得空气作用力的施加点移向后并向高处移动，除了某些例外的情况之外，后侧力比前侧力更大。一个例外是加载上小船的情况，如图4.177中所列的例子（6）；它从车顶前缘探出。由于其船体形状，额外的侧向力作用点向前移动。相比于安装在车顶上的自行车架，安装在车辆后面的自行车架可能会有空气动力学方面的优势。然而到目前为止，尚未看到任何对此有关的测量结果。

4.5.4　干涉

到这里为止，我们只考虑汽车各个孤立部分周围的流动，好像根本不存在相邻的其他区域。而如第1.2节所示，相互作用（尤其是前后部分之间的相互作用）已经被知晓，但从那里以后显然没有被重视。而只是隐含地考虑到前后之间的相互作用，如模型的优化通常从前端开始到后端结束。

然而，干涉不仅会发生在一个车辆主要形状的各个表面之间，而且在车身与其附件之间、在组合件的各部分之间、在一串行驶的车辆之间，以及超车时的两车辆之间都会发生。干涉效应所展现的特性将在下面讨论。

4.5.4.1　车辆部件的相互作用

由于缺乏数据，对基本车身上相互作用现象的研究只能建立在假设的基础上。为此在图4.178中，显示了已经简化成为不同旋转体式的车头和车尾，以及其周围的流动；有以下三种不同案例：

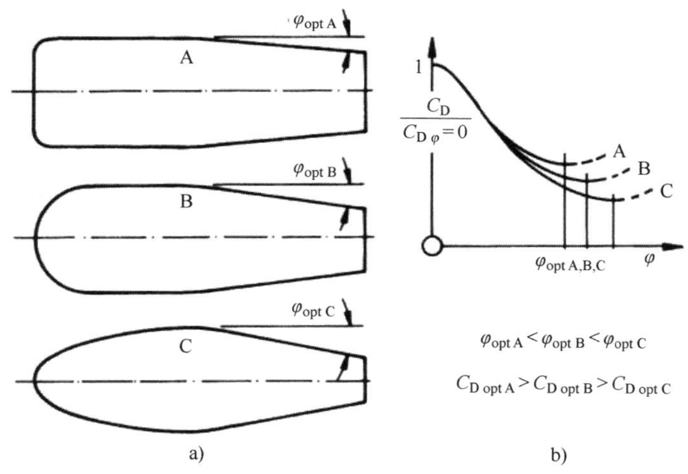

图4.178　在丰满的车体周围的流动中，车头和车尾之间假设的相互作用

车体A的前端装备有“最佳”的半径；假设围绕它的流动没有分离。因此，在车体A的后部，应该期望在边界层仅有适度的压力增加，也就是只容许小的角度$\varphi_{opt,A}$来构成船尾形。相关的阻力$F_W/F_{W,0}$与缩入角φ之间的关系在图4.178b中用曲线A表示。形状A的最佳角度$\varphi_{opt,A}$是很小的，并且其阻力最小值相对其他情况应是较大的。

另一方面，如果车前端是细长的，如在模型C中那样，在从前端向侧面的过渡处仅出现适度的负压。边界层只需克服下游方向一个小压力梯度，因而在这里能够得到一个更大的最佳角度 $\varphi_{opt,C}$，没有这个结构的话会出现过早分离的情况。相比 A 结构，这样可以形成更低的风阻。B 结构的风阻大小在 A 和 C 之间。

应用到真实汽车上，这个（假设的）相互关系应该具有以下重要性：现在的乘用车前端是很圆的，远远超过最佳半径所需要的。为此需进一步调整车辆周围的流动，特别是后部流动，如案例 C 所示。如果有一天，再次流行有棱角的设计，那么人们会趋向于案例 A。与前部很圆形状 C 相配的尾部若跟边缘尖锐的前端配在一起，或许不能正常地“工作”。流动将更容易分离，结果是阻力增加。在这种情况下，这种增加的阻力被定义为干涉阻力。

为了获得机动车辆的总阻力，仅把各个部件的单个阻力加起来是不够的。基于这种考虑，干涉阻力就体现了上述总和与整体阻力的偏差。这种偏差可归因于这样的事实，即基本车体和附件使得彼此的流动发生改变，因此处在无扰来流中原本是低损耗的物体，在这里突然面对的是被移位和/或被改变速度的来流。

在第 4.3.3.4 节中，已经用外侧后视镜作了示例。图 4.179 显示了应该如何开发后视镜，以便设计出阻力尽可能小的后视镜。如果使用具有轻微后部缩入的旋转对称体作为外侧后视镜的外壳，则由于来自 A 柱区域中的斜向来流，在视镜上将出现单侧分离。其大型的尾流招致了很大的固有阻力，这与其在无扰和对称来流中明显更低的阻力是不相符的。要使镜子外壳适应局部的流动状况，则出现了非旋转对称体的镜体，其具有较大的底座面积，然而绕流是无分离的。这样尽管视镜的迎风面积增加了，但 C_D 值会剧烈下降，空气阻力的相关乘积 $C_{D,S} \cdot A_{x,S}$ 将更小。

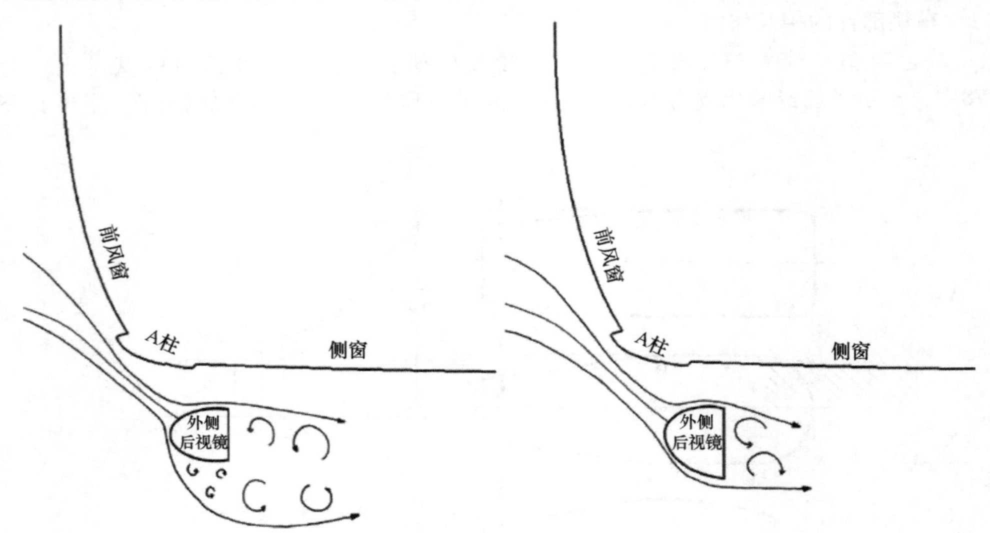

图 4.179　车身和外侧后视镜之间相互作用的示意图

4.5.4.2　带拖车的汽车

在乘用车可以牵引的许多类型的拖车中，特别是拖带式房车的空气动力学特性已经被仔细地研究过了。最初感兴趣的是阻力，但关注点越来越多地转向车组的稳定性。由乘用车和拖带式房车组成的车组，其空气阻力大约是乘用车的三倍。这有两个原因：首先，拖带式房车的迎风面积大约是乘用车的两倍，其次，拖带式房车由于其箱形的形状而具有非常大的 C_D 值。可在设计中通过采取一些措施来显著地降低阻力。然而这样的代价是，内部空间不太好用和生产成本更加高昂。

在挂着拖车时，干涉效应起着重要作用，这方面的关系已在图 2.49 中进行了描述。该车组的阻力小于这两个车辆各单独阻力的总和。Beauvais（1976）已经研究了这个现象。乘用车的阻力通过拖车而明显降低了，而拖车的阻力通过乘用车却减少得很少。由此产生的总阻力，其作用点向拖车方向的移动并不是很有利的。上述现象的结果是牵引杆受到很大的拉力，这对车组的稳定性是不利的。

根据 Künstner（1985）的研究，牵引车越流线化，这种效果越强，参见图 4. 180，有可能会是这样，牵引车辆的阻力成为负值，而在后边的拖车阻力会大于其单独位于气流时的阻力。在评估这些数值时，应该注意的是，这里引用的不是牵引车的迎风面积，而是车组的迎风面积。这又比单独的拖车略大，如图 4. 181 所示，因为乘用车的底盘从拖车轮廓里突了出来。

旅行挂车车组组态	牵引车	C_{D1} $C_{D(1+2)}$	$A_x \cdot C_{D1}$ $A_x \cdot C_{D(1+2)}$
	Opel Rekord C	0.452	0.87m^2
	Opel Rekord C Caravan	0.435	0.84m^2
	UNI–CAR	0.240	0.48m^2
老式郊游住宿挂车	Opel Rekord C	0.764	4.10m^2
老式郊游住宿挂车	Opel Rekord C Caravan	0.864	4.63m^2
老式郊游住宿挂车	UNI–CAR	0.743	3.98m^2
当今的郊游住宿挂车	Opel Rekord C	0.605	3.24m^2
当今的郊游住宿挂车	Opel Rekord C Caravan	0.562	3.01m^2
当今的郊游住宿挂车	UNI–CAR	0.581	3.11m^2

图 4. 180 对应于不同时代的拖带式房车车组的阻力（Künstner，1985）

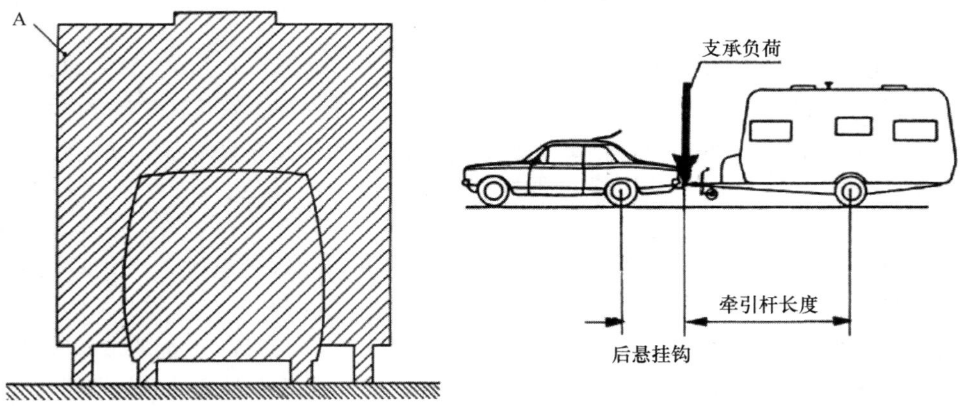

图 4. 181 对阻力和稳定性都很重要的几何参数

采取如将在第 10 章所示的商用车的构造措施，可以显著减小拖带式房车的阻力。其优点是，其对挂车形状的改变并不必针对某些特殊的牵引车辆，而是近似地“普遍”有效的。如对公共汽车的处理那样，把前缘施以倒圆角处理被证明是有效的方法。然而，为了节省制造成本，通常限于从前端壁到车顶的过渡区域施加该措施，其缺点在于此措施引导出的俯仰力矩会导致拖车倾向直立而使得挂钩松动，并因此降低了车组在摇摆时的稳定性。

对汽车后面的拖带式房车，其圆形前缘的效果如图4.182所示，在这里只有拖车的迎风面积单独作为自变量参数。该图还清楚地表明，长方体形的拖带式房车的潜力远远没有被挖掘。还可以通过其头部的缩入和尾部的缩入来进一步减小阻力。这两种措施由于成本原因和可用空间的限制而不是很受欢迎。Künstner 预期，所有上述措施的组合可以使得车组的阻力系数从现在的 $C_D=0.6$ 减小到 $C_D=0.4$。

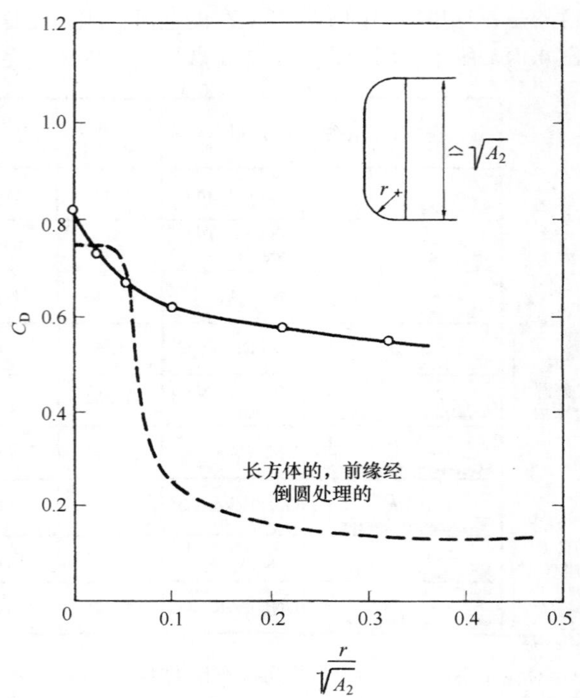

图4.182 通过拖带式房车的前缘倒圆角来减小拖带式房车车组的阻力；源自 Waters（1969）

当然也可以通过对牵引车施加一些措施来改善车组周围的流动。从图4.183中可以看出，导向板与将在第10章描述的鞍式牵引车有明显的相似之处。当乘用车车顶上没有导向板时，则流动在拖车迎风面形成了一个停滞点，并在尖锐的车顶前缘处分离。在有导向板的情况下，流动以切向方向导入车顶，就好像其前边缘是很好的倒圆角一样。在这种情况下，阻力最小，如图4.184所示。在图里，相对于汽车车顶上挡板的定位角 α 绘制了车组 C_D 值 $C_{D(1+2)}$。在 $\alpha=28°$ 时，阻力达到最小值，这时的特性曲线也相当平坦，如果没有精确设定到（上述的）最佳角度，也不会由此产生太大的额外损耗。

然而，通过测量风洞中行驶中的实际大小尺寸的车辆时，Peschke 和 Mankau（1982）发现，这种组合形态可能对车组的稳定性是不利的。如在图4.185中非常明显地看到的那样，加上导向板后的阻力减小与倾向仰立起来的俯仰力矩相关。由此随着行驶速度的增加，对拖车的支承负荷减小。

Zomotor 等人（1982）用图4.186清晰地说明了，支承载荷对车组的稳定性有什么负面影响。在那里，相对于行驶速度绘制的拖车摆锤式摆动的阻尼比率 D；图里边的参数是支承负荷。当阻尼系数 $D>0$ 时，钟摆振动会逐渐平息，振动则是由侧风或道路不平坦的扰动被激励起来的。然而，随着行驶速度的增加，阻尼系数 D 近似线性地减小；支承负荷越小，就易在更低的速度下

a)

b)

c)

图 4.183 需改善的拖带式房车车组周围的流动（a），或通过使车顶的前缘变圆来改善（c），或将导向翼安装在牵引车的顶部来改善（b）；源自 Künstner（1985）

达到阻尼系数 D 的零点。在所选择的示例中，当支承负荷等于零时，$D=0$ 时还没有到达 120km/h的行驶速度[㊀]。

㊀ 在一些欧洲国家的高速公路上，这个速度对于车组来说是完全允许的。

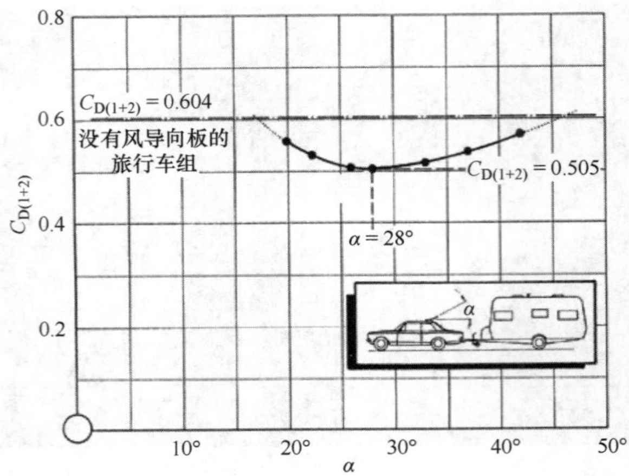

图 4.184　寻找最佳翼型位置和迎角（Künstner，1985）

	拖带式房车车组的阻力系数C_D	在v=80km/h时俯仰力矩N代表的支承载荷的变动
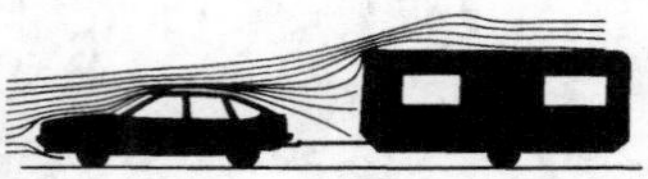	0.53	-340*
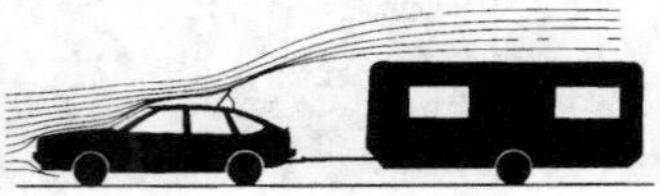	0.45	-315*
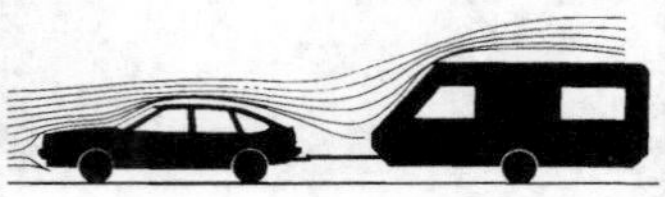	0.53	±0

图 4.185　流动形式对拖带式房车车组的阻力和支承负荷的影响；源自 Peschke 和 Mankau（1982）

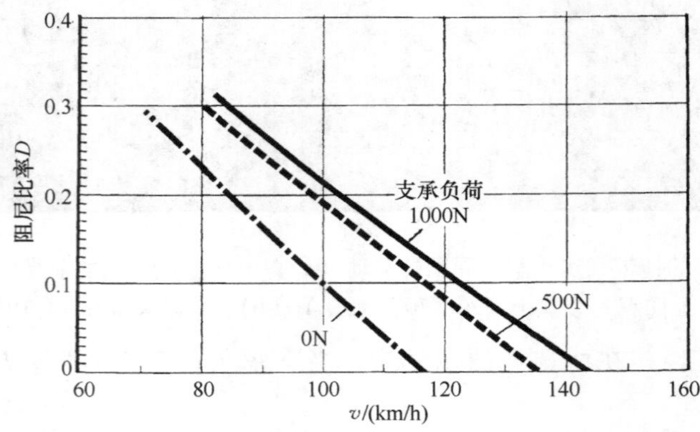

图 4.186　在各种支承负荷（静止时测量得）下，拖车摆锤式摆动的阻尼比率 D 依赖于行驶的速度（Zomotor 等，1982）

相比之下，前端表面倾斜的拖带式房车，比牵引车顶部的导向翼更为有利，对此可参阅图 4. 185。与垂直的前端表面相比，阻力不曾减小；但俯仰力矩为零，因此支承负荷保持与行驶速度无关。这个版本的缺点是失去了部分内部空间。

牵引车和拖车之间的干涉作用还有时会导致较大的横向力以及偏转力矩与滚转力矩，这些力矩主要作用在拖车上，部分通过牵引杆作用在牵引车上。在有风的不利情况下，这可能会导致行驶时发生危险。以下针对两种主要行驶状况来详细地解释其中的空气动力学关系，即：

- 无扰来流为侧风时的状况
- 大型车辆超车时的车组状况

从图 4. 187 可以看到，使牵引车和拖车偏转的偏转力矩是由风产生的，并在拖车的挂钩上构成了旋转中心；在此旋转中心处，拖车的偏转力矩与牵引车的偏转力矩相抵消，这样车组关系在风中变得紧固，从而稳定了车组。

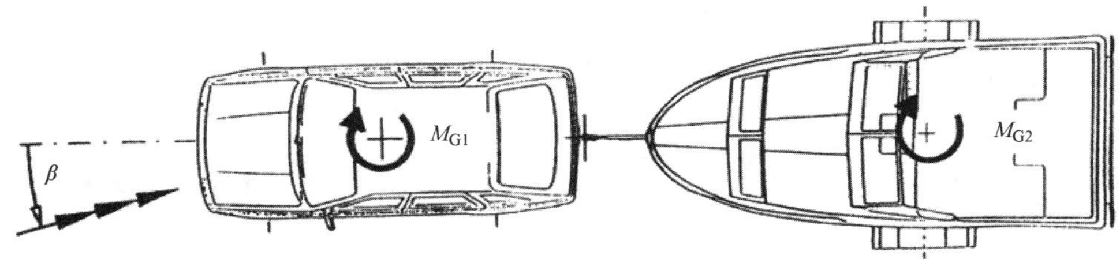

图 4. 187　在侧风中，牵引车和拖车的力矩

在图 4. 188 里，可以看到，一个时间段里的偏转速度显示了强烈的动态效应。这里需要注意的是，牵引车辆的偏转速度由于拖车而改变了正负号。最初，车辆被风吹偏，但它们马上在风中互相紧固。当阵风平息时，则以相反的方向重复上述过程。这种行为受到接合器外伸的显著影响。

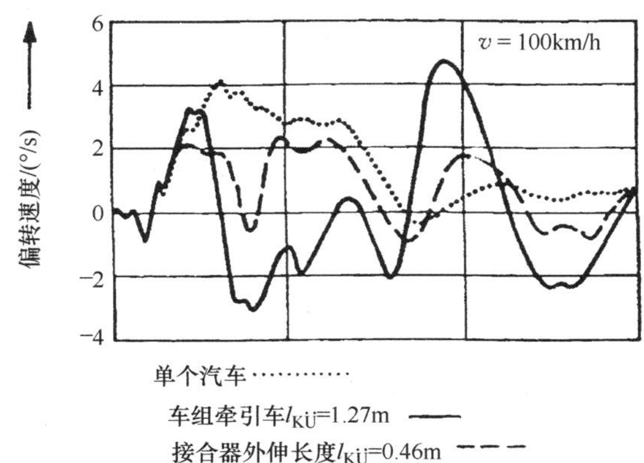

图 4. 188　在侧风中，乘用车作为牵引车，并挂有拖带式房车，它们在一个时间段里的偏转速度，以及接合器外伸长度 $l_{KÜ}$ 的影响（Zomotor，1987）

除了偏转力矩，滚动力矩对于车组的驾驶稳定性也起着重要作用。在遇到非常强大的侧风时，例如在图 4. 189 中所示的实验，尤其是在桥上行驶时，能导致拖车在迎风侧的车轮抬起甚至导致翻车。出于这个原因，在桥梁处遇到大风时，常常会禁止挂有拖带式房车的车组行驶过桥。在空气动力学上，这个问题很难解决，因为它主要是由于拖车具有很大的侧向作用面而引发的。

图4.189　在驾驶经过吹出侧风的设备时，无载荷拖车的倾翻示例

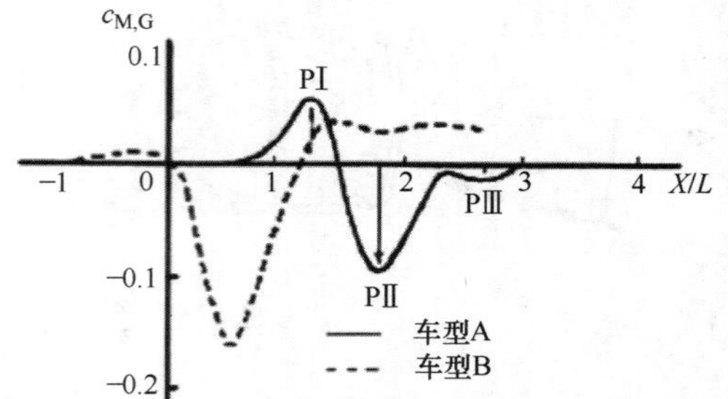

图4.190　被超车过程中牵引车（模型A）和拖车（模型B）的偏转力矩，源自Kobayashi和Sasaki（1987）
$c_{M,G}$—偏转力矩系数

当被大型车辆超车时，车组的稳定性和可控性也受到了不利影响。这是Kobayashi和Sasaki（1987）在研究中发现的。图4.190显示了超车过程中牵引车和拖车的偏转力矩的变化。两者的偏转力矩曲线显示出相似的行为，在整个超车过程中，从初始时的正向的偏转力矩，到后边出现的负向的偏转力矩。

根据压力分布（图4.191a~c）可阐明这种行为的来龙去脉。正如将在第4.5.4.4节中关于单车超车过程的描述，正在超其他车辆的汽车前边，其速度压头产生了“车前波”，这可以通过牵引车尾部较高压力感受到，并产生正的偏转力矩（参见图4.190中的PⅠ值处）。两辆牵引车车头的后部并齐时（图4.191b），超压更多地出现在前部区域，由此产生相反的力矩，其因加速的流动而进一步增强，并导致后部压力（PⅡ值处）偏低。当货车车头刚刚越过牵引车时（图4.191c），前部区域的压力下降，并且在货车牵引机械和鞍式挂车之间的间隙的影响下，出现一个较弱的负偏转力矩（PⅢ值处）。

从图4.192可以看出，两个车辆之间的距离l_1对偏转力矩曲线的影响远大于货车牵引机械和半挂车之间的间隙l_2。在较小的距离时，这可以通过速度较高的地方压力较低来解释。

通过简单的模型，可以由横向力的变化，以及由空气动力作用点到重心的距离，弄清楚两个物体间的相互影响。基于这些研究成果，建议开发有利于空气动力学流动的零部件，通过与其有关的流动影响来减小牵引车辆和拖车的最大值（PⅡ值）。如横向安装的扰流板就显示出了良好的结果（图4.191d）。由此得到牵引车辆后部的压力是正的，与没有这个附件时的负压相反。此外，空气动力的作用点向牵引车的重心方向移动靠近。安装在拖车上的扰流板有类似的功能，但在降低车组的偏转速度比率方面更有效。尽管实施起来应该很难，并且可以预期阻力系数的增加，但是上述扰流板可以显著改善行驶的稳定性。

4.5.4.3　车队行驶

为了更好地利用有限的交通空间和节省燃料，可以想到的一种可能方式是，将几辆车组合成一个车队行驶。如果通过电子方式调节后边车辆的跟随距离，那么它们的距离可变得很小，这时车辆之间的气动干扰是显而易见的。Atwell和McLean（1961）首先提出了怎样在交通中使用

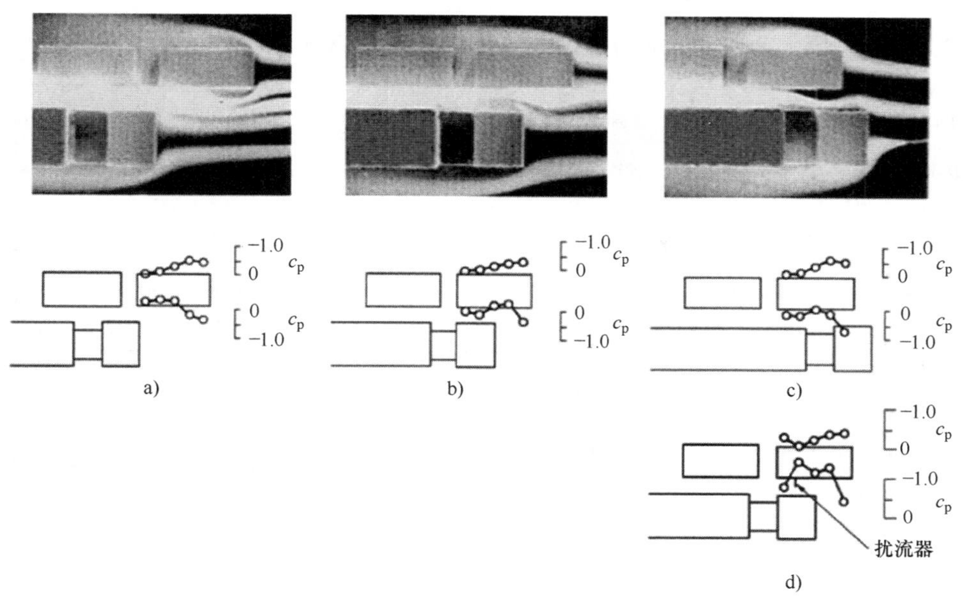

图 4.191 超车过程中在不同时间点上的压力分布和流动型式；源自 Kobayashi 和 Sasaki（1987）

c_p—压力系数

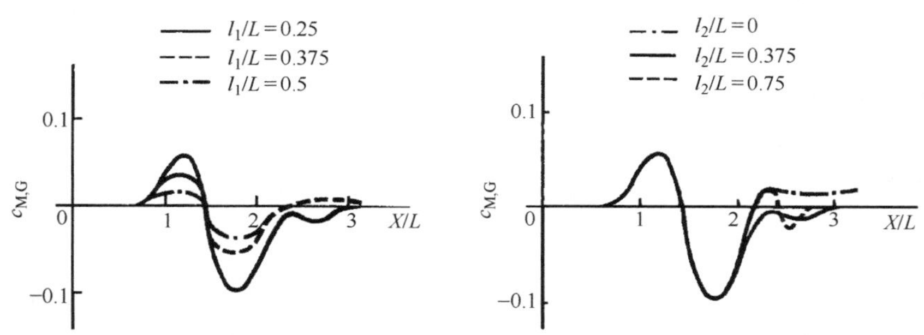

图 4.192 l_1 和 l_2 对 $c_{M,G}$ 的影响；源自 Kobayashi 和 Sasaki（1987）

l_1—车辆之间的横向距离 l_2—货车牵引机械和半挂车之间的距离

$c_{M,G}$—偏转力矩系数

这种方法。通过风洞试验，Romberg 等人（1971）揭示了赛车时在背风区行驶可以获得哪些优势。Götz（1997）研究了在车队中行驶的商用车辆、公共汽车和货车，其将在第 10 章中展开讨论。因为乘用车具有相对较低的 C_D 值，所以背风区效应对乘用车来说并不那么明显，但此效应仍然值得注意。

Ewald（1984）对模型测量后得到的结果证实了这一点。图 4.193 显示了其内容摘要，该图首先仅研究由两辆汽车组成的“列车”，且每个车辆在独自行驶时具有相同 C_D 值。对这些车辆是按 C_D 值分级处理，以涵盖当前和未来可能的乘用车辆。具有极低阻力的汽车，如 4.193a，很像两个细长的轮廓一个接一个地排列着，随着后面的车辆接近，前方车辆的阻力大大减小，而后边车辆的阻力增加了。相比之下，较大阻力的汽车（图 4.193b）更像是一个串接一个的圆柱体，其行为与图 4.42 里纵向排列的两个圆盘相同。在两个车辆的距离非常小时，两个车都受益，而后边的车比前边的车受益更多。当距离变大时，则仅后车的阻力出现减小，其行驶在前面车辆的尾流（背风区）中。

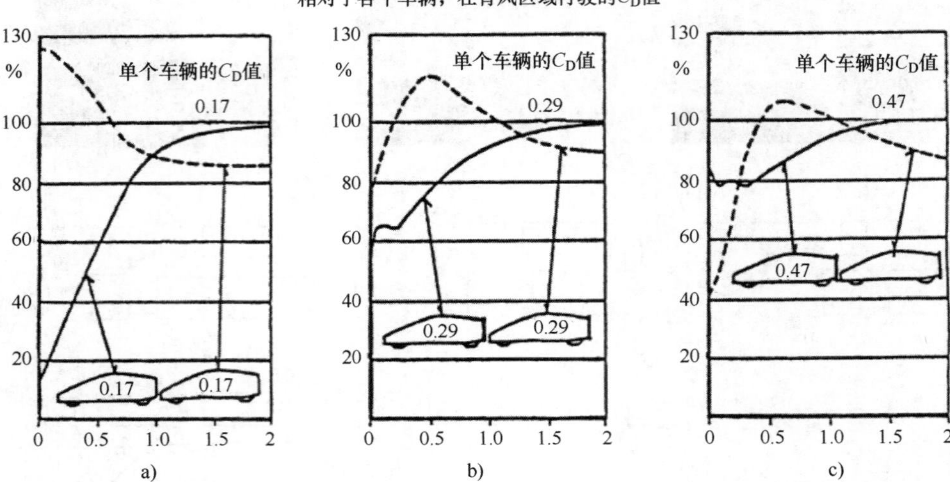

图 4.193　行驶在车队中，车辆之间距离对阻力的影响（Ewald，1984）

横坐标为前后车距离 a 与车长 l 的比值，纵坐标为背风区域行驶时的 C_D 与单个车辆行驶时 C_D 的比值

通过测量压力的分布，可以理清干扰的机理；图 4.194 显示了具有 $C_D=0.17$ 非常好的流线型车型的结果。在每个车辆轮廓上，绘制了压力差符号，其压力差是现在的压力与单个车辆的压力的差值，并写明了阻力的相对变化。在前面行驶的车辆，其背部的压力被后边行驶的车辆提高了；因此直接降低了阻力。同时，后边紧随着的车辆的车头压力降低了，因为其在前方车辆的背风处行驶。在距离非常小时，在它们之间形成了封闭的尾涡区域，那里具有相对较高的压力；其作用在前车背部和后车车头的斜面上。前车几乎被后车推动，而后车的阻力则大大增加。

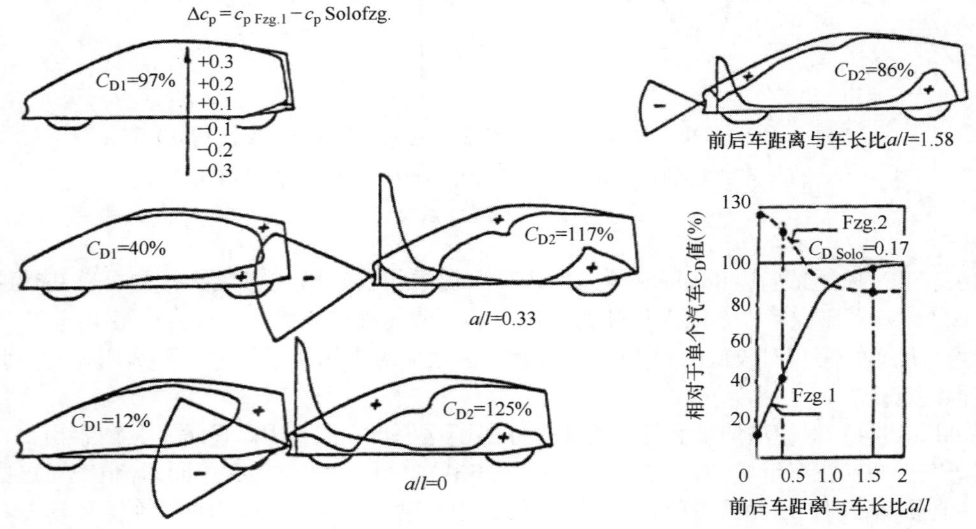

图 4.194　纵向截面上压力分布的变化和车队行驶时阻力的变化（Ewald，1984）

Fzg. 1—第一个汽车，牵引车　Fzg. 2—第二个汽车，拖挂车　Solofzg—单个汽车　C_D—阻力系数　c_p—压力系数

对三辆车组成的车队进行测量，并把其结果外推到由 10 辆车组成的一个“列车”上，如图 4.195所示。在两车距离为一个车辆的长度时，在减少阻力上的平均获益为20%。即使对于具

有极低阻力系数 $C_D = 0.17$ 的车辆，在车队中行驶仍然具有显著的燃料消耗减少的优势。

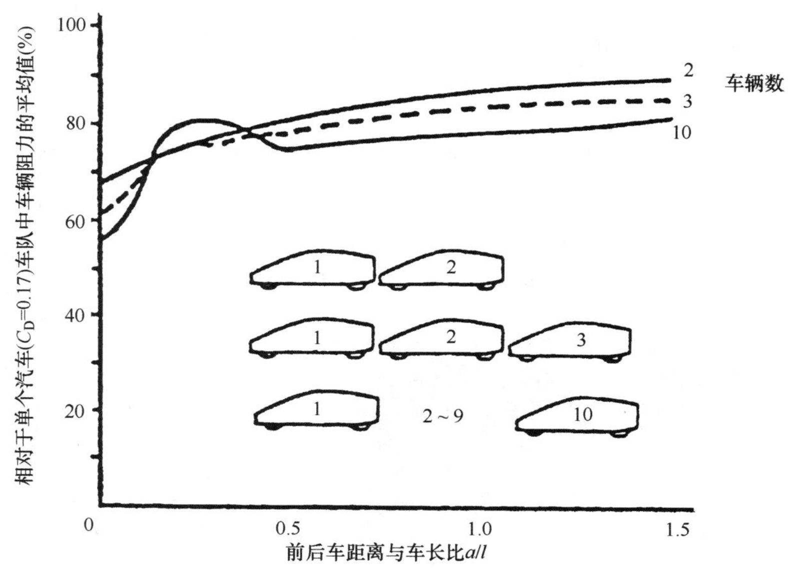

图 4. 195　由两辆以上的车辆组成的车队，其阻力的减少（Ewald，1984）

一个车队能够真正节省多少燃料，对此 Michaelian 和 Browand（2001）在相应的行驶试验中进行了研究。车队分别由两辆、三辆或四辆相同的乘用车（Buick LeSabre）组成。图 4. 196 给出了摘要结果。燃料消耗 b/b_{solo}是车辆之间距离的函数，b_{solo}是孤立的单个车辆的消耗量。针对车辆的不同数量和它们之间不同的距离的研究结果显示，在这两项所有的搭配中，燃料节省量随着距离的减小而增加。在车队行驶中最大的受益者是中间的车辆。然后是最后的汽车，领头的汽车获益最小。

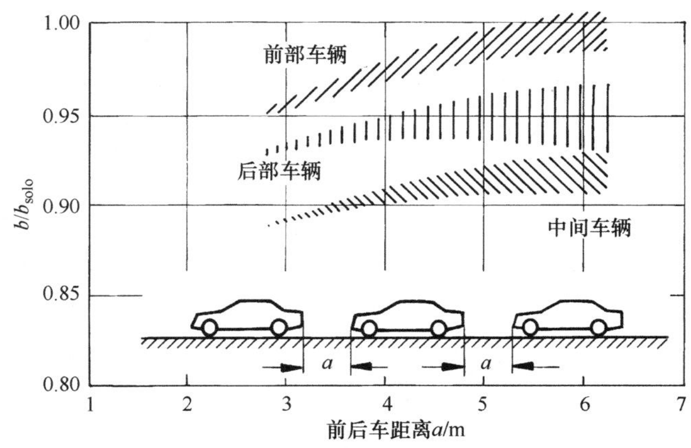

图 4. 196　通过对行驶车队的试验，研究燃料消耗的减少（Michaelian 和 Browand，2001）

b_{solo}—单独一个汽车燃料消耗　b—车队中单个汽车燃料消耗

偏转力矩和侧向力也依赖于车辆在车队里的位置。领头的车辆遭受到最大的侧向力作用；与在一个单独车辆上的侧向力相比，它们是在相同的数量级上。在后边的位置上，侧面作用力则相对较小。这个效果，可以归因于较小的局部滑动角度。

图4.197揭示了随着车辆之间距离的增加，偏转力矩的变化。在图里显示的是偏转力矩与在单独行驶的车辆上测量的偏转力矩的比值。与一个单独车辆的值相近，领头的车辆具有的较高的力矩比值。而与领头的车辆相比，两个后边的车辆相应的值则显著降低。在非常小的车辆距离（$l_x<0.1$）的情况下，所有三个乘用车的偏转力矩都增加了10%～20%。

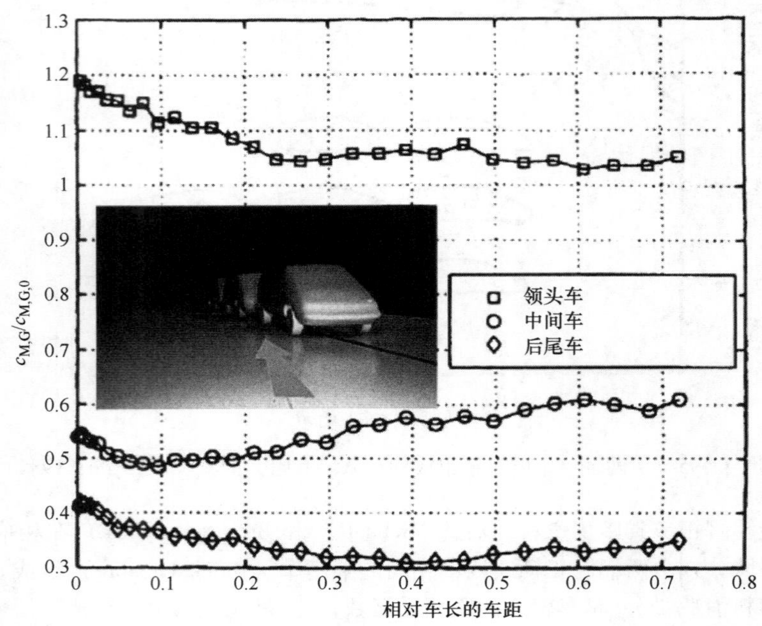

图4.197　在各车距离相同时，作为距离函数的偏转力矩系数的变化（Marcu 和 Browand，1999）

$c_{M,G}$—偏转力矩系数　$c_{M,G,0}$—单独行驶的车辆的偏转力矩系数

4.5.4.4　超车

在超车过程中，施加在被超车辆上的空气动力和力矩取决于若干参数。除了两个车辆间的横向距离以外，正在超车的车辆尺寸和车头形状也是重要的影响参数。图4.198显示了作用在直尾车辆上的空气作用力和作用力矩的曲线，该过程受到了一个从旁边驶过的公交车的影响。

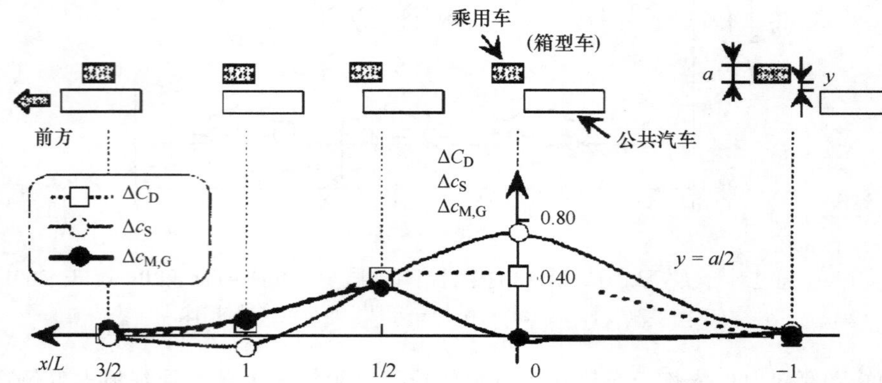

图4.198　在乘用车上空气作用力和作用力矩的改变（Yamamoto 等人，1997）

C_D—阻力系数　c_S—侧向力系数　$c_{M,G}$—偏转力矩系数

当公共汽车的车头与被超的乘用车的车尾平齐时，阻力和侧向力达到最大值。侧向力主要由车头空气的积聚效果以及公共汽车与乘用车之间的管道流动所决定。车头空气的积聚导致汽车前部的压力显著增加，而这里的公共汽车和汽车之间的管道流动导致流动加速，并因此导致压力降低。当公共汽车的车头到达被超车辆中间的位置时，所产生的偏转力矩达到其最大值。这时，被超过的车辆有转向离开公共汽车的倾向。由于在该阶段期间升力的额外剧烈变化，可能会导致危险的行驶状况。图 4.199（见彩插）显示了一个 CFD 模拟结果，其描述了公交车正在超过静止的乘用车的一个过程。这里显示的两车位置是乘用车偏转力矩达到最大值的位置。

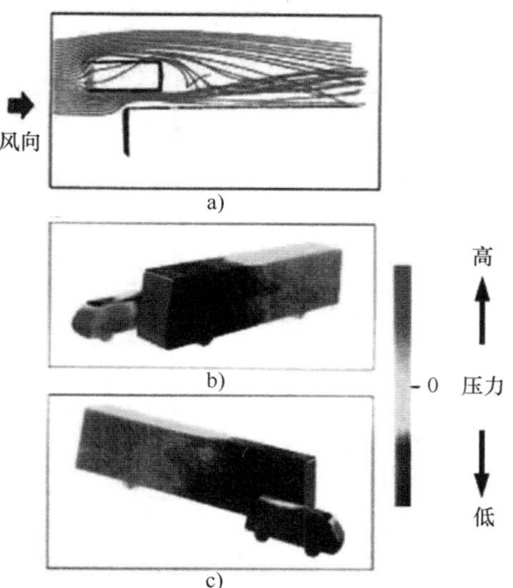

图 4.199　CFD 模拟结果（Yamamoto 等，1997）

a）流线　b）乘用车朝向公共汽车一侧视角上的压力分布

c）乘用车背离公共汽车一侧视角上的压力分布

被超车辆的车尾形状产生的影响如图 4.200a 中所示。与直背式车辆相比，快背式车辆和阶背式车辆显示出明显更低的侧向力，最大值在 $l_x \approx 1/4$ 时才达到。与直背车辆相比，由于快背式和阶背式车辆的侧向表面较小，因此在“管道流动”区域中仅会产生较小的侧向力。针对不同的尾部形状以及公共汽车与乘用车之间相对位置，图 4.200b 给出了相应压力曲线的概况。随着两辆车之间的横向距离增加，彼此的气动干涉减弱。

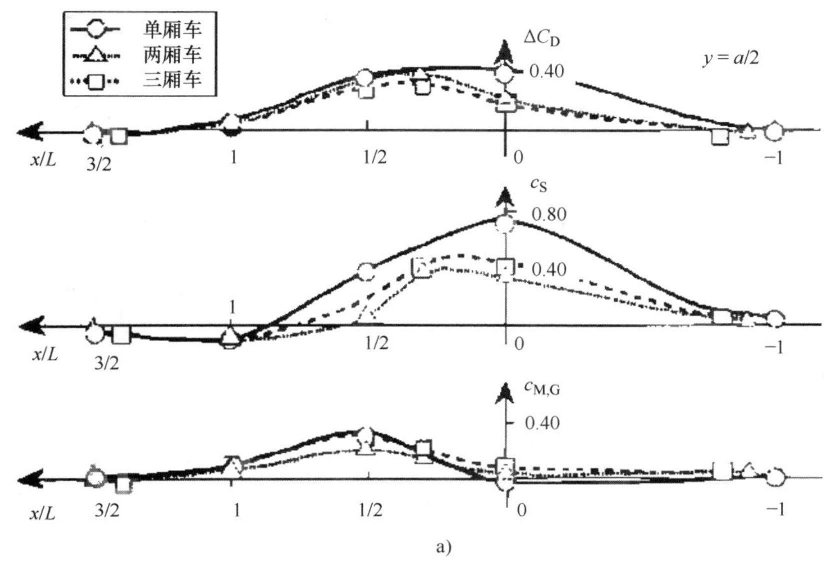

图 4.200　尾部形状对 C_D、c_S和 $c_{M,G}$的影响（a）以及 $y=a/2$ 时压力分布的比较（b）（Yamamoto 等人，1997）

C_D—阻力系数　c_S—侧向力系数　$c_{M,G}$—偏转力矩系数

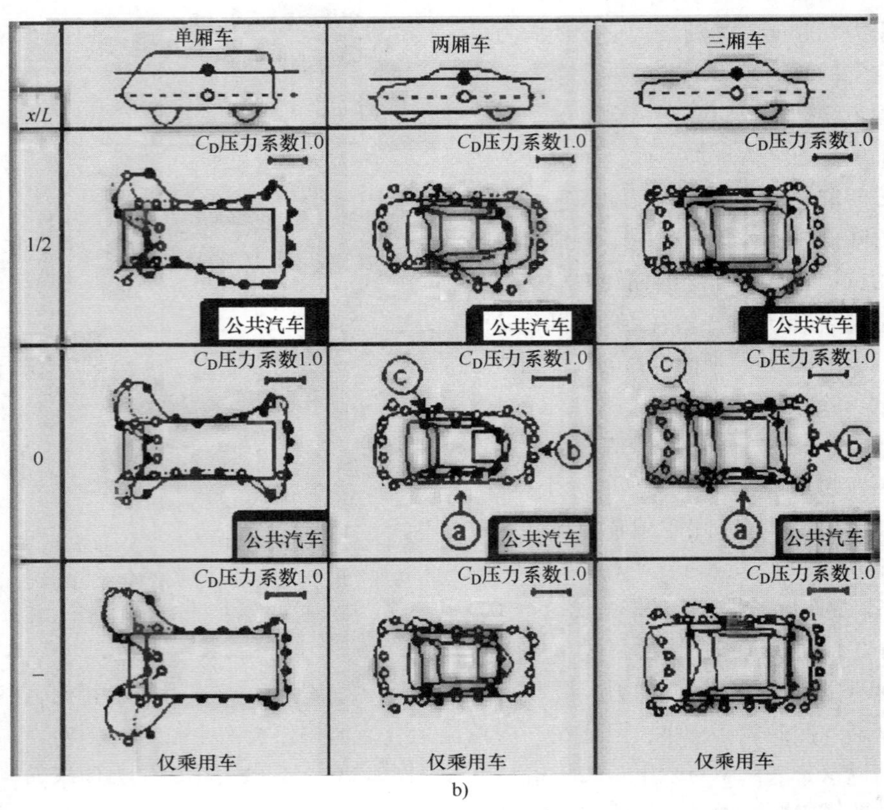

b)

图4.200　尾部形状对 C_D、c_S 和 $c_{M,G}$ 的影响（a）以及 $y=a/2$ 时压力分布的比较（b）（Yamamoto 等人，1997）（续）

到目前为止所示出的结果是在静态条件下测定的值。下边追加研究了相对速度在两车之间的影响，如图4.201所示。在相对速度很低时，动态效应很小，因此超车（瞬态）过程的研究可以由静态的多个位置来代替。另一方面，在相对速度较高时，与静止状态得到的值相比，偏转力矩和横向力显著增加。

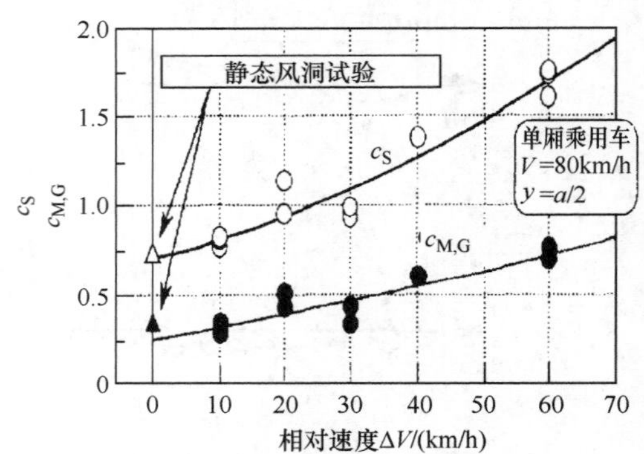

图4.201　相对速度对 c_S 和 $c_{M,G}$ 的影响（Yamamoto 等人，1997）

c_S—侧向力系数　$c_{M,G}$—偏转力矩系数

除了尺寸的大小之外，被超车的车辆的形状也扮演一定角色。图4.202显示了公交车正面上的倒圆角，是如何影响正在超车的车辆的横摆力矩的。车辆正面上的倒圆角减小了偏转力矩和侧向力的最大幅度。这种认知也被用于现代高速列车的构建上。非常细长的车头形状使得从车头开始的“头顶波”尽可能平坦，以便在火车相遇或火车进入隧道时，车头玻璃上的压力负荷不会超出极限。

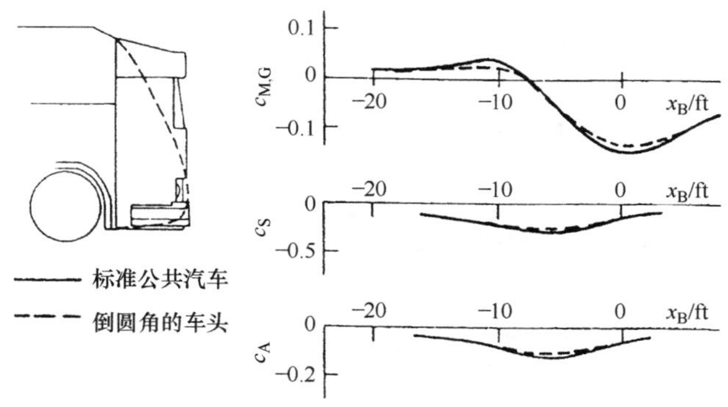

图 4.202　被超的车辆形状对正在超车的车辆在力和力矩方面的影响，源自 Heffley（1973）和 Hucho（2005）

c_A—升力系数　c_S—侧向力系数　$c_{M,G}$—偏航力矩系数

注：1ft≈0.305m

4.6　空气动力学方面的开发过程

机器的开发通常分两个阶段进行：首先由计算完成草案设计；接下来是实验验证，后者又可用于改进计算模型。如有必要，可由测试结果导向修改，并对其再进行计算以及重新测试来验证。通常要经历好几次这个循环。对于复杂的机器，如涡轮机或飞机，这个迭代过程从组件开始，到完整的产品结束。目标是尽可能多地将迭代步骤移至组件级别，以并行地处理它们，并尽可能地以数字方式来处理。

在空气动力学方面的产品开发上，工作流程的复杂程度很高。对于所有制造商而言，从产品形成过程的开始就已经规划了工作步骤，并且气动方面对该系列产品的支持将一直持续到生产的结束。气动方面的开发被整合到整个公司产品形成的过程中。图 4.203 显示了这样一个产品的形成过程。研究和预开发任务［例如可伸出的后扰流板（Audi），冷却空气百叶窗（BMW），空气帽（Daimler）］在开发时通常不受特定产品限制。在新项目开始时或在后边的某一个时间点上，这些研发的成果将被汇入到产品的形成中。

4.6.1　目标定义

不像涡轮、压气机或飞机那样，汽车不是依流体力学定律为主来设计的。更确切地说，它的形状是由结构设计决定的。当然，还要考虑到布局、安全和许多其他要求的规范。在这里，美感方面的考虑占主导地位。空气动力学的任务是确定该设计的气动阻力（以及由空气作用力和力矩而导致的其他量），在它不符合任务书规范的情况下，拟定提议并与设计协调。

值得注意的是，在从前一代车型到后一代车型的发展中，所有类别的乘用车迎风面积都在增加。这是因为必须考虑到人们的身高在 10 年内增加了约 1cm，其次是因为安全性能（例如侧面安全气囊）需要空间。另外客户想更加舒适，这其中也包括大的空间感。

具体的目标规范，比如可由行驶时气动阻力的规范导出。以较低的 C_D 值来补偿迎风面积 A_x 的增加，这样至少使得 $C_D \cdot A_x$ 保持恒定的常数，或甚至实现行驶阻力的显著降低，但上述想法并不是总能够实现的。VW Golf 就可以作为这样一个例子，参见表 4.3，应该说明的是，每个新一代的 Golf 都会做进一步地升级发展。该表还显示车辆的升力值已显著下降，这有利于改善行驶性能。偏转力矩也同样减小了。

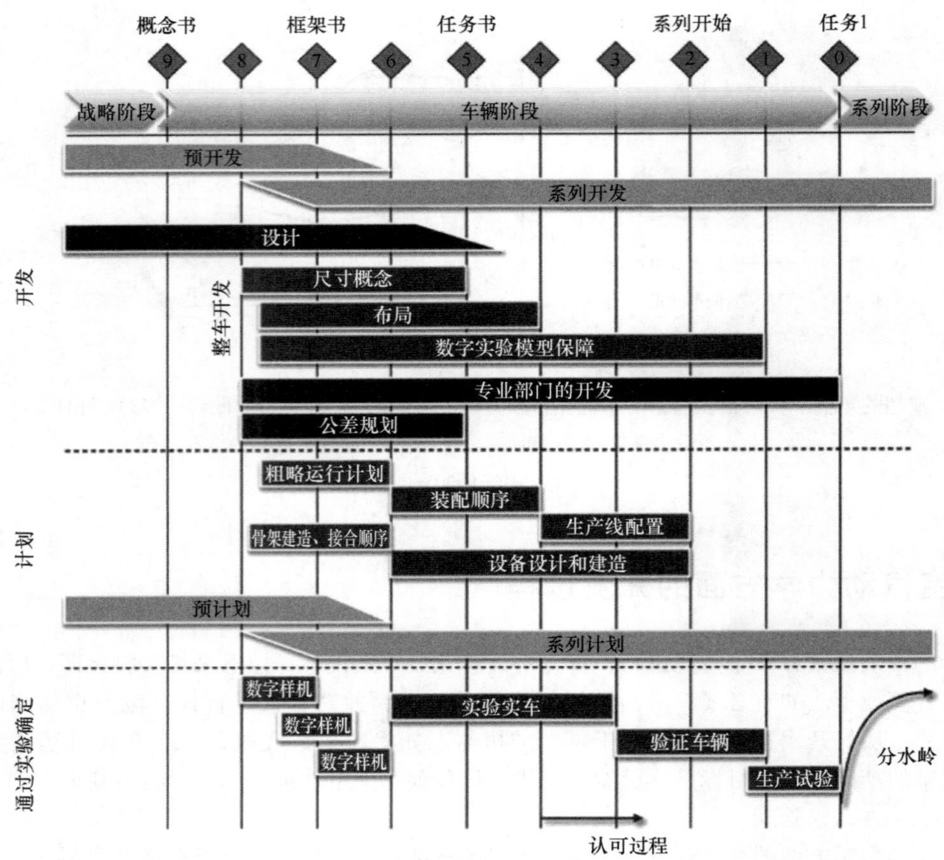

图 4.203　汽车工业中产品的形成过程（简记为 Pep）（源自 Wagner，2012）

表 4.3　VW Golf 的一些特性数据的发展（Warnecke 和 Müller，2003）

Golf	C_D	A_x/m^2	$C_D \cdot A_x/m^2$	$c_{A,v}$	$c_{A,h}$	P/kW	轮胎
Ⅰ	0.42	1.83	0.77	0.08	0.11	37	155R13
Ⅱ	0.35	1.89	0.67	0.04	0.06	40	175/70R13
Ⅲ	0.34	1.98	0.67	0.03	0.11	44	175/70R13
Ⅳ	0.33	2.11	0.69	0.03	0.10	55	195/65R15
Ⅴ	0.32	2.22	0.72	0.02	0.09	55	195/65R15
Ⅵ	0.31	2.22	0.69	0.02	0.09	59	195/65R15

注：C_D—阻力系数；A_x—迎风面积；$c_{A,v}$—前轴升力系数；$c_{A,h}$—后轴升力系数。

竞争压力通常也是在空气动力学性能方面要求更加严格的驱动因素。开始着手产品定义的一项重要任务是仔细分析竞争情况。由于不同风洞的结果并不总是具有可比性（参见第 13 章）并且新闻报道对新车辆的 C_D值进行了美化，因此有必要在同一风洞的可比条件下分析感兴趣的竞争对手。通常，还要有针对性地研究那些创新性的部件（例如，车身底部部件，镜子，冷却空气的引导，等等）的影响。这里用高档 SUV 的示例，在图 4.204 中来解释与此类评估研究相关的工作量。

4.6.2　项目的里程碑以及工具

车辆的气动开发被整合到产品形成的过程中，参见图 4.203。为指导产品形成以及系列开发，一个示例性空气动力学方面的开发过程如图 4.205 所示。

图 4.204　在风洞中分析相关的竞争对手

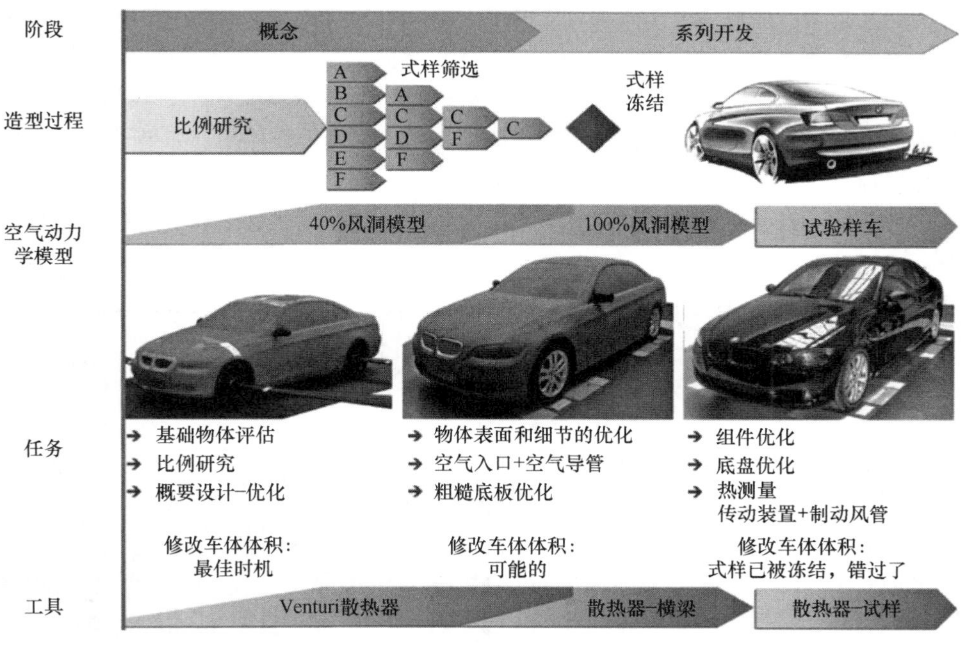

图 4.205　上市公司 BMW 在空气动力学方面的开发过程

在开始开发一个新系列产品时，首先要实施头脑风暴法。在汽车的设计工作中，特别要发挥革命性和创新性理念的先锋作用。在摆脱了其他的技术要求，以及通常在远没有对它们进行评价之前，在车展上的汽车可以很好地起到新车的展示作用，由此还可看到市场的反响。图4.206显示了在草图上新设计理念的确定，以及在2003年Pikes Peak车型设计工作的最终完成。这是Audi Q7的先驱，它于2005年作为Audi的第一款SUV在市场上出现。

图4.206　产品的形成过程，以及车辆第一个式样的草图；在这里Audi Q7（Pikes Peak）的设计草稿作为一个示例

在开始定义技术产品概念时，必须首先制定大略的布局（主要尺寸），并设计一系列由概念决定的模块（冷却器系统，轴结构，排气设备）；与此同时，汽车也从第一个设计建议开始成型。在车辆的开发之初，通常会并行研究几种草案；有时也会要求外边的设计师给出建议。如以前提到过的那样，或由始于草图的设计研究，或由前一代车辆用作样品。如果是后者，设计开发可以更多地被理解为是一次进化而不是一次革命。

按上述方法，可以由多种不同的形式来实施，如纸上的形式、显示屏上的形式或者模型的形式。由此，空气动力学专家可以

- 探索达到任务书中规定的阻力系数的可能；
- 确保任何设计草案都不会导致不可接受的空气动力学特性。

如果气动专家的进展足够快的话，上述过程就可以在早期阶段，并且在设计和空气动力学之间来回迭代地完成。由Dietz等人（2000）描述的Audi A4的开发过程就能够作为这样一个例子，参见图4.207（见彩插）。每个条形框代表气动开发中某一阶段的成果，其是通过很多细节上的改进来实现的。在随后的造型式样修改中，

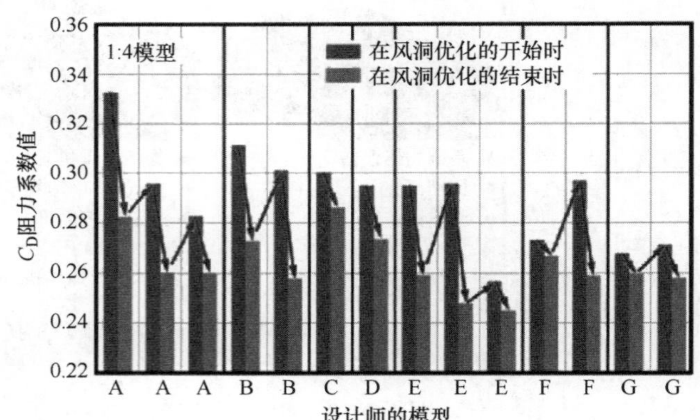

图4.207　Audi A4的优化，A至G为设计师的模型编号，模型比例为1∶4（Dietz等人，2000）

一些气动改进可能再次被改善；在进一步优化中，应尽力重新恢复先前达到的水平，或尽可能地再次改善。

在设计探索的开始阶段，通常需要讨论 5 ~ 10 个不同的设计选型。长久以来，通常在由橡皮泥或硬泡沫制成的较小模型上做实验，因为它们可以相对容易地并快速地加工和改建。由于人们只需要一个小型风洞就可进行测量，因此这种方法也很便宜。但它会带有如第 13 章中所描述的风险。需经常计算缩小模型的 C_D最终值，其在任务书中被规定限制。表 4.4 给出了一个例子，它来自 Audi A2 的开发，是由 Dietz（2000）发表的。

表 4.4　确定 1:4 模型的 C_D 的最终目标值

车辆的规定值	$C_{D(1:1)} = 0.250$
冷却气流	$\Delta C_{D,K} = 0.015$
两个外侧后视镜	$\Delta C_{D,Asp} = 0.015$
接合处，缝隙	$\Delta C_{D,F} = 0.010$
1:4 模型的 C_D 的最终值	C_D（1:4）= 0.210

在进一步的开发阶段里，将对实际尺寸的模型进行空气动力学测量。前提条件是设计模型建立在真实的底盘上。为了节省设计建模的时间，1:1 模型的左右两侧通常是不同的；这使得它们几乎无法用于风洞试验。此外，设计师们也不喜欢把他们的 1:1 模型拿出给别人。复制仍然是一个费时费力的过程。由于在 1:1 模型上工作非常耗时且昂贵，因此很难用它来研究每个开发阶段所需的数据。

为此在头脑风暴阶段，越来越多地采用数值方法（CFD）来处理空气动力学问题。如将在第 14 章进一步探讨的，一些可获得的商业软件能够给出汽车的 C_D 值，从结果的比较上来看，并至少可以达到 ±1% 的精度。升力和俯仰力矩的预测不太准确，这表明细节上的流动仍然没有准确地再现实际的状况，因此计算结果也有些已知的风险。

通过数值计算的优点在于，可获得车辆周围，特别是其表面上空间流场非常详细的信息，而通过实验来确定这些数据则花费巨大。气动专家能够置身于车辆周围的环境中，并可进行形状修改。Singh（2003）首次使用了一个在封闭循环并能自动地进行优化过程的模型，其考虑到了形状变化和计算流场之间的相互影响。在模型确定之前，发挥空气动力学方面的潜能，使得探查更多的设计变型成为可能。

过了一段时间之后开始对设计进行筛选，而后仅剩一个或两个设计变型将被继续探究。这些变型的外部轮廓也越来越成熟。紧接着使用 1:1 气动模型（由油泥、泡沫或玻纤增强塑料制成），优化的措施也从粗略到越来越详细。在这个阶段，进气口、整个冷却空气通道和车身底部形状都得到了优化，进一步，风噪和污垢附着也得到了优化处理。

在“式样冻结”这个里程碑之后，实验样车就宣告建成了。除了车身底板组件和其他部件的空气动力学优化之外，气动声学的发展和车辆脏污方面的优化也展现出来。特别是各种附件的优化，尤其是外侧的镜子，在这里就备受关注。试验样车提供了一个机会，来验证迄今为止所取得的结果，并且如有可能，还可以制定一些修正措施，其仍可被纳入批量生产中去。最后，要检查那些试生产和正在系列生产的车辆。有时会出现与试验样车有小的偏离，例如，铁片额外的切断等，会导致系列生产的车辆无法“再找回”原来开发时所具有的成果。

图 4.208（见彩插）显示了 Audi Q5 在开发中阻力系数的演化。在概念和设计的搜集的阶段中，就从根本上确定了气动方面优化的基调。在此期间，阻力系数降低了 0.065。然后在实验样车和试验性成批生产的阶段进一步优化了 0.025。

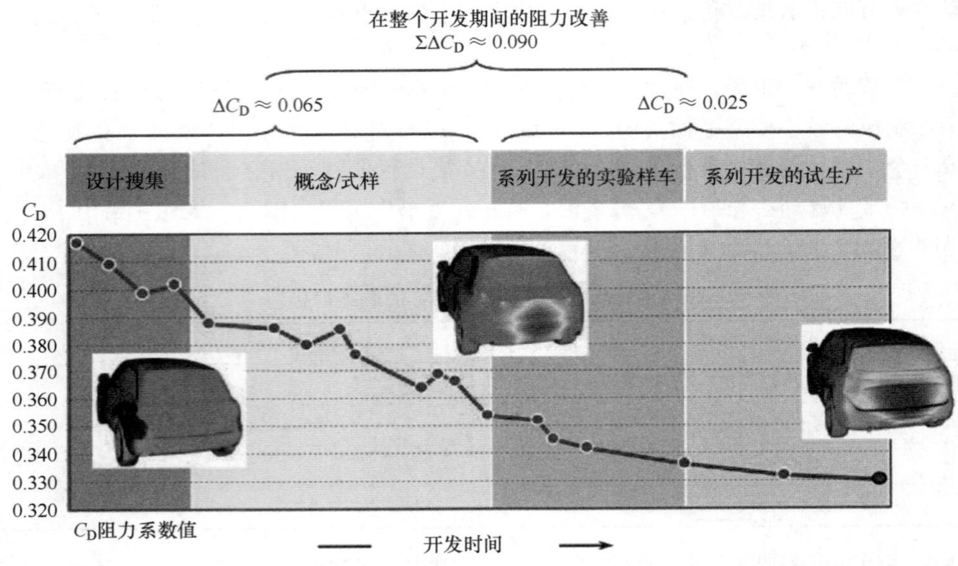

图 4.208　在 Audi Q5 产品形成的过程中，阻力系数的演变（Wagner 和 Lindener，2008）

在气动的开发过程中，也为其他项目开发和专业领域的各种主题提供了一系列不同的接口。在图 4.209 里估计了与其他部门联系的频繁程度。主要接口是与设计（外形）开发和概念开发（尺寸，管壳）之间的协调。随着行驶结构的开发（轴构造，排气系统，行驶高度，制动冷却），集成冷却发展和车身开发（密封件，外后视镜）成为结合点。整车开发则负责规范消耗量的目标，以及声学方面的整体调整。在从生产开始到生产结束（缩写为 EOP），最重要的是以保障优质的气动声学性能为基础，展开与质保方面的合作。

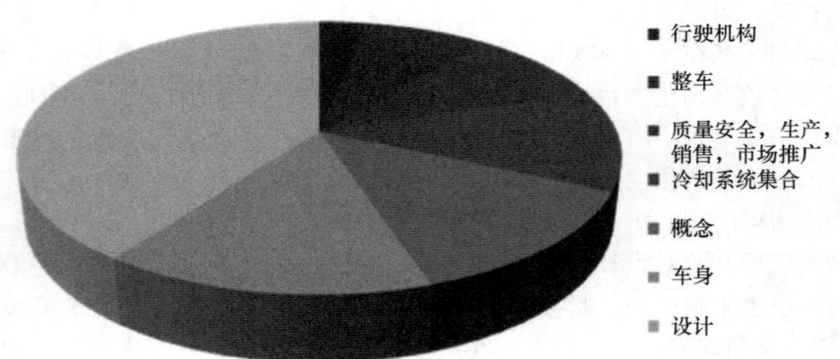

图 4.209　在企业里，与空气动力学开发有关的接口（Lindener，2004）

即使是从这些对开发过程的简要描述中，也可以看到设计与空气动力学之间的协作是多么的重要。气动专家越是了解设计师的心态，将越有可能取得成就，但自己并不想成为设计师。

4.6.3　示例

图 4.210 来自 Audi A2 的开发过程，可以由其对形状优化的这个阶段加以了解。对于 3L 版本的车辆，必须实现在任务书中规定的 $C_D=0.25$ 的值；否则就实现不了油耗目标。（在没有冷却气流的情况下测量的）C_D 值和后轴上的升力系数 c_{AH} 在这里是按照测量的顺序标号进行了排列。对一个尺寸为正常大小的模型总共研究了 80 项的修改。即便是最小的改进也都被“搭带上

了”。例如，轮胎外侧的光滑（有关品牌名称和尺寸标示等那些在轮胎上所印刻的字符），其获取了 $\Delta C_D=0.007$ 的阻力收益。在测量标号为 166 处达到了最低的 C_D 值，这时 $C_D=0.218$；并且在此处也给出了后轴上的最低升力，$C_{AH}=0.102$。

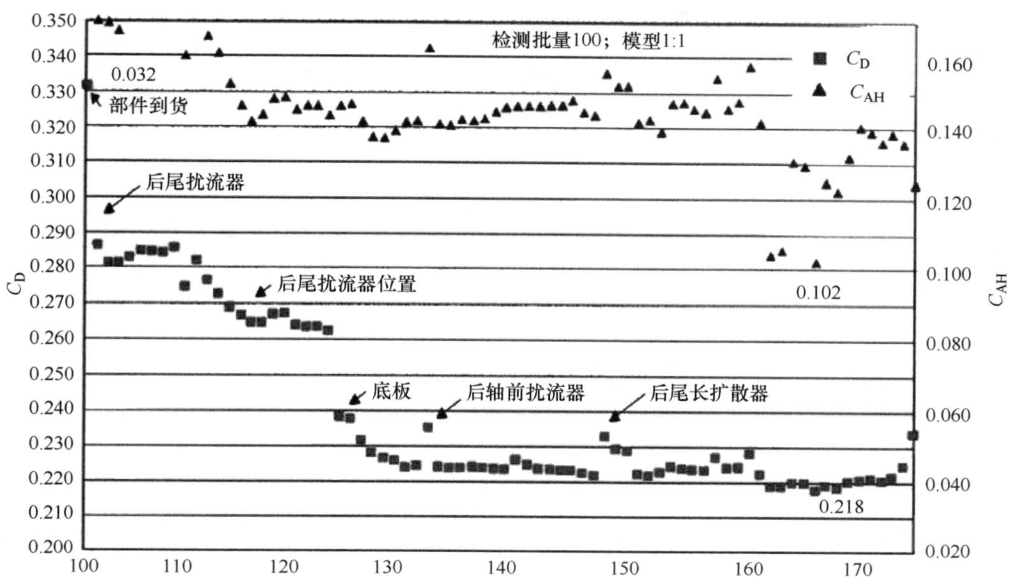

图 4.210　在实际尺寸大小的 Audi A2 模型上，阻力和在后轴上升力的优化（Dietz，2000）

为了使得每个新开发的研究不再从最初始的地方开始，气动专家通过参数调查导出了所谓的“硬点”，其尺寸是某些车辆基本形式所必须遵守的。图 4.211 就是这样一个例子，Melchger 和 Rosmanith（2001）在 DaimlerChrysler 的 E 级轿车（W211）的开发中提及了这个例子。图 4.211a标识了车辆上的硬点；它们的坐标列在硬点的列表中，如图 4.211b 所示。在对气动方面进行处理以后，W211 的完整结果总结在表 4.5 中，并与其前一代的 W210 进行了比较。在保持这些硬点的同时，通过进一步的细节优化，实现了对现今一代 E 级轿车（W212）的优化，参见 Nebel 等人（2009）的文章。

表 4.5　Mercedes Benz E 级豪华轿车的主要空气动力学方面的数据；现今一代的车辆 W212，其前代的车辆 W211（2002 年版）**和 W210**（1995 年版）

	W212（2009 年版）	W211（2002 年版）	W210（1995 年版）
阻力系数 C_D	0.25 ~ 0.27	0.26 ~ 0.28	0.27 ~ 0.29
迎风面积 Ax/m^2	2.32 ~ 2.33	2.21 ~ 2.23	2.16 ~ 2.17
阻力面积 C_D，Ax/m^2	0.58 ~ 0.63	0.57 ~ 0.62	0.58 ~ 0.63
前轴升力 C_{AV}	0.06	0.09 ~ 0.12	0.07 ~ 0.12
后轴升力 C_{AH}	0.08	0.09 ~ 0.10	0.10 ~ 0.13

减少阻力绝不是仅仅围绕“全局”形状的改进，还必须用些不显眼的措施来争取更多的改进。此外，在设计上“已经交付”的模型通常在空气动力学方面具有令人瞩目的品质。举三个例子：

在 Porsche Boxter 上，由于可伸展的后扰流板，后轴的升力系数 C_{AH} 降低了 31%，同时阻力

系数 C_D 值降低了 4%：$C_D=0.31$；升力系数 $C_{AV}=0.13$；$C_{AH}=0.10$。在前轮扰流板的帮助下，Ford Mondeo 的 C_D 值降低了 0.006。事实证明，只有在地面移动和车轮旋转时才能真正把握住此措施的实际作用。对于不动的地面和无旋转的车轮，减阻为 0.010。轮罩沿轮盘平行“拉出”后，Audi A6 的 C_D 值可以减小 0.01。在车轮与路缘接触时，要通过特定的设计，来确保轮罩不会被刮伤。

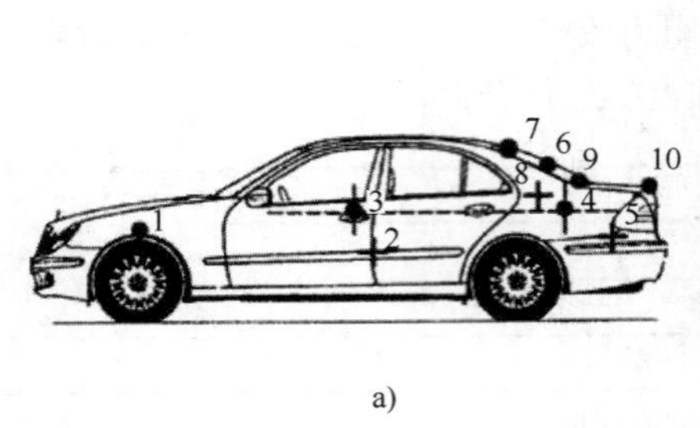

空气动力学硬点

点	定义
1	x, y
2	x, z
3	x, y, z
4	x, y, z
5	x, y, z
6	x, y, z
7	x, z
8	x, z
9	x, z
10	x, y, z

b)

图 4.211　DaimlerChrysler 在阶背式 E 级豪华轿车（W211）上的“硬点”（Melchger 和 Rosmanith，2001）

4.7　系列生产的车辆的阻力和升力

在下文中，对系列生产中已经建造好的车辆，分析了作用在其上的空气作用力。在比较不同车辆的空气作用力时，观察到了其甚为广泛的分布。通过在开发期间使用工具的数量和质量，当然还包括汽车结构，尤其是在配置和尾部形状上，制造厂家用来彰显车辆的特色，并遵循不同的优先级进行开发。

4.7.1　依据车辆等级竞争的概述

在开发时，由于不同车辆设置的目标不同，当然会导致所实现的气动特征参数有甚为广泛的分布。图 4.212 涵盖了 79 个阻力系数 C_D 和迎风面积 A_x 的值对，其来自于不同级别的车辆。在

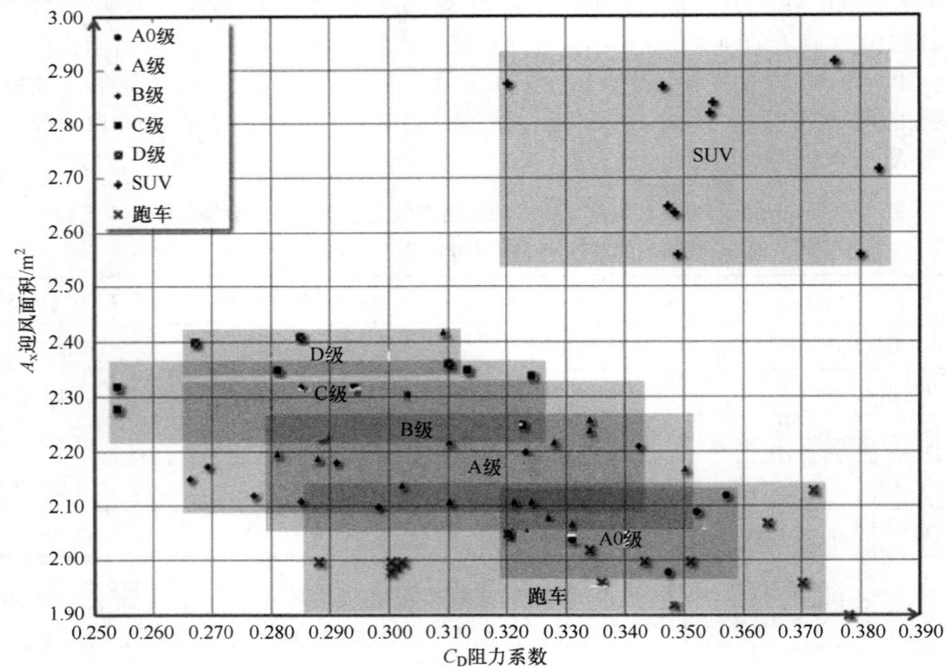

图 4.212　在不同市场区段上的 $N=79$ 辆车的空气阻力测量值，如 C_D-A_x 的图表所示

这里是 VW 集团使用的等级名称：A0 表示小型车，A 表示紧凑型车，B 表示中级车，C 表示中高级车，D 表示高级车。在一个市场等级区段里的所有的值对在这里被涂标成了一个个有代表性的区域。

与车辆 A0、A、B、C 和 D 级的相关区域大致坐落在行驶阻力双曲线 $C_D \cdot A_x =$ 常数上，即较大尤其是较长的“水滴形”车辆，往往是通过更好的阻力系数来弥补迎风面积的增加。

在跑车所在的区段，阻力系数 C_D 值较大。这主要是因为一些跑车的设计目标是要得到向下的压力，这就伴随着诱导阻力的增加。其他细分市场的汽车就不是这样的，从而它们的 C_D 值会更好些。SUV 区段中的车辆通常具有明显更大的迎风面积，且由于更大的车轮，以及不利于气体流动的车轴和粗糙的底板，与轿车相比，它们的 C_D 值略高。

下边看一下图 4.213 中车辆的升力，类似地，所有车辆类别的升力系数 c_A 区段在其各自的迎风面积区域内展开。由于开发的先决条件是“尽可能低的 C_D 值”，根据第 4.3.3.1 节，由于动态行驶原因而导致略微正的且有限的向上升力。在这里的例外是跑车，它们有一些具有明显的向下压力。

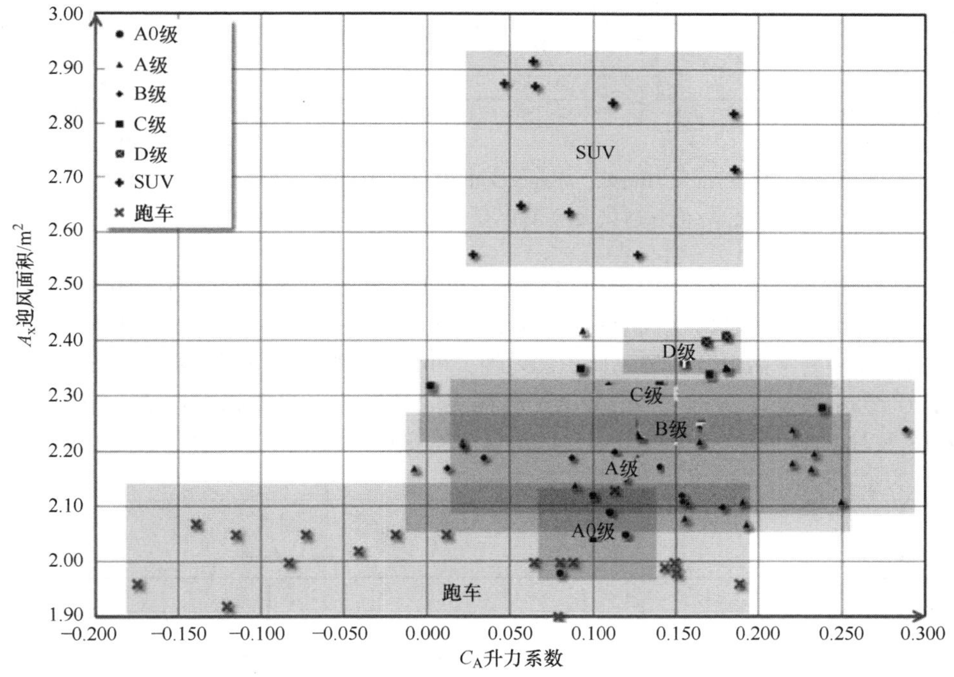

图 4.213　不同细分市场的 $N=79$ 辆汽车的升力测量值，如 $C_A - A_x$ 图所示

4.7.2　阻力面积 $C_D \times A_x$

乘用车具有“长大”的特点。如图 3.2 所示：不仅它们的重量通常会一代接一代地增加，它们的迎风面积[㊀]也会增加。面对迎风面积的不断增加，气动专家正在努力使得阻力系数 C_D 的值呈下降趋势，在图 4.214（见彩插）里三个汽车制造商的产品系列就很清楚地概括了这一趋势。

㊀ 在图 4.214 中的 S 级不属于这一趋势；这是因为市场只是很有限地接受了 1993 年版本的尺寸，因此它下一代在 1998 年被设计得更小了些。

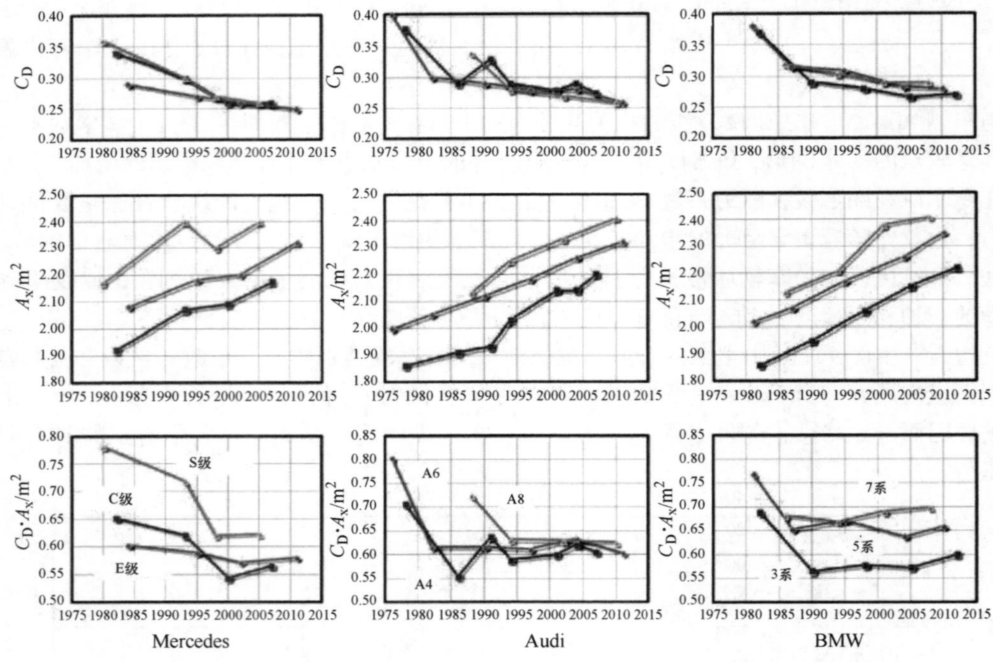

图 4.214　Audi、BMW、Mercedes 的中级、中高级、高级轿车的阻力系数 C_D 值和迎风面积 A_x 以及“阻力面积” $C_D \times A_x$ 的演化

在一代和一代之间，Audi 的阻力面积 $C_D \times A_x$ 几乎没有什么变化；在 Mercedes 的例子中，可以观察到下降的趋势，并且前一代的阻力面积越大时，下降的趋势越明显。对 BMW 来说，C_D 的持续改进仍无法弥补陡峭上升的迎风面积。另外，可再次参照一下 VW Golf 的例子（表 4.3）。

从上边的第 4.7.1 节，可以计算出与各车辆等级相关的阻力面积平均值。并如图 4.215 所示。来自图 4.212 的一个印象在这里得到证实，即除 SUV 级别外，其他所有车辆的 $C_D \times A_x$ 大致相同。

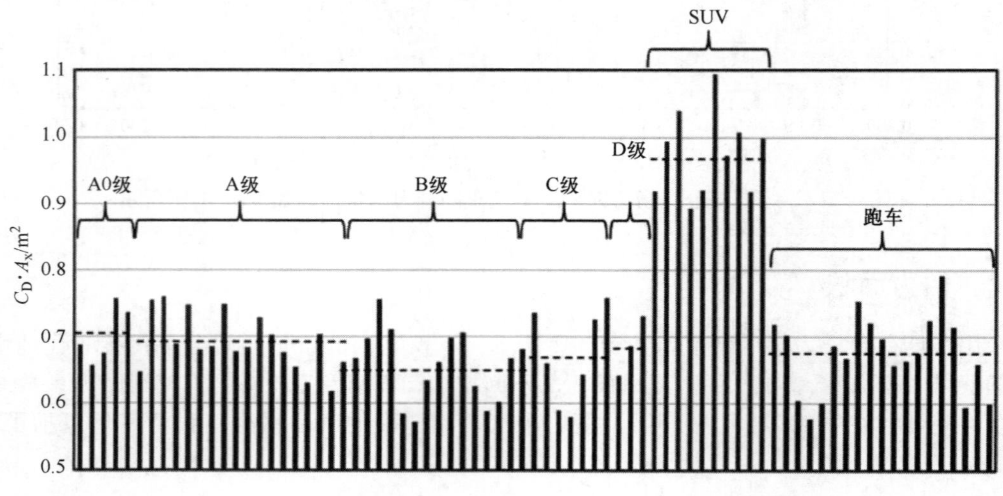

图 4.215　各种现有车辆的阻力面积 $C_D \times A_x$，这里是按车辆等级来分类的

4.7.3　根据 EADE 进行环比

EADE（欧洲航空数据交换）联合会不时地进行所谓的环比。其背后的原因是，对不同的欧洲车辆用风洞进行可比性的检查。其在不同的风洞中，对欧洲市场上现有的乘用车、轿跑车和 SUV，确定它们的阻力系数 C_D 和迎风面积 A_x 值，并相互对照。而且，这些数据还提供了一个非常有意义的数据库，以跟踪空气动力学方面跟随着时间的发展。与 1991 年的数据相比，可以看出 C_D 值是不断降低的。然而，（以平均水平来说）这还不足以补偿迎风面积 A_x 的增加。因此，乘用车空气阻力的平均值在这些年来是增加的，参见图 4.216。可以看出，随着车辆尺寸的增加，C_D 值略微减小，对于所有乘用车的平均而言，阻力面积 $C_D \times A_x$ 大致相同。这与前几节的研究结果相吻合。

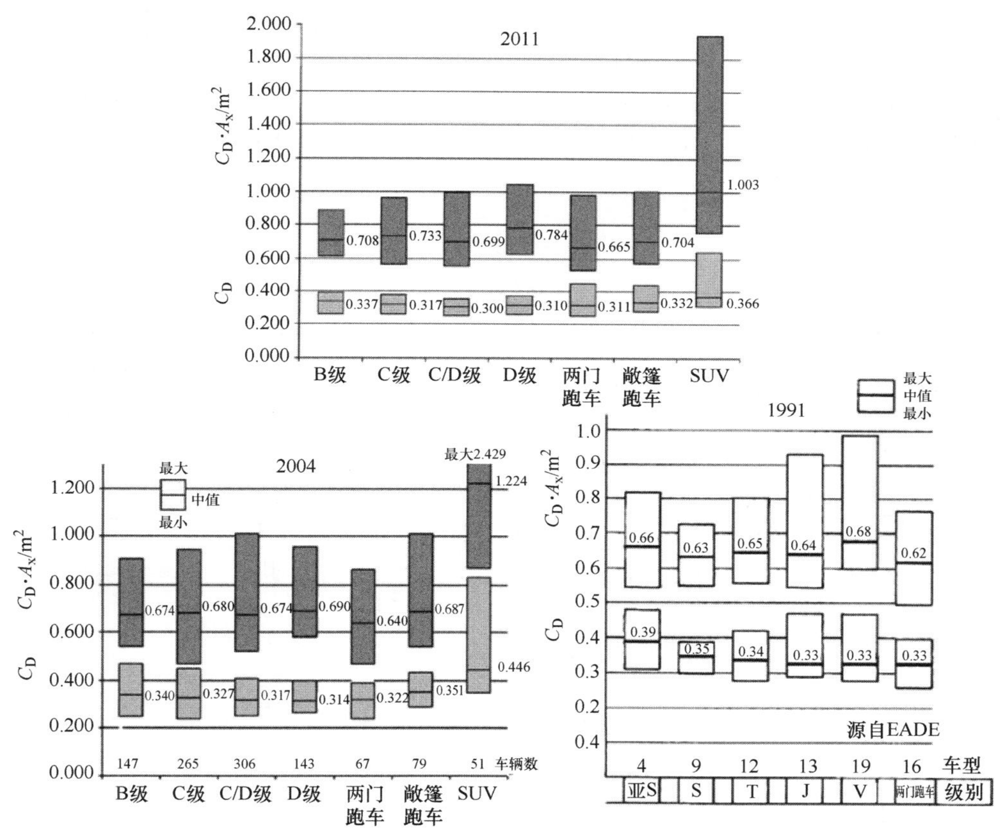

图 4.216　欧洲乘用车阻力系数 C_D 和阻力面积 $C_D \times A_x$ 的值，分别为 2011 年、2004 年（Glück，2004）和 1991 年（MakePeace，1991）源自 EADE 的数据

“越野的”汽车，即所谓的 SUV，扮演着特殊的角色。其平均阻力系数 $C_D = 0.37$ 是乘用车在 20 世纪 70 年代中期达到的水平，那时并非所有的制造商开始实施了细节的优化（如第 1.9.1 节中所定义的）。与其很大的迎风面积一起，SUV 被带到了一个阻力面积 $C_D \times A_x \approx 1.0$ 的区段，几乎比传统乘用车大 50%。其大的 C_D 值分布是很引人注目的。这是因为一些 SUV 具有线条分明的形式，它们仿照较老的典范，如 Landrover Defender（1993）或 Mercedes－Benz G400（2001）。相比之下，类似于乘用车形状的 SUV 车型的阻力系数为 $C_D < 0.40$，因此它们靠近于乘用车的值（见第 4.7.4.2 节）。

4.7.4 车辆设计方案的影响

即使是对新车提出的一个框架概念方案，其也决定了这个车辆的空气动力学特性。例如在第4.5.1.3节中，已经明确了尾部形状对空气阻力的重要性：直背尾部的车辆阻力大于阶背尾部和快背尾部的阻力；升力的顺序则是相反的，尤其是在尾部处。软篷轿车的织物顶篷由车篷框架所支撑，其比起双门跑车显得更为不利，因为车顶轮廓使得流动具有分离倾向，跑车在气动方面通常会产生向下的压力，这将有损于保持低的阻力。更进一步的细节可以在第6.2节和第9章中找到。此外，SUV的传动概念以及越野能力也会影响车辆的气动特性。这些要点将在下面讨论。

4.7.4.1 驱动的设计概念

对于所讨论过的车辆，车身结构在很大程度上取决于所选择的动力总成系统。这隐含地取决于下述部件的位置，如发动机、转矩转速转换器、驱动轴、万向节轴、排气系统和油箱。如果从前向后按流动的路径掠过车辆上这些部件的位置，跟其他可能比起来，从底部所掠过的车身结构则是更显粗糙。此外，需预先确定两个轴中的哪个轴是驱动轴，以及用于冷却目的的空气从车身底部流出来以后必须在哪个位置排出。常见的传动系概述如图4.217所示。

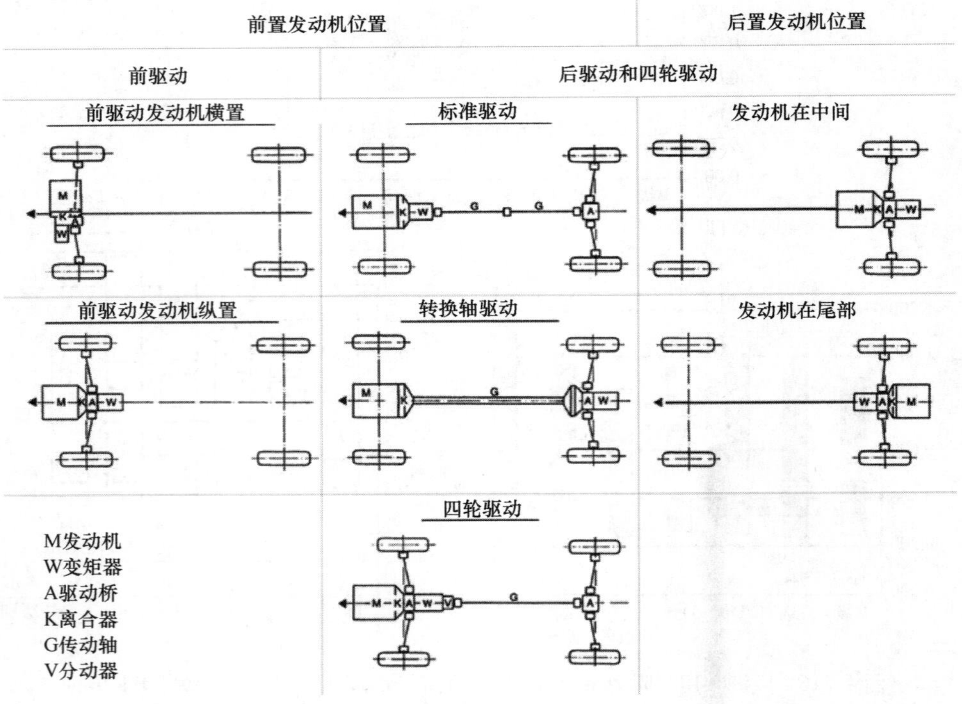

图4.217 常见动力总成系统的驱动结构，源自 Leyhause（1993）

在图4.217左侧显示了前轮驱动的概念。发动机不论是横置（例如VW Golf），还是纵置（Audi中级以上的前轮驱动），从空气动力学的角度来看都是一样的。由于仅前轴被驱动，因此在车后部不需要万向传动轴。可以省略传动轴通道，只有排气系统必须向后引导。对底部罩盖上大面积的外壳则是可能的，但必须确保对排气管和消声器进行充分冷却。特别是因为不需后轴驱动，在后轴周围区域加上外罩则成为可能。由此可向车后部输送低旋流动，并可以将车后部作为非常有效的扩散器。对在排气系统区域附近的底部零件，当其配备有隔热罩时，或许可以把整个底部罩上底壳。所有这些措施都会导致很低的阻力。

在行驶时，前轮驱动必须将所有驱动力放在前轴上，与尾部驱动相比，出于牵引力的原因，对前轴驱动的要求更严格。此外，前驱车辆的重心比后驱（尤其是发动机在尾部）车辆的重心更靠前。斜向来流的横向力通常会导致可以复位的偏转力矩，因此相对地，前轮驱动车辆被认为对侧风不太敏感。

在图 4.217 的中间一列，罗列出了带有后轴驱动和发动机前置的传动系统。在标准驱动（中级以上的 BMW）和四轮驱动（Audi quattro）那里，变速器是前置的，在变速驱动桥概念里（如 Aston Martin 和 Ferrari 等各种型号），它位于车后部，并在驱动车轴的前方。把发动机的转矩功率传动到驱动轴则需要万向轴，因此就需要万向轴通道。标准和四轮驱动必须具有更粗壮的轴和更大的轴通道，因为比起变速驱动桥的设计，其需传动更强的转矩。与排气系统一起，轴和轴通道也由前向后穿过车辆底层；另外需要提供足够容量的油箱，若有可能的话，最好是两腔室鞍形油箱；因此，尤其是在使用标准驱动时，上面所罗列的应用部件限制了大面积地覆盖车辆底部的可能性。在后轴处，气流必须对着轴驱动装置和由变速驱动桥原理设计的变速器进行冷却。只有在付出了很大的努力后，才能把后轴处罩盖起来。在这些条件下，由于较差的来流，置于后部的扩散器发挥不出其在理论上可能的效应。这对于后轴升力尤其不利，对于车辆的阻力也是不利的。

由于驱动力是传递到后轴上（对四轮驱动则传递到在两个车轴上），这时在前轴上有很高的升力时，其对后轮驱动时的作用，没有对前轮驱动时的作用显得那么关键。相反，后轮驱动时对后轴升力的要求则更加严格，尤其是对重心更加前置的标准驱动。

在图 4.217 的右侧展示了后轮驱动的概念，其发动机处于不同的位置上。在气动特性上，发动机位于中部或位于后部（如 Lotus Elise 和 Porsche 911）具有可比性。由于只驱动后轴，因此车后部不需要万向传动轴。由此可以省略轴通道，并且排气系统全部位于车后部。因此，完全罩盖车辆底部是可能的。其中一个例子是 Audi R8，参见图 4.218，其仅安排了几个 NACA 进气口以用于发动机舱的通风。并且这样一个完整的底板可以使得位于车后部的扩散器达到最佳效果，所有这些都会显著降低阻力和升力，对跑车还可产生想要的向下压力。

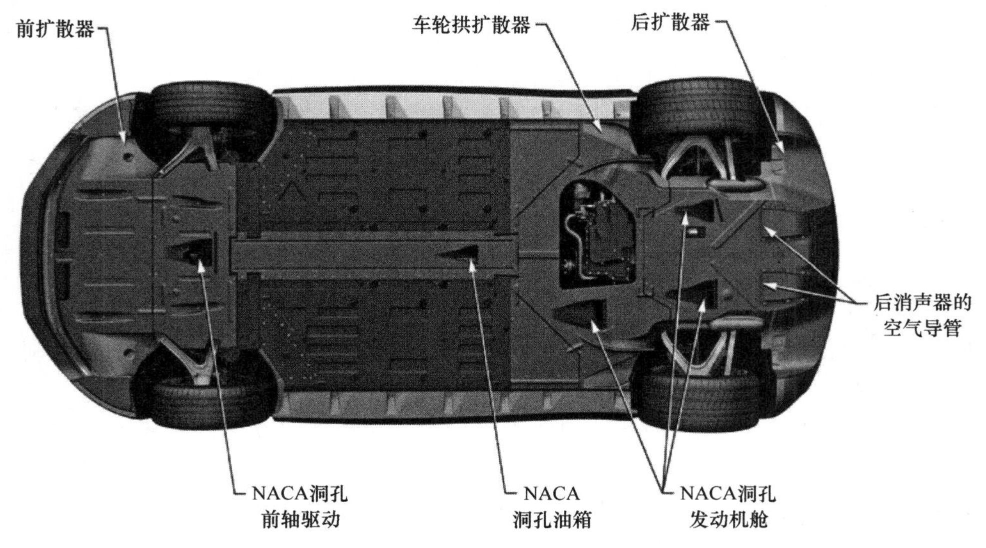

图 4.218　Audi R8 的车身底板完全覆盖了底盘

为了后轴上的动力传递，后轮驱动只能有很小的后轴升力，这可以通过适当的尾部造型来落实。此外，比起以前讨论过的动力系统，它们的重心位置明显更加向后靠拢。这也是为什么后轮驱动对横向风最敏感的原因，由于这个重心位置，偏向力通过大的杠杆臂使得影响被放大了。特别是在车辆开发中必须考虑到这一点。

4.7.4.2　越野车

为了能够开发出具有竞争力的且成批生产的运动型越野车辆，相关约束条件的知识就显得非常重要。在空气动力学方面上，SUV 的研发所面临的挑战是多方面的。一方面应为客户提供更大的且被允许的拖车负载。这已在欧盟准则 M1（附件Ⅱ70/156，欧洲经济共同体）中有所规定。另一方面，必须具有更高的离地间隙和适应更大的斜坡倾斜攀爬角度，这本身就意味着阻力系数的恶化，参见图 4.219。

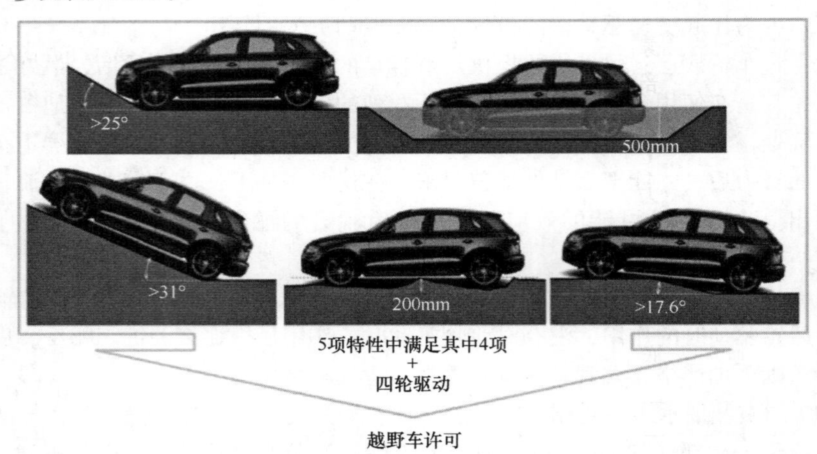

图 4.219　SUV 车辆为获得越野车许可，而对于接近角、涉水深度、最大爬坡度、离地间隙和倾斜攀爬角度的规定要求

如何通过自动调整高度，来降低在一个运行周期中的平均空气阻力，已经在第 4.5.3.2 节中用 Audi Q7 的例子进行了描述。大的接近角会增加前轴上的升力，这是因为车辆前部的停滞点由此而向上移动，并且更多的空气进入到车辆和道路之间的空隙。此外，为了可靠的行驶性能和运动型设计，使用了大号车轮，车轮尾流的大量流动损失是一个额外的挑战。

车轮在空气动力学方面的影响已在第 4.5.3.3 节中讨论过。宽敞的内部空间为客户带来了各种好处，但由此导致很大的迎风面积，同时也增加了空气的阻力面积 $C_D \cdot A_x$。为了与运动型车辆相匹配，充满动感的外壳设计也需要高标准的优化工作，尤其是对车辆尾部的处理上。在纯粹的越野车辆中，例如 Mercedes G 车型或 Range Rover，在上述这方面的特征上是明显落后的。

4.7.5　设备和动力化的影响

对同款车辆所有的变型用同一个 C_D 值来标识，严格地说这是不正确的，如今客户对每辆车几乎可以随意配置，因此几乎可以组装很具个性的车。

尽管如此，制造商通常会有针对性地为系列产品某一个很低的 C_D 值做广告，其可能得自一个实体模型，或得自一个具有高市场份额的模型，或得自一个变型，这种具有针对性的最佳值是允许的，其是一种“灯塔象征”；毕竟制造商希望证明，他们在所有的技术领域中都占据了领导地位，这是合适的。即便是在某种情况下，属于某车辆变型的且具有低阻力系数值 C_D 的装备是根本上不可能去装配的。

然而，它背后特别重要的并不是纯粹的“流线型”特性。顾客通常对梦寐以求的汽车的 C_D 值并不感兴趣，感兴趣的是它的消耗量。因此，为车辆类型提供一个（而且只有这一个）C_D 值并没有多大意义，在实际中用一个阻力范围来覆盖一个车辆类型。其“分布偏差”可归因于以下非常不同的情况类别：

- 发动机动力、轮胎、扰流板等装备。
- 车辆的位置状态以及迎角和离地间隙（见4.5.3.2节）。
- 车辆状况，比如，车窗和天窗是打开的或关闭的状态㊀。
- 散热器百叶窗的打开或关闭状态。
- 敞篷车代表一种特殊情况。如果它们的形状是由（阶背）豪华轿车变化而来，那么它在车顶篷关闭时，则或多或少地会有些偏离（阶背车的）值，而当车顶篷打开后，其绕流的形式则被完全改变了。

所有这些非常不同的因素的影响将在下文中分开讨论，只要手头上现有的相关数据能提供这种可能。这样也就有必要部分地使用一些结果，其车型已经停止生产，而其对应较新车型的 C_D 值的影响又尚未公布。

车辆的装备对阻力系数 C_D 值有显著影响。BMW 5 系列可以作为这样的例证；其 C_D 值被总结在表4.6中。结论是：动力性越强，C_D 值越高。这是因为发动机和制动器对冷却空气的需求增加，并且也因为更宽的轮胎和“有裂缝的”轻合金轮毂。

表4.6　BMW 5系的 C_D 值（Krist等人，2003）

车　　型	C_D
520i加上跑车底盘	0.25
520i	0.26
520d	0.27
525i/525d	0.28
530i/530d	0.28
535i/545i	0.29

BMW的5系车辆 C_D 值的带宽为 $0.25 < C_D < 0.29$。在以前的车型中，也得出类似的跨度，并且在其他制造商的车型系列中也可以找到类似的带宽。如果你想比较源自不同制造厂商相似车型的 C_D 值，那么只有当（与空气动力学有关的）设备具有可比性时才有意义。接下来，从这些数字可以清楚地看出，“C_D 竞争”的级别是千分之一，但其至少在整个车型平均油耗方面是稍有意义的。

在一定限度内，已售出车辆的几何形状是可调的；如车窗和滑动天窗的打开、可翻出式前照灯、扰流板的伸出，就改变了车辆的形状，从而改变了周围的流动。除了打开的侧窗之外，这些变化对阻力的影响通常很小，阻力值变化很少超过 $\Delta C_D = +0.01$。

汽车的荷载也起作用，参见表4.7。一方面，载重量大的车辆比空载的车辆更进一步下沉。这导致离地间隙的减小，其总是伴随着空气阻力的降低，参见第4.5.3.2节。由此升力也会发生变化。另一方面，随着负荷增加，轮胎在与道路的接触区域中变形增大，并越来越凸出。

表4.7　加载对阻力系数 C_D 和升力系数 c_A 的影响（在轮胎压印不变的情况下）

荷载	阶背式轿车		SUV		跑车	
	C_D	c_A	C_D	c_A	C_D	c_A
空载	0.27	0.10	0.34	0.05	0.33	0.08
全载	0.26	0.13	0.32	0.02	0.31	0.09

当顶篷打开时，会导致敞篷车的阻力大幅增加。对于三个级别非常不同的双座敞篷跑车，在表4.8中总结它们的阻力值。在图4.220中记录并再现了流动的情形，跑车MB SL 500即使在顶

㊀ 根据作者的观察，打开的车窗会导致 C_D 增加0.02~0.03。

篷“打开”状态下，也可以非常好地控制流动。

表4.8　敞篷车的 C_D 值

	C_D		
顶篷状态	Ford Street Ka	MB SLK（$A_x=1.93\mathrm{m}^2$）	MB SL（$A_x=2.0\mathrm{m}^2$）
关闭	0.435	0.32	0.29
打开	0.491	0.37	0.34

a)

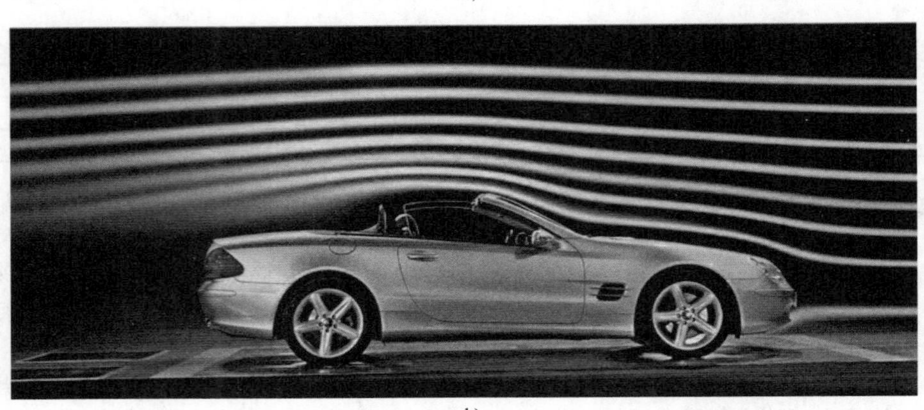

b)

图4.220　带有可折叠钢制车顶的 Roadster MB SL 500 及其周围的流动

a）车顶关闭，$A_x=2.0\mathrm{m}^2$，$C_D=0.29$　b）车顶打开，$A_x=A_{x,关闭}$，$C_D=0.34$

当顶篷打开时，阻力有时会显著增加，但其重要性仅占据一个次要的地位。这是因为在“打开”时经常并不在行驶的状态中，即使在行驶中，速度也通常很慢；所以这时相对较高的燃油消耗也是不显著的。与此相反，重要的是要确保当车顶篷打开时，车内部的“穿堂风”不会太强。

4.7.6　能在天花板上行驶吗?

这个问题时不时地被问到，原则上是可能的，可以设计一个批量生产的车辆，在下压力的作用下可以使其在天花板上行驶，至少在以 v_{max} 速度时。在这种情况下，垂直方向的空气作用力必须能平衡重量。对于质量为1.7t、最高时速为250km/h且迎风面积为2.3m^2 的车辆，可获得升力系数

$$c_A=-\frac{2m_F g}{\rho v^2 A_x}=-\frac{2\times1700\times9.81}{1.205(250/3.6)^2\times2.3}=-2.5 \tag{4.43}$$

即使是在公路上行驶的且非常运动型的车辆，也远没有实现这样的下压力数值，参见图4.213。可以用机翼、底盘表面等措施等来实现想要的下压力值，但这时空气阻力会增加到使得大规模生产的车辆面临无法售出的境地（参见诱导阻力，第4.3.3.1节）。只有用于比赛的车辆才能够达到这样的下压力值，这将在第9章中继续深入讨论。

根据图4.213，运动型系列生产的车辆具有的下压力系数约为 $c_A \approx -0.1$。对重达1500kg的轻型车，车辆至少在1174km/h的速度时才能克服自身的重力；如果它能在天花板顶部以300km/h行驶，则它只允许有98kg的重量。这些数字游戏表明，汽车在天花板上行驶或飞行的设想，对大规模生产的车辆来说是不现实的（这些考虑也适用于反转符号后的情况，即在道路上可飞起来）。

4.8 未来的发展

如果把多年来所批量生产的车辆的 C_D 值绘制出来，其历史发展状况则如图4.221所示。因此，不需用一些非常奇异的辅助附件，就可以开发出阻力系数为 $C_D = 0.25$ 的车辆，并可进行大规模的系列生产。Mercedes E级和Audi A2就展示了这一点，其开发人员主要使用了第4.5节中提到的措施。由图可以设想，如果把列出的优化方法基本上都加以利用，则阻力系数将停滞在 $C_D \approx 0.24$ 的范围内。

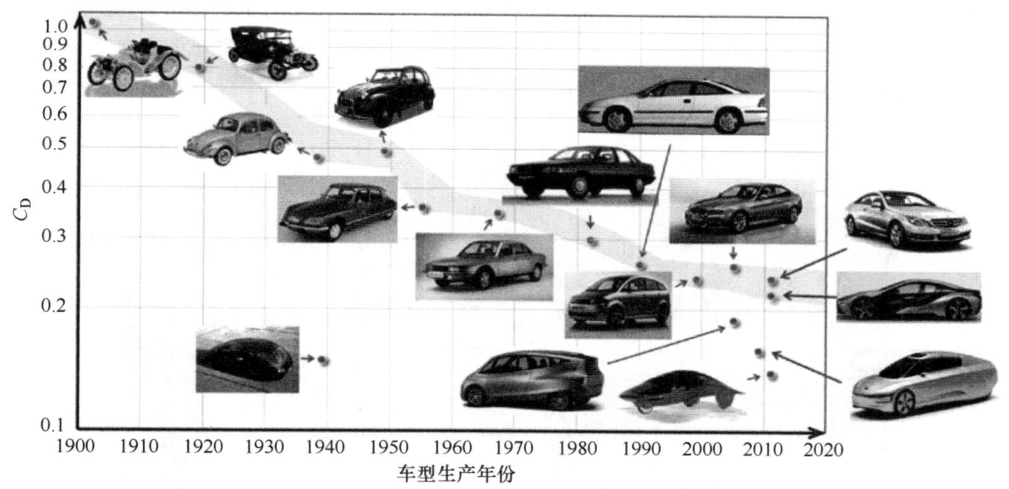

图4.221 批量生产的车辆，随着时间推移，其 C_D 值的发展

问题是需要采取哪些措施来进一步降低乘用车的空气阻力。答案将在下面给出，但在进一步降低 C_D 值时，并不顾及是否在行驶力学方面（如油耗、最大速度、造型）真正有意义。依据图4.22为出发点来分析空气阻力。对某些区域，尽管以各种方式进行优化，但在那里仍然出现分离和动量损失，其可作为进一步改善乘用车周围流动的起点。它们是：

- 含有A柱和车尾的基本车体。
- 附件，特别是外侧后视镜、扰流板、车身底板，尤其是车轮。
- 冷却空气管道。

尤其重要的是，对基本车体的进一步优化，使得在倾斜的车体边缘上不要产生纵向涡流，并使得拟2D分离区域变得尽可能小。在第4.5.1节中已经讨论了如何能够改善A柱周围的流动。前边已经反复地给出了多个方式，目标是要实现从前窗到侧窗上呈现出最大可能的半径。由Jaray（译者注：汽车气动方面的先驱）的线条形成的轿车（如Kamm车，见图1.37），大多是陡峭的风窗玻璃，但这种设计逐渐让位于以大半径切入到侧面的设计，这应该使得A柱旋涡难以形成。在20世纪50年代，全景玻璃窗能够实现A柱周围的无分离流动。但由于在透过强烈弯曲玻璃时产生了视觉扭曲，以及由于它在开门时特有的突出形状，使得它很快就过时了。

汽车后尾有三种基本的形式，即直背、斜背和阶背车尾，对其主要的分离型态，必须采取与各车型相称的措施来减小阻力。这些已在第4.5.1节中讨论过。对斜背车尾形式提出的处理措施，如车顶到后窗玻璃有一个较大回跳的车顶扰流板、侧扰流板，等等，如今已经在许多车辆中实施；然而它们通常不能整合到直背车的整体造型中，这也为未来改善空气阻力留有一些空间；对直背车尾车辆的措施，则有挡板、有针对性的排气或精巧定位的三角翼，等等。

对阶背车尾必须考虑三种不同的流动模式。在棱角型的边缘轮廓附近，很有可能是快背车尾流动和直背车尾流动的组合模式，因此应该通过那里提到的措施来改善流动。重要的是，是否有可能将车顶分离的流动引到车尾行李舱盖上并使之重新成为附面流。在构建车辆时，因实施类似双座跑车的设计措施，从而使得尾部的轮廓类型变得模糊不清；对有些类型，其已经发展到几乎无法辨别出它的台阶了。针对快背车尾和直背车尾所制定的可能的改进措施，有多少可以转用阶背形状，需根据个别情况进行测试。

在第4.5.3节已讨论了不同附件的优化。还需注意的是，外侧后视镜的阻力份额本来就很低，因此对它的改进，对车辆的C_D值来说不可能获得很大的进步。如果通过使用摄像镜头来代替外侧后视镜，从视觉的角度来说，其看起来是很不一样的，另外，还必须首先改变法律规定，其强制性规定了车辆外部至少要有一个后视镜。阻力还依赖于相机悬臂的外形品质，图4.222显示了Audi有关的研究解决方案，其C_D的改进最多可达到的$\Delta C_D=0.010$。

图4.222 使用伸臂相机的Audi eTron及替代外侧后视镜的研究

前边已经多次提及，包括底盘在内的底部表面和车轮都与汽车的阻力有很大关系。因此值得详细深入地去研究车辆的这一部分。但是人们不应该停留在“光滑”的底面上。图4.223给出了如何设计一个有利于车身底部流动的一些建议。如已经提到的，规整车辆下方指向外部的流动。可通过离开轮拱的冷却用空气来增强的效果。由于车轮（尤其是前轮）面对斜向来流，从而阻力显著增加了，如图4.39所示。应避免这种倾斜来流。对此，车轮前方加一个导向物体将是一个合适的措施；另一个是在门槛下安装可伸缩的挡板。还有一种可能性是将底部沿流向的最后一块板构建为扩散器，从而迫使流动尽量沿纵向方向排出，并减少尾涡区域。轮拱的体积应尽可能小，而轮子应为薄片形。

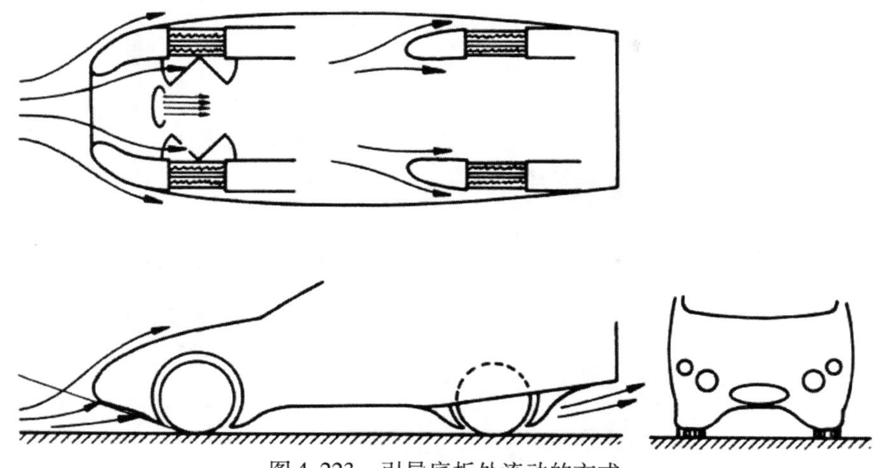

图 4.223 引导底板处流动的方式

最后，看一下冷却空气的流动管路。而到目前为止，人们几乎只注意一个或多个散热器前面的部分。如前所述，在向外流动中，要注意其与车辆下侧绕流的相互作用。要实现改进，则最重要的是，当冷却空气流出时，应使其尽可能地靠近车辆的后部，并且尽可能地调整在水平方向上。但同样重要的是，通过管路的流量不要超过冷却所必需的量。通过可控百叶窗，则可以满足该要求。

4.9 供参考的车体几何形状

对空气动力学业者所感兴趣的现象需要进行评估简化和基本研究，若直接使用真实车辆，则其几何形状通常是太过复杂，并且这还没有考虑到改建的可行性和相关的成本。通常对大部分基础方面的预开发和研究主题，存在简化的车辆形式，并已经公布了其尺寸和绕流数据。出现在真实车辆上的流动现象是相互影响的（干涉效应），而针对所研究的现象，由这些简单的几何参考形状可去除耦合联系。所以，这种简单的模型几何形状对于 CFD 代码的验证非常有吸引力。

参考模型从很一般性的车体（如 SAE 车体，Ahmed 车体），伸展到真实性的车体（如 MIRA 参考几何体，DrivAer 车体）。还有其他的例子，如 ASME 车体，其主要用于亚洲汽车行业的基础研究和 CFD 验证，以及“Willy”基础车体，其用于研究侧风影响。这里收集的一览表不能说是完整的，但从作者的角度来说，应该是三个最重要的参考车体。对于其他的车体，请参阅其他文献。

4.9.1 SAE 参考车体

许多空气动力学专家已经对 SAE 模型的各种结构形状进行了研究和存档。由阶背式、直背式、快背式和陡峭式的车尾的顶盖罩件，可组成不同的基本车体形状。在底板后部设有扩散器斜面。还有关于穿流流动的研究。SAE 模型可以放在支架上，或放在可旋转的车轮上，这使得对车轮和干涉空气动力学领域的研究成为可能。在图 4.224 中 SAE 模型显示了在支架上的阶背车尾形式。

把 SAE 车体应用到多个不同方面上的例子，可参见 Kuthada（2006）和 Fischer（2007）的相关研究。Kuthada 研究了将发动机的冷却空气重新引入到外部的流动中，以及其对冷却空气阻力的影响（$\Delta C_{D,K}$值，参见第 4.3.3.2 节）。在真实的车辆上，几乎不可能对不同离散参数的影响进行独立清晰的评估。图 4.225 显示了导出角度对不同气动系数的影响，在这里随着角度变得更平坦，冷却空气阻力趋向于减小。

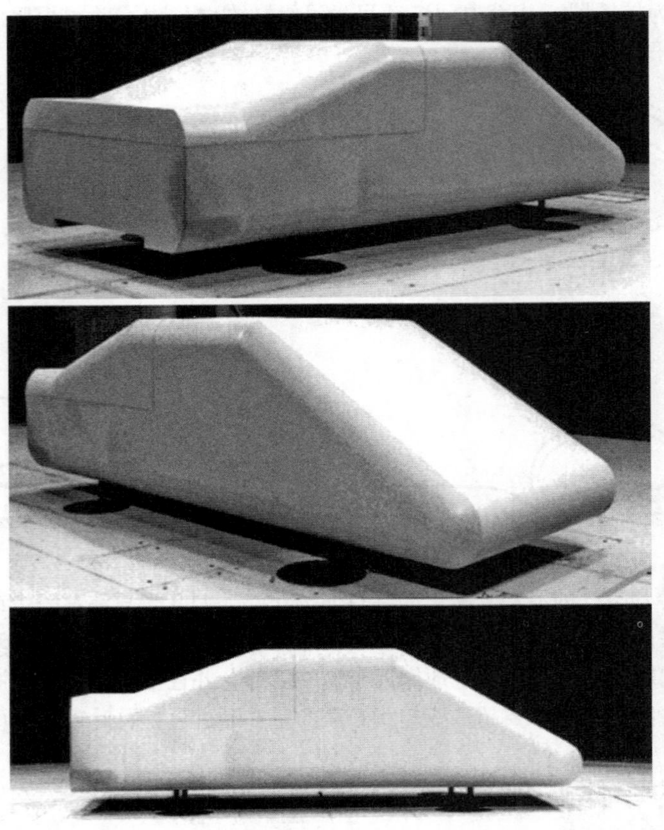

图 4.224　在不考虑冷却空气的情况下，在托架上的具有阶背车尾形式的 SAE 参考车体模型（Schütz，2005）

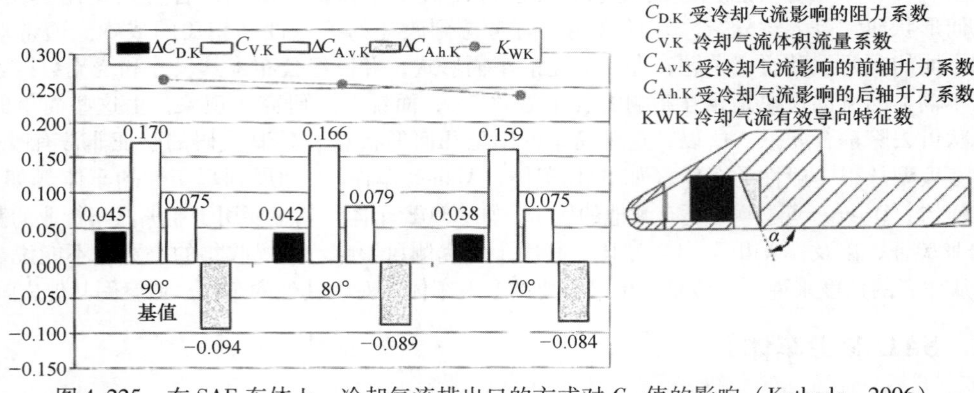

图 4.225　在 SAE 车体上，冷却气流排出口的方式对 C_D 值的影响（Kuthada，2006）

Fischer 用 SAE 车体风洞测量的结果来验证 CFD 程序。他构建了风洞几何和参考车体的轮廓，参见图 4.226（见彩插），这些能够引导出对风洞阻塞效应的认知。若使用车辆实际的几何形状，则由于对风道和车辆的详细描绘，将使得计算工作量大大增加。

4.9.2　Ahmed 车体

Ahmed 车体（见图 4.227）是由 Syed R. Ahmed 设计的基本车体，其尾部形状是可变的（Ahmed 和 Hucho，1977）。它包括了一个倒圆的前部（其使得附面流可以一直流到尾部）、一个长方形主体和一个带有可调倾斜角度的车尾。Ahmed 的车体安装在支架上。

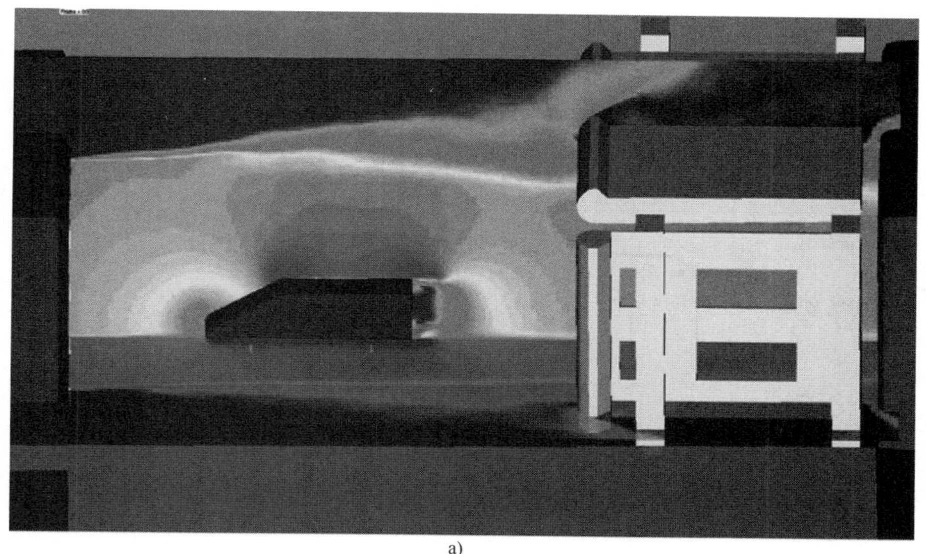

a)

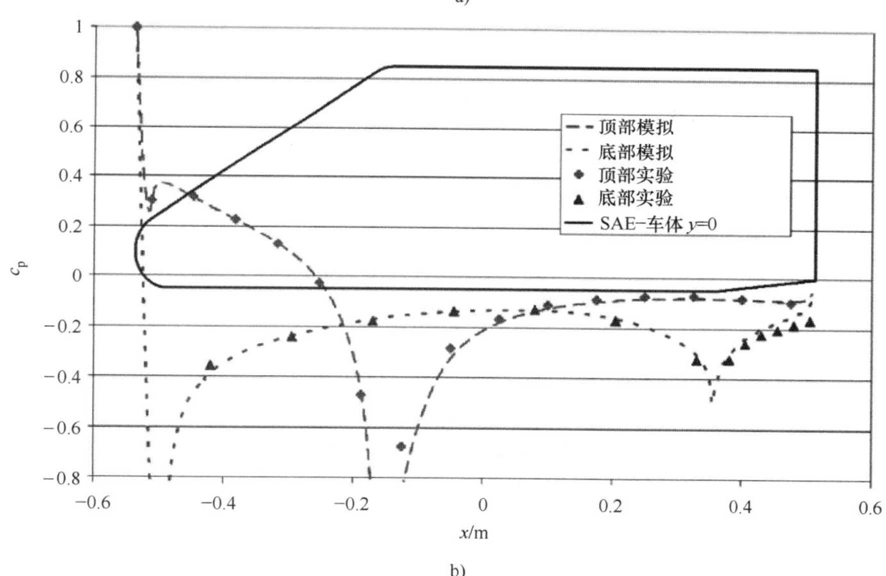

b)

图 4.226　在 FKFS（斯图加特大学内燃机与车辆研究所），模型风洞中的 1∶4 的 SAE 车体（Fischer 等人，2007）

a）用 PowerFLOW®的计算结果　b）压力分布结果的验证

依据 Ahmed 车体，就空气作用力如何受后尾表面坡度的影响，做了非常重要和基础的研究。在图 4.228 中可看到，作为后尾斜坡倾角的函数，Ahmed 车体的阻力系数的变化。在这里，后尾斜面上、前端表面上、后尾最后端表面上的阻力分量，以及摩擦被分开描述。得到的结果是，在快背车尾形式中存在一个最佳倾斜角度（大约 10°），在这个角度上的阻力系数最小。在倾斜 30°时，特征曲线出现了突然的跳跃，这是因为流动从直背尾流转换为快背尾流。第 4.5.1.3 节中描述的许多相互关系都是基于 Ahmed 的研究结果。

4.9.3　DrivAer 车体

到现在为止提出的车体都是简化非常大的车体，在很大程度上，其已经偏离了系列生产车

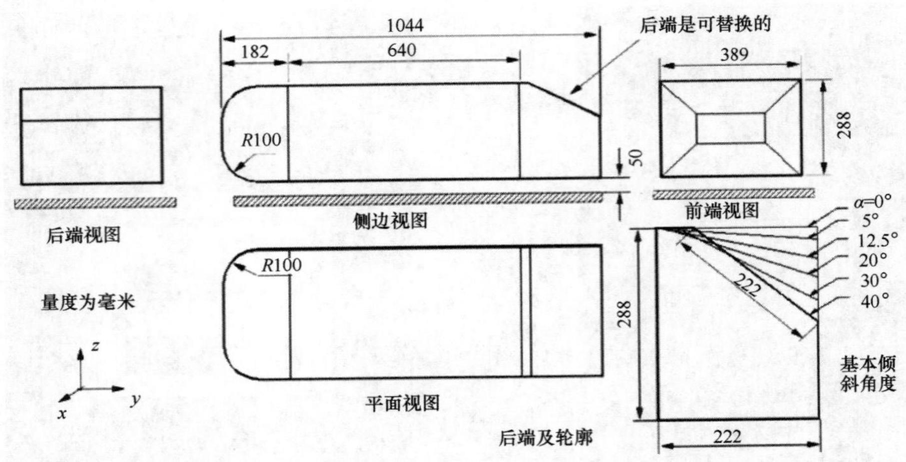

图 4.227 Ahmed 车体的尺寸（Ahmed，1984）

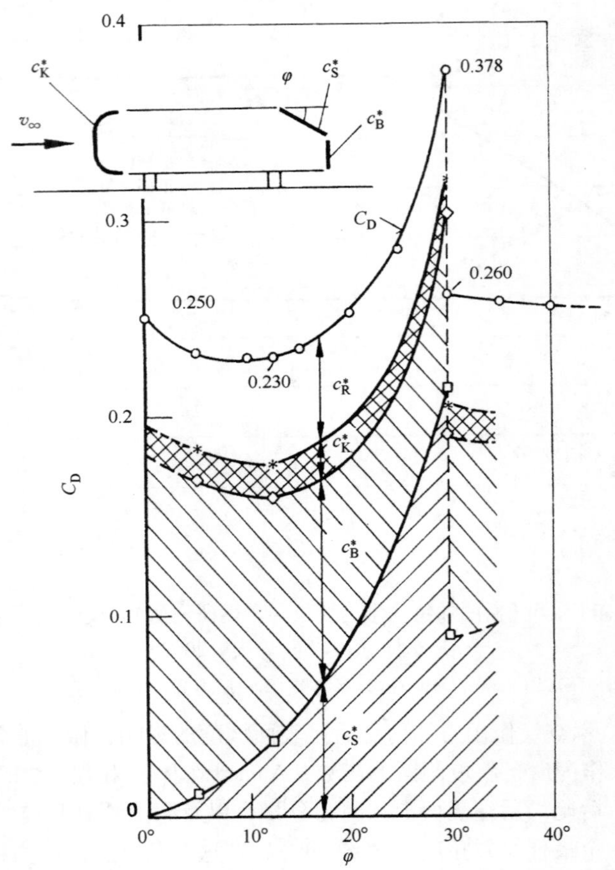

图 4.228 依赖于后尾表面倾斜度，Ahmed 车体的空气阻力系数的变化，源自 Ahmed 等人（1984）

辆的车体的通常比例。为了使得具有针对性的研究成果，在系列产品开发中具有高的移植性，慕尼黑工业大学最近与 Audi 和 BMW 合作开发了一种新的通用车身，他们将其命名为 DrivAer 车体。

DrivAer 车体基于两款典型的中档车辆，即 Audi A4 和 BMW 3 系列。其比例是通过平均得出的，因此描绘了真实的前悬、后悬、前后柱突出形状、车顶轮廓、车头罩盖高度，以及车尾行李舱盖高度。车身底板既可采用平滑的构造，也可采用逼真的构造，后者看起来像配有排气系统和油箱一样。该型号还配备了一个简化的冷却风道，可以流动到前轮或轴通道或同时上述的两个方向上。DrivAer 车体有 1∶2.5 和 1∶2 的比例模型，并可配备不同的后尾部的顶盖罩附件。Heft 等人（2012）对 DrivAer 车体的几何细节进行了规整，这些在图 4.229 中做了总结。

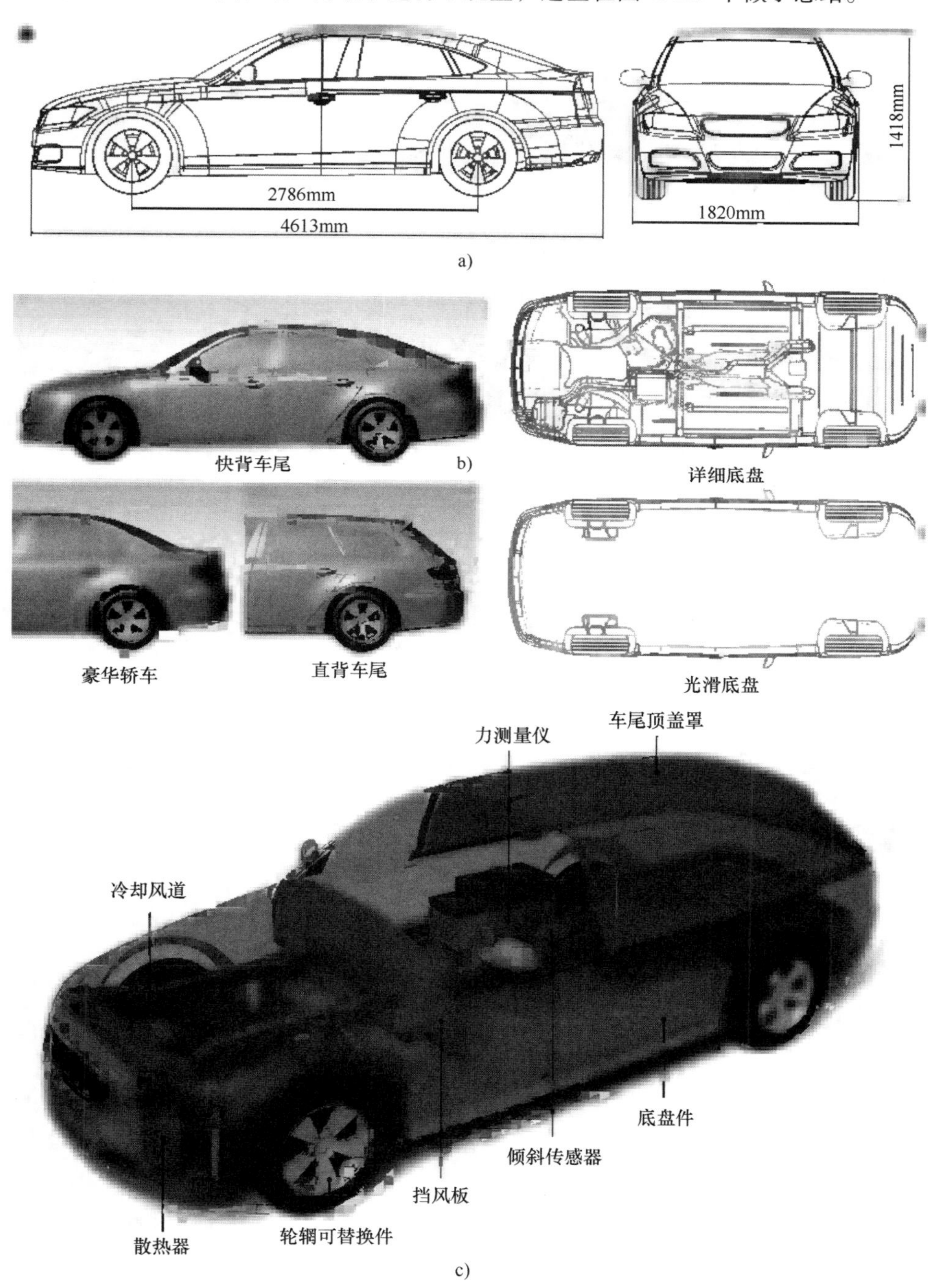

图 4.229　TU München（慕尼黑工业大学）的 DrivAer 参考车体

a）主要尺寸　b）尾部形状和底部形状变体（Heft 等人，2012）　c）冷却空气风道和测量仪（Mack 等人，2012）

在该模型的几何轮廓上，由于大量配备了一系列压力测量孔，所以可以全面分析车体周围的流动和压力场。Mack 等人（2012）给出了在慕尼黑工业大学模型风洞中测量的大量结果。图 4.230（见彩插）显示的示例，就是相对于参考车身不同的后部车尾罩件，显示了在车辆中心截面的顶部和底部上的压力分布。对比不同的尾部形状可以看出，流动状况在车辆大部分的表面上是相似的，仅在尾部区域出现显著差异。

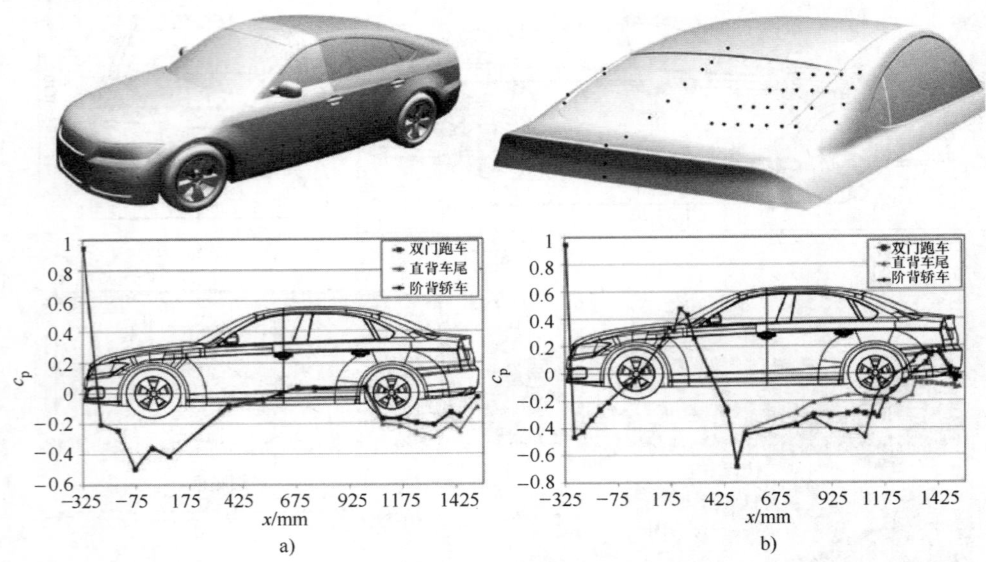

图 4.230　对 DrivAer 参考车体不同的后部形状，在车辆中心截面（$y=0$）上，压力测量孔的位置和压力分布的概述（源自 Heft 等人，2012）

a）在车辆下侧　b）在车辆上侧

第5章　空气动力学和行驶稳定性

David Schröck Andreas Wagner

梁忠雄　译

长期以来，空气动力和力矩对车辆的影响都是研究的对象。因为空气流动不仅导致已经讨论过的阻力（参见第4.1节），还会产生影响车辆行驶性能的其他力和力矩。升力和俯仰力矩的形成是第4.5节的主题。在第5.2.2节中将描述它们对车轮负荷、对直道和弯道行驶性能、对负载效应和制动操作期间的行驶性能的影响。

由侧风中行驶或超车时出现的不对称来流会产生附加的侧向力，横摆力矩和侧倾力矩。升力和俯仰力矩也会受到影响。这些力及力矩的生成以及影响它们的措施将在第4.5节中论述。直线对称来流的情况适用于稳态来流条件来处理空气动力和力矩。然而，侧风或超车时出现的是侧向来流，车辆处在一个随时间变化的流场状态，这时不能再视其为稳态流动状况。

很多研究表明，瞬态条件下的气动力和力矩与稳态条件下测量的结果有时会有相当大的差别。对于车辆制造商来说，他们生产的车辆在这种瞬态条件下的表现产生很大兴趣。因为来流方向的突然变化和相关力的变化可能导致车辆偏离行驶方向。这种偏离有时必须通过一些剧烈的转向来补偿。极端情况下这甚至可能导致事故。然而，即使这种情况下的车辆行驶性能不一定被用来评价车辆的安全性能，驾驶员仍会抱怨这种降低舒适度的不平稳的行驶特性。因为这种长时间的持续转向校正会引起疲劳。

因此，车辆的方向稳定性是评估车辆的重要指标之一。传统上使用在稳态条件下确定的空气动力学系数来评定车辆的稳定性。然而，用这种传统方法来评测不同车辆时，它们的行驶稳定性可能被评估为没有问题或者几乎相同。但在行驶试验中它们的稳定性则会得到不同的评估结果。从这可以得出结论：为了评估车辆的侧风性能，除了空气动力学效应，也必须考虑到瞬态行驶动力性能。下面章节将讨论瞬态来流条件下的气动力和气动力矩，并给出相应的试验和评估方法。由于仅考虑气动力和力矩并不足以描述车辆性能，所以在5.2.3节中将关注由空气动力学、行驶动力学和驾驶员共同构成的系统。

5.1　非稳态气动力和气动力矩

正如前面已经提到的那样，现今通常以风洞中的车辆空气动力特性来表征车辆在无外风条件下的理想行驶过程。这意味着车辆受到的来流不随着时间发生变化。在测量期间来流的速度和来流偏角均保持不变。

5.1.1　超车过程

在4.5.4.4节中讨论的超车过程采用了离散布置的静止车辆模型。对于小的相对速度，用这种方法确定超车过程中产生的作用力是足够精确的。然而，随着相对速度的增加，我们就需要对超车过程出现的动力学影响做时间相关的处理。

为此，在风洞的测量段安装一个轨道系统，借助于该系统可以让一个模拟超车的车辆模型从一个模拟被超越车辆的固定模型旁边经过。这两个模型的相对速度和横向位移可以变更（参见，例如，Brown，1973；Gillieron 和 Noger，2004；Noger 和 Gillieron，2003；Szechenyi，2004）。

通过旋转风洞内测量段的整个结构，也可以研究静态斜向来流的影响。Gillieron 等人于 2004 曾借助这种方式研究了与相对速度以及与相对位移相关的参数，测量了超车过程中被超车辆模型受到的作用力。

首先需要肯定的是，在实际的超车的瞬态条件下的侧向力系数随时间变化的曲线与上述稳态条件下的时间曲线大体上是一致的。亦即，在超车过程开始时出现的侧向力是正向的，然后变成是反向的。如图 5.1a 所示，稳态和瞬态条件下的测量结果的比较表明，随着相对速度的增加，侧向力系数在较早的时间点增加，并呈现越来越大的值。

瞬态测得的最大值大于稳态测得的最大值，最多时超过了 120%，超车过程结束时段负侧向力系数的变化与稳态最大值的差别比超车开始时段的正向侧向力差别更大一些。图 5.1b 显示了车辆模型间侧向位移不同时的侧向力系数。模型之间的相对速度是 10m/s。对于所有测量的侧向间距，瞬态侧向力曲线与稳态测量结果在时间轴上的偏差是相同的。正如预期的那样，这两个模型的相互影响随侧向间距的增加而减小，因为两个车辆之间的管流效应减小了。

图 5.2 清晰展示了两个车辆之间流场的相互作用，这种流场的相互作用主导了典型的侧向力曲线和横摆力矩曲线。此图展示了轿车在超越一辆货车过程开始（$x/L=-1.2$）和结束（$x/L=0.2$）处的车辆侧面上的压力分布，其中压力线是实际测得压力与无扰动的来流的压力的差值。此结果来自行驶测试。面向货车的一侧的压力变化对侧向力和横摆力矩的产生起主导作用。背向货车一侧的压力变化较小。在 $x/L=-1.2$ 时，货车引起的压力场影响超车轿车的右前方区域，与未受干扰的状态相比，此区域压力较低。这个流场对轿车尾部区域的影响较小。随着轿车位置向前移动，轿车前翼子板区域的压力差值呈正值。此外，轿车和货车流场的相互作用在此处也到达轿车尾部，静压差呈负值。由于背向货车一侧的压力变化没有如此明显，所以出现超车过程中典型的横摆力矩。

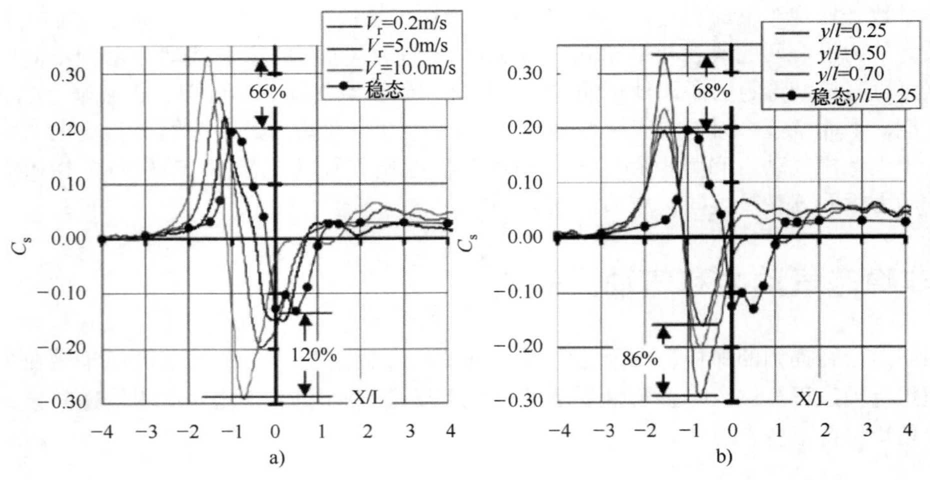

图 5.1　被超车辆的侧向力系数

a）与不同相对速度的关系　b）与侧向位移的关系（Gillieron，2004）

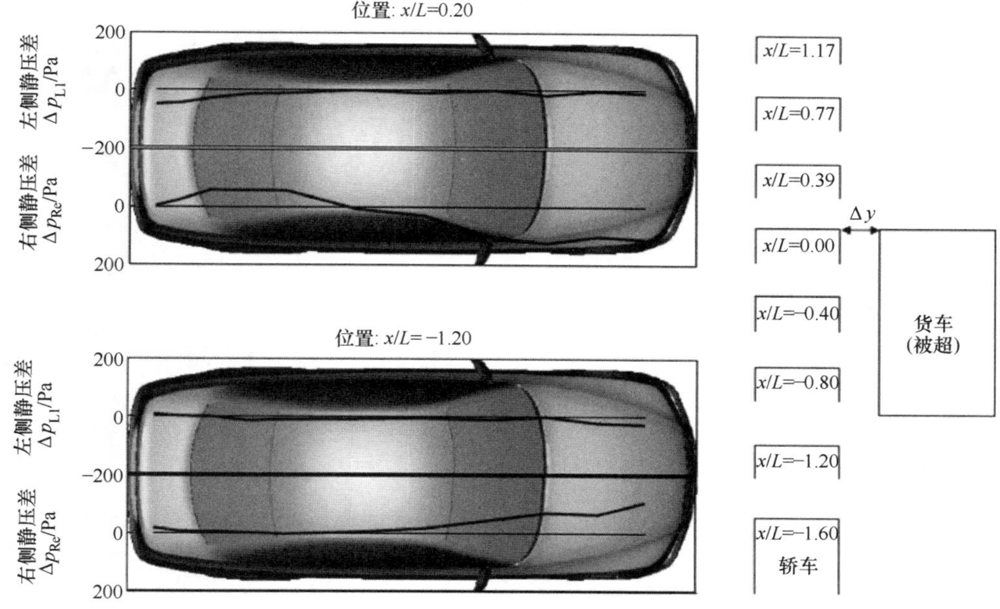

图 5.2　在 $x/L=0.2$ 和 $x/L=-1.2$ 位置的无扰动来流压力和超车过程车辆侧面压力的压差，$v_{轿车}=160\text{km/h}$，$v_{货车}=80\text{km/h}$，$\Delta y=1.5\text{m}$（Schrefl，2008）

5.1.2　侧风

对侧风方向稳定性的分析非常复杂，首先是由于大气地表附面层中复杂的流动过程，也因为此附面层与在流场中运动的车辆周围的绕流的相互作用。此外还因为那些与行驶力学和驾驶员相关的其他因素的影响。

5.1.2.1　自然风及其对车辆来流的影响

运动车辆所处的流场条件受自然风影响。特别强的风影响车辆的直线行驶能力。因此，在讨论它对车辆外流场的影响之前，本章将首先讨论这个问题。

广泛的气象测量是描述风这个气象现象的基础，并由此可以做出普遍性的气象判断。但这些通常测量的是离地面 10m 以上高度的情况。从这些数据可以看出，在德国风源主要来自西方。沿海地区年平均风速在 5m/s 以上，德国中部在 3～4m/s，南方在 3m/s 以下（参见图 5.3）。

风的两个基本特征是它的强度和方向。这两个参量都会不断变化。从图 5.4 中可以看出，这种变化可以分为一年或者一天时间内的缓慢变化，或者持续仅几分钟或几秒的短期波动。后者被视为阵风，从行驶安全的角度来看尤需重视后者。它们的危险性在于它的发生往往出乎驾驶员的意料，也在于风速的强烈变化会引起车辆来流方向的变化。特别是在冬季，可能会出现速度超过 30m/s 的阵风。

在一些地区的雷暴天气和相关的强阵风天气，风速甚至可以达到 50m/s 的峰值，参见图 5.5。统计数据证实，冬季的侧风引起交通事故增加。

由于移动的空气和地面之间的摩擦，形成附面层。大气层里的风在这个附面层的风速可以用对数函数来描述。这个理论最初由普朗特（Prandtl）针对平板上的湍流附面层而建立，参见第 14.1.4 节。

除了这个用对数函数描述附面层的理论，附面层速度分布也可以用更容易处理的指数方法以足够的准确度来描述。

$$\frac{u(z)}{u_G}=\left(\frac{z}{z_G}\right)^{\alpha} \tag{5.1}$$

式中，u_G表示在附面层上缘z_G处的速度。粗糙度对附面层速度分布的影响通过粗糙度指数α来加以考虑。α值可在0.16（开放地形）和0.4（植被或建筑群）之间选取。图5.6描述了地形粗糙度对附面层风速分布的影响。

一个度量风速波动或者“颠簸强度”的参数叫湍流强度，是从方差σ^2的平方根和平均风速计算而来的。

$$I_i=\frac{\sigma_i}{u_\infty}\times 100\% \tag{5.2}$$

式中，i表示三个空间方向之一的速度分量。在风力工程学中总是将主风向定义为x轴。如果湍流与测量位置无关，则流动被称为均匀。如果所有三个速度分量的湍流程度相同，则流动被称为各向同性。在与车辆相关的接近地面的范围，由于诸如植被、建筑物或其他车辆等障碍物引起的干扰，流动通常既不是各向同性的，也不是均匀的。

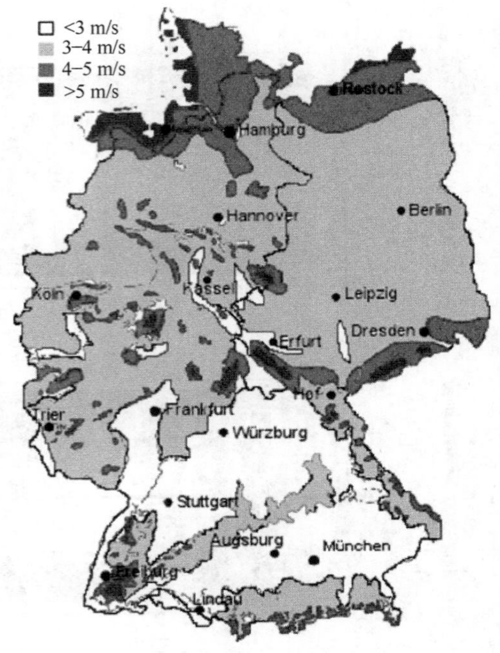

图5.3　德国各地区地面10m高处的平均风速（参见链接 http：//www. renewable – energy – concepts. com/german/windenergie/standorte. html）

湍流强度是一个基本变量，虽然可以用来描述湍流的整体强度，但为了确定波动运动与特定频率的关系常常使用频谱分析。为此需要用与车辆动力学有关的、周期长度为几秒或更短的频率范围对图5.4做出补充。在这个高频范围内，风速波动的频谱成分可以用工程流体力学的已

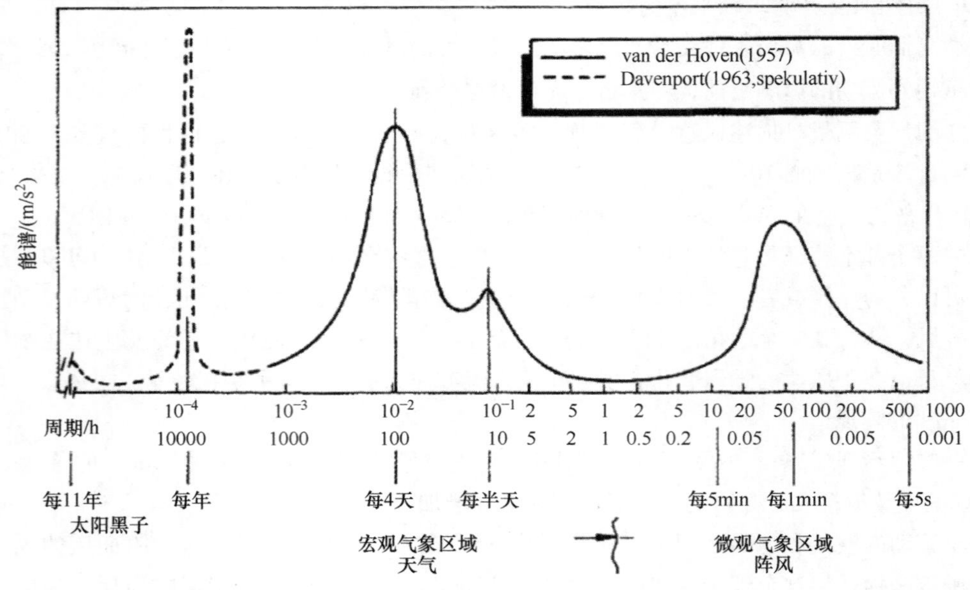

图5.4　自然风的能谱，来源Hucho（2011a）

知模型来描述。它可以分为三个频率或波长系数范围，不同的过程各自在不同范围中占主导地位并决定了频谱分布。大型旋涡是由风切变或绕流过障碍物产生的分离所引起的。它们从均匀主流中获得能量。因此这个频率范围也称为（涡流）生成频域。

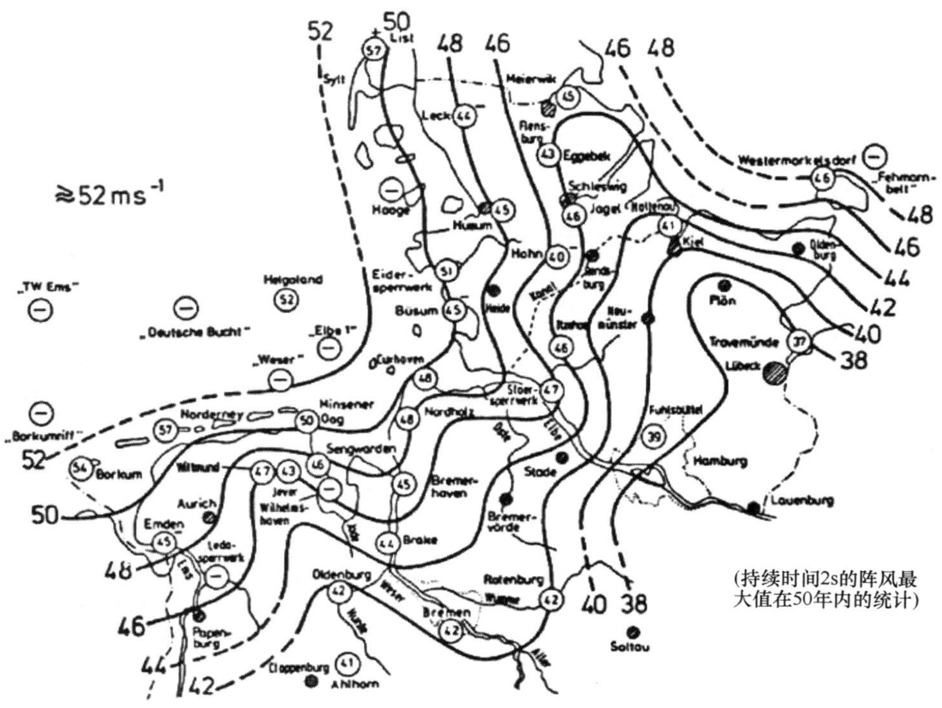

图 5.5　离地面 10m 高处五十年阵风风速值（m/s），来源 GrüneBerichte der Deutschen Wetterdienst（1989）

旋涡尺寸的度量是湍流系统最重要的参数。剪切力导致涡旋衰减到更小的旋涡，进入所谓的惯性频域。旋涡从生成频域引入的能量和其在耗散频域耗散的能量处于平衡状态，因此惯性频域中既没有生成也没有消耗能量。科尔莫哥洛夫（Kolmogorov）已经证明，涡旋由大到小的衰减（能量级联）与涡旋形成之前的时期无关。由此可导出结论：在这个频率范围内有一个普遍适用的频谱分布。频谱的能量含量与频率成比例（译者注：原文如此，按后文和公式，应该理解为成反比），根据式 5.3 随着频率的增加而降低（Hinze 1975）。

$$S_{ij}(f) \sim f^{-5/3} \tag{5.3}$$

与科尔莫哥洛夫同时，冯卡门（von Karman）独立建立了一个经验内插函数。用该函数可以给出在惯性频域和生成频域中的频谱分布。三个空间方向的速度分量频谱可以用方程（5.4）和（5.5）给出。

$$\frac{u_\infty \cdot S_{uu}(f)}{2\pi \cdot \sigma_u^2 \cdot L_u} = \frac{2}{\pi} \cdot \left(1 + 70.78 \cdot \left(\frac{f \cdot L_u}{u_\infty}\right)^2\right)^{-\frac{5}{6}} \tag{5.4}$$

$$\frac{u_\infty \cdot S_{vv,ww}(f)}{2\pi \cdot \sigma_{v,w}^2 \cdot L_{v,w}} = \frac{2}{\pi} \cdot \frac{1 + 187.16 \cdot \left(\frac{f \cdot L_{v,w}}{u_\infty}\right)^2}{\left(1 + 70.78 \cdot \left(\frac{f \cdot L_{v,w}}{u_\infty}\right)^2\right)^{\frac{11}{6}}} \tag{5.5}$$

惯性频域之后是耗散区域，在这个频域中旋涡尺寸不断减小，直到到旋涡耗散过程不再取决于惯性力而是取决于黏性力。这意味着由于分子摩擦，涡流的动能以热能形式被消散。

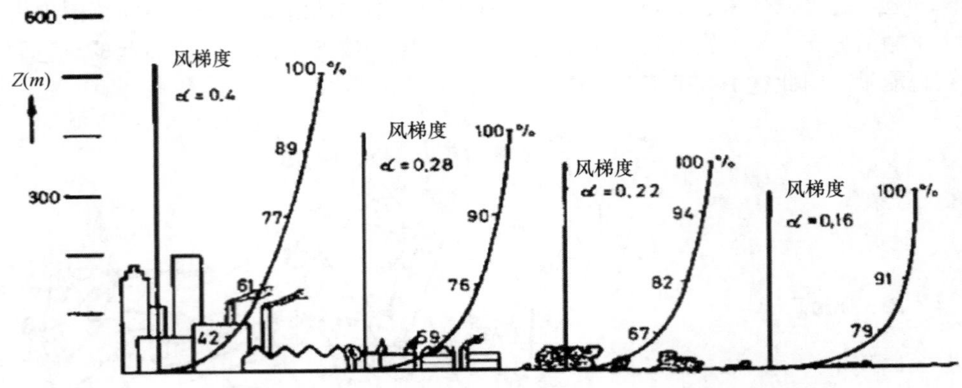

图5.6　地表附面层与地形粗糙度的相关性（Ruscheweyh，1982）

为了无量纲化所测量的频谱更确切地说按照冯卡门公式计算频谱，需要用到积分特征长度 L_i。这是一个表征被流动所输送的涡流的平均大小的尺度。这个特征长度可以通过这个下列关系式来计算出来：

$$L_i = u_\infty \cdot \int_{\tau=0}^{\varphi_{ii}(\tau)=0} \varphi_{ii}(\tau)\,\mathrm{d}\tau \tag{5.6}$$

式中，φ_{ii}表示相关系数。将相关系数 φ_{ii}从 $\tau=0$ 到 $\varphi_{ii}(\tau)=0$ 处的 τ 积分，即得到所谓的积分量，即流动的时间相似性的尺度。使用泰勒（Taylor）的“冻结湍流理论”，将这个积分量乘以平均流速 u_∞ 可算出积分特征长度。这个理论假定，相关结构在经过探针的时段里以平均流动速度保持游动。或者也可以利用从测量数据计算出的频谱和等式（5.4）和（5.5），通过改变 L_i的数值以求得最小二次误差的试算方法，近似计算出积分特征长度 L_i。图5.7以示例的方式给出了用这种近似方法根据阵风环境下测得的车辆来流速度纵向分量频谱计算出特征长度的结果。

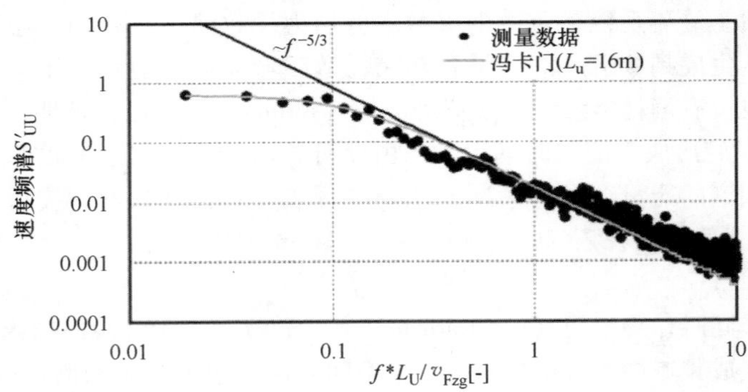

图5.7　来流速度能量频谱与冯卡门插值函数及科尔莫哥洛夫 -5/3 定律的比较（Schröck，2012）

车辆的速度决定了车辆外流场的速度，因为除了少数例外，车速都远高于风速。因此，风可以被理解为叠加在行驶速度上的扰动。大气流动的地面附面层高达数百米，对机动车辆而言，只有地面高度2m范围内的附面层是重要的。从地面10m高度测得的风速可以外推出风速附面层分布，再与车速做矢量叠加后，即可得到初步的理论估算的车辆所处的流场状态。

应当指出的是，在风坐标系中定义主风向为 x 轴。因此在转换到车辆坐标系时，车辆来流速度的纵向分量取决于风向 φ，且包括风速的部分纵向分量和部分横向分量。因此，可以用方程来计算来流偏角、湍流强度和来流频谱（Cooper 和 Watkins，2007）。可能的来流偏角范围可以由公式（5.7）计算。

$$\beta = \sin^{-1}\left(\frac{v_W \cdot \sin\varphi}{\sqrt{(v_W \cdot \sin\varphi)^2 + (v_W \cdot \cos\varphi + v_F)^2}}\right) \tag{5.7}$$

当风垂直于行驶方向时，即 $\varphi = 90°$时，来流偏角最大。公式（5.7）可以简化为

$$\beta = \sin^{-1}\left(\frac{v_W}{\sqrt{v_W^2 + v_F^2}}\right) \tag{5.8}$$

图 5.8 显示了来流偏角对风速和行驶速度的依赖关系。显然，在给定的风速下随着行驶速度的增加，来流偏角连续下降。

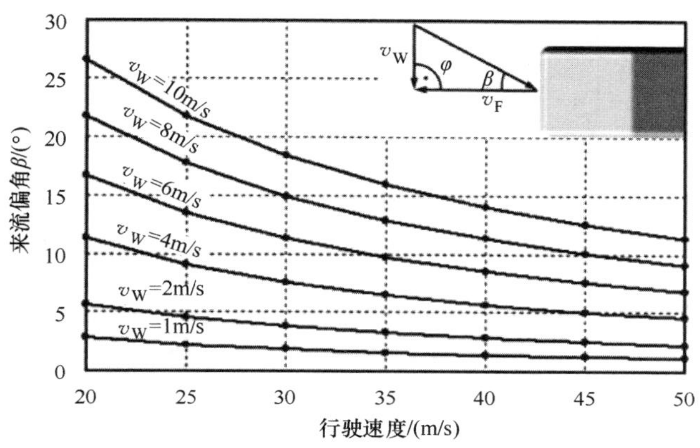

图 5.8　平均风向角 $\varphi = 90°$时来流偏角与风速和车辆行驶速度的关系（Schröck，2012）

公式（5.9）显示了车辆来流的湍流程度与风扰动、风速和行驶速度的函数关系。此时的湍流强度不再是风速波动与平均风速的比值，而是与合成的来流速度的比值，所以，如图 5.9 所示，以车为参考系，湍流强度减小了，且湍流强度会随着行驶速度的增加而减小。

$$I_{x,\mathrm{Fzg}} = \sqrt{v_W^2 \cdot \frac{(I_{x,W} \cdot \cos\varphi)^2 + (I_{y,W} \cdot \sin\varphi)^2}{(v_W \cdot \sin\varphi)^2 + (v_W \cdot \cos\varphi + v_F)^2}} \cdot 100\% \tag{5.9}$$

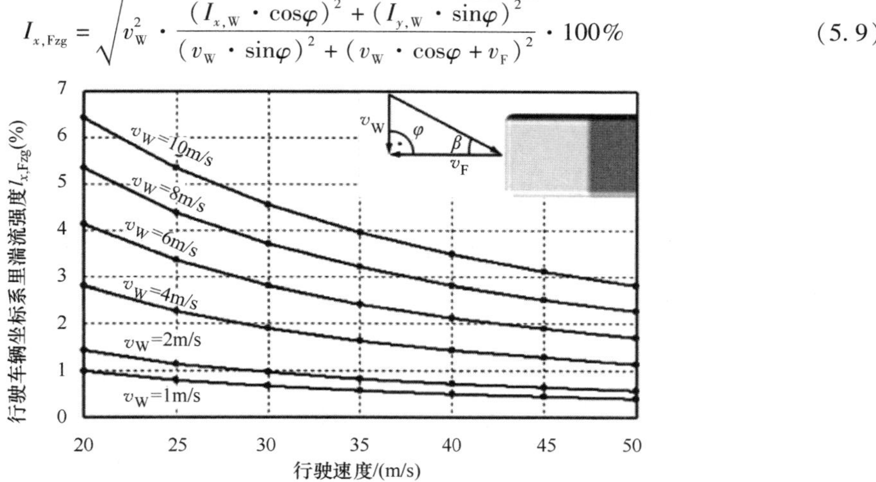

图 5.9　平均风向角 $\varphi = 90°$，风湍流强度 $I_{x,W} = I_{y,W} = 20\%$ 时，以行驶车辆为参照系的湍流强度 $I_{x,\mathrm{Fzg}}$ 与风速及行驶速度的关系

此外，风的频谱可以转换到车辆坐标系。采用 Cooper 和 Watkins（2007）引入的简化，这个频谱相当于公式（5.4）和（5.5）中的冯卡门插值函数，只不过这时平均风速被合成来流速度

替换了。图5.10显示了不同行驶速度的频谱，风速为10m/s，积分特征长度为20m。从图中可以看到，随着行驶速度的增加，曲线开始下降处的频率向高频方向移动。

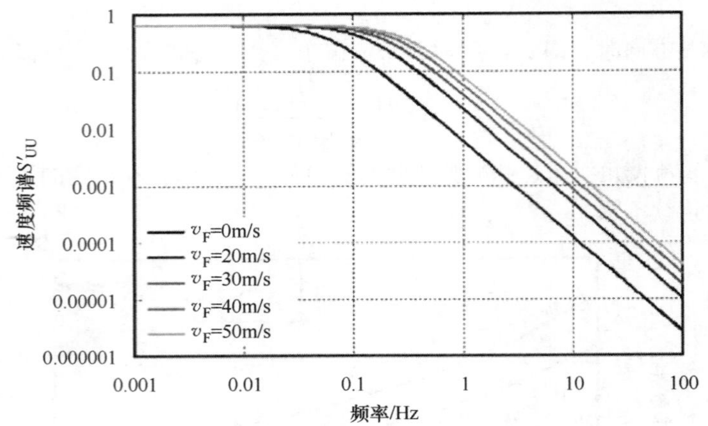

图5.10　风速为10m/s时风速频谱与行驶速度的关系（Schröck，2012）

这些理论性的讨论有助于理解风速和行驶速度对合成的车辆来流情况的影响。当地条件可能限制在高处测得的风速的直接的使用。如图5.11所示，道路两侧的建筑物或茂密树木的遮挡可以减少风的影响，相反，路堤或道路两侧树木的间隙可能导致局部风速提高。

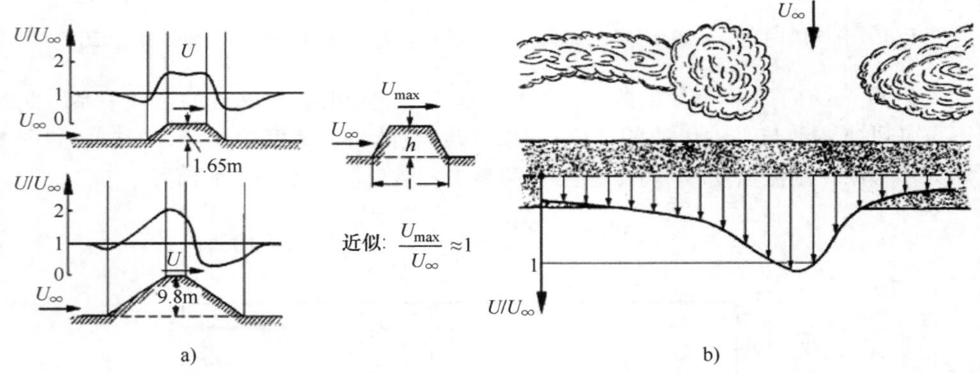

图5.11　风速因为路堤坝（a）和路侧植被间隙（b）而增加，来源：Bitzel（1962）

另外，由于接近地面的位置垂直方向的速度波动渐渐衰减，该能量被沿纵向和横向引导，所以接近地面的位置流动发生变化。此外，可以想象按公式（5.9）计算的湍流强度会太低。如果车辆驶过不同的路段所受到的风速不同，从车辆的角度看，它感受到的风速波动就是实际阵风与这种假想阵风的叠加。

由于靠近地面的流动情况复杂，只有用车辆测量才能提供真实的描述。不同的作者已经在公共道路上以及不同风速和交通条件下进行过测量。测量车辆装备有可以测定合成的来流向量的传感器。图5.12显示了在强风和极少交通情况下一个40s时段的测量信号，此时来流情况的变化主要归因于风的引入。测量过程中的行驶速度为45m/s，并在测量时间内保持不变。

相比之下，来流速度的波动是清晰可辨的，由于风的状态变化，来流速度与行驶速度的偏差可达到10m/s。来流情况随时间的变化能显示出速度和角度的突然变化，因而也表征了阵风。由于单次阵风时最大来流偏角达10°。需要注意且加以说明的是，无风时来流速度等于行驶速度，

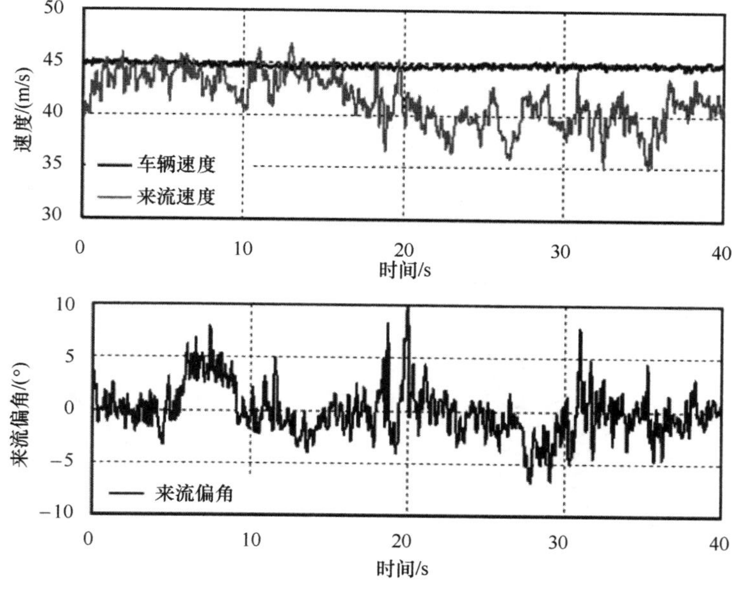

图 5.12 强风中车辆的来流情况（Schröck，2012）

来流角度恒定为0°。

图5.13显示了相对来流速度和来流偏角的概率密度分布。它们反映了来流速度和来流偏角发生的范围以及发生的概率。这两个参数在强风和弱风下的概率都呈高斯或正态分布。这一结果与风力工程的经验一致（参见，例如 Ruscheweyh 1982），并显示出车辆运动并没有改变自然风原来的速度波动的高斯分布（参见 Schröck 2012；Schröck 等人 2007；Wordley 2009）。另外，很明显，强风的分布函数比弱风的分布函数要宽。这是风的波动导致的，波动范围大的阵风会导致来流速度和来流偏角在更宽范围内变化。该图还显示，即使在强风中相对来流速度的变化几乎从不超过10m/s。同样地，在车辆速度大于160km/h的条件下，来流偏角超过10°的概率也几乎不可能。

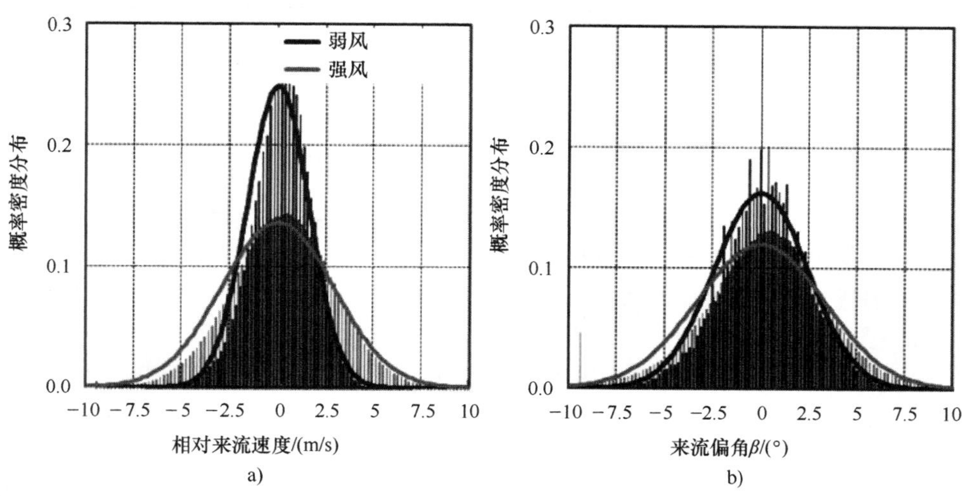

图 5.13 不同风力条件下相对来流速度（a）和来流偏角（b）的概率密度分布（Schröck，2012）

在图5.14中，将横向速度的湍流度与纵向速度的湍流度进行比较。如前文中相对来流速度概率密度分布图显示，强风导致分布曲线变宽。这意味着标准偏差的增加因而湍流强度的增加。因此，与弱风情况相比，强风下的点分布在更高湍流强度的范围。此外，阵风越强，测得的湍流度分布范围越大。图中测点分布的角平分线可当作平均值。

图5.15显示了湍流强度的纵向及横向分量和与其对应的积分特征长度的纵向及横向分量。可以看出，对于来流的纵向和横向两个方向，积分特征长度都随着湍流强度的增加而趋于增加，这归因于强风中存在大尺寸的阵风。

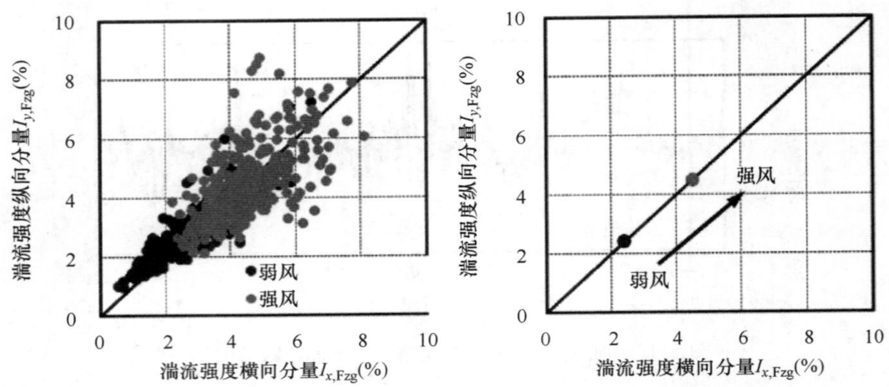

图5.14 不同风力条件下车辆来流 x 分量和 y 分量的湍流强度（Schröck，2012）

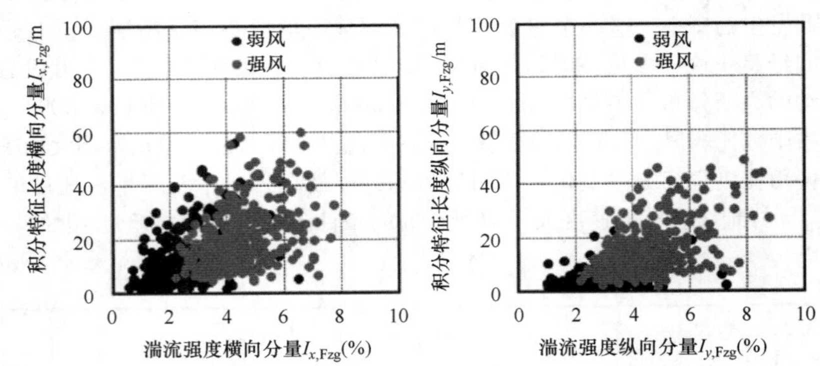

图5.15 在不同风力条件下车辆来流的纵向分量及横向分量的湍流强度与积分特征长度的关系（Schröck，2012）

图5.16的结果显示了另一种情况，这里积分特征长度和湍流强度之间的关系表现为交通状况和路侧植被的依赖关系。在测量车辆前面行驶的车辆影响了测量车辆的来流情况，这导致了湍流强度随着涡流尺寸的减小而增加。比较图5.15和图5.16的数据显示了车辆来流情况的多样性以及因此产生的这些流动参数的相关性。

积分特征长度只能理解为表示流动中所含旋涡平均尺寸数量级的一个参数。由于给定频率范围内能量的存在证实了相应波长涡流的存在，所以可以通过图5.17所示的来流的纵向及横向分量的频谱来更好地评估出现涡流大小的范围。比较弱风和强风中测量值的平均频谱表明，对于车辆来流的两个分量，流动所含能量都随着风强度的增加而增加，并接近由科尔莫哥洛夫描述的频谱含量和频率之间的比例。

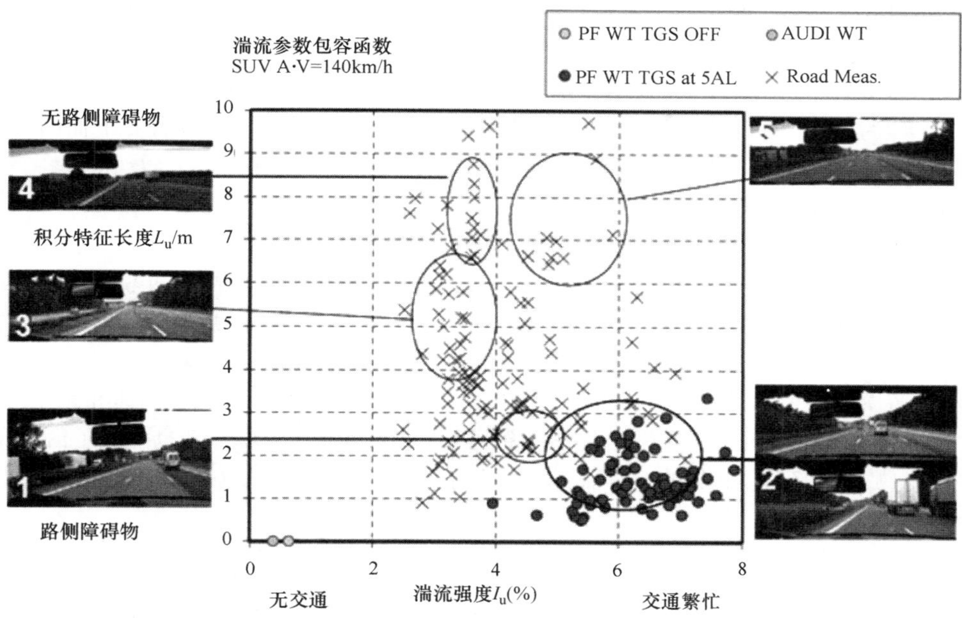

图 5.16　积分特征长度及纵向湍流强度与交通及道旁植被的关系（RSO：路侧障碍物）（Lindener 等，2007）

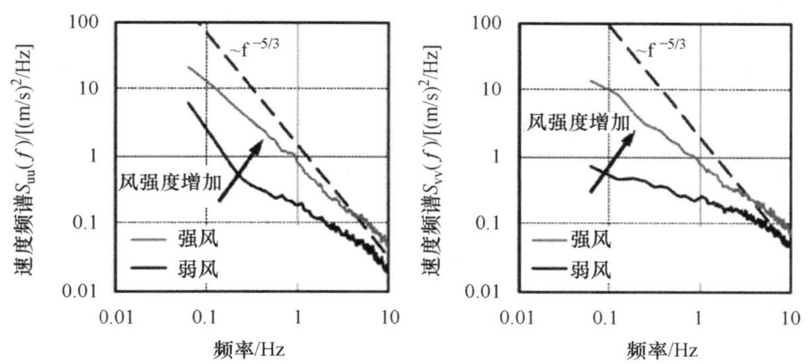

图 5.17　不同风力条件下车辆来流的纵向和横向分量频谱（Schröck，2012）

5.1.2.2　测试和评估方法

测定车辆侧风敏感性的一种常见方法是让车辆驶过侧风闸口，坎姆教授（Prof. Kamm）在他的研究中使用过这种方法（Potthoff 和 Schmid，2012）。车辆驶过风闸时会导致车道偏离，对此驾驶员需以转向动作做出响应。该转向动作被用作评测侧风灵敏度的标准，参见 5.2.4.3 节。在这里，车辆的行驶方向稳定性被作为一个由空气动力学、车辆动力学以及驾驶员所组成的整个系统的问题来处理。脱离整个系统的复杂性，来对车辆空气动力学特性做单独的评测也可以，但只能在风洞中完成。

风洞测量的优点在于相对容易实现，在开发的早期阶段就可以对模型进行测量，而不需要对可在道路上行驶的原型车测量（参见 4.6 节）。然而，风洞测试也不得不面对由简化和理想化所带来的一系列缺点。比方说，如图 5.18 所示，如果不考虑几毫米薄的地表附面层，风洞里来流速度分布呈“矩形”。对比之下，强风下在道路行驶时，车速和地表附面层风速叠加后会形成一个偏转的来流速度分布。另外，应该注意的是，如果汽车在道路上驶过一个产生侧风的吹风机，由此测得的结果将是一个介于风洞测量和道路测量结果之间的来流速度分布。此外，风洞中测得的流动的湍流强度很低，丝毫不能复现大气环境地表附面层的速度波动频谱分布。

但是，由于上述原因，5.1.2.1 节中描述的非定常流动情况下的车辆性能评估近来也成为空气动力学设计的焦点。基于问题的复杂性文献中提出了大量不同的实验设置。下面的章节给出了一个概述。首先来区分一下处理模型突然遭遇阵风的两种不同方法：

- 定常流动，移动模型。
- 非定常流动，静止模型。

在定常流动和移动模型的第一种方法中，基本是模拟了车辆驶过侧风装置的情况（图5.19）。放置车辆模型的滑板被牵引前行，该滑板上刻有刻度用来测量作用在模型上的风力。这种测量方法的限制因素是模型通过的喷口的宽度。给定了模型的移动速度后喷口的宽度决定了模型在气流中所停留的时间。由于轨道长度通常有限，该模型必须极大地加速和减速，这对所使用的力测量技术提出了很高的要求。此外，模型的运动和由此引入的振动也降低了信号噪声比，这可能使测量数据的解释变得困难并且需要对原始信号进行特殊的过滤（Chadwick，1999）。

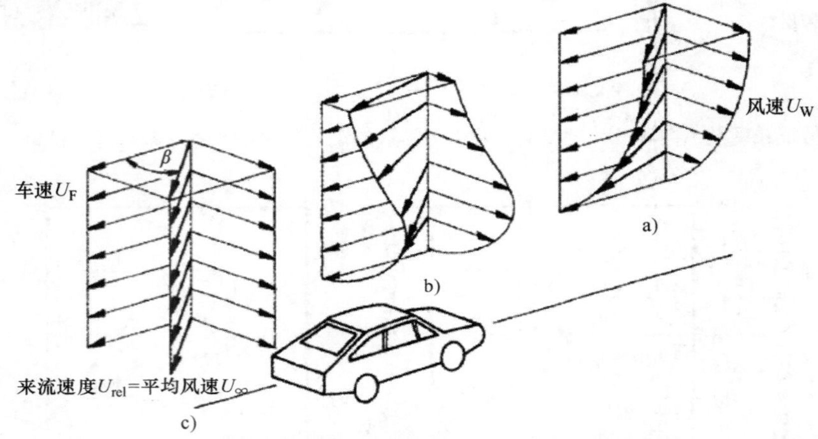

图5.18　比较不同侧风分布的示意图（Hucho，1974b）

a）自然侧风　b）侧风机　c）风洞（无地表附面层）

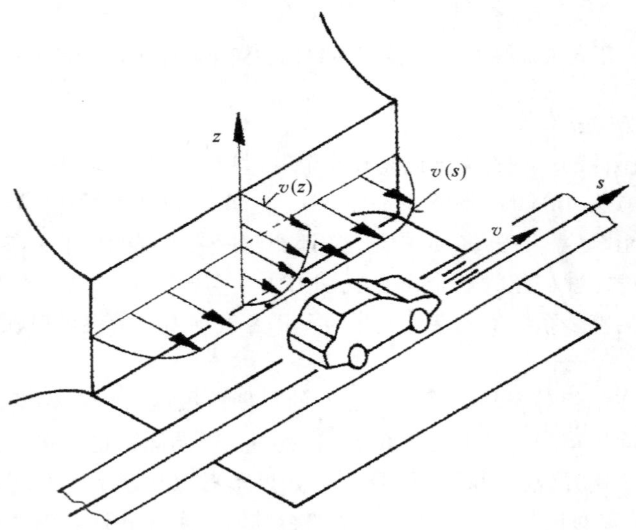

图5.19　行驶路径及喷口相互关系示意图（Hucho，2011a）

通过这种方法，Chadwick 等（2000）以 1∶10 的比例研究了简单的立方体的侧向力和横摆力矩的瞬态变化。他们特别关注了尖锐或圆滑的边角对力分布的影响。图 5.20（见彩插）和图 5.21（见彩插）比较了这两种模型横摆力矩曲线的测量结果。

与稳态测量值相比横摆力矩曲线在进入和退出侧风时显示出强烈的过冲，此时横摆力矩系数随来流偏角线性增加。对所有测量的来流偏角，横摆力矩系数的最大值都出现在进入阵风区域约一个模型长度的距离时。在 25°斜向来流角度时，瞬态横摆力矩系数比稳态值增加至 2.5 倍。对边缘倒圆的模型的测量中也可以观察到类似的瞬态测量曲线特征。但是与锐边模型的测量结果相比，边缘倒圆的模型有大约相同的横摆力矩系数峰值，但其稳态横摆力矩系数更高，因而它的最大值与稳态值的比例下降为 1.5。

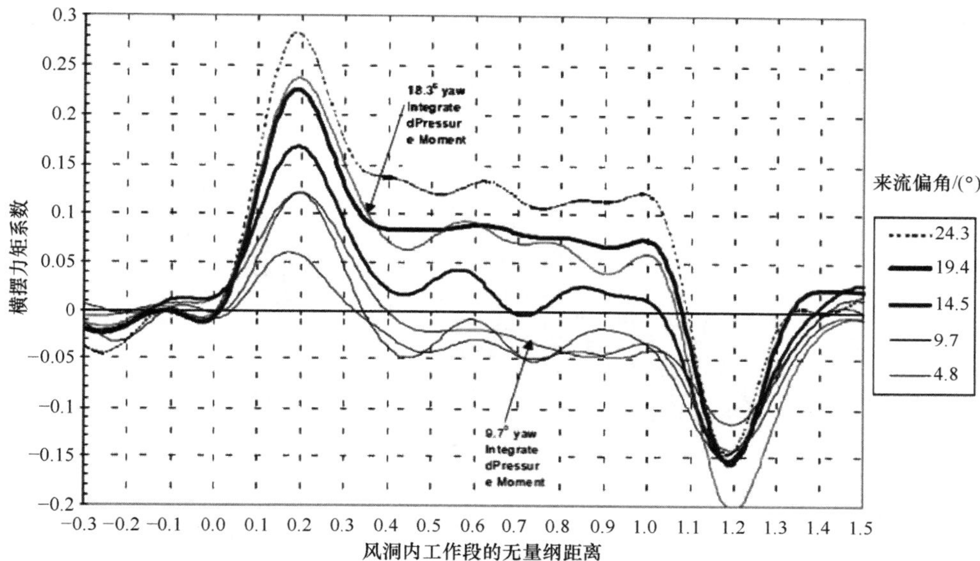

图 5.20　不同来流偏角时具尖锐边缘的基本形体的瞬态横摆力矩曲线（Chadwick 等，2000）

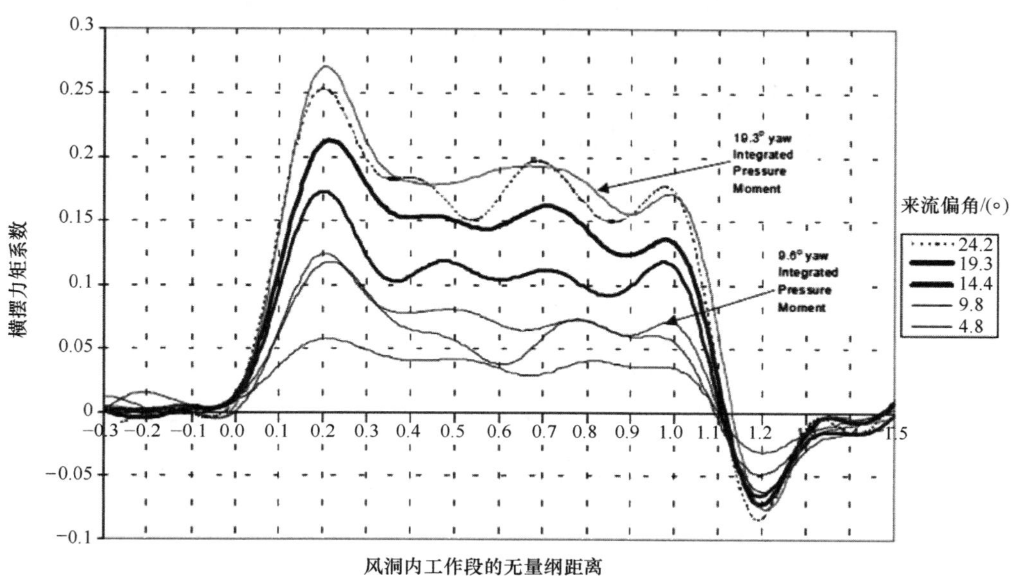

图 5.21　不同来流偏角时边缘倒圆后基本形体的瞬态横摆力矩曲线（Chadwick 等，2000）

为了能够说明模型表面的哪些区域对气动力的产生有重大作用，进行过压力测量。图5.22显示了静止条件下$\beta=20°$时背风面的压力分布（图5.22a）和进入阵风距离为一个模型长度后的背风面压力分布（图5.22b）。比较结果显示，此时（图5.22b）背风面流动尚未“发育”完全，前部区域压力较低，相应地对力矩参考点有较大的力臂，是此时横摆力矩较高的主要原因。即使离开阵风时也可以观察到瞬态效应，尤其是在背风面分离泡塌陷时。图5.23显示了离开侧风时边缘倒圆的箱体模型的压力分布。背风面的气流分离区在$x/l=0.6$的范围内。侧向力压力作用点继续朝下游的车辆中心移动。与锐边模型相比，这样可以使横摆力矩减少40%。为了显示迎风面和背风面之间的差异，图5.24给出了各侧横摆力矩的值。在这里可看出由前缘处的流动分离引起的背风面的瞬态特征。凯恩斯（Cairns，1994）在同一个实验设备中对不同尾部形状的车辆模型做了测试。其侧向力系数的测试结果如图5.25所示。进入侧风区域时，侧向力系数迅速增加，然后趋于稳态测量所得数值。具有锐利边缘的掀背式车型这个增加及趋于稳态值的过程缓慢一些。根据凯恩斯的观点，这是由于流动分离导致的，它引起了与具有边缘倒圆的车型相比不同的环流。

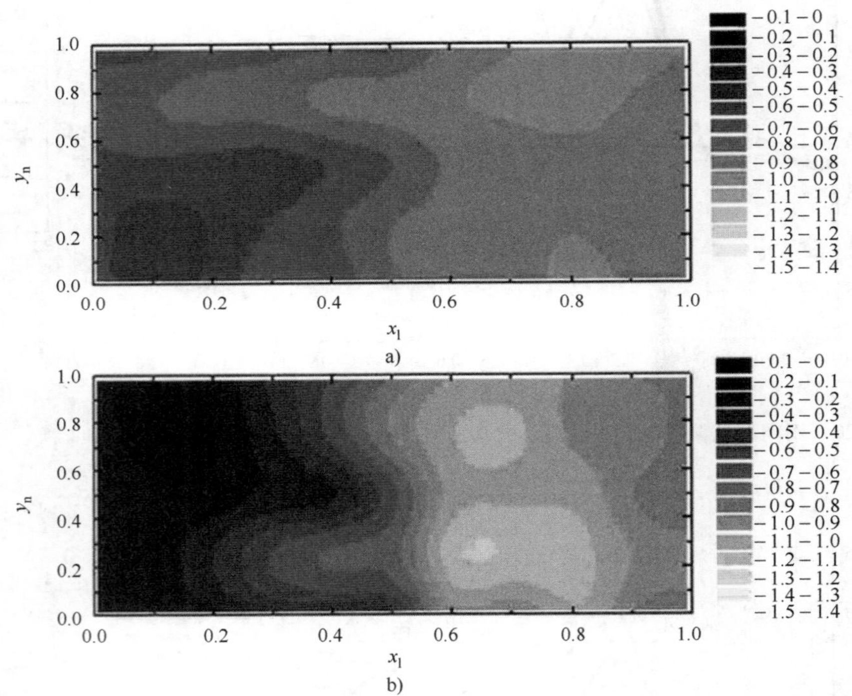

图5.22　有效来流偏角为20°时，边缘锋利的箱状模型背风面的压力分布（Chadwick等，2000）

a）稳态条件下　b）进入阵风的距离为一个模型长度时

小林和山田（Kobajashi and Yamada，1988）也在侧风设备中对一个简化的1∶10比例的车身基本形状做了测试（参见图5.26）。他们研究的焦点是在横摆力矩系数的瞬变过程中，风窗玻璃的安装角度，风窗玻璃与发动机罩过渡圆角的曲率，前端侧沿倒圆半径以及车辆尾部的截面收缩角度这几个几何变量的影响。对于所有测量的变量，在达到稳态值之前瞬态横摆力矩系数会在模型进入侧风区域后约1.3个模型长度时快速升高。改变前风窗玻璃角度（图5.26a）和轮廓（图5.26b）时，模型的侧向投影面积增加横摆力矩系数最大值和稳态值均增加。

增加模型前端侧沿倒圆半径（图5.26c）会导致最大值减小，但稳态值会增加。另一方面，

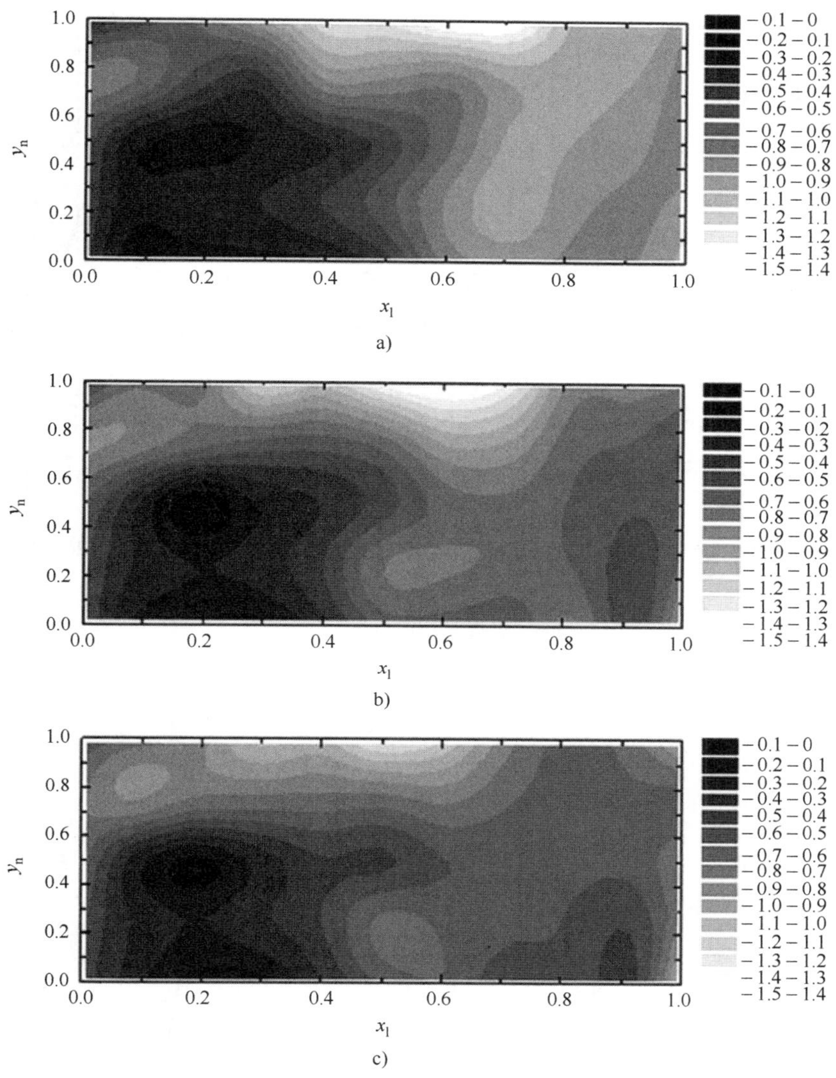

图 5.23　背风面压力分布

a）离开侧风区域时（Chadwick 等，2000）　b）离开侧风区域半个模型长度时

c）离开侧风区域一个模型长度时（Chadwick 等，2000）

尾部较大的收缩角（图 5.26d）不会影响最大值，但会导致较高的稳态值。所有变量的共同之处在于它们都会影响最大值到稳态值的转换时段的侧向力。除了力和力矩外，还测量了表面压力。结果与查德威克（Chadwick 等人，2000）测量结果一致。也就是说，他们证明，横摆力矩的瞬态过程主要是由模型前部的背风面流动分离引起的。

与第一种方法相比，第二种方法考虑的是车辆模型定常和非定常流动。可以通过各种方式产生非定常的流动，例如让第二气流倾斜流入主流（例如参见 Docton 1996，Dominy 和 Ryan 1999，Ryan 2000）或通过在风洞喷口入口或出口处布置导叶或翼片来偏转气流（参见例如 Cogotti，2003；Mullarkey，1990；Passmore 等人，2001；Schröck，2012）。

图 5.27 示意性地显示了达勒姆大学（Universität Durham）的侧风风洞的构造。除了原本的主风洞之外，还有另一个侧风风洞。它的纵轴从主风洞纵轴旋转了 30°。为了让模型受到侧向阵

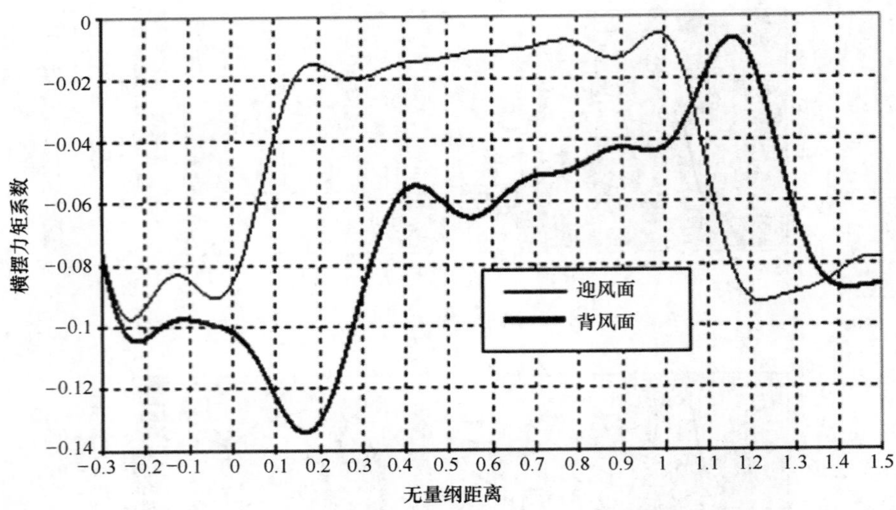

图5.24 迎风面和背风面横摆力矩随时间变化的曲线（Chadwick 等，2000）

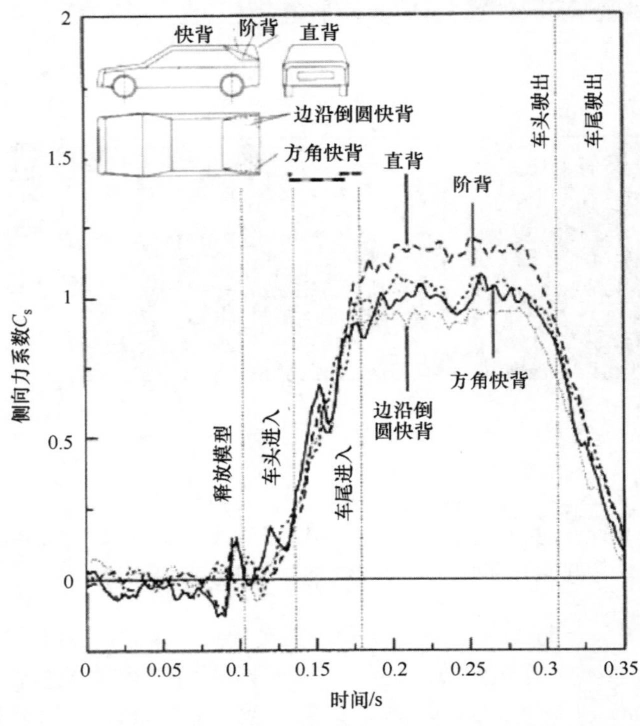

图5.25 有效来流偏角20°时不同尾部外形的车辆模型的瞬态侧向力变化（Cairns，1994）

风的动态影响，侧风风洞的出口设置有装有导叶的系统，通过控制器可使其开闭。为了保持侧风体积流量不变，在测量段“地面”下方还有另一个开闭系统。每当“地面”上的侧风出口关闭时，该“地面”下的出口就一直被打开。

图5.28显示了测量段空置时侧风偏角的变化。它最大可以达到30°，侧向阵风的持续时间是任意可调的，在所示的例子中，持续时间大约0.6s。用这个装置获得的结果主要是显示了在使

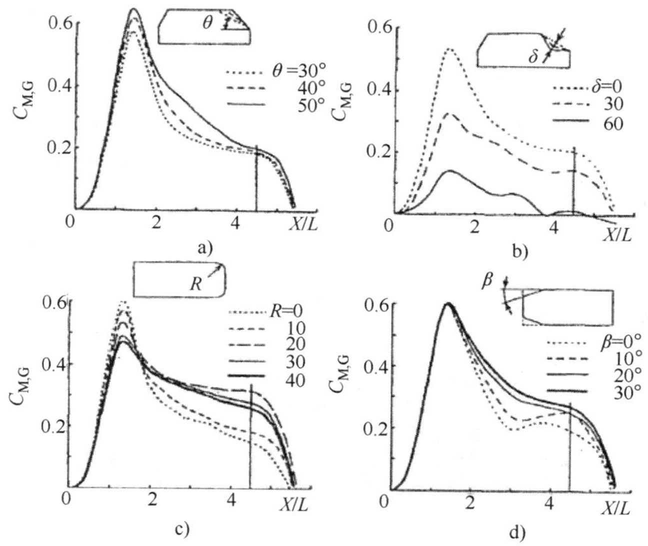

图 5.26　驶过侧风区时车辆几何参数对瞬态横摆力矩系数的影响（Kobajashi and Yamada，1988）

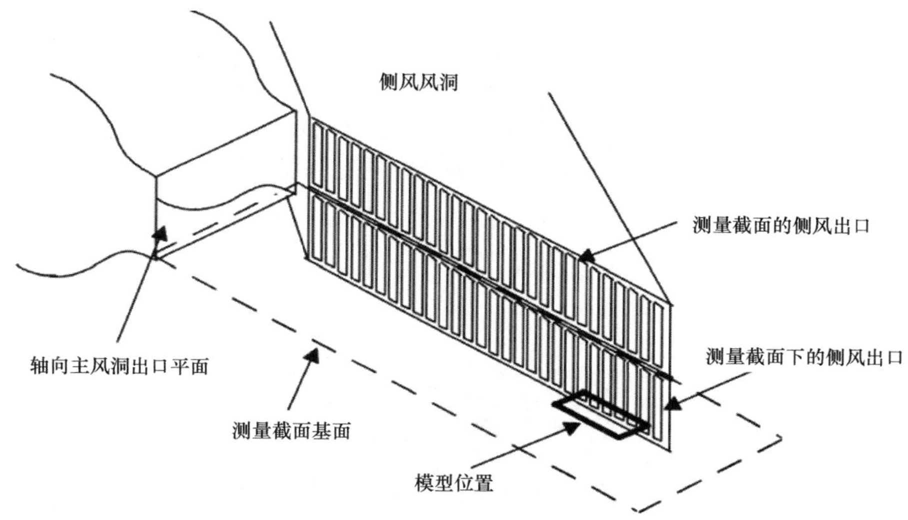

图 5.27　在达勒姆大学侧风风洞中生成一个侧向阵风（Ryan and Dominy，2000）

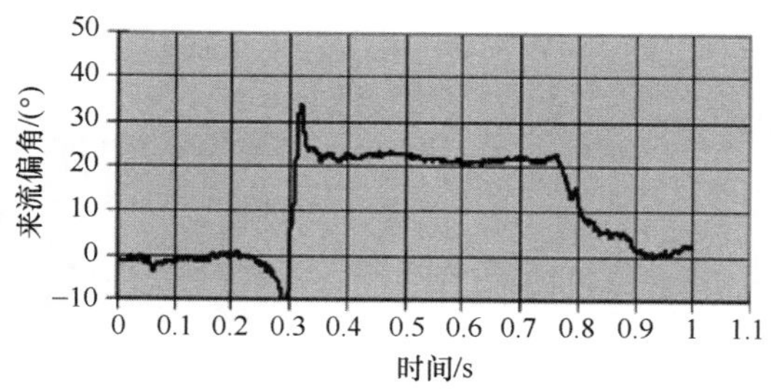

图 5.28　测量段空置时来流偏角随时间曲线（Ryan and Dominy，2000）

用移动模型的风洞试验中已经观察到的时间相关的空气动力学效应。它具有对测量的力和力矩干扰较少的优点，并且简化了例如处于模型尾部的表面压力和流场的测量。

图 5.29 显示了侧向阵风中不同时间的尾流流场分布。图 5.29a 显示了阵风之前的情况，也就是来流偏角为 0° 的情况。将时间稍后的图 5.29b与其进行比较，可以看到背风面 A 柱涡旋现在处于 $y=-200\text{mm}$ 处。来自模型 C 柱的两个反向旋转的纵向涡旋不再彼此相邻，最初位于迎风面的涡旋现在处在背风面的涡旋之上。

在稳态侧风条件下不能观察到这个现象。只有在图5.29d中才重新恢复到稳态测量中已知的流动状态。这意味着，在尾流中可以观察到一个很强的背风面A柱涡旋，一个源自迎风面车顶边缘的涡旋和一个起源于模型底侧的涡旋区域。

除了介绍的这个实验设置，这里还实现了主动引导风洞主流偏转的一些方法。据此不仅可以实现生成具有不同时程和幅度的一般阵风这样的单个事件，而且可以生成其横向分量包含从车辆动力学来看所有相关的频率范围的阵风频谱。在后一种方法中，选择测量时段以使流动可以被认为是统计稳态的。也就是说，测量时间至少是流动中包含的最小频率的两倍周期。此时不再是按时域，而是按频域来处理测量结果。

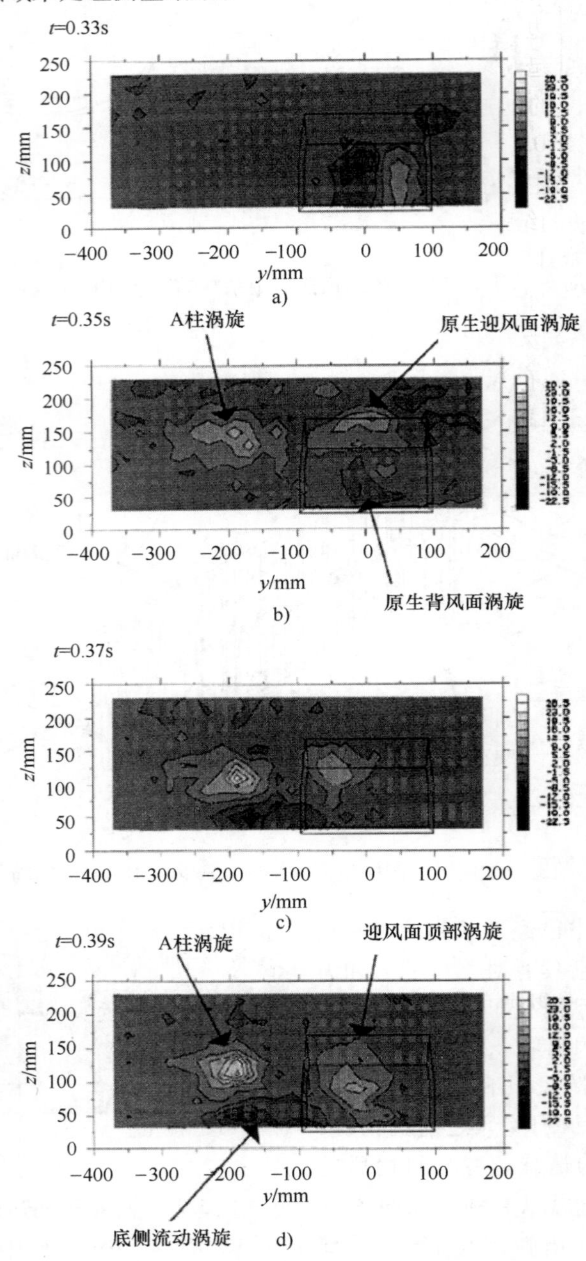

图5.29 侧向阵风影响下尾流流场随时间发展分布（Ryan and Dominy，2000）

例如，Cogotti（2003）提出了一个所谓的“湍流生成系统（TGS）”，其中五个旋涡发生器安装在喷嘴入口之后收缩管之前，参见图 5.30。每个旋涡发生器由一个垂直杆和一对可绕其旋转的合理放置的叶片组成。这五对叶片可单独控制并执行转动，一方面可以此再现紧贴行驶道路上方大气层自然风包含湍流的地面边界层，另一方面也可模拟因阵风引起的来流偏角的动态变化。来流偏角的动态变化范围为 0.01Hz 的准稳态到 0.8Hz 的频率。任何离散频率都可以通过改变叶片频率来调节。来流偏角的幅度可达到 3°，与频率和风速存在微小的相关性（Carlino 等人，2007）。

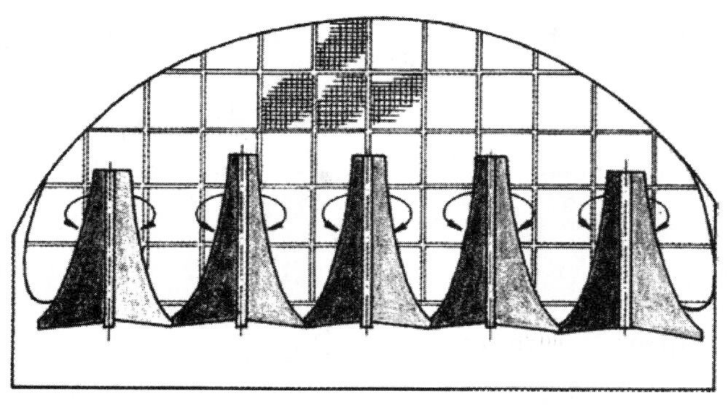

图 5.30 宾尼法利纳风洞中的湍流生成系统

为了能够将不同频率的结果相互比较，会将所出现的力或力矩系数的幅度与相应的来流偏角的幅度联系起来。图 5.31 所示的曲线也以 $f=0.01\text{Hz}$ 处的准稳态值做了无量纲化处理。这些曲线展示了简化的阶背式和直背式模型对随频率变化的来流偏角动态变化的偏航响应。从图中可以看出，这些曲线在不同频率上不是常数，而是表现出频率相关性。阶背式和直背式模型也有所不同。阶背式模型的曲线在 $f=0.1\text{Hz}$ 处有一个超出稳态值约 40% 的过冲，但是直背模型的曲线并不显示这种特性。它随着频率的增加而不断减小到更小的值。

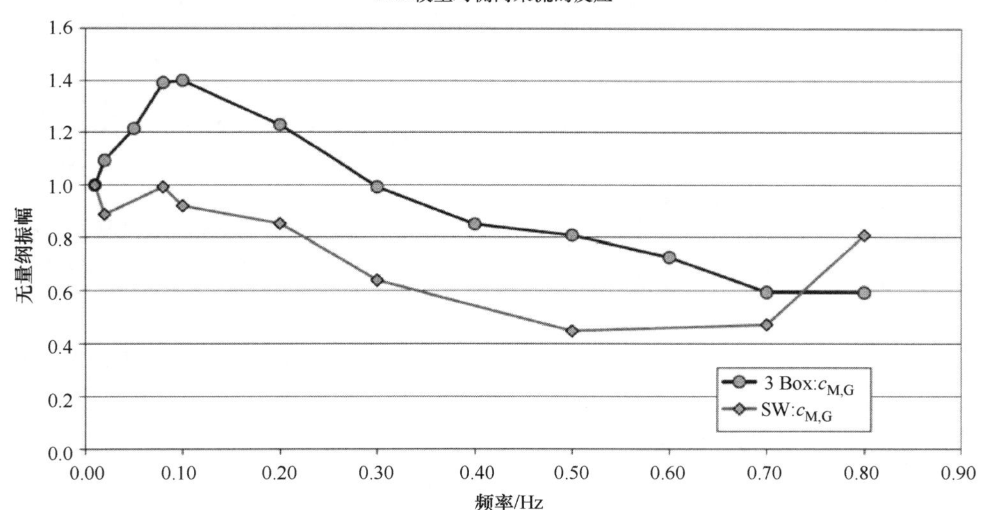

图 5.31 在 $f=0.01\text{Hz}$ 的准稳态条件下，SAE 阶背式和直背式模型的横摆力矩系数的频率相关性（Carlino 等人，2007）

“3 Box”—阶背式，“SW”—直背式

前面的结果表明，通常用来计算作用于车辆有效力的准稳态方法不适用于动态来流的情况。这是因为来流变化比车辆周围流场形成稳态流场这个过程更快。为了描述瞬态来流情况下的气动力，达文波特（Davenport，1961）最初为建筑结构提出了一个无量纲的空气动力学导纳函数，用其来描述瞬态风激励和由此产生的气动力与频率相关的函数关系。将这个导纳函数应用于车辆空气动力学，侧向力和横摆力矩的导纳函数可以写为如下的公式（5.10）和（5.11）［注：导

纳函数的详细推导可以在 Schröck（2012）中找到]：

$$X_{a,S}(f)=\sqrt{\frac{S_{c_s}(f)}{\left(\frac{dc_s}{d\beta}\right)^2\cdot S_\beta(f)}} \tag{5.10}$$

$$X_{a,G}(f)=\sqrt{\frac{S_{c_{M,G}}(f)}{\left(\frac{dc_{M,G}}{d\beta}\right)^2\cdot S_\beta(f)}} \tag{5.11}$$

用测得的侧向力系数 $S_{c_s}(f)$ 或横摆力矩系数 $S_{c_{MG}}(f)$，它们的稳态梯度 $dc_s/d\beta$ 或 $dc_{M,G}/d\beta$ 和无干扰的风激励频谱 $S_\beta(f)$ 可以计算出导纳。稳态梯度 $dc/d\beta$ 描述了在稳态条件下的侧向力或横摆力矩系数和来流偏角的线性关系。对于给定的物体，导纳可以被理解为一个度量，它可用来描述以稳态作用力为参量时风激励所含动能转换为侧向力或横摆力矩的效率。对于具有非常大的波长，即非常小的频率的风事件，来流的变化发生足够缓慢，从而形成与稳态条件下相当的流场。因此，所测得的力（分子）相当于按准稳态方法计算的力（分母），从而导纳函数为：

$$\lim_{f\to 0}(X_a(f))\to 1 \tag{5.12}$$

如果波长与物体尺度有相同数量级甚至更小，则准稳态方法将失去其有效性，因为不能再假设物体周围的流场与稳态条件下的相当。导纳函数随频率的变化取决于物体的形状，且随着频率的增加，一般会趋于零。

$$\lim_{f\to\infty}(X_a(f))\to 0 \tag{5.13}$$

在导纳函数的计算中包含稳态梯度，这相当于把车辆结构特性做标准化处理，虽然这样便于在整个频率范围内定性地评估车辆结构的影响，但是并不能对结构改变的影响做出定量的判断。

除了达文波特的准稳态方法，施罗克（Schröck，2012）通过线性系统理论方法定义了传输特性。按照这个理论，风激励是通过某种输入/输出关系与被测模型的反作用力相关的（图5.32）。与准稳态方法相比，这个方法在无干扰的风激励和反作用力之间建立了一个可用相干函数来检验其有效性的因果关系。

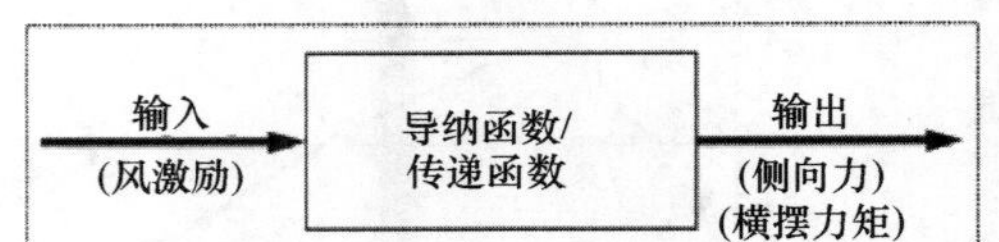

图5.32　风激励与侧向力或横摆力矩的输入/输出关系（Schröck，2012）

作为对无量纲气动导纳函数的补充，气动传递函数 $H_a(f)$ 的定义被用来描述瞬态模型特性，这使得对不同模型或配置做出绝对比较成为可能。公式（5.14）和（5.15）分别定义了风激励与侧向力或与横摆力矩之间的传递函数。

$$H_{a,S}(f)=\sqrt{\frac{S_{c_s}(f)}{S_\beta(f)}} \tag{5.14}$$

$$H_{a,G}(f)=\sqrt{\frac{S_{c_{M,G}}(f)}{S_\beta(f)}} \tag{5.15}$$

按照定义，通过对风激励的频谱做无量纲化处理，对于小频率，空气动力学传递函数趋于模型的稳态梯度。

$$\lim_{f\to 0}(H_a(f))\to\frac{dc}{d\beta} \tag{5.16}$$

根据方程（5.17）和（5.18）侧向力和横摆力矩的相干函数可以定义为风激励和侧向力或横摆力矩之间的交叉功率密度谱与相应的车辆功率密度频谱的叉积之商。

$$\gamma_{\beta,\mathrm{S}}^2(f) = \frac{|S_{\beta,\mathrm{S}}(f)|^2}{S_\beta(f) \cdot S_{c_\mathrm{S}}(f)} \tag{5.17}$$

$$\gamma_{\beta,\mathrm{G}}^2(f) = \frac{|S_{\beta,\mathrm{G}}(f)|^2}{S_\beta(f) \cdot S_{c_{\mathrm{M,G}}}(f)} \tag{5.18}$$

在所考虑的频率范围内，如果相干函数的值等于1，则可以假定系统具有理想传输特征，导纳函数和传递函数都可以不受限制地用来描述模型的瞬态空气动力特性。但是，如果相干函数呈现很低的数值，其原因是输入/输出关系受到了干扰。例如，输出信号中含有与输入信号不相关的附加的分量。导纳函数或传递函数的计算也因此包含有不确定性。

只有在按照图 5.32 定义的输入/输出系统来构建测量装置时，才能将导纳函数和传递函数成功应用来描述车辆对阵风激励的瞬态响应。为此，垂直主流方向的平面上流场必须完全相干。只有这样，单一的输入才能包含无扰动的风激励的完整信息。由于这个原因，不能显示垂直方向上的速度曲线，否则车辆将在其高度方向受到不同的流动状态。

与 Cogotti（2003）提出的将大气边界层分布与有效的阵风叠加的 TGS 系统相比，由 Mullarkey（1990）、Passmore 等人（2001）和 Schröck（2012）所提出的系统可以在垂直于主流方向的平面上产生完全相干的流场，从而满足了所描述的要求。图 5.33 所示为斯图加特大学模型风洞里这个系统的图片。在喷口处，安装有四个可旋转的叶片。

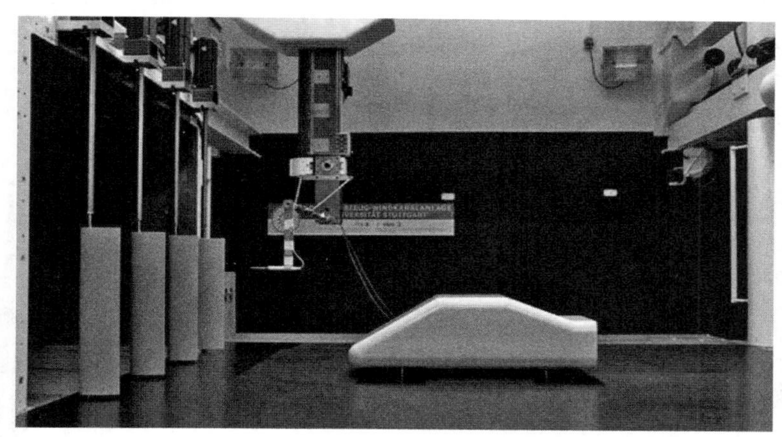

图 5.33　斯图加特大学模型风洞中用来主动偏转主流风向的系统（Schröck，2012）

可以通过各自的电动机分别控制这些叶片旋转，有目的地使流动产生横向偏转。其可调范围是 ±10°的来流角度和最大频率 10Hz。空置测量段上流动随时间变化的不同过程如图 5.34 所示：图 5.34a 显示了流动的突然变化，类似于驶过有不同的流动角度和持续时间的侧风风口时的情况。

图 5.34b 显示了来流偏角的正弦曲线，幅度和频率可以在指定的范围内自由选择。图 5.34c 显示了产生宽频带阵风频谱时的流动偏角随时间变化的过程。从图中可以清楚看到流动偏角的突变过程和 ±10°的最大可调流动偏角。这种流动状态描述了在道路测量过程中出现的自然阵风的基本特性，这种特性对车辆直线行驶方向稳定性有重大影响［参见第 5.1.2.1 节或者例如 Schröcket 等人，（2007）的著述］。

这个系统的测量结果如图 5.35 所示。测量对象是一个简化的阶背模型和一个直背模型。测量结果是以斯特劳哈尔数 Sr 为横坐标绘制的，该斯特劳哈尔数是从频率 f、轴距 l_0 和未受扰动的来流速度 u_{TC} 计算出来的。图中显示的最大斯特劳哈尔数 $Sr=0.15$ 对应于来流速度 $u_{\mathrm{TC}}=160\mathrm{km/h}$ 时 1∶1 车辆 $f=2.7\mathrm{Hz}$ 的频率，因此这里涵盖了车辆动力学相关的频率范围。

$$Sr(f)=\frac{f\cdot l_0}{u_\infty} \qquad (5.19)$$

图5.35绘出了两种模型的风激励和侧向力或横摆力矩之间的相干性曲线，这种曲线被用来检验输入/输出关系的有效性。很明显，在图中所示的斯特劳哈尔数范围内，侧向力和横摆力矩的相干函数都有非常高的值。只有从 $Sr=0.13$ 起，侧向力的相干值才减小，这与瞬态侧向力的幅值较小有关。结果，信号噪声比下降而噪声分量保持不变，这导致相干值较低。应该记住的是，导纳函数和传递函数可以在整个频率范围内不受限制地用于描述侧风激励产生的侧向力和横摆力矩。

为了描述这两个模型对侧风激励的响应，图5.36显示了根据方程式（5.10）和（5.11）计算的侧向力和横摆力矩的导纳函数。

与理论一致，这个准稳态的公式在低频范围时适用，导纳函数在此范围趋于1。阶背式轿车模型侧向力的导纳在斯特劳哈尔数 $Sr=0.06$ 处显示了最大过冲值，超出稳态值大约20%，此后随着频率的增加，导纳函数值减小。从曲线的走向可以清楚地看出，如果用准稳态公式来估算车辆动力学相关频率范围内出现的瞬态侧向力，结果常常偏低。在低频范围横摆力矩的导纳的值为1，直至斯特劳哈尔数 $Sr=0.05$ 处其数值不变。此后随着斯特劳哈尔数增加至 $Sr=0.1$ 处横摆力矩的导纳函数逐渐增加到其最大值，其最大值超过了稳态值约30%。所以，如果按常用的准稳态公式来计算瞬态横摆力矩，所得结果也被预测得太小。与阶背式模型相比，直背式模型的侧向力导纳函数基本上不出现过冲，随着频率增加出现的导纳函数减小的梯度也较小。反之，横摆力矩的导纳显示出高出稳态值100%的明显过冲。

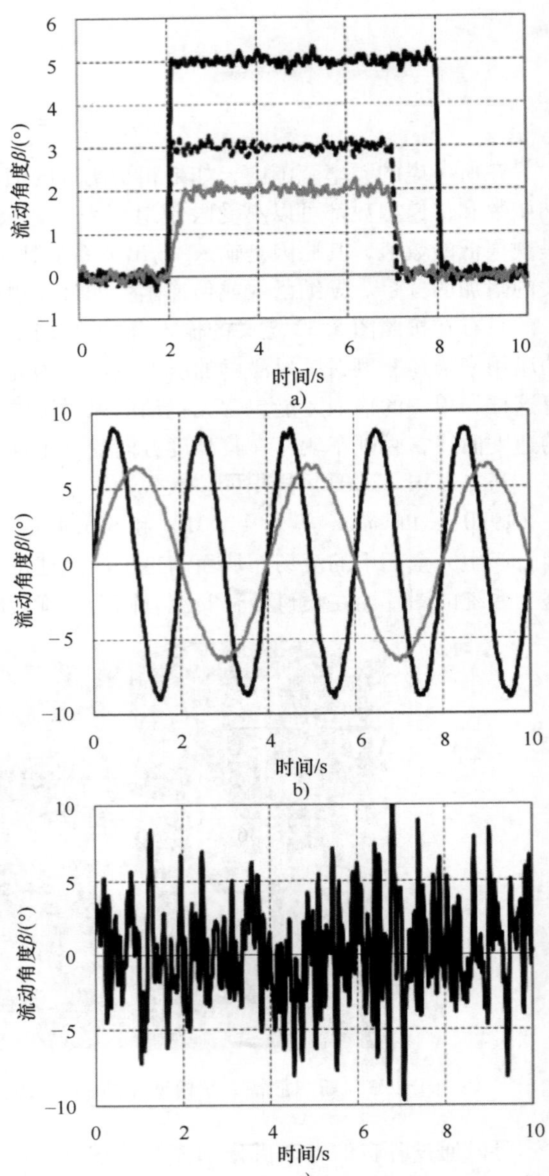

图5.34　斯图加特大学模型风洞测量段的流动角度随时间变化过程

如所解释的那样，准稳态力被用来计算气动导纳。这相当于车辆或外形特征的标准化，这使得对不同车辆进行绝对的比较成为不可能。然而，由于这对于评估模型非常重要，所以引入空气动力学传递函数。两个尾部形状不同模型的传递函数如图5.37所示。由于传递函数在 $f=0\text{Hz}$ 处以静止梯度的值开始，所以阶背模型的侧向力传递函数低于直背式模型的侧向力传递函数。由于这两个模型的传递函数曲线的走向没有本质差异，直背模型在阵风的整个斯特劳哈尔数范围内受到的瞬态侧向力比阶背模型更大。关于横摆力矩，可以确定的是，直背模型的振幅一般更小，但由于它的过冲量更大，从斯特劳哈尔数值 $Sr=0.12$ 开始，直背模型传递函数的数值接近于阶背模型的传递函数。

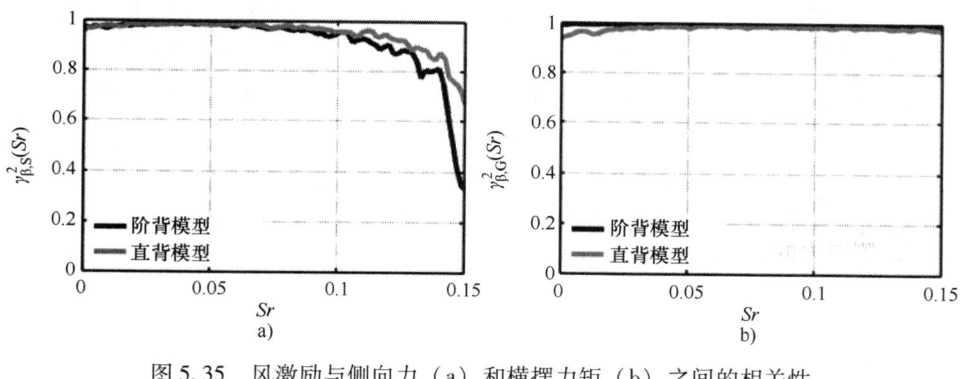

图 5.35　风激励与侧向力（a）和横摆力矩（b）之间的相关性

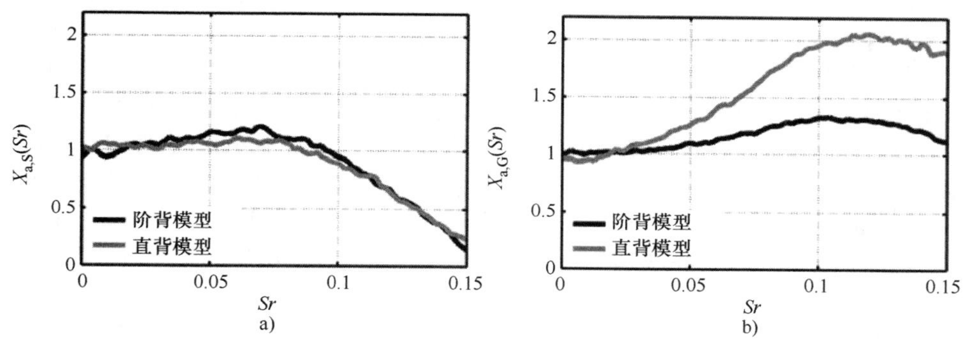

图 5.36　产生的侧向力（a）和横摆力矩（b）的导纳函数

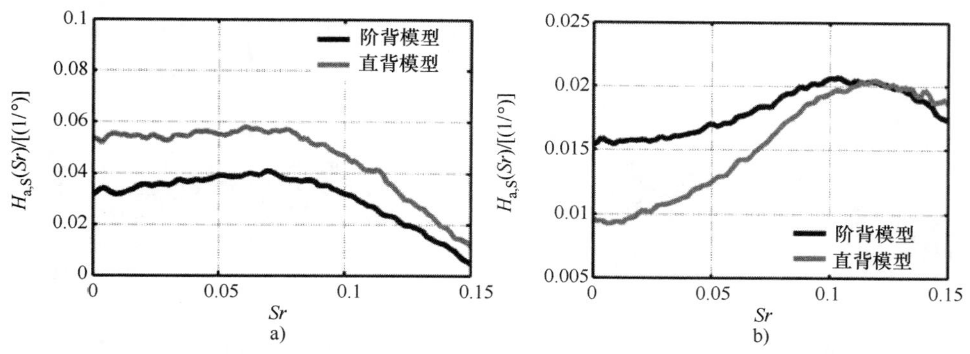

图 5.37　侧向力（a）和横摆力矩（b）的传递函数

从所显示的结果可以看出，由瞬态风激励产生的反作用力与由准稳态公式计算的反作用力明显不同。特别是，从车辆动力学的角度来看，横摆力矩的过冲在直背模型中比在阶背模型中更明显，并且可以高出稳态公式计算值 100%。侧向力和横摆力矩的频率依赖性的原因以及两种模型之间的差异的原因可以利用图 5.38（见彩插）所示的压力分布加以解释。

图中所示为 $Sr=0.015$ 和 $Sr=0.1$ 时模型侧面上来流偏角与表面压力系数差异之间的传递函数值。该图显示了将风激励的动能转化为表面压力的有效性，并使得在不同斯特劳哈尔数值下与模型形状相关的局部现象做出解析成为可能。对模型的前半部分的比较显示压力分布是相同的。也可以确认，在 $Sr=0.1$ 这个范围振幅增加的现象，对于两个模型也是相同的。因此，模型前部区域的结果显示其对尾部形状的依赖性不明显。在模型侧面的后半部分可以看到显著的差

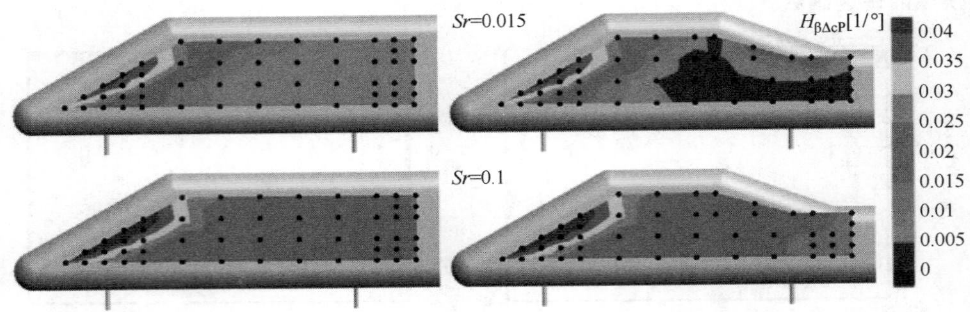

图5.38　Sr = 0.015 和 0.1 时模型侧面之间的风激励和表面压力系数差异的传递函数值（Schröck，2012）

异。在斯特劳哈尔数为 Sr = 0.015 的情况下，阶背式模型 C 柱区域的瞬态模型的瞬态压力大于模型侧面中间的瞬态压力，也大于后端下半部分的压力，这两处的传递函数幅值较小。由于这些地方振幅较小，这些表面对侧向力和横摆力矩的贡献也很小。与阶背模型相反，直背模型的侧面中部和后部区域中传递函数的幅值较大且分布均匀。因为与阶背模型相比更大的侧面积，它们所受压力效果明显，产生的侧向力和横摆力矩分量也更大。随着斯特劳哈尔数增加，直背模型表面上的压力幅度均匀增加，而阶背模型压力幅度的增加仅限于模型中间的区域和后尾下部。C 柱区域的振幅保持不变，因此，在 Sr = 0.1 时，阶背模型的瞬态压力幅度在表面上也分布得更均匀。

然而，单凭压力振幅的变化不足以完全描述所产生的力。为此还需要了解表面各处压力分布如何随时间变化。这在图 5.39（见彩插）中以相位关系的形式示出。侧表面最前面的压力测量点用作参考，以便指示相对于该测量点的相位关系。比较 Sr = 0.015 时的模型时，可以注意到，直背模型侧面的大部分面积上的相位几乎相同。只有在后悬区域能测定稍大一点、约 20°的相位角。另一方面，阶背模型的前半部分和后半部分处于 180°的相位关系，亦即瞬态压力以相反的相位出现。这些相位分布意味着，对直背模型来说，由模型前部产生压力引起的横摆力矩会被模型后部产生的压力削减，而在阶背模型中，后部产生的压力增加了横摆力矩。当 Sr = 0.1 时，直背模型侧面前后部分的相位差增加了。因此，在尾部产生的压力越来越多地加强了横摆力矩，这就解释了直背模型的横摆力矩有更明显的过冲。

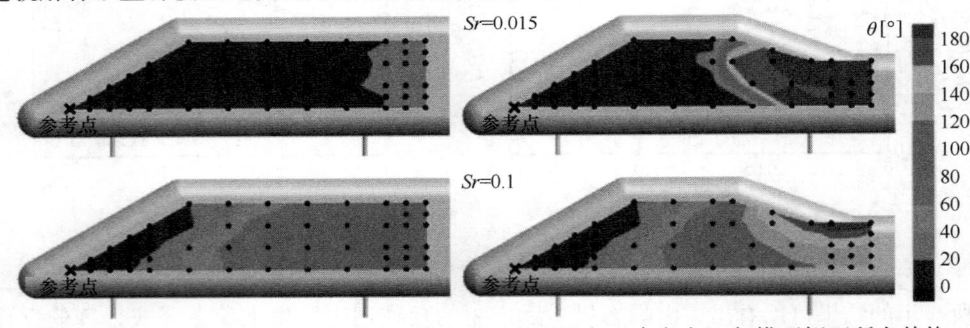

图5.39　Sr = 0.015 和 Sr = 0.1 时，第一个压力测量点（参考点）与模型侧面所有其他测量点之间的相位关系（Schröck，2012）

开发车辆空气动力特性的过程就是有目的地去影响车辆的特性，使车辆的侧风敏感性最小化。下面介绍两个用在简化的阶背模型上以减小其侧风敏感性的示例性措施。并且研究这些措施对静止和瞬态响应的影响。

第一种方法是在模型的尾部安装分离边，这些分离边突出于侧面之外（图 5.40a）。第二种方法是模型中线的尾翼，这个中线剖面是直背模型的二维形状（图 5.40b）。根据文献（Sawatzki，1941）已知，在车辆后部引入大表面部件会增加后部侧向力，因此可以降低总横摆力矩。

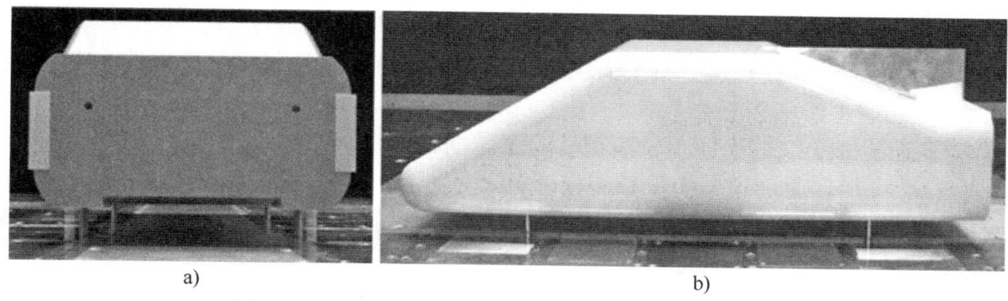

a)　b)

图 5.40　阶背模型上的气动修改（Schröck，2012）

a）尾部分离边　b）尾翼

图 5.41 显示了前面已经分析过的阶背模型的侧向力和横摆力矩的传递函数。相比之下，改动措施的效果明显。在后部安装分离边虽然没有使稳态梯度产生变化，对侧向力的瞬态响应也没有影响。但是，从 $Sr=0.05$ 开始，横摆力矩的传递函数降低，最大振幅比改动前的模型小约 8%。安装尾翼获得了明显更大的变化。这改变了侧向力和横摆力矩的稳态梯度，并对所考察的斯特劳哈尔数范围内的传递函数曲线的走向产生影响。尽管该措施增加了作用在模型上的侧向力，但压力点向力矩参考点的移动减小了产生的横摆力矩。此结论适用于所考虑的斯特劳哈尔数范围。然而，值得注意的是，$0.05<Sr<0.1$ 范围内横摆力矩的传递函数比没有尾翼的模型具有更强的梯度。这导致横摆力矩相对于稳态值的差值随着斯特劳哈尔数的增加而增加，但其最大值仍比初始模型低 10%。

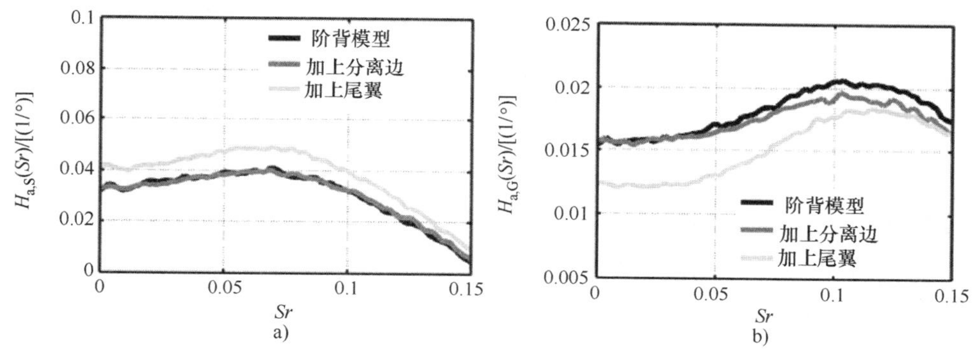

a)　b)

图 5.41　阶背模型及其变型的侧向力（a）和横摆力矩（b）的传递函数（Schröck，2012）

从本节提出的，比方说出现超车或阵风侧风情况，这种非稳态来流条件下车辆或模型的结果，我们可以得出结论，通常使用的、假定风激励和气动力成比例且与频率无关的准稳态方程不能充分完整描述瞬态车辆受力状态。风激励的动能转换为侧向力和横摆力矩是与频率相关的。特别值得注意的是，出现瞬态侧向力和横摆力矩超过按准稳态方法计算结果的情况。尤为需要考察的是在与车辆相关的频率范围内产生的力，以及其对车辆和驾驶员的响应的直接影响。

5.2　车辆动力学效应

5.2.1　单轨模型

下面的章节将讨论升力和侧风对车辆动力学的影响。对所谓的线性平面单轨道模型进行简化的车辆动力学分析就已经可以对很多提到过的现象做出解释（Mitschke，1990）。下面简述一些基本参数和运动方程。

注意：在本书中为了标准化而改变了车辆动力学文献中通常的术语，并且按空气动力学常规做了调整。因此公式符号β在下面不描述车辆质心侧偏角，而是描述滑动角度。质心侧偏角用符号τ表示。

图5.42概述了一个线性平面单轨模型。除了转向输入之外，单轨模型还可以通过侧风力F_S来激励，所述侧风力F_S通过到车辆重心的杠杆臂$e_{SP,x}$发生作用。在前桥和后桥作用有侧向力，它们因侧偏角而减小。这些侧偏角通过线性单轨模型的前后轴汇总。现实中它们主要由车轮位置的变化引起，这个变化包括以下成分：

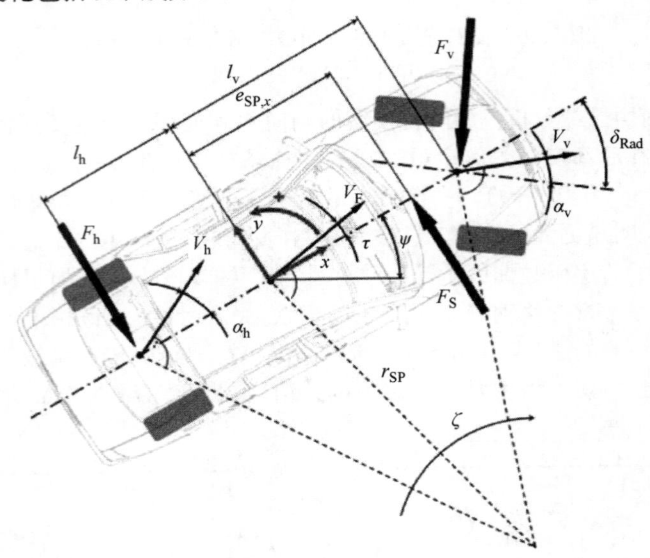

图5.42　线性平面车辆模型示意图（Wagner，2003b）

- 轮胎侧向偏移。
- 弹性运动引起的轮的位置变化。
- 作用于前后轴的滚动控制。
- 前桥的转向刚度。

为以后的分析做出以下简化：

- 侧向力与轴的侧偏角（侧偏刚度）之间的关系被认为是线性的，也就是说，侧向力增加一倍导致侧偏角加倍。
- 转向传动比恒定。

在横向加速度直到约0.4g的范围内可以对侧偏刚度做线性化处理，且具有良好的近似性。这种线性化可用于对车辆固有转向特征及侧风性能的讨论。对于更高的横向加速度则必须首先考虑到轮胎的非线性特征（参见第5.2.2.1节）。基本方程式如下：

带有转向和侧风激励的单轨模型如下：

$$F_S \cdot e_{SP,x} - F_v \cdot l_v \cdot \cos\delta_{Rad} + F_h \cdot l_h \approx J \cdot \ddot{\psi} \quad \text{mit} \quad \cos\delta_{Rad} \approx 1 \tag{5.20}$$

$$\alpha_v \approx \tau - \delta_{Rad} - \frac{l_v}{r_{SP}} \quad \text{und} \quad \alpha_h \approx \tau + \frac{l_h}{r_{SP}} \tag{5.21}$$

$$F_S - F_v - F_h \approx m_F \cdot a_q = m_F \cdot \frac{v_F^2}{r_{SP}} \tag{5.22}$$

代入线性化的侧偏刚度（$Ev/h \sim cv/h \cdot av/h$）后可以表述为：

$$F_S \cdot e_{SP,x} - c_v \cdot l_v \cdot \left(\tau - \delta_{Rad} + \frac{l_v}{v_F} \cdot \dot{\psi}\right) + c_h \cdot l_h \cdot \left(\tau - \frac{l_h}{v_F} \cdot \dot{\psi}\right) \approx J_z \cdot \ddot{\psi} \tag{5.23}$$

$$F_S - c_v \cdot \left(\tau - \delta_{Rad} + \frac{l_v}{v_F} \cdot \dot{\psi}\right) + c_h \cdot \left(\tau - \frac{l_h}{v_F} \cdot \dot{\psi}\right) \approx m_F \cdot v_F \cdot (\dot{\psi} + \dot{\tau}) \tag{5.24}$$

侧风力 F_S 可以用 $K \cdot \beta \cdot v_{es}^2$ 来替代（见 4.1 节、4.4 节和 5.43 节）。通过引入恒定的转向传动比

$$\delta_L = i_L \cdot \delta_{Rad} \tag{5.25}$$

得出线性平面单轨模型的方程组如下：

$$\begin{bmatrix} \ddot{\psi} \\ \dot{\tau} \end{bmatrix} = \begin{bmatrix} -\dfrac{c_h \cdot l_h^2 - c_v \cdot l_v^2}{J_z \cdot v_F} & \dfrac{c_h \cdot l_h - c_v \cdot l_v}{J_z} \\ \dfrac{c_h \cdot l_h - c_v \cdot l_v - m_F \cdot v_F^2}{m_F \cdot v_F^2} & -\dfrac{c_h + c_v}{m_F \cdot v_F} \end{bmatrix} \cdot \begin{bmatrix} \dot{\psi} \\ \tau \end{bmatrix} + \begin{bmatrix} \dfrac{\rho_L \cdot A_x \cdot k_s \cdot e_{SP,x}}{2 \cdot J_z} \\ \dfrac{\rho_L \cdot A_x \cdot k_s}{2 \cdot m_F \cdot v_F} \end{bmatrix}$$

$$\cdot \beta \cdot v_{rec}^2 + \begin{bmatrix} \dfrac{c_v \cdot l_v}{J_z \cdot i_L} \\ \dfrac{c_v}{m_F \cdot v_F \cdot i_L} \end{bmatrix} \cdot \delta_L \tag{5.26}$$

由于这是一个振荡系统，它可以通过系统的下列特征值来描述：无阻尼固有频率

$$\omega_0 = \sqrt{\frac{m_F \cdot v_F^2 \cdot (c_h \cdot l_h - c_v \cdot l_v) + c_h \cdot c_v \cdot (l_h - l_v)^2}{m_F \cdot v_F^2 \cdot J_Z}} \tag{5.27}$$

衰变常数

$$\delta = \sqrt{\frac{m_F \cdot (c_h \cdot l_h^2 - c_v \cdot l_v^2) + J_z \cdot (c_h + c_v)}{2 \cdot m_F \cdot v_F \cdot J_z}} \tag{5.28}$$

阻尼固有角频率

$$\omega_d = \sqrt{\omega_0^2 - \delta^2} \tag{5.29}$$

阻尼系数

$$\vartheta = \frac{\delta}{\omega_0} \tag{5.30}$$

峰值响应时间

$$T_{\psi,max} = \frac{1}{\omega_d} \cdot \frac{\arctan\omega_d}{\delta - \dfrac{c_h \cdot (l_h + l_v)}{m_F \cdot v_F \cdot l_v}} \tag{5.31}$$

车速的增加导致系统特征值的下列变化：

- 无阻尼固有频率减小。
- 衰变常数减小。
- 阻尼固有频率增加。
- 阻尼系数减小。
- 峰值响应时间降低。

对于单轨模型的行为，这意味着随着车速的增加，由于阻尼减小，所有车辆响应也随之增加。这适用于转向角输入以及侧风干扰。在下文中，将解释车辆受到转向激励和侧风激励时的最重要的参数及其相互关系（也参见 Horn，1986；ISO 12021－1：1996；Mitschke，1990 等）。表征单轨模型转向特性的一个重要参数是所谓的转向特征梯度（第 5.2.2.1 节）。它可以形象地表述为，转弯行驶的驾驶员加速时必须让方向盘转动的角度，并由此定义了固有转向特征。转向特征梯度的定义为

$$EG = \frac{m_F \cdot (c_h \cdot l_h - c_v \cdot l_v)}{c_h \cdot c_v \cdot l_0} \tag{5.32}$$

EG > 0：不足转向

EG = 0：中性转向

EG < 0：过多转向

质心侧偏角梯度提供了有关后桥稳定性储备的信息（见第 5.2.2.2 节），并由下列公式表述

$$SG = \frac{m_F \cdot l_v}{c_h \cdot l_0} \tag{5.33}$$

单轨模型的动态特性由频域中的传递函数表示。横摆角速度与转向角的幅值比（见 5.2.2.2 节）表示了转向激励时的特性。这个比值由方程（5.34）计算：

$$\left|\frac{\dot{\psi}}{\delta_L}\right|(\omega) = \frac{\sqrt{D_1^2 + (D_2 \cdot \omega)^2}}{\sqrt{(C - M \cdot \omega^2)^2 + (D \cdot \omega)^2}} \tag{5.34}$$

横摆角速度与侧风激励 $\beta \cdot v_{es}^2$ 的幅值比被用来描述侧风激励下的动态特性，（见第 5.2.4.2 节）。它由方程（5.35）计算：

$$\left|\frac{\dot{\psi}}{\beta \cdot v_{res}^2}\right|(\omega) = \frac{\sqrt{D_3^2 + (D_4 + \omega)^2}}{\sqrt{(C - M \cdot \omega^2)^2 + (D \cdot \omega)^2}} \tag{5.35}$$

式（5.34）和（5.35）由下列等式简化而来：

$$M = m_F \cdot v_F \cdot J_Z \tag{5.36}$$

$$D = m_F \cdot (c_h \cdot l_h^2 + c_v \cdot l_v^2) + J_Z \cdot (c_h + c_v) \tag{5.37}$$

$$C = m_F \cdot v_F \cdot (c_h \cdot l_h - c_v \cdot l_v) + \frac{c_h \cdot c_v}{v_F} \cdot (l_h + l_v)^2 \tag{5.38}$$

$$D_1 = \frac{1}{i_L} \cdot c_h \cdot c_v \cdot (l_h + l_v) \tag{5.39}$$

$$D_2 = \frac{1}{i_L} \cdot m_F \cdot v_F \cdot c_v \cdot l_v \tag{5.40}$$

$$D_3 = \frac{\rho_L}{2} \cdot k_S \cdot A_x \cdot [(c_h + c_v) \cdot e_{SP,x} + (c_h \cdot l_h - c_v \cdot l_v)] \tag{5.41}$$

$$D_4 = \frac{\rho_L}{2} \cdot k_S \cdot A_x \cdot [m_F \cdot v_F \cdot e_{SP,x}] \tag{5.42}$$

5.2.2 升力特性

从车辆动力学的角度看车辆所受的升力非常重要，因为升力可以影响车辆的固有转向特性和制动特性，从而影响车辆的操控性。行驶速度越高，升力及其影响也越重要，因为升力随来流流速呈二次曲线增加，如 4.1 节所述。

车辆动力学设计是否适当，可以从一辆中性且略微转向不足的车辆特性上表现出来。这要求对重量分布、轮胎刚度、车轴、转向系统、车轴运动学、车轴弹性动力学以及空气动力学升力等做出相互协调的特定的设计。随着行驶速度增加而增加的升力与重量分布形成的轮负载相叠加，这导致车轮支承力减小。这些影响将在下面讨论（另见 Mitschke，1990；Riedel 和 Arbinger，1997；Rutz 等，2002 等）。

5.2.2.1 固有转向特性

图 5.43 显示了车辆固有转向特性的定义。车辆以不断增加的速度（亦即以不断增加的横向加速度）行驶于图中所示的环形路径。作为横向加速度的函数，这个与横向加速度大小相关的、在环形路径上行驶所需的转向角表征了固有转向特性。

在图 5.43 给出的例子中，转向角随着横向加速度连续增加。为了能够更快地（也就是说以更高的横向加速度）驶过环形路径，驾驶员必须更大幅度地转动方向盘。车辆的这种特性称为“转向不足”。在较低的横向加速度（大约 0.4g 以下）时，转向角的增加是线性的。在更高的横向加速度下，它增加得更多，亦即驾驶员必须更多地转动方向盘。如果达到最大可能的横向加速度 $a_{q,max}$，则更高的转向角输入也不再能引起横向加速度的增加。车辆将甩出环道，不能再沿着环形路径行驶。

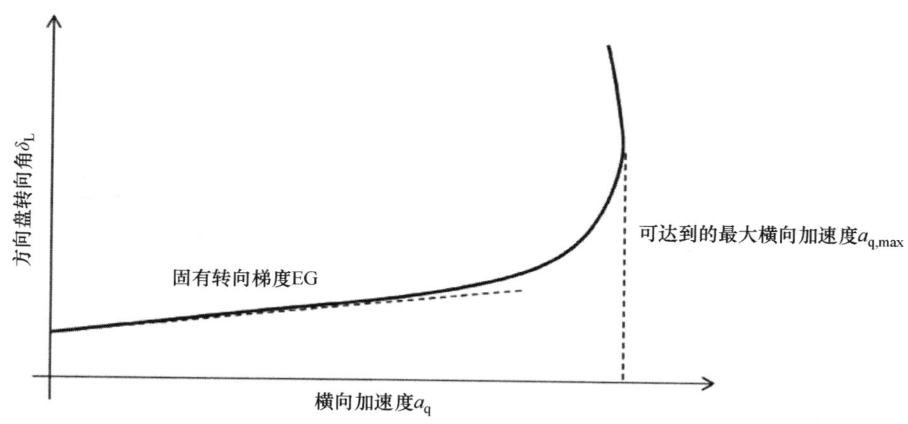

图 5.43　通过横向加速度和转向角定义车辆的固有转向特性

图 5.43 所示的方向盘角度的初始斜率可用来定义车辆的固有转向特性。这个初始斜率被称为“固有转向梯度”，它由方程（5.32）表述（见第 5.2.1 节）。具备转向不足特性的车辆被认为更易于操控。在临界行驶状态下，前桥首先达到最大附着力，而后桥仍然具有可利用的附着力储备。这样可使车辆保持方向稳定。也就是说，在这个临界区间它倾向于走直线，而不是转向。对具有过度转向特性的车辆，后桥首先达到附着力最大值，而前桥仍有储备。结果导致强烈转向，亦即车辆被甩出。

如果出现升力，它将会影响固有转向梯度和最大可实现的横向加速度。图 5.44 显示了转弯时车辆的力分布（右转弯）。这里考虑的是朝向弯道外的车辆一侧。由弯道产生的离心力 F_q需要一个转向力 F_S来平衡，它由轮胎施加于轮接触平面。此外，由于离心力 F_q，会发生从弯道内侧到弯道外侧的车轮负载转移。该分量 $\Delta F_{N,dyn}$叠加在由重力 F_G引起的车轮载荷的静态分量 $F_{N,stat}$上。在弯道的外侧，车轮载荷增加了这个动态分量。轮胎的侧向滑动潜力取决于它们的法向力。也就是说，随着法向力 F_N的增加，轮胎可以传递更大的最大侧向力 $F_{S,max}$。

如果车辆受到升力，则轮胎的载荷通过升力 F_A得以减轻。然而，离心力 F_q和重力 F_G以及由此产生的反作用力（F_S，$F_{N,stat}$，$A_{FN,dyn}$）保持不变，因为这取决于车辆质量。为了能够以相同的横向加速度驶过图 5.44 中所示弯道，在升力情况下轮胎必须获得（与没有升力情况）相同的转弯力。但是法向力 F_N因升力 F_A减小。因此轮胎的弯道行驶能力也降低。也就是说，它可传递的最大侧向力 $F_{S,max}$更低了。结果是可实现的横向加速度 a_q减小，从而转弯速度降低。图 5.44 显示了在车辆弯道外侧的升力效应。为了显示升力对车辆固有转向性能的影响，必须将前桥和后桥所受的升力分开考虑。为此，从以下轮胎特性曲线图开始讨论。

图 5.45 概述了轮胎上法向力，滑移角以及可传递的侧向力之间的关系。随着侧向力增加，在轮胎上形成较大的滑移角。在侧向力较低时，轮胎显示近似线性的特征，即：侧向力的加倍导致滑移角加倍。随着侧向力继续增加，轮胎性能递减。当达到轮胎的可传递的最大侧向力时，它

开始“滑动”，也就是说，滑移角度增加而不能传递更高的侧向力。通过增加法向力可提高侧向滑动潜力，减小法向力则使得侧向滑动潜力变差。

如果升力使轮胎支承力降低，则只能以较大的滑移角传递相同的侧向力（图5.45）。在横向方向上削弱了相关轴的特性。另外，附着力下降，也就是说最大可传递的侧向力下降。图5.46显示了前后轴上升力对固有转向性能的影响。如果前桥通过升力使载荷减轻，结果是更陡峭的固有转向梯度，亦即车辆变为转向不足。也由于最大可传递侧向力减小，所以能达到的最大横向加速度较低。

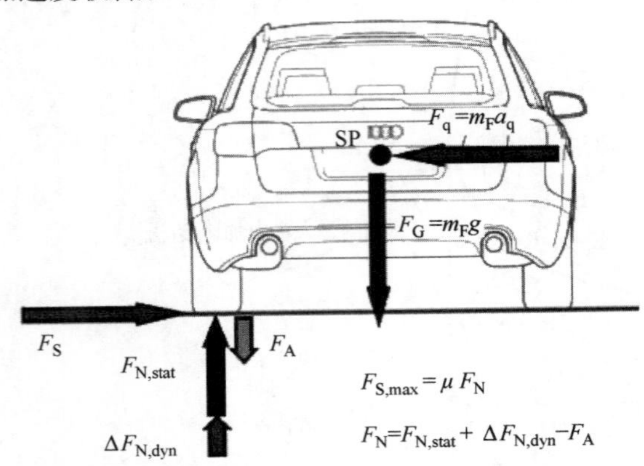

图5.44　车辆在升力作用下转弯时的受力分布

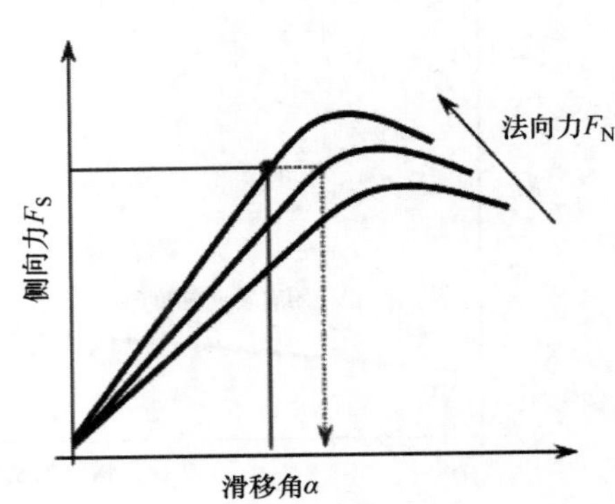

图5.45　轮胎的侧向力、法向力和滑移角之间的相互关系

后桥上的升力导致更平坦的固有转向梯度，车辆变为过度转向。同时，附着力降低。因为在本例中，尽管后桥受到升力，但整体性能仍然是转向不足（EG > 0），最大可实现的横向加速度并未降低。然而，附着力的降低会影响后桥的稳定性（参见5.2.2.2节）。

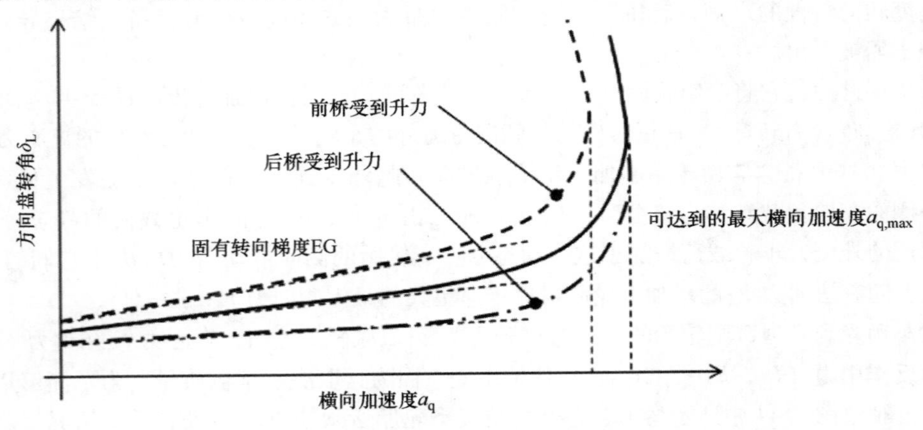

图5.46　通过前后轴上的升力影响固有转向性能

在车辆动力学设计时，必须考虑到升力随着行驶速度的增加而呈二次曲线增加。这意味着，例如，后桥升力较大的车辆必须这样设计，使得其具备在最大速度行驶的安全性且具有所需的转向不足特性。但是，如果该车辆以低速行驶（即“缺乏”升力）时，则会出现强烈的转向不足特性。高低速度之间的这种差距是车辆动力学上不希望的状态。

5.2.2.2　稳定性和直线行驶性能

图5.47用横摆振荡展示了车辆动态性能。在图示的驾驶操纵中，通过具有不同频率的正弦

转向角输入来激励车辆并评估横摆角速度。将横摆角速度和转向角两者的幅度比作为频率的函数可绘制出如图 5.47 所示的关系曲线。这种传递函数有三个特征性判定标准。

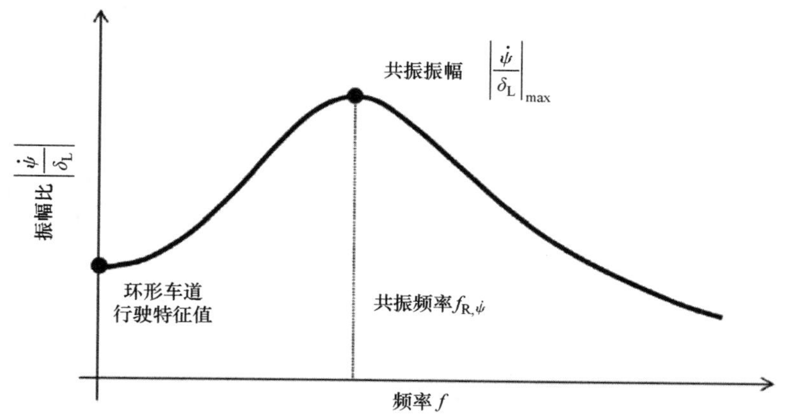

图 5.47　横摆角速度与转向角的幅度比

频率 $f=0$Hz 处的振幅比，即所谓的环形驾驶特征值，对应于横摆角速度的稳态值，即车辆绕环形道路以设定的转向角行驶时的横摆角速度。振幅比值高是这样一些车辆的特征：它们直接对转向输入做出响应并且需要较少的转向力。共振频率处的振幅比提供了关于所谓的横摆阻尼的信息。为此目的，定义共振振幅与稳态振幅的比率为所谓的横摆增益。如果车辆显示较大的横摆增益，则横摆阻尼很小。在动态驾驶过程（例如快速转弯）中，它显示出强烈的横摆响应并轻微摇摆。这对稳定性和操控性有负面影响。共振频率是衡量车辆敏感度的一个指标。如果车辆共振频率较高，车辆仍可顺应驾驶员的快速转向角度输入并给人以敏捷的驾驶印象。

图 5.48 根据质心侧偏角与横向加速度的关系表示车辆稳定性。在图示的行驶中，车辆沿着环形路径移动，行驶速度增加。质心侧偏角梯度提供了关于后桥附着力利用率的信息并且因此提供关于车辆的稳定性储备的信息。平坦的梯度代表高稳定性。也就是说后桥的附着力尚未完全使用出来，车辆在危急情况下转向发生“被甩出”的可能性较小。

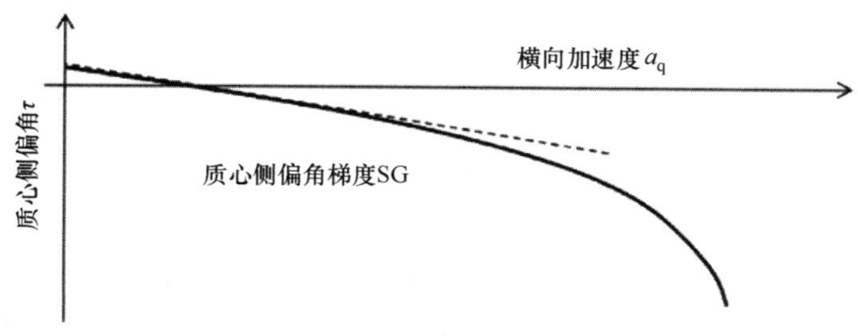

图 5.48　质心侧偏角与横向加速度的函数关系

下面将用曲线显示升力在前后桥上的作用。图 5.49 显示了不同升力位置作用下横摆角速度对转向输入的传递特性（类似于图 5.47）以及作为横向加速度的函数的质心侧偏角曲线（模拟图 5.48）。

在稳定状态（$f=0$Hz）和共振情况下，前桥受到的升力导致较低的横摆角速度振幅。这意味着与参考车辆相比，车辆的转向力增加。共振振幅与稳态振幅的比值，也就是说“横摆增益”大于参考车辆。这意味着车辆具有较小的横摆阻尼，因此在动态驾驶过程中更易产生较强的横摆偏转。

质心侧偏角梯度实际上不受前桥上的升力影响。这意味着后桥的稳定性储备得以保持。但是，如在第5.2.2.1节解释的那样，产生更强的转向不足的行驶特性以至于可达到的最大横向加速度减小。

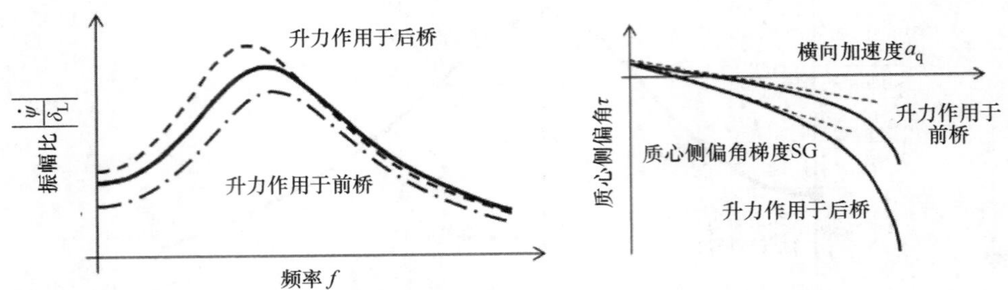

图5.49　前后桥升力对横摆特性和质心侧偏角的影响

作用于后桥的升力对车辆稳定性的影响在所谓的弯道制动中尤其明显。后桥上的升力导致横摆角速度与转向角的更高幅度比，亦即，该车辆需要较少的转向力并且对转向角输入的响应更直接。另外，如第5.2.2.1节所述，也导致转向不足的行驶特性减弱。质心侧偏角梯度由于后桥上的升力而增加。这意味着车辆的稳定性潜力减少，并且在紧急驾驶情况下车辆更容易甩出。

这一点对于后桥受到升力的车辆在所谓的弯道制动时特别关键。通过制动操纵，也就是说，通过从后桥到前桥的动态质量转移，由于受到升力作用，后桥的法向力进一步减小。图5.50中以稳定和不稳定的车辆为例，通过它们横摆角速度和质心侧偏角的曲线显示了转弯制动过程的车辆动力学效应。

在所示的操纵中，车辆以恒定的速度和大横向加速度行驶在环道上。当$t_{制动}=0$时突然制动，也就是说，此时除横向加速度之外，车辆还经历纵向减速。这导致车轮负载动态转移，亦即前桥载荷增加，后桥载荷减少。前桥上的负载增加了滑移刚度（图5.45），也就是说，前桥的侧向力增加得更快，横摆运动瞬间增强。这个情况通过图5.50中制动开始后的横摆角速度过冲显示出来。由于纵向减速，车辆减速，亦即在进一步的行驶过程中横向加速度减小并且横摆角速度下降。

对于稳定性起决定性作用的是后桥的特性。车辆在稳定的情况下，后桥在整个制动操纵中具有足够的附着潜力。尽管由于制动导致的动态载荷减小会引起较大的滑移角，亦即在图5.50中略微过冲的质心侧偏角。然而，由于足够的稳定性潜力，质心侧偏角在进一步的行驶过程中减小。车辆保持制动稳定。

如果车辆具有后桥升力，则后桥上的法向力由于升力降低。图5.50表明不稳定车辆在制动前就有更高的质心侧偏角。由于制动产生的附加载荷的动态转移，后桥的整体载荷减少可以高到使其附着力尽失。这意味着轮胎上的法向力太小，即使通过更高的滑移角，它也不能再施加所需的侧向力。在图5.50中，质心侧偏角和横摆角速度的增加表明了这一点。后桥甩出，也就是说，车辆开始打滑并变得不稳定。

升力不仅影响车辆的稳定性，还可能影响直线行驶性能。下面的例子说明（例如由侧风，超车等引起）的升力波动如何影响行驶特性。

图5.51绘出了轮胎的可传递侧向力与其法向力的关系曲线。可传递侧向力增量与法向力增量呈递减的关系，可传递的侧向力增加的程度不能达到与法向力增量相同的程度。假设现法向力呈周期性变化，例如由升力波动引起，且设定法向力的平均值为$F_{N,0}$。法向力的这种波动导致

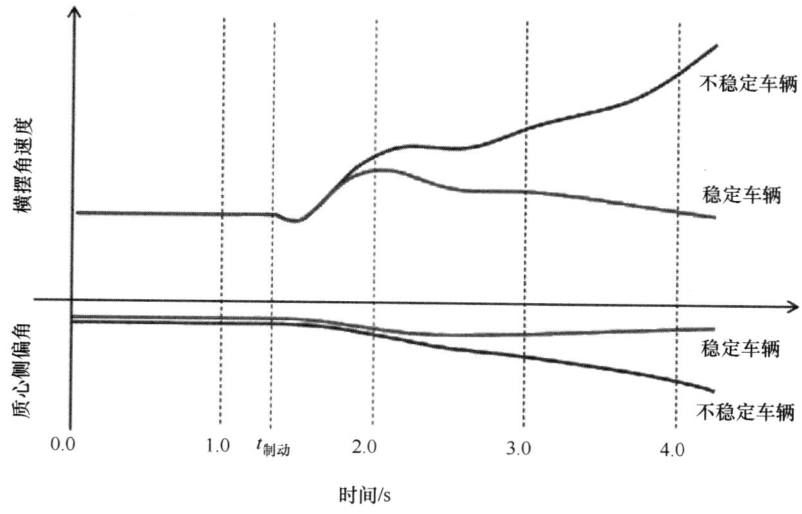

图 5.50　稳定及不稳定的车辆弯道制动

侧向力在平均值 $F_{S,0}$附近波动。由于前述增量递减的关系，与车轮载荷平均值引起的侧向力 $F_{S,stat}$ 比较，侧向力平均值 $F_{S,0}$更小。因此，在法向力波动的情况下，轮胎可以传递的侧向力平均值更小。为了能够得到足够的侧向力，轮胎上产生更大的滑移角。

如果这种影响作用在前桥上，则侧风激励中的滑移角波动会导致横摆运动增强。如果这种影响作用在后桥，将导致更强的偏航运动。很显然，高速公路上有许多超车过程的快速行驶时会出现这两种情况，车辆需要进行持续的转向干预以保持行驶方向。这因此给人不稳定的感觉。所以，就车辆的长途舒适性而言，期望其不具有高升力值。另外，升力系数作为来流偏角的函数，它的变化应该是低且稳定的，亦即没有跳跃性的增长。

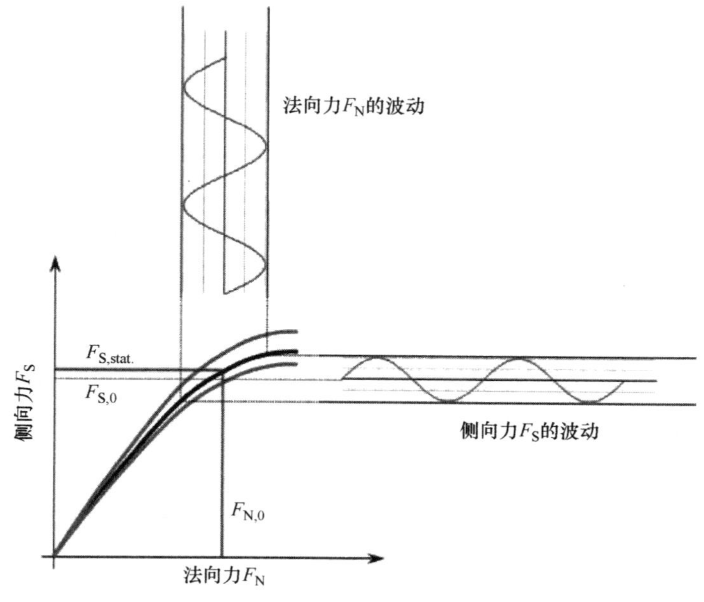

图 5.51　法向力的周期性波动对轮胎侧向力的影响

5.2.2.3 制动特性

升力的另一个方面是对直行时制动特性的影响。图5.52概述了制动车辆在升力作用下的受力分布情况。重心 SP 的位置和车辆质量 m_F 决定了前轴处的静态法向力 $F_{N,v,stat}$ 和后轴的静态法向力 $F_{N,h,stat}$。制动减速导致动态车轮载荷从后轴到前轴的转移。由于动态分量 $\Delta F_{N,v,dyn}$，前轴的法向力增加，在后轴处法向力因分量 $\Delta F_{N,h,dyn}$ 而减小。

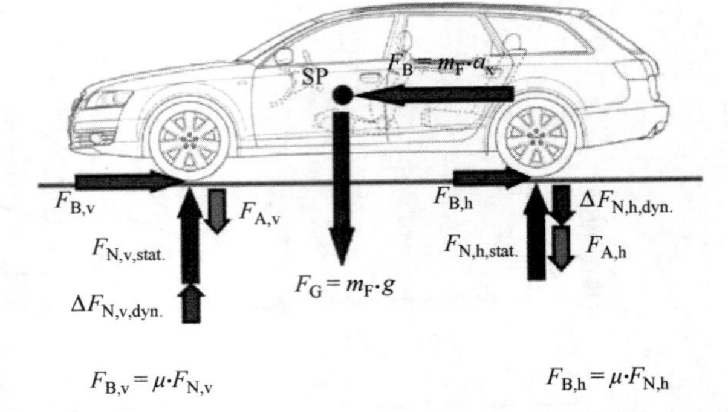

图5.52　制动时车辆在升力作用下的受力分布

为了达到最大的制动减速度，必须在同等程度上使用前后轴上的附着力。这意味着前后轴上的制动力 $F_{B,v}$ 和 $F_{B,h}$ 分配必须与前后轴的法向力 $F_{N,v}$ 和 $F_{N,h}$ 分配一致。这种受力分布被称为“理想制动力分配”（参见ISO 12021-1：1996），并通过对固定安装在车辆中的制动系统进行适当设计，以达到规定的制动减速度（$0.8 \cdot g$）。

当车辆受到升力时，由于叠加的升力，前后轴的法向力减小。由此轮胎能提供的最大制动力降低。最大可实现的制动减速度因此减小。另外，因为升力作用，法向力在前后轴的分布比例可能会受到影响，使其不再符合理想制动力分配的设计标准。尾部升力会降低后轴的最大可传递制动力，但不会影响前轴。这导致后轴上的附着力被更大程度地占用，并因此在强烈制动时更趋于抱死。如4.1节所述，由于升力随着行驶速度呈二次曲线增加，在高速制动时这一点更为明显。

图5.53使用示意性制动力分配图说明了前述的关系。让我们假设一辆在后轴上受升力作用的车辆。不考虑升力时，也就是说在较低的行驶速度下，形成抛物线型的理想制动力分配。所安装的制动力分配机构被设计成对应于给定的制动率 $z=0.8$（对应于重力加速度 g 的80%）下的理想制动力分配。在理想的制动力分配曲线之上，由于后轴趋于首先抱死，制动时车辆不稳定。在理想的制动力分配曲线下方，车辆稳定，因为前轴首先被抱死。

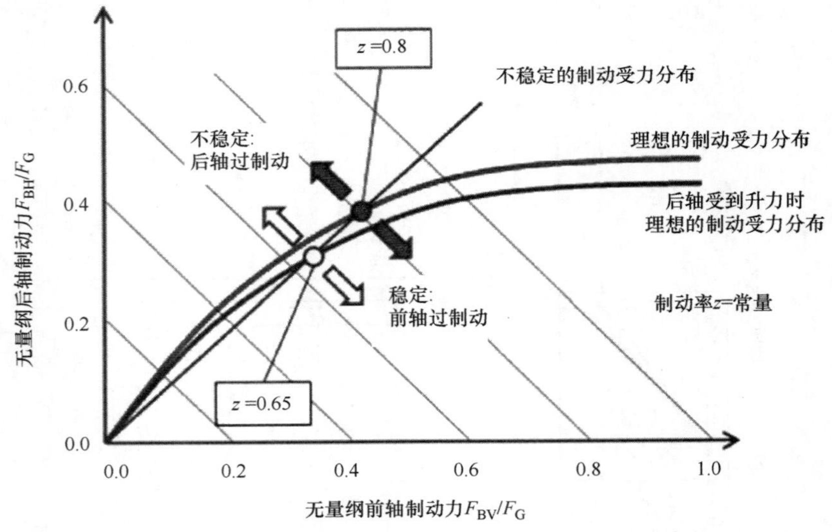

图5.53　以后桥受升力作用的车辆为例的制动力分配图

如果所描述的车辆在高速行驶时执行制动操作，则后轴载荷由于升力而减小。考虑到这种升力作用可以有另一个理想的制动力分配：由于前述升力的效应，要求设计较小的后轴制动力。安装的制动力分配机构在制动率为 $z=0.65$ 时就已经与理想制动力分配值相对应了。在制动率为 $z=0.8$ 时，车辆将不稳定，因为后轴将首先抱死。

出于安全原因，必须避免这种所谓的后轴“过度制动”。因此，在上面的例子中，制动系统必须这样设计：在后轴受升力作用时，系统符合制动率为 $z=0.8$ 的理想制动力分配的要求。但是，这在低速行驶（即在没有明显的升力影响）制动时，前轴的附着力得不到足够利用。其结果是延长了制动距离。

5.2.3　降低前后轴载荷的空气动力学设计

为了在设计车辆时考虑到上述关系，需要对前后桥升力做特定的空气动力学设计。对于车辆动力学来说重要的不是直接的空气动力学升力系数 $c_{A,v}$ 和 $c_{A,h}$，而是由此产生的前后轴载荷减量各自与前后轴静态载荷的百分比。图5.54用一个简单的计算例子说明了这一点。

需要确定的是车辆对不同重量分布的最大许可升力系数 $c_{A,h}$。图5.54中的计算示例假定最大允许减荷为8%，据此从前后轴静态载荷计算出最大允许减荷力 $F_{A,v}$ 和 $F_{A,h}$。

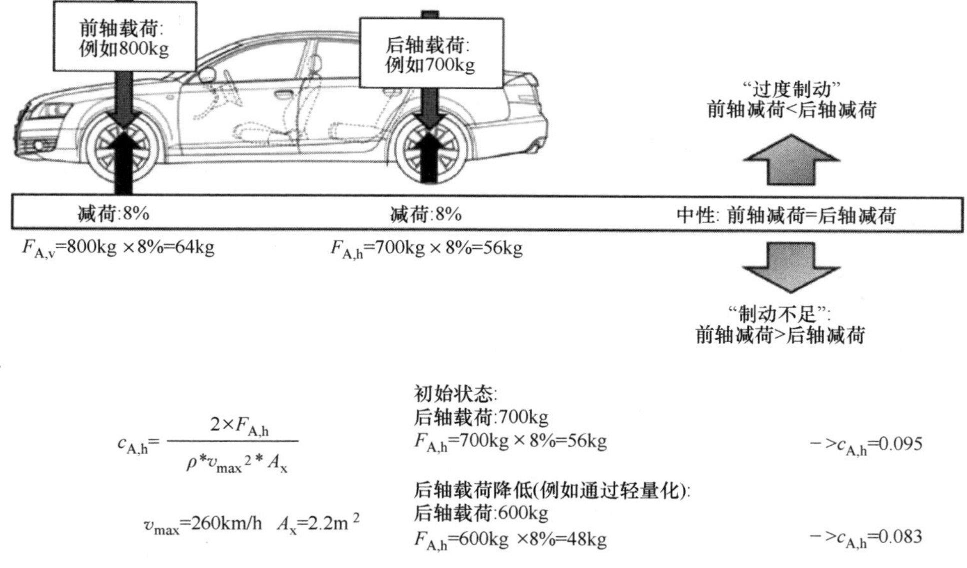

图5.54　气动升力系数与前后轴载荷降低百分比之间的关系

为了不影响车辆在整个速度范围内的固有转向特性，升力必须以相同比例给前后轴减荷。如果前轴比后轴减荷更多，则会出现空气动力学上转向不足的情况，而如果后轴的减荷更多，就会导致转向过度。

为了确定后轴最大允许升力系数 $c_{A,h}$，在计算示例中使用了最大速度 v_{max} 时的减荷力 $F_{A,h}$。对于后轴载荷为700kg的车辆，计算出升力系数 $c_{A,h}=0.095$。如果，例如由于轻量化措施将后轴静态载荷从700kg减至600kg，则计算出升力系数 $c_{A,h}=0.083$。虽然在这两种情况下，后轴的减荷都为8%，但对空气动力学的要求是不同的。

这个例子的目的是说明仅靠气动升力系数不足以评估升力作用下的车辆动力学特性。还必须考虑由此产生的前后轴减荷百分比。关于减荷百分比的确切设计标准因制造商而不同。然而，本质上，可以概括为以下内容：

- 对赛车来说，大的下压力的空气动力学设计非常重要，这样有利于获得较高的车轮接触力、从而可实现较高的转弯速度。对普通车辆，小升力或小的下压力是有利的，以便在尽可能大的行驶速度范围内保持车辆动力学特性。
- 一方面，在行驶速度作用下空气动力上前后轴的减荷差别过大可能引起并不希望的转向过度或转向不足，这与行驶速度有关。另一方面，这会给制动性能带来不利影响。
- 空气动力学平衡应该是中性的，亦即，前轴和后轴的减荷百分比在理想情况下是相同的。在实践中，出于安全驾驶的原因，往往会选择稍微转向不足的设计，也就是后轴的空气动力学的减荷略低于前轴的减荷。
- 在某些情况下，遵守升力设计规则可能会与空气动力学的阻力优化设计相冲突（见4.5节）。

5.2.4 侧风稳定性

5.2.4.1 车辆的侧风激励

图5.55概述了侧风发生时的流场特性（Wagner，2003b）。车辆被来流风 v_F 吹过，其大致对应于车辆行驶速度。来流风与风速为 v_W、风角为 φ 的侧风分量叠加。两个分量的矢量相加产生合成来流，其合成流速为 v_{res}，合成来流角为 β。

$$F_S = \frac{\rho_L}{2} \cdot v_{res}^2 \cdot A_x \cdot c_S \approx \frac{\rho_L}{2} \cdot A_x \cdot k_S \cdot \beta \cdot v_{res}^2 = K \cdot \beta \cdot v_{res}^2 \quad 对于 \quad \beta < 15° \tag{5.43}$$

由于侧向来流，产生了侧风力，它可以用式（5.43）表示。在±15°的来流角范围内，可以对这个气动侧向力系数做线性化处理并得到很好的近似结果。这通常也适用于不同尾部外形的量产车辆。

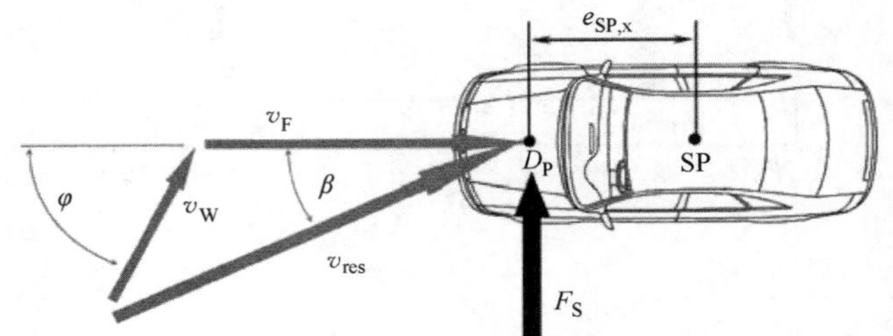

图5.55　车辆来流的合成（Wagner，2003b）

通过对气动侧向力系数做线性化处理 $c_S = k_S \cdot \beta$，侧风扰动可以由乘积 $\beta \cdot v_{res}^2$ 表示。该乘积取决于风的参数 v_W 和 ϕ，适于表述侧向来流对车辆的激励。通常，乘积 $\beta \cdot v_{res}^2$ 用作风激励的度量。在讨论车辆传递特征时使用的振幅比也把这个乘积作为参考度量。

侧向来流除了产生侧向风力 F_S 还引起横摆力矩 M_G。将侧向风力 F_S 乘以杠杆臂 $e_{SP,x}$ 作用在所谓的压力点 D_P 上，可以很好地近似计算出横摆力矩。这个杠杆臂可以由空气动力学系数（见4.1节）算出，且根据公式（5.44）得出其与合成的来流角相关。

$$e_{SP,x} = \frac{c_{M,G} \cdot l_0}{c_S} + \frac{l_0}{2} - l_h \tag{5.44}$$

为了下面讨论侧风特性，将用到第5.2.1节中的线性单轨模型的方程组。

5.2.4.2 车辆对侧风的响应

在车辆斜向来流情况下，亦即在有风的天气正常行驶时会出现侧向力。它们会以横向或者偏航响应的形式引起车辆偏离驾驶员希望的路线（例如直线行驶）。驾驶员能感受到的这种场景的典型例子包括：高速行驶时通过桥梁或者对货车实行超车，以及在开阔的道路上行驶时遭遇强烈的随机阵风。驾驶员必须通过转向作用来校正侧向阵风的影响。取决于车辆的侧风敏感性，这种情况首先是表现为驾驶舒适性的损失，这种侧风敏感性也完全可以归纳到与安全性相关的车辆特征。

由于其随机性，应将车辆的侧风激励放在频域范围内进行考虑。幅值比适合用来表达车辆对侧风激励的响应的无量纲化处理（Föllinger，1992）。图5.56显示了不同行驶速度下横摆角速度与侧风激励幅值比的一个例子。在恒定的侧风下横摆角速度恒定（在频率$f=0\text{Hz}$处的幅值比）。由于车辆振动的衰减放慢，横摆角速度的谐振幅度随着车速增加而增加。

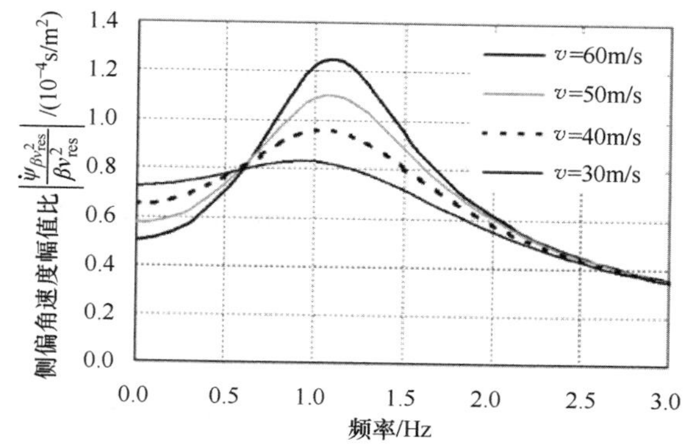

图5.56 不同行驶速度下侧风激励的横摆角速度的幅值比（Wagner，2003b）

所有其他车辆响应都显示出类似于图5.56所示的横摆角速度对侧风激励的传递特征。对驾驶员来说，侧风扰动可以看作是这种车辆响应的一种模式。考虑到这种扰动响应的组成成分取决于车辆的设计或者说取决于车辆的特性，因而这种特性也因所驾驶的具体车辆不同而不同（Bösch，1991）。这种车辆响应模式导致车道偏移，驾驶员必须通过转向干预予以纠正。

这种响应模式中的一个重要运动参量是横摆角速度，因为它引起让驾驶员明显感觉到的视觉上的车道偏离。通常只把车辆对横摆角速度的响应看作是侧风特性。然而，考虑到车辆受到侧风时的共振特性，车辆响应模式应该是整体性的，亦即，应考虑到车辆的所有其他响应。

图5.57绘出了受到测风激励时阻尼固有频率以及车辆的各种响应的谐振频率与行驶速度的相关性。坐标轴的设置是特意选择的，以便频率绘制在与图5.56类似的横坐标上。在实用的速度范围内（50m/s上下），谐振频率分布于很宽的范围。随着速度进一步增加，它们将接近车辆的阻尼固有频率的值。

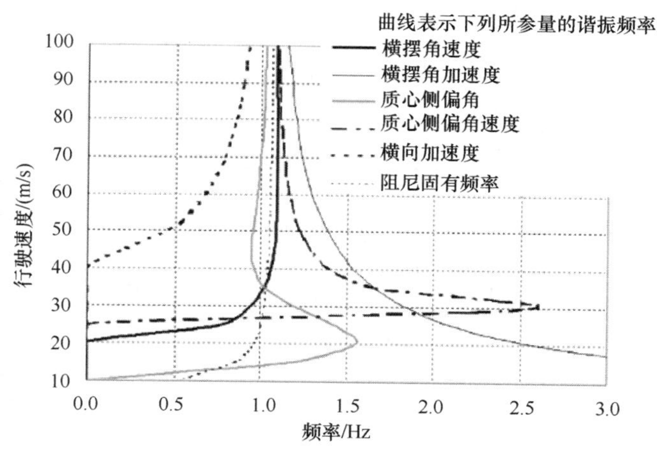

图5.57 受到侧风激励车辆的共振频率与行驶速度的相关性（Wagner，2003b）

如果连续发生彼此间隔一段时间的阵风，车辆受到阵风激励的响应会逐渐衰减。该衰减的过程随系统固有频率发生，即车辆的阻尼固有频率。在此过程中，车辆的所有响应都按这个频率振荡。在这种情况下，车辆的横摆角速度响应非常重要，因为车辆的阻尼固有频率接近横摆角速度的谐振频率。在通过桥梁或对货车超车时常常出现这种类型的激励。

在这些情况下，驾驶员通常会预料到这种扰动，并常常在扰动出现前就已经做出了初始转向响应对此进行补偿。可以认为这种情况并不太危险。

如果车辆受随机侧风激励，一个持续的、随机的车辆激励就会叠加上这个车辆对侧风激励响应的衰减过程。与前述由单个阵风产生的“零星”的激励不同，受随机侧风激励的情况下车辆在其谐振频率的整个范围内被激励。各车辆响应因此交替地共振。因为横摆角速度响应的谐振频率接近于无阻尼固有频率而再一次凸显其重要性。但是，在这种情况下，只考虑横摆角速度就不够了。在随机车辆激励的情况下，应对车辆的所有响应都予以考虑。

5.2.4.3 侧风特性的评估

侧风扰动的激励越弱，气动侧向力和横摆力矩越低。因此一个明显的目标是通过有针对性的空气动力学设计使两者最小化。但是，由于侧风扰动首先是作为一个舒适性的问题来处理，因而突出的是驾驶员的主观感受。因此，基于客观标准对车辆的侧风不敏感性做出清晰定义变得非常复杂。这将在下面更详细地解释。

为了评估车辆对侧风扰动的敏感性，首先要分析车辆的横摆趋势（图5.58）。与阶背车相比，直背车基于其车身后部形状对侧风具有更大的施力表面。直背车的压力点DP比阶背车更靠后，因此更接近车辆的重心SP。因此，直背车通常受到更大的侧向力，但更低的横摆力矩。也就是说，直背车在侧风时偏航响应偏转更小。这同样适用于载荷靠前的车辆。如果车辆的重心进一步靠前，则由于侧风力力臂 $e_{SP,x}$ 的减小，侧风引起的偏航响应更弱。

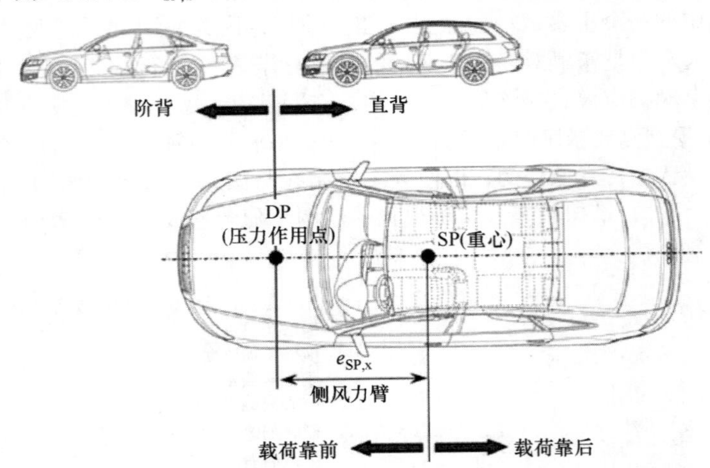

图5.58 用横摆性能评估车辆的侧风敏感性

利用对偏航响应的这种估计，可以从静态的角度做出关于车辆“侧风敏感性”第一个陈述。为了对受侧风作用车辆的动态特性做出评估，还必须采取其他方法。其中一种方法是驶过所谓的侧风阵列（Götz，1995；Hucho，1998；见第5.1.2.2节），这种方法今天被普遍使用。车辆通过一个由几台鼓风机人工产生的气流（图5.59）。测量可以在“开环”中完成，即方向盘被锁定，或在“闭环”中完成，即驾驶员通过调整实现。根据一定时间段的测试数据做出评估。

在开环中，对进入鼓风机阵列时车辆响应的梯度、最大值和过冲，以及车辆离开鼓风机阵列时的转向衰减进行测评。目的是最大限度地减少车辆响应和过冲，特别是考虑到偏航响应。离开鼓风机阵列时，结果是车辆有一个不再改变的横摆角并偏离车道。

类似于对图5.58，可以从开环和闭环测试结果对车辆是否更倾向于横摆响应或横向响应做出表述。在闭环中测试的是驾驶员为纠正侧风干扰所做的干预以及车辆对阵风和转向干预的响应。评估标准和目标函数因制造商不同而异。

驶过鼓风机阵列对侧风特性做出评估的方法是有争议的。人为产生的侧风的流动分布不同于自然风。因为车辆受到的是不同方式的侧风激励（Cooper 和 Watkins，2007；Ryan，2000；Watkins 和 Saunders，1998）。在闭环测试中，对驾驶员的干预不能做出接近实际的评测，因为驾驶员对阵风的响应是预先准备好的（Wagner，2003b）。对人为侧风和自然侧风的主观驾驶印象常常不能完全一致（Wagner，2003b）。

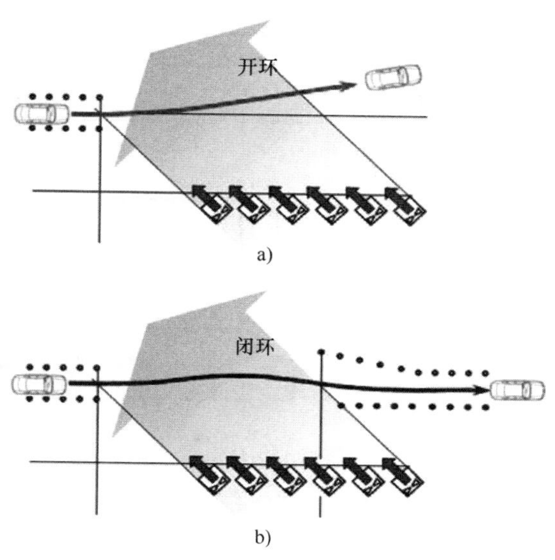

图5.59 开环（a）和闭环（b）驶过鼓风机阵列的示意图

用侧风阵列模拟的情况类似于通过桥梁或对货车超车的过程。对受随机侧风影响的车辆特性的研究近年来变得尤为重要。对于侧风特性的评估，越来越多地在频域范围内对车辆的传递特性加以考虑。期待这样可以改善客观评价与主观驾驶印象的相关性。

在 Schaible（1998）和 Wallentowitz（1978）的著作中，对行驶在公共道路上受到自然、随机风的车辆的侧风特性做了评估。评估中考虑了横摆角速度与风激励的幅度比值（见图5.56）。目标是将横摆角速度的共振幅度最小化。在 Wallentowitz（1978）的著作中，研究了车辆在驾驶员干预下的响应，亦即车辆对风和驾驶员的转向干预的响应。在 Schaible（1998）的著作中评估了没有驾驶员干预的车辆响应，亦即只对风响应的车辆响应进行了评估。为了消除驾驶员的影响，借助单轨模型确定车辆对转向干预的响应，然后将其从测量的车辆响应中“减去”。

与以前的方法相比，用这些方法可以更详细地分析侧风特性，因而获得客观评价和主观驾驶印象之间更好的一致性。然而，即使这样，主观的驾驶评估结果也并不能总是与客观评估一致。原因是只考虑了车辆对侧风的响应及其最小化。然而，也存在这样的车辆，尽管它对随机风的响应较低，驾驶员仍认为它对侧风敏感也有相反的情况（Wagner，2003b）。为了取得与驾驶员主观判断普遍一致性，驾驶员必须被纳入评估。

在 Wagner（2003b）的著作中提出了一个评估方法，它在 Krantz（2012）的著作中得到了进一步的完善。这个方法将驾驶员作为驾驶员－车辆系统的中心环节纳入评估。驾驶员在如图5.60所示的驾驶员－车辆控制回路中被加以考虑。驾驶员会察觉到风扰动引起的车辆响应（下标$\beta v_{res}^2(s)$），并通过转向干预对其进行纠正。车辆对驾驶员转向干预的响应（系数$\delta_L(s)$）叠加在风扰动引起的车辆响应上，成为车辆的总体响应。这为驾驶员提供了有关他的转向干预如何有效调整风扰动的信息。公式（5.45）以数学方式描述了这种关系。

在图5.60中，驾驶员由于他对车辆响应的感知（信息处理）而作为“传感器”，但是由于他的转向干预，驾驶员也被理解为执行器。对行驶干扰做过直接优化的车辆特性可能会因驾驶员的转向修正而受到负面影响。另一方面，客观上被负面评估的车辆特性也可能通过驾驶员的影响得到改善。出于这个原因，在 Wagner（2003b）和 Wagner（2003a）的著作中，采取了这种方法，即对驾驶员与车辆之间的共同作用进行优化，而不是对受干扰的车辆特性直接进行优化。

$$\frac{\dot{\psi}}{\beta \cdot v_{res}^2}(j\omega) = \frac{\dot{\psi}_{\beta v_{res}^2}}{\beta \cdot v_{res}^2}(j\omega) + \left[\frac{\dot{\psi}_{\delta_L}}{\delta_L}(j\omega) \cdot \frac{\delta_L}{\beta \cdot v_{res}^2}(j\omega)\right] \tag{5.45}$$

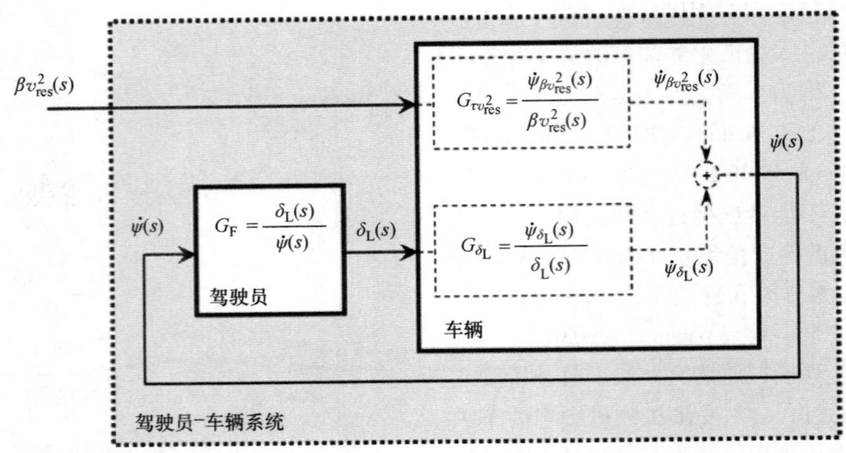

图 5.60　受侧风激励的驾驶员－车辆系统的信号流程图（Wagner，2003b）

在等号左边表示整体响应，右边的第一个加数表示车辆在风激励过程中的响应，括号内是车辆对驾驶员转向干预的响应（左）和对风激励的响应（右）。此外，考虑到驾驶员对车辆响应的信息处理，驾驶员的转向干预被评估。对驾驶员来说，车辆对风扰动的所有响应都呈现为响应模式，在响应模式中驾驶员对车辆的各个响应做出不同程度的处理，亦即做出不同程度的响应（Bösch，1991）。在侧风扰动下，即使驾驶不同的车辆，驾驶员也能驶过狭窄且类似的车道。

为此，他必须将其转向行为适应车辆行为，也就是说，他改变了他的信息处理。这一变化反映在他转向干预的特点中（Wagner，2003a）。

图 5.61 显示了两个曲线：为补偿风扰动所作转向角幅度与相关的随机风扰动幅度的比值、随机侧风作用下的相移［驾驶员响应方程（5.45）］，曲线来源为一次随机侧风作用下的测量。根据振幅比，可以分析驾驶员对单个车辆响应的响应强烈程度（Wagner，2003b）。驾驶员对所谓的视觉信息的强烈响应，例如横摆角速度或横摆角加速度，一方面表现在 0.8～1.5Hz 的频率范围的高振幅比，另一方面表现在相移曲线比较平坦的梯度。相移表示驾驶员响应速度有多快－驾驶员响应缓慢会导致陡峭的梯度，反之亦然。在 0～0.6Hz 的频率范围内，驾驶员对视觉信息（例如车道偏差，横摆角）的激烈响应会导致高振幅比。

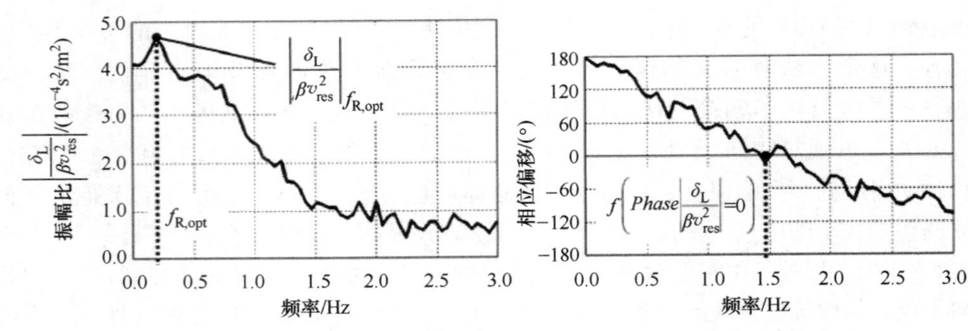

图 5.61　转向角对侧风扰动的幅值比和相移（Wagner，2003b）

从有、无驾驶员影响时车辆响应对侧风扰动的幅度比可以看出这种驾驶员干预的效果（图 5.62）。没有驾驶员影响的车辆反应仅由于车辆的风激励而产生。车辆对驾驶员影响的反应是由于风激励和驾驶员为补偿风激励所做的转向干预。在大约 0.5～2.0Hz 的频率范围内，驾驶员通过转向干预强化了风引起的车辆响应。这对于所有车辆来说都是典型的，其结果一方面来自驾驶员的反应时间，另一方面来自车辆响应的相移。

在 Wagner（2003b）著作中，为了评估侧风特性，定义了图 5.61 和图 5.62 中的四个标准，它们可以用来推断驾驶员的主观感知：如果驾驶员对视觉信息显示出强烈的响应，就会在图 5.61 视觉信息处理的频率范围内显示出高振幅比。另外，它发生在较高的频率上。驾驶员以这种特征做出响应的车辆在主观上被认为是“间接”和“转向费力的”。可根据公式（5.46）对转向力进行评估。

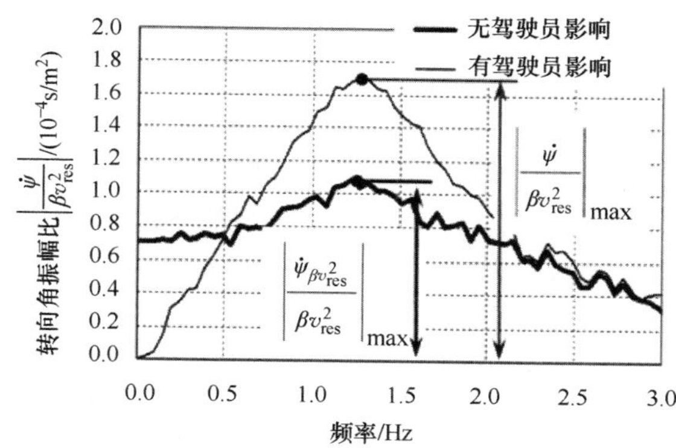

图 5.62　横摆角速度与侧风扰动的幅度比，比较有无驾驶员影响的差别（Wagner，2003b）

$$K_L = \left|\frac{\delta_L}{\beta \cdot v_{res}^2}\right|_{f_{R,opt}} \cdot f_{R,opt} \tag{5.46}$$

在驾驶员对视觉信息做出强烈响应时，图 5.61 中的转向角与风扰动之间的相移曲线显示平坦的梯度，也就是说，它对应于快速的驾驶员响应。引起这种驾驶员干预特征的车辆被认为是“让人紧张的”和“不可预测的”。以相移为零时的频率可做出这方面的评估（公式 5.47）。

$$K_P = f\left(\text{Phase}\left(\frac{\delta_L}{\beta \cdot v_{res}^2}\right) = 0\right) \tag{5.47}$$

驾驶员的转向干预在什么程度上加强了车辆响应（图 5.62）可以通过有和无驾驶员影响的横摆角速度共振振幅的比例来表示。公式（5.48）定义了一个所谓的放大系数。在放大系数较大的情况下，驾驶员会感觉侧风干扰“难以调节”

$$K_V = \frac{\left|\frac{\dot{\psi}}{\beta \cdot v_{res}^2}\right|_{max}}{\left|\frac{\dot{\psi}_{\beta v_{res}^2}}{\beta \cdot v_{res}^2}\right|_{max}} \tag{5.48}$$

作为另一个标准，公式（5.49）定义了驾驶员影响下横摆角速度的共振幅度（图 5.62）。在具有驾驶员影响的高共振幅度的情况下，驾驶员会感觉车辆反应“强烈”。

$$K_G = \left|\frac{\dot{\psi}}{\beta \cdot v_{res}^2}\right|_{max} \tag{5.49}$$

应该指出的是，主观感知的风扰动强度是与驾驶员影响下车辆的响应相关的。然而，早期方法的目的是在没有驾驶员干预的情况下尽量减少车辆响应。在 Wagner（2003b）的著作中表明，驾驶员不会直接感知没有驾驶员影响的车辆的响应。这就解释了为什么进行侧风特性评估时只考虑车辆往往是不够的。

公式（5.46）~公式（5.49）的单个评估标准可以总合成一个总体评估标准［公式（5.50），Krantz，2012；Wagner，2003b］。其中，各评估标准被施以不同的权重。该方法考虑了主观驾驶印象的形成：驾驶员基于几个子方面评估车辆的侧风特性，而不仅仅基于车辆响应。特征值 KP 和 KV 具有高权重并显著影响驾驶员的整体主观判断：

$$K_{Ges} = 2 \times [K_L] + 5 \times [K_P] + 3 \times [K_V] + 1 \times [K_G] \tag{5.50}$$

这个方法通过改善驾驶员与车辆之间的共同作用来优化车辆的侧风特性。车辆的侧风特性是否得到正面评价在很大程度上取决于待评估车辆中的驾驶员对风扰动的响应。通过这种方法，车辆动力学和空气动力学被一起分析，因为它们都对车辆响应模式以及对驾驶员干预的特征产生影响。为了优化侧风特性，可以基于这些单个评估标准导出一个用于校正自然侧风的“最佳”转向特征。但是，为此对车身采取什么措施，则高度依赖于车辆动力学的基本设计，并且其效果因车辆不同而异，有时甚至会出现相反的效果（Krantz，2012；Wagner，2003a；Wagner，2003b）。因此需要对具体的车辆做特定的分析和优化。在 Krantz（2012）和 Wagner（2003b）著作中提出了虚拟方法，采用合适的自适应驾驶员模型建模，在早期的概念开发阶段就已可以对侧风作用下驾驶员 - 车辆相互作用进行优化。

5.2.4.4 应用举例

在第 5.2.1 节中，使用了车辆动力学模型中的稳态系数来表征车辆的空气动力学特性，以便使用准静态方法计算由风激励引起的气动力。这种方法仅在有限的范围内有效，严格来说仅在 $f=0\text{Hz}$ 时才有效，这在第 5.1.2.2 节中已有解释。

Schröck（2012）在著述中使用系统理论意义上的传递函数来描述了空气动力学模型对阵风激励引起的响应。因此得以将车辆的瞬态空气动力特性“无缝对接”到现有的车辆动力学模型中。这意味着现在使用的是与频率相关的空气动力学传递函数（参见图 5.63），而不是图 5.60 中使用的稳态系数。

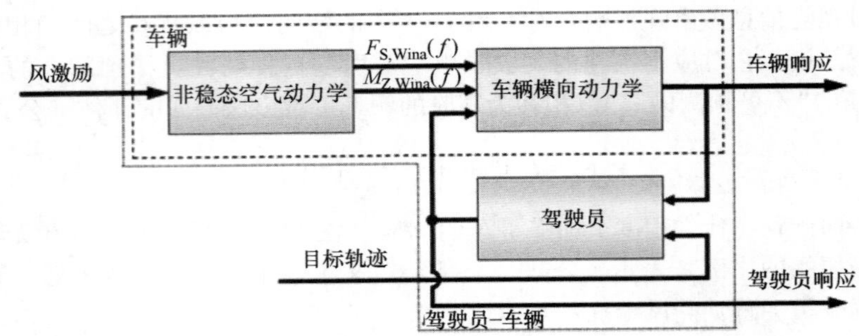

图 5.63 考虑到非稳态空气动力学的驾驶员车辆系统（Schröck 等，2010）

在 Schröck 等人（2010）的著述中，为了影响侧向力及横摆力矩的传递函数曲线的走向而对车辆做了改装，他们对车辆改装效果进行了全系统的检测。实验中他们采用了 Wagner（2003b）和 Krantz（2012）提出的从驾驶员的角度通过仿真来评估车辆特性的方法。图 5.64 显示了改装前和改装后车辆的侧向力和横摆力矩的导纳函数。改装后的稳态梯度保持不变。只有瞬态力受到影响，侧向力导纳的最大幅值减小 6%，横摆力矩导纳的最大幅值减小 10%。

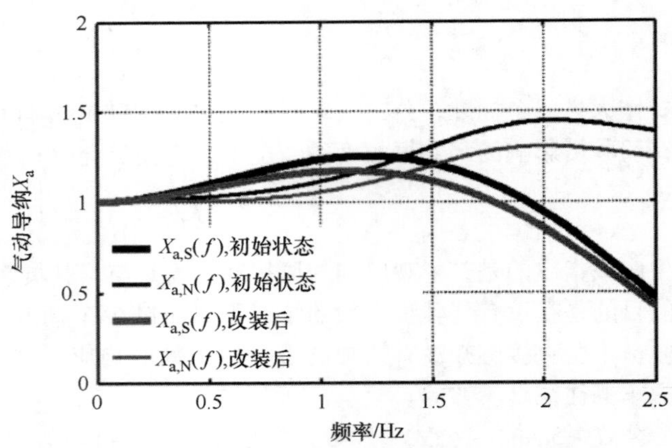

图 5.64 侧向力和横摆力矩的初始状态和改进的气动导纳（Schröck 等，2010）

对闭环控制回路的模拟结果如图 5.65 所示。驾驶员为校正侧风引起的车轨偏差施加了一个转向角，图 5.65a 显示了这个转向角与风激励的比值。对改装前、改装后的空气动力学结果的比较表明在气动修改有效的频率范围内，改装可以减小转向力。转向角振幅差的原因是改装后车辆本身响应更低了，这可以从图 5. 65b 看出。图 5. 65b 显示了有无驾驶员影响的横摆角速度与风激励的比值。通过分别对车辆和驾驶员 - 车辆系统单独考虑，可以对驾驶员的控制行为做出评估，这一点在对驾驶员 - 车辆系统进行评估时尤为重要。可以看出的是，在直至约 0. 3Hz 频率范围内，驾驶员能够对侧风扰动的影响做出校正。超出这个频率范围后，驾驶员的干预不再是校正，而是加强车辆的偏航响应。因为他的响应延迟，已经不再能足够迅速地做出响应。通过气动力学的改装，驾驶员 - 车辆系统的横摆角速度最大值减小了约 8% 。这意味着，通过气动力学的改装，由驾驶员感知的车辆对侧风扰动的响应减小了。车辆响应的最大值减少了约 7% ，也就是说，所谓的偏航增益（有和没有驾驶员转向影响的横摆角速度最大值的比值）保持大约相同。

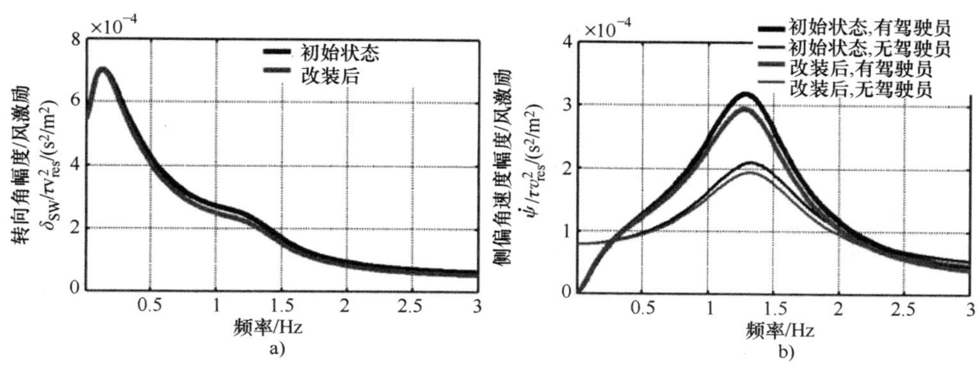

图 5. 65　车辆改装对驾驶员 - 车辆系统瞬态气动车辆特性的影响（Schröck 等，2010）

a）转向角与风激励的比值　b）有驾驶员及无驾驶员时的横摆角速度与风激励的比值

因此，该结果表明，由于驾驶员适应空气动力特性改进后的车辆而产生的附加影响很小。只能在这样的背景下才好理解：尽管空气动力学改变影响了因侧风产生的力和力矩，但对车辆和驾驶员之间的相互作用没有直接影响。正如改变车辆动力学特性不直接影响车辆和驾驶员之间的相互作用一样。因此对非稳态空气动力学特性的修改肯定有助于改善侧风特性。

第 6 章　功能、安全和舒适

Patrick Höfer，Alexander Mößner
何星　译

前几章着眼于气流对车辆的整体影响。主要讨论力和力矩以及其对行驶性能和方向稳定性的作用。那么本章就是展示空气动力学对以下各方面的进一步影响：在各种情况下确保车辆及其系统的功能和可靠性；提高乘员的安全性和舒适度。

出现的风力对车身的各部分如发动机舱盖、天窗和门的作用直接与局部气流相关。但是只观察静态的气流还不够。流动分离在很大程度上是非静态的。这也会导致动态变形，即所谓的“零件颤动”。

常常某个进入车体的气流被看作是有害的，因为这会增加空气阻力。然而减少阻力仅是空气动力学者所面对的诸多任务之一。而为客户全方位提供满意的产品才是最重要的目标。这其中包括，通过合适的温度水平来维持零部件的寿命；通过冷却制动器来保证乘员的安全；确保即使在雨中行驶也能看清道路上的其他车辆以及满足对舒适的车内气温环境的要求。如果乘员打开顶篷或顶窗，他就会直接接触到这种以分离为特征的气流。尽管有较大的非稳定部分，车也不能偏移或抖动，即使顶窗开着也不能出现嗡嗡声。

在考虑车窗上的水汽和车辆表面的脏迹时就不能只理解成纯气流的问题，除了对带颗粒的气流的认识，水珠的形成、水的流动特征及玻璃和涂漆的表面特性都对结果具有决定性的意义。

6.1　部件负荷

6.1.1　部件负荷及其检测

从车辆表面的压力分布可以找出作用到各部件如发动机舱盖、行李舱盖、车门、天窗和窗玻璃上的力。这些压力虽然可以通过进行部件表面的压力测量实验中来获取，而人们越来越多倾向采用由计算流体力学（CFD）模拟方法来计算出压力分布。其优点在于，由此获得的压力分布比可实现的实验中所能取得的更加精细，而且模拟结果能比较早在开发过程中得到，因为这不要求有真实车辆存在，并且这些已经由计算流体力学软件的格式给出的数据可直接用到其他计算负载的程序中去进行进一步的处理。

不同的目标要求知道准静态和动态的负载。如果准静态负载对于设计顶窗驱动就足够了，那么这对有关部件振动的问题就不复存在。由于非静止状态的 CFD 计算明显需要较长的计算时间，所以有些实验研究要在实际车辆上进行。这样这些部件可以相互连接好并采用真实材料——如果有条件——在风洞中测试。

㊀ Behring 等（2003）做了描述。

风洞中的动态测试将用摄影方法无接触地完成[1]。先确定无负载的和加了风载的状态下的表面坐标，通过公共固定点把这两种状态相联系，从而算出位移矢量。如图 6.1（见彩插）所示，由此可得到局部变形的直观描述。其中那些箭头的长度表示在每个点出现的空间位移。重要的是找到那些在风载下不移动的固定点。例如这些测量可以用立体摄像系统来完成，由此可以在这个空间中分布任意多个测量点。

时间分辨率允许采样率在千赫兹范围内，这不仅使运动过程看得见，而且能以精度在小于 0.1mm 的范围内测量位移矢量。因此更容易获得复杂的运动过程、零件变形、振动波形和相对位移。这个系统的一大好处在于其可移动性，如图 6.2 所示，只需几个结实的部件就够了。再就是测量的准备和操作由一个人在较短时间就能完成。测量结果当时就可得到。

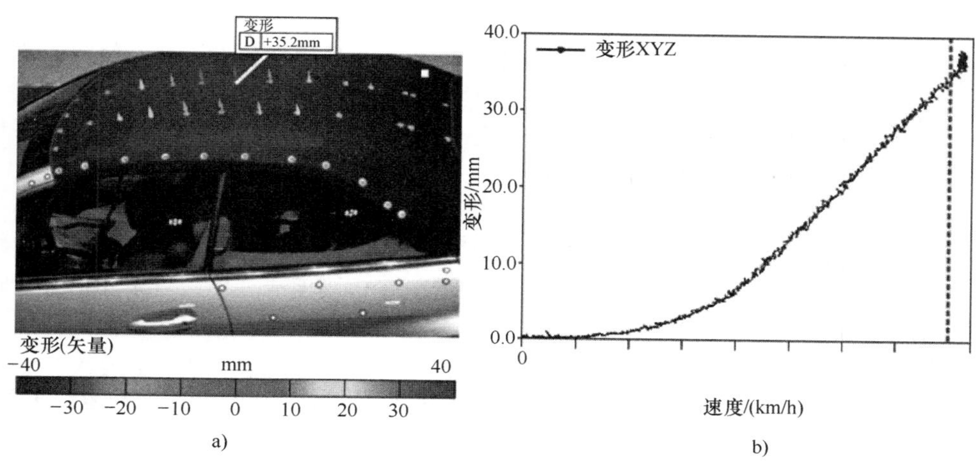

图 6.1　敞篷车顶篷相对风速的变形分析的矢量表示

a）测量点力矩　b）测量点随速度变形过程

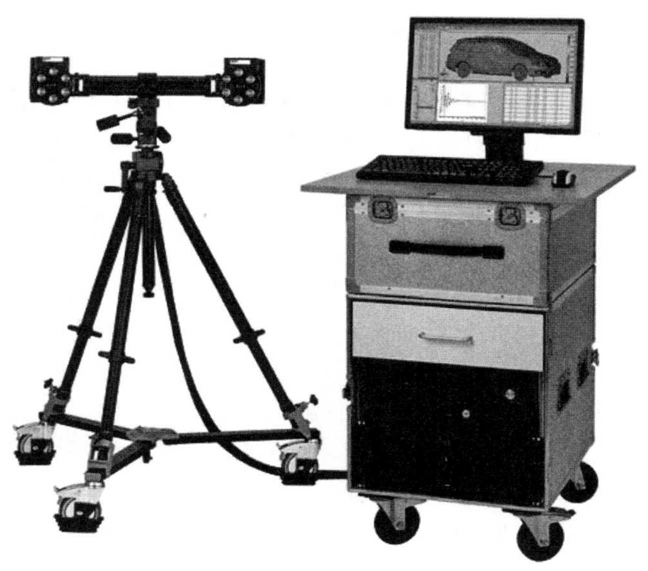

图 6.2　由立体摄像传感器、三脚架和电脑构成的便携式光学测试系统 PONTOS，用于分析三维坐标、三维位移、变形、速度和加速，帧频可达 5kHz

6.1.2 车门、车盖和外后视镜

车门和车盖的刚性很重要，从而其对密封效果的影响亦如此。再加上由于轻量化结构带来的弹性部件变形、抖动和车体嗡嗡声现象。

无框车门特别容易引起问题。虽然门的下部相对刚性强一些，而且通过铰链和锁固定了，但门沿上方的部分（侧窗玻璃）比较容易变形。在A柱滚动的涡流会在侧窗玻璃的前部引起较高的负压。外侧和内部空间的压力差会产生一个力，把侧窗玻璃或者说门框往外拉。这时密封条可能会局部被从其贴附面掀起，于是隔声效果会减弱。在最坏情况下会产生明显的可定位的风噪。如在第8章中更深入阐述的，这由两部分组成：其一是空气由如此形成的缝隙灌入；这会产生一种带有色调特征的巨大噪声。再者这个开口形成一个声桥，会使车外产生的噪声钻入座舱内。压力波动会额外叠加到窗玻璃上的静态力上。安装得太松的窗玻璃因此除了静态偏转外还会感受到波动，导致低频声音辐射。同样由于车门的抖动使座舱内部受到较高水平的流体力学压力波动刺激。由静态偏转形成的缝隙间距这时有可能还是会被密封条填补。要是出现叠加的振动，就不再可能密封得很好。如果车门装得不是很紧，整个门就会出现低频拍打。

在侧风的情况下，背风面的负压区会增大，这样作用力也会增加，如图6.3所示。按Gilhome和Saunders（2002）的分析，前轮的旋转运动会减小作用到门上的力。如果在风洞试验时没有模拟车轮的旋转，门的弯曲度会略为高估。在分析车门刚度或者说密封条几何形状时应考虑这种更为严重的情况。

有些车辆安装的车门是与车顶交叠设计的。这种结构（图6.4b）与常规结构（图6.4a）在图6.4中作了比较。在剖面中可见，车门框经过A柱和车顶，止于风窗玻璃（或者说车顶）。密封条是在车门框前缘和风窗玻璃或者说车顶之间。由于沿A柱的大面积门框，作用到门框上的力比常规门的情况还要大。因此向外凸出的前缘还会增强A柱涡流。这样灌入门框和风窗玻璃之间的间隙的风就会额外给密封条增加负担。在最坏情况下溢流间隙的作用就像一个亥姆霍兹共振器，产生音调噪声。

外后视镜的空气动力负载主要表现在两个方面：除了静态的风载还有一个非静态的力作用其上。在外后视镜盒子的后缘会分离出涡流，形成一个循环流动的死水。与此相关的压力波动使得盒子发生抖动。由于外后视镜的晃动，观察车后交通情况的视线就可能受到影响。这是一种主要在用较细的杆连接到门板上的支杆镜或窗沿镜[㊀]能看到的现象。这种构造不是很稳定，但由于空气动力学的原因却常常受到青睐。免垢及气动声学会受益于外后视镜盒子和车门之间的牢固连接[㊁]，外后视镜盒子的尾流区会被其风道气流从玻璃上挤开。由于不太潮湿的表面以及比安装在车门三角区后视镜脚要低一些还会有些免垢的好处。

如图6.5a所示，发动机舱盖的溢流在前缘形成一个高负压区。由此产生的力会把发动机舱盖部分抬高并引起抖动。而在斜向气流的情况下发动机舱盖上的压力分布是不对称的，负压区转移到迎风面（图6.5b）。要使发动机舱盖的迎风面不被抬高，可以提高其强度或安装两处锁定。但两者都会增加重量和费用。针对发动机舱盖不能切实锁定的情况，从安全角度考虑设计了发动机舱盖抓钩锁系统。这个系统必须避免在最高车速的情况下发动机舱盖意外打开。因为发动机舱盖突然打开时会产生非常高的峰值负载。因此确保这个功能的风洞实验是必不可少的，在这件事情上要有专门的安全措施。

如果发动机舱盖前缘的偏转气流过强，则部分气流会分离出来，以使气流继续往下游再作

㊀ 后者也称为围栏镜（英语：wing mirrors）。

㊁ 另见6.3节或Bannister（2000）。Mankau（1997）编写了对外后视镜要求的概述。

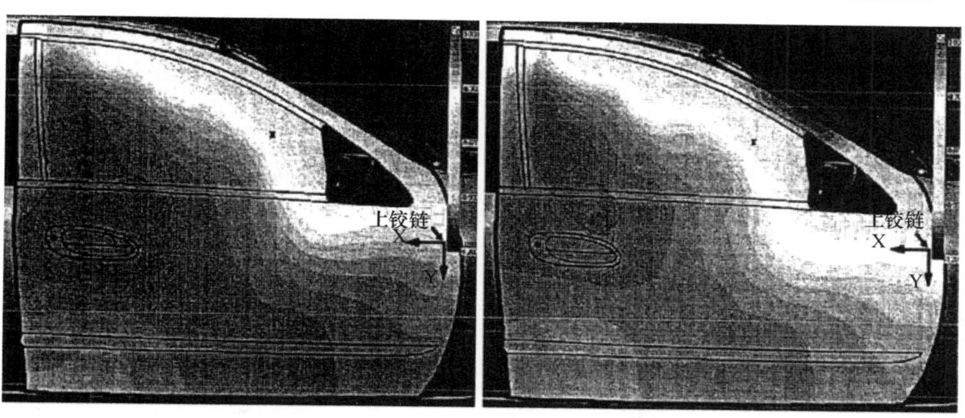

平均值　　峰值

偏航角=0°

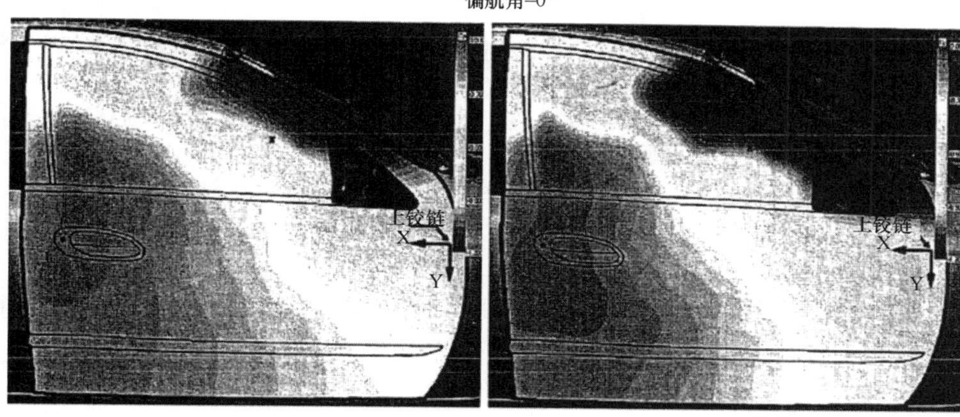

平均值　　峰值

偏航角=15°

图6.3 比较驾驶员侧车门在气流速度为70km/h、偏航角为0°和15°时的压力分布［按 Gilhome 和 Saunders（2002）的分析］。X 标出了压力中点的位置

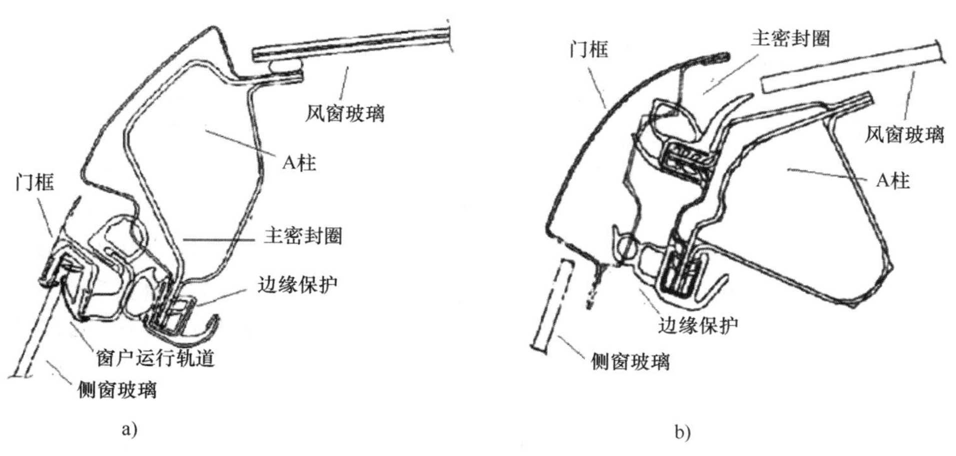

图6.4 用A柱剖面举例表示常规（a）的和交叠（b）的车门概念

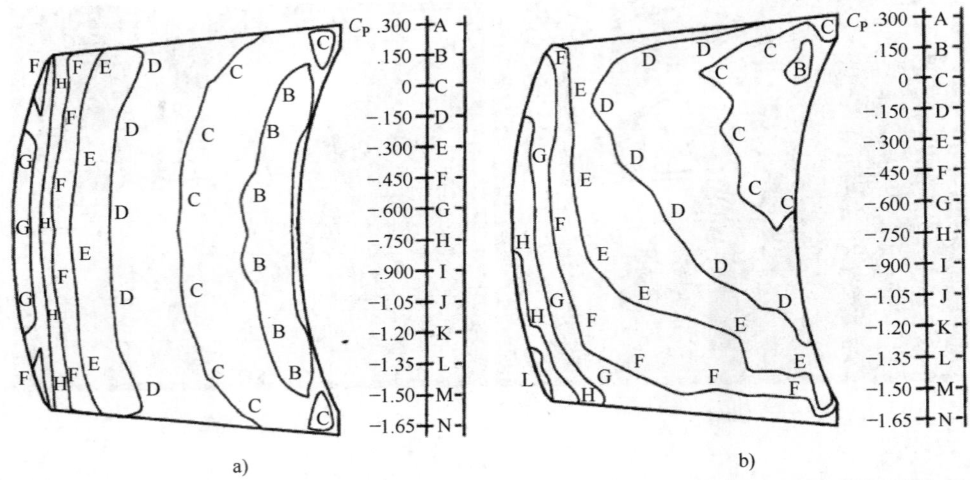

图 6.5　发动机舱盖上 0°时的静态压力分布（a）和 30°时的气流（b）。图中是等压线：线上各处压力相等

用到发动机舱盖上。含有由此产生的分离气泡的气流就形成湍流。这样会引起发动机舱盖的抖动。用足够大半径的边沿圆弧可以防止这种抖动（4.5.1.1 小节）。

（活动）顶窗有各种不同的构形：常规的、相对较小的以及常常比较大的全景顶窗。由于车顶局部速度非常大，会产生相当大的力和力矩。加上装到车顶的负载，这种力和力矩还会加大，因为在车顶和车顶盒之间还会出现更高的速度，进而出现更低的压力。车顶系统必须在部分或完全打开的情况下也能承受这种负荷。而在关闭的情况下就是密封的问题。即使活动顶窗哪怕只是局部不密封，也会产生讨厌的风噪。在顶窗开启的情况下会产生相互作用，即会导致车内出现穿堂气流或者顶窗嗡嗡声（请参见第 8 章）。

6.1.3　刮水器

车辆上的刮水器应该总是刷掉风窗玻璃上的雨滴和污垢，以确保前方清晰的视野。即使在大雨和高速的情况下也要能做到这一点，这就需要对刮水器系统进行细节上的气动研发。下面就对有关刮水器的必不可少的流动现象作一些说明。此外有关刮水器上风噪的形成还会在第 8 章中讨论。

在安置位置刮水器应不要直接受风。这可通过将其安置到发动机舱盖后缘的背风区来实现。图 6.6（见彩插）中可见其形成的尾流区。刮水器安装到这个环流区，它对车体环流的影响微乎其微，因而既没有空气动力学也没有气动声学的作用。

在刮水器的一个刮刷周期中，作用到刮水器上的气流周期性地改变：气流速度的矢量由车体环流和刮水器运动的速度矢量构成。接近静止的位置时，刮水器受到的几乎是垂直的气流。而在上盲点气流与刮水器片几近平行。刮水器往上时，它与气流同方向，而往下时则逆向。也就是说刮水器上的局部速度在往回运动时较大。因此在刮刷周期的这个阶段作用到刮水器上的力以及由分离和间隙气流产生的风噪最大。图 6.7（见彩插）中把在刮水器环流上产生的风力分为三部分[㊀]：

- 下压力（一般作用到风窗玻璃上）：与装在平杆刮水器片上面的导流块相关的气流偏转在朝风窗玻璃方向上产生一个力，以保证在高速时刮水器较好附着在风窗玻璃上。常规刮水器会

㊀　对此也请参见 Barth（1964）的测量。

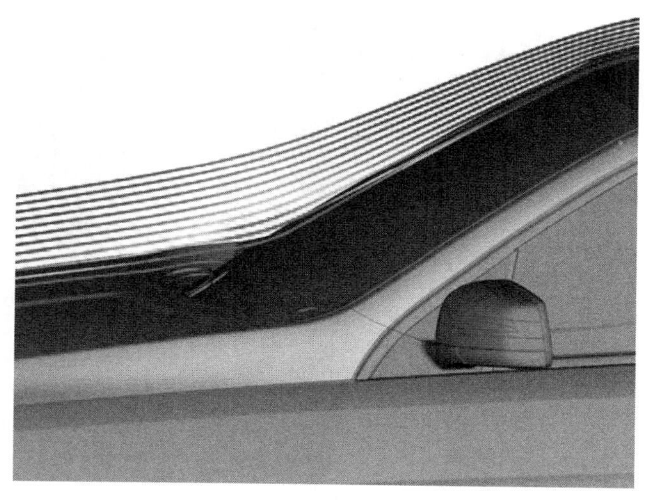

图6.6　刮水器的最佳安装位置在风窗玻璃的积流区或发动机舱盖后缘的尾流区

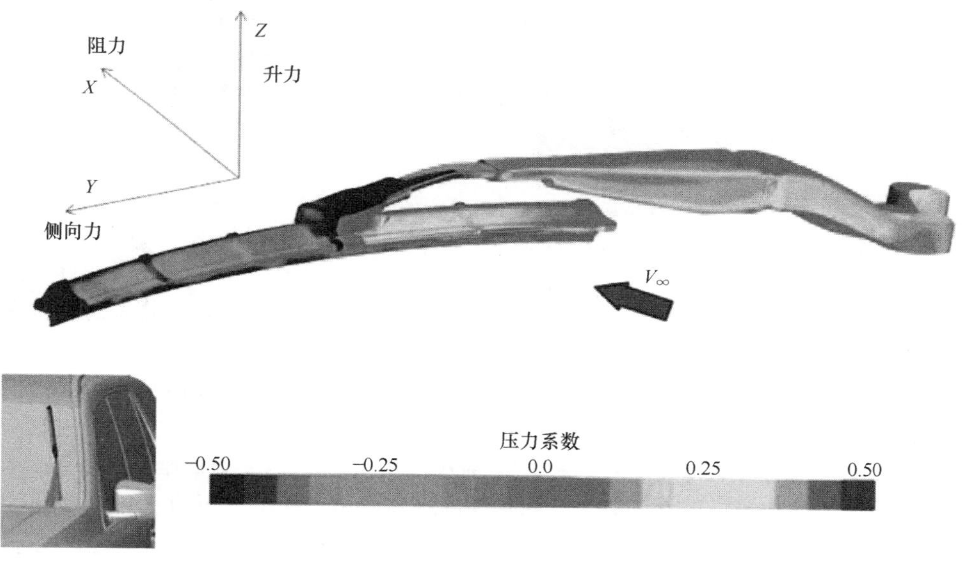

图6.7　作用到刮水器上的分力的图示

由于每个零件上端的过流而产生负压区。这就会出现一个升力，特别在高速时使得刮水器抬起。

- 阻力（一般作用到刮水器上）：通过导流块前端和后端之间的压力差会在风窗玻璃平行方向出现分力。在刮水器后面形成的涡流（图6.8，见彩插）会加强这个压力差。刮水器向上运动则这个阻力会变小，一方面是由于端面的减小，另一方面由于迎风面上变小的压力会产生一个斜向气流。
- 侧向力（沿刮水器片方向）：相对阻力和升力其侧向力小到可以忽略不计。

图6.9中示出的平杆刮水器代表了多年来的技术水平。与常规刮水器不同，这种刮水器没有弓架和弹簧把力分布到刮水器橡胶片上，而是用刮水器片上的两个内置弯曲弹簧导轨将其压到风窗玻璃上。这样刮水器橡胶片就可适应各种玻璃弧度，使得在整个刮水器片长度上都具有相同的接触压力。这种紧凑的刮水器结构有多个优点：

图6.8　刮水器背面的涡流系统图示

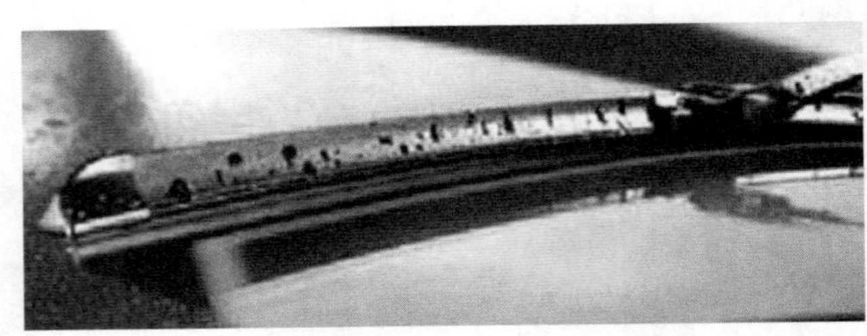

图6.9　平杆刮水器（照片出自博世公司）

- 刮水器系统构成平直：一方面刮水器可以比较简单地安放到发动机舱盖的背风区里；另一方面其较小的结构厚度使得截面积较小，因此风阻较低。
- 安装刮水器不需要复杂的机械件：和常规刮水器相比，没有由各种不同的弓杆组成的系统，刮水器重量大约减少一半。没有了冬天会冻住的机械件。
- 弹簧导轨带来均匀的按压力：这种气动刮水器使得整个刮水器片始终贴在风窗玻璃上，在图6.10中可见线性按压力的均匀分布，而常规刮水器只是点接触（具有大幅度变化的线性按压力）。这是因为作用到爪弓连接件上的点按压力占主导。因此在这些按压点之间可能会形成纹路。
- 集成导流块确保按压力均匀：为准确无误地运作所需的下压力是由刮水器片上的集成导流块来实现的。这使得在整个刮水器片长度上都具有接近相等的下压力。
- 扁平设计更安静：原则上，气动刮水器由于其扁平结构，因为去掉了多个弓架连接件，所以无论在静置位置还是在运作时都明显要比常规刮水器安静。

当然这种扁平杆刮水器不是只有优点：

- 刮水器片里的内置弹簧导轨必须贴合风窗玻璃的弧度。为此一个调好的气动刮水器只适于特定的车辆并且只适于一种玻璃曲率。
- 常规刮水器虽然由多个零件组成，但是它更简单因而更便宜，而且往车辆上安装调整比较容易。而为扁平杆刮水器生产弹簧导轨时以及往车辆上安装调整时所需的技术投入都会抬高价格。

刮水器片和刮水器臂的连接会影响作用到刮水器上的气流，进而影响到风窗玻璃上的按压力。如果是连接在刮水器片上面——这种方式称为上臂连接——那么导流块几何形状在这方面的作用就会减小。图6.11展示了刮水器臂对按压力分布的影响。在刮水器臂下面气流会减慢，这会导致提高刮水器臂和刮水器片之间的局部压力，因此在刮水器臂上产生一个升力。不仅导流块对连接面（图6.11中沿正横坐标方向）的作用会失效，而且刮水器的整个按压力会减小。

以下两种结构设计可以改善刮水器的效能：一方面刮水器臂可以与刮水器片并列安放（旁插连接），以保留刮水器片的导流作用；但是这个结构会导致刮水器体系变大，限制驾驶员的视野。另一方面通过主支架上的几个开口既能减小刮水器臂上的升力，也能改善导流块几何形状的影响。

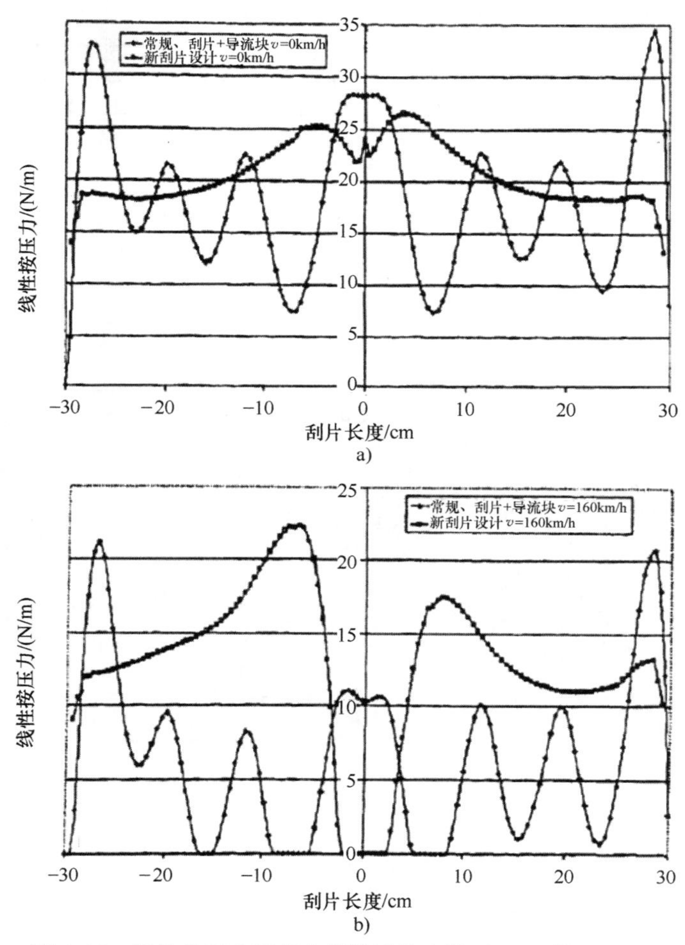

图6.10 线性按压力下刮水器设计的比较（Billot等，2001）

a）无风载 b）160km/h的风速

完整性起见下面还应说说与以前的、常规的刮水器的比较。图6.12（见彩插）展示了两种刮水器结构的压力分布对比。常规刮水器的前侧和后侧之间较大的压力差意味着比扁平杆刮水器更高的阻力。在弓架前缘的吸附末端所产生的升力在扁平杆刮水器上甚至完全消失。

刮水器橡胶片和刮水器臂在常规刮水器中因为其尺寸大小作为单个零件通常是增加上面所说到的升力和阻力，请见图6.13（见彩插）。根据Jallet等（2001）的观察，中间弓架在刮水器片的上方产生一个旁气流。没有它的影响刮水器片上的气流在弓架前缘就分流了，形成一个局部负压区。爪弓可以设计成让气流顺着弓架的弧线走，到末端时才分流，以此降低升力。

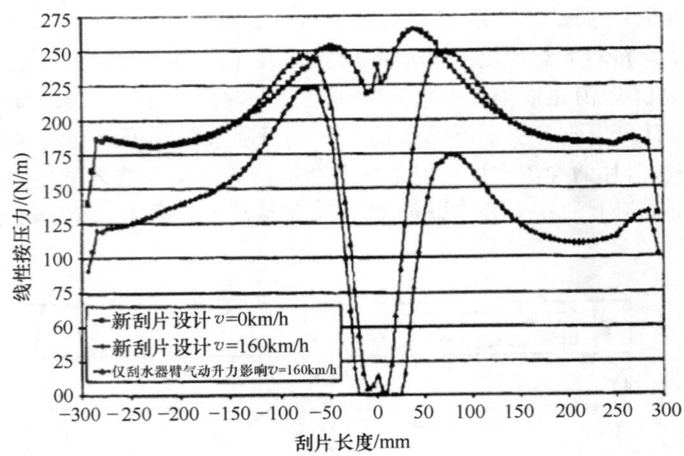

图 6.11 扁平杆刮水器的有影响参数的对比：由 160km/h 的气流产生的按压力的减小和由刮水器安放处所形成的不对称或者说持续减少的升力分布（根据 Billot 等，2001）

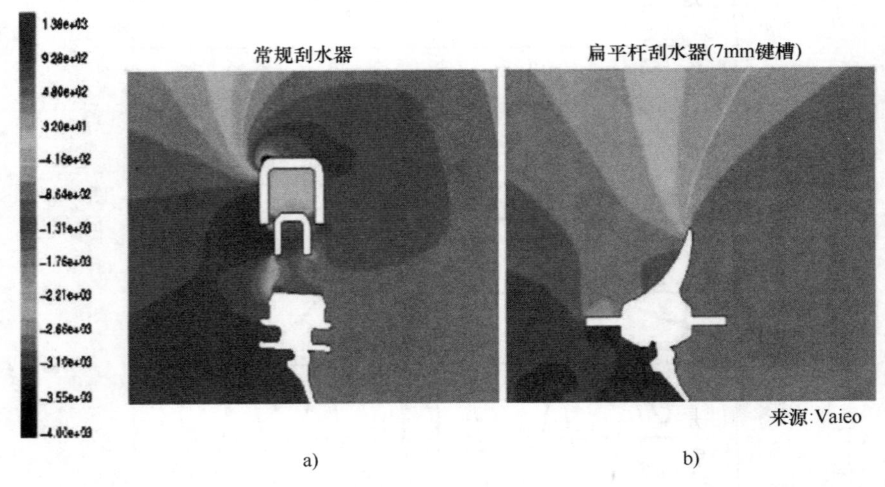

a)　　b)

图 6.12 两种不同刮水器环境下的压力分布比较

a）常规刮水器　b）扁平杆刮水器

主弓架上的开口不仅减少平行于风窗玻璃的导致升力的表面，而且这些面会使固定架的上面和下面之间的压力平衡。刮水器通过刮水器臂一头固定方式会有一个不均匀的环流，因此其结果就是沿刮水器片方向的一个不均匀的压力分布。刮水器受到从前面来的气流冲击。在固定架的区域积流比较大。静态压力从安装支点到刮水器末端逐步递减。

在车辆高速行驶时（大约 140km/h 以上），作用到驾驶员侧的刮水器上的升力会大到使得装在刮水器臂里的弹簧不能够压住刮水器。通过在刮水器片上逆风安装一个导流块可以防止这个现象。一方面，这个导流块会影响刮水器的穿流量，从而减小弓架上的负压区。另一方面，导流块产生一个下压力，因而相对没有导流块的刮水器也会加大高达 25% 的风阻。

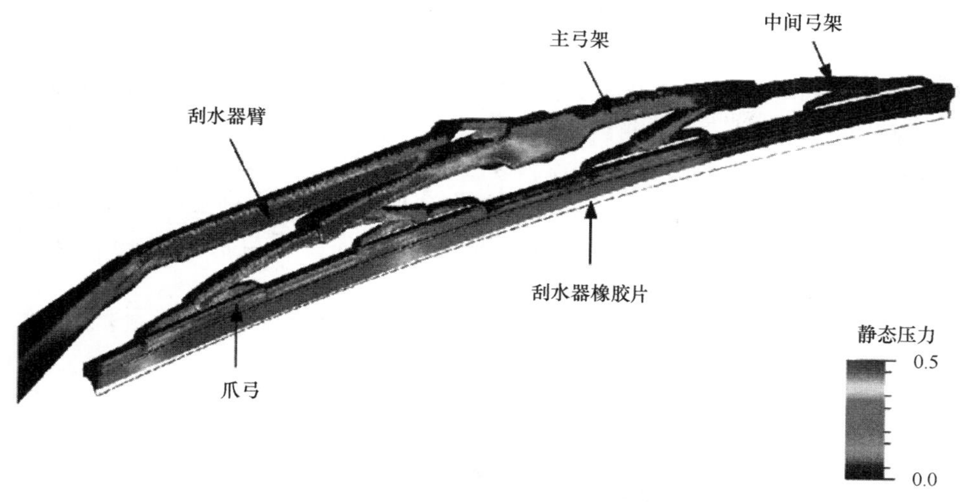

图 6. 13　常规刮水器：既标出了各零件名称也标出了刮水器上的压力分布

6.2　敞篷行驶的舒适度

6.2.1　目标

几年来敞篷车越来越受市场欢迎，从非常简朴的到高度舒适的车辆，从小的双座跑车到由普通轿车加上宽敞空间演化出的五座敞篷车。同样千变万化的还有乘员对舒适度的期望。对于有些人是通风不够，而另一些人不希望车内有空气流动。这样就提出一个问题，到底怎样才是舒适。答案是非常不同的。

对于封闭式座舱车辆中的空气条件的评估方法已经研究得比较多了。但对于开放座舱——敞开的顶篷、天窗却并非如此，要么是没有研究，要么就是没有公开发表。在某些情况下，评估模型是推断出来的，这些模型适用于封闭式座舱，但没有进行相应的实验研究来确保其适用性。例如，哪些近身的气流条件是所需要的或者说是要容忍的，这个问题就变得比较清晰了。无论是打开的或者是关闭的车顶，都总是要考虑气动声学，尽管或者恰恰是因为噪声水平明显比封闭式车辆要高。

到目前为止，“开放车辆”一词几乎只适用于敞篷车和敞篷跑车。由于滑动顶窗进一步发展成了大切面敞开的有时挺复杂的开顶系统，这个还需进一步弄清楚。研发的目的必须是，一方面通过打开车顶来给人尽可能无限的接触环境的感觉，感受到风和没有空间上的限制。另一方面还得准确量化控制这种环境接触，避免出现不利影响。其挑战就是确定具体目标群体，和描述对车辆的适当的优化措施。

这方面的努力包括将敞篷车的使用时段扩展到较冷的天气条件。如果太热，则空调系统的冷却能力会不够；如果太阳光太强，只能关上顶窗。如果太冷，尽管暖气功率通常足够用，但供风口有可能没放到最佳放置。开发方必须尽可能减少扰人的气流。然而也很可能会有顾客认为“太舒服”了。他们可以通过省去舒适措施，如阻风屏，或者摇低侧窗来降低舒适度。这样也可以使穿流负荷适应各种行驶速度和气候条件。

6.2.2 车篷敞开时的气流

如果敞篷车顶打开，根据侧窗玻璃所处位置——打开的或关闭的——在风窗玻璃上方、车顶框架的上缘以及在A柱或者说在侧窗的上缘和后缘产生流动分离。在车顶框架往下游方向形成一个湍流剪切层，并且在座舱中产生回流。这也用CFD计算出的流线在图6.14中展示出来。这时速度在空间和时间上出现很强的波动。如果车顶框架太低，在高速行驶时乘员头部会受到前面来的气流冲击。然而，车顶框架越高，风窗玻璃后面由加大了的分流区产生的回流就越大。

当车顶敞开时，空气阻力显著增加，$\Delta C_D \approx 0.050$ 可看作标准值。在开窗行驶的情况下当行程较短并且速度较低时，这是可以接受的。

图6.14 敞篷车的气流结构；从车顶框架区域外和侧窗上进入座舱的回流（静态CFD模拟的气流线）

6.2.3 敞篷车风噪的产生

目前，由于对声音的感受与那些由热舒适性所决定的因素的相互作用还知之甚少，因此还只能对风噪对敞篷行驶时舒适性的影响进行单个分析。目标很明确：继续使单个噪声源最小化。在敞篷行驶时，这些就是车顶框架或者说车顶框架密封条和侧窗玻璃上以及由穿流和环流噪声在阻风屏、在粗糙或不平表面所引起的流动分离噪声。

6.2.4 热舒适度

如果乘员抱怨在敞篷驾驶时缺乏热舒适度，通常用嚷嚷“有风”来表示。并没有把流体力学——这儿或那儿太高或太强变化着的风速和热学——太冷或太热进行区分。如果说到目前为止对优化敞篷驾驶时的气候条件在气流形成方面有所考虑，就是越来越多考虑空气温度[⊖]。这体现在采用暖气和空调的排风口和空气分布配置以及基于对流或喷射的额外加热元件。最早的这种应用出现在2004年的奔驰SLK车型中，其被称为AIRSCHARF：即通过头枕里的排风口给乘员的颈部吹热风（图6.15，见彩插）。其他厂商采用了这个概念。

按照德国工业标准DIN33403，热舒适度就是“当人感觉他的环境中空气温度、空气湿度、气流运动和热辐射为最佳，既不希望室内空气再热一点，或再冷一点，也不希望再干一点，或者

⊖ 参见Cogotti（1992）。

再湿一点”。根据 Bradtke 和 Liese（1952）的观点，热舒适度是人和他的环境之间的和谐度的表达，更进一步说就是他和他的环境气候条件之间的和谐度的表达。

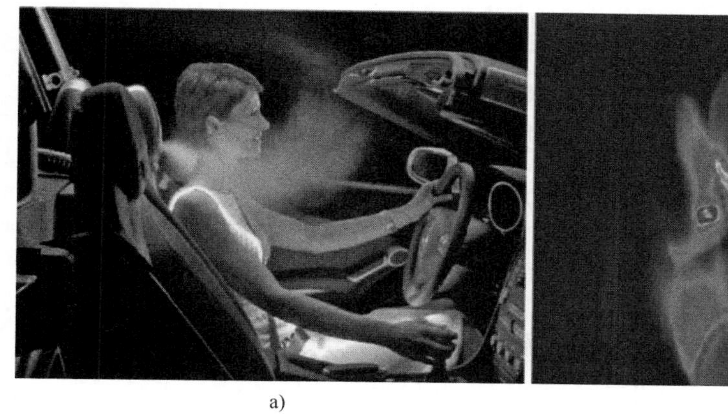

a)

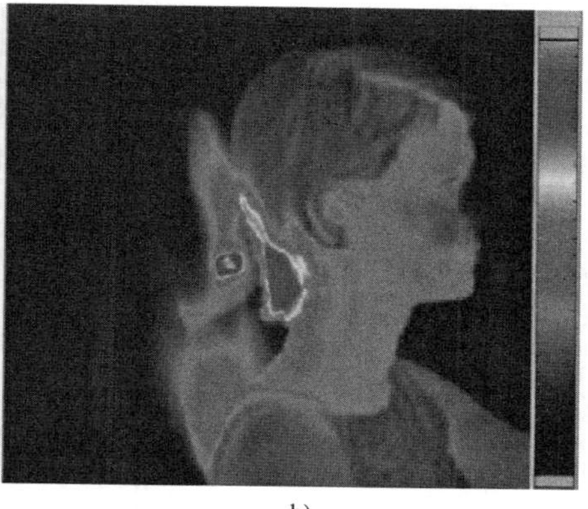

b)

图 6.15　提高敞篷行驶时的舒适度；根据行驶速度（空气量）和选择的暖气档将加热空气吹入乘员颈部奔驰 SLK，AIRSCHARF

a）用烟雾使气流可见　b）用热气加热皮肤的热成像图

为了在封闭空间（特别是车辆）中以可测量和可重现的方式产生热舒适性，需要做以下三件事：

- 标识确定气候的量度。
- 它的量化。
- 它的评估。

这里要注意以下边界条件：周围空间的大小和形状以及其墙壁的材质。对大楼以及封闭车辆的空气调节已经开发出了广泛的基础知识㊀。但那里描述的评估舒适度的方法仅在有限的范围适用于开放式座舱，特别是对敞篷车更是如此。对于气候现象的量化处理之所以如此困难，是因为评估其状态受各方因素牵连，具体来说：

- 因人而异，就是说，对同一个温度每个人都有不同的评价。
- 因时而异，就是说，同一个人对同一个温度并不是总是反应相同。其原因是个人感受的波动和不同的着装。

如图 6.16 所示，在受访者中平均认为中性的气候条件下（不太热，不太冷）不满意的占 5%。即使在某一气候条件下所有评判者平均认为中性或者舒适时，其中也有 5% 的人表示不满意。

此外，局部不舒适也会严重影响一个人的温度舒适感。正是这些局部影响，在他所处的具有特定的边界条件的车辆中起着重要的作用，如直接的太阳照射、不均匀的温度和气流区域以及靠近常常具有不同的温度的周边舱壁。个别身体部位也会有不同的温度感知。例如，在 Mayer（1998）文中还有关于人们的满意度与他们的颈部温度的关系的直接表述（图 6.17）。即使轻微偏离理想温度（只有极少不满意者，$T=33.4$℃）也导致不满意数量的显著增加（即使这里也不总是全部都满意）。

对敞篷车里的气候条件的评价反映了人们的期望。与对室内气候条件的要求相比较可以看得很明显。按德国工业标准 DIN ISO 7730 气流速度应该在 0～1m/s 之间，这是一个在敞篷车里

㊀　参见例如：Nilsson 等（1999），Großmann（2010）和德国工业标准 DIN ISO 7730（1991）。

几乎不能实现的值。根据 Nemecek 和 Grandjean（1993）的文章，在大空间办公室[㊀]中即使气流平均速度不超过0.2m/s，也有约30%的人抱怨有穿堂风，而当他们在敞篷车里敞篷开车时不满意的人的比例明显少得多。就是说感受与自己选择的场景相关。

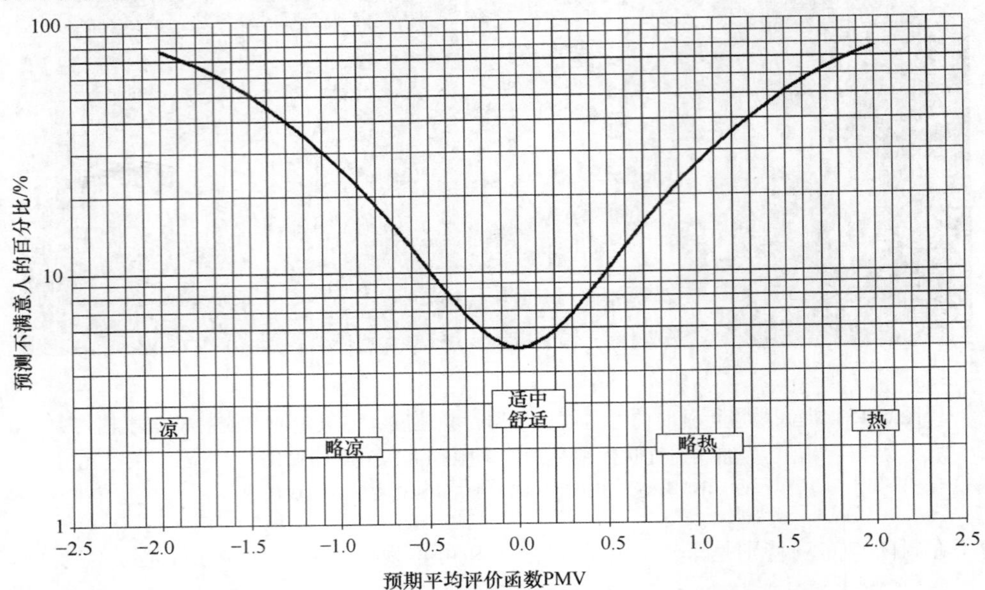

图6.16　预测不满意人的百分比（PPD）作为预期平均评价的函数（PMV）；DIN ISO 7730，针对封闭空间有效

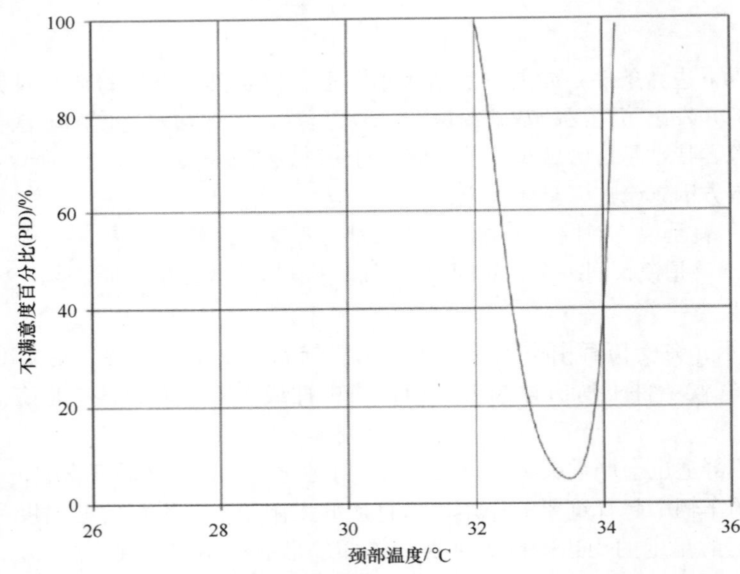

图6.17　测到的颈部温度对与其热舒适度相关的不满意者的百分比的影响（引自 Mayer，1998）

为了对此关系进行实验性的评判，采用了各种不同装备的气候测试假人。它们可以分为那些由身体的多个加热部分组成的，以及那些装备有单个传感器的。第一代的优点在于其整合后

㊀　在工业工作场所，已有多达三分之二的人抱怨穿堂风（Gräff 等，1995），在低气温时，稍冷就会导致高达百分之百的不满意（Toftum，1994）。

的大平面。它们不仅通过身体构成空间上的阻碍，而且通过对各部分的加热反过来对环境产生热影响。缺点是他们的反应非常缓慢；超过 30min 的测量时间对于实验过程通常都太长了。

第二代测试假人试图通过在假人身上安装具有较低热惰性的小型单个传感器来摆脱这个缺点。这样测量时间可减到小于 1min。然而，其缺点是这些小型单个传感器的结果较强依赖于它们在测试假人身上的位置。此外，它们并不反映测试假人对环境的热影响，当然在敞篷车中这是次要的。这些传感器本身比较敏感，常会在测试过程中受到损坏。还应指出，取决于其特殊配置，不同的测量参数不能总是同时在同一位置测出：气流速度传感器与温度传感器并不在完全相同的位置。

为座舱内设计的假人被用来测量加热传感器的等值温度㊀。而对近身的较高的气流速度（敞篷车中典型在 1～10m/s 之间）则采用一种不同的方法：测量如风速和气温这样的流体力学的大小㊁。这类测试假人的一个例子是“TANJA”，如图 6.18 所示；她配备了 16 个 CTA 探头（恒温风速计），用于测量近身的风速和气温。对于敞开的敞篷车里的舒适度考虑是假设高度不稳定气流的力学刺激大于纯热学的冷刺激，特别是在皮肤暴露部位的区域，至少在上半身的区域，即气流速度很高的地方。

图 6.18　测试假人 TANJA，安装在头、颈、肩及臂部的用于探测敞篷行驶时的热舒适度的测量气温和气流速度的 16 个传感器；也包含了声噪仿真头

乘员环境中的速度和温度范围越来越多采用计算流体动力学（CFD）来计算。由于乘员舱里的风速和气温高度不稳定而舒适感受又恰恰强烈依赖于这种不稳定现象，因此作进一步考虑时同样必须将这个不稳定性考虑在内。在适当精确的空间和时间分辨率情况下，配置计算过程是如此漫长，以致把这种方法用于一般开发过程还仅刚刚开始。但正是这个阶段对理解气流变化过程贡献很大。

所有这些研究的目的都是研发免于迎面风的办法。这里应该知道对于“敞开侧窗，无阻风屏”这种状态没有满意的解决方案。只有在关上侧窗后才能达到明显改善的水平，如图 6.19 所示。这张图展示了针对四种不同车辆配置在驾驶员身体周围的 16 个位置处测得的气流速度。阻风屏的效果只是在较低的身体部分能感受到，肩膀往下的气流速度明显下降。打开暖气风扇虽

㊀　根据 SAE J2234。

㊁　对此 Mößner 有详细描述。

然又提高了一些风速（图6.20），但由于温度有明显提高，因此在较低室外温度的情况下可以提高舒适度。值得注意的是，车辆内外部温差越大，那么来自车内靠外侧供风口的直接喷气量就越大。之后这仍取决于乘员的头部和车顶框上缘之间的高度差，从顶框往下游形成的气流剪切层离头部有多近以及进而气流作用到头部的负荷有多大。

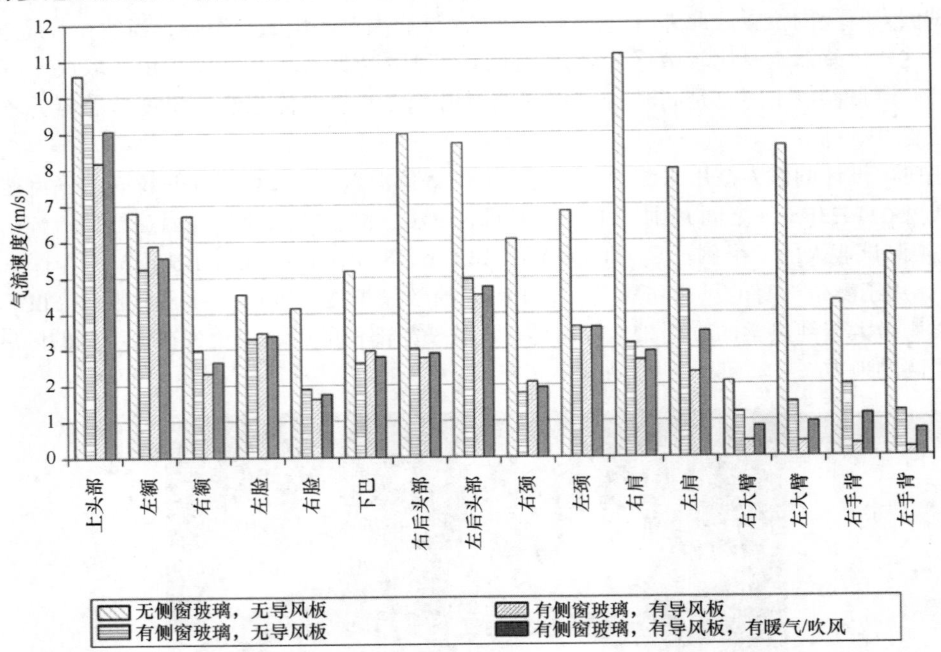

图6.19　不同车辆配置下敞篷车打开顶篷时身体附近的气流速度；测试假人TANJA；右陪驾座；气流速度120km/h

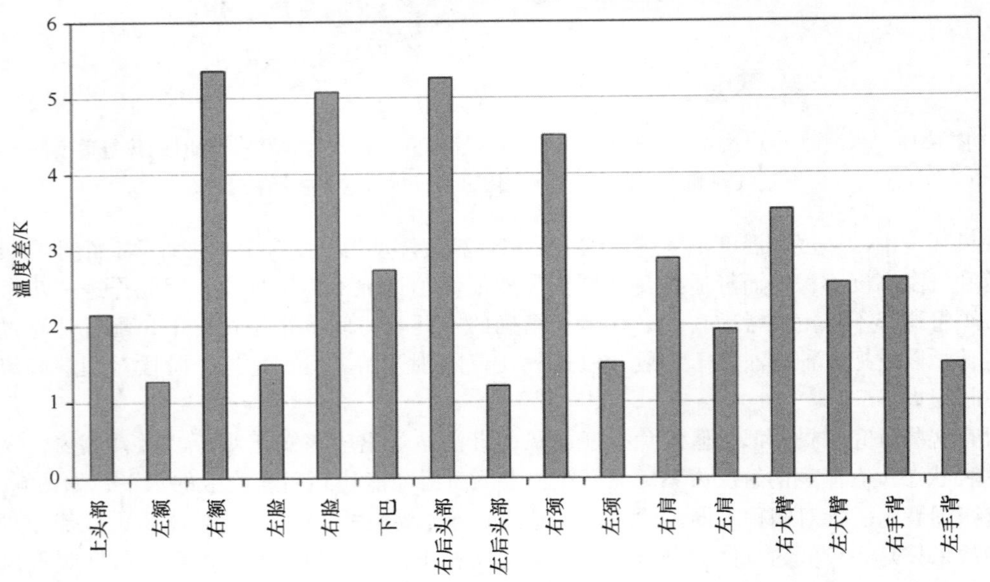

图6.20　车辆暖气对敞篷车在敞篷时、侧窗关闭时和装有阻风屏时身体附近气温的影响；测试假人TANJA；右陪驾座；$T_\infty=28℃$；气流速度120km/h

6.2.5 结构解决方案——敞篷车

敞篷车以软顶为特征。自1996年以来，在量产车建造中又有了一种新的车顶类型：在经典的织物软顶上增加了可折叠硬顶。织物软顶更容易收叠，但也带来如鼓胀（气胀）等缺点，甚至随着车速的提高顶篷材料会产生抖动。但是这可以通过支撑结构的适当成形和包裹材料的结构或通过衬入硬材料来克服。软顶的风噪水平通常高于硬顶。这很大程度上在于顶篷材料的选择、结构（层数，材料和厚度）、后窗的设计（材料，厚度）以及现有接头的数量。

对于这两种类型，风噪的水平在很大程度上都取决于密封件的质量。在可折叠硬顶的情况下，这一点甚至更为重要，因为金属壳与织物相比其表面上的噪声要小些，因此不密封作为噪声源会被更强烈地感受到。所谓硬顶是为冬天行驶准备的，它提供比软顶更好的保温性能，而那时硬顶敞篷车也转变为双座轿跑。

已经有市场销量并且肯定还会通过越来越精巧的折叠、收储机构继续扩大市场的可折叠硬顶篷（图6.21）之所以成功在于其与固定车顶很接近的性能。缺点是重量较大及复杂结构的耗费。

图6.21 具有“Variodach”（可变顶）的奔驰SLK

针对从后面灌入敞开座舱的气流采用了阻风屏（图6.22，见彩插），这通常是由部分透风的材料绷起的框或者透明板块构成的。作用方式如图6.23（见彩插）所示。这种半透风的弹性材料使得平均流速减小并且气流分布更均匀，这通常被认为比明显可感受到的速度变化还要舒适。最重要的是，在阻风屏的边沿处没有极端的速度变化。缺点是由于从光学角度来说较密实的编织物给后方造成一定视觉障碍。

不透气的透明材料阻风屏具有无可争辩的视觉优势：外观最美观，而且与织物阻风屏相比，其视野受到的影响更小。然而，与织物阻风屏相比很可能从这种阻风屏边缘掠过的风速梯度会比较明显，因而会不舒适。其原因是较高的迎面风影响和较强的风噪，而且是在乘员的近身处。作为摆脱这种视觉障碍目标冲突的一种方式，阻风屏越来越多采用活动式，即可以拆除或折叠，因此在不使用时，向后方的交通视野不受影响。例如保时捷911敞篷跑车和梅赛德斯－奔驰SL（图6.24，见彩插）。

阻风屏的另一种方式是基于尽管把从乘员后面涌入的空气导开，但仍然让尽可能多的空气

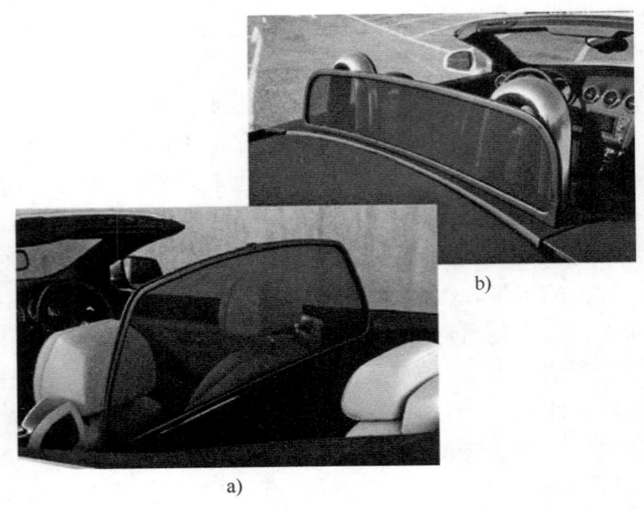

图 6.22　阻风屏的各种结构形状
a）BMW 6 系敞篷车　b）奥迪 TT 敞篷车

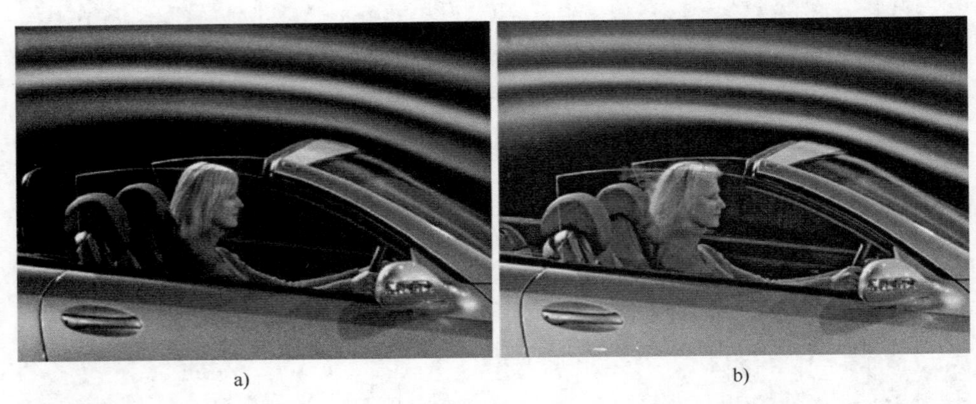

图 6.23　通过使用阻风屏来减少敞篷车在顶篷敞开情况下的再循环流，从而提高乘员的舒适度；梅赛德斯 - 奔驰 SL
a）有阻风屏　b）没有阻风屏

流入座舱。这个空气量越大，座舱里的压力就越小，车顶框架剪切层就向上移动得越多，也就是说远离乘员头部。特别是对于小型跑车来说，是值得注意的一个方面。在已提到的梅赛德斯 - 奔驰 SLK 的 AIRGUIDE®（图 6.25，见彩插）版本中，通过在滚动弓架旁安装两块可折叠的板子也解决了当不需要这个系统时如何处置的问题。

阻风屏既用在双座也用在四座敞篷车中。由于阻风屏只在相对靠近乘员的地方起作用，因此在四座车中，这意味着用于保护前排乘员的阻风屏将空间与后排座椅分隔开，或者如果将其设计成使其靠近前排座椅的上部，而下部则水平向后导向后排座椅上方（图 6.22a）。这样虽然失去了座位，但至少在后排座椅留下了一个从前面够得着的储物空间。这种目标的冲突——要么前排基本没有迎面风，但后排没有了座位，要么有四座，却没了无迎面风的舒适——已被解决了。作用到后排座椅的负荷主要由两部分组成：在车顶框架分离的来自前方的气流和来自后方的压力补偿气流。自 2010 年起就已用在梅赛德斯 - 奔驰 E 级敞篷跑车的舒适性系统 AIRCAP® 由

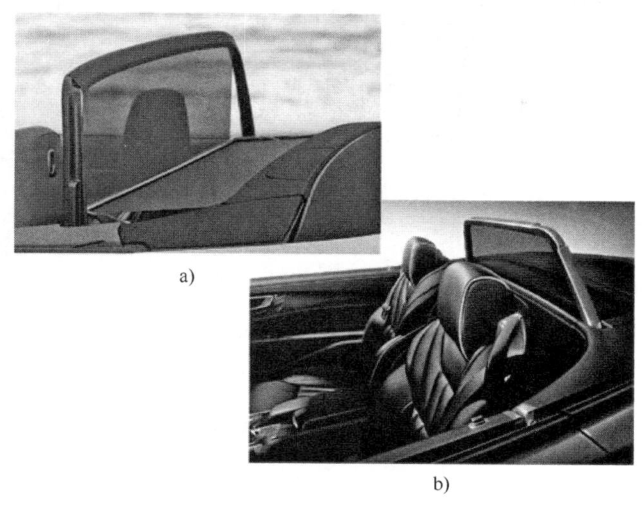

图 6.24　可折叠的活动织物阻风屏

a）保时捷 911 敞篷跑车　b）梅赛德斯 - 奔驰 SL

图 6.25　梅赛德斯 - 奔驰 SLK 的舒适系统 AIRGUIDE®。在风洞中用烟雾探测实现气流可视化

a）滚杆后面不用阻风屏　b）阻风屏打开后，来自乘员后面的气流被导开

两个主要部件组成：一个装在顶框上可收展的折帘，即展开的一张透风网；由半透风织物制成的阻风屏，该阻风屏与后排座椅后面的头枕一起收进、升起。对此的想法早就有了，其实施曾与从视觉上考虑能否收展紧密相关。通常在车顶框架分离的气流被进一步向上引开，车顶折帘和顶框之间的气流被网状物减缓，而来自后方的气流则由阻风屏和乘员厚实头枕（图 6.26，见彩插）阻挡。在设计时，有几个相互矛盾的目标需要考虑：前后乘员的舒适度、顶框偏转气流的强度和回风强度、车顶折帘和阻风屏织物网的密实性、风噪声与无迎面风舒适性之间的关系。

6.2.6　结构解决方案——滑动天窗

滑动天窗改变越来越大，从主要是车顶小开口的金属板，到大得多的开口，以及由玻璃、金属板、编织物和塑料构成的复杂系统。如果顶窗太长，也会接连安装几个顶窗。这样不良影响也会增加。随着开口长度的增加，轰鸣也越来越强。当从开口前缘分离的涡流频率与座舱内风量的自身频率一致时就会出现这种情况。在低速下，共振效应可能非常不舒服，因为在低频下会出现

图6.26　梅赛德斯－奔驰E级敞篷车，顶篷打开着，AIRCAP®（后排乘员后面的顶篷折帘和阻风屏已升起），车辆中部的气流速度（蓝色：高速，红色：低速）

非常高的振幅[⊖]。

作为补救措施，在开口的前缘安装挡风板（图6.27，见彩插）。挡风板的上边缘以不规则的间隔形成凹口。这些凹口干扰剪切层，因此涡流系统的形成及其水平大大降低。这种设计须注意的是，确保凹口本身不会产生高频啸音。

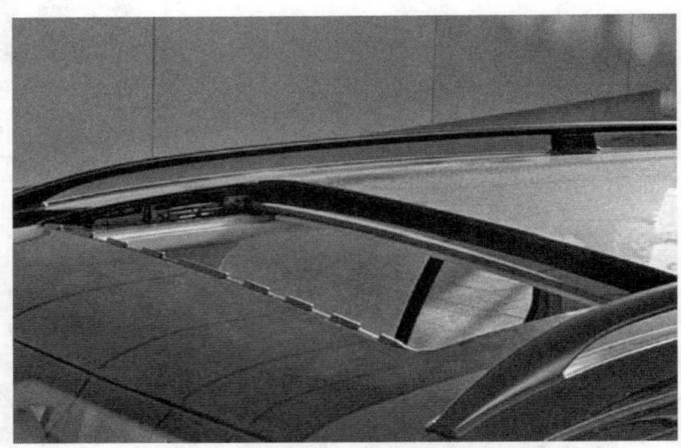

图6.27　带挡风板的滑动天窗，梅赛德斯－奔驰E级

滑动天窗越大，尤其是后座乘员受到灌入空气的不利影响的风险就越大。然而，即使在车顶关闭的情况下，大型玻璃系统（图6.28，见彩插，透明天窗前部滑到后窗下方）同时也会对车内气候产生相当大的影响。因此，这种系统越来越多地在车顶内侧配备遮光装置，例如卷帘式的。

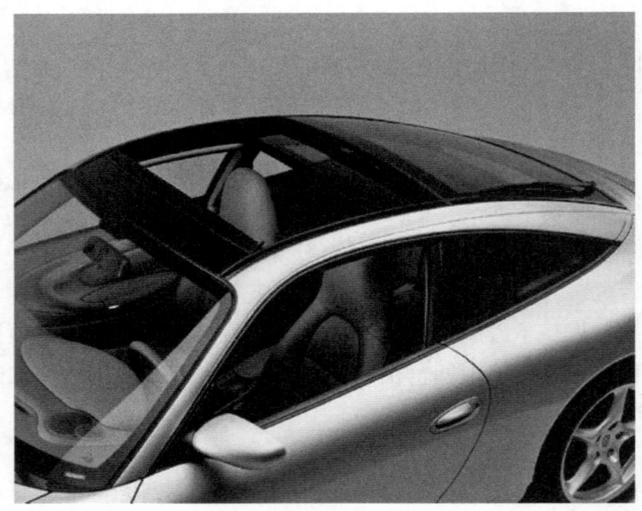

图6.28　保时捷911 Targa，配备遮光卷帘的玻璃滑动天窗

⊖　在George等（1996）中有详细的描述。

6.3 免脏

6.3.1 免脏基础

除了诸如气动力和风噪之类空气动力学的传统主题之外，免脏也是车辆开发中的空气动力学任务之一。这里首先是关于视觉安全性。除此之外，相关的车辆表面应该保持无污脏，例如，以便客户在上、下车时不被车门把弄脏。

在雨中行驶时，一些脏水珠落到车辆表面，并沉积在车外后视镜玻璃、侧窗和后窗上。特别是在黑暗中行驶时由水珠引起的光线折射会导致明显的视觉障碍。在侧窗玻璃和外后视镜玻璃被严重脏污时，光线的折射会限制侧向或后向视野，以致看不见其他车辆。如果水珠中含有其他颗粒，如冬季撒的道路盐，会使污垢层干燥，使得视野长时间受到限制——直到在下一个加油站进行清洁。

下一段仅讨论车辆污染的原因以及防止脏污的可能措施。为此所需的风洞试验在第13.3.6节作了描述㊀。

6.3.1.1 外来和自身脏污的区别

车辆的脏污可归咎于两个原因：

- 外来脏污是指当雨水或四周车辆的（脏）水珠溅到车上并粘附在那里。
- 自身脏污是指车辆自身——特别是通过旋转的车轮——把水珠或脏颗粒扬到并且粘附在例如车的侧面和后面。

减少外来脏污是乘用车开发中脏污优化方面的主要工作领域。与自身脏污相比，这方面的付出要大得多。相反，在商用车的研发中，看来在减少自身脏污方面日益受到重视，请参见第10.9节。

6.3.1.2 脏污的流体现象

为了能更好地了解脏污过程，对在下面说明的自由、不均匀气流中的水珠在撞击车壁或已有水层时的基本行为进行了解是有帮助的。由此可以更容易地鉴别产生的现象，并且利用这些知识以更容易地制定补救措施。

在自由气流中，根据其具体大小，水珠描述的轨迹可能与流线非常不同。特别是水珠可以改变它们的形状、尺寸和重量。原则上，六个力影响自由气流中水珠的稳定性：液体和气体的惯性力，这两个周期的韧性力、流体的重力和表面张力。撞击车壁时，撞击角度和表面特性也很重要。

6.3.1.3 自由气流中的水珠

自由气流中水珠的破裂和聚结影响撞击车辆的水珠的大小。水珠的聚结取决于撞击能量和相互作用的附着力。并非每个水珠与水珠的接触都会导致聚结。聚结水珠的比例明显低于碰撞水珠的比例。单个水珠如何破裂取决于惯性力与表面张力的比例。这可以用韦伯数来表示：

$$We = \frac{\rho_F \cdot v_\infty^2 \cdot l}{\sigma} \tag{6.1}$$

式中，ρ_F 表示液体的密度；v_∞ 表示速度；l 表示特征长度；σ 表示表面张力。根据这个韦伯数水珠炸开可分为三类㊁，如图6.29所示：

㊀ Hagemeier 等（2011）汇编了这一领域的最新进展情况。

㊁ Reitz 和 Diwakar（1986），Nicholls（1962），Samenfink（1995，1997）和 Schmehl 等描述了细节。

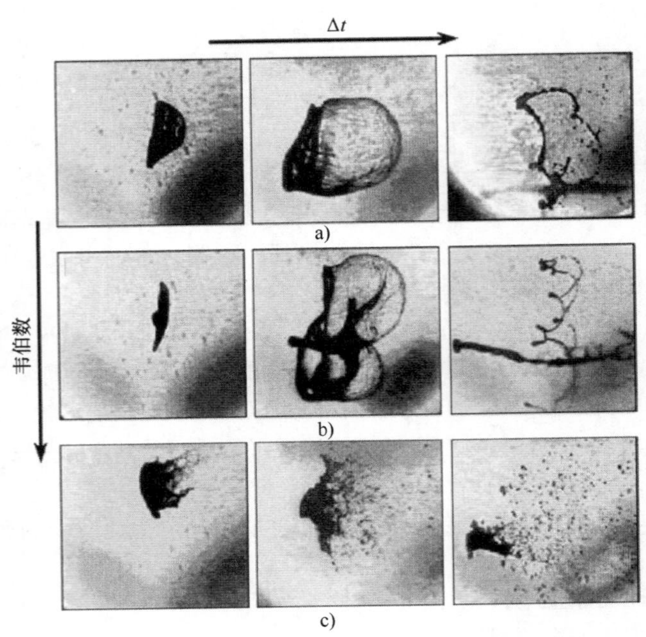

图 6.29　自由气流的水珠破裂机制的图示

a）“口袋破裂” －水泡炸开　b）“多模式破裂” －棒式炸开　c）“剪式破裂” －块式炸开

• “口袋破裂”：在所谓的“水泡炸开”中，水珠通过压力分布扩散到在边缘区域形成的负压区域。一个垂直于来流方向的扁平片状的水珠就形成了。水珠中心扩展成具有环形边缘的水泡形状。这个较厚的边缘向下游移动的速度相对薄些的水泡结构要快，因此导致水泡破裂。最后，水环分解成细小水珠。这个过程高度依赖于水珠的表面张力，在低韦伯数时出现。

• “多模式破裂” －棒式炸开的炸开机制与水泡炸开相似。由于较高的韦伯数及由此而增大的表面能量在水泡中间形成一个水流柱，水泡像雨伞一样撑开。水泡炸开后水棒同样破裂。

• “剪式破裂”。在较高韦伯数时，虽然由于压力分布会形成一个片状水珠，但这并不形成水泡，而是其边缘的细小水珠化为环流。随着水珠片的破裂水珠因此从外边缘解散。对于这种机制，表面张力其实并不重要。

6.3.1.4　水珠撞击的机制

一个水珠碰撞表面时的行为通过四种撞击机制㊀来描述，如图 6.30 所示㊁。它们取决于以下边界条件：水珠速度和大小、撞击角度、液体性质、表面张力以及当然还有表面粗糙度以及水膜的厚度（如果存在的话）。下面列出了撞击机制作为韦伯数增加的函数：

• “粘附”：撞击的水珠以球形附着在表面上。这发生在非常低的冲击能量下，就是当韦伯数很小时。

• “反弹”：水珠撞墙后再弹回，动量损失很小，几乎保持其初始直径。这种反弹只发生在已有水膜的表面上，因此韦伯数一定很小。夹在水珠和水膜之间的空气层在已经“缓和”的冲击中引起很少的能量损失，并导致水珠像弹性冲击一样弹回。根据初始能量的不同，在碰撞后可

㊀ Bai 和 Gosman（1995，1996）对撞击机制作了总结性的描述。在这个文献中可找到许多模型介绍。Cossali 等（1999）提供了基于经验数据的各种方法的概述。

㊁ 参见 Stanton 和 Rutland（1998）以及 Schmehl 等（1998，1999）。

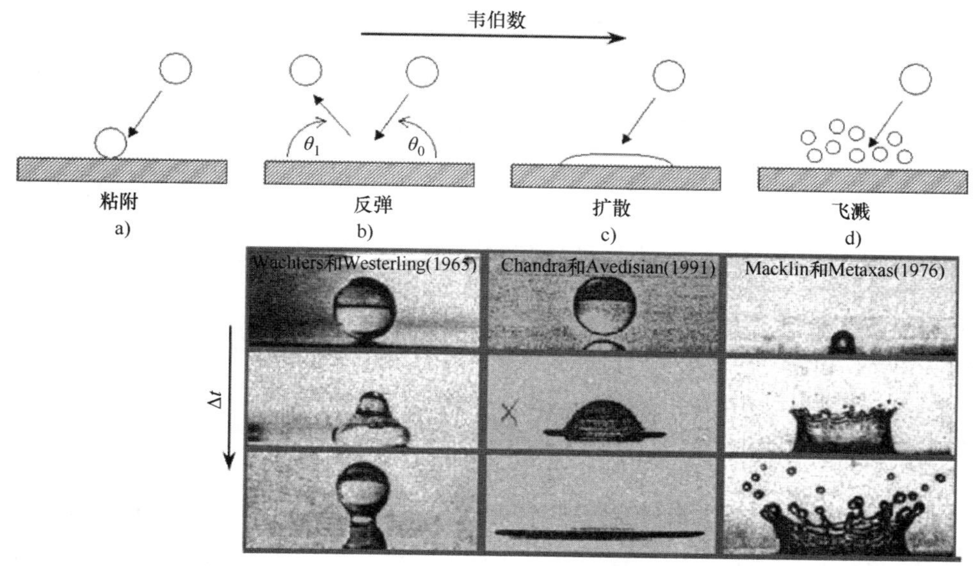

图6.30 水珠在表面上的各种撞击机制的图示

a）附着－粘附 b）反射－反弹 c）聚结－扩散 d）破坏－飞溅

能会产生次生水珠：小的孤立水珠会从弹起的大水珠表面脱离。

- “扩散”：在所谓的聚结中，以适中速度到达的水珠撞击墙壁并散开。这在干燥的表面上形成一个水膜。如果液体层已经存在，则水珠会与其相连。这种机制只能发生在一定的能量范围内，也就是说，在韦伯数的确定范围内。如果这太小，水珠会反弹，如果它太大，水珠会爆开。
- “飞溅”：如果出现较高速，并因而具有较高能量的一滴水，它会爆裂成许多小水珠。其中一部分留在表面上，而其余部分则以次生水珠的形式反弹出来。如果撞击表面上有水膜，撞击会形成一个凹穴，其边缘形成液桥，从而变得不稳定并分解成细小水珠。这种撞击机制仅适用于单个水珠的出现。

6.3.1.5 表面特性的影响

自由表面能量影响水和表面的相互作用。如图6.31所示，表面特性基本上可以分为两种类型：

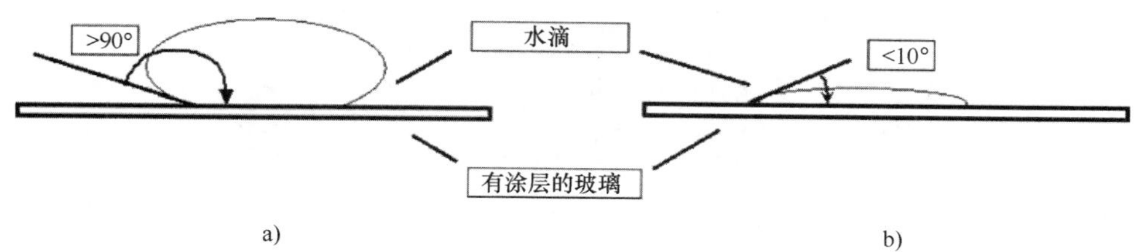

图6.31 表面润湿性的示意图

a）疏水层（临界角大于90°） b）亲水层（临界角小于10°）

具有斥水特征的疏水表面表现为低表面张力。这会在水珠和表面之间产生大的接触角（>90°），造成珍珠效应，也称为“莲花效应”[㊀]。

㊀ 植物学家W. Barthlott首先在莲花的叶子上观察到这种效应，另见Barthlott和Neinhuis（1997）。

具有吸水特征的亲水表面表现为高表面张力。其在水珠和表面之间产生小的接触角（<10°）[㊀]。因此很容易在表面形成水膜，或者说可以防止水饼形成。

对风窗玻璃采用疏水涂层进行过多方面研究。珍珠效应一方面会导致行驶风将小水珠从视野中移除，也就是说，风窗玻璃刮水器的使用将显著减少，另一方面污物如昆虫、溅起的污垢颗粒或结冰也可以很容易地被去除。在 Bauer 和 Schultheis（2001）[㊁]耗时几个月的耐力测试中，上述正面影响得到了证实，但只是在有限的时间段。疏水涂层的缺点是其有限的耐久性，所以必须定期更新涂层。在耐久性测试中，前风窗玻璃的涂层必须很快更新，因为部分磨损会形成条纹或水珠雾层。

纳米技术首先成功用到侧窗玻璃上。一些制造商对前窗采用疏水涂层，以借此避免使用像挡水条之类的结构措施。即使对于侧窗，这种涂层的耐用性也是有限的。打开和关闭侧窗时窗玻璃与密封条的摩擦或者使用洗车线时的摩擦也会进一步缩短其使用寿命。虽然疏水涂层可以提高可视性，但也只是有助于其效果，而不能克服结垢的原因。因此，水仍然流过侧窗，但不粘附在那里，并且由于剪切和重力作用更快从视野中移开。

对外后视镜玻璃的涂层的两种可能的表面特性已经多次进行了实验。疏水涂层在镜面玻璃上形成的小水珠，也应该像在前窗和侧窗上那样滴落。外后视镜玻璃位于镜盒的后面，因此不会直接被雨水遮掩。然而，由于重力太小所以不能保持玻璃无水珠。亲水涂层应该会使落到玻璃上的水珠平面散开并相互连接。完全润湿的玻璃镜面可以提供适当清晰的视野，而不会因为单个水珠产生强烈折射。另外，例如在通过隧道时还可以避免外后视镜玻璃的结雾。然而，这种涂层的高划痕和摩擦敏感性却不适合在外后视镜这样的暴露部件上使用。

6.3.2 外来污垢

6.3.2.1 外来污垢的原因

侧窗的污垢除了雨滴直接附着之外，还可归因于两个受空气动力学影响的因素（图 6.32）：

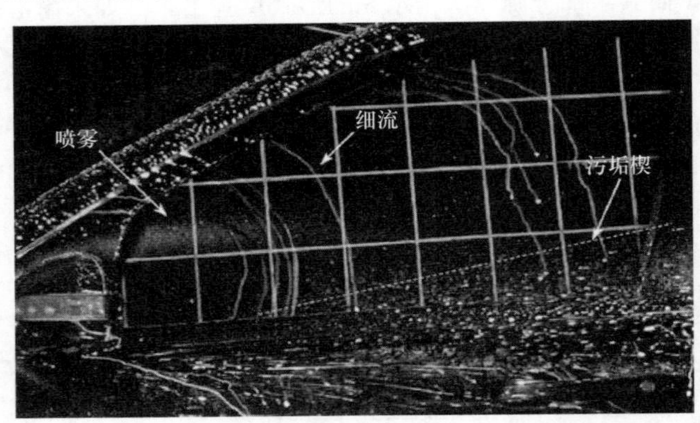

图 6.32　车速 60km/h 时侧窗的污垢图显示了所有三种可能的污垢类型：细流、污垢楔和喷雾

- 细流，由在 A 柱上流动的水形成。
- 喷雾或者说水珠附着，由外后视镜的环流引起。

6.3.2.1.1　A 柱溢流

水怎样可以通过 A 柱落到侧窗上，以及如何通过下面这些单独或者共同出现的机制产生污

㊀ Langenfelde 等（2001 年）给出了这些涂层的概述。

㊁ 另见 Chmielarz 等（2001）。

垢，原则上有多种可能性：

- 水珠直接冲击挡水条和A柱是最常见的原因[㊀]。由雨水产生或由前方车辆溅上的细小水珠落下后结合形成更大的水珠，并且由于主导的剪切力经过A柱流到侧窗上。水珠也落到风窗玻璃上，被刮水器推向A柱的方向并在玻璃上形成水膜。取决于刮水器玻璃的倾斜度和行驶速度，水要么在重力作用下沿着挡水条向下流动，要么向上导向车顶[㊁]。在平缓倾斜的风窗玻璃上，中等流速时，剪切力和重力大约在A柱的中部达到平衡。在这个均衡区间，风窗玻璃和挡水条上的附着力形成一个水泡。如果挡水条前方的积聚足够大，则剪切力可以部分地克服表面张力、打散水珠。被打散的水经过A柱冲浪似地流到侧窗玻璃上，也受到在上部反转点的刮水器产生的局部气流变化的影响。由于积水的位置以及溢流的位置加上当时的低流速[㊂]，会在影响视野的区域产生细流。
- 取决于挡水条的造型，刮水器也会促使侧窗结垢：一方面，惯性力会将刮水器的上部反转点的水珠向外甩，再将其打到侧窗上。另一方面，当刮水器在上部反转点与A柱前缘平行或向上距离逐渐缩小时。在刮水片和挡水条之间会形成一个间隙，导致往车顶方向的一个局部流动加速，从而增加此方向的剪切应力。更多的水向上流过车顶。当挡水条终止于风窗玻璃的上缘时，则水将不再沿车顶流，而会越来越多地流到侧窗上。

A柱溢流的影响在低气流速度下特别严重。溢出的水随重力经侧窗向下流。结果，所产生的细流会流过视野或者水进入外后视镜盒并因此加剧镜面玻璃脏污。在更高的速度下（大约100km/h以上），这些细流被传向下游。A柱涡旋产生的向上剪切力抵消重力。水在两个力的平衡区域形成细流，因此不会流达主要视界，如图6.33所示。A柱溢流通常会造成额外的脏污机制，即水沿着门或侧窗玻璃进入密封条。取决于密封结构，在玻璃和密封条之间可能会产生缝隙，其通过毛细作用[㊃]接收部分溢出的水。在缝隙中，它会由于压力分布和重力向镜面三角区的方向往前和底部传送。最晚在沿着密封件的最低压力点处，即在A柱涡旋开始处的镜面三角区之上，水又流出，并且溅到或以细流的形式流过外后视镜视野区。

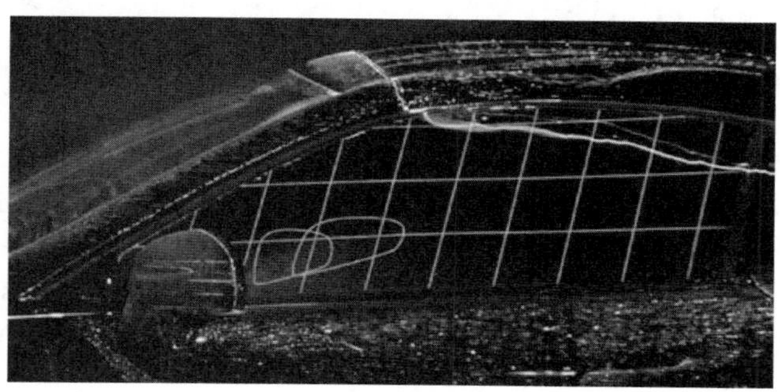

图6.33　流经A柱的水珠在剪切力与重力之间的平衡中形成细流，水向下游传送

6.3.2.1.2　外后视镜造成侧窗脏污

除了A柱溢流外，外后视镜也产生相当可观的侧窗脏污。以下类型的水或脏污附着物（由外后视镜环流引起）会影响在雨中行驶时的能见度：

- 后视镜玻璃上的水珠。

㊀ “扩散”和“飞溅”机制。

㊁ 玻璃越平、流速越大，越多的水会沿A柱流向车顶。

㊂ 低流速时，作用到侧窗上的水珠或溪流主要是重力，剪切力较小。

㊃ 液珠和紧挨着的水槽壁之间的附着力将水吸入缝隙中。

- 水滴以楔形污垢的形式落在侧窗上。
- 在侧窗前部的喷雾，特别是在视野范围内。

外后视镜在近车体的气流中作为钝体突出来，水滴从车辆中心的方向由斜前方打过来，这些水珠或直接是雨水或者由前方车辆溅起来的。这些大小、重量不一的水滴落到表面并且部分炸开[㊀]。水通过作用在表面上的剪切力传送到后视镜盒末端边缘并在那里滴落。镜子上死水的再循环将部分水滴传送到镜子玻璃上，这严重地影响了向后的视野。另一部分沿镜子背弧线向下游传送，落到侧窗的前部以及部分落到后部。落到窗上的水滴的积累会在过大面积扩散时限制镜子的可视度。

如果入射液流的水滴以钝角撞击表面，特别是在镜子的内侧，则形成喷雾。撞击表面时水滴炸裂[㊁]并通过砸散或反弹[㊂]形成小得多的水珠。如果这些细水珠落到例如马蹄形涡流中（图6.34）以半圆形围绕后视镜支架，它们会分散到该涡流系统的扩散区域。此外，在低速（低于50km/h），而尤其是在侧风的情况下，雨水直接会砸到通常是弧凸形的侧窗上。这没法用空气动力学手段来防止。

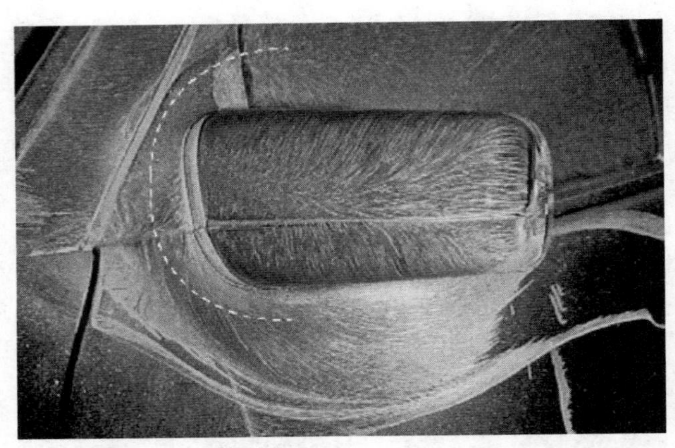

图6.34　从前面看到的外后视镜喷溅图。围绕镜子支架在两侧形成马蹄形涡流，其涡流核心以虚线示出

6.3.2.1.3　后车窗外来脏污

除了干净的侧窗之外，维持后窗无垢也有助于行驶安全。这里需要区分不同的后车窗形状。在掀背车的情况下，后窗主要受自身车辆溅起的污垢的影响，另请参见第6.3.1.2节。就阶背或斜背车而言，主要是由前行车辆溅起的污垢造成脏污。落到风窗玻璃或车顶的水向后流走，如果后车窗接缝处没有适当措施的话就会流过整个后窗玻璃，那么特别是通过内后视镜向后的视野就会受到影响。

6.3.2.1.4　风窗玻璃上的刮水器拖水

在今天的汽车中越来越多出现的相对平直的风窗和高的发动机舱盖的外来结垢领域的另一个现象就是刮水器拖水，在这种情况下，水通过风窗刮水器从A柱部分拖回到风窗的透视区域，因此严重限制视野（图6.35）。

如第6.3.2.1节所述，落到风窗的水被刮水器推向A柱。在那里形成水膜，其厚度取决于重力与推力的比例。根据速度（在大约80～120km/h时），在A柱中间区域会发生积水。这水的一

㊀　“扩散”和“飞溅”机制。

㊁　“飞溅”机制。

㊂　“破裂”和“反弹”机制。

图 6.35　风洞中刮水器拖水。刮水器把水从 A 柱又拖回到视域

部分通过刮水器尾流的负压区（图 6.36，见彩插）在刮水器回扫时从上反转点随刮水器运动方向再被拖回来，或者说通过回旋涡流往刮水器方向推。水随刮水器沿着刮水器尾流的局部流动方向（图 6.37，见彩插），直到水膜厚度变得太薄并且水膜散脱。因此，水膜会扩散到风窗的外部，直到它在下一个刮水器循环中又被推到 A 柱。

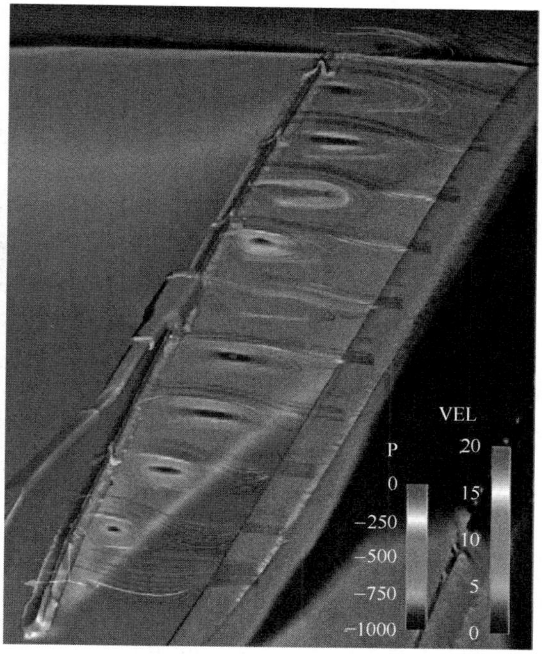

图 6.36　刮水器在从上反转点回扫时其尾流区的图示。在个别区段可看出涡旋扩张

除了几何参数如风窗斜度和其入射流之外，刮水器拖水也可以通过以下调整杆减少。通过扁平的刮水器几何结构包括适当协调刮水器臂安置可实现风窗刮水器后面的尾流域的减少。同样，刮水器上反转点也至关重要。刮水器和 A 柱之间的距离以及刮水器速度都对拖水有直接影响。

6.3.2.2　针对外来脏污的结构性措施

在雨中行驶时，既有雨滴直接打到车上，也有前行车辆溅起的水滴。这些水部分混入了脏物，形成车辆的外来污垢。这里尤其侧窗、外后视镜玻璃和后窗是重点。下面几节就来说明保持相关区域免受脏污的结构可能性。

6.3.2.2.1　减少 A 柱溢流

几乎不可能保持整个侧窗免于结垢。

在进行免垢优化时，应该专注于对于驾驶安全至关重要的视野区域。图 6.38 给出了这些视

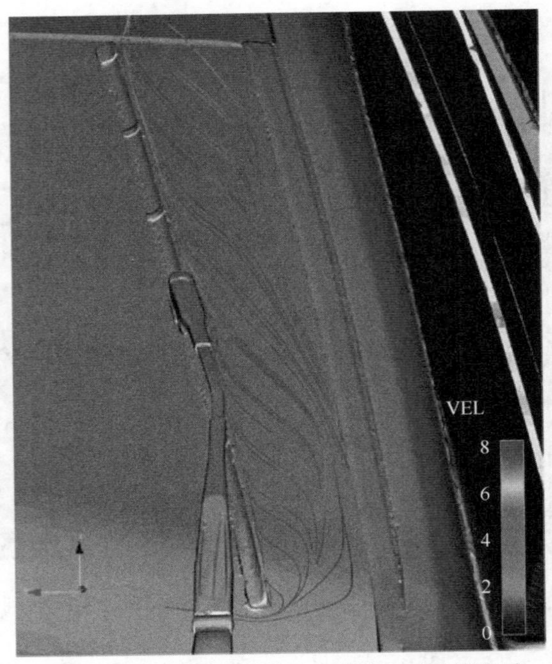

图 6.37　风窗上刮水器尾流中的近壁流线图示

野的一个示例，画出的线框表示侧窗上的区域，驾驶员㊀通过该区域看外后视镜（外后视镜视野）或侧面交通情况（眼睛视野）。

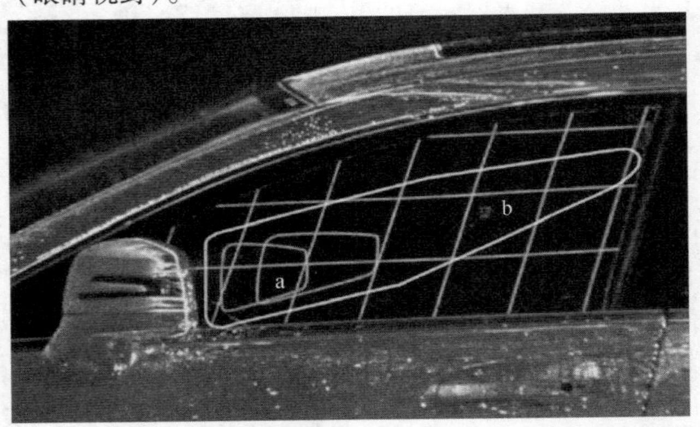

图 6.38　120km/h 时的侧窗污垢：镜子上方的污垢楔形区和弱喷雾不影响关键视野区

a—外后视镜视野　b—眼睛视野

在雨中行驶时，水滴打到风窗上。运行的刮水器将水滴推到一起，把水导向驾驶员侧的 A 柱㊁。由一个适当尺寸的水槽防止被刮水器刮到 A 柱前的水溢出。沿风窗侧面一带如果没有任何措施就会有许多细流在侧窗上流动，在高速时被 A 柱涡流打散而喷溅出来，严重阻挡侧窗的视线。相反，根据车门或 A 柱的概念，车辆的开发要么采用集成到 A 柱中的挡水条，要么采用相应尺寸的风窗玻璃涂层㊂。挡水条的设计应确保侧窗维持清洁，同时确保 A 柱的低噪声和低阻力溢流。以下基本设计特征有助于设计有效的挡水条，如图 6.39 中范例所示。

㊀　这些线条勾画出了侧窗上适于 5% 的女性和 95% 的男性的关键视野。

㊁　传统刮水器配置就是这种情况。单臂刮水器将水推往风窗前的水槽方向。

㊂　后面在这两种导水方式之间不再作区别。但设计细节仍适用于两种设计方案。

为了接收要排走的水量，根据风窗的大小和降雨的强度，挡水条的前缘必须与风窗的表面有足够的距离并因此形成对应大小的通道横截面。特别是中间的 A 柱区域很重要，因为根据行驶速度（的不同），水可以积聚成水泡并且溢出。由于设计原因，对于大多数车辆而言，风窗顶部的挡水条高度都在降低。但是必须留出足够的横截面，以便将水沿着 A 柱导向车顶而不会有进一步的累积效应。如果挡水条止于风窗玻璃上缘，或者如果其横截面[1]反而降到所需的最小尺寸以下，则不能将水排走而会产生溢出。在敞篷车中，这个区域尤其重要，因为车顶纵梁和敞篷之间存在间隙。水不再全部沿着车顶向后流，而是部分侧向流到侧窗。

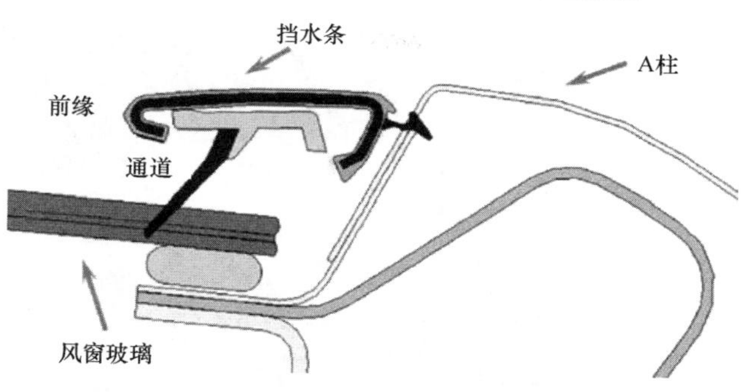

图 6.39　挡水条的剖面图示。可以明显看到前缘半径和通道横截面

除了挡水条的横截面外，其前缘的结构对于经过 A 柱的溢流行为也是很重要的。自由流动的水滴被风窗偏转，使得它们以相当钝的角度打到挡水条的前缘上。在这里，细水珠聚集成较大的水滴，并经过挡水条继续流到 A 柱和侧窗上。这种现象只能通过尽量减小挡水条前缘的表面积来防止，参见图 6.39。可惜这常常与需要较大前缘半径的空气动力和风噪的要求相反。

自由流动的水滴打到车上所有迎风面上，当然也包括挡水条和 A 柱的表面。这里水滴在砸下后也会聚集并流过 A 柱。继续导向侧窗时会受到例如车门密封条或者装饰杆的结构的影响。其结构的目的是获得额外收集水的可能性，使得水可以部分被收集到或者说排走。这种装饰杆结构的一个例子如图 6.40所示。

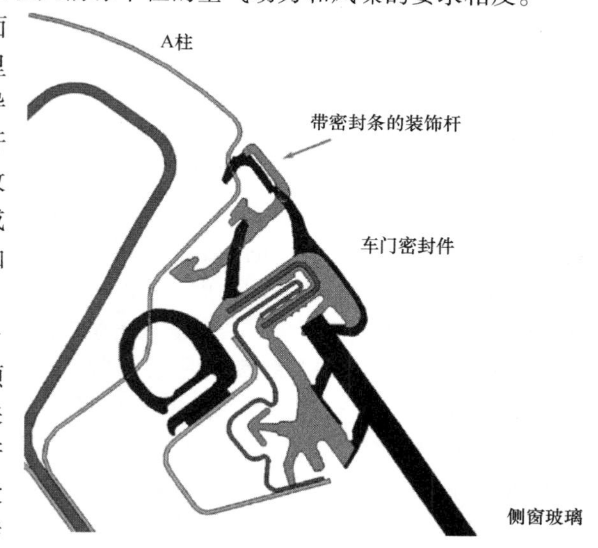

图 6.40　沿着侧窗的装饰杆的剖面图：装饰杆与密封件一起形成一个通道

6.3.2.2.2　减少通过外后视镜形成的污垢

由于对车辆空气动力学各个不同部分领域有很强影响，外后视镜对空气动力学家来说是个重要的组件。如已在 6.3.1.1 节中所述，外后视镜对侧窗脏污作用很大。如果没有外后视镜，流过 A 柱的水就是唯一的脏污源。通过两种方式可减少由外后视镜盒弧背水流所产生的脏污。一方面，通过把水导向不会再滴到车上的区域可以改善外后视镜盒上的排水。另一方面，可以对背流施加影响，以使水滴不再滴落到关键视域。图 6.41 给出了一个通过以下几个结构细节进行免垢优化后的外后视镜的示例：

- 在打来的水流向外后视镜盒下游之前，外后视镜盒末端边缘前朝向气流方向设置的横贯沟槽可以收集这些水，使其导向无关紧要的落点。对镜盒适当构形，可以在镜盒的外下角产生一个最低局部压力的点。理想情况下，收集在沟槽中的水被输送到该位置并在那里滴落，而不会进

[1] 例如通过形似装饰杆的横向侧窗玻璃包边。

图6.41　经过免垢细节优化的外后视镜的示例图（环绕导水槽和下侧的滴水唇）

入镜子的直接尾流区域，因此不会再与车辆接触。但是，通常仍会有些水滴落到侧窗前部。在侧窗下部或车门壳上部会出现一个楔形脏污区（图6.38）。如果正确安置滴落点则脏污楔既不会影响视野的透视度，也不会在门把手上再产生结垢。滴点越靠里，水滴就越早落到侧窗上，因此进入外后视镜视域，更确切地说是这些水滴流到镜子尾流区，从而流到镜子玻璃上。

- 有时候，靠镜子下部区域的沟槽收集水还不够。储唇能帮助改善沟槽的功能。根据尺寸的不同，储唇可以改变外后视镜环流，以正面影响脏污楔的位置和大小。气流通过导流板向下引导。虽然水槽和储唇会改善结垢，但它们会对气动力和风噪产生负面影响。对所有的空气动力学特性和结构设计这里也会有个妥协。
- 外后视镜的外形可以通过实施侧向排流来正面地改变滴落方向。把外后视镜的侧表面调整到与侧窗面平行有利于液滴往侧窗上的更下游区滴落。
- 尾流影响的另一个可能性是对外后视镜盒和车门之间的间隙进行设计。外后视镜三角带、支架和镜盒形成一个向上敞开的通道，使得液流顺着导向侧窗。这样，外后视镜的尾流区可与侧窗保持一段距离，使得尾流水滴在更远下游区滴落。这个通道应该由前向后略微扩展，使得在通道横截面中不会产生液流分离。通道中轴稍微朝外设置也有改善效果。
- 减少桥式镜喷雾的关键参数是通道开始处的镜盒内侧半径的大小，如图6.42所示。水滴在外后视镜盒的前缘绽开，并以通道中细珠的形式传向侧窗。内半径的减小会导致该问题溅落面㊀的减小。同样，在设计外后视镜支架连接时要确保尽可能少的液滴会以钝角溅落其表面。
- 如果外后视镜连接不是作为桥式镜，而是装在门上的侧窗窗沿后视镜，则安装连接方式需要更细致的设计。由于环绕外后视镜支架的马蹄形涡流，在往镜盒的过渡处会产生一个很强的负压区，从而使滴落点向内移，如图6.43（见彩插）所示。这可以通过镜座的形状和位置或者通过构成滴落角来防止。

此外，以下在图6.41中未描述的结构特征可减少侧窗和外后视镜的脏污：

- 如果外后视镜不是放置在镜子三角区，而是安装在更远的下游，则来自A柱环流的水会较少落到镜盒上以及镜盒前缘的问题溅落面。
- 相对于局部气流方向来说，一个尽量小的镜盒迎风面会导致较少的水滴积聚。
- 把镜盒向下游延长到超出镜面（Attica围栏）使得环流部分地远离玻璃，但因此也可能会使可见镜面面积减小。

㊀ 把外后视镜向下游位移也可以减少甚至消除问题区域。

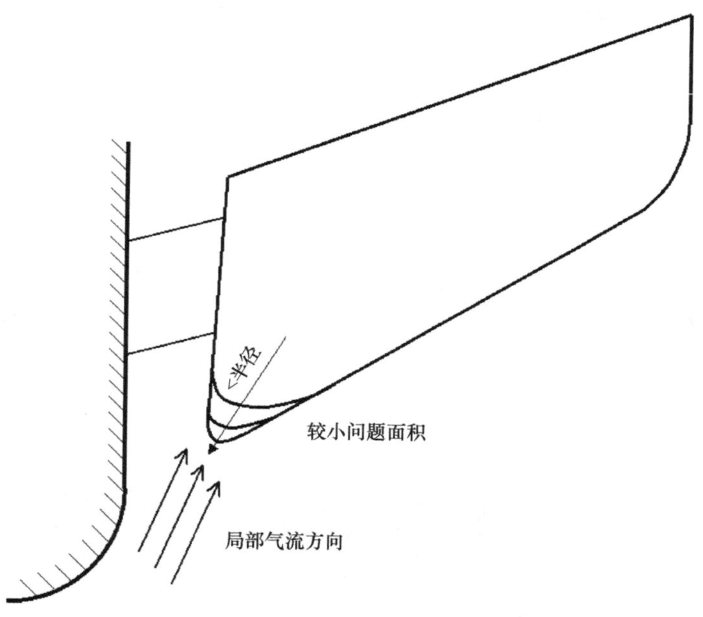

图 6. 42　外后视镜示意图：外后视镜盒内侧半径越小，溅落液滴的问题面积就越小，进而因喷雾造成的侧窗脏污也就越少

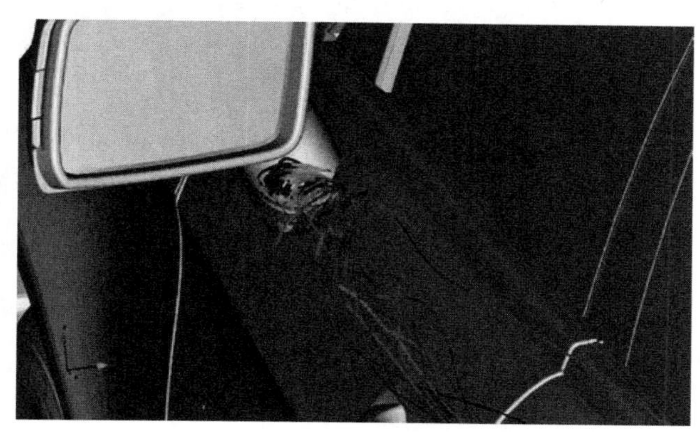

图 6. 43　围绕安装在车门壳上的外后视镜的流线的插图。在外后视镜盒和镜脚之间形成强烈的涡流

6. 3. 2. 2. 3　减少后窗污垢

避免阶背车后窗脏污的最简单和最有效的措施是在后窗上缘设置一个导水槽，例如，通过设计玻璃垫片和胶条，这样可以收集水并往两边排走。对于在后车盖和车顶之间有密封条的掀背车，重要的是要注意在结构上进行相应设计。流过车顶的水必须能够顺畅地流入此导水槽。车顶和后窗玻璃之间的叠瓦结构确保车顶后缘的水滴也流入导水槽内，并向两侧排走。不能让它被可能出现的负压峰值再次吸出。遮盖导水槽的后半部分防止了这一点，如图 6. 44 所示。对后窗两侧以类似构形进行设计防止过多的水经过 C 柱涡流被吸出并因此流到后窗玻璃的两侧。

在优化后窗免垢时，必须特别注意天线的位置和尺寸。如果像大多数较新的车辆一样，将电话或 GPS 天线放置在车顶后缘或后窗上，这样可能会在其边缘形成抽吸尖锋，将已收入的水从后窗周边的导水槽吸出，形成细流穿过后窗，如图6.45所示。

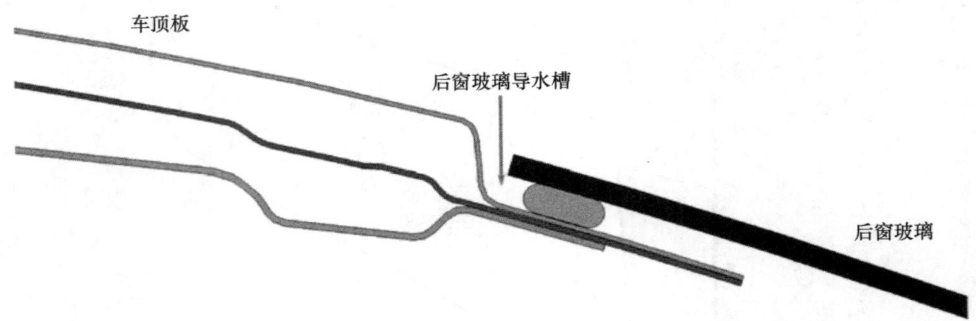

图6.44　后窗到车顶过渡部分的剖面图展示了半遮盖的水槽和后窗玻璃到车顶板的叠瓦搭接

图6.45　160km/h时的后窗脏污图：车顶天线和C柱上的负压峰值会影响结果

对于阶背车还要注意另一个顺畅排水的问题，例如沿行李舱盖接缝处。如果后窗下缘和行李舱盖之间侧向流出的水太多，这些水可能会加入到在阶背车的情况下所形成的封闭的紊流分离气泡，从而以细小水珠的形式落到后窗上。

6.3.3　自身脏污

6.3.3.1　自身脏污的原因

车辆自身脏污的主要原因是旋转车轮溅起的水滴和污垢颗粒。下面将详细讨论车轮上它们的形成机制及其效果。针对这类脏污的措施在6.3.3.2节做了说明。

车轮旋转溅起的水滴分为两类：

- 溅水（水珠）：描述较大的水珠，它以相对高的速度在靠近地面的抛物线轨迹中运动。
- 雾水（水沫）：这是指被带到紊流下游的小水滴细雾。

图6.46显示了Koessler（1965）、Braun（1972）和Clarke（1983）所描述的自由滚动着、未遮罩的车轮的溅射行为。具有胎纹的旋转轮子仅能将道路上、胎纹沟里的一部分水向外或者说沿旋转方向甩出去。其余部分被推到胎纹触地面前方，类似于船首波浪（艏波）。这样产生较大的水珠形式的溅水，其以直到45°的角度溅向前面和侧面。在胎纹沟中，水因附着力被带到轮胎上。如果圆周速度过高，附着力就不足以抵抗离心力。小水珠便以雾水的形式切向飞出。

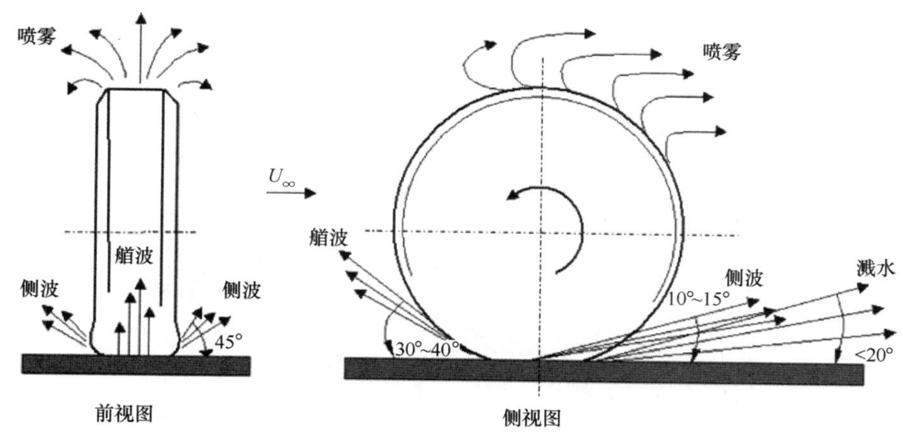

图 6.46 旋转着的车轮溅水示意图

有两个相互独立的喷雾区域：局部车轮圆周速度在轮胎压印的末端迅速增加㊀。胎纹触地面下方的一部分水以 20°~30°之间的角度以细水珠的形式溅开。在这个喷雾中包含部分从胎纹沟中溅出的水，这些水以较平的角度飞出。沿着轮胎圆周方向现在有个无溅射区。仍然留在胎纹沟里的薄水层中的附着力在该区域内比离心力大。只是在上部三分之一范围离心力才克服了附着力，这时细水珠才会被垂直向上或者说逆行驶方向甩出。

在有挡泥板罩住车轮的情况下，液滴甩到轮拱壳上并溅开。一部分水会在那里积聚并往下流，并在轮拱的末端以大水滴形式落下。另一部分被轮罩后上方涌出的气流从轮拱中扯下，形成明显的喷雾旗。

原则上，由于有从轮拱或者说底盘中部向外流动的气流，在轮子上产生的一部分喷雾会加入到外部气流中。这些喷雾积存到车身侧面或者说门把手上，或者传递到后窗下游，从而在很大程度上形成汽车自身脏污。

关于自身脏污首先要区分车身后部和侧面的脏污。车身侧面和门把手的脏污既是由前轮旋转所溅起的溅水也是由前轮拱甩出的喷雾所引起。行李舱盖、尾灯和行李舱盖抓手的脏污主要是由后轮造成的。除此之外还有来自底板的湍流。细小的部分在底板上再次溅开的水滴进入车辆尾流因而落到车辆尾部表面。

6.3.3.2 针对自身脏污的结构措施

针对自身脏污的措施显然在于影响液滴在轮拱和车底板的形成。通过气动措施或者能够收集并且排水的机械防溅系统可以减少喷雾产生。在前轮拱区采取适当的气流拓扑可以减少喷雾的排出。此外这里也可采用车轮扰流板。

减少喷雾的机械措施可以是适当形状的轮拱罩，例如通过橡胶边条来减小轮拱截面。如果轮拱具有连续的纵向凹槽，则可以收集细小的水珠。这些小水珠积聚在凹槽中形成更大的水滴，由轮拱下面流走。前轮后面的防溅板也可以减少车轮上的喷溅。

在下一节中，将深入讨论减少门把手和后窗玻璃污垢的气动措施。

6.3.3.2.1 减少门把手脏污

门把手会由于两个原因脏污。在外后视镜的尾流区域，流下的水滴打到侧窗和车门外壳上，这是外来脏污。如果污垢楔形位置没有调好，首先前门把手会弄得特别脏。侧面车门壳的另一个

㊀ 由胎面纹在压印（轮胎接触地面）部分加速所引起。

脏污源就是前轮。在前轮尾流区，从前轮拱飞出的喷溅水雾向后甩，落到侧壁上，如6.3.1.2小节中所述。根据尾流区的大小和门把手的位置，干净地开门将不可能。

根据位置和尺寸的不同，前轮前方的车轮扰流板可以影响轮拱的压力水平，从而可以减少轮拱的溅射或者说使轮胎尾流区可以保持平坦。因此，侧壁上的积垢会下移，这样门把手就在前轮脏污的范围之外。图6.47显示了车轮扰流板的影响。画的白线表示脏污的上缘。

a)

b)

图6.47　车轮扰流板对车门壳脏污的影响

a）没有车轮扰流板门把手弄脏了　b）有车轮扰流板门把手保持干净

6.3.3.2.2　减少后窗脏污

由车轮或车底溅起的小水珠进入车辆的尾流区。小水珠从那里分散到所有与死水相邻的车辆表面上。这些表面除了尾灯之外还包括后窗。与阶背或斜背车不同，这些车辆（掀背车）主要不是受到外来脏污，因此不会受到在6.3.1.1小节中所述的从车顶流下的水的影响，而是受死水中细密分布的水珠的影响。

只有当影响死水，以致带污物的再循环流不会到达后窗时，气动免垢才会成功。已有许多尝试来通过适当构形的车顶扰流器把到达车顶的气流向下导引。近车壁的气流由于转向变为沿后窗的定向运动。湍流死水中的细小水珠在这个区域没有机会在后窗玻璃上落下。流速再次比较快地降下来。在后窗的下部和两侧，气流偏转的作用已经减小，以致水珠会又落到后窗上，如图6.48所示。

尽管这种车顶扰流板可以部分保持后窗清洁，但是，空气阻力和后轴升力会由于气流偏转而急剧加大，因此要实施常常意义并不大。为了确保后窗的透视度，大多数汽车厂商都为后窗配备了后窗玻璃刮水器。后盖把手和倒车摄像头无法通过气动手段来保持无垢。尾部死水中的细

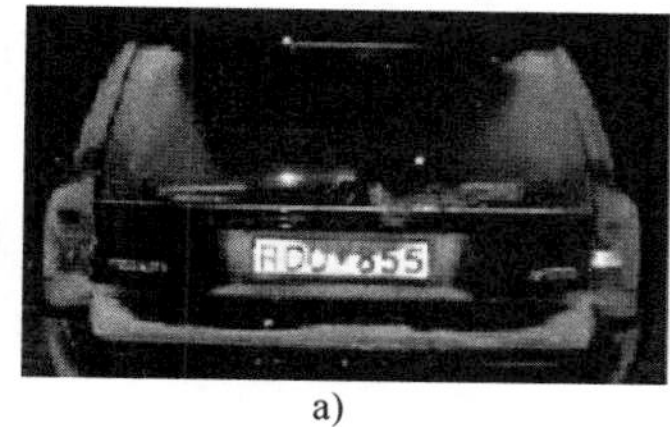
a)

b)

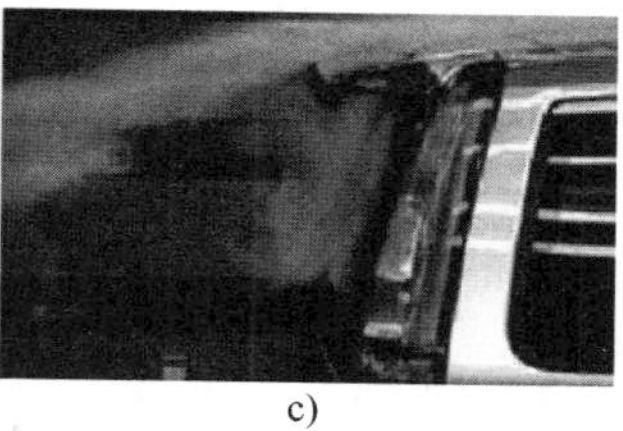
c)

图 6.48　车顶扰流板对后窗脏污的影响；根据 Larsson（2000）
a）有车顶扰流器　b）没有车顶扰流器　c）借助烟雾枪使得车顶扰流器区域气流可视化

水珠落到所有暴露表面上。如果把手沉入凹槽中有阶檐遮挡，那么至少可在其内侧减少脏污。这个办法同样适用于倒车摄像头，或者使其受主动控制，在挂入倒档时便让摄像头伸出来。

第 7 章　冷却和过流

Ralf Neuendorf，Bernhard Zuck
戴薇　译

7.1　对冷却的要求

车辆冷却的任务是：车辆里所有热源的总和，例如发动机、变速器以及空调装置的制冷循环系统和电子系统，每时每刻同样大小的热量要释放给散热器，以保证车辆的持续运行，不能影响车辆的舒适性、动力性能和寿命。因此必须提供足够的冷却空气到散热器和每一个发热部件。

车辆动力学的这部分将在下文里称作过流（参见图 7.1，见彩插）。整车系统的基本设计取决于热要求、所应用的每个零部件和安装位置。根据这个观点和所要求的整车系统的空气动力学优化工作将在下面几章中阐述。

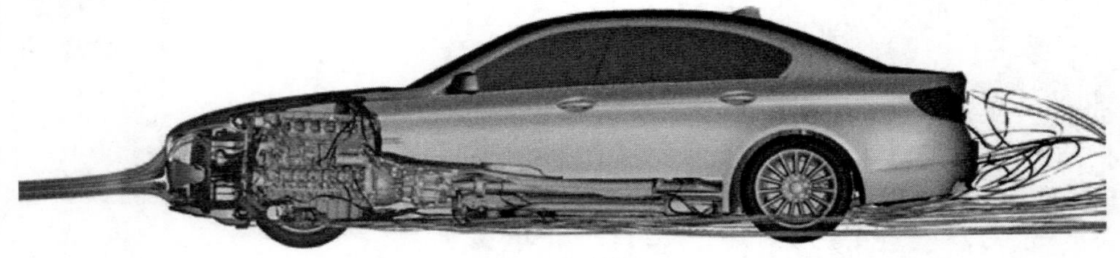

图 7.1　过流

实际所需的冷却功率首先由车辆运行状况给出。常见的车辆运行状况在不同的车速情况下变换，如城市内交通、城乡交通、山区或高速公路，其间车辆或以均匀速度或加速或减速交换着，这样从发动机怠速的驱动状况到最大功率，如今的轿车发动机功率能够大大超过 300kW，发动机工作点与不同的车速相结合就可实现车辆从停止状态到最高车速。

在这一章里首先对冷却系统的设计在代表性的稳态运行条件下提出了特别的要求，也适合相似车速范围内的动态运行条件，以保证车辆能在用户需要的所有运行状态下正常行驶。最后解释一下车辆最重要部件和系统的冷却要求。

7.1.1　代表性的运行状态

7.1.1.1　最高速度

以最高速度行驶——至少在德国的高速公路上——将有长期的可能性。因此冷却系统必须做到，在平稳状态下产生的热量完全排放到周围环境里。不仅消耗的发动机功率大并因此进入冷却系统的热量多，而且流入速度高并因为滞止压力能够得到的冷却空气多。

7.1.1.2　带拖斗车行驶

带拖斗车行驶时有最高速度限制，因为拖斗车的空气阻力大，即相应行驶速度的发动机功率高，因此这一运行情况对设计发动机冷却系统同样重要。

7.1.1.3　爬坡行驶

最大载货车辆在爬坡行驶时具有相似情形。高的发动机功率对应着由于滞止压力而相应较少的空气输入量。带拖斗车要求一个高的驱动功率，一般情况下行驶速度较低。所需的冷却空气首先必须由一个风扇提供。爬坡行驶与拖车行驶不同，它受山脉高度限制，必须在设计时加以合理考虑，避免不必要的浪费和其他缺点，比如，避免很重的车辆重量。

7.1.1.4　怠速

发动机空转静止的车辆散发的发动机热量较少。除了发动机内部摩擦功率，通过附加装置比如空调压缩机和发电机会需要几千瓦的功率。还有空调冷凝器和可能有这种情况，即自动换档机构产生附加的热源，所要求的冷却空气将由冷却系统的一台风扇提供。自动起动 - 停止系统广泛与自动换档系统相结合，在车辆静止状态关掉了热量输入，以保护车辆部件，如 7.1.2.6 小节所述。

7.1.2　部件和系统

7.1.2.1　驱动发动机

现代车辆几乎都由液体冷却的发动机驱动，这表明了主要的热源，因此需要首先详细探讨。内燃机将燃油的化学能量通过燃烧转变为热能，然后再转化为机械能。在燃烧过程中一般 100% 能量转化为热能，热能转化为机械能的效率大约在 20% ~40% 之间。理论上的上限是由卡诺效率给出，它仅有最大温度与环境温度的关系给出。其余的 60% ~80% 的能量与运行工作点有关，在活塞式发动机里大约超过一半通过热废气排出，余下的热量由发动机冷却系统排给大气，仅有很小一部分通过辐射从发动机排给它的周围环境。一个很简单的经验公式，在平稳的偏载运行情况下，水冷发动机是所谓的三分之一规则，1/3 从燃油获得的能量用于驱动系统，1/3 保留在废气里，1/3 排到了冷却介质中。这意味着冷却系统转化了大约相同的能量，就像消耗在车轮上驱动车辆。这个分配在较低的发动机负荷下也基本有效，当发动机负荷增大后，通过废气排放的热量增加，而冷却系统转化的能量相应减小。

运用电驱动，计算电功率大约大于 80% 存储的能量用于驱动系统，而冷却能量需求相应较少。但是对电子和电机冷却，最高允许的温度比内燃机要低很多，而后者冷却介质温度直至大约 120℃，要求电子部件一般情况下最高温度大约 70℃。如果空气温度 30℃，在相应的散热器大小和冷却空气流量下，要求散热器的温度差减少至一半。

设计散热器需要了解能量流（守恒）的原理。所应用于平稳运行情况下的驱动功率由车辆重量、空气阻力、轮胎摩擦损失以及路面坡度行驶来确定，参见公式（7.1）。

$$P_A = \left[C_D \cdot A_x \cdot \frac{\rho_L}{2} \cdot v_F^2 + m_F \cdot g \cdot (\mu_R + \sin(\arctan N)) \right] \cdot v_F \tag{7.1}$$

发动机的工作点，即转速 n 和转矩 M 包括车轮大小和传动比。发动机的结构设计，特别是发动机内的冷却液体和机油系统的设计，哪些部分热量 χ 由冷却液或发动机机油带走。如果运用发动机机油 - 冷却液散热器，必须将全部热量通过这个冷却液散热器带走。因此下面只要考虑冷却液。如果发动机机油散热器单独安装，可类似推导。带走的热量由公式（7.2）计算。

$$\dot{Q}_M = \frac{P_A}{\eta_A \eta_M} \cdot \chi \tag{7.2}$$

7.1.2.2　发动机新鲜空气

柴油发动机里的增压和增压空气冷却器许多年来已经标准化了。近年来奥托发动机在减小尺寸方案里越来越多运用了这些技术。吸入发动机的新鲜空气温度不仅对吸入式发动机，而且对增压式发动机在燃烧过程、功率和消耗方面都产生很大的影响。为了达到尽可能小的吸入空气温度，首先尽可能吸入周围环境中的冷空气，所以许多车辆在汽车前部使用吸入空气通气管。通常这个吸气通气管装在通至发动机散热器的空气管道内。在这个空气管道内，吸入口必须注意以下几点：

- 在涉水试验中不允许水被吸入（将使发动机马上毁坏）。
- 尽量避免吸入脏物和雪。
- 在很快加速度下不吸入通过散热器回流的热空气。

在增压发动机里，被压缩的空气温度应该马上明显地降温，以达到一个优化的发动机运行状态。增压空气带来的收益约占发动机冷却的20% ~30%。但是要达到的温度水准必须明显很低。这里特别要考虑换热器的位置安排。增压空气冷却器有两种不同的系统，例如 Zuck（2012）解释道：

- 直接增压空气冷却是一个空气 - 空气换热器，增压空气直接由冷空气冷却。
- 间接增压空气冷却，增压空气先把它的热量释放给冷却液，然后这些热量在一个冷却液冷却器里再释放给空气。

7.1.2.3 变速器

由于高效率的现代化手动变速器一般情况下冷却它的表面就足够了。通过有目的地从车辆底部流出的空气就能提高热传递。用液力驱动的离合器自动变速器一般排热较多，所以需要附加冷却装置，特别是在低速下传动功率由液力转换器传输。

7.1.2.4 变速器轴

通过变速器轴传输总的驱动功率。同样它的效率很高，但是它的废热必须通过较小的表面带走。在高速和非常动态行驶时变速器轴需要最大的冷却量。当空气速度较快时可以减轻冷却器工作量，动态行驶显示一个特别高的冷却要求，因此空气动力学必须研究车辆运行的安全可靠性。

7.1.2.5 空调

与发动机冷却不同，空调对冷空气的要求与车速无关，首先与外界温度和乘客要求有关。特别在停停走走的交通情况下，如亚洲、美国和欧洲南部的大城市，对车辆空调提出了最高的要求。它的冷却能力和效率主要取决于冷凝器。这意味着必须保证足够多的冷却空气流量以尽可能低的温度流过冷凝器。冷却空气翼的形状对空调系统功率具有很大的影响。因为在很慢的交通状况和停车时特别重要，去阻止自身车辆产生的热废气在冷凝器前回流。详细描述空调系统和制冷剂循环流动请参见 Tummescheit 等（2007）。

7.1.2.6 部件

大部分废热通过所谓的换热器带走，但是很多部件特别在发动机区域和车辆底部——专门在废气装置附近——需要通过空气冷却。在高驱动功率下，所有车辆部件遭受很高的热负荷。与发动机和变速器相对立的是，最高温度也可能在发动机停止后出现，因为热传导、辐射和自然对流从热的部件传递给周围环境，而此时通过流动产生的冷却已经不存在了。请与 Weidmann（2008）一书比较。这意味着一个相对高的冷却需求去保证运行时的温度大大低于允许的界限。在不断增加的电子元件情况下，对冷却需求也进一步增加。

7.1.3 进一步的要求

车辆前部的形状除了冷却要求外还必须考虑进一步的功能和美学要求。

7.1.3.1 车辆设计

一个对流动很重要的影响参数是由车辆设计师给出的。车辆前部取决于空气进入方式。几乎所有的汽车制造商把它作为一个重要的特征。知名的例子是：BMW 是双肾形，Bugatti 冷却栅栏是马掌形状，Audi 是单一车架冷却栅栏，Rolls Royce 是寺庙状。

7.1.3.2 结构空间

冷却系统的安排和大小以及它的入流情况所涉及的主要边界条件是由车辆安装空间给出的。一方面冷却系统和空气导流不能总是提供功能性优化的结构空间，另一方面总是期待结构紧凑的散热器，但也可能增加冷却空气需求和冷却空气的压力损失。

7.1.3.3 安全性

不容忽略的是，通过事故安全性提出的要求和法定准则，保险杠必须在一定的高度范围内安装，大部分情况下直接在散热器前面，大多是滞止压力点的高度，以此明显地阻止流入散热器。另一方面散热器应该保护好，当发生轻微事故时不被撞坏，因为此时车辆必须被拖走，更换散热器将产生很高的修理费用。另外在发生事故时为了可以相互保护，车辆前部间隙安排、散热器和风扇的排列将受到限制。进气口和冷却空气气流必须保证不去攻击旋转的风扇。在不确定情况下，装上保护网栅，但将使冷却空气的压力损失增加。

7.1.3.4 噪声

空气进气口和出气口也总是向外界传递声波的路径。发动机噪声通过空气进出口大量传出，特别是柴油发动机。在缓慢行驶时，风扇的噪声首先出现在高的风扇旋转速度时。风扇叶片的形状设计在最大传递功率和声音排放之间要进行折中。空气动力学的任务是尽可能减小冷却空气的压力损失，在停停走走的交通状况下，风扇的旋转速度保证在一个可允许的声音范围内。

7.2 冷却系统

7.2.1 发动机冷却循环

如前所述，在当今的机动车辆中发动机是通过冷却液循环来冷却的。除了与空气冷却相比显示着更高的功率密度外，液体冷却还具有以下几个优点：

- 发动机中的热流量密度更高，从而更好地冷却高热应力点。
- 发动机温度由节温器控制，并在很宽的工作范围内保持恒定。
- 降低空气噪声辐射。

较高重量和较高能量需求的最初缺点不再明显了。因此，在下文中，仅将更详细地考虑具有液体冷却的冷却系统。冷却系统设计最重要的输入变量是热输入，一般来说发动机的热输入最大。这里假设给出了这些热输入，发动机内部的冷却在 Pischinger 等人（2002）的书中有更详细的描述。冷却循环的简化示意图如图 7.2 所示。冷却液由循环回路中的泵输送到发动机，与之并联的发动机机油散热器（MÖK）和冷却液散热器，其中机油散热器吸收热量，冷却液散热器将热量释放到环境空气中。由节温器控制，来自发动机的冷却液由节温器控制质量流量并分成流过散热器的一部分和直接返回发动机入口的第二部分。该调节允许冷却液通过混合已冷却和还未冷却液体的质量流量使进入发动机的冷却液达到恒定的入口温度。此外，这里还集成了一个变速器油散热器（GÖK），它也通过节温器控制，使变速器保持在最佳温度。除驱动系统外，还必须冷却其他系统。这包括今天空调装置的制冷循环，空调蒸发器（A/C）和压缩机中的热量吸收和在空调冷凝器中热量释放。此外，冷却模块中，直接增压空气冷却器被显示出。

对于静止的行驶状态，通过以下能量平衡可以简化发动机冷却。发动机的废热$\dot{Q}_M$被冷却液吸收$\dot{Q}_{KM}$，然后释放到冷却空气中$\dot{Q}_{KL}$：

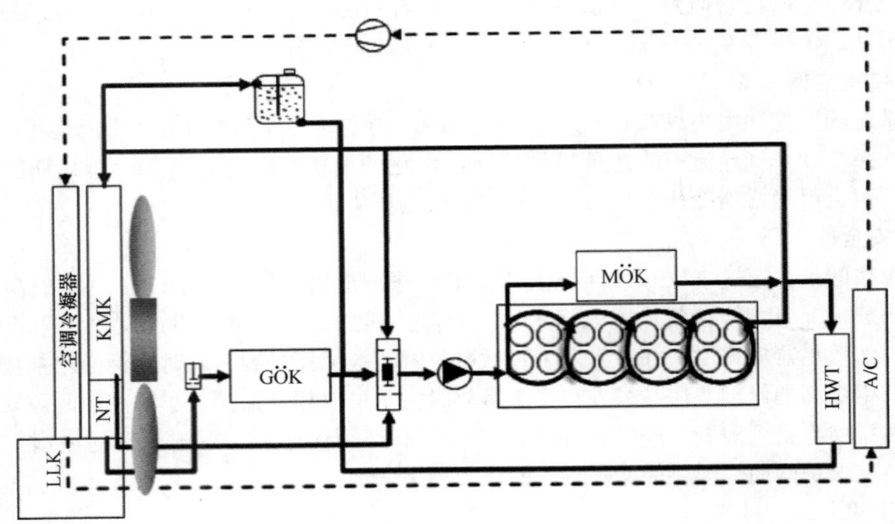

图 7.2　发动机冷却循环和空调循环

LLK—直接增压空气冷却器　NT—低温冷却液散热器　KMK—冷却液散热器　GÖK—变速器油散热器
MÖK—发动机机油散热器　HWT—取暖换热器　A/C—空调蒸发器

$$\dot{Q}_{M} = \dot{Q}_{KM} = \dot{Q}_{KL} \tag{7.3}$$

7.2.2　传热基础知识

本节简要介绍了传热的基本知识和关键指标。Baehr 和 Stephan（2010）详细讨论了该主题。基本上，要区分以下三种传输机制，其中传热的驱动力总是温度差：

- 热传导
- 对流
- 热辐射

在流体力学中，也在热力学中，无量纲特征参数用于表示相互关系并允许通过相似定律计算重要参数，因此下面简要介绍传热的基本要素。

7.2.2.1　热传导

热传导发生在任何介质中，无论是固体、液体还是气体。根据傅里叶定律，与面积相关的热流量$\dot{q}$与温度梯度成正比。比例常数 λ 称为导热系数：

$$\dot{q}_{\lambda} = -\lambda \frac{dT}{dx} \tag{7.4}$$

虽然对于大多数固体和液体，λ 在很大范围内几乎与温度无关，但对于气体，随着温度升高，λ 会增加。

7.2.2.2　对流热传输

在流动的流体中，内部能量的传输将通过流体叠加到管道里的热传输上。

$$\dot{q}_{h} = \dot{m} \cdot c_{p} \cdot \Delta T \tag{7.5}$$

技术上特别重要的是从固体壁到流动的流体之间的热传递。壁附近的流动对热流有重要影响。壁热流量可表示如下：

$$\dot{q}_{\alpha} = \alpha \cdot (T_{W} - T_{F}) \tag{7.6}$$

式中，比例因子 α 称为换热系数；它可以通过特征长度 l，通过努塞尔（Nusselt）数，用无量纲数表示与热传导相关的对流热传递：

$$Nu=\frac{\alpha\cdot l}{\lambda} \tag{7.7}$$

努塞尔数又可以通过普朗特（Prandtl）数和雷诺（Reynolds）数表示。

$$Nu=k\cdot Re^{k_1}\cdot Pr^{k_2} \tag{7.8}$$

该关系仅允许根据流动形状和材料尺寸的知识来计算换热系数。理论上可以确定一些特殊情况，然而，它是通过半经验方程表示的。在 VDI 热手册（2002）中，这些是针对某些流程形式编译的。

在热交换器中，热量通过将流体分开的固体壁从一种流体传递到另一种流体。有两次对流传热和一次串联连接形式的热传导。借助于传热系数

$$k_{1-2}=\frac{1}{\frac{1}{\alpha_1}+\frac{d_W}{\lambda}+\frac{1}{\alpha_2}} \tag{7.9}$$

热流可以再次用类似于方程式（7.6）来表示。

除了强迫对流之外，还有自然对流。这是通过随温度升高而密度普遍降低而在流体中产生的，这为较温暖的流体区域提供了浮力。这导致较暖的流体部分上升而流体的较冷部分下降。因此，自由对流也由壁与流体的温差驱动。该过程通过格拉斯霍夫（Grashof）数来描述，格拉斯霍夫数表示由于与流体的黏性力相关的温度差引起的浮力。

$$Gr=\frac{g\cdot\beta_p\cdot\Delta T\cdot l^3}{v^2} \tag{7.10}$$

类似于使用雷诺数和普朗特数的强制对流的描述，在这种情况下的传热可以确定为格拉斯霍夫数和普朗特数的函数：

$$Nu=f(Gr,Pr) \tag{7.11}$$

同样对于自由对流，文献中提供了许多用于计算传热的经验公式。在实践中，缓慢形式的流动可以用混合公式来表达。

7.2.2.3 热辐射

在所有物体之间总是通过辐射进行热交换。面积相关的热流量$\dot{q}_\varepsilon$ 可以通过 Stefan – Boltzmann 的辐射定律利用黑体的辐射常数 σ_S 计算如下：

$$\dot{q}_\varepsilon=\sigma_S\cdot\varepsilon_{1-2}\cdot(T_1^4-T_2^4) \tag{7.12}$$

因为热流量与绝对温度是四次幂的关系，高温下的热辐射就显得尤为突出。因此，在车辆中，特别是在排气系统附近，可以达到超过 800K 的表面温度，热辐射起主要作用。发射系数 ε_{1-2}描述了辐射交换表面的表面性质和形状或位置。气体辐射仅在非常高的温度或大体积下发生，因此在此不予考虑。

7.2.3 热交换器类型

为了将热量从一种流体传递到另一种流体，可以使用大量不同类型的热交换器。选择基于诸如温度和温差、功率密度、流体类型、体积流量和压力损失、制造工艺、热循环下的耐久性、机械振动等标准。与此无关，热交换器可根据两种流体的流动方向细分为顺流、逆流和交叉流热交换器三种基本形式。

7.2.3.1 顺流和逆流热交换器

图 7.3 显示了顺流（左）和逆流热交换器（右）的原理以及相应的流体温度曲线。可以看出，在逆流原理中，流体从入口到出口的较高温差是可能的，即可以传递更多的热量。此外，由

于较高的平均温差，逆流热交换器达到较高的功率密度。逆流热交换器特别有效并且用于车辆中，比如用作机油－冷却介质热交换器，也用作增压空气冷却器。

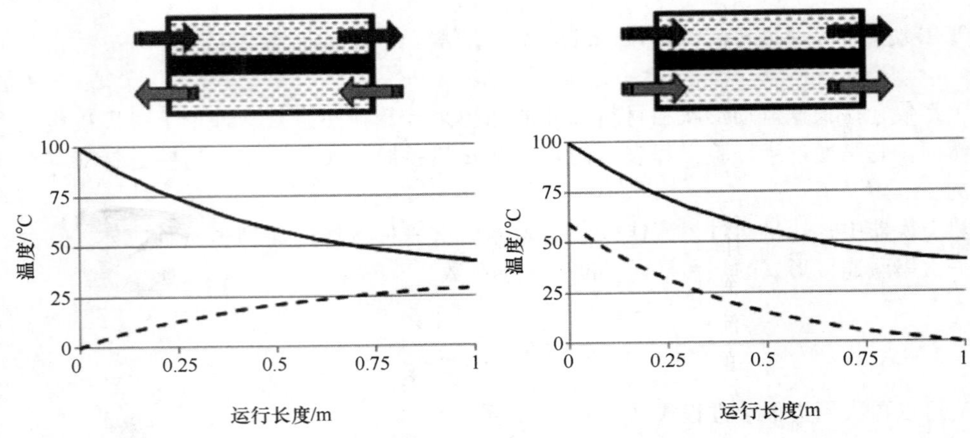

图 7.3　顺流和逆流热交换器

7.2.3.2　交叉流式热交换器

如果两种流体交叉相互流动，则称为交叉流式热交换器。这时温度不仅在流动方向上变化，而且也在整个横向上变化。这种类型通常用于机动车辆中的液体和气体之间的热传递。例如冷却液散热器和冷凝器。交叉流式热交换器的计算和优化参见 Ender（2001）的研究结果。

7.2.3.3　热交换器功率的计算

热交换器的功率可用第 7.2.2 节中给出的大小通过面积积分计算得出。

$$\dot{Q} = \int_0^A k_{1-2} \cdot (T_1 - T_2)\,\mathrm{d}\widetilde{A} = k_{1-2} \cdot A \cdot \overline{\Delta T} \tag{7.13}$$

对于具有明确流动形状的纯顺流或逆流热交换器，可以通过求解微分方程来计算换热功率，但对于大多数技术应用中出现的混合形式是不可能的。因此，通常运用所谓的运行特性 Φ：

$$\Phi = \mathrm{Max}\left(\frac{\Delta T_1}{\Delta T_{\mathrm{E}}}, \frac{\Delta T_2}{\Delta T_{\mathrm{E}}}\right) \tag{7.14}$$

对于两种流体之间的入口温度差，

$$\Delta T_{\mathrm{E}} = T_{1\mathrm{E}} - T_{2\mathrm{E}} \tag{7.15}$$

两种流体从入口到出口的温差

$$\Delta T_i = \left| T_{i,\mathrm{E}} - T_{i,\mathrm{A}} \right| \tag{7.16}$$

用

$$\Phi = \frac{\overline{\Delta T}}{\Delta T_{\mathrm{E}}} \cdot \frac{k\mathrm{A}}{\dot{w}_{\min}} \tag{7.17}$$

和

$$\dot{w}_{\min} = \mathrm{Min}(c_{\mathrm{p},1} \cdot \dot{m}_1; c_{\mathrm{p},2} \cdot \dot{m}_2) \tag{7.18}$$

可以使等式（7.13）变形为等式（7.19），其中给出了所有大小：

$$\dot{Q} = \Phi \cdot \dot{w}_{\min} \cdot \overline{\Delta T_{\mathrm{E}}} \tag{7.19}$$

由于车辆中使用的冷却器的复杂关系，上述以几何尺寸为基础的传热计算是不可能的。对于热交换器，即冷却液散热器和空调冷凝器，例如，由 Park（2009）在大量测量的基础上确定了经验方程。

7.2.4　车辆中的热交换器

对于要在车辆中执行的各种冷却任务需要使用特定的热交换器，在下面章节里将更详细地描述。它们通常组合在一起形成一个组件，即所谓的冷却模块。通常，这种冷却液散热器，就具体情况而言可能是增压空气冷却器和/或油冷却器、空调冷凝器和风扇。

7.2.4.1　冷却液散热器

冷却系统的中心部件是冷却液散热器，为发动机以及可能的电力电子设备起到冷却作用，或比如作为间接增压空气冷却器的废热需要散发到周围环境里。它们专门设计为交叉流式热交换器。图 7.4 显示了主要部件的结构：

- 散热器网络由管和散热片组成。
- 侧面部件和接头。
- 入口和出口处的散热器，带有所有必要的连接和固定元件。

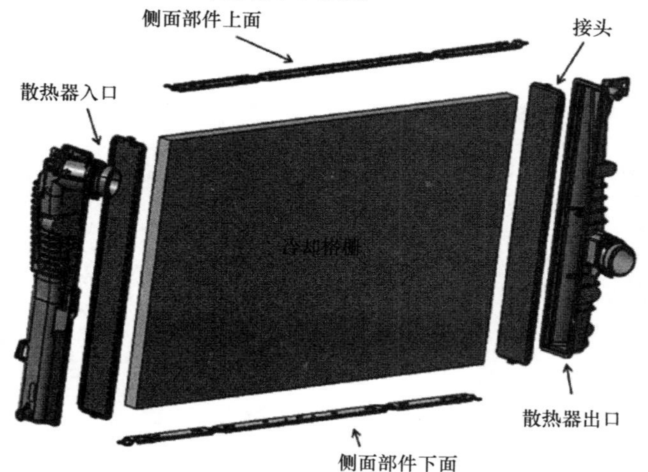

图 7.4　冷却液散热器的结构

所用材料和冷却格栅结构对冷却能力和散热器重量起着决定性的影响。由于其自身具有低密度、高导热性以及良好的强度，耐蚀性和优异的可成形性等特性，铝已成为现代散热器网络的材料。侧箱也可以由铝制成并直接焊接，或者在网络的底板上放置塑料侧箱。

冷却格栅的一个重要区别特征是制造过程。对于数量非常大的低功率要求，出于成本原因可以使用机械组装的冷却格栅。这包括无缝拉制的圆形或椭圆形管和插入的打孔翅片。翅片是为了改善传热。一般来说，以鳃场的形式横向于空气方向开槽。焊接的扁平管波纹翅系统用于更高的性能要求。在该设计中，形成扁平管和碾平的波纹肋翅的网络，同样配备鳃。特别深的网（大于约 40mm）通常由一排在另一排之后的多排管表示。

在冷却液方面，通过使用湍流插入件可以实现性能的提高。而机械连接的散热器是用插入件插入管中，焊接散热器通常将管子表面结构化，即湍流器从外部作用到管子表面。

冷却液散热器的优选结构深度约为 15 ~ 40mm，肋的密度为 60 ~ 95 个肋/dm。乘用车的典型冷却液流量为 1.2 ~ 4.5L/s，商用车辆的冷却液流量为 2.5 ~ 9L/s。乘用车的最大允许冷却液温度为 115 ~ 125℃，商用车 95 ~ 110℃，取决于车辆制造商和运行条件。典型冷却液散热器的冷却能力与冷却液和冷却空气流量的关系如图 7.5 中的冷却器特性曲线所示。

所有冷却器的前表面、总深度、管道间距和翅片密度是最重要的设计参数，其与冷却空气流量有着直接的相互作用。这些关系和优化可能性将在第 7.4.4 小节中详细讨论。

7.2.4.2　增压空气冷却器

与冷却液散热器一样，直接增压空气冷却器设计为交叉横流式热交换器，放置在冷却液散热器的前面或旁边或轮罩的前面。对于高冷却能力，特别是在商用车辆中，一部分也使用了大型增压空气冷却器。这些冷却器的网络由于部分超过 3bar（1bar = 0.1MPa）的高压，增压空气温度高于 200℃，通常由铝制成。它们与冷却液散热器非常相似，但增压空气管的厚度明显比冷却液管厚。为了增加传热表面，在内部和外部的冷却器管表面设有肋。必须特别强调增压空气应保持尽可能低的压力损失，因为这压力损失又增加了压缩机的增压程度，从而增加了压缩端温度。

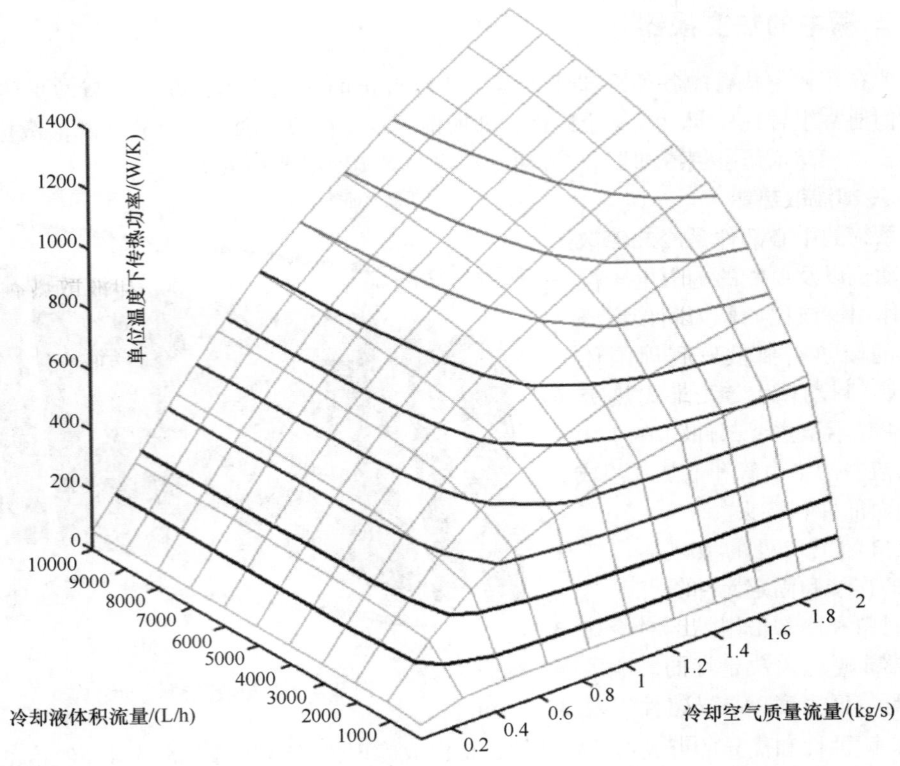

图 7.5　冷却器特性曲线

因此，增压空气冷却质量的度量是用密度恢复 η_ρ 表示的，定义如下：

$$\eta_\rho = \frac{\Delta\rho_{\mathrm{LL}}}{\Delta\rho_{\mathrm{LL,max}}} = \frac{\frac{T_{\mathrm{LLE}}}{T_{\mathrm{LLA}}}\cdot\left(1-\frac{\Delta p_{\mathrm{LL}}}{p_{\mathrm{LL,E}}}\right)-1}{\frac{T_{\mathrm{LLE}}}{T_{\mathrm{KL,E}}}-1} \tag{7.20}$$

间接增压空气冷却器结合了各种优点，即密度恢复和在车辆前端空间要求方面。为此，需要额外的冷却液循环，其包括增压空气－冷却液热交换器，即一般情况下由电动泵和低温冷却液散热器组成。增压空气的热量首先传递到冷却液，然后排放到低温冷却液散热器中，即环境空气中。这必须位于车辆的前端，以便达到尽可能低的温度。与直接增压空气冷却相比，间接增压空气冷却器具有以下正面效应：

- 显著降低增压空气压降。
- 通过更小的增压空气容量改善发动机动力性能。
- 车辆前端更紧凑的换热器。
- 降低对冷却液散热器尺寸的限制。

7.2.4.3　发动机机油和变速器油冷却器

在发动机高转速下，内燃发动机的很大一部分热量被发动机机油吸收，因此必须在它们自己的热交换器中再次冷却。在重载变速器中，特别是在自动变速器中，表面上的对流冷却不足以防止变速器油的过度加热。在这种情况下，变速器油冷却器是必要的。除了保持最高温度（通常约150℃），还要考虑到油的化学稳定性或在任何情况下不能超过的其他要求；另一个目标是保持温度恒定，以防止过早老化。为了使预热阶段的油耗最小化，还需要冷却系统尽可能快地使发动机机油和变速器油达到工作温度，以使摩擦损失最小化。

与增压空气一样，发动机机油和变速器油都使用直接油气冷却器和油冷却液热交换器。前者的结构类似于冷却液散热器，网孔深度在 20～40mm 范围内。它们的优点是能够在温度高于环境温度的较高温度差下工作，从而实现高功率密度。另一方面，在预热期间有针对性地加热油，这里仅允许使用油/冷却液热交换器，它能适当地集成到冷却液循环中。这些通常使用逆流方式建造成板式换热器。

7.2.4.4　空调冷凝器

冷凝器是空调制冷循环的重要组成部分。冷凝器也类似于空气侧的冷却液散热器。在制冷剂侧，它们具有多流设计，以便首先将压缩机输送的气态过热制冷剂冷却至其冷凝温度，然后冷凝，最后过冷液体。在制冷剂循环中压力是决定性的冷却条件。因此，尽可能低的出口温度既是空调系统性能的基础，也是最佳效率的基础。冷凝器后的温度越低，压缩机的驱动功率就越低，从而使空调装置的燃料消耗最小化。优选的冷凝器深度为 12～16mm，肋密度为 55～95 个肋/dm。

7.3　过流

过流是车辆空气动力学的一部分，因此不允许与周围的绕流流动隔离考虑。即所使用的冷却空气通常从车辆绕流中取出，通过热交换器和发动机舱，然后返回到绕流中去。一方面，由于其自身的动量变化，另一方面，由于对周围流动的干扰，它会直接在车辆上产生力（参见第 4.3.3 节）。这些相互作用取决于所考虑的车速、入口截面的尺寸和位置、冷却空气管道、冷却模块、风扇、发动机舱和出口情况。

7.3.1　工作点

根据行驶速度，过流特点是非常不同的。图 7.6 和图 7.7 显示了车辆的两种典型流动情况：一种情况是处于怠速模式，另一种情况是处于高车速。这两个工作点在一定程度上包括了所有出现的流动情况，这就是为什么我们将仔细研究它们。

在怠速模式或停止和走动的交通流中，迎面风气流的定向流动缺失，这就是风扇必须输送整个冷却空气质量流量的原因。这时，它会在冷却模块前面造成压力下降，并以一种非定向的方式从车辆前端的环境吸入空气（图 7.6）。在发动机舱中，静压比环境压力略微高些。冷却空气如何分配到上部和下部入口主要取决于压力损失和入口面积的大小，在静止时位置不那么重要。尽管如此，这个工作点被认为是具有热的挑战性。特别地，由于冷却模块上游的低速和低静压，在这种状态下可能发生各种回流情况，严重影响排热。如果外部空气在风扇（A）前面环流，则热交换器无法获得该质量流量。由于冷却模块周围的压力梯度，热空气回流到散热器（B）的前面，热“短路”减少了散热，称为内部回流。通过对冷却模块的相应的密封措施可以在很大程度上防止这种情况。但是，避免外部回流（C）非常困难。在这种情况下，已经通过预期的出口（6）离开冷却空气管道的热空气再次流回到入口，因此同样增加了空气入口

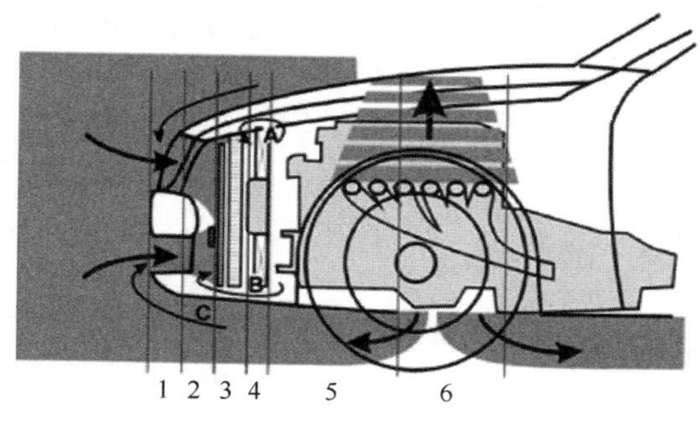

图 7.6　怠速模式下的过流
1—进口面积　2—冷却空气管道　3—冷却模块
4—风扇　5—发动机舱　6—出口面积

温度。所以，特别关键是顺风，这会在车辆静止或缓慢移动时加剧这种现象。

在高行驶速度下，进口和出口之间的外部压力差占主导地位（图7.7）。以前负责输送冷却空气的风扇现在甚至过度转动导致额外的压力损失。车辆流入不仅改变车辆前部的压力条件，而且还影响发动机舱和气流出口的边界条件，例如在车轮轮罩和车身底部。因此，车辆绕流对过流具有直接影响。其中，改变的流动状态反映在驻点（SP）的移动，见图7.8（见彩插）。此外，入口面积和冷却空气流道在停停走走的交通中仍然基本上是没有分离的流动，现在在保险杠横梁区域中显示出大的尾涡区域。因此，入口面积和冷却空气流道的低损耗设计在相应的高速时比在空转模式下更加苛刻。因此，入口面积和冷却空气流道的压力损失总计高达30%并不罕见，所以代表了冷却模块本身之后过流中的第二大压力损失。冷却模块本身产生占总压力损失的近60%的压力损失。

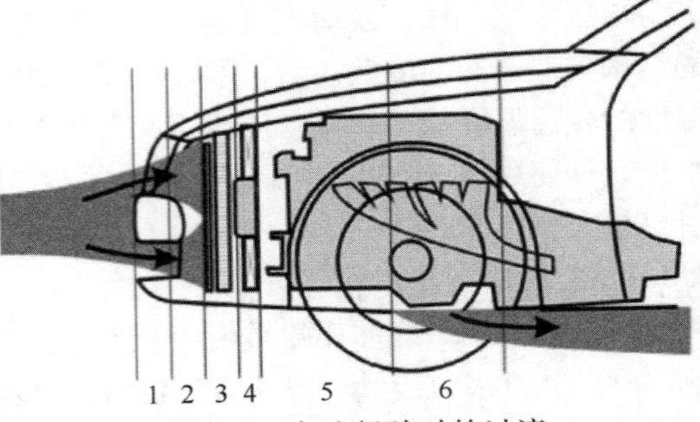

图7.7 高速行驶时的过流

1—进口面积 2—冷却空气管道 3—冷却模块 4—风扇 5—发动机舱 6—出口面积

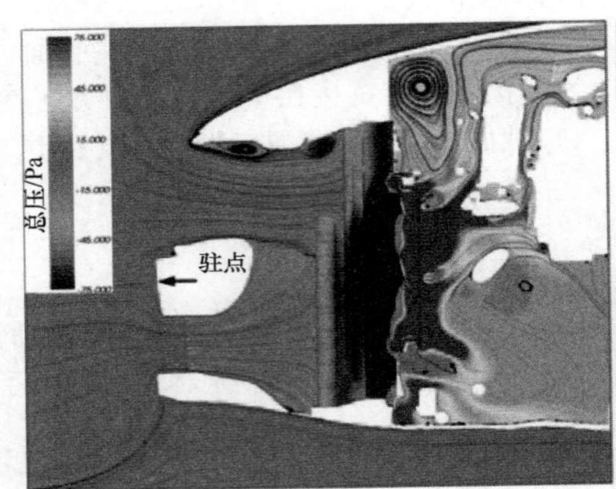

a) 怠速模式下的总压分布

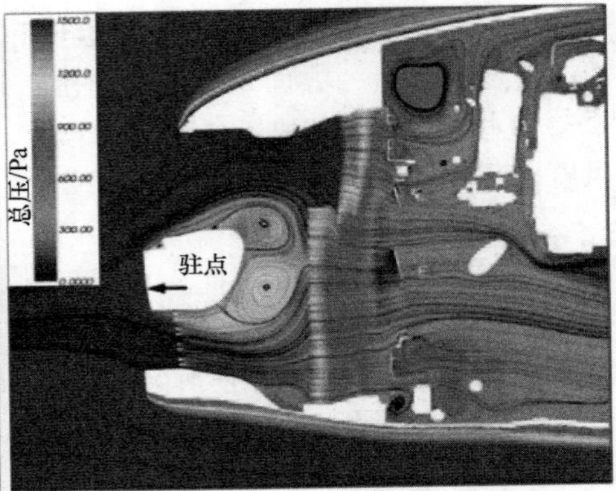

b) 高速下的总压分布

图7.8 行驶速度对过流的影响

7.3.2 冷却模块

主冷却模块通常由几个热交换器（参见第7.2.4节）和一个或多个风扇组成。如果由于冷却要求高而导致一个模块不足，则冷却方案由其他位置的额外热交换器补充，这被称为外包冷却器。所有模块必须考虑到所有其他要求从而在车辆中定位，在一个相应的工作点下，保证足够的冷却空气质量流量流过，以排出废热。就此而言，不仅车辆中模块的尺寸和位置至关重要，而且模块内的热交换器的布置也可以实现最有效的热传递。

7.3.2.1 车辆中的位置

大多数机动车辆的前部都装有发动机，这就是冷却系统直接位于其前方的原因。这个位置位于前部中间（见图7.9中的位置1），不仅因为软管长度短，而且还有其他原因：首先，可以通过风扇合适的结构设计实现相对较大的散热器表面。其次，必要的进气口可以定位在非常靠近驻点的位置，以便更好地利用迎面风。同理，被加热的散热器排气（最高可达120°C）也可用于冷却发动机舱中的其他附件，例如排气系统及其周围的直接环境。即使在前部（位置2），也可以通过背压实现高的压力差。这种排列方式通常用于高性能冷却模型中，对外包冷却器需要附加将中央主冷却模块安排在车辆中心处。在前轮前方横向安装冷却模块（包括风扇）所需的空间通常仅适用于配备后置或中置发动机的车辆。

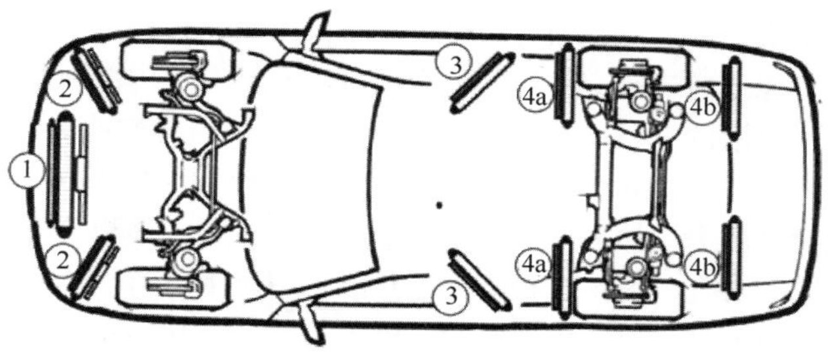

图7.9 车辆中的散热器位置

通常仅在赛车中使用的位置显示在位置3。这里，由于可用的长度，散热器的流入和流出可以被最佳地设计成尽可能减小再次流入的排气损失。位于车辆后部的位置4也仅用于后置或中置发动机中的散热器安排，以保证管路保持尽可能短些。冷却空气通常在后轮之前或之上从车辆旁边被吸入并引入车身底部流动或在车辆背后尾涡区域中。

7.3.2.2 换热器布置

上述入口温度的温度梯度与交叉横流式热交换器的效率 Φ 之间的关系作为设计冷却模块时的基础，即应用具有不同热量水平的多个热交换器。此外，这些将一个接一个地布置，使得空气首先流过最冷的热交换器（例如空调冷凝器或低温散热器）并最终流过最热的（例如机油散热器），以便最佳地利用冷却空气：整个冷却模块的效率越高，所需的空气质量流量就越低，从而产生的冷却空气阻力越低。特别是，增压空气、空调冷凝器、动力转向散热器或最近混合动力车辆中的动力电子设备增加了对冷却空气在低温水平（$T_{1e}<50℃$）下的需求。在冷却空气流中热交换器的串联或并联布置中要考虑的主要因素是被冷却流体的温度水平和必要的冷却空气量。如果换热器需要相对大量的空气，或者产生非常高的压力损失，比如增压空气冷却器，这里将其与其他热交换器并联布置（可能）是有效的。散热器一个接一个地布置，通常不完全重叠，形成具有不同压力损失的平行流动路径。这里必须要注意的是冷却空气在所有平行路径上被大致相等地加热，以实现最佳系统效率。

7.3.3 风扇

如上所述，在低速或静止时，需要风扇来输送所需的空气质量流量。车辆风扇可以布置在热交换器的前面和后面。在相同的质量流量下，装在前部位置的风扇由于较高的空气密度需要较低功率。对于后部位置，一般来说，通常需要更大、可安装的风扇横截面。从这两个方面可以容易地推导出以下公式

$$P_{\text{Lüfter}}=\frac{\rho_{\text{L}}}{2}\cdot A_{\text{Lüfter}}\cdot v_{\text{K}}^{3}=\frac{\dot{m}_{\text{K}}^{3}}{A_{\text{Lüfter}}^{2}\cdot\rho_{\text{L}}^{2}} \tag{7.21}$$

$$\rho_{\text{L}}=\frac{p}{R_{\text{L}}\cdot T_{\text{L}}}. \tag{7.22}$$

如果要求特别高，则可以同时在两个位置安装高性能风扇。如果在散热器前面只安装一个风扇，存在冬天冻结的危险。沉积的雪被附近的散热器部分解冻，然后在车辆停放后再次冻结，从而阻挡风扇并使发动机即使在冬天也会过热。

选择风扇时，不仅要注意电动机的良好效率，现在大多数乘用车都用风扇驱动，而且还有风扇叶片的效率和风扇本身的工作点。对于电风扇，电驱动功率在300～1000W这个范围内。然而，对于低功率输出，大部分使用有刷电动机以及高无刷电子换向电动机。电风扇是带有长镰型的叶片和小轮毂的带罩风扇。它们由聚酰胺6.6和不同的玻璃纤维混合物组成。风扇轮直接拧到

电动机上，电动机通常通过风扇罩上的支柱连接。风扇罩用于引导流动，使得由风扇吸入的空气尽可能地通过热交换器的整个区域，并且避免内部回流。

风扇的空气动力学特性由 $\Delta p_{tot}/\dot{V}$图中的特性曲线给出，见图 7.10。这主要来自制造商，并且是在多室试验台上确定的，所研究的风扇必须具有已知的系统阻力。可以通过连续可调的挡板调节阻力。然后确定风扇的温度、总压力、体积流量和电驱动功率并将其绘制在待检查的工作点中。首先，风扇在挡板完全打开的情况下运行，从而调节要输送的最大体积流量。测得的总压差对应于动压差。该体积流量通常被称为“吸收能力”，但由于发动机的存在而无法在静止的真实车辆中实现。通过不断关小挡板，现在增加了总压差。越来越多的能量转化为静压，提高了效率。在顶点之前不久，特征曲线在其稳定范围内达到最大压力增加。如果系统阻力进一步增加，叶片上的第一次流动分离就会突然发生，压力自发下降。风扇现在在不稳定的区域工作，这将增加噪声和振动，应该在所有运行情况下尽量避免。如果系统阻力进一步增加，尽管导致压力再次增加，但流动仍然保持分离。

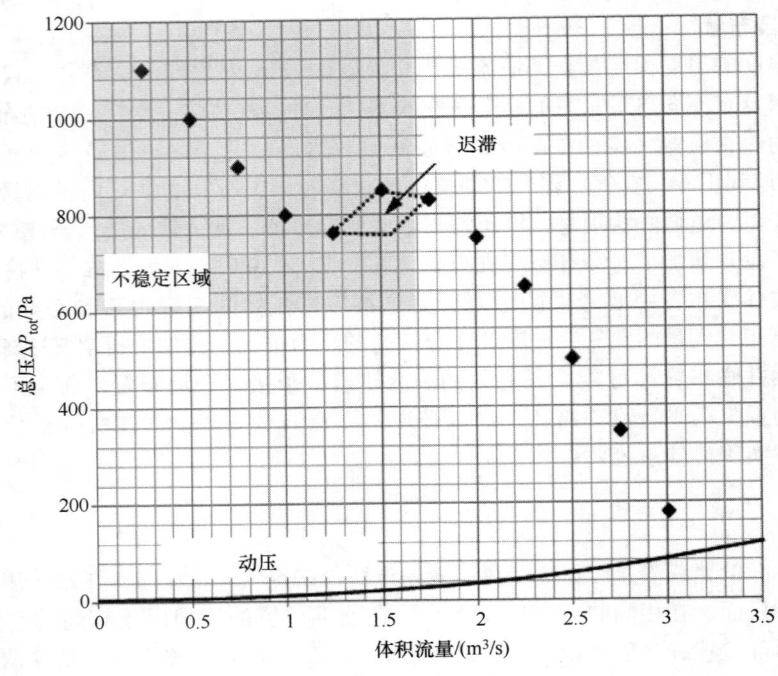

图 7.10　风扇特性曲线

7.4　整个系统的优化

开发工程师的任务是根据上述总体车辆要求（见第 7.1 节）优化整体冷却系统的重量、成本，特别是能耗。操纵杆是降低冷却空气阻力，因为冷却空气阻力是附加的驱动阻力，并导致能量消耗。由于冷却系统是按照最大要求设计的，因此这一损耗几乎总是大于驱动所需的冷却性能。然而，到目前为止，所有行程的大部分都是在较低的要求下，在部分负载范围内，例如在比设计要求更低的外部温度下，负载更少且没有长而陡峭的山脉：因此冷却系统只需排出明显较少的热量。对于现有车辆，冷却空气阻力在 $\Delta C_{D,K}=0.01\sim0.04$ 的范围内，如图 7.11 所示。可以在风洞中通过测量车辆的空气动力学系数来确定，一次有过流，一次没有过流［参见方程（4.27）］。

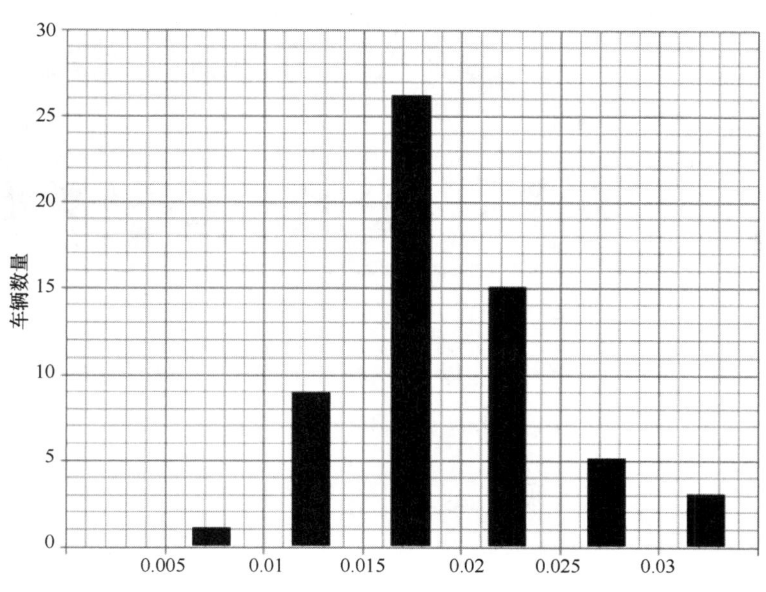

图 7.11　当前车辆的冷却空气阻力

但是，这与阻力系数 C_D 没有明显的相关性（见图 7.12），和发动机功率或车辆尺寸的相关性也很小。在几乎所有情况下，前轴的升力和阻力一样随着冷却空气流量的增加而增加。与没有过流的车辆相比，具有过流的车辆具有更高的前轴升力，可达到 $\Delta C_{A,v,K}$ = 0.01 ~ 0.03，见图 7.13。不同发动机类型，车辆类别和制造商的这种不一致的情况可以通过以下事实得到很好的解释：不仅关于入口面积、冷却空气管道、冷却模块、风扇、发动机舱和出口面积的过流方案彼此差异很大，而且车辆的绕流情况差异很大，从而导致两者之间的相互作用不相同。

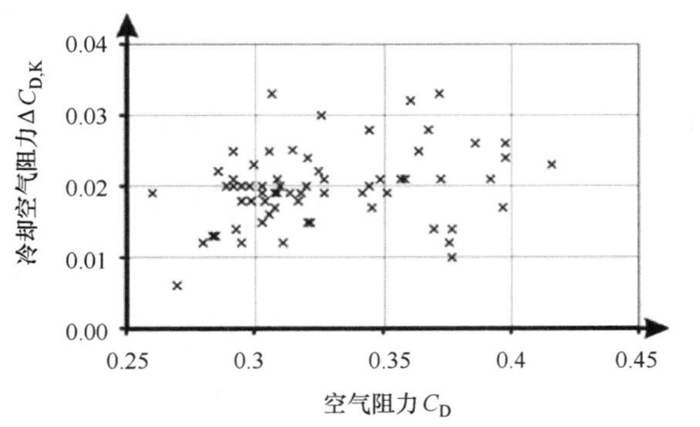

图 7.12　空气阻力与冷却空气阻力的关系

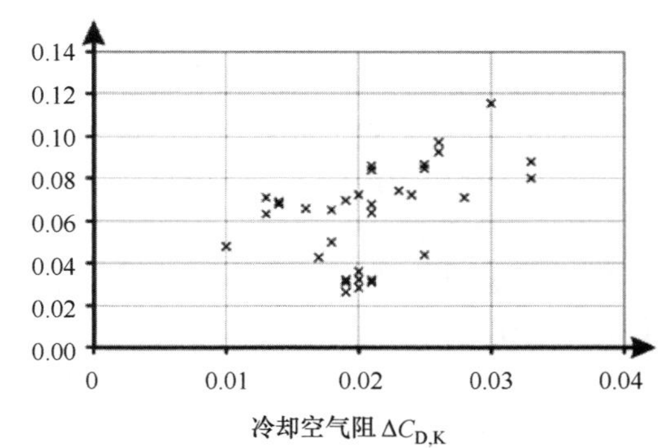

图 7.13　冷却空气对前轴升力的影响

7.4.1　冷却空气质量流量的计算

为了稍微解决这个难题，人们在文献中经常地做出分离，将冷却空气阻力在过流时称作“内阻”，而“干扰阻力”描述过流和绕流的相互作用，见图 7.14（见彩插）。在一个封闭的冷却空气流道中，将两种流分开的划分似乎是一种可以接受的方式。

对于过流的分析，主要使用基于动量定理或能量方程的分析方法。特别是，为了评估入口和

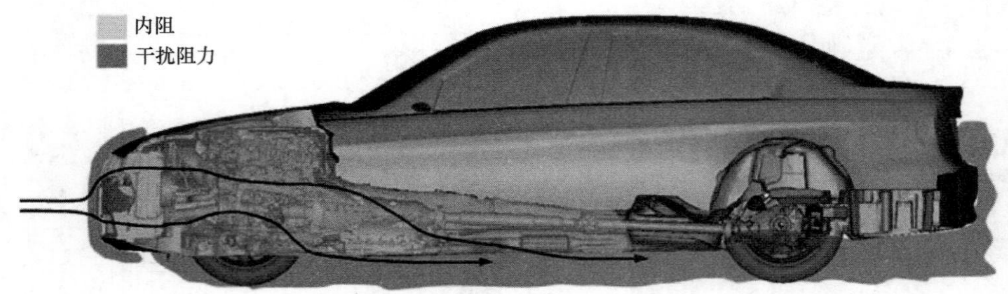

图 7.14　内阻和干扰阻力，根据 Tesch（2011）

出口面积的影响，建议应用动量定律。它以其一般形式描述了由外力引起的流动动量的变化。

$$\oiiint_V \frac{\partial(\rho v)}{\partial t}\mathrm{d}V + \oiint_S \rho v(\boldsymbol{v},\boldsymbol{n})\,\mathrm{d}S = \oiiint_V \rho f \mathrm{d}V + \oiint_S \boldsymbol{\sigma}\cdot n\mathrm{d}S_{\text{Fluid/Fluid-Grenzen}} + \sum F_{\text{Körper}}. \tag{7.23}$$

忽略流动动量的时间变化（左边的第一项），体积力（右边的第一项）和流体 - 流体边界上产生的剪切力，可以写出动量方程的 x 分量。

$$\left(\oiint_S(\rho(\boldsymbol{v}\cdot\boldsymbol{n})\mathrm{d}S)\cdot v_x\right)_{\mathrm{E}} + \left(\oiint_S(\rho(\boldsymbol{v}\cdot\boldsymbol{n})\mathrm{d}S)\cdot v_x\right)_{\mathrm{A}} = \left(-\iint_S(p-p_\infty)n_x\mathrm{d}S_{\mathrm{E}}\right) + \left(-\iint_S(p-p_\infty)n_x\mathrm{d}S_{\mathrm{A}}\right) + \left(-\iint_S(-(p-p_\infty)+\tau_{xx}+\tau_{xy}+\tau_{xz})n_x\mathrm{d}S_{\text{Flächeninnen}}\right) \tag{7.24}$$

如果现在在最后一项求解方程式，就可得到内阻：

$$W_{\text{innen}} = -\oiint_S \rho v_x(\boldsymbol{v}\cdot\boldsymbol{n})\mathrm{d}S_{\mathrm{E}} - \oiint_S \rho v_x(\boldsymbol{v}\cdot\boldsymbol{n})\mathrm{d}S_{\mathrm{A}} - \iint_S(p-p_\infty)n_x\mathrm{d}S_{\mathrm{E}} - \iint_S(p-p_\infty)n_x\mathrm{d}S_{\mathrm{A}}. \tag{7.25}$$

可以看出，不仅输入和输出动量流量的差异，而且入口和出口面积上的压力差以及它们在行进方向上的定位取向决定了内阻。

Ivanic 和 Gilliéron（2005）选择这种方法来分析入口和出口面积（A_{E} 和 A_{A}）的位置、大小和方向对一般钝体的阻力的影响。在第二种方法中，他们扩展了方程，加了一附加项，允许一个以任意流动角度流入入口面，以改善预测。此外他们的研究表明，从行进方向转动入口面总是提供阻力优势，但是转动出口面依赖于局部静压和出口动量。冷却空气阻力可以增大或减小。然而，所看到的一些优点主要是通过减少冷却空气质量流量来实现的，这对于实际应用来说很少有效。Wiedemann（1986）用冷却空气质量流量（$v_{\mathrm{K}}A_{\mathrm{K}}$）的相关大小补充了这种方法，但是，放弃了 Ivanic 等人的方法。详细描述入口和出口面的流动切线：

$$\Delta C_{\mathrm{D,K}} = \frac{2v_{\mathrm{K}}A_{\mathrm{K}}}{v_\infty A_x}\left[1-\cos\alpha\sqrt{\frac{1-c_{\mathrm{p,A}}}{1+\zeta_{\mathrm{K}}(A_{\mathrm{A}}/A_{\mathrm{K}})^2}}\right]. \tag{7.26}$$

Barnard 等人（2002，2004）的大多数实验，通过实验结果支持的分析方法表明：如果没有对所有压力和动量流边界条件进行精确的实验检测，“内阻”非常困难，并且几乎不能与干扰阻力分离。从另外一个角度来考虑过流也是比较麻烦的，可以提供损失流动的能量方程。如果忽略势能，可以获得：

$$\frac{\rho_L}{2}v^2 + p - \Delta p_{Verlust} = p_{tot} - \Delta p_{Verlust} = \text{const.} \tag{7.27}$$

通过积分总压力 p_{tot}，例如通过三维流动模拟，或者通过了解所安装部件的压力损失，可以获得沿着流道的流动能量分布。如果追随空气通过车辆的流动，会发现当流动损失出现时，能量总是下降的。这种情况越来越多地发生在入口格栅、冷却模块或风扇罩上。总压力的增加只能通过引入额外的能量来实现，例如通过风扇的机械能或通过热交换器的热能。为了更好地概述，将过流细分为多个部分或子系统，这些部分或子系统通常可以分配给固定组件。图7.15显示了6个子系统（入口面积、冷却风道、冷却模块、风扇、发动机舱和出口面积）的划分以及两个工作点的总压力变化：怠速和高速。两条曲线不仅考虑了风扇输入的能量，还考虑了通过热交换器输入的热能。可以观察到冷却模块代表两种运行状态下的最大总压力损失。进一步的损失分布根据冷却模块前后区域所考虑的工作点而有所不同。因此，大梯度区域显示出相应的优化潜力，例如，参见入口面上的大压力损失。

总之，可以说通过将绕流与过流分开来分析，通过动量方程和包含损失的能量方程，可以得到过流方案的一些基本表述和优化方法。然而，一维分析方法几乎不能提供精确映射三维干涉的能力。因此，即使在早期开发阶段，三维模拟工具也变得不可缺少（见第14章）。

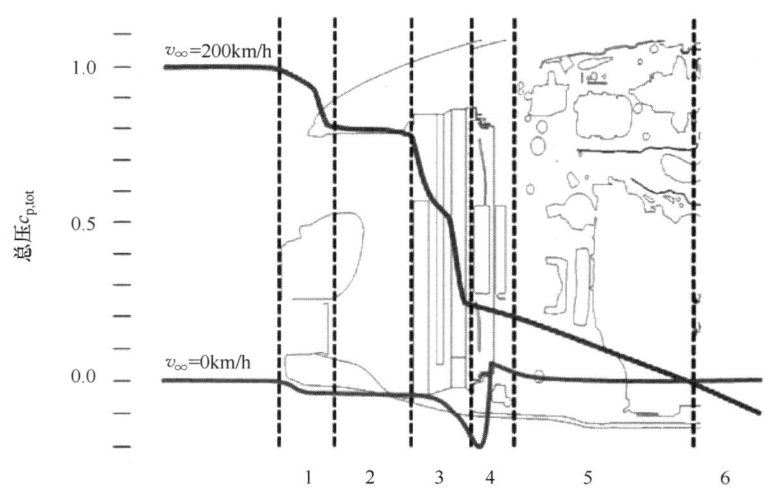

图7.15　6区过流模型（气流穿过6个子系统的总压分布）

1—进口面积　2—冷却空气管道　3—冷却模块　4—风扇　5—发动机舱　6—出口面积

7.4.2　过流的影响参数

前面的章节表明，冷却空气阻力主要取决于体积流量 $\dot{V}_K$ 和压力损失 $\Delta p_{Verlust}$。因此，为了使相应的功率损失最小化，冷却空气体积流量和流动损失必须保持尽可能小。

$$p_K = \dot{V}_K \cdot \Delta p_{Verlust} \tag{7.28}$$

要减少右侧的第一项，有两种选择：

- 要么降低冷却要求，例如在部分负荷范围内，根据冷却空气质量流量的需求简单地借助于入口面积中的散热器百叶窗。
- 或者通常改善冷却系统的传热功率 $\dot{Q}$，因此可以不考虑冷却空气。

$$\dot{Q} = kA_K(T_{L,K} - T_{W,K}) \tag{7.29}$$

根据公式（7.1）提供的如何改善冷却性能可以通过扩大热交换器表面 A_K，提高传热系数 k

或者增加在热交换器中冷却空气温度和冷却液温度之间的温度梯度。为了实现后者，因此有效的是，根据它们的温度值一个接一个地布置几个散热器，使得空气首先流过最冷的（例如空调冷凝器）并最终流过最热的（例如冷却液或发动机机油散热器）。另一种改善传热功率的方法是在热交换器上提供更均匀的空气分布。分布通常由无量纲参数I描述，即不均匀性。

$$I = \frac{1}{v_K}\sqrt{\frac{1}{j}\cdot\sum_{n=0}^{j}(v_n - v_K)^2} \tag{7.30}$$

对分布的改进对过流具有积极影响，原因有两个：首先，由于压力对速度的二次关系导致压力损失减小，从而在 $I=0$ 时达到最小值。另一方面，由于通过体积流量输出与传热功率的对数关系，使热交换器的效率得到改善，见图7.16。分布很大程度上取决于冷却组件的结构、安装情况和工作点。冷却模块中的高速度和高压力损失基本上改善了均匀性。然而，在正常安装条件下，乘用车无法实现绝对均匀的速度分布，但可以实现小于25%的不均匀性，见图7.17（见彩插）。

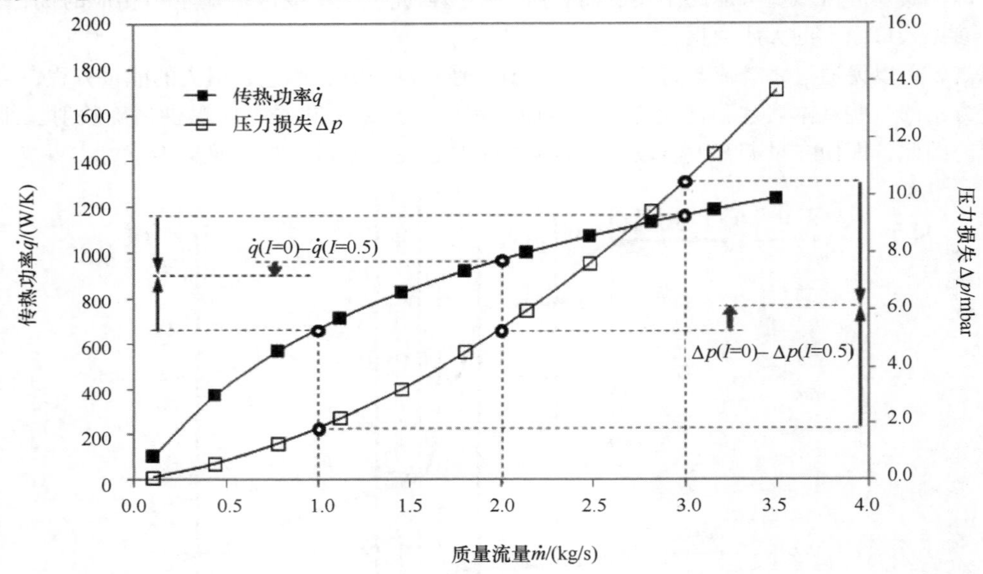

图7.16 冷却器的传热功率和压力损失

注：1mbar = 0.1kPa

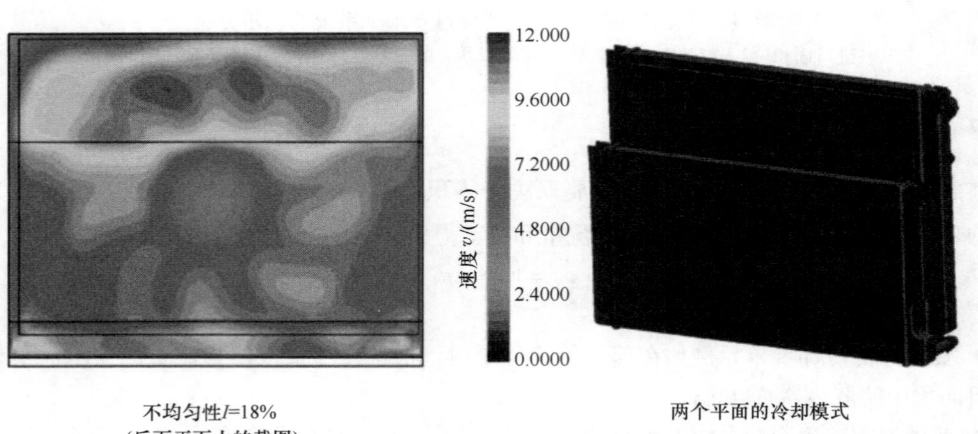

图7.17 不均匀性

上面提到的适应冷却空气质量流量的需求是由于设计要求与通常的客户驾驶模式之间的巨大差异。例如，在部分负荷范围内，可通过百叶窗或挡板，使大部分进气口或冷却模块关闭（参见第4.5.2节）。这项措施已经在个别乘用车中使用了数年，将冷却空气阻力系数降低至75%。早在20世纪30年代，驾驶人就在一些汽车的冷却器前装上了可操作的挡板。那时（在引入节温器之前）重点是不要过度冷却发动机。为了能够为室内加热提供更多的热量，在寒冷地区至今仍然常见的是在冬天将散热器盖住。

开发工程师可用于减少能量损失的另一个选择是减少流动管道本身的压损。

7.4.3 进气口和冷却空气流道

作为示例在图7.18（见彩插）中示出的驻点位置和在车辆前部或在相应空气入口处的压力分布是用于计算冷却空气质量流量的重要输入数据。它们对于每辆车都是不同的，因为它们不仅取决于车辆前部的设计，而且取决于整个车辆的形状。当入口开口布置在其下方和上方时，驻点的高度对冷却空气质量流量的影响较低，这通常由保险杠横梁决定。但是，过流也许会改变驻点位置和车辆上方或下方的流量分布，这就构成了“干扰阻力”的重要部分。

图7.18 车辆前部的压力分布

除了散热器的尺寸之外，冷却空气系统设计中最重要的因素之一是进气口的尺寸。它们在高速度下对冷却空气质量流量起决定性作用，只要不在其他地方，例如在发动机舱或出风口，过多被节流。这种关系可以在图7.19中看到。一般而言，今天汽车的入口区域，无论车辆类别或发动机，都是散热器区域的30%～45%。

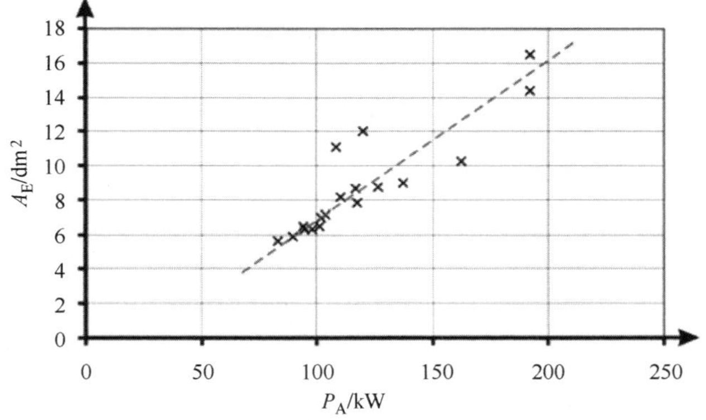

图7.19 空气入口面积A_E与发动机功率P_A的关系

空气流道最重要的任务是将流入车辆的空气导向热交换器。特别重要的是低速时的密封性。密封性要求随着散热器流入和风扇流出之间的压力差的增加而增加，这是由于更密集的散热器格栅和一排中接连的多个热交换器的布置，以及越来越窄且更密集的发动机舱。空气流道的长度通常太短而不能实现具有最佳压力恢复的扩散器效果，而例如在飞机冷却器中是可能实现的。然而，在执行期间必须小心，流动分离会通过台阶、突然变化的横截面延伸或安装支柱、信号喇叭等，导致不必要地压力损失增加。

7.4.4 散热器矩阵

散热器矩阵是车辆冷却中最重要的部件之一，不仅适用于冷却液侧，也适用于空气侧。如图7.15所示，其中60%以上的总压力损失发生在冷却模块中。为了改善这部分过流，开发工程师有三个杠杆：散热器矩阵的几何尺寸、它们的传热性能以及冷却空气和冷却液之间的温度扩散。

为了仔细观察这些杠杆，我们接下来将修改空气/水交叉热交换器并分析其特性曲线。参考散热器的净面积 A_K 约为 $3300cm^2$，冷却模块深度 l_K 为 30mm，65 个翅片/dm，冷却液体积流量 $\dot{V}_{KM}$ 为 6000L/h。

增加热交换器传热功率的最明显的措施之一是增加散热器矩阵面积 A_K 本身。很明显，在相同的压差下，质量流量必须与散热器表面积成比例增长（见图7.20）。然而，车辆的增加通常较小，因为通过更换冷却模块同时也改变了车辆中的压力边界条件。对散热量输出的影响还取决于所考虑的冷却空气体积流量 $\dot{V}_K$ 和冷却液体积流量 $\dot{V}_{KM}$。然而，图7.21 显示，性能的提高最终仅与高质量流量相关，在这种情况下约为5%。在比较低的质量流量下，几乎没有任何热量通过额外的冷却表面传递到参考散热器，因为热交换器中的空气已经达到接近冷却液出口温度的温度。只能通过更高的冷却液热流来实现进一步的增加。将传热功率视为压力损失的函数也很有意思，因为车辆中冷却模块的更换会改变质量流量，见图7.22。在相同的压力边界条件下，预计性能将提高20%以上。

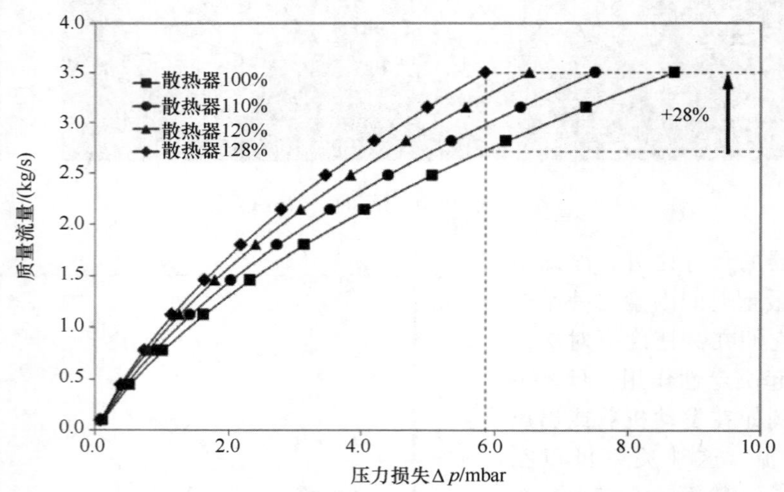

图7.20 质量流量随冷却器面积和压力损失的函数关系

由于目前大多数冷却模块已占据发动机纵梁、发动机罩和车身底部间隙之间的最大可用面积，因此不大可能在先前假设的数量级上继续增加。因此，必须采取其他措施来提高性能，例如增加冷却模块深度 l_K。从图7.23 和图7.24 可以看出，冷却模块深度一定程度上改变了压力损失，然而，由于热交换器中冷却空气的流动长度较长，传热功率大大改变。由于热交换器在较低质量流量下饱和，因此其增加较少。

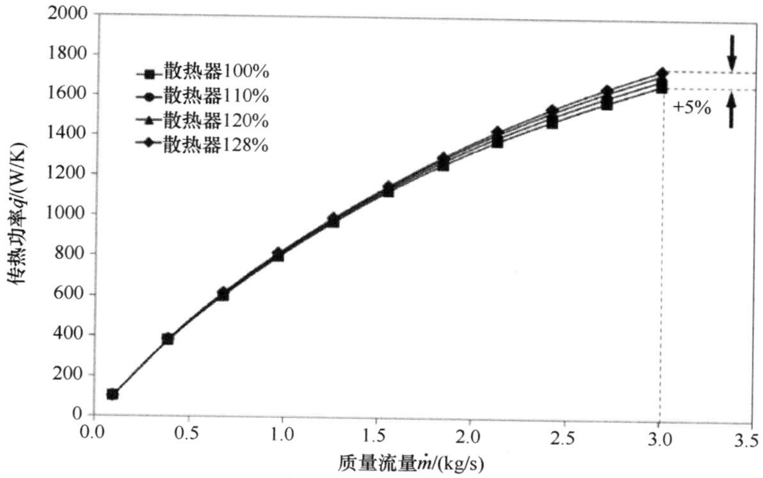

图 7.21 传热功率随冷却器面积和质量流量函数关系

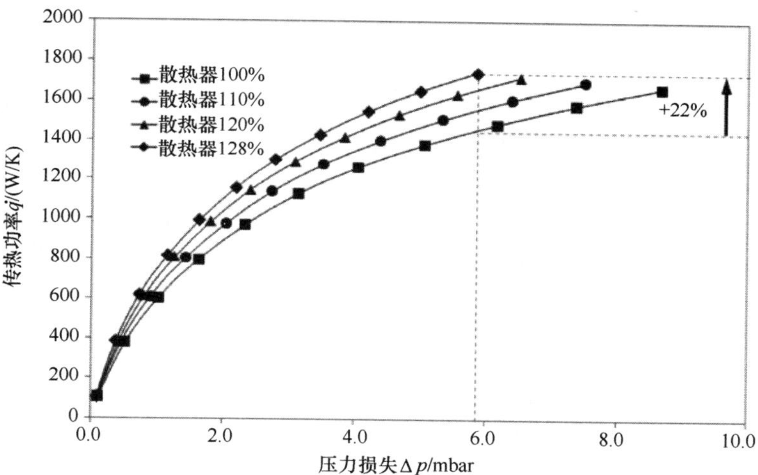

图 7.22 传热功率与冷却器面积和压力损失的函数关系

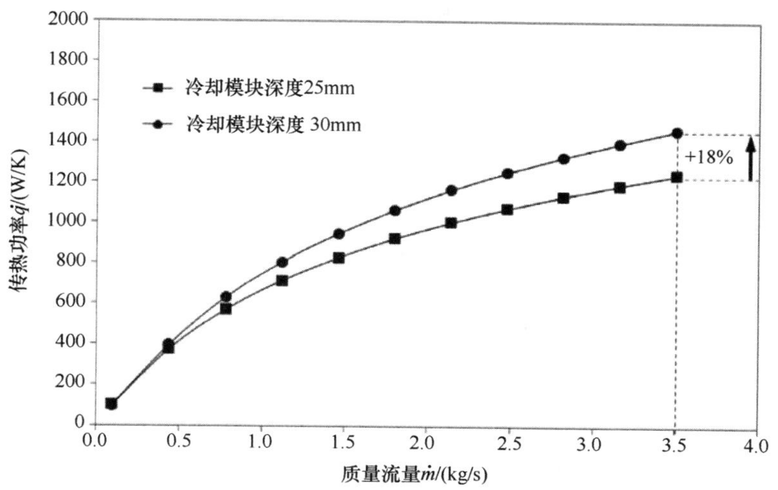

图 7.23 传热功率与冷却模块深度和质量流量的函数关系

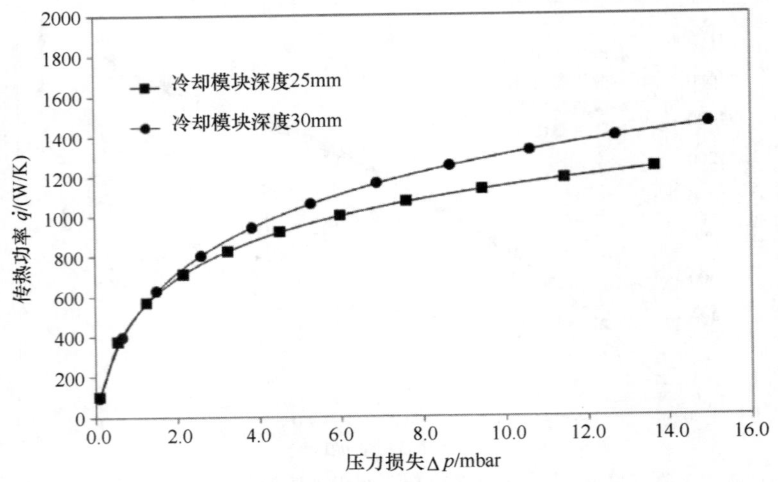

图 7.24　传热功率与冷却模块深度和压力损失的函数关系

如果类似于安装空间对高度和宽度的要求，x 尺寸链的要求会阻止冷却模块的深度扩大，开发工程师将只有空间中立的优化选项。一个空间中立的措施是通过增加冷却翅片，提高矩阵密度。这一措施的一个结果是：通过增大肋片密度，例如，随着肋密度从 65 个肋/dm 增加到 85 个肋/dm，冷却模块的压力损失增加将超过 50% 并且质量流量相应地减小。因此，相同压力差下的传热功率几乎与翅片密度无关（图 7.26）。由于在整个质量流量范围内压力的增加是明显的，因此必须特别注意对风扇的反作用。在相同的质量流量下，更密集的冷却器将提供超过 10% 的传热功率，见图 7.25。

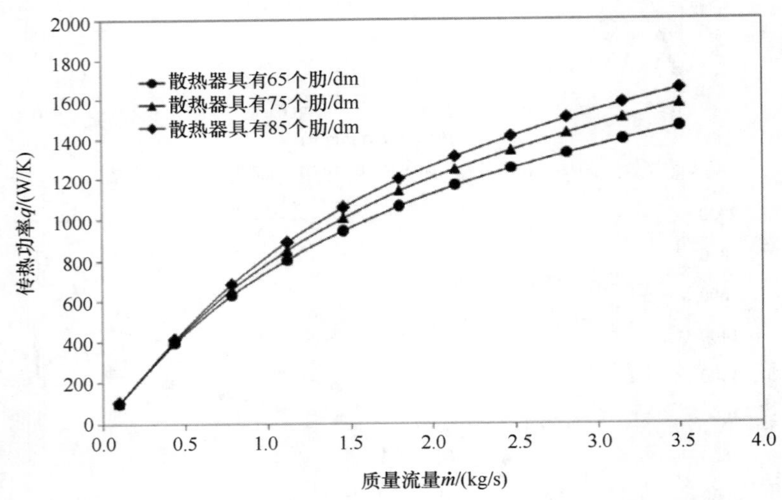

图 7.25　传热功率与翅片密度和质量流量的函数关系

7.4.5　风扇

由于乘用车的工作点非常不同，风扇的选择不能仅限于一个工作点。目前主要使用快速旋转的可调转速的轴流风扇，它在很宽的工作范围内具有良好的空气动力学性能。与径向风扇相比，风扇具有可接受的效率，不仅低速下可以使压力很快地升高，而且在高的行车速度下效率平

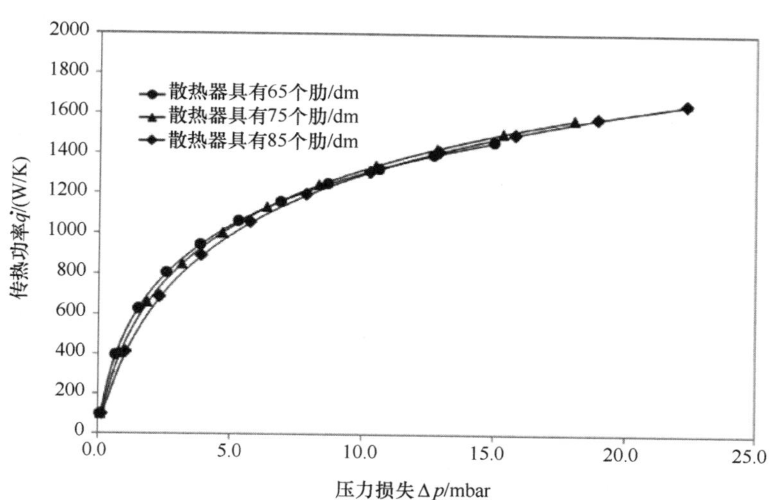

图 7.26　传热功率与翅片密度和压力损失的关系

缓地下降。设计工程师可利用风扇的多种几何特征，去优化风扇效率、声学特性、重量和成本：

- 直径（风扇轮毂 + 风扇环）。
- 叶片数量，转速。
- 叶片几何形状的轮廓（类型、曲率、厚度和长度）。
- 叶片扭曲：轮廓的设定角度（取决于半径）。
- 叶片曲率和倾斜度：将轮廓彼此定位。
- 圆周上的叶片分布。

对设计的一个巨大挑战是当今特别紧凑的安装情况。因此，重要的是确保在风扇后面留有足够的空间用于自由轴向流出。在风扇和发动机之间的距离小于 150mm 时，下游空气在径向方向上经历强烈的偏转，见图 7.27。偏转从空气上游影响至风扇叶片，从而改变了叶片的入流导致风扇效率降低。在今天的车辆中风扇功率高达 1000W，这表明了节约能源的巨大潜力。原则上，可以想到几种改进可能性：系统阻力的变化、叶片攻角的变化、可调节的导向轮或风扇转速的调节。如今，只有后者可以在乘用车中使用。通过改变转速也改变了叶片轮廓的入流角度。风扇特性曲线在压力/流量图中的对角线相应地移动，见图 7.29。如前所述，在高速行驶时，风扇本身代表空气流道内的流动损失。在低质量流量下，优化带导向叶片的风扇框架，可能会出现流动分离，降低效率。风扇罩进一步增强了风扇的节流效果。这里的补救措施是，在风扇旁边所谓

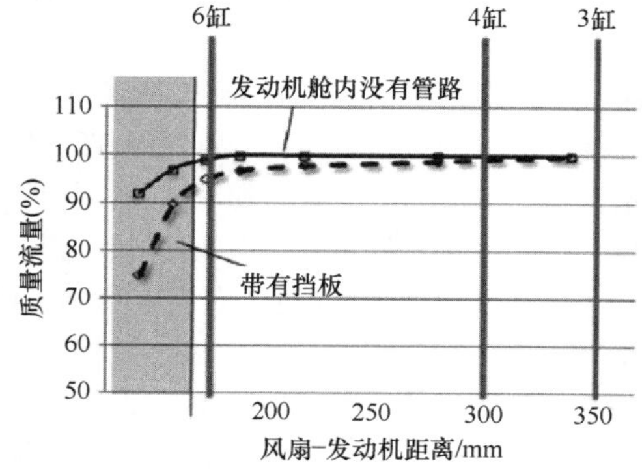

图 7.27　发动机舱：风扇 – 发动机距离

的动压板在负压升高时可释放更多的空气。由此，风扇特性曲线可移动到更高的冷却空气质量流量上，见图7.28。

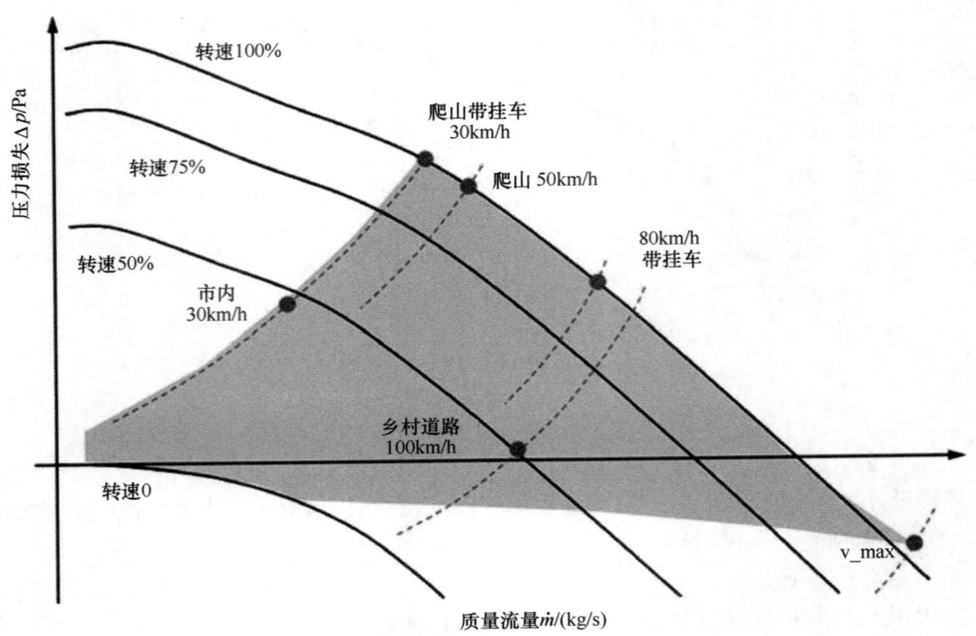

图7.28　阻塞对风扇特性曲线的影响，根据Tesch（2011）

7.4.6　发动机舱

如果散热器的排气流过发动机舱，则这代表冷却空气的进一步压力损失，因此对冷却空气质量流量和空气阻力有影响。如上所述，当风扇非常靠近发动机时，发动机舱中的最大压降直接发生在风扇之后。在该区域中，存在具有最高速度的最窄横截面。在发动机舱的其余部分，流速相对较低，进一步的压力损失相当低，如图7.30（见彩插）所示的CFD结果。仅在风扇和发动机之间，流速大于入流速度的25%。之后，发动机舱内的空气速度为每秒几米。发动机舱中的流动横截面和压力损失的主要特征取决于发动机的安装位置、前轴和发动机外围设备的大部件，例如进气系统，散热器或可能是电池等。这导致散热器的排气以多种方式分配到出口截面，这对干扰阻力具有非常大的影响。因此，发动机舱流动通过排出空气的分配间接地影响冷却空气阻力，这一影响大于直接通过发动机舱所产生的压力损失。

由于在高负荷下低温差和低传热系数，散热器的排气对发动机表面的额外冷却效果可忽略不计。只有在油底壳旁，散热器的排气才能明显排除发动机的热量。高发动机油温在高转速下发生，这通常在高的车速情况下。在这种情况下，散热器排气的温度没有达到最高值，并且对于发动机油，允许的温度高于冷却液循环中的温度。因此，存在足够的温差。为此目的，必须在发动机舱保护罩和油底壳之间有目的地引导空气到其后面的出口截面，以便在表面上达到足够高的流速。

为了冷却发动机舱中的部件，特别是几百度的热排气系统及其周围环境，在爬坡行驶时，大约高达100℃的散热器的排气仍然足够凉爽。然而，其他部件由于散热器的排气被迫地被加热，因此不应直接处于空气流中，或者必须被隔离，比如空调管路。

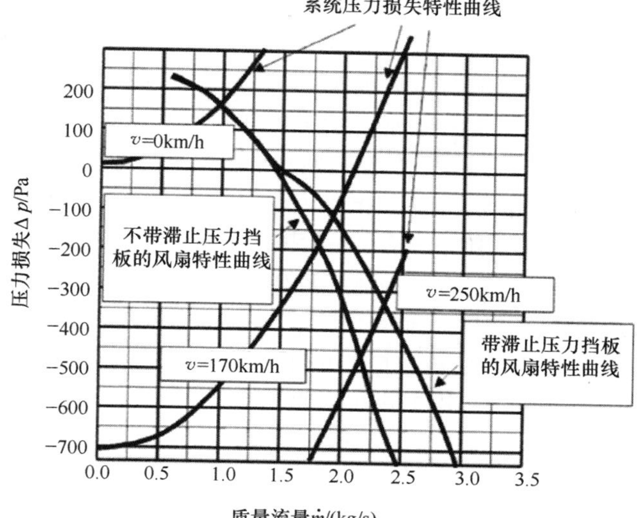

图 7.29 风扇特性曲线

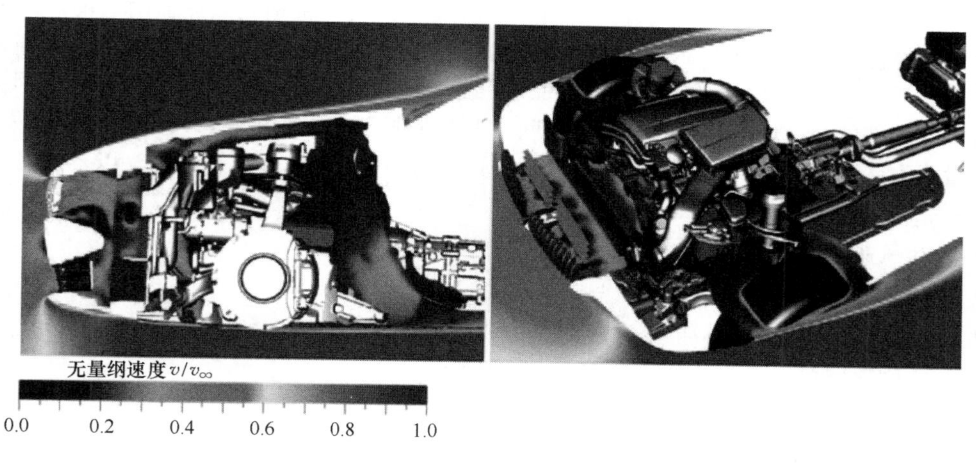

图 7.30 发动机舱过流 $v = 200\text{km/h}$

7.4.7 空气出口

空气出口截面对冷却空气阻力具有非常大的影响，在高车速下还会影响冷却空气质量流量。在公式（7.26）可以看出位置，角度 α、压力系数 $c_{p,A}$ 和出口面积 A 的大小对由于动量损耗而导致的冷却空气阻力具有直接影响。甚至大于动量损失的是流出空气干扰阻力的影响。在最不利的情况下，贴附的流动受到横向流动的质量流的干扰。在最好的情况下，通过有目的地转移绕流或填满死水来降低车辆的阻力（Potthoff，1982）。保时捷公司的专利 EP 0 858944 A1 也示出了一个正面的例子。冷却空气在前轮前方吹出，使之产生空气动力学滞止唇缘，这可以明显减小冷却空气阻力。

Buchheim 等人（1981）对一些基本的冷却空气流道进行了研究。图 4.33 中的前三个变体特别体现在排气管道中的不同。虽然在变体 A 中，散热器排气在没有进一步引导的情况下流过发动机舱，但在变体 B 中，它被引导到轮拱中并且在 c 处被引导到发动机罩中的一个开口处。前轴后面的车辆底部的空气出口，参见变体 D，在这里连接到整流罩中的空气入口，这就是为什么关于空气出口的结果不能与其他结果直接比较的原因。调查还显示了同时考虑冷却空气质量流量和冷却空气阻力的重要性。尽管变体B和D具有较低的冷却空气阻力，但是散热器的平均速度明显低于变体A中的平均速度。在绝大多数乘用车中，散热器排出的空气或多或少地被引导到轮拱中。由于车辆底下的空气动力学设计越来越好，并且车身底部流动速度越来越快，优化这些出口的重要性也在增加。首先引入发动机舱底部的覆盖部件以优化绕流和声学。通常把发动机舱包得越封闭，有目的地使空气排气从发动机舱返回到绕流中去的可能性和必要性就越大。但是，一些开口的位置不是任意选择的。排气系统上必须设有开口，空气通过传动通道流入车辆底部区域，而在前轮悬架区域，发动机舱很少沿车轮轮拱的方向封闭。通过所有这些开口，空气流出而其流动方向不会受到明显影响。相反，流入车轮轮拱到制动器的空气的流动方向对于制动器冷却的影响是决定性的，因此不能自由选择优化空气动力系数。所以，空气流道的位置和方向的空气动力学优化将受到非常严格的限制。上述示例表明，散热器和发动机舱过流受到许多因素的影响，其中大多数因素必须针对每辆车进行单独优化。

7.5 冷却气流的测量技术

即使在今天，车辆开发中的空气－热优化的确定主要基于标量参数，例如空气阻力、冷却液和部件温度，用于评估冷却系统配置。然而，了解发动机舱中特别是散热器附近的局部流动条件，是针对性优化的先决条件。有关整个冷却系统过流的速度和压力分布的信息，仅能通过数值流动计算获得，其验证又必须需要精确测量。但是，这些在车辆测试中非常困难。其原因主要是驾驶时空气和部件的高温度，以及很小的空间，尤其是复杂的三维流动。对于有效的开发工作，同时测量阻力系数 C_D、冷却空气质量流量 $\dot{m}_K$ 及其不均匀性 I，是非常有利的。以下测量方法适用于确定 $\dot{m}_K$ 和 I 这两个变量：

- 叶片风速计。
- 压力测量。
- 激光多普勒测速仪（LDA）。
- 粒子图像测速（PIV）。
- 热线风速计（HDA）。

7.5.1 叶片风速计

叶片风速测量法是一种机械测量方法。测量的空气速度由叶轮的圆周速度与叶片和入流方向之间的迎角之间的关系产生。即使使用探头直径约为15mm的微型叶片风速计，即采用感应式转速传输，最小的启动速度也约为0.2m/s。因此，低于0.4m/s的测量没有意义（Ambros，1994）。误差的主要来源是叶片风速计无法平行于流动方向，或者速度梯度对于测量体积来说太大。在复杂和湍流的环境中，例如在发动机舱中，难以实施这种测量。尽管如此，叶片风速计通常用于定性分析目的，因为它们具有快速适用性和坚固的特性。

7.5.2 压力测量

用于确定流速的另一种稳定的测量方法是借助普朗特管测量压力。由于尺寸较小，它比叶片风速计提供更好的空间分辨率。为此目的，必须使探头尽可能平行于主流，以便保持较小的测量误差。特别是，必须考虑静压的方向误差，其仅在±5°的角度范围内保持低于1%。由于从车辆前端直到散热器截面局部流动方向太不均匀，因此该测量方法更适合于放在散热器正后方的测量截面处，因为那儿具有流动整流特性。然而，应该注意的是，靠近散热器管那儿流动梯度变大。当静态和总压力梯度变得如此之大以至于普朗特管的测量点不再处于一条流线时，测量结果变得毫无意义。必须在特殊情况下估计测量误差。

另一种适用于确定冷却空气质量流量的测量原理是所谓的“散热器探头”。这是斯图加特大学 IVK（Kuthada，2006）开发的一种方法，它使用沿散热器内的流动管道进行压力差测量来确定速度。该方法非常可靠，因为它在倾斜流动时非常稳定，甚至允许在风扇运行时进行测量。此外，散热器的结构变化是有限的，并且散热器的压力损失不会影响质量流量。Thibaut（2012）通过在散热器探头后面添加温度测量点来扩展用于温度测量的原始散热器探头，以便确定局部空气密度（图 7.31）。

该测量方法在日常工作中显示出高重复性和短测量时间。然而，空间分辨率以及因此确定的质量流量的准确性在很大程度上取决于所使用的探头的数量和它们的位置。

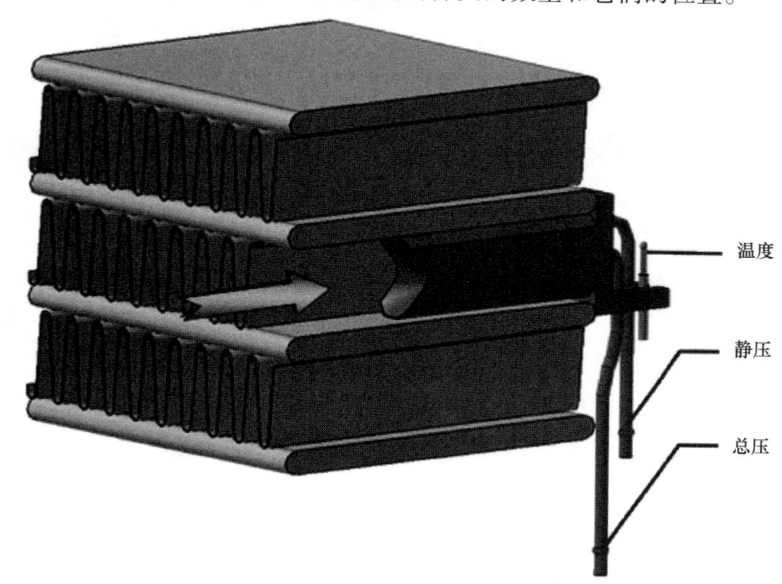

图 7.31　带热电偶的散热器探头

7.5.3　光学测量方法

光学测量方法综合了许多优点：

- 非常高的空间和时间分辨率。
- 不干扰流场的速度测量。
- 可测量三个速度分量。
- 检测回流情况。

特别是对于这里考虑的测量发动机舱流动的情况的缺点，是光需要通到测量空间的必要性。当光学系统在车辆外部时，比如需要玻璃发动机罩。或者，如果使用微型探头，则必须通过横杆将其光纤定位在发动机舱中。这些情况通常导致非常复杂的准备和长的测量时间。因此，LDA 测量更可能在学术环境中应用，而不是在汽车制造商的系列开发中。同样在 PIV 对散热器测量时，光学通路问题也是对散热器测量的最大障碍。

7.5.4　热线风速仪

特别地，在恒定温度下操作的单线探针的特征在于它们易于使用并且具有良好的空间和时间分辨率。然而，与 LDA 相比，单线探针不可能确定流动方向。与热线标准相比，小入流角度下测量信号的类似余弦的行为提供了成功使用它们来确定工业工作环境中散热器过流的可能性。入流角度不超过8°时，预期误差小于1%。使用方向敏感的热线探针（多线探针）的研究表明，这种流动条件例如直接在散热器后面，需要一个微型十字头（见图7.32和图7.33），以适应较小的安装空间。为了验证热线横向测量系统，在双室试验台上使用完整的冷却组件（包括推动和抽吸风扇）进行质量流量测量，但没有车辆。用热线测定的质量流量的偏差小于2%。这些结果可以通过在车辆中重复测量来确认。

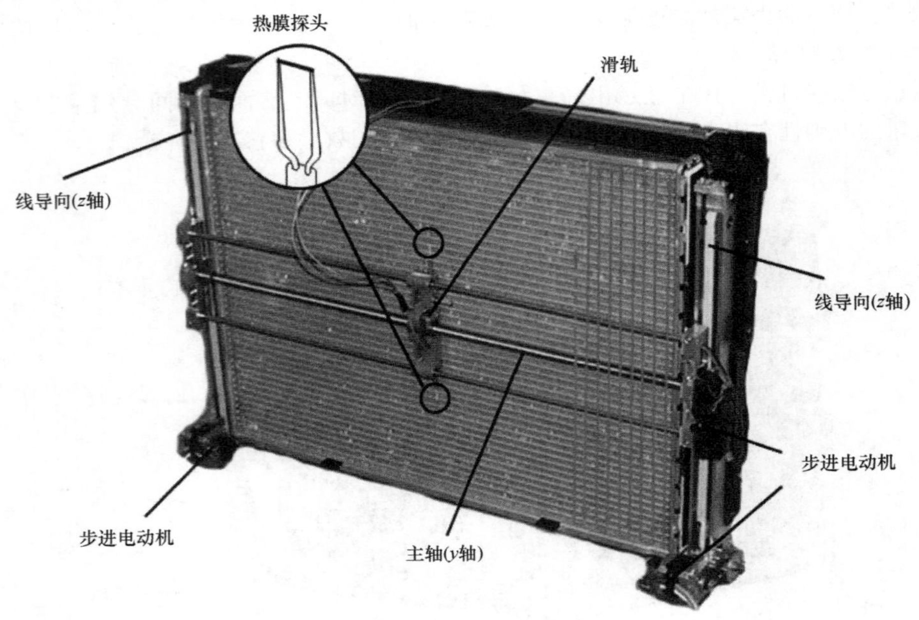

图7.32 散热器格栅

在带有加压电风扇的流速为140km/h的乘用车中进行质量流量测量的典型结果如图7.34（见彩插）所示。颜色标度表示速度范围为0～15m/s。显然比如可以看到风扇后面的大部件（轮毂和支撑支柱），以及垂直流过的动力转向－冷却盘管。轮廓图像中的细的水平线甚至显示了各个冷却液管，这些冷却液管可以在空间上很好地用HDA的单线探针来分辨。仔细观察后，另外两个方面是显而易见的：首先，在拐角处有大的表面仅能以非常低的速度流过，这是由于风扇框架没有背压挡板所致。这里的速度平均低于6.0m/s，这导致该区域的热传递较少。其次，在散热器矩阵的中间，在上部区域和下部区域中出现非常高速度的岛屿，一方面导致不必要的高流动损失，另一方面导致热传递几乎饱和。为了获得平衡和最佳的过流，应避免这些极端情况。这个例子的不均匀性非常高$I=48\%$。

图7.33 安装在车辆中的散热器格栅

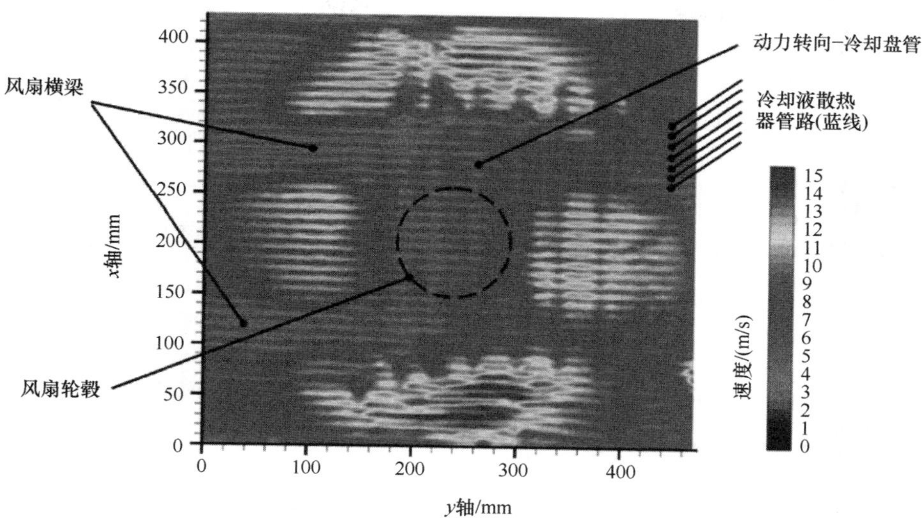

图 7.34　带风扇的散热器过流 140km/h

第8章　绕流噪声

Martin Helfer

谢志华　译

8.1　绕流噪声对于汽车内部和外部噪声的影响

单个部件对于汽车整体噪声的影响在很大程度上取决于汽车的运行状态。汽车低速行驶和发动机处于高负荷运行状态时，发动机的驱动噪声是最主要的噪声。如果发动机的负荷很低，在低速度行驶时，轮胎与路面间的噪声便成为外部噪声的最主要部分。即使是在行驶速度为50km/h左右的全负荷加速情况下，由于载货汽车在轮胎上的高牵引力导致噪声明显升高，这种（轮胎与地面间的）噪声可能起着决定性的作用。当行驶的速度比较低时，除了发动机的驱动噪声和从车外传入的轮胎-路面间噪声之外，通过车体传入的滚转噪声，是车内噪声中的一个重要的组成部分。随着行驶速度的继续提高，绕流噪声变得非常重要，因为绕流噪声的能量以行驶速度的5~6次方的速度升高，而轮胎-路面间的噪声只会以行驶速度的大约3次方的速度上升（Riegel，2011）。

在多个噪声形成机制相互叠加时，如果能够对单个的噪声源进行隔离测量，则具有明显的优点。此时，通过适当的测量布置，相关的边界条件不会受到明显的影响。很长时间以来，这样的试验装置就在驱动噪声和轮胎-路面噪声方面的声学研究中得到应用。在绕流噪声方面，首先是试图在传统的风洞内进行声学优化。尤其是涉及空气动力学的外部噪声时，由于风洞自有噪声造成的强烈干扰，这种利用传统风洞进行的声学优化被证明是十分困难、甚至是不可能的。应用心理声学的评价方法，同样也会因为太高的背景噪声而在大多数情况下显得无济于事。于是，越来越多的特殊声学风洞设施在最近一些年里投入使用。

这些特殊的声学风洞带来了气动声学领域的全新认识。在此，一个显而易见的重点，即在于降低车内的噪声，以提高驾驶舒适性。同样，对绕流噪声之于各种各样的汽车整体噪声的意义也进行了研究。不过，这里只有为数不多的试验研究，是以空气动力学的外部噪声为主要研究对象的（Helfer等，1997；Busch，1997；Helfer，2007）

图8.1和图8.2（见彩插）所示为中高级乘用车在不同行驶速度条件下、各个不同的噪声源对于现代汽车车内噪声的贡献。车速为50km/h时，在很宽的频率范围内是以驱动噪声为主的。不过，在比较窄的频带上，滚转噪声（100Hz以下）和轮胎-路面噪声（1~2kHz）仍然占有重要的份额。车速为160km/h时，声压谱很明显地是以绕流噪声最为突出。只是在很少的几个频段上，驱动噪声（典型的发动机布置）和1~2kHz频率的轮胎-路面噪声，仍然占有一定的份额。

各种汽车在不同行驶路面[㊀]上的车外噪声试验结果，示于图8.3~图8.5（Helfer，2007）。

㊀ 水泥路面表现为一种极不寻常的路面结构。这种路面导致轮胎-路面噪声中的声压比较低。

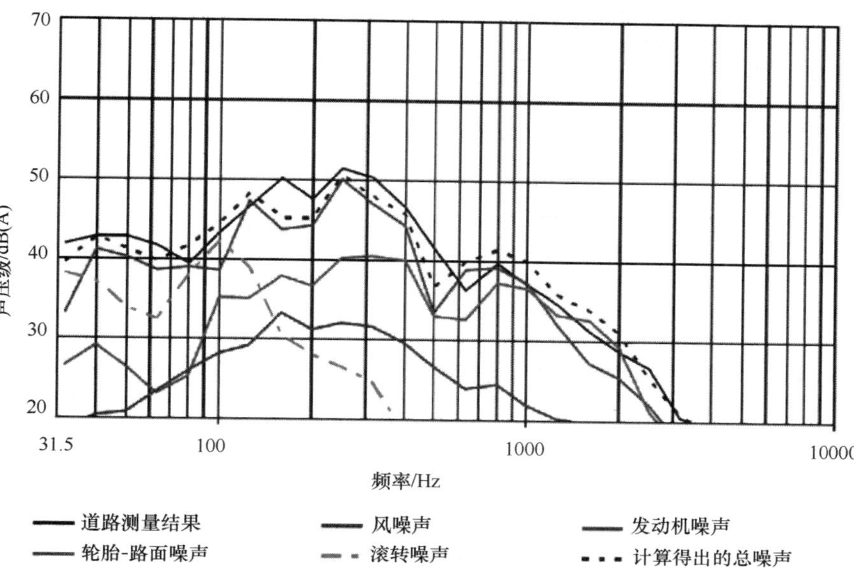

图 8.1　中高级乘用车在速度为 $v = 50\text{km/h}$ 条件下的总噪声和分噪声；虚线所示为由试验台上测得的分噪声计算出的总噪声

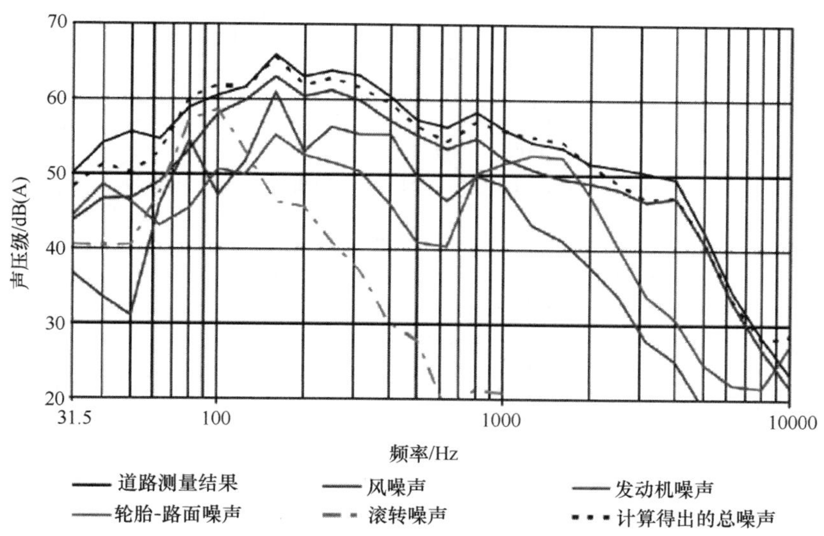

图 8.2　中高级乘用车在速度为 $v = 160\text{km/h}$ 条件下的总噪声和分噪声；虚线所示为由试验台上测得的分噪声计算出的总噪声

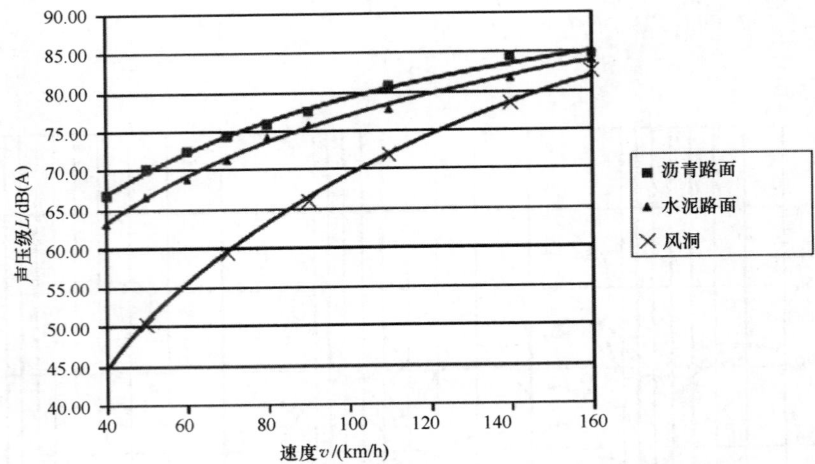

图 8.3　中高档宝马汽车在试验路段和风洞中测得的声压级分布

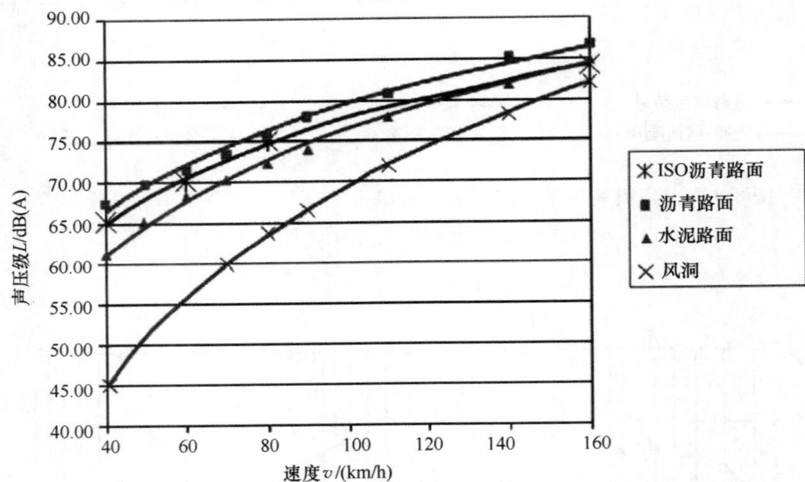

图 8.4　高级奥迪汽车在试验路段和风洞中测得的声压级分布

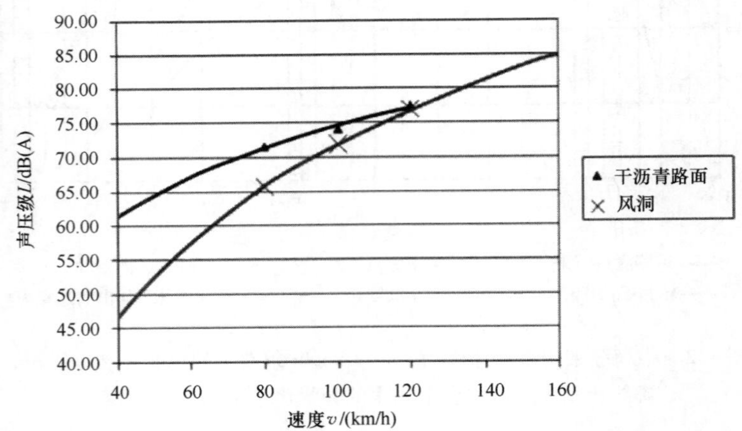

图 8.5　奔驰 C 级汽车在试验路段和风洞内测得的声压级随速度变化的曲线

8.2 气动噪声的形成

空气动力学噪声主要是由三种不同的噪声形成机制所造成的：

- 质量流量源（例如：小过流口）。
- 动量源（固定表面的交变压力加载）。
- 体积源（自由涡流）。

所有这些噪声形成机制，都对汽车的气动声学起作用。不过，其中的每一种形成机制都具有不同的意义。可以采用理想化的近似模型（所谓 Ffowcs－Williams－Hawkings 类比）来描述每一种机制的特征：

- 质量流量源可以用单极子声源来表达。这种类型的声源的例子有密封系统中的泄漏点，或者汽车的废气排放口。
- 在固定表面上的交变加压负载产生的声学效果可以用双极子声源来表达。当表面上出现自由或者分离的流动时，这种类型的噪声总是会产生。汽车上存在很多这样的区域。这些区域有自由的来流；或者是在这些区域，流动的分离起着决定性的作用。
- 涡旋自由流产生四极子特性的声源。举例来说，湍性剪切层或者汽车的尾流中便会生成这种噪声源。

这三种类型的声源如图 8.6 所示（Helfer，2005）。

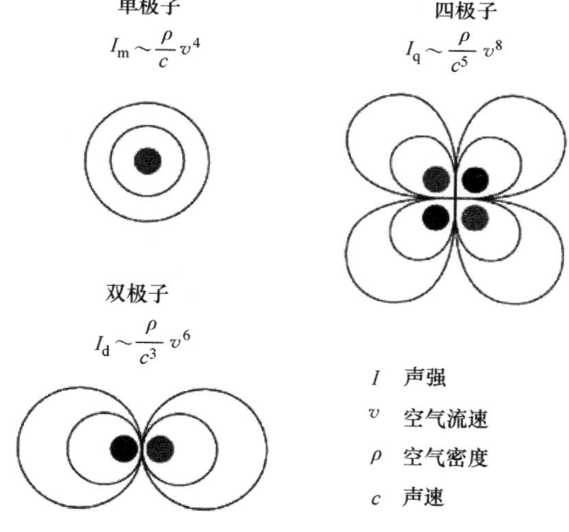

图 8.6 气动声学中相应的声源类型简化示意图

如上所述，这三种类型声源的声强是完全不同的。对于单极子声源来说，声强 I 与流速 v、密度 ρ、声速 c 和马赫数 Ma 的关系是：

$$I_m \sim \frac{\rho}{c} v^4 = \rho \cdot Ma \cdot v^3 \tag{8.1}$$

对于一个双极子声源：

$$I_d \sim \frac{\rho}{c^3} v^6 = \rho \cdot Ma^3 \cdot v^3 \tag{8.2}$$

而对于一个四极子声源：

$$I_q \sim \frac{\rho}{c^5} v^8 = \rho \cdot Ma^5 \cdot v^3 \tag{8.3}$$

对声强进行比较表明，在低流速（马赫数小于1）的情况下，单极子声源的声效最强，接下来是双极子声源。四极子声源发射的声音最弱，而在汽车气动声学中，这一声源在大多数情况下是可以忽略不计的。如果存在单极子声源，这种声源通常情况下是最响的声源。只有当所有的单极子声源都消除了，剩下的某个双极子声源才会起主导作用。如同从上面的方程可以推导出来的一样，单极子声源的声功率与来流速度的 4 次方成正比，而双极子声源的声功率上升为与来流速度的 6 次方成正比。因为通常情况下，汽车的有效气动噪声形成机制可以通过单极子和双极子的混合来表示，所以在试验中——取决于起决定性作用的噪声形成机制——常常能够观察到声功率随来流速度的 4～6 次方增大。于是，在气动声学测试时，来流速度必须保持得非常精准。在速度设定上的轻微误差就会导致声压级的明显变化。这就意味着，在不可预知的自然风条件下，如果相应的来流速度和来流方向不能一起获得，道路上进行的气动声学测量仅仅只是在一定的条件下才具有说服力。

由于风速在整个汽车车身表面的分布极不均匀，以至于与激励点密切相关的潜在噪声激励的强弱显著不同。如果设定为一个双极子声源特性，那么它在一处产生的噪声会比在相邻的另一处高出10dB，如果这两处起决定性作用的局部风速相差1.5倍，而且对于汽车上不同的区域来说，这种风速的相差比例可能还会更大。这说明，车上附件的位置，例如车外两侧的后视镜或者天线，对于汽车的气动声学特性来说具有非常重要的意义。

8.3 气动声学测量技术

8.3.1 气动声学风洞

由于驱动装置的电流噪声和在鼓风机上以及送风过程中的气动噪声，如果不采用降噪措施的话，风洞内的噪声级确实会相当高（Helfer 和 Wiedemann，2007）。在此，必须首先将鼓风机的噪声从试验段隔离出去。内部附设装置（比如尾流回收格栅）必须这样来布置，即由它们所引起的噪声在试验段上尽可能不会被感测到。进一步的降噪措施涉及试验段本身。一般而言，试验段是按照弱反射性来设计的，与此同时，测量大厅的墙壁采用吸声材料来裱装。这一措施，对于开式试验段来说，比起在闭式或者是槽式试验段上更容易实现。

早期的气动声学风洞中的降噪处理，是通过消声装置和纤维材料的涂覆层来实现的。在新型风洞中，大多采用了可替换的吸声装置。这些吸声装置是一种泡沫材料与平板式或者薄膜式的吸声层的组合体。图8.7表示的就是这种新型风洞的一个例子（Helfer 和 Wiedemann，2007）。在这里，吸声层是按照比较低的频率范围来确定的，而泡沫材料则吸收较高频率范围的噪声。以一种由薄膜吸声层和开口式泡沫材料板构成的组合体为例，图8.8表示气动声学风洞中每一种降噪措施的作用效果（Helfer 和 Wiedemann，2007）。

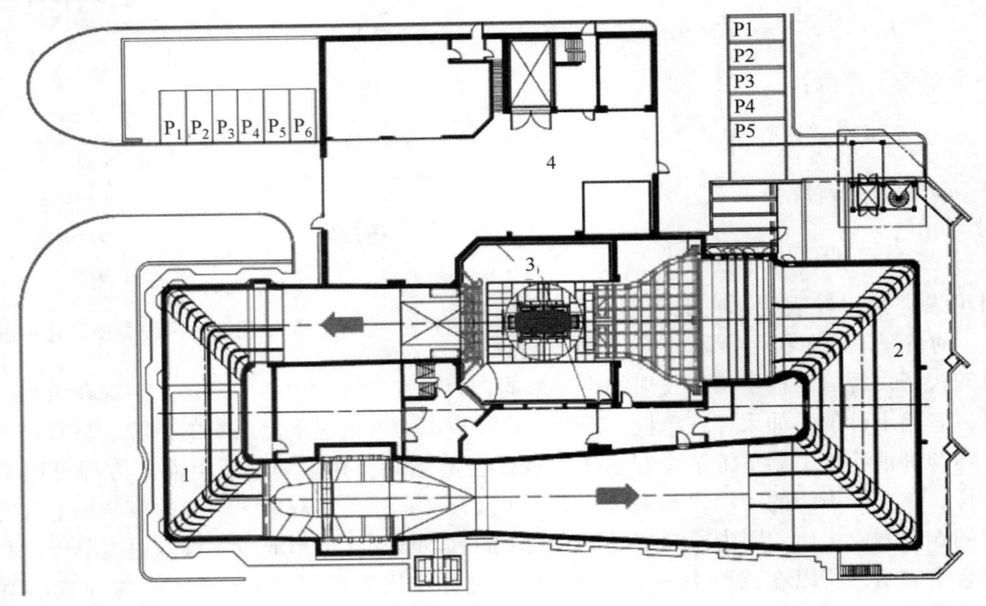

图8.7 现代气动声学风洞平面布置简图（斯图加特大学）

1，2—导流减噪装置，带有作为薄膜吸声层的滤流片和喷涂泡沫材料的导流拐角

3—测试大厅内的吸声裱装层（见图8.8） 4—声学实验室和准备间

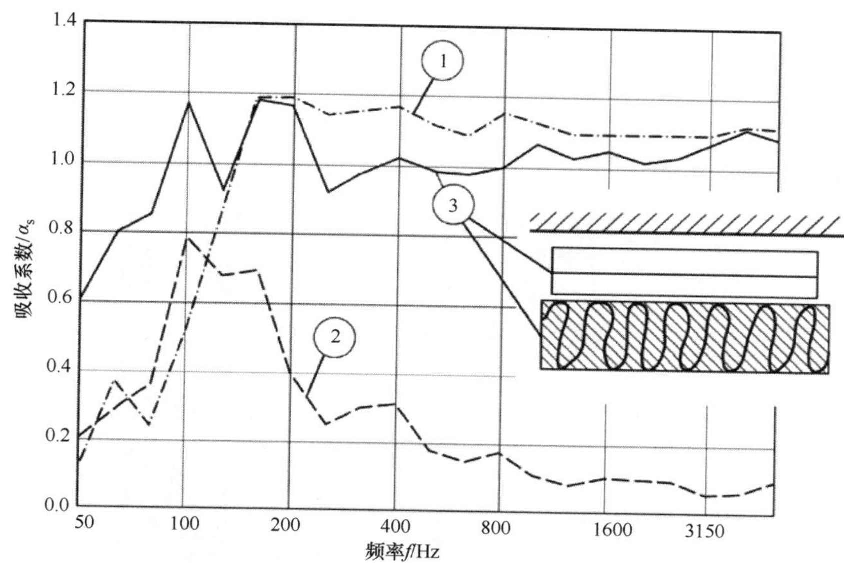

图8.8 风洞内用于测试大厅裱装的各种不同材料单元的声音吸收系数
1—140mm厚的泡沫板 2—100mm厚的薄膜吸声层 3—100mm厚的薄膜吸声层，外加防护膜前10mm处配置的140mm厚泡沫板

如果说在自由声场的质量方面也有一些不足之处需要指出的话，风洞中降噪措施的无纤维化设计还是具有明显优点的，因为受绕流的作用，纤维材料中的颗粒物会被气流撕开带走。而这不仅会影响到声学过程的有效性，也会影响到空气的质量。

8.3.2 内部噪声测量

汽车声学中常见的测量技术，用于测量汽车内部的气动噪声。如同一般意义上的机器声学一样，这里同样也大都会采用假人头和单个的传声器。假人头特别适宜用来测量噪声对于乘员的影响和进行心理声学分析。如果需要直接在发声点进行测量，而假人头因为其结构尺寸经常是并不适宜的，或者是整个声场需要通过大量的测点来测量时，经常会使用传声器。

用声强传感器来测量噪声非常方便。不过，它的应用在很大程度上仅仅限于声场回声并不大的较高频率范围内。除此之外，还能采用特殊的、大多情况下是球形的传声器阵列来进行内部噪声的测量。这种阵列在较高频率区域也是如此适宜用于对气动声源进行定位。建立在近场全息技术（见第8.3.3.3节）基础上的传声器阵列，特别适用于较低频段的内部噪声测量。

8.3.3 外部噪声测量

由于受测物体周围气流的影响，将传统的声学测量技术应用于风洞中测试汽车的外部噪声时问题多多。一方面，由于气流脉动压力作用于测试膜片，会在传声器上出现所谓的伪音。与“真”声不同，这一脉动压力大约会以气流的流速（湍流）而不是以声速向前传播。在噪声测量时，这种脉动压力便会形成干扰。另一方面，在传声器外壳、前置放大器和支架上同样会产生气流噪声，进而产生外来的噪声。这些噪声会干扰测量。所以，为了测试汽车的外部噪声，大多运用到一些特别为此而开发的测量技术。

8.3.3.1 采用特制探头测量声强

为了获得气动的外部噪声而采取的声强测试，通常是在气流中进行的，因为在测量方向上，声强探头仅仅具有很小的方向效应，因此大多数情况下都贴近测试物体来进行测量。由于已经说明过的原因，使用市面上一般的双传声器探头，这是不可能做到的。也就是说，必须使用特殊的探头。

图8.9表示了这样的一种测试装置。探头必须正对气流的方向。在具有很高涡流度的地方（例如车外后视镜的后面），不能使用这种探头，因为这又可能会引起伪音。

图8.9　一种位于汽车外后视镜的上方、传声器和头锥并排布置的声强探头

理论上，只有在没有气流流动或者在一维流动中平面声波的情况下，才有可能采用双传声器技术对声强进行精确测定。但是，气动声源发出的既不是平面波，汽车的绕流也不是一维的。诚然，试验已经表明，在通常的行驶速度范围内，（这一技术测量声强所产生的）误差一直都很小（Helfer，2000）。

8.3.3.2　传声器阵列

如果在受测物体附近不可能进行测量，或者能够测量但是成本很高，常常就会采用传声器阵列。于是，传声器阵列也会被称为“声学望远镜”。不过除此之外，传声器阵列也特别适宜用于噪声源的测定。传声器阵列由大量的传声器组成。为了探测汽车的外部噪声，传声器都布置在一个平面上。传声器究竟如何排列，则几乎是任意的。有三维阵列、平面阵列、环形阵列、十字形阵列和线性阵列。

测试的原则，是要将传声器阵列“聚焦”到测试对象的各个不同的测点上。这主要取决于与从这个测点到各个传声器的传播时间相对应、而由传声器所记录到的信号的时间差。接着，所有传声器上经过时间校正的信号会叠加起来。这样便得出一个与每个测点相对应的时间信号。此时，其他声源的声音会被完全排除在外（被滤除）。与此相反，从各个测点（聚焦点）所发出的声音被增强（Gaidati，2010）。

传声器阵列的频率范围会受到阵列的大小的限制：传声器阵列越大，在低频率区域的定位精度越高。在比较高的频率范围上，特别是当传声器规则排列布置时，由伪声源（假频）所引起的误差越来越大。这些伪声源会导致错误的判读。而传声器阵列中传声器之间的最短距离越小，误判就会越少。

阵列技术最初主要应用于轨道交通技术领域和航空航天技术领域（Barsikow和Klemeny，1998；Michel等人，1998）。不过此后，阵列技术也一般性地应用于汽车声学，尤其是频繁地应用于汽车风洞中（Helfer，2000；Leister，2009）。该技术首当其冲应用于气动声学风洞的开式试验段中。传声器阵列布置在试验段气流之外。显然，在这种情况下，气流和来流流束边界处的剪切层对声扩散的影响必须得到修正（Riegel 和 Helfer，2011）。还有的阵列是利用成束地安装在试验段周壁上的传声器。这种阵列也适用于闭式试验段（Leister，2009）。

8.3.3.3　声学近场全息测量

声学近场全息测量（也称为 STSF，声场的空间变换）也是建立在采用多个传声器进行测量的基础之上的。大多数情况下都使用矩形的传声器阵列；在有待测量的声源附近，还额外地布置了参考传声器。通过确定参考传声器本身之间和参考传声器与阵列中的各个传声器之间的交叉能谱，就能够计算出声场的所谓的主分量图。主分量图不仅用来进行声学近场全息分析，而且应用于赫姆霍兹积分方程，以便对远处的声场进行计算（Hald，1995）。

在对声源周围的传声器阵列进行测量之后，声学全息为另一个平面上声场的计算提供了条件，而这一平面既可以是靠近该声源，也可以是远离该声源的。通过对交叉能谱的分析，传声器获得的未经校正的信号部分得以剔除。在大多数情况下，该方法也适用于对流场中传声器收集到的伪音的处理。由于这一原因，声学全息技术也适用于有绕流传声器进行的测量。

图 8.10 表示的是风洞中一种可能的测量设备布置方式（Helfer，2000）。它由垂直间距为120mm 的 8 个传声器组成。这些传声器由试验段内的一个托架来操控。还包括一个或者多个参考传声器。全息测量的结果，总是给出经由参考传声器中的信号予以校正的那一部分声音。为了能够使测量的频率能够达到 4kHz，必须在垂直方向上、在相邻的传声器之间增设两个额外的测点，这样，测点的间距减小到 40mm。于是，在汽车的纵轴线方向，也要求同样的测点密度，同时还要注意到，传声器不能放置在湍流度很高的地方（例如侧镜的尾流中），因为此处在传声器上产生的很高的伪音部分本身无法借助交叉声能计算的平均效应来剔除。在风洞测量中，近场全息技术需要很高的测量成本；但是，作为回报，人们获得测量对象前方完整的声场信息。

图 8.10　风洞中声学全息测量设备布置图，传声器间距为 120mm

8.3.3.4　凹面传声器阵

凹面传声器阵的工作原理如图 8.11 所示（Helfer，2010）。就传统的凹面来说，传声器是这样布置的：它位于具有唯一一个焦点的被反射声束的交汇点上。在此处，来自焦点以外的声源的声束只会有极少一部分被同时探测到。在所谓凹面阵列的情形，反射的声音不会只是被一个而是被安装在凹面中心前方的一个平面上的多个传声器所捕捉到。这样，就使得能够对具有比较大的面积的测试对象上的多个声源同时展开记录（Riegel，2012）。图 8.12 就显示了这样一种凹面传声器阵列。在它的声音接收面板上，安装了 108 个传声器。

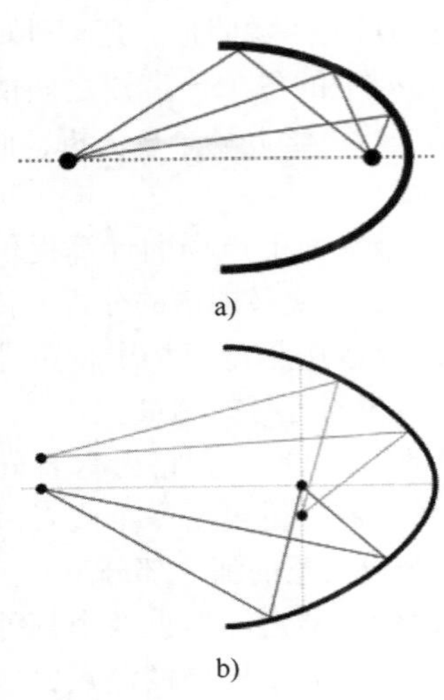

图8.11 传统凹面传声器a）和凹面传声器阵列b）的工作原理图

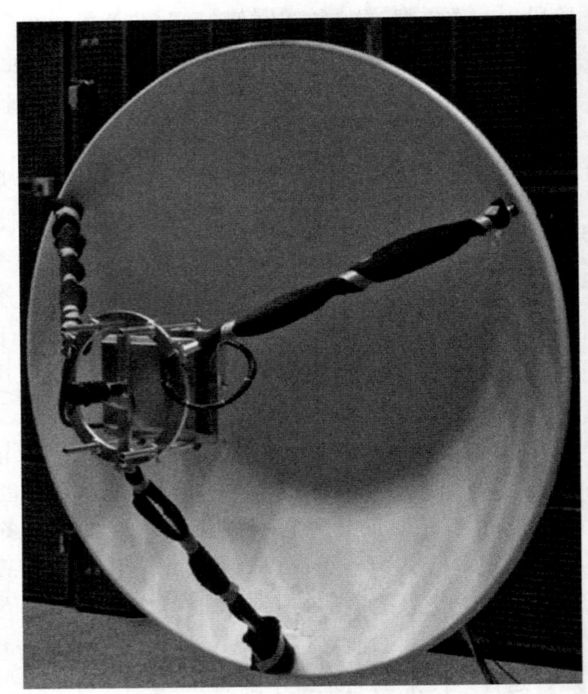

图8.12 凹面传声器阵列外观图（照片：Riegel）

凹面传声器上声音信号的放大与频率有关。在低频区域，信号放大最轻。凹面传声器中比较显著的信号放大只有借助比较大的凹面直径才能实现。大直径凹面也会带来空间分辨率方面的优势（Helfer，2010）。

凹面传声器在风洞内开式试验段的外噪声研究中使用。在闭式试验段中这项技术不适用，因为在这里系统必须在流动气流中安置。

8.3.4 车身声噪的测量

为了研究汽车结构内部声音的传播机制、对车身上振动剧烈的区域进行鉴别，常常对车身固体内传播的声音进行测量。为此目的的一般做法，大多需要用到压电加速度传感器。但是，在壁厚比较小的薄板结构情况下，必须注意，其振动特性不能明显地被传感器的重量所影响。于是，在汽车车身上使用了只有几克重的微型传感器。不过，如果可能的话，则采用激光多普勒振动测量仪（Laser - Doppler - Vibrometrie），以至于能够完全放弃使用传感器。这一方法，利用在测点处反射的激光光线（散射光）频率的变化作为衡量声音波动的计量尺度。也就是说，这是一种完全免于反馈的测量。它的优点在于使用一个能够对大量测点自动地进行扫描的系统。采用这种方法能够大大地缩短测量时间，而这对于时间费用昂贵的汽车风洞来说，导致了可观的资金节省。

8.3.5 使用特殊仪器对声源定位

8.3.5.1 利用超声波检验密封性

使用简单的声学工具对汽车座舱的密封性进行鉴定，往往不是一件轻而易举的事。于是，经常会采用这种方法，即在车内放上一台超声波发射器，用置于车外或者车底的一台超声波接收器来搜寻超声波渗出的泄漏处。这种方法也可以在风洞之外使用。

市面上常见的发射器以半球形状向外发射声波，产生的频率大约是40kHz。发射器在车内是这样放置的，即让待检查的所有区域都尽可能地被有效放射。现在，人们可以使用一种装在一个手持的盒子中的传感器，来有针对性地检查诸如车门或者车窗的密封性。传感器到达一个超声波向外泄漏出来的地方，探测器就会发出一个听得见的声信号。该声信号的响亮程度就表现出此处超声信号的强度。于是，密封装置的缺陷和其他的气声通道很快就能够找到了。

8.3.5.2 传声器探测器

为了探寻汽车内的噪声源，除了听筒之外，还能够使用一种特殊的传声器探测器。这种探测器的构成包含一个有时候是可活动的小管，传声器就装在小管内。小管固定在一个盒子内，盒子内装有调节音量的耳机放大器和供电线路。盒子上可以插接耳机，通过耳机能够监听到传声器传来的声音信号。图8.13表示的就是这种传声器探测器的一个样品（Helfer，2005）。

图8.13 带有耳机的传声器探测器

8.4 主要噪声源和降噪方法

在汽车气动声学研发过程中，必须对为数众多的可能干扰性噪声源进行研究。在进行细部优化的过程中，如果能够将感兴趣的噪声源隔离开来观察，将是十分有利的。名义上，在一片噪声中混杂的噪声源越多，对这些噪声源的变化进行测量方法上的、主观的声学评价就会越复杂和越难。于是，举例来说，当人们对车外后视镜进行气动声学方面的研发时，会将所有的车窗和车门密封用胶带或者铝箔带封死，以便排除泄漏带来的影响（见第8.4.1节）。同样，其他如天线和风窗刮水器这样的一些附件，也会视情况而定加以拆除。如果A柱上的涡旋不会因此而发生显著的变化，挡水条也会光滑地封盖起来。即使是车外后视镜本身导致的噪声，如果不需要分析，也会加以消除。例如，在进行后视镜盒上导水沟的气动声学优化时，将后视镜根部所有的缝隙严密封死，就是这种措施。

在研究别的噪声源时，也可以按照类似的方法进行，以便掌握声强级更为明显的变化。然而，旨在对那些有可能非常昂贵的各个声学优化措施的必要性进行评价，最终在“批量状态”下的检验，是不可或缺的。

8.4.1 泄漏

在第8.2节已经提到，因为泄漏引起的噪声具有单极子声源特性，避免泄漏非常重要。在汽车上，主要涉及车窗和车门密封的研发。对此的处理必须十分认真地进行。特别是在车内和车外的压差变得更大的高速条件下，密封不严的危险性会因此而升高，即由于外面作用的负压很高，密封条会被从车门上扯掉。

在风洞之外，已经能够借助超声仪检测车体的密封性，这在第8.3.5.2节中已经提到了。在风洞内，为了测得密封装置对于车内噪声的影响，首先要把车身上所有的沟槽和缝隙用胶带连起来封死。通过比较使用和不使用胶带时的测量结果，得到所有沟槽和缝隙在整个噪声中所占的分量。如果要测量单个密封段或者单个沟槽的噪声分量，就会单独让这一个沟槽打开，而所有其他的沟槽仍然封死。为了测量下一个密封段，则先前的沟槽又将被封贴起来，而将当前待测的部分打开。每一次测量的结果都会与沟槽和缝隙全部被封堵时测得的结果进行比较。按照这样的方式进行，每个部分对于车内噪声所占的份额就能区分开来，并加以比较。

图 8.14 中表示的是与几个附加组件（外后视镜，风窗刮水器，天线）相比较，密封系统对位于一辆量产汽车中的驾驶员左耳声压的影响（Burgade，2000）。密封系统对于车内噪声的决定性影响很大。降低这部分影响的一种有效却又相对昂贵的措施，是使用多重密封系统。

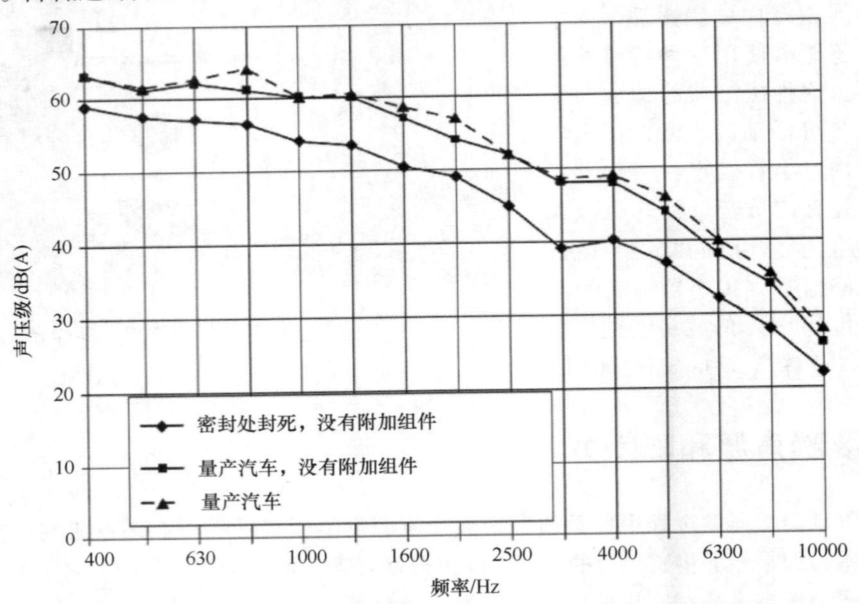

图 8.14　与附加组件相比较，一种劣质的密封系统对于车内声压谱的影响

外后视镜根部的密封，以及车轮罩与 A 柱之间的密封也都必须精心处理。在这些地方出现的噪声虽然不会直接传入乘员舱内，却也存在这样的可能性，即通过车门和车身上的空洞导入乘员舱内。

8.4.2　外后视镜

大量气动声学研究都是以外后视镜为主题的。外后视镜位于高流速的区域，因而带来声学方面的特殊问题。对于运输类车辆来说，外后视镜可能是车外气动噪声的主要噪声源（图 8.15，见彩插）（Helfer，2007）。

外后视镜的外观形状完全是由汽车造型设计来决定的。功能方面的观点也必须照顾到。因而，声学的优化措施主要集中在像导水槽的深度和形状、折叠缝和镜盒排水方式这样的细节上。这里的噪声常常具有声调性特征（吹口哨）。对付这种噪声，造涡器往往能起到帮助作用。这种造涡器设置于噪声形成之处前方，干扰噪声产生的周期率，图 8.16 表示的就是一例（Helfer，2010）。如同第 8.4.4 节、第 8.4.6 节和第 8.4.7 节所介绍的那样，这一方法也会类似地应用于别的噪声源的情形。

8.4.3　风窗刮水器

风窗刮水器也是气动声学优化中的一个重要指标。在驻泊位置，风窗刮水器经常是处于发动机舱顶盖的保护之中；不过在其他情况下，以厢式旅行车为例，风窗刮水器经常是部分地直接

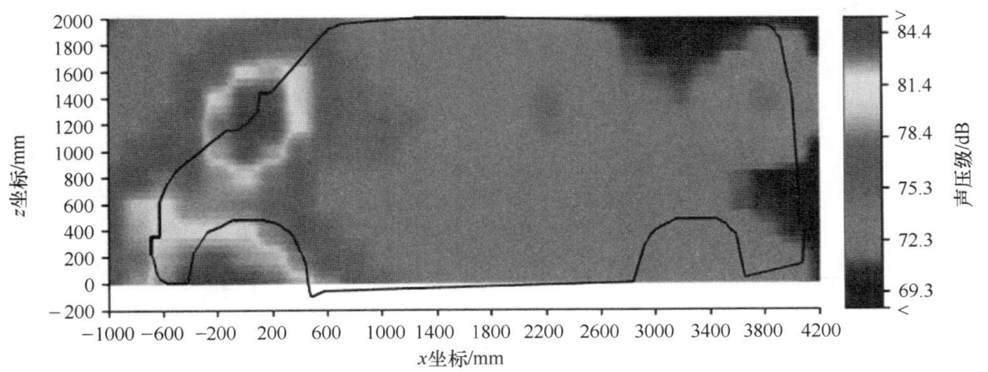

图 8.15　来流速度为 140km/h 时，某运输车在 2kHz 音域的声发射特性

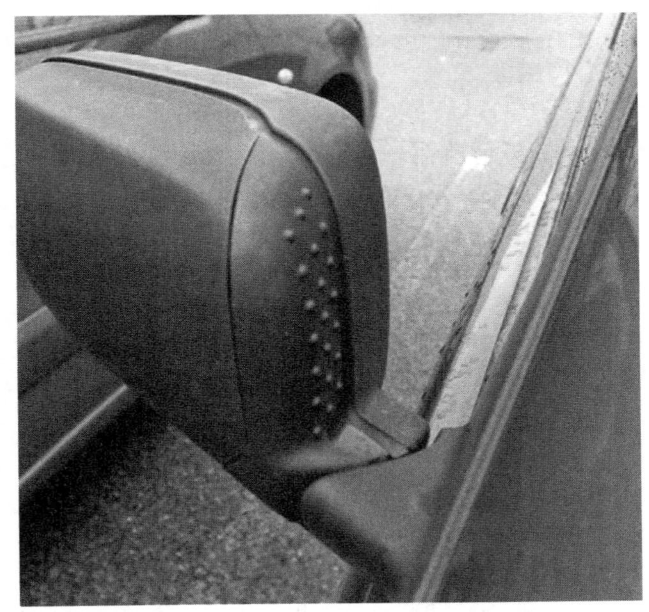

图 8.16　在外后视镜上用于避免可感知噪声的造涡器（设计）

暴露于行驶逆风中。这导致了车内噪声的声压显著升高（Zaccariotto 等，1997）。此时对于降噪有帮助的，如从图 8.17 中可以看出，可能是在风窗玻璃前配置扰流器。该扰流器引导风流从刮水器的上方通过（Burgade，2000）。刮水器处于工作状态时，其噪声会受到自身明显振动的影响。在这里，当刮水器正在向下运动而大约处于与来流方向垂直的位置时，出现的声压往往最强。

8.4.4　天线

天线会产生音调性的噪声。那种也称为锉锯声的哨啸性噪声，由发生于天线左右两侧规律性地交替变化的流动分离所引起。在天线的背风面，这种流动的分离形成一种所谓的卡门涡街（Kάmάn'sche Wirbelstraße）。通过尽可能地将天线斜置和在天线的周围加装一条螺旋钢丝线的方法，能够达到降噪的目的。这些措施会阻止有规律的涡旋分离的形成。这一类型的工业成品天线见于图 8.18（Helfer，2010）。

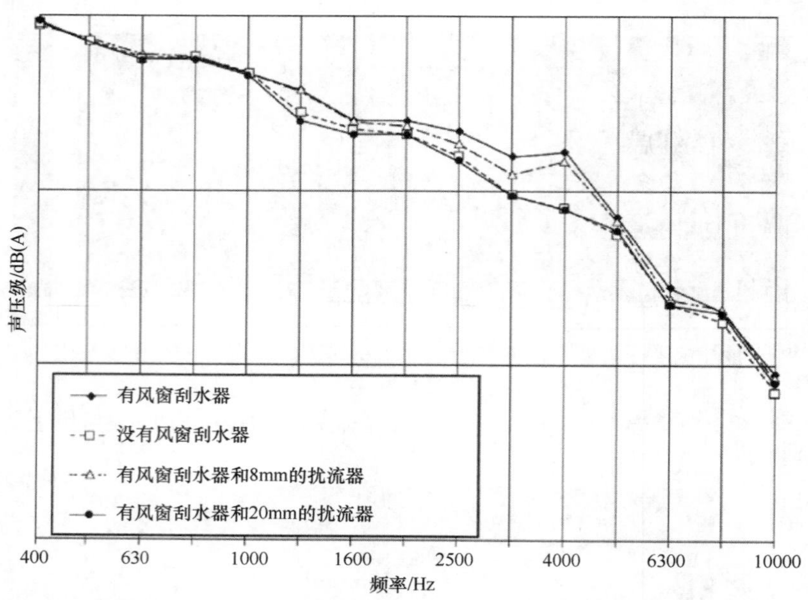

图 8.17　厢式旅行车的风窗玻璃前方具有不同高度的扰流结构对于车内噪声的影响，刮水器处于驻泊位置

图 8.18　螺旋钢丝线缠绕的量产天线

8.4.5 A 柱

A 柱的结构形状对于气动噪声的形成有着明显的影响。A 柱决定了侧窗上分离涡的大小和特征，而分离涡又会影响到外后视镜噪声的发散。另外，集成在 A 柱上的挡水条也是引起噪声的元素。这里，优化工作在大多数情况下是迭代性地进行的。如同从图 8.19 可以看出的那样，优化的潜力相当可观（Helfer，2010）。这张图显示的是用一个凹面传声器阵列从上方测量的结果。这一测量技术，使得汽车车身的气动声学开发工作从硬模型阶段就开始了。

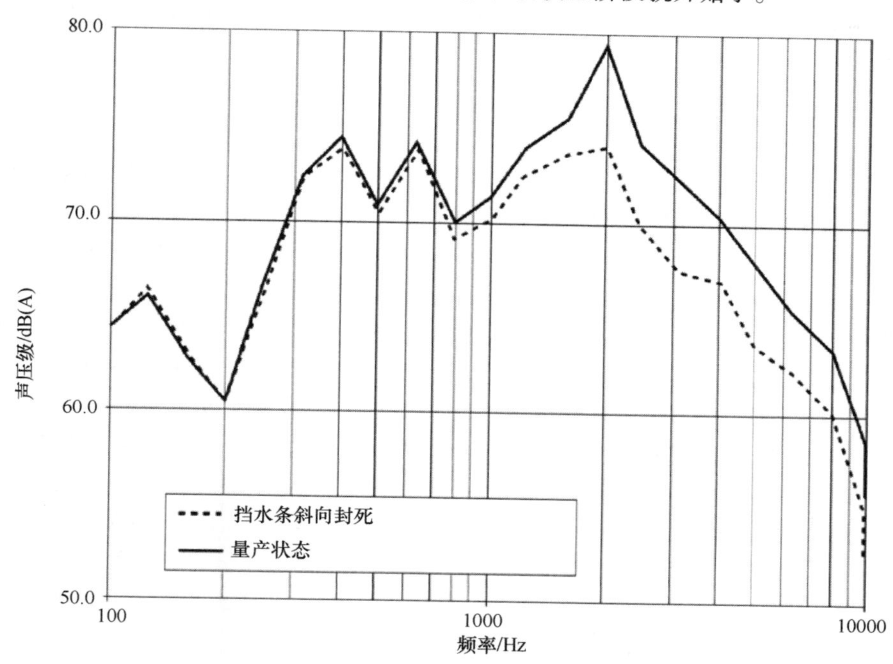

图 8.19　挡水条对声发射的影响，速度 140km/h，采用凹面传声器阵列从上方测量，重点在于 A 柱的中部

A 柱的圆角半径也是影响气动噪声产生的一个重要参数。图 8.20 表明，对于各种不同圆角半径的 A 柱，当来流的角度从 0°变化到 10°时，驾驶员耳边的声压升高（Burgade，2000）。图中，声压级之差用一个个“点”来表示，而这些点代表从 400Hz 到 10kHz 的各个声频的声压差之和。人们发现，当圆角半径很小至大约 10mm 时，倾斜来流时声压的提高一开始是变化不大的。当圆角半径更大时，声压的升高明显变小了。这就是说，A 柱圆角半径大的汽车在声学上对倾斜来流的反应不明显，因而在处于紊态来流的实际交通中，这样的汽车的内部噪声不会有明显的变化。

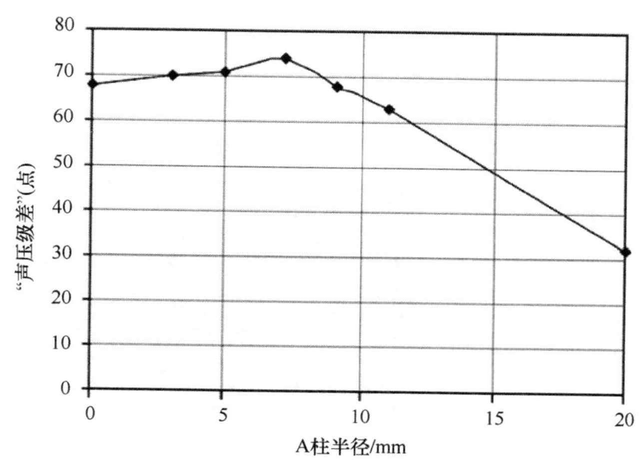

图 8.20　不同的 A 柱圆角半径条件下，倾斜来流引起的车内噪声声压级的变化

8.4.6 空腔谐振

汽车上出现两种类型的空腔谐振。第一种类型的谐振，整个汽车的座舱内部都会被激励，例如由打开的车窗或者开启的滑动天窗所引起。另一种类型的谐振，是小腔室内空气的振动，比如沟道、缝隙、凹槽或者孔口。这样的谐振所受的激励，在方式上是和吹瓶颈产生声音时所出现的激励相类似的。空腔的作用就像一类赫姆霍兹谐振器（Helmholtz - Resonator），其固有频率在很大程度上取决于空腔的体积。产生谐振时，相应的涡旋结构在开口前沿发生分离，而又出现在开口的后缘，并导致此处的压力波动。该压力波动激励乘员座舱，并在开口前沿再次导致新的涡旋分离的发生。

谐振是否形成，主要取决于涡旋结构的相对速度；而这一相对速度，又由空气流速或者说行驶速度所决定。因此举例来说，只是在十分有限的速度范围内（大概总是在40～90km/h之间），当滑动天窗打开时才会出现轰隆隆的噪声。如果人们改变乘员舱的固有频率，例如通过改变乘员数量，出现轰隆隆噪声的速度范围也发生变化。

滑动天窗的轰鸣在20Hz频率附近产生高达130dB的声压级，成为一种对于舒适性的意义深远的危害。可以通过避免涡旋结构在滑动天窗的后缘出现的方法，来降低声压级。给滑动天窗设定一个所谓的舒适性位置，将滑动天窗的开度限制在这个位置上，就能够达到降低声压级的效果。只有当天窗继续打得更开时，才会出现轰鸣。此外，在滑动天窗的前缘使用挡风板。挡风板一方面能够使得在天窗开口前沿形成的分离向开口后方的车顶部分发生转移；另一方面，也可以（给挡风板）增加一些能够破坏气流分离的规律性的造涡结构（例如凹槽、间隙、沟道、瘤结、钻孔），见图8.21（Helfer，2010）。在滑动天窗很长（在400mm以上）时，例如全景天窗，这类的挡风板通常是不够的。此时还必须使用挡风网，见图8.22（Helfer，2010）。除了这些方法以外，将来还会有更新的技术来克服滑动天窗的轰鸣噪声。对此，已经有了一些附件——在滑动天窗的前沿安装一个活动凸缘。凸缘通过一个驱动装置的控制随机地或者是有规律地运动，从而干扰（对于乘员舱）周期性的激励（Helfer，2006）。

正如前面已经提到的，比较小的空腔也会帮助产生噪声。比如转轴上的钻孔，也能引起几千赫兹范围内的哨啸性噪声。这样的噪声在乘员舱内也能够令人感觉到不舒服。为了避免这一类的噪声激励，应该在车身的外表面和底板上尽可能地避免凹槽和钻孔，或者尽可能地把它们封严堵死。

图8.21 带有凹槽和间隙的挡风板

图 8.22 一种量产车上的挡风网

8.4.7 滑动天窗——开口噪声

由于汽车车内和车顶的压力差，在从滑动天窗进入滑动位的打开过程中，不定常的、有时候是调性的噪声就会产生。这一噪声能够（比如说）借助一种滑动天窗后沿上的齿条（图 8.23），来加以阻止（Helfer，2010）。

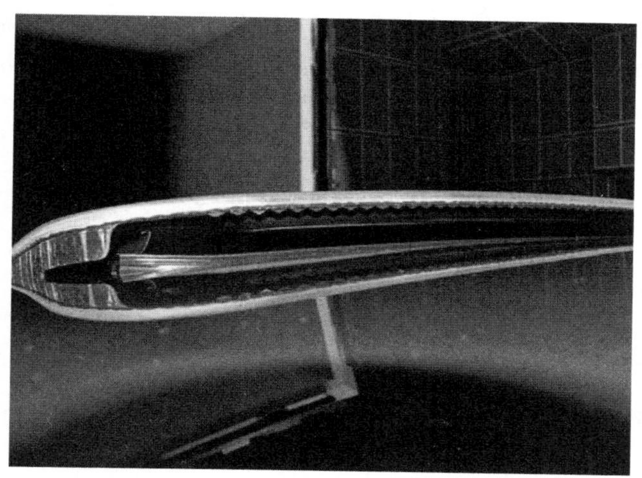

图 8.23 一种量产汽车上用来阻止滑动天窗开启时出现噪声的齿条

8.4.8 车轮轮罩

尤其是前轮轮罩，几乎是覆盖了整个声频范围的外部气动噪声的主要声源。不过，在一定程度上是因为乘员舱舱壁很强的消声性能，这些噪声源对于车内噪声仅仅只有轻微程度的影响。图 8.24（见彩插）显示一辆乘用车在来流速度为 140km/h 时的声发射特性（Helfer，2009）。前轮轮罩的噪声贡献很容易识别，而且也是在所有其他音程中最为突出的。很典型的情况是，后轮轮罩发出的噪声明显地非常微弱。在 A 柱上，外后视镜的影响清晰可辨。

迄今为止还不清楚，车轮的旋转是如何影响轮罩中的噪声激励的，原因是当车轮转动时，轮胎的滚转噪声无法与气动噪声分隔开来。不过，人们估计，由于受绕流作用的轮盘附加的旋转运

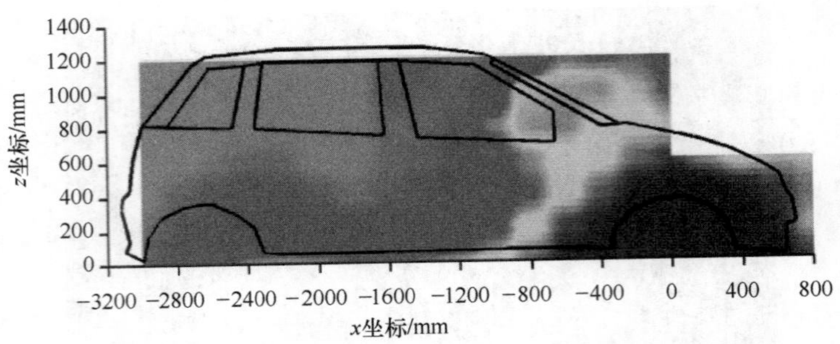

图 8.24　一辆乘用汽车在 140km/h 的来流速度时在 2.5kHz 频段的声发射特性（采用凹面传声器阵列进行测量）

动，噪声的激励进一步增强。这样的情形是已经弄清楚了的：前轮上产生的涡旋结构引起车前部声发射特性的改变，因而也会影响到轮胎 - 路面之间噪声的强度（又见 Blumrich，2010；Helfer，2009）。

8.4.9　底板

对频率很低的车内噪声来说，除了由于在具有宏观或者很大粗糙度的路面上行驶时的滚转噪声所引起的激励之外，车身底板的过流往往是其重要原因。这种噪声可能特别令人难受，会严重地降低车内的舒适性。通过底板传导到车身上的风力刺激整个车体结构发生振动。车体噪声便会从各个不同部件的表面向乘员舱内传播。放低布置车前挡板和使车身底板尽可能地光滑，会在降低这部分噪声方面有所帮助。图 8.25 显示出车前的防撞保险杠和风洞底板之间的密封措施对于车内噪声的影响（Helfer，2010）。在 1kHz 以下的频率范围内，车底的空气流动（所引起的噪声）尤其令人关注。

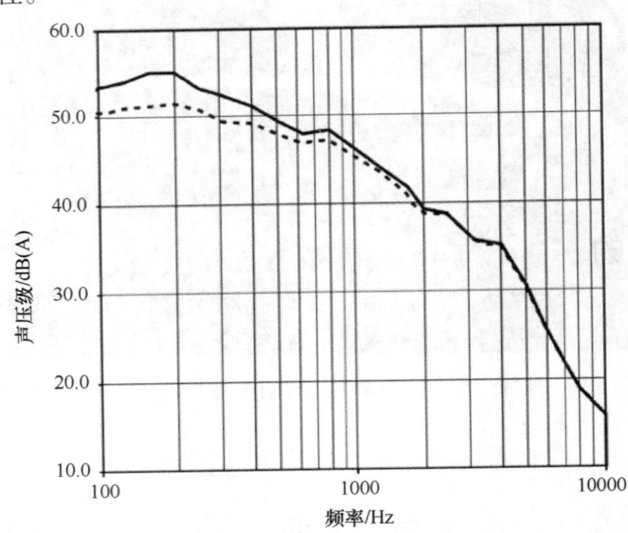

图 8.25　驾驶员左耳的声压级：量产状态（实线）和将前保险杠与路面间的缝隙封闭（虚线）

8.4.10　运用特殊声学玻璃降低车内噪声

所使用的（车窗）玻璃对车内的噪声也有着相当大的影响（Hartmann 等，2012）。增加玻璃板的厚度，就能够为显著地降低车内噪声做出贡献（Burgade，2000；Zaccariotto 等，1997；Melchger，2003）。在多层玻璃板结构之间使用塑料的中间薄膜也能够实现大大降低噪声的目标，见图 8.26（Melchger，2003）。除此之外，这样的玻璃板结构能够做到使其重量不会发生明显的变化。

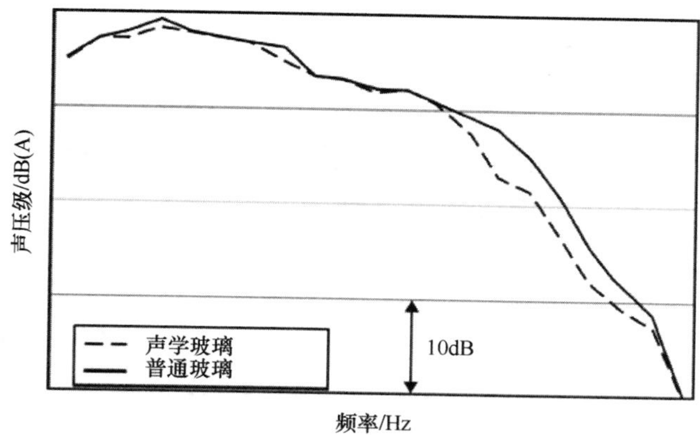

图 8.26 使用普通玻璃和带中间隔膜的声学玻璃时的车内声压级

8.4.11 敞篷汽车

在过去的一些年里，敞篷汽车的气动声学性能实现了明显的改善。一方面，越来越多地使用加衬里的顶篷。它不仅带来乘员舱空调方面的好处，也在声学特性方面发挥着作用。另一方面，串接在一起的篷架以及强有力地张紧的篷布，阻止了顶篷并不希望的运动。这不仅在声学上而且在阻止顶篷的鼓胀上（行驶时车顶的拱起）都具有积极的意义。不过尽管如此，在使用类似的高质量密封系统的条件下，与跑车相比，敞篷车在声学性能上依然处于劣势。

敞篷汽车上必须认真加以研发的，恰恰就在于密封系统。在这里应该特别关注的目标，比如是分叉结构。在这些地方，泄漏出现的更为频繁。在打开状态，敞篷汽车的声学问题同样有其特殊性。如果说传入的发动机噪声大都因车型而异，越来越普遍地为车内的乘员所正面评价的话，确切地说，批评则是针对强劲的通风效应和绕流引起的噪声。然而，正是用来解决通风问题的系统（挡风墙），可能产生引起噪声的不利效果（Helfer，2005）。

8.5 心理声学的观点

对气动噪声带来的不适感的评价大多数是以主观的方式进行的。不过，也有一些方法对其进行客观的评价（Otto 和 Feng，1995）。人们早就认识到，车内噪声的尖锐程度几乎排他性地是由气动噪声所决定的（Helfer 和 Busch，1992）。这一点也为后来在更多汽车上的一些研究结果所证实，如同图 8.27（见彩插）上所见（Riegel 和 Wiedemann，2003）。

一个十分重要的观点认为，大街上的噪声感受与风洞内的噪声感受大相径庭。在汽车风洞内，喷口前室的气流经过整流，在整个截面上的速度分布是均匀的。正因为如此，在汽车上便出现一种非常均匀的气流噪声。与此相反，在自然环境中存在的是一种与气象实情一致的非稳态的来流条件（见图 8.28，见彩插）。在道路行驶中，还要加上由其他的交通参与者所引起的湍流。这种综合起来非稳态的气流分布，导致交替性地随时间变化，而且与各地的具体情况相关的来流速度和来流偏角的变化。这样，就造成了响度和频率构成随时都在不断地变化着的绕流噪声。这种噪声构成随时间的变化常常被认为是非常扰人的。

对于舒适性的要求越来越高，从而要求将来在汽车的研发过程中，除了风洞中传统的稳态

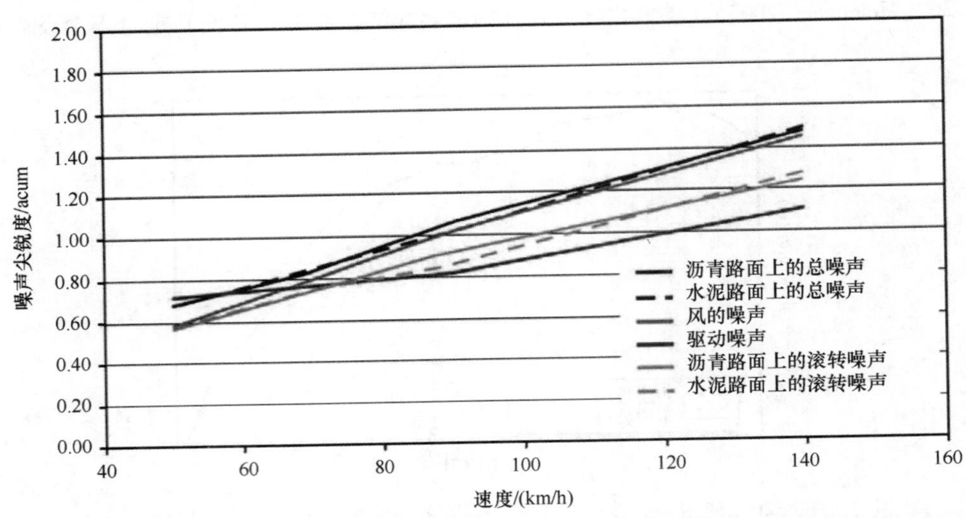

图 8.27　各种不同的噪声组分在中高档汽车的前排乘员右耳中感觉到的噪声尖锐程度随速度的变化曲线

图 8.28　表征了自然环境中气流特性的肥皂泡照片

绕流噪声优化之外，还要考虑到非稳态的风动噪声问题。为了不至于必须进行公共道路上的试验研究，有各种各样的办法，借助风洞测量来模拟由湍流所激发的风动噪声。这些办法，不仅包括汽车前方的固定主动风暴发生器，还包括噪声合成技术（Watkins 和 Riegel，2001；Helfer，2012）。

在汽车的气动声学研发过程中对车内噪声的真实激发机制进行模拟的必要性，已经早就为人们从各个方面所认识（例如 Watkins 和 Riegel，2001）。在此过程中，能够对尽可能地与道路上的实际条件相对应的气流特性进行模拟是非常重要的。湍流度和湍流尺寸能够最恰如其分地描述这些实际条件。如图 8.29 所示，传统风洞中的这些参数明显地不同于道路上的参数（Lindener 等，2007）。因此，在过去的一些年里，人们一直都在寻找着这样的可能性，即在风洞中对道路上的实际条件进行仿真。

8.5.1　侧向来流条件下不同声学特性的评价

由于汽车车身上紊乱的气流造成完全不同的来流偏角，气动声学风洞中的“偏角扫描”（“Winkelsweep”）给出在考虑到非稳态来流条件时有关汽车声学敏感性的提示。以图 8.30（见彩插）所示为例，它表示当来流偏角从 -20°C 到 +20°C 时两种汽车中驾驶员左耳的车内噪声

(Riegel 等，2006)。声压级近似恒定的区域的宽度，以及随着来流偏角（迎风侧和背风侧）不断加大而声压级升高的幅度可以用来对汽车进行评价和比较。较之于声学特性比较差的汽车而言，声学特性比较好的汽车，其声压级保持恒定的区域更宽，在迎风侧和背风侧的上升更加缓慢。

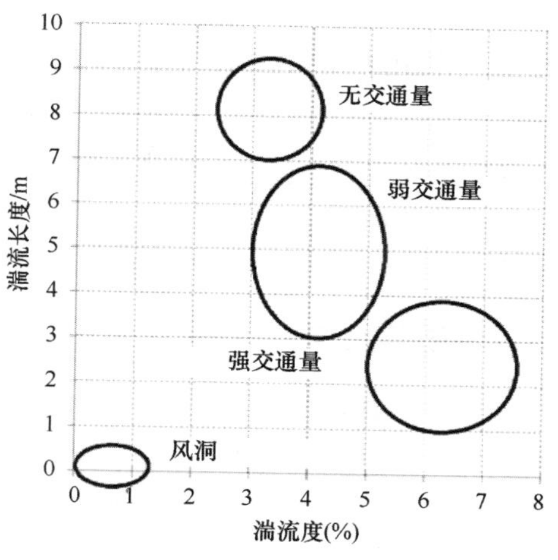

图 8.29　道路上和传统风洞中的湍流长度和湍流度举例

8.5.2　利用静态造涡器来进行仿真

利用静态造涡器来进行试验的方法也是多种多样的。此时，要么是在风洞的送风口处装上特殊的装置，例如在气流筛的附近一块约 4m×6m 的大平板 (Watkins 和 Riegel，2001)；要么是在喷口处放一台小车（Watkins 和 Riegel，2001；Krampol 等，2009)。采用这样的办法虽然能够实现相对而言稍高的湍度——如同道路上交通繁忙时会出现的那样，但是，湍流尺寸却仍然很小。

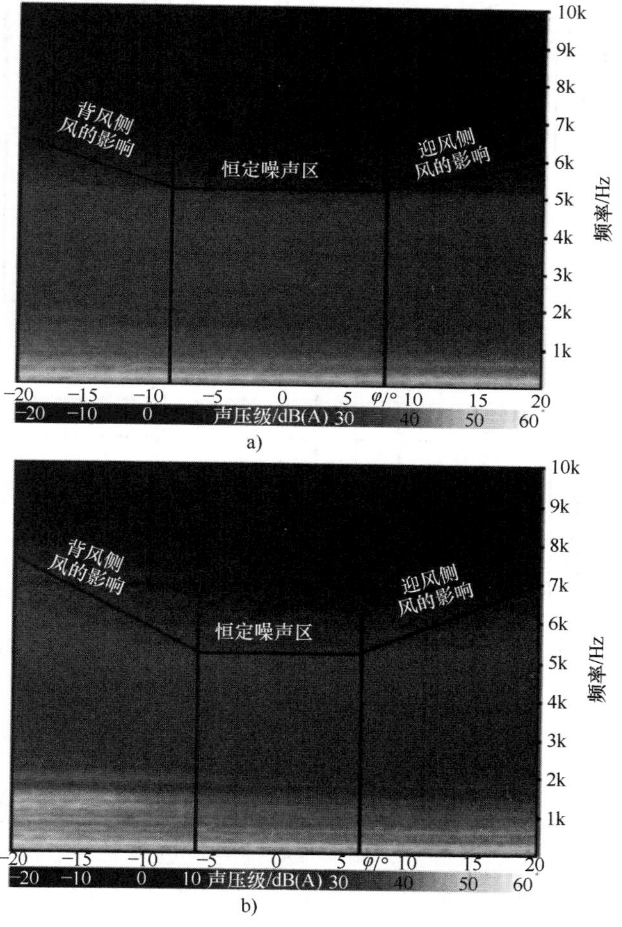

图 8.30　在实际道路上的湍流条件下，对应于不同来流角度的驾驶员左耳的声压谱

a）汽车的气动声学评价为正面　b）汽车的气动声学评价为负面

8.5.3 利用动态造涡器来进行仿真

用于制造动态涡旋风流的系统，技术上是最为复杂昂贵的。为了再造道路上的风流特性，这些系统必须能够产生最大偏角到10°和在较小的偏角条件下最高频率接近10Hz的来流。这些系统由一些安装在风洞喷口处的翼形截面板组成。到目前为止，已经建成的这些系统能够产生很高的涡度。不过，与此同时能够产生的涡旋长度仍然是有一定限度的（Lindener等，2007）。

8.5.4 噪声合成

用计算机辅助对动态的绕流噪声进行合成，基于风洞内在不同来流速度和来流偏角条件下对汽车所进行的静态车内噪声测量。为了得到非稳态的风噪声，将静态测试所获得的单一噪声结果对应于道路上测得的一种来流过程（速度和偏角）合并在一起。图8.31就简单地阐述了这种方法（Krampol等，2009）。

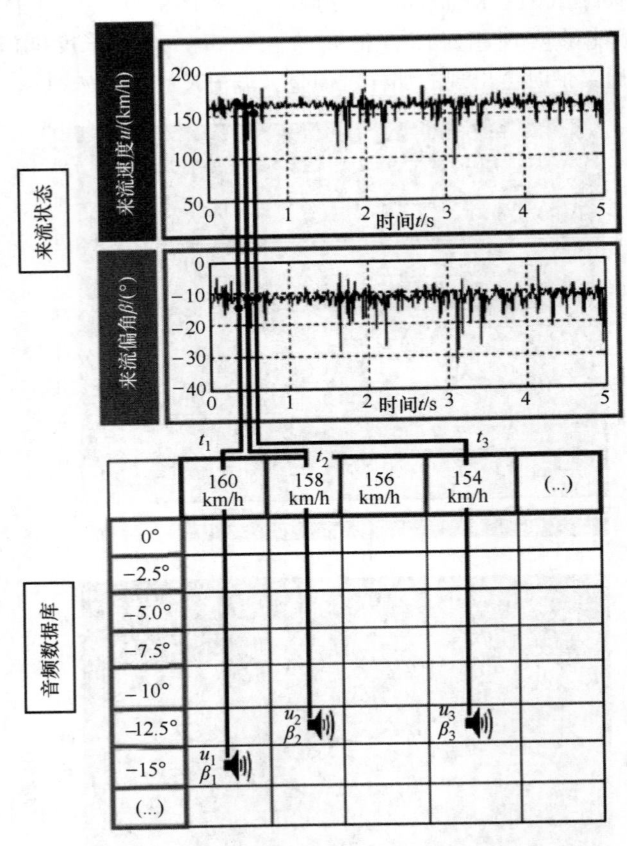

图8.31 一种噪声合成方法简图

在理想化地选择了流动过程样品、进而理想化地选定了每个音频片段和在片段界限上合适的叠加方法（交叉融合）的前提条件下，能够很好地逼近道路上对于噪声的主观印象。合成噪声和行驶噪声的调制频谱在频率构成和时间序列方面非常相近（图8.32，见彩插）（Krampol等，2009）。不过，对这一技术的完善和校验方法还并未得到。

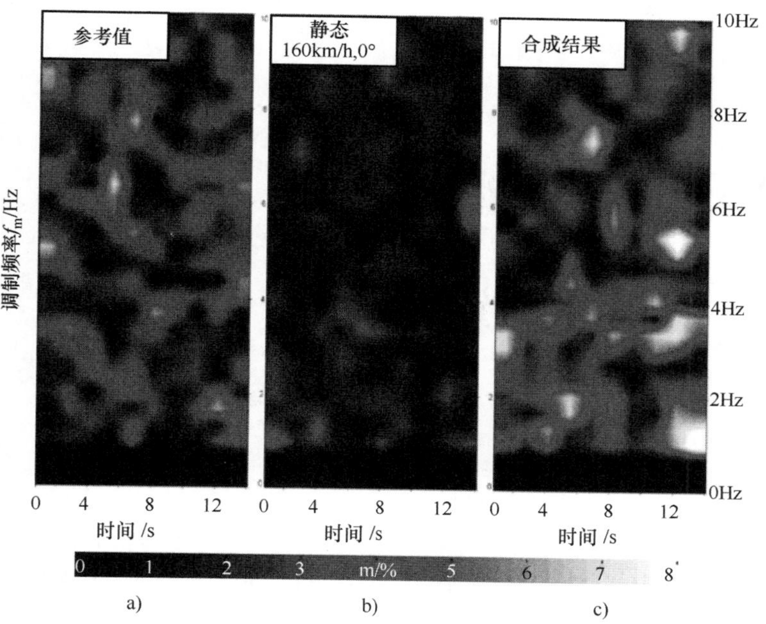

图 8.32 在 5.6kHz 附近八音程带上的车内噪声调制

a）在道路上 b）在风洞内 c）（未与道路测量同步的）合成结果

第9章 高性能车辆

Michael Pfadenhauer

何星 译

9.1 引言

9.1.1 定义

高性能车辆这一类别包括许多完全不同的汽车系列，即：

- 跑车：这些车辆允许在公路上行驶，具有高驾驶性能，对驾驶员来说在日常行驶中也没有明显限制。
- 赛车：其唯一目的是举办比赛时在赛道上用。这也包括从量产车派生出的这类汽车。
- 具有不同目标的创纪录车，如：最高速度、最低油耗、最大续驶里程和特殊动力实验。

不同的汽车对空气动力学的要求也相应地不同。所有这些车辆的共同点是它们应具有低空气阻力。如果是设计用于弯道多的赛道高速行驶，那么就会加入对低升力的要求。这两种要求在实施的措施方面往往相互矛盾。如何权衡取舍是下面介绍的重点。

此外，在空气动力学的帮助下，汽车要完成的其他任务也不容忽视，这些包括：

- 确保方向稳定性。
- 在尾流中行驶。
- 所有机组的冷却。
- 为驾驶员提供可接受的舒适度。

9.1.2 简短预览

本章先简要介绍历史梗概，但仅限于空气动力学。接下来是对不同类型高性能车辆的概述；但只考虑与空气动力学相关的解释和重要法规。空气动力学构成其主要部分：描述了形状和辅助设施对阻力、升力以及其他力和力矩以及冷却的影响，当然，还有不对称的气流。地面影响占据特殊位置。

最后，将用示例来演示如何使用空气动力学元件来满足所提出的要求。由此说明导致各种边界条件的不同妥协。

9.2 发展史摘要

9.2.1 赛车

高性能车辆的开发始于赛车。其空气动力学研发则是从敞篷车开始的，尽管车轮是裸露的，但试图让车辆以尽可能小的阻力穿过空气。其手段就是采用尖形散热器、细长的车身和尖形车尾。这方面的一个例子是 1911 年的“Blitzen - Benz”（闪电奔驰），如图 9.1 所示。仅平滑的表面和尖尖的车尾能看出其在空气动力学方面的努力。然而，考虑到驾驶员和前排乘员坐在其前面以及其他“障碍”，后者是否有效是相当令人怀疑的。

相对而言，奔驰于 1923 年在 Rumpler 专利的基础上建造的“水滴车”（图 9.2）在空气动力学上已经有了很大起色——除了车轮还是裸露的。底部看来也很平滑，长径比为 $l/d \approx 6.8$，车身非常纤瘦。

图 9.1　1911 年的“闪电奔驰”赛车（照片取自 R. J. F. Kieselbach 档案）

图 9.2　1923 年的奔驰水滴车，它以 66kW（90hp）达到了 185km/h 的最高车速（照片出自戴姆勒 - 奔驰公司）

布加迪“坦克”克服了开式车轮的不足（图 9.3）。其类似翼型截面的结构允许使用大尺寸的轮胎，并且很好地适应地面。然而，环流的三维特性几乎没被考虑，并且驾驶员和前排乘员扰乱了气流，以致倾斜的车尾应该起不到作用。

然而这种全包裹的车辆最初仅是个例。大多数赛车制造商仍长期坚持使用大型散热器和开式车轮的经典设计。后来才在赛道上出现了全包裹的流线型赛车，例如：1937 年的戴姆勒 - 奔驰（图 9.4）和汽车联盟（图 9.5）。

图 9.2 和图 9.4 所示的汽车可以被认为是今天仍然存在的赛车的两个“品系”的祖先：带开式车轮的开轮式赛车（monoposto）和出自跑车的封闭车轮赛车。

封闭车轮赛车仅在 20 世纪 50 年代才重新开始研发。一个例子是图 9.6 中所示的梅赛德斯 - 奔驰 300 SLR；它在 1955 年被用于勒芒（Le Mans）的 24 小时比赛。一个特殊功能是可收缩的减速板；它改善了高速制动。通过减速板将空气阻力系数从 $C_D = 0.44$ 增加到 $C_D = 1.09$。

直到 20 世纪 60 年代后期，赛车的设计者主要追求低空气阻力的目标。一个很好的例子是 1966 年的保时捷长尾（Porsche Langheck），见图 9.7。在空气动力学方面更进一步改善了的是潘

图9.3　布加迪的名为“坦克”的大奖赛赛车，1923年（照片取自R. J. F. Kieselbach档案）

图9.4　1937年在柏林的Avus赛道上的流线型的戴姆勒－奔驰公司的赛车（图片出自戴姆勒－奔驰公司）

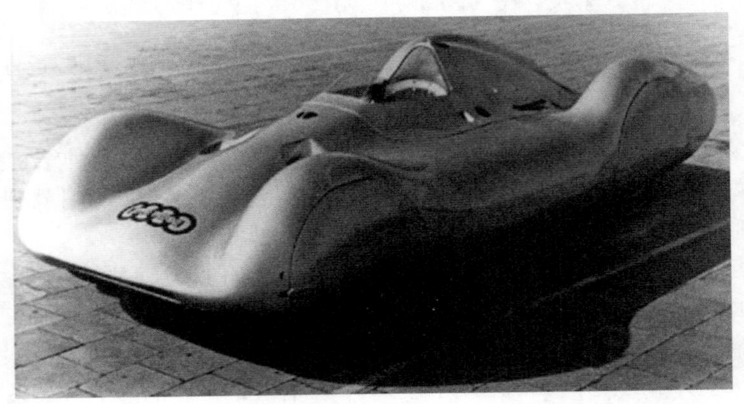

图9.5　1937年的汽车联盟赛车（图片出自奥迪公司）

哈德（Panhard）和标致（Peugeot）的由查尔斯·德意志（Charles Deutsch）为勒芒车赛设计的车辆。它们的最高速度分别为220km/h和245km/h，分别只有63PS和105PS，见图9.8。大尾鳍的任务是补偿流线型车体的侧向风敏感性。

所有这些流线型车辆的共同之处在于它们达到了很高的车速。然而，由此产生的升力会降

图 9.6 梅赛德斯 - 奔驰 300 SLR，这辆于 1955 年在勒芒使用的赛车有一个车尾减速板，将空气阻力系数从 $C_D=0.44$ 增加到 $C_D=1.09$（图片出自戴姆勒 - 奔驰公司）

图 9.7 1966 年的赛车保时捷卡雷拉 6 长尾（Langheck），该车以 162kW（220hp）达到了 265km/h 的最高车速。空气阻力系数为 $C_D=0.33$（照片出自保时捷公司）

图 9.8 1966 年的赛车 CD Peugeot 66，它以 78kW（105PS）达到 245km/h 的最高车速（图片出自标致汽车公司）

低行驶稳定性和最大转弯速度。1965 年的 Chaparral 2C 是第一辆使用负升力机翼（即下压力[㊀]）的赛车（Katz，1995），其目的是增加横向地面附着力以改善行驶性能和驾驶稳定性。因此，封闭车轮式赛车通常装有尾翼和扰流板，如图 9.9 和图 9.10 所示。

即使是带有开式车轮的赛车也跟上了这一发展。最早的这种单座车具有尽可能窄的流线型车身以减少空气阻力。产生下压力最初很少受到关注。只是从 1968 年开始尾翼才与前桥和后桥上的车轮悬架相连接。为了让一个尽可能不受干扰的气流作用其上，因此将尾翼高高地置于车辆上方，如图 9.11a 所示。当在比赛期间有几次尾翼支架折断后，这种结构被禁止了。在后来的赛季就规定要把尾翼固定到车身上。

1969 年，Chaparral 2J 就有了一个完全不同的产生下压力的概念（图 9.11b）。两个电动风扇

㊀ 在赛车中，将负升力称为“下压力”（downforce）已经很普遍。因此，下压力被列为单独的尺度：一个为正值的朝下的气动力。

图 9.9　1973 年的赛车保时捷 917/30，它以 809kW（1100PS）达到最高车速 370km/h。空气阻力系数为 $C_D = 0.57$，前扰流板和尾翼比较显眼（照片出自保时捷公司）

图 9.10　赛车保时捷 935/78 “Moby Dick”，于 1978 年在勒芒使用。它以 552kW（750PS）达到车速 365km/h，空气阻力系数为 $C_D = 0.36$（照片出自保时捷公司）

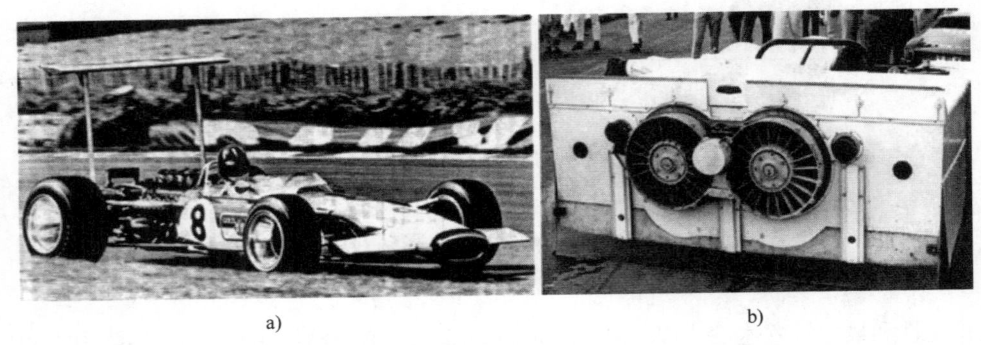

a)　　　　　　　　b)

图 9.11　高尾翼一级方程式赛车和 Chaparral 2J，1979

吸走车辆下方的空气，从而在车辆和道路之间产生一个贴地力。然而，这种“吸尘器效应”很快被相应的法规修改所禁止。1978 年布拉汉姆一级方程式赛车也进行了类似的尝试。这种大小合适的冷却风扇产生负压。据称，在赛事所有者和组织赛车运动当局之间的协商中达成了协议，不会使用这种赛车，尽管法规没有明确排除这一点。然而几乎所有当时有效的法规都明确禁止使用活动式空气动力辅助手段。这里一级方程式是个例外，这个目前利用活动的前翼和尾翼构成的设施将会使得超车机会大大增强。

1977 年，莲花团队（Lotus - Team）开发了一个充分利用所谓“地面效应”㊀的底盘。首次用在一级方程式赛车上。其功能的描述见第 9.7.4 节。由于这些车辆可能产生的横向加速度急剧增

㊀ 英语：“Ground effekt”。

加，因此驾驶员的身体负担也大大增加。于是在 1983 年，法规规定一级方程式要在车轴之间水平安装一块扁平底板，从而限制下压力以使可达到的横向加速度明显降低。1988 年，保时捷 962（见图 9.12），一辆具有地面效应的车辆开始在勒芒投入使用。结果，在 20 世纪 90 年代这些车辆的车底地面效应也受到这个法规的限制。

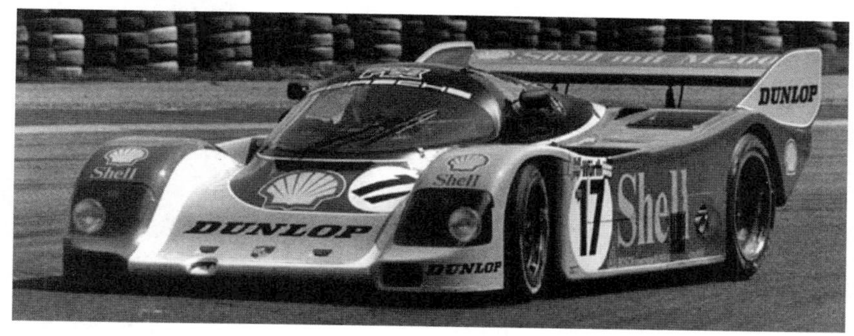

图 9.12　赛车保时捷 962，一辆具有地面效果的赛车于 1988 年开始在勒芒投入使用，采用 529kW（720PS）发动机，车辆最高速度达到 385km/h（照片出自保时捷股份公司）

这种法规变化的结果是，让研发工作重新集中在车头和车尾翼板的结构和位置上。具体在一级方程式中，为形成足够的下压力付出了巨大的努力，图 9.13 展示了一个实例。具有多达九种不同部件的真正的翼板研发艺术品被打造出来。详情见第 9.7.2 节。最后，在 2001 年的一级方程式赛事中，法规做出了限制：最多只允许使用 3 个翼板元件。其结果是后桥只能产生较小的下压力。为了对此平衡，规定了车前部前翼板离地最小间隙，以降低前桥的下压力。因此人们尝试用各种“奇异”形状的前翼板来补偿这个法规带来的不足。

图 9.13　一级方程式赛车 Williams - BMW 2004（照片出自宝马公司）

同样在其他赛车系列中，如在德国房车大师赛（DTM）上，该法规对空气动力学特别是对尾部下压力做了明确限定。例如，对于允许的翼子板宽度和安装空间都做了限制，对其轮廓形状也做了规定。所有这些都是为了将人和材料的负荷保持在可承受的范围内并确保安全。由于进一步研发而不断提高横向加速度的倾向应该通过这个法规得到了平衡。其成就如图 9.14 所示。图中可达到的横向加速度随时间变化。那些缺口清楚地显示了这些调控措施的效果；但同样明显的是，每次法规改变后又很快被其他技术手段给弥补了回来。

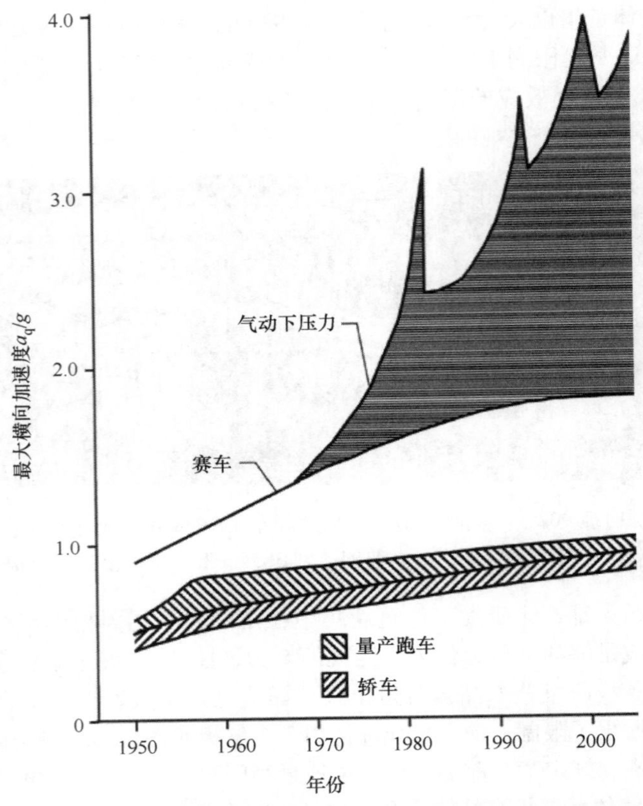

图9.14　轿车、跑车和赛车的最大横向加速度随时间的发展过程

9.2.2　创纪录车

9.2.2.1　最高车速

在跨世纪之前，人们已经认识到空气动力学对于创纪录车辆的意义。起初，这个概念总是指那些可以尽可能快地行驶的车辆。第一辆车速超过100km/h的车是1899年由C. Jenatzy设计的“La Jamais Contente”，如图1.9所示。由电动机驱动的车具有雪茄形车体，其形状很明显受到了飞艇的影响。

随后的创纪录车于是或多或少配备了流线型的车身，很快也采用了稳定辅助措施。1928年的火箭车Opel Rak 2就是如此，参见图1.43，这是第一辆装备两只水平翼以产生下压力的车。垂直尾翼用于增加纵向稳定性。1929年Henry Segrave驾驶“金箭头”开到了372.456km/h的速度，这是当时的最高车速（图9.15）。

图9.15　1929年的“金箭头”。最高车速372.456km/h（图片出自*Auto*，*Motor & Sport*杂志）

已经有人提出通过自动鳍来补偿侧风偏离，如图 9. 16 中草图所示，卡姆（Kamm）展示了达到车辆“完全稳定”的方法。在 1939 年的奔驰 T80 上，首次将流线型车身、垂直尾翼和翼子板产生的驱动相互连接为一体（图 9. 17）。可惜由于第二次世界大战的开始，这辆车从未使用过。以 2200kW（3000hp）的驱动功率据说车速可达到 650km/h 以上。

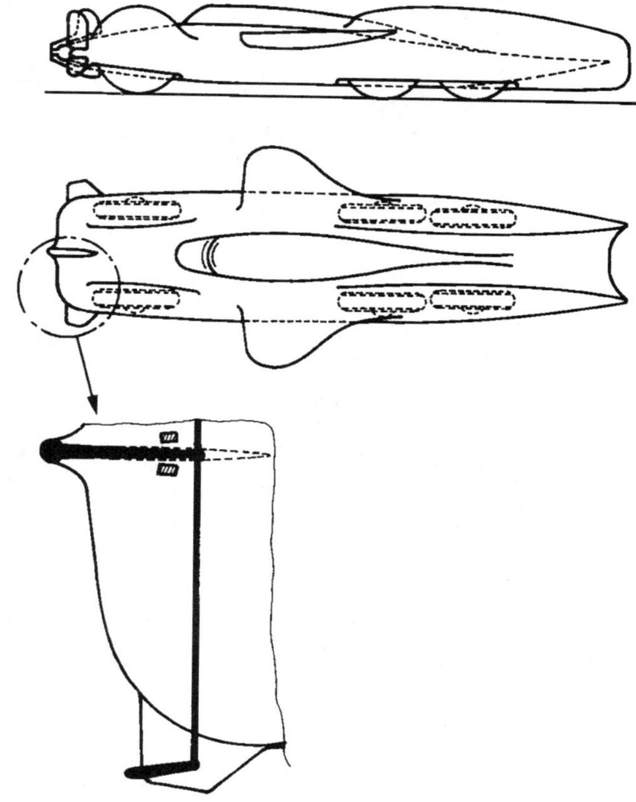

图 9. 16　J. Mickl1939 年绘制的侧风自动稳定专利图纸

1947 年，John Cobb 以“Railton Mobil Special”创造了 634. 386km/h 的新纪录，直到 20 世纪 60 年代才被超越。轮式驱动车辆的世界纪录由 1965 年的“Golden Rod”刷新为 658. 649km/h。1963—1970 年间，陆地车辆的绝对速度纪录被喷气（反应）驱动车辆提高到 1000km/h 以上。由液体火箭驱动的“蓝焰（Blue Flame）”汽车（图 9. 18）在 1970 年达到了 1001. 671km/h 的速度。1979 年，Stan Barret 用“百威火箭（Budweiser Rocket）”——一种类似于“蓝焰”的火箭车——以 1190. 23km/h 突破了声速；但该纪录未得到承认。1983 年 Richard Noble 的气轮机动力车“Thrust 2”达到了 1019. 7km/h 的新纪录。目前超过 1kmile/h（1609km/h）的速度纪录是由 Andy Green 在他的“Thrust SSC”（超音速推进号）上于 1997 年达到的，用两个喷气发动机驱动。在内华达州的“黑岩”沙漠中，他达到了 1227. 985km/h 的速度，见图 9. 19。

9. 2. 2. 2　近声速

在构造近声速的车辆时，必须考虑空气的可压缩性，这需要采用特殊的结构措施，以综合分配升力和下压力在以声速行驶时的作用点[㊀]。从前期研究得知，在马赫数 $Ma=0.5$ 和 $Ma=1.2$ 之间，空气阻力系数将增加 200%[㊁]。如图 9. 20a 所证实，这种增加主要受到车体细长比 d/l 的影响。

㊀ Torda 和 Morel（1971）以“蓝焰”为例对其进行了讨论。

㊁ 这就是所谓的“音障”。

图9.17　1939年的奔驰T80（照片出自奔驰公司）

图9.18　火箭驱动的“蓝焰”于1970年达到了1001.671km/h的速度（图片出自森斯海姆汽车与技术博物馆）

图9.19　Thrust SSC保持着目前1227.985km/h的有效速度纪录（图片出自G. T. Bowsher）

出于这个原因，蓝焰的车体被设计成带有蛋形尖头的非常纤瘦的车体。由凸起或凹陷带来的横截面变化在超声速情况下产生压缩冲击，大大增加了空气阻力。因此，所谓的“面积法则”建议横截面积从车首到车尾连续性增加。至于这个横截面是由一个物体（例如车身）还是多个物体（车身，底盘，驱动吊舱等）组成则是次要的。为了减小迎风面积，前轮被整合到车体中。图9.20b中为C_D值随马赫数变化的曲线。

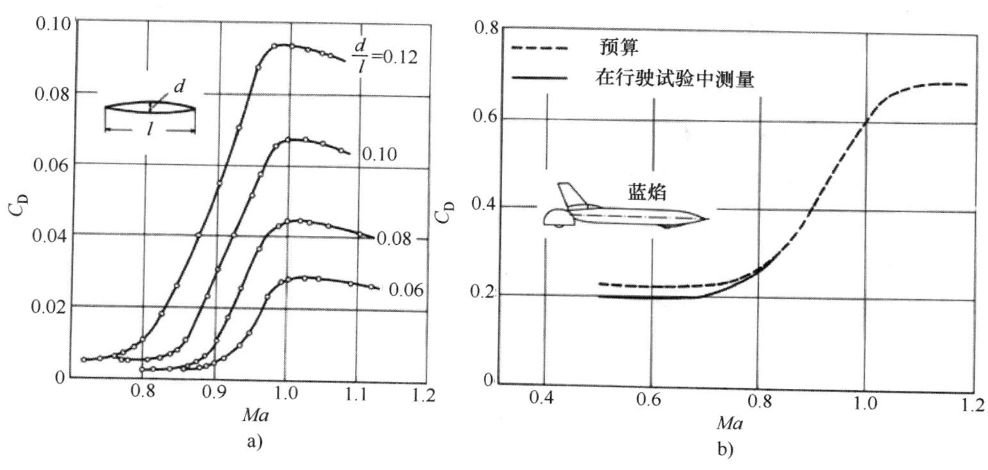

图9.20 a）根据 Malavard（1953），对称翼剖面相对马赫数的阻力增加是细长比的函数，其剖面越细窄，以声速行驶的阻力增加越小；b）根据 Torda 和 Morel（1971），“蓝焰”的空气阻力系数取决于马赫数

为了确保在所有速度下对车辆的控制，原则上就是避免升力。然而必须注意的是，当驶过音障时，会简短出现上面提到的一个新的现象：车辆下方的负压变成正压并且产生升力。对此的解释是，在亚音速范围内，车身底部与路面之间的空气加速，产生负压。然而，在超声速区域，压缩冲击从车辆头部发出来。这后面是一个更高的压力，这就会产生升力。升力符号的变换会改变车辆在以声速行驶时的迎角，并可能导致不稳定。

由于这种现象特别明显地在平坦的车下路面情况下出现，因此车辆采用圆边的三角形横截面，其中一个角向下指向路面。此外，车辆的长轴调为负1.5°，鼻子略微向下倾斜。对车辆的修饰是由车首两侧的小翅片，即所谓的“Canards”（鸭翼）来实现的。纵向稳定性通过尾部的垂直翼得到改善。通过这些措施，“蓝焰”在直至近声速范围都表现稳定。

9.2.2.3 其他创纪录的目标

与只要极高的速度不同，“其他”创纪录的目标非常多样化：油耗、续驶能力、新的驱动等。相应地各自采用的形式也是五花八门。

作为对在美国实验安全车（Experimental Safety Vehicle，ESV）计划框架中片面强调最大安全性研发的回应——当然这也是一种创纪录车——在20世纪70年代末和80年代初期研发出了一系列科研和概念车㊀。这样人们又回到了在其性能方面平衡且与客户相关的特征的汽车。其中突出的是由一些德国大学研发的其阻力系数为 C_D = 0.25 的 UNICAR（见图4.139）。接下来是20世纪90年代又瞄准低 C_D 值的研发。Ford Probe V（C_D = 0.15），GM Aero 2002（C_D = 0.14）和 Pininfarina CNR E2（C_D = 0.19）就是其出色的结果。

历来制造创纪录的车，是要探索和拓展一些性能的边界。自然不是为了追求绝对的最高速度。而是，例如，使用特定发动机实现给定的最大速度，达到最小能耗，或者用给定量的燃料使续驶能力最大化。因此，通常也能接受这些汽车与目前的量产车状态相差甚远。这类车辆的研发有一个共同点，即通常研发时间很有限，而且只有采取特殊的组织措施才能实现目标：组建一个小型跨部门的项目团队和一名具备足够能力的项目经理。

这种创纪录车的一个“经典”例子是梅赛德斯－奔驰的 C111 Ⅲ（1978）（图9.21）㊁。该车

㊀ 本书的早期版本已对此作了描述。

㊁ Liebold 等（1979）。

用作汪克尔发动机的试验车。当评估其 $C_D=0.18$ 的非常低的空气阻力时，必须考虑两个细节：

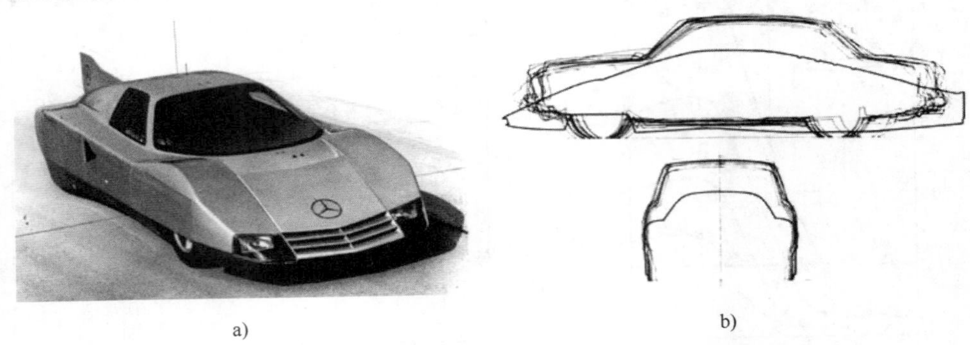

a)　　b)

图 9.21　梅赛德斯-奔驰 C111 Ⅲ（Liebold 等，1979）
a）外观　b）与同期量产乘用车的轮廓对比

- 与量产车相比很大的长高比，$l/h=4.94$。
- 包含在车身中的后轮以及前轮。

通过如在图 9.21b 中基于轴向截面与现代轿车的比较可以看出，严格来说，C111 更类似于跑车。大众汽车公司于 1982 年推出的实验车 ARVW[㊀] 是要展示具有相对低的驱动功率与极低的空气阻力在车辆中相结合时应该达到的目标。以 $l/h=5.93$ 的长高比，ARVW 比 C111 还要纤瘦。从图 9.22 可明显看出这离可量产的车相差有多远。其阻力系数为 $C_D=0.15$，比先前的创纪录车都低得多；其迎风面积为 $0.73m^2$。在发动机功率仅为 129kW 时，最高车速可达 360km/h；而该柴油发动机的油耗仅为 13.6L/100km[㊁]。

图 9.22　大众汽车公司的研发车 ARVW（Nitz 等，1982）

达到极低油耗的汽车是大众汽车的"Sparmobil"，如图 9.23 所示。以 $A_x=0.32m^2$ 和 $C_D=0.15$，它达到了非常低的空气阻力。Sparmobil 创造了一项世界纪录：用 1L 柴油跑了 1491.3km 的距离；其平均速度为 16.9km/h。

一辆完全不同的创纪录车是大众汽车公司的一升汽车 VW1L（图 9.24）。以长高比为 $l/h=3.56/1.1=3.2$，它接近于"普通"轿车。在车外形图中可见，车身已经从前桥开始内缩，加上圆弧形轮廓与柔缓收缩的车尾，使得以 $C_D=0.159$ 及迎风面积 $A_x=1m^2$ 达到非常低的空气阻力成

㊀ Nitz 等（1982）；ARVW 表示 Aerodynamic Research Volkswagen。

㊁ 从空气动力学的角度来看，C111 和 ARVW 都不代表有意义的进展。以纤瘦的车身可以实现的低空气阻力已无须证明。都知道"艺术"其实在于用较粗的车身也能实现。

为可能。如 Messerschmidt 的传奇式客舱滑轮车（Kabinenroller），驾驶员和乘员前后坐。这辆可搭乘两人的车以约 95km/h 的平均车速行驶了 237km 的路程，其油耗为 0. 99L/100km 柴油。

图 9. 23 1982 年的 VW Sparmobil，$C_D=0.15$，$A_x=0.32$（照片和数据来自大众汽车公司）

图 9. 24 大众汽车公司 2002 年的一升汽车；$A_x=1m^2$；$C_D=0.159$（照片和数据来自大众汽车公司）

为了证明新一代柴油发动机的强大功能，Adam Opel 公司生产了一款创纪录车，用它展示了该发动机在极端条件下的特殊性能：动力、转矩和油耗。以其证实了在同一车辆中完全可以实现快速并且低耗。

2002 年在巴黎的汽车沙龙（Auto - Salon）上展出的称为 Eco - Speedster 的车型就是来自运动型的 Opel Speedster㊀。图 9. 25 中并排列出了这两种车型。由于只有较短的时间，其气动研发主要是在数字意义上进行的。这里特别关注的是冷却气流的形成。对所获得的阻力和升力值在表 9. 1中分别按测量和计算进行了相互对比。尽管 C_D值比较一致，但升力值并非如此。

用这台 1. 3L 的 CDTI，82kW 的柴油发动机实现了如下目标值：最高速度为 250km/h，油耗（根据 MVEG）为 2. 5L/100km。

㊀ Kleber（2003）报道了这种变体。

a)

b)

图 9.25　Opel Speedster（照片出自欧宝公司）

a）2003 系列　b）创纪录车 Eco—Speedster 2003

表 9.1　测量和计算的阻力和升力系数对比，迎风面积为 1.36m²

	测量 1:1	CFD
C_D	0.213	0.214
$C_D \cdot A_x/m^2$	0.290	0.291
c_{AV}	-0.111	-0.225
c_{AH}	0.073	0.025

Solarmobiles[⊖]是一款非常特别的创纪录车型，对其空气动力学有极高的要求。为了达到最小的阻力，需要注意车体表面有尽可能长的层流运行长度。1993 年由 Biel - Bienne 应用科技大学的学生开发的车辆“Spirit of Biel - Bienne Ⅲ”就是一个例子，图 9.26 中是版本Ⅱ。以迎风面积为 $A_x = 1.1m^2$ 却获得 $C_D = 0.105$，其由太阳能电池覆盖的表面积是 $7.9m^2$。由荷兰代尔夫特理工大学和鹿特丹伊拉斯姆斯大学的学生和讲师共同研发的“飞翔的荷兰人”Numa Ⅱ（图 9.27）于 2003 年在澳大利亚获得金奖。其行驶距离为 3010km，平均车速为 96.8km/h，最高速度为 v_{max} = 110km/h。

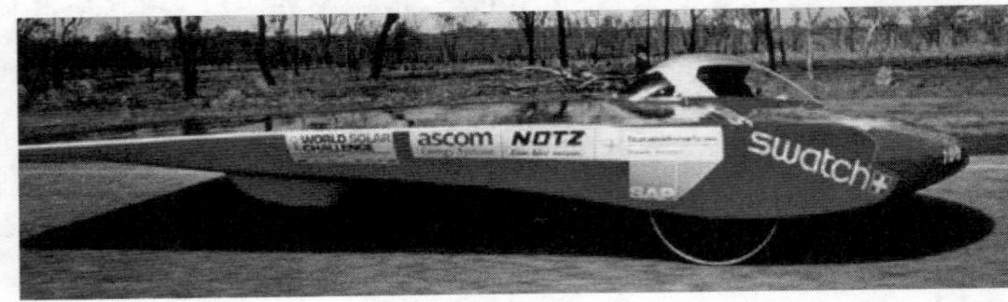

图 9.26　Biel - Bienne 的 Solarmobil Spirit（太阳能移动精神）（照片出自伯尔尼应用科技大学）

在这种极端的车辆中，为了达到低空气阻力，诸如舒适度、操作便利和驾驶性能这些都不太重要。同样，其他气动指标，例如升力及下压力、侧风敏感度和气动平衡也都只能位列其次。

9.2.3　跑车

公路用跑车与赛车的发展类似。在第二次世界大战之前，汽车公司偏爱现在通常称其为经典的具有大型散热器和单独挡泥板的车型。空气动力学方面的贡献先是被放弃了。以图 9.28 照片中 1928 年的梅赛德斯 - 奔驰 720 型 SSK 为例，其空气阻力系数为 $C_D = 0.91$，迎风面积为 $A_x = 1.57m^2$。

仅约十年之后，早期经空气动力学优化的车体形状就已经清晰可见。这些视觉上可感知的

⊖　1999 年 Tamai 对 Solarmobiles（太阳能车）的空气动力学做了相关介绍。

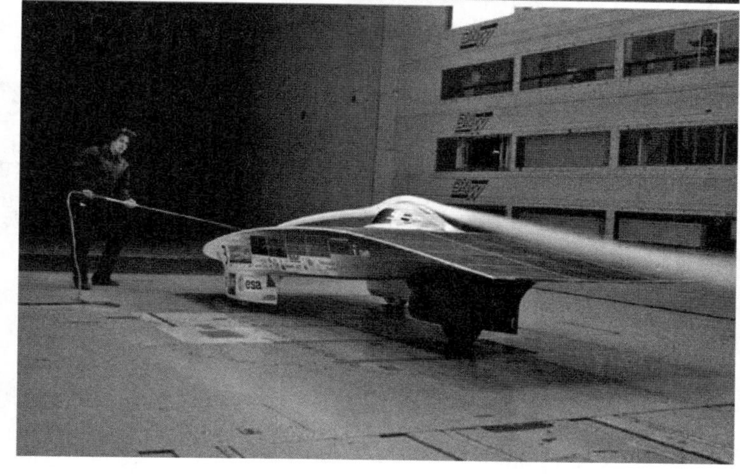

图 9.27　代尔夫特理工大学和阿姆斯特丹的太阳能汽车在德国荷兰风洞 DNW - LST 中（照片出自代尔夫特和阿姆斯特丹大学，2003 年）

气动措施后来成为跑车的设计特征。在 DKW F8 的基础上开发了流线型车体，见图 9.29。1939 年的这辆车用增压的 700mL 发动机提供了约 50hp 的功率。到项目停止之前，这种车只生产了三辆。

第二次世界大战刚结束时的研发非常重视低阻力系数和小迎风面积。例如，1948 年的保时捷 356 Wagen Ⅰ（图 9.30）敞篷车的阻力系数为 $C_D = 0.46$，面积为 $1.41\mathrm{m}^2$。封闭式的保时捷 356 A（图 9.31）在 1950 年甚至以迎风面积为 $A_x = 1.68\mathrm{m}^2$ 时达到了阻力系数仅为 $C_D = 0.28$。然而升力系数 $c_A = 0.26$ 却非常高。但是，这个值是可以容忍的，因为那时最高速度还不至于高到会明显影响行驶特性。

在接下来的几年中所做的努力包括，通过更昂贵的车轮悬架、更宽的轮距和更宽的轮胎来提高操控性能，同时也为乘员提供车内更宽敞的更大舒适度、更大的迎风面积和更高的 C_D 值。由于发动机功率不断提高，需要增加更多冷却空气也成为一个必不可少的课题。

在 20 世纪 70 年代，前后扰流板也被引入量产跑车中以减小阻力和下压力。图 9.32 中的 Porsche 911 Turbo 展示了这种方法。在 20 世纪 80 年代末，赛车空气动力学的潮流和见解越来越多地在跑车中实施。有加护罩底板和一体化尾翼的保时捷 959（图 9.33）就是一个例子。

在 20 世纪 90 年代，要求气动配件在视觉上更柔和的呼声很高。为了仍能保证对于车辆性能

图 9.28　1928 年的梅赛德斯 - 奔驰 720 SSK。迎风面积为 1.57m² 时阻力系数 C_D = 0.91（图片出自奔驰公司）

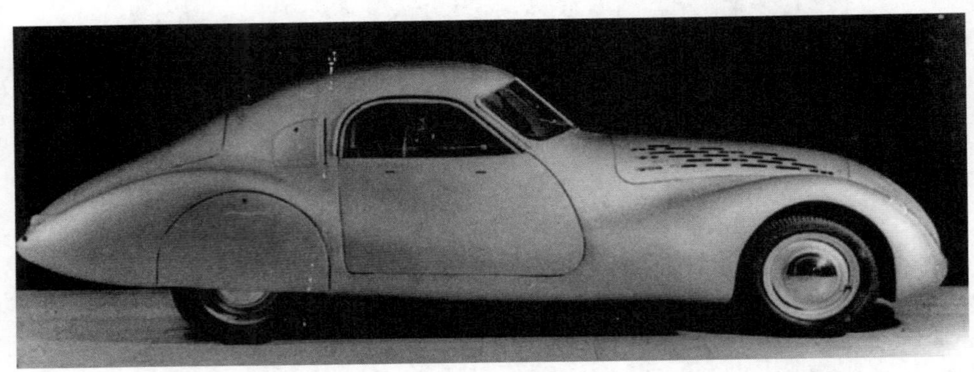

图 9.29　基于 DKW F8 的 DKW 流线型，这种车只于 1939 年生产了三辆（图片出自奥迪公司）

图 9.30　1948 年的 Porsche 356 Wagen Ⅰ，迎风面积 1.41m² 时，阻力系数 C_D = 0.46（照片出自保时捷公司）

和操控性能都很重要的气动特性，扰流板或翼子板只是在较高速时才使用，并且是“自动地”伸展出来。这方面，兰博基尼 Gallardo 就是一个例子，见图 9.34。

在上一个千禧年结束时，一些制造商开始研发所谓的“超级跑车”，想以此将赛车技术以其原形推向市场。正像形似一级方程式波立登车的外观以及逐步完善的气动力学一样，舒适性的损失也同样被看作品牌标志。正如前后有可收展的气动元件，前后也都提供了扩散器。这方面典型的有法拉利 F60“Enzo”，如图 9.35 所示。它在前轮前面配备了可调节的前进气道和后面装了

图 9.31 1950 年的 Porsche 356 A，内部名称为“Ferdinand”，迎风面积为 $1.68m^2$时，阻力系数为 $C_D=0.28$（照片出自保时捷公司）

图 9.32 1983 年的 Porsche 911 Turbo，凭借 221kW（300hp）的功率，该车达到了 260km/h 的最高车速。迎风面积 $1.87m^2$时的阻力系数 $C_D=0.40$（照片出自保时捷公司）

图 9.33 1987 年的有一体化尾翼和加护罩底板的 Porsche 959。迎风面积为 $1.92m^2$ 时的阻力系数 $C_D=0.31$（照片出自保时捷公司）

一个可收展的后扰流板。这样就可以根据速度调节升力特性，使得车辆的气动平衡在行驶过程中保持在预期的范围内。

虽然车尾主动系统的设计广泛用于几乎所有车辆类别和价格段，但车前主动系统只在高价的性能跑车中能见到。例如，超级跑车 Porsche 918 Spyder（图 9.36）就展示了这些系统的进一步发展。这里新设计了对与该车辆特性相对应的两个前端进气道进行调节的可能，使得既在中等下压力情况下配低风阻时能够达到最佳气动平衡，也能在最大下压力情况下进行高性能配置同样可达到相同效果。对这类运动车型，其倾角做了相应的设计并且不是可变的。

图 9.34　2003 年的车型 Lamorghini Gallardo 在奥迪的气动声学风洞中；扰流板缩回时：$C_D = 0.331$；$c_{AV} = 0.036$；$c_{AH} = 0.137$；扰流板伸出时：$C_D = 0.353$；$c_{AV} = 0.039$；$c_{AH} = 0.042$（图片出自兰博基尼汽车公司）

图 9.35　法拉利 F60 “Enzo”，带有可活动的前扩散器和可收展的后扰流板，以根据行驶速度平衡适应升力特性（照片出自奥迪公司）

图 9.36　Porsche 918 Spyder，“标准” 和 “高性能” 配置的前端进气道

9.3　车辆类型

目前，有众多的车辆类别在各种系列赛事中参加比赛。欧洲最知名的车赛，一级方程式赛车，只占整个赛车运动赛事的一小部分。赛车可以分为以下几组：

首先是所谓方程式赛车。基本上所有具有开式车轮的车辆都属于这一类，即一级方程式、GP2、三级方程式、方程式 3000、印地赛车联盟（IRL）、冠军车（CART），以及制造厂商的初级方程式系列如宝马初级方程式或大众方程式等。

第二组是旅行跑车。这里是以量产车辆（例如轿车或双座轿车）为起点的。根据法规不同，允许的修改也有多有少。该组包括德国房车大师赛（DTM）、欧洲房车锦标赛（ETCC）及其国家分支（例如英格兰的 BTCC，德国的 DTC，瑞典的 STCC 等）。

第三组形成所谓的长程汽车，这又分为几类如原型车，“大型旅行车‘Grand Touring Cars’”（GT）等。赛事活动包括从两小时短程赛直到 24 小时的长程经典赛。其他分类，例如，奖杯车辆（单一制造商的车辆的赛车系列）、拉力赛、历史活动等将不在这里进一步讨论。

对于前面提到的三组类型，将通过几个例子来比较这些车辆及其相应系列的性能：

- 方程式车辆组中有 2001 年一级方程式赛车 Sauber Petronas C20 的数据可用。图 9.37 展示的是马来西亚大奖赛上的车辆。由于在椭圆车道上行驶所需的空气动力学条件非常不同，因此选择了印地赛车联盟赛车的两种不同配置。2003 年的两种 Dallara 底盘是分别为短的（图 9.38）或较长的（图 9.39）椭圆车道设计的，它们具有非常大的气动带宽。该组的第三个代表是一辆三级方程式赛车，同样是 Dallara 2001 年的车（图 9.40）。

图 9.37　马来西亚 2001 年的一级方程式赛车 Sauber Petronas C20（照片出自 Sauber）

- 旅行车组由 DTM 车辆代表。Abt – Audi TT – R 于 2002 年参赛，当年赢得了冠军（图 9.41）。
- 长程车以 2002 年的奥迪 R8 的跑车原型为代表（图 9.42）。这款车在勒芒的 24 小时耐力赛中连续三次夺冠。

为了使所述车辆的性能具有较好的可比性，在下面的研讨中，我们定义了一个通用车辆，它具有近似于经气动优化过的量产跑车的特性。具体来说，这意味着空气阻力面积 $C_D \cdot A_x$ 为 0.66m^2（即大约 $A_x = 2.0\text{m}^2$，阻力系数 $C_D = 0.33$）并且既没有上升力也没有下压力，就是说 $c_A = 0$。假定车辆质量为 1400kg 和功率约为 367kW（500hp）。

首先，比较发动机功率与车辆质量之比，如图 9.43 所示。通用量产跑车的功率质量比约为 0.26kW/kg，也就是说，加速 1kg 车辆质量有 0.26kW 的功率可用。假设空气阻力面积 $C_D \cdot A_x$ 为 0.66m^2，就可以达到约 320km/h 的最大速度。三级方程式赛车具有相似的发动机功率质量比：0.29kW/kg。由于较小的车辆质量和相应较小的发动机功率，该赛车的加速能力大致与通用量产

图9.38　为短椭圆赛道而设计的Dallara IRL赛车微调版（图片出自达拉拉汽车公司）

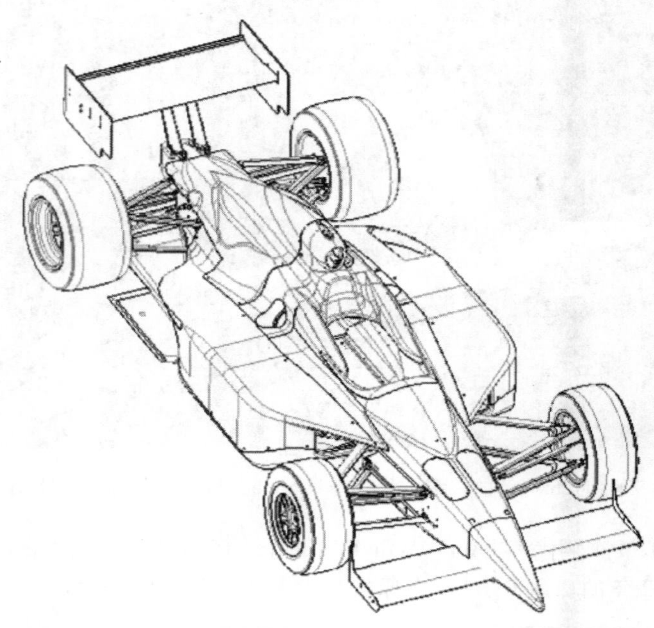

图9.39　为在印第安纳波利斯的高速椭圆赛道设计的Dallara IRL赛车微调版（图片出自达拉拉汽车公司）

跑车的加速能力相当。然而，由于其发动机功率较小，最高车速260km/h就明显低于量产跑车。

DTM赛车的功率质量比约为0.34kW/kg，但由于相对较高的空气阻力，其最高车速只达到270km/h，这与三级方程式赛车相当。长程车辆的原型明显更强。用来加速每1kg车辆的质量几乎可以有0.50kW的功率。与DTM赛车相比，这种车辆更多是为高平均速度（例如勒芒赛道）设计的，调为比赛状态后可以达到340km/h以上。

最强大的车辆是IRL赛车（功率质量比约0.75kW/kg）和一级方程式赛车（功率质量比约1.0kW/kg）。重量轻且安装了大功率发动机，可以驱动达到2.5倍重力加速度的一级方程式车

图9.40　2001年的达拉拉三级方程式赛车（图片出自达拉拉汽车公司）

图9.41　2002年德国房车大师赛（DTM）的参赛车辆Abt - Audi TT - R（照片出自奥迪公司）

图9.42　2002年的长程跑车奥迪R8（图片出自奥迪公司）

辆。然而，最快的车辆还是必须在具有低空气阻力的快速椭圆车道上行驶的IRL赛车。

图9.44显示了车辆的气动特性。其中下压面积$c_A \cdot A_x$，绘制在气阻面积$C_D \cdot A_x$上。对于每辆车给出了一定的调节范围，包括不同的气动调节措施（例如，通过翼子板元件等）。平均工作点用较大的符号标出。

具有$c_A \cdot A_x = 0.00$和$C_D \cdot A_x = 0.66$的通用跑车在下压力和阻力下展现良好的气动状态。大多数现有的跑车具有相似的空气阻力系数，但通常都产生升力。特别是在后桥上，升力被认为在

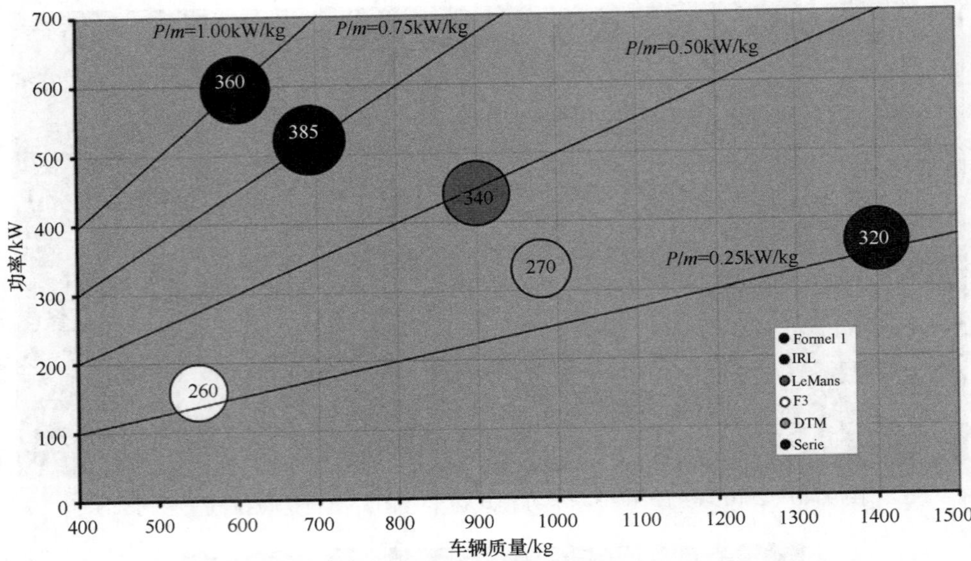

图 9.43　选定赛车与量产跑车的功率质量对比图（注出了近似最高速度）

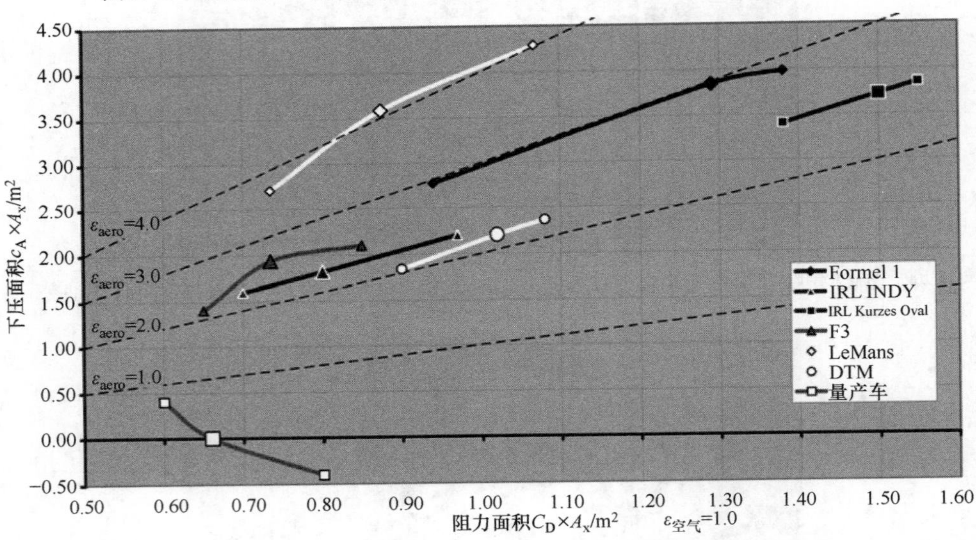

图 9.44　不同赛车的空气阻力和升力面积（$C_D \cdot A_x$和$c_A \cdot A_x$）及其可调节范围与通用量产跑车对比的图示

行驶动力学方面至关重要。人们试图在后桥上构成下压力，例如，通过扰流板或尾翼，这样通常也会增加空气阻力。图 9.44 顶部所示的曲线显示了量产车辆可以发展的方向。然而，生产没有升力的跑车的趋势在所有制造厂商那里都很明显。

三级方程式赛车具有与量产跑车相似的阻力范围。然而，这些阻力值也产生相当大的下压力。其气动效率（其定义见第 9.6.5 节）约为 $\varepsilon_{aero}=2.5$。如果说三级方程式赛车功率质量比和空气阻力值还能与量产跑车相当，那么由于气动下压力，其行驶性能在制动性能和转弯速度方面已经明显优于量产车。在设计时一般实现了最高的气动效率。典型的可调节范围是针对低下压力和低阻力的快速车道但对气动效率做出妥协的设计，以及针对所谓的“高下压力”赛道，也就是急转弯和低平均速度的车道的设计，这种情况下有利于下压力，但在阻力和效率方面要做些让步。

空气阻力面积高达 $C_D \cdot A_x = 1.10\text{m}^2$ 的 DTM 赛车的阻力范围几乎是作为它们起点的量产车（$C_D \cdot A_x = 0.60 \sim 0.65\text{m}^2$）的两倍。DTM 赛车使用与三级方程式相同的赛道。由于 DTM 赛车具有比三级方程式赛车高得多的功率质量比，因此较高的阻力不是特别有害。相对高的空气阻力也是由于法规对气动方面自由度的强力限制。对所有车辆，其后翼的位置，甚至使用统一的翼子板剖面都有强制性规定。由于希望相似于量产车辆，仅允许在明确指定的区域（例如轮拱、车身底部）对车体进行修改。

尽管有相同的底盘（这也是在法规中规定了的），可见两辆 IRL 车辆的气动调节范围仍非常大，见第9.7节。对于高速椭圆赛道（印第安纳波利斯、欧洲赛道 Lausitz 等），其空气阻力面积是按量产跑车的量级实现的。因此大功率发动机达到超过 380km/h 的峰值速度。因此这个赛车系列是全球最快的。效率略低于 2.5 的下压力支持在椭圆赛道的超多弯道中实现了横向加速度达到直至 3.5g。对于具有极端陡急拐弯的短椭圆赛道，可以改建车辆，使空气阻力和下压力增加一倍。这样速度会减少约 80km/h 以至于最高可达到约 300km/h。但横向加速度可以高达 4.5g。纵向加速度在这个系列中起着次要作用，因为在弯道前几乎不制动。仅在实现高横向加速度时才需要下压力。

一级方程式车辆的阻力大致介于那两辆 IRL 车辆之间。如果 IRL 车辆调为短椭圆赛道使用，那么高下压力车的下压水平与其大致相当。而在 $\varepsilon_{aero} = 3.0$ 时其气动效率高得多。这里同样可以看到快速赛道（例如蒙扎）和慢速下沉赛道（摩纳哥和匈牙利）之间有很大可调节范围。然而，与 IRL 车辆不同，加速和制动操作对于车辆的竞争力至关重要。一级方程式车辆的减速度可达 4.0g，其横向加速度仍可高达 3.5g。同样可以看出，对于高下压力赛道，为了获得下压力必须在阻力和有效性方面做些妥协。

在图9.44中，长程车的样车与其他车辆相比较具有最高的气动效率。法规在这里留下了相应的自由空间。有关空气阻力的曲线处于一级方程式车辆的低段。一般来说，其解读重点主要聚焦在勒芒的快速赛道上。这些车辆的下压力版本将在 FIA 锦标赛和美国勒芒系列赛中参赛。其可达到的下压力类似于一级方程式的数量级。然而，由于车辆重量较大且发动机功率较低，其横向和纵向加速度还赶不上一级方程式车辆。图9.45总结了上述车辆在纵向和横向加速度方面的性

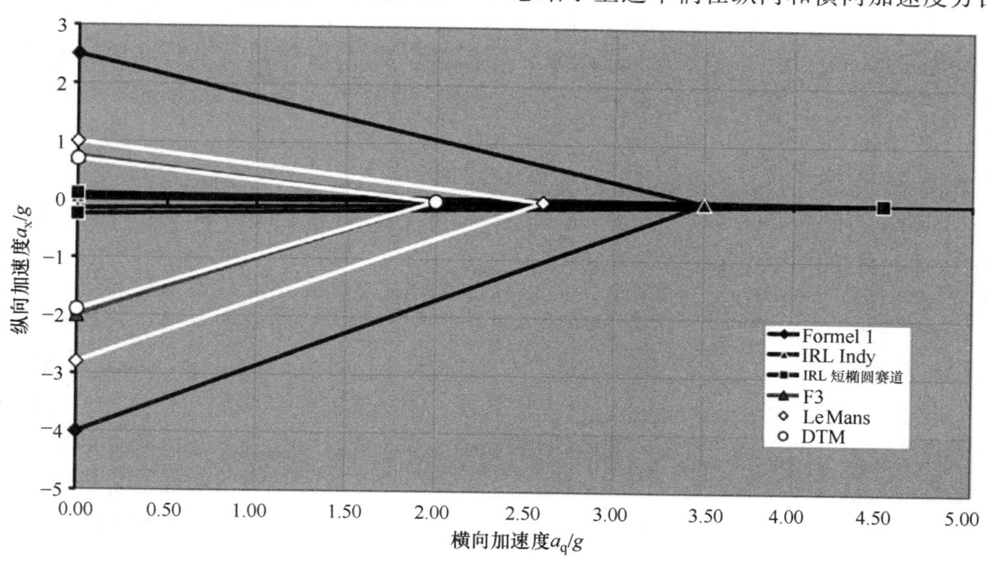

图9.45 选定赛车的纵向和横向加速度

能。特别的是用于短椭圆赛道的IRL车辆：它们是为极端的横向加速度设计的，纵向加速度则无关紧要。

9.4 赛道

关于不同的赛道是如何设置的，只是以选出的举办一级方程式大奖赛的几个赛道为例来聚焦探讨一下。在图9.46中利用几个典型的数据对其进行了相互比较。

在蒙扎，这个唯一还存留的速度特别快的一级方程式赛道，无论是平均还是顶尖水平都达到了最高速度。三条弯道、四个快速弯道和长直道是这条赛道的特点。该赛道的全速部分非常高，约为70%。低空气阻力配上大功率发动机，以及当车辆在弯道行驶时开到路肩（Curbs）上所呈现出的特别明显的稳定性在这里都是主要成功因素。

	蒙扎	蒙特卡洛	纽博格林	霍根海姆
赛道				
长度/m	5 973	3 340	5 148	4 574
$\overline{V}$/(km/h)	250	155	190	194
V_{max}/(km/h)	359	298	310	310

图9.46　几个选定的大奖赛赛道，这些赛道没有按同一比例绘制［根据赛车新闻（2004年）资料］

相比之下，最慢的蒙特卡洛赛道的平均速度很低。但其最高车速仍达到了近300km/h。其赛道的主要特征是一系列有时特别慢的弯道。例如，大酒店弯道只能挂一档开40km/h。赛道是如此之窄，以致使用了其他赛道上不用的专门适配的转向系统。此外，赛道路面波浪起伏，因此必须加大离地间隙行驶，但这就不能利用通常意义上的“地面效应”。所以前翼和后翼都支起很高，以少部分地补偿加大离地间隙带来的下压力损失。为了获得更快的单圈时间只能接受阻力增加。

霍根海姆和纽博格林赛道看起来非常不同，但两者几乎达到了相同的最高速度和平均速度。然而，为了将各个路段（尤其是弯道）考虑在内，并且将车辆的性能调节到在该赛道上的最高，这里也有一些明显不同的适配。

从空气动力学的角度来看，调节赛车以适合这些赛道上的每个路段意味着根据在风洞测量的电极点找出下压力和阻力的最佳值配对。根据法规在一轮比赛中对翼子板和进气道盖板进行调节，以设定对于某些路段更为有利的其他数值配对是不允许的。也就是说，如果制动阶段和转弯阶段的下压力设置得特别高而直道上的空气阻力设置得特别低（例如根据速度、转向角、纵向和横向加速度来调节翼型元件），可达到好得多的单圈时间。在几乎所有车辆类别中，人们对这种技术的努力都已经有意地设定了明确的边界。甚至规定了在风载下相关部件（例如前翼和尾翼）所允许的变形，以严格限定这类可变性。比赛中一般允许在停站时对所做调节进行改善，但这意味着时间损失。

怎样进行这样的优化，已由如Potthoff（1977）展示过了。对于通用车辆，是算出在由圆角等边三角形形成的赛道上的单圈时间。在周长为常数时，直道的长度和弯道半径则是变量。结果发现，随着直线比例的增加，最佳单圈时间是通过降低下压力来获得的，这样阻力也会减小，而较大的弯道半径就要求较大的下压力值，由此可以接受增大的阻力。

然而，仅凭这些仍然有效的基本规则是无法在实践中调节赛车的。相反，真正的赛道，如图9.46中的草图所示，必须由直线加上弯道（窄的和宽的弯道）等非常不同的混合体来构成，如果需要进一步改善，可对多个数值配对 c_A、C_D反复进行计算，以找出最佳值，然后在赛道上进行检验，这里操控性标准（“Handling”）、进弯道和出弯道速度、减速性能（“制动”）、超车机会的“有利点”、相对于比赛对手的位置等在最终赛道适配的调节中都起到一定作用。这甚至会导致接受理论上较慢的单圈时间，以便在赛道上的关键点处于较为有利的位置，例如，为了超车或不被超车。空气动力学适配还受到各种技术、战术类型、驾驶员技能等其他参数和其他主题的影响，这里将不做进一步讨论。

9.5 法规

法规构成了技术基础，在此基础上对量产车进行的改动，或者新构造的原型车或是不基于量产车型的车辆都必须遵守这些法规。

驾驶员的安全享受最高优先级。为此颁布了关于如何构造安全单元（滚笼，承载式车身）的具体规章。一系列碰撞试验——正面，侧面和后面的碰撞，以及车辆翻滚——都是用精确规定的试验载荷及其作用方向来定义的。这些测试都合格是参加市场竞争的先决条件。近年来驾驶员严重受伤人数急剧下降归因于这个领域极为严格的法规。

总的来说，这些规则是基于被各国家协会所采用的由国际汽车运动联合会“Fédération Internationale de l'Automobile（FIA）”制定的指南。就驾驶舱而言，这些规则通常会显著影响其外表从而影响与空气动力学相关的形状。气动优化主要限于安全元件的有利于气动的外形及其在车辆整体气动概念中的应用，见图9.47。前后碰撞结构主要是一个关于可用结构空间、冷却元件和空气导管的布置以及翼形元件的固定的问题。车辆的设计不同，这些元件也决定了其外形的不同。

同样在安全的意义上，造成在行驶时变形或者甚至气动部件可活动的结构也受到了限制。对此有一些测试规则，规定了部件在负载时在很窄范围内所允许的变形。这特别适用于翼形元件及其与车辆的连接。出于安全原因，在所有现行法规中禁止主动调节任何气动元件[⊖]。这同样适用于能够主动影响横向（转向盘等）或垂直方向上的稳定性的元件（例如，在坡顶上行驶时加强下压力）。

作为另一个严格规定的关于安全性的方面是车辆的性能。这一方面通过限制发动机功率，另一方面也通过一些气动规则，例如，在后翼上使用一定大小的装饰条（Gurneys）来规范最高速度。在几个法规中对飞翼宽度、飞翼安装高度、所用元件数量甚至轮廓形状做了规定，以对下压力和阻力预设一定限制。限制车辆性能应使驾驶员的负荷保持在可容忍的范围内。底盘的设计目前在几乎所有法规中受到严格限制（车轴之间的扁平底板或形状的精确规格），以使下压力保持在一定限度内并通过经检测的标准化形状确保尤其是在高速时车辆的气动稳定性。一个例子如图9.48所示。

除安全方面外，参与车辆的机会均等是法规的一个重要方面。只有当所有参与者都尽可能

⊖ 例如以在直道上行驶时调小前翼板迎角，以便实现更大的最高速度以及在制动操作和转弯时调大迎角，以产生更大的下压力。

图9.47　一级方程式赛车 Mercedes – McLaren 2005（照片出自戴姆勒克莱斯勒公司）

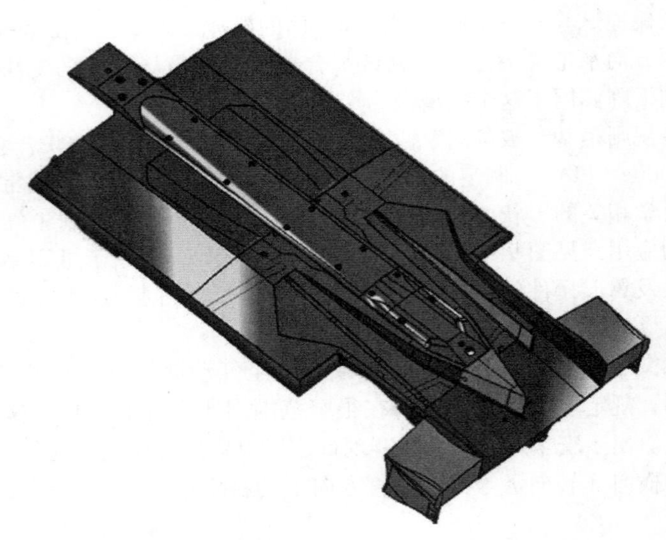

图9.48　自2014年开始施行的跑车规范底盘设计

具有相同的获胜机会时，观众才会觉得比赛紧张，有看头。如果一个车型或厂商在一个系列赛事中总是领先，则会在法规中提供措施以调整车辆。气动限制也是一种手段，如调适与性能相关的组件，例如，飞翼的高度和宽度。为了将车辆开发中取得的技术进步限制在可接受的性能提升范围内，必须每年对法规进行调整。这样，即使令发明者感到懊恼，也能停止或控制不希望的或危险的倾向。

这里不仅有限制性地进行了法规的改动，而且很可能导致技术上更昂贵的结构并且要求实施。对此给出以下示例，如图9.49（见彩插）所示：

- 可调整的一级方程式尾翼（DRS，drag reduction system 减阻系统）可提高超车机会。
- 为了安全起见，在一级方程式比赛期间调节前翼以控制气动平衡的可能性。

图 9.49　DRS 系统在 RB7 上打开和关闭；迈克尔·舒马赫 2010 年驾驶的梅赛德斯 GP 一级方程式的可调前翼；带有显眼的“稳定鳍”的奥迪 R18 e－tron 2012

- 车辆后部的大面积翅片几乎在所有赛车系列中都用来在旋转、尾流行驶或强侧风时稳定车辆。

成本考虑也在法规设计中起到了一定的作用。即使有相当大的带宽（例如从杯赛系列直至一级方程式），系列赛事对于参赛者来说仍应可以负担得起。有关空气动力学方面的法规也阻止了追求性能提升的装备竞赛。例如，这可以通过在赛季中禁止气动再研发（在赛季开始时确定或认证部件，之后就不能改变了）或者通过使用指定的相同部件来实现。

赛车的设计和研发总是始于对法规的深入研究。在空气动力学方面的限制是如此深入，以至于车辆成功的关键往往在于正确理解给定的研发自由空间。

9.6　空气动力学、车辆性能和操控性能

9.6.1　空气阻力

高性能车辆的空气阻力应特别低。如第 4.1 节所述，空气阻力与阻力系数 C_D 和迎风面积 A_x 的乘积成正比。同时最小化这两个因素通常会导致高性能车辆的目标相互冲突。并不总是可以将 C_D 值降低到最小。法规的限制（如开式车轮或某些最小尺寸），加上其他决定驾驶性能的标准，如轮胎宽度、冷却等都要求做出妥协，在这些前提下使车辆的整体性能得到优化。

这些技术规范都倾向于增加 C_D 值。而迎风面积的最小化又受到良好抓地性能所需的大轮距以及在道路和轮胎之间提供高能量传递的大直径车轮的限制。另一方面，必须将尺寸很大的赛车制动器容纳在轮毂直径内。

基本车体，要采用的车轮的类型和尺寸，安装的冷却功率，产生下压力的元件的阻力增加，如翼子板、扰流板、Gurney 襟翼和车底板的设计（平直，缝隙，接近量产，地面效应）是阻力的主要组成部分。车辆类别不同，各个组成部分起的作用也不同，因此不能给出使阻力最小化的

通用指导原则。例如，根据版本和不同车的尾翼的情况甚至会降低空气阻力或者相反在极端情况下会产生总空气阻力的30%还多。

用一个例子可以展示空气阻力对各种优化变量的基本影响。具有在表9.2中选择的基本数据的通用赛车可用于此目的。

表9.2　一辆通用赛车的基本数据

汽车质量	$m=1100\text{kg}$
重量分布 前/后	47/53
迎风面积	$A_x=2.0\text{m}^2$
上升力系数前（=下压力）	$c_{A,V}=-0.45$
上升力系数后（=下压力）	$c_{A,h}=-0.55$

其他行驶阻力，如传动系统损失、轮胎特性、轴距、轮距等在观察时保持不变；这些大致相当于旅游车的特性。如果空气阻力在 $C_D=0.30$ 至 $C_D=0.90$ 区间以及（一般的自然进气发动机）的发动机功率在大约220kW（300PS）至大约660kW（900PS）范围内变化，那么首先会得到在图9.50中显示的阻力系数与可达到的最高速度之间的关系。这是假设最高档已调适到可达到的最高速度并且有相应长度的直道可用。

很容易看出，低空气阻力和大功率能达到更高的最终速度。此外，也可以找到以下关系：安装功率低（300PS）时，如果空气阻力增加3倍，最大速度会下降约28.2%。然而，在更高的功率水平时，相反它会下降30.2%。由此可见，要优化空气阻力，即使在直道行驶时在可达到的发动机功率与可达到的阻力系数之间就存在一个相互关系。

从这个关系可以对影响发动机性能和阻力的参数相对车辆的整体性能做出评估。这里典型的例子是冷却空气需求。实际上，在一定限度内，发动机运转的温度越低，功率输出就越大。在这种情况下，以较低的发动机温度所获得的功率增大可以取得更高的最高速度。然而，更多的冷却功率通常需要更大的冷空气流量，这反过来又会增加空气阻力，因而降低最高速度。因此，有必要权衡，相对于为此所需增加的空气阻力，冷却功率的增加和由此产生的更高的功率输出是否意味着更多收益。对于通用赛车，这意味着：基于450PS的发动机功率和 $C_D=0.50$ 的阻力系数，如果冷却功率增加，使得空气阻力增加 $\Delta C_D=0.01$，并且由于较冷的发动机工作点而产生的功率增益至少可转换为5.2kW（7PS），则车辆可获得更高的最终速度。

对于赛车而言，允许最大速度的长直道更多是例外。在环道上，在达到必须减速行驶的弯道之前，典型的直道长度约为1000~2000m。如果用相同的图表来表示具有约1050m长的直道的霍根海姆赛道上的一圈（图9.50），则得到下图。

与前面图9.50所示情况下的“无限”长直道相比，图9.51中的等速线明显更为陡峭。因此发动机功率显得更为重要。上面提到的冷却功率设计的优化比率变得有利于较高的发动机功率。上述情况下通过提高冷却功能车辆以每 $\Delta C_D=0.01$ 仅4.5kW（6.2hp）的额外功率就能开得更快。

另一个直接受空气阻力影响的因素是油耗。图9.52显示了上述示例车在霍根海姆赛道上每行驶一圈的油耗。因此，从各自的油耗计算油箱容积，一方面决定了停车加油（只要确实允许的话）的次数，另一方面又决定了影响车辆重量的载油量。停车加油的时间耗费以及由于较大的车辆质量而导致的单圈时间损失都要相对于改善了的单圈时间作为一个整体来进行优化。这个优化任务还包括车辆上的空气动力学措施，并且为每个赛道都要新建（Pfadenhauer 2001a，b）。

决定性的准则是可实现的单圈时间。阻力系数和发动机功率对它的影响以霍根海姆赛道为

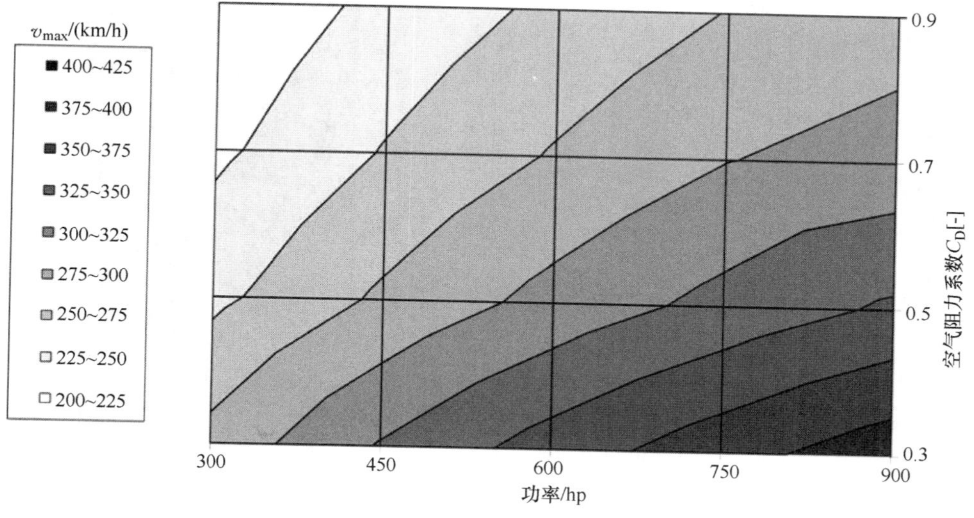

图9.50 （在霍根海姆赛道上）通用赛车最高可达速度与阻力系数和发动机功率的关系

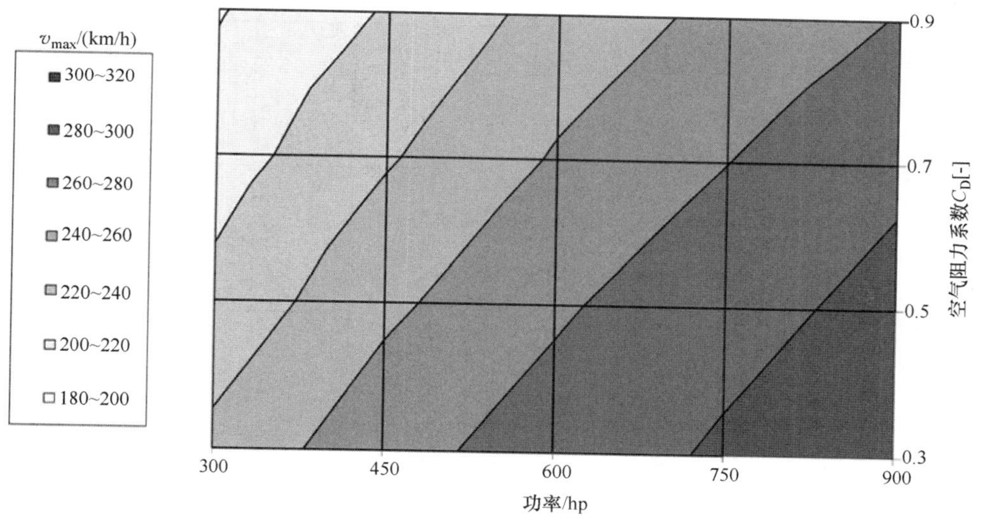

图9.51 霍根海姆赛道上通用赛车最大可达到的速度与阻力系数和发动机功率的关系

例在图9.53中展示了。可以看出，空气阻力对于单圈时间的重要性随着发动机功率的增加而降低。对于具有高发动机功率的比赛系列，提高发动机功率比必须使用较低发动机功率的比赛系列起着更重要的作用。如果把发动机功率看成是给定的大小，那么低发动机功率车辆要比大发动机功率车辆更应注重低风阻系数。

9.6.2 下压力

另一个重要的优化因素是下压力。根据第4.1节，其系数c_A的形成类似于C_D值。在阻力之后才讨论下压力的事实并不意味着其重要性的排序，但下压力通常确实是在调节中高度优先。

通过气动下压力，可以明显改善驾驶动态性能。其原因是重向力对车轮载荷的直接影响。根据行驶速度和下压力的不同，车轮的负载变化可能会以静态车轮负载的量级变化。举个例子：

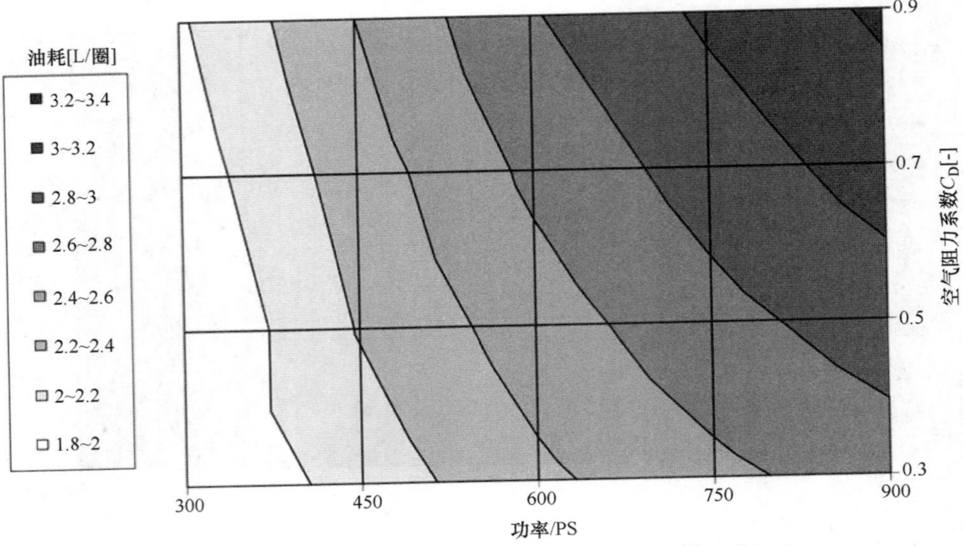

图 9.52　霍根海姆赛道上一辆通用赛车的油耗与发动机功率和空气阻力系数的关系

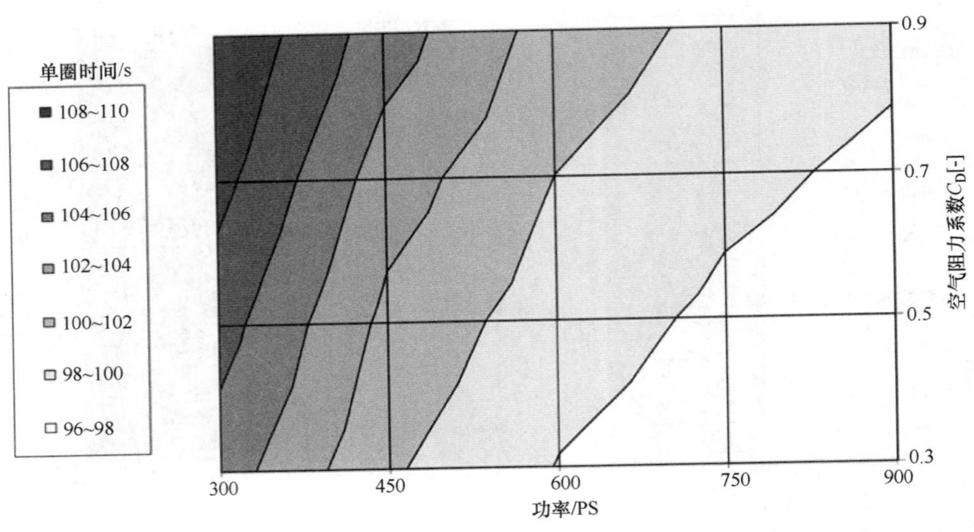

图 9.53　霍根海姆赛道通用赛车的单圈时间与发动机功率和空气阻力系数的关系

在上一节描述的具有输出系数 $C_A = 1.0$ 及迎风面积为 $2.0m^2$ 的通用赛车中，车轮载荷在约 342km/h 时加倍至 10 800N，见图 9.54。

特别是对于跑车来说，可实现的转弯速度（或最大横向加速度）是驾驶特性的量度。如果转弯速度（或横向加速度）较高，按这个标准则认为该车辆性能更强。利用上节中具有其基本数据的通用车辆（即车辆质量 $m = 1100$kg，迎风面积 $A_x = 2.0m^2$，配备标准赛车轮胎的前后桥重量分配比为 47/53），图 9.55 展示了横向加速度 a_q 对下压力的依赖性。这些数值取自数学模拟所算出的霍根海姆赛道上 Motodrom 旅馆入口处弯道的横向加速度。

如您所见，对 C_D 值的依赖性很低。除了车辆的力学性能之外，横向加速度主要取决于下压力。仅由于改善了的气动特性，通用赛车（$c_A = 1.0$）实现了比量产车辆高约 15% 的横向加速度（$c_A = -0.2$，即升力），而机械结构和轮胎的配备都基本相当。类似的关系也适用于转弯速度。图 9.56 展示了在霍根海姆赛道上 Motodrom 旅馆入口处同一弯道的特性。

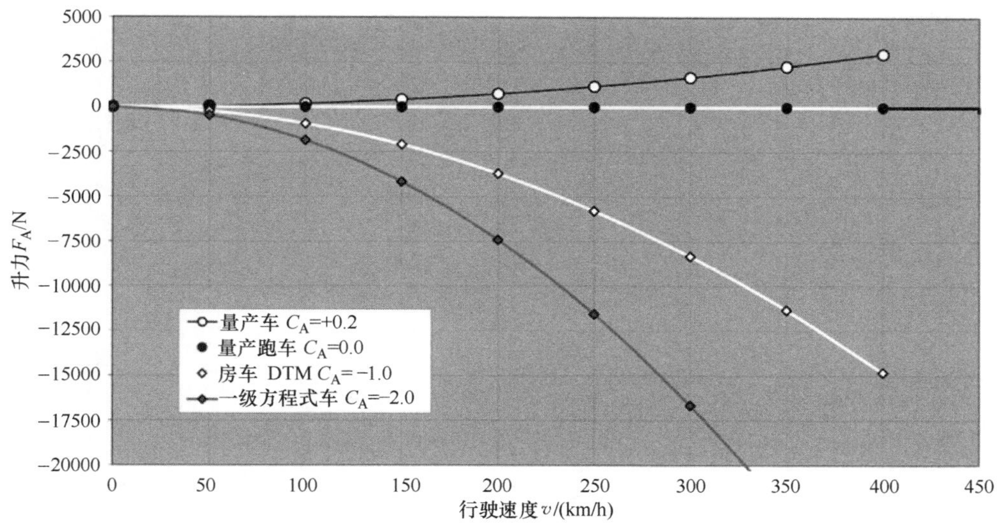

图 9.54　不同车辆的升力与总升力系数和行驶速度（所有车辆的迎风面积 $A_x = 2.0\mathrm{m}^2$）的关系

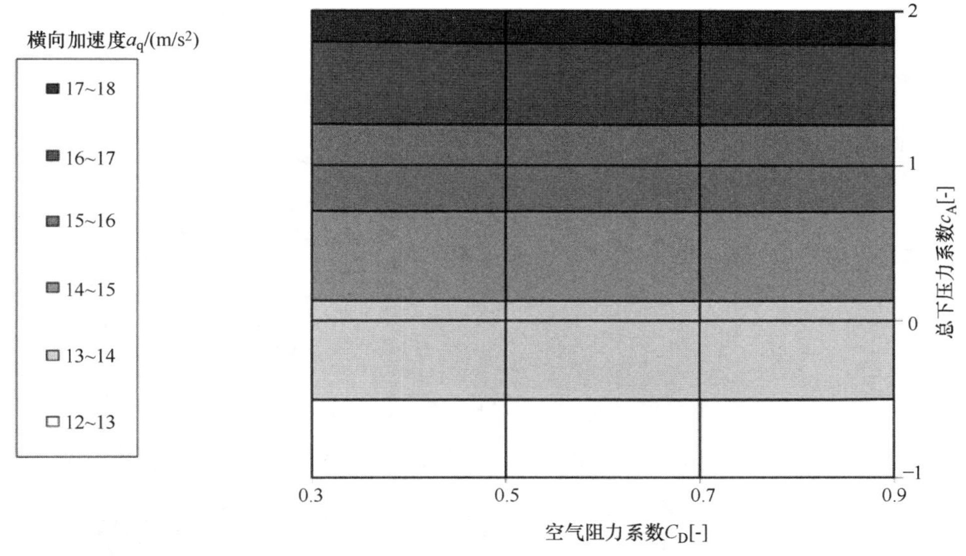

图 9.55　霍根海姆赛道上 Motodrom 旅馆入口处一辆通用赛车的横向加速度与升力系数及空气阻力系数的关系

转弯速度主要取决于下压力，但是，阻力系数亦对之有轻微的影响。对于较低的 C_D 值，可以实现稍高的转弯速度。这是由于不同的行驶线路，使得具有较小空气阻力的车辆制动要更猛一些并且驶过弯道时“较圆些”，即以较大些的半径来驶过弯道。如前所述，转弯速度略有提高，横向加速度保持相同的大小。

当然，单圈时间是赛车的决定性准则。可达到的横向加速度和最高速度应相互协调，以使其最小化。通用赛车的单圈时间如何取决于 C_D 和 c_A 值，可参见图 9.57。之后，以 0.3/0.5 的 C_D/c_A 组合，可以达到相同的单圈时间 107 ~ 109s，正像 0.9/2.0 一样。可以把两个简单的依赖关系一般化，即高下压力和低空气阻力会导致更短的单圈时间。“等圈时线”的不同斜率表明，升力系数和空气阻力系数之间的最佳比率随着车辆的工作点而变化。如果阻力系数高，则必须产生相对尺度大些的升力变化量，而不是通过具有低阻力系数的升力变化来获得相同的单圈时间改善。

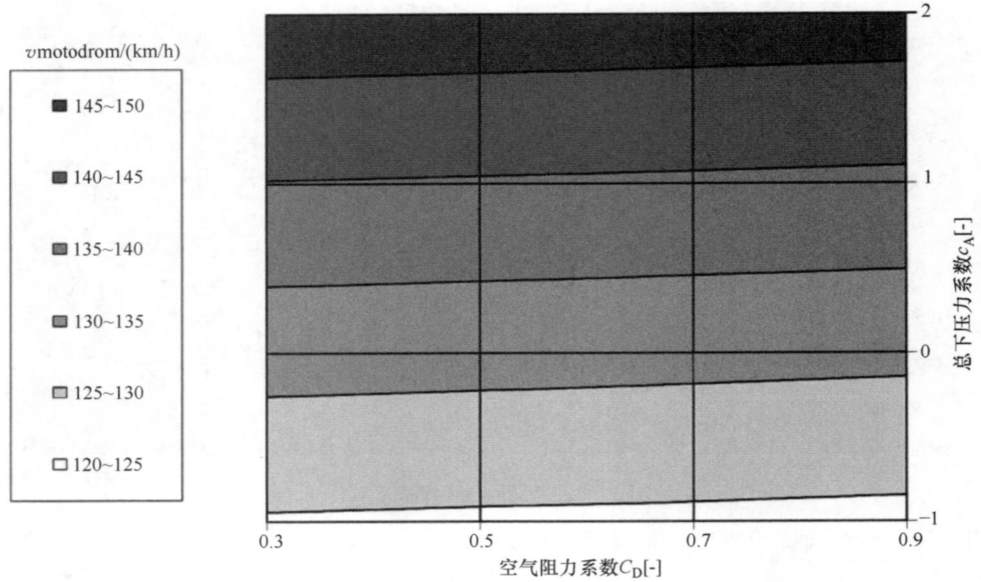

图 9.56　霍根海姆赛道上 Motodrom 旅馆入口处一辆通用赛车的转弯速度与升力和空气阻力系数的关系

根据结构上可能性的不同，须选择采用这条或者另一条优化线。

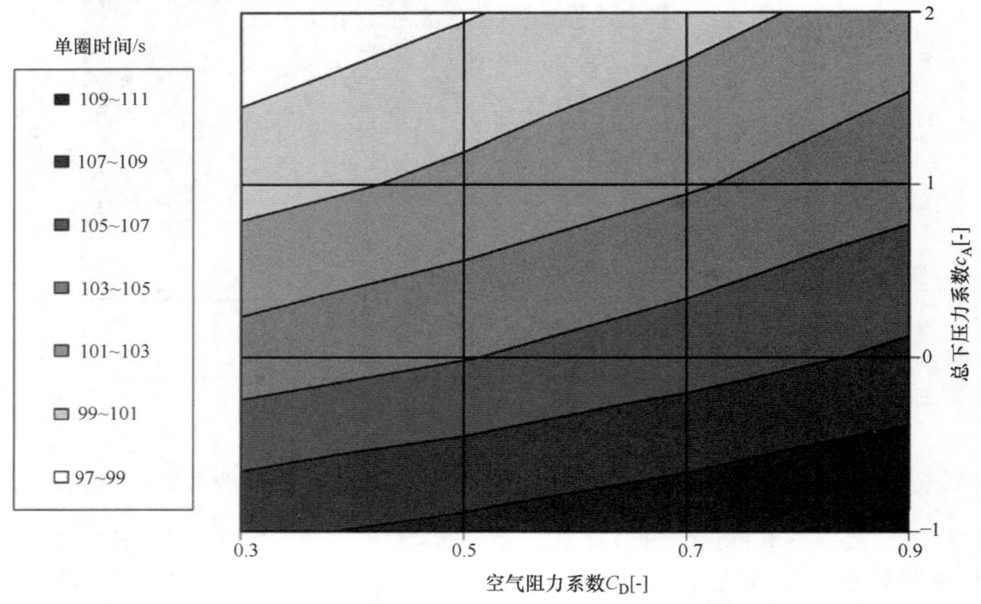

图 9.57　在霍根海姆赛道上一辆通用赛车的单圈时间与升力和空气阻力系数的关系

影响下压力的基本元件是车辆前部和尾部的进气道（扩散器）、翼子板和扰流板、当然也有导流板、冷却元件等；它们的作用方式在第 9.7 节中做了描述。

9.6.3　平衡

平衡是前后桥上负载的百分比分布。这里又分为所谓的静态或重量平衡 ω_{Stat} 和气动平衡 ω_{Aero}，以及由气动力学和静态平衡所组成的总体平衡。

气动平衡通常以作用到前桥上的下压力的百分比给出，即 $\omega_{Aero} = c_{AV}/c_A$。这同样适用于静态平衡 $\omega_{Stat} = F_{N,VA}/F_{N,Ges}$。不同平衡的典型值介于35%～55%之间。在特殊情况下，例如，前轮驱动的赛车，其气动平衡可高达80%。

如果车辆具有不同的静态平衡和气动平衡，那么总平衡取决于速度。如果量产车在迎风面积 A_x 为2.0m²时，总车轮负荷为 $F_{N,Ges}$ = 15 000 N 且静态平衡为55%（前部重量分布），前桥的升力系数 $c_{A,v}=0.05$，后桥升力系数为 $c_{A,h}=0.10$（量产车的典型升力分布），那么速度提高时，相对小的前桥升力只会略微降低前桥车轮负荷。随着速度的提高，后桥的车轮负荷减少得更多，在速度为300km/h时比静态车轮负荷低约12.5%。总平衡从0km/h的55.0%（静态平衡）变为350km/h的57.8%。随着速度的提高，车辆的总平衡趋于负荷前移。图9.58展示了一般量产车的这种特征。

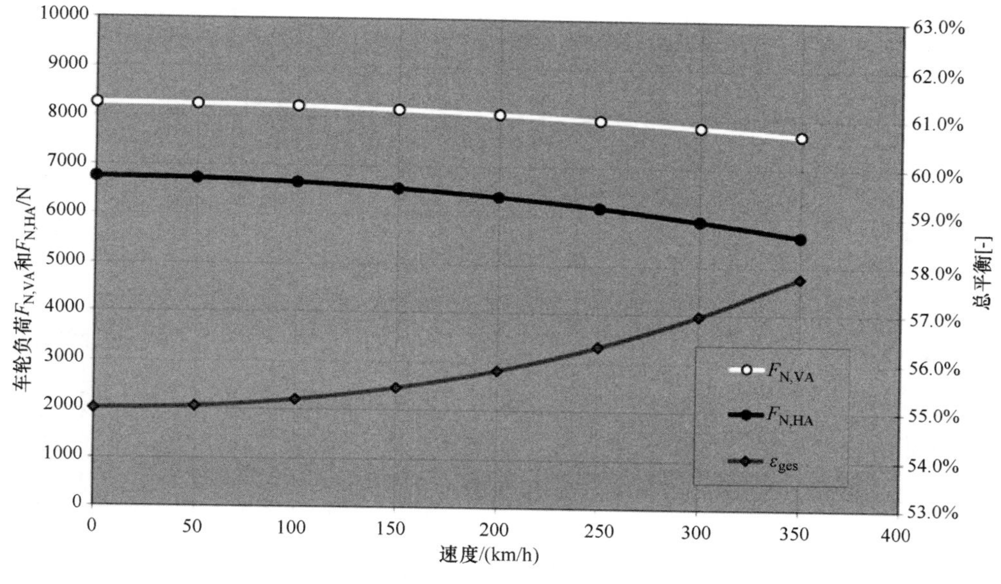

图9.58 一辆平均量产车的车轮负荷和总平衡变化（$F_{N,Ges}$ = 15 000N，ω_{Stat} = 55%，$c_{A,v}=0.05$，$c_{A,h}=0.10$，$A_x=2.0\text{m}^2$）

如果车辆在静态平衡状态下表现为中性的行驶特性，那么随着速度的增加，后桥车轮上的负荷比前桥减小得更快，即传递到后桥的（纵向力和）侧向力较小些。在临界行驶情景下，例如转弯时，后桥比前桥先达到抓地极限因此比前桥先开始打滑。这种行驶特征称为过度转向。由于这种行驶特性难以掌控，量产车通常设计为转向不足。这是通过往前桥上传递比后桥小一些的侧向力来实现的。这样车会在前桥上打滑。图9.59展示了中性的、转向不足或过度转向行驶特性的不同行驶轨迹。

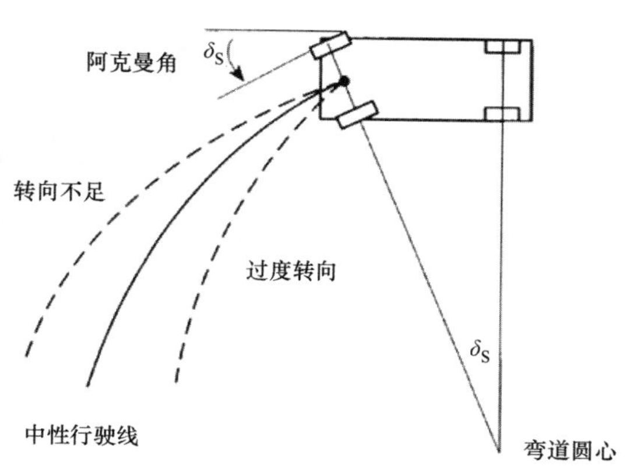

图9.59 中性的、转向不足和过度转向的行驶轨迹（Katz，1995）

Winkelmann（2002）描述了不同弯道半径和速度时的低尾部升力变化对操控性能的影

响。要达到不稳定的行驶状态，速度越高，越是要求尾部升力变化越小。图9.60展示了后部升力为 $c_{A,h}=0.13$、车辆行驶速度为160km/h以及弯道半径为 $r_K=400$m 时可达到稳定的操控性能。后部升力为0.165使车辆转向过度。当速度为200km/h和弯道半径 $r_K=800$m 时，后部升力若是0.13勉强还能掌控，而略微减小到0.12就会得到明显安全得多的操控性能。

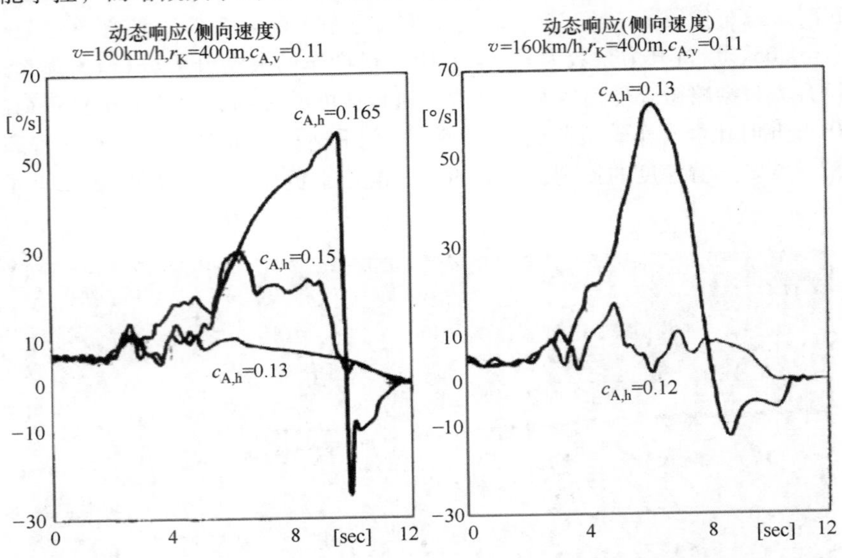

图9.60 根据Winkelmann（2002），取决于不同行驶速度，弯道半径和不同后部升力的操控性能（偏航率）

赛车的性能另外也取决于其操控性能在转向接近物理极限区域时的舒适性如何。用于量产车的示例通常也适用于赛车。图9.61显示了一辆具有以下参数的赛车：总车轮负载 $F_{N,Ges}$ 为10 000N，静态平衡 ω_{Stat} 为45%（大致为中型发动机车辆的典型值），前桥下压力系数 $c_{A,v}$ 为−0.40，后桥下压力系数 $c_{A,h}$ 为−0.60，气动平衡为40%，迎风面积为2.0m²。

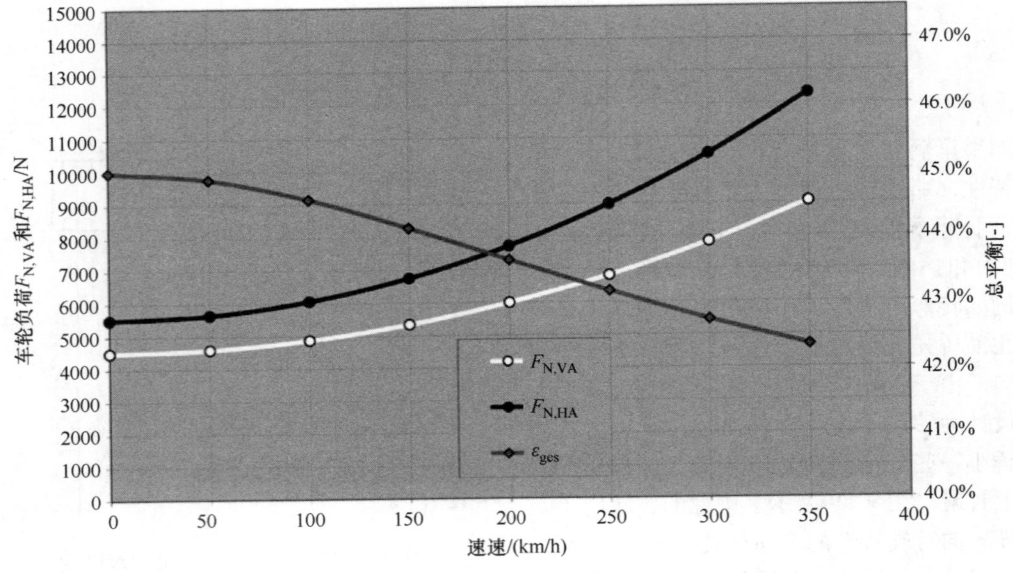

图9.61 赛车的车轮负载和总平衡变化（$F_{N,Ges}=10\ 000$N，$\omega_{Stat}=45\%$，$c_{A,v}=-0.40$，$c_{A,h}=-0.60$，$A_x=2.0m^2$）

随着行驶速度的提高，前后桥上的车轮负荷会由于气动下压力而加大。对于本示例，前桥的静态轴载荷加倍时约为349km/h，后轴约为314km/h。在这些点处，与没有下压力的力学上相同的车辆相比，每个加倍的纵向或侧向力是可传递的。由于与静态平衡相比较低的气动平衡，车辆的整体平衡从0km/h时的45%变为350km/h时的42.4%。随着速度的提高，从操控性能上看，车辆更易转向不足。虽然理论上不理想，但这种设计是首选，因为根据经验，在高速行驶时，驾驶员的安全操控感会导致更快的单圈时间，而不是达到理论上的最佳极限值。特别优秀的赛车手只需要很小的距离作为达到最佳的“安全储备”，而且即使在高速条件下也能在极限区间近乎轻松地驾驶车辆。

通过车辆纵向动力学在力学方面会产生更多平衡方案。车辆的重心总是在路面上方的某个高度 h_S。车辆减速或加速时会产生一个力矩，这时制动会给前桥带来额外的负荷。后桥负荷减轻。原则上，这种负荷转换导致过度转向的行驶特性。根据车型的不同，底盘的不同布局可以缓解这种趋势，甚至可以逆转它（主动底盘）。类似于负荷变化会发生相应的平衡位移。对于加速则类似于相反的情况。这里有关进一步的信息只需参考相关文献，例如，Ellis（1969），以及W. Milliken和D. Milliken（1995），这些文献充分叙述了与气动特性无直接关系的基本行驶动力学问题。

对于赛车来说，根据规定，一般不可能对底盘进行主动控制，从而由这种行驶性能产生不同后果。除了上述行驶动力学影响之外，还有其他特定的空气动力学作用。例如，由于上述负荷和平衡的变化，车辆减速时前桥下沉和后桥弹起。车桥的离地间隙相对于弹簧刚度和负荷转移而变化。当采用下一节中描述的地面效应时，产生的下压力会随着离地间隙的变化而变化。这种依赖性导致气动平衡的变化取决于离地间隙。通常，通过把气动平衡叠加到前桥和后桥的离地间隙上来描述该效果。图9.62展示了把气动平衡作为等距平衡线叠加到前桥和后桥的离地间隙上的示意图。随着前桥离地间隙减小，平衡渐增并向前桥移动。对于后桥离地间隙来说，平衡会随着离地间隙的减小而减小，即平衡向后桥移动。在下文中，我们将描述这些动态平衡变化如何影响行驶性能。

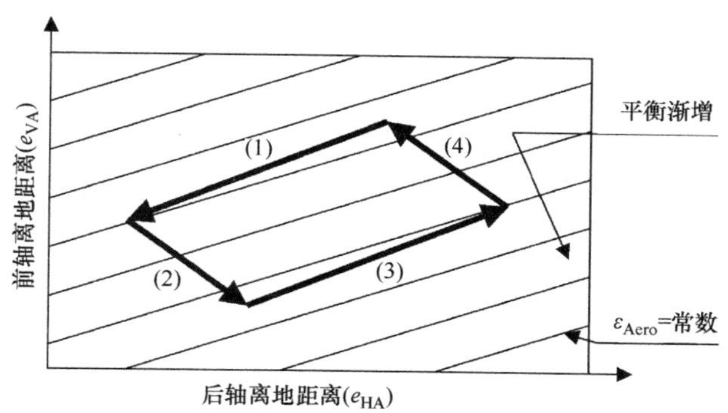

图9.62　具有下压力的车辆的制动和加速机动的运动模式（Riegel，2012）

要讨论的是在赛道上行驶时的一个典型驾驶场景。这主要包括加速过程（例如在直线上），加速到制动（制动行程）的短暂过渡阶段，强减速的制动阶段以及制动与加速之间的另一过渡阶段。滑行阶段既没有强减速也没有强加速，只在转弯中起到一定的作用，不应在这里深入讨论。通过把前桥离地距离（e_{VA}）绘制在后桥离地距离（e_{HA}）上，在一张图里说明了这个运动。

在加速阶段（1），行驶速度提高。随着行驶速度的提高，下压力也变大。车辆被更强地压在地面上，前桥和后桥的离地间隙减小。车辆向图中的左下角移动。在从加速到制动（2）的过渡阶段发生一个突然的负荷转变，其结果是前桥负荷继续加大而后桥负荷减轻（典型的前部下沉和后部弹起，正像在量产车中看到的一样）。从而使前桥离地间隙进一步减小，后桥离地间隙增大。在图中车辆向右下方移动。在减速阶段（3），车速再次下降，下压力减小，前桥和后桥的离地间隙再次增大。在图中，车辆向右上方移动。在减速和加速（4）之间的短暂过渡阶段，前桥再次弹起，后桥再次下沉。车辆在图中向左上方移动。

图中绘制的线条再现了相同气动平衡线的典型走向。往右下方平衡增加，气动下压力分布往前桥方向上移动。正如所见，加速和减速状态几乎与这些线条平行。这意味着，在减速和加速阶段，气动平衡，也就是说前桥和后桥间的下压力分布几乎没有受到影响。对于驾驶员而言，从气动力学的角度来看这是很容易预计到的驾驶行为。两个过渡阶段的情况则不同。这里，车辆横跨等距平衡线移动。在这个时间上其实非常短的阶段，气动平衡变化很大。

在从加速到减速的过渡中，平衡向前桥移动。车辆的重量分布也同样向前桥延伸。由此在前桥上产生的更高的车轮负荷一方面可以实现良好的减速，另一方面也可以使后桥相应减负。在制动的时候，这很容易导致车辆后部趋于向外甩（过度转向驾驶行为）。相应地，从减速到加速的过渡期的行为正相反。气动平衡和重量平衡向后桥转移。这导致前桥负荷相应减轻，于是就可能导致转向不足的驾驶行为。

在这个机动动作过程中平衡位移的大小被用作这种“气动俯仰灵敏度”或“倾角灵敏度”的开发标准。它主要是由于翼子板翼型接近地面时出现的下压力增加而产生的。赛车中的俯仰灵敏度主要受前桥上产生下压力的元件形状的影响。另外通过在底盘上的调节也可以改变车辆的活动空间。把底盘针对气动性能并且掉过来进行协调对于这些车辆的竞争力是一个核心的开发和测试内容。

由于稳定平衡非常重要，必须在首次试行驶之前弄清那些基础概念。在研发一开始时就定义了从模拟和经验值赢得的目标值。与静态平衡一道也确定了气动平衡的目标值。不仅气动效率或单圈时间的改进带来改变，与气动平衡有关的目标值的可达性也会引起改变。利用一个例子来说明该过程，其也称作“再平衡”。

现在考虑一种方法，例如，在前桥产生更多的下压力而不增加空气阻力，那么这种方法首先在采用时应被看作对车辆的性能有正面影响，因为效率提高了（图9.63中的点1）。然而，气动平衡会因此向前移动。为了使车辆恢复重量平衡，有必要在车尾部以提高下压力的措施来进行回应。例如，这可以通过加大尾翼元件的迎角来实现。在大多数情况下这都伴随着空气阻力的增加。相应的点2可以放入图中。例如，从所谓的尾翼极线可以获得根据它来校正平衡的相应规则。这就是测量值，通过调节尾部下压力元件可以由其算出升力和阻力特性。之后可以利用等圈时线进行整个方法的评估，即原先前桥的改进和“再平衡”。如果该点在线上面，那么这个方法对单圈时间是一个改进，若在线下面，就使单圈时间变差了。

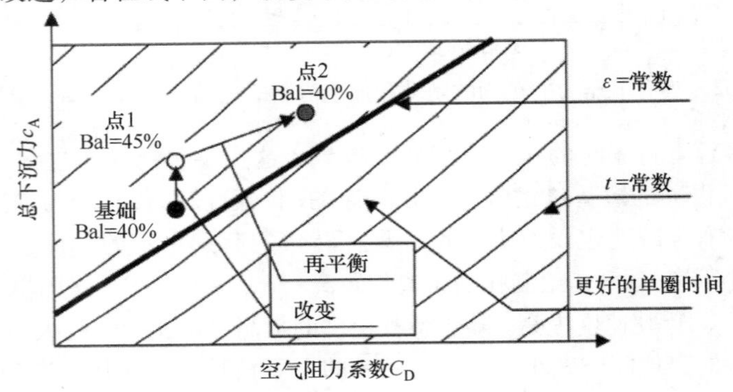

图9.63　用“再平衡”评估配置改变

当然，这同样也适用于在尾部采用的措施，对其必须以相应对策在前部进行补偿。对前桥上的下压力的调节，就是要弄清前翼或者连接及替换零件的可调范围的相应极线，而这些零件大多数情况下都安装在前进气道的下方。

9.6.4　行驶性能

行驶性能主要由轮胎和底盘决定。车轮载荷以及可传递到路面的纵向和侧向力在这里起着决定性的作用。通过气动效应（升力或下压力）产生额外的车轮载荷，特别是在高速时这可以接纳静态车轮载荷的大小（见第 9.7.2 节）。

最大可传递的纵向和侧向力主要取决于车轮载荷、摩擦系数、滑移和偏驶角。典型的摩擦系数 μ 对标准乘用车轮胎是为 0.5～0.9，赛车轮胎为 1.2～1.5，特殊软质轮胎约为 1.4～1.7，这个摩擦值通常可以保持不到一赛圈。这些值在最佳滑移时有效。滑移是指轮胎胎面的转速，即 $\omega \cdot r$（ω = 车轮的转速，r = 轮胎的半径）与在地面上的行驶速度 v 的差相对于行驶速度的比率。在滑移为 0 时，轮胎胎面的旋转速度等于地面上的车速。在完全制动时，车轮停转，滑移为 100%。图 9.64 展示了摩擦系数在制动情况下对滑移的依赖关系。

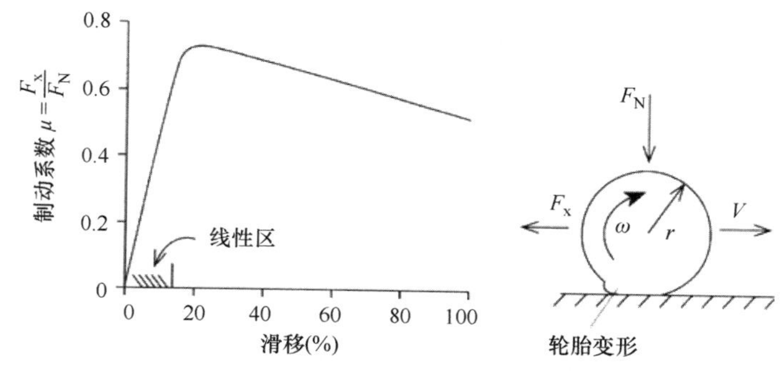

图 9.64　摩擦系数 μ 在制动情况下对滑移的依赖关系（Katz，1995）

在一个几乎是线性的区域之后，最大摩擦系数达到约 15% 的滑移。该值取决于轮胎的质地。达到最大值后，摩擦系数随滑移增加而略有下降。

对于具有适当转向的弯道行驶来说，又多了一个主要影响可传递的侧向力的参数。所谓的滑移角 α 表示所选择的行进方向与实际行进方向之间的角度差。该角度偏差同样由滑移导致而且是在车辆的横方向上。图 9.65 展示了侧向力 F_{SF} 与车轮载荷 F_N 和滑移角 α 的相关性。

通过气动力学车轮载荷会受到影响而不会增加额外连累质量的效应。在所示的相关性中，气动力学尤其对于制动和加速能力方面的性能以及可达到的弯道速度的作用很明显。图 9.66 展示了车辆在纵向和横向加速度方面的性能，没有气动影响，而且只针对一种情况，即气动载荷等于车辆重量。

到目前为止讨论的示例是基于车辆的整体行驶性能。然而，在实践中通常情况是，根据行驶状态的不同，前轴和后轴在不同时间在纵向力和横向力的传递方面达到最大性能。由静态重量分布、动态效应（例如通过加速度带来的重量位移）和气动升力或下压力组成的单个车轮载荷在这里起着至关重要的作用。

9.6.5　效率

赛车的气动效率 ε_{aero} 定义为总下压（沉）力系数与阻力系数之比：$\varepsilon_{aero} = c_A / C_D$。气动效率是车辆在赛道上的性能的量度。从下压力系数和空气阻力系数之间的比例简单地确定其效率使

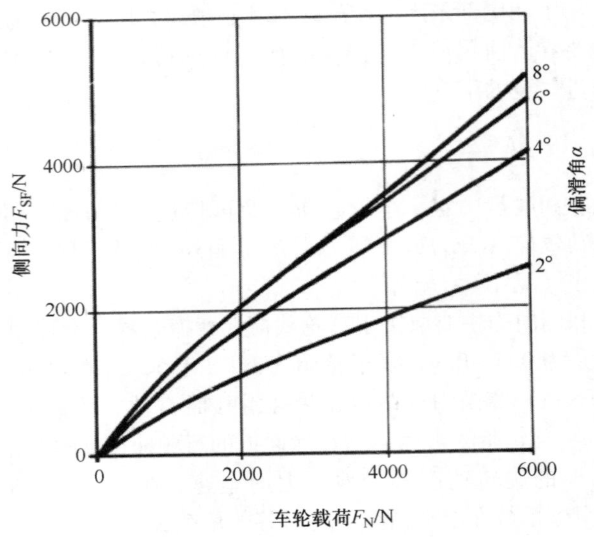

图 9.65　侧向力 F_{SF}与车轮载荷 F_N 和滑移角 α 的相关性

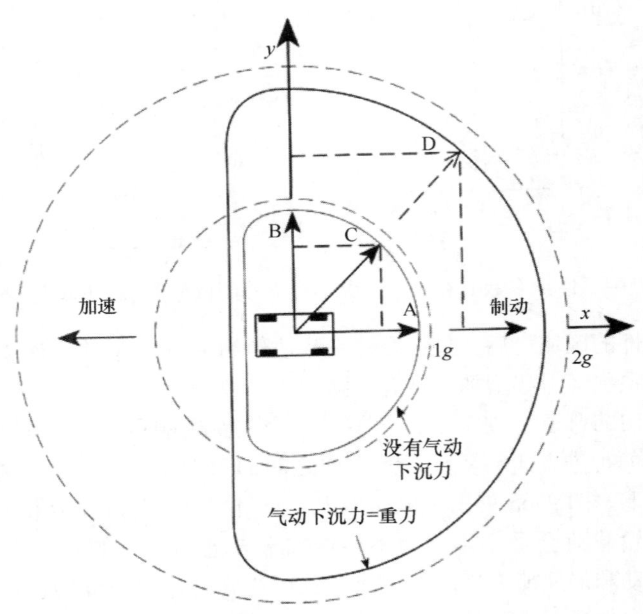

图 9.66　车辆在纵向和横向加速度方面的性能，没有气动影响，而且只对一种情况，即气动载荷等于车辆重量（Katz，1995）

得开发者能非常快速地评估其气动改变在轨道上的作用。

现在考虑一个比前几节中功率更强的车辆。以下通用赛车的功率约为440kW（600hp），质量为1000kg，计算出的迎风面积同样为2.0m^2。这些数据类似于勒芒在24小时长距离比赛中使用的跑车原型。改变下压力系数和空气阻力系数提供了与可达到的单圈时间相关的关系，图9.67中以霍根海姆赛道为例做了描述。

除了“等圈时线”之外，图中还画出了“等效线” ε_{aero} = 2.0 = 常数。可以看出，该线大致平行于“等圈时线”。如果车辆具有较高的气动效率，例如，ε_{aero} = 3.0（出自 C_D = 0.5 和 c_A =

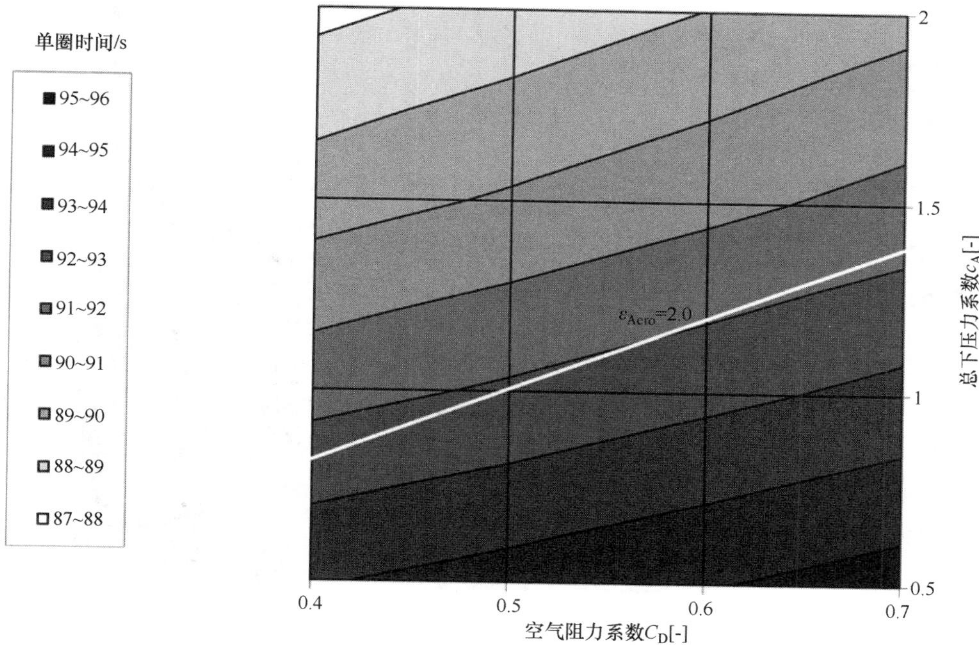

图 9.67 霍根海姆赛道上通用赛车的单圈时间与升力系数和空气阻力系数的关系

1.5)，那么可达到的单圈时间将优于其在 ε_{aero} = 2.0 线上的车辆的单圈时间。

然而，更详细地观察效率线和单圈时线，可以看出在低空气阻力（C_D = 0.4）的区域中，单圈时间为 92s 的“等圈时线”在 ε_{aero} = 2.0 的效率线之上，而在高空气阻力范围（C_D = 0.7）则在其下。如果下压力以与空气阻力相同的幅度加大，那么在效率线上从左下角向右上方移动就可以得到更快的单圈时间。在这种情况下，我们说的是一个中立但略倾向下压力的赛道。赛道的特征由短直道和长直道以及窄弯道和宽弯道的不同组成来确定。窄弯道和短直道的比例越大，平均速度就越低，所需的下压力越大。

在非常快的车道上驾驶同一辆车，例如，在勒芒赛道上（图 9.68），情景完全不同，如图 9.12所示。由于赛道有长直道并且有部分非常“快速”的弯道，而且每圈的平均速度超过 220km/h，那么对于要求低 C_D值的赛道来说，这个赛道被认为是经典示例。从图中可以看出，这仍然适用，尽管其长“Hunaudieres 直道”中间被两个弯道所削弱。在相同的效率下低 C_D值可以明显改善单圈时间。

这类表述不仅可以用于开发，也可以用于在赛道上调整车辆。根据在风洞中获得的这些数据，可以生成所谓的车辆极线。它主要描述了当车上的下压力和空气阻力变化的时候，车辆在该图中行驶的曲线。这是通过调整翼子板及安装或卸去有气动作用的部件来完成的。在这种调整中，要注意确保前桥和后桥下压力的比例，即气动平衡（见第 9.6.3 节）不变。图 9.68 是含有这种车辆极线的一个范例。

在低阻力系数区间，极线的特征在于，通过稍微提高空气阻力的措施可以明显降低升力或者说增加下压力。这是典型的最佳 C_D车辆形状。这个区间的气动效率随着空气阻力的增加而大幅快速提高。在高空气阻力区间，车辆极线在图中明显变平。随着很少的空气阻力增加，产生足够的下压力变得越来越困难。

对于该车辆，当空气阻力系数约为 C_D = 0.50 和下压力系数约为 c_A = 1.45 时，达到最大效率

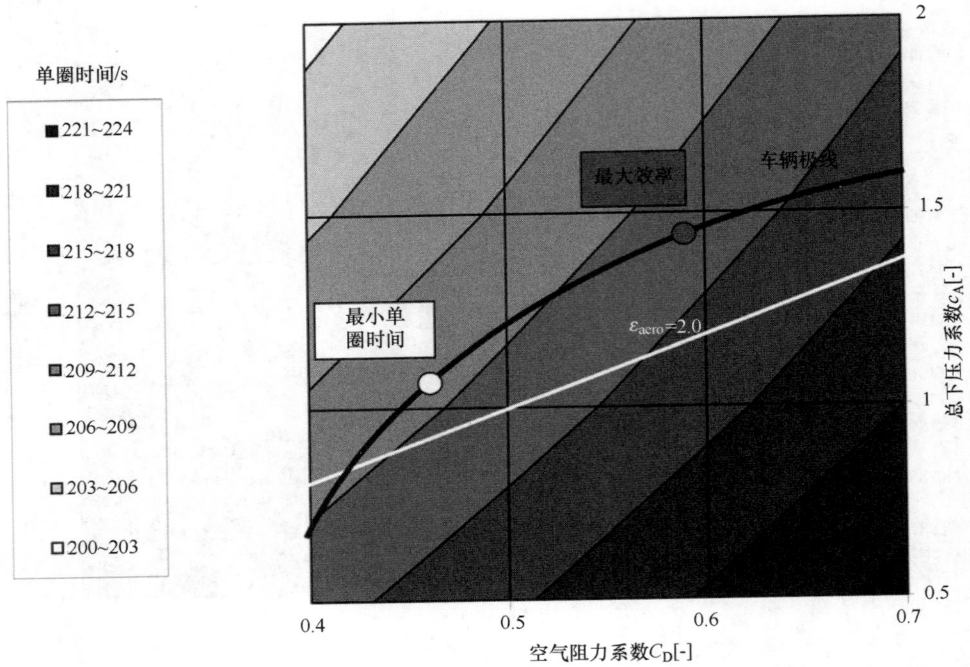

图9.68 基于勒芒24小时经典赛道上通用赛车的升力和阻力系数的单圈时间，包括一条示例性车辆极线

ε_{aero} = 2.45。因此该车辆在勒芒赛道上的理论可实现单圈时间在这点上约为213.5s。然而，最快单圈时间的点是在空气阻力为 C_D = 0.46 和下压力系数为 c_A = 1.05 时达到的。气动效率为 ε_{aero} = 2.28，单圈时间是211s，因此较低气动效率时要快约2.5s。这样，使得 $\varepsilon_{aero,max}$ 仅在最短单圈时间附近。

因此，气动效率仅是评估赛车气动性能的一个初步标准。为了进行更详细的研究，必须考虑赛道特性、发动机功率、汽车重量、静态车轮载荷分布和气动平衡，建立进一步的优化标准以评估车辆的气动性能。

9.6.6 冷却和通风

赛车配备了根据其特定应用领域量身定制的冷却系统。进气口和出气口的设计使得损失尽可能少。冷却气流通过环流来保持；几乎不用风扇。有限的结构空间很少允许容纳“理想的”冷却风道，如图9.69所示。

为了能够利用尽可能大的压降，冷却空气采自驻流区。气流出口可选择向上、侧向或向下。气流出口向上时，要考虑驾驶室的发热和可能的尾流干扰。气流侧向排出可能会导致较高的额外阻力，因为侧向环流会受到干扰。如果将冷却空气导向车辆下方，由此可能会影响地面效果。因此，该选项在大多数情况下都被排除。

由于包覆底部，所有其他部件的冷却变得越来越重要。隔热措施不再足以保护温度敏感部件。相反，有针对性的强制通风成为必要。此外，人们还把具有相似耐温性的组件从空间上放置到一起，并构成不同温度的区间。另外，寻求在多处使用冷却空气。例如用中冷器排出的较冷的气体来冷却制动器或变速器。

除了热交换器，例如水冷器、中冷器和用于发动机和变速器的油冷器外，也必须越来越多地为电子设备、传感器以及发电机提供冷却空气。其他组件，如燃料供应、排气管、压缩机（涡

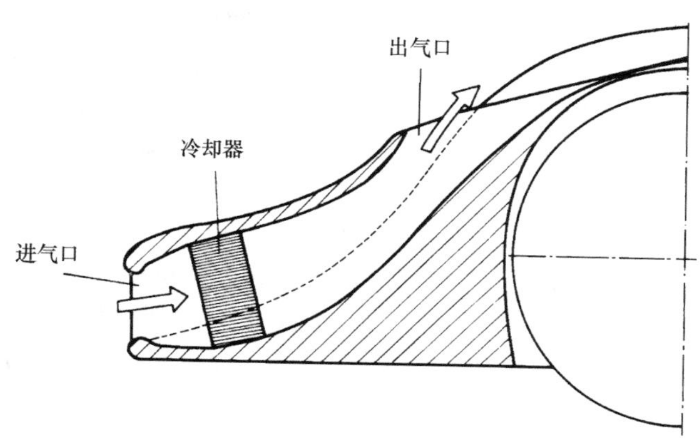

图 9.69　热交换器在车头部的通风道

轮增压器和压缩机）和起动机也同样需要冷却。当然，制动冷却（钢制或碳纤维制动盘）也是气动优化的主题并且正是这一点可以决定性地影响整体概念。

由国际汽车运动联合会（FIA）进行的一些生理学研究发现，人的体能在高温下显著下降。这是劳动生理学中一个已知的事实。因此，正在做越来越多的努力来为赛车手提供舒适的工作条件。这将通过尽可能对身体和头盔进行舒适通风来实现（见第 12 章）。这对于长程车尤其重要；在这种车中，车手必须常常在驾驶舱温度高于 60°C 的情况下一次性长达 4h 时间贡献顶级表现。

同样，车辆中对于温度敏感部件的热管理已成为额外的优化目标。还在研发的设计阶段就要考虑大量需要冷却的部件的所有要求。另一方面，必要的冷却在特别严格的规定下也提供了一个自由空间，要对车辆进行有气动效果的改进。

图 9.70 以 C 组赛车保时捷 956 为例展示了赛车中冷却部件的概貌。出于篇幅原因，这里只能对前轮制动器和驻流区内室的冷却空气进行讨论。水冷却器、油冷却器和中冷器的冷却空气是从前轮后表面一侧引入的。开口应向上，以免干扰利用地面效应。发动机风扇，后轮制动器和变速器冷却器的冷却空气通过 NACA 喷嘴从车顶部引入。发动机舱是通过后扩散器中的叶窗排风。

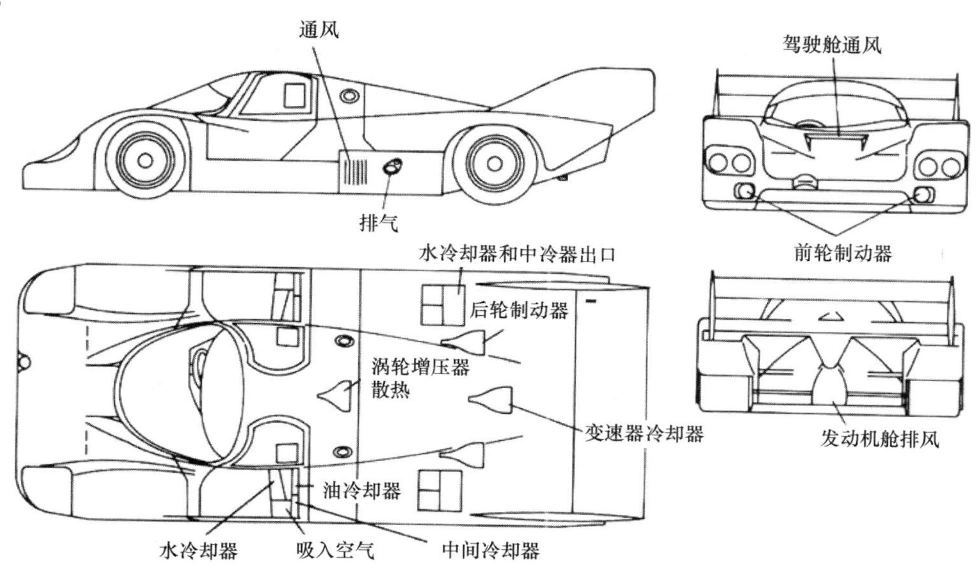

图 9.70　保时捷 956 赛车通风、排风口布局

仅为极短时间使用且无须直至稳态温度行驶的创纪录车辆有时可能完全放弃阻力增加的空气回冷系统。其必要的冷却能力是以随车携带并且边使用边融化或蒸发的水冰或干冰的形式提供的。

由于安装在量产跑车中的发动机功率相对较高，因此对这些车辆的冷却设计的要求特别高。其检验标准与轿车相同，参见第 7 章。此外，还必须能够在封闭赛道上的比赛中使用。

9.6.7 斜向来流

斜向来流，即与车辆前行方向不同向的来流，发生在侧风和转弯时。侧风与车辆自身运动引起的顶风一起导致一股与行进方向不平行的来流。转弯时，在形成横向力时会在轮胎上产生一定的滑移角。这导致车身出现一个与滑移角相同幅度的侧滑角度。公路轮胎最高可达 10°，赛车轮胎最高可达 8°。这个由此产生的具有侧滑角 β 的斜向来流导致空气阻力的增加和下压力的减小。图 9.71 给出了一个例子。

为了确保行驶稳定性并因此确保行驶安全性，后轴下压力的减小应等于或小于前轴。气动平衡往前轴方向上的位移导致难以控制、过度转向的驾驶行为。产生下压力的元件的不同构造形状可以明显影响这种行为。

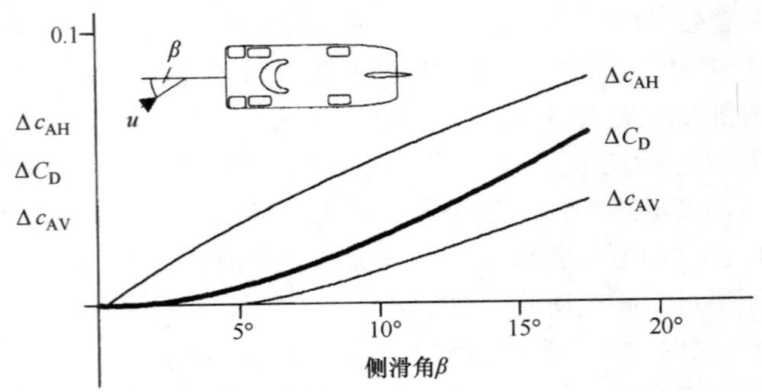

图 9.71 车辆在斜向来流作用下的升力和阻力比

除了阻力和下压力之外，作用到前轴和后轴上的侧向力以及因此围绕车辆偏航轴的偏转力矩也受到影响。由于在普通车辆中压力点，即风力的作用点在车辆重心的前方，因而就在轮胎可吸收的侧向力的作用点之前，于是由斜向来流会产生一个偏转力矩，这使得车辆偏离风向，因此起到破坏稳定的作用（也请参见第 5 章）。通过垂直尾翼或翼端板等特殊措施，可以使压力点后移。由此产生的正偏转力矩支持车辆在风中的转动并因此提高其稳定性。

在弯道行驶时由轮胎斜行产生的滑动气流导致侧向力，这些力指向弯道内侧，从而抵消离心力。然而，这种稳定效果被下压力损失所引起的不稳定效应抵消，因为车轮载荷和已有侧向力减小时会导致一个更大的滑移角。因此个别比赛系列允许安装大翼端板给予驾驶稳定性以足够大的空间。比较图 9.72 所示的 2000 年和 2002 年的跑车原型奥迪 R8 可看出翼端板的不同大小。

对赛车的进一步研究表明，在有超出由侧风和弯道行驶产生的正常尺度的来流偏角时（例如在打滑或旋转时），会产生升力。这个力可能很大，以致超过车辆重量。下面的图 9.73 显示了一个图表，它展示了临界行驶速度与来流偏角的关系，其中前轴和后轴的升力，或者说总升力是如此之大，以致前后轴的静态车轮负荷或者说静态总车轮负荷与车辆自重相当。如果在此图中在某个来流偏角处存在一个测量点，则表示当气动升力超过了静态车轮负荷时的速度。其结果是相应的车轴完全减负因而可以从地面抬起。在这个示例中，当来流偏角为 45°时，需要大约 300km/h 来形成对前轴的这样一种效果。最高约 ±120°时，前轴应被视为临界。对于所有其他角度（这时后面来的气流占主导）后轴被视为临界。这时尾翼和车后部受到“反向”气流推动，

a)

b)

图 9.72　跑车原型奥迪 R8

a）具有小翼端板的 2000 年版　b）具有大翼端板的 2002 年版

产生相当大的升力。

在“正常”行驶（例如，在 -20°和 + 20°之间）和可由赛车手掌控的驾驶情景中，这些效果不会发生。不存在可以产生升力的速度，能够使其中一个车轴或二者都完全减负。在这之外的区域，例如旋转或打滑时，会存在导致一个车轴完全减负的情况。在这些调查的基础上，目前正在讨论跑车领域的规则改变，通过重新设计平坦的底板以缓和这些效果。目的是通过结构规定或者降低最高速度来使这些临界区域无法达到。

在美国 NASCAR 赛车系列中，用所谓的“车顶襟翼”在车辆失控的情况下降低车速。车顶襟翼安装在车顶上。当行驶方向反转时（例如由于旋转），它们可以由于风压而打开，明显提高车辆的空气阻力。这种加大了的空气阻力用于使车辆减速[㊀]。

9.6.8　尾流

通常，空气动力学研究假设车辆在直线行驶时处于不受干扰的环境。然而，在实际行驶中，

㊀　法规准确地规定了。

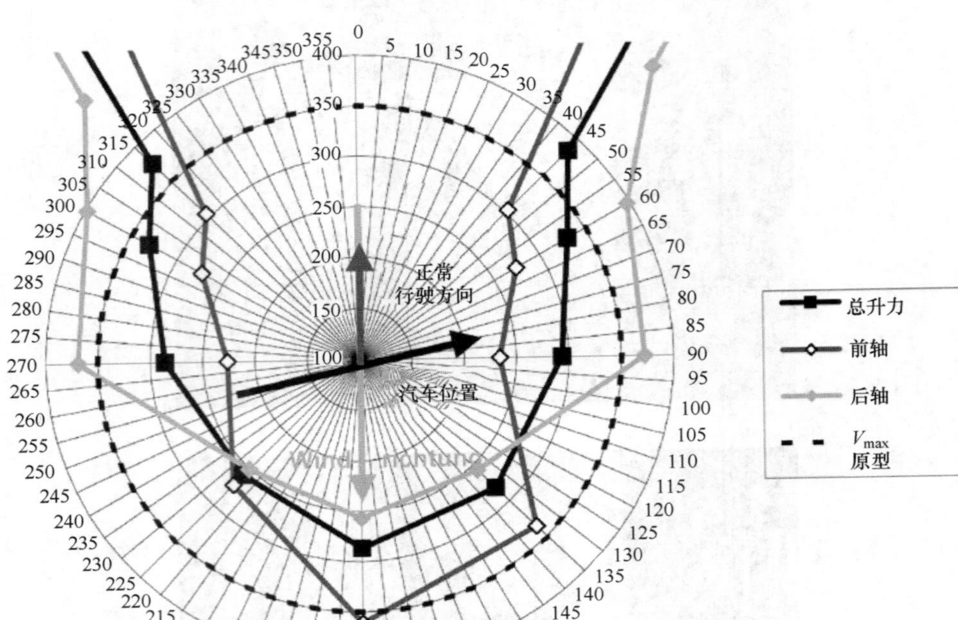

图 9. 73　静态车轮负荷可以通过升力来补偿时临界行驶速度与来流偏角的关系

车辆不会在道路上单独行驶；相反，它会受到前方车辆的尾流的影响。在比赛中，这种在“尾流”中的行驶很常见。与行驶速度相关，车距远远小于开放式的公路交通。所出现的现象在第 4. 5. 4 节中以相对简单的物体为例进行了说明㊀。

为了弄清赛车的尾流行驶现象，Romberg 等人（1971）对美国“改装竞速赛车（Stock - Cars㊁）”进行了风洞试验。在这个赛车系列中，尾流行驶特别常见。结果是，根据车辆之间的距离不同，尾随车辆的空气阻力比在未受干扰的来流中行驶时空气阻力最多小 37%。而尾流的作用也会影响前方车辆，使其空气阻力可降低多达 30%。由于尾随车辆的积流使得基压提高，从而导致前行车辆的空气阻力减小。这些现象使得间距紧密的车辆组比单独的车辆开得更快。图 9. 74 展示了这种阻力和升力的关系。

除阻力外，升力也受尾流行驶的影响。在这种情况下，尾随车辆的前轴升力随着与前行车辆的距离减小而减小。前行车的前轴升力基本上不受影响。

奥迪公司对跑车原型进行的研究表明，对于具有下压力的车辆，对其前轴也会产生类似影响。然而，在这种情况下，尾随车辆的前轴下压力随着距离的减小而减小。这是前行车尾流带来的结果，由此只存在少量富能的来流以产生相应的下压力。如果下压力系数与在尾流中起主导作用的平均气流速度有关，那么只能观察到前轴下压力系数的微小变化。在车距非常小时，如果产生下压力的主要元件（例如前翼或前进气道）没有感受到明显的来流，则前轴下压力值可能减小到接近零。这种效果一方面取决于尾随车辆前部的几何形状，另一方面也取决于前行车辆

㊀ 在尾流区行驶既对商用车也对乘用车都已经研究过了；它总是与阻力有关。前者在第 10 章中做了描述。乘用车的结果可以在第 4. 5. 4 节中找到。

㊁ 另见 Duncan 等（1994）。

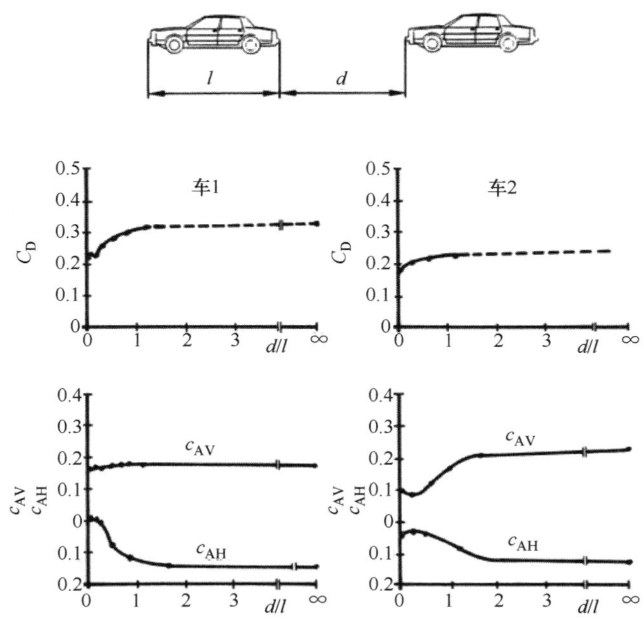

图 9.74　尾流行驶对气动系数的影响（Romberg 等，1971）

尾流的形状。车底板完全平坦的车辆通常比具有显眼的后扩散器的车辆带入更少的能量进入尾流。

在 Romberg 等人（1971）的研究中后轴升力仅受尾流的轻微影响。在车距很短时，尾随车辆由于车前部气动力的改变还另外受到俯仰力矩的影响。对于前行车辆，其尾部下压力的影响明显更大。在车距很短时，尾部下压力明显减小。奥迪公司的研究原则上证实了这一趋势。

由于所描述的这些气流的相互关系，在尾流行驶中会出现以下现象：

1）尾随车辆由于有效来流速度较低，其可达到的最高速度会提高。

2）由尾随车辆产生的减阻效果（驻流）同样适用于前车。

3）由于较低的有效来流速度而在前轴上具有升力的尾随车辆会失去升力并因此表现出过度转向的驾驶行为。

4）由于较低的有效来流速度，在前轴上具有下压力的尾随车辆失去下压力并且表现出转向不足的驾驶行为。

5）前车尾部下压力减小，从而表现出过度转向的驾驶行为。

正是由于气动尾流效应而改变了的空气阻力和行驶特性使得有趣的驾驶和超车成为可能。

9.7　零部件气动力学

与量产轿车的“一体化”了的车身不同，赛车中有个别零部件如翼子板或扩散器，可以在一定程度上被单独考虑及优化。其作用方式和可能的用途将举例说明。同时也不应忽视其相互作用。最后，将再次讨论法规的意义。这是因为正是气动部件在形状和功能上都严格受到法规的限制。

9.7.1　基本车体

与气动力学相关的基本车体可分为三类：

- 水滴形基本车体。
- 经典的跑车车体以扁鼻、钝尾（多为断尾）为特征。
- 近似量产车的车体，其气动特性与量产车很大程度上相同。

对于车头和车尾的构形，已经形成了专门的规则。

9.7.1.1 车头

不少文献的作者都对基本车体的设计进行了基础性研究。Flegl（1969）用图9.75展示了不同车头形状对前轴阻力和升力的影响。这些影响既包括车辆顶部也包括车辆底部的气流现象。根据离地间隙大小，特别是车辆底部可能对所提到的系数产生显著的影响。如向前渐尖的车头降低阻力。车头尖端相对于路面的位置影响驻点的位置。车头尖高，则会产生相对高的前轴升力。在车底会产生过压。通过降低车头尖端，可以明显减小升力。直到某一点空气阻力减小（在这个例子中，最小阻力位于中间位置）。进一步降低车头尖端可能会导致明显的前轴下压力。例如，阻力会因为扩散效应或车底的分流而增加，产生进一步的下压力。考虑到在车头下方安装的翼板，一级方程式中的车鼻甚至还抬高了，如图9.76所示。

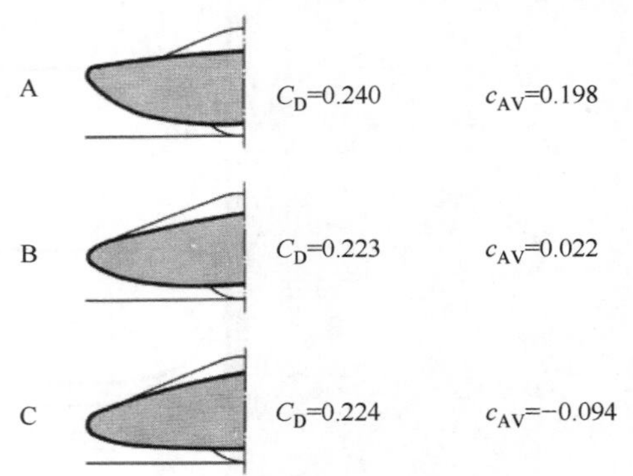

图9.75　车头形状对前轴阻力和升力的影响

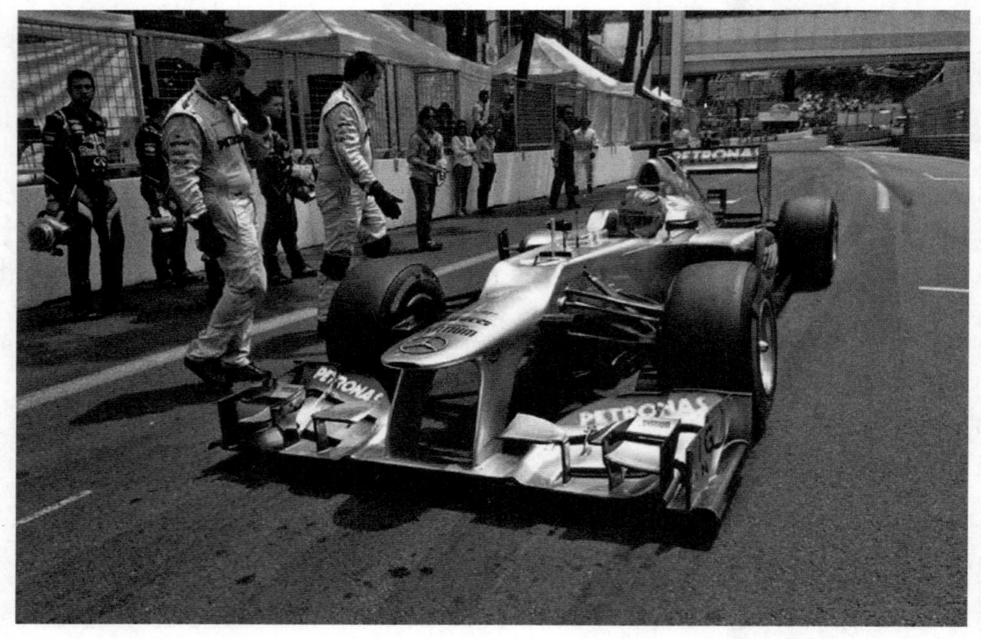

图9.76　在蒙特卡洛2012年的大奖赛上的一级方程式赛车梅赛德斯GP，抬高了的车鼻

9.7.1.2 车尾

车尾的设计在更大的程度上影响空气阻力。理想的是长长的、水滴形状走向的车尾形状，如在创纪录车或太阳能车辆中可以见到的那种。根据Kamm的说法，如第1.4节所述，这种水滴尾部也可以平截断，而不会明显增加空气阻力。图9.77展示了这种截断车尾的不同构形。

现今的赛车在基本形状的设计上明显受到更大的约束。目前的法规规定了特别是在安全（驾驶员和乘客保护，前、后和侧面碰撞的碰撞试验）和空气动力学（竞争力和性能的控制，车辆高速范围的安全）方面的标准，也主要是规定了外形（图9.78和图9.79）。

其余的设计自由主要用于实现技术上重要的边界条件，如产生下压力（图9.76）、冷却（图9.80）等。所有这些"边界条件"都显得如此重要，以至于只在或者说只能在非常局限的视角下进行经典意义上的基本车体研发。

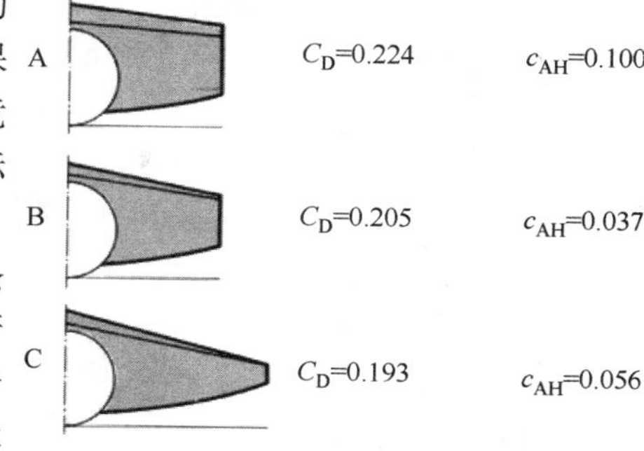

图9.77 车尾形状对后轴阻力和升力的影响

图9.78 宝马赛车，1999年勒芒24小时赛冠军

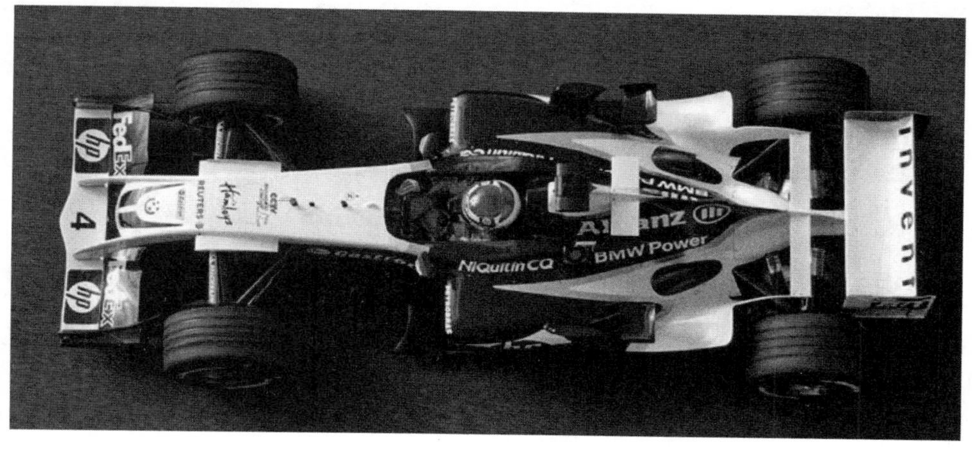

图9.79 2001年的一级方程式赛车，图片出自宝马公司

接近量产车的基本车体，例如DTM的，基本不变地采用了现有量产车车体的形状（图9.81）。根据类别和法规不同，存在改变车体的某些部分或安装下压力辅助措施（前翼和尾翼、扰流板、格尼）的自由（图9.82）。理想情况下，量产车车体已经具备了优越的气动特性（图9.83），因此在很大程度上不需要采取额外措施。

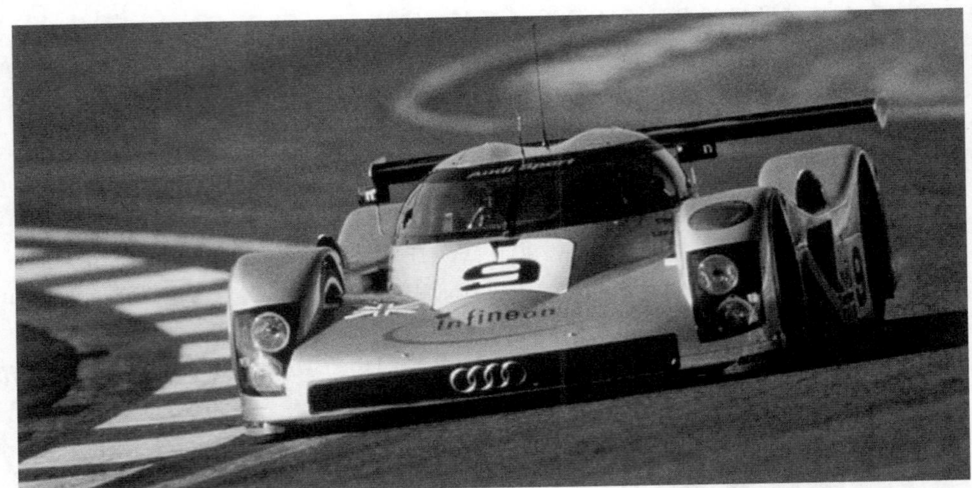

图 9. 80　奥迪 R8C 的冷却进气口。这辆车于 1999 年参加了勒芒 24 小时耐力赛。冷却进气口包括水冷散热器、中间冷却器和前制动器；图片出自奥迪公司

图 9. 81　VW Lupo：与量产车相比只做了很少气动修改的奖杯赛车

9. 7. 2　翼板

9. 7. 2. 1　任务

如果光靠车辆重量已不足以实现期望的高横向加速度，则借助于空气动力学来产生一个压紧力，即下压力。然而，如果仅靠车身形状来实现，其量还是很低。另外还因为车底面构形可达到的效果 – 关键词“文丘里”，第 9. 7. 4 节将回到这个话题 – 由于各种法规规定直到后轴都要是平坦底板，因此被排除了。为了仍能获得很大的下压力，于是使用了翼子板。这已经成为开轮式和封闭式赛车最突出的特征。在跑车上其仅在极端情况下被用作固定部件[⊖]。更确切地说，那里使用的是可活动扰流板，有时被认为类似于翼板。

⊖　也是作为可升级组件。

图 9.82　1989 年参加了美国赛车系列 IMSA – GTO 的奥迪 90 Quattro。车顶、发动机舱盖和行李舱盖与量产车奥迪 90 相当。前端、车轮拱和车尾按照法规进行了大量改装；图片出自奥迪公司

图 9.83　跑车 Ferrari360 Modena

9.7.2.2　功能

翼板的功能可以借助机翼理论来解释⊖。由于机翼理论总是关于升力，即指向上的力，那么首先应“忽略”赛车翼板的“头冲下（倒立）位置”，而来讨论处于“正常位置”的翼板并研究它的升力。

确定翼板的升力（也称俯仰力矩）有三个几何特征，如图 9.84 所示：

- 轮廓，即轮廓的跨度和形状。
- 可由襟翼支撑的剖面。
- 翼板加边板如小翼或端板。

产生升力总是与阻力相连。

⊖　关于这方面有大量文献可供参考。推荐 Schlichting 和 Truckenbrodt（1969）；Dubs（1987）。

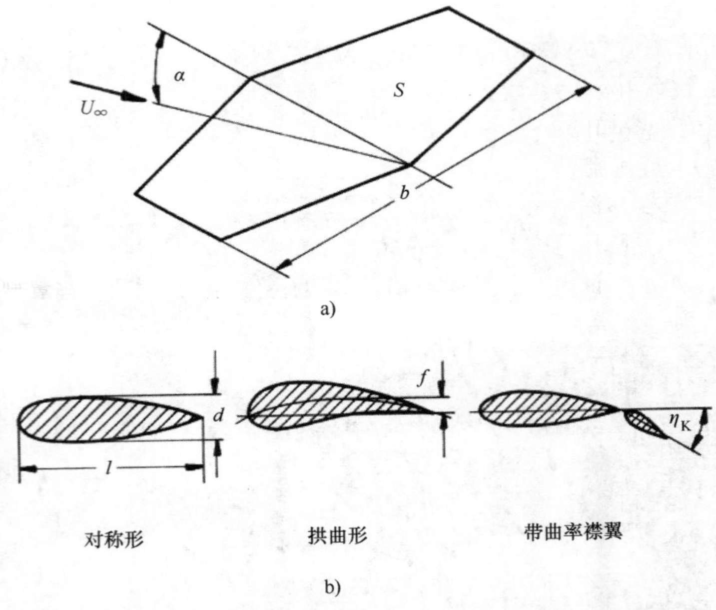

图 9.84　翼面（a）和翼型（b）及定义

a）翼面　b）翼型

9.7.2.2.1　轮廓

翼板的轮廓决定了升力在其跨度上的分布情况。它的主要参数是长宽比 Λ：

$$\Lambda = \frac{b^2}{A} \tag{9.1}$$

如图 9.84 所示，这里 b 表示翼展，A 表示翼板的轮廓面积。大多数赛车都是长方形翼板；对于这类，长宽比为 $\Lambda = b/l$。赛车是 $\Lambda = 5 \sim 8$。

9.7.2.2.2　翼型

图 9.85 示意性地描述了升力是如何在翼型上产生的：如果气流沿对称翼型弦向流动 – 则迎角为 $\alpha = 0$ 因此不产生升力。要产生这个升力，有两种方法可用以及结合这两者：

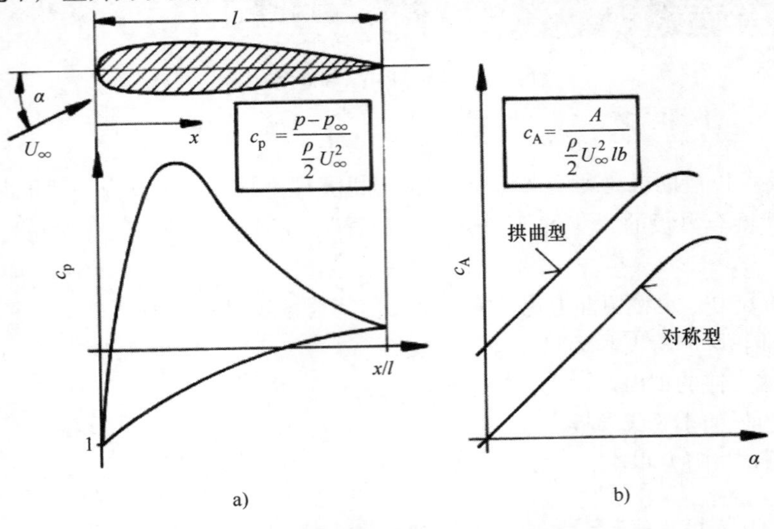

图 9.85　对称翼型和拱曲翼型的特性示意图

- 调整翼型角度 α。
- 把翼型弯成弧度为 f 的拱曲型。
- 两种方法相互结合。

弯成拱曲翼型的流线如图 9.86（见彩插）所示。在其顶部（流线之间的距离小）比底部（流线之间的距离大）气流流动得更快。这导致顶部产生负压而底部是过压。

静压 p 如何分布在翼型深度 x/l 上，图 9.85a 中以无量纲系数 c_p 的形式示意性地做了描述，如通常那样负 c_p 值向上。负压在量上远大于过压。总之，压力分布导致升力，如图 9.85b 所示，而且由图 9.87a 中的测量所证实，升力近似线性地随迎角增大而变大。当翼型顶部的气流分离时，这种上升就结束了[⊖]。翼型越厚，其鼻子越圆，分离发生就越晚。

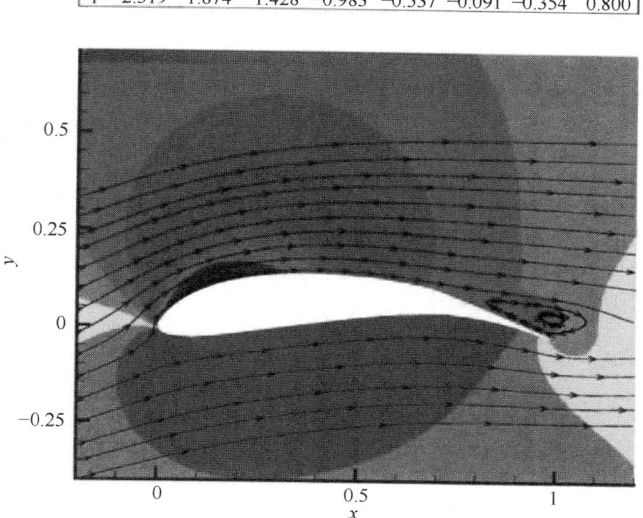

图 9.86 单件拱曲翼型的流线，速度矢量和压力分布（Riederer，1999）

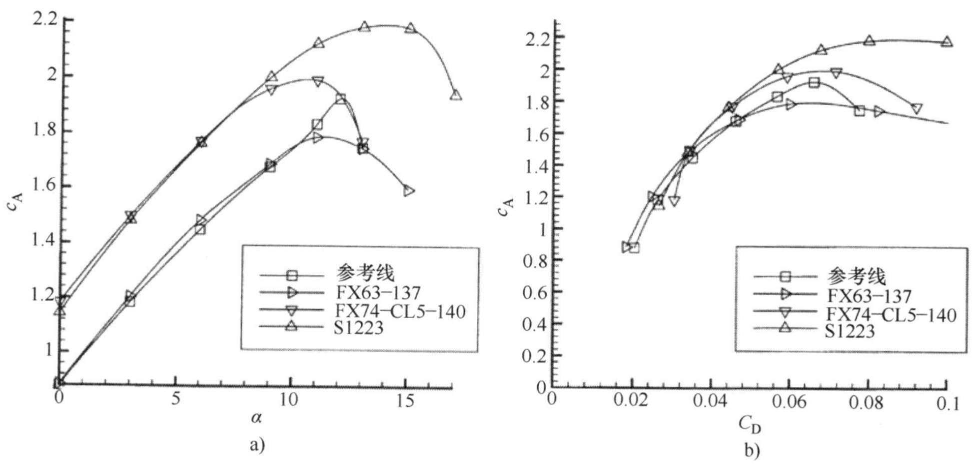

图 9.87 两个对称翼型和两个拱曲翼型的相关迎角的升力

a）c_A（α） b）极坐标 c_A（C_D）

⊖ 分离，英文“stall”。只有在分离以尖锐边角出现时才应使用“撕断”一词。

9.7.2.2.3　翼板加边

翼板底部和顶部之间的压力差在翼板上引发一个交叉流；在顶部，它指向翼板中心，底部则是向外。在翼板后面，两股气流相遇并形成一个自由纵向涡流层，纵向涡流又在翼板两个边缘处连到一起构成一个向内旋转的纵向涡流对（“马蹄形涡流”）。

翼板侧的部分压力平衡与升力损失有关。升力在翼展上不是常数，它在侧面下降得更多。涡流对引起下行气流，与其相连的是又一个阻力，这个阻力由于是由边缘涡流引起的，因此称为“诱导阻力” $F_{W,i}$。利用小的垂直安放的小翼板，即所谓的“翼尖小翼”，可以至少部分地防止所描述的翼板边缘处的压力补偿。在赛车运动中称为“端板”的末端片就完成同样的事情，在结构上它们已与翼板的侧面固定架一体化，如图9.88所示。

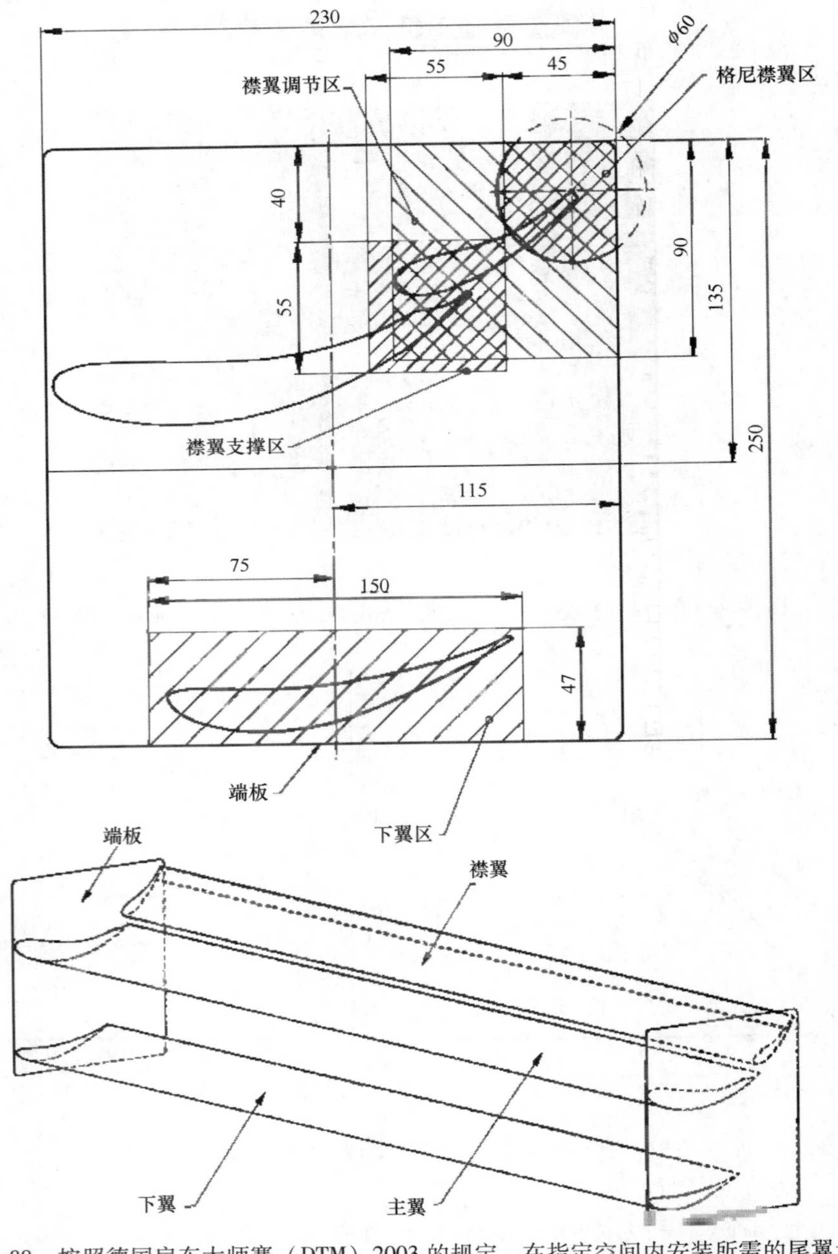

图9.88　按照德国房车大师赛（DTM）2003的规定，在指定空间内安装所需的尾翼元件

9.7.2.3　阻力

翼型周边的绕流与阻力相关；区别于下面还要讨论的诱导阻力，这个阻力被称为翼型阻力 $F_{W,0}$。相应地，它由一个压力和一个摩擦成分 $F_{W,D}$ 和 $F_{W,R}$ 相加而成：

$$F_{W,0} = F_{W,D} + F_{W,R} \tag{9.2}$$

该翼型阻力在图 9.87b 中标为极线[㊀]，$c_A = f(C_D)$，其典型的抛物线形式将在后面讨论。但在这儿就应该注意，这些极线的形状取决于雷诺数 $R_{el} = U \cdot l/v$，这一事实应该在缩小模型的实验中给予考虑。

为了增加翼型的升力，可以为其提供一个襟副翼，也可有多个。襟翼在比赛前就调好了 – 根据哪些观点，后面还要讨论 – 在比赛过程中，在大多数情况下都不允许再动了。主翼和襟翼一起形成一个缝翼。

在图 9.89 中的压力分布 $c_p = f\ (x/l)$ 中可以看到这种襟翼的效果：通过翼型的后缘和襟翼的前端之间的小间隙，空气以高速穿过。在翼型末端已经很厚并且有分离危险的边界层又重始于襟翼，这样在其分离之前还能应付下一个压力增加。从图 9.90 中的极线可以看出襟翼角 η_K 对升力和阻力的影响。如果将襟翼偏转从 10°增加到 30°，则升力增加 $\Delta c_A \approx 0.9$，并且 C_D 值增加 $\Delta C_D \approx 0.03$。更大的襟翼偏转不会进一步增加升力。

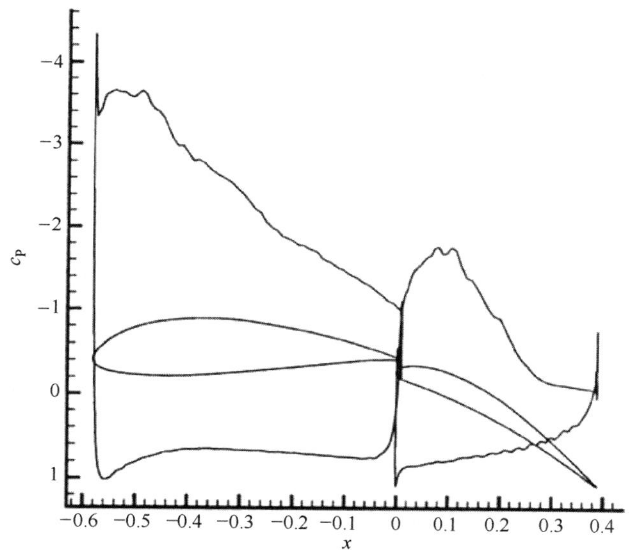

图 9.89　带拱曲襟翼的拱曲翼型的压力分布

9.7.2.4　诱导阻力

通过自由纵向涡流层（分离面）卷拢成两个自由涡辫可以说明诱导阻力[㊁]：“在每个时段，这两个自由涡辫的一部分必须重新形成。为此必须不断做功，作为包含在涡流辫中的动能”。可以借助普朗特的升力线理论计算翼板的诱导阻力。如果升力在翼展上呈椭圆形分布，那么确切地说：

$$C_{D,i} = \frac{c_A^2}{\pi \Lambda} \tag{9.3}$$

㊀　在航空空气动力学中称为立连塔尔极线（Lilienthal – Polare）。

㊁　解释诱导阻力的其他可能性，参见 Schlichting 和 Truckenbrodt（1969）及 Dubs（1987）。

这也是诱导阻力可以主要接收的最小值。诱导阻力随升力增加而呈二次方增加。这种关系可以在图9.87和图9.90中看到；同时，这表明在那里已给出的测量是在有限翼展的翼板上进行的。该诱导阻力 $F_{W,i}$ 与翼板阻力 $F_{W,0}$ 一起产生总阻力。以无量纲系数的表达就获得等式（4.25）：

$$C_D = C_{D,0} + C_{D,i} \tag{9.4}$$

这种关系已在翼型理论中得到证实。但只有当翼板具有大长宽比，即较大翼展时才行，这类例子可在为赛车运动所采用的大多数翼板上见到。但对于小长宽比 Λ，例如在轿车和跑车中即如此，这种阻力的分布没有意义，如第4.3.3节所述，因为翼型阻力不是常数[㊀]。

翼型的性能（效率，$c_{A,max}$，$C_{D,min}$），通常使用极坐标图来评价，如图9.87和图9.90所示。取决于设计方案的不同，会在相同阻力时产生较多升力（图中的极点高于参考极点）或在相同升力时产生较小阻力（图中的极点比参考极点更靠左）。通常要考虑升力优势和阻力劣势的组合。另外，当选择翼型时也要考虑一些次要标准，如分离比例、可适用范围、速度范围以及来流的湍流强度。相比之下，如合成力矩等标准则不那么重要－在飞机制造中这是有影响的一个量度。因此，赛车中使用的翼型的设计不同于源于航空机翼翼型的设计。

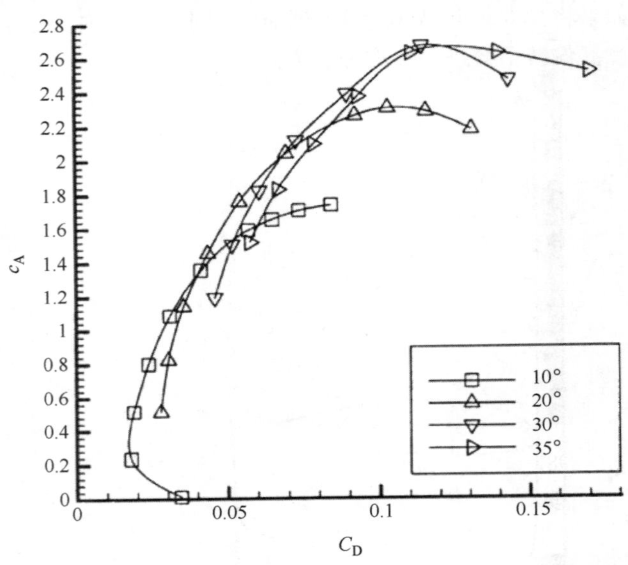

图9.90　带拱曲襟翼的拱曲翼型的极线 c_A（C_D）

9.7.2.5　多翼板

根据法规和车辆类别不同，有时可以允许多个翼元件。特别是在要产生高下压力时，多个翼型的组合效率很高。其他优化标准，例如迎角和翼型之间的相对距离、间隙流等也必须考虑。图9.89和图9.90显示了一个两件式翼型的压力分布和立连塔尔极线，这种翼型用在2000—2002年的奥迪R8跑车上。

有各种各样的来源[㊁]，例如Althaus和Wortmann（1981）以及Selig（1995），其基本翼型都可以作为优化的起点。对于各种不同的要求，例如雷诺数范围、层流、高升力等都有相应的翼型可适配用于特定应用场合。然而，这种翼元件在车辆上的作用方式受到多个因素的限制：首先，所采用的翼型是有限翼展（最大车辆宽度或窄些）。由此产生的升力损失上面已讨论过了。赛车

㊀　另见第4.3.3节。

㊁　早期的有Riegel（1958）；Abbott和v. Doehnhoff（1959）。

法规以及对跑车式样的考虑有时允许使用端板来减轻这种损失。进一步的升力损失，即所谓的干扰损失，可能会由组件彼此直接靠近产生，例如，车身、车轮、排气管等。这些部件通常设计成尽可能少地干扰到流向翼元件的来流。

翼板构成对于赛车性能有很大影响的构件。在安全和机会均等意义上，正专门在这一领域制定非常具体和限制性的法规。例如，这包括翼宽（翼展，通常是最大车辆宽度，或在车辆迎风面投影宽度内）、尾翼相对于车身的定位（越靠近车辆，干扰越明显，翼的有效性越低）、弦长（翼深），进而是翼板面积，特别是前翼的离地距离和翼板包括其所有构件可能占据的安装空间。在个别法规中甚至规定了要采用的翼型。图 9.88 给出了一个示例：例中展示了如何规定把尾翼元件安装在 DTM 车上精确描述的空间（例如，在该法规中对所有车辆的翼型都同样做出了规定）。

对翼元件的形状、位置和安装公差的描述通常在法规中有好几页。这是为了防止极端的结构形状。图 9.91 和图 9.92 展示了这种时常导致法规改变的极端形状，另见图 9.93 和图 9.94。这些限制主要是为了使赛车的性能还在车手所能掌控和承受的范围内。

图 9.91　1987 年的派克斯峰赛车安装了两个上下叠置的缝翼（图片出自奥迪公司）。目前的拉力赛法规只允许一个翼元件

图 9.92　拉力赛车 Skoda Fabia WRC 2003，图片出自斯柯达汽车公司

只有深入了解各种措施的有效性，才能研发翼系统。各种措施的相互调适、优化，传统上是

在风洞中进行的，且越来越多地采用数值分析[⊖]支持。

a)　　b)

图9.93　1998年的一级方程式赛车有九个尾翼元件（现行法规只允许三个部件）。图片得到米兰 Giorgio Nada Editore 友好许可，出自年度丛书出版商 Giorgio Piola 的“一级方程式技术分析”
a）外形　b）断面

9.7.3　扰流板与格尼

安装在车身或底板的凸起构件被称为扰流板，它将气流定向偏转并在一个确定的位置产生分离。区别于前面描述的翼，扰流板没有潜流。扰流板的功能在第4.5.1节中已描述过，是作为乘用车应用的例子。这里应加上对跑车和赛车比较典型的特征。如果前者主要是减少阻力，则后者是额外增加下压力。

图9.94　具有三个尾翼元件的一级方程式赛车2001。图片得到米兰 Giorgio Nada Editore 友好许可，出自年度丛书出版商 Giorgio Piola 的“一级方程式技术分析”

一种用在参赛车上的典型的前扰流板如图9.95所示。它安装得很低；其作用是降低前轴的升力。如果底板是平直的，则会增加阻力。

平行于路面撅出的“嘴唇”也被认为是前导流板，如图9.96所示；这也称为前平导流板。随着导流唇的加长，前轴下压力也增加。这一方面通过加大导流唇下面的流速来实现。另一方面，在导流唇的上面形成一个增压区，因此确保了前轴下压力进一步加大。

在跑车上，使用后扰流板的目的是降低后轴升力。它可以毫不显眼地一体成型到车身上，如图9.97所示。如果作用不够，则需要更大的元件，这样的话，为了不干扰设计，有时会让后扰流板是可活动的，根据速度来确定其位置。图9.98展示了保时捷911 Carrera S 2012年的车型作为这方面的例子。在此车上，后扰流板在120千米/小时的速度时伸出来；因此，后轴升力系数从 $c_{AH}=0.14$ 降至 $c_{AH}=0.01$ 并且阻力从 $C_D=0.31$ 降至 $C_D 0.29$。

在赛车中几乎所有有效的法规都禁止使用可动翼和可动扰流板。然而，为了使赛车比相应的量产车在性能上的改善显而易见，对这种车在外观上的改动是很受欢迎的。图9.99以2001年的DTM赛车 Audi TT－R 为例，展示了后扰流板加尾翼的典型安排。

⊖　Doherty（2002）以一个一级方程式尾翼的例子描述了这个过程。

图9.95　1996年奥迪A4超级跑车赛上的拱曲三维前扰流板；照片出自奥迪公司，在Pininfarina SpA的风洞中拍摄

这种配置的效果如图9.100所示。光是后扰流板－没有尾翼的影响－会导致空气阻力系数变化 $\Delta C_D = -0.02$，而同时后轴升力系数变化 $\Delta c_{A,h} = -0.13$，见图9.100中点1。当车尾形状具有大半径或者说强烈倾斜的尾部轮廓（尾部大坡度）时，可以特别有效地使用扰流元件，因为它们能抵消由尾部形状产生的升力和阻力。在所提到的示例中，由于加后扩散器后的辅助效应显现，所以扰流板的有效性特别强。

图9.96　具有明显前导流唇的车辆，以1999年的跑车原型Panoz LMP为例

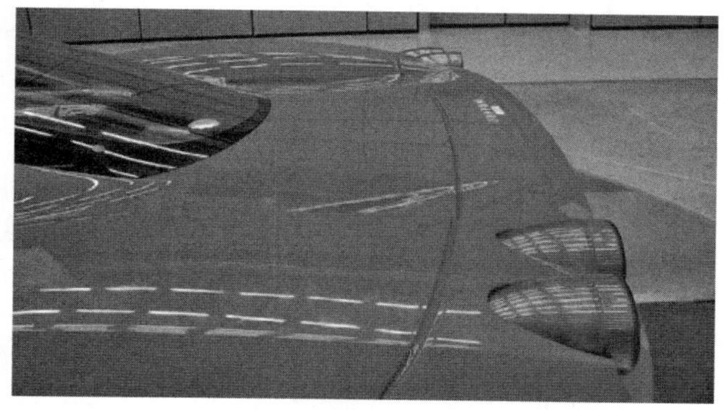

图9.97　具有低调的后扰流板塑形的量产跑车法拉利F60“Enzo”

此外，从图9.100可以看出后扰流板如何增强尾翼的效果。通过安装尾翼而达到的升力和阻力变化在加上扰流板（图中点2）后与点3相比明显大得多。通过扰流板和尾翼的相互支撑的交互作用也可以实现较高的尾部下压力。然而，空气阻力也同样因此继续增加。

a)　　b)

图 9.98　保时捷 911 Carrera S，2012 款车型，带有随速度可调节的后扰流板。照片出自保时捷公司

图 9.99　以 2003 年的 DTM 赛车 Audi TT－R 为例的典型的后扰流板加尾翼装置，照片出自奥迪公司

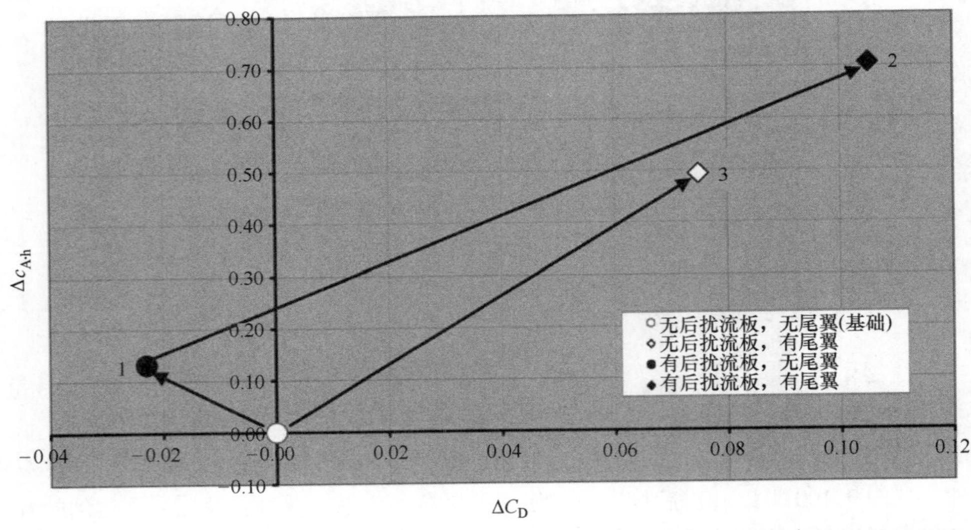

图 9.100　后扰流板和尾翼对后轴升力和空气阻力的影响，以 2001 年的 DTM 赛车奥迪 TT－R 为例

影响升力和阻力的另一个元件是所谓的“格尼襟翼”，简称“格尼”㊀。可以在结构件，如翼型、导流板、翼端板、导气片、车身圆弧边等的所有末端边缘采用与气流方向成直角安放的垂直末端边条。图 9.101 展示了翼板后缘上这种格尼的几何构形和假定气流场的草图。其特征在于格尼后面的两个对向旋转的涡流，以及向上的气流偏转。如在图 9.102 中以无量纲形式所绘制的，这会导致下压力的加大，但以阻力增大为代价。

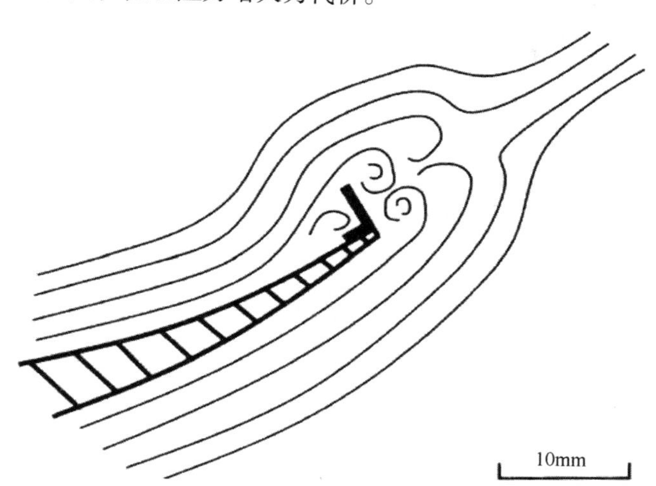

图 9.101　翼板后缘上的格尼（Gurney）襟翼与相关的气流场（McBeath，1998）

格尼的作用类似于加强了的翼型曲率㊁。随着空气阻力的增加，可以实现更大的下压力。格尼构件的效率（$\varepsilon_{\mathrm{Gurney}} = \Delta C_{\mathrm{A}} / \Delta C_{\mathrm{D}}$）对于附加元件而言通常都相对于翼板本身更差。对于整个车辆来说，特别是当翼元件的结构空间受到法规限制时，或者当翼型已规定好时，会取得积极效果。格尼高度被认为是可优化参数，典型的高度约为 3～10 毫米就够了。此外，是否更大高度会带来好处，这在很大程度上取决于进气流条件和安装位置。由于结构简单，格尼已被证实是一种可快速更换的零件，例如用于比赛过程中的平衡调整。图 9.103 展示了格尼的一种可能实施的方案。

9.7.4　地面效应

“地面效应”是指接近地面时发生的气动特性变化。在赛车运动中，有两种不同的效应，即与跨度和长度相关的地面效应㊂。

前者，即与跨度相关的地面效应在航空技术中起着重要作用；飞机在起飞和降落时利用它。当接近地面时，地面的气流偏转使得机翼上的诱导来流角减小。结果是诱导阻力减小而升力增加。在赛车的前翼和尾翼的成形和定位中应考虑这些影响。

后者，与长度相关的地面效应归因于车底面的形状。利用的是文丘里效应：车底的负压产生下压力。车道和车底板形成一个喷头和扩散器的组合，如图 9.104 所示。迎面的空气经过入口部分导向车辆下方并在车底和路面之间形成的喷嘴中加速。随后的扩散器将空气延缓回到大约进入时的流速水平。最窄截面区中的速度增加导致压力降低，这样使得气动下压力增加。压力下

㊀ 以美国人 Dan Gurney 命名，他首次使用这种元件，并一再声称“这个元件仅用于结构目的”。

㊁ Bechert 等（2000）公布了优化格尼的各种可能性。其中主要是使与下沉力增益相关联的额外阻力尽可能小。其方法就是影响格尼后面的死水。

㊂ 英文：ground effect，spanweise und chordwise。

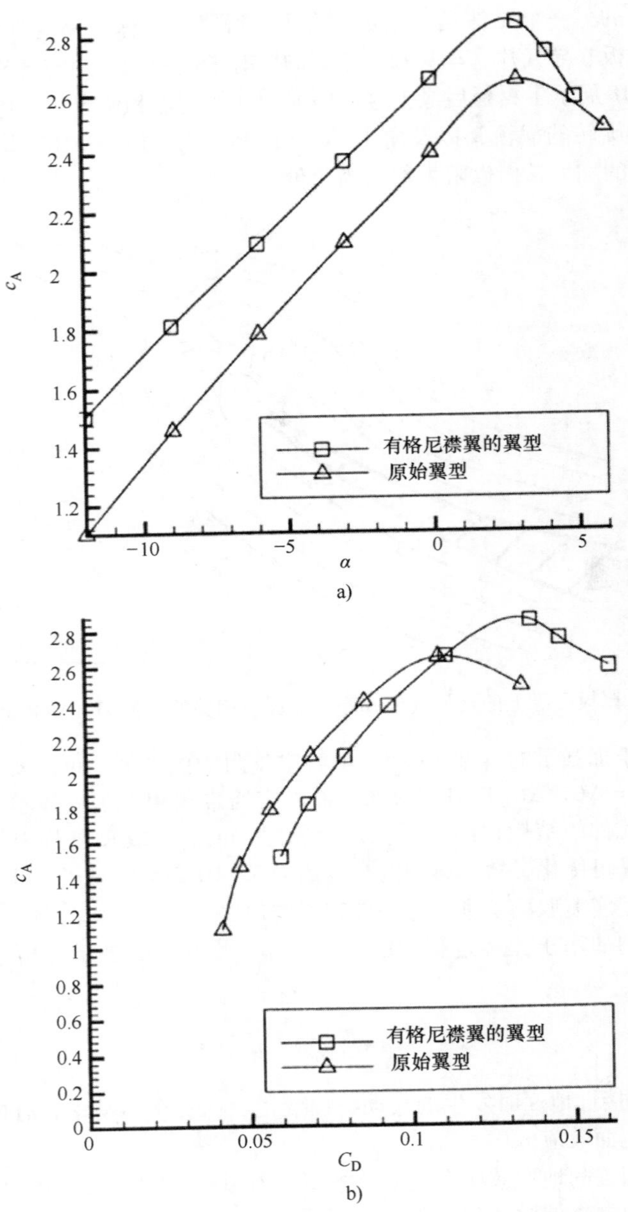

图 9.102　具有和没有格尼襟翼的迎角 c_A（α）（a）上的升力和极线 c_A（C_D）（b）

降，于是下压力主要取决于从扩散器末端到喷嘴的横截面的比率[⊖]。最佳比率将在很大程度上取决于各个车辆的形状和其他条件，例如，悬架连接、发动机和变速器的位置、安全舱的形状，以及由法规确定的限制。

如图 9.105 所示，关键参数是离地间隙。随着离地间隙减小，下压力会增加。但是有一个最大值。如果离地间隙超过这个值，则下压力又会随着离地间隙减小而下降。其原因一方面是扩散器区域中气流的分离以及路面和车辆底部的边界层的聚结。另一方面，也是由于车辆底部气流阻力的提高，结果使得车辆下方的气流通过量减少了。这就导致较低的流速，从而降低了下

⊖　见 Rauser 和 Eberius（1987）

压力。

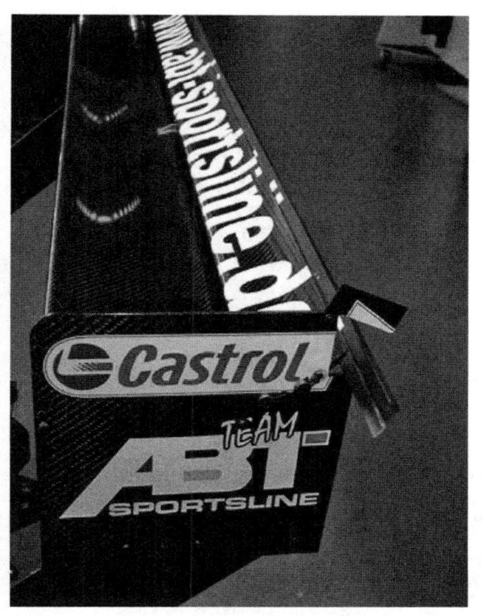

图 9.103　格尼用在 DTM 车 Audi TT－R 的尾翼上。为了实现更好的互换性，采用了一种格尼推拉方案，其中尾翼端板的一部分可以翘起来

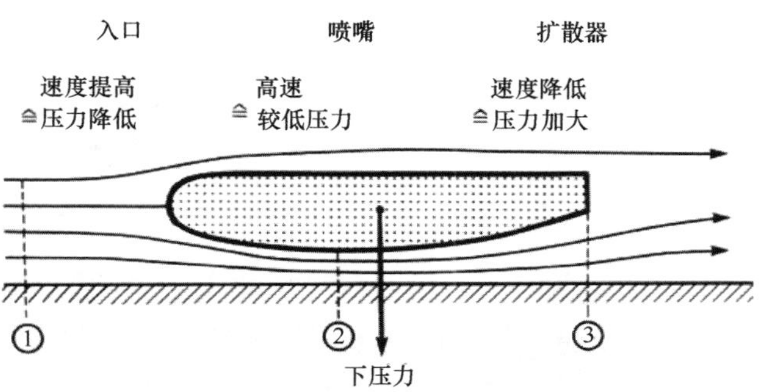

图 9.104　地面效应原理

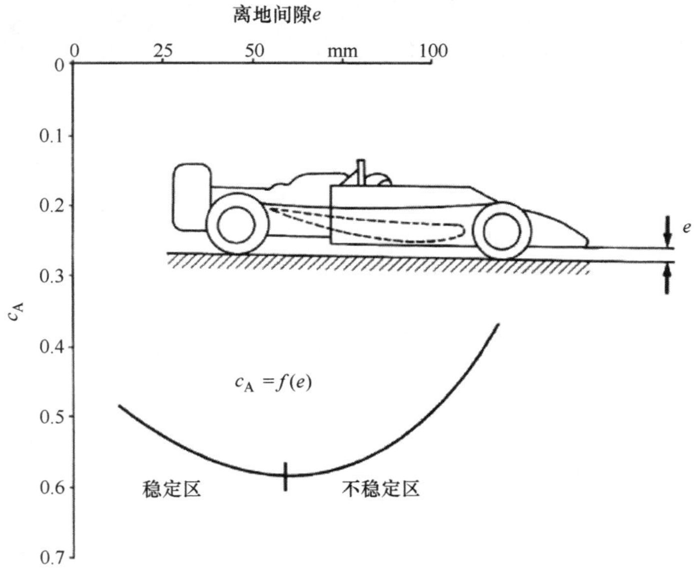

图 9.105　下压力与离地间隙的关系（Wright，1987）

用文丘里效应产生下压力的最大优点是车辆的空气阻力几乎没变。这在图 9.106 中看得很清楚。20 世纪 70 年代后期的出版物报道了当时认为不可能的气动特性。根据 Wright（1987）的说法，一级方程式赛车的下压力最高达到 $c_A = 2.6$。这个数值直到 80% 都应该是由地面效应实现的。图 9.107 照片中的一级方程式赛车 Lotus 79 被认为是这方面的经典例子和采用地面效应的最

早投入使用的车辆之一。

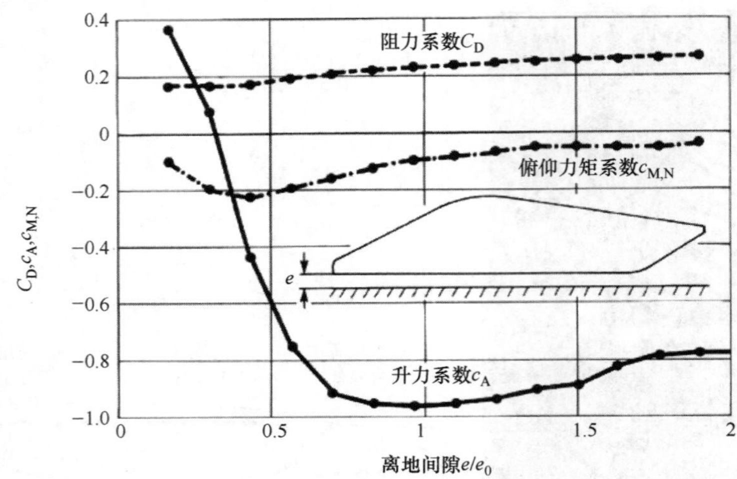

图9.106　升力、阻力和俯仰力矩随离地间隙变化的改变

图9.107　1977年的一级方程式赛车Lotus 79，图片来自W. Wilhelm

如图9.108所示，通过在车两侧安装直到地面的裙边[㊀]以防止空气从侧面进入文丘里气道，因此进一步增强了车底负压。其效果如何随着间隙s的减小而增加，如图9.109所示。

由于裙边和地面效应以及车辆的相关性能的高功效，对人和材料来说纵向和横向加速度都达到了危险的极限值。为了安全起见，先是这些裙边被法规禁用，而对一级方程式车赛自1983年以来也对底部修饰做了限制。大多数现行规则都要求前轴和后轴之间底板平直。这方面的例外是美国的一些赛车系列（CART，IRL），以及几个方程式系列赛，在这些赛事中允许利用地面效应，但也有非常严格的规范。

然而，最新潮流又回到了有针对性地利用地面效应。如果通过设定重要的几何边界条件（如离地间隙）对其有所限制，这样便可实现一定量的基本下压力，而且能以相对安全的方式来产生。这让其适于几乎所有行驶场景，并能使车辆即使在进行危险行驶动作时也具有足够的抓地力。为了使总下压力水平保持在一定限度内，其他组件如前翼和尾翼的效果也受到相应程度上的限制。这样便能让特别是用来在前轴和后轴产生下压力的敏感元件的设计不再那么难以把控。从而在相近下压力水平下会得到更安全的驾驶特性。对此在2014年的跑车法规（FIA和ACO）中有个方案，一种符合这个规则的车底板如图9.48所示。

㊀　英语：skirts。

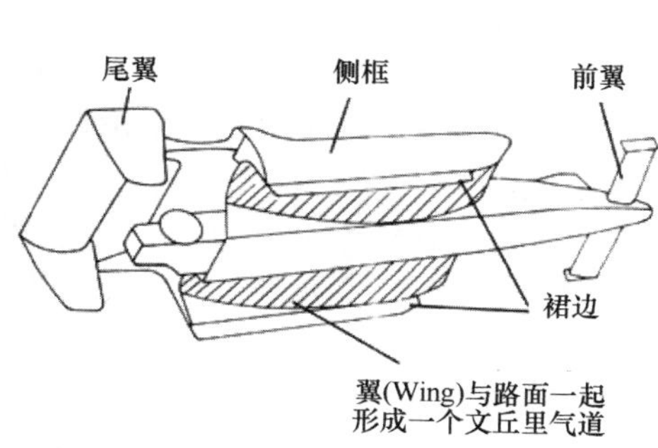

图 9.108　地面效应赛车底部示意图（Larsson，1987）

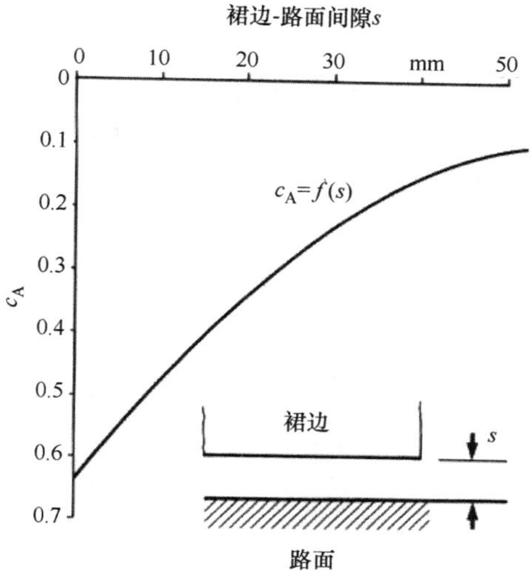

图 9.109　下压力与裙边离地间隙 s 的关系（Wright，1987）

9.7.5　扩散器

已常听说扩散器用于进气口，特别是前后区域的车辆底部。其有效性除了几何形状之外还取决于离地间隙，地面也形成扩散器的一个随动壁。

9.7.5.1　功能

装在汽车底部的扩散器可降低整个车底的静压，从而产生下压力。扩散器根据其几何形状还可以降低车辆的阻力。通过描述底板上的气流，可以建立用于设计这种扩散器的规则⊖。

车辆上的扩散器由上翘的底板（通常在其后段）和贴近的路面组合形成。如图 9.110 所示，它是不对称的：其一面壁 - 即车辆的一部分 - 向上翘起，因此产生下游逐渐加宽的气流横截面，另一面壁则由相对于车辆移动的路面形成。由于横截面积增加以及出于连续性的原因其扩展通道中的流速减小，这种扩散器往下游方向提供一个静压增加。

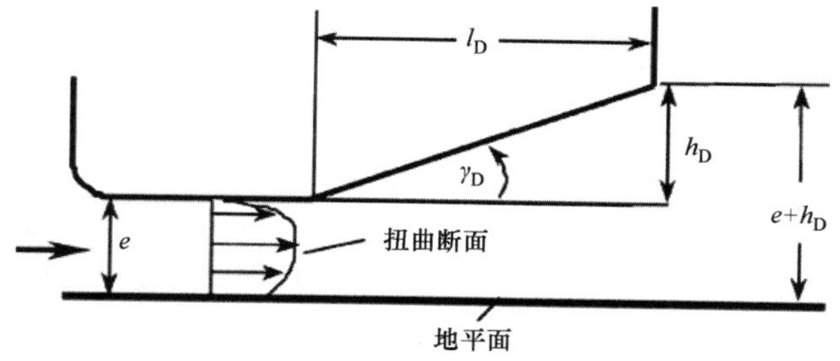

图 9.110　后扩散器几何图

出口与入口横截面的比率确定该压力增加的上限，而无量纲扩散器长度 l_D/e 则确定其相应的大小，气流面积随其长度增长而增加，从而设定扩散器中的反向压力梯度。对于两个平行壁之间的简单二维的底板扩散器，其面积比为 AR：

⊖　这些评论归功于作者和出版商 Gino Sovran 博士和 Kevin R. Cooper，他们发表了两篇关于这个主题的 SAE 论文：Cooper 等（1998，2000）。为了统一起见，原文中的标识在本文中做了适当调整。

$$AR=\left(1+\frac{h_D}{e}\right)=1+\frac{l_D}{e}\tan(\gamma_D) \tag{9.5}$$

扩散器在实际气流中能够处理的压力上升受到贴在四壁的气流能量的限制。如果以平滑气流出现的反向压力梯度超过邻近边界层的能量，则气流会在其中一面壁或者两面分离。结果是，气流的有效面积比率会小于其几何面积，同时气流的延迟也会减小并且相关压力上升。然而，如果气流保持紧贴，也就是当流入的气流截面不均匀时，也可能导致有效面积比减小。对于内部的气流，横截面上的速度的不均匀性使有效气流面积（气流阻塞）减小。当扩散器中的流速减小并且压力增加时，进入气流的任何不均匀性都会增强。气流阻塞会降低有效面积比，从而降低扩散器的功能。从实验得到的结果可知以下参数对于扩散器的功能起决定性作用：

1）面积比 AR 确定可能的压力回增的上限（就像出现在平滑的一维气流中一样）。

2）无量纲长度 l_D/e 是气流要克服的相关反向压力梯度的量度。

3）来流的阻塞是来流速度不均匀性的量度。

9.7.5.2 设计

基于对具有类似车辆尺寸的简单模型的测量如图 9.111 所示。虽然这没有描述真实的车辆，但是扩散器的行为被认为是具有代表性的。所得到的结果既可用于具有平直车底的轿车，也可用于跑车和赛车，只要它们也具有平直车底。其数据不太适用于开轮式赛车。这主要是因为其复杂的涡流形成，车身两侧、“破风板（Barge Boards）”或其他为提高下压力而安装的部件都是涡流发生器。

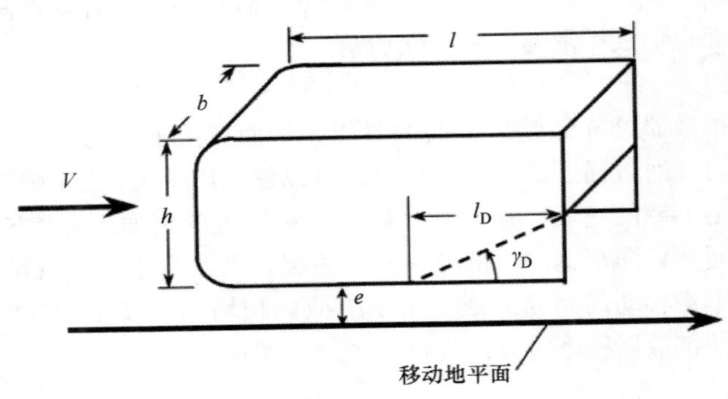

图 9.111　通用车型；$l/h=2.40$；$b/h=1.29$；$b/e\approx 20$

9.7.5.3 下压力的产生

车辆底部的静压与扩散器的功效几乎无关，这样扩散器产生的压力增加会导致其入口处的压力降低。由此使得扩散器中的平均压力降低，从而产生下压力。而扩散器上游底部的压力也会降低，于是导致在底部产生的下压力进一步加大。也就是说扩散器对车辆的下压力做出了两个贡献。因此，扩散器的长度 l_D 与底板的总长度 l 的比率就成为重要的设计参数。但下压力也同样也是由两个与扩散器无关的机制生成的：

1）车底后部上翘在大离地间隙（AR 大约为 1）时产生下压力，因为这会使车身产生一个负曲率。这个下压力是基本量，还必须把扩散器产生的下压力加上去。

2）即使没有底板上翘，在离地间隙很小时车身和路面之间的相互作用也会产生下压力。

下压力的这三个组成部分如图 9.112 所示。图中示出了两种配置，一种没有，另一种具有上翘的底板；自变量是 e/h 模型的无量纲离地间隙。

那个底板没有上翘（无上翘）的模型，在大离地间隙时没有下压力，因为它的几何形状是对称的。但是当接近地面时，仅由于模型和地面之间的相互作用，会产生一个下压力。相反，底

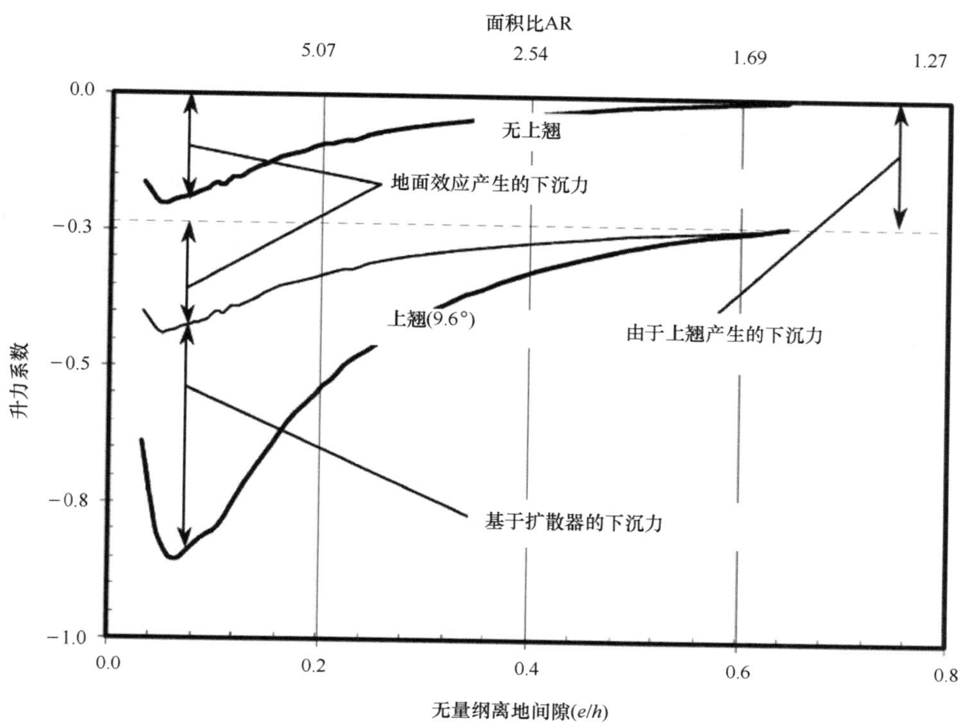

图 9.112　下压力的三个组成部分

板上翘的车体由于其负曲率在大离地间隙时也具有下压力。现在，如果这个模型更接近地面，那么如此形成的扩散器的面积比会增大，因而整个底部的压力会降低。由此产生的力就是扩散器产生的下压力（基于扩散器的下压力）。在非常小的离地间隙下，黏滞效应会使两种 – 无上翘和有上翘 – 车体的下压力趋势逆转。

总下压力 – 即由扩散器产生的，由上翘所导致的以及其与地面相互作用产生之总和 – 如何取决于无量纲扩散器长度 l_D/e 和面积比 AR 已对应于图 9.111 中草拟的模型明示在图 9.113 中。在图 9.113a 中，扩散器的相对长度 $l_D/l = 0.25$ 相对较小，因此，它应该对应于其扩散器始于后轴的真实车辆的比率。在图 9.113b 中其相对长度 $l_D/l = 0.75$ 非常大。测量是在随动地面上进行的。图中的等距线是常量下压力线。

这些图表可以直接用于设计车底扩散器。通常，离地间隙 e 已给定；扩散器长度 l_D 要么由结构边界条件确定，要么可以根据所要求的下压力确定。最大下压力的位置用一根直线表示。如果给定变量是排气口高度 $h_D + e$ 而不是扩散器长度 l_D，这样扩散器的面积比 AR 就确定了，于是对应于不同的扩散器长度 l_D/e 就可读出该 AR 处的下压力。

如果设计目标是最大下压力，那么也会出现，尽管优化的扩散器长度以底部长度的上游部分为代价但可能还是无法实现最大下压力。扩散器长度占比 l_D/l 的影响如图 9.114 所示。

底部的平均有效压力（即因变量）与下压力成正比。图中每条曲线都代表一个确定的值对：离地间隙 e/h 和面积比 AR。值对 $e/h = 0.100$ 和 $AR = 2.02$ 给出在 $l_D/l = 0.50$ 时的最大下压力。但是，用其他扩散器长度 l_D/l 以及 e/h 和 AR 的其他组合也可以产生相当大的下压力值。

9.7.5.4　降低阻力

车底部上翘也会影响空气阻力。这基本上取决于该措施在车后投影面上引起的静压分布。对于图 9.111 所示的模型，这个面由两部分组成：

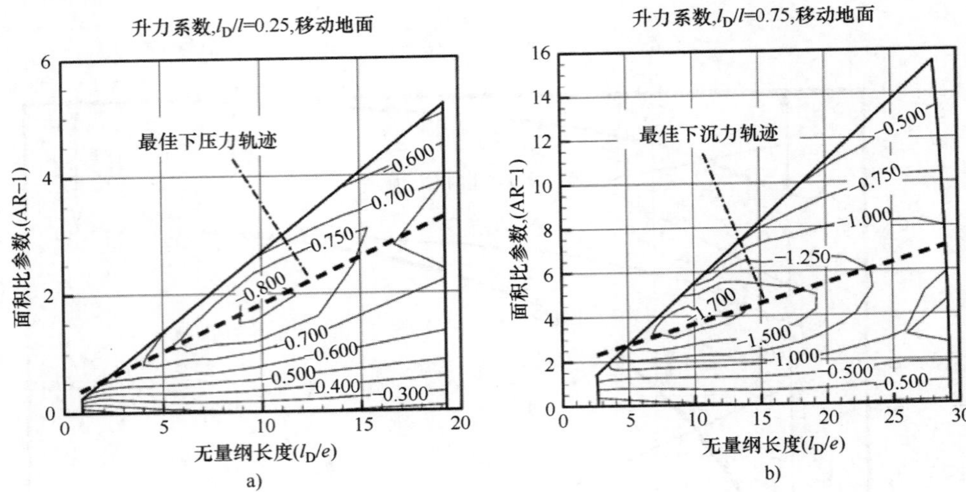

图 9.113　总下压力的系数 c_A

a）$l_D/l=0.25$　b）$l_D/l=0.75$

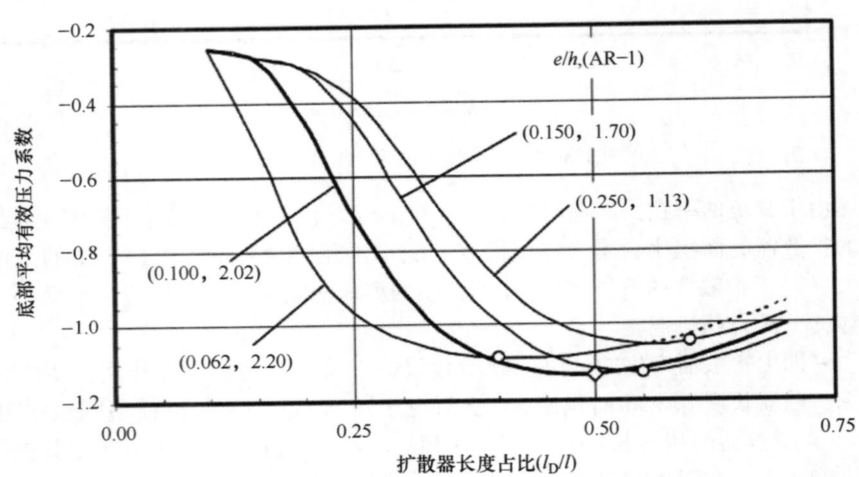

图 9.114　扩散器长度对底部平均压力系数 c_p 的影响

1）上翘底板在模型基本投影面上向后投影的高度 h_D。

2）基本高度（$h-h_D$）。

由这两个面中的任一个产生的阻力是该表面上的平均压力与其高度的乘积。图 9.115 给出了这两个阻力如何相互依赖的一个例子。

虽然这个例子说明了车底扩散器对阻力的影响，但这对于扩散器的设计来说并不典型。因为在典型的设计方案中离地间隙 e 和扩散器的长度 l_D 是给定的，而确定面积比 AR 的壁角 γ_D 是自由变量。图 9.116 中对两种不同的扩散器相对长度 l_D/l 展示了通用模型的阻力系数是如何随 AR 变化的。因变量是阻力增量（$C_D-C_{D,0}$），其中 $C_{D,0}$ 是壁角 $\gamma_D=0$（即 AR = 1）时的阻力。

在低 AR 时，车辆底部压力的小幅增加与大的高度相关联，从而产生显著的阻力减小。扩散器（车底板）壁上同时出现的压力降低仅在小的高度 h_D 下才有效，因此仅导致阻力的小幅增加。总体上看，车辆的阻力还是有下降。

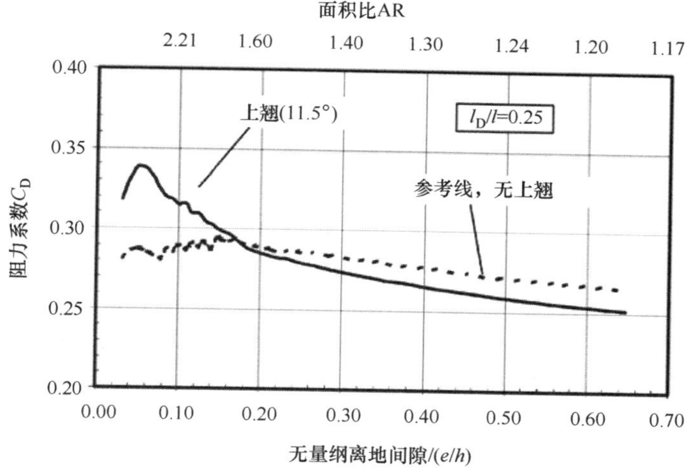

图 9.115 （无量纲）离地间隙 e/h 对 C_D 值的影响

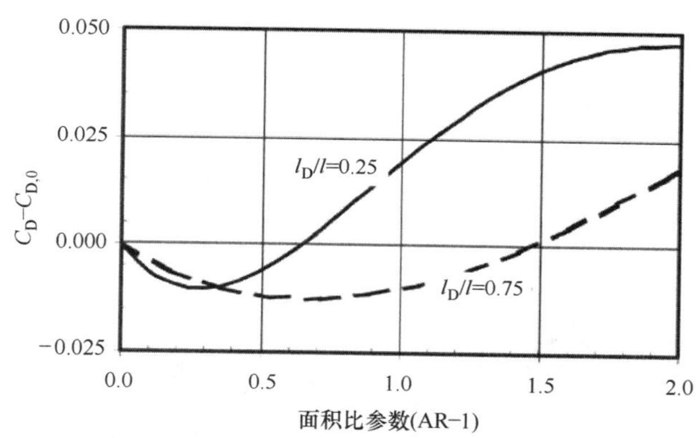

图 9.116 面积比 AR－1 对降阻的影响

就像 AR 在离地间隙固定时随着 γ_D 的加大而加大，底部压力会以同样幅度继续增加，而底部的有效面积占比却会减小。因此底部的阻力会再略为降低一点。相反，扩散器中不断加大的压力回增会显著加大作用在扩散器壁上的阻力；其原因是扩散器壁上的平均压力降低以及其投影高度 h_D 的增加。两个竞争趋势的最终结果在面积比 AR 确定时导致最小阻力值，随后有一个上升，导致阻力总体上大于没有扩散器的车体的情况。对于短扩散器，导致最小阻力的最佳 AR 约为 1.25，而对于较长扩散器则 AR 约为 1.75。

另一种观察扩散器降阻潜力的方法在图 9.117 中的减阻图中给出。在图（AR－1）$=f(l_D/e)$ 中绘出了具有相同阻力变化的线条。最大的减阻发生在 AR 较小且扩散器长度有限的情况下。

9.7.5.5 结语

书中所提供的数据是基于非常初步的模型的实验。这些图表可用作参考而不是精确的指标。它们同样适用于轿车、跑车和赛车，只要这些车具有平直底板。在设计底部和扩散器的具体系统时，可以以此为导向；然而，优化还是要靠 CFD 和风洞。一般来说，扩散器的任务是产生下压力。但原则上它也可以降低阻力，但仅限于小面积比。产生大的下压力需要更大的面积比，而大面积比几乎总是与更高的阻力相关联，因此无法同时实现最大下压力和最小阻力。

扩散器的功能对上游底板的粗糙度反应非常敏感。这里所描述的改进都是通过平滑的底部实现的。目前的赛车都具有平滑的底板。这使得设计最佳扩散器成为可能。相反，现今大多数量

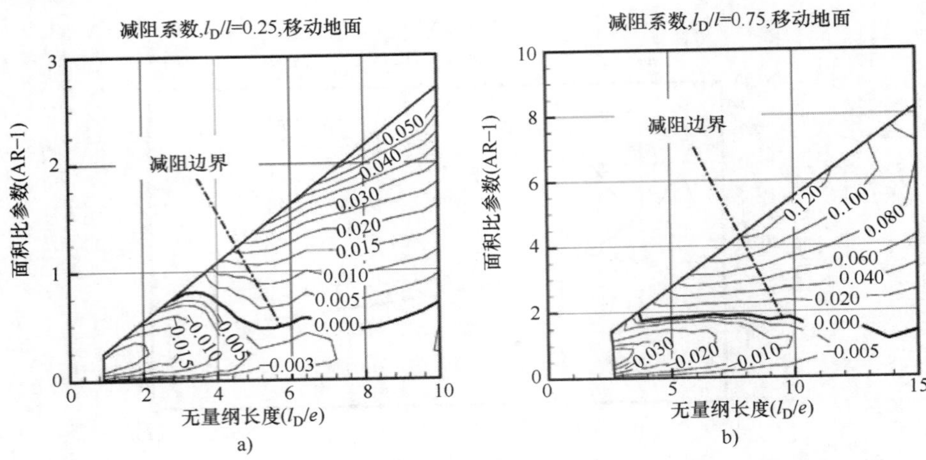

图9.117　降阻作为无量纲长度 l_D/e 的函数

产乘用车的底板都太粗糙，无法充分利用扩散器的优势；应该进一步将其“平滑化”。

对于赛车实践来说，这意味着：用扩散器可以用相对低的阻力增长来产生较高的下压力，以此显著提高车辆的气动效率。然而，扩散器的功率值对离地间隙的依赖性需要很高的开发费用，这反映在相对复杂的扩散器形状上。

这方面的例子如图9.118展示的曾参加了1999年的勒芒24小时耐力赛的Lola跑车的前扩散器。几个不同形状和角度的扩散器通道在前轴上产生高下压力。以此尝试有针对性地控制下压力对离地间隙的依赖性。

图9.118　参加了1999年的勒芒24小时耐力赛的Lola跑车的前扩散器的底面

相比之下，图9.119展示了一级方程式赛车尾部的复杂扩散器通道。在其设计中，产生下压力和控制车轮边缘的涡流同样需要注意。

也有可能通过从排气流中引入高能量气流来提高扩散器的性能。所追求的两个主要设计目标是：

1）控制尾部排气流使得基本空气动力学不会受到排气流的不利影响。

2）用排气流主动影响后扩散器气流以提高下压力。这里特别要考虑这样的情况，如果排气流一旦不完全可用（例如在发动机的滑行运行中），会产生哪些气动后果。补救措施常常是通过发动机在滑行时“续燃”。与此同时要考虑耗油量的增加以及由此导致的加油时间延长和更高的车重所带来的后果，并就与车辆的整体性能相关的气动收益进行评估。

图 9. 119　以在 2009 年澳大利亚大奖赛中的一级方程式赛车 Brawn GP 为例的复杂后扩散器通道。车轮边缘涡流的下压力产生和控制是这种后扩散器设计中的关键优化标准

即使是量产跑车，在车底部也越来越多地使用扩散器。图 9. 120 展示了法拉利 360 Modena 尾部车底的设计。大尺寸后扩散器通道直接从后轴开始。通过扩散器获得的下压力可用于实现较小的总升力。但它也为尾部的外壳设计提供了较大的活动余地。

图 9. 120　用在量产跑车法拉利 360 Modena 上的后扩散器部件

9. 7. 6　进气口和排气口

穿过汽车的气流具有以下三个任务：

1）为发动机供应燃烧空气。

2）冷却各种制冷器和部件。

3）驾驶舱通风。

确定进气口和排气口的开口位置要使“被捕获”的气流量始终具有正确的大小，并尽可能

出现最小的损失。相对来说大多数法规在这里都留有较大的自由空间。这些常被用来把二次效应与设计进气口和排气口相结合，即产生额外的下压力和减小阻力，例如通过底部冷却空气的排放㊀。

进气口最合适的位置是车头的驻流区，见图9.121。如果从设计的角度确定开口的形状，则这在流体力学方面不一定是短处。如果入口边缘做得比较圆滑，那么进气流几乎没有损失。通常，用于水和油冷却器以及冷凝器、发动机供风、用于驾驶舱通风的空气和用于前制动器的冷却空气最好在该区域内采风。冷空气的开口可以做得小些，因为散热器的压力损失导致（进入发动机舱的）流管的低损耗扩展，由此确保了均匀分布的进气流。

图9.121　2003年的DTM赛车奥迪TT－R，车头的冷空气用于水冷散热器、制动冷却和发动机供风

在许多中置或后置发动机的车辆中，冷空气从车辆中部的两侧进入。与车辆前部相比，这里的气流能量较低，因为它受车辆环流的影响，也就是说受到了干扰。相应地其进风口的尺寸必须宽一些。然而，如果对散热器的压力损失进行适当调整，那么侧面进气也能实现高冷却功率。图9.122展示了这样的设计。有时可以见到非常规的解决方案。这方面的一个例子是兰博基尼Murciélago的可伸展冷却风道，在需要时它可提供额外的冷空气（图9.123）。旁置散热器的另一个优点是只需携带较少的冷却液，因此车辆更轻。

许多进气口必须安置在车身的光滑表面上。“NACA喷嘴”就是如此㊁；它现在也用于轿车，尤其是用在车底部。研发这种形状的目的是以尽可能小的额外阻力实现尽可能高的通风量。如图9.124所示，其作用方式是在锋利的侧缘上卷起的涡流中引发一个向内的速度分量（“下吸气流”），从而使气流向内流转。

如果NACA喷嘴的效果不足以产生所需的通风量，则经常会安装一个或从车身表面突出来或放在凹进处的附件。它们将空气“铲入”车内。这种气铲㊂（图9.125中有示例），根据在车辆上的位置不同，具有明显增加空气阻力的后果。

这种设置的缺点在于，入射壁附近的气流具有一个边界层，气铲越靠后，该边界层越厚。因此捕获的空气会少些。为了弥补这一点，在许多赛车中提高了进气开口相对车身表面积的比例；这样边界层就会在进气口底部剥离。因此，根据其在车身上方的高度，可以使气流几乎不受干扰地进入进气口。缺点是其外形的相对较高的空气阻力和对后面部件的影响，例如尾翼。通常，这

㊀　英语：“Base－bleeding”。

㊁　Reilly（1979）描述了其作用方式。

㊂　英语：“Scoop”。

图 9.122　2005 年雷诺方程式赛车的冷空气进口布置在车中部，图片出自雷诺公司

图 9.123　兰博基尼 Murciélago 的可伸展冷却风道作为中置发动机车冷却系统解决方案的一个例子，图片出自兰博基尼汽车公司

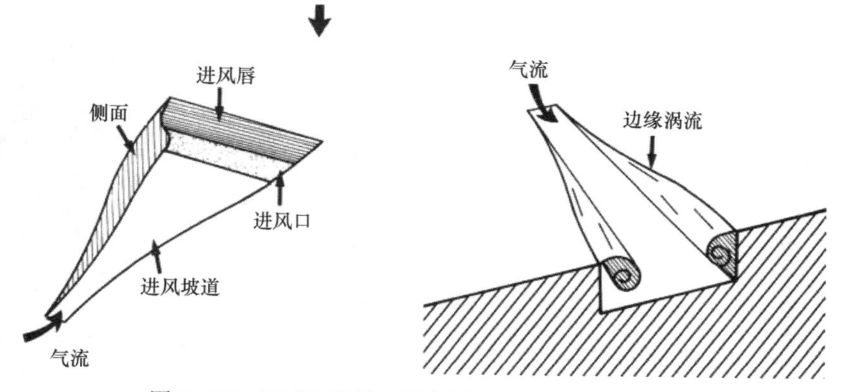

图 9.124　NACA 进风口示意图，源自 Reilly（1979）

种进气用于向发动机供应新鲜燃烧空气。这里顺势利用的由高滞流压产生的增压效果具有提高性能的作用。图 9.126 展示了在勒芒赛车中使用的这种进气口的典型设计。高出车身的高度通常受到法规的限制。

车轮上有专门的开口用于制动器的通风，同时也减少车轮的有损交叉气流。作为例子，

图 9.125　兰博基尼 Murciélago 装在后轮前用于油冷的“气铲”，图片出自兰博基尼汽车公司

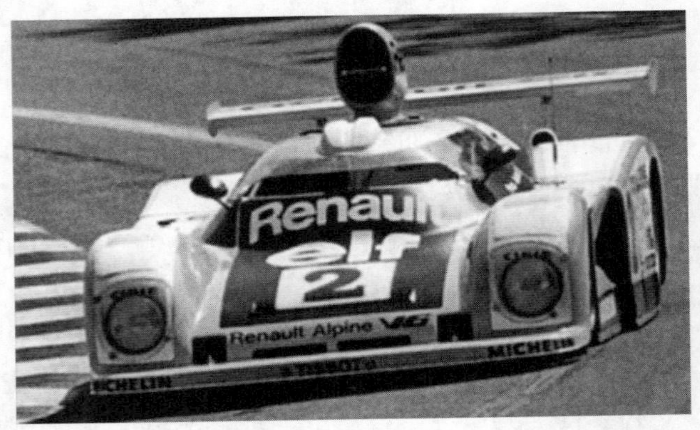

图 9.126　1978 年赢得了勒芒 24 小时耐力赛的雷诺赛车的发动机进气口

图 9.127展示了一级方程式赛车的制动通风道。这种方案已被几款跑车所采用，如图 9.128 所示。这里的主导动机肯定是省去一个在外壳上的开口，而不是气动效应。

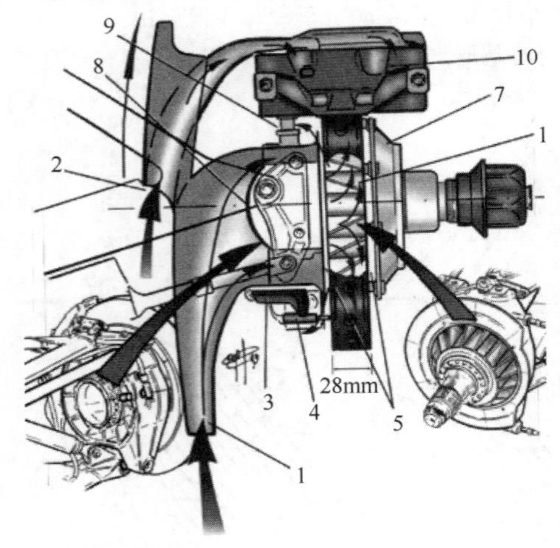

图 9.127　一级方程式赛车的制动通风道。图片由 Giorgio Nada Editore 出版社，即米兰的年刊“一级方程式技术分析”的出版商 Giorgio Piola 提供

图 9.128　法拉利 F60“Enzo”上的制动空气安排

空气出口的优选位置在车尾，以用空气填充车辆的尾涡区，从而提高基础压力。有些车辆使用全部剩余的基础面积来为车辆排风。图 9.129 展示了一个跑车原型，其中这个想法得到了不折

不扣的贯彻。

图9.129 跑车原型R8尾部的冷却空气排气口，几乎整个尾部基本区域都用作车辆内部气流的冷却空气排气口，图片出自奥迪公司

如果排气口不能放在尾部，例如在散热器前置的情况下，那就在车辆下方排气，类似于量产车。在赛车中这种解决方案很少见，因为这很扰乱车底气流，有时也会在前轴上产生相当大的升力。那么排气口可以放到车辆两侧（图9.130）和/或放到前发动机舱盖上（图9.131）。排气口的形状要使得外部气流被推开，从而为排出的冷却气流让位。排风口也用于产生下压力，特别是用于旅行车和跑车的前扩散器排风（图9.132）。

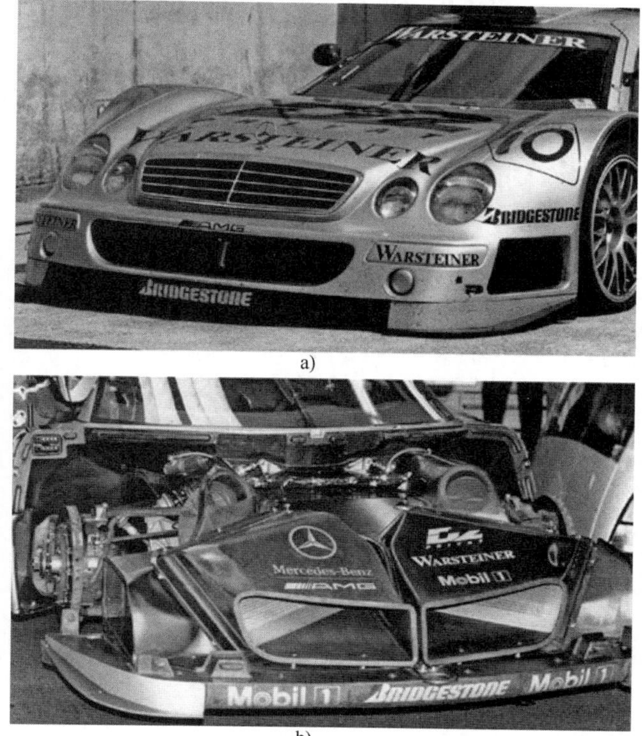

a)

b)

图9.130 车辆两侧的冷却空气排气口。实施在1998年的梅赛德斯－奔驰CLK跑车原型中

其他排风部件可以在轮拱的顶部见到。它们负责在轮拱内提高负压，从而将空气往外吸。较大负压导致下压力加大。这种排风口[㊀]可以在许多不同形状的车辆上看到（图9.133）。

图9.131　以拉力赛赛车斯柯达法比亚WRC为例装在车顶的冷却空气排气口。图片：斯柯达汽车公司

图9.132　以2000年的跑车原型Audi R8为例，前进气道通风以减小升力（产生下压力），图片出自奥迪公司

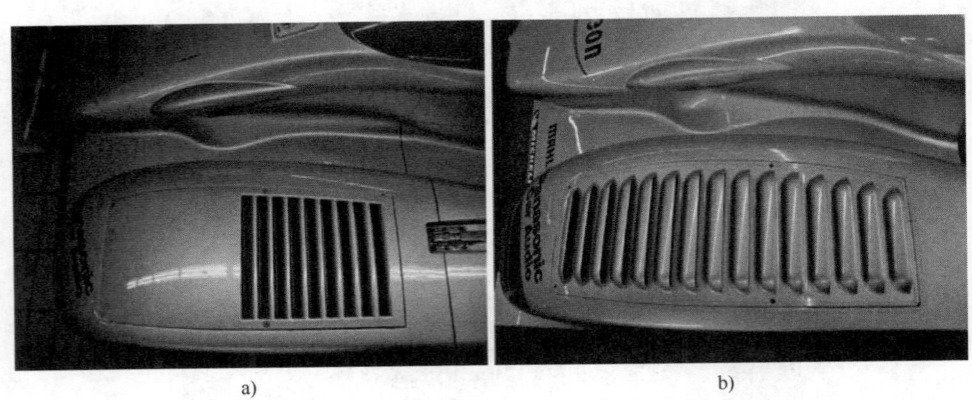

a)　　b)

图9.133　跑车原型奥迪R8上的短（a）百叶和长（b）百叶

㊀　英语称为“Louvres”。

9.7.7　导流元件

导流元件安装在车辆的任何需要影响气流流向的地方，以实现额外的气动功能，这些功能通过车辆的基本形状不能或只能低效地实现。实质上，这些就是产生下压力的组件。这些部件的特点是材料较薄，可能前缘是圆边及后缘是锐边。除了它们对车辆的主要影响之外，它们还起调节下压力和阻力的作用，以使气动工作点适应相应的运行条件。典型的例子是车辆前侧的导流板（图 9.134）。

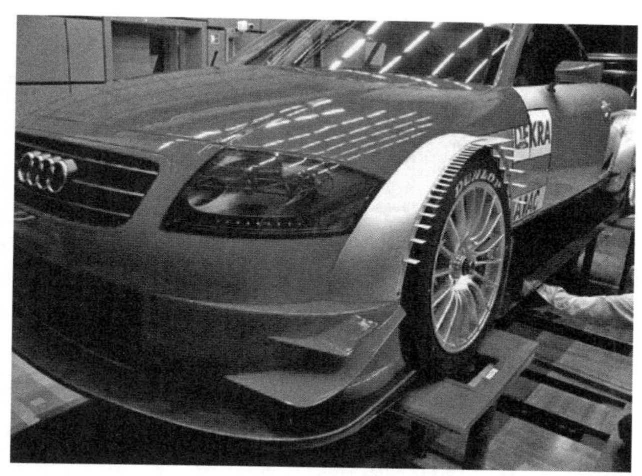

图 9.134　2003 年的 DTM 赛车奥迪 TT－R 车首的导流板，用于生成下压力

在车身侧面安装有导流板，该导流板可称为高度可变的“格尼”。其结果是在车辆侧翼处增加了环流阻力。同时，导流板类似于翼型，其周围有环流，即部件顶部有过压，底部有负压。部件上的这种压力差确保了升力的相应减小。在部件的外缘处产生一个很强的边缘涡流，沿车辆纵向离开并影响流入轮拱和车轮的气流的流动状态。这些部件增加了空气阻力，但相对有效地降低了前轴上的升力，因此常被用作气动平衡的简单调节。在现有的一级方程式车辆前翼的端板上也可以见到类似部件，如图 9.135 所示。

图 9.135　在一级方程式赛车的前翼上使用导流板；Wiliam F1 BMW FW26 的新旧“鼻子”；图片出自宝马公司

车辆前部的其他导流板通常位于车辆底部，在前翼或前进气道区域中。这些导流板可以执

行多项任务。一方面，针对由导流板形成的每个通道都可以优化其通道体积，以便能避免或精准控制以及在空间上限制气流分离，其结果是下压力更大。此外，可以减少出现的横向气流，或者当安装这些元件与气流成一定角度时，就会产生涡流（类似于“NACA 喷嘴”的边缘涡流），这些涡流会影响车辆纵向、横向和垂向上的排流走向。

通常，这些元件产生额外的下压力，其随着元件的数量增加而加大。就像底板上的所有措施一样，这些元件也相对有效，即只有轻微的阻力增加。缺点是与可变离地间隙相连的相对激进的作用方式，这可能导致车辆具有更难以掌握的操控性能。这些元件也可以用于不断变化的配置，以可变地调节车辆的气动平衡。在车辆中部也有这样的部件。一个引人注目的部件是方程式车辆上的所谓“破风板”，如图9.136所示。

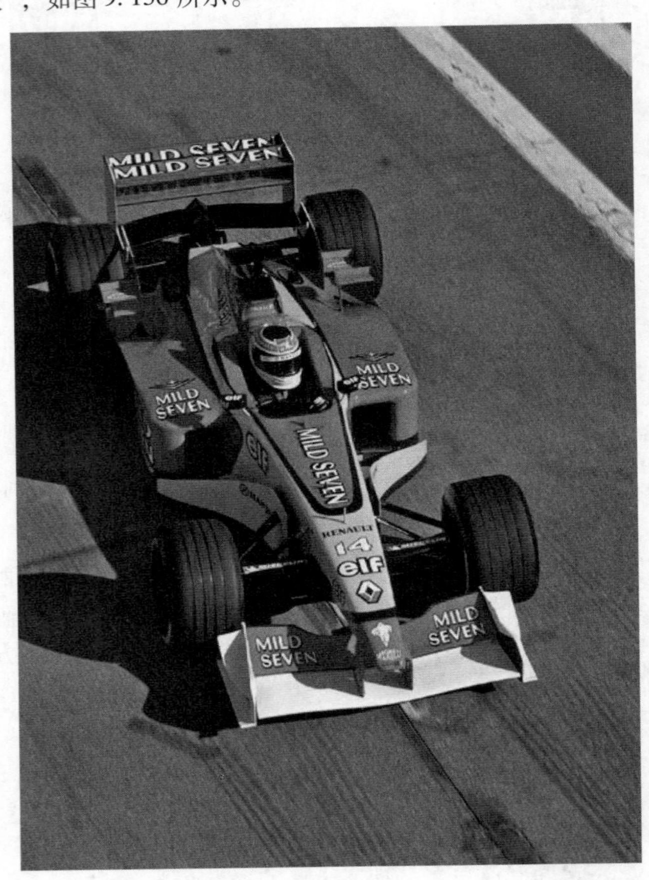

图9.136　目前一级方程式赛车的“破风板”，图片出自雷诺公司

除了上述用于降低升力的效果之外，这些导流元件还控制流入冷空气进口的气流。在这种情况下，要在导流和气流转向以及冷却空气开口的进气或环流之间寻求最佳值。没有这些导流板，更大体积的流量将从散热器前横向流过。流入底板下部和从侧箱上流过的气流也受这些部件控制。对众多优化参数的较多方面的影响表明把车辆状态调到最佳确实存在许多不同方式。

其他空气导流板，例如可以在一些方程式赛车（图9.137）的后轮前面和几乎所有赛车的尾部扩散器（图9.138）中找到。其主要任务仍然是控制进入和排出相应部件的气流，对涡流进行空间定位以减小升力，以及对由气动有效部件的其他干扰所产生的尾流方向偏转。

图9.137 用于控制流入后轮的气流的导流装置，图片出自宝马公司

图9.138 跑车原型 Panoz LMP01 后扩散器中的导风板，用于控制车轮旋转时产生的边缘涡流和产生尾部下压力

9.7.8 车轮

以其宽度约为200~400mm，直径约为600~750mm，车轮实际上是个钝体。它的形状几乎不会受到空气动力学的影响，有也顶多在轮毂和轮胎肩部的半径上。特别是在赛车中，需要较大的轮胎宽度以确保力传递到路面上。此外，赛车轮胎的耐久性还取决于其宽度和直径。

开式车轮在方程式赛车中很常见，是许多研究的对象。关于其环流的讨论见第4.5节。Mears 等人（2002）在图9.139中给出了对开式车轮的升力和阻力大小的概述㊀。所提到的系数与所研究的车轮配置的迎风面相关。

如在量产车中常见的窄轮（$b/h=0.28$）产生的空气阻力相对较低；开式车轮转动时约为 $C_D=0.18$㊁。在赛车中常见的宽高比大于0.5的较宽车轮其空气阻力系数为 $C_D=0.32\sim0.56$。这种宽形状在空气动力学上远不如窄形状。阻力受到旋转运动的影响，尤其是对相对宽的车轮更是如此。这种宽车轮在静止时的阻力高达旋转时阻力的两倍。开式车轮也会引起升力。根据文献，其变化范围从 $c_A=0.4$ 到 $c_A=0.6$。静止车轮的升力比转动时高约30%。

根据车辆类别和所使用的轮胎宽度，开式车轮在车辆总阻力中的占比高达50%。Wickern 等（1997）指出，对于为车身所覆盖的量产车车轮来说，车轮的阻力仍然高达25%。轮拱优化得不

㊀ Stapleford 和 Carr（1970年）的工作数据；Fackrell 和 Harvey（1975）；Cogotti（1983）。

㊁ 相应于车轮的迎风面。

错的赛车且具有适当的流向车轮的气流，在某些情况下可以达到明显低于15%的阻力值。对于封闭车轮来说，其前轮的阻力占比通常低于后轮。大多数情况下这都是因为法规给了对前轮前面的几何形状设计以更大的自由度。通常把前轴的离地间隙都调得比后轴的要小，因而使后轮更多暴露在底部气流下，这样车辆的迎角加上较大的后轮宽度，就是造成这种现象的原因。

优化主要是在进气和排气方面以及封闭车轮的轮拱周边设计上进行的。前轮拱上有特殊要求，不仅要考虑弹簧行程，还要考虑转向角。图9.140展示了可用于改善车轮环流的基本元件，前提是法规及离地间隙都允许。

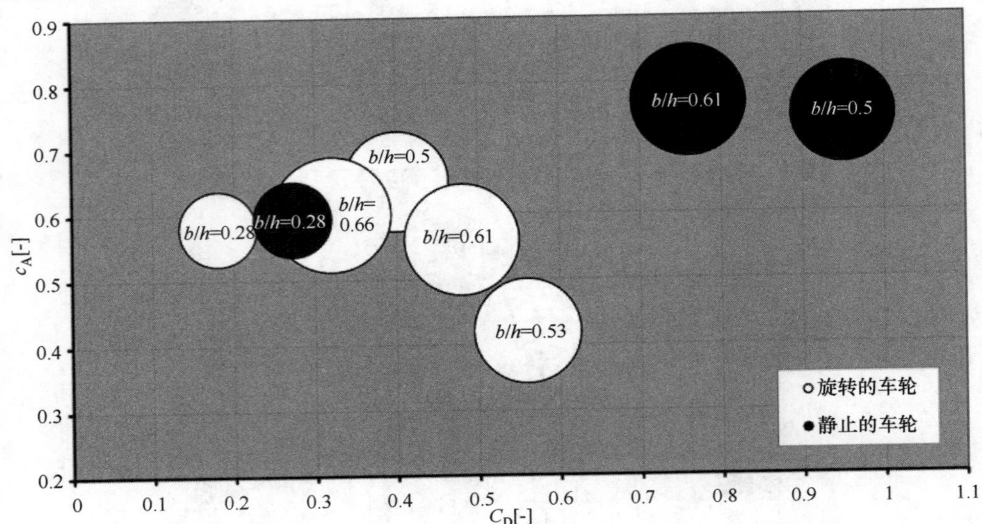

图9.139 开式车轮研究概述及其对空气阻力和下压力的影响；出自 Stapleford 和 Carr（1970）的数据；Fackrell 和 Harvey（1975）；Cogotti（1983）；Mears 等（2002）

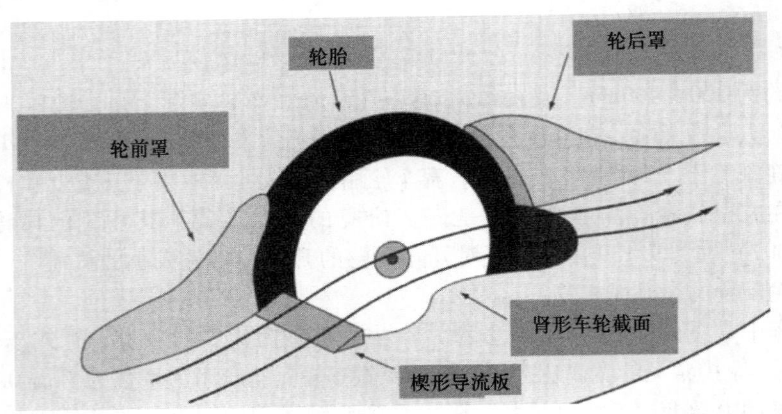

图9.140 优化车轮环流的气动元件（Tamai，1999）

车轮扰流板和导流元件不仅适用于封闭车轮的车辆。方程式赛车以所谓的“破风板”（图9.136）或后轮前面的导流元件（图9.137）也开发了有效的措施来影响车轮环流。

通过可以降低空气阻力（如果法规允许）的轮罩或者通过把轮毂适当设计成“排风扇”，以由轮毂改变横向流，从而改变轮拱的通风和排风，这样来实现对车轮环流和穿流的进一步影响。为了使测量车轮上的效果达到更好的分辨率，在风洞中采用了特殊的轮秤，用其可分别记录车轮的阻力。以这种方式可以评估车轮和车身之间的相互干扰影响。压力测量提供了确定车轮旋转时的升力的可能性。

由于静止的车轮和旋转的车轮的气动特性存在相当大的差异，特别是相对宽的车轮，几乎所有对赛车以及越来越多地对量产跑车的风洞测量也都是在车轮旋转时进行的。作为测试装置采用了在测量路段上跨全宽度的传送带，同时以此驱动车轮（机械上与车身是脱离的）。该模型通常从上面固定，如图 9.141 所示。进一步的细节可以在第 13 章找到。

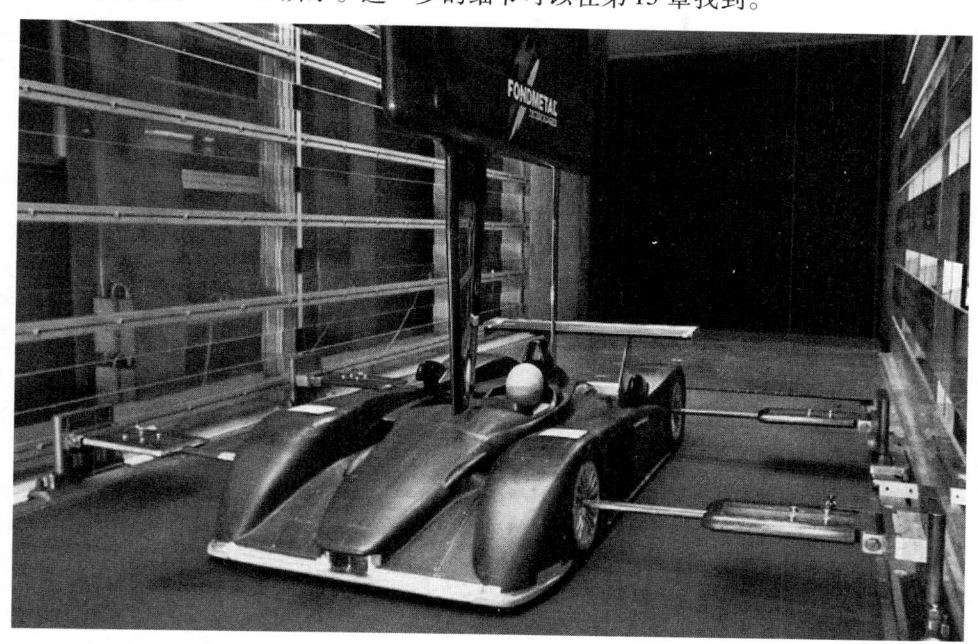

图 9.141　在 Fondmetal Technologies S. r. l 公司的风洞中车轮转动时的 40% 模型（$M = 1:2.5$）。宽传送带还用于驱动车轮，车轮与车身机械上是脱离的并且通过支架从外部撑起，支架上含有用于确定车轮阻力的轮秤

第10章　商　用　车

Stephan Kopp，Thorsten Frank

戴　薇　译

10.1　目标分类

为了提高商用车的经济效益，商用车制造厂和零配件供应厂一直致力于最大限度地减少油耗。在持久的二氧化碳排放讨论中，除了继续开发经济型的柴油发动机，需要改善轮胎滚动摩擦，以及优化驱动系统，商用车的空气动力学措施将在提高经济效益方面起到一个非常重要的作用。

在过去的数十年里，减少油耗的开发工作尤为突出（图10.1，见彩插）。从20世纪70年代到90年代油耗以及二氧化碳排放量不断减少。其后由于引入欧洲废气排放标准欧I至欧V的重点在降低排放，从而导致油耗基本保持不变，因此空气动力学将会为减少油耗做出进一步的贡献。

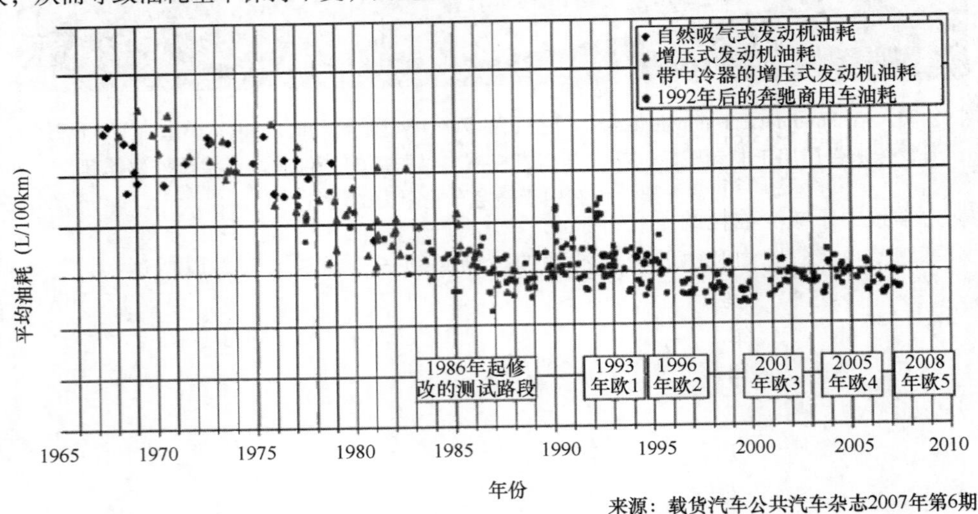

图10.1　1965年以来的二氧化碳排放

除了遵循法定规则和由此引起的未来挑战，还必须考虑总费用，即所谓的整车运行周期费用（图10.2，见彩插）。燃料和工资占总费用的大部分，在整车寿命中大约30%总费用是一辆典型的长途载重卡车的燃料费用，由于原油价格的持续上涨将导致这部分费用继续增加。这就充分表明运用空气动力学将越来越重要，即通过减小空气阻力，力求达到减少燃料消耗。

这里必须指出一下，空气动力学在一些专用商用车车型或专用地点仅能起到次要的作用，比如这些专用商用车：工程运输车、社区专用车或者有特别要求的公务车（图10.3）。

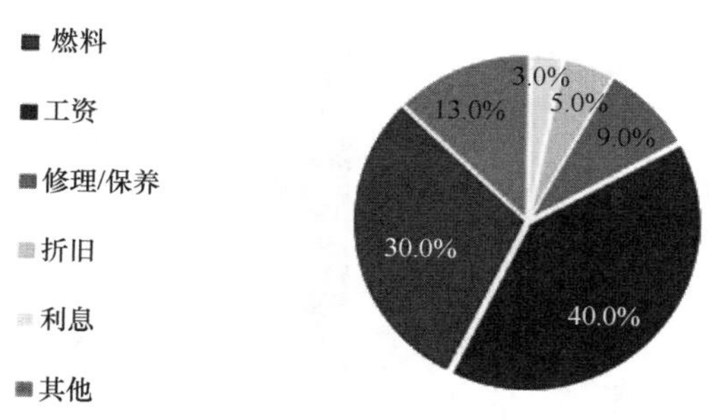

图 10.2 整车运行周期费用占比

对商用车制造厂有一个附加的挑战，大部分商用车制造公司仅开发驾驶室、汽车底盘和驱动系统，而行业专用设备、货车挂车或拖车将由其他公司开发生产。

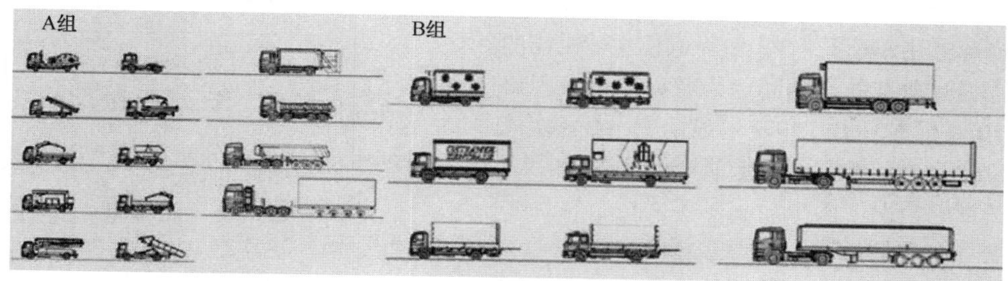

图 10.3 与空气动力学有关和无关的商用车（A 组和 B 组）

10.2 行驶阻力与燃料消耗

在城市之间和长途运输中，由于商用车行驶速度快，所以运用空气动力学将能非常有效地减少油耗。最常见的是带有很高车身的货车和载货拖车、旅游大巴和快递运输车，这些运输工具是空气动力学致力于减少油耗的研究对象。

所有能够减小空气阻力和由此减少油耗的措施必须一一经过研究，以期达到最大限度地节能的目的。为此必须确定行驶阻力以及克服行驶阻力所需的能量。

让我们观察一下商用车匀速行驶在平坦公路上的情况，参见图 10.4，在大部分情况下滚动阻力大于空气阻力，只有轻型货车或者快递运输车在中速行驶以后，重型载货拖车当其车速超过法定允许最高速度 80km/h 后，空气阻力才大于滚动阻力。尽管如此，空气阻力仍不容忽视。比如一辆 40t 4m 高车身的铰接式商用车，当行驶速度为 60 或 80km/h 时，为克服空气阻力需要输入 25 或 60kW 能量。

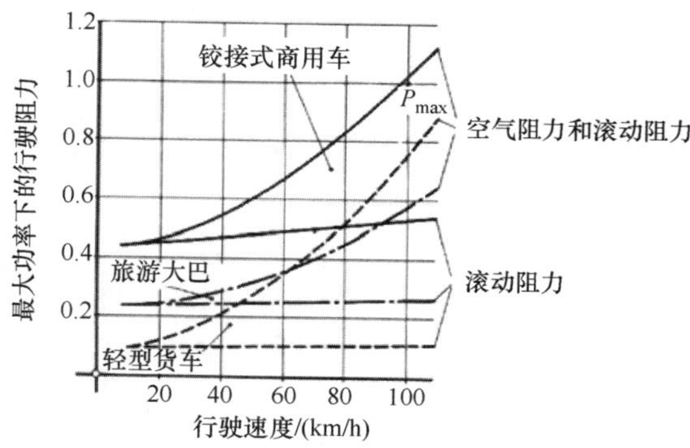

图 10.4 平面上的相对行驶阻力

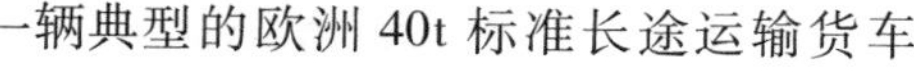
一辆典型的欧洲 40t 标准长途运输货车显示，空气阻力在油耗中的份额随道路状态和可能的行驶速度而变化。一辆奔驰 Actros 1843 LS 铰接式车辆在高速公路上行驶时这个份额占 2.5% ~40%（见图 10.5）。

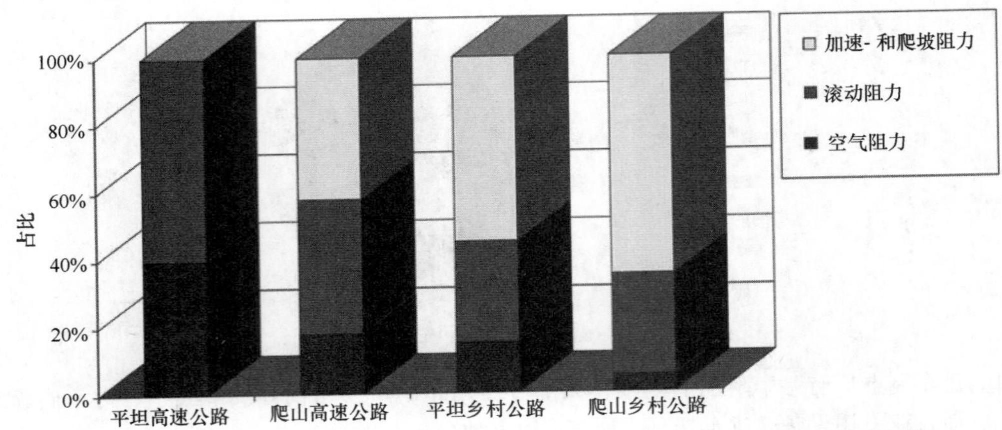

图 10.5　一辆 40t 铰接式车辆克服行驶阻力所需的能耗与各种道路状况的关系

在实际商用车运行时减小空气阻力对油耗的影响可以通过典型的车辆和运行条件充分表现出来。图 10.6 根据 Götz（1997）显示了一辆 40t 铰接式车辆作为典型的重型运输货车减小空气阻力对油耗的影响情况。图中显示了实际运行情况下比如“路况很差的道路”或者“国道”与一条平坦路面上理想中的匀速运行相比，平坦路面上匀速运行可以非常明显地减少总消费即节约燃油。

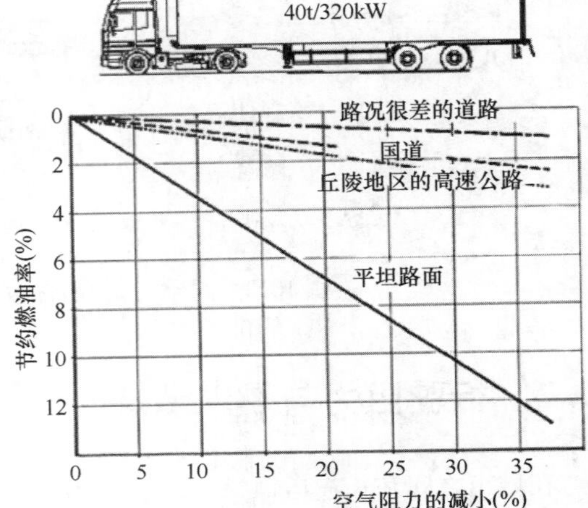

图 10.6　空气阻力对一辆 40t 铰接式车辆油耗的影响情况

欧洲商用车制造企业充分考虑不断增强的环境保护意识，努力按照越来越严格的法律规定，积极开展研究和开发工作。今天这些商用车噪声小，废气少，同时在比较高的运行速度下比较节能。图 10.7 显示，与 45 年前相比，一辆 40t 货车在明显提高的车速下可以减少超过 35% 的燃料消耗。

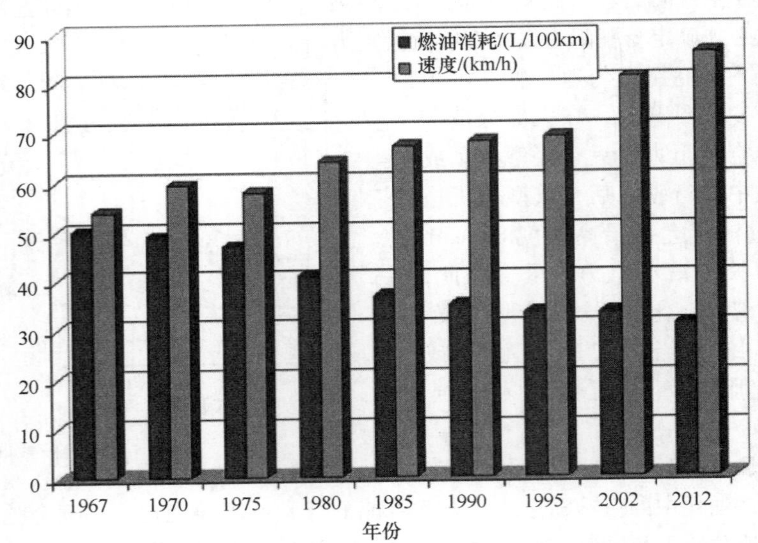

图 10.7　一辆 40t 货车在时间的进程中尽管提高了平均车速但仍然降低了燃料的消耗

有趣的是让我们看一下一辆现代化的废气排放标准欧5的长途运输货车能量消耗流动图中能耗的相互关系。图10.8显示，柴油燃料的消耗在每一项消耗或损失中所占总能量消耗中的比例。

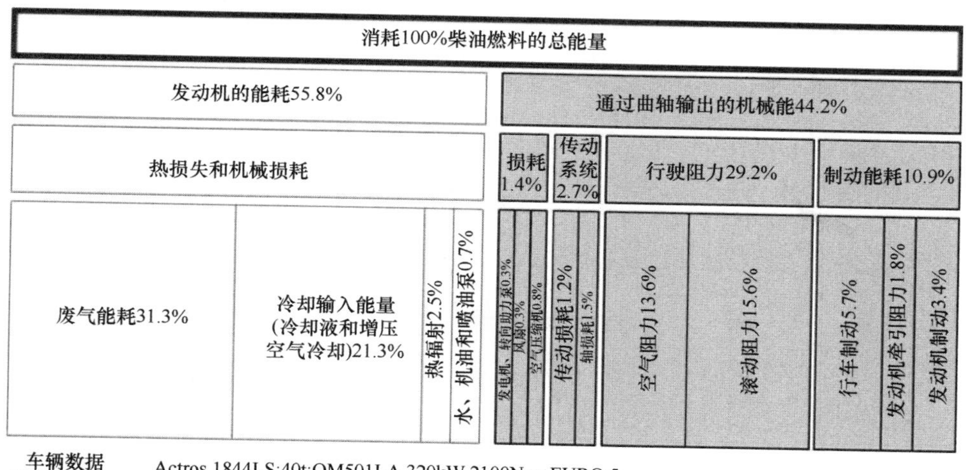

车辆数据 Actros 1844LS;40t;OM501LA 320kW,2100N·m,EURO 5,
G211_12KL/14.93_1.0;HL6 Achse i=2.846; r_{dyr}=0.492m;f_1=0.005
路线:S–HH–s 1517.2km,平均车速 v=83.2km/h

图10.8 一辆现代化的废气排放标准欧5的长途运输货车的能量消耗流动图

首先要把在发动机内的能耗和通过曲轴的机械能损耗区别开。发动机能耗占总能耗约56%，这里分为热损失和机械损耗，这部分发动机能耗主要损失在废气和冷却部分。

为了把车辆需要的44%的能量输送到曲轴，在扣除了必须拥有的辅助机组，如发电机、风扇、空气压缩机和所使用的制动能量的能耗外，剩下约30%能量去克服行驶阻力。正如前面已提及，空气阻力引起的行驶阻力可以达到大约40%的总行驶阻力。这充分表明，运用空气动力学优化将对减少燃料消耗做出非常重要的贡献。

今天为减少能耗主要采取的措施是，通过减小空气阻力使车辆功率达到盈余，而不是去提高车辆功率。人们通过一个合适的驱动系统结构来实现能耗降低。在一个发动机功率的程序中，通过经验可以推导出一组降低燃料消耗的、在一个专门的转速范围内精确定义的换档过程。但是最有效的措施是，通过改变终减速比以达到所要求的降低发动机转速的目的。从经济角度考虑，首先要从提供的系列范围内选择一个合适的传动比。一个优化的传动比可在开发周期内付诸行动并转化为系列产品。最佳结果是，在运行条件变化时，通过兼顾改善车辆性能和降低油耗去开发车型。

这可用接下去的例子来说明，图10.9显示了一台发动机的综合特性曲线。点 A 表示一辆40t铰接式车辆在比较平坦的高速公路上以大约80km/h速度行驶时的总阻力（空气和滚动阻力）。这辆车每100km燃料消耗大约32.8L，通过优化空气动力学，减小了克服空气阻力以致总阻力的功率约10kW（点 B）以及减少燃料消耗大约2.9L/100km。通过选择合适的后桥传动比（点 C），在相同的储备功率下，与点 A 相同，燃料消耗将再下降约0.15L/100km。

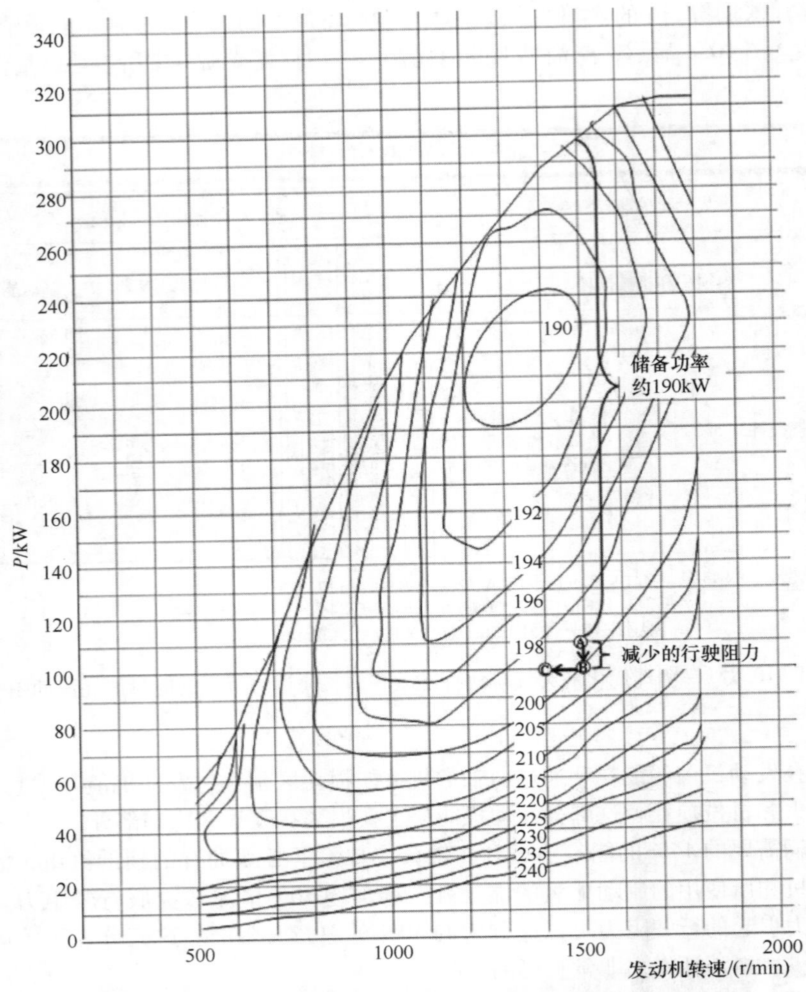

图 10.9　商用车一台柴油发动机的综合特性曲线

10.3　商用车空气动力学的发展历史

20 世纪 30 年代中期，德国高速公路的建成推动了公共汽车尽可能流线型的设计，使得从今天角度看很弱的发动机达到了期待的车速。流线型是口号，滴水外型和覆盖式轮胎在当时都是时髦的。这种流线型的公共汽车启动了商用车的空气动力学开发（见图 10.10）。

图 10.10　Gaubschat 电动汽车装在 Büssing 的汽车底盘上和 1935 年的梅赛德斯公交车

第一辆名叫 Kässbohrer 的流线型公共汽车，用的是 MAN 和 Büssing 的汽车底盘，那时候在新建的高速公路上最高车速已经可达 130km/h（见图 10.11）。

图 10.11 1937 年的 Kässbohrer 流线型公交车

商用车空气动力学的里程碑是 1949 年开发的大众运输车，以外号“Bulli”闻名于世（见图 10.12）。通过车辆前部圆形化使运输车的空气阻力系数与第一辆设计的方形头部相比降低了约一半。这辆大众运输车成为商用车空气动力学的典范。

图 10.12 1949 年的大众 Bulli 厢式车

20 世纪 70 年代牵引载货车在空气动力学开发初期首先是将车顶导流板装在载货车上，这是空气动力学专家主要的聚焦点。高效率、简单地加装以及适合各种车身高度的可能性使车顶导流板和所要求的导风装置很快传播开来（见图 10.13，见彩插）。

其他地方，比如半挂车尾部的收束以及在车头和挂车中间装上减少旋涡的部件，都做了最基本的调查。尽管采取这些措施能实现燃油最大限度的节约，但这些措施没有被用在批量生产上。

这一方面是因为法定限制和由此产生的操作困难，另一方面事实上一辆商用车并不只是由一家唯一的制造厂全权负责。尽管牵引车（驾驶室、车架和驱动系统）由一家制造厂开发，但是整车将由互不关联的制造公司根据应用领域配备相应的部件去实现整车装配。

Kevin R. Cooper 对商用车空气动力学遇到的这一问题是这样描述的：

我们知道大部分解决问题的答案，我们需要做的是去实施这些措施。

图 10.13　装上车顶导流板的曼恩 MAN F90 货车

因为大量节能措施无法实施，商用车制造企业努力在空气动力学方面去优化驾驶室和车架。为节省一点点燃油，必须付出加倍的努力和财力。不久前商用车制造企业成功促使欧洲委员会重新审视欧洲共同体规则 96/53 中的有关车身长度方面的法定指标，即空气动力学优化措施用于汽车时不允许通过减小货舱容积去实施。

10.4　商用车空气动力学基础

一辆汽车空气动力学的质量是通过无量纲的空气阻力系数 C_D 来表达的。但是实际确定的大小是空气阻力面积 $C_D \times A$。所以一辆商用车必须要具备比一辆 DTM 德国房车大师赛或 Formel - 1 一级方程式赛车高的发动机功率才能克服空气阻力面积以达到 85km/h 的车速，尽管这些车具有近似相同的 C_D 值（图 10.14）。

图 10.14　DTM 德国房车大师赛赛车和 2012 年的 MAN TGX 赛车

（来源：AutoMotorundsport 和 MAN Truck&Bus）

由空气阻力引起的流动现象已经在 4.1 节为乘用车做了描述，它们也适用于商用车。图 10.15（见彩插）通过三维流体仿真用总压 $p_{tot}=0$ 的等压面显示了不同车辆类型的流动分离区。尤其是在车后部，但也在车前部、车轮处、后视镜和车底盘里的每一部件（杆件、前后轴和机组部件）引起流动分离。

图 10.16 显示了不同基本车型汽车的 C_D 值的范围。与乘用车相比较，高空气阻力的商用车首先致力于在保证符合法定给出的最大车辆尺寸范围内达到最大货舱容积。此外，锯齿状的、较少流线型的车厢，开放式的货架比如载货平台和槽式自卸车身都处于不利情况。

Opel Eco Speedster/C_D=0.20

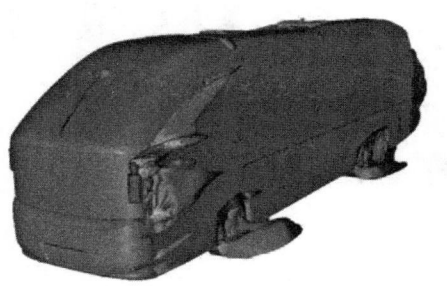

Neoplan Starliner/C_D=0.36

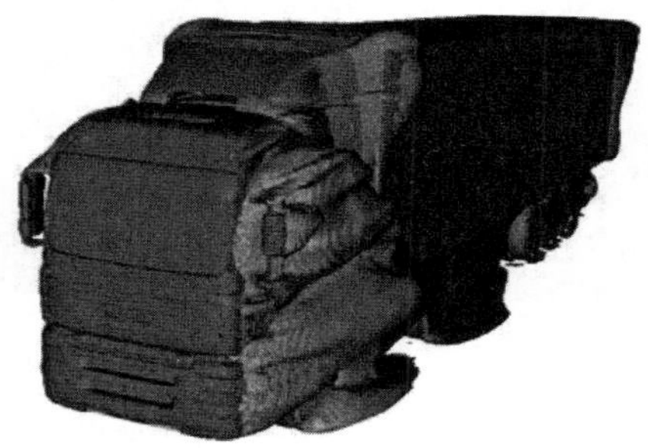

图 10.15　不同车型流动分离区域（总压 $p_{tot}=0$）

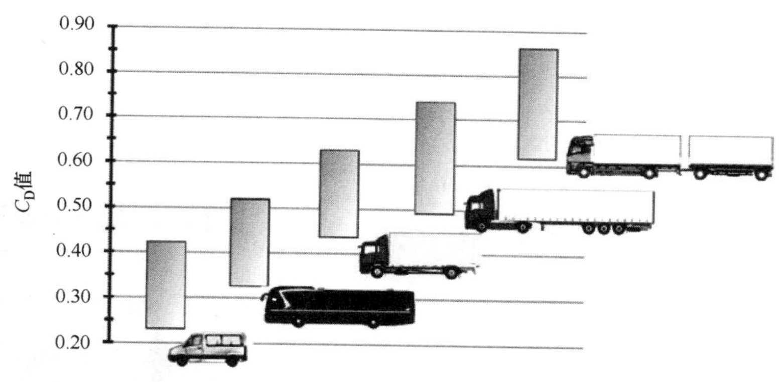

图 10.16　不同车型的空气阻力系数

10.4.1　正面/侧面来流

因为商用车车速相对较低，所以侧风影响要在这里重点考虑。图 10.17（见彩插）显示了一辆牵引式拖车在 10°侧面来流中侧风的影响情况。

为了在商用车空气动力学的发展进程中考虑这一影响，强调应用平均空气阻力系数 C_D。与仅仅考虑 0°气流流动时评定的 C_D 值相比，它将比较好地表达在实际情况下的车辆空气动力学品质。侧风情况下角度和速度显示了直接的相互几何关系（与图 4.14 比较）。

$$v_{\infty}^{2}=(v_{F}+v_{w}\cos\varphi)^{2}+(v_{w}\sin\varphi)^{2} \tag{10.1}$$

$$\beta=\arctan\frac{v_{w}\sin\varphi}{v_{F}+v_{w}\cos\varphi} \tag{10.2}$$

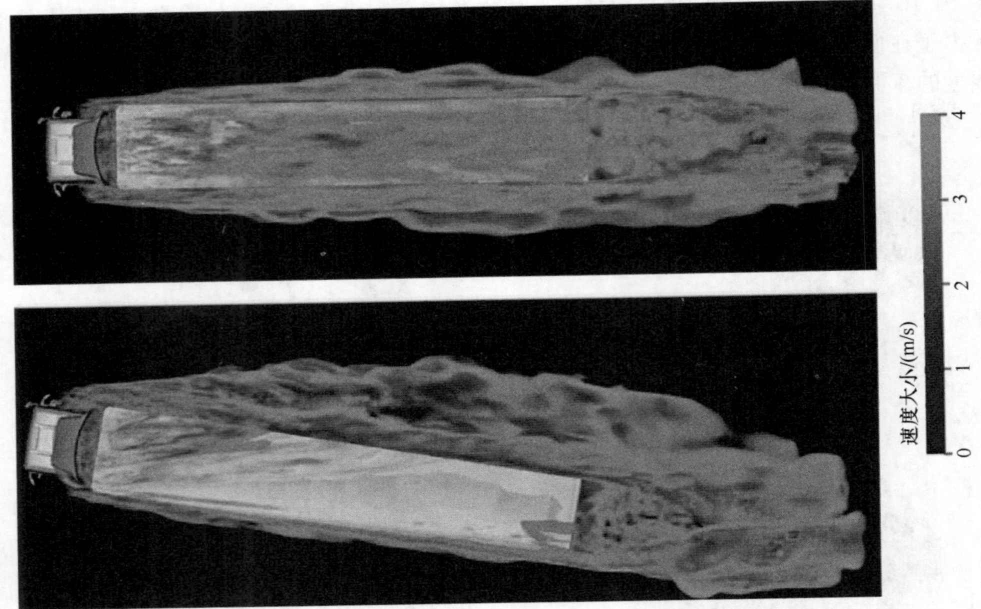

图 10.17　正面来流和 10°侧面来流时的流线分布图像

与对称来流比较，空气阻力的增大取决于来流的角度 β 和车辆的基本形状。牵引车和车厢间的距离越大，侧面来流的极线增加越大。背景原因是大面积的流动分离和车身的湍流环绕和直流流动。图 10.18 显示了 C_D（β）在侧面来流时不同车型随角度的变化情况。人们可以看到，带封闭式挂车的货车，驾驶室后面没有自由空间，所以 C_D 值上升较慢。

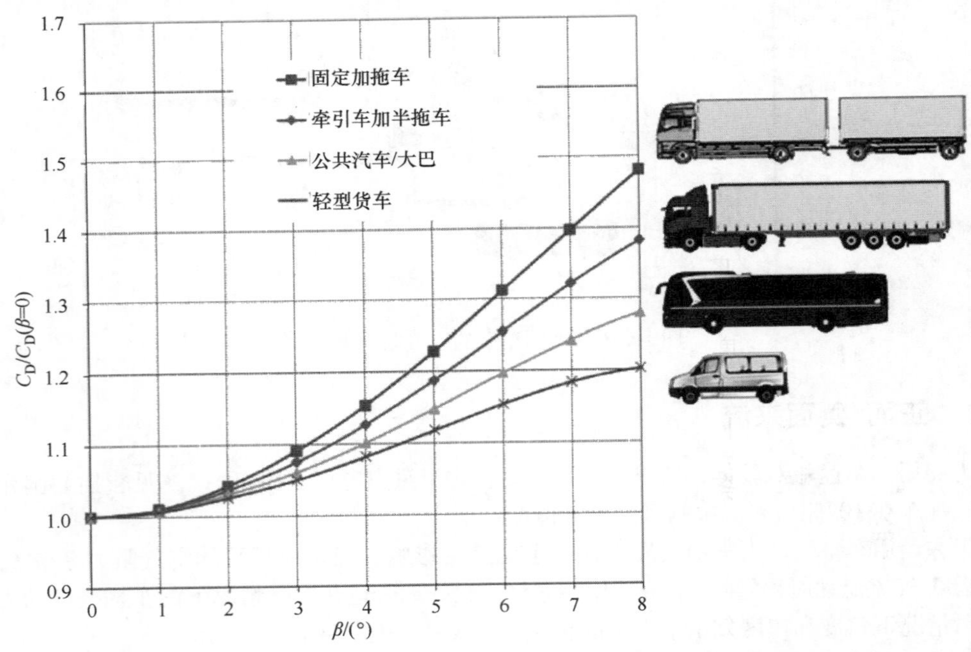

图 10.18　在侧面来流时不同车型 C_D（β）随来流角度的变化情况

为了考虑侧风对实际行驶状况的影响，推荐运用各种计算公式。通过一个平均侧风空气阻

力系数 C_D 来表示。但是一个统一的风平均空气阻力系数的定义还没有形成。为确定这一平均空气阻力系数可以做出两个基本假设。第一个假设是：在一个给定的角度下极大可能作用于车辆上的侧风，另一个假设是不变的侧风360°均匀地分布。根据 Ingram（1978）提出的积分公式在假定流入角度时考虑概率的情况下去确定平均空气阻力系数。

$$\overline{C}_D = \int_0^{v_{max}}\int_0^{2\pi} C_D(\beta)\left[1+\left(\frac{v_w}{v_F}\right)^2+2\left(\frac{v_w}{v_F}\right)\cos\varphi\right]p(v_w,\varphi)\,\mathrm{d}\varphi\,\mathrm{d}v_w \tag{10.3}$$

式中，p（v_w，φ）表示概率；侧风速 v_w 与车辆行驶角度 φ 相关。在倾斜角度 β 流入情况下，C_D（β）可在风洞里测量或通过计算流体力学模拟计算求取。

根据 Cooper（1981）可以简化公式，如果在正面逆风 $\varphi=0$ 和 2π 之间不包括顺风 $\varphi=\pi$ 考虑均匀的侧风分布

$$\overline{C}_D = \frac{1}{2\pi}\int_0^{2\pi} C_D(\beta)\left[1+\left(\frac{v_w}{v_F}\right)^2+2\left(\frac{v_w}{v_F}\right)\cos\varphi\right]\mathrm{d}\varphi \tag{10.4}$$

假设侧风速 v_w 在每个角度下同样经常出现保持不变，0°～360°角度范围可以通过一个均匀分布的流入角度 φ（j）来表示。每一侧风角度 φ（j）必须通过一个加权因子 M（j）来计算，然后再与在倾斜来流情况下风洞里测量值 C_D［β（j）］相乘。加权因子给出答案，是否主要考虑逆风或顺风。加权的平均值 C_D［β（j）］是对应于平均空气阻力系数 C_D。

$$\overline{C}_D = \frac{1}{n}\sum_{j=1}^{n} M(j)\,C_D(j) \tag{10.5}$$

$$M(j) = 1+\left(\frac{v_w}{v_F}\right)^2+2\left(\frac{v_w}{v_F}\right)\cos\varphi(j) \tag{10.6}$$

$$\varphi(j) = j\cdot 30° - 15° \tag{10.7}$$

$$C_D(j) = C_D[\beta(j)] \tag{10.8}$$

$$\beta(j) = \frac{\arctan\left(\frac{v_w}{v_F}\right)\sin\varphi(j)}{1+\left(\frac{v_w}{v_F}\right)\cos\varphi(j)} \tag{10.9}$$

在美国一般情况下是以车速 $v_{F,货车}$ = 55mile/h，一个典型的风速 v_w = 7mile/h（3.1m/s）为计算基础的（Cooper，1981）。

请看欧洲风向地图集（图10.19），可以看到，欧洲也应该考虑侧风影响。在50m高度的地方平均风速可达5m/s，在地面附近由于地面粗糙度和通过树及地面特点风速较小。运用 Hellmann 指数 $\alpha=0.2$ 给出在高度4m 情况下平均风速达3.0m/s。

因此在欧洲可以用于计算当车速 $v_{F,货车}$ = 89km/h（24.7m/s），同时一个典型风速 v_w = 3.1m/s作为计算基础。在不同的应用领域和车辆的当地情况下这一风速可进行调整。

10.4.2 法律上的框架条件

商用车设计与空气动力学的发展已接近极限。对于载重货车首先是法定了长度和高度尺寸，常规下以达到最大的载货空间。这里是权威的欧洲准则96/53/EG 和97/27/EG（图10.20）。另外，载重货车制造商在大部分情况下仅负责汽车底盘、驱动系统和驾驶室的开发，而行业专门化的车厢、挂车和拖车是由相互独立的公司生产的。在汽车和车身制造商之间由法律规定和传统分工引起的混合情况导致，在欧洲所谓的前轮导向控制了主要的载重货车市场，这种货车只有限部分空间可进行空气动力学的形状优化。

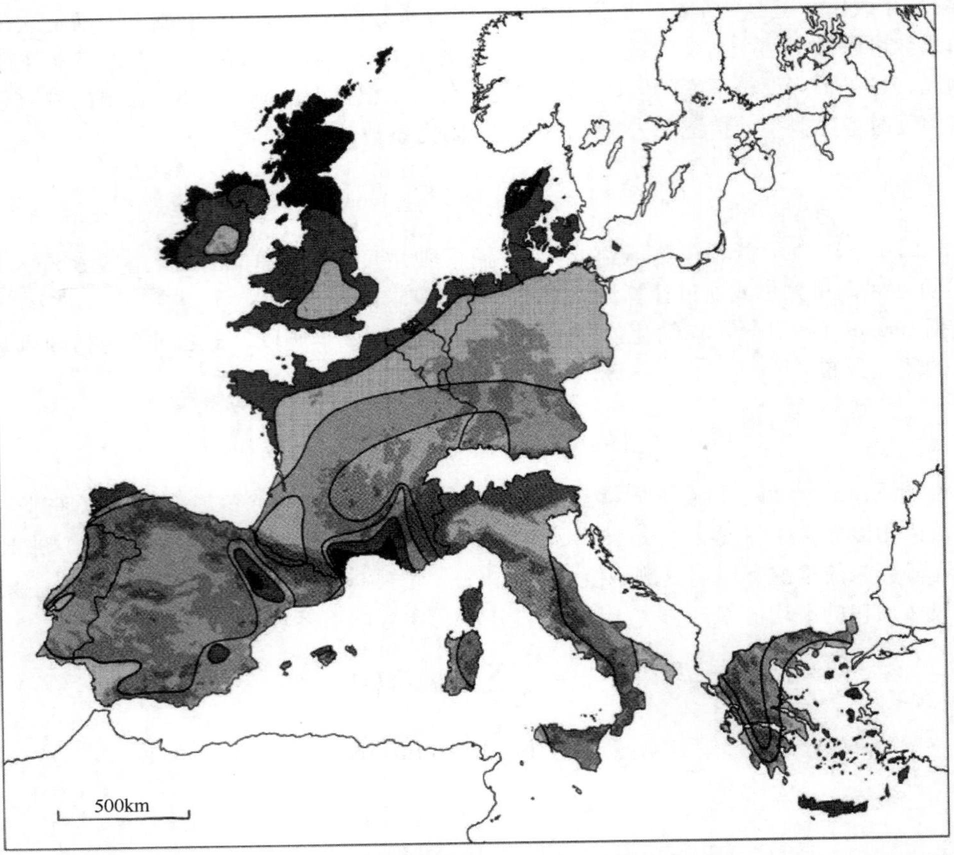

	五大不同地形条件下高于地平面50m的风源									
	受防护地带 2		开阔的平原 3		海岸边 4		开阔的大海 5		山区 6	
	ms^{-1}	Wm^{-2}	ms^{-1}	Wm^{-2}	ms^{-1}	Wm^{-2}	ms^{-1}	Wm^{-2}	ms^{-1}	Wm^{-2}
	>6.0	>250	>7.5	>500	>8.5	>700	>9.0	>800	>11.5	>1800
	5.0~6.0	150~250	6.5~7.5	300~500	7.0~8.5	400~700	8.0~9.0	600~800	10.0~11.5	1200~1800
	4.5~5.0	100~150	5.5~6.5	200~300	6.0~7.0	250~400	7.0~8.0	400~600	8.5~10.0	700~1200
	3.5~4.5	50~100	4.5~5.5	100~200	5.0~6.0	150~250	5.5~7.0	200~400	7.0~8.5	400~700
	<3.5	<50	<4.5	<100	<5.0	<150	<5.5	<200	<7.0	<400

图 10.19　欧洲风向地图集（www. windtatlas. dk）

铰接式车辆总长度

前部可旋转的半径

中间鞍座主销至挂车尾部

可导出的尺寸

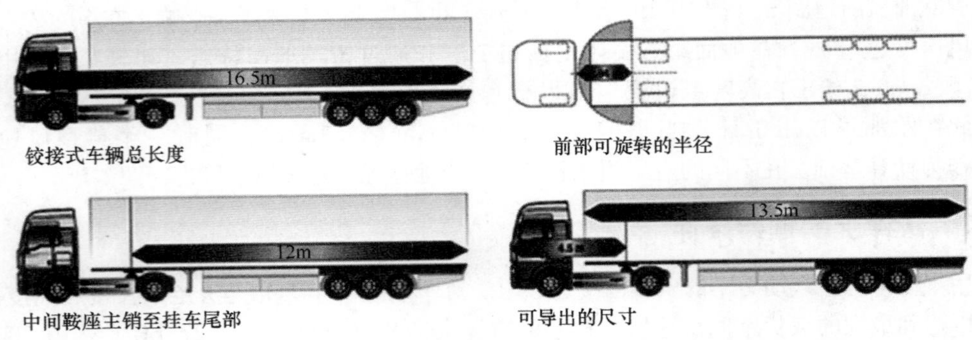

图 10.20　欧洲准则 96/53/EG 规定的长度

在这被局限的长度 2. 3m 的空间内，在把空气动力学与优美设计协调下必须为两位驾驶员提供足够大的工作和居住空间。另外，必须考虑不断提高的要求，如：发动机冷却、驾驶空间舒适的空调，车辆防污和气动声学。这些领域将通过对每一车辆部件许多细节上的优化来实现，细节指对缺乏经验者一般看不到的地方。

但是铰接式车辆空气动力学最大的优化潜能处是在车辆尾部。对车辆前部或尾部加长的空气动力学研究显示，车辆尾部对空气动力学的好处是加倍于车辆前部的。

通过改变车身的外形来减小空气阻力对商用车来说仅在很小范围内可行，因为通过收缩车尾将缩小载货空间，导致货车经济性下降。另外车尾的收缩使装货卸货难度增加，或要求一个价格费用昂贵的翻转运作装置。

大客车由于法定和运行经济方面的框架条件与载重货车相比有较大的空气动力学优化空间。所以在大客车领域，不仅在车身前部，而且也在车辆背部运用空气动力学去优化。（参见10.7节，公共汽车的空气阻力优化）

10.5 商用车空气动力学研发工具

10.5.1 商用车迎接挑战

商用车在空气动力学研发方面最大的挑战除了紧密考虑法定规则和经济条件，空气动力学学者面对的挑战是所用的研发工具：

- 模型风洞 。
- 1:1 比例的风洞测量 。
- 计算流体力学。
- 在车辆行驶时确定 C_D 值。

10.5.2 模型风洞

由于可复制的、不受天气影响的测量可能性，风洞为系统性地有效地解决空气动力学开发研究提供了理想的基础。但是商用车的问题是风洞必须具备的尺寸，所以今天最大的风洞正好适合小商用车和小公共汽车在实际的尺寸下进行测试。较大的车辆不仅在横向而且在纵向测量路段上将产生一个大的隔断区，因此它们必须通过缩小比例再做测量。为了能够得到较现实的数据，风洞隔断区必须小于10%。另外，由于较低的车速，侧风影响对于商用车至关重要，如果车辆在风洞里旋转10°，隔断区将戏剧性地增大。

由于1:1风洞试验的巨大消耗和相应的高费用大大促使模型尺寸的风洞测量与所有模型测试一样考虑雷诺数的相似原理，一个1:4的模型流入速度必须提高4倍。因为这个原因一般情况下避免测量1:4的模型，因为由此引发的不可估计的流动效应和模型的不精确性将影响测量结果。对于整车组合的研究往往运用较小的模型，细节优化不是主要目的，而是在牵引车与挂车形式之间的相互作用问题（见图10.21）。这里，一辆牵引组合的空气动力学质量和车身部分的空气动力学作用方式是主要的研究课题。

为了优化商用车所运用的最小雷诺数，1985年由Cooper对纵向流入一个长度半径的长方六面体进行了调查。他得出了一个优化的长度半径，大约通过这一表达式确定 $r_{opt}=0.05\sqrt{A_x}$。它表示，模型测量时雷诺数至少达到 $Re=2\times10^6$，当长度半径在模型尺寸中同样符合 $r_{opt}=0.05\sqrt{A_x}$ 时。对于乘用车这个长度大约是3倍大的车辆正面面积的开方，$l\approx3\sqrt{A_x}$。用这个长度求出的雷诺数必须至少达到 $Re=6\times10^6$。对于铰接式车辆，它的特征长度大约是它的正面面积开方的5倍大，$l\approx5\sqrt{A_x}$，而雷诺数应该大于 10^7。

在模型尺寸1:2.5时对雷诺数的调研时显示，雷诺数 $Re>1.5\times10^7$ 的测试与1:1测试结果能

图 10.21　1∶4 风洞模型用于研究牵引车与挂车形式之间的相互作用问题

够很好地吻合。为了实现这个雷诺数流入速度在模型尺寸 1∶2.5 时必须达到 120km/h，在 1∶4 时达到 180km/h。

1∶2.5 的模型尺寸一般情况下非常适合作为模型尺寸（见图 10.22）。由此展示了原型散开的绕流关系（雷诺数与 1∶1 模型相同）以及车身内部过流（散热器、发动机）。这种情况下得到的空气阻力系数与 1∶1 模型吻合很好；而且可以做一流的脏污模拟。这个比例的轮距大约 1.0m，这个尺寸再次吻合了乘用车 5 个区域系统风洞通常的中心带的宽度。所以在这个比例下可以进行转动轮子和移动地面的试验。

图 10.22　MAN TGX 和 NEOPLAN Cityliner 的 1∶2.5 模型在位于都灵的 Pininfarina 风洞

模型测试时除了比例外还必须考虑其他因素。这些影响空气动力学质量的细节的几何相似性必须正确地显示（图 10.23）。这里包括遮阳板、装在 A 柱上的导风装置和详细的发动机空间和汽车底盘区域。

牵引车的底部和挂车的底部应该尽可能详细地显示。背景原因是：商用车底盘中由于它的导向框架结构不是坐落在车辆底部而是在中间。商用车底盘部位具有与乘用车不一样的底部流动，发动机舱不仅应该通过风洞而且应该用计算流体动力学模型去流过去，因为发动机舱在整个车辆的总绕流中具有很大的影响。首先在转角半径、风窗玻璃倾斜角度和自然的底盘护板的建造和功效方面具有影响作用。

一个进一步的要求是大部分乘用车的风洞不是根据商用车要求的长度设计的。所以空气动力学专家必须根据风洞传送带长度缩短挂车长度（见图 10.24）。

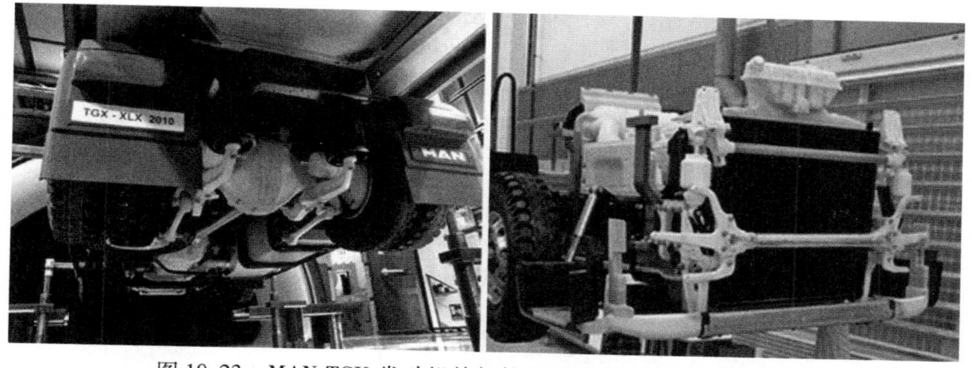

图 10.23 MAN TGX 发动机舱部件和汽车底盘区域的模型细节

图 10.24 根据风洞情况应用各种挂车长度

这里要注意的是：被缩短挂车长度的车厢的车辆底盘必须在仿真建模时考虑这一缩短的挂车。这首先要通过相应的车厢长度和汽车底盘护板来实现。图 10.25（见彩插）显示了一辆被缩短车厢的货车没有运用建模措施导致了不同的流线形状。

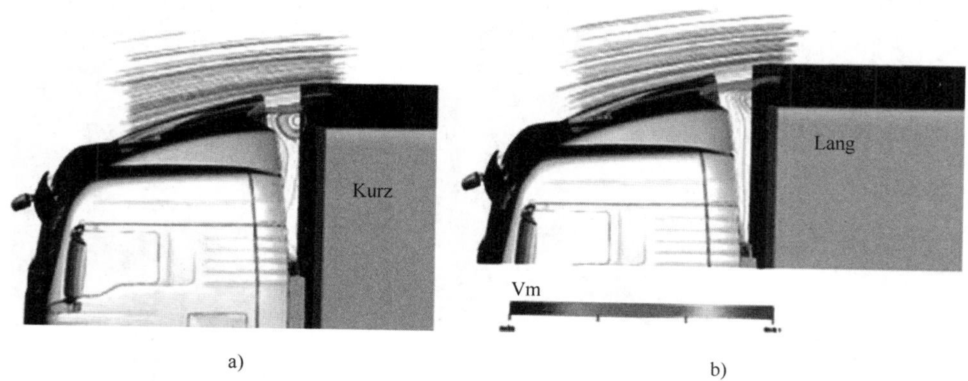

图 10.25 比较（a）一辆短车厢的流线形状（b）带着长挂车的牵引车的流线形状

在五带系统的风洞中间传送带上用旋转车轮的测量似乎很复杂，因为在传统的风洞里，中间传送带下没有秤。如果车模放在中间传送带上，车轮将由传送带驱动，测量升力和正确的空气阻力是不可能的。但是由于商用车自重很重和较低的车速，升力只占较小分量，在空气动力学优化时可以忽略。如果车轮不能从试验模型里分出，在测量得到的阻力里包含车轮的滚动阻力。这个滚动阻力必须通过模型内部的转矩秤测量，并从风洞秤的测量值里扣除。

同样有一种可能性即模型放在紧靠中心带，车轮通过模型内部的电动机驱动。这里通过传送带和车轮之间的间隙将产生测量误差。但是这个测量误差主要体现在升力上，而升力对商用车而言是无足轻重的。空气阻力的误差很明显较小。一个几乎没有误差的测量将通过车轮放在与秤结合成一体的传送带上来保证，而传送带系统是与地面分开的。

在所运用的风洞中，一部分用于乘用车的气动声学测量，在早期的开发阶段就能测试气动声学性能。这里运用了 Wall Array 过程，它在 8.3 节详细描述过（图 10.26）。

图 10.26　模型尺寸 Wall Array 测量

10.5.3　大风洞

商用车空气动力学最大的问题是一个合适的比例 1:1 测试风洞的可用性。现实情况是全世界只有 3 个风洞，在这 3 个风洞内可以测量一辆完整的铰接式车辆，分别是 DNW，在荷兰；NRC 风洞，在加拿大；NFAC 风洞，在美国加利福尼亚 NASA 阿姆斯研究中心（见图 10.27）。

图 10.27　风洞 NFAC（美国加利福尼亚）、NRC（加拿大）、DNW（荷兰）

商用车在车中间与天平相连并放在气囊上以确保与地面的无摩擦。可以进行至10°的侧面来流流动测量。DNW 风洞还可测量气动声学。这里也用 Wall Array 过程测量声源位置，为车辆优化做参考。但是起主要作用的是在车辆内部空间内用假人头进行声压级的测量。图10.28显示了DNW 风洞的尺寸和一辆标准铰接式车辆，其长度为16.5m。根据风洞设计的要求，商用车必须在测试段高于地面约10m。对此要有一个车辆电梯和起重机。在一次测量过程中更换牵引车大约需要4h。更换一辆完整的牵引组合车辆需要两辆起重机约6h才能完成。

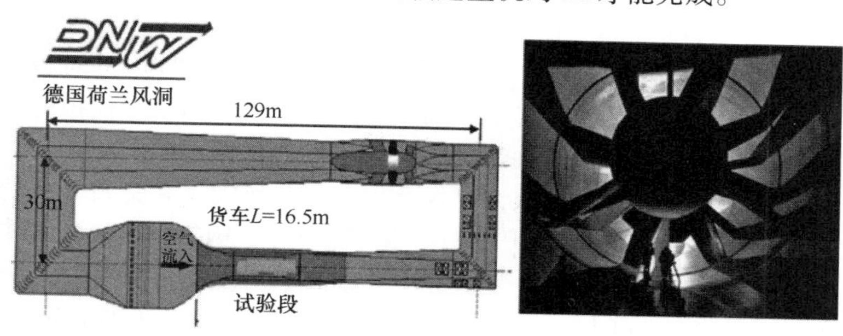

图10.28 DNW 风洞的尺寸

还有一个1∶1车辆比例的风洞在 Untertürkheim 戴姆勒公司里使用（见图10.29）。这个风洞的喷射面积为32m²，阻塞约30%。因为测试长度12m，所以不能用于完整铰接车辆或公共汽车的测量。因此这儿用于空气动力学优化的牵引车，它的车厢被缩短了。定期在DNW 风洞进行参考测量将给空气动力学专家们一个整车包括挂车的空气阻力的答案。

图10.29 戴姆勒公司在 Untertürkheim 的大风洞

10.5.4 计算流体力学模拟

如前所述，商用车的风洞测试必须承担可观的费用和兼顾折中方案。所以计算模拟在商用车空气动力学领域里占据着越来越重要的份量。运用现代化的大型计算机和计算流体力学软件可以对设计改变很快地做出评估。但是商用车计算流体力学的运用具有很高的计算费用。为了能够得到尽可能实际的答案，除了正面来流还必须考虑侧面来流。因此每个配置需要多个模拟计算，以确定平均空气阻力系数（参见10.4.1节）。

此外，商用车的绕流主要通过剧烈波动的流体分离来体现。所以对于一个小的设计改变，需要去评价它的空气动力学质量，它的非定常过程显示了对计算流体力学模拟的挑战。计算过程需要很长的计算时间去达到具有说服力的平均值。

除了这些低频率、强波动的涡流区域，仅仅商用车的几何大小和必须考虑的发动机舱和汽车底盘，都导致需要很长的计算时间（图10.30，见彩插）。一辆完整的铰接式车辆的表面网格具有大约有300万个三角形。计算流体力学商用软件PowerFlow为了确保与体积网格的连接，将产生大约6~8倍表面元素（Surfels）。一辆铰接式车辆（包括发动机舱）的体积网格大约由9500万体积元素（Voxel）组成。

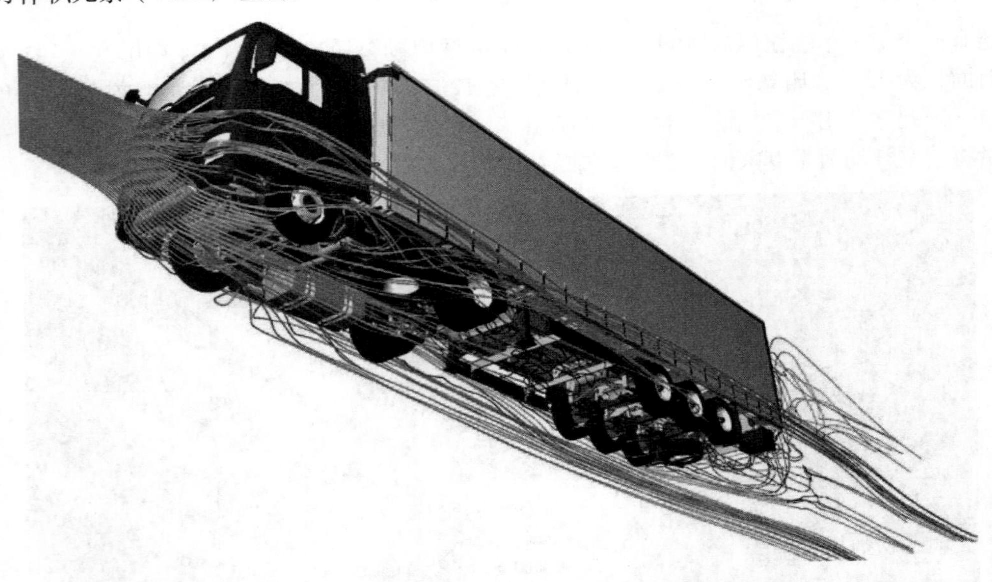

图10.30 计算流体动力学模型显示汽车底盘区域的流动情况

一个包括发动机舱流动的空气动力学运算时间大约是4500CPUh。一个热计算同时考虑旋转的风机和冷却系统的热传递大约需要5500CPUh。如果运用可移动网格考虑旋转的车轮将使计算费用提高20%。

10.5.5 采用轮毂测试装置的行驶车辆试验方法

现有两种方法，通过测量在实际行驶时车辆的行驶阻力去确定一辆车的 C_D 值

- 滑行试验。
- 恒定行驶。

2011年在Graz工业大学的无数试验中得出（Eichlseder，2011）通过恒定行驶得到的 C_D 值与传统的滑行试验比较具有更好的可重复性。

为了得到恒定行驶时的 C_D 值，必须测量驱动轴上的驱动力矩和车辆来流速度。驱动力矩将通过轮辋上测量转矩的轮毂或驱动轴上的 DMS 测量带去获得。车辆实际的来流速度和来流将通过一个风速仪确定，它大约安装在高于车辆 1.3m 处。为了能够测量到不受车辆影响的风速，这个高度是必须保证的。图 10.31 显示了一个典型的荷兰 DAF 的测量装置（Volkers，2012）。

图 10.31 在恒速下用风速仪和轮毂来测试的测试装置（Volkers，2012；DAF）

测试是在两个速度下进行的。第一个测试速度是 15km/h，以确定滚动阻力。在这个速度下可以忽略空气阻力的影响。第二个测试速度是 90km/h。这里所做的假设是：滚动阻力不随速度变化而改变，通过在速度 90km/h 测得的驱动力矩减去在速度 15km/h 测得的滚动阻力就能得到速度 90km/h 时的空气阻力（见图 10.32）。

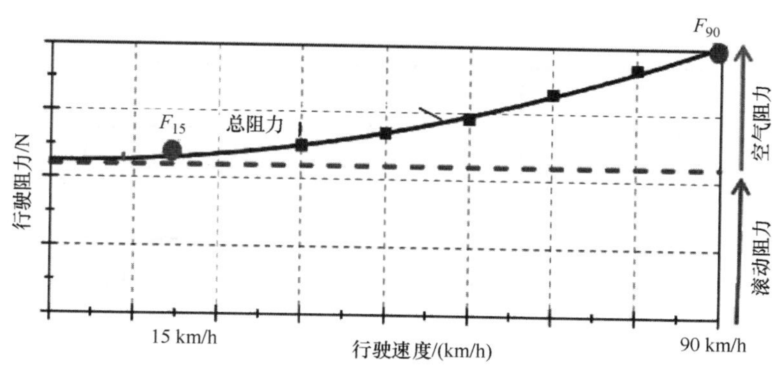

图 10.32 行驶阻力系统分类（IPW Automotive）

但是这些假设已被证明是不准确的，而且引起测试结果有大的波动。因为不同轮胎其与速度相关的滚动阻力特性是不一样的，再者滚动阻力与环境和轮胎温度有关。

另外由于气候原因，在直流 0°时确定 C_D 值是很难的。根据 Volkers（2012）在测试场地 Lelystad 的调查显示：侧风通过大于 2°斜面来流的概率大约是 40%（见图 10.33）。

为了能在直流 0°下测量 C_D 值，人们必须或者在静风情况下进行测试，或者参考通用的角度曲线（见图 10.18）。通过测试得到的 C_D（β）人们求得这些通用曲线并确定在直流 0°下的理论 C_D（0°）值。为了使通过运用通用角度曲线引起的误差不至于太大，测试应该在侧面来流小于 3°下进行。

为了正确确定来流角度和来流速度必须非常仔细地在车上安装风速仪和选择测试段。在测试段附近的灌木丛和树篱将导致有关事实上的流入测试车辆情况的错误的试验结果。所以建议除了安装在车上的风速仪，另一个风速仪要固定安装在测试路段上。

比较测量费用、测试车辆的准备工作和风洞测试的测量精度，很明显，为了车辆空气动力学的优化工作而运用车辆运行测试只在一定情况下适合。

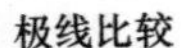

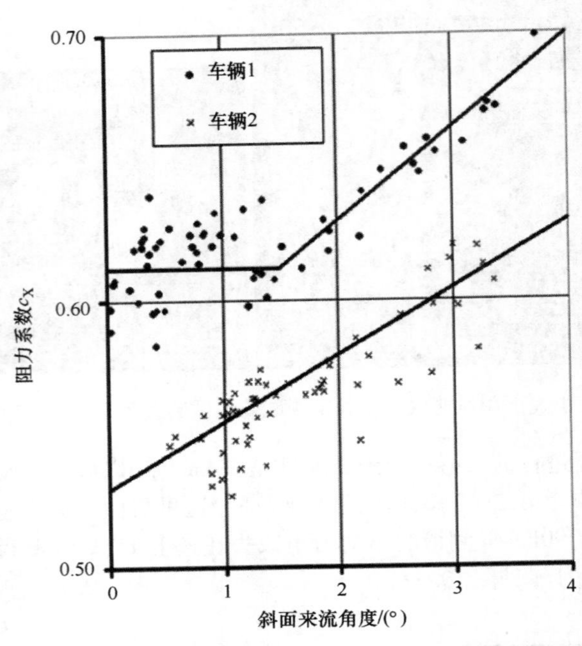

	0°<β<2°	2°<β<6°	6°<β<10°
Lelystad (晚上)	60% (90%)	35% (10%)	5% (无)

图 10.33　在测试场地 Lelystad，90km/h 时斜面来流的概率分布（Volkers，2012；DAF）

10.6　货车空气阻力的优化

商用车空气动力学专家必须把企业经济与法律条款紧密结合综合考虑。在为两个驾驶员考虑一个足够大的工作与睡觉空间情况下达到的货车的最大载重体积和空气动力学的各种可能性去实现协调。要实现这一目标必须通过许多细节去优化，对无经验者往往大部分不能察觉。图 10.34（见彩插）显示了一辆铰接式车辆的零部件，对这些零部件可进行有关空气动力学、气动声学和车辆脏污问题的优化。

10.6.1　流动和压力的特性关系

一辆铰接式车辆由空气阻力引起的绕流可以通过在车辆前部大块滞止压力区域来体现（图 10.35，见彩插）。滞止压力区域越小，车辆空气阻力就越小。当一种型号系列不同的驾驶室

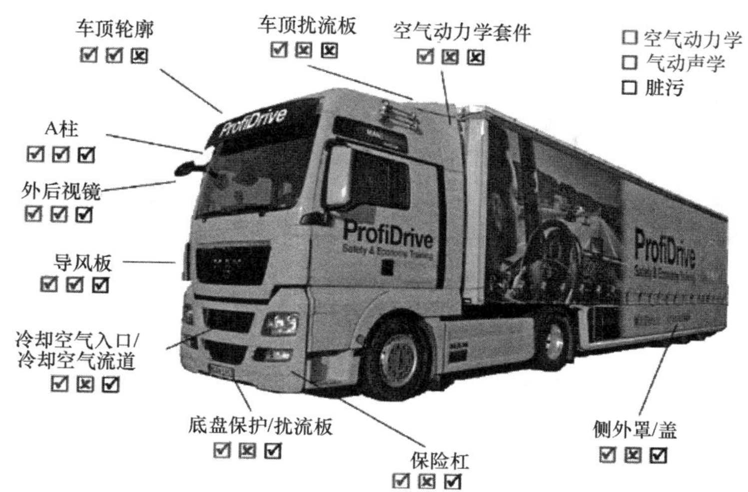

图 10.34 一辆铰接式车辆关于空气动力学、气动声学或脏污优化的零部件

直接对比就可看出。驾驶室主要区别是宽度和高度，角半径和导风板同样相关。过渡到铰接挂车的区域将由每个驾驶室调节至最佳位置。

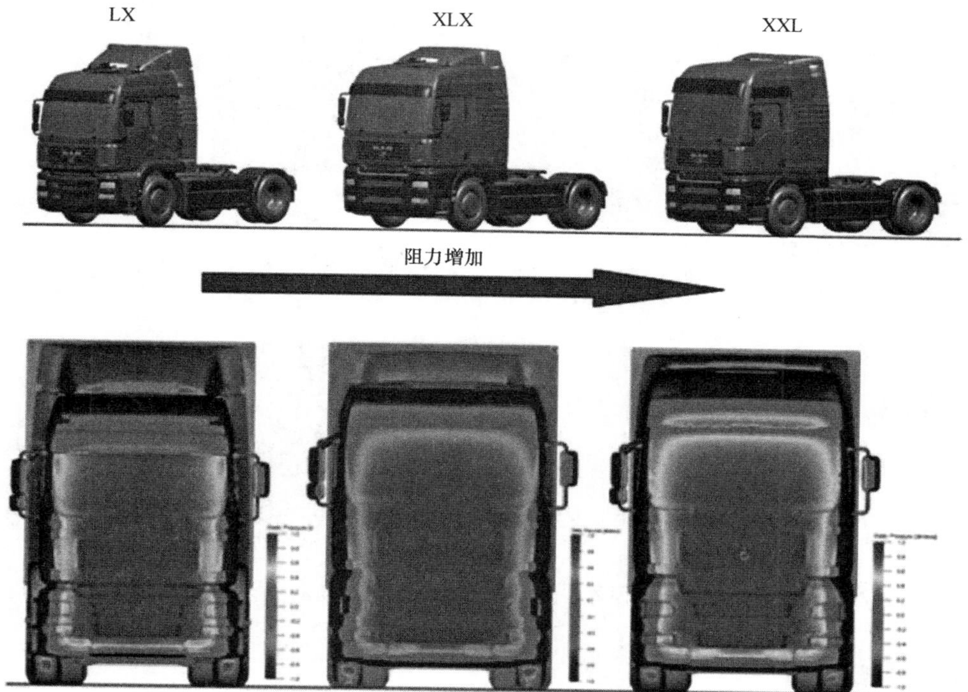

图 10.35 MAN TGA 铰接式商用车前部的滞止压力区域随着驾驶室尺寸增加的变化（LX 和 XXL 带太阳挡板）

Hoepke 和 Breuer（2008）观察到空气阻力沿着车辆纵向轴的发展情况。这里可清楚地看到，在哪些区域空气阻力迅速增大（见图 10.36）。在车辆前部的滞止压力导致空气阻力的首次升高，进一步的变化直至驾驶室背面墙是取决于驾驶室几何尺寸的各种形状。在牵引车和挂车之间的自由空间对整车空气动力学将起到一个明显的影响作用。

驾驶室背面的负压导致空气阻力的巨大增加。同时在挂车前额上的负压使这个压力增加得

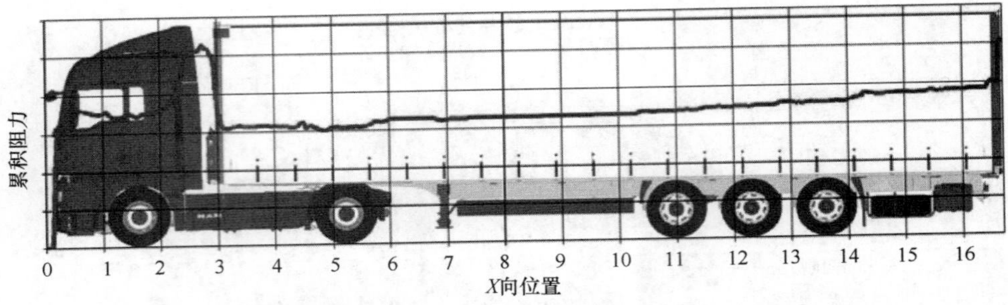

图 10.36　空气阻力沿着一辆铰接式车辆纵向轴的发展情况

到了均衡。引进扰流板和边上尾部板，将减少这些区域的空气阻力上升。另外，挂车下面的轴和其他部件也将导致空气阻力增大。挂车尾部由于一辆商用车装货体积的要求，大部分以钝体的形状结束，导致空气阻力继续增大。车尾流出气流将由一个强大的涡流结构来体现。图 10.37（见彩插）显示了两辆不同车辆在车尾部的涡流结构，其中一个甚至在车辆后面显现出雪花的沉积。

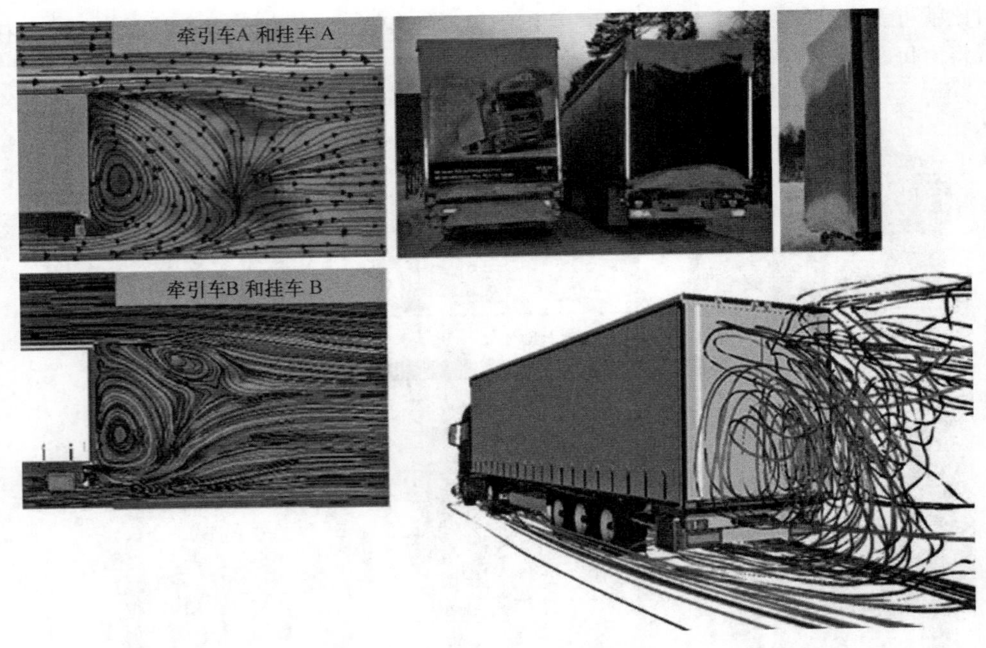

图 10.37　货车尾部的涡流结构

10.6.2　驾驶室

一辆商用车的外部形状与乘用车相比是通过用途来确定的，见图 10.38。大部分是长方体形状，体现在线条分明的结构上，去达到客户要求的最大装货容积。就像前面提到的法律规定的尺寸，对空气动力学学者来说，通过空气动力学形状去优化只有很小的活动余地。但是自由度存在于驾驶室的形状和开发确定减少空气阻力的车厢部件。

在开发一个新的驾驶室时，“在货车里生活、工作和休息”是一个驾驶室开发的重点（见图 10.38）。这意味着一个驾驶室必须满足多种多样的要求，并且有些是有冲突的要求。首先驾驶员必须在方向盘后有一个功能性的工作岗位，然后在驾驶室里有一个在运输途中可以写字的地方，一个休整空间作为休息或等待时用以及提供1～2个舒适的床位。一个立方体底面2.3m×2.5m，高大约2.2m，将提供这所有的设施。

直接实现这些要求导致一辆长途运输货车的驾驶室形成立方形的形状，这就远远不能满足空气动力学的要求。从图10.39的C_D值中人们观察到，一辆具有棱角的驾驶室的铰接式车辆几乎与一辆具有流线型的驾驶室的铰接式车辆具有相同的C_D值。从中可以得出结论，驾驶室的形状对空气阻力几乎没有影响。但是人们观察到对称的来流使压力分布在车厢和驾驶室上，具有棱角的驾驶室可以完全承受滞止压力，并且用它巨大的分离区域去屏蔽后面紧接着的车厢，以至于这些分离没有产生附加阻力或者甚至产生了一个负作用力。也就是说，阻力的重新分配。驾驶室的形状不允许被独立地考虑，应该与车厢同时考虑。

图10.38 Mercedes Actros MJ 2012的驾驶室内部空间

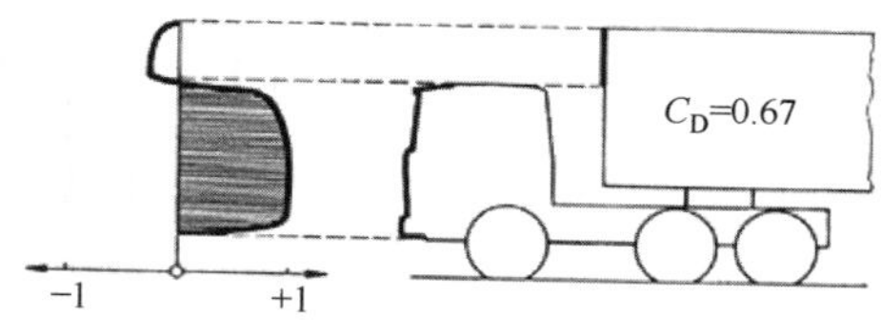

在中心截面处的压力分布c_p

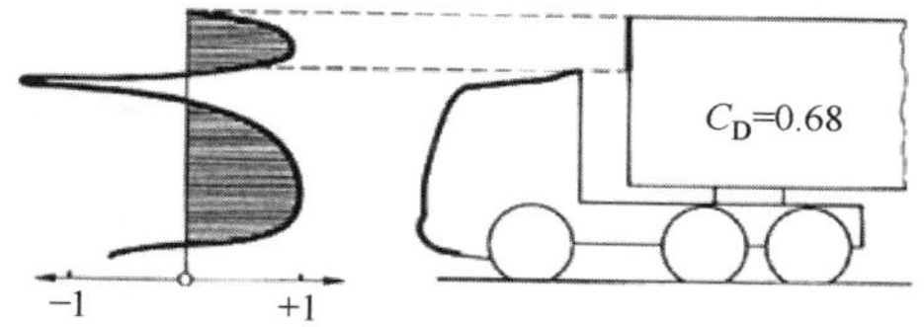

图10.39 根据Gilhaus（1979/1980）驾驶室与车厢前部之间的流动干扰情况

一般来说，开发一辆新的长途运输货车是从车厢总高4m为出发点的，这将覆盖驾驶室和相应的附件。一个驾驶室的空气动力学的质量是受不同的参数影响的，一方面是法定允许的尺寸，另一方面是造型决定的特性。重要的参数在图10.40（见彩插）中显示出来的还有风窗玻璃倾斜角度、转角半径或车顶前缘的半径。

到现在为止的驾驶室开发经验显示，一个参数的一次单独考虑不能达到所希望的空气阻力的优化。为了显示每一个参数之间的相互作用，Frank（2010）在风洞里做了许多测试。这些参数的评估明确显示，不同的参数不能被单独观察。如图10.41所示，一个参数对空气阻力的影响依赖于另一些参数。在风窗玻璃倾斜角10°时，人们观察空气阻力的变化情况，如果加大车顶前面边缘的半径超过大约200mm后，空气阻力不再可能减小。一个较大的半径的正面影响将再次通过增大风窗玻璃的倾斜角度去实现。对开发工程师来说，他必须对每一个参数互相协调，只有这样他才有机会对已给出空气阻力不优化的参数通过其他参数来补偿。

在理想情况下驾驶室的开发是：空气动力学学者给设计师一个包络曲线，经过设计后不应该低于或超出这一包络曲线。更确切地说，空气动力学学者给设计师描述了他设计表面形状的自由空间。但是必须注意，在一辆新商用车开发期间，设计部门对空气动力学具有最大的影响。每一条曲线、每一边缘必须符合上一级的设计要求。典型的设计要求的例子是半径形状。加速的

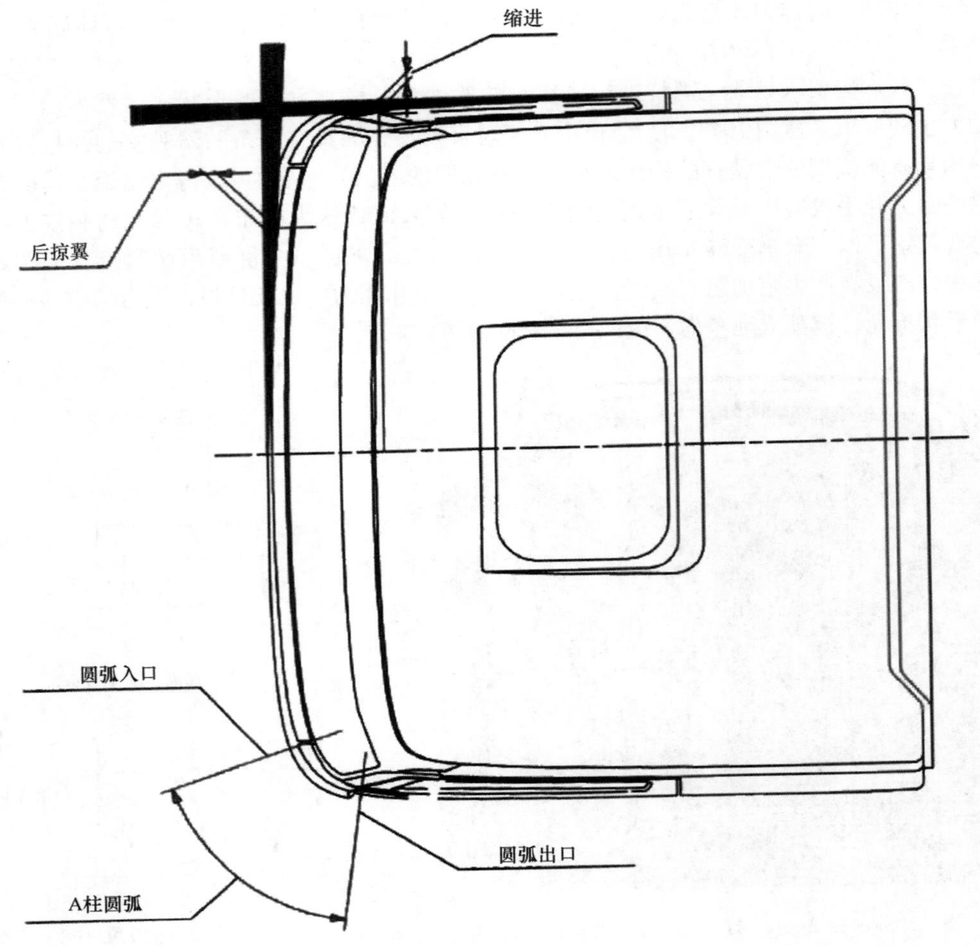

图 10.40　驾驶室参数

半径被优先考虑，因为这种半径产生动感的效应。但这种半径将可能使流动产生分离，并导致增加空气阻力（图 10.42）。最后必须是双方——空气动力学学者和设计师找到一个妥协方案，考虑所有的因素，去开发一种空气动力学最佳的设计。

因为直到今天，远程、近程和建筑工地商用车具有同样的驾驶室，由于各种各样的车厢，尽管驾驶室进行了流动优化，但仍不能总是达到最佳的空气阻力系数。对高的车厢将有一组附加装置去减小空气阻力。安装在驾驶室上面被认可的有导风部件，一部分可调节。这些车顶扰流板操作方便，效果明显，价格实惠。在图 10.43 中用商用车旁的烟雾线清楚地显示了带有和没有导风部件的作用。该部件高度 h，它是定义为驾驶室总高度和车厢总高度间的三角区的高度（见图 10.44），如果 h 增大，去掉在车顶上的导风部件将使空气阻力增加 30%。今天的商用车把导流部件和驾驶室背部导向板与驾驶室建成一个正式的整体（图 10.45）。

除了空气动力学部件如导风部件，还有一些附加部件，在商用车更确切地说是驾驶室的开发过程中从空气动力学角度被检验和优化。图 10.34 所示为最重要的（附加）部件，它们将影响空气动力学。这些部件，比如太阳挡板、A 柱外罩、空气导流喷头或外后视镜，不仅要满足空气动力学要求，也要满足气动声学、脏污或冷却空气的要求。

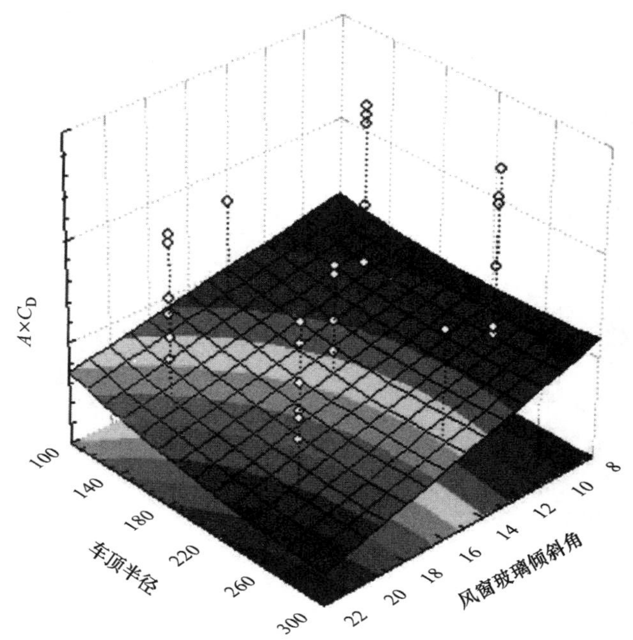

图 10.41 不同的驾驶室参数对空气阻力的影响

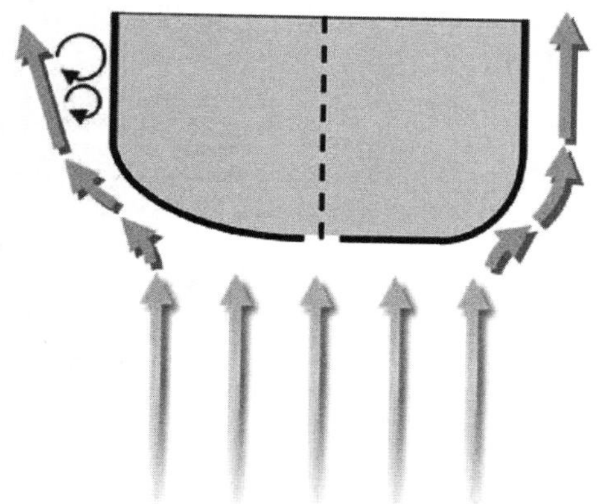

图 10.42 设计师和空气动力学学者对半径设计的影响

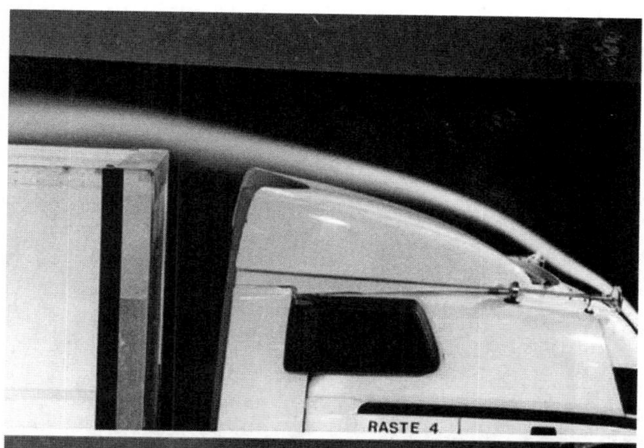

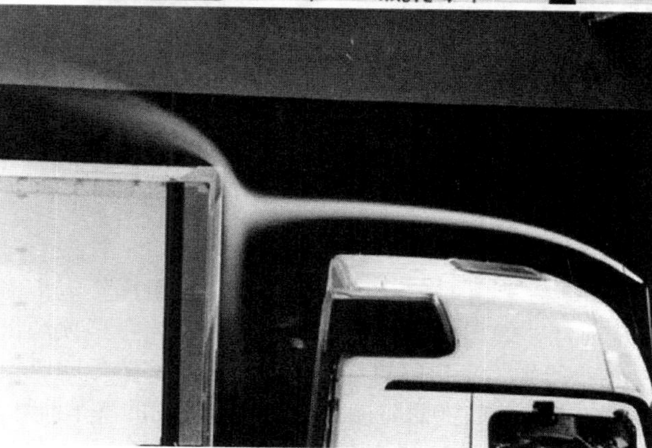

图 10.43 导风部件对车厢挂车前部的绕流影响

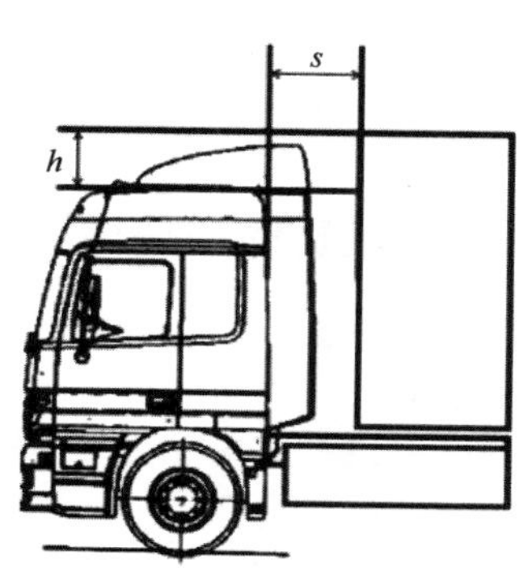

图 10.44 定义自由空间长度 s 和车厢高于驾驶室的高度 h

图 10.45　带有组合导流部件的铰接式商用车

A 柱是驾驶室里对空气动力学有很大影响的部件。对于 A 柱的形状，除了空气动力学首先要考虑对脏污和气动声学的影响。一个平的 A 柱与一个轮廓形的 A 柱对驾驶室绕流的影响情况如图 10.46 所示，轮廓形的 A 柱将明显减少流动分离泡区，并将使空气阻力减小大约 4%，但是一个贴紧在边窗上的流动将明显增加驾驶室内的噪声。在这里首先是指频率超过 500Hz 的噪声（图 10.47）。

a)　　b)

图 10.46　平的（a）和轮廓形的（b）A 柱对驾驶室绕流的影响情况

10.6.3　驾驶室的后视镜和安装附件

在商用车上也装上了一些安装附件，从空气动力学角度来看是不利的，但是用户希望作为特殊装备。装在（商用车）车顶上的附加汽车前灯，如图 10.48 所示，它直接安装在车顶溢出流动区域，所以将使空气阻力升高 6%。信号喇叭产生一个相似的负作用，如果这些信号喇叭安装在直接来流的区域里，这将使空气阻力升高 1%。保险杠上的防撞条加上一排附加的汽车前灯，如果直接安装在车辆冷却空气的入口前，如图 10.48 所示，将使冷却空气流量减少至一半。由此产生的后果是风扇会经常打开，因此它的能量需求将增加，由此货车的燃料消费将大大增加。

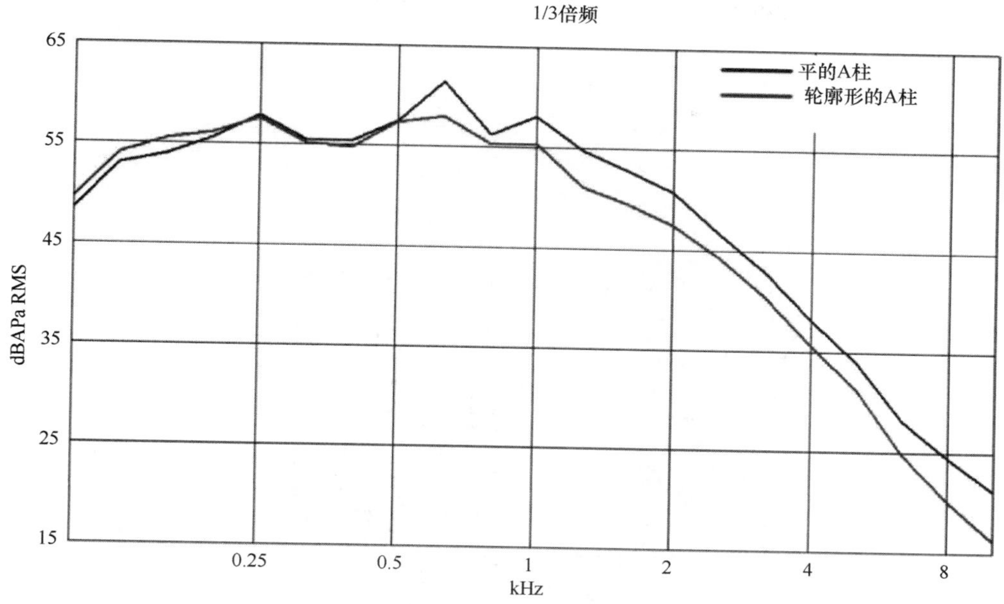

图 10.47　不同 A 柱形状的噪声程度

图 10.48　商用车上的特殊装备

相反的是后视镜，乘用车和公共汽车在通常情况下是引起空气阻力的增大，而货车的后视镜由于它的导流作用，车辆的空气阻力甚至可以减小。由于货车非流线型直角的基本形状，后视镜被用来导致空气沿着车辆侧面流动。但是这仅在如下情况下可行，即空气流动已经在 A 柱附近产生分离时。图 10.49（见彩插）显示了这个气流导向情况。反之，如果在 A 柱后气流紧贴车辆外层上，后视镜视构造不同将使货车 C_D 值增加2%～5%。

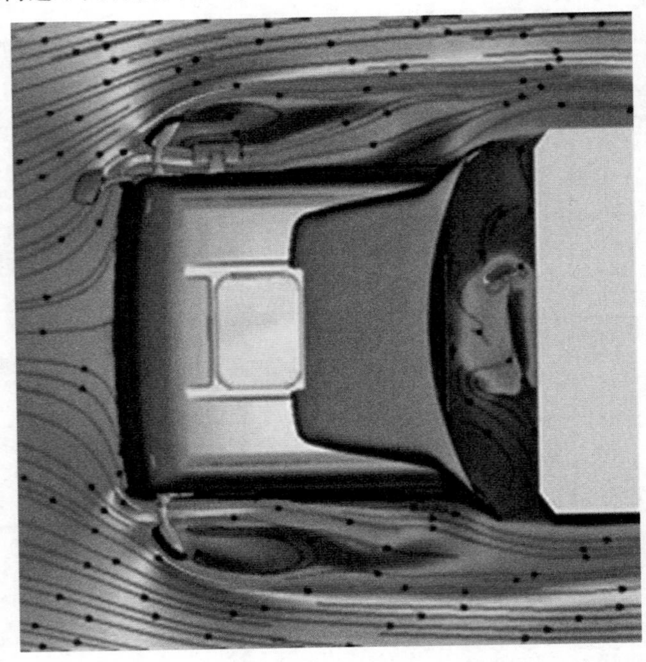

图10.49　空气流过货车后视镜的流动情况

太阳挡板在商用车上主要因为视觉感受而安装。对驾驶员起作用的太阳挡板像乘用车一样安装在驾驶室内。根据车顶和太阳挡板的形状，空气阻力可能有1%的正负波动。一个特别引起注意的是太阳挡板对驾驶室内气动声学的影响。图10.50（见彩插）显示了由于太阳挡板产生的涡流引起的压力波动。

图10.50　通过安装的太阳挡板引起的压力波动

10.6.4 发动机舱内的流动

对商用车冷却能量的要求持续增长。所要求的发动机功率以相同程度增长，如同通过增大的发动机使发动机舱空间减小。排放的热量不仅因为发动机功率的增大而增加，而且也因为使用了现代化的废气处理系统。一辆铰接式车辆的冷却空气阻力大约是总空气阻力的5%～8%。

冷却空气阻力可以通过一个较少的冷却空气数量来减小。但是这将增加风扇接通的次数，由此引起燃油增加，因为商用车风扇的驱动功率大约占发动机功率的15%。

在设计最大的冷却能量时首先考虑低速、最大转矩、最大能量的爬坡行驶。由于风扇的最大转速，风扇可由发动机舱内的流动来确定。当车速大约20km/h时出现强烈的回流，这个回流应该避免。通过散热器和发动机舱的冷却空气流动应尽量减少压力损失。因为冷却空气导向和堵塞回流措施将起一个很大的作用（见图10.51）。

图10.51 现代商用车的冷却空气流动

设计冷却系统的一个主要参数是风扇与散热器的定位。这经常出现问题，因为商用车应用的风扇，由于它的驱动功率很大，不能像乘用车那样用电驱动，而是通过一个中间接通的黏液离合器直接与发动机相连。所以风扇的位置经常由发动机的位置预先确定了。Hallquist（2008）的研究显示：风扇位于散热器的中心将使冷却功率提高（图10.52，见彩插）。

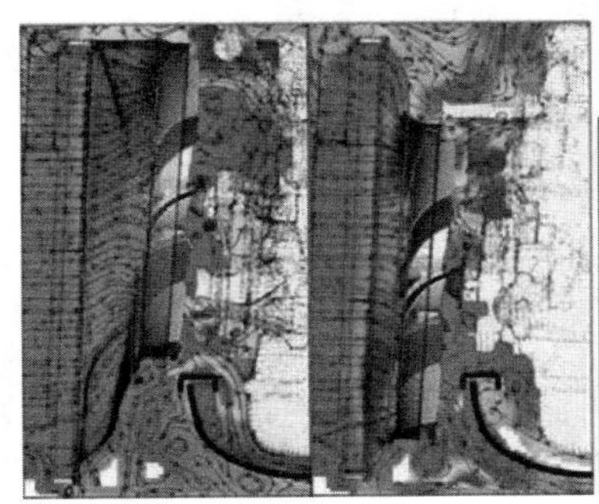
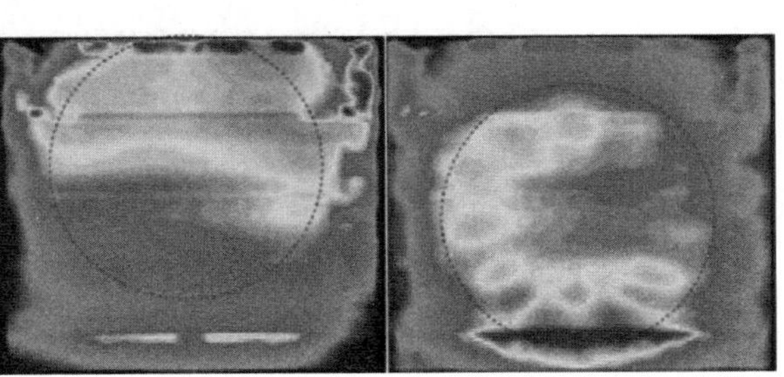

图10.52 风扇位于散热器偏心和中心时的流动和压力分布情况

不仅仅致力于散热器的中心位置，而且风扇的框架必须以有利于流动的方式去设计。大多数情况下是增大风扇到散热器的距离，这将导致在当今非常窄小的结构空间内让发动机向后移位。如果移动300mm将使散热器增加25%的体积流量（图10.53，见彩插）。

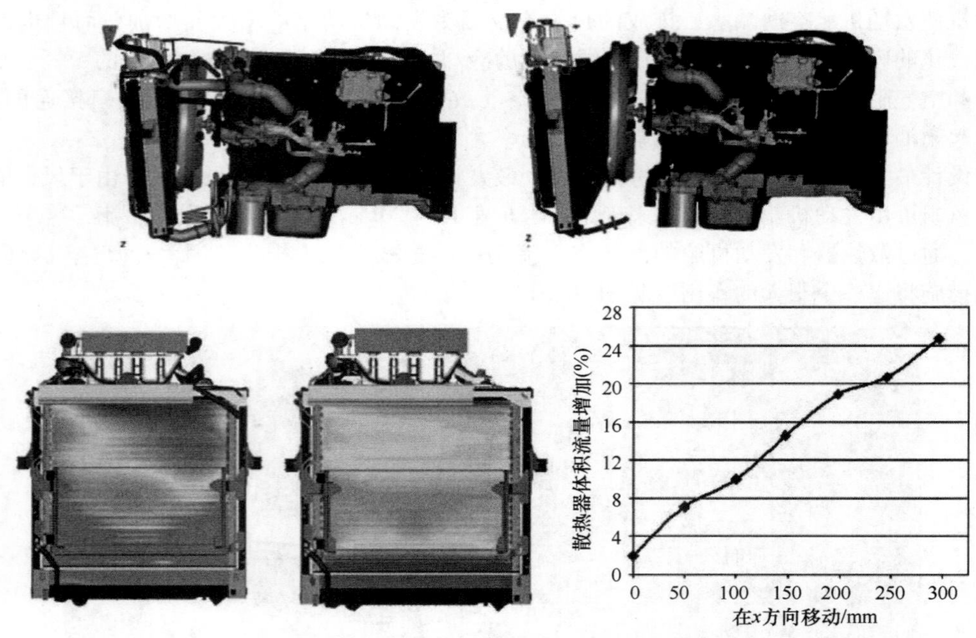

图10.53　通过增大风扇到散热器的距离提高散热器的体积流量

进一步的调查显示，一个较大的距离在风扇和发动机之间同样能增加散热器的体积流量。通过一个合适的在风扇和发动机之间的空气导流措施将能改善下游流动情况，并且再次使通过冷却系统的体积流量增加。这些空气导流设备还将减少回流和在越野地区的扰人的灰尘飞扬。这些措施都能设计出较小的冷却系统，反过来又可以起到减小空气阻力的正面作用。

但是根据新的废气标准，散热器面积小于等于$1.2m^2$，风扇直径约800mm，就能使冷却液的散热器排出约200kW的热能。在高速公路上行驶不需要最大冷却能量，这时主要考虑燃料消耗。现代化的牵引车应用散热器百叶窗为了继续减小空气阻力。如果需要时才使用散热器的冷却空气（见图10.54）。

图10.54　Actros空气调节系统，左侧关闭右侧开启时的情况

这些百叶窗仅应用在长途运输商用车上。在建筑工地上的商用车大多数安装钢制保险杠。钢制保险杠由于它的强度要求，具有明显小的冷却空气开口面积，所以在冷却系统中作为临界状况。图10.55（见彩插）显示了一个装有塑料保险杠和一个钢制保险杠的商用车。钢保险杠的货车的冷却空气流量降低15%。所以很明显，如果商用车用在山区里（比如运输木材），最高的

要求是在散热器，尤其是出现以下组合问题：爬山运行、钢制保险杠和高的发动机功率，这一商用车具有较低的驾驶室以及由于组装空间原因安装的小散热器。

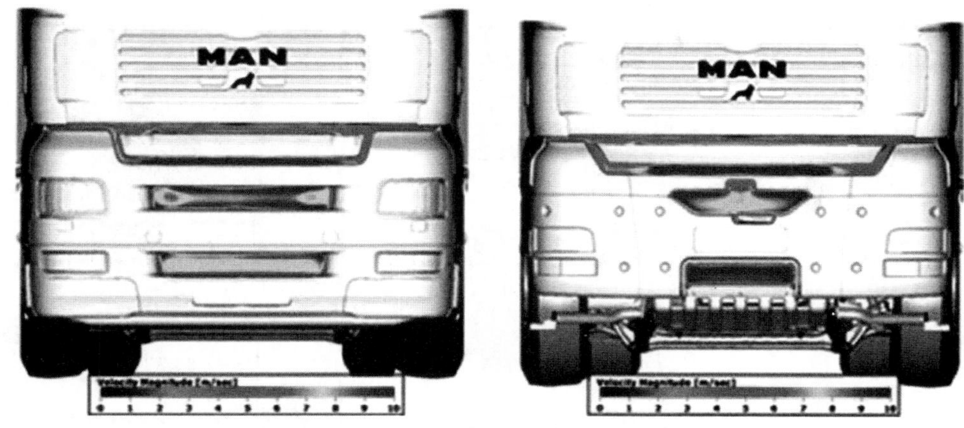

图 10.55 装有塑料保险杠和钢制保险杠的商用车

10.6.5 底盘

一辆货车空气动力学的优化主要考虑驾驶室和它的辅助部件。但是底盘和货厢（见 10.6.6 节）对空气动力学的影响不允许忽视。对底盘的优化措施主要集中于车身侧板、汽车底板和零部件如油箱、备用轮胎或电池在车架上的位置。底盘空气动力学措施开发的复杂性体现在不同车轮形状、轮距和轴距的多样化上。恰好这里对于平台车厢式货车，由于各种各样的用途和用户要求，变更是很大的（见图 10.56）。

对空气动力学的不利影响出现在车架不同的外形和附加设备上。较小的油箱装备或较大的轮距在车架边上会产生空隙，导致绕流车辆的空气流入这个空隙并产生旋涡。在一个商用车空气动力学的工作团队对一辆通用的铰接式车辆 FAT㊀所做的调查研究明显显示了这一情况（见图 10.57 Flui Dyna GmbH 2011）。重要的是这里在后车轴前车边绕流的流入和由此产生的旋涡用一块车身侧板或一个足够大的油箱装备就能阻止这种情况的发生，由此可以减小空气阻力大约 1% ~2%。

今天铰接式车辆的车身侧板如同驾驶室的导流装置已成为优化车辆两侧绕流的标准部件（图 10.58）。在车轴之间的侧板能够使车架旁不同的附件被有利于流动地覆盖好，这可使空气阻力减小约 1%，首先侧面流动产生的空气阻力将会得到较大的改善。

车身挡板不应该仅仅因为它减小空气阻力而被应用。它能非常可观地改善安全性，步行者和骑自行车人在出车祸时被“隔开”，不会容易地被陷进货车内。另外，车身挡板可以减少溅水形成和降低噪声水平。

装汽车底板的措施首先适合所谓的公路大型平板车。这种货车不行驶在田野上，从汽车底盘到行驶道路间只有较小的距离。一个平的汽车底板，就像人们知道的乘用车的底板，在商用车领域里由于各种原因是没有的。平的汽车底板的实现是通过敞开的多横梁车架与汽车附件和敞开的驱动系统通过大面积的挡板用螺栓固定。这些措施必须通过稳定的辅助设计去定位。局部底盘盖板至今只在个别的量产车上出现。图 10.59 显示，在一辆铰接式车辆 Actros 车辆前轴前面的汽车底板的部分覆盖情况。

㊀ 汽车工程技术研究联合会。

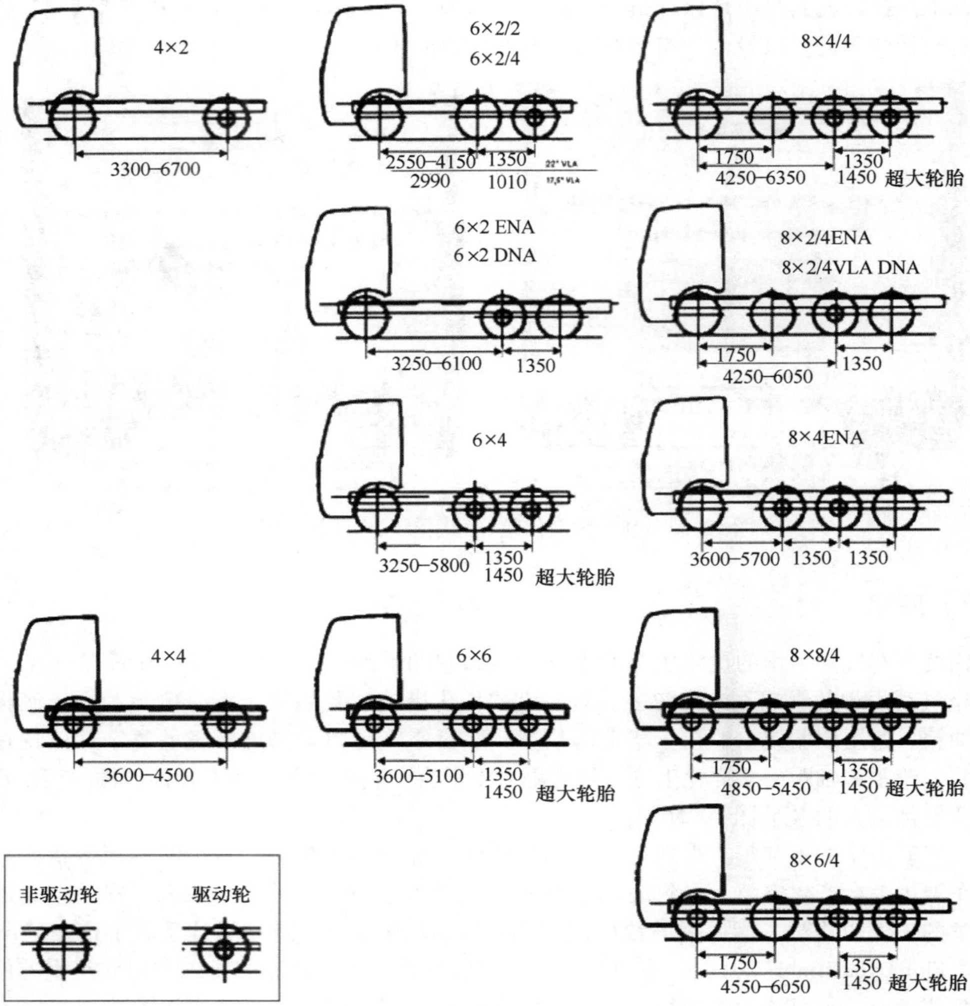

图 10.56　车轮形状和车轴变化的可变组合

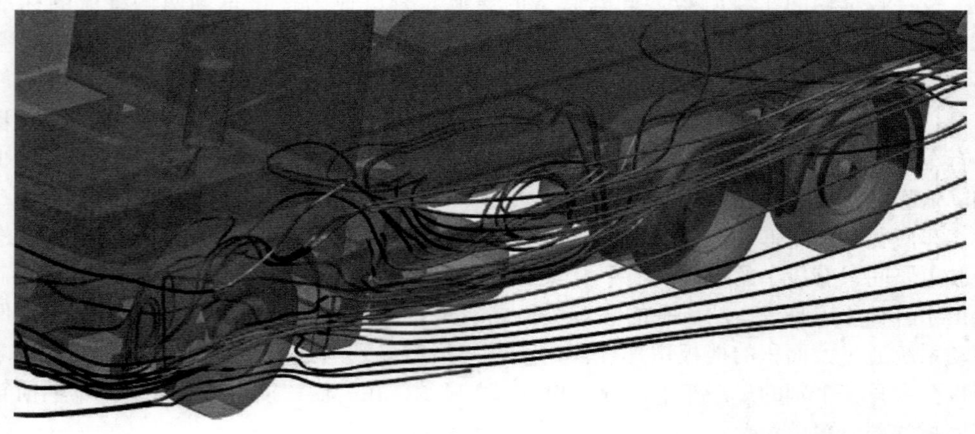

图 10.57　一辆没有车身侧板的平台车厢式货车的绕流流动

图 10.58　带与不带车身侧板的 Actros 铰接式商用车

图 10.59　一辆 Actros 铰接式商用车的汽车底板覆盖情况和车轮的扰流板

汽车底板一个进一步的空气动力学的优化措施是车轮扰流板，其首先在乘用车上得到了应用。一个商用车上的车轮扰流板对空气动力学的挑战是非常大的，因为车轮的变数和底盘的高度变化很大。比如一辆铰接式车辆至少有 4 种不同的车架高度，7 种不同的车轮大小，设计车轮扰流板时必须要考虑。这里几何参数是车轮扰流板的宽度、高度和开放角度。一个适合车辆底部绕流的车轮扰流板的设计可以使空气阻力降低 1%（见图 10.59）。

具有平台车厢式的货车，在一个统一的空气动力学方法下开发时，一个平的大面积的底板呈现一个很大的潜力。在样机上的初步试验验证了这个潜力（见图 10.60）。

空气动力学在底盘的进一步的损失出现在车辆轮罩或者轮盘上。由于车轮的几何形状要求的弹簧路径和扳动方向盘的角度，这部分很难实现流线型的形状。通过车轮盖至少可以降低轮辋形状对于空气阻力的负面影响（见图 10.61）。这种形式的车轮盖必须注意通过合适的冷却空气气流去实现制动冷却问题。车轮后轴的包裹人们可以部分在公共汽车上看到（见图 10.92），但在系列商用车里一般不包裹车辆后轴。

10.6.6　挂车和车厢

从空气动力学角度来看，鞍式牵引车和载货车的形象是由不同的货车部件组成的。但是优化时不允许单独去考虑，因为它们之间相互有影响。为了能够更好地了解空气动力学优化措施

图 10.60　Mercedes－Benz 商用车的空气动力学研究样车

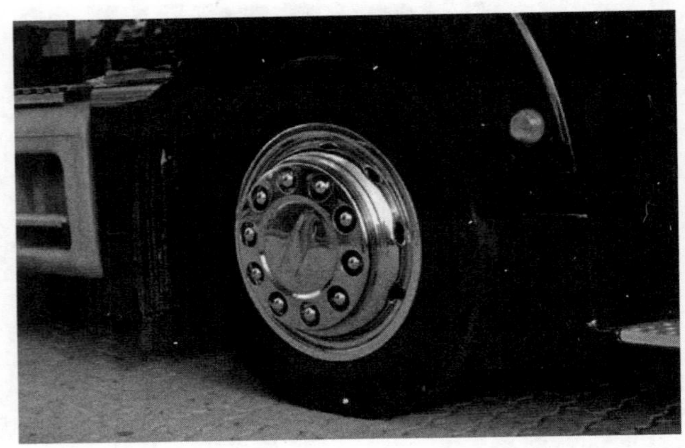

图 10.61　一辆商用车的车轮盖

的作用，每个货车部件的空气阻力分别归类算出[㊀]。

图 10.62 显示了这样一种研究方法的结果。一辆鞍式牵引车的总空气阻力分为车厢阻力、驾驶室阻力和车辆底盘阻力。在对称来流情况下，这些局部阻力大致是 4∶3∶2。如果增加驾驶室与车厢之间的空隙长度将使局部阻力略为增大。在侧向来流时，挂车和车辆底盘的切向阻力系数明显增大；这是由于背面的流体分离和绕流有缝隙的车辆底盘。但是相对来讲，有利于空气流动的驾驶室的切向阻力系数对侧风几乎没有影响。

另一方面人们可以把鞍式牵引车的空气阻力按照图 10.63 分成牵引车和挂车的部件空气阻力。鞍式车的切向阻力系数值几乎不随显示的来流角度范围变化而改变。这意味着鞍式挂车随着增加的来流角度而上升的总切向阻力系数仅仅是由于挂车部分切向力的增加引起的。这里的一个原因是位于驾驶室和挂车间的缝隙的侧向过流在下游产生流动分离。另一个原因是侧向流入相对直面流入而变化的挂车后面的流出情况，使尾涡区域增大以及增大在有空隙、车旁没有覆盖的车辆底盘区域的空气流入。

载货车车头和拖车的局部阻力在对称的来流情况下大致可以分成 70% 和 30% 的关系。在流

㊀ 请参见 Roshko 和 Koenig（1978），Gilhaus 等（1980）以及 Morel（1979）的研究成果。

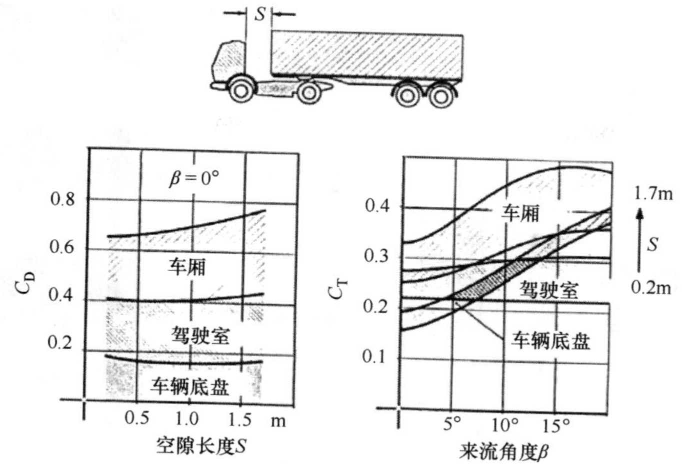

图 10.62 一辆鞍式牵引车的部件阻力

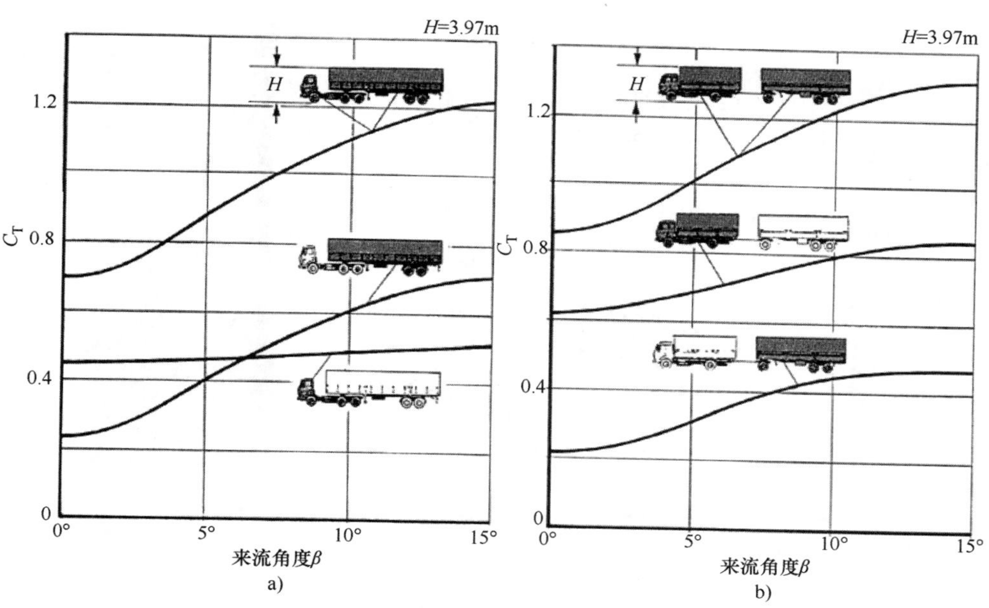

图 10.63 鞍式牵引车（a）和载货带拖车货车（b）的切向阻力系数 C_T 与来流角度的关系

入角度β增大的情况下，两部分的切向阻力系数大致同样增大，所以车头和拖车组合后总的切向阻力大致以同样的程度随之增大。这里的原因是货车前面的背向流动分离。随着流入角度β的增大使侧面流入驾驶室、货车车厢和挂车之间的缝隙流动增加，因此引起一个附加的背部分离流动。同样鞍式牵引车面对直面流入而变化的挂车后面的流出情况，使尾涡区域增大，导致整辆商用车的总切向阻力增大，同样增大车旁没有覆盖的车辆底盘区域的空气流入。

在所进行的研究中发现，驾驶室的形状对研究结果有一个重要的影响。一个有利于流动的驾驶室可以减小阻力以及重新分配牵引车和挂车的阻力，如图 10.64 所示。

图 10.36 中所示的空气阻力的发展情况为商用车提供了空气动力学流动优化的基础。空气动力学优化的最大潜力在商用车如下区域：自由空间和/或迎面区域、侧面区域和车辆尾部（见图 10.65）。

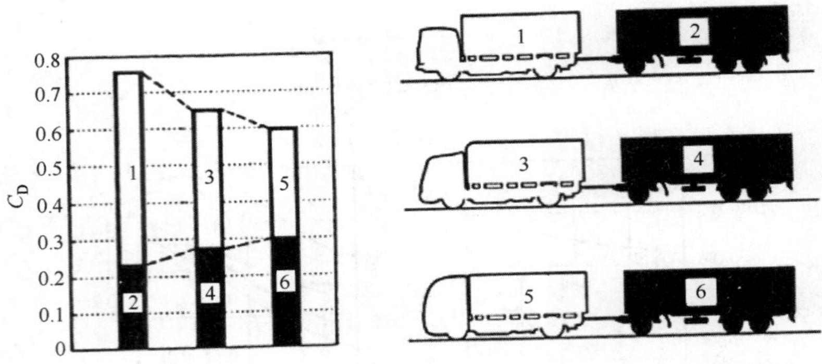

图 10.64　通过有利于流动的驾驶室形状减小空气阻力和重新分配阻力

这张图也显示出，一辆现代化的鞍式牵引车，其中牵引车的空气阻力在总的空气阻力中占有较高比例。图 10.66 显示了空气阻力的分配情况。所有车辆纵向轴上的负压正压区域的总和与所有阻力绝对值的总和相比是一个较小的空气阻力。

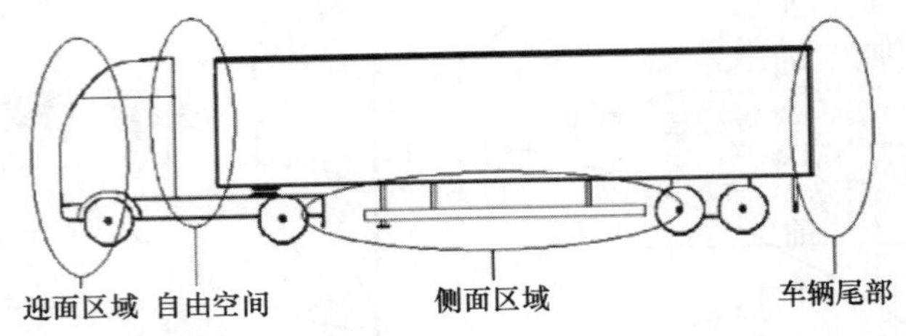

图 10.65　商用车空气动力学优化潜力

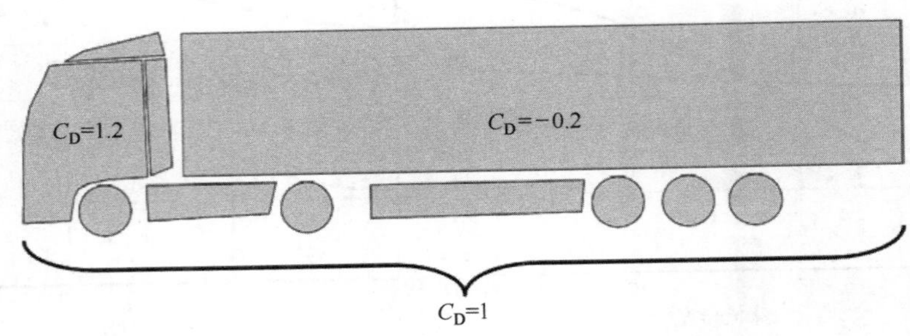

图 10.66　一辆鞍式牵引车的 C_D 值的分布

一辆挂车的空气动力学优化从商用车的前部开始，尽管知道迎面区域半径的优势，通常应用的挂车或车厢大多数是边沿带角的或具有一个斜边，而不是相应的半径形状。如果车厢各边高于驾驶室，这些大的半径将使空气阻力减小 7%，如 Mercedes - Benz 和 Spier（2011）的研究所示。

同样包裹的护板或至少减小鞍式牵引车头和挂车之间的自由空间，这两种措施几乎没有被应用。这里带冷却装置的挂车的迎风区域具有相对简单的可能性，通过附加的包裹附件使空气动力学性能改善 1% ~2%。

运用空气动力学也对挂车列车之间的空隙进行了研究。Gilhaus 和 Hau（1982）得到了证实：这是一种可实现的方法。在牵引车到挂车之间产生一个近似光滑和封闭的过渡区域，即很好地相互靠近，就像产生一个很好的流动过程。但是这在技术方面是无法实现的。如图 10.67 所示，载货拖车的空气阻力通过一个配置至没有空隙的减小情况。

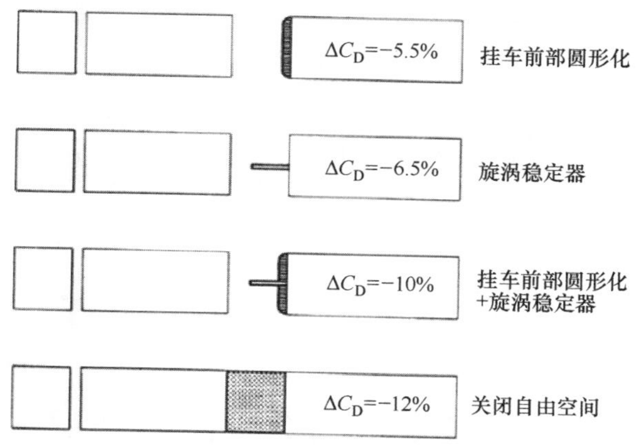

图 10.67 通过配件装在挂车上使载货车的空气阻力减小

在 10.6.5 节已谈到，车身侧板是一个重要的措施，可对直流和首先对斜流的空气阻力进行优化。Lenschen 和 Cooper（2006）指出，车身侧板的高度特别是离地面的距离对空气动力学的作用有重要的影响。对日常运行的限制是通过必要的离开地面的自由空间去保证要求的倾角。

在 Delft 大学进行了一系列的风洞试验（Van Raemdonck，2012），对一辆鞍式牵引车上各种不同特征的车身侧板进行了测试。前面和后面车身侧板的形状是变化的。改善 C_D 值至 ΔC_D = 0.061 可以通过在车身侧板前面的开始区域用一个相似于机翼剖面的形状来达到（图 10.68）。如不同的挂车生产制造商所做的广告。应用车身侧板可以将空气阻力减小大约 8%（图 10.69）。

图 10.68 鞍式牵引车上车身侧板的特点

在挂车的汽车底部的优化措施至今仅在模型或样车上显示出来。那里表明可以减小空气阻

图 10. 69　一辆挂车上的车身侧板

力约2%。对于一辆挂车或拖车的底盘位置安排应该对每一部件如堆货的底架或制动装置的压缩空气罐去合理安排，以避免在汽车底部流动中产生不必要的旋涡。

在车辆背面的优化措施比如车尾的收回，像在乘用车领域内一样在减小空气阻力方面有很大的潜力。这项措施的目的是，作用在车辆背面的基础压力通过一个向内导向的绕流去提高，并且减小强大的旋涡流的强度（见图 10. 37）。不同的车尾收回的形状是众所周知的（见图 10. 70）。首先变量是斜面延长面（图 10. 70b）与其他变量，直面延长面（图 10. 70a）、转向叶片（图 10. 70c）或车尾全部覆盖（图 10. 70d）作为有效的形式投入应用。

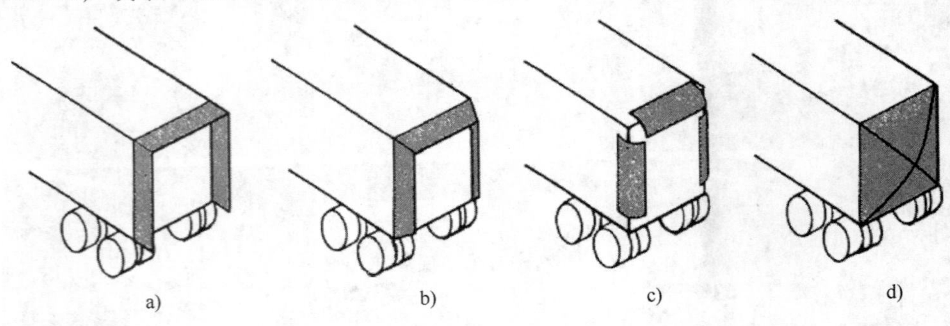

图 10. 70　车尾收缩的造型

在 FAT 范围有关一个必需的车长去应用车尾收缩的研究指出，一辆车纵向长度延长 400mm 就足够了，就有可能减小空气阻力约 7%（见图 10. 71）。

对一辆鞍式牵引车优化措施中的许多方法是多年来众所周知的。从不同的空气动力学单项研究中得到的见识已经在 20 世纪 90 年代初整合进一辆远程鞍式牵引车的设计构思中，如图 10. 72所示。目的是，在对称来流和侧风情况下都要减小空气阻力。图 10. 73 显示了每一措施的作用：挂车前额棱角半径 $r = 150$mm，驾驶室车顶上的导风部件和后面边缘上的盖子、汽车前裙板、车架边上车头和厢体的挡板以及厢体尾部的收缩，总共可使 C_D 值降低 35%。同样对倾斜来流证明了这些措施的可行性：$\beta = 15°$ 可使 C_T 值改善 40%。

相似的措施也适用于平台车厢式载货车。Gühring 和 Krämer（1987）调查指出：运用驾驶室上的导风部件可改善 C_D 值 17%。汽车前裙板 4%，边缘挡板 6% ~8%，总共可至 27%；应用例

图10.71 在FAT范围内对鞍式牵引车车尾收缩的研究

图10.72 空气动力学优化的鞍式牵引车

子见图10.74。对于带有较大的厢体的轻型货车通过空气动力学设计驾驶室、厢体和车架可使C_D值降低36%，从0.78降至0.50，见图10.75和图10.60。

由Mecedes－Benz和Schmitz Cargobull生产的空气动力学优化的挂车显示了一辆现代化的空气动力学鞍式牵引车在IAA2012展览，见图10.76。厢体的装货容积得到了完整的保留。但是它的长度因为加长车尾增长了大约0.5m，即超出了允许的尺寸（见10.4.2节）。空气优化的挂车与一辆标准的挂车比较空气阻力可减小18%。

与车厢形状有关的空气动力学进一步的优化可能性是放宽长度的规定，如图10.77所示。研究的基本条件是装货容积不变。通过尾部收缩损失的装货容积将通过加长车厢长度去弥补。因此一辆货车为减少45%的C_D值，将需要将车尾比一辆常见厢体增长2.7m，以达到运输相同的容积。但是这种车尾给出了一种感觉：装卸货物条件严重变差。

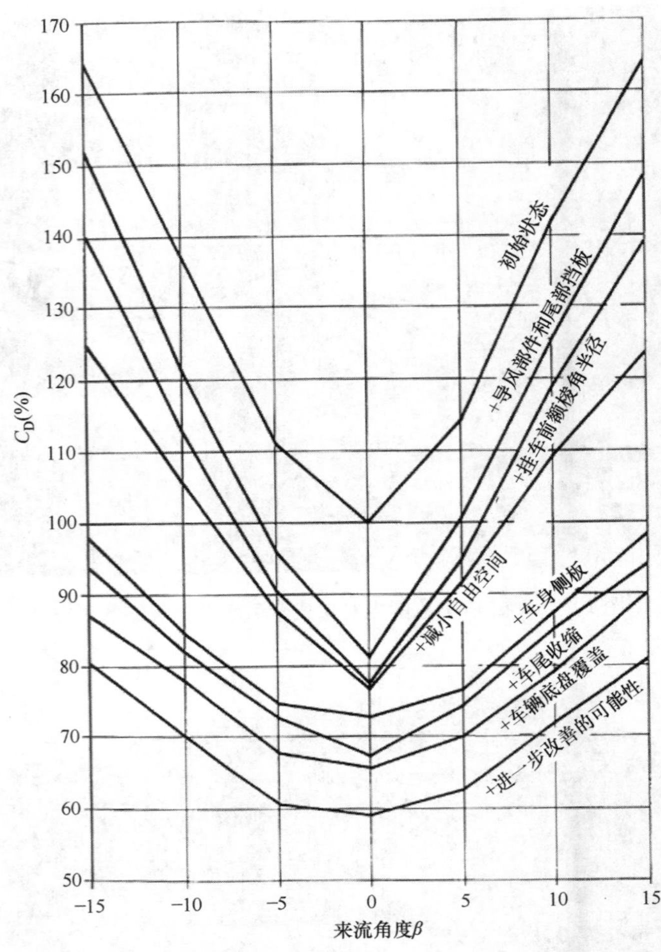

图 10.73　空气动力学优化措施对一辆 15m 长的鞍式牵引车的影响

图 10.74　带厢式车身的货车，对驾驶室和厢体上面的过渡区域进行了空气动力学优化

图10.75 车厢三条边空气动力学优化驾驶室到车厢的过渡区域

图10.76 Mercedes - Benz 空气动力学优化的挂车研究

10.6.7 概念货车

商用车生产商的大部分概念货车致力于法律规定的变化即长度规格。Mercedes - Benz 空气动力学优化的挂车（见图10.76），Renault 公司的燃油优化（见图10.79），IVECO 货车运输优化方案（见图10.81），同样 MAN 的方案 S（见图10.78），这些样车展出时都超过了欧盟的长度规定。研究主要体现在下面4种手段：

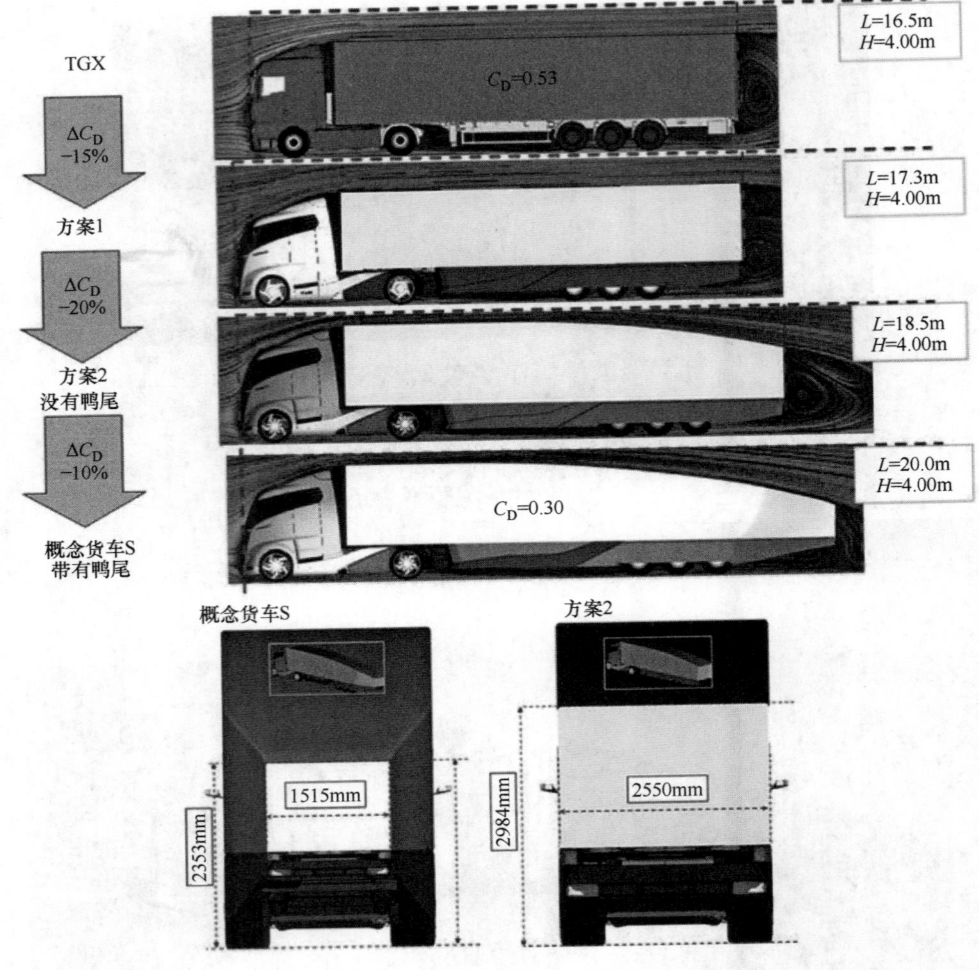

图 10.77 厢体可实现的空气动力学对车尾收缩的影响

- 减小车辆前面的滞止压力。
- 使转角半径变成圆形。
- 车尾收缩。
- 挂车底板和车身侧板的覆盖

MAN 方案 S（图 10.78）已实施了这 4 种方法，显示 C_D 值为 0.3。即与传统的铰接式车辆相比 C_D 值下降约 45%。为此，在远程运输中可使燃料消耗降低约 15%。如果平均消耗燃油 30L/100km，可节油 4.5L/100km。Renault 公司的燃油优化（图 10.79）可实现燃油降低约 13%。空气动力学形状除了优化驱动系统和滚动阻力，主要体现在节约燃油方面。Scania 的概念货车（图 10.80）显示 C_D 值为 0.25，可作为挂车列车或车架货车。

IVECO 货车运输方案与批量货车相比使空气阻力减小了 22%（Cosano 和 Colombano，2007）。图 10.81 清楚地显示了所应用的节约措施。通过挂车使空气阻力减小 14%，牵引车头减小 8%。这辆车在牵引车头和挂车之间以及在挂车后部装备了可充气的部件。

图 10.78 MAN 货车和大巴方案 S

图 10.79 Renault 燃油优化方案

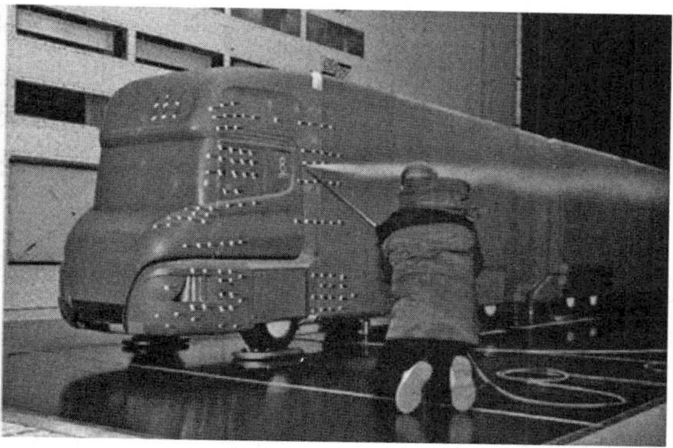

图 10.80 Scania 概念货车

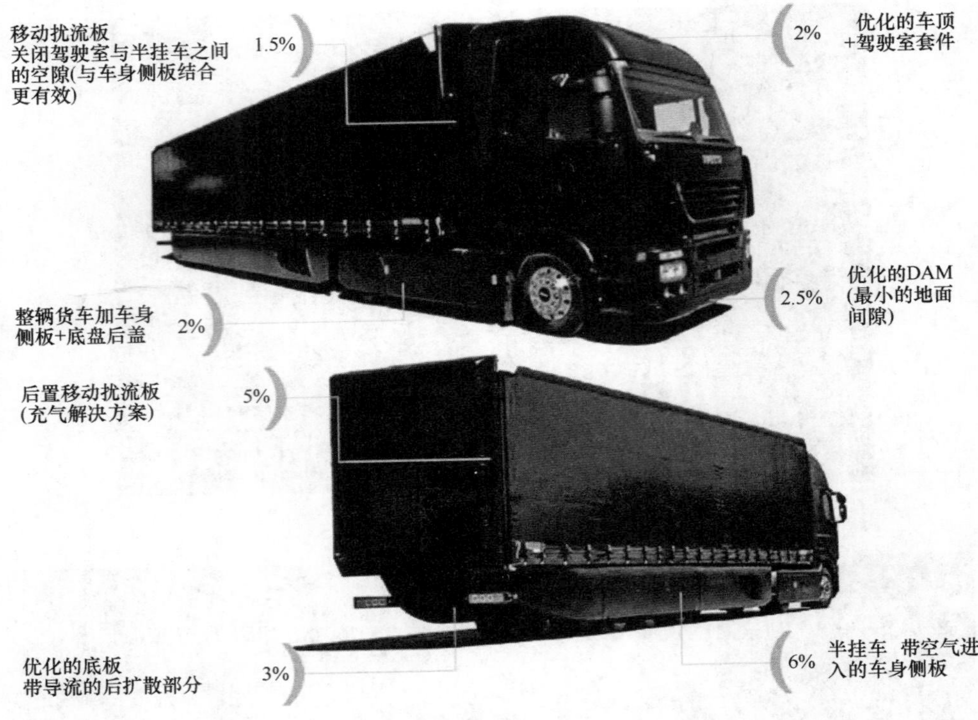

图 10.81 IVECO 货车运输优化方案

10.7 公共汽车的空气阻力优化

公共汽车在以下两方面呈现出紧张的关系。一方面是空气动力学，另一方面是法律和市场经济形势。这里设计师和空气动力学学者对整车的形状从车辆前部经过车辆侧面直至车辆背部作为一个配合的整体来设计。而客户要求即最可能多的座位和相应的装箱子容积与空气动力学优化相矛盾。公共汽车较大的设计余地体现在令人印象深刻的例子 Neoplan 旅游大巴 Starliner（$C_D = 0.36$）和 Cityliner（$C_D = 0.35$）上，它们的空气阻力系数已经达到了乘用车水平。

10.7.1 流动与压力的特征关系

图 10.82（见彩插）显示了一辆传统旅游大巴例子 MAN Lions Coach 的压力和流动关系。

沿着车辆纵向轴的空气阻力部分叠加显示在图 10.83 中。很明显，在汽车前部滞止压力区域即空气阻力增大。这部分大约占总空气阻力的 70%。附在车顶上的流动和由此引起的车辆前部的负压将起减小空气阻力的作用，以使汽车前部范围“A”大约是总阻力的一半。中间部分“B”是通过车架和车辆底部的阻力来决定的，大概是总阻力的 20%，车辆背部负压区域大约占 30%。

10.7.2 车辆前部

对一辆公共汽车空气阻力的主要影响是滞止压力区域和车辆前额边缘半径的大小。图 10.84 显示了一辆公共汽车从一个具有尖边的车头形状开始逐渐增大半径。半径大约 150mm 就足够了，将公共汽车的阻力大大减小，以致再加上流线型的车辆前部形状也不可能再继续改善空气阻力

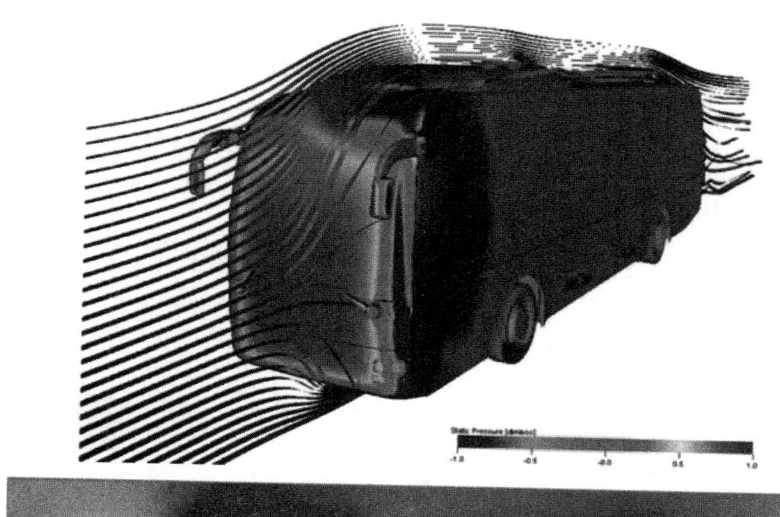

图 10.82 一辆传统旅游车的压力与流动关系

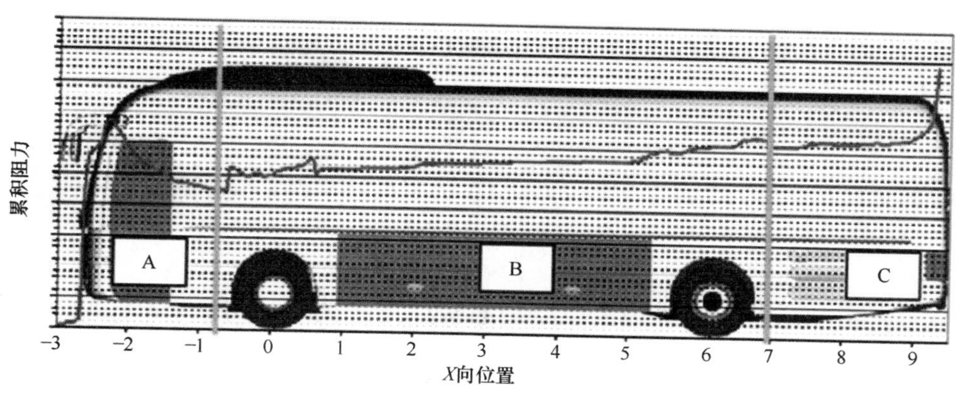

图 10.83 沿着车辆纵向轴的空气阻力份额

了。Carr（1968）在系统的调研中得到了类似结果（见图 10.85）。

豪华旅游大巴阻止大的边缘半径和车顶侧斜引起的流动分离，以及减小车辆前部的滞止压力区域。与一辆传统的公共汽车直接比较，车辆前部作用的力大约减小了 30%（图 10.86，见彩插）。

10.7.3 后视镜

现代化旅游大巴和长途公共汽车绝大部分在车前装上了组合后视镜。因为这些公共汽车大部分具有非常圆滑的 A 柱。这种组合后视镜与传统后视镜，即后视镜直接装在 A 柱上，相比在空气动力学和避免弄脏镜子玻璃方面具有很大的优点。如图 10.87（见彩插）所示，这种后视镜具有一个明显较小的尾迹区域。与传统后视镜相比，这种组合后视镜的燃料消耗在 100km/h 的平地匀速行驶情况下大约可节省2%。

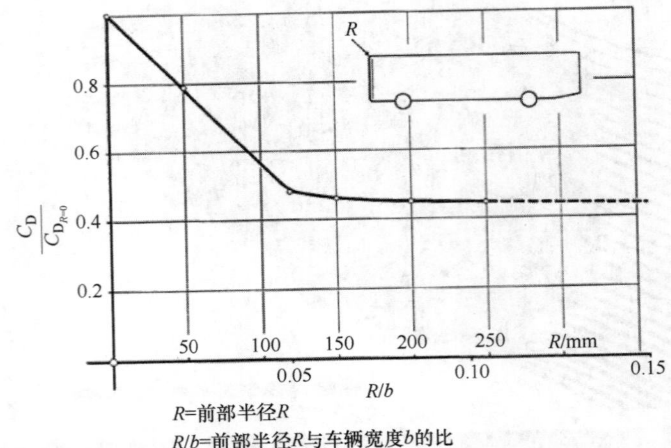

图10.84　车辆前部半径对空气阻力的影响

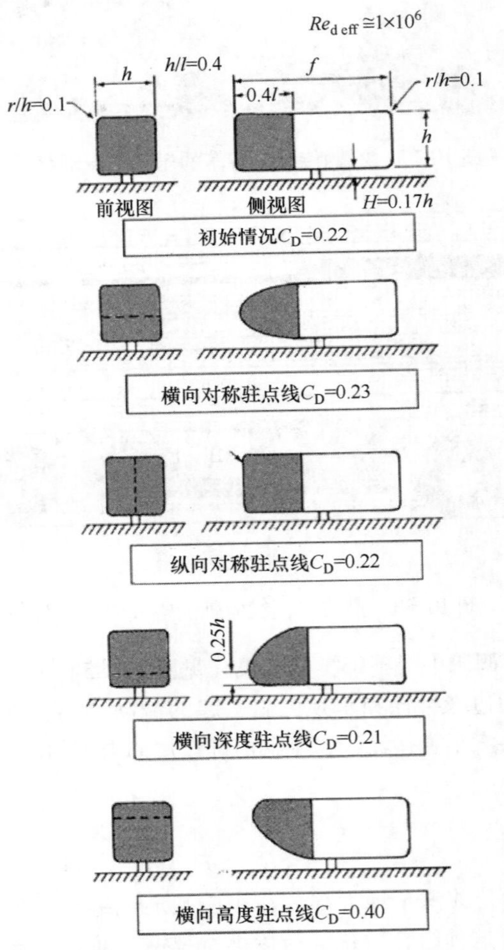

图10.85　流线型的长方体前端形状对 C_D 值（地面附近）的影响，根据 Carr（1968）

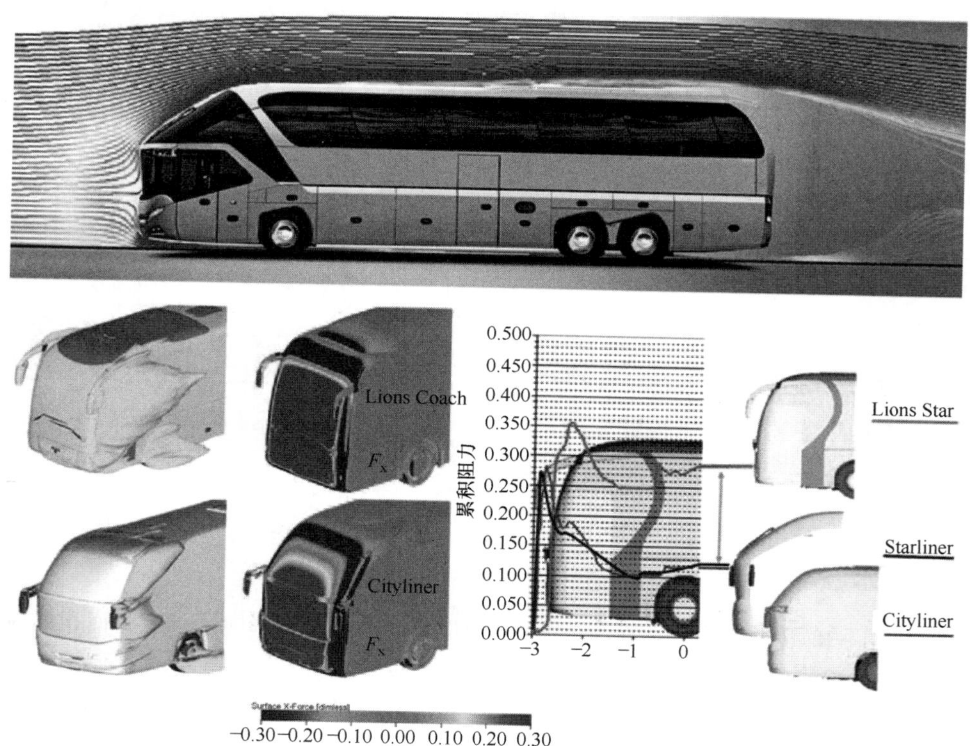

图 10.86 不同的旅游大巴方案（MAN Lions Coach 和 NEOPLAN Cityliner/Starliner）比较阻力和流动分离走向

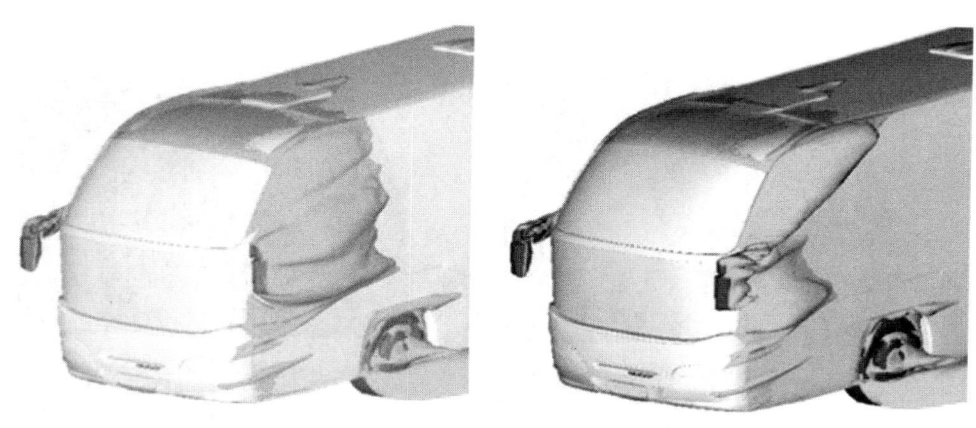

图 10.87 不同的后视镜与一个大 A 柱半径的组合方案的尾迹区域

但是这种组合后视镜安装在一个很高的气流速度区域，由此在车辆气动声学方面产生负面影响（图 10.88，见彩插）。这里提出了一个在乘客舒适性和车辆经济性之间的理想的妥协方案。

在圆滑的 A 柱情况下车前组合后视镜证实了它的优点。但如果较小的 A 柱角度下组合后视镜将增加车辆空气阻力。原因是通过 A 柱棱角产生的流动分离。靠近车身旁边安装的后视镜部分出现在这个流动分离中，所以对车辆的绕流仅有很小的影响。而这种车前组合后视镜完全出现在这个流动分离区域，所以大大增大了空气阻力。

从空气动力学角度来讲，一辆圆滑 A 柱的车辆装备车前组合后视镜，一辆较小的 A 柱半径在车身边上装上后视镜，但是这里还必须考虑法律规定，部分导致很难在驾驶员一侧装上车前组合后视镜。后视镜必须通过风窗玻璃的洗刷区域看得见。如果这个不能保证实现，后视镜必须装在车辆车身边上，必须通过侧窗看得见。

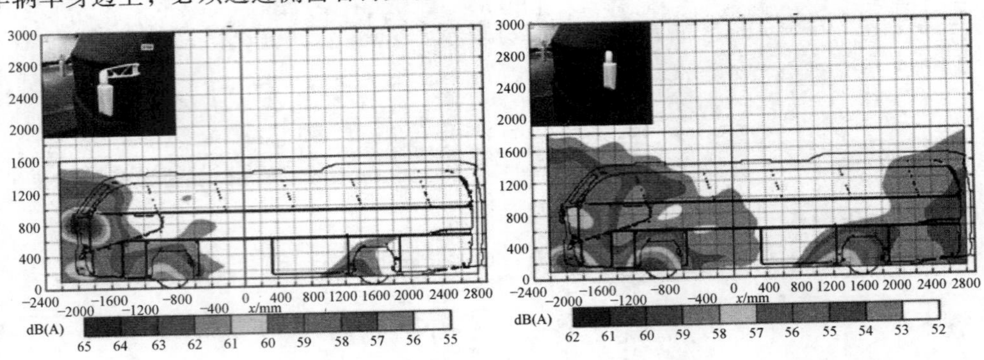

图 10.88　公共汽车的气动声学

10.7.4　刮水器

刮水器对车辆前部几乎垂直的城市公共汽车的 C_D 值基本没有影响。具有大面积的风窗玻璃和圆滑的 A 柱的现代化的旅游大巴必须仔细选择乘客一侧刮水器的静止位置。如果刮水器停在不适宜位置上，将敏感地影响车辆的绕流。一个例子是 Neoplan Skyliner，上面的刮水器对车辆前部滞止压力区域的影响（图 10.89，见彩插）。

横向安装的刮水器将使车辆前部滞止压力区域增大导致增大车辆的 C_D 值。而垂直安装的刮水器出现在流动方向里，因此对车流绕流不产生负作用。但是这个安装位置对乘客舒适性带来不利因素，所以为保证乘客舒适性常常把刮水器放在对流动不太适宜的地方。

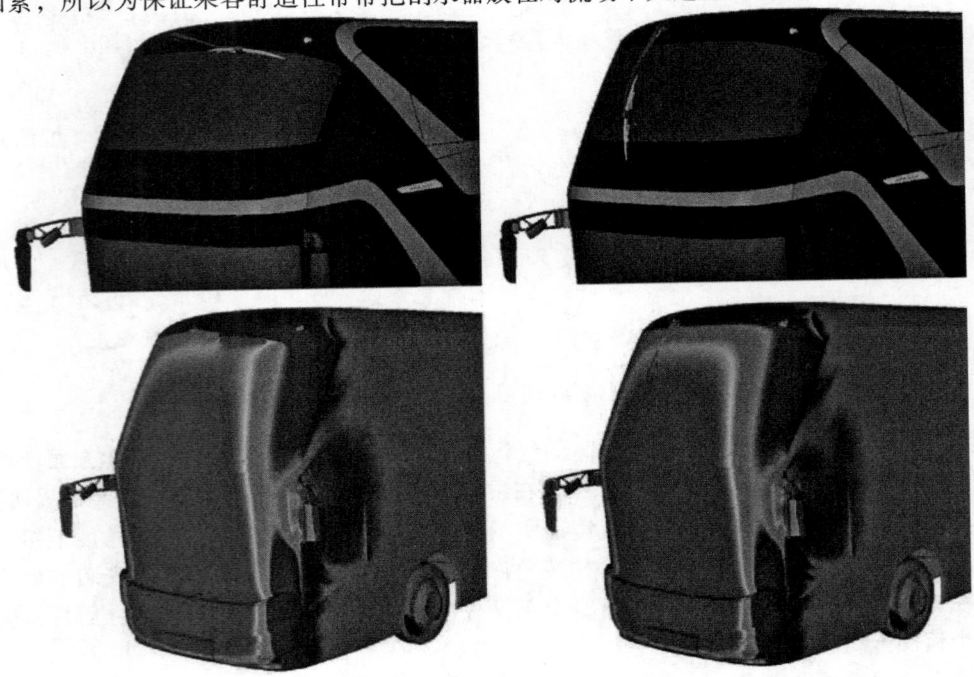

图 10.89　刮水器位置和对车辆前部滞止压力区域的影响（Neoplan Skyliner）

10.7.5 车辆底部

公共汽车的底部几乎是完全封闭起来的，因为车辆中间底部同时作为平整的装箱子空间，这里不包括管子和影响绕流的车辆支撑框架。包裹车辆底部最大的潜力在车头部分，即放备用轮胎的地方。图10.90（见彩插）显示了每个车辆底部的潜在可能性。如果车辆底部可以完全被覆盖住，很明显可以看出，负压区域在车辆前部，车辆空调系统用于为乘客车厢内排风。

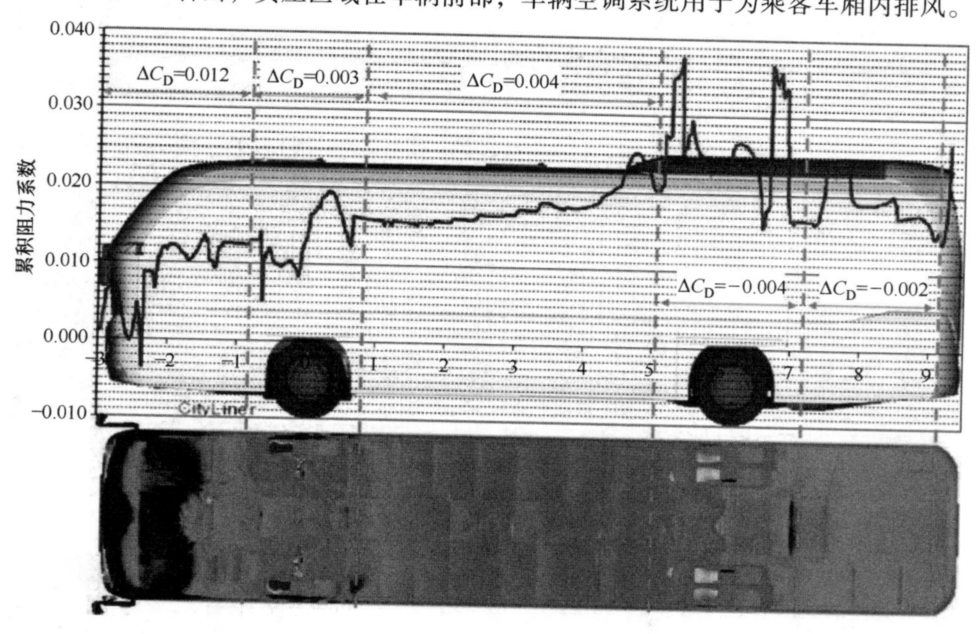

图10.90 公共汽车车辆底部各个部分的潜力

10.7.6 车轮和轮盖

在乘用车领域里轮圈设计和轮子覆盖对车辆 C_D 值产生很大的影响。商用车同样可以观察到这一效应。客车具有两种形式的轮子覆盖，广泛应用的是轮圈覆盖，如图10.91（见彩插）所示。计算流体力学明显表示了流过轮圈的气流产生的旋涡的减少情况。与车身组合在一起的车轮覆盖（图10.92）比较少见，但具有较大的节能潜力。一般仅能在后轴上应用。最大的节能是在前轴的轮盖上，与后轴相比因为这里车辆从底部通过车轮罩到车边上泄漏较大的体积流量。

10.7.7 发动机舱内的流动

一辆客车的发动机舱内的流动与货车不同。客车的发动机安装在车辆尾部。散热器不是通过一个滞止压力区起作用，而是唯一通过风扇提供冷风，发动机功率比货车低很多，所以没有特别要求去保障冷却功率。客车的主要问题是最大允许的发动机和与附近车身相连的部件温度。有时发动机舱内温度很高，导致车身部件上油漆损坏。为了避免这种情况发生，需要分析冷却空气体积流动，然后有目的地用在车辆部件的冷却上。

图10.93（见彩插）显示了一辆城市客车典型的发动机舱的流动情况。客车发动机舱的安排几乎已用尽了，所以空气导向部件很难安装进去。在车辆底部有目的地开一些口，可让冷却空气流到一些危险的车辆部件上。

混合动力客车的电子设备和它的冷却系统安装在车顶上。冷却空气体积流量可以考虑空气

图 10.91　轮圈覆盖

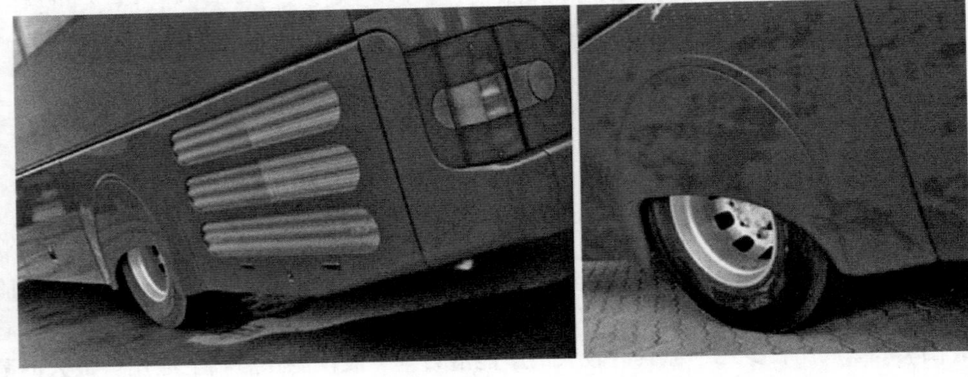

图 10.92　与车身组合在一起的车轮覆盖

阻力去设计。通过在车的前部设置开口，就能利用车辆行驶时（产生的迎面风）空气的滞止压力，这样就可以减少风扇的使用，使客车的能量消耗下降。图 10.94（见彩插）显示了一辆 MAN 混合动力客车用流体技术设计的混合冷却装置。

10.7.8　车尾

减小空气阻力的另一方法可通过用空气动力学和相应流线型设计的车尾收缩来实现。通过一个收缩可使尾迹区域明显减小和降低空气阻力。图 10.95（见彩插）显示了 Neoplan Cityliner 通过在车顶上的尾部收缩改善了空气阻力。在系列产品实现的车尾区从车顶降低 150mm 使车辆的 C_D 值下降约 8%。

图 10.96（见彩插）间接显示了 Starliners 车尾收缩的侧面效应，不受欢迎和不可避免的 Star-

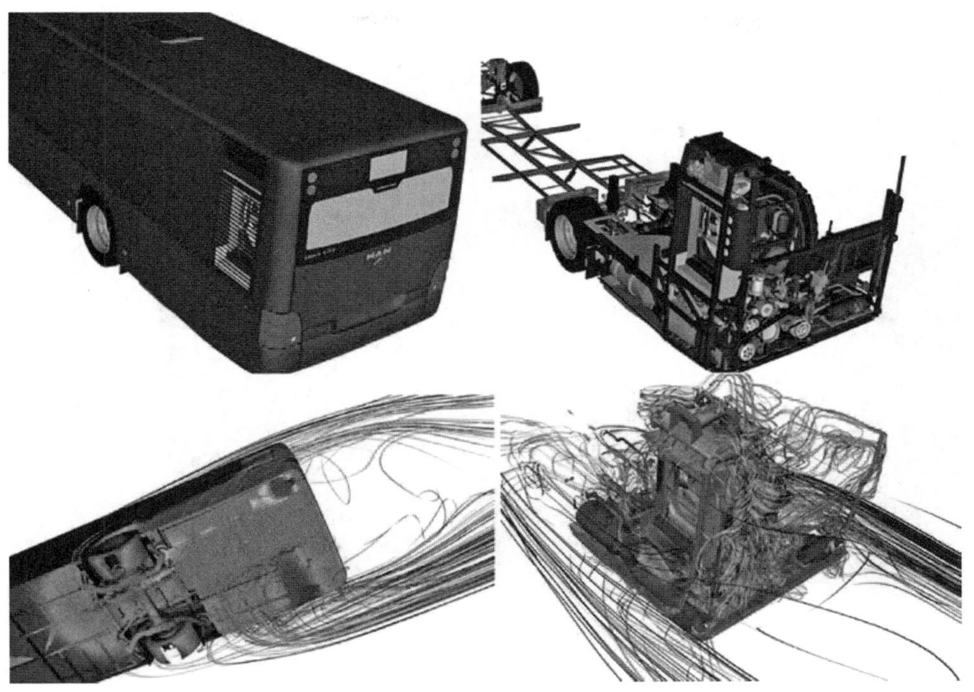

图 10.93 城市客车典型的发动机舱的流动

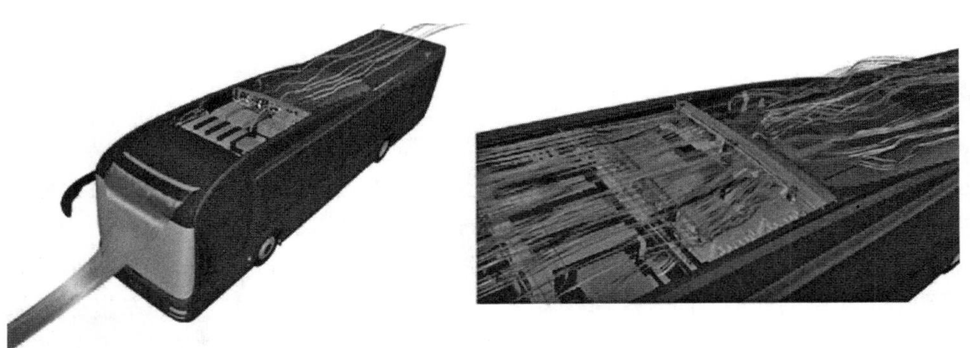

图 10.94 用流体技术设计的冷却装置

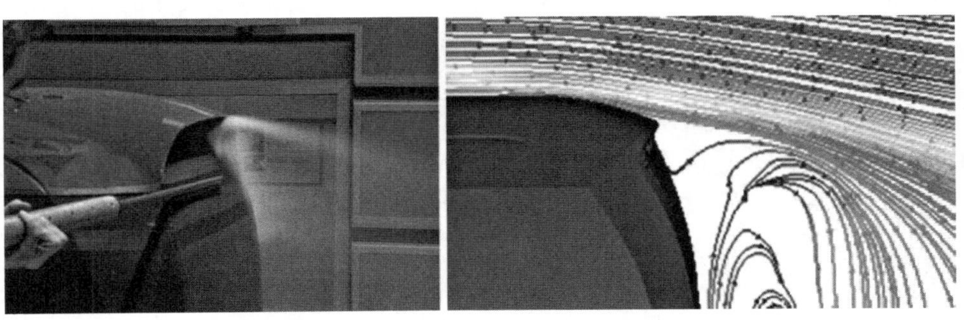

图 10.95 通过车尾收缩改善空气阻力

liners 的车尾脏污情况。空气紧贴在车顶和车身上侧面直至分离边缘，因此减小了车尾的负压区域，是不错的附加效应：车身附件，空气紧贴的部件，不易被车辆弄脏。

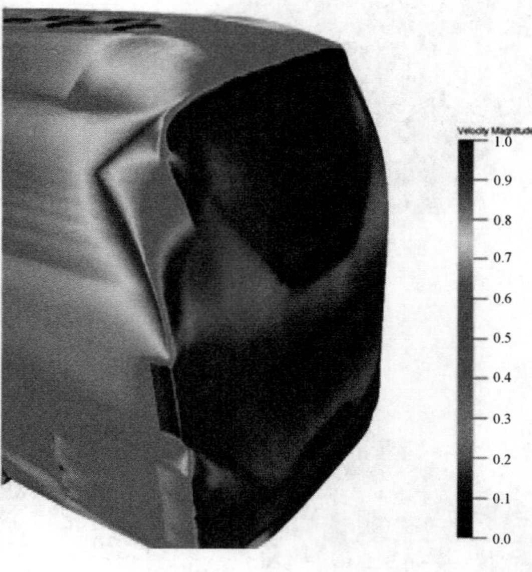

图 10.96　Starliners 车尾脏污情况

10.8　空气动力学的相互作用

10.8.1　纵队行驶

纵队行驶提供了一种减小空气阻力的可能性。不断增加的交通密度导致形成车辆纵队，所以已经出现了很多研究，调查这种有目的的车队的交通形式的可行性。很明显的优点是通过空气动力学在每辆车辆之间的相互作用达到节约燃油的目的，参见 4.5.4 节。

每辆货车在车后形成一个明显的尾涡区域（图 10.97，见彩插）。这个区域减小了滞止压力对后面紧跟着的车辆的冲击。同时这辆后面紧跟车辆的滞止压力区域对前面车辆的尾部流动起了一个好的作用。所以这两辆车都具有背风行驶的优点。这一效应对具有很大尾部流动区域的商用车来说是特别值得一提的。

车辆之间的距离越小，节能潜力就越大。大约 20m 距离可使第一辆货车的 C_D 值减小 2% 或 10m 距离减小 8%。在中间的车辆获得最大好处，距离 20m C_D 下降 34% 或 10m 距离减小 40%。原因是已经提到的减小了车辆前部的滞止压力和对紧跟车辆的推动效应。但是这个推动效应与背风行驶的优点相比明显较小，在距离大约 20m 时可以忽略不计。纵队的最后一辆货车与单个货车相比仍然还有约 32% 的 C_D 值减小的优点（10m 距离）。

在一次货车试验中证实，后一辆总重 28t 的货车，车速 80km/h，距离前面行驶的车辆 10m，可节约燃油大约 21%。前面行驶的货车总重 14.5t，同样距离和同样车速下可节约燃油大约 7%，见图 10.98。

节约燃油的测试和仿真结果显示，用一根电子牵引杆，两辆车距离小于一辆货车的长度可以节约燃油。但是如果距离小于 10m 时燃油消耗不能继续下降，那么距离前面货车大约 10m 就是最佳距离了。

10m距离

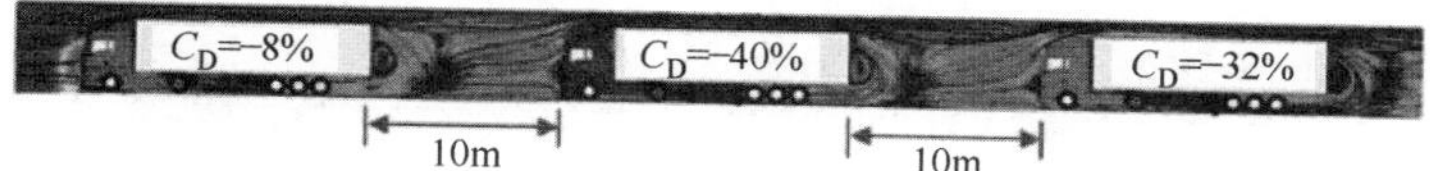

20m距离

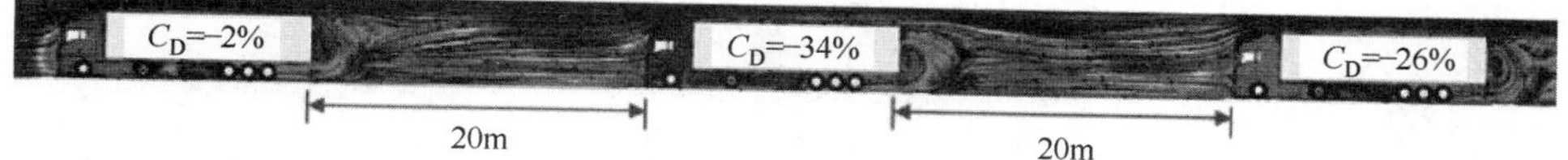

图 10.97 10m 和 20m 车队行驶 C_D 值减小和流动图形

图 10.98 两辆 PROMOTE – CHAUFFEUR 的货车

10.8.2 翻车和侧风的敏感性

公共汽车和货车翻车的严重事故总是重复发生。毕竟它们具有 4m 高度和 16.5m 长度，即受侧风攻击的面积达到 66m^2。翻车和侧风敏感性决定性的因素是空气动力学和车辆行驶动力学。在行驶动力学中有轮距和车辆转向行为等因素。行驶动力学是翻车和侧风敏感性现象的一个主要构成要素，但是这里不应该仔细研究（参见第 5 章）。大巴首先是造得高的车辆，像双层大巴和轻型货车和没装货的货车受到了严重的威胁。

这种现象首先发生在桥上和路边没有植被的高速公路上，即几乎不受干扰的侧风能攻击车辆。图 10.99 抓拍到了车辆在翻车前的照片。很明显，一辆铰接式车辆的翻车是由挂车翻倒引起的。

翻车的原因首先是侧风攻击力点高于车辆重心，因此产生很大的滚动力矩 M_R，车顶上巨大的旋涡和变化中的侧风引起车顶边缘出现负压，即作用在车辆上的滚动力矩 M_R 和升力 F_A 增大，导致翻车的危险增加。Batista 等人（2011）在一些简化假设下研发出一个计算临界侧风 $v_{W,krit}$ 公式，在这个风速下将导致翻车。

$$v_{W,krit} = \sqrt{\frac{2m_F g}{\rho_L \cdot A_x} \cdot \frac{s}{2h \cdot (c_s + c_{M,R}) + s \cdot c_A}} \qquad (10.10)$$

图 10.99　车辆在受到严重的侧风攻击后在翻车前的照片

式中，m_F 为车辆的质量；s 为轮距；c_s、$c_{M,R}$ 和 c_A 分别为空气动力学侧力系数、滚动力矩系数和升力系数；A_x 为车辆特征面积；ρ_L 为空气密度；h 为车辆重心相对地面的高度。基于 Backer（1987）的计算建议如下：风速超过 80km/h 将不允许在暴露的行驶路段行驶。这时显然翻车既与空气阻力、旋转力矩和俯仰力矩无关，也与车轮轮矩无关。大的车辆质量和大轮距的作用是正面的，高车辆重心和大的空气动力学力矩对商用车翻车行为的作用是负面的。

可是侧风敏感性是受一个在纵向车辆重心附近的攻击力点的影响的。如果车辆前部具有大的迎风面积，A 柱半径小，将特别容易受侧风攻击。侧风敏感性可以通过增加车辆重量来改善，但是将减小最大的装载量，加速时增加燃油消耗，因此不被作为解决方法。很有效的办法是具有一个很前面的车辆重心。首先是具有两轴的旅游大巴，因为这里后轴承载着最大极限的负荷。

车辆形状的改变同样提供很大的潜力。通过减小边上投影面积，特别在车辆前部，可以大大改善侧风敏感性。另外车前的大半径不仅对空气阻力有正面作用，也可以减小侧风敏感性。这两项措施将使产生的压力中心点向车辆尾部移动，以使侧风敏感性减小。一辆 Neoplan Starline（图 10.86）已将这些设计特点用在量产产品上了。

10.8.3　空气动力学作用于车辆部件上

在车身强度设计时一些相应的配件大小除了考虑碰撞负荷外，也要考虑空气动力学负重作用于这些车辆部件上。比如设计一个车顶扰流板或导风板时不仅要考虑车辆前面的风作用力，而且也要考虑从车后作用的风力强度（图 10.100，见彩插）。

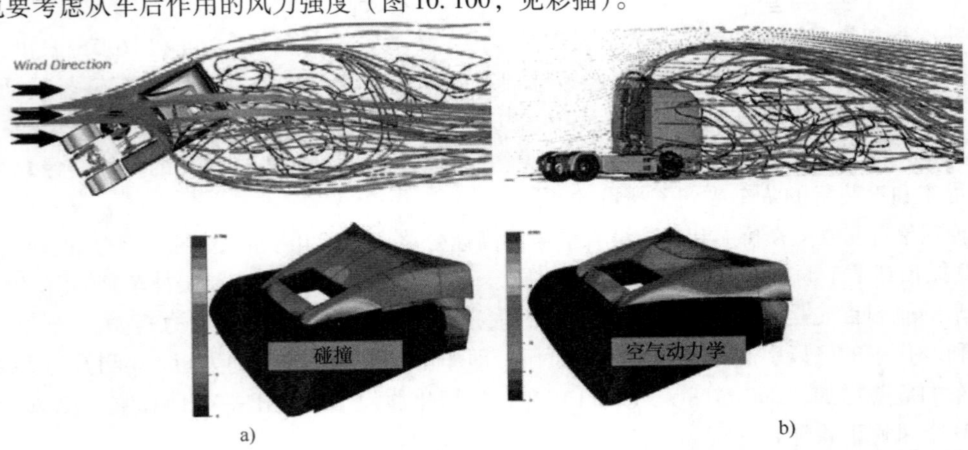

图 10.100　一辆商用车车顶扰流板在下面两种情况下的流线分布和变形情况

a）碰撞　b）后面来流情况

这个风作用力可以通过计算流体力学来计算并且可在强度计算时直接作为输入变量，所以可确保车顶扰流板不仅不会被撞坏，也不会被后面系列运输车辆或暴风损坏。

10.8.4 灰尘涡流

商用车的空气动力学性能首先包括由车辆自己产生的空气流动，如废气和发动机舱内的流动。首先是对在有灰尘的应用领域里工作的车辆分析了发动机舱内的流动，为了抵制灰尘涡流现象的形成。在越野行驶时，车辆强大的风扇使灰尘飞扬，以致驾驶员在倒车时不再可能看到车辆挂车的尾部。所以对建筑工地车辆防止灰尘涡流采取了针对性的措施，同时评估了它对冷却系统的影响。图10.101（见彩插）显示了一块防护薄板用来减小灰尘涡流的工作原理。

图10.101 一块防护薄板减小灰尘涡流的工作原理

10.8.5 吸入热空气

外界空气温度直接影响车辆的冷却功率。一方面影响增压空气冷却器和散热器的传热性能，另一方面吸入的空气要通过增压空气冷却器进行冷却。所以人们致力于在空气进入压缩机加热前，尽可能吸进冷空气，紧接着在空气最后进入燃烧过程前，到增压空气冷却器再次冷却。因为发动机废气以热空气形式作用在底盘很大区域内并首先作用在挂车和牵引车之间的空间内（图10.102，见彩插）。货车制造商将大部分吸气位置放在尽可能可以吸到环境中的冷空气。也就是设在车顶区域、侧身和车辆前部。

10.8.6 废气管理

根据欧6标准废气装置的过滤系统要在有规律的间距进行主动的清洁。这时废气温度大约500℃，图10.103显示了废气的流动。为防止马路坡度火灾，马路表面受损或行人健康受威胁，废气必须非常小心流入消声器。车辆车架部件具有最高温度承受限制，所以废气流必须要有目的地导向或像扇子样分散开，不产生任何损害。10.8.4节描写的灰尘涡流问题在废气装置的设计时必须考虑，因为废气流出速度为20m/s，体积流量大约1600kg/h。

图10.102　一辆铰接式车辆外部的空气温度分布

图10.103　一辆铰接式车辆的废气流动

10.9　车辆脏污问题

10.9.1　提出任务和研究方法

空气动力学不只是致力于减小空气阻力，也从事研究车辆的脏污情况。恰好看得见对一个商用车驾驶员从安全角度考虑非常重要。“看得见和被看见”受脏污影响。脏污是因为行驶在湿的马路上。脏污原因是灰尘颗粒通过车辆轮子飞扬起来的。如果灰尘堆积在自己车辆上被称作自身脏污。向下游流动来的污物和来自邻车或对面车的沉淀物造成的脏污一般称为外来脏污，参见10.9.2节。

这种灰尘飞扬首先通过把自己车辆的风窗玻璃、侧面玻璃和后视镜玻璃弄脏导致阻碍视线，对其他车辆通过尾部拖板的喷雾弄脏。此外，灰尘会凝聚在驾驶室的外表上，比如上车台阶或车门把手。

不被弄脏不仅是舒适性的一个问题，而且是一个很重要的安全性问题。不被自身车辆或其他车辆弄脏，空气应被导向，使保持干净的外表不遭受脏污的空气污染，减少脏水的卷起与纯绕流比较这个任务的解决方案比较复杂，因为它涉及多相流动：空气、固体颗粒和或多或少脏污的水都在空气流里存在，参见第6章。

在开发一辆新车时制定了优化不被弄脏的各种各样方法。解析和试验相结合确保结果和潜力分析更准确。作为研究方法之一是在风洞里和马路上测试，并通过计算流体力学提供帮助。在减小被弄脏问题的研究过程中必须注意同时不能增加空气阻力。

在风洞定义的边界条件下，如来流速度、偏转角，水和荧光物体通过喷头喷入绕流的空气里。图10.104（见彩插）显示了车前部外来脏污的模拟。为了显示自身脏污将脏水以切向喷入方向喷到绕流中的轮胎滚动面上，然后在变暗的风洞里和暗光下可以明显地辨认被弄脏的车辆表面（图10.105，见彩插）。

图10.104 外来脏污的模拟

图10.105 暗光下使脏污部分可见

同时或者接着在风洞试验里研究在试验路段中的脏污行为。为此被试验的车辆（图10.106）行驶在一条定义下的脏路上。为了模拟外来脏污，在试验车辆前需要开过一辆产生飞溅的车辆。为了确保风洞试验结果的可比性，有关速度和侧面来流试验条件必须保持。

最终确保脏污行为就像所有试验项目都将在车辆实际行驶过程中进行。然后在那里可以显示，是否风洞中和试验路段中的试验条件反映实际行驶过程。

图 10.106　在试验路段上测试脏污情况

10.9.2　外来脏污

从开在前面和迎面开来的车辆产生的溅沫和脏污以及从抹和洗装置出来的水是引起外来脏污的原因。侧面玻璃和后视镜玻璃的脏污是通过 A 柱旁空气动力学独特的挡板或排水沟和后视镜镜框形成作用下产生的。特别是商用车，侧面玻璃的脏污通过外视镜和它的镜框引起（图 10.107a）。通过将后视镜形状和 A 柱外形合理地相互协调，使车辆边缘的绕流保证镜面干燥，并且明显减少喷到侧面玻璃上的水（图 10.107b）。评价侧面玻璃外来脏污通过把侧面玻璃划分成网络来进行，这个网络是取驾驶员视线方向的。这里必须注意，主观的脏污感觉必须通过一个明显的量化方法来确定。

10.9.3　自身脏污

自身脏污是由于车辆在湿和脏的道路上行驶产生。车轮滚动使马路上的水如何飞溅和喷射，Koessler（1965）做了研究，在图 10.108 中表示出来了。然后水一方面从车轮接触面积处向前和朝边上喷溅水。另一方面水被车轮轮廓吸入，由于主要是离心力，在 0°~30°角度下向后甩出溅水。针对溅水，相对大的水滴出现并且在一个扁平角度下喷出，至今没有找到有效的措施。为减小水花形成有已知的不同的对货车和公共汽车的解决方案，并且通过立法做出了对商用车的规定（91/226/EWG）。

由于不同安装的轮胎和弹簧使货车在轮胎和轮盖之间的自由空间比较大。由此常见的轮盖不能完全减小飞溅水，以及不能完全制止向后喷出的水花。为了减少在上车台阶和车门把手区域驾驶室外表降雨水和脏污颗粒，实际操作时在车辆外表装上导流喷嘴（图 10.109）。通常多个

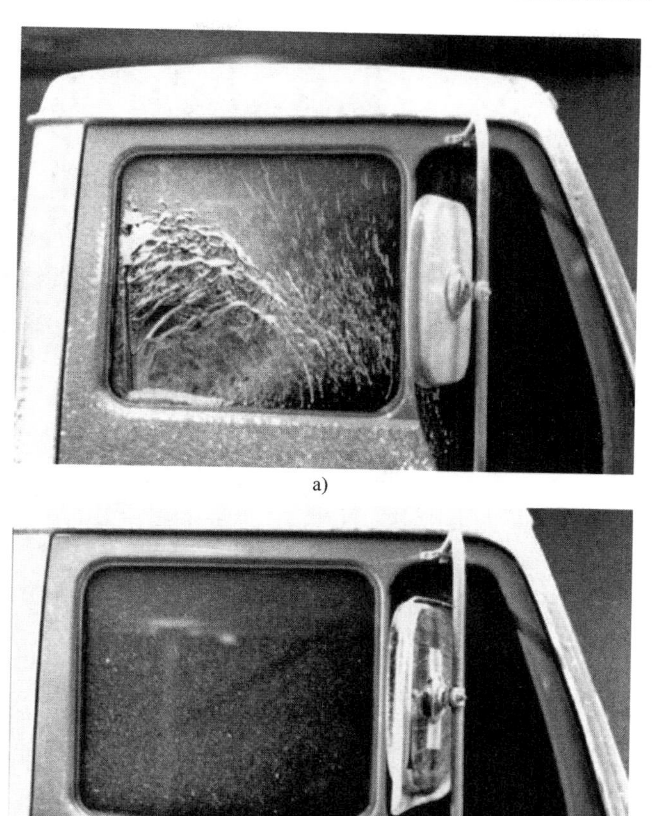

a)

b)

图 10.107 通过外后视镜弄脏的侧面玻璃（a）以及通过合适的外后视镜形状和使脏水流走的剖面减少侧面玻璃的脏污（b）

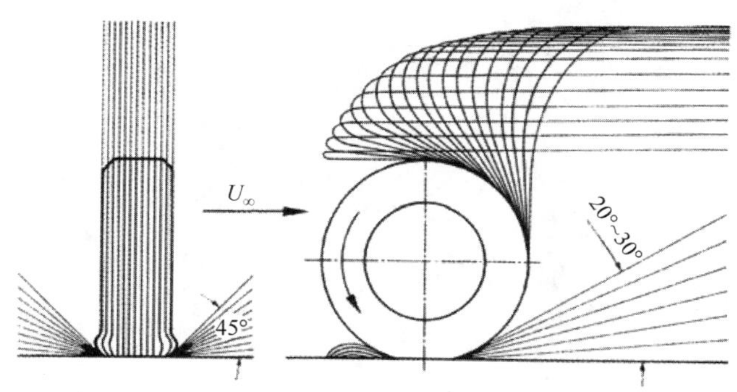

图 10.108 从自由旋转轮子喷出的脏水，根据 Koessler（1965）

小的导流板组合起来，以加强导流翼的作用。导流板应该使空气流出方向稳定。

计算流体力学图 10.110（见彩插）显示了导流叶片的作用，即空气导向车后。模拟计算结果在风洞和马路上的试验中得到了证实，见图 10.111（见彩插），驾驶室的门保持大范围内的不被弄脏。

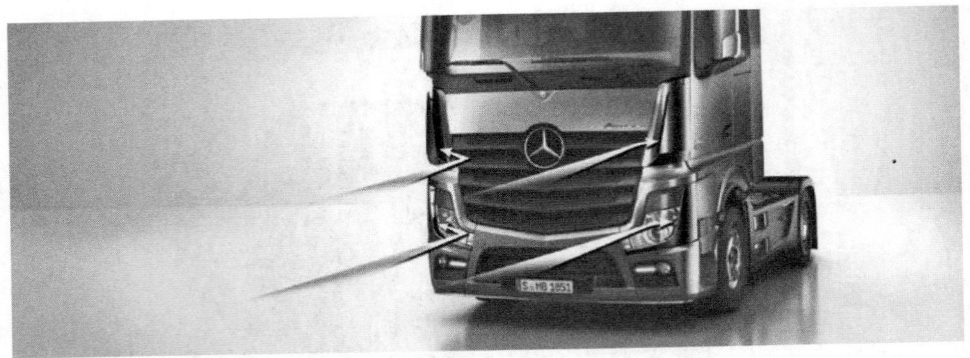

图 10.109　车身外表组装的空气导流喷嘴

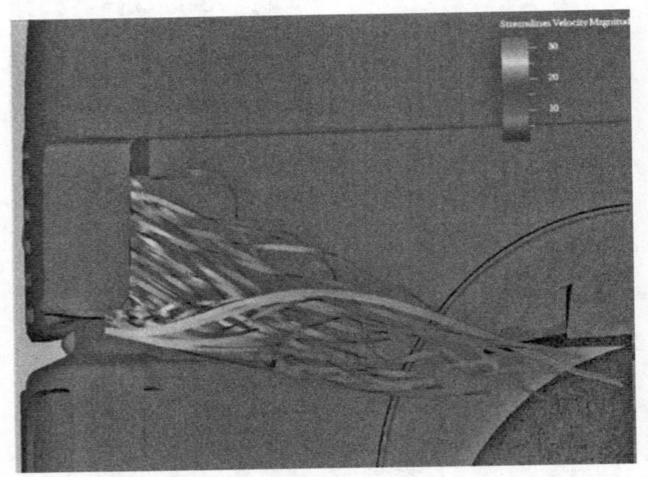

图 10.110　通过计算流体力学研究一个带附加导流叶片的绕流翼

图 10.111　带有空气导流喷嘴的自身脏污风洞试验

第 11 章　摩托车的空气动力学

Norbert Grün, Holger Winkelmann, Frank Ullrich, Jürgen Bachmann
沈乃和　译

11.1　引言

1885 年 8 月 29 日，戈特利布·戴姆勒（比卡尔·奔驰发明汽车还早一年）获得了德意志帝国第 36.423 号专利“以燃气或汽油机驱动的车”，这辆木制的车（图 11.1）也被称为“骑行车”，它的 $C_D \times A_x = 0.67\text{m}^2$（参见 Schnepf，1983）。

图 11.1　戴姆勒 1885 年制作的“骑行车”（仿制品，原件在 1903 年被烧毁）

那时对单排轮车辆的稳定性还缺乏研究。直到 1898 年，Bourlet 和 Whipple（1898）才发表了第一篇关于非机动两轮车的行驶动力学的论文。所以戴姆勒的摩托车主要是要证明用内燃机驱动车辆的可行性，而没有把单排轮车辆作为重点。他给他的木制铁箍轮的车加了两个辅助支撑的小轮子来实现车的稳定性。尽管如此，这世界上第一辆摩托车在许多细节上已经具备了现代摩托车的很多特征。

车辆空气动力学和风洞在那个年代还不存在。直到 20 世纪 20 年代，人们才把摩托车的功率及稳定性和空气动力学联系起来，因为人们想在有限的发动机功率下通过空气动力学的帮助来提高速度以打破世界纪录。

11.2 历史回顾和现代摩托车的构造

11.2.1 摩托车空气动力学的历史

美国人 P. H. White 是摩托车空气动力学的先驱。他在 1912 年获得的美国专利（专利号 1.183.938）是一辆单排轮的、加外罩的摩托车，外罩优化了空气阻力，也可以防风防雨（参见 Koenig – Fachsenfeld，1946），见图 11.2。不过，这辆加了辅助支撑轮的所谓单排轮车，再加上全封闭的外罩，不符合后来一般所说的摩托车的概念。

在欧洲，Ernst Henne 是摩托车空气动力学的先驱，1929 年 9 月，他用一辆 750mL 的宝马摩托车在慕尼黑创造了德国的第一个摩托车速度世界纪录：216.9km/h。但那时候人们的空气动力学知识还不够，所以没有把重点放在改进车上，而是放在改进车手的空气动力学特性上，尤其是车手身后的流场上（见 Hütten，1983）。所以 Henne 在第一次和后来几次打破纪录时在一辆没有外罩的摩托车上戴上了经过“阻力优化”的、其后部像鸟嘴的头盔，并且在身后绑上一个漏斗形的尾巴，来减少身后的涡流和流动分离，见图 11.3。在一定程度上，这些措施是有效的，如 Sawatzki 和 Huber（1938）所指出的那样。

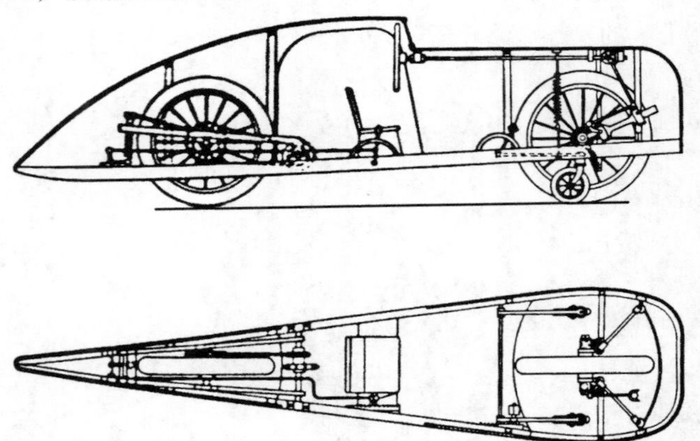

图 11.2 单排轮的、流线型的摩托车，美国专利号 1.183.938，发明人 P. H. White（1912 年）

图 11.3 Ernst Henne 1929 年在 750mL 的宝马摩托车上创造了世界纪录 216.9km/h

1936 年第一次出现了“全罩式”摩托车，其外罩是铝制的，目的只是用来创造新的车速的世界纪录。又是 Henne，他在 1937 年用 500mL 的宝马 R5 摩托车创造了新的世界纪录 279.5km/h，并保持了 14 年之久。这辆车在行驶中出现了严重的稳定性问题，后来宝马公司通过在尾部加上导流板解决了这个问题，见图 11.4。

图 11.4　Ernst Henne 1937 年在 500mL 的宝马摩托车上创造了世界纪录 279.5km/h

与此同时，DKW（德国当时的另一家汽车和摩托车制造商——译者注）也在试图用全罩式摩托车创造小排量摩托车的新纪录。但他们也遇到了严重的稳定性问题。Koenig - Fachsenfeld（1946）是为 DKW 设计外罩的，他认为，由于摩托车的座位太高，造成摩托车的侧面受风面积过大，从而导致了稳定性问题。于是他设计了一辆所谓的“低座”摩托车，并在 1938 年登记了专利。11 年以后这样一辆车才被 NSU（奥迪公司的前身之一，译者注）造出来，但是没有安装发动机。据 Herz 和 Reese（1987）以及 Trzebiatowski（1955）报道，这辆车的 C_D 值是 0.14 ~ 0.15。但这辆车从未正式投产，因为它的座位太低，当时人们还不习惯。

但这后来发生了转变，在 Schlichting（见 Scholz，1951）的参与下，NSU 开发出了一辆全外罩并带尾翼的摩托车，打破了当时的纪录。1951 年，Wilhelm Herz 在这辆“海豚一号”上，创造了 290km/h 的世界纪录。根据 Hütten（1983）的数据，这辆车的 C_D 值是 0.24 ~ 0.32，迎风面积 A_x = 0.54 ~ 0.55m^2。

1956 年，这个纪录又被“海豚三号”的 339km/h 打破（图 11.5）。它的 C_D 值是 0.18 ~ 0.20，迎风面积和“海豚一号“相同。

与此同时，人们从 1951 年开始研发扁平的、驾驶员差不多是躺在里面的车来破纪录。这个主意出自 G. A. Baumm。他当时想打破小排量车的世界纪录。他正确地认识到，除了要减小阻力系数之外，还要减小迎风面积。1954 年，这辆被称为“Baumm 的躺椅”的车（图 11.6）造出来了。这次 NSU 不仅仅考虑了创造速度的纪录，也考虑了通过优化了的空气动力学特性来改善油耗（见 Froede，1954；Herz 和 Reese，1987；Huetten，1983）。这种车因为造型太特殊，不适合在大街上行驶。它们的 C_D 值为 0.07 ~ 0.16，迎风面积 A_x 为 0.25 ~ 0.4m^2。由于稳定性的原因，这种车部分也加了尾翼。

目前的世界纪录是 605.697km/h，是 Rocky Robinson 2010 年在一辆叫“Ack Attack”的雪茄形摩托车上创造的（图 11.7）。车上装有两台涡轮增压的铃木发动机，总排量为 2600mL，总功率据说大约为 1100hp。它试车时的最高速度甚至达到 634.216km/h！它的阻力系数没有公布。

在 20 世纪 50 年代，一方面研发了通过空气动力学外罩以创造世界纪录的摩托车，另一方面也从 1954 年开始在适合于大街上行驶的“赛车”上加装了流线型外罩（Trzebiatowsky，1955）。

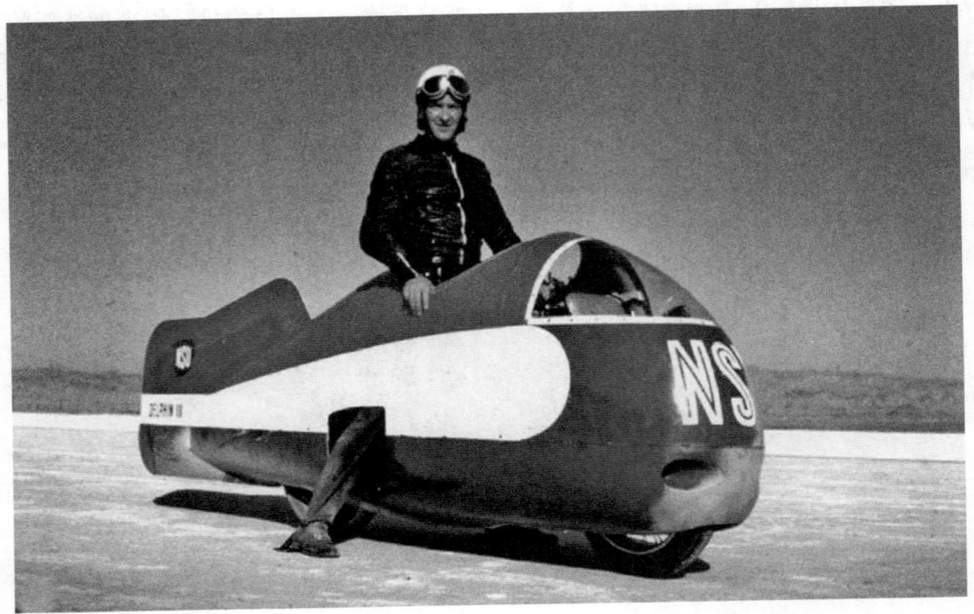

图 11.5 Wilhelm Herz 1956 年在 NSU 的“海豚三号”上（世界纪录 339km/h）

图 11.6 NSU 公司的“Baumm 的躺椅”

图 11.7 Rocky Robinson 的“Ack Attack”，它在 2010 年创造了 605.697km/h 的世界纪录

刚开始时外罩只是部分的，见图 11.8 和图 11.9。但不久就发生了很大的变化，几乎整辆车都罩起来了，见图 11.10。甚至前轮都罩上了。外罩是用铝板手工制作的，和当时创造世界纪录的车一样。

把前轮也罩上带来了空气动力学的最佳方案。但后来由于安全方面的原因，这个方案被禁止使用。因为如果发生了碰撞，变形的外罩会影响前轮的可操纵性。另外，庞大的前轮罩也会导致由空气动力产生的力矩，这将在第 11.3.3 节详细解释。而且前轮外罩即使没有变形，也会限制前轮的转向角度。

图 11.8　NSU 公司 1953 年的 Rennmax 摩托车，排量 250mL，带有香蕉型的油箱

图 11.9　NSU 公司 1954 年的 Rennmax 摩托车，排量 250mL，带有海豚式的外罩

图 11.10　NSU 公司 1955 年的 Rennmax 摩托车，排量 250mL，带有蓝鲸式的外罩

1976 年，宝马推出了 R100RS 型号的公路赛车（图 11.11）。这是第一种大批量生产的、不是专为比赛用的、带外罩的摩托车。其设计目的主要不是它的最高车速，而是考虑了审美和舒适

性，比如上身的受风状况。一个明显的特征是两侧的导流板。另外还增加了前轮的动态负荷，以提高行驶的稳定性（详见第11.3.3节）。

图11.11　宝马公司1976年的R100RS型公路赛车

11.2.2　现代摩托车的类型

现代摩托车的重量、功率和用途所涉及的范围都很大，从而它们对空气动力学的要求也很不一样。图11.12（见彩插）展示了不同类型的摩托车在重量/功率图上的位置。这里功率都用hp而不是用kW表示，因为开摩托车的人都习惯用hp作为功率单位。图中不同类型的摩托车的区域有重叠。这说明不同类型之间往往没有明确的界线，而且不同的人会把同一辆摩托车归入不同的类型。另一方面，运动型摩托车（Sportler）、越野摩托车（Enduro/Cross）和其他类型有明显的区别。下面的分类不能保证是全面的。

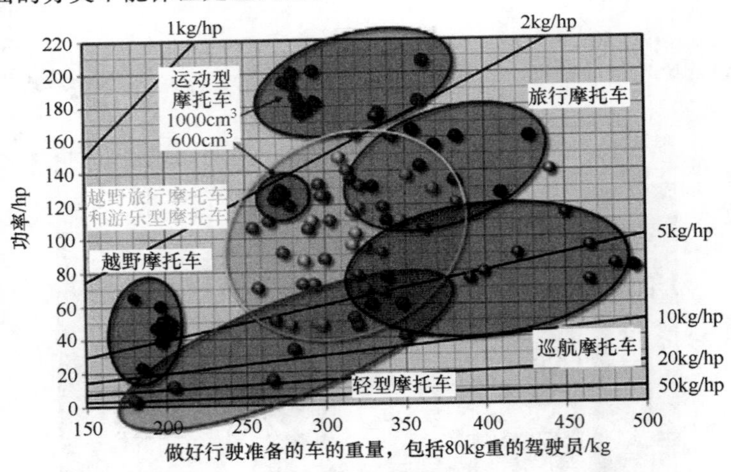

图11.12　不同类型的摩托车在重量/功率图上的位置

11.2.2.1　越野运动型摩托车

越野运动型摩托车除了冷却之外，对空气动力学没什么要求。因为它们（图11.13a）即使在比赛时车速一般也不超过60～80km/h。在很大程度上，发动机决定了车速。一个例外是进行长途拉力赛，比如“达喀尔”赛的时候。一辆专业车手驾驶的，排量限制在450mL的摩托车的最高车速可达到200km/h。即使是小一点的单缸摩托车的最高车速也可达到170km/h。由于在这种拉力赛时一天要开 800km，甚至更多，这些车也加上了罩板（图 11.13b）。这一方面是为了提高车速，另一方面也是为了减轻驾驶员的负担。

a)　　b)

图 11.13 Husqvarna TE 449 摩托车（宝马公司提供照片）

a）越野车 b）拉力赛车

在重量/功率图上，越野摩托车（Enduro/Cross）占据了一个与其他类型的车分离的、较小的区域。它们的空载质量为 100～120kg，功率为 40～60hp。这是唯一的一种二冲程发动机还占有一定分量的类型。

11.2.2.2 越野旅行摩托车

这个名称表示，这种摩托车既适合道路也适合野外行驶。其先驱是 1976 年的雅马哈 XT500。按当时的标准，这是一辆有很好的越野性能的单缸 499mL 摩托车。它很快就被称为“全球旅行摩托车”。1980 年，宝马公司推出了第一辆适合野地行驶的双缸 800mL 的摩托车 R800 G/S。在它的基础上略加改装的摩托车多次获得巴黎/达喀尔拉力赛的冠军。在此之前，这个型号的样车就已经在德国和国际的赛事中取得了好成绩。目前，这个类型的摩托车有 1～4 缸的，自重为 150～280kg，功率在 50～150hp 之间，那些大排量的摩托车一般都有容易维护的万向轴。尽管这类摩托车内部差别很大，但它们都适合越野行驶。通过图 11.12 可以想到，大功率的越野旅行车的功率有可能接近越野运动型摩托车。这类车一般都带有对空气动力学有利的（往往是可调的）挡风玻璃。这类摩托车中多年来卖得最好的是宝马的 R1200 GS，见图 11.14。

图 11.14 越野旅行车，宝马公司的 R1200 GS

11.2.2.3 旅行摩托车

这类摩托车是为道路行驶设计的。它们的自重为250~400kg，功率可以达到160hp以上。其中重量较轻的是所谓的旅行赛车，它们的舒适性稍差一些。最重的是那些豪华型的旅行摩托车，它们充分考虑了长途旅行的舒适性要求，装备齐全（例如，可加热的车把和车座、巡航控制功能、导航和音响系统、电控调节的挡风玻璃等）。这类车的空气动力学优化也做得最多。图11.15展示了这类车的代表——宝马K1600 GTL，它的发动机是直列6缸，排量1600mL，160hp。

图11.15 豪华型的旅行摩托车，宝马K1600 GTL

11.2.2.4 轻型摩托车

早期的轻型摩托车是只用于市内和短途的摩托车，一般是二冲程的发动机，排量为50mL，偶尔也有125~250mL的。现在，尤其是在南欧，带四冲程、排量为600~800mL的发动机，较大的轻型摩托车很流行。它们的自重可达250kg，发动机功率可达70hp以上，其性能和中型摩托车差不多。由于它们的舒适性和操控性也都较好，所以也被用来开长途。图11.16展示了两辆宝马的带600mL双缸发动机的轻型摩托车。

a)　　b)

图11.16 宝马的轻型摩托车

a）C650 GT　b）C600 Sport

11.2.2.5 巡航摩托车

巡航摩托车长期以来是哈雷戴维森摩托车（图11.17）的代名词。现在也有其他生产厂制造这类摩托车了。这类摩托车既不是用来比赛，也不是用来开长途的。它们对空气动力学的要求不高。它们的重量较高，而和重量相比之下的功率较低。巡航摩托车有时也用来旅行，所以有些车也带有挡风玻璃和外罩。

11.2.2.6 游乐型摩托车

这类摩托车几乎完全不用空气动力学的装备，最多就是灯罩考虑了一点空气动力学。它们主要用来开弯道和盘山道路，但也经常开赛车道。这类摩托车的爱好者往往会参加一些由摩托车制造公司命名的奖杯的各种比赛。它们的重量、功率和越野旅行车的范围相同，也就是说，1～4 缸，排量为 600～1300mL，功率可以达到甚至超过 170hp。游乐型摩托车最早是把轻型越野赛车改装后用来参加越野和道路混合的比赛的，改装主要是缩短减振弹簧，改小轮子，以及把轮胎改为道路轮胎等。现在这类也适合在道路上行驶的摩托车很受欢迎。图 11.18 就是个例子，Husqvarna Nuda 900 R，它装备了 900mL、105hp 的双缸发动机。

图 11.17　巡航摩托车，哈雷戴维森 Iron 883（哈雷戴维森公司提供照片）

11.2.2.7　超级运动型摩托车

之所以要加上"超级"两字，是为了把这类车明确地和运动型旅行摩托车区分开来。它们是被允许在道路上行驶的顶级摩托车。可以在道路车赛上获得冠军。一辆自重大约是 200kg，功率大约是 200hp 的超级运动型摩托车的最高速度在 300km/h 以上。在被称为"摩托车的一级方程式"的 Moto GP 赛上，这类排量是 1000mL，功率大约为 260hp 的超级运动型摩托车的最高速度在赛道上可以超过 340km/h。在这么高的车速下，空气动力学不仅仅对阻力和升力有很大的作用，也对车手所受到的风力有重大影响。长期以来，这类摩托车主要是日本车的天下，如本田、川崎、铃木和雅马哈等。近年来，欧洲品牌也赶上来了，如 Aprilia、Ducati、MV Agusta、KTM，当然还有宝马。这可以从参加各项大赛，如 IDM（德国国际锦标赛）、Super Stock，以及 Superbike Weltmeisterschaft（超级运动型摩托车世界锦标赛）的摩托车的品牌看出来。和越野车相似，超级运动型摩托车由于排量大（1000mL），在功率/重量图（图 11.12）上的区域和其他类型的摩托车明显分离。作为一个例子，图 11.19 展示了宝马的 HP4（四缸，1000mL，193hp，199kg 加油后的自重），这是宝马在 S1000 RR 的基础上改型的，通过这辆车，宝马一跃进入了超级运动型摩托车制造厂的行列。

图 11.18　游乐型摩托车，Husqvarna Nuda 900 R

11.2.3　特殊类型的摩托车

这一节里介绍一些特殊类型的摩托车，它们不能被归入前一节的类型中去。

11.2.3.1　带车斗的摩托车

带车斗的摩托车其实和普通的汽车类似，因为它们都有两排轮子。生产厂一般不太考虑空气动力学方面的问题。因为产量低，做风洞试验很贵，所以很少做。但有些车迷会在改装时对车的升力和稳定性做一些考虑，如图 11.20 所示。

图 11.19　超级运动型摩托车，宝马的 HP4

图 11.20　Hayabusa F1 带车斗的摩托车（照片来源 Ruko）

这辆用铃木 Hayabusa 摩托车加车斗改装的车在车斗的前面加了一个导流板，其作用在高速行驶时能够明显地感觉到。对这辆迎风面积为 $A_x=1.51\text{m}^2$（包括坐着的驾驶员），测试下来的阻力系数 $C_D=0.637$，前轮升力系数 $c_{A,v}=0.045$，后轮升力系数 $c_{A,h}=-0.079$。现代带车斗的摩托车尽管迎风面积较大，但发动机功率也大，所以速度很容易超过 200km/h。带车斗的摩托车的迎风面积大约为 $1.2\sim1.5\text{m}^2$，比不带车斗的摩托车要大 50% ~70%。所以参加比赛的带车斗的摩托车必须通过风洞试验来减小空气阻力。批量生产的带车斗的摩托车的风阻面积 $C_D\times A_x$ 在包括驾驶员和乘员时为 $0.70\sim0.85\text{m}^2$，这比现代乘用车（$0.5\sim0.6\text{m}^2$）要高得多。

11.2.3.2　三轮摩托车

三轮摩托车可以是两个前轮，也可以是两个后轮。两个后轮的摩托车因为容易翻车，不安全，现在已经基本上从市场上消失了。目前大量生产的是所谓的“可倾斜式”三轮摩托车，它们在转弯时可以和普通摩托车一样倾斜。图 11.21 是一个例子，Piaggio Yourban 可以倾斜到 40°。在车速低于 10km/h 或停车时，倾斜功能会自动关闭。由于这种车的前轮轮距超过了法律规定的下限，有汽车的驾驶证就可以开了。

图 11.21　三轮摩托车 Piaggio Yourban LT（278mL，23hp，236kg，自动档）（照片来源：Piaggio）

庞巴迪公司生产了一种叫 Can - Am Roadster 的三轮摩托车，它不用“可倾斜”技术，而是在前轴上采用了类似汽车的悬架技术，再配上电子稳定系统。它配备了 998mL，106hp 的 V 形双缸发动机，也只要有汽车的驾驶证就可以开了。

11.2.3.3　C1 摩托车

宝马的 C1 摩托车（图 11.22）是单独的一类，它结合了摩托车的优点和汽车的安全性与舒适性，一上市就吸引了大量客户的注意力。驾驶这辆摩托车不需要戴头盔，穿防护服，而且比普

图 11.22　宝马 C1 摩托车（照片来源：宝马公司）

通的摩托车更安全，尤其适合在城市里行驶。尽管它的迎风面积由于外罩而较大，但经过空气动力学的优化，$C_D \times A_x$ 的值只有 0.40m²。由于外罩改善了尾流，$C_D \times A_x$ 的值被降低了大约0.01m²。

11.2.3.4 "经济摩托车"

同样也有一批摩托车是 Peraves 公司生产的"经济摩托车"，如图 11.23 所示，它有三种发动机，单座和双座两种形式。其自承重的车身由复合材料制成，里面有翻车保护杆。由于它的流线型外形、较小的迎风面积和 190hp 的发动机，它的最高速度可达 325km/h。从空气动力学的观点来看（它按发动机功率估算的 $C_D \times A_x = 0.23\text{m}^2$），这款车是近年来最有意义的进展。

a) b)

图 11.23 瑞士制造的"经济摩托车"

a）单座型，车长 3135mm b）双座型，车长 3700mm，照片来源 Peraves 公司

11.3 摩托车空气动力学的任务

11.3.1 空气动力产生的力和力矩

空气流过任何一个物体，都会在其表面施加压力和摩擦力，对它们积分后就得到一个总的空气力和力矩。对在地面上行驶的车进行空气动力学研究时，最好把力和力矩这两个向量按固定在车上坐标系进行分解，见表 11.1。这样其 x 轴就和空气的实际流动方向无关，而是和车的行驶方向相关。力矩的参照点一般取前后轮的中点投影到路面上的点（参见第 4.1 节）。

表 11.1 空气力和力矩按固定在车上的坐标系统分解后的分量

方　向	力	力矩（方向遵从右手法则）
x（正向为气流方向）	F_W 阻力	M_R 环绕纵轴的滚转力矩
y（正向向右）	F_S 侧向力	M_N 环绕横轴的俯仰力矩
z（正向向上）	F_A 升力	M_G 环绕垂直轴的偏转力矩

空气力和流体的密度呈线性关系，和流速成平方关系，也就是说，取决于来流动压力㊀

$$q_\infty = \frac{1}{2}\rho v_\infty^2 \tag{11.1}$$

由此可以定义用来表示车的空气动力学特性的力和力矩的相关系数

㊀ q_∞ 常常被称为滞止压力，这是不正确的。因为它不是指滞止点的静压力，而只是指当速度变为 0 时的压力增量。

$$c_i = \frac{F_i}{q_\infty \cdot A_{Ref}} \text{ 其中 } i = W,S,A \text{ 及 } c_{M,i} = \frac{M_i}{q_\infty \cdot A_{Ref} \cdot L_{Ref}} \text{ 其中 } i = M,N,G \quad (11.2)$$

其中用到的参照面积A_{Ref}和参照长度L_{Ref}原则上可以任选。在汽车空气动力学中，一般定为迎风面积A_x和轴距l_0。对摩托车来说，驾驶员（有时也包括乘员）也要或多或少地算入迎风面积，见图11.24。

图11.24　豪华型的旅行摩托车
a）旅行摩托车　b）越野旅行摩托车　c）超级运动型摩托车

总的来说，力和力矩的系数在一定程度上与雷诺数和马赫数有关，所以在计算整个速度范围里的空气力时，严格来说不能把系数看成是常数。马赫数的影响可以忽略不计，因为即使是在摩托车比赛时，马赫数也仅仅能达到0.3，这时的压缩性影响还是很小的。即使是一辆带外罩的摩托车，和汽车相比，它的几何表面也有许多间断。这些间断会引起很多流场脱离现象，所以即使车速超过100km/h，雷诺数的影响也很小。图11.25下面的曲线是风洞的测量结果，一辆没有假人的摩托车车速为100～220km/h，其阻力面积只变化大约2%～3%。减振弹簧可动时的阻力略高于弹簧被卡住时的阻力，而且它在速度超过180km/h以后就不再下降了（见图11.25中的放大图）。其原因是前轴的升力使得弹簧回弹（参见图11.32），这同时提高了阻力系数和迎风面积。如果加上假人测量，趋势正好相反，其阻力面积随着速度的增加而增大。但这不是因为雷诺数的变化引起的。虽然从图11.25中的照片上看，假人至胸部是固定的，但实际上假人会在高速时有轻微变形，尤其是头部的位置会发生变化。

11.3.2　空气动力学和纵向动力学

11.3.2.1　最高速度

摩托车在纵向的运动，包括加速度和最高速度，取决于各个纵向力之和。如果我们在速度为v_{max}时只考虑在平面上的运动（从而可以不考虑重力），那么就有这些力。

11.3.2.1.1　后轮的驱动力

它可以由发动机功率P、包括从曲轴到后轮的各种损失的效率η和速度算出

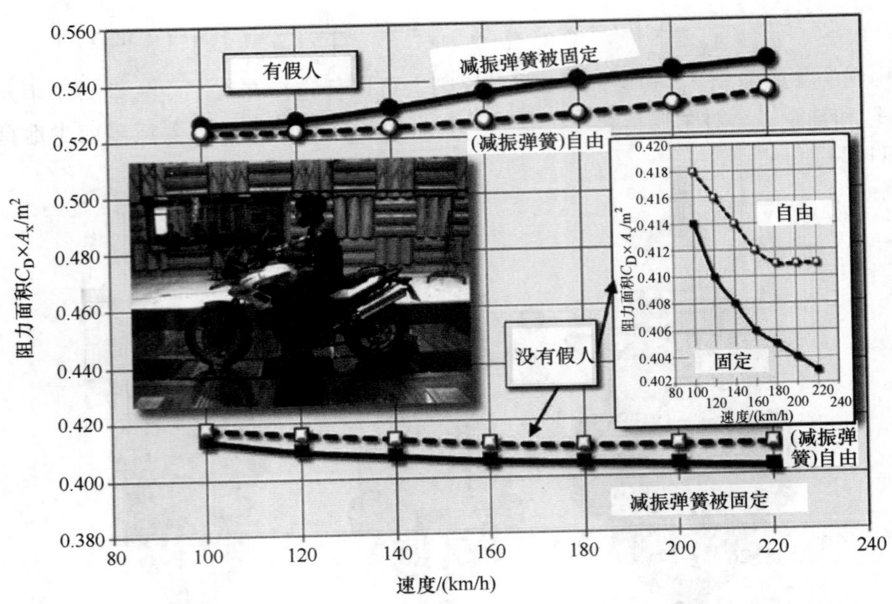

图11.25 阻力面积随雷诺数（速度）的变化（在宝马声学风洞中的测量结果）

$$F_Z = \frac{\eta \cdot P}{v_{max}} \tag{11.3}$$

11.3.2.1.2 空气阻力

根据公式（11.2），空气阻力取决于空气阻力系数、迎风面积、空气的密度和速度的平方：

$$F_W = C_D \cdot A_x \cdot \frac{1}{2}\rho_L v_{max}^2 \tag{11.4}$$

11.3.2.1.3 滚动阻力

滚动阻力系数μ_R乘以轮子的负荷就得到了滚动阻力，这是轮子需要克服的由于轮胎变形和轮轴摩擦所需的力。它在一定的速度范围内是常数，在高速时略有增加。

$$F_R = \mu_R \cdot F_N = \mu_R \cdot \left(mg - c_A \cdot A_x \cdot \frac{1}{2}\rho_1 v_{max}^2\right) \tag{11.5}$$

上式应对每一个轮子单独计算，因为轮子的静态负荷mg、由空气动力学引起的升力（或下压力）c_A以及滚动阻力系数μ_R都和是前轮还是后轮有关。

图11.26展示了一辆超级运动型摩托车的空气阻力和滚动阻力与速度的关系。在大约80km/h时，按速度的平方增长的空气阻力占主导地位。在200km/h时大约是滚动阻力的5倍，在300km/h时甚至是滚动阻力的12倍。但滚动阻力即使在最高速度下也还是有相当的影响的，这将在后面进一步解释。

在最高速度时，驱动力和阻力正好平衡：

$$\frac{\eta \cdot P_{max}}{v_{max}} = \frac{1}{2}\rho_L v_{max}^2 (C_D - c_{A,v} \cdot \mu_{R,v} - c_{A,h} \cdot \mu_{R,h}) \cdot A_x + (m_v \cdot \mu_{R,v} + m_h \cdot \mu_{R,h}) \cdot g \tag{11.6}$$

这是一个关于v_{max}的三次方程，它的实数解是

$$v_{max} = \sqrt[3]{-\frac{a_0}{2} + \sqrt{\left(\frac{a_0}{2}\right)^2 + \left(\frac{a_1}{3}\right)^3}} + \sqrt[3]{-\frac{a_0}{2} - \sqrt{\left(\frac{a_0}{2}\right)^2 + \left(\frac{a_1}{3}\right)^3}} \tag{11.7}$$

其中的系数为

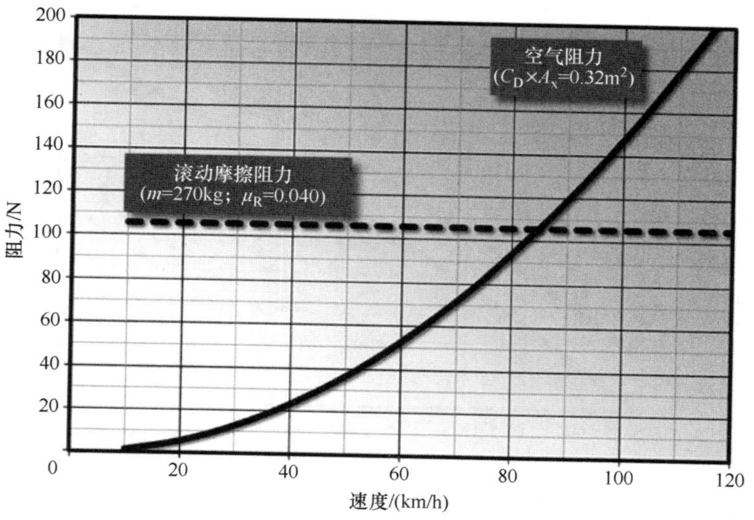

图 11.26　一辆超级运动型摩托车的空气阻力和滚动阻力与速度的关系

$$a_0 = \frac{\eta \cdot P_{max}}{\frac{1}{2}\rho_L A_x (C_D - c_{A,v} \cdot \mu_{R,v} - c_{A,h} \cdot \mu_{R,h})} \tag{11.8}$$

$$a_1 = \frac{(m_v \cdot f_{R,v} + m_h \cdot f_{R,h}) \cdot g}{\frac{1}{2}\rho_L A_x (C_D - c_{A,v} \cdot \mu_{R,v} - c_{A,h} \cdot \mu_{R,h})}. \tag{11.9}$$

如果不考虑滚动阻力，也就是说 $\mu_{R,v} = \mu_{R,h} = 0$，那么由公式（11.6）导出的最高速度简化为

$$v_{max} = \sqrt[3]{\frac{2\eta P_{max}}{\rho_l C_D A_x}} \tag{11.10}$$

图 11.27 展示了一辆超级运动型摩托车在考虑滚动阻力和不考虑滚动阻力时最高速度和发动机功率的关系。在 200hp 时，差别大约是 8km/h（从 310km/h 到 318km/h）。对一辆 110hp 的越野旅行摩托车来说，大致也是差这么些（从 211km/h 到 218km/h）。

根据公式（11.10），功率对最高速度的影响为

$$\frac{v_{max,neu}}{v_{max,alt}} = \sqrt[3]{\frac{P_{max,neu}}{P_{max,alt}}} \tag{11.11}$$

由于这是一个三次方关系，增大功率的效果常常被高估了。例如，功率从 200hp 增加 10%，变为 220hp，但最高速度只增加 $1.1^{1/3}$ 次方，从 310km/h 增加到 320km/h。

阻力系数和迎风面积的乘积是阻力面积 $C_D \times A_x$（m^2），这是一个起决定性作用的几何参数。尤其在摩托车空气动力学方面，由于迎风面积不容易测量，而且和驾驶员的姿势有关系，阻力面积用得更普遍。但是，根据公式（11.10），阻力面积对最高速度的影响也不是线性的。如果阻力面积减小一半，最高速度只增加大约 25%（图 11.28）。

要显著提高最高速度，就要改善空气阻力，并且提高发动机功率。图 11.29 展示了为参加比赛而改装的宝马 S1000RR 和系列产品的宝马 S1000RR 以及当时市场上一般的运动型摩托车的最高速度和功率。

11.3.2.1.4　驱动力和变速比

为了实现前面所计算的最高速度，就要选择适当的变速比，使发动机曲轴的转速在最高档

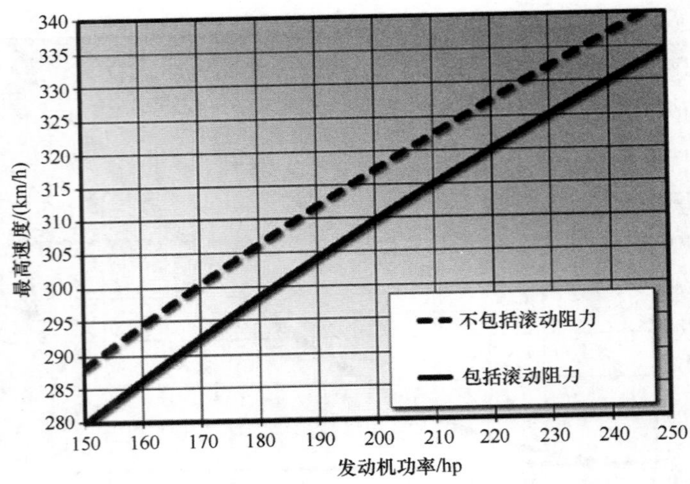

图 11.27　一辆超级运动型摩托车在考虑滚动阻力和不考虑滚动阻力时最高速度和发动机功率的关系

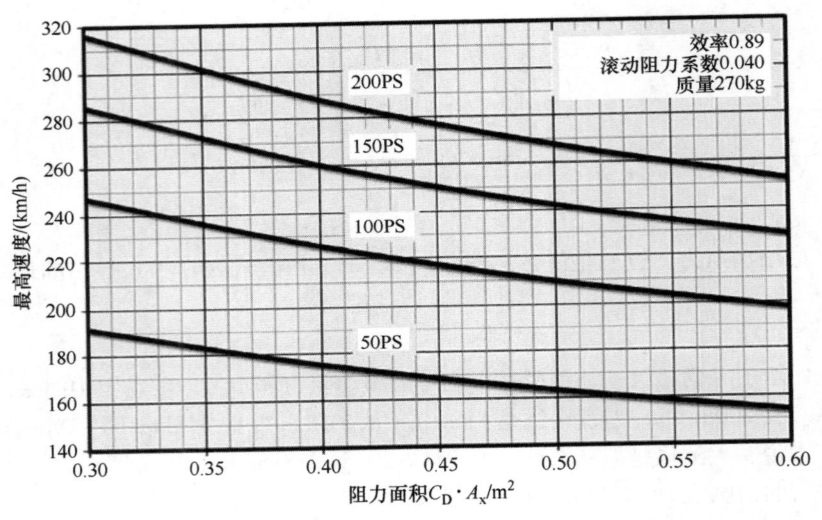

图 11.28　最高速度和阻力面积的关系

位时处于能给出最大功率的（额定）转速上。如果变速比过低，发动机的额定转速会过早达到。变速比过高，驱动力就会在达到理论最高速度之前就下降，从而低于总阻力。图 11.30 是 Stoffregen（2001）的驱动力图，它展示了理想状态，也就是额定转速（驱动力线的终端）时的驱动力线正好和阻力线相交。

11.3.2.2　升力的影响

除了特殊设计的摩托车，一般的摩托车是前轮受到上升力，后轮受到下压力。其原因可以从图 11.31 看出来。不论是旅行摩托车还是运动型摩托车，它们的总空气力的作用线几乎是水平的，因为升力在各种摩托车上相对于阻力都很小。然而，作用线的位置即使对运动型摩托车和几乎趴在车上的驾驶员来说，也高出地面一个轮子。其原因可以从后面图 11.68 的计算流体力学分析结果中看出。这个力矩的大小，以及由此引起的在前后轮轴上的上升力和下压力的大小，主要取决于阻力的大小和作用线到路面的力臂长度（参见第 4.1 节）。

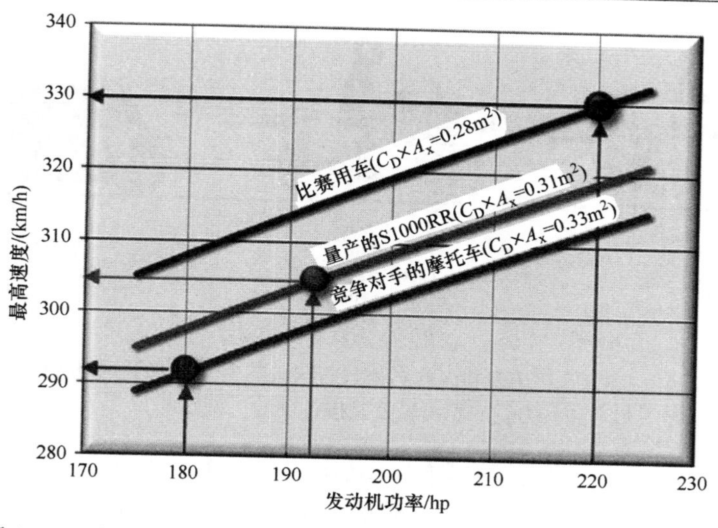

图 11.29　超级运动型摩托车的最高速度。来源：Hofer 和 Grün（2010）

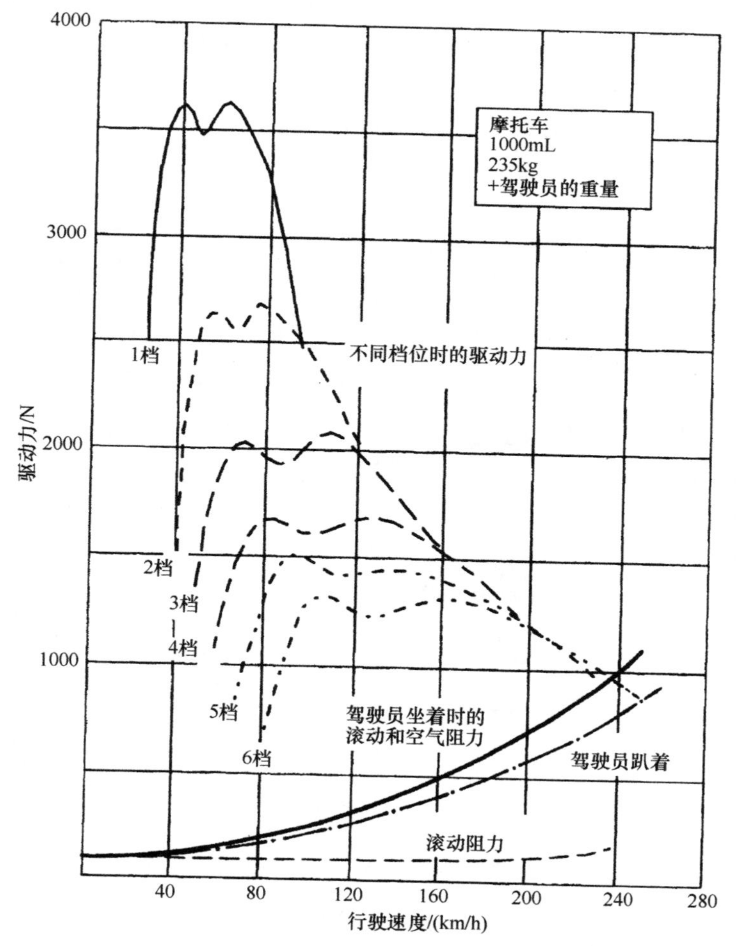

图 11.30　摩托车的驱动力图（来源：Stoffregen，2001）

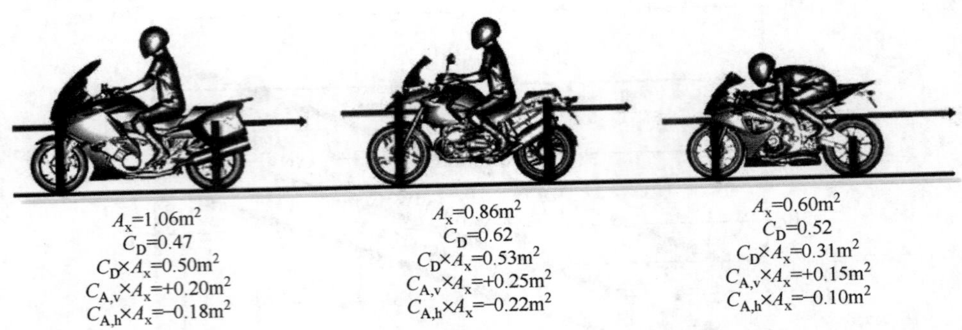

图 11.31　总空气作用力和由此引起的对轮轴的上升力和下压力的作用线（升力线的相对长度是按正确的比例画的）

为了克服前轮的升力，已经采取了多种不同的措施（各种形状和位置的导流板），但它们对相比之下大得多的空气阻力来说，作用是有限的。除非把导流板做得很大，但这既不实际也不美观。

前轮的负荷在动态下由于升力而降低，会影响到摩托车的摆动稳定性。图 11.32 展示了旅行摩托车、越野旅行摩托车和超级运动型摩托车直到最高速度时的前轮负荷的变化。这些车在静态时，包括一名 80kg 的驾驶员，前后轮轴的负荷是各占一半。对超级运动型摩托车来说，尽管它的前轮轴的升力较小，所以它的曲线下降最平缓，但是由于它的最高速度也高，所以它在最高速度时的前轮负荷只有静态时的 58%。

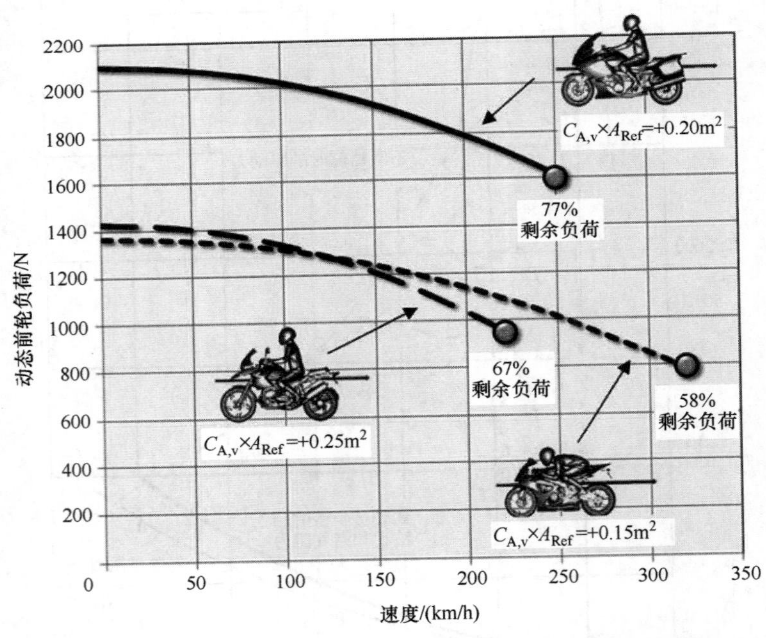

图 11.32　动态时前轮负荷的减少（在静态时，包括一名 80kg 的驾驶员，前后轮轴的负荷是各占一半）

图 11.33 展示了由于升力引起的前轮触地面积变化，图中分别为 80km/h 时和 200km/h 时的前轮触地面积（来源 Weidele，1988）。

不应忘记，后轮轴上增加了几乎相同的下压力，使前后轮轴的负荷不均匀性分布进一步加大。对这三种摩托车来说，静态时的负荷比是50:50，在最高速度时旅行摩托车是39:61，越野旅行摩托车是34:66，而运动型摩托车是31:69。其作用相当于重心被后移，这一般会导致车的稳定性变差。图11.34展示了速度动态变化时前后车轴负荷的相对变化，旅行摩托车和超级运动型摩托车的变化差不多，越野旅行摩托车的变化最大。

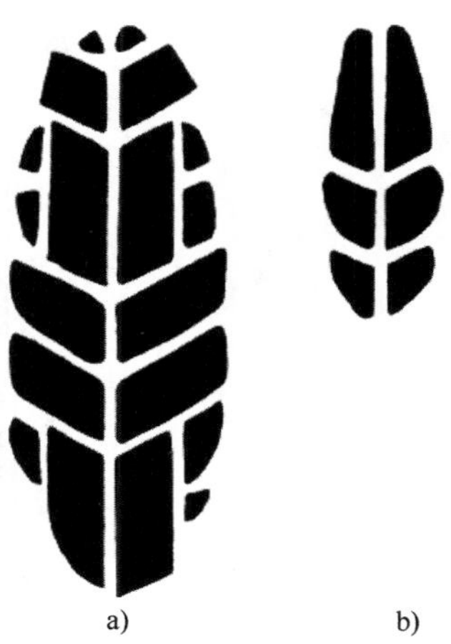

图11.33 前轮的触地面积（来源 Weidele，1988）
a）80km/h b）200km/h

11.3.3 空气动力学和横向动力学

11.3.3.1 弯道行驶

摩托车在直行时的稳定性通过车轮的陀螺效应、驾驶员的身体和车把的运动来实现。开过摩托车的人都知道，车速越慢，车把的活动角度就越要大一些。Bayer（1987）、Cocco（2001）、Döhring（1953）和Stoffregen（2001）对摩托车的稳定性机制，包括在不同速度下的“摆动”和车把轴的惯性矩对稳定性的影响都做了详尽的解释。

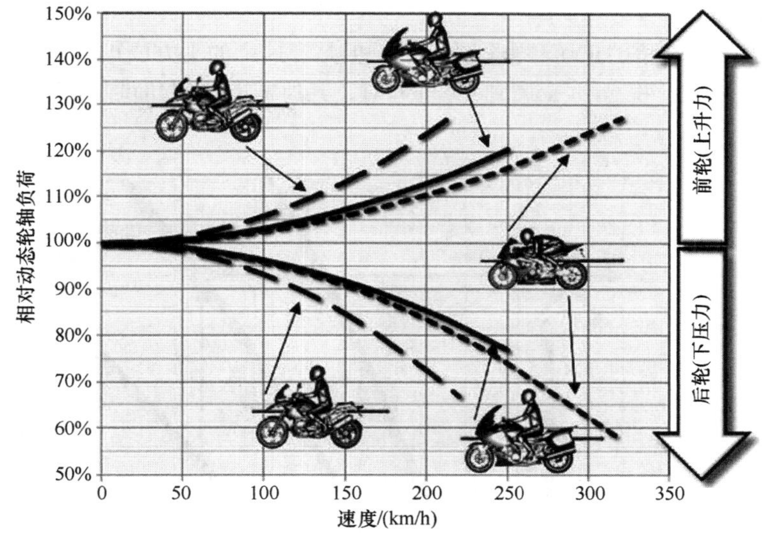

图11.34 相对动态轮轴负荷随速度的变化

和双排轮的车辆不同，摩托车在弯道上行驶时的离心力无法通过外侧的轮子支撑。所以必须向侧面倾斜，使重力和离心力的合力正好从重心指向轮胎和地面的接触点。如图11.35（见彩插）中的蓝色箭头所示。图上的重心是画在摩托车的对称面上，尽管照片上的驾驶员位置在车的内侧。这一点后面还会解释。

所需的倾斜角度可由下式算出（它和重量无关!）：[⊖]

$$\tan(\varphi)=\frac{F_R}{F_G}=\frac{mv^2/r}{mg}=\frac{v^2}{rg} \tag{11.12}$$

在弯道上行驶时的横向（离心）加速度是：

⊖ 这个角度也适用于任何车辆在弯道行驶时的垂线角度。如果在汽车的内视镜上悬挂一个重物，其垂线和车体之间形成的角度就是摩托车所需要的倾斜角度。

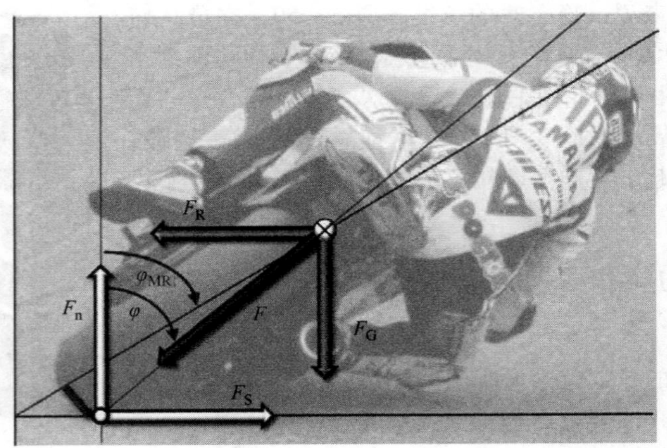

图 11.35　摩托车倾斜时的作用力和角度（照片来自 Georg Hack）

$$a_q/g = v^2/(r \cdot g) = \tan(\varphi)$$

也就是说，45°时的横向（离心）加速度等于重力加速度，55°时的横向（离心）加速度是重力加速度的 1.43 倍。

值得注意的是，倾斜角的正切和半径成反比，但是和速度的平方成正比。所以在一条半径为 50m 的弯道上，当速度从 40km/h 提高到 80km/h 时，其所需的倾斜角度从 14°提高到 45°，是原来的 3.2 倍（图 11.36）。

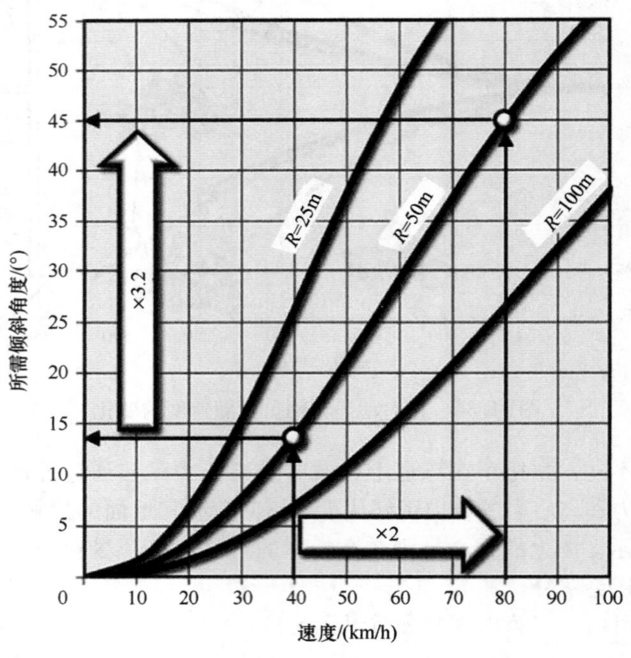

图 11.36　不同弯道半径时速度和所需倾斜角度的关系

上面所说的是有效倾斜角度 φ，它是基于重心和轮胎触地点（或者说轮胎触地面的中心点）的连线。而摩托车的倾斜角度 φ_{MR} 还取决于轮胎的宽度和外型，以及重心的位置。从图 11.35 的红色箭头可以看出，由于轮胎触地点的位置在弯道的内侧移动，使摩托车的倾斜角度必须更大

（$\varphi_{MR}>\varphi$）。如果重心降低，也会使倾斜角度变大。所有这些因素加在一起有可能使摩托车的倾斜角度超过允许值，导致脚踏板、排气管，或者侧面挂的箱子触地。尤其危险的是巡航摩托车，因为这类车的后轮可以宽达 240mm，而且重心也特别低。一般来说，摩托车所需的倾斜角度比有效倾斜角度要大 10°以上。所以比赛用的、经过改装的摩托车往往要把重心比批量生产的摩托车提高一点。除此之外，赛车手往往会把自己的身体“挂在”摩托车的弯道内侧面（图 11.37），这样就能使 φ_{MR} 和 φ 的差值变小一点。

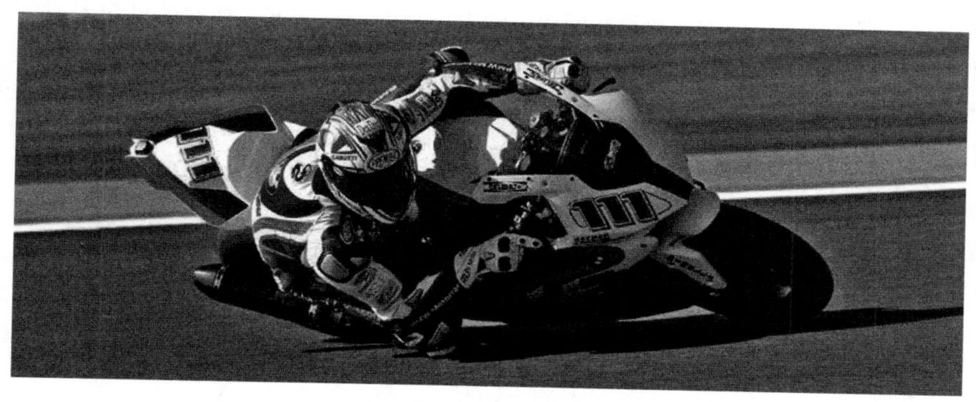

图 11.37 “挂在”摩托车的弯道内侧面来转移重心，从而减小摩托车的倾斜角度

由于离心力的作用，在中等速度时已经很难通过移动身体重心来使摩托车倾斜。所以驾驶员会（往往是不自觉地）把车把微微地向反方向一摆，通过由此产生的离心力把摩托车向所需的方向倾斜过来。一旦倾斜过来以后，再根据速度和弯道半径的变化通过微小的车把活动（转向）进行调节。即使是在圆形环道上匀速行驶，车把也需要进行一些微小的调节，以补偿由于轮胎触地点的变化而产生的力矩变化。当摩托车在弯道上制动时，摩托车必须“直起来”，这也会使轮胎触地点产生变化。

在弯道上行驶时产生的离心力（图 11.35 中的 F_R）必须通过轮胎和地面之间侧向摩擦力 F_{SF} 来平衡，这就是说

$$F_{SF}=F_R\Rightarrow\mu\cdot F_N=m\frac{v^2}{r}\tag{11.13}$$

式中，μ 是摩擦系数，它和垂直于路面的法向力 F_N 一起决定了侧向力的最大值。由此可以导出弯道上可以达到的最高速度

$$v_{K,max}=\sqrt{\mu\cdot r\cdot g\cdot\frac{F_N}{mg}}\tag{11.14}$$

并根据公式（11.12）得出相应的倾斜角度

$$\tan(\varphi_{K,max})=\mu\cdot\frac{F_N}{mg}\tag{11.15}$$

当弯道半径不变时，摩擦力和与重量相关的法向力决定了弯道上的最高速度。如果不考虑空气动力学，法向力和重力相同（$F_N/mg=1$）。考虑到升力的影响，法向力比重力小（$F_N/mg<1$，注意只考虑垂直于路面的分量）。这就是说，有升力时弯道的最高速度要降低。

长期以来，摩擦系数 μ 被假定为 1，所以倾斜角的上限是 45°。现在，运动型的轮胎在干的道路上的摩擦系数 $\mu>1$，所以倾斜角的上限可以达到 50°。然而，除了超级运动型摩托车以外，绝大部分摩托车在达到被摩擦力限制的最大倾斜角之前，侧面就有部件触地了。在摩托车比赛时用的无花纹光板轮胎可以使摩托车的倾斜角度达到接近 60°。

以上只考虑了侧向力要通过轮胎和路面之间的摩擦力来实现。如果在弯道上要同时进行加速或制动，那么还需要通过摩擦力来实现切向力，从而降低可用的最大侧向（径向）力。这个关系可以通过卡姆圆来表示，它展示了切向和侧向力的矢量和与摩擦力的关系。

图 11.38 中的例子展示了当摩托车在左拐时倾斜 30°，同时又在加速时的各个力。图中的外圆是在干的路面上的最大摩擦力（$\mu \cdot F_N$），内圆是在湿的路面上摩擦系数相应降低后的最大摩擦力。如果没有加速或制动而引起的切向力，那么侧向力只相当于干燥路面上的最大摩擦力的 50%（$\sin\varphi$），即使路面是湿的，也没有问题。图中所画的由于加速而所需的纵向力即使不考虑由于倾斜而产生的侧向力，就已经超过湿路面上的摩擦力极限，在干燥路面上则达到了极限值的 87%（$\cos\varphi$）。两个力的组合正好在干燥路面的极限值上，也就是说，更大的加速度或更大的倾斜度（或者路面上有一段是湿的）都会导致轮胎在路面上滑动。

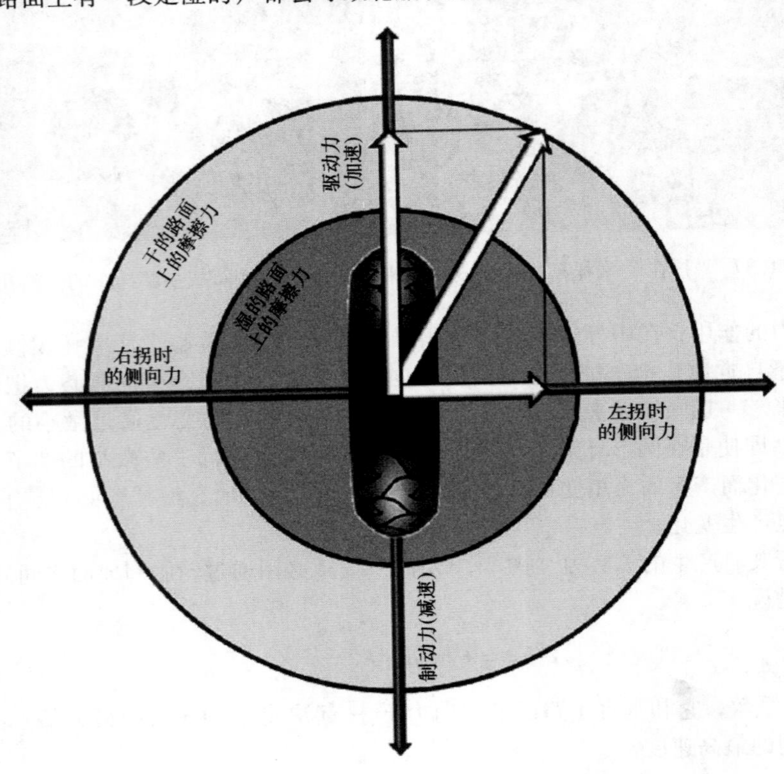

图 11.38 卡姆圆

11.3.3.2 升力的影响

对双排轮车辆来说，可以通过导流板或车翼等空气动力学的辅助装置来改变法向力和重力的比 F_N/mg，从而提高弯道上可能达到的最高速度［见公式（11.14）］。大家都知道在赛车上，车翼的作用并不是要通过升力来减轻负荷，而是恰恰相反，是要通过由车翼产生的下压力来提高法向力和重力的比（$F_N/mg>1$）。

但摩托车与此不同。由于车翼和摩托车一起倾斜，它的作用线随着摩托车的倾斜而倾斜。尽管法向力增大了，但侧向力也同样增大。因而它基本上不能提高弯道上的最高车速，不过法向力的增大至少对提高行驶稳定性是有帮助的。

在无风的情况下，摩托车即使在倾斜时也是正向受风的，也就是说，气流方向和车的瞬间行驶方向是平行的。图 11.39（见彩插）展示了垂直（图 11.39a）和倾斜（图 11.39b）的摩托车

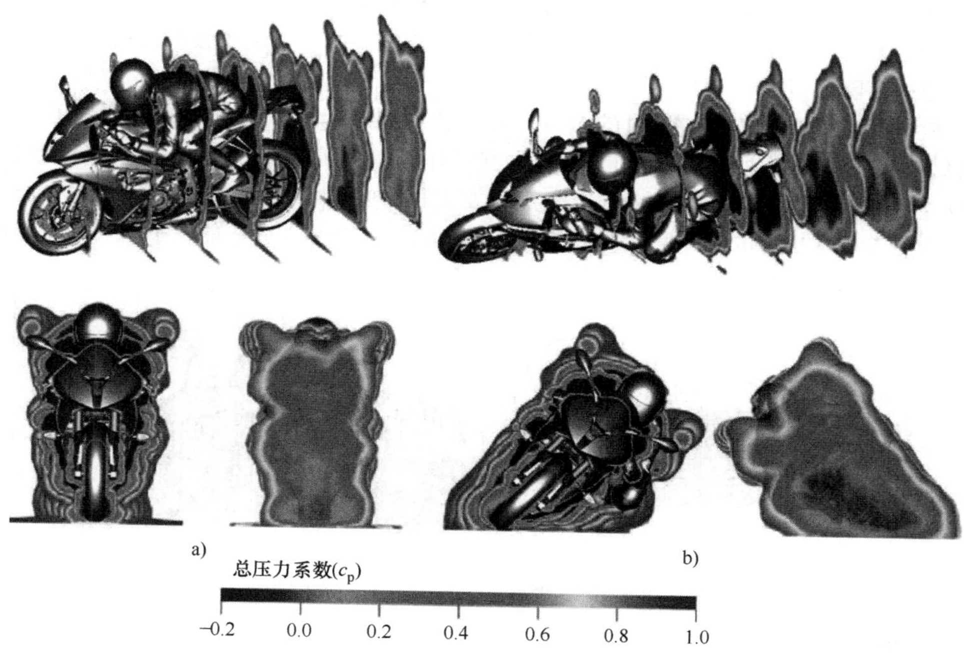

图 11.39　垂直（a）和倾斜（b）的摩托车周围的气流的比较

周围的总压力在各个截面上的分布。截面的周边上的总压力达到了未受摩托车干扰的气流的值。在图上可以看到车和驾驶员周围的边界层和尾流。摩托车在倾斜时这些截面图基本上也跟着倾斜并受到地面的影响而变形，而且驾驶员身后的尾流也更显著。

空气力的作用线在摩托车倾斜时尽管其分量有些变化，但大致上还是和摩托车的纵轴一致的。倾斜时的阻力面积增加大约 25%，其原因之一是驾驶员的坐姿变了（挂在车的一侧，膝部突出）。这使受风面积增加了 9%，阻力系数增加了 15%，从 0.452 增加到 0.520。在图 11.40 中

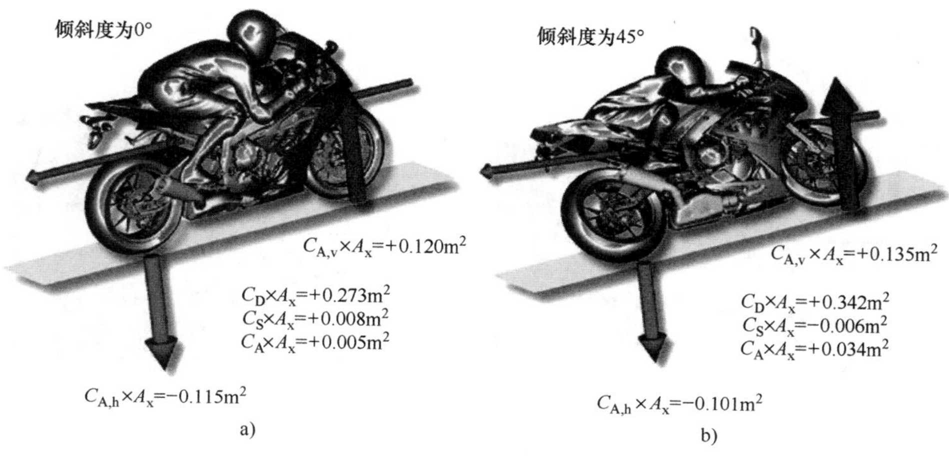

图 11.40　垂直（a）和倾斜 45°（b）时的空气作用力，图中的升力即使对倾斜的摩托车也是垂直于路面的

展示的作用在车轴的上升力和下压力是垂直于路面的法向力，而不是平行于倾斜的车身的。倾斜时，前轴的升力增加了12%，后轴的下压力减少了13%。两者一起导致按公式（11.14）计算的最高弯道速度降低了6%～7%。

这个效应是由于摩托车在倾斜时的压力分布变化而引起的，因为倾斜时车两侧的压力不一样了。假如前轮轴的升力值不变，但是随着车的倾斜而倾斜，那么它的法向分量将随倾斜角减小（$\cos\varphi_{MR}$）。倾斜后的摩托车在路面上的投影面积要大得多（图11.41），这使倾斜的摩托车的内外两侧的压力差有了更大的作用面积。因此，摩托车的两侧装有大面积的，平滑表面无分离绕流的外罩会对弯道速度的提高不利，而且还可能影响行驶的稳定性。

图11.41　垂直和倾斜45°的摩托车的和升力相关的路面投影面积

11.3.3.3　侧风的影响

在用空气动力学评价侧风对车的影响时，首先要确定需要考虑多大的总风向斜角。图11.42展示了侧风的速度、车的速度和由此组合而构成的总风向斜角之间的关系。当$\beta=15°$、车速为100km/h时，侧风速度为27km/h，这相当于风力为4～5级。这时产生的力和力矩对一个有经验的摩托车驾驶员来说还是可以控制的。如果车速是200km/h，总风向斜角还是15°，那时的风力要达到7级（54km/h），这几乎没有人能够承受得住了。

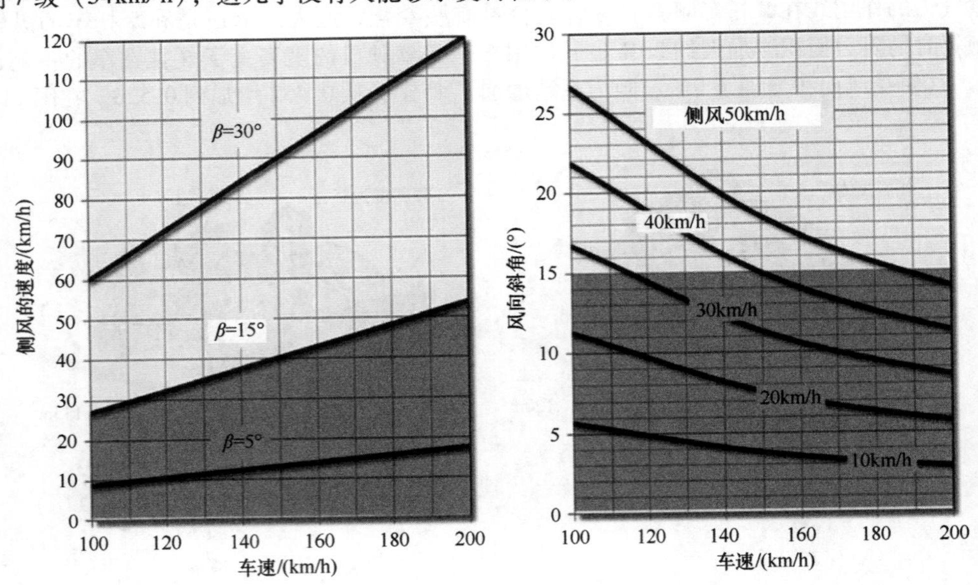

图11.42　侧风、车速和总风向斜角之间的关系

Wojciak等（2010）曾经在公路上测定了实际行驶过程中的163次阵风。测得的平均风速约为140km/h，风力在4～7级。在阵风中，风向斜角大于12°的不到1%。几乎四分之三的阵风的

风向斜角在 6°～8°之间。所以看来把风向斜角定为 15°来考虑对摩托车的影响是足够的。

图 11.43（见彩插）和图 11.44（见彩插）比较了风向斜角为 0°和 15°时的流场，图 11.43 是水平截面上的速度分布，图 11.44 是垂直于纵向的截面上的总压力分布。需要指出，图 11.43 显示的严格来说不是流线，而只是流线在水平截面上的投影。从图中可以明显看出，风向斜角不仅使尾流偏向一边，而且会在车的背风一侧产生尾涡区。

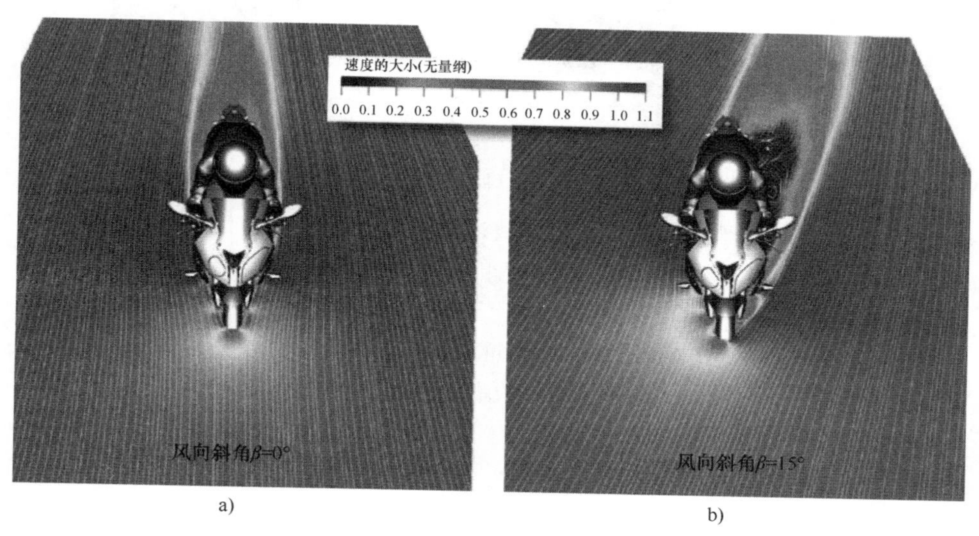

图 11.43　速度分布图

a）风向斜角为 0°　b）风向斜角为 15°

图 11.45（见彩插）把风向斜角为 15°时的力和力矩和风向斜角为 0°时的力和力矩做了对比。提醒一下，在考虑风向斜角时的参考坐标系也是固定在摩托车上的，而不是随风向而变的。蓝色箭头所表示的空气总力增加了 73%，阻力增加了 30%。指向背风一侧的侧向力的值几乎和阻力值相当。后轮的下压力增加了 8%，而前轮的上升力增加了 34%，这导致了俯仰力矩增大了 22%。力矩的参照坐标零点为路面上前后轮的中间点。正的滚转力矩使摩托车向背风一侧倾斜，同时正的偏转力矩引起的侧向力在前轮上指向背风一侧，在后轮上指向迎风一侧。

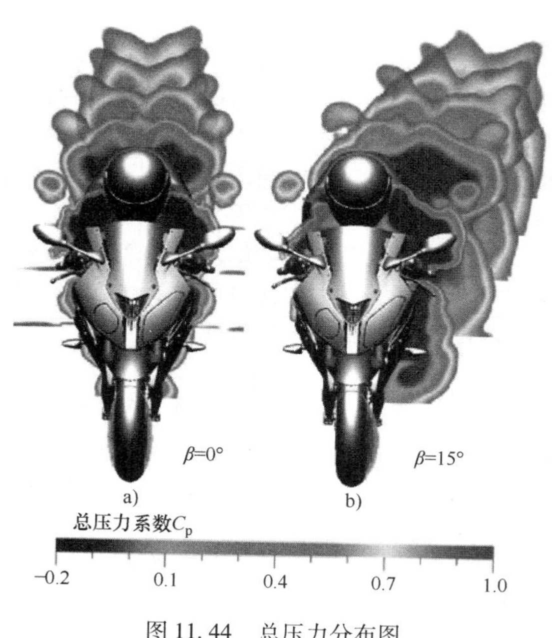

图 11.44　总压力分布图

a）风向斜角为 0°　b）风向斜角为 15°

驾驶员在这种情况下必须在直行时让摩托车向迎风一侧倾斜，以平衡侧风引起的滚转力矩。由于自然界的风在不断地随时间变化，驾驶员要不断改变摩托车的倾斜角度。在有强的阵风的情况下，驾驶摩托车会由于要不断摇摆而失控。

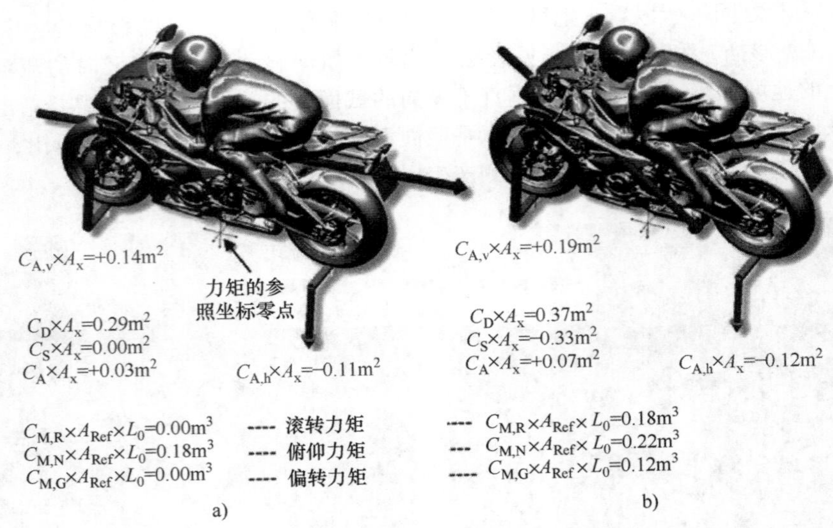

图 11.45 （a）风向斜角为0°和（b）风向斜角为15°时的力和力矩，力矩的参照坐标零点为路面上前后轮的中间点

11.3.4 冷却和发动机所需要的气流

大家知道，燃油中所含的能量在汽油发动机中只有不到30%被转换成动能，其中大部分被转换成了热量损失掉了。热量中大约一半被排气带走，另一半要通过冷却发动机的措施来释放。这就是说，冷却系统要释放的热量和发动机的功率大致相当。

功率100hp以下一般可以直接采用风冷。这需要仔细考虑发动机冷却翅片和其他散热面（如变速器表面）上的空气流动状况。比如，纵向安装的V形发动机就比较困难，因为后面气缸的风被前面的气缸挡住了，就容易发生过热。而采用水平对置发动机老的宝马摩托车，因为两个气缸从两侧伸出，气流不受阻挡，冷却问题很少。有些风冷的摩托车还附加了机油冷却器。风冷的摩托车在环境温度高的时候，发动机热机以后停下时会发生过热，因为这时没什么风了，光靠辐射和自然对流不足以释放热量。

现在大功率的摩托车全都采用水冷，经常还装有机油冷却器。由于摩托车上的空间有限，在进行空气动力学设计时要让尽可能多的空气被用于冷却。理想状况是让冷却换热器的空气入口处的压力尽量高，而空气出口处在负压区。图11.46展示了宝马S 1000 RR的散热器（上）和机油冷却器（下）。空气出口是两侧罩盖的孔。

越野摩托车上的可用空间受限，而且其中间部分由于前轮罩装得很高，风被挡住了。所以散热器被分成左右两半，并通过装在油箱上的导流板帮助空气流向散热器。装在散热器前面的导流板还有避免被前轮甩起的泥浆阻塞散热器的作用（图11.47）。

Benelli的Tornado 900 Tre的散热器比较特殊（图11.48）。它的空气进口在油箱的两侧，然后通过管道流向位于车座下面，后轮前面的散热器。

几乎所有水冷的摩托车都有一个风扇，在需要时可以通过风扇来避免过热，比如在停车或缓慢行驶时。

另一个要考虑的气流问题是让发动机得到新鲜的空气。很多摩托车的空气滤清器装在油箱或车座的下面，这种安排使空气压力损失增大，从而导致空气进口处的压力降低，降低了内外空气压力差。

图 11.46　宝马 S 1000 RR 的散热器（上）和机油冷却器（下）

图 11.47　越野摩托车上分成两半的冷却器（Husqvarna TE449）

图 11.48　Benelli Tornado 900 Tre 的装在车座下面的散热器

赛车和很多超级运动型摩托车把发动机的空气进口直接放在驻点区（图 11.49）。在驻点上，空气的动能转变为静压力，从而提高进气的流量和发动机的功率。这个效应取决于来流空气的动能转换（驻点压力），所以只在车速很高时效果才明显。

图 11.49　超级运动型摩托车的发动机空气进口

图 11.50（见彩插）展示了发动机进气道的压力变化。当环境压力为 100kPa，车速为 280km/h 时，总压力为 103.6kPa。这是来流的空气所含的（单位体积的）机械能。空气进入进气道以后，其总压力由于在气道壁面的摩擦损失而持续下降。在流过空气滤清器时压力再次明显下降，使空气到达发动机时的总压力损失达到 1.35kPa。这减少了动压力可以起到的增压作用。对这台发动机的测试表明，每增加 0.6kPa 的进气压力，可以把功率增大 1kW。在上图的具体情况下，还剩余的 2.4kPa 动压力，也就是总压力和环境压力的差值，可以把功率提高大约 4kW。

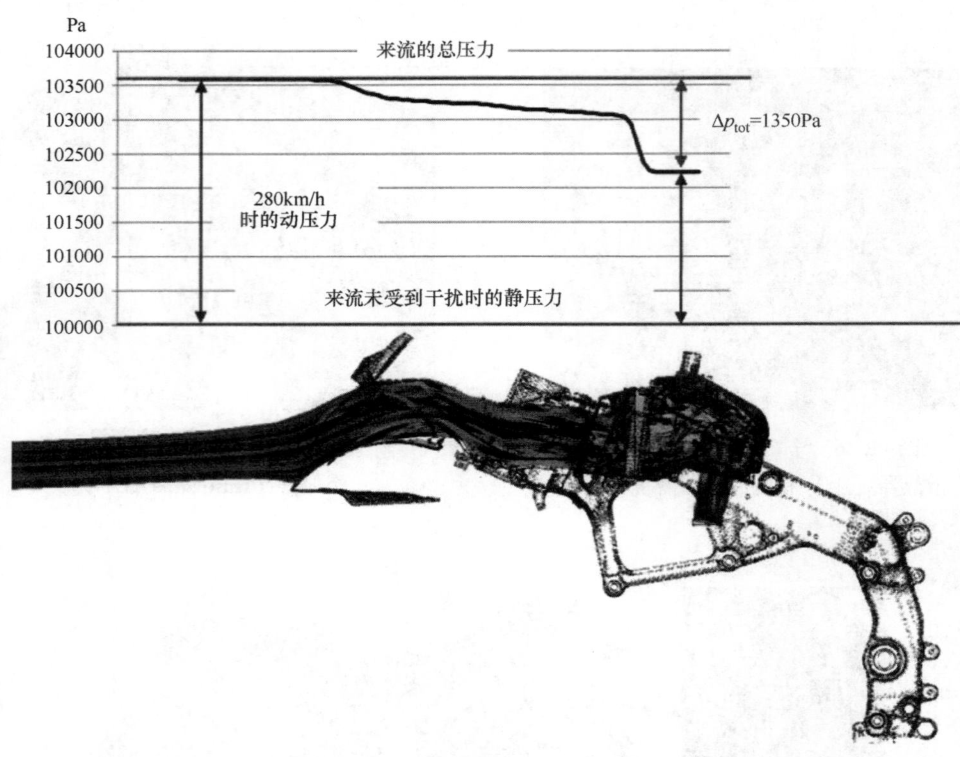

图 11.50　发动机进气道的压力变化（来源 Hofer 和 Grün，2010）

11.3.5　防风和防雨

摩托车的驾驶员和乘员都直接处于气流中，因而对摩托车的空气动力学有很大的影响。所以对防风和防雨措施的评价和优化也是摩托车空气动力学的主要任务之一。

对风的感觉可以通过表面附近的空气速度来评价。从图 11.51（见彩插）可以看到，在旅行摩托车上，腿、手和手臂上的风速较低，所以不会感到凉。相比之下，越野车上膝部和上臂表面的速度要大很多。通过车把上的护罩可以把手部的风速降到很低。对超级运动型摩托车来说，重要的是降低阻力和升力，而舒适性相对来说不重要。另外这类摩托车的驾驶员，尤其在赛车道上

图 11.51　通过表面附近的空气速度来评价风感

时，经常大幅度地改变身体的位置。所以对这类摩托车来说，重要的是评价在高速时风在驾驶员身上的作用力。

尤其在长途行驶时，作用在驾驶员身上的空气力会对舒适性有较大的影响。从这点来看，高级旅行摩托车由于有挡风罩，比越野摩托车要舒适得多（相差 3 倍多，图 11.52，见彩插）。在运动型摩托车上，趴着的驾驶员受到的风力尽管比旅行摩托车上大 50%，但这个力是向上的，比大的阻力好受一些。如果坐直了，驾驶员受到的空气阻力会增加 30% 以上。在赛车时，驾驶员有时会故意坐直并把膝盖伸出以达到“空气动力制动”的效果。当然要考虑到，空气阻力大小不仅和驾驶员的体型和姿势相关，而且和他穿的衣服（宽松的纺织品或紧身的皮衣）有关系。因此，在设计时需要在这些方面制定一些标准（见第 11.4.3 节）。

图 11.52　速度为 200km/h 时驾驶员受到的空气力

头盔受到的空气力即使在短时间行驶时也会对驾驶员产生影响。大的升力会使头盔的系带卡住脖颈，而且有些头盔还会影响视线。空气阻力在长途行驶时会使颈部肌肉疲劳（图 11.53，见彩插）。除了要改进头盔的设计（见第 12 章）以外，主要因素是摩托车的挡风玻璃。这又和驾驶员的高度和体位相关。所以很多旅行摩托车和越野旅行摩托车都装备了可调节的挡风玻璃，有些甚至可以在行驶过程中电动调节。这样每个驾驶员都可以把挡风玻璃调到最适合自己的位置。当然实际上研发人员只能考虑到常见的、具有代表性的情况。

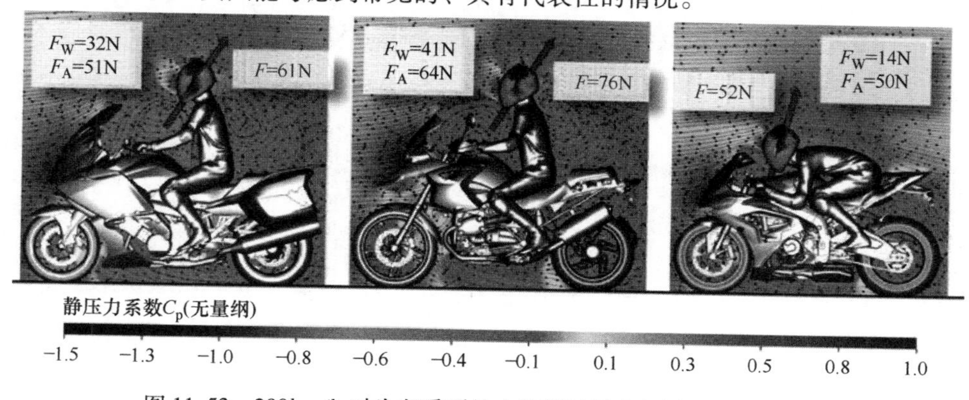

图 11.53　200km/h 时头盔受到的力和驾驶员头部周围的压力分布

除了上面讨论的稳定状态下的情况以外，非稳定状态下的因素也会严重影响舒适性。其中主要是挡风玻璃和护罩所引起的涡流对驾驶员的影响。即使空气力的平均值在可以接受的范围内，其非稳定的波动对头盔的冲击也会严重影响舒适度。在高速行驶时，周期性的涡流分离在严重时会使头盔剧烈晃动，这在严重时甚至会影响视线。

11.3.6　气动声学

空气流过头盔时的非稳态压力分布变化使驾驶员听到风引起的噪声。如果挡风玻璃造成的涡流分离层和头盔相遇，噪声会明显增大。Bachmann 等（2002）把头盔内的噪声强度范围按不同摩托车的类型列成了表（参见表11.2，表中的数值综合考虑了所有的频率，并按人耳的敏感度进行了加权）。

表11.2 速度为100km/h时头盔内的噪声声压级，来自Bachmann等（2002）

摩托车的类型	噪声声压级/dB（A）
超级运动型摩托车	98~105
旅行赛车	95~105
旅行摩托车	85~95
游乐型摩托车	92~95
越野旅行摩托车	95~105

有意思的是，按照劳动保护条例，如果声强达到85dB，雇主必须为员工提供噪声防护装置。如果噪声长期超过90dB，则必须使用噪声防护装置。

降低噪声和空气作用力的影响的措施除了采用可调节的挡风玻璃以外，还有很多是在头盔本身的设计上（见第12章）。

11.4 研发的方法

11.4.1 研发的流程

摩托车的空气动力学研发大致分为三个阶段，先把要求定下来，然后逐步细化实施。研发的工具有仿真、风洞和路试，其时间顺序也是这样但有重合（图11.54）。

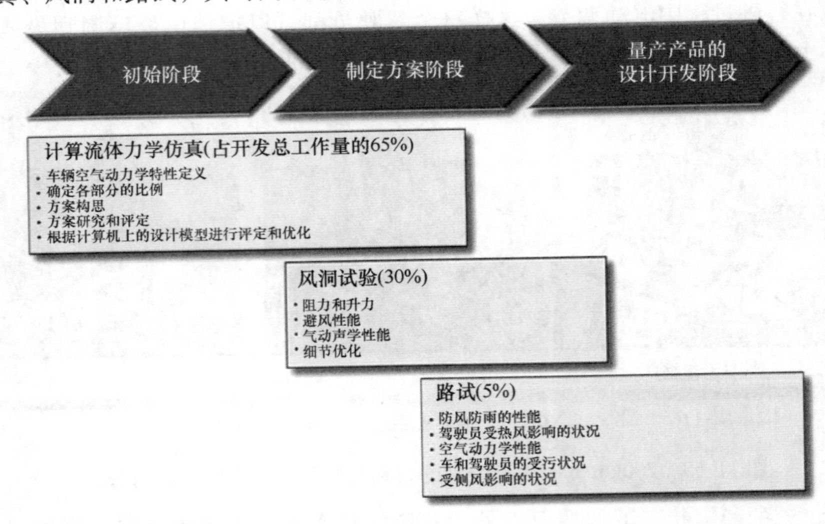

图11.54 研发的阶段、任务和工具（来源Hofer和Grün，2010；Hofer，2008）

在初始阶段，首先要决定摩托车需要具备哪些空气动力学性能，重点是哪些。定下各项要求应占的比重后，要对各种方案进行比较研究并评价它们的可行性。比较的基础是用计算机设计出来的数模（CAD模型）和设计数据。由于这时还没有硬件，可以使用的工具只有计算流体力学仿真（CFD）。仿真在三种研发工具中所占的分量大约是三分之二。到了方案设计阶段才有可以用来进行风洞试验的初始样件。这时可以在风洞中对阻力、升力、防风性能和气动声学进行细节上的优化，而且这比用仿真更快。风洞研究花费所占的分量大约为30%。在方案设计的后期和整体量产产品设计开发阶段要进行路试，以保证从仿真和风洞研究得到的结果符合实际情况。

由于各种摩托车的用途不同，它们的空气动力学研发重点当然也不同。从图 11.55 可以看出，旅行摩托车和运动型摩托车需要考虑的方面最多。

	越野摩托车	巡航摩托车	游乐型摩托车	轻型摩托车	越野旅行摩托车	豪华旅行摩托车	运动型摩托车
发动机冷却	×	×	×	×	×	×	×
阻力和升力		×	×	×	×	×	×
防风防雨				×	×	×	×
受污状况				×	×	×	×
气动声学					×	×	×
侧风影响						×	×
发动机进风							×

图 11.55　各种摩托车的空气动力学研发重点

11.4.2　计算流体力学仿真（CFD）

现在计算流体力学的精度已经足以用来作为研发工具。图 11.56 比较了风洞和仿真在一辆用于验证的摩托车上对三种不同挡风玻璃得出的阻力面积。仿真和试验得出的结果不仅数值很接近，而且变化趋势也对应。仿真得出的挡风玻璃和驾驶员之间的速度分布和用热线风速仪测得的结果也很匹配（图 11.57，见彩插）。

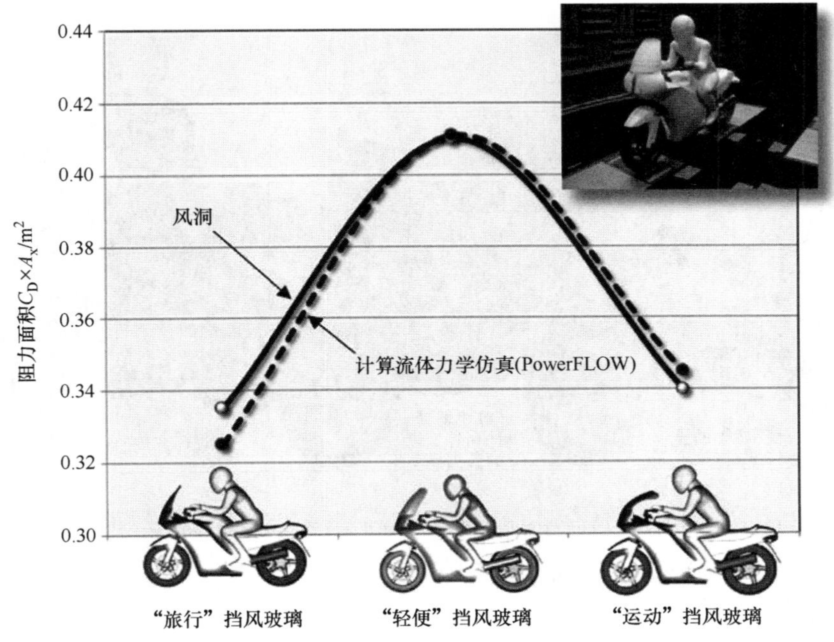

图 11.56　风洞测量和计算流体力学仿真（PowerFLOW）的比较，一辆用于验证的摩托车的不同挡风玻璃的阻力面积

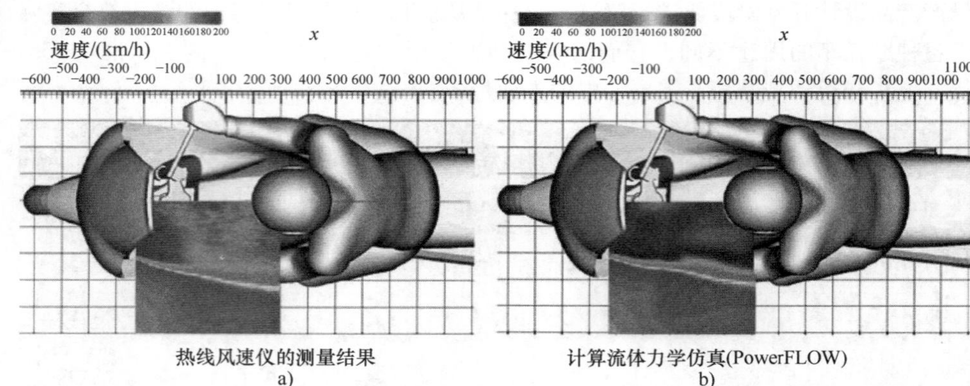

图 11.57　风洞测量和计算流体力学仿真（PowerFLOW）的比较，挡风玻璃和驾驶员的速度场

仿真软件和计算机硬件的同时发展，使计算结果一个晚上就能得到。仿真和风洞已经不再被看成是相互竞争的工具，而是被看成相互补充的工具了。

这里展示的仿真结果都是用 CFD 软件 PowerFLOW 产生的，这个软件用的是 Lattice - Boltzmann 方法。第 14 章里有对它的详细解释，所以这里只介绍它和摩托车相关的应用。

11.4.2.1　仿真模型

建立仿真模型所需的数据有两个来源。一个是摩托车的各个部件，如发动机、变速器、车架、车轴、车轮等，它们都已经有 CAD（计算机辅助设计）模型（图 11.58a，见彩插）；另一个是外型设计数据，如外罩、挡风玻璃、车座等（图 11.58b，见彩插）。这些现在往往也有 CAD 模型。有时它们是黏土模型，再通过扫描变成电子数据。作为仿真模型的输入，所有的数据都要转化为一个表面网格。完整的仿真模型（图 11.58c，见彩插）还要加上假人，这也是通过扫描来数字化，然后加以处理融合到摩托车上。

图 11.58　由 CAD（计算机辅助设计）和外型设计数据组合成的仿真模型

目前详细的仿真模型需要大约 300 万～500 万个三角元（面元素）来表示几何表面。从图 11.59可以得到一个表面详细程度的大致印象。CFD 软件 PowerFLOW 不需要用一个完全封闭的表面来描述整个结构。各个部件可以分别输入然后组装起来，部件之间允许有接触甚至相互穿透，这大大简化和加速了建模过程。

图 11.59 仿真用的作为几何输入的表面网格（面元素）

实际上，计算的精细度不是取决于表面几何三角元，而是由体元素的大小决定的。在表面附近，体元素的边长大约为 1～3mm，然后随着离开表面的距离增加而逐步加倍。具体的网格精细度可以通过所谓的“细度变化区域”来确定。这些区域可以通过把摩托车模型放大构成，也可以采用简单的几何形状。图 11.60 展示了一个这样产生的正交体网格的一层。典型的摩托车仿真模型大约有 5000 万个体元素。这个体网格在自动离散化过程中被几何三角元素切割后产生边界元，然后进行计算。体元素被三角元切割后产生的是多边元素，它们的数量也比三角元多得多（500 万～1000 万）。

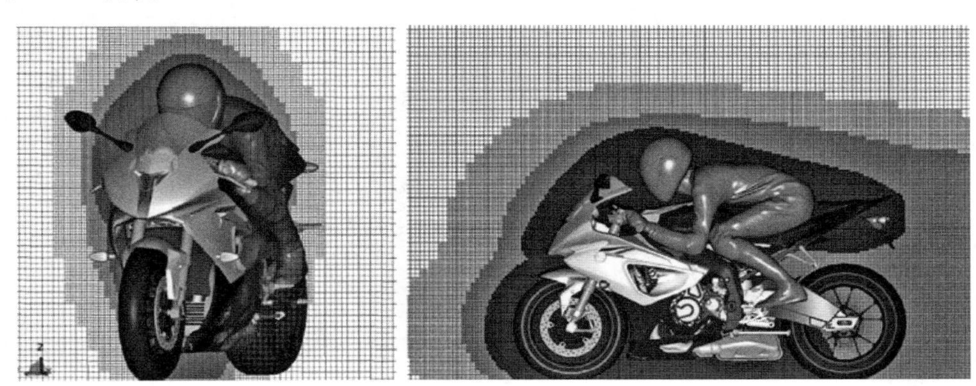

图 11.60 体网格（格子）

和风洞试验不同的是，仿真结果包含了整个流场和表面上的所有流动数据。仿真虽然是非定常的，也就是和时间相关的，但显示的结果一般是一段时间的平均值。下面的一系列图展示了仿真结果的多种显示和分析的方式。除了温度以外，其他量都用无量纲参数表示。

11.4.2.2 表面上的仿真结果

根据无滑移边界条件，流体在固体表面上的速度为零。图 11.61（见彩插）中展示的是靠近表面的速度，也就是靠近表面的第一层体元素的速度，它相当于流体边界层外边缘的速度。

根据伯努利方程

$$c_{\mathrm{p}}=\frac{p-p_{\infty}}{\frac{1}{2}\rho_1 v_{\infty}^2} \tag{11.16}$$

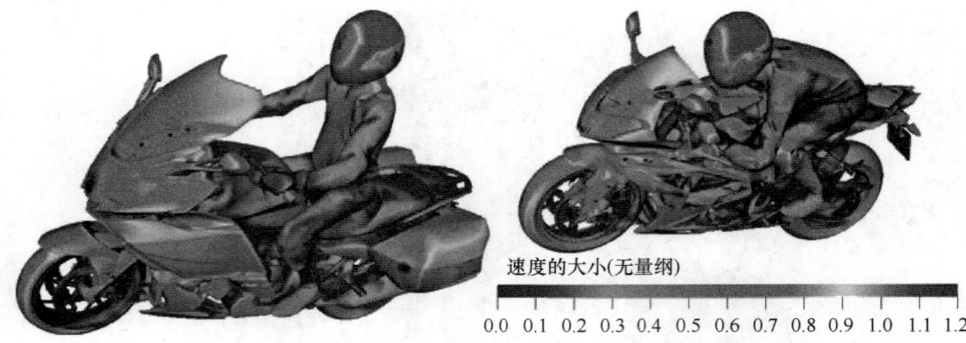

图 11.61　速度分布

计算图 11.62（见彩插）中与当地速度相关的静压系数，需要知道当地总压力 p_{tot}。把公式（11.16）用于总压力系数

$$c_{p,tot}=\frac{p_{tot}-p_{\infty}}{\frac{1}{2}\rho_1 v_{\infty}^2} \tag{11.17}$$

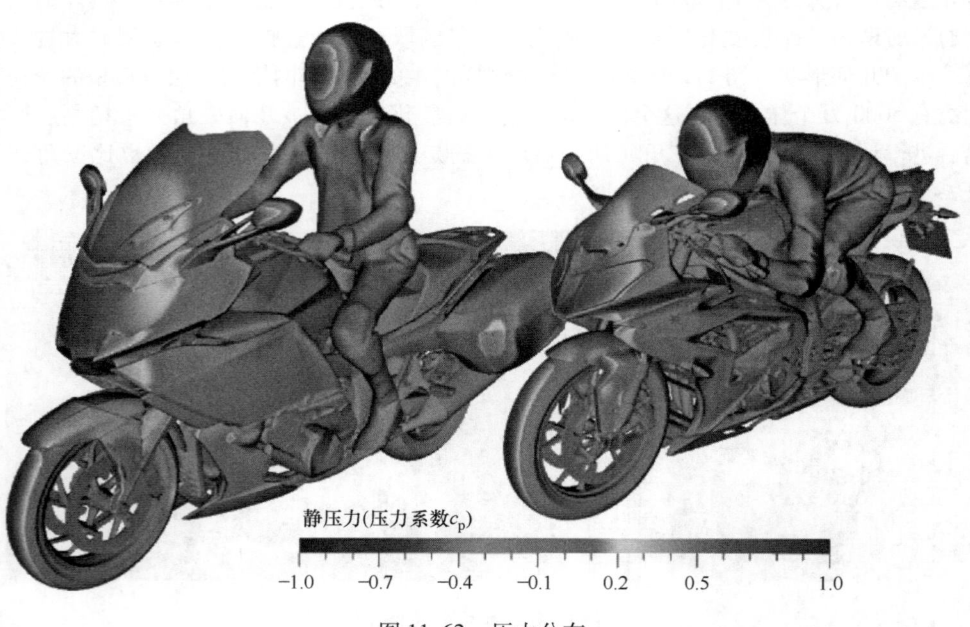

图 11.62　压力分布

可以得出对不可压缩流体来说

$$c_p=1-\left(\frac{v}{v_{\infty}}\right)^2+(c_{p,tot}-1) \tag{11.18}$$

如果在某一处的损失为零（$p_{tot}=p_{tot\infty}$），那么 $c_{p,tot}=1$，公式（11.18）中的第二个括号的值为零。在驻点上，速度为零（$v=0$），所以不可压缩流动的最大静压力系数 $c_p=1$。如果假定在很低的速度下，尾流的总压力损失是零，那么其静压力系数也是 1，从而摩托车受到的空气力就是零（达朗贝尔佯谬）。实际上，这里的总压力系数只是 $c_{p,tot}\approx 0$，或者是负的，所以其静压力系数也是负的。因而后部的压力较小，整个表面上的合力就是阻力。从图 11.63（见彩插）可以明显看出位于死区的区域的总压力损失。除此之外，靠近表面的边界层内部还有因为摩擦而产生的损失。

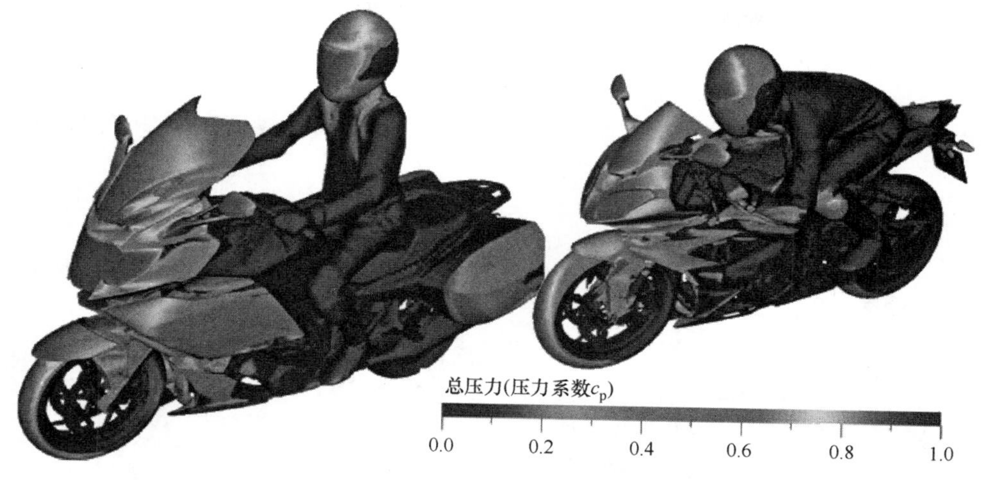

图 11.63　表面上的总压力分布

在考虑空气力时，除了静压力还要考虑壁面的剪切应力。剪切力的无量纲形式为

$$c_f = \frac{\tau_W}{\frac{1}{2}\rho_1 v_\infty^2} \tag{11.19}$$

图 11.64（见彩插）显示了表面的剪切应力分布。在前轮和头盔的表面，由于流动加速，表面剪切应力很高。总体来说，摩擦产生的阻力即使在一辆空气动力学设计很好的摩托车上也只占 3% ~5%（相比之下：汽车占 10% ~15%，滑翔机占 80% 以上）。图 11.64 还展示了近表面的流线，类似于风洞试验时的表面油膜图。它们可以用来仔细分析近表面的流场分布，比如脱离和重新附着的发生。需要指出，由于在三维流场中没有明确的评判脱离的准则（在二维边界层中可以用壁面剪切应力为零来评判），这种图是一个非常有用的工具。

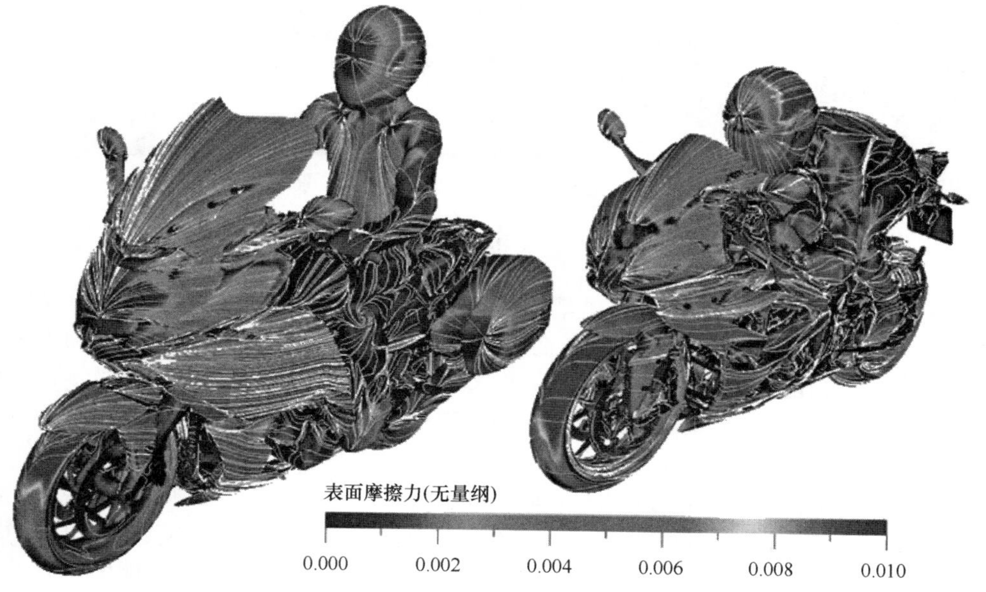

图 11.64　表面剪切应力的分布和近表面的流线

仅仅看压力分布并不能直接得出阻力和升力的分布，因为还需要考虑受力面的方向。所以静压力系数要和表面的法向矢量的分量相乘（方向的定义见表11.1）

$$c_x = -c_p \cdot n_x;\ c_y = -c_p \cdot \eta_y;\ c_z = -c_p \cdot n_z \tag{11.20}$$

由此可以得出三个分量来表达阻力、侧向力和升力，见图11.65（见彩插）和图11.66（见彩插）。

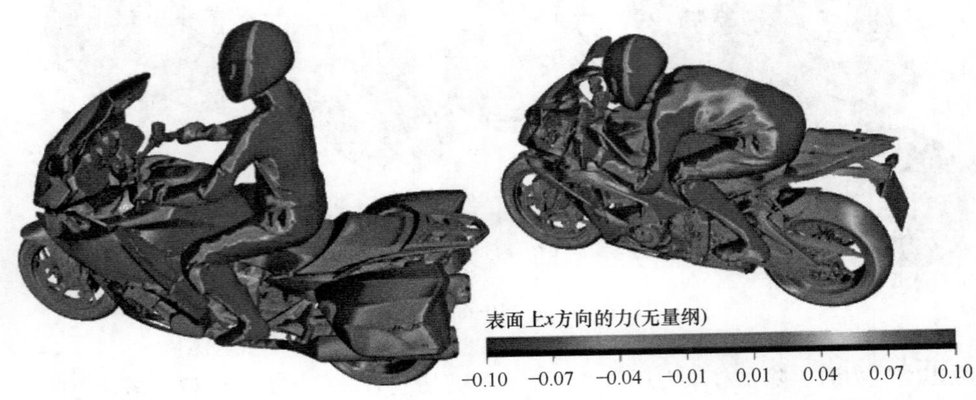

图11.65　表面上的阻力分布（红色为正值，蓝色为负值）

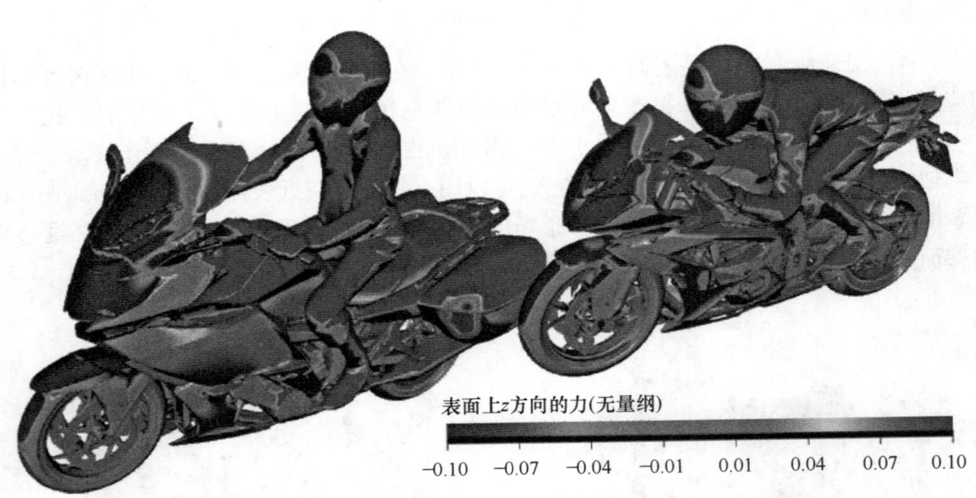

图11.66　表面上的升力分布（红色为正值，蓝色为负值）

图11.67（见彩插）是所谓的二维形式的阻力分析图。摩托车被切成垂直于纵轴的“片”，每一片的阻力用一个柱子（红色）表示。蓝色曲线由这些柱子的值沿纵轴相加形成。和汽车相比，摩托车上阻力为负值的地方要少得多（就是 $c_p<0$ 同时 $n_x<0$ 或 $c_p>0$ 而同时 $n_x>0$ 的地方）。这种分析方法在比较两个方案时，可以用来确定阻力不同的具体地方。人们经常会发现，阻力不同的地方往往不是几何形状不同的地方，而是在它们的下游的某个地方产生影响。

在观察图11.68（见彩插）右侧的升力沿纵轴的分布图时，会看到一个难以解释的现象。图中前轮所在的区域，是一个很大的负升力区，但是在驾驶摩托车时，会感到前轮受到上升力的影响。为什么会这样，已经在第11.3.2.2小节中解释过了。这里再通过图11.68左侧的阻力沿垂直轴的分布图来解释一下。其原因是，由于升力和阻力相比很小，总空气力的作用线几乎是水平的，而且作用线的位置比路面高很多，这对摩托车产生了一个后倾的力矩。所以如果要在前轮区

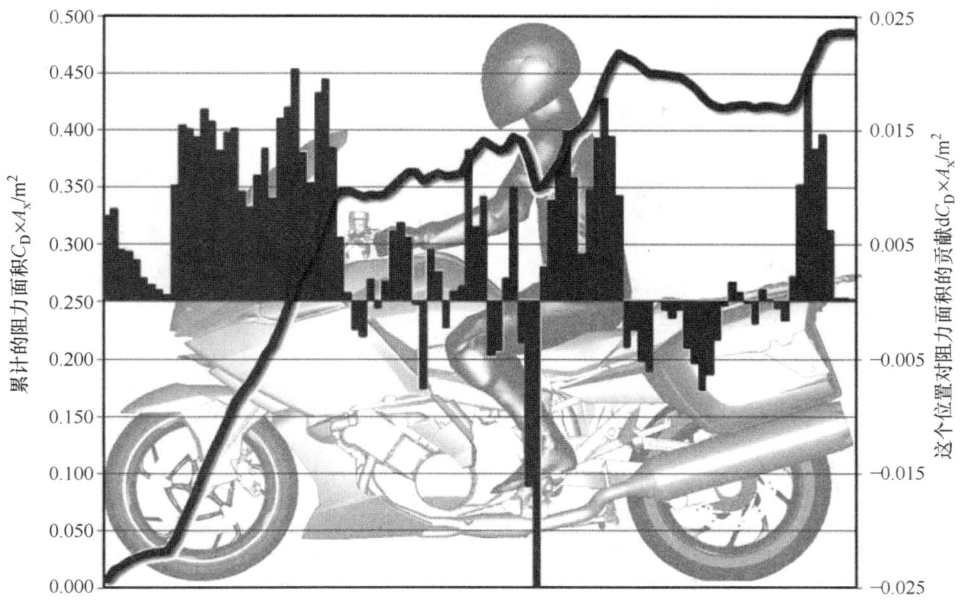

图 11.67　沿纵轴的阻力分布和变化

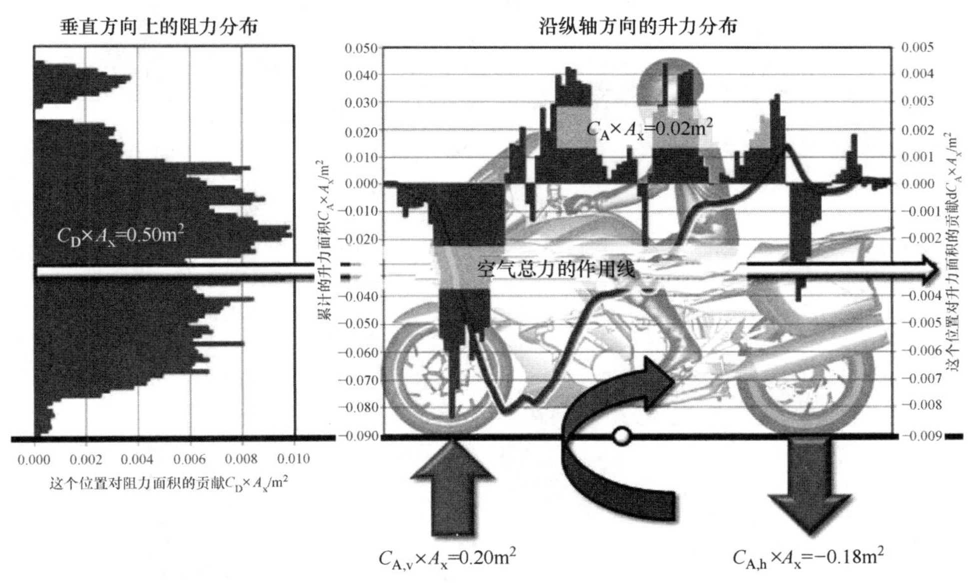

图 11.68　升力沿纵轴的分布和阻力沿垂直轴的分布

采取措施来增大前轮的下压力，必须采用非常夸张的措施。超级运动型摩托车的前轮的升力比旅行摩托车要小 25%（图 11.31），其主要原因是驾驶员的体位前倾和较低的挡风玻璃，这两个因素都降低了空气力作用线的高度，从而减小了后倾力矩。

11.4.2.3　流场内的仿真结果

总压力的意义已经在讨论表面上的结果时提到并且在图 11.39 和图 11.44 中展示了。通过等值面可以在整个区域里把超过和低于某一个值的部分分开。图 11.69a 显示了 $c_{p,tot}=1$ 的等值面，我们看到的是边界层和尾流的外廓面。该等值面外面的流场的总压力和来流相同。图11.69b显示了$c_{p,tot}=0$的等值面，根据公式（11.17），这个面里面的区域的损失大于来流的动压力$1/2\rho_1 v_\infty^2$。由于在涡流中损失很大，这个等值面（还有其他表达涡流强度的数值）适合用来研究涡流的产生和传播。要显示回流区可以做一个$v_x=0$的等值面（图11.70，见彩插）。

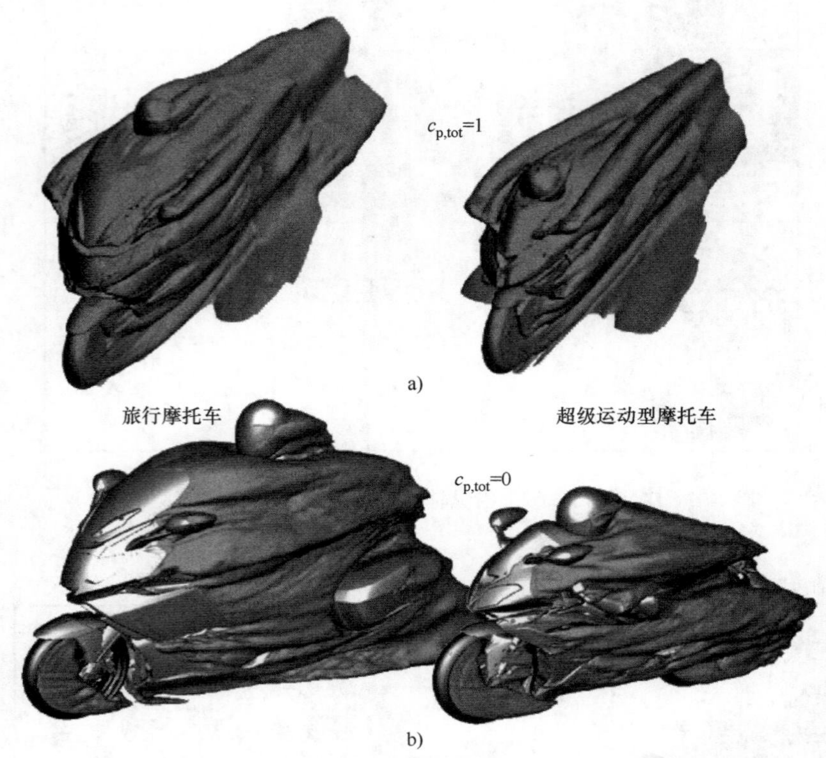

图11.69　总压力的等值面

图11.70　显示回流的等值面

在风洞中，通常用成本较低的烟雾来使流场变得可见。在仿真得到的流场中，相应的方法是用流线。流线可以从任意一个点或面出发，既能向上游也能向下游延伸。而且还可以对流线上色，比如图11.71（见彩插）就把流线按当地的流速上了色。这张图上的流线是从摩托车的上游出发的。如果需要，也可以把出发点移到流场中间，以便于观察某一个特定的区域。

图 11.71　按当地速度染色的流线（红色为高速，蓝色为低速）

和风洞中所用的烟雾相比，流线图还有一个优点是可以观察某一处气流是从哪里流过来的。图 11.72（见彩插）就是一个例子，它显示了冷却空气的流线。两辆摩托车（超级运动型和旅行摩托车）的流线从各自的散热器和油冷却器出发，分别向流场的上游和下游延伸。这样可以准确观察到冷却空气从哪里流出来，然后如何扩散，同时也能看到空气是怎么流进冷却器的，从而发现薄弱环节。

图 11.72　冷却空气的流线（蓝色为散热器的，黄色为油冷却器的）

流经冷却器的空气流量和温差决定了冷却器的功率。理想状况是流入冷却器的空气速度是均匀分布的，但这对摩托车来说几乎是做不到的。从图 11.73（见彩插）可以看出，前轮、前叉和轮罩都影响了速度均匀性。图上用颜色显示的速度分布在相当大的车速范围内基本不变，所以冷却器的空气流量大致和迎面风速呈线性关系。图中旅行摩托车上面在罩壳中间的油冷却器位于驻点附近，它的进风平均速度比图中的其他冷却器高一倍以上，所以可以做得相应地小很多。

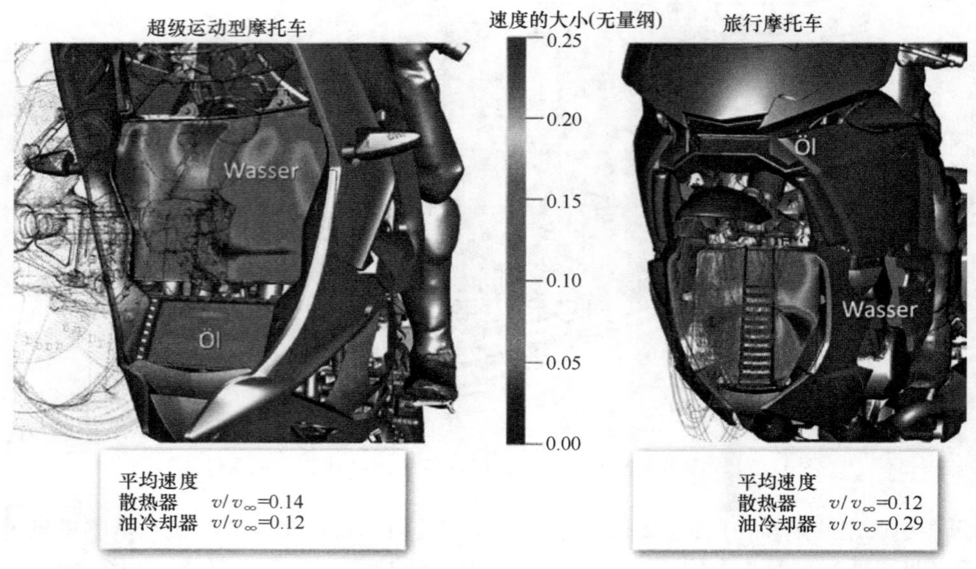

图 11.73　散热器和油冷却器的速度分布图

驾驶员舒适性的一个方面是冷却空气的热交换。从旅行摩托车的油冷却器流出的空气是向上的，流过驾驶员的上身（图 11.74）。由于油冷却器的热量较少，又和周围的空气混合了，所以驾驶员上身感受到的热风温度最多比周围温度高 5℃。流经散热器的空气从罩壳的下部流出，只对驾驶员的小腿有影响。

在超级运动型摩托车上，驾驶员的上身不会吹到热风（图 11.75，见彩插）。这里要注意的

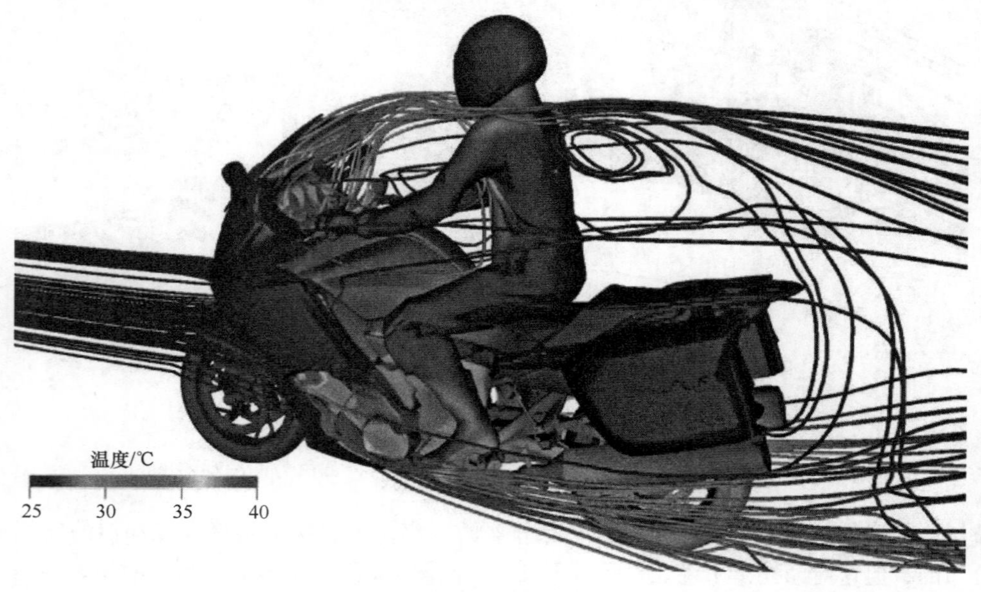

图 11.74　旅行摩托车的热交换（表面温度）

是，必须确保各部件，尤其是外罩的温度不能达到允许的最高温度（请注意图 11.74 和图 11.75 的温度范围是不同的）。

图 11.75　超级运动型摩托车的热交换（表面温度）

另一个热源是发动机的排气。如果消声器的排气口在回流区内，有可能使行李架受热。特别是如果排气口就在车座下方，还可能使乘员的背部受热。

11.4.3　风洞

风洞是研究空气动力学的传统工具，它的构造和功能在第 13 章有详细的介绍。由于对摩托车的测试一般是在为汽车设计的风洞中进行的，风洞的边缘干扰效应（取决于汽车正面的面积与风洞的喷口面积之比）可以忽略不计。由于摩托车需要用支架来固定在汽车试验台上，必须考虑支架对试验结果的影响，尤其要考虑不对称性的影响。

风洞试验也是对实际状况的一种仿真，所以不同的风洞会得到多少有点不同的结果。对完全静止的摩托车在两个不同风洞中测得的阻力和升力面积平均大约相差 0.020m^2。值得庆幸的是，由于这一差别对不同变型的摩托车是相同的，优化措施不受风洞影响。

11.4.3.1　车轮不转的测试

图 11.76 展示了一辆摩托车在宝马集团的声学风洞中做车轮不转的测试时的状况。在前轮上只测定升力，其支架完全不承受力矩和纵向力。图中看到的支架只是阻止前轮的横向漂移用的。后轮的支架同时测定升力和阻力。由于后轮的支架不妨碍后轮转动，必须通过后轮的制动来阻止后轮转动。因为后轮的悬架车架是有弹性的（比如包括万向节的传动轴），后轮并不是完全固定的。通过仿真计算得出的支架对阻力的影响大约是 $\Delta C_D \times A_x \approx +0.010\text{m}^2$。车架的弹簧固定或不固定的差别已经在图 11.25 中展示了。

11.4.3.2　车轮转动的测试

测量车轮转动的摩托车时要把车安装在车轮可以转动的支架上。图 11.77 展示了宝马集团空气动力学风洞中所用的装置。图中的后轮是可以自由转动的，因而只测量它的升力。摩托车的前轮固定在延长的前轴上，前轴架在两根柱子上。这两根柱子安装在风洞地面的秤上，从而可以在

图 11.76　在宝马集团的声学风洞中做车轮不转的测试时所用的支架

前轮上测量阻力和升力。这两根柱子看起来很粗，但由于其外廓是流线型的，仿真计算证明了它们对流场的影响很小。

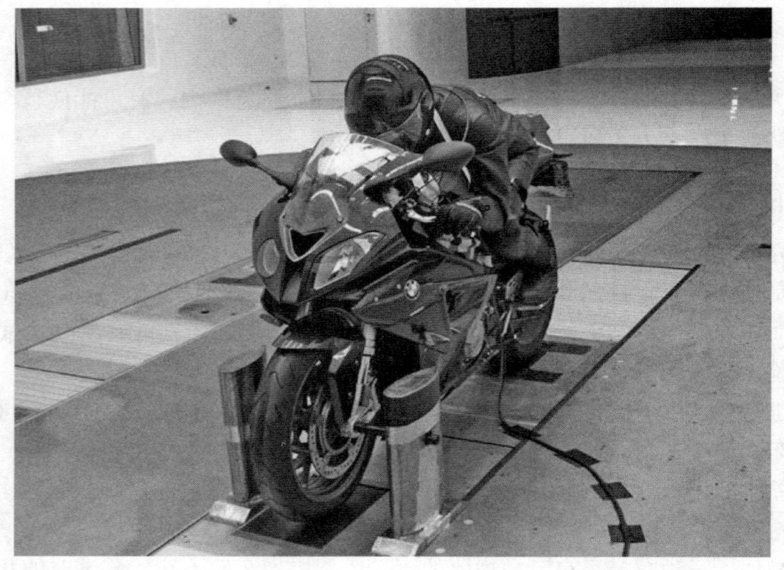

图 11.77　宝马集团空气动力学风洞中测量车轮转动的摩托车所用的支架

这套装置既可以做车轮转动的测试也可以做车轮静止的测试，所以它可以用来测量车轮转动的影响。对阻力的影响是 $\Delta C_D \times A_x \approx \pm 0.004\text{m}^2$，对升力的影响是（前后轮相同）$\Delta c_A \cdot A_x \approx \pm 0.005\text{m}^2$，式中的 ± 号表示，根据不同的车型，其值有的升高，有的降低。在评价改变阻力和升力系数的措施时，已经证明其效应和车轮是否转动没有关系。图 11.78 显示，车轮是否转动引起的差值 $\Delta C_D \cdot A_x \approx 0.002\text{m}^2$ 不随采取的措施而变化，即使把 9 项措施的效果都叠加起来也不变。

对于摩托车和路面之间的相对运动所产生的影响，可以通过移动的路面（类似跑步机）来测量，但作者没有这方面的资料。考虑到摩托车在地面上的投影面积比汽车小得多（至少在摩

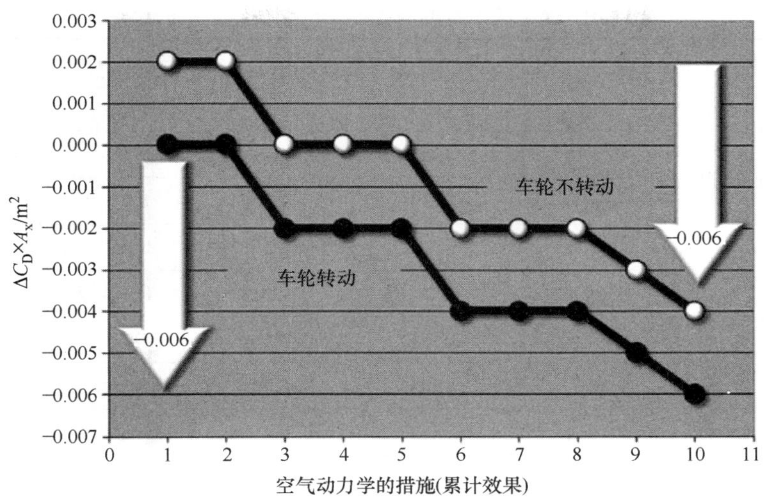

图 11.78　车轮转动对空气动力学措施的影响

托车不是倾斜得很厉害的时候)，估计其影响比车轮转动的影响小得多。

11.4.3.3　试验结果的可重复性及驾驶员的影响

由于空气动力学性能受到驾驶员的体型、姿势和装备（衣服、头盔等）的影响，用活人驾驶员测得的结果的可重复性很差。所以往往根据需要采用假人，假人的体位可以根据需要在不同的、标准化的距离和角度之间调节（图 11.79）。为了防止体位在测试过程中变动，可以在膝盖、脚、手和肘部等处加上绑带。

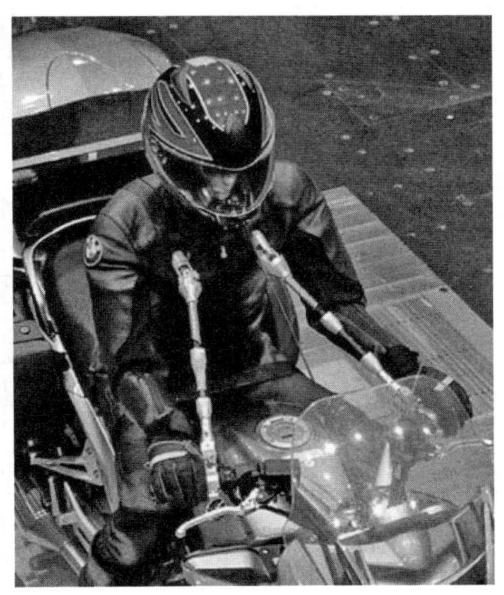

图 11.79　为实现可重复性而固定了体位的假人

表 11.3 展示了阻力和升力受体位的影响程度，它列出了一系列摩托车在驾驶员各种体位的空气动力学参数。

不仅仅是驾驶员的体位对阻力和升力有影响，后座的乘员也有影响。如表 11.4 所示，这个影响是不确定的。阻力和升力都可能由于后座乘员的存在而升高或降低。

表 11.3　坐着和趴着的假人的空气动力学参数的比较

车型	体位	$C_D \cdot A_{Ref}$ /m^2	$c_{Av} \cdot A_{Ref}$ /m^2	F_{Av} /N	$c_{Ah} \cdot A_{Ref}$ /m^2	F_{Ah}/N
Suzuki Hayabusa（MJ 2000）	坐着	0.455	0.154	173	-0.107	-120
	趴着	0.313	0.078	87	-0.033	-37
Kawasaki ZX 12R（MJ 2001）	坐着	0.436	0.145	163	-0.097	-109
	趴着	0.325	0.100	114	-0.036	-41
Kawasaki Z 1000（MJ 2003）	坐着	0.585	0.255	277	-0.160	-175
	趴着	0.404	0.177	191	-0.068	-74
MV Agusta F4 S（MJ 2000）	坐着	0.415	0.114	128	-0.063	-71
	趴着	0.331	0.034	39	-0.017	-19
Honda CBR 900 RR（MJ 2000）	坐着	0.417	0.173	204	-0.081	-96
	趴着	0.317	0.119	136	-0.028	-34
Honda CBR 1100 XX（MJ 2002）	坐着	0.437	0.129	144	-0.093	-104
	趴着	0.313	0.072	81	-0.039	-44
Aprilia RSV Mille（MJ 1999）	坐着	0.435	0.153	172	-0.095	-107
	趴着	0.342	0.123	138	-0.048	-54
Honda X Eleven（MJ 2001）	坐着	0.513	0.180	208	-0.108	-125
	趴着	0.473	0.115	130	-0.018	-21
Suzuki SV 650 S	坐着	0.547	0.212	232	-0.133	-145
	趴着	0.383	0.147	163	-0.038	-43
BMW K 1200 RS（MJ 1999）	坐着	0.425	0.108	121	-0.076	-85
	趴着	0.380	0.096	110	-0.046	-53
BMW R 1100 RS（MJ 1999）	坐着	0.451	0.142	158	-0.080	-89
	趴着	0.400	0.127	139	-0.044	-50
BMW R 1100 S（MJ 1999）	坐着	0.450	0.125	137	-0.073	-80
	趴着	0.390	0.106	116	-0.047	-52
Ducati 916（MJ 1999）	坐着	0.394	0.119	134	—	—
	趴着	0.296	0.061	68	—	—
Ducati 999（MJ 2000）	坐着	—	—	—	—	—
	趴着	0.345	0.085	96	-0.045	-51
Aprilia RSV Mille R（MJ 2002）	坐着	—	—	—	—	—
	趴着	0.315	0.092	101	-0.020	-22
Benelli Tornado 900 Tre（MJ 2002）	坐着	—	—	—	—	—
	趴着	0.376	0.101	111	-0.060	-66

注：所有测试在 160km/h 的速度下进行。

表 11.4　在不同的旅行摩托车上不同配置的测量值

车型		$C_D \cdot A_{Ref}$ /m^2	$c_{Av} \cdot A_{Ref}$ /m^2	F_{Av} /N	$c_{Ah} \cdot A_{Ref}$ /m^2	F_{Ah}/N
Harley Davidson Electra Glide Ultra Classic（MJ 2001）	不带后座乘员	0.765	0.143	163	-0.124	-141
	带有后座乘员	**0.757**	0.134	153	-0.124	-141
Honda GL 1800 Goldwing（MJ 2002）	不带后座乘员	0.676	0.084	95	-0.082	-92
	带有后座乘员	**0.649**	0.084	95	-0.070	-78
Yamaha Venture Royal Star（MJ 2002）	不带后座乘员	0.603	0.100	113	-0.080	-91
	带有后座乘员	0.623	0.110	125	-0.100	-114
BMW K 1200 LT（MJ 2001）	不带后座乘员	0.519	0.149	165	-0.059	-64
	带有后座乘员	0.527	0.139	155	-0.027	-30
BMW R 1150 RT（MJ 2001）	不带后座乘员	0.496	0.142	160	-0.087	-98
	带有后座乘员	**0.441**	0.161	182	-0.099	-112

注：所有测试在 160km/h 的速度下进行，驾驶员是95%的假人，坐姿，身着组合式皮衣，后座乘员身高 1.8m，挡风玻璃处于低位，标准量产配置。

11.4.3.4　流场的可视化

和仿真相比，风洞中流场的可视化方法是相当有限的。最古老的方法是在表面上贴上短线来观察流速，并发现脱离区和回流区（图 11.80）。这一目的也可以通过在表面上涂一层油，并观察油膜的变化来达到。但这一方法会污染风洞，所以在新型的、装有很多高度敏感的测量仪器的风洞中几乎不能使用。图 11.80 展示了使流场可见而用的短线（探头线）。

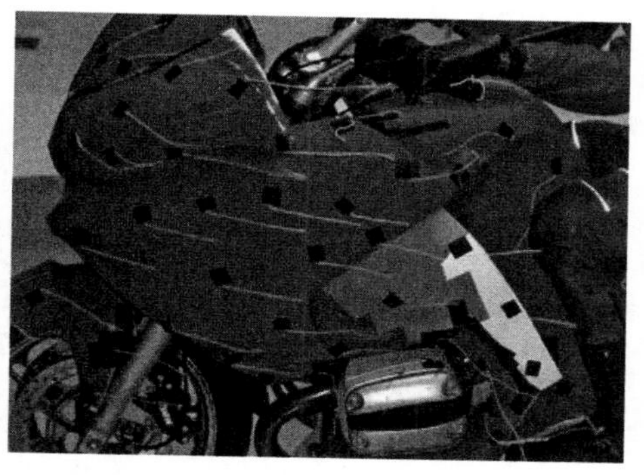

图 11.80　为了使流场可见而使用的短线（探头线）

另一个比较简单也较常用的方法是使用烟雾枪。它可以让你很快得到一个流场如何运动的印象，一个典型的用途是观察挡风挡雨的功能。图 11.81 比较了挡风玻璃的高度对气流的影响。这个方法也可以用来观察回流区的扩展情况，以及观察从冷却器流出的空气如何绕过驾驶员的身体。如果烟雾枪是由人拿着，那么从安全角度考虑，只能用于风速大约不超过 60km/h 的情况。在这个速度范围内，雷诺数对流场和烟雾扩散的影响比在高速时要大一些。

最复杂的方法是使用“粒子图像测速仪”（PIV），它可以采集和显示一个平面上的速度。第 13 章里对这个方法有详细描述。作为一个例子，图 11.82 显示了后视镜后面的死区。由于一方面 PIV 方法很昂贵，另一方面计算机仿真技术已经达到很高的水平，目前 PIV 方法主要用来验证仿真的结果。

11.4.3.5　气动声学

驾驶员对气动声学的感受取决于摩托车、驾驶员和头盔三者的相互作用。为了得到头盔内噪声的客观数据，需要采用和真人头部构造相近的假人头（图 11.83）。这种测量最好在专门设计的声学风洞中进行，以避免背景噪声和回声的干扰。

图 11.84 展示了在不同型式和样式的头盔（进风方式、下巴处的导流板、耳部隔声垫等）内测量到的噪声。图中所示的声压级是左耳和右耳的平均值，它们一般会相差 1～1.5dB。速度

图 11.81 通过烟雾枪使流场可见

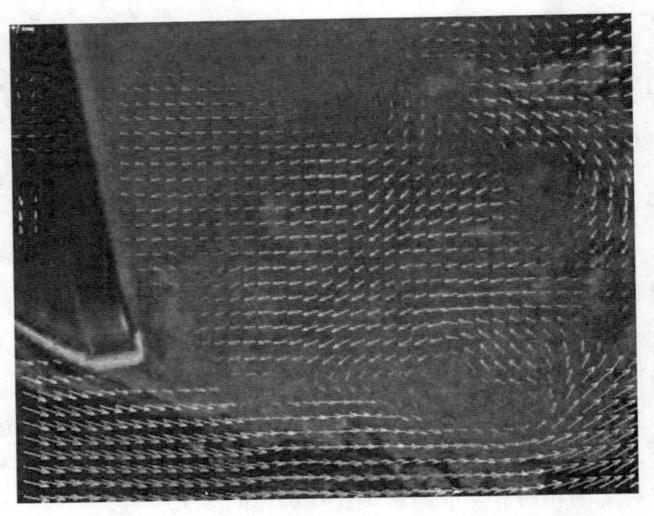

图 11.82 用 PIV 方法在后视镜周围的水平面上测得的速度图

从 100km/h 增加到 130km/h 时，声压级会增加 6～8dB。值得注意的是，好的头盔和差的头盔的噪声可以相差高达 7dB。降低头盔噪声的具体措施将在第 12 章详细解释。

11.4.3.6 受污情况

由于风洞中的测量装置非常敏感，一般不在风洞中做受污试验。

11.4.3.6.1 外界污染源引起的受污情况

在专门用来做受污试验的风道中，可以在摩托车前面放喷口序列，把水喷入气流中来模拟外界污染源引起的受污情况。水中可以加入荧光剂，在紫外线的照射下就可以看到摩托车和驾驶员的受污情况，还可以看到污物（水）在表面的扩散和集中的状况（图 11.85，见彩插）。

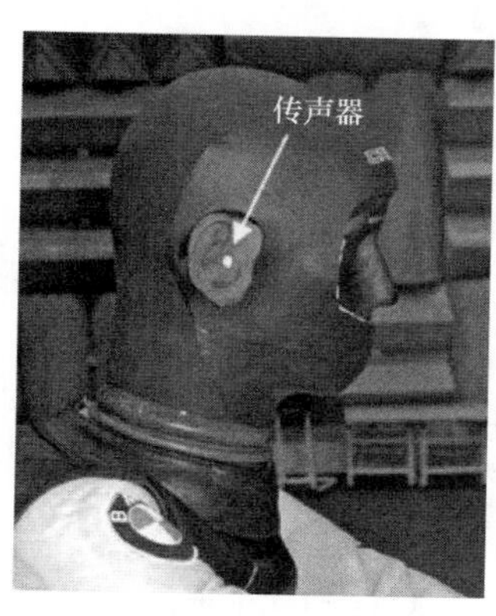

图 11.83 测量头盔内噪声用的假人头

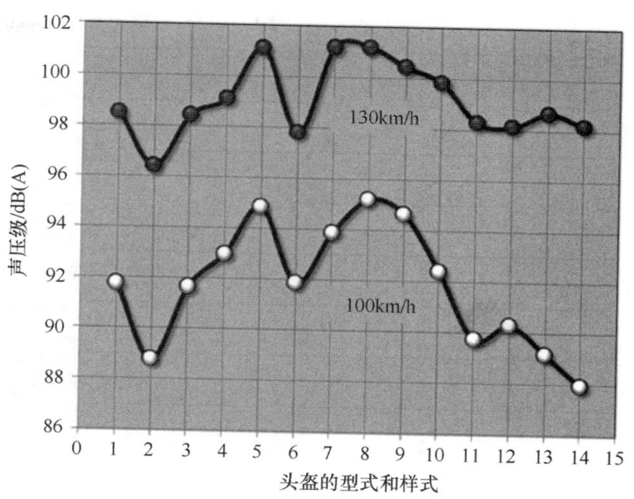

图 11.84 在不同型式和样式的头盔内测量到的噪声（左耳和右耳的平均值）

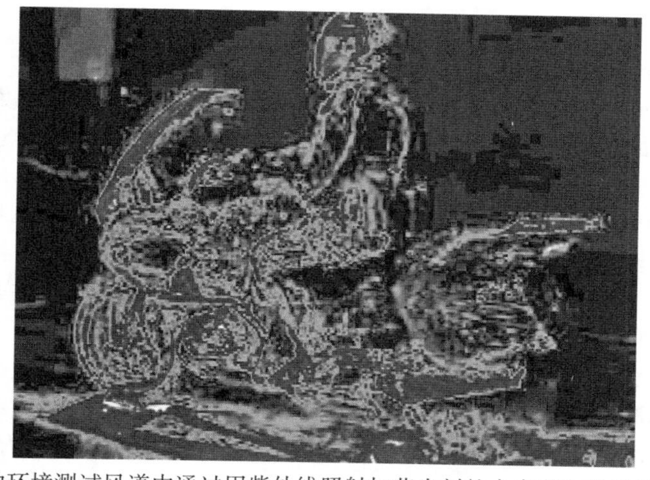

图 11.85 宝马集团的环境测试风道中通过用紫外线照射加荧光剂的水来研究外界污染源引起的受污情况

11.4.3.6.2 自身导致的污染

为了对轮胎甩起的水造成的自身污染进行研究，当然必须在车轮转动时进行测量。图 11.86 展示了一个例子。在斯图加特大学发动机和车辆研究所的污染测试风道中，通过在驱动车轮的滚柱前喷水来模拟在湿的路面上行车的情况。这样就可以分析摩托车、驾驶员和乘员、行李箱架受到的自身污染情况，另外，还可以分析摩托车的减振弹簧等部件的受污情况。除了采用在水中加荧光剂并用紫外线照射之外，也可以通过对受污前后拍的照片的颜色变化进行数字分析来判断受污情况。

上述两种试验装置都只能近似地模仿路上的实际情况，给出一个初步的结果。最后结果总是还要通过路试来确认。

11.4.4 路试

由空气动力产生的力和力矩的大小可以通过仿真和风洞试验给出客观的值。由此产生的阻力对车的性能和油耗的影响也可以由此确定。但是摩托车的可操控性和稳定性受到空气动力学、

图 11.86　斯图加特大学发动机和车辆研究所对转动中的车轮引起的自身污染进行试验

车架结构和车上的重量分布等多方面的交互影响，很难进行孤立的研究。多体动力学仿真虽然能给出一些符合驾驶员感受的结果，但也只能用来解释驾驶员在路试时得到的结果。另一方面，驾驶员本身和他的反应也是整个人机系统的一部分（见 Schmieder，1991）。

11.4.4.1　摩托车的稳定性

为了评价摩托车的稳定性，车上要装备各种传感器和数据记录仪。角度测量仪用来记录摩托车的倾斜度和方向的变化，车后部的加速度测量仪用来记录车的晃动情况。高精度的 GPS 接收器用来测量速度和纵向加速度。在路试时，驾驶员要在不同车速下有目的地摆动车把，然后通过记录的数据来评价车的阻尼和减振的性能。但是这无法把空气动力学的影响单独确定下来。通过在路试时记录前轮弹簧的伸展度，可以通过弹簧系数计算出大致的由空气动力学产生的升力和对前轮的减负作用。但是这一结果受到弹簧减振系统中的阻尼器产生的滞后作用的影响，在速度变化或路面不平的时候不准确。

11.4.4.2　侧风稳定性

对侧风敏感性的测试一般通过在产生侧风的装置前试驾来进行。如图 11.87（见彩插）所示，宝马的这个试车段共 30m 长，装有 10 台鼓风机，鼓风机的叶轮直径为 2.8m，风口尺寸是 3m×1.7m。驾驶员在离黄线 1m 的安全距离处经过测试段，并在达到风口之前关掉油门。在经过侧风装置时产生的漂移在后面的 15m 中不得进行转向修正。由光栅控制的照相机会把漂移的摩托车的位置照下来，然后通过地面上的标记确定漂移距离。只有非常有经验的车手才能得到具备可重复性的结果，也就是说，误差不超过 0.5m 的结果。每项试验必须重复 6 次，然后取平均值。

图中显示的试验状况是，车速 130km/h，侧风速度 80km/h。也就是说，迎风斜角为 32°，根据 Wojciak 等（2010）的研究结果，在这个车速下这种情况实际上是几乎不会发生的。测定的结果是，15m 车程不做修正的漂移距离是 3m，也就是说，漂移角度是 11°。

11.4.4.3　防风防雨性能

上一节所说的侧风装置也可以用来测试摩托车的防雨性能。那些鼓风机配有带流量计的喷水口，可以把设定的水量（雨量）喷射到被绑定的摩托车上，车上坐着穿了雨衣的驾驶员（图 11.88）。这虽然不能代替路试，但可以很快发现哪些地方漏水并采取相应的改进措施。

前面已经说过，对防风措施的初步评价可以通过计算流体力学和风洞试验进行。但只有在实际情况下让不同驾驶员穿着不同的衣服、戴着不同的头盔进行路试，才能让研发人员对未来

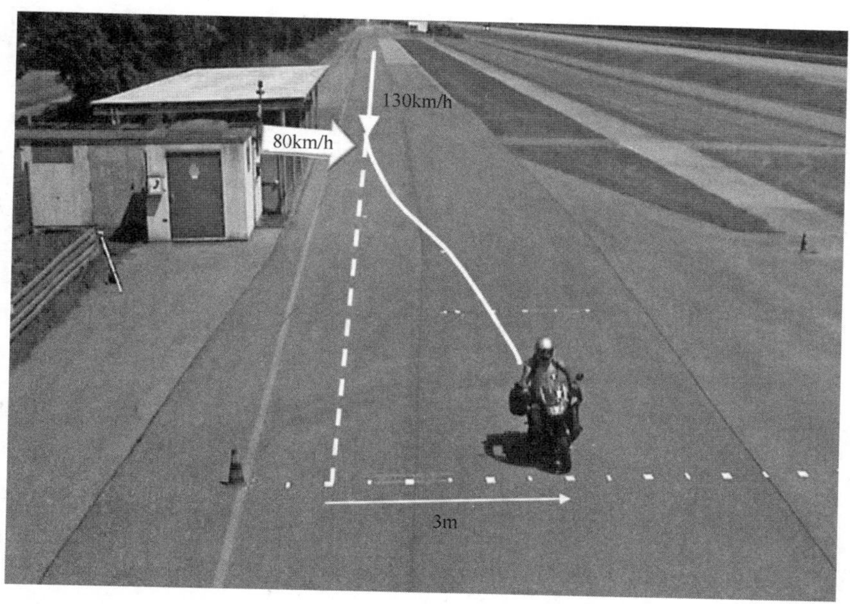

图 11.87　摩托车开过产生侧风的装置（宝马的 Aschheim 试车场）

图 11.88　80km/h 时的水滴分布

客户的感受有确切的认识。

11.4.4.4　脏污情况

做脏污情况试验的方法是，把一条 80～100m 长的路段洒上粉笔灰和水，让摩托车在上面匀速开几遍。40km/h 以下的低速试验适合用来确定被前轮甩起的污物对车身罩壳、散热器和驾驶员腿部的影响（图 11.89）。

当车速高于 80km/h 时，可以看到被后轮甩起的污物会由于车后的回流落到车的后部和驾驶员的背上。图 11.90b（见彩插）显示了和路试结果做比较的仿真结果，其受污严重的区域，只是大致和路试结果相当。问题的所在主要不是计算出来的污物颗粒的轨迹不对，而是对污物颗粒的真实初始条件了解不够，比如污物在轮胎上要附着多久才被甩出来，甩出来时的方向如何等等。

图 11.89　前轮导致的受污情况

11.4.4.5　气动声学

在路试时测试头盔内噪声使用的可移动声学测试系统必须对振动和湿度都不敏感才行。在头盔里靠近耳朵的地方装有两个传声器。路试时，在一段固定的时间里把信号记录下来，然后给出这段时间里的频率分布和声压强度。这样移动测试系统在头

a)

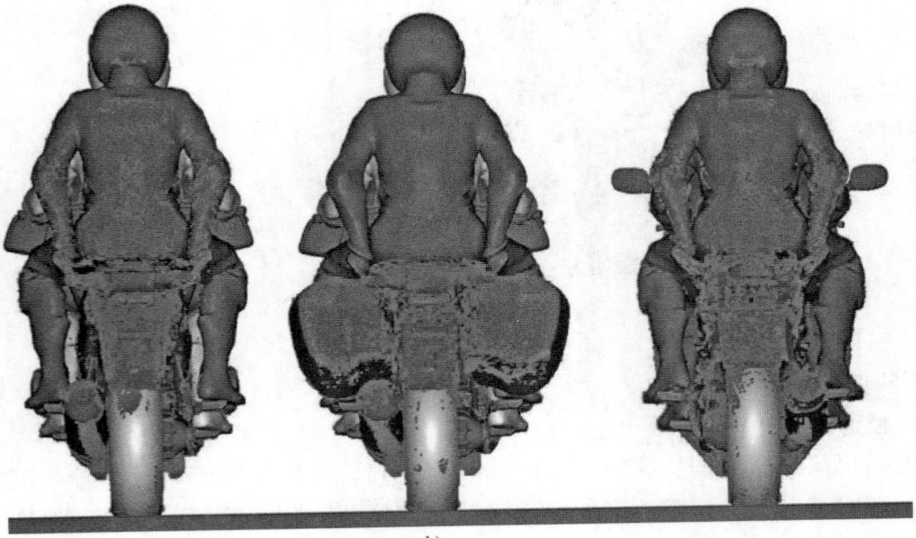

b)

图 11.90　受污情况

a）试验　b）仿真

盔里测得的声音可以让驾驶员在路试以后，再到声学实验室里听，并和他在路试时的感受进行比较，也可以用来对不同声学措施进行客观的比较和评价。

头盔内的噪声首先取决于挡风玻璃的高度和驾驶员的高度［挡风玻璃和眼点的距离，图 11.91，见彩插，来源 Bachmann 等（2002）］。图中还展示了各种不同类型的摩托车所在的区域，其原因是驾驶员的体位不同。距离的基准是挡风玻璃的上沿，比如，对超级运动型摩托车来说，由于挡风玻璃较低，它和眼点的垂直距离较大，但由于驾驶员的体位前倾，其水平距离比其他类型的摩托车要小。

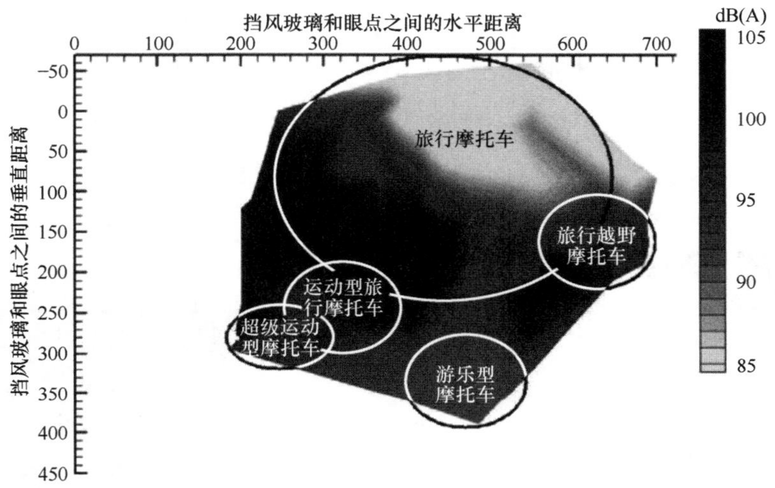

图 11.91　头盔内噪声与挡风玻璃和眼点之间的水平距离及垂直距离的关系（来源 Bachmann 等，2002）

11.4.5　展望——研发方法的发展趋势

图 11.54 所展示的研发时间和费用的分布及其工具的使用将在未来继续偏重计算流体力学仿真，从而也偏向前期的研发工作。这一方面是因为仿真的功能越来越强，另一方面是因为仿真的结果也越来越精确，再加上计算机本身的功能也在不断提升。另外，很可能将来的自动优化方法将能够提供目前通过经验和尝试无法得到的解决方案。这样就可以在做样件之前，或者做样件太昂贵的时候，对多种有根本性不同的方案进行评价。但同样可以肯定，风洞在可以预见的未来也不会消亡，因为用风洞可以很快地进行细节优化和参数优化。

由于摩托车主要是用来消遣的，和汽车相比，感情因素更加重要。所以只有在最后的路试阶段，才能得到超越技术参数的、主观的客户感受。

11.5　空气动力学设计的实例

做空气动力学设计时往往会和其他需求，如美观、可用空间、重量和费用等发生冲突而受到限制。这一节将通过几个实例来介绍改善摩托车空气动力学性能的措施。

11.5.1　改善阻力和升力的空气动力学措施

摩托车有多种类型，它们的空气动力学设计也同样变化多端。旅行摩托车的阻力面积变化最大，由于它们的迎风面积大，所以阻力面积和其他类型的摩托车相比也较大（图 11.92）。阻力面积最小的是超级运动型摩托车，因为要提高摩托车的性能，必须尽可能降低阻力，另外超级运动型摩托车的驾驶员是趴着开车的。

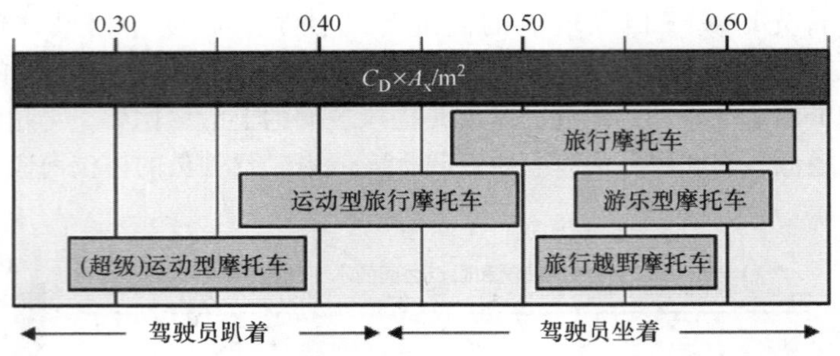

图 11.92　不同类型摩托车的阻力面积范围

图 11.93 展示了降低阻力的各项主要措施的潜力范围。显然，潜力最大的措施是装上半外罩或全外罩。其他可能采取的措施加起来也可以明显降低阻力。

	部件/零件	$\Delta C_D \times A_x$/m²
(1)	半护罩、全护罩	−0.020...−0.150 −0.150...−0.200
(2)	镜子	+0.010...+0.025
(3)	护手罩	−0.003...−0.015
(4)	前轮罩盖	−0.003...−0.015
(5)	冷却空气进口	−0.010...−0.020
(6)	前导流板	−0.010...−0.025
(7)	加长的导流板	−0.005...−0.010
(8)	经过优化的行李箱	−0.010...−0.020
(9)	上置行李箱或尾罩	−0.008...−0.015
(10)	头盔	−0.010...−0.015

图 11.93　降低阻力的各项措施的潜力范围

作为一个例子，图 11.94（见彩插）展示了通过一个较小的措施，仅仅改进挡风玻璃，就可以把阻力降低 4%。

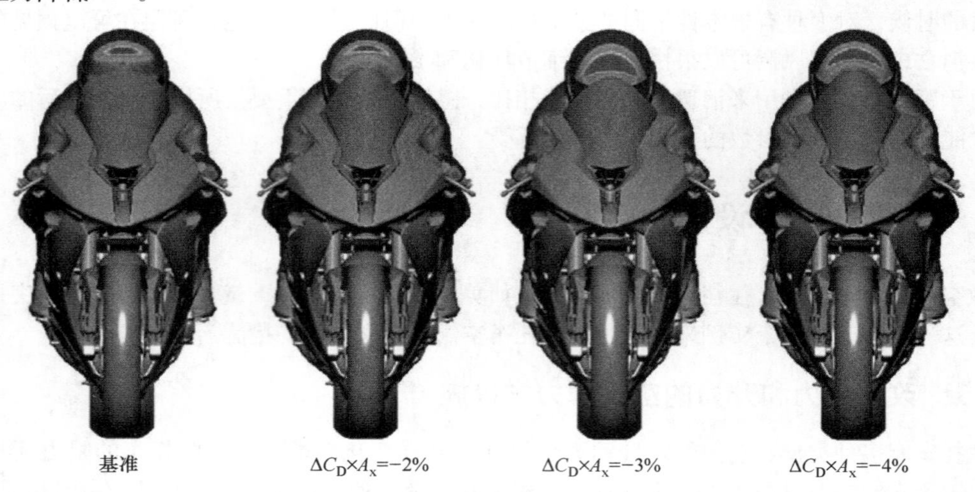

图 11.94　挡风玻璃的变化对降低阻力的影响

对赛车来说，重点是降低阻力，以提高最高车速。图11.95a展示了按赛车规定安装的发动机下部封闭的导流板，它的功能之一是承接发动机泄漏的液体。导流板的后缘是向下和向两侧伸展的，这和汽车的轮罩壳上的导流板类似，是为了减少气流对后轮的冲击。图11.95b展示了关闭前叉中间隙缝的挡板。在量产摩托车上，这样的挡板也可以阻挡车轮甩出的脏水。图11.95c展示了量产摩托车改装为赛车时所做的改动，其目的是减少吹到驾驶员肩部的气流。

除了驾驶员的体位以外，他所穿的衣服也有很大的影响。赛车运动员穿的衣服往往带有一个驼峰，它可以减小头盔后面的涡流区，从而明显降低阻力（图11.96）。

a)

b) c)

图11.95 量产摩托车改装为赛车时的变化

图11.96 体位和服装对阻力面积的影响（来源 Höckerkombi）

由于摩托车的阻力面积和驾驶员的体位有很大的关系，所以在赛车运动中也被用来帮助制动。如图11.97所示，驾驶员坐直后可以使阻力面积增加几乎50%。在弯道时由于伸出膝盖，阻力面积甚至可以增大60%以上。但是，正如图11.40已经展示的，这同时也会明显增大前轮的升力。

11.5.2 对风道、冷却气流和避免受热的布局

根据在第11.3.4节所描述的冲压空气原则，风道的进口应该尽可能靠近驻点。图11.98（见彩插）展示了对三个空气进口方案进行的研究。图11.98a的进口面积最小，但它的质量流量

图 11.97　驾驶员在制动和弯道时的体位变化导致的阻力面积变化

最大。其他两个方案图 11.98b 和图 11.98c 因为气道进口偏离了驻点，尽管进口面积增大很多，但空气流量明显下降。这个研究是在早期有效利用计算流体力学的一个实例。如果要通过试验来研究，就必须先有样件，费用就要高得多。

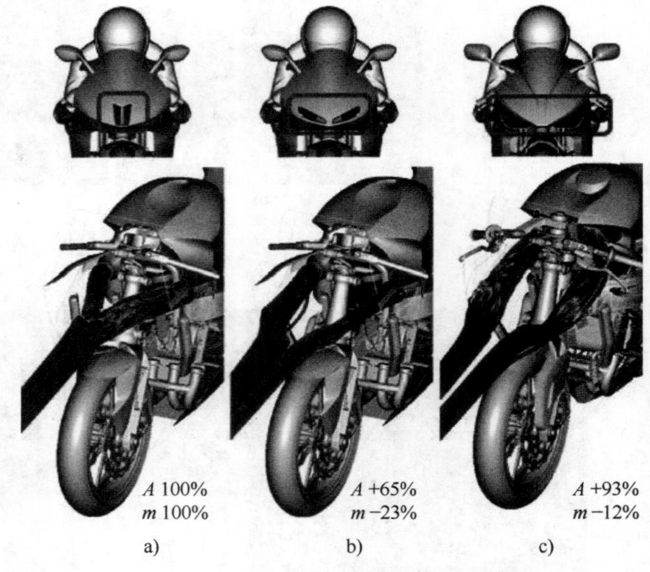

图 11.98　按冲压空气原则对风道进口进行的研究

图 11.99（见彩插）展示了一个考虑了前轮的悬架方式的、对不同散热器方案的研究。这样一个研究如果要用样件来进行，在经济上是不可行的。由于曲边梯形的散热器能够最高效地满足所要求的散热功率，这个方案就这样选定了。

即使前轮叉的几何形状只有微小的变化，也可能对冷却气流产生很大的影响。在图 11.100a（见彩插）中，前轮叉的罩壳有一条垂直的锐边，这导致了罩壳后面有一个较大的低压回流区。把这条锐边变成圆角边以后（图 11.100b，见彩插），回流区变小，质量流量提高了 43%。

即使在做计算流体力学仿真时绝热，也可以根据算出的流场数据导出换热系数，从而至少可以定性地判断换热情况。从图 11.101 可以明显看出，制动钳安装在后轮轴下方时的冷却效果更好。

11.5.3　挡风挡雨的措施

挡风挡雨措施的主要意义是在高速时对驾驶员的防护。从图 11.102（见彩插）可以看到，外罩的一个较小的变化，就可以降低驾驶员膝盖部分的风速，从而起到防止膝盖受风作用。同时，这一措施还降低了阻力。

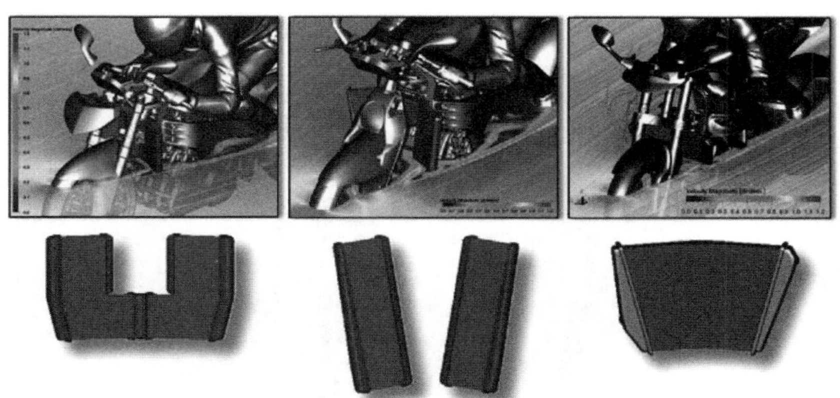

U形散热器　　斜置长方形散热器　　曲边梯形散热器

图 11.99　考虑了前轮的悬架方式的散热器方案研究

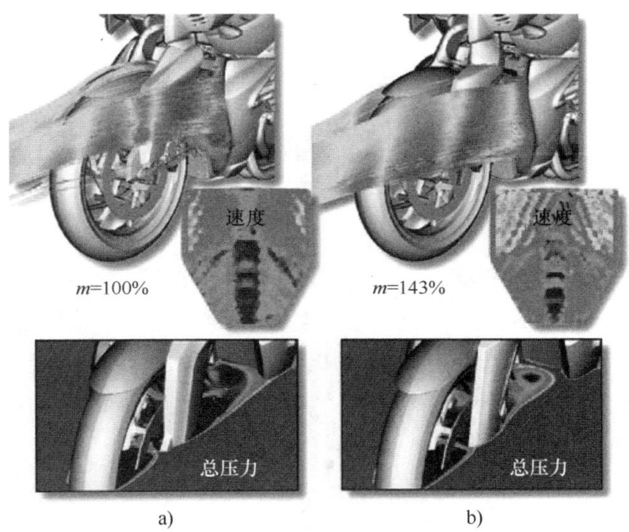

a)　　b)

图 11.100　前轮叉的罩壳对冷却气流量的影响

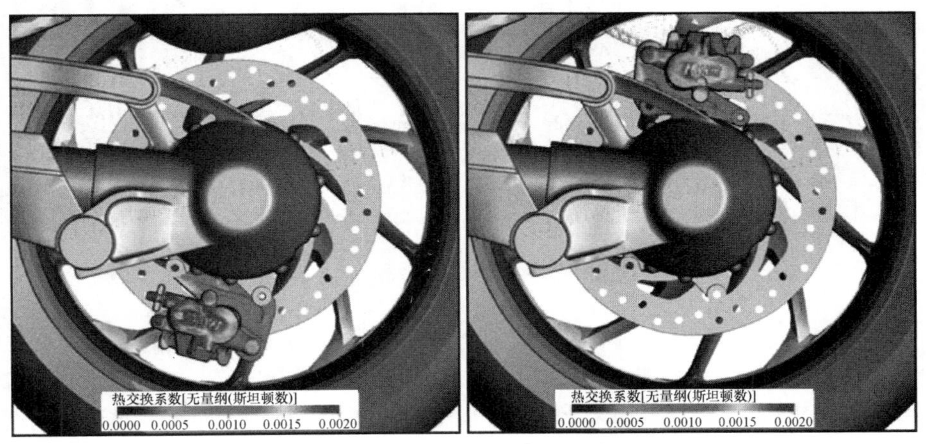

图 11.101　后轮制动钳的冷却情况

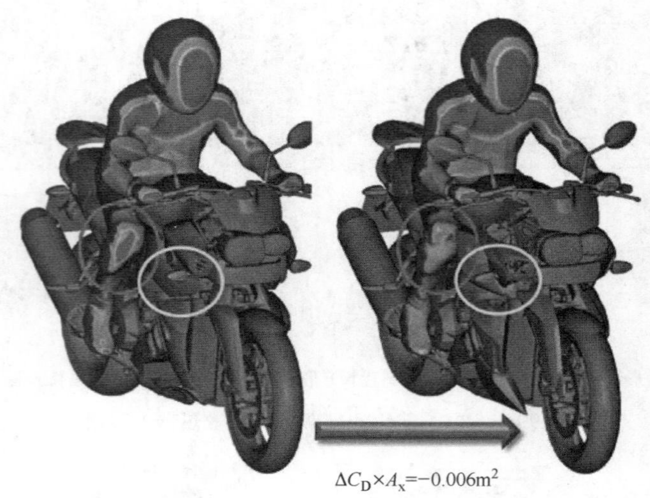

图 11.102　减少驾驶员膝盖受风的措施

与此类似的是图 11.103（见彩插）所示的屏蔽导流板，它不仅可以防止脚部受冷，还可以在一定程度上挡雨。

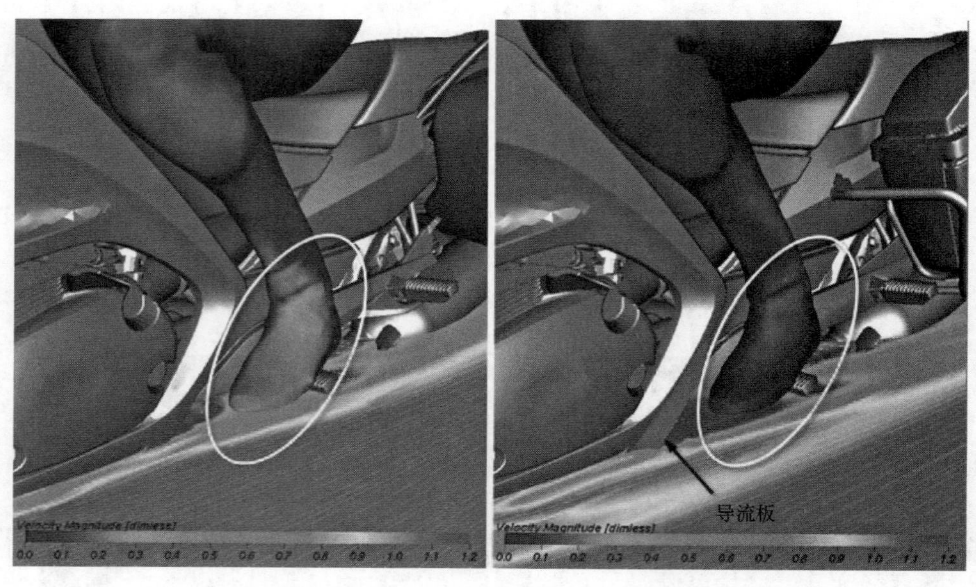

图 11.103　保护驾驶员脚部的屏蔽导流板

豪华型旅行摩托车有很好的挡风挡雨措施，但是在气温高而车速低的时候，又会想要通风。所以在宝马的 BMW K 1600 GTL 摩托车上，在外罩的两侧安装了可以调节的导风板，可以在需要时把气流导向驾驶员。这一措施是通过计算流体力学仿真研发的，然后在风洞中验证（图 11.104，见彩插），最后在路试中证明其效果很显著。

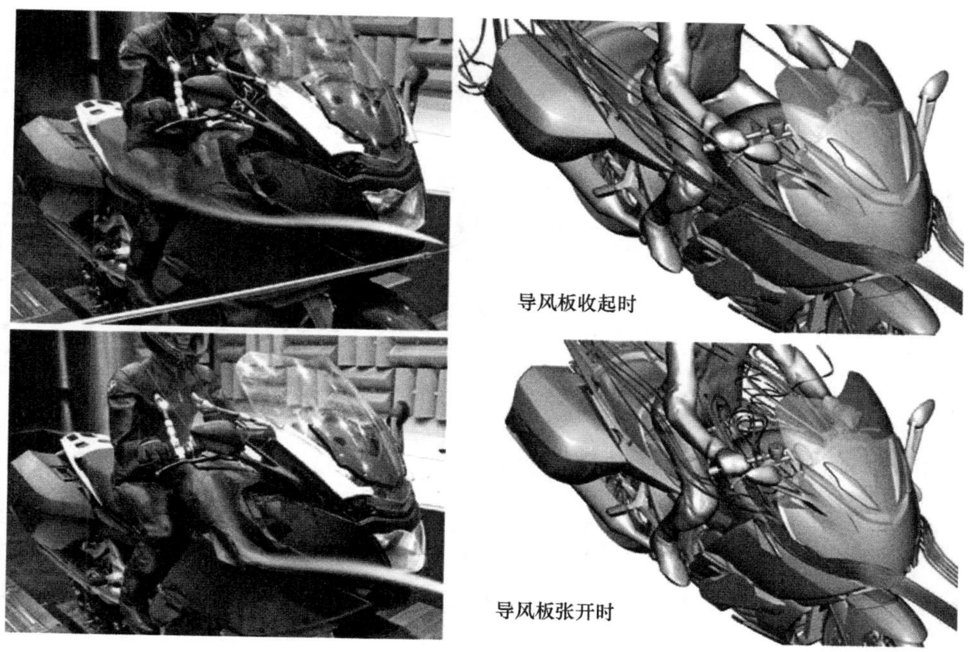

图 11.104　可调式导风板的吹风功能

11.6　展望

与过去相比，今天摩托车越来越成为人们业余时间的消遣工具。厂家需要提供大量不同的车型来满足客户的不同需求。目前，摩托车的功率可以高达 200hp，最高速度可达 300km/h 左右，这进一步提高了空气动力学的重要性。另一方面，旅行摩托车变得越来越豪华，它们对舒适性、防风防雨性能和气动声学有很高的要求。摩托车的油耗也越来越被重视，所以即使不需要提高车速也必须改善空气动力学方面的性能。

仿真方法的成熟缩短了研发周期，使大量不同的方案可以在早期进行比较和评定。空气动力学和热学的试验装置的功能也越来越强大，使很多试验可以从路试改为在实验室进行。但是，最后确定客户感受的路试是不能放弃的。

20 世纪前半叶空气动力学所取得的飞跃是不会再发生了。需要做的是在细节上的改善，从而让摩托车驾驶员的感受越来越完美。

第12章 安全头盔

Gerd Janke, Sebastian Reitebuch
梁忠雄 译

12.1 保护功能和结构

自100多年来，摩托车手就佩戴了头部保护装置。最初使用的是亚麻布帽和皮革帽，其主要作用是挡风。然后是半壳头盔、露脸头盔以及自20世纪60年代后期的全头盔。1958年，第一个测试机动车驾驶员头盔的标准DIN4848在德国通过。1975年，该标准被欧洲标准ECE－R 22.01取代，该欧洲标准定期进行修订。目前最新法规版本为ECE－R 22.05。

自1976年1月1日起，德国就有摩托车手佩戴头盔的要求。根据公路法StVO §21a第2段的规定，"摩托车驾驶员及其乘员必须在驾驶途中佩戴正式认可的安全头盔"。尽管通过了戴头盔的法规，但目前尚未执行官方认证体系。这就是为什么有时在道路交通中可以看到没有经官方认可的头盔，它们的设计很小，并且不能保证必要的行车安全㊀。

尽管全欧洲的摩托车手必须戴头盔，但在美国，反复引入和取消普遍要求统一佩戴头盔义务的历史非常悠久（Ulmer和Shabanowa Northrup，2005）。就在最近（2012年）密歇根州再次废除了普遍要求摩托车驾驶员佩戴头盔的义务。

除了ECE－R 22.05之外，摩托车头盔还有三个标准被广泛使用。符合美国DOT FMVSS 218标准或基于它的澳大利亚AS 1698－1988标准是取得美国和澳大利亚的头盔许可证的前提条件。在日本，摩托车头盔根据JIS T 8133：2000获得法规认可。对于用于汽车比赛的头盔，国际汽车运动联合会（Federation Internationale de l' Automobile）要求按照Snell基金会的标准发放许可。这个美国基金会的标准Snell－SA2000成了权威的头盔标准。与其他标准相比，它对保护效果提出了最高的要求。一级方程式F1还有进一步的FIA测试规定，这些规定还在不断改进。一些主要的头盔制造商还制定了超出上述标准要求的内部测试规范。

按照ECE－R 22.05标准的测试的主要组成部分是跌落测试。将头盔温度调节到+50℃或－20℃，然后从3m高处落到不同形状的钢制物品上，头盔安装了一个带三轴加速度接收器的标准测试头。冲击的最大加速度不得超过275g。HIC值㊁是根据加速度曲线计算的另一种头部受伤概率的度量。HIC值的上限是2400。

㊀ 如果可以证明伤者头部受伤是由于保护头盔不合格造成的，伤者需要分担责任。如果使用的头盔不符合欧洲经济委员会标准，他们的保险赔付将受到影响。

㊁ 无量纲量HIC（"头部损伤准则"）是平均加速度和作用时间的幂乘积。

$$\mathrm{HIC} = \left[\frac{1}{t_2 - t_1}\int_{t_1}^{t_2} a(t)\,\mathrm{d}t\right]^{2.5}(t_2 - t_1) \tag{12.1}$$

这些值以SI单位代入公式，算出的HIC值没有量纲。

按照 ECE - R 22.05 标准，头盔壳体上的测试点是固定的，而 Snell 标准则允许测试仪在规定的范围内自由选择测试点。另外，Snell 标准容许对同一个测点连续测试两次或三次。除跌落测试外，标准对头盔还有其他许多要求。比如说，头部的某些区域需要被覆盖或露出，并且视角要大于规定的最小尺寸，必须没有尖锐的边缘，下巴带是可调节的，并且护目镜在其光学和力学性能方面必须符合很多的规定。

图 12.1 一级方程式头盔的结构；Schuberth 公司

ECE - R 22/05 对头盔基本结构的描述为："结构上头盔由具有硬的外表面头盔外壳、用于缓冲撞击能量的装置，以及一个穿戴固定装置组成"。图 12.1以 Formel - 1 的头盔作为示例，详细展示了如何把这一原则通过复杂的材料复合体体现出来，它的重量非常轻，只有 1kg，且其性能在相当宽的温度范围内都优于所有测试要求。坚韧刚硬的外壳由多达 15 层纤维复合材料组成，每层均具有优化的布局。外壳下面材质为发泡聚苯乙烯（EPS）的柔性减振层由多达 20 种不同密度的材料组成，优化的几何轮廓确保了最佳的硬度空间分布。内部的舒适衬垫和穿戴系统（颚带和颈带）一样都是阻燃的，穿戴系统采用的是诺梅克斯（Nomex®）编织带。

空气动力学、声学和通风的设计的诀窍是要创新性地应用物理原理和新材料，以增强头盔的主动和被动安全性。前者包括可见性、舒适性和驾驶特性，并且具有对环境的良好感知性，有利于无疲劳驾驶（Schüler 等，2007）。后者包括头盔的减振、抗穿透性和剥离性能，确保在发生事故时获得最佳保护。

12.2 摩托车头盔

12.2.1 空气动力学

12.2.1.1 设计目标

与机动车辆的空气动力学优化一样，摩托车头盔设计的主要目标是尽可能降低空气阻力。然而，这样做的动机并不是发动机功率的最佳使用，因为通常头盔部分占总体阻力的很小部分，如图 11.68 所示。更为重要的目标是努力达到驾驶员负担最小化。

摩托车头盔的 C_D 值范围是 $C_D = 0.30 \sim 0.36$，类似于绕流汽车的 C_D 值数量级。在下面，我们将按照设计实践的通行做法，对产品做对比评估时使用力维度。这种做法可以确保外部几何尺寸的空气动力学质量不会与设计的整体性分开进行评估。而且也会自行保证设计优良的头盔不仅流动阻力小，其外形亦会尽可能小且同时具有良好的减振性能。

根据 Thöle（2000，2001）的著述，特别是在高速行驶时，低的空气阻力，和低的升力具有决定性的意义。另外 Berge（1987）发现，单单是流动阻力小并不足以描述好头盔的驾驶特性，此外还应升力低 - 以使头盔不"升高" - 如果可能的话，甚至有轻微的下压力更好。

空气动力学性能良好的头盔还表现在，当头部转动时，头盔所受到的侧向力低和横摆力矩小。此外，也不应该出现会引起俯仰力矩和振动的交替力（"摇晃"）。在所有使用条件下，理想的头盔都是受力平衡的，在风中能保持平稳。头盔的使用条件不仅受到头部和身体姿势的影响，还受到摩托车的类型和配置的影响，因此对具体的头盔－摩托车组合做气动协调是必要的。

头盔的特别之处是参考坐标系的位置。通常，当头盔佩戴者感觉头盔被一个力量沿着颈轴拉离头部时，我们会说这是“升力”。

但是，因为骑乘摩托车的前倾坐姿，这个定义并不对应于升力与重力反向作用的物理定义。在下面的讨论和图表中，与摩托车手感知相对应，将平行于颈轴的力定义为升力，垂直于颈部的力称为阻力。

头盔上和颈部的力和力矩由六分力予以充分描述。然而，驾驶员对头盔受力感知起决定作用的是如何将这些力通过头盔内部设计引向头部。贴合良好的衬垫将受力均匀地分布在包括脸颊区域在内的整个头部表面上，这对于头盔佩戴者来说是非常令人舒适的。这样也可以更好地承受更大的外力。不合适的衬垫会导致外力只通过某些点起作用。这会导致产生压力点，时间长了会引起头部疼痛。过于宽松的头盔因其晃动导致驾驶员对不稳定力和升力的感知增强，因为这必须由下巴带和对压力特别敏感的喉部区域吸收。

12.2.1.2 头盔几何形状

自80多年来在设计头盔几何形状时就已经考虑了的空气动力学因素（图11.3），即使基本形状也会影响头盔的空气动力特性。一般来说，一个通用头盔应该：

- 尽可能小。
- 肩部有良好的自由活动空间。
- 不要太长椭圆形。
- 不要有太高的扰流板。

下面将讨论一些具体的设计元素。在新头盔的开发中，首先给出一个新设计必须在其中活动的干扰轮廓。供选择的各种设计在早期开发阶段就已经过风洞测试，并在可能的情况下用数值模拟进行评估。

12.2.1.2.1 扰流板

在20世纪60年代后期就已经认识到了扰流板作为简单工具、有针对性地改进头盔空气动力学特性的重要性（参见例如美国专利US3548410）。在20世纪80年代风洞测试[⊖]就证明，在长椭圆形头盔上部区域的安置扰流板的效果最好。这个结果导致了头盔圆顶的基本形状发生了变化。后来，集成于头盔壳体上的不同版本的扰流板被用于量产的头盔上。

另外，扰流板作为附件通常被粘合在头盔外壳上。该粘结连接被设计成在事故中会松脱。通过这种方式，即便使用边缘锋利的扰流板，头盔也可以获得良好的在路面上滑动的特性。

图12.2以极坐标图的形式显示了扰流板位置是如何影响全头盔所受阻力和升力的。各测量点距坐标系原点的距离构成了总合力。气动优化过程的目标是低阻力、低升力和小晃动的组合。在目前的示例，置于第2和第3点之间位置的扰流板实现了这个优化。

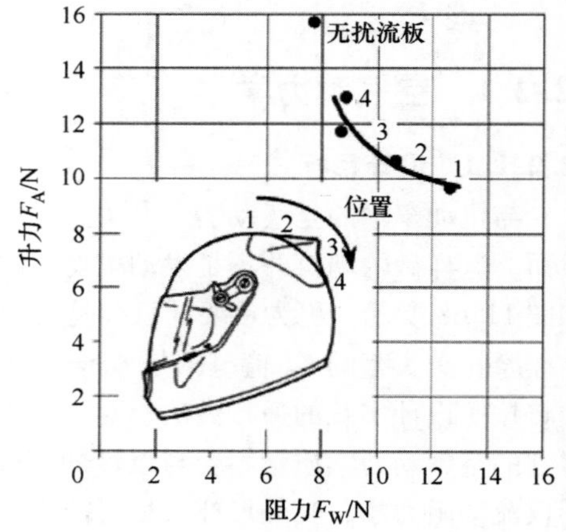

图12.2 头盔上升力和阻力与导流罩上扰流板位置的关系

⊖ 在Schuberth GmbH的气动声学风洞中进行的。

市场上有一些型号的头盔，可以通过可调节扰流板来优化所受的阻力和升力。这是通过位置固定的扰流器中的折叠机构实现的。由于技术和外观的原因扰流板的调节范围相当小，空气动力学效果也很小。

按照 Vieri（1977）的论述，头盔下巴部位的扰流板（Handley - Page 折叠板）可以降低升力和俯仰力矩。然而，这在摩托车手转动头部时经常导致侧向力的大幅增加。然而与此相反，对敞篷赛车（F1）来说侧向力并不重要，因为赛车的风挡更好、头部旋转较少。这就是为什么头盔下巴部位的扰流板可以有效应用于某些几何形状的车辆。

12.2.1.2.2 结构化表面

另一个影响流动的原理由舒伯特公司于 1982 年首次用于其量产“速度”型号头盔：以类似于高尔夫球的头盔表面结构（“酒窝”）导致较低的空气阻力（图 12.3）。

其原因是“酒窝”的作用，层流到紊流的转换位置前移到雷诺数更小的区域。这一点由 L. Prandtl 在他的经典绊线实验中首次证明（参见 Schlichting 和 Gersten，2006）。

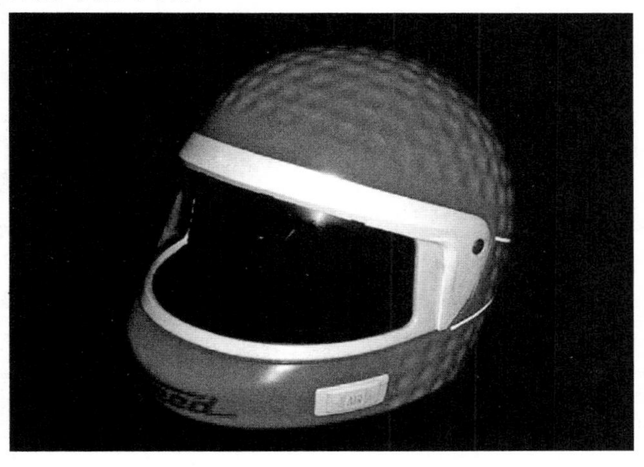

图 12.3 具有结构化表面的舒伯特公司 Speed 型头盔

1999 年出产的 Schuberth Speed 2 头盔中，结构化表面的效果通过带有垂直于流动方向的肋条而得到加强。首先，借助于结构化表面生成湍流边界层，它有比层流边界层更稳定的流动状态。然后，这个紊流边界层在下游方向肋条帮助下得以有控制地产生分离。

12.2.1.3 视线方向

为了使驾驶员能够在高速行驶时安全地转动头部以便在交通中定位自己，头盔在改变视线方向时必须能“良性”反应。这意味着驾驶员必须能够进行对肩侧、后视镜、前方道路及仪表板的观察，且不会因此在头盔产生过大的受力或者受力变化。图 12.4 显示了这个课题的典型测量结果，这些结果是采用第 12.4.3 节中描述的测量机器人获得的。头盔上的受力是以采样时间为横坐标绘制的。

测量机器人坐在运动型摩托车上，身体倾斜度中等。这个假人头部可以被控在两个平面转动以使其视线朝向十个方向。同时，以大约 100Hz 的采样频率测量三个颈部受力分量（阻力，侧向力，升力）以及总合力，并对每个位置给出测量时间内的平均值。

通过一些练习，就可以从这样的测量曲线中，一目了然地读取在摩托车、挡风玻璃和姿势三者的不同组合下测得的头盔空气动力特性。这里所测的是一个空气动力学性能不错、总合力较低的头盔。

根据对车型、坐姿和装备的各种组合进行测量的结果可以对一个头盔整体上做出评估并将其表征为如运动头盔或旅行头盔。

12.2.1.4 颈长的影响（肩部自由度）

图 12.5 显示了头盔与颈部及肩膀的流体力学相互作用的影响。头盔距离肩部越近，流体作用力就越大。显然，因为肩部和颈部阻碍了头盔下方的流动，这通常会导致头盔上的流体作用力显著增加。由此首先可以得出结论：接近实际的测量必须考虑到干扰。其次，对于头盔的空气动力学特性来说，一个“缩短”的头盔显然是有优点的，这样保证了尽可能露出更多颈部以及尽

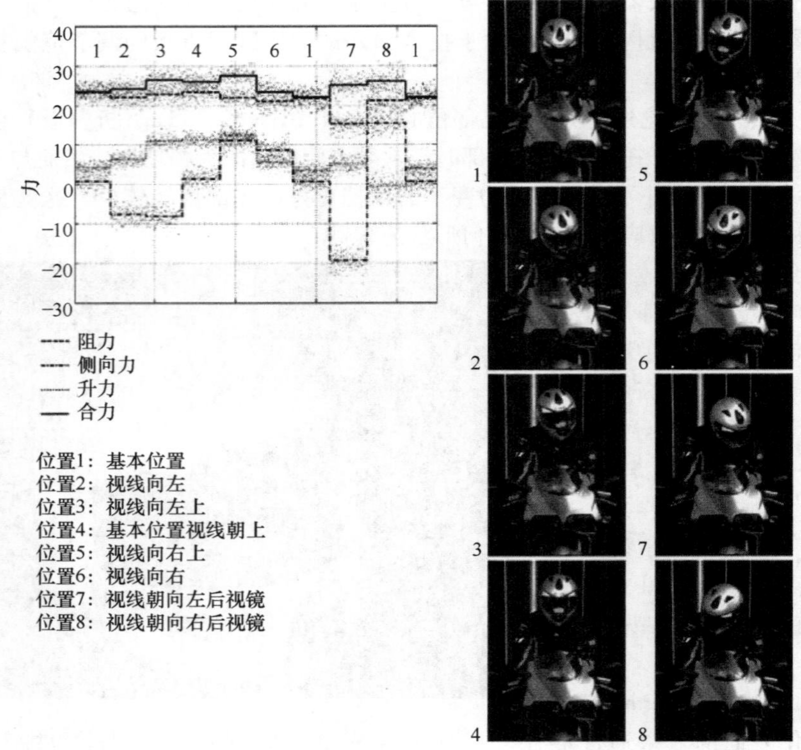

图 12.4　在摩托车头盔上根据试验假人的视线方向测量的空气力

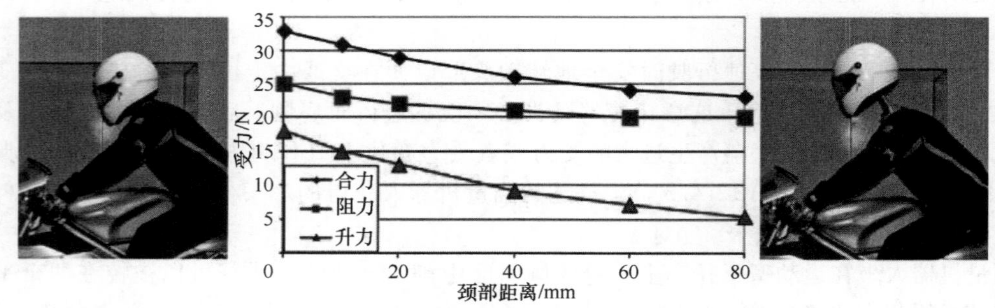

图 12.5　流体作用力与颈部长度的相关性

可能更大的肩部空间。这对于头盔的重量和头部的普通移动性都是有利的，但这样当然也必须同时保证遮盖需要保护的区域。如第 12.2.2.2 节所示，这样的头盔有一个缺点，即头盔下部流动的噪声。

12.2.1.5　座椅位置和挡风玻璃

头盔周围的流动由其相对于挡风玻璃的位置决定，亦即一方面由摩托车驾驶员的头部姿势和身体姿势，另一方面由挡风玻璃的高度确定。根据 Thöle（2000）的著述，许多量产的玻璃挡风效果低，这是引起摩托车转而再配置辅助挡风玻璃的最常见原因。这项措施的目的是减少头部和上身的负载，并有良好的挡雨效果。但是，这种改造通常会对通风产生负面影响。此外，可能会引起头盔表面发生更大的湍流，引起头盔抖动并增加噪声，并且阻碍头盔在风中的平衡姿态。

不同的摩托车类型，姿势和设备对头盔绕流的影响如图 12.6（见彩插）所示。旅行摩托车的挡风装置有助于姿势挺直时大大减少头部负担。在运动型摩托车上，身体倾斜度较大，即使这样挡风玻璃仍可略为减轻头部的负担。没有挡风装置的摩托车头盔受力最大。

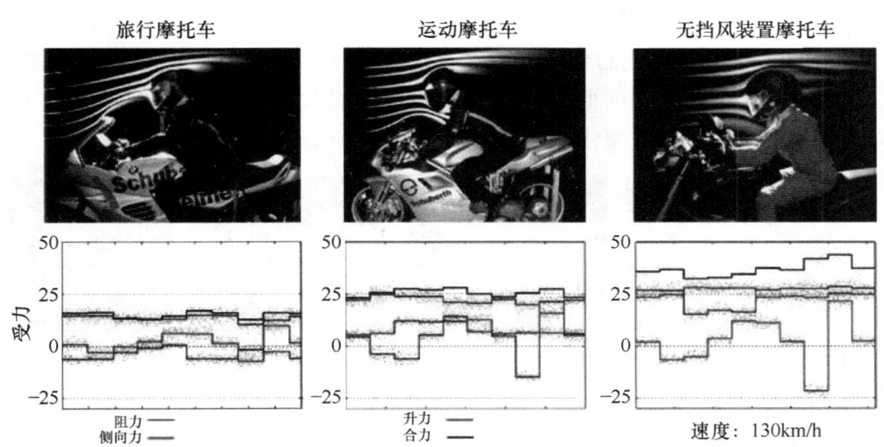

图 12.6 不同类型摩托车的受力测量，位置 1～10，Schuberth 测量机器人

身体倾斜的影响如图 12.7 所示。对于运动型摩托车来说，头盔的受力是作为驾驶员头部至摩托车加油口的高度差的函数而绘制的。挡风玻璃的防护作用显而易见，即使一小块玻璃对一个几乎平卧的驾驶位置也能具有防护作用。

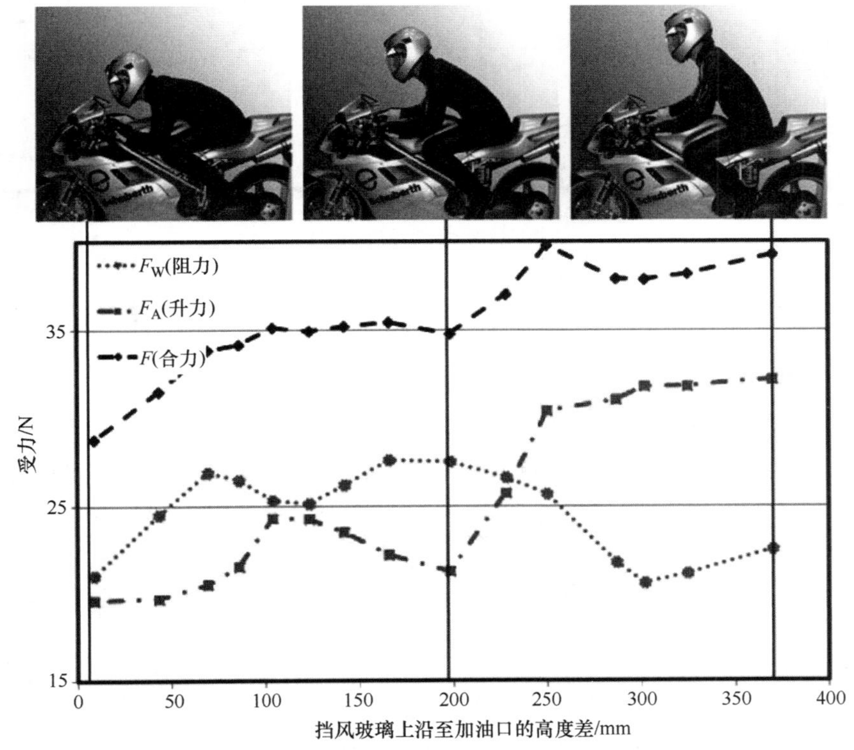

图 12.7 驾驶员不同坐姿的头盔所受风力

图12.8中的示例显示了坐姿保持不变时不同挡风玻璃对头盔的影响。旅行摩托车宝马K100 RT的挡风玻璃经过了改装，因此可以从非常平坦到非常陡峭的位置进行调整。调整范围远远超出了量产车标准配置的挡风玻璃的可调范围，以便展现可能的极端情况。合力按其数值绘制于图。如果将合力的大小作为衡量配置的空气动力学质量的指标，可以有两个可比的选择：在挡风玻璃高度分别为480和560mm处的合力较小。在这种情况下，560mm处的最小值被认为是有利的，因为同时进行的噪声测量表明此时的整体噪声声压级较低（见第12.2.2.2节）。从555mm的挡风玻璃高度开始，合力方向变化，并且头盔上有明显的推力。

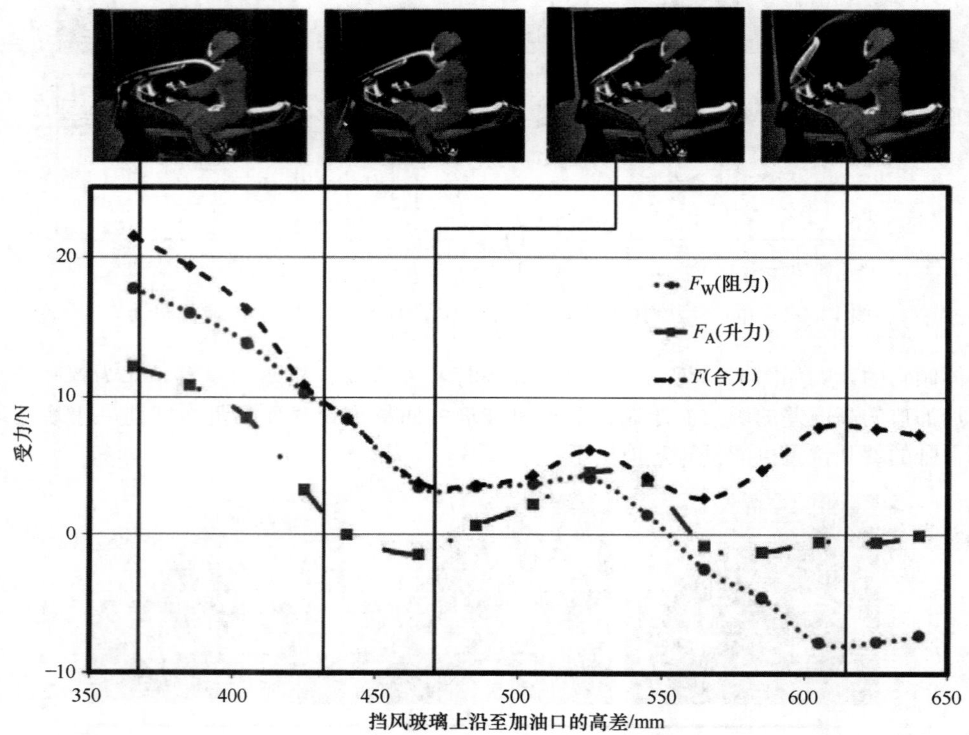

图12.8 改装过的BMW K100 RT的挡风玻璃高度，头盔上的空气力量

12.2.2 气动声学

12.2.2.1 设计目标和噪声污染

从20世纪90年代开始，对于特别高质量的摩托车头盔的设计，气动声学设计目标变得越来越重要。本质上，它包括：

- 尽量减少风噪声。
- 消除恼人的噪声，如啸声，砰砰声。
- 良好的沟通可能性。
- 对道路交通的外部噪声有良好的感知。

Baehr tec公司的Silencer型号是1996年第一款经过气动声学优化的量产头盔。由于声学风洞在当时还很稀少，因此Silencer头盔在开发中采用了移动测量传声器进行花费大的道路测试。

在Schuberth公司自己的风洞被升级为气动声学风洞之后，它成为全球首个适于头盔声学设计的开发环境。这使得Schuberth在2002年用“S1”和后来的其他型号（C2，S1pro和C3）为静音头盔的生产做出了榜样。对于大多数头盔品牌来说，摩托车手目前仍然暴露在明显的噪声水平下，这不仅影响了他们的驾驶体验，而且根据 Maue（1990）的观点，作为一种压力也直接降低了他们在道路交通中的能力和精力集中水平。由风引起的声音被大多数摩托车手认为是不舒服的，至少是短暂的不舒适（Brown and Gordon，2011）。此外，可能会对听力造成长期损害。这尤其影响到一批职业摩托车手，如警察、记者和测试车手[㊀]。

众所周知，噪声是否有害取决于多少。也就是说，根据 van Moorhem（1981）的研究，短时间暴露于噪声通常不会造成伤害，但是 Streblow（2001）报道说，摩托车手如果不坚持常年佩戴听力保护装置，听力往往会降低。

即使在 100km/h 的速度下，目前市场上常见的摩托车头盔的噪声水平也都在 90～110dB（A）之间。但是，通过考虑周到的设计以及在有利条件下，在没有挡风装置的摩托车上，噪声可降至 80dB（A）以下。通常情况下，流动噪声占主导地位，因为从车速大约 80km/h 开始，发动机噪声就被流动噪声所掩盖。

图 12.9 显示了各种整体式头盔的典型 A 加权三分之一倍频程光谱图，用于按 100km/h 的速度以直立的旅行坐姿骑行在无挡风装置摩托车上的最简单情况。人们认识到现代全头盔的噪声水平分布范围相当大。但是，最高的总声压级是“无头盔”时测得的。确定噪声声压级的频率大约为 300Hz，有挡风装置的摩托车上也可能出现明显更高的噪声水平（见第 12.2.2.2 节）。

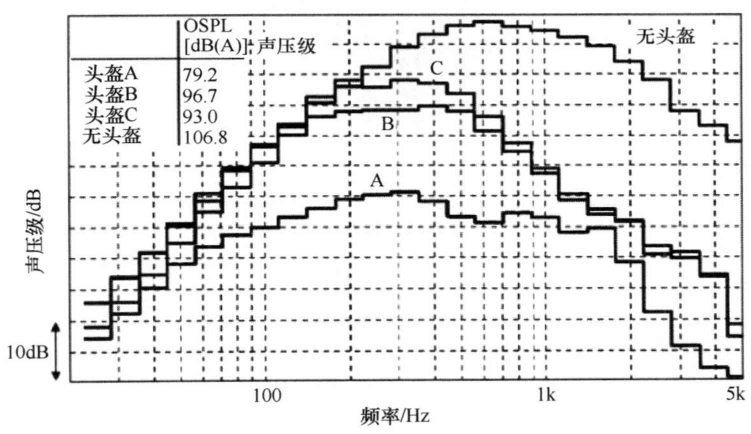

图 12.9　在风速 100km/h 的风洞中从无挡风装置摩托车上全头盔测得的典型的三分之一倍频程光谱（A 加权）和总声压级

使用分贝［dB（A）］为单位的声压级（SPL）或以宋（Sone）为单位的响度来评估风噪声并不能涵盖头盔噪声的所有方面[㊁]。然而，对测试者评估其主观感受不舒适度的实验表明[㊂]：声压级和不舒适度之间的相关性为 84%，而响度和不舒适度之间的相关性高达 88%。在借助于响度和声压级评估风噪声时，风噪声中的啸声和其他不舒适的高频声音以及低频“砰砰”声都没有得到充分考虑。此外，这种噪声效果通常只发生在特殊的头部姿势和身体姿势下，因此它们只有通过主观测试才能最有效地检测出来。

对讲系统良好的双向通信不仅要求耳朵处噪声低，尤其要求在嘴巴处噪声低。尽管通过控

㊀ 参见 Hüttenbrink（1982）、Kortesuo 和 Kaivola（1994）以及其他人的著述。

㊁ 按照 Fletcher 和 Muns 的著述。

㊂ 参考 Rothhämel 的著述。

制扬声器的声压级，在即使头戴大噪声头盔的情况下，也可以保持耳朵处的信噪比不变，但这对于口部传声器来说基本上是不可能的。因此，这里通常使用具有特殊方向特性的传声器。有时也试图通过数字滤波来提高信号的质量。然而，根据 Thöle（1996）的说法，这两种方法都无法取代静音头盔。

12.2.2.2 声音产生的机制和影响参数

无论是从其形成过程还是按其属性看，头盔的噪声都与吹向传声器的风噪声以及风中未受保护的耳朵听到的噪声相似。

图 12.10 中列出了影响头盔中声音产生和传导的众多参数。问题因此变得很复杂，因为许多这些影响因素相互影响，也很大程度上取决于各个具体条件。但是，一些重要的机制可以分开并予以单独考虑。

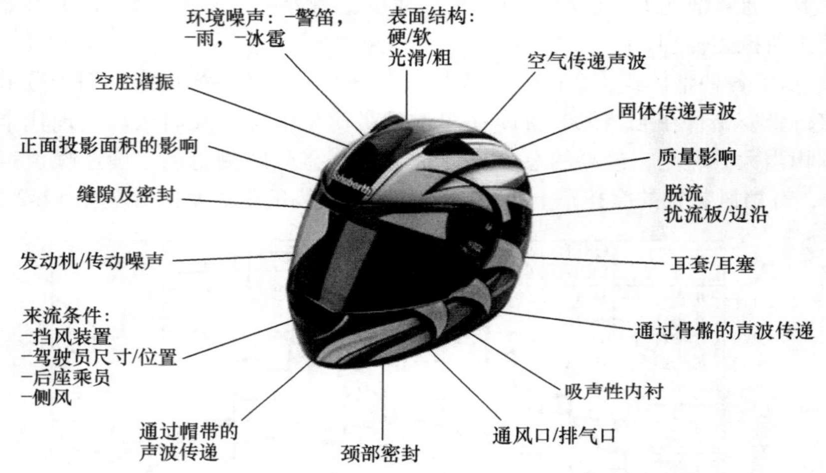

图 12.10　影响头盔内部噪音的主要参数，根据 Hey 等（1993）

流动噪声的原因在第 8 章详细描述了。一般来说，流动噪声是由流动空气的湍流产生的。湍流速度波动在流过的头盔壁面上的局部产生一些交变压力区。这些局部交变压力区的空间相关性较低。但是 - 按声学标准 - 它有极高的强度。根据 Dobrzynski（1995）的研究，这些压力波动的均方根值与流速的平方成正比，当速度增加一倍时，将导致声压增加 12dB。这种关系可以通过实验确认。在图 12.27 中描绘的头盔曲线很好地遵循二次律。

众所周知，湍流速度波动在流动分离区域非常高[㊀]。因此，压力波动也非常高。根据 Dobrzynski（1995）在分离区域的压力波动的均方根值可以达到滞止压力的 10%。根据 Kaltenbach 和 Janke（2000）的说法，当流动重新附着壁面时，会出现特别高的均方根值。这导致即使当速度仅 100km/h，这些流动区域的声压级已经达到近 130dB！这些压力波动有时被称为伪声音，因为交替的压力区域不以声速移动，而是以大约局部流速移动，并且只有非常小的一部分功率以声音的形式从表面发出，即所谓的边界层噪声[㊁]。然而，头盔表面本身受到伪声的全部强度的冲击，然后通过头盔表面的固体声激励并且特别是通过开口到达头盔内部。伪声因此只能被头盔佩戴者听到，周围其他人听不到。

流动噪声不仅取决于头盔的几何形状和头盔结构，而且还特别地取决于驾驶员的个人因素：

㊀ 参阅例如 Janke（1993，1996）的著述。

㊁ 根据 Dobrzynski（1995）的观点，假设在分离区域有偶极子源分布，比较 Költzsch（1973）。

- 来流的湍流结构，特别是从挡风玻璃脱离的涡流层的位置和结构。
- 头盔的适形设计。
- 服装（领子，围巾，颈托）。
- 身材尺寸、座位位置和坐姿。
- 头部形状、颈部粗细和长度。

由于这些因素，不同受试者受噪声困扰的程度可能会因头盔尺寸不同而有很大差异！对于无挡风装置摩托车上戴固定尺寸头盔的受试者在风洞中进行的试验表明，受试者耳朵处测得的声压级带宽为 20dB（A）。这大致对应于感知噪声的四倍[㊀]。

举例来说，图 12.11 显示了挡风玻璃高度对头盔声压级有极大的影响。这种效应在文献[㊁]和摩托车驾驶员圈子里[㊂]是众所周知的。Heyl 等人（1993）写道："抱怨头盔噪声过大的摩托车手应首先检查挡风装置（整流罩）是不是噪声过大的主要原因。"每个驾驶员都只能找到适合自己的挡风玻璃理想位置，亦即，理想的挡风装置效果和低流动噪声之间的妥协。因为他们自己的身体比例是起决定作用的。

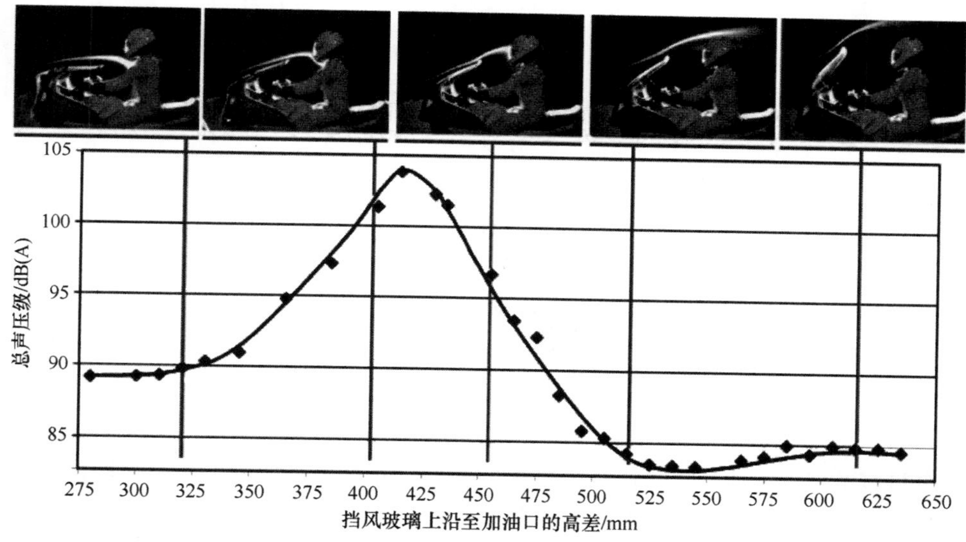

图 12.11　可调节高度的挡风玻璃对头盔噪声的影响；车速为 100km/h，车型为 BMW K 100 RT，流动可视化

流动噪声的频率与湍流结构的大小和速度有关。例如，Heyl（1989）发现低频蜂鸣声是由下巴/颈部大范围分离区的交替压力引起的。相反，嘶嘶声是由湍流流过表面或者通过孔洞时造成的。

在头盔内部，噪声通过结构复杂的声音传播路径传输。图 12.12 显示了风噪声和道路交通信号如何到达内耳。在头盔的声学优化中，所有传输路径必须同等考虑，因为它们中的许多都是平行发生作用的。

由于占主导地位的声音频率低于 1000Hz（图 12.9），因而声音的波长超过了 25 ~ 30cm 的头盔直径范围，因此在头盔内部的声波传递不能传播流动噪声。

头盔的适形设计不仅对佩戴舒适性有影响，而且还对声音向耳朵的传播有显著影响。只有

㊀ 粗略估计，增加 10dB 的强度通常相当于噪声强度翻倍的感觉。

㊁ 例如参考，Tangorra 和 George（1991）以及 Lower 等人（1996）的著述。

㊂ 例如参考网页 www. boxer - forum. de。

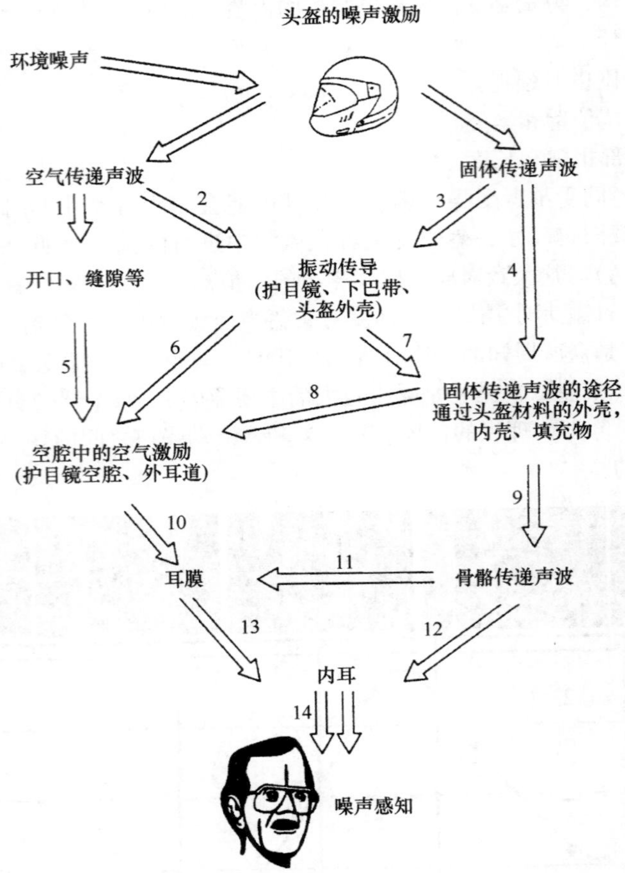

图 12.12　噪声种类和传输路径，根据 Heyl 等人（1989）

当整个头部区域的内部设计与头盔佩戴者相配的时候，才能称之为静音头盔。即便一个适形设计的小变化也可能导致整体噪声级别的显著变化。

12.2.2.3　对周边信号的感知

头盔可以决定性地影响对环境的感知并以佩戴者直觉上不能理解的方式改变它。例如，通常受试者不能通过定向听觉给流动引起的啸声做出定位。

如果（要求）头盔佩戴者指出头盔上什么地方引起了啸声，他常常会给出错误的答案，即使他自己感觉非常肯定没有错。即使是非常敏感和经验丰富的测试人员，也有时会被头盔上的现象所误导。发生过这样的事情：在一次头盔测试中，一位经验丰富的一级方程式车手要求换轮胎，因为他把头盔上的气动弹性振动当成轮胎出了问题。

可以对安静的、经过声学优化的头盔直接提出这样的问题：外部作用于驾驶员的有用信号是否与噪声同时也被衰减[㊀]。道路交通法规和 ECE R22/05 标准都没有给出关于头盔允许声阻尼的具体规范。根据 StVO 第23（1）条，驾驶员有责任确保他的听力不受妨碍。根据 ADAC[㊁]的规定，这经常被法庭判决解释为禁止在道路交通中佩戴听力保护装置。ECE－R 22.05 在第 6.5 节中说：“头盔不得以危险的方式影响使用者的听力。”

㊀　参见 Hüttenbrink（1982）著述。

㊁　参见 Resenhoeft（1999）著述。

然而在对前面的法规的解释中应该注意到道路交通法规 StVO 第 23（1）条原本的目的，即驾驶员感知与他有关的一切。因此，可以认为只有那些导致声学信息损失的听力保护措施才会在道路交通中被禁止。但是，声学优化的头盔根本不是这种情况。研究表明，佩戴头盔，尤其静音头盔，可以使噪声强度的降低程度大大超过信号强度的减弱程度，并且头盔的降噪甚至可以改善对环境的感知。Van Moorhem（1981）借助于警笛声和接近的汽车噪声进行了下列测试：与没有头盔的驾驶相比，戴头盔是否会带来声学上不利的结果。图 12.13 显示了他最重要的陈述；相反，戴头盔时这些噪声明显比没有头盔时听得更清楚。我们可以从报告中读到，没有头盔时，对声压级 95dB（A）的警笛声，在摩托车速度大约 65km/h 的时候就不再能听到，而戴头盔的人在速度高达约 140km/h 仍可听到警笛声。

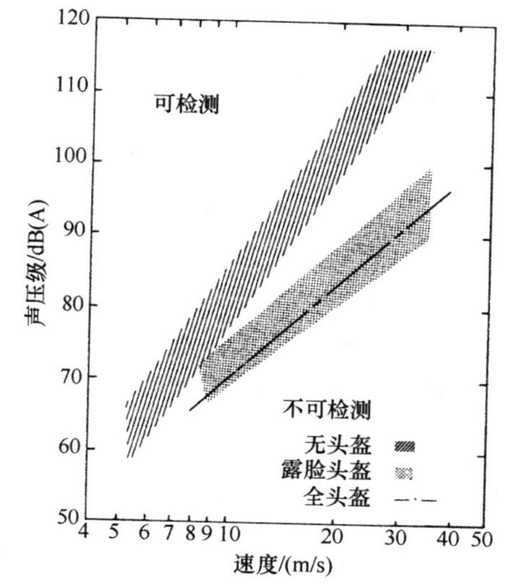

图 12.13 可听到以及不可听到的警笛信号声压级范围；来源 van Moorhem（1981）

Heyl 等人（1993）进行了深入的实验。就警笛的感知而言，将一个密封良好，静音头盔与量产头盔进行了比较。图 12.14 显示了头盔密封的效果。可以看出，尽管警报信号被衰减，风噪声更加降低，使得密封头盔频谱中的警报信号更加明显。信号/噪声比因此通过密封明显改善[⊖]。

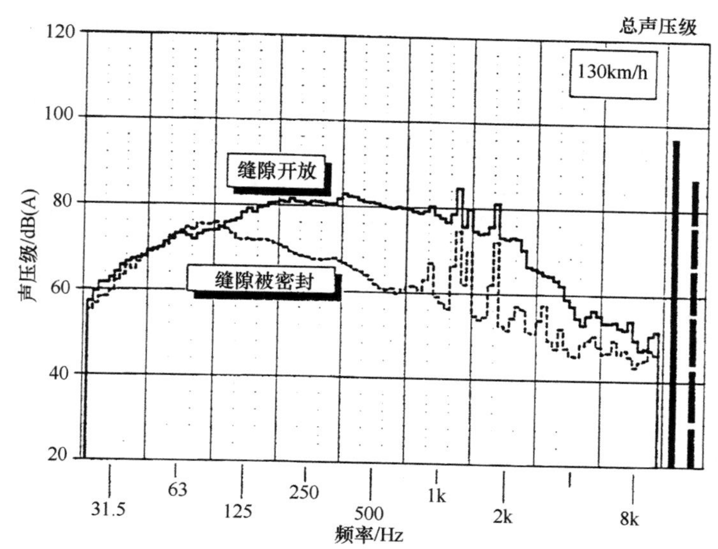

图 12.14 警笛信号通过头盔密封后的变化；根据 Heyl 等人（1993）的著述

Krebber 和 Kielmann（1997）指出，站立时声学优化头盔下的定向听力略微受到影响。然而，因为不存在气动噪声，这种情况与行驶中的摩托车的情况不同，行驶中声学优化的头盔倾向于具备更好的定位能力。

⊖ 这些结果在 Schuberth 的气动声学风洞中得到证实。

12.2.2.4 降噪方法

目前对静音头盔尚没有固定的设计规则，更没有一个现成的制造说明，虽然很长一段时间以来就已经在专业文献中讨论了这个话题[㊀]。仅基于空气动力学考虑（力和力矩）做出的优化可能会导致声学改进，但也不是必然会。静音头盔需要认真细致的开发、深入的实验研究、在声学风洞中对开发现状进行持续的、伴随性的实验检测以及最高的制造质量。

减少产生噪声（即伪声）的原因在原则上是可行的[㊁]。但是，实施必要措施同时还确保舒适性是非常困难的。Heyl 等人（1993）已经介绍了单个优化步骤的结果：密封间隙非常有效；翻转式头盔虽然提供了更大的舒适度，但由于额外的开口和边缘[㊂]，通常比全头盔有更大噪声头盔外壳对固体声波传递的绝缘措施仅在总声压上有很小的改善。挡风玻璃必须根据驾驶员做出调整。乘客的噪声载荷甚至可能高于驾驶员的噪声载荷，因为他的头盔正好位于驾驶员头盔的湍流尾流中。Lindemann 和 Hüttenbrink（1996）对头盔做了修改，把风扰流唇边缘加高到耳朵的高度。这在主观上感觉更好，但对噪声声压级没有任何改进。

按照 Kortesuo 和 Kaivola（1996）的论述，安装软耳罩可以有效减弱噪声。但是，实际上难以将耳罩定位得足够好。因为当头部被头盔衬垫封闭时，耳部区域中的皮肤的触摸灵敏度大大降低，以至于几乎不可能评估耳罩是否在正确位置。此外，尽管听力保护耳罩可以降低噪声水平，但它们不会像真正的头盔噪声优化措施那样提高信噪比。

第一个可充气头盔密封的专利可追溯到 1934 年，它由 Thierry（1934）注册。从那以后，这个想法在专利申请中一再被采纳。Berge（1992）对一个充气式听力保护耳罩的版本登记了专利。这个专利还没有应用到量产的头盔，一个原因就在于这个原理没有纳入一个声学优化的整体概念中，因而是无效的。因为膨胀的气垫本身不是很好的隔声墙。

主动降噪（ANR）可能是未来的选择（Brown 和 Gordon，2011），已有主动降噪 ANR 的入耳式系统[㊃]。但是，基于头盔的系统必须考虑到湍流压力波动相对较小并且在极低频率时声压级最高的事实。必须使用很多传声器，并且它必须在低频时产生非常高的反向声压级。另外，目前的主动降噪 ANR 耳机系统还不能用于高速行驶。此外，该系统必须适应头盔中耳朵的位置，并且出于安全原因，头盔不能给该系统提供很大的安装深度。

通过主动控制湍流来降低噪声，这对于简单的几何形状来说是完全可能的[㊄]，但目前它还远远不能用于头盔。

12.2.3 通风和雨淋测试

摩托车头盔的通风有三个目的：

- 冷却头部。
- 供应呼吸新鲜空气。
- 防止护目镜凝雾。

为了冷却头部，需要气流大面积流过头部，以便热量可以直接从头部带走。然而，大部分的热量散发并不是通过排离热空气来完成的，而是通过有效得多的水蒸发过程来完成的。头部的

㊀ 见著述 Heyl（1989），Heyl 等（1993），Lindemann 和 Hüttenbrink（1996），Kortesuo 和 Kaivola（1996）。

㊁ 见著述 Tangorra 和 George（1991）。

㊂ 然而事实并非一定如此，像 Schuberth 的 C2 和 C3 这样经过声学优化的翻盖式头盔显示比大多数全头盔的噪声水平低得多。通过更简易的佩戴过程，在下巴部分开放时，在这里更容易确保良好的颈部固定。

㊃ 例如 Nacre 公司的“Quietpro”。

㊄ 例如 Huppertz 和 Janke（1996），Wengle 等人（2001）以及 Algermissen 等人（2012）。

最佳冷却不是通过提供尽可能冷的空气来获得，而是通过干燥空气来获得，干燥空气可以吸收出汗过程中形成的水蒸气。

将良好的减振要求与通风要求结合起来对于头盔设计制造绝不是微不足道的挑战。为此必须设计一个尽可能靠近头皮并且仍然允许空气和湿气通过的均匀减振层。

为了模拟人体头部散发热量和湿度的过程，瑞士联邦材料测试和研究实验室（EMPA）开发了汗头“Alex”。这可以在图 12.15 中看到。贴在汗水开口处的白色的棉垫将从孔中释放的水分分布到头部的指定区域。通过集成的测量技术可以精确控制和测量从头部散发到四周的湿气和热量。这些既可以在静止状态也可以在行驶气流中实现。

a)

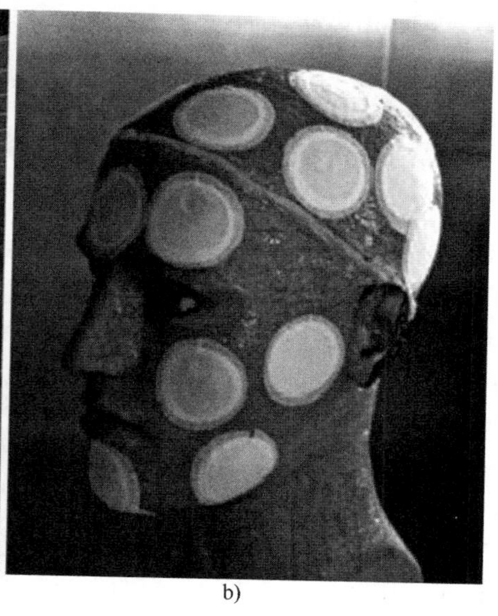

b)

图 12.15 在风洞测量位置的汗头“Alex”，EMPA（Brühwiler，2003）

Brühwiler（2003）对两个汗头上的头盔进行了实验比较，结果表明，在封闭通风的情况下，两个头盔都带走了相同量的水分，而在开放式通风条件下，它们带走的水量相差很大。针对志愿者进行的头盔头部通气性能测试 Thöle（2001）写到：“许多按键、滑块或导气罩的效果是有限的，因为这种通道常常被内衬挡住，空气不能继续流通。” Brühwiler（2003）在对自行车头盔汗头测试后也有类似的观察结论。

几年来随着市场上出售非常小的低成本湿度传感器，已经开启了另一个通过受试者测试微气候环境的途径。在佩戴期间记录的头盔内部温度和湿度的时间曲线能够对头部通气质量给出相关性很好的主观的和客观的评测。理想情况下，应记录整个头部各处的数据以确定各区域不同的冷却效果。

图 12.16 显示了小型的数字可控传感器，可以使用 USB 类协议方便地连接到完整的集成测量网络。每个湿度和温度传感器的测量表面尺寸仅为 $2mm^2$。图 12.17（见彩插）显示了传感器网络的视图并绘出了一组在头盔中测得的测量值。上图中的曲线显示的是整个实验期间各时间点的测量值，下面两个图显示传感器处湿度或温度测量值的插值（分布）。

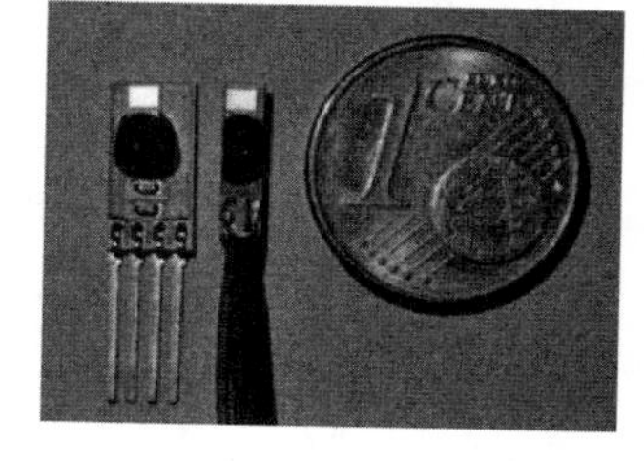

图 12.16 温度和湿度传感器

图 12.18 显示了 Schuberth 公司 S1 型头盔的通风概念，这个设计非常重视缓冲性能、通风通道和衬垫舒适性三者之间的良好协调。通过下巴通风，新鲜空气被

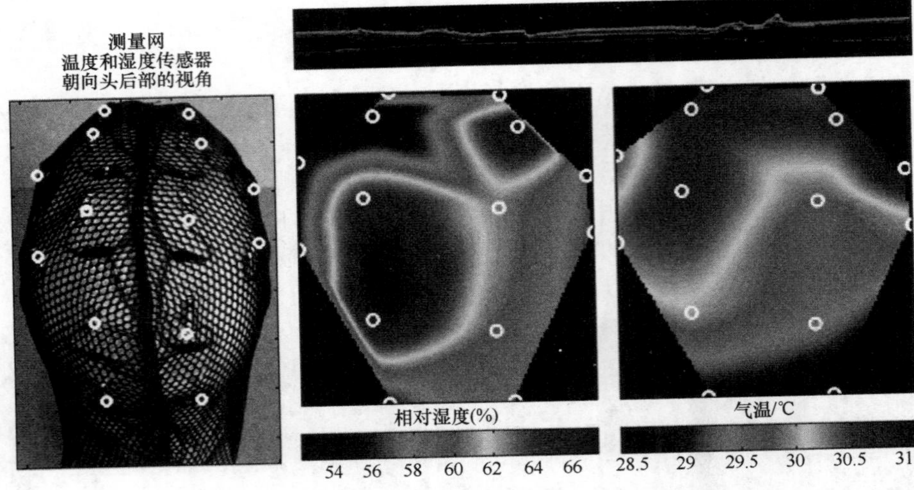

图 12.17　头盔中的微气候测量

引导到头盔内部，护目镜内得到通风。在翻盖关闭状态下，强制通风被激活。通过头部通风罩可激活头部前额的通风，盔顶勺状突出部排气口的负压可确保头盔持续通风。

护目镜通风的目的是避免在雨中和阴凉天气下起雾。与此同时，还要避免在高速行驶时眼睛感觉到不愉快的抽气。隐形眼镜的佩戴者对抽气特别敏感。高质量的护目镜通常镀有防雾层，它在水滴形成之前可以吸纳一定量的冷凝水。呼吸导流器通常作为附件供选用，它让呼出的潮湿空气远离护目镜。

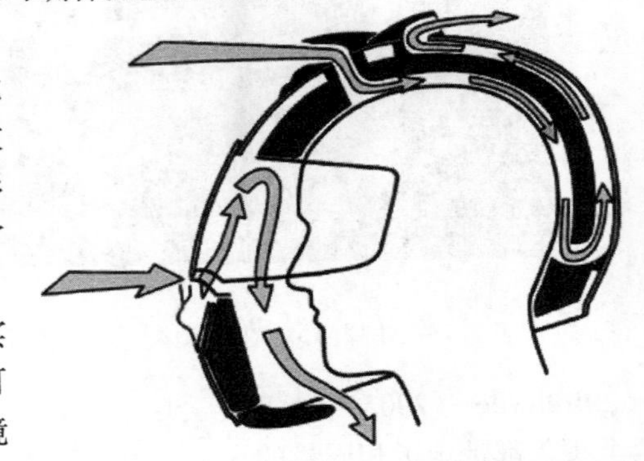

图 12.18　Schuberth 公司 S1 型头盔的头部通风概念

通过在雨中的驾驶测试和在雨淋系统中进行实验可以检测雨天行驶条件下的通风功能。同时也可以发现通风通道，密封件等的泄漏，并评估护目镜的视觉质量。在雨天静立及行驶时，护目镜密封件的正常工作和通风口的密闭非常重要。另外，理想情况下头盔内衬的纺织品面料是防水的并且仅能吸收少量的水分。

独立测试机构如 ADAC 或摩托车专业杂志（例如巡回赛车手）进行了头盔比较测试。ADAC 的雨淋测试总共持续 15min。在城市行驶速度和 8L/min 的水量下，从前方向稍微倾斜位置的头盔淋雨。用固定在被测头部上的吸墨纸检测渗漏进头盔的雨水。测试及评估防雨密封性时以下几点非常重要：

- 护目镜内侧雾化和护目镜密封件的密封性。
- 面部和头部吸墨纸上的润湿痕迹。
- 头盔内衬上的水滴凝结。
- 通风口的密封性。

图 12.19 显示了 ADAC 护目镜雨淋试验的典型测试结果（Müller，2003）。显而易见的是非常严重的凝雾。但是，为了保持在雨中有良好视线，形成水滴流脱的质量也很重要。图 12.20 显示了在相同条件下，在来流速度为 100km/h 时，被濡湿后不同护目镜质量可能存在差异。

在Schuberth雨水测试中
头盔的护目镜没有雾滴凝结

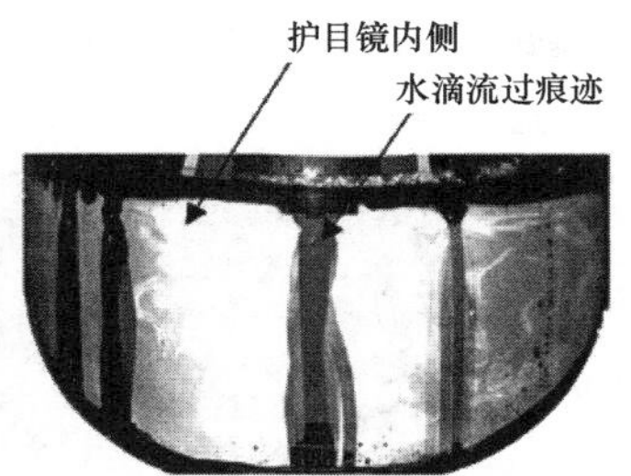

ADAC雨水测试中头盔护目镜有雾滴凝结，
在弱风(<50km/h)中淋雨15min后中发生渗漏

图 12.19 ADAC 和 Schuberth 的雨水测试

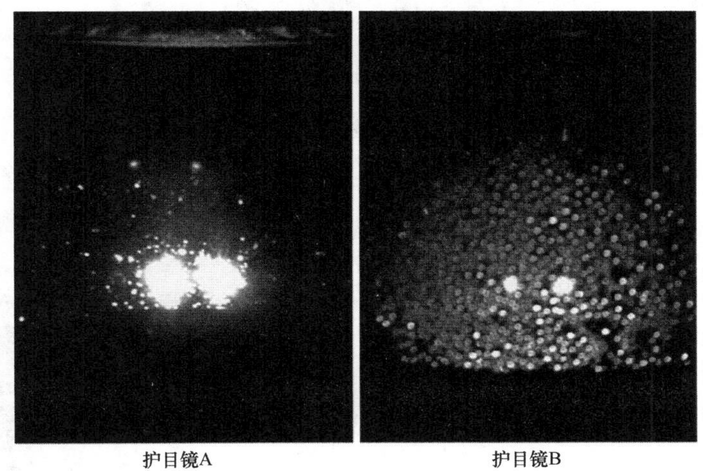

图 12.20 通过两个护目镜观察雨淋，风速为 100km/h；模拟在黑暗和雨中遇到迎面而来的车辆

12.3 敞篷赛车头盔

12.3.1 历史

早在 20 世纪 20 年代，固定的帽子就被用在赛车上。自 20 世纪 40 年代以来，著名的 500 英里印第安纳波利斯车赛就有了佩戴头盔的规定。1952 年，当时国际汽联体育部门的赛车部 CSI 引入了佩戴头盔的规定 - 尽管还没有明确的设计规则。在 20 世纪 60 年代，首次在美国进行头盔质量检查 - 由工作人员用锤子敲打[㊀]。今天所强制佩戴的全头盔必须通过按照 Snell，FIA 或 BSI 标准进行的广泛的测试。

除了防碰撞和防火措施的进一步发展之外，在减重、空气动力学、空调、声学和驾驶员信息系统等领域也在取得重大的进展。作为提高安全性的措施，国际汽联规定，从 2003 年 F1 赛季开始，所有车队都必须使用头颈保护系统（HANS）。

12.3.2 空气动力学和通风

与摩托车相比，敞篷跑车上头盔与其周围环境之间会有更多的空气动力学的相互作用。近年来这些受到越来越多的关注。驾驶员、团队及头盔制造商之间的密切合作为空气动力学优化取得成功起到决定性的作用。

㊀ 参见 Schlang（2002）的著述。

图12.21显示了F1赛车头盔所处的气流环境。头盔一半沉浸在驾驶舱空穴，前额部与风窗玻璃上沿流出的涡流层相遇。

图12.21　头盔及驾驶舱的绕流以及气箱来流的可视化；车手戴Schuberth QF1头盔的F1赛车

在一些汽车中，头盔上气流驻点的直接下方壁面形成向下流经护目镜和下巴部分的强气流。通过下巴扰流板可以将这种壁式射流用于通风和影响气流。另外一些车辆在头盔气流驻点以下的区域保持平静，因此护目镜下面的区域不适合设计进气口或下巴扰流板。图12.22显示了一个专门为这种情况设计的带有自顶向下通风的头盔。在这里，用于头部冷却和呼吸的空气都通过前额区域的空气入口被压入头盔。

图12.22　带有自顶向下通风的一级方程式头盔；图片来源：Schuberth

在行驶方向位于头盔后面的气箱和头枕引起在头盔上方的滞点流动。结果是与气流自由流过的头盔相比，头盔上部区域中具有正压力梯度的区域向上游移动。该区域边界层的分离倾向增加。分离区域可能变得惊人的大，并且这是非常不希望出现的情况，因为它可能导致发动机进气口处的总压降低，从而降低发动机功率。通过仔细调整风窗玻璃、头盔和头枕的几何形状，可以优化进气口平面内的总压力。图12.23显示了在进气口前约30mm的横截面上的有利（图12.23a）和不利（图12.23b）总压力分布的例子。所显示的等压线表示的总压力分布，图中的数值为各点的总压力与未受扰动来流总压力的比值。圆圈表示使用的皮托管的测量点。在线$C_{p,tot}=1$的上方流动完全没有损失。在图12.23a中，气箱入流具有来流完全相同的总压力。

由于其位置处于滞点流之中，头盔几乎不受到流动阻力[⊖]，而只受到升力。头盔从驾驶舱突出的距离越大升力越大。对于许多驾驶员来说最不舒服的是头盔的抖动，也被称为“抖振”，它由大尺寸的分离空穴流的低频不稳定性引起。

12.3.3　声学

一级方程式驾驶员头盔的噪声水平高达130dB（A），接近疼痛阈值，因此对驾驶员而言，良好的听力保护是绝对必要的。图12.24（见彩插）显示了口内传声器以及戴耳塞时耳内声压级的赛道实时测量结果。同时还记录了速度和发动机转速。图中显示了录制时间约为2.5圈的测量

⊖　这里也请参考4.5.4节的解释。

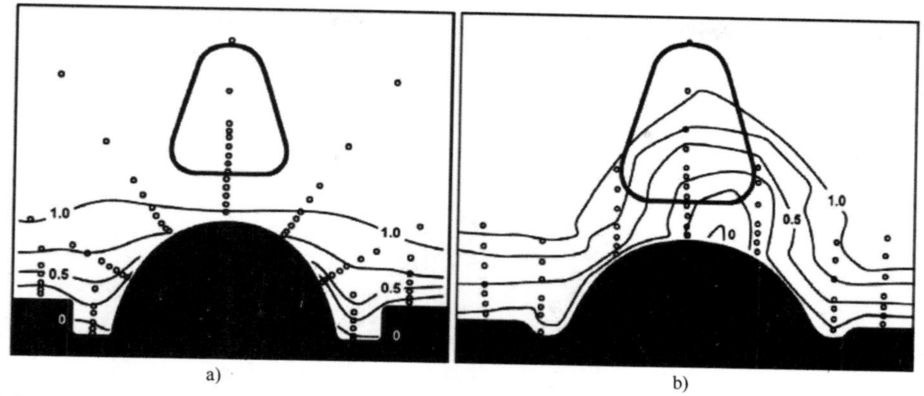

图 12.23 发动机进气道上游 30mm 处的两辆一级方程式赛车的总压力分布对比（$C_{p,tot}$）

结果。光谱图（图 12.24a）显示了高能量频率分量（红色）和低能量频率分量（绿色）。与街头摩托车不同，这里频率的主要成分来自发动机。从图中可以确认频谱图中的频率峰值与发动机转速有良好相关性（图 12.24b）。比较图 12.24a 和图 12.24c 可以看出，增加的低频成分——“隆隆声”——出现在速度超过 200km/h 时。

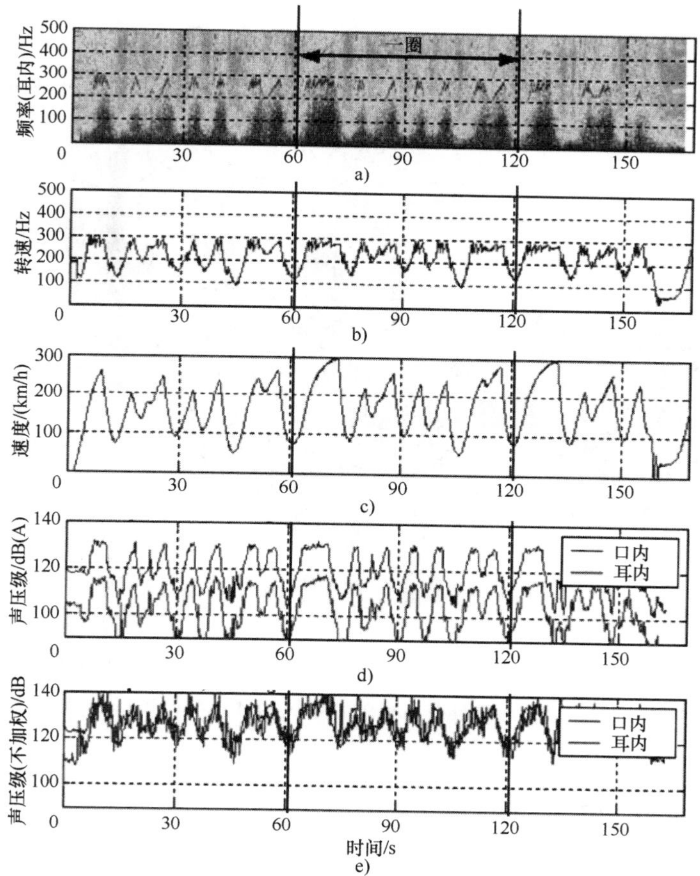

图 12.24 赛道实时测量的一级方程式车辆的发动机转速（b）、速度（c）以及驾驶员耳内（a，d，e）和口内检测的噪声（d，e），在图 12.24d 和图 12.24e 中显而易见的是，耳塞总衰减量的测量值强烈依赖于对频谱的评估

图 12.25 显示了（在赛道实时测量条件下）经过声学优化的具备风扇强制通风的头盔。噪声保护的良好效果是通过多层密封系统和供排气的声波传入衰减措施来实现的。通过整个头部后部的大面积环形冷却实现良好的空调和最佳通风。呼吸面罩为驾驶员提供经过声波衰减的过滤空气。

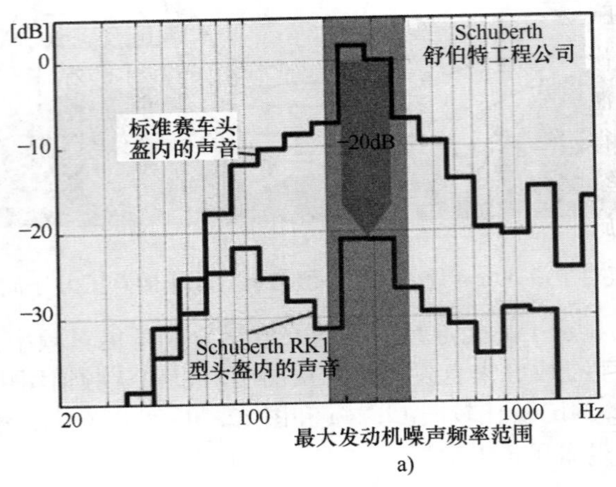

a)

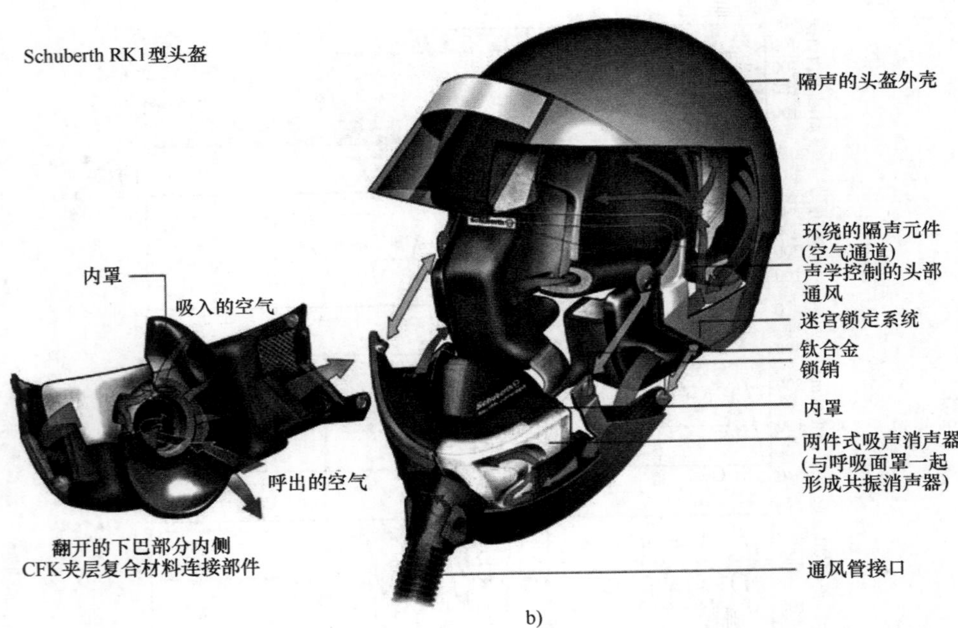

b)

图 12.25 a）对具备风扇强制通风的赛车头盔进行噪声优化研究中的声波传入衰减性能的实验室测量结果和 b）对具备风扇强制通风的赛车头盔进行噪声优化研究

12.4 测量和模拟技术

12.4.1 划界

下面介绍对于头盔开发特别重要并且特地为此开发的工具。将压力场、速度场和壁面摩擦力场进行记录和可视化的通用方法［参见 Janke（1992，1996）］将在第 13 章详细论述。还将介绍计算方法，它可以在模型制作和风洞试验之前就给产品开发提供宝贵的贡献。所使用的计算方法将在第14章中描述。

12.4.2 风洞

自1986年以来就可以在Schuberth风洞中（图12.26）在可重复的条件下对头盔做系统性的实验研究和优化。凭借其进出方便的1m×1m横截面的开放式测量段，它成为非常方便使用和维护且高效的开发工具。在风洞中头盔及其附近其他物体，也就是说上身、把手、仪表板和挡风玻璃周围的流动都可以逼真地得到。

随着1999年改建为声学风洞，获得了全球独一无二的头盔开发机会，以此进行系统的头盔声学实验研究，并开发和实施新的声学优化方法。

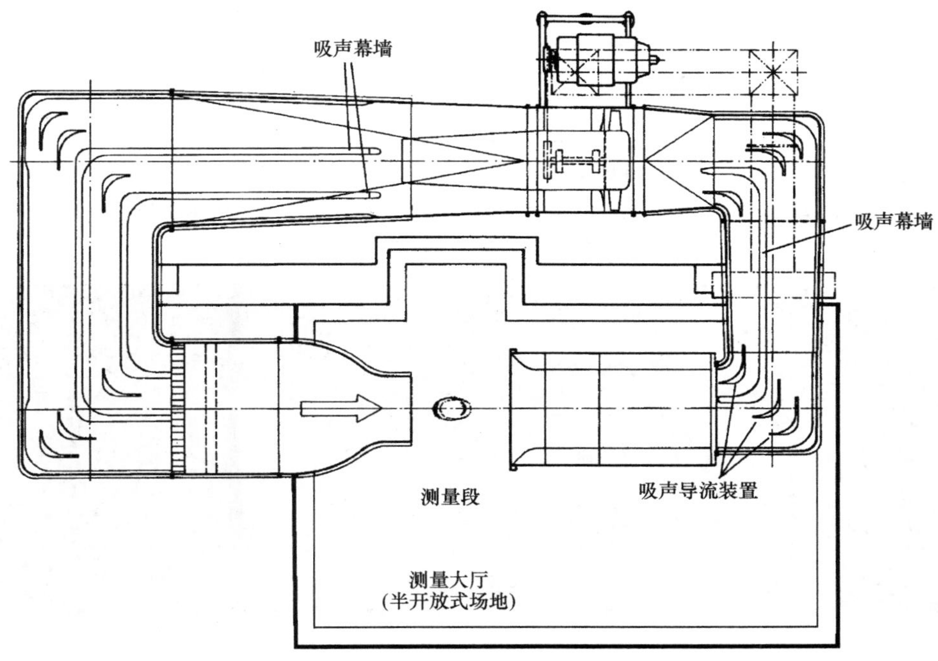

图12.26 Schuberth GmbH的气动声学风洞。测量横截面1m×1m；最大速度230km/h（短测量段）；驱动功率120kW

根据Janke等人（2004）的著述，图12.27绘出了测得的风洞改建前后自身噪声的实验曲线并与汽车风洞的流动噪声测量结果做了比较。风洞自身噪声降低了近40dB（A）声压级。从图12.27还可以看出，100km/h时55dB（A）的自身噪声水平比常规头盔的内部噪声低近40dB。作为比较：根据Mercker和Pengel（1995）的报告，在气动声学测量和开发时，风洞自身噪声与测量噪声之差需要至少10dB。

12.4.3 气动力

为了确定通过头盔传到驾驶员头部的作用力，Schuberth在过去的20年中使用了四种方法。所有的方法都有其合理性，并相互补充：

- 风洞和道路上的主观测试（图12.28）：虽然不能提供测量数据，只能提供主观感觉，需要在相当的时间延迟之后对其进行相互比较并做出评估。但是，如果足够多的不同受试者在不同的摩托车上进行测试，这些根据表象所做的评估会比较全面。

• 地板秤：测量数据（六个分量）不受外部影响。它们是相对较少受到空气动力学干扰、因而很容易重现的一个确定的状态。由于缺少驾驶员上半身的影响，因此这些测量值的相关性被认为是相当低的。因此该方法目前不再使用。

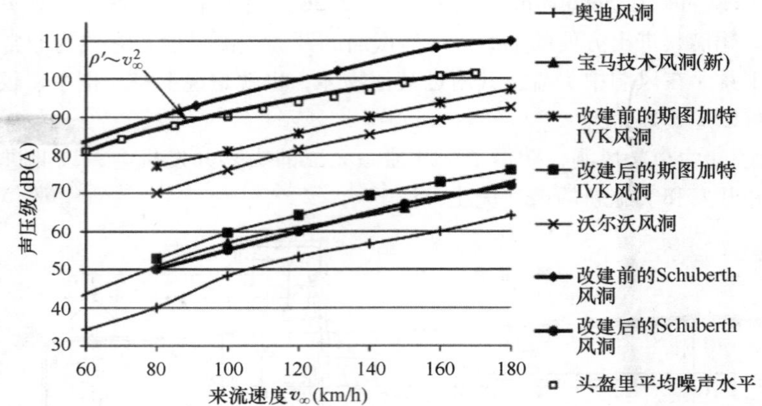

图 12.27　Schuberth 公司的气动声学风洞中自身噪声声压级与比国际知名风洞自生噪声以及普通高噪声头盔的噪声水平的比较

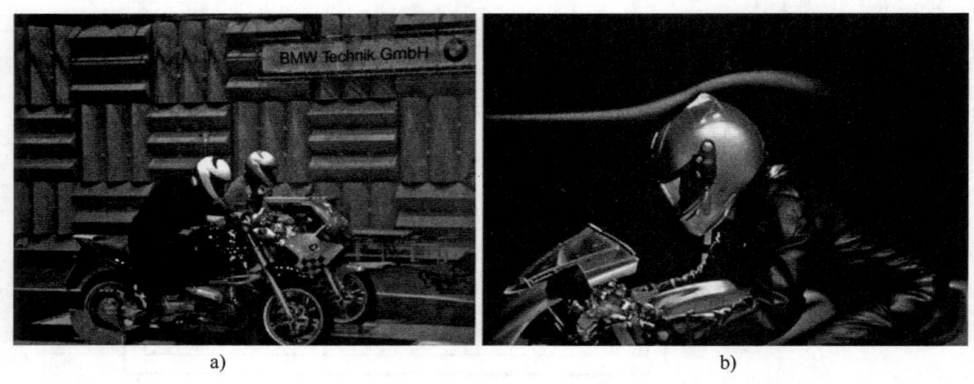

图 12.28　BMW 公司（a）和 Schuberth 公司的气动声学风洞的主观测试（b）

• 数据头盔（图 12.29）：当测试人员佩戴头盔时，可以通过安装在头盔上的测力传感器记录6分量（力和力矩）。通过这种方式，可以用记录的数据佐证主观感受。

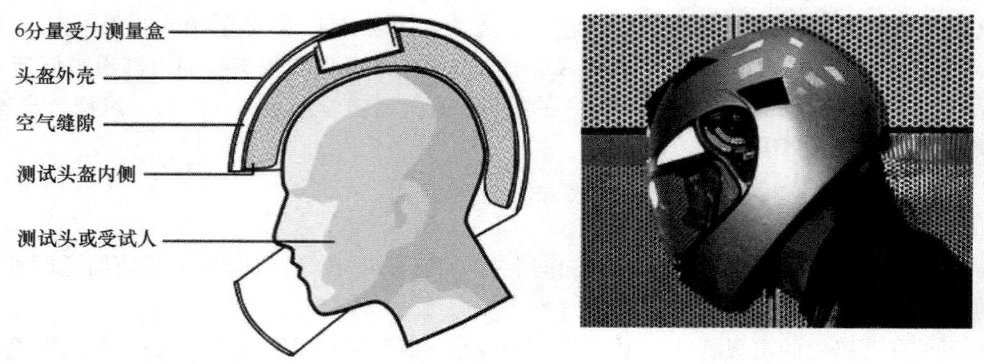

图 12.29　Schuberth 公司的数据头盔；受力测量与主观评测相结合

• 装在测量机器人内、可由计算机控制头部运动的连杆秤（图 12.30）：可以通过安装在机器人上的测力传感器记录六个受力分量（力和力矩）。测量机器人具有可动的连杆，可以安装在不同的摩托车上。通过步进电动机可精确控制头部运动。可以快速轻松地对不同的头盔或头盔的修改进行比较。图 12.4 显示了这种测量技术的典型结果。传感器的时间分辨能力也允许检测瞬态力。

图 12.30 Schuberth 公司的测量机器人

12.4.4 气动声学和假人头部测量技术

最重要的工具是：

• 风洞和道路上的主观测试：这些特别适用于检测啸声噪声和特殊姿势下的声音现象。

• 假人头部测量技术：用于系统性设计开发的最重要工具，因为可以直接对戴在有无限忍耐的测量假人头上的头盔进行操作。然而，在这里不能记录不同头部形状对头盔噪声的影响（在头部周长相同的条件下）。

• 用于风洞和道路测量的耳式传声器测量技术：Maue（1989）首次描述了这种技术，非常适合在头盔开发的高级阶段进行人员测试。先前的优化步骤的成功可以据此得到客观验证，并且可以对内部设计进行微调（图 12.31）。

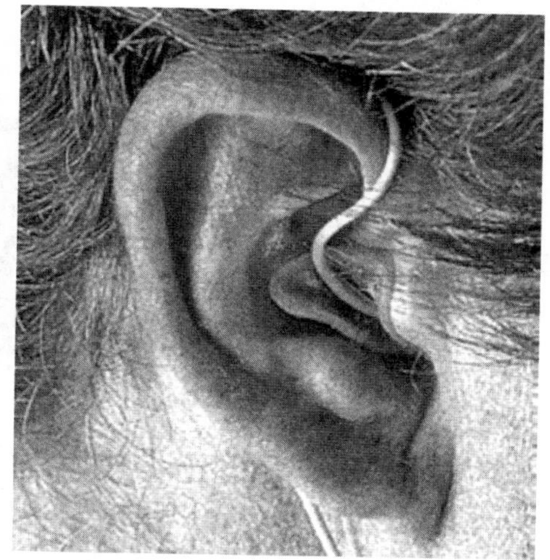

图 12.31 耳内配有微型传声器的耳塞；来源 Mendle（2003）

12.4.5 流场的数值计算（CFD）

原则上讲，对真实模型进行首次风洞测试之前，就可以对头盔的流体力学性能进行研发（Futterer 和 Ehlen，2003；Kleiner 和 Grün，2003）。但是，由此获得的对阻力等整体变量的研发结果的有效性，还是必须谨慎一些为好。Schuberth 公司与卡尔斯鲁厄流体研究所合作进行过模拟计算和实验的比较。结果表明：尽管建模时对边界条件进行了非常仔细的设定，但也只能对简单的配置获得风力测试结果和计算结果之间足够好的一致性。

图 12.32 显示了仿真区域，带喷嘴和收集器的充气室的简化几何形状。在第一阶段，一个圆球被放置在风洞测量段。为了使计算模型符合风洞实际，调整了各种边界条件，测量了喷嘴平面

内的速度分布，并测试了不同的湍流模型。最后，采用了“最佳”湍流模型后得到的结果为：合力的偏差小于1%，力作用角度偏差小于4%。流动现象也显示了良好的可比性。

图 12.32　风洞测量段的数据模型

在下一阶段，通过3D扫描将带有头盔的整个测量机器人和摩托车数字化并置入仿真模型。在图12.33（见彩插）中总结性地显示了模拟计算的结果。在图12.33a、b中比较了圆球的结果，在图12.33c、d中，比较了头盔的结果。图片下面是所得的受力大小。虽然圆球实验在测量和计算之间提供了很好的一致性，但取决于所选的参考系统，头盔实验显示的平均阻力分别有近50%和33%的偏差。

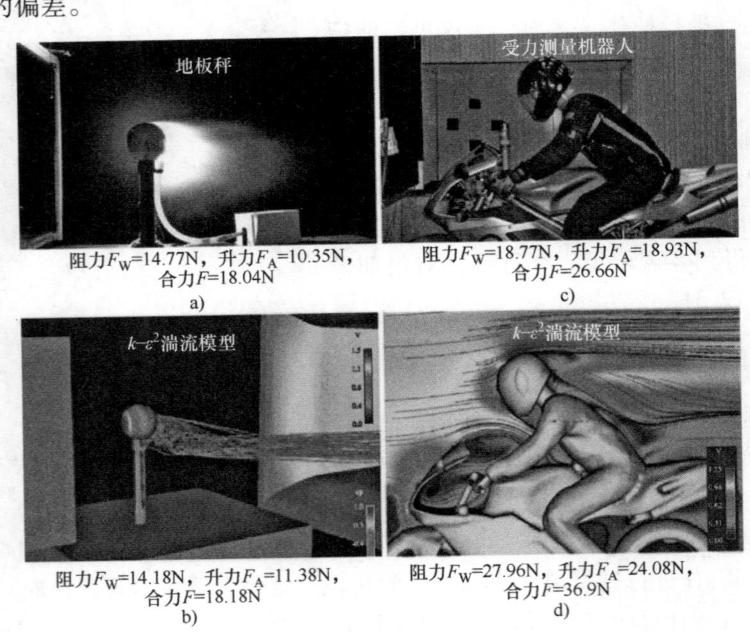

图 12.33　模拟和测量的比较

尽管事后进行了深入的研究，仍无法解释或减少这个偏差。在挡风玻璃、头盔、肩膀和自由喷射流边缘存在有三维剪切层、分离区域和滞点流动，猜测就是它们之间敏感且难以模拟的相互作用导致了这种计算偏差。

另一方面，流动现象可以有很好的可比性，如图12.34（见彩插）所示。图中绘出了来自实验和计算的壁面流线。通过观察模拟计算的波动项（图12.35，见彩插），也可以获得有关湍流声源的信息。在这里，您可以清楚地看到头盔底面对流动噪声的重要性。

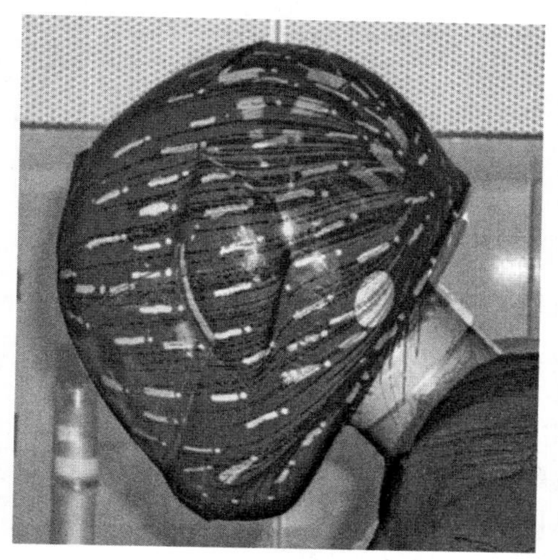

图12.34 壁面流线，模拟计算（红色），测量（白色）

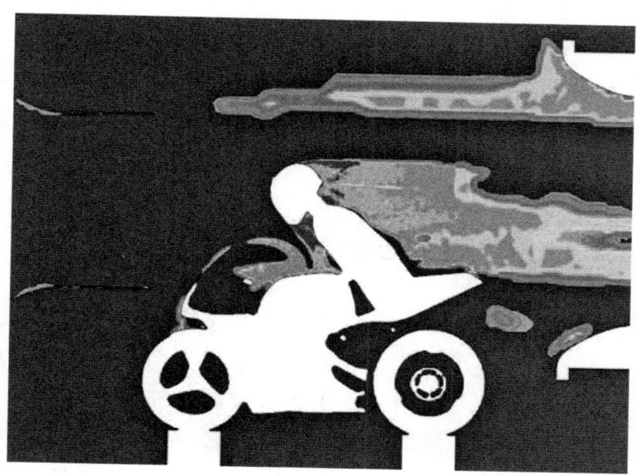

图12.35 从 $k-\varepsilon^2$ 湍流模型中估计声源分布

为了获得产生声学效应的交变压力的完整数据，需要对流场（包括最小的湍流结构）进行完整的、随时间变化的 Navier - Stokes 方程积分，即所谓的直接数值模拟（DNS）。这可以用于较小的雷诺数和简单的几何形状[⊖]。但是，在近期，DNS 不会成为头盔开发的常规工具。进一步的细节参见后续的第14章。

⊖ 参见例如 B. Kaltenbach 和 Janke（2000）的著述。

第 13 章　风洞和测量技术

Reinhard Blumrich，Edzard Mercker，Armin Michelbach，Jorg - Dieter Vagt，
Nils Widdecke，Jochen Wiedemann
谢志华　译

13.1　风洞的任务

从本书前面的各个章节可以十分清楚和具体地看出，空气动力学是当今现代化汽车研发过程中的一个不可缺少的组成部分。不仅涉及空气动力学的总作用力和总力矩的任务书设定目标——例如那些对于二氧化碳排放和行驶稳定性有着重要影响的目标——的实现，而且像诸如发动机和制动系统的冷却、空调系统、密封、车门、阀门和附件这样的重要组件的功能，都要求车辆空气动力学家们的合作协同，并为此引入了他们最重要的试验台——风洞。

风洞——正如除此之外的计算机辅助流体力学仿真（CFD）和计算机辅助的气动声学（CAA）仿真一样——模拟（汽车）在道路上的行驶，不过是以试验的手段，而不是以数值的方法。但是，道路行驶始终是标准情况，因为顾客也是在道路上使用他们的汽车，而不是在试验台上。对于空气动力学的研发工作来说，道路试验通常实用性很低，此外，因为道路试验的试验条件表现为很难重复进行。对于这一点，本章还会进一步述及。风洞作为固定的实验设施，则并不表现出这样的缺点。不过，就如同在任何模拟的情形，风洞试验的可应用性局限还是必须加以注意。这样的局限性要求对于风洞试验物理原理的深入理解，关于这一点，本章也会详细阐述。

在汽车工业的萌芽时期，风洞的标准化可利用特性和风洞在科学研究上的深刻影响力是并不具备的。其原因不仅在于空气动力学以及描述空气动力学的纳维 - 斯托克斯方程的复杂性，而且还在于对空气动力学进行实验性研究的工具首先必须从其他的技术领域研制出来。

虽然风洞和其他的流体试验设施早先是在航空技术研究和其他的机械制造分支领域的应用为人们所熟悉，但是很快就表现出，它们在汽车工业的应用达到了前所未有的高度。最初的一些相关的试验确实是在航空风洞中进行的。为了模拟行驶的路面，这些航空风洞后来都配置了一个固定的地板。以汽车联盟的赛车为例，图 13.1 显示的是该赛车早在 1934 年就在位于柏林 - 阿德勒霍夫的德意志航空试验局（DVL）的风洞中进行了测试。这张照片清楚地表明了一大堆测试技术方面的局限性。今天说来，这些局限性是不再可以接受的，而本章还会就如何避免或者修正它们进行论述。

在照片的左边框上人们注意到，放置汽车的底板将出自圆形出风口的气流明显地分开，形成位于底板之上和底板之下的各部分气流。这使得对风洞的校准调正，亦即给汽车能够“看得见”的恰当的来流速度的确定带来困难。除此之外，底板是静止不动的，也就是它不会像真实的道路行驶一样以来流的速度而运动，这在直到 20 世纪末的科学研究和汽车工业领域都是被普遍接受的。

来源：Kieselbach

图 13.1　在位于柏林－阿德勒霍夫的德意志航空试验局（DVL）风洞中试验的汽车联盟赛车（Kieselbach，1982）

相反，所谓道路行驶模拟，也就是在现代化的汽车风洞中把跟随运动的路面和旋转的车轮结合在一起，已经成为当今技术的基本现状。只有这样，空气动力学的有效潜能，也就是传统汽车的能耗和二氧化碳排放的减少，或者是电池驱动汽车续驶里程的提高才能真正落到实处和发挥作用。同样的道理也适用于竞争对手的汽车。在这里，“有效性”通常是以负向的升力（下压力）与空气阻力之比来表示的。

图 13.1 表明，测试对象占据了开放试验段位于出风口（左边）和集风口（右边）之间的绝大部分空间。汽车的尾部已经位于集风口的入口处。而恰在此处，底板突然截止。我们现在知道——本章会就此深入阐明——这样的结构会造成测量错误，必须予以修正。于是，像图中这样以及与此类似的早期风洞试验所引发的问题就像它所能提供的答案一样多，并且出现与试验所得的结果值相关联的不确定性就不足为奇了。这样的问题和不确定性还因为更多在道路上出现，而又在研发过程中必须关注的参数而变得更加严重。例如：

- 环境风（比如侧风）效应。
- 雨、雪和污物的附着。
- 不稳定气流效应（环境湍流，前方行驶车辆的尾流）以及在气流作用下汽车的静态和动态运动。
- 旋转轮胎的气流阻力。
- 温度和湿度的影响，阳光入射和乘员舱的舒适性。
- 风噪向外的辐射和向车内的传播。
- 气动弹性效应，整车或者单个零部件的变形。
- 在滚柱辊道试验台和平辊道试验台上汽车的纵向和横向动态特性。

这个单子还可以继续增加内容，而且很显然，迄今为止，还没有如此详尽地计划的试验设施能够合适又经济地满足所有这些要求。

因此，现在除了用于研发汽车零件或者部件的较小型鼓风型风洞外，还主要建成了两种类型的风洞。其一，是一类出风口横截面积在 10～30m^2 的气动声学风洞，应用于汽车空气动力学（压力、作用力、力矩、形变、流量，等等）和风噪（车内和车外的声压和声功率、声源定位、听觉范围内噪声评价、声传播路径分析、车身隔声效果等）的研究。

另一种有气候试验风洞和热风洞。这种类型风洞通常的出风口截面积为 3～12m^2，对流动的质量没有太高的要求。取而代之，这种风洞提供对于温度的调节：

- 模拟阳光的照射。
- 模拟汽车受外来物的污染和自身的污染。
- 模拟雨和雪。
- 滚转传送带试验台和（扁）平传送带试验台，用于汽车的负载和制冷加热功率测试。

法律规定的或者定制的消耗循环也能够在这些试验设施中追踪进行。

由于计算机技术在硬件和软件方面的明显进步，在过去的10~15年时间内，计算流体力学（CFD）在产品研发过程中已经确立了牢固的地位，其结果是它不再能够被忽视了。在此期间，计算机辅助的气动声学（CAA）也取得了发展。同时还有比以往任何时间都要多的汽车风洞也投入了运营、计划新建或者（对已有的汽车风洞）花费巨资进行了彻底而现代化的改造。这似乎表明，在可以预见的将来，风洞将是不会被废弃的。今天，两种手段——风洞和计算流体力学——在研发进程中拥有坚实的用武之地。它们互相补充，使工程师可以针对特定问题使用当时情况下最合适的工具。其前提条件是对年轻的工程师们进行充分的培训，使他们能够对交付于他们手中的工具的能力极限和应用可能性做到心中有数，并且将之发挥到极致。

13.2 风洞物理学

13.2.1 风洞的构造和功能

风洞是一个技术性设施。借助这个设施，在位于风洞试验段内的模型汽车或者全尺寸汽车的周围产生一种恒定、均匀而且涡旋较少的空气流动。风洞内所有的其他零部件都只是为这一目的——为尽可能地模拟道路行驶状况来准备这一流动环境——而服务的。不过，根据试验任务，也可以实现随时间发生变化的来流状态。这需要通过试验段内部和试验段外部附加的技术措施，或者是通过一种可变风机控制系统才能实现。关于这些附加技术措施，后面还会进一步阐述。这一章需要说明，风洞在汽车工业领域的空气动力学开发中是如何得到应用的。由于研发的目标的不同，例如应用于飞机工业的风洞与应用于汽车工业的风洞有着明显的区别。

在汽车以全尺寸模式进行测试的汽车风洞内，空气流动速度的范围现在达到300km/h。这个速度对应的马赫数是 $Ma=0.25$。这也就是说，这些风洞是低音速风洞。尽管如此，与静止状态时的（空气）密度相比较，在这种速度条件下的空气密度变化已经达到3%左右。而且，空气的可压缩性效应也必须在计算空气动力学系数时予以考虑，这尤其是因为，在汽车外表面的局部区域，会出现明显地更高的气流速度。

原则上让一股气流吹向静止不动的物体、比起使得静止空气中的同一个物体发生运动，总是需要更多的能量，见图13.2。不过，对一个静止不动的物体进行测量，总是会更容易一些。一般来说，这就是汽车风洞的原理所在。

按照气流运动的模式，可以将风洞区分为两类：对于按照普朗特理论建造的“哥廷根（Göttinger）”式结构的风洞来说（图13.3a），来自鼓风机的气流在一个封闭的回路中循环打转。与此相反，正如埃菲尔最先建成的“埃菲尔”（Eiffel）风洞中的气流（图13.3b），是从周围的环境中吸入，送入试验段后最终又排入大气环境中。

在哥廷根结构类型的风洞中，气流在离开试验段之后，经由一个由各种不同的扩散器和4个级联形状的转向角组成的管道段，又送回到鼓风机和试验段的喷口。普遍的做法是，在风洞的某个位置有一个通向大气环境的开口，这样，即使是比如气流的温度在试验过程中升高了，设备内

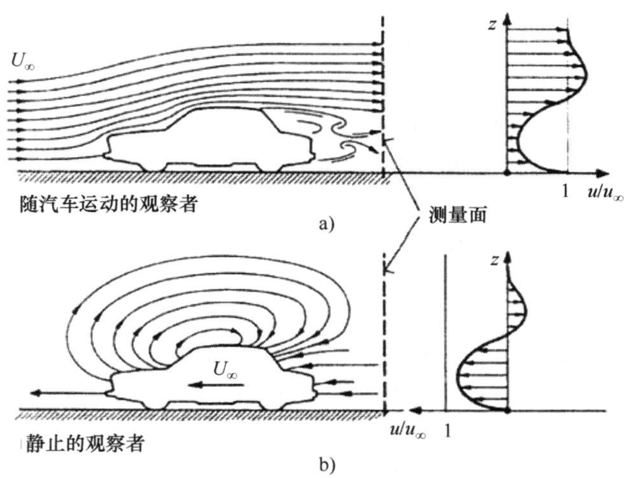

图 13. 2　将道路上的行驶（b）移植到风洞（a）中时出现运动过程的逆转

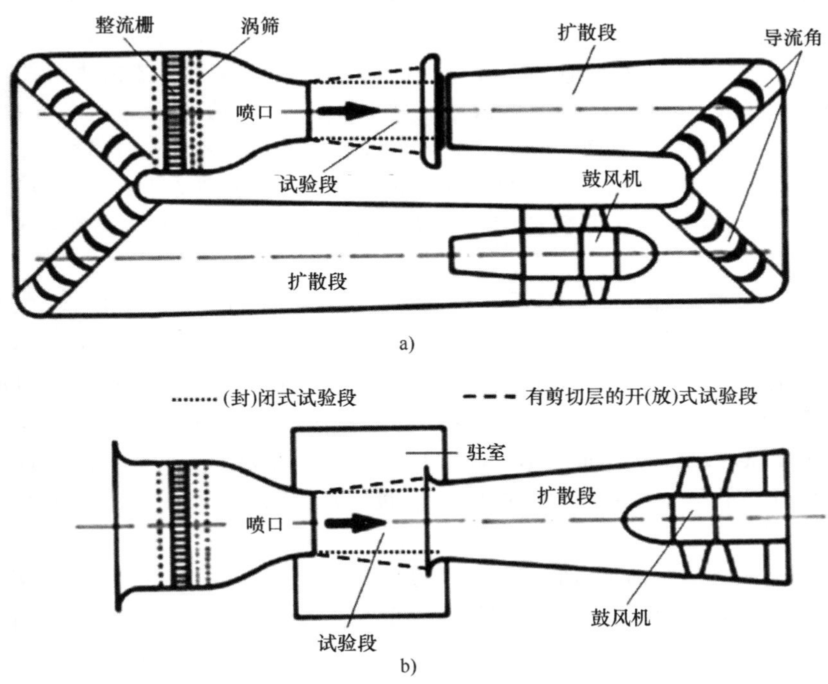

图 13. 3　不同结构类型的风洞

a）哥廷根结构类型　b）埃菲尔结构类型

的静压也能保持恒定。这样的所谓“平衡口”，常常是位于闭式试验段的末端，或者是在开式试验段的驻室内。喷口之前稳定段内的静压与喷口的收缩比有关，几乎达到整个动压的水平。如果气流在离开试验段时被吹入环境大气之中、并不试图以“位移做功”（“压力能”）的形式重新回收气流的动能，那么鼓风机所需要的功率略高于试验段内的能量流 $1/2\rho u^3 A$。但是，如果在试验段和鼓风机之间，而且在鼓风机的后面连接处各安装一个扩散器，就会在总压损失最小化的同时，风速有所降低。一般情况下，整个风洞内的损失效果用风洞的驱动功率与试验段内动能的比值，即所谓的功率因数来表示。一些低音速风洞的功率因数达到 0. 2。

扩散段的最优化延伸，喷口的收缩比和试验段的长度，决定了风洞设施的最小结构长度。和所处的场地情形相关联，风洞可以是水平也可以是垂直水平面布置的。不过，在垂直布置的情况下，必须考虑到建设方面的费用将会明显增大。

不过，事实上可以看出，按照哥廷根样式建造的风洞的最大问题，是循环气流在它通过管道段的流动路径上受到多重干扰，而且这些干扰多多少少地延续到试验段内，因而使（试验段内）气流的质量受到负面的影响。为了消除这一影响，在管道段采用了各种各样的空气动力学附加装置。其最重要的部分是一个或者多个用来减弱气流涡旋的阻尼网，用于平衡空间上流动结构差异的蜂窝器，以及减小气流转向损失的导流角。

如果不是在管道段上开通气孔，而是在扩散器的末端让气流全部排入大气环境中，而且在一定程度上是通过送风管的入口吸进“新鲜空气”，这就是人们所说的埃菲尔型风洞，或者是一种具有开放式回流的风洞。通过适当的设计，也就是非常高效的出口扩散器，埃菲尔型风洞能够做到比哥廷根型风洞在能耗上更为有效。这种效果特别是在这样的情况下得以实现，即如果经由扩散器排入大气中的喷射所消耗的功率比封闭式的哥廷根型风洞（消耗在）回风过程中的摩擦和导流转向能量损失要小的话。实际上，这几乎无法做到。

埃菲尔型风洞常常建在一个封闭的大楼内。如果环绕的大厅被做成尽可能地有利于空气流动，则这样做是有很多好处的。此时，空气被一个排风漏斗以低能耗经由风洞的周围输送到送风喷管那里。不过，要在整个送风喷管的入口截面上获得与实际相同的来流条件，常常是一件困难的事，这也会影响到试验段的气流质量。虽然通过喷管的收缩能够使流动的差异在一定程度上得到平衡，但是为了确实行之有效，收缩比必须很大。另外，在大试验段横截面的情况下（对封闭式试验段来说，是喷管（出口）的横截面面积；对开式试验段来说，是扩散器入口的横截面积），在大楼内布置相应的扩散器长度—功率系数会因此而大幅度地提高—常常是难以实现的。

纯粹的埃菲尔型风洞，即一种建在自由环境中、完全不具有回流设施的风洞，为了使其运行不受制于天气情况，产生了必要的花销，这使该风洞丧失了部分优势。在气流的入口前面设置网罩，虽然可以阻止固体物件被一起吸入，但是，只有在过滤器与送风喷管的入口之间设置一个体积巨大的气流稳定腔室，才能排除诸如自然风对试验段气流的影响。位于自然环境中的埃菲尔型风洞还有一个缺点，是它会对周围的环境带来严重困扰的噪声。常常会提到的这种风洞的一个优点，即在运行汽车发动机进行试验的过程中，能够避免吸入汽车尾气，也只有在非居民区才能起作用。

本章第13.5节将列举这两种风洞结构类型的例子。在这里，所列举的埃菲尔型风洞通常是建在一个大楼内。两种类型风洞的优点和缺点，都只有针对具体的应用情况才能定量地相互对比。不过，一般的规律是：具有开式回流和经由优化设计的扩散器的风洞，其运行费用低，而且相比较而言建造成本也低一些。

具备封闭式回流的风洞，其驱动单元的费用更高。风洞的管道和风洞中附加设施的运行成本，相较于纯粹的埃菲尔型风洞来说，也要昂贵得多。如果是对用黏土制成的模型进行试验，则必须注意气流的温度；如果温度太高，模型会损失其强度。因此，在封闭式送风的情况下，需要考虑使用一台冷却器。而冷却器与循环冷却装置一起，会是一个非常昂贵的单元。其压力损失大大地增加了鼓风机所需要的驱动功率。作为在气流通道中设置冷却器的替代方案，可以在测试的间隙期，让空气在一个旁通管路内进行冷却。就设置空调设备的风洞来说，只会考虑到哥廷根型风洞。

13.2.2　风洞喷管

风洞的送风喷管有四项任务：

- 使流动加速。
- 使流动速度在整个出口截面上均匀化。
- 减少气流流动中的纵涡。
- 为风速的测量提供条件。

对于汽车风洞中相同的速度分布和低涡旋度的要求，直到今天也没有被合理地量化。因为如果从未来的角度考虑，也并非从一开始就清楚，即使不应该对汽车或者汽车零部件涉及流动涡流度和研究不均匀性的敏感性进行试验，但总是应该朝着对应于静止空气中道路行驶的自然状态的方向努力。道路行驶时的自然风使得影响因素数量急剧增加，以至于可能不是所有的影响量都能够完整而且同时在风洞中进行模拟。但是尽管如此，为了在一个与风相关联的环境中对汽车的特性进行测试，必须有选择性地采取一些能够产生（道路行驶中的）阵风的附加措施（见第 13.2.12 节）。

设计完善的风洞，不论其试验段是闭式的还是开式的，都能够实现如下的技术指标：

- 风速与其平均值的局部误差，$\Delta u/u_{\infty}=(u-u_{\infty})/u_{\infty}\leqslant 0.1\%$。
- 风洞轴线的偏角误差，攻角和倾斜角，α，$\beta\leqslant\pm 0.1°$。
- 均匀、各向同性的湍度，$T_u=\sqrt{u'^2}/u_{\infty}\leqslant 0.2\%$。

对于实现这些技术指标，就喷管而言，它的以下三个几何特性起着决定性的作用：收缩比，喷管轮廓和从入口至试验段截面形状的发展。

收缩比 κ 定义为喷管出口的截面面积 A_N 与喷管入口的截面面积 A_S 之比：$\kappa=A_N/A_S<1$。一般规律是：收缩比越大，在整个喷管出口截面上速度的分布就会越均匀，进而风洞喷射出流的湍流度也就会越低。一般表现为（见 Bradshaw 和 Pankhurst，1964），由于收缩作用，流线与流线间的轴向速度之差 Δu_x 会以同一比例缩小，平均速度则以相同的比例增大。与喷管出口的速度 u_{∞} 相关，可得

$$\frac{\Delta u_x}{u_{\infty}}=\frac{1}{\kappa^2} \tag{13.1}$$

对于速度在横向分量上的差异，有

$$\frac{\Delta u_y}{u_{\infty}}=\frac{1}{\sqrt{\kappa}} \tag{13.2}$$

轴向分量的湍流度为

$$Tu_x=\frac{1}{2\cdot\kappa^2}\cdot\sqrt{3\cdot(\log(4\kappa^3)-1)} \tag{13.3}$$

而对应地得到湍流度的横向分量为

$$Tu_y=\frac{1}{2\cdot\kappa^2}\cdot\sqrt{3\kappa} \tag{13.4}$$

收缩比 κ 从根本上决定了风洞的主要尺寸，从而也决定了所需要的投资成本的高低。正因为如此，κ 不应该选得比流动质量所必需的还要大。为达到流动质量，上述值在新型封闭式回风风洞中涉及的收缩比约为 $\kappa=6$。

在埃菲尔型风洞中，这里的气流不会受到鼓风机“前端环境”、扩散器和转向部分的影响，收缩比值 $\kappa=2\sim3$ 就足够了。但是，该值仅仅适用于：空气是从一个非常巨大的环绕空间吸

入的。

为了确定喷管的外形，人们首先假定：喷管是无摩擦的且为圆形，其中轴线上的速度分布是一个单调增大的变化过程。利用喷管入口和出口处的速度为均匀分布这一边界条件，能够计算出偏离中轴线的流线，而此时每一条流线都能够理解为喷管的轮廓线。在这种情况下，所有中轴线以外的流线都具有负的速度梯度，而负梯度的大小，则随着流线与中轴线的距离的增大而升高，见图 13.4。

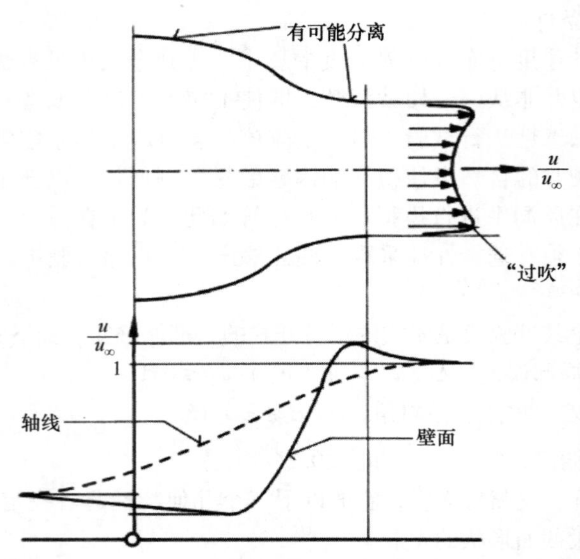

图 13.4　风洞喷管中轴线和壁面上的速度变化示意图

这里，必须在喷管长度与速度梯度之间找到两者的平衡点，因为在实际的喷管中，如果速度梯度太大，壁面上的边界层容易发生分离。这样将又会使得喷管出口截面上的速度分布不均匀。所以，接下来必须进行边界层的计算，以便最终迭代出喷管的形状。

在计算喷管形状的同时，如果喷管不是轴对称的，或者如果喷管的高度和宽度之比随着行程变化，会出现另一个难点。在绝大多数的汽车风洞中，由于建造技术方面的限制因为不存在某种理论性方法，能够把一种轴对称的计算转变成一种非轴对称的喷管计算，所以在先导性风洞研究的基础上，常常要采取实验的方法。于是，借助所谓的边角填充带，能够成功地阻止拐角壁面边界层的过度增长，抑制从壁面到壁面的横向流动（二次流）。尽管如此，经常也会舍弃这一措施，在喷管的出口处允许拐角纵涡出现。

文献中介绍的各种计算方法（Börger，1975；Witoszynski，1925；Morel，1975）相互之间的区别，在于用什么方式来表示喷管的轮廓和用什么方法来计算空气的流动。所有喷管的共同之处是：它们的轮廓都有一个拐点。大多数情况下拐点都位于喷管的中部。喷管前部凹形的轮廓是按照防止流动分离来设计的；而后面凸形轮廓的设计，是期望在喷管出口产生均匀的流速分布。事实表明，拐点前后流动之间的相互影响很小。人们正是利用了这种特性，在风洞内—尤其是在空调风洞内—使用具有不同大小的出口横截面的喷管。此时，喷管在轮廓线拐点处分开，对位于下游的部分进行更换。还有一种可能性，即借助液压调节器，对安装在下游的喷管钢板的轮廓根据不同收缩比进行调整，通过这种方式，例如在宝马集团的风洞，喷管（的出口截面积）可以在几分钟的时间内从 $25m^2$ 缩小到 $18m^2$，于是，该情况下（风洞的）最高速度从 250km/h 提高到 300km/h。

Vooren 和 Sandersen（1977）以及 Brandstätter（1980）实现了对喷管的三维计算。两种情况下，势方程都是用一种场算法来解决的。为此，必须将整个过流空间进行离散化处理。按照有限差分法或者有限元法获得势方程的解。这种求解方法的缺点，是需要很长的计算时间。边界层的计算则使用一种二维算法来完成。

正如前面已经提到过的，喷管还用来确定试验段风速。早期测量风洞内试验段风速最为简单的方式，是在气流中放入一个皮托静压探头（普朗特探头），并将其与一个压力表连接起来。根据总压和静压之差，得到动压q_∞

$$p_{tot} - p_{stat} = \frac{\rho_L}{2} \cdot u_\infty^2 = q_\infty \tag{13.5}$$

而从动压中能够计算出风速：

$$u_\infty = \sqrt{\frac{2q_\infty}{\rho_L}} \tag{13.6}$$

如果一个试验模型位于试验段内，必须在流场中的某一位置确定未受到扰动的来流的动压，而这一位置并没有受到试验模型绕流，亦即静压的影响。对此，人们常常选用的是流经喷管的静压差，见图 13.5。

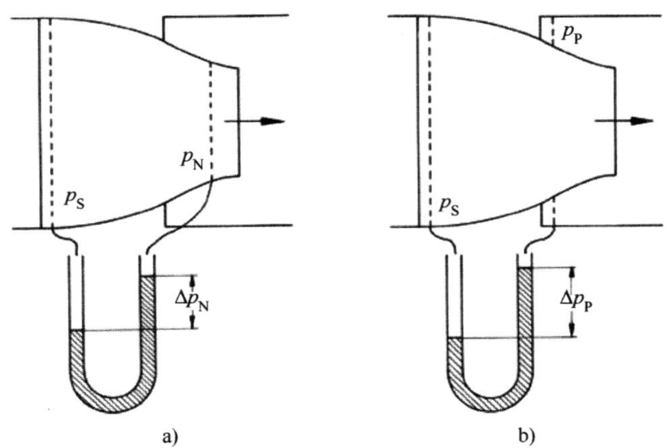

图 13.5　未受扰动的来流速度的测量

也就是说，选择喷管前室的静压 p_S与喷管末端区域某一位置的静压 p_N之间差值。接着，就像在空试验段上用皮托静压探头所测得的那样，对这一压差 Δp 进行动压校正。探头所在的测量位置，人们通常选择汽车的半轴距处。于是得到

$$q_\infty = \frac{\rho_L}{2} \cdot u_\infty^2 = k_N \Delta p = k_N (p_S - p_N) \tag{13.7}$$

式中，k_N是所谓喷管系数。k_N初步近似为一个常数。但是，因为喷管边界层的厚度与雷诺数相关，所以建议把 k_N表示为速度的函数。人们把这种速度修正称为“喷管法校正”。这是在封闭式试验段中唯一的方法。

设置在下游的测点的位置必须认真选择，因为汽车前方气流阻滞的作用会一直延伸到喷管中，进而会影响到相应的压力测量点（的压力）。还有一种确定压力测量点位置的简便方法，是在鼓风机转速恒定的条件下，将汽车一步步往喷管的方向推移，见 Walter（2012）。Δp 发生变化的那个位置，就是影响测压孔的一个很好的参考指标。不过此时，每靠近喷管一步，就对喷管进行一次校正是非常重要的。这种校正方法会在第 13.2.13 节说明。如果此时目前压力传感器的分

辨能力极限达到2Pa，这种类型校正时的速度误差能够达到0.2km/h。

Künstner等人（1992）给出了另外一种方法。他们在开式试验段内的不同位置对收缩段底板面的压力分布进行了测量，然后按照汽车的阻滞作用忽略不计的原则确定压力孔（的位置）p_N，见图13.6。

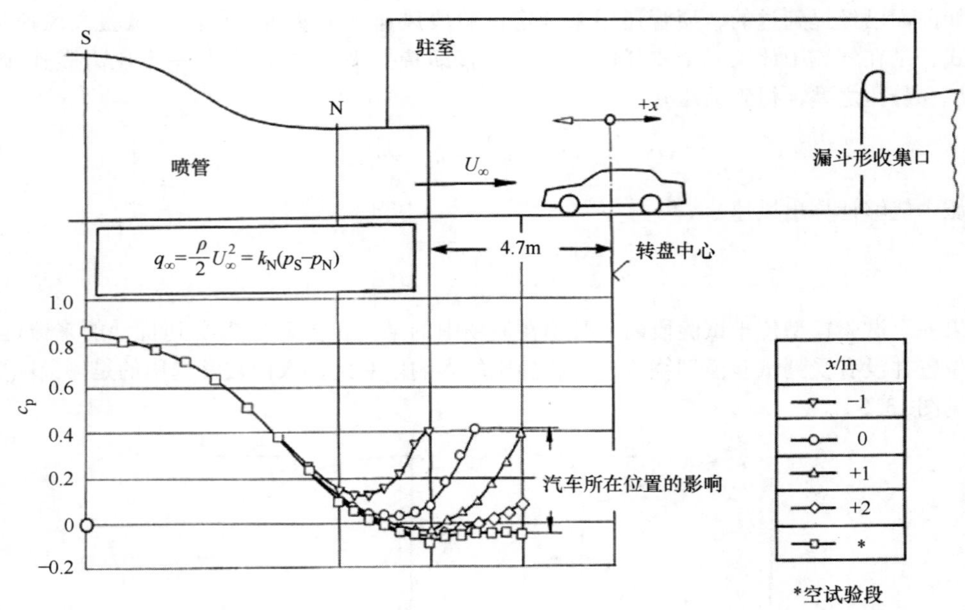

图13.6　汽车的位置对收缩段底板处压力分布的影响，根据Künstner等人（1992）

在开式试验段，还有一种方法用来确定风速，见图13.5b。这里，喷管内位于下游的压力测量位置p_N放在外围的集气室内。这里用p_P表示。于是，得到压差为

$$\Delta p = p_S - p_P \tag{13.8}$$

喷管内的压降

$$q_\infty = k_P \Delta p \tag{13.9}$$

通过一个平衡孔，驻室与外部主导着大气压力的环境相通，大气压力也同样叠加在整个驻室和回流管段上。人们把这种校正方法称为“驻室法校正”。

两种方法——喷管法校正和驻室法校正——都应用于开式试验段。当试验段为空时，两种方法给出完全相同的速度，尽管系数k_N和k_P并不相等。但是，如果试验段内放上了汽车，而汽车的前端阻滞作用一直突入到了喷管内，就会算出不同的气流速度来。

在对速度进行校正时，喷管出口截面上的速度分布近似矩形。现在，如果汽车以其阻滞作用影响到喷管内部，速度分布或多或少会发生变化，见图13.7。

在喷管法校正的情形，在汽车周围的压力孔的压力p_N不受影响的前提条件下，就会在喷管的周边出现相对于校正速度的速度升高，见图13.7a。根据连续性原理，汽车越是靠近喷管，这一速度的升高就会越多。从喷管中出来的流量保持恒定，与汽车所在的位置无关。

驻室法校正时的相互关系就不同了。此时，如同前面所说明的，驻室内的环境压力p_P主导着开式试验段，见图13.7b。借助伯努利方程可以说明，与汽车在试验段所在的位置没有关系，在喷管出口截面附近，总是存在着校正后的速度，而且即使是汽车的阻滞作用进入到喷管内，也是如此。但是，当汽车靠近喷管时，通过喷管的流量相对于空的试验段时变小了。

如果人们现在来观察这一相互关系在道路行驶时是如何表现的，见图13.7c，就会发现，在

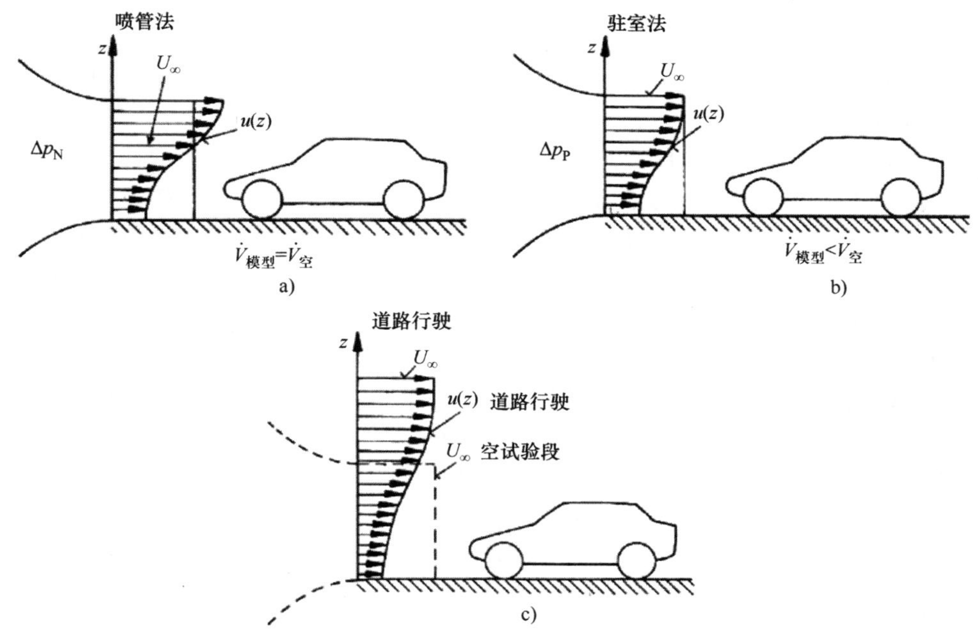

图 13.7 喷管出口截面上的速度分布根据 Hucho（1998）

a）喷管法 b）驻室法 c）道路行驶

位于假想的喷管出口截面处的一个汽车固定参考系里的流速，与汽车的速度根本就不一样。

这也就是说，两种方法都给出不正确的参考速度，因此必须给予修正。以什么方式能够进行修正，将在第 13.2.13 节中叙述。但是这里应该指出，随着汽车与喷管的距离增大，两种方法的结果趋于接近。不过理论上，它们只有在无穷远处才会完全一致，又见 SAE 的信息通报（1990）和 Küchemann 和 Vandrey（1941）。

为了减少校正工作量，在建造新的风洞时，人们就可能倾向于在汽车与喷管的出口截面间留出一段大的距离。在第 13.2.13 节之前，这里就可以提出来：这样做似乎是完全不必要的，因为校正工作非常可靠。

13.2.3 试验段

试验段由以下主要尺寸来说明：喷管的横截面面积 A_N 和试验段的长度 l_{TS}。l_{TS} 是从喷管的出口截面一直到集气漏斗入口截面间测得的距离。以下这些定义的无量纲量是至关重要的：

- 阻塞比 $\varphi = A_x/A_N$，式中 A_x 是汽车的迎风面积。
- 试验段的无量纲长度 $\Lambda = l_{TS}/d_N$，式中 d_N 是喷管等效（水力）直径，$d_N = 4 \cdot A_N/U_N$，U_N 是在非圆形断面情况下喷管的周长。

对于开式试验段来说，还要增加两个参数：

- 集气漏斗（汇流器）截面面积与风洞喷管截面面积之比 $\Omega = A_C/A_N$。
- 驻室的截面面积 A_P 与出流截面面积 A_N 之比：$K_P = A_P/A_N$。

前些年，人们在考虑到力争实现道路和风洞气流动力学相似性的前提下，认为在自然道路条件下为零的（风洞内的）阻塞比 φ 应该尽可能地小。在建设首批汽车风洞时，沿用了飞机空气动力学中常用的阻塞比 $\varphi = 0.05$。这使得对于一个普通的汽车来说需要的出流面积大约是 $40m^2$，也就是一个非常庞大的风洞。但是，如果考虑到建造成本和运行费用，就必须对建筑物的尺寸进行一定的折中妥协。不过，后来在不同的大型风洞之间进行的比较试验和与道路测量进行的比较表明，并不能在所有的风洞中保证足够的模拟质量，尤其是不能用阻塞比进行明确的校正，见 Buchheim 等人（1983b）。其原因是，事实上能够发现，除了阻滞作用以外，还有其他的干扰因素在测量段中出现。关于这些干扰因素，下文还会述及。

新近建造的开式试验段的出流截面经常是大约 20 ~ 25m^2，而且试验段的长度更大。Merker 和 Wiedeman（1996）在逆向应用校正方法之后指出，借助汽车位置和试验段尺寸（包括喷管收集器）参数的适当变化，能够对类型各异汽车的风阻系数进行测量，而此时，各种干扰因素不起作用。例如，利用 Mercker 和 Wiedemann（1996）所采纳的假设能够证明，对于一种典型的阶背式汽车来说，最佳的喷管横截面面积约为 20m^2。

运用于实体尺寸汽车的最小风洞，其出流横截面积甚至只有 10 ~ 11m^2，对应的阻塞比大约是 $\varphi \approx 0.20$。虽然测得的风阻系数 C_D 的绝对差异大约只有 ±6%，但是如果由汽车外形变化所引起的 C_D 值的变化也考虑进来，则相对差异仍然保持在限度之内。采用这样的方式至少在许多种情况下保证了，在那些并不能准确地测量绝对风阻的风洞内，研发工作仍然能够进行。这说明，风洞对空气动力学外形的变化做到了正确评估。由此一来，汽车能够在研发的过程中确确实实沿着正确的方向得到改进，而不会产生由风洞引起的假想。不过在这里，创造一种尽可能逼真的地面模拟条件（随之运动的地面、旋转车轮、薄的地面边界层），是十分必要的。

然而，为了实现在各个不同类型的风洞中绝对风阻系数的相互一致，还是必须进行风洞的校正。这种校正以分析法或者数值法为基础。它们既考虑到风洞的边界条件，又会对出现的干扰因素做出评判。有关不同校正方法的进一步介绍见第 13.2.13 节。

在制订风洞校正方法的时候强调，在很多情况下，喷管截面的大小对于通过测量结果而计算出的 C_D 值的误差来说，并不总是决定性的因素。更确切地说，最严重的误差大多数由试验段的压力梯度所引起。与由重力所引起的静压升力（阿基米德原理）相反，由压力梯度所导致的力对应于英语语言习惯被称之为“水平浮力”。

对此，压力梯度是否已经影响到空试验段中的流动，或者该压力梯度是由汽车本身在出流的边缘处所引起的，都并不重要了。原理上，这种流动梯度会在汽车上产生附加的作用力（干扰效果）。这种作用力在道路上不会出现，所以必须予以校正。与此同时，汽车尾部分离气流的尾流区有着特别重要的作用。由于压力梯度，分离泡的形状总在发生变化，因而产生一个作用力，其大小必须通过校正过程来确定。

有鉴如此，在设计风洞的试验段时，使之产生一种不需要进行校正的无梯度气流流动，就具有了极为重要的意义。这一点，只有通过试验段开始位置喷管的特殊的设计和试验段结束位置合适的收集器才能得以实现。另外，试验段的长度、汽车所在的位置和集气室的空间大小也非常重要。正如前面已经提到过的，与试验段的边界特征相关联，压力梯度也可能通过试验模型而引起。这种“固有的”流动梯度与试验段的类型有关，难以避免；校正处理无论如何都是必要的。有关校正的进一步说明见第 13.2.13 节。

出流截面的形状，一般来说是一个高度 h 与宽度 b 的边长比例约为 0.6 ~ 0.7 的矩形。不过可以看出（见第 13.2.13 节），当出流尺寸的边长比为 $h/b = 0.5$ 时，干扰效果最小。有时会把喷管的边角处适当倒圆，或者做斜切处理。对于仅仅只是用于汽车测试的风洞，过去曾经选用过非矩形的截面形状。例如，Morelli（1971）就是这样将宾尼法利纳（Pininfarina）11m^2 风洞的喷管做成圆弧形的形状，以便在汽车的迎风面获得一种近似仿射的出流截面形状。事实上，这种尝试的关键，是不能逾越这类风洞的建造成本和运行费用的某个限制，而且保持对风洞的干扰要小，其原因在于可靠的校正方法直到 20 世纪 90 年代中期才出现。对此，ECARA（欧洲空气动力学研究协会）的“风洞校正”工作组和 SAE（美国工程师协会）的“开式风洞校正”分会做出了巨大贡献。

试验段的边界条件影响到受试对象的绕流特性。有两种不同的构造形式：开式试验段和闭式试验段。也开发出一些特殊形式的试验段，如切槽型、匹配型或者适配型试验段。这些结构型式简示于图 13.8。

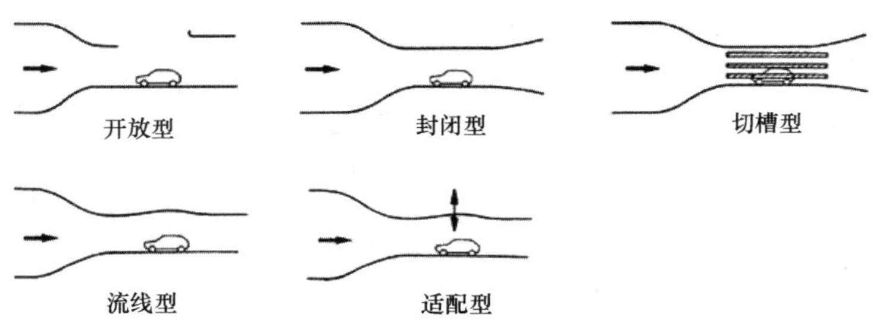

图 13.8　试验段的类型

在有限截面的空气射流中，测试对象周围流动的运动学特征，有别于无限延展空间内流动的运动学特征。在开放型的试验段中，出流边界上的控制性物理边界条件是：沿着假想的边界流线上的压力总是环境静压 p_0（大气压力），此处的速度 u_∞ 对应于喷管的出流速度。虽然从喷管开始形成一个指向下游、在整个宽度上不断增厚的剪切层，但是沿着边界流线的边界条件 p_∞ 和 u_∞ = 常数，应该对后续的研究来说依然保持不变。

现在，如果把汽车放入试验段内，环绕汽车的绕流会向外散开，边界流线向外弯（凸）曲。在相同的位置，道路行驶中压力会下降，而速度会因为能量守恒而上升。在因此开式试验段风洞内，由于边界流线上必须满足环境压力 p_0 和相应的较低速度 u_∞ 这一边界条件，所以物理上只会发生这样的现象，即与道路行驶相比较，流线会更加弯曲，汽车附近的出流截面变得更大。由于流动的连续性，因此开式试验段中的汽车经历的风速，比经过风洞校正所得到而且用来确定 C_D 值的速度还要低。这样得到的风阻系数太低。

与此相反，由于汽车在闭式试验段内的排挤效应，流线被挤到了一起。因为在试验段的周边没有流动，按照连续性原理，（汽车）车身表面上的压力下降，而与道路上的情形相比较，在与汽车同等距离处会产生过高的流速。相应地，汽车上的作用力升高，算得的 C_D 值会太高。

有趣的是，干扰效应在闭式试验段内的影响远比在开式试验段内要强。在高宽之比为 h/b = 0.5 的条件下，当几何尺寸相同时，闭式试验段中的干涉速度就绝对值而言比开式试验段中高出许多倍。事实上，出流边界的影响随阻塞比 φ 增大。

较早前，下面这一点被认为是开式试验段的优点：即如果它是空的，则沿着它的出流轴线的静压 p_{stat} 保持不变。在此，p_{stat} = 常数这个条件仅仅只是在沿着汽车长度上满足是不够的。更充分地，是它至少要到汽车附近尾流区域（死水）的末端都成立。如果没有满足这一边界条件，则会在空气动力学测量过程中出现很高的附加阻力。Mercker 和 Wiedemann（1996）早在 1996 年就发表了已建成风洞的汇总结果。正如人们从图 13.9 中可以看出的那样，在所有给出的风洞中，沿着乘用车和它的尾涡区，p_{stat} = 常数这一条件只是在一座风洞内近似得到满足。

在 Mercker 和 Wiedemann（1996，1997）工作的基础上，十年之后，Mercker 和 Cooper（2006）开发出一种校正方法。这一校正方法包含一种用来处理空试验段上静压分布的扩展方法。为了避免如第 13.2.13 节所描述的那种非常繁琐的校正，新型风洞的静压梯度常常可以忽略不计。

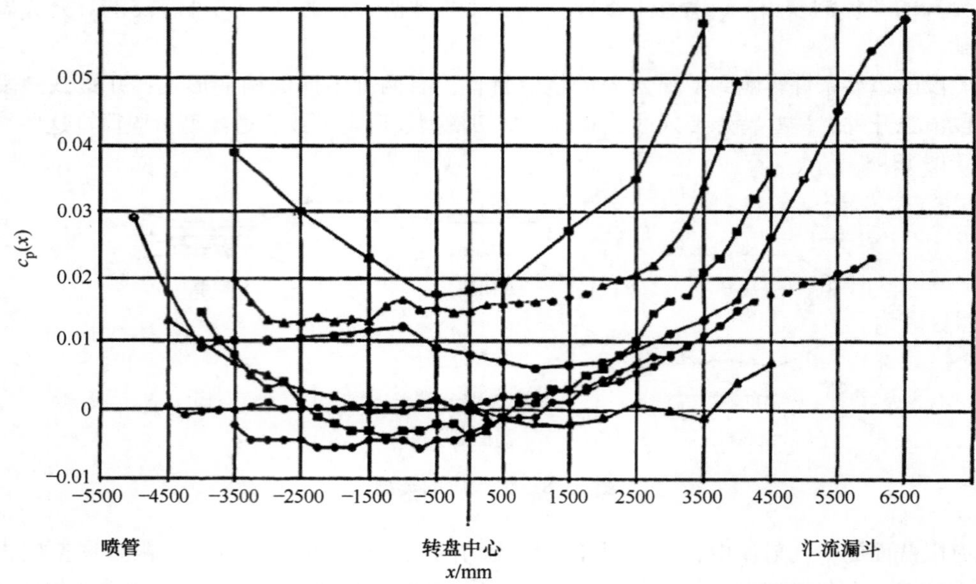

图 13.9　各种不同类型的汽车风洞在试验段为空时沿中轴截面的流体动压分布 $c_p(x)$，根据 Mercker 和 Wiedemann（1996）（又见图 13.103）

存在着一些不同的结构参数，它们对开式试验段上的压力分布具有持续的影响：

- 与喷管的水力直径d_N相关联的试验段的长度 l，$\Lambda = l/d_N$。
- 收集口的面积A_C与喷口横截面面积A_N之比。
- 喷管的设计参数。
- 收集口的设计参数。
- 集气室的尺寸。
- 旨在减小试验段前部底板边界层厚度的技术措施的设计。

每一个参数是如何起作用的，此外还与阻塞比 φ 和汽车在试验段中的位置有关。在大量参数存在的情况下，优化的成本非常之高，而且常常是通过先导性的风洞研究，才能得到所期望的结果。

人们可以通过一个相应的比较大的 Λ 值，来应对试验段后段压力梯度。但是，由于长试验段具有在与流动垂直的方向上产生出流不稳定的特性，而这种不稳定性尤其是在非稳态测量时明显地不利，所以大的 Λ 值的方法只是在一定条件下才值得推荐。尽管如此，最近一些年还是建成了一些对应于喷管横截面积 20 ~ 25m^2、试验段长度超过 14m 的风洞。可以估计，这样的测量段的出流会表现为不稳定。另一方面，如果缩短试验段的长度，试验段末端的收集就会在汽车所在的区域像一个来流的稳定器一样起作用。在这种情况下，必须特别地注意对收集器的优化设计和重视环绕的集气室（见第 13.2.4 节和第 13.2.5 节），因为这些都必须被看成是压力梯度的致因。作为另外的一点还必须指出，长试验段的情形，整个风洞的建造费用会相应升高。

Schulz – Hausmann 和 Vagt（1988）早在 1988 年就针对这里提到的问题进行了这一类的参数研究。他们能够证明，与试验段的长度有关联而且在事先给定汇流器形状的条件下，一直到喷管的压力梯度都会受到影响。只有当无量纲的试验段长度 $\Lambda = 3$ 时，才会得出压力梯度与收集口尺寸没有关系。不过，这一认知并不能无条件地向别的风洞移植，因为压力梯度与阻塞程度和收集口几何形状相关，这个不会被改变。

开式试验段的另一项优势在于其良好的进出便利性。这使得测量传感器容易植入，易于进行流动的观测，便于对噪声源实施定位，以及最后在测量模型上进行各种处置。

开式试验段的一个不足之处，是它的可利用长度受到限制。三个自由壁面上，喷口的出流与驻车内的静止空气相混合。出流的核心部分，主要是理想风速 u_∞，被耗散开来，如同开放式试验段典型性问题。此外，与固定壁面相比，来流与周围空气的混合把升高的损失系数也联系起来了。也就是说，与闭式试验段相比较，开式试验段需要某种程度上更高的驱动功率。开式试验段的另一个缺点，体现在它不受阻碍的噪声辐射上。在有开式试验段的空调风洞里，驻室必须一起包含在空调区域内；因此，有更大的壁面需要隔绝。

封闭式试验段的优点在于它的可利用长度大。出流核心的耗散在整个流动的长度内以（一种）边界层逐渐增大的方式进行，比自由出流边界的耗散要缓慢得多。但是，壁面上排挤层厚度不断增大，导致压力沿着出流轴线下降。虽然在流动方向上稍微扩大风洞截面，这一压降就能得到补偿，但是，这种补偿仅仅只对为此设计的某种（特定）配置——通常就是空的试验段——和某个（特殊）雷诺数有效。当测量模型放入试验段之后，这一补偿就只是近似地起作用了，因为流动受到汽车排挤之后，在壁面上形成一种加速或者是减速的干涉流动。它影响到下游边界层厚度的增大。

同样也适用于开式试验段的情形：压力梯度必须在进行第 13. 2. 13 节中介绍的计算校正时给予关注。封闭式试验段的另一个缺陷在于，在出流出现大的变形时，例如出现比较大的偏角时在风洞壁面上会出现流动分离现象。

不过，闭式试验段起决定性作用的是另外一个物理因素：显而易见，当汽车绕流存在时，便引起了流动梯度。在无限延伸的流动中，这一梯度是自然的，由测量对象所引起。如果人们忽略摩擦阻力部分，梯度便通过压力分布决定了阻力系数的大小。但是在有固定壁面的流动中，由于汽车的排挤作用，在试验段壁面的纵轴方向产生附加的固有压力梯度。压力梯度对流动发生作用，且沿汽车的轴向降低。压力梯度的大小与试验段的横截面积有关。压力梯度对汽车上固定组件的作用可以相对简单地计算出来，可以在计算 C_D 值时以校正系数的方式考虑进来。但是，在有流动分离的区域，正如经常在汽车周围所发现的那样，人们却给予这一方面很少的关注。不过，根据 Mercker（2013）最近发表的研究成果，梯度的影响可以近似确定（见第 13. 2. 13 节）。

就像人们从飞机空气动力学真实情况中认识到的那样，汽车风洞中常常采用传统的风洞校正方法，见 Wickern（2001）。但是据估计技术上对处于气流分离状态的飞机机翼不太感兴趣，压力梯度对流动分离的影响也不会进一步得到处理，而且因为来自“外部的约束”，假设尾流的几何形状保持不变。

通过对开式试验段中流动方向上明显的压力梯度的实验观察，Gürtler（2001）指出，汽车后方的尾流区会变形，在汽车的后分离端面的死水压力也会发生改变。开式试验段的流动特别适宜于进行这样的研究，因为在 p_0 和 u_∞ = 常数的条件下，在出流的边界上不会出现固有的压力梯度。

另一方面，凭借来自于开式试验段的认识，如果在空的封闭试验段中没有其他的明显梯度出现的话，能够确定固有梯度的作用效果。考虑到这一点，Mercker（1986）于 1986 年就已经找到了一种适用于闭式试验段的校正方法。不过，在这项研究中未曾考虑到的，是这样一个事实，即尾流区的变形本身以汽车周围压力梯度的形式表现出来。Mercker（2013）后来于 2013 年接着指出，在考虑到这一压力梯度的前提下，得到了对于不同的阻塞比 φ 来说校正值很好的一致性，见第 13. 2. 13 节。

因为各种各样的干扰效果具有不同的（正负）符号，所以（尤其是在开式试验段中）很有可能会出现这种情况：总的干扰效果为零。这一点与汽车的类型密切相关。仔细来看，风洞内围绕汽车的流动并没有正确地表达出来，这极有可能影响到详细的优化。不过，总风阻系数与一个无干扰试验段中测得的风阻系数是一致的。这种情况在不同（类型的）风洞中得到充分利用，试验段会在风洞建成之后进行“微调”。大多数情况下，这类调整是以一种收集口在试验段内的位置变化或者几何尺寸变化的方式进行的。此后便完全不会对测量结果进行校正。此时，（作为参考的）标准值是来自其他风洞，或者是道路测量的结果。这种实用的途径十分有效，不过也造成了缺陷，即并不清楚一次性完成的调校工作是否对所有的汽车类型都一直有效。

采用开槽的试验段壁面，尝试着使开式和闭式试验段的显著优点融合在一起，而不至于必须接受它们各自的不足之处。通过在风洞壁面沿纵向的开槽，实现与周围环境的压力平衡；目的是沿着出流的轴向得到恒定的压力。（风洞）壁的固定部分阻止出流与静止的环境大气的混合。这不能得到充分的实现，因为汽车的存在引起气流通过槽口流入或者流出。这造成这样的后果，即在开槽式试验段中也会产生压力梯度。

至于槽口的面积与固定壁面面积的比值，$\varphi = A_{槽}/A_{壁}$，在建成的风洞设施中选用的值约为30%。采用这一个值时，得到的试验结果与道路测量值非常相近。不过，这仅仅反映了实测结果。由 Hoffmann 等人（2001）进行的一项实验研究则得出结论，阻塞比为大比值的开槽式试验段不如开式试验段，测得的风阻太高。可以推测，槽式试验段的表现其实更像一个闭式试验段。

开式、闭式和槽式试验段的阻塞问题，可以采用经过适当调整的壁面来解决。不过，这是以高昂的结构成本为代价的。Whitfield 等人（1982）介绍了一种结构设计，而且在一个模型风洞中进行了试验。在那之后，从图 13. 10 中可见，试验段的墙壁被分成了纵向条带；条带的形状能够按照流线的变化来进行匹配。为了防止渗漏，这些可活动的条带垂直布置，由刚性条带操纵。条带的形状是以迭代的方式确定的：通过势论计算确定压力分布。该压力分布可能作用在无限延伸的流体介质中壁面所在的位置上。于是，使壁面上的条带在此期间一步一步地变形，直到在参考位置所测得的压力分布与刚刚计算出的压力分布相吻合为止。此后，即使阻塞比大到 20%也不必进行校正了。这是一项被 Hoffmann 等人（2001）以实验的方式证明的成果。

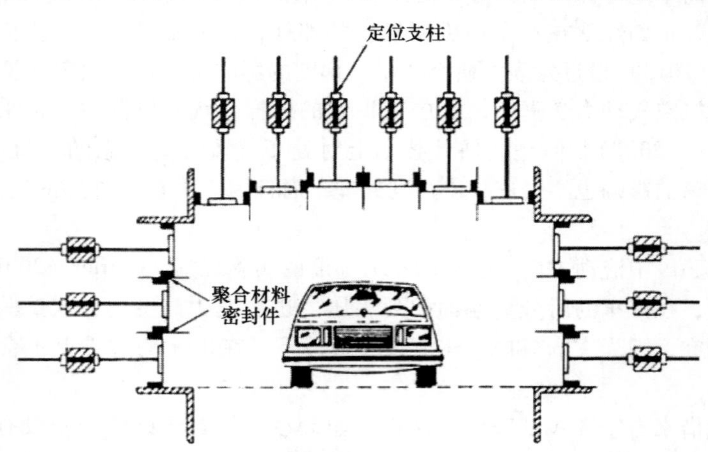

图 13. 10　以适配的方式变形的试验段壁面，根据 Whitfield 等人（1982）

在主要为汽车的系列化研发而运行的风洞中，这项技术至今也还没有得到实施，在赛车开发领域却实现了。在这一领域，同一台汽车常常是整天、甚至是整星期地待在试验段上。尽管如此，这里（试验段壁面）还是必须进行壁面的适配，如果要对比如说一级方程式汽车在一种高下压力配置条件下，或者一种具有低风阻的配置条件下进行试验的话。

13.2.4 收集口

试验段末端收集口的流体力学功能是多方面的；在对汽车的自由绕流进行模拟时，它表现为一项特有的挑战。在闭式试验段内，收集口也常常被当成“过渡装置”，是位于试验段末端和第一个扩散器之间的连通部。在这一类型的试验段中，过渡装置的影响是由上游决定的，其影响并不十分明显，而且可以通过延长试验段的方法来替代。

对于开式试验段来说情况就不同了，需要在设计收集口时引起特别的注意。正如上面已经提到的，从喷管开始，便形成了一个指向下游、在垂直于流动的方向上不断增厚的剪切层。通过与环绕的驻室内最初处于静止状态的空气的湍流混合过程，在主流的垂直方向出现一个补偿流，英语习惯称为“夹带”。夹带的结果是，开式试验段的出流流量如同在射流泵中发生的一样会随着出流行程增加。现在，收集口的任务，就是对这种流量的增加再次进行剔除，同时如前所述，维持自由射流的横向稳定性。由于风洞的地板的影响，出流在垂直方向的稳定性不起主要作用。这可以以两种方式来实现：

- 收集口的入口截面位于夹带气流之内。
- 收集口上设置所谓的呼吸孔，以便存在的富余流量会通过位于两侧的环形缝隙或者是闸口排出。

出于噪声方面的考虑，有时会彻底放弃闸口或者环形缝隙，而且这样来选择收集口断面的大小：即不仅让剩余的（来流）核心部分，而且让夹带气流都通过收集口的入口面流过。不过接下来，沿着收集口的壁面出现进入环绕着的驻室回流。另外，由于出流扩展开来引起流动的变缓，在试验段内形成了正的压力梯度。该压力梯度影响到汽车上进行的测量。

相对于喷口而言，收集口的形状和大小，与环形缝隙组合相结合，对试验段内的压力梯度有着决定性的影响。在现有的这些风洞设施中，人们能找到从收敛型（截面面积向下游减小）一直到发散型（截面面积向下游增大）的（收集口）截面形状。

如果人们观察收集口的侧墙和顶板便会发现，与收集口的开角和环形缝隙的共同作用相关，会产生墙面附着的正向或者反向的回旋流动，见图 13.11。虽然从数学的意义上来说相对的壁面

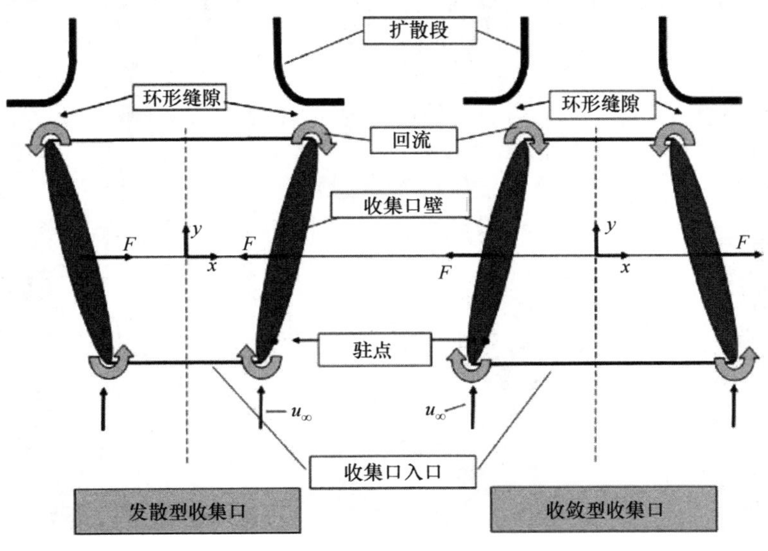

图 13.11 由回流引起的绕发散型收集口和收敛型收集口的流动

的回流具有不同的符号，但是从物理上来，发散型的收集口使流量增大，在收集口的（环形）缝隙中出现一个指向驻室的流动。由于流量增大，在收集口之前便出现一个指向下游的加速流动。于是，这一流动降低了试验段内的正压力梯度。

对收敛型收集口而言，这一相互关系正好颠倒过来。在这里，回流的方向改变，通过收集口的流量减小。驻室内的空气通过环形缝隙流入，于是鼓风机所必需的流量得到保证。因为经过收集口的流量变小，引起收集口前面的核心区域的压力上升，而沿着上游方向，该压力是以流动梯度的方式再次降低。这样，对位于试验段内的汽车来说，就产生了一个水平方向的浮力。该浮力使阻力降低。

概括起来可以肯定地讲，围绕收集口边墙和顶板的回流决定了气流以何种程度流过和绕过收集口。原则上还可以确切地说，越是提高喷管出流的稳定性，通过收集口的流量就越大。这个过程还进一步与因夹带而引起的附加流量叠加在一起。与收集口相对喷口的大小和试验段的长度相关，对于收敛型收集口，空气很可能会通过环形缝隙流入驻室。对于发散型收集口，情况则总是如此。

此时，环形缝隙的大小具有重要影响。如果将环形缝隙完全关闭，回流变为零，而通过夹带所增强的流量会相应地从收集口的周围绕行，并且增强驻室内的二次流。同样，试验段的压力梯度升高，出流的稳定性下降。

如果观察收集口周围一种理想化的无摩擦流动情形，则随着回流的增强，作用于收集口上的阻力减小，而且出现一个大小相同、垂直于流动方向的力 F。理想化的情况下，阻力为零（达朗贝尔悖论）。对于发散型收集口来说，（力 F）是指向（收集口）内部的；而对于收敛型收集口而言，该力指向（收集口）的外部。

这一策略在宝马集团新风洞建设过程中自始至终地得到执行，见图 13.12。在 Duell 等人（2010）文献中能够找到这些风洞设计的总结。在这些风洞中，收集口的墙壁和顶板按以指向内部的无拱顶机翼型剖面做成，以增加回流。剖面的最大厚度约为弦长的四分之一。一直到收集口

图 13.12　从第一扩散段观察宝马集团 AVZ 风洞中的翼型收集口，根据 Duell 等人（2010）

两相对的边墙之间或者地板与顶板之间最窄的地方，收集口的作用就像一个喷管，在试验段内产生一个静压力梯度。通过紧随其后的扩展和由此而造成的流量升高，静压梯度又会降下来，以至于在空试验段的很大长度范围内，一直到收集口的附近，静压梯度都可以忽略不计，或者保持很低的值。

不过，如果把一辆汽车放入试验段内，还是会出现第二种具有根本意义的效果。一般而言，汽车引起一个尾流（尾涡区）。理论上，这个尾流会向下游一直延伸到无穷远处。在尾涡区，流动经历着动量的损失。现在，如果尾涡区穿过进口面进入收集口，由于连续性原理并且因为壁面固定，与闭式试验段内的情形类似，尾流之外的速度更高。流动的加速导致这样的结果：在开式试验段，向上游方向产生更高的流动梯度；这一流动梯度的效果必须得到校正。13.2.13 节将介绍相应的解决办法。这种收集口效应的大小，与紧随（汽车）的尾流是否在收集口的（整个）入口端面进入有关。考虑到排挤作用，这一部分尾流比远处的尾流要强得多，因而也引起更强的收集口干涉。与此相反，远处尾流的收集口效应总是存在的。

13.2.5　驻室

开放式试验段的环绕大厅称为驻室。大厅的几何尺寸（宽度、长度、高度）与喷管的大小和自由出流的长度有关，也与收集口的几何形状有关。大厅的几何尺寸必须这样来选择，即不会有干扰性效果叠加在喷管的出流上。举例来说，如果驻室设计得太小，射流会因为柯恩达效应（Coanda - Effekt），在驻室的后段扩展开来，并且在试验段内产生一个压力梯度。这是需要加以避免的，因为汽车上所测得的风阻会直接受到它的影响。同样的道理，（即使）为了测量汽车车身和其周围的速度场，（也要）避免在试验段的上方安装横梁。

由于开式试验段自身的特点，驻室内原则上会出现二次流动。应该使该二次流动尽可能地轻微。即使是运用驻室法测量风流速度（见第 13.2.2 节），在驻室参考孔所在的位置保持边界条件不随时间发生变化是很重要的。但是，当二次流的速度太高时（又见收敛型收集口，第 13.2.4 节），这种与时间无关的边界条件就不复存在了。驻室内的二次流具体来说是如何形成的，如果不在模型风洞内或者运用 CFD 方法进行可行性研究，是很难预见的。

一般而言，实验是确定驻室几何尺寸的常见途径。对此，在可行性研究中，把汽车阻力系数的变化情况作为驻室尺寸的函数来进行观测。驻室在阻力系数不再发生变化时的几何尺寸，就确定为驻室的大小。Deutenbach（1985）也是按同样的方式来做的。不过，他所得到的结果如果不进行进一步的处理，就不能被一般化（地对待），因为收集口的几何结构—如第 13.2.4 节所示—具有决定性的影响。只有当至少是收集口的大致尺寸和位置确定下来后，这一类的研究才是有意义的。因此还应该指出，通过收集口尺寸的变化，常常不可能获得考虑到空试验段内静态压力变化的满意结果。其原因可能是驻室太小，其在空试验段上叠加了一个压力梯度，而这一压力梯度是收集口不再能够平衡的。

围绕着开式试验段的驻室大多设计为方形。这意味着，两面墙壁以及地板和顶板总是两两平行相对而立的。目前，这类空间有这样的特点，即置面会出现驻波。驻室内的空气粒子以不同的固有频率、即所谓驻波。由于驻室空间尺寸很大，（空气粒子的固有频率）位于亚声速，或者说大波长的范围内。从物理学的角度来看，人们处于近场噪声中，因此适用于流体力学的规则（压力与速度成反比关系）。

此时，壁面上的压力总是在最大值最小值之间交替地变化，而在射流的中心部位出现一个驻波节点，理论上的交变压力水平为零。但是，在射流边缘的交变压力不是为零的，射流会进入振荡状态。这种振荡状态不利于汽车上的作用力和压力的测量。

在空间中，自由振动具有六个自由度。如果忽略整数次谐波，自由度近似地限定为三个。空间模式的固有频率f_N可以按照瑞利勋爵（Lord Rayleigh[⊖]）于1896年给出的方程来计算：

$$f_N = \frac{c}{2} \cdot \left[\left(\frac{m_x}{l_x}\right)^2 + \left(\frac{m_y}{l_y}\right)^2 + \left(\frac{m_z}{l_z}\right)^2 \right]^{0.5} \tag{13.10}$$

式中，c代表声速；l_x，l_y，l_z是壁面与顶板间的距离；m_x、m_y、m_z表示驻波的阶数。从空间所有驻波的叠加，会得到三维场复杂的声场阻抗，此时，驻波本身表现为一个可谐振的系统。

按照式（13.10），大尺寸驻室内驻波的频率相对于尺寸较小的驻室来说要降低。于是，人们倾向于将驻室相应地设计得更小一些。不过与此相矛盾的情形是，上面提到的柯恩达效应会在试验段中产生压力梯度。因此必须采取其他措施，来抑制低频的交变压力。

按照上述说法，关于驻室的设计，或许还有这样一种可能性，即将驻室的墙面呈发散型对列设计。这种可能性同样也适用于顶板与试验段底板的比例关系。由于驻室的形状很简单，驻波被大幅度减小，因为和平行面一样，总的反射率会受到抑制。斯图加特汽车工程与汽车发动机研究所（FKFS）的Beland（2011）对这一课题进行了研究。当边墙的发散角度为5°～10°时，垂直于来流方向的一阶驻波强度已经得到显著降低。

在一个具有开式试验段和闭式回流的风洞中，与外界大气环境的连通一般是在驻室内借助所谓的平衡口来实现的。这种既防风又防雨的气孔在风洞的运行启动和停止运转时具有重要作用。在（开机和停机的）过程中，就会通过平衡口来吸气和排气。尤其是在快速启动时，来流中会出现很高的加速作用力，驻室内的压力升高。当流动到达一种准稳态时，驻室内重又回到大气环境条件。

现在已经很清楚了：驻室内平衡口的大小和位置对压力交替变化的幅度具有重要影响。举例来说，如果在驻室前端面上有一个具有一定横截面积的平衡口直接位于喷口的上方，则交变压力水平会显著降低。

驻室内的通气孔有什么作用，还可以用一个特殊的例子来说明。在对风洞的一项可行性研究中，见Beland（2011），驻室的顶板被移除。在剩余的其他条件相同的情况下，交变压力的均方差降到远低于1%。很显然，采用这一措施后，整个风洞设施的谐振现象明显地改变了。尽管这种类型的驻室在现实中是难以想象的，这个例子仍然说明了驻室的渗透性具有何种意义。

驻室的另一个重要方面涉及这个问题，即这个风洞是否也会用于汽车的声学研究。如果是，驻室的顶板和墙壁就必须用合适的吸声材料来裱装，以便降低背景噪声。这项措施同样也适用于收集口，而且如果需要，对后续回流通道上的扩散段也要做同样处理。但是正如前面已经提到过的，这些措施对大尺度波长的驻波没有影响。

13.2.6 扩散段

为了改善风洞内的能量平衡，在回流部分安装了线性增大的扩散段，以达到压力回收的目的，尽管据估算理想的扩散段在流动方向上截面积的增大是递进式的。但是由于建造技术方面的原因，人们还是将其限制为线性的增大方式。可以近似地从开口角为5°～7°开始，在壁面上不会出现流动分离。不过事实上，流动的分离特性与扩散段开始处壁面上的湍流边界层厚度和扩散段的长度有关。因此，扩散段内表面的良好状况具有非常重要的意义。Gersten和Pagendarm（1984）为扩散段提出了大量的设计准则。

由于连续性的原因，扩散段内的流动会沿着流动方向变慢。如果采用额外的措施（整流网、

⊖ 即约翰·威廉·斯特拉特（J. W. Strutt，1842—1919），英国物理学家；1904年，因发现氩被授予诺贝尔物理学奖。——译者注

整流器、冷却器，见下文）来使风洞管道内的流动均匀化，这些附加装置的压力损失会以通过扩散段的速度差的平方而降低。

于是，有些风洞在其稳定段内增加了旨在使流动均匀化的措施，因为此处管道段的截面积最大。如果所设计的风洞也针对声学开发项目，就不再可能通过声学的抑制措施来降低由这些附加装置（与试验对象）引起的同等强度声压。所以，附加装置，例如冷却器，就常常安装在第三和第四导流角之间，而且就将第四导流角设计成后台消声器。

为了限定闭式回流风洞管道段的长度，经常采用所谓的大开角扩散段。特别是在第四导流角和稳定室后面管道段的过渡处，就采用这种大开角扩散器。尽管流动会因为这种扩散段的大开角在壁面上发生分离，借助于一个与扩散段连接大开角，分离区的范围会受到限制，截面上的速度会部分地得到均匀化。然而，从流体力学的角度来看，整流网的装入，要求在管道段的压力损失升高的同时降低整流网后面的静压。但是因为管道段在这一部分的速度很低，（压力）损失保持在限定的范围内。当然，在管道段这一位置的大开角扩散段的目的，就是在尽可能短的结构长度内尽可能地扩大稳定室的截面面积，因为（稳定室截面面积）决定着喷管的压缩比。例如，Mehta（1977）就对大开角扩散段进行过研究。

在类型各异的风洞内，人们还能发现另外一种大开角扩散段；这种扩散段从管道段开始处一直延伸到第一个导流角。开角大到 15°也不少见。不过，如果没有采取附加措施，可能就会出现流动分离，这是此处由于高流动速度需要加以避免的。正是出于这一目的，向地板附近的边界层中吹气（切向吹风）：以这种方式给边界层注入能量，能够避免流动的分离。为此所需要的空气，一般来说就从风洞地板上喷口部分的来流中取得。在这里，通常都会有一个装置，用来减小由喷口出来的地面边界层的厚度。

13.2.7　导流角

在封闭式回流的风洞中，于 90°角的拐弯处安装了所谓的导流叶片。在（导流）叶片设计合理的情况下，流动会几乎无分离地绕导流角流过。对一个 90°的转角来说，导流叶片的间距与叶片弦长之间的比例通常应该是 0.25。对于导流叶片的形状来说，弯曲钢板的圆弧剖面是合适的，此时位于来流一侧的圆弧按照实验的结果予以缩短（导流叶片前缘的切线与来流轴线构成的角度为 4°~5°），见 Bradshaw 和 Pankhurst（1964）。不过，背向来流一侧的切线则又与管路的轴线重合。

已经证实，薄的圆弧形剖面具有与比较厚的拱形机翼剖面相同的效果。但是，如果风洞还用于声学开发目的，就必须采用更丰满的导流剖面，因为级联的剖面能够设计成（月牙板式）后台消声器，从而为降低试验段内的噪声级做出大一些的贡献。

新近一个时期的风洞，采用了在扩大风洞横截面的同时在流道拐弯处使流动转向的组合。但是为了保证流动无分离地通过导流片，还是应该进行 CFD 计算。应用这种方法，能够将管道段截面积扩大 40%。这一扩大又会使得稳定段内的大开角扩散段成为多余，参见 Duell 等人（2010），Walter 等人（2012）。这样，稳定段就从喷口的首端向下游一直延伸到第三导流角。借助流动内部的摩擦效应，还因为流动段很长，流动的不均匀性便有效地得到进一步均衡。

13.2.8　整流网

在管道段安装整流网会产生气阻力。如果按照连续性原理，在整流网前后截面上的平均速度不发生变化，但是在流过整流网时气流的总压会减小。由于高速或者低速（流动）区的阻力发生变化，于是会借助静压的局部性波动发生一种趋向于平均速度的横向均衡。如果人们把湍流看成是平均速度变化的特殊情形，整流网的湍流度也会受到整流网的影响。在此，使用具有高阻力的整流网会达到最大的效果。不过，这类整流网在筛栅内极其微小的误差，也会趋向于随位置的不同而使压力损失系数发生急剧的变化，也会因此而使得平均速度的差别很大。由于这个原因，应该避免使压力损失系数大于3，不是用一个，而是将多个压力损失系数更小的整流网按某个确定的距离前后排列在一起。可以指出，具有阻力系数ζ的n个前后排列整流网的均衡作用，比具有阻力系数为$n \cdot \zeta$的单个整流网的均衡作用更大。

$$\frac{1}{(1+\zeta)^n} < \frac{1}{1+n \cdot \zeta} \tag{13.11}$$

整流网之间的距离由整流网本身所引起的小尺度固有涡的移动长度来确定。由于摩擦作用，这种形式的涡在经过相对更短的移动之后消失。对于风洞中整流网的影响的进一步研究见于 Rae 和 Pope（1984），以及 Bradshaw 和 Pankhurst（1964）。

13.2.9 蜂窝器

和喷口一样，整流网的主要是影响涡或者气流速度的纵向部分，而安装于管道段的所谓蜂窝器，其目的则是要减小速度的横向分量和减少更大尺度的湍流旋涡。沿纵向伸展的六边形蜂窝状结构的蜂窝器，在一定程度上引导轴向的流动。可以说明，蜂窝器的长度应该大约是蜂房房孔直径的八倍。很显然，由于蜂巢式通道的尾流，蜂窝器本身也在流动中产生了涡旋。Loehrke 和 Nagib（1976）所做的研究可以说明，涡的尺寸与蜂房房孔的直径在同一数量级。在固有涡旋轻微的条件下，为了使蜂窝器获得比较好的作用效果，必须避免蜂窝器通道内的流动因为孔距过小而保持为层流状态。在蜂窝器出口处速度的不均匀性会非常明显，而且能量很高。与整流网的情况不同，此时，湍流涡旋结构的消解要经过一个更长的移动距离。但是，孔的尺寸太大也会引起持续性的涡旋的生成，因为此时涡的纵向尺寸太大。因此，必须借助管流的临界雷诺数$Re_{临界}=2300$找到这样一个孔的尺寸，即在此尺寸能够期望蜂孔内的流动条件正好还是湍态的。这样得到一个测量速度下限。在此速度以下，必须考虑到轴向的流动质量会变坏。

13.2.10 声学的防轰鸣措施

在比较老旧的汽车风洞内是不可能进行气动声学现象的研究的，原因是这些设施本身的噪声远远超过了风噪声压，从而掩盖了风噪声。即使是有可能不断地进行测量技术分析，在这种边界条件下，仍然缺少了由人做出的决定性判断。首先是声音印象的主观评价以及按照心理声学判据做出的分析，才使得对于汽车的有效声学优化成为可能。此时的目标是，一个声响不仅仅应该是在客观意义上（测量技术上经得起检验）轻微的，而且是在它被人所接收到后，不会感觉受到这一声响的侵扰。一般而言，如果在20Hz~10kHz 频段范围内风洞产生的噪声比起汽车所发出的噪声声压级至少低10dB，这一要求就得到了满足。为了做到这一点，必须就拟定的影响措施掌握各种关于声源机制的准确知识，见 Wiedemann 等（1993）。

开式试验段特别适宜于进行这样的研究，因为环绕的驻室可以使用隔声材料进行覆盖，而且来自喷口和收集口的噪声不会通过能反射声音的墙壁的反射得到进一步增强。另外，测量可以在射流的核心部位以外进行，而测量噪声仪器就布置在驻室之内。这样，声信号本身不会由于流动过程中的压力交替变化而失真，也不会在绕流通过例如传声器或者传声器支架时产生自感噪声。除此之外，在汽车上的噪声源定位也变得方便了。虽然汽车上发出的噪声在流动中移位了，在穿透剪切边界层时还被散射和折射（偏转），但是在通常的速度和几何关系条件下，一般只会考虑到与速度有关的声波偏移。

为了降低风洞内的噪声，采用了各种各样的吸声器。现在占主导地位的是薄膜式或者宽带组合式吸声器。薄膜吸声器特别适用于（100Hz 以下的）低频噪声。它的形状如同一个平整的幕墙，通常高度为 10cm，由片状的振荡器和亥姆霍兹谐振器（Helmholtz – Resonatoren）组合而成，见图 13.13a。这些薄膜吸声器由空腔排列所成，空腔的体积有 0.5 ~ 5L，由一个打有小孔或者带有切槽的金属薄膜所覆盖。在幕墙中的所有空腔上面铺有第二层可以振动的金属膜。这样，薄膜吸声器幕墙就构成了一个仅仅由一种金属材料（大多数为不锈钢或者铝）做成的封闭体。吸声器对于所期望的频率范围的调定，是通过空腔体积、金属薄膜的厚度、切槽宽度和覆盖膜与切槽薄膜之间的距离这些参数来实现的。

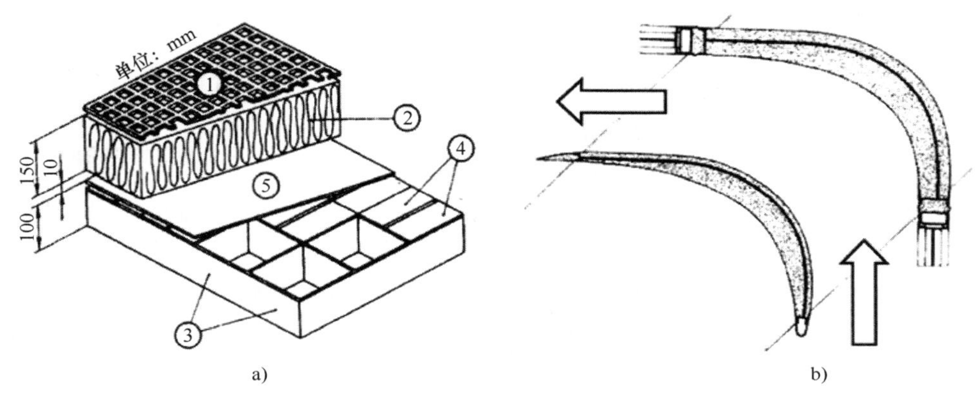

图 13.13　FKFS 风洞中的吸声元件，根据 Künstner 等人（1995）

a）宽带吸声器　b）由聚酯泡沫材料包覆的导流片

1—金属网　2—带孔隙的聚酯泡沫材料　3—带空腔的薄膜吸声材料墙体　4—带有槽形开口的谐振器盖板　5—薄膜

图 13.13a 中可见，薄膜式吸声器（下面）与带孔隙的吸声器组合在一起。这种组合可以覆盖一个宽的频带范围，其中，孔隙吸声器使中频和较高频衰减。比如，这种孔隙吸声器由聚酯泡沫材料、三聚氰胺树脂泡沫材料或者石棉制成。至少是在使用石棉材料的情况下，有必要通过带孔薄板来包封和覆盖，以防纤维溢出。

图 13.13b 表示的是由聚酯泡沫材料包覆的导流片。这种无纤维的降噪措施设计在风洞中有其优点，因为绕流中的纤维材料会有纤维颗粒脱落而溢出。这不仅会影响到声学效果，而且会影响到流动的质量。

开式试验段的缺点，就在于剪切层本身会因为湍态的混合过程而产生噪声。这一噪声可以借助上面所提到的驻室声学涂层措施来减轻。与此无关，所产生的剪切层噪声还会在坚硬的汽车外表面上反射，进而放大汽车所发出的噪声。特别是在喷口很小的风洞内，此时剪切层位于相对靠近汽车的地方，剪切层所产生的噪声会有重要影响。

另外，风洞出流的剪切层内会出现相应的涡旋结构，它会影响开式试验段的稳定性和流动的质量。这种自由出流的不稳定性表现为频率在 $f<20$Hz 范围内的压力波动，因此对 A 加权的声压级影响不大。在对频谱进行分析时，它们通常也被过滤掉了。不过，作为流动中的势的波动（由剪切层中流过的漩涡引起的射流核心部分静压随时间的变化）和噪声的变化（原因），压力的波动十分明显。对于流体力学的测量而言，压力的波动具有重要作用，而这尤其是在出现谐振现象的情况下（风洞轰鸣）。有关谐振现象，下面还会做进一步介绍。

正如在第 13.2.5 节中介绍过的，驻室内会因为风洞的运行而产生驻波。因为该驻波的波长很长，它并不能通过边墙的声学涂层来减弱。尽管涂层、边墙也还必须被看作是在声学上“坚硬的”，这样的方式不可能起作用。因此，必须采取如下继续介绍的其他措施。

尽管对这种速度和压力低频振动（也称为“轰鸣”）的激励机制还没有完全搞清楚，仍然能够肯定，沿喷口的边缘生成而又在向下游的流动中不断增长的剪切层内相应旋涡结构的原因是明确的，见图13.14。

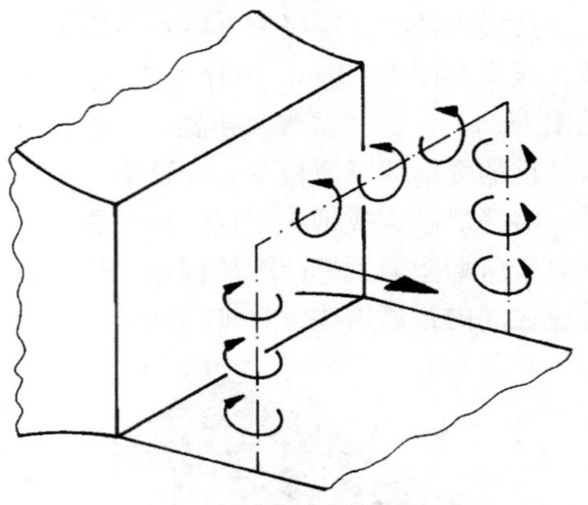

图13.14 喷口周边涡环的生成

以一种在喷管出口的周边形成的涡环（因为地板的存在，其实真正涉及的是半涡环）的形式，这种旋涡结构以大约65%～70%的射流速度，即所谓对流速率 R_{con}，向收集口的方向移动。与此同时，这种起始点位于喷口周边的小尺寸涡环，引导出前面提到的来自驻室的掺着气流，使剪切层的厚度增加。在向下游移动的过程中，形成更大尺寸的涡环。为此所需要的能量，来自自由射流的核心部位，所以剪切层也会向射流的内部发展，直到来自喷口的射流势能核心被消耗殆尽为止。

通过量纲分析可以看出，涡通过的固有频率 f_W 与射流速度 u_∞ 和喷口的水力直径 d_h 的比值成正比。（$d_h=4\cdot A_N/U_N$；U_N—喷口的周长；A_N—喷口的面积）。引入一个比例常数，即所谓的斯特劳哈尔数 Sr（Strouhal－Zahl），得到方程（13.12）为

$$f_W=\frac{Sr\cdot u_\infty}{d_h} \tag{13.12}$$

对有地板的开式试验段来说，见图13.14，具有最大涡旋强度和最高振动幅度时的斯特劳哈尔数典型中值为 $Sr=0.34$。实际上，随着与喷口距离的增加，斯特劳哈尔数会降低。

如果为了获得数学意义上全方位的自由射流边界，人们把试验段对地板进行对称处理（双试验段），就会因为更大的水力直径，基于当前完整涡环的涡感应，而得到一个增大了 $\sqrt{2}$ 倍的更高的斯特劳哈尔数中值 $Sr=0.48$。此时，并不是物理原理发生了变化，而仅仅只是基于另一种观察方式。其结果是在有关的文献中可找到两个斯特劳哈尔数，而它们仅仅只是与一个不相同的水力直径联系在一起。

如果自然的旋涡形成机制决定着驻室的驻波和回流（管道段）的固有频率，则物理学意义上斯特劳哈尔数的相应变化就正好相反。会出现谐振现象，这一现象决定了向下游流动的涡环的频率。同时，如同上面已经提到的那样，还会出现影响汽车上的作用力和压力测量的甚高交变压力。总共会出现四种不同的谐振现象：驻室谐振（见第13.2.5节），管道谐振，所谓的驻室－亥姆霍兹谐振和所谓尖劈。

风洞管道的固有频率 f_R 可以用式（13.13）做简单变换后来计算，此时只是考虑轴向的一阶驻波。对于驻波，有

$$f_R=\frac{c\pm u_R}{2}\cdot\frac{m_R}{l_R} \tag{13.13}$$

式中，c 表示声速；l_R 是风洞管道的长度；m_R 代表管道模态的阶数；速度 u_R 表示管道段的平均速度。因为管道模态是由既沿着气流流动的方向又逆着该方向传播的声波激发的，所以计算时要注意 u_R 的符号，又见 Duell 等（2010）。对于试验段内的一种速度来说，总是得到成对的激励模式。在喷管管端和收集口入口处会发生声波反射，因此在对应的波长（或者频率）出现时便形成驻波。除了驻波在收集口和喷口入口和出口端面的反射之外，具有相同频率的声波也会向驻

室传播。这就引起驻室和管道段之间的相互作用，和会影响到剪切层涡旋形成机制的谐振现象。

这一机制不可与所谓的驻室亥姆霍兹谐振相混淆。在这里，一方面驻室的体积和另一方面喷管内或者收集口内空气的体积，像一个弹簧－质量系统一样发挥作用。与试验段空气的流速没有关系，这个系统在驻室有一个特征频率。除了驻室的几何尺寸之外，该频率只是与声速有关。如同后面会说明的，这个亥姆霍兹谐振特征频率用公式（13.15）来计算。

驻室内还会出现另外一种会对涡旋形成频率有影响的谐振机制。依据英语的表达方式，这种机制称为尖劈。如果当一个平面上（例如收集口的前缘或者驻室的后墙）出现不连续的剪切涡时产生了声波，就会出现这种尖劈。在喷管周围的上游，尖劈会影响涡旋的形成频率。尖劈的频率 f_E 可以按照 Rossiter（1964）的公式来计算：

$$f_E = \left(\frac{1}{m_E} \cdot \frac{l_{TS}}{R_{con} \cdot u_\infty} + \frac{l_{TS}}{c - u_\infty}\right)^{-1} \tag{13.14}$$

式中，m_E 是驻波模态的阶数；l_{TS} 是试验段的长度；R_{con} 是涡旋向下游运动的平均对流速率（R_{con} = 0.65 ~ 0.7）；c 是声速；u_∞ 是试验段内的流速。

很显然，驻室的作用就像曾经提到的那样特别重要。所以值得检验一下，一个有别于直角长方体几何形状的驻室是否不是更合适的。据此，至少能够减少驻室驻波。

以 Duell 等人（2010）在宝马集团的空气动力学试验中心所做的测量作为例子，上述的相互关系以瀑布谱或者频率－干涉谱的形式表示，见图 13.15（见彩插）。该图显示空测量段内测得的声压级与气流速度和频率之间的函数关系。测试工作在试验段中面上转盘中心的下游 6m 处进行。

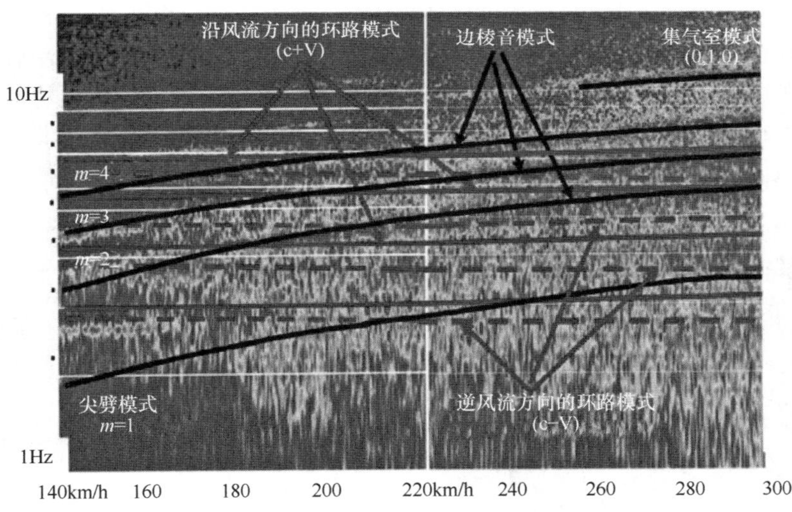

图 13.15 在宝马集团的空气动力学试验中心获得的声压频率－干涉谱，根据 Duell 等人（2010）。这里的环路模式是指风洞中的管道模式

声压级的高低以颜色红（高）、黄、绿和蓝（低）来表示。进一步地，人们还会看到作为流动速度的函数用公式（13.8）、（13.12）和（13.13）计算得出的不同的模态或者不同的频率。在那些—有可能来自驻室或者是风洞管道—尖劈和驻波相重叠的区域，测得与谐振现象有关的特别高的声压。在大多数开式试验段的风洞中都会出现这种谐振现象。最典型的情况是频率在 1 ~ 15Hz，此时的压力变化能够达到声压级 130dB（参考值为 20μPa）。此时，压力的均方差约为 60Pa。

为了降低压力的波动水平，已经开发出了各种各样的方法。在这里，可以把这些方法区分为主动方法和被动方法。

应用最为广泛的方法是属于所谓的“赛费尔特－翼”（“Seiferth－Flügel”）。在这里，利用喷管边缘既指向管内又指向管外的小造涡器来破坏连续的涡环结构，固有振动类型各不相同的风洞设施的谐振得到抑制。于是，尖劈反馈不会发生，管道段的声学驻波特性在很大程度上得到控制。其结果是交变压力下降。与流动的动压联系在一起，采用“赛费尔特－翼”时压力系数 c_p 的均方差（rms[⊖]）能够降低到0.6%以下。值得注意的是，即使是在该值如此之低的情况下，汽车上的压力测量仍然会受到负面的影响。

除了传统的“赛费尔特－翼”之外，在喷管边缘区域还有其他的一系列措施，例如见 Lacey（2002）。这些措施都瞄准一个目标，即影响涡旋结构，以避免谐振现象的出现。所有这些措施都表现出两个关键性的缺点。首先，由于溢流，出现会明显地提高试验段噪声级的一个新的噪声源。其次，这些措施引起一个沿试验段纵向的压力梯度。而这个压力梯度是属于需要优先避免的。因此，对那些会用于开展声学研究的风洞来说，这些措施都不值得推荐。

影响风洞内谐振激励的另一个可能的措施，是在风洞喷口内就对风流进行调整。FKFS开发了一种被称之为“FKFS－besst”（Beland－静音稳定装置）的相应方法（德国“风洞喷口和风洞”类专利登记号102012104684.0）。在这个稳定装置中，直接在喷口出口的前方装有凸起的导流单元，见图13.16（见彩插）（左图）。导流单元的作用主要涉及两方面的效果：一方面，是让气流流过凸起的导流单元，使之改变在喷口出口处的当地出流角度，因而打破射流剪切层的均匀性。另一方面，在流经盖板表面或者是底边上收窄的轮廓面时，会在流动方向上沿导流单元的纵缘形成稳定的纵向涡。其结果是喷管出口处相应的涡旋结构受到有效的干扰（图13.14），充分地防止了谐振的激励。与前面提到的“赛费尔特－翼”相反，采用这一方法后，由喷管内发出的噪声中额外的固有噪声部分可以忽略不计了。随着风洞中受激谐振的成功抑制，能够对试验段内甚至已经得到降低的总体噪声进行广谱的观测。更进一步地，在优化设计导流单元的条件下，空试验段内由喷管向外延伸的压力梯度——如同在采用“赛费尔特－翼”时尽管受到干

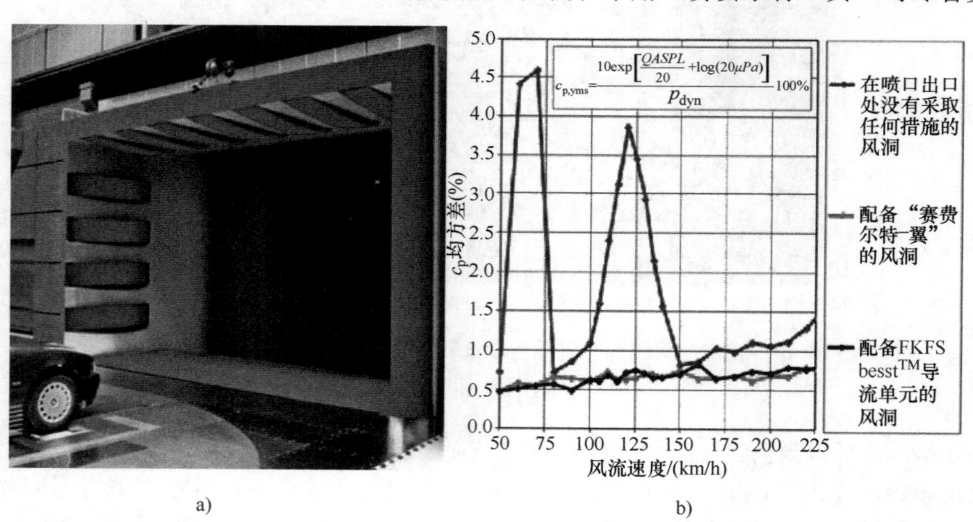

图13.16　配备了集成导流单元（FKFS－besst™，左图）的风洞喷管和在斯图加特大学的汽车风洞中测得的压力波动系数（右图）（德国“风洞喷管和风洞”类专利登记号102012104684.0）

⊖ = root mean square，即均方差。——译者注

扰也仍然会出现——得以避免。凭借非常低的设计和建造费用，这种方法能够以低廉的成本对现有的风洞进行改造。

图 13.16 中的右图显示，导流单元的效果以斯图加特大学的汽车风洞为例得到测量技术上的证明。图中列出喷口射流之外测得的压力波动有效百分比值（c_p均方差）与风速的关系，进行对比。在喷口的出口部位没有采取任何措施时，压力波动的有效百分比超过 4%。使用“FKFS - besst™”后，这个值降低约 0.65%。在喷管的周边配置“塞费尔特 - 翼”，能得到类似的低值，不过却会导致空试验段内的压力关系发生改变（未显示出来），而且产生前面已经提到的固有噪声部分明显提高的不利后果。

另外一个降低交变压力水平的被动性方法与风洞管道的驻波特性有关。和管乐器的情形类似，人们可以在一截管子上开个孔，来把一个音柱“折断”，并且将固有频率推向更高值。原则上，这样做会导致波阻抗跳跃式的变化和声波的反射。从声学的角度来看，管道段变短了，会形成更高的“音”。这样造成的缺点就是，不断有空气从开口处流出，而这些空气又从外部环境经由驻车的呼吸孔抽吸进来。为了避免这种情况，或许可以让进入驻室的气流反馈建立起来。但是，这个气流反馈（通道）必须很大，以便让再入驻室的气流维持低速度。如果声孔之外的静压位于大气环境压力的水平，则会出现波阻抗最剧烈的自然变化。

比如在转角 1 和 2 之间的区域，或者是在收集口和转角 1 之间的区域，也许可以考虑采用这样的措施。并且这一点被 Beland（2008）等人在斯图加特大学的一个 1∶20 的声学 - 汽车风洞模型中以实验方式所证实，见图 13.17。

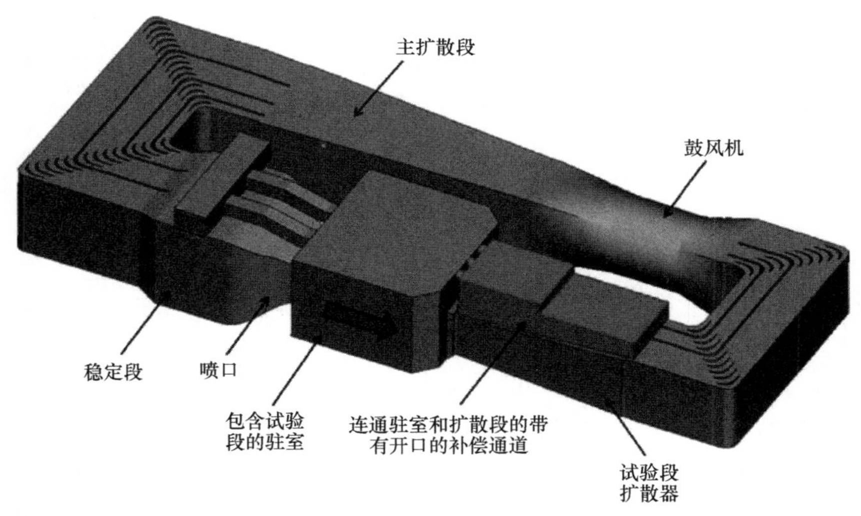

图 13.17 驻室与扩散段之间的补偿通道（Beland，2008）

人们也把这一方法应用于上海同济大学气动声学风洞的建设之中。正如 Wang 等人（2012）所指出，补偿通道（英语为“Compensation channel”）也可能与驻室不连通，当作一种会使特定的管路谐振发生衰减的亥姆霍兹谐振器（见下文）。

Bergmann 等人（2012）开辟了另一条途径。管道的截面从第一个转向角开始一直向鼓风机连续增大，以便从大断面向流量缩减约 60% 的鼓风机的自由过流截面的一种近似跳跃式的过渡，来引起阻抗的跃升。采用这种方式，管道段的驻波特性受到抑制。反射波出现，鼓风机前后管道段的固有频率值向更高但是无害的方向转移。图 13.18 示意性地表达了这一管道结构。为了实现所需要的截面收缩，不仅有必要替换现有风洞（DNW的布伦瑞克低速风洞）中从第一个转向角一直到鼓风机的管道段，而且必须减小鼓风机的直径。其结果是，这些措施提供了一个在风洞的整个速度范围内几乎没有轰鸣现象的驻室。

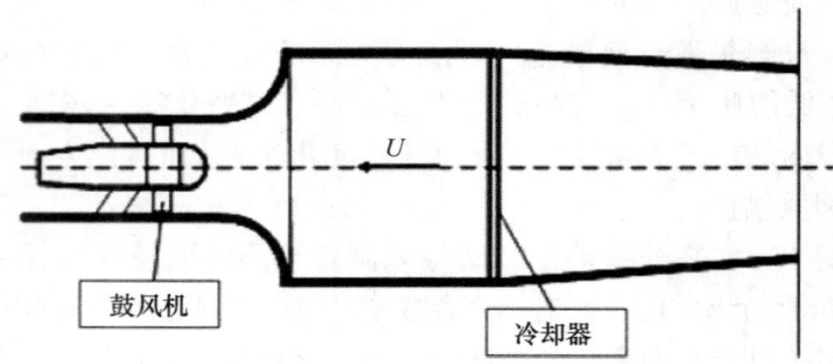

图 13.18　DNW[㊀]的 NWB[㊁]风洞的截面突变示意图，据 Bergmann 等（2012）

作为进一步的被动性措施，还可以在管道段或者驻室内连接一个到多个亥姆霍兹谐振器。亥姆霍兹谐振器由带一个孔的空腔和一个与相应的实体相连的连接件所组成。如果设计正确，它以其激励频率的反相位发生作用，能够抵消谐振的影响。由于亥姆霍兹谐振器的突出意义，人们最后发现了计算谐振器谐振频率的最重要的公式。有关这一公式的更多细节能够在 Beland（2011）的论文中找到。

$$f_{\mathrm{HR}}=\frac{c}{2\cdot\pi}\cdot\left(\frac{\pi\cdot r^{2}}{V\cdot t_{\mathrm{K}}}\right)^{0.5} \tag{13.15}$$

式中，c 为声速；$r=\sqrt{A_{\mathrm{H}}/\pi}$，是面积为 A_{H} 的孔的等效半径；V 是谐振器空腔的体积；$t_{\mathrm{K}}=(l_{\mathrm{r}}+\pi r/2)$，是谐振器喉管的等效长度；$l_{\mathrm{r}}$ 是喉管的几何长度。亥姆霍兹谐振器的作用带宽按下式计算：

$$\Delta f=f_{\mathrm{o}}-f_{\mathrm{u}}=\frac{f_{\mathrm{HR}}}{2\cdot\pi\sqrt{V\cdot\left(\frac{l_{\mathrm{r}}}{A_{\mathrm{H}}}\right)^{3}}} \tag{13.16}$$

式中，f_{o} 和 f_{u} 表示频率的上限和下限。谐振器的效率通过所谓的耦合系数 K 来表示，K 值为 0.02～0.5。耦合系数越大，谐振器的效率越高：

$$K=5\times10^{-7}\cdot f_{\mathrm{HR}}^{4}\cdot V\cdot\Delta f^{-1}\cdot F_{\mathrm{K}} \tag{13.17}$$

式中，F_{K} 是配置系数。因为待减振空间（驻室）对谐振器的效率影响很大，谐振器在空间布置的位置就具有了重要意义。当亥姆霍兹谐振器布置在驻室的某一角落时，配置系数的取值为 $F_{\mathrm{K}}=8$。位于空间的某一边缘处时 $F_{\mathrm{K}}=4$，位于墙面上时 $F_{\mathrm{K}}=2$，而自由放置（独立谐振器）时 $F_{\mathrm{K}}=1$。这里值得提出的是，如果谐振器的开口受到驻室内强二次流的影响，它的效率会下降。如果谐振器安装在驻室靠后的地方，通常就会出现这种效率下降的情况。

除了避免谐振效应的这些被动性措施之外，也开发出一些主动性的技术方法。例如在奥迪公司的风洞内就采用大量的扬声器给气流施加压力波动。这些扬声器安装在有一个朝向管道段

㊀ DNW－The German－Dutch Wind Tunnels，由德国航空航天中心 DLR 和荷兰航空航天中心 NLR 按照荷兰法规共同组建的非营利基金会，总部位于荷兰的马克内瑟（Marknesse）。该组织的风洞分别位于荷兰和德国的许多地方：马克内瑟、阿姆斯特丹、布伦瑞克、哥廷根和科隆。——译者注

㊁ NWB－DNW 位于德国布伦瑞克的闭环式低速风洞，技术尖端，能够进行气动声学（经过 2009—2010 年改造后）和空气动力学试验。——译者注

的开口，而且位于第一个转角之后的空间内。扬声器给气流施加的压力波动具有与待抑制的风洞模式相同的频率，而其相位则与后者的相位相反，见 Wickern 等（2000）。

此时，采用驻室内交变压力的时间信号作为基准，而且对信号进行 180°的相位调制。接着，采用一台功率放大器将信号放大到必要的高水平。通过这种方式，驻室内的声压级，例如在频率为 2.5Hz 和射流风速为 100km/h 的条件下，能够从开始时的 121dB 降至 97dB。图 13.19a 示例性地通过来流速度表达了轰鸣噪声对风阻系数的影响，以及通过主动性的吸振降噪措施对这种影响的抑制效果。图 13.19b 表示的是汽车乘员舱内声压级与噪声频率之间的函数关系；该图和图 13.19a一样，主动降噪措施一次是打开的，一次是关闭的。

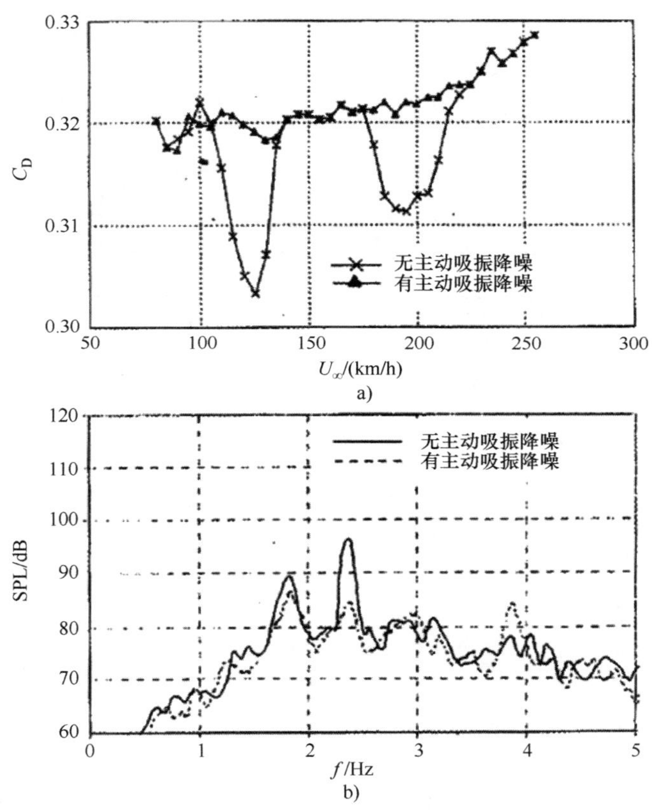

图 13.19　低频压力波动（a）对风阻系数的影响$C_D=f(u_\infty)$和（b）对乘用车乘员舱内噪声级（SPL）的影响 SPL $=f(f)$，据 Wickern 等（2000）

FKFS 还在斯图加特大学的风洞中对另外一种避免谐振效应的方法进行了试验。风洞内，在喷管出口的侧缘上成束地安装了一些又细又长的音箱。具有与谐振不同频率的初始边界层的发声，在很大程度上抑制住了相关涡旋结构的形成，从而降低了驻室内的噪声强度。采用这种方式，在风速为 200km/h 条件下的声压级从最初的 133dB 降至 112dB，这与在一个模型风洞试验时测得的结果一致，见 Heesen 和 Höpfer（2004）。

风洞用鼓风机的声学问题

和其他的风洞内组成部分，如稳定室、导向角和驻室一样，鼓风机作为一个主要噪声源，在气动声学风洞的设计过程中具有十分重要的意义。降低鼓风机噪声的“传统”措施，首先与供风来流以及导流叶片中绕流的质量相联系。在一些风洞项目中（Schulten，1975；Schneider 等，1998），还额外地给予降低因旋转而引起的噪声以足够的重视。

如果某个风洞必须非常充分地满足声学要求，那么相对于普通风洞来说，鼓风机就必须作为在整个气流循环中最强劲的单一噪声源来看待。居于最优先考虑地位的，不是鼓风机的运行效率，而是它所发射出的噪声能量谱的优化。其目标在于，以尽可能低的成本运用于试验段中降噪措施，来实现足够低的声压级。

换句话说，起初根本就没有产生噪声，也就不必采取（昂贵的）降噪措施来消减。在这里，哪一个噪声级可以看作是足够低的，取决于自由射流的声学质量和未来汽车的品质（要求）。能够作为参考的取值是，通过降噪措施得以抑制的试验段上的鼓风机噪声，不应该高于与自由射流混合在一起的噪声，例如边缘噪声、涡旋混合噪声和收集口噪声，以便在某个可以听到的和可以测得的较低总噪声级上，对后续可能就自由射流进行优化的效果产生影响。Heesen 和 Reiser（1989）曾经就对轴流式鼓风机的噪声进行了非常详细的研究和分类，见图 13.20 和图 13.21。

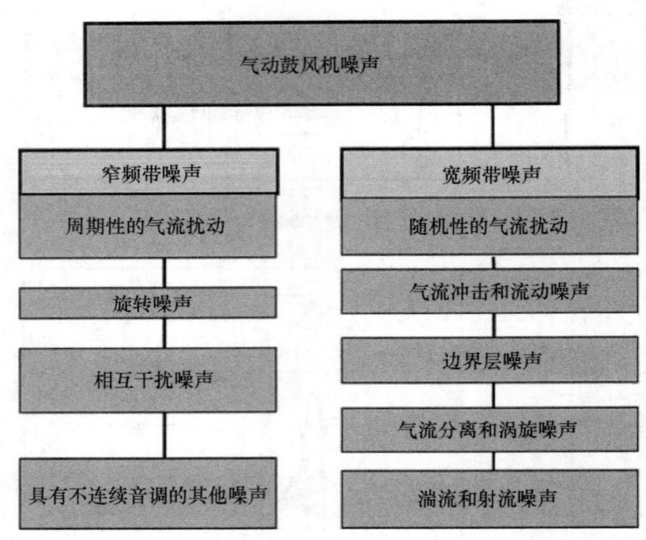

图 13.20　轴流式鼓风机的气动噪声一览，据 Heesen 和 Reiser（1989）

低频的气流冲击和流动噪声（2）首先是由来流的扰动所引起的，当（鼓风机）转子的圆周速度为100m/s 左右时会使声压级提高 6 ~ 8dB（Heesen 和 Reiser，1989）。在这里，气流通道上所有支座和撑杆在空气动力学意义上的适当结构的作用十分明显。

大多数情况下，边界层噪声（3）的意义并不明显，而分离噪声以及涡旋噪声主要出现在没有导向叶轮的轴流式鼓风机上。具有很小的损失系数的导流片，按照空气动力学设计的合适的叶片末端以及叶片和机壳之间小的间隙，都有助于降低分离噪声和涡旋噪声。在 Heesen 和 Reiser（1989）所引用的研究成果中已经证明，相对间隙的高度约为直径的 0.001 倍时便是足够小了。

下面将着重说明旋转噪声（1），因为与图 13.21 中所讨论的其他噪声的影响相反，这种噪声是鼓风机的制造商们有时并没有充分考虑的问题。其原因可能就在于，出于成本方面的考量，制造商更乐意向顾客提供具有相同数量的工作叶片和导流叶片的标准化鼓风机。然而，正如下文将会指出的那样，声学上理想的叶片数量和叶片形状与一系列的运行参数有关，而这些参数在许许多多的风洞之间绝对是有明显区别的。

旋转噪声是由鼓风机上旋转着的叶片与静止的叶片之间的相互作用所致，又因为这类噪声

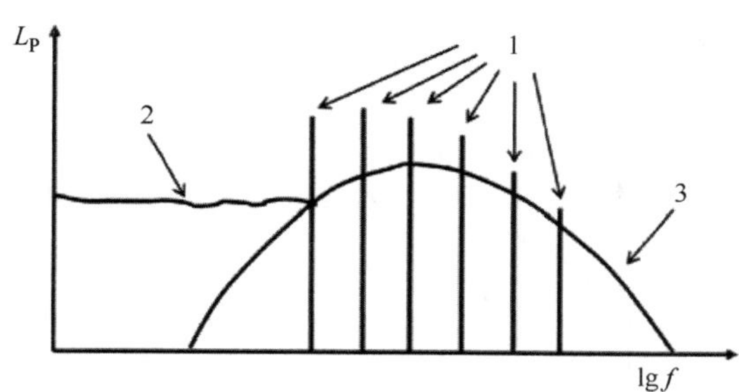

图 13.21　轴流式鼓风机噪声频谱示意图，据 Heesen 和 Reiser（1989）

1—旋转和相互干扰噪声（见第 13.3 节）　2—低频气流冲击和流动噪声　3—边界层噪声和分离或者涡旋噪声

独特的音质而非常易于听到，于是形成干扰。虽然不能通过设计方面的措施来阻止旋转噪声的形成，但是能够有效地阻碍这种噪声的传播。旋转噪声仅仅来自转子/动叶片。旋转叶片引起的旋转力场在静止空间引起周期性的压力波动。该压力波动的频率为

$$f_{BPF} = m_{LR} \cdot \Omega_{LB} \cdot n_{LS} \tag{13.18}$$

式中，f_{BPF}是叶片的通过频率；$m_{LR}=1$、2、3 是谐波模态的阶数；Ω_{LB}是动叶的转动频率；n_{LS}是转子数。干扰噪声是由转子和定子的相互作用引起的，或者说，在多级式的鼓风机上，是缘于级间的相互作用。由这种相互作用导致的压力场，在具备导流装置的前提下，不再必须以工作叶轮的频率、而是以频率

$$\Omega_{Int} = \frac{n_{LS}}{m_u} \cdot \Omega_{LB} \tag{13.19}$$

转动。

切向模数m_u表示旋转压力场的切向波长数。$m_u=0$（基本模数）代表平面波的情形，亦即在整个转子圆周上都作用着同一压力。对于没有导流装置的鼓风机来说，$m_u=n_{LS}$，所以压力场恰好按照工作叶轮的转速旋转。相反，假设有一个叶片数为n_S的导流叶轮，于是会激发如下的切向模数：

$$m_u = |m_{LR} \cdot n_{LS} - k \cdot n_S|, \text{其中 } k=[-\infty;+\infty] \tag{13.20}$$

假如$n_{LS}=n_S$或者n_{LS}是n_S的整数倍，就会特别地激发出高能级的基本模数$m_u=0$。这便意味着具有旋转频率和更高次谐波频率的高音部分（的出现）。

与基本模数相反，并非所有按照上述方法计算出来的鼓风机可能模数实际上都具有扩散开来的能力。某个模数m_u（时的谐波）是否能够扩散开来，或者是否随轴向的有效长度指数式衰减，与旋转压力场的马赫数有关，是能够确定的。所以，鼓风机优化的目的在于，尽可能地激发出那些本来不能向外传播的更高模数（的谐波）。相应的计算理论参见 Tyler 和 Sofrin（1962）。

图 13.22 以声学设计转速 350r/min 和叶片组合$n_{LS}/n_S=20/27$ 为例，表示另外的径向模数对旋转噪声扩散能力的影响。图 13.22 可以理解为：在直线m_{rad}=常数以下的所有模数，（对应的各阶次谐波）都不具有扩散能力（阻断）。如果以m_{rad}表示的额外径向模数存在，则对于更高次谐波频率的旋转噪声，这一阻断条件也仍然满足。

从图 13.22 中可以看出，在$m_{LR}=1$ 的基频情形，模式$m_u=7$（以符号 x 表示）被激发［参见方程（13.20）］，而该模式仍然位于阻断区域（$m_{rad}=0$）内。在第一旋转泛音的情形（$m_{LR}=2$），模式$m_u=13$ 被激发。这一模数同样位于阻断区域内。当$m_{LR}=3$ 时，位于阻断区域之外的模式$m_u=6$ 被激发。只有当通过额外生成的更高的径向模数使得阻断域放大，大约接近曲线$m_{rad}=2$

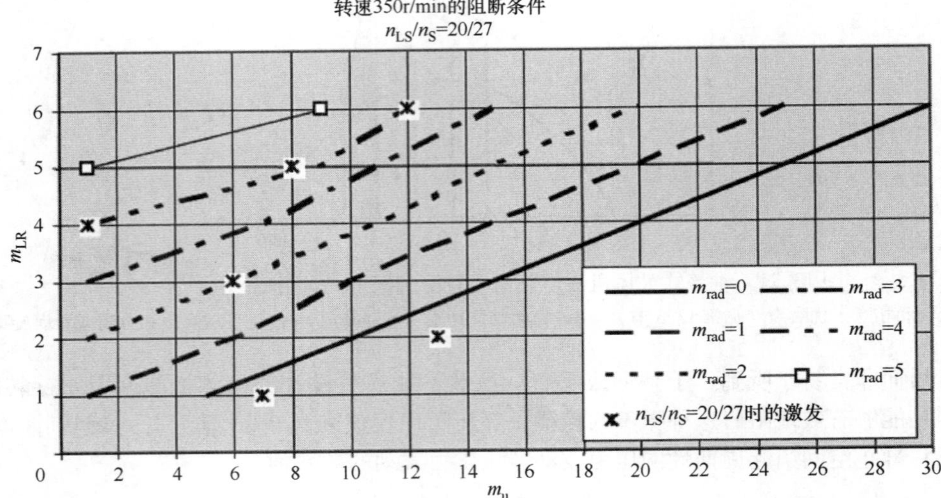

图 13.22 轴流式鼓风机$d_a = 5000$mm，$d_i = 2500$mm，（当转速 350r/min）$n_{LS}/n_S = 20/27$ 时与轴向模数和径向模数m_{rad}相关的阻断条件，据 Schneider 等（1998）

时，模数$m_u = 6$（所对应的谐波）的扩散能力才会被阻断。在这里，参数 m_{rad}[㊀]表示叶片间通道内的径向波长数。类似于切向模数 m_u，m_{rad}也表示径向模数。出现的径向模数愈高，由 m_{LR}所表征的位于阻断区域内的（谐波）频率愈高。在图示的情况下，所计算的径向模数达到$m_{rad} = 5$，因此能够对达到$m_{LR} = 6$ 的谐波进行确定。物理学上而言，例如通过轮毂与叶片尖端之间的相位移动，能够实现多种径向模数，而这些径向模数在结构上又要求导流叶片倾斜、转子后缘和定子前缘后掠，或者转子叶片一定程度的径向扭转。在 Wiedemann（1999）中能够找到进一步的总结性说明。

13.2.11 地板模拟

在风洞内进行汽车空气动力学研发最重要的前提条件，首先在于试验装置的准备。试验装置尽可能真实地满足流体力学和运动学的边界条件，正如道路上所普遍呈现的那样。这究竟要在多大的程度上得到体现，是数十年来争论不休的焦点。目前由于大量的汽车投入风洞试验，尤其是考虑到汽车的离地间隙和汽车前车部分的空气动力学优化潜力，已经建立了如下共识：

- 来流在地板上的边界层应该尽可能地重现道路上的气流边界层。
- 应该模拟汽车与道路之间的相对运动。
- 车轮应该旋转。

与此相适应，欧洲所有比较新的风洞都配备了或多或少地满足上述条件的技术性装置。除此之外，一些比较老旧的风洞目前也在添加这一类的设备。这样做，通常是与试验段内大规模的改造措施以及在改造期间风洞长时间处于停机状态联系在一起的。

如果首先假设汽车于静止的空气环境中在道路上行驶，那么对处于理想情况下的风洞来说，在直到风洞地板的出流横截面上会出现一个矩形的速度剖面。当风洞的地板是静止的，特别地由于地板上流动的壁面黏滞性，这一条件不会得到满足。从喷管出口开始出现一个边界层；在典

㊀ 此处开始的这段原文中，参数符号有多处错误。其中 m_{rad}误写为 u，m_u 误写为 m，而 m_{LR}则误写为 n。——译者注

型的 1∶1 风洞中，边界层的厚度 δ_{99} 为 40 ~ 150mm（δ_{99} = 地板以上的高度，此处的气流速度将达到来流速度的 99%）。边界层的厚度与到汽车的距离有关。由于与气流核心区湍流的横向交换，边界层的厚度向下游方向增大。同时，汽车也因为它对气流的挤压作用而使得地板上的边界层发生变化。现在，如果汽车的部件突出于边界层中，汽车经受流动的动量损失。这一损失以风阻系数减小的方式而引起人们的关注。

原则上而言，总是必须对整个构造系统，亦即汽车加上试验段地板等细节的结构形状的绕流进行考察。由此得出究竟有多大的气流流量从汽车的上方、下方和车体两侧流过。举例来说，如果来自喷管的边界层通过汽车底板处的流动分离改变了车尾的绕流，那么围绕汽车的环流也会发生根本性的变化，汽车前端驻点的位置也会移动。随着汽车来流入射角的变化，也会出现同样的情况。尤其是必须考虑到行驶阻力和升力发生的相应变化。

更进一步地，同样是在汽车的前沿，通过地板边界层还能够改变车轮的来流入射角。对此，Wiedemann（1996）进行了广泛的研究，并且得出结论，不仅汽车上空气动力学措施的绝对值会随边界层的厚度发生变化，而且能够获得汽车结构上各种各样的可能变化。

因此，汽车风洞中适当的地板模拟—如同过去错误地估计到的那样—不仅对于地面间隔较小、几乎“处于地板边界层中”的汽车具有重要意义，而且由于此前所描述过的环流问题，原则上也对所有自身的绕流和压力分布可能被彻底弄错的其他类型汽车具有重要作用。

目前存在多种多样的技术可能性，来削弱来流的地板边界层。在过去的一些年里，已经开发出了三种不同型式的系统。这些系统也常常被组合起来使用：

- 边界层剥离（英语也称为“scoop”）。
- 边界层抽吸。
- 切向吹风。

就边界层剥离系统而言，是在来流的地板边界层高度上将气流从试验段上引开，然后在试验段的末端或者更下游处使之再次引入。为了补偿由此而造成的流动损失，在气流的入口和出口之间设置一个鼓风机。如果边界层剥离系统是安装于喷管的整个宽度方向上的，得到的总风量很大。剥离系统本身与后续的试验段地板是一个整体。这样，在喷管的底部和试验段地面之间有一个台阶，同时，总是会在剥离系统的入流上缘处形成一个新的边界层。在气流结构不利的情况下，比如如果由于汽车的压力阻滞作用使得在入流上缘处出现流动分离，边界层又会马上增厚，剥离系统的作用就会大打折扣。

就边界层抽吸系统而言，仅仅只是在整个宽度上抽出一定的风量。该风量由抽吸前边界层的阻滞厚度 δ_{1v}（由测量结果计算）和来流流速 u_∞ 确定。这是通过平面上带孔的平板或者一条缝隙来实现的。它们总是连接在一起与地板连通的。同时，缝隙的入口有利于气流流动。

带孔平板上有多列小孔。它们交错排列，以便保证有效的抽吸作用。流动方向上板孔的深度为 s，则抽吸速度就决定了所谓的抽吸参数：

$$c_Q = \frac{v_S \cdot s}{u_\infty \cdot \delta_{1v}} \tag{13.21}$$

在图 13.23 中，这一关系再次以图形化的形式表示。

多位作者（Arnold，1965；Wickern 等，2003）对抽吸参数 c_Q 进行了理论和试验研究。对于关系式 $\delta_{1h}/\delta_{1v} = f(c_Q)$，近似地得到一个 6 次多项式

$$\frac{\delta_{1h}}{\delta_{1v}} = K_0 + K_1 \cdot c_Q^6 + \cdots + K_6 \cdot c_Q \tag{13.22}$$

式中，δ_{1h} 表示抽吸之后的阻滞厚度，所以能够计算。一直到 $c_Q \approx 15$，系数为 $K_1 = 1.5 \times 10^{-7}$，$K_2 =$

-1.08×10^{-5}，$K_3=3.54\times10^{-4}$，$K_4=-5.63\times10^{-3}$，$K_5=4.88\times10^{-2}$以及$K_6=-2.71\times10^{-1}$。常数$K_0=0.989$。利用方程（13.21）和（13.22）能够计算出抽吸之后的阻滞厚度δ_{1h}。

此外，对于采用孔板的抽吸系统的设计来说，平板的厚度、小孔的数量和直径、孔板的多孔性都具有重要意义。这些参数决定了压力的损失，从而也决定了与之相联系的用于孔板的抽吸泵的功率。它们必须予以认真的考虑。用于确定压力损失的孔板阻力系数ζ_{LB}的计算方法，一般可以参考 Brauer（1971）的标准手册。

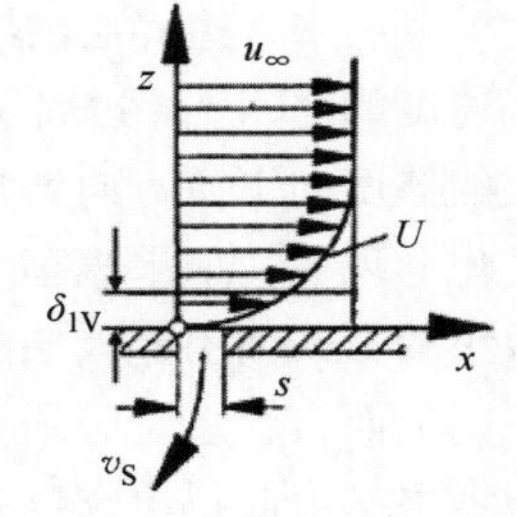

图 13.23　湍流边界层抽吸系统示意图，根据 Hucho（1998）

在抽吸系统设计中还需要注意的是，由于抽吸作用，风洞气流中会出现一个（指向路面）的负的流动夹角。该夹角在接近地板处具有最大值，向上逐渐减小。Mercker 和 Wiedemann（1990）在理论研究的基础上对不同抽吸速度条件下的这一夹角进行了计算，确定了在垂直方向上，以及抽吸系统之后该夹角衰减的规律。

接下来，通过沿着孔板的抽吸，风洞内的流动物质不断地被抽走。随之而来的，是在直至孔板上方一定的高度上，风洞内的流动速度会减慢。结果，孔板的上方出现压力升高；顺着此后不透风的地板，压力又会下降。总的来说，则在试验段内产生了一个一直到汽车为止都十分明显的压力梯度。

来流角度和压力梯度这两个参数都会受到抽吸速度的影响，因此保持抽吸速度尽可能地小且正如所需要的那样大，才是合情合理的。另一方面人们必须注意到，由于汽车的阻滞作用，也会产生一个向上游的正压力梯度。如果抽吸系统—举例来说—位于车轮附近，这个正压力梯度会使得更多的气流通过孔板被抽走。抽吸流量会显著地上升，负的来流夹角变得更大，这一点却是以前并不清楚的。因此，总是寻求最小的边界层厚度，在某些情况下并不是值得的。

切向吹风系统是试图补偿边界层的动能损失。此时，来自环境的空气通过一个风泵顺地板切向吹入试验段。缝隙的宽度通常只有几毫米。采用适当形状的缝隙，能够确保来流紧贴地板，而且不会出现分离。借助流动的紊态横向交换，于是在吹风缝隙的下方发生一种对于边界层动能损失的缓慢补偿。但是由于壁面的黏滞性，在缝隙后方的地板上又会形成一个新的边界层。这个边界层将气流向上挤压，形成一个正的入射角。之后通过这个缝隙的出流，地板附近流场的总压升高。与抽吸时的情形类似，切向吹风系统的下游出现一种升力效应（等于水平升力）。

为了也能够模拟汽车与道路之间的相对运动，使用一种所谓的传动带。这种由轧制成形的钢板或者由纤维增强的塑料做成的传动带，在风洞地板以上、由组合成一体的电驱动滚柱系统来带动。为了减轻传动带与固定地板之间的摩擦所带来的影响，在传动带的下方吹入空气，紧接着又将空气抽出。将空气抽出，是为了避免传动带在运行期间上升而脱离支承结构。至于试验段内传动带的自由长度，至今还没有一个统一的尺寸。原则上却可以认为，如果传动带前端和后端到汽车的几何运行长度分别达到0.5m和1m，就将获得一个好的模拟质量了。一个 FAT[⊖]项目对此给出了相应的证明，见 Estrada 等（2004，2007）和 Estrada（2011）。

就提到的这个 FAT 项目的研究工作来说，为了模拟不同的地板，分别在两个具有开式试验段的风洞（FKFS 风洞和一个替换风洞）和在道路上，对一辆汽车纵向中间截面上的压力分布进行了测量。图 13.24（见彩插）中，以来自风洞测量和道路测量的压力分布之差（风洞测量值 - 道路测量值）的形式给出了测量结果。此外，还表示出例如在风洞中出现的各种不同射流形式的影响。在汽车的前部，射流的干扰效果是由两个风洞中的喷管和对地板边界层的不同预处理

⊖ 即（德国）汽车技术研究协会（Forschungsvereinigung Automobiltechnik）。

方式引起的。在汽车的中部，干扰效果表现为射流被汽车所展开。此处特别明显的，是两个风洞中完全不同的阻塞比各具有何种效果。替换风洞中的阻塞比要高 2 倍。最后，在汽车后方的远处表现出由收集口带来的干扰效果（Estrada，2011）。很有意思的是，无论测量是在有传动带和没有传动带的条件下进行，两个风洞的压力分布总是在汽车后方具有最大差别。此外还值得注意的是，无论前抽吸开动还是关机，在 FKFS 的汽车风洞中测得的压力分布差异是可以忽略不计的。

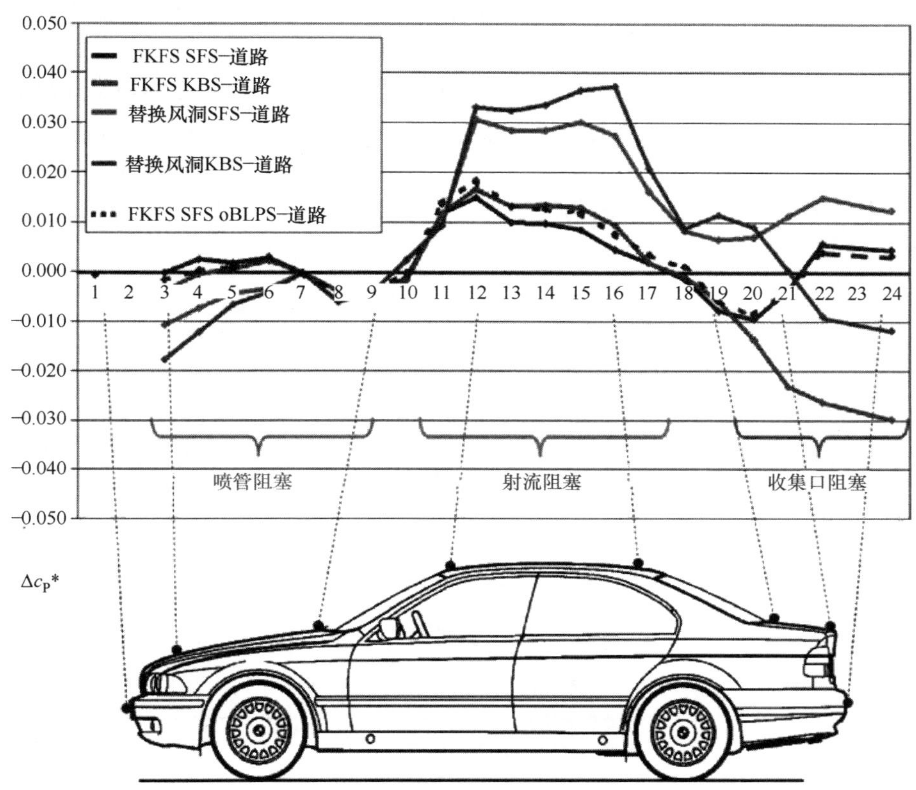

图 13.24 在不同地板的模拟和两个不同风洞中，风洞测量和道路测量所获得的压力分布差异。SFS—道路行驶模拟（五带系统加抽吸），KBS—传统的地板模拟（地板固定，没有抽吸），SFS oBLPS—道路行驶模拟，没有前抽吸。见 Estrada（2011）

为了搞清楚运动和静止地板之间的流体力学差异，必须在汽车和地板之间的整个宽度范围内对静态、水平和层流性流动的流量进行研究。对于固定地板来说，按照拉维 - 斯托克斯方程的积分得到所谓泊肃叶流的精确解为：

$$\dot{V} = \frac{h^3}{12\mu} \cdot \left(-\frac{\mathrm{d}p}{\mathrm{d}x} \right) \tag{13.23}$$

式中，h 是地板与汽车之间的距离；μ 是流体的动力黏度；$\mathrm{d}p/\mathrm{d}x$ 是入流面和出流面之间的压力梯度。对于运动地板来说，得到所谓库埃特流的精确解为

$$\dot{V} = u_\infty \cdot \frac{h}{2} + \frac{h^3}{12\mu} \cdot \left(-\frac{\mathrm{d}p}{\mathrm{d}x} \right) \tag{13.24}$$

正如在方程（13.22）和式（13.23）中能够看到的那样，对于压力梯度为负的情形，地板下方区域库埃特流的流量将升高。相反，当压力梯度 $\mathrm{d}p/\mathrm{d}x$ 为正值时，方程（13.23）给出的两项具有不同的符号，因此，库埃特流流量的绝对值将相对于泊肃叶流的流量减小。对于确定的离

地间隙 h，而且其他条件相同的情况下，库埃特流流量的绝对值是来流流速 u_∞ 和压力梯度的函数，而泊肃叶流只是压力梯度的函数。这种现象在汽车上以风阻和升力不断变化的形式出现，尤其引人注目。

对此，Mercker 等人（1991）在 DNW 的大型低速风洞（LLF㊀）中进行了测量。在这里，用一个内置天平对一辆用后向支臂固定的汽车的 C_D 值进行了测定；一方面在地板运动而且车轮旋转的情况下，另一方面在地板和车轮固定不动的情况下，确定 C_D 值是如何变化的，见图 13.25。例如，在设计基准点，两种不同的试验条件下测得的阻力系数之差为 15 个阻力点（$\Delta C_D = 0.015$）。还需要指出的是，在对应于图 13.25 的这一试验系统中，通过传动带对旋转车轮的驱动不会产生附加的动力（在设定转速条件下的自重测量）。尽管如此，当地板运动而且车轮也旋转时，测得的阻力系数还是会低一些。这是由车身上的压力分布发生改变所引起的。这一改变了的压力分布产生的结果就是，由于车轮的旋转，在汽车的行驶方向产生了一个附加的动能（旋转车轮的副作用），该动能降低了阻力。

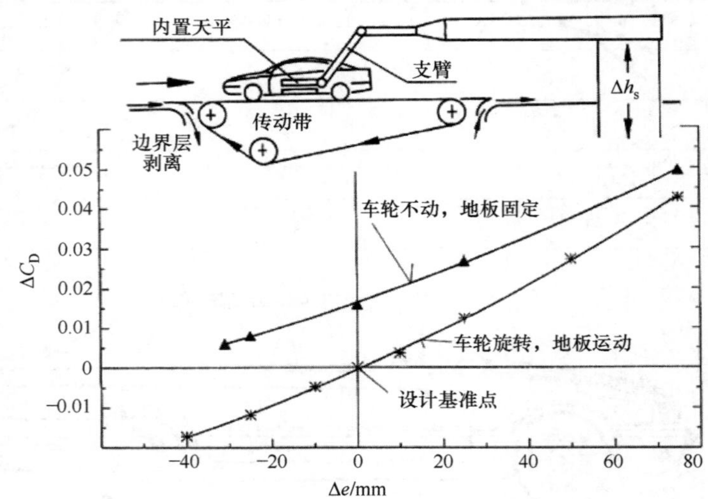

图 13.25　在静止地板和运动地板条件下离地间隙对阻力的影响（地板运动时，车轮旋转）；Δe 表示离地间隙的变化，据 Mercker 等（1991）

传动带的宽度，决定了如何在风载作用下使试验段上的汽车固定的方法。当传动带的宽度超过了汽车的宽度时，已经开发出各种各样的技术来使汽车固定：

• 汽车的整个重量都落在传动带上。车轮由传动带来带动。在风洞地板上，对应于轮胎的压痕面安装了可调节空气轴承，以避免传动带与固定支撑结构之间的接触。汽车通过两边的固定索或者车轮轮毂或底盘上的拉杆固定。风阻力和侧向作用力通过支承座由双分量天平来测量。浮力由传动带传递，采用安装于车轮压痕面的空气轴承上的垂直单分量天平—所谓全带测量技术—来测量（该项技术至今只在钢传动带上得到应用）。每次测量之前，都必须对车轮的滚动阻力进行标定，并且从总的阻力结果中剔除。但是正如后面会说到的，这种标定和剔除还只能做得非常粗略，因为车轮旋转时产生的滚动阻力和排风阻力总是交织在一起，并且在比较高的风速条件下表现为非线性。除此之外，正如 Mayer（2006）已经指出，滚动阻力还会明显地受到温度的影响。这一影响会使得，在环境温度（20℃）和试验温度（60℃）之间，轮胎的滚动阻力降低 40%。试验模型的支承结构还会产生额外的干扰力。

㊀ LLF—Large Low - Speed Facility，位于荷兰马克内瑟的大型低速风洞，隶属于 DNW。——译者注

• 汽车通过试验段内的一个支臂固定。汽车的位置能够利用试验段之外的一台六轴模型操纵装置（Hexapod）来调整。气动作用力用一个内置的六分量天平进行测量。车轮通过外部的轮架与车体隔开，由传动带来带动。轮架上装有双分量天平，测量车轮的阻力和升力。也可以让车轮自由地悬挂在汽车上。于是，传动带便只是承载自身的重量，或者承载车轮的配重。在这种情况下，由汽车的重量引起的轮胎变形都被忽略不计；如果没有额外的测量装置，车轮上的升力是无法测量的。

• 汽车的整个重量都落在传动带上，汽车由拉索或者拉杆固定。包括支架在内的传动带都位于外置天平（Talingz®）的称重部分内。由运动和静止构件之间的气动动能交换而引起、在传动带和支架上出现的干扰力，例如在运动的传动带上的空气摩擦力，必须在换车时于每次测量前重新标定。不过，车轮的滚动阻力，再加上排风阻力，只是以内部力的形式出现，不会一起测量。正如前面已经提到的，升力则采用全带测量技术在轮胎压痕面的空气轴承上进行测定。

可以想见，在这一类的测量方法中最大的挑战，即在于以期望的精度来确定所出现的如此之多的干扰力。为了避免一些不准确性，而且为了使得换车工作能够快速进行，人们还开发出一种所谓的五带系统，见 Potthoff 等（2004）。以降低模拟精度为代价，传动带仅仅只是设置于车轮之间。Mercker 等人（1994）对各种不同宽度的传动带对模拟精度的影响进行了研究。

汽车本身立于四个小型的车轮驱动装置（RAE）之上。这些驱动装置都只是些短且窄的传动带（所谓微型传动带），而且原则上采用了与中型传动带相同的技术。与中型传动带的不同之处，是它们的车轮驱动装置位于一个外置地板秤的称重部内。汽车在气流中的位置由所谓的门栏形支架来保持。这是一些支撑杆，它们使得汽车无任何触碰地通过风洞的地板与外置天平相连。如果车轮是不动的，气动作用力一部分通过车轮驱动装置、一部分通过门栏形支架传递给外置六分量天平。如果车轮旋转，车轮的滚动阻力和由于车轮的过流和绕流（排风阻力）而产生的转动力矩，作为内力，由车轮驱动装置中的驱动电动机提供的转矩来平衡。它们不会对总的结果产生影响。只有车身底盘上作为过流结果的次生作用力（例如在车轮罩内）才会进行测量。

然而，恰恰是搞清楚车轮上的气动排风阻力常常具有重要意义，因为汽车制造商拥有数量极其庞大、类型各异的轮毂造型，从而肯定地对这一点感兴趣，即在制动系统冷却所要求的某个气流流量条件下，哪一种轮毂会产生最佳的阻力。

以五带系统作为例子，说明此时如何进行（气动排风阻力）的确定。滚动阻力 F_R 是流向力 F_N 和滚动阻力系数 μ_R 的函数

$$F_R = \mu_R \cdot F_N \tag{13.25}$$

滚动阻力系数 μ_R 与材料的性质和轮胎的形状和剖面曲线、轮胎内的气压和轮胎的温度，以及传动带的温度和传动带的表面状态有关。在标准设定的条件下，现在的夏季用普通轮胎的滚动阻力系数 μ_R 低于 0.01。冬季轮胎的滚动阻力系数在 0.015 以内。直到车速为 120km/h，滚动阻力系数 μ_R 近似保持恒定。车速进一步提高，由于轮胎橡胶的非线性特性，滚动阻力系数急剧上升。正如前面已经提到过的，轮胎的温度和轮胎滚动面的温度也对滚动阻力系数具有重要的影响。

由于滚动阻力和气动排风阻力同时出现，所以这两个力必须予以分离。人们或许能够感觉到，如果是涉及确定一个车轮的排风阻力的绝对值时，存在某种复杂的相互关联。就好比 Mayer（2006）通过费用不菲的道路测量所表明的那样，搞清楚这种关联并且把这两个力分开，这在原则上是可能的，但是在风洞中，这好像只是在有限的程度上可能。Mayer 用他的试验能够说明，轮胎加上其轮毂的排风阻力相对于一种参考车轮（相同的轮胎，不同的轮毂）的百分比变化，当速度超过 120km/h 后，便与行驶速度没有关系。即使是这样，当其他的试验条件相同时，还

是能够对不同的轮毂进行评估。

除此之外，人们可以在一个沿 x 方向作用的单分量天平上安装车轮驱动装置。现在如果人们通过门型支架，将汽车与外置天平的不称重部分锁紧，那么汽车的作用就会在一定程度上像车轮支架一样，加上排风阻力的滚动阻力就能够在风中作为反作用力 F_x 在单分量天平上测量出来。为了在这一类的测量中尽量降低出错的可能性，有必要建议将驱动轴拆除，并且使制动系统置空。在这一测量过程中，通常可以忽略不计的车轮轴承的阻力不予考虑在内。

围绕和穿过车轮的流场与车轮轮罩内的流场以及环绕汽车的流场叠加在一起。有趣的是，由比如像 Mayer 所进行的测量过程得出这样的结论，在相较于参考车轮来说的各种不同类型的车轮上，由风阻力和排风阻力所引起的总阻力，与高于 120km/h 的来流风速无关。

进一步的干扰现象也出现在对汽车升力的测量过程中。由于制造技术方面的强制性使然，不可能把车轮驱动装置做得那么小，以致在轮胎压痕面之外的传动带上，完全没有自由面存在。于是，底盘和车轮所造成的压力场便在自由面上产生一个垂直方向的附加力。该力被外置天平一起记录下来。为此，Widdecke 和 Potthoff（2005）研究出了一种已经获得专利的方法（FKFS－*pace*™），以便排除这一附加力。Wickern 和 Beese（2002）以及 Cogotti 等人（2003）介绍了这种所谓薄板效应的一揽子校正方法。

13.2.12 非稳态流动和阵风模拟

前面的章节介绍了风洞中稳态的来流情况。如果瞬态问题，例如一阵突如其来的阵风作用于汽车上，需要进行研究，就必须补充准备一些技术性设施。一般来说，风洞里处于侧风中的汽车上作用力之间的相互关联性是这样测得的：使汽车绕着自己的垂直轴线转动一下。为此，汽车位于一个转动台上。为了能够测量气动作用力，外置天平也必须是安装在可旋转的支承上的。这样，汽车的侧风敏感性就可以通过测得的侧向作用力和横摆力矩计算出来。不过，这种类型的测量提供的是平均值，而基于非稳态的来流所产生的完整效果被忽略了。但是现在的情况是，在非稳态流动作用下，也就是来流在时间上和空间上都在发生变化时，作用力可能比稳态来流时更大。这对汽车的行驶特性具有重要的影响。

模拟侧向阵风的一种可能性方法是由 Dominy 和 Ryan（1999）所开发出来的。他们的试验装置的构造简示于图 13.26。

在主风道旁边，还设有第二个风道，即侧风风道，其纵向轴线相对于主风道的纵向轴线旋转了角度 $\beta=30°$。垂直于试验段的地板竖有一面墙；墙上装有两排活门，分别位于地板的上方和下方。这些活门是这样相互联系在一起的：一旦上面的一个活门打开，那么位于它下面的那个活门就会关闭。这样，侧风风道流过的风量近似恒定。活门是这样来操纵的：30°以下角度进入的侧风以与模型的纵轴垂直的前锋面抵达模型，并且以不变的速度和方向“吹刮”大约 0.3s。采用这一方法，可以对非稳态流动效果进行研究。在空旷试验段内，来流横摆角随时间的变化过程见图 13.27。

对于涉及由环境空气的自然湍流所激发的风噪声这样确定的气动声学问题来说，有必要对紧邻地面上的气流边界层以及其中所包含的湍流运动进行模拟。Cogotti（2003）设计了一套装置。采用这一套装置，原则上是能够进行这种模拟的。图 13.28 对这一装置的结构性方案给出了说明。紧跟在喷管的入口之后和喷管收缩之前，一共安装了五个起涡器。

每个起涡器都由一个垂直的转轴构成，转轴上铰接了一对可转动的活门对。这五对活门进行周期性的摆动。因此，可以产生速度剖面

$$\frac{u}{u_\infty}=\left(\frac{z}{\delta}\right)^\alpha \tag{13.26}$$

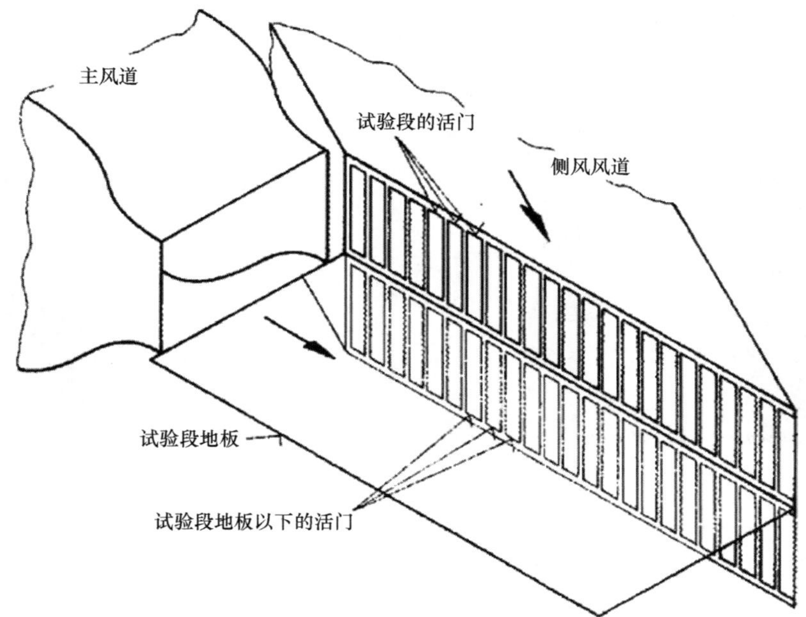

图 13.26　一种侧风风道的简图，据 Dominy 和 Ryan（1999）

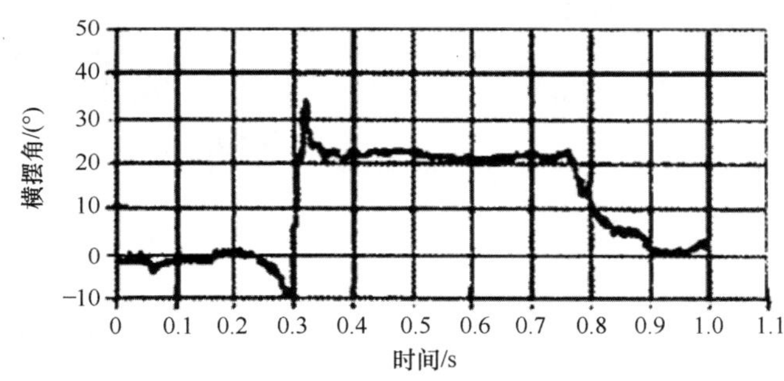

图 13.27　对应于侧风风道，在空旷试验段上测得的横摆角随时间的变化曲线，据 Dominy 和 Ryan（1999）

它近似地对应于城市路面边界层指数函数，其指数为 $0.15<\alpha<0.24$。

平均湍流度为 7% ~9%，涡尺寸的平均值为 0.7 ~1.3m。这些活门对及其驱动机构安装在一个公共的基座上。如果不需要它们，整个组件可以沉入到地板中。不过，从公式（13.26）[㊀]中可以看出的对于边界层速度剖面的关注还是引出这样的问题，即这些速度剖面对于作用于汽车上的非稳态（阵风）效应来说是否确实具有因果性的意义，或者说，是否并非其他的非稳态影响，例如由前方行驶的大型车辆所引起的（拖）尾涡（尾涡区）对于汽车的行驶特性来说更为重要。

为了给这一问题找到答案，Schröck 等人（2010，2012）利用一辆特别为此而制作的汽车在道路交通中对来流参数（大小和方向）进行了大范围的试验测量。他由此而建立了一个庞大而且适用于进行统计分析的数据库。比如，从这个数据库得出结论，即使是在很强的阵风和在大约 160km/h 的高速行驶条件下，横摆角也不会高于 ±10°，见图 13.29。

Schröck（2012）开发了一种模拟侧向阵风的替代性方法。在他所做的那些研究中，阵风是

㊀　原文误指为公式 13.25——译者注。

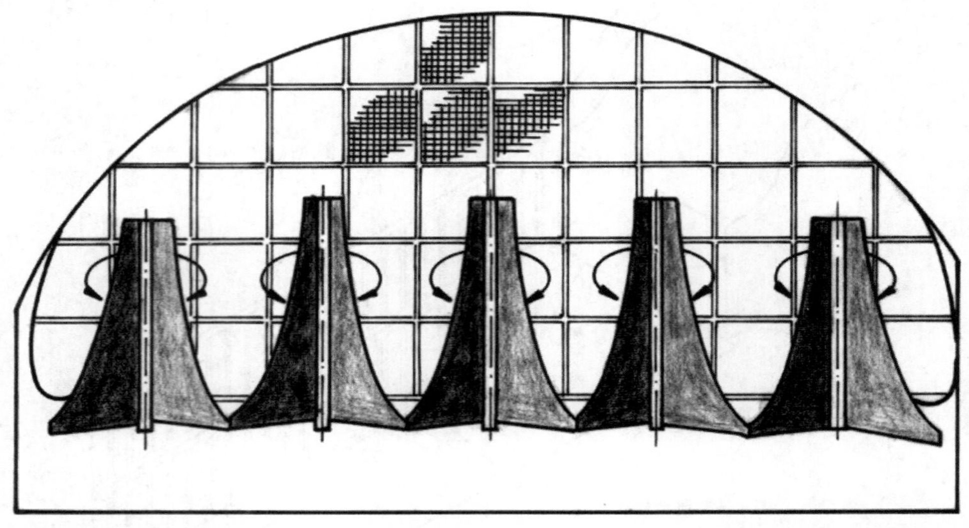

图 13.28　采用周期性地摆动的活门对来产生含涡旋的边界层速度剖面，据 Cogotti（2003）

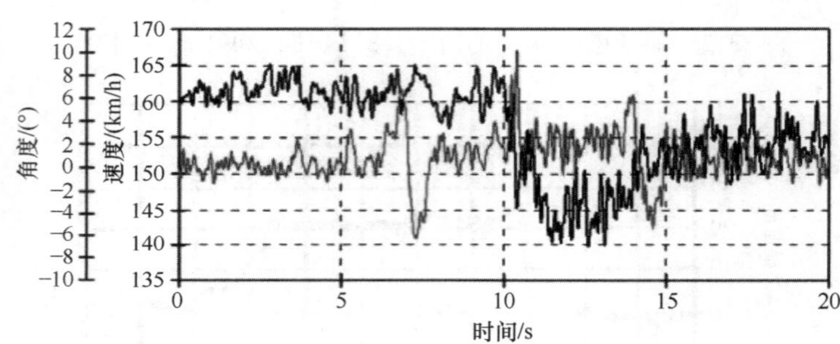

图 13.29　在 D. Schröck 等人（2010）以地上行驶速度 160km/h 所做的道路试验中，横摆角和相对气流速度的变化曲线，据 Cogotti（2003）

通过旋转支承的竖向、对称性翼形截面来产生的。采用这种方式，并且借助一个驱动装置，不仅翼形面的攻角（根据上述的道路交通试验，最大值为 ±10°），而且它的转动频率（最大 15Hz）都能够独立地进行变化。根据他的道路交通试验所得出的结论，自然风的边界层形状被 Schröck 看作是可以不予考虑的。在由 Schröck 等人（2010）所进行的先导性研究中，总共 4 个翼形面布置在喷管出口面上，见图 13.30。这一技术马上就会应用在斯图加特大学的 1∶1 汽车风洞（由 FKFS 运营）中，预计有 8 个翼形面（FKFS - swing™）。

Schröck 等人（2010）采用所谓的空气动力学导纳以及传递函数，作为汽车对于侧向阵风敏感性的评价指标。最初由 Davenport（1961）在建筑物空气动力学中引入的导纳函数，把测得的非稳态力和力矩的频谱与激发作用的频谱（压力）以及与静态侧向力，或者说横摆力矩系数的梯度联系在一起，而在 Schröck（2012）所建议的传递函数中，并不包含与稳态因数的关联。根据 Schröck，在采用导纳函数或者是传递函数两种情况下，注意输入参数与输出量之间的密切相关性是绝对必要的。这样，就不会将由分离所引起的流动湍态解释成随时间而发生变化的非稳态来流所产生的结果。不过，这种测量的前提条件是一台外置天平，它具有足够的时间分辨率。导纳函数表达式为

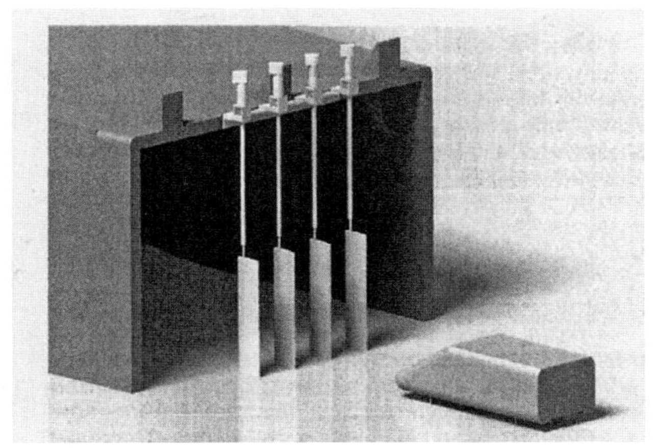

图 13. 30　斯图加特大学模型风洞内按照 Schröck 等人（2010）所做的阵风发生器的结构示意图（又见第 13. 5. 2 节）

$$X^2_{a,S/M,G}(f) = \frac{S_{C_{S/M,G}}(f)}{\left(\frac{d_{C_{S/M,G}}}{d\beta}\right) \cdot s_\beta(f)} \tag{13.27}$$

传递函数的表达式为

$$H^2_{a,S/M,G}(f) = \frac{S_{C_{S/M,G}}(f)}{S_\beta(f)} \tag{13.28}$$

式中，f 是频率；$X^2_{a,S/M,G}(f)$ 是侧向作用力（F_S）或者横摆力矩（M_G）的导纳函数；$H^2_{a,S/M,G}(f)$ 是侧向作用力或者横摆力矩的传递函数；$S_{C_{S/M,G}}(f)$ 是侧向作用力或者横摆力矩的频谱；$s_\beta(f)$ 是水平气流入角 β 的频谱；$d_{C_{S/M,G}}/d\beta$ 是侧向力系数或者横摆力矩系数的梯度。更多关于 Schröck 的方法的介绍见第 5. 1 节。

13. 2. 13　风洞校正

由于风洞试验段的尺寸有限，风洞内的气流运动与无限延展的流场（道路交通）中的气流运动不尽等同。与射流的边界条件相联系，会出现干扰作用力。干扰力必须予以修正。干扰力的大小与汽车的几何尺寸相较于射流截面面积（阻塞比）的比例关系、与喷口和收集口到（受测）汽车的距离，以及—如果存在的话—与空试验段的稳态压力梯度有关。

基于见诸于飞机空气动力学的校正技术，在过去的 25 年时间里，人们已经开发出适用于代表汽车的钝体的特殊方法。借助在大量的风洞中所完成的各种各样的对比试验，能够对这些校正方法的优劣进行检验。原则上，有两种不同类型的校正方法：

- “传统”校正法：基于理论性的流体运动模型，要求输入汽车和风洞试验段的几何尺寸。
- 壁面压力法：仅应用于闭式试验段，以沿着风洞壁面和顶板的多个纵向截面中，或者是垂直于气流方向的横向截面中测得的稳态压力分布为基础。

一般而言，壁面压力法可称为具有最高精度的方法。不过，正如在本章后面将要指出的那样，这一方法不适用于钝体。即使是在高阻塞比（>15%）情况下，采用现代传统校正法，依然能够达致校正值的广泛一致性。但是，这种一致性在使用壁面压力法时是达不到的。

在确定干扰所带来的影响时，人们一般从这样的想象出发，即干扰因素使得汽车上的气流速度发生 Δu 的明显变化。此外，还有一个作用力，该作用力可能是由流动梯度所引起的。考虑

到流动的速度，有

$$\frac{\Delta u}{u_\infty}=\varepsilon \tag{13.29}$$

式中，ε 表示无量纲的干扰速度。于是，由所出现的全部干扰因素 ε_m之和，得出动压 q 的表达式为

$$\frac{q}{q_\infty}=(1+\sum\varepsilon_m)^2=n_K \tag{13.30}$$

式中，n_K为校正系数；q_∞为速度未受扰动时的动压。结果，校正之后的气动阻力系数 C_D 为

$$C_{D_c}=\frac{C_{D_m}}{n_K} \tag{13.31}$$

式中，下标"c"和"m"代表的是校正之后和测量得到的阻力系数。由伯努利方程得到相应的压力系数 c_p为

$$c_{pc}=\frac{c_{pm}}{n_K}+\frac{n_K-1}{n_K} \tag{13.32}$$

由压力梯度 $\mathrm{d}p/\mathrm{d}x$ 而引起的阻力系数的变化 ΔC_{D_B}，是通过汽车周围压力分布的积分来计算的。将数学上的表面积分转变成体积积分后，运用高斯定理，得到计算附加阻力系数的一个简便公式为

$$\Delta C_{D_B}=G\cdot\frac{(V_F+V_T)}{A_x}\cdot\frac{\mathrm{d}p}{\mathrm{d}x} \tag{13.33}$$

式中，G 是一个可以由汽车尺寸算得的因子（见 Wickern，2001），即考虑到汽车的有效置换体积的所谓格劳尔因子（Glauert – Factor）。根据 Glauert（1933），势流中汽车的有效置换体积比它包含了尾涡区体积 V_T的实际体积 V_F增大了 G 倍。尾涡区体积 V_T的置换体积按 Garry 等人（1994）近似计算，又见 Mercker（2013）和 Wickern（2001）。根据式（13.31），得到考虑压力梯度［式（13.33）］所引起的附加项的校正气动阻力系数为

$$C_{D_c}=\frac{C_{D_m}}{n_K}+\Delta C_{D_B} \tag{13.34}$$

13.2.13.1 闭式试验段

正如 13.2.3 节所介绍过的，由于汽车及其尾流的置换效应，在试验段的固定壁面上形成一个过高的速度，即干扰速度。为了计算出这一速度的大小，首先将汽车和试验段向地板进行数学上的映射处理。于是，得到一个双喷口出流面积 $A_N=2\cdot h_N\cdot b_N$和一个双汽车迎风面面积 $A_M=2\cdot A_x$。这样从数学上来看，汽车就位于试验段的正中央。现在，如果用势论的点源与汇的叠加来替换汽车和它的镜像，就会出现一个具有球的形态的三维偶极子。这样，通过偶极子在相同的距离上首先向壁面的映射，就能产生一条对应于壁面走向的流线。将这个反射系统向所有四个壁面扩展，这些偶极子就会因为到壁面上的观察点的距离的不同而造成流线的弯曲。但是，如果人们继续将这个映射原理以同样的方式延伸到无限远处，数学上就会出现一个双无限数列。该数列收敛于确定的值 τ_K，而在到汽车的距离为 h_N和 $b_N/2$ 处的流线又会与壁面的走向一致。按照 Wickern（2001），近似地得到

$$\tau_K=0.406\times\left(\frac{b_N}{2h_N}+\frac{2h_N}{b_N}\right) \tag{13.35}$$

偶极子的干扰速度 ε_{DP}按下式计算：

$$\varepsilon_{DP}=\tau_K\cdot\left(\frac{A_D}{A_N}\right)^{3/2} \tag{13.36}$$

式中，A_D表示偶极子的迎风面积。通过引入一个形状因子 λ_F，现在，公式（13.36）能够给出物体在具有任意迎风面积、体积和长度情况下的干扰速度为

$$\varepsilon_S = \tau_K \cdot \lambda_F \cdot \left(\frac{A_M}{A_N}\right)^{3/2} \tag{13.37}$$

式中，ε_S表示由车身及其尾流的置换效果所导致的干扰速度。壁面上产生的固有的流动梯度的影响首先不会考虑在内，因为这种影响会在汽车的最大主截面之前和之后消失。但是，由于物理学上的考虑各不相同，在各种不同的校正方法中的形状因子 λ_F也有所差异，例如参考 Wickern（2001）、Mercker（1986）和 Cooper 等人（2008）。由此也导致不尽相同的结果。

除了因为流体的置换而得到的干扰速度 ε_S之外，还由于远处尾涡区的置换而产生另外一种效果。这一效果用 ε_W表示，可以同样的方式用下式进行计算：

$$\varepsilon_W = \frac{1}{4} \cdot \frac{A_{SEP}}{A_N} \cdot C_{D_m} \tag{13.38}$$

式中，A_{SEP}表示汽车近处尾流的分离横截面面积；C_{D_m}表示测量得到的阻力系数。Mercker（2013）、Hackett 和 Cooper（2001）的方法还进一步考虑到，由于壁面上的固有流动梯度，靠近汽车的尾流会发生变形。那么，壁面上的流动梯度首先会在这里起作用。汽车上分离速度发生变化，并且伴随着这样的结果，即尾涡区的压力也会发生变化。Mercker（2013）借助一个通过实验而推导出来的常数和尾涡区的阻塞比来确定汽车上分离速度的变化情况：

$$\varepsilon_{TD} = 0.41 \cdot \frac{A_{SEP}}{A_N} \cdot C_{D_m} \tag{13.39}$$

由于流出速度发生了变化，沿汽车长度方向出现一个压力梯度。依据式（13.33），该压力梯度可以用下式计算：

$$\Delta c_{WBF} = G \cdot \frac{V_F}{A_x} \cdot \frac{dp}{dx} \tag{13.40}$$

式（13.40）中的压力梯度 dp/dx 为负值，在汽车上施加一个沿流动方向的力。正如本文后面将要进一步说明的那样，借助一个环涡模型，可以对压力梯度进行计算。类似于式（13.34），就得到闭式试验段的校正公式为

$$C_{D_c} = G\frac{C_{D_m}}{n_K} - \Delta C_{D_{BF}} \tag{13.41}$$

由式（13.33），得到校正系数为

$$n_K = (1 + \varepsilon_S + \varepsilon_W + \varepsilon_{TD})^2 \tag{13.42}$$

如果闭式空试验段内已经出现压力梯度，可以用同样的方式进行处理，公式（13.42）相应地增加一项。和上面介绍的方法相反，Hackett 和 Cooper（2001）为尾涡区的变形进行全局性的动能分析。最初由 Maskell（1961）提出的方法已经作为“Maskell－3”载入文献中。

如前所述，除了这些理论性的分析方法之外，还有所谓的壁面压力法。由 Hackett 和 Wilsden（1978）提出的方法（压力－特征法），是借助势论的空间分布源—汇模型对在壁面上测得的稳态纵向压力分布进行近似处理，接着应用镜像原理。以这种方式有可能得到更准确的模型表达。

Ashill 等人（1998）走的是另外一条路子。他们能够证明，采用一种特殊的格林函数（“自由空气格林函数”），能够直接计算出沿壁面的干扰速度，而不必考虑物体（汽车）本身。在一定程度上，格林函数将位于一个无限大风洞内的物体周围的速度势与在有限大的风洞中时其周围的速度势联系在了一起。对方程进行积分时，基于模型的量消失。同时，这一方法的前提条件，是通过在与气流方向垂直的截面上的钻孔测得大量的静压值。该方法在文献中是以名称“两变量法”来介绍的，在涉及处理复杂形状的物体时非常具有吸引力。

早在1978年，Mercker和Fiedler就在实验的基础上，采用二维物体对这种想法进行了研究。他们能够证明，采用一种恰当的标尺，对于各种不同的阻塞比和不同的模型形状，墙壁与测量模型之间的速度分布总是可仿射的。仅仅通过壁面压力测量就能进行阻塞校正，而不要建立分析模型。但是，在Mercker和Fiedler（1978）的研究中，缺少了像Ashill等人（1998）那样，从数学上对于与三维物体的物理关联的充分表述。

最后还应该提一下，如果阻塞比小于6%的话，采用所谓的“连续性方法”，常常会得到对于阻塞效应令人十分满意的估计。这一方法基于在汽车和风洞的墙壁之间最狭窄截面处对连续性方程的考察。由该方法得到

$$C_{D_c} = C_{D_m}\left(1 + \frac{A_M}{A_N}\right)^{-2} \tag{13.43}$$

在图13.31中，对各种校正方法进行了比较，又见Mercker（2013）。为此，首先借助CFD方法，对具有各种各样车尾形状（直背，斜背）的汽车模型在各种不同边界条件（阻塞比）下围绕汽车的气流运动进行了计算。这些计算是由Gleason（2007）完成的。图13.31中的纵坐标，来自用各种方法校正之后的阻力系数与按照Mercker（2013）的方法向0的阻塞比外推之后的阻力系数之差。与此同时，外推所得到的阻力系数还选作参照值，以便能够将结果以百分数的形式表示。如果人们考虑到，对于一辆典型的直背型汽车，当它在一个闭式试验段内的阻塞比为15%时，其未经校正的阻力系数与其在自由气流中的阻力系数相差大约是35%，那么，各种校正方法的可信性是不言而喻的。

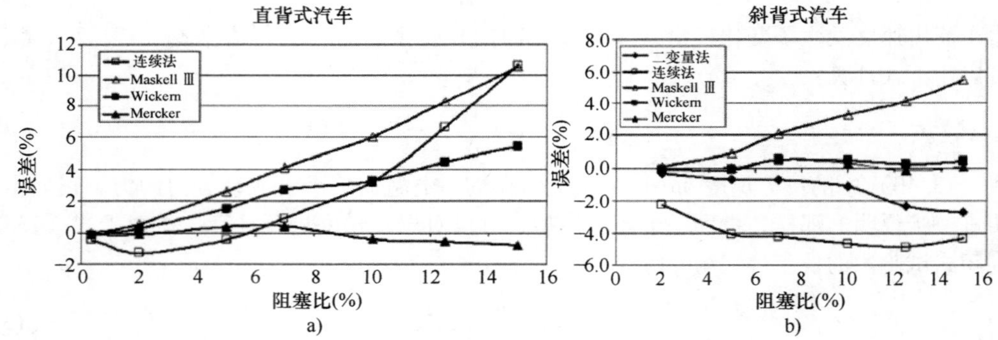

图13.31　基于自由气流校正后的阻力系数与（阻力系数）“真值”的误差与阻塞比的关系［按照公式（13.43）的连续法（Conti）；按照Hackett和Cooper等人（2001）的Maskell Ⅲ法；Wickern（2001）；Mercker（2013）；按照Ashill等人（1998）的二变量法］

由于闭式试验段中未经校正的测量值相对于道路上的测量值来说太高，图13.31中的正误差值意味着欠校正（校正值太高），而负的误差则表明过校正（校正值过低）。

图13.32以同样的方式显示的结果，是在加拿大的NRC[⊖]风洞中就商用车模型试验而获得的校正误差值，见Cooper（1996）。在这里，风洞的横截面积是一定的，而测量则在不同比例尺的模型上进行。

13.2.13.2　开式试验段

对开式试验段来说，考虑到射流边缘处边界条件的变化，也能够应用“传统校正”原理。正如前面已经提到过的那样，此时对于射流来说，沿着设想的边界流线，到处都满足条件p_∞ = 常数和u_∞ = 常数（驻室压力由射流所决定，这里不会出现流动梯度）。鉴于镜像原理，如果改

⊖ 即National Research Council of Canada，加拿大国家研究委员会。

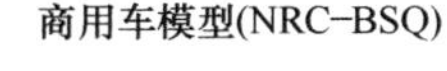

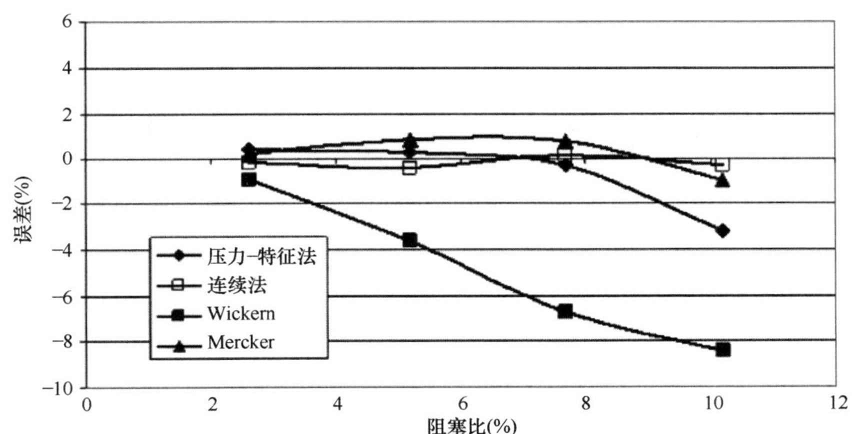

图 13.32 基于自由气流校正后的阻力系数与（阻力系数）“真值”的误差与阻塞比的关系［按照公式（13.43）的连续法（Conti）；Wickern（2001）；Mercker（2013）；按照 Hackett 和 Wilson（1978）的压力－特征法］；由于试验段地板上边界层的影响，对阻塞比为 2.4% 的模型的未校正 C_D 值进行了调整

变相邻双极子的符号，边界条件就能够得到满足，见 Mercker 等人（2005）。以两个符号相反的双极子为例，对称面上感应的干扰速度会升高。另一方面，如果计算双无限数列之和，则汽车所在位置负的干扰速度保持不变。根据 Wickern（2001），其近似值为

$$\tau_K = -0.03\left(\frac{b_N}{2h_N} + \frac{2h_N}{b_N}\right)^3 \tag{13.44}$$

正如 13.2.3 节所提到过的，射流流束在遇到汽车时会在气流置换处的自然尺度上扩展开来。由于在射流风束的边缘处不会产生流动梯度，接下来也不会发生尾涡区的变形。于是，开式试验段上的阻塞校正似乎变得更为简单。不过，在开式试验段内会出现额外的阻塞效果。这些效果于 20 世纪 90 年代中期在 Mercker 和 Wiedemann（1996，1997）的研究工作中被涉及。自此大约十年之后，Mercker 和 Wiedemann 通过对空试验段中压力梯度的详细研究，对这一方法进行了优化，见 Mercker 和 Cooper（2006）；Mercker 等人（2005）。

除了出现空试验段压力梯度的影响之外，如前面所述，还会产生进一步的效果：

- 射流流束的扩展。
- 射流流束的偏转。
- 喷口的阻塞。
- 收集口的阻塞。

这些干扰效果示意于图 13.33。

除了前面提到的射流扩展之外，由于汽车的前端阻滞作用，射流还会发生偏转。正如 Mercker 和 Wiedemann（1996）所指出的那样，（由此）得到的喷口有效截面面积比起真实的几何横截面面积要小。喷口的阻塞校正将用相应变小的横截面面积来计算。

喷口阻塞效果包括汽车前端的阻滞，以及这一阻滞对于确定基准速度 u_∞ 的影响。前端阻滞本身用势论原理近似计算，是通过一个势流动源与一个并行流动的叠加而确定的。这样产生了一个半无限旋转体。该旋转体流动源的强度这样来选择，即其在无限远处的横截面的面积与汽车的迎风面面积相对应。旋转体的感生速度场在喷口出口面上的积分，提供了因喷口的阻挡所造成的无量纲速度干扰量 ε_D。其值取决于喷口的出口流速 u_∞ 是采用喷口法还是采用驻室法进行

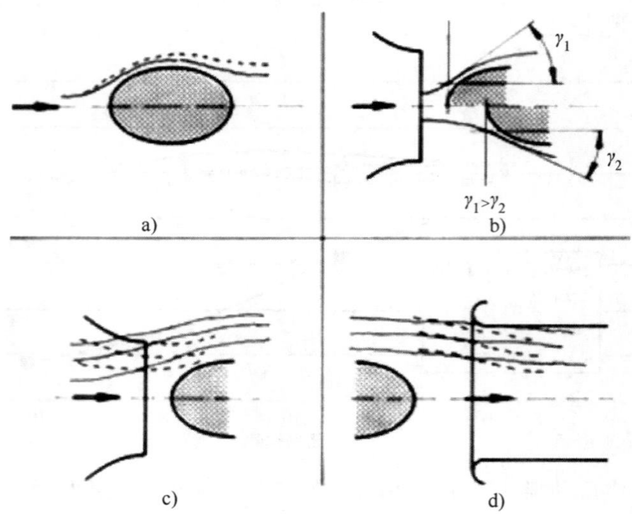

图 13.33　开式试验段中的干扰效果，根据 Mercker 和 Wiedemann（见 Hucho 1998）

a）射流扩展　b）射流偏转　c）喷口阻塞　d）收集口阻塞

测量所得。更进一步地，旋转体流动源所在的位置具有决定性的作用。但是，通过迭代可以找到试验段中的某个位置 x_Q，在这一位置上，采用两种方法得到的喷口阻塞效果 ε_D是完全一致的。于是，喷口的阻挡效果 ε_D便与用来确定 u_∞的方法没有关联了。有趣的是，如果对汽车进行测量时，冷却器有或者没有气流流过，得到的喷口阻挡效果（无量纲速度）ε_D是不同的。

由于汽车位于远离喷口的区域，必须计算出汽车所在位置喷口阻塞产生的衍生效果 ε_D。为此，在计算方法上是用一个环涡来代替喷口，而环涡的环通量与喷口阻塞效果 ε_D的环通量相当。于是，利用毕奥－萨伐尔定律便能够计算喷口阻塞在汽车所在远处位置的效果。这样得到

$$\varepsilon_N = \varepsilon_D\left[\frac{r_D^3}{(x_Q^2 + r_D^2)^{3/2}}\right]，其中 r_D = \sqrt{\frac{A_N}{\pi}} \tag{13.45}$$

是喷口等效半径。

对收集口也可以做类似的处理。如果尾涡区的近（汽车）区域部分出现在收集口内，就会产生人们在闭式试验段内所见到的现象。由于流动梯度的出现，尾涡区会因收集口而变形。于是，出于连续性的原因，流速会在远处尾流的置换效果的影响下升高。利用应用于闭式试验段的公式（13.38）和公式（13.39），可以计算收集口的阻塞效果，进而计算出无量纲的校正速度 ε_K。收集口远处的效果也可以类似地采用式（13.42），通过势论的环涡模型来确定。于是，由于收集口的作用，在汽车所在位置产生的干扰速度 ε_C为

$$\varepsilon_C = \varepsilon_K\left[\frac{r_K^3}{(x_K^2 + r_K^2)^{3/2}}\right] \tag{13.46}$$

等效半径 r_K由收集口的几何尺寸所决定；式（13.46）中的 x_K取决于到汽车的距离。应用于喷口和收集口的环涡模型简示于图 13.34。

开式试验段的校正系数 n_K为

$$n_K = (1 + \varepsilon_S + \varepsilon_N + \varepsilon_C)^2 \tag{13.47}$$

利用式（13.47），最后得到校正的阻力系数为

$$C_{D_c} = \frac{C_{D_m}}{n_K} \tag{13.48}$$

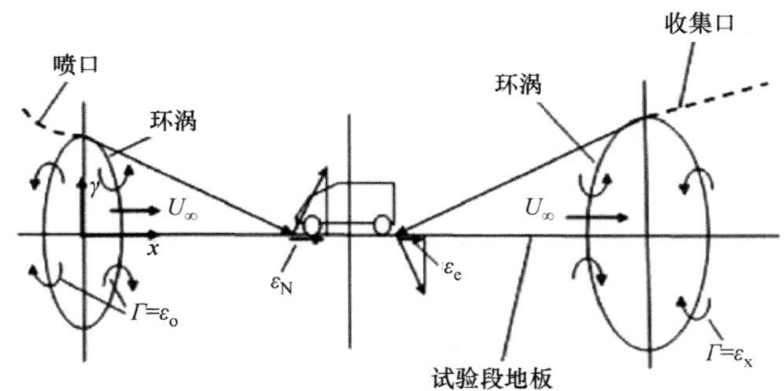

图 13.34　应用于喷口和收集口的环涡模型

前面已经说到过（见 13.5.3 节），开式试验段在没有驻车的情况下也会有一个压力梯度，该压力梯度叠加在驻车的流动中。和闭式试验段中的情形一样，会产生一个对于汽车的作用力。这个作用力是由施加于整个汽车上的压力梯度影响、再加上尾流的变形一起构成的。因为开式试验段中的压力梯度并不像闭式试验段中那样与自由射流的边界条件相关联，从纯粹的汽车几何尺寸和尾流的大小，只能近似地确定与尾流变形之间的相互关系，见 Mercker 等人（2005）。于是，Mercker 和 Cooper 建议了一种被证明是足够精确的实验方法，又见 Mercker（2011）和 Gleason（2012）。

为此，必须在空试验段内造成第二个、有别于第一个的压力梯度。派生出这一方法的思路，又是来自闭式试验段中的校正。这里，尾流的变形可以通过一个具有常数 0.41［见方程（13.39）］的固有压力梯度来确定。对于开式试验段来说，Mercker 和 Cooper（2006）假定，存在一个对应于汽车及其绕流的特征长度 x_{sl}。

如果人们对于两个不同的梯度，以压力系数 c_p 的形式分析位于汽车上位置 x_1 处的前保险杠和汽车下游任意位置 x_2 之间的压力差，会对应于每个压力梯度得到一个附加的阻力系数 ΔC_D。假设压力梯度的变化是线性的，得到近似公式：

$$\Delta C_D(x) = c_p(x_2) - c_p(x_1) \tag{13.49}$$

如果进一步注意到用公式（13.47）和公式（13.48）所表达的喷口、收集口和射流扩展所带来的干扰效果，对于两种压力梯度的情形，总是得到校正的阻力系数 C_{D_c}。该阻力系数在 x_2 不同时是不相等的。

$$C_{D_c}(x) = \frac{[C_{D_m} + \Delta C_D(x)]}{n_K} \tag{13.50}$$

现在，一步一步地改变在下游所处的位置 x_2，如果在迭代之后对于两种不同的压力梯度都得到相同的校正值，其结果，就能够计算出最终的校正阻力系数。于是，代表 x_2 的值就表示特征长度 x_{sl}，能够在公式（13.46）中使用。这样，方程（13.50）就是开式试验段阻力系数的校正公式。其中的相互关系示意于图 13.35。

例如，可以借助在空试验段的后部设置的阻流面或者节流阀来生成空试验段里的第二个压力梯度，例如参考 Walter 等人（2012）。改变收集口的几何尺寸或许也是一种可能性。这样，汽车先后在两个不同的压力梯度条件下进行测量。此时重要的是，在着手进行两个压力梯度的测量之前，试验段已经进行了标定。

不同的压力梯度对试验汽车尾部尾涡区的影响可以从图 13.36 上看出来。该图显示的是一个模型风洞内开式试验段上测得的总压压差 $\Delta c_{pT} = c_{pT1} - c_{pT2}$。这里，第一次测量值 c_{pT1} 是在空试验段内的压力梯度为 $c_p(x)$ 时得到的，此时的压力梯度本身借助收集口上的节流阀产生。对于第二

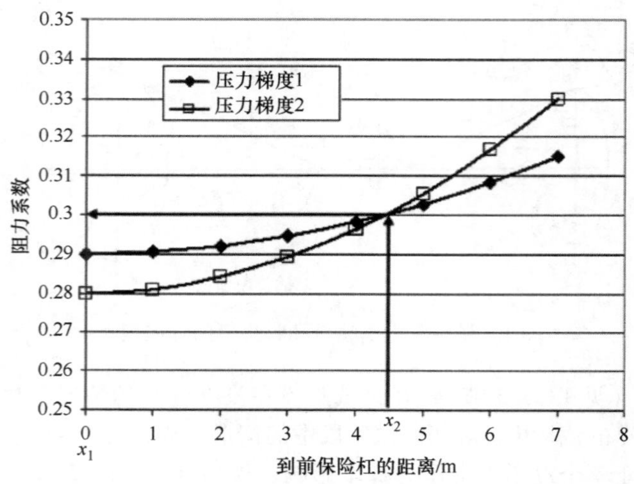

图 13. 35　通过空试验段上不同压力梯度的影响来确定阻力系数（Mercker 和 Cooper，2006）

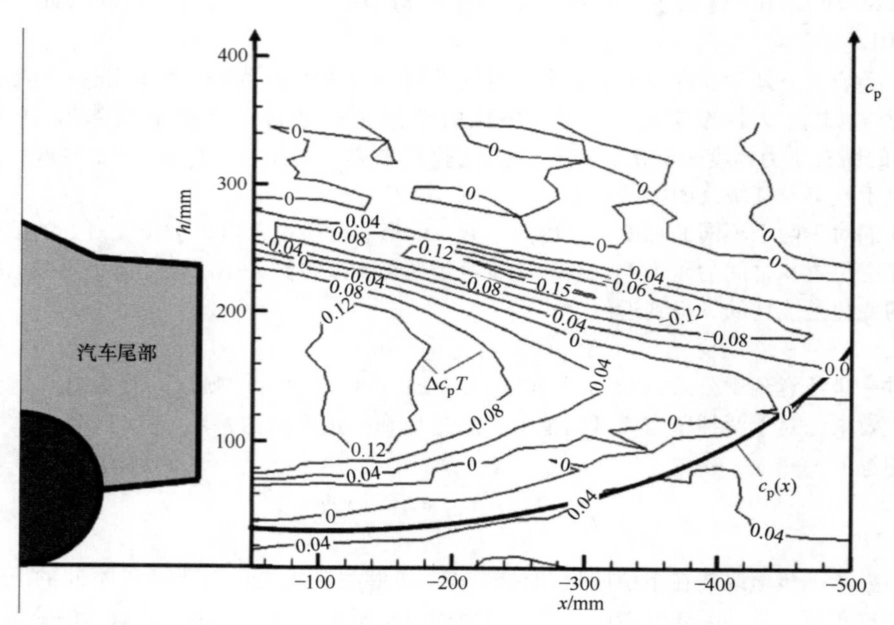

图 13. 36　空试验段内不同压力梯度条件下汽车尾涡区内的总压压差（$\Delta c_{pT}=c_{pT1}-c_{pT2}$），根据 Gürtler（2001）。图中显示的是在收集口上使用节流阀时测得的静压分布 $c_p(x)$

次测得 c_{pT2}时，没有节流阀，压力梯度可以忽略不计。有趣的现象是，最大的总压压差出现在汽车的后基准面区域，而不是出现在人们可能预计的下游远端—在这里，与空试验段中的压力梯度有关的压力系数的差别升高。另外在图 13. 36 上还可以看出，在靠近模型尾涡区的上部，总压压差的梯度变化非常明显。图中的这种现象是由汽车后部尾流的扩展所造成的，而尾流的扩展，又是由于空试验段内的压力梯度使压力升高的结果。它说明了尾涡区的变形。

校正方法的质量，能够借用在欧洲和美国具有开式试验段的 13 个不同类型的风洞中的对比试验结果进行检验。为此，在每个风洞内测量了 12 辆型式各异的汽车（在美国每个测试了 3 辆汽车）。对比试验是 2010—2011 年间由 EADE㊀所发起的，参见 Hennig 和 Mercker（2011）。针对风阻系数，图 13.37 以标准误差的形式显示出所有风洞对不同的汽车进行测量的结果。未经校正的风阻系数，可以算出的标准误差平均值是 7 个阻力点（$\Delta C_D = 0.007$），而校正之后的误差平均值下降到 3 个阻力点。

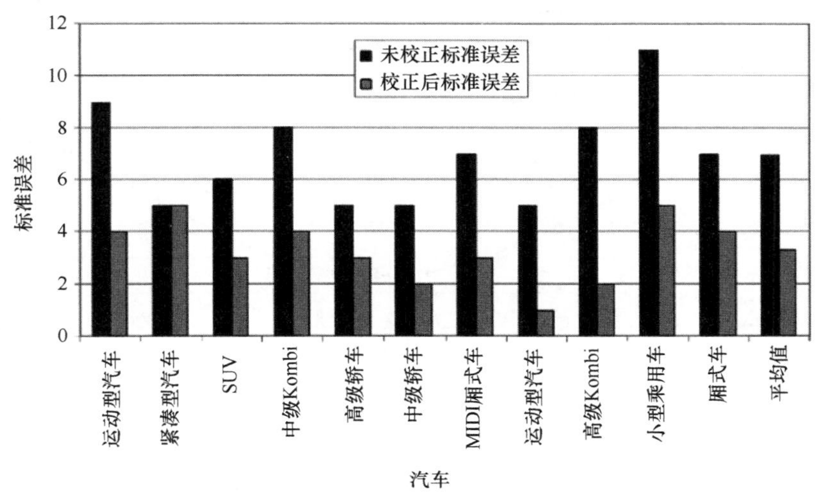

图 13.37　在（没有地板模拟的）13 个风洞中测得的各种类型汽车风阻系数的标准误差，据 Hennig 和 Mercker（2011）

尾注　如果需要进行风洞校正，获得一份可供利用的实施指南是非常令人期待的，以便能够通过独立计算机上的可编程工作表格或者是借助风洞数据处理系统中的计算机程序来进行必要的计算。人们得到为闭式风洞制作的一份方程和公式汇总表，该汇总表包括 Mercker（2013）中来自 2013 年 Mercker 方法的公式和 Mercker（2001）中来自 2001 年 Wickern 方法的公式。

多年来，人们着手对开式风洞中的 Mercker – Wiedemann 方法进行方法上的改进。由此，使其可能的应用获得了通用性。人们发现，Walter 等人（2012）的一篇论文对（这一方法所涉及的）方程做了清楚明了的汇总。

13.2.13.3　气候风洞和热学风洞中的阻塞校正

在空气动力学风洞中，前文所述的干扰校正在很多种情况下都得到应用，但是在气候风洞和热学风洞中，人们则完全放弃了对于来流速度的修正。其原因就在于，在这一类的试验设施中，仅仅取决于在汽车的前端部分是否有正确的来流，从而保证冷却器的正确过流。不过准确地说，正确来流速度的调定就需要应用校正方法。

气候风洞和热学风洞中的试验研究常常是在具有小喷口截面的试验段内进行的。此时，阻塞比为 35% ~60% 的情形不在少数。在整个汽车长度上对干扰速度进行测量，并且作为所在位置的函数，具有重要意义。对于乘用车来说，这类风洞喷口横截面面积的分布范围介于 4 ~ 12m²。

例如，如果要说明一些位于汽车底盘部分的特定装置（排气管，主减速器和后桥传动装置）的冷却性能，就不可忽视对于干扰速度更为仔细的测量了。以阶背式汽车为例，图 13.38㊁显示

㊀ EADE – 欧洲空气动力学数据交换（协会）。

㊁ 原文误为图 13.37。——译者注

在汽车的整个长度上开式试验段中未受到干扰的来流速度的相对误差。

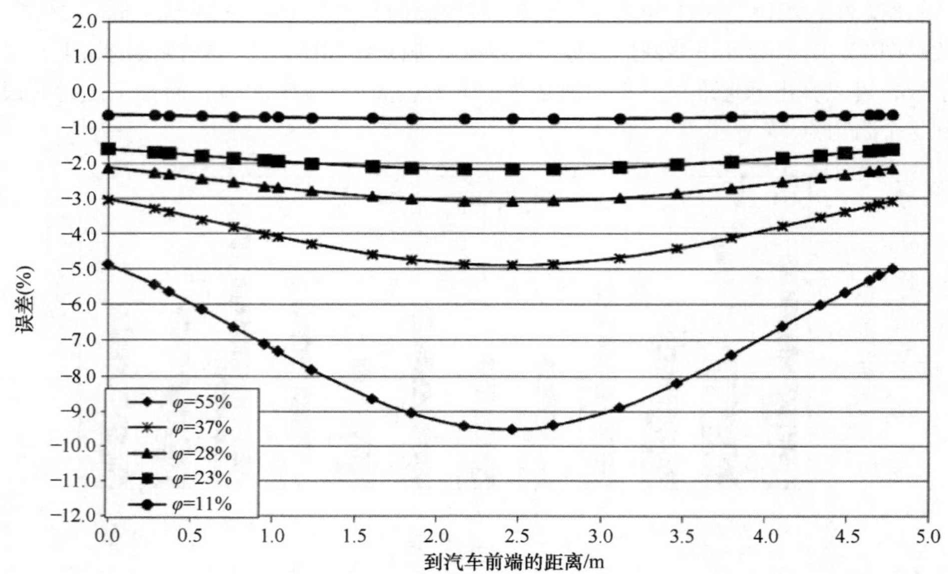

图 13.38　在不同阻塞比（$\varphi = A_x / A_N$）情况下，由于来流干扰，沿汽车长度方向与未受干扰的来流速度的相对误差，见 Mercker（2013）。位置 0 表示总长度为 4.8m 汽车的前端，汽车的体积是 6.5m^3；迎风面积 2.2m^2

为此所使用的计算方法见于 Mercker（2013）。论文中，借助一个环涡模型，能够确定干扰速度沿汽车长度方向的变化相关性。由于来流扩展（来流干扰）具有决定性的意义，对于这里的解释来说，喷口和收集口的阻塞带来的扰动效果被忽略了，而且空试验段中可能存在的水平压力梯度的作用也未予考虑在内。

按照图 13.38 首先可以确定，对于所有的阻塞比，会得到比在空试验段中要低（负值）的基准速度。例如，当阻塞比为 $\varphi = 11\%$ 时，得到沿汽车整个车身长度上未受到干扰的来流速度误差是 0.7%，而且近似保持恒定。这一结果补充性地证实了这一假设，即对于单纯的空气动力学风洞中的阻力校正来说，只要对整个汽车假定一个干扰速度。

相反，当阻塞比为 $\varphi = 55\%$ 时，在同一辆汽车的前端得到（与未受干扰来流速度）的误差是 5%，而在汽车中段是大约 9.5%。因为来流干扰涉及的是围绕汽车垂直轴的对称流动问题，到汽车尾端的干扰影响又再次降低，而且回到汽车前端相同大小的值。不过，考虑到收集口的影响和喷口的影响，特别是考虑到对空旷风洞内的风速进行校准所采用的方法，会出现非对称的干扰效果。这些干扰通常会使汽车前后两端的差异变得更大。

通过对不同位置干扰效果的计算，就可以确定出一个尺度，未受干扰的来流速度必须按照这一尺度来进行匹配。举例来说，要使到达（汽车）前端散热器的进风状态是正确的，当阻塞比为 37% 时，来流速度就要做大约 3% 的调整。但是与此同时，底盘测力计上的设定值保持不变，以保证对于发动机的热管理正确无误。尽管如此，在这个选择的例子中，汽车中部气流流速的误差仍然有 2% 左右。如果涉及汽车底盘部位附属装置的冷却，这一流速的误差从控制技术的角度而言是无法避免的，而必须采取其他的措施。对此，Mercker（2013）提出建议，在汽车所在区域试验段底板的中段，安装一个可以调节的拱形机构。由于流动的连续性与汽车的离地间隙联系在一起，这样就使得流速的升高是可调节的了。但是，也可以考虑使用分布式的吹风口和回风口，其所带来的技术上的成本却是无可替代的。

总的来说，在开式试验段内，由于比较低的流速，汽车底盘部位的热量释放比起道路行驶时要慢。除了校正风洞速度之外，如果人们不采取进一步的措施，风洞内进行的可能是一类“最糟糕工况”的估计。在闭式试验段内则出现相反的情形。由于气流流动速度更高，热量的排放会增强。在进行温度并不起作用或者只是具有无足轻重的作用的相关流动测量时，可以在例如测量压力时按照公式（13.32）进行校正。

13.3　风洞中的测量

在经过前面章节关于风洞中的物理理论以及由此而产生的影响的介绍之后，这一节特别介绍风洞中的测量这一主题。属于这一主题的内容有试验过程、在各个不同的研究领域—例如汽车的污染或者汽车的热管理—各种各样的测量技术和特点。需要注意的是，声学测量技术不在这一节，而是在第 8 章与绕流噪声一起介绍过了。

13.3.1　试验过程

为了在风洞内搞清楚一辆汽车的空气动力学特性，有必要遵循一定的试验程序。这种程序的构成在绝大多数的风洞中都是大同小异的。

下面将要介绍的这一试验程序，与某个风洞内的具体情况相关联。为了重现道路上的行驶状况，该风洞装备了一条在车身下方的车轮之间沿纵向运行的长的中央传动带（Centerbelt），以及一个由四个独立车轮驱动单元组成的传动带系统。汽车的车轮就是由这个传动带系统来驱动的。这种五带构造的系统，代表了所有汽车风洞试验技术的现状，而这些风洞为大批量生产汽车的试验提供了一种现代化的地面仿真技术。主要用于运动赛车试验的单带系统只有一条传动带，而其显然比待试验的汽车模型更长而且更宽，在此就不继续讨论了。

为了能够让（待试验的）汽车既迅速又按程序要求准确进入风洞就位，必须搞清楚诸如轴距、前后桥轮距以及轮胎之类的各种汽车几何结构参数。据此，就能够在风洞内依照轴距和轮距，事先调定车轮驱动单元的相应几何位置，使用与轮距和轮胎宽度相匹配的最佳中央传动带的带宽和车轮驱动单元传动带的带宽。要使通过风洞天平测量得到的力和力矩能够计算出相应的空气动力学系数，除了轴距以外，还必须知道汽车的迎风面积。

如果不加以绑定，汽车会在风载作用下，或者由于车轮受到车轮驱动单元的作用从测量位置上快速滚走。正因为如此，至少在汽车的纵向和横向方向上采取相应的措施将汽车固定起来，这十分必要。这种固定，最典型的是用所谓的纵梁支座固定方法实现的。因为这种方法是直接与风洞天平连在一起的，所有使汽车处于固定的力量，都记录在风洞天平的测量结果之中。汽车纵梁上支点的固定可以通过按汽车特制的转接器来实现，例如使用量产汽车上配备的升降座，也可以通过直接与纵梁槽卡紧来实现。图 13.39 显示按照汽车的特点所采取的相应方法。

为了制备纵梁支座固定方法所需要的转接器，有必要在测量进行之前检索更多汽车特性数据。需要用到有关汽车上可能的固定点的类型和几何尺寸的信息。借助这样的说明，能够保证在测试期间提供合适的转接器，并且保证能够针对所采用的纵梁支座固定方法在风洞侧实施定位。

在汽车本身被送入风洞之前，有一些前期准备工作是必不可少的。为了清除车身底板处和车轮轮罩内可能存在的污物，必须对汽车进行彻底清洗，必须检查是否有松动部件和不密封处。特别还要引起注意的是，在轮胎的外廓槽内不能残留有异物。这些异物在风洞试验期间可能脱落，因而造成损伤。

a)

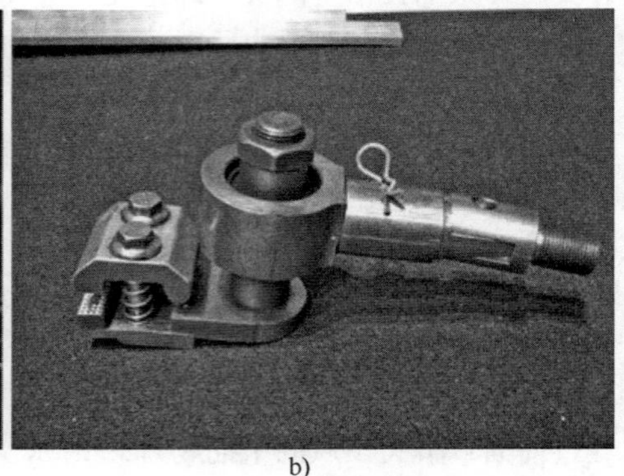
b)

图 13.39　采用特制转接器已经安装就位的纵梁支座（a）和安装前带有夹具的纵梁支座（b）

真正开始风洞试验之前，（待试验的）汽车在其准备过程中使之达到所期望的配置状态。为此，典型性的工作是进行一些密封和粘贴，安装一些特殊的部件，或者给它配备某种特殊的测量手段。比如说，如果需要直接在车身上测量压力，就要在汽车上按需要布置测压点，以及必要的管线。

因为汽车在风洞试验的过程中是通过轮边驱动单元来“拖动”的，必须检查这样的工作状态是否为汽车的变速器所允许。在手动变速器的情形，可以简单地通过空档设置来切断动力流。在自动变速器的情况下，就必须拆除主动轮的动力输入轴。由于车轮的轴承通常是通过传动轴来预紧的，此时，必须采用短轴代替传动轴，以便车轮轴承仍然能够获得必要的张紧力。

（待试）汽车入驻风洞试验段之后，必须在风洞天平上对其进行调正。借助固定在风洞中的激光系统，使汽车的纵轴与风洞天平对中。纵向的对中这样来实现，即不仅前桥车轮，而且后桥车轮都要在纵轴方向上就位于在车轮驱动单元传动带系统的中央。车轮驱动单元和纵梁支座固定装置的夹具都是根据已知的汽车尺寸预先已经就位的，因此汽车和风洞内夹具之间的纵梁支座固定装置很容易锁紧。在通过纵梁支座对汽车的高度进行调整之前，必须检查轮胎气压，必要时还必须对轮胎气压重新调定。然后还要在转速比较低的条件下检验车轮自由度，必要时，通过液压装置对载车台的高度进行复调。自此，汽车为随后的试验测量做好了准备。在图 13.40 中，可以看到一辆组装完毕、已经为测试做好准备的量产汽车就位于 FKFS 气动声学汽车风洞的五带系统上。

风洞试验本身是全自动运行的。对此，会编制一个进程序列，存储在计算机中。该序列通常都包含了对风洞天平的调定，风速和传动带速度的开启，以及开启（在此不会继续予以介绍的）抽吸单元和送风单元，以便使边界层的状态调整到预先给定的水平。一旦风洞内的状态就设定值而言稳定下来，就开始对风洞天平上出现的力和力矩进行测量记录。在这一测试进程结束之后，就会立即进入下一个测点，直到所有预先设定的工况点运行完毕为止，风洞又会停止运行。在整个测试序列中记录下来的风洞天平上的结果都会转换到汽车系统上去，然后在一份内容极其详尽的试验报告上记载下来。

13.3.2　流速测量

对气流速度的测量贯穿在风洞试验各个不同的任务环节中。与之相关的最主要的任务，是准确地获取风洞的来流速度（参见 13.2.2 节），以及试验对象外部或者内部的流速。除此之外，

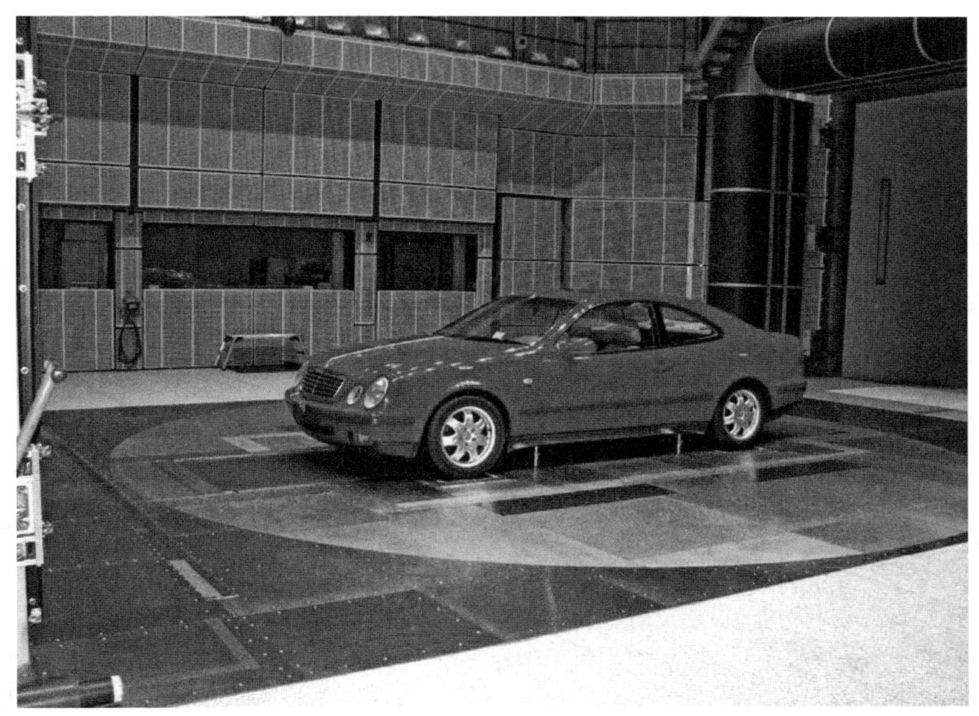

图 13.40 就位于 FKFS 的气动声学风洞中五带系统上的汽车，采用纵梁支座固定装置固定

湍流度的测量对于细节的分析研究来说也是很有帮助的。

13.3.2.1 试验对象外部和内部的流速测量

为了测量气流的速度，通常是将全压力探头和静压力探头，例如普朗特探管和 NPL 探头，组合起来使用（NPL—英国国家物理实验室）。此时，探头的轴向与气流的方向呈相互平行的布置，而流动应该是低湍性的。有关普朗特探管，还会与动压力的测量一起在 13.3.3.1 节中进一步介绍。Chue（1975）对可能的影响因素和由此而引起的误差进行分析，把它们汇总在一起。

在低风速（低于 6m/s）情况下，这种涉及流速测定的探头的精度就不够了。在这一速度条件下，微型叶轮式风速计能够提供很好的服务，见图 13.41（见彩插）。为获得正确的测量结果，微型叶轮式风速计要求的使用条件与普朗特管的使用条件类似。如果测量结果的不可靠度要求保证在 1% 以下，则具有圆筒形头部风速计的允许来流偏角大约是 5°。如果风速计的外罩做了相应的改造，则来流偏角的误差极限可以提高到 15°～30°（例如图 13.41d）。

结构型式特殊的叶轮式风速计，其直径可以是从约 40mm 至超过 100mm，而厚度只有 10～12mm。由于厚度很小，它们特别适用于在缝隙中进行的测量，尤其是位于冷凝器和散热器格栅之间的缝隙，或者是散热器格栅与风扇外壳之间的缝隙。通过散热器的冷风气流——如果说很粗略——的分布是通过在整个散热器平面上设置多个风速计来测得的。为了识别回流现象，还额外地记录翼式叶轮的转动方向[㊀]。按照 Kuthada（2006）所介绍的方法进行的测量更为准确，因为这种方法几乎完全排除了侧风带来的影响。冷却器格栅中的气流速度，是借助流量计通过测量压力差而得到的。探头体本身有一个贯通的钻孔，在钻孔的侧面设置了一个测量位，用来确定静压力。全压则由一个从后侧潜入这个钻孔的皮托管来获得，见图 13.42。图 13.42b 表示的是

㊀ 对此需要说明的是，Ng 等人（2000）通过测量局部的压力损失得到了整个散热器截面上的气流速度分布。

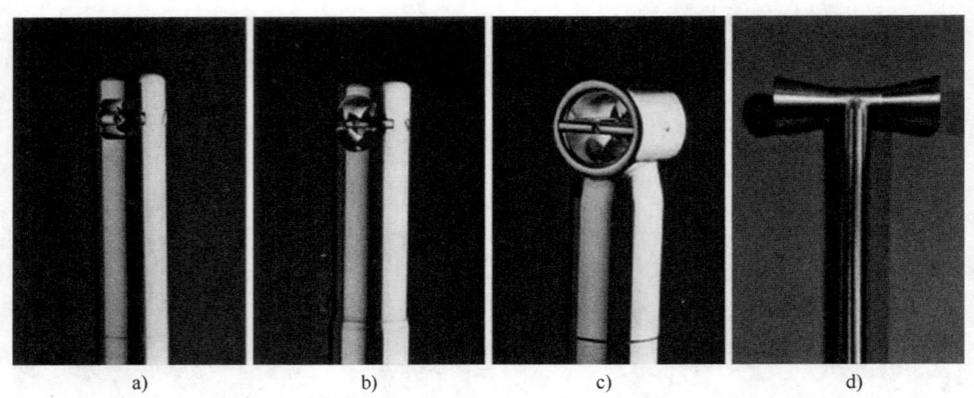

图 13.41　各种不同结构型式的叶轮式风速计，结构型式 d）的叶轮式风速计有一个对于倾斜风流不敏感的头部；图片来源：Höntzsch 公司

一个配置了 60 个探头的散热器。探头的塑胶电线在粗管子的后面向两侧引出，以至于散热器的阻塞效果近似保持不变。

如果需要对变化很快的风速进行测量，就可以采用热线式风速计。热线式风速计的工作原理基于这样的事实，即置于气流中的一根电加热丝线的热损失随着风速的升高而增大，温度也随之降低。现在，因为电热丝线的电阻与其温度相关，如果把这根电加热丝线集成在一个电阻式测量电桥中，这一关联性便可用来进行风速的测量。在此，原则上存在两种可能性：

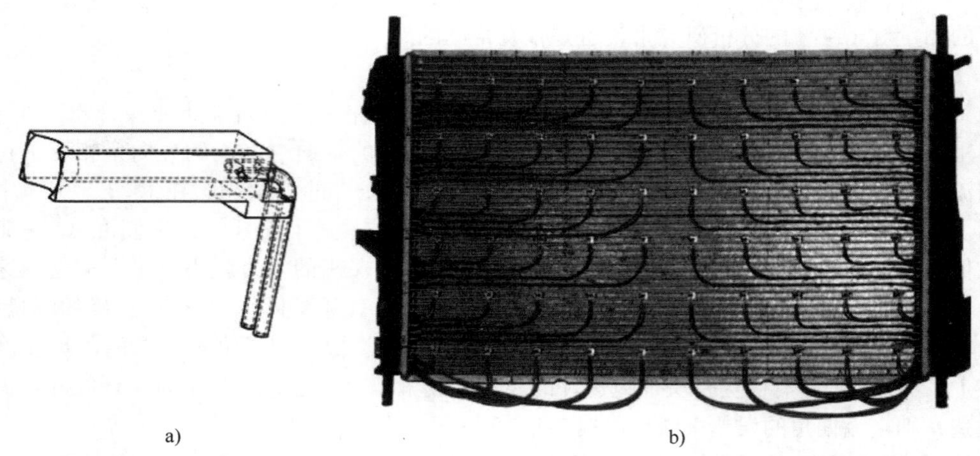

图 13.42　FKFS 的散热器风速探头（a）和装上了 60 个风速探头的待测散热器（b）

恒电流风速计（CCA）：在这种风速计中，通过丝线的电流保持恒定。这一方法能够精确测量很低的风速，且风速的变化频率可以高达 10kHz。如果风速更高，测量的精度就会下降。

恒温风速计（CTA）：这种风速计的电流由测量电桥这样来调节，即使得被加热丝线的电阻保持恒定，进而其温度保持不变。恒温风速计的应用涵盖了风洞试验中典型的风速范围，风速的变化频率可以达到大约 100kHz。

图 13.43 简略地给出了单热线、双热线和三热线传感器的结构图。加热线通常是钨丝，焊接在两个形状如叉子的电极之间。两个电极之间的距离大约是 2 ~ 5mm。这使得这种很小的传感器

能够应用在整圆的车身部件上，或者是狭窄的管道内来测量风速，而不会引起局部区域内的流动特性发生明显的变化。

热线的典型直径介于 0.001 ~ 0.05mm 之间。使用多根丝线，大多数情况下是把它们以 90° 的夹角相互垂直布置，例如一种三热线传感器，能够测得相对于传感器自身轴线的流动方向。

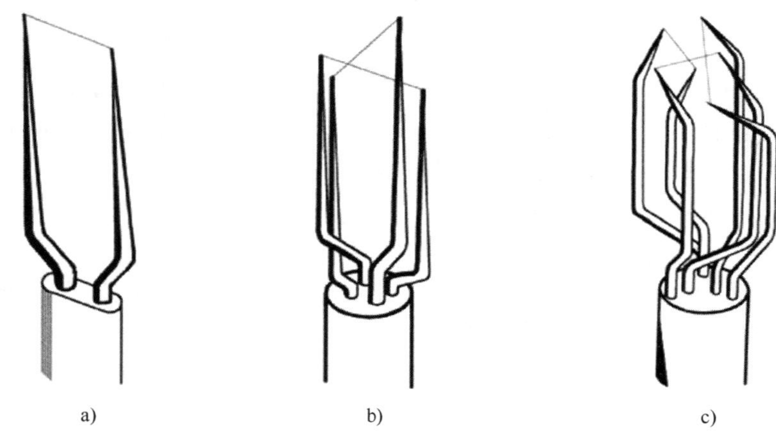

图 13.43　用来测量风速的热线传感器

a）单热线传感器　b）能够在（2 维）平面内测得流动方向的双热线（X－线）传感器

c）能够测量空间流动方向的三热线传感器（Trippel）

除了热线传感器之外，还有一种热膜传感器可供使用。它的结构基本上与热线传感器相同，不过，热线由一根作为基材的细石英棒所替代。石英棒由很薄的一层珀或者金所覆盖，该覆盖层才是真正的测量单元。在通常情况下，热膜传感器比热线传感器受力时更稳定，寿命也更长。但是由于石英棒质量更大和与此相关联的温度不敏感性，因而其测量频率范围明显比较低，只有几千赫兹。

热线传感器和热膜传感器的标定非常费时费力，需要在特殊的标定用通道内进行。对每一种热线传感器来说，标定通道内的气流矢量 u 都能依照传感器的轴线分解成三个分量 u_N、u_T 和 u_B。这三个分量提供不同的传感器信号值，见图 13.44。

Joergensen（1971）建议采用下面的公式来计算“有效冷却风速”

$$u_{eff}^2 = u_N^2 + k_1^2 u_B^2 + \ + k_2^2 u_T^2 \tag{13.51}$$

式中，常数 k_1 和 k_2 必须通过实验来确定，而且主要与传感器自身的特性，如热线长度与热线直径之比有关。

借助标定，在由测量系统所给出的电压 U 和有效冷风风速之间建立起一定的相互关系。King 最初于 1914 年提出了这样的公式：

$$u^2 = A + B\sqrt{u_{eff}} \tag{13.52}$$

该公式仅仅适用于低风速的情形。

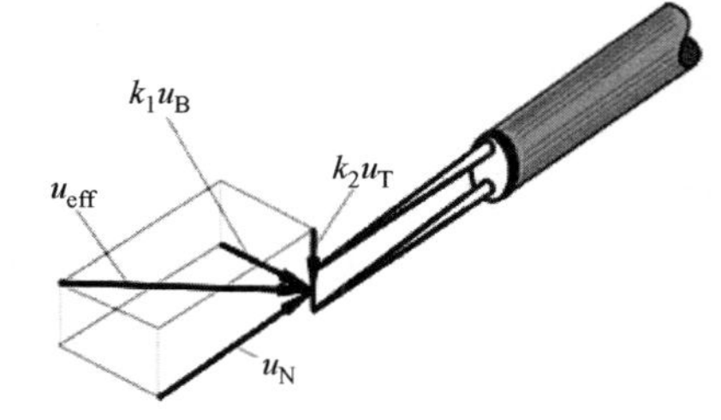

图 13.44　“有效冷却风速” u_{eff} 分解成速度分量 u_N、u_B 和 u_T，据 Joergensen（1971）

对于速度高达 120m/s 情况下的标定，可以依照 Siddal 和 Davies（1972）以及 Bruun（1971）的简便公式。有关热线传感器及其应用可能性、在壁面附近（边界层）高湍流度的流动中各种各样的影响因素的基础性讨论，可以在 Vagt（1979）中找到。

如果要对用于测定气流偏角的多热线传感器（或者多热膜传感器）进行标定，就必须在考虑到每根热线之间相互偏角的情况下，将所有热线的输出电压以适当的方式叠加在一起。这会导致形成一个非常复杂的校验矩阵[㊀]。关于流动方向的测定问题，在第13.3.2.2节会再次介绍。

在过去的一些年里，已经开发出一种采用激光辅助的流动方向测定方法。这里有必要介绍一下激光多普勒风速计（LDA）和粒子图像风速仪（PIV）。这两种方法都没有用到在测量中可能会对流动产生干扰的传感器。不过，在气流中必须引入粒子，使激光发生散射（散光粒子）。

为了形象化地解释激光多普勒风速计（LDA）的工作原理，Rudd（1961）推出了一个所谓的干涉条纹模型。使两个具有相同频率（从而也具有相同颜色）的激光光束在测量位置交叉相遇。在由此所形成的仅仅十分之几毫米大小的测量空间内，会产生一个干涉图形；该图形主要与激光的频率和两激光光束的交角有关系。当注入气流中的散光粒子飞过这一空间时，便会在干涉图形的明亮区域反射激光。散光粒子飞过干涉图形区域的速度越快，由散光粒子反射的光脉冲——称为突发（burst）——所经历的时间越短。通过适当的光学装置来接收到这一被反射的激光所采用的频率，便能够当作测量气流速度的标尺。此时，只能记录到沿垂直于两激光光束夹角平分线方向上的速度分量。使用具有不同颜色的多个激光光束对，还能够确定气流的偏角和速度分量。有关LDA测量技术的具体情况，Wiedemann（1984），Ruck（1987）和Durst等人（1987）都做了介绍。

激光多普勒风速计允许在一个非常小的容积范围内对空间上的流动矢量做准确的测量，而其本身不会对流场产生干扰。Buchheim等人（1987）指出，激光多普勒风速计可以用来测量边界层，获取汽车车身周围的速度场。不过，要使多个激光束以及光学接收装置聚集在一个非常狭小的测量空间内，并且使它们在诸如温度不断变化、振动和测量装置从一个测点移到另一个测点的条件下保持稳定，都需要花费大量的时间，这不仅仅是因为调整校正的需要，也是测量记录本身的需要。因此，LDA风速测量系统从来都没有用在1:1风洞的日常开发性测量工作之中。为了缩短调校时间，有些风洞的用户将发射和接收用的光学装置，只要是有可能，整个测量系统安装在一个稳定的控制台上，然后校准。这样，激光光束的聚焦和与接收光学装置的对准，便能够在整个控制台从一个测量点移到另一个测量点时得以保持，见Schmitt和Wilharm（2000）。

粒子图像风速仪（PIV）仅仅通过一次测量，不仅可以确定位于一个交点上的流场，而且可以确定位于一个截面上的流场，参见Kompenhans等人（2000）以及Raffel（2004）。其工作原理可以叙述如下：一束激光通过一个圆柱形的透镜在一个平面上展开，由此产生一个厚度仅有几毫米厚的光面。激光器本身并不连续性地工作，而是脉冲式的。这也就是说，激光器以已知的时间间隔发送出光束。该时间间隔通常是纳秒级的，而且间隔的时间可以是变化的。这样，由激光生成的光面也是以同样的方式表现为脉冲式的。注入气流中的散光粒子在穿过这个光面时，反射激光。反射的激光便被一台敏感而且分辨率很高、其曝光时间与激光脉冲同步的CCD摄像机所接收。如果激光面的脉冲频率足够高，则一个散光粒子在穿过几毫米厚的激光面时，会两次在不同的时间点、因而也在两个不同的位置上被“拍照”。这样，CCD摄像机就记录了两张图像。图像上，同一个散光粒子在不同的地方，也就是说，以不同的像素可见。如果人们比如说通过标定识别出激光光面内的哪一段距离与CCD摄像机每一个像素的对应关系，以及激光脉冲的时间间隔，于是便能够按照平行于光面的长度值和方向，计算出散光粒子的速度，进而计算出流动的速度。这样的计算适用于几乎整个由CCD摄像机所捕捉的光面。Ishima等人（2011）报告了在一个模型风洞中进行的三维粒子图像风速测量。

㊀ Karlsson（1980）和Löfdahl（1982）详细地给出了构成这种矩阵的各种不同方法及其实际应用。

13.3.2.2　流动方向测量

正如前面已经提到过的那样，正确地测量风速的前提条件，是已知测量位置的气流方向，并且传感器与之相应地对准。这样，避免因传感器的来流偏转引起的测量误差。

如果流动方向是未知的，就要使用角度传感器，或者特殊的技术。应用于气流中速度矢量的空间角度测量的各种类型角度传感器，在专业文献中有详细的介绍，见 Gorlin 和 Slezinger（1966），Wuest（1969），Nitsche（1994）和 Eckelmann（1997）。

这些传感器可以分为两种。第一种传感器，测量在传感器上对称地布置的压力钻孔之间的压力差。在第二种传感器上，如前面已经提示过，涉及带有多热线传感器或者多热膜传感器的热线风速计，还涉及激光多普勒风速计或者其他基于激光的测量方法。

测量压差，就是测量两个轴对称地布置在流线型体上的钻孔对上的压力。当流动的方向与两个测点的对称面一致时，钻孔中的压力差等于零。现在大多数情况下，是通过事先获得的标定曲线，根据测量所得的压力差来推断出气流的偏角。图 13.45 概括性地给出了以上这种测量方法使用的几种探头常见的结构型式。在图 13.49c 中显示的十四孔探头，以及七孔探头，都是在这些流动方向探头的基础上继续开发出来的。

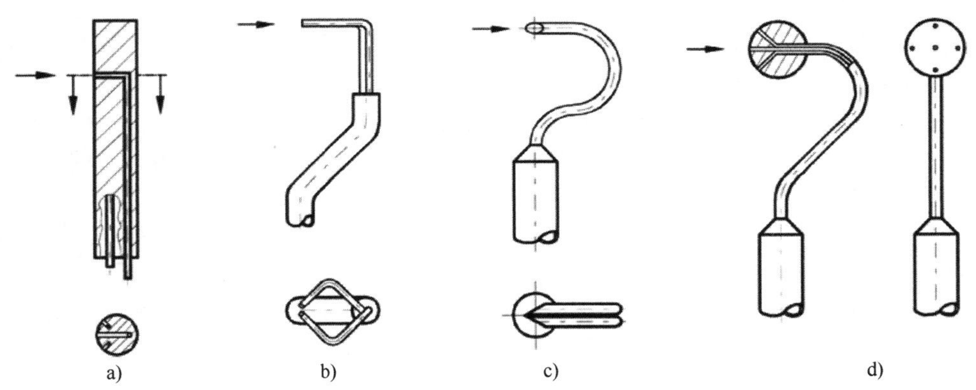

图 13.45　探测流动方向的探头，图片来源：Schiltknecht SIA

a）有三个钻孔的圆柱形探头　b）钩形皮托管　c）双皮托管　d）五孔球形探头

另外，还使用眼镜蛇形探头和金字塔探头来测定流动方向。就眼镜蛇探头而言，通常涉及的是一种四孔探头（图 13.46），用它测得四个压力差。然后，借助标定的系数确定来流的方向。涉及风速时，给出的测量精度为 ±0.3m/s，涉及气流的方向时则为 ±1°。还需要指出的一项独到之处是：在探头体上，与探头的头部相距仅仅几毫米处，有四个压力传感器。由于隔开的距离很小，这种探头能够在频率达到 1550Hz 的场合应用，见 Schrröck（2012）。关于这个问题，后面还会再次谈到。得到成功应用的还有金字塔型的五孔探头，如图 13.47 所示，参见 Estrada 等人（2007）。

在使用热线技术测量流动方向时，使用由 2～3 个以直角交叉布置而形成的多重探头，参见图 13.43。用激光多普勒风速计来直接测量流动的方向是不现实的，因为它只能测得与两条相交的激光光束夹角的平分线相垂直的风速分量。同时测量平面上的两个速度分量（2 维）或者全部三个速度分量（3 维），可以计算出流动的方向。

13.3.3　压力测量

风洞运行中最常见的工作任务，就是测量整个绕流汽车表面上的静压力分布。更进一步地说，在流场的测量过程中确定动压（驻点压力）和静压，是一项重要的任务。对此，有一系列

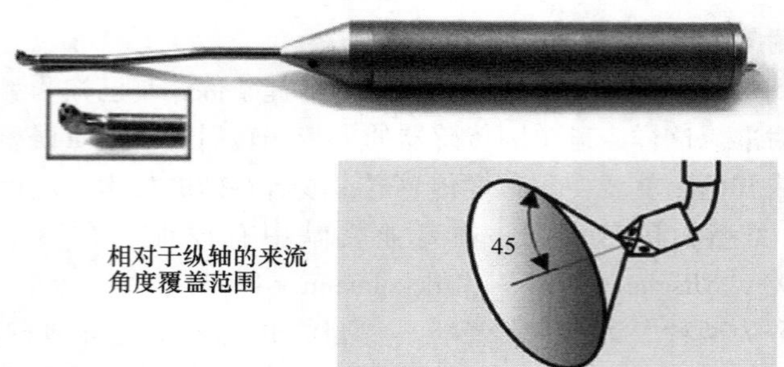

图 13.46　探头头部放大显示的眼镜蛇形探头，图片来源：Turbulent Flow Instrumentation Pty Ltd

测量压力的传感器可供使用，其中的有一些传感器还是非常特殊的。

13.3.3.1　动压

动压是通过总压和静压的测量来获得的。按照图 13.45a，测得位于探头头部开口处的总压 p_{ges} 和位于它下游方向的开孔或者开槽处的静压 p_{stat}。压力差 $p_{ges}-p_{stat}$ 就是对应的动压 q。据此，便能够按照公式（2.33）计算出（喷口）射流的速度。

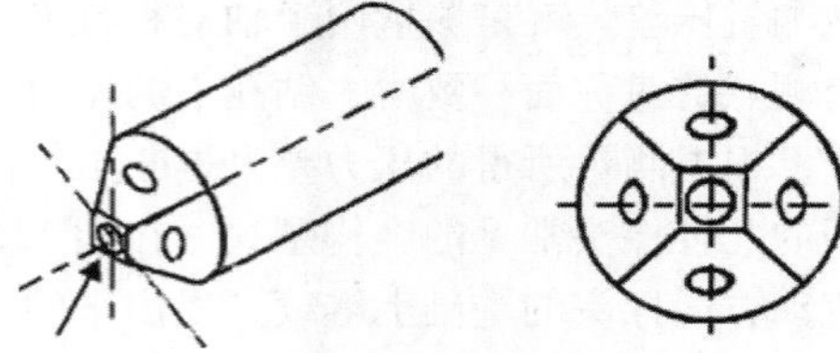

图 13.47　有五个压力钻孔的金字塔型探头

这一测量系统抗侧向来流的敏感性在很大程度上受到其头部形状的影响；椭球体形的头部和半球形的头部就敏感性来说大致相同。带锥体形头部的探头（N. P. L.）极为敏感，参见 Gorlin 和 Slezinger（1966），Pankhurst 和 Holder（1968）。正确的定向对这种探头来说尤为重要。

对于（带有半球形头部的）普朗特测管，与来流的方向角有关的测量误差表示于图 13.48b，参见 Pope 和 Harper（1966）。由此可以看出，入流偏角在 12°范围内，引起的动压误差低于 1%，对于汽车空气动力学研究中的绝大多数测量任务来说，这是可以接受的测量精度。如果使用普朗特测管测量低于 5m/s 的风速，则建议参考 Eckelmann（1977）。

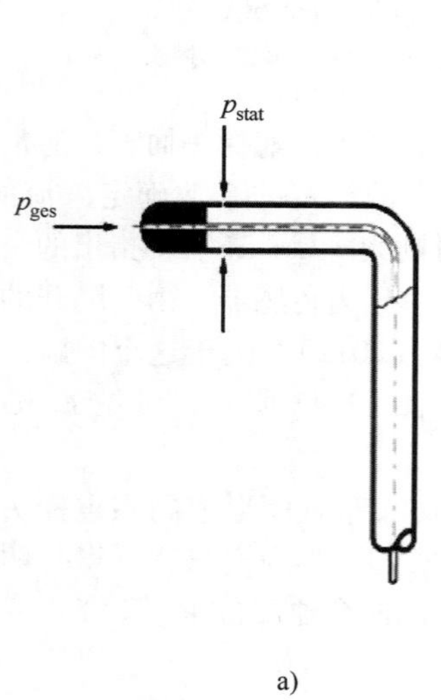

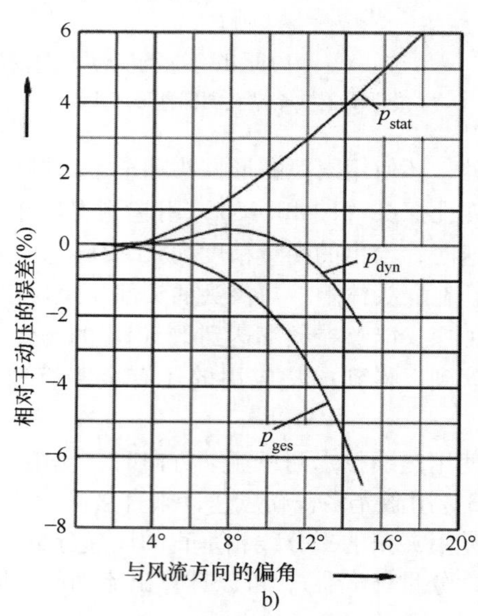

图 13.48　普朗特探头，根据 Pope 和 Harper（1966）（注意：静压用负号显示）

a）获取气流中总压和静压的压力钻孔　b）带半球形头部的普朗特管在侧向来流时的测量误差

如果人们只需要测量总压，使用皮托探头就足够了。由于其头部相应的结构形状，根据 Wuest（1969），皮托探头在来流夹角达到 ±30°时都工作可靠。按 Kiel（1935）命名的 Kiel 探头可以看成是一个完全与来流的方向无关、探头头部额外地防护起来的皮托探头，见图 13.49a。根据 Wuest（1969），这种 Kiel 探头允许来流的倾角超过 ±60°。因此，Kiel 探头常常用来测量非稳态的流场，例如（汽车的）尾流。

作为另一种特殊型式的皮托探头，需要提及边界层探头，见图 13.49b。它特殊的弯曲形状以及充分展平的椭圆形开口，使得测量工作能够紧贴表面进行，而不会对所在之处的气流流动产生明显的干扰。

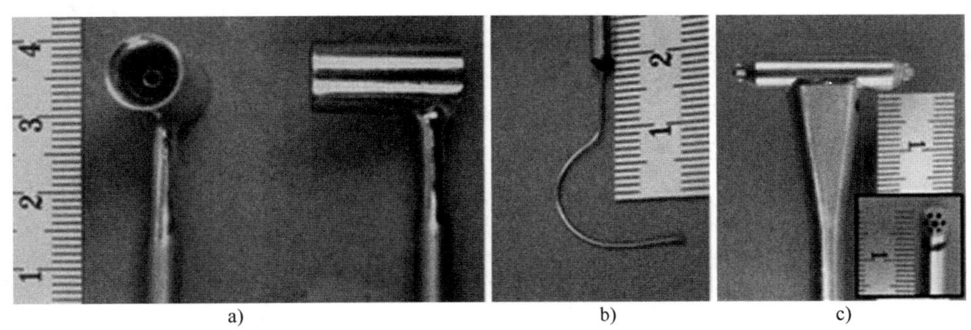

图 13.49　皮托探头，根据 Cogotti（1987）；c）中所示为沿探头轴线方向所见的视图；图片来源：福特汽车公司
a）Kiel 探头　b）边界层探头　c）十四孔探头（直径 6mm，长 28mm）

从本质上来讲，像五孔和七孔探头这样的多孔探头，是由一束皮托探头构成的。单个探头之间的空间得以填充，而公共的探头头部做成了圆锥形。Cogotti（1986）介绍了一种“七孔探头”的构造和标定方法。采用这种探头也可以测量气流的空间方向角。能够确定的角度达到与探头中轴线相交的 ±70°。

由 Cogotti（1987）研制出的一种十四孔探头示于图 13.49c。这一探头能够在来流角为 ±180°的范围内工作，对它的标定则极为麻烦。据 Cogotti，这一探头在速度低到 4m/s 时工作仍然可靠。因此使用这种探头，既可以测量总压和静压，还可以测量速度矢量的量值大小和（空间）方向。

13.3.3.2　静压

在日常开发过程中，静压在汽车车身表面的分布经常是借助薄圆片形的传感器来测量的。它们也被称为扁平探头或者“监听器”。这样的一种探头简示于图 13.50a。那个压扁的带椭圆形截面的小连接管从径向延伸到圆片形传感器的中心，和它焊死在一起。传感器的中央，有一个直径为 0.4mm 或者更小一些的孔一直钻到小管上。小孔中存在的静压，将通过这个连接管和与之相连、大多数用 PVC 或者硅基材料做成的细压力管，传导到一个压力记录仪上。一般而言，这种“监听器”能够很容易地用自粘的薄膜贴在车身表面，因而避免了对测量对象的扰动破坏。此时，剪成圆形的薄膜的外径比起探头本身的直径要大；中央还有一个孔，其直径是传感器上压力孔本身直径的 8～10 倍。如果同时使用多个传感器，就必须注意，要使得局部的流动尽可能少地被塑料管线所改变。

还会直接在车身或者试验模型的表面打上很多钻孔。为此，测量点位可以根据 Carr 和 Rose（1963）的建议选定，如图 13.50b 所示。紧跟在钻孔的后面，贴有一个体积稍大的塑料罩子。由于稍大的体积，压力的波动得到明显减弱。

如果选择的钻孔直径不合适，会导致错误的测量结果。图 13.50c 表明钻孔的直径是如何影

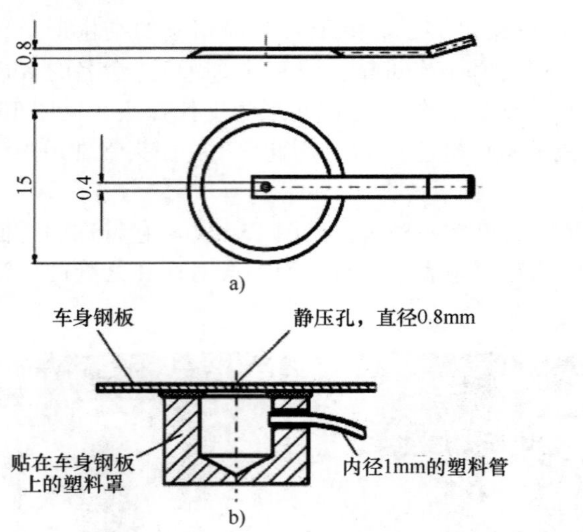

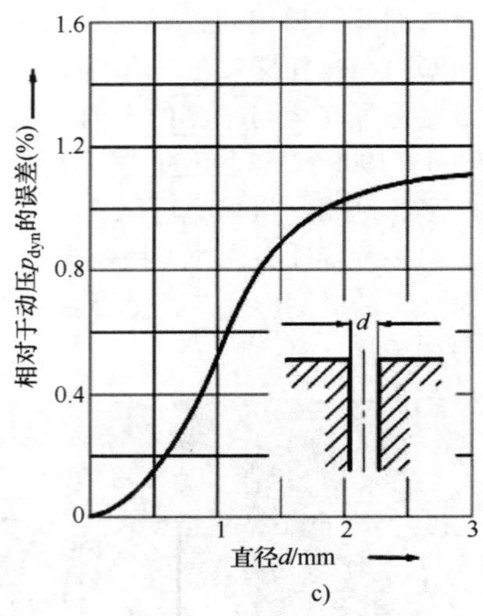

图 13.50　静压测量

a）用于车身表面测量的扁传感器　b）车身钢板上的压力钻孔，据 Carr 和 Rose（1963）

c）孔径对静压钻孔测量误差的影响，据 Gorlin 和 Slezinger（1966）

响测量结果的误差的。对绝大多数测量任务来说，最大至1mm直径的钻孔，其结果的精度被认为是可以接受的。对压力钻孔的边缘，需要给予足够的注意：边缘应该要圆，具有锐角边，但是无论如何不应留有毛刺，见 Chue（1975）。

13.3.3.3　压力测量传感器

在风洞试验中，几乎无一例外地都对压差的测量感兴趣，正如前面在介绍测量用传感器时举例提到的那样。在大多数情况下，待测的压差值相对于参考压力（通常是试验段内的静压）来说都很小，介于－4000～＋2000Pa之间。

机械式的压力测量传感器，在汽车空气动力学（试验）中不（再）使用了；而仅仅使用电式的传感器。在这一类的传感器中，最典型的，是将一个膜片上因压差而引起的薄膜的拱形弯曲转换成一个电信号。作为传感器，同样会使用像应变传感器那样的电容性、电感性或者压电性的元件。电式的传感器能够连续地记录数据；除此之外，也还具有便于计算机对数据进行收集和处理的优点。在风洞试验中，电传感器将建立在U形管或者膜片盒基础之上的“传统”测量装置几乎全部淘汰掉了，而本身则允许在一定限制范围内对于压力波动的依时序测量。

不过，如果在探头和压力传感器之间使用细软管（内径大约1～2mm），其长度和前面介绍过的扁探头大致相同，可能有好几米，它会在测量系统上造成相当大的信号衰减，因此采用这种形式的测量系统，几乎不可能对压力的波动进行可靠的时序测量。Schröck（2012）报告过一个给人以深刻印象的例子。图13.51是一个用来确定由测压管、连接软管和传感器所组成的系统的传递函数的系统结构简图。传递函数描述由谐振或者衰减，以及压力信号随时间的漂移引起的（压力）幅度变化（图13.52）。

不过，对于特定的测量任务，例如在气动声学中，压力的波动应该按照时间顺序来记录。在这种情况下，压力信号的衰减必须尽可能小，这又使得软管的使用成为禁忌。在这里，将一种小巧、高灵敏度的（电式）压力传感器直接布置在测量点，是一种合适的测量系统架构。此时，压力传感器的薄膜应该尽可能地紧贴测量对象的表面，例如侧窗玻璃或者车身表面。压电式压力传感器或者拾音器尤其适用于这种类型的测量，见 Catchpole 等人（1989）。不过，图13.52也说明，在20Hz的频率范围内，使用1～2m长的管线是绝对可以的。

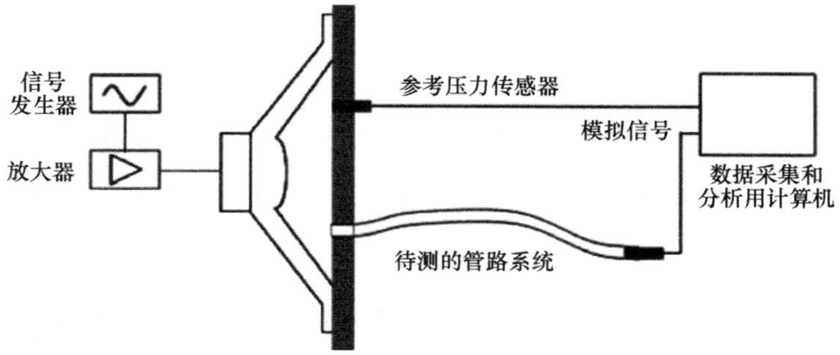

信号
发生器
放大器
参考压力传感器
模拟信号
数据采集和
分析用计算机
待测的管路系统

图 13.51 用于确定软管系统的传递函数的系统结构简图，据 Schröck（2012）

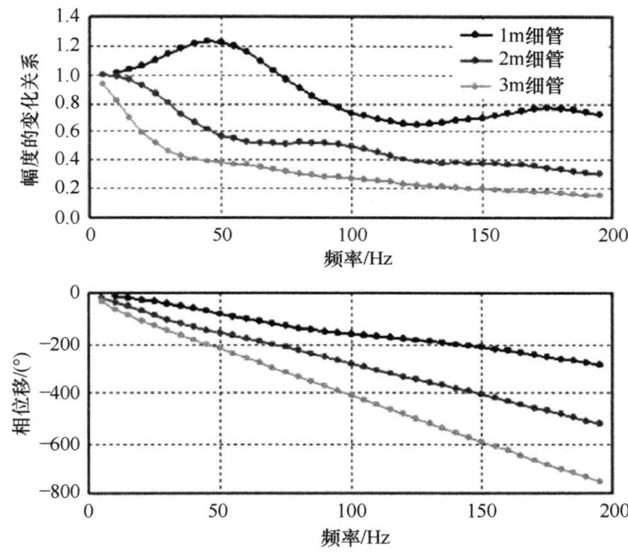

图 13.52 Schröck（2012）的模型试验中传递函数随管线系统的长度而变化

测量工作经常是在大量的压力测量点上展开的，比如在测量车体表面的压力分布的时候。为此，会用到所谓的扫描仪。它一个接一个地探测（扫描）位于压力孔上的压力，然后将相应的测量信号传送到数据采集装置。不仅开发出了电式的扫描仪，而且也开发出了纯电子工作方式的扫描仪。前者通过一个电动开关来先后选取与之相连接的探头，让钻孔附近压力连通到仅仅一个（!）压力传感器上。机械式压力扫描仪的优点在于，采用仅仅一个测量传感器就能够记录大量的压力信号。缺陷则是系统中的机械部件随着时间的推移磨损逐渐增大，以及转换时间和测量时间相对比较长。对机械式的压力扫描仪来说，从一个压力探头到下一个压力探头的典型转换频率是 6 ~ 8Hz。在有大量压力测量点的情况下，建议同时使用多台扫描仪。

就现在得到广泛应用的电子式的扫描仪而言，给单一的每个测量点，例如每个扁探头，都提供了一个自己独有的微型压力传感器。它不间断地受到测点处压力的作用。通常，这种微型压力传感器被集成为具有 8、16、32、64 或者更多个单一传感器的模块。所有压力传感器上信号的串行访问是由计算机控制来实现的，扫描频率达到 50kHz。正因为如此，对数百个测点的压力变化过程进行近似同步的采集记录都是可以做到的。

捕捉模型表面上压力分布的一种相当新颖的方法，是压力敏感的颜色涂层法；它也被称为光学压力传感器或者“压敏涂色”（PSP）。这种方法不仅给出定性的表达，而且给出定量的结果，却不会因为粘贴有妨碍的传感器而影响流动。

在开始试验之前，给待测模型表面涂上一层特殊的亮色油漆，以便获得一种一致的底色。这一底色一方面阻止模型表面分子的激发，另一方面则反射激发所致的荧光。接着借助一种“黏合剂”，再均匀地敷上一层适当的发光材料，厚度仅为20~40μm。将试验模型在风洞试验段中调正之后，采用继发性光束，通常是蓝光或者紫外光，对等待测试的表面尽可能均匀地进行照射。现在，一台CCD摄像机依空间位置记录到自适应荧光的强度。首先要在没有流动的条件下进行拍照，用作参考图像。然后，用这个参照图像与接下来在有气流作用影响下拍摄的荧光强度录影进行比较。借助在有或者没有气流条件下所记录的荧光强度的比例成图，就得出了压力的分布。为了更清楚地显示出来，就对结果图像的颜色进行编码，如图13.53（见彩插）所示。

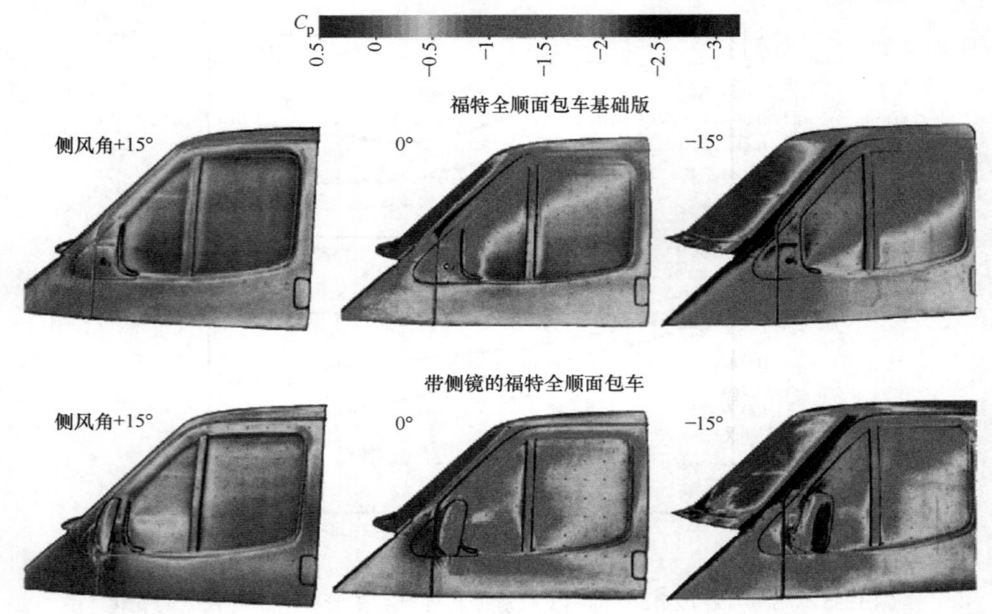

图13.53　采用压敏涂色方法（PSP）显示表面压力测量的结果。图示的是一辆福特全顺汽车（Ford Transit）在各种不同的侧风条件下、有或者没有安装侧视镜时在侧窗上测得的压力系数值（C_p）；据Duell等（2001）

Crites（1993）对空气动力学研究中所采用的压敏涂色方法进行了总结。PSP技术，包括其工作原理，也由Klein（1997）以及Klein等人（2000）给出了详细说明。这种光学压力传感器在飞机模型以及乘用车模型的风洞试验中的应用，也在Engler等人（2002）、Klein（1997）、Klein等人（1998）和Duell等人（2001）的论文中得到阐述。Duell等人（2001）以及Coleman等（2002）还对PSP在低风速条件下的应用问题进行了讨论。

对于汽车空气动力学研发中经常性的应用来说，因为前面说明过的在试验模型上的高准备费用和潜在的误差可能性，这种方法还不能够取代那些既有的稳定压力测量方法。采用传统的压力传感器所获得的测量结果的精确性，尤其是在低风速条件下，是±0.1mbar，（要比压敏涂色方法）高出10倍之多。当然，压敏涂色方法或者光学压力传感器所进行的测量也有其优点，那就是在极其短的测量时间内，提供定性并且具有相当高的位置分辨率的平面压力分布，而且不会因为植入探头而对流场有任何干扰。

13.3.4 气动力和气动力矩的测量

通常而言，在风洞中对汽车起作用的气动力和气动力矩的测量是利用一种多分量天平来实现的。一个直角形的直立十字轴作为坐标系统，如图 4.3 中的定义所示㊀。坐标系统的原点位于汽车的行驶路面、前后轴和两车轮的中间；它是与汽车固定在一起的㊁。这个坐标系统的优点在于，坐标轴的方向与行驶运动学中使用的坐标系统的方向，比如通过 SAE J670e 所约定的方向一致。这样，就能够以相同的符号，为行驶动力学的计算接受来自风洞试验的数据。

13.3.4.1 风洞天平

风洞中外置天平和内置天平都得到应用。后面会对内置天平做特别介绍。风洞天平的任务，就是测量作用在汽车上的风的合力和总的力矩，并且将它们向坐标轴的三个方向进行分解（六分量天平）。

为了能够对力和力矩进行精准的测量，风洞天平必须满足一系列的条件：

- 天平所属的部件不能改变试验汽车的来流和绕流流动。如果使用辅助构件，例如从上方或者从下方将汽车模型固定在一根杆上时，必须首先确定它对测量结果的影响，以便能够接下来对测量值进行修正。
- 在试验之前，重力需要通过一个配重置零。
- 在测量过程中，汽车的位置不能改变。如果位置发生变化，就要采用光学测量系统，以便能够对于因重心的位移而产生的影响加以修正。对于可能发生的位置变化，后面在讨论“用宽传送带测量”时还会涉及。
- 如果测量应该是在偏角发生变化的情况下进行，必须使天平围绕 z 轴连续地跟踪移动。

13.3.4.2 气动力和力矩分解成分量

测量得到的气动力必须对应于坐标系统进行分解。按照天平结构的不同，这会有各种不同的方式，例如按照 Preusser 等人（1989）所介绍的那样。几个专门为汽车的试验而开发出来的风洞天平的构造，总结在图 13.54 中。它们最重要的特性，都在简图的旁边列举出来了。汽车周围的流场尤其是车轮周围的空间流场，通常会在称为“托盘”、其上承载着汽车车轮的测量平台的上方产生一个静压压降。由于在平台的上部和下部所存在的压差，会在 z 方向出现一个附加力。该力会被天平错误地作为升力一起测量。因此，测量平台的面积应该只是略大于轮胎的压痕面积，否则，必须测量作用在平台上的压差，测得的上升力和下沉力必须相应地给予修正。有关其效果，例子如 Wickern 和 Beese（2002）对于旋转车轮的情形，Cogotti 等人（2003）对于静止车轮的情形都做了报道。在后一种情况下，所涉及的是一种十分复杂的半经验方法；这一方法中的压力分布，是在未经覆盖的平台上测量的，然后在此基础上计算出流动力。由于这种方法十分复杂，它仅仅有条件地适用于一般风洞测量。另外一种涉及力的测量方法，是由 Widdecke 和 Pot-thoff（2005）在一个专利说明书中所介绍的方法。按照这一方法，汽车在将车轮悬架装置完全锁定的情况下与风洞地板刚性地固定在一起。在测量平台上，车轮的支承可以是固定不动的，也可以是可旋转的。通过带有风或不带有风的两次测量，就可以直接推断出作用于自由测量平台台面上的附加压力。

但是与此同时，必须保证对轴距和轮距进行调定的可能性，以便能够对具有千差万别结构尺寸的试验汽车进行测试。实现这样的匹配的一种可能性如图 13.55a 所示。每个轮子落在一个平台上，该平台的支承则对应于轴距和轮距都是可调整的。测量平台上方剩下来的那些空洞口，

㊀ 与 SAE J1594（2003）的定义一致。

㊁ 与此相反，在对飞机进行测量时是以与风固定的坐标系统为准的。

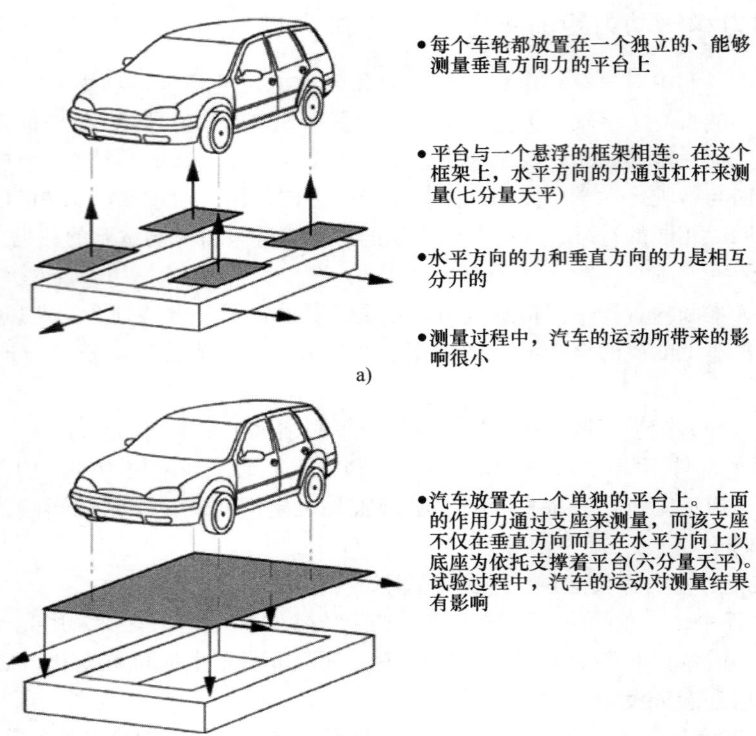

●每个车轮都放置在一个独立的、能够测量垂直方向力的平台上
●平台与一个悬浮的框架相连。在这个框架上，水平方向的力通过杠杆来测量(七分量天平)
●水平方向的力和垂直方向的力是相互分开的
●测量过程中，汽车的运动所带来的影响很小
a)
●汽车放置在一个单独的平台上。上面的作用力通过支座来测量，而该支座不仅在垂直方向而且在水平方向上以底座为依托支撑着平台(六分量天平)。试验过程中，汽车的运动对测量结果有影响
b)

图 13.54　应用于风洞的各种不同结构的汽车天平简图

采用可移动的平板覆盖；这些平板，则又与图中并未示出的试验段的地板连在一起。

图 13.55b 显示的是一个替代方案。给每一个车轮都配备了两个偏心的可转动圆形板。小一些的那个圆板是托盘；大一些的外围圆板由试验段的地板承托。通过圆板的转动，可以将平台调整到所希望的位置；从而，任何一种轮距和轴距所必须达到的组合都能够实现。

如果为了体现车轮的转动，在试验段的轮辙和车轮驱动装置之间装备了传动带（图 13.56），就只能有一种解决方案可供考虑了，该方案和前一种类似（图 13.55a）。现在在量产汽车测试中首选的风洞模拟方法所表示的，也是这种类型的试验段地板。此时，车轮的驱动装置与天平相连，同样，待测汽车也通过汽车底板（大多数情况下是门梁）上的特殊固定装置与天平连在一起。

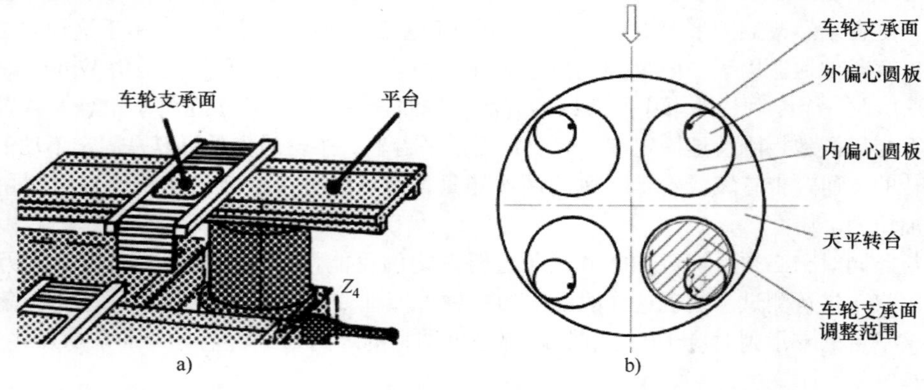

图 13.55　风洞天平上轴距和轮距调整方法示意图；据 Kelly 等（1982）

a）卷帘式盖板　b）偏心圆盖板

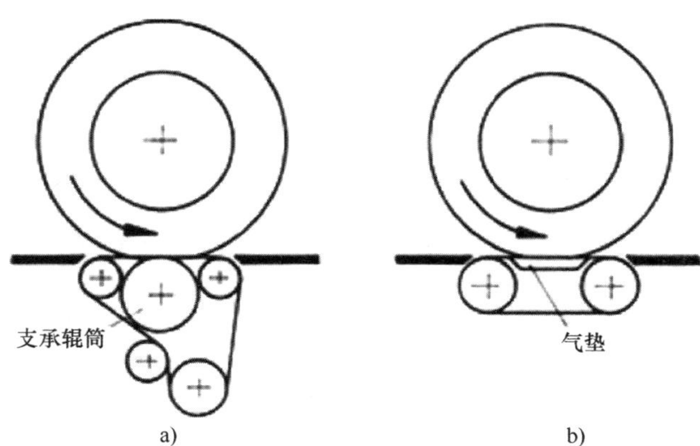

图 13.56　集成在一个六分量天平的（垂直）浮动单元中的车轮驱动装置，据 Fiedler 和 Potthoff（1999）
a）带有支承滚筒的橡胶平齿传动带的 FKFS 系统　b）带气垫的 MTS 钢板带

图 13.56 显示了用来驱动车轮或者车轮组的两种不同的驱动系统。在系统 a）中，车轮在一个平的橡胶带上滚动；车轮的载荷由支承滚筒来承受。系统 b）采用了一条钢带，钢带由水冷却的气垫来承托。车轮犹如在路面上的行驶一般，在一条平的衬垫上滚动。因此，也产生同样的压痕。进一步的优点还有，轮胎不会比在路面上变得更热；滚动的阻力与路面上相当，而且滚转的噪声也是同样如此，因为气垫声音很小。不过，这里的轮胎压痕还是比在测量平台上的要小。正如前面已经指出，在突出的（测量平台）面积上作用的风力，需要相应地修正。

在此，也许需要指出在采用旋转的车轮进行力的测量时相对于固定车轮所进行的试验的几项基本区别。通过车轮的转动，经过车轮上的开口流过的气流也正像汽车的绕流一样被改变，从而也改变了作用在汽车上的力。不过，不会同步测量所谓的通风阻力，这个通风阻力是某种与能量消耗有关的风阻的一部分，它要求对处于流动中的车轮加以驱动，见 Mercker 等人（1991），Wiedemann（2000），Wickern 等人（1997）以及参见 4.3.3.3 节。于是，所确定的汽车风阻值会太小，必须依据车轮的通风阻力矩相应地放大一部分。正如在 13.2.11 节中已经讨论过的，这种阻力和测量系统中的滚动阻力一样，仅仅只是作为天平结构中的内力表现出来。因此，这两个力的直接确定和把它们分开，都是不可能的。但是，还是存在多种不同的途径，可用来确定通风阻力；这里介绍其中的两种途径。在将车轮从车轮驱动装置抬开时（没有滚动阻力），第一种途径，见 Widemann（2000），是利用天平结构中的另一个测力装置来确定转矩；第二种途径，见 Mayer 和 Wiedemann（2007），是利用汽车上的附件来确定转矩。此时，驱动装置的圆周速度和带速大小相等。车轮悬架装置是锁定的，所以车轮在轮罩内的相对位置没有改变。这里可能需要指出的是，车轮抬起之后，在轮胎的下面出现一条缝，它允许气流从下面通过。而从下面流过的气流又会影响到需要测量的通风力矩。下面要接着指出一种系统性的测量错误。

图 13.57 所示为风洞中在汽车和车轮上的作用力。汽车及其四个车轮驱动装置是相互联系在一起的，而且都是由天平来承托。

以这样的测量系统布置，测量车身上的风阻力 $F_{W,K}$ 以及轮胎上的风阻力 $F_{W,Rad}$（在此，滚动阻力 F_R 和通风阻力 F_{Vent} 首先不予考虑）。这个作用于轮胎的偏心作用力可以分解为两个分力 $F_{W,Rad1}$ 和 $F_{W,Rad2}$。其中，力 $F_{W,Rad1}$ 直接导入车轮驱动单元。但是，在道路行驶过程中，$F_{W,Rad1}$ 是导入地面的。由于车轮驱动单元与天平连接在一起，这个力也一起被测出来。于是，由此得到了一个系统性的测量错误。该阻力由公式中的第（1）、（2）和（3）项所构成，因而增大了 $F_{W,Rad1}$ 这

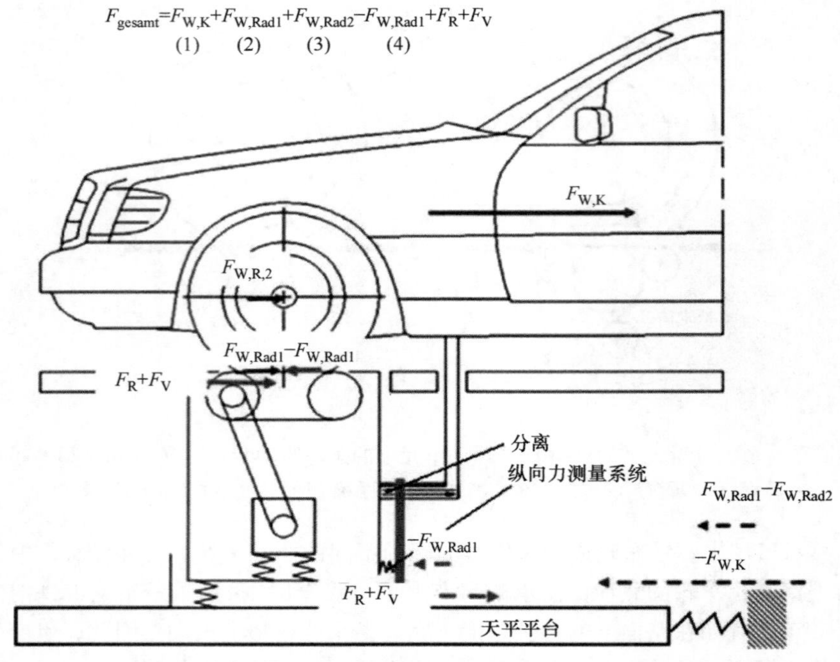

图 13.57　对于传统的五带试验系统上系统性测量错误的研究

一项。如果将汽车和车轮驱动单元间的连接分开（见车轮驱动装置旁边的立柱），并且用一个纵向力测量装置来替代，力 $F_{W,Rad1}$ 就会得到补偿［公式第（4）项］。滚动阻力 F_R 和通风阻力 F_{Vent} 之和也是一样：它们都是由于车轮的转动引起的，但是却源于不同的机理。有关将滚动阻力与通风阻力分开的问题，前面已经介绍过了。

利用（安装在汽车内部的）内置天平进行空气动力学的测量时，汽车采用原尺寸，现在极为罕见。这需要在汽车上做大量的工作，还需要（对汽车）在风洞中做特殊固定，见图 13.58。不过，采用一种宽的传动带之后，有关汽车空气动力学的几个基本的问题就已经迎刃而解了。有关的详细情况见于 Mercker 和 Knape（1989），Emmelmann 等人（1990），Mercker 等人（1991），Wickern 等人（1997）。

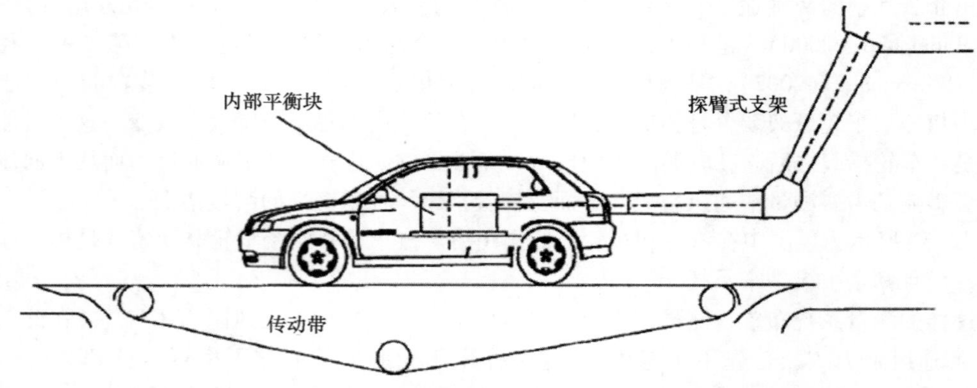

图 13.58　内置天平试验系统构造，车轮是由传动带来带动的；据 Wickern 等人（1997）

如果车轮是通过传动带来带动的，而且与汽车连接在一起，那么滚动阻力和通风阻力就计入测量结果了，因为与采用外置天平进行的测量相反，从天平的角度来看，这两个阻力都是外力。于是，滚动阻力可以通过一种特殊的配重测量与通风阻力区分开来。

天平技术的最新研究成果，使得通过传动带能够计算出旋转车轮压痕面上垂直方向的作用力，如图 13.59 所示。

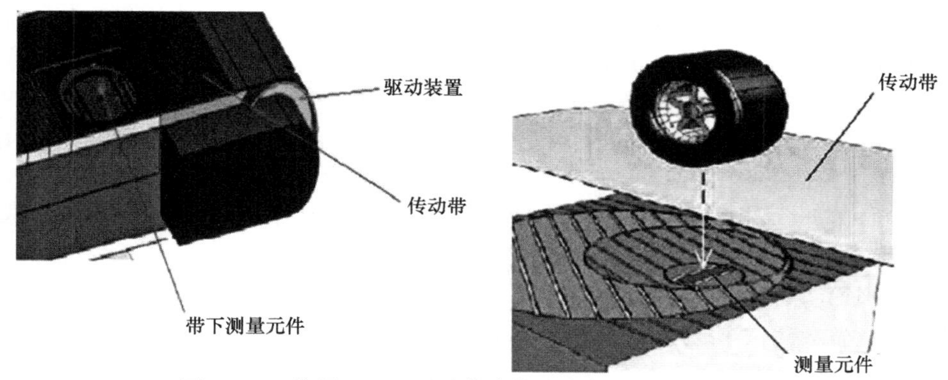

图 13.59　按照 MTS，通过传动带测量支承力的示意简图

传动带由空气轴承导引。位于传动带下方的可调节测力装置，测量车轮支承面所承载的力。通过设置在车轮两侧的夹具，能够使汽车在传动带上保持稳定，就跟位于北卡罗来纳州康科尔德的切变风滚道风洞中所配备的一样。夹具在传动带的外面与测力装置连接在一起。它把力分解为 x 方向和 y 方向，因而分解成阻力和侧向力，见图 13.60。Walter 等人（2012）对此做了详细报告。

这个测量系统中的测量结果，还包括滚动阻力、旋转车轮的通风阻力、夹具和测量元件的干扰力；这些力必须通过其他办法区分开来。不过，采取在车轮上固定的方法，车体结构还是能够对风载荷自如地做出反应，就如同在道路行驶中一样。如果轮胎因为旋转而变宽了，就会通过侧面夹具的角度变化产生垂直方向的附加力，从而影响测量结果。如果这个宽传动带与一个做水平方向测量的测力计相连，而且将汽车上的固定装置同样集成到这一系统中去，滚动阻力和通风阻力也就变成内力，并因此不会测量到。从而，通风阻力作为风阻力，又必须用别的办法来获得，而且必须（与其他阻力）加到一起。Duell 等人（2010）和 Koremoto 等人（2010）介绍了这个方法；现在，该方法是以一个专利保护名称“TALINGZ”而为人们所熟知。

图 13.60　汽车与测量传感装置的连接，据 Walter 等人（2012）

所有的传动带构造方案，都会在各自的传动滚筒前后有一些或宽或窄的缝隙。如果相应的传动带单元隶属于阻力测量系统，亦即天平，那么，汽车和轮胎的压力场就会引起水平方向的反作用力；这个力体现在测量结果之中，因此必须予以修正。这些影响与建造类型也就是风洞紧密相关，是目前范围广泛的研究课题的动因，例子参见 Walter 和 Broniewicz（2008）。

到目前为止的所有讨论，都涉及由风洞中的定常来流而导致的汽车上的力和力矩的测量。诸如因为汽车尾部的分离涡而引起的力随时间的变化，也通过取长时间平均值的办法而通常不予考虑。风的一些自然特性，例如阵风，在风洞内并未表示出来。汽车的侧风特性，同样是从准静态的测量中推导而来。最近的一些研究结果（有关问题见 Schröck 2012）表明，这样的处理方式本身似乎是不充分的，需要在风洞内模拟非稳态的空气动力学过程。这也就是说，同样必须测量非稳态的力。由于自身的惯性，1∶1 风洞中传统的地板天平并不适合进行分时的测量。此外，而且其固有频率介于 2～6Hz 之间，正好处在感兴趣的频率范围内。不过，采取一种特殊的结构型式——一种特殊的传感器布置方式，还是有可能进行非稳态测量的。

13.3.4.3　迎风面积的测量

风洞试验中需要对汽车的迎风面积 A_x 进行测定，因为风洞直接测量绝对的力和力矩，例如风阻阻力

$$F_W = \frac{\rho_L}{2} \cdot u_\infty^2 \cdot C_D \cdot A_x \tag{13.53}$$

除了空气密度 ρ_L 和来流速度 u_∞ 以外、只有在迎风面积 A_x 也已知的情况下，风阻系数 C_D 才是可以从这一测量中确定的。因此，迎风面积测量的精确度，不会影响到风阻阻力的测定，而是正如 4.1 节所定义的那样，对相应的阻力系数的确定有重要影响。

汽车迎风面积 A_x 即汽车在其纵向的最大投影面积。确定迎风面积的最原始的方法，就是投影测量。此时，汽车的外围轮廓线利用一个投射灯（聚光灯）来获得。投射灯必须安放在距离汽车足够远（200m 或以上）、位于汽车一半高度的对称面位置上。在汽车的后面、垂直于汽车的对称面，安装一面透明墙。墙上映出汽车的影子。影子的边缘可以被标记并且测定出来。尽管投影灯与汽车相距很远，由于光线的散射所造成的误差，仍然必须予以校正。采用这种方法能够达到 ±0.5% 的测量精度。

从很远的地方给汽车拍照，可能是一种从原理上来说与此相似的测量方法。为此，相机的镜头采用了很大的光圈（1000mm 或者更大）。这种方法的测量精度和投影测量法的精度相当。

在激光技术的基础上，开发出了在窄小的空间内、提供不含有光线散射误差的高精度测量值的迎风面积测量方法。用激光（例如氦－氖激光）在平行于汽车的对称面对其进行照射。激光器安装在一个二维十字托架上。十字托架的运动设定在竖直平面上、与汽车的纵向对称面垂直。在汽车的后方，有一个激光探测器（例如光敏二极管探测器），安装在第二个十字托架上，而且在平行于前一个十字架的平面内移动。激光器的运动和探测器的运动是同步的。当汽车允许或者阻止激光光线到达探测器时，探测器在十字托架上的所在位置即时以数字的方式记录下来。采用曲折形状方式的移动，就能够扫描出汽车的外围轮廓线，进而计算出汽车的迎风面积。

上述方法经过演变后，在汽车的后面安装一面后向反射壁。在激光系统的光学部分集成了一个探测器，安装在一个十字装置上。当激光光束到达反射壁面并在此处反射回来时，汽车的外围轮廓就被记录下来。

如果利用一个光学系统将激光束“变粗”（直径大约是 10～15mm），而且安装的不是探测器，而是一台 CCD 照相机，在汽车和照相机之间放一个马拉塔片（散光片），那么在马拉塔片上出现的局部阴影图像能够被数字化，进而存储在计算机内（ISRA 视像法）。最后，由这些数字

化的局部阴影图像，能够通过数值的方式将整个迎风面拼在一起并且计算出来。这一系统的构成简示于图 13.61。当测量的面积为 $2m^2$ 时，它能够达到的测量精度大约是 0.2%。测量过程全部自动进行。

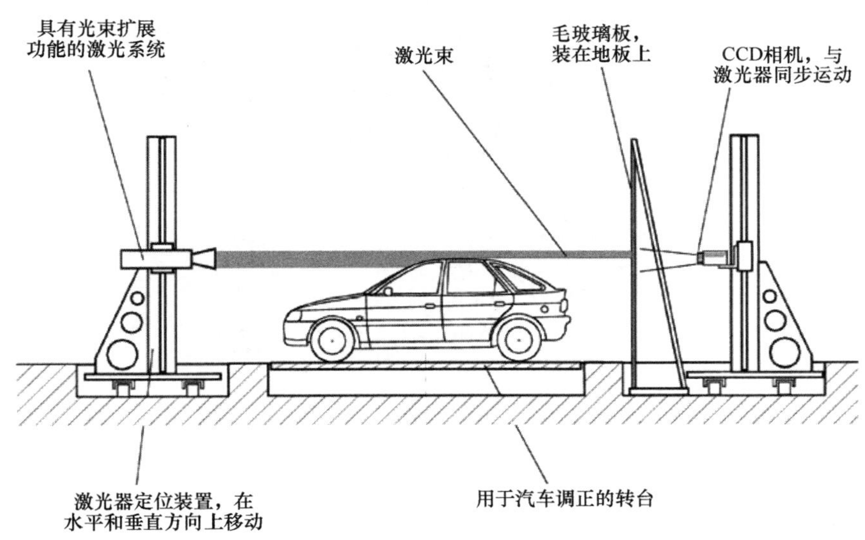

图 13.61　利用激光技术测量汽车的迎风面积；依照 ISRA 视像法

13.3.5　流动的可视化处理

让（空气的）流动可见这一愿望，就如同对流动的研究本身一样由来已久。随着时间的推移，在有关固定结构周围的流体运动方面已经获得了哪些详细的认知，Van Dyke（2007）做过的整理总结给人以深刻印象。在这里，层流和湍流、两种流动形式之间的过渡过程、流动在绕流物体上的分离，还有在绕流物体的尾流区的涡旋的产生，都是可视化的。

如果说 Van Dyke（的总结中）选择的是像球或者圆柱这样的基本形体，我们在汽车空气动力学中要处理的则是非常复杂的绕流结构。那些被处理得可以看见的汽车或者汽车部件的绕流，在有些情况下不是能够容易加以解释的。最常用的试验技术，只有在很低风速条件下能够提供清晰的图片，而在行驶过程中的实际速度则明显地更高。

尽管如此，绕流的可视化处理在汽车空气动力学中仍然具有重要的作用。在普遍采取经验性手段进行车身外形开发的过程中，它提供了一种十分有效的帮助。传统的方法已经由 Koenig - Fachsenfeld（1951）进行了总结。有两点必须区别开来：第一，直接在汽车的表面来观察流动；第二，是在空间范围内观察流动。

为了使得车身上的流动过程可见，将羊毛线粘贴在车身上的网格内。在风中，羊毛线指示出各局部区域的流动方向；流动的分离借助羊毛线的颤动显示出来。羊毛线也使得诸如 A 柱和斜背汽车的 C 柱上的蛋卷形分离涡可见。但是，这种简单的方法有几点不足之处。例如，在流速很低的区域，羊毛线本身的刚度会使其指示的方向出错。另外的一种可能性是粘贴一种用紫外色素浸染过的细尼龙线。在特殊光照条件下，这些尼龙线尤其清晰可辨。粘贴这些（羊毛或者尼龙）线非常费时间；所以，这种方法在研发过程中已经几乎不再采用了。

对此的一种替代方法由涂漆技术所提供。这种技术是在一种液体中混合了“示踪粒子”。它的可见性很好，而且能够反映出局部位置的流动过程。图13.62显示的就是采用这种方法进行模拟的结果。

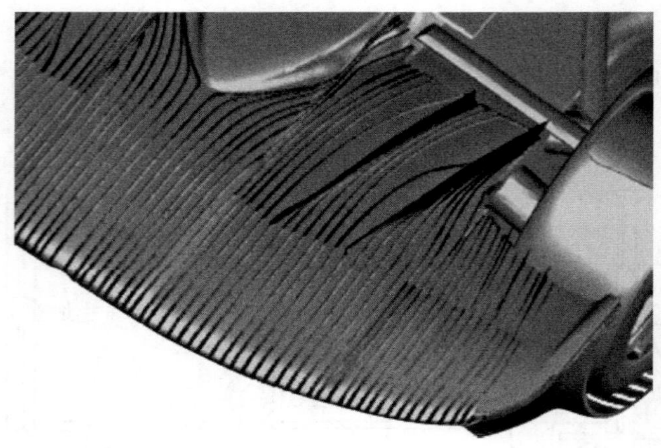

图13.62　涂漆法，汽车的前端部分，据Hahn（2006）

大多数情况下是采用刷子或者作为喷膜的办法，将油漆敷涂在车身的表面，见Cogotti（1998）。为了能够更好地清晰可见，会添加一些颜色颗粒，例如二氧化钛（TiO_2）。液体在表面上的附着力（黏性）必须足够高，以便不会在很短的时间内在竖直的表面上顺着重力的方向往下流；而另外一方面，液体的附着力又必须低于气流的摩擦力，以便有色颗粒能够跟随气流流动。

这项技术已经得到充分的完善。通过加入荧光成分，车身表面上的气流流动过程在紫外光下更为清晰可见，见Schmitt等人（1998）。对这种材料的要求还不仅仅局限在高可见性和随气流移动的特性。现在，还需要考虑到它的毒副作用和——例如通过被气流带走的油粒子所造成的——对风洞的污染程度。在研发时间变得越来越短和高成本压力背景下，对风洞经常性的清洁工作几乎是不可承受的。

使流场可见的第二类技术，同样是应用示踪粒子。不过，这些示踪粒子被吹入气流中，应该顺应汽车周围的流线运动。生成这种杂散粒子的一种最简单办法，就是使用所谓的发烟器。用一个长的电加热管将一种适当的液体——多数情况下是水和乙醇的混合物——注入发烟器内，并使其蒸发。当蒸汽从管端喷出时，迅速凝结成细小的白色液粒（气溶胶）。白色液粒被风流带走，因而沿着气流的流线生成一条清晰可见的“烟尾”，见图4.59。另一方面，如果气溶胶被带入分离区，例如外后视镜后面或者汽车本身的后面，分离区就会被气溶胶所充满。因此，尾涡区也变得清晰可见了，见图1.4a。发烟器很容易操作，它不会释放出有毒成分。对于流动特性的第一手定性评价，发烟器提供了很好的结果，当然，也只是在风速比较低的情况下。

图13.63显示这种发烟器的典型应用情景。图13.63a表示无吹气作用时汽车车后的尾流。图13.63b则表示由于吹气——一种对气流主动施加影响，降低风阻的方法——而引起的尾流变化。

新的气流可视化处理方法，采用了一种边界受到严格限定的光面；该光面是通过一只与一个光学系统相连的强卤素灯，或者是通过强激光来产生的。当加入到流动中的示踪粒子穿过光面时，对光进行反射。受到反射的光便会被相应的照相机记录下来。作为示踪粒子引入气流中的油滴，常常是在特殊的发生器中产生的，只有几微米大小。如果采用更大的示踪粒子，例如充氦气的肥皂泡，如图13.64所示，它们则一个个地单独出现，每一个粒子的路径都能够跟踪并记录

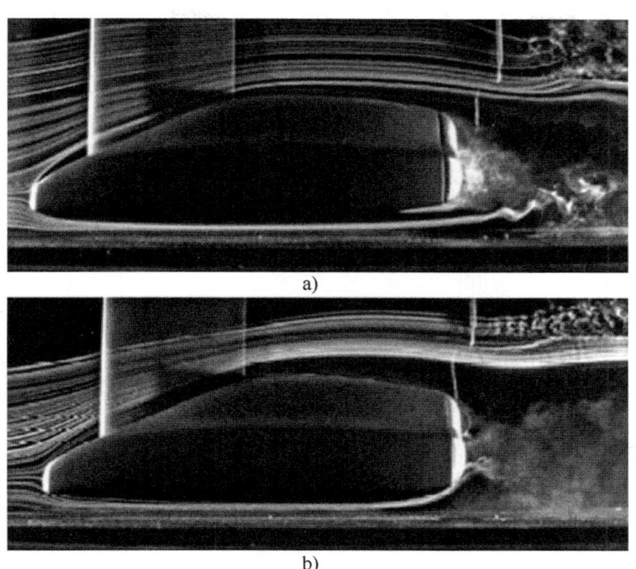

a)

b)

图 13.63　带有或者不带有吹气过程的尾流区的可视化处理，据 Hoffmann 等人（2010）

下来。该图显示的示踪方法提供三维的流动信息。

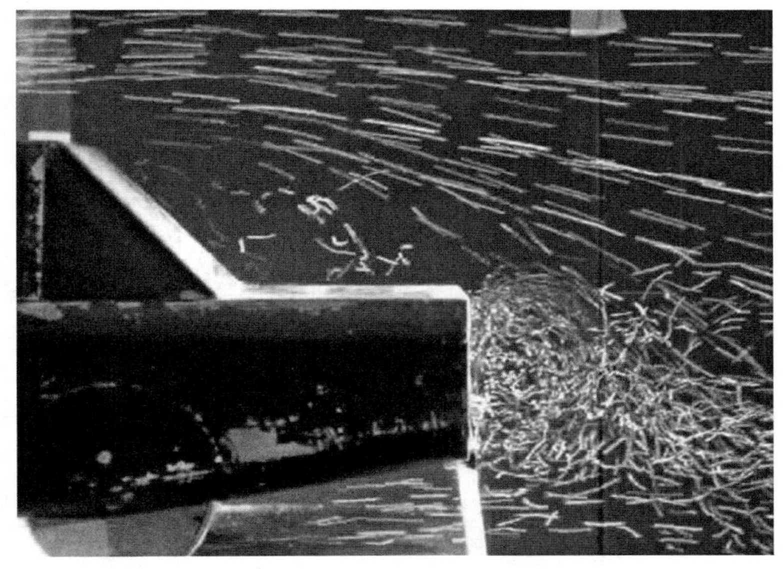

图 13.64　一种阶背式汽车模型尾流中的充氦肥皂泡，据 Lock 等人（2010）

如果这个光面不是连续而是在短时间内生成的（脉动式的），并且使照相机的快门与之同步，照片上就会将每一个示踪粒子的路径作为线条或者曲线记录下来。线条或者曲线的长度与相应示踪例子的平均速度成比例。这是对流场的一种定量的测量。这一技术的进一步发展导致了粒子图像测速仪（PIV）的产生。它已经在 13. 3. 2. 1 节中详细介绍过了。

但是，对于尾涡区和尾流区的分离现象的详细研究，只有当所涉及的区域得到特别照亮后才成为可能。为此目的，Buchheim 等人（1987）开发了一项激光 - 光截面技术。如图 13.65 所示，是这项技术在各种不同情况下的应用。这项技术首先利用一个圆柱形透镜来引导高能激光器（5～24W）发出的光，然后用一面镜子反射激光，使得汽车在任何所期望的面上的全宽度、全长度和整个高度上都能够被照亮。光截面的厚度可以在几毫米至几厘米之间调节。

这种方法的优点在于，可以实现任意截面。缺点是，它仅仅只能在低风速条件下使用，而且其结果只能呈现气流结构的二维信息。

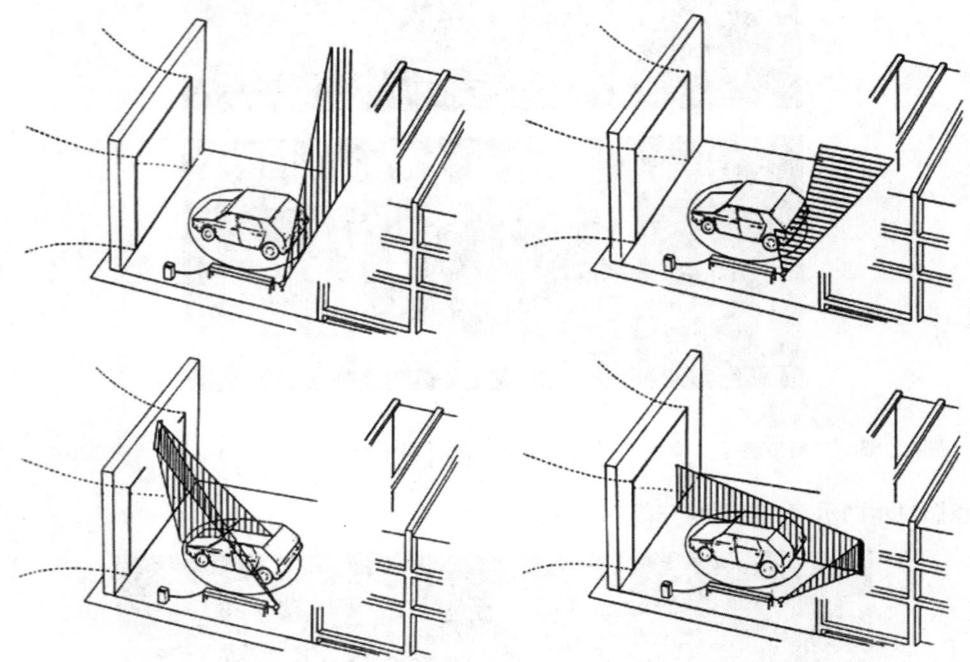

图 13.65　用来使汽车周围的流动过程可视化的激光－光截面技术，据 Buchheim 等人（1987）

13.3.6　对汽车脏污的研究

按照脏污原因，汽车的脏污可以区分为外来脏污和自身脏污（图 13.66）。关于风洞中进行这两种脏污研究的可能性，在后面会详细介绍。不仅对于外来脏污，而且对于自身脏污，试验研究中都要使用掺和了颜料或者荧光物质的水。荧光物质吸收紫外光范围内的光，然后又移频到可见光区域，将所吸收的能量发射出去。当利用紫外光照射变暗的试验段时，本身非常微细的水滴就变得清晰可见、能够应用于图像和视频分析了。

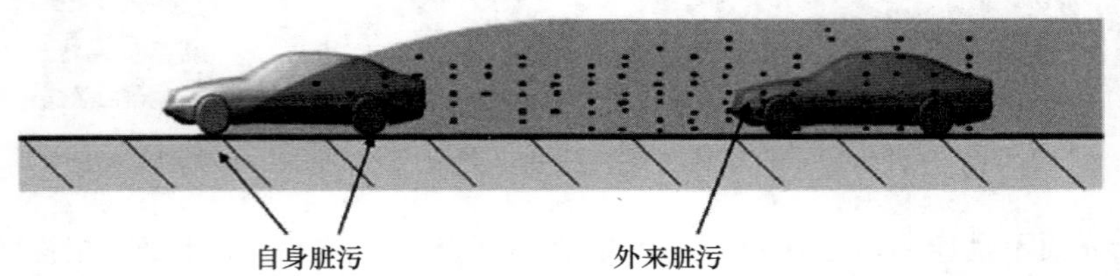

图 13.66　自身脏污和外来脏污的模拟（Spruss，2010a）

13.3.6.1　外来脏污的模拟

对应于6.3节中的定义，当由路面上周围的交通工具卷起的雨水或者水滴落到汽车上时，人们称之为外来脏污。此时，通过水滴输送、从前方到达汽车的脏污物，是研究的重点。风洞中为了模拟这一种脏污，在汽车的前方安设了一个喷溅装置。作为喷溅装置，既可以采用喷溅梁，也可以采用喷溅网。喷溅梁的高度能够按照汽车的尺寸调整。图 13.67（见彩插）显示采用喷溅梁进行的污染模拟试验。这里所试验的，是汽车在各种不同来流速度和来流偏角时汽车的脏污过程，以便有代表性地反映各种各样的行驶状态，例如城市交通、乡间公路和高速公路上的行驶。

考虑到成本因素，风洞内的试验应该尽可能少花时间，却仍然能够提供道路交通条件下相对应的污染图景。为了获得很好的测量结果可比性，有必要对汽车进行充分周密的准备。而为了保证初始条件的可重复性，还必须在每次试验前对汽车进行彻底的清洗。除此之外，要保证试验进行过程中所有的边界条件保持一致。在做样车试验时，极其微小、然而却与未来的实际车辆状态不相对应的一些细节，例如在密封、过渡配合或者表面粗糙度方面的差别，都有可能导致实验结果与未来量产汽车的脏污情形大相径庭。

图 13.67　在戴姆勒公司的风洞中进行的汽车脏污模拟试验。喷溅梁模拟中等雨量条件下一辆乘用车㊀后面的喷雾情形

13.3.6.2　自身脏污的模拟

自身脏污是由脏水滴造成的，特别是其被汽车自己的轮子卷起，然后沉积在汽车的侧面和后面（参见 6.3.3 节）。为了分析汽车自身带来的脏污，有必要具备对于因为旋转车轮的卷水效果而引起的水的分离、水滴或者说水雾形成的基本了解。此外，还必须搞清楚水滴从车轮到车体表面的运移过程和污染物在那里沉积的过程。图 13.68 显示 FKFS 用于研究车轮卷水起雾特性的试验台。为了通过试验详细地弄清车轮上卷水起雾的过程和水滴或者水雾的形成过程，在一个因此而特制的试验台上，对一个自由旋转的车轮进行了研究。水滴大小分布的分析和可视化处理，是在车轮圆周之外的 15 个间断测点上，由马尔文公司的激光衍射喷雾粒子测量系统（Malvern Spraytec Laser Diffraction System）来完成的。

在这项研究中，轮胎和被模拟的行驶路面之间的真正承载压痕是一个非常重要的影响因素，因为对应于载荷的调整，轮胎的承载面积和与此相关联的水滴被卷起的过程，以及起雾的过程都会随之发生变化。图 13.69 显示出旋转车轮上的起雾过程。图 13.69a 表示试验中经过可视化

㊀　原文误为载货汽车。——译者注

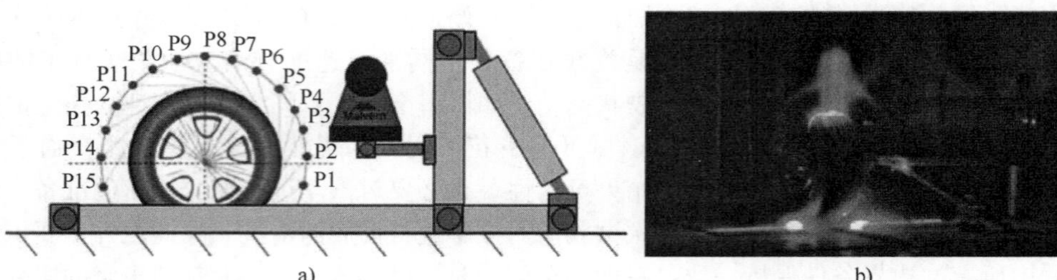

图 13.68　研究自由旋转车轮上的卷水起雾特性的试验台（a，P_i是测量点），试验台配备有马尔文激光衍射喷雾粒子测量系统（b）（Spruss 等人，2011）

处理后的起雾情形，图 13.69b 显示数值计算的起雾情形。

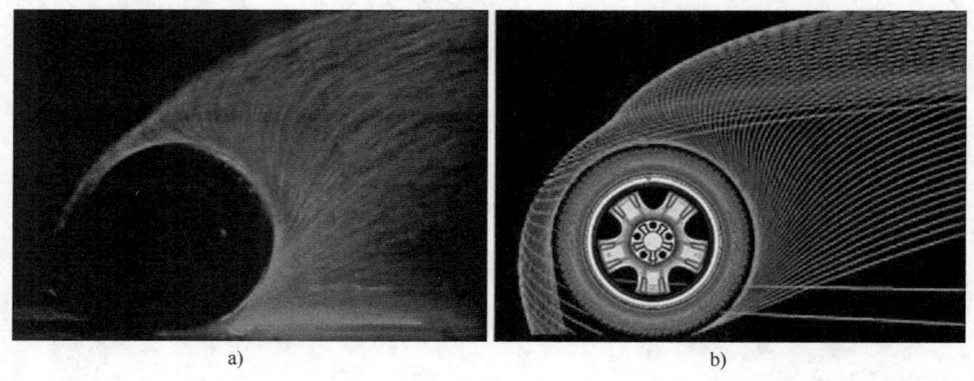

图 13.69　在自由旋转的车轮上通过试验（a）和数值计算（b）获得的起雾特性的比较（Spruss 等人，2011）

风洞试验中表达自身脏污过程的方法与表达外来脏污的方法类似，不过前者的所有测量工作是伴随着车轮的旋转进行的。掺和了荧光剂的水通过车轮前面的喷嘴喷洒到车道上。在这里，车轮支承在传动带或者是滚转试验台上，并被带动旋转。但是就起雾特性而言，在滚道上还是表现出相对于实际路面上的区别。其中的原因，特别在于滚道上轮胎的承压面发生了变化，因为与平整的道路不同，滚道呈现出的表面是弯曲的。在传动带上进行脏污过程模拟时的情况就不同了，因为这样所形成的轮胎承压面与在道路上行驶时是完全相同的。图 13.70（见彩插）和图 13.71（见彩插）对从滚转试验台和传动带上进行的脏污过程模拟中得到的自身脏污试验结果进行比较。所显示的是量化脏污程度，它是由所谓 c_F值（脏污系数）经过 8 字节离散处理得来的。与传动带相比，滚转试验台上得到的车身侧面的脏污更轻，而在后轮的尾流区则相反，脏污程度更高。

图 13.70　滚转试验台上的脏污模拟结果（Spruss 等人，2010b）

图 13.71　传动带上的脏污模拟结果（Spruss 等人，2010b）

13.3.7　发动机冷却试验

在发动机冷却系统研发过程中对于绕流模拟所提出的要求，比起供暖和空调装置试验时的要求而言，并非更为严格。因为对于绝大多数的汽车来说，冷却模块布置在汽车的前端，尤其是对前车部分的汽车绕流进行的模拟必须尽可能地接近实际，以便在风洞试验和道路试验的结果之间获得满意的一致性。在这种情况下，汽车尾部表面压力分布的细微差别是可以接受的。于是，也就可以采用完全是为此类研究而设计的比较小型的气候风洞或者热风洞（参见图 13.72㊀㊁）来进行发动机的冷却试验。不过，在此要特别注意来流速度的校准，因为随着喷管出口面积变得越来越小，来流速度的定义变得愈加困难（参见 13.2.2 节）。一般来说，试验总是在高环境温度条件下进行的，以便测得冷却系统的能力上限。除此之外，还经常要求对阳光辐射和回风情景进行模拟，以便能够考虑到实际行驶中会出现的一些极端的行驶条件。

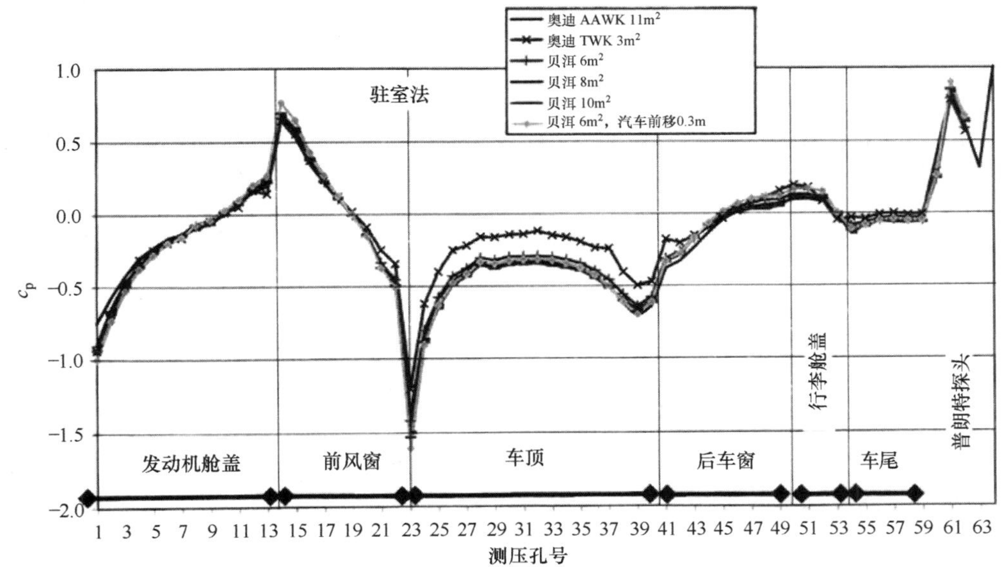

图 13.72　按驻室法确定风速，在各个不同的风洞中测得的一辆乘用车纵向截面上压力分布的比较；测量：奥迪公司

㊀ 也称为热风风洞。

㊁ 对此，又见 Ng 等人（2000）的经验。

为了在风洞中检验对发动机的冷却能力，在通常是风速恒定的条件下应用三种载荷状态：

1）在平坦路面上的高速试验模拟。

2）带拖挂车的高山行驶试验模拟。

3）在上述试验1或者试验2之后：空转工况或者发动机熄火之后的余热散热。

试验的每一个工况点都需要保持足够长的时间，直到冷却液的温度和机油的温度已经达到一种稳定状态。除了冷却液和零部件的临界温度之外，通过散热器散发的热量也是一个至关重要的参数。为了能够计算这个参数，必须测量冷却液的质量流量或者是冷却液的体积流量，以及在散热器前后冷却液的温度差。

$$\dot{Q} = \dot{m}_F \cdot c_{p,F} \cdot (T_{F,Rad_{in}} - T_{F,Rad_{out}}) \tag{13.54}$$

为了不至于高估或者低估通过冷却液经由散热器所带走的热量，必须考虑到冷却液的比热容 $c_{p,c}$ 与温度之间的关联性。不过，这种关联性在所考察的温度范围内并不十分突出，因此，一般采用平均值 c_p；该平均值是基于散热器入口和出口之间的冷却液平均温度来确定的。

鉴于汽车运行的安全性，严格遵守最高允许温度成为冷却系统的主要判别条件。在此，要对不同的工作介质和不同的零部件加以区别。对于在一次试验测量中必须全部纳入考察之列的发动机机油、变速器油、各个零件和冷却液来说，极限温度就是千差万别的。最好的情况，是在试验之前通过数值模拟确定一个临界温度，在测量过程中把这个临界温度作为参考温度、在一定的时候作为终止试验的判别条件来使用。在行驶试验中，超越这个临界温度的危险可能会通过发动机控制器使发动机功率受到限制㊀。

一种评价冷却系统工作能力的方法，基于对系统特定的临界温度，例如发动机缸体内的冷却液最高允许温度 $T_{F,Eng}$，与冷却空气温度 $T_{L,Rad_{in}}$，亦即进入散热器的冷风的温度之间的温度差的观察。

$$\Delta T = T_{F,Eng} - T_{L,Rad_{in}} \tag{13.55}$$

根据汽车前端其他换热器的数量和位置的不同，$T_{L,Rad_{in}}$ 与环境温度 T_∞ 有可能不相等。

只要节温器打开，并且风扇保持最大转速，各种不同环境温度条件下的 ΔT 就会近似保持恒定㊁。例如，当节温器关闭，而风扇控制在最高转速下运行，这种状态就能够实现。

当空气来流的温度达到临界极限值 T_{Atb} 时，发动机内的冷却液就会开始沸腾。T_{Atb} 称为“空气致沸温度”（Atb温度）。Atb温度越高，冷却系统的散热能力越强。在此情况下适用：

$$\Delta T = T_{F,Eng} - T_{L,Rad_{in}} = T_{F,b} - T_{Atb} \tag{13.56}$$

于是

$$T_{Atb} = T_{F,b} - T_{F,Eng} + T_{L,Rad_{in}} \tag{13.57}$$

式中，$T_{F,b}$ 是冷却液的沸点，它取决于冷却系统中的压力，而该压力又是由散热器安全阀入口的压力所限定的。

对于前面介绍的三种载荷状态，可以据此定义能够作为验收判据的Atb温度。这个极限值的确定有赖于实际经验。对于高速试验而言，T_{Atb} 的值介于48～55℃之间。对于爬坡行驶状态则相反，设定的允许极限比较低，为 T_{Atb} = 28～35℃，原因是发动机的负荷提高，冷却液的温度也明显地变得更高了。

㊀ 通过对温度及其随时间变化的监控，控制器已经能够对超过临界温度的危险事先做出判断。

㊁ 冷却器入口处冷却液的温度与冷却空气温度之差，称为ETD值（入口温差），可以用来评价散热器的热效率：ETD值越小，热效率越高。通过确定随行驶速度变化的ETD值，就能够在给定的行驶条件下和对于各个速度档位，检验冷却液沸腾的风险。对此，参见Eichlseder等人（1999）。

实际上，Atb 温度也进一步扩展为评价冷却系统工作效率的指标。作为一种备选方案，Lin 等人（1997）和 Ng 等人（2002）建议，采用由下式定义的“比导热”（比耗散，SD）：

$$SD = \frac{\dot{Q}}{T_{F,Rad_{in}} - T_{L,Rad_{in}}} = \frac{\dot{m}_F \cdot c_{p,F} \cdot (T_{F,Rad_{in}} - T_{F,Rad_{out}})}{T_{F,Rad_{in}} - T_{L,Rad_{in}}} = \frac{\dot{Q}}{ETD} \tag{13.58}$$

式中，$\dot{Q}$是散热器的热传递功率；$\dot{m}_F$是通过散热器的冷却液流量；$c_{p,F}$是冷却液的比热容；$T_{L,Rad_{in}}$是散热器前冷风的温度；$T_{F,Rad_{in}}$和$T_{F,Rad_{out}}$是散热器入口和出口处冷却液的温度。因此，为了计算出 SD 值，还必须确定冷却液的流量（kg/s）。

相对于 Atb 温度，SD 法的主要优点在于，即使是在散热器性能试验过程中风洞内空气的温度不能保持恒定时，SD 法仍然能够给出可靠的试验结果。正因为如此，在这样一些不具备空调设施的风洞中内开展的研发工作也会是令人信赖的。

高山行驶试验的一项重要判据是高度的影响。由于气压随海拔下降，在 2500m 的海拔气压只有 0.74bar，又由于由此而引起的空气密度降低和环境温度下降，发动机的功率以及随之而来的热性能发生变化。由于散热器安全阀盖上的压力的变化，沸点温度随之发生改变。在“普通”风洞中，这一情况的模拟只有在一定条件下才是可能的。在那里，通常只有环境温度的影响能够模拟。在各种各样的环境压力条件下的发动机冷却试验，只有在特别为高原试验而设计的舱室（用于废气试验的高原舱）内才能进行。

在最高速度试验和高山行驶试验时，包括爬坡阻力在内的行驶阻力都是通过滚转试验台来模拟的。通常情况下，带拖车的爬坡行驶模拟选择的坡度是 10% ~12%。

由于辊筒的直径有限，被驱动车轮的滚动阻力在滚转试验台上比在道路上要大。这一点必须在确定由试验台控制系统所要施加的载荷时加以考虑。一般而言，待调定载荷是借助汽车（阻力）主方程来确定的，见 3.2.5 节“总行驶阻力”中的公式（3.6）。如果需要在试验台道路上重复实施行驶试验，就必须保证，在两种情况下冷却系统中注入的热量相等。由于燃烧式发动机的热排放与工况点密切相关，所以不仅发动机的转速，还有其转矩，在试验台试验和在道路试验中都必须相互一致。对此，目前的试验台载荷是基于来自汽车控制器的信息这样来调定的，即尽最大的可能性复制道路行驶中载荷随时间的变化。

13.3.8　加热和空调试验

加热和空调试验是先于道路试验在气候风洞内进行的。但是，因为气候风洞一般要比空气动力学风洞小（见 13.5 节），它的适用性必须通过相关性检验来加以保证。这种相关性检验要么是与大型风洞相对照，要么是与道路试验进行比较，其方式是检查汽车车身上数据采集点的压力分布。这样的相关性检验保证，在所选择的试验环境中，车身上的压力分布特性也与道路试验时的相对应，而且由此使得在汽车车身上通过的空气量符合实际情况。如果不能确定足够的相关性，例如因为气候风洞出风口的面积对于试验对象来说太小，可以在测试段内配置导流片对气流进行“整流”，通过这个办法，气候风洞的吹风速度得到调节，以便达到一个更好的相关性，如同 13.2.2 节所述。

图 13.73 显示的是一种加热试验的典型曲线图。试验前，汽车长时间停放在一个处于试验温度的所谓的“均热室”，直到发动机和乘员舱内的所有部件、包括所有的冷却液和润滑油都达到这一温度。开始试验时，利用滚转试验台以与每一种行驶速度相对应的拉力使发动机空转。该拉力是由此前确定的试验方案预先给定的。试验过程中，记录车内多个测点的气温。需要布置测点的位置在德国工业标准 DIN 1946 -3 中有说明。图 13.73 显示了腿脚空间、胸部和头部区域的平均温度值以及所有平均值的总均值。将这些平均值或者总均值与通常按照实际经验确定的对系

统的最低要求进行比较，就能实现对于加热系统性能的最终评价。应用数字式数据采集设备和为此特别开发的评价软件，能够将试验结果迅速而且清晰地显示出来、甚至长期存档[㊀]。

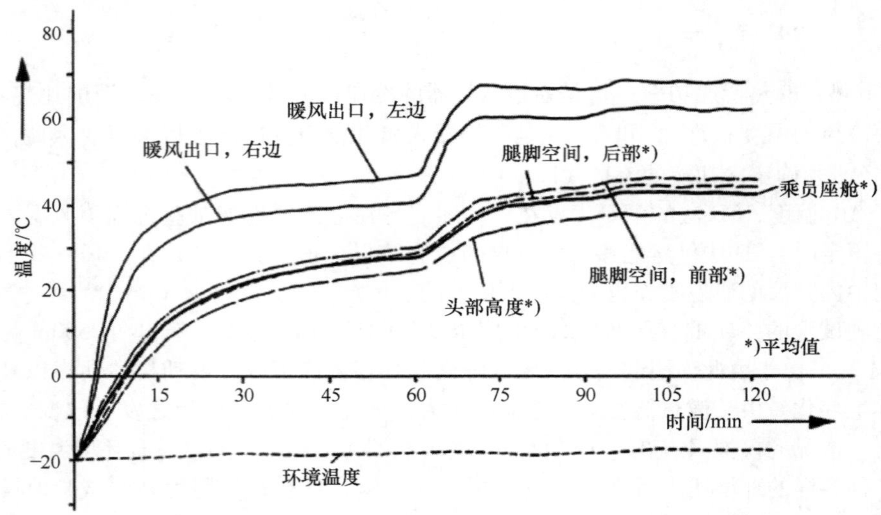

图 13.73　乘员舱加热试验的典型结果

进行空调设备性能测试的方法与加热试验方法极为相似。汽车停放在高气温环境中，使之温度达到平衡。然后，逐渐提高行驶速度进行试验，并在结束时使发动机空转。在高空气温度的基础上额外增加特殊的光源，模拟道路行驶过程中由于太阳辐射产生的热负载。除此之外，相应地提高空气的湿度，以便在最严酷的工作条件下对空调器进行试验。典型的试验条件如：环境温度 40℃以上，空气相对湿度 40% 左右和模拟的阳光辐射强度为 $1kW/m^2$。

用于模拟太阳辐射的特种光源必须具备与自然阳光类似的光谱，并且发出取向平行的光。在表 13.1 中汇总了几种典型的辐射光源。

表 13.1　常见商用辐射光源的能谱分布与日光能谱的对比；在总辐射中所占比例以 % 表示

辐射光源	紫光 – C	紫外 – B	紫外 – A	可见光	红外 – A	红外 – B	红外 – C
波长/μm	<0.28	0.28 ~ 0.315	0.318 ~ 0.38	0.38 ~ 0.78	0.78 ~ 1.4	1.4 ~ 3.0	>3.0
地面辐射，据 Schulze （$1.12kW/m^2$）	—	0.4	3.9	51.8	31.2	12.7	—
金属卤化物灯 4000W（奥司朗）	0.1	0.8	6.2	53.3	32.3	7.3	—
卤素灯，3400K（奥司朗）	—	—	0.4	19.1	47.4	33.1	
红外加热灯，250W（奥司朗）	—	—	—	4.0	42.5	50.8	2.7
MSR 1200W HR（飞利浦）			3.6	53.5	30.5	12.4	

和加热试验时类似，空调设备所给出的制冷性能，是通过乘员舱内温度的平均值与设定的最低指标之间的比较来评判的。作为例子，图 13.74 给出了一台空调器在两种配置时的制冷能力对比。这两种配置的空调都是在同一个气候风洞内、在上述提到的试验条件下接受试验的。

除霜和除雾试验

对于行驶于寒冷气候带的汽车来说，具有强除霜能力的加热器是一个不可或缺的前提条件。

㊀ 见 Hager 等人（1998）。

一些国家对风窗玻璃的除霜提出了最低的功率要求。FMVSS 103（1996）为北美国家制定了试验规范㊀；在欧洲国家，采用 78/317/EEC（1978）作为（质量）验收要求。

除霜试验：在进行除霜试验前，将汽车长时间置于低温环境中，直到所有的汽车零部件都达到试验所要求的温度。EEC－条例中建议的试验温度是 －8 ～ －18℃。试验开始时，给汽车玻璃表面制造一个预先给定厚度（例如 0.044g/cm^2）的霜层；为了做到这一点，用一个喷枪喷洒水雾。汽车在试验温度下再放置 30～40min。接下来，起动发动机，使其预热。为了给汽车的预热过程设定既符合实际又可重复再现的工作条件，发动机转速、蓄电池电压、除霜设备的端电压等都要确定下来。起动除霜系统，除霜过程随时间的演进用照相机或者摄像机记录下来。这些图像能够用来评判除霜系统的工作能力。为此，在前面提到的标准试验规范中定义了风窗玻璃上的特别区域。只有这些区域才会在试验结果的评价过程中给予关注。

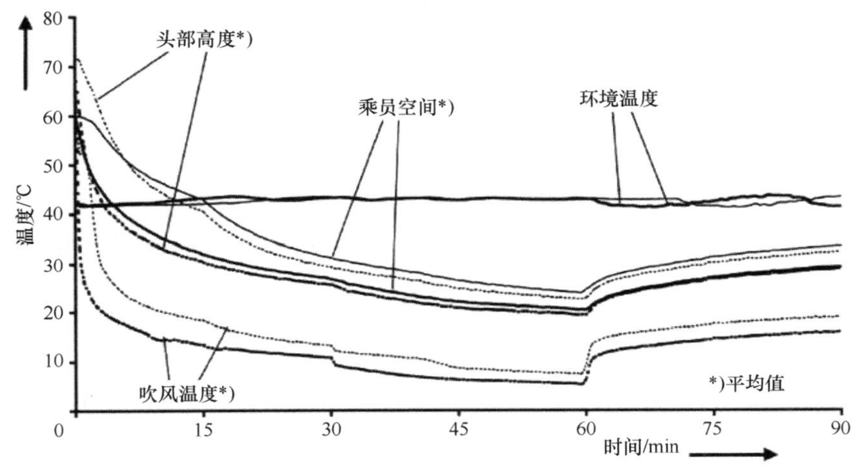

图 13.74 空调器在供货状态和优化状态（实线）制冷性能的比较

图 13.75 所示为风窗玻璃上已经除霜区域的轮廓之一例；虚线对应的是前面提到的特定区域。由除霜系统所要求的最低除霜能力，以在预先给定的时间内风窗上各个指定区域已经除霜面积的百分比来确定。

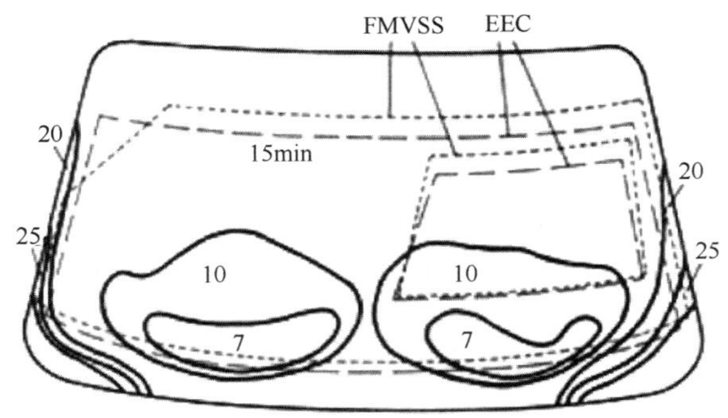

图 13.75 风窗玻璃除霜试验结果：实线所标出的是每隔 5min 风窗上已经除霜的区域。虚线所勾勒的是风窗上的特定区域

㊀ 试验准备和试验过程按 SAE J902 FEB99（2003）执行。

对于旨在优化除霜和除雾系统所进行的研发工作而言，一种红外照相机能够提供非常有价值的服务（温度分布图示法，或热成像——译者注）。在实际工作条件下用这种设备获得的风窗和其他玻璃表面的温度分布图像，帮助研发工程师开发出相应的优化手段。此外，Burch 等人（1993）还在一篇研究中确认，在一次采用类似于上述试验的室温环境风洞试验过程中所得到的风窗红外图像，与一次真正的除霜测试所得到的结果非常相似。正因为如此，以研发为目的的除霜系统试验，可以事先在室温条件下从而也以相应地经济得多的成本进行㊀。

除雾试验：在除雾试验过程中，正如78/317/EEC（1978）所说明的那样，使用一个特别为此而研制的蒸汽发生器来模拟汽车内乘员的湿气排放（大约每个乘员70g/h）。试验温度略低于冰点（例如 -3℃）。在试验温度条件下的静置过程结束后，造雾器在车内工作5min，以便在玻璃的表面产生一层雾膜。然后发动机起动，打开除雾设备，以去除玻璃表面的水雾。在此过程中，造雾器保持运转，直到试验结束。水雾清除区域的轮廓，类似于除霜试验一样采集或者说标记下来，加以记录，以便于进行（系统除雾能力的）评判。规程78/317/EEC（1978）规定了适用于欧洲国家的最低除雾能力。

13.3.9 道路行驶试验测量

13.3.9.1 惯性滑行试验中的风阻测量

C_D值的确定通常是在风洞内进行的。此时需要考虑到哪些局限性，已经在13.2节做了介绍。同时，为了避开这些限制，已经找到在道路行驶过程中测量C_D值的方法。此时的困难在于，将空气阻力与滚动阻力分开，还有诸如试验路段的上下坡、刮风和下雨这些环境因素的干扰掺杂其间。

应用最为普遍的方法是惯性滑行试验，这里会按照Bez（1974）建议的方式介绍这个方法。该试验必须在一个长、直、平的路段上进行。Walston 等人（1976）曾经报告，如何在试验过程中消除自然风的影响。不过，测试工作最好是在静风条件下展开。

首先，将测试汽车加速至某个高速，以便接下来在发动机熄火后无制动地滑行，直到停止。连续地记录汽车的速度变化。速度的降低是由作用于汽车上的阻力，也就是空气阻力和机械阻力㊁—所造成的。它适用于以下方程［参见式（3.5）］：

$$(1+f)\cdot m_F\cdot\frac{dv}{dt}=F_{mech}+F_W \tag{13.59}$$

式中，m_F是汽车质量，单位kg；f是考虑到转动物体质量的汽车质量增加量；$v(t)$是随时间变化的汽车速度，单位m/s；F_{mech}是机械阻力，由车轮的滚动阻力、驱动系统和轴承的阻力所组成，单位N；F_W是所求的空气阻力，单位N。f由旋转物体的运动方程导出，可以用下式表示：

$$f\cdot m_F=\frac{J_d}{r_{dyn,d}^2}+\frac{J_0}{r_{dyn,0}^2} \tag{13.60}$$

式中，J_d是传动系统内旋转体、包含从动轴上的车轮的转动惯量，单位N·m·s^2；J_0是非从动轴上旋转体的转动惯量，单位N·m·s^2；r_{dyn}是从动轴（脚标为d）或者非从动轴（脚标为0）上车轮的动力滚动半径，单位m。

㊀ Aroussi 等人（2001）采用了这种方法，评价侧窗上的除霜以及除雾特性。

㊁ 总的阻力也可以按照Romani（1969）所介绍的那样测量，即用一辆装有推杆的汽车来推动受试汽车。推杆上测到的推力就等于总阻力。但是，推杆必须足够长，以便排除两辆车之间的相互干扰。根据图4.193，两辆车之间的距离应该大于两个车身的长度。这项要求使得推动测量方法似乎并不现实。根据Yang（1994）的建议，受试汽车由另一辆汽车用一根绳来拖动，装在绳子尾端的测力盒测量总阻力。为了避免两车的相互干扰，两车之间的距离应该超过300m。这一要求使得这个方法同样难以实施。

一种确定机械阻力的方法是实验室试验。不过这一设想的可行性所面对的困难，是如何才能准确地测量轮胎在转鼓试验台上的滚动阻力。在转鼓上进行测量时，无论是在鼓外还是鼓内，与平整路面相比较，都存在不容忽视的差别。除此之外，还必须考虑到轮胎的附加阻力，这一阻力与汽车轮轴的几何参数（即车轮的倾角，前束角）相关联。

在实验室内将车轮放在平轨道、而不是转鼓上做试验，将会是测量滚动阻力的一种更为准确的方法。Potthoff 等人（2004）已经指出，利用四个平轨道—车轮转动单元，汽车直接摆放在它们上面，可以测取全部四个车轮速度达 250km/h 时的滚动阻力值。平轨道由厚度为 0.3mm 的钢板做成，用耐高温喷漆涂覆，借以模拟典型的不平整路面。

机械阻力也可以替代性地通过道路试验来测量，在此试验过程中人为地将空气阻力排除掉。这是使用一种如图 13.76 所示的罩盖式测量拖车实现的；该测量拖车由一辆牵引车牵引，大到足够覆盖和容纳受试汽车。这项技术的详细介绍由 Carr 和 Rose（1963）以及 Kessler 和 Wallis（1966）提供。

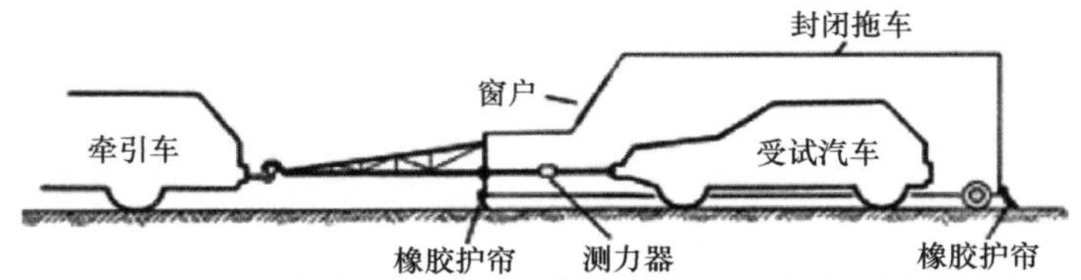

图 13.76　使用测量拖车来确定汽车的滚转阻力的示意图；
据 Carr 和 Rose（1963），Kessler 和 Wallis（1966）

测量拖车的后部有车轮，前端则通过挂钩与牵引车连接。在测量拖车和受试汽车之间的连杆上装有一个测量拉力的传感器。测量拖车的侧面以橡胶护帘延伸到地面；橡胶护帘始终与行驶路面保持接触，这样，受试汽车完全被屏蔽起来，因而（作用于）它的空气阻力等于零。

当机械阻力的测量直接与惯性滑行试验一起进行时，这项技术便消除了与此前介绍的方法相联系的所有缺点。其本身的缺点是，受试汽车的驾驶员必须做一些转向修正，以免偏离牵引车的行驶路线。这样做便强制性地提高了机械阻力。此外，当两辆车搭档行驶时，出于安全考虑，试验速度也必然受到限制。为了达至可靠的测量结果，整个测量过程还必须在测量路段的两个方向上多次重复进行，然后计算所获得结果的平均值。

车轮的滚动阻力也可以单独和测量拖车一起在道路上进行采集（例如见 Haken，1999；Haken 等人，2000；Mayer 和 Wiedemann，2003）。图 13.77 就是这样一种由 FKFS 所研制的试验拖车的照片。待测试车轮的绕流被一个与路面接触的围帘所阻断。图 13.78 显示出这种拖车的内部结构；前轮是受测轮，轮子的几何参数和载荷可以在很宽的范围内变化。

图 13.77　FKFS 研制的、在真实条件下测量滚转阻力的测量拖车（照片：FKFS）

Remenda 等人（1989）介绍了一种测量滚动阻力的方法；按照这种方法，即使是在不平整路面上和在有自然风存在的条件下进行惯性滑行试验时，不仅与侧风角相关联的空气阻力，而且滚动阻力都能够测量出来。该方法把在惯性滑行中每0.5s间隔内测得的参数，如惯性滑行距离作为时间的函数、总压（采用 Kiel 探头）和侧风角，用于对计算模型的迭代校正。

在一个类似的改进后方法中，Buckley（1995）把空气阻力（与侧风角和侧风速度相关）和滚动阻力（与行驶速度相关）归纳为一个多项式，并且运用（自然风影响下）惯性滑行试验中每1s间隔的测试数据和一种线性回归算法计算出了多项式（最多15个未知数）的系数值。为此，在一次典型的惯性滑行试验过程中，有大约120个线性方程（10次试验重复：1200个方程）可供利用㊀。作为测量数据，除了行驶速度外，还额外使用了汽车的合成来流速度和侧风角。两个参数都用固定在汽车前部的长拉杆上的叶轮式风速计测量㊁。

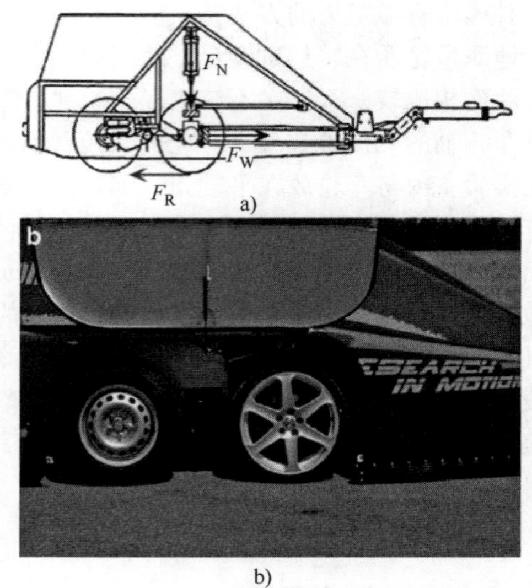

图 13.78 FKFS 测量拖车内部结构（绘图和照片：FKFS）
a）可变轮边载荷 F_N，测得的纵向力 F_L，滚转阻力 $F_R = F_{L,korr}$（Mayer 和 Wiedemann，2003）。最大轮胎尺寸：275/35 R 20，最大车轮载荷 5500N，v_{max} = 130km/h
b）侧面挡板折起，图中右边的轮子是测试对象

就滚转试验台上的燃料消耗和废气排放试验而言，真实地模拟行驶阻力十分必要。一种可能性是，利用涉及滚动阻力、风阻和汽车质量等的汽车数据对试验台进行编程。另外一种方法则是，首先通过道路上的惯性滑行试验（也就是说速度随时间的变化）对待测试汽车的总行驶阻力进行采集，接着在滚转试验台上重复同一试验。这样来调整试验台的参数，使得受试汽车在滚转试验台上的惯性滑行特性与道路上测试时一致㊂。

13.3.9.2 侧风试验

评价汽车侧风敏感性的各种方法在第5章做过详细介绍。在比如说由发动机杂志记者们所做的行驶试验和汽车测试过程中，从一个人工造成的侧面阵风前驶过㊃，总是最受欢迎的。图13.79就显示了这一类的试验设施。通常把汽车偏离原来直线行驶的侧向偏差看作是特性参数。利用这个（特性参数）能够量化侧风敏感性，并据此予以评价，见图13.80。

有两种侧风试验方法（也见5.1.2.2节）：

㊀ 为了比较风洞内和路面上测得的 C_D 值，Le Good 等人（1995，1998）和 Walter 等人（2001）也进行了类似的试验。Passmore 等人（1998）对类似惯性滑行试验结果的离散范围进行了研究。另外提示一下 SAE 标准 J2263（2003）和 J1263（2003）：这些标准对所提及试验的准备和进行过程都给出了详细的说明。

㊁ 在一个类似的测量方法中，Mayer 等人（2003）把压力探头放在汽车的前端，以确定侧风角度。除此之外，还借助一个通过旋转稳定的平台和汽车前后的激光测距仪，来收集测试路段路面的轮廓，并在测量数据的评价中一起考虑。

㊂ 关于这一方法的具体细节，见 SAE 标准规程 J1263（2003），J2264（2003）和 E/ECE/324（1984）。

㊃ 对此，参见 Széchènyi（2000）的总结。

图 13.79　福特汽车公司的侧风试验装置；它由一个个的鼓风机单元搭建而成，鼓风机单元能够按照需要与试验段垂直或者倾斜布置（图片：福特公司）

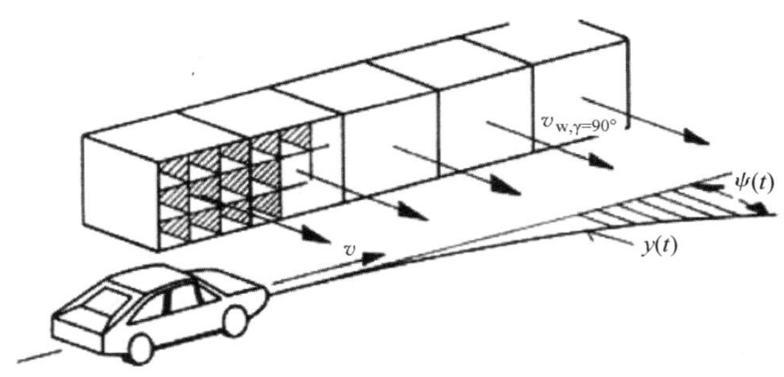

图 13.80　在“固定控制模式”下紧握转向盘经过一个侧风试验装置时的试验过程简图

1）驾驶员不做方向修正。转向盘在整个试验过程中要么保持在原始位置（固定控制模式），要么根本就不由驾驶员掌握（自由控制模式）。

2）驾驶员的任务，是通过方向修正来补偿汽车的侧向偏移，使侧向偏移尽可能小。

第一种方法，单纯捕捉汽车对于侧风的反应。所以，它尤其适宜于进行比较试验。第二种方法把驾驶员也包括进来；因此试验结果受到驾驶员决定性的影响。其优点，是真实地再现出驾驶员—汽车—环境控制环。不仅如此，驾驶员的反应也受到风的作用力和（侧风）力矩的动态构成的影响。缺点则是驾驶员对侧面阵风的预期，因此其结果是驾驶员的反应是“预编程”的。

汽车的侧向偏移可以以两种方式测量：

1）驾驶员开车沿一条事先给定的、平行于侧风发生器机组（图 13.80）的引导线路进入试验段。在测试过程中，汽车的位置由颜色喷雾器在道路上做标记，或者是由布置在路面下的传感器来捕捉记录。同样，也会为此目的录制连续性图像。

2）安装在汽车上的测量装置记录试验前和试验过程中的道路曲线。用于测量侧向运动而使用的仪器是基于汽车横向加速度的精准测量工作的。通过加速度信号的二次积分计算出汽车的侧向偏移。为了能够准确地测量横向加速度，横向加速度传感器安装在旋转稳定平台上。在整个测试过程中，该平台始终保持自己在地基固定的坐标系统内的初始水平位置。最后，行驶速度测量必须准确，以便能够使得汽车的侧向偏移与其在测量路段上的位置一一对应。

第一种方法既快又简单；也不需要复杂的测量仪器。但是，它不如第二种方法准确。一个出现误差的原因见于这一困难：在进入侧风路段之前，驾驶员就必须立即尝试着校正方向，以抵消汽车的偏转角。如果采用旋转稳定的测量仪器，而且在汽车进入侧风路段之前就已经开始记录汽车的侧向偏移时，这个差错得以避免。

可以很容易地证明，汽车的侧风敏感性不仅仅与它的空气动力学特性相关联：对此，在两个先后紧接进行的试验中，通过改变前后轮胎的气压，来影响汽车的行驶性能。尽管在此过程中气动系数保持不变，但是如果汽车受轮胎气压变化的影响更强烈地趋向于过度转向，也就是说如果前轮的气压比较高而后轮的气压比较低的话，那么比如因为侧风所引起的汽车侧向偏移就会明显增大。

大量类型各异的侧风生成设施投入了使用。它们的技术数据由 Klein 和 Jex（1980）进行了汇总，而且以全新的形式在表 13.2 中给出。比较表明，就它们的长度和风速而言区别非常大。其结果是，在不同的设施上获得的测量结果，只有在有所保留的条件下才能够相互比较。由于风速剖面—风的强度和分布—随着与侧风机组距离的变化而变化，因此必须注意，试验汽车必须在与侧风生成设备相距精准距离时驶入侧风试验路段。

表 13.2　不同类型侧风生成设备的技术参数，据 Klein 和 Jex（1980）

设　　备	侧风段长度/m	风速/(km/h)	鼓风机数量	动力类型
戴姆勒 - 克莱斯勒	32	70	16	电动机（每台 45kW）
汽车工业研究协会（MIRA）	36	72	3	汽轮机（劳斯莱斯 AVON，推力 45kN）
丰田汽车	44	35/70（可以斜向入流）	15	电动机（每台 45kW，2 档固定转速）
日产汽车	45	18 ~ 80（可以斜向入流）	15	电动机（每台 95kW，可变转速）
日本汽车研究所（JARI）	15	48/80/106	5	电动机（每台 320kW，3 档固定转速）
福特汽车（TNO 设计）	17	<75（60°而非 90°斜向入流）	6	V6 汽油机（每台 320kW，可变转速）
宝马汽车	32	60/80	10	电动机（每台 55.7kW）
运输研究中心，East Liberty，俄亥俄	>22（通过改变鼓风机间距可变）	40/56/80（借助导流板改善风流质量）	6	6 缸汽油机

作用于汽车上总风速矢量，由汽车的行驶速度和侧风各个分量综合而成，如图 4.14 所示。但正如图 5.18 中已经表现的那样，在风洞、侧风设施和道路之间还是存在相当大的区别。这里，侧风生成设备所给出的速度剖面依然是被严重地理想化了。它实际上看起来究竟是怎样的，由图 13.81 来说明；人们可以认为，每个侧风设备都有其自己的侧风剖面。所以很清楚，将这类侧风试验的结果与真实行驶条件下某个驾驶员的评价进行关联比较有多么困难。

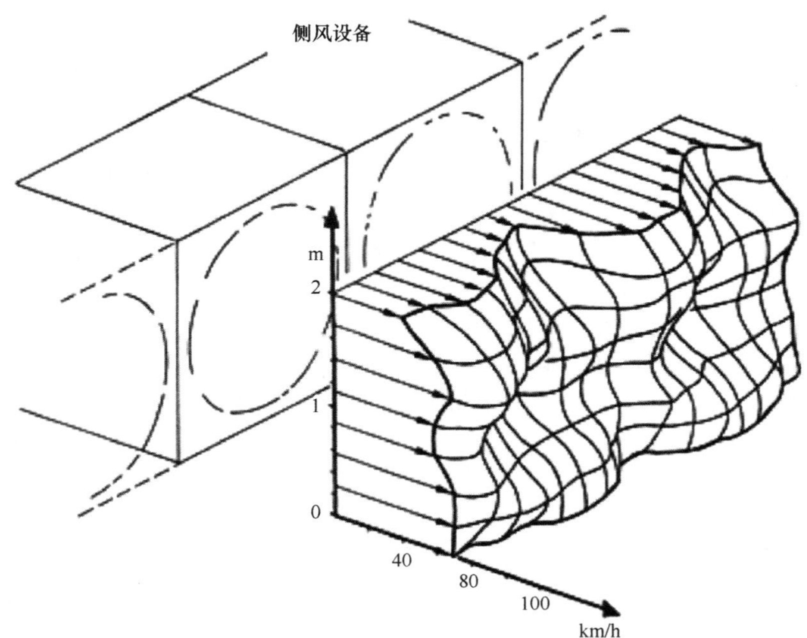

图 13.81 侧风生成设备的速度剖面图，图片：戴姆勒 - 奔驰公司

侧风试验中，首先是通过媒体来比较各种不同类型的汽车的时候经常犯的一个错误，是采用的试验偏角太大；该偏角常常高达 45°。不过，这一偏角在高速行驶时不会出现，而在高速条件下，只要有这种侧风就会非常危险。除此之外，就如图 4.96 中所描述的偏转力矩和侧向力所示，在如此之大侧风偏角的情况下，就偏转力矩系数和侧向力系数来说，汽车的优先次序就会发生颠倒。20° ~ 30°范围内的偏角被认为是具有实际意义的。

13.3.9.3 道路上的发动机冷却试验

在道路试验中对发动机的冷却装置进行系统性的研究和确认是困难的，原因是环境条件时刻都在变化。由于这一原因，道路试验的实施，通常只是为了检验风洞试验的结果和确认这些结果的说服力。

如果一条长而且平坦的实验路段，或者一个高速椭圆试验车道可供利用，高速条件下的发动机冷却试验还是相当简单的。至少在欧洲，几乎找不到坡度恒定不变的路段有如此之长，以致冷却液和润滑油的温度能够达到稳定值，所以进行山路行驶试验是行不通的。不过，通过在平坦道路上使用一种特别为此目的研制的拖车，可以解决这个问题；采用这种拖车，撇开海拔的影响，就能够很容易地模拟高山行驶了。和风洞内的试验类似，道路试验所获得的结果同样以 Atb 温度（参见第 13.3.7 节）的形式表示。

一般而言，环境空气的温度每天都在变化；它经常是比恒温风洞内选择的惯常温度要低。不过，SAE 标准 J819（2003）建议，当环境温度低于 24℃时，就不要进行道路上的发动机冷却试验。作为其中的原因被提及的，是发动机舱内热辐射特性和空气密度的急剧变化。

山道行驶试验的一个重要判别条件是海拔的影响。由于气压随着海拔的增大而减小，例如 2500m 海拔处的气压只有 0.74bar，而且空气的密度也随之降低，发动机的功率以及随之而来的热特性发生变化。这种条件的模拟在一个“普通的”风洞内或者平原地区的道路上是不可能进行的。只有为这种试验而特别设计的舱室（用于废气试验的高原模拟舱），才使得在海拔影响下的发动机冷却试验成为可能。如果不具备这类的设施，就不能放弃山道试验。

13.3.9.4 玻璃表面和车身部件的脏污

在一般行驶状态下，参见6.3节，要么由自身的车轮，要么由别的车所卷起的污物在车身上沉积下来。为了能够评价结构的变化对汽车脏污的影响效果，需要能够测定脏污的定量方法。这一类的方法已经开发出来，而且不仅在风洞内使用，也用在道路测量中。

Hucho（1974a）介绍了一种采取道路试验来研究车轮卷起的污物在车身上沉积的方法。按照这一方法，首先在试验路段上铺设一个特殊的脏污层。在待测试的车身部分贴上小薄片；试验前，要对这些小薄片称重。让受试汽车多次驶过试验路段。最后，揭下这些小薄片，再次称取它们的重量，以便确定由污物沉积引起的重量增加[㊀][㊁]。

如果需要试验由前车造成的脏污，就在受试汽车的前面喷水。用来测量脏污度的小薄片上涂有薄薄的一层干燥、吸水性的材料。

另外一项用来模拟由车轮卷起的灰尘的技术，是在空气中添加滑石粉，并且给待测的车身部分涂上一层薄油膜。滑石粉要么会被带到车轮后面，要么会被带到汽车尾部的尾涡区。在车身的外表面上被观察到的滑石粉的聚集，就给出了有关自然行驶条件下可以预见的脏污方面的信息。这种方法是非常敏感精准的。

由Hentschel和Piatek（1989）提出的一种类似的方法，是用一个喷嘴将悬浮在水中的二氧化钛喷射到后轮的周围，用以模拟由车轮卷起的污物。二氧化钛在玻璃和车身表面沉积的密集程度就被用来做脏污评价。

13.3.9.5 道路上的风噪测量

一般来说，要求确定当汽车在路上行驶时风噪声在车内总噪声中所占的份量。另外，人们还对判别车外主要噪声源很感兴趣。

内部噪声测量：道路行驶中车内风噪声的测量并非轻而易举，因为待测的风噪声还和那里另外的动力系统噪声和车轮噪声叠加在一起。除此之外，每时每刻都在变化着的环境条件（自然风、温度和其他类似的因素）影响着试验的可重复性。不过，Watkins和Riegel（2001）已经指出，当道路上的行驶速度足够高（160km/h或者更高）时，道路试验测量得到的车内噪声的结果与风洞试验的结果非常相似。甚至道路上更高的湍流度也不会带来结果的差异。

低速行驶时，通过关掉发动机让汽车依惯性滑行，可以消除动力系统的噪声。为了使车轮的噪声降到最低，可以采用由相应的混合橡胶制成、具有一种与道路的覆盖层相匹配的低噪声外廓的特殊轮胎。如果有可能让试验在一条“安静的”路段（多开孔沥青和混凝土）上进行，轮胎的噪声还能继续降低（量级15dB）[㊂]。

在评价道路试验的风噪声时，不仅在试验过程中（例子见图13.82），而且在进行主观评价时，人们通常仅限于做比较。主观评价是在噪声录音的基础上在实验室内进行的，所采取的方法是将汽车不同的档位行驶所录制的信号逐一地进行播放；因为只有在短时间内从一个测量状态向另一个测量状态转变时，才有可能进行有效的主观比较。

外部噪声测量：在不同的车身部位的流动分离导致了空气压力的波动；压力波动作为噪声源，不仅成为汽车车内噪声（作为车体结构或者空气传递的噪声）的一部分，也增大了外部噪声。Dobrzynski（1983）曾经指出，速度在大约130km/h以上时，气动噪声在乘用车的外部噪声中占主导地位。为了测定噪声源的位置并辨明其强度，Barsikow和Hellmig（2002）提出了一种采用传声器阵列（由124个驻极体拾音器组成）的测试方法。第一批试验结果表明，使用这种

㊀ 在一个类似的试验方法中，Bannister（2000）让另一辆车在前面行驶，以便同时测量由自身和他车造成的脏污。

㊁ Hentschel和Piatek（1989）在一个类似的试验中将一透明薄膜放在贴小薄片的地方；为了评价脏污程度，在试验结束后，这个薄膜被用于透明度检测。

㊂ 更多内容，见Beckenbauer等人（2002）。

方法能够准确无误地对高速（达 160km/h）行驶汽车上的噪声源进行准确可靠的定位。

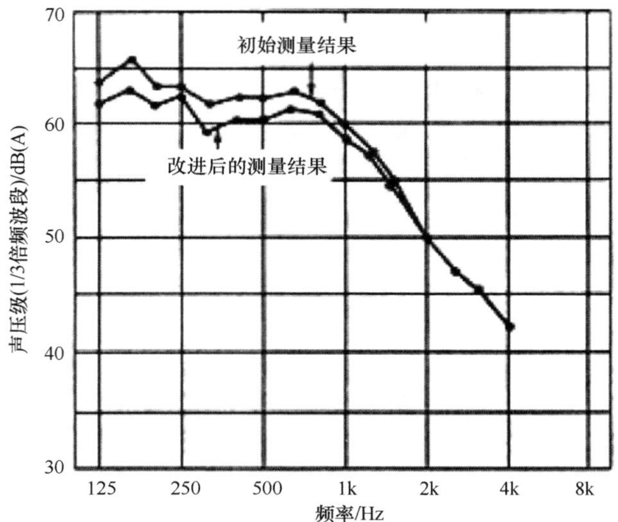

图 13.82　在道路上测量风噪声经过通风口（空气传播）向汽车内的传播，初始状态和经过改进（通风口经过声学处理）后的测量结果。典型的道路试验：结果不仅包含降低了的气动噪声，可能还包含减轻了的机械噪声；据 George（1996）

13.3.10　气候风洞和热风洞中的附加装置

尽管热风洞和气候风洞经常并不是有关风洞的一般性讨论中的重点所在，还是应该特别指出的是，这些试验设施属于风洞中最为复杂的形式。这是因为这样的事实，即比起纯空气动力学风洞来，这类风洞必须涵盖显然要大得多的试验范围。

很明显，由于试验段内需要达到的温度为 -40 ~ +50℃，范围很宽，为了制冷和加热，必然依赖庞大的费用才能运行。除此之外，整个设施还必须是隔热的，空气的相对湿度还应该在 5% ~95% 之间可以调节。覆盖整个温度范围的风洞，虽然技术上是可能的，也建造起来了，但是，这些风洞肯定不值得去刻意追求。每天都会更换汽车很多次，试验却不过总是在“热”或者“冷”的状态中进行。这样，便出现了对于汽车越来越短的开发阶段来说无用的等待，风洞的灵活性也每况愈下。如果人们想到，将停放在预先调过温的舱室内的汽车冷却到例如大约 -30℃ 大概需要 18h，就会清楚，要将风洞本身调整到指定的温度上，等待时间该有多长。要将深度冷却过的汽车运进风洞，还需要一个具有干燥空气的气舱，以避免汽车表面的冷凝现象。因此，尽量将一辆汽车的试验指标分散到在不同的温度段上有所重叠的多个风洞中去，是值得的。与此同时具有明显优势的是，使风洞在结构上相同，以避免从一个风洞到另一个风洞的偏差转换。

原则上来说，对于纯空气动力学风洞的设计要求同样也适用于气候风洞。不过，在许多方面还是会有所折中。这特别表现在从喷管喷出射流的流动质量和对地板的模拟。根据许多公司自行实施、并非公开的研究活动的结果可以肯定，人工方式加热的汽车底板的散热，实际上与试验是否是在模拟地板纯流体机械的条件下进行没有关联。但是，这一结论的前提条件是，来自喷口的地板边界层厚度很小。此外，如同 13.2 节所介绍的那样，通常采取惯用的办法减小边界层的厚度。宝马集团在能源和环境技术试验中心（EVZ）的环境风洞是一个例外，见 Bender 等人（2011）。在这个风洞中，如果需要，可以在地板的中段安装一条用于摩托车试验的窄传动带。

一般而言，汽车下方的地板部分有多种不同的结构形式。从可以让一个测量探头流动的方向穿过地板的转帘式地板一直到可加热地板，不一而足。加热地板模拟被太阳晒热到70℃的路面的影响。

气候风洞试验段中的一个非常重要的组成部分是一个滚转试验台，它能够使得由发动机所给出的能量通过涡流制动而消耗掉。此时，采用位于两侧向外展开的钢绳或者链，将汽车固定在试验台的滚筒上。这里的滚筒直径可以超过2m。另一方面，如果涉及的是制动器冷却问题，滚筒自己也能够驱动车轮。更新型的气候风洞为每一根车轴安排一个滚转试验台。在这里，前轮滚筒的位置是固定的，通常也不能改变。不过，为了使滚筒的位置与各种汽车千差万别的轴距相适应，后面的滚筒能够做轴向移动。在有一些气候风洞中，只有后轴上的轮子放在滚转试验台上。对于前轴驱动的汽车来说，车子必须相应地做轴向位移。这就造成了这样的缺点，即由于到达汽车所在位置的距离增大，地板边界层显著增厚，因而在汽车底板部位的流动出现错误。车轮上的来流角也因此而受到影响。

气候风洞内试验的主要环节都是在发动机处于运转状态下进行的。所产生的废气从排气管抽走，并且经由一个活动的管路系统向外排出。对此，主要有两种方法：

- 紧跟废气排放尾管，通过一个与汽车没有关联的收集漏斗收集和抽吸废气，此时，抽吸的流量高于汽车产生的废气流量。这样，不慎泄漏出来的一氧化碳也会被一起抽走。
- 废气吸管与排气尾管的末端管密封连接。抽出的废气导入一个为此事先准备好的塑料袋子中，紧接着进行废气分析，以便测定有害物质的成分。

以上两种方法都有一个缺陷，即排放废气的管路在汽车的尾部形成对试验气流的阻碍，尤其是干扰了地板附近的流动。

因为目的是在气候风洞内复制汽车的所有行驶状态，在一定程度上是要将道路连汽车的全部的自然边界条件搬进“实验室”内，所以在有些气候风洞内还配备了这样的可能性，即产生在海平面以上4000m和海平面以下50m的高程行驶时的大气压力。为此，采用相应的气泵，使整个风洞达到所期望的压力水平。在这种情况下，只有当穿过控制室和试验段之间的一个特设压力闸门，人员才能进入试验段内部。

为了研究太阳辐射对汽车和汽车乘员舱的影响，在测量大厅内安装了模拟太阳光谱的大面积灯具。这些灯具是支架结构的组成部分，它们到汽车之间的距离可以调节。在每一个灯具单元之间通常有一些自由空间，以便在开式试验段的情形下，剪切层方向的渗气气流（见13.2.4节）仅仅在依然可以接受的范围内。如果不进行有关太阳辐射的试验，整个支架可以升起，停留在驻室顶部。

气候风洞试验谱的一项重要内容，是在试验段内产生雨和雪。雨天行驶采用安装在一个网格支架上的大量喷嘴来模拟。使用时，将这个网格支架推到风洞喷口的前面。虽然试验段内气流的质量受到这个网格结构的影响，这个代价在这一类的试验中却是必须付出的。喷嘴本身是可以控制的，使得喷水量和水滴的大小都能够调节。试验段内集存的水则通过布置在地板内的一个排水系统排出。

在此有必要指出，汽车上的脏污试验也可以在气候风洞内进行。在斯图加特大学的热风洞，就为此开发出一套特别的方法。与此有关的详细信息见于13.3.6节。

气候风洞内降雪条件下的道路行驶模拟以类似的方式进行。在大多数情况下都是在需要时把喷雪枪放入喷口内，利用“造雪机”产生雪花。从工作原理上来看，这个机器与冬季运动中用来进行人工造雪的设施类似。其中，雪花的大小和雪量都能够调控，以致从湿雪一直到细粒雪花的全范围雪型都能生产出来。

希望在气候风洞或者热风洞内进行试验的，还有模拟确定的行驶循环（在加速行驶、匀速行驶和减速行驶或者带拖车的山路行驶之间交替变化）。为此，也必须相应地调整风洞的速度。在这种情况下，需要对鼓风机进行特殊控制，还需要一种这样的鼓风机，即它的轻量化结构方式使之具有很小的惯性矩，以保证对其转速的快速变化。借用英语的表达习惯，这一类型的鼓风机控制用 FFD（风机动态跟踪控制）表示。在这里，可以通过在汽车上装入的可编程速度控制器和制动控制器来执行事先给定的行驶循环。对于有经验的试验工程师来说，这种行驶循环也可以通过人工控制完成。

另外一种特殊的行驶循环称为起 - 停循环。在这种循环当中，通过踩制动踏板使汽车减速直到停车，接着再次加速。起 - 停循环的特别之处在于，在停止状态的时间内，风也可以从车后面吹过来，也就是汽车的来流来自车后。为此，鼓风机在到达零点之后被驱动反向旋转。虽然此时鼓风机的效率大大降低了，却仍然能够产生高达 30km/h 的风速。对于起 - 停循环，这一风速通常被认为足够了。用这种方法，能够模拟高速公路上有堵车趋势时的情况；堵车时，极端情况下的自然风风向与车的行驶方向一致。这种情况下，汽车上会出现热阻塞，是需要避免的。

概括起来可以这样说，热风洞或者气候风洞的工作任务极其广泛而复杂。仅仅是做这一类风洞设施的建造计划，就已经是一项物流技术方面的巨大挑战。

13.4　模型技术——无量纲特征值

经常使用缩小的模型进行空气动力学测量。与 1∶1 模型相反，这种缩小的模型具有多方面的优点，尤其是在汽车的早期研发阶段。研发工作开始时，通常还没有比例尺为 1∶1 的原型样机。此外，制作 1∶1 模型需要大量的时间和高额的费用。比起 1∶1 模型来说，模型风洞内在缩小模型上做空气动力学试验的成本明显要低得多。因为在小模型上进行的研究工作应该能够移植到真实的汽车上来，所以

- 真实汽车和模型汽车在细节上必须尽可能地一致（几何相似）。
- 比例模型试验和 1∶1 试验时的流动特性必须相同（运动学相似）。

为了满足这些要求，力争尽可能详细地再现 1∶1 原型汽车。根据研究目的和对于精确度要求的不同，对车外后视镜、刮水器、车门把手，甚至有些情况下对发动机舱内的气流进行模拟。图 13.83给人以这种模拟的初步印象。图中显示的 1∶5 汽车模型具有详细的底盘结构。

为了使得比例模型试验和 1∶1 模型试验获得相同的流动特性，两种试验中的马赫数 Ma（可压缩性）和雷诺数 Re（流动特性：层流/湍流）也必须相互一致。以 u_∞ 代表流动速度，c 代表声速，l_{Char} 表示特征长度，ν 表示运动黏度，则有

$$Ma = \frac{u_\infty}{c} \tag{13.61}$$

和

$$Re = \frac{u_\infty l_{\text{Char}}}{\nu} \tag{13.62}$$

例如，汽车的轴距就用作公式（13.62）中的特征长度。因此在比例模型试验中，有必要与比例尺成比例地匹配气流速度，以便获得和 1∶1 试验相同的雷诺数。

比如，按照雷诺数相等这项要求，在对 1∶4 模型进行试验时的来流速度必须是 1∶1 模型试验时的 4 倍。为了再现 140km/h 时的测量，1∶4 模型的来流速度必须达到 560km/h。

按照公式（13.61），由于气流速度的提高，马赫数也被迫增大。因此，在使用同一种流动介质的条件下，有关比例模型试验和 1∶1 模型试验中雷诺数和马赫数一致的要求，很明显不能同

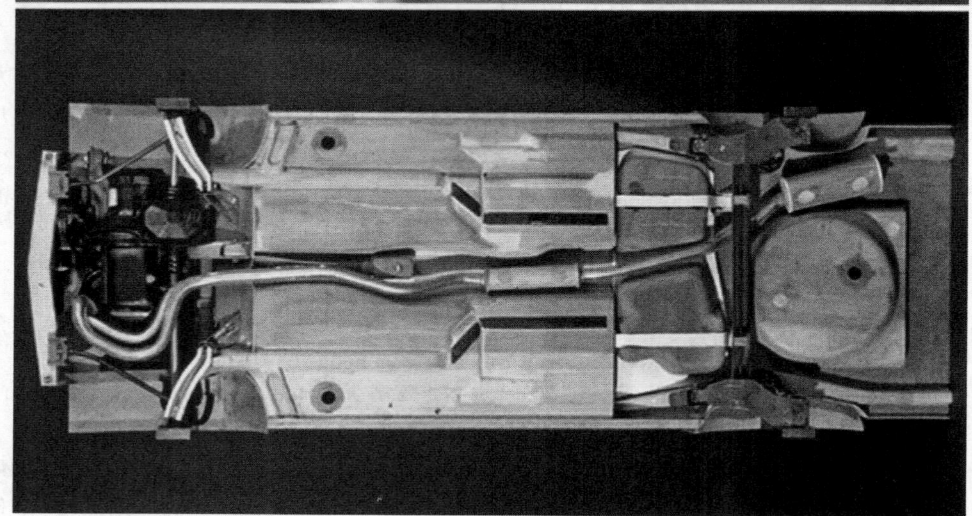

图 13.83　比例 1∶5 的汽车模型，欧宝公司

时满足。

相对于 1∶1 的试验而言，比例模型试验时，如果这两个条件中只有一个条件得到满足，也还仅仅只能实现流动特性的粗略类似。在这里，雷诺数的可比性具有第一位的重要性，因为流动类型是层流还是湍流，取决于雷诺数。在汽车空气动力学试验中，马赫数的严格遵守居于次要地位，至少是当马赫数低于 0.2 时；因为已知与马赫数相关的空气可压缩性的影响，只有在马赫数更高时才不容忽视。

为了更为准确地保持雷诺数的一致，存在这样的可能性，即借助工作流体的运动黏度 $\nu=\mu/\rho$，通过

- 压力的变化，或者
- 流体温度的匹配

来影响雷诺数。在高压风洞和低温风洞中，这些物理学的原理都得到实际应用。在科隆的德国航

空航天中心（KKK㊀）低温风洞内，就采用这种方法对缩小尺寸的飞机和长距离轨道交通工具进行试验研究；在这里，来流空气被纯氮气环境所取代。该氮气环境可以冷却到 -173C°的温度（DLR，2013）。

对于缩小模型进行的空气动力学试验，存在这种可能性，即产生的不是所期望的湍流边界层，而是层流边界层。与湍流边界层相比较，层流边界层表现得更为缓慢，明显地会更早分离；这导致风阻显著地升高。所以为了避免这种效果，在测量缩小模型的风阻和升力时，雷诺数不应该低于 3×10^6。

图 13.84（Wiedemann，1987）显示风阻系数与雷诺数的关系；这里，通过改变气流的速度而获得雷诺数的变化。根据雷诺数判别标准，气流速度为 150km/h 的 1∶1 模型空气动力学试验，当模型比例为 1∶4 时，要求的来流速度是 600km/h。不过，由图可以看出，类似的情况已经在 216km/h—— 一个显然要低得多的流速时就存在了。虽然在 1∶4 比例模型上对应于这一速度的雷诺数比 1∶1 模型时低得多，尽管如此，误差 σ 仍然只是落在 1% ~2% 的范围内，因为对于这种缩小模型来说，雷诺数早就已经位于超临界的区域。

这种情况适用于很多汽车，只有极少数具有临界几何特性的汽车作为例外。按照 Hucho（1998），这样的例外首先是拥有快背或者在车头部分有着临界圆弧半径的汽车。Wiedemann 和 Ewald（1989）就采用这样的汽车进行了试验；在这些试验中，通过提高流动特性的湍流度，对升高了的雷诺数情形进行了模拟。

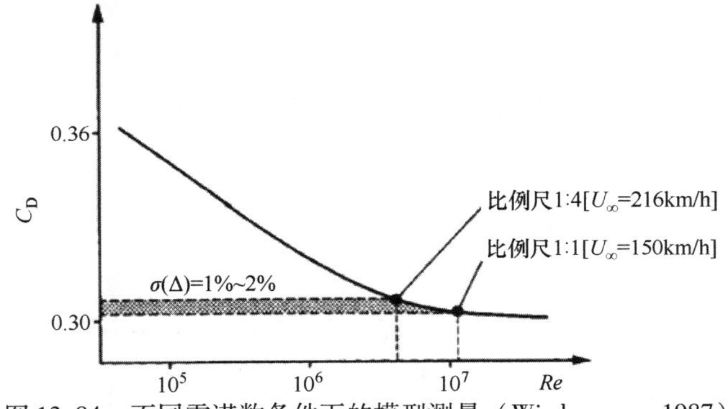

图 13.84　不同雷诺数条件下的模型测量（Wiedemann，1987）

为了提高来流的湍流度，在喷口的前面安装一个风筛（参见图 13.85）㊁。当气流流经这个风

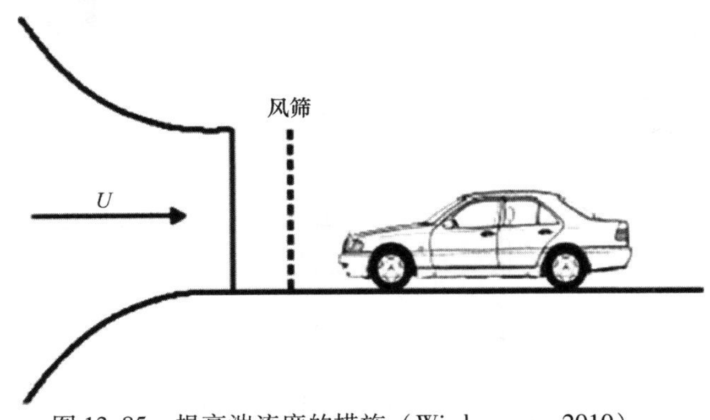

图 13.85　提高湍流度的措施（Wiedemann，2010）

㊀ 原文全称是 Kryo - Kanal des Deutschen Zentrum für Luft - and Raumfahrt in Köln。

㊁ 这种类型的湍流筛不可与管路段内的湍流筛相混淆。管路段内的湍流筛用来减少较大尺寸的涡（参见 13.2.1 节）。

筛时，产生涡旋，亦即气流的湍动能［参见式（14.18）］提高了。尽管这样对雷诺数本身没有影响，但是由于湍动能的提高，流动特性变得和雷诺数提高后类似（参见图 13.86；Wiedemann 和 Ewald，1989）。

湍动能提高对测得的压力分布的影响效果，通过图 13.86 和图 13.87 中曲线的对比来说明。图 13.86 所显示的，是不使用风筛而改变雷诺数时缩小的模型纵向对称面上的压力分布（Wiedemann 和 Ewald，1989）。不同之处尤其表现在沿发动机舱盖和车身底盘的车前部。采用雷诺数更高的试验设置时，这些部位的压力更高，或者负压更强。

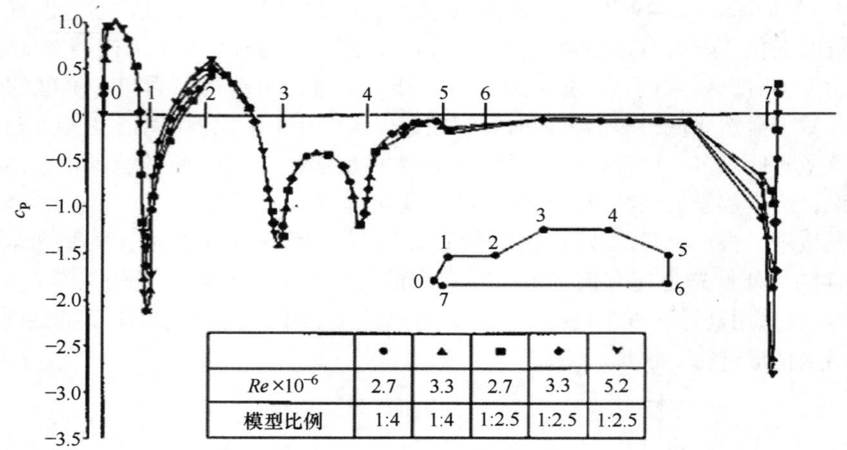

图 13.86　雷诺数变化时试验模型上压力分布的变化，据 Wiedemann 和 Ewald（1989）

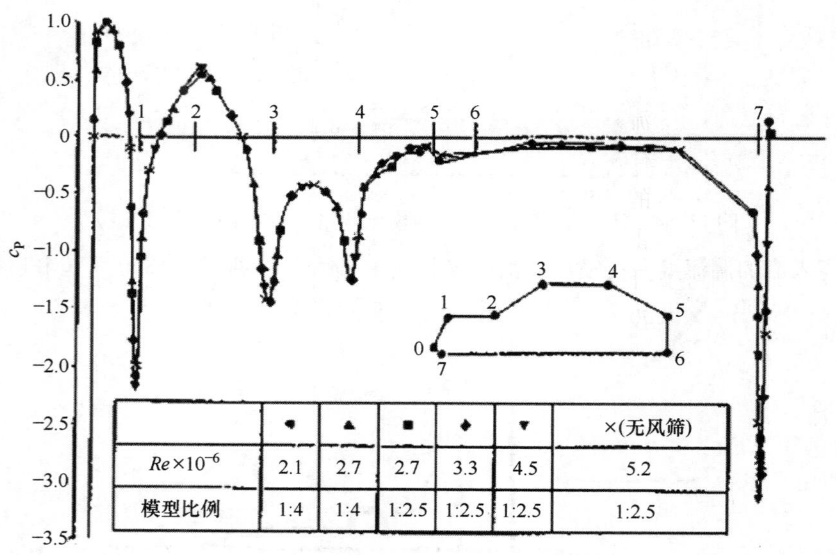

图 13.87　湍流度提高后缩小的试验模型上的压力分布，据 Wiedemann 和 Ewald（1989）

图 13.87 表示缩小的试验模型在流动方向上放有风筛时的压力分布。在这里，雷诺数的变化表现出对压力的分布几乎没有影响。如果说图 13.86 中没有风筛时车前的流动仍然是层流型的，在图 13.87 中带有风筛时，经过整个（缩小）模型的流动则都是湍态的。与图 13.86 和图 13.87 类似，图 13.88 显示湍流度对阻力系数的影响。M 和 d 的值代表风筛筛孔的宽度和筛丝的直径。

对于模型风洞内进行的测量来说，这意味着通过提高湍流度——例如采用风筛——就已经能够在低雷诺数条件下实现湍态的流动。这样，就可以要么采用缩小模型开展试验，要么在低气流速度条件下开展试验了。

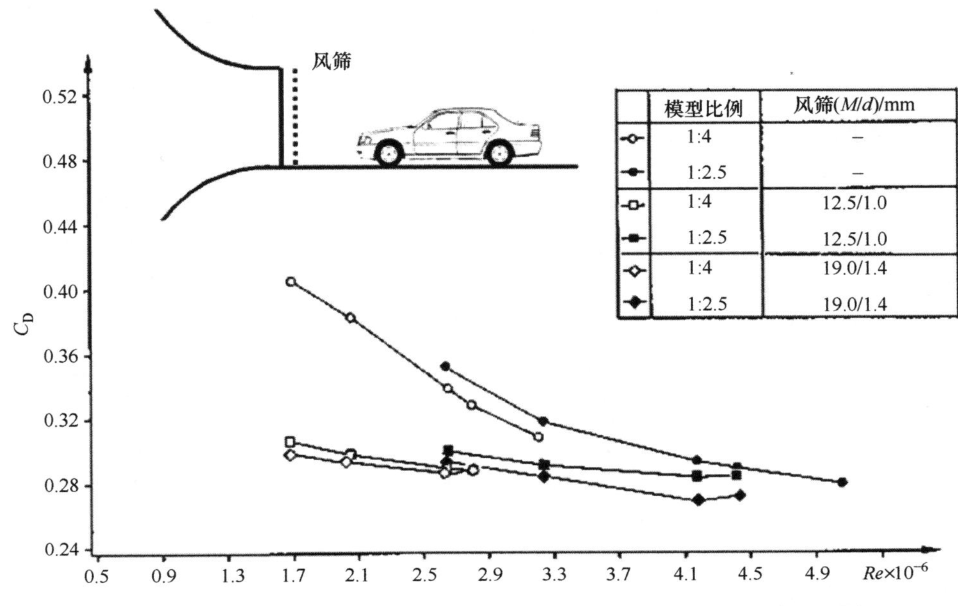

图 13.88　来流的湍流度升高对缩小的试验模型上测得的阻力系数的影响（M：筛孔宽度；d：筛丝直径）（Wiedemann 和 Ewald，1989）

不采用风筛，也可以局部性地在汽车上的一些关键部位贴上所谓的“阻拦丝”。一个例子是缩小模型上“锐缘”的绕流。如果通过“阻拦丝”使这种“锐缘”前面的来流湍流度提高，气流就会更好地顺着表面轮廓流动，而且在一定条件下不再会分离，这就和在比例尺为 1∶1 的模型试验中能够观察到的情形一样。

在对具有发动机舱过流的模型进行试验研究时需要注意，相较于汽车的绕流，尤其是在热交换器上，明显地存在着与雷诺数更为紧密的相关性。这一情况由图 13. 89 来说明。图上显而易见的是，在不同比例尺条件下，（随雷诺数的变化）换热器的（压力）损失系数的增加不尽相同，因而导致冷风的流量也没有可比性。

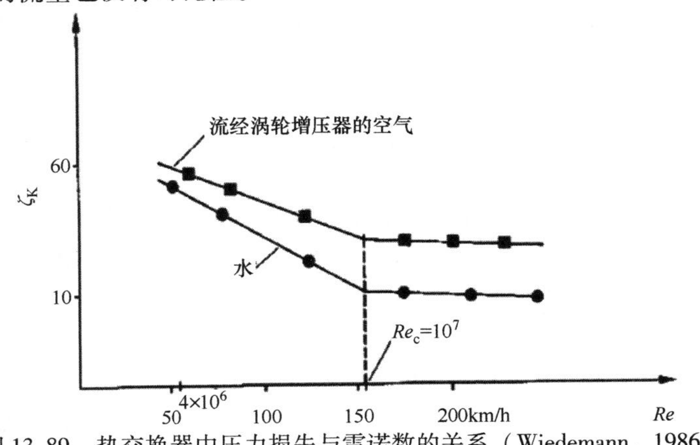

图 13. 89　热交换器中压力损失与雷诺数的关系（Wiedemann，1986）

由 Wiedemann（1986）开发出来的一种通用冷却器仿真器，提供了一种避开这个问题的方法。按照这一方法，不是采用变比例尺的热交换器，而是根据1∶1模型试验所标定的流量来调定所期望的流量。利用不同形式的孔板或者阀门调定相应的压力损失后，就能做到这一点。可以在通用的热交换器上一次性地为多种不同的设定进行流量标定，而且在装入状态下对流量做出相应的调整［见 Wiedemann（1987，1986）］。

13.5 已建成的汽车风洞

通过前面的章节对风洞及其物理理论进行了详细介绍之后，现在再对已经建成的风洞设施进行一些讨论。在此，风洞之间区别为用于汽车或者比例尺1∶1的模型风洞（13.5.1节），用于按比例缩小的汽车模型风洞（13.5.2节），以及气候风洞和热风洞（13.5.3节）。在属于1∶1比例的风洞中，不仅列入了纯粹的空气动力学风洞，还有适用于进行气动声学研究的风洞。这一章的目的，是给出已经存在的这些风洞的概况。这里的展示并不试图面面俱到，以便使得所涉及的范围一目了然。关于这些大型风洞的详细介绍，见于SAE的信息报告J2071。1994年发表的这一报告的当前更新版本还在加工制作之中。

在此期间，大多数的汽车制造商都拥有了自己的试验设施，来进行气流作用下的空气动力学、气动声学和热学试验。除此之外，它们还使用汽车技术和航空研究机构的设施。在风洞设施的建造和使用过程中，必须顾及各种各样的影响和相互作用（干涉效果），以便取得可靠而且与道路行驶具有可比性的结果。这些影响在13.2节中已经介绍过了。

在许多为汽车和小型货车的试验而建造的风洞中，其开放式或者开槽式试验段的喷口横截面积（喷口的出口面积）大约是$25m^2$。在这样大小的喷口截面风洞内，也开展对大型重载汽车和客车的试验，不过采用比例尺为1∶2.5的车辆模型。为了使试验的结果能够向实际的车辆移植，必须保持雷诺数的一致。为此，必须相应地调整来流的速度。对于真实的道路行驶速度80km/h，按照这一比例尺得到的来流速度是$u_\infty \approx 200$km/h。这种模型试验在多大程度上提供了准确的结果，可以回看前面的章节。

应用于汽车和小型货车试验的气候风洞和热风洞，一般配置了出口截面积比较小的喷口。这里，对于这些车辆的绕流质量的要求，并不像在空气动力学和气动声学风洞中那么高。另外，由于经济方面的原因，在制冷能力上的高要求也可能导致相较于空气动力学风洞和气动声学风洞更小的喷口截面。大多数情况下，考虑到气流的质量，$10 \sim 14m^2$就被看作是足够的了；对仅用于乘用车的风洞，$6m^2$也是可行的。这种相对来说很小的喷口面积，有时可能不尽人意，这样的情形在13.2.13节进行了讨论。喷口出口面积小于$4m^2$的风洞，人们也称之为鼓风洞。这种风洞在本章不会进一步讨论。

属于热力学用途的风洞，是那些处于正向温度范围亦即通常是在升高了的温度范围内工作的风洞设施；而气候风洞，是涵盖负温度、能够进行冬季工况模拟的风洞。对于热管理问题的试验，或者说对于汽车上热能和其他能量流高效率的共同作用的模拟，以便确保涉及动力组件或者汽车上的其他零部件的加热、制冷和温度调节，两种类型的风洞都是不可或缺的。

13.5.1 1∶1比例尺的汽车风洞

为汽车空气动力学试验的目的所设计的最早大型风洞，位于（德国）斯图加特市的温特图尔克海姆（Untertürkheim）。如图13.90所示，采用位于回流轴线上的鼓风机，这个风洞能够提供循环气流（所谓的哥廷根式建造风格）。该风洞由Kamm于1939年为汽车学和汽车发动机研究所（FKFS）所建造。1970 年，戴姆勒－奔驰公司接收了该风洞，并且对其进行了彻底翻新改造。时至今日，这个风洞以其至今仍然适用的最高风速 270km/h 而著称。

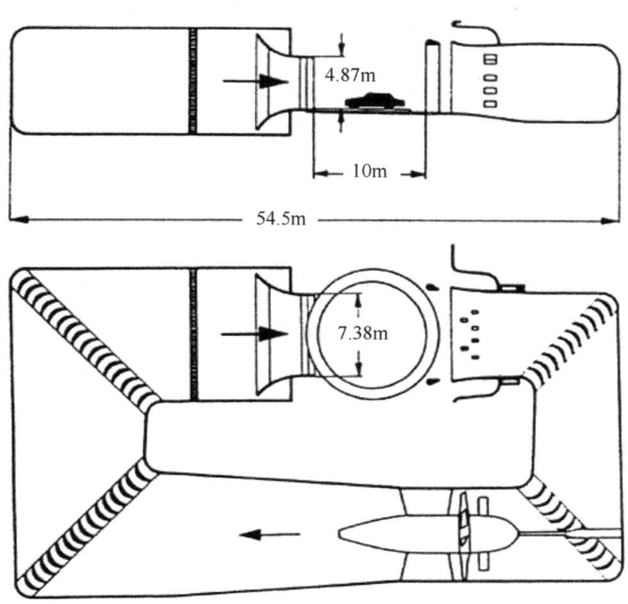

图 13.90　戴姆勒公司大型风洞示意图；喷口出口面积 32.6m²，最高风速 270km/h，驱动功率 4MW，据 Kuhn（1988）

由于其相当高的风速和巨大的喷管横截面积，如前所述，这个风洞也能够对以 1∶2.5 比例缩小了的商用车模型进行试验。能够满足大模型试验的雷诺数，一辆 1∶2.5 模型重型货车的迎风面面积与风阻系数的乘积，即阻力面积，大约是 0.7m^2，仅仅略高于一辆乘用车的阻力面积，因此可以采用与乘用车相同的校正方法（参见 13.2.13 节）。

为汽车空气动力学研究而设计的最大的风洞于 1980 年由位于（美国）密歇根州沃伦市的通用汽车公司投入运行；这也是一座具有封闭式循环气流的风洞。该风洞的闭式试验段选择了如此巨大的参数：$A_N=56.2m^2$，$l_{TS}=21.3m$，以致也能够对真实尺寸的大型商用车辆进行试验研究。最大风速超过 $u_\infty=250km/h$，也可以对赛车展开试验。试验段的两面边墙收缩了 0.24°，以保证空试验段内的静压保持恒定。该风洞装备了两台六分量天平。前面的六分量天平用于测量按比例缩小的模型，而后端的六分量天平则用于测量全尺寸的车辆。风洞内，轮距和轴距由偏心圆板来（按需要）调定（图 13.55b）。地板的边界层在进入试验段的入口处被抽走。一台安装在导流角三和导流角四之间的大型热交换器，将气流的温度调定在 16～29℃ 范围内。这样，陶泥模型或者塑胶黏土模型不会在测试过程中变软而损坏。

与到此为止介绍过的仅仅用于空气动力学研究的两座风洞不同，在位于（德国）沃尔夫斯堡的大众汽车公司的大型气候风洞内，首次将一个大型风洞与一个气候风洞组合在一起。该风洞从 －35℃ 到 ＋45℃ 范围内的气候全程可调，风速大约 $u_\infty=200km/h$，与乘用车研发目标相一致。为了车轮的旋转，安装了制动功率和驱动功率分别达到 185kW 和 150kW 的滚转台架。因此，这座大型的沃尔夫斯堡气候风洞适宜于完成汽车空气动力学和汽车热管理方面的许多研发任务。

在很长一段时间，这座于 1965 年建成的大型风洞一直是该类型的唯一风洞。后来建造的风洞，都要么专用于空气动力学研究目的，要么专用于热管理试验目的。这两种分工的优点和缺点，例如在 Hucho（1974a）或者 Bengsch（1978）中，已经讨论过了。专用风洞这一思路得以贯彻执行，是因为在此期间，汽车制造商们的乘用车款式变得越来越多，甚至还有小型货车，试验需求变得如此巨大，以致仅仅由于试验承受能力的原因，就需要多个试验设施。在这种情况下，与多座通用型风洞相比较，各种各样特定用途的风洞设施便显得不仅目标更加明确，而且也更为经济实惠。

由于对试验时间的要求越来越高，最近一段时间已经和正在建成越来越多的综合性风洞中心，这些中心的设施包含了对于前述种类繁多的目的的服务。对此，一个实例是位于密歇根州艾伦帕克的福特汽车公司风洞中心。这个中心拥有两座较小型的气候风洞和三个带有供风的滚转试验台。其中一个是作为高原试验台而设计的。除此之外，还有一座风洞中心内部称为“WT8”的大型气动声学气候风洞（例如见 Walter 等人，2002）。这种气动声学与气候环境（0～+55℃）组合在一起的风洞，在其他地方几乎是找不到的，其目的就在于研究风噪与温度的相关性。不过，人们一般认为，在通常条件下，这种相关性是可以忽略不计的。但是，在贝洱公司气候风洞的设计过程中，试验段低声压级的重要性受到重视，以便能够对空调设备和鼓风机的噪声展开试验研究（Schmiederer 和 Riedel，2001）。

除了这些喷口出口截面积超过 $20m^2$ 的风洞之外，还有应用于真实尺寸乘用车的这样一些风洞：它们有着相对较小的喷口，出口截面面积大约 $10m^2$。按照 Morelli（1971，1973）的一种设计、在（意大利）都灵于1972年建成的宾尼法利纳风洞就是这样的一个例子。最初作为埃菲尔风道设计的这个风洞为一栋大楼所环绕，这个大楼保障气流循环的损失很低。接下来，喷口出口截面面积相对较小的风洞还有位于（德国）慕尼黑的宝马公司汽车风洞（1988年，$A_N=10m^2$），和位于（德国）英戈尔施塔特的奥迪公司汽车风洞（1999年，$A_N=11.0m^2$）。后来，宾尼法利纳风洞还加装了传动带和车轮驱动装置，甚至还采取声学方面的措施给予了完善，使之能够进行气动声学研究。此外，在此期间出现的造涡器，使得具有边界层特征的特定湍态来流成为可能[见 Cogotti（2003a，2003b，2004），对此又见于13.2.12节]。

上面提到的宝马公司汽车风洞是第一座专门为气动声学研究而建造的风洞。它就建在一个事先给定、相当狭窄的大楼内，采用竖直方向回风方式。该风洞的独特之处在于，紧跟在收集口的下游，直接就是一个受到专利保护的、蘑菇状的消声器和鼓风机。这个消声器，同时又确保来自试验段矩形截面的气流向鼓风机的圆环形截面转变。在回流段，有一个在空调技术中为人们所熟悉的大面积背景消声器。该风洞如图13.91所示。

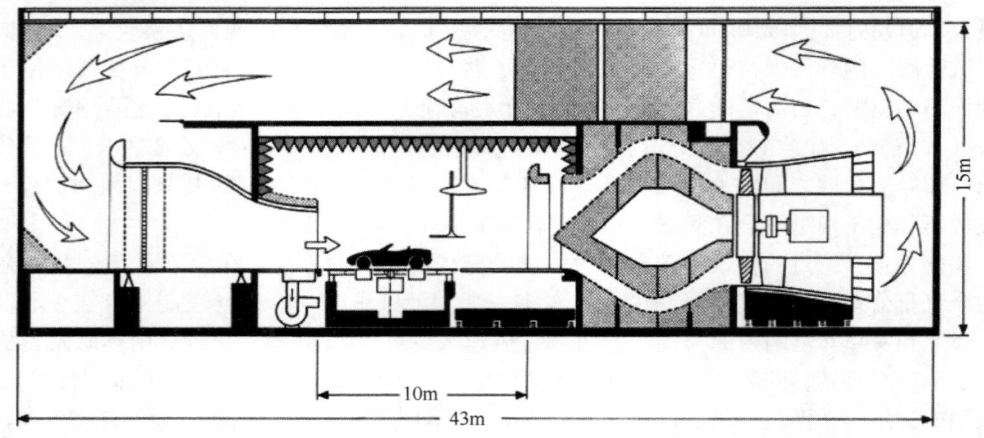

图13.91　慕尼黑宝马汽车集团的气动声学风洞，由 I. J. Janssen 设计，$A_N=10m^2$；最高风速250km/h，风速140km/h时的声压为66dB（A）（Lindener 和 Kaltenhauser，1992）

同时为空气动力学研究和气动声学研究而设计的风洞例子，见于英戈尔施塔特的奥迪公司。该风洞简示于图 13.92（见彩插）。在第二和第三拐角处的导流叶片，是作为背景消声器（红色）来进行形状设计而成的。这样，经过旋转噪声优化的鼓风机噪声（见 13.2.1 节）得到进一步削减。作为降低低频脉动的措施，还使用了一种主动消声技术（又见 13.2.10 节）。为此，在第三个导流拐角之后靠近试验段扩散段的驻室内安装了必要的喇叭。采用这一系统，低频脉动几乎受到完全压制。有关这一风洞及其最初运行方面经验，在 Wickern 和 Linderer（2000）中给予了介绍。

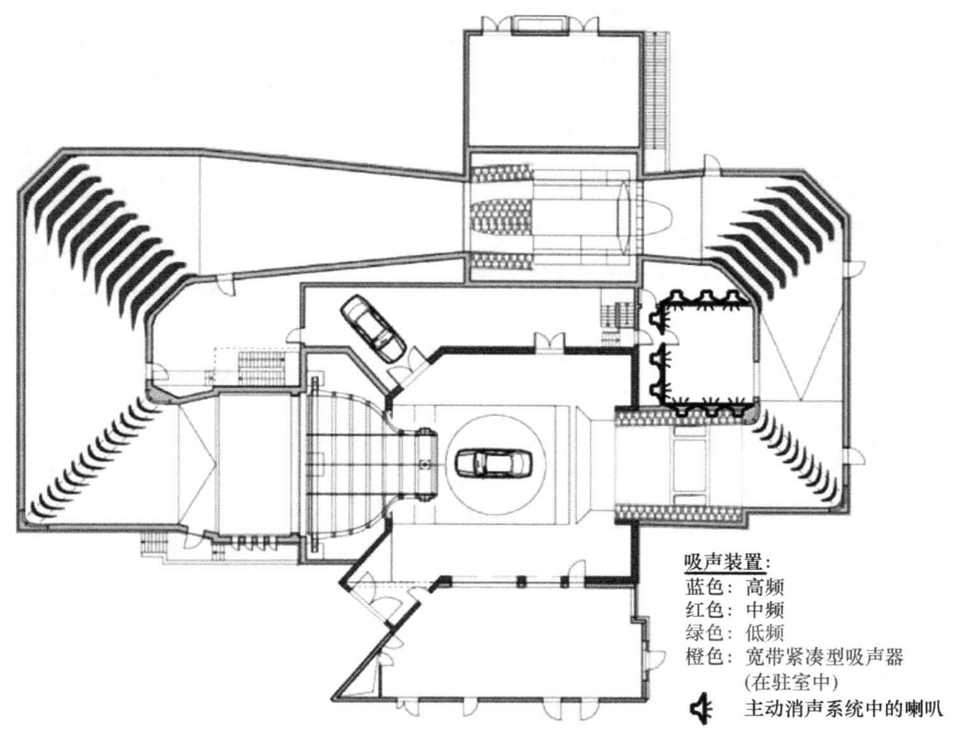

图 13.92　在英戈尔施塔特的奥迪汽车公司的气动声学风洞，由 Wiedemann，Wickern 和 WBI 公司设计（Wiedemann 和 Potthoff，2003），$A_N = 11m^2$；最高风速 300km/h，160km/h 时的声压为 61dB（A），拥有传动带和车轮驱动装置

为了满足气动声学风洞内越来越多关于测量时间方面的要求，一些普通风洞进行了气动噪声试验方面的改造。其例子是斯图加特大学燃烧式发动机和汽车技术研究所（IVK）的汽车风洞。该风洞由 FKFS 运营，见图 13.93。在位置 1 和 2 处，一方面气流被分开，以便形成具有相同压力损失和相同声发射特性的区段。采用板条墙面进行区隔，以便在风道内安装薄膜吸声器。边墙上也安装了薄膜吸声装置。拐角处铺设了多孔隙的吸声材料，而驻（车）室用宽带的吸声装置作为内衬（图 13.93 中的位置 3）。这样，在速度为 140km/h 的气流之外，该风洞的固有噪声于 1993 年就降低到了 $L_p = 69dB$（A）。Künstner 等人（1995）发表了详细介绍该风洞情况的论文。采取其他措施之后，声压级进一步降低，在速度为 140km/h 的气流以外，声压级还会一直降低到大约 $L_p = 64dB$（A）的目标值。

2001 年，通过增加一个五带装置（MTS - 钢板传动带），这座风洞得到进一步现代化。还计划 2014 年会再次进行现代化改造。这一次，一个加长的三带或者五带系统（FKFS - *First*™），一种新型的、到目前为止唯一的在汽车风洞中的阵风模拟器（见13.2.12节，FKFS - *swing*™），以及尤其是在亚音频区域得到改善的声学特性，都在计划范围之内。传动带系统是模块形式构建的，能够在用于运动摩托车试验的三带结构和应用于量产汽车试验的五带结构之间相当迅速而简便地进行变化。

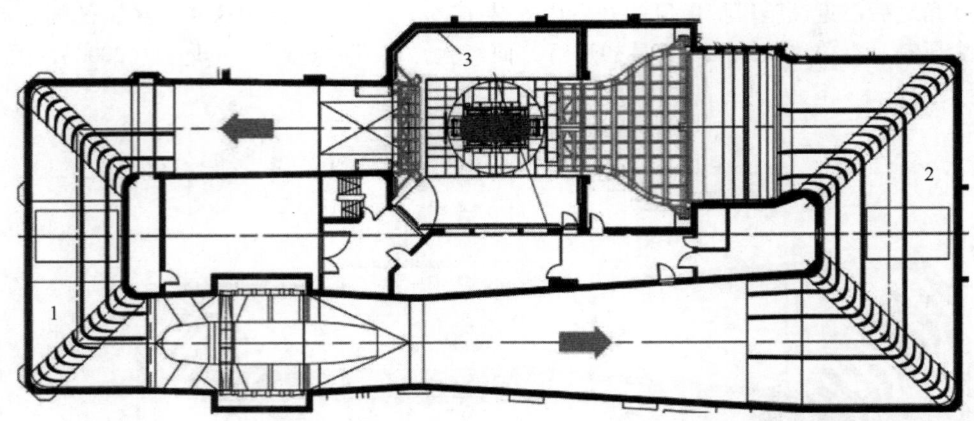

图13.93 斯图加特大学风洞，在位置1、2和3处采取措施，使其试验的范围扩大到气动声学测量（还见Künstner等人，1995；Wiedemann和Potthoff，2003；Potthoff和Wiedemann，2003；Potthoff等人，2009）

试验范围向气动声学扩展的另一个例子，是福特汽车公司位于科隆的风洞（例如见Kohl 1998）。除了采取与IVK/FKFS风洞类似的扩展措施之外，还在调节转速的基础上通过改变鼓风机叶片的角度，来调定气流的速度。它仍然使用异步电动机。为了补偿在转角2和3处因过流截面变窄带来的最高风速方面的不利影响，在喷口上部的两个角上进行了倒角处理，从而缩小喷口的出口截面。因此，出口截面面积从$A_N = 24m^2$减小到$20m^2$。最高风速能够和以前一样，以$v_{\infty,max} = 180km/h$连续运行，短时间内可以是200km/h。

尽管投资需求巨大，在刚刚过去的这段时间里还是建成了更多的风洞和风洞中心。除此之外，还有一些风洞正处在建造之中（例如戴姆勒位于辛德芬根的气动声学风洞和保时捷位于魏萨的气动声学风洞）。这说明，空气动力学、气动声学以及热管理和脏污在汽车的研发中有着重要意义。在此，将以位于上海、以上海汽车风洞中心（SAWTC）的名义运营的同济大学气动声学风洞和位于慕尼黑的宝马空气动力学试验中心为例进行介绍。宝马空气动力学试验中心的投资额大约是1亿7000万欧元。

上海汽车风洞中心拥有一座气动声学风洞、一座气候风洞以及一个冷起动舱（同济2011），于2009年7月开始试运行。这里的气动声学汽车风洞按照在此期间广泛流行的哥廷根式汽车风洞结构型式建造，具有开放式的试验段。试验段长15m，喷口出口面积$27m^2$，其中喷口宽6.5m，高4.25m。这是一个常见而且被证明能够实际需要的规模。最高风速达到250km/h，也是服务于汽车的现代风洞的通用风速。喷口位置附近的试验段情景示于图13.94。

除了其他的几项声学措施——例如使用各种不同类型的吸声装置——之外，风洞内的鼓风机也进行了旋转声学效果优化，以至于其结果是该风洞堪称世界上最安静的汽车风洞之一。在风速160km/h（和覆盖地板）的风洞自身噪声能级达$L_p = 61dB$（A）。鼓风机示于图13.95。更多风洞的配置特性见表13.3。

几乎是在上海汽车风洞中心开始试运行的同一时间，位于慕尼黑的宝马集团空气动力学试验中心（AVZ）于2009年6月投入运营。除了主风洞之外，该空气动力学试验中心还拥有一座

图 13.94　上海汽车风洞中心气动声学风洞的试验段及其喷口情景图（同济 2011）

较小的模型风洞，或者说是科研风洞，所谓的气动试验室。两座风洞都是为空气动力学试验而设计的。主风洞的驻室长 22m，宽 16m，高 13m，设计上十分大型化。其原因在于，同时还计划将来经过声学技术上的衬装，能够使之成为一座气动声学风洞。13.2 节中的图 13.12 显示了透过收集口看到的试验段内驻室的情景。主风洞的其他特征指标：喷口出口面积 $A_N = 25m^2$ 时的最高风速为 $v_{\infty,max} = 250km/h$，$A_N = 18m^2$ 时最高风速则为 $v_{\infty,max} = 300km/h$，拥有类似于 IVK/KFKT 的 MTS 钢传动带五带系统，以便能够进行道路行驶模拟（除了抽吸和吹扫装置之外），以及一台六分量地下天平。

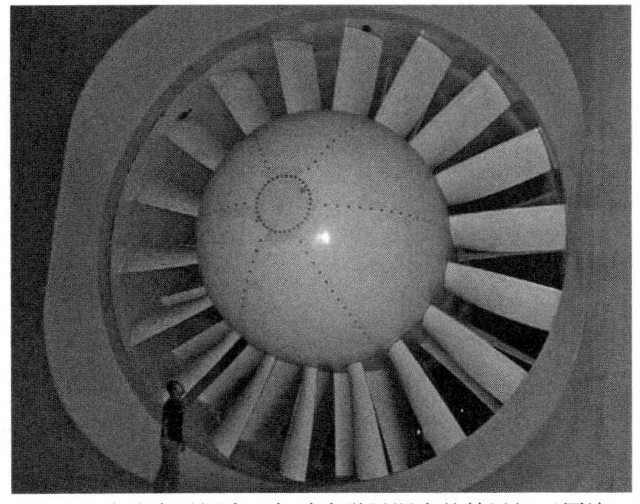

图 13.95　上海汽车风洞中心气动声学风洞内的鼓风机（同济 2011）

小一些的模型风洞或者说科研风洞——气动实验室，垂直布置在主风洞的气流环路内。虽然它的驻室并不比主风洞中的驻室（长20m，宽14m，高11m）小很多，它的喷口出口面积是14m²，则明显要小一些。为此，一个单带系统就能够完成尽管成本很高、但是模拟的范围却非常广泛的道路行驶试验。这个气动实验室不仅适宜于研究按比例制作的模型，也能够对原始尺寸的汽车进行试验。图13.96显示的是这个拥有单带系统的气动实验室的驻室，和（驻室内）通过轮毂和六爪撑杆固定的一个按比例制作的汽车模型。

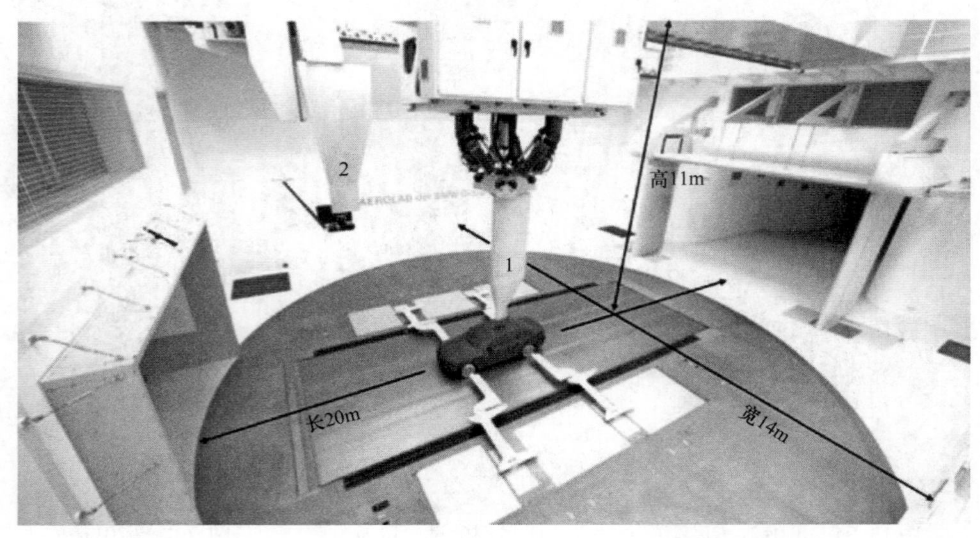

图13.96 拥有单带系统的气动实验室的试验段，试验段内有一个汽车模型；来源：宝马集团

13.5.2 模型风洞

有大量的风洞可用于缩小的汽车模型的试验。一方面，这是一些服务于教学和科研的风洞，只是偶尔用于汽车的研究和开发；但是另一方面，这些风洞也是专门为汽车建造的。其中有一些，是在大型风洞的设计阶段，作为这些大型风洞的实验性风洞使用的，例如保时捷公司的1∶4风洞（见Vagt和Wolf，1987），以及（当年）戴姆勒－克莱斯勒的3∶8风洞（见Romberg等人，1994）。利用成比例的大型实验风洞，由于风速受到限制，达到的雷诺数更高，因此在这一风洞上获得的结构性细节可以更可靠地移植到1∶1风洞上。在此，必须注意到全尺寸风洞和实验风洞之间在几何方面的相似性，因此在模拟过程中存在同样的限制，例如同样的阻塞作用。在汽车研发过程中，这些都会使得后续从缩小的汽车模型到全尺寸汽车的过渡变得顺利一些。

用多低的成本就能建成一座实验风洞，对此问题，图13.97中简示的英国汽车工业研究协会（MIRA）的设施是一个例子。关于该风洞首个建设阶段的介绍见Carr（1961），关于装备了传动带的第二期的介绍，见于Carr和Eckert（1994）。这一类型的试验台架相对低廉的运营成本和缩小汽车模型的操作简便性结合在一起，使模型制作技术再次变得引人关注。在运动赛车研发方面尤其如此。

几家比较大型的致力于运动赛车的公司，在此期间建造了自己的风洞。在运动赛车这一领域，已经约定俗成的，是在告示模型的大小时，不再提到比例尺，而是说相对于全尺寸的百分数。

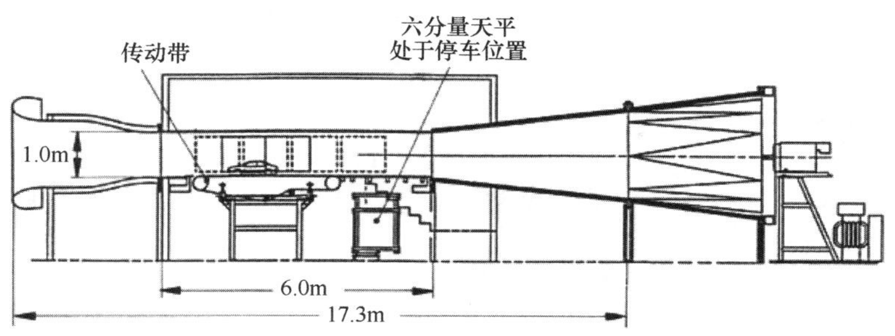

图 13.97 位于英国纳尼顿的汽车工业研究协会的模型风洞；试验段截面面积 2.12m^2，最高风速 90mile/h（40m/s），驱动功率 37kW，采用传动带模拟道路行驶（Carr，1961；Carr 和 Eckert，1994）

50% 的模型是标准㊀的用语；例如，索伯㊁已经变为 60%（见 Wyss，2003）。

为了对汽车模型和部件进行流体力学研究，还专门研制出一种少涡旋的烟雾风洞，而且这种烟雾风洞不仅应用于三维流动的模拟（例如参见 Odo 和 Hoshino，1974），也应用于仅为二维流动的模拟。有时也采用能够使得流动可见的水道；斯图加特大学的空气与气体动力学研究所的水雾风洞就是这样（见 Speth，1984），它可以容纳比例尺大到 1:4 的模型。

不仅应用于汽车的研发和与汽车相关的基础性研究，而且也投入 1:1 风洞的进一步开发研究的模型风洞之一例，即为斯图加特大学的模型风洞。它的运营模式与 FKFS 的汽车风洞相同。该风洞在几何结构上与大型的气动声学汽车风洞相似；和大型风洞一样，它也拥有一个融合钢带技术的五带系统（制造者：MTS 公司）。最近，这个风洞还用来进行瞬态空气动力学的研究，并且用于一种旨在产生非稳定态的相应主动系统的开发（Potthoff 等人，2009）。在图 13.98 中，可以看到这种主动系统集成在一个模型风洞中的情景。以模型尺度进行的这些研究工作，比起在使用

图 13.98 斯图加特大学 IVK 模型风洞：喷口前的 FKFS 湍流发生器，用于对一个 1:4 汽车模型的瞬态空气动力学特性研究，见 Potthoff 等人（2009）

㊀ 奥地利发行的一份日报。——译者注

㊁ 一级方程式车队名称。——译者注

原始尺寸汽车的1∶1风洞中的研究来，成本上的节省是非常惊人的。不过正如已经提到过的，在模型风洞试验中，必须注意雷诺数，因而也必须注意结果的可移植性。

13.5.3 气候风洞和热风洞

和其他类型的风洞一样，气候风洞和热风洞也可以将喷口出口面积作为特征参数。这样，可以把这些风洞分为三组：

- 10 ~ 12m^2的风洞，主要应用于小型货车和公共汽车。
- 6m^2 的风洞，主要应用于乘用车。
- ≤4m^2，尤其适宜于乘用车的附件冷却试验的风洞。

属于第一组的典型风洞，有菲亚特汽车公司的两座风洞，喷口出口面积都是12m^2(Antonucci等人，1977)。它们是一个风洞中心的一部分；属于这个风洞中心的，还有一座31m^2的空气动力学风洞。两座12m^2 的风洞中，一座是为高温试验设计的，另一座则是用于低温试验。福特汽车公司在科隆的气候风洞涵盖了与这两座风洞可比较的、从 -40℃到50℃这样的温度区域。就喷口出口面积来看，它也不相上下（11m^2）。刚开始时，也在这座风洞内进行空气动力学的研究（Bengsch，1978）。这类风洞内的配备，通常有滚转试验台，具备空气温度和湿度可调性，以及可能还有太阳辐射。正因为如此，这些风洞有能力进行汽车研发过程中的一整套气候方面的试验研究。

对于大型的商用车、载货汽车，而且首先是公共汽车，自2002年以来，在位于（奥地利）维也纳的阿森纳铁路技术试验中心（RTA），有一座大型的气候风洞，这是起初为轨道车辆的试验而设计的两座风洞中较小的一座。喷口出口面积16m^2，试验段的长度为30m。在沿着一面侧壁的整个长度上安装了光源（图13.99）；利用这些光源来模拟日光。可以在250 ~ 1000W/m^2之间调节。光源按阶梯式布置，既节省空间又能够稳定地调节30°的入射角（轨道交通领域的标准）。滚转试验台具备的制动功率为280kW；在最高风速120km/h时，仍然以足够的冗余度满足许可的限值。

图13.99 在维也纳的阿森纳铁路技术试验中心（RTA）的小气候风洞内光照效果模拟。喷口射流截面面积16m^2，试验段长度30m，最高风速120km/h，温度变化范围 -50 ~ +60℃，30°入射角时的阳光辐射强度为1000W/m^2

对于乘用车的热力学试验而言，12m^2 的喷口出口面积就已经超过绝对的需要了。在很多种场合，出口面积 $A_N = 6\text{m}^2$ 就会被看作足够大。具有这一出口面积大小的气候风洞也在欧洲运行，例如大众汽车公司、（日本）电装株式会社（DENSO）和贝洱公司（Behr）（技术数据和来源说明见表13.3）。作为例子，图13.100显示的是大众公司的二号气候风洞，它最初同时也被考虑用于1∶2.5模型的试验。

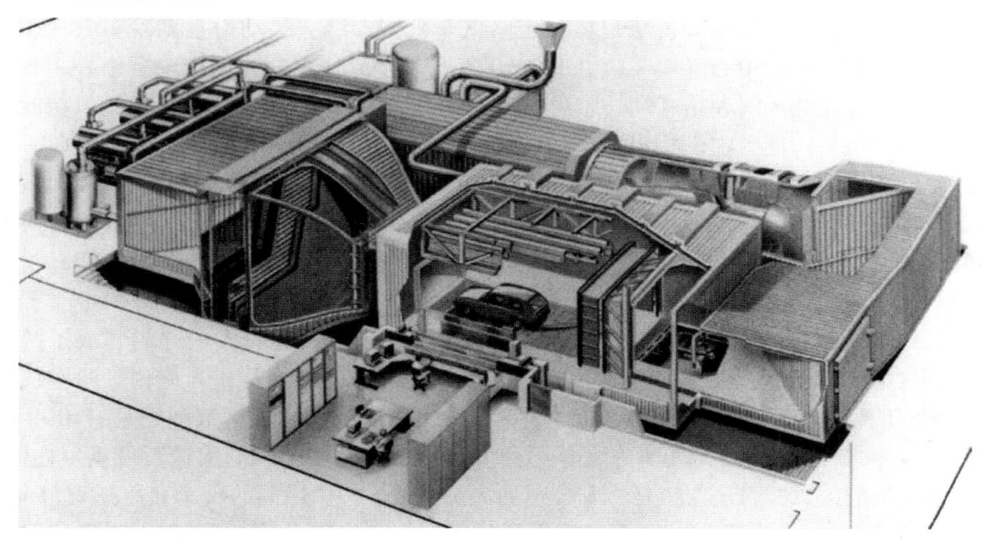

图13.100 大众汽车公司的二号气候风洞：喷口出口面积 6m^2，最高风速180km/h；驱动功率460kW；温度范围 -40 ~ +60℃

热风洞的一个例子，是斯图加特大学IVK/FKFS研究所的一座风洞。该风洞显示于图13.101。对旋转车轮带来汽车脏污的研究，也可以在这一风洞内进行。另一个例子是摩丁制造

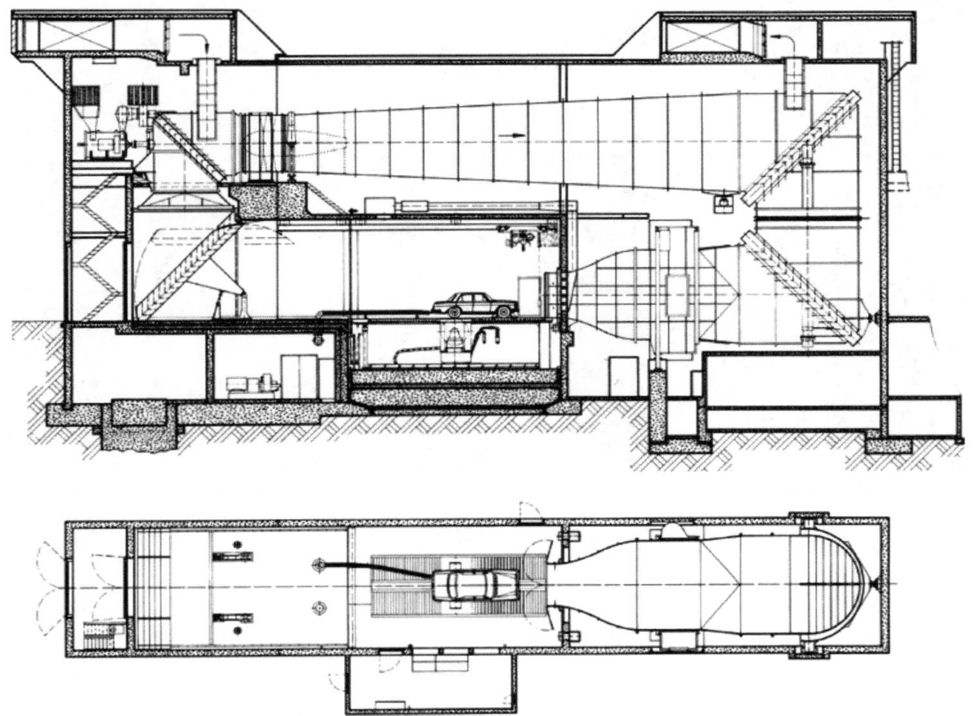

图13.101 IVK/FKFS的热风洞；喷口出口面积 6m^2，最高风速200km/h；驱动功率1MW

欧洲公司（Modine Europe GmbH）的热风洞。该风洞拥有一个可更换的喷口，其出口面积可以是用于乘用车试验的$5.4m^2$，也可以换成用于商用车试验的$12m^2$。可以达到的最高风速相应地也有所区别，采用小截面喷口时是250km/h，采用大截面喷口时是130km/h（表13.3）。

与空气动力学风洞和气动声学风洞的情形相类似，最近，在气候风洞和热风洞方面的投资也达到了非常可观的水平。比如说慕尼黑的宝马汽车公司，继空气动力学试验中心（AVZ）之后，能源和环境技术试验中心（EVZ）也于2010年5月开放使用。在这个风洞中心，有一座所谓的环境风洞，一座热风洞和一座气候风洞（后者称为能源技术风洞）。这个环境风洞能够进行的模拟试验范围最为广泛。它模拟以风与雨、阳光或者雪到各种不同类型的雪组合在一起的情形。为此，它可以在－20～＋55℃的温度范围内运行。这一风洞的更多技术性参数见表13.3。这三座新风洞，还涵盖了另外一些汽车试验所需要满足的气候条件，从而使得试验所需要的费用明显降低。试验工作不受季节的限制展开；运输距离和运输时间缩短，从而所需要的试验样机数量也减少了。

同样，位于斯图加特的戴姆勒汽车公司，也在梅赛德斯－奔驰技术中心内建成了两座全新的气候风洞（图13.102）。经过两年时间的建设，它们于2011年6月投入使用。两座气候风洞中，一座风洞的温度可以在－40～＋40℃之间调节，另一座风洞的温度范围则是－10～＋60℃。雨水、降雪和阳光辐射与风组合起来的影响效果，也能够在这两个风洞内进行可重复性的试验。所以，这两个风洞的试验范围与宝马汽车公司的风洞类似。两个风洞的风速都达到265km/h，因而适用于广谱汽车类型的试验。空气湿度可以在5%～95%的范围内调节（例如见Heidrich，2011）。在戴姆勒的这个技术中心，目前又在修建一座新的气动声学汽车风洞。

图13.102　位于辛德芬根的戴姆勒汽车公司新建成的两座气候风洞之一的试验段；来源：戴姆勒汽车公司

最后一个近期出现的气候风洞的例子是位于英戈尔施塔特的奥迪汽车公司的气候风洞。该风洞于2008年初投入运行，使得奥迪风洞中心拥有了齐全的装备。在这个风洞内，能够产生－25～＋55℃的温度和高达300km/h的风速。也能够进行日光和雨水模拟，空气湿度是可以调控的。更多技术数据见表13.3。

表 13.3 现有风洞数据一览（空气动力学风洞，气动声学风洞，气候风洞）

公司所在地	A_N /m^2	试验段长度/m	喷口缩比	U_{max} /(km/h)	地板模拟	气候 /℃	噪声(140km/h) /dB (A)	P_{max} /MW	数据来源①
DNW - LLF 马克内瑟（荷兰）	90.3/48.0， 36.0	0/o/g 20 16	4.8 8.0 12.0	223 -547	LB		?	12.5	www.dnw.aero
通用汽车 沃伦（美国）	57.2	g 21.7	5.0	222	Scoop bs-	+22	?	3.4	Kelly 等人（1982）
大众汽车 沃尔夫斯堡（德国）	37.5	o	4.0	198	—	-35 ~ 45	—	2.6	Mörchen（1968）
洛克希德公司 LSWT 士麦那（美国）	35.4	g 13.1	7.0	329	—	保持 <35	—	9.0	Cummings（1969）
MIRA 纳尼顿（英国）	35.0	g 15	1.5	130	—	—	—	1.0	Fosberry 和 White（1961）
奔驰汽车 下图尔克海姆（德国）	32.6	o 12	3.5	250	—	—	—	5.0	Kuhn（1988）
RUAG 埃门（瑞士）	35	g 15	4.0	245	LB	—	—	3.0	www.ruag.com
菲亚特汽车 都灵（意大利）	31.0	o 10.5	4.0	205	LB	—	73	1.9	Antonucci 等人（1977）
CSTB 空气动力学和气候风洞 南特（法国）	30.0 18.0	g/14 o/25	2.2	290 140	— —	— -25 ~ 50	— —	3.2	www.cstb.fr
日产汽车 神奈川（日本）	28.0/ 15.0	o 12	6.4 1.2	190/270	LB	—	66 (100km/h)	2.2	Ogata 等人（1987）
现代汽车 南阳（韩国）	28.0	o 18		200	bs	20 ~ 50	66.5	2.6	Kim 等人（2001）
克莱斯勒汽车 底特律（美国）	27.9	o	5.4	260	Scoop tb	—	62.3	4.7	Walter 等人（2003）
沃尔沃汽车 哥德堡（瑞典）	27.1	s 15.8	6.0	250	LB	—	—	5.0	Nilsson 和 Berndtsson（1987）
SAWTC AWT（气动声学） CWT（气候） 上海（中国）	27 7/14	o/15 o/15		250 200/100		-20 ~ 55	61 (160km/h)		www.sawtc.com
马自达汽车 三次（日本）	24.0	o/g 12	6.0	200		—	—	1.6	www.mazda.com
三菱重工 日本	24.0	g o		216 187	bs	—	—	2.4	www.mhi.co.jp
GIE S2A 蒙蒂尼（法国）	24.0	o 15.1	6.0	240	LB	15 ~ 35	—	3.80	Waudby - Smith 等人（2004）
福特汽车 迪尔伯恩（美国）	23.2	g	3.8	200	—	-18 ~ 70	—	1.87	McConnel（1959）

（续）

公司所在地	A_N /m^2	试验段长度/m	喷口缩比	U_{max} /(km/h)	地板模拟	气候/℃	噪声(140km/h)/dB（A）	P_{max} /MW	数据来源①
IVK/FKFS 斯图加特（德国）	22.5	o	4.4	265	LB	—	68 (160km/h)	3.2	Potthoff 等人（2009）
保时捷汽车 魏萨（德国）	22.3	s/o 13.5	6.1	230	ds bs	—	—	2.60	Vagt 和 wolff（1987）
福特汽车 科隆（德国）	20	o 10.3	4.8	200	LB	—	68	2.0	Grundmann 等人（2001）
宝马汽车风洞 空气动力学实验室 慕尼黑（德国）	18/25 14	o/14 0/12.6	5.8/8.0 5.8	300/250 300	LB LB	—	—	4.4 3.8	www.bmw.de
DTF WT8（福特汽车） 底特律（美国）	18.7	o	6.0	240	tb	0～55	63.7		Walter 等人（2002）
丰田汽车	17.5	g 13.5	3.7	180		—	—	1.5	Kimura（无年份）
温德谢尔公司 康科德（美国）	16.7	o		290	LB	25			Walter 等人（2012）
阿森纳铁路技术试验中心 SWT LWT 维也纳（奥地利）	16.1 16.1	g 33.8 100	4.0 5.7	120/300	—	-45～60 -45～60	—		www.rta.co.at
丰田赛车 科隆（德国）	15.2	g 15		252	LB			2.3	www.toyota-motorsport.com
CNAM，S10 圣西尔（法国）	15.0	s 10	7.7	200	bs	—	—	1.0	www.iat.cnam.fr
菲亚特汽车，热气候风洞 冷气候风洞 都灵（意大利）	12.0	o 14	4.0	160	—	-10～50 -50～20	—	0.56	Antonucci 等人（1977）
日本汽车研究所 日本	12.0	g	4.1	205		—	—	1.20	Muto 和 Ishihara（1978）
沃尔沃汽车，气候风洞 瑞典	11.2	o	2.5	95	—	-40～50	—	0.50	Christensen（1973）
宾尼法利纳 意大利	11.0	o 8.0	6.9	250	LB	—	78	2.0	Morelli（1971）
福特汽车，气候风洞 科隆（德国）	11.0	g	6.0	180	—	-40～50	—	1.12	Bengsch（1978）
奥迪汽车，气动声学风洞 气候风洞 英戈尔斯塔特（德国）	11.0 6.0	o/9.5 o/10	5.5 6.0	300 300	LB —	— -25～55	61 (160km/h)	2.60 2.4	Wickern 和 Lindener（2000） www.audi.de
宝马汽车，气动声学风洞 慕尼黑（德国）	10.0	o 10		250	LB	—	66	1.90	Lindener 和 Kaltenhauser（1992）

（续）

公司所在地	A_N /m²	试验段长度/m	喷口缩比	U_{max} /(km/h)	地板模拟	气候 /℃	噪声 (140km/h) /dB（A）	P_{max} /MW	数据来源①
宝马，热风洞 能量技术风洞 环境风洞 慕尼黑（德国）	8.4 8.4 8.4	o/10 o/10 o/10		280 250 250	LB (摩托车)	20～45 -20～55 -20～55		2.1 1.6 2.1	www.bmw.de
戴姆勒，冷风洞 热风洞 辛德芬根（德国）	分别是 7/8/12	分别是 o/10	分别是 8m² 时 为 7	分别是 265/250/ 1180		-40～40 -10～60		分别是 1.7	Heidrich (2011)
IVK/FKFS 热风洞 斯图加特（德国）	6.0	o 15.8	4.2	210	—	20～50	—	1.00	Essers 和 Thiel (1981)
大众汽车二号风洞 沃尔夫斯堡（德国）	6.0	o 7.2	6.0	180	—	-40～60	—	0.4	Buchheim 等人 (1980)
电装株式会社 绍斯菲尔德（美国）	6.0	o		170	—	-30～ 70	—		Fa.（1995）
贝洱公司 斯图加特（德国）	6/8/10	o		130/ 100/80	—	-30～50	70 (50km/h)	0.3	Schmiederer 和 Riedel（2001）
摩丁制造公司 菲尔德施塔特（德国）	4.7/12.0	o/14.3 o/15.8/ 19.3		265/ 130	—	20～55	—	1.3	www.modine.com

注：1. 试验段：o-开式，g-闭式，s-开槽式壁面。
2. 地板（仅仅给出具有高技术含量的）。
3. LB：传动带，bs：边界层抽吸，ds：分散式抽吸，tb：切向吹扫。
4. P_{max}：鼓风机的最大功率。
5. L_p：速度为 140km/h 时气流之外的声压级，以 dB（A）为单位。

① 主要给出原始信息的出处，有些风洞后来经历了现代化改造。

13.5.4　风洞概况和对比测量

在经过前面几节比较详细的介绍之后，本节采用列表的形式给出那些已经介绍过的风洞的概况（表 13.3）。这一概况不仅包含应用于空气动力学或者气动声学研究的风洞，也涵盖气候风洞和热风洞。不过，这里只是涉及 1∶1 尺度的风洞，因为大量的模型风洞已经超出了给定的总结范围。喷口出口面积小于 5m² 的风洞也不在这里的考虑之列。列表的内容按照喷口出口面积从大到小的顺序编排。

表中所列出的，全都是回风型风洞，它们要么采用了封闭式管道、要么借助于建筑结构。该表并不追求无一遗漏。大型风洞则尽可能全部收录进来。相反，前面提到的气候风洞和热风洞，准确地讲只具有示范性的意义。关于表中列出的风洞及其所采用的试验技术和测量技术的更加详细的介绍，可以从表中给出的资料来源上找到。

比较表中所列出的空气动力学风洞和气动声学风洞，首先引起注意的是喷口出口面积有着相当大的差别。如果进行对比时把德国和荷兰共同所有的风洞（DNW-LFT）排除在外，因为这个风洞最初是为飞机的空气动力学试验建造的，则就喷口出口面积来看，在最大和最小值之间相差大约5.6倍。对于这种惊人的差别，可能有两个十分重要的原因：

- 试验段的类型：闭式、切槽式和开式。在闭式试验段的情形，不同的堵塞比（见第13.2节）需要更大的喷口出口面积。
- 试验范围：比如说，通用汽车公司的风洞就是为乘用车、小型货车以及大型载货汽车和公共汽车的试验研究而设计的。如果用途仅限于乘用车，则较小喷口出口面积的风洞就足够了。

为了确保试验结果的可靠性，大型汽车风洞的运营方经常会重复性地进行交叉对比。

最初的这种比较于1980年进行，使用简化版的大众VW 1600阶背汽车作为标定的模型（光滑底板，没有保险杠）。它的空气动力学参数，尤其是C_D值，能够通过加装或者拆除扰流板的办法可重复性地改变。采用这样的同一个模型，在欧洲、美国和加拿大的10个大型风洞进行试验测量。这些风洞的试验段，有的是开式的，有的是闭式的，还有的墙壁是切槽式的。SAE的一系列出版物对这些试验测量做了详细的报告（见Buchheim等人，1980；Cogotti等人，1980；Costelli等人，1981；Carr，1982）。当时，随汽车上配置的区别，在不同的风洞中测得C_D值的标准误差确定为0.007~0.015，相当于绝对值的大约2%~3%。

报告指出，针对能够在产品造型过程中有助于做出取舍的两种汽车配置所做的δ测量或者相对测量，比较而言其误差更大。例如，加装一个后扰流板之后，一个风洞内报告的风阻降低1.3%，而另一个风洞则报告降低了5.1%。第一个结果可能会导致放弃这个扰流板；而后一个结果则相反，说明使用它是合情合理的。

从众多的理由来看，像大众的VW 1600这一类的校验汽车很重要。一方面，这些汽车用来检验在一个比较长的时间段上、在一个风洞内测量数据的连续性和可比性。另一方面，正如前面已经讨论过的，这些汽车还用来对不同的风洞进行比较。这些汽车需要长时间高度稳定、精心的维护以及非常认真仔细而且在干燥环境中的保养。为了在风洞内的试验和道路上的试验之间做比较，这些同样的汽车非常重要。比如，FKFS就有三辆这样的校准汽车：

- 自1989年以来的一辆欧宝牌欧米茄汽车。它用于车轮固定时的测试，保证了测试数据的长期连续性。
- 自2001年以来的一辆奔驰牌CLK级汽车，应用于道路行驶的模拟测试。
- 一辆宝马牌E 39高级轿车：用于风洞和道路之间的比较。

根据欧洲数据交换委员会（EADE）的倡议，还进行了第二次和第三次交叉对比。在多个大型风洞内，对不同类型、能够行驶的汽车进行了空气动力学系数的测量。利用第二次交叉对比的结果，来检验已经开发出的校正方法（Mercker和Wiedemann，1996）。如果不采用这样的校正，得出的阻力系数标准误差是0.008，和第一次环比时的标准误差相近。采用由Mercker和Wiedemann提出的校正，标准误差降低到0.002。在具有开式和闭式试验段的风洞之间，采用这一校正，也得到了相应的一致性。在13.2.13节中，经过第三次交叉对比之后得到的结果与校正方法结合起来给予了讨论和说明。

对比风洞的另一个判别条件，是由沿着驻室的纵轴方向（通常是从喷口到收集口的中轴截面）的压力分布而算出的轴向压力梯度。这个压力梯度会直接影响到汽车上测得的作用力。图13.103（见彩插）中显示对几个欧洲风洞的压力梯度进行的比较。可以看出，不管是在喷口到测试段中央之间的前面部分，还是在测量段后面的区域内，压力梯度的区别确实是很大的。这样，同一辆汽车在不同的风洞内，在其前端和后部的作用力大不相同。由此便产生系统性的不一致的结果，例如C_D值。不过，这和所谓的测量结果的不可靠性无关。造成压力梯度不一致的原因，可能的应对措施和相应的校正方法，已经在13.2节中进行了讨论。

不同的气动声学风洞中试验段内按照A加权计算的声压级（在气流之外测得）比较，示于

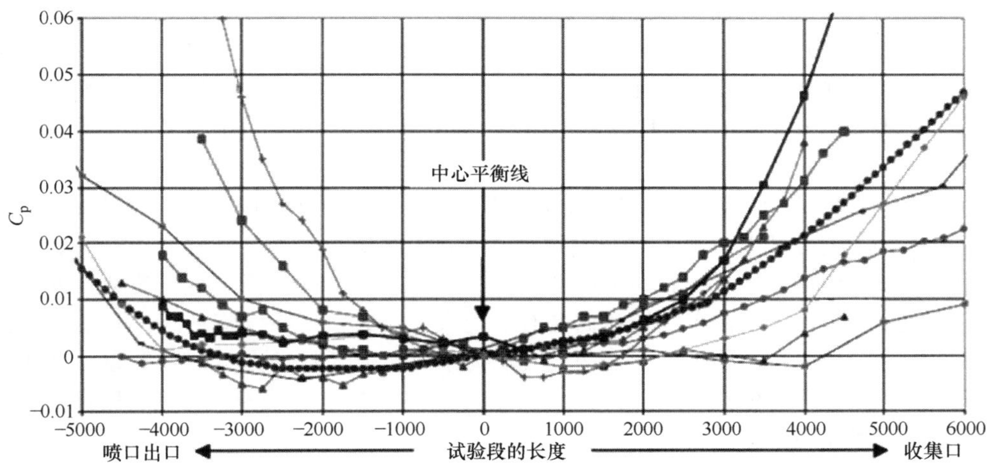

图 13.103　多个不同的欧洲风洞中轴向压力分布的比较。部分区域的差别是清晰可辨的（对比讨论见第 13.2 节）（Wickern 和 Lindener，2000）

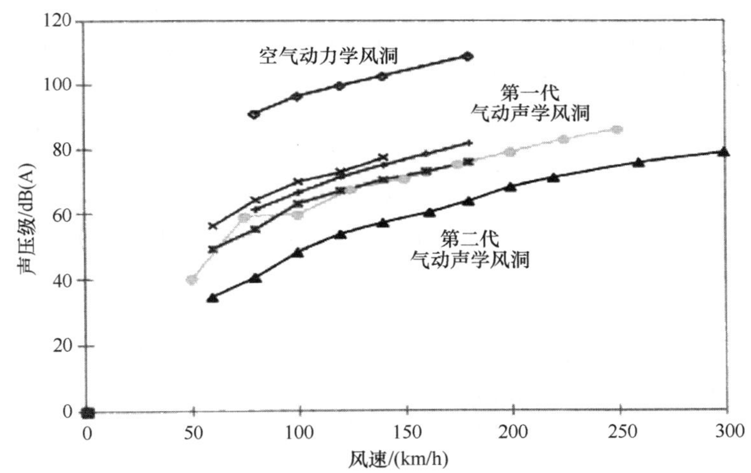

图 13.104　不同的气动声学风洞之间以及它们与一座具有代表性的空气动力学风洞之间 A 加权的声压级（气流之外测得）之比较（Schneider 等人，1998）

图 13.104（见彩插）。与一座没有采取声学措施、具有代表性的空气动力学风洞相比，第一代气动声学风洞（宝马公司的气动声学风洞）的试验段气流之外的声压级就已经降低了几乎 30dB（A）。奥迪公司的气动声学风洞——第二代风洞中的第一座气动声学风洞，带来了大约 10dB（A）的进一步改善。

风洞之间更多的相互比较也可以从文献中找到，例如，源于 2003 年、发表于 2005 年的日本七座汽车风洞之间的比较（Maeda 等人，2005）。

13.6　展望

尽管风洞有时也简称为“试验台”，在有些汽车制造商那里甚至只是定位为一个作为服务部门的、在产品制造过程中支持汽车研发人员的中心试验单位，但与其他的汽车试验机构相比，风洞还是有着显著的区别。

汽车试验台、发动机试验台、声学试验台或者滚转试验台，现在都能够从相应的供应商那里全方位地得到“现成的”供货。为了选定合适的试验台，使预先定义的测量精度得到可靠的保证，仅仅只需要特别确定性能参数和使用范围。相反，虽然经历了汽车行业数十年的应用，风洞本身仍然一直是——比如由ECARA（欧洲汽车空气动力学研究联合会）所进行的——研究开发的对象，以及由EADE（欧洲空气动力学数据交换委员会）所进行的多次对比试验的目标所在。这是CFD（计算流体动力学）和CAA（计算气动声学）的共性之一。除此之外，气动声学风洞是特别昂贵的试验设施。它意味着一项额度大约是四千万欧元的投资，而气候风洞在一千五百万欧元以下就能够建成。与汽车制造商们拥有的绝大多数其他试验设施不同，一座气动声学风洞，或者甚至是一座经过功能扩展而成的空气动力学风洞或者热动力学试验中心，都有着非同寻常的形象价值。这一价值，受到市场心甘情愿的追捧，同时作为衡量汽车制造商技术创新能力和它们的产品品牌定位的标尺。

已经建成的这些空气动力学风洞和气动声学风洞，除极少数外，均堪称独一无二的作品。每一个风洞项目，都来源于一个深思熟虑的规划。就在最近，这种规划常常是以一个研究项目或者试验过程为先导的。此时，开展模型试验和CFD模拟计算，以便能够确保经常是雄心勃勃的预定目标以最高的可靠性得以实现，而决不能落后于已经存在的试验设施的技术水平。如果一座已经投入运行的新风洞出现问题，例如由于轰鸣现象或者由于不足为信的测量结果，这一消息便会在专业界迅速地传播开来。与发动机试验台上一个类似的问题可能由试验台生产商的服务小组以跟进服务的名义在短时间内得到解决不同，这样的一种情况对于风洞的规划方或者是风洞的总运营方来说，通常就不是一个轻松的任务。因为它不可以随意地借用别的风洞设施的经验结果，因此必须通过费时费力的试验和补充性计算来求证那些常常是极其复杂的物理问题，然后尽可能地加以解决，或者至少是减轻问题所带来的影响。如果——通常都是如此——这些试验是在一个已经完工的设施内而不是在模型上进行的，这首先会阻碍随后的用户，推迟完工的定期。备用的试验能力往往是不能充分满足要求的，或者成本太高，因此前面提到的这个（出现问题的）例子会导致环环紧扣的量产运营的推迟。它所造成的代价可能会立即超过风洞的成本。因此建议，在尤其是与复杂的称重技术和地板模拟技术结合起来进行气动声学风洞的规划过程中，不要在先导性试验阶段和规划阶段贪图节省，并且在此充分地利用相关科学研究的专业成果。

将来，这类试验设施的复杂性——特别是与计算流体动力学和计算气动声学一起共同作用——还会进一步提高，因为例如像“道路行驶”这样的模拟也要包括像湍流、阵风这样的非稳态效果，以及它们对汽车行驶动力学和对汽车声学的影响，以便开发出高质量的未来汽车。在这里，风洞不大会像其他的试验设备那样，替代在顾客所设定的条件下于道路上进行的出厂验收，但是它会引领汽车研发工程师们以越来越高的可信度走向所希望的结果——在顾客要求的条件下能够重现、因而在产品的制造过程中能够使得那些花费不菲的修补性工作和重复性工作得以避免的结果。

第14章 数值方法

Thomas Schütz, Nobert Grün, Reinhard Blumrich

谢志华 译

在汽车空气动力学和气动声学的方案、研发和优化过程中，如今除了进行风洞试验，还运用数值模拟方法。首先在研发的早期阶段，大多数情况下还没有真正的汽车，而仅仅只有一些零部件试验样品可供利用；尽管如此，还是必须对一些相互竞争的设计草案进行评价。在这种情况下，有必要对于出现的流动现象、噪声的产生以及传播过程有非常准确的认识，因为这些是在研发的向前推进过程中必须掌握和管控的。有三个非常重要的动因，表明数值模拟方法的应用是适得其所的：

- 缩短研发时间。
- 降低成本。
- 提高灵活性。

传统的研发路径——在风洞内进行汽车的空气动力学和气动声学优化，不会因为数值方法的应用而变得过时而遭废弃；它被转移到汽车研发过程的后续阶段。在此，数值方法的空气动力学变得尤其具有优势，因为伴随着风洞试验的，还有一系列的局限（参见第13.2节）：

- 缩比例模型试验时，雷诺数太低。
- 在比例模型上再现所有几何结构上的细节，还非常费时费力。
- 风洞内出流的规模和试验段的规模受到限制，于是，由模型和模型的尾流引起了必须予以校正的堵塞效应。
- 对行驶路面的模拟，所能做到的还不尽人意。
- 对于侧风和湍流的模拟，可能性还是非常有限的。

全尺寸汽车风洞试验是昂贵的。测试阶段的成本很高，制作模型的成本也是如此。如测量力、大面积的压力分布、空间上的速度分布，都是耗时耗力的。

风洞和数值方法，二者都是模拟工具。这两种方法的本质区别和各自具有的能力，使它们相得益彰，而不是互为竞争掣肘（Kuthada，2007）。随着工业界对数值方法的接受度不断提升，应用这两种模拟工具时的目标发生着转移。可以期待，将来风洞会越来越多地应用于采集用来检验数值方法的数据和进行昂贵的变参数研究。数值方法则更适合回答这样的问题，即某个参数的变化为什么和如何影响汽车空气动力学和气动声学的特征值，以及在汽车上的哪个部位能够找到显著的优化潜力。

14.1 有摩擦流动的三维模拟

CFD[㊀]方法最初是应飞机制造工业的需要而发展起来的。对商用飞机的原始要求，是在尽可能低的阻力的同时有尽可能高的升力；只有充分地避免了气流的分离现象，这两项要求才能够同时被满足。不同的是，汽车的绕流是以气流的分离为显著特征的，一部分分离的气流紧接着又附着在车身上。为航空工业开发的CFD方法（例如欧拉方法），并非致力于揭示这些（分离和附着）过程。同时，人们开始研究那些有气流分离的地方。对于飞行器的机动性能来说，它在“过失速”区域的性能是至关重要的，因为在极大攻角条件下，在机翼上便出现了猛烈的气流分离。

过去，优化工作所需要的风洞试验时长呈指数性增长，如图14.1所示。期望借助CFD来缓解这种增长，但是需要限制CFD的计算时间和费用。目前数值仿真所需的时间和费用也在持续减少。与飞机空气动力学进行一番比较，就能使得在这种情况下人们能够期待的东西变得非常清楚。与Karin和Smith（1987）的看法一致，图14.1表明用于同一个车型例子的计算时间是如何减少的。在这里，计算所采用的算法相同。

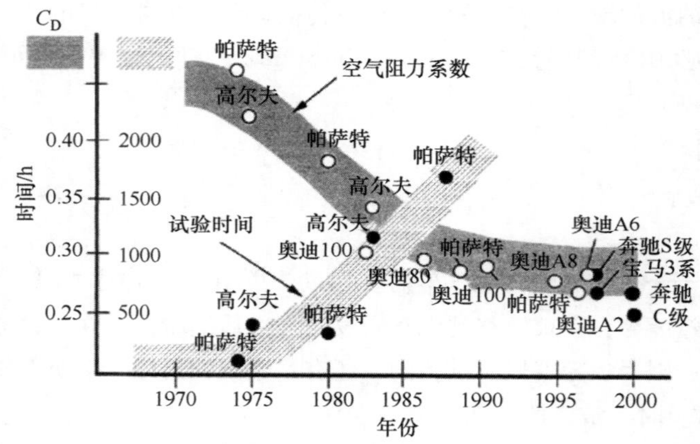

图14.1 空气阻力系数C_D降低而风洞内的试验时间上升（Buchheim等人，1998；Hucho，2003）。遗憾的是在1988年之后没有关于风洞内试验时间的数据

20世纪80年代的计算机CRAY－XMP有着最快的运算速度，大约是8.2亿次浮点数/s。目前（2012年6月），世界上最快的计算机Sequio BlueGene/Q（即IMB公司的蓝色基因超级计算机第三系列——译者注）的计算速度则达到2.01327×10^8亿次浮点数/s[㊁]。这差不多是计算速度上2400万倍的提高，而计算时间上是同样这么多的缩短。此时真正构成瓶颈的，已经不再是如同仅仅几年前一样的计算速度，而更应该是计算前的准备工作（“前处理”）。对此，有两个完全互相对立的观点值得补充如下：

- 算法还在持续发展中，将来还会变得更快。
- 这类功能强大的计算机是一般性的应用所不可企及的，它们也不可能那么快普及。

形体开发所遵循的策略对于风洞和对于CFD是相同的；它可以用“试错”来做最恰如其分的描述。在这里，CFD计算过程中可以获得更为详细的流场信息，它比风洞具有更大的优势。

㊀ 计算流体动力学。

㊁ www.top5000.org。

在行驶试验中实现起来非常危险的行驶状态，或者在风洞中不能足够准确地甚至根本无法实现的行驶状态，都能够模拟。两辆汽车在道路上的超车过程或者碰撞过程，就是这样的行驶状态。

另一方面，CFD 还远没有达到和试验同等程度的可靠性。即使是趋势性分析，也和一定的风险联系在一起。在准备充分的前提下，目标明确的大范围变参数试验在风洞中能够很快、亦即不多的几个小时内完成。单一的整车仿真所需要的运算时间以“天”计，因此（与风洞试验相比较）耗费的时间是不可同日而语的。

这一章给出有关运用 CFD 方法计算道路上车辆外流场的可能性及其问题的概况。介绍各种模拟方法的要点；突出说明它们的优势和缺点所在。为此，将引用来自实际的例子。这里的介绍是以导言的方式展开的，首先针对汽车行业内到目前为止与 CFD 还没有过直接接触的从业人员。对于内容所涉及的更深入的细节，会给出所引用的文献。最后需要引起注意的是，CFD 方法得益于硬件和软件的不断更新，仍然处于发展过程之中。

汽车外流场的一些典型特征，已经在 4.2 节以乘用车为例进行了介绍。不过，为了定义 CFD 方法的工作任务，在此重复一下一些流动类型还是有所帮助的。汽车的几何结构十分复杂；相应地，汽车外流场也是复杂的。流场是三维的，在垂直于行驶方向上也有很高的压力梯度，以及闭合或者开放的分离区域。小尺寸的闭合分离区存在于诸如车外后视镜、密封条、车门把手、刮水器以及前围盖板这样的地方。大规模的气流分离区则在 A 柱、车尾、凹凸不平的车身底板、车轮和车轮罩这样的地方清晰可辨。处于自然环境中的汽车总是会受到风力的作用，此时，行驶的方向很少会与风的方向一致。其结果是，流场不对称，背风处有着更为宽大的分离区。旋转的车轮和汽车与行驶路面之间的相对运动，其影响着流场，是汽车的特有属性。

通常，汽车外流场是与时间相关的。在形态各异的尾涡区内的分离和流动都是随机的——有时也是周期性的——振动；自然风的反复无常，也是汽车外流场呈现非稳定性的原因。

14.1.1　有摩擦流动的三维模拟概述

一种 CFD 方法在应用于研发过程中之前，必须满足三项要求：

- 毫无疑义地期望具有与风洞试验同样的精确度。例如，CFD 方法应该能够准确可靠地捕捉到 $\Delta C_D = 0.001$ 的阻力系数变化。在此需要提醒一下的是，阻力系数的明显降低常常只能是通过“积累”很多个这样细微的改进才能获得（参见 4.5 节中的例子）。
- CFD 方法的时间花费应该与风洞中对于同样问题的时间花费具有可比性。这里的时间，当然是要把建立模型的时间和研发过程中所有对模型从物理特性和数值表达上进行修改完善的时间一起考虑在内。
- 成本相当。

当前，商业上可供利用的 CFD 方法很接近于满足所有这些要求，但是可以期望的是，在接下来的一些年内，就时间和成本来看，CFD 相对于风洞会显露出明显的优势。

人们不止一次地对此提出质疑：对一种 CFD 方法提出如此严格的要求是否合适。同时，还有如下的反对意见：虽然计算方法是建立在精确的运动方程基础之上的，运动方程却只能近似地求解。而且，这也出于两个原因：

- 运动方程本身就其物理内涵而言在很大程度上进行了简化。这是下面那些章节的主要内容。
- 求解是数值式的，这意味着：解是近似的。

两个原因都导致无法量化的误差。对于采用这一方法的用户来说，这意味着，如果希望跟上一辆新车研发的速度，他就要冒风险。纳维－斯托克斯方程只是针对特殊情形有精确解，而其中只有很少的特殊情形在工程技术上有意义。正因为如此，空气动力学工程师们得到的是一个简化版本的NSG（即纳维－斯托克斯方程——译者注）；简化版本的NSG使数值解成为可能，而且也有实际意义。NSG可以这样的方式简化：

- 忽略摩擦力。
- 要求流动是无旋的。
- 在整个流动区域内计算摩擦力的均值。
- 湍流运动分布于粗略和细微流动结构中。
- 采用湍流模型为非稳态流动中的摩擦力建模。

NSG的简化意味着将流动过程的物理原理理想化处理，因而是与自然界真实特性的一种背离。简化将现象学的谬误引入模拟计算之中。

第二类简化是数学形式的简化。数学形式的简化引入了求解所选择的方程的技术。原理上，适用于连续区域的差分方程与特定问题的边界条件一起被离散化；这也就是说，差分方程被应用于计算空间内很小但是有限的体积上。于是，误差便由此形成：

- 离散化。
- 选择离散方程求解方法。
- 计算机内程序计算和取整的过程。

空气动力学应用的所有CFD方法都可以对应于表14.1，其中按照它们的主要特性来进行表征。与一种边界层计算方法耦合在一起的欧拉法，过去用于研究汽车的外流场和内流场。现在，这种方法对于汽车空气动力学来说完全没有了实际意义，对此也就不再进一步讨论。

形式上，所有CFD方法的求解都沿着同一条路径进行：在选择了所关注的计算方法之后，接下来的是这样三个步骤：

表14.1 各种CFD方法的重要特性

	势论	欧拉方法	RANS	LBM VLES	DES	LES	DNS
简化假设	流体 无摩擦 无旋	流体 无摩擦	流体，在一定条件下不可压缩湍流模型，一定条件下使用壁面模型	流体，仅轻微可压（Ma≤0.3）湍流模型，一定条件下使用壁面模型	两个计算区域，见RANS和LES	流体，一定条件下可压缩SGS[①]湍流模型，一定条件下使用壁面模型	流体，一定条件下可压缩
基本方程的类型	拉普拉斯，线性	非线性偏微分方程，一阶	非线性偏微分方程，二阶	波尔兹曼－BGK[②]方程，线性偏微分方程，一阶	非线性偏微分方程，二阶		

① SGS = sub－grid scale，次网格尺度。

② BGK = Bhatnager－Gross－Krook。

- “前处理”：计算空间的离散化。这可能是基于物体的表面进行的，如同线性方法一样；或者是在整个空间内进行的，如同非线性方法。
- “求解”：求得方程本身的解。
- “后处理”：计算结果的恰当表达。

在很长一段时间内，前处理是计算过程中最花费时间的部分。不过，最近已经开发出一些小程序，借助它们，计算空间的离散化可在很大程度上自动地进行。尽管如此，现在还是需要很多经验和关于有待分析的流动结构方面的基础知识。

作为 CFD 计算的结果，产生了大量的数据。对这些数据进行整理分析，是后处理的工作任务。当前，商业化提供的程序使得整个流场内全部流动参数的可视化成为可能，单个流动参数甚至还能够以动画的方式显示。这些图片非常形象逼真，但是人们不应该忘记，它们是建立在对有限多个离散点的计算基础之上的。为了获得人们在论文上看到的那些高分辨率的流场，在离散值之间进行了插值。由于计算网格密度的不同，在用户这一方存在某种程度的“创意空间”。但是，如果后处理程序不支持对于数据明确而便捷的访问，还是会丢失有用的信息。

14.1.2　气体动力学理论基础

我们在汽车的绕流中观察到的连续介质宏观现象，实质上来源于一个一个气体分子的运动和碰撞。气体流动的这种特性可以用努森数（Knudsen – Zahl）来描述，它被看作是两次分子碰撞之间的平均自由程 λ 与研究对象的特征长度 L 之比值见式（14.1）。当 $K_n >> 1$ 时，是指稀薄气体，或者是自由的分子流动。与此相反的特殊情形 $K_n << 1$ 出现在连续介质的流动过程中；我们可以用这种流动作为与地面接触的交通工具的空气动力学前提。

$$K_n = \frac{\lambda}{L} \tag{14.1}$$

气体动力学理论描述上面的两种情形，而纳维 – 斯托克斯方程仅仅适用于连续介质流动。所以，气体动力学理论和以此为基础建立起来的网格方法是模拟流动过程的更一般性原理。

针对摩擦和旋转这些现象对 NSG 进行进一步简化，可以先得到欧拉方程，最后导出势论方程（14.1.4.4 节）。图 14.2 按照层次结构概括性地给出了描述气体流动的各种方法以及各自的局限。

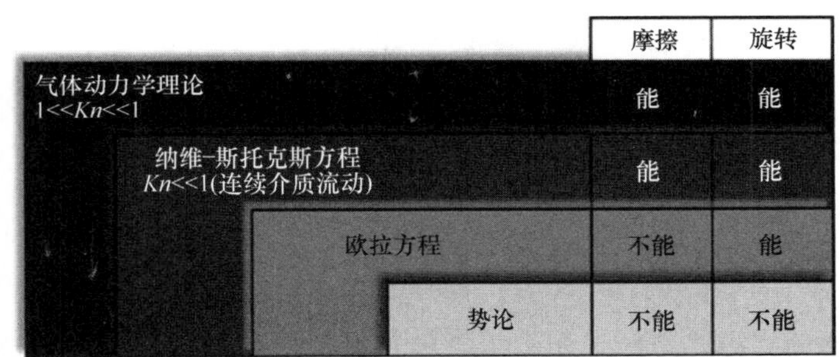

摩擦
旋转
气体动力学理论
1<<Kn<<1
能
能
纳维–斯托克斯方程
Kn<<1(连续介质流动)
能
能
欧拉方程
不能
能
势论
不能
不能

图 14.2　描述气流的方法的层级结构

如果我们将流动限定在汽车常见温度条件下的亚音速范围内，空气就可以假设成理想气体（没有真实气体效应），那么压力 p、密度 ρ 和温度 T 之间的关系满足式（14.2）

$$p = \rho RT \tag{14.2}$$

式中，干燥气体的气体常数 R =287J/（kg · K）。早在 19 世纪下半叶，物理学家詹姆斯 · 克拉克 · 麦克斯韦尔和路德维希 · 玻尔兹曼就通过气体的分子运动解释了这种流动宏观表象，并给予数学上的描述。在此，人们假设：

- 分子进行着无规则（随机）的运动。
- 除弹性碰撞外，分子之间没有其他的相互作用。
- 相对于平均自由程，分子的直径很小。

因为在微观层面上来观察所有单个分子的运动和碰撞是不切实际的，人们转向了一个所谓的介观层面，从统计学上描述分子的运动。为此引入了一个速度分布函数 $f(\boldsymbol{x},\boldsymbol{c},t)$，它给出在时

间点 t，单位体积上有多少个粒子在位置 $\boldsymbol{x}$ 处以速度 $\boldsymbol{c}$ 运动着。为了宏观地描述一个流动，通常所采用的物理量密度 ρ、动（冲）量 $\rho\boldsymbol{v}$和能量 E，由对所出现的全部粒子速度 $\boldsymbol{c}$ 的总积分求得：

$$\text{密度}:\rho(\boldsymbol{x},t) = \int f(\boldsymbol{x},\boldsymbol{c},t)\,\mathrm{d}c \tag{14.3}$$

$$\text{冲量}:\rho(\boldsymbol{x},t)\cdot\boldsymbol{u}(\boldsymbol{x},t) = \int f(\boldsymbol{x},\boldsymbol{c},t)\boldsymbol{c}\,\mathrm{d}c \tag{14.4}$$

$$\text{能量}:E(\boldsymbol{x},t) = \int f(\boldsymbol{x},\boldsymbol{c},t)\,(\boldsymbol{c}-\boldsymbol{v})^2\,\mathrm{d}c \tag{14.5}$$

在固定边界上出现的静压，来自于在粒子与壁面之间假设的弹性碰撞时动量交换。流场内的压力由理想气体方程（14.2）来确定。

玻尔兹曼方程

$$\frac{\mathrm{d}}{\mathrm{d}t}f(\boldsymbol{x},\boldsymbol{c},t) = \frac{\partial}{\partial t}f(\boldsymbol{x},\boldsymbol{c},t) + c\cdot\nabla f(\boldsymbol{x},\boldsymbol{c},t) = C(\boldsymbol{x},\boldsymbol{c},t) \tag{14.6}$$

基于一个碰撞算子 C 来描述在趋向热力学平衡时分布函数 f 的变化率（全微分）。只有当该算子满足了质量、动量和能量守恒定理时，玻尔兹曼方程的解才同样也表达了气体的正确物理特性。没有方程右端的碰撞相，它便立即表示出作为平衡状态的所谓麦克斯韦－玻尔兹曼分布。这似乎对应于由欧拉方程所描述的一种没有摩擦和热传导的流动。

进入平衡状态的趋势受到黏性的影响，因此，在碰撞算子中考虑到了黏性。对于理想气体，黏性不仅随着自由程的增大而升高，而且随粒子速度即温度的升高而升高（与液体相反。液体的黏度随温度的升高而降低）。通常情况下，应用的萨瑟兰公式给出空气的动力黏度与温度的相关性，就同时考虑到因为分子间作用的范德瓦尔斯力引起的真实气体效应的影响（见式（14.7））。

$$\mu = \mu_0\frac{T_0+120}{T+120}\left(\frac{T}{T_0}\right)^{3/2} \tag{14.7}$$

采用所谓的查普曼－恩思柯克方法（数学意义上的一种级数展开方法）将分布方程在平衡状态附近展开，可以从玻尔兹曼方程推导出纳维－斯托克斯方程。值得注意的是，由此也能够计算出气体的黏度和热传导率。

14.1.3 格子（Lattice）方法

Lattice 这个术语的意思是格子，用它来离散模拟空间。格子法虽然也被其他的 CFD 方法（在那里，格子在大多数情况下都被称为“网格”）所采用，但是这里的格子法所涉及的是均匀、未经表面拟合的结构，在常用的三维直角坐标网络中边长之比为 1 的立方体单元。

与连续相空间不同，这里仅仅允许限量为 m 的不连续粒子速度 $\boldsymbol{c}_i(i=1,m)$，分布函数对应地由 m 个状态 f_i来代替，见式（14.8）。

$$f(\boldsymbol{x},\boldsymbol{c},t)\rightarrow f_i(\boldsymbol{x},t), i = 1,m \tag{14.8}$$

通常，这一方法以 D_jQ_m来表示，其 j 中代表维度（2D 或者 3D），m 代表不连续的粒子速度的数量。常见的变种是 D2Q9 和 D3Q19。

现在，不连续状态的变化通过格子波尔兹曼方程描述见式（14.9）。

$$f_i(\boldsymbol{x}+\boldsymbol{c}_i\Delta t, t+\Delta t) = f_i(\boldsymbol{x},t) + C_i(\boldsymbol{x},t) \tag{14.9}$$

该方程一般化地表示从一个时间步到下一个时间步的简单更新规则，并由此提供了一个动态的流场。如前所述，决定这个流场的精确度的是碰撞算子 $C_i(\boldsymbol{x},t)$的构成。

14.1.3.1 格子气自动机（LGA）

最初的粒子方法称为格子气自动机（LGA）。早在 1973 年，以正方形单元格子为基础的 HPP

模型（Hardy 等人，1973）发表。这种模型中存在的缺陷，于1986年由以六边形格子为基础的FHP模型（Frisch 等人，1986）所弥补。两种方法都仍然局限于二维模型。

所有的格子气方法的共同之处在于，通过整数来描述不连续的分布函数，并且利用一个所谓的“查询表”中的逻辑算子来计算粒子在碰撞之后可能的重新分布。采用这样的方法，虽然能够排除圆整误差，精确地保证守恒方程得到满足，其缺陷正在于由此产生的宏观量的统计误差。现在，通过离散状态的求和来计算这些宏观量。

14.1.3.2 格子波尔兹曼方法，以 CFD 仿真程序 PowerFlow 为例

直到格子波尔兹曼方法出现，才弥补了 LGA 方法的缺陷，成为用于工业应用的工具，比如 Exa 公司的 PowerFLOW（Chen，1998；Chen 等人，1998，2003，2004）。这是一个 D3Q19 代码。下面将利用这段代码对格子波尔兹曼方法（LBM）的一些特点进行介绍。格子波尔兹曼方法通过实数来描述粒子的状态；使用碰撞算子，而不是使用二元碰撞规则。所谓 BGK－算子（Bhatnagar 等人，1954）是一个松弛方法。这个方法使用瞬时局部位置的状态 f_i 与同样和当地参量相关的平衡分布 f_i^{eq} 之差，

$$C_i(\boldsymbol{x},t) = -\omega(f_i(\boldsymbol{x},t) - f_i^{eq}(\boldsymbol{x},t)) \tag{14.10}$$

于是，格子波尔兹曼方程还可以写成式（14.11）

$$f_i(\boldsymbol{x} + \boldsymbol{c}_i\Delta t, t + \Delta t) = \omega f_i^{eq}(\boldsymbol{x},t) + (1-\omega) f_i(\boldsymbol{x},t) \tag{14.11}$$

在这里，松弛参数 ω 具有碰撞频率的意义，它作为 Chapman－Enskog 展开的结果与运动黏度 $\nu=\mu/\rho$ 有如下关系

$$\frac{\nu}{T} = \frac{1}{\omega} - \frac{1}{2} \tag{14.12}$$

因此得到在（对应于平均自由程的）两次碰撞之间的时间 $1/\omega$ 上所需要的黏度 ν。为了得到式（14.12）对时间稳定地展开，黏度必须取最小值，因此必须有 $\omega<2$。

总的来说，由于选用包含碰撞算子（例如 BGK 模型）在内的不同的方程、D_jQ_m 模型的不同，以及采用不同的平衡分布函数 f^{eq}，现有的格子波尔兹曼程序也各不相同。

14.1.3.2.1 空间和时间的离散

按照 LBM 方法，被考察的模拟空间是通过带有立方单元的直角坐标网格（格子）来进行离散的。这里的单元，也称为“体素”（Voxel，是 Volume－Pixel 的简称）；其大小可以随着与汽车表面距离的增大而增大，但是总是以2倍的比例从一个“可变解析度区域”（VR 区）（Variable Resolution，VR）向下一个“VR 区”变化。这种离散区域的结构和位置，以及体素的大小，自然会影响到仿真结果的质量，因而要求程序应用者具有一定的经验，并且对待定的流场有大致的判断。汽车空气动力学中，由几何表面偏移出的最密 VR 区通常使用 1～3mm 体素尺寸。图 14.3直观地给出按照这种方式构建的网格。

汽车本身表面划分成三角形网络。在这里，汽车可以是由任意多个实体所组成的，这些物体可以是相互干涉的。唯一的要求是，这些实体处理成封闭的网格。从而可以清晰辨别实体内表面和外表面。也有可能使用“开放式”网格，例如底部护板或者导流片，不用做出实体。图 14.4（见彩插）显示，采用这样的方法，如此复杂的结构也能够以简单的方式组合在一起。

在真正的仿真分析之前进行自动的离散化。此时，表达几何上的三角单元（“Facet”）即小平面被格子平面切割，在三角单元上生成更小级别所谓的面单元（Surface Element）（图 14.5）。如果一个小平面完整地位于一个体素内，它就只生成一个面单元。

仿真时的解析度也不是通过表面网络的细分程度（面网格）来确定的，而是由局部的体素（Voxel）大小所决定。在进行几何处理时，只需要注意用小平面来足够准确地表达表面的弯曲。

立方体只要在每个侧面划分两个三角单元就足够描述它的几何形状，而与如何选择仿真中的体素尺寸没有关系。

面元通常是 n - 多边形的，这种多边形代表实体与嵌入实体表面不完整的体素之间的界面。采用这样的方式能够准确地描述物体的表面，而不是通过完整空间单元的堆砌来阶梯似地给予近似。在计算过程中，粒子与面单元发生碰撞，又被反射回来，与此同时发生流体与壁面之间的动量交换。此时，有两种极端的情形是值得考虑的（图 14.6）。

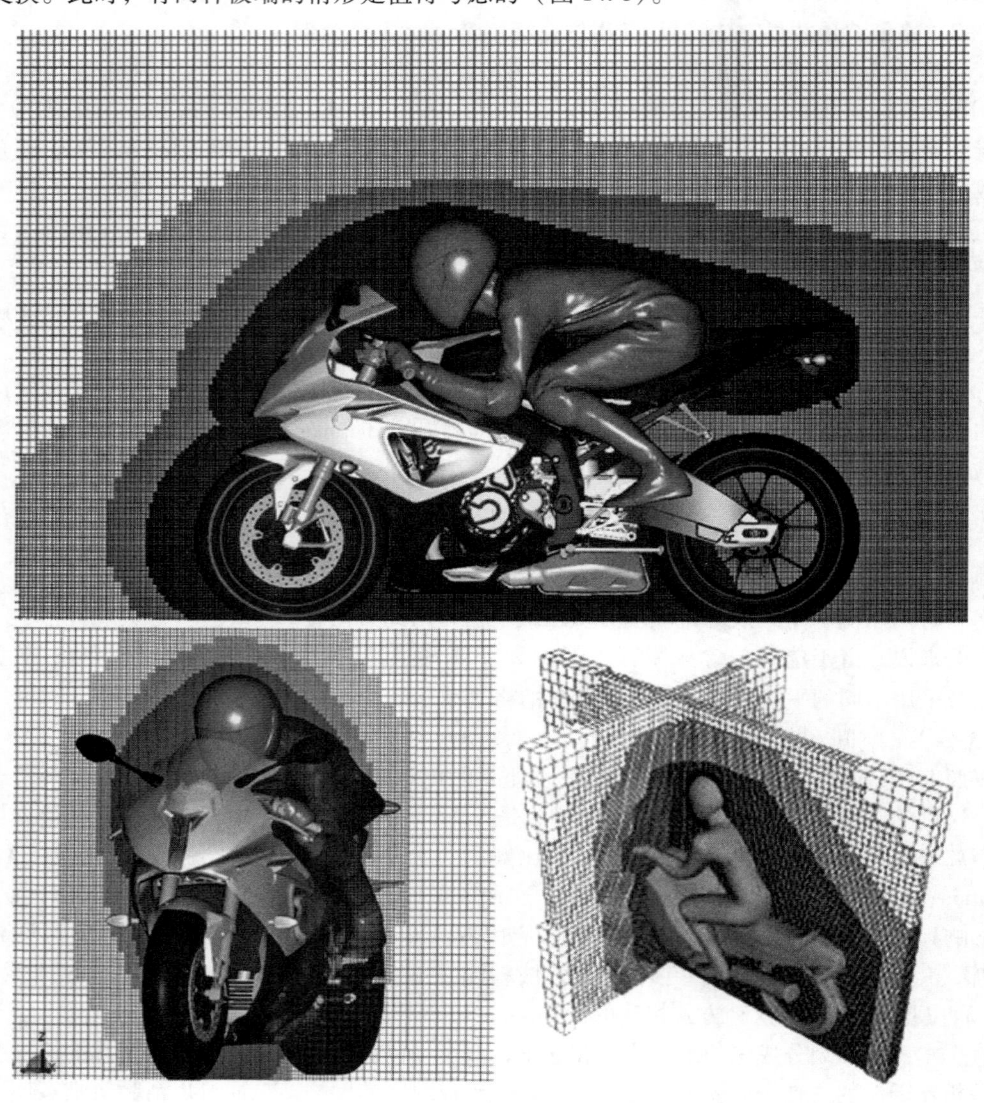

图 14.3　含有 VR 区的网格

"镜面反射"时，粒子就像镜面上的光线一样被反射。也就是说，粒子速度的法向分量发生逆转，而切向分量保持不变。于是，与无摩擦的壁面（"滑移条件"）相对应，碰撞过程中的动量平衡仅仅产生一个法向的力。

人们通过"回弹"来处理有摩擦的壁面（"无滑移条件"）。这种反射中的速度切向分量通过碰撞也发生了逆转，因此在流体和壁面之间出现了摩擦力。这种边界条件无须进一步的模型化处理，能够应用于直接仿真中。在高雷诺数情况下，该边界条件必须由第 14.1.3.2.2 节中介绍的壁面模型来代替。

方程（14.11）的反复迭代给出流场在时间上的发展。对于每个计算时间步 TS 的物理时间 Δt，满足

图 14.4　汽车仿真模型的构件

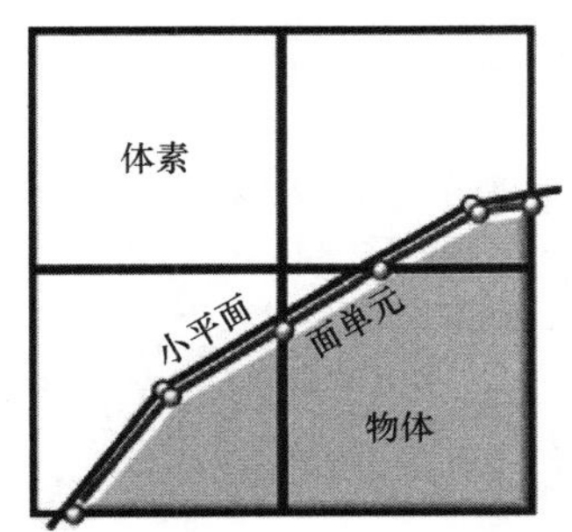

图 14.5　表面离散化原理

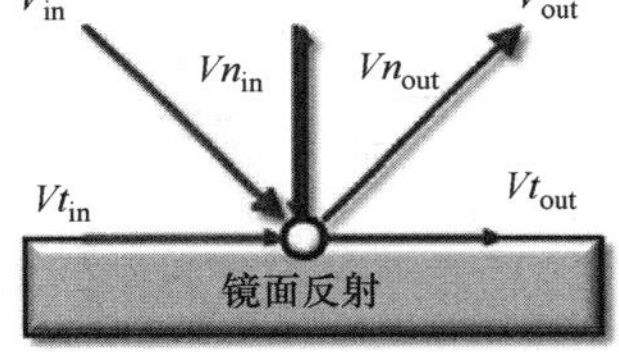

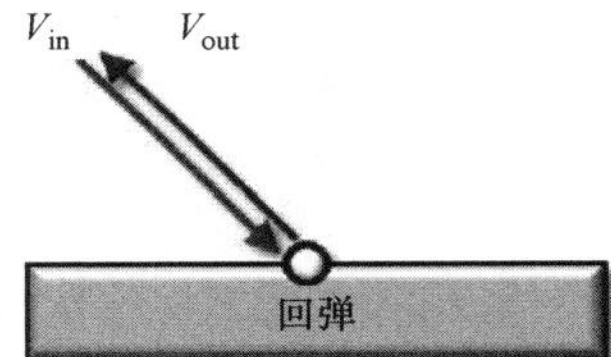

图 14.6　壁面上粒子的反射

$$\Delta t = v_{格子} \frac{\Delta x}{v_{Ref}} = c_{格子} \cdot Ma \frac{\Delta x}{v_{\infty}} \left[\frac{\text{voxel}}{\text{TS}} \cdot \frac{\text{m/voxel}}{\text{m/s}} = \frac{s}{\text{TS}} \right] \tag{14.13}$$

因为声速 $c_{格子}$是通过粒子模型给定的，体素尺寸 Δx、来流速度 v_{∞} 和马赫数 Ma 确定了时间步长。在解析度范围之外，应用者不可能也没必要去严格控制时间步长，进而也影响计算所需的时间。

例如，在 $v_{\infty}=50\text{m/s}$、20℃时马赫数 $Ma=0.15$ 的条件下，得到体素大小为 $\Delta x=2\text{mm}$ 时的时间步长为 $\Delta t=5\times10^{-6}$（s/TS）。要完成物理时间 1s 的计算，需要 20 万个时间步。不过，PowerFLOW 提供了这样的可能性，即给定非真实来流条件的马赫数进行计算。例如在本例中使用马赫数 $Ma=0.30$ 进行计算，就只需要 10 万个时间步，计算的时间减少一半。此时人们必须付出的代价，是由马赫数 $Ma=0.15$ 和 $Ma=0.30$ 之间压缩性的差异所引起的误差，不过，这方面的误差还是非常小的。

14.1.3.2.2　湍流模型

汽车空气动力学的大多数实际问题的雷诺数，都是位于湍态现象起决定性作用的范围内。

就这些问题的直接模拟而言，达到计算所需要的解析度，其存储和计算时间要求，在如今看来仍然不现实。在这种情况下，必须运用第14.1.4.1.2节中详细地介绍的湍流模型。

谈到LBM程序。为了给非离散、没有被解析的、假设为常见且均质的湍流结构建模，PowerFLOW程序采用了一种被称为VLES（非常大涡模拟）的方法（Teixeira，1998）。其基本思路类似于URANS原理（见第14.1.4.1.1节）。然而不仅在流场内，还包括在边界层内，当雷诺数很高时，需要使用湍流模型，见图14.7。

在低音速范围内，壁面上的摩擦是造成流动损失和出现流动分离的唯一原因。它们的大小与壁面上的流速梯度成正比；因此，正确地计算速度梯度对于整个求解的质量来说具有根本的意义。

对层流边界速度分布（图14.7a），亦即低雷诺数条件下，为最终准确地计算壁面上边界条件为$v_W=0$（“无滑移条件”）时的速度梯度，目前可以实现的解析度（网格尺寸）就已经足够了。当壁面上的速度分布为湍态时（图14.7b），就不行了。

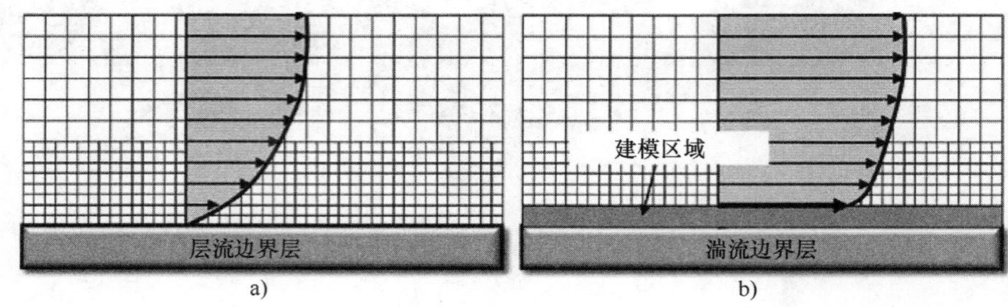

图14.7　湍流边界层的模型化

所不同的是，壁面附近的区域通过第14.1.4.1.3节所介绍的“对数壁面函数”来建模。由于这一通用的速度分布是在二维平衡边界层（无压力梯度）条件下推导出来的，所以严格说来，对于围绕汽车的强三维和压力梯度明显的流动，这一速度剖面并不可靠。尤其是，为了能够计算由压力梯度所引起的分离，在PowerFLOW程序的边界层公式中增加了一个经验项。这个经验项模拟边界层的明显增厚，以及由正的压力梯度所引起的最终分离。

14.1.3.2.3　模拟过程

从某个给定的流场初始状态出发，按照与所选择的模拟时间相对应的时步数，对方程(14.9)进行重复计算，就会得到一个实时的瞬态解。由于每个时间步的物理时间与体素大小相关［见（式14.13)］，只有划分最细小的单元会在每个时间步都被重新计算。最小的单元2倍大的下一个尺寸的单元，则每两个时间步重新计算一次，如此类推。这样，求解在离散的所有层面上同时展开，因而整个求解过程按时间顺序进行。

大多数情况下，作为整个模拟空间内乃至固定壁面上的初始状态，都预设为平行流动，因此刚开始时进行的，只是达到物理上正确状态（固定壁面不能穿透）的一个过渡过程。如果已经有一个类似的流场可以作为初始状态（所谓“续算”）使用，这个过渡过程的时间就会明显缩短。当对经过少量几何参数变化的汽车进行变型研究时，这一方法就非常奏效。阻力系数和升力系数随时间变化的典型特性（没有续算）示于图14.8（见彩插）。

和风洞试验时的情形一样，人们看到（在经历过渡过程之后）依具体情况不同而或多或少明显地围绕一个时间均值的振荡。在这里，可以看到的振荡幅度取决于所选择的采样频率（参见图14.8中频率分别为50Hz和1000Hz的曲线）。当时间步长在$\Delta t=10^{-5}$（s）量级时，理论上可以以10万Hz的频率将结果记录下来。考虑到典型的体素数为5000万～1亿个，于是会产生无法处理的数据量。

由于这一原因，模拟结果不仅在时间上，而且在空间上取均值进行保存。例如，当采样频率为50Hz时，结果文件便会获得每次在0.02s时间段上（本例中大约每2000个时间步）取平均值的“帧”，类似于影片上的一帧帧图像。此外通过在每个空间方向上将每2个体素合并为一个“测量单元”，数据量再次以因数8的比例减少；由此一来，计算结果自然也就不会以如同它实际被计算时的高分辨率显示了。还可以同时定义任意多个具有不同尺寸，以及对不同的时间和空间取均值的“测量区”。

举例来说，如果需要侧窗的结果用于接下来的气动声学分析，人们可能会定义一个“测量区”。这个测量区只记录车身表面侧窗这部分上的静压。于是，在选择采样频率时就要考虑到，根据奈奎斯特－香农采样定理（Nyquist－Shannon Therem），频谱分析的有效频率只能达到采样频率的一半。另一方面，人们可以分析的最小频率，取决于通过结果所总共覆盖的时间区间（减去有可能存在的初始过渡过程）。比如，如果有1s的实时数据可供利用，这一数据又只是包含一个1Hz振动的周期，要预测1Hz以内的频率，是肯定不够的。

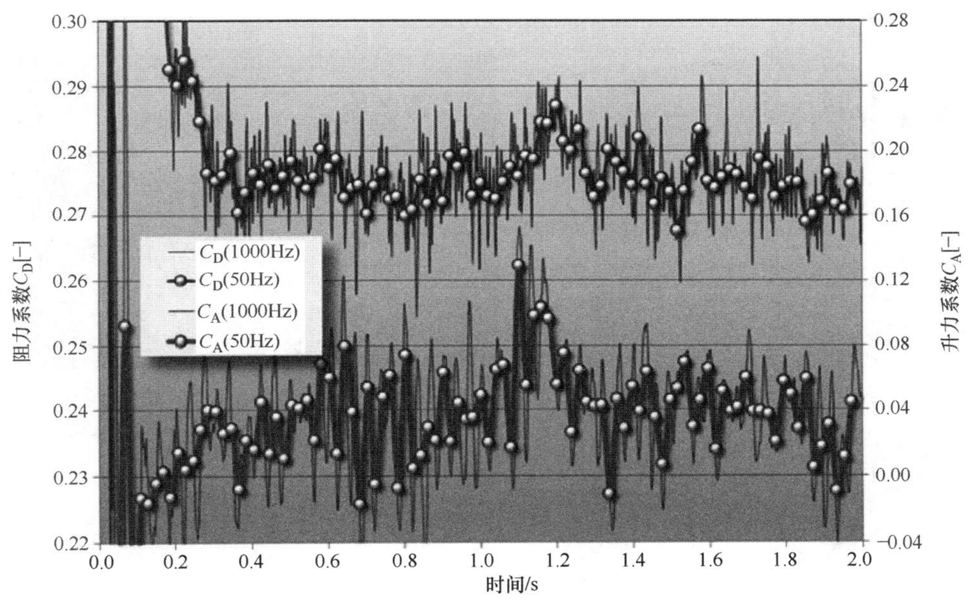

图14.8　LBM模拟过程中阻力系数和升力系数随时间的变化

与纳维－斯托克斯方法不同，格子－波尔兹曼方法没有偏微分方程迭代求积分（参见第14.1.7.3节），直到低于给定的残差，因此和风洞试验一样，没有设定显式的收敛判别条件。而是根据流场中汽车的形状，设定了一个或强或弱的非稳态流场。这样一来，并不能预先断定，一项模拟必须要进行多长的时间能明确地得出所希望的结论。

如果是要确定阻力和升力的平均值，通常1～2s的模拟时间就够了。如果研究的是低频过程，或者还用到非恒定的边界条件，比如对于超车过程或者借助来流方向随时间的变化模拟阵风，更长的计算时间就是必不可少的，Theissen等人（2010）、Theissen（2012）。研究的冷风流量在明显更短的时间之后就已经处于一种准稳定状态了。

究竟在多长的时间段上计算均值，以便获得用来计算行驶能力和能量消耗所需要的阻力系数，依据图14.8中显示的阻力和/或升力随时间的变化过程，来做出判断。这种判断，要么是现实地通过简单的观察来实现，要么是借助更为精准的统计分析来完成。在此可能要求，在一定时间范围内的作用力系数只允许在某个给定的区间内振动。这样，在模拟进行的过程中就已经能够确定围绕某个准稳定状态的偏移，从而提前结束模拟计算。关于表达 PowerFLOW 计算结果的详细举例，见第 14.1.7.4 节。

14.1.3.2.4　精度

在通过与实验数据的比较来验证某个 CFD 工具的适用性时，风洞试验模型与仿真模型完全一致具有重要的意义。众所周知的是，试验模型上细小的几何变化就会引起汽车空气动力学特性的较大差异，因而误导与仿真结果的比较。

但是，不可忽视的还有这样的事实，即风洞试验也不过是对道路行驶的一种模拟，也有误差，这些误差必须通过各种校正方法或多或少地予以修正（见第 13.2.13 节）。在极少数情况下，通过对包围着汽车的整个风洞建模，在验证性计算过程中详实地对试验结果进行调整。因此，有必要对计算与测量结果之间一致性的一些过分要求予以警惕。

下文介绍的对于 LBM 方法 PowerFLOW 的检验结果，以 Schäufele（2010）所采用的各种汽车结构变型为基础（图 14.9，见彩插）。此时，试验模型和计算模型都是按照同样的 CAD 数据制作而成的，从而保证了所需要的一致性。

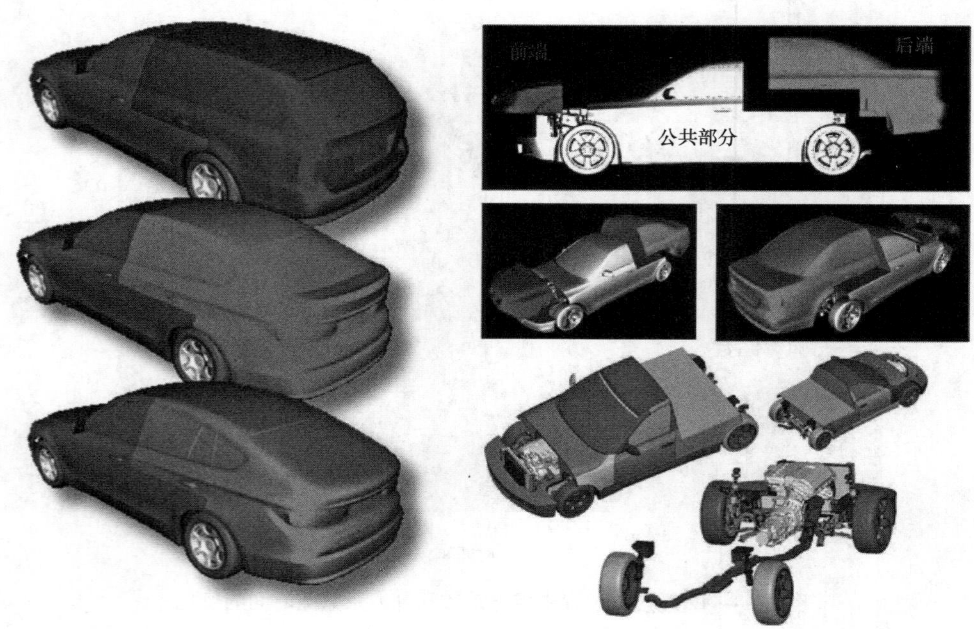

图 14.9　用于检验 PowerFLOW 程序的汽车结构变型

这是一个以模块化方式构建的模型，有四种不同的车尾。针对后缘的半径或者高度，车尾本身也有一些（部分只是轻微的）变化。试验数据在宝马集团的空气动力学试验中心获得。该试验中心设计完善，所以试验结果无须进一步校正。

为了针对汽车研发中的应用来评价结果的准确性，使用一种信号灯系统来表示计算结果与测量结果之间的区别。

对于升力，不考虑总升力，而是考虑对于行驶性能来说更有意义的轴升力。升力的极限值比阻力的极限值要高，因为同样的静压系数误差对升力的影响比对阻力的影响要大得多（顶视投影面积通常比正面迎风投影面积要大得多）。

在图 14.10～图 14.12（见彩插）中，左边表示的是仿真结果和测量结果绝对值的对比，右边表示的是仿真值与测量值之差，其信号灯评价系统见表 14.2。

表 14.2 用于表达仿真值与测量值差别的信号灯评价系统

评　价	阻力系数	（车轴）升力系数
绿色（好）	$\Delta C_D \leqslant 0.005$	$\Delta c_A \leqslant 0.010$
黄色（可接受）	$0.005 < \Delta C_D \leqslant 0.010$	$0.010 < \Delta c_A \leqslant 0.020$
红色（差）	$\Delta C_D > 0.010$	$\Delta c_A > 0.020$

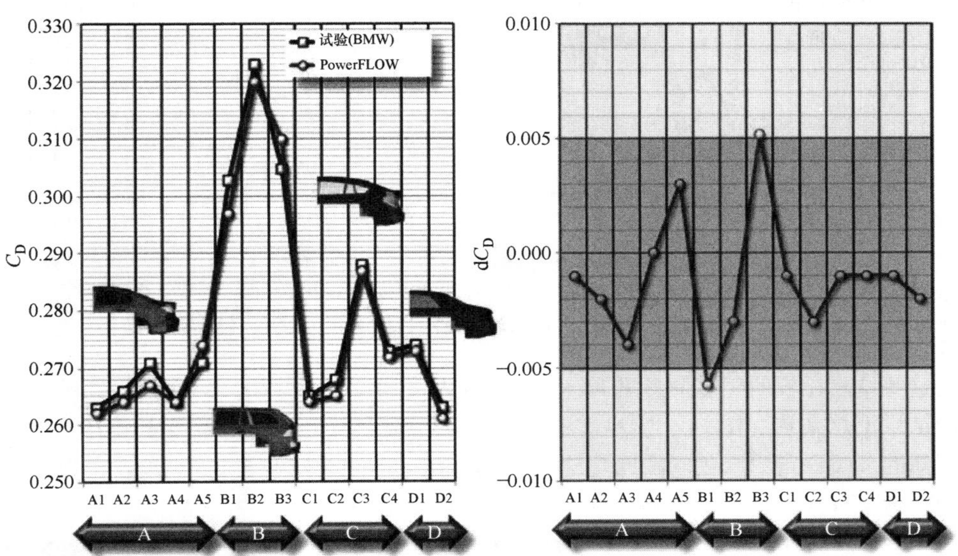

图 14.10 风阻系数的仿真（PowerFLOW）结果与风洞试验（BMW）结果的比较

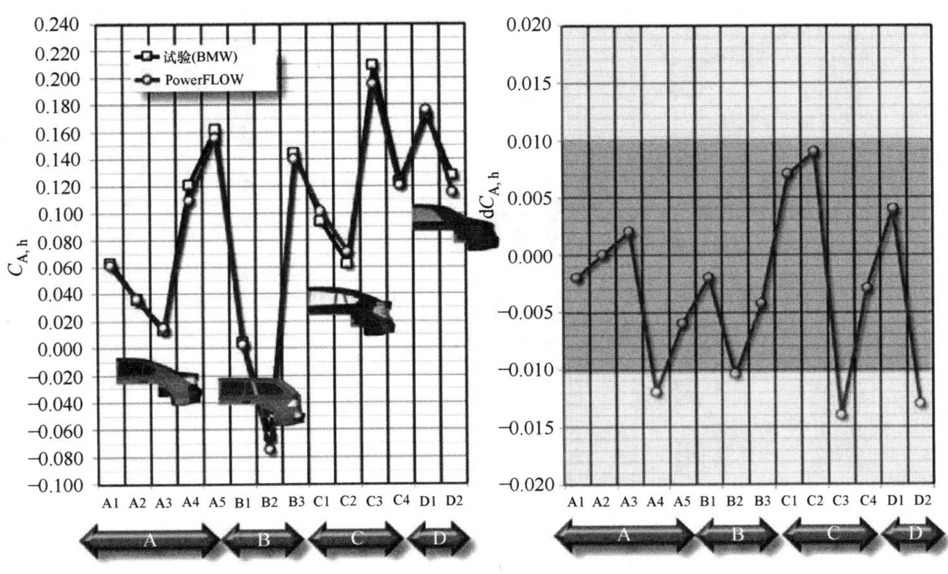

图 14.11 后轴升力系数[㊀]的仿真（PowerFLOW）结果与风洞试验（BMW）结果的比较

㊀ 原文将此处误为前轴升力系数。——译者注

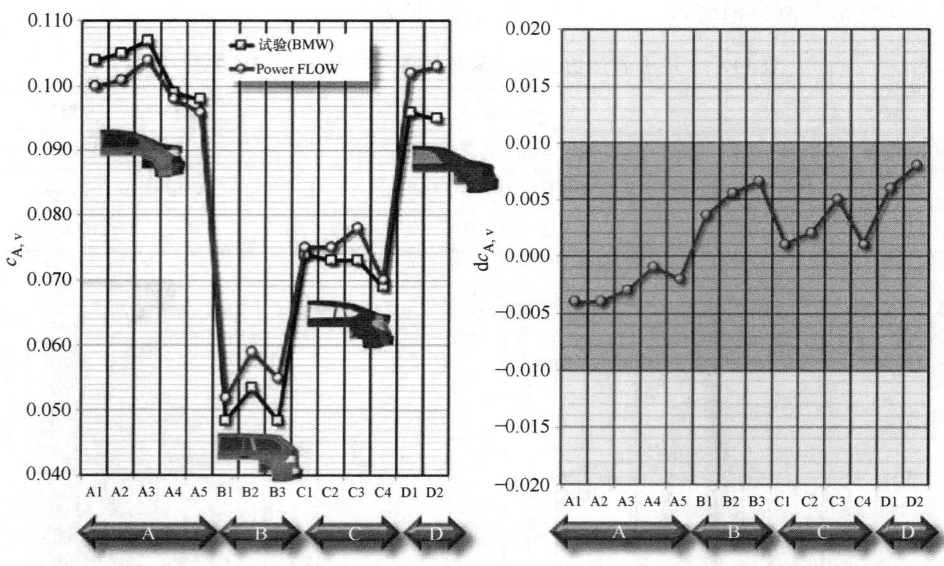

图 14.12 前轴升力系数[㊀]的仿真（PowerFLOW）结果与风洞试验（BMW）结果的比较

有关这些结果比较的更多信息见 Kandasamy 等人（2012a，2012b）的文献。就所有用于比较的变型的结果汇总来看（图 14.13，见彩插），在总共 42 个阻力和升力系数中只有 4 个被评定为黄色，其他的都被评定为绿色。因此，这一仿真方法（PowerFLOW）能够在空气动力学研发过程中作为一种有效的工具来应用。

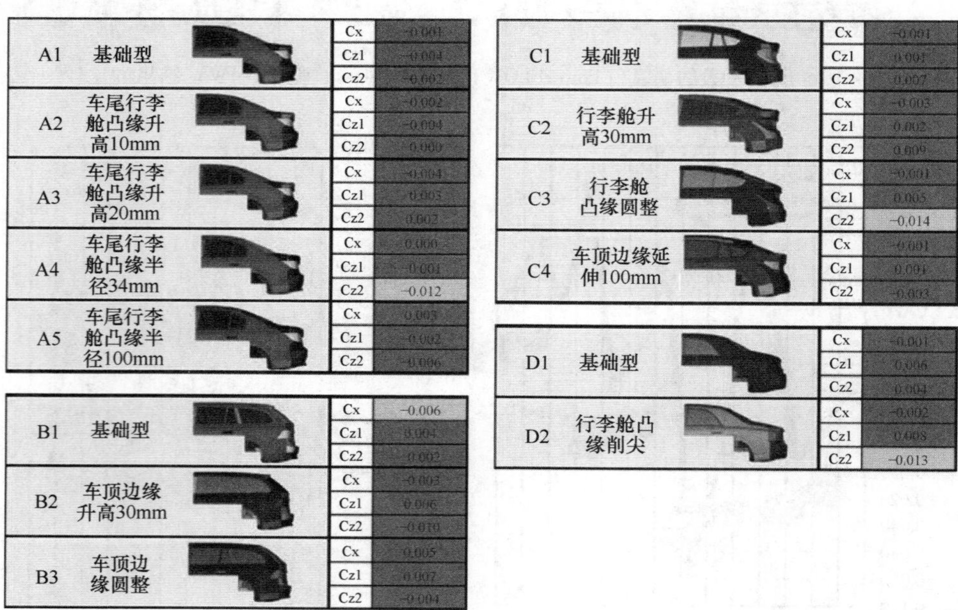

变型	说明	Cx	Cz1	Cz2
A1	基础型	−0.001	−0.004	−0.002
A2	车尾行李舱凸缘升高10mm	−0.002	−0.004	0.000
A3	车尾行李舱凸缘升高20mm	−0.004	0.003	0.002
A4	车尾行李舱凸缘半径34mm	0.000	−0.001	−0.012
A5	车尾行李舱凸缘半径100mm	0.003	−0.002	−0.006
B1	基础型	−0.006	0.004	−0.002
B2	车顶边缘升高30mm	−0.003	0.006	−0.010
B3	车顶边缘圆整	0.005	0.007	−0.004
C1	基础型	−0.001	0.001	0.007
C2	行李舱升高30mm	−0.003	0.002	0.009
C3	行李舱凸缘圆整	−0.001	0.005	−0.014
C4	车顶边缘延伸100mm	−0.001	0.004	−0.003
D1	基础型	−0.001	0.006	0.004
D2	行李舱凸缘削尖	−0.002	0.008	−0.013

图 14.13 阻力系数和车轴升力系数仿真准确性评价概况

冷却系统以及冷风导流的气动性能，通常是通过封闭进气格栅，有无气流通过发动机舱的

㊀ 原文将此处误为后轴升力系数。——译者注

阻力差来评估的。对于基础型的车尾，图 14.14 表明，仿真得到的 ΔC_D 与风洞试验得到的结果相差仅仅只有 0.001 ~ 0.003。

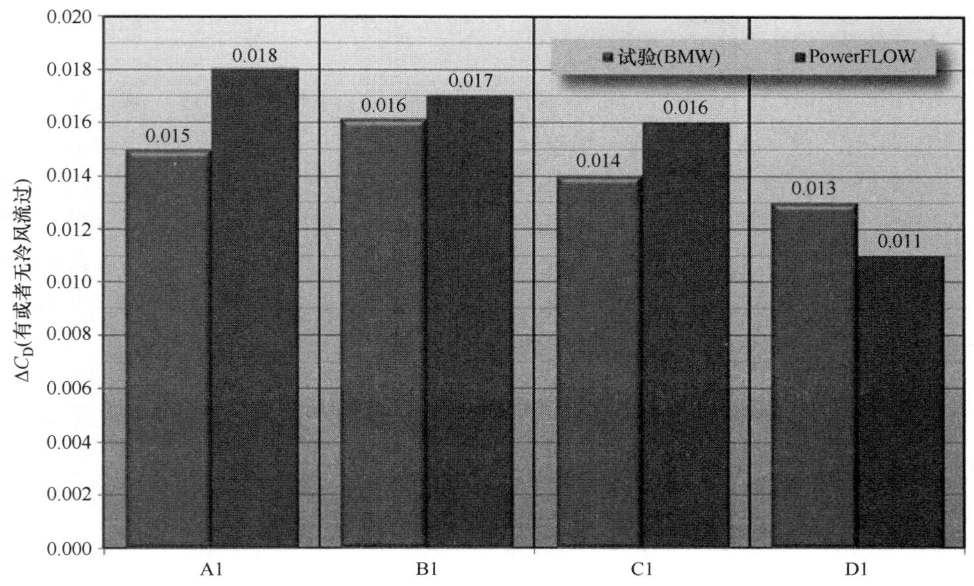

图 14.14　发动机舱阻力的仿真结果（Power FLOVE）与试验结果对比

14.1.4　纳维 – 斯托克斯方法

在第 2.1.7 节中已经推导了纳维 – 斯托克斯方程。该方程以其最一般化的形式，表征可压缩、有摩擦而不受其他条件限制的连续流动。所有空间上和时间上的流动细节，都通过方程的精确解呈现出来。但是，纳维 – 斯托克斯方程的精确解仅仅存在于某些特殊的情形，例如按照赫尔 – 肖氏（Hele – Shaw）定义的蠕动流、按照库特（Couette）和哈根 – 泊肃叶（Hagen – Poiseuille）定义的层流（Schlichting 和 Gersten，2006）。对于大量的工程过程中呈现为湍态的流动来说，必须寻求数值解。为了获得数值解，对纳维 – 斯托克斯方程进行了范围广泛的各种简化。

第 14.1.1 节已经指出这类可能的简化方法，并且在表 14.1 中对这些简化对于纳维 – 斯托克斯方程的各种变型的特性有何影响进行了说明。下面是几种简化方法：

- RANS 和 URANS 方法：流动参数被分解为时间均值和脉动量，并且对由此产生的不可压缩流体的 NSG 计算时间上的平均值。由此引出额外的未知湍态剪应力，必须借助适当的方法建模（第 14.1.4.1 节）。
- 大涡和分离涡模拟方法（LES/DES）：借助数值网格宽度在空间上对不同尺度的流动进行过滤。由此得到进行直接模拟的大尺度涡旋结构，和通过适当模型来做一般性确定的小尺度涡旋结构（第 14.1.4.2 节）。
- 直接数值模拟方法（DNS）：NSG 未经简化，直接进行数值求解（第 14.1.4.3 节）。
- 势论方法：NSG 对于无摩擦、无旋以及密度恒定的流体进行简化。为了表达尾流、流动与固体表面的相互作用和出现的总压损失，必须与额外的模型结合起来（第 14.1.4.4 节）。

14.1.4.1 RANS方法

下面将简要介绍CFD的RANS㊀方法。首先推导出雷诺平均的纳维－斯托克斯方程(RANS)，接着说明RANS方法的封闭性问题；该问题导致湍流模型的应用。之后涉及壁面函数的应用，它使计算成本得到控制。最后介绍下RANS方法在汽车空气动力学中的应用。

14.1.4.1.1 雷诺平均的纳维－斯托克斯方程

在众多的工程用流动过程中，很少人会对流动参量的高频振荡感兴趣，而是更关注这些参量在时间上的均值。诸如此类的例子，如确定管流流量，或者是确定汽车的空气阻力。即使是与时间相关的纳维－斯托克斯方程容易求解，接下来还是要对这些参量在一段足够长的时间上进行积分，以便求得它们的平均值。雷诺1884年提出：为了简化纳维－斯托克斯方程的求解，计算速度和压力的时间均值的方法。按照这一方法，空气流动过程中杂乱无章的紊态运动便由一个与时间无关的平均部分和一个叠加在这个部分之上、与时间有关的高频部分所组成，方程见式（14.14）参见图14.15：

$$u = \bar{u} + u'; \quad v = \bar{v} + v'; \quad w = \bar{w} + w'; \quad p = \bar{p} + p' \tag{14.14}$$

带有上横线的这些参量代表时间均值。此时的时间区间必须这样来选择，即使得这些均值与时间的长度不再相关㊁。这样，例如x方向的速度分量就变成式（14.15）：

$$\bar{u} = \frac{1}{t_1}\int_{t_0}^{t_0+t_1} u(t)\,\mathrm{d}t \quad 其中 \quad \overline{u'} = 0, \quad \bar{\bar{u}} = \bar{u} \tag{14.15}$$

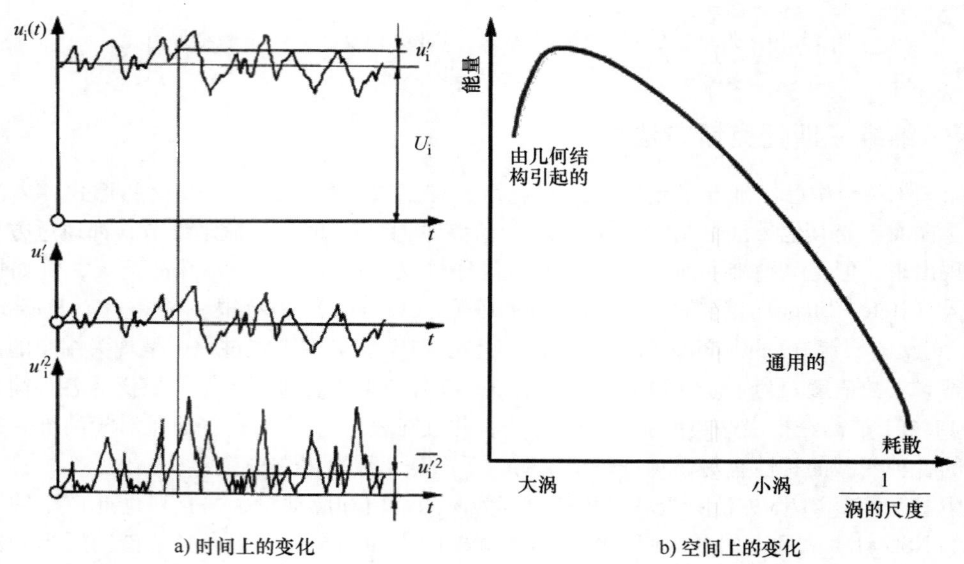

图14.15 湍流边界层内速度$u_i(t)$随时间的变化和非稳定运动的能谱（柯尔莫戈洛夫能谱）

方程（14.14）中带有一撇的参量表示叠加在均值上的随机脉动量。按照定义，脉动参量的时间均值等于零。如果将这些均值代入到完整的运动方程中，由此便得到式（14.16）（如参见

㊀ RANS：雷诺数平均的纳维－斯托克斯方程。

㊁ 由于这一特性，RANS方程中便仅仅存在一个干扰项。引入第14.1.4.2节中的LES模型时，这一特性因为连续的柯尔莫戈洛夫能谱而不复存在。其结果是，在LES模型的大涡结构方程中还包含另外的干扰项。

Schlichting 和 Gersten，2006)：

$$\frac{\partial \bar{u}}{\partial t}+\bar{u}\frac{\partial \bar{u}}{\partial x}+\bar{v}\frac{\partial \bar{u}}{\partial y}+\bar{w}\frac{\partial \bar{u}}{\partial z}=-\frac{1}{\rho}\frac{\partial \bar{p}}{\partial x}+v\left(\frac{\partial^2 \bar{u}}{\partial x^2}+\frac{\partial^2 \bar{u}}{dy^2}+\frac{\partial^2 \bar{u}}{\partial z^2}\right)+\left(\frac{\partial \overline{u'^2}}{\partial x}+\frac{\partial \overline{u'v'}}{\partial y}+\frac{\partial \overline{u'w'}}{\partial z}\right)$$

$$\frac{\partial \bar{v}}{\partial t}+\bar{u}\frac{\partial \bar{v}}{\partial x}+\bar{v}\frac{\partial \bar{v}}{\partial y}+\bar{w}\frac{\partial \bar{v}}{\partial z}=-\frac{1}{\rho}\frac{\partial \bar{p}}{\partial y}+v\left(\frac{\partial^2 \bar{v}}{\partial x^2}+\frac{\partial^2 \bar{v}}{dy^2}+\frac{\partial^2 \bar{v}}{\partial z^2}\right)+\left(\frac{\partial \overline{u'v'}}{\partial x}+\frac{\partial \overline{v'^2}}{\partial y}+\frac{\partial \overline{v'w'}}{\partial z}\right)$$

$$\frac{\partial \bar{w}}{\partial t}+\bar{u}\frac{\partial \bar{w}}{\partial x}+\bar{v}\frac{\partial \bar{w}}{\partial y}+\bar{w}\frac{\partial \bar{w}}{\partial z}=-\frac{1}{\rho}\frac{\partial \bar{p}}{\partial x}+v\left(\frac{\partial^2 \bar{w}}{\partial x^2}+\frac{\partial^2 \bar{w}}{dy^2}+\frac{\partial^2 \bar{w}}{\partial z^2}\right)+\left(\frac{\partial \overline{u'w'}}{\partial x}+\frac{\partial \overline{v'w'}}{\partial y}+\frac{\partial \overline{w'^2}}{\partial z}\right)$$

(14.16)

在方程的右边，现在出现了附加的项；这些项来自两个脉动参量的乘积，通过对方程求均值，结果不会为零。它们具有应力的量纲，因此称为湍流剪应力或者似剪应力。如同分子间应力一样，紊流剪切应力也可以写成张量形式，见式（14.17)：

$$\tau'_{i,j}=\rho\cdot\begin{pmatrix}\overline{u'^2} & \overline{u'v'} & \overline{u'w'}\\ \overline{u'v'} & \overline{v'^2} & \overline{v'w'}\\ \overline{u'w'} & \overline{v'w'} & \overline{w'^2}\end{pmatrix} \tag{14.17}$$

如果不考虑方程左边的时间项，方程式（14.16）称为雷诺平均的纳维 - 斯托克斯方程（RANS)；否则，就是非定常雷诺平均的纳维 - 斯托克斯方程（URANS)。从形式上来看，这一方程中的左边几项以及右边的前两项，与全纳维 - 斯托克斯方程（2.43）一致；在全纳维 - 斯托克斯方程中，与时间相关的量 u、v、w 和 ρ 都被它们的时间均值所代替。不过，又增加了含有湍流脉动参量的项。这些项表示，湍态的混合运动与动量的交换联系在一起；通过动量交换，产生了附加应力。一般来说，这一附加应力又有着非常明显的和流体的黏性升高一样的效果。此外，由这些脉动速度定义了下文还会用到的比湍流动能，见式（14.18)

$$k=\frac{1}{2}\cdot(u'^2+v'^2+w'^2) \tag{14.18}$$

14.1.4.1.2　湍流模型

按照雷诺的办法对与时间相关的纳维 - 斯托克斯方程在时间上求均值，该方程就转变成了（U - ）RANS 方程。这样处理的代价，是未知量（也就是以 $\overline{u'_i u'_i}$ 形式取均值的湍动参量）的数量增加了。为了使得未知量的数量与为求解这些未知量而拟定的方程的数量相吻合，推导出了湍流模型[㊀]。湍流模型建立了湍流脉动与流动的时均过程之间的联系。首先必须区分涡黏性模型和雷诺应力模型，参见图 14.16。

涡黏性模型基于这样的假设，即涡是均匀的，亦即所有湍流应力 $\tau'_{i,j}$ 以一个线性量湍黏度来度量。对此，举例来说，需要引入两个湍流模型；在这两个模型上可以看出是哪一种类型的建模。最早的湍流模型显然是由布辛涅斯克所建立的（Schlichting 和 Gersten，2006)。与牛顿的摩擦定理（式 2.35）类似，他选择式（14.19）表示湍流剪切应力[㊁]：

$$-\rho\,\overline{u'v'}=\tau'_{i,j}=\rho l^2\left|\frac{\partial \bar{u}}{\partial y}\right|\frac{\partial \bar{u}}{\partial y} \tag{14.19}$$

式中，ν_t 表示涡黏度，一个并不涉及材料属性，而是关于坐标位置的函数 $\nu_t(x,y,z)$ 的量。所以，涡黏度与当地的流动形态有关，在接近壁面处趋向为零。采用“涡黏度”这一名称是要强调说明，湍态的运动中涉及带有涡旋的流动，而涡的运动有着与黏度明显升高相同的效果。

㊀ 在这里，不是对湍流本身，而是对雷诺应力建模。

㊁ 原文此处误写为 $\rho\,\overline{u'v'}=\tau'_{i,j}=\rho l^2\left|\frac{\partial \bar{u}}{\partial y}\right|\frac{\partial \bar{u}}{\partial y}$。

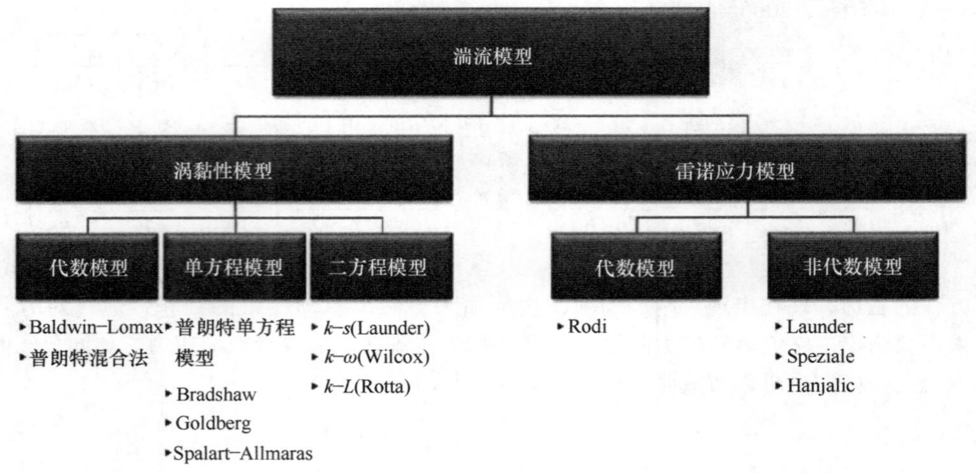

图 14.16　各种湍流模型的分类

1925 年，普朗特为湍流脉动引入了混合长度 l。这一参数表征单一涡团垂直于基本流的运动。这样，湍流剪切应力变成式（14.20）

$$-\rho\,\overline{u'v'} = \tau'_{i,j} = \rho l^2 \left|\frac{\partial \overline{u}}{\partial y}\right| \frac{\partial \overline{u}}{\partial y} \tag{14.20}$$

如果假设混合长度 l 与流动速度本身不相关，那么就表明，雷诺应力与平均流速的平方成正比。比较布辛涅斯克的公式（14.18）和普朗特的公式（14.20），得到式（14.21）

$$\nu_t = l^2 \left|\frac{\partial \overline{u}}{\partial y}\right| \tag{14.21}$$

这两个方程建立起湍流剪切应力与全局量速度场之间的关系，亦即湍流剪切应力与时均速度在 y 方向上的梯度之间的关系。遗憾的是，不仅涡黏度 ν_t，而且混合长度 l 都只是在极少数特殊情况下才能够进行显式计算（Schlichting 和 Gersten，2006）。

这些也被称为代数方法的湍流模型，已经由被标记为一阶封闭模型的多方程模型所取代。最著名的多方程模型就是 $k-\varepsilon$ 模型。这一模型也在涡黏度和当地速度梯度中值之间建立了联系。涡黏度利用两个偏微分方程来计算；这两个方程表征了比湍流动能 k 以及耗散速率 ε 在流场内输运时的变化。在二方程模型中，涡黏度按照通过量纲分析所得到的式（14.22）来确定：

$$\nu_t = c_\mu \frac{k^2}{\varepsilon} \tag{14.22}$$

模型中的经验常数已经通过实验确定；例如常数 c_μ 按经验确定的值是 $c_\mu = 0.09$。在 $k-\varepsilon$ 模型中，为参量 k 和 ε 使用了两个微分方程。这两个方程按下标书写方式表示为式（14.23）和式（14.24）：

$$\rho\left(\frac{\partial k}{\partial t} + \overline{u_j}\frac{\partial k}{\partial x_j}\right) = \mu_t \frac{\partial \overline{u_l}}{\partial x_j}\left(\frac{\partial \overline{u_l}}{\partial x_j} + \frac{\partial \overline{u_j}}{\partial x_i}\right) + \frac{\partial}{\partial x_j}\left(\mu\frac{\partial k}{\partial x_j} + \frac{\mu_t}{\sigma_k}\frac{\partial k}{\partial x_j}\right) - \rho\varepsilon \tag{14.23}$$

$$\rho\left(\frac{\partial \varepsilon}{\partial t} + \overline{u_j}\frac{\partial \varepsilon}{\partial x_j}\right) = c_{\varepsilon 1}\mu_t \frac{\varepsilon}{k}\frac{\partial \overline{u_l}}{\partial x_j}\left(\frac{\partial \overline{u_l}}{\partial x_j} + \frac{\partial \overline{u_j}}{\partial x_i}\right) + \frac{\partial}{\partial x_j}\left(\mu\frac{\partial \varepsilon}{\partial x_j} + \frac{\mu_t}{\sigma_\varepsilon}\frac{\partial \varepsilon}{\partial x_j}\right) - c_{\varepsilon 2}\rho\frac{\varepsilon^2}{k} \tag{14.24}$$

这两个微分方程对 k 和 ε 是二阶线性的，因而数值上比较容易求解。现在，借助上述三个方程，封闭性问题解决了，因为这里的三个方程只增加了两个未知量，即 k 和 ε。于是，涡黏度可以计算，与 RANS 方程一起组成的方程系统变得至少是理论上可以求解了。其他的涡黏性模型还

有 $k-\omega$ 模型、$k-L$ 模型和 Spalart－Allmaras 模型。

另外还建立了所谓雷诺应力模型（RSM），也称为二阶封闭模型。在这些模型中，对于方程（14.17）中的每一个应力矢量项，都从纳维－斯托克斯方程推导出了一个输运方程。这些模型在汽车空气动力学中还没有得到广泛应用，因此在这里不予介绍。

14.1.4.1.3　边界处理

随着向边界（或壁面）的靠近，平均流速由于摩擦作用而降低；在紧邻固体表面处，平均流速等于零，满足黏着条件。在这里，脉动也减弱为零。边界层的厚度用雷诺数来标定；同时，边界上的速度梯度随雷诺数的升高而增大，而边界层厚度随雷诺数的升高减小。就湍流建模而言，对应于图14.17，存在两种描述近壁流动的方法。

在非常接近壁面处，许多湍流模型都不起作用，标准 $k-\varepsilon$ 模型也是如此。为了限制网格点的数量，经常以壁面函数作为求解近壁面处速度分布的基础（中间的图示部分）。边界层的外部区域必须采用数值计算，这又总是使得此处的计算网格必须非常细密。壁面函数的一项限制在于，它是为毗邻的平衡边界层推导出来的，因此也仅适用于平衡边界层。不过，它也应用在回流占主导地位的地方。

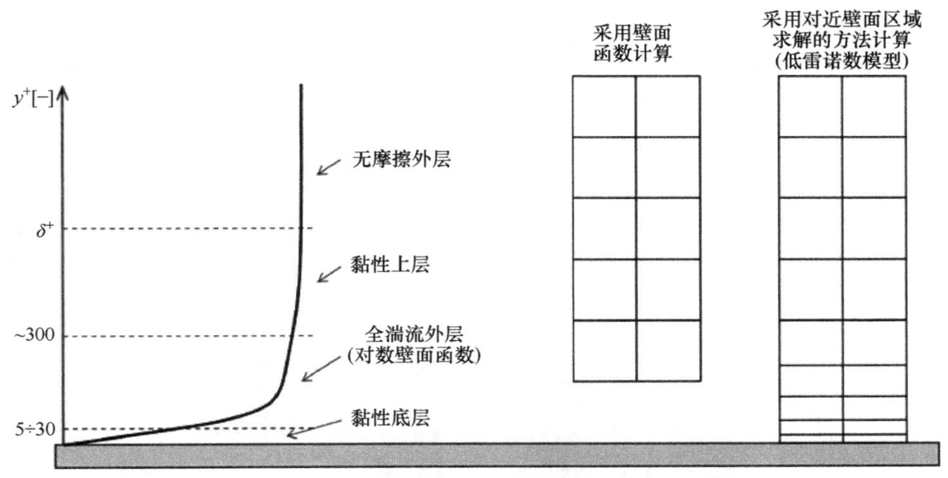

图14.17　按照 $y^+=\sqrt{\tau_W/\rho r v^2}$ 用壁面函数和低雷诺数模型来表达壁面附近的流动区域，见 Oertel（jr.）和 Laurien（2003）

速度剖面具有普遍性特征，所以有表征这一剖面的标准壁面函数。这里作为例子给出的，是带有冯－卡门常数 $\kappa=0.41$ 的对数律速度函数，见式（14.25）。

$$u=\sqrt{\frac{\tau_W}{\rho}}\cdot\left[\frac{1}{\kappa}\ln\left(y\cdot\sqrt{\frac{\tau_W}{\rho\nu^2}}\right)+C\right] \tag{14.25}$$

对于经验常数 C，有 $C=5.5$。于是对于黏性底层，适用 u 和 y 之间直接的正比关系，即式（14.26）

$$u=y\cdot\frac{\tau_W}{\rho\cdot\nu} \tag{14.26}$$

因为这一类的壁面函数都是按水平平板流经验性地推导出来的，严格地说，它们并不适用于加速流动或者减速流动，也就是说不适用于有压力梯度作用的场合。但是，这种压力梯度对于汽车空气动力学来说至关重要，因为它们决定了流动的分离是否形成。对于那些实际工作中碰到的流动问题，以修正函数 g 的形式给标准壁面函数增加了一个压力梯度项。除此之外，还借助

函数 h 引入了一个变壁面粗糙度 ζ。代数形式的壁面函数得以扩展成为式（14.27）

$$u = \sqrt{\frac{\tau_W}{\rho}} \cdot \left[\frac{1}{\kappa} \ln \left(\frac{\gamma \cdot \sqrt{\frac{\tau_W}{\rho \nu^2}}}{1 + g\left(\frac{\partial p}{\partial x}\right) + h(\zeta)} \right) + C \right] \tag{14.27}$$

采用这样的壁面函数之后，RANS 方程和湍流模型便适用于其中应用壁面函数的边界层了。

如果在近壁面区域湍流剪应力的急剧降低和弥散特性得到修正，一直到边界上使用湍流模型，同样能够成功地描述壁面附近的流动（右边的图示部分）。标准 $k-\varepsilon$ 模型不能正确地表达这部分的流动。解决这个问题有一系列的公式。例如，Lauder 和 Sharma（1974）在计算涡黏度时提出了一个衰减函数，见式（14.28）

$$\nu_t = f_\mu \cdot c_\mu \frac{k^2}{\varepsilon}, \text{其中} \quad f_\mu = e^{-\frac{3.4}{A}} \quad \text{和} \quad A = \left(1 + \frac{k^2}{50\varepsilon\nu}\right) \tag{14.28}$$

并在 k 方程的右边引入一个附加项 D，见式（14.29）

$$D = 2\nu \left[\frac{\partial}{\partial z}(\sqrt{k}) \right]^2 \tag{14.29}$$

由于使用这些壁面函数能够表征低雷诺数条件下很厚的边界层内的流动过程，而又不会对主流动域内流动过程的表达带来太大的误差影响，所以它们也被称为低雷诺数（“low - Re”）湍流模型。

14.1.4.1.4　结果

Wäschle（2006）所进行的研究可以评估 RANS 计算结果的质量。他采用 STAR - CD * 计算各种不同几何结构，或者说各种不同的 SAE 参考形体（图 14.18 和图 14.19）和一个简化汽车几何体的绕流（图 14.20，见彩插）。对于各种 SAE 参考形体，测量和计算所得的 C_D 值都表现出很

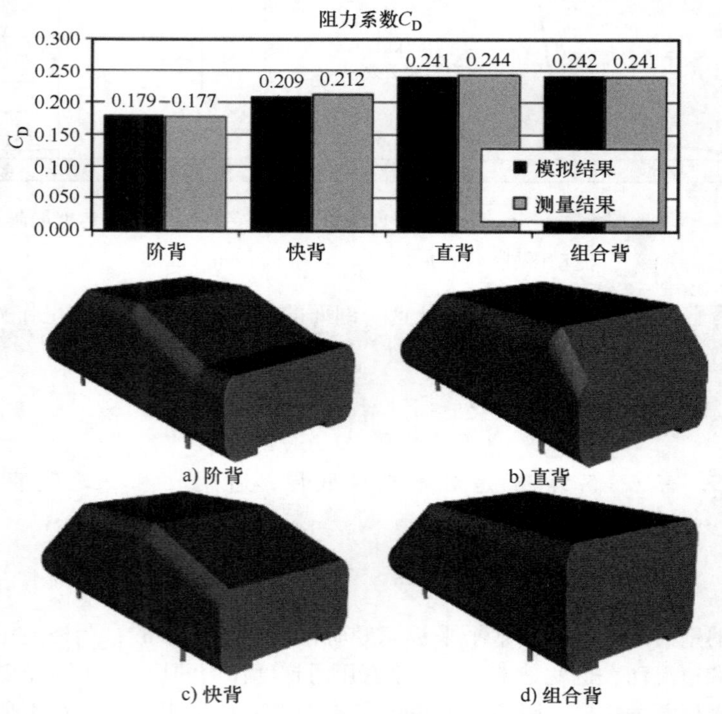

图 14.18　在各种不同的 SAE 参考形体上进行试验和用 RANS 计算得到的风阻系数值的比较（Wäschle，2006）

好的一致性，最大误差只有 0.003。与此相反，对升力系数的分析则误差较大，尤其是在充满挑战性的直背和阶背外形情况下，后升力值区别明显，而且呈现出一种矛盾的趋势。根据测量的结果，后升力在阶背时略有升高，但是模拟计算的后升力明显减小。就组合直背形体来说，测量结果和计算结果相差超过 0.05。

对流速进行的比较表明，首先是在近底板区域，亦即存在非常复杂的湍流结构的地方，流动形态得不到正确体现。对比于试验结果，在车轮的上方，模拟结果同样出现显而易见的偏差。

总之可以确定，行驶时风的阻力在仿真计算中得到非常真实的体现，而升力和流场的形态则有部分与测量结果相差明显。

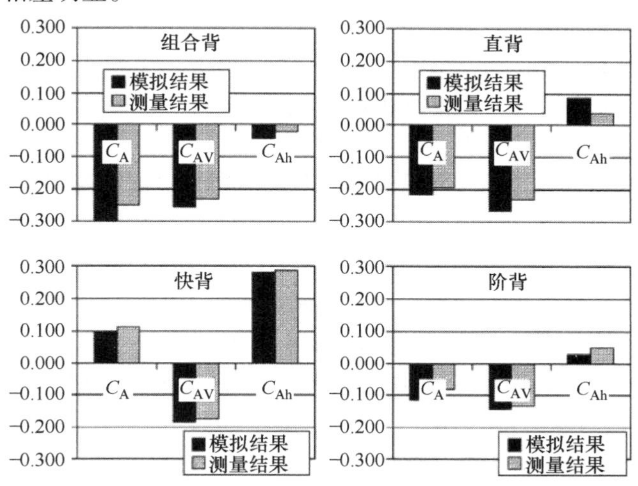

图 14.19 在各种不同的 SAE 参考形体上进行试验和用 RANS 计算得到的升力系数值的比较（Wäschle，2006）

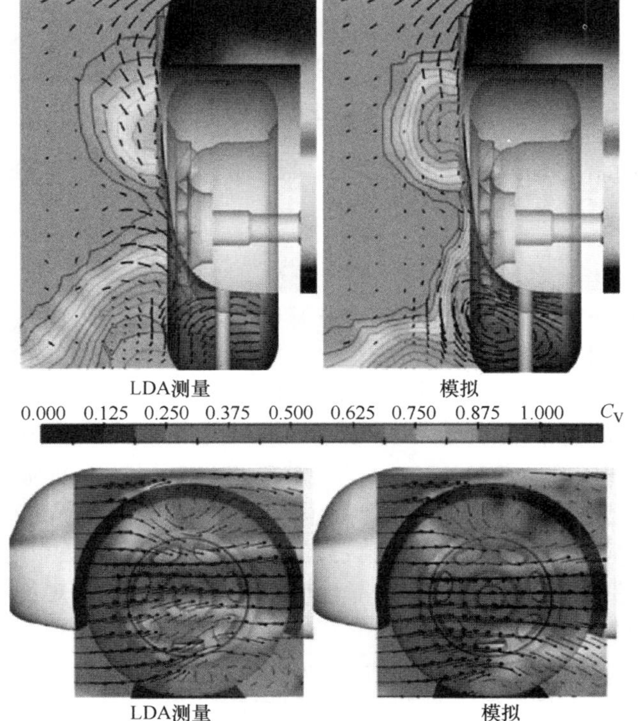

图 14.20 试验和用 RANS 计算得到的车轮周围及其后方流速分布的比较（Wäschle，2006）

14.1.4.2　大涡模拟方法

RANS中对流动参量进行时均计算时，假定流体运动的速度和压力由一个时间平均值和一个与之叠加的高频脉动所构成。通过适当而且足够大的求均值时间区间，高频部分被过滤掉了。现在，如果不管时间上的变化，而是注意空间上的变化（参见图14.15b），那么RANS就意味着，从由几何结构引起的大尺寸涡旋到最小的涡结构，所有尺度的湍流都被求均值。因为在空间分布上并不是如RANS方法分成两部分，而是连续的。同时，流场中不同的湍流结构有着不同的意义。大尺寸的涡旋结构承担了输运绝大部分动量和能量的作用。这种场景并不是处处一致的，也就是说，它的实现过程具有三维的特征；依绕流物体的不同和雷诺数的差异，这种场景的出现也是千差万别。小尺寸的涡旋使动能衰变成热量。小尺寸涡旋的结构在很多流动过程中都非常相似，可以近似地看作是各向同性的，因而具有了一般性的特征。综上所述可以得出结论，RANS方法中的湍流模型虽然针对小尺寸涡旋能非常满意地达到目的，对大尺寸涡旋来说却不能。

14.1.4.2.1　大涡模拟的基本方程

一种直接计算大涡而且只对小尺寸涡建模的方法，称为“大涡模拟（LES）”方法。在大尺寸涡和小尺寸涡之间存在一个连续的湍流流谱，却并不能在这两者之间划出一个明确的界限。在LES中，大尺寸涡的捕捉是通过纳维－斯托克斯方程的过滤来实现的。为此，类似于RANS的做法将流动量分解，不过在这里是分解成一个大涡部分和一个小涡部分，见式（14.30）。

$$u = \widetilde{u} + u_{SGS}, \quad v = \widetilde{v} + v_{SGS}, \quad w = \widetilde{w} + w_{SGS}, p = \widetilde{p} + p_{SGS} \tag{14.30}$$

借助一个依据（体单元）网格尺寸Δ和局部坐标系统ξ而适当地定义的滤波函数（例如高斯滤波器），见式（14.31）。

$$F(\boldsymbol{x} - \xi, \Delta) = Ae^{B} \quad 其中 \quad A = \frac{1}{\Delta\sqrt{2\pi}} 和 B = -\frac{1}{2}\left(\frac{\boldsymbol{x} - \xi}{\Delta}\right)^2 \tag{14.31}$$

定义大尺寸涡。例如，大尺度的压力部分表示为式（14.32）

$$\int_{\Delta V} F(\boldsymbol{x} - \xi, \Delta) \cdot p(\xi)\mathrm{d}(\xi) = \widetilde{p}(\boldsymbol{x}) \tag{14.32}$$

滤波函数必须满足条件式（14.33）

$$\int_{\Delta V} F(\boldsymbol{x} - \xi, \Delta) \cdot \mathrm{d}\xi = 1 \tag{14.33}$$

除此之外，当（体单元）网格尺寸Δ趋于零时，滤波函数趋近于狄拉克的δ函数（Dirac'sche Deltafunktion）。在这种情况下，有如下极值条件

$$\lim_{\Delta \to 0} \int_{\Delta V} F(\boldsymbol{x} - \xi, \Delta) \cdot p(\xi)\mathrm{d}\xi = p(\boldsymbol{x}) \tag{14.34}$$

并且亚格子尺度部分（SGS）逼近零。图14.21a显示给定的滤波函数与（体单元）微元体尺寸Δ有关。图14.21b概括性地介绍了前述各方程的意义。首先，在位置x处建立乘积$F \cdot p$并且显示为随ξ变化的曲线。对ξ的积分，产生在过滤后的信号曲线上的相应数据点；该信号曲线由对应求得的所有数据点形成。与实际的信号变化过程进行比较后发现，脉动幅度很大的区域拟合很好，而滤波器宽度范围以内的涡旋结构，则不再能够准确地表现出来。断续曲线表示滤波器宽度减半且等采样速率的条件下经过过滤后的信号变化过程；在这里，较小的涡旋结构也被捕捉到。

当体单元变得更小时，这一方法向“直接数值模拟（DNS）”方法靠近。在小但是有限体单元的情形，应用滤波器的效果在于，在整个（体单元）网格尺寸Δ上对每一个流动量计算均值。一般来说，滤波操作具有如下性质：

$$\widetilde{u + v} = \widetilde{u} + \widetilde{v}, \quad \widetilde{\widetilde{u}} \neq \widetilde{u} 和 \widetilde{u_{SGS}} \neq 0 \tag{14.35}$$

最后两个性质，并非对应于源于湍流流谱连续性时间上的RANS平均。如果用F乘以全运动

方程［式（2.43）］并且接着对 dξ 积分，然后全运动方程中求均值，就得到

$$\frac{\partial \widetilde{u_1}}{\partial t}+\widetilde{u_j}\frac{\partial \widetilde{u_1}}{\partial x_j}=-\frac{1}{\rho}\frac{\partial \widetilde{p}}{\partial x_i}+v\nabla^2\widetilde{u_1}-\frac{\partial}{\partial x_j}(\widetilde{\widetilde{u_1}\widetilde{u_j}}-\widetilde{u_1}\widetilde{u_j}+\widetilde{\widetilde{u_1}u_{j,\mathrm{SGS}}}+\widetilde{u_{1,\mathrm{SGS}}\widetilde{u_j}}+\widetilde{u_{1,\mathrm{SGS}}u_{j,\mathrm{SGS}}}) \tag{14.36}$$

式中，$\widetilde{\widetilde{u_1}\widetilde{u_j}}-\widetilde{u_1}\widetilde{u_j}=L_{i,j}$；$\widetilde{\widetilde{u_1}u_{j,\mathrm{SGS}}}+\widetilde{u_{1,\mathrm{SGS}}\widetilde{u_j}}=C_{i,j}$；$\widetilde{u_{1,\mathrm{SGS}}u_{j,\mathrm{SGS}}}=R_{i,j}$，并且

$$\tau_{i,j,\mathrm{SGS}}=L_{i,j}+C_{i,j}+R_{i,j} \tag{14.37}$$

与 RANS 方程比较可以看出，它们在形式上是一致的；不过这里出现在方程右边的，并非雷诺应力张量，而是 SGS 应力张量。在非常小的体单元 $\Delta\rightarrow 0$ 的极限情况下，$\tau_{i,j,\mathrm{SGS}}=0$。亚格子尺度应力，是分辨涡（即大尺度涡——译者注）$L_{i,j}$之间的相互作用、分辨涡和未分辨涡（即小尺度涡——译者注）$C_{i,j}$以及在 LES 中未分辨涡 $R_{i,j}$之间相互作用的总和。在流线严重弯曲的情况下，后面的相互作用又将动能返还给大涡（后向反射）。

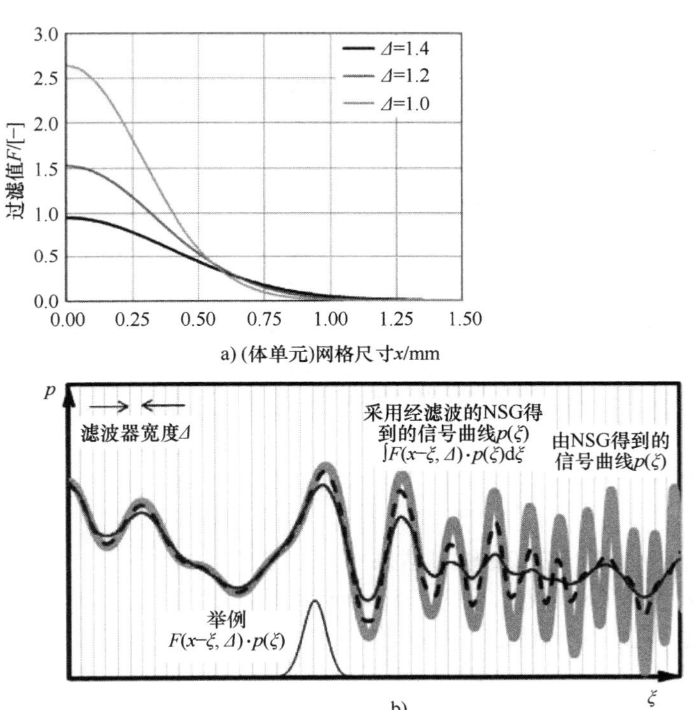

图 14.21　与微元体尺寸 Δ 有关的高斯滤波函数 a)，作为例子参量的滤波函数和压力信号的乘积和积分，以及在给定滤波器宽度条件下的分辨率 b)

Smagorinsky 最早提出了常用的 SGS 应力矢量建模方程，即

$$\tau_{i,j,\mathrm{SGS}}=-2C_{\mathrm{S}}\Delta^2\widetilde{S_{1,j}}(2\widetilde{S_{1,j}}\widetilde{S_{1,j}})^{\frac{1}{2}} \tag{14.38}$$

式中，

$$\widetilde{S_{1,j}}=\frac{1}{2}\left(\frac{\partial\widetilde{u_1}}{\partial c_j}+\frac{\partial\widetilde{u_j}}{\partial x_i}\right) \tag{14.39}$$

是过滤后的剪应力速率张量。文献中给出的 Smagorinsky 常数 C_{S}的值介于 0.005 和 0.05 之间，根据每个流动问题的具体情况选取。与 URANS 方法不同，这里并不计算涡旋的时均值，所以必须使用明显更小的时间步长，以便能够真实地反映流体的运动。

14.1.4.2.2　体单元网格尺寸的影响

在第14.1.4.1.2节中曾经指出，在使用（U－）RANS时，流场内从流动力学的角度看来具有特殊挑战性的区域，一方面采用湍流模型表达，另一方面则用壁面模型来构建。两个模型的共同之处，是数值网格的细化，也就是更小的网格尺寸，都只是减小这些方法的数值误差，却并不能导致一种流动过程更为完善的表达。

LES方法则与此相反，其特点是，随着体单元网格尺寸的减小，亚格子尺度模型在整个模拟方法中的分量变得越来越小，因此，不仅数值误差，模型带来的误差也变小了。随着网格划分越来越细，SGS湍流模型的作用变弱，但是，直接的湍流模拟得以改善。Spalart（1999）提到，在一个划分细密的流动中，Smogorinsky常数高达20%的变化不会带来任何影响。

LES方法虽然也有可能与壁面函数联系起来使用，但是有可能又是这种方法的强项之一，即更为细致准确地反映边界层内的流动过程受到限制。这会使得必须借助数值网格来解决边界层的问题。也就是说，靠近边界层的微元体满足无量纲壁面距离 $y^+=1$ 或者更小。对于汽车的绕流而言，这意味着微元体的尺寸只能是RANS模拟时的三十分之一。这一要求极高，这样的计算对于汽车制造商的系列开发和基础性研究都是不现实的。这个问题导致了分离涡模拟方法的形成。

14.1.4.2.3　分离涡模拟（DES）

分离涡模拟方法仅仅在外流和尾流区内采用包含SGS湍流模型的LES方法。在近壁面的区域，运用非稳态的雷诺平均纳维－斯托克斯方程（URANS），包括此处采用的湍流模型。这一想法来自于Spalart（1992）。只要边界层内的涡尺寸的量级比外流区内的涡尺寸明显小得多，这一思路就被看作是好的近似。比如说，在汽车空气动力学的研究中就是这样，而且在壁面附近的流动特性明显地更具一般性。经常是采用由Spalart－Allmaras提出的一种单方程湍流模型。在距壁面距离为 d 处，LES模型向URANS模型过渡。这里的 d 由经验常数 c_{DES}（＝0.65），体单元网格等效对角线长度 Δ 和体单元网格壁面间的距离尺寸来定义为

$$d = \min\{y_{W,SA};\Delta \cdot c_{DES}\} \tag{14.40}$$

如果体单元网格壁面间距相对于体单元网格体积来说更大，则使用LES方法计算，否则使用URANS方法。

14.1.4.2.4　汽车上的LES和DES模拟结果

直到今天，日本汽车工业界都在致力于将LES模拟方法应用于汽车的系列开发之中。文献中能够找到一些例子，这里不妨称之为Kitoh等人（2007）的研究。这些例子使用LES模型计算了一辆真实汽车的绕流。图14.22清楚地表明，计算所得汽车外表面的压力与试验结果吻合得非常好。尤其位于车体表面结果的质量是非常引人注目的。

Islam等人（2009）提出了一种基于分离涡模拟的方法。与纯粹的大涡模拟方法相反，这一方法应用于具有适当时间回旋余地的汽车研发过程。作者对大众集团一系列具有完整细节的量产汽车的绕流进行了计算，并且对阻力系数进行评价。表14.3显示了这一计算的概况。计算结果与风洞测量结果相比较，风阻系数的最大误差是0.022，前轴升力系数的最大误差是0.036，后轴升力系数的最大误差是0.051。这一很有说服力的结果，也为Schütz（2011）在其他汽车品牌和汽车类型上进行的后续研究所证实，并且得到改进。

同样以后续研究方式公开的奥迪A6高级轿车表面压力试验的测量和模拟计算结果比较，即使是在用CFD难以表达的汽车尾部和底板部位，也显示出极佳的一致性。图14.23给出了这一比较结果。图14.24（见彩插）给出了流场和流场拓扑（结构）。对这辆汽车后部某个截面上的速度分布进行比较。尽管模拟给出的A柱涡和近底板的尾流结构存在轻微差异，表明还有进一步改进的空间，但是仍然可以确认其令人信服的一致性。

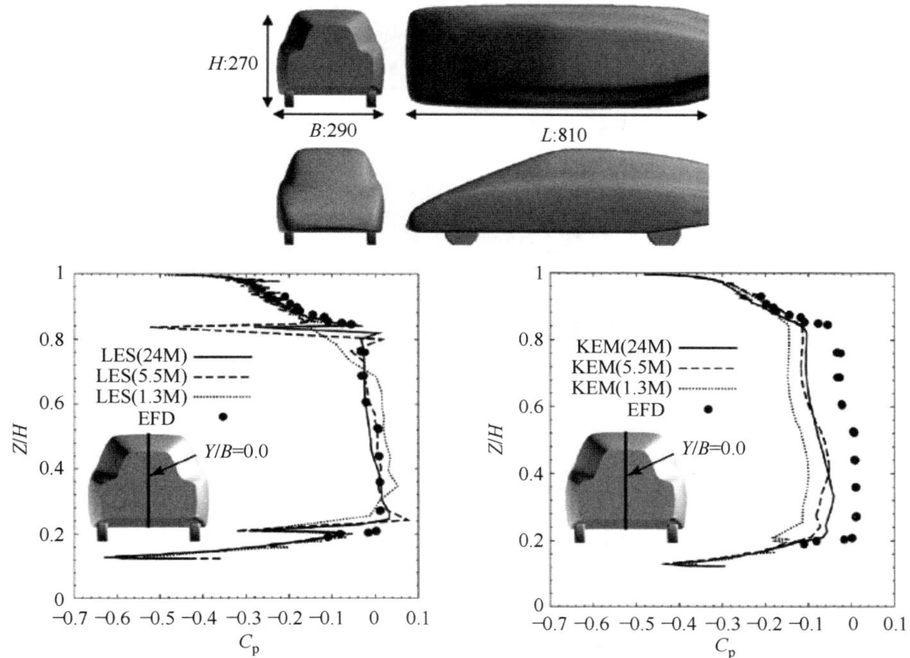

图 14.22 基于汽车的几何结构进行试验与 RANS 和 LES 模拟所得表面压力结果的比较

表 14.3 大众汽车集团各种汽车阻力系数和升力系数的比较，显示值为 DES 计算结果相对于风洞试验结果的误差

汽车型号	ΔC_D [-]	$\Delta C_{A,v}$ [-]	$\Delta C_{A,h}$ [-]
西雅特 依比飒	0.018	-0.017	0.045
西雅特 利昂	0.021	-0.005	0.030
大众 高尔夫	0.003	0.034	0.024
大众 帕萨特	0.011	-0.033	0.035
大众 新甲壳虫	0.016	0.001	0.030
奥迪 A3	0.007	-0.018	0.034
奥迪 A5	0.011	-0.036	0.031
奥迪 A6	-0.004	0.002	0.026
奥迪 Q5	-0.001	-0.006	0.047
奥迪 TT	-0.001	-0.006	0.051
奥迪 R8	0.022	0.021	-0.012

14.1.4.3 直接数值模拟方法

直接数值模拟（DNS）方法对非稳态纳维－斯托克斯方程直接求解，不做物理上的简化处理。正因为如此，该方法既不使用湍流模型，也不使用壁面函数。其目标是要反映出湍流全貌。为此，计算空间，首先自然是车身附近，必须划分得非常细密。为此所需要的体单元数量大致以倍率 $Re^{9/4}$ 而升高，见 Oertel（jr.）和 Laurien（2003）。同样，DNS 要求很高的时间分辨率，以便真实地再现流动的非稳定特性。这两项要求加在一起，使得计算机超高的运算速度和超大的存储能力必不可少。尤其是对于高雷诺数情况下的湍流，亦即工程上的一些重要实例来说，DNS 方法并不实用。文献中能够找到的一些 DNS 应用，至少是限制在一些低雷诺数（$Re \leqslant 5000$）的简单流动场合，例如用来对湍流模型进行检验。

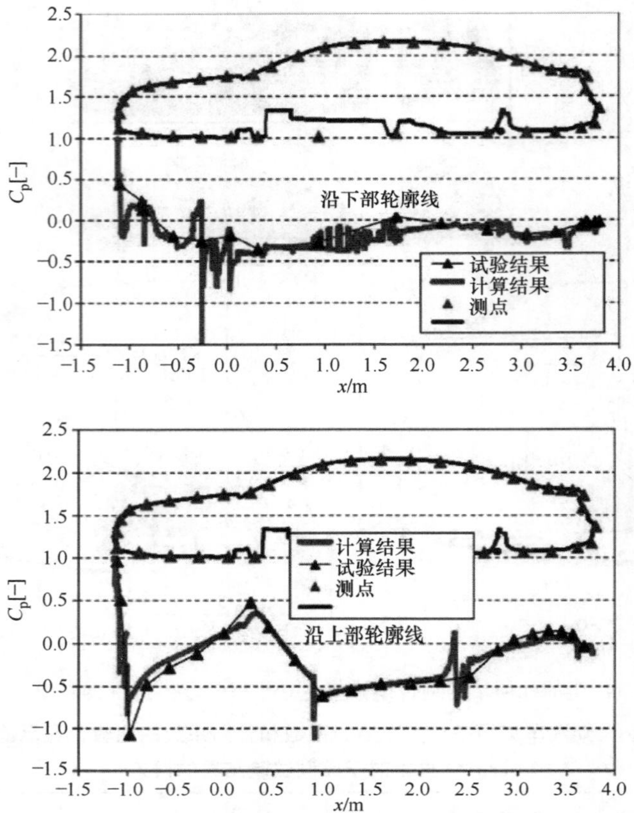

图 14.23　对奥迪 A6 试验和 DES 模拟计算所得车体表面压力分布结果的比较

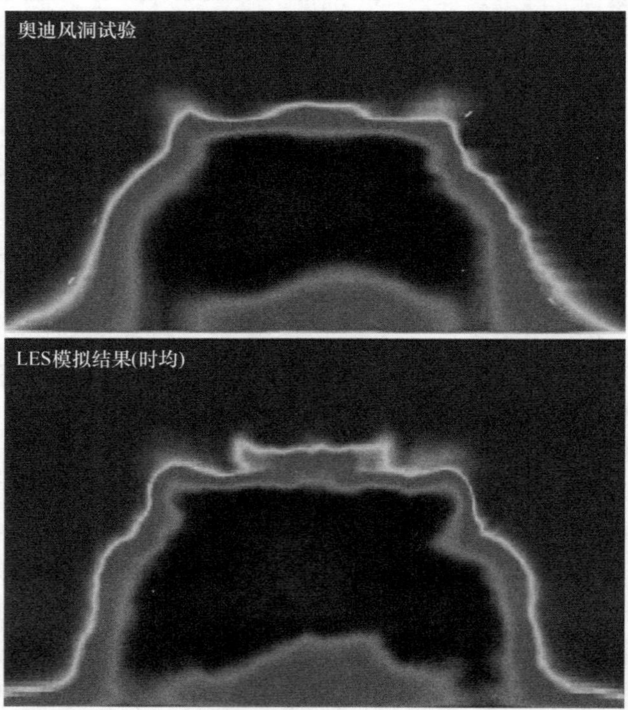

图 14.24　奥迪 A6 汽车尾部经过风洞试验和 LES 方法模拟所得速度分布的比较

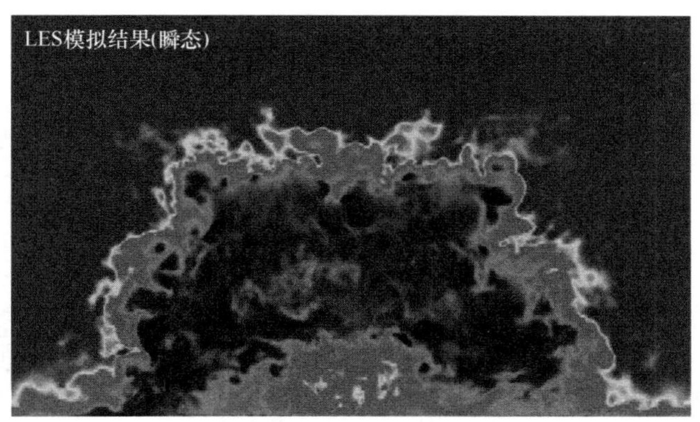

图 14.24 奥迪 A6 汽车尾部经过风洞试验和 LES 方法模拟所得速度分布的比较（续）

自 20 世纪 80 年代末以来，尤其是日本汽车工业界做出了巨大的努力，力图在汽车的空气动力学研发过程中应用 DNS 模拟方法。不过，就汽车空气动力学在关键雷诺数范围内的要求而言，它们采取了太低的分辨率。图 12.25 再现了 Tsuboi 等人（1988）的研究结果。这个结果非常令人鼓舞：基底夹角 φ 对于由 Morel（1978）采用的纵向来流圆筒的阻力的影响，由计算得到很好的再现。该阻力首先随着基底倾角 φ 的增大而升高；当倾角超过极限值时（大约 44°），阻力便急剧下降。同样，也获得了流动的形态（图 14.26）。在倾角 φ 较小时，形成了一个马蹄形的涡对；当倾角 φ 超过临界值时，该涡对会变宽。采用当时已知的其他方法进行计算，不可能得到这样好的结果。但是，如果人们仔细地观察，基底上的压力分布还是出现了非常明显的误差：靠近基底边缘的抽吸尖峰，参见图 14.27，计算中也还没有得到与测量近似的结果。尽管如此，下一步着手对整车进行计算。计算中，一般在半计算空间使用大约有 10^6 个节点的网络，沿长度计算的雷诺数大约是 10^6。

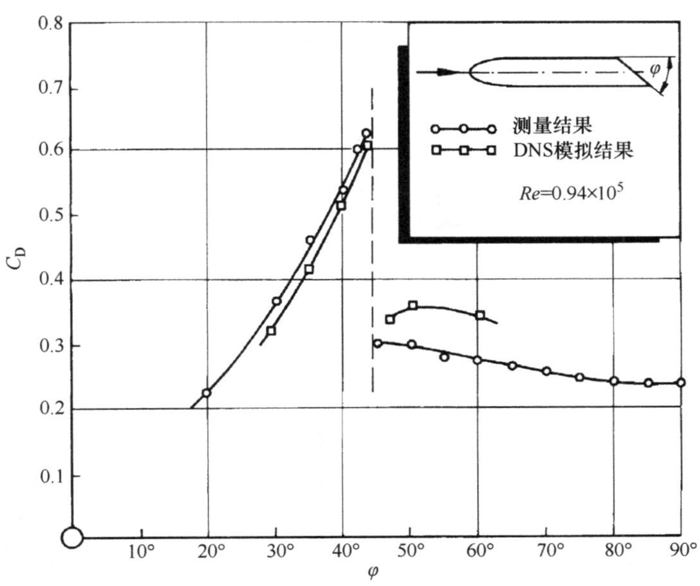

图 14.25 一个沿纵向来流、基底倾斜的旋转体的阻力系数与后端倾角 φ 之间的关系。DNS 计算：Tsuboi 等人（1988）；测量：Morel（1978）

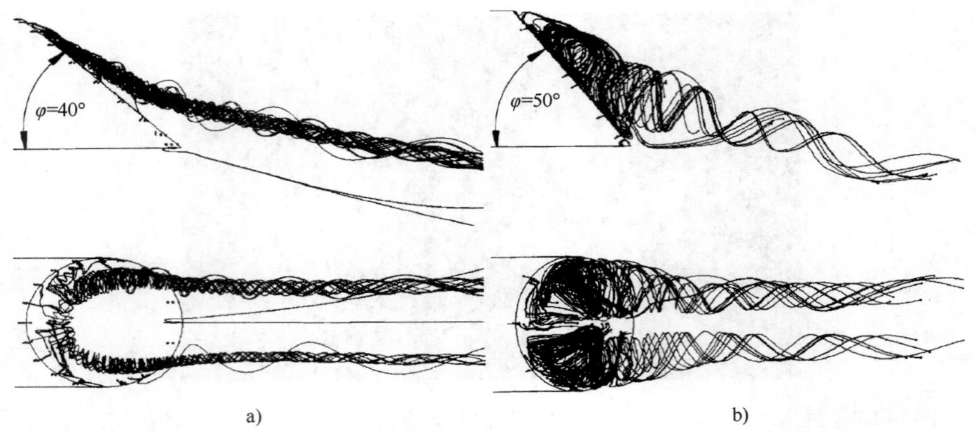

图 14.26　图 14.25 中旋转体尾部的流动形态的 DNS 计算（Tsubi 等人，1988）
a）次临界倾角 φ 时的马蹄形涡　b）超临界倾角 φ 时变宽的马蹄形涡

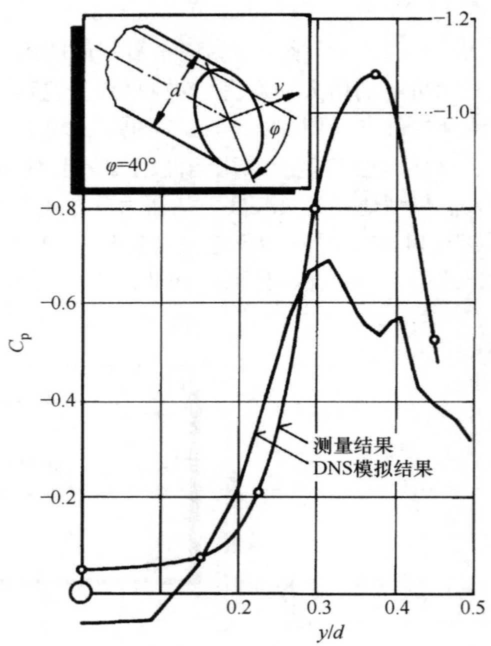

图 14.27　φ =40° 时尾端斜面上的压力分布，Tsuboi 等人（1988）采用 DNS 方法的模拟结果与 Bearman（1979）的测量结果的比较

在采用 DNS 方法计算的一系列算例中，这里选择图 14.28 所示的例子进行介绍。这个例子是由 Kataoka 等人发布的。模拟对象是一辆运动型乘用车。为了改善其动力性能和行驶特性，该车配置了以黑色突出显示的附件，其中有些附件是可调控的。对计算结果和测量结果进行的比较，得出一个十分令人惊讶的结论：阻力方面的区别不高于 5 %，升力系数误差是 0.02。很显然，采用 DNS 方法进行模拟，每一个空气动力学辅助装置的效果都被准确地预见到了。

Lumley（1992）对此结果进行了分析。他确认，这一结论无论如何不可推而广之。对于 10^6 量级的雷诺数而言，只有 10^6 个网格点的网络粗糙了 2 ~ 3 个数量级。此时，边界层未予离散化，

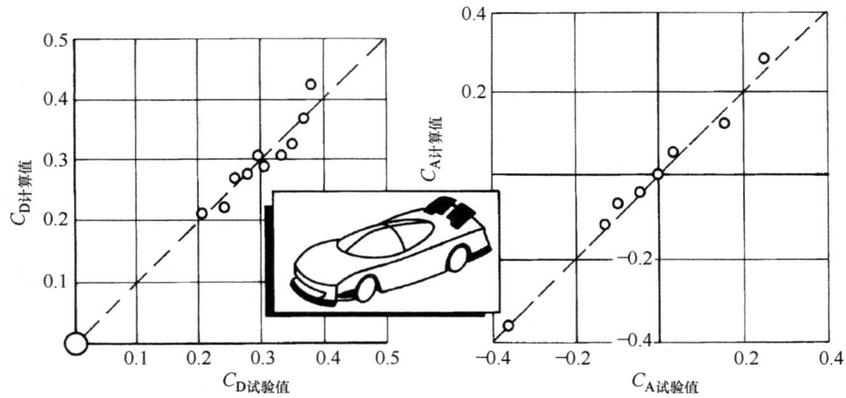

图 14.28 阻力系数和升力系数的测量值与 DNS 计算结果的比较（Kataoka 等人，1991）。以黑色标示的辅助装置使阻力系数和升力系数发生了改变，它们是前部扰流板、前轮前方的翼子板、后盖板（可调）、尾唇

因此还不能近似合理地计算摩擦力。按照 Jameson（1996）的估计[㊀]，仅仅为了解析一辆汽车的边界层，就需要一个 10^8 个体网格。这个现实的问题，即尽管如此还是在采用 DNS 方法的模拟结果和测量结果之间得到如此之好的一致性，可以按照 Lumley 的说法这样来解释：

- 摩擦阻力在整车总阻力中占比很小（大约 10%）。即使是计算错了，也不会对总阻力带来严重偏差。
- 分离现象在汽车上通常是由形状所决定的，这里也是如此，它不需要被首先计算。
- 不需要计算边界层，就能够正确地掌握带入尾涡区的涡旋。
- 可准确地算出压力分布，因此得到了压差阻力和升力。

Lumley 认为，给出的这个例子中的计算，不过是一种无意之中未经检查的大涡模拟（LES）；大的涡旋结构得到计算，小型涡旋的耗散则由所谓的“数值黏度”来处理。

这就导致直接数值模拟方法（DNS）还不能应用于目前的汽车空气动力学研发之中。而且，对于所有那些分离问题不是由几何结构所决定或者摩擦阻力十分明显的物体，DNS 也不能使用。在基础性研究中，如果几何结构很简单而且雷诺数很低（$Re < 10^3$）时，由于对网络的解析度要求很低，DNS 方法仍然能够提供很好的服务。

14.1.4.4 势流理论方法（BEM）

势流理论是流体力学中最为简化的方法，其中，流动被假设为是无摩擦的和无旋的。在这个基础上，20 世纪 60 年代出现了应用于航空工程领域的首创性 3D 方法（面元法[㊁]）（Hess 和 Smith，1967）。后来，这些方法在钝体上的应用得到扩展（Ahmed 和 Hucho，1997；Grün，1996）。但是，由于今天的研究极其深入仔细（见图 14.4），这些方法在汽车空气动力学研究中失去了意义。下文的介绍基于 Grün（1996）提出的方法。

14.1.4.4.1 区域解的耦合

严格地讲，势流理论只能描述附着的流动，或者说，按照另一种观点来看，无论所观察的几何结构多么复杂，势流理论方法总是会产生附着流。所以，即使是在简化的汽车模型上，都会不

㊀ 引自 Ahmed（1984）。

㊁ 面元法（Panelverfahren）：一种机翼升力的近似计算方法。按照这种方法，机翼被划分成小的翼元。每一个翼元上都放置了一个承载涡。承载涡强度必须满足机翼后缘处气流的运动学条件，即气流必须经后缘“平滑地”流出。根据由此而获得的涡的分布，可以确定机翼的空气动力学特征参数，例如升力、俯仰力矩和阻力。——译者注

可避免地出现于车尾的剧烈分离，也必须建模求解。为此，这些特性各异的区域的解必须以迭代的方式耦合起来（图14.29），人们称之为区域解。

势流理论的出发点是无摩擦、无旋的流场。以此作为边界条件，来计算三维的边界层（Cousteixi，1974；Grün，991）和确定分离线所在的位置。从分离线开始，为尾流的模拟建立一个传递附着边界层涡量的涡层。这样，在接下来计算流场的迭代过程中，边界层的阻滞效应和尾流的感应作用便都能够作为边界条件考虑在内。

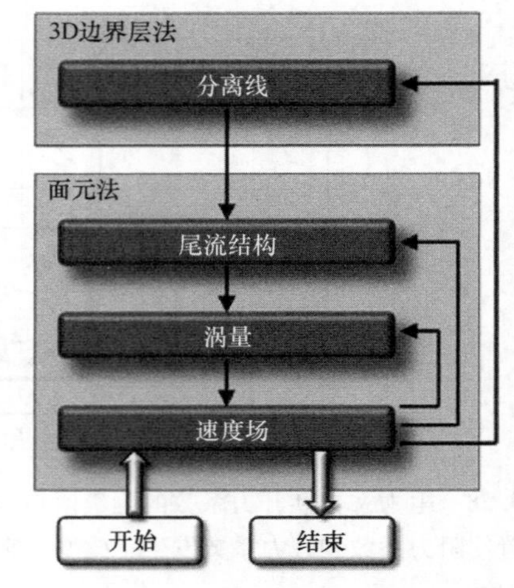

图14.29 区域之间解的耦合（Grün，1996）

14.1.4.4.2 势流理论

无旋条件意味着

$$\nabla \times \boldsymbol{v} = 0 \tag{14.41}$$

现在如果引入一个标量速度势 $\boldsymbol{\Phi}$

$$\boldsymbol{v} = \nabla \Phi \tag{14.42}$$

它作为数学上定义的标量性势场是无旋的（因为 $\nabla \times (\nabla \boldsymbol{\Phi}) = 0$）。将式（14.42）代入连续性方程

$$\nabla \cdot \boldsymbol{v} = 0 \tag{14.43}$$

就会得到线性化的势流理论基本方程，速度势的拉普拉斯方程

$$\nabla \cdot (\nabla \boldsymbol{\Phi}) = \nabla^2 \boldsymbol{\Phi} = 0 \tag{14.44}$$

总势 ϕ 可以由如同自由来流的基本解和一个摄动势 φ 的线性组合而成，或者直接表示成速度

$$\boldsymbol{v}(\boldsymbol{x}) = \boldsymbol{v}_\infty + \nabla \varphi(\boldsymbol{x}) \tag{14.45}$$

一般而言，摄动势又由源、汇和偶极子的线性叠加构成；它们是按照所模拟流动的需要加入其中的（见第14.1.4.4.3节）。

根据格林公式，拉普拉斯方程的空间积分可以通过对整个流场边界的面积分来代替，比如绕流物体的表面。由此一来，因为不必对空间而只需要对边界进行离散，所以这样的面元法归属为“边界元方法”（BEM）之列；与涉及空间场的方法相比，它只占用很小的计算成本。

面积分方法中出现三个不同的分量（图14.30），所以位置 $\boldsymbol{x}$ 处的速度构成为

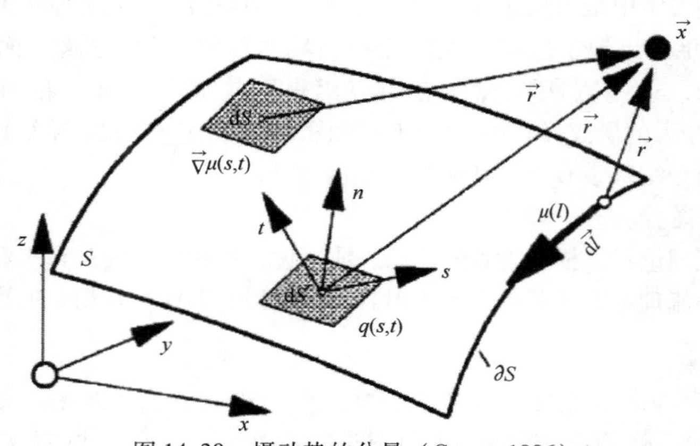

图14.30 摄动势的分量（Grün，1996）

$$\boldsymbol{v}(\boldsymbol{x}) = \boldsymbol{v}_\infty + \boldsymbol{v}_\sigma(\boldsymbol{x}) + \boldsymbol{v}_\mu(\boldsymbol{x}) + \boldsymbol{v}_\partial \tag{14.46}$$

第一个分量是在表面上分布的源/汇 $\sigma(S)$ 的感应效果[㊀]

$$\boldsymbol{v}_{\sigma}(\boldsymbol{x}) = \frac{1}{4\pi}\iint_{S}\sigma\frac{r}{r^{3}}\mathrm{d}S \tag{14.47}$$

另外的两个分量是由偶极子分布 $\mu(S)$ 所推导出。

$$\boldsymbol{v}_{\mu}(\boldsymbol{x}) = \frac{1}{4\pi}\iint_{S}(\boldsymbol{n}\times\nabla\mu)\times\frac{r}{r^{3}}\mathrm{d}S \tag{14.48}$$

$$\boldsymbol{v}_{\partial}(\boldsymbol{x}) = \frac{1}{4\pi}\int_{\Delta S}\mu\frac{\mathrm{d}\boldsymbol{l}\times\boldsymbol{r}}{r^{3}} \tag{14.49}$$

由于在方程（14.48）中出现了偶极子分布梯度，从具有恒定偶极子强度 μ 的区域便不产生速度 $\boldsymbol{v}_{\mu}$。与此相反，因为积分是在整个边界 ∂S 上进行，只有当表面不闭合时，分量 $\boldsymbol{v}_{\partial}$ 才存在。可以证明，在任何条件下 $\boldsymbol{v}_{\sigma}(\boldsymbol{x})$ 都是无旋的。偶极子的速度分量同样是无旋的；例外的情况是奇异面或者奇异线，在它们上面或者沿这些奇异面或者奇异线，有偶极子存在。

为了说明是如何通过偶极子的分布来为涡旋建模的，我们来考察一个厚度为 δ 的剪切层的体元（图 14.31a）。

与空间关联的涡旋分布在位置 $\boldsymbol{x}$ 处诱导/产生出速度

$$\boldsymbol{v}_{\omega}(\boldsymbol{x}) = \frac{1}{4\pi}\iiint_{V}\boldsymbol{\omega}(\xi)\times\frac{\boldsymbol{r}}{r^{3}}\mathrm{d}V \quad 其中 \quad r = x - \xi \tag{14.50}$$

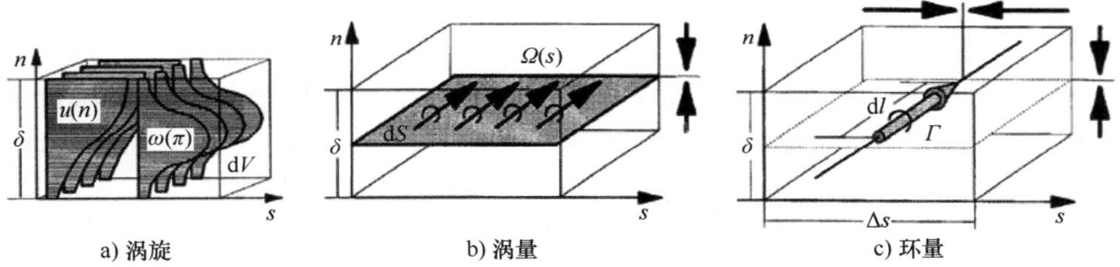

图 14.31 作为体元、面元和线元表示的剪切层示意图（Grün，1996）

通过沿剪切层法线方向的积分，得到涡量

$$\Omega = \int_{0}^{\delta}\omega\mathrm{d}n \tag{14.51}$$

由此，三维的分布涡缩减为一个厚度消失（$Re\to\infty$）的涡层，该涡层的推导仅仅只是需要进行一次面积分：

$$\boldsymbol{v}_{\Omega}(\boldsymbol{x}) = \frac{1}{4\pi}\iint_{S}\Omega\times\frac{r}{r^{3}}\mathrm{d}S \tag{14.52}$$

如果将剪切层内的涡量也通过积分汇总（图 14.31c），就得到最充分的简化，即具有环量

$$\Gamma = \int_{\Delta S}\Omega_{t}\mathrm{d}S \tag{14.53}$$

的离散涡。它的推导由线积分表达为

$$v_{\Gamma}(\boldsymbol{x}) = \frac{1}{4\pi}\int\Gamma(l)\frac{\mathrm{d}\boldsymbol{l}\times\boldsymbol{r}}{r^{3}} \tag{14.54}$$

现在如果将方程（14.52）与方程（14.48）进行比较，就能搞清楚［在对应于图 14.31 的局部坐标系（s，t，n）中］偶极子分布和涡旋之间的相互关系，

㊀ 即感应速度势。——译者注

$$\boldsymbol{\Omega}=\begin{pmatrix}\Omega_s\\ \Omega_t\\ \Omega_n\end{pmatrix}=\boldsymbol{n}\times\nabla\mu=\begin{pmatrix}0\\0\\1\end{pmatrix}\times\begin{pmatrix}\partial u/\partial s\\ \partial\mu/\partial t\\ 0\end{pmatrix}=\begin{pmatrix}-\partial\mu/\partial t\\ \partial\mu/\partial s\\ 0\end{pmatrix} \tag{14.55}$$

式（14.55）表明，涡矢总是位于剪切层平面（Ω_n=0）内。面元上的线性偶极子分布与恒定的涡分布等效（图14.32a）。在选择恒定偶极子分布时，面元内的涡消失。只有在相邻面元的公共边缘上存在一个线状涡，其速度环量等于相邻偶极子强度之差（图14.32b）。

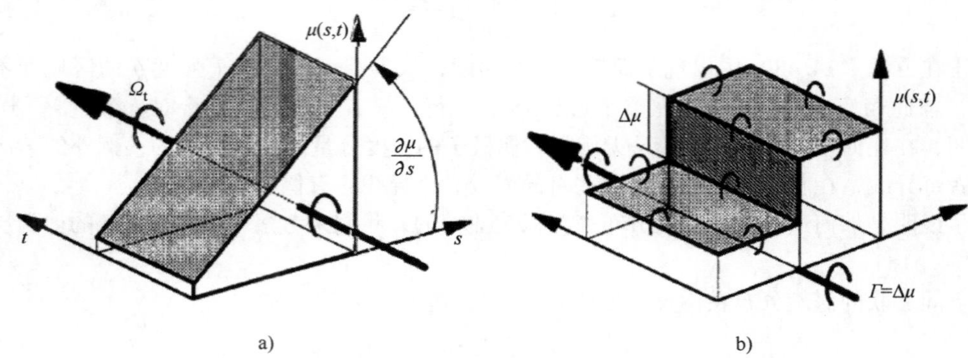

图14.32　偶极子分布与涡分布等效示意图（Grün，1996）

14.1.4.4.3　实体模拟

求解拉普拉斯方程，就是寻求对应于给定边界条件的源/汇强度 σ 和偶极子强度 μ 在面元上的分布。在Grün（1996）中，在汽车的表面假定一个面元形式的恒定（待解）σ，并且设 μ=0。与此相反，模拟尾流区的剪切层则假设 σ=0，而且偶极子的分布为双线性。

由于汽车的面元模型（图14.33）既不必是结构化的，也不必是封闭的网络，任意复杂的几何结构都能够以很低的成本来表达。

用于计算源/汇强度的边界条件是汽车表面的法向速度（冯－纽曼条件）

$$\boldsymbol{n}\cdot\boldsymbol{v}=v_n\begin{array}{ll}<0 & \text{从表面流入}\\ =0 & \text{封闭的表面}\\ >0 & \text{从表面流出}\end{array} \tag{14.56}$$

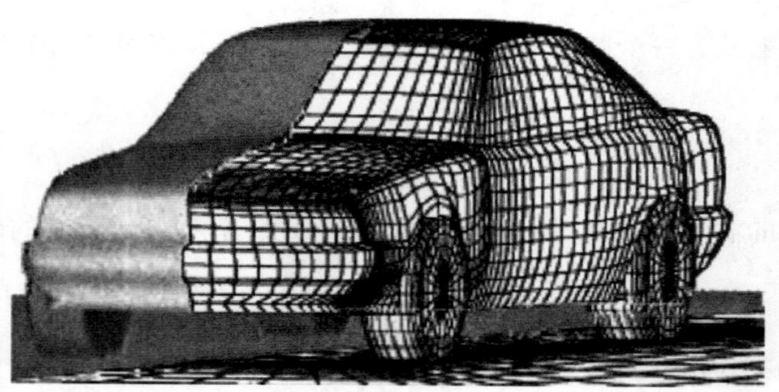

图14.33　汽车的面元模型（Grün，1996）

引用方程（14.46），得到确定源强度的线性方程系统

$$\boldsymbol{n}\cdot\boldsymbol{v}_\sigma=v_n-\boldsymbol{n}\cdot(\boldsymbol{v}_\infty+\boldsymbol{v}_\mu+\boldsymbol{v}_\partial) \tag{14.57}$$

在这里，尾流模型的感应速度 $\boldsymbol{v}_\mu+\boldsymbol{v}_\partial$ 作为已知量出现在方程的右边。求解后，得到面元模

型上的源强度，对应于方程（14.57），能够计算出模型中任何位置的速度，从而在一定情况下沿流线构建尾流模型。尾流模型中的偶极子分布并不能同时解出，因为尾流的几何形态本身是解的组成部分。正如图 14.29 已经显示的那样，物体与尾流之间的相互作用通过迭代来求解。

14.1.4.4.4　尾流模拟

对于尾流的模拟，是建立在以下对于高雷诺数条件下分离的一般认知基础上的：

出现分离时，附着的壁面边界层离开物体的表面，变成自由剪切层；它输送经由壁面的摩擦而产生的涡量。

从这个意义上来说，一旦壁面边界层因为摩擦而形成，就会出现分离。即使是没有回流的机翼型截面上通常被称为附着流的绕流，严格说来也已经是分离流。在模拟计算中，通过库塔条件强制性地满足的后缘处平滑出流，已经是一种简单形式的尾流模拟。在纯粹势流的完全无摩擦条件下，从后缘一直到上侧的驻点都被气流所环绕，而且既不会出现阻力，也没有升力（达朗贝尔悖论）。

出现分离之后，在高雷诺数的极限情况下摩擦也可以忽略不计，于是，自由剪切层的涡量保持不变，其大小是附着边界层在分离发生处具有的值（图 14.34）。

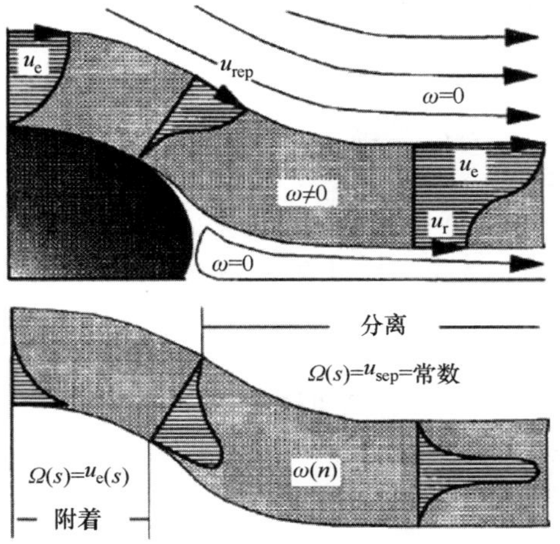

图 14.34　高雷诺数条件下分离时涡的输运（Grün，1996）

关于剪切层向下游运动时通过弥散扩展带来运动学影响的假设，可以借助一种中心半径不断增大的兰金涡（Rankine - Wirbel）来模拟。

如果将局域流线坐标系（s，t，n）关于涡量［式（14.51）］的定义应用到剪切层上（图 14.35），会得到主流剖面 $u(n)$

$$\Omega_t = \int_0^\delta \frac{\partial u}{\partial n}\mathrm{d}n = \int_0^\delta \mathrm{d}u = u_e - u_i \qquad (14.58)$$

尤其是在 $u_i=0$ 的壁面边界层，涡量也只是与边界层外边界的速度 u_e 有关。这就使得一方面当分离已经不可避免时（如同汽车上的情形），分离应该会在尽可能低的速度时发生，以便尾流尽可能地保持为无旋；另一方面，速度沿分离线的任何变化都导致纵向涡的发生。

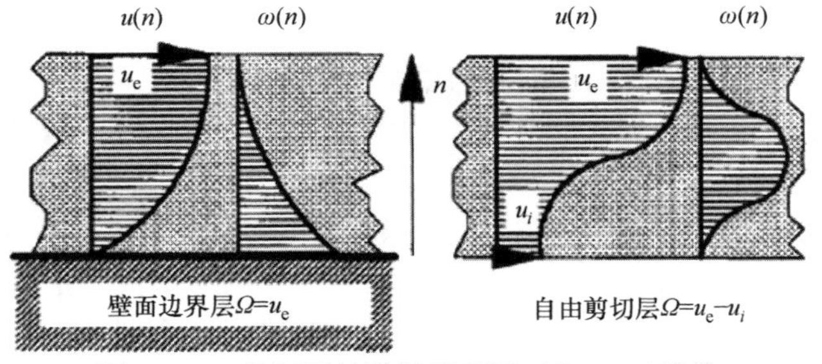

图 14.35　剪切层的涡量示意图（Grün，1996）

14.1.4.4.5　压力计算，总压损失

为了求得总的空气作用力，除了从边界层的计算得到壁面剪应力之外，还需要汽车表面的压力分布。压力分布可以借助伯努利方程（能量方程）从速度场求得，此时必须考虑到的是尾

流区发生了总压损失。因此，静压系数为

$$c_p = \frac{p - p_\infty}{q_\infty} = 1 - \left(\frac{\nu}{\nu_\infty}\right)^2 + \frac{p_{tot} - p_{t\infty}}{q_\infty} \tag{14.59}$$

也就是说，相对于无压力损失的情形，总压损失 $\Delta p_t = p_t - p_{t\infty}$ 在给定速度条件下使得静压降低。在汽车的车尾和尾流区内，压损系数的典型量级是

$$O(c_p) = 1 - O(0,1)^2 + O(-1) = O(0) \tag{14.60}$$

从式（14.59）可以看出，为了准确地估计对于阻力来说具有决定性意义的基础压力，总压损失具有比速度值更为重要的作用。除此之外，速度的方向没有意义。为了估计总压损失，我们来考察一个厚度为 δ 的剪切层（图 14.36）。

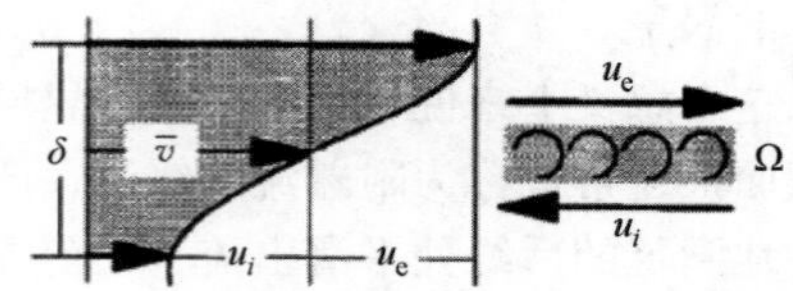

图 14.36　沿剪切层的速度变化（Grün，1996）

在稳定流动状态，可以假设剪切层两边的静压相等，而速度具有不连续性：

$$\begin{aligned} v_e &= \bar{v} + u_e \\ v_i &= \bar{v} - u_i \end{aligned} \tag{14.61}$$

在对应于 $Re\to\infty$ 、剪切层厚度消失的极端情况下，感应速度与剪切层的涡量有关：

$$\delta \to 0 : u_e = u_i = \frac{1}{2}\Omega \tag{14.62}$$

因此，使用式（14.61）得到无量纲的总压损失为

$$\frac{\Delta p_{tot}}{q_\infty} = \frac{q_i - q_e}{q_\infty} = \frac{\bar{v}}{v_\infty} \cdot \frac{\Omega}{v_\infty} \tag{14.63}$$

按照此式，当剪切层的平均速度 $\bar{v}$ 或者涡量为 0 时，总压损为 0。在分离线上，因为 $\Omega = v_{sep}$，该式简化为

$$\left(\frac{\Delta p_{tot}}{q_\infty}\right)_{sep} = -\left(\frac{v_{sep}}{v_\infty}\right)^2 \tag{14.64}$$

此式形象地表明总压损失等于分离线上的动压，类似于流体从容器流到自由空间时的压损系数 $\xi=1$。因此，从优化阻力的角度考虑，分离应该移向速度尽可能低的地方。在具有后端驻点或者再入点（$v_{sep}=0$）的纯势流极端条件下，尾流缩减为流线，而且涡旋消失、总压损失变为 0。

14.1.4.4.6　结果

从一个无尾流模拟的纯势流计算中得到的某汽车基本形体表面压力分布和壁面流线，示意图如图 14.37 所示。

图 14.38 显示模拟结果与对称面上实验结果的比较。考虑到深度的简化处理，一直到后盖及其周围的区域，两种结果表现出惊人的一致性。因此，这一方法完全能够用于附着流区域内汽车部件上风的作用力的计算。

尾流模型是如何影响压力分布的，图 14.39 以阶背汽车为例给予了说明。无尾流模拟时，从后窗到行李舱盖过渡区域的势流压力分布一直升高，直到压力系数为正值；相反，有尾流模拟时，大概在后窗的中间部位就出现分离。与此相联系的是再压缩终止，对应于典型的分离出现的情形，静压系数调整到一个轻微的负值水平。

比较各种类型车尾的测量与计算总阻力系数，虽然计算所得的绝对值明显低于测量结果，似乎还是能够据此做出一个相对性结论（图 14.40）。

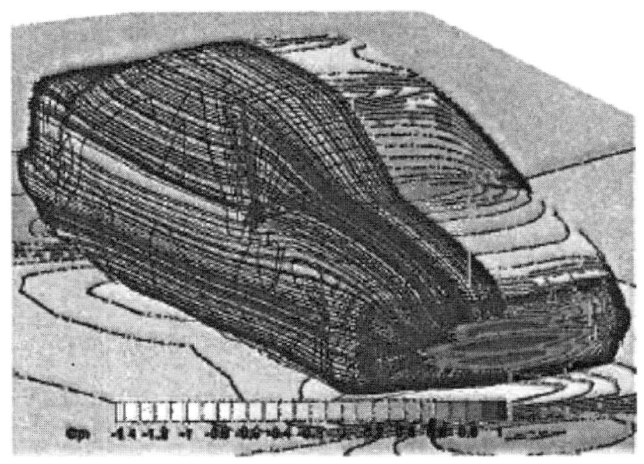

图 14.37　无尾流模拟的压力分布和壁面流线（Grün，1996）

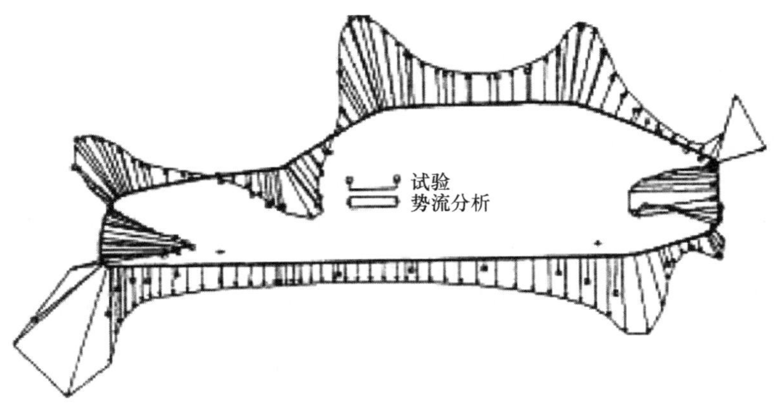

图 14.38　测量结果与无尾流模拟计算结果的比较（Grün，1996）

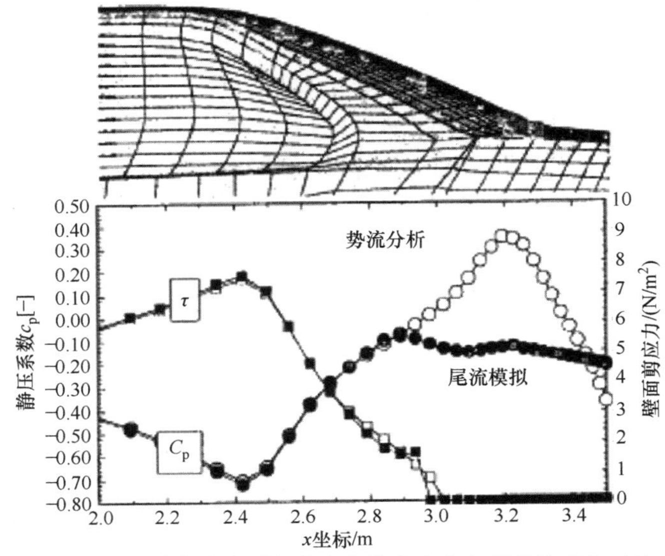

图 14.39　尾流模拟给阶背汽车压力分布和剪应力分布带来的变化（Grün，1996）

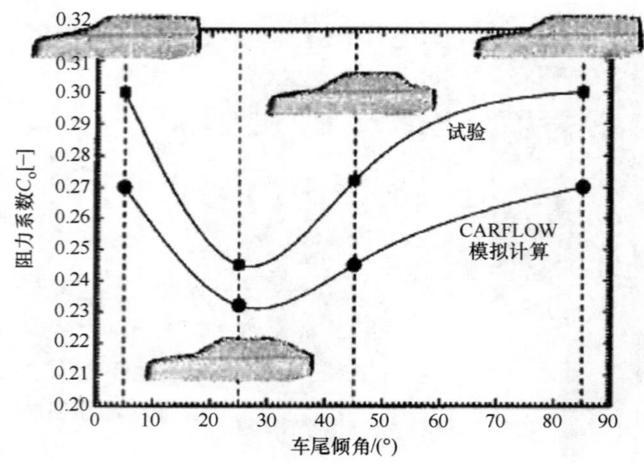

图 14.40　各种不同形式车尾的实测与计算阻力系数比较（Grün，1996）

这样的结果表明，势流方法与边界层法和基本形体的尾流模拟结合起来，能够给出可用的结果。不过，利用今天常见而且非常具体的汽车模型（图 14.4），势流方法的适用范围已经被远远地超越了。

14.1.4.5　冷却系统的一维设计方法

为了紧跟汽车性能不断提高这一趋势，热管理在早期研发阶段获得了越来越多的关注。在发动机、变速器、空调设备和供暖这类热源的概念性设计中，数值方法得到应用。常见的模拟方法，是将相应的液体和空气工作循环勾勒成一维网络（Betz，2002；Eichlseder 等人，1999）。这些工作循环的耦合通过冷却元件上的热交换来实现。随着工作任务和边界条件的不同，用于冷却系统数值设计的模型得到扩展：

• 第一步，按照一维模型进行尺寸计算。确定诸如散热器、增压空气冷却器和油冷却器，以及冷凝器之类的各种不同形式热交换器的大小；与此同时，确定它们之间的空间相互配置关系。在这个研发过程中，也要研究系统的动态特性。

• 第二步，冷却系统的具体零部件，比如单个热交换器，会由于部分地关闭或者各不相同的流量而拆分、集成到一维全模型之中。于是，在一些特定的地方，模型化的深度增大，而计算时间不会明显加长。

• 第三步，借助三维 CFD 仿真模拟流入冷却零部件的空气。这样，就能够考察汽车前部复杂的流动形式，对汽车的入流进行优化。冷风在散热器额面的分布越均匀，热交换器就可以越小越轻，因而成本也就越低（参见前面的章节）。

空气侧和液体侧流动路径的计算，如方程（2.116）所表达，采用带有损失项和压力源项（泵）的伯努利方程来实现。在这里，还必须使得流动路径能够分流、合流。空气和液体工作循环的耦合元件是热交换器。

14.1.4.5.1　空气侧模拟

以一辆大型的乘用车为例，来探寻空气穿过冷却系统的流动路径；该路径示意如图 14.41（Anzenberger 和 Kronbichler，2004）。图中列入了流量计算所因循的流动路径。在节点 1 处、驻点的附近，空气进入发动机舱。在去向节点 2 和 3 的过程中，空气穿过了格栅；像横梁这样的附件，考虑为流动阻力。接着，空气通过冷凝器。因为设定有 2 个风扇，流动路径在节点 4 处分开。部分流量分别通过一个空调冷凝器、增压空气冷却器，以及散热器。在节点 8 处，流动路径汇合到一起；在节点 1，重又回到大气中。首先假定，空气侧的热交换器的入流是均匀的，也就是说，热交换器整个额面上的流速是均匀分布的。怎样才能够打破这一限制，而且怎样实现向三维模拟方法的过渡，将在这一节的结尾处介绍。

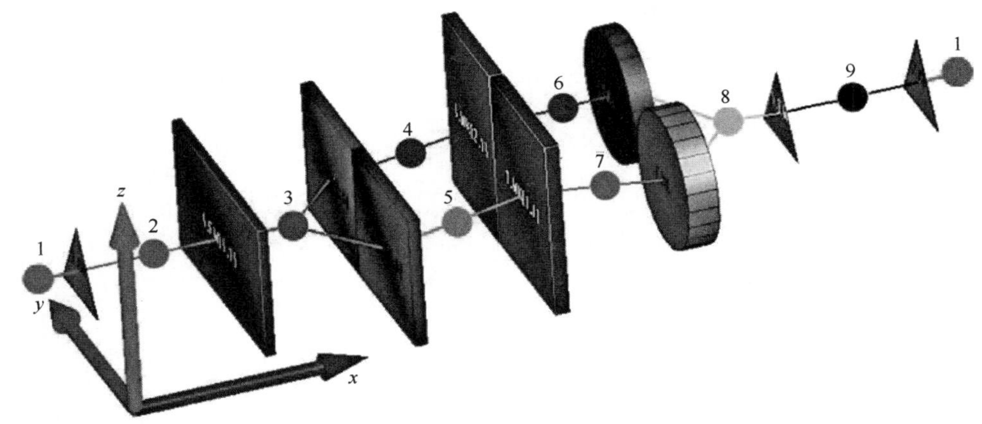

图 14.41 用于一维工具 Kuli 进行计算时的乘用车冷却系统建模（图源：麦格纳斯太尔公司）

压力损失主要发生在从节点 2 向节点 4 或者从节点 2 向节点 5、在热交换器内和从节点 8 开始经过一个嵌入阻力重新进入大气环境（节点 1）的流动过程中。这一嵌入阻力主要是发动机的绕流阻力。在节点 3 处的分叉和节点 8 处的汇合假设都是无压力损失的。

所有系统元件上的压力损失都必须是已知的。一般而言，这些压力损失通过试验获得。对于热交换器来说，压力损失要么以与几何尺寸相关联的形式作为流量压损给出，$\Delta p = f(\dot{V})$，要么如图 14.42 所示，以无量纲形式给出，如 $\xi = \xi(R_e)$。在冷却器格栅上出现的压力损失并非是无足轻重的；它们要么必须从文献中查到，要么通过试验获得。仍然未知的系统元件压损，绝大部分是由流过发动机 - 变速器组合体的绕流引起的，在新车研发过程的初始阶段依然是未知的，必须预先估计。

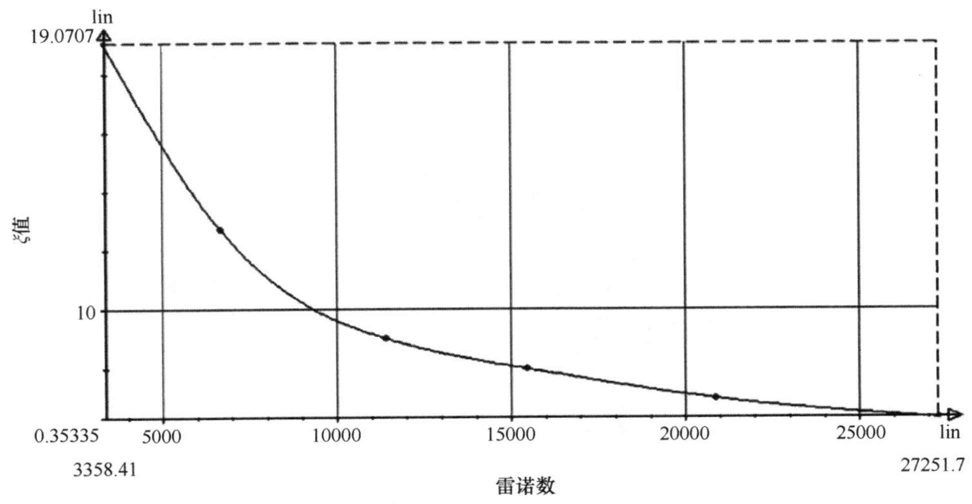

图 14.42 作为雷诺数函数的液体冷却器压力损失系数 $\xi(R_e)$（来源：麦格纳斯太尔公司）

汽车前端驻点的风滞压力首先为克服冷却系统的压力损失提供了条件。由此将达到多高的

“额面速度” v_K，可以依据流管上的总压损，从图 14.42 中查到。例如带有拖挂车带拖车的低速爬坡工况时，如果没有达到满足冷却目标所要求的流量，风扇就会打开。同样，风扇的特征曲线也必须是通过测量已知的。特征曲线的例子之一见图 14.43。

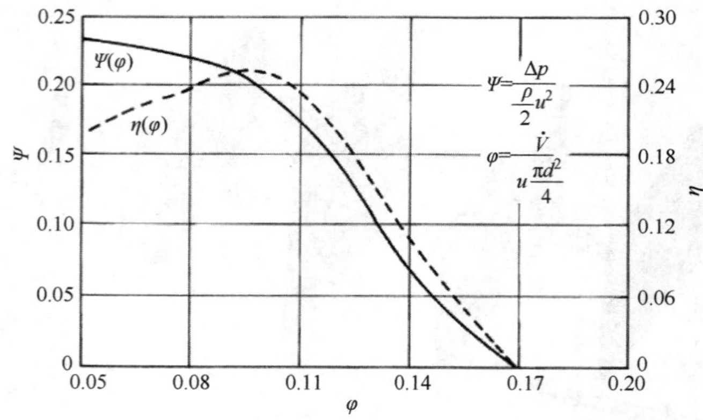

图 14.43　轴流式风扇的特征曲线，压力系数 $\Psi(\varphi)$ 和工作效率 $\eta(\varphi)$ 是风量系数 φ 的函数（来源：麦格纳斯太尔公司）

为了计算流量，在节点到节点之间按照公式（2.116）建立伯努利方程。前面这个例子的情形，形成 4 个方程。另外两个方程来自连续性条件：

$$\dot{V}_{1-3} = \dot{V}_{1-8} \text{和} \dot{V}_{3-8(\text{左})} + \dot{V}_{3-8(\text{右})} \dot{V}_{1-3} \tag{14.65}$$

这样就能够计算流量了。最后，利用已知的空气和冷却液的流量（下一节会介绍）从图 14.44（见彩插）所示的散热器图上读出努森数（Nußelt - Zahl），从而和第 7.2 节详细介绍的那样计算出所释放的热量。液体侧的雷诺数由水泵的转速、档位数和行驶速度求出。对于电动水泵，雷诺数在一定限度内可以自由选择。

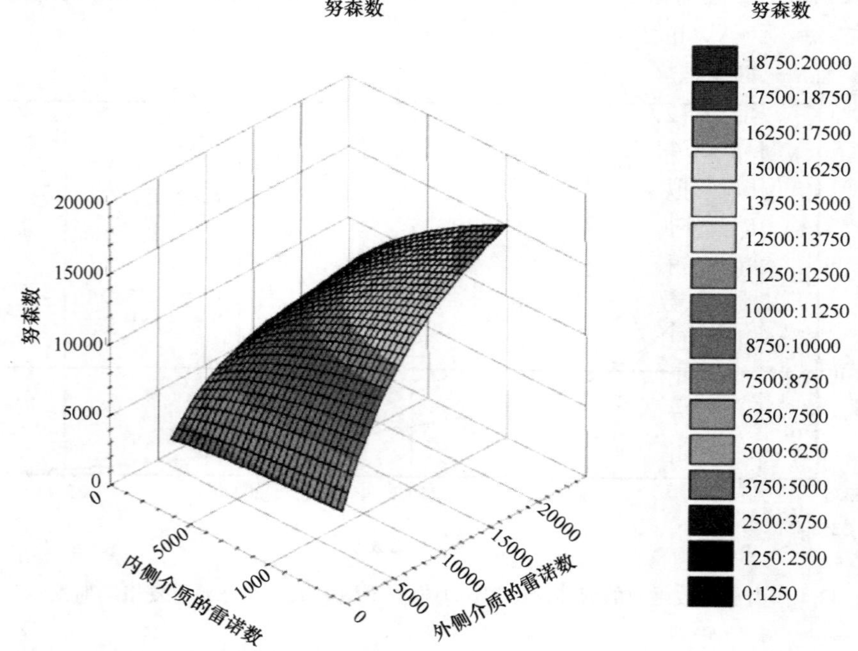

图 14.44　散热器的热交换通用特性曲线族，N_u（$R_{e液}$，$R_{e气}$）（来源：麦格纳斯太尔公司）

计算和设计交替进行，直到设定的要求得到满足为止：冷却系统的所有零部件都按照经验值来选择。计算结果指明，选择的尺寸是否满足各种各样的冷却目标。如果没有满足，尺寸就要进行变化，直到设计目标，例如特定的冷却器入口的冷却液温度达到为止。

这一迭代过程要针对所有的极限负载状况实施。属于这类极限负载状况的典型案例，是高速行驶和带拖车爬坡。除此之外，还要考虑一些临界的“非设计工况”点，例如快速行驶时突然停车。这些工况起初是被作为稳态处理的，但是后来就像“走走停停”工况所表明的那样也作为瞬态进行研究。图14.45显示的是一个瞬态模拟计算的结果。计算重现了汽车带拖车爬坡行驶于格洛斯戈罗克纳[⊖]时通过试验所获得的冷却液入口温度随时间的变化曲线。在进行这种模拟计算时非常关键的一点，是要考虑到像坡度、温度和气压这样一些不断变化的环境条件。对于环境温度，此时就假设为海拔每升高1000m，温度降低6.5K。

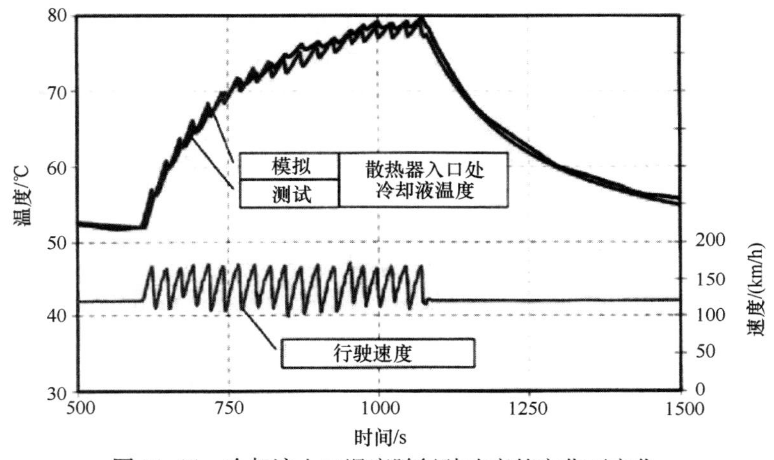

图14.45　冷却液入口温度随行驶速度的变化而变化，计算与试验结果的比较（图源：麦格纳斯太尔公司）

正如本节开始时所提到的那样，一维模拟假设每个热交换器的来流都是均匀的。实际的情况极少如此。更常见的则是热交换器的入流，如图4.31中所见，极其不均匀。因此，热交换器模块被分解成单元，每个单元本身是一个小的热交换器。从每个小热交换器释放的部分热量累加在一起（Emmenthal，1974）。

14.1.4.5.2　冷却液侧模拟

汽车冷却系统中的液体循环即是一个管道网络，这类管网的计算技术由来已久。随着用户友好的计算界面的发展，这种管网的计算机辅助设计变得非常简便而高效。典型元件，如弯头、T形件、阀等的压力损失系数都已经广泛地做成计算机能够查阅的表格（Steinberg等人，2005）。就这些表格在汽车冷却系统中的应用来说，还有必要进行两个方面的扩充：

- 录入汽车上专用的元件，例如节温器。
- 考虑到热的交换和传递。

典型的汽车冷却系统如图14.46（见彩插）所示；它由三个循环组成：

- 发动机冷却循环。
- 油冷循环。
- 供暖循环。

⊖ 即Großglockner，阿尔卑斯山脉位于奥地利境内的最高峰（海拔3798m）。而这一带的山区，是进行汽车高原性能试验的主要地区。——译者注

对这三个循环中的每一个都能够建立起伯努利方程，见式（2.116）（Müller 和 Klingebiel，1999）。将每个循环耦合起来时都适用的原则是，分流与合流处每一条流线上都存在相等的总压，而且流入和流出的流量必须相等。在上面举出的例子中，这一原则引出含有6个未知量的6个方程，也就是3个循环中的3个流量和3个压力损失。需要注意的是，有些元件的特性是变化的，有些具有迟滞性。这种情况的典型例子是节温器，其特征曲线由图14.47给出。

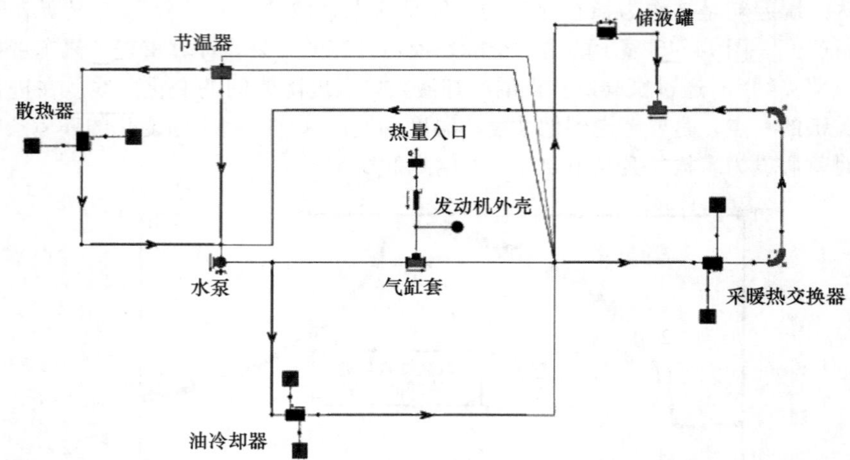

图14.46　用于Flowmaster程序一维模拟的汽车冷却液侧冷却循环建模（图源：Flowmaster公司）

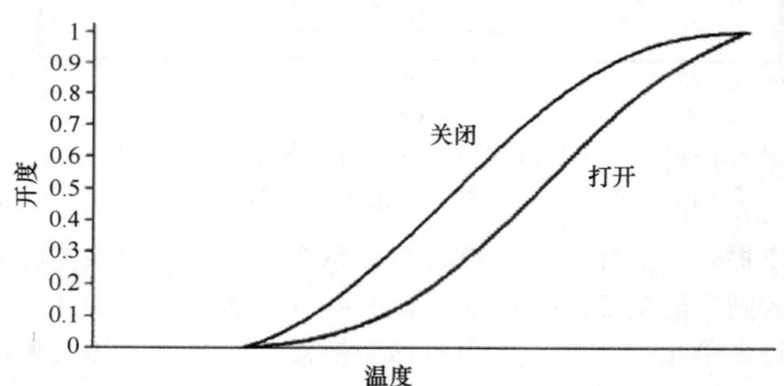

图14.47　一种节温器的特征曲线，作为具有可变流动特性的元件的例子（图源：Flowmaster公司）

在这个管道网络中，发动机释放的热量（产热量），通常是从测量中得到的，或者是从已有的发动机移植到待模拟的发动机上来。存在一些方法，根据发动机燃烧过程和发动机的几何结构关系来数值模拟发动机的产热量（Bargende，1991）。其原理见图14.48。

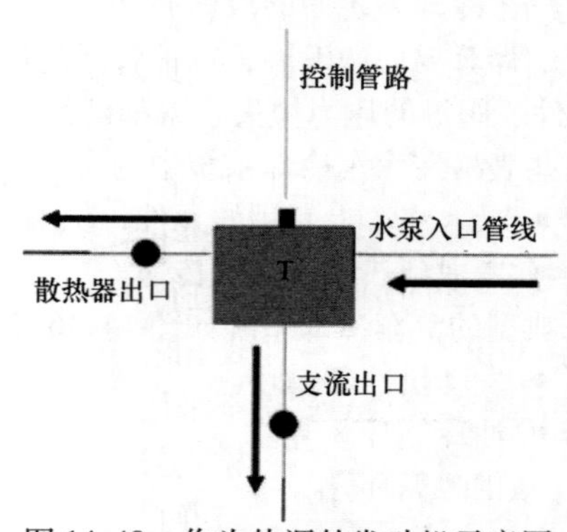

图14.48　作为热源的发动机示意图（图源：Flowmaster公司）

液体循环中的温度计算要么是稳态的，在加热过程中则是瞬态的。图14.49给出了一个例子。这里模拟了冷却液在发动机于 -20℃起动之后、以50km/h的匀速行驶时的升温过程。这个模拟的升温过程与试验结果具有非常好的一致性。

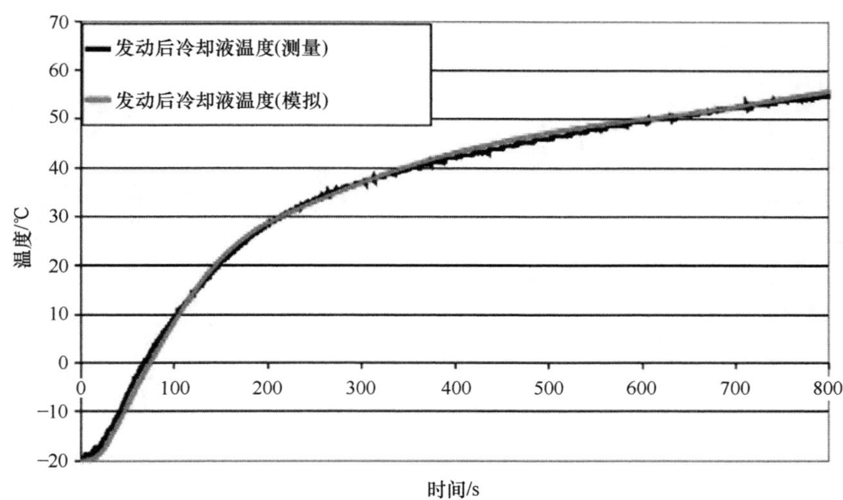

图 14.49　发动机于 −20℃冷起动后以 50km/h 的速度行驶时冷却液入口温度随时间的变化，模拟结果（Flowmaster[*]）与测量结果的对比（图源：Flowmaster 公司）

14.1.5　旋转的几何结构（车轮、风扇）的模拟

和在 1 风洞中车轮的旋转对于模拟真实的道路行驶特性非常重要一样，这一几何结构的旋转在仿真计算中也必须给予关注。另一个旋转的汽车部件是风扇，它的使用确保了必要时足够的冷风流量。为了模拟这些旋转的部件，下面三种复杂程度依次升高的方法可供采用。

“旋转壁面”　最简单的一种方法，是在（旋转部件的）表面预定义按照转速确定的圆周速度作为边界条件。不过，这种方法只有在几何结构为轴对称的条件下才是正确的。在车轮上，这种方法可以用于无胎面轮廓的轮胎及其轮辋/缘，但是不能应用于轮辐。

“动参考系（MRF）”　通过计算旋转坐标系内轴对称的、包含了所涉及构件的流体区域，而这个区域并非真正旋转，能够模拟旋转时出现的离心力和哥氏力。静止流体和旋转流体之间的耦合，通过相应的转换发生在两个区域之间的交界面上。例如，Bearman 和 Owen（1998）和 Beauvais（1967）采用这种方法，对轮毂的造型进行了优化。这种方法也可以应用于稳态模拟，不过有其缺点，即由于几何结构是静止的，计算结果取决于为旋转部件所选定的位置，尤其是在旋转部件在空间上非常靠近非旋转部件的情况下。因此，就风扇这种情形，风扇的转子和定子之间的相互作用就不能够正确地再现，可以在风扇下游看到它们各自的尾流；而实际情况是，它们在圆周上是“搅和在一起”的。在这种情况下，可以在模拟计算之后求助于对这个 MRF 区域圆周方向上的后续均值处理（图 14.50，见彩插，源于 Tesch，2011）。

“滑移网格”　是最完善也最费工夫的方法，可让涉及的几何结构确实旋转起来。很自然，这种方法无论如何都要求进行瞬态模拟，计算花费相应更高。依转速的不同，还必须选择比稳态几何结构的瞬态计算时更小的时间步长。为了不必在每一个时间步都重新进行一次离散化，绝大多数的 CFD 计算软件都采用了“滑移网格”。在这里，和 MRF 方法类似，旋转几何结构被置入一个轴对称的流体域内；这个流体域确实一起旋转，以致在滑移网格内只需要做一次离散化。在不同的 CFD 软件中，与静止网格接触面的处理也各不相同。采用这种方法所获得的结果，本来也只能作为瞬态的流场来表达。在滑移网格区域的后期时均化处理没有意义，因为以车轮为例，流线看起来是穿过轮辐的。Peric 和 Schreck（2012）所介绍的公共重叠网格方法，甚至能够

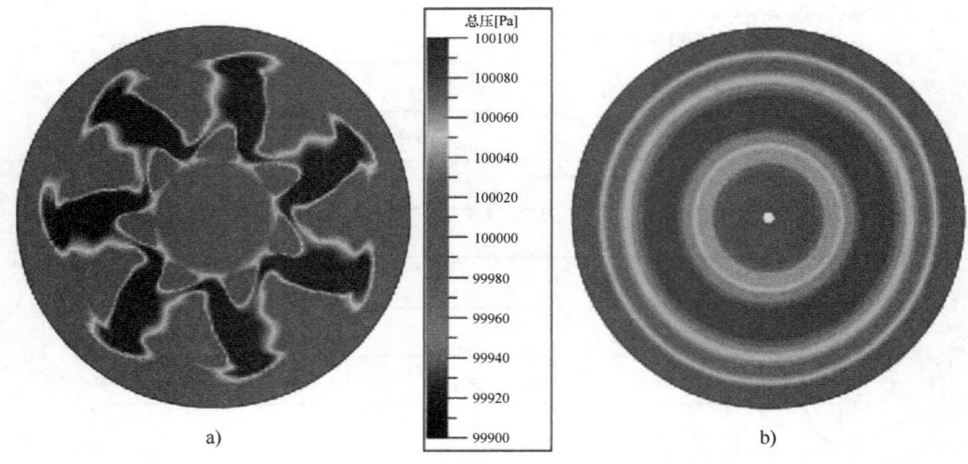

图 14.50　用 MRF 计算的风扇后总压（Tesch，2011）

a）无圆周方向均值处理　b）经过圆周方向均值处理

模拟任意复杂的运动，例如超车过程中的切出和重新切入（原车道）。

14.1.6　多孔介质（热交换器）的模拟

汽车上装配的热交换器如散热器、油冷却器和增压空气冷却器或者冷凝器，在总阻力中的贡献不可小觑，参见图 4.22。此外，仿真计算还应该能够预测空气流量，以及由此而引起的经过这些零部件的热量传递。在整车仿真时，不可能详细地解析这些热交换器的每一个孔道。于是，这些零部件被作为多孔介质来建模（图 14.51）。

在局部坐标系的方向 $\xi_i(i=x, y, z)$上，压降的梯度用达西 - 福希海默定理（Darcy - Forchheimer - Gesetz）描述：

$$-\left(\frac{\mathrm{d}p}{\mathrm{d}\xi_i}\right)=\rho C_V \cdot u_i+\rho C_I \cdot u_i^2 \tag{14.66}$$

式中出现了一个与速度线性相关的项和一个与速度平方相关的项，它们分别表达（液体的）黏性效果和惯性效果。

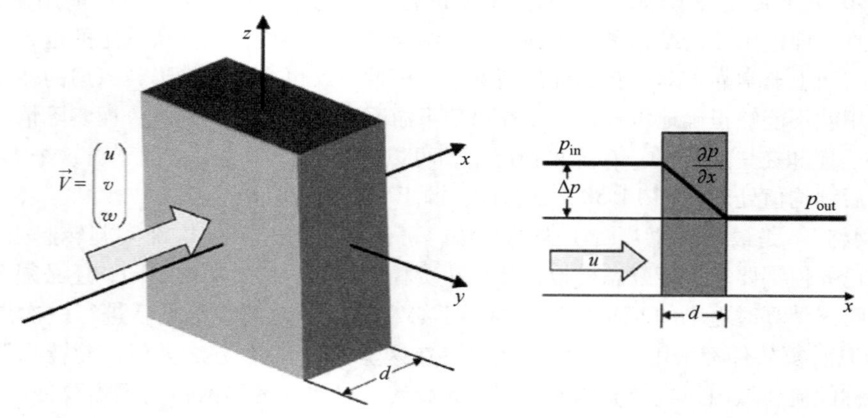

图 14.51　多孔介质模型化原理

只有在速度很低的情况下，例如流过沙子和砾石时，只需考虑黏性的部分就足够了。这可能就是最初并不包含惯性项的达西定理。与此相对的是，水力学中常见的损失系数 $\xi=\Delta p/(\rho/(2\cdot u^2))$ 就只是考虑了二次项。

为了模拟热交换器过流时的方向性效果，局部坐标系中 y 方向和 z 方向的损失系数设定为 ∞（或非常大），因此抑制了任何横向的流动。

局部坐标系 x 方向的损失系数必须在试验台上测定。测定时必须注意，不能混入由试验装置引起的压力损失。理想的情况，是一个整个横截面由冷却器格栅填满，而且横截面面积在冷却器所在的区域保持不变的风道。这样，就能够在测试对象前和试验对象后的各一个环形管中，测得与流量呈函数关系的压损。

图 14.52 中的符号给出了测量结果，粗实线代表拟合曲线的二阶多项式。另外，三条曲线 $\Delta p=\xi\cdot(\rho/2\cdot u^2)$ 都以不同 ξ 的值绘出。显而易见，既不能以纯粹的线性公式，也无法以纯粹的二次方公式准确地描述真实的压力损失。

为了获得压力梯度，用受测热交换器的厚度去除（测得的压力损失值）。在仿真计算中使用这样得到的损失系数时需要注意的是，CFD 模型中多孔介质的厚度是否与测量时的厚度值不同。在这种情况下，压力系数和由此得到的压力梯度必须以厚度关系来标定，以便得到与测试时相等的压力差。

多孔介质也可以用来模拟另外一些不可能详细解析的几何结构，例如空气入口处和出口处的细网眼格栅，或者密实的网络，就像用于敞篷小汽车上的风壁和敞开的移动车顶上的扰流装置。

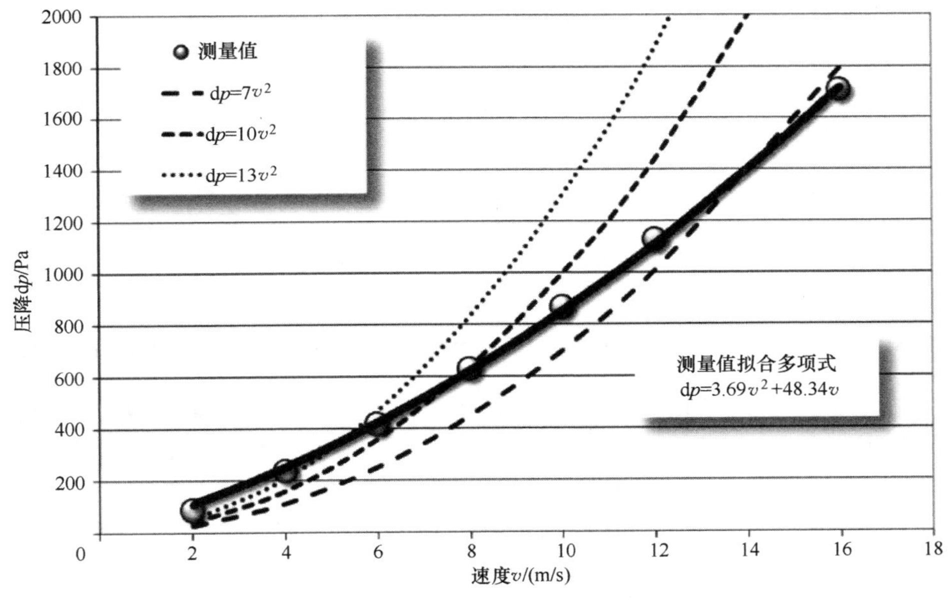

图 14.52　一种冷却器上测得的压力损失

14.1.7　求解方法

CFD 求解方法由离散化、网格生成、求解和后处理这些步骤组成。下面将对这些步骤做简短介绍。不过，针对格子－波尔兹曼方法的离散化和网格生成与该方法紧密相关，所以在第 14.1.3.2 节已经介绍过了。

14.1.7.1 离散化

求解任何一种 CFD 方法的偏微分方程系统的第一步，就是离散化。离散化的目的，是将（偏微分）方程系统转换成一个在空间和时间离散点上的代数方程系统。为此，流动所经过的空间用一个数值网络来表示。连续的运动方程则对于求解域内当前已知的各个点实施离散。最重要的离散方法是：

- 有限差分法（FDM）。
- 有限元法（FEM）。
- 有限体积法（FVM）。

有限差分法又称为差分法；根据 Ferziger 和 Peric（2010），差分法最早是由 Leonard Euler 提出来的。通过将基本方程的微分算子转变为差商，见图 14.53，连续的计算域被离散。这种差分在网格节点上近似满足基本方程。对于网格节点位置来说必须满足的充分条件，是一个正交的和等距的计算网格。对任一空间方向 ξ_i，特征值是步长 $\Delta\xi_i$。如果这个条件对于给定的几何形状不能够满足，可以定义一个带倾角的网格，并把它转换到直角坐标中。不过，这种转换对编程的要求很高，同时也表明有限差分法非常缺乏灵活性。因为正交网格总是结构化网格，每一个节点都可以通过一个三轴标号（i，j，k）来辨识。用每一点的差分来代替计算方程中的第一阶和第二阶微分算子，产生了一个大规模的代数方程组。（代数方程组中）未知数的个数正好等于所生成的代数方程的个数。

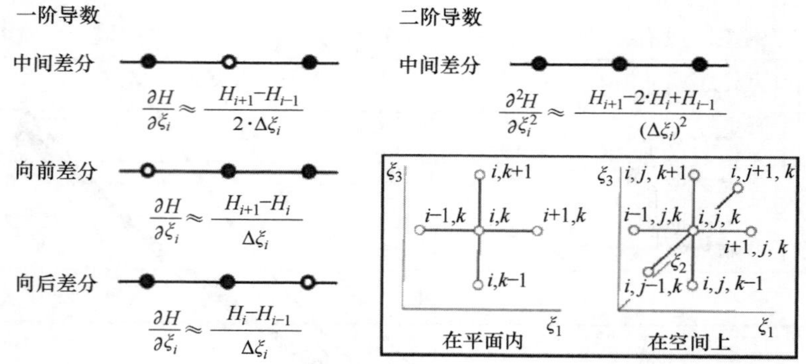

图 14.53 有限差分法的计算空间标号以及各种差分构成方式（小 Oertel 和 Laurien，2003）

现在，有限元的离散化方法具有更为重要的意义。这一方法源于将流动域划分成所谓单元，大多数情况下是三角形单元或者四面体单元。单元的节点通过网格生成给予全局性定义。除此之外，每一个单元内的节点还以如下方式通过局部坐标系来表达，即在节点上，全部坐标可以简化为只有一个坐标，而且可以假设这些坐标的值最大为 1。在有限元法中，状态参量在每一个单元内的变化，通过局部坐标系内适当的形函数来表示。经由从局部坐标向全局坐标的变换规则，得到关于整个流体的结论。形函数是可以按需要选择的，以致它们被代入基本方程之后很容易求积分。和 FDM 以及 FVM 时的情形一样，FEM 法也会产生一个方程组，该方程组可以以时间步 Δt 一步一步地求解。由于 FEM 法通过局部坐标系的坐标定义首先非常适用于任意的非结构化网格，在特殊的几何结构部分，网格加密也很容易表达，所以这种方法非常灵活。与 FDM 和 FVM 方法相比，其缺点表现为每一个节点有更大的存储量需要。正因为如此，采用太粗略的离散化进行的计算，会产生误差（Ferziger 和 Peric，2010）。

有限体积法在整个流动域上对基本方程进行积分。为了空间的离散化，流动域被分解成任意形状的六面体（=立方体）。对于所生成的数值网络内的每一个微元体来说，运用高斯积分定理，将出现的体积积分转变成6个面积分（对微元体的每一个边界面进行一次由相应的法向矢量定义的面积分），微分方程因此而线性化。面积分通过于微元体的中心定义的状态参数表示。这意味着，在这个六面体内部，状态参数是常数。这里也会产生一个代数方程组，需要对每一个时间点求解。FVM的优势在于所应用网络的灵活性，尤其是在几何形状很复杂的情况下（数值稳定性）。除此之外，不必设定特殊的计算空间，计算式的推导和运用直接在物理空间内展开。这也同样简化了计算程序的可编制性。所以，这种方法被经常采用，参见 Islam 等人（2009），Schütz（2011）。

存在一系列对时间离散化的方法，这里拟介绍显式和隐式欧拉法。欧拉法中，任意量 H 的微分由一个差商来代替。显式方法时，方程的余项（这里记为 $f(H)$）按照前一个时间步 t 的结果来表达；而隐式方法会引入下一个时间步 $t+1$ 的结果表达。其式为：

$$\frac{\partial H}{\partial t} \approx \frac{H^{(t+1)} - H^{(t)}}{\Delta t} = f[H^{(t)}] \quad \text{或者是} \quad \frac{\partial H}{\partial t} \approx \frac{H^{(t+1)} - H^{(t)}}{\Delta t} = f[H^{(t+1)}] \tag{14.67}$$

显式方法是可以直接、明确地依据过去的结果来确定 $t+1$ 时间步新的变量值。这一方法和所有的显式方法一样，不能任意选择时间步的长度 Δt。从计算稳定性的角度考虑，库朗数[⊖]

$$Co = \nu_{\infty} \frac{\Delta t}{\Delta x} \tag{14.68}$$

必须小于1（Oertel 和 Laurien，2003）。采用显式欧拉方法时，流动量在每个时间步上最多只能运移一个网格单元（所谓 CFL 条件）。隐式方法则不具有这一时间步限制，此时，时间步长度的选择对数值方法的稳定性没有影响，而只是影响到精度。隐式方法相对于显示方法的缺点在于存储空间要求提高了。不过，这个缺点不会掩盖它在数值稳定性这一方面的优势。

14.1.7.2 数值网格

每一个数值流体仿真的基础，是求解域的几何离散。除了湍流模型以及空间与时间离散的精度之外，计算网格也影响能够取得的结果的质量。出于这一原因，这里说明涉及主题“网络生成”的几项基本事实。开始生成网格之前，就必须考虑期望的流场以及使用的 CFD 工具/程序。

鉴于计算网格的差异，CFD 程序分为结构化计算程序和非结构化计算程序（Oertel 和 Laurien，2003）。相应地，必须注意到每个网格微元体的逻辑位置。结构化计算程序要求网格节点规则排列的结构化网格。因此存在着方向，沿这些方向的网格节点数是相等的。在二维的情况下，这意味着网格节点能够通过计数器 i 和 j 清楚地表述，与相邻节点的计数相差是1。这样就有一个缺点，即节点的几何位置受到了限制，因为必须遵守一定的结构要求。

在非结构化程序那里，没有网格结构特征方面的限制，网格节点也不需要遵循排列顺序。这样的优点，是网格单元类型的选择不受限制，网格单元的类型之间能够任意组合，而且相对于结构化网格来说，面对复杂几何结构时网格生成的灵活性明显更高。当几何结构极其复杂时，甚至会放弃使用结构化网格。就非常耗费时间的网格生成的自动化而言，非结构化类型的网格具有巨大的优势。其劣势，见诸于存储量要求升高了，因为与相邻网格微元体的邻接关系必须借助繁琐的数据结构来存储。

不管哪种网格类型，都存在不同的网格单元。最重要的网格单元是二维情况下的三角形和四边形，三维情况下的四面体和六面体。网格单元类型的选择对于（计算时的）收敛速度、网格生成的花费以及自动化处理的可能性都有影响。

一个计算网格的优劣，可以用三项标准来评判：扭曲度、长宽比和尺寸变化率。扭曲度是对

⊖ Courantzhal—库朗数，也称为 CFL 条件（Courant - Friedrich - Levy Condition）。——译者注

单个控制体畸变程度也就是正交性的度量。控制体的角度应该尽可能地接近直角，因为在有限体积法中，对流和扩散通量是通过相应的通量向量（即速度—译者注）与表面矢量（即表面的法向矢量—译者注）的点积来确定的。由于这个原因，计算网格按流动方向取向也是非常有意义的（Ferziger 和 Peric，2010）。

长宽比是一个网格单元各个边的长度比例关系。这项要求影响到离散方程系统的预处理，而这又影响到求解算法的效率。因此，长宽比不应该低于0.1，而又不超过10（Ferziger 和 Peric，2010）。

尺寸变化率表示从一个控制体到一个相邻的控制体的体积变化。尺寸变化率影响到离散方法的截断误差，因而直接影响到计算结果的质量。需要注意的是，保持这一比例值在0.1～10的范围内（Ferziger 和 Peric，2010）。

除了上面提到的这些适宜于对计算网格进行评判的标准之外，还有一些评判标准可以从CFD方法尤其是从湍流模型推导出来。最靠近壁面的网格单元与限定流动的壁面之间的距离，必须考虑到借助湍流模型进行的壁面处理方式来选择。可以用 y^+ 值作为与壁面距离的标准（参见图14.17）。当使用标准壁面函数来做壁面处理时，必须确定，最靠近壁面的网格单元都位于对数区域内（$y^+ \geqslant 11.225$）。起初，最靠近壁面的网格单元到壁面的距离无法准确确定，因为壁面上的剪应力也一起代入 y^+ 的计算。所以，这是一个迭代过程。在应用所谓的低雷诺数湍流模型时，边界层完全通过计算网格来求解，参见第14.1.4.1.3节。在这种情况下，更小的壁面单元显然是十分必要的，y^+ 值应该在1的范围内选取。

今天，自动网格生成软件在诸如汽车研发的过程中得到越来越多的应用。在过去很长一段时间，只有形状简单的结构化六面体网格才能够自动生成。由于 EXA 的软件 PowerFLOW® 基于格子-波尔兹曼方法使用那种亦称为带正方形网格单元的块结构化六面体网格，这一软件在很长一段时间都堪称汽车空气动力学领域的市场引领者。采用这一软件，可以在很短的时间生成网格。不过，在此期间也出现一些用于复杂非结构化网格的自动网格生成器，例如 OpenCFD 的 “Snappy Hex Mesh”。

现在，用于流动问题数值仿真的流体网格经常是由用户借助图形界面（GUI）生成的。这样，可以定义各种不同分辨率的区域。对此，给每一个区域设定一个标号。以最高的标号标记的区域，此后将含有设定尺寸最小的单元；下一个标号稍小的区域，则包含两倍于前一区域单元大小的单元，然后以此类推。同时，细分的区域记为 VR 区域（VR = 可变分辨率）。图14.54a（见彩插）显示一个模拟汽车绕流的虚拟数字风洞；该数字风洞包含入口和出口，以及直角六面体形、标号为1～5的外层 VR 区域。

朝向汽车的网格明显地细化了。汽车周围标号6～8的 VR 区域示意于图14.54b。其余的是汽车的前部下边缘区域，到后窗的过渡区域和标号为9的后翼子板区域。为了正确地体现制动装置的来流，在 NACA 入口和紧随其后的风道上设定了标号为10的划分最细密区域。基于上述的用户定义，这一计算网格会自动生成。

14.1.7.3 解题算法

作为离散的结果，人们得到一个对于 n 个网格单元、具有 n 个方程的线性代数方程组。求解这个方程组，有大量直接的和间接的数学方法。不过，直接解题方法的成本与网格单元数 n 相关、以 $n-1$ 的阶乘倍数升高。如果采用有限差分法，如同采用格子-波尔兹曼方法（LBM）那样，所形成的方程组的系数矩阵相对而言稀疏一些。在这里，不需要迭代的直接求解是可能的。不过在 LBM 中，这种直接求解是与库朗数的严格限制联系在一起的。在那些与有限体积离散一起使用的求解方法中，由于所形成的方程组的系数矩阵非常稠密而带来高的解题成本，直接求

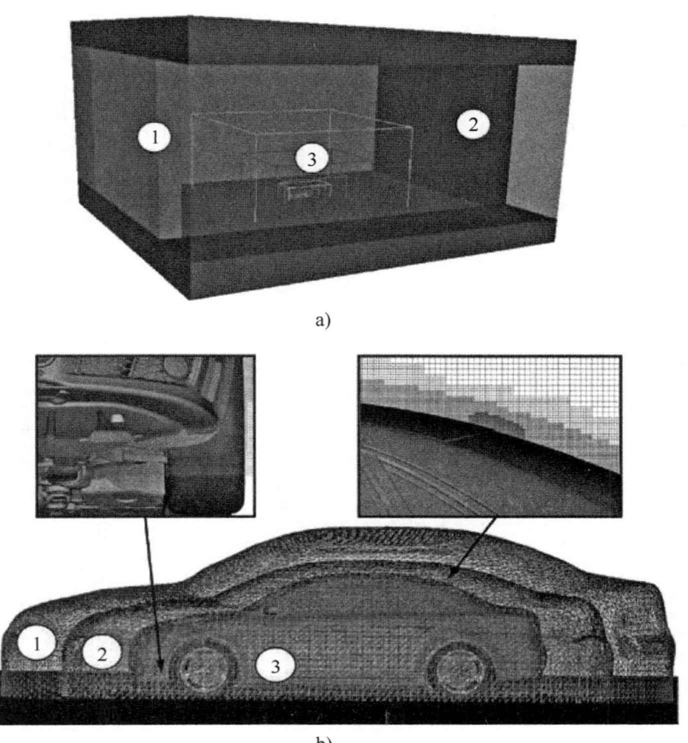

图 14.54 用于整车模拟的数字风洞（DWT）（Schütz，2009）
a）带有入口（1）和出口（2）以及外部细分区域（3，VR 1 至 VR 5）、DWT 地板和壁面；
b）内部细分区域（1 至 3，VR 6 至 VR 8）以及前导风道（VR 10）和车顶后缘（VR 9）上的局部细分区域

解方法被排除在外。求解基于纳维 - 斯托克斯方程的方程组的迭代方法，称为高斯 - 赛德尔法（Gauß - Seidel - Verfahren）或者雅可比法（Jacobi - Verfahren）。

在描述某个流动问题的方程组中，缺少一个对应于压力的独立方程。压力梯度仅仅出现在动量方程中，对于不可压缩流动而言则不会出现在连续性方程中。在这种情况下，人们涉及的是一个耦合方程组。在可压缩流动时，则是另一种情形。此时，密度的变化由连续性方程来确定；借助于连续性方程，压力便可以通过另一个方程［例如气体方程式（14.2）］来计算。由此产生一个非交联的方程组。求解不可压缩流动问题的压力，可以（比如说）采用压力校正法来完成。

这里的基本思路是，第一步，通过动量方程确定速度分量。然后，速度分量和压力一起经由压力校正器来修正，直到满足连续性方程。这是一个迭代过程，一直到动量方程和连续性方程二者都得到满足为止。在这里，需要涉及 SIMPLE 算法（Semi - Implicit Method for Pressure - Linked Equations，压力耦合方程的半隐式求解方法）和 PISO 算法（Pressure - Implicit with Splitting of Operators，算子分裂的压力隐式求解方法）。这些算法都涉及以下步骤（图 14.55）：

- 用一个估计的压力场 $p_{初始}$解动量方程。
- 将求得的速度场代入压力校正方程，求得压力修正量 $\Delta p_{修正}$（Versteeg 和 Malalasekera，2007）。
- 计算校正压力 p 和速度矢量 u。
- 求解剩余的所有其他输运方程（例如湍流模型）。
- 上述过程迭代，直到压力修正量接近 0 为止。

- 转向下一个时步，求得的值设定为起始值。

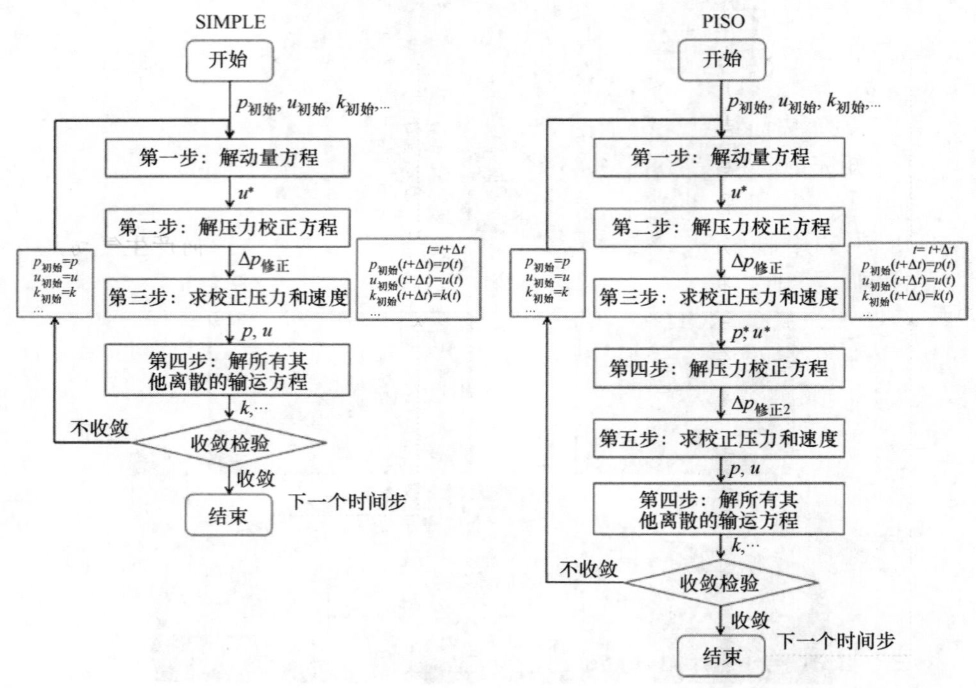

图 14.55　SIMPLE 算法和 PISO 算法的解题流程图

另一种压力校正方法是所谓的 PISO 算法。这一算法是 SIMPLE 法的扩展。SIMPLE 法的一个不足之处是，压力校正方程经过一次求解之后，还不能达到动量平衡。为了使得这一迭代过程更加有效，PISO 法中实施了先后两次压力校正。

在流动问题的计算过程中，所运用数值工具的稳定性具有决定性的作用。为了提高上述方法的稳定性，引入一个所谓的松弛很有意义。在迭代解题时，如果某个求解量从一个迭代步骤到另一个迭代步骤的变化不受限制，就会出现失稳。这一在两个迭代步之间对求解量变化的限定，称为松弛。这里的量 α，即某个流场变量的松弛因子的值，介于 0 和 1 之间。

$$p = p_{初始} + \alpha_{p} \cdot \Delta p_{校正} \quad 和 \quad u_i = u_{i,初始} + (1 - \alpha_{u_i}) \cdot \Delta u_{i,校正} \tag{14.69}$$

选择正确的松弛因子 α 对于解题算法的效率具有决定性的意义。α 的值太大，会导致解的发散；太小的 α 值则会导致收敛需要的时间很长，工程应用时的费用太高。

在 CFD 领域，计算所需要的时间和与此相关的数值方法的效率具有重要的意义。由于这一原因，能够加快线性方程系统传统求解算法的方法十分重要。方法之一便是所谓的多重网格法（Multi－Grid－Verfahren）。

在多重网格法得到应用之前，从已经生成的细网格出发，通过加大单元的尺寸使网格变粗。这一做法源于这样的基本想法，即迭代求解法非常有效地消除了其波长与网格尺寸相当的近似解的误差成分。不过，这一点并不适用于长波误差。为了弥补这一缺陷，需要很多迭代步。多重网格法正是针对这种情况。采用不同网格层面上的多种网格尺寸，在其整个频率范围内的误差被更加迅速地消除。各个不同的网格层面之间是以何种方式相互联系的，如何以及能够产生多少个网格层面，实现的途径有很多种。

14.1.7.4　后处理

与绝大多数的风洞试验相反，仿真计算之后，在整个流场范围内和汽车的表面便呈现出有关速度、压力、温度和导出量的详细信息。这些信息使人们获得对于物理过程更为深入的理解。

下面列举的评价 PowerFLOW 仿真结果的例子，与后处理程序的处理能力有关，当然也可以运用其他的 CFD 计算方法或者独立可视化程序，如 EnSight* （CEI）、FieldView（智能光线）或者 ParaView* （Kitware 公司），来完成。

14.1.7.4.1　对汽车表面结果的分析

气动力和力矩完全是由绕流作用于汽车表面的压应力和剪切应力所形成的。它们在汽车表面的分布，如图 14.56（见彩插）所示。

压力的分布可以用来确定气流入口和出口的适当位置。压力分布如何产生气动力，还必须考虑受力面的方向。为此，将压力系数乘以表面法向分量

$$c_x = -c_{p,静} \cdot n_x;\quad c_y = -c_{p,静} \cdot n_y;\quad c_z = -c_{p,静} \cdot n_z \tag{14.70}$$

这样，便能够表示出诸如空气阻力和升力的分布（图 14.57，见彩插）；阻力和升力分布，再对整个汽车表面进行积分获得整车的阻力和升力值。

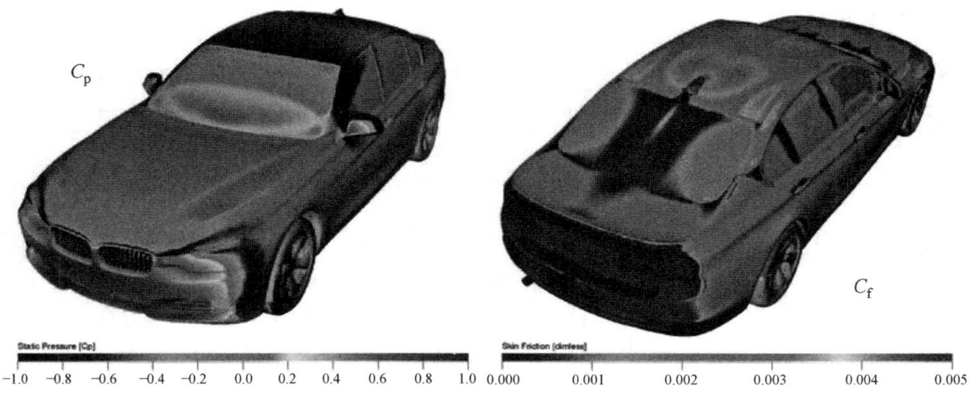

图 14.56　汽车表面的无量纲压力和剪切应力分布

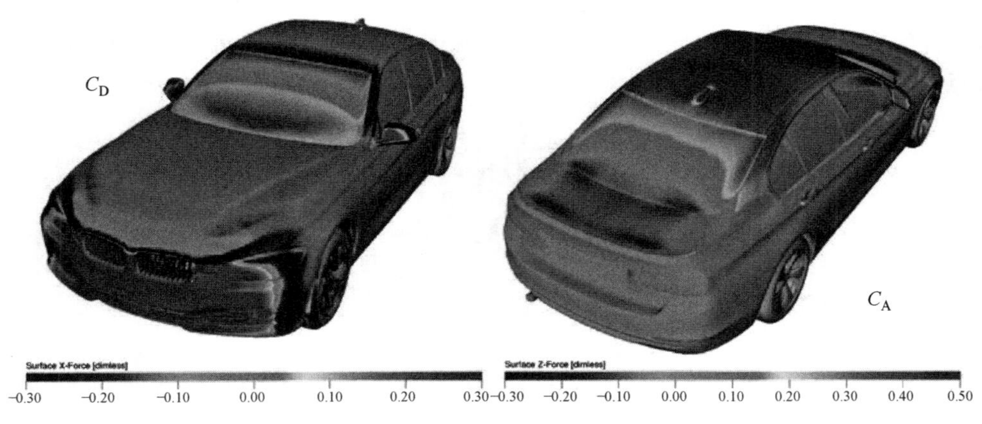

图 14.57　阻力系数和升力系数在汽车表面的分布

如图 14.58 所示，对阻力的分析，进一步明确气动力的产生。在这里，汽车可以说成是被切成了小片；小片上的阻力或者作为分布值（柱条），或者沿汽车的纵轴方向累加（实线）在图上表示出来。当然，也可以用同样的方式来分析升力，或者沿汽车的纵向显示升力的变化。

如果是涉及需要确定两个车型的阻力差别出现在什么地方，则这种方法特别有效；人们可

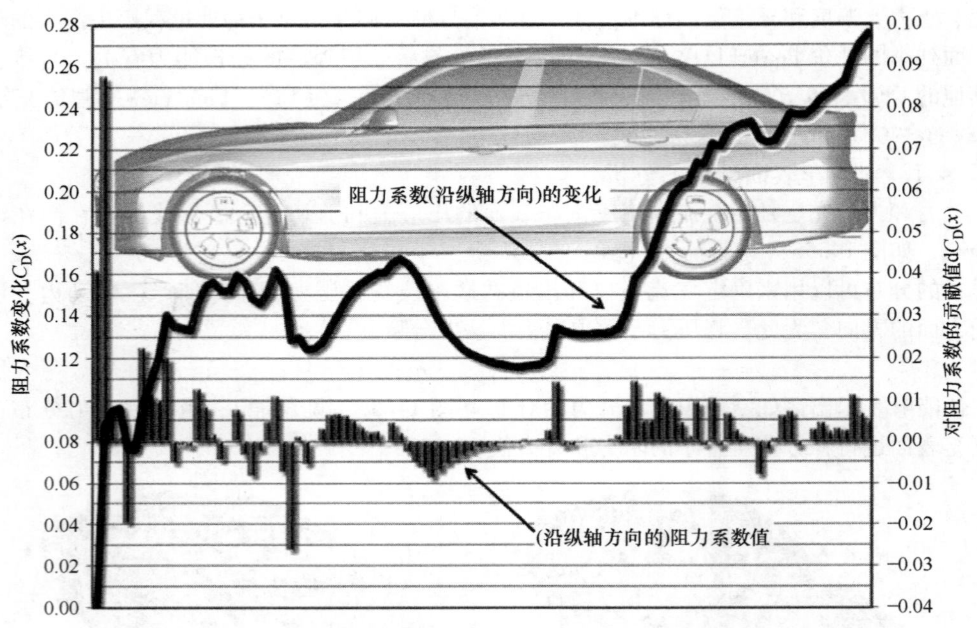

图 14.58　沿汽车纵轴方向阻力系数的分布和阻力系数的变化

以观察气动力变化的差异。人们常常惊奇地发现，最大的阻力变化并不是出现在几何结构发生变化的地方，而是其干扰造成的在车尾处偏离参考压力而产生的。

通过力的分量确定气动力方向，与此同时，通过力矩最小化来确定气动力在空间上的作用线（通常情况下，围绕力的作用线本身总是存在一个剩余力矩）。图 14.59a 清楚地显示出，对于一个三维的物体来说，关于“着力点”的问题没有意义，力的作用线与汽车之间总是存在任意多个交点。

在确定风窗和车窗、玻璃车顶以及发动机盖上的气动载荷时（图 14.59b)，合成力矢和力矢与相应部件的交点（图示情况下，“着力点”这个标记是可行的）可以用来计算例如发动机舱盖的铰接点和卡爪上的支承力。

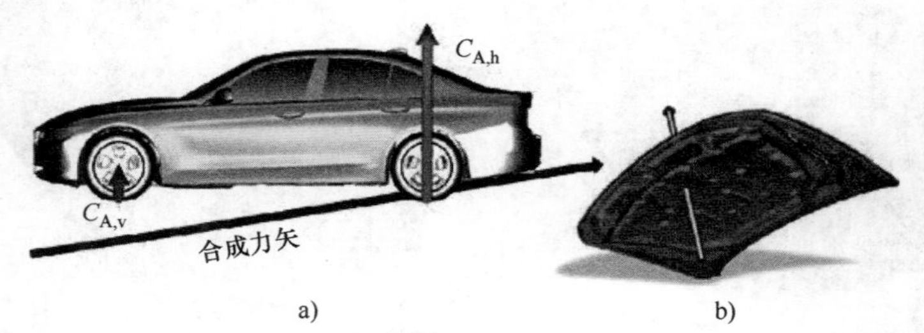

图 14.59　合成气动力矢量图

a）整车　b）发动机舱盖

为了计算零部件在风载荷作用下的三维变形，可以将 CFD 模拟获得的压力分布映射到结构分析的有限元模型上。

通过对气动力随时间的变化过程进行频谱分析，人们能够检验气动载荷是否在特定的频段上出现尖峰值。如果很不巧，尖峰值的频率与零部件的固有频率重叠在一起，则即使时均气动力的绝对值很小，但是由于持续加载，造成破坏的可能性仍然是非常高的。

运用剪切应力矢量所生成的壁面流线，给出了车体表面上流场的形貌（图 14.60a，见彩插）。这种方法与风洞技术中的油漆示踪技术相当。汽车表面的哪些地方位于逆流所在的区域，在图 14.60b（见彩插）上突出显示出来，该图上显示沿汽车纵轴方向速度分量的分布情况。

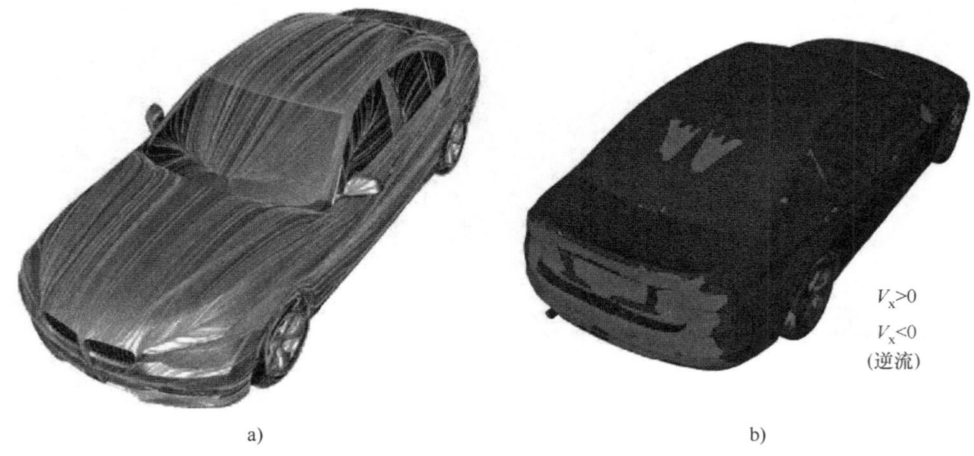

图 14.60 a）车体表面的流线和 b）逆流所在的区域

在边界层上出现的总压损失，可用于该区域是否适用于风阻优化的敏感度分析（图 14.61，见彩插）。

与空气动力学研究紧密联系在一起的，是发动机舱和汽车底板部位零部件的热运行安全性，以及制动片的冷却。即使是在等温模拟中，也会借助于某种（扩展的）雷诺类似方法，从流场计算结果中推导出有关热交换过程的结论。图 14.62（见彩插）是这种情形的例子，它给出了热交换系数的分布。

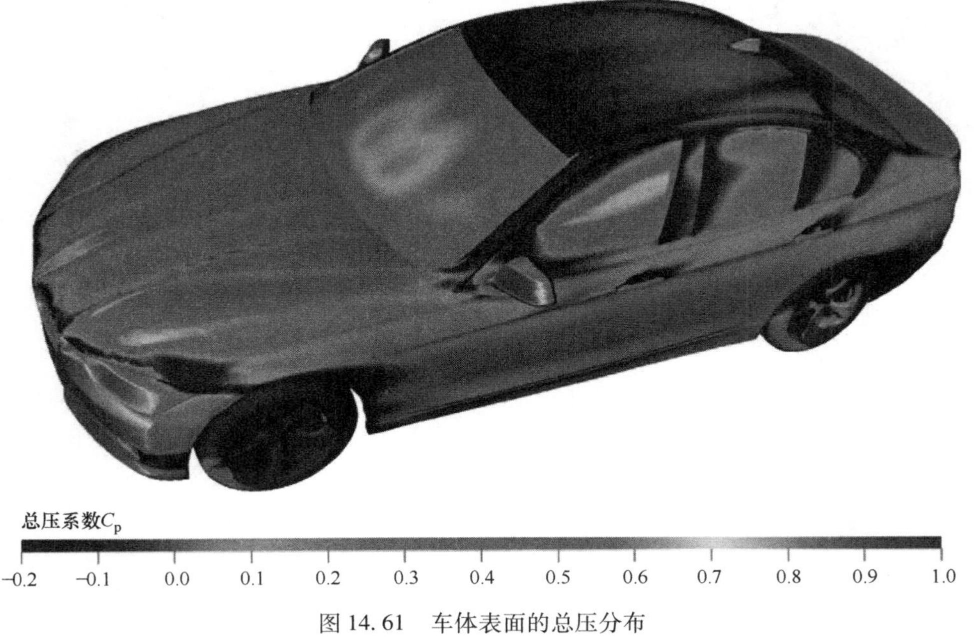

图 14.61 车体表面的总压分布

在热计算中，要么是以壁面的温度，要么是以传热量作为边界条件预先给定，其他的量则是

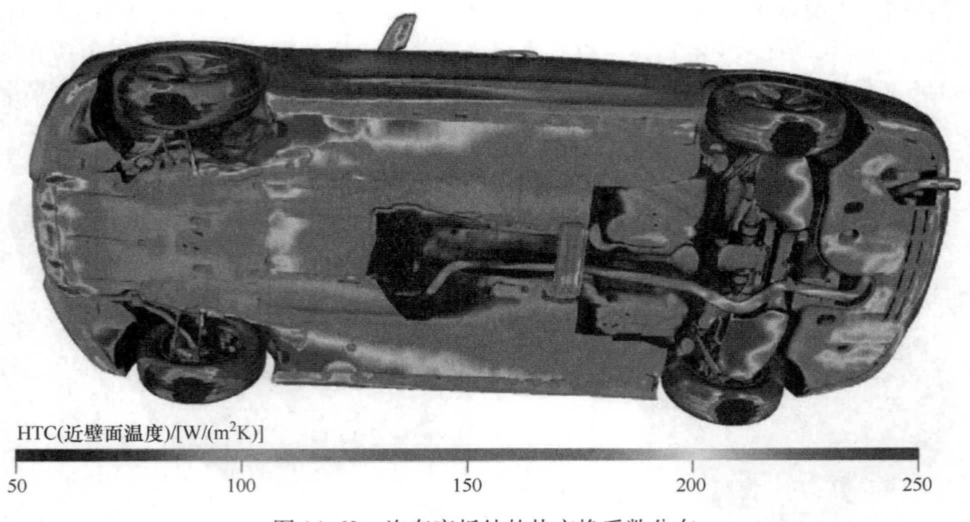

图 14. 62　汽车底板处的热交换系数分布

模拟的结果。

正如 14. 1. 3. 2. 3 节中已经介绍过的那样，可以对瞬态压力进行频谱分析，然后将它们作为汽车表面上对应于特定频率（或者频带）的声压分布显示出来，见图 16. 63（见彩插）。这一结果可以用来作为进一步仿真分析的输入值，以便计算这一声激励有多少透过车窗玻璃到达车上乘员的耳朵内。

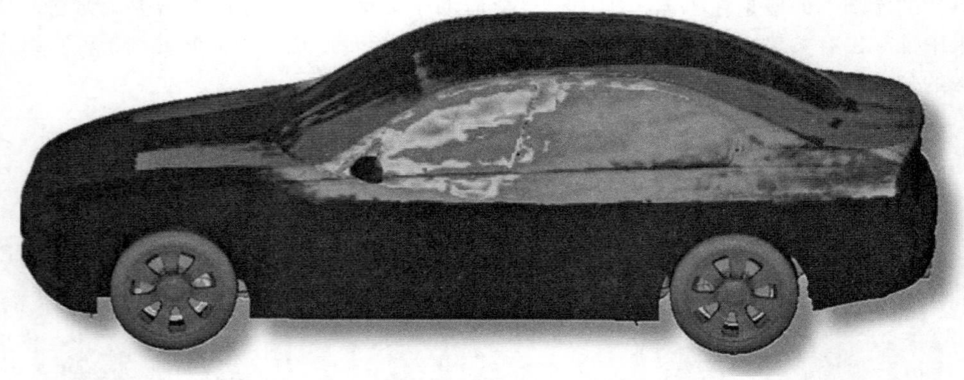

图 14. 63　汽车侧窗上频率为 500Hz 的气动声压

14. 1. 7. 4. 2　流场分析

风洞试验时，流场的可视化仅仅限于习惯性地使用一种烟雾枪。其他方法如 PIV（粒子图像测速仪），以及热线探头或者普朗特探头，都既费时间，又总是只能提供局部的有限信息。与此不同的是，模拟计算之后，整个流场内的流动参数应有尽有，依仿真方法甚至是随时间而变化的。除此之外，从压力、速度和温度这些原始的数据那里，还能够计算出涡旋强度这样的导出量。

图 16. 64（见彩插）中显示的流线，通过局部速度进行着色。图 14. 64a 中，流线是从汽车上游（即前方—译者注）的一条线上发出的。图 14. 64b 中的流线则是从一个正好覆盖冷却器的网格面出发，既向上游也向下游计算出来。这样提供试验中无法获取的信息，可以只显示参与冷

却的气流的来源，以及这些气流流向何处。

在流场内，可以从任意的方向和以任意的大小设置截面。图 14.65（见彩插）表示在汽车对称面上的速度分布。图中同样可见的迹线并不是严格意义上的流线，因为为了生成这些迹线，仅仅只是用到了位于这一个对称平面上的速度分量。它们会有助于理解，但是在解释它们时必须注意到，通常而言，这个平面本身也是有气流穿过的。这样就会出现这种情况：这些迹线似乎侵入了汽车表面，而迹线当然是不会这样的。

为了表达尾流的结构，图 14.66 显示横截面上以局部总压着色的速度向量。这里非常清楚，最高的总压损失发生在涡旋的中心。

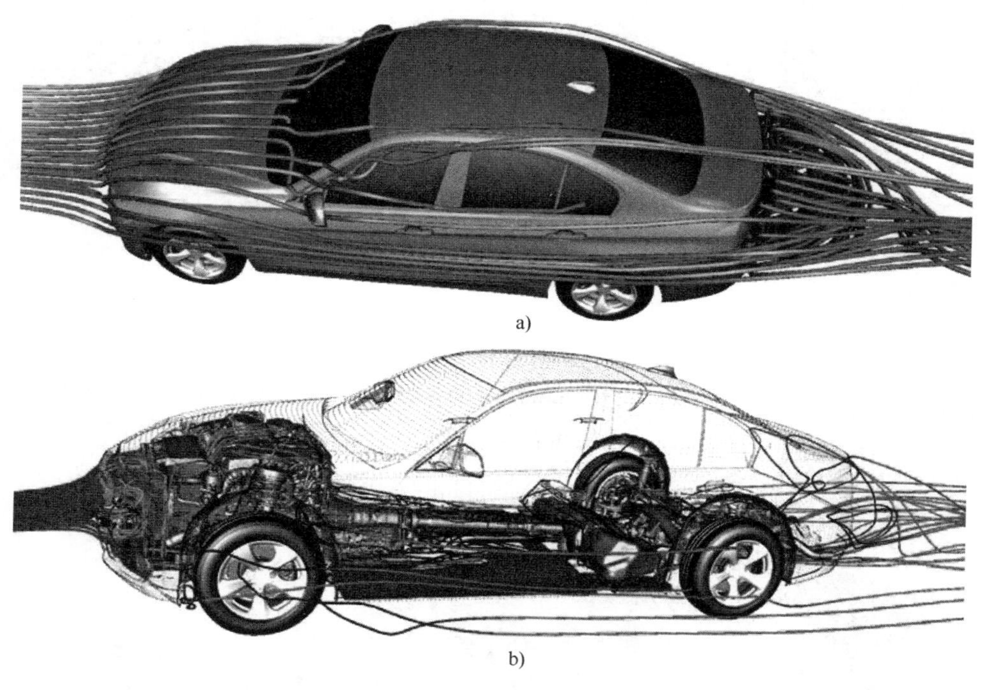

a)

b)

图 14.64 三维流线

a）外流场 b）冷却风流

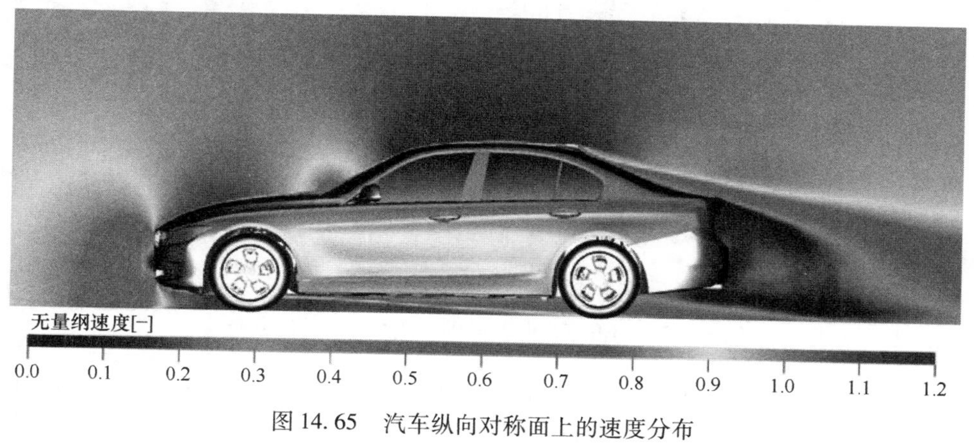

图 14.65 汽车纵向对称面上的速度分布

利用总压在垂直于汽车纵向轴线的多个截面内的分布，图 14.67（见彩插）一目了然地显示

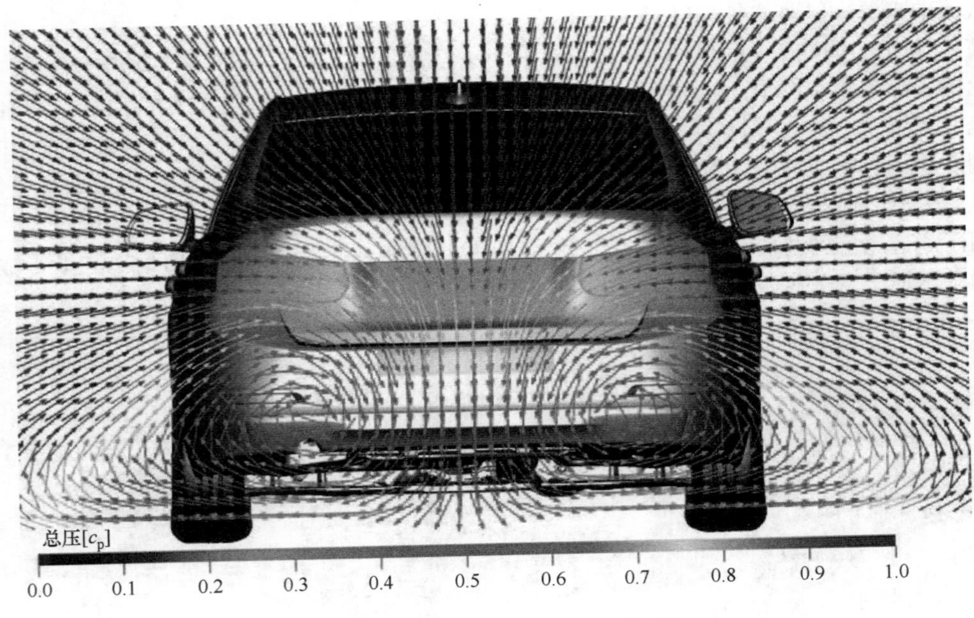

图 14.66　（车后3m）尾流区内的横向风速

出涡旋沿汽车的形成和扩展的情形。为了能够看得更清楚，色图上达到未受扰动来流总压的部分被裁剪。这也就是说，总压损失仅仅发生在（图中）可见的区域内。在车体附着流动区域内边界层的演变情形也是显而易见的。

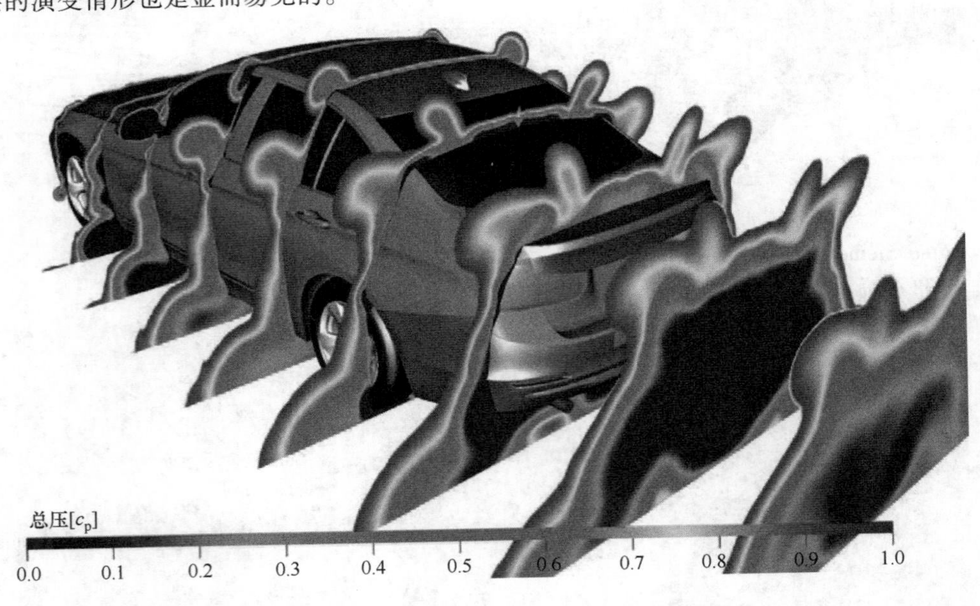

图 14.67　与汽车纵向轴线垂直截面内的总压分布

利用总压等值面，人们获得与总压损失相关联区域的完整图形。在图 14.68a（见彩插）中，等值面的总压略小于来流的总压，所以，等值面再现了车身邻近边界层和尾流的包络面。图 14.68b（见彩插）中，等值面的总压值 $c_{p,总压}=0$，即在这里显示的区域，其中的总压损失就等于来流的动压。

由于涡旋的核心区域出现最大的总压损这一事实，图 14.68 中显示的 $c_{p,总压}$ 等值面已经适于用来确定强涡的位置，例如在 A 柱周围。对这一目的更加敏感的，是诸如涡旋强度（图 14.69a，见彩插）或者 λ_2 判别值（图 14.69b，见彩插）这样的导出参数。不同的汽车，等值面的值会有所变化，以便获得具有充分说服力的表达。

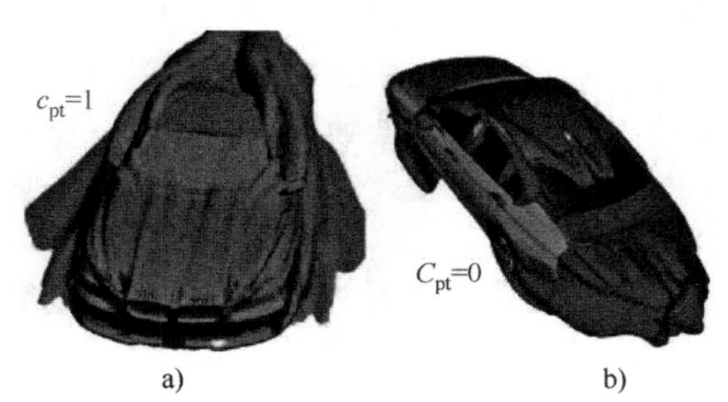

图 14.68　总压系数等值面

a）$c_{p,总压}=1$　b）$c_{p,总压}=0$

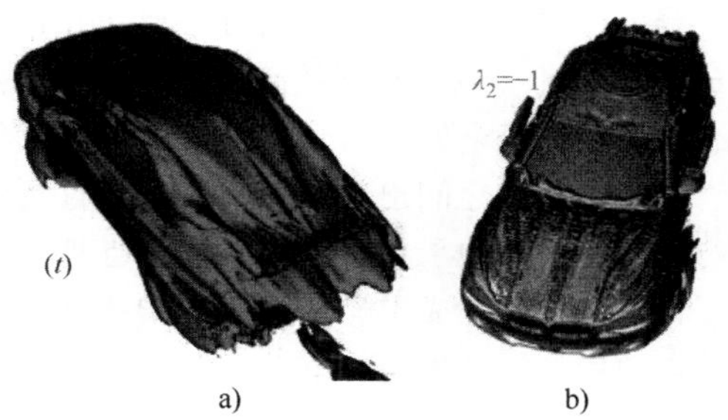

图 14.69　表示涡旋状态的等值面图

a）涡旋强度　b）$\lambda_2=-1$

14.1.8　硬件和对标分析

对于将 CFD 模拟方法卓有成效地运用于汽车的研发过程中这一目的来说，当今能够达到的仿真精度已经是绰绰有余的。不过，如果希望它们胜任这一过程的工作，它们的“轮回时间”还必须足够短，以便与总是不断地加速的研发过程步调保持一致。除了几何结构数据的制备和后处理工作的自动化外，计算机在本来的模拟计算中的能力，具有决定性的作用。

14.1.8.1　计算机架构

在“高性能计算”（HPC）领域，随时间的推移主要出现了三种不同类型的计算机架构（向量计算机，SMP 系统[㊀]和计算机集群）。

14.1.8.1.1　向量计算机

20 世纪 70 年代末，由超级计算机制造商 CDC 和 CRAY Research 领衔，并且为 NEC、Convex、Fujitsu Siemens 所跟随推出的“向量计算机”，宣告了高性能计算时代的开始。与之前的数据先后标量化处理不同，向量计算机能够对一个“向量”（矩阵）的所有元素同时进行操作。因此，这种计算机特别适用于矩阵的运算。在进行相应的适配性编程时，相对于标量计算机，向量计算机的计算能力实现了几个数量级的提高。尽管 20 世纪末仍然出现带 4 ~6 个处理器的向量计算机，它们还是被拥有成百上千个处理器的大规模并行计算机所淘汰。

14.1.8.1.2　大规模并行计算机系统（MPP）

在这里，也必须对程序设计做相应的匹配，以便这种架构计算机的全部优势得以发挥。计算域被划分成小块，每一个处理器被分配来处理计算域中的一小块。进行这种“分解”时获得高效率结果的关键，是负荷的均匀分摊，以便在块与块之间必不可少的通信过程中不会出现不必要的等待。

14.1.8.1.3　对称多处理器计算机系统（SMP）

“对称多处理器计算机系统”（SMP）是第一批的并行计算设备，在这一系统中，所有的处理器共享一个公共的存储器（共享内存），而且通过一个总线进行相互通信。与此同时，SGI、

㊀ SMP 系统，即对称多处理器计算机系统（Symmetrisches Multiprozessorsystem）。——译者注

SUN、IBM 和 HP 这样的领军性制造商展开了对于大多数是带有一种“精简指令集”的所谓 RISC㊀处理器的独立开发研究。这种处理器拥有更快的时钟。不过，这种计算机系统也正为计算机集群所取代。在 2012 年 6 月公布的最强大而且速度最快的超级计算机“500 强”列表（www. top500. org，又见第 14. 1. 8. 2 节）中，没有出现一个 SMP 计算机系统。

14. 1. 8. 1. 4　计算机集群

当前，在高性能计算领域的主流应用是计算机集群。所谓计算机集群，意思是通过一个网络将成套计算机（节点）联接起来。每一个节点拥有自己的内存和自己的操作系统，以及一个或多个处理器；每个处理器又可能具有多个算核（Cores）。随着“多核处理器”的引入，在处理器、CPU 和算核之间出现了某种概念上的混淆。下文中，CPU 总是表示一个算核（Core），它在并行化计算程序中承担对于一个域的处理任务。

计算机集群的成本显然要比 SMP 系统低得多，因为和常见的个人计算机一样，计算机集群的节点使用的是处理器。不过，也因为节点很多，宕机的风险也明显地高得多。

由于在各个域之间进行通信的花费千差万别，各种不同的 CFD 方法就其可扩展性来说相差也非常大。就 RANS 方法而言，当超过大约 100 个 CPU 时，其性能方面的增益明显下降，而 LBM 方法的可扩展性在几百个 CPU 之后仍然非常突出。图 14. 70 中表明，PowerFLOW®对于大小不同的模型的计算速度随使用的 CPU 数量增多而提高。这项试验是在一个计算机集群上进行的，它的每个节点都配备了 2 个英特尔® Xeon®5600 处理器（每个处理器有 6 个算核）。当 CPU 数从 60 个增加到 480 个（节点从 5 个增加到 40 个）即增加到 8 倍时，有 8200 万个网格单元的最大模型的计算速度相对于完美的线性扩展时的理想速度提高了 90%。只有 600 万个网格单元的最小模型，使用 480 个 CPU，计算速度仅仅达到理想值的 50%。其原因是，在这种情况下，一个 CPU 所处理的网格单元数太少，以至于 CPU 之间通信的时间开销相对于计算的时间花费来说迅速增长。

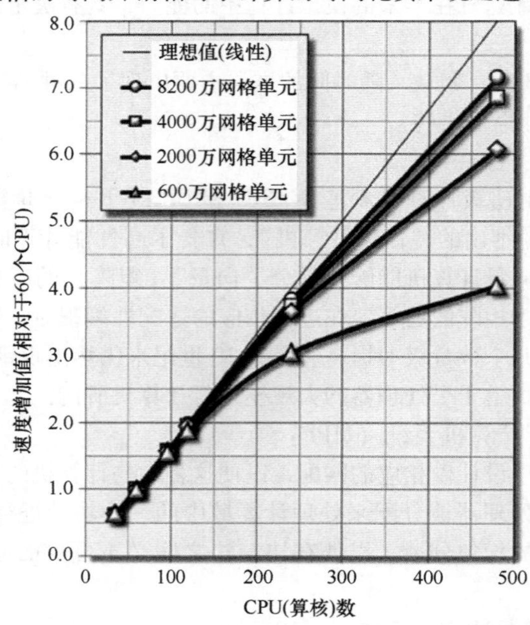

图 14. 70　LBM 仿真程序（PowerFLOW®）在并行计算机上处理不同大小的模型时计算速度的变化（每个节点 2 个 6 核 Intel® Xeon® 5600 处理器，无限带宽 - 互联技术）

㊀ RISC，即精简指令集计算机（Reduced Instruction Set Computer）。——译者注

因为节点上分配的内存不支持类似于"共享内存系统"上的那种内存间直接通信，为此采用了一种称之为"信息传递接口"（MPI）的标准。对于系统的整体性能来说，最为重要的是使节点相互连接起来的网络（"Interconnect"，互联）。如图14.71所示，CPU从60个增加到480个，或者说千兆字节以太网联的节点从5个增加到40个，所提供的性能并没有增加一倍。只有采用无限带宽技术之后，使用480个CPU便达到理想扩展值的90%。

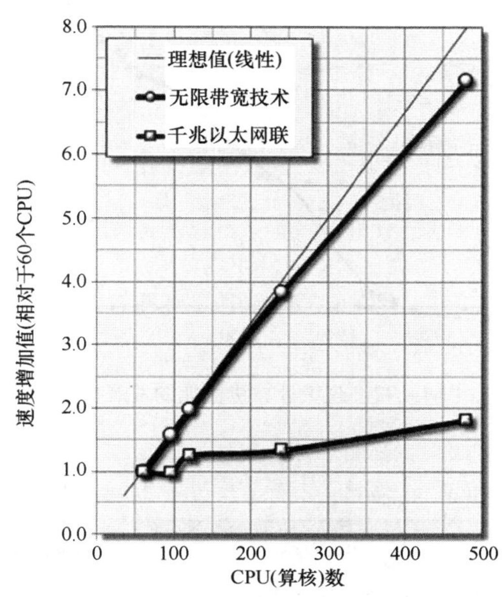

图14.71 互联技术对计算速度的影响（PowerFLOW®计算8200万网格单元模型，每个节点2个6核Intel® Xeon® 5600处理器）

14.1.8.1.5 GPU计算

最近，越来越多地使用图形处理器（GPU），以使运算加速。在这里，它们作为CPU的协处理器，承担所使用程序的可并行计算任务。制造商NVIDIA是这一方面的领头羊。刚开始时，GeForce或者Quadro家族的传统处理器仍然得到应用，但是最终开发出专门针对HPC应用的Tesla图形卡；在这个图形卡上，布置了数百个算核（例如C2275型图形卡上有448个算核）。尽管单个算核的性能与传统的多核处理器相比还很低，但是，这种架构处理器低廉得多的成本却使得在给定预算条件下能够运行大得多的计算机集群。当然，用C、C++或者Fortran写成的既有计算软件，则必须在一种特殊的环境（CUDA）下编译，以便充分利用GPU计算的优势。

14.1.8.2 计算机性能

自从计算机被应用于科学技术计算以来，其性能等方面就一直用每秒浮点运算次数来计量（浮点数/s或者FLOPS）。

如图14.72所示，计算机的性能是呈指数形式跃升的。在过去的大约20年里，500台最强超级计算机排名每半年公布一次（www.top500.org）；该排名以求解线性方程系统的"Linpark"-标准作为基准。在1993年6月发布的600亿FLOPS（1024算核）超级计算机和2012年6月发布的1.6亿亿FLOPS的超级计算机（红杉，拥有1 572 864算核，见图14.73）之间，19年之内性能提高了二十七万两千倍！

因为计算速度FLOPS只是一个计算机集群中所有节点运算能力的简单相加，从这一数值中并不能得出一个单独的CFD仿真所需要的计算时间。现在，还没有哪一款软件能够高效率地利

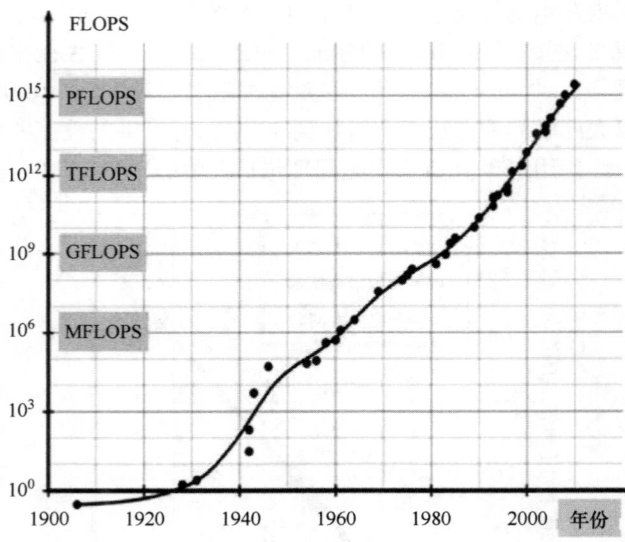

图 14.72　超级计算机性能的发展变化

名次	地点	系统	核数	最大值 /TFLOPS	尖峰值 /TFLOPS	功率 /kW
1	DOE/NNSA/LLNL 美国	Sequoia–BlueGene/Q,Power BQC 16C 1.60 GHz,Custom IBM	1572864	16324.8	20132.7	7890
2	RIKEN高级计算科学研究所 日本	Kcomputer，SPARC64 VIIIfx2.0GHz, Tofu interconnect Fujitsu	705024	10510.0	11280.4	12659.9
3	DOE/SC/阿贡国家实验室 美国	Mira–BlueGene/Q,Power BQC 16C 1.60GHz,Custom IBM	786432	8162.4	10066.3	3945
4	莱布尼兹计算中心 德国	SuperMUC–iDataPlexDX360M4. Xeon E5–2680 8C 2.70GHz,Infiniband FDR IBM	147456	2897.0	3185.1	3422.7
5	天津国家超级计算中心 中国	Tianhe–1A–NUDT YH MPP,Xeon X5670 6C 2.93 GHz,NVIDIA 2050 国防科技大学	186368	2566.0	4701.0	4040
6	DOE/SC/橡树岭国家实验室 美国	Jaguar–Cray XK6,Opteron 6274 16C 2.200GHz,Cray Gemini interconnect, NVIDIA 2090 Cray Inc.	298592	1941.0	2627.6	5142
7	CINECA 意大利	Fermi–BlueGene/Q,Power BQC 16C 1.60GHz,Custom IBM	163840	1725.5	2097.2	821.9
8	于利西研究中心(FZJ) 德国	JuQUEEN–BlueGene/Q,Power BQC 16C 1.60GHz,Custom IBM	131072	1380.4	1677.7	657.5
9	CEA/TGCC–GENCI 法国	Curie thin nodes–Bullx B510,Xeon E5–2680 8C 2.700GHz,Infiniband QDR Bull SA	77184	1359.0	1667.2	2251
10	深圳国家超级计算中心 (NSCS) 中国	Nebulae–Dawning TC3600 Blade System,Xeon X5650 6C 2.66GHz, Infiniband QDR,NVIDIA 2050 曙光	120640	1271.0	2984.3	2580

图 14.73　“世界 500 强”超级计算机中的顶尖机型（2012 年 6 月）

用几十万个 CPU（例如图 14.73 中具有 157 万个算核的红杉超级计算机），来进行一项模拟计算。

更有说服力而且更为适用的是对于任何程序都能够通过标准测试计算出来的“单核性能”

$$p_{核} = \frac{n_{网格单元} \times n_{时间步}}{n_{CPU时间}} \tag{14.71}$$

按照这一公式，就能够在已知每个时间步（或每次迭代）需要计算的网格单元数量的前提下，事先预估与所使用的算核数 n_{CPU} 相关联的运算时间。

$$n_{\text{时间}} = \frac{n_{\text{网格单元}} \times n_{\text{时间步}}}{n_{\mathrm{CPU}} \times p_{\text{核}}} \tag{14.72}$$

图 14.74 给出了一例。图中显示用于 PowerFLOW®仿真的 $p_{\text{核}}$ 与面单元数（面元）和流体单元（体单元）之比的对应关系。这些数据是在一台无限宽带计算机集群上测得的；它的每个节点都配备有 2 个 6 核 Intel® Xeon® 5600 处理器。图中的点代表不同的模型大小，仿真计算在 108 ~ 240 个算核上进行。随着面元与体单元之比的增大，单核性能下降；这其中的原因，是面元所花费的计算时间比体单元明显要长得多。模型离散化之后，面元/体单元之比是已知的；借助平衡曲线就得出用来估计计算时间的单核性能值。

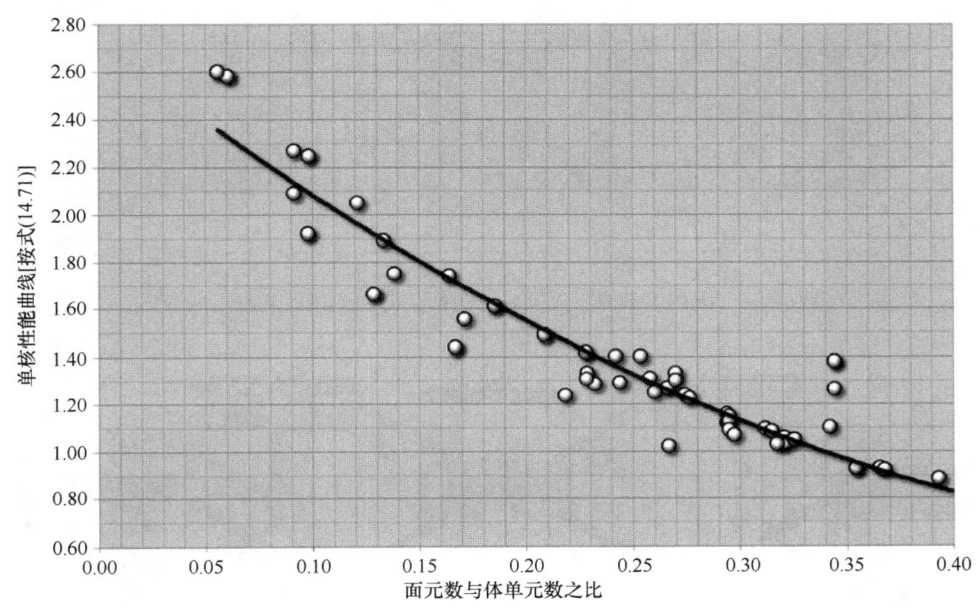

图 14.74 PowerFLOW®仿真时的单核性能曲线（每个节点 2 个 6 核 Intel® Xeon® 5600 处理器，无限带宽 - 互联技术）

如图 14.75 所示的 PowerFLOW®程序标准测试结果，在过去的十年里，单核性能提升了 8 倍，这一进步虽然也是以指数形式体现的，但是仍然逊色于摩尔定理。按照这一定理，一个处理器上的开关电路数（不是被经常错误地提到的功率）每 24 个月会翻一番。英特尔公司指出，20 年以来，它们的处理器的发展情况非常准确地符合这一规律。

未来，向着“百亿亿次计算能力”、即有效地利用具有 10^{18} FLOPS 计算速度的超级计算机方向发展，以便将计算时间从以小时计到以天计减少到以分钟计，要求软件和硬件在架构上的根本性变化，以及二者之间相互协调的设计（Adams，2012）。另外，功率消耗问题也会变得更加尖锐。目前的功率消耗已经处在一到几兆瓦的量级上（图 14.73），带来的相应后果则是突出的冷却需要和高昂的运行费用。

14.1.9 CFD 在研发过程中的集成应用

风洞试验和数值计算过程之间的区别非常明显。正因为如此，所以是这种还是那种途径更好，依实际情况才能确定。相应的前提条件、试验和仿真的过程示意如图 14.76 所示。

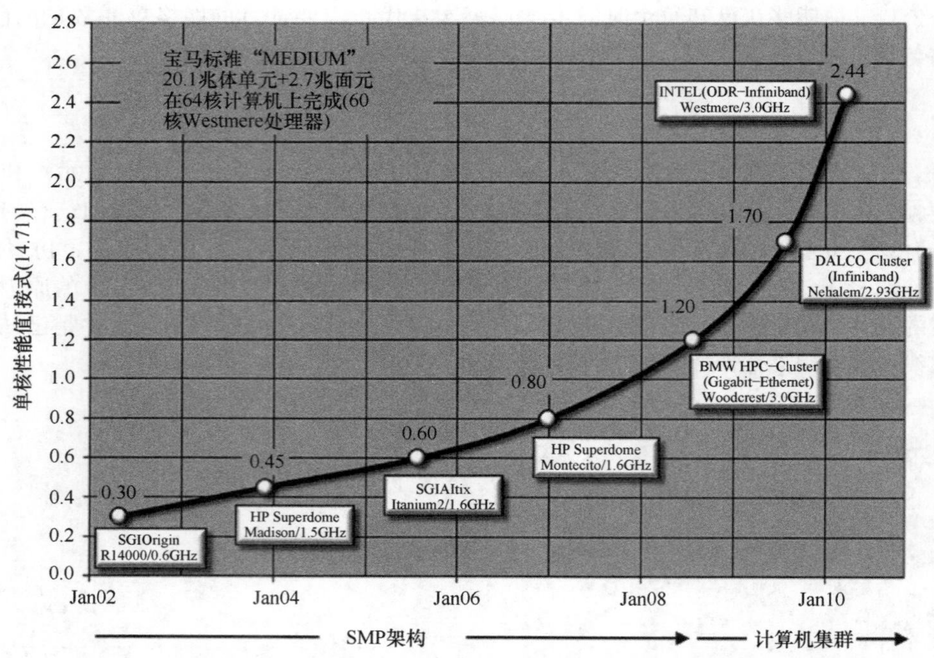

图 14.75　采用 PowerFLOW®标准测试获得的单核性能发展曲线

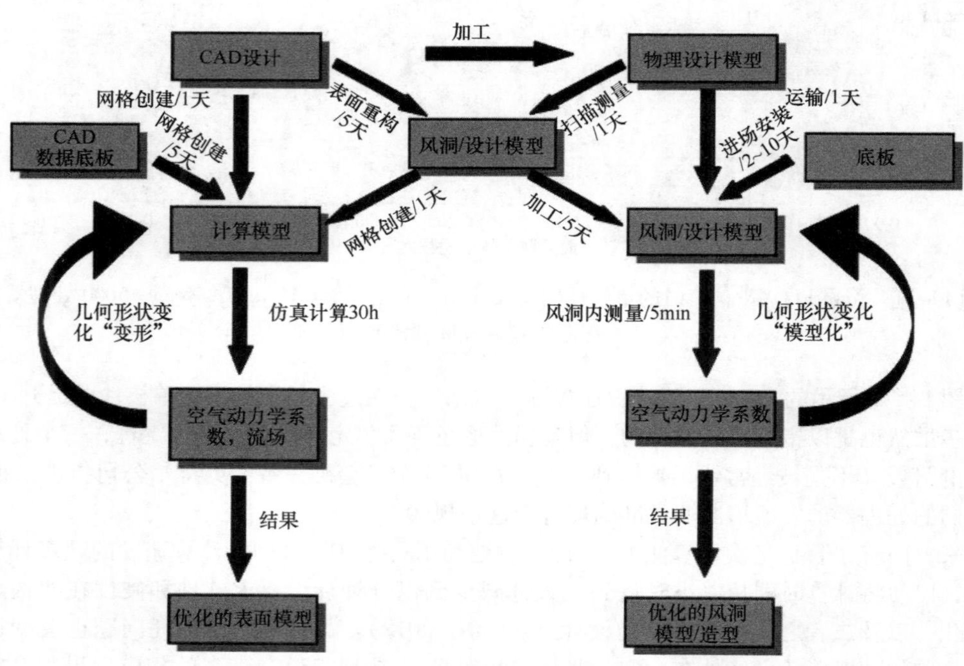

图 14.76　流体运动仿真与风洞试验流程图，据 Lührmann（2003）

按照传统的做法，设计造型直接在风洞内进行优化。这对于空气动力学来说，堪称最有效的外形优化方式。其前提条件则是，设计造型能够在风洞内搭建起来。这其中包括诸如安装一个真实的车身底板。相应的模型搭建通常是在项目之初就开始进行的，以使设计进程尽可能地少受干扰。尽管如此，由于研发时间普遍缩短和由此引发模型难以及时提供，因此，保持惯常的以试验为导向的进程变得越来越困难。

一个可能的变通，是使用专门的“空气动力学模型”。这些模型的搭建，尤其是它们的更新，例如在当前造型状态下的雕琢，既费时间又费气力。这种情况特别出现在尚有大量的设计变型需要进行试验研究的初期研发阶段。出于成本考虑，对所有这些设计变型（通常多于5个）逐一进行空气动力学的优化，一般而言是没有什么意义的。在这种情况下，CFD的应用提供了一种既经济又高效的途径。恰恰就在报告当前状态和揭示优化潜力方面，CFD仿真显示出优势所在。

但是，尽管过去这些年里计算速度不断提高，仿真计算本身一以贯之地需要大约10～30h。这一计算时间明显地超出了风洞试验之所需。风洞试验每天可以测试20～50个修改模型。如果加上速度和偏航角或者高度的变化，则变型数显然更多。假如人们希望在相同的时间范围内用仿真完成类似的工作量，则一个来回的仿真时间需要可能会明显低于1h。

人们如果就试验和仿真的成本以及消耗进行比较，那么观察方式会有些差别。仅仅只是涉及一些累积量也就是力和力矩的确定时，如果有现成的模型可供使用，则试验具有明显的优势。但是，如果考虑到CFD在没有任何附加成本的情况下能够提供有关流场的一揽子详细信息，而这些信息能够用来进行具有决定性意义的模型形状的优化工作，那么，就完全是另外一回事了。

除了解题方法得到不断完善、计算速度变得越来越快以外，数据准备方面的进步也为CFD方法的推广应用做出了贡献。类似于风洞试验、用来对仿真模型的几何尺寸进行修改的数值工具，现在已经可供利用了。类似于风洞试验中的优化，这些工具能够在几分钟的时间内对局部位置进行几何尺寸的变化。除此之外，风洞内的空气动力学造型优化与借助全新的数字化工具进行的功能设计之间的相互联系，也变简单了。于是，在几小时之内，可以获得造型的数字化模型。再过一到两天，对坐标点云图进行后续处理，就得出了仿真计算模型，或者是可用于加工制造的数据文件。另一种途径则是，在几天或者几小时的时间内，将这些坐标点云图重构成可以用于功能分析的CAD表面。

14.1.10 展望

为了求解一个具体的问题而使用数值流体力学（CFD）方法是否是有意义的，取决于两个条件的满足：

1）以适当的方式构建了物理真实。

2）CFD方法与风洞试验相比具有竞争力，即速度更快、成本更低。在这里，“更快”这一判别条件具有优先地位。

很乐意在此将CFD相对于试验来说更接近物理真实的三个优势凸显出来：

1）可能更容易满足边界条件；不过，要做到这一点，必须以巨大的计算空间，从而庞大的网格数量为代价。

2）就汽车而言，易于表达它对于其行驶路面的相对运动关系。

3）在按比例尺缩小的风洞试验中，雷诺数常常是比全尺寸模型小1～2个数量级。大雷诺数在仿真中也不易实现。随着雷诺数的增大，计算网格的单元数也必须增大，于是，以时间和成本计量的花费也会上升。

CFD的优势，是相对于风洞试验来说，它所提供的信息之多无可比拟。风洞试验一般只能测量气动力和力矩，最多也只是让所选择位置的流动变得可见。详细的压力分布测量和流场参数的测量需要大量时间。所以，这样的测量很少进行。

如果说到流场仿真所需要的时间，那么常常只是指纯粹用于计算（解题）的时间。不过，还必须考虑生成流场网格的时间，然后与搭建一个实体模型的时间相比较。对于刚性的钝体来说，这个模型很容易亦即能很快搭建好。对刚性模型进行修改也不复杂，这是优化阶段值得特别重视的优势。就此，今天的CFD数值仿真还绝对不能顶替风洞试验。但是，在仿真模型非常复杂的汽车研发过程中，如今的CFD仿真已经频繁地提供了比起风洞试验来说快得多的轮回速度，尤其是因为试验模型的搭建费时费力。图14.77（见彩插）给出汽车研发过程中CFD的时间消耗与在1∶1油泥模型上风洞试验时间消耗的比较。比较中考察了两个情形：外部造型经过10次整体修改和单一构件（轮边阻流板、外后视镜等）在以优化为目的的分析研究中经过50次修改。该图表明，对于大面积的变化来说，CFD多年以来就可称为颇具竞争力了。对于优化研究，CFD还不得不继续作为一种评价工具甘居风洞试验之后。这首先是因为，在汽车研发阶段，显然有多于50次的优化循环需要完成。

更为重要的是，要争取实现这两种分析手段的组合应用（Kuthada，2007）：

- 数值计算。
- 通过试验对仿真模型“标定”，适时修改模型。
- 借助CFD对研发对象进行优化，在此过程中对大量的变型（几何形状、来流方向）展开研究。
- 在那些有可能进行全尺寸试验的风洞内，通过试验进行相应的验证。

采用“通用剪应力模型”的RANS方法，在面对具有大的黏性分离涡结构的物体（钝体就正好是这种情形）时可能是没有前途的，因为用唯一一个适用于整个流场的模型来描述整个非稳态运动，是不太可能的。相反，根据当今的科技水平，有两种数值方法，它们对于钝体的绕流仿真来说是卓有成效的，即分离大涡模拟方法（DES）和格子-波尔兹曼方法（VLES）。未来若干年，像LES和DNS这样的高级模拟方法，面对工程问题时很有可能得不到令人满意的应用，首当其冲的原因会是由此带来的计算时间很长。所以，这些方法首先会限于在科研和教学的一些基础性问题上的应用。

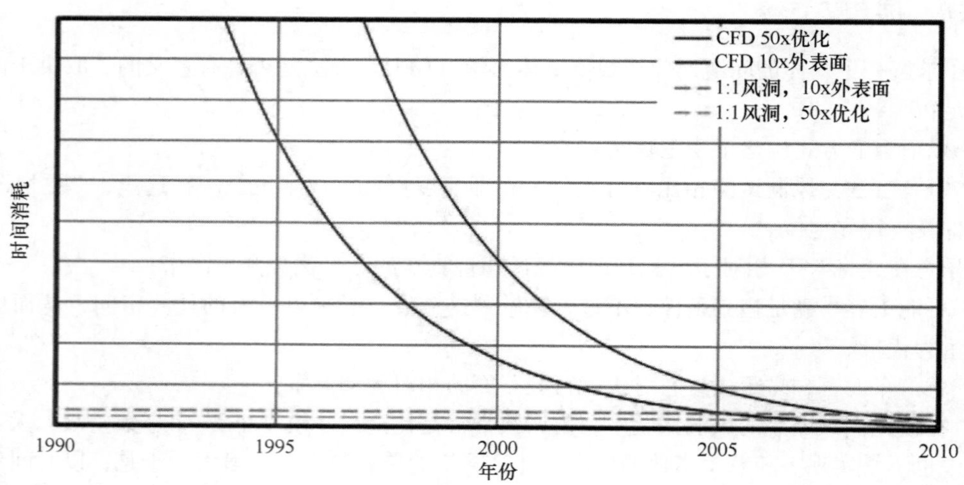

图14.77　一辆汽车10次外表面变化和单个部件50次详细优化两种情况下CFD仿真与1∶1风洞模型试验所用时间的比较

14.2 汽车气动声学仿真

主要由行驶时的气流作用导致的气动噪声，对汽车有着重要的影响（见第8章）。依汽车类型、发动机负荷以及轮胎-路面组合的不同，当行驶速度达到100~120km/h以上时，则气动噪声不仅在车内，同样也在车外的总噪声中占据主导地位。低速行驶时，气动噪声在一些频率区段内也举足轻重，甚至起决定性作用。因此，将来在某种整体性的速度限制时，汽车上的风噪会是决定性的，尤其是舒适性要求会继续上升，而现在就已经通过不断降低其他噪声方面的影响，当速度大概从75km/h起，车内的总噪声可能就已经主要被风噪声所左右了。

14.2.1 引言

气动声学噪声主要是气流绕过障碍物或者穿过空腔时产生的，汽车绕流形成噪声就是这种情况。在这个过程中，速度和压力场的波动产生湍流，而湍流产生各种形式的气动噪声源。例如排气口或者密封系统中泄漏处的流量脉动，就是这种形式的噪声源。这种噪声源可以用单极子声源表示。另一种形式的噪声源是汽车表面压力的波动，它可以用双极子声源来表达。这种形式的声源，人们可以在湍流碰到一个坚硬的表面之处发现，例如在车外后视镜的尾流中。除此之外，还会出现非稳态的剪应力，例如在汽车的尾流中。这种形式的噪声源可以表示为四极子声源，不过通常对于汽车来说意义不大。有关气动声源类型和汽车上典型气动噪声源的详细说明，见第8章。现在，以车外后视镜为例，用图14.78来说明各种不同类型的噪声源可能存在的区域。

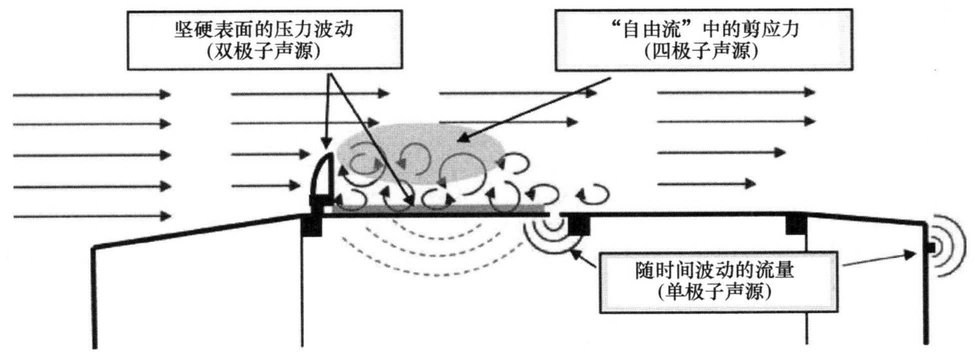

图14.78 车外后视镜周围绕流的示意图，作为汽车上气动噪声源所在区域之示例（四极子噪声源通常忽略不计）（Blumrich，2008）

气动声学研究及其仿真的渊源在于航空和航天领域。喷气发动机巨大的噪声和由此而带来的环境影响是人们关注的焦点。在此期间，出现了从1951年到1954年由M. J. Lighthill完成的、奠定了气动声源理论的首创性工作（Lighthill，1951a，1951b）（见14.2.3.1节）。后来，Maestrello于1967年首先研究了由飞机外表面的绕流所产生并向飞机内传播的噪声问题（Maestrello，1967）。

显然在更晚一些之后，气动声学才开始在汽车的研究和设计中得到关注。航空和航天领域的研究工作奠定了气动声学的基础。与之相对应，气动声学计算后来开始进入到汽车的研发过程中，因此仍然是一个相当新颖的领域。支持气动声学在汽车研发中应用的理由，一般而言适用于对计算方法的支持，在本章的开头已经介绍过了。除了希望通过气动声学在研发初期的应用使成本降低以外，它还对于弄清楚流动过程的细节，获得对于噪声的产生以及传播机理的理解做出具有决定性意义的贡献。

由于算法不断优化、计算能力不断提升，首先是数值方法对于汽车的研发来说变得越来越重要。空气动力学的仿真逐渐被当作标准化手段，而相应的模拟软件（计算流体动力学，CFD）很久以来已经成为随处可得的商品。所不同的是，气动声学的数值仿真，还只是处在通往常规性地应用于汽车研发的道路上。

目前，汽车气动声学方面的数值仿真，普遍性地集中于以下问题；这些问题主要针对车内噪声。这些问题是：

- 活动车顶（天窗）和侧窗引起的低频振颤。
- 汽车底板（底盘风噪）。
- 车外后视镜、A柱涡和侧窗。
- 刮水器和风窗玻璃。
- 空调系统（HVAC系统）。

尤其是在汽车气动声学研发的情况下，与所选用的模型网格、初始条件和边界条件参数相关联的仿真必须非常认真仔细地进行。只有这样，气动声学方面的仿真才能够为汽车上的某些部分提供准确可靠的结果。若干年后，气动声学方面的模拟计算也会成为一个标准的汽车研发工具。

汽车的气动噪声都是直接或者间接地通过汽车的绕流（或者通过暖通空调系统中空气的流动）所引起的。在这里，通过流体中的气动声源（主要在汽车表面或者漏风处）引起的声发射，称为直接的噪声产生方式。而车体结构，例如车窗玻璃或者车门，在气动力作用下发生振动，以及随之而来由结构振动所出现的声发射，则称为间接的噪声。这里还需要加以区分的是，结构的振动对于流体的流动是否产生了非常明显的反作用。如果没有，人们通常称之为流体－结构耦合；如果存在反作用，则人们称之为流体－结构相互作用。

所有这些效果，都应该能够被仿真计算所考虑到，因此通常需要将各种不同的计算方法结合在一起。这首先适用于车内气动噪声的情形。一旦汽车密封系统上不存在漏洞，大部分的车内噪声就都是由绕流所激励的车体结构发出的。按照图14.78给出的车外后视镜绕流示例，图14.79简要地列出了可以模拟所伴生的噪声效果的方法。绝大多数情况下，在流动仿真中区分流体声学和结构声学是有意义的。

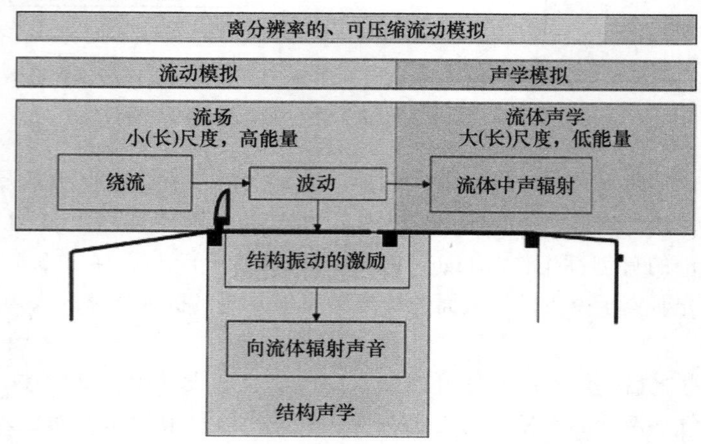

图14.79 汽车上气动声学的伴随效果和模拟方法的可能结构，以车外后视镜的绕流为例（Blumrich 和 Hazir，2011）

在前面各章节详细地介绍了流动仿真的基础上，以下的章节，将按照从噪声的激励到在接收器上记录的逻辑顺序，叙述几种针对不同噪声效果的重要模拟方法。这些模拟方法遵循迥然各异的原理，在不同的简化假设条件下计算空气动力学噪声。这一章不可能完整地介绍所有可供利用的方法，但是引述的参考文献将有助于给出进一步的帮助。下一节将首先介绍计算空气动力学激励的方法，这种激励也包含流体中的气动声源。

14.2.2　空气动力源和气动声源的计算

借助CFD程序所做的流动仿真构成了数值气动声学研究的重要基础。从流动仿真中，人们获得由被观察的汽车周围的绕流引起的气流压力和气流速度波动，而这些波动可能是噪声的重要来源。在这里，这些压力波动由表面上的湍流或者某个表面上的分离引起。如果在仿真中考虑泄漏的话，速度波动会变得很重要，例如很有可能发生在外后视镜尾涡中的速度波动。但是，只要不存在单极子源，在对汽车来说直到250km/h的常见速度范围内，车体表面的压力波动，如果是由表面上的湍流或者流动分离所致，则如上所述，通常是居于支配地位的噪声源。

构成流动仿真分析基础的物理学基本相互关系以及数值方法，已经在14.1节详细介绍过了。这其中尤其要包括在内的，一方面是以纳维－斯托克斯方程（NSG）为依托的数值算法，另一方面是以格子－波尔兹曼方法（LBM）为依托的数值算法。为了处理流动的非稳态部分，正如它在气动声学模拟中有着重要意义，通常会采取各种各样的近似手段。要么将流动中的波动一并模型化，即采用一个湍流模型使之参数化，并不是直接进行计算；要么是对大尺度的波动进行直接计算，对于较小尺度的波动，则以不同的方式建模。必要的情况下，以很高的计算成本，不仅分析流动的稳态部分，还对所有的湍流尺度直接进行计算。下面再次列出常用的处理方法：

- 雷诺平均的纳维－斯托克斯方法（RANS）：静态方法，所有的湍流尺度通过模型求解，并非直接计算，参见14.1.4.1节。
- 非稳态的雷诺平均纳维－斯托克斯方法（URANS）：使用统计均值或者总体均值（Ensemble－Mittelung）的非稳态RANS方法，同样参见14.1.4.1节。
- 大涡模拟方法（LES）：直接计算较大型的涡和对小型涡建模，参见14.1.4.2节。
- 非常大涡模拟方法（VLES）：将LES中直接求解（即计算）的涡与通过模型构建的涡之间的边界移向更大的尺度，参见14.1.3.2节。
- 分离涡模拟方法（DES）：具有更高区域分辨率的URANS方法；在这些区域内运用LES方法（参见14.1.4.2.3节；一般来说，在近壁面处运用URANS，而在流体内运用LES，Spalart等人，1997）。
- 直接数值模拟（DNS）：针对所有尺寸的湍流进行直接计算，参见第14.1.4.3节。

理论上而言，基于NSG或者LBM，能够对包含了湍流波动、声发生以及声传播的整个流场进行同时而且直接的计算。这样的计算甚至同时考虑到气动声源发出的声波在非均质流动中的扩散。这一复杂到极致的计算方法常常称为直接模拟（DS）。为此，必须选择一种形式的方程，它在求算非稳态解的过程中照顾到空气的可压缩性。对于作为求解基本条件的网格所需要的空间解析度，按照相应的湍流尺度以及待表达的几何形态来确定。（但是）通常，关键性声波的波长更长，这就是说，对于空间解析而言，它们不（能）起决定性作用。时间上的解析则必须与非常高的声速相匹配，以便至少满足库朗－弗里德里希－列维条件（CFL条件，$\Delta t \leqslant 0.5\Delta x/c$，例如Duncan，1990）。

直接模拟（DS）必须正确地再现广谱的长度、时间和能量尺度。图14.80展示了各种长度和能量尺度的概览，这些尺度包括了含有湍流（小尺寸，大能量）的流动和声波（大尺寸，小能量）。由于这一原因，不仅考虑到计算速度，而且考虑到存储容量，（DS 方法）对计算能力的要求非常之高，数值问题必须得到控制。正因为如此，DS 方法目前还只是应用于具有比较大空间激励的小型、学术性的低频问题。一般情况下，则采用前面提到的简化方法。各种各样的模拟方法是在何种程度上就对于气动声学而言非常重要的压力波动、速度波动以及声波各个不同的尺度部分进行直接计算的，图 14. 80b 中给出了定性的示意。

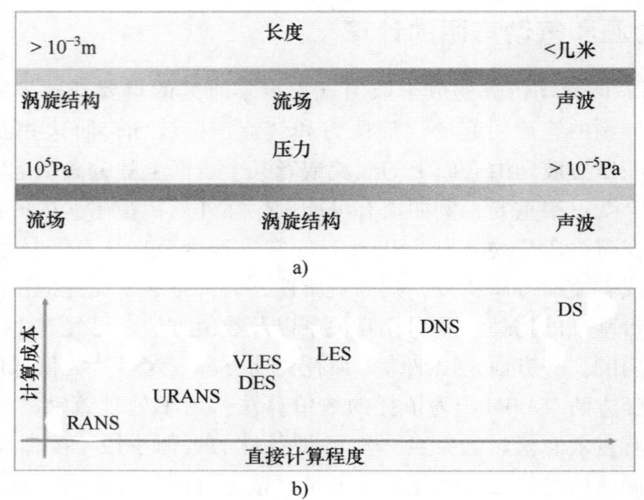

图 14. 80 a）关于流动、湍流和声波的长度和能量尺度的定性表示和 b）有关在不同的模拟方法中针对不同尺度的问题直接计算方法运用程度的定性表示（Blumrich，2006）

在采用已经提到的某种方法对流动中的波动进行计算或者模拟之后，依采用的方法不同，声源就能相应地确定了。显著的波动在时间上的变化与可能的期望频率相对应。如果重要的波动量已经用模型参数化了，就必须从模型的结果出发重构这些有重要意义的波动。它们将根据湍流的统计学特性和来自于湍流模型的参数，例如湍动能，按伪随机波动在时间和空间上进行近似。所谓的 SNGR 方法［随机噪声的产生和发射，见如 Béchara 等人（1994），Bailly 等人(1995)］就包含这样的重构。

在低马赫数以及声学过程与流场之间不存在相互作用的情况下，可以为了流场的计算假设流体是不可压缩的。实践中，这样的假设对于汽车来说并不罕见，而且简化了模拟工作。但是，为了模拟像车顶天窗——在那里发生着涡旋分离和受激空间共鸣之间的相互耦合——的轰鸣效果，只要这种耦合通过特定的模型引入计算的，就应该为了模拟的准确性，将可压缩性考虑在内。当然，在模拟声波的辐射/传播时，计算也必须是可压缩性的，一如上面已经提到的那样。

14. 2. 3 车外的声源和声场

如果计算了流体波动并确定了声源所在位置，只要不是已经在 DS（直接模拟）时完成的，可以通过声学后处理较为精确地确定从声源到辐射到流体中并传播到乘客舱外面接收声音的位置。惯用而且比较简单的方法，基于声音的纯几何辐射。非均值的流动对于声音辐射的影响不予考虑。相邻表面上的反射也不包括在内了。不过，考虑这些影响的，还有更为复杂的方法。例如，线性化欧拉方程（Linearised Euler Equations，LEE）就是这样的方法。以下章节，将介绍几个已知而且非常重要的声辐射计算方法。

14.2.3.1　气动声学类比

如引言中已经提到，气动声学问题首先在航空和航天领域得到研究。在这一领域，由 Lighthill（1951a，1951b）于20世纪中叶首创了所谓的气动声学类比方法（AAA）。在此基础上，后来又发展出更多的气动声学类比方法。

Lighthill 从可压缩的纳维－斯托克斯方程出发推导出了一个波动方程。他把方程中的线性项与非线性项分开，让非线性项与方程等号右侧的摩擦项结合在一起。于是，建立了一个非均值的声波方程，方程中等号右边的项可以解释为气动声源项。这些项由压力和速度的波动以及应力张量和作用力项组成。此外，流场参量（压力、密度）的稳态部分与非稳态部分分开。该方程为

$$\frac{\partial^2}{\partial t^2}(\rho-\rho_0)-c^2\frac{\partial^2}{\partial x_i\partial x_i}(\rho-\rho_0)=\frac{\partial^2 T_{i,j}}{\partial x_i\partial x_i} \tag{14.73}$$

$$T_{i,j}=\rho v_i v_j+[(p-p_0)-c^2(p-p_0)]\delta_{i,j}-\tau_{i,j} \tag{14.74}$$

式中，c 是声速；ρ 是流体的密度；ρ_0是未受扰动流体的密度；p 和 p_0是相对应的压力；v_i是 v_j是流体在 i 和 j 方向的速度；$\delta_{i,j}$是克氏记号（Kronecher Symbol）；$\tau_{i,j}$是黏性应力张量；$T_{i,j}$项称为 Lighthill 应力张量。至此为止的两个方程是精确的理论方程，因为为此没有做任何近似假设。

应力张量的第二次空间求导带来了一个四极子分布。亦即，流体的非稳态波动由所观察区域内的四极子源的分布表示。不过，这里的源项和扩散项被混在了一起。为了能够使得源项与声学变量不相关，引入近似处理。对理想气体，如具有高雷诺数和低马赫数的等熵流动中的空气来说，Lighthill 张量经常近似表示为

$$T_{i,j}=\rho_0 v_i v_j \tag{14.75}$$

按照这一形式，推导出描述声波在均匀、静止介质中传播的方程。波的激励来自于声源项所描述的湍流波动。由于这一事实，即这里的气动声学问题是通过传统的声学方程描述的，便出现了“气动声学类比”这一提法。

在汽车气动声学方面，固体表面的存在必须考虑在内。为此，Curle（1955）首先找到了 Lighthill 方程［式（14.73）］的一个定解。如果说在 Curle 的定解中，还需要注意涉及表面上运动（表面上的法向速度为0）的一些限制，在后来由 Ffowcs Williams 和 Hawkings（1969）推导出的解中则没有这些限定了。因为在汽车声学中，运动的表面是惯常的，所以只要采用气动声学类比，便优先使用后者的解。Ffowcs－Williams－Hawkings 类比方程写为

$$\frac{\partial^2\rho}{\partial t^2}-c^2\nabla^2(\rho)=\frac{\partial^2}{\partial x_i x_j}\{T_{i,j}H(f)\}+\frac{\partial F_i\partial(f)}{\partial x_i}+\frac{\partial Q\delta(f)}{\partial t} \tag{14.76}$$

式中

$$F_i=-[\rho v_{n,i}(v_{n,j}-v_j)+p\delta_{i,j}-\tau_{i,j}]\frac{\partial f}{\partial x_i},\quad Q_i=-[\rho(v_{n,j}-v_j)+p_0 v_j]\frac{\partial f}{\partial x_i} \tag{14.77}$$

式中，对于$f=0$，函数$f(x,t)$描述运动表面；v_n是表面的法向速度；$\delta(f)$是狄拉克函数（Dirac－Funktion）；$H(f)$是阶跃（赫维赛德）函数。在这个非均值波动方程的右边，除了四极子项外，现在还给出了对于汽车气动声学来说非常重要的双极子项和单极子项（图14.81）。利用狄拉克函数和阶跃函数，人们能够看出各个源项的不同特性。四极子项描述表面以外的体积源（见上文），而双极子项和单极子项描述表面的面源。这里的单极子源是由表面的运动产生的，和音箱的情形类似。

类比方法用来评判声源可能存在的地方。模拟分析时，这些地方通过流动计算来确定。图14.81中，以车外后视镜的绕流为例说明了这种情况。由后视镜引起、利用 CFD 计算的湍流，

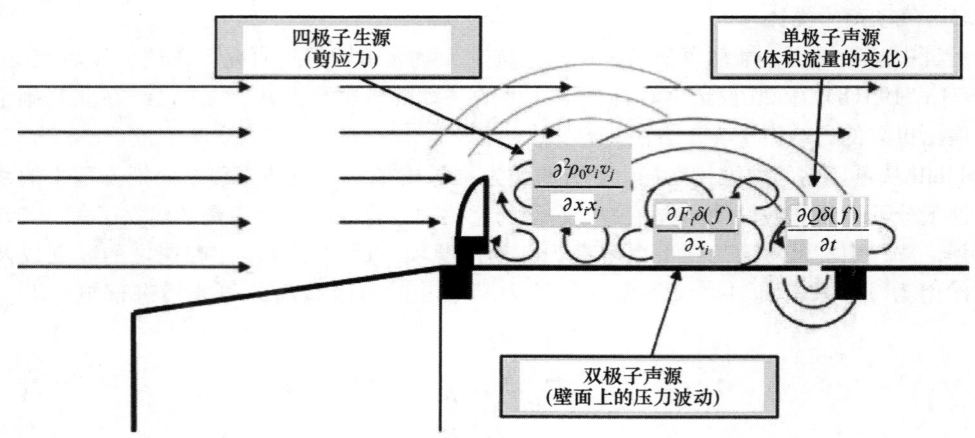

图 14.81　气动声源类型和方程中的对应项，以车外后视镜的湍流为例（四极子声源通常可以忽略不计），参见图 14.78（Blumrich，2006）

生成了尾流中的四极子源区、侧窗上源于压力波动的双极子源区。除此之外，还可能出现单极子声源，例如由密封处的泄漏造成。噪声从这些流体中声源所在的区域出发到达接收者，通常以直线传播的方式进行计算，也就是说不存在特别的传播效应。原则上，类比法仅仅适用于汽车的外部噪声。

除了这里提到的三种气动声学类比之外，还存在一些其他的方法。其中的部分方法已经或者将会被应用于汽车的噪声问题研究。例如 Lilley 类比方法（1973），或者是由 Howe（1975）和 Möhing（1978）提出的方法。不过总的来说，由于首要的兴趣在于汽车乘员舱内的噪声，所以客观地讲，那些主要是能够用来计算噪声的向外发散、而不能计算噪声向车内传播的类比方法，在汽车气动声学模拟中的作用是十分有限的。

14.2.3.2　基尔霍夫积分方法

基尔霍夫积分方法（Kirchhoff－Integral－Methode）处理包络面上源的分布，而该包络面所包围的体积内包含潜在的气动声源。为了对此进行计算，将所观察的范围分成两个区域：

- 非线性的内域，采用具有低或者无扩散、耗损和弥散的 CFD 模拟方法进行计算。
- 线性的外域。在这一区域，在内域的边界（基尔霍夫表面）上对源项进行积分，进而计算声辐射区内的声压。

在参考文献，例如 Goldstein（1976）的第 1.5 节中，能够找到这一方法的理论依据。与气动声学类比方法相比较，基尔霍夫积分方法有一个优点，那就是只对声源所在的区域进行表面积分，而不是在声源所在的整个区域内做体积积分。采用调和函数 $\varphi=(\boldsymbol{x},t)=\varphi e^{i\omega t}$，一般形式的基尔霍夫积分表示为

$$\varphi(\boldsymbol{x}_0)=-\frac{1}{4\pi}\int_S \frac{e^{-ikr}}{r}\frac{\partial\varphi}{\partial\boldsymbol{n}}\mathrm{d}S+\frac{1}{4\pi}\int_S \varphi\frac{\partial}{\partial\boldsymbol{n}}\left(\frac{e^{-ikr}}{r}\right)\mathrm{d}S \tag{14.78}$$

式中，$\varphi(\boldsymbol{x}_0)$表示声势函数$\varphi(\boldsymbol{x},t)$的复振幅；$S$ 是包络面；r 是到起始点 $\boldsymbol{x}_0$的距离；$\boldsymbol{n}$ 是包络面的法向。这一表达式的修正形式被称为基尔霍夫－亥姆霍兹公式（Kirchhoff－Hlemholtz－Formel）。声场的压力 p 和速度 v' 则通过声势函数的时间和空间导数按下面的关系式确定：

$$p=-\rho_0\frac{\partial\varphi}{\partial t} \tag{14.79}$$

$$\boldsymbol{v}'=\mathrm{grad}\varphi \tag{14.80}$$

本来，基尔霍夫积分方法中的积分面必须位于包含涡旋的源流和剪切流区域之外。更新的方法则能够避开这一限制。还能照顾到边界面的运动（Farassat 和 Myers，1988）。

14.2.3.3　线性化的欧拉方程

线性化的欧拉方程（Linearalised Euler Equation，LEE），能够计算非均质流动中声音接收处，也包括声传播的整个声场。因此，声场相关的区域，反射面也要考虑在内。

LEE 在忽略非线性项和黏性的条件下，由纳维－斯托克斯方程推导而来。除此之外还假设，相对于平均流动量，噪声项非常小。如果在均值流动量（$\bar{p}$，$\bar{u}$，$\bar{\rho}$）和噪声项（p'，u'，ρ'）之间进行一次标量分解，而且假设声音在空气中的传播是一个绝热过程，那么在忽略重力作用的条件下，LEE 可以写成下面的形式（Blumrich 和 Heimann，2002）：

$$\frac{\partial u'}{\partial t} + (\bar{\boldsymbol{u}}\nabla)\boldsymbol{u}' + (\boldsymbol{u}'\nabla)\bar{\boldsymbol{u}} + \frac{1}{\rho}\nabla p' - \frac{1}{\kappa\bar{\rho}}\frac{p'}{\bar{\rho}}\nabla\bar{\rho} = 0 \tag{14.81}$$

$$\frac{\partial p'}{\partial t} + \bar{\boldsymbol{u}}\nabla p' + \boldsymbol{u}'\nabla\bar{\rho} + \kappa(\bar{\rho}\nabla\boldsymbol{u}' + p'\nabla\bar{\boldsymbol{u}}) = 0 \tag{14.82}$$

式中，$\kappa = c_p/c_v$是空气在等压条件下的比热与等容条件下的比热之比。LEE 是一个应用面很广，而且通常结果也很准确的计算工具，但是对计算能力的要求也相当高。由于这一原因，这一工具在汽车的气动声学研究中如果得到应用，也只是应用于非常特殊的情形。

针对这里讨论的那些可以用来计算流体中的声场的计算方法，图 14.82 给出了一个简单的示意性概况。在所有情况下，CFD 计算都与一个声学后处理过程相耦合。如果将这里的空气作为材料来处理，对于 LEE 的原理性表述，也适用于 FEM 计算。

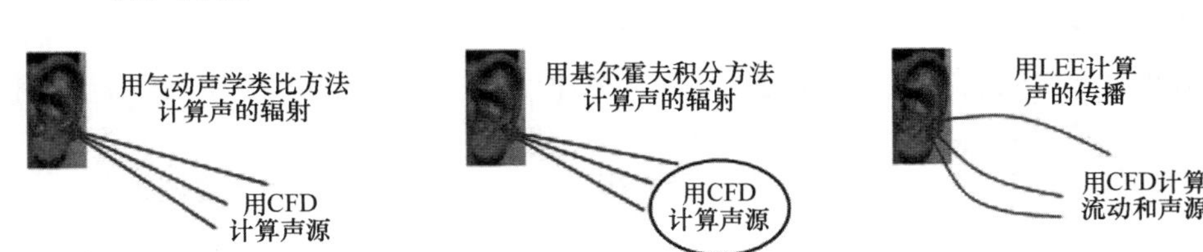

图 14.82　计算流体中声场的各种不同方法的示意性概述。原则上，对 LEE 方法的概述也适用于 FEM 计算（Blumrich，2007）

14.2.4　噪声向车内的传播

到现在为止的讨论，都是观察汽车外部的噪声场，而没有涉及来自于振动的（车身）结构表面的声辐射。通常情况下，振动结构表面的声辐射对于车外来说实际上是可以忽略不计的。但是对于车内的声场来说，正如汽车研发者在气动声学方面确实感兴趣的那样，必须考虑绕流与汽车结构和结构振动之间的相互作用。汽车的构件，例如车门、底板和车顶，会在受到气动力激励时发生振动，进而向车内辐射噪声。图 14.83（见彩插）以气动力激励的结构振动为例，显示汽车车门在车速为 140km/h 时、在风洞内测得的振动方式（122.5Hz 时的振动模式）。试验中采用了一个激光扫描测振仪，它测量垂直于车门表面的速度。

模拟计算时，必须相应地复现前面介绍过的整个试验过程：

1）生成车门表面的脉动压力。

2）结构振动的激励和传播。

3）风噪声的辐射。

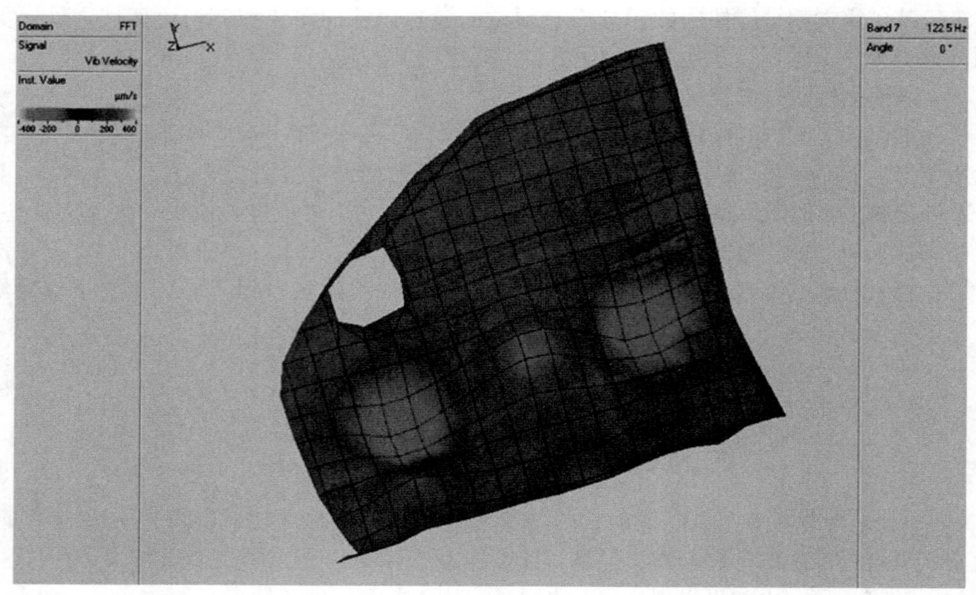

图 14.83　汽车车门对应于 122.5Hz 的振动模式，由风洞内速度为 140km/h 时的气动力激励，采用激光扫描测振仪测量表面法向速度，红色：由显示平面向外；绿色：由显示平面向内（来源：FKFS）

除此之外，还必须考虑比如在车外后视镜、天线或者车顶支架处所产生而又通过结构向车内侵入的气动噪声。这一噪声显然是可以感知的，在较高频率处甚至是主导性的。如果在密封系统中或者在其他地方存在不严实的地方，以致噪声会直接钻入车内，那么，这种噪声通常对于车内的声压强度而言会是决定性的。不过，这在模拟计算中一般不会考虑在内，因为这通常是由制造过程中的误差造成的，而并非计划中就有的泄漏。

在汽车的气动声学计算中，必须注意绕流中的风 - 流体与车身结构之间两种不同的相互作用：

1）流体 - 结构耦合：这里假设，幅度相对较小的结构振动对绕流没有影响。这一耦合也被称为弱耦合或者单向耦合。

2）流体 - 结构相互作用：在这里，当结构的振动或者变形很严重时，就会产生对绕流的影响，从而出现真正的相互作用。这种作用也称为强耦合或者双向耦合。

穿过密封系统向车内传播的气动噪声，可以看成是流体 - 结构耦合和流体 - 结构相互作用的一个特例。一方面，汽车外表面上交替变化的压力耦合到密封结构内，引起密封结构的振动。另一方面，密封系统内的空气和振动的密封结构发生相互作用。这种相互作用影响着噪声向车内的传播。由于密封材料相对较软、面积非常小，所以与密封特性密切相关的流体 - 结构耦合和流体 - 结构相互作用，与（流体 - ）车身结构之间的耦合和相互作用相比较，有着完全不同的边界条件。模拟方法通常更困难，因此仍然处于研究阶段。通过密封系统传播的气动噪声，依其质量的差异，可能直接主导着车内的声压。

对于车身结构，诸如密封系统和布质车顶这样的软性结构的振动计算，必须注意到结构声学的计算方法。最常用的方法是有限元法（FEM，例如 Fahy，1985）、边界元法（BEM，例如 Banerjee 和 Butterfield，1981）和统计能量分析法（SEA，例如 Lyon，1975）。图 14.84 粗略地勾勒出这些用于各个部分计算的方法之间的主要依存关系。其中，图 14.84a 表示流体 - 结构之间的耦合，而图 14.84b 表示流体 - 结构之间的相互作用（或者相互影响）。这些方法在参考文献中都有详细介绍（文献举例如上所述）。因此，这里不对它们做深入说明，而只是给出一个简短的综述。

FEM 能够进行多种计算。它既能模拟流体，也能模拟结构。利用 FEM 能够模拟结构的振动、声的辐射，而且直接模拟流体和结构之间的相互作用。如果确实需要，可能含有泄漏的密封系统也能够处理。鉴于制作网格的成本很高，因为空间总是必须做离散处理，而且（所考虑的）空间必须是封闭的，亦即需要适当的边界条件，所以关于声辐射的模拟和采用 FEM 来做流体分析，建议只是针对非常小的空间进行。当噪声进入车内时，对乘员舱和车身结构之间耦合的研究，可能就是这样的一种应用。对于噪声在非封闭空间内（向外）的辐射传播，也许可以采用无限元法（参见如 Astley，2008）。不过，对于这类的问题，还是宁可采用 BEM。

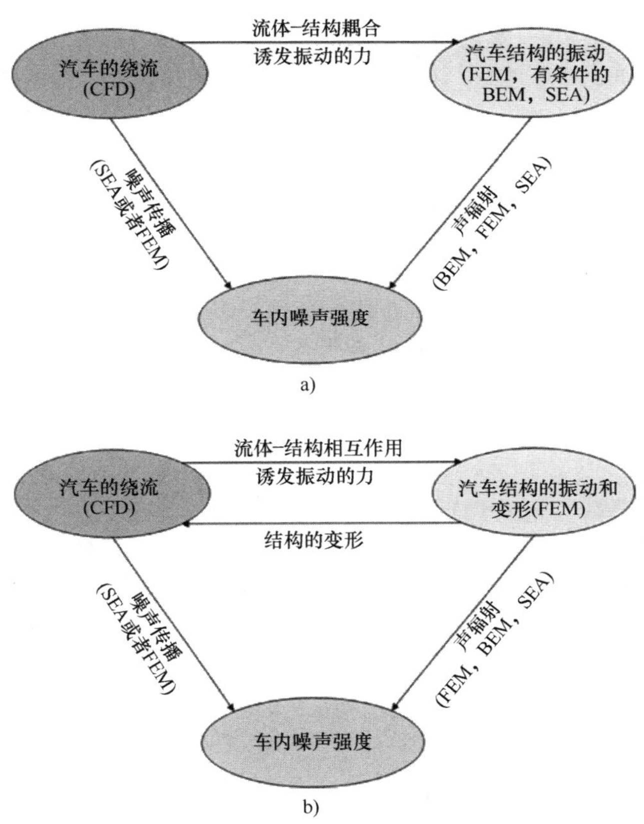

图 14.84 a）流体－结构耦合和 b）流体－结构相互作用原理示意图。
括号内标注的是正文内提到的相应计算方法（来源：FKFS）

在汽车声学模拟中，BEM 主要用来计算来自振动结构的噪声向外的辐射。因为只需要对表面进行离散，该方法特别适合这样的计算。制作网格的成本也因此而相当低。BEM 法的某些公式还适用于结构振动的计算（例如 Agnantiaris 等人，1998；Heuer 等人，1990）。不过，FEM 对此更合适，因而使用也更多。BEM 的优势在于求解无限延展域内的声学问题。正如前面已经提到，在汽车上，例如噪声向外的辐射就是这种情况。但是，BEM 也用来计算车内的声场。BEM 非常低的网格创建成本被相对于 FEM 而言更高的数值计算成本所抵消。不过，前者还是降低了人工成本。

在对整车进行模拟时，由于创建网格或者是数值计算成本方面的原因，对于频率在 500Hz 以上的噪声来说，FEM 和 BEM 两种方法目前都不具有实用性。与此相反，SEA 方法则只是适用于更高频率的噪声。SEA 处理统计能量流，它要求所分析的结构具有密集的固有模态。这正好要求高的频率，从另一方面来看则带来高的效率。这一方法使用的模型更为简单，运用相对而言非常少的计算资源就能进行计算。汽车的 SEA 模型由所谓的子系统组成；即结构以及空腔或者流体域。结构子系统有如车门板片、车窗和车顶。流体子系统可能是发动机舱、介于道路和汽车底版之间的区域，以及座舱。鉴于研究目的的差异，汽车用 80～150 个子系统来建构。SEA 方法应用于汽车座舱内 500Hz 以上噪声强度的计算是卓有成效的。

为了确定车体结构的气动声学激励效果，可以利用 CFD 程序将多个不同的方法结合在一起。为此，存在一些相应的程序结合点，尽管它们并非对市场上可供利用程序的所有组合都有效。只要是需要考察流体与结构之间的相互作用，理论上就会对于每一个时间步用 CFD 程序计算作用在结构上的力，而用结构程序计算结构上对应的反馈。下一个时间步，结构上的几何参数变化作为新的边界条件带入 CFD 计算之中。不过，这可能是一个极其费时费力的运行方式，有可能引起数值计算方面的问题。

实际工作中，要么是忽略结构对流体流动的反作用，亦即前面定义的流体－结构耦合，于是无须进行 CFD 计算与结构计算之间的迭代。要么，CFD 计算与结构计算之间的数据交换时间间隔必须适当地加大，以便不必在每一个时间步都传送变化了的边界条件。一方面，时间间隔必须足够大，以使得计算的时间花费保持可控；另一方面，时间间隔又必须足够小，以便流体与结构之间的相互作用能够模拟重现。这种情况也同样适用于因为气动力（的存在）而可能引起的变形，一直到结构在流体的作用下达到一种稳定状态。如同敞篷汽车的布质车顶的所谓鼓胀现象（图 14.85，见彩插）。

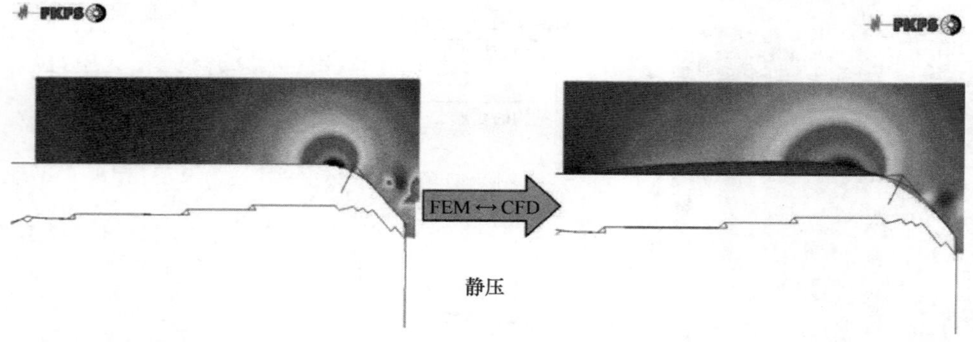

图 14.85　SAE 模型中一种常见的布质车顶鼓胀现象的计算。该计算是在 FEM 模拟和 CFD 模拟互相迭代的过程中实现的（MSC. Nastran 和 PowerFLOW®）（Hazir 等人，2009）

除了已经介绍过的结构声学方法之外，还有一些这些方法之间的组合，也可能用于计算结构（对于流体作用）的响应，例如 FEM 和 BEM 的组合或者 FEM 和 SEA 的组合。此外，还存在一些新的、尚未得到广泛应用的方法。这些方法如波函数法（WBM，也称为波函数技术，WBT，Desmet 等人 2004），或者混合 FEM－WBM 方法（HFE－WBM，van Hal 等人 2004）。HFE－WBM 把 FEM 方法对于几何结构的灵活性和 WBM 方法的计算能力结合在一起，以便能够在高频条件下得到应用。

14.2.5　实例

截至目前，汽车气动声学数值模拟方法能够在上述已经介绍过的各种现象的广泛范围内得到应用。如果建模细致准确，这些方法能够给出足以令人信赖的结果。它们部分地应用在基于普通汽车结构的研究之中，旨在对已经使用的算法继续深入开发。它们也被用作试验性研发工具和手段的补充，以便于更准确地理解所观察到的现象的物理学意义。在这种情况下，数值模拟方法能够带来试验工具所不具备的优势。举例来说，如前所述，在整个所观察的范围内，数值模拟能够产生试验所无与伦比的大量数据。除此之外，这些所期望的数据的产生是在无干扰的条件下完成的。不仅流动本身，而且声学状态，都没有受到影响。

模拟计算中，真实的一个个汽车零部件及它们在汽车上所处的环境都得到关注。目前，这些研究工作的主要目标，是对这些方法进行验证，详细地弄清楚那里的气动声学原理。汽车作为包含其所有细节的整体，对存在的现象全部呈现出来，仍然还无法进行模拟。

下面只能给出为数不多的几个实例。第一个例子介绍汽车的移动天窗发生低频振颤时乘员舱内耦合效应的研究结果。为此，使用了1:4缩比的SAE标模。(Blumrich等人，2007)。所研究的是乘员舱和行李舱之间通过空气或者通过一个振动隔板的耦合效应。为了模拟空气耦合效果，隔板上含有定制的孔；经过这些孔，空气可以在两个空间互相交换。图14.86（见彩插）显示出这一包含所研究空间内相应网格结构的计算机模型。模拟计算采用CFD程序PowerFLOW® 来完成。该程序基于格子-波尔兹曼方法。

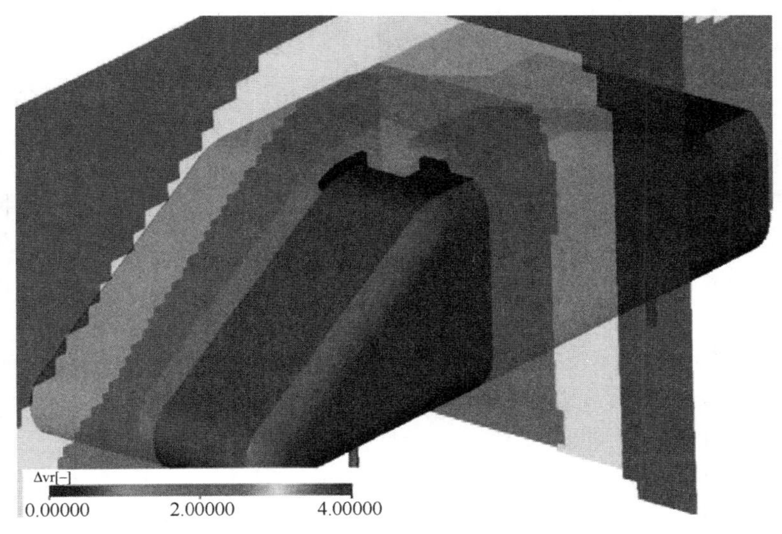

图14.86 带有天窗开口和（不可见）空腔以及CFD计算空间网格截面的1:4 SEA模型（灰色）；深蓝色：具有最高分辨率的区域（Blumrich等人，2007）

这一研究系列的结果之一见于图14.87。图中，对车内座舱和行李舱之间通过固定隔板相互耦合和通过空气耦合进行了对比。从结果中可以看出，耦合的效果，是将低频的最大值推向更高的频率而且使得最高的低频声压级下降。来自试验的结果和模拟计算结果，不仅在对应于速度的声压变化中，而且在频率特性方面，都体现出广泛的一致性。关于频率特性方面的一致性，由于一目了然，故在此略去。

由于在振颤现象出现过程中声学效果和流动之间的相互影响，空气的可压缩性也一并被考虑进来。然而，涉及振颤效应问题，模拟技术已经有了长足的进步。这首先表现在能够处理的频率非常之低，因而几何结构至少是在很宽的范围内可以十分粗略地表达。利用真实的汽车模型已经进行了一些模拟分析（见如Crouse等人，2007；Read等人，2005；Seibert等人，2004)。不过，在这些分析中，汽车乘员舱内的声吸收和耦合机制（见前述）还必须认真地予以模型化。

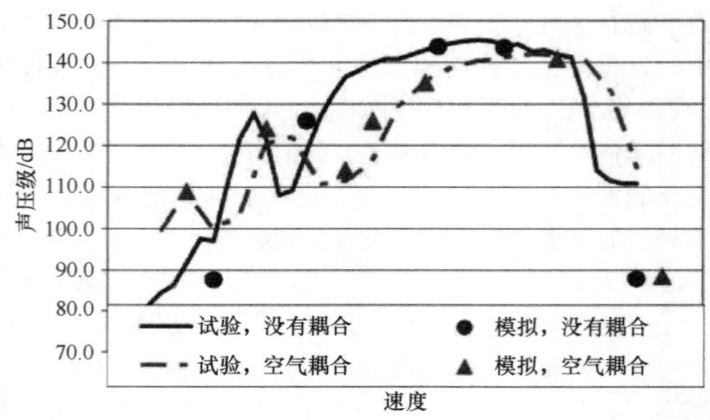

图 14.87　在乘员舱和行李舱之间是否存在空气耦合条件下试验与模拟计算（模型乘员舱内的拾音器）的轰鸣声压结果比较，又见 Blumrich 等人（2007）

为了开发和检验计算算法，还对常见的车外后视镜进行了多次数值模拟与试验分析。后视镜 - 侧窗玻璃再加上 A 柱所在的区域在气动声学方面十分敏感，又因为靠近驾驶员的头部，而意义突出（又见图 14.81）。后视镜和 A 柱干扰汽车的绕流，其形式是在侧窗上引起明显的气流波动，因而通常导致了驾驶员耳朵附近的车内噪声。

图 14.88（见彩插）显示的是使用 CFD 程序 Star - CCM +®进行计算而获得的模拟结果。该程序是以纳维 - 斯托克斯方程为基础编制而成的。这里进行的是分离涡模拟（Caraeni 等人，2011）。可以看到的，是作用在假想的侧窗玻璃上的剪应力瞬时图像（水平面），和一幅流动速度截面图（垂直面）。在后视镜的尾流区内，不仅在侧窗上，而且在整个空间内都可以看到明显的波动。在这样的模拟计算中作为结果提供的，不是噪声强度，而是气流所引起的压力波动和速度波动的强度。不过，这种波动的强弱使人们能够推断出这一位置不仅车内，而且车外噪声的出现。

借助模拟计算获得的气流波动，本例还计算了声辐射。为此，采用了 Ffowcs Williams - Hawkings 的气动声学类比方法，其结果则与来自参考文献的试验结果（Rung 等人，2002）进行了对比。在图 14.89 中可以看到噪声的频谱。试验结果与模拟结果从趋势上来看是一致的，在个别频率区间的最大误差大约是 10dB。

图 14.88　一种普通车外后视镜绕流的模拟结果。等值线：静压；截面云图：速度值。来源 CD - adapco

在对单一汽车零部件进行研究时，除了零部件本身以外，还应该对它们在车身附近所处的周边环境建模，因为必须正确地模拟它们的流场。在图 14.90（见彩插）中作为例子所看到的，是使用 Fluent® 对风窗刮水器绕流的模拟。风窗玻璃表面的流线和速度矢量分布显示出流动特性。在这里，模拟计算没有将车内或者车外的声压级作为结果给出。但是通过模拟却表明了，由刮水器引起的风窗玻璃上的气流波动有多么剧烈，由此可能带来对于车内噪声的贡献。在刮水器后面，沿着气流流动的方向（这里是从右向左），可以在风窗玻璃上看到清晰的涡和波动。

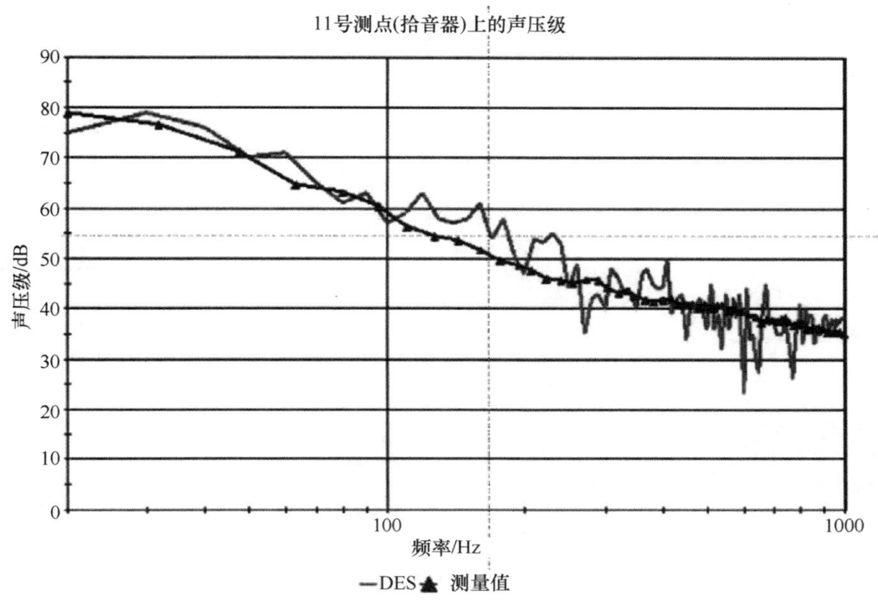

图 14.89　采用 DES 和 Ffowcs Williams - Hawkings 类比方法计算（红色曲线）以及试验测量（蓝色曲线，来自 Rung 等人，2002）得到的、距离后视镜（见图 14.88）大约 0.5m 处噪声声压谱。又见 Caraeni 等人（2011）

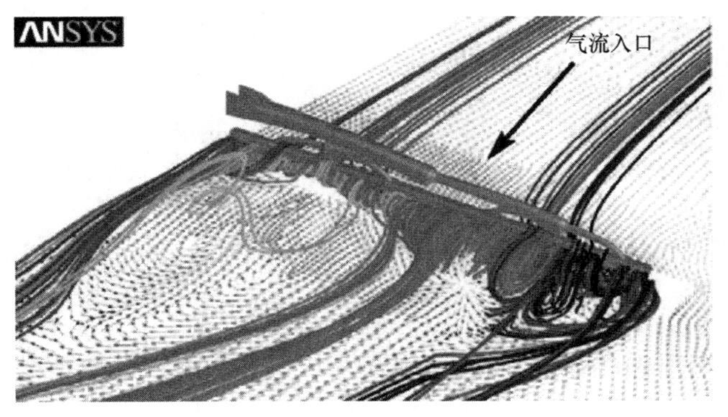

图 14.90　刮水器绕流的模拟。图中显示的是流线和风窗玻璃表面的速度矢量分布（蓝色 = 速度低，红色 = 速度高）。来源：大众汽车公司科研

数值模拟因其无干扰地获取数据信息这一优势而用以揭示或者弥补试验中的缺陷。例如，粘贴在侧窗上用来采集当地交变气压的贴片传声器，干扰并改变了气流/流场，传声器本身会引起压力的交替变化；这也就是说，它通常会测得（与频率相关）比实际汽车上没有传感器时更

高的值。通过对比性的模拟分析，能够对测量方法带来的影响做出评估。采用 CFD 程序 PowerFLOW®所做的相关研究，对没有传声器、装有传声器以及给传声器再加配一个倾斜护罩时的绕流进行了相互比较（Senthooran 等人，2008）。倾斜护罩模仿的是在试验中使用粘胶带将传感器固定在车窗上的情形。

试验和模拟中采用的贴片传声器的细节图片见图 14.91（见彩插）。图中还显示了计算得到的车窗上声压脉动，这里以从 177～354Hz 的倍频程来表示。模拟计算结果比较清楚地表明，传声器使它周围的压力脉动升高，尤其是在它没有加护罩的情况下。对结果数据的频谱进行分析，给出压力脉动分布在哪些频段内由传感器造成了多大程度的变化。以 A 柱涡旋区的两个传声器为例，可以看出，采用不带有护罩的贴片传声器进行测量时，在 1kHz 以下的频率范围内，声压级可能升高达 10dB（图 14.92，见彩插）。使用护罩之后，这一升高值受到抑制；这和在使用护罩的试验结果中能够看到的情况一样（红颜色的曲线）。但是，在 2～5kHz 之间，带有护罩的传声器也可能引起声压脉动水平的升高。

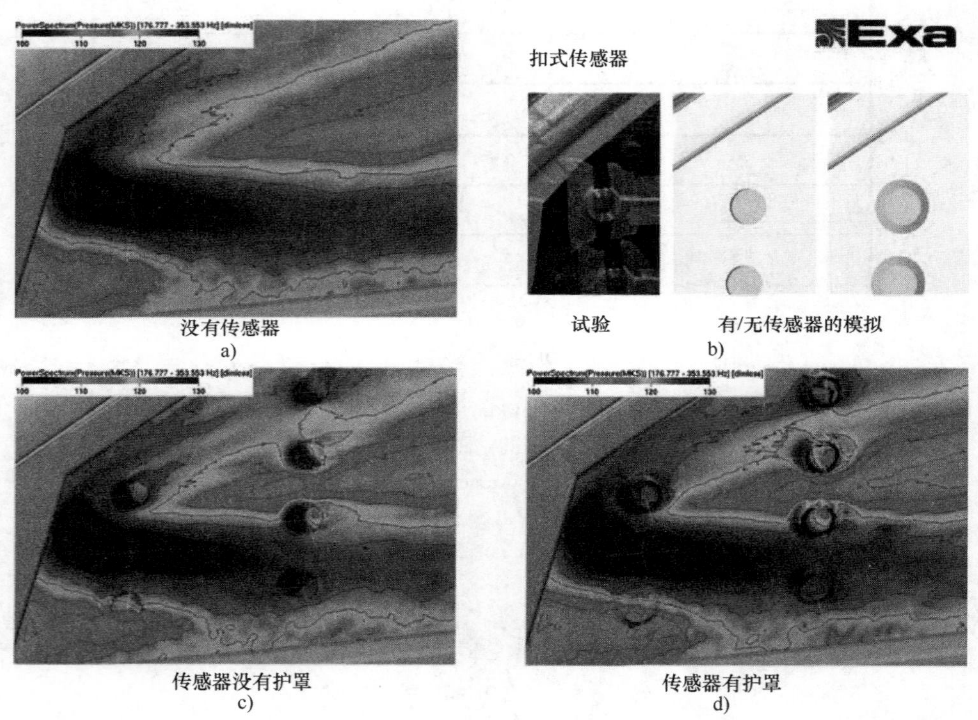

图 14.91　贴片传声器细节图片（b）和以 177～354Hz 的倍频程（单位：dB）表示的侧窗上脉动压力。图中可以明显地看出贴片传声器上的交变压力升高了（Senthooran 等人，2008）

噪声传入汽车座舱内的路径上的下一步，是通过诸如车窗、车身或者是密封系统这样的结构的传递。作为示例，这里给出通过侧窗传递的计算结果。这里的噪声传递不仅包括声音的穿透（来自外部的声音穿过结构），而且包含气动的压力脉动使结构受到激励。

给出的例子运用了基于 SEA 的方法，而该方法则从使用 PowerFLOW®的 CFD 计算中获取输入数据。这些输入的数据被分解成空气动力学和声学两个部分，以便能够考虑到它们不同的传递特性。这个方法一方面借助试验测量进行验证（图 14.93b，见彩插），另一方面则用来对这个车窗上不同（特性）的玻璃对车内声压水平的影响进行评估（图 14.93c，见彩插）。在高于 2.5kHz频率范围内的局部最高值，与车窗玻璃的吻合频率（Koinzidenzfrequenz）有关；吻合频率会随着玻璃的厚度和几何结构的变化而变化。夹层玻璃可望有最低的声压级（天蓝色）。计算结果说明，采用基于 SEA 的方法是可以做出这类估计的。

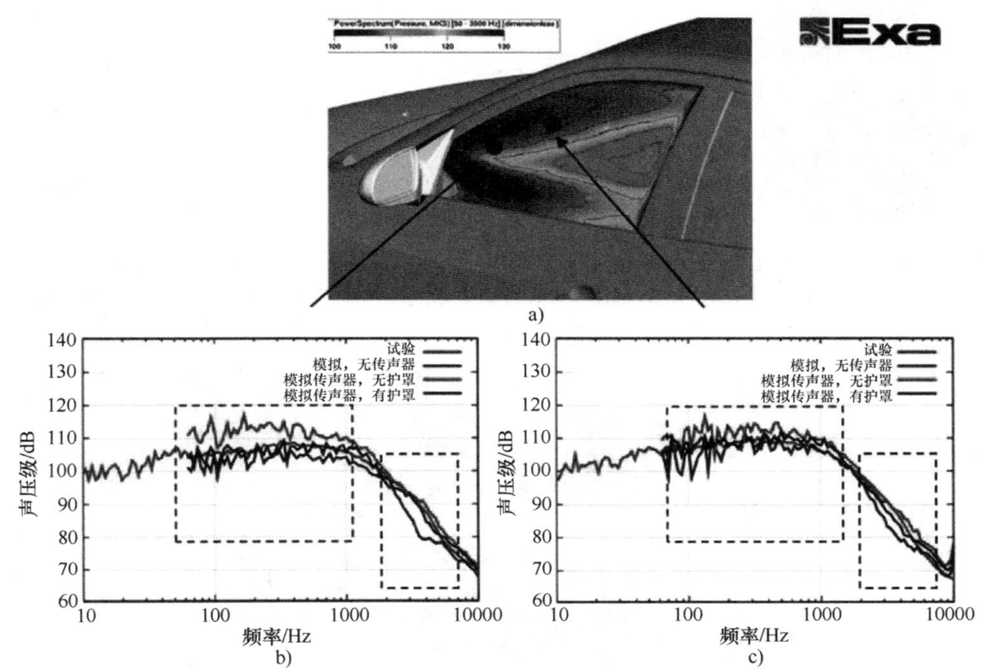

图 14.92 在不同配置条件下，在两个贴片传声器所在位置（图 a 中的蓝色点）、通过试验和模拟计算得到的声压频谱（虚线标记：传声器使声压升高的区域）（Senthooran 等人，2008）

汽车气动声学研究的另一个专题是空调设备。在这里，风道、过滤器、阀门和出风口是研究对象。空气在这些地方流过时，都会产生气动噪声（见第 8 章）。鼓风机表现为一种主动噪声源，因为它本身造成这些对象中的空气流动。也正因为如此，在空调系统中存在着与汽车的绕流中不一样的情形。基于空调系统的几何尺寸，这些情形通常规模较小，并且与很低的风速联系在一起，不过本身在某些情况下更为复杂。当把鼓风机作为噪声源拿来和空调系统一起进行模拟分析时，风速便具有了特别的意义。诚然，在过去的一段时间里，数值模拟在空调系统研发过程中所起的作用不可低估。

作为汽车空调系统气动声学模拟的第一个例子，这里给出的是对一种常见出风口的计算分析。使用 CFD 模拟程序 Star - CD® 对流场进行计算，并通过紧接着的 BEM 模拟确定声辐射（Augustin 等人，2007）。图 14.94（见彩插）显示出模拟计算获得的速度场和对比试验装置的结构。为了检验模拟计算对于时间分辨率的敏感性，选用了各种不同的时间步长。针对出风口附近传感器上测量得到的压力脉动图谱与采用各种不同的时间步长计算获得的压力变化过程进行了比较，比较显示出模拟结果与这一模拟参数（时间步长）的相关性（图 14.95，见彩插）和试验结果与计算结果的一致性。

正如从这一实例中可以看出的那样，气动声学研究领域也还部分地考察简化的几何结构，以便对模拟计算结果进行检验，并对仿真算法进行进一步开发（参见如 Adam 等人，2008）。不过，早就运用数值工具对真实几何结构的空调系统进行过研究，例如对风量分配装置进行优化（Kühnel 等人，2004）。但是，当时大都采用不具备声学后处理过程的静态 CFD 计算。借助计算得到的速度场和压力场，推导出声学特性方面的结论。

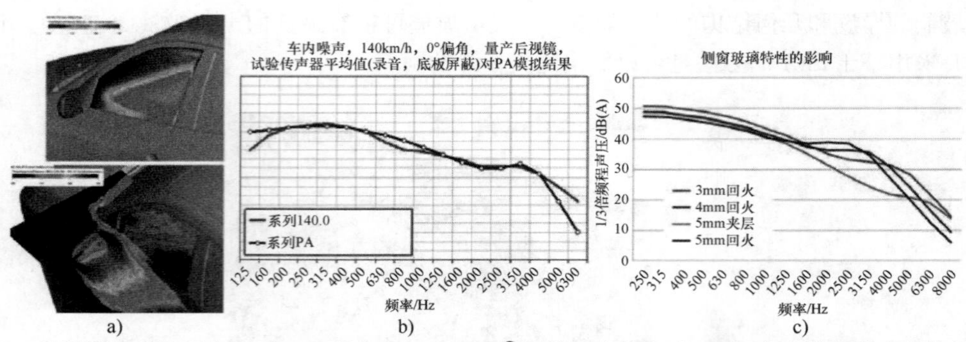

图 14.93 采用耦合的仿真方法（CFD 程序 PowerFLOW®计算气流的流动，SEA 方法计算噪声的传播）模拟噪声向车内的传播，与实验结果进行的对比（b：测量结果用红色曲线表示）和对不同特性的玻璃对车内噪声能级影响的评估（c）。又见 Moron 等人（2009）。来源：Exa 公司（2012）

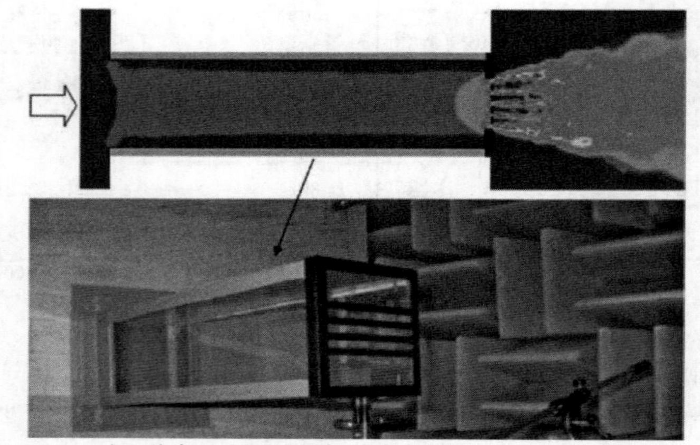

图 14.94 对一种常见出风口的气动声学研究（Augustin 等人，2007）

a）计算所得空气流动速度的瞬时照片 b）试验装置的结构

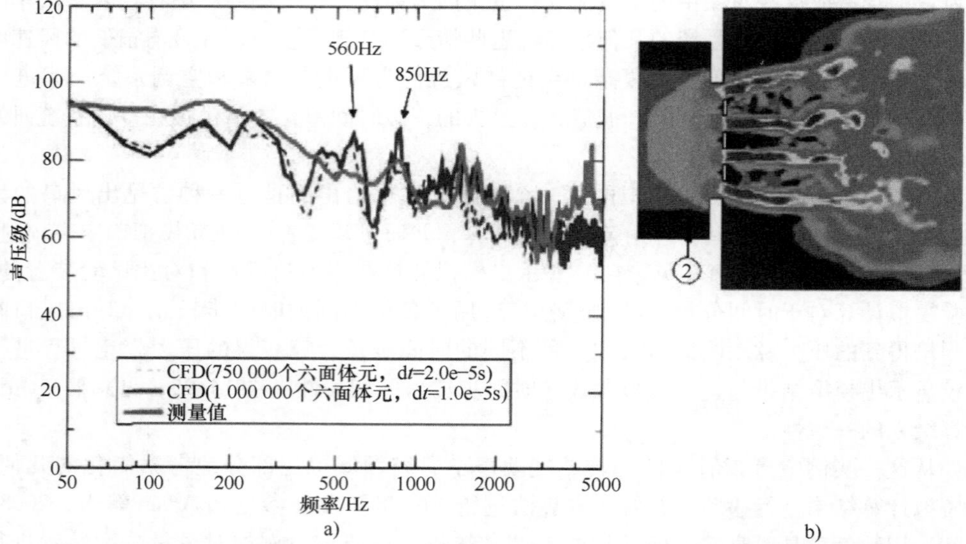

图 14.95 a）测量和计算风口处脉动声压谱 b）模拟计算所得空气流动速度场的瞬时照片，附带脉动声压的测点位置②（Augustin 等人，2007）

在此期间，空调系统也以其更为复杂的结构形式进行了非稳态的研究。比如，用CFD程序（PowerFLOW®）计算真实空调器鼓风机包含声辐射的排风过程，并且利用相应的测量结果来进行比较。在图14.96（见彩插）中，左边是以瞬时图像的形式表示的模拟计算结果；可以从中看出风机出流中的涡动特性（涡度）。图中右边则是声辐射频谱。该频谱是在距离鼓风机转轴轴线方向1m远处，使用传声器测得的，对相应位置的声辐射频谱也进行计算。背景噪声也显示在图中。

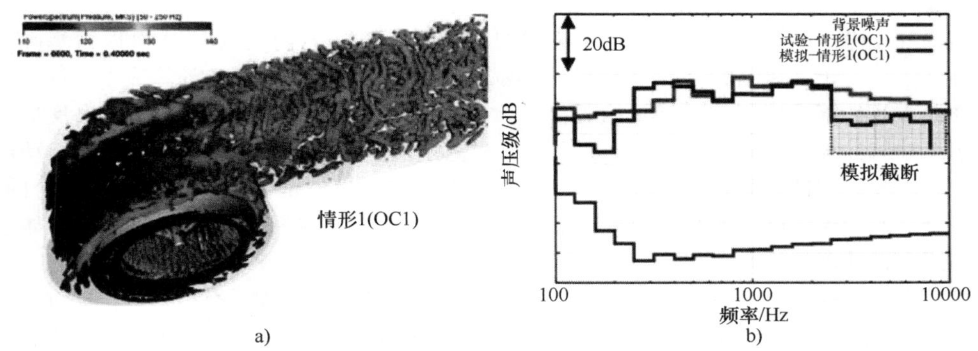

图14.96 数值计算的空调系统鼓风机出口流场涡特性瞬时影像（a）以及在鼓风机轴向1m远处模拟计算和试验测量得到的声压谱对比（b）（Pérot 等人，2011）

对乘用车空调系统中气流直到进入乘员舱的流动也进行了气动声学模拟研究。图14.97a定性地描述了流入乘客舱流场的涡度。图14.97b中，可以看到向车内传播的噪声频谱，该频谱在（距离出风口）0.85m处测得（红色线条）并相应地进行了模拟计算（蓝色线条）。在大约50Hz和3kHz之间，模拟计算和试验测量的结果在很大范围内只有几分贝的误差。在大致50Hz以下，它们之间由于测量过程中的背景噪声而出现误差。

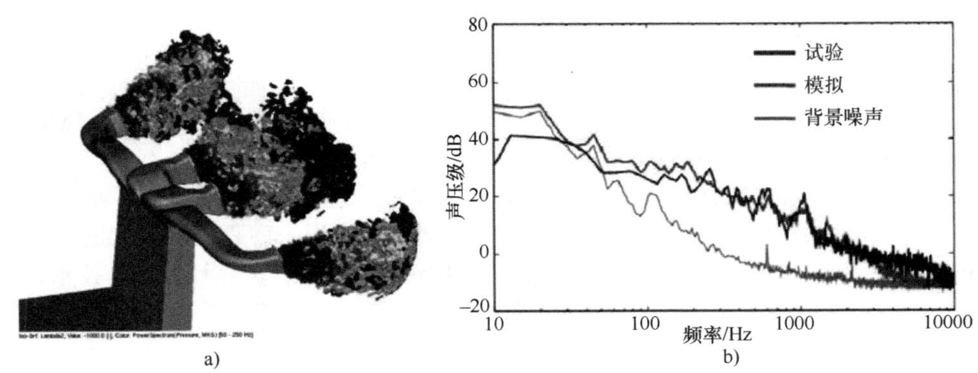

图14.97 车内乘员舱方向空调系统模拟出风的定性瞬时图像（Pérot 等人，2010）

a）50～250Hz范围内的涡动特性，颜色由70～100dB范围内的声压谱确定 b）测量和计算声压谱对比（传声器位于出风口前方中间，距出风口0.85m，带宽12.5Hz）

汽车上气动声学数值研究的其他实例可以在对底板部分的分析中找到。底板的绕流引起车身结构的低频率振动，而这一振动通常会向座舱内辐射噪声（如Ulrich，2008；Crouse 等人，2007；Moron 等人，2011）。还对汽车上车顶支架的绕流进行了模拟分析（如Senthooran 等人，2007）。在汽车上的这些附件周围，会出现应该加以避免的非常扰人的单频噪声。对汽车天线来说同样如此，尤其是传统的杆式天线，只要它还装着。

14.2.6 总结和展望

尤其是当行驶速度超过120km/h时，空气动力学原因所致的噪声对于乘用车来说具有决定性的影响。这一点不仅适用于车外的噪声，也适用于车内的噪声。在一些特定频率范围，在低速时风噪也占主导地位。最重要的噪声源，是诸如A柱或者轮罩（后者引起外部噪声）、密封系统这样的特殊车身结构，以及像车外后视镜这样的附件。尤为关键的是围绕A柱、车外后视镜和侧窗的区域。

目前，气动噪声的计算在一定程度上来说是可以进行的，通常是以CFD模拟为基础来完成的。不过，依照对于结果精确度要求的不同，必须投入很高直至非常高的计算成本。同时，必须非常仔细地搭建计算模型。声学计算结果会非常敏感地对模拟的流动过程波动做出反应。它明显地依赖于湍流计算的准确性。边界条件也具有重要影响。对于车辆以及流体域中气动声学敏感的区域，以及影响这些区域的来流，都必须进行相应的网格加密。这一对于网格加密的要求，取决于所研究的湍流尺度，而对于时间的解析度，则由所关注的最高频率（和声速，如果需要同时对声波进行计算的话）来决定。

一般而言，CFD仿真与流体波动的声学评价耦合在一起。这种声学评价可以借助各种不同的方法来实现。属于这些方法的，有气动声学类比法、基尔霍夫积分方法、边界元方法和线性欧拉方程。因为声学模拟结果与流动过程中的波动密切相关，所以必须认真仔细地选择湍流的仿真模型。对于声学分析来说，比较简单的湍流模型常常只能满足很低的精度要求。尤其是在需要确定声压级和频率绝对值的情况下，计算结果必须小心地加以研判。

在进行直接模拟时，同时直接计算流体的波动和声波。它们不需要模型化或者参数化。只要正确地表达了模拟对象的构成，而且所采用算法的数值误差足够小，直接计算法（DS）得出的声学结果就是可靠的。过去，后面这个条件经常得不到满足。在使用直接法模拟复杂的问题时，对于计算系统的运算速度和存储能力的要求是巨大的。其结果是，目前只有比较小、要求不高的或者学术性的问题才用直接法进行计算。那些比较复杂的情形，例如对一辆真实而且完整的汽车进行（气动声学）模拟，还是一项未来的工作任务。

市面上有几个进行了气动声学仿真应用扩展的CFD程序可供利用。有些程序开发者专注于一个或者少数几个湍流模型，而另外一些程序开发者则给出全部常见的湍流模型，以供选择。与其相应的费用和上文所述的限制相联系，DNS和DS在所有这些CFD程序中都可能提供。不过，计算能力的不断提高使得复杂问题的气动声学仿真也越来越成为可能。

作为结论可以肯定的是，对于流体波动过程作为可能的气动噪声源的仿真，目前几乎已经被看成是一项标准性的任务。噪声向外的传播，已经朝着这一方向迈进了，但是由于优先的兴趣在于车内的噪声问题而有些退居幕后。对于噪声在乘员舱内传播的可靠计算，是技术性开发的当前课题。在此，统计能量分析方法就其可能性而言已经有了很大的进步。为了气动声学模拟，这一方法将会与CFD模拟结合在一起。

在利用CFD软件进行空气动力学模拟的过程中，展开了关注风洞运行环境的讨论，并且正在开发相应的办法。这将有助于使试验和模拟之间获得更好的可比性。在气动声学领域，这样的考虑还没有出现，也许因为模拟的成本非常之高。除此之外，如果来流的速度确定得当（见13.3节），而且风洞本身的噪声可以忽略不计，则风洞运行环境的重要性就明显地不那么高了。

尽管行驶速度可能继续受到限制，气动声学在未来的汽车研发过程中仍将具有重要作用。其原因就在于其他的噪声源继续减少，舒适性要求继续提高。一种特殊的情形随电动汽车应运而生。在电动汽车那里，驱动系统的噪声通常是无关紧要的。在此，气动噪声则变得更为明显。气动声学仿真还会继续进行下去，以便在研发阶段初期就能够为造型决策提供（依据性的）结果。模拟乘员舱内声传播的合适工具会变得炙手可热。

参考文献

Abbot, H.; Doehnhoff, E. v.: Theory of Wing Sections. New York, NY: Dover Publications, Inc., 1959.

Adam, J.-L. ; Ricot, D.; Dubiel, F.; Guy, C.: Aeroacoustic simulation of automotive ventilation outlets. Proc. of Acoustics'08, Paris, 29.06.-04.07.2008.

Adams, N.: Exascale-computing challenges and opportunities in aerodynamic simulations. 10. Tagung Fahrzeugaerodynamik, Haus der Technik, München, 2012.

Agnantiaris, J. P.; Polyzos, D.; Beskos, D. E.: Three-dimensional structural vibration analysis by the Dual Reciprocity BEM, Computational Mechanics, Volume 21, Issue 4/5, pp. 372–381, 1998.

Ahmed, S. R.: Helicopter Main- and Tail Rotor Performance in Presence of Winds. 27th European Rotorcraft Forum, Moscow, Russia, Sept. 11–14, 2001.

Ahmed, S. R.: Influence of Base Slant on the Wake Structure and Drag of Road Vehicles. Transactions of the ASME, Journal of Fluids Engineering, 105, 429–434, 1984.

Ahmed, S. R.: Numerical Flow Simulation in Road Vehicle Aerodynamics. Euromotor Short Course „Using Aerodynamics to Improve the Properties of Cars". Stuttgart: FKFS, 1998.

Ahmed, S. R.: Theoretical und Experimental Methods in Ground Vehicle Aerodynamics. Brüssel: Von Kármán Institute for Fluid Dynamics. Short Course, 1986.

Ahmed, S. R.; Baumert, W.: The Structure of Wake Flow Behind Road Vehicles. Aerodynamics of Transportation, ASME-CSME Conference, Niagara Falls, 93–103, 1979.

Ahmed, S. R.; Hucho, W.-H.: The Calculation of the Flow Field past a Van with the Aid of a Panel Method. SAE Paper 770390, 1977

Ahmed, S. R.; Ramm, G.; Faltin, G.: Some Salient Features of the Time-Averaged Ground Vehicle Wake. SAE paper 840300, 1984.

Algermissen, S.; Misol, M.; Unruh, O.: Reduction of Turbulent Boundary Layer Noise with Actively Controlled Carbon Fiber Reinforced Plastic Panels; Adaptive, tolerant and efficient composite structures; Springer-Verlag Berlin Heidelberg, 2012.

Althaus, D.; Wortmann, F. X.: Stuttgarter Profilkatalog. Braunschweig, Wiesbaden: Vieweg, 1981.

Amato, G.: Reaction Thrust from a Vehicle Radiator, Automotive Engineering, Dezember 1980, 67–68, 1980.

Ambros, O.; Deussen, N.: Wärmemanagement des Kraftfahrzeugs II. Versuchsfahrzeug mit regelbarem Kühlsystem. Renningen, Expert-Verlag, 2000.

Ambros, P.: Simulation der luftseitigen Durchströmung eines Kraftfahrzeugvorderwagens zur Auslegung des Motorkühlsystems. Dissertation Universität Stuttgart, Institut für Verbrennungsmotoren und Kraftfahrwesen, 1994.

Andreau, J.: Le problème de la voiture économique legere. Journal de la Société des Ingénieurs de l'Automobile, No 3 mai – juin 1946, Tome XIX, page 61, 1946.

Angeletti, M.; Sclafani, C.; Bella, G.; Ubertini, S.: The Role of CfD on the Aerodynamic Investigation of Motorcycles. SAE Paper 2003-01-0997, 2003.

Anonym, Institution Valeo: Durchblick ohne Aufhebens. Automobilindustrie Dez. 2002, Der neue Audi A8, 37, 2002.

Antonucci, G.; Ceronetti, G.; Costelli, A.: Aerodynamic and Climatic Wind Tunnels in the FIAT Research Center. SAE-Paper 770392, Warrendale, PA., SAE, 1977.

Anzenberger, T.; Kronbichler, M.: Auslegung des Wärmehaushalts mit dem Programm Kuli. Interner Bericht AUDI AG, Ingolstadt, 2004.

Appel, H.; Breuer, B.; Essers, U.; Helling, J.; Willumeit, H.-P.: UniCar – Der Forschungspersonenwagen der Hochschularbeitsgemeinschaft. Sonderdruck 84 der Automobiltechnischen Zeitschrift, 1982.

Araki, J.; Gotou, K.: Development of Aerodynamic Characteristics for Motorcycles using Scale Model

Wind Tunnel. SAE Paper 2001-01-1851/4269, 2001.

Arnold, K.: Untersuchungen über den Einfluss der Absaugung durch einen Einzelschlitz auf die turbulente Grenzschicht in anliegender und abgelöster Strömung; Institut für Strömungsmechanik, TU Braunschweig, 1965.

Aroussi, A.; Hassan, A.; Clayton, B. R.; AbdoulNur, B. S.: An Assessment of Vehicle Side-Window Defrosting and Demisting Process. SAE Paper no. 2001-01-0289, Warrendale PA., 2001.

Ashill, P.; Hackett, J.; Mokry, M.; Steinle, F.: Boundary Measurements Methods, Wind Tunnel Wall Corrections; AGARDograph 336, 1998.

Astley, R.J.: Infinite Elements. Kap. 7 in: Marburg, S.; Nolte B. (eds), Computational Acoustics of Noise Propagation in Fluids – Finite and Boundary Element Methods. Springer, Berlin, 2008.

Aston, W. G.: Body Design and Wind Resistance. The Autocar, August 1911, 364–366, 1911.

Augustin, K.; Paul, M.; Späth, M.; Brotz, F.; Schrumpf, M.: Aeroakustik von Fahrzeugklimageräten. In: Tagungsband der DAGA '07, 19. bis 22. März 2007 in Stuttgart. Berlin: Deutsche Gesellschaft für Akustik e.V.. ISBN 978-3-9808659-3-7, 2007.

Bachmann, J.; Kirst, B.; Braunsperger, M.: Segmentspezifische Einflussgrößen bei Motorrädern auf die Belastungen von Fahrer und Sozius. Tagung IFZ in Essen, 2002.

Baehr, H.-D.; Stephan, K.: Wärme- und Stoffübertragung. Springer Verlag, 2010.

Bai, C.; Gosman, A. D.: Development of Methodology for Spray Impingement Simulation, SAE 950283, Society of Automotive Engineers, Warrendale, PA., 1995.

Bai, C.; Gosman, A. D.: Mathematical Model of Wall Films Formed by Impinging Sprays. SAE 960626, Society of Automotive Engineers, Warrendale, PA., 1996.

Bailly, C.; Lafon, P.; Candel, S.: A stochastic approach to compute noise generation and radiation of free turbulent flows. AIAA 95-092, 1995.

Baker, C. J.: Measures to control vehicle movement at exposed sites during windy periods, Journal of Wind-Engineering and Industrial Aerodynamics, 25(1987) 151–161, Elsevier Science Publishers B.V.Amsterdam, 1987.

Banerjee, P. K.; Butterfield, R.: Boundary Element Methods in Engineering Science. McGraw-Hill Book Company, New York, 1981.

Bannister, M.: Drag and Dirt Deposition Mechanisms of External Rear View Mirrors and Techniques used for Optimisation, SAE 2000-01-0486, Society of Automotive Engineers, Warrendale, PA., 2000.

Bargende, M.: Ein Gleichungsansatz zur Berechnung der instationären Wandwärmeverluste im Hochdruckteil von Ottomotoren. Dissertation, TH Darmstadt, 1991.

Barnard, R. H.: Road Vehicle Aerodynamic Design. 2. Auflage. St. Albans, Hertfordshire: Mechaero Publishing, 2001.

Barnard, R. H.; Bullen, P. R.; Qiao, J.: Brake and Engine Cooling Flows: Influences and Interactions. MIRA International Vehicle Aerodynamics Conference, 2002.

Barnard, R. H.; Bullen, P. R.; Qiao, J.: Fixed and Variable Cooling Outlet Geometries for the Minimisation of Associated Drag. MIRA International Vehicle Aerodynamics Conference, 2004.

Barreau, M.; Boutin, L.: Réflexions sur l'énergétique des véhiclules routiers. InterAction. Cachan cedex: Institut Universitaire de Technologie, 2008.

Barsikow, B.; Hellmig, M.: Schallquellenlokalisierung bei Vorbeifahrten von Kraftfahrzeugen mittels eines zweidimensionalen Mikrofon-Arrays. Tagungsband der DAGA 2003. Deutsche Gesellschaft für Akustik, Oldenburg, 2002.

Barsikow, B.; Klemenz, M.: Diagnosis of noise sources on high-speed trains using the microphone-array technique. In: Tagungsband 16th ICA and 135th Meeting of the ASA, Seattle (USA), Vol. IV, S. 2229–2230, 1998.

Barthlott, W.; Neinhuis, C.: Purity of the sacred lotus, or escape from contamination in biological surfaces. Botanisches Institut der Universität Bonn, http://www.botanik.uni-bonn.de/system/

planta.htm, Planta 202: 1–8, 1997.

Bartsch, C.: Ein Jahrhundert Motorradtechnik. 1. Aufl. Düsseldorf: VDI-Verl. 1987.

Batista, M.; Perkovic, M.; Najdovski, D.: A simple static analysis of moving road vehicles under crosswind. University of Ljublijana, 2011.

Bauer, G.; Schultheis, R.: Der Einsatz von hydrophoben beschichteten Windschutzscheiben in der Automobilindustrie. In Steinmetz, E.: Glas im Automobilbau. Essen, Expert Verlag, 145–159, 2001.

Bayer, B.: Aerodynamik im Motorradbau – Widerstandskämpfer. PS (1987) Nr.3, S. 50/55, 1987.

Bayer, B.: Das Pendeln und Flattern von Krafträdern – Untersuchungen zur Fahrdynamik von Krafträdern unter besonderer Berücksichtigung konstruktiver Einflussparameter auf die Hochgeschwindigkeitsgeradeausstabilität. Dissertation Darmstadt; 2. Aufl. Bochum: Wirtschaftsverlag NW 1987 (Heft 4 der „Forschungshefte Zweiradsicherheit“ des Instituts für Zweiradsicherheit e.V.), 1987.

Bayer, B.: Ein Modellansatz zur Beschreibung des Lenkverhaltens von Krafträdern bei stationärer Kreisfahrt. Automobil-Industrie 1985 Nr. 1, S. 33/36, 1985.

Bearman, P. W.: Bluff Body Flows Applicable to Vehicle Aerodynamics. In: Morel, T.; Dalton, C. (Eds.): Aerodynamics of Transportation. New York: ASME-CSME Conference, Niagara Falls, 1–11, 1979.

Bearman, P. W.: Near Wake Flows behind Two- an Three-dimensional Bluff Bodies. Journal of Wind Engineering and Industrial Aerodynamics, 69–71, 33–54, 1997.

Bearman, P. W.: Some Observations on Road Vehicle Wakes. SAE-Paper 840301, Warrendale, PA., SAE, 1984.

Bearman, P. W.; Davis, J. P.: Measurement of the Structure of Road Vehicle Wakes. International Journal of Vehicle Design, SP 3, 493–499, 1983.

Bearman, P. W.; Davis, J. P.; Harvey, J. K.: Wind Tunnel Investigation on Vehicle Wakes. International Symposium on Vehicle Aerodynamics, Wolfsburg: VW AG, 1982.

Bearman, P. W.; Owen, J. C.: Reduction of Bluff-body Drag and Suppression of Vortex Shedding by the Introduction of Wavy Separation Lines. Journal of Fluid Structures, 12, 123–130, 1998.

Beauvais, F. N.: Aerodynamic Characteristics of a Car-Trailer Combination. SAE-Paper 670100, Warrendale, PA., SAE, 1967.

Béchara, W.; Bailly, C.; Lafon, P.; Candel, S.: Stochastic approach to noise modelling for free turbulent flows. AIAA Journal, Vol. 32, No. 4, S. 455–463, August 1994.

Bechert, D. W.; Meyer, R.; Hage, W.: Drag Reduction of Airfoils with Miniflaps. Can We Learn from Dragonflies? AIAA-2000-2315, 2000.

Beckenbauer, T.; v. Blokland, G.; Huschek, S.: Einfluss der Fahrbahntextur auf das Reifen-Fahrbahn-Geräusch. Schriftenreihe Forschung Straßenbau und Straßenverkehrstechnik, Bundesministerium für Verkehr, Bau- und Wohnungswesen, Bonn, 2002.

Becker, E.: Technische Strömungslehre. Teubner, 1993.

Becker, E.; Piltz, E.: Übungen zur Technischen Strömungslehre. Teubner, 1995.

Beese, E.: Untersuchungen zum Einfluss der Reynoldszahl auf die aerodynamischen Beiwerte von Tragflügelprofilen in Bodennähe. Dissertation, Ruhr-Universität Bochum, 1982.

Behring, D.; Thiesing, J.; Becker, H.; Zobel, R.: Optical Coordinate Measuring Techniques for the Determination and Visualization of 3D Displacements in Crash Investigations. SAE Technical Paper 2003-01-0891, Warendale, PA., SAE, 2003.

Beland, O.: Buffeting Suppression Technologies for Automotive Wind Tunnels Tested on a Scale Model. In: Wiedemann, J. (Ed.): Progress in Vehicle Aerodynamics and Thermal Management, Expert-Verlag, Renningen, ISBN 978-3-8169-2771-6, 2008.

Beland, O.: Untersuchungen zur Reduzierung von Raummoden in einem Pilotkanal; FKFS unveröffentlichter Bericht, 2011.

Bella, G.; Ubertini, S.; Desideri, U.: Experimental and computational Analysis of the Aerodynamic Performances of a Maxi – Scooter. SAE Paper 2003-01-0998, 2003.

Bender, T.; Hoff, P.; Kleemann, R.: The New BMW Climatic Testing Complex – The Energy and Environment Test Centre; SAE 2011-01-0167, 2011.

Bengsch, H.: Der neue Klima-Windkanal bei Ford, Köln. ATZ, 80, 17–26, 1978.

Berge, W.: Sturzhelm und Verfahren zum Absenken des Geräuschpegels für einen Sturzhelmträger. Offenlegungsschrift DE4207873A1, 1992.

Berge, W.: Untersuchungen an Motorradhelmen im Windkanal. Forschungshefte Zweiradsicherheit Nr. 5, Institut für Zweiradsicherheit, 1987.

Bergmann, A.; Bernardy, M.; Weber, S.: Aeroakustischer Windkanal; Offenlegungsschrift einer Patentanmeldung DE 10 2010 060 929 A1, 2012.

Betz, A.: Konforme Abbildung. Springer, 1948.

Betz, J.: Part and Potentials of the 1D Simulation in the Aggregate Cooling and Thermal-Management of a Vehicle. 98–114 in Wiedemann, J.; Hucho, W.-H.; Progress in Vehicle Aerodynamics II – Thermal-Management. Expert Verlag Renningen Malmsheim, 2002.

Bez, U.: Bestimmung des Luftwiderstandsbeiwertes bei Kraftfahrzeugen durch Auslaufversuch. ATZ, 76, 345–350, 1974.

Bhatnagar, P. L.; Gross, E. P.; Krook, M.: A model for collision processes in gases. I. Small amplitude processes in charged and neutral one-component systems. Physical Review, 94 (3): pp511–525, 1954.

Billot, P.; Jallet, S.; Marmonier, F.: Simulation of Aerodynamic Uplift Consequences on Pressure Repartition – Application on an Innovative Wiper Blade Design. SAE 2001-01-1043, Society of Automotive Engineers, Warrendale, PA.: SAE, 2001.

Bitzel, F.: Die Einwirkung von Seitenwindkräften auf den Straßenverkehr. Zeitschrift für Verkehrssicherheit, Heft 2, 1961, 1962.

Blumrich, R.: Berechnungsmethoden für die Aeroakustik von Fahrzeugen, ATZ/MTZ-KONFERENZ AKUSTIK – Akustik zukünftiger Fahrzeuge, Stuttgart, 17.–18.05.2006.

Blumrich, R.: Numerische Aeroakustik, Workshop „Mess- und Analysetechnik in der Fahrzeugakustik“, FKFS, Stuttgart, 09.–10. Oktober 2007.

Blumrich, R.: Spielen Schallausbreitungseffekte durch die inhomogene Umströmung in der Fahrzeugaeroakustik eine Rolle? In: Tagungsband der DAGA 2010, 15.–18.03.2010, Berlin. Berlin: Deutsche Gesellschaft für Akustik e.V., ISBN: 978-3-9808659-8-2, 2010.

Blumrich, R.: Vehicle Aeroacoustics – Today and Future Developments. 5th Int. Styrian Noise, Vibration & Harshness Congress „Optimising NVH in future vehicles“ Graz, 4th–6th, June, 2008.

Blumrich, R.; Crouse, B.; Freed, D.; Hazir, A.; Balasubramanian, G.: Untersuchung der Kopplungseffekte Innenraum-Kofferraum beim Schiebedachwummern an Hand eines SAE-Modells. In: Tagungsband der DAGA '07, 19. bis 22. März 2007 in Stuttgart. Berlin: Deutsche Gesellschaft für Akustik e.V., ISBN 978-3-9808659-3-7, 2007.

Blumrich, R.; Hazir, A.: Berechnung der Fahrzeugaeroakustik – Methoden und Beispiele. 3. Seminar „Mess- und Analysetechnik in der Fahrzeugakustik“, 11.–12.10.2011, Stuttgart, 2011.

Blumrich, R.; Heimann, D.: A Linearized Eulerian Sound Propagation Model for Studies of Complex Meteorological Effects, J. Acoust. Soc. Am. Vol. 112 (2), pp. 446–455, 2002.

Bönsch, H. W.: Fortschrittliche Motorrad – Technik. 1. Aufl. Stuttgart: Motorbuch Verlag, 1985.

Börger, G.: Optimierung von Windkanaldüsen für den Unterschallberich; ZfW 23, 1975.

Bosbach, J.; Lange, S.; Dehne, T.; Lauenroth, G.; Hesselbach, F.; Allzeit, M.: Alternative Ventilation Concepts for Aircraft Cabins. Bremen: Deutscher Luft- und Raumfahrt Kongress, 10.–12. April, 2012.

Bösch, P.: Der Fahrer als Regler. Dissertation, TU Wien, 1991.

Bosnjakovic, F.: Technische Thermodynamik, Teil 1, Dresden: Verlag Theodor Steinkopff, 1967.

Bourlet, C.: Nouveau traité des bicycles et bicyclettes. Paris, 1898.

Bradshaw, P.: Experimental Fluid Mechanics; Pergamon Press LTD.; Library of Congress Card No. 63-18932, (1964)

Bradshaw, P.; Pankhurst, R. C.: The Design of Low-Speed Wind Tunnels; Prog. In Aeronautical Sci., Vol. 5, 1964.

Bradtke, F.; Liese, W.: Hilfsbuch für raum- und außenklimatische Messungen für hygienische, gesundheitstechnische und arbeitsmedizinische Zwecke. Berlin, Heidelberg: Springer Verlag, 1952.

Braess, H.-H.; Seiffert, U.: Vieweg Handbuch Kraftfahrzeugtechnik. 3. Auflage, Vieweg+Teubner Verlag, ISBN-13 978-3528231149, 2003.

Brandstätter, W.: Berechnung von Windkanaldüsen für den Unterschallbereich mit Hilfe der Methode der finiten Elemente: Bericht 8030, Institut f. Strömungslehre der TU Graz, 1980.

Brauer, H.: Grundlagen der Einphasen- und Mehrphasenströmungen; Verlag Sauerländer, Arau 1971.

Braun, H.: Neue Erkenntnisse über Radabdeckungen. Deutsche Kraftfahrforschung und Straßenverkehrstechnik, Heft 223, Düsseldorf: VDI-Verlag, 1972.

Braunsperger, M.: Entwicklungstendenzen im Motorradbau aus Sicht von BMW. Internationale Fachtagung: Entwicklungstendenzen im Motorradbau, Zwickau, Haus der Technik, 2002.

Breuer, B.; Bayer, B.; Pyper, P.; Weidele, A.: Motorräder. Vorlesungsumdruck TH Darmstadt, 1985.

Bröhl, H.: Paul Jaray – Stromlinienpionier. Bern: Selbstverlag des Autors, 1978.

Brown, C. H.; Gordon, M. S.: Motorcycle Helmet Noise and Active Noise Reduction; The Open Acoustics Journal, 4, 14–24, 2011.

Brown, G. J.: Aerodynamic Disturbances Encountered on Highway Passing Situations. SAE Technical Paper Series 730234, Warrendale, PA., SAE, 1973.

Brühwiler, P.: Heated, perspiring manikin headform for the measurement of headgear ventilation characteristics. Measurement Science and Technology, 14, 217–227, 2003

Bruun, H. H: Scientific Instruments 4. Journal of Physics E, 815–820, 1971.

Buchheim, R. Leie, B.; Lückoff, H.-J.: Der neue Audi 100 – Ein Beispiel für konsequente aerodynamische Personenwagen-Entwicklung. ATZ, 85, 419–425, 1983.

Buchheim, R.; Deutenbach, K.-R.; Lückoff, H.-J.: Necessity and Premises for Reducing the Aerodynamic Drag of Future Passenger Cars. SAE-Paper 810185, Warrendale, PA., SAE, 1981.

Buchheim, R.; Durst, F.; Beeck, M. A.; Hentschel, W.; Piatek, R.; Schwabe, D.: Advanced Experimental Techniques and Their Application to Automotive Aerodynamics. SAE Paper no. 870 244, Warrendale PA. (USA), 1987.

Buchheim, R.; Jousserandot, P.; Mercker, E.; Schenkel, F. K.; Nishimura, Y.; Wilsden, D. J.: Comparison Test Between Major European and North American Automotive Wind Tunnels; SAE Techn.Paper 830301, 1983.

Buchheim, R.; Leie, B.; Lückoff, H.-J.: Der neue Audi 100 – Ein Beispiel für konsequente aerodynamische Personenwagen-Entwicklung. ATZ, 85, 419–425, 1983.

Buchheim, R.; Maretzke, J.; Piatek, R.: The Control of Aerodynamic Parameters Influencing Vehicle Dynamics. SAE-Paper 850279, Warrendale, PA., SAE, 1985.

Buchheim, R.; Piatek, R.; Walzer, P.: Contribution of Aerodynamics to Fuel Economy Improvements for Future Passenger Cars. First International. Automotive Fuel Economy Conference, Washington, 1979.

Buchheim, R.; Röhe, H. und Wüstenberg, H.: Experiences with Computational Fluid Mechanics in Automotive Aerodynamics. 2nd Intern. ATA Symposium, Use of Supercomputers in the European Automotive Industry, Turin, Italy, 1988.

Buchheim, R.; Unger, R.; Carr, G. W.; Cogotti, A.; Kuhn, A.; Nilsson, L. U.: Comparison Tests between Major European Wind Tunnels. SAE-Paper 800140, Warrendale, PA., SAE, 1980.

Buckingham, E.: On physically similar systems. In: Phys. Rev. 4, 1914.

Buckley, F. T. jr.: ABCD – An Improved Coast Down Test and Analysis Method. SAE Paper no.

950626, Warrendale PA., 1995.

Budó, A.: Theoretische Mechanik. VEB Deutscher Verlag der Wissenschaften, 1987.

Burbach, U.: Fünf Tourenverkleidungen im Test – Gegen Wind und Wetter. Motorrad Nr. 9, S. 16/27, 1982.

Burch, S. D.; Hassani, V.; Penney, T. R.: Use of Infra-Red Thermography for Automotive Climate Control Analysis. SAE Paper no. 931136, Warrendale PA., 1993.

Burgade, L.: Mise au point aéroacoustique des véhicules chez PSA. In: Tagungsband „Interactions mécaniques entre fluides et structures“. Colloques 6-2000, S. 16–21; ISSN 0018-6368, 2000.

Busch, J.: Verfahren zum Vergleich von Fahrzeug-Umströmungsgeräuschen auf der Straße und im Windkanal. Renningen-Malmsheim: Expert-Verlag, ISBN 3-8169-1528-0, 1997.

Cairns, R. S.: Lateral Aerodynamic Characteristics of Motor Vehicles in Transient Crosswinds. PhD Thesis Cranfield University, 1994.

Calkins, D. E.; Su, W.; Chan, W. T.: „CDaero“ – A Parametric Aerodynamic Drag Prediction Tool. SAE 980398, in SAE 1318, Developments in Vehicle Aerodynamics, 249–258, 1998.

Caraeni, M.; Aybay, O.; Holst, S.: Tandem Cylinder and Idealized Side Mirror Far-Field Noise Predictions Using DES and An Efficient Implementation of FW-H Equation. 17. AIAA/CEAS Aeroacoustics Conference, Portland, Oregon, 5–8 June, AIAA 2011-2843, 2011.

Carlino, G.; Cardano, D.; Cogotti, A.: A New Technique to Measure the Aerodynamic Response of Passenger Cars by Continuous Flow Yawing. SAE Technical Paper Series 2007-01-0902, Warrendale, PA: SAE, 2007.

Carr, G. W.: Aerodynamic Effects of Modifications to a Typical Car Model. MIRA-Rep. No. 1963/4, 1963.

Carr, G. W.: Aerodynamic Effects of Underbody Details on a Typical Car Model. MIRA Rep. No. 1965/7, 1965.

Carr, G. W.: Correlation of Aerodynamic Force Measurements in MIRA and Other Automotive Wind Tunnels. SAE-Paper 820 374, Warrendale, PA., SAE, 1982

Carr, G. W.: Influence of Rear Body Shape on the Aerodynamic Characteristics of Saloon Cars. MIRA Rep. Nr. 1974/2, 1974.

Carr, G. W.: New MIRA Drag Reduction Prediction Method for Cars. Automotive Engineer, June/July 1987, 34–38, 1987.

Carr, G. W.: Potential for Aerodynamic Drag Reduction in Car Design. London: International Association for Vehicle Design, SP 3, 44–56, 1983.

Carr, G. W.: The Aerodynamics of Basic Shapes für Road Vehicles, Part I. Simple Rectangular Bodies. Motor Industry Research Association (MIRA), Report No. 1968/2, 1968.

Carr, G. W.; Eckert, W.: A Further Evaluation of the Ground-Plane Suction Method for Ground Simulation in Automotive Wind Tunnels. SAE SP-1036, 103–118, Warrendale, PA., SAE, 1994.

Carr, G. W.; Rose, M. J.: Correlation of Full-Scale Wind Tunnel and Road Measurements of Aerodynamic Drag, MIRA Report 3, Nuneaton, 1963.

Carr. G. W.: The MIRA Quarter Scale Wind Tunnel. MIRA-Report 1961/11, 1961.

Catchpole, P.; Martin, R.; Steinmeier, E.; Dömeland, P.: Vehicle Wind Noise Optimisation at BMW. Ingénieurs de l'Automobile, 120–124, 1989.

Chadwick, A.: Crosswind Aerodynamics of Sport Utility Vehicles. PhD Thesis, Cranfield University, 1999.

Chadwik, A.; Garry, K.; Howell, J.: Transient Aerodynamic Characterstics of Simple Vehicle Shapes by the Measurement of Surface Pressures. SAE Technical Paper Series 2000-01-0876, Warrendale, PA., SAE, 2000.

Chandra, S.; Avedisian, C. T.: On the collision of a droplet with a solid surface. Proc. R. Soc., Vol. 432,13–41, 1991.

Chen, H.: Volumetric Formulation of the Lattice Boltzmann Method for Fluid Dynamics. Physical

Review E, Vol. 58, 1998

Chen, Kandasamy, Shock, Osrzag: Extended-Boltzmann Kinetic Equation for Turbulent Flows. Science Magazine, Vol 301, Aug 1, 2003

Chen, Staroselsky, Orszag, Succi: Expanded Analogy Between Boltzmann Kinetic Theory of Fluids and Turbulence. Journal of Fluid Mechanics, Vol 519, 2004.

Chen, Teixeira, Molvig: Digital Physics® Approach to Computational Fluid Dynamics: Some Basic Theoretical Features. Intl. Journal of Modern Phyics C, Vol. 9, No. 4, 1997.

Chikada, T.; Yoshida, K.: Physical characteristics of accessory-equipped motorcycles. In: Proceedings of the „International motorcycle safety conference". Washington, 1980.

Chmielarz, M.; Galley, N.; Kubitzki, J.; Schneider, W.: Einfluss wasserabweisender Beschichtungen auf Windschutzscheiben im Hinblick auf Sicht und Fahrzeugsicherheit. FAT-Schriftenreihe Nr. 167, 1–149, 2001.

Christensen, F. M.: Die Klimaversuchsanlage von Volvo. ATZ, 75, 42–45, 1973.

Chue, S. H.: Pressure Probes for Fluid Measurement. Progress in Aerospace Science, Vol. 16, No. 2, pp. 147–223, Pergamon Press, 1975.

Clarke, R. M.: Heavy Truck Splash and Spray Supression: Near and Long Term Solutions. West Coast International Meeting Vancouver, SAE 831178, Society of Automotive Engineers, Warrendale, PA.: SAE, 1983.

Cocco, G.: Motorradtechnik pur. Motorbuch Verlag, Stuttgart, 2001.

Cogotti, A.: A Strategy for Optimum Surveys of Passenger-Car Flow Fields. SAE-Paper 890374, Warrendale, PA., SAE, 1989.

Cogotti, A.: Aerodynamic Characteristics of Car Wheels. International Journal of Vehicle Design, SP3, Impact of Aerodynamics on Vehicle Design, 173–196, 1983.

Cogotti, A.: Car-Wake Imaging Using a Seven-Hole Probe. SAE Paper no. 860 214, Warrendale PA., 1986.

Cogotti, A.: Evolution of Performance of an Automotive Wind Tunnel. Journal of Wind Engineering and Industrial Aerodynamics 96, 667–700, Elsevier Ltd., 2008.

Cogotti, A.: Experimental Techniques for the Aerodynamic Development of Convertible Cars. SAE 920347, Society of Automotive Engineers, Warrendale, PA.: SAE, 1992.

Cogotti, A.: Flow Field Measurements and their Interpretation. 97–120 in Wiedemann, J.; Hucho, W.-H. (Hrsg.): Progress in Vehicle Aerodynamics – Advanced Experimental Techniques. Renningen: Expert Verlag, 2000.

Cogotti, A.: Flow-Field Surveys Behind Three Squareback Car Models Using a New Fourteen-Hole Probe. SAE-Paper 870243, Warrendale, PA.: SAE, 1987.

Cogotti, A.: Flow Visualisation Techniques in the Pininfarina Full-Scale Automotive Wind Tunnel. 8th International Symposium on Flow Visualisation, 1998.

Cogotti, A.: Generation of a Controlled Level of Turbulence in the Pininfarina Wind Tunnel for the Measurement of Unsteady Aerodynamics and Aeroacoustics. SAE SP-1786, 87–104, Warrendale, PA., SAE, 2003.

Cogotti, A.: Generation of a Controlled Turbulent Flow in an Automobile Wind Tunnel and its Effect on Car Aerodynamics and Acoustics. In: Wiedemann, J.; Hucho, W.-H. (Eds.): Progress in Vehicle Aerodynamics III – Unsteady Flow Effects, Renningen: Expert Verlag, 150–176, 2004.

Cogotti, A.: Prospects for Aerodynamic Research in the Pininfarina Wind Tunnel. Paper 905149, XXIII FISITA Congress, Torino, 1990.

Cogotti, A.: The New Moving Ground System of the Pininfarina Wind Tunnel. SAE, SP 2066, Vehicle Aerodynamics 2007, 233–248, 2007.

Cogotti, A.: Unsteady Aerodynamics at Pinifarina; Road Turbulence Simulation and Time Dependent Techniques. 351–382 in Bargende, M.; Wiedemann, J. (Hrsg. 2003): Kraftfahrwesen und Verbrennungsmotoren. 5. Internationales Stuttgarter Symposium. Renningen: Expert Verlag, 2003.

Cogotti, A.: Update on the Pininfarina „Turbulence Generation System“ and its Effects on the Car Aerodynamics and Aeroacoustics. SAE SP-1874, 259–281. Warrendale, PA., SAE. 2004

Cogotti, A.; Buchheim, R.; Garrone, A.; Kuhn, A.: Comparison Tests between Some Full-Scale European Automotive Wind Tunnels – Pininfarina Reference Car. SAE-Paper 800139, Warrendale, PA., SAE, 1980.

Cogotti, A.; De Gregorio, F.: Presentation of Flow Field Investigation by PIV on a Full-Scale Car in the Pininfarina Wind Tunnel. SAE 2000-01-0870, Society of Automotive Engineers, Warrendale, PA., 2000.

Cogotti, A.: Generation of a Controlled Level of Turbulence in the Pininfarina Wind Tunnel for Measurements of Unsteady Aerodynamics an Aeroacoustics; SAE SP-1786, 2003.

Cogotti, F.; Widdecke, N.; Kuthada, T.; Wiedemann, J.: A New Semi-Emperical Pad Correction; Proc. 5. Internationales Stuttgarter Symposium „Automobil- und Motorentechnik, Expert-Verlag, Renningen, ISBN 13: 978-3-8169-2180-6, 2003.

Coleman, P. B.; Wallis, S. B.; Dale, G. A.; Jordan, J. D.; Watkins, N.; Goss, L.; Davis, J. C. P. N.; Walter, T. M.: A Comparisaon of Pressure Sensitive Paint (PSP) Techniques for Aerodynamic Testing at Slow Velocities. SAE SP, 43-52. Warrendale, PA., SAE. 2002.

Cooper, K. R.: Influences of Ground Simulation on a Simple Body and Diffuser. EUROmotor 2000 Short Course on „Progress in Vehicle Aerodynamics – Advanced Experimental Techniques“, FKFS, Stuttgart, Germany, March 29–30, 2000.

Cooper, K. R.: The effect of aerodynamics on the performance and stability of high speed motorcycles. In: proceedings of the „Second AIAA symposium on aerodynamics of sports and competition automobiles“. Los Angeles, 1974.

Cooper, K. R.: The effect of handlebar fairings on motorcycle aerodynamics. SAE paper 830156. Warrendale, 1983.

Cooper, K. R.; Sovran, G.; Syms, J.: Selecting Automotive Diffusers to Maximise Underbody Downforce. SAE SP-1524, 47–61, Warrendale, PA.: SAE, 2000.

Cooper, K.: Closed-Test-Section Wind Tunnel Blockage Corrections for Road Vehicles; SAE SP 1176, 1996.

Cooper, K.; Bertenyi, T.; Dutil, G.; Syms, G.; Sovran, G.: The Aerodynamic Performance of Automotive Underbody Diffusers. SAE SP-1318, 5–36, Warrendale, PA.: SAE, 1998.

Cooper, K.; Mokry, M.; Gleason, M.: The Two-Variable Boundary-Interference Correction Applied to Automotive Aerodynamic Data; SAE Paper 2008-01-1204, 2008.

Cooper, R. K.; Watkins, S.: The Unsteady Wind Environment of Road Vehicles, Part One: A Review of the On-road Turbulent Wind Environment. SAE Technical Paper Series, 2007-01-1236, Warrendale, PA., SAE, 2007.

Cooper, K. R.: Sae Wind Tunnel Test Procedure For Trucks And Buses, SAE J 1252:1981.

Cosano, L.; Colombano, M.: An optimized transport concept for tractor-semitrailer combination. VDI-Berichte Nr. 1986, 65–78, 2007.

Cossali, G. E.; Brunello, G.; Coghe, A.; Marengo, M.: Impact of a single drop on a liquid film: Experimental analysis and comparison with empirical models. Italian Congress of Thermofluid Dynamics UIT, 1999.

Costelli, A.; Garrone, A.; Visconti, A.; Buchheim, R.; Cogotti, A.; Kuhn, A.: FIAT Research Center Reference Car: Correlation Tests between Four Full Scale European Wind Tunnels and Road. SAE-Paper 810 187, Warrendale, PA., SAE, 1981.

Cousteix, J.: Analyse theorique et moyens de Prevision de la Couche Limite turbulente tridimensionelle. ONERA Publication No. 157, 1974.

Crites, R. C.: Pressure Sensitive Paint Technique. Von Karman Institute for Fluid Dynamics, Lectue Series 1993-05 Measurement Techniques, 1993.

Crouse, B.; Freed, D.; Senthooran, S.; Ullrich, F.; Fertl, C.: Numerical Investigation of Underbody Aeroacoustic Noise of Automobiles SAE-Paper 2007-01-2400, 2007.

Crouse, B.; Senthooran, S.; Balasubramanian, G.; Freed, D.: Computational Aeroacoustics Investigation of Automobile Sunroof Buffeting – 2007 SAE International,2007-01-2403–2007.

Cummings, J. B.: Lockheed-Georgia Low Speed Wind Tunnel – Some Implications to Automotive Aerodynamics. SAE-Paper 690188, Warrendale, PA., SAE, 1969.

Curle, N.: The influence of solid boundaries upon aerodynamic sound. Proc. Roy. Soc. 231(A) S. 505–514, London, 1955.

Czichos, H.; Hennecke, M. (Hrsg.): Hütte – das Ingenieurwissen. Springer, Berlin, 2007.

Davenport, A. G.: Some Aspect of Wind Loading. Transaction of the Institute of Canada Paper EIC 63 CIV 3, 1963.

Davenport, A. G.: The Application of Statistical Concepts to the Wind Loading of Structures. Proceedings of the Institution of Civil Engineers, Vol, 19, Issue No. 4, pp. 449–472, 1961.

Demuren, A. O.; Rodi, W.: Calculation of Three-dimensional Turbulent Flow Around Car Bodies. Wolfsburg: International Symposium Vehicle Aerodynamics, 2.–3. October, 1982.

Desmet, W.; Sas, P.; Vandepitte, D.: Performance of a wave based prediction technique for 3D coupled vibro-acoustic analysis. In: Proceedings of EuroNoise98, München, Vol. 3, 1998.

Dettki, F.: Eine Bewertungsmethode für den Geradeauslauf von Pkw unter Berücksichtigung von Seitenwind. 4. Internationales Stuttgarter Symposium „Kraftfahrwesen und Verbrennungsmotoren", Expert-Verlag, Stuttgart, 2001.

Deutenbach, K.-R.: Persönliche Mitteilung, 1988.

Deutenbach, R.: Influence of Plenum Dimensions on Drag Measurements in ¾-Open-Jet Automotive Wind Tunnels; SAE SP-1078, 1985.

Deutsches Zentrum für Luft- und Raumfahrt (DLR): „Breites Spektrum der Strömungsforschung im Kryo Kanal Köln (KKK)", http://www.dlr.de.

Dietz, S.: Der neue Audi A2 – Ein Meilenstein in der Fahrzeugaerodynamik. ATZ-MTZ spezial, 80–91, 2000.

Dietz, S.: Die Auswirkung aerodynamischer Eigenschaften auf das Thermomanagement eines Kraftfahrzeuges. 647–658 in Bargende, M.; Wiedemann, J. (Hrsg. 1999): Kraftfahrwesen und Verbrennungsmotoren. 3. Stuttgarter Symposium. Renningen-Malmsheim: Expert Verlag, 1999.

Dietz, S.; Kolpatzik, S.; Lührmann, L.; Widmann, U.: Der neue Audi A4 –Aerodynamik im Feinschliff. ATZ-MTZ Sonderausgabe, 70–77, 2000.

Dilgen P. G.: Berechnung der abgelösten Strömung um Kraftfahrzeuge: Simulation des Nachlaufs mit einem inversen Panelverfahren. Fortschritt-Berichte VDI, Reihe 7, 258, Düsseldorf: VDI-Verlag, 1995.

Dilgen, P. G.; Papenfuß, H.-D.; Gersten, K.: Berechnung der abgelösten Strömung um Kraftfahrzeuge mit Hilfe der Zonenmethode im Hinblick auf die Kraftfahrzeugaerodynamik. DGLR-bericht 90-06, 236–240, 1991.

Dilgen, P.: Berechnung der abgelösten Strömung um Kraftfahrzeuge: Simulation des Nachlaufes mit einem inversen Panelverfahren. Reihe 7: Strömungsmechanik, No. 258. Düsseldorf: VDI-Verlag, 1995.

DIN 33403: Klima am Arbeitsplatz und in der Arbeitsumgebung.

DIN 45631: Berechnung des Lautstärkepegels und der Lautheit aus dem Geräuschspektrum. Verfahren nach E. Zwicker, 1991.

DIN ISO 7730: Moderate thermal environments – Determination of the PMV and PPD indices and specification of the conditions for thermal comfort. International Standards Organisation, Geneva, 1991.

DMSB (Deutscher Motor Sport Bund e. V.) Motorradsport Handbuch. Deutsche Motor Sport Wirtschaftsdienst GmbH, Frankfurt, 2003

Dobrzynski, W.: Windgeräusche am Kraftfahrzeug in: Akustik und Aerodynamik des Kraftfahrzeuges, Hrsg. Syed R. Ahmed, Renningen: expert verlag, 48–73, 1995.

Dobrzynski, W.: Zur Bedeutung von Strömungswechseldrücken auf der Karosserieoberfläche für den Innenlärm von Personenkraftfahrzeugen. Berlin, Technische Universität, Dissertation, 1983.

Docton, M. K. R.: The simulation of transient cross winds on passenger vehicles. Doctoral thesis, Durham University. Available at Durham E-Theses Online: http://etheses.dur.ac.uk/1580/, 1996.

Doherty, J.: Aerodynamic Design Optimization Applied to a Formula One Car. MIRA International Vehicle Aerodynamics Conference, 2002.

Döhring, E.: Über die Stabilität und die Lenkkräfte von Einspurfahrzeugen. Dissertation Braunschweig, 1953.

Dominy, R. G.; Ryan, A.: An Improved wind Tunnel Configuration for the Investigation of Aerodynamic Cross Wind Gust Response; SAE SP-1441, Warrendale, PA., SAE, 1999.

Dominy, R. G.; Ryan, A.; Sims-Williams, D. B.: The Aerodynamic Stability of a Le Mans Prototype Race Car Under Off-design Pitch Conditions. SAE SP-1524, 277–283. Warrendale, PA.: SAE, 2000.

Dubs, F.: Aerodynamik der reinen Unterschallströmung. 5. Auflage. Basel: Birkhäuser Verlag, 1987.

Duell, E. G.; George, A. R.: Experimental Study of a Ground Vehicle Body Unsteady Near Wake. SAE SP-1441, 197–208. Warrendale, PA., SAE, 1999.

Duell, E.; Everstine, D.; Mehta, R.; Bell, J.; Perry, M.: Pressure-Sensitive Paint Technology Applied to Low-Speed Automotive Testing. SAE-paper 2001-01-0626, Warrendale, PA.: SAE, 2001

Duell, E.; Kharazi, A.; Muller, S.; Ebeling, W.; Mercker, E.: The BMW AVZ Wind Tunnel Center; SAE-Paper 2010-01-0118, 2010.

Duncan, D. R.: Numerical Methods for Wave Equations in Geophysical Fluid Dynamics. Springer-Verlag, New York, Chap. 2.2.3, 1999.

Duncan, L.: The Effect of Deck Spoilers and Two-Car Interference on the Body Pressures of Race Cars, SAE Paper 94-2520, 1994.

Durst, F.; Melling, A.; Whitelaw, J. H.: Theorie und Praxis der Laser-Doppler-Anemometrie. Karlsruhe: Verlag G. Braun, 1987.

Eberz, T. J.: Beiträge zur 3D-Kfz-Aerodynamik – Experimentelle und theoretische Untersuchungen der Nachlaufströmung, ihrer Modellierung und der Widerstandsreduktion. Dissertation, Universität Siegen. Aachen, Shaker Verlag, 2001.

Eck, B.: Technische Strömungslehre. Springer, 1961.

Eckermann, E. (Hrsg.): Auto und Karrosserie. Wiesbaden: Springer Vieweg 2013.

Eckelmann, H.: Einführung in die Strömungsmesstechnik. Stuttgart: Teubner Verlag, 1997.

Eckert, B.: Das Kühlgebläse im Kraftfahrzeug und sein betriebliches Verhalten. Deutsche Kraftfahrzeugforschung, 51, Berlin: VDI-Verlag, 1940.

Eichlseder, H.: Evaluation of fuel efficiency improvements in the Heavy Duty Vehicle sector from improved trailer and tire designs by application of a new test procedure. University of Graz, Report No. I-24/2011, 2011.

Eichlseder, W.; Hager, J.; Raup, M.; Dietz, S.: Auslegung von Kühlsystemen mittels Simulationsrechnung, ATZ 99, 638–647, 1999.

Ellis, J. R.: Vehicle Dynamics. London: Business Books, 1969.

Emmelmann, H.- J.; Berneburg, H.; Schulze, J.: The Aerodynamic Development of the Opel Calibra. SAE-Paper 900317, Warrendale, PA., SAE, 1990.

Emmelmann, H.-J.: Aerodynamic Development and Conflicting Goals of Subcompacts – Outlined on the Opel Corsa. International Symposium on Vehicle Aerodynamics. Wolfsburg: VW AG, 1982.

Emmenthal, K.-D.: Verfahren zur Auslegung des Wasserkühlsystems von Kraftfahrzeugen. Dissertation RWTH Aachen, 1974

Emmenthal, K.-D.; Hucho, W.-H.: A Rational Approach to Automotive Radiator Systems Design. SAE-Paper 740088, Warrendale, PA., SAE, 1974.

Engler, R. H.; Merienne, M.-C.; Klein, C.; LeSant, Y.: Application of PSP in Low Speed Flows. Aerospace Science and Technology 6, 313–322, 2002.

Eppinger, C.: Tropfenwagen – Anwendung der Flugzeug-Aerodynamik. Zeitschrift für Flugtechnik und Motorluftschiffahrt, 12, 287–289, 1921.

Essers, U.; Thiel, E.: Institut für Verbrennungsmotoren und Kraftfahrwesen der Universität Stuttgart in neuem Gebäude. ATZ, 83, 9–14, 1981.

Estrada, G. E.: Das Fahrzeug als aerodynamischer Sensor. Dissertation, Renningen: Expert-Verlag, ISBN 978-3-8169-3097-6, 2011.

Estrada, G.; Wiedemann, J.; Widdecke, N.: The Vehicle as an Aerodynamic Sensor in the Wind Tunnel and on the Road; 7. Internationales Stuttgarter Symposium „Automobil- und Motorentechnik", Band 2, Expert-Verlag, Renningen, 2007.

Estrada, G.; Wiedemann, J.; Widdecke, N.: Vergleich verschiedener Konzepte der Bodensimulation und von drehenden Rädern zur Nachbildung der Straßenfahrt im Windkanal und deren Auswirkung auf Fahrzeuge. FAT (Forschungsvereinigung Automobiltechnik e.V.) Arbeitskreis 6 Aerodynamik, FKFS-Bericht 05/2004, Stuttgart, 2004.

Ewald. H.: Aerodynamische Effekte beim Kolonnenfahren (Modelluntersuchungen). Essen: Haus der Technik, 1984.

E/ECE/324-E/ECE/TRANS/505 – Rev.1/Add.14/Rev.3/Amend.1 (June 1, 1984): Uniform Provisions Concerning the Approval of Vehicles Equipped with a Positive-Ignition Engine or with a Compression-Ignition Engine with Regard to the Emission of Gaseous Pollutants by the Engine – Method of Measuring the Power of Positive –Ignition Engines – Method of Measuring the Fuel Consumption of Vehicles (Regulation no. 15), 1984.

Fabijanic, J.: An Experimental Investigation of Wheel-Well Flows. SAE SP-1145, 161–172. Warrendale, PA., SAE, 1996.

Fackrell, J. E.; Harvey, J. K.: The Aerodynamics of an Isolated Road Wheel. Aus Pershing, B. (Ed.): Proceedings of the Second AIAA Symposium of Aerodynamics of Sports and Competition Automobiles, 1975.

Fackrell, J. E.; Harvey, J. K.: The Flow Field and Pressure Distribution of an Isolated Road Wheel. In Stephens, H.S. (Ed.): Advances in Road Vehicle Aerodynamics. Cranfield: bhra fluid engineering, 155–163, 1973.

Fahy, F.: Sound and Structural Vibration. Academic Press, London, 1985.

Farassat, F.; Myers, M. K.: Extension of Kirchhoff's formula to radiation from moving surfaces. Journal of Sound and Vibration 123 (3), pp. 451–460, 1988.

Ferziger, J. H.; Peric, M.: Computational Methods for Fluid Dynamics. 3rd edition, Springer Berlin Heidelberg, ISBN-13 978-3540420743, 2010.

Ffowcs Williams, J.E.; Hawkings, D.L.: Sound generation by turbulence and sur-faces in arbitrary motion. Phil. Trans. Roy. Soc. 264(A), S. 321–342, London, 1969.

Fiedler, F.; Kamm, W.: Steigerung der Wirtschaftlichkeit des Personenwagens. ZVDI, 84, 485–491, 1940.

Fiedler, R.-G.; Potthoff, J.: Vorentwicklung von Raddrehvorrichtungen für schmale Laufbandsysteme in Fahrzeugwindkanälen. 614–631 in Bargende, H.; Wiedemann, J. (Hrsg. 1999): 3. Stuttgarter Symposium Kraftfahrwesen und Verbrennungsmotoren. Renningen Malmsheim: Expert Verlag, 1999.

Fischer, O.; Kuthada, T.; Widdecke, N.; Wiedemann, J.: CFD Investigations of Wind Tunnel Interference Effects. Vehicle Aerodynamics 2007, SAE-Paper 2007-01-1045, Warrendale, PA.,, USA, 2007.

Fishleigh, W. T.: The Tear Drop Car. SAE-Journal 353–362, 1931.

Flegl, H.: Die aerodynamische Gestaltung von Sportwagen. Christophorus, 98, 18–19, 1969.

Fletcher, H.; Munson, W. A.: Loudness, its definition, measurement, and calculation. Journal of the Acoustical Society of America, 5, 1933.

FluiDyna GmbH: Studie zur Verbrauchsreduktion an Nutzfahrzeugkombinationen durch aerodynamische Maßnahmen an einer generischen Gliederzug-Konfiguration. Finanziert durch die Forschungsvereinigung Automobiltechnik e.V. (FAT), 2011.

Föllinger, O.: Regelungstechnik. 7. Auflage, Hüthig-Verlag Heidelberg, 1992.

Försching, H. W.: Grundlagen der Aeroelastik. Berlin: Springer-Verlag, 1974.

Fosberry, R. C. A.; White, R. G. S.: The MIRA Full Scale Wind Tunnel. MIRA-Rep. Nr. 1961/8, 1961.

Frank, B.: Ein bildgebendes Verfahren zur Messung der Sichtweite. Dissertation, Institut für Physikalische Elektronik der Universität Stuttgart, 1997.

Frank, T.: Aerodynamics of commercial vehicles. Aerodynamics of Heavy Vehicles III Conference, Potsdam, September 2010.

Frankenberg, R. v.; Matteucci, M.: Geschichte des Automobils. Künzelsau: Sigloch Service Edition, 1973.

Frey, K.: Verminderung des Strömungswiderstandes von Körpern durch Leitflächen. Forschung Ingenieur Wesen, März 1933, 67–74, 1933.

Frisch, U.; Hasslacher, B.; Pomeau, Y.: Lattice-gas automata for the Navier-Stokes equation. Physical Review Letters, 56:pp1505–1508, 1986.

Froede, W.: Aus der Entwicklung des NSU-Weltrekord-Motorrads. Automobiltechnische Zeitschrift Nr. 5, S. 127/130, 1954.

Froede, W.: Einspurfahrzeuge mit geringstem Luftwiderstand. Automobiltechnische Zeitschrift Nr. 5/6, S. 143/147 u. 161/162, 1957.

Futterer, I.; Ehlen, M.: Einsatzmöglichkeiten eines Navier-Stokes-Lösers zur numerischen Strömungssimulation in der Motorradentwicklung. Entwicklungstendenzen im Motorradbau. 2. Internationale Konferenz. München, 12.–13.6.2003.

Garret, D.: Cooling of brakes-a conflict of interests, Braking of Road Veh. (Conf., Lougborough, 1983). Mech. Eng. Publ.; (I Mech E Conf. Publ. ; 1983-2), Seite 1–5(IME Pap.; C35/83) 629.113-592/IME/83, 1983.

Garry, K.; Cooper, K.; Fediw, A.; Wallis, S.; Wilsden, D.: The Effect on Aerodynamic Drag of the Longitudinal Position of a Road Vehicle Model in a Wind Tunnel Test Section; SAE Techn. Paper 940414, 1994.

Genger, M.; Kuthada, T.; Wiedemann, J.: Thermal Management Investigations at FKFS: Experimental Measurements and Simulation with CFD and KULI. 4th Kuli User Meeting. Steyr, Austria, 2003.

Genuit, K.: Kunstkopf-Meßtechnik – Ein neues Verfahren zur Geräuschdiagnose und -analyse. Zeitschrift für Lärmbekämpfung, 35, 103–105, 1988.

George, A. R.: Automobile Aerodynamic Noise. SAE Paper no. 900 315, Warrendale PA., 1990.

George, A. R. (ed.): Automobile Wind Noise and its Measurement. SAE SP-1184, Society of Automotive Engineers, Warrendale, PA.: SAE, 1996.

Geropp, D.: Reduktion des Strömungswiderstandes von Fahrzeugen durch aktive Strömungsbeeinflussung – Patentschrift DE 3837 729 und Leistungsbilanz. Universität Gesamthochschule Siegen, Institutsbericht, 1991.

Geropp, D.; Mildebrath, T.: Berechnung dreidimensionaler, abgelöster Strömungen mit Bodeneinfluss. Jahrbuch 1995 II der DGLR, 895–904, 1995.

Gerresheim, M.: Experimenteller und theoretischer Beitrag zu Fragen des Reifenverhaltens. Dissertation, TU München, 1974.

Gersten, K.; Pagendarm, H.: Diffusorströmung – Stand der Forschung; Institutsbericht, Institut für Thermo- und Fluiddynamik, TU Bochum, 1984.

Gilhaus, A. M.; Renn, V. E.: Drag and Driving-Stability-Related Aerodynamic Forces and their Interdependence – Results of Measurements on 3/8-Scale Basic Car Shapes. SAE-Paper 860211, Warrendale, PA., SAE, 1986.

Gilhaus, A.: The Main Parameters Determining the Aerodynamic Drag of Buses. Colloque construire avec le vent. Centre Scientifique et Technique du Batiment, Nantes, France, 1981.

Gilhaus, A.; Hau, E.: Drag Reduction on Trucks by Aerodynamic Parts and Covers. Vehicle Aerodynarnics, Int. Symposium, Volkswagen AG,1982

Gilhaus, A.; Hau, E.; Künstner, R.; Potthoff, J.: Über den Luftwiderstand von Fernlastzügen, Ergebnisse aus Modellmessungen im Windkanal. Sonderdruck aus „Automobil-Industrie" Heft 3/September 1979 und Heft 3/September 1980 zum 50- jährigen Bestehen des Forschungsinstitutes für Kraftfahrwesen und Fahrzeugmotoren Stuttgart (FKFS), 1979/1980

Gilhome, B. R.: Unsteady and Time-averaged Near-wake Flow Over the Rear of Sedan Automobiles. PhD Thesis, Monash University, Victoria, Australien, 2002.

Gilhome, B. R.: Unsteady Flow Structures and Forces Over/On the Rear Window and Boot Lid of Sedan Automobiles. 57–70 in Wiedemann, J.; Hucho, W.-H. (Eds.): Progress in Vehicle Aerodynamics III – Unsteady Flow Effects. Renningen: Expert Verlag, 2004.

Gilhome, B. R.; Saunders, J. W.: The Effect of Turbulence on Peak and Average Pressures on a Car Door. SAE, 2002.

Gilhome, B. R.; Saunders, J. W.; Sheridan, J.: Time-averaged and Unsteady Near Wake Analysis of Cars. SAE SP-1600, 191–208. Warrendale, PA., SAE, 2001.

Gilliéron, P.; Noger, C.: Contributing to the Analysis of Transient Aerodynamic Effects Acting on Vehicles. SAE Technical Paper Series 2004-01-1311, Warrendale, PA., SAE, 2004.

Glauert, H.: Wind Tunnel Interference on Wings, Bodies and Airscrews; ARC, R.&M. 1566, 1933.

Gleason, M.: CFD Analysis of Various Automotive Bodies in Linear Static Pressure Gradients; SAE Techn.Paper 2012-01-0298, 2012.

Gleason, M.: Detailed Analysis of the Bluff Body Blockage Phenomenon in Closed Wall Wind Tunnels Utilizing CFD; SAE Paper 2007-01-1046, 2007.

Glück, H.-D.: Klassierung der c_W-Werte von Pkw nach EADE-Daten, 2004.

Göhring, E.; Krämer, W.: Seitliche Fahrgestellverkleidungen für Nutzfahrzeuge. ATZ 89, 481–488, 1987.

Goldstein, M. E.: Aeroacoustics. McGraw-Hill Book Company, New York, 1976.

Gorlin, S. M.; Slezinger, I. I.: Wind Tunnels and Their Instrumentation. Jerusalem: Israel Program for Scientific Translation, 1966.

Götz, H.: Crosswind Facilities and Procedures. SAE Information Report 95-1109, Warrendale, 1995.

Götz, H.: Die Aerodynamik des Nutzfahrzeugs – Maßnahmen zur Kraftstoffeinsparung. Fortschritts-Berichte der VDI-Zeitschriften, Reihe 12, Nr. 31, S. 187–197, 1977.

Götz, H.: Nutzfahrzeuge. Kapitel 11 in Hucho, W.-H. (Hrsg. 2005, 2009): Aerodynamik des Automobils. 5. Auflage, Wiesbaden: Vieweg Verlag, 2005.

Graf, R.; Miehling, H.; Maier, K.; Helbrück, J.: Psychoacoustic evaluation of instationary wind noise transmissioned into vehicles. Tagungsband der Internoise, Ottawa (Canada), 23.–26.08. 2009.

Gräff, B.; Hubert, K.; Zoller, H.-J.: Untersuchungen von Luftgeschwindigkeiten und Lufttemperaturen an industriellen Arbeitsplätzen. Schriftenreihe der Bundesanstalt für Arbeitsschutz, Fb 722, Wirtschaftsverlag NW, Bremerhaven, 1995.

Greaves, J. R. A.: The Development of the 3-Dimensional Motor Vehicle Aerodynamics Computer Model and Its Application To The Rover 88 Shape. 2nd International PHOENICS User Conference, 1987.

Grosche, G.; Zeidler, E.: Teubner-Taschenbuch der Mathematik. Teubner Verlag, 1996.

Großmann, H.: Pkw-Klimatisierung: Physikalische Grundlagen und technische Umsetzung. Springer Berlin Heidelberg, 1. Auflage, ISBN-13: 978-3642054945, 2010.

Grün, N.: Die Berechnung der Höchstgeschwindigkeit, BMW-interne Publikation, 2011.

Grün, N.: Simulating External Vehicle Aerodynamics with CARFLOW. SAE Paper 980679, 1996.

Grün, N.: Strömungsfeldangepasste Oberflächenkoordinaten zur Berechnung dreidimensionaler Grenzschichten. Fortschrittberichte Reihe 7, Nr. 187, VDI Verlag Düsseldorf, 1991.

Grundmann, R.; Kramer, C.; Konrath, B.; Kohl, W.: Der Aeroakustik-Windkanal von Ford. ATZ, 103, 932–938, 2001.

Guidati, S.: Mikrofonarray Technologie. In: Genuit, K. (Hrsg.): Sound-Engineering im Automobilbereich. Berlin: Springer, ISBN 978-3-642-01414-7, 2010.

Guidati, S.; Wagner, S.: Phased Array Measurements in a Closed Test Section Wind Tunnel. In: Wagner, S.; Ostertag, J. (Hrsg.): Third Aeroacoustics Workshop in Connection with the National Research Project SWING+, Stuttgart: Institut für Aerodynamik und Gasdynamik, 26.–27.09.2002.

Gürtler, T.: Some Remarks on Static Pressure Gradients in Wind Tunnel with Open Jet Test Sections; 5th ECARA Subgroup Meeting, Stuttgart, 2001.

Hackenberg, U.: Ein Eintrag zur Stabilitätsuntersuchung des Systems „Fahrer- Kraftrad-Straße". Dissertation Aachen: 1984/85.

Hackett, J. E.; Williams, J. E.; Patrick, J.: Wake Traverses Behind Production Cars and their Interpretation. SAE-Paper 850280, Warrendale, PA., SAE, 1985.

Hackett, J.; Cooper, K.: Extension to Maskell's Theory for Blockage Effects on Bluff Bodies in a Closed Wind Tunnel; Aeronautical Journal of the Royal Aero. Soc., Paper 14, 2001.

Hackett, J.; Wilsden, D.: Determination of Low Speed Wake Blockage Correction via Tunnel Wall Static Pressure Measurements; AGARD-CP-174, 1978.

Hagemeier, T.; Hartmann, M.; Thévenin, D.: Practice of vehicle soiling investigations: A review. International Journal of Multiphase Flow 37, 860–875, 2011.

Hager, J.; Heizeneder, H.; Risch, P.; Straßer, K.: Komfortable Messdatenauswertung für den Bereich Pkw-Klimatisierung. ATZ 100, 928–932, 1998.

Haken, K.-L.: Messung des Rollwiderstands unter realen Bedingungen. In Bargende, M.; Wiedemann, J. (Hrsg.): Kraftfahrwesen und Verbrennungsmotoren, 3. Stuttgarter Symposium. Renningen-Malmsheim: Expert Verlag, 488–504, 1999.

Haken, K.-L.; Stengelin, J.; Wiedemann, J.: Ermittlung des Rollwiderstands unter realen Bedingungen mit einem Messanhänger. Tagung „Fahrwerkstechnik", Haus der Technik, Essen; München, 6. und 7.6.2000.

Hald, J.: Use of Spatial Transformation of Sound Fields (STSF) Techniques in the Automotive Industry. Technical Review No. 1-1995, Nærum (DK): Brüel & Kjær Company; ISSN 007-2621, 1995.

Hallquist, T.: The Cooling Airflow of Heavy Trucks, A Parametric Study, SAE 2008-01-1171, 2008.

Hansen, M.; Schlör, K.: Der AVA-Versuchswagen. Aerodynamische Versuchsanstalt Göttingen, Bericht 43 W 26, 1943.

Hardy, J.; Pomeau, Y.; de Pazzis, O.: Time evolution of two-dimensional model system. I. Invariant states and time correlation functions, J. Math. Phys. 14 (1973), pp1746–1759.

Hartmann, M.; Ocker, J.; Lemke, T.; Mutzke, A.; Schwarz, V.; Tokuno, H.; Toppinga, R.; Unterlechner, P.; Wickern, G.: Wind Noise caused by the A-pillar and the Side Mirror flow of a Generic Vehicle Model. In: Tagungsband 18th AIAA/CEAS Aeroacoustics Conference, Colorado Springs (USA), 04.–06. Juni 2012.

Hazir, A.; Blumrich, R.; Crouse, B.; Freed, D.: Wind Noise Transmission into Convertibles by Fluid Structure Interaction, in: Aeroacoustics research in Europe: The CEAS-ASC Report on 2008 highlights, Journal of Sound and Vibration 328, pp. 213–242, 2009.

Heald, R. H.: Aerodynamic Characteristics of Automobile Models. US Dept. of Commerce, Bureau of Standards, RP 591, 285–291, 1933.

Heckemüller, J.: Vier 1000er im Windkanal – Sturm und Drang. Motorrad Nr. 25, S. 6/13, 1988.

Heesen, W. v.; Höpfer, M.: Suppression of Wind Tunnel Buffeting by Active Flow Control, SAE SP-1874, 2004.

Heesen, W. v.; Reiser, P.: Lärmminderungsmaßnahmen an bergbautypischen Axialventilatoren – Teil 1. Mitteilungen der westfälischen Berggewerkschaftskasse. Heft 64, 1989.

Heft, A. I.; Indinger, T.; Adams, N. A.: Introduction of a New Realistic Generic Car Model for Aerodynamic Investigations. SAE Paper No. 2012-01-0168, 2012.

Heidrich, M.: The Two New Climatic Wind Tunnels in the Mercedes-Benz Technology Center. Progress in Vehicle Aerodynamics and Thermal Management, in J. Wiedemann (ed.) Proceedings of the 8th FKFS-Conference, Expert-Verlag, Renningen, ISBN 978-3-8169-3116-4, 2011.

Heißing, B.; Ersoy, M. (Hrsg.): Fahrwerkhandbuch. ATZ-MTZ Fachbuch. ISBN: 978-3-8348-0105-0, 2007.

Helfer, M.: Aeroakustische Messungen an Kraftfahrzeugen in Windkanälen. In: Tagungsband „Aeroakustik" des Haus der Technik Essen, Wildau, 10.–11. Oktober, 2006.

Helfer, M.: Fahrzeug-Aeroakustik bei turbulenter Anströmung. Tagungsband der DAGA 2012, 19.–22. 03.2012, Darmstadt. Berlin: Deutsche Gesellschaft für Akustik e.V., ISBN: 978-3-939296-04-1, 2012.

Helfer, M.: General Aspects of Vehicle Aeroacoustics. Lecture Series „Road Vehicle Aerodynamics"; 30.05.–03.06.2005; Rhode-St.-Genèse, Belgien: Von Karman Institute, ISBN 2-930389-61-3, 2005.

Helfer, M.: Hohlspiegelmikrofone. In Genuit, K. (Hrsg.): Sound-Engineering im Automobilbereich. Berlin: Springer, ISBN 978-3-642-01414-7, 2010.

Helfer, M.: Localization of Sound Sources. In: Wiedemann, J.; Hucho, W.-H. (Hrsg.): Progress in Vehicle Aerodynamics – Advanced Experimental Techniques. Renningen: Expert-Verlag; ISBN 3-8169-1843-3, 2000.

Helfer, M.: Reifen-Fahrbahn-Geräusch und Umströmungsgeräusch von Kraftfahrzeugen. In: Tagungsband der DAGA 2007, 19.–22.03.2007 in Stuttgart. Berlin: Deutsche Gesellschaft für Akustik e.V., 2007; ISBN 978-3-9808659-3-7. 2007.

Helfer, M.: Sound Source Localisation with Acoustic Mirrors. In: Tagungsband der NAG/DAGA 2009, 23.–26.03.2009, Rotterdam. Berlin: Deutsche Gesellschaft für Akustik e.V., ISBN: 978-3-9808659-6-8, 2009.

Helfer, M.: Umströmungsgeräusche. In: Genuit, K. (Hrsg.): Sound-Engineering im Automobilbereich. Berlin: Springer, ISBN 978-3-642-01414-7, 2010.

Helfer, M.; Busch, J.: Contribution of Aerodynamic Noise Sources to Interior and Exterior Vehicle Noise. In: Tagungsband des DGLR-Workshop „Aeroacoustics of Cars", Emmeloord (NL), 16.–17.11.1992.

Helfer, M.; Melchger, N.; Busch, J.: Moyens de mesure pour les bruits aérodynamiques intérieurs et extérieurs des véhicules. In: Ingénieurs de l'automobile Nr. 711, S. 43–49; ISSN 0020-1200, 1997.

Helfer, M.; Wiedemann, J.: Design of Wind Tunnels for Aeroacoustics. In: Riethmüller, M. L.; Lema, M. R. (Hrsg.): Experimental Aeroacoustics. Rhode-Saint-Genèse (B): von Karman Institute for Fluid Dynamics; ISBN 13 978-2-930389-70-2, 2007.

Heller, A.: Der neue Kraftwagen von Dr.-Ing. Rumpler. ZVDI, 39, 1011–1015, 1921.

Helling, J.: Krafträder. Vorlesungsumdruck 1. Aufl. Aachen: fka-Verl. 1985.

Hennig, A.; Mercker, E.: EADE Correlation Test 2010, Final Report, EADE Meeeting at FIAT, Turin, 2011 (beschränkte Veröffentlichung)

Hentschel, W.; Piatek, R.: Strömungssichtbarmachung in der aerodynamischen Entwicklung von Fahrzeugen. Tagung, Sichtbarmachung technischer Strömungsvorgänge, Essen: Haus der Technik, 1989.

Herwig, T.; v. Löhneysen, U.: Helmtest: Windkanal – Wind-Spiele. Motorrad 8/1984, S. 152–155, 1984.

Herz, D.; Reese, K.: Die NSU-Renngeschichte. 2. Aufl. Stuttgart: Motorbuch-Verlag 1987.

Hess, J. L.; Smith, A. M. O.: Calculation of Potential Flow About Arbitrary Bodies. Progress in Aeronautical Sciences, 8, New York: Pergamon Press 1–138, 1967.

Heuer, R.; Irschik, H.; Ziegler, F.: A BEM-Formulation of Nonlinear Plate Vibrations; in: Proc. IUTAM/IACM-Symp. on Discretization Methods in Structural Mechanics, G. Kuhn et al. (Hrsg.); Springer, Berlin, S. 341–351, 1990.

Heyl, G.: Fortschritte der Sicherheitstechnologie bei Motorradschutzkleidung am Beispiel des BMW-Protec-Anzugs und des BMW-Systemhelms. VDI-Berichte 779 „Motorrad". Düsseldorf: VDI-Verlag, 1989.

Heyl, G.; Lindener, N.; Stadler, M.: Akustische/aeroakustische Eigenschaften von Motorradhelmen. VDI Fachtagung Motorrad Berlin. VDI-Verlag, 1993.

Hinze, J. O.: Turbulence. McGraw-Hill series in mechanical engineering; McGraw-Hill, Inc., New York, 1975.

Hirt, C. W.; Ramshaw, J. D.: Prospects for Numerical Simulation of Bluff-Body Aerodynamics. In: Sovran, G.; Morel, T.; Mason, W. (Eds.): Aerodynamic Drag Mechanisms of Bluff Bodies and Road Vehicles. New York, London: Plenum Press. 213–353, 1978.

Höfer, P.: The new B-Class – Aerodynamic Challenges of the Mercedes-Benz Front-Wheel-Drive Architecture. Progress in Vehicle Aerodynamics and Thermal Management, 2011.

Hoepke, E.; Breuer, S. (Hrsg.): Nutzfahrzeugtechnik. Wiesbaden: Vieweg + Teubner, 5. Auflage, ISBN: 978-3-8348-0374, 2008.

Hoerner, S. F.: Fluid Dynamic Drag. Midland Park, N.J.: Selbstverlag des Autors, 1965.

Hofer, G.: Aerodynamikentwicklung von Motorrädern. Vortrag an der FH Ingolstadt, 2008.

Hofer, G.; Grün, N.: Die Aerodynamikentwicklung eines Rennmotorrades der Superbike-Klasse. Haus der Technik Konferenz „Fahrzeugaerodynamik", München 2010.

Hoffman, J.; Martindale, B.; Arnette, S.; Williams, J.; Wallis, S.: Effect of Test Section Configuration on Aerodynamic Drag Measurements; SAE-Paper 2001-01-0631, 2001.

Hoffmann, R.; Hupertz, B.; Krueger, L.; Lentzen, M.: Active Aerodynamics on Passenger Cars. In: Wiedemann, J. (ed.): Progress in Vehicle Aerodynamics and Thermal Management – Proceedings of the 7th FKFS-Conference. Expert-Verlag, Renningen, ISBN 978-3-8169-2944-4, 2010.

Hoffmann, R.: Thermo Aero Systems Engineering Optimization of the Engine Compartment Airflow. 512–528 in Bargende, M.; Wiedemann, J. (Hrsg.): Kraftfahrwesen und Verbrennungsmotoren, 4. Internationales Stuttgarter Symposium. Renningen: Expert Verlag, 2001.

Hong, P.; Marcu, B.; Browand, F. K.; Tucker, A.: Drag Forces Experienced by Two, Full-Scale Vehicles at Close Spacing. SAE SP-1318, 227–236. Warrendale, PA., SAE, 1998.

Hopf, A. Gauch, A.: Numerische Simulation der Bremsenkühlung mit CFD und FEM. VDI-Berichte 1559, Berechnung und Simulation im Fahrzeugbau, 2000.

Horn, A.: Fahrer-Fahrzeug-Kurvenfahrt auf trockener Straße. Dissertation, Universität Braunschweig, 1986.

Howe, M. S.: Contributions to the theory of aerodynamic sound, with application to excess jet noise and the theory of the flute, J. Fluid Mech.; 71:625–673, 1975.

Howell, J.: Shape and Drag. In: Hucho, W.-H. (Ed. 1998): Using Aerodynamics to Improve the Properties of Cars. 1st Euromotor Short Course, Stuttgart, 1998.

Howell, J.: Shape Features which Influence Crosswind Sensitivity. C466/036/93 IMechE, 1993.

Howell, J.; Le Good, G.: The Influence of Aerodynamic Lift on High Speed Stability. SAE SP-1441, 59–67. Warrendale, PA., SAE, 1999.

Howell, J.; Sheppard, A.; Blakemore, A.: Aerodynamic Drag Reduction for a simple Bluff Body Using Base Bleed. SAE SP-1786, 235–241. Warrendale, PA., SAE, 2003.

http://www.epa.gov/fueleconomy/guzzler/index.htm, 10. November 2012.

http://eur-lex.europa.eu/LexUriServ/LexUriServ.do?uri=CONSLEG:1999L0094:20081211:DE:PDF, 10. November 2012.

http://www.gesetze-im-internet.de/pkw-envkv/BJNR103700004.html, 10. November 2012.

http://www.renewable-energy-concepts.com/german/windenergie/standorte.html, 16. Sept. 2012.

http://www.unece.org/trans/main/wp29/wp29wgs/wp29grpe/wltp_dhc13.html, präsentation WLTP-DHC-13-02e.ppt, 10. November 2012.

Huber, S.: Windkanal-Methodik – Turbulenzen. Motorrad Nr. 9, Sonderteil „Technik aktuell", 1982.

Hucho, W.-H. (ed): Aerodynamics of Road Vehicles, 4th Edition, SAE, Warrendale, PA., 1998.

Hucho, W.-H.: Aerodynamics of Road Vehicles – a Challenge for Computational Fluid Dynamics. Proceedings of the 1st European Automotive CFD Conference, Bingen, Germany, 25–26 June, 2003.

Hucho, W.-H.: Aerodynamik der stumpfen Körper, 2. Auflage. Wiesbaden: Vieweg Verlag, 2011.

Hucho, W.-H. (Hrsg.): Aerodynamik des Automobils. 5. Auflage, Wiesbaden, Verlag Vieweg + Teubner, ISBN 3-528-03959-0, 2005.

Hucho, W.-H.: Design, Technik und Aerodynamik des Automobils. In Möser, K., Popplow, M., Uhl, E. (Hrsg.): Auto.Kultur.Geschichte. IZKT Universität Stuttgart, materialien 11, 93–101, Stuttgart 2013.

Hucho, W.-H.: Designing Cars for Low Drag – State of the Art and Future Potential. International Journal of Vehicle Design, SP 3, pp 1–8, 1983.

Hucho, W.-H.: Die optimale Karosserieform. Volkswagen Workshop „Das Auto der 80er Jahre“, 17–23, Wolfsburg: VW AG, 1978.

Hucho, W.-H.: Einfluss der Vorderwagenform auf Widerstand, Giermoment und Seitenkraft von Kastenwagen. ZfW,20, 341–351, 1972.

Hucho, W.-H.: Fahrzeugaerodynamik – Stand der Technik und Aufgaben für die Forschung. DGLR-Bericht 79-02, 401–417, 1979.

Hucho, W.-H.: Grenzwert-Strategie – Halbierung des c_W-Wertes scheint möglich. ATZ 111, 16–23, 2009.

Hucho, W.-H.: The aerodynamic Drag of Cars – Current Understanding, Unresolved Problems and Future Potential. 7–44 in Sovran, G.; Morel, T.; Mason, W. T. (Hrsg.): Aerodynamic Drag Mechanisms of Bluff Bodies and Road Vehicles. New York, N.Y.: Plenum Press, 1978.

Hucho, W.-H.: Versuchstechnik in der Fahrzeugaerodynamik. Colloquium on Industrial Aerodynamics, 1–48, Aachen, 1974.

Hucho, W.-H.: Versuchstechnik in der Fahrzeugaerodynamik. Kolloquium Industrie-Aerodynamik, Aachen, Teil 3 Aerodynamik von Straßenfahrzeugen, 1–48, 1974.

Hucho, W.-H.; Emmelmann, H.-J.: Aerodynamische Formoptimierung, ein Weg zur Steigerung der Wirtschaftlichkeit von Nutzfahrzeugen. Fortschrittsberichte VDI-Z, Reihe 12, Nr. 31, 163–185, 1977.

Hucho, W.-H.; Janssen, L. J.: Beiträge der Aerodynamik im Rahmen einer Fahrzeugentwicklung. ATZ, 74, 1–5, 1972.

Hucho, W.-H.; Janssen, L. J.; Emmelmann, H.-J.: The Optimization of Body Details – A Method for Reducing the Aerodynamic Drag of Road Vehicles. SAE-Paper 760 186, Warrendale, PA., SAE, 1976.

Hummel, D.: On the Vortex Formation Over a Slender Wing at large Angles of Incidence. AGARD CP – 247, 15-1 und 15-17, 1978.

Hupertz, B.: Einsatz der numerischen Simulation der Fahrzeugumströmung im industriellen Umfeld. Braunschweig: ZLR-Forschungsbericht. Dissertation TU Braunschweig, 1998.

Hupertz, B.: Persönliche Information, 2011.

Huppertz, A.; Janke, G.: Preliminary experiments on the control of three-dimensional modes in the flow over a backward-facing step. Advances in Turbulence VI, 1996.

Hütten, H.: Motoren Technik – Praxis – Geschichte. Motorbuch Verlag, 1997.

Hütten, H.: Motorradtechnik. 1. Aufl. Stuttgart: Motorbuch-Verlag 1983.

Hütten, H.: Schlaglichter zum 100jährigen Motorrad. In: VDI-Bericht 577, „100 Jahre Motorrad“. Düsseldorf: VDI-Verl. 1986.

Hüttenbrink, K.-B.: Lärmmessung unter Motorradhelmen. Zeitschrift für Lärmbekämpfung 29,182–187, 1982.

Ingram, K. C.: The wind-averaged drag coefficient applied to heavy goods vehicles. Transport and

Road Research Laboratory Supplementary Report 392, 1978.

IPCC Fourth Assessment Report: Climate Change 2007 (AR4), Genf, 2007. siehe auch http://www.ipcc.ch/

Ishima, T.; Takahashi, Y.; Okado, H.; Baba, Y.: 3D-PIV measurements and Visualisation of Streamlines Around a Standard SAE Vehicle Model. SAE – Paper 2011-01-0161, SP-2305. Warrendale, PA. SAE, 2011

Islam, M.; Decker, F.; de Villiers, E, Jackson, A.; Gines, J.; Grahs, T.; Gitt-Gehrke, A. and Comas i Font, J.: Application of Detached-Eddy Simulation for Automotive Aerodynamics Development. SAE Paper 2009-01-0333, 2009.

ISO 12021-1: Road vehicles – Sensitivity to lateral wind – Part 1: Open-loop test method using wind generator input. 1996.

ISO 20119: Road vehicles – Test method for the quantification of on centre handling. 2002.

Ivanic, T.; Gilliéron, P.: „Reduction of the Aerodynamic Drag due to Cooling Systems: An Analytical and Experimental Approach". SAE Technical Paper 2005-01-1017, 2005.

Jallet, S.; Devos, S.; Maubray, D.; Sortais, J. L.; Marmonier, F.; Dreher, T.: Numerical Simulation of Wiper System Aerodynamic Behavior. SAE 2001-01-0036, Society of Automotive Engineers, Warrendale, PA.: SAE, 2001.

Janke, G.: Experimental investigation of turbulent reattachment on a free-surface piercing body. Proc. 10th symposium on Turbulent Shear Flows, Vol. 1, 10.13–10.18, 1995.

Janke, G.: On the separated flow behind a swept backward-facing step. Notes on Numerical Fluid Mechanics 40, 1993.

Janke, G.: PIV Messungen in einer abgelösten Strömung mit freier Oberfläche. Fünfte Fachtagung zu Lasermethoden in der Strömungsmechanik, TU Berlin, 1996.

Janke, G.: Über die Grundlagen und einige Anwendungen der Ölfilminterferometrie zur Messung von Wandreibungsfeldern in Luftströmungen. Dissertation TU Berlin, 1992.

Janke, G.; Grundmann, R.; Schimpf, O. (2004): Akustische Optimierung des Schuberth Windkanals

Janssen, L. J.: Persönliche Information, 1998.

Janssen, L. J.; Hucho, W.-H.: Aerodynamische Entwicklung von VW Golf und Scirocco. ATZ, 77, 1–5, 1975.

Janssen, L. J.; Hucho, W.-H.: The Effect of Various Parameters on the Aerodynamic Drag of Passenger Cars. Advances in Road Vehicle Aerodynamics. Cranfield: British Hydromechanical Association, 1973.

Jaray, P.: Der Stromlinienwagen – Eine neue Form der Automobilkarosserie. Der Motorwagen, 17, 333–336, 1922.

Jerhamre, A.; Bergström, C.: Numerical Study of Brake Disc Cooling Acounting for Both Aerodynamic Drag Force and Cooling Efficiency. SAE 2001-01-0948, Society of Automotive Engineers, Warrendale, PA.: SAE, 2001.

Joergensen, F. E.: DISA Information No. 11, 1971.

Jürgensohn, T.; Müller, W.; Scheffer, T.: Verbesserte Methoden zur Objektivierung von subjektiven Bewertungen des Fahrverhaltens. Forschungsbericht Zentrum Mensch-Maschine-Systeme, Berlin, 1996.

Kaltenbach, H.-J.; Janke, G.: Direct numerical simulation of flow separation behind a swept, rearward-facing step at ReH=3000. Physics of Fluids Vol. 12, No. 9, 2320–2337, 2000.

Kandasamy, S.; Duncan, B.; Gau, H.; Maroy, F.; Belanger, A.; Grün, N.; Schäufele, S.: Aerodynamic Performance Assessment of BMW Validation Models using Computational Fluid Dynamics. SAE-Paper 2012-01-0297, 2012.

Kandasamy, S.; Duncan, B.; Gau, H.; Maroy, F.; Belanger, A.; Grün, N.; Schäufele, S.: Impact of Wheel Rotation on Aerodynamic Drag and Lift, FKFS Symposium, Stuttgart, 2012.

Lastauto Omnibus: CO_2-Ausstoß seit 1965, 2007.

Kapitza, K.: Design und Aerodynamik von Sportwagen. In Hucho, W.-H.: Design und Aerodynamik im Automobilbau. Tagung „Haus der Technik", Essen, 1992.

Karbon, K.; Longman, S.: Automobile Exterior Water Flow Analysis Using CFD and Wind Tunnel Visualization. SAE 980035, Society of Automotive Engineers, Warrendale, PA.: SAE, 1998.

Karin, S. and Smith, N. P.: The Supercomputer Era. New York: Harcourt Brace Jovanovich, 1987.

Karlsson, R. I.: Studies of Skin Friction in Turbulent Boundary Layers on Smooth and Rough Walls. Ph.D. Thesis, Calmers University of Technology, 1980.

Kasten, H. G.: Motorrad-Aerodynamik. Motorrad Nr. 11, Sonderteil „Motorrad-Technik", 1979.

Kataoka, T.; China, H.; Nakagawa, K.; Yoshida, M.: Numerical Simulation of Road Vehicle Aerodynamics and Effect of Aerodynamic Devices. SAE-Paper 910597, Warrendale, PA.: SAE, 1991.

Katz, J.: Race Car Aerodynamics. Cambridge, Ma.: Bentley Publishers, 1995.

Katz, J.; Dykstra, L.: Study of an Open-Wheel Racing-Car's Rear-Wing Aerodynamics. SAE-Paper 890600, 1989.

Kelly, K. B.; Provencher, L. G.; Schenkel, F. K.: The General Motors Engineering Staff Aerodynamics Laboratory – A Full Scale Automotive Wind Tunnel. SAE-Paper 820 371, Warrendale, PA.: SAE, 1982.

Kessler, J. C.; Wallis, S. B.: Aerodynamic Test Techniques. SAE Paper no. 660464, Warrendale PA., 1966.

Khalighi, B.; Zhang, S.; Koromilas, C.; Balkanyi, S.R.; Bernal, L.P.; Iaccarino, G.; Moin, P.: Experimental and Computational Study of Unsteady Wake Flow Behind a Bluff Body with a Drag Reduction Device. SAE SP-1600, 221–234. Warrendale, PA., SAE, 2001.

Khandia, Y.; Mosquera, A. A.; Butler, M. J.: Effective Use of CFD in Vehicle Aerodynamics. 3rd MIRA International Vehicle Aerodynamics Conference, 18.–19. October, 2000.

Kiel, G.: Total-Head Meter with small Sensitivity to Yaw. Luftfahrtforschung, Vol. XII, No. 2. München, Berlin: Verlag R. Oldenbourg. NACA TM No. 775, Washington, 1935.

Kieselbach, R. J. F.: Stromlinienautos in Europa und USA – Aerodynamik im Pkw-Bau 1900 bis 1945. Stuttgart: Kohlhammer, 1982.

Kieselbach, R. J. F.: Stromlinienbusse in Deutschland – Aerodynamik im Nutzfahrzeugbau 1931 bis 1961. Stuttgart: Kohlhammer, 1983.

Kieselbach, R. J. F.: The drive to design. Stuttgart: avedition, 1998

Kieselbach, R. J. F.: Stromlinienautos in Deutschland – Aerodynamik im Pkw-Bau 1900 bis 1945. Kohlhammer Edition Auto Verkehr, Verlag W. Kohlhammer, Stuttgart, ISBN 3-17-007626-4, 1982.

Kim, M.-S.; Lee, J.-H.; Kee, J.-D.; Chang, J.-H.: Hyundai Full Scale Aero-Acoustic Wind Tunnel. SAE Technical Paper 2001-01-0629, 2001.

Kimura. Y. Toyota's All Weather Wind Tunnel. Company brochure.

King, L. V.: Royal Society, Phil.Trans. A, 214 pp. 373–432, 1914.

Kitoh, K; Chatani, S.; Oshima, N.; Nakashima, T.; Sebben, S.: Large Eddy Simulation on the Underbody Flow of the Vehicle with Semi-Complex Underbody Configuration. SAE-paper 2007-01-0103, Warrendale, PA.: SAE, 2007.

Kleber, A.: CFD as an Integrated Part of Aerodynamic Development of the Opel Eco-Speedster. In: Seibert, K. W.; Hanna, R. K. (Eds.): Proceedings of the 1st European Automotive CFD Conference, Bingen, Germany, 25.–26.6 2003, 27–36, 2003.

Klein, C.: Einsatz einer druckempfindlichen Beschichtung (PSP) zur Bestimmung des momentanen Druckfeldes von Modellen im Windkanal. Forschungsbericht 97-55, DLR Göttingen, 1997.

Klein, C.: Weiterentwicklung der PSP-Technik und Erprobung an einem Windkanalmodell zur Erfassung kleiner Druckdifferenzen. Forschungsbericht 98-14, DLR Göttingen, 1998.

Klein, C.; Engler, R. H.; Fonov, S.; D.; Trinks, O.: Pressure Sensitive Paint (PSP) Measurements in a Low-speed Wind Tunnel. In: Wiedemann, J.; Hucho, W.-H. (Hrsg.): Progress in Vehicle Aerodynamics II- Advanced Measurement Techniques. 158–169, Renningen. Expert Verlag, 2000.

Klein, R. H.; Jex, H. R.: Development and Calibration of an Aerodynamic Disturbance Test Facility. SAE Paper no. 800143, Warrendale PA., 1980.

Kleiner, C.; Grün, N.: CFD Simulation in Motorcycle Aerodynamics at the BMW Group. Internationale Fachtagung: Entwicklungstendenzen im Motorradbau, Haus der Technik Fachbuch Nr. 28, Expert Verlag, Renningen, 2003.

Klemperer, W.: Luftwiderstandsuntersuchungen an Automobilmodellen. Zeitschrift für Flugtechnik und Motorluftschiffahrt, 13, 201–206, 1922.

Knowles, R.; Saddington, A.; Knowles, K.: Simulation and Experiments on an Isolated Racecar Wheel Rotating in Ground Contact. MIRA 4th International Vehicle Aerodynamics Conference, 2002.

Kobayashi, N.; Yamada, M.: Stability of a One Box Type Vehicle in a Cross-wind – An Analysis of Transient Aerodynamic Forces and Moments. SAE Technical Paper Series 881878, Warrendale, PA., SAE, 1988.

Kobayashi, N.; Yoshinori, S.: Aerodynamic Effects of an Overtaking Articulated Heavy Goods Vehicle on Car-Trailer-An Analysis to Improve Controllability. SAE Paper No. 871919, 1987.

Koenig-Fachsenfeld, R. v.: Aerodynamik des Kraftfahrzeuges. Band III + IV, Kurt Maier Verlag, Heubach,1946.

Koenig-Fachsenfeld, R. v.: Aerodynamik des Kraftfahrzeuges, 2 Bde. Frankfurt: Umschau-Verlag, 1951.

Koenig-Fachsenfeld, R. v.: Windkanalmessungen an Omnibusmodellen. ATZ, 39, 143–149, 1936.

Koenig-Fachsenfeld, R. v.; Rühle, R.; Eckert, D.; Zeuner, A.: Windkanalmessungen an Omnibusmodellen. ATZ, 39, 143–149, 1936.

Koessler, P.: Kotflügeluntersuchungen. Deutsche Kraftfahrtforschung und Straßenverkehrstechnik, Heft 175, Düsseldorf: VDI-Verlag, 1965.

Kohl, W.: Upgrade Of Aerodynamic Windtunnel, Ford-Werke AG, For Aeroacoustic Measurement. 2nd MIRA International Conference on Vehicle Aerodynamics, 1998.

Kokoschinski, H.: Verkleidungstest – Kanalarbeit. Motorrad, Nr. 20, S. 10/23, 1987.

Kollar, M.: Sichtbarmachung der Strömungen im Innenraum eines Motorradhelmes mittels eines Laserlichtschnittverfahrens (Studienarbeit), Lehrstuhl für Strömungsmechanik der Friedrich-Alexander-Universität Erlangen-Nürnberg, 1984.

Költzsch, P.: Bemerkungen über Schall und Pseudoschall. Wissenschaftliche Zeitschrift der Technischen Hochschule Otto von Guericke Magdeburg 17 (1973), Heft 5, 567–573, 1973.

Kompenhans, J.; Raffel, M.; Dieterle, L.; Richard, H.; Dewhirst, T.; Vollmers, H.; Ehrenfried, K.; Willert, C.; Pengel, K.; Kähler, C.; Ronneberger, O.: Measurement of Flow Fields with Particle Image Velocimetry (PIV). 131–157. In: Wiedemann, J.; Hucho, W.-H. (Hrsg.): Progress in Vehicle Aerodynamics – Advanced Experimental Techniques. Renningen: Expert Verlag, 2000.

Koremoto, K.; Kawamura, N.; Kuratani, N.; Nakamura, S.; Arai, T.; Galanga, F.; Walter, J.; Martindale, B.; Duell, E.; Muller, S.: The Characteristics of the Honda Full Scale Aero-acoustic Wind Tunnel Equipped with a Rolling Road System. 8th MIRA International Vehicle Aerodynamics Conference, Grove, Oxfordshire, Uk, October 2010.

Kortesuo, A.; Kaivola, R.: Motorcyclist´s helmet noise Measurement and attenuation. VDI Berichte Nr. 1159, 57–66,1994.

Kortesuo, A.; Kaivola, R.: Motorcyclist´s helmet noise, a solution for attenuation. Nordic acoustical meeting, Helsinki, June 1996.

Kotapati, Keating, Kandasamy, Shock, Chen: The Lattice-Boltzmann-VLES Method for Automotive Fluid Dynamics Simulation, a Review. SAE-Paper 2009-26-0057, 2009.

Krampol, S.; Riegel, M.; Wiedemann, J.: Rechnergestützte Simulation des instationären Windgeräusches. Automobiltechnische Zeitschrift 111, Nr. 11, 2009.

Krantz, W.: An Advanced Approach for Predicting and Assessing the Driver's Response to Natural

Crosswind. Dissertation, Stuttgart, 2012.

Krantz, W.; Schröck, D.; Neubeck, J.; Wiedemann, J.; Lanzilotta, E.: An enhanced single track model for evaluation of the driver-vehicle interaction under crosswind. 9th Stuttgart International Symposium, Vieweg + Teubner Verlag/GWV Fachverlage GmbH, Wiesbaden, 2009.

Krantz, W.; Schröck, D.; Wiedemann, J.: Fahrzeugdynamik – Das Gesamtsystem Fahrer-Fahrzeug-Regelsysteme. Themenheft Forschung der Universität Stuttgart; ISSN 1861-0269, 2010.

Krause, J.; Lichtenstein, C. (Hrsg.): Your Private Sky – R. Buchkminster Fuller – The Art of Design Science. Baden/Switzerland: Lars Müller Publisher, 1999.

Kraus-Weysser, F.: Die große Motorrad-Show. 1. Aufl. Stuttgart: Motorbuch-Verlag 1978.

Krebber, W.; Kielmann, G.: Richtungshören mit Motorradhelmen. Fortschritte der Akustik DAGA, S. 740–741, Oldenburg: DEGA, 1997.

Krist, S.; Mayer, J.; Neuendorf, R.: Aerodynamik und Wärmehaushalt des neuen BMW 5er. ATZ extra, D 58922, 148–153, 2003.

Kronthaler, P.; Bayer, B.: Betrachtungen zur Kraftschlussbeanspruchung beim Motorradfahren aus der Sicht des Reifenherstellers. In: VDI – Bericht 657 „Aktive und passive Sicherheit von Krafträdern". Düsseldorf: VDI-Verl. 1987.

Kubisch, U.: Automobile aus Berlin – Vom Tropfenwagen zum Amphicar. Berlin: Nicolaische Verlagsbuchhandlung, 1985.

Küchemann, D.; Vandrey, J.: Zur Geschwindigkeitskorrektur in Windkanälen mit freier Messstrecke unter Berücksichtigung des Düseneinflusses; Jahrbuch der deutschen Luftfahrtforschung, 1941.

Küchemann, D.; Weber, J.: Vortex Motions. ZAMM 45, 457, 1965.

Kuhn, A.: Der große DB-Windkanal. ATZ, 88, 27–32, 1988.

Kühnel, W.; Paul, M.; Schaake, N.; Schrumpf, M.: Geräuschreduzierung in Fahrzeug-Klimaanlagen. Automobil-Technische Zeitschrift 12/2004.

Künstner, R.: Aerodynamische Untersuchungen an Personenwagen-Caravan-Zügen. ATZ, 87, 95–100, 245–255, 303–310, 1985.

Künstner, R.; Deutenbach, K.-R.; Vagt, J.-D.: Measurements of the Reference Dynamic Pressure in Open-Jet Automotive Wind Tunnels; SAE-Techn.Paper 920399, 1992.

Künstner, R.; Potthoff, J.; Essers, U.: The Aero-Acoustic Wind Tunnel of Stuttgart University. SAE SP-1078, 31–47, Warrendale, Pa .:SAE, 1995.

Kuthada, T.: CFD and Wind Tunnel: Competitive Tools or Supplementary Use? 4th FKFS Conference, Stuttgart, 2007.

Kuthada, T.: Die Optimierung von Pkw-Kühlluftführungssystemen unter dem Einfluss moderner Bodensimulationstechniken. Dissertation IVK Universität Stuttgart, 2006.

Kuthada, T.; Genger, M.; Widdecke, N.; Wiedemann, J.: Joint Project for an Optimized Cooling System. In: Wiedemann/Hucho (Hrsg.) Progress in Vehicle Aerodynamics III – Thermo-Management. Expert Verlag, 2002.

Kuttruf, T.: Was bringt Ram Air?. Motorradmagazin MO Nr. 4/2001, MO Medien Verlag GmbH, Stuttgart, 2001.

Lacey, J.: A Study of the Pulsation in ¾ Open-Jet Wind Tunnel; SAE SP-1667, 2002.

Lamm, M.; Holls, D.: A Century of Automotive Style – 100 Years of American Car Design. Stockton, Cal.: Lamm-Morada Pgl. Co., 1996.

Landström, C.; Josefsson, L.; Walker, T.; Löfdahl, L.: An Experimental Investigation of Wheel Design Parameters with Respect to Aerodynamic Drag. In: Progress in Vehicle Aerodynamics and Thermal Management; Proceedings of the 8th FKFS Conference, Stuttgart 2011.

Lange, A. A.: Vergleichende Windkanalversuche an Fahrzeugmodellen. Berichte Deutscher Kraftfahrzeugforschung im Auftrag des RVM, Nr. 31, 1937.

Langenfeld, S.; Friedrich, H.; Meyer, C.: Adjusted Functional Surfaces by Nanotechnology for Automotive Applications. Materials Week 2001, Internat. Congress of Adv. Materials, 2001.

Larsson, J.: Aerodynamic Development of the Volvo V 70. http://www.adapco-online.com/uconf/EU2000/volvo/index.html, 2000.

Larsson, L.: Study of Ground Simulation – Correlation between Wind-Tunnel and Water-Basin Tests of a Full-Scale Car, SAE-Paper 890 368. Warrendale, PA.: SAE, 1987.

Launder, B. E.; Sharma, B. I.: Application of the Energy Dissipation Model of Turbulence to the Calculation of Flow Near a Spinning Disc. Letters in Heat and Mass Transfer, vol. 1, no. 2, pp. 131–138, 1974.

Lay, W. E.: Is 50 Miles per Gallon Possible with Correct Streamlining? SAE-Journal, 32, 144–156 und 177–186, 1933.

Le Good, G. M.; Howell, J. P.; Passmore, M. A.; Garry, K. P.: On-Road Aerodynamic Drag Measurements Compared with Wind Tunnel Data. SAE SP-1078, 63–84. Warrendale, PA., SAE, 1995.

Le Good, G. M.; Howell, J. P.; Passmore, M. A.; Cogotti, A.: A Comparison of On-Road Aerodynamic Drag Measurements with Wind Tunnel Data from Pininfarina and MIRA. SAE Paper no. 980394, Warrendale PA., SAE, 1998.

Leder, A.: Abgelöste Strömungen. Wiesbaden: Vieweg Verlag, 1992.

Leister, G.: Fahrzeugreifen und Fahrwerkentwicklung. Strategie, Methoden, Tools, Aus der Reihe: ATZ-MTZ Fachbuch, Vieweg+Teubner Verlag, ISBN: 978-3-8348-0671-0, 2009.

Leuschen, J.; Cooper, K. R.: Full-Scale Wind Tunnel Tests of Production and Prototype, Second-Generation Aerodynamic Drag-Reducing Devices for Tractor-Trailers. SAE Paper, 2006-01-3456, SAE International, 2006.

Leyhausen, H.-J.: Die Meisterprüfung im Kfz-Handwerk. 13. Auflage, Vogel-Verlag, Würzburg, ISBN 3-8023-1504-9, 1993.

Lichtenstein, C. Engler, F. (Hrsg.): Stromlinienform. Zürich: Verlag Lars Müller, 1992.

Liebold, H.; Fortnagel, M.; Götz, H.; Reinhard, T.: Aus der Entwicklung des C 111 III, Automobil-Industrie, Nr. 2, 29–36, 1979.

Lighthill, M. J.: On sound generated aerodynamically – I. General theory. London: Proceedings of the Royal Society, Vol. A211, 1951.

Lighthill, M. J.: On sound generated aerodynamically – II. Turbulence as a source of sound. London: Proceedings of the Royal Society, Vol. 222, 1951.

Lilley, G. M.: On the noise from air jets. In: Noise Mechanisms, AGARD CP 131, 13.1.–13.12, 1973.

Lin, C.; Saunders, J. W.; Watkins, S.; Mole, L.: Increased Productivity – Use of Specific Dissipation to Evaluate Vehicle Engine Cooling. SAE SP-1232, 51–79. Warrendale, PA., SAE, 1997.

Lindemann, J.; Hüttenbrink, K.-B: Verminderung der Windgeräusche unter Motorradhelmen. Zwanzig Jahre Geers-Stiftung, Dortmund, S. 58–59, 1996.

Lindener, N.; Kaltenhauser, A.: Der BMW Akustik-Windkanal. Tagungsband der Tagung Nr. T-30-341-056-2-P „Aerodynamik des Kraftfahrzeugs“; 25.–26. März; Haus der Technik; Essen, 1992.

Lindener, N.: persönliche Demonstration, 1996.

Lindener, N.: Zeitgemäße Aerodynamik Entwicklung bei Audi. Vortrag AUDI Sommerforum, 2004.

Lindener, N.; Miehling, H.; Cogotti, A.; Cogotti, F.; Maffei, M.: Aeroacoustic Measurements in Turbulent Flow on the Road and in the Wind Tunnel. SAE Technical Paper Series 2007-01-1551, Warrendale, PA., SAE, 2007.

Wickern, G., Lindener, N.: The Audi Aeroacoustic Wind Tunnel: Final Design and First Operational Experience, SAE Technical Paper 2000-01-0868, 2000.

Lock, A.: Unsteady Aerodynamics – Its Simulation, Measurement and Effect on the Driver. In: Wiedemann, J.; Hucho, W.-H. (Hrsg.) Progress in Vehicle Aerodynamics III – Unsteady Flow Effects, Renningen: expert Verlag, 2004.

Lock, A.; Orso Fiet, G.; Ali, M.: MIRA's New Large Volume Airflow Visualisation Technique. In: Wiedemann, J. (ed.): Progress in Vehicle Aerodynamics and Thermal Management – Proceedings of the 7th FKFS-Conference. Expert-Verlag, Renningen, ISBN 978-3-8169-2944-4, 2010.

Loehrke, R. I.; Nagib, H. M.: Control of Free-Stream Turbulenz by means of Honeycombs: A Balance between Suppression and Generation; J. Fluids Engineering, 1976.

Löfdahl, L.: Measurements of the Reynolds Stress Tensor in the Thick Three dimensional Boundary Layer near the Stern of a Ship Model. Ph.D. Thesis, Calmers University of Technology, 1982.

Lower, M. C.; Hurst, D. W.; Thomas, A.: Noise leves and noise reduction under motorcycle helmets. Noise control – the next 25 years : proceedings/Inter-Noise 96, the 1996 International Congress on Noise Control Engineering, Inst. of Acoustics, St. Albans, Liverpool: Book 2, 1996.

Lührmann, L.: Chancen und Grenzen der virtuellen Aerodynamik. Fahrzeugerprobung – von der Straße in den Rechner. Haus der Technik, München, 2003.

Lührmann, L.; Zimmermann, K.; Zörner, C.: Audi A6, Fahrzeugeigenschaften – Aerodynamik und Akustik. ATZ Sonderheft D 58922, 34–42, 2004.

Lumley, J.: Turbulence Modeling. 3rd International Conference, Innovation and Reliability in Automotive Design and Testing, Florence, Italy, 8–10 April, 1381–1392, 1992.

Lyon, R.: Statistical Energy Analysis of Dynamical Systems, MIT Press, Cambridge, MA, 1975.

Mack, S.; Indinger, T.; Adams, N. A.; Blume, S; Unterlechner, P.: The Interior Design of a 40% Scaled DrivAer Body and Frst Experimental Results. In: Proceedings of the ASME Fluids Engineering Summer Meeting FEDSM 2012-72371, Puerto Rico, USA, 2012.

Macklin, A. R.; Garry, K. P.; Howell, J. P.: Comparing Static and Dynamic Testing Techniques for the Crosswind Sensitivity of Road Vehicles, SAE SP-1145, 39–45. Warrendale, PA., SAE, 1996.

Macklin, A. R.; Garry, K. P.; Howell, J.: Assessing the Effects of Shear and Turbulence During the Dynamic Testing of the Crosswind Sensitivity of Road Vehicles. SAE SP-1232, 29–40. Warrendale, PA., SAE, 1997.

Mackling, W. C.; Metaxas, G. J.: Splashing of drops on liquid layers. J. of Appl. Phys., Vol 47, 3963 ff, 1976.

Mackrodt, P.-A.; Steinheuer, J.; Stoffers, G.: Entwicklung aerodynamisch optimaler Formen für das Rad-Schiene Versuchsfahrzeug II. AET, 35, 67–77, 1980.

Maeda et al.: Correlation Tests Between Japanese Full-Scale Automotive Wind Tunnels Using the Correction Methods for Drag Coefficient. SAE Technical Paper 2005-01-1457, 2005.

Maestrello, L.: Use of turbulent model to calculate the vibration and radiation responses of a panel, with practical suggestions for reducing sound level. In: Journal of Sound and Vibration, Vol. 5, No. 3, S. 13–38, 1967.

Maioli, M.: Function Versus Appearance: The Interaction Between Customer, Stylist and Engineer in Vehicle Design. Int. Journal of Vehicle Design, 5, 305–316, 1983.

Mair, W. A.: Drag-Reducing Techniques for Axi-Symmetric Bluff Bodies. in Sovran, G.; Morel, T.; Mason, W. T. (Ed. 1978): Aerodynamic Drag Mechanisms of Bluff Bodies and Road Vehicles. 161–187, New York, N.Y.: Plenum Press, 1978.

Mair, W. A.: Reduction of Base Drag by Boat-Tailed Afterbodies in Low-Speed Flow. Aeronautical Quarterly, 20, 307–320, 1969.

MakePeace, C.: Compilation of drag coefficients from EADE data. Rüsselsheim: Adam Opel AG, 1991.

Malavard, L.: Etude des écoulements transsoniques. Contrôle expérimental des règles de similitude. Jahrbuch der WGL, Nummer, 96–103, 1953.

Mankau, H.: Außenspiegel als Optimierungsaufgabe der Kraftfahrzeugentwicklung. 2. Stuttgarter Symposium Kraftfahrwesen und Verbrennungsmotoren, 1997.

Marcu, B.; Browand, F.: Aerodynamic Forces Experienced by a 3-Vehicle Platoon in a Crosswind. SAE SP-1441, 285–293, Warrendale, PA., SAE, 1999.

Maretzke, I.; Richter, B.: Einfluss der Aerodynamik auf die Richtungsstabilität von PKW. VDI Bericht 546, 101–116, 1984.

Maskell, E. C.: Progress Towards a Method for the Measurement of the Components of the Drag of a

Wing of Finite Span. RAE Technical Report 72232, 1973.

Maskell, E.: A Theory of the Blockage Effects on Bluff Bodies and Stalled Wings in a closed Wind Tunnel; ARC, R&M 3400, 1961.

Mauboussin, P.: Voitures aérodynamiques. L'Aéronautique, Nov. 1933, 239–245, 1933.

Maue, J. H.: Lärmbelastung für Motorradfahrer – Messergebnisse und Schutzmaßnahmen. Zeitschrift für Lärmbekämpfung 37, 15–19, 1990.

Maue, J. H.: Messverfahren zur Bestimmung der Lärmbelastung unter Motorradhelmen in TÜ Bd. 30 Nr. 9, 1989.

Mayer, E.: Ist die bisherige Zuordnung von PMV und PPD noch richtig? Klima-, Luft- und Kältetechnik 34, H.12, S. 575–577, 1998.

Mayer, W.: Bestimmung und Aufteilung des Fahrwiderstandes im realen Fahrbetrieb; Dissertation von der Fakultät Maschinenbau der Universität Stuttgart, 2006.

Mayer, W.; Wiedemann, J.: Road Load Determination Based on Driving-Torque-Measurement. SAE SP-1786, 109–118. Warrendale PA., SAE, 2003.

Mayer, W.; Wiedemann, J.: The Influence of Rotating Wheels on Total Road Load. SAE Technical Paper 2007-01-1047, 2007.

McBeath, S.: Competition Car Downforce, Haynes, 1998.

McBeath, S.: Formel 1 Aerodynamik. Stuttgart: Motorbuch Verlag, 2001.

McCallen, R.; Browand, F.; Ross, J.: The Aerodynamics of Heavy Vehicles, Springer Verlag 2004.

McConnel, W. A.: Climatic Testing Indoors – Ford's Hurricane Road. SAE-Preprint 22 S, Warrendale, PA., SAE, 1959.

McCutcheon, G.; McColgan, A. H.; Grant, I.: Wake Studies of a Model Passenger Car using PIV. 3rd MIRA International Vehicle Aerodynamics Conference, Oct. 2000.

McKnight, A. J.; McKnight A. S.: The Effects of Motorcycle Helmets Upon Seeing and Hearing, Final Report, National Highway Traffic Safety Administration, U.S. Department of Transportation, DOT HS 808 399, 1994

Mears, A. P.; Crossland, S. C.; Dominy, R. G.: An Investigation into the Flow-Field About an Exposed Racing Wheel. SAE SP-1874, 115–131. Warrendale, PA.: SAE, 2004.

Mears, A. P.; Dominy, R. G.; Sims-Williams, D. B.: The Flow About an Isolated Rotating Wheel – Effects of Yaw an Lift, Drag and Flow Structure, 4th MIRA International Vehicle Aerodynamics Conference, Warwick, 2002.

Mehta, R. D.: The Aerodynamic Design of Blower Tunnels with Wide-Angle Diffusors; Prog. Aerospace Sci., Vol. 18, 1977.

Melchger, N.: Die aeroakustische Entwicklung des Maybach. In: Bargende, M.; Wiedemann, J. (Hrsg.): 5. Internationales Stuttgarter Symposium Kraftfahrwesen und Verbrennungsmotoren 18.–20.2.2003. Renningen: Expert-Verlag, ISBN 3-8169-2180-9, 2003.

Melchger, N.; Rosmanith, R.: Aerodynamik, Aeroakustik, Motorkühlung – Das Spiel mit dem Wind. ATZ-MTZ Extra, 114–119, 2001.

Mende, v. H.-U.: Styling – automobiles Design. Stuttgart: Motorbuchverlag, 1979.

Mendle, T.: Hut-Probe. Tourenfahrer 10/2003, 72–78, 2003.

Mercedes–Benz Infobroschüre: Emissionen, Kraftstoffverbrauch – Vorschriften, Testverfahren und Grenzwerte Pkw und leichte Nutzfahrzeuge, September 2008. Siehe auch http://cis-gso.daimler.com/ (GSO – Gesetzestexte online).

Mercker E.; Breuer, N.; Berneburg, H.; Emmelmann, H.-J.: On the Aerodynamic Interference Due to Rolling Wheels of Passenger Cars; SAE SP-1036, 1991.

Mercker, E.: A blockage Correction for Automotive Testing in a Wind Tunnel with Closed Test Section; Journal of Wind Engineering & Industrial Aerodynamics, Edition 22, 1986.

Mercker, E.: Blockage and Interference Corrections; EADE 2010 Correlation Test, Final Report, beschränkte Veröffentlichung, 2011.

Mercker, E.: On Buoyancy and Wake Distortion in Closed Test Sections of Automotive Wind Tunnels. In: J. Wiedemann (ed.): Progress in Vehicle Aerodynamics and Thermal Management – Proceedings of the 9th FKFS-Conference, Expert-Verlag, Renningen (2013), to be published in 2013.

Mercker, E.; Cooper, K.: A Two-Measurement Correction for the Effect of a Pressure Gradient on Automotive, Open-Jet, Wind Tunnel Measurements; SAE Paper 2006-01.0568, 2006.

Mercker, E.; Cooper, K.; Fischer, O.; Wiedemann, J.: The Influence of a Horizontal Pressure Distribution on Aerodynamic Drag in Open and Closed Wind Tunnels; SAE Paper 2005-01-0867, 2005.

Mercker, E.; Fiedler, H.: Eine Blockierungskorrektur für Aerodynamische Messungen in geschlossenen Unterschallwindkanälen; ZfW, Band 2, Heft 4, 1978.

Mercker, E.; Knape, H. W.: Ground Simulation with Moving Belt and Tangential Blowing for Full-Scale Automotive Testing in a Wind Tunnel. SAE – Paper 890367, Warrendale, PA. SAE, 1989.

Mercker, E.; Pengel, K.: Über den Strömungslärm in Messstrecken verschiedener Windkanäle und im Fahrgastraum eines Pkw's. Akustik und Aerodynamik des Kraftfahrzeuges, Renningen: Expert Verlag, 1995.

Mercker, E.; Soja, H.; Wiedemann, J.: Experimental investigation on the Influence of Various Ground Simulation Techniques on a Passenger Car ; Proceedings „Vehicle Aerodynamics Conference“ der Royal Aeronautical Society, Loughborough 1994.

Mercker, E.; Wiedemann, J.: Comparison of Different Ground Simulation Techniques for Use in Automotive Wind Tunnels; SAE-Paper 900321, 1990.

Mercker, E.; Wiedemann, J.: Contemplation of Nozzle Blockage in open Jet Wind Tunnels in View of Different 'Q' Determination Techniques; SAE-Paper 970136, 1997.

Mercker, E.; Wiedemann, J.: On the correction of Interference effects in Open Jet Wind Tunnels; SAE SP-1145, 1996.

Metternich, Graf, M. W.: Edmund Rumpler – Konstrukteur und Erfinder. München: Neuer Kunstverlag, 1985.

Michaelian, M.; Browand, F.: Quanitifying Platoon Fuel Savings: 1999 Field Experiments. SAE SP-1600, 315–324. Warrendale, PA., SAE, 2001.

Michel, U.; Barsikow, B.; Hellmig, M.; Schüttpelz, M.: Schallquellenlokalisierung an landenden Flugzeugen mittels eines Mikrofon-Arrays. In: Tagungsband der DAGA 1998, Zürich, 23.–26.3.1998; ISBN 3-9804568-3-8, 1998.

Michelin: Der Reifen. Haftung, Komfort – mechanisch und akustisch sowie Rollwiderstand und Kraftstoffersparnis. Jeweils Michelin Reifenwerke KGaA. Karlsruhe, 2005.

Milliken, W.; Milliken, D.: Race Car Vehicle Dynamics. Warrendale, PA.: SAE, 1995.

Mitschke, M.: Dynamik der Kraftfahrzeuge, Band C, Fahrverhalten. 2. Auflage, Springer-Verlag, Berlin 1990.

Modlinger, F.; Demuth, R.; Adams, N.: Investigations on the Realistic Modeling of the Flow around Wheels and Wheel Arches by CFD. JSAE-Paper 20075195, 2007

Modlinger, F.; Demuth, R.; Adams, N.: New Directions in the Optimization of the Flow around Wheels and Wheel Arches. MIRA Conference 2008.

Möhring, W.: On vortex sound at low Mach number, Journal of Fluid Mechanics, 85:685–691,1978.

Möller, E.: Luftwiderstandsmessungen am VW-Lieferwagen. ATZ, 53, 153–156, 1951.

Mörchen, W.: Aufbau und Messsysteme des VW-Klimawindkanals. ATZ 70, 73–83, 1968.

Mörchen, W.: The Climatic Wind Tunnel of Volkswagenwerk AG. SAE-Paper 680120, Warrendale, PA., SAE, 1968.

Morel, T.: Comprehensive Design of Axissymmetric Wind Tunnel Contractions; ASME-Paper 75-Fe-17, 1975.

Morel, T.: The Effect of Base Slant on the Flow Pattern and Drag of Three-dimensional Bodies with Blunt Ends. In: Sovran, G.; Morel, T.; Mason, W. T. (Eds.): Aerodynamic Drag Mechanisms of Bluff Bodies and Road Vehicles. New York: Plenum Press, 191–226, 1978.

Morel, T.; Bohn, M.: Flow over Two Circular Disks in Tandem. Aerodynamics of Transportation. ASME-CSME-Conf. Niagara Falls, June 1979, 23 -32, 1979.

Morelli, A.: A New Aerodynamic Approach to Advanced Automobile Basic Shapes. SAE SP-1524, 173–182. Warrendale, PA., SAE, 2000.

Morelli, A.: Aerodynamic Basic Bodies Suitable for Automobile Applications, International Journal of Vehicle Design, SP3, 70–98, 1983.

Morelli, A.: General Layout Characteristics and Performance of a New Wind Tunnel for Aerodynamic and Functional Tests on Full Scale Vehicles. SAE-Paper 710214, Warrendale, PA., SAE, 1971.

Morelli, A.: Persönliche Information über das Gebläse-Rad, 2002.

Morelli, A.: The New Pininfarina Wind Tunnel for Full Scale Automobile Testing. In H.S. Stephens (Editor): Advances in Road Vehicle Aerodynamics, 335–365. Cranfield, UK: The British Hydromechanics Research Association (BHRA), 1973.

Morelli, A.; Di Giusto, N.: A New Step in Automobile Aerodynamics Performance Improvements and Design Implications. International Conference Vehicles and Systems Progress. Volgograd, Russland, 7.–10. September 1999.

Morelli, A.; Fioravanti, L.; Cogotti, A.: Sulla forma della carrozzeria di minima resistenza aerodinamica. ATA Novembre 1976, 468–476, 1976.

Morén, A.: Cdtool – A Parametric Aerodynamic Drag Prediction Tool. Diploma Work, Umeá University, Göteborg, 2007.

Moron, P.; Hazir, A.; Crouse, B.; Powell, R.; Neuhierl, B.; Wiedemann, J.: Hybrid Technique for Underbody Noise Transmission of Wind Noise. SAE Paper No. 2011-01-1700, 2011.

Moron, P.; Powell, R.; Freed, D.; Perot, F.; Crouse, B.; Neuhierl, B.; Ullrich, F.; Höll, M.; Waibl, A.; Fertl, C.: A CFD/SEA Approach for Prediction of Vehicle Interior Noise due to Wind Noise, SAE Technical Paper 2009-01-2203, 2009.

Mößner, A.: Entwicklungsmethoden zur Verbesserung des Insassenkomforts in offenen Fahrzeugen am Beispiel der SL/SLK-Klasse von Mercedes-Benz. Haus der Technik, München, Operative und strategische Ziele der Fahrzeug-Aerodynamik, 2001.

Mullarkey, S. P.: Aerodynamic stability of road vehicles in side winds and gusts. Department of Aeronautics, Imperial College of Science and Technology London, 1990.

Müller, R.: Private Kommunikation, ADAC e.V. Bereich Fahrzeugtechnik, München, 2003.

Müller, U.; Klingebiel, F.: Simulation von Motorschmier- und Motorkühlkreisläufen. 634–646 in Bargende, M.; Wiedemann; J. (Hrsg. 1999): Kraftfahrwesen und Verbrennungsmotoren. 3. Stuttgarter Symposium. Expert Verlag, Renningen Malmsheim, 1999.

Muto, S.: The aerodynamic Drag Coefficient of a Passenger Car and Methods for Reducing it. Int. Journal of Vehicle Design, SP 3, 37–69, 1983.

Muto, S.; Ishihara, T.: The JARI Full Scale Wind Tunnel. SAE-Paper 780 586, Warrendale, PA., SAE, 1978.

Mutoh, S.: Automobile Aerodynamics (Car Styling 50½ Special Edition, englisch & japanisch). Tokyo: Publishing Co, San'ei Shobo, 1985.

N. N.: Hart am Wind. Auto Motor Sport, 20, 126–130, 1982.

Nebel, M.; Melchger, N.; Wäschle, A.: Die Aerodynamik- und Aeroakustikentwicklung der neuen Mercedes-Benz E-Klasse. In: Bargende, M.; Reuss, H.-C.; Wiedemann, J. (Hrsg.): Kraftfahrwesen und Verbrennungsmotoren. 9. Stuttgarter Symposium. Springer Vieweg Verlag, Wiesbaden, 2009.

Nemecek, J.; Grandjean, E.: Results of an Ergonomic Investigation of Large-Space Offices. Human Factors 15(2), 111–124, 1993.

Ng, E. Y.; Johnson, P. W.; Watkins, S.; Grant, L.: Wind-Tunnel Tests of Vehicle Cooling System Performance at High Blockage. SAE Paper no. 2000-01-0351, Warrendale PA., SAE, 2000.

Ng. E. Y.; Watkins, S.; Johnson, P. W.; Mole, L.: Use of a Pressure-based Technique for Evaluating the

Aerodynamics of Vehicle Cooling Systems. SAE SP-1667, 71–82. Warrendale, PA., SAE, 2002.

Nicholls, J.: Stream and Droplet Breakup by Shock Waves. NASA SP-194, 126–128, 1972.

Nilsson, H. (ed.): Definition and theoretical background of the equivalent temperature. ATA 6th Int. Conf. The New Role of Experimentation in the Modern Automotive Product Development Process, 99A4082, 1999.

Nilsson, L.-U.; Berndtsson, A: The New Volvo Multipurpose Automotive Wind Tunnel. SAE-Paper 870249, Warrendale, PA., SAE, 1987.

Nitsche, W.: Strömungsmesstechnik. Berlin Heidelberg: Springer-Verlag, ISBN-10: 3540544674, 1994.

Nitz, J.; Deutenbach, K.-R.; Poltrock, R.: ARVW – Konzept eines luftwiderstandsarmen Rekordfahrzeugs. ATZ 84, 211–219, 1982.

Nizzola, C.: Modellierung und Verbrauchsoptimierung von ottomotorischen Antriebskonzepten. Dissertation ETH, Nr. 13831, Zürich, 2000.

Noger, C.; Gillieron, P.: Banc expérimental d'analyse des phénomènes aérodynamiques générés par le dépassement de deux véhicules automobiles. 16ième Congrès Français de Mécanique, Nice, 2003.

Nouzawa, T.; Haruna, S.; Hiasa, K.; Nakamura, T.; Sato, H.: Analysis of Wake Pattern for Reducing Aerodynamic Drag of Notchback Model. SAE-Paper 900318, Warrendale, PA., : SAE, 1990.

Nowitzki, H. J.: Rennmaschinen im Windkanal – Windspiel. Motorrad, Nr. 10, S. 6–12, 1980.

Oda, N.; Hoshino, T.: Three-Dimensional Air Flow Visualization by Smoke Tunnel. SAE-Paper 741029, Warrendale, PA., SAE, 1974.

Oertel (jr.), H.; Laurien, E.: Numerische Strömungsmechanik. Grundgleichungen – Lösungsmethoden – Softwarebeispiele. 2. Auflage, Vieweg Verlag, Wiesbaden, ISBN 3-528-03936-1, 2003.

Oertel (jr.), H.: Strömungsmechanik. Berlin, Heidelberg: Springer Verlag, 1995.

Oettle, N.; Sims-Williams, D.; Dominy, R.; Darlington, C.; Freeman, C.: The Effects of Unsteady On-Road Flow Conditions on Cabin Noise: Spectral and Geometric Dependence. SAE-Paper 2011-01-0159, 2011.

Ogata, N.; Iida, N.; Fuji, Y.: Nissan's Low-Noise Full Scale Wind Tunnel. SAE-Paper 870250, Warrendale, PA., SAE, 1987.

Ohtani, K.; Takei, M.; Sakamoto, H.: Nissan Full Scale Wind Tunnel – Its Application to Passenger Car Design. SAE-Paper 720100, Warrendale, PA., SAE, 1972.

Onorato, M.; Costelli, A. F.; Garrone, A.: Drag Measurements Through Wake Analysis. SAE-Paper 840302, Warrendale, PA., SAE, 1984.

Otto, N.; Feng, B. J.: Wind Noise Sound Quality. SAE-Paper 951369, 1995.

Paefgen, F.-J.; Gush, B.: Der Bentley Speed 8 für das 24-Stunden-Rennen in Le Mans 2003. ATZ 106, 281–289, 2004.

Pankhurst, R. C.; Holder, D. W.: Wind-Tunnel Technique. London: Pitman, 1968.

Papenfuß, H.-D.; Dilgen, P.: Three-dimensional Separated Flow Around Automobiles with Different Rear Profile: Application of the Zonal Method. In Gersten, K. (Ed.): Physics of Separated Flows – Numerical, Experimental, and Theoretical Aspects, Braunschweig: Vieweg, 241–248, 1993.

Park, Y.-G.: Air-Side Heat Transfer and Friction Correlations for Flat-Tube Louver-Fin Heat Exchangers. Journal of Heat Transfer, Vol. 131, 2009.

Passmore, M.; Le Good, G.; Howell, J.: A practical analysis of the coastdown test technique. MIRA 2nd International Conference on Vehicle Aerodynamics, Nuneaton, 1998.

Passmore, M. A.; Richardson, S.; Imam, A.: An experimental study of unsteady vehicle aerodynamics. Proc. Instn. Mech. Engrs., Vol. 215 Part D, pp. 779–788, 2001.

Pawlowski, F. W.: Wind Resistance of Automobiles. SAE-Journal, 27, 5–14, 1930.

Peikert, E.; Schmidt, E.-M.; Carell, G.; Koenigsbeck, A.: Leitfaden für Freunde des Gespannfahrens, 4. Auflage, Krefeld: Bundesverband der Motorradfahrer e. V., 1986

Peric, M.; Schreck, E.: Muzaferija, S.: Die Methode der überlappenden Rechengitter und deren Anwendung in der Fahrzeugaerodynamik. 10. Tagung Fahrzeugaerodynamik, Haus der Technik, München, 2012.

Pérot, F.; Kim, M.S.; Freed, D.M.; Dongkon, L.; Ih, K.D.; Lee, M.H.: Direct aeroacoustics prediction of ducts and vents noise. AIAA paper 2010-3724, 14th AIAA/CEAS aeroacoustics conference, Stockholm, June 2010.

Pérot, F.; Wada, K.; Norisada, K.; Kitada, M.; Hirayama, S.; Sakai, M.; Imahigasi, S.; Sasaki, N.: HVAC blower aero-acoustics predictions based on the lattice Boltzmann method, AJK 2011 Conference, Hamamatsu, Japan, July 2011.

Persu, A.: Luftwiderstand und Schnellwagen. Zeitschrift für Flugtechnik und Motorluftschiffahrt, 15, 25–27, 1924.

Peschke, W.; Mankau, H.: Auftriebskräfte am Wohnanhänger beeinflussen die Stabilität von Wohnwagengespannen. Automobil Revue, 18, 51–53, 1982.

Petz, R.; Charwat, M.: Das AeroLAB der BMW Group: Fahrzeugmessungen mit dem Single-Rolling Road System. 10. Tagung Haus der Technik, Fahrzeug-Aerodynamik, München, 4./5. Juli 2012, 2012.

Pfadenhauer, M.: Aerodynamikentwicklung im Rennsport am Beispiel des Audi R8, Tagung: Haus der Technik: Operative und strategische Ziele der Fahrzeug-Aerodynamik, München, 2001.

Pfadenhauer, M.: Aerodynamikentwicklung im Rennsport am Beispiel des Audi R8. In: Bargende, M.; Wiedemann, J. (Hrsg.): Kraftfahrwesen und Verbrennungsmotoren. 4. Internationales Stuttgarter Symposium. 355–369, Renningen: Expert Verlag, 2001.

Pfadenhauer, M.: Konzepte zur Verringerung des Luftwiderstandsbeiwertes von Personenkraftwagen unter Berücksichtigung der Wechselwirkung zwischen Fahrzeug und Fahrbahn sowie der Raddrehung. Diplomarbeit Technische Universität München, 1995.

Physik-Hütte (Band 1, Mechanik), Verlag Wilhelm Ernst und Sohn, 1971.

Piatek, R.; Hentschel, W.: Strömungssichtbarmachung in der aerodynamischen Entwicklung von Kraftfahrzeugen. Tagung: Sichtbarmachung technischer Strömungsvorgänge, Haus der Technik, Essen, 1998.

Piola, G.: Formula 1 ‘98 – Technical Analysis, Giorgio Nada Editore, 1999.

Piola, G.: Formula 1 ‘99 – Technical Analysis, Giorgio Nada Editore, 2000.

Piola, G.: Formula 1 2001 – Technical Analysis, Giorgio Nada Editore, 2002.

Pischinger, R.; Klell, M.; Sams, T.: Thermodynamik der Verbrennungskraftmaschine. Springer Verlag, 2002.

Pope, A.; Harper, J. J.: Low Speed Wind Tunnel Testing. London: J. Wiley & Sons, 1966.

Porsche, Dr.-Ing. e. h., AG: Europäische Patentschrift O 213 387, 1986.

Potthoff, J.: Aerodynamische Hilfsmittel am Rennsportwagen. Vortrag VDI-Jahrestagung Fahrzeugtechnik, Stuttgart, November 1977.

Potthoff, J.: Persönliche Information, 1969.

Potthoff, J.: The Aerodynamic Layout of UNICAR Research Vehicle. International Symposium on Vehicle Aerodynamics, Wolfsburg: VW AG, 1982.

Potthoff, J.; Fischer, O.; Helfer, M.; Horn, M.; Kuthada, T.; Michelbach, A.; Schröck, D.; Widdecke, N.; Wiedemann, J.: 20 Jahre Fahrzeugwindkanäle der Universität Stuttgart am Institut für Verbrennungsmotoren und Kraftfahrwesen 1989–2009. Automobiltechnische Zeitschrift 111 Nr. 12, 2009.

Potthoff, J.; Michelbach, A.; Wiedemann, J.: Die neue Laufbandtechnik im IVK-Aeroakustik-Fahrzeugwindkanal der Universität Stuttgart. Teil 1 ATZ, 106, 52–61; Teil 2 ATZ, 106, 150–160, 2004.

Potthoff, J.; Schmid, I. C.: Wunibald I. E. Kamm – Wegbereiter der modernen Kraftfahrtechnik. Berlin, Heidelberg: Springer Verlag, 2012.

Preusser, T.; Polansky, L.; Giesecke, P.: Advances in the Development of Wind Tunnel Balance Systems for Experimental Automotive Aerodynamics. SAE Paper no. 890370, Warrendale PA., 1989.

Rae, W. H.; Pope, A.: Low-Speed Wind Tunnel Testing; Verlag John Wiley & Sons, (1984)

Raffel, M.; Willert, C.; Kompenhans, J.; Loose, S.; Bosbach, J.: Measurement of Unsteady Flows. 177–191 in Wiedemann, J.; Hucho, W.-H. (Hrsg.): Progress in Vehicle Aerodynamics III – Unsteady Flow Effects. Renningen: Expert Verlag, 2004.

Ramm, G.; Hummel, D.: A Panel Method for the Computation of the Flow Around Vehicles Including Side-edge Vortices and Wake. 3rd International Conference, Innovation and Reliability in Automotive Design and Testing, Florence, 8.–10. April, 1992.

Rauser, M.; Eberius, J.: Verbesserung der Fahrzeugaerodynamik durch Unterbodengestaltung. ATZ, 89, 535–542, 1987.

Rawnsley, S. M.; Glynn, D. R.: Flow around Road Vehicles. 1st International PHOENICS User Conference, 1985.

Rawnsley, S. M.; Tatchell, D. G.: Application of the PHOENICS Code to the Computation of the Flow Around Automobiles. SAE-Paper 860217, 1986.

Read, A.; Mendonca, F.; Scharm, Ch.; Tournour, M.: Optimal Sunroof Buffeting Predictions with Compressibility and Surface Impedance Effects – American Institute of Aeronautics and Astraunotics Paper 2005-2859, S.1–13–2005.

Reid, E. G.: Farewell to the Horseless Carriage. SAE-Journal 36, 180–189, 1935.

Reilly, D.: NACA-Ducts – What They Are and How They Work, Road & Track, 71–74, 1979

Reitz, R. D.; Diwakar, R.: Effect of Drop Break-up on Fuel Sprays. SAE 860469, Society of Automotive Engineers, Warrendale, PA.: SAE, 1986.

Remenda, B. A. P.; Krause, A. E.; Hertz, P. B.: Vehicle Coastdown Resistance Analysis under Windy and Grade-Variable Conditions. SAE Paper no. 890371, Warrendale PA., 1989.

Rennsport News: Formel 1. www.rennsportnews.de, 2004.

Repmann, C.: Die aerodynamische Entwicklung des 1-Liter-Fahrzeugs XL1 Der Volkswagen AG. 10. Tagung Fahrzeug-Aerodynamik, 4./5. Juli 2012, München. Essen: Haus der Technik, 2012.

Resenhoeft, T.: Zu viel Bumm gibt Sehstörungen. Berliner Zeitung, Ressort Auto, 02.07.1999

Riedel, A.; Arbinger, R.: Subjektive und objektive Beurteilung des Fahrverhaltens von Pkw. FAT-Bericht Nr. 139, Frankfurt, 1997.

Riederer, S.: Numerische Simulation des Strömungsfeldes zweiteiliger Hochauftriebsprofile, Diplomarbeit, Technische Universität München, 1999.

Riedler, A.: Wissenschaftliche Automobilbewertung. Berlin: Oldenburg-Verlag, 1911.

Riegel, M.: Bestimmung der Anteile von Antriebs-, Umströmungs- und Rollgeräusch im Innenraum von Pkw. Renningen: Expert-Verlag, ISBN 978-3-8169-3085-3, 2011.

Riegel, M.: Entwicklung eines akustischen Hohlspiegels mit integriertem Mikrofon-Array. In: Tagungsband der DAGA 2012, 19.–22. 03.2012, Darmstadt. Berlin: Deutsche Gesellschaft für Akustik e.V., 2012, ISBN: 978-3-939296-04-1, 2012.

Riegel, M.; Helfer, M.: Schallquellenortung in Windkanälen unter Berücksichtigung des Strömungsfeldes. In: Tagungsband der DAGA 2011, Düsseldorf, 21.–24.03.2011. Berlin: Deutsche Gesellschaft für Akustik e.V., 2011, ISBN: 978-3-939296-02-7, 2011.

Riegel, M.; Wiedemann, J.: Bestimmung des Windgeräuschanteils im Vergleich zu Antriebs- und Rollgeräusch im Innenraum von Pkw. In: Bargende, M.; Wiedemann, J. (Hrsg.): „5. Internationales Stuttgarter Symposium Kraftfahrwesen und Verbrennungsmotoren 18.–20.02.2003". Renningen: Expert-Verlag, ISBN 3-8169-2180-9, 2003.

Riegel, M.; Wiedemann, J.; Helfer, M.: The Effect of Turbulence on In-Cabin Wind Noise – a Comparison of Road and Wind Tunnel Results. Tagungsband der „6th MIRA International Vehicle Aerodynamics Conference", Gaydon (GB), Heritage Motor Centre, 25.–26.10.2006.

Riegels, F. W.: Aerodynamische Profile. München: R. Oldenburg, 1958.

Riehle, J.: Prevention Against Unsafe Transportation of Goods on Passenger Vehicle Roofs. SAE SP-1524, 35–40. Warrendale, PA., SAE, 2000.

Romani, L.: La Mesure sur Piste de la Resistance a l'Avancement. Paper 15, Road Vehicle Aerodynamics, 1st Symposium, London, 1969.

Romberg, G. F.; Chianese, F.; Lajoie, R. G.: Aerodynamics of Race Cars in Drafting and Passing Situations. SAE Paper 710213, Warrendale, PA.: SAE, 1971.

Romberg, G. F.; Gunn, J. A.; Lutz, R. G.: The Chrysler 3/8-Scale Pilot Wind Tunnel. SAE SP-1036, 63–86, Warrendale, PA., SAE, 1994.

Rompe, K.; Heißing, B.: Objektive Testverfahren für die Fahreigenschaften von Kraftfahrzeugen. Fahrzeugtechnische Schriftenreihe, 1984.

Roshko, A.: Perspectives on Bluff Body Aerodynamics. Journal of Wind Engineering and Industrial Aerodynamics, 49, 79–100, 1993.

Roshko, A.; Koenig, K.: Interaction Effects on the Drag of Bluff Bodies in Tandem. In: Sovran, G.; Morel, T.; Mason, W. T. (Ed.): Aerodynamic Drag Mechanisms of Bluff Bodies and Road Vehicles. New York, N.Y.: Plenum Press, 253–286, 1978.

Roshko, A.; Lau, J. C.: Some observations on transition and reattachment of a free shear layer in incompressible flow. Proceedings of the 1965 Heat Transfer and Fluid Mechanics Institute. Stanford: University Press, 157–167, 1965.

Rossiter, J. E.: Wind Tunnel Experiments on the Flow Over Rectangular Cavities at Subsonic and Transonic Speeds; Aeronautical Research Council Reports and Memo No. 3438, 1964.

Rothhämel, J.: Qualifizierung von Strömungsgeräuschen unter Motorradhelmen. Fortschritte der Akustik DAGA, Oldenburg: DEGA, 2003.

Ruck, B.: Laser-Doppler-Anemometrie. Stuttgart: AT-Fachverlag, 1987.

Rudd, M. J.: A New Theoretical Model for the Laser Doppler. J. Phys. E.: Sci. Instrum.2, 55, 1969.

Rumpler, E.: Das Auto im Luftstrom. Zeitschrift für Flugtechnik und Motorluftschiffahrt, 15, 22–25, 1924.

Runchal, A.K.; Spalding, B.: CFD & Reality. Proceedings of CHT-08. ICHMT International Symposium on Advances in Computational Heat Transfer. Marrakech, Morocco, May 11–16th 2008.

Rung, T.; Eschricht, D.; Yan, J.; Thiele, F.: Sound Radiation of the Vortex Flow past a Generic Side Mirror. 8. AIAA/CEAS Aeroacoustics Conference. Breckenridge, Colorado, 17–19 June, AIAA-2002-2549, 2002.

Ruscheweyh, H.: Dynamische Windwirkung an Bauwerken. 2 Bände. Wiesbaden, Berlin: Bauverlag; ISBN: 3-7625-2008-9, 1982.

Rutz, R.; Dragon, L.; Breitling, T: Fahrdynamikentwicklung in der Zukunft. Tag des Fahrwerks, Aachen, 2002.

Ryan, A. G.: The simulation of transient cross-wind gusts and their aerodynamic influence on passenger cars. Doctoral thesis, Durham University. Available at Durham E-Theses Online: http://etheses.dur.ac.uk/1203/, 2000.

Ryan, A. G.; Dominy, R. G.: Wake Surveys Behind a Passenger Car Subjected to a Transient Cross-Wind Gust. SAE Technical Paper Series2000-01-0874, Warrendale, PA., SAE, 2000.

SAE Recommended Practice SAE J1263 FEB 96: Road Load Measurement and Dynamometer Simulation using Coastdown Techniques. SAE Handbook 2:26.580, Warrendale PA, 2003.

SAE Recommended Practice SAE J1594 DEC94: Vehicle Aerodynamics Terminology. SAE Handbook 2:28.24, Warrendale PA., 2003.

SAE Recommended Practice J2263 OCT 96: Road Load Measurements using Onboard Anemometry and Coastdown Techniques. SAE Handbook 2:26.583, Warrendale PA, 2003.

SAE Recommended Practice J2264 APR1995: Chassis Dynamometer Simulation of Road Load using Coastdown Techniques. SAE Handbook 2:26.607, Warrendale PA, 2003.

SAE Recommended Practice SAE J670e JUL76: Vehicle Dynamics Terminology. SAE Handbook

3:34.447, Warrendale PA., 2003.

SAE Recommended Practice J902 FEB99: Passenger Car Windshield Defrosting Systems. SAE Handbook 3:34.21, Warrendale PA (USA), 2003.

SAE Standard J819 NOV 95: Engine Cooling System Field Test (Air-to-Boil). SAE Handbook 3:40.251, Warrendale PA, 2003.

SAE: Surface Vehicle Information Report; SAE J 2021, 1990.

Sakamoto, H.; Arie, M.: Flow around a Normal Plate of Finite Width Immersed in a Turbulent Boundary Layer. Journal of Fluid Engineering, 105, 99–104, 1983.

Samenfink, W.: Grundlegende Untersuchung zur Tropfeninteraktion mit schubspannungsgetriebenen Wandfilmen. Dissertation, Institut für Thermische Strömungsmaschinen Universität Karlsruhe, 1997.

Samenfink, W.: Sekundarzerfall von Tropfen. In Atomization and Sprays, Short Course, Institut für Thermische Strömungsmaschinen Universität Karlsruhe (TH), 1995.

Sawatzki, E.: Die Luftkräfte und ihre Momente am Kraftwagen und die aerodynamischen Mittel zur Beeinflussung der Fahrtrichtungserhaltung. Deutsche Kraftfahrtforschung im Auftrag des Reichs-Verkehrsministeriums, Heft 50; VDI-Verlag, Berlin, 1941.

Sawatzki, E.; Huber, L.: Luftwiderstand von Krafträdern. DKS-Heft 18. Berlin: VDI-Verl. 1938.

Schaible, S.: Fahrzeugseitenwindempfindlichkeit unter natürlichen Bedingungen. Dissertation, TH Aachen, 1998.

Schäufele, S.: Validierung der neuen Windkanäle im Aerodynamischen Versuchszentrum der BMW Group und Analyse der Übertragbarkeit der Ergebnisse. Dissertation KIT Karlsruhe, 2010.

Schenkel, F. K.: The Origins of Drag and Lift Reductions on Automobiles with Front and Rear Spoilers. SAE-Paper 770389, Warrendale, PA.: SAE, 1977.

Schlang, A.: Von der Kappe zum Laser-Helm in Sport1.dehttp://www.sport1.de/coremedia/generator/www.sport1.de/Sportarten/Formel1/Berichte/Hintergrund/Archiv1/f1geschichte_20der_20helme_20mel.html, 2002.

Schlichting, H.; Truckenbrodt, E.: Aerodynamik des Flugzeugs. Bd. 1 und 2, Berlin, Heidelberg: Springer Verlag, 1969.

Schlichting, H.: Aerodynamische Untersuchungen an Kraftfahrzeugen. Hochschultag, Kassel, 1953.

Schlichting, H.: Grenzschicht-Theorie. Braun, 1965.

Schlichting, H; Gersten, K.: Grenzschicht-Theorie. 10. Auflage, Berlin, Heidelberg: Springer Verlag, 2006.

Schlör, K.: Entwicklung und Bau einer luftwiderstandsarmen Karosserie auf einem 1,7-Ltr-Heckmotor-Mercedes-Benz-Fahrgestell. Deutsche Kraftfahrforschung. Zwischenbericht Nr. 48, 1938.

Schmehl, R.; Klose, G.; Maier, G.; Wittig, S.: Efficient Numerical Calculation of Evaporating Sprays in Combustion Chamber Flows. RTO-MP-14, Symp. On Gas Turbine Combustion, Emissions and Alternative Fuels, 1998.

Schmehl, R.; Rosskamp, H.; Willmann, M.; Wittig. S.: CFD Analysis of Spray Propagation and Evaporation Including Wall Film Formation and Spray/Film Interactions. International Journal of Heat and Fluid Flow, vol. 20, 520–529, 1999.

Schmid, C.: Die Fahrwiderstände beim Kraftfahrzeug und die Mittel ihrer Verringerung. ATZ, 41, 465–477 und 498–510, 1938.

Schmidt, G.: Verlockungen der Form. Sozial- und kulturwissenschaftliche Anmerkungen zur Designgeschichte des Automobils. In Möser, K., Popplow, M., Uhl, E. (Hrsg.): Auto.Kultur.Geschichte. IZKT Universität Stuttgart, materialien 11, 83–91, Stuttgart 2013.

Schmieder, M.: Die Hochgeschwindigkeitsstabilität von Motorrädern, ein Mensch/Maschine – Problem. 4. Fachtagung der VDI Gesellschaft Fahrzeugtechnik Motorrad am 5.–7. März 1991 in München, VDI Berichte 875, VDI Verlag, 1991.

Schmiederer, L.; Riedel, R.: Der neue Klimawindkanal von Behr. ATZ – Automobiltechnische Zeitschrift 103/11, 2001.

Schmitt, H.: Der Leistungsbedarf zur Kühlung des Fahrzeugmotors und seine Verminderung. Deutsche Kraftfahrforschung, 45, Berlin: VDI-Verlag, 1940.

Schmitt, J.: Einbindung der LDA-Messtechnik in den Entwicklungsprozess eines Pkw's. 579–592. In: Bargende, M.; Wiedemann, J. (Hrsg.): Kraftfahrwesen und Verbrennungsmotoren. 3. Stuttgarter Symposium. Renningen-Malmsheim: Expert Verlag, 1999.

Schmitt, J.; Schopper, H.-D.; Breitling, T.: Flow Details, Using Aerodynamics to improve Properties of Cars. Lecture 6: International Short Course on Vehicle Aerodynamics, Stuttgart, 1998.

Schmitt, J.; Wilharm, K.: Measurement of Flow Fields with LDA. In: Wiedemann, J.; Hucho, W.-H.: Progress in Vehicle Aerodynamics – Advanced Experimental Techniques. Renningen: Expert Verlag, 121–130, 2000.

Schmitz, G.; Geusen, R.: Windkanalversuche – Aerodynamische Untersuchungen an BMW – Verkleidungen. PS Nr. 1, S. 59/61, 1978.

Schneider, H.-J.: 125 Jahre Opel – Autos und Technik. Köln: Verlag Schneider & Repschläger, 1987.

Schneider, S.; Wiedemann, J.; Wickern, G.: Das Audi-Windkanalzentrum, Tagung „Aerodynamik des Kraftfahrzeuges" im Haus der Technik, Essen, 1998.

Schnepf, W.: Aerodynamik moderner Motorräder – In Saus und Braus. Motorrad Nr. 10, S. 28/34, 1984.

Schnepf, W.: Die Aerodynamik der BMW K 100 RS – Hart am Wind. Motorrad Nr. 24, S. 12/13, 1983.

Schnepf, W.: Die Geschichte der Motorrad – Aerodynamik – Hundert Jahre und ein bisschen weiter. Motorrad Nr. 22, S. 8/15, 1985.

Schnepf, W.: Motorräder im Windkanal – Dicke Luft. Motorrad Nr. 7, S. 6/21, 1987.

Scholz, N.: Windkanaluntersuchungen am NSU-Weltrekordmotorrad. Die Umschau, Halbmonatsschrift über die Fortschritte in Wissenschaft und Technik. Nr. 22, 691/692, 1951.

Scholz, N.: Windkanaluntersuchungen an Motorradmodellen. ZVDI, 95, 17, 1953.

Schrefl, M.; Tentrop, G.; Maier, M. J.: Der neue Audi A1 – Aerodynamik, Aeroakustik, Thermomanagement und Klimatisierung. Automobiltechnische Zeitschrift, Sonderdruck ‚Der neue Audi A1', 2010.

Schrefl, M.: Instationäre Aerodynamik von Kraftfahrzeugen: Aerodynamik bei Überholvorgang und böigem Seitenwind. Dissertation TU Darmstadt; Aachen: Shaker Verlag, 2008.

Schröck, D.: Eine Methode zur Bestimmung der aerodynamischen Eigenschaften eines Fahrzeugs unter böigem Seitenwind. Dissertation Universität Stuttgart, Renningen: expert Verlag, ISBN 978-3-8169-3147-8, 2012.

Schröck, D.; Krantz, W.; Widdecke, N.; Wiedemann, J.: Instationäre aerodynamische Eigenschaften von Fahrzeugen unter böigem Seitenwind; Haus der Technik Tagung Fahrzeug-Aerodynamik, München, 2010.

Schröck, D.; Krantz, W.; Widdecke, N.; Wiedemann, J.: Unsteady Aerodynamic Properties of a Vehicle Model and their Effect on Driver and Vehicle under Side Wind Conditions. SAE Technical Paper Series 2011-01-0154, Warrendale, PA., SAE, 2011.

Schröck, D.; Widdecke, N.; Wiedemann, J.: Aerodynamic Response of a Vehicle Model to Turbulent Wind. In J. Wiedemann (ed.): Progress in Vehicle Aerodynamics and Thermal Management – Proceedings of the 7th FKFS-Conference. Expert-Verlag, Renningen, ISBN 978-3-8169-2944-4, 2010.

Schröck, D.; Widdecke, N.; Wiedemann, J.: On Road Wind Conditions Experienced by a Moving Vehicle. 6th FKFS Conference – Progress in Vehicle Aerodynamics; Stuttgart, 2007.

Schüler, F.; Adolph, T.; Steinmann, K.; Ionescu, I.: Aktive Sicherheit von Helmen für Motorradfahrer; Berichte der Bundesanstalt für Straßenwesen, Unterreihe „Fahrzeugtechnik"; digitaler Bericht F64, September 2007

Schulten, J. B. H. M.: Some Remarks on Pure Tone Fan Noise Suppression of the DNW Low Speed

Wind Tunnel; Memorandum AV-75-010, NLR, 1975.

Schulz-Hausmann, F. v.; Vagt, J.-D.: Influence of Test Section Length and Collector Area on Measurements in ¾-Open-Jet Automotive Wind Tunnels; SAE-SP 741, 1988.

Schütz, T.: Aerodynamics of Modern Sport Utility Vehicles. MIRA International Vehicle Aerodynamics Conference, 2010.

Schütz, T.: Ein Beitrag zur Berechnung der Bremsenkühlung an Kraftfahrzeugen. Dissertation IVK Universität Stuttgart, 2009

Schütz, T.: Fortschritt der CFD-Validierung in der Entwicklung der Kraftfahrzeugaerodynamik bei Audi. 11. Internationales Stuttgarter Symposium, 2011

Schütz, T.: Untersuchung der Umströmung eines SAE-Modells mit Hilfe von numerischer Simulation. Studienarbeit, IVK, Universität Stuttgart, 2005.

Schütz, T.; Hühnergarth, J.: Die Aerodynamik und Aeroakustik des neuen Audi Q3. Automobiltechnische Zeitschrift, Sonderdruck ‚Der neue Audi Q3', 76–84, 2011.

Scibor-Rylski, A. J.: Road Vehicle Aerodynamics. 2nd. Edition, London: Pentech Press, 1984.

Sebben, S.: Challenges and Limitations of CFD in Road Vehicle Aerodynamics. Lecture Series 2005-05, Road Vehicle Aerodynamics. Brüssel: von Kármán Institute for Fluid Dynamics, 2005.

Seeger, H.: Transportation Design. Stuttgart: Vorlesungsskript, 2012.

Seibert, W.; Ehlen, M.; Sovani, S.: Simulation of Transient Aerodyanamics-Predicting Buffting, Roaring and Whistling using CFD – 5th MIRA International Vehicle Aerodynamics Conference, Heritage Motor Center Warwick, October 2004.

Selig, M. S.: Summary of Low-Speed Airfoil Data. Vol. 1, University of Illinois, USA, 1995

Senior, A.; Zhang, X.: The Force and Pressure of a Diffusor-Equipped Bluff Body in Ground Effect, Journal of Fluids Engineering, 123, 105–111, 2001.

Senthooran, S.; Crouse, B.; Balasubramanian, G.; Freed, D.; Shin, S.R.; Ih, K.-D.: Effect of Surface Mounted Microphones on Automobile Side Glass Pressure Fluctuations. Proc. of 7th MIRA International Vehicle Aerodynamics Conference, Coventry 22.–23.10.2008.

Senthooran, S.; Duncan, B.; Freed, D.; Hendriana, D.; Powell, R.; Nalevanko, J.: Design of Roof-Rack Crossbars for Production Automobiles to Reduce Howl Noise using a Lattice Boltzmann Scheme. SAE-Paper 2007-01-2398, 2007.

Sherwood, A. W.: Wind Tunnel Test of Trailmobile Trailers. University of Maryland Wind Tunnel Report Nr. 35, 1953.

Siddal, R. D.; Davies, T. W.: An Improved Response Equation for Hot Wire Anemometry. Int. Journal Heat & Mass Transfer 15, 367–368, 1972.

Silk, G.; Anselmi, A. T. Robert, H. F.; MacMinn, S.: Automobile and Culture. New York: Harry N. Abrams Publishers, 1984.

Singh, R.: Automated Aerodynamic Design Optimization Process for Automotive Vehicle. SAE SP-1786, 277–281. Warrendale, PA., SAE, 2003.

Smagorinsky, J.: General circulation experiments with the primitive equations. I: The basic experiment. Monthly Weather Review 91, 99–152, 1963.

Soja, H.; Wiedemann, J.: The interference between exterior and interior flow on road vehicles. Société des Ingénieurs de l'Automobile (S. I. A.). Journée d'etude: Dynamique du vehicule – Sécurité active, 101–105, 1987.

Sovran, G.; Dwight, B.: A Contribution to Understanding Automotive Fuel Economy and its Limits. SAE-Paper 2003-01-2070. Government/Industry Meeting, Washington, DC, May 12–12, 2003.

Spalart, P. R., Allmaras, S. R.: A One-Equation Turbulence Model for Aerodynamic Flows. AIAA Paper 92-0439, 1992.

Spalart, P.R.; Jou W. H.; Strelets M.; Allmaras S. R.: Comments on the feasibility of LES for wings, and on a hybrid RANS/LES approach, 1st AFOSR Int. Conf. on DNS/LES, Aug. 4–8, 1997, Ruston, LA. In: Liu, C.; Liu, Z. (Eds.): Advances in DNS/LES. Greyden Press, Columbus, OH, USA, 1997.

Spalding, D. B.: An Introduction to PHOENICS. CHAM, TR 68, 1981.

Speth, J. F.: Der Wasserkanal – Ein Hilfsmittel bei der Fahrzeugentwicklung? Tagung ‚Aerodynamik des Kraftfahrzeugs‘, Haus der Technik, Essen, 1984.

Spiegel, B.: Die obere Hälfte des Motorrads. Motorbuch Verlag, Stuttgart, 2002.

SPIER GmbH & Co. Fahrzeugwerk KG, Presseveröffentlichungen 2011

Spruss, I.: Simulation der Fremd- und Eigenverschmutzung. Interner Bericht FKFS, Stuttgart, 2010.

Spruss, I.: Verschmutzungssimulation. Interner Bericht FKFS, Stuttgart, 2010.

Spruss, I.; Kuthada, T; Wiedemann, J.; Cyr, S.; Duncan, B.: Spray Pattern of a Free Rotating Wheel – CFD Simulation and Validation. FKFS Conference, Stuttgart 2011

Stanton, D. W.; Rutland, C. J.: Multi-Dimensional Modeling of Heat and Mass Transfer of Fuel Films Resulting from Impinging Sprays. SAE 980132, Society of Automotive Engineers, Warrendale, PA.: SAE, 1998.

Stapleford, W. R.; Carr, W. G.: Aerodynamics of Exposed Rotating Wheels, Technical Report 1970/2, MIRA, 1970.

Steinbach, D.: Calculation of Wall and Model-Support Interference in Subsonic Wind-Tunnel Flows. ZfW 17, 370–378, 1993.

Steinberg, M. O. (Hrsg.); Martynenko, O. G. (Hrsg.); Idelchik, I. G.: Handbook of Hydraulic Resistance. 3rd edition, Jaico Publishing House, 2005.

Stoffregen, J.: Motorradtechnik. Vieweg Verlag, Braunschweig/Wiesbaden, 2001.

Streblow, N.: Rauschangriff. Motorrad, 14/2001

Stroh, C.; Hager, J.: Optimizing Thermal Management of Vehicles Using Advanced Simulation Tools. Detroit, SAE World Congress, 2002.

Sumitani, K.; Yamada, M.: 'Aero Slit' – improvement of aerodynamic yaw characteristics for commercial vehicles, SAE-A Journal, Vol. 50, 4 pp 42, 1990.

Summa, J. M.; Maskew, B.: Predicting Automobile Characteristics Using an Iterative Viscous/Potential Flow Technique. SAE-Paper830 303, Warrendale, PA., SAE, 1983.

Sykes, D. M.: The Effect of Low Flow Rate Gas Ejection and Ground Proximity on After Body Pressure Distribution. Proceedings of the 1st Symposium on Road Vehicle Aerodynamics, London: City University, 1969.

Széchényi, E.: Crosswind and its Simulation. In: Wiedemann, J.; Hucho, W.-H. (Hrsg.): Progress in Vehicle Aerodynamics II – Advanced Experimental Techniques. Renningen: Expert Verlag, 83–96, 2000.

Szechenyi, E.: The Overtaking Process of Vehicles. In: Wiedemann, J.; Hucho, W. H. (Hrsg.): Progress in Vehicle Aerodynamics III-Unsteady Flow Effects, Renningen: expert Verlag, 2004.

Tamai, G.: The Leading Edge – Aerodynamic Design of Ultra-streamlined Land Vehicles. Cambridge, Ma.: Robert Bentley Publishers, 1999.

Tandogan, E.: Optimierter Entwurf von Hochleistungswärmeübertragern. Dissertation, Bochum, 2001.

Tangorra, J.; George, A. R.: Wind Noise of Motorcycle Helmets, Cornell University, Ithaca, New York, USA, 1991.

Taylor, G. I.: Air Resistance of a Flat Plate of Very Porous Material. ARC R&M 2236, 1948.

Teixeira: Incorporating Turbulence Models into the Lattice-Boltzmann Method. Intl. Journal of Modern Phyics C, Vol. 9, No. 8, 1998.

Tesch, G.: Kühlluftführungs- und Lüfterkonzepte am PKW bei typischen Bauraumbeschränkungen. Dissertation TU München, Verlag Dr. Hut, München, 2011.

Tesch, G.; Modlinger, F.: Die Aerodynamikfelge von BMW – Einfluss und Gestaltung von Rädern zur Minimierung von Fahrwiderständen. Tagung: Fahrzeug-Aerodynamik – Neue Chancen und Perspektiven für die Kraftfahrzeugaerodynamik durch CO2-Gesetzgebung und Energiewende. Haus der Technik, München, 2012.

Theissen, P.: Unsteady Vehicle Aerodynamics in Gusty Crosswind, Dissertation TU München, Lehrstuhl für Aerodynamik und Strömungsmechanik, 2012

Theissen, P.; Wojciak J.; Demuth R.; Adams N.A.; Indinger T.: Unsteady Aerodynamic Phenomena under Time-Dependent Flow Conditions for Different Vehicle Shapes. In Proceedings of 8th International Vehicle Aerodynamics Conference, UK., 2010.

Thibaut, J.: Optimierung des Fahrzeugdesigns unter Berücksichtigung der Durchströmung im aerodynamischen Entwicklungsprozesses. Dissertation, Universität Stuttgart, 2012.

Thibaut, J.; Wiedemann, J.: Optimization of Vehicle Design Regarding Internal Airflow in the Aerodynamic Development Process. 7. Internationales Stuttgarter Symposium – Automobil- und Motorentechnik, 2007.

Thierry, E. H.: Improvements in or relating to Helmets, Patent Specification 449,905, His Majesty's Stationary Office, UK, 1934.

Thöle, G.: Aerodynamik. Motorrad 13/2000, 154–155, 2000.

Thöle, G.: Jetzt aber Ruhe. Motorrad, 8/1996, 212–213, 1996.

Thöle, G.: Service Spezial Helmtest Praxis. Motorrad 8/2001.

Thöle, G.: Windjammer. Motorrad, 11/2000, 158–162, 2000.

Toftum, J.: A field study of draught complaints in the industrial work environment. Proceedings of the Sixth International Conference of Environments, Ergonomics, pp. 252–253, Scientific Information Center, Defence & Civil Institute of Environmental Medicine, North York Ontario, Canada, 1994.

Tongji 2011: Broschüre der Tongji Universität: Shanghai Automotive Wind Tunnel Center; Version 20100907. www.sawtc.com; download: 20.03.2011

Torda, T. P.; Morel, T. A.: Aerodynamic Design of a Land Speed Record Car, Journal of Aircraft, 8, (1971), S. 1029–1033, 1971.

Trzebiatowsky, H.: Motorräder, Motorroller, Mopeds und ihre Instandhaltung. 1. Aufl. Gießen: Pfanneberg-Verlag, 1955.

Tsuboi, K.; Shirayama, S.; Oana, M.; Kuwahara, K.: Computational Study of the Effect of Base Slant. In: Marino, C. (Ed.): Supercomputer Applications in Automotive Research and Engineering Development. Minneapolis, Ma.: Cray Research Inc. book, 257–272, 1988.

Tummescheit, H.; Eborn, J.; Plößl, K.; Försterling, S.; Tegethoff, W.: Pkw-Klimatisierung IV. Expert-Verlag, 2007.

Tyler, J. M.; Sofrin, T. G.: Axial Flow Compressor Noise Studies; Transactions of the SAE, Vol. 70, pp. 309–332, 1962.

Ubertini, S.; Desideri, U.: Aerodynamic Investigation of a Scooter in the University of Perugia Wind Tunnel Facility. SAE Paper 2002-01-0254, 2002.

Ullrich, F.: Aeroakustik im Windkanal der BMW Group. Essen: Haus der Technik, 2011.

Ullrich, F.: New Possibilities for Aeroacoustic Optimization in the Underbody Region of Vehicles. In: J. Wiedemann (Ed.), Progress in Vehicle Aerodynamics and Thermal Management V. Renningen: Expert-Verlag, 2008.

Ulmer, R. G.; Shabanowa Northrup, V.: Evaluation of the Repeal of the All-Rider Motorcycle Helmet Law in Florida, Final Report, National Highway Traffic Safety Administration, U.S. Department of Transportation, DOT HS 809 849, 2005.

US EPA (Environmental Protection Agency), http://www.epa.gov und DOE (US Department of Energy), http://www.fueleconomy.gov, http://www.epa.gov/carlabel/index.htm

Utz, H.-J.: Bestimmung der statistischen Verteilung der Anströmrichtung für Personenkraftwagen bei Autobahnfahrten in der Bundesrepublik Deutschland. Diplomarbeit, Universität Stuttgart, 1982.

Vagt, J. D.: Hot-Wire Probes in Low Speed Flow. Progress in Aerospace Sciences, Vol. 18, Number 4, pp 271–323, Pergamon Press, 1979.

Vagt, J.-D.; Wolff, B.: Das neue Messzentrum für Aerodynamik – Zwei neue Windkanäle bei Porsche. Teil 1: ATZ, 89,121–129, Teil 2: ATZ, 89, 183–189, 1987.

Van Dyke, M.: An album on fluid motion. Stanford, California: Parabolic Press. ISBN 978-0-915760-02-2, 2007.

van Hal, B.; Vanmaele, C.; Silar, P.; Priebsch, H.-H.: Hybrid finite element – wave based method for steady-state acoustic analysis. In: Proceedings of ISMA, September 2004.

van Moorhem, W. K. et al.: The Effects of Motorcycle helmets on Hearing and the Detection of Warning Signals. Journal of Sound and Vibration, 77 1, 39–49, 1981.

Van Raemdonck, G.: Aerospace Engineering, 2012.

VDA (Verband Deutscher Automobilhersteller): Marktgewichteter Kraftstoffverbrauch seit 1978. Tabelle vgl. www.vda.de/de/aktuell/kraftstoffverbrauch/index.html.

VDI Wärmeatlas, Springer-VDI-Verlag, 2002.

Verordnung (EG) Nr. 443/2009 des Europäischen Parlaments und des Rates vom 23. April 2009, http://eur-lex.europa.eu/LexUriServ/LexUriServ.do?uri=OJ.

Versteeg, H. K.; Malalasekera, W.: An Introduction to Computational Fluid Dynamics: The Finite Volume Method. 2nd edition, Prentice Hall, ISBN-13 978-0131274983, 2007.

Vieri: Considerazione di aerodinamica nella progettazione dei caschi. Giornale ed atti della Associazione Tecnica Automobile, 9, 376–379, 1977.

Vivarelli, C.: Linee per una storia dell' aerodinamica dell' automobile dal 1899 al 1944. Pasian di Prato: Campanotto Editore, 2009.

Volkers, T.: DAF Drag-meter method summary for TF1. Version 27 Jan. 2012.

Vooren, J. V. d.; Sanderse, A.: finite Difference Calculation of Incompressible Flow through a Straight Channel of Varying Rectangular Cross Section, with Application to Low Speed Wind Tunnels, NLR-Report TR 77109 U, 1977.

Wachters, L. H. J.; Westerling, N. A. J.: The Heat Transfer from a Hot Wall to Impinging Water Drops in the Spheroidal State, Chemical Engineering Science, Vol. 21, 1047–1056, 1966.

Wagner, A.: Die Bewertung der Fahrer-Fahrzeug Interaktion als Auslegungskriterium in der Fahrwerkentwicklung. Haus der Technik, München, 2003.

Wagner, A.: Ein Verfahren zur Vorhersage und Bewertung der Fahrerreaktion bei Seitenwind. Dissertation Universität Stuttgart, Band 23 der Schriftenreihe des Institutes für Verbrennungsmotoren und Kraftfahrwesen, (Hrsg.) Wiedemann; J. Stuttgart: Expert Verlag, 2003.

Wagner, A.: Motorrad Aerodynamik: Zusammenhänge – Messwerte – Möglichkeiten. IFZ (Institut für Zweiradsicherheit) Nr. 8, Tagung: Safety Environment Future II, Proceedings of the 1998 International Motorcycle Conference, 1998.

Wagner, A.; Lindener, N.: Die Aerodynamik des neuen Audi Q5. In: Schol, O. (Hrsg.): Der neue Audi Q5 – Entwicklung und Technik. Springer Vieweg Verlag, ISBN 978-3-8348-0604-8, 2008.

Wagner, A.; Wiedemann, J.: Crosswind Behaviour in the Driver's Perspective. SAE Paper No. 2002-01-0086, 2002.

Wagner, C.: Einsatz von Social Media im Product Lifecycle Management – Analyse, Konzepte und Anwendung. Master-Thesis, Universität des Saarlandes, Saarbrücken, 2012.

Walker, T.; Broniewicz, A.: Wind Tunnel Upgrade. Oral presentation only, abstract in Wiedemann, J. (Ed.): Progress in Vehicle Aerodynamics and Thermal Management, Expert-Verlag, Renningen, ISBN 978-3-8169-2771-6, 2008.

Wallentowitz, H.: Fahrer – Fahrzeug – Seitenwind. Dissertation, TU Braunschweig, 1978.

Walston, W. H.; Buckley, F. T.; Marks, C. H.: Test Procedures for the Evaluation of Aerodynamic Drag on Full-Scale Vehicles in Windy Environments. SAE Paper no. 760 106, Warrendale PA., 1976.

Walter, J.; Bordner, J.; Nelson, B.; Boram, A.: The Windshear Rolling Road Wind Tunnel; SAE-Paper 2012-01-0300, 2012.

Walter, J.; Duell, E.; Martindale, B.; Arnette, S.; Geierman, R.; Gleason, M.; Romberg, G.: The DaimlerChrysler Full-Scale Aeroacoustic Wind Tunnel. SAE Sp-1786, 69–85. Warrendale, PA., SAE, 2003.

Walter, J.; Duell, E.; Martindale, B.; Arnette, S.; Nagle, P. A.; Gulker, W.; Wallis, S.; Williams, J.: The Driveability Test Facility Wind Tunnel No. 8. SAE SP-1667, 15–32. Warrendale, PA., SAE, 2002.

Walter, J. A.; Pruess, D. J.; Romberg, G. F.: Coastdown/Wind Tunnel Drag Correlation and Uncertainty Analysis. SAE Paper no. 2001-01-0630, Warrendale PA., 2001.

Wang, Y.; Yong, Z.; Li, Q.: Methods to Control Low Frequency Pulsation in Open-Jet Wind Tunnel; Applied Acoustics 73, 2012.

Warnecke, K.; Müller, J.: Design und Aerodynamik im Einklang. ATZ extra, Oktober 2003, 34–35, 2003.

Wäschle, A.: Numerische und experimentelle Untersuchung des Einflusses von drehenden Rädern auf die Fahrzeugaerodynamik. Dissertation, Universität Stuttgart, 2006.

Wäschle, A.: Aerodynamik kompakt – die neue A-Klasse. In: Tagungsband 10. Tagung Fahrzeug-Aerodynamik, Haus der Technik, 2012.

Wäschle, A.; Cyr, S.; Kuthada, T.; Wiedemann, J.: Flow around an Isolated Wheel – Experimental and Numerical Comparison of Two CFD-Codes. SAE SP1874, 101–114. Warrendale, PA., SAE, 2004.

Wäschle, A.; Wiedemann, J.: Numerische Simulation der Radumströmung zur Untersuchung des Radeinflusses auf die Fahrzeugaerodynamik. VDI-Bericht 1701, Berechnung und Simulation im Fahrzeugbau, 325–352, 2002.

Watanabe, T.; Okubo, T.; Iwasa, M.; Aoki, H.: Establishment of an Aero-Dynamic Simulation System for Motorcycles and its application. SAE Paper 2001-08-0357, 2001.

Waters, D. M.: The Aerodynamic Behavior of Car-Caravan Combinations. Paper 4, Proceedings of the 1st Symposium on Road Vehicle Aerodynamics, London: City University, 1969.

Watkins, S.: On the Causes of Image Blurring in External Rear View Mirrors. SAE SP-1874, 401–410. Warrendale, PA.: SAE, 2004.

Watkins, S.; Riegel, M.: The Effect of Turbulence on Wind Noise: A Road and Wind Tunnel Study. In: Bargende, M.; Wiedemann, J. (Hrsg.): 4. Internationales Stuttgarter Symposium „Kraftfahrwesen und Verbrennungsmotoren“, 20.–22.02.2001. Renningen-Malmsheim: Expert-Verlag, 2001, ISBN: 3-8169-1981-2, 2001.

Watkins, S.; Saunders, J. A.: Review of the Wind Conditions Experienced by a Moving Vehicle. SAE Technical Paper Series 981182. Warrendale, PA., SAE, 1998.

Waudby-Smith, P.; Bender, T.; Vigneron, R.: The GIE S2A Full-Scale Aero-Acoustic Wind Tunnel. SAE Technical Paper 2004-01-0808, 2004.

Weidele, A.: Motorrad und Straße: Einflüsse auf die Fahrstabilität – Wetterwendisch. PS Nr. 10, S. 32/37, 1988.

Weidmann, E.-P.: Experimentelle und theoretische Untersuchung des Nachheizverhaltens an Kraftfahrzeugen. Dissertation, Universität Stuttgart, 2008.

Wengle, H.; Bärwolff, G.; Janke, G.; Huppertz, A; Fernholz, H.-H.: The manipulated transitional backward-facing step flow: a comparison of the mean data of a direct numerical simulation and an experiment. European Journal of Mechanics B/Fluids, 20, 25–46, 2001.

Whipple, F. J. W.: Stability of the motion of a bicycle. The quarterly journal of pure and applied mathematics Nr. 4, S. 312/348, 1898.

White, R. G. S.: A Rating Method for Assessing Vehicle Aerodynamic Drag Coefficients. MIRA Report No. 1967/9, 1967.

Whitfield, J.; Jacocks, J.; Dietz, W.; Pate, S.: Demonstration of the Adaptive Wall Concept Applied to an Automotive Wind Tunnel; SAE-Paper 820373, 1982.

Wickern, G.: Die Aerodynamik- und Aeroakustik-Entwicklung des neuen Audi A8. ATZ-MTZ Extra, D 58992, 164–170, 2002.

Wickern, G.: On the Application of Classical Wind Tunnel Corrections for Automotive Bodies, SAE-

Paper 2001-01-0633, 2001.

Wickern, G.; Beese, E.: Computational and Experimental Evaluation of Pad Correction for a Wind Tunnel Balance Equipped for Rotating Wheels. SAE SP- 1667, 199- 210. Warrendale, PA. SAE, 2002.

Wickern, G.; Dietz, S.; Lührmann, L.: Gradient Effects on Drag due to Boundary Layer Suction in Automotive Wind Tunnels; SAE SP-1786, 2003.

Wickern, G.; Heesen, W. v.; Wallmann, S.: Wind Tunnel Pulsation and their Active Suppression; SAE SP-1524, 2000.

Wickern, G.; Wagner, A.; Zörner, C.: Induced Drag of Ground Vehicles and its Interaction with Ground Simulation. SAE-paper 2005-01-0872, 2005.

Wickern, G.; Zwicker, K.; Pfadenhauer, M.: Rotating Wheels – Their Impact on Wind Tunnel Test Techniques and on Vehicle Drag Results, SAE SP-1232, 1–17, Warrendale, PA.: SAE, 1997.

Widdecke, N.; Potthoff, J.: Methode and apparatus for determining vertical forces acting on a vehicle at wind flow in a wind tunnel. FKFS, Europäisches Patent: EP1544589, Juni 2005.

Widdecke, N.; Potthoff, J.: Verfahren zur Bestimmung von auf ein Kraftfahrzeug in einem Windkanal unter Windströmung einwirkenden Vertikalkräften. Patent Nr. 10361314. Patentinhaber: Forschungsinstitut für Kraftfahrwesen und Fahrzeugmotoren Stuttgart (FKFS), 70569 Stuttgart, DE, 2005.

Wiedemann, J.: Aerodynamik I. Umdruck zur Vorlesung im Wintersemester 2008/2009. Institut für Verbrennungsmotoren und Kraftfahrwesen, Universität Stuttgart, 2008.

Wiedemann, J.: Grenzen und Möglichkeiten der Modelltechnik innerhalb der Kraftfahrzeug-Aerodynamik. Symposium Nr. T-30-905-056-7 „Aerodynamik des Kraftfahrzeugs“, Haus der Technik, Essen, 1987.

Wiedemann, J.: Laser-Doppler-Anemometrie. Berlin: Springer Verlag, 1984.

Wiedemann, J.: Optimierung der Kraftfahrzeugdurchströmung zur Steigerung des aerodynamischen Abtriebes. In: Automobiltechnische Zeitschrift 88 7/8, S. 429–431, 1986.

Wiedemann, J.: The Design of Wind Tunnel Fans for Aero-acoustic Testing; Automobile Wind Noise and its Measurement Part II, Callister, J. R.; George A. R. (Eds.), SAE SP-1457, 1999.

Wiedemann, J.: The Influence of Ground Simulation and Wheel Rotation on Aerodynamic Drag Optimization – Potential for Reducing Fuel Consumption. SAE SP-1145, 17–26. Warrendale, PA., SAE, 1996.

Wiedemann, J.: Theoretical and Experimental Optimisation of the Road-Vehicle Internal Flow. Von Kármán Institute For Fluid Dynamics Lecture Series 1986-05 on Vehicle Aerodynamics, Rhode-St.-Genèse (Belgium), March 17–21, 1986.

Wiedemann, J.: Verfahren und Windkanalwaage bei aerodynamischen Messungen an Fahrzeugen. Europäisches Patent Nr. EP 0 842 407 B1, Inhaber AUDI AG, 2000.

Wiedemann, J.: Windkanaltechnik. In: Vorlesung Kraftfahrzeug-Aerodynamik, Kapitel 10. Institut für Verbrennungsmotoren und Kraftfahrwesen, Universität Stuttgart, 2010.

Wiedemann, J.; Ewald, B.: Turbulence Manipulation to Increase Effective Reynolds Numbers in Vehicle Aerodynamics. AIAA Journal, Vol. 27, No. 6, pp. 763–769, June 1989.

Wiedemann, J.; Hucho, W.-H. (Hrsg.): Progress in Vehicle Aerodynamics III – Unsteady Flow Effects. Renningen: Expert Verlag, 2004.

Wiedemann, J.; Potthoff, J.: The New 5-Belt Road Simulation System of the IVK Wind Tunnels – Design and First Results. SAE Technical Papers, Nr. 2003-01-0429, Detroit, 2003.

Wiedemann, J.; Wickern, G.; Ewald, B.; Mattern, C.: Audi Aero-Acoustic Wind Tunnel; SAE-Paper 930300, 1993.

Wieghardt, K.: Erhöhung des turbulenten Reibungswiderstandes durch Oberflächenstörungen. Techn. Berichte 10, Heft 9, 1943; siehe auch Forschungshefte Schiffstechnik, 1, 65–81, 1953.

Wieghardt, K.: Theoretische Strömungslehre. B. G. Teubner, 1965 und Göttinger Universitätsverlag, 2006.

Williams, J.: Aerodynamic Drag of Engine-Cooling Airflow With External Interference. SAE SP-1786, 243–253. Warrendale, PA.: SAE, 2003.

Williamson, C. H. K.: Three-dimensional Wake Transition. Journal of Fluid Mechanics, 328, 345–407, 1996.

Willumeit, H. P.; Matheis, A.; Müller, K.: Korrelation von Untersuchungsergebnissen zur Seitenwindempfindlichkeit eines PKW im Fahrsimulator und Prüffeld, ATZ, Vol. 93, 28–35, 1991.

www.windatlas.dk

Winkelmann, H.: Aerodynamics of the New BMW Z4, MIRA International Vehicle Aerodynamics Conference, Warwick, 2002

Witoszynski, E.: Über Strahlerweiterung und Strahlablenkung. In: Karman, T. v. ; Levi-Civita, H. (Hrsg.): Vorträge über Hydro und Aeromechanik, 1925.

Wittmeier, F.; Kuthada, T.; Widdecke, N.; Wiedemann, J.: Reifenentwicklung unter aerodynamischen Aspekten. Automobiltechnische Zeitschrift, 2012.

Wojciak, J.; Indinger, T.; Adams, N. A.; Theissen, P.; Demuth, R.: Experimental Study of On-Road Aerodynamics during Crosswind Gusts, MIRA Conference, 2010.

Wordley, S. J.: On-road Turbulence. Dissertation; Department of Mechanical Engineering Monash University, Clayton Victoria, Australia, 2009.

Wright, P. G.: The Influence of Aerodynamics on the Design of Formula One Racing Cars. International Journal of Vehicle Design, SP3, 158–172, 1987.

Wüst, W.: Strömungsmesstechnik. Braunschweig: Vieweg Verlag, 1969.

Wüst, W.: Verdrängungskorrekturen für rechteckige Windkanäle bei verschiedenen Strahlbegrenzungen und bei exzentrischer Lage des Modells; ZfW 9, 1961.

Wüsten, T.: Im Windkanal – Die Antwort kennt nur der Wind. Motorrad, Reisen und Sport Nr. 13, S. 6/17, 1985.

Wyss, P.: Die Wundertüte von Hinwil. Automobil Revue Nr. 25, 25, 2003.

Yamamoto, S.; Yanagimoto, K.; Fukudah, H.; China, H.; Nakagawa, K.: Aerodynamic influence of a Passing Vehicle on the Stability of the other Vehicles. JSAE Review 18, 39–44, 1997.

Yang, W.-H.: Ein neues Verfahren zur Bestimmung der Fahrwiderstände. Improve Properties of Cars, International Short Course on Vehicle Aerodynamics, Stuttgart, 1994.

Young, R. A.: Bluff Bodies in a Shear Flow. Ph. D.-Thesis, University of Camebridge, 1972.

Zaccariotto, M.; Burgade, L.; Chanudet, P.: Aeroacoustic Studies at P.S.A.. In: Essers, U. (Hrsg.): 2. Stuttgarter Symposium Kraftfahrwesen und Verbrennungsmotoren, 18.–20.02.1997. Renningen: Expert-Verlag, ISBN 3-8169-1522-1, 1997.

Zierep, J.; Bühler, K.: Grundzüge der Strömungslehre. Springer Vieweg, 2010.

Zomotor, A.: Fahrwerktechnik, Fahrverhalten, Würzburg: Vogel Verlag. Springer, 1987.

Zomotor, A.; Richter, K.-H.; Kuhn, W.: Untersuchungen über die Stabilität und das aerodynamische Störverhalten von Pkw-Wohnanhängerzügen. Automobil-Industrie, 3, 331–340, 1982.

Zörner, C.; Islam, M; Lindener, N.: Aerodynamik und Aeroakustik des neuen Audi A8. Automobiltechnische Zeitschrift, Sonderdruck ‚Der neue Audi A8', 2010.

Zuck, B.: Downsizing – Auswirkungen auf das Wärmemanagement. Renningen: Expert-Verlag, 2012.

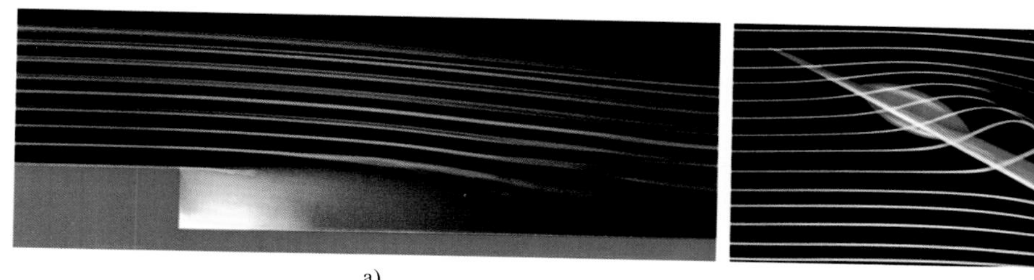

a)

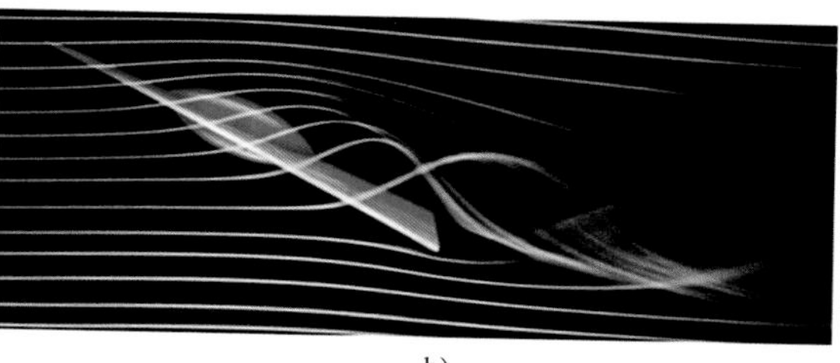

b)

图 1.3　两种类型的流动分离现象（图片来源：Sönke Hucho）

a）位于一条垂直于当地流动方向的棱边上　b）位于一条倾斜于当地流动方向展开的棱边上

a)

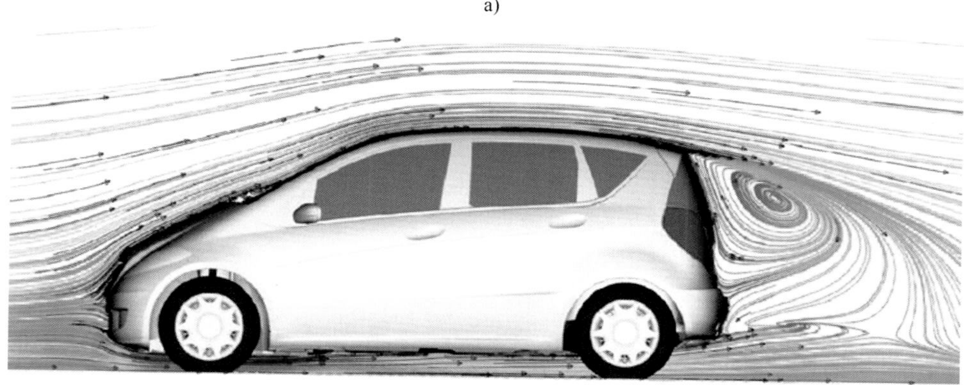

梅赛德斯-奔驰A级车
中间截面上的流线

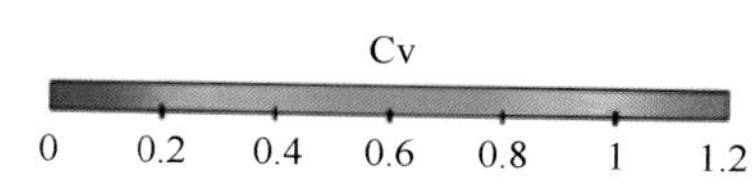

b)

图 1.4　汽车外流动的可视化处理（图片来源：戴姆勒集团）

a）风洞中采用烟雾　b）数值计算

图 1.5　汽车空气动力学发展的“历史图版”，根据 Barreau 和 Boutin（2008）（原图中 Comte RICOTTI 误标为 Comte RiCCOTI——译者注）

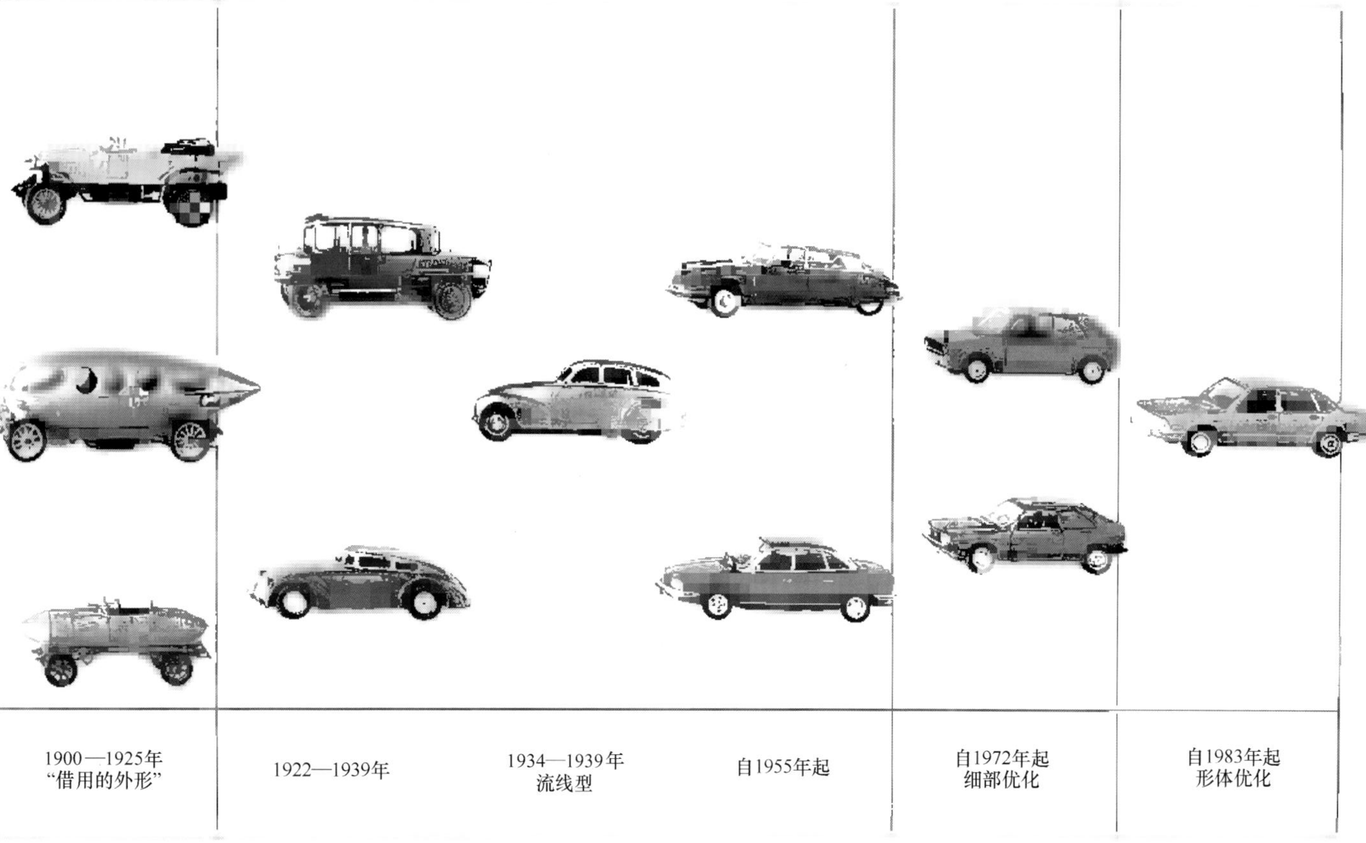

图 1.6　空气动力学发展的统一进程，依据 Hucho（2005）

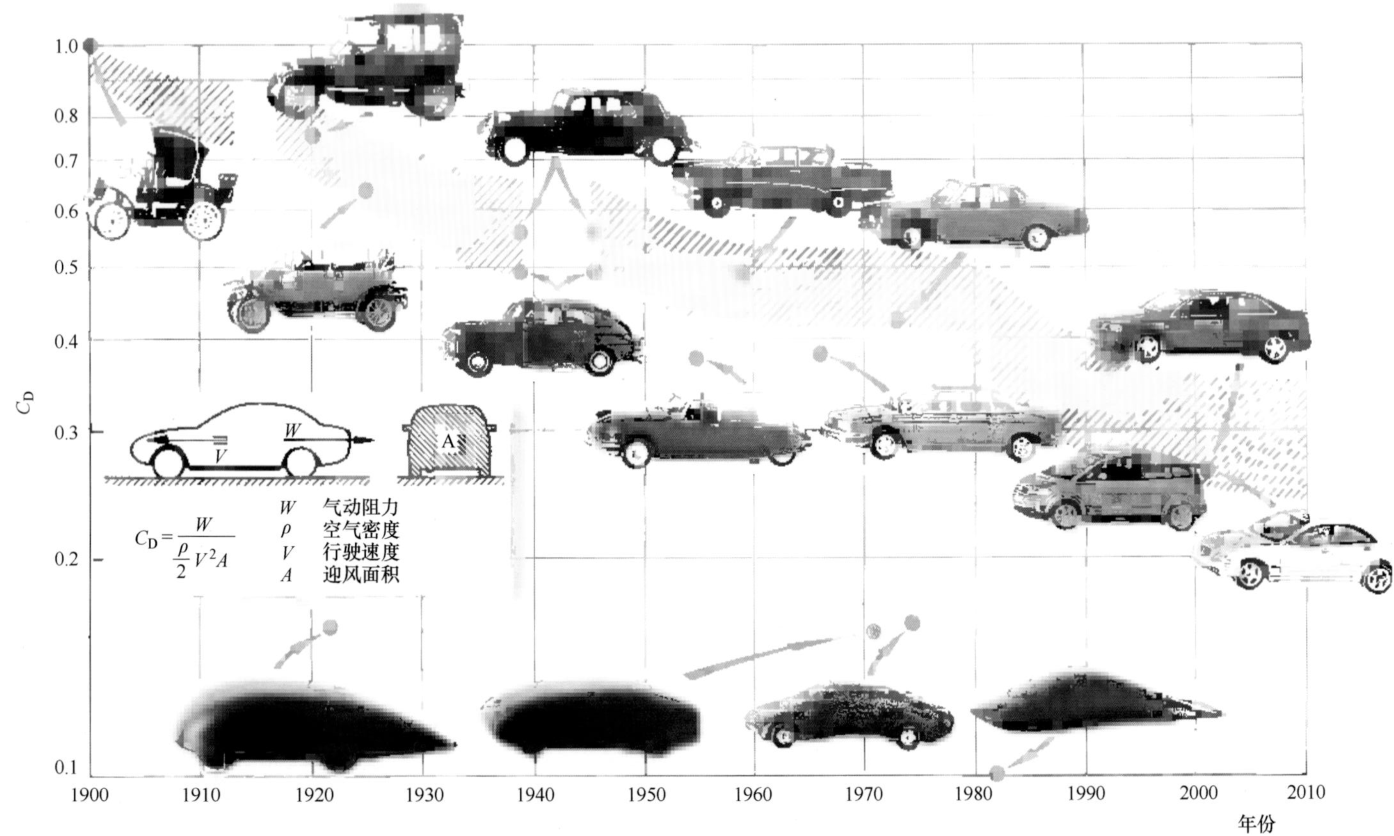

图 1.63　欧洲乘用车风阻系数 C_D 随时间的变化。用于对比，列出了与汽车形状接近的形体，它们显示出空气动力学的优化潜力（图片来自 Sönke Hucho）

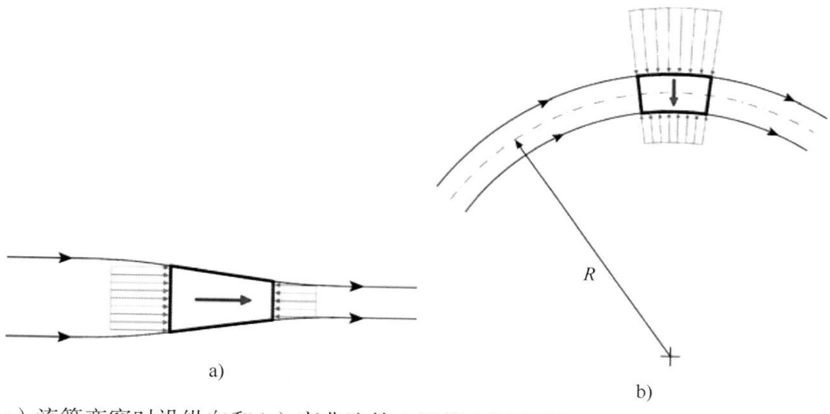

图 2.13 a）流管变窄时沿纵向和 b）弯曲流管上沿横向压力梯度的变化所引起的流元上的作用力。红色箭头表示流元端面上的压力分布，蓝色箭头则总是示意每一种情况下合成压力的方向

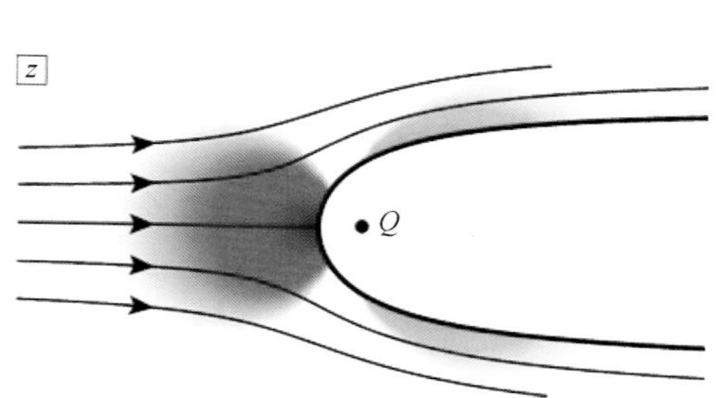

图 2.19 围绕平面半体的流场

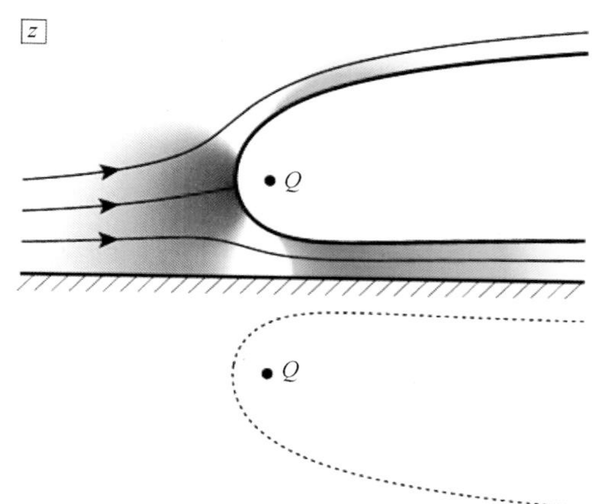

图 2.20 接近地面的围绕平面半体的流场（应用镜像法）

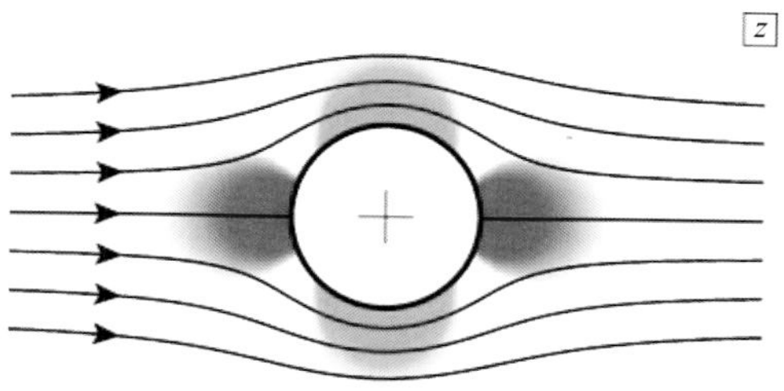

图 2.21 圆筒周围的流场

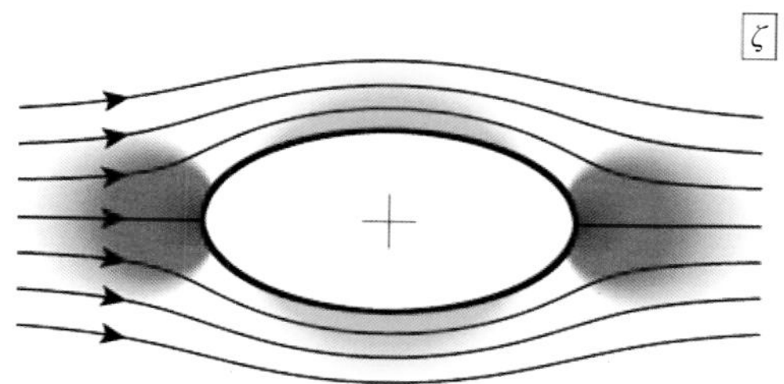

图 2.22 绕椭圆筒的流场

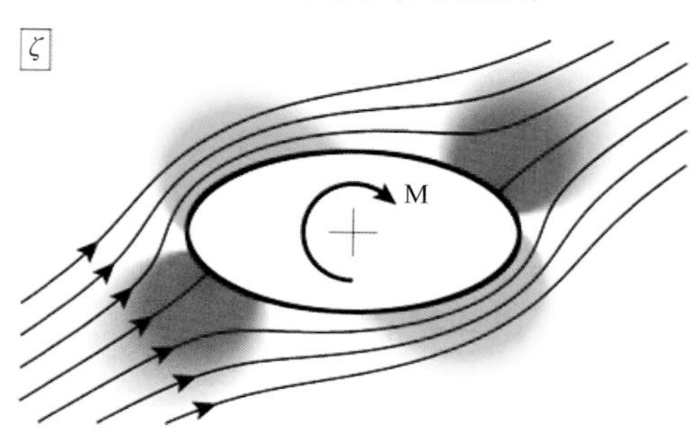

图 2.24 斜向来流椭圆筒的流场

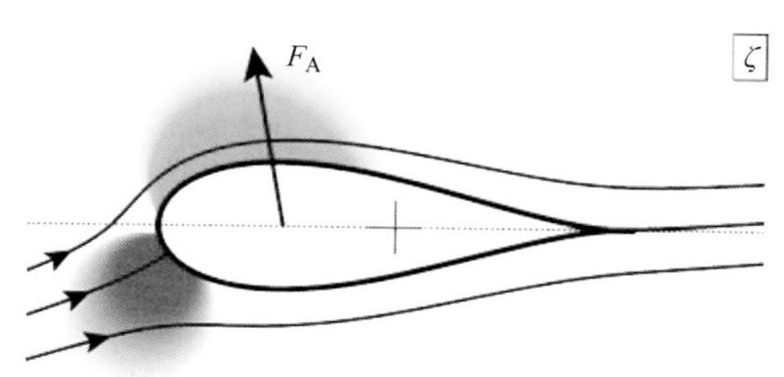

图 2.25 围绕对称翼型剖面的流场

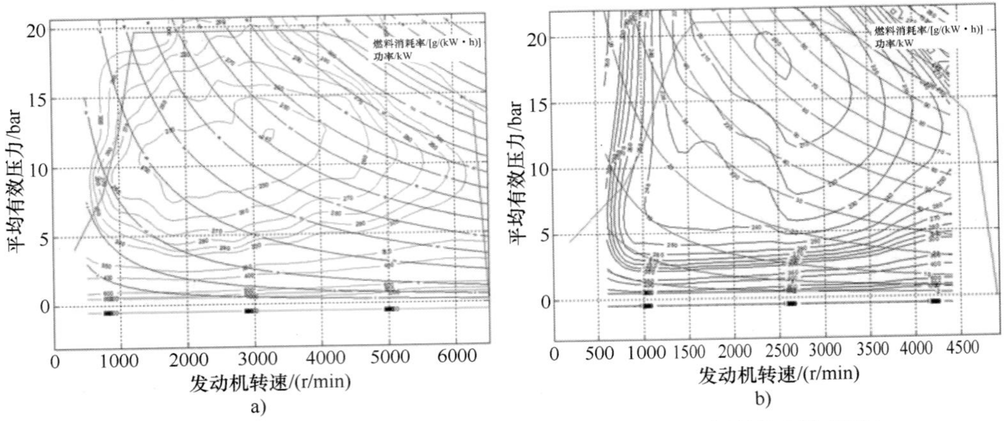

图 3.20　现代 a）汽油发动机和 b）柴油发动机的能耗特性图（贝壳图）

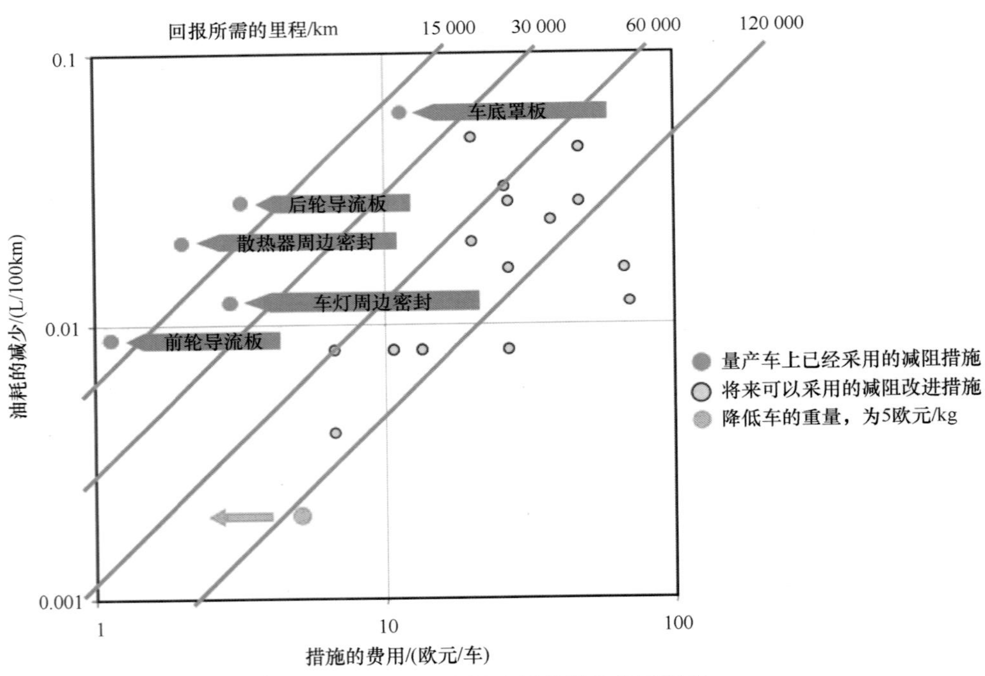

图 3.25　不同降低油耗的措施的回报率

a) 拟2D涡旋运动

b) 3D涡旋运动

c) 穿流

d) 环境影响

图 4.6 在乘用车上的流动现象

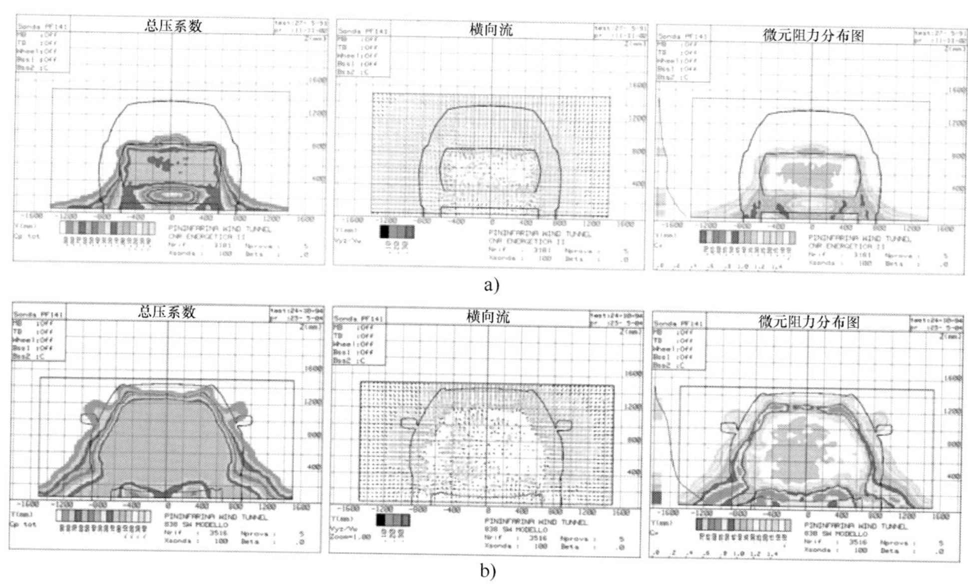

a)

b)

图 4.21 “微元阻力”，车辆后部平面 S（$z-y$ 平面，$x=0.5\text{m}$）上的速度矢量和总压力（Cogotti 2004）

a）CNR 乘用车（$C_D=0.19$） b）直背乘用车（$C_D=0.34$）

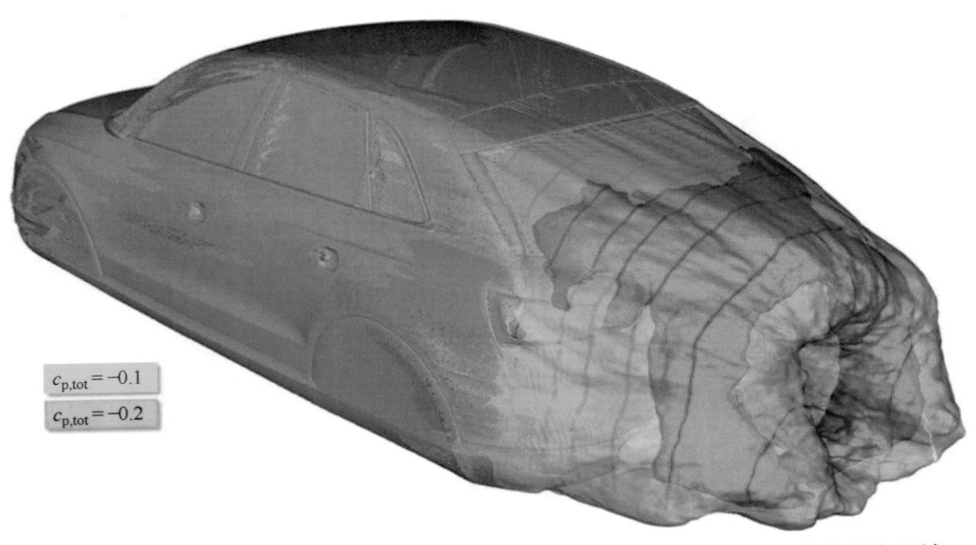

图 4.23 通过总压系数 $C_{p,tot}=-0.1$ 和 $C_{p,tot}=-0.2$ 的等值面，显示直背车体的损失区域

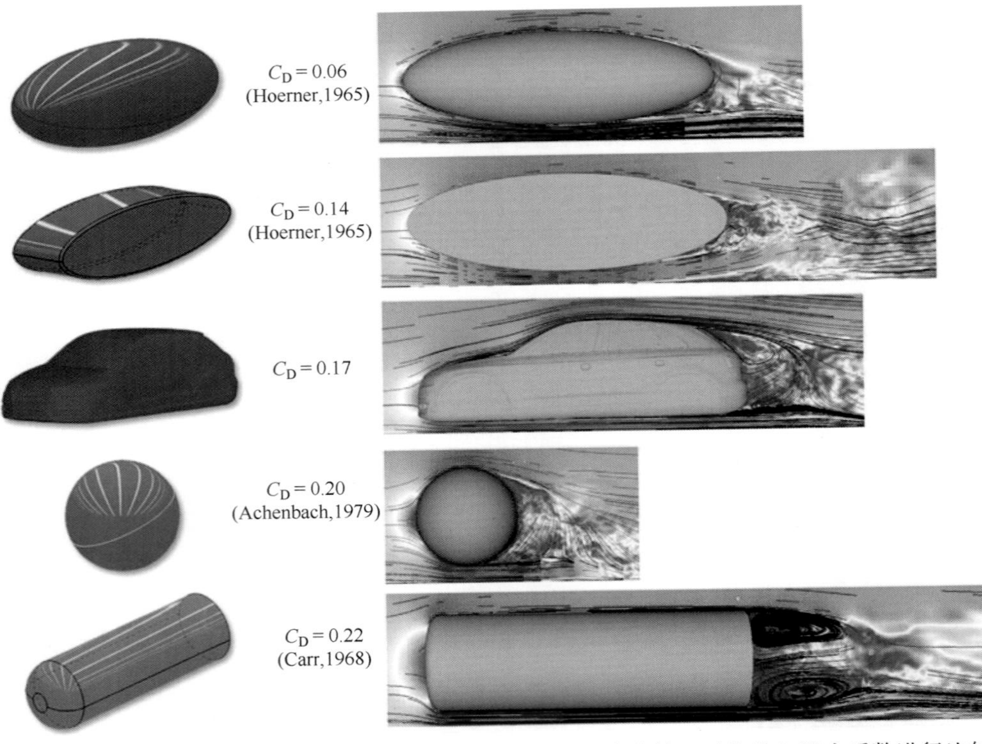

图 4.24 具有相同雷诺数和丰满度的一些简单几何形状的直背体，对绕流和阻力系数进行比较

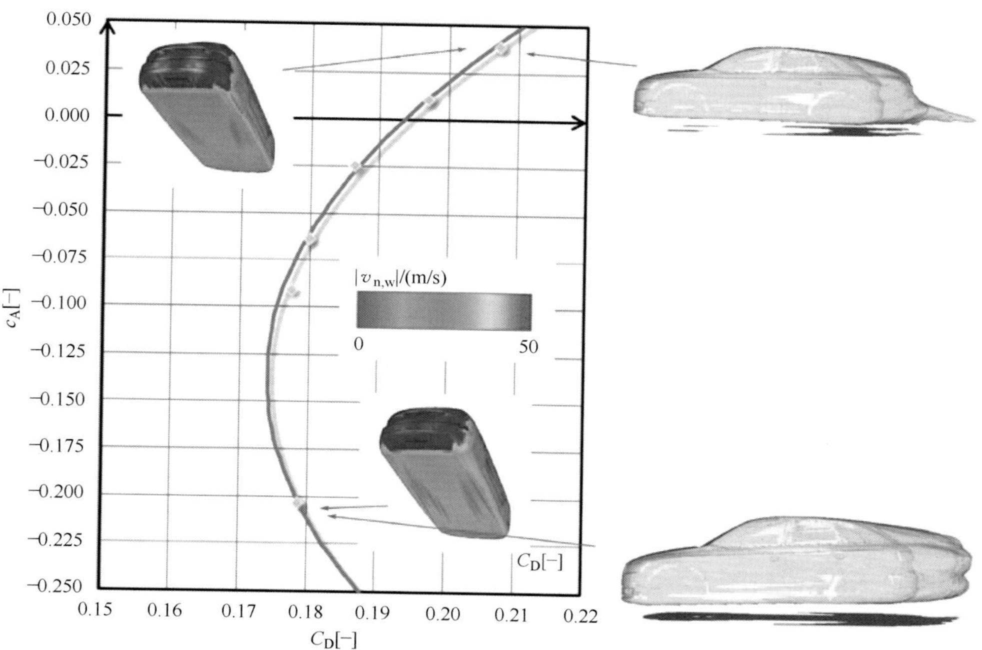

图 4.25　靠近地面的直背的飞行体的阻力和升力对其迎角的依赖

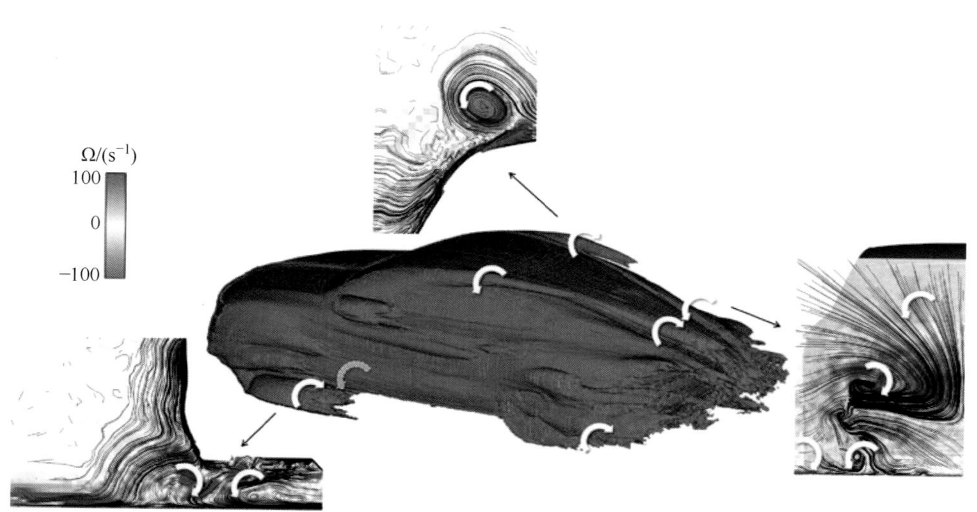

图 4.27　通过等值面 $C_{p,tot} = 0$ 来显示的具有流线型尾部的车身上的高能量纵向涡流

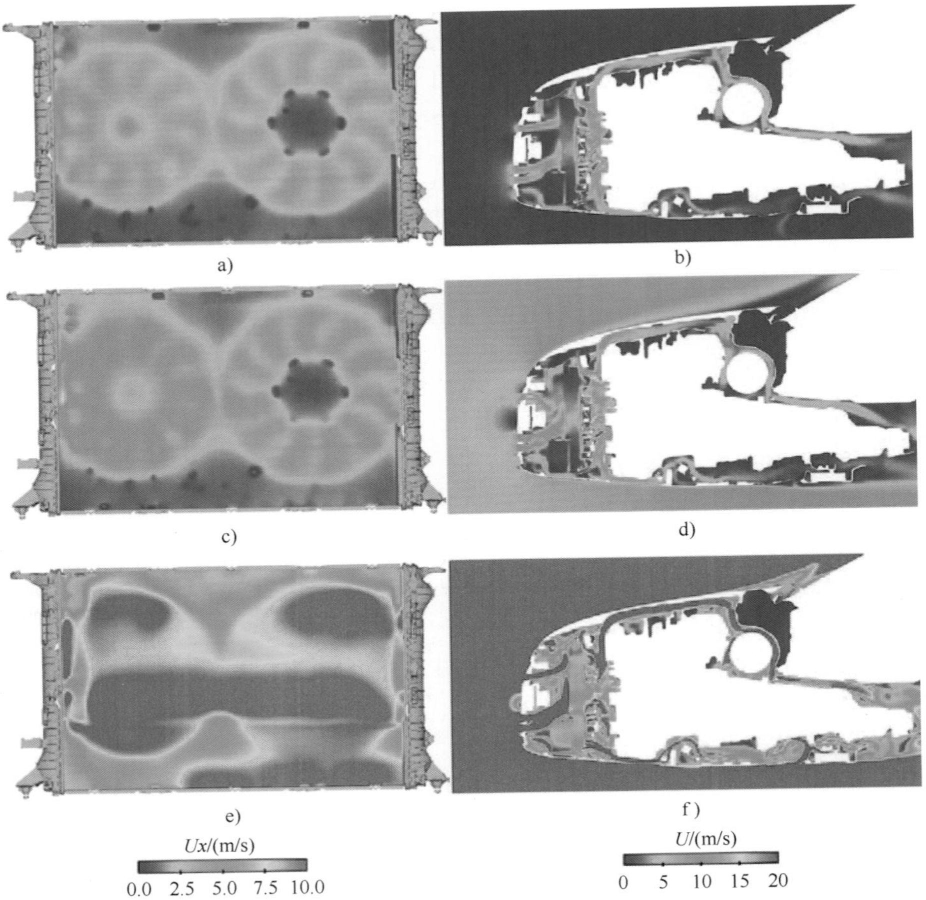

a) b)

c) d)

e) f)

Ux/(m/s)

0.0 2.5 5.0 7.5 10.0

U/(m/s)

0 5 10 15 20

图 4.31 奥迪 A4 在不同运行场合。在 y 轴中间截面（b、d、f）和冷却剂散热器截面（a、c、e）的气流速度场：在静止状态（a、b）；30km/h 及风扇运行（c，d）；最大速度 v_{max}，以及没有风扇（e、f）

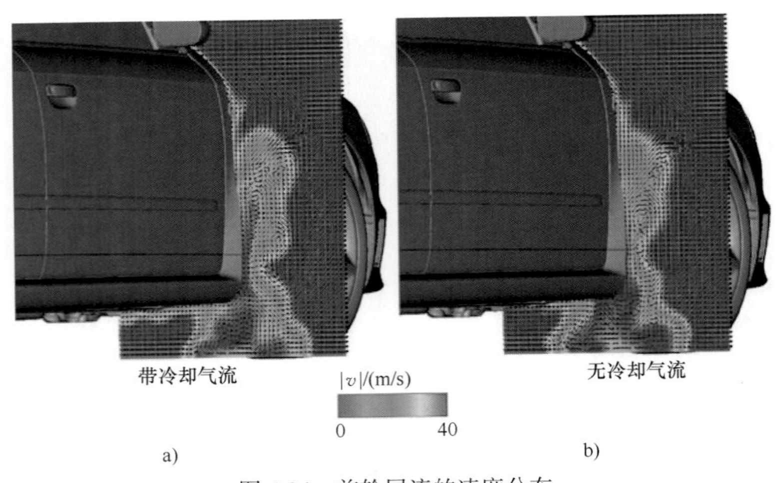

a) b)

图 4.34 前轮尾流的速度分布

a）带冷却气流 b）无冷却气流

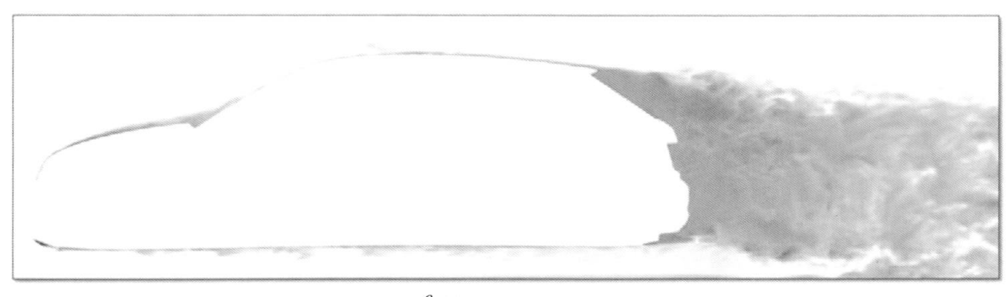

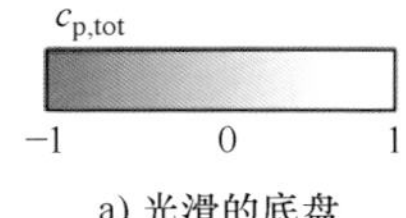

a) 光滑的底盘

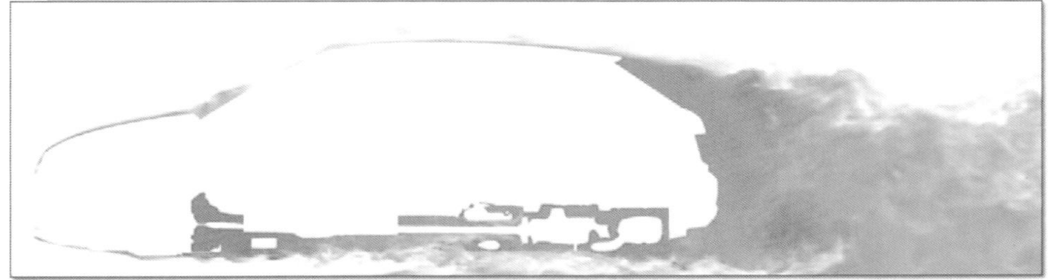

b) 粗糙的底盘

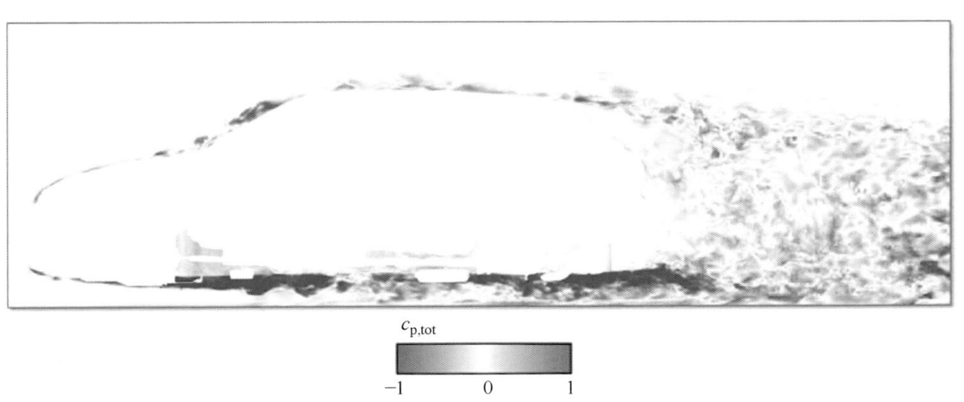

c) 两者的差

图 4.40　在粗糙的底盘 b）和光滑的底盘 a）的车辆 y 轴中间截面上，以总压力系数 $C_{p,tot}$ 表示的汽车绕流能量损失

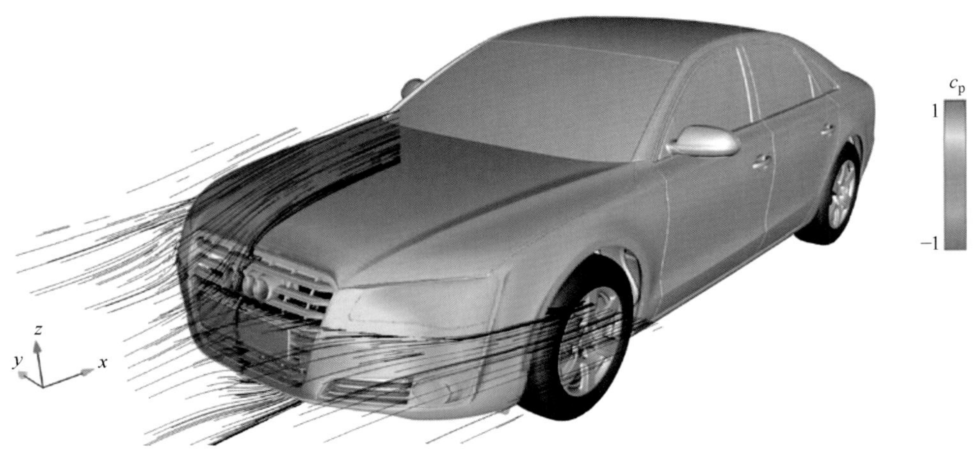

图 4.55　Audi A6 车前部的压力分布和流线

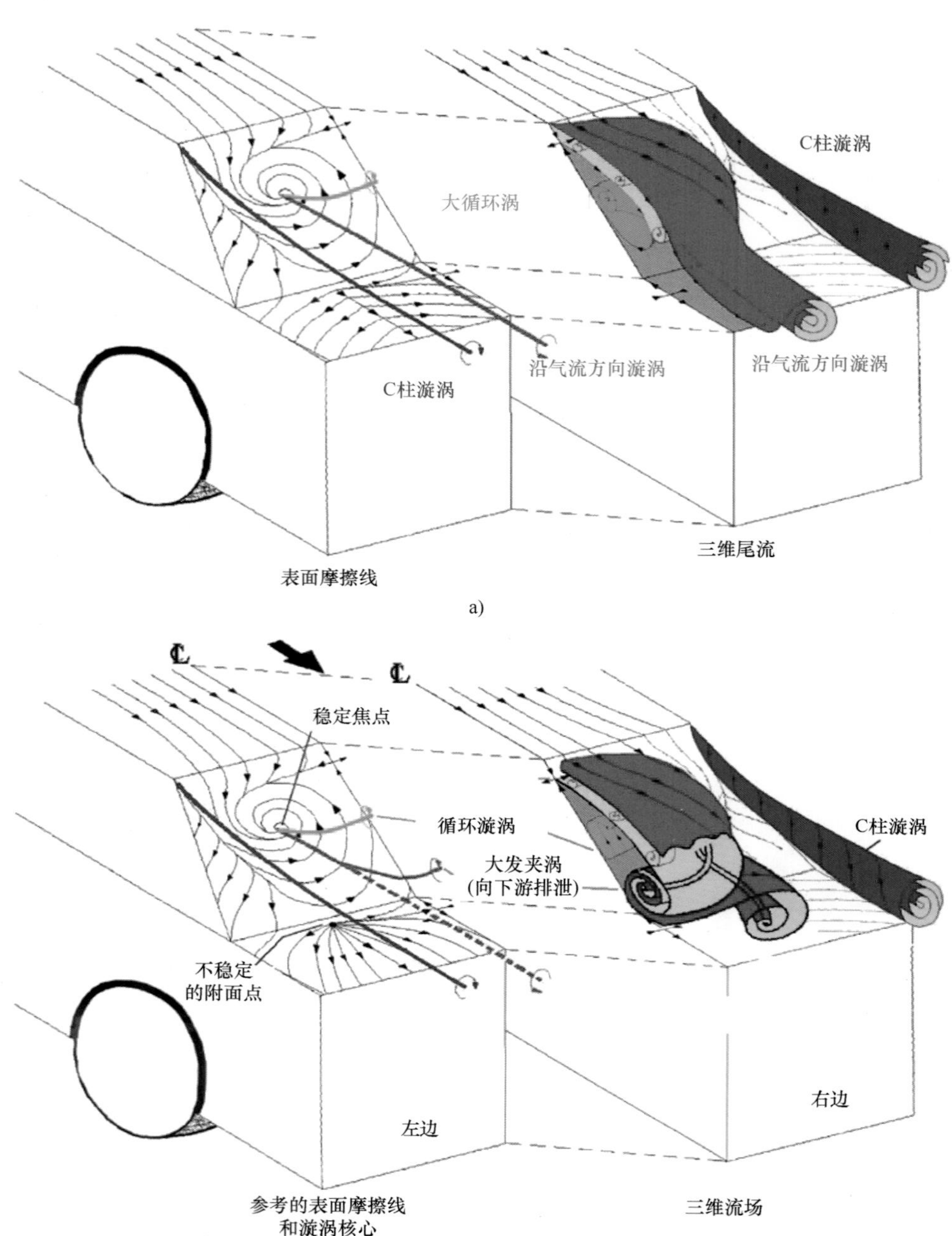

图 4.94　在阶背车尾流动的形态结构（Gilhome 等人，2001）

a）流动时均结果　b）瞬态流动

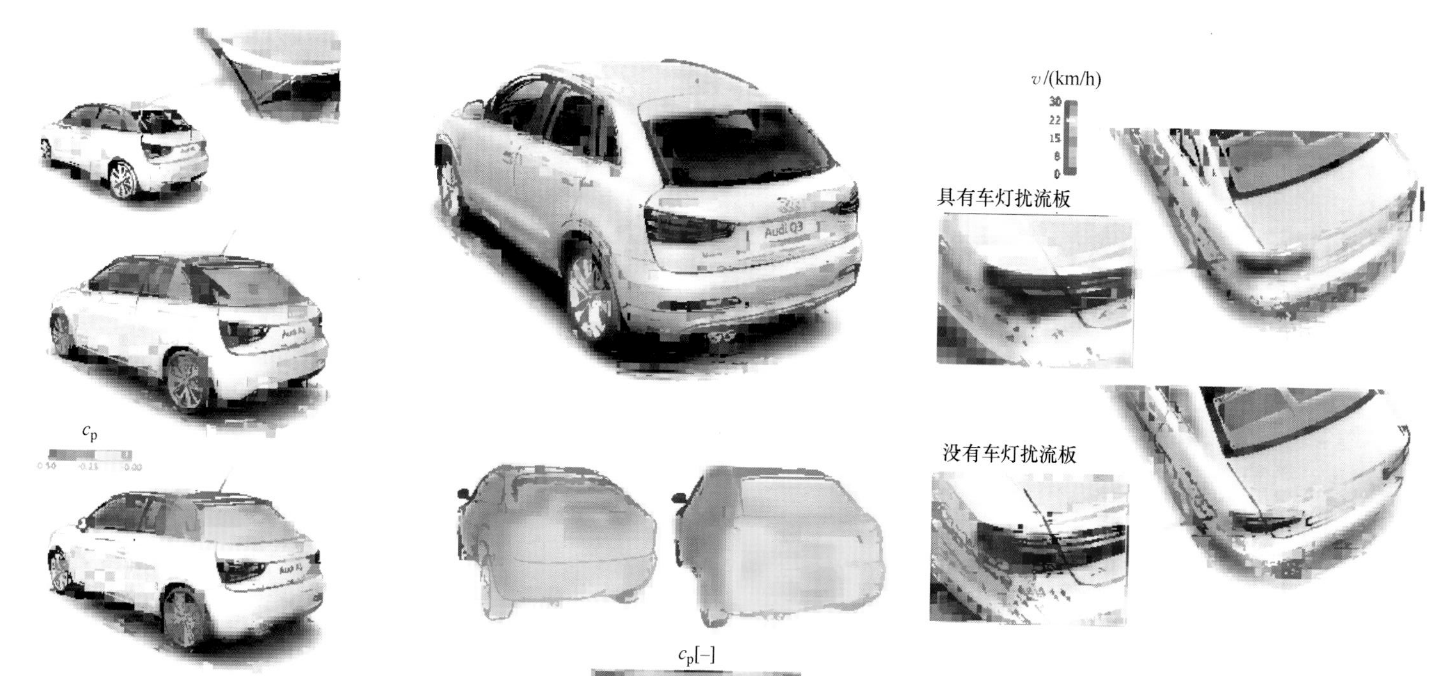

图 4.112　在实际系列生产的车辆上，流体分离在汽车后窗玻璃处的优化可能性

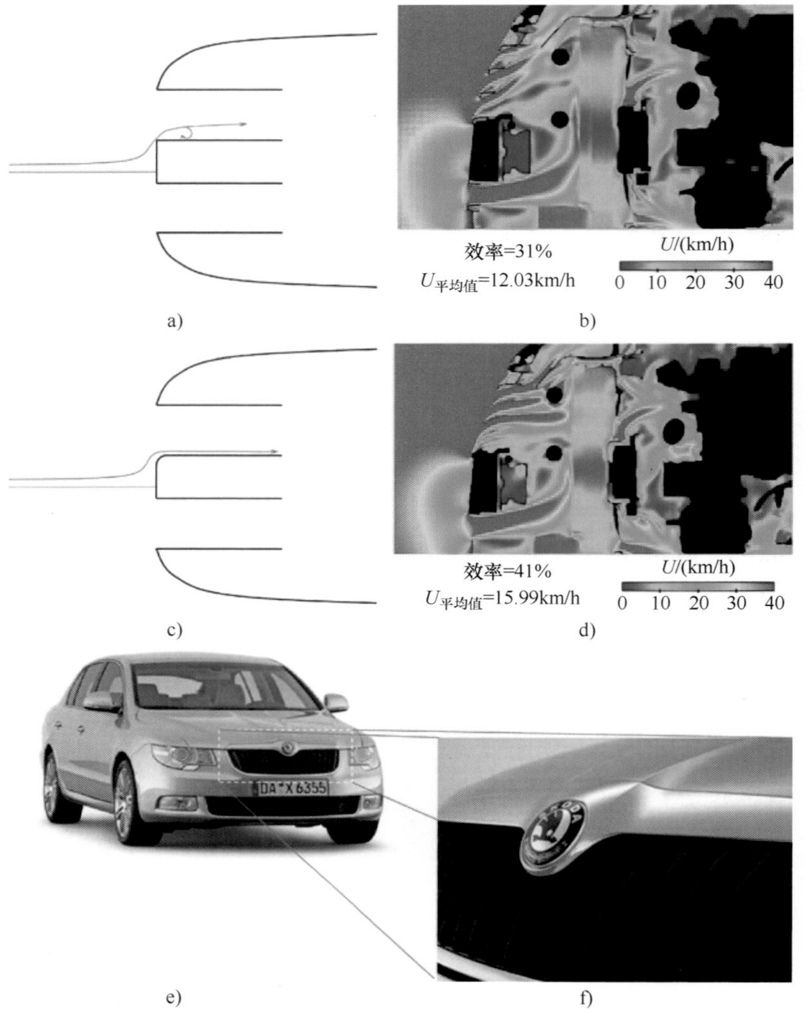

图 4.132　冷却格栅的来流损失：高损耗来流（a、b），低损耗来流（c、d）
a）、c）为图解　b）、d）在真实车辆上　e）、f）为 Skoda Superb 的散热器冷却格栅

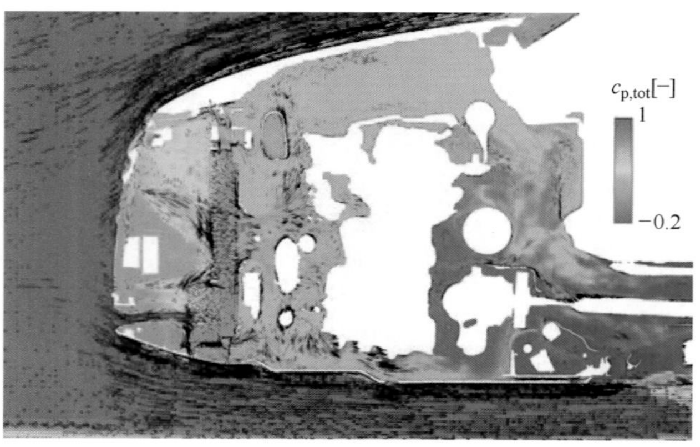

图 4.136　发动机舱内的瞬时总压力系数和速度矢量场

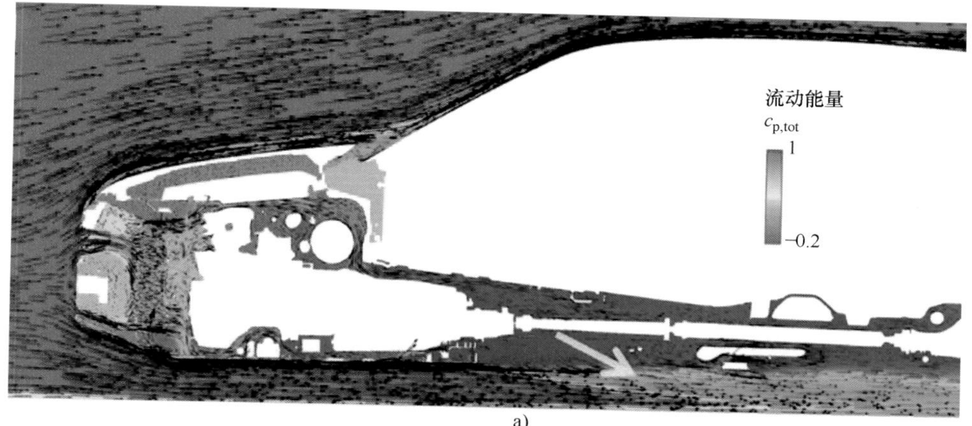

a)

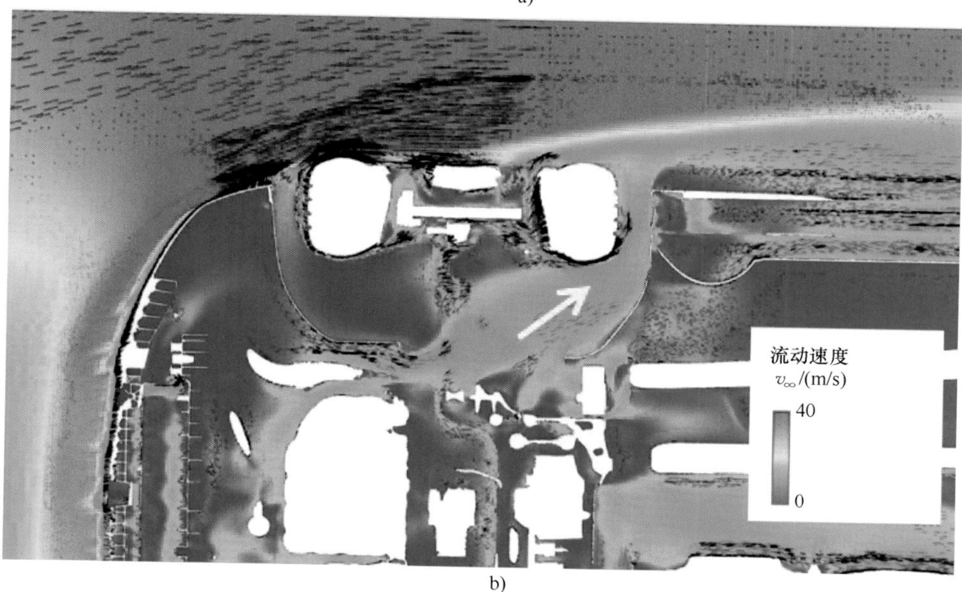

b)

图 4.140　冷却空气在流出时的走向
a）流到车身底部　b）流到轮拱处

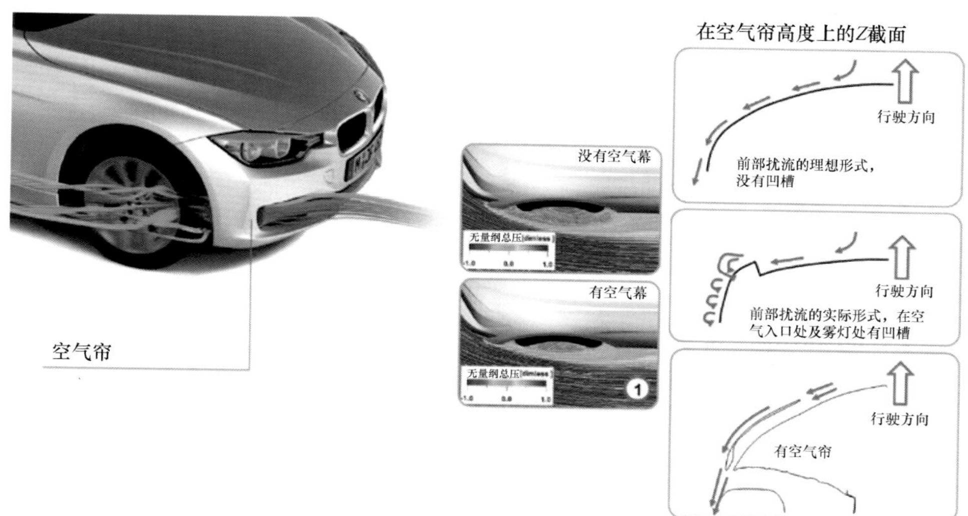

图 4.141　BMW 3 系列上的空气帘，空气在前轮前方排出，以减少前轮的斜向来流

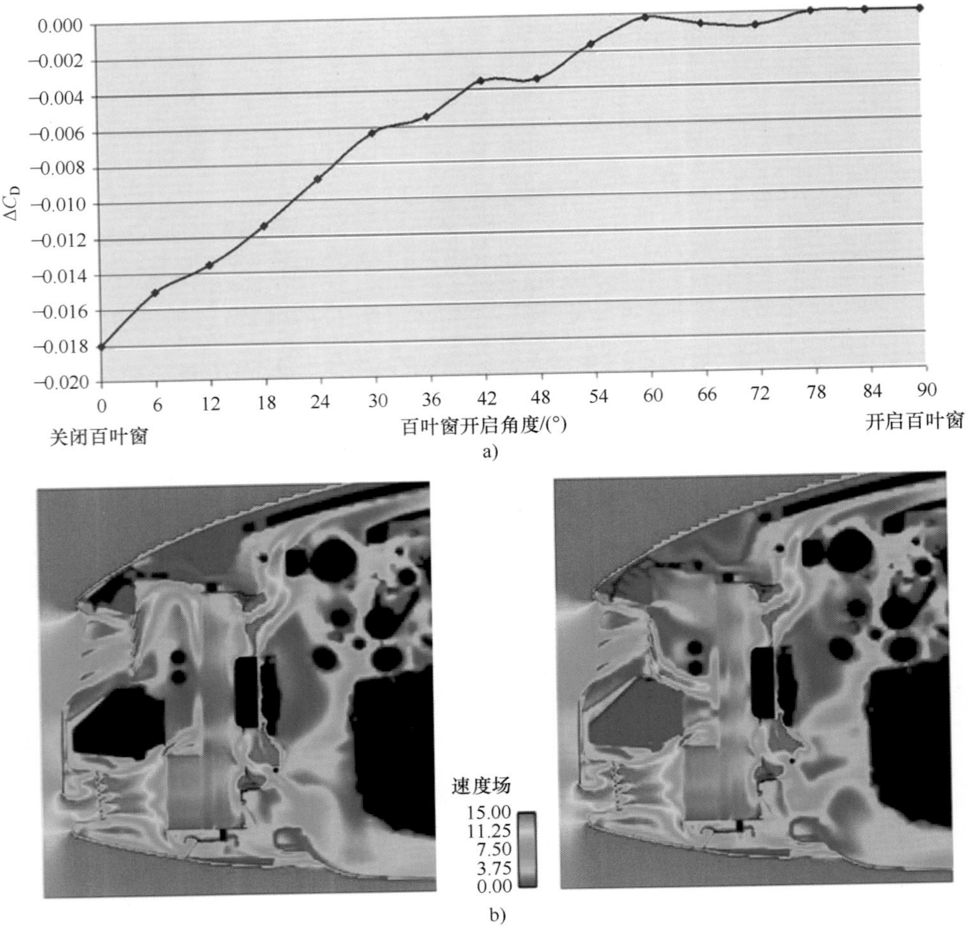

关闭百叶窗　　百叶窗开启角度/(°)　　开启百叶窗

a)

速度场

b)

图 4.144　冷却空气百叶窗在使用时，C_D 值随开启角度变化的减小量（a）和活瓣开启方向对冷却气流的影响（b）

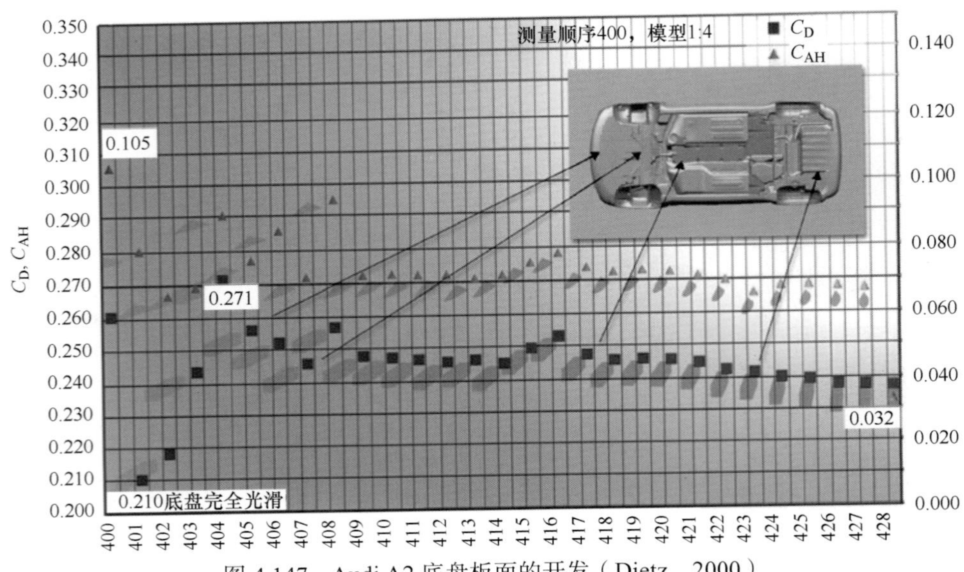

图 4.147　Audi A2 底盘板面的开发（Dietz，2000）

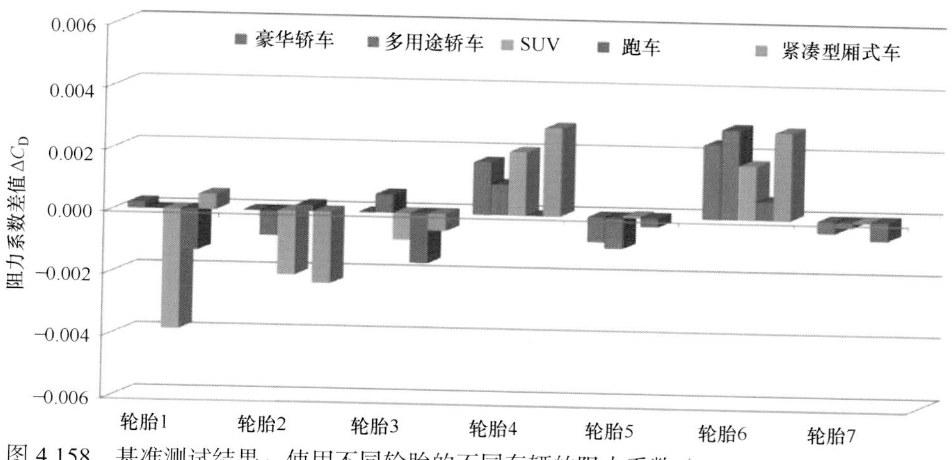

图 4.158　基准测试结果：使用不同轮胎的不同车辆的阻力系数（Wittmeier 等人，2012）

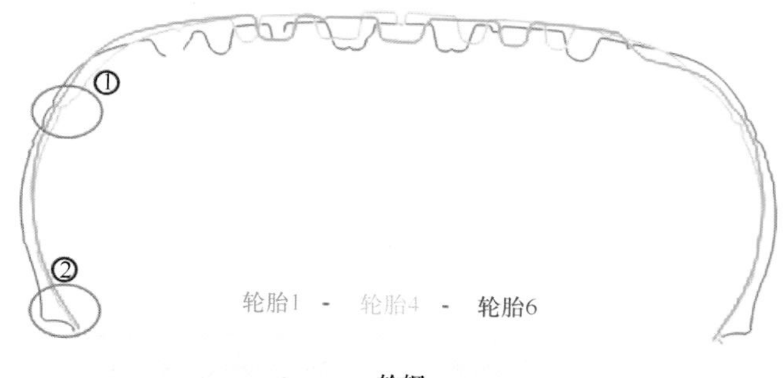

图 4.159　不同系列轮胎的截面图，在肩部区域①的差异，和在轮胎向轮辋过渡的区域②的差异（Wittmeier 等人，2012）

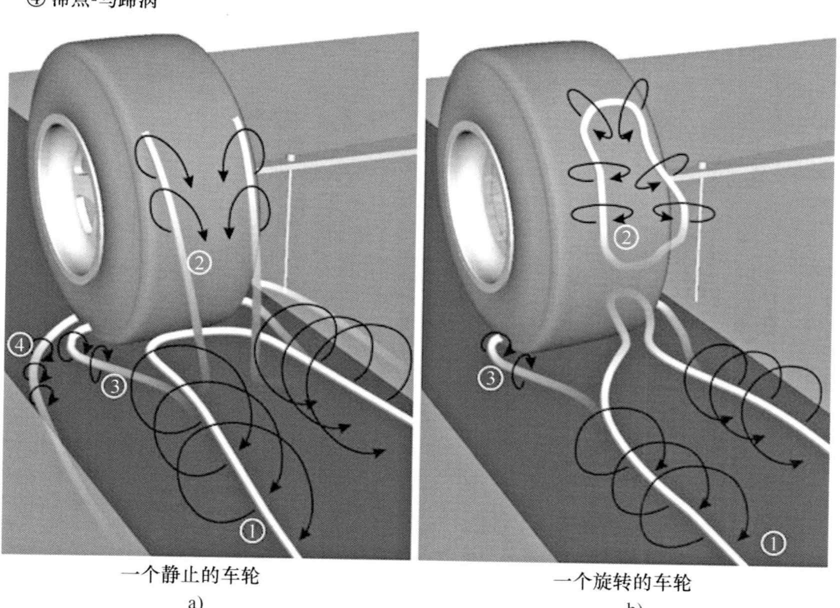

图 4.160　位于静止的车轮（a）和旋转的车轮（b）后面的旋涡系统（Wäschle，2006）

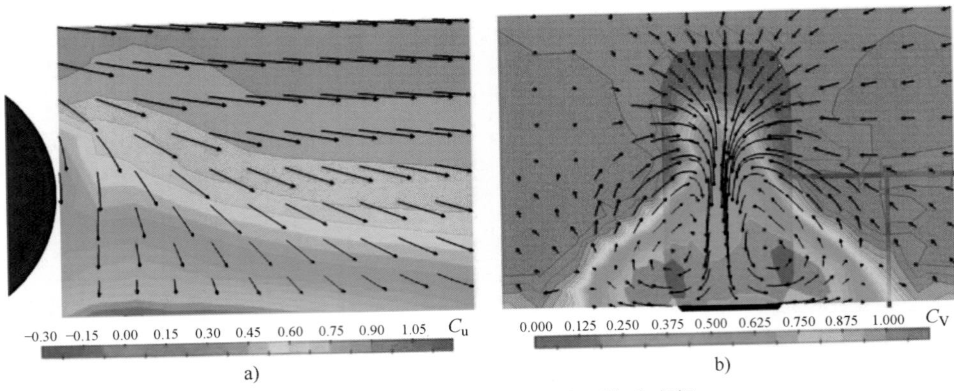

图 4.161 静止的单个车轮后面的速度场
（y = 0mm 和 x = 150mm 处的平面）（Wäschle 等人，2004）

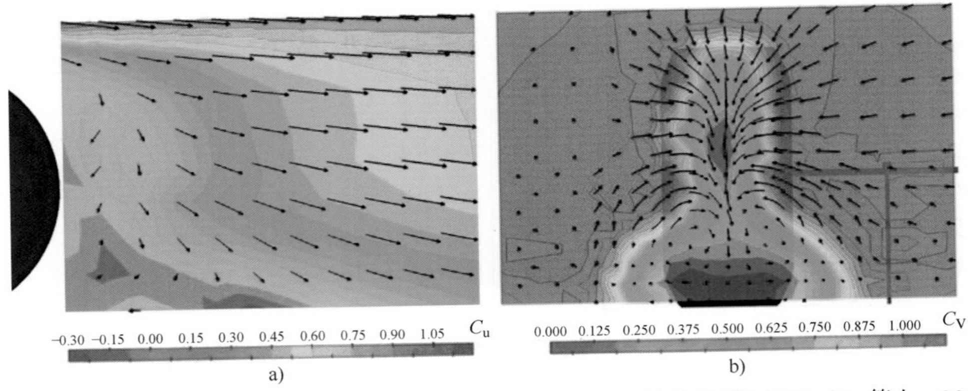

图 4.163 单个旋转车轮后面的速度场（y = 0mm 和 x = 150mm 处的截面）（Wäschle 等人，2004）

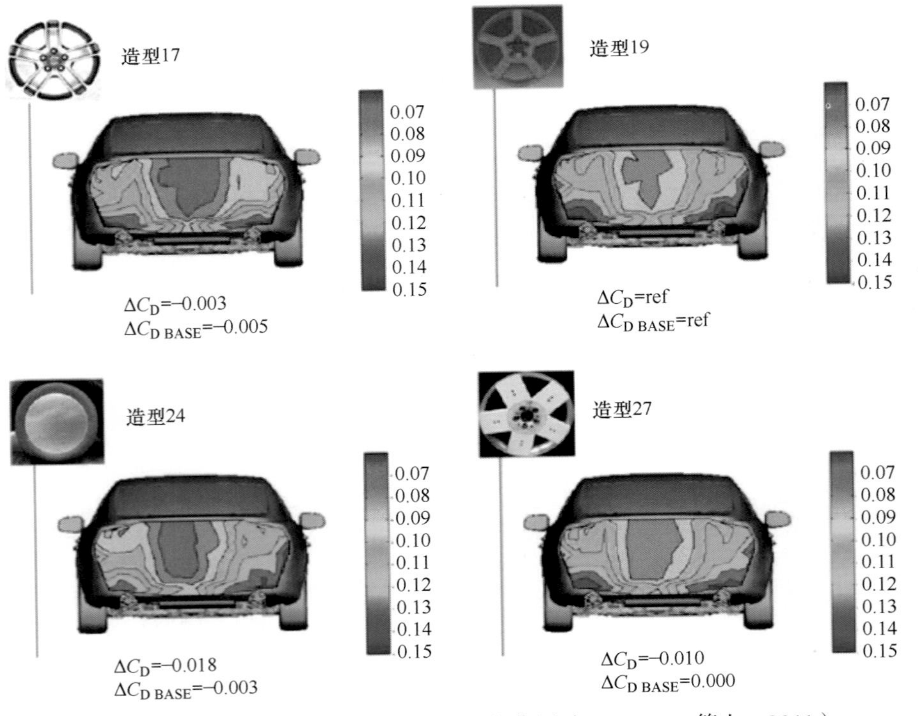

图 4.166 对不同轮辋几何形状，测量的背压（Landström 等人，2011）
C_D—阻力系数 $C_{D,BASE}$—基础背面阻力系数

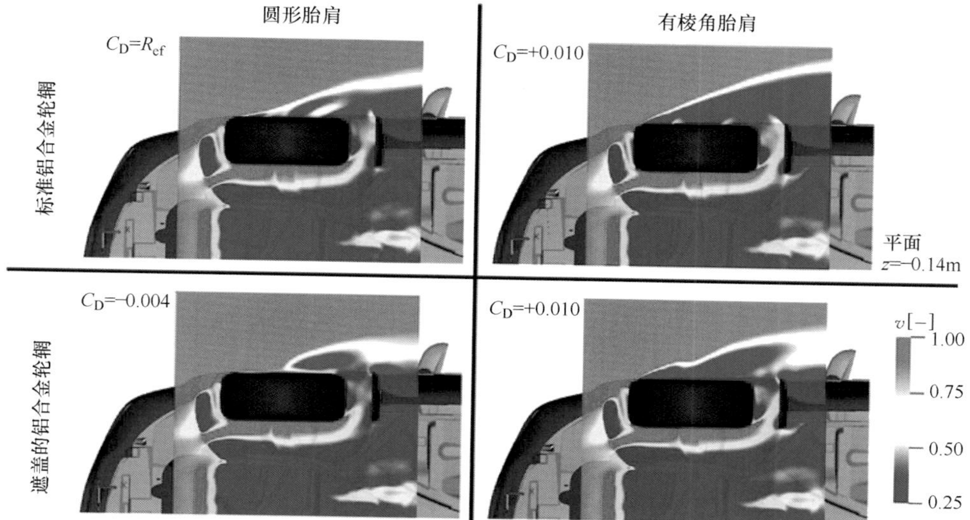

图 4.168 相对于不同轮辋和不同轮胎肩部的变型，围绕轮胎的绕流（Wittmeier 等人，2012）

C_D—阻力系数 R_{ef}—参考值

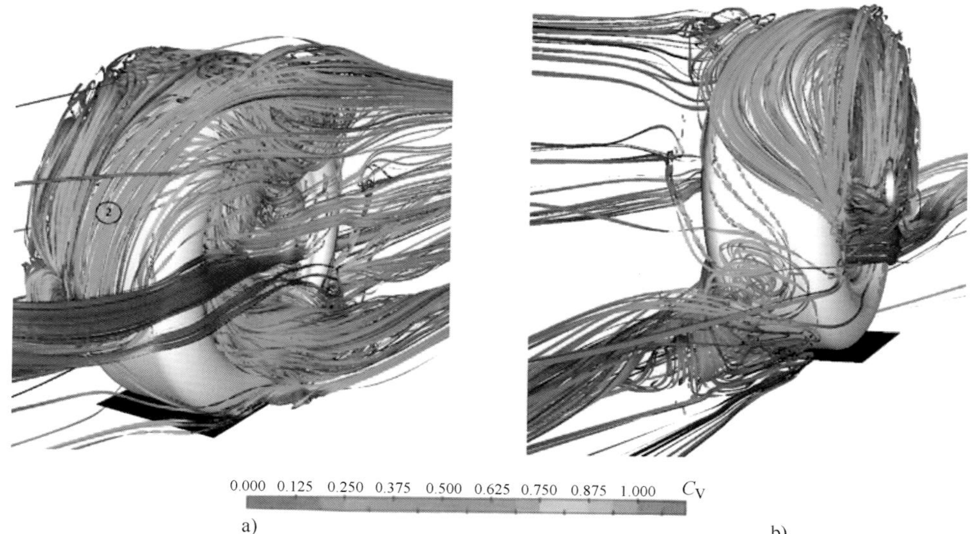

图 4.170 旋转的左前轮在 1:4 车辆模型上的流动结构，在两图的显示上，都屏蔽掉了轮拱和车体的几何形状（Wäschle，2006）

a）从前方看车轮外侧的视图 b）从后方看车轮内侧的视图

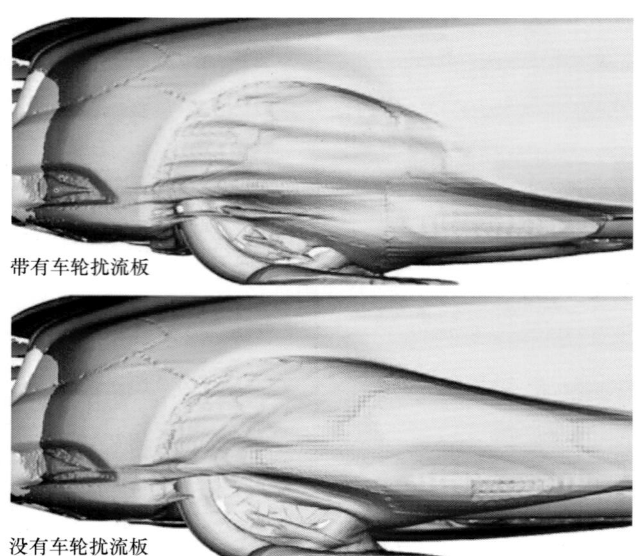

图 4.171　在带有车轮扰流板和没有车轮扰流板时，前轮周围总压分布的比较（Wäschle 2006）

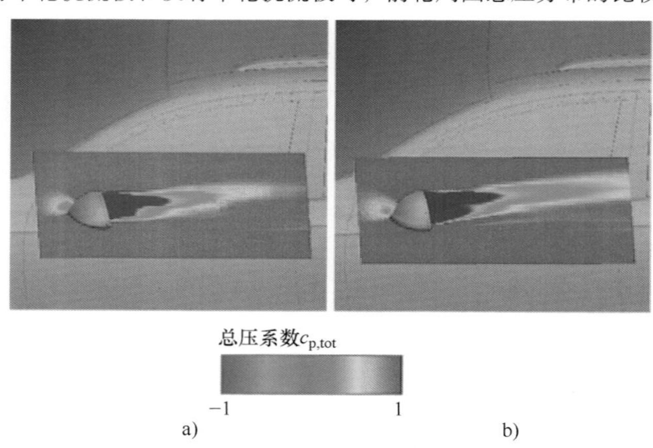

图 4.174　在垂直截面上，围绕视镜的流动：a）有利的 C_D 和 b）不太有利的 C_D

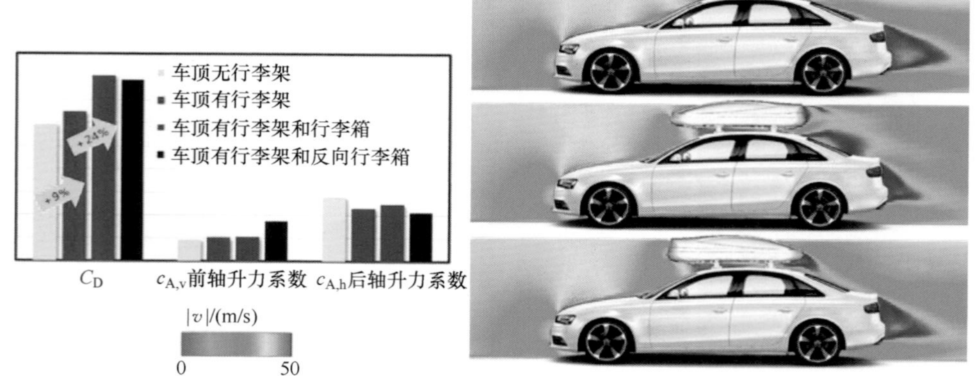

图 4.176　车顶上边带有构件的车辆，其周围的流速以及对作用力系数的影响

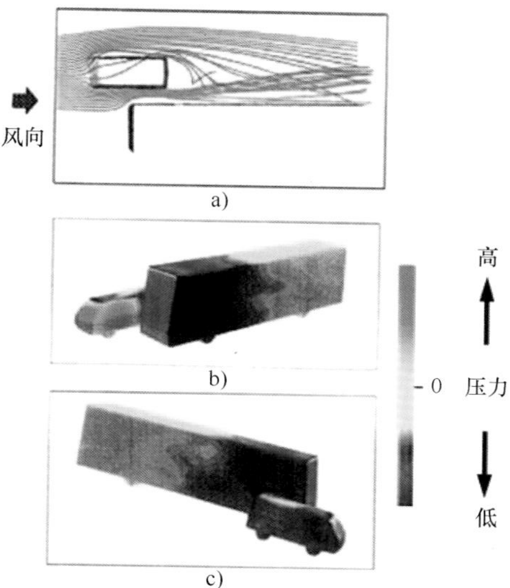

图 4.199　CFD 模拟结果（Yamamoto 等，1997）
a）流线　b）乘用车朝向公共汽车一侧视角上的压力分布
c）乘用车背离公共汽车一侧视角上的压力分布

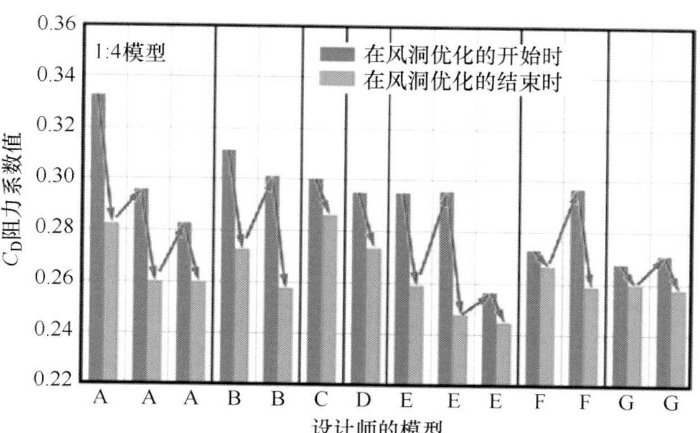

图 4.207　Audi A4 的优化，A 至 G 为设计师的模型编号，模型比例为 1:4（Dietz 等人，2000）

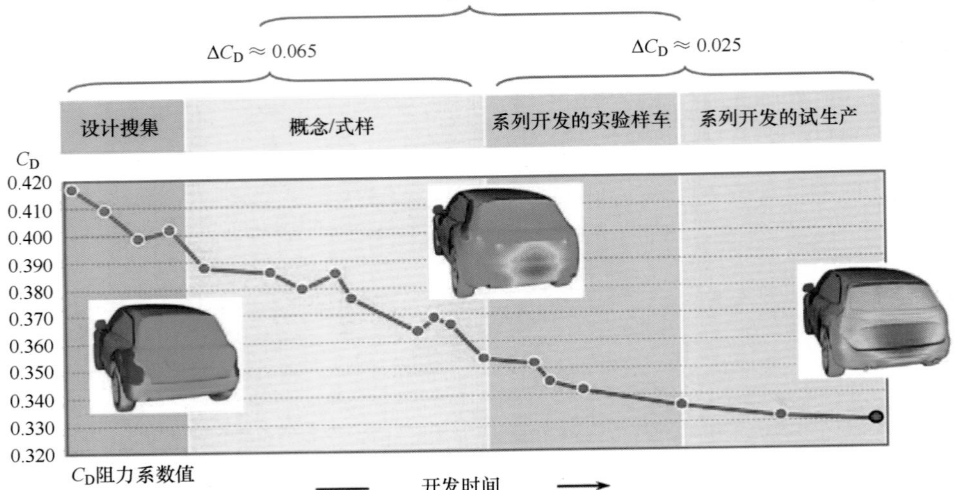

图 4.208　在 Audi Q5 产品形成的过程中，阻力系数的演变（Wagner 和 Lindener，2008）

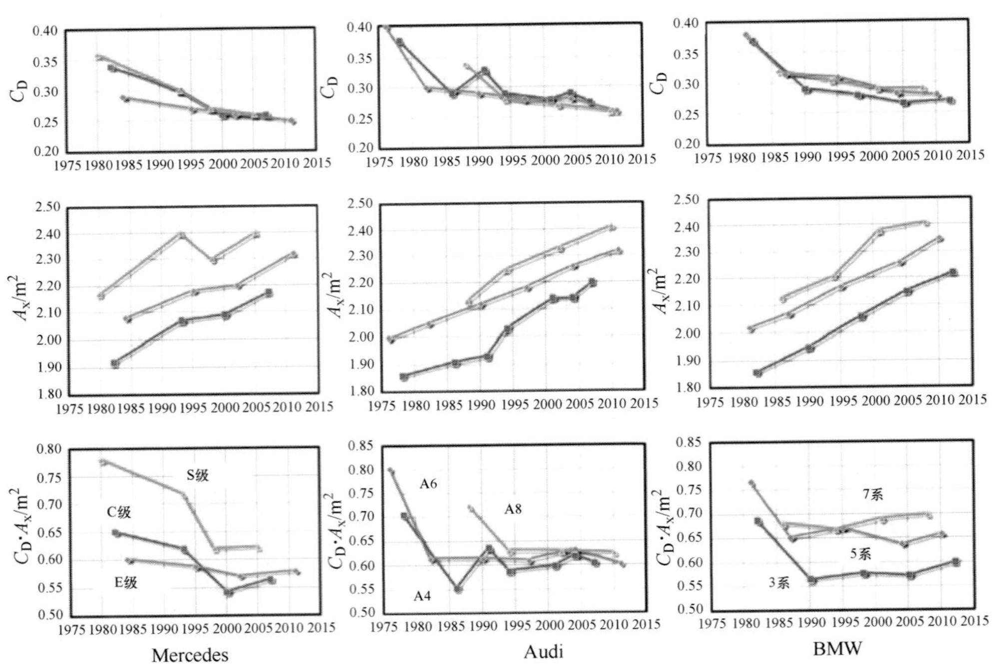

图 4.214　Audi、BMW、Mercedes 的中级、中高级、高级轿车的阻力系数 C_D 值和迎风面积 A_x 以及“阻力面积” $C_D \cdot A_x$ 的演化

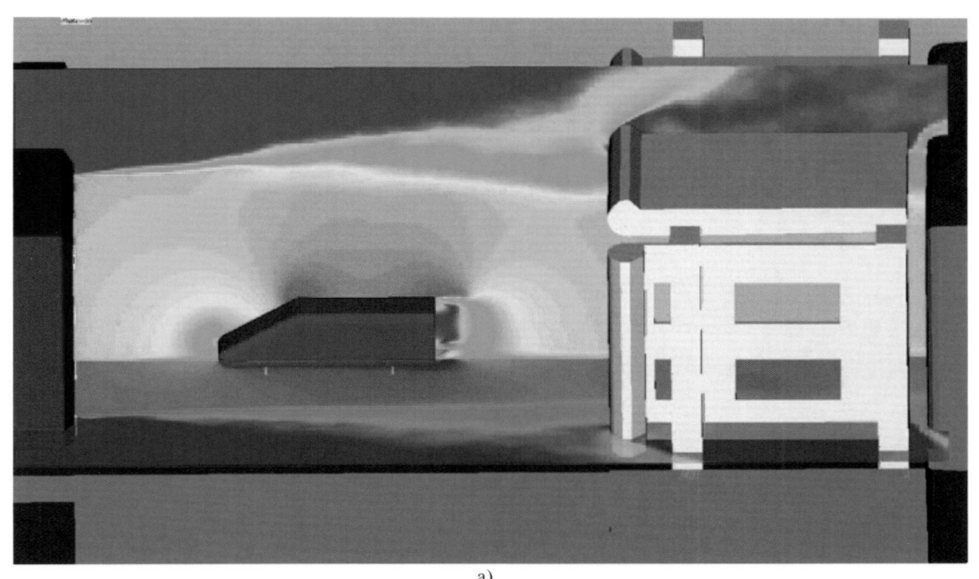

a)

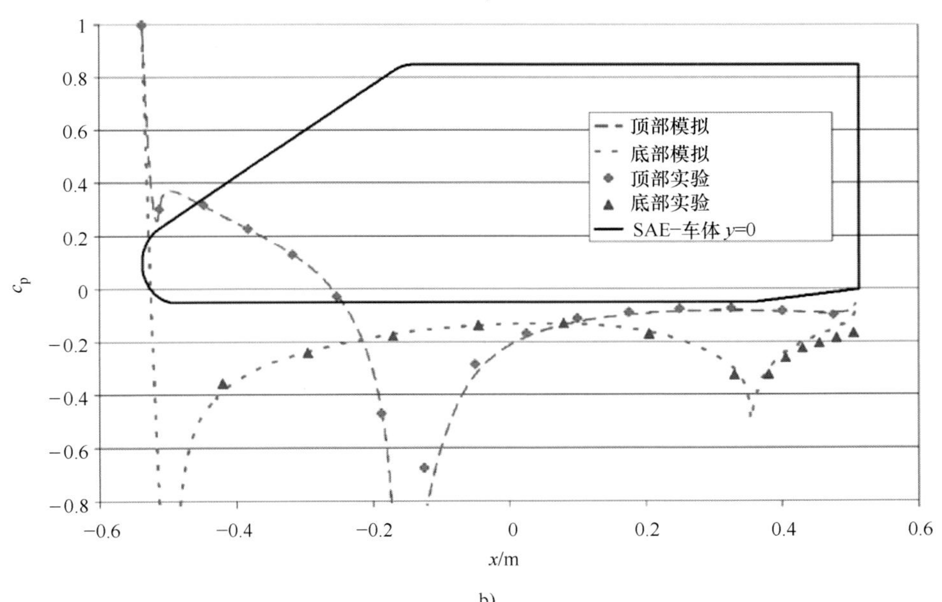

b)

图 4.226　在 FKFS（斯图加特大学内燃机与车辆研究所），模型风洞中的 1:4 的 SAE 车体（Fischer 等人，2007）

a）用 PowerFLOW® 的计算结果　b）压力分布结果的验证

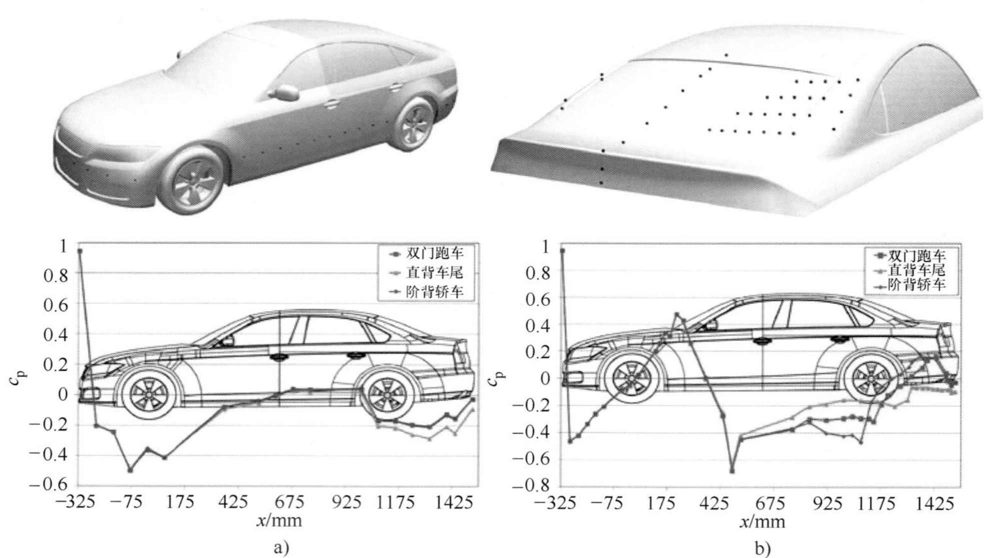

图 4.230　对 DrivAer 参考车体不同的后部形状，在车辆中心截面（$y = 0$）上，压力测量孔的位置和压力分布的概述（源自 Heft 等人，2012）

a）在车辆下侧　b）在车辆上侧

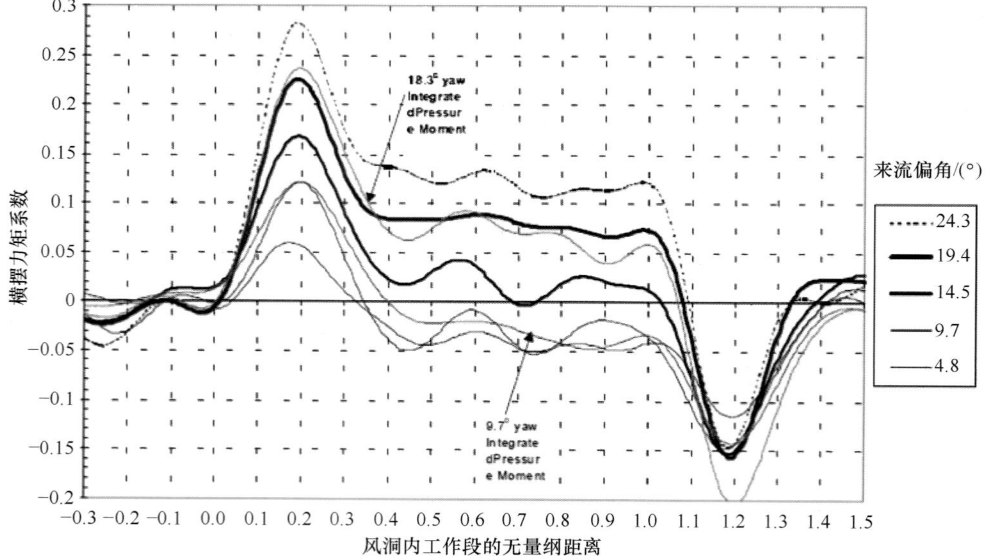

图 5.20　不同来流偏角时具尖锐边缘的基本形体的瞬态横摆力矩曲线（Chadwick 等，2000）

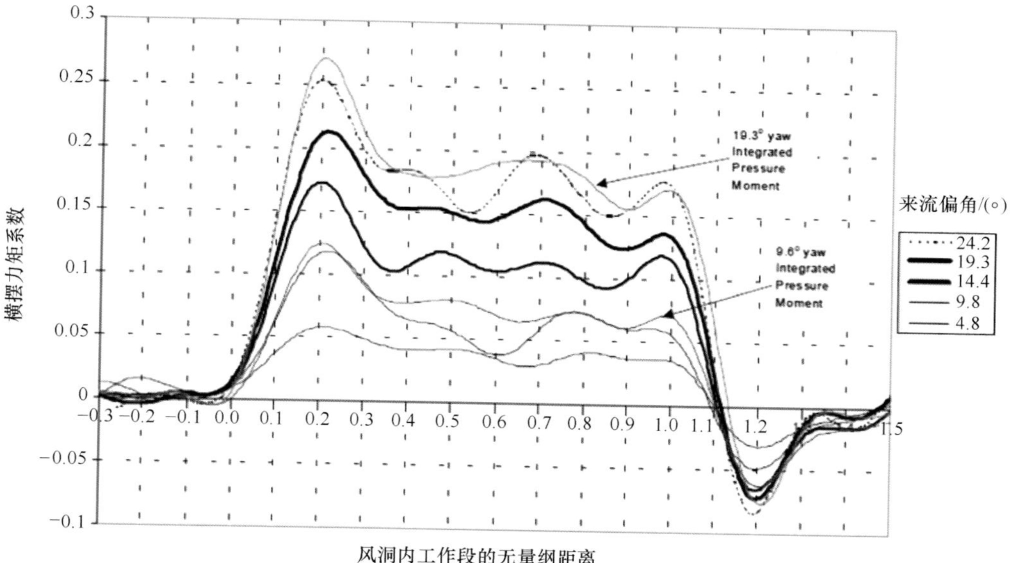

图 5.21 不同来流偏角时边缘倒圆后基本形体的瞬态横摆力矩曲线（Chadwick 等，2000）

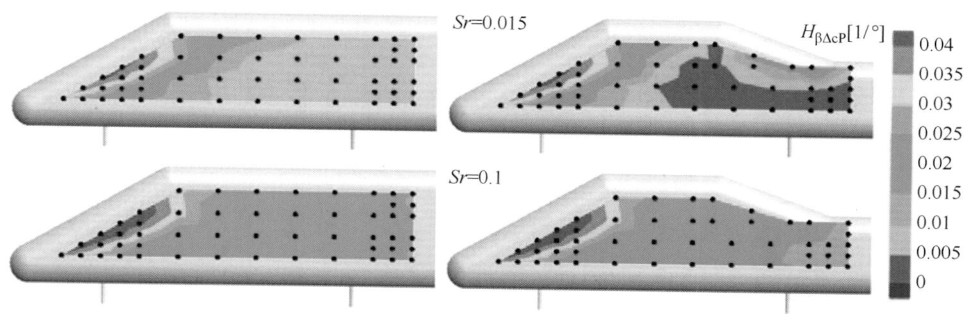

图 5.38 $Sr = 0.015$ 和 0.1 时模型侧面之间的风激励和表面压力系数差异的传递函数值（Schröck，2012）

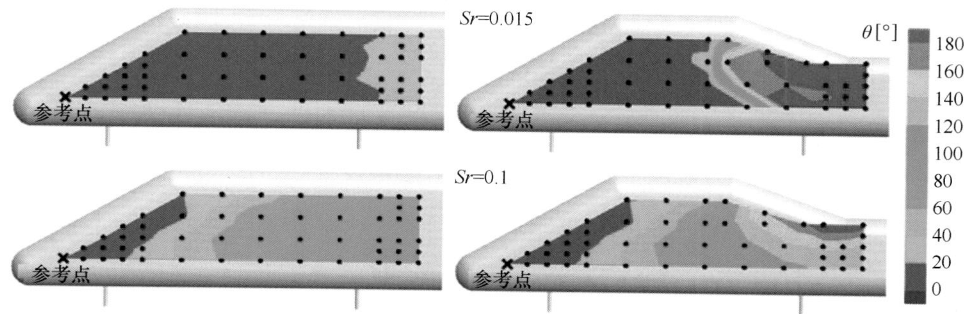

图 5.39 $Sr = 0.015$ 和 $Sr = 0.1$ 时，第一个压力测量点（参考点）与模型侧面所有其他测量点之间的相位关系（Schröck，2012）

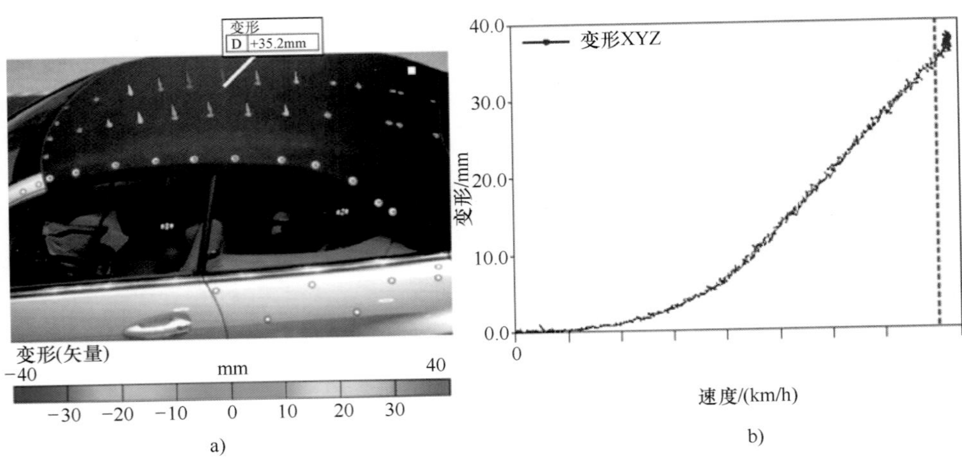

图 6.1　敞篷车顶篷相对风速的变形分析的矢量表示

a）测量点力矩　b）测量点随速度变形过程

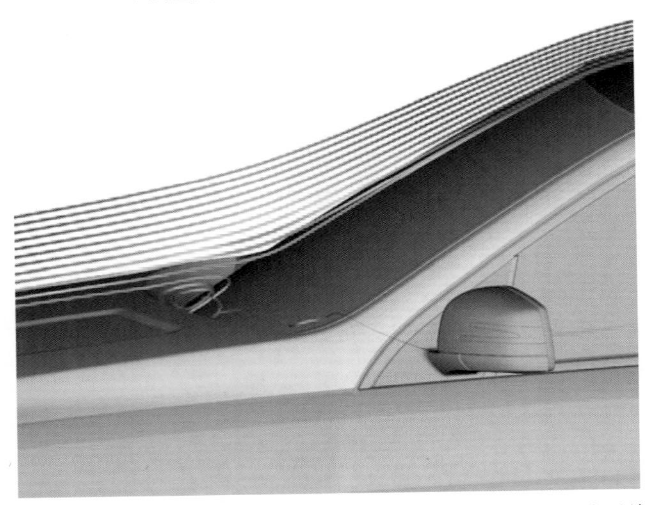

图 6.6　刮水器的最佳安装位置在风窗玻璃的积流区或发动机舱盖后缘的尾流区

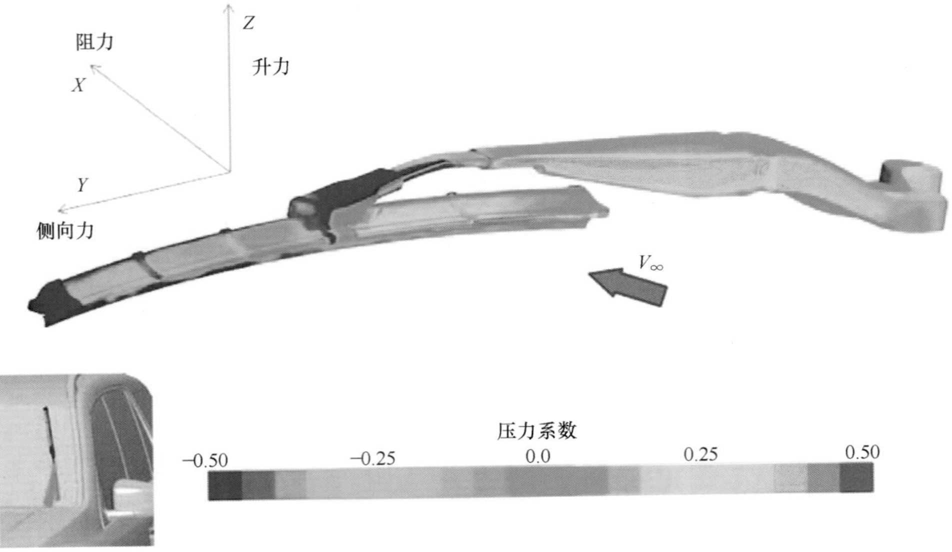

图 6.7　作用到刮水器上的分力的图示

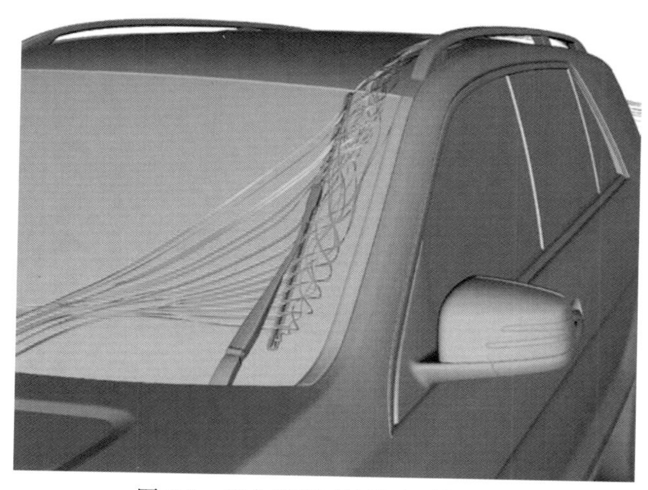
图 6.8　刮水器背面的涡流系统图示

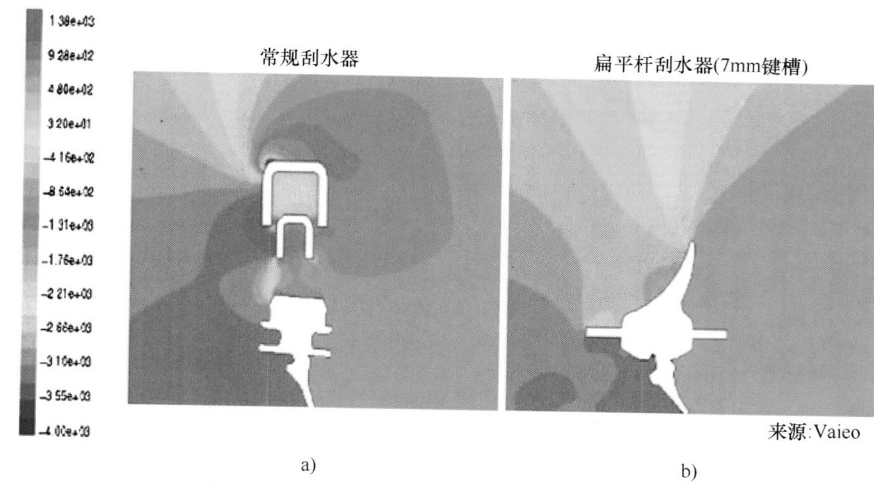

a)　　b)

图 6.12　两种不同刮水器环境下的压力分布比较
a）常规刮水器　b）扁平杆刮水器

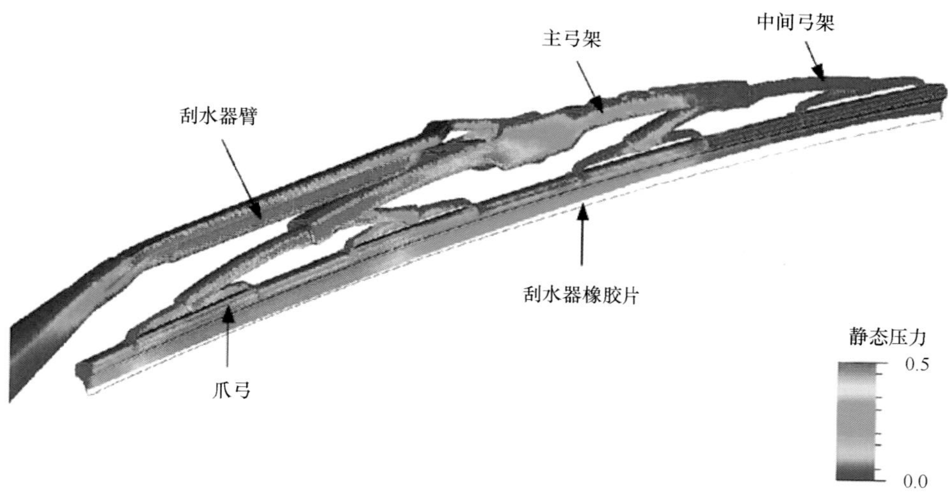

图 6.13　常规刮水器：既标出了各零件名称也标出了刮水器上的压力分布

a)

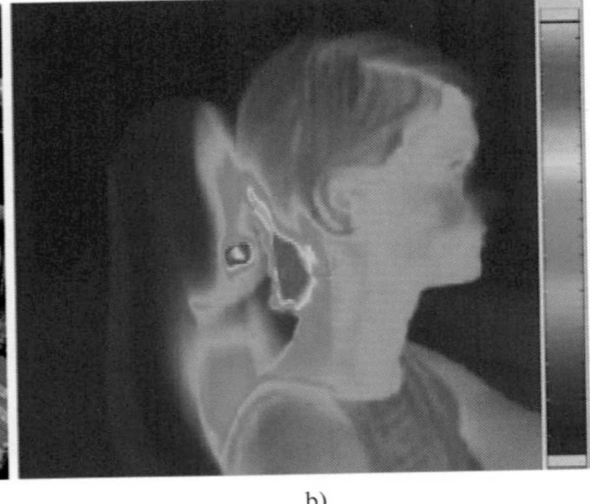

b)

图 6.15 提高敞篷行驶时的舒适度；根据行驶速度（空气量）和选择的暖气档将加热空气吹入乘员颈部奔驰 SLK，AIRSCHARF

a）用烟雾使气流可见 b）用热气加热皮肤的热成像图

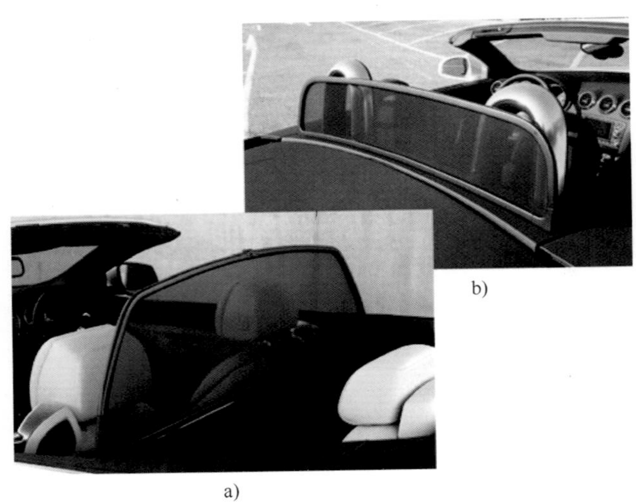

b)

a)

图 6.22 阻风屏的各种结构形状

a）BMW 6 系敞篷车 b）奥迪 TT 敞篷车

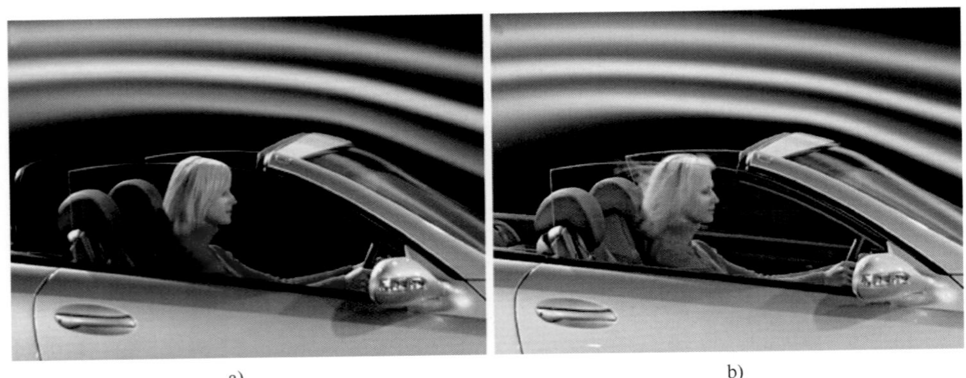

a) b)

图 6.23 通过使用阻风屏来减少敞篷车在顶篷敞开情况下的再循环流，从而提高乘员的舒适度；梅赛德斯 – 奔驰 SL

a）有阻风屏 b）没有阻风屏

a)

b)

图 6.24　可折叠的活动织物阻风屏

a）保时捷 911 敞篷跑车　b）梅赛德斯 – 奔驰 SL

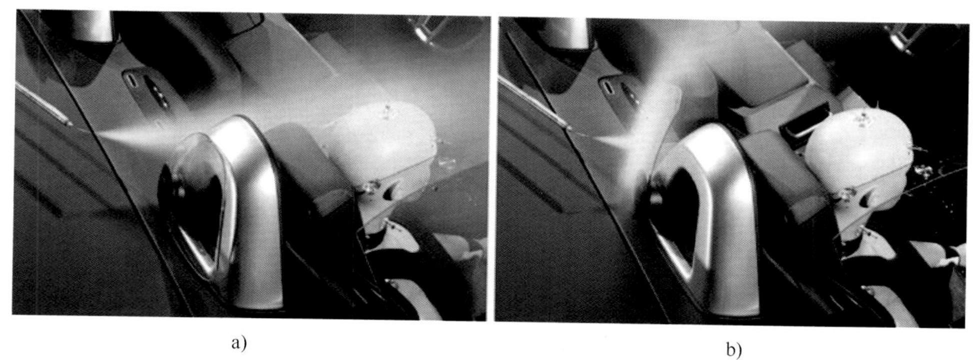

a)

b)

图 6.25　梅赛德斯 – 奔驰 SLK 的舒适系统 AIRGUIDE®。在风洞中用烟雾探测实现气流可视化

a）滚杆后面不用阻风屏　b）阻风屏打开后，来自乘员后面的气流被导开

图 6.26　梅赛德斯 – 奔驰 E 级敞篷车，顶篷打开着，AIRCAP®

（后排乘员后面的顶篷折帘和阻风屏已升起），车辆中部的气流速度（蓝色：高速，红色：低速）

图 6.27　带挡风板的滑动天窗，梅赛德斯 - 奔驰 E 级

图 6.28　保时捷 911 Targa，配备遮光卷帘的玻璃滑动天窗

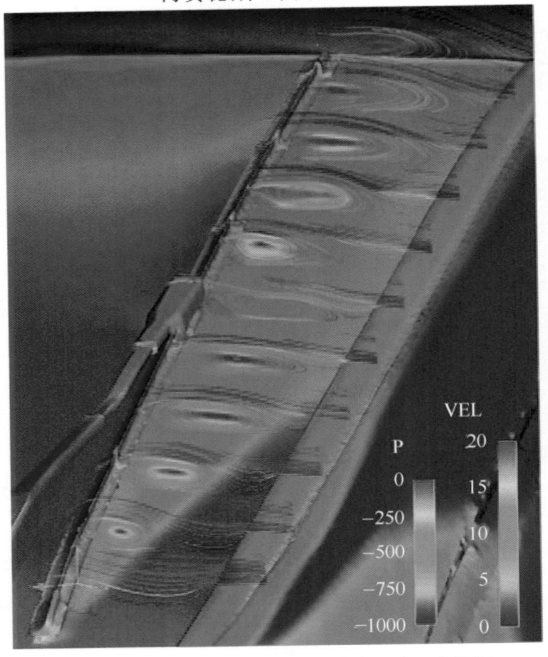

图 6.36　刮水器在从上反转点回扫时其尾流区的图示。在个别区段可看出涡旋扩张

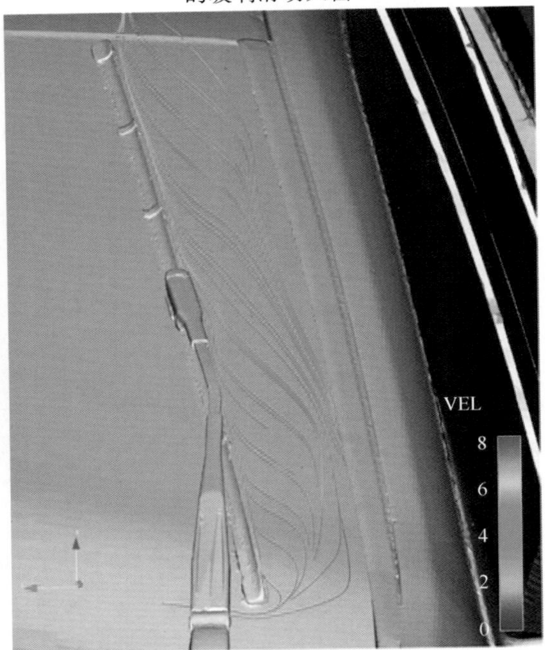

图 6.37　风窗上刮水器尾流中的近壁流线图示

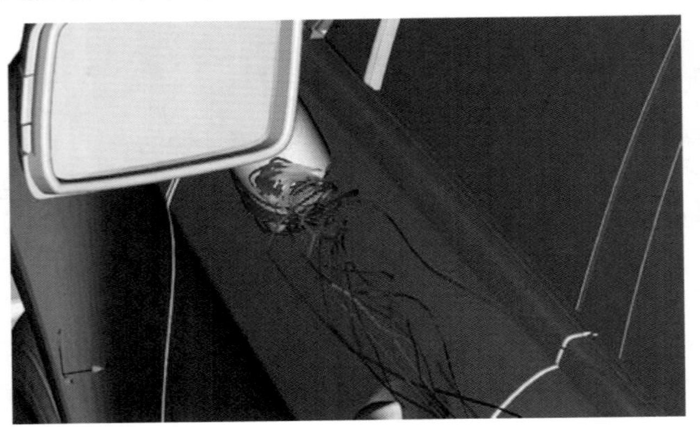

图 6.43　围绕安装在车门壳上的外后视镜的流线的插图。在外后视镜盒和镜脚之间形成强烈的涡流

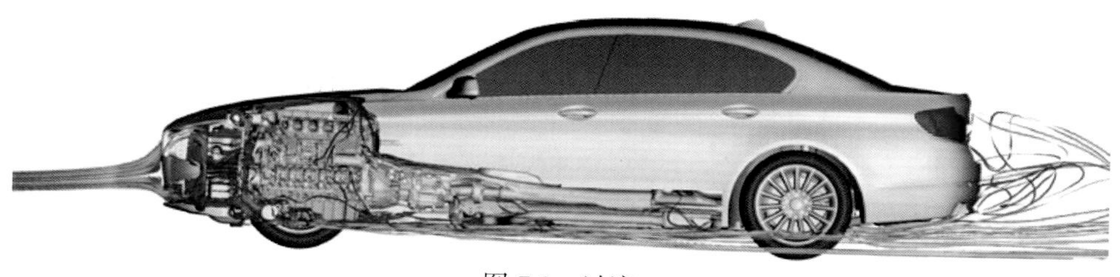

图 7.1　过流

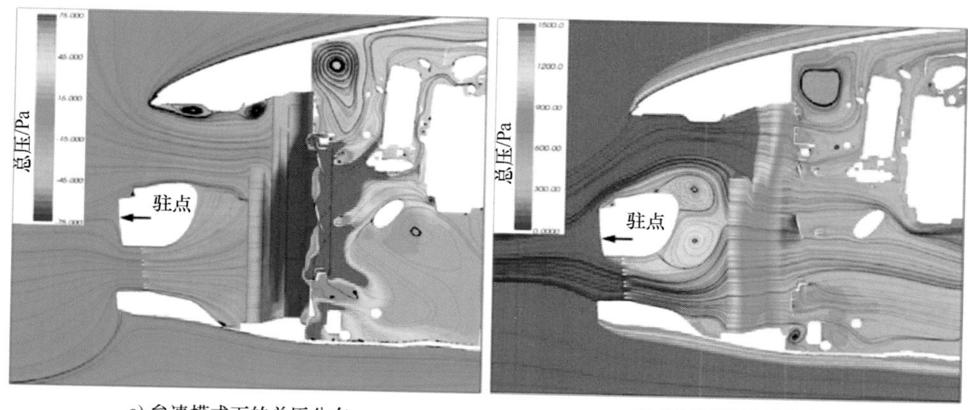

a) 怠速模式下的总压分布

b) 高速下的总压分布

图 7.8　行驶速度对过流的影响

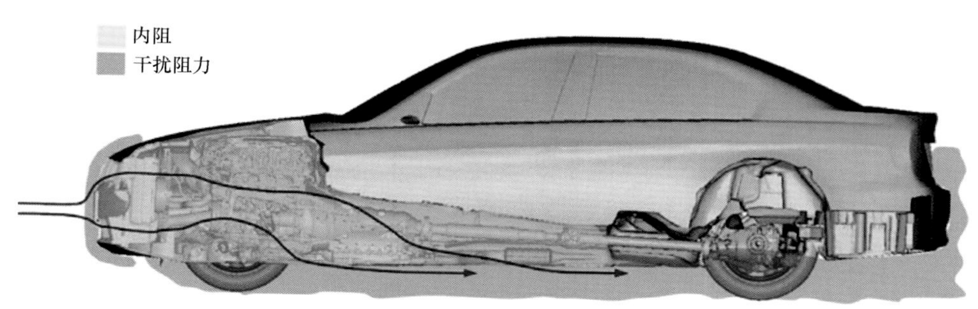

图 7.14　内阻和干扰阻力，根据 Tesch（2011）

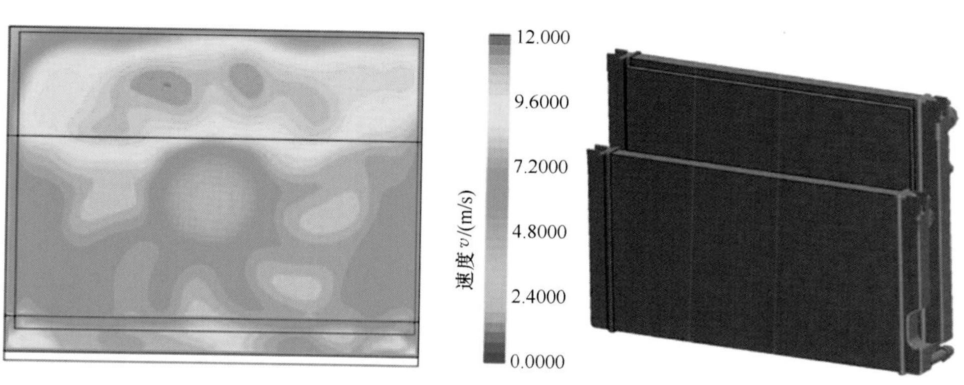

不均匀性I=18%
(后面平面上的截图)

两个平面的冷却模式

图 7.17　不均匀性

图 7.18　车辆前部的压力分布

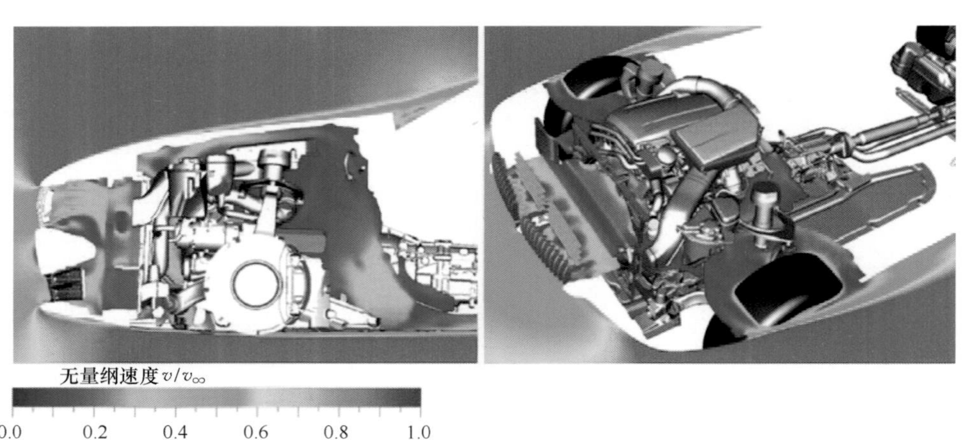

图 7.30　发动机舱过流 $v = 200$km/h

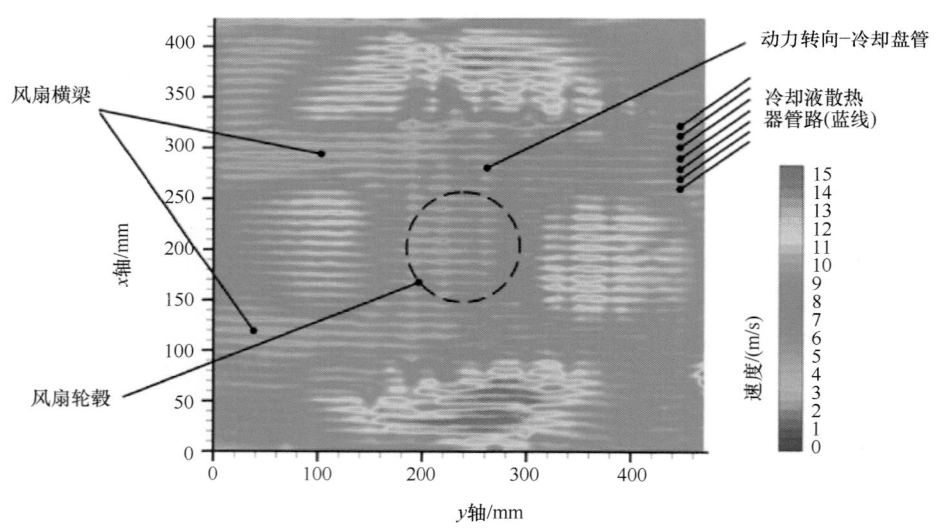

图 7.34　带风扇的散热器过流 140km/h

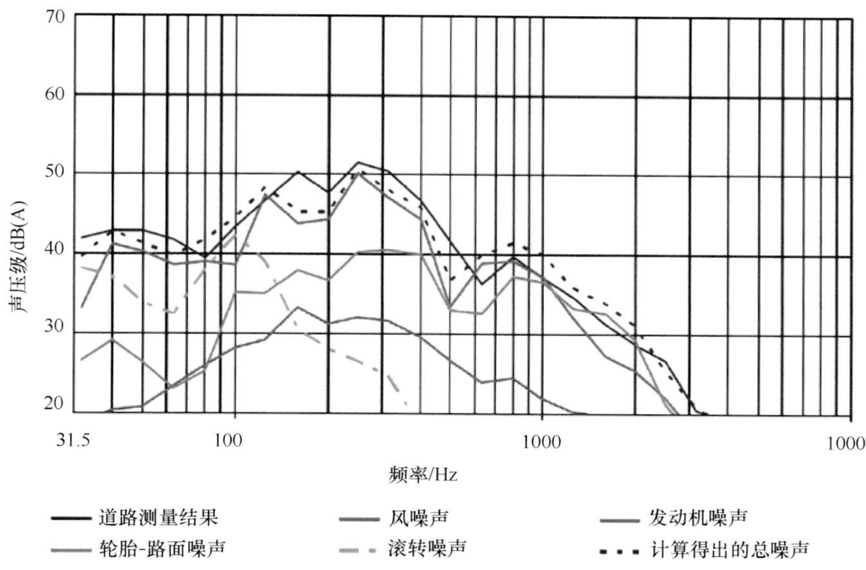

图 8.1 中高级乘用车在速度为 $v=50\mathrm{km/h}$ 条件下的总噪声和分噪声；虚线所示为由试验台上测得的分噪声计算出的总噪声

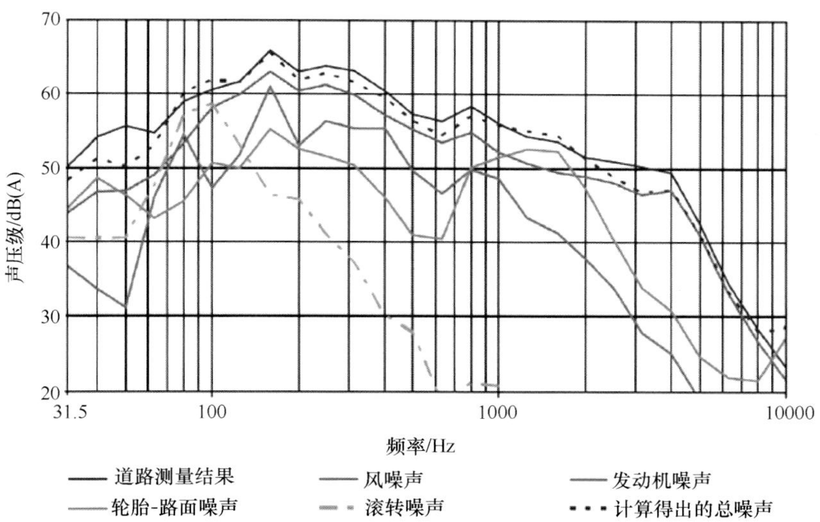

图 8.2 中高级乘用车在速度为 $v=160\mathrm{km/h}$ 条件下的总噪声和分噪声；虚线所示为由试验台上测得的分噪声计算出的总噪声

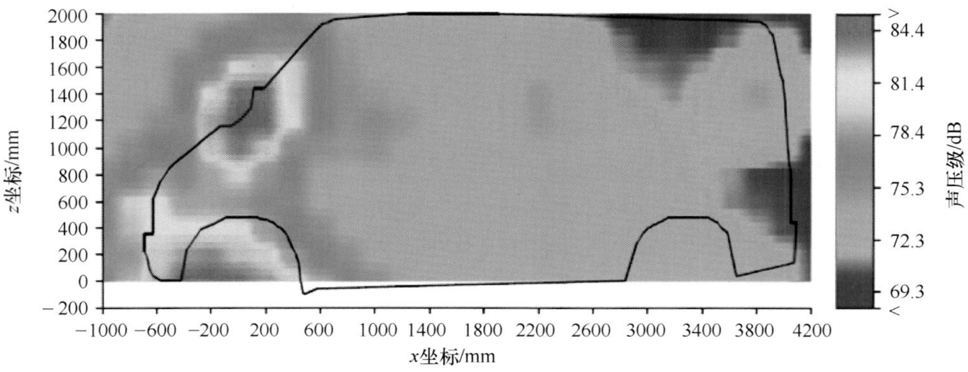

图 8.15 来流速度为 140km/h 时，某运输车在 2kHz 音域的声发射特性

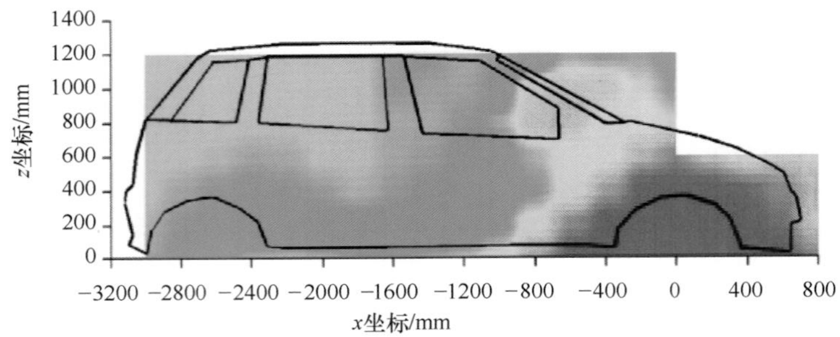

图 8.24　一辆乘用汽车在 140km/h 的来流速度时在 2.5kHz 频段的声发射特性（采用凹面传声器阵列进行测量）

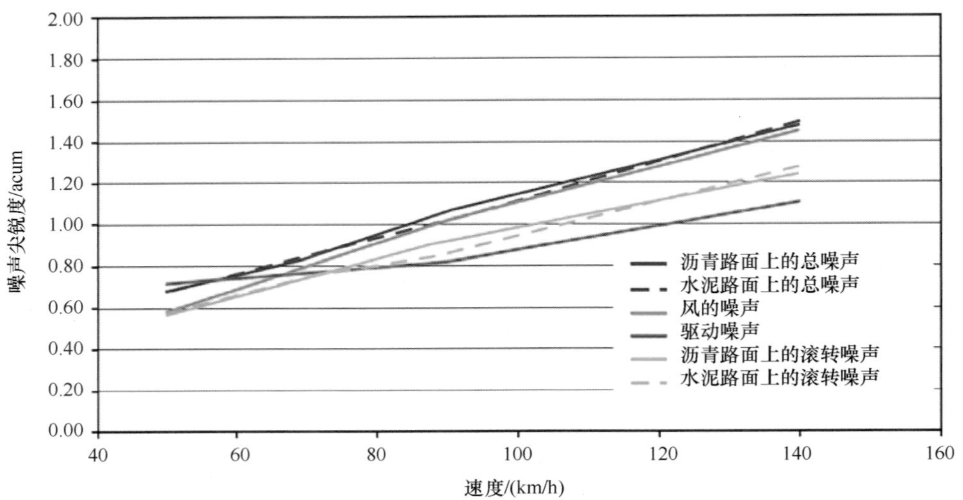

图 8.27　各种不同的噪声组分在中高档汽车的前排乘员右耳中感觉到的噪声尖锐程度随速度的变化曲线

图 8.28　表征了自然环境中气流特性的肥皂泡照片

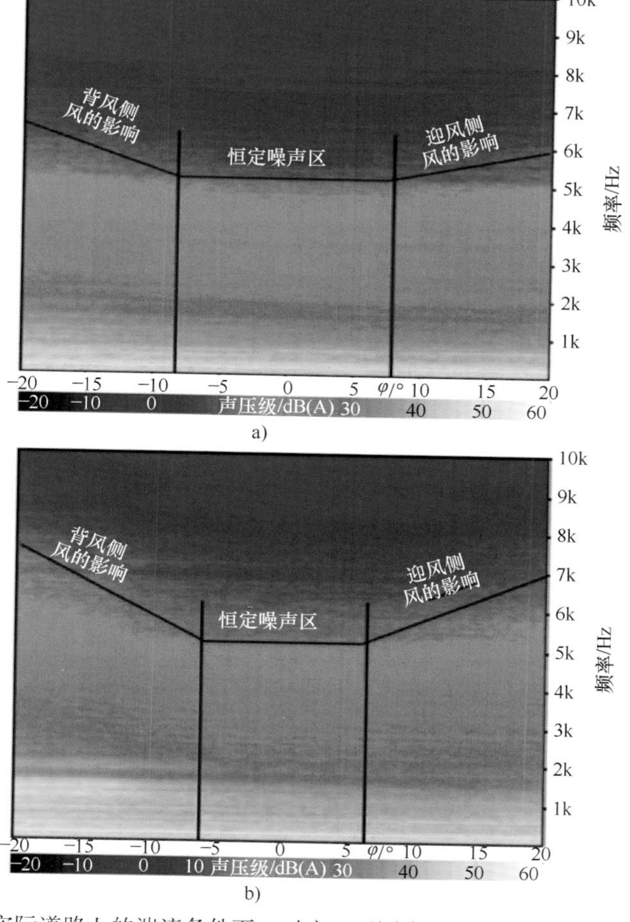

图 8.30 在实际道路上的湍流条件下，对应于不同来流角度的驾驶员左耳的声压谱

a）汽车的气动声学评价为正面 b）汽车的气动声学评价为负面

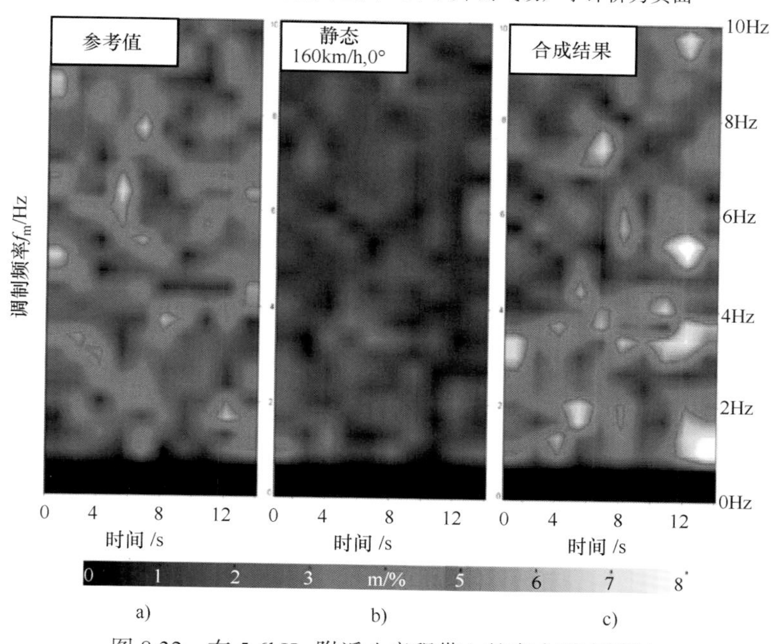

图 8.32 在 5.6kHz 附近八音程带上的车内噪声调制

a）在道路上 b）在风洞内 c）（未与道路测量同步的）合成结果

图 9.49　DRS 系统在 RB7 上打开和关闭；迈克尔・舒马赫 2010 年驾驶的梅赛德斯 GP 一级方程式的可调前翼；带有显眼的“稳定鳍”的奥迪 R18 e–tron 2012

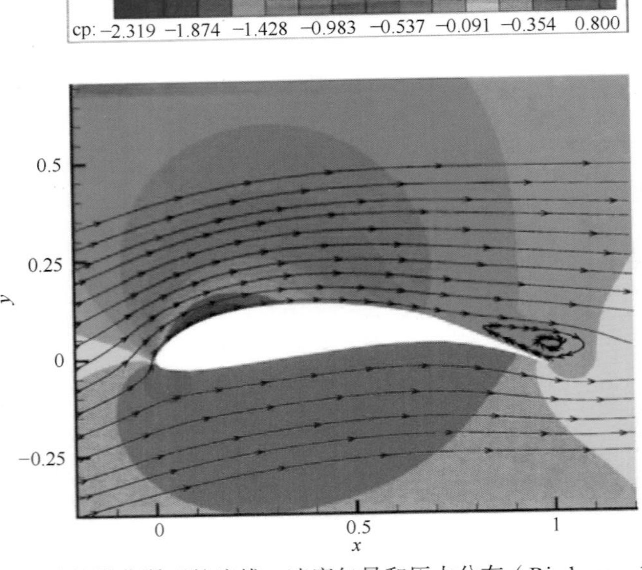

图 9.86　单件拱曲翼型的流线，速度矢量和压力分布（Riederer，1999）

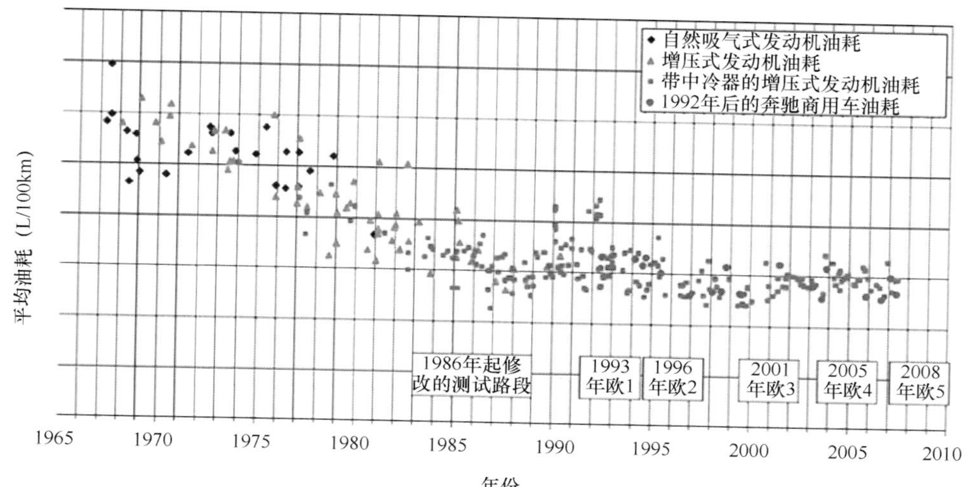

图 10.1　1965 年以来的二氧化碳排放

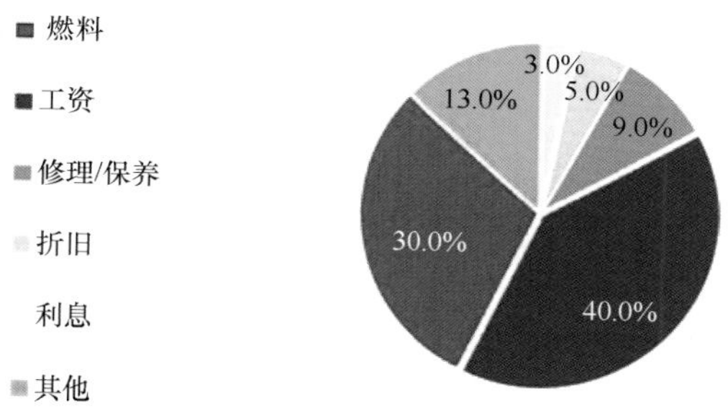

图 10.2　整车运行周期费用占比

图 10.13　装上车顶导流板的曼恩 MAN F90 货车

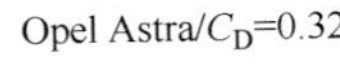

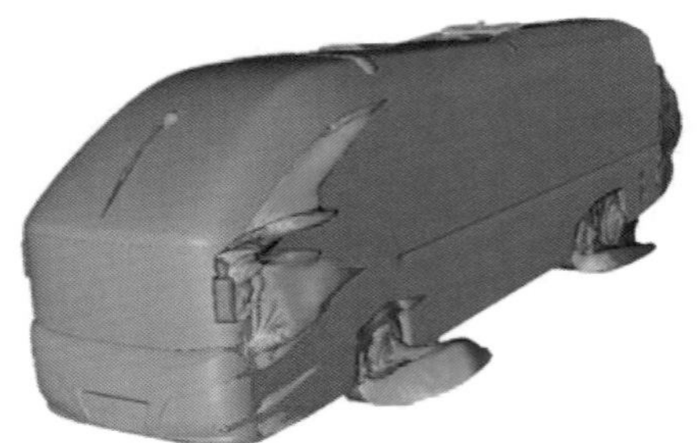

图 10.15　不同车型流动分离区域（总压 $p_{tot}=0$）

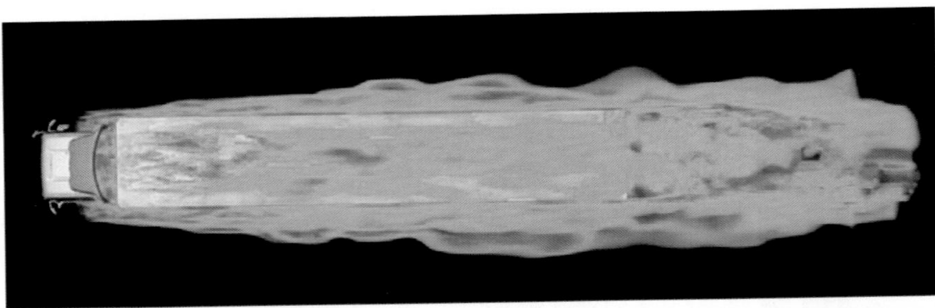

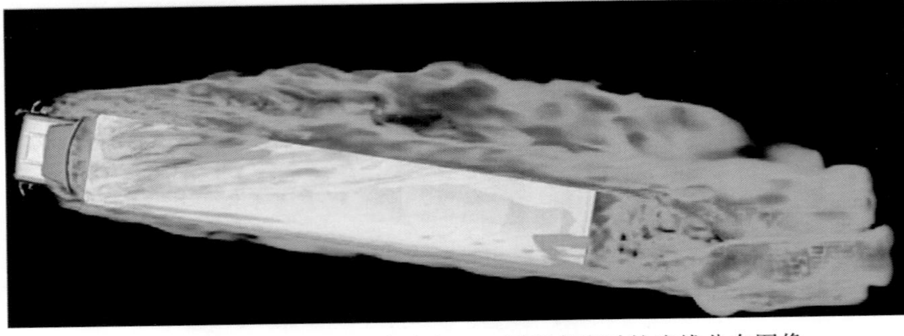

图 10.17　正面来流和 10° 侧面来流时的流线分布图像

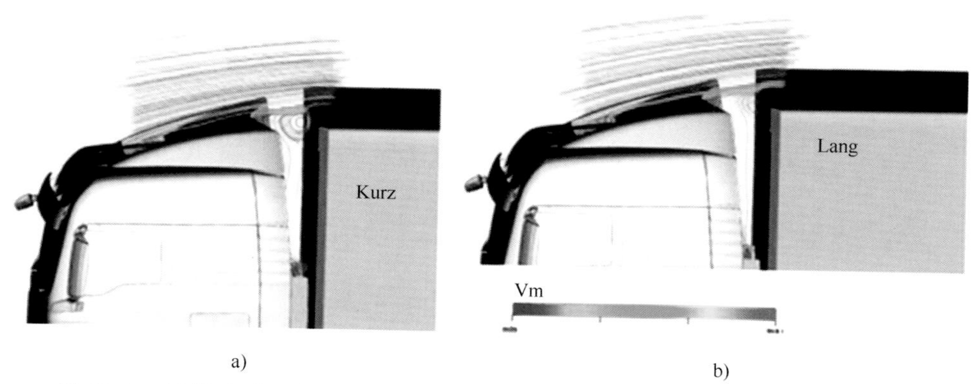

图 10.25　比较（a）一辆短车厢的流线形状（b）带着长挂车的牵引车的流线形状

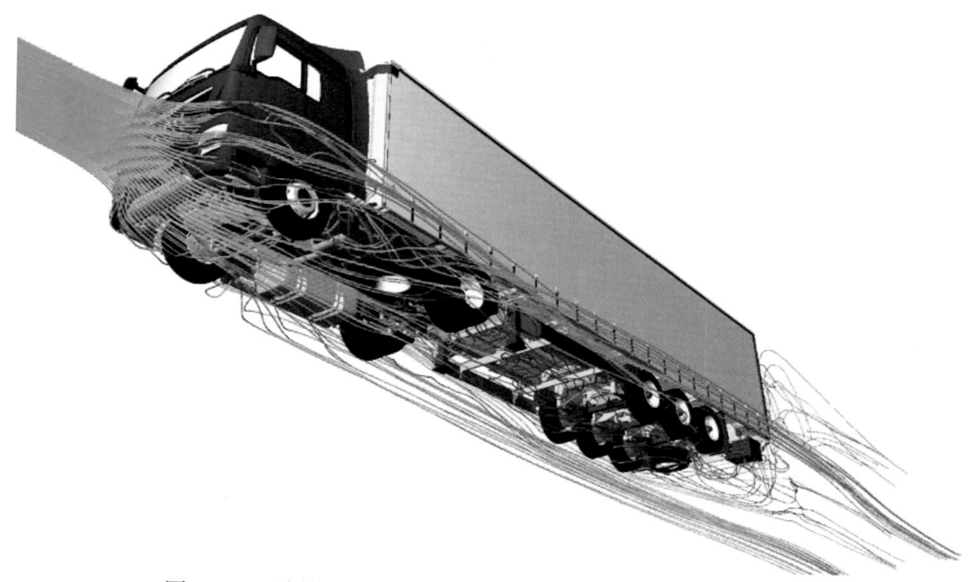

图 10.30　计算流体动力学模型显示汽车底盘区域的流动情况

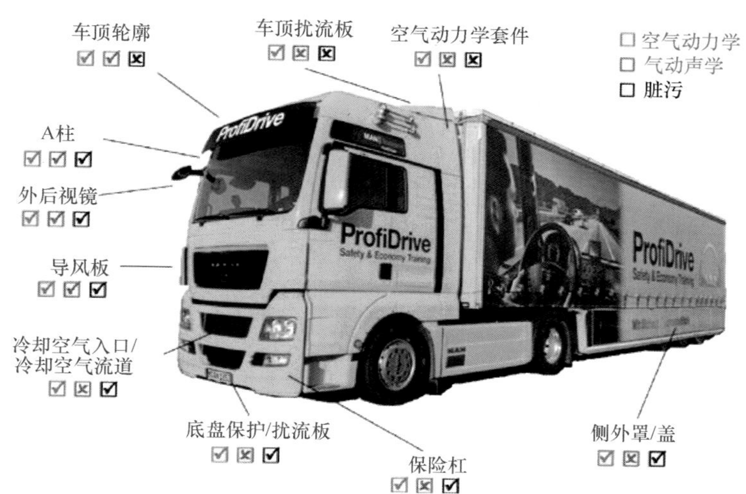

图 10.34　一辆铰接式车辆关于空气动力学、气动声学或脏污优化的零部件

图 10.35　MAN TGA 铰接式商用车前部的滞止压力区域随着驾驶室尺寸增加的变化（LX 和 XXL 带太阳挡板）

图 10.37　货车尾部的涡流结构

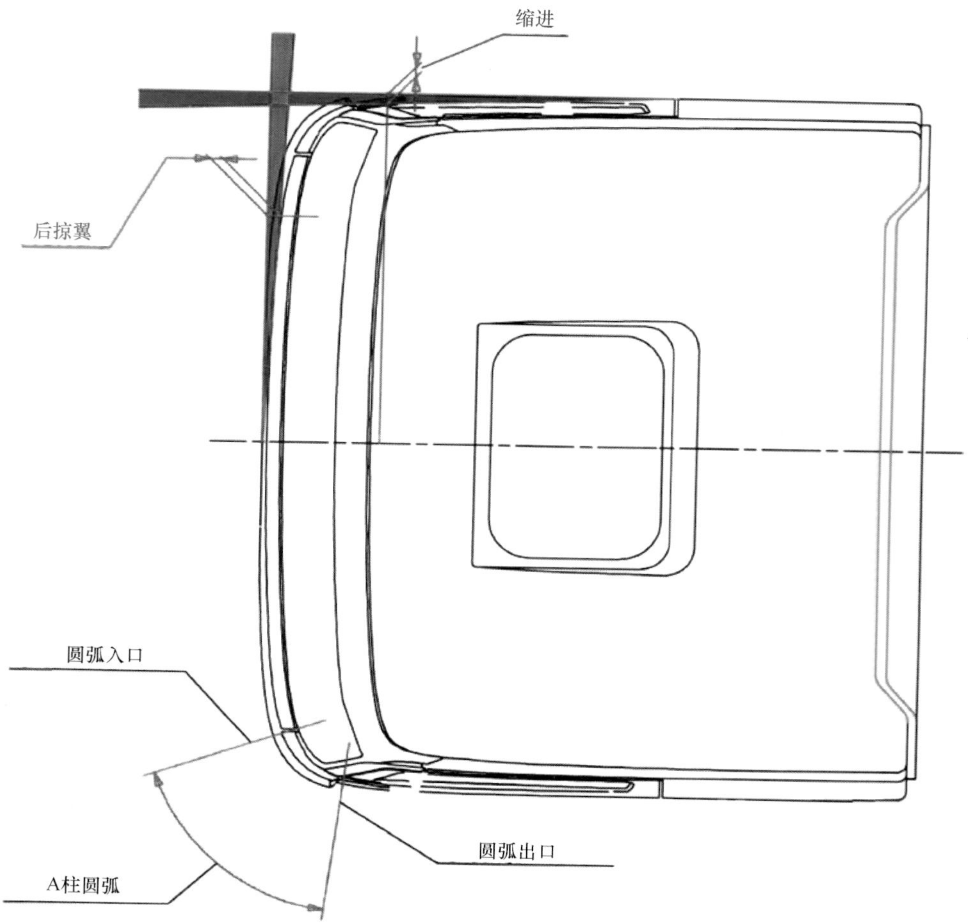

图 10.40　驾驶室参数

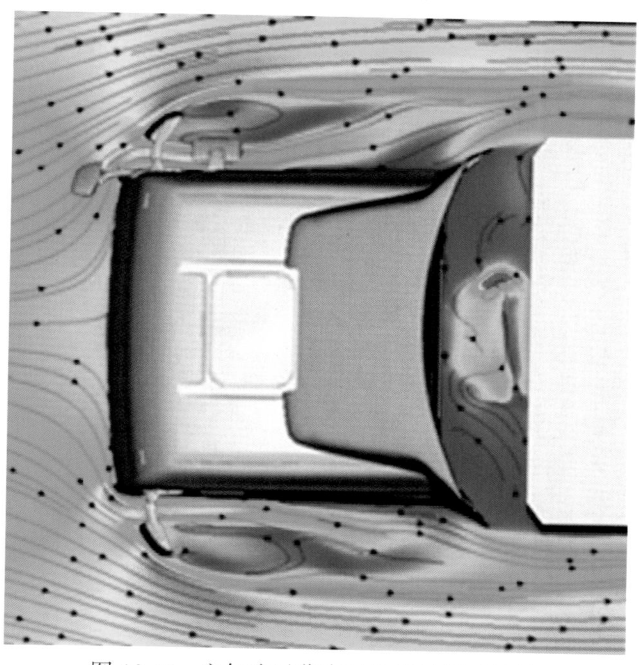

图 10.49　空气流过货车后视镜的流动情况

图 10.50　通过安装的太阳挡板引起的压力波动

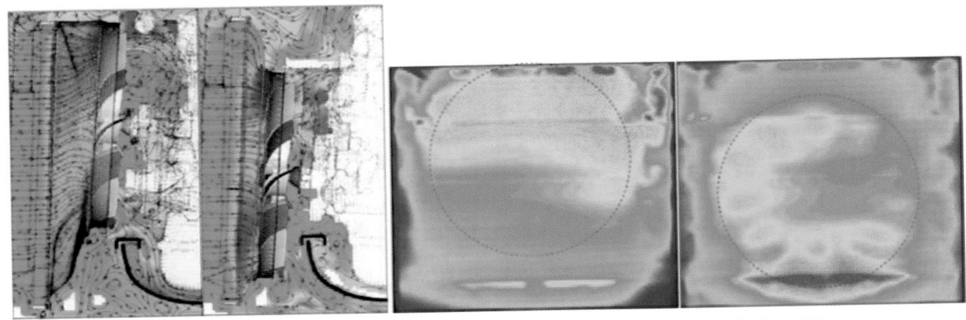

图 10.52　风扇位于散热器偏心和中心时的流动和压力分布情况

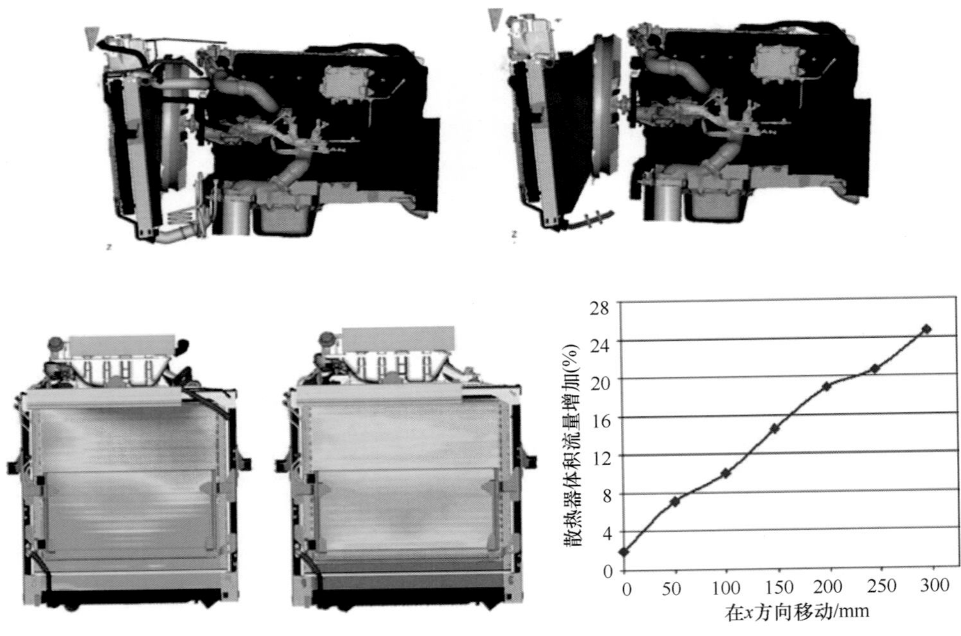

图 10.53　通过增大风扇到散热器的距离提高散热器的体积流量

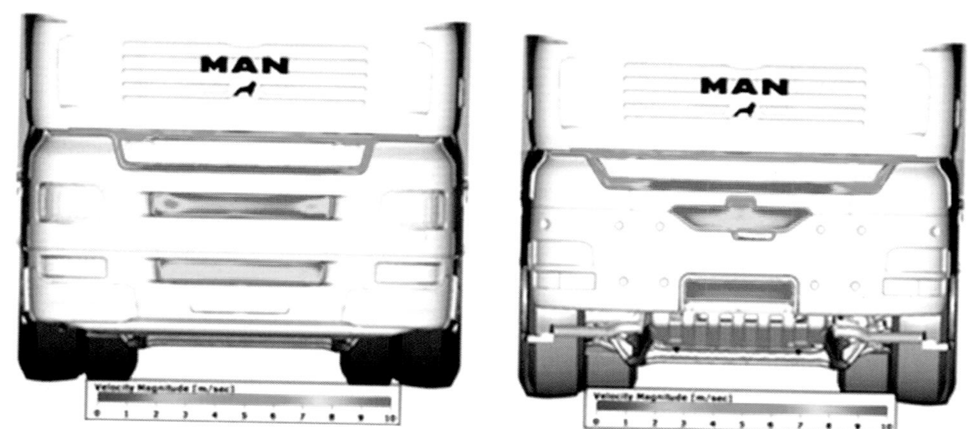

图 10.55　装有塑料保险杠和钢制保险杠的商用车

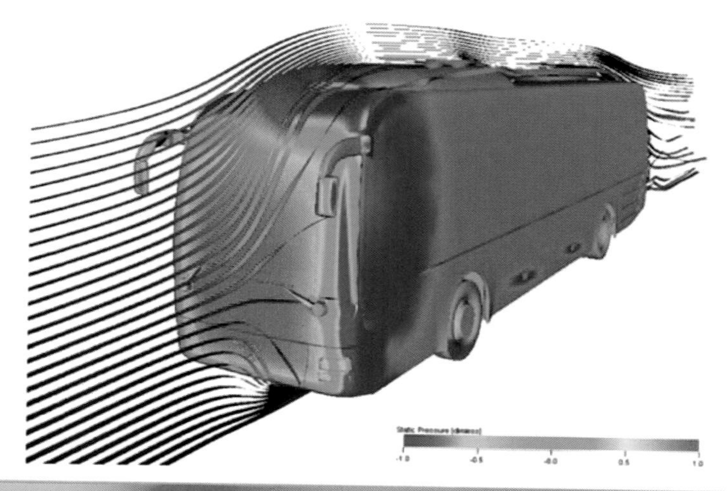

图 10.82　一辆传统旅游车的压力与流动关系

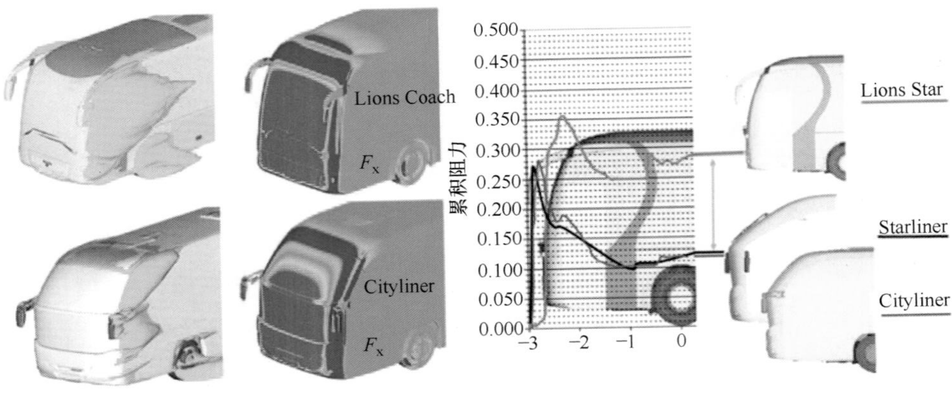

图 10.86　不同的旅游大巴方案

（MAN Lions Coach 和 NEOPLAN Cityliner/Starliner）比较阻力和流动分离走向）

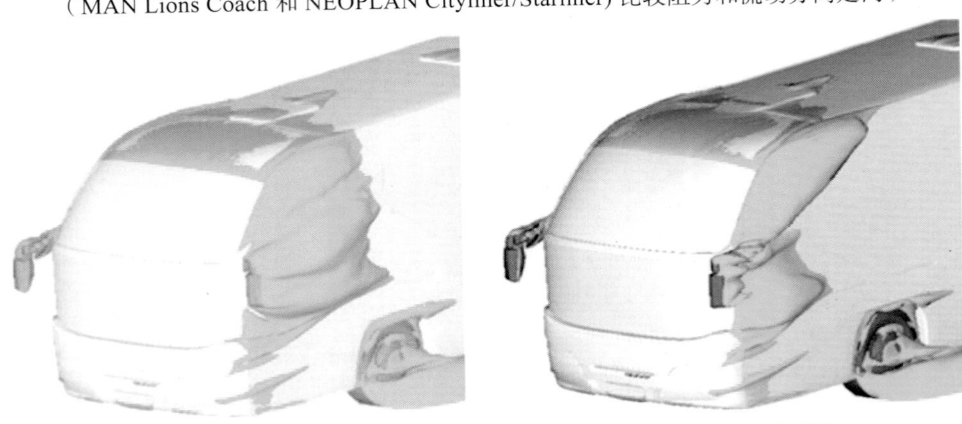

图 10.87　不同的后视镜与一个大 A 柱半径的组合方案的尾迹区域

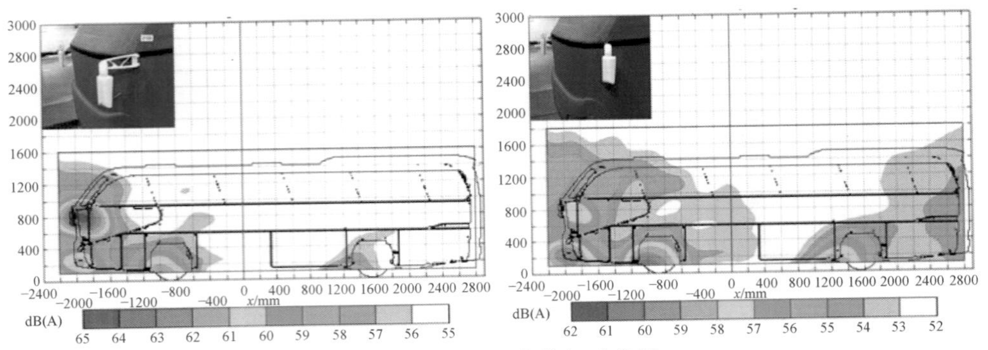

图 10.88　公共汽车的气动声学

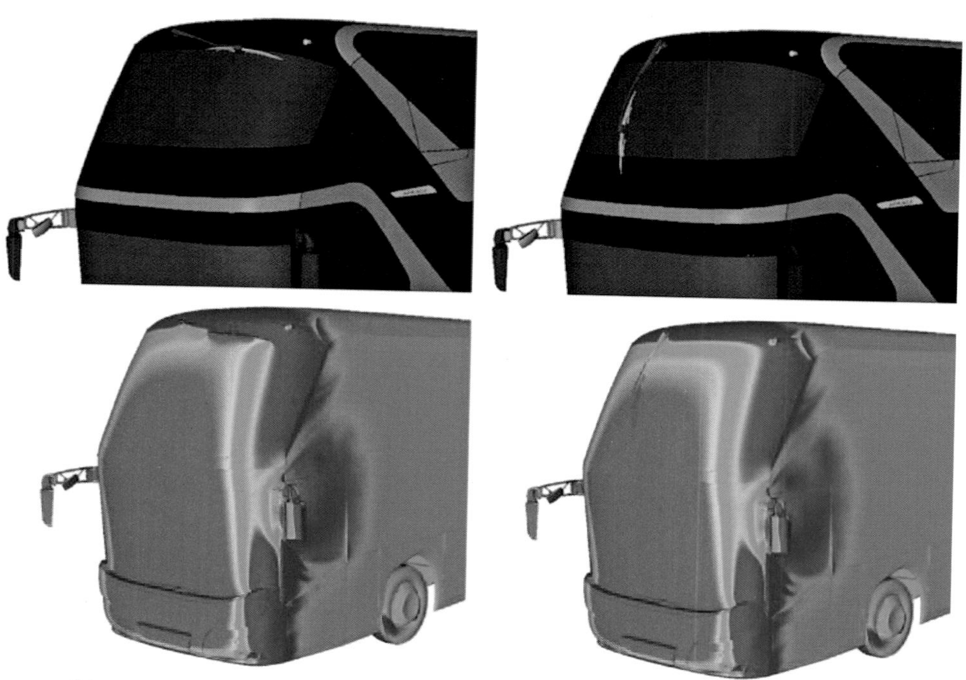

图 10.89　刮水器位置和对车辆前部滞止压力区域的影响（Neoplan Skyliner）

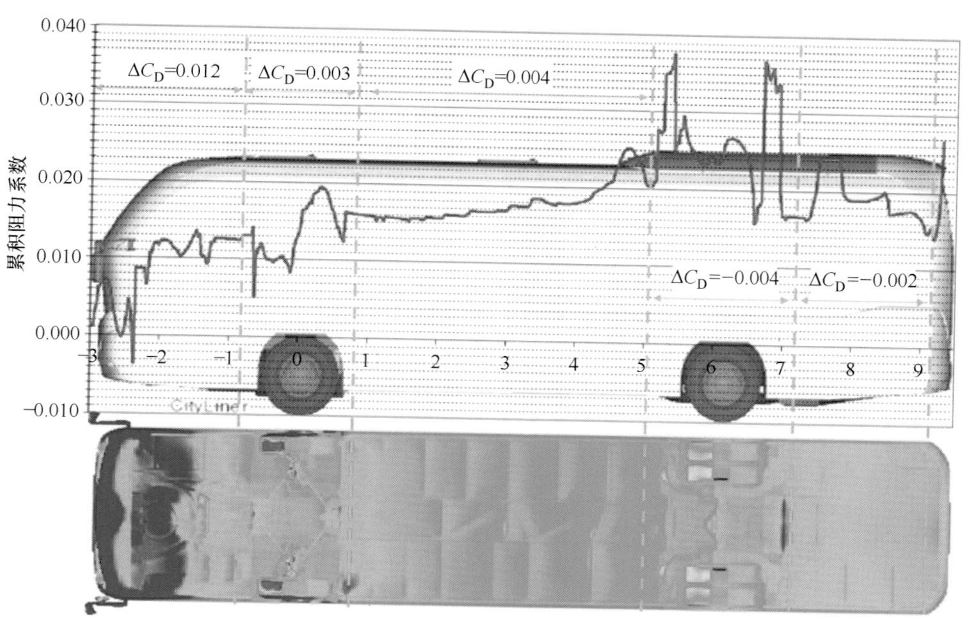

图 10.90　公共汽车车辆底部各个部分的潜力

图 10.91　轮圈覆盖

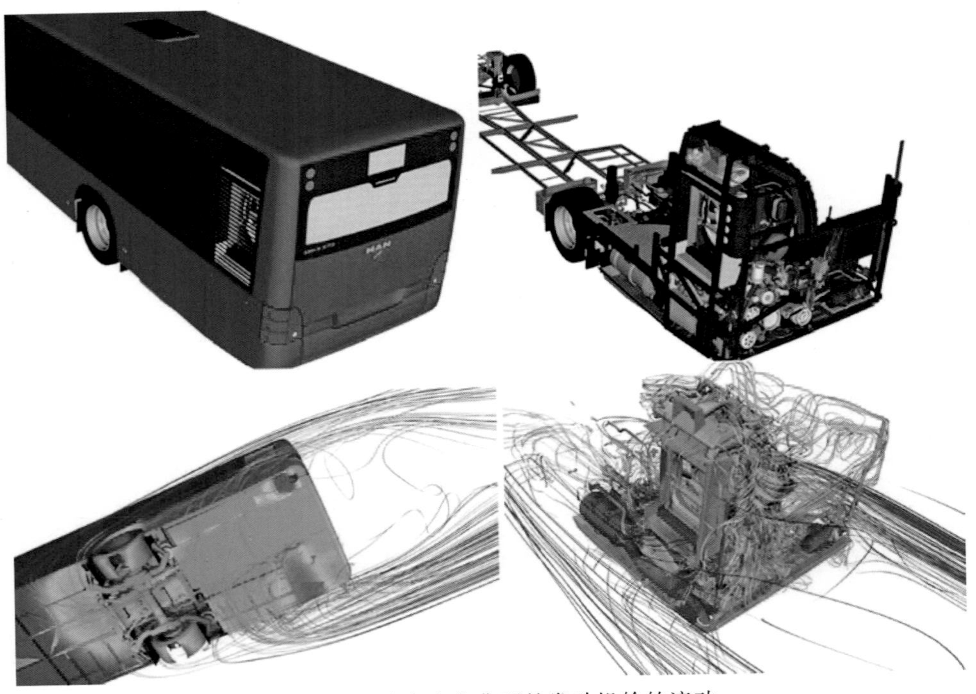

图 10.93　城市客车典型的发动机舱的流动

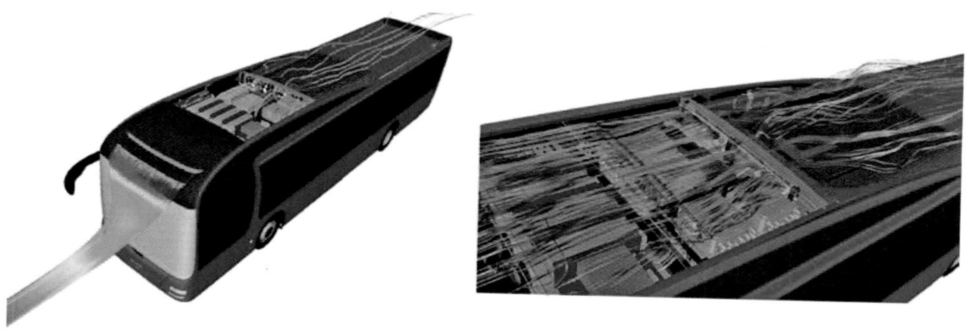

图 10.94　用流体技术设计的冷却装置

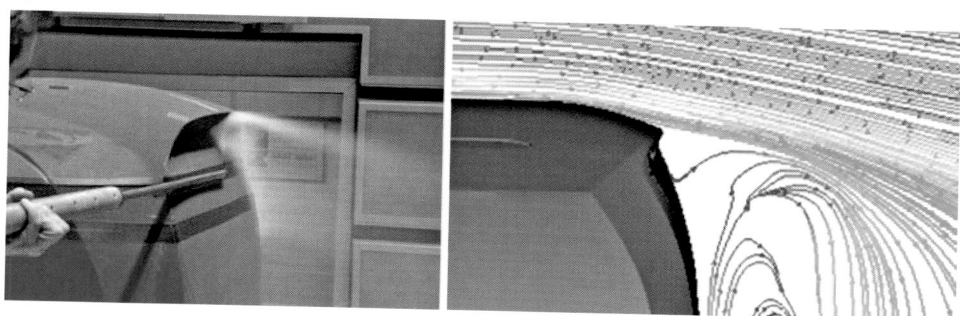

图 10.95　通过车尾收缩改善空气阻力

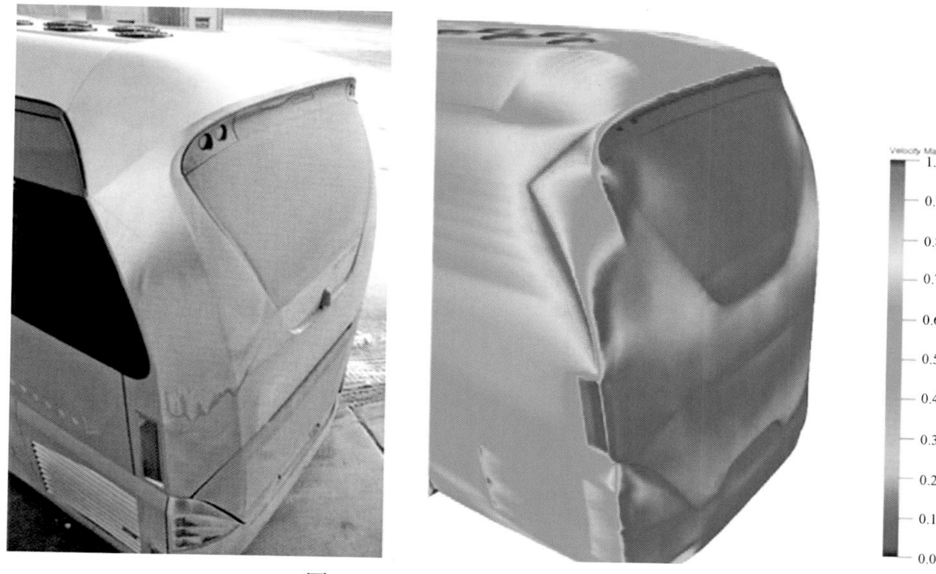

图 10.96　Starliners 车尾脏污情况

10m距离

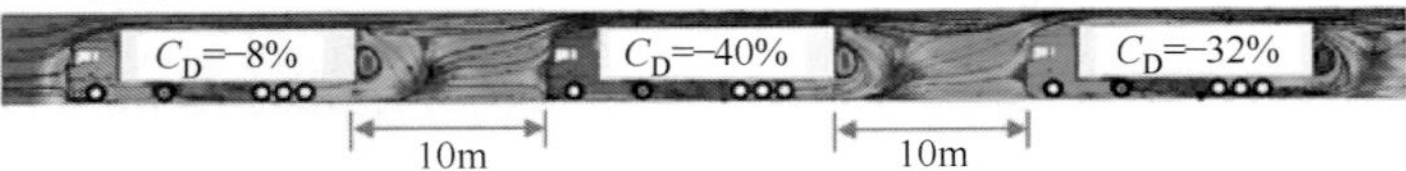

20m距离

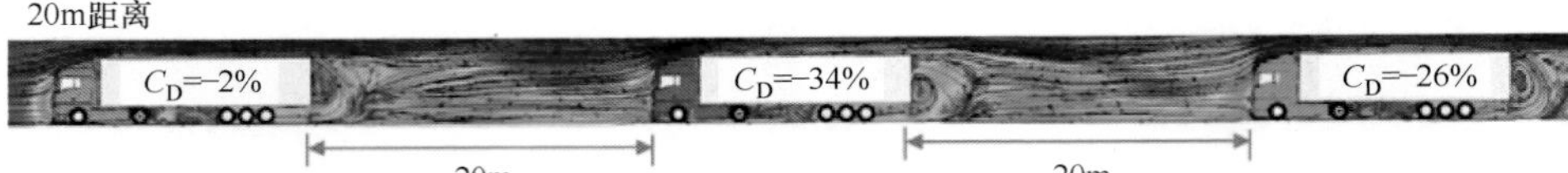

图 10.97　10m 和 20m 车队行驶 C_D 值减小和流动图形

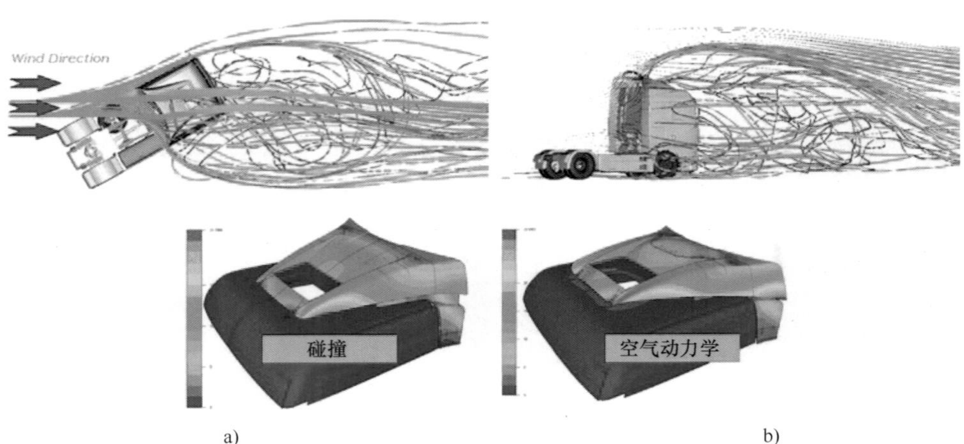

图 10.100　一辆商用车车顶扰流板在下面两种情况下的流线分布和变形情况
a）碰撞　b）后面来流情况

图 10.101　一块防护薄板减小灰尘涡流的工作原理

图 10.102　一辆铰接式车辆外部的空气温度分布

图 10.104　外来脏污的模拟

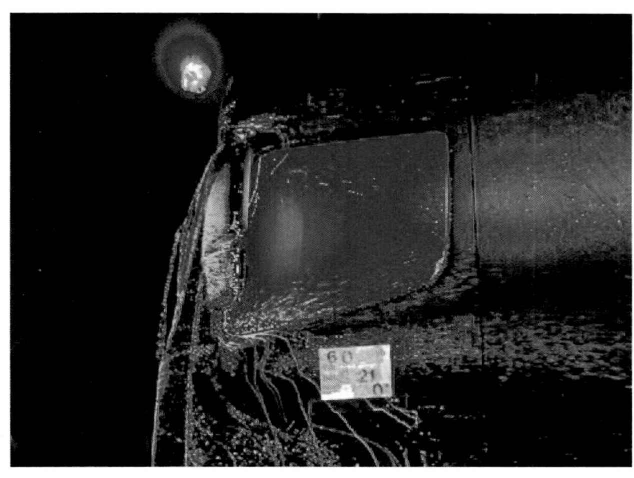

图 10.105　暗光下使脏污部分可见

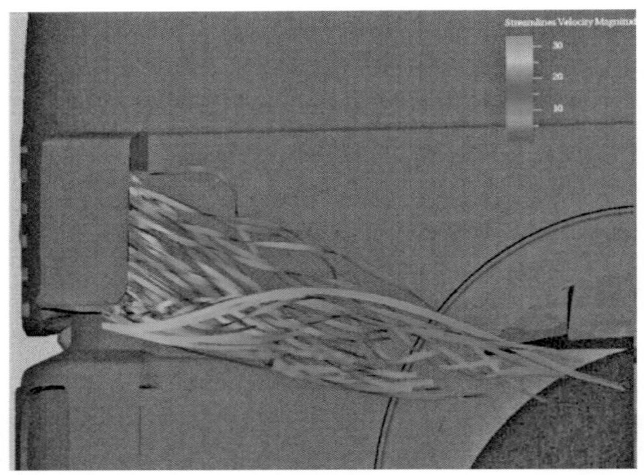

图 10.110　通过计算流体力学研究一个带附加导流叶片的绕流翼

图 10.111　带有空气导流喷嘴的自身脏污风洞试验

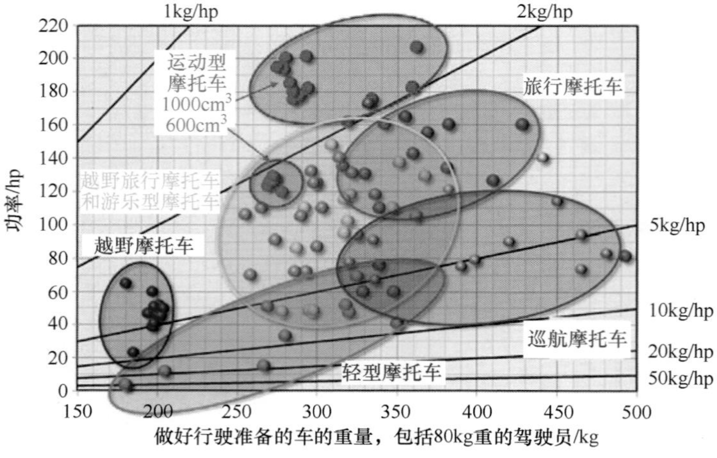

图 11.12　不同类型的摩托车在重量 / 功率图上的位置

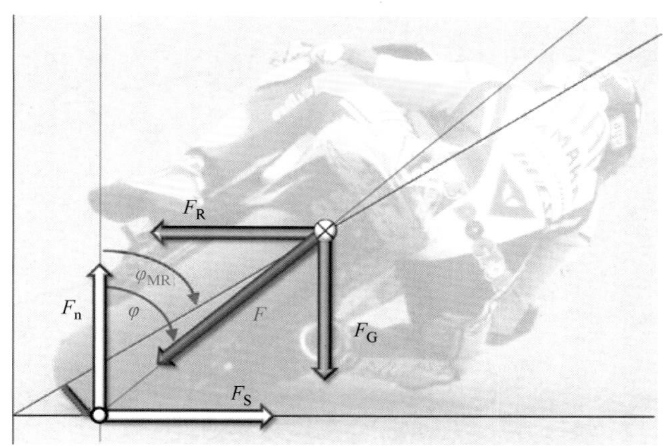

图 11.35　摩托车倾斜时的作用力和角度（照片来自 Georg Hack）

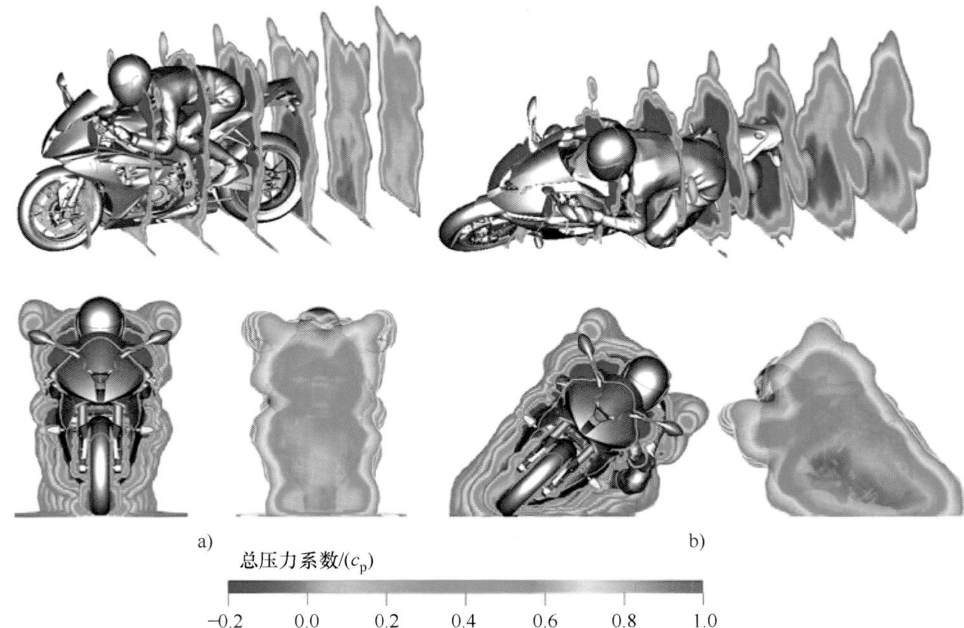

图 11.39　垂直（a）和倾斜（b）的摩托车周围的气流的比较

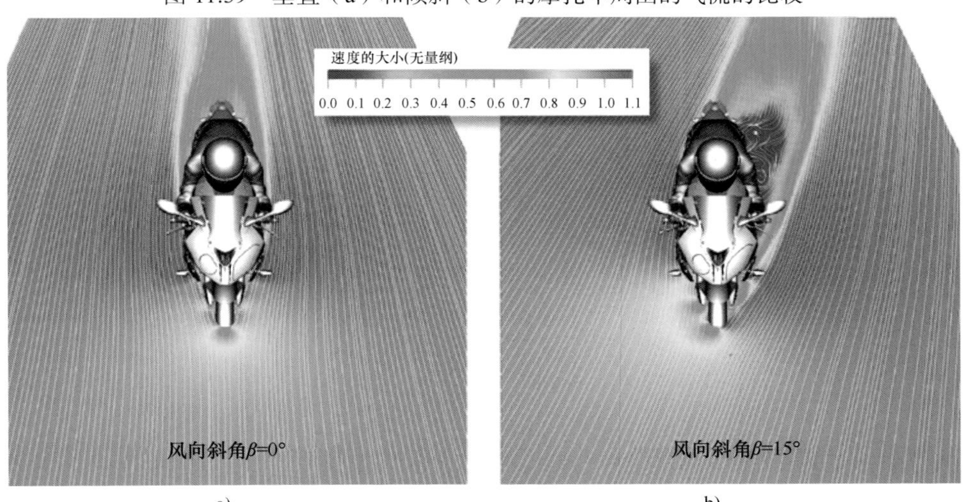

图 11.43　速度分布图

a）风向斜角为 0°　b）风向斜角为 15°

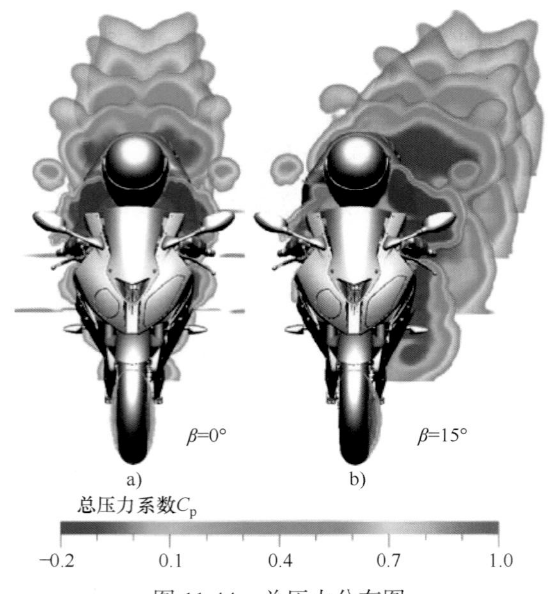

图 11.44　总压力分布图

a）风向斜角为 0°　b）风向斜角为 15°

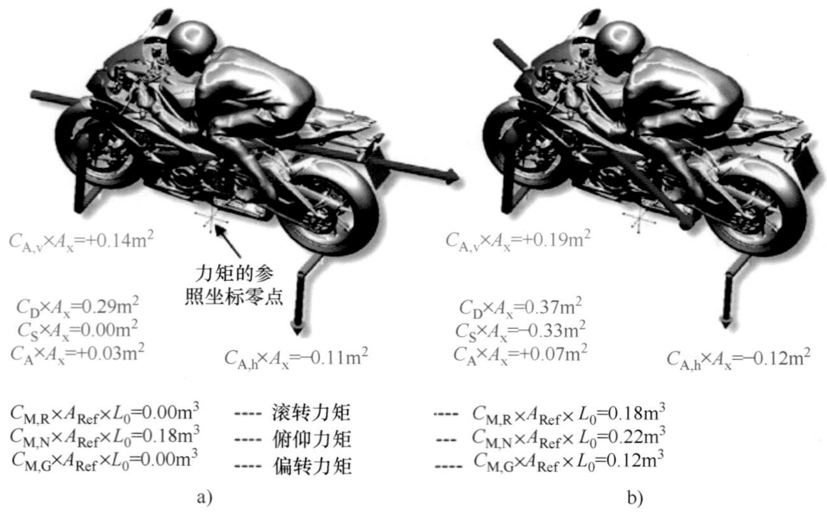

图 11.45 （a）风向斜角为 0° 和（b）风向斜角为 15° 时的力和力矩，力矩的参照坐标零点为路面上前后轮的中间点

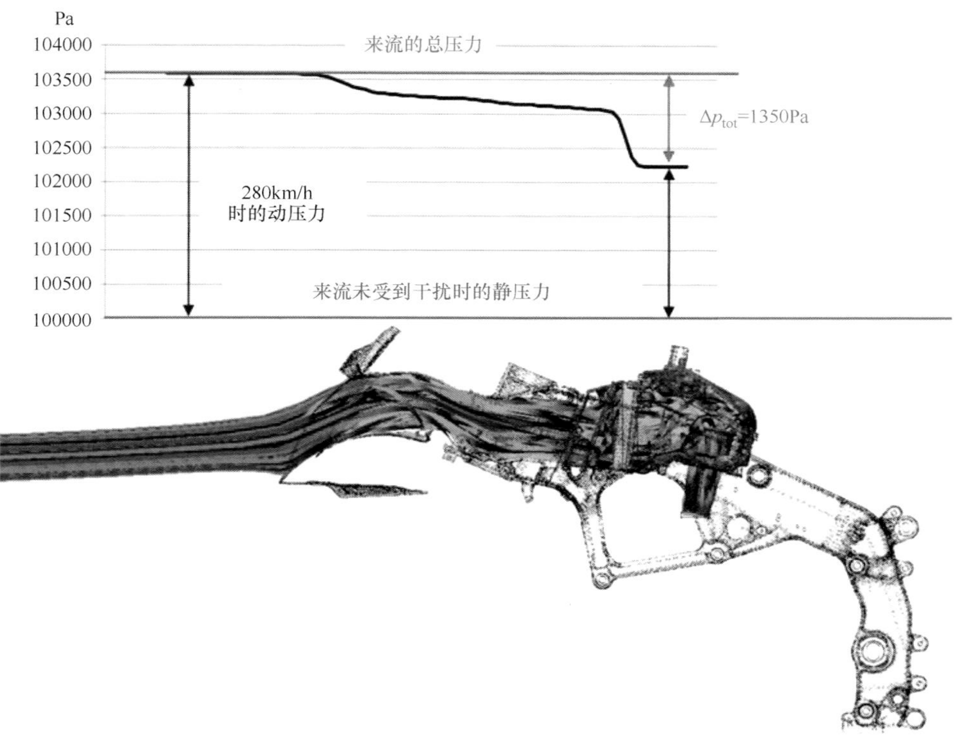

图 11.50　发动机进气道的压力变化（来源 Hofer 和 Grün，2010）

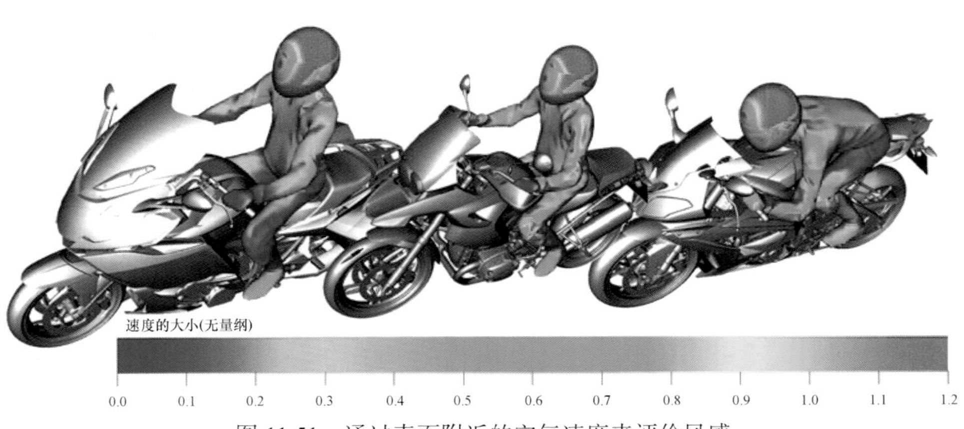

图 11.51　通过表面附近的空气速度来评价风感

60N
200N
97N

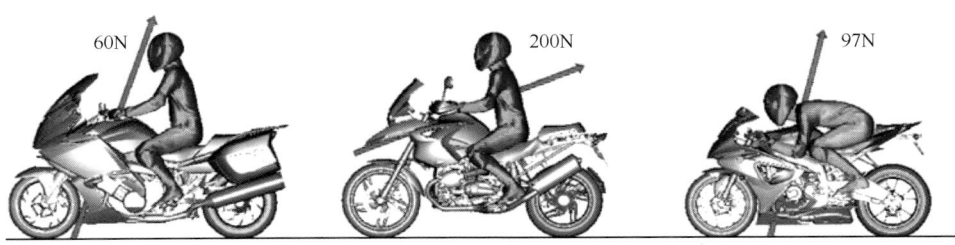

图 11.52　速度为 200km/h 时驾驶员受到的空气力

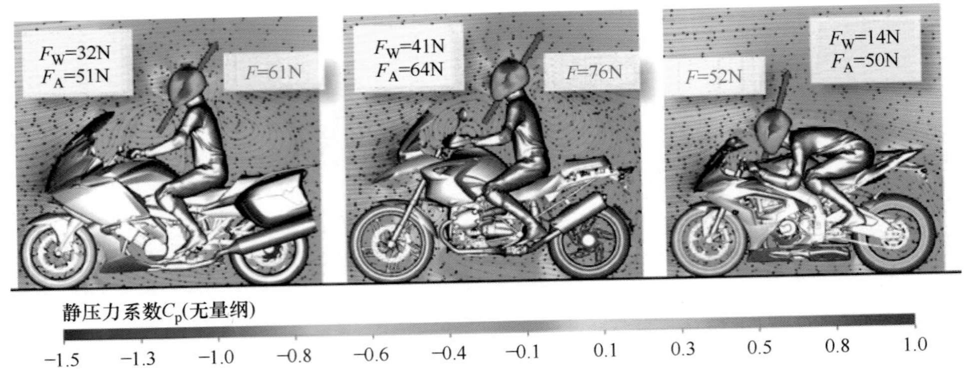

图 11.53　200km/h 时头盔受到的力和驾驶员头部周围的压力分布

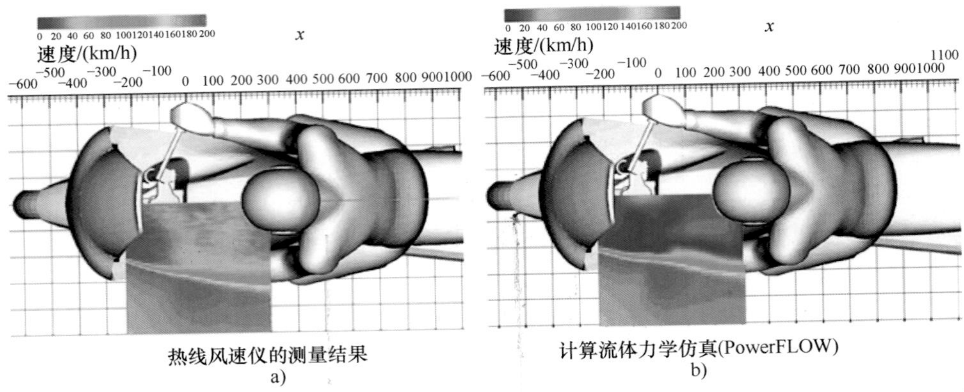

图 11.57　风洞测量和计算流体力学仿真（PowerFLOW）的比较，挡风玻璃和驾驶员的速度场

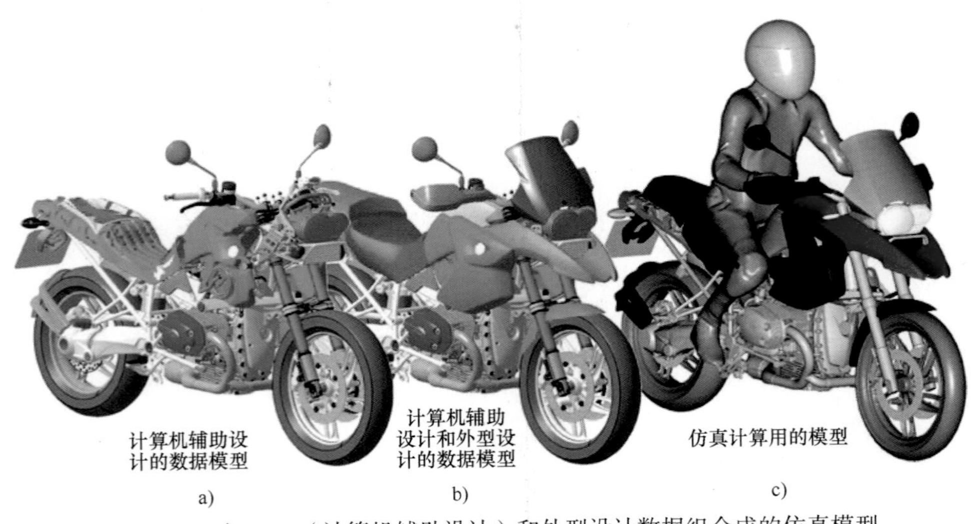

图 11.58　由 CAD（计算机辅助设计）和外型设计数据组合成的仿真模型

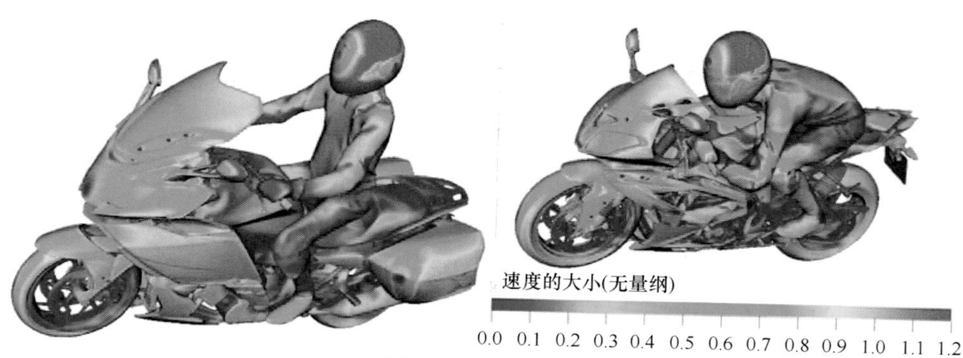

图 11.61　速度分布

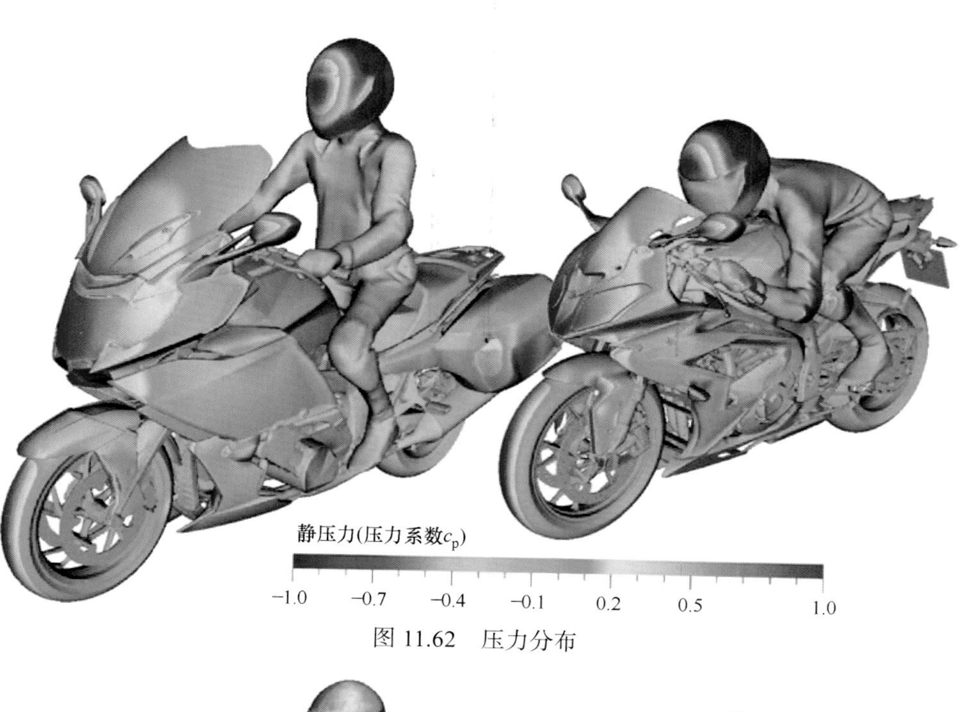

图 11.62　压力分布

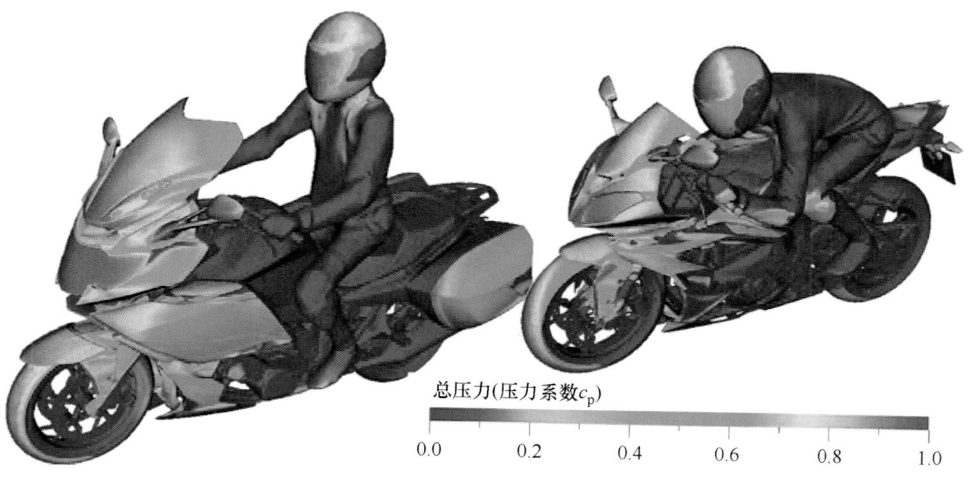

图 11.63　表面上的总压力分布

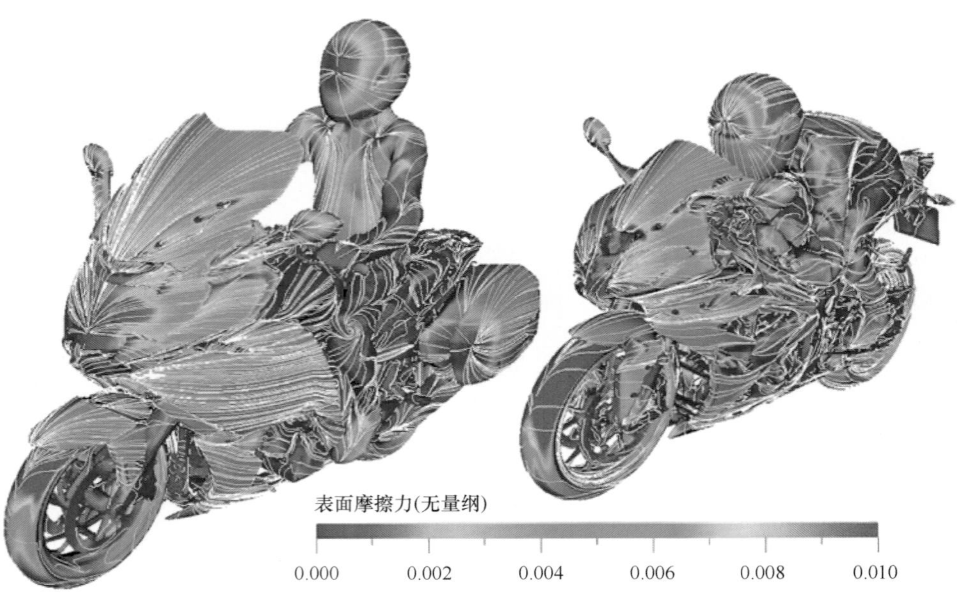

图 11.64　表面剪切应力的分布和近表面的流线

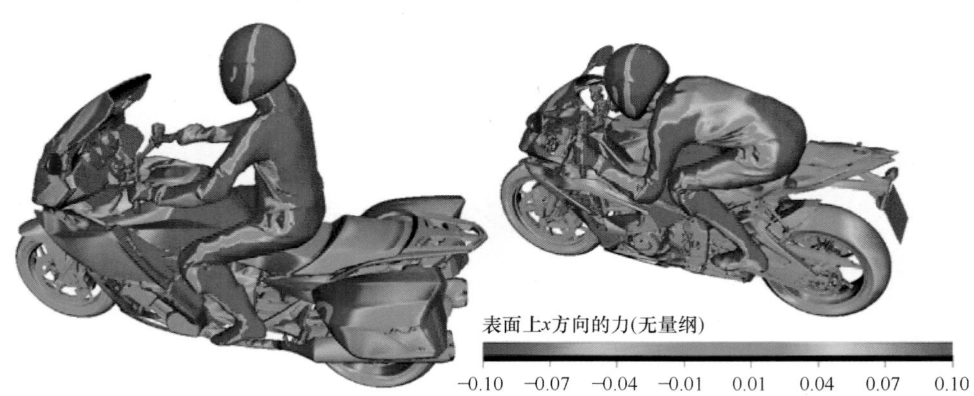

图 11.65　表面上的阻力分布（红色为正值，蓝色为负值）

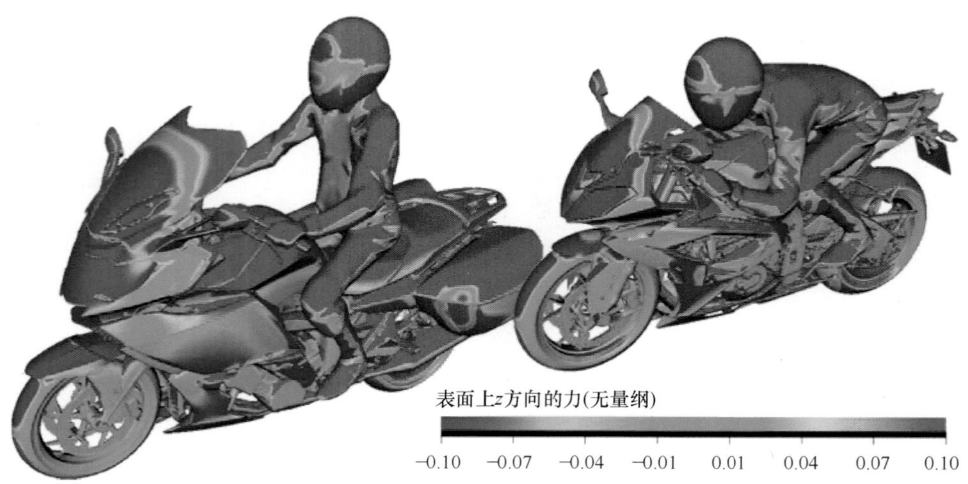

图 11.66　表面上的升力分布（红色为正值，蓝色为负值）

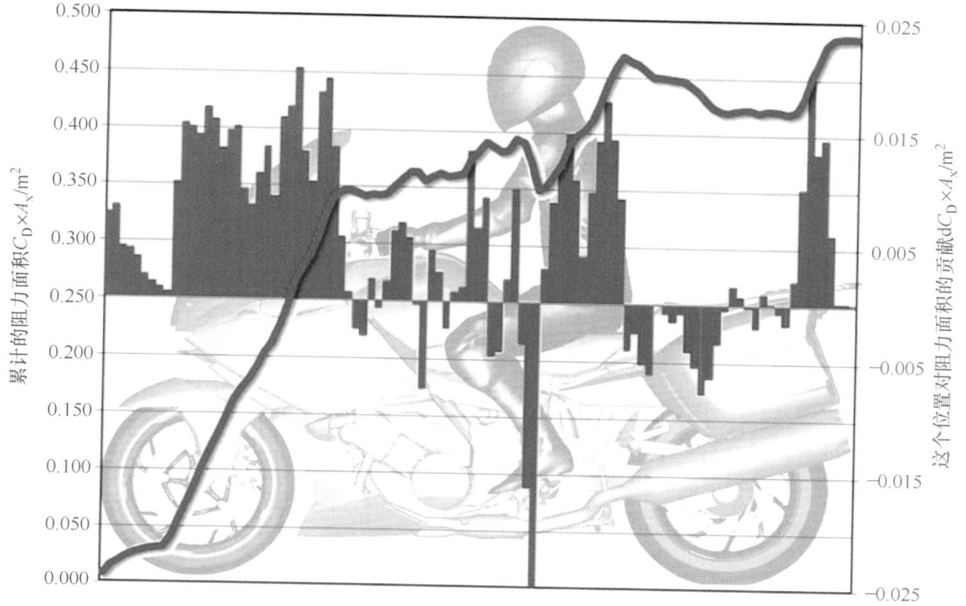

图 11.67　沿纵轴的阻力分布和变化

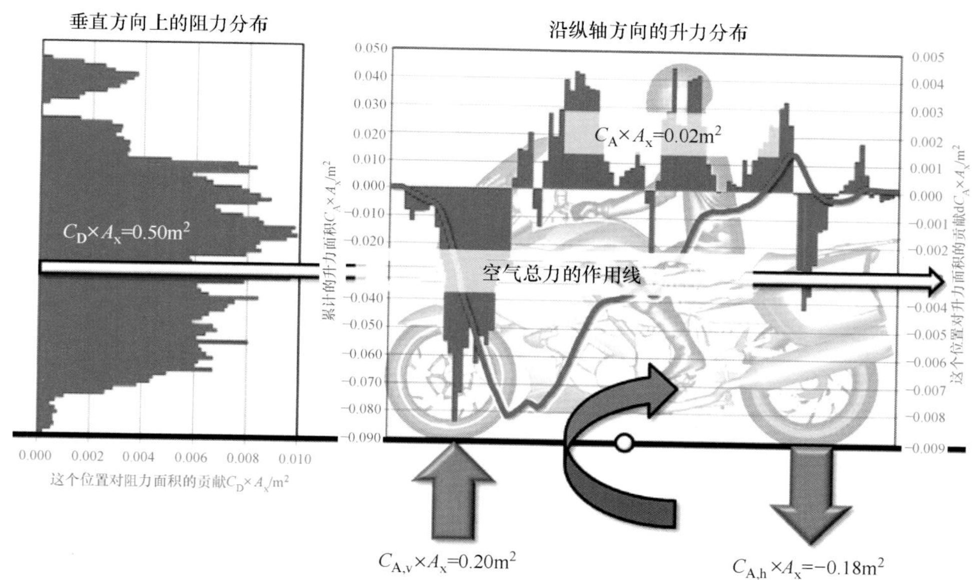

图 11.68　升力沿纵轴的分布和阻力沿垂直轴的分布

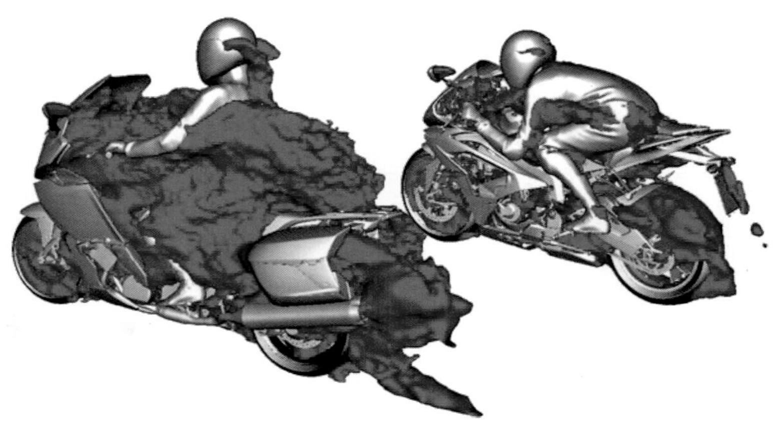

图 11.70　显示回流的等值面

图 11.71　按当地速度染色的流线（红色为高速，蓝色为低速）

图 11.72　冷却空气的流线（蓝色为散热器的，黄色为油冷却器的）

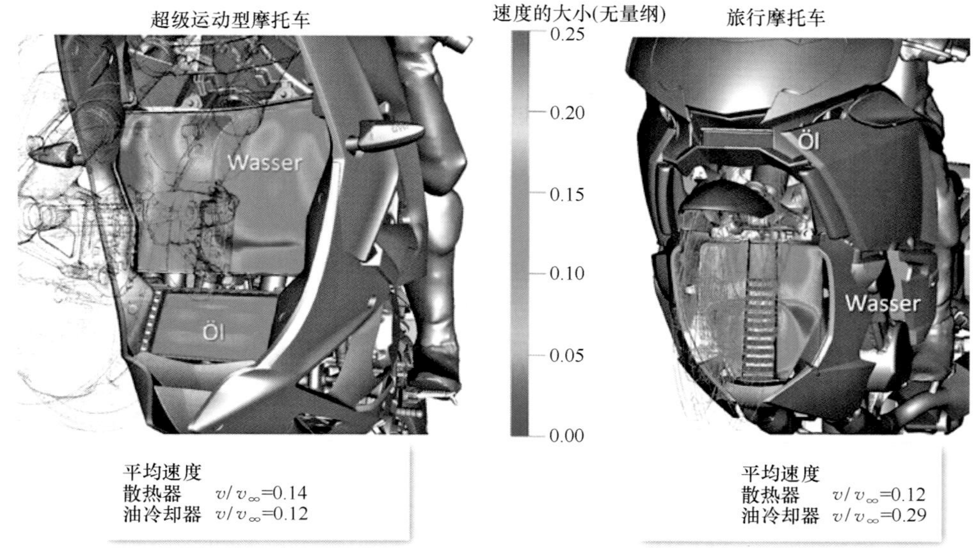

图 11.73　散热器和油冷却器的速度分布图

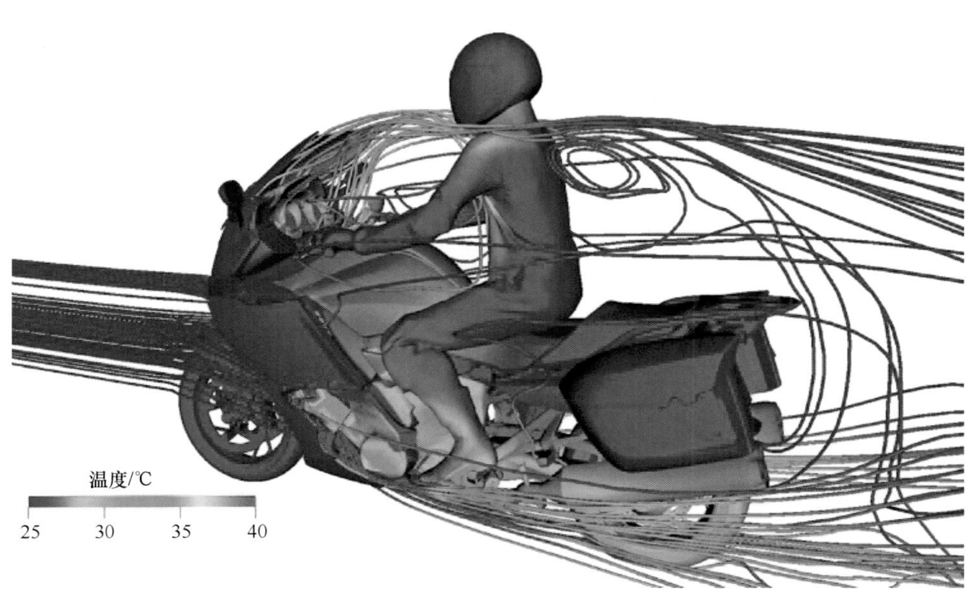

图 11.74　旅行摩托车的热交换（表面温度）

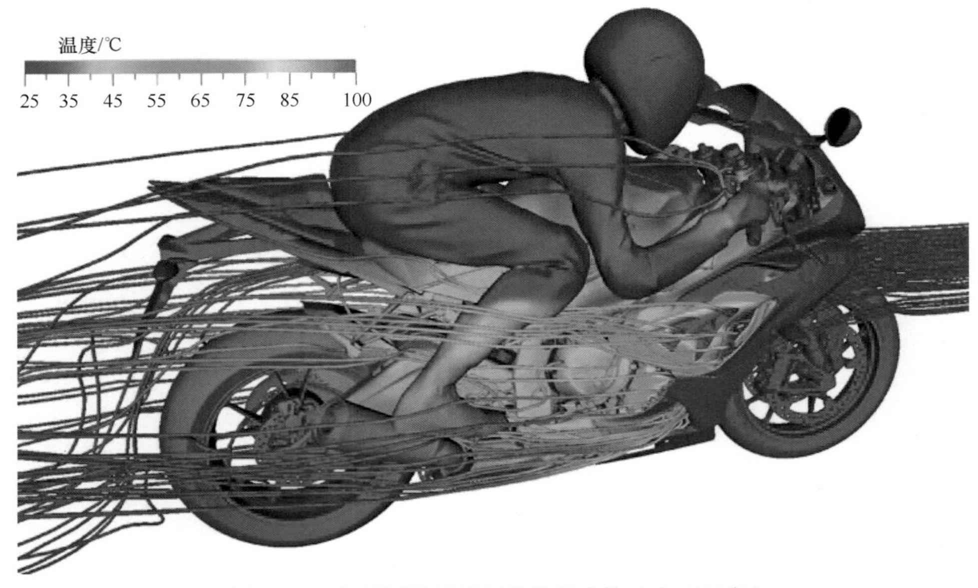

图 11.75　超级运动型摩托车的热交换（表面温度）

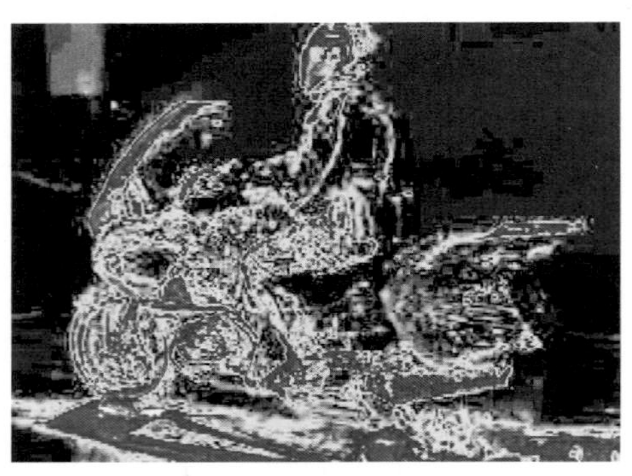

图 11.85　宝马集团的环境测试风道中通过用紫外线照射加荧光剂的水来研究外界污染源引起的受污情况

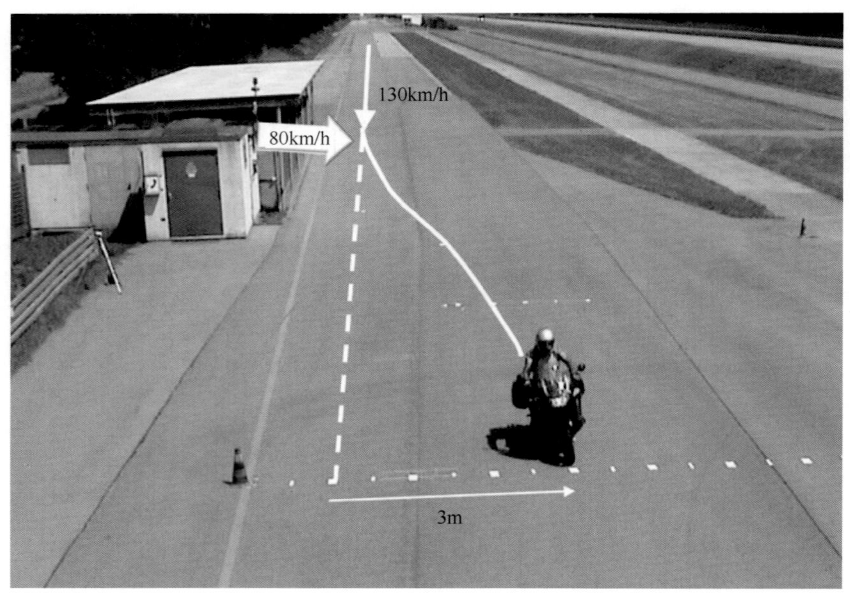

图 11.87　摩托车开过产生侧风的装置（宝马的 Aschheim 试车场）

图 11.90　受污情况

a）试验　b）仿真

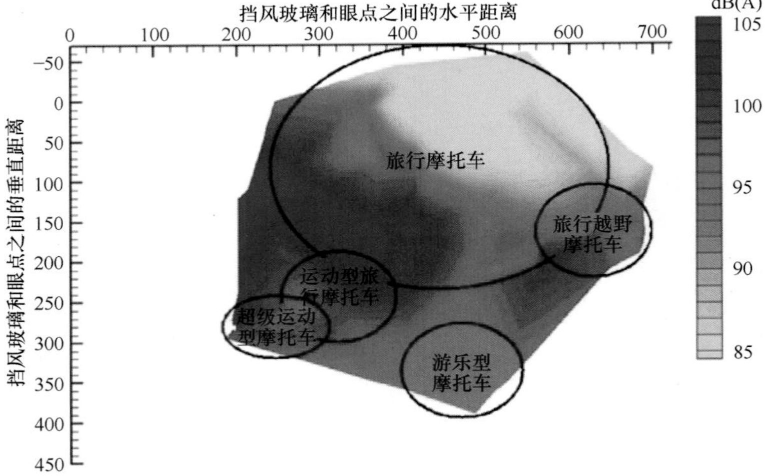

图 11.91 头盔内噪声与挡风玻璃和眼点之间的水平距离及垂直距离的关系（来源 Bachmann 等，2002）

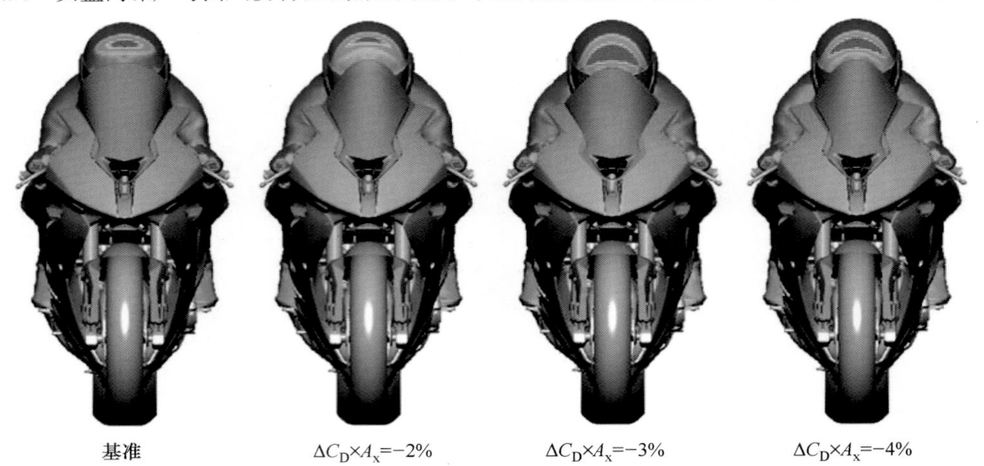

图 11.94 挡风玻璃的变化对降低阻力的影响

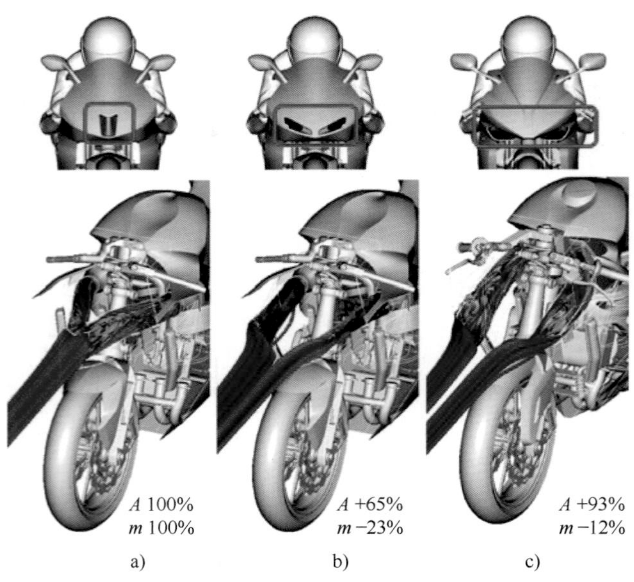

图 11.98 按冲压空气原则对风道进口进行的研究

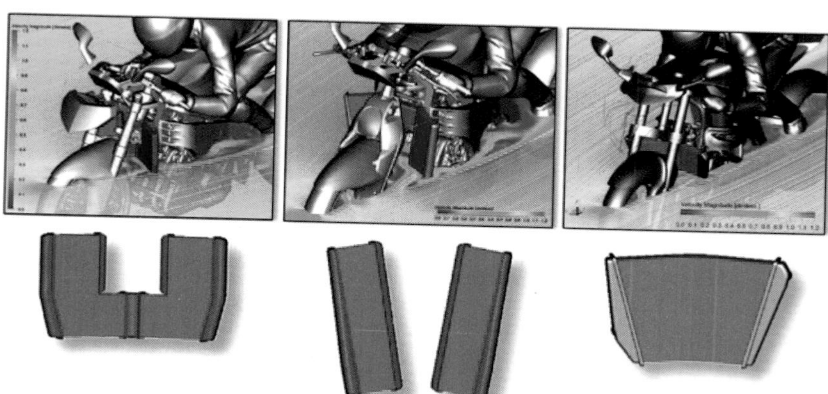

U形散热器　　斜置长方形散热器　　曲边梯形散热器

图 11.99　考虑了前轮的悬架方式的散热器方案研究

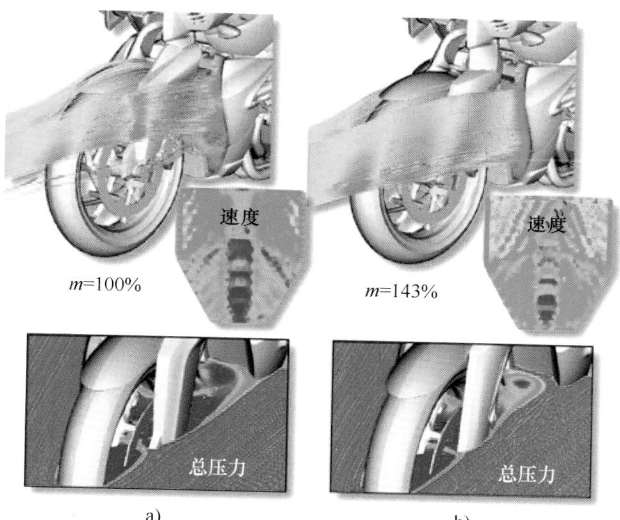

a)　　b)

图 11.100　前轮叉的罩壳对冷却气流量的影响

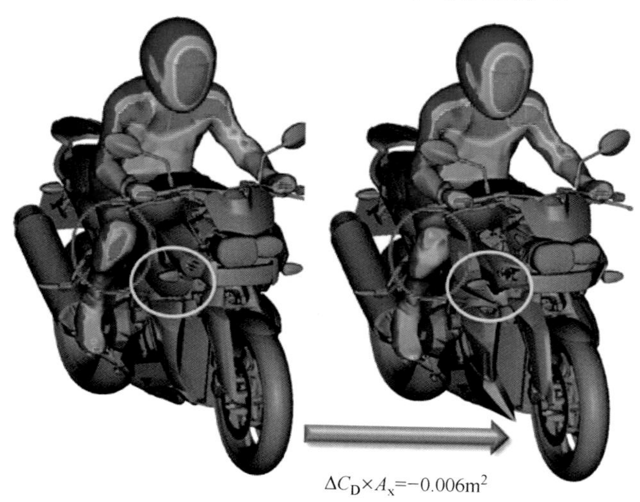

图 11.102　减少驾驶员膝盖受风的措施

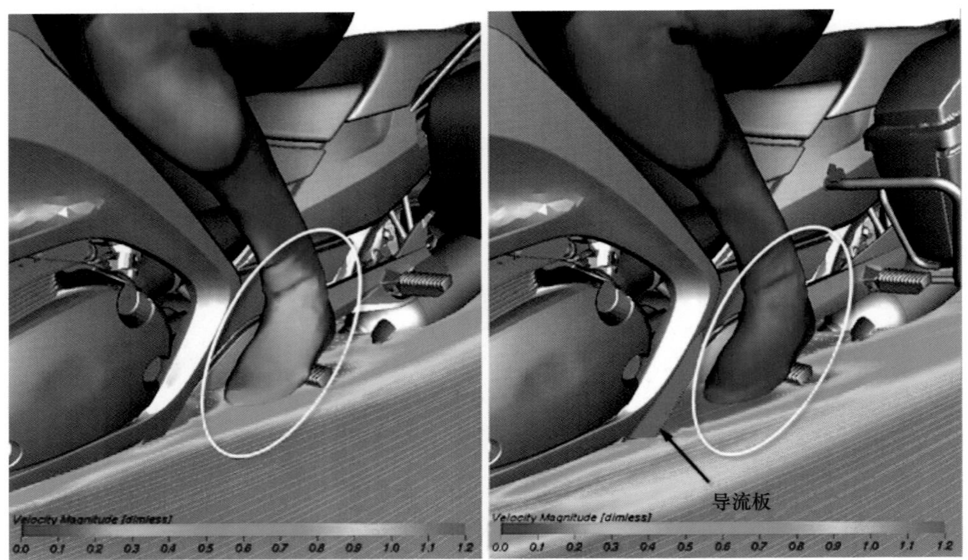

图 11.103　保护驾驶员脚部的屏蔽导流板

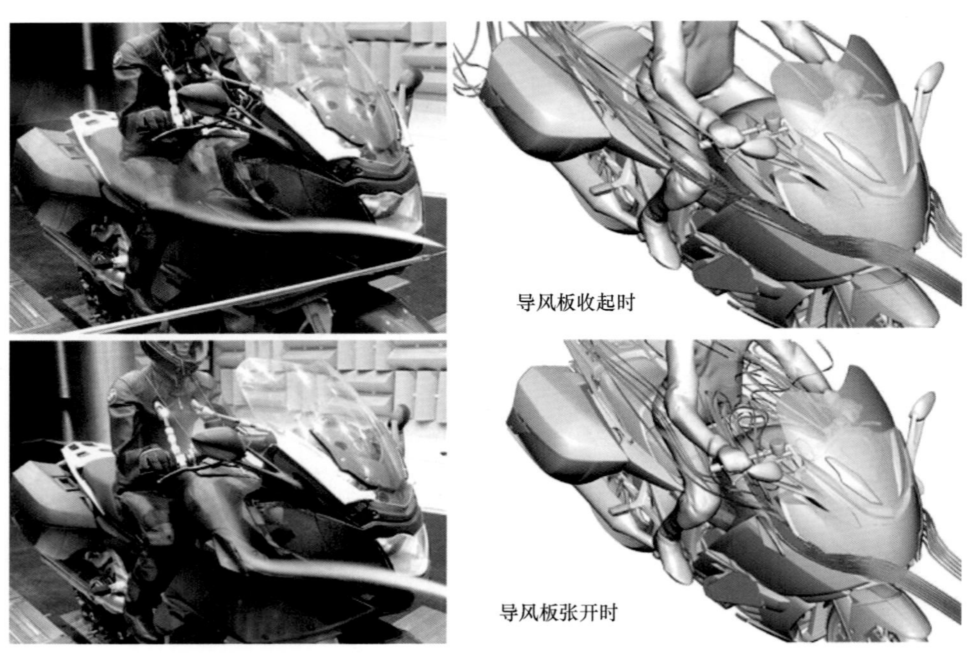

图 11.104　可调式导风板的吹风功能

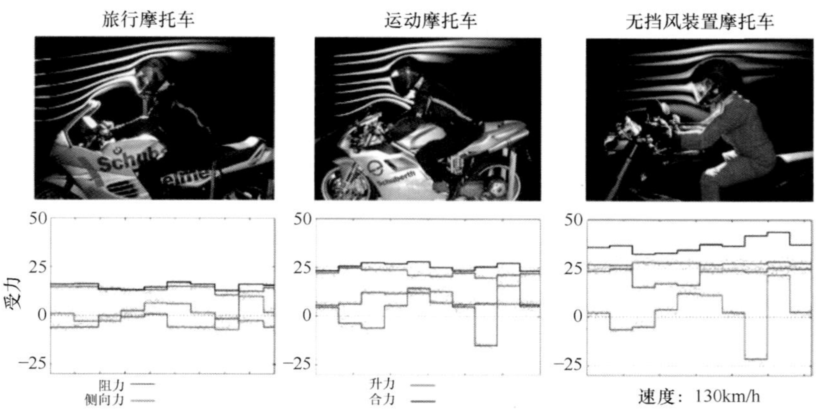

图 12.6　不同类型摩托车的受力测量，位置 1 ~ 10，Schuberth 测量机器人

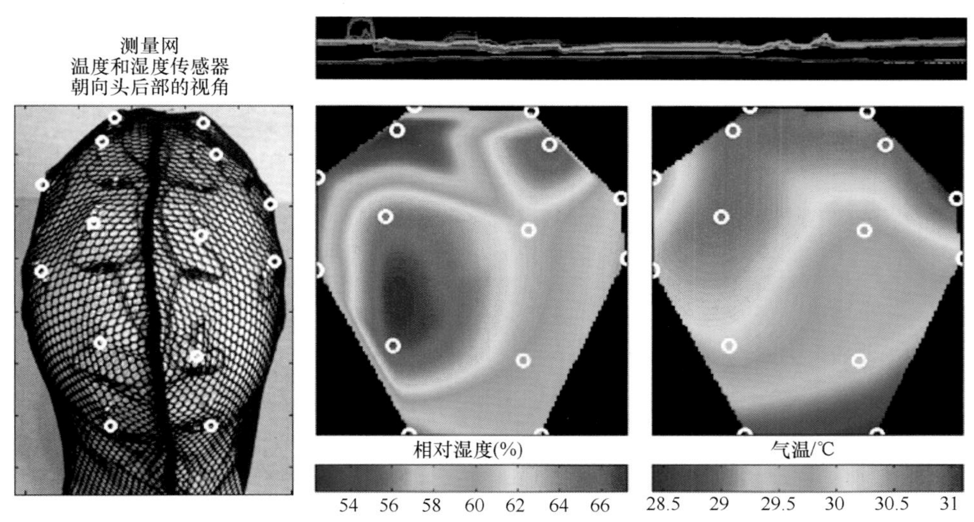

图 12.17　头盔中的微气候测量

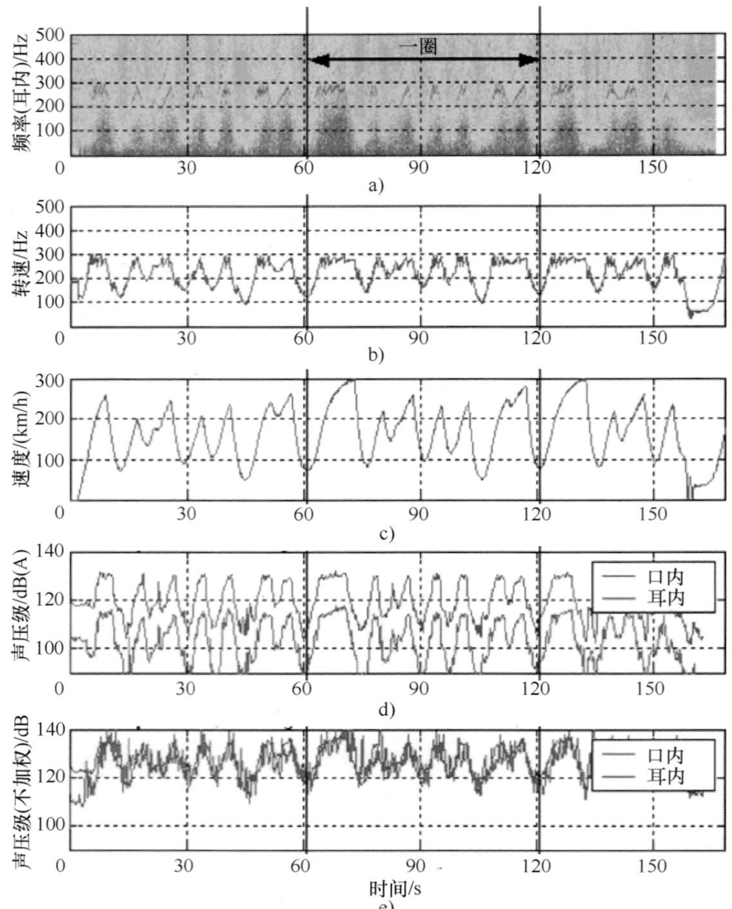

图 12.24 赛道实时测量的一级方程式车辆的发动机转速（b）、速度（c）以及驾驶员耳内（a，d，e）和口内检测的噪声（d，e），在图 12.24d 和图 12.24e 中显而易见的是，耳塞总衰减量的测量值强烈依赖于对频谱的评估

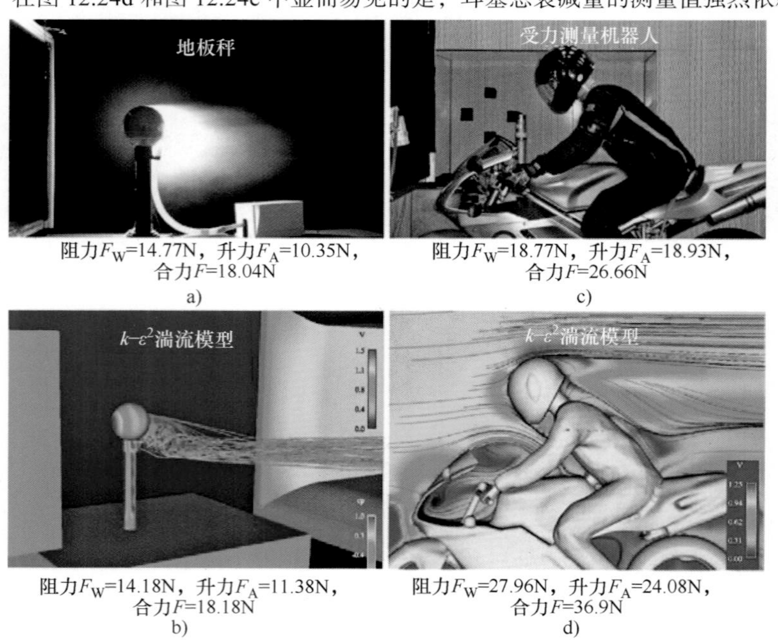

图 12.33 模拟和测量的比较

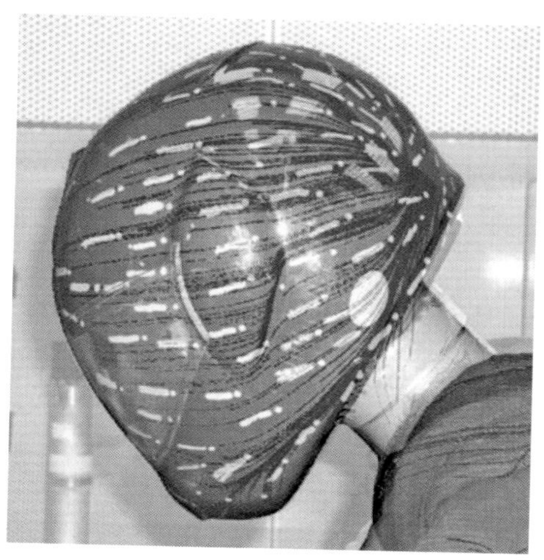

图 12.34 壁面流线，模拟计算（红色），测量（白色）

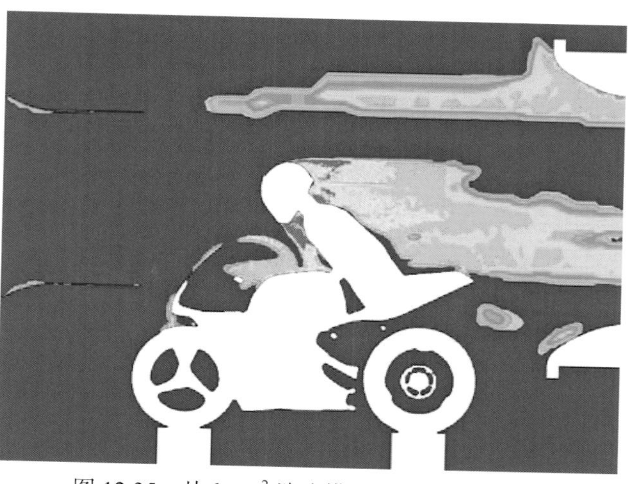

图 12.35 从 $k-\varepsilon^2$ 湍流模型中估计声源分布

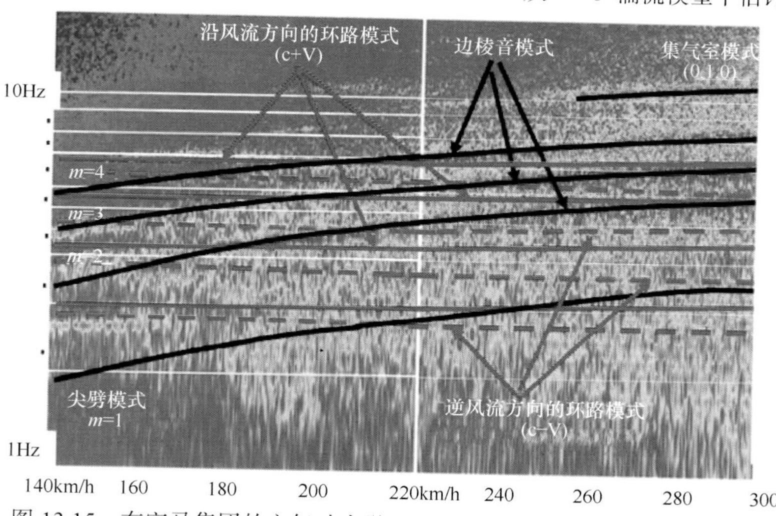

图 13.15 在宝马集团的空气动力学试验中心获得的声压频率－干涉谱，根据 Duell 等人（2010）。这里的环路模式是指风洞中的管道模式

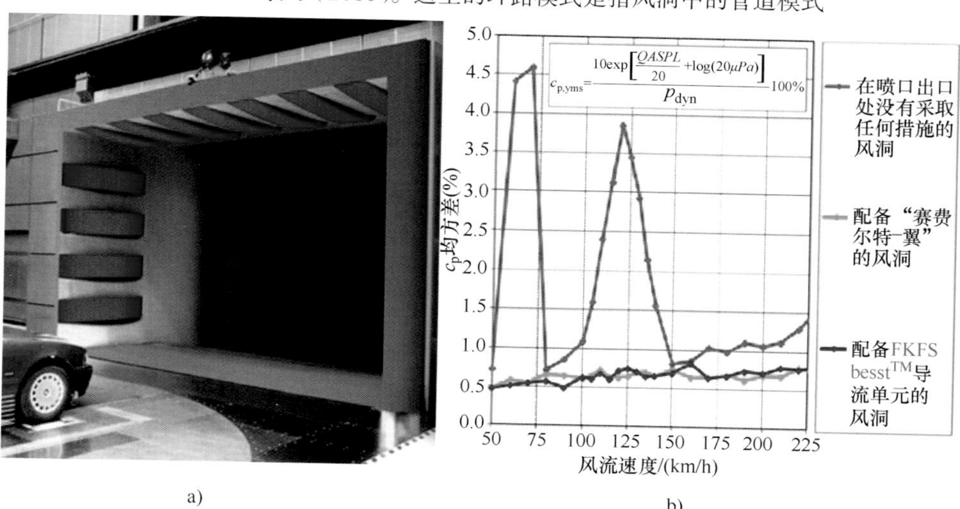

图 13.16 配备了集成导流单元（FKFS-besst™，左图）的风洞喷管和在斯图加特大学的汽车风洞中测得的压力波动系数（右图）（德国“风洞喷管和风洞”类专利登记号 102012104684.0）

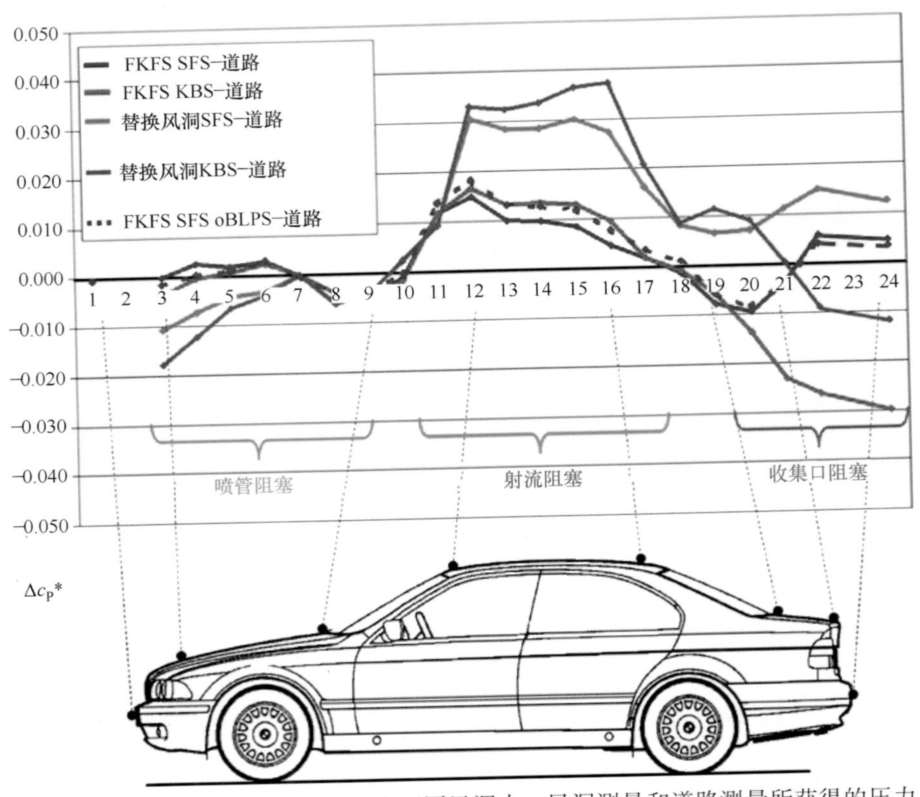

图 13.24　在不同地板的模拟和两个不同风洞中，风洞测量和道路测量所获得的压力分布差异。SFS- 道路行驶模拟（五带系统加抽吸），KBS- 传统的地板模拟（地板固定，没有抽吸），SFSoBLPS- 道路行驶模拟，没有前抽吸。见 Estrada（2011）

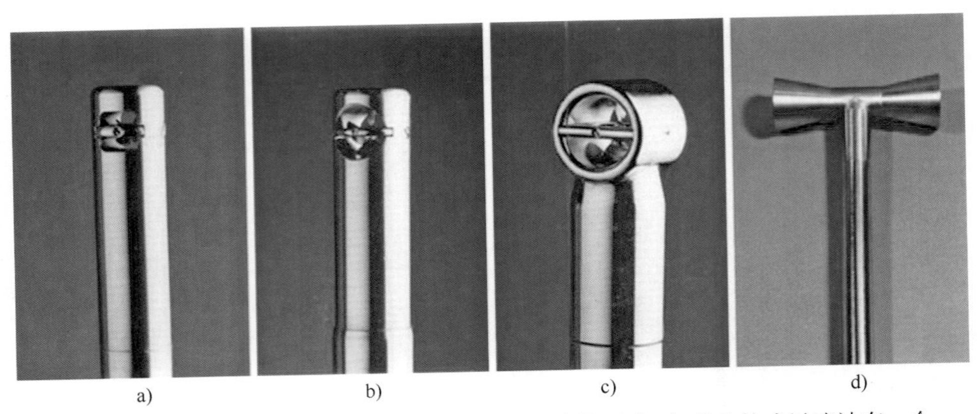

图 13.41　各种不同结构型式的叶轮式风速计，结构型式 d）的叶轮式风速计有一个对于倾斜风流不敏感的头部；图片来源：Höntzsch 公司

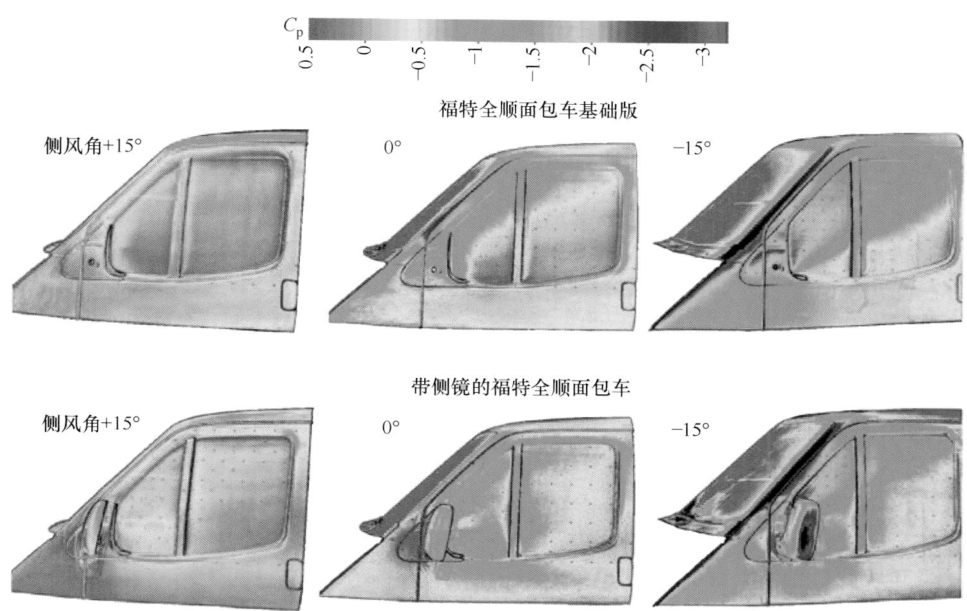

图 13.53　采用压敏涂色方法（PSP）显示表面压力测量的结果。图示的是一辆福特全顺汽车（Ford Transit）在各种不同的侧风条件下、有或者没有安装侧视镜时在侧窗上测得的压力系数值（C_p）；据 Duell 等（2001）

图 13.67　在戴姆勒公司的风洞中进行的汽车脏污模拟试验。喷溅梁模拟中等雨量条件下一辆乘用车后面的喷雾情形

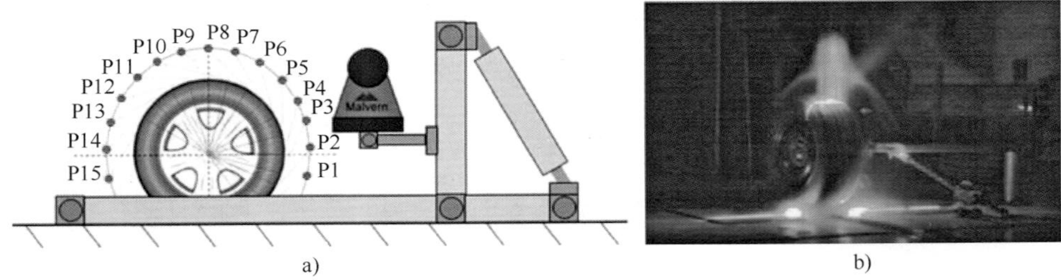

图 13.68　研究自由旋转车轮上的卷水起雾特性的试验台（a，P_i 是测量点），试验台配备有马尔文激光衍射喷雾粒子测量系统（b）（Spruss 等人，2011）

图 13.70　滚转试验台上的脏污模拟结果（Spruss 等人，2010b）

图 13.71　传动带上的脏污模拟结果（Spruss 等人，2010b）

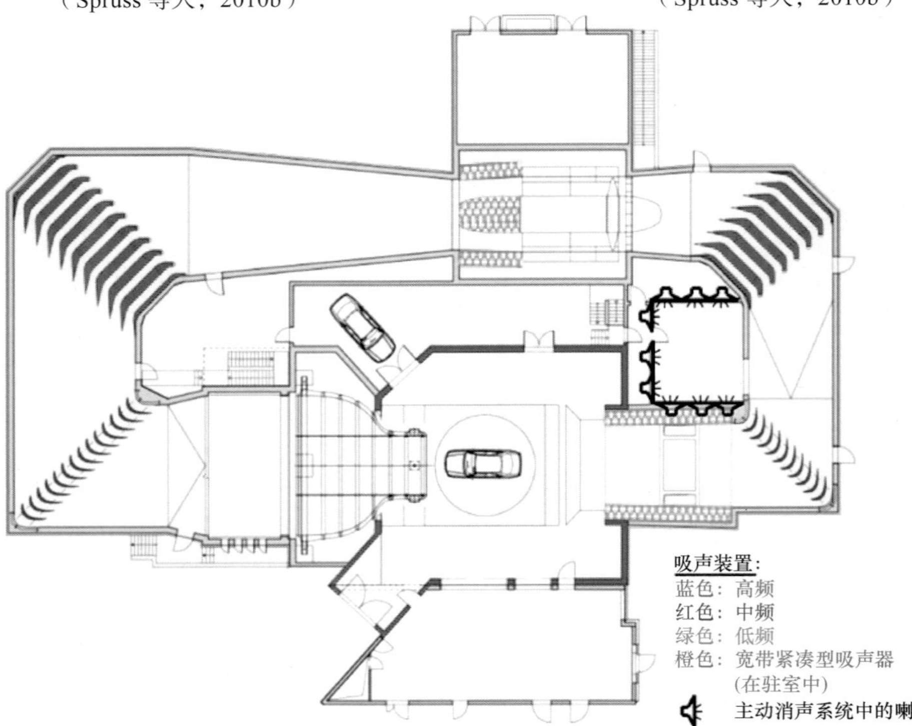

图 13.92　在英戈尔施塔特的奥迪汽车公司的气动声学风洞，由 Wiedemann，Wickern 和 WBI 公司设计（Wiedemann 和 Potthoff，2003），$A_N = 11m^2$；最高风速 300km/h，160km/h 时的声压为 61dB（A），拥有传动带和车轮驱动装置

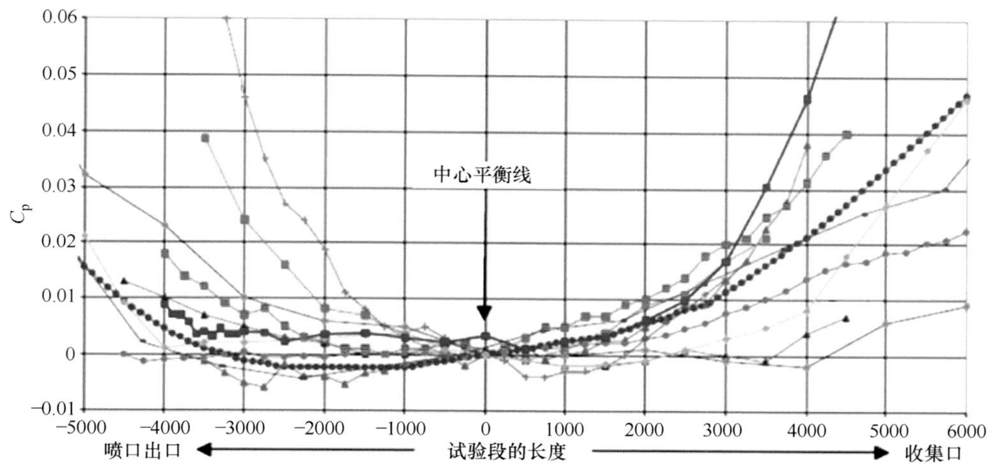

图 13.103　多个不同的欧洲风洞中轴向压力分布的比较。部分区域的差别是清晰可辨的（对比讨论见第 13.2 节）（Wickern 和 Lindener，2000）

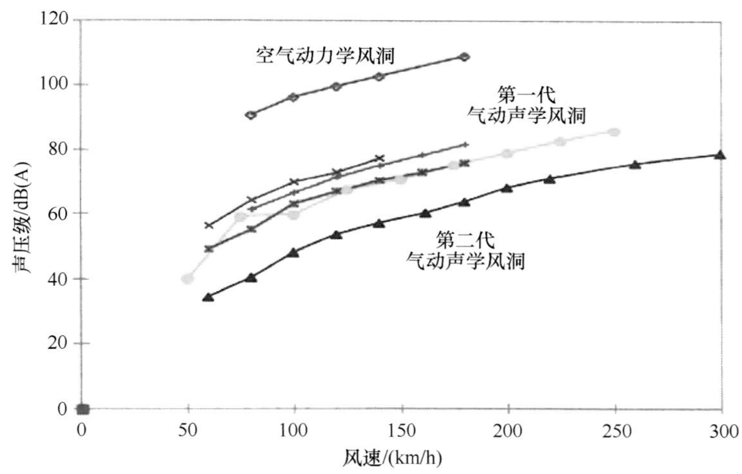

图 13.104　不同的气动声学风洞之间以及它们与一座具有代表性的空气动力学风洞之间 A 加权的声压级（气流之外测得）之比较（Schneider 等人，1998）

图 14.4　汽车仿真模型的构件

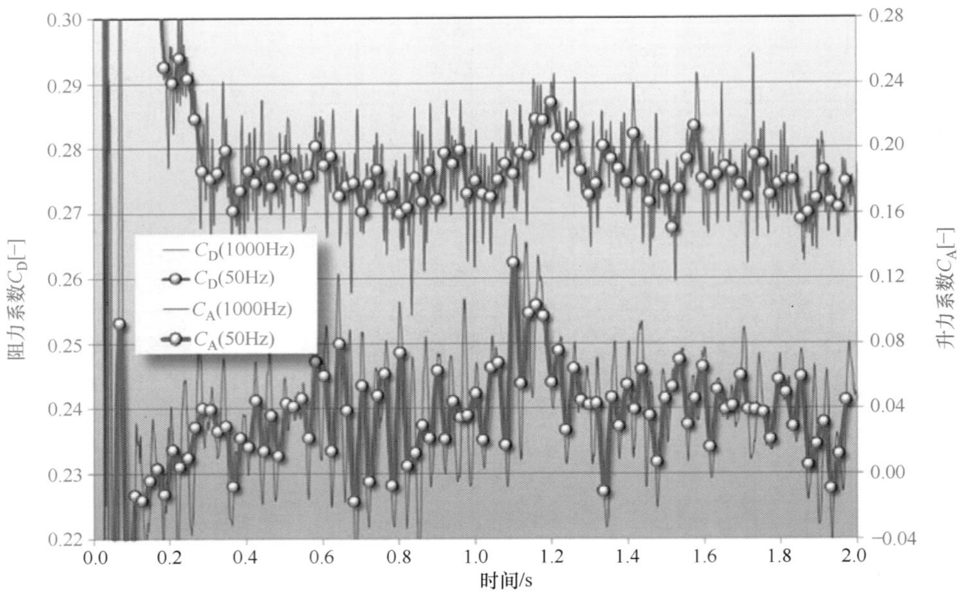

图 14.8　LBM 模拟过程中阻力系数和升力系数随时间的变化

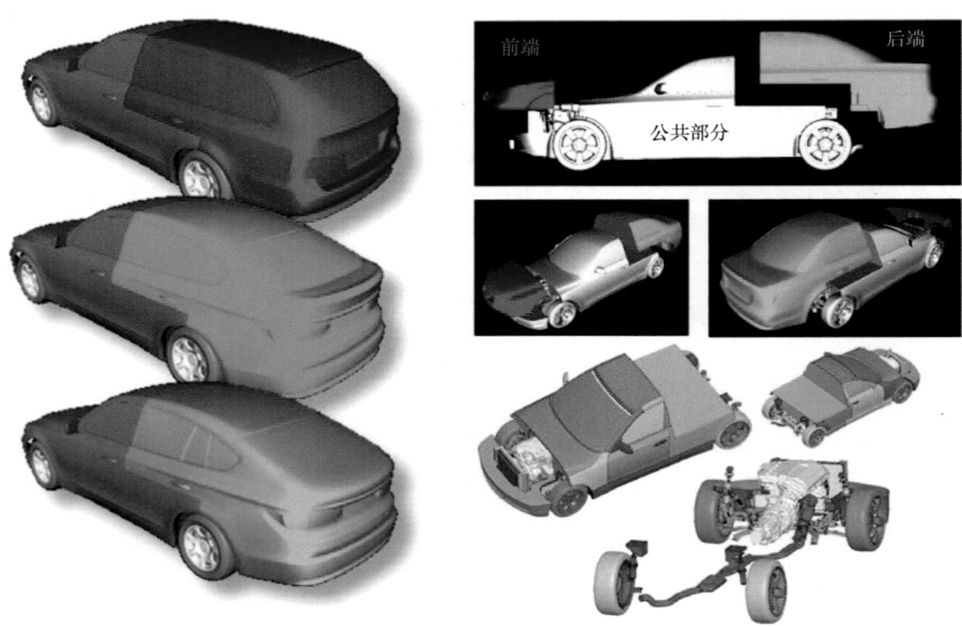

图 14.9　用于检验 PowerFLOW 程序的汽车结构变型

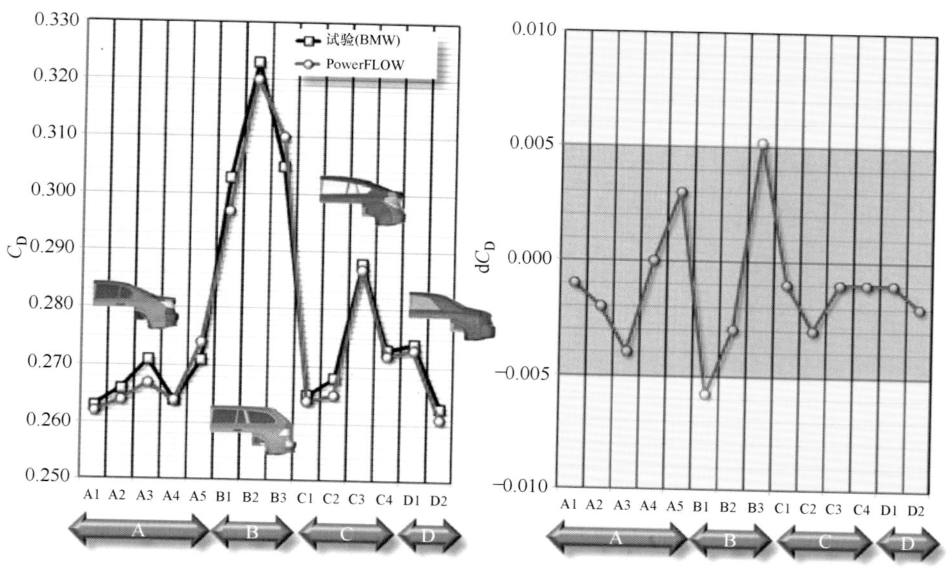

图 14.10　风阻系数的仿真（PowerFLOW）结果与风洞试验（BMW）结果的比较

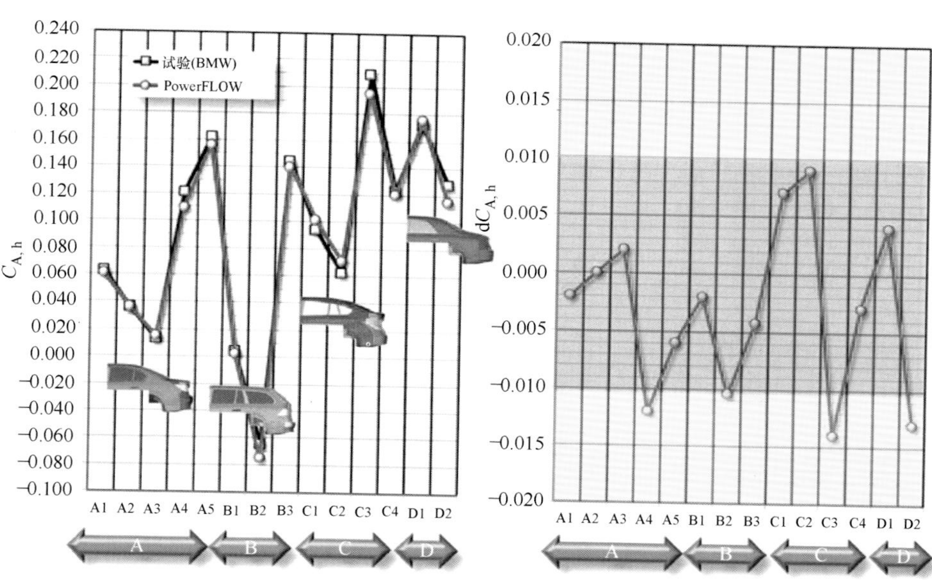

图 14.11　后轴升力系数的仿真（PowerFLOW）结果与风洞试验（BMW）结果的比较

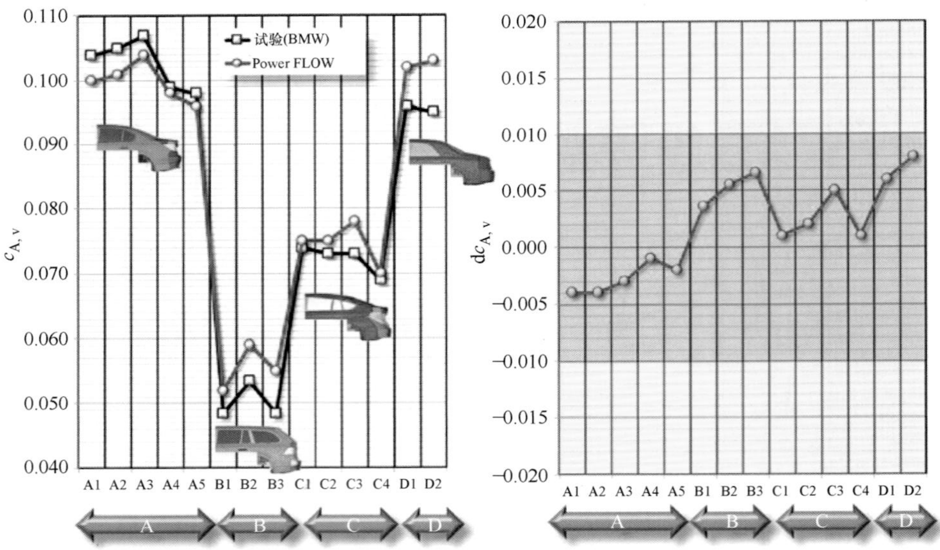

图 14.12　前轴升力系数的仿真（PowerFLOW）结果与风洞试验（BMW）结果的比较

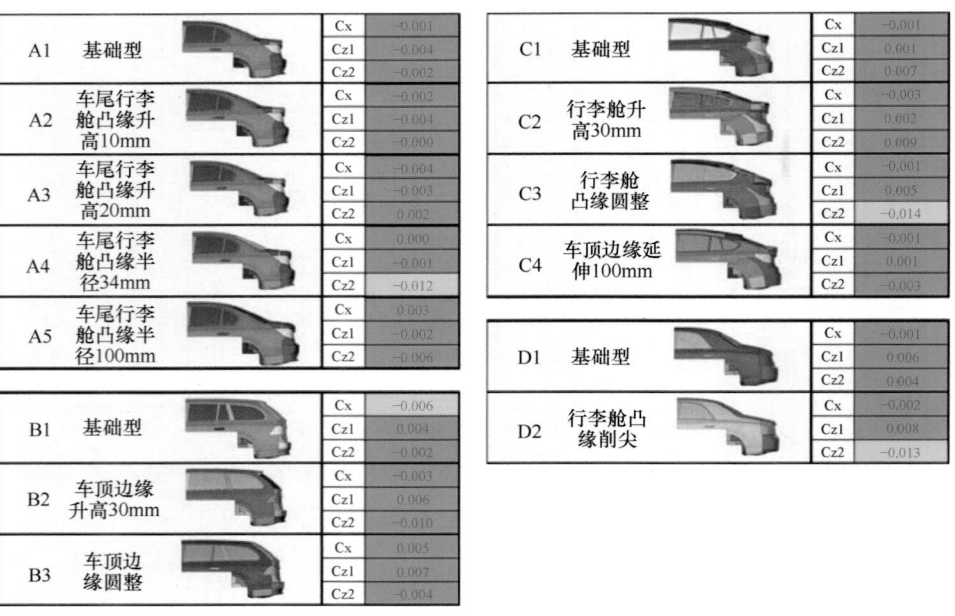

编号	变型	系数	值
A1	基础型	Cx	−0.001
		Cz1	−0.004
		Cz2	−0.002
A2	车尾行李舱凸缘升高10mm	Cx	−0.002
		Cz1	−0.004
		Cz2	−0.000
A3	车尾行李舱凸缘升高20mm	Cx	−0.004
		Cz1	−0.003
		Cz2	0.002
A4	车尾行李舱凸缘半径34mm	Cx	0.000
		Cz1	−0.001
		Cz2	−0.012
A5	车尾行李舱凸缘半径100mm	Cx	0.003
		Cz1	−0.002
		Cz2	−0.006
B1	基础型	Cx	−0.006
		Cz1	0.004
		Cz2	−0.002
B2	车顶边缘升高30mm	Cx	−0.003
		Cz1	0.006
		Cz2	−0.010
B3	车顶边缘圆整	Cx	0.005
		Cz1	0.007
		Cz2	−0.004
C1	基础型	Cx	−0.001
		Cz1	0.001
		Cz2	0.007
C2	行李舱升高30mm	Cx	−0.003
		Cz1	0.002
		Cz2	0.009
C3	行李舱凸缘圆整	Cx	−0.001
		Cz1	0.005
		Cz2	−0.014
C4	车顶边缘延伸100mm	Cx	−0.001
		Cz1	0.001
		Cz2	−0.003
D1	基础型	Cx	−0.001
		Cz1	0.006
		Cz2	0.004
D2	行李舱凸缘削尖	Cx	−0.002
		Cz1	0.008
		Cz2	−0.013

图 14.13　阻力系数和车轴升力系数仿真准确性评价概况

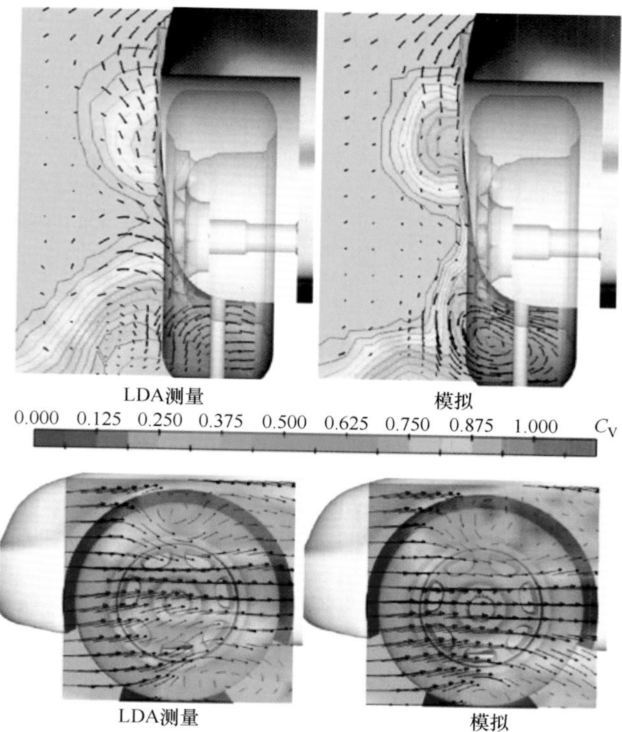

图 14.20　试验和用 RANS 计算得到的车轮周围及其后方流速分布的比较（Wäschle，2006）

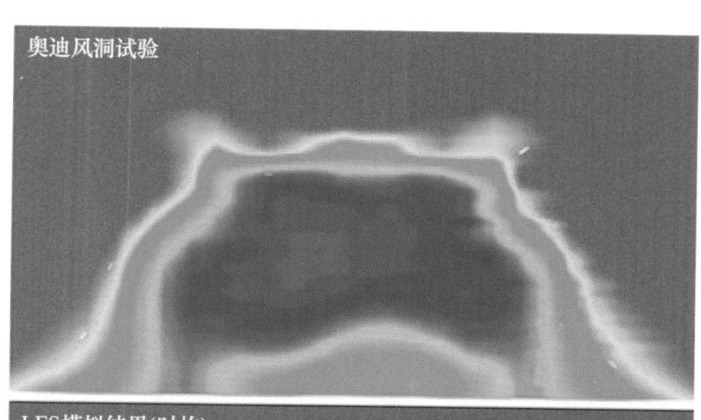

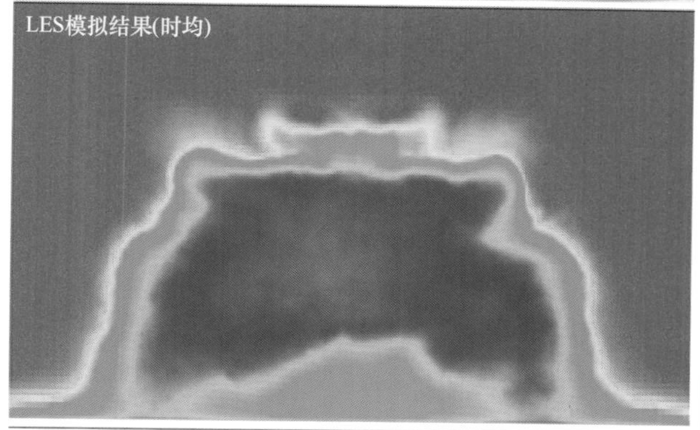

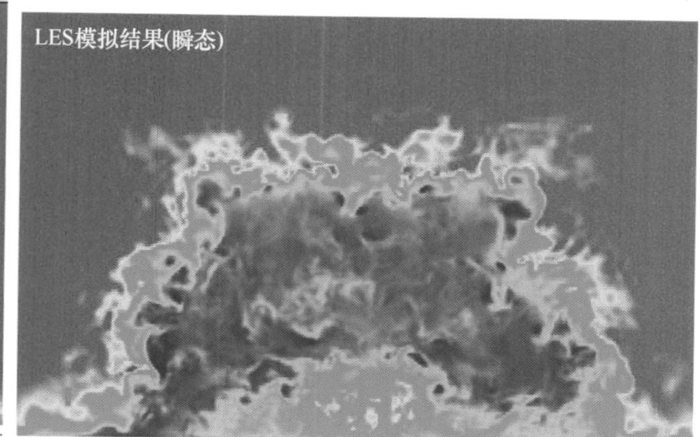

图 14.24　奥迪 A6 汽车尾部经过风洞试验和 LES 方法模拟所得速度分布的比较

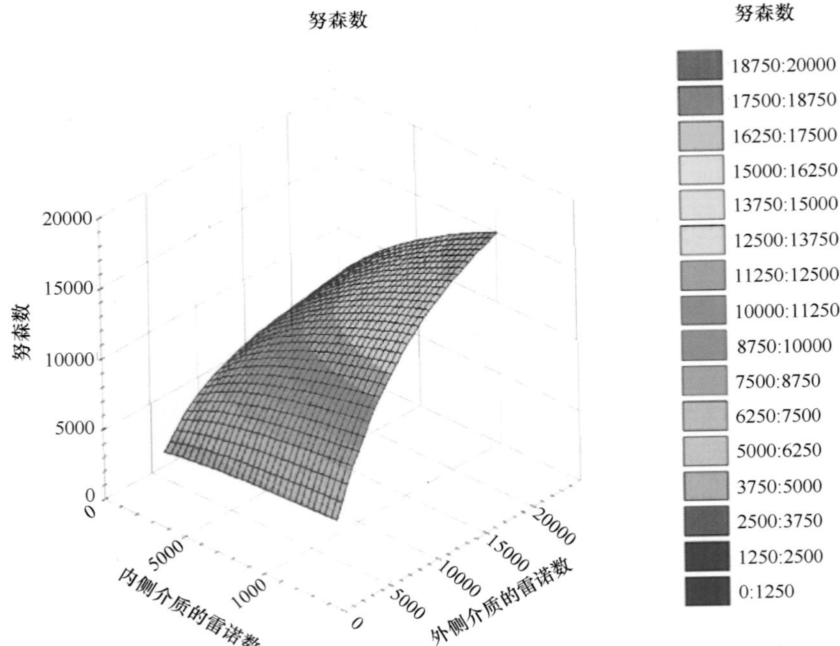

图 14.44　散热器的热交换通用特性曲线族，N_u（$R_{e液}$，$R_{e气}$）
（来源：麦格纳斯太尔公司）

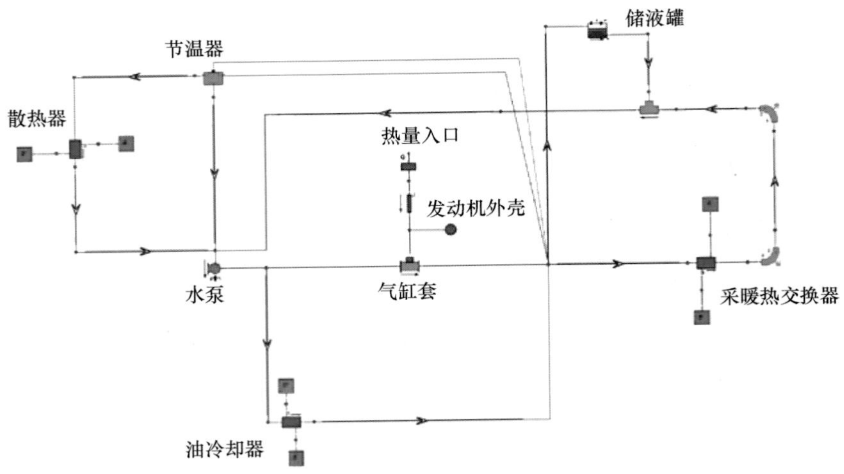

图 14.46　用于 Flowmaster 程序一维模拟的汽车冷却液侧冷却循环建模
（图源：Flowmaster 公司）

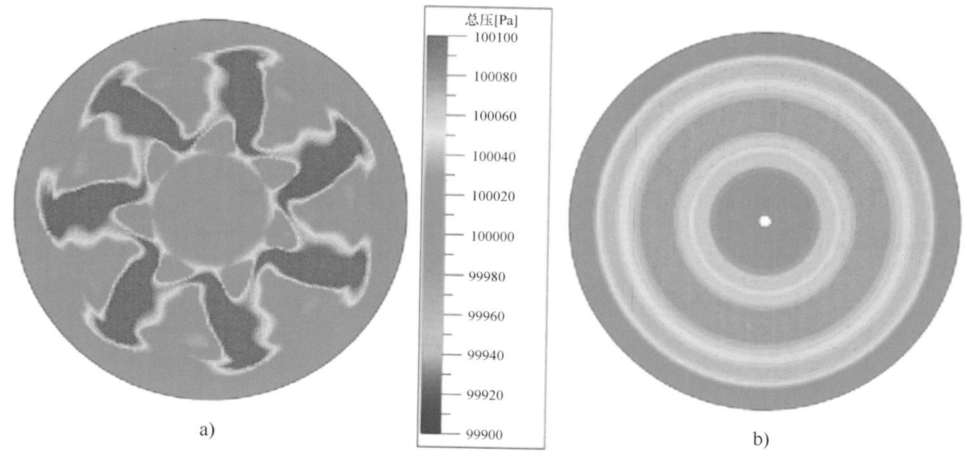

图 14.50　用 MRF 计算的风扇后总压（Tesch，2011）

a）无圆周方向均值处理　b）经过圆周方向均值处理

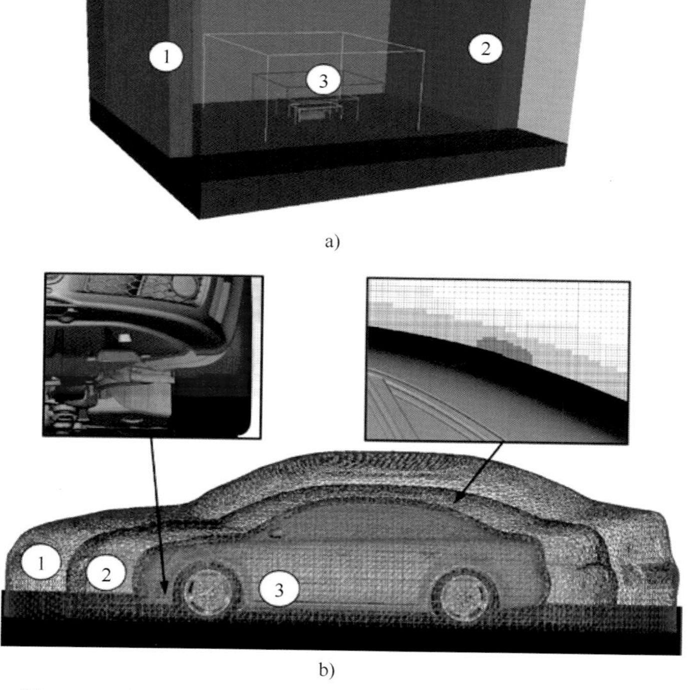

图 14.54　用于整车模拟的数字风洞（DWT）（Schütz，2009）

a）带有入口（1）和出口（2）以及外部细分区域（3，VR1 至 VR5）、DWT 地板和壁面；

b）内部细分区域（1 至 3，VR6 至 VR8）以及前导风道（VR10）和车顶后缘（VR9）上的局部细分区域

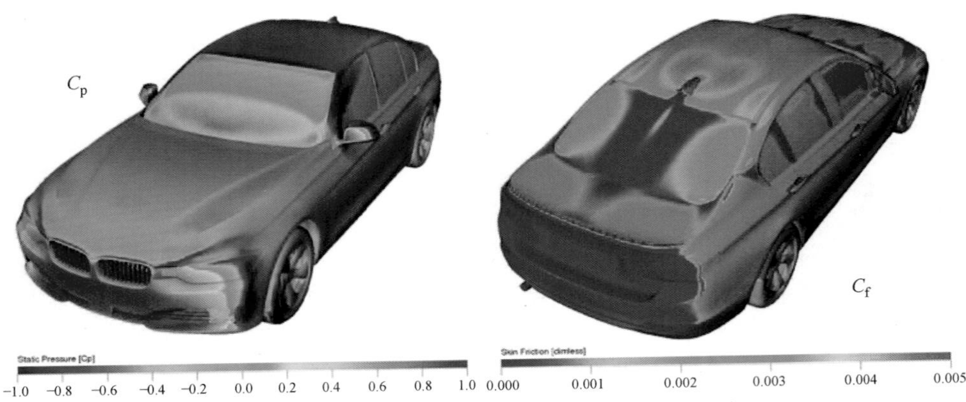

图 14.56　汽车表面的无量纲压力和剪切应力分布

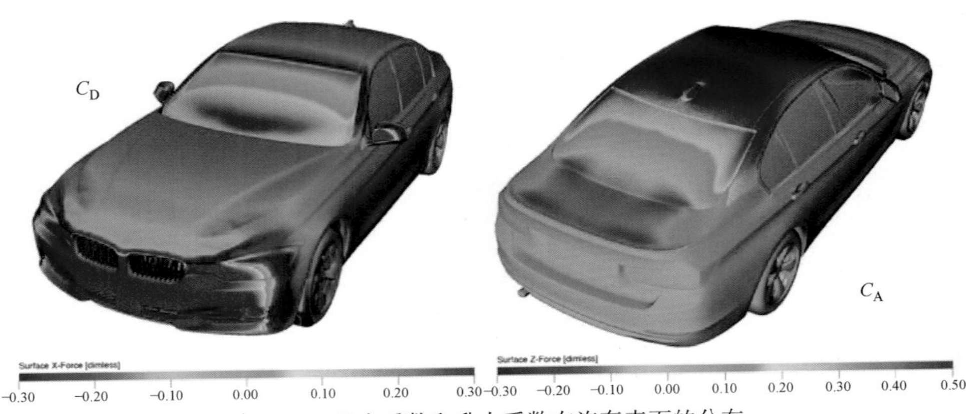

图 14.57　阻力系数和升力系数在汽车表面的分布

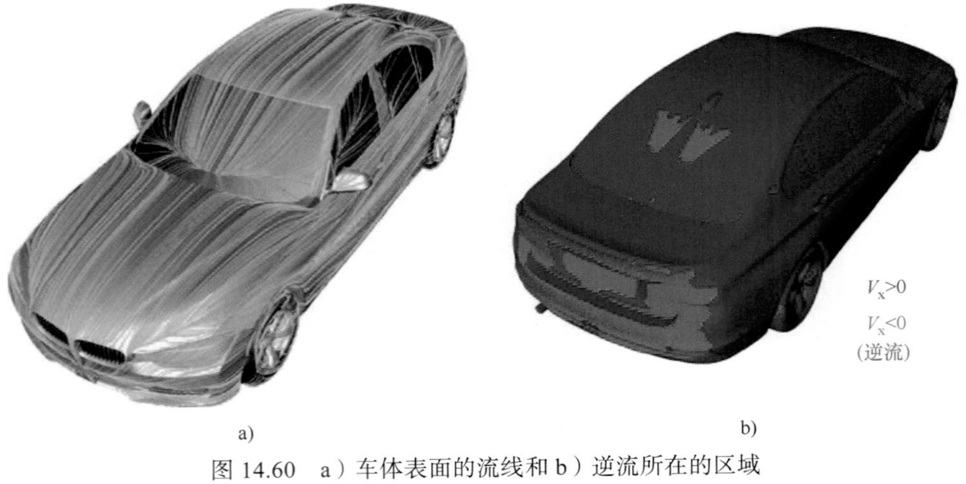

$V_x>0$

$V_x<0$

(逆流)

a)　　　　　　　　　　b)

图 14.60　a）车体表面的流线和 b）逆流所在的区域

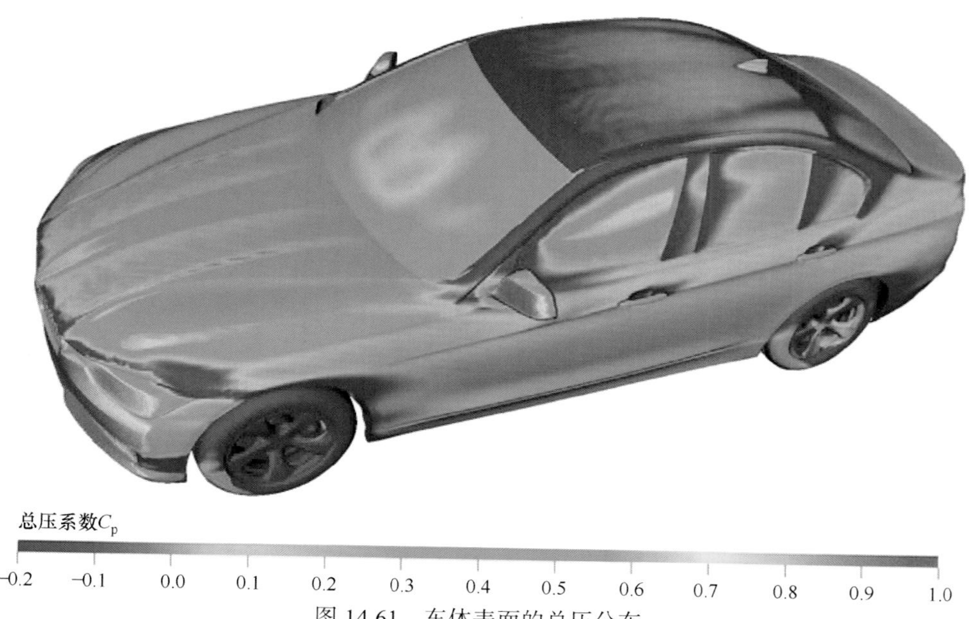

图 14.61　车体表面的总压分布

图 14.62　汽车底板处的热交换系数分布

图 14.63　汽车侧窗上频率为 500Hz 的气动声压

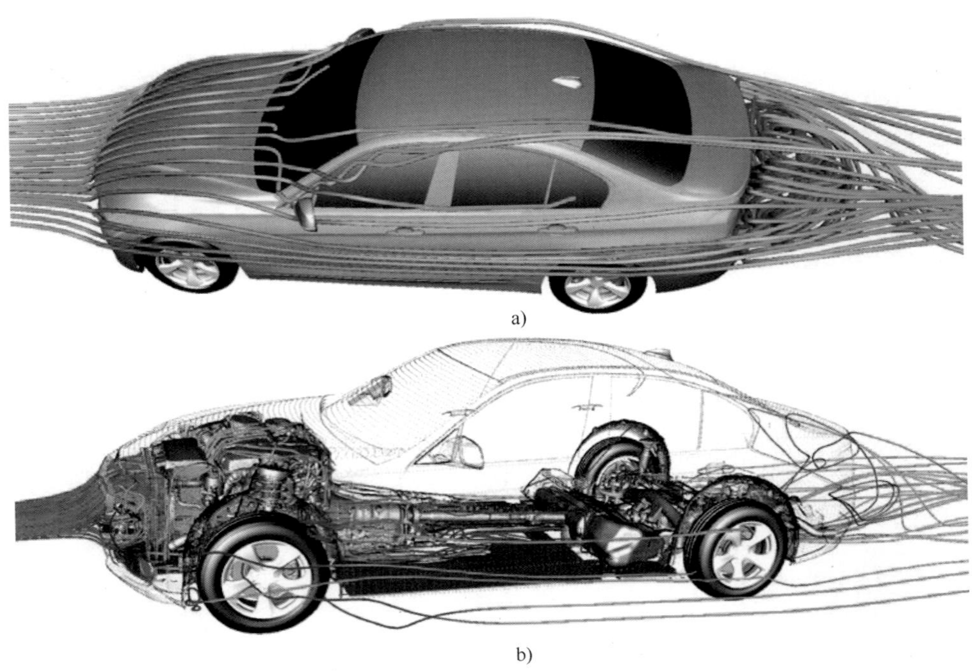

图 14.64　三维流线
a）外流场　b）冷却风流

图 14.65　汽车纵向对称面上的速度分布

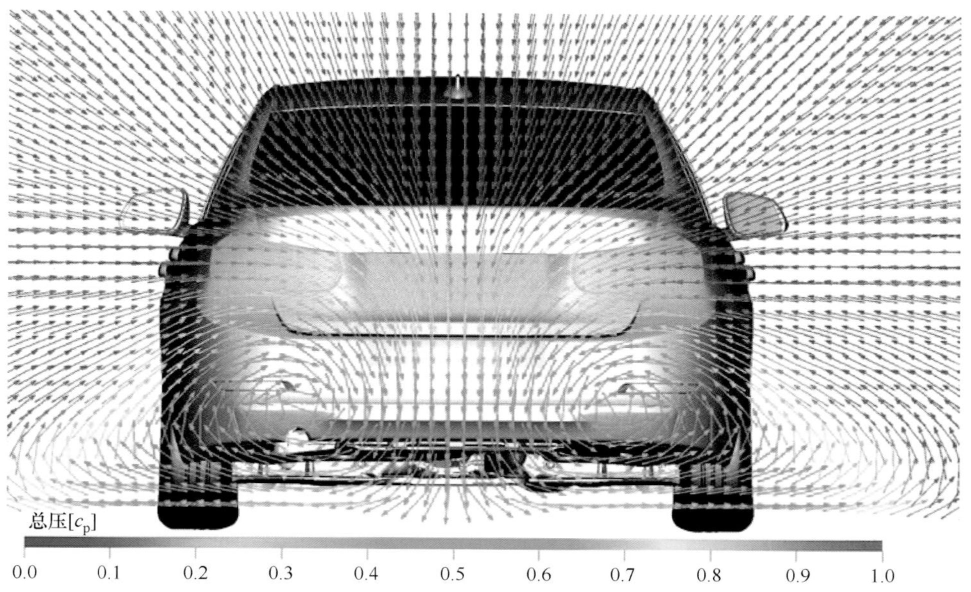

图 14.66 （车后 3m）尾流区内的横向风速

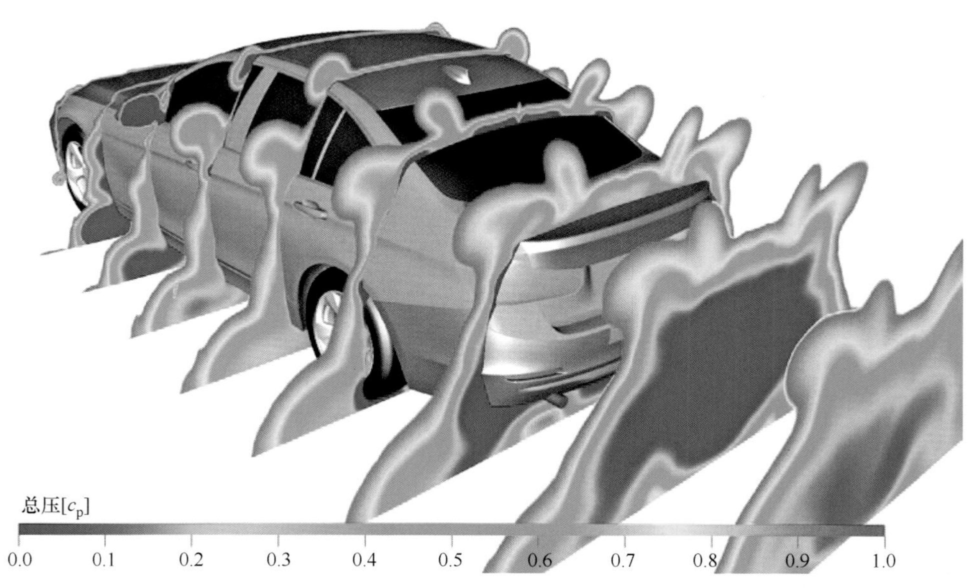

图 14.67　与汽车纵向轴线垂直截面内的总压分布

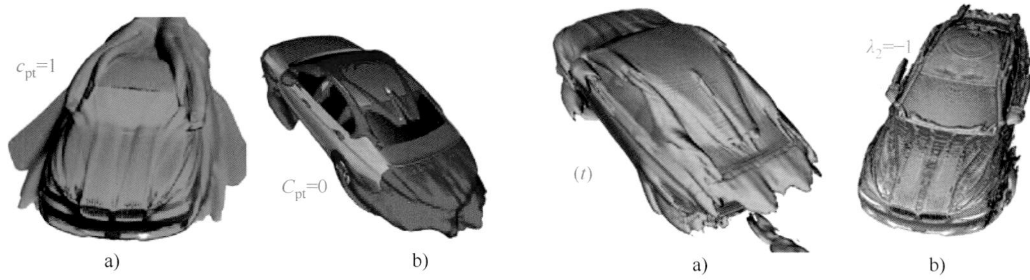

图 14.68　总压系数等值面

a）$c_{p,总压}=1$　b）$c_{p,总压}=0$

图 14.69　表示涡旋状态的等值面图

a）涡旋强度　b）$\lambda_2=-1$

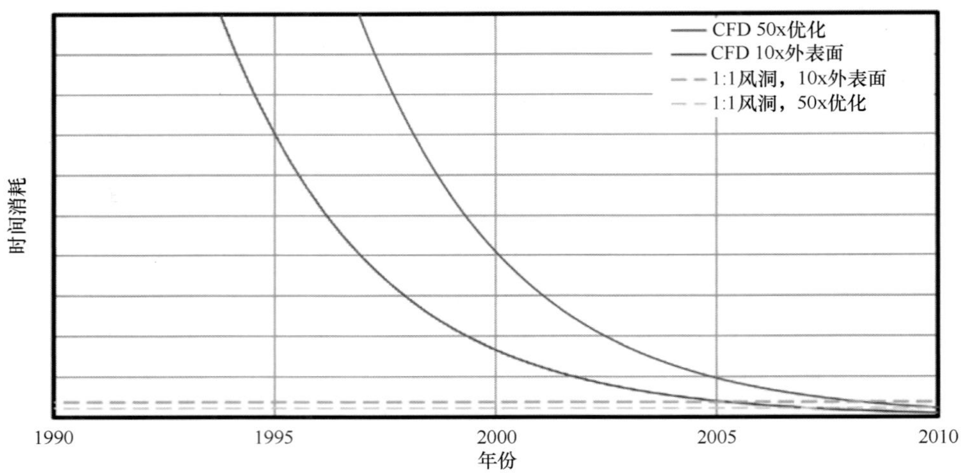

图 14.77　一辆汽车 10 次外表面变化和单个部件 50 次详细优化两种情况下 CFD 仿真与 1:1 风洞模型试验所用时间的比较

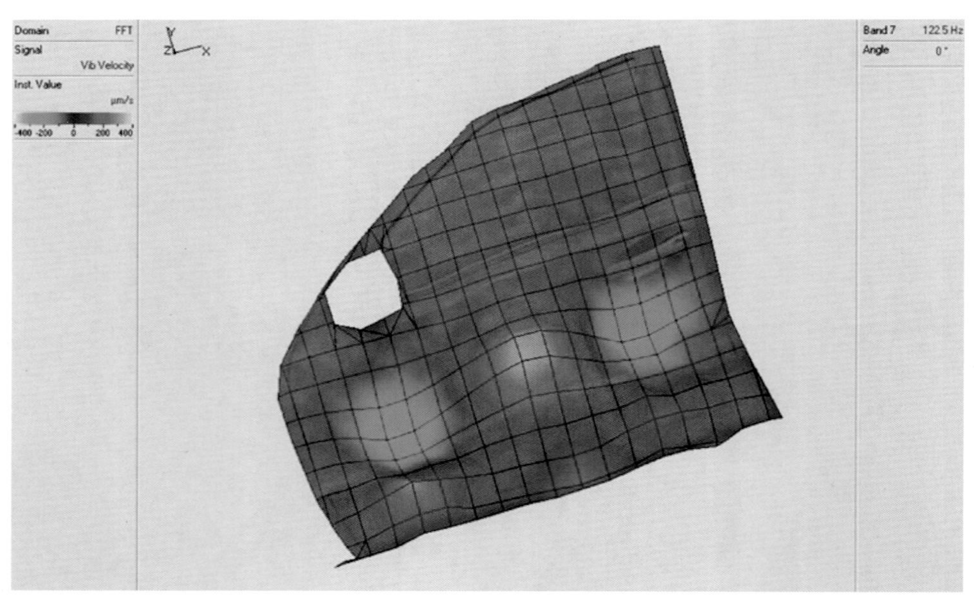

图 14.83　汽车车门对应于 122.5Hz 的振动模式，由风洞内速度为 140km/h 时的气动力激励，采用激光扫描测振仪测量表面法向速度，红色：由显示平面向外；绿色：由显示平面向内（来源：FKFS）

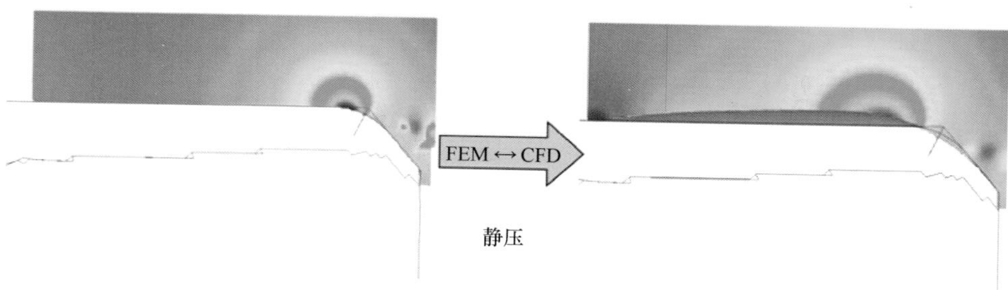

图 14.85 SAE 模型中一种常见的布质车顶鼓胀现象的计算。该计算是在 FEM 模拟和 CFD 模拟互相迭代的过程中实现的（MSC.Nastran 和 PowerFLOW®）（Hazir 等人，2009）

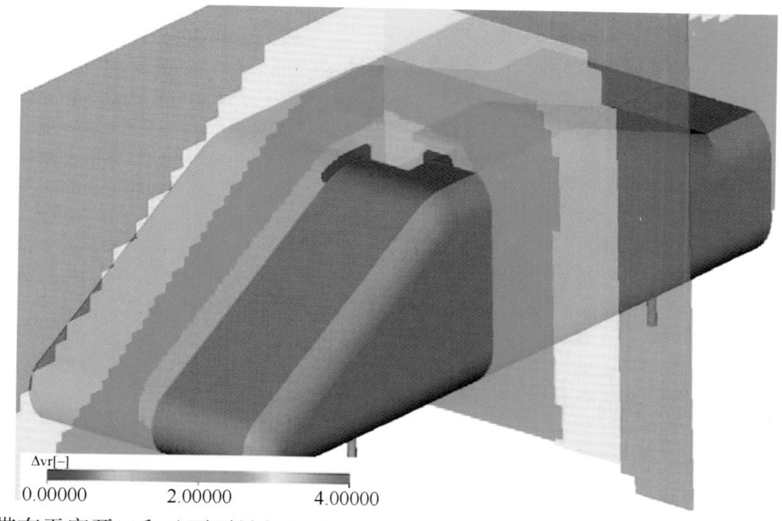

图 14.86 带有天窗开口和（不可见）空腔以及 CFD 计算空间网格截面的 1:4 SEA 模型（灰色）；深蓝色：具有最高分辨率的区域（Blumrich 等人，2007）

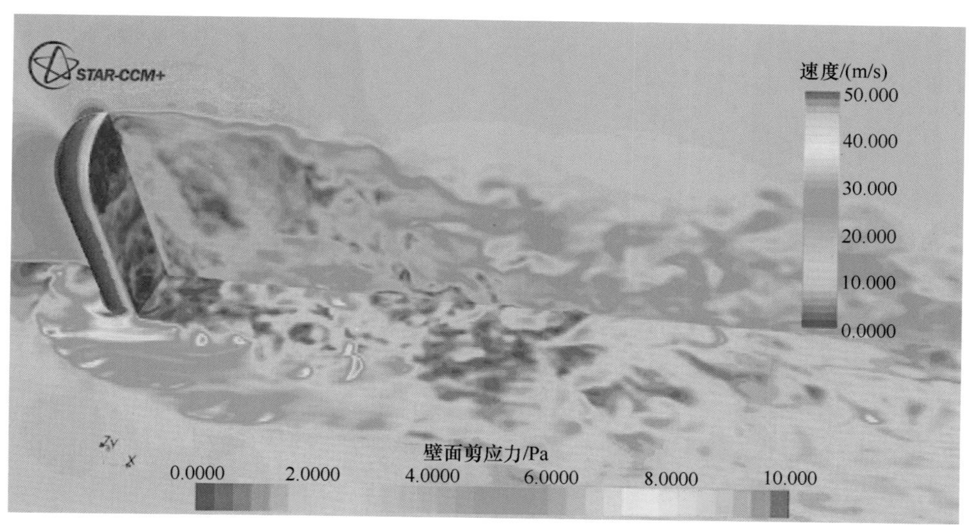

图 14.88 一种普通车外后视镜绕流的模拟结果。
等值线：静压；截面云图：速度值。来源 CD-adapco

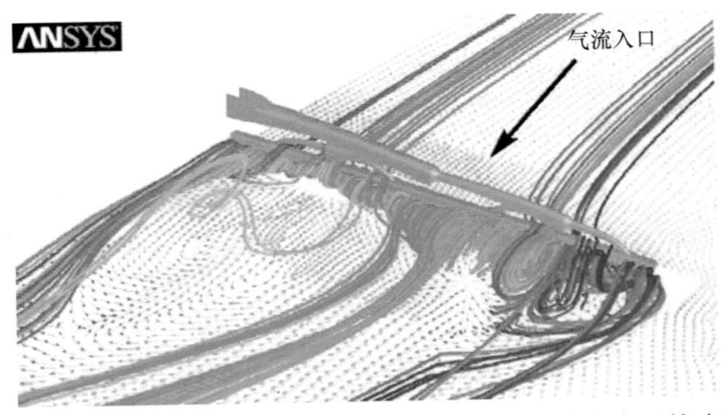

图 14.90　刮水器绕流的模拟。图中显示的是流线和风窗玻璃表面的速度矢量分布（蓝色 = 速度低，红色 = 速度高）。来源：大众汽车公司科研

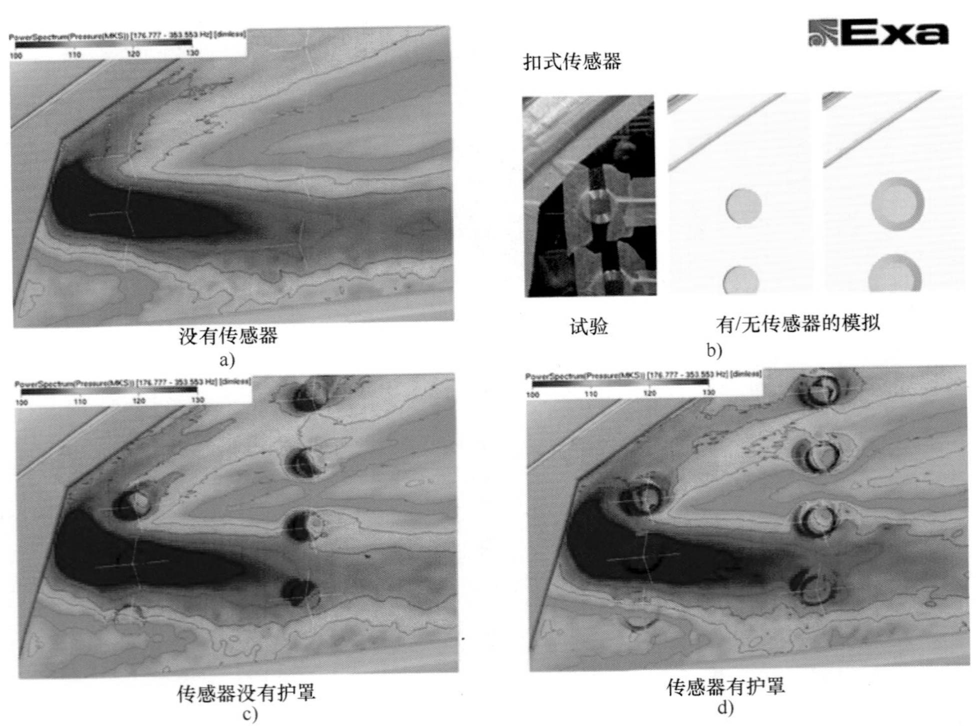

图 14.91　贴片传声器细节图片（b）和以 177~354Hz 的倍频程（单位：dB）表示的侧窗上脉动压力。图中可以明显地看出贴片传声器上的交变压力升高了（Senthooran 等人，2008）

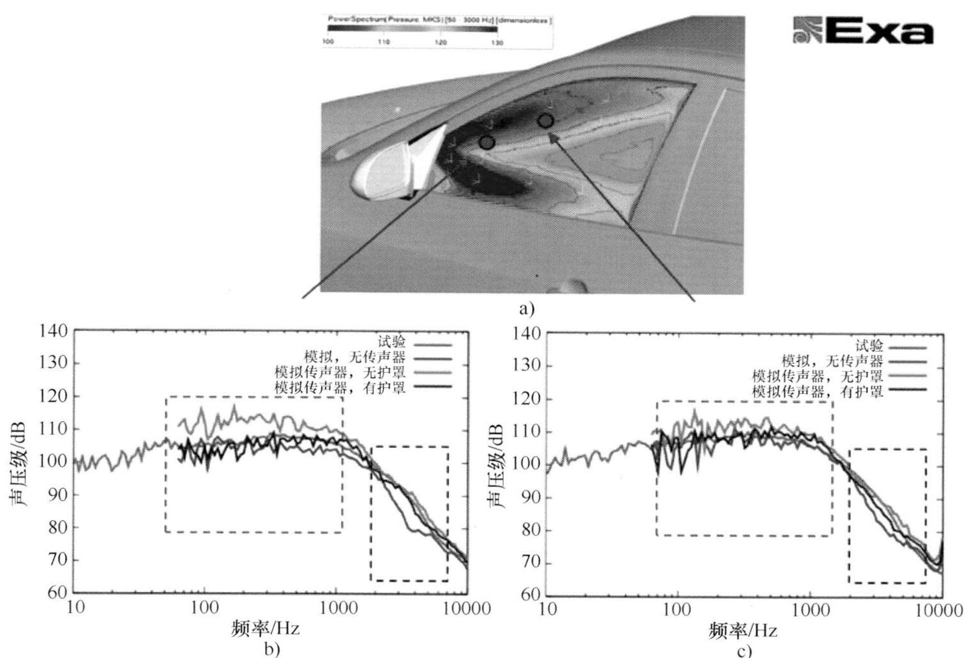

图 14.92　在不同配置条件下，在两个贴片传声器所在位置（图 a 中的蓝色点）、通过试验和模拟计算得到的声压频谱（虚线标记：传声器使声压升高的区域）（Senthooran 等人，2008）

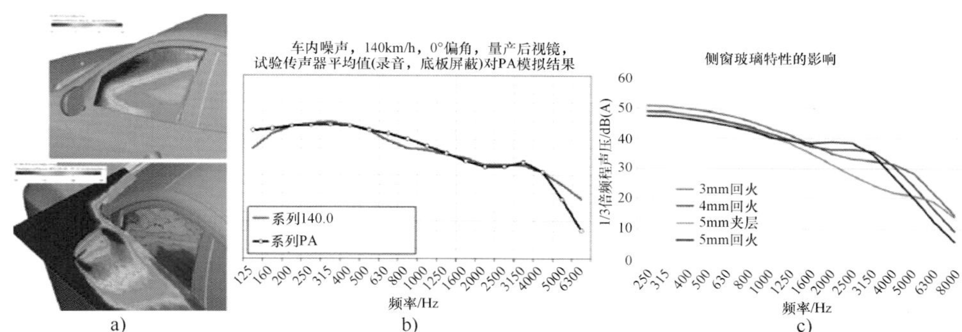

图 14.93　采用耦合的仿真方法（CFD 程序 Power FLOW® 计算气流的流动，SEA 方法计算噪声的传播）模拟噪声向车内的传播，与实验结果进行的对比（b：测量结果用红色曲线表示）和对不同特性的玻璃对车内噪声能级影响的评估（c）。又见 Moron 等人（2009）。来源：Exa 公司（2012）

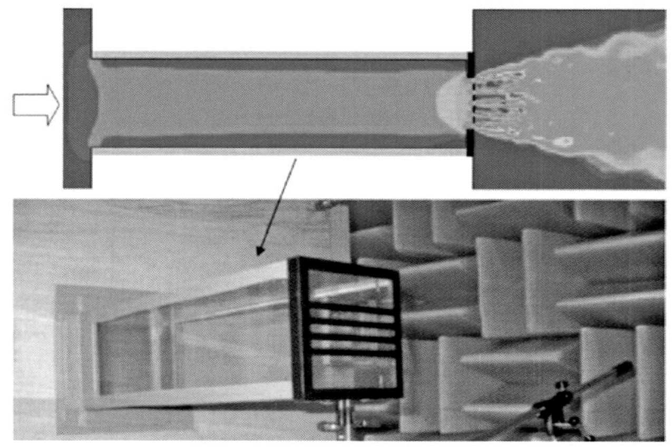

图 14.94　对一种常见出风口的气动声学研究（Augustin 等人，2007）

a）计算所得空气流动速度的瞬时照片　b）试验装置的结构

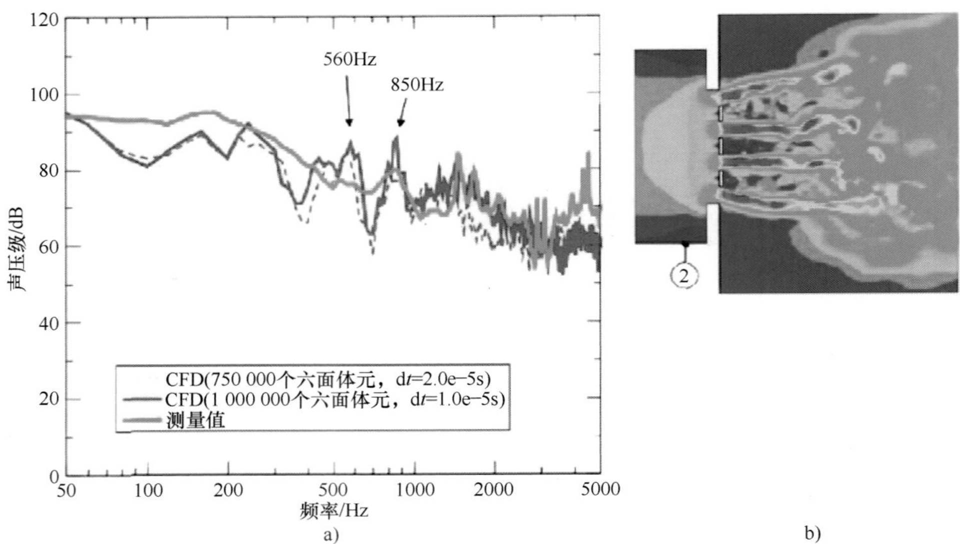

图 14.95　a）测量和计算风口处脉动声压谱　b）模拟计算所得空气流动速度场的瞬时照片，附带脉动声压的测点位置②（Augustin 等人，2007）

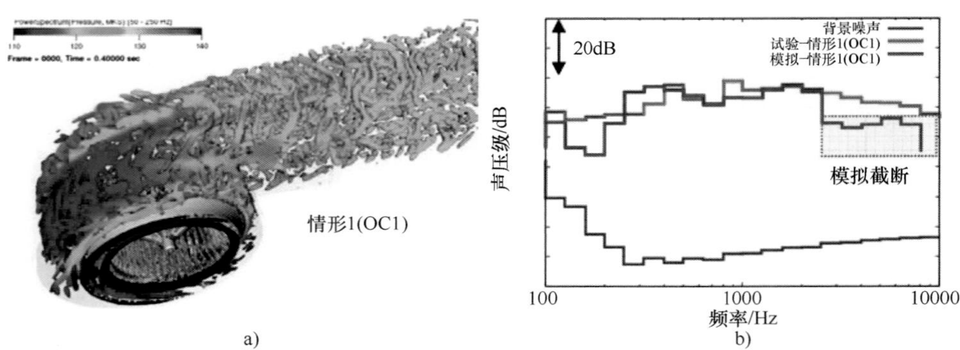

图 14.96　数值计算的空调系统鼓风机出口流场涡特性瞬时影像（a）以及在鼓风机轴向 1m 远处模拟计算和试验测量得到的声压谱对比（b）（Pérot 等人，2011）

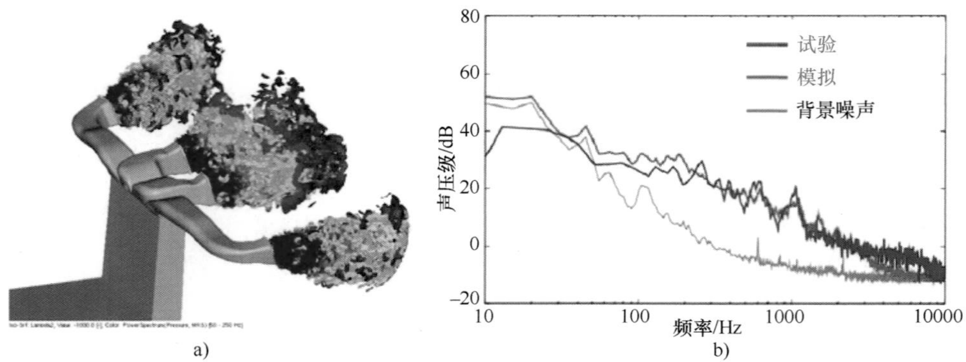

图 14.97　车内乘员舱方向空调系统模拟出风的定性瞬时图像（Pérot 等人，2010）
a）50~250Hz 范围内的涡动特性，颜色由 70~100dB 范围内的声压谱确定　b）测量和计算声压谱对比（传声器位于出风口前方中间，距出风口 0.85m，带宽 12.5Hz）